SUPPLÉMENT
AUX
DICTIONNAIRES ARABES

SUPPLÉMENT

AUX

DICTIONNAIRES ARABES

PAR

R. DOZY

COMMANDEUR, OFFICIER ET CHEVALIER DE PLUSIEURS ORDRES, MEMBRE DE L'ACADÉMIE ROYALE DES SCIENCES D'AMSTERDAM
ET DE CELLE DE COPENHAGUE, CORRESPONDANT DE L'INSTITUT DE FRANCE ET DE L'ACADÉMIE D'HISTOIRE DE
MADRID, ASSOCIÉ ÉTRANGER DE LA SOC. ASIAT. DE PARIS, PROFESSEUR À L'UNIVERSITÉ DE LEYDE, ETC.

TOME SECOND

DEUXIÈME ÉDITION

LEIDE
LIBRAIRIE ET IMPRIMERIE
Ci-devant E.-J. BRILL
Oude Rijn 33a

PARIS
LIBRAIRIE ORIENTALE ET AMÉRICAINE
MAISONNEUVE FRÈRES
3, Rue du Sabot

1927

Tous droits de reproduction et d'adaptation réservés pour tous pays.
Copyright by, Maisonneuve frères, 1927.

ض

ضَامَة *dame à jouer*, Bc, Lane II, 55; لعب الضامة *jeu de dames*, Bc; دكّة (ou رقعة) الضامة ou ضامة seul, *damier*, Bc; ضامة طلع *aller à dame, damer, mettre une dame sur l'autre*, Bc.

ضأن.

ضَانِي. Avec لحم seul, *viande de mouton*, Bc, M, mais ordinairement on supprime le *hamza* et le *techdîd*, M.

ضبّ I. On dit aujourd'hui ضبّ عليه الخلاء «la solitude l'entoura,» et aussi: ضبّوا الغزال بالقفص (= في القفص), «ils enfermèrent la gazelle dans la cage,» ضبّوا بالعدو, «ils cernèrent l'ennemi,» Ztschr. XXII, 147.

II *enchâsser*, Abdarî 55 r°, en parlant du *macâm Ibrâhîm*: وهو حجر رخو مضبّب بالذهب من اعلاه, 1001 N. Breal. II, 327: واسفله ضبّب المهدي بالف دينار, *ferrer un bâton*, Athîr V, 163, 2: ضبب بحديد; العلاج المضبّب بالفضّة, *Ternir*, Ht. — *Asperger en soufflant de l'eau que l'on tient dans sa bouche*, Voc. — *Rendre brumeux*; le Voc. a ce verbe sous *nebula*, et Bc donne مضبّب *brumeux*.

V *quasi-passif de la IIc dans les deux sens que j'ai donnés en dernier lieu*, Voc.

X *convoquer, rassembler des troupes*, Gl. Moal.

ضبّ, *espèce de lézard*, a dans le Voc. le pl. أضبّاب; décrit par Léon 764 (= Marmol I, 29 c et d), Jackson 50, Lyon 320, Seetzen III, 436—9, IV, 508, Tristram 152, Colomb 30, Rohlfs 72.

ضبّة, *serrure de bois, et gâche, pièce qui retient le pêne, forme au pl.* ضبب, Bc. — *Brouillard (comme* ضباب), Voc., Alc. (sous *hazer niebla o neblina, neblina hazer*). — *La vulve d'une jument*, M.

ضبّي *celui qui vend des lézards*, Macrîzî, man., II, 355.

ضباب, pl. أضبّة, *caligo*, Voc. — *Onglée ou ongle*, t. d'art vétérinaire, Auw. II, 570, 20. — ضبابة في عين الشمس *macule, tache obscure sur le disque du soleil*, Bc. — *La pointe ou le tranchant d'une épée* (= ضبيب), M.

مضبّب *brumeux*, Bc. — *Terne*, Roland.

ضبر II *réparer*, Voc.

III voyez Diw. Hodz. 190, 7.

IV = I et II, *rassembler des écrits en faisceau*, Dorrat al-ghauwâs 8, 5.

V *quasi-pass. de la IIe dans le sens de réparer*, Voc.

ضبر *blessure dangereuse sur les épaules et les côtes de devant des chameaux, causée par de mauvaises selles*, Burckhardt Nubia 193 n.

ضبرة voyez Diw. Hodz. 190, vs. 45.

ضبط I *entretenir, maintenir*, p. e. هذه الحلقة تضبط هذه الخشبات «cet anneau maintient ces pièces de bois,» Bc. — *Réprimer, contenir*, Bc; *modérer, comprimer*, Hbrt 233; le n. d'act. ضبط *coercition*, يضبط *coercible*, Bc; ضبط نفسه *se contenir, ne pas exprimer sa colère, être maître de soi, se modérer*, Bc; ضبط نفسه عن *s'abstenir de*, Macc. I, 847, 20; ضبط لسانه *mettre frein à sa langue*; ضبط الدوران للجرخ عن *enrayer, empêcher de tourner (une roue)*, Bc. — *S'emparer de, maîtriser*, Bc. — *Avoir la conduite*

ضبط

de, gouverner; ضبط في en puissance de, sous l'autorité de; كان في ضبطه être sous la conduite, la direction de, Bc. — *Assujettir*, arrêter, fixer, captiver, assujettir; ضبط بالخراسانى *cimenter*, joindre avec du ciment; ضبط ببراغى *visser*, attacher avec des vis, Bc. — *Tenir*, p. e. dans le devoir; ضبطه وقرّط عليه *tenir sévèrement*, tenir serré, tenir de court; ضبط *tenir de court*, Bc. — *Maintenir l'ordre ou le silence* dans une salle, Macc. II, 450, 20, en parlant d'un cadi: وكان مشهور الضبط، منتهزًا لمن انبسط فيه بعض البسط «حتى ان اهله لا يتكلمون فيه الّا رمزاً‎ — *Ranger*, mettre à la raison, Bc. — ضبط الباب *garder la porte après l'avoir fermée*, Aghlab. 17. — *Se conserver, subsister*, Macc. I, 133, 20: وكانت هذه المراتب لضبطها عندهم كالمتوارثة فى البيوت المعلومة لذلك. — *Connaître à fond*, Macc. I, 489, 12. — *Copier avec exactitude*, Macc. I, 250, 10, 521, 4. — *Ajuster* son fusil pour tirer, M; *braquer* le canon, Ht; ضبط الكيل *ajuster*, rendre juste un poids, Bc. — *Confisquer*, Ht, chez Bc ضبط الاموال للميرى ضبط الاموال *exécuter, saisir les biens*; ضبط *confiscation, saisie*; يضبط *confiscable, exploitable, saisissable*, Bc. — *Compasser*, mesurer avec le compas, Bg, qui écrit ذبك, mais c'est pour ضبط; cf. les formes II, IV, V et ضابط. — C. على *mettre en fourrière*, saisir, retenir, Bc. — C. على *scruter la conduite* de quelqu'un, *éplucher*, rechercher les défauts avec malice ou avec grand soin, Bc.

II *compasser*, mesurer avec le compas, Voc., qui écrit ذبك.

IV même sens, Alc. (compassar). — Comme la Ire, *munir de points voyelles*, M.

V quasi-pass. de la IIe dans le sens de *compasser*, Voc.

VII *être tenu*, Voc. — *Se réduire, se soumettre*, Bc; غير منضبط *indompté*, Bc. — C. من et عن *s'abstenir de*, Voc. — *Être fixé avec exactitude*, Djob. 39, 2 a f., Berb. I, 395, 6, Prol. II, 388, dern. l. — *Être limité*, Berb. II, 8, 4. — *régulier*, Prol. I, 218, 6. — *Être muni de points voyelles*, Voc. — *Être confisqué*, car Bc donne ينضبط *confiscable*.

ضبط *justesse, ponctualité, régularité, précision*, Bc. — *Connaissance certaine, exacte*, Macc. I, 304, 13. — *La bonne mémoire des traditionnaires*, ou bien leur *exactitude*, Lettre à M. Fleischer 88—9. — الضبط

2

ضبط

enregistrer les recettes et les dépenses (de Slane), Prol. II, 41, 11. — *Sévérité*, Cherb. Dial. 199. — بضبط *fidèlement, religieusement*; — *de point en point*, à la lettre, strictement; — *purement*, correctement, Bc. — على الضبط *correctement*, Bc. — ضبط الكلام *pureté de style*, Bc. — ضبط النفس *tempérance*, Bc.

ضَبْطَة est chez Alc. cañada de ganado. Victor explique ce terme ainsi: «espace de terre entre deux champs pour enclore un troupeau de bêtes, pour y paître, aller et venir quand on veut [quand elles veulent], pâtis libre;» selon l'Acad. c'est: chemin pour les troupeaux de mérinos, à l'entrée et à la sortie des pâturages; il a 270 pieds de large.

الضبطية *la police*, Ztschr. XI, 482, n. 9, M; mais on dit plus ordinairement الصابطية, M.

ضَبَاطَة Le *validus et diductus gressus* de Reiske (chez Freytag) semble emprunté à Diw. Hodz. 184, 8.

ضابط ضابط الكلّ *tout-puissant*, Bc. — ضابط ليلة القدر *la véritable laila al-cadr*, voyez Macc. I, 572, 3—11 (cf. Lane M. E. II, 266). — *Règle générale, coutume, usage*, Macc. I, 133, 5. — Pl. ضابط, M, *préfet de police*, Macc. I, 273, 13, M, Burton I, 62, cf. 19, Lane M. E. I, 164, 176—7, *sous-lieutenant*, chargé aussi de la police des Arabes dépendants de Bagdad, Pachalik 27, 60, 66, 85, 86. Le vulgaire dit ظابط comme les Turcs, M. — *Fermier*, Pachalik 65, 66, 81. — *Compas*, Voc., qui donne ضابط et دايد, Alc. (compas de hierro), Macc. II, 641, 15; on trouve دايد chez Domb. 95, Bg et Ht.

ضابطة *exactitude*, Bc. — *Frein*, ce qui retient dans le devoir; ما له ضابطة *indiscret*, qui n'a pas de discrétion, de prudence, Bc.

ضابطى pl. ضابطية *agent de police*, M.

ضابطية *l'emploi d'agent de police*, M.

أضبط. Les mots منه اضبط وغيره chez Macc. I, 871, 23, semblent signifier: «d'autres livres sont plus exacts que le sien.»

مضبطة, suivi de المناكرة, *procès-verbal d'une délibération*, Bc.

مضبوط *méthodique*, Bc. — *Pur* (style), Bc. — *Qui se conserve, qui subsiste*, Macc. I, 134, 18. — *Saisi, débiteur sur lequel on a saisi*, Bc. — غير مضبوط *décousu*; — *incongru*, qui pèche contre les règles de la syntaxe; — *indompté*, Bc.

ضبع I *devenir fou*; مَضْبُوع *fou* (Bou Saada), Cherb. C; cf. ce qui suit.

ضبع. L'hyène étant un animal stupide, on dit en parlant d'un homme stupide ou fou: أَكَلَ رَأْسَ ضَبُع, Jackson 27, cf. Shaw I, 261, Richardson Morocco II, 226, Daumas Mœurs 91. On donne aussi à une personne stupide le nom de ضبع, *hyène*, Jackson 27, Hay 48. C'est ce qui explique un vers qu'on trouve chez Khallic. XI, 138, 1. Adressant la parole à son vieux *tailesân*, le poète dit:

قفِى قَبْلَ التفَرُّقِ يَا ضَبَاعاً ولا يَبْقَى مَوْقِفٌ مِنكِ الوَدَاعا

La traduction de M. de Slane (IV, 430): « Stop a little longer, o hyæna! before your departure, » est bonne, car ضباعا (= ضباعك) est le n. d'un. formé à la manière vulgaire du pl. ضِبَاع; mais sa note: « Why a tattered hood should be thrown to a hyæna cannot readily be answered, » montre qu'il n'a pas compris le vers. Quant au fém. ضبعة, que les puristes désapprouvent, voyez Kâmil 159, 2 et suiv.

ضَبَاعَة *hyène*; — *personne stupide*, cf. l'article qui précède.

مُضْبَع *devenu semblable à l'hyène*, c.-à-d. *stupide*, Hœst 291, Jackson 27.

مَضْبُوع *fou*, voyez sous la Ire forme.

ضبو.

ضَبْوَة *bourse à tabac en cuir*; c'est une altération de ضَبّة, M, mais sous طى il soupçonne que c'est une altération de ظَبْيَة.

ضِبَيْة *bourse à tabac*, Bc.

ضج I. On dit ضج بالدعاء *pousser de hauts cris en priant*, Djob. 78, 13, Haiyân-Bassâm III, 140 r°, et de même ضج بالبكاء, Cartâs 43, 4 a f. — C. ب ou الى p. et من r. *pousser de hauts cris en se plaignant à quelqu'un de quelque chose*, Gl. Belâdz, de Jong, de Sacy Chrest. II, ۷۰, 8, Becrî 130, 7 a f., Haiyân 37 v°, 41 v°, 46 r°. — « De ranæ clamore » chez Freytag semble emprunté à Bidp. 11, 8.

ضَجَّة et ضَجِيج *alarme, émotion causée parmi des soldats par l'approche de l'ennemi*, Bc.

ضَجِيج voyez ضَجَّة; *tumultus*, Voc.

ضَجَائِجِي (pl.) chez Saadiah ps. 73.

ضجر I c. من *s'ennuyer de*, Bc, Gl. Badroun; le Voc. a ضجر *sous inpasciens*. — ضَجَر, n. d'act. ضَجَر, *irasci*, Voc.; cf. Mi'yâr 7, dern. l.

II *importuner, persécuter*, Bc; dans le Voc. sous inpasciens et sous irasci.

III *vexer*, Koseg. Chrest. 69, 9, M sous ذعب III.

IV *fatiguer, ennuyer, importuner*; مُضْجِر *fastidieux*; ما يضاجر في تأليفه *landes, endroits secs ou ennuyeux dans un ouvrage*, Bc. — *Mettre en colère*, Voc.

V. تضاجر est un mot qui s'emploie *in re venereâ*, 1001 N. IV, 287, 6, mais dont j'ignore le sens précis; l'éd. de Bresl., X, 289, 13, le remplace par فشخ.

VI, c. من, à peu près = I, Macc. I, 244, 2 a f.

ضَجِر *inpasciens*, Voc.

ضَجَر *ennui*, P. Macc. II, 550, 19.

ضَجُور *inpasciens*, Voc. — *En colère*, L (*iracundus*). — Sur le proverbe قد تُحْلَب الصَّجور العُلْبَة voyez Kâmil 177, 13, où الصجور est expliqué par الناقة السيّئة الخلُق اما تحلَب حين تطلع عليها الشمس فتطيب نفسها.

ضاجع VII *se coucher, se mettre au lit*, Bc.

ضَجِيع *enterré à côté de*, Djob. 192, 7, Macc. I, 32, 4, Berb. I, 161, II, 255, 7.

مُضْجَع *alcôve, enfoncement dans une chambre pour placer un lit*, Bc. Le Voc. a مَضْجَع *cubiculum, dormitorium*. — *L'endroit où quelqu'un meurt*, Coran III, 148. — *Concubium*, L.

ضحك I *ricaner, rire à demi par malice ou bêtise*, Bc. — C. الى p. *sourire à quelqu'un*, Macc. I, 272, 2 a f., 323, 10; aussi c. ل p., Tha'âlibî Latâïf 113, 3 a f., et ضحك في وجه, Bc (aussi *faire bon visage à quelqu'un*), Macc. I, 133, 1. — La constr. c. على p., dans le sens de *rire aux dépens de*, aussi dans M et Bc. — C. على r. *rire, ne pas se soucier de*,

Bc. — ضحك من تحت لتحت *rire sous cape*, rire en dessous, en cachette, Bc. — Dans le même sens que ضحك ثغره (Lane), on dit ضحكت اسنانه 1001 N. II, 241. — Le vulgaire dit خبط يضحك الماء pour indiquer un endroit où l'eau se brise contre les rochers, Gl. Mosl.

II *faire rire*, Voc., Bc, Gl. Fragm.

III c. a. p. *plaisanter avec quelqu'un*, Gl. Fragm' — Dans un vers, au lieu de la IVe, *faire rire*, au fig., en parlant de celle qui, en jouant du luth, en tire des sons joyeux, Gl. Mosl.

V أضحك *rire*, de Sacy Chrest. II, ٥٩, 2 a f. —

اضحك et تضحك c. على *rire, se moquer de, plaisanter, railler quelqu'un, tourner quelqu'un en ridicule, berner*, Bc.

VI c. على *railler, plaisanter quelqu'un*, Bc.

X c. a. p. *faire rire*, Kâmil 301, 16, 304, 16, Macc. II, 328, 19; au fig., c. عن r. *faire découvrir ou montrer*, Gl. Mosl.

ضحكة *huée, cris nombreux de dérision*, Bc. — ضحكة على احد *mystification*, Bc.

ضحوك *rieur, qui rit, aime à rire*, Bc.

ضحاك. الكهف الضحاك بين الصخرتين «la gorge qui s'ouvre (litt. qui rit) entre les Deux-Rochers» (de Slane), Berb. I, 247, 17.

ضاحك. قوة ضاحكة *risibilité*, faculté de rire, Bc. — Le pl. أضاحك P. Macc. III, 24, 4.

مضحك Le passage dans le Diw. Hodz. est. 264, 1—3.

مضحكة *badinerie, facétie, farce, mystification*, Bc. — *Bagatelle*, Bc. — *Gille*, niais, Bc.

مضحك *grotesque*, Bc.

مضاحكة *raillerie*, Bc.

ضحو et ضاحي. ضاحى النهار تضاحى *la matinée est avancée*, Bc; cette expression se trouve dans Bidp. (J.-J. Schultens).

ضحوة النهار et ضحا *le milieu de la matinée*, Bc.

ضحاء *sérénité*, Bc.

ضاح *clair, serein*, Bc.

ضاحية *faubourg*; avec مدينة *banlieue*, Bc.

مضحاة a le pl. مضاحي, Diw. Hodz. 251, 2.

ضخم II et V dans le Voc. sous *corpulentus, ingrossare*.

ضخم *nombreux*, Abd-al-wâhid 162, 3 a f.: خيل ضخم. — *Etrange, étonnant, admirable*, Djob. 72, 9. — *Ronflant, sonore, bruyant* (mot, etc.); كلام ضخم *style ampoulé*, Bc.

ضد VII c. مع dans le Voc. sous *contrayriari*.

ضد *contre, à l'encontre de*; ضدى «contre moi,» ضده «contre lui,» تكلم ضد «parler contre quelqu'un;» بالضد *au contraire, à l'envers, en sens contraire; du blanc au noir, d'une extrémité à l'autre*, Bc. — *Lèse*, qui blesse, p. e. جناية ضد السلطان «crime de lèse-majesté,» Bc. — *Opiniâtreté, altercation opiniâtre*, Alc. (contumacia porfia, porfia en mal, en bien, endurecimiento en porfia, tema por porfia). — *Malgré*, Ht. — ضد السم *antidote, contrepoison*, Bc; cf. ضد البنج 1001 N. II, 117, 1; 122, 2 a f., III, 440, 2 a f., 459, 3; ضد السموم *domptevenin ou asclépias* (plante), Bc. — ضد النور *fauxjour, lueur fausse*, Bc. — ضد كلم *éclater, s'emporter en injures, blâmer avec force, s'élever contre, réclamer, s'élever ou revenir contre un acte*, Bc.

مضد dans le Voc. sous *contrayriari*. — *Rival*, Gl. Edrîsî. — *Entêté, obstiné, opiniâtre*, Alc. (porfiado, tematico porfiado).

ضداء (?) (B) ou ضداى (?) (AS) *blette*, Bait. II, 144 d.

ضر II *porter préjudice*, Ht, M.

III. ضارّ مرأة *donner à sa femme une compagne, épouser une autre femme quand on en a déjà une*, 1001 N. I, 285, 9.

IV avec أن, *avoir besoin de* (= VIII), Gl. Mosl.

VII *être endommagé*, Voc., Alc. (dañarse algo); وقع ولكن ما انضر «il est tombé, mais il ne s'est pas fait de mal,» Bc.

X *éprouver du dommage*, Voc., Akhbâr 26, 4, Mâwerdî 14, dern. l.

ضر, pl. ضرور, Saadiah ps. 25. كان تحت الضر *être en butte à*, Bc.

ضرة = درة *perruche, femelle du perroquet*, Bc.

ضرب

ضَرَر, *désavantage*, pl. أَضْرَار, Bc. — *L'écoulement du sang qui sort d'une blessure*, M.

الضِرَار nom de l'ange qui chassa Adam du paradis, Kâmil 71, 1. Reiske (chez Freytag) donne الضَرَّا.

ضَرُور *tort, préjudice, dommage*, Ht.

ضَرِير. Le passage du Diw. Hodz. est 200, 1.

ضَرُورَة a dans le Voc. le pl. ضَرَائِر. — *Besoin, nécessité naturelle*; pl. ات *nécessités du corps, évacuations*, Bc; 1001 N. I, 32. — الضرورات اللسانيّة *licences de construction*, Prol. III, 338, 7, cf. l. 9. — *Tort, préjudice, dommage*, Ht.

ضَرُورِيَّة *importance*, Bc.

ضَرَّان nom d'une plante, Daumas 383 (dhorrane).

مُضِرّ *insalubre, malsain, méphytique*, Bc.

مِضْرَار *nuisible*, Voc., Alc. (dañoso).

مُضْطَرّ *pauvre, dans la détresse*, Roland.

ضرب I. ضرب بالصولجان *jouer au mail*, Maml. I, 1, 127. — *Tourner*, Haiyân-Bassâm III, 4 rº: ضرب نَحْجَارُمْ أَوْجَدَ — ضرب الرِكاب نَحْوَهُ. — *Tirer, lancer des armes de trait*, Bc; *tirer, décharger des armes à feu*, Bc, Rutgers 189, 3, 200, 1, 1001 N. I, 76, 2 a f.; ضرب تَفَنكَك *tirer un coup de fusil*, Bc; ضرب مدفع *tirer un coup de canon*, Bc. — *Tirer un oiseau*, 1001 N., I, 76, dern. l. — *Fabriquer des briques, des tuiles* (voyez مَضْرَب), *des flèches*, Cartâs 131, 7 et 8; ضرب المنار *construire un phare*, Gl. Badroun. — Par ellipse, pour ضرب البوق, *sonner de la trompette*, Alc. (tocar tronpetas). — ضرب بالجرس *on fit proclamer au son de la cloche*, Maml. I, 2, 106. — *Bruire, craquer, éclater avec bruit*, Alc. (traquear). — *Tourner, commencer à mûrir*, Bc. — ضرب *être distinct, différent d'un autre*, Akhbâr 40, 5: ils se rasèrent la tête لكي يخفى أمرهم وليضربوا ولا يختلطوا. — C. الى *toucher*, Gl. Badroun. — C. ب *attaquer à l'improviste, tomber sur*, Cartâs 172. — C. على même sens, Bat. III, 71, 245 (deux fois), 257, Haiyân 77 vº, Holâl 52 rº: روائع النصارى بالضرب على جهات بلاد الاندلس. C. على p. *aborder, accoster à l'improviste*, Mohammed Ibn-Hârith 281: بينما انا في السوق ضرب على شرطي

ضرب على الراس *capiteux, qui porte à la tête*, Bc. — C. على p. *tourmenter*, Ibn-Sa'îd dans le Tohfat al-'arous, man. 330, 158 vº: ما بقول سيّدنا الامام — فى امرأة يضرب عليها ما بين على — C. يخذيها وتجد آكالا شديدا بين شفريها p. *accompagner un chanteur avec un instrument de musique*, Gl. Badroun. — ضرب على يَدِيْه. — Outre les signif. notées par Lane, cette expression a aussi celles de *contrôler*, Berb. II, 350, 2 a f., et de *refuser sa paie à quelqu'un*, Berb. I, 400, 12, 552, 4 a f., II, 437, 9 a f., où il faut lire avec Boul.: فحسوب. — C. فى *se jeter sur*, الفرقجى الى الضرب على يده *tomber sur*, Weijers 44, 5, cf. 150, n. 248, Cartâs 95, 122, 14, 141, 6, 173. — C. على p. *accuser, calomnier*, l'anonyme de Copenhague 24: Etant indisposé, Ibn-Wânoudîn n'avait pu aller à la rencontre du calife, فضرب فيه عند الخليفة وقيل عنه ما كان يكن — وما لم. — Dans le sens de *tirer sur*, en parlant du rapport des couleurs, aussi c. ل, au lieu de الى, Djob. 321, 19. — ضرب عب ou قنابر *bombarder*, Bc. — ضرب البوق *emboucher la trompette, prendre le ton sublime*, Bc. — ضرب البيت بشيره *mesurer une chambre avec la main*, Macc. I, 560, 13 et 14.

ضرب جوز — *ruade*; اجوازا ضرب *lancer des ruades, ruer*, Bc. — ضرب حلقية *former une enceinte*, Maml. I, 2, 197—8; ضرب حلقية على بلد *bloquer, faire un blocus*; ضرب حلقية العدو *envelopper l'ennemi*, Bc. — ضرب الخامين *spéculer, t. de commerce*, Bc. — ضرب الدخنة *frapper la danse* = *se promener sans motif*, Daumas V. A. 99. — ضرب المراكب *pirater*, faire le métier de pirate, Bc. — ضرب الساروخ على *pétarder, faire jouer le pétard contre*, Bc. — ضربوا ou ضرب عصا بينهم مشورا *tenir conseil avec*, Bc. — ضرب عصا *donner la bastonnade, bâtonner*; علقة *volée de coups de bâton*, Bc. — ضرب الفرعة *tirer au sort*, Voc., Bc. — ضرب تَفْقَلِيبَة *faire la culbute*, Bc. — ضربه كلمة *claquer, souffleter*, Bc. — ضربه كلمة *lancer un brocard à quelqu'un, décocher un trait de satire, lancer un sarcasme à quelqu'un*; ضربه كلمة نقر *donner à quelqu'un son paquet, dire à quelqu'un un mot piquant, lancer à quelqu'un un sarcasme piquant*, Bc. — ضرب له بنى ou طابون *faire une révé-*

rence à quelqu'un, Bc. — ضرب الماء *battre l'eau*, c.-à-d. *perdre sa peine*, de Sacy Chrest. I, ١٥٥, 1 (si la leçon est bonne). — ضرب النفط *lancer le naphte*, Freytag Chrest. 133, 9. — ضرب النار في *mettre le feu à, incendier, livrer aux flammes*; ضرب في اللغم *faire jouer la mine*, Bc. — ضرب الوجه *reprocher un bienfait, un service rendu*, Alc. (çaherir). — ضرب الماء *il est fourbu* (cheval), Daumas V. A. 189. — ضرب بعقله *aliéner l'esprit, rendre fou*, Bc. — ضرب ببعيد *jeter un regard*, 1001 N. Bresl. IX, 218, 13. — ضرب باللجام *saccader, donner à un cheval des saccades, de brusques et rudes secousses en lui tirant la bride*, Alc. (sofrenar).

II dans le Voc. sous palpitare. — *Brasser*, remuer avec les bras ou à force de bras, la bière, le cidre, etc., Alc. (batir liquor). — *Fouetter des œufs*, voyez des exemples sous سفينجة et شاشيك. — *Contre-pointer*, piquer des deux côtés une étoffe, piquer une étoffe, faire des points qui la traversent; حشى قبة مضربة et ضرب كالطراحة *matelasser*, Bc, cf. M. — من ست وثلاثين بنيقة (lisez ainsi) «une tente composée de 36 lés,» Macc. II, 711, 15.

III, n. d'act. ضيراب, Mufaṣṣal éd. Broch 174, 13. — *Brocanter*, vendre et acheter, Bc.

IV c. عن *passer, toucher adroitement, sans s'arrêter dans le discours*, Bc. — Comme verbe d'admiration, ما أضربه *comme il est habile à frapper!* P. Prol. III, 415, 9.

V dans le Voc. sous palpitare. — Quasi-pass. de la IIe, Voc. sous sucre.

VII *être battu*, Voc., Payne Smith 1250; انضرب على بكرة أبيه *être battu à plate couture, complétement*, Bc. — انضرب في الحفـ *s'anéantir*, Bc. — Quasi-pass. de la Ire dans le sens d'*asseoir un camp*, Voc. sous castrametari. — *Sabrer, escarmoucher, combattre, combattre dans un tournoi*, Alc. (acuchillar, batallar, escaramuçar, conbatir tomar (lisez tornear), tornear cavalleros).

VIII. اضطرب ظهرا لبطن (Freytag) se trouve dans Bidp. 267, 7. — *Huc illuc migravit*, comme Reiske a noté avec raison, Abbad. I, 222, 8, Haiyân 60 v°, 82 v°, 99 r°. — *Se transporter, quitter l'endroit où l'on est*, Akhbâr 48, 5 et 6. — *Battre des ailes*, Gl. Edrîsî, Gl. Fragm. Au fig., Haiyân 17 r°: اضطرب على الامير يدنو تارة ويعلو اخرى ما بين طاعة ومعصية

اضطرب اهلها على سلطان الجماعة ثم خرجوا الى 49 v°: — C. على p. *se mutiner, se porter à la révolte contre*, Haiyân 73 v°; واضطربت عليه اصحابه وعزموا المعصية. اضطراب الجند عليه Nowairî Espagne 485: على الغرار. — *Asseoir un camp*, Khatîb 187 v°: اضطرب محلته; مضطربه *celui dont la tribu campait habituellement avec la sienne* (de Slane), Berb. II, 97, 12.

ضربا ضَرْب *forcément*, Ht. — Par ellipse, *jouer du luth*, Koseg. Chrest. 22, 5. — *Coup, décharge des armes à feu*, Bc. — *Espèce*, le pl. aussi أَضْرُب, Kâmil 268, 11, de Sacy Chrest. II, 372. — Dans le sens de *semblable*, pl. ـــ , et c. بـ, Abd-al-wâhid 212, 5 a f: في اضراب بهـ الحكايات, mais peut-être faut-il lire الهـد. — *Porc-épic*, Alc. (puerco espin), Bait. II, 145 b. — ضرب الامير *monnaie*, Voc.; ضرب seul en ce sens, Amari Dipl. 208, 6; de même ضرب الاسلام ولجاهلية *monnaie du paganisme, de l'islamisme*, Mâwerdî 207, 16, 208, 3 (et nullement «temps,» comme donne le Gloss.). — ضرب الرمل *géomance*, Bc, Hamilton 264. — ضرب الريح *la maladie des imbéciles*, Daumas V. A. 426. — ضرب الفول *opération pour prédire l'avenir*, Hamilton 264.

ضربة ضَرْبَة من الله *fléau, mal, châtiment du ciel*; ضربات المصريين *les plaies d'Egypte, fléaux dont Dieu punit Pharaon*, Bc. — ضربة دم *coup de sang*, Bc. — ضربة العين *le mauvais œil*, Jackson 247. — *Bruit, comme d'une fusée qui crève*, Bc. (traquo por el sonido). — *Portée, distance qu'on peut atteindre avec une arme à feu*, Bc. — ضربةً ضربةً *tantôt — tantôt*, Gl. Maw. — ضرب نظارة *champ, étendue qu'ombrasse une lunette d'approche*, Bc. — *Fièvre, inquiétude, émotion violente*, Bc. — *Tribut*, Berb. I, 76. — L'expression ضربة عن بلدها dans Macc. I, 229, 7, ne m'est pas claire.

ضربان *porc-épic*, Hœst 295, Bc (Barb.).

ضروب, pl. ضرب, Diw. Hodz. 140, vs. 23. — ضروب الماء *espèce d'huile*, voyez Pellissier 351.

ضريبة *obligation*, Gl. Edrîsî.

ضرّاب *batteur*, Voc., Bc, Kâmil 501, 16, Ibn-'Akîl 17, 2 a f. éd. Dieterici. — *Un bon tireur*, Daumas V. A. 155. — *Taureau*, Voc. ضراب ارغن *organiste*, Bc. — ضراب القنبر ou ضراب البمب *bombardier*, Bc. — ضراب الخماسين *le trompette*, Hbrt 97. —

ضرب

spéculateur, Bc. — ضراب مراكب *corsaire, flibustier, forban, pirate*, Bc. — ضراب رمل *géomancien*, Bc. — ضراب السوارية *mousquetaire*, Bc. — ضراب زنبلك *pétardier*, Bc. — ضراب سيف *bonne lame*, celui qui manie bien l'épée; *sabreur*, qui ne fait que tuer à coups de sabre; *spadassin*, Bc. — ضراب معاملة *monnayeur*, et avec زغل *faux monnayeur*, Bc. — ضراب بالعود *joueur de luth*, Yâcout I, 592, 21. — ضراب فتن *bohémien*, Bc. — ضراب فتن *agitateur*, qui agite le peuple, *artisan de troubles, brouillon, perturbateur, séditieux; semeur de discorde*, Bc. — ضراب مقلاع *frondeur*, Bc. — ضراب مقيص *trogueur*, Bc. — ضراب نشاب *faux monnayeur*, Bc. — ضراب نشاب *archer*, Bc.

ضَرَّابَة *battant* (de cloche), M.

ضارب. Dans le sens que Lane donne en dernier lieu, le pl. est aussi ضُرَّاب, Berb. II, 84, dern. l. — *Musicien*, Yâcout I, 593, 3, Hist. Tun. 111: وكان له مغنّي ضارب اسمه مزفود. — Pl. ضوارب *artère*, Bc, Hbrt 5. — Même pl., *taureau*, Alc. (toro). — Même pl., *banc formé par la devanture d'une boutique arabe*, Cherb. — ضارب سيف *homme d'épée*, 1001 N. Boul. I, 113, dern. l.

عن شيء, avec أضراب, *prétérition*, fig. de rhét. par laquelle on feint d'omettre une chose, Bc.

تضريب *contre-point*, point opposé d'ouvrage à l'aiguille, Bc. — *Multiplication*, Bc, Hbrt 122.

مَضْرَب *l'endroit où l'on cherche du profit, du butin, du fourrage*, Gl. Mosl. — *Lieu où l'on fait les briques, les tuiles, briqueterie, tuilerie*, Alc. (ladrillar, tejar do hazen tejas, tejar do hazen ladrillos). — *Glaisière, lieu d'où l'on tire de la glaise pour la poterie*, Alc. (barrero de tierra). — مضارب العروق *les endroits où les racines d'une plante percent le sol*, Auw. I, 39, 15, 4 a f. (lisez مضارب avec notre man.), 40, 9, 515, 15. — *Endroit, lieu, emplacement, place*, Bc (Barb.), Ht, Cherb. Dial. 63, 78. — *Impôt*, Berb. I, 69. — *Bouteille, fiole*, Alc. (redoma de vidro); dans l'édit. des 200 premières Nuits publiée à Calcutta en 1814, I, 154, 7: فنزل اليها رجل نصراني فاعطته دينارا واخذت منه مضربين علوين خمرا صافيا

مَضْرَب *baguette mince avec laquelle on frappe le tambourin*, Cherb.

مَضْرَبَة *glaisière*, Alc. (barrero de tierra). — *Maillet, marteau*, Ht; écrit à la manière du peuple مَتْرية, Macc. I, 515, 2, cf. Lettre à M. Fleischer 61—3. — *Battant* (de cloche), M. — *Espèce de bouteille à goulot étroit, dans laquelle on agite fortement les choses liquides pour les mélanger*, Gl. Manç.

مَضْرِبي *briquetier, tuilier*, Alc. (tejero que haze tejas).

مَضْرَبِيَّة *matelas*, Alc. (colchon de cama), Hœst 266 (مضاربة), Domb. 92 (مَطْرَبِيَّة), Bc مضربة (Barb.), Hbrt 203 (مَتْرَبَة), Bat. III, 380, IV, 233, Aboul-Walîd 328, 6, 331, 4; M. de Goeje me fournit encore: Yâcout II, 837, 18, 838, 3, Abou-Ishâc Chîrâzî, man. p. 368: ومضربة محشوّة بقطن لليل; voyez aussi sous زوجة; — *lit de plume*, et aussi *oreiller*, Voc. qui a: «مضربيّة ريش *culcitra* (marfega de pluma),» Alc. qui donne: ريش من مضربتي *pluma de colchon ó cabeçal*.»

مَضْرَبِيَّة *veste en soie piquée*, Bc.

مَضْرُوب *pestiféré, atteint de peste*, Jackson 274 n., 280. — مضروب الدم *qui a un coup de sang*, Bc. — *Multiplicande*, nombre à multiplier par un autre, فيه *multiplicateur*, nombre par lequel on en multiplie un autre, Bc. — دبس مضروب *du dibs épaissi avec l'espèce de miel qui porte le nom de* ضرب, M.

مضارب *jouteur*, Bc. — *Brocanteur*, Bc. — *Commanditaire*, celui qui a une commandite, Bc.

مضاربة *commandite*, société de commerce dans laquelle l'un donne son industrie, l'autre son argent; شركة مضاربة *société en commandite*, Bc. — منجر *spéculation*, Bc.

مُضْطَرَب *camp*, Cout. 46 r°: وانصرف ابن حفصون وتعجيل الى مضطربهما — فلمّا نزل ابن حفصون في المضطرب

مُضْطَرِب *une tradition dans laquelle il y a un mot déplacé, ou bien une tradition dans laquelle un ou plusieurs mots ont été ajoutés ou supprimés; — un isnâd joint à un texte qui ne lui appartient pas; — un isnâd dans lequel un des noms propres est donné incorrectement;* — *un texte abrégé*, de Slane Prol. II, 483.

مُنْضَرِب *querelleur*, Alc. (rifadora cosa). — *Guerrier*, Alc. (guerreador).

مُنْضَرِبَة *querelle*, Alc. (renzilla entre amigos, rifa).

— *Combat simulé*, Alc. (juegos de peleas). — *Escarmouche*, Alc. (escaramuça). — *Guerre*, Alc. (guerra).

ضربطانة pour زربطانة, Rutgers 138.

ضرج.

ضَرِج = ضريج *rapide*, P. Hoogvliet 156, 6, cf. 158, n. 207.

ضرح.

ضريحة = ضريح (Lane TA), Wright 101, dern. l., Djarîr, man. de St.-Pétersbourg, 143 r° (Wright).

ضرس II, c. a. p. ou avec الأسنان, *agacer les dents*, Alc. (dentera hacer a otro), Bc, Hbrt 18. — *Aiguiser, refaire les dents d'une faucille*, Voc. — Comme la IV°, *réduire au silence*, Voc. — ضرست لثة الشيخ se dit d'un vieillard qui a perdu ses dents et *dont la gencive est devenue dure comme des dents*, M.

V *avoir les dents agacées*, Alc. (dentera aver). — *Etre réduit au silence*, Voc.

ضَرْس, *dent*, est dans le Voc. et chez Alc. (ضَرْس; le pl. est aussi ضراس, Yâcout III, 468, 11 et 12, et أضاريس (pl. du pl. أضراس), Alc. (diente), Abou'l-Walîd 788, 1. — *Pointe de fer, comme celles que l'on met au bout des bâtons ou dont on garnit un collier de chien*, Alc. (pua de hierro). — *Coutre* (de charrue), Alc. (dental de arado). — « *Zers*, qui signifie *grosse dent*, est le nom par lequel les Arabes désignent *les pavés*, » Prax R. d. O. A. VI, 295. —

ضرس من ثوم *gousse d'ail*, Alc. (ajo diente, diente de ajos). — *Arum Arisarum*? Bait. II, 447, l. 5 dans HK; BE ضرس L ضرصر, ضرس العجوز *tribule*, Bait. II, 146 c, A. R. 293; ضرسة العجوز ou العجيزة, en Algérie, *pissenlit*, A. R. 293, *hyoseris radiata*, Prax R. d. O. A. VIII, 279. — (ou أضراس) ضرس الكلب *polypode*, Bc, Most. v° بسبايج, Bait. I, 55 h, A. R. 292.

ضرس *qui a de petites dents* (comme une scie), Becri 153, 3.

ضَرُوس ناب se trouve Diw. Hodz. 155, 3, cf. p. 25.

ضَرُوس *nom d'un oiseau*, nommé Cazw. II, 119,

ضرع

4. D'après Bait. II, 165 b, le vulgaire en Espagne aurait donné ce nom au طيهوج, c.-à-d., au *francolin*; mais l'auteur du Gl. Manç. dit que cela n'est nullement certain: زعم ابن سمجون انه (الطيهوج) الضريس ولم يصح. Selon Damîrî (dans Freytag III, 49 b, où il faut lire طرغلوديس), ce serait *motacilla troglodytes*. Selon Cherb. c'est *gros-bec*, selon Pagni MS. *étourneau* (storno), et selon la Torre (qui écrit ذريس) *petit oiseau qui se tient dans les blés* (triguero, pajarillo). Quant à l'orthographe, j'ai donné celle qu'indique Bait. et qui est confirmée par Cherb. et Pagni (zurreïs); mais le M prononce ضِرّيس; il a: والضريس طائر يقال له امثال المولدين هو اكسل من الضريس لانه يلقى رجيعه على اولاده ❊ أضراس *dent*, Voc., où l'on trouve aussi أضرسين (sic).

مضراس *dentatus*, Voc.

ضرط I. ضرط في لحيته نفسه, Khallic. X, 130, 1 (= Athîr V, 339, 16) = أَضْرَطَ (ضرط) به dans Lane; Wüstenfeld prononce à la IIe forme; Athîr V, 380, 7.

ضرط *animal qui tient le milieu entre le chien et le chat, et qui est si peureux qu'il pète quand on l'appelle*, M.

ضراط *vaurien*, Gl. Bayân.

ضرط *fruits d'une plante qu'on trouve parmi les fèves et qui leur ressemblent*, M.

ضرع II *agacer*, Ht.

IV, *humilier*, c. من p. Berb. I, 226, 4 a f.: اضرع *raser une place*, Berb. II, 301, 10; aussi منهم الدهر اضرع اسواره بالتراب, 267, 2, ou بالارض, 379, 1 (lisez ainsi avec notre man. 1350), et اضرع مختطة بالارض, 374, 7 a f. (même remarque).

ضَرْع, *pis, tétine*, pl. أَضْرُع, P. Kâmil 106, 21. — زكوم ضرع الكلبة est l'arbre, Bait. I, 536 a (AB), aussi ضروع الكلبة, II, 146 b.

ضرع *parvus corpore* (Freytag) est emprunté à Diw. Hodz. 135, 3 et 4.

ضرغط

ضَرِيع pl. ضَرائِع *algue*, Voc., cf. Bait. II, 145 c. Expliqué dans le Diw. Hodz. 254, 4 a f., par يَبيس العِشرق وقالوا الشِبرق *

أضرع se trouve Diw. Hodz. 77, 7 et 8, 122, vs. 4; اضرع الدعاء « la prière la plus humble, » Abou'l-Walîd 548, 6.

• ضرغط.

ضُراغِط *gros, ventru*, Sang.

• ضرغم.

ضِرْغِم, ضِرْغام. Le pl. ضَراغِم, P. Abd-al-wâhid 215, 1, Saadiah ps. 34, 35, 104, et ضَراغيم, Saadiah ps. 91 (dans un seul man.).

• ضرف.

ضِرْف pl. ضُروف *outre*, Bc.

ضِرفة *battant (de porte)*, voyez sous دَرَفَة.

• ضرك.

ضَرِيك pl. ضَرْكى, Diw. Hodz. 17, sur vs. 21.

ضرم VII dans le Voc. sous *accendere*.

ضَرِيم *incendie*, في ضَرِيم نار Abou'l-Walîd 343, 16; cf. le Thesaurus de Gesenius 743 b v° לַהַב.

• ضرو et ضرى. ضَرِى I se construit aussi avec على, Gl. Fragm., Bidp. 199, 1, Alc.: « رجل ضارى على السلاح, ombre exercitado en las armas. »

II, *accoutumer*, c. a. et بـ, Voc.

V *être accoutumé*, Voc.

ضَرْو, n. d'un. ة (Alc., dans le Voc. ضَرْوَة), *lentisque*, Voc., Alc. (lantisco, lentisco), Bc, Carette Géogr. 283.

ضَراوَة *habitude, coutume* (cf. Lane sous la Iʳᵉ forme), L (consuetudo), Voc., Alc. (abito costumbre, costumbre), غير ضَراوة (desuso), Yâcout III, 470, 21, cf. l. 9.

ضارٍ *adroit*, Alc. (diestra cosa que tiene destreza, suelto cosa diestra). — *Lévrier, chien de chasse*, Domb. 65, Bc, Hbrt 62, Ht.

• ضرن.

II

ضعف

ضَيْزَن était un nom injurieux que les Arabes païens donnaient à celui qui épousait la veuve de son père, Aboulf. Hist. anteisl. 180, 10.

• ضشش.

أَضَشّ *nu*, Voc.

ضَعْضَع I *délabrer, déchirer, mettre en mauvais état*, Bc. — *Casser, débiliter la santé*, Bc. — *Disperser* (= فَرَّق), Abou'l-Walîd 615, 13.

ضَعْضَعَة *délabrement*, Bc. — *Contusion, meurtrissure*, Bc.

مُتَضَعْضِع *cassé, affaibli*, Bc. — *Contus, meurtri*, Bc. — صوته متضعضع *chevroter, avoir la voix tremblotante*, Bc.

ضَعُفَ I *devenir ou être malade*, 1001 N. II, 212, 2 a f. — *Maigrir* Voc., Alc. (enmagrecerse, enflaquecer), Bc. — En parlant d'un traditionnaire, *être d'une autorité faible*, Prol. II, 154, 14. — ضعف شربه *il ne pouvait pas boire beaucoup*, Haiyân-Bassâm I, 30 r°: وكان عيسى لا يحضر مجلس شراب عبد الملك الا في الندرة او الدعوة (للدعوة ا.) تقع استعفاء من ذلك لضعف شربه *

II *amaigrir*, Voc., Alc. (enmagrecer otra cosa, enflaquecer a otro), Bc. — مُضَعَّفَة طاعة *obéissance peu sincère*, Berb. I, 534, 4.

IV *amaigrir*, Voc., Bc.

V Voc. sous *mascescere*, sous *duplicare*.

VI *juger faible*, Haiyân 46 r°: وذلك ان اهل البيرة لما استقلّوا من نكبتهم في هذه الوقعة تضاعفوا جَعْجَعًا — 1001 N. I, 134: تضاعفى روحك مريضة *faites semblant d'être malade*; dans Boul.: أعلى نفسك مريضة.

ضَعْف *maladie*, M, 1001 N. I, 892, 1. — *Maigreur*, Alc. (flaqueza o magreza). — *Pauvreté*, Alc. (pobreza). — لِضَعْفى *hélas!* Hbrt 229.

ضُعْف *maladie*, M.

ضَعْفَة *maladie*, 1001 N. Breal. VII, 262.

ضَعْف *misère*, Alc. (miseria).

ضَعِيف *malade*, Alc. (flaca cosa doliente = مَرِيض),

2

ضعضع

Bc, 1001 N. I, 396, 5, 892, 1. — *Maigre*, Voc., Bc. — *Pauvre*, Voc., Alc. (pobre), Mohammed ibn-Hârith 258, Macc. I, 621, 16, 874, 13, II, 711, 2 a f., Abdarî dans le J. A. 1844, I, 394, 3 a f., l'anonyme de Copenhague 77, Khatîb 100 r°, 1001 N. II, 539, 8 a f., 541, 2 a f., Formul. d. contr. 3: صدق بثَلُث ماله على من الزمان الضعيف — يستحقّه من فقراء المسلمين وضعفائهم *la grenade tendre* (de Slane), Becrî 41. — En parlant d'un œuf, *stérile*, Auw. II, 709, 2, 4. — En grammaire = مُضاعَف, Abbad. I, 187, n. 68.

تَضعيف, t. de gramm., *mettre un techdîd sur une lettre* M, Weijers 36, n. m; l'éditeur (p. 124) n'a pas compris cette glose, dont le sens est: dans le Çihâh on ne trouve pas la II° forme de سجف فك; التضعيف *est ôter le techdîd, et résoudre en deux lettres celle qu'il doublait*, p. e. quand on dit ركّك pour رَكّ, Yâcout II, 810, 4, cf. l. 12: رَكّ est رَكَكَ, اظهر تضعيفه فاظهر, ce qui s'appelle aussi التضعيف, comme lorsqu'on dit لم يَتَحَلَّل pour لم يَحِلَّ, Hamâsa 38, 12 a f.

مُتَضَعِّف *lis des vallées, muguet*, Bc, M.

مُضَعَّفة *cotte de mailles*, Voc.

مُتَضَاعِف السِّرّ المُضاعَف *arcanum-duplicatum*, sulfate de potasse, Bc.

مُضَاعَفَة *cotte de mailles*, Voc.

مُسْتَضْعَف *un être sans conséquence*, Prol. I, 46, 10 et 11, 47, dern. l.

ضعضع I *chatouiller*, Ht.

ضغط IV = I *pressit, compressit trudendo*, Gl. Bayân, M.

VII comme glose sur un verbe syriaque qui signifie *ferrefactus est, ebullire factus est, efferbuit*, Payne Smith 1515.

ضَغْط, suivi de العَين, maladie pendant laquelle on éprouve une grande douleur dans les yeux, et qui empêche le mouvement, M. — ضغط القَلْب maladie qui commence par une oppression de cœur; ensuite le malade tombe en défaillance et une salive abondante coule de sa bouche, M.

ضغف

ضَغَل I *tromper*, Ht; c'est pour زغل.

ضغم

ضَغْمَة *morsure*, Mufassal éd. Broch 53, 5.

ضغن

II c. a. dans le Voc. sous *rancorem tenere*.

IV c. a. p. *remplir quelqu'un de rancune*, Amari 330, dern. l.

VIII se construit c. على p. et a. r., Kâmil 219, 19: فاضطغن على عثمان ما فعل به. Au lieu de على, on emploie aussi لـ, Abbad. I, 393, 2.

ضغو

ضَغْو est dans le Diw. Hodz. 229, vs. 6; cf. le comment.

ضف IV اضَفّ الحال chez Ibn-Doraid; cf. ضَفّ (Wright).

ضفد

صَفْدان (?) pl. صَفادنَة un de ces *plagipatidæ* ou *souffre-gourmades*, de ces parasites bouffons, qui recevaient volontiers des claques sur la nuque, pourvu qu'on leur donnât en même temps un présent ou un bon dîner, Ztschr. XIII, 594 n.

ضفدع

ضفدع, pl. ضفاديع, Abou'l-Walîd 800, 3. — Suivi de السّمّ, *crapaud*, Bc. — L'étoile dite الضفدع الأوّل, s'appelle aussi الضفدع المُقَدّم, Alf. Astron. I, 82.

ضفر III c. a. p. *faire alliance avec*, Cout. 45 v°: ابن حفصون وقطع الدعوة ومنع للجباية ثناء ابن حفصون زائرًا الى قرمونة بعد تصافرهم بعامَين

V dans le Voc. sous *crinis*.

VI. تضافروا على قَتْلِه *ils conspirèrent sa mort*, Gl. Belâdz. — *Faire ensemble une alliance*, voyez sous la III° forme. — En parlant d'une seule personne, c. ب p., *invoquer l'aide de quelqu'un*, Becrî 130, dern. l.; — c. ب p. *faire amitié avec quelqu'un et se faire aider par lui*; dans Macc. III, 768, 17, où il est question d'un aveugle, l'éd. de Boul. porte: زحل الى المشرق وتظاهر برجل من اصحابنا يعرف بابي جعفر الالبيري صارا روحَين في جسد, notre man. a وتضافر, au lieu de وتظاهر, et selon M et Lane (sous

ضغف 11 ضلع

طْهُر VI) ces deux verbes sont synonymes. Plus loin l'auteur dit: فكان وظيفة الكفيف النظم ووظيفة البصير الكتب ❊

صغر pl. أَصْغار degré d'un escalier, Azraki 206, 5 a f.

صَغير = صَغيرة digue, Gl. Belâdz.

صَغيرة s'emploie comme tresse; ce n'est donc pas seulement tresse de cheveux, mais aussi tresse de soie, de coton, etc., Bat. III, 380, 386, Alc. (trançado de muger, chez Victor: ruban, tresse, bandelette); Descr. de l'Eg. XVIII, part. 1, 113: دخير (sic) tresses en soie qui prolongent les tresses de cheveux. — Alf. Astron., I, 70, nomme les trois informes du Lion açafera, c.-à-d. lazo; Sédillot 134: « les trois informes appelées par Ptolémée الصغير, la Chevelure. » —

صَغائِر لحْيَن Adianthum Capillus Veneris, Bait. II, 147 b. — Degré (cf. صِغر), Azraki 396, 5, 8, 16, 18, 20.

ضغف IV = I, Valeton ۲۸, 3 et 51, n. 3.

ضغو IV dans le Voc. sous talaris; laisser flotter un manteau, P. Macc. III, 23, 12: مع الصبح نضفيها عباءة صفة «Pendant l'aurore nous laissions flotter le manteau de Soufi. » — Enduire de plâtre ? voyez sous صغو IV.

ضاف Le passage dans le Diw. Hodz. est 171, vs. 5, cf. 172, 1; substantivement, cheveux longs, P. de Sacy Chrest. II, ۱۴۲, 4, cf. 394, n. 75.

ضل I, n. d'act. مَضَلَّة, Lâmiat al-af'âl ۳۰ (Wright). Voyez sur l'expression ضَلَّ ضَلالَهُ (Lane) ou ضَلَّ ضَلالَةً, Gl. Mosl.
— C. ب p. aberrare fecit, Abbad. I, 138, n. 391.

IV. Pour la signif. de perdre voyez le vers que j'ai cité dans ma Lettre à M. Fleischer 108, 4 a f.

ضَلال P. Berb. I, 20, 3:

ثلاثين ألفا منهم هزمتهم ثلاثة آلاف وذاك ضلال

où M. de Slane traduit: un coup à faire perdre l'esprit.

— ضلال الحرّية licence, abus de la liberté, Bc.

ضَلالي abusif, Bc.

ضالّ الابن الضال nomades, Bc. — l'enfant prodigue, Bc. — Réprouvé, damné, Bc.

ضليل errant, vagabond, Bc. — Relaps, Bc.

ضَلِعَ I boiter (bête de somme), Voc., Martin 96; c'est pour ظلع.

II faire boiter, Voc. (pour ظلع II). — Lisser, unir, polir, Voc. (levigare), Macc. II, 236, 17: حوض رخام مضلَّع

V, se gorger, s'emploie au fig. en parlant de connaissances, Autob. 201 v°: تضلَّع في علم المعقول, لزم شيخنا وتضلَّع من معارفه ۲۰۷ r°, والتعاليم والحكمة Prol. III, 93, 2. — Quasi-pass. de la IIe, Voc. sous variare et levigare.

VIII c. ب pouvoir faire une chose, Müller S. B. 1863, II, 4, l. 5, 5, l. 3; — être très-versé dans, Khatîb 18 r°: كان من مَهَرة القضاة اضطلاعًا بالمسائل مضطلعًا ۲۴ v°, اضطلاعًا بالأحكام ۲۲ r°, ومعرفةً بالأحكام واضطلاع بصناعة العربية ۲۶ r°, بالأصلين capacité, Macc. III, 679, 29, Khatîb 29 r°: وهو كتاب جليل يُنبِي عن التفنن (l. تفنن) B avec اضطلاع ❊. استضلاعه بالآداب.

X = VIII, Macc. I, 816, 7:

ضِلْع, ضِلَع صحيح, ضِلَع côte sternale, vraie côte; ضِلَع كاذب côte asternale, fausse côte, Bc. Les fausses côtes s'appellent aussi ضلوع الخَلْف, car le Gl. Manç. explique cette expression de cette manière: في الصلوع التي تنقطع اطرافها من قدام عن الاتصال بتفرج البَطن وفي خمس من كل جانب. L'expression ذات الضلع الأعوج 1001 N. I, 364, 11, semble l'équivalent de femme (à la ligne 8 les mots: من ذوات الصلع الاعوج, ne semblent pas à leur place). Dans Amari, 184, 7, il faut lire avec le man. du R. N.: لا احد من ضلعي, ce qui signifie: personne qui est né de moi; c'est côte dans le sens figuré de ligne, extraction, comme nous disons: Nous sommes tous de la côte d'Adam. — Côte de coupole, de dôme, Djob. 295, 21—23, 296, 9 et 10. — Traverse, Auw. II, 458, 8 et suiv. — ضلع كرة onglet (sphérique), t. de géom., Bc.

ضِلعة côtelette, Bc.

ضلعي costal, Bc.

مَضلَع (pour مِضلَع) pl. مَضالع. Le Voc. a ce mot sous levigare, avec « cementum » dans une note, d'où je conclus que c'est un instrument pour lisser ou unir le ciment. Chez Alc. c'est « junta de carpintero, » et feu M. Lafuente, que j'ai consulté, était d'avis que junta est l'équivalent de juntera, chez Nuñez rabot de menuisier. En effet, Abou'l-Walîd dit, 642, 15:

ضلف

آلَةَ النَّجَّار المسمَّاة عندنا مصلعا وفى الآلة الَّتى بقشر بها وجد العود حتَّى يساويه ويملّسه Domb. 96 donne مَطْلَع, qui semble le même mot, *dolabra magna*.

مُضَلَّع à côtes, Tha'âlibî *Latâïf* 124, dern. l.

ضلف

ضلفة pl. ضلف *battant* d'une porte, *vantail*, Bc. — *Volet*, tablette, panneau qui couvre une croisée, Bc. Ce mot semble une altération de ضرفة ou درفة; cf. sous درقة.

ضُلْمَة, en Alg., *boulettes de viande*, Hbrt 16 (Alg.), hachis de viande mêlé de riz que l'on enveloppe dans des feuilles de vigne ou de choux, Martin 79, Cherb.

(qui écrit ضُلْمَة), viande farcie avec toute sorte de légumes; très-relevée avec du poivre rouge, Daumas V. A. 251.

ضم I *serrer, étreindre, presser*, 1001 N. I, 370, 2: رَبَّاز قد ضم خضَرَها — *Serrer, mettre près à près*, Auw. I, 197, 6: للحرث المعقف المضموم للخطوط un labour profond en sillons serrés. — ضم يديه مَعًا *il tint ses mains fermées*, Bat. II, 81. — ضم الغلّة *faire la récolte, moissonner*, Djob. 305, 14; ضم حصاد *récolte*, Hbrt 182; de même ضم الجراد *ramasser des sauterelles*, Macrîzi (Hadhramaut); Roland donne تم pour *ramasser*. — Seul, الى صدره étant sous-entendu, *presser contre son cœur, embrasser*, Macc. I, 521, dern. l., II, 521, dern. l., 544, 3. — ضمّه الى حبس *il l'enferma dans une prison*, Haiyân 75 v°. — *Empaqueter*, Gl. Badroun, R. N. 22 r°: le cadi ayant entendu une plainte, ضم ديوانه et se rendit chez le gouverneur. — *Organiser en armée*, Gl. Bayân, Akhbâr 16, 5 a f. — *Mettre garnison dans un château*, Haiyân 86 v°: ضم فى القصبة نخبة من اصحابه. — ضم جيشا الى فلان *rassembler des troupes et en donner le commandement à un tel*, Haiyân 69 r°: اخرج وقلّده الغارة بمن 77 v°: ضم جيش ضمّه اليه. — وضمّهم اليه من المفسدين فى الارض اهل الطاعة *il l'attacha à sa personne, à son service*, Akhbâr 23, 8; ضم فلانا الى نفسه dans le même sens, P. Abd-al-wâhid 86, 10, P. Abbad. II, 154, 9, cf. III, 216. — *Prendre sous sa protection*, Aghânî 19,

ضم

6 a f., 4 a f. — C. الى *additionner*, Bc, Calâïd 174 19. — *Boucher*, Auw. I, 57, 7 et 8. — *Enfiler*, p. e. ابرة *enfiler une aiguille*, » ضم خيطا فى الابرة; ابرة مصموم فيها خيط *une aiguille enfilée*;» ضم شيالة et مسبحة *enfiler des perles, les grains d'un chapelet*,» Bc. — *Se cicatriser, se fermer* (plaie), *se réunir* (chairs), Bc. — C. a. p. et الى r. *contraindre, forcer quelqu'un à faire une chose*, Mohammed ibn-Hârith 257: فرفع يحيى بن معن الى الامير عداوة يحيى وانه هو ضم الفقها والعدول الى الشهادة فطاعوا فكان اوّل ناس ضم اهل الفقه المشيرين 327, له بها عليه فى اقضيته الى الضبط فتيام وزمام رايهم بخط ونُضَمُّ يوسف هذا الى ان يُزَوَّجه :Cout. 10 r° ايديهم, ابنته ويشركه فى سلطانه والا ضربنا صلعته بالسيف Badroun 96, 2 a f: انما ضمّته القافية اليد, « la rime seule l'a forcé de s'exprimer ainsi;» *forcer quelqu'un d'accepter un emploi*, Mohammed ibn-Hârith 235: وذكر انه يتوقع ان يُضَمّ الى الكتابة الّتى تَخَلَّا عنها Ibn-Abdalmelic 156 v°: قدم مصر فضمّ الى التدبير البيمارستان هنالك بعناية محمد للخازن واجرى له ضمّ :Macc. I, 273, 9; خمسة دنانير ذهبا فى الشهر صمم الى للحساب « *on lui demanda ses comptes*. » Aussi ان, Haiyân 61 v°: ayant pris un château d'Ibrâhim, ضم صاحبه ابراهيم بن جهيل من على مع الفعلة فى هدمه. C. a. p. et loci, *forcer quelqu'un à se retirer dans*, Haiyân 88 v°: غليهم الجند على للزام الاوّل وضموه الى القصبة. — C. a. p. et الى r. *conseiller une chose à quelqu'un, l'y entraîner*, Mohammed ibn-Hârith 312: ضمّ ابن السقار الغنى الى الامساك حتَّى عزل سليمن. — T. de mer; Djob. 325, 17, en parlant d'une tempête: والبحريون قد ضمّوا العشارى لاخراج المهم من رجالهم ونسائهم واسبابهم فساروا به الى البر دفعة واحدة doit signifier: *ils descendirent la chaloupe en mer*. Le verbe seul semble avoir le sens de *pousser le navire vers le rivage*, Djob. 320, 17: وضممنا نروم اخذ مرسى فى البر المذكور

II *cicatriser, fermer une plaie*, Bc.

VII *se fermer* (fleur), Gl. Edrîsî. — C. الى *embrasser un parti, se rallier*, انضم الى جماعة فلان *se ranger du parti de*,» Bc. — انضم فى الوسط *cen-*

tralisation, Bc. — *Être prononcé avec le* dhamma, Abou'l-Walîd 134, 14, 658, 13.

X *ad se recipere cupiit*, J.-J. Schultens, qui cite Harîrî [49, 5]. — *Rassembler autour de soi*, Haiyân-Bassâm I, 128 r°: اِسْتَضَمَّ الرجالَ.

ضَمَّة *agrégation*, Bc. — Pl. ات *poignée* (de blé), Abou'l-Walîd 535, 23 et 24. — *Retraite, refuge, lieu pour se retirer*, Alc. (recogimiento en lugar). — اعطى الضمّة semble signifier *se soumettre*, Haiyân 20 r°: وتَكَرّرت الصوائف على سعيد بن هذيل فلم يعط وتكرر 20 v°: الضمّة وطفق يسابر مرّةً وجحارب اخرى عليها قوادَه بالصوائف المغيرة فلم يعط الضمّة — *Ballot, gros paquet*, Hbrt 101.

ضَمَّام *constricteur, muscle qui resserre*, Bc.

مِضَمَّة *ceinture* en cuir, Domb. 82, Hœst 115, en or, Macc. II, 711, 10.

خَطَّ مضموم مَضْمُوم *se trouve dans le* Voc. *sous* litera.

ضَمْحَل I *adnihilare*, Voc., *dissiper, disperser*, Ht.

ضَمَد I, n. d'act. ضَمْد, ضَمَّد, ضِمَاد, et II *attacher les bœufs au joug*, Voc., Payne Smith 1679, 1680 (مضمود).

VIII = ضَمَد, *garder rancune*, etc., Haiyân 71 r°: وتوصّل لمقامه بحسن نجاءٍ بلائِي الامير عبد الله الى اغاثته واصطماد رعيّته باقاليم قرطبة ¶

ضَمَد, pl. أَضْمَاد et أَضْمِدَة, *courroie pour attacher les bœufs au joug*, Alc. (coyunda de yugo). — *Joug*, Voc., Alc. (jugo para uñir).

ضِمَاد pl. أَضْمِدَة *emplâtre*, Voc., Alc. (enplasto), Mc, Ht.

مَضْمَد (Li), مَضْمَد (Voc.), pl. مَضَامِد, *joug*, L, Voc.; Daumas, V. A. 354, a *medemod, charrue*.

ضَمَر I. Nom d'act. ضُمُور, Voc. (sous atenuare). — شَرّا *couver de mauvais desseins*, Bc.

II est ce que nous appelons *dégraisser un cheval*.

IV même sens. — *Préméditer*; اَضْمَر لَه الشَّرَّ en vouloir à quelqu'un, lui vouloir du mal; اَضْمَر لَه

السُّوءَ *machiner la perte de* quelqu'un; اَضْمَر الشَرَّ *faire patte de velours*, se dit d'un homme qui cache sous des dehors caressants le pouvoir et le dessein de nuire, Bc. — Dans le sens de *cacher* aussi c. على, Weijers dans Valeton 28, n. 2.

VII dans le sens que Lane a en dernier lieu sous la Ire, Bidp. 260, 6; dans les 1001 N. III, 168, dern. l. (même fable), on trouve la Ire.

ضُمْرَان *centaurea Lippii*, R. d. O. A. VII, 276, XIII, 89. — *Traganum nudatum*, Colomb 27.

ضِمَار *nom d'une plante*, Auw. I, 130, 5.

ضَمِير *conscience, for intérieur*, Bc, Hbrt 249. — En astrol., *la pensée secrète du destin*, Prol. I, 204, 3, avec la note du traducteur.

ضَمِيرِيّ *pronominal*, Bc.

ضَمِيرَان *chélidoine* (plante), Bc.

ضَوْمَر *ocimum basilicum*, Bait. II, 147 c.

ضَوْمَران et ضَيْمَران قل Bait. II, 147 d: ابو حنيفة في لغة في الضيمران وايضا فان الضومران عندنا بالاندلس المعروف بهذا الاسم هو ضرب من حبق الماء وهو الفوذنج النهري; dans le Most. et dans le Gl. Manç. on trouve aussi que c'est le فوذنج نهري. Sontheimer, dans Bait. II, 268, à la fin, traduit *calamintha, thymus Barrelieri*. Dans le Voc. *menta*. — Chez Alc. (ciridueña yerva) *chélidoine, éclaire* [cf. plus haut ضَمِيرَان]. — *Calligonum comosum* (L'héritier), Ghadamès 330. Un botaniste que j'ai consulté pense que la description d'Hamilton 223 peut bien se rapporter à cette plante: «tumaran, a long growing woody plant with spare short fleshy leaves, whose thick twisted roots creep over the sand near its surface, forming low mounds. It is thornless, is easily torn up in large pieces, and though alive and in leaf, burns with a clear bright flame.» On en fait une espèce d'amadou, Daumas Mœurs 345. — *Daimarân, iuniperus*, Pagni MS.

مُضْمَر a le pl. ات, Saadiah ps. 73, et مَضَامِر, ps. 35. — فِكْرَة مُضْمَرَة *arrière-pensée*, Bc.

مُضْمَرَة, s'il faut transcrire ainsi le mûdmira d'Alc., *bois, lieu planté d'arbres*, Alc. (moheda).

مِضْمَار. On emploie المَضَامِير dans le sens de خَيْل

المِضْمار, Gl. Belâdz. — *Teneur, suite, ordre, continuité,* Alc. (tenor continuacion ordenada); le Voc. donne على مضمار *sous ordo.* — T. de musique, *élévation plus ou moins forte de la voix,* Alc. (dexo en el canto), *ton,* Alc. (tono en la musica), Müller 34, 6 a f.: دولاَبها ساجي (l.) المضمار. Cette signif. dérive de مضمار dans le sens d'*hippodrome,* témoin ce passage, Macc. III, 444, 22: يَجْرِي من الالحان; voyez aussi Lane. De là le verbe مَضْمَر qu'Alc. donne sous «entonar en el canto.» — *Justesse d'oreille* (en musique), Prol. II, 356, 17; صاحب المضمار *celui qui a l'oreille juste,* ibid. 357, 15.

مضماري الصوت *chanteur,* Voc.

ضمن I. ضمن لخسارة *assurer, garantir des pertes,* Bc. — Se construit c. a p. (comme c. a r.), *se rendre caution pour quelqu'un,* Djob. 75, 2: ضمن للحاج بعضما بعضا, 77, 17, Alc. (abonar a otro). On trouve en outre chez Aboulf. Hist. anteisl. 52, 3 a f.: Jonas annonça aux Ninivites qu'ils seraient punis s'ils ne renonçaient pas à l'idolâtrie, وضمن لهم عن ربه عز وجلّ, où Fleischer traduit: «cuius rei Deum O. M. ipsum auctorem et sponsorem habebat.» — *S'engager, entreprendre, s'engager à faire quelque chose à certaines conditions, prendre sur soi, se charger de,* c. a r. *se charger, s'obliger, s'engager à, s'obliger par un contrat à,* Bc, Alc. (recebir a su cargo), Nowairî Espagne 478: ضمن له أن يقاتل بين يديه. — *Prendre à ferme,* avec ب du prix, Gl. Fragm., Djob. 306, 15, Maml. II, 2, 164.

II. ضمن لخسارة *assurer, garantir des pertes,* Bc. — *Engager,* donner pour assurance, Bc. — *Affermer, donner à ferme, louer,* Bc, Hbrt 177, Ht, Bat. II, 65.

IV *cautionner, répondre, se rendre caution pour quelqu'un,* Alc. (confiar debda).

V c. a r. et ل p., *rendre quelqu'un responsable de,* Cout. 12 v°: استخلفه في القصر وتضمّنه له. — Dans le Voc. *exigere,* qu'il traduit aussi par اقتضى et استدى.

VII dans le Voc. sous fideiubere.

ضمان Le pl. ات, Tha'âlibî Latâ'if 62, 7 (cf. Gl. Fragm.), Macc. I, 130, 7. بضمان بعضهم *solidairement,* Bc. Calâïd 58, 3 a f.:

ضمانٌ على الأيّام أن أبلغ المنى
إذا كنتَ في ودّي مُسِرّاً ومُعْلِناً

«le destin m'est garant que j'atteindrai le but de mes souhaits, puisque» etc. — *Ferme, convention par laquelle le souverain délègue à quelqu'un le droit de percevoir certains droits publics,* Gl. Fragm., Macc. I, 130, 7, Maml. II, 2, 164: خمّارات عليها ضمان للنائب «des cabarets sur lesquels on levait un droit au bénéfice du nâïb.»

ضمانة *caution, cautionnement, garantie, responsabilité, solidarité, sûreté,* Bc. — *Police,* t. de commerce, *contrat de garantie,* Bc. ضمانة بضائع *prime, prix de l'assurance des marchandises exposées à la perte,* Bc. — ضمانة شرعية بيمين *juratoire* (caution), *serment que fait quelqu'un en justice de représenter sa personne ou de rapporter quelque chose dont il est chargé,* Bc. ضمانة في ظهر تمسك *aval, souscription d'un billet fait par un autre, promesse de le payer,* Bc.

ضامن Le pl. ضُمَن, Gl. Belâdz., ضُمّان, Djob., ضُمَناء, Bc. — *Endosseur,* celui qui a endossé un billet, Bc. بدء ضامن *sujet à caution, douteux, dont il faut se méfier,* Bc. — *Fermier,* de Sacy Chrest. I, 203, 4, Maml. I, 1, 17, 236, Djob. 63, 19, 306, 12 et 14. L'expression ضامن الغلمان, 1001 N. Bresl. V, 107, 4, doit désigner «le fermier d'une maison de débauche» (dans Macn. صاحب الفتيات), mais le second mot est sans doute altéré. — *Accrédité, riche, qui a du crédit et de l'argent,* Alc. (abonado en hazienda); synonymes بخير et مرفّه (راجل). — *Collier d'argent des femmes Fellâhs,* Mehren 31.

ضامنة *carcan,* Mehren 31.

مُضَمَّن *récapitulation,* Alc. (recapitulacion). — *Conclusion,* Alc. (colusion, l. conclusion et cf. sous قصد).

مضمون *sommaire, extrait, précis,* Bc.

مضمون I, n. d'act. مَضْمَن, Lâmiat al-af'âl 3°o (Wright). لا يضمن به على الترك, «il n'hésite pas à le mettre de côté» (de Slane), Prol. III, 338, 4.

ضنين rare, guère, pas beaucoup, Bc.

ضنط

صْنَاط imberbe, Voc.

ضنى II amaigrir, Voc.

VII se consumer, maigrir, Bc.

ضَنَى, au fig., misère, souffrances, Lettre à M. Fleischer 176.

ضَنًى pour ضَنَا, origine, Gl. Mosl.

مُضْنَى moribond, Bc.

ضهد I n. d'act. vuig. ضهاد, P. Prol. III, 376, 3 a f.

VIII persécuter, vexer, tourmenter injustement, Bc.

ضهى III rivaliser avec, Voc. (contendere de pari), Abdal-wâhid 255, 4 a f., Cartâs 38, 11 (où il faut lire مضاهيا avec notre man.), 65, 11.

ضوأ

ضاء éclat, lueur brillante, lustre, Bc.

أرباب الضوء ضَوُوْ، ضَوُو les hommes préposés à l'éclairage, Maml. I, 2, 4.

أَضْوَءُ plus brillant, Calyoubi 37 éd. Lees.

N. B. Voyez aussi sous ضوى.

ضور V. Des auteurs juifs emploient ce verbe pour traduire העטף et התעלף, languir, perdre ses forces, Abou'l-Walîd 517, n. 29 et 30, cf. 290, n. 18, et voyez aussi Payne Smith 1525.

ضوطر I se trouve 1001 N. Bresl. VI, 289, 4 a f, et signifierait selon Habicht, dans le Gloss. joint à son VIIe volume, se mouvoir d'une manière lourde.

ضوع

ضَواع flottant, ondoyant, Macc. I, 543, 2 (cf. sur ce passage Fleischer Berichte 198).

ضول pour زَال, cesser, Mehren 31.

ضولمه (turc طولامه ou دولامان, du hongr. ou du polon., dit-on) doliman (habit turc), Bc.

ضوى I s'emploie dans la langue vulgaire pour ضاء, briller, Bc, Ztschr. XI, 683, n. 4.

II c. ل p. éclairer, donner, apporter de la lumière à quelqu'un, Bc, Hbrt 200, Ht.

IV rendre lumineux, faire briller, Gl. Djob.

ضوى, à Jérusalem, espèce d'asphodèle, Bait. I, 54 a (dans Sonth. il manque ici beaucoup).

ضَوَّى allumeur, qui allume les bougies, les lampes, Bc; الصَوِيَّة sont ceux qui portent des flambeaux ou des lanternes, Macc. II, 713, 1 (écrit ainsi dans Boul.; Dugat a donné الصُوَيَّة), 1001 N. II, 477, 1, IV, 707, 7 a f.

أَضْوَأ plus brillant, P. Macc. II, 554, 21, Abou'l-Walîd 227, 5.

مَضْوَآة (L, avec toutes les voyelles) ou مَضْوَى (Alc., Djob.), pl. مَضَاوِ, fenêtre, lucarne, œil-de-bœuf, petit carreau rond qu'on pratique au toit d'un édifice, L (fenestra), Alc. (lunbrera), Gl. Djob. Most. v° جخر بحل الى طاقات صغار ويجعل منه على مضاوى الطُلَف للمامات فيقوم مقام الزجاج, presque les mêmes mots chez Bait. II, 161 b, Amari 159, 8, Abou'l-Walîd 600, 31, 601, 3, 734, 2.

ضيح

ضواحي, suivi de بَرَّانِي, pl. ضواحج, faubourg, Bc; c'est une altération de ضاحية, que Bc a dans le même sens.

ضيد III. Au lieu de ضادّ, IIIe forme de ضدّ, le vulgaire en Espagne disait ضَايَد, probablement par l'influence de ضِدّ, et de même à la VIe forme اضَايَد, Voc. sous contrayriari et contrarium; voyez aussi chez Alc. les articles: competir de igualdad, contender, debatir et porfiar.

ضير I. On dit ضارب ضَيْرَة, voyez Kâmil 182, 20, 183, 8.

ضيع I. ضاع عقله perdre la tête, le sang-froid; ضاع الفكر ضاع عن الطريق l'esprit, l'attention se dissipe, Bc. — ضاع perdre le chemin, Bc. — Tomber dans la misère, Cherb. C, Bayân II, 31, 2 a f., R. N. 50 r°, en parlant d'un homme qu'on payait pour faire une chose et qui ne semblait pas s'acquitter de son devoir: فاتفقوا على قطع صلته فضاع الرجل وضاع اهله وعياله وودصل اليهم الضرير

ضيع

II c. d. a. ضَيَّع الدرب *égarer, détourner du droit chemin*, Bc. — ضَيَّع الزبائن *désachalander, faire perdre les chalands*, Bc. — ضَيَّع السكر *désenivrer, ôter l'ivresse*, Bc. — ضَيَّع البولاذ *détremper, ôter la trempe de l'acier*, Bc.

V dans le Voc. sous amitere, destituere, negligere.

X voyez sous حين X.

ضَيْع ou ضِيْع *misère, indigence*, Amari 153, 10, car c'est ainsi qu'il faut lire le mot qui, dans le man., n'a pas de points diacritiques.

ضَيْعَة *misère, indigence*, Abbad. II, 178, dern. l., Khaṭīb 70 r°: وصار بين يديه حافيا حزنا لما القاه. — *Hameau, village,* comme en espagnol aldea, qui en dérive, Gl. Edrīsī; Bc (*bourgade*) a le pl. ضِيَع, ضياع السلطانية, ضياع الخلافة, ou الضياع seul, *le domaine de la couronne*, Gl. Belādz. — « Les Sahariens donnent le nom de *daya* à des dépressions de terrain en forme de cuve, dans lesquelles s'accumulent les alluvions du voisinage entraînées par les eaux pluviales. La végétation de ces bas-fonds, entretenue par ces bas-fonds et l'humidité, forme souvent de fraîches et ombreuses oasis,» Colomb 27, cf. Jacquot 36—7, Margueritte 60 (daïa); *daïa, refuge des eaux; bassin naturel*, R. d. O. A. XV, 112, *daya, Binnensee*, Rohlfs 36.

ضيعان ضيعانه *c'est dommage*, Bc.

ضَيَاع ضِيَاع مَوْت الخلفاء «l'incurie dont on fait preuve quand les califes sont morts, le défaut de soin à l'égard de leurs cadavres,» Tha'ālibī Laṭāïf 87, 3. — *Misère, indigence*, Abbad. I, 63, 2 a f.

ضُيَيْعَة. Lane a ضُيَيْعَة, comme diminutif de ضَيْعَة, sous ce dernier mot, mais en ajoutant que les grammairiens désapprouvent cette forme. Le mot se trouve trois fois chez Khaṭīb 186 v°, 187 r°, mais avec les voyelles ضُيَيْعَة. Bc l'a sans voyelles sous *hameau*.

ضائِع pl. ضُيَّع *misérable, indigent* (cf. Lane TA), Abd-al-wāḥid 102, 12.

أَضْيَع *dont on prend moins de soin* (cadavre), Tha'ālibī Laṭāïf 87, 4.

تضييع nom d'un impôt établi en 305 H. sur les possesseurs des métairies (اهل الضياع) d'Ifrīkiya, (cf. sous ce dernier mot), وزعوا انه من بقايا التقسيط Bayān I, 184, 2. Ce terme semble formé de ضَيْعَة, *métairie*.

مَضْيَعَة et مَضِيعَة *misère, indigence*, Berb. I, 214, 2.

ضيف

II *traiter quelqu'un, le régaler*, Bc. — *Inviter, convier*, Alc. (conbidar). — *Apporter à quelqu'un les dons d'hospitalité*, Carṭās 100, 11, synonyme de تلقّاه dans la ligne précédente. — *Se loger*, Alc. (ospedarse).

IV c. الى *greffer sur*, Auw. I, 417, 4 a f., 418, 2 (où il faut lire avec notre man. ما يضاف اليه من الشجرة), 7, 14. — *Régaler*, Bc.

VII. Dans le Carṭās 111, 9, on lit انضاف على خدمته, dans le sens de: « il se mit à son service»; اطاف الى serait plus correct; notre man. porte: اطاف الى خدمته.

ضَيْف *seigneur, maître, patron, celui qui a des domestiques, des esclaves*, Voc. (dominus), Alc. (señor, amo de moço, amo de esclavo). — ضيف الله, *hôte de Dieu*, est le nom que se donne le voyageur, Pflügl, t. 68, p. 27. — بيت الضيفان *la chambre où logent les étrangers*, Hœst 265.

ضَيْفَة pl. أضياف *dame, maîtresse, celle qui a des domestiques, des esclaves*, Voc. (domina), Alc. (dama casi señora, señora, ama de moço o moça); — *princesse*, Alc. (princesa). — En espagnol daifa est *concubine*.

ضَيْفَة *réception*, Cherb. Dial. 7; *le droit des hôtes, l'hébergement*, Martin 86; c'est une altération de ضِيَافَة; Daumas écrit *diffa* ou *difa*.

ضِيَافَة *banquet, festin, régal, grand repas*, Gl. Edrīsī, Maml. I, 1, 76. — *Don d'hospitalité*, Abbad. II, 192, n. 23, Alc. (presente que se' da al huesped), Carṭās 98, dern. l., 100, 10. — *Don, présent*, Maml. I, 1, 76, à un étranger, Macc. III, 675, 3 a f.: قبلنا انا يوما بفاس اذا برجل من معارف بالاندلس سلّم علَيّ فقلت وجئت ضيافتك فبعثت ثوبا بعشرة دراهم — ضيافة القدوم *présent* ; فطلبت الرجل لادفعها له que les marchands étaient tenus de payer à leur arrivée, Maml. I, 1, 76. En espagnol adiafa signifie

ضِياف

les présents et les rafraîchissements que l'on donne aux navires qui arrivent dans un port, et en portugais *diafu* a le sens de ce qu'on donne aux ouvriers au delà de leur salaire, lorsque le travail est terminé. — *Droit d'étape, l'obligation de fournir gratuitement des vivres*, etc., J. A. 1843, I, 322. — Sorte d'impôt, Maml. I, 1, 76: فرض على كلّ قرية مالا سمّاه ضِيافَةً, Barth III, 511: « und erheben die *dhiâfa*, eigentlich ‚ das Gastgeschenk,' einen nach der Grösse der betreffenden Ortschaft abgemessenen Tribut. » — دار الضِّيافَة *espèce de caravansérail où certains voyageurs sont hébergés aux frais du gouverneur de la ville*, de Slane trad. de l'Hist. des Berb. I, 407.

ضَيّاف *hospitalier*, Gl. Edrîsî.

اِضافَة *greffe*, Auw. I, 406, 3 a f.

اِضافىّ *additionnel*, Bc.

تَضييف *droit d'étape, obligation de fournir gratuitement des vivres*, etc., ou bien *l'impôt en argent qui remplaçait cette obligation*, Bat. IV, 346, J. A. 1852, II, 222, 11 (où les mots qui suivent sont altérés).

مُضاف الزِّبل المضاف *l'engrais composé, compost*, Auw. I, 126, 4 a f., 130, 9. — *Alliage*, Descr. de l'Eg. XVI, 451, n. 1. — *Medhafe, chambre pour recevoir les étrangers*, Burckhardt Syria 293.

دار المَضيف *maison d'hospitalité, hospice*, Ibn-al-Athîr, Commentaire sur le poème d'Ibn-'Abdoun, man. de M. de Gayangos, 138 v°: يَبقى دار المَضيف يدخل وقعد على آثر المَضيف, Marâṣid II, 271, 2: البلد كلّ قادم التى انشِئَت في محلّ ببغداد لفطور الفقراء في شهر رمضان.

ضِيق I. ضاق به الوَقْتُ *être à l'étroit, être dans un état voisin de l'indigence*, Freytag Chrest. 35, 1. — ضاق عليه الخلّ *il manque de vinaigre*, Belâdz. 436, 12. — On dit ضاق بكذا الشيء dans le même sens que ضاق عنك الشيء (Lane à la fin), *la chose ne vous était pas permise*, R. N. 63 r°: Prenez ces cinq dînârs, c'est de l'argent bien acquis provenant de l'héritage de mon père, فلا تَضيق بك شيئًا واتَّسع بها. — *Se mettre en colère*, Cherb. C (Bou Saada); en ce sens منه, ضاق صدرى, Yâcout III, 342, 6; cf. sous عطس — ضاقَت نَفْسُه *être essoufflé, étouffer*,

ضِياف

respirer avec peine, avoir la poitrine oppressée, Bc. — ضاق صدره, Bc; ضاق خاطره *s'ennuyer*, Ht; aussi ضاقت نفسه في هذا الموضع *se déplaire, se trouver mal dans un lieu*, Bc. — ضاقت الرُّوح *tourterelle*, Hbrt 66.

II. الماء الذى لا تضييقَ فيه على أحدٍ, de Sacy Dipl. IX, 495, 1, qui traduit: « l'eau que nulle part on ne refuse à qui que ce soit. » — C. على *assiéger, environner, et assiéger, importuner par sa présence continuelle, persécuter, importuner*, Bc. — ضَيَّق نفسَه *essouffler*, Bc.

III. Khatîb 88 v°: مبتلى بوساوس فى ضنوته ياخمّل انّاس من اجله مَضْضًا في تاخير الصلوات ومصايقة الوقت; cf. l'expression ضاق الوقت *le temps manque.* أوقاتها

V c. على p. = II, Gl. Fragm.

VI *être à l'étroit, dans l'indigence*, 1001 N. Bresl. IX, 199, 3 a f. (Macn. a معسر, au lieu de متضايف). — C. عن, Khallic. I, 3, l. 5 Sl.: j'ai rédigé ce livre au Caire مع شواغل عائقة واحوال عن مثل هذا متضايفةً c.-à-d., *dans des circonstances défavorables*.

VII *être à l'étroit*, Fleischer Beiträge zur arab. Sprachkunde I, 173, qui cite: كون صاحبه كان منضاقاً على ديون

ضِيق مَضيق *malaise, détresse*, Bc. — ضيق خلق *ennui*, Ht, Barbier. — ضيق خُلُق *un caractère peu facile* (de Slane), Berb. I, 431, 1. — ضيق نَفَس *asthme, courte-haleine*, Bc, M; — *pousse, maladie des chevaux qui les fait essouffler*, Bc.

مَضيقة *persécution, importunité continuelle*, Bc. — *pauvreté, défaut d'abondance, de richesse dans une langue*, Bc. — مضيقة نَفَس *asthme, dyspnée, difficulté de respirer, étouffement, courte-haleine*, Bc.

ضَيّق *qui est rare, qui manque*, Gl. Belâdz. — ضيق العَطن et ضيق الصَّدر *impatiens*, Voc.; cf. sous عطن — ضَيّق النَّفَس *asthmatique, gros d'haleine; — poussif* (cheval), *qui a la pousse*, Bc. — ضَيّق خُلُقه *fâcheux, d'humeur bizarre*, Bc.

تَضييق *assujettissement*, Bc.

مُضَيَّق رجل مضيّف اللثام *homme voilé*, Bc

ضين III *durer* (en parlant d'un objet qui fait un long usage), Bc, Delap. 136. — *Résister, s'opposer*, Hbrt 115. ضيبان النبيذ *lie de vin*, Bc.

ضيّى (pour ضَوَّأ) *éclaircir*, Alc. (enluzir lo escuro).

V *s'éclaircir*, Alc. (esclarecerse).

ط

طَاء *la lettre tâ*. الطَّاعُون et الطَّاعَة sont الطَّاعَاني, l'obéissance au souverain et la peste; on disait qu'elles étaient propres à la Syrie, Tha'âlibî Latâïf 96, 6 a f. et suiv.

طَابُو *sorte d'impôt*, M (sous طيبو).

طَابُوس ? Dans Bat. IV, 248, je crois devoir lire طوانيس, au lieu de طنوايس; voyez sous طَوْنَس.

طَانَوِيت *vanneau*, Bc, Hbrt 186.

ضَأْضَأَ VIII. Dans deux vers on trouve اطْأَطْأَ avec le sens d'*être fermement établi*; voyez Gl. Mosl.

طَارِطْقَه est signalé comme un mot latin ou espagnol par Bait. II, 149 e (بالطّلينيين) et dans le Gl. Manç. (v° ماويذانه), mais le vulgaire en Espagne (c.-à-d. les Arabes) l'employait aussi, Bait. II, 459 b (AB). C'est l'espagnol *tartago*, qui signifie *catapuce, épurge, Euphorbia Lathyris*.

طَارُوس *souffle*; على الطّاروس *quand le vent est favorable*, Gl. Edrîsî. — *Chien de chasse*, Ht; le Voc. a طَرُوس sous *canis*, et chez le Morisque Alonso del Castillo طَوْرُس est *un chien qui chasse aux perdrix* (Simonet).

طَاشُور, طَاشِير, طَاشِر. Prol. II, 194, 1:

ششيبة زرقا بدل العماما وطاشرا ازرق بدل الغفارا

M. de Slane traduit: «(Il nous a donné) une calotte bleue en place de turban, et un *tacher* bleu en place de coiffe,» en ajoutant cette note: «Le *tacher* était apparemment un petit bonnet de toile qui se mettait sous la calotte. Ce mot n'existe ni en arabe ni en berber.» Mais ce savant s'est trompé: طاشر, de même que غفارا, ne désigne pas une espèce de coiffure (le versificateur avait déjà nommé la coiffure dans le premier hémistiche), mais une sorte de manteau, رداء, témoin ce passage du R. N., 62 v°:

فراد يوما لخروج

الى دار سحنون فاخذ ابو طاشيره لئلّا يمضى الى دار

سحنون فاخذ جبلة مقنعة امه فتردى بها ومضى فلما

رآه سحنون قال له سحنون ما فعل طاشيرك يا جبلة فاخبره بما فعل ابو فلما سحنون خادمًا له فقال ابتدى بالمدرج فأناه به فدفعه الى جبلة قال يا جبلة فلما خرجت دعاني رجل اندلسى فقال يا جبلة هل لك فى ثوب اكبر من هذا يُقطع ثوبا وطاشيرا فقلت له افعل فمضى الى خياطا ودفع اليه الثوب وقال له اقتضى لهذا من هذا ثوبا وطاشيرا ففعل واعطاه حقّه وواعده ان يدفعه الى العصر واخذ الثوب متى ثم عدنا الى الخياطة فاخذت منه الثوب ولبسته الخ. Le Voc. atteste aussi que ce mot signifie *manteau*, car il donne طواشير, pl. طاشور, sous *capa*, de même que غفار, et M. Simonet m'apprend que, dans la collection arabe des canons (man. de l'Escurial), طياشير correspond à *pallia*.

طاشة (esp.) *if*, Alc. (teja arbol conocido).

طاص. Le Gl. Manç. a sous كرذمانة (voyez): اكثر المفسّرين وعقدتهم على انه النبات المسمّى بالمغرب الشّـنـان (المثنان l.). ويسمّى الطّاص بين الصّاد والزّاي. Je soupçonne que c'est un mot berbère.

طَأْطَأَ I, *seul, baisser la tête*, Bc, 1001 N. I, 31, 131. — *Se baisser*, Bc, Ht (qui écrit طعطى). — C. p. (voyez Lane TA), Macc. I, 799, 9. — Aboû'l-Walîd 270, 20, explique les paroles d'Isaïe (XIV, 23): מַאֲטֵאתֶיהָ בְּמַטְאֲטֵא הַשְׁמֵד (everram eam (Babylonem) everriculo internecionis) par: وأطأطئها اى وانفضها; cf. le Thesaurus de Gesenius 547 b.

طَاطَرِى, à Damas et en Egypte, *vendeur de toile de coton blanche et fine*, Lobb al-lobâb (cf. le Supplément).

الطَّاطَرِىّ, ou الدّرهم الطّاطرىّ, pl. الطّاطريّة, *monnaie d'argent dans l'Inde*, qui valait un dirhem et dem' d'argent pur. Ce mot, a écrit M. de Goeje dans le Gl. Belâdz., vient de στατήρ, qui a passé dans le pracrit (thâtiri); mais il me dit qu'en comparant Mocaddasî 482, 3, où c'est الطاطرا, il le considère à présent comme la première moitié de τετράδραχμος.

طاطلغ *stramonium*, plante nommée aussi Pomme épineuse, ou Noix mételle, Bc; cf. Devic 163.

طاطوى *coucou*, Bc.

طافوس dans des glossaires coptes = τάφος et ἐπιτάφιον, Fleischer Gl. 71.

طالخشفوق *laceron* ou *laiteron* (plante laiteuse), Bc.

طالسفر. Voyez Bait. II, 147 e; écrit ainsi dans ABS; dans le Most. La on trouve d'abord طالِمشَفَر, N وراَيته الطالبشفر, et ensuite dans La الطالشفير où N a.

طالَقانى. Une sorte de feutre s'appelait اللُّبود الطالقانى parce qu'elle se fabriquait à at-Tâlecân dans le Khorâsân, Ya'coubî 65, 11. Elle était inférieure au feutre de la Chine et même à celui du Maghrib, Tha'âlibî Latâïf 128, 7; cependant sa réputation était si grande, qu'on l'imitait au Maghrib même, et que طيلقان (qui est une altération de طالقانى, par suite de l'*imâla*) y désignait *le feutre*, Yâcout IV, 164, 3, en parlant de Cal'a Hammâd: يُتخذ بها لبابيد الطيلقان جيدة غاية, on y fabrique des tapis de feutre, qui sont superfins;» l'anonyme de Copenhague 45: وركب السودان على الحجب البيض بايديهم الدرق وعلى روسهم طراطير الطبلقان الشديد الحمرة.

طالِيغون, طالَيغون est: 1° un amalgame de six métaux, à savoir d'or, d'argent, de cuivre, d'étain, de plomb et de روح توتيا; voyez le Dict. de Vullers; 2° un cuivre préparé, jaune et très-dur, appelé en persan جوش قفت (bouilli sept fois), et qu'on tirait de la Chine; voyez Cazwînî I, 230, 1 et suiv., Bait. II, 149 b, 551 a, Most.: حجر الطالقون هو الصينى واما الطالقون فهو جنس من النحاس غير ان الاوليين القوا عليه ادوية حادة حتى حدث في جسمه سَم; 3° un fer préparé, qui venait aussi de la Chine, Cazwînî II, 36, 7 a f. D'après de Sacy, Chrest. III, 457, 5 a f., c'est une altération de καθολικόν, et cette étymologie est fort plausible, surtout quand on fait attention à la 1re signif. du terme, pourvu toutefois qu'on puisse prouver que καθολικόν a réellement été employé de cette manière par les alchimistes.

طالينوس voyez طلينا.

طاوة *poêle à frire*, Domb. 92; c'est le turc طابه, vulg. طاوه, qui vient du pers. تاوَ (en arabe ce mot est devenu طابق).

طاى *thé*, Hœst 153, Riley 437.

طايْب «arbuste dont la feuille donne une décoction analogue à celle du thé, plus, agréable même, au dire des gens de Kuelâa,» Daumas Kab. 409 n. (thaye).

طب I c. على *arriver dans*, Ztschr. XXII, 121.
III. طابب *être sur les dents*, harassé de fatigue, Bc. VII quasi-pass. de la Ire, Voc. sous mederi.
X c. a. p., Autob. 213 v°: استطب يستطب. الطب الروحانى, chez les Soufis, *la connaissance du cœur humain et de ses maladies, ainsi que l'art de les guérir*, etc. Un chaikh qui possède cet art s'appelle طبيب روحانى, M.

طبّة *balle, paume, boule*, Hbrt 114; cf. طابة; c'est le turc طوپ ou طوب, qui a le même sens.

طبى *médical*, Bc.

طابب *recru, las, harassé*, Bc.

طَبيب. طبيب روحانى voyez sous طب.

طبائب. Dans le vers du Diw. Hodz. (6, vs. 3):
أخى لا أخا لى بعدَه سبقت به
منيتُه جمع الرَّقى والطبائب
les gloses (p. 8) considèrent طبائب comme un pl. de طبيب, *médecins*, ou, comme elles disent, *sorciers*. Il est vrai que فعائل est quelquefois, quoique rarement, le pl. de فعيل (voir la Gramm. de Wright I, 242); mais à mon avis ce sens ne convient pas; il faut un mot comme الرقى. Dans le vers de Moslim: انحب سم طعمه متلون بفنونه أقنى دواء طبائب on pourrait traduire *médecins*; mais M. de Goeje,

qui considère طَبَائِب comme un pl. de طَبَابَى, le rend par *médicaments*, et j'incline à lui attribuer la même signif. dans le vers du Diw. Hodz.

طبج.

طَبَجِيّ (turc طُوبْجِى) pl. طَبَجِيَّة *artilleur, canonnier*, Bc.

طبخ I, n. d'act. طَبِيخ, Gl. Edrîsî, Cartâs 72, 9 a f. Remarquez la construction dans Bait. I, 95 b (AB): واذا كان غضّا طَبَخْنَ بِه القُدور, « quand ils sont frais, on les cuit dans des chaudrons. »

V *être cuit*, Payne Smith 1431.

VII *digérer, cuire*, t. de chimie, Bc. — *Etre brisé*, comme احْمَضّ, Payne Smith 1424.

طَبْخ *fournée*, quantité de pain, etc., qui peut cuire à la fois dans un four, Alc. (hornada una cozedura). — *Artificiel*, Bc. — طَبْخ الخَمْر *du vin cuit*, L (carenum).

طَبِيخ *coquibilis*, Voc. — طَبِيخ بَائِت *rogatons*, mets réchauffés composés de restes, Bc. — *Lait cuit*, Gl. Esp. 343. — *Repas*, Werne 30. — دَار الطَّبِيخ *cuisine*, Gl. Edrîsî. — *Composition*, préparation pour imiter un métal, des pierreries, Bc. — *Elegans (pulcer)*, L; est-ce une faute?

طَبَّاخِى *friand*, qui aime les bons morceaux, *gastronome*, Bc.

طَبَّاخ. Le fém. ة *cuisinière*, Abou'l-Walîd 689, 1. — Pl. طَبَابِيخ *potager, fourneau pour faire les potages*, M. — شُوَا الطَّبَّاخ voyez sous le premier mot.

مَطْبَخ *manufacture*, Descr. de l'Eg. XVIII, part. 2, 139; « مَطَابِخ السُّكَّر والصَّابون *raffineries et savonneries*, » Macc. I, 689, 2, 694, 18. — *Potager*, fourneau pour faire les potages, Bc.

مَطْبَخَة pl. مَطَابِخ *cuisine*, Voc., Alc. (cozina, maestre sala), Gl. Djob., Bat. IV, 82, 273. — Abou'l-Walîd, 689, 3, remarque à propos des paroles d'Ezéchiel XXIV, 10: וְרַתַּח הַמֶּרְקָחָה (Gesenius: *condi condituram*, condi carnem sale, nisi mavis: *coque coctu-*

ram): واَطْبِخِ المَطْبَخَة بِفَتْح المِيم, et à propos de celles de Job XLI, 23: יָשִׂים כַּמֶּרְקָחָה (Gesenius: *mare reddit instar unguentarii*, sc. ferventis et spumantis): كالمَطْبَخَة بِكَسْرِ المِيم.

مَطْبُوخ *décoction*, bouillon de plantes et drogues, Bc. — *Rob de raisins*, Bait. II, 522 c, *rob de figues*, M. — = التَّنْطِيم (?) chez les modernes, M.

مَطَابِخِى *traiteur*, Casiri I, 145, n. a.

طَبْخَانَة (turc طُوبْخَانَه) *parc, endroit où l'on place l'artillerie, les munitions; batterie* (Barb.), Bc.

طبر.

طَبَر *hache* (Abou'l-Walîd 238, n. 79), forme au pl. أَطْبَار, Gl. Fragm., de Sacy Chrest. II, 268, 6 a f. — أَمِير طَبَر *celui qui commande les tabardârs*, Maml. I, 1, 100.

طَبَرِى *tubéreuse* (fleur), Bc.

طَبَارِيّة pl. طَبَارِى *jarre*, Ht, pot en terre à deux anses, Cherb.

طَبَيْرِيّ *pot en terre à deux anses*, Voc. (vas), Alc. (orça vaso de barro, parra de barro), Lerchundi (tinaja).

طَابُور (turc, tiré du polonais) pl. طَوَابِير *légion*; طَابُور شَرَف *légion d'honneur* (ordre); طَابُور خَيَالِيَة *escadron*, Bc.

طُوَيار *poisson du Nil*, Mehren 31.

طَبَرْدَار (pers.) pl. طَبَرْدَارِيّة *porte-hache*; «les *tabardârs* sont des enfants de milice (اَوْلَاد الجُنْد), commandés par un émir. Dans les marches du prince, ils sont autour de lui, se tenant à sa droite et à sa gauche, tout prêts à frapper un ennemi qui oserait, sans permission, s'approcher du monarque. Ils sont au nombre de dix, » Inchâ cité Maml. I, 1, 100.

طَبَرْدَارِيّة *le métier de tabardâr*, M.

طِبْرِز. Biffez ce mot chez Freytag. Dans le passage de l'Hist. Joct. qu'il cite, on lit طِبْرِزِين, qui est un sing., et non pas un pl., comme il semble avoir cru.

طَبَرْزَد. المِلْح الطِبْرِزَد *sel gemme*, Bait. II, 152 b: المِلْح Most.: الطِبْرِزَد هو الصلب الذى ليس له صَفَا مِنه طَبَرْزَد وهو الاَنْدَرَانِى.

طَبَرْزِين pl. ات *hache à deux tranchants*, Voc. (bipennis, et en note: pica ferri), Alc. (hacha que corta de dos partes), que l'on pendait souvent à l'arçon de la selle وهو فَلْس السَّرْج, Gl. Manç. v° (طبرزد), Abbad. II, 119, Gl. Fragm., Dîwân de Djarîr, man. de St.-Pétersbourg, 142 v° (Wright), Abou'l-Walîd 238, n. 79—81, Saadiah ps. 35, vs. 3, ps. 46 et 57, Payne Smith 1149. Le vulgaire en Espagne a altéré ce mot, car le Voc. écrit طَرْبَزِين, et Alc. *trebezin*.

طَبَرْكُون *qui a la croupe anguleuse (pointue) et longue* (cheval), Auw. II, 499, 3 a f., où il faut lire ainsi, au lieu de طَبَرْكُون, car c'est le persan تَبَرْكُون, qu'on trouve expliqué par *hollow-backed* (a horse).

طَبَرْنَة (esp.) *taverne, cabaret*, Alc. (taverna de vino, bodegon), qui a le pl. ات, طَبَارِن chez Beaussier.

طَبَرْنِيرُ (esp.) *cabaretier*, Alc. (tavernero), et au fém. طَبَرْنِيرَة, Alc. (tavernera).

طَبَس.
طِبْس, *loup*, a le pl. طُبُوس, voyez sous لَبَن.
طَبْسَى ou طَبْسَى, pl. طَبَاسَى, *plateau, plat verni sur lequel on sert le café, etc.*; — *soucoupe*, Bc; — *assiette*, Hbrt 202 (Barb.). Cf. sous le ت.

طَبْسَن.
طَبَاسِين, qui semble un pl., se trouve comme le nom d'un animal, du porc-épic, du lapin ou d'un autre, dans Payne Smith 1192.

طَبْسِيل *plateau*, Domb. 92.

طَبْش.
طَبْشَة et طَبْشَى *coupe en bois*, Ztschr. XXII, 150.
طَبَاش *ivoire*, Ibn-al-Djezzâr, Zâd al-mosâfir: طَبَاش وهو عظم الفيل ويقال له ايضا العاج.

طَبْشِر.
طَبَاشِير *doit avoir un sens que Freytag ne donne pas*, et semble désigner la matière dont on fait certaines coupes, car on lit chez Macc. II, 799, 10, أقداح طباشيرية, ou, comme portent un man. et l'éd. du Boulac, طباشيرية. Dans la Descr. de l'Ég. XVIII, part. 2, 415, on trouve: زير طباشير *jarre très-volumineuse, sur le corps de laquelle on place des* قُلَل *à plusieurs étages*.

طَبْطَب I c. على *tapoter, donner de petits coups en badinant*; c. ل p. *caresser en frappant légèrement l'épaule avec la main, flatter de la main*, Bc.
طَبْطَاب *jeu de boule et l'endroit où l'on joue à la boule*, Fleischer Gl. 28. — Comme نُحَمُّطَا, *crosse pour pousser une balle*, Payne Smith 1502.

طَبَع I. طَبَع على ثلاثين مثقالا ,il mit trente mithcâls dans un papier qu'il cacheta,» Abbad. I, 313, 16. — *Marquer avec un fer chaud* (Lane), Richardson Morocco II, 237: Le Bey s'appropria les chameaux, etc., de ses sujets, « which were then marked (*tabâ*) *à la Bey;* — the red-hot iron put to their legs.» — C. ڢ *faire impression sur, se communiquer à, p. e.* en parlant de parfums dont l'odeur se communique aux vêtements, Bait. I, 51 a: الأشنة في طَبْعها قبولٌ الرائحة من كل ما جاورها ولذلك تَجْعَل جَسَدًا في الذَرَائِر اذا جُعِلَت جَسَدًا فيها ثم تطبيع في الثَوب (A omet les deux derniers mots). — طبع في عَقْلِه *imprimer des sentiments dans l'esprit, le cœur, inculquer*, Bc. — C. على *faire des taches sur*, Abbad. II, 175, 3 a f.: il ne possédait que trente dînârs qu'il portait dans son soulier, وطبع عليها ثَمّ. cf. طَبَع dans le sens de *tache*; mais on peut aussi prononcer طَبْع (voyez), ou conserver la leçon du man. واَطْبَع, puisque la IVe forme (voyez) se substitue à la Ire. — *Dérouidir*, ôter la roideur, au fig., Bc.
II c. a. dans le Voc. sous *naturalis*. — *Assouplir, rendre souple*, Bc. — *Dompter des animaux*, Bc, M; يَطَّبَّع *domptable*, Bc. — *Naturaliser une plante exotique dans un pays*, Bc. — *Façonner*, Bc. — *Faire des taches*, Voc. (*maculare*); cf. sous I.
IV, pour la Ire, *sceller*, Voc.; Alc. donne مُطْبِع *scelleur* (sellador). — *Marquer, mettre une empreinte, une marque sur une chose pour la distinguer*, Alc. (consignar, qu'il traduit aussi par رشم et اختم, marcar plata). — *Ajuster, faire accorder*, Alc. (igualar); مُطَّبِع *médiateur, qui moyenne un accommodement*, Alc. (medianero por tercero). — *Arranger, orner, parer*,

طبع 22 طبع

embellir, Alc. (afeitar como quiera), Çalât 19 v°: وكذلك انال الفعَالَة والبتَّاتين والصَّنَّاع بركات وخَيرات حيـن استحسن ما صنعوه ووضعوه، وجـاءوا فيه على الغرض الذى نفذ به الامر المَنَاع بالوصف الذى سمعوه، واستقرّ فى افهامهم فانطبعوا فى بنائه واطبعوه، وشادوا فى ذلك بناء لخورنق والسدير. — *Être d'accord*, Alc. (concordar uno con otro). — *Essayer de l'or*, Alc. (quilatar oro). — *Faire des taches*, voyez sous I.

V. تطبَّع بـطَبْع *prendre les habitudes et le caractère de*; التَّطَبُّع يغلب الطَّبْع «chassez le naturel, il revient au galop,» Bc. — *Avoir des taches, être taché*, Voc.

VII *se soumettre, s'accommoder, se conformer, convenir, être du même avis*, Alc. (apañar enformar, — mais je crois que c'est une faute et qu'il faut lire: apañarse conformar, — avenirse, avenir conformar, conformarse, concertarse, concordar en uno, igualarse, desigualar o desabenir), *plier, se soumettre*, Bc; لا ينطبع *indomptable*, Bc; voyez le passage de Çalât cité sous la IV° forme, Abbad. I, 41, 8 = Macc. II, 625, 14; dans les Add. M. Fleischer a soupçonné à tort qu'il faut changer انطباعها en انطباعها, et Lane s'est trompé aussi en contredisant Golius. — *Avoir du talent, du génie, composer facilement, spontanément des vers*, l'opposé de تكلَّف, Abd-al-wâhid 227, 12: قلَّ انطباعها وظهور تكلَّفها Badroun 3, l. 7, Khallic. I, 384, 5 a f. Sl., Djob. 222, 14, Macc. I, 583, 10.

X c. a. p. *trouver que quelqu'un a de l'esprit ou du talent, qu'il est* مطبوع (voyez), Macc. II, 177, 3 a f.

طَبْع, *complexion, tempérament, qualité*, forme au pl. طِبَاع, Bc; *naturel*, pl. أطباع, Bc. — من احتبس طبعُه *celui qui a des obstructions*, Djauzî 147 v°. — Dans le sens de *manière, mode, forme*, a chez Alc. le pl. طِبَاع (manera modo o forma). — Le pl. أطباع *manières*, Bc. — Pl. اطباع *espèce*, Bc (Barb.), Ht. — Pl. طُبوع *qualité, accident*, Alc. (calidad o acidente). — *Élément*, Bc. — *Talent poétique*, Abbad. I, 326, n. 7. — *Accord, convention, accommodement, pacte, condition, traité*, Alc. (avenencia, iguala en el pleyto, pato o partido, tratado por concierto), aussi طبع

بشرط, Alc. (partido por condicion). — *Grâce, gentillesse*, Alc. (gracia en hermosura, gracia como quiera). — *Monopole*, Alc. (monipodio de los que venden). — Pl. طُبوع *tache*, Bait. II, 545 b (Edrîsî): وهو يقلع الآثار والطبوع السود عن الثياب البيض ويزيلها. — *Ton* (en musique), Alc. (tono en la musica), نصف طبع *demi ton ou semi-ton*, Alc. (semitono en la musica), خرج من الطبع *détonner*, Alc. (desentonarse en canto), أخرج من الطبع *faire détonner*, Alc. (desentonar a otro), قليل الطبع *détonné*, Alc. (desentonado en canto), قلّ الطبع *désaccord*, Alc. (desacuerdo en sones), بقلّة الطبع *discordant*, Alc. (desacordada cosa en sones). — Pl. طُبوع *mode de musique, mélodie*, Alc. (canto cosa puntada طبع الغنى), Hœst 258, Macc. I, 120, 4: اندفع يغنى بصوت ندى. — Pl. طبوع *musique, l'art du chant*, وطبع حسن Alc. (musica arte de cantar); aussi علم الطبوع, Alc., qui l'a sous musayca obra antigua, ce qui signifierait *mosaïque*, mais c'est une erreur: ses trois mots arabes se rapportent à *musique* (musica), et il n'en a aucun pour *mosaïque*. — طبع مثنى *consonnance, accord agréable de deux sons*, Alc. (diapason consonancia). — طبع خامسة (sic) *diapente, quinte de musique*, Alc. (diapente).

طَبْعَة ثانية، طَبْعَة *réimpression*, Bc. — مسهول الطبع *il a le dévoiement*, Bc. — *Boue, bourbier, fange*, Hbrt 41 (Alg.), 175, à Alger *boue*, à Constantine *amas de boue*, Martin 170 n.

طِبْع est fém., Fleischer sur Macc. I, 626, 23 Berichte 208, Lettre à M. Fleischer 87.

طبيعة، علم الطبيعة *physique*, Haiyân-Bassâm III, 28 v°. — طبائع, dans l'alchymie aussi *les quatre éléments*, de Slane Prol. III, 211, n. 1. — يعقل الطبيعة *il occasionne des obstructions*, Bait. I, 24 c; احتبس الطبيعة *avoir des obstructions*, souvent chez Chec. 204 v°; aussi تعذّرت طبيعته 213 r°, استمساك فى الطبيعة *ibid.*; اعتقال الطبيعة *ibid.*, الاحتقان للطبيعة الطبيعة *donner un clystère*, Macc. III, 133, dern. l.

طبع

طَبِيعِى *élémentaire*, qui appartient à l'élément, Bc. — *Physicien*, Bc, Gl. Manç. v° شغيف et ailleurs. مذهب الطبيعيين *naturalisme*, Bc. فيلسوف طبيعى *matérialiste*; — Ethica (ars moralis), L. الابن الطبيعى *bâtard*, Hbrt 30.

طَبَائِعِى *physicien*, Bc; الاطبّاء الطبائعية, Ztschr. XX, 509, 10.

طَبَّاع *monnayeur*, Gl. Belâdz. — *Imprimeur, typographe*, Bc.

طابِع forme au pl. طَوابِع, Voc., Alc. (selladura), Bc. صاحب الطابع le premier ministre à Tunis, Blaquiere II, 201, R. d. O. IV, 88. — *Cachet au fig.*, les traits particuliers du visage, Tha'âlibî Latâïf 108, 6. — Pl. طوابع écrit scellé par lequel le cadi somme quelqu'un à comparaitre devant lui, *sommation*, Mohammed ibn-Hârith 237, 238, 286: فقال يا قاضى المسلمين ان فلانا غصبنى دارا فقال له عمرو بن عبد الله القاضى خُذْ فيه طابعا فقال له الرجل الضعيف متى يسير الى مثله بطابع لَسْتُ آمَنُه على نفسى فقال له القاضى خُذْ فيه طابعا كما آمرُكَ فاخذ الرجل طابعه ثم توجّه اليد به — فلم يكن الّا ساعة اذ رجع الرجل الضعيف فقال له يا قاضى اتى عرضتُ عليه الطابع عن بُعْدٍ ثم هربتُ اليك فقال له عمرو اجلس سَيُقْبِل 295: قام عليه بعض اهلها فى مال ادّعاء فى يديه فبعث فيه بطابع فلما وقف بطابع القاضى زجره وامر 296: بضربه فقال له القاضى جالس فى المسجد وهذا .حلابعى وهو يأمرك بالنزول اليه فقال سمعا وطاعة — *Signe, marque servant à canceller, rayer, annuler un acte*, Alc. (señal para cancelar escritura). — Pl. طوابع *figure d'une mosaïque*, Gl. Djob. p. 21. — Même pl. *tablette, médicament solide d'une forme aplatie*, Chec. 214 r°, après avoir nommé les ingrédients d'un médicament: تُدَقّ فُرَادَى وتُجْمَع ماءً ورد وتُعْمَل طَوابع — طابع الاسد ou لَعْصى, *le sceau du lion*, ou *le sceau du caillou, sorte de talisman* décrit Prol. III, 130, 8 et suiv.

تَطْبِيعَة *tache*, Voc.

مَطْبَع pl. مَطَابِع *presse, machine pour imprimer*, Bc.

مَطْبَعْجِى *imprimeur*, Bc.

23

طبق

مَطْبُوع *naturel, simple* (style), Prol. III, 351, 3, Berb. I, 24, 8. — *Celui qui parle ou écrit naturellement, spontanément, sans effort*, Haiyân 33 v°: وكان مطبوعا يسهل القول عليه Macc. I, 541, 3 a f.: مطبوع النوادر «sachant plaisanter sans effort.» — *Gracieux, agréable*, Alc. (gracioso), *gracieux, spirituel* (vers), Abd-al-wâhid 21, 2, cf. Djob. 96, 17, Ztschr. VII, 368, 6: وزن مطبوع (Flügel: ein artiges Versmaass). — *Formel*, Alc. (formal). — C. ب *broché de*, 1001 N. Bresl. IV, 151, 9: شمشك المملوك له تقتم (مثقال ذهب =) — *Ducat*, مطبوع بالابريسيم والحرير الاخضر Hœst 280.

طبق I c. على r. *étouffer* une affaire, Bc. — *Fermer*, comme la IVᵉ, كتنا «un livre,» يده «la main,» Bc, 1001 N. I, 125, 8, 201, dern. l., une fenêtre 569, 3 (مطبوق), un souterrain, IV, 570, 7; *fermer un coffre sur* (على) quelqu'un, Bresl. XI, 104, 3 a f.: قم وادخل فى هذا الصندوق فدخل elle lui dit: وطبقت عليه. Sous les articles claudo, concludo, obduco (*lisez* obduro, ce qui est pour obturo), obserat, obturo (ut obduro), L donne أُطَبَّق, ce qui peut être la IVᵉ forme, qu'il prononce constamment ainsi (il a أُصْبَاق conclusio), mais aussi la Iʳᵉ, et il a مَطْبُوق sous concluus. — *Resserrer*, Bc. — طبق اليدين *joindre les mains*, Bc. — *Se rejoindre* (parties séparées), Bc. — C. على *plaquer*, appliquer une chose plate sur une autre, Bc. — C. على *fondre sur, assaillir*, Lane trad. des 1001 N. III, 729, n. 9, 1001 N. I, 388, 7 a f., Bresl. IV, 168, 2 a f., VI, 199, 9, IX, 363, 10. Aussi c. ه, Bresl. III, 385, 3, Antar 80, 5. — C. على *saisir*, 1001 N. Bresl. IX, 281, 5: انا عرفتُك من ضيقك على الفلوس والصحون où Macn. a قبض يدك على; cf. sous طبقة.

II. طبّق الارض بالدوران «il parcourut toute la terre,» Khallic. I, 481, 13 Sl. On dit de même ضبّق الليلة, à sous-entendre بالصلاة, *prier toute la nuit*, R. N. 42 r°: وقال سحنون كنّا نرابط بالمنستير فى شهر رمضان وكان موسى اكثرنا صلاةً فاذا كان ليلها — سبع وعشرين من رمضان ضبّقها من اولها الى اخرها C. a. dans le Voc. sous tristari; cf. sous la IVᵉ forme. — *Appliquer, mettre une chose sur une autre*, Bc. — C. على *adapter, approprier*, Bc. — *Serrer, plier*, Bc.

— *Diviser en classes*, Haiyân 6 v°: طَبَّقَهُمْ طَبَقَتَيْنِ «il les divisa en deux classes.» — *Couper un mouton, un veau, etc., en quartiers*, Alc. (cuartizar); cf. طابق. — طَبَّقَ اوراقَ الكِتابِ *arranger en ordre* (assembler) *les feuilles éparses d'un livre*, Bc. — طَبَّقَ بِالجَمْرِ *revêtir un fossé, un bastion, lui faire un revêtement*, Bc. — *Comme la Ire et la IVe, fermer*, 1001 N. Bresl. XI, 108, 5: ادخل فى التنور وطَبِّقْ راسَهُ عليكَ »

III c. على *accommoder, conformer, approprier, conformer à*; c. على ou مع *conformer, rendre conforme à*, Bc. — C. على ou ل *correspondre, se rapporter à, répondre par symétrie*, Bc. — *Soutenir son caractère, agir en conformité avec l'idée qu'on a donnée de soi précédemment*, Bc.

IV, dans le sens de *couvrir*, aussi avec على (Lane), Macc. II, 77, 11, Djob. 194, 14, Bat. I, 264, 1001 N. Bresl. VI, 291, 3 a f., Belâdz. 120, 9: سَيْفٌ مَرَّ وكان فيما علِمْنا خَيْرٌ ممَّا أُطبِقَتْ عليه الجُفُونُ (l'éditeur a corrigé le خير du texte dans l'errata, et أَطْبَقَتْ me semble préférable à أَطْبَقَتْ). On trouve aussi la constr. incorrecte: اطبق على العجبِ »il couvrit le puits d'une grande pierre,» 1001 N. Bresl. VI, 192, 6. Au fig., avec l'accus., Macc. II, 435, 13: أَطْبَقَهُ اغتمامٌ »il fut accablé de tristesse.» — Dans le sens de *fermer* (Lane, Voc., Bc, de Jong, Abbâr 233, 5, R. N. 79 v°, 1001 N. III, 305, 4, corrigez le Gl. Badroun); on dit يُطْبَقْ عليكَ الدَّفْتَرُ, *proprement: le registre sera fermé lorsque vous serez inscrits*, c.-à-d.: vous serez les derniers inscrits (تَكْتبُونَ آخِرَ الناسِ), Belâdz. 450, 4 (dans le Gloss. on lit à tort يَطْبَقْ). — اطبق على فلان الحمامَ او البئر *il boucha avec de la maçonnerie les soupiraux de la salle de bains (ou l'orifice du puits), où un tel se trouvait*, Gl. Fragm.; dans les Prol. I, 59, 5: اقل للحمامات اذا أُطْبِقَتْ عليهم (c.-à-d. de sorte qu'on exclut l'air froid). — اطبقوا عليه, dans le sens de *ils l'entourèrent de tous côtés* (Hamaker cité par Freytag, Lane MA), aussi Berb. II, 160, 12, et peut-être 1001 N. I, 703, 5, mais dans ce dernier passage ce verbe pourrait aussi signifier *fondre sur*. — C. على p.

fondre sur, assaillir, Freytag Locm. 60, 10, 1001 N. I, 674, 9, Bresl. IX, 366, 4. — أُطبِقَ عليه الدَّلالُ »le commissaire-priseur lui adjugea la chose,» 1001 N. Bresl. IV, 343, 4. — Je ne sais pas précisément quel sens il faut attacher à ce verbe dans les 1001 N. I, 86, 5: الاقطارُ قد اظلمتْ وارعدتْ وابرقتْ وزمجرتْ الارضُ واطبقتْ الدنيا; Torrens traduit: »earth met the vault of heaven,» ce qui est peut-être bon.

VI *se suivre (feuillets d'un livre)*, Bc.

VII *être couvert, au fig., être obscur*, Ictifâ 166 r°: وجدَ المدينةَ حاويةً على عروشها مُحْرَقةً سوداءَ مظلمةً منطبقةً. — C. على *couvrir* (Lane sous la IVe, mais sans autorité), Asâs, Djob. 86, 13, 100, 3, 1001 N. III, 10, 5. — *Se fermer* (Lane sans autorité), Bc (*se fermer, se resserrer*), Gl. Edrîsî, de Jong, Djob. 248, 10, 1001 N. I, 582, 11. — Au fig., *se serrer (cœur)*, P. Prol. III, 421, 7; *s'attrister*, Voc. (tristari). — انطبقَ من الغَيْظِ *être en colère*, Voc. — C. على *s'élancer, se précipiter, se ruer, se jeter sur, se jeter à corps perdu sur quelqu'un*, Bc, Cartâs 158, 10 a f., Antar 80, 4, 1001 N. I, 489, 6, 497, dern. l., 498, 6, III, 283, 1, 304, 1, 345, 5 a f., 450, 13. — C. على *tomber sur*, en parlant d'un mur qui tombe sur ceux qui sont dans une chambre, 1001 N. I, 327, 13, du ciel qui semble tomber sur la terre, 1001 N. III, 365, dern. l., Abbad. I, 172, 2 a f., ou sur quelqu'un, 1001 N. III, 97, 11. — *Être appliqué, être mis l'un sur l'autre*, Djob. 92, 15; *être applicable (vers) à*, 1001 N. IV, 618, 10 a f.

مِثلهُ طِبقٌ، تَبِقٌ *exactement semblable*, Bc. — *Panier, corbeille*, comme *tabaque* et *altabaque* en espagnol; c'est proprement *assiette* ou *plat*; mais en Orient les plats ou plateaux sont souvent faits de jonc, de paille, etc., et ressemblent plus à un panier qu'à un plat, Gl. Esp. 341—3, L (calatum, c.-à-d. calathus, canistrum), Beaussier: *panier plat en forme de plat pour servir des fruits, plateau*. — *Table faite de paille entrelacée*, Barth V, 711. — قَلْعُ الطِّبْقِ *dessoler, ôter la sole*, Alc. (despalmar las bestias). — En esp. *tabaque* signifie aussi *broquette, petit clou à tête*. — T. de charpenterie, *chevron, pièce de bois qui sert à la couverture d'une maison*, Ztschr. XI, 478, n. 5 (Dachunterlage); le mot esp. *abitaque*, qui signifie »grosse poutre,» pourrait bien être une altération de ce طبق. — *Prison souterraine*, comme مُطْبَقٌ (voyez), Berb. II, 356, 5 a f., 391, 8, Khatîb 132 r°:

وبعت ليلا الى مرسى المنكب واعتقله فى الطبق من فتقبض عليه وعلى ولده — فاودعهما ٧٠: 161, قصبتيها — بجن رسوله فى الطبق ٧٠: 161, طبق ارباب الجرائم, A Bagdad, *repas*, *festin*, Khallic. X, 75, 11 et 15. — Voyez sous فوت II.

طَبَقَة, pl. طِبَاق et أطْبَاق, *chambre*, *petit édifice*; — *la chambre*, *l'espèce de caserne qu'occupaient les mamlouks*, Maml. II, 2, 14, cf. van Ghistele 160 (tabigoes). — *Tribune*, place élevée pour des assistants, pour des musiciens, Bc. — طبقة الدولة *les employés civils*, طبقة الجند *les militaires*, Berb. I, 473, 9 et 14. — *Intermedium*, Voc. (corrigez l'article de la 2ᵉ partie selon celui de la 1ʳᵉ); synonymes فاصل et حاجز. — T. de musique, *ton*, mode dans lequel est composée une pièce de musique, p. e. اخذت العود واصلحته وغنّت طبقة عالية «elle prit le luth, l'accorda et chanta sur un ton élevé,» Bc, *la tablature d'un instrument et la gamme d'un mode*, Descr. de l'Ég. XIII, 244 n., 1001 N. Bresl. VII, 193: غنّت بعد ان ضربت اربعة وعشرين طبقة عليه où Macn. a طريقة XII, 86: فاخذت العود واصلحته وغنت عليه اربعة وعشرين صوتا واربعة وعشرين طبقة — *Plat* (comme طَبَقَ), 1001 N. I, 120, 3. طبقة اليد, proprement «ce que la main saisit» (cf. sous la Iʳᵉ forme), au fig., *pouvoir*, *autorité*, 1001 N. I, 257: انا عبدك وفي طبقة يدك, où Lane traduit: «and under thy authority.»

طِبَاق est chez Bc *eupatoire*, et منتن, *conyse*, sorte d'herbe aux puces. C'est en vérité une conyza, inula conyza, probablement l'espèce dite *pulicaroïdes* ou herbe aux puces; mais cette plante a été employée pour le غافت ou eupatoire, avant que l'on reconnût le vrai غافت; voyez Bait. II, 114 l, 150 b, 227 d (où B porte طُبَّاق), A. R. 176.

طُبَّاقَة. Le vulgaire en Espagne employait cette forme pour celle qui précède, Bait. II, 150 b; aussi chez A. R. 176.

طابق *plaque de fer ou de pierre*, qu'on chauffe et sur laquelle on cuit le pain ou rôtit la viande, Gl. Manç.; *rôtissoir* [rôtissoire, Acad.], ustensile de cuisine pour faire rôtir beaucoup de viande, Bc; خُبْز الطابق *pain fait dans un plat*, voyez sous مَطْلُوع.

Payne Smith 1505. — طابق للحمام *les pierres posées sur les tuyaux qui servent à chauffer une salle de bains*, Gl. Manç. (j'ai donné le texte sous أَزْقَاق, Bâsim 20: وكان باسم يدور في الطابق ويكسب ويدخل به الى الحمام يرخوا ويخدموا الى ان كبر وتعلّم (c'est = يخدم ويخدم). — *Trappe*, espèce de porte posée horizontalement sur une ouverture à rez-de-chaussée, 1001 N. I, 75, 11, 86, 5 a f., 107, 5 a f., 269, 8, 890, 1, 4, 9, II, 68, 4, 104, 3, 314, 2, IV, 601, dern. l. Au fig., *ce qui couvre ou cache*, Bâsim 116: وان انكشف عليك الطابق وعرفك ايش والساعة ينكشف طابقتي ويامر للخليفة 120: تقول له بضرب رقبتك. — (Pour بيت الطابق chez Lane, «la chambre qui a une trappe») *souterrain*, 1001 N. I, 106, 5 a f. et suiv., 107, 12 et suiv., 112, 13, II, 34, 6 a f. et suiv., 67, 2 a f. et suiv., 68, 12, 69, 11, IV, 703, 13. On voit par quelques-uns de ces passages qu'on dit باب الطابق, «la porte du souterrain;» طابق seul, dans le sens de *trappe*, aurait suffi. — *Coin*, portion de logis, réduit caché, Bc. — *Quartier de viande*, Alc. (cuarto de carne), qui a طابق, pl. طَوابق, Ht, qui écrit par erreur تابق, pl. توابق; proprement طابق لحم, Bidp. 244, 1, Bat. II, 342: فكنا نشترى طابق اللحم الغنمى السمين بدرهمين (corrigez la traduction), Macc. II, 204, 7: طوابق اللبخ. — Pl. *aisselle*, Cherb, Ht, qui écrit تابق. — *Grand coffre*, 1001 N. III, 633, 4 a f, synonyme de صندوق, 634, 12. — *Coup*, action de jouer, *partie*, *jeu*; اول طابق *début*, t. de jeu, premier coup, Bc. — *Conjoncture difficile*, *fatale*, Bâsim 124: ايش هذا الطابق الذى انا فيه. — طابق *ce que possède un marchand qui a fait banqueroute*, M.

طابقة طابق, *trappe*, 1001 N. Bresl. III, 259, 6 et 12, Koseg. Chrest. 6, 1.

أطْبَاق *duplicature*, Bc.

تَطْبِيقَة pl. تطابيق *une plaque de fer ou de cuivre*, garnie d'un clou, que l'on appliquait sur les harnais des chevaux, ou que l'on employait pour ferrer ces animaux, Maml. II, 1, 202. — Le mot espagnol *tabica* dérive de cette forme; des tabicas sont: «de petites planches avec lesquelles on couvre les cavités qui sont entre les poutres qu'on place sur l'architrave» (de طبّق, *couvrir*); les charpentiers espagnols l'ont appliqué par erreur aux cavités couvertes par les planches, Gl. Esp. 344.

مَطْبِق pl. مَطَابِق. Dans les Prol. II, 284, 8, on lit que des imposteurs vont prendre leur logement dans les maisons qui ont la réputation de renfermer des trésors cachés, et qu'ils y creusent des trous, يضعون فيها المطابق والشواهد التي يكتبونها في محائف كتبهم ; M. de Slane traduit: «dans lesquels ils déposent *des contre-marques et des signes conformes à ce qu'ils ont écrit dans les cahiers.»*

مُطْبَق. Le mot véritable pour *prison souterraine* n'est pas مَطْبِق, comme pense Lane et qui est la forme vulgaire, mais مُطْبَق, comme prononce M. de Goeje (Gl. Fragm.). Ce n'est pas un nom de lieu, mais un participe, car on lit chez Djawâlîkî (Morgeni. Forschungen 150, 4): المُطْبَق بضم الميم للسجن وبه سجن , et chez Amari 45: لانه أُطْبِق على من فيه مطبق يوضع فيه من سَقَطَ المَلِك عليه (biffez le *tech-did*, qui n'est pas dans les man.). Dans le Fakhrî 220, 4: المطبق وهو حبس التجليد, je crois devoir lire التخليد, c.-à-d., l'endroit où l'on place ceux qui ont été condamnés à la prison perpétuelle.

مُطْبَق قماش مطبق étoffe d'un tissu serré, Bc. — خبز مطبق, 1001 N. Bresl. IV, 136, 10, semble l'équivalent de خبز الطابق (voyez sous le dernier mot), *pain fait dans un plat*.

مُطْبَقَة chez le poète Moslim substantivement pour سخابة مطبقة, qu'on trouve chez Lane (mal expliqué dans le Gl. Mosl.).

مُطَبَّق *triste*, Voc. — *En colère, fâché*, Voc. — اليد المُطَبَّقَة *poing*, la main fermée, Bc.

طَبَل I *boiter*, Ht; cf. plus loin.

II *lever, percevoir l'impôt dit* طَبَل (voyez Lane sous ce mot) ou خَرَاج, Voc., qui donne «colligere *tabal*» sous «census,» qu'il traduit par طَبَل (vulg. pour طَبْل) et خَرَاج. — *Acenser, donner à cens un fonds de terre*, Alc. (encensar tierra para plantar).

V *battre du tambour*, Maml. II, 1, 123. — Quasi-passif de la IIe (voyez) dans le sens de «colligere tabal,» Voc.

طَبْل. Le *tambour* est aujourd'hui en Égypte de deux sortes: le طبل بَلَدِي ou égyptien, et le طبل شَامِي; Lane les décrit, M. E. II, 86, cf. Fesquet 74 n.; طبل الرّقّ, درابكة, Mehren 31. — أبو طبل *santon de Fellâhs*, Mehren 31.

طَبْلَة *timbale*, Jackson 149, Timb. 140, *petite timbale*, Descr. de l'Eg. XIV, 233, *tambourin*, Ouaday 522, M. — (Lat. *tabula*, esp. *tabla*) *mais en bois et de forme ronde pour les archers*, Bat. II, 404. Une place dans l'Alhambra, destinée لِرَمَاةِ الهَدَف لِلْخَشَبِ, s'appelait الطَّبْلَة, Müller L. Z. 3, 5 a f., 106, n. 2. — (Esp. *tabla*) *table*, Voc. (mensa). — *Banc*, Bat. II, 434. — طَبْلَات (esp. *tablado*) *les tablettes d'une armoire*, Alc. (tablado como de vasar). — *Serrure d'une porte*, Bâsim 38: ما بالكم واقفين وللحمام مغلوقة هل تعسّرت الطبلة فاتبعنا كفى والقمها اطيرها الى ناحية والباب الى ناحية. Auparavant, en trouvant sa forge fermée, il avait dit, 17: ما بالكم لا تفاتحوا الدكان ان كان تعسّر القفل اطبق يدي والقمه اطير الفراشات فقال المعلّم لا فقال باسم ان كان تعسّرت الطبقة (الطبلة .l.) امدّ يدي وافكّ مساميرها من اصلها٭

طَبْلَة *planchette longue et fendue à une de ses extrémités, dont se servent les brodeurs pour maintenir leur ouvrage*, Cherb. (de l'esp. *tabla*?). — Pl. طَبْل *palme, dessin au bout d'un châle, en forme de branche de palmier*, Bc.

«*Tabalet el bacha*, trompette ou plutôt galoubet de bois,» Michel 275.

طَبْلِي *en forme de tambour*, M. — *Tambour, celui qui bat du tambour*, Payne Smith 1425. — T. de médec., traduction de τυμπανίας, *tympanite*, sorte d'hydropisie, Payne Smith 1425, 1443, Gl. Manç. وتخصّونها ان كان عن ريح بالطبلي: استسقاء v°

طَبْلِيَّة *table à manger de forme ronde et posée sur deux pieds*, M. — *Sorte de table sur laquelle on expose en vente des poissons*, 1001 N. III, 463, 13. — طَبْلِيَّة القَرَبُوس *table de l'arçon: planche placée entre l'arc et la corde, dans cet instrument, tel qu'on l'emploie en Orient*, Bc. — *Sorte de panier pour le* كَعْك, Ztschr. XI, 517.

طَبَيْلَة *tambourin*, M, Freytag Chrest. 109, 7; Hœst 262: طَبِيلات *tabîlat* sont deux petits tambours d'argile; le ton de l'un diffère d'une quarte de celui de l'autre.»

طُبَل (ture طويال) *boiteux*, Hbrt 8 (Alg.); Mc et Beaussier ont طُبَّال, et Daumas, Kab. 142, tobal.

طَبَيْلَة *tambourin*, M.

طابِلَة pl. طَوابِيل *carré, planche d'artichauts, de vignes*, etc., Beaussier, Roland; l'esp. tabla signifie aussi *planche de jardin*.

طَوِيل pour تَبْوِيل, Payne Smith 963.

تَطْبِيل *cens*, Alc. (censal como en Aragon, censo sobre posesion).

مُطَبَّل, t. de géom., *figure plate et à plusieurs côtés, qui ressemble à un tambour*, M.

مُطَبَّل ? une couche de terre forte, jaune, peu humide, passant à une teinte blanche faible, ou blanche passant au jaune, qu'on rencontre quelquefois dans le fond d'un puits, Auw. I, 144, 5 a f.; notre man. porte المطالب.

طَبْلَخَانَات ou طَبْلخاناة *des tambours qui, joints à des trompettes et à d'autres instruments, se faisaient entendre, à plusieurs moments du jour, à la porte des souverains et des personnages élevés en dignité*. Quelquefois le mot est mis au pl., طَبول خَانَاة. Plusieurs émirs jouissaient de cette prérogative, et pour cette raison, chacun d'eux prenait le titre de امير طَبْلخاناة. Ils avaient sous leur commandement quarante ou quatre-vingts cavaliers, et le mot en question a reçu le sens de *grade d'émir de quarante hommes*. Voyez Maml. I, 1, 173.

طَبْلَل I *séquestrer, mettre en séquestre*, Alc. (enbargar hazienda, secretar en tercero).

طبن

طُبّان (esp.), n. d'un. ة, *taon*, Alc. (tavano).

طَبُّون *pudendum muliebre*, Hœst 137.

طَبْبِين le jeu que Lane décrit sous طَبْنَة, Kâmil 322, 4.

طَبانَة *batterie*, Bc (Barb.); Roland a طَبابِين *batteries*. Le mot vient du turc طُوب ou ضُرُوب, balle et canon.

صَرَبَ لَه طابون *faire une révérence à quelqu'un*, Bc. — Voyez l'article qui suit.

طَابُونَة pl. ات *petit four à l'usage des femmes arabes, en forme de jarre renversée avec l'ouverture en haut*; on plaque les pains sur les côtés du four; on dit aussi طابون, Beaussier, 1001 N. III, 197, 7 a f., pl. طَوابِين, II, 167, 8 a f. — طابونة السلطان *paneterie*, lieu où l'on distribue le pain chez le roi, Bc.

طابُونى *épithète du pain qu'on cuit dans un* طابون, M.

طَبَنْجَة (turc) non-seulement *pistolet*, Bc, M, mais aussi *ventouse et un autre instrument de chirurgie qui ressemble à une ventouse*; Bruce I, 117: «He could not bleed, but with a sort of instrument resembling that which is used in cupping, only that it had but a single lancet; this bleeding instrument they call the Tabange, or the Pistol, as they do the cupping instrument likewise.»

طبهج

طَبَاهِج = طَبَاهِيج (Lane a ce dernier mot p. 1821), 1001 N. Bresl. X, 115, 10 (dans le Dict. pers. de Richardson on trouve aussi cette forme); dans d'autres passages des 1001 N., où l'on retrouve ce vers, on lit à tort طَبَاهِيم, Macn. IV, 203, 1 et Bresl. V, 100, 6, ou طَبَابِيج, Bresl. VII, 332, 1.

طبو VIII (cf. Lane) *blandiri*, Voc.

طَتّ 2 *jeu de palet*, Bc.

مِطَتَّة *palet, petit disque de pierre, de bois*, Bc.

طَجّ I, aor. o, *s'élancer*, Bc (Barb.).

طاجل

طَاجُولَة (esp. tejuela) *tuileau*, Alc. (tejo).

طَجَن II *rôtir*, Alc. (tostar, مُتَجَّن tostada cosa), Payne Smith 1431.

V quasi-pass. de II, Payne Smith 1431.

طاجِن *sartago testacea*, Domb. 92. — *Fricassée de poulets fortement épicée*, R. d. O. A. VII, 290 (tagine). — N. B. La forme de ce mot, de même que طَاجِن, n'est pas mauvaise, car les Grecs ne disaient pas seulement τήγανον (= ناجن), mais aussi τάγηνον.

طاجن plat de terre qui ressemble à un poêle à frire; tout ce qu'on cuit ou rôtit dans cet ustensile s'appelle également طاجن, ce qui s'applique aussi au grec τήγανον, Shaw I, 328.

طاجين mets, Martin 80; طاجين العظام omelette, ibid.

طح I tomber (Barb.), de même que طاح يطيح, Bc.

طَحّة. « Téhha veut proprement dire le tombement; c'est le nom donné à la plus terrible des razzias; on égorge tout ce que l'on rencontre,» Daumas Mœurs 295.

طحج II regarder autour de soi, Ztschr. XXII, 122.

طحر.
مُطَحّر épithète d'une flèche, Diw. Hodz. 179, vs. 23 et l. 4 a f.

طحل.
طِحل fèces, lie, Bc.
طِحال, dans le sens de maladie de la rate (Golius), se trouve Tha'âlibî Latâïf 132, 5, Becrî 158, Browne II, 147.
طحالى splénique, Bc.
N. B. Cf. plus loin sous طخل.

طحلب II dans le Voc. sous alga.
طُحلُب pl. طحالب alga, Voc.; lentille des marais, Bc.

طحم I, aor. a, n. d'act. طَحْمَة, c. على p, fondre sur, assaillir, M.

طحن L N. d'act. طحين, Gl. Edrîsî. — Piler, broyer, ibid., Bait. II, 126 d: ستعانة وهو السمك المطحون — Aiguiser, Voc.
VII être moulu, Voc., Most. v° بورق: اما زيد فمنظره كمنظر دقيق الحنطة لأنّه خفيف منطحن. — Etre aiguisé, Voc.
X moudre, Haiyân-Bassâm I, 142 v°: ويكلّفهن استطحانها بأيديهنّ. farine, Diw. Hodz. 202, vs. 40, Kâmil 88, 12, 642, 3, Domb. 60, Bc, Ztschr. XXII, 81, 14, farine de seconde qualité, Bc. — Cocuage, Bg. —

حَجَر الطحين meule, roue de grès pour aiguiser, Alc. (muela para amolar).
طَحُونة moulin que fait tourner une bête de somme, et non pas moulin à eau, Voc.
طَحِينة عسل العسل promettre monts et merveilles, Bc.
طَحُونى meunier, Voc.
طَحينى ayant la couleur de la farine, M.
طَحّان qui aiguise souvent, Voc. — Leno, Voc., trafiquant de débauche, Hbrt 244 (Syrie). — Cocu, Shaw I, 258, Daumas V. A. 480, Bg.
طاحِنة dent molaire, Payne Smith 1456.
طَحّانى meulière, pierre dont on fait des meules de moulin, Payne Smith 1667.
طاحن pl. ارحاء طاحنة moulins à blé, Edrîsî, Clim. V, Sect. 1.
طاحنة pl. طواحن meule et moulin, Gl. Edrîsî (le doute qui y est exprimé, est levé par le Voc.), moulin que fait tourner une bête de somme, et non pas moulin à eau, Voc.
طاحون moulin que fait tourner un cheval, Hœst 132.
طاحونى meunier, Bat. III, 380.
مِطْحَن espèce de mortier, J. A. 1850, I, 228, 3 et suiv. — Un cercle de personnes, Alc. (muela de gente = حَلْقَة).
مَطْحَنَة la meule de dessous ou meule gisante, Alc. (alfarge; cf. sur l'origine et la signif. de ce mot esp., Gl. Esp. 110). — Moulin à bras, Alc. (muela de mano para moler). — Dent molaire, pl. مطاحن, Voc., Alc. (muela de la boca). — مطحنة العَقل dent œillère, Alc. (muela gordal).
مَطاحِن (pl.) dents molaires, Abou'l-Walîd 788, 2.

طحو et طحى VIII terrasser, jeter de force par terre, P. Macc. II, 370, 3.
X se prosterner, Abou'l-Walîd 444, n. 81.

طخن تَخَّن pour طَحَّن, Gl. Fragm.

طَخْش.

طَخْش (du latin taxus) *if*, Voc. (taxus), Alc. (texo arbol conocido), Bait. II, 153 c, Cartâs 14, 5 a f., 19, 3 a f.

طَخْشِيغِيُون (τοξικόν) *poison dont on infecte les flèches*, Bait. II, 153 d, leçon de AB, qui ajoutent: وبقرل طقسيغيون ✳

طَخَى et طَخُو.

طَخَّا *nuage peu épais*, Gl. Mosl. — *Obscurité*, ibid. — *Fleurs, pellicule ou mousse qui se forme sur la surface des liqueurs*, ibid. — Pl. أَطْخِيَة *fèces, lie*, Voc., Alc. (asiento de lo liquido, hez o assiento en lo liquido).

طَخَّاة *halo*, Gl. Mosl.

طَخَاوَة *anxiété, tristesse*, Auw. I, 330, 16.

طَرّ II c. a. dans le Voc. sous *vilescere*.
V c. على *vilescere*, Voc.

طَرّ pl. طُرُور *tambour de basque*, Voc., Alc. (pandero); on trouve aussi *tarr* chez Shaw I, 297, Carteron 253 et Salvador 36 (incorrectement تَرّ, qu'il prononce *tirr*, chez Hœst 261); c'est la forme maghribine; en Egypte et en Syrie on dit طار (voyez).

طَرّ مُزَنَّج *instrument de percussion qui ressemble au tambour de basque, mais qui est sans peau*, Alc. (sonagas o sonageros). — تحت طرّ *à la discrétion de, à la volonté, au jugement de*, Bc.

طُرّة *toupet sur le front des chevaux*, Bc. — Proprement *marge d'un livre* (Lane, Alcala: margen de libro); de là *note sur la marge*, Müller S. B. 1863, II, 35, 1. — Chez les écrivains, *l'extrémité supérieure de la feuille, et de là ce qui est écrit en tête de la feuille, le commencement d'une lettre*, Maml. II, 2, 308. — Altération (par le vulgaire) du mot طُغْرَاء, qui signifie: *marque sur les ordonnances et les monnaies du sultan*; elle contient son nom, celui de son père et son surnom, M, *parafe ou paraphe, marque d'un ou de plusieurs traits de plume après une signature*, Bc; pour celle qu'on trouve sur les monnaies, voyez Maml. II, 2, 309. — De là *la monnaie elle-même*, Maml. l. l. — Ne m'est pas clair dans le passage d'Ibn-Abdalmelic que j'ai cité sous دَسْت.

طِرْبِيَان voyez sous *tâ, râ, yâ*.

طَرَّار *joueur de tambour de basque*, Alc. (tañedor de pandero adufe). — *Vilis*, Voc.

طَرَّارِيَة *vilitas*, Voc.

مَنْطَر *étranger*, Voc.

طَرَأَ I c. لـ p. *tomber dans l'esprit*, Abbad. I, 297, 8.

طَارِئَة Le pl. طَوَارِي, M, Djob. 344, 2 a f.

N.B. Voyez aussi sous طرو.

طَرَابِيل (lat. terebella) pl. ات *tarière de forgeron*, Alc. (taladro de herrero). Aussi أطربال (voyez sous ا).

تَرْجَمِين pour طَرَاجِمِين, Payne Smith 1474.

طَرَاشْنَة *nom d'une plante décrite* Bait. II, 156 c; leçon de AHL; B طراشد et sur la marge طراشد; E طراسمه ✳

طَرِب IV *faire de la musique*, Macc. I, 109, 3 a f. — *Chatouiller, flatter les sens*, Bc.
VII dans le Voc. sous *gaudere*, *se réjouir*, Beaussier, 1001 N. I, 240, Saadiah ps. 59.

طَرَب Le pl. أَطْرَاب *fêtes*, P. Macc. II, 833, 2. — *Musique, chant*, Hbrt 97, Bg, Macc. II, 555, 1, Prol. II, 43, 7, 1001 N. I, 304; اهل الطرب *musiciens, chanteurs*, Bat. I, 367, II, 116, 126, 168, III, 110, 155, 235, 236, 279, 417, IV, 50, 237, 289, 290, 307; آلات الطرب *instruments de musique*, Bat. IV, 405, Khatîb 160 v°, 1001 N. I, 305. — آلة الطرب *symphonie, concert d'instruments de musique*, Bc. — طرب الكلام *nombre, harmonie du style*, Bc.

طَرْبَة *impression produite sur l'œil par un coup qui ne fait pas de plaie*; quelquefois *une tache de sang dans le blanc de l'œil montre la place où l'on a reçu le coup*, Gl. Manç. in voce.

مُطْرِب *harmonieux, harmonique, mélodieux*; كلام مطرب *style nombreux, harmonieux*, Bc. — Fém. ة, *musicien, chanteur*, Macc. I, 98, 7, Bat. III, 274, 277; leur chef s'appelle امير المطربين, Bat. IV, 50. — الآلات المطربة *les instruments de musique*, Bat. III, 277.

طُرْبَاج et طَرْبِيج, pl. طَرَابِيج, *candélabre de bois*, Voc. D'après M. Simonet, ce mot a la même origine que l'esp. *trebejo*, cf. lat. *tripes*, fr. *trépied*, etc. C'était donc un candélabre à trois pieds.

طَرْبَاكَة (Daumas MS) *la monnaie de Tunis*, Daumas Sahara 140.

طَرْبِش et طَرْبَج (du verbe esp. *trabajar*, travailler) *facere*, Voc.

طَرْبُوب *tambourin*, Ztschr. XX, 492.

طَرْبَزِين voyez طبرزين.

طَرْبِش voyez طربج.

طَرْبَق I c. على p. *donner la chasse à, poursuivre*, 1001 N. Bresl. VII, 131, 8.

طَرْبِيل.

طُرْبِيل *vertige*, L (vertigo).

مُطَرْبِل (d'origine syriaque) *qui agit avec trop de précipitation*, Payne Smith 1510.

طَرْبَنْطَى *turban*, Hbrt 21 (Alg.); c'est l'italien *turbante*, qui vient du persan دُلْبَنْد.

طَرْبُوش voyez Vêtem. 250 et suiv.

طَرْبُوق pl. طَرابِق *jambière mauresque*, Cherb.; le même, note manuscr.: « jambières en coton à l'usage des femmes; cette partie du vêtement va du genou à la cheville; » طَرابِق *guêtre*, Ht.

طَرْبُونَة est *pulpitus* dans L, c.-à-d. pulpitum, comme on trouve chez Ducange, qui cite cette explication de Papias: « Pulpitum dictum, quod in eo Lector vel Psalmista positus in publico conspici a populo possit. » C'est l'espagnol *tribuna*.

طَرْبِيج voyez طرباج.

طرث.

طُرْثُوث *hypocystis*, Bg; *cyste et hypocyste*; M. Leclerc, A. R. 174, pense qu'il correspond à nos orobanchées ou à nos balanophorées (cynomorium).

طَلَجَارَة, طَلَاجَهَالَة, طَرْجَهَالَة, طَرْجَهَارَة, طَلَنْجَهَارَة. Du persan تَرْكُهان, qui signifie: tranchoir, espèce de plateau ou d'assiette sur lequel on tranche le lait caillé. — *Coupe* ou *flacon*, sous la forme طَنْجَهَارَة, Gl. Badroun, L (ampulla). — Avec ou sans مُثَقَّب, *écumoire*, Payne Smith 1482, 1512. — Sorte d'*étrille en cuir*, Payne Smith 1475, Bar Ali éd. Hoffmann n° 4249.

ومنها نوع يعرف طَرْجِبَّار sorte d'*oignon*, Most. v° بَصَل: بالطرجبار وهو اقلها رطوبة وحرافة; leçon de La; N بالطرجبيان.

طرح I *mettre au néant, refuser d'admettre*, Bc. — *Retirer du cours* des monnaies, de Sacy Chrest. II, ۱۱۴, 3. — Au jeu d'échecs ce verbe ne signifie pas « jouer une pièce, » comme l'ont dit de Sacy, Freytag et Lane sans alléguer des autorités, mais *donner de l'avantage à son adversaire*; c'est lorsque le plus habile cède ou donne une ou plusieurs pièces à celui qui l'est moins, pour rendre la partie à peu près égale, Bland dans le Journal of the Royal Asiatic Society of Great Britain and Ireland, XIII, 15, 25 n., qui cite avec raison Vie de Timour II, 874, 7, 876, 4. Un passage dans Valeton, ۳۸, 6 a f., est encore plus remarquable et plus décisif. Il en résulte que c'est dans son vrai sens: *rejeter, écarter, mettre à part*. Quand je dis: اَطْرَحُ لَكَ رُخًّا, cela signifie: j'écarte une tour en votre faveur, je m'en défais, je ne veux point m'en servir. A l'endroit cité on lit qu'on demanda à Ibrâhîm: « Disputez-vous parfois contre Ibn-al-Hodzail? » et qu'il répondit: oui, واَطْرَحُ لَهُ رُخًّا مِنْ عَقْلِي, c.-à-d.: et pour rendre la partie à peu près égale, je ne produis qu'une partie de mes raisons; je suis comme un joueur d'échecs qui écarte une tour en faveur de son adversaire. Valeton et Weijers n'ont rien compris à cette réponse. De même chez Cazwini II, 261, 3, passage dont m'a été indiqué par M. de Goeje: ومنها الصفى كانون الشطرنجى فائده كان يطرح الفرس لمن كان فى الطبقة العالية. — T. d'arithm., *faire le retranchement du plus grand multiple d'un nombre* (ce qui s'exécute au moyen d'une division), Prol. I, 210, 10 et dern. l., avec la note du traducteur, 211, 1, 212, 1, 7 et dern. l.; — *déduire, rabattre*, Bc, *déduire, défalquer, retrancher*, Ht, M. — *Lancer* un bâtiment à *l'eau*, Maml. I, 2, 89. — *Avorter, accoucher avant terme, faire une fausse couche*, Bc, M, Payne Smith 1590. — طرحه فى الكتاب *il l'envoya à l'école*, Aghânî dans Ztschr. Kunde III, 236, n. 2. — طرح نفسه (روحه) على فلان

supplier quelqu'un, *implorer sa pitié*, Haiyân-Bassâm III, 143 r°, Khatîb 67 r°, Antar 17, 7 a f. — *Porter, produire* (arbre), *donner, rapporter abondamment* (arbres à fruits), Bc, 1001 N. II, 128, 9; — *rapporter, produire un revenu, du fruit*, Bc. — *Jeter, produire, pousser des rejetons*, Bc. — C. على p. *enseigner un air à quelqu'un*, Aghânî V, 13, 3 a f. et suiv. Boul. (de Goeje). — C. a. r. et على p. *imposer une denrée à un homme, le forcer de l'acquérir à un prix excessif que l'on a fixé soi-même*, Maml. II, 2, 42, de Sacy Chrest. II, 56, 5. — *Opérer la transmutation des métaux en or*, Gl. Bayân. — C. a. et ل *construere*, Voc. — C. عن p. *ne pas donner à quelqu'un une charge à laquelle il a des droits*, Mohammed ibn-Hârith 325: وقال عجبًا منهم ان يكون مثلك من بيتت القضاء يُطرَح عنك ۞

II *procurer un avortement*, Payne Smith 1590.

III, en parlant de chant, signifie aussi, c. d. a., *enseigner un air à quelqu'un*, Macc. II, 86, 13 et 14; M. de Goeje me fournit encore: Aghânî IV, 169, 12, V, 31, 14 a f., VI, 57, 5 a f., VII, 132, 9 a f. et suiv. Boul. مُطارِح dans le vers Macc. II, 516, 6, ne peut guère se traduire que par *chanteur*. — *Rivaliser avec un chanteur*, Macc. II, 703, 7: وتتأوّنا عليكم يطارح حمام الايك مطربها, et en général *rivaliser avec quelqu'un*, Djob. 139, 2 a f.: والنساء من جهة اخرى يساجلنهم بالبكاء ويطارحنهم واقام على ذلك بالدعاء, c. d. a., Berb. I, 642, 9 a f.: ينافي ابن يعلى في سيره ويطارحه الكثير من مذاهبه — *Badiner*, Macc. II, 556, 18, où المُطارَحة est le synonyme de المُداعبة, Prol. III, 381, 2 a f., où M. de Slane traduit de même.

IV. Biffez ce que Freytag a sous cette forme, car c'est اطَّرَح, qu'on a mal prononcé, Fleischer sur Macc. I, 427, 4 Berichte 187.

V *être jeté*, Antar 16, 4 a f.

VI. تطارحوا شيئًا *ils se communiquèrent mutuellement une chose*, Berb. I, 619, 12: تطارحوا بثَمَّ وتكلموا فيما بينهم — *ils se jetèrent les uns sur les autres*, Abdarî 54 r°: واما قتالهم على باب الكعبة وتطارحهم وتعلق بعضهم ببعض فعجب *ils tombèrent successivement*, Berb. I, 638, 4, II, 161, 4, 369, 2, 380, 10. — *Se jeter* الى *vers*, Haiyân-Bassâm I, 46 r°: فوقدوا عليه وتطارحت الآمَل عليه, Abbad. I, 290, n. 176, Gl. Djob., Khatîb 124 r°: فتطارح على من بازائه dans, Abbad. l. l., Gl. Djob., Nowairî Afrique 22 v°: وتطارح على. — C. على p. *prier, supplier*, منهم خلق كثير في الحجر ة de faire une chose, ou bien *demander pardon à quelqu'un*, ou *lui demander du secours*, Abbad. I, 290, n. 176 (aussi dans le passage d'Ibn-Bassâm), II, 105, 15, Berb. I, 398, 6, 606, 2 a f., 609, 8, II, 407, 6, 437, 8, 451, 10, Macc. II, 722, 15 et 20; de même dans les passages que cite Defrémery, Mémoires 62, n. 1; Çalât 94 v°, en parlant de rebelles: تطارحوا على الموحدين في قبول التوبة, Khatîb 49 v°: تطارحت على السلطان في استنجاز وعد الرحلة (de lui permettre de faire le pèlerinage), Hist. Tun. 81: ولما راى الأخوان اختلال حالهما تطارحا 104: على شيخ الذواودة فقدم بهما شفيعا الى الحضرة تطارح على الابواب (« il implora le secours de la Porte »).

VII *se jeter*, Gl. Djob., 1001 N. I, 252, 11, III, 30, 6, 55, 69. — *Tomber*, 1001 N. IV, 173, 2 a f. — *Etre jeté*, 1001 N. Bresl. IV, 67, 4 a f. — *Etre rejeté*, Voc. — *Se coucher*, Antar 45, 3 a f., 72, 9.

طَرْح *excréments*, Voc., Bait. I, 48 a. — T. d'arithm., *soustraction*, Prol. III, 95, 14. — *Avortement, fausse couche*, Bc, Payne Smith 1590. — *Nom d'une sorte d'étoffe*, Maml. II, 2, 75; la forme طروحات chez Bat. II, 187: ثياب مصر وطروحاتها للحسان, me semble un pl. du pl. de ce mot. — نقوش وطروح, Ztschr. XV, 411, où Sprenger traduit *arabesques*. — L'espèce de voile appelé ordinairement طَرْحة, 1001 N. Bresl. XII, 148, 10. — طرح ذَكَر النبات *étamines*, organe sexuel mâle de la plante, Bc. — M. Wright remarque sur Payne Smith 1627: « Le mot que P. S. rend par *aggravatio* est expliqué ainsi par Bar Bahlul: عظم (أعظم), où طرح semble presque avoir le sens de l'hébr. טרח, *onus, molestia*. »

طَرْحة *fichu, mouchoir de cou*, Bc. — *Tapis*, Djaubart 27 v°: ثم دخلت الى دار حسنة فنظرت فيها

بسط وطرح لا تصلح الآ لبعض السعداء فقال اصعد فصعدت على طَراحة حسنة. — *Epervier*, espèce de filet, Beaussier (Tun.). — *Paquet de six peaux filali*, Beaussier, Ghadamès 46: «les peaux de chèvres se vendent par *tarha* de dix peaux.» — *Fausse couche*, Roland. — *Tare* (qui vient de ce mot, de même que le *tara* des autres langues romanes), le poids des barils, pots, caisses, emballages, etc., qui contiennent les marchandises; c'est proprement: la partie des marchandises que l'on *rejette*, Gl. Esp. 313. — *Semelle*, Ztschr. XI, 484.

طَرْح *avorton*, M.

طَرْحِيَّة, pour طَلْحِيَّة, pl. طَراحى, *feuille de papier*, Bc (Syrie), Hbrt 112, M.

طرحان, 1001 N. I, 200, 7, doit signifier *qui a la petite-vérole*, dans Boul. مصاب بالجدرى.

طَريح, pl. طَرْحى et طَرْحاء, *un cadavre abandonné, à qui personne ne songe à donner la sépulture*, Maml. I, 2, 151. — طريح الفراش *alité*, Bc.

طَريحَة pl. طَرائح *tâche, ouvrage à faire dans un temps déterminé*, Alc. (tarea en algun obra); cf. Gl. Esp. 348; *tâche de couture donnée par la maîtresse à l'écolière*, Beaussier (Alg.). — *Rossée, volée de coups de poing ou de coups de bâton*, Cherb., Prol. III, 371, 5, avec mes remarques dans le J. A. 1869, II, 181; أكل طَريحة *être battu, recevoir des coups*, Daumas V. A. 480, 2 a f. (cf. sous أكل).

طَرَّاح *épervier, espèce de filet*, Gl. Esp. 213, Beaussier.

طَرَّاحة pl. طَراريح *matelas mince et petit pour les sofas*, Bg, فراش مُرَبَّع يُجلَس عليه (عامية), M, *matelas*, Hbrt 203, Lane M. E. I, 227; voyez-en un exemple dans le passage de Djaubart que j'ai cité sous طَرح; on en trouvera d'autres Maml. I, 1, 147, où Quatremère a mal expliqué ce mot, Khallic. XI, 134, 13, J. A. 1860, II, 354; حشى وضرب كالطَراحة *matelasser*, Bc; طراحة تبن *paillasse, amas de paille dans un sac de toile pour mettre sur une couchette*, Bc; طراحة تحت السرج *panneau d'une selle*, Bc. — *Housse, couverture du cheval*, Bc, Burckhardt Bedouins 123. — L'espèce de voile qu'on nomme ordinairement طَرحة; Defré-

mery, Mémoires 156, cite ce passage de Bondarî: «Le calife Moctadî-biamri-'llâh portait, à son avénement, un beau turban blanc surmonté d'une *tarrâha* (c'est ainsi que ce mot est orthographié dans le man.) de *kaçab*, brodée de perles.» — *Epervier*, espèce de filet pour pêcher, Gl. Esp. 213, Voc. (sagena).

تَطْريح. Après avoir donné l'explication de طَرْح III que l'on trouve aussi chez Lane, le M ajoute: ومنه التطريح عند بعض النصارى; j'en conclus que ce mot a le sens de *répons*.

مَطْرَح. لفلان فى داره مَطْرَح signifie *un tel a une maison spacieuse*, Kâmil 421, 4; cf. le vers auquel cette note se rapporte. — *Endroit, lieu, place*, Bc, Bg, Berb. I, 71, 1, 367, 9 a f. 598, 2, II, 199, 1, 1001 N. III, 423 (où Bresl. a موضع, Bresl. IV, 72, 108, 122, Ztschr. XI, 676, n° 5; مطرح خولة *guet-apens*, Bc; مطرح الأنوار «l'endroit où tombent les rayons,» Matmah 67 v°, en parlant de tuiles d'or et d'argent: تسلب الأبصار مطارح انوارها المشعشعة (cf. مَطْرَح الهِمَّة, Prol. III, 153, 9). مطاريح الشعاعات, Macc. I, 254, 12, peut se traduire par «le but de son ambition.» — *L'endroit où l'on fait halte*, Burckhardt Nubia 387—8. — *Grande auberge*, Niebuhr R. I, 359, 378. — *Distance*, Prol. III, 309, 11. — *Tapis*, car le Voc. traduit *matalafium* (marfega) par مَطْرَح, et il a aussi ce mot sous *tapetum*, avec *matalaf* dans une note. Il se peut que ce mot ait le sens de *tapis* dans quelques passages où on l'a traduit par *matelas*, mais ordinairement il a cette dernière signif.; voyez Gl. Esp. 151 et ajoutez: Imâd ad-dîn Isfahânî, man. 12 b, 211: ووضعت المطارح والمساند والأسرة والوسائد. La véritable prononciation est douteuse; Lane a *mitrah*, un man. (voyez Gl. Esp.) *motrah*, qu'on trouve aussi chez Hbrt 203, et un partic. pass. (*jeté*) serait plus approprié qu'un nom de lieu; mais la IV° forme de طَرح n'est pas en usage, et aujourd'hui *matrah*, que le Voc. a aussi, semble la forme ordinaire. — *Lit*, les matelas et couvertures, Bc (Barb.). — *Lit*, lieu, place où l'on se couche, Bc (Barb.).

مُطْرِح *gai, joyeux*, Domb. 105.

مَطْروح. خَلَّ الشىء مطروحاً *laisser traîner une chose, ne point la serrer*, Bc. — مطارح الأحوال *les choses telles qu'elles sont*, P. Macc. II, 538, 9. —

Etendu, Alc. (tendido en diversas partes = عُدُود). — *Avorton*, Hbrt 26, Ht.

مُطارَحات *les lettres et les vers que les hommes de lettres s'envoient réciproquement*, Macc. I, p. c, 6 a f.

مُطارِحى *matelassier*, Bargès 423.

مَطاريح (pl.) تَطَرَّحُ أَيْدِيها, Diw. Hodz. 202, vs. 43.

طَرَخْشَقُون, par corruption aussi طَرَخْشَقُوق et طَلَخْشَقُوق et طَرْشَقُوق, *chicorée sauvage*, Most. v° قنديا, Bait. I, 155 k, II, 160 d, où Sonth. traduit *Leontodon Taraxacum*, Payne Smith 1529, Gl. Esp. 166, A. R. 173, Devic 217; restituez ce mot dans Auw. II, 601, 2.

طَرَخْشَم = طرشقون, Payne Smith 1435, dans le man. de Cambridge de Bar Bahloul طلجشم.

طرد I *courir après quelqu'un*, R. N. 70 r°: واذا به يطرد. — *S'accoupler*, en parlant d'animaux, Voc. (coyre في البهائم) peut-être ce verbe a-t-il ce sens chez Bait. II, 569 b: ويقال ان ورقها اذا دلكت به ظهور البقر قوّاها على الطرد, mais la signif., peu différente au reste, que donne Beaussier: *entrer en chaleur, en rut* (chèvre, brebis), conviendrait aussi. — *Généraliser*, de Slane trad. des Prol. III, 159, n. 4.

III. طارد دعوى *solliciter, poursuivre un procès*, Bc. — طارد به *il fut son compagnon d'exil*, Berb. II, 476, 8 a f., où il faut lire avec l'éd. de Boulac وزيره المُطارَد به, II, 500, 6 a f. et 560, 4: ليُطارَدا به

V dans le Voc. sous *expellere*.

VI. Pour *cessit*, Freytag cite J.-J. Schultens; ce savant renvoie à Eutych. I, 110, 10, où ce verbe signifie *faire semblant de fuir devant* (ل) l'ennemi, comme la X°; de même Kâmil 636, 4. — *Se suivre*, Baidhâwî I, 614, 7: فانها ان توافقت في المراد تطاردت عليه القُدَر وان تخالفت فيه تعاوقت عنده.

VII *courir, couler* (eau), Voc., Aboû'l-Walîd 267, n. 90: وقيل متتابع اى ان الوكف منطرد شى بعد شى. — Dans le Voc. sous *coyre* (cf. sous I).

VIII. محمد الصبح ليس يطّرد *il n'est pas donné à tout le monde de se réjouir à l'aspect de l'aurore* (de Slane), P. Prol. III, 398, 5. (On trouve cette forme dans le Voc. sous *gener*, mais il faut la pla-

cer sous l'article qui suit immédiatement, à savoir *generalis*; cf. Lane).

X, dans le sens de *faire semblant de fuir devant l'ennemi*, se construit aussi c. a. p., Berb. II, 469, 3. — *Parler incidemment d'une chose qui, dans un discours, est hors du principal sujet, et par conséquent, faire une digression*, M اِسْتَطْرَد فلان سابَى) كلامه على وجه يلزم منه كلام آخر وهو غير مقصود (بالذات بل بالعَرَض, Amari 155, 9, c. a. r., Macc. I, 121, 11, 801, dern. l., Prol. I, 65, 15, c. ب r., Macc. II, 546, 8. — *Passer d'un sujet à un autre*, p. e. استطرد من النسيب الى المدح «passer de l'éloge de sa maîtresse à celui de son patron,» Prol. III, 328, 2, Abd-al-wâhid 215, 2 a f.: ابتدأ بهجو نفسه ثم استطرد بهجو رجلا من اعيان قواد الاندلس *passer d'un genre à un autre*, (ou يستطرد للخروج (في الخروج من فن الى فن, Prol. III, 327, 2 a f., 361, 1.

طَرْد, t. d'arithm., *soustraction*, synonyme de طَرْح, M. — Chez les chrétiens, *molester quelqu'un à cause de sa religion*, M. — Pl. طُرُود et (M) طُرُودة, *ballot*; طَرْد بُنّ *balle*, Bc, Hbrt 101, M; طَرْد بضاعة *grand sac de café*, Bc. — *Allée autour de la cour d'une mosquée*, Cartâs 36, 12 (où il faut lire, avec les man. A et C, دائر, *au lieu de* ديار. — الطَرْد والعَكْس, t. de rhétor. (*le mouvement en avant et en arrière*, à savoir: du discours); c'est lorsque deux phrases expriment la même idée d'une manière différente et en sorte qu'elles se confirment réciproquement, p. e. Coran 66, 6: لا يَعصون اللَّه ما أمَرَهم ويفعلون ما يُؤمرون Mehren Rhetorik 186, M. — الطرد والمنع, en logique et en grammaire, *généralisation* et *empêchement*; ce terme indique que ce qui est affirmé par la définition doit être identique avec ce que la chose définie donne à entendre; c'est l'accord de la définition avec la chose définie, de Slane trad. des Prol. III, 159, n. 4. — طرد وحش était en Egypte le nom d'une sorte d'étoffe de soie. Quatremère (Maml. II, 2, 70) avoue qu'il ignore si c'est un terme étranger ou bien le terme arabe composé, qui signifie «l'action de chasser des animaux,» de sorte qu'il faudrait supposer que cette étoffe représentait des scènes de chasse. Je ne suis pas en état de prouver que cette dernière opinion est la véritable; cependant j'incline à l'admettre, parce qu'en effet l'usage de ces représentations sur les vêtements est très-ancien en Orient (voyez J. A. 1850, II, 166).

طَرْد نَحْل طَرْد essaim, volée de jeunes abeilles, Bc. Il faut donc corriger Lane, qui a changé à tort la leçon du TA.

طَرْدِيَّة *poème sur la chasse*, Macc. III, 689, 14 (allusion à 686, 21).

طُرْدان petite graine noire qu'on trouve parmi le blé, M.

طِرَاد *combat, attaque, bataille*, Ht, cf. Ztschr. XXII, 138; *guerre*, Roland, Barbier; مؤنة الطِراد *munition de guerre*, Bc (Barb.). Pl. ات *courses* d'un corsaire, Roland Dial. 593. — كَأْس طِراد. Je trouve deux fois dans Bait. I, 81 a (Edrisi) l'expression: *boire d'une décoction* مقدار كأس طراد, avec ces voyelles dans A. Ce ne peut pas être un adjectif, car كأس est féminin, et j'ignore quel sens il faut attacher à ces mots.

ما مِن طَرِيق *une eau dans laquelle les bêtes de somme entrent l'une après l'autre*, Asâs; Lane n'a pas cette signif. parce que dans le man. de l'Asâs qu'il cite sous مطَّرِد, il manque neuf mots; il faut lire: وجُدول مطَّرِد وما طريد تطرد فيه الدواب وتخوضه ودرعٌ مطَّرِد ومطَّرِد الأنابيب والكعوب ۞

طَرِيدَة pl. طرَائِد *badaud, bayeur, musard, niais, homme simple, très-lourd, très-stupide*, Alc. (bausan, bovo, tardon, mamuete nombre (de) denuesto; ce dernier mot n'est pas dans mes dict., mais feu M. Lafuente me l'a expliqué en m'écrivant: «es una de las muchas palabras que en España se usan para motejar o denostar a uno: es como papanatas, papamoscas, bobalicon, simple, etc.»). — Mets composé d'aubergines, de pain trempé et de lait aigre, M.

طَرَّاد est un bâtiment qui n'a que 7 brasses de long sur 2¹/₂ de large, de sorte qu'il ressemble à un tonneau plutôt qu'à un navire; il est sans pont, n'a presque pas de clous, et ses minces planches sont, pour ainsi dire, cousues ensemble, Niebuhr R. I, 274. — *Qui chasse, qui met dehors avec violence*, Payne Smith 1511, Voc.

طَرَّادة nom d'un bâtiment = طَرَّاد, de Sacy Chrest.

II, 56, 3, Vie de Saladin 41, 8, 161, 16, Amari 335, 6 a f. — *Dard, javelot*, Domb. 81. — *Drapeau*, Daumas V. A. 155 (cf. sous مطَّرِد). — Un objet avec lequel on ferme une porte en dedans, M.

اطِّراد, t. d'arithm., *l'action de compter en suivant toujours le même ordre*, p. e.: 5 10 5 20 5 30 5 40, etc., Dorn. — T. de rhétor.; c'est lorsqu'on fait suivre le nom d'une personne qu'on loue par ceux de ses ancêtres selon l'ordre généalogique, soit simplement, soit de cette manière: ابن الكريم ابن الكريم M, الكريم يوسف بن يعقوب بن استحف بن ابرهيم, cf. Mehren Rhetorik 128—9.

مَطْرَد pl. مطارد *endroit où l'on chasse, où l'on poursuit le gibier*, Khatîb 139 r°: بيرز لمباشرة الميادين وارتياد المطارد ۞

مطَّرِد *drapeau*, Djauharî sous لوى: والاربية المطارد, Masoudî III, 252, avec les synonymes راية et عَلَم en arabe, et درفش en persan, Tha'âlibî Latâïf 128, 12: الشعشاء الذى يَتَّخذ, où un man. cité dans la note i remplace le dernier mot par العلامات, qui en est en effet le synonyme; Haiyân-Bassâm III, 140 r°: le calife fit son entrée à Cordoue دون عَلَم ولا مطَّرِد; Holal 11 r°: Abdérame III ordonna d'écrire son titre d'emîro'l-mouminîna an-nâciro lidîni'llâh sur, etc.: أوعز بإثباتها فى اعلامه ومطاردِه وطرازه ودنانيره ودراهمه. Ce mot a aussi ce sens dans Freytag, Selecta ex historia Halebi, ٢٧, 10, ٤٣, 5: جَعَل مطاردِه, وبوقاته فى المقدمة, où il a embarrassé l'éditeur, qui, comme on le voit par sa note, p. 148, n. 225, ne l'a pas compris. Plus haut j'ai noté que طُرَّاد a encore ce sens en Algérie. L'un et l'autre signifient proprement *lance*, mais on les a appliqués à la lance à laquelle est attachée une pièce d'étoffe, c.-à-d. au *drapeau*.

مُطْرِد chez Freytag est une faute pour مطَّرِد (voyez), comme Lane l'a soupçonné avec raison.

مطَّرِدة. Sous طَرِيد j'ai corrigé le texte de l'Asâs qu'on trouve chez Lane. C'est proprement l'épithète d'une lance = مُسْتَوى الكَعْب, Diw. Hodz. 142, 1, où le scoliaste dit encore: المُطرَّد المريح اذا قُوِّم اعتزَّ; substantivement lance, Diw. Hodz. 141, vs. 34, Diwan d'Amro'lkaïs 48, 13. — Drapeau, Yâcout I, 724, 4: نَشَرْنا المُطرَّدينِ; cf. مُطرَّد: الذين كانوا معنا.

مَطارِدُ, pl. sans sing., se trouve Diw. Hodz. 75, vs. 2, où le scol. explique مَطارِدُ par سِهام طِوال بيض يُشبِه بعضها بعضاً — ومطارد السهام ما اسمع بواحدها مُطارِدة poursuite, Bc.

طرز I. طَرَزَ, aor. o, n. d'act. طَرْز, broder, Voc., Cherb. Dial. 157, 159.

II enfiler des perles, au fig. fam., faire des riens, Bc.

VII être brodé, Voc.

طِراز liserage, broderie autour d'une étoffe avec un cordonnet, Bc, cf. Vêtem. 355 (où il faut prononcer le pl. طُرُز), Maml. II, 2, 74. — Au lieu de دار طِراز, dans le sens de fabrique etc., on dit aussi الطِراز, Maml. II, 2, 74, 75, Amari 668, dern. 1. — Pl. أَطْرِزَة boutique isolée où l'on vend, ou qui sert de fabrique, selon l'explication que Delaporte a donnée, dans le J. A. 1830, I, 320, du passage Cartâs 26, 8. — Métier (espèce de machine), Gl. Edrîsî. — Dans les 1001 N., Bresl. XII, 123, 1 et 2, je trouve un mot طَرازين, qui m'embarrasse. Il y est question d'un peintre, et on y lit: فدخل الى مقصورة من مقاصير الحمام ورمى فيها طرازين وزينها من الجانبين ثم انه صور الطرازين صورة ما رأت العيون احسن منها وفى صورة لا روح فيها وفى صورة مارية بنت ملك ببغداد ثم ان الفقير لما اتم الصورة مضى الى حال سبيله Je ne suis pas en état d'expliquer ce passage.

طِرازة broderie, Bc, pl. ات, Vêtem. 356, n. 5, et طَرائز, 1001 N. I, 45, 2. — Le métier de brodeur, M.

تطريز broderie, Bc.

مُطرَّز damassuré, linge ouvré, linge damassé, Alc. (alemanisco manteles).

طُرْزازة micocoulier, Bargès 266.

طرس. طَوارِس pl. طُرُوس voyez طارُوس.

طرستوج le poisson nommé mullus barbatus, Bait. II, 159 e (AB).

طرش I c. a. p. et ب r. asperger quelqu'un de, الشى بالماء jeter de l'eau par gouttes, Bc, 1001 N. I, 53, 14; même constr., faire rejaillir sur quelqu'un la boue, etc., Bc. Au fig., incruster, 1001 N. Bresl. IX, 196, 10: روّاق بالرخام مطروش (Macn. a مفروش). — Blanchir une muraille avec de la chaux, M. — Aller par haut, vomir, dégueuler, rendre gorge, Bc, Hbrt 33, au fig., restituer un vol, Bc. — N. d'act. طَرْش, fouetter un sabot (jouet d'enfants), Voc., qui a ce verbe sous flagellare et trocus. — C. a., n. d'act. طَرْش, hâter, faire dépêcher, Voc. — طَرَش الضَبَّة tirer le verrou, fermer la porte, 1001 N. Bresl. IX, 209, 6: قفلت الباب وطرشت الضبة, 265, 5: نظر الصبية مفتوحة فقال للسائس ليش ما كنت طرشت الضبة فقال يا سيدى انى طرشتها بيدى, où Macn. a le verbe اغلق. — Aujourd'hui طرش الباب signifie au contraire au Maroc forcer une porte (quand la clef s'est perdue), Lerchundi.

II étourdir, Mc, Ht (qui a par erreur la Ire). — Faire regorger, au fig., obliger de rendre, Bc. — Dans le Voc. sous flagellare.

IV assourdir, Bc, Payne Smith 819.

V dans le Voc. sous flagellare.

VII devenir sourd, Payne Smith 819. — Dans le Voc. sous flagellare et trocus. — Escrimer, faire des armes, Alc. (esgremir, esgremir blandeando). — Pleurer, Voc.

طَرْش lait de chaux, blanc de chaux, M. — Vomissement, Bc, Hbrt 33. — Pl. طُرُوش troupeau, Ztschr. XXII, 136, bestiaux, bétail, troupeaux, Bc. تفصيلك طردوحش مقصّب طرش ـ 1001 N. I, 208; les édit. de Bresl. et de Boul. n'ont pas ce mot.

طرش sorte de vers, charte grenadine de 770—772 H., où il est question d'un jardin qui se trouvait dans un grand dépérissement: وفى جذراته الدود والطرش والقليفال. C'est d'après M. Simonet le gal. et pg. traza, qui signifie également ver.

طِرْشَة *soufflet, coup sur la joue*, Domb. 90, Lerchundi.

طُرْشان *sourd*, Bg.

طَراش *surdité*, Payne Smith 1387.

طُراش *blanchi avec de la chaux*, M. — Dans le Voc. sous *flagellare*. — (Syr. لَمْهُمْا) espèce de chêne qui ne porte pas de fruits, Payne Smith 1520, 1529.

طَرْشَة *marotte* (التى تلعب بها لخَلابيص), Mehren 31.

طُرْشان, pl. أَطْرُش, *sourd*, pl. طُرْشان chez Bc et Hbrt 8, Bâsim 6: نقعد عندك خرسان طرشان.

اطروش *sorte d'oiseau*, Yâcout I, 885, 9.

مَطْرَش (pour مَطْرَش) pl. مطارش *fouet avec lequel on frappe un sabot (jouet d'enfants)*, Voc. — Voyez aussi مطرش sous le *mim*.

مَطْرَش *émétique, vomitif*, Bc.

مُنْطَرَش *escrimeur, celui qui entend l'art d'escrimer*, Alc. (esgremidor).

مُنْطَرَشَة *escrime*, Alc. (esgrima de espadas).

طرشق I *faire craquer* (les os, dans le bain), Martin 124. طرشقة *crevasse*, Bc.

طرشقوق voyez طرخشقون.

طُرْشُول (esp.) *sacret, tiercelet ou mâle du sacre*, Alc. (torquelo).

طُرْشُون pl. طُراشِين *espèce de faucon*, Beaussier, Margueritte 176. C'est le même mot que celui qui précède, avec le changement de *l* en *n*.

طَرْطان *ver de terre*, Auw. I, 127, 6 a f.: للحيوانات المتولدة فى الارض من قبل خمج او عفونة مثل الدود والطرطان. Le Voc. a طَرْطَينَة, *lumbricus*. C'est, selon M. Simonet, du lat. *teredines*, pl. de *teredo*.

طرطر I *lever*, p. e. la queue, 1001 N. I, 8, 8 a f. — *Accumuler*, Voc.

طَرْطَر *tartre*, dépôt salin et terreux dans les tonneaux de vin, *lie*, Voc. (fex, et dans la 2e partie, fex olei), Alc. (rasuras de cuba); Ducange (v° tartarum) cite ces paroles tirées du Glossar. medic. de Simon de Gênes: «Tartar, Arabice, tartarum, quod ex vino in lateribus vegetis generatur.» Le fait est que le mot véritable, دُرْدِى (aussi sous fex dans le Voc.), a été corrompu par les alchimistes en *tartarum*, esp., port., ital. *tartaro*, fr. *tartre*, et que les Arabes l'ont repris sous cette forme altérée. Aussi طُرْطير et طُرْطُف (voyez). — (Voyelles incertaines) *le fruit du térébinthe*, Most. v° بطم: وحَبُّ هو الحَبَّة الخضراء ويدلسبن ورقة للحنّاء, Ibn-Loyon 45 r°, وهو الحلوطر بالطرطر.

طُرْطُر, pl. طَراطِل, et طُرْطُل, pl. طَراطِل, semblent être = طُرْطُور dans le sens ordinaire de *bonnet haut*; le Voc. donne ces formes (v° galerus; son «capel de sol» ne semble pas se rapporter aux mots en question, auxquels il ajoute: «Saracenorum est,» mais aux deux termes qui précèdent, قَنْزَع et مَطَلّ). —

Pl. طَراطِر *chenille, insecte reptile*, Bc.

طُرْطُور pl. طَراطِير. Au IV° siècle de l'hégire, c'était à Cairawân une coiffure très-distinguée, témoin ce passage du R. N. 86 v°: وكنت آتى البيد والطرطور على راسى ونعل احمر فى رجلى من ابناء السلاطين وكان الطلبة ينقبضوا (من ل.) عنى من اجل ذلك الزى فليس هو زى طلبة العلم واصله. Mais comme ce bonnet haut était la coiffure ordinaire des Bédouins de l'Egypte, que l'on méprisait et dont on se moquait dans les villes, la coutume s'est introduite de poser un *tortour* sur la tête du criminel, ou de l'ennemi vaincu, qu'on promenait ignominieusement par les rues. En outre, le *tortour* est porté par les derviches. Celui des femmes maronites et druzes est une coiffure en cône, deux fois plus grande qu'un cor de postillon, et faite, selon le rang de celle qui la porte, de carton (Ztschr. VI, 394), de corne, de fer-blanc, d'argent ou d'or. Voyez Vêtem. 262 et suiv. On dit encore طُنْطُور et طُنْطُورة (voyez). — *Capuchon*, Bc. — *Calotte*, Bc. — طُرطير الحاجب chez le vulgaire en Espagne, *espèce de basilic*, Auw. II, 290, 20.

طُرْطُور *assaisonnement composé de pommes de pin, d'ail et de lait aigre*, M.

طُرْطِير *tartre, dépôt terreux et salin du vin*; ملح الطرطير المَعنى et طرطير مَطْرَش *sel de tartre*; *tartre émétique*, Bc; voyez طُرْطُر.

طُرْطُورَة crête du coq, Hbrt 65 (Alg.).

طرطش I (cf. طرش), بالمثنّة ou بالماء, asperger, jeter de l'eau par gouttes; — éclabousser, ب طرطشه faire rejaillir sur quelqu'un la boue, etc., Bc.

طَرْطَشَة éclaboussure, Bc.

طرطق I claquer, faire un bruit éclatant et aigre, cliqueter, Bc, craquer, pétiller, Ht. — Faire craquer les os (dans le bain), Delap. 164. — Frapper à la porte, Voc.

II quasi-pass. de la Irᵉ dans le dernier sens, Voc.

طُرْطُق pl. طَرَاطِق lie, Voc. (fex, et dans la 2ᵉ partie, fex olei); voyez طَرْطَق.

طَرْطَقَة claquement, Bc. — Avec ou sans طاحون, claquet, petite latte qui bat sur la trémie du moulin, traquet, Bc.

طَرْطَفَل (syr. ܒܢܝܦܫܐ, qui est une corruption du lat. craticula) gril, Payne Smith 1516.

طرطل I accumuler, Voc.

II quasi-pass. de la Irᵉ, Voc.

طُرْطُل voyez طُرْطُر. — Pl. طَرَاطِل huppe, touffe de plumes sur la tête de certains oiseaux, Alc. (penacho en la cabeça). — Même pl. cimier, ornement supérieur du casque, Alc. (cimero sobre el yelmo).

مُطَرْطَل n. d'un. ة, blette (plante), Alc. (bledo).

طرطم I, comme طمطم et دمدم et لجلج, gronder, murmurer entre ses dents, Payne Smith 1515.

طُرْطَيْنَة ver de terre, Voc.; cf. طُرْطَان.

طَرْعَة nom d'une plante, Bait. II, 312 d; leçon de EHKS; BL طَرْغَة, A طَرْعَة.

طَرْقَة (b. lat. targa) targe, bouclier, Voc.; cf. sous طَارِقَة.

طَرْغَلُودِيس motacilla troglodytes; c'est ainsi que le nom de cet oiseau est écrit dans A et B de Bait. II, 159 d, excepté que A l'a avec le ذال.

طَرْغَنَة espèce de labour, Ibn-Loyon 10 rº (texte):

والحرث لا مُبَلِّغًا طَرْغَنَةً ودونها التحريك كيف يُثْبَتْ
41 vº (texte):

فأزرَعه كالكتان لا تَغْبِنَه بعد ثلاث سكك وكَرْغَنَه
C'est, comme me l'a fait observer M. Simonet, le b. lat. tragula, forme que les paysans employaient pour traha ou trahea, c.-à-d. herse (esp. trailla, gal. trajilla, etc.). Ibn-Loyon l'emploie pour herser, comme on dit trolla en galicien.

طرف I c. a. faire des invasions sur les frontières d'un pays, Gl. Belâdz.

II placer au haut d'une montagne, Alc. (part. pass. enriscada cosa, n. d'act. enrriscamiento).

IV fermer les paupières; de là ما اطرف الشمس «comme le soleil jette des regards faibles et languissants!» (de Slane), P. Becrî 67, 7. — Trouver une chose neuve et piquante, Ztschr. XII, 71, 3: وبقال قد اطرفت الشىء اطرافًا اذا استطرفته ۞

V faire des invasions sur les frontières d'un pays, les extrémités d'un camp, les flancs d'une caravane, c. a., Gl. Belâdz., Abdarî 45 vº: Ces Bédouins ne se montrent pas aux caravanes وانّما يتطرّفون الركب, Abou'l-Walîd 641, 7; c. ل, ويطالعونه من كلّ مرقب Abbad. II, 188, 12. — Se tenir au bout, à l'extrémité, Façl al-khitâb p. ١٢٧ (Wright). — أكل بالتطرّف signifie peut-être ne toucher aux mets que du bout des doigts, R. N. 93 vº: فكُلْ اذا كنت مع الاغنياء بالتطرّف لثّلا يقولوا الفقير ليس له قسمة فيمقّتوا الفقراء. — Se réfugier, se retirer dans des rochers, Alc. (enriscarse). — Se montrer طَرِف noble, Fleischer Ali's hundert Sprüche, p. 67, nº 31, et p. 102.

X trouver une chose belle, un mets délicat, etc., Gl. Mosl., Bidp. 240, 4 a f.

طَرْف le mauvais œil, Abbad. I, 45, 6 et 103, n. 160. — Pointe, Alc. (punta de cosa aguda), p. e. d'une lance, Voc. — Dard, javelot, L (spiculum (sagitta ut lancea brebis)). — Pointe d'une montagne, d'un rocher, Voc. (cacumen). — Cap, promontoire, Gl. Edrîsî; de même dans جبل الاغر, aussi طرف الاغر, Macc. I, 83, 18 et n. c, aujourd'hui Trafalgar. — Morceau, pièce, Alc. (pedaço). — طَرْف الختان prépuce, Voc.

طَرَف. طرفا التشبيه *les deux termes d'une comparaison*, Mehren Rhetorik 20. — Proprement *bout*, p. e. d'une corde, par synecdoche *corde*, Bc a طرف *longe de corde ou de crin*. Dans les 1001 N. I, 296, 9, un capitaine de vaisseau, quand il veut mettre à la voile, donne l'ordre: حلّوا الاطرافَ واقلعوا الاوتادَ, ou comme on lit dans l'éd. de Boulac: حلّوا الطرفَ c.-à-d.: détachez la corde ou les cordes, les amarres, démarrez le navire! — أطرافٌ *nobles guerriers, chevaliers*, Asâs: هو من اطراف العرب من اشرافها واهل بيوتاتها, Yâcout II, 933, 10: عليهن اطرافٌ من القوم البهم عليهن اى على لخيل اطراف جمع طرف وهو الكريم من الفتيان, Bidp. 4, 7: à l'approche d'Alexandre, le roi de l'Inde وتلقّى, 181, 2 a f.: ضمّ البد اطرافه اضرافها اطراف العدوّ. — Dans le même sens que الاطراف, الناس اطراف, *des hommes d'une condition inférieure, de la plus basse classe, des hommes vils*, on emploie aussi الاطراف seul, que l'on trouve dans les passages d'Aboulféda et du Fak. al-khol. notés par Freytag, cf. Maml. I, 1, 54, et اطراف البلاد, Maml. l. l. On voit que ce mot a deux sens opposés; c'est qu'il signifie proprement *bout, extrémité*, et qu'on l'emploie pour indiquer ceux qui sont au sommet de l'échelle sociale aussi bien que ceux qui sont à sa base. — اطراف *l'index d'un livre*, Khallic. VII, 13, l. 13 et 14, Hâdjî-Khalfa I, 343—4. اطراف s'emploie aussi isolément pour désigner l'espèce de raisins connue sous le nom de اطراف العذارى, Gl. Edrîsî 344 à la fin. — Le طَرَف سيّد نجيب الطرفين (*noble d'un côté*) est le fils d'un saiyid et d'une musulmane ordinaire; le سيّد نجيب الطرفين est celui dont les parents sont tous les deux saiyids, Burton II, 3. — الطرفان عند فقهاء الحنفيّة هما ابو حنيفة ومحمد لانّ M. — احدهما فى طرف الاستناد والاخر فى طرف التلميذ, بطرفنا *chez nous*, بطرفكم *chez vous*, Ztschr. XVIII, 325, 3 et 5. — من طرف *au nom de, de la part de*, Bc, 1001 N. II, 90: السؤال 99: من طرف القاضى, voyez sous نقص طرفه. — الذى من طرف لخليفة نفص I.

طَرْفَة عَين *moment*, Voc. طُرْفَة est selon l'explication Auw. II, 574, 8: *une vive inflammation qui se manifeste dans l'œil à la suite d'un coup reçu ou de la rupture d'un vaisseau, par suite de quoi l'œil devient larmoyant*. — *Chose curieuse, particularité scientifique ou littéraire qui a de l'intérêt*, Ztschr. XV, 109, de Jong, Mohammed ibn-Hârith 313: ils disaient que c'était un homme vertueux et excellent, غَيْرَ انّ احمد بن خالد كان يذكر عنه طُرْفَة ذكر انه اتاه يسئله ان يُسْمِعَه سماع اصبغ بن الفرج وان يجعل له فيه دولة فلما اتى الى السماع اخرج البه الشيخ كتبَ اصول العلم من تاليف اصبغ فطن ان الاصول والسماع شىء واحد ۵

طَرَفِيّ *extremus, ultimus*, Voc.; c'est vulg. pour طَرَفِيّ, Yâcout I, 384, 14 et 15.

طَرَفانيّ (pas طُرُفانيّ comme dans Freytag) aussi Aboû-'l-Walîd 632, n. 37.

طَرِيف *extraneum quid*, pl. طِراف, Voc.

طَرّاف *savetier*, Domb. 103.

اطريف, pour l'hébreu טְרֵפָה, dans le sens de *la chair d'animaux tués par des bouchers juifs*, Recherches I, Append. p. LXI, 4.

تَطْرِيفة pl. تَطارِيف *cartouche*, Burton II, 115.

مَطْرُف pl. مطاريف *moulin à huile qui est mis en mouvement par l'eau*, M.

مستطرف *limitrophe*, Ht.

طَرَقَ I *cheminer, marcher, voyager*, Voc. (yre), Alc. (caminar); c'est donc = طرق الطريق chez Lane. — *Rebattre*, au fig., répéter jusqu'au dégoût; مطروق *rebattu* (pensée, discours), Bc. — طرق روحه *se masturber, se polluer*, Bc. — طرق الحنطة *cribler du blé*, M.

II *remettre sur l'enclume*, Bc. — فم يُطَرَّق المصيق «il fit en sorte que nous ne pouvions passer le défilé», Amari 207, 10, où il faut lire ainsi avec notre man. 12 b. Au fig., c. الى, *frayer la route vers*, Gl. Mosl, Macc. I, 244, 8. — C. على p. *tâcher de tromper*, Gl. Mosl. — *Barioler*, Voc.; voyez plus loin مُطَرَّق.

IV. Pour *incliner la tête*, le Voc. a la constr. اطرق برأسه.

V. Dans le premier sens chez Lane, *he found a way to*, c. الى, au fig., *avoir de l'influence sur*, Prol. II, 143, 13. D'une autre manière, au fig., Maml. II, 2, 269: كان يمنعها التطرّف (ى .l) الى التبهّج où Quatremère traduit: «il l'empêchait de se livrer à la coquetterie.» Au lieu de الى, aussi لِ, Prol. I, 56, 13, Macc. I, 658, 9 (où il faut lire يتطرّق avec Boul.), et même على, Gl. Mosl. (même sens, à mon avis, dans le passage de Yâcout, I, 819, 5, qui y est cité). — *Se mettre en route*, Ztschr. V, 102; dans le Voc. sous *yre*; متطرّق *un passant*, Ibn-Haucal 159, 17. — C. الى *conduire vers, mener à* (chemin), 1001 N. I, 105, 1: اصبحت طريقا متطرّقا الى اعلاه — تطرّق *les embranchements* (c.-à-d. *les diverses formes*) *de la supposition* (de Slane), Prol. I, 39, 15. — *Frapper*, Gl. Mosl.; le Voc. a cette forme sous *cudere*; يتطرّق *ductile, malléable*, Bc. — C. a. *attaquer, faire une invasion dans*, Gl. Mosl. — C. ب *être bariolé*, Voc.

VI *être posé l'un sur l'autre; la crinière du lion est* ما يتطارق من شعره بين كتفيه, Kâmil 148, 16.

VII c. ب *se cogner*; انطرق راسه فى الحائط *sa tête a heurté contre la muraille, donner de la tête contre un mur*, Bc.

VIII *parcourir divers pays*, Bait. I, 293 d: وكان قد وقع له منه بعد اطراقه البلاد باحثّا عنه مشرقا ومغربا قطعة صغيرة, où B omet البلاد.

X. Comparez avec الاستطراق بين الصفوف chez Lane: Mâwerdî 329, 10: ويمنع الناس فى الجوامع والمساجد من استطراق حلف الفقراء والقرّاء صيانة لحرمتها

طُرْقَة *percussion*, Bc. — *Incursion, razzia*, Gl. Edrîsî. طرقة يد *coup de main, action hardie*, Bc.

طِرْقَة (voyelles incertaines) semble signifier *bobine*, Cazwînî II, 128, 4 a f.

طُرْقِى *opérateur, charlatan qui débite ses remèdes en place publique*, Bc.

طَرْقُون se trouve dans la 1re partie du Voc. avec le mot «*saltare*;» dans la 2de on le cherche en vain. Un curieux récit chez Ibn-al-Khatîb montre que ce subst. a réellement quelque chose de commun avec l'idée de «*danser*.» Dans son article sur Ibn-Mardanîch, il dit que ce prince, qui régna sur l'Espagne orientale vers le milieu du VIe siècle de l'hégire, surchargea ses sujets d'impôts de tout genre, afin d'être en état de payer ses soldats chrétiens, et qu'il en établit même un sur les festins de noces. Dans l'anecdote qui suit, un homme de Xativa raconte qu'ayant gagné à Murcie deux ducats en travaillant comme maçon, il invita quelques-uns de ses concitoyens à passer la nuit chez lui; après quoi il poursuit en ces termes, 186 v°, 187 r°: فاشتريت لحما وشرابا وضربنا دفّا فلمّا كان عند الصباح واذا بنفر عنيف بالباب فقلت من انت فقال انا الطرقون الذى بيده قبالة اللهو وفى متّفقه بيدى وانتم ضربتم البارحة الدفّ فاعطنا حقّ العرس الذى عملت فقلت له والله ما كانت لى ...... فاخذت وسجنت (dans le man. il n'y a pas de lacune, mais je crois qu'il manque quelque chose). Le *tarcoun* était, par conséquent, *le receveur de l'impôt établi sur les festins de noces*, et comme la danse, aussi bien que la musique, faisait partie des réjouissances qui accompagnaient le mariage, on comprend pourquoi le Voc. a mis le *tarcoun* en rapport avec le verbe «saltare.» On trouve aussi le mot en question dans un poème d'un Espagnol nommé al-faquîh Omar, que Maccarî a copié et qui est mis dans la bouche d'un homme menant une vie de bohème. On y lit (Macc. III, 23):

ولا تنسَ ايّامًا تقضّت كريمةً بزاوية طروق او دار قمدان
وتأليفنا فيها لقبض اتاوة واغرام مسنون وقسمة حلوان
وقد جلس الطرقون بالبعد مطرقًا يقول نصيبى او ابوح بكتمان

On voit donc que ce personnage se faisait payer des contributions en se donnant pour le percepteur, «tandis que le *tarcoun* se tenait assis à distance, les yeux fixés à terre et en disant: «Donne-moi ma part (du butin), autrement je révèle le secret.»» De cette manière les pauvres gens avaient à payer deux fois la contribution, d'abord à l'imposteur, ensuite au *tarcoun*, qui pouvait prétendre que, si l'on avait déjà donné de l'argent, on s'était laissé tromper par un soi-disant *tarcoun*.

طِرْيَاق. Comparez avec le طائر طِرْيَاق الريش chez Lane (TA): P. Kâmil 90, 5:

طِرْيَاقى التخوّفى

طارِف = طَرُوف, Wright 91, n. 12.

طَرِيْف. Pl. vulg. طُرُوق, pour طُرَق, Gl. Mosl. — *Place, place!* Quand un Arabe arrive dans sa demeure avec des étrangers, il crie *taríc*, afin que ses femmes se retirent dans leurs appartements, Niebuhr B. 47. — أرْبَاب الطَّرِيق السَّلَامَة *bon voyage!* Bc. — sont chez Djaubarî les astrologues et les géomanciens, et plus loin il nomme les اصحَاب الطَّرِيق فى الطبّ ou اطبّاء الطُّرق, Ztschr. XX, 496, 497. En comparant les paroles de Bc que j'ai données sous طُرَقِى, on peut donc affirmer que les termes en question désignent en général *les charlatans des places publiques*, qu'ils soient opérateurs, astrologues, géomanciens ou autre chose. — طَرِيق التّبن et طَرِيق اللبّانة *voie lactée, chemin de Saint-Jacques*, Bc. — على طَرِيق *en forme de*, Bc. — *Voie de transmission* (d'une tradition), Abd-al-wâhid 130, 4, Prol. I, 355, 14, II, 144, dern. l., 145, 3, 147, 16, etc., Macc. I, 495, 4: كان بصيرًا بالطرُق الطَّرِيق *le soufisme*, Macc. I, 571, 14; أقَلّ الطَّرِيق *les Soufis*, Macc. I, 596, 10. — *Fois*, Bc (Syrie); M: «vulg. pour طَرْق,» Djob. 147, 5: نسى على قدَمَيْه طَرِيقَيْن من الصفا الى المروة 1001 N. Bresl. II, 184, 275 (où Macn., I, 259, a مَرَّة), III, 272, Djob. 68, 16: فى طَرِيق واحدة *en une seule fois*. — T. de musique, *air*, 1001 N. II, 271, 4, III, 410, 3 à f., Bresl. VII, 193 (où Macn. a طَرِيقَة). — طَرِيق الاسقُف *mandement de l'évêque*, Alc. (ley del pontifice).

طَرِيقَة: الطَّرِيقَة *la bonne voie, l'obéissance au souverain*, Haiyân 16 r°, en parlant d'un chef qui resta fidèle au sultan: استقام على الطَّرِيقَة, 24 v°. — الطَّرِيقَة المُحْتَرقَة, Aboulfeda Géogr. 5, l. 12, *la voie brûlée*, est l'espace situé entre le 19e degré de la Balance et le 3e du Scorpion; voyez la traduction de Reinaud 6, n. 1. — *Manière dont on traite une science et qui diffère de celle des autres savants*, Meursinge ۴, 6 à f.: وله طَرِيقَة فى علم الخلاف — *Manière de tromper, fourberie*, 1001 N. Bresl. IX, 195, 2. — *Débouché, expédient, jour*, facilité, moyen de succès, *manœuvre*, conduite dans les affaires, *mesure*, précautions, moyens pour arriver au but proposé, *mezzo-termine*, parti moyen, *milieu, moyen*, Bc. — *Accommodement*, moyen pour terminer une affaire, *tempérament*, au fig., adoucissement, accommodement, c. ﻟ *arrangements*, Bc. — Dans l'Inde et surtout dans le Khoråsån, les Soufis ont aujourd'hui dans leur ordre trois degrés, qu'ils appellent طَرِيقَة et معرفة et حقيقة. Le disciple du premier degré est encore musulman et s'acquitte régulièrement de ses devoirs religieux; voyez Ztschr. XVI, 241. — T. de musique, *air*, 1001 N. II, 151, dern. l., 152, 4, 163, 259, 267, IV, 173. — طَرِيقَة الاسقُف *mandement de l'évêque*, Alc. (ley del pontifice). — طَرِيقَة الشَرع *procédure*, Bc. — طَرِيقَة ماء *ce qu'on rapporte en une seule fois du réservoir*, Espina R. d. O. A. XIII, 148. — Comparez avec Lane 1849 c à la fin, Ztschr. XXII, 80, 17: وكبّر البيت على خمس طرائق, où M. Wetzstein traduit: «er erweiterte das Zelt auf fünf Abtheilungen, wie es früher war;» cf. sa note p. 100, n. 31; Beaussier: forte sangle qui garnit le milieu de la tente arabe, qui supporte les montants et sur laquelle porte tout l'effort.

طَرَاقِى. الكِسَاء الطَّرَاقِى était le nom d'une étoffe qui se fabriquait dans la ville de طَرَاق en Ifrîkiya et que l'on exportait en Egypte, Becrî 47, 16.

طَرَاقِيَّة *criblure*, le mauvais grain qui est séparé du bon grain par le crible, M.

طُرَاق = ضَارِى, Abbad. I, 66, 9; *viator*, Voc. et aussi sous yre. — طُرَاق الحَدِيد *forgeur*, Bc.

طَرَّاقَة *ménétrier, jongleur*, Descr. de l'Eg. XIV, 181. — *Marteau*, Gl. Esp. 213.

طَارِقَة. Voyant que ce mot devait indiquer une sorte d'arme, les orientalistes ont été singulièrement malheureux en voulant l'expliquer. A. Schultens en a fait d'abord un javelot, ensuite une cuirasse, en y voyant une altération de θώραξ. Reinaud et de Sacy ont adopté cette étymologie manquée, et ce dernier a «trouvé dans Macrîzî plusieurs passages qui ne lui ont laissé aucun doute sur le sens du mot,» mais qui en vérité ne le prouvent nullement. Dernièrement M. Lane a ajouté une nouvelle opinion erronée à celles qui avaient déjà été produites, en disant que ce terme signifie une grande masse, une masse d'armes. Il en aurait jugé autrement s'il avait connu la savante note de Quatremère, Mong. 288—9; mais cette note même est encore insuffisante, puisqu'elle n'indique ni l'origine de *târica*, ni sa signif. primi-

طرق

tive. A mon avis il n'est pas d'origine arabe, car cette langue n'en fournit pas l'étymologie, et il s'y est introduit à une époque assez récente; je crois qu'on le cherchera en vain dans les écrivains antérieurs au temps des croisades, que les Arabes l'ont emprunté aux croisés, et que ce n'est rien autre chose que le b. lat. *targa*, qui existe aussi en ital., esp. port. prov. *tarja*, fr. *targe*. Que ce mot vienne du latin *tergum* (voyez Ducange) ou du v. allem. *zarga* (munimen, Grimm, Deutsche Grammatik, III, 445; Diez, dans son Etym. Wörterb. der roman. Sprachen, adopte cette opinion), il est en tout cas d'origine européenne et désignait *un grand bouclier oblong, qui couvrait presque toute la partie inférieure du corps*.

L'arabe *târica* (= طَرْقَة *scutum* dans le Voc.) a le même sens; c'est ce qu'on peut voir par les passages d'Imâd ad-dîn Isfahânî que cite Quatremère, et d'où il résulte que c'étaient les croisés qui avaient ces boucliers (Q. a mal rendu la phrase: لمعت بوارق بيارقه؛ وراعت طوارق طوارقه, traduisez: «les éclairs de ses drapeaux brillaient, et ses targes qui s'avançaient répandaient l'effroi»). Dans la Vie de Saladin, 124, 5 a f., on lit: je vis passer ces croisés qui étaient dans un état déplorable; ما وجدت مع واحد منهم طارقة ولا رمحًا إلّا النادر, «presque aucun d'entre eux n'avait une targe ou une lance.» On trouve encore que les princes des croisés firent présent à Saladin de *târica's*, d'épées allemandes, etc. (de Sacy Chrest. I, 275). En Occident c'étaient également les chrétiens, les Espagnols, qui avaient cette sorte de bouclier; voyez Abbad. II, 201, 4. Les musulmans le leur empruntèrent. On rencontre, p. e., dans le Holal, 58 v°, un passage d'Ibn-al-Yasa', où un Almohade raconte ceci: فصنعنا دارة مربّعة جعلنا فيها من جهاتها الاربع صفًا من الرجال بايديهم القنا الطوال والطوارق المانعة ووراءهم اصحاب الدرق ولهم راب صفًا ثانيا Au Caire il y avait même une rue nommée حارة صبيان الطوارق, parce que c'était là que demeuraient les jeunes gens قوم من جملة طوائفه qui à l'armée avaient la charge de porter les targes, وهم من جملة طوارقه (Macrîzî dans de Sacy l.l.). En outre ce terme servait en Europe à désigner *un mantelet*, une sorte de machine composée de plusieurs madriers, derrière laquelle on se mettait à couvert des traits et des pierres; cf. Ducange, qui

cite entre autres ce passage: «Peditos et equites habent fascinas sive flastea lignorum pro targonibus et mantelletis.» En Orient *târica* avait aussi ce sens, et il paraît qu'au Caire il l'a encore, puisque Quatremère dit (p. 427 b) que c'est à Marcel qu'il est redevable de la seule explication qu'il donne, à savoir: *un mantelet derrière lequel les soldats se mettent à l'abri des traits et des pierres*. Le mot تُرْس, qui signifie aussi «bouclier,» a subi le même changement de signif., comme le prouve le passage dans Freytag Chrest. 131, 11.

طارقيات (pl.) *mantelets* etc., comme le mot qui précède, Vie de Saladin 250, 8, Athîr XII, 4, l. 3.

مِطْرَق, vulg. مَطْرَق, *trique*, Daumas V. A. 199, *rondin de bois brut*, Carette Kab. II, 241, «a hort, slender stick, such as the Bedouins sometimes use in driving their camels,» Burckhardt Arab. I, 420, 1001 N. IV, 553, 5 a f.: واذا بالواني اقبل علي ومعه جماعة بسيوف ومطارق (où Lane traduit «boucliers de cuir,» sens que ce mot n'a jamais). — Voyez le verbe مطرق sous le *mîm*.

مُطْرَّق. En parlant de la manière de ferrer un cheval, Auw. II, 564, 4: ولا يُنْعَل الّا بنعل مطرق فائد الصدق للحافر واسبق ليدي الدابّة. Banqueri traduit: «Ne vous servez jamais que d'un fer doublé de cuir;» mais je pense avec Clément-Mullet que c'est *fer forgé*; en effet, Beaussier explique ce terme par *battu sur l'enclume, forgé* (fer). — *Enclouure, piqûre*, le mal, l'incommodité d'un cheval encloué, Alc. (clavadura o enclavadura). — *Bariolé* (cf. Lane O), Voc. (sous variare), *rayé, à raies* (étoffe), Beaussier, Cartâs 178, 7 a f.: كان يلبس تليسًا مطرقًا وبرنسًا مرقعًا, Bait. I, 471 a (Edrîsî), en parlant de cantharides: النوع الأسود المطرق بالحمرة, où mes man. ont par erreur un *fâ*.

مطرق nom d'une plante qui ressemble à l'ail, voyez sous سقرديون.

مِطْرَقَة, suivi de خشب, *crécelle*, moulinet de bois, Bc, comme *matraca* en esp., qui signifie: crécelle dont on se sert, au lieu de cloches, dans la semaine sainte.

مَطْرُوق *commun* (terme), usité, Bc. — *Trivial*, Bc. — بيت مطروق *maison fréquentée*, Bc.

مُتَطَرِّق, c. الى, *chemin menant à*, Kâmil 113, 9.

طُرْلَافَة fabula, Voc.

طرم.

طَرِيمَة pl. طَرَائِم lit de bois, Alc. (cama de madera). Victor explique de cette manière le mot esp. *tarima*, qui en dérive: «couche ou châlit de bois à la moresque: tribunal élevé de trois ou quatre degrés, que l'on met ordinairement sous les dais, marchepied;» cf. l'article qui suit ici.

طَارِمَة semble signifier *dais* dans ce passage de l'Aghânî, VI, 187, 8 a f. Boul., dont je suis redevable à M. de Goeje: وهو جالس على سرير ابنوس وعليه قبّة فوقها طارمة ديباج اصفر وهو يشرف على بستان في داره ضوء Cf. 1001 N. I, 447, 13: — Je trouve ce mot comme le nom donné à un édifice, Berb. I, 505, 13: فوطن ضرابلس فيها مقعدا لملكه — ;cf. طارم dans Vullers. Je pense que c'est *portique ouvert*, comme طَلْيَار (voyez) qui signifie également *dais* et *portique*. — Chambre d'un navire, Bc, *cabine d'un vaisseau*, M, Bat. II, 354, Berb. II, 215, 11. — Pl. طَوَارِم lectus, Voc.; voyez l'article qui précède. Selon Beaussier, طَارِمَة, pl. ات et طَوَارِم, est *le dessous de la* شدّة, et il explique ce dernier mot par «plancher large de 2 mètres, à 1ᵐ. 50 du sol, placé au fond du côté des chambres mauresques qui sont longues et étroites. Ce plancher, caché par un rideau, sert de lit.» — A Tlemcen, *espèce de sous-sol*, *logis aménagé en contre-bas du sol*, Beaussier. — *Armoire dans le mur*, *placard*, Beaussier.

اطْرَامَّة pl. أَطَارِيم *glande ou tumeur pestilentielle, qui cause la mort*, Alc. (landre que mata; Nebrija: landre que mata en pestilencia, glandula; Victor: landre, glande, peste, la malle bosse); — *peste*, Alc. (pestilencia).

طَرْمَاكي nom d'une céréale dont il est souvent question dans l'Agriculture nabatéenne (cf. Auw. II, 48, 11 et suiv.); Clément-Mullet croit que c'est l'*hordeum zeocrithon*. Cf. طرميج.

طَرْمَبِيطَة, en Egypte, *tambourin du volume du tambour français*, Ouaday 368.

الطَّرْمِج nom d'une céréale, Ibn-Loyon 33 v°: يشبه الشعير في نباته وورقه وسنبله أطول من سنبل الشعير وهو على صفّين خاصّة. L'auteur du Most. nomme à l'article شعير une espèce d'orge qui, dit-il, s'appelle en espagnol طرمش (N) ou ترمس (Lm). Je crois que c'est le mot esp. *tremes* (cf. Ducange, qui cite entre autres ce passage de Joh. de Janua: «trimense dicitur quoddam genus ordei, quia satum post tres menses colligitur»), et que le طرميج d'Ibn-Loyon en est une légère altération. Je le retrouve aussi chez Ibn-al-Auwâm. Cet auteur nomme, I, 23, 13, le طرمير (dans notre man. طمير), qu'il croit être la céréale qui s'appelle en nabatéen طرماكي. Clément-Mullet (trad. d'Auw. II, 29 n., et J. A. 1865, I, 202) n'a su que faire de ce mot, et ce qui a augmenté son embarras, c'est qu'Ibn-al-Auwâm nomme ailleurs, II, 29, 18 et 19, le طرمير *du blé* et le طرمير *de l'orge*. Quand on corrige طرمس ou طرمش, la difficulté est levée, car *tremes* se dit du blé aussi bien que de l'orge; *blé avrillet* ou *trémois*, esp. *trigo tremesino*; «trimense triticum ideo nuncupatum, quia satum post tres menses colligitur» (Isidore).

طَرْمِش ou طَرْمِس voyez l'article qui précède.

طَرْمِير mauvaise leçon chez Auw.; voyez طرميج.

طرن.

طَرْنة nom d'une plante qui, dans la langue classique (بالعربية), s'appelle الغول, Bait. II, 159 b (AB).

طَرْوَنة ou نَطْرُون, altération de نَطْرُون, *natron*; sesqui-carbonate de soude, sel qui se trouve dans les lacs d'Afrique et qu'on mêle au tabac quand il est trop fort, Beaussier, Richardson Sahara I, 260, 315, II, 207, 349, Lyon 23, 157, 185, 271, Blaquière II, 38—9 n., Prax 20, Carette Géogr. 96, 201, Daumas Sahara 192.

طَرْنَبة (esp.) *toupie*, *sabot* (jouet d'enfant), Alc. (peonça o tronpo). — *Seringue*, Beaussier; *lavement*, Ht; — *pompe*, Ht.

طَرْنَبِي *pomper*, Ht.

طَرْنَشُولي ou صَرْنَشُولي (esp. tornasol) *tournesol*, Bait. I, 75 c, 214 f, II, 118 d, 161 a; Ibn-Djoldjol, man. de Madrid, v° heliotropium: ويسمّى بالخليجي العاصي عندنا طُرْنَشُولي.

طَرْنْطَلَة (esp.) *tarantule*, Alc. (tarantola animal ponçoñoso).

طرن I c. a. et بـ dans le Voc. sous *gaudere*. — *Etourdir, abasourdir*, surtout par un coup très-fort, Lerchundi.

II, بالفَرَح, *gaudere*, Voc.

مُطَرْنَن *fou, fou qui n'a aucun intervalle lucide*, Alc. (loco, perenal loco). — *Celui qui rompt un armistice*, Alc. (cascatreguas).

طرو I. Dans le sens de *survenir*, n. d'act. aussi طَرَيَان, Voc.

II *amollir, ramollir*; طرى اللحم *mortifier*, faire que la viande devienne plus tendre, Bc.

V dans le Voc. sous *recencia*; *se rafraîchir*, Bc. — *Etre renouvelé, réparé*, Payne Smith 1207. — *S'amollir, se ramollir, mollir*, Bc.

طَرِي s'emploie p. e. en parlant d'une blessure *récente et sanglante*, Alc. (جَرْحَة طَرِيَّة llaga reziente con sangre). — *Tendre* (viande, pain), Bc. — *Mou*, qui cède facilement au toucher, Bc. — *Délicat, délié*, faible, *douillet*, Bc. — *Poule mouillée*, poltron, Bc. — Nom d'une prune noire et précoce, Auw. I, 342, 5, où il faut lire ainsi avec notre man. (qui cependant a par erreur تنكر, au lieu de يبكر:) هو انواع منها اسود يبكر ويعرف بالطرى واسود موخر جدًا شتوى واسود دقيق الحب يعرف بالطرى. Ce texte porterait à croire qu'il y a deux sortes de prunes noires qui portent ce nom; mais dans ce cas, je crois, l'auteur aurait terminé sa phrase par le mot أيضًا, et je soupçonne que le second طرى est altéré. Auw. nomme encore deux fois cette prune, I, 480, 14 et note *, où l'édit. porte المطرى, mais notre man. الطرى.

طَرِيَّة (؟) *artichaut*, Auw. II, 302, 5 (dans ce qui suit, il faut lire كنجى, au lieu de كاجى).

طَرِيَان voyez sous *tâ, râ, yâ*.

طَرَاوَة *le frais, la fraîcheur*, Hbrt 166, *frais*, froid agréable, Bc, Djauzî 143 r°: celui qui se lave le visage avec de l'eau froide en sortant du bain, بَقِيَت طَرَاوَة وَجْهِه, 1001 N. Bresl. III, 369, 4. — *Mollesse*, qualité de ce qui est mou, *tendreté*, Bc.

طَارِي (vulg. pour طَارِئ) *extraordinaire* (dans les comptes de dépenses); مكسب طارى *tour du bâton*, profit casuel et souvent illicite d'un emploi, Bc. — *Jongleur, ménétrier*, Voc. (mimus in instrumentis); c'est proprement *un étranger*, un Sindî (mot qu'il a aussi sous cet article), c.-à-d., un bohémien. Le pl. est dans le Voc. طُرَا (cf. Lane sous طَارِي).

طَرُوخِيُون (τρύχνος = στρύχνος) *solanum nigrum*, Payne Smith 1512.

طَرْوَز I (formé du pers. درْوَاز) c. a. *mendier*, n. d'act. طَارُوز, Voc., qui a aussi la IIe forme; cf. sous دروز.

طَرِيَان ou طَرِيَّان (sur les voyelles voyez Lane sous طَرَز et طَرَّ) (pers. تَرْيَان) *table de feuilles de palmier ou d'osier*, Payne Smith 1518.

طَرِيغَلَا sorte de poisson, aussi à سَنْطَرِ, Man. Escur. 893; ainsi dans le man., pas طَرْغِبْلَا comme chez Casiri I, 320 a; c'est τρίγλα, le rouget ou le surmulet; chez Payne Smith 1517 طَرِيجَلَا.

طَرِيخِج (syr. ܛܪܝܟܐ), en Syrie, *petit-lait*, Bar Ali éd. Hoffmann n° 4340; cette forme, qui se rapproche plus du syriaque, me semble préférable à طَرْنِيج, qu'on trouve chez Payne Smith 1519.

طرج.

طَازِج (du pers. تَازَه) *frais, récent, tendre*, etc., M (طَرِق).

طرز.

طَرْز ornement des dames au Maroc; il consiste en un ou plusieurs colliers de perles, avec des ducats ou des plaques d'argent qui ont une écriture, Høst 119 (tezra طَرْزَة). — *Arbuste de l'Atlas dont se servent les tanneurs*, Jackson 33, 47 (tisra).

طَرَّع II et V dans le Voc. sous *inconstans*, sous *modus*.

طُرُوع *inconstancia*, Voc.; dans la 1re part. طُوَاع.

طُرْعَة pl. طُرَع *modus*, Voc.

مُطَرِّع *inconstans* (in proposito), Voc.

طرن.

طَرِينَة (ital. dozzina, esp. docena) *douzaine*, Bc, souvent dans l'Inventaire.

طس.

طَسّ.

طسّ signifie *bassin en laiton;* mais chez Jackson 191 *tass* est *laiton.*

طسّة *coupe, tasse,* Alc. (taça taçon para bever, pl. طساس), Buckingham I, 98: « Water was served to us in a silver cup, called, in Arabic, *tassé,* » Prol. I, 191, 17.

طست est dans le Voc. طست. — Pl. طسوت *instrument de musique en forme de plat,* Prol. II, 354, 14.

طشق Comme on trouve aussi طقس (voyez), ce mot me semble d'origine grecque (τάξις), et non pas d'origine persane.

طسكة (b. lat. tosca, selon Simonet) *ronces, broussailles,* charte grenadine de 770—772 H., où il est question d'un jardin qui était dans un grand dépérissement: تنبت الطسكة والسمار والحجير

طسل

طسّالة *coupe,* Voc.; c'est طسّ avec la terminaison diminutive esp.

طسلق *brut,* qui n'est pas poli, Bc.

طسم II *passer un rasoir sur le cuir,* M.

طسمة (pers. تاسْمَه ou تَسْمَه) *cuir à rasoir,* M.

طسن

طيسن (esp.) *tison,* Alc. (tizon).

طش I, *en parlant d'une chaudière, faire un bruit qui ressemble à celui qu'on appelle* القشيش, M.

طشّ Le vulgaire dit فلان طشّ quand un enfant est né le dernier, ou quand en jouant avec ses camarades, son tour vient le dernier, M.

طشّ *bruit, éclat, fracas,* Bc. — *Emphase,* Bc. طشاش doit avoir un sens qui m'est inconnu dans le vers Prol. III, 368, 12.

طشتخاناه (formé de طشت, *bassin,* et de خانه, *maison*) *un lieu où l'on gardait les étoffes destinées pour l'habillement du sultan, les différentes espèces de pierreries, les cachets, les épées, et autres objets du même genre, et où on lavait les habits,* Maml. I, 1, 162, II, 1, 115.

طشتدار pl. طشتدارية *surveillant de l'établissement dont il a été question dans l'article qui précède, un employé qui s'occupait des soins du vestiaire,* Maml. ll. ll., Freytag Chrest. 130, 8 a f.

طشتن I (formé du subst. esp. toston) *rôtir,* Voc., Ibn-al-Djezzâr, Zâd al-mosâfir: كامون مقلى يعنى مطشتن.

II quasi-pass. de la Ire, Voc.

عمل طشتن *préparer ce qu'on nomme en esp. un toston,* Voc.; mais ce mot a plusieurs sens; Victor renvoie pour « pan toston » à hojaldre, et il explique ce dernier terme par « une espèce de torteau, gâteau feuilleté, une sorte de gaufre; » chez Nuñez, toston est: « pois chiche rôti, » et aussi: « espèce de soupe faite avec du pain rôti et de l'huile nouvelle. »

طشتانية (b. lat. testinia, qui dérive de testa) ou طشطانة *casque,* Gl. Esp. 295, n. 1; le Voc. a طشتنى, pl. ات, *galea (capel de fer).*

طشدور (esp. tajador) pl. ات *tranchoir, tailloir, espèce de plateau de bois sur lequel on tranche la viande,* Alc. (plato).

طشر II c. ل *rebuter, rejeter avec dureté,* Bc.

طشور voyez plus haut, p. 18, طشور.

طشطانة voyez sous طشتن.

طشكل (arag. tastara) *son, partie grossière du blé,* Ibn-al-Djezzâr, Zâd al-mosâfir: طشكل الشعير وهو النخالة

طشن

طشينة pl. طشائن *anneau (sans pierre précieuse),* Alc. (anillo sin piedra, sortija), qui écrit texina et tixina. J'ignore si j'ai bien transcrit ce mot dont je ne connais pas l'origine.

طص I *voir,* Bc.

طعج I *bossuer, faire des bosses,* Bc.
VII *se bossuer, être bossué,* Bc.

طعج *bosse sur un métal,* Bc.

طعم I. N. d'act. طُعْم, Voc. (cibare, gustare).
II *donner à manger, nourrir,* Voc. (Ht et Beaus-

طعم   45   طعم

‎زier donnent la Ire pour *nourrir*). — طَعَّمَ لِلجُدَرِي *inoculer*, *vacciner*, Bc. — *Incruster* بالذهب او بالفضة d'or, d'argent), Bc, Maml. II, 1, 114, Ztschr. XXII, 150, Cazwini II, 323, 1, 1001 N. I, 238, 15, Bresl. X, 261, 2 (avec من, au lieu de ب). — طَعَّمَ بالبُولاد *acérer*, mettre de l'acier avec le fer pour le faire mieux couper, Bc — a ce sens, et non pas celui d'incruster, dans le dernier passage que cite Quatremère (Maml. II, 1, 115), et où il est sans doute question d'épées: الصِنَاعَة والسَّقِي والتَطعِيم. — Seul ou avec الصنَّارة, *amorcer*, garnir d'amorce un hameçon, Bc, Delap. 142, Roland Dial. 592, Edrîsî, Clim. I, Sect. 7: ils mettent dans leurs filets حشاش الطين leçon de CD; AB للحوت ‎وبها يطعّمون للحوت.

III *greffer*, Auw. I, 269, 8 et 11, 339, 9 (l. تُهرَم ‎يُطاعنُونَها, 411, 3 a f. (l. طاعناها), 412, 10, etc. (ces corrections sont d'après notre man.).

IV c. d. a., Koseg. Chrest. 74, 10: أَخَذَ المالَ واطعَمَ الرِجَالَ واستَخدَم بهِ الابطالَ, c.-à-d., il se servit de cet argent pour nourrir, entretenir des soldats. — *Porter du fruit* (arbre) (cf. Lane), Voc., Auw. I, 175, 3 et 9, 184, 2 et 2 a f., 185, 4 et 10, 186, 11, 193, 21, 213, 12; aussi avec l'accus. du fruit, 420, 12: يطعم عنبًا مُرًا (lisez ainsi avec notre man.), et 14: يطعم تِبنًا مُرًا.

V *être greffé*, Payne Smith 1596. — *Être vacciné*, Bc.

VII dans le Voc. sous *cibare*, *manger*, Alc. (comer).

X. 1001 N. Bresl. XI, 125, 2 a f.: je restai ainsi trois jours لم أستَطعِم بطعَامٍ ولا بشرابٍ «sans goûter à un mets ou à une boisson;» de même لم يستَطعِم في طعامٍ, Antar 98, dern. l. — *Goûter*, sentir, jouir des plaisirs, Bc.

طَعْم *arrière-goût*, طَعمٌ ثَانٍ, طَعم لقدَام *avant-goût*, Bc. — Sorte d'amadou; Daumas Mœurs 345: «*tham*, espèce d'amadou que nous faisons avec le *chiehh* et le *doumeran*;» Jacquot 56 «*teum*, excroissances qui se développent sur le chiah; ... ce sont de petites boules molles, spongieuses; leur intérieur est d'un vert clair, leur surface a la blancheur et l'aspect du coton. Les Arabes les exposent au soleil, et les vendent ensuite sous le nom de *teum*. C'est l'amadou du désert.» Cf. Prol. III, 368, 12, où notre man. porte طَعم الزنَاد.

طَعم = طَعمَة dans le sens que Lane donne en premier lieu, Gl. Belâdz. (M. de Goeje lui attribue un pl. طِعَام, mais je pense que le طَعَام dans le passage de Motarrizi est un sing.). — *L'amande des noyaux de fruits*, Voc. (nucleus), Alc. (meollo de fruta seca; il écrit toóâm, c.-à-d. طَعَم, vulg. pour طُعم); Auw. I, 266, 10, en parlant de la pistache: وذلك انه كثيرًا ما يكون قِشرُه الصُّلب منفصلًا بعضه من بعض فيظهر الطَعم الذي في جوفه (c'est ainsi qu'il faut corriger d'après notre man.), «souvent son noyau se fend et laisse à découvert l'amande contenue à l'intérieur;» Most. v° ميعة يابسة دسم: وداخلها طَعم دسم (N a les voyelles) طَعم يَعصر منه دهن; Freytag a de même sous ce mot: «medulla autem nuclei eius est adiposa, e qua res exprimitur ميعة سائلة appellata.» — *La pulpe* d'une châtaigne, Auw. I, 254, 13, d'un gland, Most. v° جفت البلوط التي: هو القشرة الرقيقة التي على لحميَّة البلوط بين القشر الأعلى والطَعم, Voc. a طَعم *fructus*. — *Poison*, M;* طَعم السَمك *coque du Levant*, baies des Indes, qui enivrent les poissons et tuent les poux, Bc, Rauwolf 140, en parlant de poissons dans l'Euphrate: «Dise zufangen werffen unsere Schiffleut offt kügelein von *Cocculis Orientalibus* zugericht (welliche frücht jnen under dem namen Doam samec bekandt) hinein;» طَعم الفار *arsenic blanc*, ou *mort aux rats*, Bc; طَعم الفار مكلّس *réalgal*, arsenic rouge, Bc; طَعم الفار noix *vomique*, Bc. — Pl. انتاع *greffe*, branche d'arbre qu'on ente sur une autre, Alc. (pua para enxerir), Bc. — طَعم الجُدَري *vaccin*, virus de pustules d'une vache, Bc. — *Pot-de-vin*, ce qui se donne par manière de présent au delà de ce qu'il faut payer, Amari Dipl. 93, 2 a f.; cf. le Gloss.

طَعِم *friand*, délicat au goût, ragoûtant, Bc.

طُعْمَة, premier sens chez Lane. La différence entre un طعمة et un اقطاع, c'est que le second est héréditaire et que le premier ne l'est pas, Gl. Belâdz. Remarquez encore ce passage, Berb. I, 95, 5: ما يؤملونه طعمةً من الدولة (corrigé ainsi dans l'errata), où M. de Slane traduit: «afin de pouvoir s'enrichir encore davantage aux dépens de l'Etat.» — *Repas*, Gl. Belâdz. — *Appât*, aliment mis dans un

طعن

piège, à un hameçon, Bc. — *En'e*, greffe, scion d'arbre greffé sur un arbre, Bc. — Pl. طَعْم *trame, fil passé entre les chaînes*, Voc., Alc. (trama de tela), Bc. — *Goût, saveur*, Bc. — *Goût, manière de faire, genre*; على طَعْمة فرنجية, «*dans le goût européen*,» Bc.

طَعْمِيَّة *saveur*, Bc.

طُعْم a chez Bc le pl. ات, et dans le Voc. طُعْمان. — *Couscoussou*, Colomb 20, Daumas V. A. 254, R. d. O. A. N. S. XII, 406, J. A. 1852, II, 503, n. 14; peut-être ce mot a-t-il ce sens chez Macc. I, 585, 21. — *Appât pour le poisson*, Ht. — طُعْمة = dans le sens que Lane donne en premier lieu, Motarrizî dans le Gl. Belâdz. (cf. ce que j'ai dit sous طُعْم). — *Donner à manger aux pauvres*, Macc. I, 467, 8, avec la note de Fleischer Berichte 189.

طَعَّام *traiteur*, Bc.

اطْعام *assaisonnement de viande, sauce*, Alc. (adobado de carne).

تَطْعِيم *ente, greffe, scion d'arbre greffé sur un arbre*, Bc.

مَطْعَم *goût, saveur*, Weijers 51, 7, cf. 184, n. 326, Auw. I, 184, 3; le Voc. a aussi ce mot sous gustare. — Comme n. d'act. مُحْتَمِل المَطْعَم *susceptible d'être greffé*, Auw. I, 234, 13.

مُطْعَم a le pl. مَطاعم, Diw. Hodz. 220, vs. 14.

مُطْعِم *qui produit du fruit*, Alc. (frutuoso); ordinairement c'est مُطْعَم qui a ce sens.

مُطَعَّم *ente, greffe, scion d'arbre greffé sur un arbre*, M. — *Vaccin, virus de pustules d'une vache*, M. — *Arbre greffé*; on l'appelle ainsi tant qu'il est jeune, M. — *Empoisonné*, Beaussier, Macc. I, 869, dern.: ثروب شهيدا مطعومًا من اناس كانوا يحسدونه *Qui a bu un philtre*, Beaussier, 1001 N. I, 46, 7 a f.: سيّدنا ابكم مطعوم لم يسأل عنها

طعن I c. في p. *décocher un trait de satire*, Bc; — c. في r. *critiquer un poème*, Macc. II, 651, 19, une tradition, la rejeter comme apocryphe, Prol. II, 333, 11; لا يُطْعَن على رايه «*personne ne critique, ne blâme sa manière de voir*,» Freytag Chrest. 42, 3 a f. — *S'avancer, faire saillie, se prolonger en dehors*, Tha'âlibî

طغر

Latâïf 108, 11, Amari 33, 4: على جنب طرف طاعن في البحر, Yâcout I, 809, 4, II, 256, 15.

IV, comme verbe d'admiration, ما اطعنه *comme il est habile à percer de sa lance!* P. Prol. III, 415, 8.

VI *escrimer*, Bc.

VII dans le Voc. sous lanceare. — *Être attaqué de la peste*, Bc.

طَعْن *espèce de peste*, Berbrugger 132, Guyon 243, n. 2.

طَعْنَة *bubon pestilentiel*, M.

طَعّان dans le Voc. sous lanceare.

طاعون *bubon pestilentiel*, Gl. Manç.: هو ورم حاد خبيث يقتل من ساعة وساعتين وربما طال يوما او يومين يكون اكثر ذلك خلف الاذن واكثر ما يكون في اوقات الوباء وهو اسم منقول متعارف عند الاطباء خراج من جنس الطواعين Müller S. B. 1863, II, 2: On emploie طاعونة dans le même sens, Haiyân-Bassâm I, 153 v°: زاوي موت اصابته (sic) من طاعونته, 154: وكان يملكه زعموا من طاعونته طعنت عليه (sic) ببعض اطرافه فاجساروا على قطعها لفرط جهالته فات (lisez plutôt جهالتهم). — *Le choléra*, R. d. O. A. IX, 126. — *Famine*, Voc.

طاعونة voyez l'article qui précède.

مَطْعون (texte, etc.) *dont l'authenticité peut être contestée, suspect*, Prol. I, 355, 13. Plus loin, II, 405, 3, on trouve le pl. مطاعين, qui viendrait de مطعون, dans le sens d'*objections qu'on peut faire contre l'authenticité de certaines traditions*; mais le mot véritable est مَطاعن, pl. de مَطْعَن, qu'Ibn-Khaldoun emploie ailleurs en ce sens, I, 60, 3 a f., II, 143, 1.

مُطاعَنة *joute*, Bc.

طغر I *inonder*, Ht.

طُغْرى pl. طُغْرَاآت est expliqué de cette manière dans le M: *marque* (علامة) *sur les ordonnances et les monnaies du sultan*; elle contient son nom, celui de son père et son surnom; Bc l'a sous *monogramme*.

صانع الطُغراء est le طُغرآئي, M.

طغم.

طُغْمَة (τάγμα), pl. طُغَمات et طُغَم, *groupes de personnes qui ont les mêmes occupations*, M (من الزُمرة); (الناس شائع واحد)؛ *hiérarchie*, ordre et subordination des anges et des degrés de l'état ecclésiastique, Bc. En parlant de la hiérarchie des anges, on dit طُغَمات الملائكة; voyez Fleischer Gl. 71—2. — Le M a encore une autre signif.: وعنّد للحسابيين ما بين الرتبة والمُلك (?).

طَغَنْتَصا *rouget, grondin rouge* (poisson), Hœst 298, Gråberg 136.

طَغَا et طَغَى I, n. d'act. طَغايَة, Abou'l-Walîd 804, 5. — *Imposer des contributions exorbitantes*, Voc. — *Se révolter*, Ht.

طاغ *insolent*, Ht, Barbier. — Pl. طُغاة *instigateur*, Bc.

طاغوت est טָעוּת, *erreur*; le pl. טעותא se trouve dans les Targums avec la signif. d'*idoles*, Geiger, Was hat Mohammed aus dem Judenthume aufgenommen? p. 56, 203. — Dans le sens de *chef de ceux qui sont dans l'erreur*; ainsi Ibn-Hafçoun était le طاغوت des rebelles, Haiyân 72 r°. — الطواغيت *les mécréants*, les chrétiens, Haiyân-Bassâm I, 46 v°, 47 r°, Djob. 68, 13, Berb. II, 175, 9 a f., Khatîb 180 r°.

طَفّ I c. على p. *se jeter sur quelqu'un*, Bc. — الساقية *sauter le fossé*, prendre un parti après avoir longtemps balancé, *franchir le pas*, se résoudre enfin, Bc. — *Déborder*, Mehren 31.

Il a en effet deux signif. opposées (cf. Lane), celle de *ne pas remplir tout à fait* la mesure, et celle de la *combler*. C'est ce qu'atteste Cabbâb 118 r°: والتطفيف في التكبيل هو الزيادة فيه وقد يقال في النقصان أيضا. Pour la signif. de *ne pas remplir tout à fait*, Lane cite beaucoup d'autorités, et on la trouve chez Abdarî, 39 r°, qui dit en parlant des habitants d'Alexandrie: تمالَوا على كل وصف شان وما زان وتواصوا على تطفيف المكيال والميزان، فإن علمُهم غريب لا يلف منه الا ما يربي. L'autre signif. semble avoir été moins connue aux lexicographes arabes, puisque Freytag ne l'a pas du tout et que Lane ne l'a trouvée que dans le TA. Elle est dans le Voc., qui donne طفّ في sous *excedere*, et pour exprimer l'idée: «il pleuvait à verse,» Ibn-al-Khatîb (dans Müller 29, 1) dit: طَفَّ الغمامُ في التبليل. En réalité, toutefois, ce verbe n'a qu'une seule signif., celle de *ne pas donner une juste mesure*, ce qui peut se faire soit en donnant trop, soit en donnant trop peu. C'est en ce sens que l'emploie Ibn-Djobair quand il dit, 39, 3 a f.: وهو أكثر بلاد الله مساجد حتى ان تقدير الناس لها يطفّ بين المُكَثِّر والمُقَلِّل, c.-à-d., l'évaluation du nombre de ces mosquées n'est pas juste: les uns l'exagèrent, les autres le diminuent. (M. Wright, dans son Gloss., a mal expliqué ce verbe, qui ne signifie jamais «être comble»). — C. على et في *inculcare verba*, Voc.

طافَة من رماد *monceau de cendres*; c'est ainsi qu'il faut lire avec notre man. dans Auw. I, 615, 13.

طَفَأ I, vulg. طفى, aor. i, n. d'act. طفي, *éteindre*, Bc; طفى الدَيْن *amortir une dette*, Bc.

II *éteindre*, Ht.

IV أطفى الغضب *apaiser la colère*, Bc.

VII *s'amortir*, Bc. — انطفاء سلالة *extinction d'une race*, Bc.

اطفاء *amortissement*, Bc.

مُطفي *éteignoir*, Bc.

طَفَح I c. ب: رمت به طفحت القدر بزبدها est Abou'l-Walîd 267, 3. — C. على *accabler*, 1001 N. II, 261, 2 a f.: طفح الهَمّ على قلبها فانت. — Le sens de ce verbe appliqué à un homme ivre doit s'être modifié, car on lit Fâkihat al-kholafâ 101, 2: وسكر من خمرة العداوة فطفح وشطح وعربد; c'est donc faire quelque chose que fait un homme ivre, mais que je ne suis pas à même de préciser. — S'emploie aussi en parlant de l'ivresse, 1001 N. I, 276, 2: فلقينا هذا الاحدب والسكر طافح منه. — *Tomber en défaillance*, M.

طَلْفاحة ou طَفْح. L'espagnol a le mot *atafea*, *trop grande quantité d'aliments dans l'estomac et l'indigestion qui en résulte*. Il vient certainement de cette racine; mais de quelle forme? Il semble répondre au n. d'act. الطَفاحة, et dans ce cas il faut supposer qu'on a dit au prétérit طَفِح, ce qui n'est pas impossible, car ce verbe est réellement un verbe neutre. Il se peut aussi que ce soit le n. d'act. ordinaire, الطَّفَح, prononciation adoucie at-tafah, comme l'arag. atarrea vient de النَّفَر, et azotea de السَّطْح.

تَلْفَحَة *éruption*, t. de médec., Bc.

تَلْفُح voyez تَلْفَحَة.

مُطْفَحَة sorte de trappe; c'est une espèce de couvercle (بلاطة أو نحوها) qu'on pose obliquement à côté d'un trou fait en terre, et qu'on soutient au moyen d'une pièce de bois, d'un pieu, de sorte que le gibier, en entrant dans le trou, met ce pieu en mouvement et fait tomber le couvercle, M.

طفر

تَفَر, vulg. pour ثَفَر, *croupière*, Bc, 1001 N. II, 380, 6.

تَلْفَر *pustules*, M.

طَفَّر *maquereau*, qui fait métier de prostituer des femmes, des filles, Bc (Barb.).

طَيْفُور, pl. طوافير (Cherb.) et طيافير (Voc.), طَيْفُور, pl. تيافير, Alc.), *plat creux et profond*, Voc., تَيفُور, pl. تيافير et توافير, *discus ciborum* = طَبَّق, Alc. (ataifor), Hœst 182, Bat. II, 34, 76, 285, 391, III, 379, 423, 424, 425, Macc. II, 334, 15, 799, 9, R. N. 94 v°. «فأذا ثلاث من اللحم على رسوم طيافير مغطاة» (dans la suite il les nomme constamment أطباق), Cherb.: «bassin en cuivre dont les femmes se servent au bain pour délayer le *thofel*. Le fond de ce bassin est plat, et les bords, hauts de trois ou quatre pouces, sont droits. Ce qui peut en donner une idée exacte, c'est la gamelle de nos soldats.» — Sorte de table, Voc. (تيفور) mensa), table ronde, Tamarid dans le Tesoro de Cobarruvias, v° atayfor, Torres 267: «Leur table et nappe est le sol ou la terre, avec une natte ou un cuir qu'ils appellent *taifor*.» Chez Nuñez le mot esp. ataifor n'est pas seulement «plat creux, profond,» mais aussi «table ronde en usage chez les Maures.» Victor l'explique de cette manière: «un buffet ou comptoir, dressoir, une selle à trois pieds, écuelle de terre émaillée, fort creuse et sans bords.»

طُوفِرِيَّة *plat creux et profond*, Yâcout II, 694, 15 (lisez de même dans le passage correspondant de Cazwini II, 249, 9) = طَيفُورِيَّة; cf. ابن طيلون (constamment chez Mocaddasi) = ابن طولون (de Goeje).

طَيفُورِيَّة *plat creux et profond*, Macc. II, 89, 14. —

Bâtiment pour le transport des chevaux, Alc. (nave tafurera); cf. Gl. Esp. 345.

طَفْش I *s'expatrier*, Bc. — *Errer*, Bc.
II *dépayser, expatrier*, Bc.
طَفْشان *émigration, migration*, Bc.
طَفْشُونِي, pl. طَفاشِنَة *errant, vagabond, aventurier*, Bc.
طَافِش *émigrant, émigré, fugitif*, Bc.

طَفْشِيل. Avec ces voyelles dans le Gl. Manç. et l'explication: هو طعام يُتَّخذ من الحبوب كالباقلى والحمّص ونحوها.

طَفْطَف I (syr. ܛܦܛܦ) *craqueter*, en parlant du bruit que fait une lampe quand elle est sur le point de s'éteindre, Payne Smith 1502.

طَفْطَفَة, pl. ات et طَفاطِف, *viande maigre*, Payne Smith 1527.

طَفَق I *jaillir* (eau), 1001 N. Bresl. VII, 114, 2. — Dans le Voc., mais seulement dans la 1re partie, *ponere* et *scindere*.

طفل

طَفَّل II التطفيل على الفنون *charlatanisme*, Prol. I, 3, l. 7. — Dans le Voc. sous creta; cf. مُطَفِّل.

V, *faire le parasite, écornifler*, au fig., Khatîb 29 v° (corrigé d'après le man. de Berlin): فقال له احد الحضرة ممّن جمع السجين بينهما اقرأ من قرآنك على C. على أي شيء تتطفّل على قرآننا اليوم r. ne *connaître une science que superficiellement*, Prol. I, 44, 6; المتطفّلون على الصناعة, en parlant de médecins très-ignorants, *les charlatans*, Ztschr. VIII, 354 (Fleischer: die Pfuscher); المتطفّلون *les charlatans (de la littérature)*, Prol. I, 3, l. C. على p. *étudier fort superficiellement une science ou un art en suivant les cours d'un professeur*, Macc. II, 520, 17: وقال ان الاستاذ ابن ابي الربيع تطفّل على مالك بن المرحّل — في الشعر كما ان ابن المرحّل تطفّل عليه في النحو. Dans le Voc. sous creta (*crescere*, dans la 1re partie, est une faute, et l'éditeur, p. XXXIII, s'est trompé).

VI *piquer l'assiette, faire le parasite*, Bc.

طَفَل *terre à foulon*. Cette prononciation, indiquée par Lane, se trouve aussi: Alc. (qui a encore طُفَل), Most., Burton I, 67, 169 n., 398; mais elle n'est pas

طُفْل

la seule, car on dit aussi: دُفْل, Voc., l'exemplaire autographe de Bat. (Defrémery, Voy. d. I.-B. dans la Perse 135, n. 2); — طَفْل Bc (argile), Burckhardt Syria 488, Prax R. d. O. A. VI, 349, Renou 368; — طِفْل, Voc.; — *tfol*, Guyon 195, Carette Géogr. 94, de Jong van Rodenburg 288; — *tofel*, Cherb. Le pl. est طُفُول, Voc. On en fait usage dans les bains pour nettoyer la peau et surtout les cheveux (cf. Alc.: unguento للحمام, طَفْل متاع, Bat. III, 56, 57), et on s'en sert aussi en guise de dépilatoire (cf. Alc.: enplasto para arrancar pelos حمام طَفْل). En été on frotte avec cette terre la peau des ânes, parce qu'on pense que cela les rafraîchit et les défend contre l'ardeur du soleil (Burckhardt l. l.). On s'en sert aussi pour blanchir les habits (cf. Alc. greda para adobar paños), et les personnes chlorotiques la mangent (Burton; cf. plus bas طُفال). En Espagne celle qu'on tirait des montagnes de Tolède, الطفل الطليطلي, Bait. II, 333 b, était supérieure, dit-on, à toutes les autres espèces de l'Orient et de l'Occident, Macc. I, 123, 14. Celle que l'on consomme en Algérie se tire du Maroc, par la voie du commerce, mais elle est de beaucoup inférieure, en qualité, à celle des Ziban (Guyon l. l.). Pagni MS donne: «*tfèlkadi*, lutum quo caput abluunt;» je ne puis expliquer ce *kadi*.

طِفْلِيّ, adj. relatif dérivé du mot qui précède, Bc (*argileux*), Auw. I, 40, 3, Bait. I, 88: ولا سيَّما في جبل 288 b: الرخصة من حصاة المثانة الطفلية شُكَيْر في اجراف طفلية

طِفْلِيّ *enfantin, puéril*, Bc.

طِفْلِيّة *la qualité d'être* طِفْلِيّ (dérivé de طِفْل), *terre à foulon*), Auw. I, 38, 2 a f.

طُفال = طَفْل *terre à foulon*, Gl. Manç. v° قيموليا *sous* طين; ويقال انه الطفال الذى يُغسَل بـه الراس الاكل il a: toutes les sortes qu'on mange sont inconnues au Maghrib, وحَدَث; وانّما يُسرَّك بالمغرب الطفال, *argile, terre glaise*, Hbrt 77.

طَفالة *écorniflerie*, Bc.

طُفَيْلة *thapsia*, Shaw I, 293.

طُفَيْلِيّ *parasite*; voir Lane M. E. I, 444.

II

طقسيقيون

متطفّل qui appartient à la terre à foulon, ou qui tient de sa nature, Alc. (gredoso de greda).

طَفَا I *couler* (eau), Gl. Edrîsî; — *déborder*, Yâcout I, 503, 16: ثم اطفق البحر في اراضى اليمن فطفا ولـ; يمكن تداركه فاطفاه اما كثيرا على c. *inonder*, Gl. Edrîsî, Gl. Belâdz. — اطفى الى *naviguer vers?* cf. Gl. Edrîsî.

IV *faire flotter*, Cazwînî I, 265, 13 (= Bait. II, 411 b).

طفى I. *voyez* طفا et طفأ.

مطْفِيَة, au Maroc, *citerne*, Domb. 91, Hœst 94, 95, qui l'écrit par erreur avec un ت.

طَقّ I *éclater, se briser par éclats, péter, éclater avec bruit*, Bc, M. — *Crever* (œuf), M. — *Crever, mourir de mort violente*, Bc.

طَقّة واحدة *un seul repas*, Bc.

طُقَيْقات *petites sauterelles*, Abou'l-Walîd 777, 7.

طَقْس (τάξις), chez les chrétiens, *rit, cérémonial*, Bc, Hbrt 153, M. — طقس الكنيسة, *ordines ecclesiastici*, in inscriptione capitis quod continet ordines ecclesiæ christianæ a Patriarcha usque ad Catechumenum, Fleischer Gl. 72; cf. طَكْس. — *Taxe, opération de taxer, taux de l'impôt, somme imposée*, Bc; *contribution, impôt*, Payne Smith 1491, pour le syr. ܛܟܣܐ (ar. طَسْق). — *Température, temps, ciel*, Bc, Hbrt 163, M; الطقس طيب (او عظيم اليوم) «il fait beau aujourd'hui,» Bc.

طَقْسِيّ *liturgique*, Bc.

طَقِّيسَة ou طَقِّيسآ est, selon le M, un cabinet ou parloir hors de l'appartement des femmes et destiné pour recevoir les étrangers (مكان صغير خارج دار). (للحريم تستقبل فيه الاضياف). Selon Lane, M. E. II, 72, تَقِّيسَة (sic) est une petite chambre contiguë au salon principal du harem et où se tiennent les chanteuses ('awâlim). Le طَقِّيسَى dont il est question dans le Fâkihat al-khol., 187, 9 et suiv., est évidemment un cabinet au premier étage et donnant sur une galerie (Freytag, dans ses notes, p. 110, 4 a f., a mal traduit سَقِيفَة par «toit»). Bc a: طَقِّيسَة *étuve, lieu qu'on échauffe pour faire suer*.

طخشيقيون *voyez* طقسيقيون.

7

طقطق I *taper, tapoter,* 1001 N. I, 881: طقطقت على طهرها (Lane: patted her on the back). — *Cliqueter, imiter le bruit d'un claquet,* Bc.

طقطق *tac-tac,* mot qui exprime un bruit réglé, Bc. Dans une pièce de vers burlesque, Macc. II, 203, 11: طَقْطَقْ طَقْ طَقْطَقْ طَقْ (les voyelles d'après les man.). — طقطقى شعيرك يا دبور *cligne-musette,* Bc.

طقطقة *le bruit que fait une grenouille en sautant,* M. — Au bain, *faire craquer les jointures du corps,* Lane M. E. II, 49.

تنقطوق *petit-maître, jeune élégant;* fém. ة *petite-maîtresse,* Bc.

طقاطيق *ustensile,* Bc.

طقم II *assortir, fournir des choses convenables,* Bc. — *Habiller, donner les mœurs, le costume,* Bc. — *Harnacher,* Bc.

IV *s'endimancher, mettre ses plus beaux habits,* Bc.

طَقْم ou طاقم (τάγμα), pl. طقومة *assemblage de plusieurs choses réunies,* p. e. d'habits, طقم من الثياب, d'ustensiles, طقم من الآنية, M; cf. 1001 N. I, 652, 8 a f.: وامر الملك ان يخرجوا للوقاد خدما وخشما وتختا جديدا وطقم سلطنة *ameublement, assortiment,* Bc. — *Harnois,* طقم الفرس, aussi طاقم, *équipage d'un cheval,* Bc. — سفرة طقم *couvert, ce qui couvre une table à manger, service, vaisselle, linge de table,* Bc. — *Bouquin, embouchure de pipe,* Bc.

طاقم voyez l'article qui précède.

طَكْس pl. طكوس تقسا de τάξις, *ordre, rang,* Payne Smith 1621; cf. طقس.

طكوك *coucou,* Domb. 63, R. d. O. A. VI, 129, Bc (Barb.). — سراويل الطكوك, chez le vulgaire en Espagne, *Linaria Elatine,* Bait. I, 76 b (la bonne leçon est dans A).

طل I (vulg. pour أطلّ), n. d'act. طلول (Voc.), c. من et على, *paraître, se montrer,* Voc. (aparere (a longe)), Ht, M, Prol. III, 412, 1, 431, 4, Gl. Fragm. — طل براسه على *allonger le cou pour regarder quelque chose, avancer la tête pour regarder,* Bc, cf. Ztschr. XXII, 149, 1001 N. II, 24; de là طل seul, *regarder,* Bc, 1001 N. II, 34, IV, 714, 2; *guetter,* Ht. —

50

C. على p. *visiter, aller voir quelqu'un chez lui,* Bc, Ztschr. XXII, 143. — C. فى *parcourir, passer légèrement la vue sur* (un livre, un écrit), Bc. — C. على *donner sur, avoir vue sur, regarder sur,* Bc.

II *montrer, faire voir, faire paraître,* Alc. (assomar). — *Regarder en bas,* Alc. (mirar de arriba a baxo).

IV. Ce que Freytag donne en citant le Dîwân des Hodzailites: أطلّ *tenui pluvia rigatus fuit,* est confirmé par le Dîwân de Moslim, 145, vs. 28:
أطلّت على أعدائه وعفاته   تخايل ودق صوبها الماء والدم
où le scoliaste explique أطلّت par مَطَرت. — *Approcher,* v. n., *avancer,* Gl. Mosl. — *Commencer à paraître,* en parlant du premier poil qui vient au menton et aux joues des jeunes gens, Abd-al-wâhid 78, 10, Macc. II, 401, 9.

V *se montrer, paraître, se faire voir,* Bayân II, 188, 2.

طَلّة *coup d'œil, œillade, coup d'œil, regard, vue,* p. e. من أوّل طلّة, *à la première vue, au premier coup d'œil,* Bc; كل طلّة تلاقيها كبرت *elle grandit à vue d'œil;* فى طلّة *synoptique, qui se voit d'un même coup d'œil,* p. e. لوح ينظر فى طلّة *tableau synoptique,* Bc. — *Optique, perspective, apparence des objets éloignés, point de vue,* Bc. — *Exposition, situation relative aux objets,* Bc. — *Visée, direction de la vue à un certain point pour y adresser un coup,* Bc. — *Visite,* Bc. — *Talla-goûma, salsola,* Prax R. d. O. A. IV, 196.

مَطَلّ *aspect,* Bc. — Pl. ات se trouve dans le Voc. sous *batillus,* mais je n'oserais en conclure que ce mot signifie *pelle.*

مُطَلّ *belvéder,* Bc, M.

مطلّ *nain,* Voc.

طلب I. Un exemple du n. d'act. طلبة, que Lane a noté, mais qui est rare, se trouve Bidp. 253, dern. l. — *Mendier,* Macc. I, 135, 3 a f. — *Demander, faire une demande en justice,* Alc. (demandar en juyzio, demandar lo justo). قدام طلب الى المحكمة (demandar en justice), Bc; طلب القاضى *assigner, appeler devant le juge,* Bc; مطلوب فى الشريعة *traduire, citer en justice,* Bc; طلب للشرع *assigné au tribunal,* Roland;

actionner, intenter une action en justice contre, Bc; طلبه للشرع *appeler en justice*, Bc. — *Demander une fille en mariage*, M. — *Inviter*, p. e. طلبه للطعام «il l'invita à dîner,» Gl. Fragm.; طلبوا اليوم *ils l'invitèrent à s'établir parmi eux*, Athîr X, 403, 9; طلب فلانا للمبارزة *appeler quelqu'un en duel*, M. — *Poursuivre un ennemi qui a pris la fuite*, Gl. Belâdz., Haiyân 14 rº: خرج يوما الى خيل مغيرة لم فهزمها — *Attaquer*, Abbad. I, 251, 6 a f., وامعن في الطلب Prol. I, 210, 15 et 16; طلب بعضهم بعضا «il y eut des guerres civiles,» Gl. Edrîsî, طلب ارضا «entreprendre la conquête d'un pays,» *ibid.* — *Chercher à nuire à quelqu'un*, Mohammed ibn-Hârith 292: فقل له اعذرني فاني رجل مطلوب وانت تعرف من يطلبني كان، 327; وقد اخفيت نفسي من الحزم بما رايت طلب الشر. — *طلوبا اذا طلب صبروا على المقارعة prendre l'offensive*, Bc. — طلب الشكل *engager une querelle*, Bc. — طلب معه شكلا *chercher noise*, Bc. — C. ب p. *s'en prendre à quelqu'un*, Bc. — C. a. *se rendre, se transporter en quelque endroit, y aller*, Gl. Fragm. — *Etudier*, p. e. العلم, la théologie, Bat. IV, 372, الحديث, les traditions, Gl. Belâdz. C. على p. *étudier sous un professeur*, R. N. 68 rº: كان فتى يطلب على سعيد — — فقال له والدي صحبت هذا الشيخ الذي تطلب عليه كذا وكذا سنة ولم تعلم هذه المسألة لله على ان اكتب من هذه السكباجة شيئا حتى تمضى الى معلمك وتسأله عن هذه المسألة — C. a p. et ب alt. *rendre quelqu'un responsable de*, Bat. IV, 264, 268.

II c. d. a. *accorder une fille en mariage*; le vulgaire dit: ابانا فطلبه فلان ابنة فلان ,M. — (Dérivé de طُلب) *disposer, ranger en bataille les différents corps de troupes*; le partic. مطلّب *celui dont les troupes sont dans un ordre parfait*, Maml. I, 1, 35, I, 2, 272.

III c. ب r., Koseg. Chrest. 111, 10: طالبه الثالث خاتمه «le troisième lui demanda sa bague.» — *Exiger le payement de sommes dues*, 1001 N. I, 10, l. 12, en parlant d'un marchand; فركب يوما وخرج يطالب

— C. a. p. *poursuivre*, agir contre quelqu'un par les voies de la justice, Macc. I, 135, 13: les voleurs, quand ils sont entrés par force dans une maison, en tuent parfois le maître خوف ان يقر عليهم او بطالبهم بعد ذلك — *Tâcher de nuire à quelqu'un, le noircir, le diffamer, l'accuser faussement, le calomnier*, Mohammed ibn-Hârith 292: رد فكره الى طالب رجلا عند سليمن بن أسود، 295: ضرّه ومطالبته (c'était le nom du cadi), Khatîb 53 vº: فاتبرّى لطالبه, این عطیة وجدّ فی التماس عوراته وتشنیع سقطاته وحسد للحكیم اصحابه ولم یقد (یقدروا ل) علی, 99 rº: — De là مطالبته *accusation mal fondée, calomnieuse*, Djob. 345, 5 a f.: الزمه داره مطالبة توجهت علیه من اعدائه افتروا علیه فیها احادیث مزورة Haiyân-Bassâm III, 142 rº: المیل علی اولی البیتوتات بالاذی والمطالبات, où le man. B porte والمطالب

V *profiter, faire un gain*, synonyme de تكسّب, Valeton ٣٠, 7: يحييني من يقول الشعر تأدبا لا تكسبا; ويتعاطى الغناء تطبيا لا تطلبا; c'est ainsi qu'il faut lire, car الغنى, comme l'éditeur a donné, est un contre-sens, comme sa traduction (p. 68) le prouve. — *Etudier*, Cartâs 119, 10, où notre man. porte يطلب.

VI et VII dans le Voc. sous *petere*, VII chez Saadiah ps. 111, vs. 2.

طُلب pl. أطلاب est, selon Macrîzî, un mot qui, dans la langue des Curdes, désigne un émir commandant, qui a un drapeau roulé, et une trompette que l'on sonne au besoin; il a sous ses ordres un nombre de deux cents, cent ou soixante et dix cavaliers. Introduit en Egypte et dans la Syrie sous le règne de Saladin et de ses successeurs, ce terme y a reçu le sens de *corps de troupes plus ou moins nombreux, commandé par un officier supérieur, bataillon*; voyez Maml. I, 1, 34, I, 2, 271. Ce mot se trouve aussi avec cette signif. dans Payne Smith 1481, dans Freytag Chrest. 130, 10, et dans le Fâkihat al-kholafâ 167, 19; ayant négligé de prendre connaissance du savant livre de Quatremère, Freytag a écrit à son sujet une note ridicule (101, 4 a f.).

خيل الطلب طلب *les cavaliers chargés de poursuivre l'ennemi*; de même الطلب seul, Gl. Belâdz.,

طلب

وجبا مَن بقى منْه Gl. Fragm., Nowairî Espagne 457; وادركهم الطلب فقتل كثيرا منهم, cf. Weijers 21, 11. — *Exploit d'assignation*; طلب من محكمة *mandat d'amener*, Bc. — طلب فى الشريعة *poursuites*, Bc. — طلب للعسكرية *conscription*, Bc. — له طلب عند فلان *il a une créance sur un tel*, Amari Dipl. 84, 2.

طَلْبَة, chez les chrétiens, *oraison*, p. e. طلبة العذراء, *l'oraison de la Vierge*, طلبة جميع القديسين *l'oraison de tous les saints*, M; Bc a طلبة sous *oraison*; طلبات *obsécrations, prières publiques*, Bc; dans la collection des canons, man. de l'Escur., طلبات est *preces et letaniæ*. — *Conclusions, demande, pétition, prière, réclamation, requête, réquisition, réquisitoire*, Bc. — طلبة الشرع *action, demande en justice*, Bc. — طلبة للشرع *intimation*, Bc (partout sans voyelles).

طُلْبَة *contribution, tribut*, Werne 24, 36 (tulba). — *Droit d'entrée*, Bisson (toulba).

طَلَبِى *citatoire*; — *rogatoire* (commission), qu'un juge donne à un autre pour faire une instruction, etc., Bc. — Adj. rel. de طَلَب, *impératif*, Ibn-'Akîl 42, 11 éd. Dieterici.

طَلُوب *doux, patient*; voyez le passage de Mohammed ibn-Hârith 327, que j'ai cité sous la Ire forme.

طَلِيب Biffez le „*studiosus sapientiæ*" de Golius; c'est طالب qui a ce sens.

طَلِيبَة *celle qui a été demandée en mariage*, M.

طالِب = طالب العلم. Les طَلَبَة formaient la quatrième classe dans la hiérarchie des Almohades, Holal 44 v°. Sur les طلبة الحضر sous cette dynastie, voyez sous le second mot. — *Greffier*, Jackson Timb. 311 n. — طالب يوسف («the scribe Joseph») est le nom que l'on donne au *chacal*, parce que c'est un animal fin et rusé, Hay 11. — Pl. طلاب et طلبن *chercheur d'or, de trésors*, Gl. Edrîsî. — *Concurrent*, Bc. — *En chaleur, en rut*, Bc.

طالِبَة. Dans le harem de l'empereur de Maroc il y a des طالبة (vulg. *talba*) parmi ses épouses et ses concubines; elles savent lire et écrire, font répéter leurs prières aux jeunes dames du harem, et enseignent à celles qui sont plus âgées les préceptes de la religion, Lempriere 390, cf. 409.

مَطْلَب. Les *chercheurs de trésors* s'appellent اصحاب المطالب, Ya'coubî 122, اهل المطالب, Prol. II, 287, 3. — *Trouvaille*, chose trouvée heureusement, Bc. — *recherche, chose curieuse, recherchée avec soin*, Bc. — *Objet, but, fin qu'on se propose*, Bc, Gl. Mosl. — *Prétention*, Abdarî 59 r°: ولقِفت مطلبى من خرافات. — *Accusation mal fondée, calomnieuse*, voyez sous la IIIe forme à la fin. — Le pl. مطالب *réquisitions*, Descr. de l'Eg. XI, 496, *contributions*, Martin 82. — Voyez مطبال sous جبل.

مطلوب *but, objet*, Bc. — مطلوب من غيره *créance*, Bc. — مطلوب من *taxe*, Bc.

مُطالَبَة *raison pour examiner une chose*, Bait. I, 271 b: وفى قوله نظر ومطالبة شديدة. — *Responsabilité*, Bc.

مُطالِبى *chercheur de trésors*, Ztschr. XX, 496, 508, 1001 N. IV, 11.

طَلَبَ II *tâter*, Ht.

طَلْجارَة voyez طرجهار.

طَلْجَهالَة voyez طرجهار.

طَلِعَ VIII *être fatigué*, Gl. Mosl. — *Être mauvais, corrompu*, المطلع فى الكلام *calomniateur*, تنعّم المال *injuste*, ibid. — Signifierait, selon le M, dans un vers de الأعشى, qu'il cite ainsi:

كم رأينا من اناس هلكوا \
 وراينا الملك عمرا يطلع

mais qu'on lit aussi autrement; voyez Yâcout III, 542, 11 et suiv.

طَلْح. طلحة الملك *arbre qui ressemble à un saule*, excepté qu'il est plus grand, et qui sert de limite entre le territoire de la Mecque et celui du Yémen, Edrîsî de Jaubert, I, 144. — *Une feuille de papier de Syrie*, Mong. cxxxv a. — طلح البحر *écume de mer*, Sang.

طَلْحِيَّة forme au pl. طَلاحِى, M, Hbrt 112; mais le vulgaire dit طَرْحِيَّة, et il entend sous ce mot: une feuille de papier telle qu'elle sort de la fabrique, M.

طَائِع, pl. طُلَعَاء, Saadiah ps. 75, *iniustus*, L, Voc.; — *fripon*, Hbrt 248. — يوم طالع *jour funeste*, P. Thaʼâlibî Latâïf 90, 6.

طَلَخْشَقُوقٍ (pas avec le *ḥd*, comme chez Freytag) = طرخشقوق, Bar Ali éd. Hoffmann nos 3992, 6739; voyez طرخشقون.

طَلَسَ I *enduire*, *oindre*, Payne Smith 1473; طلس وجهه بالدهان *se farder le visage*, M.

V. Voyez تَطَيْلَسَ sous طى.

طَلَس. J'ignore pourquoi l'auteur du TA critique ceux qui disent que طَلَس signifie *tailesân noir*; on trouve طَلَس en ce sens dans un vers chez Abd-al-wâhid 155, dern. l. (= Bat. IV, 361, où طَلَس est contre la mesure).

طَلَّاس *imberbe*, Macc. II, 200, 5, 8 (= Haiyân 32 rº).

طَيْلَسَان طَيَالِسَان المطارنة *pallium*, Bc.

أَطْلَس *imberbe*, Voc., Maml. II, 1, 69. Les quatre السادات الطُّلْس sont énumérés par Khallic. I, 316, 10 Sl. — قَلَك الاطلس الفَلَك الأَطْلَس (et non pas الفَلَك الأَطْلَس comme chez Lane), le *cœlum ambiens*, celui qui entoure tous les autres cieux, et qui est censé ne renfermer aucun astre, Maml. l. l. — *Atlas*, recueil de cartes géographiques, M.

أَطْلَسِي *de satin*, Maml. II, 1, 70.

أَطْلَسِيَّة *robe de satin*, Maml. II, 1, 70.

مَطْلُوس مطلوس العقل *bouché*, *sans intelligence*; عقل مطلوس *un esprit obtus*, Bc.

طلسم.

طلسمي *talismanique*, Bc.

طَلَعَ I. Dans la langue vulgaire l'aor. est *a*, pas *o*, comme dans la langue classique, Voc., Alc., Bc. Dans le sens de *venir auprès de*, c. على, le n. d'act. est aussi طَلْعَة, Gl. Fragm. — طلع الضوء *il fait clair*, *jour*, Bc. — *Monter*, c. الى, الى فوق الى, الى شجرة, Bc. — اطْلَع طلع على الوادي *amont*, Alc. (*rio arriba*). — t. de mer, *gagne au large!* J. A. 1841, I, 589. —

طلع خُلقُهُ *sa bile s'alluma* (il se fâcha), *se mettre en colère*, Bc. — C. الى *aller vers*, 1001 N. I, 9, 4 a f.; طلع الى البر *aller à terre*, Bc; طلع الى برا *il est sorti*, Bc. طلع الى الصيد *aller à la chasse*, Gl. Abult. — Devient actif au moyen de بـ, *conduire quelqu'un vers*, الى, 1001 N. I, 10, 1. Plus loin, 87, 5 a f., la construction est طلع فى القصر; mais Bresl. (I, 223) porte: طلع الى وسط القصر. — *Sortir*, Hamaker, Pseudo-Wâkidî, 154, l. 13 des notes; c. من, comme دخل من الباب (*entrer par la porte*), 1001 N. I, 86, 7: — اطلع من المكان الذي جشت منه *Saillir* (fluides), Bc. — *Eclore*, *sortir de la coque*, Bc. — طلع الى معاينتة *avoir audience de quelqu'un*, Bc. — طلع له *venir*, *échoir*, p. e. صيبت له اسم ou طلع له صيبت, *s'accréditer*, طلع له ذيت *faire parler de soi*, Bc. — طلع له زبدة *crémer*, طلع پلوشر *pelucher*, Bc. — طلع لكل واحد عشرة قروش *chacun eut pour sa part dix piastres*, طلع الحساب سوا *le compte s'est trouvé juste*, طلع على خاطره *être du goût de quelqu'un*, *lui plaire*, Bc. — طلع ضدا *prendre parti contre*, Bc. — طلع من خلاف (ق ما يقول), *contrarier*, *contredire*, *s'opposer aux volontés de quelqu'un*, Bc. — طلع *Réussir*, *avoir du succès*, 1001 N. Bresl. XI, 382, 3 a f.: قد علت *cela a réussi*, Macn. IV, 709, 2 a f.: هذه العملة وطلعت بيدك *réussir*, Bc; — طلع معد الشي *venir à bout de quelque chose*, Bc. — طلع من يده الشي *être capable de*, *pouvoir*, Bc. — T. de jeu, *ponter*, *coucher*, Alc. (*parar a suerte o dado*). — طلع فى بدع *se singulariser*, Bc. — طلع من حق *faire justice de*, *punir*, من حقه *punir*, Bc. — طلعت روحه *il a rendu l'âme*, *l'esprit*, *passer*, *mourir*; aussi: *être à bout*, *perdre patience*; يطلع الروح *mourant*, Bc. — طلع تضامة *aller à dame*, *damer*, *mettre une dame sur l'autre*, Bc. — طلع من غرضه *prendre fait et cause pour quelqu'un*, *se ranger du côté de*, Bc.

II *hausser*, *élever*, Alc. (*alçar arriba*), Djob. 59, 3; طلع البلغة *hausser les quartiers de ses pantoufles*, les relever pour mieux marcher, Daumas V. A. 230—1 (où *chausser* est une faute d'impression). — *Hisser*, *arborer*, Hbrt 129, Ht. — طلع عينة على *mirer*, *aspirer à*, Bc. — طلع على سر *pénétrer un secret*, Bc. — *Monter*, Roland (il donne la IIe aussi bien que la Ire en ce sens). — طلَّعَ روحَه *échauffer les oreilles*, mettre en colère par des paroles, Bc. — *Retirer, faire sortir, sortir* (v. a.), Bc, Hamaker, Pseudo-Wâkidî, 154, l. 12 des notes, 1001 N. I, 85, 11: اطلعك من تحت الارض, où, cependant, on peut aussi prononcer ce verbe à la IVe forme, qui a le même sens. — *Débarquer* (v. a.), Hbrt 131. — *Regarder*, M, c. في, Bc. — C. على *chercher*, M. — طلَّع للْوَشْك *encocher, mettre la corde de l'arc ou de l'arbalète dans sa coche, bander un arc, une arbalète*, Alc. (enpulgar arco o vallesta, cf. enpulgadura). Je trouve ce verbe accompagné de قوس dans les 1001 N. Bresl. IX, 254, 11: فقام على وطلع قوس عبادى; mais l'ensemble du récit ne m'apprend pas ce que cela veut dire. — *Armer un fusil*, Ht, Daumas V. A. 166.

III. Dans le sens de *contempler, considérer attentivement*, ce verbe est quelquefois suivi de عن, qui signifie alors *afin de découvrir*; P. Cazwînî II, 374, 12: طالَعَ الأقلاك عن سِرِّ البروج والدَّرَج. (M. de Goeje, dans le Gl. Mosl, a eu tort, je crois, d'attribuer à ce verbe le sens de: « se ostendit alicui, venit ad aliquem. » Dans les deux passages qu'il cite, la signif. ordinaire, *contempler*, convient fort bien, comme dans le vers Macc. II, 29, 14). — *Lire ou plutôt étudier* مطالعة العِلْم, de Sacy Chrest. I, ۱۴۴, 3). Freytag a noté avec raison qu'en ce sens ce verbe se construit aussi c. على r.; Çalât 76 vº مطالعة على. — كُتُب التواريخ. — طالَعَ خُلْقَه *échauffer la bile de quelqu'un, émouvoir la colère*, Bc. — *Aveindre*, tirer une chose du lieu où elle était serrée, *retirer*, طالَعَ كلمة من فمه « *arracher une parole à quelqu'un*, » Bc. — صيته طالِع اسْمَه ou *accréditer*, Bc.

IV. اطلع بأثْقَلَه *dire des choses qui sont pénibles, fâcheuses, humiliantes pour quelqu'un*, Akhbâr 26, 10. اطلع له صيته ou اطلع اسْمَه *accréditer; mettre en vogue*, Bc. — C. a. p. et على r. *faire part à quelqu'un de, communiquer*, Bc (comme chez Lane); de là يُتَّطلَّع عليه *communicable*, que l'on peut dire, Bc. — *Retirer, faire sortir, sortir* (v. a.). Cette explication a été donnée par Hamaker dans une excellente note de son Pseudo-Wâkidî, 153—4, qui a

prouvé que ce verbe est le synonyme de أخْرَج, *exire fecit, extulit, produxit*, et Freytag, qui cite cette note, aurait bien fait de ne pas substituer à ces mots son « effecit ut appareret; » c'est bon au point de vue de l'étymologie, mais l'usage est l'arbitre souverain des langues. Plus haut on a vu que Bc traduit de même la IIe forme. Aussi Koseg. Chrest. 81, 2 a f.: اطلع السيف يلمع من علاقته.

V *guetter, être en vedette, être posté sur le beffroi*, Voc. (speculari, c. على), Alc. (atalayar, especular). — *Inspecter*, Djob. 39, 9: خرج السلطان المذكور على ركب; c. a, Calâïd 55, 2: سبيل التطلُّع خارج بلده; *surveiller*, Djob. 48, 14: ليتطلع بعض اقطاره والسلطان. — C. الى — يتطلع هذه الاحوال كلها بالبحث والسؤال *jouer de la prunelle, lancer des œillades*; c. على et في *lancer des regards*, Bc. — C. الى r. *désirer* (cf. Lane), Macc. I, 231, 12, 16 et 19, Calâïd 192, 8: وقد غلبوا على المسير معهم، والزمون مجتمعًا فخرج وهو مكرَّه، لا يتطلع الى ذلك ولا يَشْره، Prol. II, 177, 4 a f. — Dans le Voc. sous *ascendere*. — Pour Bidp. 179, 3, voyez sous طلع V.

VIII *se montrer*, Koseg. Chrest. 91, 7. — C. على *voir*, au fig., *pénétrer, remarquer, s'apercevoir, découvrir*, اطَّلع على سِرّ « *surprendre un secret*, » Bc. — C. على *reconnaître les lieux*, Bc.

X c. a. *attendre, espérer*, Djob. 52, dern. l., 77, 6. — C. على *savoir*, Voc. (scire).

طَلْع *embryon de fruits, de plantes*, Bc. — طَلْع النبات *étamines, filets chargés des poussières fécondantes*, Bc.

طَلْعَة, de Sacy Abdallatif 75 (= Bait. I, 167 a). — طلعة النهار *aube, point du jour*, Bc. — *Montée*, Alc. (subida), Bc. — *Rampe, plan incliné qui tient lieu d'escalier*, Bc. — *Sortie, dure réprimande*, Bc. — طلعة خُلُق *boutade, saillie, humeur, lunes, orage, quinte, vivacité*, Bc.

طُلُوع, ou peut-être طُلُوع, pl. ات, *grand abcès*, M. طُلُوع *montée*, Bc.

طَلِيع طليعة *l'homme qui fait le guet*, Abou'l-Walîd 218, n. 4, 616, n. 68.

طلاعة? En parlant de l'ordre dans lequel on rangoa l'armée pour se disposer au combat: فكان في القَلْب مع الأمير تاشفين المرابطون واصحاب الطَّلاَعَة, Holal 53 v°.

— طالِع, طَلِيعَة (طَلائِع) بَلَم طَلِيعَة, voyez sous طالِع. — Nom d'une pièce qu'on a ajoutée, dans le grand jeu d'échecs, à celles du jeu d'échecs ordinaire; il y a deux طَلِيعَة, Vie de Timour II, 798, dern. l.; cf. Bland dans le Journal of the Royal Asiatic Society, XIII, 12, van der Linde, Geschichte des Schachspiels, I, 111.

طَالِع, طَوَالِع ou طَالِعَة désigne les troupes qui arrivent dans un pays, Berb. I, 126, 7: وما كان منهم (البربر) لأوّل الفتح في محاربة الطوالع من المسلمين cf. 636, 9, 640, 5, qui en font la conquête, طوالع هشام الفتح, ibid. 153, 2 a f., 160, 3, 626, 11; طوالع «les troupes envoyées au Maghrib par le calife Hichâm,» ibid. 126, 12; aussi en parlant des Benou-Hilâl qui envahirent l'Afrique au V° siècle de l'hégire, ibid. 126, 2 a f., 626, 6. Les troupes syriennes qui arrivèrent en Espagne sous Baldj, les Arabes de la seconde invasion comme nous dirions, s'appellent الطَّالِعَة البلجِيَّة, Djob. 2, l. 6, طالِعَة بَلَج, Khatîb 7 r°, الطَّالِعَة الثانية من الشاميين, Cout. 8 v°, طَوَالِع بَلَج, Macc. I, 147, 9, Abbad. II, 208, 5, طَلْعَة بَلَج, Abbad. I, 220, 14 (lisez ainsi au lieu de طالعة), II, 158, 6 (où notre man. de Macc. a cette leçon). On trouve aussi بَلَم طَلِيعَة, Abbad. II, 158, 6, et طلائع بَلَج, Berb. I, 151, 4 a f., Aghlab. 12, l. 12, Macc. I, 147, n. b. — Dans le sens de طَلِيعَة, que Lane a expliqué, Bidp. 182, 3: نَبَعَتْ العيون وتَبَعَت للجواسيس ورسل الطوالع بيننا وبين عدوّنا فنعلم هل يريد صلحنا ام لا, Pl. طَوَالِع et طَلْع, l'homme qui fait le guet sur une tour, Voc. (speculator). — Montant, Cherb. Dial. 198: تبنى قرابى بالطالع والبردى «tu bâtiras des gourbis avec des montants et de l'herbe.» — Château d'eau, M بَنَاء يُتَّجَعَل للمَاء يَصعد الى اعلاه ثم يتوزع على ما يجاوره من الاماكن. — pl. طَوَالِع طَالِعَة corps de troupes plus ou moins

nombreux, et comprenant parfois 1500 ou 2000 hommes, qu'on envoie chaque année au printemps pour tenir garnison dans une place frontière, et qui retourne en automne, Gl. Belâdz. — Même pl. sentinelles, Alc. (escuchas del campo), Cartás 94, 2 a f. — Tour où l'on fait le guet, Alc. (atalaya), Macc. II, 714, 2. — Lettre envoyée par l'autorité à ses agents, dans laquelle elle ordonne d'arrêter un fugitif dont elle donne le nom et le signalement (allem. Steckbrief), 1001 N. Bresl. X, 411, 9, 412, 1. Dans ces deux passages on trouve le pl. طَلَوَائع; Macc. a طَلَاعَات dans le second, at مَكَاتِيب dans le premier. يا طَالِعَة يَا نَازِلَة balançoire, pièce de bois mise en équilibre sur un point d'appui élevé, et sur laquelle se balancent deux personnes placées aux deux bouts, M (sous زَحلق).

تَطْلِيعَة œillade, Bc.

مَطْلَع طالِع ascendant, Çalât 42 v°: وخدمته في. — Escalier, ذلك المطالع السعيدة من بروج النجوم, M, Macc. I, 369, 2 a f. et suiv., cf. Djob. 153, 9. — Siége, meuble fait pour s'asseoir, Voc. (sedibile = مَقْعَد, كُرْسِي). — L'endroit d'où l'on fait le guet, beffroi, Voc. — Position, situation d'une ville; une ville est حَصِينَة المَطْلَع, Edrisî, Clim. V, Sect. 5 (leçon de B; A حَسَنَة). — Le premier vers ou le premier hémistiche [Macc. I, 539, 2] d'une cacîda, M. Autres opinions: le premier pied du second hémistiche; — le commencement du premier pied du second hémistiche; — le commencement des vers, Freytag, Arab. Verskunst 533; cf. sous مَقْطَع. On emploie aussi ce mot pour désigner le premier hémistiche d'une mowachaha, Macc. I, 627, 4; mais ordinairement, quand il s'agit de poèmes en strophes, le matla' ou début se compose de plusieurs hémistiches, de quatre, Macc. I, 310, 312, de six, ibid. 580, tandis que les autres stances s'appellent دَوْر; c'est ce que montre l'édit. de Boulac de Maccarî, où les matla' et les daur sont indiqués. Au Liban c'est: une pièce de vers dans le genre de poésie qu'on y appelle المَعَنَّى (voyez), M. (M. Wetzstein, dans le Ztschr. XXII, 106 n., qui traduit: «Kehrvers der Strophenlieder,» prononce مُطْلَع; c'est peut-être la prononciation syrienne, mais elle est mauvaise). — Début, commencement d'un discours; مَطْلَع الكلام exorde; prélude, au fig., ce qui annonce, prépare, Bc. — *Naissance, commencement,* Bc.

مَطْلُوع *pain fait dans un plat,* Daumas V. A. 253, Chec. 192 r°: واما خبز الطابق وهو عندنا المعروف بالمطلوع فاخذ من خبز التنور لا سيما متى رقّق وكان مختمرا ٭

مُطالِع *studieux,* Bc. — *Etudiant,* Bc.

مُطالَعَة *communication officielle,* Khallic. X, 84, 10, Fakhrī 330, 6 a f., 347, 2 a f.

طلف.

طَلَف *excroissance,* Auw. II, 572, 15.

طلق I c. على p. *se jeter sur,* Akhbār 112, 12: طَلَقَت طَلَقَ لسانُه (voyez Lane); en ce sens le n. d'act. est aussi طَلاقَة, Notices 181, n., l. 7 a f.; Bc a: طَلاقَة *liberté,* facilité heureuse, p. e. طَلاقَة اللسان ou الفكر (il a aussi طَلاقَة الوَجْه *affabilité*). — *Détonner,* Ht; ce serait donc: sortir du ton qu'on doit garder pour chanter juste; mais je ne vois pas comment ce verbe aurait reçu ce sens, et je crois que Ht a pensé à *détoner,* s'enflammer subitement avec bruit, faire explosion. — *Décharger une arme à feu,* Bc; طَلَقَ الساروخ على *pétarder, faire jouer le pétard contre,* Bc. — *Laisser à crédit,* Roland.

II *répudier;* de là *renoncer à,* R. N. 59 r°: هذا رجل من ملوك المغرب طلّق الدنيا ٭

IV, proprement *mettre en liberté;* de là Bait. I, 492 h: si, après avoir mêlé de la moutarde à la viande séchée de cet oiseau, وبخّر به المعقود عن النساء سبع مرّات اطلقه ذلك, on l'applique sept fois, sous forme de fumée, au corps de celui qui, par suite d'un maléfice, ne peut cohabiter avec une femme, cela le délivre de son mal.» — *Délier d'un serment,* Alc. (soltar el juramento). — Au lieu de اطلق عنانه (Lane, Berb. II, 203, 2), on dit aussi par ellipse اطلق seul, Berb. I, 621, 5 a f.: فما راعَه الّا الاطلاق صَوْلَه (n. pr.), où le n. d'act. signifie *galoper, arriver au galop,* et برايَاته «avec ses étendards» (M. de Slane, qui traduit «déployer ses étendards,» ne semble pas avoir remarqué que ce verbe

ne peut pas signifier «déployer,» et qu'il ne se construit pas avec بـ). — *Permettre* (Lane), Gl. Abulf., Gl. Fragm., Gl. Mosl., Valeton ٣٣, 4; *permettre d'entrer, admettre,* Gl. Mosl. — *Prononcer une décision, un arrêt, une sentence, un jugement,* Bat. IV, 156: اطلقت سراح المرأة «je prononçai la mise en liberté de la femme;» de là اَطْلاق *décision,* Madjma' al-anhor II, 258: ولكن اطلاق الهداية وكثير من المعتبرات مُخالِف. — *Décharger une arme à feu,* Alc. (soltar tiro), Bc, 1001 N. Boul. I, 62, 13: ثم ركب المدفع وحرّره على القلعة واطلقه فهدم البرج, Hist. Tun. 97: واُطْلِقَت المدافع وتمّ الأمر; اطلق الرصاص على *faire feu,* Bc; اطلق على البندق على *passer par les armes, fusiller,* Bc. الاطلاق opposé à التقييد, Prol. I, 4, l. 6: Quelques écrivains ont composé des traités d'histoire universelle; وجاء بعدهم «من عدل عن الاطلاق الى التقييد parmi leurs successeurs, un certain nombre abandonna cette universalité pour se renfermer dans un cercle plus étroit» (de Slane). — C. على *donner à quelqu'un* (ou à quelque chose) *un nom, un surnom, un titre,* de Sacy Chrest. II, ١١, 5 a f., Macc. I, 134, 16, 136, 11, Prol. I, 377, 7. — اطلق مجامر البخور, 1001 N. II, 322, ou اطلق البخور, ibid. 343, *brûler des parfums.* — اطلق حُكْمًا, de Sacy Chrest. II, ٣٣, 6, voyez Lane sous مُطْلَق; اطلقنا حكمك على الوالي «nous vous donnons plein pouvoir sur le gouverneur,» Gl. Badroun. — اطلق له الرسوم والجرايات *pensionner,* Bc, de Sacy Chrest. I, ٥٢, 5. — اطلق لفظ شيئا *laisser échapper une parole,* Cout. 47 r°: فنقل عن الوزير الى عبد الله بعض ما غمه وخافه به لشي اطلقه فى البيت سمع جميع الوزرا. — اطلق الصياح *pousser des cris,* Voc.; الوَبْحَة *pleurer, gémir, se lamenter,* Alc. (guayar dezir guayas). — اطلق الغارة *faire une incursion, une razzia,* Haiyān 38 v°: وكان ابتداء فتنة اهل الجزيرة واتّباعاتها بالعصبية بين اليمانية والمضرية فاطلق بعضهم اطلق لسانه — على بعض الغارات واستحلّوا للحرمات; اطلق لسانه فى فلان *parler trop librement de quelqu'un,* 1001 N. I, 66, 6 a f.; اطلق لسانه على فلان بالسبّ *se répandre en invectives contre quelqu'un,* Haiyān-Bassām III, 143 v°: فاطلق لسانه على الوزرا بالسبّ (leçon de A; B porte فانطلق لسانه). — انطلق النار فى *mettre le feu à,* de

طلق 57 طلق

Sacy Chrest. I, ١٨, dern. l., Amari 435, 11, Nowairî Espagne 477: اطلق يدَه — . أُطْلِقَت النَّار فى الزاهرة *affranchir de la tutelle*, J. A. 1852, II, 220, 3: وكان اطلق يد فلان فى ڪمحجور اطلق يده وصيه النفقات *il autorisa un tel à faire autant de dépenses qu'il jugerait convenable*, Gl. Fragm., Haiyân-Bassâm III, 140 v°: le souverain اطلق يده فى المال « autorisa le vizir à disposer de l'argent du trésor, » Berb. I, 439, 2 a f.

V. Exemples de la signif. *être gai* (Lane sous I) dans le Gl. Bayân. — C. من dans le Voc. sous *repudiare*; *divorcer, faire divorce*, Alc. (descasarse, quitarse los casados).

VII. La signif. que Lane donne en premier lieu, mais entre des crochets, est réellement en usage. Le Voc. la connaît, puisqu'il donne la VII° sous *solvere rem ligatam*, et on la trouve dans le Cartâs 173, 14: فانطلق فرس لبعض الاجناد فاخذ جرى — بين الاخبية وجد الناس فى اثره لياخذوه — *Echapper, s'échapper*, Bc. — *Prendre son essor*, Bc. — *Se donner carrière, se réjouir, se laisser aller à dire ou faire quelque chose*, Bc. — انطلق لسانه على فلان بالسبّ *se répandre en invectives contre quelqu'un*, voyez sous la IV°. — *Se décharger* (arme à feu), 1001 N. I, 171, 3 a f. — *Quitter, suspendre le travail* (ouvrier), Alc. (alçar de obra).

طَلْق *coup, décharge des armes à feu*, Bc. — الطلق الابيض *mica, poudre brillante*, Bc. — طلق ابيض *plâtre, gypse* (جبسين), Bait. II, 161 b.

طُلْق. بالطلق *à crédit*, Cherb. Dial. 140.

طَلْقَة *explosion, éclat*; طلقة مدافع *volée, décharge de plusieurs canons*; طلقة مدافع بخردة *mitraillade*, Bc.

طَلَاق pl. ات *carrière, lieu disposé pour toute sorte de courses, et principalement pour les courses de chevaux*, Alc. (carrera do corren cavallos, corredera de cavallo, passaje de cavallo, corredera de ombres). — *Plaine*, Alc. (llaneza, llanura). — *Décharge d'armes à feu*, طلاق بارود *fusillade*; طلاق نار ou رصاص *feu, coup d'arme à feu*, Bc. — طلاق ضراط *pétarade, plusieurs pets de suite*, Bc. — *Tir, ligne suivant laquelle on tire le canon*, Bc.

طُلُوق *crédit*, Hbrt 105, Ht; بالطلوق *à crédit*, Bc.

إِطْلَاق dans le sens donné par Freytag, pl. ات, J. A. 1853, I, 262 (la note qu'y a donnée M. Amari a été corrigée dans le Ztschr. X, 536). — على الاطلاق *en général*, Prol. II, 15, 2. — هنا من اطلاق الجزء وارادة الكلّ « la partie est prise ici pour le tout, » Bc. — بالاطلاق *absolument, sans bornes, sans restriction*, Bc. — باطلاق *franchement, librement, hautement, hardiment*, Bc. — اطلاق التصرّف *la faculté de disposer de ses biens*, v. d. Berg 31. — *Langage hyperbolique*, à ce qu'il semble, Macc. I, 451, 2 a f. — Pl. ات *confirmation judiciaire de ce qui a été concédé par un des monarques précédents*; *nouveau bienfait*, *addition à un acte de bienfaisance accordé antérieurement*, Maml. II, 2, 65, Amari 325, 5 a f. — En Egypte, *sorte de terres exemptes d'imposition*, Maml. l.l. — حرف الاطلاق voyez Freytag sous le premier mot; on donne aussi le nom de حرف الاطلاق à l'*élif* dans صربوا فى القوائق, etc., M. — Pl. أطاليق المُطْلَقَة *terrain planté de concombres ou de melons*, Alc. (cohonbral, melonar); *potager*, Alc. (uerta para ortaliza); *hortolage, herbes potagères*, Alc. (ortaliza generalmente).

مَطْلَق *meute*; Pflügl, t. 69, p. 29, nomme un village Metlak el diab, et il ajoute que cela signifie « Fuchsmeute. »

مُطْلَق *entier, qui n'a pas été châtré*, Voc.; *bélier*, Alc. (cojudo carnero). — T. d'arithm., *nombre entier*, M. — مطلق البشر *qui a une physionomie agréable, prévenante, ouverte*, Haiyân-Bassâm III, 112 v°: كان طلاقة ou طلاقة (le terme طلاقة ou طلاقة حلو الشمائل مطلق البشر الوجه se trouve souvent joint à بشر, voyez ma Lettre à M. Fleischer 173). — مطلق البدن *ambidextre*, Holal 80 v°: وكان مطلق البدن يرمى بحربتين فى حالة واحدة. — *Dépêche*, Amari Dipl. 167, 4, pl. ات, Maml. II, 2, 310.

مُطْلَقَة pl. مطاليق, *laisse, corde dont on se sert pour mener des levriers attachés*, Alc. (traylla de canes).

مَطْلُوق. Le Voc. a sous *afabilis*: مطلوق الهبّد

مطلوق ومطليق — *Libéral*, Denham I, 211. — الحرّيّة libre, Bc. — *Qui n'a point de balzane* (pied), Bc; on dit: «مطلوق اليمين، ركوب السلاطين» bre de la droite, lorsque la jambe antérieure droite est sans balzane «», et «مطلوق الشمال، ركوب الرجال» Ouaday 457. — مطلوق *du savon liquide*, Espina R. d. O. A. XIII, 147.

طلم.

طلم *ce qui est caillé*, Abou'l-Walîd 187, 14: وبالعبري طלם, où le man. porte טלם. يقال الشيء المنعقد طلم.

طَلَم et طَلْمى se trouvent dans la 2de partie du Voc. sous coyre; dans la 1re il a: طُلَمى *faciens coyre iumenta*.

طَلْمبة = ترمبة *pompe*, machine pour élever l'eau, Bc (cf. طرنبة); طلمبة جى *pompier*, soldat qui fait agir les pompes pour éteindre les incendies, Bc.

طَلْمس I et II, avec نفسه, se dit de celui qui a *l'esprit obscurci*, de sorte qu'il n'attrape pas ce qu'on lui jette, M.

طَلْمط *poisson du lac de Bizerte*, Gl. Edrisi.

طَلْنْطار *poulpe* (animal marin de la classe des mollusques), Alc. (pulpo pescado).

طلى I. طلى كلامه على *farder un discours*, Bc. — C. على *flagorner, flatter*, Bc. — C. على *la donner belle*, vouloir en faire accroire, Bc.

IV (= I) *ungere*, Voc.; *dorer, jaunir*, Ht. — C. ب *étuver, laver en frottant*, Bc. — *Gagner au jeu*, Alc. (ganar en el juego).

VII quasi-pass. de la Ire, Voc. sous ungere. — انطلى على بعضه *assortir*, v. n., et *s'assortir*, se convenir, Bc. — *Se lier*, t. d'arts, former un bel ensemble par l'union assortie, Bc. — انطلى عليه الكذب *il a été dupe de ce mensonge, donner dans le panneau*, se laisser tromper; شيء لا ينطلى *finesse cousue de fil blanc, facile à découvrir*, Bc. Cf. 1001 N. IV, 698, 11: ولكن مرادى ان تخبرى بالصحيح لأن حيبل, où Lane traduit «to gain credit»; Bresl. XI, 109, 10: لا ينطلى عليكم كلامه وما هذا الا لئن الكذب غير نافع ولا تنطلى فى كل الاوقات *ne vous laissez pas*

duper par ce qu'il dit; cet homme n'est rien autre chose qu'un voleur;» Macn. IV, 701, dern. l.: انطلق عليه الحيلة, dans la trad. de Lane: «the stratagem deceived him;» dans Macn. I, 292, 4 a f.: ربما تنطلق, il faut donc changer en تنطلق, تنطلى, comme on lit à l'endroit correspondant dans Bresl. III, 104, 9; mais dans cette dernière édit. il faut substituer الحيلة à الحجة.

طلى et طليَة *dorure*, Bc.

طِلاَء, *emplâtre*, forme au pl. أطْلِيَة, Voc., Chec. 222 v°: الاصمدة والاطلية.

طلاَّء *doreur*, Bc.

مُطْلى, pl. مطالى et مَطالى, *huilier, huilière, cruche, vase à l'huile*, Voc., Alc. (alcuza, azeitera vaso); de là le port. almotolia, qui a le même sens.

طُلَيْط *mouette*, Domb. 63.

طليفيون τηλέφιον (plante), Payne Smith 1459.

طلينا, en Syrie طلينس, en Egypte دلينس, *telline*, Bait. II, 163 c (corrigé d'après nos man.), Most.: صدف يعرف بالشام الطليس ويقال ان الطليس (الطلينس), Bc, هو الاصداف الصغار (lisez deux fois الطلينس). Les formes طالينوس et طلينوس (طليس) dans Payne Smith 1420.

طمّ I, c. على, *être plus abondant que*, P. Akhbâr 163, 4, et de là *surpasser*, Macc. II, 255, 1. — *Ranger, enlever*, Ht.

طَمّ *les charbons ardents au-dessus de la cendre*, M.

طميم (= מְגֻמָּם) *massif*, l'opposé de creux, Payne Smith 1483.

طُمَّة *cache-cache*, jeu d'enfant, Bc.

طامّة, qui est proprement un part. act. au fém., forme au pl. طَوَامّ, Macc. II, 163, 20: دخول الزمان وبطوامّ المسرّات على تمام المسرّات — *Brocard, raillerie piquante*, Khatîb 22 v°: كل من واستغرف (ق ل) حصر هكذا ظلم يتبسم هو كأنه لا شعور عنده بما ذقبَّ اليد فكانت احدى الطوام عند الشيخ — *Tromperie, fraude, fourberie*, selon M. Fleischer (Ztschr. VIII, 617, Arglist), dans le Fâkihat al-khol-

طماطم 59 طمر

وانست الآن جشّمت بزرقك وسالوسك; 77, dern. l.: mais comparez ce qui suit ici. — طَمَّات les expressions dont se servent les Soufis dans leur extase, et qui sont fort choquantes pour les vrais croyants, Ghazâlî, Aiyohâ'l-walad 14, 4 a f. 6d. Hammer: وينبغى لك ان واحترز, 30, 4 a f.: لا تغترّ بشطح وطامات الصوفية عن خصلتين الاولى عن التكلّف فى الكلام بالعبارات والاشارات والطامات والابيات والاشعار ان الله تعالى يبغض المتكلّفين. Cf. le dict. de Vullers (à la fin de l'article), où on lit aussi que les Persans emploient طامات, qu'ils écrivent sans *techdîd*, dans le sens de *paroles vaines, futiles*. — T. de musique; طَامَة كبرى *mode majeur*, الطامة الكبرى طامة صغرى *mode mineur; diapason*, étendue de voix du bas en haut, Bc.

أَطَمَّ voyez Lane; on peut ajouter à ce qu'il dit cet exemple, Haiyân 46 r°: فتعرّف هذه الوقعة عندهم بوقيعة جعد وثلاثا من الثانية المعروفة بالمدينة ما كان أطمّ وأذقى.

مَطْمُوم *massif*, l'opposé de creux, Payne Smith 1483.

طَمَاطِيش et طَمَاطِم *tomate*, Hbrt 55.

طَمْبُول *bétel*, Bc; plus ordinairement تنبول.

طمث IV c. a. p. *procurer à une femme ses purgations menstruelles*, Bait. I, 70 a: واذا اتّخذ منه فرزجة للنساء اللواتى امسكن عن الطمث أَطْمَثْهُنَّ.

طامث forme au pl. طَوَامِث, Voc.

أَطْمَاث (pl.). La *cuna* (sic) اى خروج الطفل il est clair qu'il attribue à *cuna* (il faudrait *cunæ*), non pas le sens de « berceau, » mais celui de *maillot, langes*, qui est propre à خروق.

طَمَح I, en parlant d'un cheval, *lever la tête sans regarder où il pose les pieds de devant, et frapper son cavalier de la tête*, selon l'explication que donne Auw. II, 545, 11 et suiv. Un tel cheval s'appelle طَمُوح. — C. الى ou ل *regarder vers, aspirer à, ambitionner, désirer*, Berb. II, 98, 4, Chericht dans le Gl. Mosl., Haiyân-Bassâm III, 3 v°: واقبل الناس اليها من كلّ قطر بالاموال وطمحت لسكّانها الآمل واستوطنها

وأمله يطمح لازالته, 141 v°, جملة من جالبه قرطبة dans A, tandis que B a ازالته. C. p. et الى r. *faire aspirer à*, Abd-al-wâhid 170, 17: ثم طمح به — شرف نفسه وعلو همّته الى تعلّم الفلسفة *être trop fier pour*, Macc. II, 108, 5.

طَمُوح، العين الطموح *les yeux (de l'amant) qui sont levés vers l'amante qui part*, Gl. Mosl. — طموح العين *celui qui, dans sa marche, lève les yeux, et regarde attentivement de tous côtés*, Gl. Mosl. Je crois que طموح seul, employé comme épithète d'un chien de chasse dont on fait l'éloge, Macc. II, 318, 20, doit s'entendre en ce sens. — (Cheval), voyez sous la Ire forme. — طموح بطرف العين, en parlant d'une femme, = طَمَّاحَة chez Lane, Gl. Mosl. — C. الى ou ل *aspirant à*, Berb. I, 544, 6 a f., 638, 1, II, 261, 1. Seul, *ambitieux*, Berb. I, 454, 2 a f., 493, 6 a f.

طَمَّاح (cheval) = طَمُوح, Gl. Mosl. — طَمَّاحَة *celle qui a été abandonnée par son mari et qui désire sans cesse qu'il retourne auprès d'elle*, Gl. Mosl.

طَمَّاحَة *matelas*, Bc.

طَمَر I, t. d'agriculture, *ramener la terre dans la cavité, combler*, selon l'explic. que donne Auw. I, 11, 8. — طمر بالتراب *enterrer*, enfouir en terre, Bc. — طمر فروع شجرة *marcotter*, coucher en terre les marcottes; *provigner*, طمر بالتراب فرع ن دالية ليطلع منه داليَة جديدة coucher en terre les brins d'un cep de vigne afin qu'ils prennent racine et qu'il se forme d'autres ceps, Bc.

II *mettre, enfermer le blé dans un silo*, Voc., Alc. (ensilar guardar en silo), Hbrt 179, 201. — *Panser un cheval, le nettoyer*, etc., Bc, M. On écrit aussi تمّر (voyez); mais d'après le M, ce verbe a été formé de طَمَر, et signifie proprement: essuyer, nettoyer un cheval avec un طِمْر, un vieux lambeau d'étoffe, un haillon.

V *se cacher*, Haiyân-Bassâm I, 8 r°: خرج فى الليل المكان الذى كان 11 r°, عن القصر وتطمّر بقرطبة متطمّرا فيه; je crois devoir lire de même تطمّروا, au lieu de ظهروا 23 v°, فلزموا البيوت وظهروا فى بطون — الأرض حتى قلّ بالنهار ظهورهم. — *Etre mis dans un silo* (blé), Voc.

VII *disparaître*, Payne Smith 1481.

طَمَرَا *ricin*, Bait. II, 163 e.

طَمْرَة, fém. ة. Le poète Hassân ibn-Thâbit a composé un poème dans lequel il dit en adressant la parole à une femme et en faisant allusion à al-Hârith ibn-Hichâm ibn-al-Moghîra, un chef mecquois qui avait pris la fuite dans la bataille de Bedr:

أن كنت كاذبة الذى حدّثتنى
فنجوت منجى للحارث بن هشام
ترك الأحبّة أن يقاتل دونهم
ونجا براس طمرة ولجام

«Si tu as menti, sauve-toi alors comme s'est sauvé al-Hârith ibn-Hichâm! Abandonnant ses amis et refusant de combattre pour eux, il s'est sauvé sur un coursier bridé» (c'est ainsi qu'il faut traduire, car J.-J. Schultens cite un passage d'Ibn-Khallicân, où on lit: نجا به منها طمر مُلجَم), et ce vers de Hâroun ar-Rachîd sur la mort de Dja'far le Barmécide, qu'on trouve chez 'Imrânî, p. 57:

لَقَدْ أنَّ جعفر هاب أسباب الردى
النّاجى بمُهْجَتِه طِمر مُلجَم

Voyez Weijers 66 et suiv., Ibn-Doraid, Kitâb al-ichticâc 92 éd. Wüstenfeld, Ibn-Cotaiba 143 éd. Wüst. Ces deux vers ont acquis une grande réputation, et le dernier hémistiche a passé en proverbe. Les auteurs maghribins l'emploient fort souvent; voyez Weijers 20, 9, Abbad. I, 53, 1, 123, n. 288, 428, II, 176, dern. l. (فَرْخ), au lieu de نجا), Macc. II, 784, 17, III, 6, l. 21, Berb. I, 592, 1. Dans les man. on trouve طمره («son coursier») aussi bien que le fém. طمرة. Aujourd'hui encore on emploie ce proverbe en Afrique; Hist. Tun. 107: فتخاذل مَن معد ونجى براس طمره, 135: وقرّ قارئ محمّد ناقب على برغل منها براس طمره. 141: ونجى براس طمره, الى صاحبه.

طَمْر = دمار, Payne Smith 1180.

طَمّار *qui saute beaucoup* (cheval), Voc. (v° salire).

طُومار, dans la collection arabe des canons (man. de l'Escurial), signifie le *tomus regius*, celui que les rois visigoths ont présenté aux conciles (Simonet).

طُومَرْدان ou طُومَرْدان *étui à papiers*, Payne Smith 1017.

طمس

طُمّار (pl.)? sorte d'oiseau? voyez Payne Smith 1554.

مَطْمَر pl. مَطَامِر *fosse*, Voc., le sing. et le pl., *fossæ, foveæ*, trad. d'une charte sicil. *apud* Lello 10 et 11. — *Silo*, R. N. 63 r°: il dit au cadi: افتح المَطْمَر (les enfants du cadi, c.-à-d. les musulmans). Peut-être en ce sens Berb. II, 144, 8: ابتنى المدرسة بناحية المطمر من تلمسان لتلَبِّث العلم.

مَطْمُرَة *fosse*, Voc.

مِطْمار pl. مَطَامِير *latrines, commodités, lieux d'aisance*, Alc. (letrina o alvañar, necesaria o privada, privada).

مَطْمُورَة *creux, fosse profonde, antre, caverne*, Alc. (caverna de tierra, sima); مَطْمُورَة تجَاسك *fosse aux ordures*, Macc. II, 542, 13. — *Cave*, Alc. (boveda, cueva), Bc. — *Cave plus ou moins grande et très-basse, dans laquelle on enferme les prisonniers ou les esclaves chrétiens*; dans ces prisons souterraines, qui sont sous les châteaux ou dans la campagne, on ne reçoit le jour que par des soupiraux fort étroits, Alc. (algibe prision, calaboço carcel, carcel en el campo, mazmorra prision, sima por carcel de mazmorra), Macc. II, 741, 3: أمَّنَا بثقافه مطموره القصبه, Bat. IV, 52, Torres 280, Ramos 120, etc., St. Olon 73, Aranda 110, 112: «c'est une voûte de trente pieds sous la terre, divisée en trois parties; — et là étaient détenus ordinairement 170 esclaves chrétiens,» Dan 388, 407, Voyage dans les Etats barbaresques 1785, p. 24. — *Galerie souterraine*, Alc. (portal soterraño). — *Citerne*, Jackson 99, 121, 130, Timb. 65, 90, 109, qui écrit «mitfere», ce qui est étrange, tandis qu'ailleurs, Timb. 14, 195, il donne correctement «matamore»; cf. Timb. 210, 339. — *Large fosse qu'on creuse pour trouver de l'eau*, Mocquet 166, 168. — *Cachette*, Bc. — *Trésor enfoui, magot*, argent caché, Bc. — *Tire-lire*, vase pour serrer de l'argent, Bc. — *Soupente*, espèce d'entresol, de faux plancher, Bc.

طمس I. طَمَسَت رجله فى الطين «son pied enfonça dans la boue,» Bc.

II *aveugler* (cf. Lane sous la Iʳᵉ), L, qui a: excedo أطْمَسَ واعْمِى; il est clair qu'il faut lire excœco. — *Boucher*, Voc. (obturare), Alc. (atapar con tapon); au fig., تطميس القلب Abou'l-Walîd 788, 6 et 7, car on traduit l'expression dont il s'agit, בְּטֻמְטֻם בְּעֵינֵיכֶם, par *obturati* (sc. corde i. e. stolidi) *sumus in oculis vestris*. L donne *émousser* (obtundo), et مطمَّس ayant l'esprit émoussé, *obtus* (obtusus (stolidus)). — *Crépir, enduire de mortier* (un mur), Alc. (enbarrar = تُرب).

IV. اطمس العين *aveugler, rendre aveugle*, 1001 N. I, 99, dern. l.

V *être bouché*, Voc.

طِبناس pl. طمامِيس *bouchon, tampon*, Alc. (tapadero).

مطمِّس، مطمّسين الجسر *ceux qui travaillent à arranger les terres des digues, et qui les gardent pendant la nuit*, Descr. de l'Eg. XI, 500.

طمطم I *ânonner, parler, lire en hésitant, bégayer*, Bc.

طمطم *sumac*, Bait. II, 163 d.

طَمْطَمَة *bégaiement*, Bc.

طمع I *s'enhardir, devenir entreprenant*, p. e. en parlant de sujets qui s'enhardissent et se mettent en révolte, Gl. Fragm. — C. فى p. *espérer de pouvoir vaincre* quelqu'un (cf. Lane), ou *espérer de le gouverner, de le mener comme on voudra*; beaucoup d'exemples Abbad. I, 237, n. 62, Gl. Fragm.; Fakhrî 78, 6 a f.: voyant que le calife était jeune, طمع فيه اهل دمشق وقالوا صبى لا علم له بالامور وسيتّسع كل ما نفعل — C. فى p. *se familiariser, prendre des manières trop familières*, Bc. — C. فى r. *espérer de pouvoir se rendre maître de*, ou simplement *espérer une chose*, Gl. Fragm., Macc. I, 538, 9: طمعنا فى السلامة *nous espérions être sauvés*, II, 808, 19. Aussi c. ب r., *espérer*, Ibn-Tofail 50, 12, R. N. 3º: Grégoire dit: je donnerai ma fille à celui qui tuera Abdallâh ibn-Sa'd, وانزلته المنزلة التى لا يطمع بها احد عندى — C. ب p. *venir à bout de quelqu'un*, Becrî 95, 7 a f.: Tu ne tueras pas un homme tel que moi. — Pourquoi? لأنّك لا تطمع يسعيد الّا فى وعلى يدى.

II *affriander, allécher, leurrer*, Bc. — C. a. p. et فى r. *faire espérer une chose à quelqu'un*, Müller L. Z. 27, 11: les assiégés se défendirent opiniâtrement, لا يطمعون العدوّ فى شىء ممّا يرومه منهم حتّى نفد ما عندهم من الاطعمة والزاد.

IV c. a. p. *il lui donna de l'espoir*, Aboulfaradj 472, 4 a f., Eutych. II, 280, 2. — C. a. p. et فى p., اطمعتم فى العدوّ *vous avez inspiré à l'ennemi l'espoir de me vaincre*, Hoogvliet 50, 4. — اطمعه فى نفسه *il lui fit espérer son concours*, Fragm. hist. Arab. 242, dern. l., et de même اطمعه من نفسه, Berb. I, 605, 12, s'il ne faut pas substituer فى à من. La première expression semble avoir le même sens chez Mohammed ibn-Hârith, 211. On y lit que l'émir Abdallâh voulait nommer le pieux Abou-Ghâlib vizir ou cadi, mais que le vizir Ibn-abî-'Abda, l'ami de ce dernier, fit remarquer au monarque qu'il serait convenable de sonder auparavant ses inclinations. Par conséquent l'émir envoya Sacan auprès de lui, et celui-ci raconte: فتثاقل فى ذلك بالتسامح والحطبة حتى اطمعنى فى نفسه وجعل يقول انتم اشمّ الحق. — C. فى p. et فى r. *inspirer à quelqu'un l'espoir de s'emparer de*, Athîr I, 299, 13: وارسل للحارث اذ بتّع وهو باليمن يطمعه فى بلاد العجم — *faire espérer une chose à quelqu'un*, Fragm. hist. Arab. 27, 2 a f. Aussi c. a. p. et ب r., Berb. I, 614, 6 a f.

V *quasi-pass*. de la IIe, Voc. (vº ambire).

VIII c. a. *ambitionner*, Recherches I, Append. p. LXIV, dern. l.

طَمَع pl. اطماع *l'espoir de vaincre un ennemi, de s'emparer d'une chose, chance de succès*. Chez Nâbigha, le chien de chasse, quand il voit son camarade percé d'outre en outre par les cornes du cerf, se dit à lui-même (dans de Sacy Chrest. II, ۱۴۰, 7): انّى لا أرى طمعا («en vain essaierais-tu tes forces contre un tel adversaire,» de Sacy); cf. Abbad. I, 24, 3, Freytag Chrest. 99, 7, 106, 5, Elmacin 4, l. 4. — *Espoir*, Mohammed ibn-Hârith 226: حتى اهدى الله لنا علما ما كنّا نتطلّع اليه منكم ابعد ما كنّا طمعا فيه واشدّ يأسًا.

طَمِعَة *avidité, cupidité*, 1001 N. Bresl. IX, 242, 9, = طَمَع, comme porte l'éd. Macn.

طَمِع, dans le Voc. *cupidus, ambiciosus* (aussi sous

ambire), chez Bc *cupide, ambitieux, intéressé, mercenaire*, c. في *avide*. Le mot طَماعَة, que Freytag donne sans voyelles en citant le Pseudo-Wâkidî, et que Hamaker (p. 111 des notes) a considéré à tort comme un pl. de طامع, est طَمَاعَة, le pl. de طَمَّاع.

— *Carottier*, Daumas V. A. 165 (celui qui joue timidement, et ne hasarde que peu d'argent à la fois).

طامِع *celui qui fait spontanément une chose*, l'opposé de مُضْطَرّ, Bidp. 223, dern. l.

أَطْمَع *désirant plus*, c. في, Ibn-Tofaïl 177, 11.

أَطْماع اطماعه في فلان *l'espoir de gouverner quelqu'un, de le mener comme on voudra*, Eutych. I, 185, 5: dites-leur cela, afin qu'ils ne vous prennent pas pour un enfant قبيل ويستحكم اطماعكم; cf. sous la Iᵉʳᵉ forme.

تَطْمِيعَة *amorce, appât, leurre*, Bc.

مَطْمَع ان رايت لك الذى تريد مطمعا *si vous voyez quelque chance de succès*, Bc, paroles qui sont empruntées à Antar 55, 4, Freytag Chrest. 134, 16.

طَمَن I *se confier, confier, commettre à la garde, à la discrétion de quelqu'un*, Alc. (confiar como quiera, confiar de otro, confiar deposito, confiar secreto). C'est pour اطْمَأَنَّ.

II *rassurer, remettre, tranquilliser*, Bc; le vulgaire dit: طَمَّن فلانًا, c.-à-d. حَمَله على الطَمَانِينَة, M. C'est pour طَمْأَن.

IV c. لـ et من *securare*, Voc., qui a pour *securus* مُطْمَئِنّ et مُطْمَنّ.

Q. Q. I طَامَن *rassurer, tranquilliser* (Lane TA), p. e. طامن نفس فلاني, Macc. I, 173, 4 (cf. Add.).

Q. Q. II *être bas* (terrain, sol, Lane TA), Amari 616, 5 a f., où la correction de Fleischer est confirmée par le man. de Leyde 159, (toit), Macc. I, 368, 15, (porte), Macc. I, 125, 1, (édifice), Prol. I, 35, 3, (colline), Djob. 175, 5. تطامن مع الارض, Djob. 91, 13, semble signifier *être au niveau du sol*.

طُمَان *sécurité*, Bc.

طُمُون (esp.) pl. طمامين *timon de voiture ou de charrue*, Alc. (timon de carro o arado), Auw. II, 458, 19 (lisez ainsi), 20, 459, 1, 2.

مثل شراب الفوذنج (الفوذنج l.) Chec. 217 v°: اطموني والفلافلي والطموني؟

طَمَانِينَة et اطمينان *sécurité*; suivis de الخاطر, *tranquillité*, Bc.

تَطْمِين *sécurité*, Bc.

طِمْبالَة (esp.) *thym*; voyez sous شِرِس; la forme moderne est en esp. tomillo.

طَنّ I. Le n. d'act. est aussi طَنِين, Voc. — *Corner* (oreilles), *tinter*; تَطِنّ اذانى *les oreilles me cornent*, Bc. — *Résonner, rendre un son, retentir*, Voc., Bc, Gl. Mosl.

IV *tinter, faire sonner lentement une cloche*, Bc.

طِنّ طن من الحطب *fagot*, Bidp. 279, 10.

طِنّة (esp. tiña) *teigne, insecte qui ronge les étoffes*, Alc. (polilla de la ropa), Aboû'l-Walîd 796, 10: الدود الذى نسميه نحن الطنة cf. طنبة.

طُنّة (b. lat. tonna, tunna) pl. طِنَن *tonne, tonneau*, Voc. (dolium); l'esp. et le catalan n'ont que le dimin. tonel, tonell.

طَنِين *cliquetis, bruit qu'on fait avec des cliquettes*, Alc. (chapido de chapas). — *Tintement, prolongement du son d'une cloche*, Bc.

قصيدة طنّان dans le Voc. sous resonare, tinnire. — تَنَّانَة ne signifie pas «un poème sonore», mais *un poème célèbre et connu en tous lieux*, M.

طَنَب II. في مدحه طنب *il lui donna des louanges immodérées*, س'applaudir*, في حاله *se vanter*; مُطَنِّب في حاله *fanfaron*, Bc. — C. على *couvrir* (poussière), Antar 26, 5 a f.: وتطنب الغبار على المشارق والمغارب.

IV c. على *vanter, préconiser, louer excessivement*, Khatîb 36 r°: وكثيرًا ما يطنب على دمشق وبصف, où B porte وكان يطنب في الثنا على دمشق تحاسنها, *il lui donna des louanges immodérées, préconiser*.

V quasi-pass. de la IIᵉ, *être attaché avec des cordes*, Gl. Mosl.

طْنَب. On dit proverbialement: من قطع طنبا ان, c.-à-d.: s'il ose entreprendre la moindre chose contre moi, Gl. Fragm. — جَرّ اطْنَابَهُ voyez sous جَرّ I. اطْنَاب signifie peut-être *courroies et rênes* chez Çalât 39 r°: تَقيّاها (الخَمْرَ) على ثيابه واطنابه, بيت طنب *guingette*, وسرجه وهو راكب على فرسه *petit cabaret*, Bc.

تَطْنِيب *emphase*, Bc.

طنبر. طُنْبُور dans la 1ʳᵉ part. du Voc. *vacuitas* (?).

طُنْبُور = طَنبير l'instrument de musique, Bc, M, Burckhardt Nubia 318, Niebuhr R. I, 170, 171, 172. Aussi طَنبيرة, Bc.

طَنَابِيريّ *celui qui joue de cet instrument*, Maml. I, 1, 51.

شَدّ مطنبر *étoffe de soie jaune ou blanche*, *servant à former le turban*, Mehren 30.

طَنْبَق I *faire des bosses à la tête en y donnant des coups*, Voc., Alc. (abollar aussi sous aballar, mais c'est une faute), n. d'act. abolladura, part. abollado). Chez Alc. la première lettre de cette racine est constamment d; j'ai suivi le Voc.

II *s'enfler par suite d'un coup*, Voc., Alc. (hinchar a torondones).

طُنْبُق pl. طَنَابِيق *ampoule, bosse, enflure*, Alc. (torondon de la cabeça).

طُنْبُوقة pl. طَنابيق *même sens*, Voc. (anpulla (bambola in carne)).

طنبن I *retentir*, Mehren 31.

طنتر. طنتور et طنتورة voyez sous طنطر.

طنج. طَنْجيد *pot*, Domb. 92.

طَنْجَر I c. a. et II dans le Voc. sous *gaudere* et *ludere*. — طنجر العَبْدُ ركبَ العناد والعصيان وتخلّف M. باخلاق اهل طنجير من بلاد العبيد.

II voyez sous I. — *Être cuit dans une marmite* (طنجير), Payne Smith 1431.

طَنْجَرة *marmite*, Ht, M. — *Casserole, ustensile de cuisine, sorte de poêlon*, Bc.

طَنْجير est, selon Nöldeke, Mandäische Grammatik 51, d'origine persane, تَنكير. — Exemple de *poltron, vilain* (Lane TA): Antar 41, 7 a f.: انهزمتم من هولاء الطناجير الكلاب

طَنَاجِش I? voyez Payne Smith 1175.

طنجهارة voyez طَرْجهارة.

طنز I. Le Voc. (deridere) a la constr. c. في et على. طُنْزة, n. d'unité de طَنْز, *dérision, moquerie*, Alc. (escarnecimiento, escarnio).

طَنْطَبَشْت *sorte de dattes*, Prax R. d. O. A. V, 212.

طنطر. طَنْطَر et طَنْطُورة = طُرْطُور (voyez), Vêtem. 264, M, Bg 806, Fakhrî 341, 5 a f. Bc écrit طنطر, mais aussi طنتور et (sous *coiffure*) طنتورة. Pour طنطر il a *coqueluchon*, et طَنْتُور الجُنْدي *amarante, plante d'automne d'un rouge pourpre*; *crête-de-coq* (plante), *pédiculaire*.

طَنْطِير *sorte de bonnet*, Bc.

طنطل. طَنْطَلَك, altération vulg. de طَلاطِلَك, M, *luette, morceau de chair mollasse à l'entrée du gosier*, Bc. — طنطلك البقر *fanon, peau qui pend sous la gorge du taureau*, Bc.

طنطن I dans le Voc., c. في et على, sous *loquax*, et dans une note *facere sonum loquendo*. — *Éclater, faire un grand bruit, retentir*, Bc.

طَنْطَنَة *loquacitas*, Voc. 1ʳᵉ part; cf. Lane TA. — *Retentissement*, Bc. — *Apparat, pompe, éclat, magnificence*; بطنطنة عظيمة *à grand bruit*, *avec ostentation*, Bc.

مُطَنْطَن *sonore*, Bc.

طنف II *salir*, Payne Smith 1484.

V *être très-avide*, Payne Smith 1613.

طنفس. مُطَنْفَس *sorte d'étoffe velue de fabrique européenne*, Bat. IV, 406.

مُطَنْفَسَة, en Ifrîkiya, la pâtisserie qu'on appelle au Maghrib مُشَهَّد, et en Orient قَطَائِف (voyez), Gl. Manç. sous ce dernier mot; Cabbâb, 78 v°, donne cette explication: عَجِين خَفِيف يُعْمَل أَقْرَاصًا صِغَارًا تُطْبَخ على المَقْلاة ❊

طَنْفَلُو poisson du lac de Bizerte, Gl. Edrîsî.

طَنْفُول cuivre, Gl. Esp. 348.

طَنَى I, aor. i, trousser, tuer vite, Bc.

IV envoyer ad patres, tuer, Bc.

طَنِيَة ou طَنَائِية la cuscute qui s'attache au lin. Le Most. donne طَنِيَة comme le nom esp. du كَشُوت, et les Arabes avaient adopté ce mot, car Ibn-Djoldjol dit: الكَشُوت يُسَمَّى عِندَنا طَنِيَة وتَأويلَه قُروعَة. C'est le latin tinea, esp. tiña (cf. plus haut طَنَّة), qui signifie proprement «teigne» (قُروعَة) (voyez) a aussi ce sens; Pagni MS a latunia, tignola, c.-à-d. teigne, mite, gerce), mais qu'on a appliqué à la cuscute; dans quelques endroits d'Espagne le dimin. tiñuela désigne encore la même plante; comparez aussi les articles جَرَب الكَتّان et قُرَيْعَة الكَتّان.

طه. Ces deux lettres, qui constituent le titre de la XX° sourate du Coran, sont du nombre des épithètes qu'on donne à Mahomet, Bat. III, 328, Lane M. E. II, 173 n.

طهج

طَبْهُوج voyez sous طهى.

طَهَر I être pur, chaste, Ht.

II désinfecter, Bc. — Sanctifier, Bc. — La signif. circoncire (Lane TA) est fréquente et assez ancienne; le Voc., Alc. (circuncidar, retajar), le M et Bc la donnent, et à partir du X° siècle les auteurs tels qu'Arîb (voyez Gl. Bayân), celui du R. N. (51 v° 99 r°), Imrânî (dans le Tha'âlibî de M. de Jong, 74, n. e, corrigé par M. Defrémery), Aboulfeda (Ann. II, 446, 6 a f., à corriger d'après Amarî 408, 7), Çafadî (J. A. 1857, I, 401), etc., emploient ce verbe en ce sens. Des exemples tirés des 1001 N. ont été rassemblés par Fleischer, Gl. 20 n. De là vient le sicilien tachariare, que je trouve chez Abela, Descrittione di Malta, p. 258, qui le traduit par «circoncidere.»

III circoncire, Bc, Ht, Amari 532, 4, Fleischer Gl. 20 n., 1001 N. I, 288, dern. l., 303, II, 68, 1, 111.

V être circoncis, Voc., Gl. Abulf.; le مُطَهَّر est le garçon qui doit être circoncis, Lane M. E. II, 310.

طُهْر purification, Becrî 178, 13, surtout celle qui doit suivre une pollution, Becrî 100, 6 a f., à comparer avec le Cartâs 62, 12, qui, en parlant de la même chose, emploie l'expression الطُّهْر من الجَنابة. Cout. 25 r°: وحكى لنا ان عبد الرحمن بن الحكم احتلم بمدينة وادى الحجارة وهو غازٍ الى الثغر فقام الى الطُّهْر فلما تقضى طُهْرَه الخ. — Circoncision, Ztschr. XXII, 82, 9. — Baptême, L (tinctio وطُهْر), Cartâs (اعماد وطُهْر), 150, 3.

طُهْرَة بيت الطَّهارة commodités, lieux d'aisance, 1001 N. II, 553, 3 a f.

طَهار circoncision; — la fête de la circoncision, Fleischer Gl. 20.

طُهور circoncision, Alc. (circuncision), Bc, Fleischer Gl. 20 n. — Fête de la circoncision, Fleischer l. l., Macc. III, 23, 14. — Prépuce, Alc. (prepucio del miembro). — Baptême, L (babtismum). — Chose sacrée, Alc. (sagrada cosa).

طَهارة innocence, sainteté, Bc, Khatîb 23 r°: من اهل الخير والعفاف والطَّهارة, Ibn-Hazm 99 v°; استقامة pureté, droite, innocence, Bc. — Chasteté, Ht, en ce sens chez les chrétiens, M. — Douceur de caractère, L, Voc. (l'un et l'autre mansuetudo). — Circoncision, Bc, Burton II, 110, Daumas V. A. 125. بيت الطَّهارة lieux d'aisance, Bat. I, 73; J.-J. Schultens cite: Vie de Saladin 208, 14 a f., et Aboulfaradj 334, 6; dans ce dernier passage الطَّهارة seul a ce sens, de même que chez Dimachkî 194 éd. Mehren.

طاهر الطاهر désignait dans le Khorâsân le chef des Alides, qu'on appelait en Egypte, en Syrie et en Irâc النقيب, dans l'Inde, le Sind et le Turkistân السَّيِّد الأَجَلّ, Bat. III, 78. Le man. de M. de Gayangos porte الظاهر («celui qui est en évidence»), et cette leçon mérite considération. — طاهر النَّفْس chaste, pudique, Bc. — Ingénu, Ht. — Saint; المُرسَل الأَطهار «les saints apôtres,» Bc. — Doux, traitable, *affable, bénin,* L (*mansuetus, mitis, quietus, moderata*), Voc. (*mansuetus*). — Pl. طُهَّار et طَوَاهِر طَاهِرَة *apprivoisé, domestique* (animal), Voc. — حَبّ الطَّاهِر *les graines du vitex ou Agnus-Castus,* Bc.

طَاهِرَة *rogne-pied du maréchal ferrant,* Cherb.

طَاهِرَة, pl. ات et طَوَاهِر, dans le Voc. sous *fiala.* C'est un grand vase en cuivre ou en laiton, d'une forme élégante, orné d'arabesques, et portant une magnifique écriture du temps d'al-Melic at-Tâhir Baibars. Ce sultan, qui régna de 1260 à 1277, se servait de ces vases à sa table, et c'est à lui qu'ils empruntent leur nom, Ztschr. XI, 486.

تَطْهِير *lustration, cérémonies pour purifier,* Bc. — عيد دخول سيدنا عيسى الى الهيكل وتطهير العذرا *chandeleur,* Bc.

مَطْهَر *purgatoire,* Hbrt 149, Bc, M.

مُطَهِّر *justifiant,* Bc.

مُطَهَّرَة *petite bouteille en cuir pour l'eau,* Burckhardt Nubia 281.

مُطَهَّر *lieux d'aisance,* Domb. 95.

طُهْلِيبَج nom d'une plante, M; c'est un mot pers. qui désigne *une espèce de chicorée.*

طُهْلِيبَرْج *herbes amères que les juifs mangeaient à Pâques,* M (d'après Castell).

طهم

طَهْمَة *gogaille, repas joyeux, jubilation, ribote, ripaille,* Bc.

طوب N. B. Voyez pour quelques mots, qu'on ne trouverait pas sous cette racine, la racine طيب.

طَاب pl. ات *clisse, bande de bois, de fer-blanc, pour contenir les os fracturés, fanons,* appareil pour fixer une fracture, Bc. — طَاب وَدَك, en Egypte طَاب seul, nom d'un jeu qui a été décrit fort au long par Niebuhr R. I, 166 (cf. Browne II, 78), Bg 512, Lane M. E. II, 59 et suiv.; cf. 1001 N. Bresl. XI, 390, 7. Le pl. est طِيبَان, voyez Lane l.l., 61, l. 1.

طُوب Le n. d'un. ة *motte de terre dure et sèche,* 1001 N. Bresl. IV, 186, 10: جاء لعندى وهو مقطَّع الحواجب منتوف اللحية وهو يدقّ على صدره بطوبتين. M. Lane (II, 379, n. 27) remarque, dans une note sur ce passage, que les Arabes des basses classes, lorsqu'ils sont abattus de chagrin, se frappent assez souvent la poitrine avec deux mottes de terre dure et sèche. — (Proprement *briques*) *des figues sèches comprimées en masses qui ont une forme carrée;* ces masses ressemblent à des briques, et elles sont dures à un tel point, que, pour les rompre, il faut se servir d'une hache, Gl. Edrîsî; Beaussier: *pain de figues sèches.* — Ce mot ayant perdu sa signif. primitive, on emploie طُوب dans le sens de *figue verte,* Gl. Edrîsî. — (Turc) *canon,* M.

طَابَة pl. طُوب *balle* (à jouer), *boule, pelote* (aussi طَابَة خَيْط), Bc, *balle, paume, boule,* Hbrt 114, M (sous دليب), *ballon,* Ht, chez Bc طَابَة هوا; لعب الطَابَة *paume, jeu avec une balle,* Bc; طَابَة seul, *mail, jeu de mail,* Hbrt 90. Cf. Payne Smith 1502. C'est, je crois, le turc طُوب ou طُوبِي, qui désigne: tout ce qui est de forme ronde, *balle, ballon, boule.* — طَابَة الحَسَن *fossette au menton,* Bc. — طَابَة الشَّوْك *acanthe,* Bc.

طُوبَة est l'esp. *topo,* qui, dans cette langue, ne signifie que *taupe;* mais chez les Arabes طُوبَة, qu'Alc. écrit avec le *p*, est *souris* ou *rat,* Voc. (*mus*), Alc. (*mur o raton, rata o raton*), Ht (*rat*), Daumas V. A. 430 (*rat*). Le même changement de signif. dans طُوبِينَار (voyez). — طُوبَة الزَّجَاج *salamandre,* Alc. (*salamandra*). — Nom d'une plante sur laquelle quelques man. de Bait. (p. e. A. et H) donnent un article après II, 164 c de Sonth. On y lit que c'est اسم الحُمَّى لنوع من الشَّوْك; ensuite Bait. copie une longue description donnée par Becrî, qui dit, entre autres choses, que les Arabes l'appellent أستنى. C'est donc, à n'en point douter, l'esp. *toba,* qui signifie *une espèce de chardon* (Victor), *Onopordon Acanthium* L. (Colmeiro).

طَابَان *damas,* sabre ou lame qui vient de Damas, Bc.

طَابِيَة (esp. *tapia*) pl. طَوَابِي *espèce de torchis,* dur comme le roc, qu'on obtient en plaçant une sorte de mortier, mêlé de petites pierres, dans un moule de bois; on le bat avec une hie de forme carrée, et ensuite on le fait sécher, Gl. Bayân, Gl. Edrîsî, Voc. (*tapia*). — *Mur de torchis,* Alc. (*pared de ta-*

pias). — En esp. *tapia* signifie aussi: «mesure d'un mur de torchis qui est communément de cinquante pieds carrés.» Autrement dans le Voyage pour la Redempt., 150: «murs de dix tappées de hauteur, qui font trente pieds.» — *Bastion*, Ht. — *Le qaouq des curés et des évêques Maronites au Mont-Liban*, Bg 798, M (sous طيب) avec le *techdîd* sur le *yâ*.

طوبان sorte de poisson, Yâcout I, 886, 2, où Cazwînî, II, 119, 19, a طوبار.

طوبين (de l'esp. *topo*) pl. طوابين *taupe*, Voc.

طوّاب *celui qui fait le torchis nommé* طابية *ou tapia*, Prol. II, 320, 17.

طوّانة *tuilerie*, Bc.

مُطَوَّب *rond, formant une boule*, Bc.

طوبالیس *chardon à bonnetier, ou à foulon*, Bc.

طوبجى (طبجى) (turc =) *canonnier*, Bc, M.

طوبير, العسكر, *enrégimenter*, Bc; cf. طابور sous طبر.

طوبينار pl. ات *taupe*, Alc. (topo). — *Loir, espèce de rat*, Alc. (liron o lir de comer, lironcillo especie de raton). Ce mot se trouve Abou'l-Walîd 796, 7, comme une des explications de דובישת כתיאה comme une des explications de التنافس وهى التى نسميها نحن الطوبنار. C'est peut-être un mot hybride, composé de l'esp. *topo* et de l'ar. النار. Ce serait alors proprement *salamandre*, reptile auquel on attribuait la faculté de vivre dans le feu.

طوح

طَوْح, n. d'un. ة, *sparte*, Voc. (spartum), dans une charte grenadine القرس طوح, en esp. *atocha*. Le P. Guadix connaissait le mot arabe, puisqu'il dit (dans le Tesoro de Cobarruvias) que l'esp. *atocha* vient de l'arabe *taucha*, *sparte*. Altéré d'une manière étrange chez Alc., qui écrit *cauchîl* ou *cuchîl* (atocha, esparto seco atocha, hacho de sparto).

طوّاح *ouvrier en sparte, qui vend des ouvrages de sparte*, Voc.

طوجول pl. طواجل *flèche*, Voc.

طوح I. طاح فلان على يد فلان, «il fut mis à mort sur l'ordre d'un tel,» Macc. II, 329, 12.

II. طوّح السهم *tirer une flèche*, بالقوس, *avec un arc*; aussi طوّح القوس, Abou'l-Walîd 787, 21—23. — C. ب p. *jeter çà et là* (Lane TA), Berb. II, 126, 2: لم يزل الاغتراب مطوّحا به الى ان هلك, cf. 407, 4 a f., 432, 8. — طوّح الصوت *prolonger un son, une note*, M (مَدَّهُ). — طوّح فى السهر *prolonger une veille*, M.

IV *faire tomber*, اطاح راسه عن بدنه, Koseg. Chrest. 74, 4, 1001 N. I, 270, 5, et de même اطاح راسه seul, ibid. l. 7.

V *se brandiller*, Bc.

مُطَوَّحات (pl.) *chansons que chantent les femmes chez les Bédouins à l'occasion des noces et de la circoncision*, Ztschr. XXII, 102, n. 38 («Lieder, die in sehr hohen Tönen gesungen weithin hörbar sind und von ihrer Tragweite المُطَوَّحات die weithin tragenden» oder wörtlicher «die in die Ferne geworfenen» heissen;» mais voyez sous la IIe).

طوخ

طواخ *queue, insigne de dignité*, Ht; cf. طوغ.

طود

طَوْد donné comme بتحريك الواو, طَوَد, Abou'l-Walîd 407, n. 51.

طور

طور I, n. d'act. طَوْر, *aparere*, Voc.

V *entrer dans une période, une phase* (طَوْر), Prol. I, 310, 9, Mi'yâr 23, 5; Beaussier donne: *se changer, se transformer, se métamorphoser en, être changé*. — *Faire des choses en dehors de sa condition, sortir de sa sphère, être excentrique, commettre des excentricités*, J. A. 1848, II, 243, 3 et 4, et 258, n. 28.

طار et طارة, vulg. pour اطار, *tout ce qui entoure une chose*, M (sous اطر), p. e. طار المنخل, «le cercle d'un crible,» Payne Smith 1508. — Pl. طيران et ات (voyez), *tambour de basque*, Bc, Hbrt 98, Cherb., Mehren 31, Lane M. E. II, 87—8, Fleischer Gl. 54, qui a corrigé Freytag, Macc. II, 832, 5, 1001 N. I, 166, 2 a f., Bresl. IX, 216. — *Tambour, instrument de forme circulaire pour broder*, Bc.

طَوْر *période, phase*, Prol. I, 314, 14 et suiv., II, 329, 3. — *Symptôme* (d'une maladie), Müller S. B.

طُوراس 1863, II, 3, l. 10. — تَعَنَّى طَوْرَهُ (cf. Lane) *être présomptueux*, Voc. — طَوْرًا *tantôt*, conj. alternative, Bc, Bat. IV, 380: وهو يسلك الجادّة طورا وتخرج عنها تارةً; — *alternativement, tour à tour*, Macc. I, 443, 12, et de même بطور طورا Berb. I, 588, dern. l. — الطبع والنفس الاطوار السبعة chez les Soufis sont: والقلب والروح والسرّ والخفى والاخفى M. — Pour طُور, *rocher*, pl. أَطْوَار, Alc. (piedra); mais Freytag n'avait pas le droit de noter cette prononciation d'après Djawâlîkî, car cet auteur (p. 100, 2 a f.) a طُور. — Pour ثور, *taureau*, Mehren 31.

طُور *rocher, montagne*, forme au pl. أَطْوَار, Maml. I, 1, 79.

حَجَر الطور voyez sous le premier mot.

طَارَة voyez sous طار. — *Cerceau, cercle*, Bc. — *Métier pour broder*, Bc.

طَارَاتِى *brodeur*, Bc.

طَوْرِيَّة (lat. *taurea*) pl. طَوَارى *batte, instrument pour battre*, Bc, Fleischer Gl. 72. — (Copte τωρι) même pl. *pioche*, Bc, Hbrt 178, Fleischer l. l.

طَوَار الليل، طَوَار *chauve-souris*, Bc.

طُوَيْر *papillon*, Hbrt 70 (Alg.).

طَوَارُس (φθορά, par corruption *thora, taura, tura*) *napel, aconit* (poison), Bc, Bait. I, 95 c, 243 e, II, 164 c; mes man. ont quelquefois un *techdîd* sur le *wau*.

طُوراس voyez طاروس.

طورمنتلا *tormentille* (plante), Bc.

طوز

طُوَز, fém. طُوزَة, أَطْوَز, *qui a la queue coupée*, Payne Smith 1432.

طَوَّس II. Freytag cite un passage de Mocaddesî, *Les oiseaux et les fleurs*, 48, 5, où l'auteur dit à la colombe: اوصى لى ما للكية فى تطويس ضوقك. Garcin de Tassy traduit: «Révèle-moi les motifs qu'a eus la Providence en te parant de ce beau collier.» Il a donc attribué à ce verbe le sens de «parer;» Freytag l'a suivi, et à son tour l'auteur du M a suivi ce dernier (التطويس التزيين); mais d'après le Gl. Manç. v°, تطويس, ce verbe signifie autre chose, à savoir *teindre en noir tirant sur le rouge et le bleu*. Ce sens convient fort bien au passage de Mocaddesî, beaucoup mieux que celui de «parer,» surtout si l'on compare ce qui suit chez cet auteur.

طَاس *pot de terre*, Ht. — Comme طَسّ, *bassin en laiton*, Hoest 270, Inventaire: (sic) من الطاس قنطاران ونصف (o.-à-d. من الاصفر الصغر), le négociant hollandais a noté *bekkens*. — *Petite calotte qui ne couvre que le sommet de la tête*, Beaussier (Tun.).

طَوْس pl. أَطْوَاس *paon*, L (pabo, pavo), Voc.

طَاسَة *écuelle, tasse*, petite écuelle, jatte, vase rond et sans rebord, Bc, 1001 N. I, 15, 30, 52, 53, 75, 100; طاسة دم *une palette de sang*, Bc. — *Casque rond en fer*, Ouaday 265, 424—5, 722 (Perron rappelle les anciennes coiffures des chevaliers appelées bassinet, cabasset, pot-en-tête), Hbrt 133. — *Coiffure particulière à certaines femmes des montagnes de Syrie, consistant en une sorte de corne d'argent creuse et de forme évasée par les deux bouts*, Bc, cf M v°, طرطر. — *Mesure de six à sept kilomètres en usage à Constantine*, Roland, qui écrit طاصة.

طَاوُوس. Le fém. ة *paonne*, Bc.

طَاوُوسَة *offrande volontaire que les amis viennent déposer chez leur hôte, les jours de fête*, R. d. O. A. N. S. VII, 254, avec cette remarque: «Dans le livre du Cheïkh-ben-Aïssa qui traite des usages, il est dit: Taous en arabe pur signifie argent [طاووس a en effet ce sens dans le dialecte du Yémen]. L'usage de la taoussa vient des مستعربة.»

طَاوُوسِى *chatoyant*, Bait. I, 460 f, en parlant de la malachite: فى الشديد للخضرة ومنه الموشى ومنه الطاووسى, Chec. 197 r°, en parlant des poissons: منها المومى والملمع والاسود والطاووسى (sic) والاصفر ردية لا ينبغى ان تقرب.

طَاوُوسِيَّة *couleur chatoyante*, Müller S. B. 1863, II, 3, 8 a f.: كالخضرة والطاووسية والاسماجونية والسواد.

طَوَّش II *étourdir les oreilles*, Bc.

طَوَاشِى *eunuque*, est, suivant Macrîzî, un mot turc qui s'écrivait originairement طابوشى, Maml. I, 2, 132. — *Hongre, châtré* (cheval), Bc.

طوط.

طوط. Le قُطْنُ البَرْدِيّ porte aussi ce nom, Bait. II, 164 d.

طوطح II chanceler, Ht.

طُوطنِيل sorte de rhume de cerveau, Ibn-Wâfid, man. de l'Escurial 828: دواء نافع بإذن الله عند فساد الجوّ (Simonet). وحدوث الزكام المعروف بالطُّوطنيل

طوع II طوّع, et aussi طبّع, Bc, soumettre, Ht, Müller L. Z. 32, 1: وطوّعوا له جميع البلاد والقرى —
III c. a. p. et على r. aider, assister, Nowairî Espagne 475: il forma une conspiration وطاوعهم على ذلك جماعة — من المروانيين لخروج الأمر عنهم وصرفه إلى بني عامر Le n. d'act. continuité, durée continue, Berb. I, 582, 9: كنتُ مقيمًا بها فى سبيل اغتراب ومطاوعة تقلُّب ailleurs, II, 535, 1, on lit: ثم ارتحل بعد وفاة السلطان أبى العباس إلى المشرق فى سبيل جولة ومطاوعة ومطاوعة اغتراب; mais notre man. 1350 porte اغتراب avec ces voyelles, et c'est ainsi qu'il faut lire.
IV assujettir, dompter, soumettre à sa puissance, Bc. — C. ل p. obtempérer, Bc.
V. تطوّع s'engager, s'enrôler, Bc.
VI c. فى dans le Voc. sous obedire.
X. مَن استطاع اليه سبيلًا celui qui peut faire cela," Gl. Belâdz., Djob. 205, 11: فما يستطيع الى السبير سبيلًا. Le Voc. (posse) a la constr. c. على

تطوُّع libre consentement, souvent dans les actes, p. e. J. A. 1840, I, 380, dern. l., Amari Dipl. 109, dern. l., 179, dern. l., Gregor. 42: وقبِل ذلك بعضهم, Macc. (قبيلٍ l.) طُوع وجواز (وجواز l.).أمر Formul. d. contr. 12: وقع صحّة وجواز وطوع III; 122, 4: وممّا سألته عنه أن الموثِّقين يكتبون الصحّة والجواز والطوع على ما يوم القطع وكثيرا ما ينكشف الأمر بخلافه ولو كتبوا مثلا ظاهر الصحّة والجواز والرضا ;والجواز والطوع لبرئوا من ذلك volontairement, Bc; طَوعٍ spontanément, Macc. II, 69, 14.
طائعة obéissance à Dieu, piété, Haiyân-Bassâm III, 140 r°: صدَقى توبته وخلوص ساعته — Une chose bonne, à ce qu'il semble, de Sacy Chrest. I, ۱۹۲, 3: وكل طاعة جرّت إلى معصية سقطت, où de Sacy traduit: «toute chose bonne en soi qui entraîne au mal, cesse d'être permise.» — Aussi, à ce qu'il semble, une action que l'on fait pour obéir à Satan, une mauvaise action, Macc. I, 570, 1: أنّ الشيطان ليضطجع من الإنسان بان ينقله من طاعة إلى طاعة ليفسخ عزمه عن ذلك. — Dépendance, sujétion, Bc. — Hommage, soumission, respect, et hommage, devoir du vassal envers le suzerain; prestation d'hommage, aussi تقديم طاعة, Bc; cf. Berb. II, 27, 4, et comparez pour ce passage قرب I. — Pl. طوائع et آت états; — province, district, Gl. Esp. 340—1, Calât 38 r°: ونظر رسمه فى استجلاب لجميع له من جميع طاعاته بالعدوة والريقبة encore un exemple sous لقب.

طَوع = طُوع libre consentement, souvent dans le Formul. d. contr.

طائع راضيًا طائعًا volontairement, Nowairî Espagne 474. — Preste, prompt, prêt, disposé à agir, Alc. (presto aparejado). — شبّ طائع alun de plume, Bc.

أطوع plus obéi, plus respecté, Mâwerdî 8, 3 a f.: أطوع فى الناس واقرب فى القلوب

تَطَلُّع = طُوع libre consentement, Amari Dipl. 96, 3 a f.

مُطَوِّع, chez les Wahhâbites, voyez Palgrave I, 79, 398.

مَطْوُعِيّة 1001 N. Bresl. IX, 199, 1: la jeune fille aperçut cette vieille, وقد لابسة لبس مطوعية où l'éd. Macn. porte: متنجّبة بهيئة الصوفية. C'est donc une dévote, une femme pieuse, une femme soufi, si cela pouvait se dire.

طُوغ (turc طوغ) pl. أطواغ queue de cheval qu'on porte devant les pachas, toug, queue de cheval au bout d'une pique, Bc. — حشيشة الطوغ prêle, ou queue de cheval (plante), Bc.

طوف I. L'expression الطواف بالبيت والأركان, faire le tour de la Ca'ba, s'emploie aussi dans un sens obscène, 1001 N. I, 586, 2 a f.: واخدناها فى الفراش والتعنيش والغنج والكلام الرقيق والعض وحمل

طوف

«الـسـمـيـقـان، والـطـوّاف بالـبيـت والاركـان». M. de Goeje pense que cette expression est empruntée à une anecdote, qu'on trouve p. e. dans le Hazz al-kohouf, p. 227: وحكى عن الاصمعى انه قال رايت بالبادية جارية حسنة وعلى خدّها خال اسود فقلت لها ما اسمك قالت مكة. فقـلـت مـا هـذه النقطة السوداء قالت الحجر الاسود. فقـلـت لـها قصدى ان اطوف بالبيت واقبل الحجر الاسود فقالت هيهات لم تكونوا بالغيب الا بشق الانفس فاخرجت لها صرّة فيها بعض دنانير وناولتها اياها فقالت ادخلوها بسلام آمنين ان شئت فقبل الحجر الاسود وان شئت ادخل الحرم قال فادخلنى حسنها — وجمالها. مَنْ طاف بـه son entourage, R. N. 91 r°: il dit au prince qu'il ne veut être cadi qu'à la condition أنْ لا اقبل لكم شهادةً ولن حلاف بكم او قاربكم — C. على p., Abd-al-wâhid 106, 4. — C. على r. voir et parcourir, Berb. II, 329, 12: بـعـثـم الى الـمغرب ليـجـتـازوا — C. على r. على قصور الملك بفاس ومراكش chercher partout une chose, 1001 N. Bresl. XII, 330, 3 a f.; — C. a. parcourir une ville, un pays, Valeton I^, 6 a f.; l'éditeur cité, p. 53, n. 6: Rutgers 150, 3, 1001 N. Bresl. I, 71, 5. — Promener quelqu'un, بـ, ignominieusement par la ville, acc., ou porter la tête de quelqu'un, بـ, par la ville, Nowairi Espagne 486: احـتـزّوا راسه وطافوا به الـبـلـد. — Faire la patrouille, la ronde, Bc¹, n. d'act. طَوَاف, Macc. I, 135, 9. — Vaciller, chanceler, Ht. — On emploie aujourd'hui ce verbe au lieu de طَفَا, car Bc l'a sous: déborder; — nager, surnager; طاف على وجه الماء flotter, surnager. Cf. le syriaque ܛܘܦ, ܛܦ (1er sens chez Freytag), طُوفَان. Parmi les différentes étymologies du nom propre الطائف, le M donne celle-ci: سميتم به لانها طافت على الماء فى الطوفان.

II c. a. et على circumducere, Voc., M طَوَّفَ فلانا بـ (طاف بـ). Comme ce verbe s'employait surtout en parlant d'un criminel qu'on promenait ignominieusement par les rues en le fouettant, Alc. le donne dans le sens de fouetter un criminel (açotar por justicia).

IV c. d. a. faire voir et parcourir, Berb. II, 329, 11: وارام ابيـهـا ملكه واطـافـهم قصورهم ورياضه.

V faire le tour de, parcourir, se constr. c. a., Gl. Belâdz., et plus ordinairement c. على, ibid., Abd-al-wâhid 95, 12, Djob. 44, 20, 120, 18, Holal 32 r°:

ولـمّـا جال فى بلادها وتطوّف على اقطارها, lisez de même avec notre man. dans Auw. I, 534, 14. — Par ellipse, faire le tour de la Ca'ba, Macc. III, 659, 17: C. على p. شـرق وحـج وتطوف. — C. على p. faire des rondes parmi, Bat. III, 197.

طَوْف la garde, le guet, patrouille, ronde, maréchaussée, Bc, Hbrt 140, M. — طـوف بـعـد طـوف par couches, Mehren 31.

طَوْفَة Chaque course autour de la Ca'ba se nomme ainsi, Burton II, 191.

طُوفَان, déluge, est chez Bc. — Tourbillon, trombe, Ht.

طَوَاف la foule qui fait le tour de la Ca'ba, Aghânî 64, 12: ولـو دخـلـت الـطـواف ظننت انك — سُنّة الطواف; on donne ce nom aux deux رَكْعَة, qu'on est obligé de faire auprès du macâm Ibrâhîm, après qu'on a fait sept fois le tour de la Ca'ba, Burckhardt Arabia I, 173.

طَوَّاف la personne qui fait la ronde, Catal. des man. or. de Leyde, I, 156, 3. — Liége, arbre, son écorce légère, spongieuse, Bc. Pour l'étymologie, voyez sous la Ire forme à la fin.

طَوَّافَة torche dont on se sert quand on parcourt les rues pendant la nuit, M (الـفـتـيـلـة الـمـوقـدة يـطـاف عـلى), Vêtem. 258, Müller 49, 6, 1001 N. Bresl. I, 150, 7.

طائف. مَـسّـهـا طائف مـن الشيطان ثم تذكّرت Müller 18, 6 a f., en parlant d'une ville qui, après s'être révoltée, rentra dans l'obéissance; cf. Lane à la fin. — T. de médec., accès, Berb. I, 618, 7, II, 264, 5, 443, 6, 450, 8 a f.

طائفة les armateurs, les propriétaires des croiseurs, Sever. voy. to Barb. 43. — Milice, St. Gervais 30. — Le tribunal suprême, Pagni 20.

طوق I a constamment chez Bc l'aor. i. Souffrir, supporter, je ne puis le souffrir لا يطيق, ما اطيقـه impatient, qui ne peut supporter le joug, Bc.

II garnir une robe d'un collet, Voc. — Border, ourler une robe, Alc. (orlar, cabecamiento تطويق). — Tracer le contour d'une figure, dessiner, Alc. (perfilar). — C. d. a. imputer, attribuer à quelqu'un une chose digne de blâme, Berb. I, 499: طَوَّقَهُما نَدْبَ طَوَّقَهُمْ ثُمَّ عَمَّهُ , Khatîb 60 r°: القَصْرِ وَالعَجْزِ وَعَزَلَهُما «il leur imputa la mort de son oncle.» — طَوَّقَهُ نَعْتُهُ voyez Lane; de même Berb. I, 458, 6: وَنَأْتِهِ حَتَّى طَوَّقَوْهُ فيما أَبَاتَهُ , c.-à-d. «les bienfaits qu'ils lui avaient rendus;» il faut lire وَفاء avec notre man. 1351.

IV, avec l'acc. et la négation, *n'être pas en état de réduire, de soumettre, de vaincre* quelqu'un, Akhbâr 4, 3 a f., Berb. II, 218, 3, Badroun 68, 14. — لا يُطَاقُ عنهم صبرًا *il ne pouvait se passer d'eux*, Khatîb 114 v°.

V dans le Voc. sous *capicium*. — تَطَوَّقَ دَمَ فلان *on lui imputa la mort d'un tel*, Haiyân 31 r°: وَأَنَا عَلَيْهِ حَاجَمَاهُ بِأَنَّ سَمَّ لَهُ الْمُبْضِعَ الَّذِي فَصَدَهُ بِهِ أَطَبَّتْ *s'efforcer*, — فَكَانَتْ مِنْهُ مَنِيَّتُهُ وَتَطَوَّقَ دَمَهُ Alc. (forcejar).

VII. لا يَنْطَاقُ *insupportable, intolérable*, Bc.

طَاق *pommeau*, l'éminence qui est au milieu de l'arçon de devant d'une selle, et qui est de forme arrondie, Auw. II, 689, 7. — *Niche*, enfoncement dans l'épaisseur d'un mur pour y mettre quelque chose (cf. Lane), Haiyân 30 v°: قُمْ إِلَى تِلْكَ الكُوَّةِ (طَاقِ في مَجْلِسِهِ) فَخُذْ تِلْكَ الدَّجَاجَةِ بِمَا مَعَهَا مِنَ الرِّقَاعِ فَإِنَّهَا فِطْرِي وَقَدِ ائْتَرَتْكَ بها فيها مُبَارَكًا Je lis الطَّاقُ. — *Ouverture dans un mur, fenêtre*, Voc. (fenestra), Djob. 295, 19, Bat. III, 148, IV, 126, 127, 403, Cartâs 133, 14 et 16, pl. طُوَاق, Payne Smith 1687 (deux fois). — *Sabord*, Ht. — *Couche* (se dit des choses mises par lit), *rang de choses superposées*, Bc (cf. Lane). Chacune des deux bandes d'un baudrier, qui sont cousues l'une sur l'autre, s'appelle un طَاق, Koseg. Chrest. 111, 3: فَقَطَعَتِ الصَّرِيحَةُ طَاقًا مِنْ حَمَائِلِ السَّيْفِ On donne aussi ce nom à chaque cordon ou petite corde dont une plus grosse corde est composée, 1001 N. Bresl. IV, 330: سَوْطٌ نَوْقٌ مَضْفُورٌ عَلَى مائَةٍ وَسِتِّينَ طَاقٍ, à chaque lame ou écaille d'une plante bulbeuse, Most. بَصَلِ الزِّيرِ v° قِيلَ انَّهُ بَصَلٌ لَهُ طَافَاتٌ وَهُوَ بَلْبُوسُ Bait. I, 162 b, à chaque écaille d'un poisson, Aboû-'l-Walîd 609, 34: الطَّافَاتُ التي تكونُ في رأسِ الحُوتِ Lorsque Cazwînî (dans de Sacy Chrest. III, ١٨٧, 4

a f.) dit en parlant du cheval: نَذْهَبُ طَافَاتٍ فَجَعَلَ طَوِيلَةً لِيَطْرُدَ بِهَا الهَوَامَ عَنْ بَدَنِهِ, il n'a pensé aux articulations ou parties articulées dont se forme la queue de cet animal, comme l'a cru de Sacy (490, n. 56), mais aux différentes couches de crin qui viennent à sa queue. طَوَى طَاقَيْنِ *plier en deux*, Hbrt 86; طَاقَيْنِ عَمِلَ الشَّيْءَ *mettre en double*; الطَاق *deux fois autant, le double*, une fois autant; الطَاقَ ثَلَاثًا *triple, trois fois autant*, Bc. — Une des diverses parties de l'habillement, Ztschr. XXII, 138: «l'habillement, tout ce dont on est vêtu, forme طَاقٌ; la chemise à elle seule est un طَاقٌ. — Nom d'un vêtement. Les lexicographes arabes le décrivent d'une manière très-vague, et tout ce que je puis ajouter aux maigres renseignements qu'ils donnent, c'est que c'était un habit de cérémonie et de fête. Selon Ibn-al-Abbâr (dans mes Notices 162, dern. l.), le prince omaiyade Solaimân récita un poème devant le calife al-Mahdî, qui était assis sur le trône. Solaimân tenait une épée à la main, et قَدْ لَبِسَ ثَوْبَ خَزٍّ وَعَلَيْهِ طَاقٌ خَزٍّ مُلَوَّنٌ وَأَخْرُوفٌ. Dans les Prol. III, 394, on lit:

ما العِيدُ في حُلَّةٍ وَطَاقٍ وَشَمِّ طِيبِ
— وَإِنَّمَا العِيدُ في التَّلَاقِي مَعَ الحَبِيبِ

Pièce d'étoffe (comme طَاقَةٌ, voyez) dans le passage du R.N. que j'ai donné sous سلع. — «Des *tags*, tapis pour faire les séparations dans les tentes,» Daumas Mœurs 270, *espèce de tapis à courte laine*, Beaussier.

طُوق. Les auteurs espagnols emploient assez souvent le proverbe شَبَّ عَمْرٌو عَنِ الطُّوقِ (voyez Lane), p. e. Bayân II, 273, 1 (= Macc. I, 389, dern. l.), Calâïd 176, 10 (= Macc. II, 317, 1), où le poète a été forcé par la mesure de mettre le verbe à la IV° forme, ou bien ils y font allusion, p. e. Macc. II, 437, 17: تَجَدَّدَتْ مِنْ شَوْقِهِ مَا قَدْ كَانَ شَبَّ عَنْ طُوقِهِ, 457, 11: Devenu vieux, il dit adieu aux plaisirs, وَشَبَّ عَنْ ذَلِكَ الطُّوقِ, Calâïd 57, 3: Ibn-'Ammâr resta quelque temps auprès de Mo'taçim, حَتَّى أَقْلَقَتْهُ دَوَاعِي شَوْقٍ وَشَبَّ صَبْرُهُ عَنْ طُوقِهِ, Müller 16, 10: وَرُبَّمَا غَلَبَتْهُ لَوَاعِجُ أَشْوَاقٍ وَشَبَّتْ, 39, 8: فَلَمَّا تَبَسَّمَ زِنْجِيُّ اللَّيْلِ زَوْرَاتُهُ عَنْ أَطْوَاقِهِ عَنْ ثَغْرِ الفَجْرِ وَشَبَّ وَلِيدُ الصَّبَاحِ عَنْ عَقْدِ الحُجْرِ.
— *Collet*, partie du vêtement autour du cou, L,

طوق

Voc. (tous les deux capitium, voyez Ducange), Alc. (cabeçon de camisa), Bc, Abbad. III, 24, Macc. II, 704, 19, 709, 2, Müller 28, 1; مسكَ أحدًا من اطواقه *sauter au collet de...*, *saisir au collet*, Bc; aussi فاقبلت في اطواقه R. N. 91 v°: ضرب بيده في اطواقه المرأة الى ابى ميسرة وضربت بيدها في اطواقه وصاحت بأعلى صوتها معاشر المسلمين هذا الرجل راودنى على نفسى. Mais اخذ باطواقه est aussi une marque de politesse, R. N. 88 r°: j'entrai chez lui مرحبًا وقال بكم ثم قم فاخذ باطواق فجمعها على ثم جلس فى وسط البيت الحج — *Bord, bordure, lisière d'une étoffe*, Alc. (orla); *bords* d'un casque, Macc. II, 709, 2; *bord* d'un puits, R. N. 61 v°: وقد ركب طوق البئر, واحدى رجليه خارج البئر والاخرى يلعب بها فى ماء.
— *Pente d'une montagne, côte*, Alc. (ladera de cuesta).
— نقص voyez sous نقص طوقه L

بالطاقة طاقة *de vive force*, Voc., Alc. (fuerça biva), p. e. اخذ بالطاقة — Voc. طاقة الكبريت *paquet d'allumettes*, Hariri 478. J.-J. Schultens, qui cite aussi ce passage et qui sans doute a attribué le même sens à cette expression, traduit «linea sulfurata,» c'est de là qu'est venu le malencontreux «linea» de Freytag. — *Touffe de cheveux, de poils* (cf. Lane); J.-J. Schultens cite ces deux passages du al-Faradj ba'da 's-chiddati: 167: خبيست وما فى لحيتى طاقة فرايتن لما خرجت من الحمام وجهى فى: 169 بيضاء. — المرآة فاذا طاقة شعر قد ابيضت فى مقدم لحيتى = طاق *arche*, Cartâs 39, 6 a f., 5 a f. (où il faut lire avec d'autres man. طاقة, au lieu de طيفقة). (La trad. de Tornberg, «fenêtre,» ne convient nullement).
— *Niche*, enfoncement dans l'épaisseur d'un mur pour y mettre une statue, etc., Bc. — Pl. طوق (Bc); Alc. a طيقان, mais c'est le pl. de طاقى) *croisée*, *ouverture* dans un mur, *fenêtre, lucarne*, Alc. (hiniestra), Bc, M (qui ajoute: nommée ainsi à cause de sa forme arrondie), Breitenbach 114 v°, Ouaday 675. — *Couche de terre, d'engrais*, Auw. II, 441, 13 et 15. — *Pièce d'étoffe* (cf. طاق), 1001 N. I, 251: ارسلت جاريتها اليه ومعها بقشة فيها طاقة مشجّر احمر :252 طاقة اطلس اصفر. — *Sorte de batiste bleue et grossière*, dont les femmes, surtout chez les Bédouins,

طول

doublent leurs meilleurs manteaux, Burckhardt Nubia 268. — *Genévrier, iuniperus oxycedrus* L., Prax R. d. O. A. VIII, 281, Colomb 12, Jackson 86, Daumas Sahara 211, Carette Kab. I, 45.

طاقى *fort, puissant*, Voc. — زهر طاق *fleur simple*, qui n'est pas double, Bc.

طاقية pl. طواقى désigne ordinairement chez les auteurs persans: une sorte de tiare, de bonnet haut, en forme de pain de sucre (cf. Defrémery Mémoires 151), et c'est la signif. primitive de ce mot, puisqu'il a été formé de طاق, «arche, voûte;» mais chez les Arabes il indique une autre sorte de coiffure. Sous les sultans mamlouks, c'était d'abord une sorte de béret rond et plat, de la hauteur de la sixième partie d'une coudée; il était vert, rouge, bleu ou d'une autre couleur, et on le portait sans turban. Plus tard, sous le règne d'al-Melic an-Nâcir Faradj (1398), on inventa la *tâkiya* circassienne, qui avait à peu près deux tiers de coudée d'élévation, et dont le sommet était sphérique; elle était doublée de morceaux de papier et ornée d'une bordure de fourrure de belette. C'était la coiffure des émirs, des mamlouks, des soldats, etc., et les femmes l'adoptèrent aussi. (Le Voc. donne ce mot sous capellus). De nos jours, c'est le bonnet qui s'appelle ailleurs *tarbouch*, ou bien, comme en Egypte, la calotte de toile qui se met sous le *tarbouch*. Voyez Vêtem. 280 et suiv. — *Litière*, 1001 N. Bresl. VI, 254, 2: ثم انه احضر طاقية وحملها فيها فى الجرح *ouverture à une plaie*, Martin 159.

طوّاق *ouvrier qui fait des bordures aux étoffes*, Alc. (orlador).

تطويقة *bordure, ourlet*, Alc. (orladura). — *Collerette, petit collet de linge*, Bc.

مطوّق parmi les oiseaux, mais non pas parmi les pigeons, dans le Man. Escur. 893. Casiri, I, 319 b, traduit *gallina torquata*, mais il a séparé à tort cet article de ce qui précède; dans le man. le paragraphe est السماق والقنبر والدلوك والمطوق.

طول I *différer, retarder, remettre à un autre temps*, Koseg. Chrest. 80, 5: avيsoft d'attaquer son adversaire — C. على *surpasser*, Gl. Edrîsî, Gl. Fragm. — C. على *prévenir quelqu'un par de bons offices, lui rendre service sans être sollicité*, Bc. — طال عليه الشىء *il a oublié la chose*, Berb. II, 84,

8 a f. — طَالَتْ يَدُهُ il devint puissant, Abbad. I, 242, 1. — ما تطول يدى اليه je n'y puis atteindre, je n'en ai pas le moyen, cela n'est pas à la portée de ma main, Bc. — ما طالتْه يدى l'argent que j'ai en ce moment, 1001 N. IV, 699, 3 a f. — ارسل اليك كل ان يدى لا تطول دراهم فى هذا, 603, 3: ما طالته يدى الوقت. — طَالَمَا tant, aussi longtemps que, Bc.

II prolonger, c. في, R. N. 97 v°: — طَوَّلَ فى صلاته. — طَوَّلَ بالـ ou وحَّد ou روحَه prendre patience, patienter, Bc, Antar 47, 8, 1001 N. I, 49, 15, 401, 2 a f., 419; طَوِّل لسانَه بِذَمِّ فلان doucement, Bc. — طوِّل روحك «il s'est répandu contre un tel en bavardages injurieux,» Athîr XI, 80, 5. — Différer, retarder, remettre à un autre temps, Alc. (diferir de tercero en tercero dia, dilatar, dilatar o diferir, dilatar de dia en dia). — Lier, Voc. (v° longus: ligare). Il est singulier que les lexicographes arabes n'aient pas noté cette signif., car elle est classique: on la trouve dans ces paroles du Prophète que cite Abd-al-wâhid, 178, 10: ان القاضى يُحشَر مطوَّلةً يداه الى عنقه فإمّا ان جَعَله عَدْلُه او يُهوى به جورُه. C'est un dénominatif de طِوَل. — Jeter, lancer, pousser, p. e. quand la tempête jette un vaisseau en pleine mer, Voc. (v° longus: proyecere), Alc. (arrojar, echar juntamente, echar a menudo, tirar echando, echar en la mar por tempestad, lançar en la mar). — Comme la Ire, grandir, croître en hauteur, devenir grand, Bc.

IV s'emploie spécialement en parlant des actes de religion qu'on prolonge, p. e. Koseg. Chrest. 119: كان اذا وقف وركع فاطال وسجد فاطال, Cartâs 178, 10: فى صلاته يطيل القيام وخذلك سمّوه بالسارية, Abbad. I, 49, 4, en parlant d'un vendredi qui fut un jour de bataille: لم تركع فيه آلٌ روس العدا ولم يطلْ. — اطال لسانه فيه الّا قابل وحسام bavarder sur des choses dont on ne doit pas se mêler, Bc.

V dans le Voc. sous longus et prolongare; durer longtemps, Hamâsa 119, 5 a f.

VI c. ل r., proprement: se dresser sur la pointe des pieds pour bien entendre une chose, et de là écouter avec attention, Gl. Mosl. Je crois que dans Bidp. 282, 1, où on lit: فلمّا كان من الغد اجتمع اهل تلك المدينة يتشاورون فى من يملكونه عليهم وكل منهم يتطاول بنظر صاحبه ويختلفون بينهم, il faut substituer à بنظر à لنظر, car ce verbe ne se construit pas avec بـ, «chacun écoutait attentivement l'opinion de son voisin,» ou bien: «voulait la connaître.» — C. الى ou ل r., aspirer à, prétendre à, désirer vivement, ambitionner, Amari 449, 1, Berb. I, 2, l. 2, 623, 5 a f., II, 82, 8 a f. (l. الململ), 84, 7 a f., 88, 2 a f., 98, 7 a f., 111, 10, 139, 5 a f., Nowairî Espagne 475: تطاول لولاية العهد Seul, aspirer à la possession d'une chose à laquelle on n'a pas de droit, avoir l'insolence de le faire, et de là تطاوُل insolence, Mohammed ibn-Hârith 287: s'il refuse, dit le cadi, de rendre sa maison à cet homme, ramenez-le alors auprès de moi, afin que je puisse consulter le souverain له واصف تطاوَل بعض اعوانه فانتزع من رجل: 289: ظلمه وتطاوُله حدثني فى ايامه مجاعة شديدة فكثر فيها: 329: أبنته فاتاه قوم بفتى من جيرانهم :.ibid التطاول من الفَسَدة فشكوا منه البيع تطاوُلا = I, être long ou durer longtemps, Gl. Edrîsî. — Différer, retarder, remettre à un autre temps, Abbad. II, 251, 5. — تطاولوا له ils lui souhaitèrent un long règne, 1001 N. Bresl. VII, 295, 10.

X c. على r. aspirer à la possession de, Müller L. Z. 15, 4: استطال العدو على الاندلس وقوى طمعه فيها. — استطال على فلان بلسانه vituperare, Voc. — Trouver trop long (cf. Lane), Kâmil 598, 4, Alfîya vs. 101.

انا فى طولك ذو طَوْل كل optimus, Voc. — طولك je vous en supplie, Bc.

طُول, pl. أطْوال, Abou'l-Walîd 364, 10. طول السنة tout le long de l'année, Bc; طول النهار tout le jour, 1001 N. I, 53. طول المراء excès d'hypocrisie, Amari 121, 4 a f. — Portée de la vue, de la voix, de la main, Bc. طول العامود fût de colonne, Bc.

طبيل? sorte de figue, Auw. I, 88, 4 a f.; notre man. porte طبيل, et il n'a pas la copulative. — طبيل النزهة المتنته ou طبيل النزهة, diarrhée, Payne Smith 1442.

طَوْلة. Le Voc. a sous rugitus وطُولة. — Avance, ce qui se trouve déjà fait, préparé, Bc. — Prévenance, manière obligeante de prévenir, Bc. — طولة بال lenteur; بطولة بال lentement, Bc. — طولة روح patience; بطولة روح patiemment, Bc. — طولة لسان bavardage

طول 73 طول

sur des objets dont on ne doit pas se mêler, *intempérance de langue*, Bc. — طَوِلَة يد *portée*; — *crédit*, Bc. — مع الطولة *à la longue*, Bc.

طُولُهْ nom que le vulgaire en Espagne donnait à la plante dite فيطل (voyez), Bait. II, 164 e (il l'épelle), 272 d. M. Simonet pense que c'est *túxos*, mot qui signifie à Berga, en Catalogne, *Laserpitium Gallicum*; il ajoute, à l'appui de cette opinion, que le vulgaire en Espagne appelait aussi cette plante, d'après Bait., الكمّون البرّاق, et que les dict. botaniques (p. e. celui de Colmeiro) traduisent *comino rústico* par *Laserpitium Siler L*.

طُولِي *longitudinal*, Bc.

طُولَانِي *oblong*, 1001 N. I, 297, 15: مُجَازًا الى مكان طُولاَنِي; de même مَسَاطِب طولانية, مكنوسا مفرشها ,فوجدناه dans Bresl.; Boul. مستطيلة.

طوال ما طَوَال *tant, aussi longtemps que*, Bc.

طَوَال pl. أَطْوِلَة *corde*, Voc., Alc. (*ramal*).

طُوَال *corde*, Domb. 92.

غير طويل ,غير زمان طويل, *pas long-temps*, Gl. Abulf. شطرنج طويل ; — *Oblong; échiquier oblong*, voyez Vie de Timour II, 876, 6, Bland dans le Journal of the R. Asiatic Society XIII, 61, et Planche IV, fig. 1 et 2. — *Elevé, haut* (par ellipse pour طويل في السماء), Yâcout II, 115, 3 et 6), Auw. II, 389, 17: les maisons doivent être طويلة الابواب c.-à-d. qu'elles doivent avoir les portes hautes, «afin que l'air puisse y pénétrer;» Prol. III, 366, 4. — *Profond*, Carette Géogr. 134: «الطويلة والقصيرة, deux puits, l'un profond, l'autre peu profond.» — *Considérable* (cf. طائل); J.-J. Schultens cite: Vie de Saladin 42, 9 a f.: مال طويل, et Pseudo-Wâkidî, Syrie 16: الضر الطويل. On dit: من سحر طويل *de bon matin, de grand matin*, Akhbâr 103, 5: ركب الامير طويل الباع voyez sous بَاع — طويل الروح *patient*, Bc.

طَوَالَة طَوَالُ الْخَيْلِ *écurie, chevaux*, Bc, M: عند الموحدين طائفة منها في مربط واحد, 1001 N. IV, 328, 14, où il est question d'un homme qui avait l'intendance de l'écurie d'un grand seigneur: فقعد يامر وينهى على خدمة الخيل وكل من غاب منهم وهن

يَعَلَّق على الخيل المربوطة على الطوالة التي فيها خدمته يرميه ويضربه ضربا شديدا: dans Bresl. X, 373, 2: بل يعلق على طوالته التي عليه خدمتها J.-J. Schultens (qui, du reste, n'explique pas ce mot, sans doute parce qu'il n'en connaissait pas la signif.) cite Aboulserour 32: وقدموا البد طوالة خيل وفرش وعبيد (vulg. pour وفرشا وعبيدا). *Etable de taureaux*, Mehren 31. — *Matelas oblong*, 1001 N. II, 162, 1: ثمن الديباج غماري وطوالات (où Lane traduit: long mattresses).

الطويلة = الحيّة, *le serpent*, voyez Tha'âlibî Latâïf 38, 4. — Par abréviation pour قلنسوة طويلة (Masoudî VIII, 377, Aghâni II, 121, 7 Boul.), *bonnet haut, sorte de tiare*, que portaient les califes en Orient et en Espagne, les sultans de Séville au XIᵉ siècle, les gens de loi et, du moins chez les Chiites, les religieux, Abbad. II, 98, 263, Athîr VII, 23, 4 (= قلنسوة l. 2), qui a été copié par Aboulfeda, Ann. II, 184, 5 (mal traduit par Reiske), Macc. II, 64, dern. l., Haiyân-Bassâm I, 154 vº, en parlant d'un cadi: واول ما ظفر من قلانسهم بطويلة, mais il faut corriger: واول ما ظفر من قلانسهم بطويلة نبذ مساحة الفلاحة, R.N. 104 vº, en parlant d'un متعبد qui était devenu chiite après avoir été sonnite: اخبرني من راى ابن غازي راكبا على دابة وعليه رداء وطويلة Je crois avec M. de Goeje que dans Aghâni V, 60, 13 a f. Boul.: دخل يحيى بن اكثم وعليه سوانة وطويلة, il faut lire سوادة وطويلته. — Sorte d'herbe qui est une très-bonne nourriture pour les chameaux, Burckhardt Nubia 163. — Pièce de monnaie dans le Hasa, Palgrave II, 179.

مجنون طَاوِل طَاوَل c'est un fou achevé, tout à fait fou, Bc.

طَائِل. Selon les lexicographes arabes, ce mot, dans le sens de *profit*, ne s'employerait que dans des phrases négatives; on trouve cependant: حتى حلى بطائلها, Abbad. I, 251, 10. — *Grand, considérable, important*, Gl. Edrîsî, Rutgers 155, 13, et note de Weijers 157, Khallic. IX, 13, dern. l., Aboulfaradj 494, 6 a f.: فدخل الفرنج المنصورة بجنالول, Fakhrî 86, dern. l., 89, dern. l., منها نيلا طائلا, 207, 1: لم تكن الوزارة في ايامه طائلة, *sous son règne* la charge de vizir n'était pas d'une grande importance, » parce qu'il faisait tout par lui-même. — *Prospère, florissant*, Gl. Edrîsî. — *Persévérant*, Ht. — طَالِعَة يد *main heureuse*, Bc.

طَاوْلَة (Nieb., Bg) طَاوِلَة (M) ou طَاوُلَة (Lane) (ital. *tavola*) *table*, Bc, M (qui connaît l'origine ital.); طَاوْلَة النَجَّار *établi, table d'artisan*, Bc. — *Trictrac*, Niebuhr R. I, 165, Bg 512, Lane M. E. II, 55; chez Bc لَعِب الطَاوْلَة et طَاوْلَة النَّرْد. — *Damier*, Bc. طَاوْلَة الشِطْرَنج *échiquier*, Bc.

طَائِلَة *dessus, avantage, supériorité, victoire*, Hist. des Benou-Ziyân 102 vº: فكانتي الطائلة لِمَرِين على عادتهم. — Ibn-Khaldoun dit en parlant d'une tribu arabe, Berb. I, 73, 5 a f.: وكانوا منذ المدد السالفة يعطون الصدقات للملوك زناتة وياخذونهم بالدماء والطوائل M. ويستوفونها حمل الرحيل وكان لهم الخيار في تعيينها de Slane traduit (I, 117): « Pendant fort longtemps, les Makil payaient au gouvernement zenatien un impôt à titre de dîme; ils lui remettaient aussi le prix de sang [quand ils avaient tué un sujet de l'empire], et ils avaient même à supporter une taxe appelée *port de bagage* dont le sultan réglait le montant à son gré; » et il ajoute aux mots soulignés cette note: « C.-à-d.: *droit de transit*. Ils payaient cette taxe en revenant du Tell avec leurs provisions de blé. » Je crois que ce savant a méconnu d'une manière étrange le véritable sens de ce passage. Le mot طَائِلَة signifie *vendetta* (*blood-revenge*, Lane), et quand on compare ce que Lane a sous عَقَل VIII: اعتقل من دم فلان et من طائلته, « he took, or received, the عَقْل, i. e. the mulct for the blood of such a one, » alors il est certain que, dans le passage d'Ibn-Khaldoun, طَائِلَة signifie *amende pour une vendetta*, de même que دم, qui précède, signifie *amende pour un meurtre*. Aussi l'auteur nomme-t-il plus loin الطوائل tout court ce qu'il nomme ici الدماء والطوائل 75, 4 a f.: فاعطوا الصدقة والطوائل. La seule difficulté, c'est de savoir quel sens cette tribu attachait à l'expression حمل الرحيل, qui semble être un euphémisme sous lequel elle déguisait le payement de ces amendes désagréables et humiliantes. Peut-être est-ce: *la somme qu'on porte au trésor du prince pour les bagages, l'impôt sur les bagages;* cf. mes articles خَمْل et رَحِيل.

أَطْوَل السَبْع الطُوَل ne sont pas seulement les sept longues sourates du Coran, mais aussi *les sept Mo'allacas*, M.

تَطْوِيل *tautologie*, M.

مُطَوَّلَة *longue lettre en prose rimée*, Khatîb 24 rº: 73 vº: وله امدح المُطَوَّلات المنخمة والقصار المقتضبة وهو صاحب مطولات مجيدة

مُطَاوِل *oblong*, Bc.

مُطَاوَلَة *prolixité*, Alc. (prolixidad). — مُطَاوَلَة *blocus très-prolongé*, Berb. I, 516, 4, et de même مُطَاوَلَة seul, 487, dern. l.

مُسْتَطِيل *oblong*, قَفَص مستطيل من ياقوت اجر, cf. sous المُسْتَطِيلَة Freytag Chrest. 56, 8, cf. sous طولن *l'échiquier oblong* (4 × 16 = 64 cases), van der Linde, Geschichte des Schachspiels I, 108. — *Rectangle, parallélogramme rectangle*, Bc, M.

طَوْلَق I c. ع. et II dans le Voc. sous *inverecundus*; II c. على *vituperare* (*clamose*), Voc.

طَوْلَقَة *inverecundia*, Voc., c. على sous *vituperare* (*clamose*).

مُطَوْلَق *inverecundus* (*clamosus*), Voc.

الطولنبذ مكبس *piston*, cylindre qui se meut dans un corps de pompe, Bc.

طُولُونَة pl. طَوَالِين *crapaud*, Alc. (escuerço o sapo, sapo o escuerço); cf. طَيْلُون.

طُومُس τόμος, dans un Glossaire copte, parmi les آلات الكتّاب, Fleischer Gl. 72.

طُونُس pl. طَوَانِس *corde, câble*, L (camelus, funiculus), Voc. (funis). Bat. IV, 248, en parlant des jonques chinoises: رقى الاجداف حبلان عظيمان كالطوانيس dans la trad.: « La rame est pourvue de deux fortes cordes, ou câbles, qui ressemblent à des massues. » Une telle comparaison serait étrange. Le traducteur semble avoir pensé à دَبُّوس, pl. de دَبَابِيس; mais طَوَابِيس n'existe pas. Je lis, en changeant un seul point, كالطوانيس, « deux fortes cordes qui ressemblent à des câbles. » Ce طُونُس est indubitablement le grec τόνος, qui a le même sens. — *Poutre*, L (trabem .وخشبة, lisez جِذْرَة وطُونُس وخَبْشَة).

طَوَى I. T. de mer, *ferler, plier les voiles;* طوى القلوع

طوى *désappareiller*, le contraire d'*appareiller*; جانب القلع *carguer*, *trousser*, *accourcir les voiles*, Bc. — *Comprimer en masses des fruits secs*, Gl. Edrîsî. — *Mettre en poche*, *serrer*, *prendre pour soi*, Bc. — *Brifer*, *manger avidement*, Bc. — *Passer sous silence*, Berb. I, 29, 5 a f.: وخصّ منهم بالذكر من كان لهذا العهد بقيّه وناجعته ونطوى ذكر من انقرض منهم. — C. ل p. et على r. *avoir l'intention de faire* quelque chose à quelqu'un, Abbad. III, 136, 6 du texte arabe: لا اطوى لك الاّ على جميل, «je ne veux vous faire que du bien.» — Au fig., طوى العدوّ بساط بلاد الاندلس «l'ennemi s'empara de toute l'Andalousie,» Macc. II, 762, 8, cf. 787, dern. l.: ونعود الى حيث كنّا من تبكّد شمل لجبيرة وكى بساط لجزيرة. De là طوى seul, c. a. *s'emparer de*, Abd-al-wâhid 114, 5: فلم يزل اصحاب يوسف بن تاشفين يطوّون تلك الممالك علكة علكة الى ان دانت لهم الجزيرة باجمعها, Khaldoun IV, 32 r°: طوى ما بين تلك الحصون والقرى, ينتقرى الفرنتيرة حصنًا حصنًا ومدينة مدينة الى ان طواها طيًّا *ibid.*: فاعتقله. Peut-être faut-il entendre dans le même sens ديوانه طوى, Berb. II, 362, 2 a f.: واستصفى ماله وطوى ديوانه وامتحنه ايامًا — *marcher à grandes journées*, Bc (qui a en ce sens, طوى المراحل وقطع المنازل), Abbad. II, 9, n. 37. De même طوى الرحّل, P. Kâmil 410, 14, طوى المناهل, Cartâs 145, dern. l., où il faut lire ainsi, avec d'autres man., au lieu de المنهل. Pour *voyager vite*, on dit aussi نصّه طوى, P. Aghânî 59, 5, car c'est ainsi qu'il faut lire avec l'éd. de Boulac, au lieu de نصه. — طوى العدد *doubler*, Voc. — طوى قدميه *plier les jambes sous le corps*, *s'asseoir à la manière des Orientaux*, *prendre du repos*, Abbad. I, 66, 5. Aujourd'hui on emploie par ellipse طوى seul en ce sens, *se coucher*, en parlant du chameau qui se couche en couvrant de son corps ses jambes pliées, s'asseoir, en parlant de personnes, Ztschr. XX, 122.

— كشحه على امر طوى est expliqué dans le TA par استمرّ عليه. La traduction de Lane: «he persevered in an affair,» est bonne quand امر indique une action; mais quand il s'agit d'une situation, d'un état de l'âme (p. e. de chagrin, de douleur), il faut traduire *souffrir patiemment*, *se résigner à*; voyez Gl. Mosl. Dans le même sens طوى جوانحه على امر, p. e. Berb. II, 208, 10: Ayant appris qu'un tel avait été assassiné, le sultan entra dans une violente colère et voulut punir les coupables; mais quand il eut été informé que son propre fils avait été à la tête des meurtriers: اغضى وطوى عليها جوانحه; de même 211, 6. — طوى يومه صائمًا *passer le jour sans manger*, Macc. I, 138, 7, M: طوى نهاره صائمًا اى اقام فيه. — Pass. طُوِى *finir*, *arriver à sa fin*, Haiyân 20 v°: تُطْوى — حتّى طوى امد الامير عبد الله يُطوَى له التّحسّى. — خنصر voyez sous خنصر. — على شرى «le cœur en conçoit de la tristesse,» dans un vers; on emploie plus ordinairement la VII° en ce sens, Gl. Mosl.

IV vulg. pour I, *plier*, etc., Voc. (v° plicare), Alc. (doblar, redoblar), Cartâs 153, dern. l.: فوقع اطمر من المجنيق فى وسط دقّة باب المهدية فاطوى وسطّه. De même اطوى المراحل pour طوى المراحل, Cartâs 121, 3 a f.

VII *se tortiller* (serpent), Tha'âlibî Latâïf 98, 5 (mal expliqué dans le Gloss.). L donne: preceps (quod precipitor ruit) (c'est ainsi qu'il faut lire; les deux derniers mots sont altérés dans le man.) مُنْحَدَر مُتَسَبْسَب مُنْطَوِى. Ce verbe s'emploie donc en parlant de l'eau (d'une rivière, d'un ruisseau) qui coule, qui se meut en suivant une pente; انطوى, toutefois, n'est pas seulement cela, mais *couler en serpentant*. — *S'évanouir*, *disparaître*, *cesser d'exister*, *périr* (cf. la I° dans Lane), Gl. Mosl., Abbad. I, 12, 6: انطووا. — C. على r. *concevoir* de l'amour, de la haine, de l'orgueil, un projet perfide, etc. (cf. Lane), Gl. Belâdz., Autob. dans de Slane Prol. I, p. LI n.; Meursinge ٢٢, 2 a f., en parlant d'un docteur d'une orthodoxie suspecte: ولم اتحقّق بَعْدُ ما كان منطوى عليه من العقد «je ne sais pas encore au juste quelle était sa croyance» (l'éditeur montre par sa note, p. 100, qu'il n'a rien compris à ces paroles; cf. sous عقد); النفوس منطوية على تاميله chacun at-

طوى

tendait sa fortune de lui,» Berb. II, 509, 6; *concevoir l'idée, le projet de*, Freytag Chrest. 101, 8 a f., Khatîb 176 v°: اَفْكَارُ (l.) اَنْطَوَتْ اَفْكَارُهُ على نيل الامارة, Autob. 206 v°: خرجتُ معهم وقد كنتُ منطويًا على مغارقتهم لما اصابى من الاستيحاش لذهاب اشياخى — C. على r. *contenir, traiter de*; Bc: كل فصل منه ينطوى على معنى يخصّه «chaque chapitre traite d'un sujet particulier.» — C. على r. *être placé sur*, Bat. I, 309, en parlant de la porte de la Ca'ba: وعرض للحائط — C. على r. *cacher*, الذى ينطوى عليه خمسة اشبار Macc. II, 84, 6 a f., Abd-al-wâhid 158, 9. — C. على r. *être accoutumé à*, P. Hamâsa 135, 11 a f. (cité dans le Gl. Mosl.): فقد جعلتُ نفسى على النأى تنطوى «mon âme s'est accoutumée à l'absence.» — C. على p., en parlant de plusieurs personnes, *entourer quelqu'un*, Gl. Belâdz. — C. عن p. *être caché pour quelqu'un, se cacher à lui, ne pas se laisser voir à lui*, Abbad. I, 254, 17 et 4 a f. — C. من *être empêché de*, Macc. I, 339, 9.

طَوٍ, *affamé*, pl. أَطْواء, P. Kâmil 692, 9.

طَىّ, *pli, enveloppe*; طَيَّه *ci-inclus*, Bc. — *Enveloppement, l'action d'envelopper de l'étoffe, des habits*, Alc. (enbolvimiento como ropa).

طَيَّة *poêlon, petite poêle*, Bc (du turc selon Beaussier).

طِيَّة *pli*, Voc., Alc. (pliego de vestidura), Bc; فرد الطيّات *déplisser, défaire les plis d'une étoffe*, Bc. — طِيَّة الركبة *jarret*, Ht. — طِيَّة القلب *repli, fond du cœur, de l'âme*, Bc.

طِيَّة. Comme n. d'act., *se rendre à un lieu*, Müller 27, dern. l.: استقبلنا طيّة الغرض البعيد. Comme subst., *destination, le lieu où l'on doit se rendre*; ذهب لطيّته «partir pour sa destination,» Berb. II, 215, 5 (lisez ainsi avec notre man. 1350), 496, 3 a f. (la mauvaise leçon du texte a été corrigée dans la trad.); Müller 16:

وانّى وان ازمعت عنك لطيّة وقوّست رحلى عنك دون تلوّم

منتهى الفصل ومناخ الطيّة *le lieu de sa destination*; chez Macc. III, 3, l. 25, le Prophète est nommé منتهى الفصل ومناخ الطيّة; Khatîb 26 r°: الطيّب تصدّر للاقراء ببلده على وفور اهل

طيب

العلم. فكان سابق الحلبة ومناخ الطيّة امتناعًا وتفنّنًا وخسنَ اللقاء ۞

طُوى (turc oriental تُوى) *festin*, Mong. 139, 140, où Quatremère donne des exemples tirés d'auteurs persans, 216—7, où il cite un passage du Mesâlic al-abçâr, Bat. III, 40.

طَيَّة *repli, fond du cœur, de l'âme*, Bc.

طَواى *plieur*, Bc.

طائك pl. آت *pli*; Abou'l-Walîd 800, 15.

مَطِي pour مَطْوِي, *enveloppé*, Cartâs 155, dern. l.: وكان عذا التابن مطيتًا (sic) فى حلّة خضراء

مَطَوًا (pour مَطْوِي) pl. مَطاوِى *canif, jambette*, Bc.

مَطْوًى *l'endroit où se couche le chameau*, Ztschr. XXII, 122.

مَطْوًى (vulg. مَطْوَى) pl. مَطاوِى *ensouple ou ensouble*, cylindre de bois sur lequel le tisserand roule sa toile à mesure qu'il la fait, Alc. (enxullo de telar). — *Plioir, instrument pour plier, couper le papier*, Bc. — *Canif*, Hbrt 112. — *Rasoir*, Hbrt 78 (Eg.).

مَطْوِى *redoublement*, Alc. (redobladura); senzillo cosa no doblada, بلا مَطْوِي, et de même senzillo no dobladura; خلقة مطويّة (mutuía) est chez lui: proporcion del doble.

مَطْوِي = مَطْوَاة 1ère signif., Abou'l-Walîd 419, n. 28.

مَنْطَوٍ فى ذاته *boutonné* (homme), qui ne laisse point pénétrer ce qu'il pense, Bc.

طياطر *théâtre*, Gl. Edrîsî.

طيب I *être favorable* (vent), 1001 N. I, 93, 7. — *Guérir*, v. n., recouvrer la santé, se remettre, se rétablir, Bc. — *Mûrir* ou être mûr, Voc., Alc. (madurar, sazonar), Domb. 128, Chérb. Dial. 17, 134; Bc, Hbrt 51, Becrî 41, Bait. I, 256, Auw. I, 172, 2, II, 443, 1, Bat. IV, 392; aussi en parlant d'un abcès, Ibn-Wâfid 10 r°: يحمل عليها (الدبيلات) الصمّاد *Il a cuit, il a été sur le feu*, Hbrt 14; طائب *cuit*, Bc. — *Se parfumer*, 1001 N. I, 109, 13. — طاب نفسًا *être content, gai*, 1001 N. I, 62, 7. Aussi طاب seul, Bas-

طابتِ الأنْفُس، واخذتْ منهم خُمْبًا sâm II, 113 v°: الأكوس، Freytag Chrest. 50, 1, 1001 N. I, 34, 4 a f. — طابَ نَفْسُه *être tranquille, rassuré, ne rien craindre*, Abd-al-wâhid 94, 1: هذا يوم ما تطيب نفسى فيه (il craignait une attaque soudaine de l'ennemi). — طَلْبَ ثَراهُ *que la terre lui soit légère!* Bc. — C. بـ p., طِبْتُ به *il me platt*, Berb. II, 48, 10. — طابَتْ نفسى لذلك *cela est de mon goût, je trouve cela très-bon*; voyez un exemple sous خَلَالَك. — طابَ ذلك cela lui plaît, 1001 N. I, 97, 9. Aussi لم يَطِبْ له منامٌ, Antar 44, 3; طاب له ذلك *il ne voulait pas dormir*, Macc. I, 138, 19. — طابَتْ نَفْسُهُ على الموت *il était prêt à mourir*, Cartâs 213, 10 a f. — طابَتْ نفسى من *j'ai assez de*, Ztschr. XXII, 75, 1. — C. على r. *avoir envie de*, R. N. 102 r°: reprenez ces deux poulets, فما طابت نفسى عليهما «car je n'en ai pas envie,» 1001 N. Bresl. IX, 213, 8: عمل هذا المنصف لاجل ما يطيب على جُمَارى «il m'a joué ce tour parce qu'il avait envie de mon âne.»

II. طَيَّبَ الهَواءَ *assainir, rendre sain*, Bc. — *Guérir*, v. a., délivrer de maladie, *remettre, rétablir la santé*, Bc, Hbrt 38, 1001 N. III, 432. — Alc. a la Ire forme sous madurar (qui est v. n. et v. a.), et la IIe sous madurarse; la Ire serait donc *mûrir*, v. a., et la IIe, *mûrir*, v. n.; mais je crois que c'est une faute et qu'il faut transposer, car طابَ est constamment v. n., et طَيَّبَ, v. a. — En Barbarie, *cuire, préparer par le feu, faire cuire*, Domb. 122, Bc (Barb.), Hbrt 14 (Alg.), Hélo Delap. 8, 65, Martin 29. — *Aromatiser, mêler des aromates avec quelque chose*, Bc, *assaisonner*, Bait. I, 66 d, 68, 136: وتطييبًا مرقتها بالزنجبيل والشمار الاخضر, Chec. 219 v°: Galien, dans sa vieillesse, mangeait de la laitue pour dormir, وكان يخشى من برده فكان اذا طبخه يطيبه بالمرى فالطبخ والتطييب يمنعان من البرد, voyez aussi sous مـاصـل. — *Mettre des olives en saumure*, Alc. (curtir azeitunas). — طَيَّبَ قَلْبَهُ *il le rassura, il lui rendit la confiance, la tranquillité*, Abd-al-wâhid 97, وانما فعل ذلك تطييبًا لقلب المعتمد وتسكينًا 4: وكان خائفًا من ابن لخاطره, Fakhrî 313, 4 a f.

طَيَّبَ الوالى خاطر: M., الفُرات تَطَيّبَ (تَطَيَّب .I), قلبَ فلانٍ امنه وسكّنه Freytag Chrest. 109, 6 a f., 122, 4, 136, 16. — طَيَّبَ خاطرَهُ *apaiser une personne irritée, contenter*, apaiser quelqu'un par un don, Bc; طَيَّبَ خاطرَ فلانٍ على شىء *disposer quelqu'un à faire une chose, la lui faire agréer*, 1001 N. II, 72, 15. — *Dire des plaisanteries, bouffonner*, Mohammed ibn-Hârith 240: وكان كثير النادر وكثير التطييب, 315: لقد طَيَّبَ p., 309: وكان كثير النادر والتطييب سليمن فى ابن قزم ولعب به كيف شاء ثم ضحك على ذلك ضحكًا عظيمًا. — C. a. *vibrare*, Voc.

V dans le Voc. sous *vibrare*.

VI *dire des plaisanteries, bouffonner*, Macc. II, 417, 6, en parlant de deux personnes, M; mais aussi en parlant d'une seule, car M. de Goeje me fournit encore Aghânî VI, 201, 1 Boul.: un fou de cour, lors de sa présentation à Motacim, avait écrit sur son front: سيدى هب لى شيئًا. Le calife demande ce que cela signifie et un courtisan répond: يا سيدى تطايب بان كتب على جبينه سيدى هب لى شيئًا

X طَيَّبَ فلانٍ *tâcher d'apaiser quelqu'un*, Gl. Maw.

طِيب *fumet, odeur*, Bc. — *Goût, saveur*, Alc. (gusto de algo). — *Maturité*, Alc. (madureça). — *Titre des métaux*, de Sacy Dipl. IX, 470, 7 a f.: بطيبِ قلبى ونفسى و *de bon gré, volontiers*, Voc., بالطيب او بالغصب *de bon gré*, من طيبه *de bon gré*; طيب مال غير, Bc. — Est un collectif, *parfums*, Beaussier, p. e. Nowairî Encycl. 956: ساتر انواع الطيب; pl. طُيوب, Aboû'l-Walîd 638, 30. — Pl. أطياب; طِيب مش مَوش *mauvais*, Bc. — *Bien portant, en bonne santé*, Bc. — طيب العرب *Andropogon Schoenanthus*, Bait. II, 165 d. — كلّ طيب *orvale*, ou *toute-bonne* (plante), Bc.

طَيِّبَة *bonté*, Bc. — بطيبة خاطر (للخاطر) *de bon cœur, volontiers*, de *bonne grâce*, بطيبة خاطره *de son bon gré*, من طيبة لخاطر *gratuit*, Bc. — ورغبوا انهم قد قنعوا بطيبة قلوبهم مع الله تعالى, de Sacy Chrest. I, 263, où l'éditeur traduit très-bien: «disant qu'il leur suffit que leurs cœurs soient en paix avec Dieu.» — *Plaisanterie*, Mohammed ibn-Hârith 308: فحضرت لسليمن فيه طَيِّبَة فقال لغلامه

طيب

اخرَجْ اليد وانت تبكى وقُلْ له مولاى فى الموت الحج
طِيبى aromatique, Bc.

طُوبان = بَخْصُنا, bienheureux, Bar Ali 6d. Hoffmann n° 4175.

طُوبانى bienheureux, Bc, Ht, Payne Smith 1439;
جعل من الطوبانيين béatifier, mettre au rang des bienheureux, Bc. — Béatifique, qui rend bienheureux, Bc.

طُوبادى béat (ironiquement), qui fait le dévôt, Bc.

طِيبَاب sérénité, Voc., Alc. (serenidad de tiempo). — Serein, Alc. (serena cosa clara). — Frais, fort et favorable (vent), Bc (sans voyelles); Vansleb 40: « Les vents Maltem, appelés encore Teiidh, sont des vents du Ponant et maëstraux. Ils commencent à régner environ douze jours avant que la goutte tombe, et durent jusqu'au mois de novembre, et pendant ce temps-là il n'en souffle presque aucun autre. Ils nourrissent non-seulement les grains, mais ils réjouissent encore les hommes et les bêtes, à cause qu'ils sont frais et donnent de la vigueur. »

طِيبَاب jour serein, Domb. 55.

طَيِّب = البلدة الطيبة la Mecque, Djob. 106, 19; طيب بسعر à bon marché, Hbrt 104; من قلب طيب de bon cœur, volontiers, Voc.; طيبًا او غصيبًا bon gré, mal gré, Antar 44, 4; زيت طيب bonne huile, est huile d'olive, J. A. 1850, I, 263. — Mûr, Voc., Alc. (madura cosa). — Vif, qui est en vie, 1001 N. II, 110, 6 a f., 115, Bresl. VII, 124, IX, 350 (Macn. حى), 396 (Macn. حى); طيب والّا ميت mort ou vif, Bc.

طَيَّاب garçon de bain, frotteur, Voc., Alc. (lavador de' baño), Beaussier. — Baigneur, celui qui tient des bains, des étuves, Alc. (bañador), Roland (qui écrit par erreur طَيِّب).

تَطْويب الاموات béatification, action de béatifier les morts, Bc.

مُطَيَّب en Espagne, bouquet, Abd-al-wâhid 268, 4 a f.

مُتَطَيِّب bouffon à gages, fou de cour, Gl. Bayân.

طيح I, n. d'act. طَيْح, couvrir, saillir, couvrir sa femelle (cheval, taureau, etc.), Bc. — Tomber, Bc (Barb.).

II. طيّح الفرس للحصان faire saillir une jument par un cheval, Bc. — Rabattre (du prix), Delap. 104.

طَيْحَة agression subite pour enlever les troupeaux de l'ennemi, Margueritte 143.

طِيحان (pour طحال) rate, Domb. 85; téhhane, maladie de la rate, Daumas V. A. 426; tehan, maladie interne du chameau, R. d. O. A. N. S. I, 188.

طِياح décombres, débris, ruines, Ht.

طَيْحَل I (formé de طحال, rate) avoir mal à la rate, Voc., qui a aussi la II°.

طَيْحال (pour طحال) pl. طواحل rate, Voc.; Alc. a طيحال, pl. طياحل, sous « baça cosa negra, » et baço (bazo) signifie brun, châtain, mais aussi rate; je crois donc qu'Alc. s'est trompé.

مُطَيْحَل qui a mal à la rate, Voc.

طير I voler, sauter, en parlant d'une tête qui a été abattue, Koseg. Chrest. 89, 7 a f.: je lui resterai fidèle, ولو طار راسى قدامى, et au fig., ibid. 90, 2: ولو أن روحى تطير قدامى; en parlant d'un œil qu'on a fait sauter hors de la tête, R. N. 98 r°: il lui jeta une pierre, فطارت عينه الواحدة; il lui en jeta une autre, فذهبت عينه الاخرى. — Voltiger, courir çà et là légèrement; au fig., être inconstant, léger, Bc. — طار قلبه, ou قلبه, ou فوّاده s'emploie pour indiquer diverses affections violentes de l'âme: la colère, l'indignation, la joie, la crainte, l'amour; voyez Abbad. I, 159, n. 508, Ztschr. XXII, 80, 5 et 6. Bc a: طار عقله من الغضب او السرور il fut transporté de colère, de joie; طار عقله sauter aux nues, s'emporter, et aussi: être ravi en extase; طار عقله من الغضب monter aux nues, s'emporter de colère. Dans les 1001 N. I, 4, l. 9: طار عقله من راسه. — طار السكر من راسه dessouler, v. n., cesser d'être ivre, 1001 N. I, 86, 5. — طار اسمه il eut une grande réputation, Nowairî Espagne 441, 458, le même, Egypte, 2 m, 213 r°; طار له ذلك cela fit sa réputation, Prol. III, 391, 13; المشخة التي طارت له; «on n'en cite que des passages détachés,» Prol. II, 184, 3 a f. — طار

طير

نذلك فى سهمد cela lui échut en partage, Prol. II, 87, 14 et dern. l.

II. طيّر لـلحمام بالخبر الى فلان expédier des pigeons à quelqu'un pour l'instruire d'une nouvelle. On dit aussi طيّر البد رقعة il lui envoya un billet au moyen d'un pigeon, et simplement طيّر البد. Mais ce verbe a perdu sa signif. primitive, et fort souvent il ne signifie rien autre chose qu'envoyer promptement, c. ب ou c. a. Voyez Abbad. I, 122, 428, II, 117, III, 92, n. 84, et une foule de passages dans Berb., p. e. II, 198 (البريد), 2 a f. (الناجيين), 202, 2 a f. (بالراس), 211, 3 (كنبه ورسّله), 217, 5 a f. (ابنّه). — T. de chimie, volatiliser, Prol. III, 205, 9. — Faire sauter la tête à quelqu'un, la lui trancher, طيّر راسه, Antar 15, 11, 1001 N. I, 89, 10, ou faire sauter un œil hors de la tête, طيّر عينه, Daumas V. A. 510. Le Voc. a طيّر seul sous exoculare. — Faire sauter, faire perdre une place, un bien, un état, etc., Bc. — طيّر ماء, ou مبية, lâcher de l'eau, faire de l'eau, pisser, Bc; Alc. (espaciarse; ce verbe doit avoir eu ce sens, que mes dict. ne donnent pas). — طيّر السكر من راسه dessouler, v. a., Bc. — Souffler, supprimer (un acte), Bc. — C. a. et من tirer une chose de, Daumas V. A. 185, parmi les phrases applicables aux chevaux: يطيّر دمعا من العين il tire la larme de l'œil.» — Augurer, Alc. (agorar en aves); c'est donc vulg. pour la Ve.

III chasser, faire cesser, p. e. le manque d'appétit, Ztschr. XI, 520.

IV mettre en émoi, émouvoir, Haiyân-Bassâm III, 48 v°: cette nouvelle صكّ الاسماع واطار الافئدة. — ما اطار له الاسم بذلك ce qui lui valut cette réputation, Haiyân 4 v°.

V dans le Voc. sous volare. — Dans le même sous exoculare (cf. sous II).

X faire voler, P. Abbad. I, 171, 8: كما يستطير حبّ الوغا اليها Etre dans un transport extraordinaire, Djob. 154, 9; نفوسهم قد استطارت خشية être transporté de joie, Fâkihat al-khol. 164, 5 a f. — Transporter, mettre hors de lui-même, Djob. 137, dern. l.:

الاسف المستطير. — استطير dans le Voc. sous augurari, prédire une chose fâcheuse, Alc. (dezir mal en dicha). — Le passage du Diw. Hodz. cité par Freytag se trouve 223, vs. 1.

طير pigeon que l'on emploie pour porter une lettre, Maml. II, 2, 115. — Faucon, Pagni MS, Della Cella 18. — طير ابابيل huppe, Bc (Barb.). — طير البقرى garde-bœuf (oiseau de proie), Hœst 297, Jackson 66. — يمامة حربية وتعرف بطير التمساح, parmi les oiseaux, Man. Escur. 893. — طير الجراد, aussi سفرمادى, petit oiseau qui cherche et tue les sauterelles, Man. Escur. 893. — طير الجمل autruche, Niebuhr B. 159. — الطير الحر faucon pour la chasse, falco lanarius, Bc (Barb.), Mc, Tristram 392, R. d. O. A. N. S. III, 235. — طير الديوث fauvette, Bc. — طير الليل chauve-souris, Voc., Pagni MS, Bc, Hbrt 64, Daumas V. A. 474. — طير الموت tette-chèvre, corbeau de nuit, Domb. 63.

طيرة femelle de pigeon, Maml. II, 2, 116, 1001 N. I, 632, 3. — La femelle du rokh, 1001 N. Bresl. IV, 79, 80.

طيرة volée, vol d'un oiseau, Bc. — Pl. طير augure, Voc., Alc. (agoreria); صاحب طيرة auspex, L.

طيران, علم الطيران l'année où l'on devait s'envoler, chez les juifs, voyez de Sacy Chrest. I, 363—4. — T. de chimie, volatilisation, Prol. III, 205, 10.

طيّورى eunuque ou esclave envoyé en message spécial par le souverain, Ouaday 63, cf. 266.

طيير, pl. ات émerillon (le plus petit oiseau de proie), Alc. (esmerejon ave).

طيار arrangement, ornement, parure, Alc. (adereço).

طيارة propreté, élégance, grâce, Alc. (curiosidad, elegancia como gala, gala). — Vigueur, fermeté, valeur, courage, bravoure, Alc. (brio). — Arrogance, suffisance, Alc. (arrogancia). — Etourderie, caractère de l'étourdi, légèreté, Bc.

طيّار, القافلة الطيّارة la caravane volante, voyez Burton II, 50. — Volant, qui n'est pas stable, fixe à demeure, Bc. — Célèbre, connu partout; c'est une expression comme سيّار, mais plus forte, Abd-al-wâhid 73, 1: ومن شعره السيّار بل الطيّار قوله الخ. — Pl.

طير

ات insectes volants, Auw. I, 602, 2 a f., où il faut lire avec notre man.: طرد عنها الهوامّ كلّها من الطيار الطيارات مثل الذراريح, Bait. I, 119 b: والدود وغيرها والزنابير. — Sorte de petite vérole, peut-être la maladie éruptive que nous appelons *petite vérole volante*, Bait. I, 421 (Edrîsî): وان طُلِيَ بذلك السمن على جدرى الدواب لا سيّما النوع الطيار منه فاِنه يبرّئه. — اول طَلْيَة — Sorte de bâtiment léger, Masoudi VIII, 377. — La plus grande espèce de figue, voyez sous تين. — طَيَّار Dévidoir, Bc; cf. طَيَّارة. — (Pour) *courant*, t. de marine; — *torrent*, au fig., se dit des affaires, des passions; — مع الطيار *à vau-l'eau*, au cours de l'eau; — قطع فى الطيار *remonter une rivière*, aller contre le courant; — *se battre les flancs*, faire beaucoup d'efforts inutiles, Bc.

طَيَّارة *dais*, Badroun 143, 10: نهض رستم الى قتال المسلمين فى هذا اليوم وهو على سريره وضربت عليه طيّارة كالظلّة, cf. 146, 7, comme chez Masoudi IV, 221, 222. Ce mot, qui signifie proprement « insecte volant » (voyez l'article qui précède), a donc subi le même changement de signification que *papilio* (papillon, d'où pavillon), qui, dans la basse latinité, s'emploie aussi dans le sens de « dais » (voyez Ducange in voce). La signif. qui suit ici a sans doute la même origine. — *Portique*, *vaux-halle*, *place entourée de colonnes*, *portique ouvert*, Bg; ordinairement c'est un portique dans un lieu élevé; cf. Defrémery Mémoires 255—6, J. A. 1839, II, 166, 8: ووقف اول ليلة منه وبنَّما فى, Macc. I, 688, 9: تحت الطيارة وغنَّى القوما ليلك ذلك اليوم بطيارة مرتفعة على جانب النيل. Aussi comme nom propre d'un château situé sur un rocher, Athîr IX, 412, 16: وهى قلعة فى جبل منيع رسمها الطيارة. — *Cerf-volant* (jouet d'enfant), Bc, M; chez Roland طيّارة. — T. de cordier que le M explique ainsi: وعند البرامين عِنّة من عيدان يُبَرَّم عليها الغزل, et comme Bc a طَيَّار sous « dévidoir », je crois que c'est l'espèce de dévidoir ou de rouet que les cordiers nomment *touret*.

طَيَّارى *volant*, qui n'est pas stable, fixe à demeure, Bc. — T. de mer, *fausse écoute employée dans les virements de bord*, J. A. 1841, I, 588.

طيش

طائر *pigeon que l'on emploie pour porter une lettre*, Maml. II, 2, 115. — Pl. طُيَّار *propre*, *élégant*, *joli*, *bien fait*, *de bon air*, *de bonne grâce*, Alc. (curioso, galan, fém. طائرة galana). — Même pl. *arrogant*, Alc. (arrogante cosa). — *Éventé*, *léger*, Bc.

أطْيَر *étourdi*, *freluquet*, *homme léger*, *frivole*, *malavisé*, *imprudent*, *irréfléchi*, Bc.

مُطار pl. ات *le lieu d'où l'on fait partir les pigeons qu'on emploie pour porter des lettres*, Maml. II, 2, 116. Quatremère semble avoir trouvé le *dhamma* dans ses man., et il est possible que ce soit le part. pass. de la IVᵉ employé dans le sens d'un nom de lieu; autrement il faudrait prononcer مَطار.

مُطَيِّر *celui qui a la charge de lâcher les pigeons qu'on emploie pour porter des lettres*, Maml. II, 2, 116. — *Augure*, *devin*, Alc. (agorero); en ce sens c'est pour le part. de la Vᵉ, مُتَطَيِّر.

مُطَيَّر *étourdi*, *imprudent*, Bc.

مُتَطَيِّر *auspex*, L.

طبركون chez Auw. II, 499, 3 a f., est une faute pour طبركون (voyez).

طيبز.

طِيز pl. أطْيَاز *cul*, *le derrière*, *postérieur*, *fesses*, Bc, M, Hbrt 3, Payne Smith 1459, Ht (qui a aussi طيزون فى لباس الطيز *le fessier*, les fesses, Bc; تيز) *deux têtes dans un bonnet*, *deux personnes de même opinion*, Bc.

مطيَّز *fessu*, Bc, Beaussier.

طيزن.

طَيْزَن (pl.) *catapultes*, L (trabucos).

طيش I *se brimbaler*, *se balancer*, *se dandiner*, Alc. (banbanear). — *Se balancer*, *vaciller sur une escarpolette*, Alc. (mecer columpiarse). — *Être insouciant*, *sans souci*, Abbad. I, 317, 6 a f., Prol. I, 155, 9. — طاش عقله *avoir l'esprit agité*, *éprouver des transports*, *être ravi en extase*, Djob. 146, 15, 202, 4 a f., 205, 9, 224, 4 a f., cf. 182, 13; — طاش عقله *s'évaporer* (tête), *perdre la tête*, le sang-froid,

طيش   81   طين

Bc, Macc. I, 241, 11; — طاش العقل *l'esprit, l'attention se dissipe*, Bc; هو طائش العقل من النوم *se dit en parlant d'un homme assoupi, endormi à demi, réveillé à moitié*, 1001 N. I, 838, 12. — *S'avancer avec vitesse pour attaquer, s'élancer, se précipiter*, Haiyân 86 r°: فلما ان كان عشى الثلاثا — طاشت خيل اهل اشبيلية ورجال امتدّوا الى مقدّمة العسكر, ibid. 89 r°: c. الى, فتخرجت البهم حامية من العسكر خرج اليه ديسم فى لخيل والرجال فطاش البهم فرسان المسلمين ناشبتها الحرب ♣ فطاش البهم خيل من r°: 100, العسكر وخالطوم

II *brandiller, mouvoir, agiter deçà et delà*, Alc. (mecer a otro). — *Lancer*, Ht. — *Étourdir les oreilles*, Bc. — طيّش العقل *dissiper, distraire, détourner l'esprit*, Bc.

IV, الـعـقـل الـفـؤاد, *transporter, mettre hors de lui-même, ravir*, Djob. 83, 2.

طَيْش ساكن الطيش *celui dont l'inquiétude s'est calmée*, Macc. I, 244, dern. l. — *Léger*, L (levis طَيْش وخفيف). — *Rapide*, Voc. (velox).

طَيْشَة *l'action d'agiter deçà et delà*, Alc. (mecedura). — *Béat*, t. de jeu, exempt de jouer ou de payer sa part dans un repas, Bc.

طَيْشان *légèreté*, Bc. — طيشان العقل *turbulence; — dissipation*, Bc.

طَيْاشَة *étourderie, caractère de l'étourdi, légèreté*, Bc, Payne Smith 1494.

طيّاش *rapide*, Voc. (velox).

طائش العقل *dissipé, livré aux plaisirs*, Bc.

مَطيّش pl. مَطايش *escarpolette*, Alc. (colunpia para colunpiar), Domb. 93. — *Instrument pour remuer le vin dans la cuve, le savon dans la chaudière*, Alc. (mecedero para mecer).

طَيْشَر I *prostituer, livrer à l'impudicité d'autrui*, Alc. (enputecer a otra).

II *se prostituer*, Alc. (enputecerse).

طَيْشَر pl. طياشر *prostituée*, Alc. (carcavera puta, puta del burdel).

طيطالوس (τίτλος, de titulus) pl. ات *canon de l'Eglise*, Payne Smith 1460.

طيغار *grande cuve pour la teinture*, Bc; cf. sous تغر.

طيلس II (cf. Lane sous طلس) V c. على r. *couvrir une chose d'une serviette*, 1001 N. Bresl. XI, 221, 7.

مُطيّلس *couvert comme d'un tailesân*, Bâsim 41: وهو مطيلس فى الكرّ; auparavant l'auteur avait dit: ثم انه اتطيلس بالكرّ ♣

طيلع I (pour طلع) *aveindre, tirer une chose du lieu où elle était serrée, retirer, faire sortir, tirer dehors*, Bc. — طيلع خلقه *mettre quelqu'un en colère*, Bc.

طيلقان *feutre*, voyez طالقان.

طيلون, pl. ات et طوالين, *crapaud*, Voc., Alc. (sapo o escuergo); cf. طولونة.

طين II طين ou طيّن برجاس القوس *marquer avec de la glaise le but auquel il faut tirer*, Abou'l-Walîd 787, 24.

طين forme au pl. أطيان, Voc. — *Terre argileuse propre à faire des creusets*, Alc. (talque barro para crisoles). — *Dépôt, sédiment des urines, des liqueurs, de l'eau*, Bc; طين النبيذ *lie de vin*, Bc. — *Vaseux, qui est de vase, qui a de la vase*, Bc. — *Marais*, Werne 99. — ناس الطين «ne signifie pas tant qu'ils sont indigènes, mais plutôt qu'ils ont des demeures fixes,» Werne 115. — طين الـاندلـسى espèce d'argile dont on se servait pour nettoyer les cheveux, Edrîsî ٢, 13, peut-être ce qu'on appelait aussi طفل طيطلى (voyez sous طفل); *cimolée*, Bait. II, 172. — طين جورى? Auw. I, 97, 3 a f. — طين الجـولان, *terre d'al-Djaulân* (dans le district de Damas), sorte de terre noirâtre, Djawâlîkî 42, dern. l. — طين حجازى voyez sous انجبار. — طين حرّ, à Baçra, *cimolée*, Bait. II, 172; proprement «terre noble;» je crois qu'on l'a appelée ainsi parce qu'elle est خالصة من الرمل والاحجار, ibid.; de même Gl. Manç. in voce. طين حران dans A. R. 170 semble une faute. — طين الحكم *lut, enduit pour boucher les vases mis au feu*, Bc, Bait. I, 447, 11 a f., 458, 7; 543 b, II, 202 a, Auw. II, 409, 11. — طين أحمر = مغرة, *rubrique, terre rouge*,

Most. in voce, A. R. 171. — طين الخـتم, *terre à cacheter*, sorte d'argile rouge que le secrétaire, sous le règne des Abbâsides, délayait dans de l'eau et avec laquelle il humectait le cachet du prince; on la tirait de Sîrâf, Prol. II, 22, 8, 57, 6. C'est *cimolée*, et on l'appelle aussi طين سيراق, Bait. II, 172 (c'est ainsi que portent mes deux man., au lieu du « Terra Sannurâ » de Sonth.), ou طين سيراق, Tha'âlibî Latâïf 110, 4. — طين مختوم *terre sigillée*. Ce que Freytag donne est inexact; on appelait cette terre طين البحيرة, parce qu'on la retirait d'un endroit marécageux (Dioscorides). — طين خراسانى sorte de terre comestible, inconnue au Maghrib, Gl. Manç. in voce. — نيلم أخضر ne peut pas signifier « indigo, » comme on lit dans le Most. (in voce), car il nous faut une matière qui sert à teindre en vert, et non pas en bleu; je lis par conséquent نيلنجم (voyez ce mot dans Freytag), qui a un sens bien différent. Autrement A. R. 171—2. — طين رومى *terre sigillée*, Auw. I, 97, 4 a f. — طين سجلماسى (terre de Sidjilmésa) *cimolée*, Bait. II, 172 (AB).

طين قيمولينا ou طين سيراق voyez طين للختم. — طين cimolée, Bc. — طين الكاهنى *terre sigillée*, Sang., voyez A. R. 168, 3 a f. — طين ملبّن. Si cette expression désigne chez Rhazès une sorte de terre comestible (inconnue au Maghrib), comme le dit le Gl. Manç., elle a sans doute reçu ce nom parce qu'elle était *préparée en tablette* (cf. A. R. 167, n° 393). Au reste les deux articles du Gl. Manç. peuvent être justement critiqués, et c'est à tort qu'il cite Djauharî, car ce dernier explique bien الغلاني الملبّن par, mais il ne dit rien sur طين ملبن. — طين مصرّ (cf. Lane), Bait. II, 169 b, où l'explication n'est pas celle que donne Sonth., mais هو الابليز. — طين نيسابورى sorte de terre comestible, Bait. II, 175 b, Cazwînî II, 317, 4 et suiv.; aussi طين خراسانى.

طينة la terre qui sert aux potiers du Caire pour leurs ouvrages les plus délicats, Descr. de l'Eg. XII, 404, 473.

طينية *concavité* du foie, Payne Smith 1463.

طيون *conyse* (sorte d'herbe aux puces), Bc, Sang.

مطينة pl. مطاين dans le Voc. sous lutum.

ظ

ظأب.

ظأب, comme ظأم, *le mari de la sœur de l'épouse*, Kâmil 114, 6 et 7.

ظأر.

ظئر *frère de lait* (de Slane), Berb. I, 526, 9 a f.: كان ظئرا للسلطان

ظأم.

ظأم, comme ظأب, *le mari de la sœur de l'épouse*, Kâmil 114, 6 et 7.

ظبى

ظبية. Le passage du Diw. Hodz. se trouve 51, vs. 3 avec le commentaire.

ظربيل.

ظربول *gros soulier*, M; cf. زربول.

ظربن II *se révolter*, Bc.

ظرف II *tenir quelqu'un pour* ظريف, Kâmil 172, 3.

V c. ب p. *courtiser*, faire la cour à quelqu'un par intérêt, Bc.

ظرف *outre*, peau de bouc préparée pour recevoir des liquides, Voc., Alc. (cuero o odre de vino, odre para vino), Ht (qui écrit ذرف), Djaubarî 84 v° (où on la remplit de vent); *cuir de bœuf cousu en forme d'outre*, Alc. (odrina odre de buey). — *Petit gobelet en argent ou en cuivre*, qui ressemble au vase de faïence connu parmi nous sous le nom de *coquetier*, et dans lequel on pose la tasse (فنجان), Descr. de l'Eg. XVIII, part. 1, 159, Lane M. E. I, 205, Bg (*soucoupe*), Ht (qui écrit زرف), Werne 20; — *coquetier, petit vase pour manger les œufs à la coque*, Bc. — Dans le langage des pédérastes, *l'anus du bardache*, Macc. I, 423, 3 et 7. — طرف القرع *gourdes, calebasses, courges séchées et vidées, dont on s'aide pour flotter sur l'eau*, 1001 N. Bresl. XII, 410, 2, 411, 1, Macn. III, 166, 12 (où ضرف, qui est aussi dans Boul., est incorrect).

بطرف *galamment*, Bc; voyez Lane.

طرف *élégance, gentillesse*, Alc. (elegancia como gala, gentileza); c'est pour طرافة.

طرفي *adverbial*, Bc.

طرفية *l'état d'une chose qui est réellement dans une autre*, p. e. l'eau qui est dans la cruche, ou au fig.: le salut est dans la véracité, M.

طرافة الطرافة voyez sous le premier mot.

طريفة *politesse, élégance, délicatesse, civilité*, Ht; c'est pour طرافة.

مطروف *le contenu du* طرف (*vase*), M.

طعن

طعون (pl.) *nomades*, Berb. I, 53, dern. l., 54, 55, 56, etc.

طعينة s'emploie dans le sens de *dame, femme de qualité*, Berb. II, 129, 4, I, 457, 2, où il faut lire le pl. طعن, comme 616, 5 a f.

طعان *voyageur, qui voyage beaucoup*, Kâmil 736, 11.

ظفر

I. Quand le vulgaire dit ظفرت الخيل وللحمير, cela signifie qu'une excroissance, nommée ظفر ou صفر, s'est formée sur la lèvre supérieure de ces animaux et les empêche de manger, M.

II *graver, ciseler*, Alc. (escoplear; cf. Nebrija et Victor), car son «daffar» ne peut guère être autre chose que ظفّر, formé de ظفر.

III *aider, faire alliance avec*, de même que ضفر III, Bayân II, 148, 2, Haiyân 62 v°, Cartâs 99, 5 a f.

ظفر *ongle*; le pl. du pl. أظافر (pour أظافير) P. Diw. Hodz. 151, vs. 15, Bc. — ظفر حجر *sardoine (pierre précieuse)*, Bc; cf. Payne Smith 1506. — ظفر الديك *ergot, petit ongle du pied des animaux*, Bc. — ظفر القط est la plante qu'on nomme en grec *Clymenon*, Bait. II, 177 c. — ظفر قطورا est le nom syriaque d'une plante décrite Bait. II, 177 b (AB). — ظفر النسر est la plante qui s'appelle en grec *Catananche*, Bait. II, 177 d. — أظفار الذئب deux étoiles dans la constellation du Dragon, Cazwînî I, 31, 19, les étoiles 21, 22 et 23 dans cette constellation, Alf. Astron. I, 22. — الاظفار القرشية الجريرية, Payne Smith 1506) sont la meilleure espèce des اظفار الطيب; puis viennent الاظفار الذكران, puis الاظفار الفارسية qu'on appelle aussi الشعليبية (si telle est la bonne leçon); voyez Bait. I, 56.

ظفر voyez sous la Ire forme.

ظفرة *ongle*, Voc.

ظفرة. Voyez sur cette plante Bait. II, 177 a; Sontheimer soupçonne que c'est *Hieracium Pilosella*.

ظفرة *ongle* ou *onglée, excroissance membraneuse au coin de l'œil*, Bc; cf. Auw. II, 579, 5 a f. et suiv.

ظفري *triomphal*, Bc.

ظفيرة et ظفيرا (فودنجي) *pouliot sauvage*, Bait. II, 177 e, où mes deux man. portent ظفيرا et ظفيرة ; — ظفيرة العجوز, à Cairawân, *le fruit du tribule*, Bait. II, 177 f; leçon de BS; A ظفر العجوز.

ظافر pl. ظوافر *ongle*, Bc.

ابو المظفر est une épithète que s'arrogent presque tous les souverains modernes de la Perse et de l'Inde, soit sur les médailles, soit sur d'autres monuments, J. A. 1823, II, 286.

ظل

ظل على حاله I *rester*; ظل واقفا *se tenir debout*; *se conserver, ne point vieillir ou se gâter*, Bc.

II proprement *ombrager*; on dit au fig. ظلّلت مسرّته, Abbad. I, 66, 5 a f., quand nous dirions: la joie se peignait sur son visage. — *Procurer de l'ombre à quelqu'un, lui assigner un endroit, une demeure où il est à l'ombre*, Gl. Belâdz. — C. a. et ب *couvrir en haut de*, Macc. I, 380, 18: مسارج للطيور مظلّلة بالشباك (des volières).

IV. Le sens *d'approcher, devenir proche* (cf. Lane, Fleischer sur Macc. I, 660, 3 Berichte 216, Gl. Mosl.) s'est modifié, car ce verbe s'emploie aussi en parlant d'une chose ou d'un temps qui est déjà arrivé, p. e. Bat. I, 22: اطلّني بتونس عيد الفطر, la fête de la rupture du jeûne eut lieu pendant mon séjour à Tunis,» 26: اطلّنا عيد الاضحى في بعض تلك المراحل, la fête des sacrifices nous trouva dans une de nos étapes,» Müller 19, 7 a f.: اطلتنا بها ليلة شاتية «nous y eûmes une nuit pluvieuse,» Gl. Mosl.: اطلّ رعب, la crainte les saisit.»

طلّ? Selon Richardson Morocco II, 30, *thall* signifierait *parasol*; c'est peut-être une faute pour مظلّ (voyez), mais Beaussier a طْلِيلة comme un mot marocain pour *parasol*.

طلّ, pl. du pl. أطاليل, Akhtal 8 r° (Wright). — ظلّ الشمس *cadran solaire*, Alc. (relox de sombra).

طُلّة *cheminée, tuyau de cheminée*, Voc. (fumarium), Alc. (chimenea, humero).

طِلّى, à Sidjilmésa, sorte de raisin sec, nommé ainsi parce qu'on le sèche à l'ombre, في الطلّ, Becrî 148, 6 a f.

طَلَل sorte de *tente* (comme مظلّة), Djob. 208, 7. — Pl. طِلال *toile qu'on étend au-dessus d'un palanquin pour être à couvert du soleil*, Djob. 178, 16, 187, 8. — الطلالات, dans le langage des Soufis, sont les noms de Dieu, M.

طِلالي comme traduction de ܬܟܘܡܐ, Payne Smith 1470.

مَطَلّ *grande tente*, L (tentorium وَمَطَلّ فسطاط); celle du sultan porte ce nom, Cout. 40 v°: ولم يؤذن بالظهر الا وقد اجتمع على باب المطلّ ثلثون الف راس وامر الامير عبد الله — بانزال العسكر — Haiyân 72 v°: واقامة المطلّ — فاتفق من سوء الطيرة ان المطلّ لمّا قام عمود (عموده) شدّ باطنابه اندقّ العمود فخرّ المطلّ — ثم اهوى الى عمود — فامتلخه وتقدّم به الى المطلّ فعقده فاستوى على ساقه (dans ce récit le synonyme est قبّة), ainsi que celle de son fils, Haiyân 90 v°, où il est question d'un orage: واقتلعت مطلّ الوليد ابان وقبّة القائد احمد. — Pl. ات *hutte, cabane de branches d'arbres pour se mettre à l'abri du soleil*, Alc. (ramada sombra de ramos, sombrajo). L donne ce terme sous umbraculum, mot à double entente, car il indique une telle cabane, et aussi un parasol. — Pl. ات *étage*. Alc. donne *medêl*, qui chez lui représente constamment مَطَلّ, pl. ات, sous *tinada de madera*. La difficulté me semble insoluble quand on conserve cette leçon; mais en consultant Nebrija, chez qui l'ordre des mots est le même, on s'aperçoit qu'il faut lire *tina de madera*, terme que ce lexicographe traduit par *contignatio*, tandis que dans sa partie lat.-esp. la première signif. de ce mot est *sobrado, étage* («cada uno de los altos ó pisos de una casa,» Acad.), ce que مَطَلّ peut bien avoir signifié. — *Parasol, ombrelle*, Hœst 153, Ht. — Pl. ات *sorte de coiffure, de chapeau, qu'on porte pour être à couvert du soleil*, Voc. (galerus (capel de sol)), *chapeau de paille*, Daumas Mœurs 38, V. A. 67: «il ne se porte que pendant les grandes chaleurs de l'été; il est très-haut, ses bords sont très-larges. On en voit, dans le désert principalement, qui sont entièrement couverts de plumes d'autruche.» Cf. l'article qui suit.

مَظَلّة. Le vers dont parle Lane et qui a المظالى à la fin, se trouve Diw. Hodz. 196, vs. 71. — Comme ظُلّة, d'où vient l'esp. tolda, toldo (cf. Gl. Esp. 351), *banne, toile qu'on tend sur une cour, une rue, un palanquin ou un bateau pour être à couvert du soleil ou de la pluie*, Fragm. hist. Arab. 452, 8, 580, 9 et 10, Djob. 63, 12, Bat. IV, 290: واجتمعت بتلك الخليج من السفن طائفة كبيرة لهم القلاع الملوّنة ومظلّات الحرير, où le traducteur a adopté la signif. plus ordinaire de «parasol,» mais comparez 271: وبظلّون على المركب بثياب الحرير; au reste le man. de M. de Gayangos porte مظلّات, au lieu de مظلّات. — *Dais, poêle en ciel de lit*, Bc. — *Chapeau en feuilles de palmier*, Pellissier 152, *chapeau à très-larges bords fabriqué avec des feuilles de palmier nain*, Espina R. d. O. A. XIII, 145; cf. Carette Géogr. 228, Prax R. d. O. A. V, 215; *chapeau de paille des Européens* (en Barbarie), Bg. — *Tabernacle, temple où était l'arche*, Bc; عيد المظلّة *la fête des tabernacles, fête des cabanes*, Bc, de Sacy Chrest. I, ٣, 5 a f., dans M عيد المظلّ.

مُظَلّل *surmonté d'un dais*, Bait. IV, 390. — مظلّل بالجلال *couvert de gloire*, Bc.

مِظْلَل pl. أت voyez sous مظلّة. — *Parasol*, Bat. II, 421, 6; à la l. 8 le man. de M. de Gayangos a مطللات, au lieu du مظلّات de l'édition.

ضلع II *faire boiter*, Voc. (qui a ضلع II).

V = I *boiter*. Dans Bidp. il est question d'une gazelle qui attire le chasseur après elle en feignant d'être blessée, et le chasseur فكر فى امره مع الظبى المتطلع, 179, 3. La Ve forme de طلع ne convient pas, car le « vacillavit in incessu » de Freytag doit s'entendre, comme on le voit par Lane, de la démarche chancelante et affectée d'un orgueilleux. Je crois donc que متطلع est la bonne leçon.

ضلف IV *avoir les pieds fourchés* (animal), Saadiah ps. 69 (= הפרים).

ظلف *fourneau d'une pipe*, Cherb. («fourreau» est une faute d'impression, J. A. 1850, I, 395); — *petit flacon à essence*, Cherb.; — ظلاف *soucoupes*, Cherb. Dial. 140; — ظلف *sac en peau pour mettre du beurre ou de l'huile*, Cherb. C'est donc le mot ظرف (voyez), que les Algériens ont altéré.

ظلم II *obscurcir*, Alc. (escurecer otra cosa). — C. على *offusquer, choquer, déplaire*, Bc.

III (cf. Lane). Un exemple de cette forme, qui est rare, se trouve P. Abbad. II, 49, 2 a f.

IV. On dit اظلم الجو من القمر «le ciel s'obscurcit par suite de la disparition de la lune,» Abbad. I, 61, 6 a f. — *Obscurcir*, c. a. (la vue, la diminuer, l'affaiblir), de Sacy Chrest. I, 269, 12; c. على, Bc. — *Se rendre coupable de concussion*, Alc. (cohechar).

VIII *iniuriâ affecit*, Saadiah ps. 44.

ظلم *désir de nuire*, Harîrî 263, 4 a f., 1001 N. I, 29, 7 a f. — *Concussion*, Alc. (ladronia de las rentas publicas, robo de cosa publica). — *Simonie*, Alc. (simonia). — *Brigandage*, Bc.

ظلمة. بحر الظلمة, Abd-al-wâhid 4, l. 6, ou بحر الظلمات, Bc, de Sacy Chrest. II, ٣, 2, *l'Océan Atlantique*. — *L'obscurité de la vue*, J. A. 1853, I, 342. — Voyez ظلمة.

ظلمى *oppressif, vexatoire*, Bc.

ظلمانى. Pour les mystiques la moitié des lettres de l'alphabet sont des حروف نورانية, *lettres de la lumière*; ils les nomment ainsi parce que ce sont les seules qui se trouvent dans les monogrammes au commencement des sourates. L'autre moitié, que représentent les mots غظ شى بث خذ وزد نفص, sont les حروف ظلمانية ou *lettres des ténèbres*; voyez Ztschr. VII, 88.

ظليم *obscur*, L (caligosus). — *Obscur*, en parlant de couleurs; L l'a sous ceruleus (synonymes اسود et الغبر) et claucus (qui est pour glaucus).

ظليمة الصبح = غلس (lisez ainsi, au lieu de اجلس) *la dernière obscurité de la nuit, immédiatement avant le point du jour*, Abou'l-Walîd 777, 33.

ظالم, pl. ظلّام, Payne Smith 1393. — *Concussionnaire*, Alc. (ladron de las rentas publicas, robador de lo publico). — ظالم نفسه *simoniaque*, Alc. (simoniaco). — Pl. ظلمة *commissaire de police*, chargé aussi de rendre la justice aux particuliers, et qui avait des agents (اعوان) sous ses ordres, 1001 N. Bresl. II, 32, 9, 258, dern. l., 202, 10: مسكوف الظلمة ودون الى الوالى, XI, 161, 2 a f., 386, 5, 387, 10: هو مسكوى بين الظلمة والاعوان, Macn. III, 195, 11 et 12, où c'est le synonyme de حاكم et où l'on plaide devant lui, 218, dern. l., où Bresl. a الظلمة والحكّام, au lieu de الظلمة seul.

أظلم. هذه بتلك والبادى اظلم «c'est la pareille que je vous rends,» Bc.

مظلم *terni*, Bc.

مظلمة *maltôte, exaction, perception d'un droit qui n'est pas dû, qui n'est pas légal*, Freytag Locm. 41, 7, Macc. II, 800, 2 a f.: وكثرت المغارم والمظالم, 812, Fakhrî 363, وتُرفع عنهم جميع المظالم والمغارم, dern. l.: لمّا ولى الخلافة ازال المكوس والمظالم, 1001 N. Bresl. III, 231, 1: رفع وابطل المظالم والمكوس; المظالم (avanies remplacées) *impôt établi pour remplacer les avanies arbitraires*, Descr. de l'Eg. XI, 495. — *Brigandage*, Bc. — *Plainte*, l'exposé qu'on fait en justice du sujet qu'on a de se plaindre, Mohammed ibn-Hârith 232: ان العباس غضب ضيعة من

رجل بجنبان وتوق الرجل وترك اطفالا فلما بلغوا وانتهى اليهم عدل مصعب بن عمران قدموا قرطبة وأثبتوا اليه مظلمتهم واثبتوها عنده ۞

ظما pour ظَمَأ, soif, P. Kâmil 214, 13.

ضمغ est en Barbarie *le fruit de l'arbrisseau épineux nommé* جَوْذَر (voyez), Bait. II, 178 c (il l'épelle): اسم لثمر الجوذر عند العرب بالقيروان وغيرها من بلدانهم Lyon 29: «ils cueillirent pour nous de petites baies noires qui provenaient d'un arbrisseau épineux à fleurs jaunes, et qu'ils nommaient *dummagh* طماغ [en ajoutant: «c.-à-d., cervelle,» il confond ce mot avec دماغ]; elles avaient un goût astringent et ressemblant tant soit peu à celui d'une prunelle mûre, mais elles étaient beaucoup plus petites;» cf. 342; Prax R. d. O. A. VIII, 283; voyez aussi le passage de Richardson que j'ai traduit sous جوذر.

ظن I. ظَنّ الظنون se dit en parlant de celui qui est rempli de crainte, *s'abandonner aux pensées les plus douloureuses,* Berb. I, 443, 6, II, 153, 11. — ظَنّ بفلان الظنون *soupçonner que les intentions d'un tel sont mauvaises,* Berb. II, 287, 9 a f. — C. a. ظَنّ «il se crut assez fort pour résister aux Arabes,» Berb. II, 9, l. 12. — *Etre jaloux,* Ht.

V. تظنّن في *élever des doutes sur,* Prol. I, 34, 14. ظَنّ ساء يظن بفلان او بشى ظَنّا ظَنّه *se défier de quelqu'un ou de quelque chose;* ساء ظَنّه *être méfiant, soupçonneux, craindre,* Gl. Fragm.

ظنّان *méfiant, ombrageux, soupçonneux,* Bc, Hbrt 240. — *Jaloux,* Ht.

مَظنّة *le temps ou le lieu qui est spécialement destiné à une chose,* Mong. 292. — عظمت عندهم المظنّة «ils se persuadèrent de plus en plus que la chose tournerait mal,» Haiyân 72 r°. — مَظانّ *les sources dans lesquelles puise un auteur,* Aghânî 2, 3 a f., avec la note de Kosegarten p. 218, Khatîb 18 r°: كان من ضرير القضاة اضطلاعًا بالمسائل ومعرفةً بالاحكام من مظانها (sic) ۞

ظهر

I. ظَهَر لهم ما يَظْهَرُ *comme bon leur semble,* Amari Dipl. App. 3, dern. l. (l'éditeur s'est trompé dans son Gloss. en pensant que c'est la IV°). — C. إلى p. e. *se montrer à,* p. e. الى الناس (paraître en public), Maml. I, 1, 10, dern. l. — C. على, en parlant de l'ennemi, *se montrer devant les remparts d'une ville,* Abd-al-wâhid 99, 6 et 9. — *Se faire connaître, se faire un renom,* Nowairî Espagne 451, en parlant de Hacam I°: فاستعان بعروس بن يوسف المعروف بالمولّد وكان قد ظهر في هذا الوقت بالثغر الاعلى واظهر طاعة لحكم ودعا . — قوى امر جبذانة وزاد ظهوره, Holal 6 r°: البيعة Dans le sens de خرج, ce verbe appartient au غريب, selon Abdarî 37 v°; mais ce voyageur remarque que de son temps les Bédouins de Barca l'employaient encore de cette manière. — *Monter sur.* La constr. c. على (Lane O), moins fréquente que celle c. ا., se trouve Macc. I, 135, 12. — C. على *prendre connaissance de* (Lane 1926 c), R. N. 64 r°: وقيل انه لم يبق . — *Se déclarer à pour,* على *contre,* Bc.

II *manifester, déchiffrer,* Ht. — *Prouver,* Cherb. Dial. 35. — T. de commerce, c. a. de l'objet, *écrire sur le dos ou revers* (ظَهْر) *d'un objet ce qu'il se vend, ce qu'il coûte,* M.

III c. a. p. *se montrer à,* Abbad. I, 57, 1, 131, n. 344. — C. a. *prétexter, prendre pour prétexte,* Abbad. II, 104, 4 (où il faut lire يظاهر, comme je l'ai dit III, 206). — Signifie en effet (cf. Lane sous X) *demander de l'assistance,* Coût. 38 r°: n'osant paraître devant son père, اتيت عمّي 39 r°: ان عمّه مظاهرا . — مظاهرا *Mettre un habit sur,* على un autre, Haiyân-Bassâm III, 4 r°: كان يظاهر الوشى على الخزّ.

IV *publier* une loi, Alc. (divulgar la ley), un livre, Bc, Hbrt 96. — اظهر دعوة فلان *reconnaitre la souveraineté de quelqu'un,* Bat. I, 363: وكان للحاجّ سعيد قد سمع من ملك الهند انه يريد اظهار الدعوة العبّاسية ببلده الدولة. Le man. de M. de Gayangos porte — C. a. *montrer une chose,* Abbad. I, 224, 10, à, على, quelqu'un, *ibid.* 237, n. 65, Macc. II, 69, 12 et 16. — *Démontrer,* Alc. (demostrar), Ht. — C. a. p. *procurer à quelqu'un du renom, le rendre renommé,* Holal 6 r°: اراد ان يظهرهم ويملكهم بلاد

المغرب. — *Feindre* (Golius et Lane sans autorité), Voc. (simulare), Bidp. 242, 7, 281, 2. — Chez les grammairiens et les lecteurs du Coran, ce verbe exprime le contraire de اَدْغَمَ. Ce dernier signifie *insérer, incorporer* حرفاً فى حرفٍ *une lettre dans une autre*, p. e. quand on dit اِدَّغَمَ pour اِدْتَغَمَ. Le verbe اَظْهَرَ signifie: ne pas le faire, comme lorsqu'on dit اِدْتَغَمَ et non pas اِدَّغَمَ, M, Baidhâwî II, 47, 10, Macc. I, 489, 13, cf. sous تضعيف.

V dans le Voc. sous *ostendere*.

VI *représenter, paraître en public, faire de la dépense avec éclat*, Bc. On trouve تظاهر avec le sens d'*ostentation* dans un passage d'Abdarî que j'ai publié dans ma Lettre à M. Fleischer 80, 10. — C. ب r. *faire une chose en public*, Khatîb 36 r°: وكان غيره متظاهر بقول الشعر الا ان اصحابه يسمعون منه ويرون عنه. — C. ب r. *faire semblant de*, Berb. I, 53, 2. — C. ب p. *faire amitié avec quelqu'un et se faire aider par lui*, voyez sous ضفر VI. — C. ل p. et r. *aider*, Macc. I, 848, 2: il est du devoir d'un homme sensé أن يتظاهر لكلّ بما يوافقه.

X *prendre des précautions* (Lane). Un autre exemple de la constr. c. ب se trouve Recherches II, App. p. XLVII, 11: وتحصّنت درع يوسف درع كان قد حصينها (qu'il revêtait par précaution). C. على, *contre*, Abbad. I, 257, 11, ou *pour*, Djob. 188, 3 a f.: كلّ ذلك من قوّة الاستعداد وشدّة الاستظهار على الاسفار, 208, 11; cf. Haiyân 55 r°: تخاذروا على انفسهم — فاستظهروا على اتيانه بأن لبسوا دروعهم وكفروا عليها. Dans le passage du Fakhrî 375: ونقل الى دار فى دار للخلافة فأقام بها تحت الاستظهار على حالة الاكرام والمراعاة الى ان مات تحت الاستظهار فى سنة ٧١٧, le n. d'act. semble signifier proprement *prendre des précautions afin qu'un prisonnier n'échappe pas, et de là surveillance*. — C. a. *appuyer* une opinion, Vêtem. 6, n. 3; *plaider, défendre de vive voix le droit d'une partie devant un juge*, Macc. I, 594, 6: فوكّل ابا طالب فى التكلّم عنده والاستظهار بين يديه (c.-à-d, devant le

pape). — C. a. *porter* un habit *sous un autre*, Macc. II, 88, 15: رأى ان يلبسوا الخ — ويستظهروا من تحتها. — C. a. *étudier* une science, *s'appliquer à l'apprendre*, Berb. I, 529, 8: استظهر علم الطبّ. C'est la signif. *apprendre par cœur* modifiée. — C. a p. *prier quelqu'un d'assister à*, ل, une séance, Khatîb 100 v°: ولحين وصوله عقد مجلس مذاكرة استظهر له نبهاء الطلبة. Je vois par une note de Hamaker (Pseudo-Wâkidî 85) que Giggejus attribue à cette forme le sens de *iactavit se*. C'est bon; استظهار se trouve avec la signif. d'*ostentation, vanité* chez Macc. II, 335, dern. l. Sous la VI° j'ai noté تظاهر dans le même sens. — C. ب *montrer*, Abd-al-wâhid 66, 2 a f., Bat. I, 60, 177 (mal traduit), III, 193, 430, Amari Dipl. 22, 3 a f., 100, 5, 125, 2, Haiyân 53 r°: فغضبت العرب — واستظهرت بالبعد عن الحاضرة فخرج بنو حجلى عنها الى باديتهم بالسند الخ aussi dans le premier passage que j'ai cité Abbad. I, 233, n. 47, et que j'ai mal construit, car ذلك y signifie «en même temps,» et il faut construire بجرّ الاذيال. استظهر. — C. على p. *prévaloir, avoir l'avantage sur*, Bc (c'est le *vicit* de Freytag, pas dans Lane), M (علا وغلبه), Abd-al-wâhid 7, 3 a f., Nowairt Espagne 458: فقاتلوا فلم تستظهر احدى الطائفتين على الاخرى. — C. على p. *traiter* quelqu'un *avec hauteur*, Berb. II, 437, 12: وكان صاحب ديوان العطاء يحيى الفرنجى وكان مستظهرًا على العمّال. — C. على r. *se rendre maître de*, Abbad. I, 223, 7, 233, n. 47 (mais pour le premier exemple que j'y ai cité, voyez sous ظهر X c. ب), Haiyân-Bassâm I, 10 r°: درجوا استظهارًا على الامر. — C. على r. *être en état de faire une chose*, Haiyân-Bassâm I, 46 r°: cette conduite du souverain profita à ses sujets واستظهروا به على العبارة. Cette signif. convient aussi fort bien au passage du Pseudo-Wâkidî 39, 5 a f., qui a embarrassé Hamaker: أتى. — C. عنى r. قد استظهرت على مخاطبة ملوك الروم *omnino cognoscere* rem voluit, Freytag; le passage de la Chrest. de Silv. de Sacy qu'il cite d'après la 1re édit., se trouve dans la 2de I, ١٥٢, 7.

الظهر *dos* الظهر, Antar 45, 10, pl. أظهرة, ظهر

à dos, Bc. Par allusion au rôle de l'épine du dos dans l'acte de la génération, Abd-al-wâhid dit, 244, 2 a f.: انتشر من ظهر عُمَر هذا بشر كثير وكان له ظَهْرَك —; عدة من الولد gare! Coppin 176, Mantegazza 89, Bc, Ztschr. XI, 480; — شدّ ظَهْر aider quelqu'un de son pouvoir, se ranger du côté de; له ظهر, qui a de l'appui ou des appuis, Bc; مشدود الظهر, et مشدود; اشدّ ظهري je me montrerai fort; اشتدّ ظهري je me sens fort, Gl. Fragm.; — قطع ظهره remplir quelqu'un de tristesse, l'affliger; aussi وعلا ظهرًا; au pass. قطع ظهر ou انقطع, Gl. Fragm., ou تقطّع; مقطوع ظهره et مقطّع, Antar 48,-8; الظهر qui est dans l'abandon ou sans appui, Bc; — كسر الظهر briser les reins, fatiguer, éreinter, Bc. — Dossier, partie d'une chaise, etc., pour soutenir le dos, Bc. — Pont d'un vaisseau, Bat. IV, 93. — ظهر الأرض la superficie de la terre. On dit par ellipse et sans qu'il ait été question de la terre: على ظهرها sur la terre, et cette expression se trouve déjà dans le Coran. Pour على الأرض on dit aussi souvent على الظهر seul, par terre. على ظهر البحر s'emploie également, et cette expression signifie en outre sur le rivage de la mer, Gl. Fragm.; cf. Gl. Mosl. — ظَهْر (Içtakhrî 9, 3 a f.), بظهر الى ظهر (Aghânî 32, 6 a f., Djob. 212, 18, Macc. I, 486, 4 a f.), على ظهر في (Djob. 213, les 2 dern. l., Cartâs 131, 4 a f.), suivis du génitif, derrière, Gl. Fragm.; خرج من باب بظهر القصر «il sortit du château par une porte de derrière», Haiyân-Bassâm I, 47 v°. — Appui, soutien, support, faveur, protection, Bc. — Protecteur, Bc. — Réserve, troupes, vaisseaux à l'arrière, Bc. — Sommet, cime, Hbrt 169. — على ظهر, suivi du génitif, sur, Edrîsî ۸۲, 4, ۸۷, 5 a f.; lisez de même avec d'autres man. Cartâs 34, 2. — Pour savoir par cœur, réciter de mémoire, le Voc. a خبرأ ظَهِر, حفظ ظَهِر. — Feuille de garde, Khallic. XI, 123, 6; ce passage est altéré dans l'édit. de Wüstenfeld et dans celle de Boulac (qui porte ونقل من نسخة لكتاب اصلاح المنطق, et M. de Slane (IV, 409, n. 2) ne l'a pas compris; il faut lire: نقل بن ظَهْر نُسْخَة لكتاب اصلاح المنطق (sans واو avant نقل), et le sens est: ce qui précède

est emprunté à la feuille de garde d'un exemplaire du Içlâh al-mantik.

ظَهْرِيّ qui révèle des secrets, Kâmil 424, 14.

ظَهْرِيّ dorsal, Bc.

ظَهْرِيّ meridianus, Voc.; الظهريات sur le midi, Bc.

ظُهْرِيّة dossier, partie d'une chaise, etc., pour soutenir le dos, Bc.

ظَهيرة = ظُهَيْرة, Payne Smith 1435.

ظَهْرِيّ du nord, Daumas Sahara 104, 240.

ظُهور aurore, Voc. — الظهور الألاهى la révélation divine, Ztschr. III, 303. — عيد الظهور jour des rois, épiphanie, Hbrt 153, M.

ظَهير pl. ظُهَآئِر diplôme, brevet, privilége, l'acte qui contient la concession d'un privilége, Abbad. II, 164, 3 et n. 59, Voc. (privilegium), Cout. 6 r°: وزعم عبد الرحمن بن عبد الله أن ولاية جَدِّهِ عبد الرحمن الأندلس كانت من قبل يزيد بن عبد الملك لا من قِبَل عامل افريقية وبايعهم بذلك ظهير, l'anonyme de Copenhague 95: ولما دنا الرشيد الى مدينة مراكش كتب لاهلها ظهيرا بتأمين كافتهم — ووجه بهذا الظهير الفقيه القاضي الخ, Bat. I, 35, 421, II, 34, Cartâs 41, 1, 45, 9 a f., Berb. I, 252, 2 et 3, de Sacy Dipl. IX, 486, 3 (lisez ainsi, au lieu de الظهير); un diplôme de l'Almohade Yousof II en faveur du cloître de Poblet, qui a été publié dans le Memor. hist. esp. VI, 115, commence ainsi: هذا ظهير كريم; أمر به أمير المؤمنين — لرهبان بوبلات, Hist. Tun. 101: ولما تقلّد منصب الباشا صار يكتب في ظهائره ابراهيم الشريف باى داى باشا۞

ظِهَارة pl. ظَهَائِر sorte de tunique ou de vêtement de dessus en toile blanche, L (camisa ملحفة ونيص ظهار, stola (toga)), Voc. (vestimentum), Macc. I, 230, 4, II, 88, 11, Arîb dans le Bayân I, 157, 8; nommé comme vêtement de deuil sous les Omaiyades, Macc. I, 251, 10: عليهم الظهائر البيض شعار الحزن۞

ظُهَارة couverture de bête de somme, M.

ظَاهِر هذا ليس على ظاهره cela n'est pas vraisemblable, Prol. I, 13, 2. — Elevé, haut (ville, etc.),

Gl. Belâdz. Il semble donc que le nom des villages des Nefzâwa dans la province de Castilia, الـقـرى الـظـواهـر, Berb. I, 146, 11, 639, 2, signifie «les hauts villages.» — *Hauteur, montagne*, Becrî 109, 4 a f., 114, 1, Amari 118, dern. l. (cf. annot. crit.). — *Riche, magnifique* (habillement), de Sacy Chrest. I, ٣, dern. l., passage que Freytag aura eu en vue en disant que cet adj. s'emploie aussi «de vestibus splendidis.» — *Pont* d'un vaisseau, Freytag Chrest. 134, 2. — Pl. ظواهر *diplôme, privilége* (comme طهير), Alc. (privilegio ley para uno). — الـظـاهـر dans le Khorâsân, *le chef des Alides?* Voyez sous طاهر. — ظاهر الباب *portail, principale porte d'un édifice*, Bc. — S'emploie au lieu de ظَهْر, p. e. Amari 400, 1: وبقى الاسطول على ظاهر الـبـحـر لا يمكنه الدخول الى البلاد بسبب الريح *au lieu de* البحر ظهر. La trad. persane d'Içtakhrî rend parfois le ظهر du texte par ظاهر, Gl. Fragm. sans point.

ظاهرة. On formait des conjectures sur l'avenir d'après طواهر مائورة وتاويلات محتملة, Prol. II, 179, 5. Je ne sais pas au juste ce que signifie la première expression; de Sacy traduit (Chrest. II, 299): «des faits réels transmis par la tradition,» et M. de Slane: «de grands phénomènes dont on avait gardé le souvenir.»

ظاهرى *superficiel*, Bc.

هذا اظهر من الشمس. أَظْهَرْ *cela crève les yeux, est évident*, Bc.

تـظـهـيـر *brevet, commission, diplôme*, Cherb., Martin 90.

مَظْهَر *scène*, au fig., poste qui attire les regards, *théâtre*, au fig., lieu où un homme peut développer ses grands talents, ses belles qualités, Bc. — *Objet*, sujet sur lequel se porte une action, cause d'un sentiment, d'une action; p. e. مظهر الالطاف الملوكية «objet des faveurs du souverain,» Bc. — مظاهر *manifestations externes*, Prol. III, 68, 2, 7 et 3 a f., où M. de Slane remarque: «Quelques Soufis regardaient comme des *apparences* مظاهر (Φαινόμενα) tout ce qui compose le monde sensible.»

ظُوظ = زُوز *cervelle*, Bc.

ظَى. Selon Bait. II, 178 d, cette plante s'appelle en esp. دقوقة برید, c.-à-d. *yerba de fuego*, et selon Colmeiro ce dernier terme signifie *Cenomyce coccifera*.

ع

عالباجن = مصع, Most. v° مصع, si la leçon est bonne. أَرَاقى voyez sous عانو ou عافو.

عبّ I *boire à longs traits, sabler, avaler tout d'un trait*, Bc.

عَبّ *trait*, ce qu'on avale d'une gorgée, action d'avaler tout d'une haleine, Bc.

عُبّ *poche de sein*, M (dhamma), Ztschr. XI, 503 (kesra), Bc; هذا بالعبّ *c'est de l'argent sûr*, Bc. — حَبّ العُبّ *sorte d'ornement de femme*, M.

عَبّة *trait, ce qu'on avale d'une gorgée*, Voc.

يَعْبوب *le membre viril*, Lettre à M. Fleischer 89, dern. l.

عبا I, *se soucier de*, aussi c. على p., Mohammed ibn-Hârith 236: كان لا يَعْبا على جميع اعل لخدمة ولا على من لاث بالخليفة من جميع الطبقات

II *emballer ou faire emballer*, Berb. I, 606, 10, 1001 N. I, 92, 10, 222, 10, 342, 11, 558, 1, III 316, 4; عبّى فى الصندوق *encaisser, encoffrer*, Bc; عبّى متجرا *il se fit une pacotille*, Bc. — *Emplir, remplir*, Bc. — *Amasser*, Mc, *entasser*, Alc. (leña hacinada مَعَبّا خطب). — *Porter*, Voc.

IV *mettre en bon ordre, régler, administrer*, Gl. Badroun, Recherches II, App. xx, 5.

V *s'embarrasser, s'emplir, s'engorger*; s'engager, s'emplir d'humeurs, Bc. — *Etre porté*, Voc.

عَبيد = مَرْوَد, *peau de mouton ou de chèvre tannée*

et teinte en rouge, que l'on porte en sautoir derrière le dos et qui renferme la rouina, Carette Géogr. 180, Sandoval 311.

عَبِيبَة amas, pile, monceau, p. e. de bois à brûler, Alc. (hacina de leña, rima o rimero, tinada de leña).

عَبَاءَة، عَبَاء C'est proprement le nom d'une étoffe que décrit Ibn-as-Sikkît 527. Comme nom du vêtement Bc donne عبا, pl. عبى (manteau avec courtes manches d'étoffe rayée et ornée de dessins). Voyez Vêtem. 292 et suiv., Gl. Fragm. أَقْل العَبَا est la famille du Prophète, J. A. 1832, II, 219, 220; cf. mon article كِسَّة. — Couverture de chameau, Bat. III; 421.

تَعْبِيَّة ou تَعْبِيَة charge, cargaison, Hbrt 129; تعبية المركب charge d'un navire, Bc. — Remplage, action de remplir de vin une pièce, Bc. — Embarras, plénitude, Bc. — Dépôt, amas d'humeurs, Bc. — Pl. تَعَابٍ ouverture d'une partie d'échecs, Bland dans le Journal of the R. Asiatic Society XIII, 22 et suiv., 48, van der Linde Geschichte des Schachspiels I, 101 et suiv., 167, 204, 275. — Pl. تَعَابٍ une pièce d'étoffe, Maml. I, 2, 76.

مُعَبّى gros, mauvais, orageux (temps), Bc.

عَبَانِقُ sorte de poisson, Becrî 41, 14.

عَبَثَ I c. ب p. se jouer de quelqu'un, le traiter avec dédain, Bidp. 7, dern. l., en parlant d'un gouverneur: عبث بالدين c. ب r., M: عبث بالرعية واستصغر امرهم استخف. Freytag n'a pas été exact en attribuant à ce verbe le sens de „noxâ affecit." — C. ب p. s'amuser avec une femme, en jouir, Haiyân-Bassâm III, 50 rº, en parlant des Normands qui avaient pris Barbastro: وين لم يرض ذلك منهم ان يفعله فى خدامه او ماعنك (ذات مهنك B) B porte: او وحش اعطاهن خوله وغلمانه يعبثون بهم يعبثون فيهم عَبْثَة, et le Voc. a ce verbe c. فى sous corumpere. — Dans le Voc. sous invanum.

II c. ب se jouer de, mal employer une chose, la profaner, s'en moquer, Bc.

III c. a p. se jouer de, se moquer de, Kâmil 435, n. l.

V c. ب p. traiter quelqu'un avec dédain, Belâdz. 23, 9, en parlant des juifs de Khaïbar: ظهر فيهم الرياء وتعبثوا بالمسلمين فاجلاهم عمر

عَبْثًا (adv.) vainement; le Voc. (frustra) donne عَبَثٌ en ce sens, et Roland عَبْثًا.

عبثر.

عَبَيْثَران، عَبُوْثَران، romarin, Bc; marjolaine, Hbrt 49; cf. Bait. II, 181 d; selon Burckhardt, Syria 463, c'est la Santolina fragrantissima de Forskâl.

عَبَدَ II c. a. dans le Voc. sous colere Deum.

V. La signif. servis imposuit officium, c. أن, notée par Freytag sans autorité (pas dans Lane), est bonne; ce verbe s'emploie en parlant de Dieu, et on le trouve dans l'Abdallatîf de Silv. de Sacy, 533, 5 a f.: فان الله سبحانه تعبد ان يدنى جهرا الخ „Dieu nous a fait un devoir de prier à haute voix," quoiqu'il connaisse tout ce qu'il y a de plus secret. — C. ب r. s'engager à obéir à un commandement de Dieu, Badroun 123 des notes; cf. sur cette signif. et celle qui précède. Gl. Maw. — En parlant d'une route, être bonne et sûre, Macc. II, 701, 17.

عَبَدٌ العِبَادُ les chrétiens nestoriens. Comme, dans la ville de Hîra, c'étaient les Arabes de Tanoukh qui formaient en grande partie la population chrétienne, le mot عِبَادِى s'appliquait ordinairement à un de ces Arabes, J. A. 1838, II, 502. — عَبْدُ البَطْن gourmand, Bc. — عَبْدُ الشَّمْس soleil, tournesol (fleur), Bc.

عُبَيْدِيَّة esclavage, Voc.

عَبْدِى voyez sous عِبَادى.

عُبَيْدِى assemblage postiche de tresses de cheveux, entremêlées de soie noire, que les femmes attachent à leur tête, et laissent pendre derrière elles, Bc, Bg 806, M.

عَبَّادِى storium, Voc.; voyez ce qui suit ici.

عَبَّادَانِى Les habitants d'Abbâdân, endroit triste, désolé et situé dans un pays qui n'est qu'un grand marécage, ne subsistaient qu'en tissant des nattes (Mocaddasî 118, 12); mais ces nattes étaient jolies, on les imitait ailleurs, et de là vient que عَبَّادَانِى est devenu le nom d'une très-belle espèce de nattes, Mocaddasî 128, 15, 203, 12, 442, 8, 451, l. 3 des notes (passages qui m'ont été indiqués par M. de Goeje). Dans les 1001 N. Bresl. VII, 190, 2 a f.: ايوان

عبدل

وبغسقية وشادروان وحصر عـيـدانى ومخـدّات اسكندرانى il faut changer عبدانى en عَبْدانى ou عبادانى. Le Voc. donne حَمير عَبّادِقْ sous storium; c'est le même mot, car l'endroit dont il s'agit s'appelait proprement 'Abbâd, mais les habitants de Baçra et de ses environs avaient la coutume d'ajouter la terminaison ân aux noms de lieux; ainsi ils ont donné le nom de Ziyâdân à un endroit nommé d'après Ziyâd, de Bilâlân à un autre qui empruntait le sien à Bilâl, etc.; voyez Yâcout III, 598, 2 et suiv.

عَبِد religieux, soumis par des vœux à la profession religieuse, Voc. Alc. (religioso). — Ermite, Voc., Bc, chez les chrétiens, M.

تَعَبُّد servilité, Bc.

مُعَبِّد = مُعَبَّد, Diw. Hodz. 135, 10.

مَعبود esclave noir, Alc. (esclavo negro); pour esclave seul (esclavo) il a عَبْد.

مُتَعَبَّد culte, Amari Dipl. 175, 1: كنيسة لمتعبّدهم, Bat. II, 137: بيت معد متعبدله

عبدل.

العَبَادِلَة sont chez les Hanéfites ces trois personnages: Abdallâh ibn-Mas'oud, Abdallâh ibn 'Omar et Abdallâh ibn-'Abbâs. Chez d'autres ce sont les deux derniers avec Abdallâh ibn-'Amr ibn-al-'Aç et Abdallâh ibn-az-Zobair, M.

عبر I, traverser, aussi au fig., ما عبر قلبى 1001 N. I, 101, dern. l.; Bc a عبر من وسط sous traverser, être au travers de. — عبر الى جوا entrer, Bc; عبر c. a. en ce sens 1001 N. I, 31, 7: فارادت ان تعبر الغار. — عبروا الى الخصاقة en venir aux gros mots, Bc. — عبر عن عادته quitter une habitude, s'en défaire, Bc. — عبر معه في الكلام entrer en matière (en propos) avec quelqu'un, Bc.

II raconter un songe et en demander l'explication, Amari 180, 11.

V dans le Voc. sous interpretari et exprimere sensum.

عَبَر. L'expression عبر الفوارس dans un vers Kâmil 146, 16, me semble embarrassante. L'éditeur, que j'ai consulté, soupçonne qu'elle signifie أقوى الفوارس

91

عبر

أجزاؤهم على الغارات, على الاسفار ou quelque chose de semblable.

عَبْرة colère, Merx Archiv I, 160.

عِبْرة Quoique ce mot ait son sens ordinaire dans de Sacy Chrest. II, ٣٩, dern. l., il y est cependant employé d'une manière assez remarquable. On y lit: Al-'aziz le fit promener en spectacle dans son armée; les uns lui donnaient des soufflets, les autres le tiraient par la barbe, حتى راى في نفسه العِبَر. De Sacy traduit un peu librement, comme il le dit lui-même: «et il éprouva toute sorte de mauvais traitements.» — Pitoyable, méprisable, mauvais; حَالَة عِبرة pitoyablement, Bc. — Maml. I, 2, 201, en parlant des soldats de la halca: منهم من باسمه عبرة دنانير جيشية ولا لها مَحْصَل. Quatremère traduit: «Il en est sous le nom desquels est inscrit un apanage, estimé à plusieurs dinars djeïschis, mais qui ne produit réellement rien.»

عِبْرى épithète du سَكَر, cf. avec Lane: Diw. Hodz. 196, 2, Kâmil 41, 5.

عَبّار pavé, L (pavimentum).

عُبُور entrée, Bc.

عِبارة manière d'exprimer sa pensée, et de là forme grammaticale, Abdari 47 v°, en parlant de la langue berbère: وليس للمثنّى عندهم عبارة سوى عبارة للجمع الّا في ألفاظ العدد. — Indique en général ce qu'il faut entendre sous tel ou tel mot, p. e.: بغداد عبارة عن «sous le nom de Bagdad on entend sept quartiers,» de Jong. — Style; قلم عبارته بليغ son stylo est éloquent, Bc. Style figuré, Alc. (estilo de dezir por figura). — Texte, passage de l'Ecriture, au fig., sujet de discours, Bc.

عَبّور mouton, Voc.

عَبّار interprète des songes (Lane TA), Kâmil 256, 12. — Batelier, Berb. I, 179, 10.

شديد التَعْبير fort, énergique (expression), Bc.

مَعْبَر passe, t. de marine, Bc.

مُعَبِّر gloseur, qui glose sur tout, Bc.

اعتبار autorité, crédit, considération, Bc. — Crédit, réputation de solvabilité qui rend un emprunt facile, Bc. — قَلْدَ اعتبار وزن équilibre, Bc. — مالhonnêteté, incivilité, Bc. — علم اعتبار البلاد statistique, Bc. — لازم الاعتبار authentique, notable, Bc.

حكم اعتباري préjugé, ce qui a été jugé auparavant et dont l'on tire quelque induction, Bc.

مُعْتَبَر authentique, notable; Bc.

عَبْروق pl. عَبَاريّ, en Barbarie, voile de soie dont les femmes entourent la chevelure, et dont les longs bouts retombent sur le dos, Vêtem. 291, Hœst 106, 267. Ce mot se trouve dans l'Inventaire, et le négociant hollandais que Schultens a consulté, a noté qu'il signifie mouchoir (« doeken, Habroukschе zakdoeken »). Cherb.: voile de gaze orné de petites lames de métal colorié; Roland: voile de nouvelle mariée; Beaussier: pièce d'étoffe ordinairement en mousseline que les femmes portent sur la tête et qui passe sous le cou; c'est la coiffure des juives mariées. — جنّة عبروق le paradis d'Abrouk (des juifs), Daumas V. A. 109.

عبس.

عَبَس tristesse, chagrin, 1001 N. Bresl. XII, 401, 4: فكدت ان اموت عبسا.

عبس sombre, chagrin, morne, taciturne, Bc, Payne Smith 1658.

عبوس السرج partie élevée de l'arçon de derrière, dossier, Bc.

عَبْسَة tristesse, chagrin, Payne Smith 1658.

عَبَّاسى éphèdre (arbrisseau), Bc.

اعباس. Most. v° حبّ القلقل ; وهو الاعباس ; distinctement dans N; La porte peut-être الاعباس.

طقس مُعَبِّس temps noir, triste, Bc.

عبش.

عبوش espèce de chêne qui ne porte pas de fruits, si la leçon est bonne, Payne Smith 1529.

عبط.

عبيط pl. عبايط benêt, niais, sot, idiot, imbécile, Bc.

عباطة imbécillité, naïveté, Bc.

عَبَق I. humer, boire, avaler en aspirant, Alc.

عتب

عَبِقَ — (شرب = sorver). Au lieu de عبق به الطيب, aussi c. ل p., Abbad. I, 53, 6 (d'après trois man.), et c. ه p., Gl. Mosl. — S'exhaler, en parlant d'odeurs agréables, Bc. — Répandre une odeur agréable, Abbad. II, 200, 9.

II. عبّق القلب couper, gêner la respiration, suffoquer, en parlant d'odeurs, Bc.

V dans le Voc. sous redolere.

عَبَقَة sorte de grande couverture à large bande, rouge au bord, Voyage au Darfour trad. par Perron, p. LVII, 205, Ouaday 337.

عَبَاقَة coup, gorgée, trait, Alc. (trago de cosa liquida = شربة).

عَبَاقِيَة Le passage du Diw. Hodz. se trouve 72, vs. 8.

عبقر.

عَبْقَرى = ثياب عبقرية, P. Macc. II, 55, 5 a f.

عبك.

مَعْبُوك t. de chamelier; c'est de l'ers pilé et de la farine d'orge, qu'on mêle ensemble et qu'on donne à manger aux chameaux, M.

عبل III toucher, rencontrer, effleurer, 1001 N. II, 75, 6: وشيخ فى جهات الارض يمشى ولحيته تعابل ركبتيه De même dans l'édit. de Boulac.

مَعْبَلَة Le passage du Diw. Hodz. se trouve 76, vs. 2.

عبن I assigner, Alc. (assignar); c'est étrange.

عبهر.

عَبْهَر en Syrie storax, Bait. II, 182 b, et sa résine, II, 540.

عَبْهَر gazelle, 1001 N. Bresl. III, 181, 2.

عبو.

عَبْو pour عَبْء, Gl. Mosl.

عبوا espèce de raisin, voyez Gl. Esp. 241.

عبى et ses dérivés, voyez sous عبأ.

عتب I, dans le sens de reprocher, c. على p. et ب r.,

عتب

Bc. — N° 3 chez Freytag est selon quelques-uns عَتْبُ, Diw. Hodz. 114, 7.

VII dans le Voc. sous arguere.

عَتَبَة, seuil, pl. عَتْب, Voc., Alc. (lumbral de la puerta), et أَعْتَاب, Bc, Abou'l-Walîd 55, 18. De même qu'on dit la Porte pour indiquer le sultan de Constantinople, on emploie الاعتاب pour désigner le Dey d'Alger, Hist. Tun. 109: ولم يزل ابن شكر يتطارح على الاعتاب وبَعَثَ السعايات الى ان أجيبت لِقَصده — Feuillure, entaillure dans laquelle la porte s'enfonce et contre laquelle le battant frappe quand on le ferme, Alc. (batiente de puerta). — Verrou, L (vectis sera) (عُود وَضْبَة وعَانَّبَة) (sic).

عَتَابِي sorte de gros taffetas ondé; de là b. lat. attabi, esp., pg., ital. tabi, fr. tabis. L'histoire de ce mot est celle-ci: un arrière-petit-fils d'Omaiya, nommé 'Attâb, a donné son nom à un quartier de Bagdad, qui s'appelait par conséquent al-'Attâbîya. Dans ce quartier on fabriquait des étoffes bigarrées et ondées qui portaient pour cette raison le nom d'étoffes 'attâbiya; de là 'attâbi, qu'on employait substantivement pour désigner une telle étoffe. Aux auteurs cités dans le Gl. Edrîsî on peut ajouter: Baît. I, 149 a: بطيخ مخطّط بحمرة وصفرة على شكل الثياب العتابي (ainsi dans AB), II, 440 d: وجسمه مخطّط كأنه الثياب العتابية Restituez ce mot dans Yâcout I, 822, 22. Le melon dont Baît. parle dans le premier passage, s'appelle البطيخ العَتَّابي, car c'est ainsi qu'il faut lire dans Auw. II, 223, 9 et 12. Je pense qu'une espèce de concombre s'appelait également الفَقُّوس الْعَتَّابِي, et non pas العناني, comme on lit dans Auw. II, 213, 3 a f., ou العناني, comme on trouve chez Bat. IV, 435.

تَعْتِيب toiture, Djob. 271, 14: يستدير بأعلى القُبَّة طوّة من الرصاص واسعة مكشوفة للهواء لم ينعطف عليها Le sens de ce mot dans ce passage et la manière dont Abdarî emploie مستعتب (voyez) me font soupçonner que chez Edrîsî ۱۶۸, 2, il faut lire avec le man. B: وعدد فنادقها التي اختارها عدّ, et qu'il s'agit de الديوان في التعتيب الف فندق l'impôt auquel toutes les demeures couvertes d'un toit étaient soumises.

عتبس

مُسْتَعْتَب endroit couvert d'un toit, et spécialement caravansérail, Abdarî 45 v°, en parlant du grand désert entre l'Egypte et le Hidjâz: وفي مسيرة أربعين يومًا ما على : 46 v° بهما), الّا فى ينبع وفي بدر فإنّ بهما وأَثَرٌ ما عِمارة فى أشبه شيء بالخلاء (l. بهما), 48 r°: الفقير المرض لعدم المستعتب وطول الطريق les marchands qui apportent du blé à Aila sont obligés de le vendre à tout prix aux pèlerins, car ils ne peuvent le rapporter chez eux لبعد المسافة وعم وعدّه كلها أسماء مواضع r° 81, (وعدم l.) المستعتب تنزلها العربان ما بها مستعتب سوى قبر الصعاقبة. Ce mot a le même sens dans la tradition que Lane cite d'une manière tronquée et en l'expliquant mal d'après le TA. Elle se trouve dans le Kâmil 119, 16: ما بَعْد الموت من مستعتب ولا بعد الدنيا من دار، الّا الّا الجنّة او النار«.

عتد

عَتَد pl. أَعْتُد, substantivement, cheval; voyez Macc. I, 711, 10—12.

عُتُد, pl. عَتْدَان, Saadiah ps. 50, 66, عَتَاوِد, Mufassal 196, 16, Voc., Alc. (cabron, ciervo cabron).

عتر V se perdre, se débaucher, Bc.

عتر crâne, fou, tapageur, Bc, vaurien, libertin, Mehren 31.

عِتْرَة pl. عِتْر congregacio (bestiarum), Voc. — عترة الله = les Hâchimites, Tha'âlibî, Thimâro 'l-coloub, 2 r° et v°.

تَعْتِير crapule, Bc.

مُعَتَّر crapuleux, coureur, drôle, galopin, libertin, mauvais sujet, vaurien, Bc, Hbrt 244; c'est une altération de مُعَتَّر, M.

عترس II على فرس forcer un cheval, le mener avec violence, Bc.

عترسة roideur, impétuosité de mouvement, Bc.

عَتْرُوس pl. عَتَارِس bouc, Cherb., Ht; chez Hœst خترون.

عترف.

عَتْروفة pl. عَتارِف *pullus magnus avium*, et عَتروفة *pulla*, Voc.

عتق I *affranchir; délivrer; dégager* un soldat, le rendre libre, Bc. — اِعْتَقَنِي *laissez-moi, laissez-moi tranquille*, Bc. — C. من *débarrasser*, Bc. — *Invétérer* et *s'invétérer*, Bc. — *Epargner*, Roland.

II *rendre excellent*, voyez ma Lettre à M. Fleischer 195. — *Inprimere colorem* c. a., Voc.

IV. اَعْتِقْنِي واَعْتِقْ نَفْسَك «préservez-moi ainsi que vous-même du châtiment éternel,» Cartâs 87, 3.

V. تَعتَّق في شهادة الزور «il a vieilli dans le métier de faux témoin,» Bc. — Dans le Voc. sous *inprimere colorem*.

VII *être affranchi*, Voc. — C. من *se débarrasser, se défaire*, Bc.

عَتْق *délivrance*, action de mettre en liberté, Bc.

عَتْقَة *certificat qu'on donne à un esclave qu'on a affranchi*, Richardson Sahara I, 147, II, 377.

عَتْقِي et عَتِيقِي signifieraient *rouge foncé* selon Fleischer, 1001 N. XII, Préface p. 15; mais je crois que عقيقي est la véritable leçon.

عَتْقِي *chiffonnier, fripier*, Bc, Hbrt 83.

عَتْقِيَّة *savaterie*, lieu où l'on vend de vieux souliers, Bc.

عتاقي *affranchissement, liberté*, Bc.

عَتِيق, «chevaux dont la race est ancienne, mais qui sont mésalliés,» d'Arvieux III, 241. — *Affranchi*, pl. عُتَق, de Sacy Chrest. I, ٧٩, 2. — الانسان العتيق *le vieil Adam*, l'homme en état de péché, Bc. — Pl. عُتَقاء *vétéran*, Bc. — *Emérite*, Bc. — *Célibataire*, Hbrt 30. — كتاب العتيق *livre de l'ancien Testament*, Bc. — العُتَق *antiquailles*, Ztschr. XI, 511, n. 37.

عَتاقَة *Les prières de l'*عتاقة, pour obtenir de Dieu que l'âme du défunt soit *délivrée* du feu de l'enfer, Ouaday 356, 683. — *Antiquaille*, Bc. — Se dit en parlant d'une étoffe moelleuse et c'est le synonyme de قُنَّة, Gl. Edrîsî.

عَتْقَى voyez sous عَتِيقِي.

عاتِق, *épaule*, pl. عِتاق, Saadiah ps. 81.

كتاب معتّق dans Macc. I, 478, 4 et 5, doit signifier comme عَتْقَة (voyez) *un certificat qu'on donne à un esclave qu'on a affranchi*; mais j'ignore quelles voyelles il faut donner à ce معتّق.

مُعَتَّق *affranchi* (cf. Lane), Payne Smith 1356.

عتك.

عَتْكِي *toile de coton colorée (tela barbantina)*, Bg 372, Descr. de l'Eg. XII, 143, XVII, 308: «la toile de coton que l'on fabrique à Naplouse se nomme *atki*;» «de la toile de coton appelée *atki Châmy*.»

عتل II c. a. dans le Voc. sous *paxillus*.

III *mesurer ses forces contre*, Bc. — *Se trémousser, se donner du mouvement; prendre des soins pour réussir*, Bc. — *Chercher midi à quatorze heures, faire de mauvaises difficultés, chicaner, ergoter, ferrailler, vétiller, faire des difficultés*, Bc.

V dans le Voc. sous *paxillus*.

عَتَلَة *levier*, Alc. (*barra de hierro*), (عتلة من حديد), Bc. — *Civière*, sorte de brancard sur lequel on porte des fardeaux à bras, Bc.

عَتالَة *le métier de portefaix*, M.

عَتّال *commissionnaire, portefaix, porteur*, Bc, Hbrt 88, M, Payne Smith 1500, 1001 N. I, 244, Breal. II, 145. L'origine de ce mot est bien expliquée par Lane, et M. Wetzstein qui nie son existence, Ztschr. XXII, 131, s'est gravement trompé. Ce qui n'existe pas, c'est عَتّال qu'il donne.

مِعْتَل. M. Fleischer, Berichte 183, a noté sur ce passage de Macc. I, 335, 6: وانفذت مقاتل السّتائر أنقابا: «Ich lese معاتل, Plur. von مُعْتَل: «und die Kraftmänner der Schirmdächer (unter den Schirmdächern) stiessen Löcher durch die Mauern,» nämlich mit عُتَل, Plur. von عَتَلة, d. h. nach der Erklärung des türk. Kâmûs: eiserne Brechstangen, deren oberes Ende wie ein Beil oder ein Doppelkeil gestaltet ist und die zum Einreissen von Mauern dienen.»

عتم II *s'obscurcir*, Bc, Hbrt 256. — C. على *obscurcir*, B₂, Hbrt 256; *offusquer, empêcher d'être vu*, Bc. IV *souper*, Payne Smith 1405.

عَتِم *obscur*, Hbrt 256, *sombre, triste*, Bc.

عَتَمَة *matines*, Alc. (maytines).

عَتَمِي Alc. a cet adj. sous *maytinadas*.

عَتِيمَة et *taatumah* [lisez تَعْتِيمَة?] *souper composé de sucreries, de grenades et de fruits secs*, Burton I, 288.

مُعْتِم *obscur*, Hbrt 256, *morne, obscur (temps, couleurs), sombre*, Bc.

عتو I, n. d'act. عتوان, Saadiah ps. 60. — C. عن, est *iniuriari* dans le Voc., qui donne aussi عثا في sous cet article.

VI doit avoir existé dans le sens de la Iʳᵉ et de la Vᵉ, *être orgueilleux*, car deux glossaires ont تَعَاثَى (voyez) avec cette acception, ce qui n'est qu'une prononciation incorrecte de تَعَاتَى.

كلام عتوّ *style guindé*, Bc.

عتر II *broncher, buter, chopper, heurter du pied contre une pierre, faire un faux pas*, Bc.

معتورا *atteint de démence*, Roland.

عثر I, *heurter du pied contre* un objet, aussi c. ب, Gl. Badroun. — *Tomber*, aussi au fig., على عثر اختيار «son choix tomba sur,» Berb. I, 199, II, 559, 4 a f., 560, 9. — C. ب *entrer par hasard dans*, Berb. II, 342, 10: عثر عجمعهم اتفاقا — Dans le sens de *tomber sur, mettre la main sur, trouver*, aussi c. في, Bc.

عَثْرَة *scandale, ce qui est occasion de chute, de péché*, Bc.

عَثَّار *qui bronche souvent*, Voc.

معثر pour l'hébr. מכשול *pierre d'achoppement, scandale, ce qui est occasion de chute, de péché*, Saadiah ps. 119, vs. 165.

مَعْثَرَة même sens, L (offendiculum, synon. مَزَلَّة).

مَعْثَر voyez معتر.

عثق

عَثْق Voyez sur cet arbre Bait. II, 183 c.

عثم.

عُثْمانِيَّة et عُثْمانِي, pl. عَثَامِنة, *aspre, monnaie turque équivalent à* ⅓ *de para,* ⅙ *de* شاهي, 1/180 *de piastre*, Bc.

عثن.

عَثْنُون. Le passage du Diw. Hodz. est 282, vs. 7.

II *trébucher*, Bc.

عج I *crier: cessez!* Macc. II, 257, 6. On dit aujourd'hui: قامت تعجّ (تُرفع =) الزغاريت, Ztschr. XXII, 79, 11, cf. 147. — *Mugir (vents, flots)*, Bc.

II c. على *tumultuare*, Voc.

عَجَّة pl. عَجَج *troupeau de moutons*, Voc. — T. du jeu de *tâb*, voyez Lane M. E. II, 63, 3.

عَجَاج *tourbillon*, L (turbo). عَجَاج النار *flamme*, Payne Smith 1161, pour اجاج.

عجيج الرعد عجاجيم *grondement du tonnerre*, Bc. — *Deliramentum*, L.

عَجَاجَة *flamme*, Ht, pour اجاجة.

بحر عَجَاج *mer mugissante*, Bc, Antar 3.

عَجَاجَة *tourbillon*, Roland Dial. 598.

عجب I. عَجَب, n. d'act. عَجَب, pour la IVᵉ, *plaire*, Voc., Ht. — C. ب *être fier de*, Voc.

II *satisfaire, contenter*, Ht.

IV *faire merveilles, faire fort bien*, Bc. — *Danser sur la corde*, Alc. (boltejar). — C. a. p. *complaire, se conformer au goût, à l'humeur de quelqu'un pour lui plaire*, Bc. — C. ب p. *fasciner, ensorceler*, Bat IV, 382: cette vaste plaine est hantée par beaucoup de démons, et si le messager est seul, اعجبت به واستنهوته حتى يضل عن قصده فيهلك. Cette leçon, que l'éditeur a donnée dans la note, se trouve aussi dans le man. de M. de Gayangos.

VI *coqueter, faire le coquet*, Bc.

VIII. J.-J. Schultens cite Locm. xxi; c. من *admirer*, Bc.

X c. a. *trouver une chose admirable*, Valeton ۴۱, 9.

أَعْجَب, *superbia*, a dans le Voc. le pl. أَعَاجِيب. — *Coquetterie*, 1001 N. III, 151, 11.

عَاجِب Deux voyageurs, Lyon, 40, et Richardson, Sahara I, 371, attribuent à ce mot le sens d'*amulette*, et ils l'écrivent en caractères arabes; mais je crois qu'ils ont mal entendu, car le mot pour *amulette* est حَاجِاب. — *Indigotier*, Most. v°: حبّ النيل هو حبّ النبات المسمّى النيل بالعجب, Gl. Manç.: بالعجب, Baït. II, 184 c.

عَاجِبِي *bouffon, plaisant, farceur*, Ht.

عَاجِاب pl. جَاجِاب *miracle*, Alc. (milagro). — Même pl. *danse sur la corde*, Alc. (boltejadura).

عَاجَاتِبِي *danseur de corde*, Alc. (boltejador).

أَعْجَب, dans le sens de *plaisant davantage*, c. إلى p., Auw. I, 208, 14.

أَعْجُوبَة pl. أت, Abou'l-Walîd 572, n. 6 et 9, Saadiah ps.

مَعْجبانِي *coquet*, Bc.

إِسْتِعْجابِي *admiratif*, qui marque l'admiration, Bc.

عاجبن II في المشي *se pavaner*, Bc.

عَاجْبَنَة *coquetterie*, Bc.

عَجَد I, pour وَجَد, *trouver*, Alc. (fallar).

عاجر I *se voiler, mettre un voile*, Ht.

II. Lane a noté et expliqué sous I l'expression عَاجَر بِهِ بَعِيرَهُ. Chez Mohammed ibn-Hârith 261 on lit: والله ليست بعلى قد عجرت فى سهلة المدور منصرفا في اشبيلية فكان يقول فا انسا قوله قد عجرت بي. C'est ainsi que porte le man., deux fois avec le *techdîd*, et je n'oserais pas changer cette leçon, d'abord parce que l'autorité de ce man. est très-grande, ensuite parce que l'existence de la II° forme et sa signif., *retourner sur ses pas* (le verbe devient transitif au moyen de ب), sont mises hors de doute par un proverbe sur Addjir que cite Becrî 41, 13: اذا جفّت أجر فعَجْر فانّ فيه اسدا يغرى الخ. تعجير السواقي *faire des rigoles*, afin que l'eau coule dans un jardin, 1001 N. Bresl. XII, 336, 12.

مجر *vert*, qui n'est pas mûr, qui n'est pas fait, Bc, Hbrt 51.

عَجْرُم pl. عَجِر *loupe* ou *protubérance* d'un olivier, Auw. I, 229, 4 a f. et suiv. (cf. Clément-Mullet I, 211, n. 2), 230, 15, 240, 3 a f.

عجور الحمار *concombre sauvage*, Bc, Bg 845, Rauwolf 117.

مُعَجَّر, comme nom d'une étoffe (cf. Lane), se trouve Edrîsî ۱۷v, 8, Macc. I, 102, 7. On la fabriquait à Almérie.

خدود معجّر. Une vieille très-laide a des 1001 N. IV, 85, 9. Lane traduit, j'ignore sur quelle autorité: « puffed cheeks; » mais *des joues ridées* conviendrait bien mieux, et je crois que مُعَجَّر signifie réellement cela; cf. V dans Lane et Beaussier qui donne *plissé, froncé, ridé* pour مُعَجَّر.

مِعْجَار dans l'O. مِعْجَر n'est pas une faute, comme Lane l'a pensé; on trouve cette forme 1001 N. Bresl. XII, 348.

عاجرف

عَجْرَفَة *orgueil*, Hbrt 240, *fierté*, Bc; — *pédantisme*, Bc.

عَجْرَفِي *dur, rude* (discours), Kâmil 305, 15 et 16.

مُعَجْرِف *malgracieux*, Bc.

مُتَعَجْرِف *fier*, Bc. — *Olibrius*, arrogant, pédant, Bc. — Baït. I, 275 h, 'dit en parlant de la Quercus coccifera: ورقه متجرف شديد الخضرة مائل الى الصغرة, et en parlant de la tige d'un arbrisseau, II, 489 b: متعجرف ذو اغصان كثيرة. Est-ce *rude, inégal, raboteux?*

عاجرم

عَجْرَم et عَجْرَمَة, coll. عَجْرُم, est un arbre épineux et noueux; le vulgaire prononce عَجْرَم M; "odjrom, n. d'un., est un arbre dont on fait des arcs; celui qu'on appelle à présent 'adjram lui ressemble," Ibn-Loyon 48 v°, cf. Yâcout III, 618, 7; à Valence 'adjrâm, Most. v° دار شيشعان, note marginale du man. N: هو بلسان عامّة بلنسية العجرام

عجر

O'est par conséquent (cf. Gl. Esp. 371—2) *l'ajonc, Ulex Europœus*, en esp. *aliagu de Europa*, en valencien *argilagues d'Europa*. — عجرمة la nodosité de cet arbre, Yâcout III, 618, 7 et 8. — *Bugrane ou arrête-bœuf* (plante), Bc; Burckhardt Syria 483: «Les Bédouins recueillent aussi l'herbe Adjrem (عجرم), qu'ils sèchent, brisent et pilent entre des pierres, après quoi ils s'en servent en guise de savon pour laver leur linge.»

عاجرام voyez l'article qui précède.

عجز I *rabougrir, ne pas parvenir au degré présumé de croissance* (plante), *se rabougrir*, Bc. — *Succomber*, Bc. — C. عن ou من p. *être le plus faible*, Bc. — *Etre paresseux, battre le pavé, vivre dans le désœuvrement*, Alc. (enperezar, vagar por ocio), *flâner, faire le paresseux*, Ht. — *Manquer, faire faute*, Alc. (marrar o faltar), Amari Dipl. 8, 5: عجزهم الماء «l'eau leur manqua,» dans l'ancienne trad. latine, p. 269, «aquâ deficiente.» — *Manquer à ses engagements*, Berb. II, 252, 3: Le prince leur accorda l'*amân* à la condition qu'ils lui payeraient une amende; ils s'y engagèrent et lui ouvrirent les portes de la ville, وطالبهم بالمال فعجزوا ونقصوا شرطه. — Je ne vois pas pourquoi L donne: *excessit* يَعْجَزُ, *excedit* عَاجِزٌ. — عاجز est donné par le scoliaste de Moslim dans le sens de *vieillir* (femme), ce qui dans les dict. est عجز ou عجّز, Gl. Mosl.

II *estropier*, Bc. — *Paralyser*, au propre et au fig., Bc. — En parlant d'un juge, عجّزه لفلان, expression qui ne m'est pas tout à fait claire; on la trouve Akhbâr 95, 4 et 5: وعجّزهم لهما قبل انه عجّز بعضهم في عشرة ايام فلم يزد اهل القوّة على ثلثة اجال عجّزهم ثلثة ثلثة ايام ثم عجّزهم. On peut comparer la signif. que donne Beaussier: *déclarer, constater, donner, prendre acte de l'impuissance d'une partie de prouver ses allégations ou de réfuter celles de ses adversaires, débouter*, mais elle n'explique pas ce passage.

IV *manquer, faire faute*, Gl. Mosl.

V *devenir ou être paresseux*, Voc. (pigrescere), Alc. (afloxar emperezar, emperezar, emperezarse, ralear por tardar).

VI *se feindre faible*, Abdari 46 rº: يتعاجز celui qui رغة (رغبة l.) في الركوب وهو قوي على المشي ❊

VII *s'émouvoir, s'effrayer*, Aboul'-Walîd 795, 2.

VIII synonyme de ارتدف, Gl. Mosl.

عجز *oisiveté, paresse, torpeur*, L (torpor, torpedo, pigritia, tarditas) etc.), Voc. (pigritia), Alc. (ocio o ociosidad, pereza), Hbrt 238 (Barb.), Prol. II, 260, 2 a f., 287, 8.

عجز, en anatomie, *les trois dernières vertèbres*, Gl. Manç.; chez Bc: *sacrum, os, la dernière vertèbre*.

عجزة pl. عجز *fesses*, Voc.

عجزان *paresseux*, Domb. 107, Bc (Barb.).

تعجيز *astrologie judiciaire*, Alc. (astrologia de juizios).

تعجيزي *astrologue*, Alc. (astrologo de juizios).

عاجز pl. عجز *invalide*, Bc. — *Paralytique*, Bc. — بذراع ou عاجز اليد *manchot*, Bc. — Pl. عجاز *oisif, paresseux*, Voc., Alc. (espaciosa cosa, espacioso como perezoso, haragan, lerdo, ocioso, perezosa cosa, vaga cosa), Ht, Aboul'-Walîd 250, 8. — *Sans espérance*, Ht.

أعجز *sublime, ce qu'il y a de plus élevé dans le style*, Bc, M, cf. Baidhâwî II, 47, 11.

معجز pl. معاجز *miracle*, de Sacy Chrest. II, ٨٢, 7, Aboul'-Walîd 438, n. 9.

معجز *paresseux*, Bc (Barb.).

معجاز *indolent, paresseux*, Domb. 107, Ht.

عجف V *être maigre*, Diw. Hodz. 108, vs. 3, 109, 2.

عجق I, aor. o, *bousculer*, Bc. — *Donner des affaires à quelqu'un, l'embarrasser*, Bc. — Aor. i, *s'entortiller autour de*, Bc.

VII *perdre la carte, se troubler*, Bc.

عجقة *affaire, embarras, tracas*, Bc.

معجوق *affairé, très-occupé*, Bc.

عجل I c. ب *apporter promptement*, Gl. Badroun.

II. Remarquez la constr. dans la phrase: عجل عليهم في اثمانها, Haiyân-Bassâm III, 141 rº, «il leur en fit payer promptement (ou d'avance) le prix.» — C. a. r. *faire promptement* une chose, Bidp. 226, dern. l.: يعجل الانصراف عنه «il se détourne promptement de lui;» عجل هلاكه *dépêcher quelqu'un, se défaire de lui*, Bc. Aussi عاجل عليه

مجل

258, 5 a f. — C. بـ r. *apporter promptement* une chose, Freytag Chrest. 53, dern. l., à quelqu'un, لـ, de Sacy Chrest. I, ١٣, 2: انا جائع فعجّل لى بشى. — C. على p. et بـ r., 1001 N. I, 45, dern. l.: عجّل على بيت الحديث «racontez-moi cela promptement.» — عجّل عليه بقضاء أمره *expédier quelqu'un*, terminer promptement son affaire, Bc.

III c. a. p. *marcher en toute hâte contre son ennemi*, Nowairî Espagne 439: le rebelle s'empara de Séville, وعاجله عبد الرحمن فحصره بها, 443. — C. a. p. *saisir promptement* quelqu'un, ibid. 479: فاخرج من خفّه سكينا كالبرق فعوجل قبل ان يصنع شيئًا

IV. ما أعجلك *qu'il a promptement satisfait à votre désir!* Macc. I, 585, 17. — اعجله الامر *la chose arriva plus tôt qu'il ne l'avait cru*, Becrî 170, 1. — اعجل عن ليس خفّه *on le surprit avant qu'il eût eu le temps de chausser ses bottines*, Haiyân 55 rº. — C. a. p. *échapper à quelqu'un, à la poursuite de son ennemi*, Abbad. I, 304, 2 a f., III, 124 à la fin.

V *accélérer*, Ht, p. e. تعجّل السير, Haiyân 56 rº. — En parlant d'un créancier, *presser, presser de payer*, Bat. III, 410, c. على p., Berb. I, 568, 7 a f. — *Payer promptement ou d'avance*, Gl. Fragm.

X c. a. r. *faire une chose trop vite*, Haiyân 55 vº: فاستعجل اتباعهم الهاجوم على القصر بعد حين وقد ظنّوا ان لم دافع لهم. — C. a. p. et بـ r. *il lui ordonna d'apporter promptement* une chose, Macc. I, 171, 22. — Pour le sens de *vitulum colere*, J.-J. Schultens cite Damîrî apud Bochart I, 275.

عجل *roue*, Ht. — *Roue à godets*, Descr. de l'Ég. XII, 412.

عجلة, *char*, a dans le Voc. le pl. عجل. — *Affût*, Mong. 291 a. — العجلة *grande Ourse*, constellation septentrionale, Bc.

عجلة expliqué par بقلة مستطيلة, Ibn-Doraid (Wright).

عجّال *charretier*, Bc. — *Troupeau de bœufs qui appartiennent à différentes personnes, mais qui ont le même bouvier*, M.

عجاجيل Le pl. عجاجيل *bétail*, Mehren 31.

مجن

اعجل. Voyez Lane et un exemple dans Müller 109, 5 a f.

اعاجل. Le passage du Diw. Hodz. se trouve 280, vs. 4.

استعجالة *estafette, courrier*, Bc. — ارسل استعجالة *dépêcher, envoyer en diligence*, Bc.

المستعجلة. Voyez sur cette plante Bait. I, 182 b, 183 f, II, 184 b, 189 e, 517 a; Sontheimer a commis beaucoup de fautes en traduisant ces articles. M. Leclerc, A. R. 277, soupçonne que c'est une espèce de colchique *éphémère*.

مجم

VI se trouve Diw. Hodz. 257, vs. 6.

VII. انعجم لسانه عن ردّ الجواب *demeurer interdit*, Bc, Macc. I, 757, 16: فانعجمت نفسى عن الاجابة.

عجم, السودان العجم, Becrî 177, dern. l., où Quatremère traduit *les nègres païens*; de même dans la note de M. de Slane 512. — بر العجم *la côte occidentale du golfe Arabique*, de Sacy Chrest. I, 455, Burckhardt Nubia 316.

عاجمى *faïence*, Bc. — *Espèce de toile de coton*, Descr. de l'Ég. XVII, 369. — *Taureau*, Daumas V. A. 480, *jeune taureau d'environ deux (ou trois) ans, veau*, pl. عجاجم, Cherb., Beaussier.

عاجميّة. C'est par ce terme que les Arabes d'Espagne désignaient la langue espagnole. — *Frangipane* (pâtisserie), Bc, cf. Lane trad. des 1001 N. I, 71.

اعجم اعاجم nom d'une plante, voyez Bait. II, 184 b; Sontheimer a très-mal traduit cet article.

معجم *catalogue par ordre alphabétique des noms des professeurs dont quelqu'un a suivi les cours, avec des notices sur leur vie et leurs écrits*, Khallic. I, 420, 4 8l., Macc. I, 506, 20, 804, 3, II, 769, 17. C'est فهرسة شيوخه على حروف المعجم = , Macc. I, 810, 2.

معجمة. L donne: كتف ثمّ معجمة *armum*, ce qui est étrange, car ce mot ne signifie pas *épaule*.

مجن

I. Le n. d'act. aussi عجين, Voc, Bc (*pétrissage*). — فى الكلام *rabâcher, revenir souvent et inutilement sur ce qu'on a dit*, Bc.

II *empâter, rendre pâteux*, Bc.

IV *pétrir*, Gl. Manç. v° هو الدواء المعجّن: مُخْبِص على هيئة عجين الخبيص.

VII chez Freytag est bon; Lane remarque qu'il l'a donné sans autorité; peut-être l'a-t-il trouvé chez de Sacy Chrest. I, ٨٥, dern. l. Aussi dans le Voc., chez Alc. (amasarse) et chez Bc, *former une pâte, se mettre en pâte*.

عَجْن *impastation*, substances en pâte, Bc, *pâte*, Ht.

عَجْنَة *pétrissage, l'action de pétrir*, Alc. (amassadura de pan, amassadura de otra cosa); عجنة الدقيق وخبازته *panification, conversion des matières farineuses en pain*, Bc. Dans le Voc. sous pistare. — *Pâte*, L (figmentum (vel massa), massa (norma), norma), Auw. I, 468, 6, 476, 2, pl. ات, Abou'l-Walîd 550, n. 91. — *Ciment, mortier*, Hbrt 191 (Alg.), *pisé*, Cherb.

عَجِين *pâteux*, qui n'est pas assez cuit, Bc, Ztschr. XI, 517, n. 42. — *Pain, gâteau de dattes*, Testa 7. — عجين مقلي *beignet*, Bc. — *Colle de farine*, Ztschr. VI, 394. عجين سقّي الغزل signifie selon Cabbâb 78 v° حريرة تُعْمَل من الدقيق والماء تطبخ ; خاصرة من غير ملح يُسْقَا بها الغزل للنسيمي c'est donc de la colle de farine épaisse, dans laquelle on trempe le fil que l'on veut tisser. — ملح المعجين voyez sous سباخى. — Dans le Voc. *pistrix* avant عجينة عَجْنَة est sans doute une erreur.

عَجِينَة *pâte*, Bc, un morceau de pâte, Hbrt 75, M.

عَجِيني le blé qui donne la meilleure farine, Cherb. C.

عَجَّان, fém. ة, *pétrisseur, celui qui pétrit*, Alc. (amassador, fém. ة amassadora), Bc, Hbrt 75, 1001 N. Bresl. X, 287, 11.

مَعْجَن, pl. معاجن *pétrin, huche*, Gl. Edrîsî, M, Voc. — *Endroit où l'on pétrit la chaux et l'argile*, Gl. Edrîsî.

مَعْجَنَة pl. معاجن *pétrin, huche*, Gl. Edrîsî, M, Voc., 1001 N. I, 293.

مَعَاجِنْجِي *apothicaire, pharmacien*, Hbrt 37.

مُعَجَّنَات (pl.) espèce de pâtisserie, M.

مَعْجُون Le pl. معاجين dans le Voc. et dans Abou'l-Walîd 695, 34. Parmi les différentes espèces d'électuaires, confections ou confitures on trouve nommé معجون البلاذر *électuaire de l'anacarde*, voyez Sang., معجون السفرجل *cotignac, confiture de coing*, Alc. (carne de membrillo), معجون القثوص المرّيين (sic) *médicament fait avec du suc de concombres sauvages*, Alc. (elaterio de cohonbrillo amargo). Ayant trouvé chez Victor le terme *machumacete, maginacete*, expliqué par « certain opiat des Maures, dont ils usent pour se mettre en appétit, » j'ai dit dans le Gl. Esp. 298 qu'il est composé de معجون et d'un autre mot que je n'avais pas réussi à trouver. Grâce à Nebrija, je le connais à présent. Dans la liste de quelques mots esp. d'origine arabe, qui se trouve à la fin de son Dict., il nomme *maginacete* ou *machumacépt* comme un électuaire dont se servaient les Maures contre l'indigestion, et qui se composait *de sept ingrédients* (de siete cosas). Il s'est laissé tromper par la ressemblance fortuite entre l'esp. *siete* et l'arabe *cete* (sitte), et il aurait dû écrire *six*, car c'est à n'en point douter معجون الستّة, معجون الجوز *muscade, noix muscade*, Alc. (moscada nuez, nueç moscada). — نبيذ المعاجين *sirop de confitures liquides*, Alc. (almivar).

مَعْجُونْجِي *droguiste*, Descr. de l'Eg. XI, 436. — *Opérateur, charlatan qui débite ses remèdes en place publique*, Bc.

مَعَاجِنِي *apothicaire, pharmacien*, Voc., Alc. (boticario). — Selon Alc. (botica) aussi *pharmacie, apothicairerie*, ce qui est étrange.

عاجي et عاجي.

عُجّة *omelette*, Ht; c'est incorrect pour عِجّة.

مَجْو *noyau*, Hbrt 52.

مَجْوة. Voyez sur cette espèce de dattes Pagni 152, Burton I, 384. — *Datte sèche*, Hbrt 54 (Eg.). — *Pâte de dattes sans noyaux*, Burckhardt Arabia I, 56—7 (beaucoup de détails), Burton, I, 238, 384, Lane trad. des 1001 N. I, 219.

مَجِيّ pl. مَجِيّان *petit enfant*, Ztschr. XXII, 126.

عدّ I. عَدَّ *pouvoir être compté*, c.-à-d., ne pas être nombreux, Fleischer sur Macc. I, 548, 6 Berichte 199, Valeton, ٣٩, 8 et 71, n. 2. — ما عَدَّ لَه خَاطِرًا *n'avoir point d'égards pour quelqu'un*, Bc.

II, n. d'act. non-seulement تعداد, mais aussi تعديد (*énumérer*, Mufassal éd. Broch 94, dern. l.), proprement *énumérer les vertus d'un mort*, ce que font les pleureuses; puis en général, en parlant d'une femme, *pleurer un mort*, Fleischer Gl. 35 n., 104, Payne Smith 1397. Aussi, en parlant d'une femme, *pleurer auprès* d'un malade, c. على p., 1001 N. I, 49, 14. — Au fig., en parlant du chant plaintif d'un oiseau, Fleischer Gl. 35 n., Macc. II, 57, 19. — C. a. r. *prendre en mauvaise part*, Macc. II, 513, 11. — C. على p. *faire des reproches à quelqu'un*, Voc. (arguere, synonymes عاتبه (عذله), Mohammed ibn-Hârith 290: فلم يَبقَى من ذلك الا مَخَافَةَ ان يعدد على فعلت, Berb. II, 154, dern. l.: حتى سليمن بن اسود عدد لخيل — عليه ثم وخَزه برمحه *harnacher*, mettre le harnois à un cheval, Bc.

IV a presque le sens *d'aider* dans Haiyân 7 r°: كان مظاهرًا لاهل الخلاف معدًا لهم فى حروبهم — Biffez cet article dans le Gl. Badroun et le Gl. Bayân; c'est أعَدَّ qu'il faut lire dans les passages qui y sont cités; dans celui d'Ibn-Habîb, le man. autographe, que possède M. Defrémery, porte مُعِدًّا, et dans celui de Hariri مُعِدّ est كامل العُدّة, comme on lit dans le Commentaire.

V *disco* dans L. Est-ce le sens de *se préparer* qu'il a en vue? — C. مع dans le Voc. sous arguere (cf. sous II).

VII. Le Voc. a cette forme sous numerare (cf. Lane sous VIII).

VIII c. a. *avoir quelqu'un à sa disposition*, Berb. II, 471, 8 a f. — C. ب r. *se munir de*, Bc, Koseg. Chrest. 80, 5 a f.: اصبر على حتى اركب جوادى, واعْتدّ بعدّة جلادى, mais il faut lire: واعْتَدَّ بِعُدَّة Tha'âlibî Latâïf 72, 13. — *Confidere* dans le Voc., qui n'indique pas la constr. Chez Amari Dipl. 2, l. 4: ويعلم الله سبحانه انّا لنعتدّ بذلك, l'éditeur traduit: *compter sur, faire fond sur*; mais il me semble que la signif. ordinaire (cf. Lane), *faire grand cas de*, convient fort bien. — C. a. r. et على p. *prendre note d'une chose afin d'en avoir raison plus tard, garder rancune à quelqu'un à cause d'une chose qu'il a dite ou faite*, Macc. I, 279, 3, Berb. I, 395, 4 a f., 527, 3, 538, 12, 630, 9 a f., II, 159, 4, 175, dern. l., 256, 3, 320, 4, 362, 4 a f., Prol. III, 344, 5.

X *prendre ses mesures*, Fakhrî XIX, 6 a f. — *Se prémunir, se précautionner*, Bait. I, 120 a: le bézoard اذا حَكَّ بالماء على مسنٍ وسُقِى منه كلّ يوم نصف دانقٍ للصحيح على سبيل الاستعداد والتقدّم بالحِفظ (بالحَوطَة B) — قاوَم السموم القتالة. Dans le sens de *préparer* aussi c. ب r., Abbad. II, 192 dern. l. — C. لـ *avoir une disposition naturelle* pe r. Bait. I, 147: le melon est البطيخ الهندى 148 a: مستعدّ لأن يصير مِرَارًا مستعدّ لان يصير بلغمًا حلوًا من وقته. Dans les Prol. استعداد signifie souvent *disposition naturelle*, p. e. I, 181, 6 et 13, 191, 6 et 7; aussi dans M. — C. a. p. *ordonner à un soldat de se tenir prêt*, Berb. II, 390, 12.

عَدّ *chiffrer*, M. — T. d'arithm., *division*, M. — عدّ *propter*, عدّ كذا ذا et عدّ كذا *idcirco*, Voc.

عدّ, épithète de l'eau (cf. Lane), est un mot qui appartient au Gharîb et Abou-'Obaid l'a expliqué. Abdarî s'étonna en s'apercevant qu'il était encore en usage parmi les Bédouins de Barca, 38 r°.

والذى دخل تحت العدة ان الحج عدّة «une circonstance qui mérite d'être remarquée, c'est que» etc., Amari 10, 8.

عدّة pour ايّام السنة, عدّة السنة, Gl. Abulf. — S'emploie adjectivement, Wright, Arabic Grammar, II, p. 296, 2° édit. On dit donc مدائن عدّة, ابواب عدّة, «beaucoup de villes, beaucoup de portes,» Edrîsî ٧٦, 2 a f., ١٧٧, 4 a f. — *Un assortiment de serviettes* (au nombre de quatre) *dont on se couvre en sortant du bain*, Lane M. E. II, 51, Burton II, 133.

عُدّة *outils*, M; mais le Voc. (instrumentum) et Hbrt 73 (*outil*; le kesra n'est pas bon) donnent ce mot comme un sing. — *Agrès* d'un navire, Alc. (sarcia de la nave, xarcia de nave), Djob. 72, 17, Amari Dipl. App. 3, dern. l., 5, l. 8, de Sacy Dipl. XI, 46, 9. — *Harnois*, Ht, M. — *Artillerie*, Alc. (artilleria); عدّة مدافع *train d'artillerie*, Bc. — *Protection, aide, assistance, auxiliaires*, Abbad. I, 247, 6, 270, n. 72. — *Troupes, soldats*, Bidp. 6: يا ملك

السهند ابرز اليمنا وأبقِ على عدتك وعيالك ولا تحملهم على الغناء فانه ليس من المروّة ان يرمى الملك بعدته فى المهالك المتلفة*

عَدِّيَة *numération*, Bc. — *Quantité*, Bc.

عَدَد *grand nombre*, Abbad. I, 41, 2 a f.: أمر له ... بدنانير عددًا — العَدَد الأَوَّل, t. d'arithm., *nombre premier*, tout nombre qui ne peut être divisé exactement et sans reste par aucun autre nombre que par l'unité, comme, trois, cinq, sept, etc., M. — عِلْم العَدَد *l'arithmétique*, M; aussi العدد seul, Prol. I, 218, 12. — *Une somme d'argent*, Macc. I, 471, 2, Amari Dipl. 92, 2 a f. (où le *kesra* n'est pas bon). — Se trouve dans le Voc., de même que عَدَّ, sous *repudiare*.

عَدَدِيّ *numéral, numérique*, Bc. — *Arithméticien*, Voc. — عَدَدِيَّة *comptant*, Bc; كشميرهِ عائَة عدديّة «son cachemire vaut cent piastres comptant,» chanson dans la Deser. de l'Eg. XIV, 163.

عِدَاد «حائر من عِدَاد البحور *un étang grand comme une mer*,» Berb. I, 413. — *La dîme* زكا qu'on *levait sur les troupeaux des tribus nomades arabes ou autres*, Maml. I, 1, 189.

عَدِيد, proprement *grand nombre* (de soldats) (cf. Abbad. I, 260, n. 8), s'emploie dans le sens de *soldats*, Abbad. I, 242, 1, Berb. I, 166, 13, 293, 4 a f., 303, 6, 386, 6 a f., Khaldoun Tornberg 10, 6. — Maint, *nombreux*, Bc, Khatîb 22 v°: ولى القضاء — تَعْدِيد, باماكن عديدة, 1001 N. I, 74, 3 a f. = *pleurer un mort*, 1001 N. I, 49, 7: فقعدت في حزن كاملة (عويل), III, 256, dern. l. (dans Bresl. وبكى وعديد سنة كاملة)

عَدَّاد *compteur*, Voc., Descr. de l'Eg. XVI, 470, n. 2. — *Le convive qui compte sur ses doigts le nombre des mets et qui les montre de la main*, Daumas V. A. 314.

عَاد, t. d'arithm., *diviseur*, p. e.: quatre est le عاد de huit, et deux est le العاد المشترك de quatre et de huit, M.

تَعْدَاد *être en grand nombre*, Prol. III, 356, 11.

تَعْدِيد, t. de rhétor., = تعديد الاوصاف, *l'énumération des qualités*; c'est lorsqu'on attribue à une personne ou à une chose plusieurs qualités indépendantes l'une de l'autre, Mehren Rhetorik 165, M.

مِعَدّ *planche à compter*, Alc. (tabla para contar), Bc, M.

مُعَدِّدَة *pleureuse*, femme payée pour pleurer aux funérailles, Bc.

مَعْدُود *comptant*, Bc.

مُتَعَدِّد *divers*, plusieurs, Bc, Abbad. I, 239, n. 78.

اِسْتِعْدَادِيّ *dispositif*, qui prépare, Bc.

عدر.

مِعْدَر *pic*, instrument de fer courbé et pointu, à manche, pour ouvrir la terre, etc., Bc; le M l'explique par مِعْوَل (que Bc a aussi sous *pic*) et dit qu'il est en usage au Liban.

عدس.

عَدَس. Le pl. عديس, Macc. II, 204, 6. — *Haricot, féverole blanche*, Alc. (fasola legunbre). — *Vesce*, Alc. (arveja). — عدس مرّ voyez Bait. II, 185 b; عدس الماء = جلجيّان, *pouliot*, Payne Smith 1479. — *lentille d'eau ou de marais, lenticula stagnina* = طحلب, Most. sous ce dernier mot, Bait. II, 186 b. — عدس نبطى voyez Bait. II, 185 c.

والعَدَسَة للحَجَرِيَّة من كلام الموحِّدين M: عدسة حجم. J'ignore dans quel sens il faut prendre.

عَدَسِيّ *lenticulaire*, qui a la forme d'une lentille, Bc, M, Bait. I, 274 d: ومنه ما ثمره لاطى مستدير الشكل عدسى. Ce mot doit avoir le même sens chez Aboulfeda Géogr. 119, 4 a f.: ديها عمود عدسى مربَّع, où il a embarrassé Reinaud (voyez sa trad. 166, n. 2). Peut-être faut-il penser à la gousse *acuminée* de la lentille.

عَدَسِيَّة Au pl. *lentilles*, taches de rousseur, éphélides, Bait. I, 456 c: وينفع من الكلف والعدسيات التى تخرج فى الوجه

عُدَيْسَة (A) عَلَيْسَة nom d'une plante qu'on appelle en Espagne الروشة (AB), والعديسة التى عندنا يسمّونها

بالمزردة وقد تنفع عندهم من الربة التي تكون في روس الصبيان تطلى بالزيت ويدهن بها اعنى المروشة والعديسة المعروفة تنفع من التآليل, Bait. I, 186 c.

I. عَدَلَ أَعْدِلُ مُنْخَرِضًا chez Chanfará (de Sacy Chrest. II, ١٣٩, 3 a f.), «je repose ma tête sur un bras décharné.» De Sacy suppose, d'après les scoliastes, que اعدل est dans le sens de اسوّى, je dispose dans une juste proportion, et que le poète a voulu dire: Je place ma tête sur le milieu d'un bras maigre; voyez ibid. 378—9. — Rabonnir, rendre meilleur, Bc. — عدل كرسيا relever une chaise, Bc. — Enchâsser dans de l'or ou de l'argent, Alc. (guarnecer de oro o plata = حَفَّى). C'est peut-être la IIe, qu'il écrit comme la Ire, sans doubler le d. — C. الى adopter, de Sacy Chrest. II, 264, 9: عدل الى لون الخضرة «il adopta la couleur verte.» — C. عن cesser de, renoncer, p. e. عدلت الى الرواح الى عنده «j'ai cessé d'aller chez lui,» Bc. — عدل الشيء بالشيء croire qu'une chose est égale à une autre, les mettre sur la même ligne, Weijers 48, 2 (prononcez تَعْدِلُ, comme porte le man. A).

II arranger, perfectionner, orner, parer, corriger, réparer, rétablir, remettre en bon ordre, Alc. (aderecçar, adobar, afinar, componer ordenar, enmendar, reparar; dans ces articles il donne le verbe avec un seul d; mais c'est la IIe forme qu'il a en vue, comme le prouvent plusieurs autres où il n'est n. d'act. ou le partic. de cette dernière; voyez adobo, adobada cosa, afeite, afeitada, afeitador, afinadura, aliño o atavio, atavio, ataviado, aparejamiento, composicion por orden, correcion, descompuesto, emendamiento, renovacion de lo caydo, reparacion, reparo de casa). C'est aussi un t. de médec., Chec. 187 v°: فاخذت في تدبير ذلك التخلط بالتعديل والانضاج — Tailler une pierre, Macc. I, 346, 2, 373, 7. — Accorder un instrument, Bc. — Raccorder, faire un raccordement, تعديل, qui est la réunion de deux surfaces au même niveau, ou du vieux et du neuf, Bc; niveler, rendre un plan uni et horizontal, Macc. I, 370, 13, Auw. I, 12, 2 a f., 134, 10. — Diriger un navire, que Freytag donne sans autorité, se trouve Bidp. 27, 10. — Peser, Most. v° ودع وقد يُصْنَعُ منه مثاقيل للتعديل. — Compenser, balancer le prix

de deux choses qui se remplacent, Bc. — T. d'astrol., تعديل الكواكب بالحسبان calculer les positions moyennes des astres, Prol. I, 204, 11; المعدّلون لحركات الكواكب, Berb. II, 282, 10; كوكب تعديلها لا يبرح عن منزل السعد «l'astre de son horoscope ne cesse pas d'habiter une mansion heureuse,» Bat. I, 68; عدّلتُ طالع ولايته «j'ai examiné avec soin l'astre sous lequel il a été nommé cadi,» Bat. I, 35. Cf. مُعَدَّل et تعديل. — Adopter pour premier méridien Gl. Edrisî. — عدّل احدًا عن المناي convertir, Bc. — Donner le rang de عَدْل, Maml. II, 2, 112. — Ne s'emploie pas seulement en parlant de témoins, mais aussi en parlant de traditionnaires, تعديل الرواة, Prol. III, 271, 12. — Dans un vers de l'Aghânî, 66, 2, où il est question d'un rendez-vous, l'amante dit: اضرب لنا أجلًا نعدّله. Je n'oserais pas affirmer que la trad. de Kosegarten: «Constitue nobis diem, ad quam computemus tempus,» est bonne. — Voyez Alc. sous I.

III rectifier une courbe, trouver une droite qui l'égale en longueur, Bc. — Chez Alc. pour la IIe, dans le 1er sens que j'ai donné (emendado, emendador, emendadura).

IV neutraliser, rendre neutre un sel, Bc. — Ce que Freytag a sous cette forme sans autorité me semble suspect; le M l'a aussi, mais peut-être n'a-t-il fait que traduire Freytag.

V s'abonnir, devenir bon, rabonnir, devenir meilleur; تعدّل الطقس se remettre (temps), Bc. — Remplir les fonctions de عَدْل, Maml. II, 2, 113.

VI, en parlant de plusieurs personnes, être égaux entre eux, Amari Dipl. 233, 2; de Sacy Dipl. XI, 9, 3: سواءً وتعادلًا في ربطه وابرامه, où l'éditeur traduit: «avec une égale et parfaite réciprocité.»

VII se corriger, Bc. — انعدل له الريح avoir le vent en poupe, au fig., être dans la prospérité, Bc.

VIII. اعتدل الهواء, qui, chez les auteurs du moyen âge, signifie constamment l'air ou le climat est tempéré, est chez Bc se radoucir (temps). — En parlant du vin, être trempé comme il faut, Alc. (templado et templança) en el vino). — Être modeste, Alc. (modesta cosa, modestia).

عدل

استعدل مزاجه X *s'abonnir*, *devenir bon*, Bc. — *guérir, se remettre, reprendre, se rétablir*, Bc.

عدّل [قل عدلا على عدل] *insulter*, Bc. — *Direct, droit*; — *directement*; — *à plomb*, perpendiculairement; — عدلا *droit, directement*, Bc. — Sur les monnaies, *poids juste*, Ztschr. IX, 833. — *Arbitre, négociateur*, Maml. II, 2, 111. — Les 'adl sont les assesseurs du cadi, et ils exercent, avec l'autorisation de ce dernier, les fonctions de témoins pour les obligations et les conventions entre les particuliers. Ils mettent leur sceau à ces documents, et en cas de litige, ils doivent rendre témoignage. Dans toutes les grandes villes ils ont des bureaux, où ils reçoivent les personnes qui veulent faire un contrat verbal ou écrit. S'il doit être écrit, c'est l'*adl* qui dresse l'acte. Pour être éligible à ces fonctions, il ne suffit pas d'être versé dans les lois qui règlent les conventions et capable d'écrire les actes dans les formes requises; il faut encore avoir la réputation d'être un homme intègre et incorruptible. Il est du devoir du cadi de veiller sur la conduite de ces officiers publics, dont les fonctions sont fondées sur un passage du Coran (II, 282). Voyez de Slane trad. d'Ibn-Khallic. II, 367, Maml. II, 2, 111. — ريح عدل *vent favorable*, Bc. — ساعة عدل *heure égale*, Alc. (ora ygual). C'est la vingt-quatrième partie du temps compris entre un lever du soleil et le lever suivant. Les anciens n'employaient que les heures de temps (voyez معتدل), et les Arabes ont les premiers tracé les heures égales, Sédillot 28.

عِدْل bien expliqué par Lane. On l'emploie dans le sens de *grand sac*, Alc. (costal, halda costal, saco saca grande, saco o costal), *grand sac pour les grains, la farine*, Bc, Auw. I, 676, 8, II, 58, 13. Chez Becrî, 101, 8 a f., il est fém., ce qui est étrange.

عَدُول *cordon pour une tresse de cheveux*, Alc. (cordon de trençado).

عُدُول est chez Alc. un sing., *juste* (justa cosa).

عديل *celui qui, dans une litière double, sert de contre-poids à un autre*, Bat. III, 19. — *Qui est d'aplomb, bien droit*, Bc. — *Bon*, Bc. — *Beau-frère*, celui dont on a épousé la sœur, et: frère du mari, et: celui qui a épousé la sœur de, Bc, M.

عَدَالَة *sorte de petite balance en bois pour peser les monnaies*, Torres 84: « Quand c'est pour la petite monnaie, ils usent de certains petits poids de bois qu'ils nomment *adalas*, faits de telle sorte qu'ils pèsent six monnaies à la fois, chacune à part soi. » Hœst, 280—1, écrit ce mot عديلة, et il donne la figure de cette balance, Planche XVII, n° 7.

عَديلة, pl. عدائل, a le même sens que عدل et forme la moitié d'une charge, M, *grand sac pour les grains, la farine*, Bc, Bat. II, 159. Barth, V, 713, se trompe en écrivant *ghadîle* et en le donnant comme un mot berbère; il l'explique par *balle, paquet*. — *Belle-sœur*, Bc. — Voyez sous عَدَالَة.

تعديل المزاج تعديل *recouvrement de la santé*, Bc. — *La détermination de la position des astres pour un temps donné*, Prol. III, 107, 12; de là اهل التعديل *les astronomes*, Macc. I, 369, 12, Calendr. 2, l. 2, 38, 3. تعديل القرانات الانتقالية *l'astrologie judiciaire*, Müller S. B. 1863; II, 9, dern. l.; aussi صناعة التعديل, Abbad. II, 165, III, 224, Macc. I, 807, 15, III, 40, 21, Khatîb 33 v°: وله بصر بصناعة التعديل وجداول الابراج وتدرب فى احكام النجوم. Quelquefois il est incertain s'il faut traduire *astrologie* ou *astronomie*, parce qu'au moyen âge on les confondait. — *Troupe de bêtes de somme attachées à la queue l'une de l'autre*, Alc. (cobre de bestias).

معدل *comparaison, confrontation*, Bc. — معدل حساب, *balance, état final de compte*, Bc.

مُعَدَّل, شاهد مُعَدَّل, Fakhrî 341, 9, Cartâs 157, 1 = Fakhrî 372, 6 — مُعَدَّل — معدل النهار والليل *équinoxe*, Bc; دائرة معدل النهار *la ligne équinoxiale*, Prol. I, 74, 17, 75, 3, 82, 2 a f. Le Voc. a: sol(s)ticium خط مُعَدَّل النهار; mais je pense que le point est de trop, et qu'il a voulu indiquer, non pas le solstice, mais *la ligne équinoxiale*, appelée معدل النهار chez Yâcout I, 15, l. 20, 26, 8, 42, 18, 43, 7.

مُعَدِّل *astronome ou astrologue*, Bassâm III, 86 r°: اربع رومیات — وفن الآن — معدلات جومیات

اعتدال *impartialité*, Prol. I, 56, 15. — اعتدال *équinoxe*, Bc; aussi اعتدال seul, M, Alc. (igualdad de noche y dia), Auw. I, 63, 7, 254, 21 et 22.

Fièvre cérébrale, Ht; chez Roland بَقْلَة حُرّيّة. — بقلة
pourpier de mer, Bc. — بقلة حُرْشاء *plantain*, R. N.
50 v°: بقلة حامضة. — البقلة الحُرشاء وفي لسان الجمل
ressemble à الكرنب الخُراساني, Bait. I, 155 h (Sonth.
a confondu deux articles en un seul). — بقلة حَمْقاء
برنك *telephium* ou *orpin;* aussi: *ferula assœ fœtidæ*,
Bait. I, 155 m. — بقلة خُراسانيّة *rumex obtusifolius*,
Most. v° حمّاص. — بقلة ذَقيبْة *arroche des jardins*
(*atriplex hortensis*), Auw. II, 158, 16. — بقلة الرِمْل
voyez Bait. I, 154 c. بقلة الرُمّان *ellébore;* on l'appelle « herbe des archers, » parce que le suc de cette
plante, préparé d'une certaine manière, servait à
empoisonner les flèches; voyez Bait. I, 155 n, Gl.
Manç. v° كنس, Mendoza Guerra de Granada 27 éd.
Baudry. بقلة seul avait le même sens, comme « yerba »
en esp. (Mendoza: « herido de dos saetadas con yerba »);
Alc. le donne sous « yerva de vallestero. » De là vient
que بقلة est « venenum » dans le Voc. بقلة الضَبّ
بقلة عَرَبِيّة, Bait. I, 155 f. الترجان البَرِّي =
blette, Bait. I, 154 b. بقلة عائشة, à Alexandrie,
brassica eruca, Bait. I, 244 b بقلة عائشة (ويسمّونه).
— بقلة الكرم *grassette, orpin* (joubarbe des vignes),
reprise (téléphium ou orpin), Bc. — بقلة الأوجاع
cacalia, Bait. I, 156 b. — بقلة يهوديّة *désigne*, selon
Bait. I, 155 e, plutôt l'*eryngium;* قرصعنة, que le
sonchus.

بَقلاوة ou بقلاوو (M) (turc) « pâte faite avec de la
fleur de farine, bien pétrie, ensuite étendue en feuilles très-minces qu'on oint de beurre, et que l'on
couvre d'une couche de noix concassées, trempées
dans du miel; on place ensuite ces feuilles les unes
sur les autres jusqu'à une certaine épaisseur, on les
coupe en triangles et les cuit au four sur un plateau;
enfin on verse dessus du sucre, de la cannelle et du
miel, » Bg. 266, n° 84; comparez la description de
Lane trad. des 1001 N. I, 610, n. 22; « tourte, gâteau feuilleté au miel et aux amandes, » Bc; Daumas
V. A. 253, Burckhardt Arab. I, 58, Hbrt 16, 1001
N. I, 579, III, 215.

بَقْلول *mauve*, Domb. 74.

بَقّالة *métier de revendeur*, Alc. (regatonia).

بَقّالة *pot de terre*, Roland; chez Ht بَقالَة, mais
c'est sans doute pour بوقالة (chez Lane).

بَقّوليّ *légumineux*, Bc.

بَقّال *une personne qui tient boutique, marchand
en détail, revendeur en détail et de la seconde main*,
Alc. (tendero que vende en tienda, regaton). Chez
Koseg. Chrest. 26, 4 et 5, le « baccâl » *vend du papier*.

باقل *anabasis crassa*, Prax R. d. O. A. IV, 196
(bâguel), *anabasis articulata*, Colomb 27 (baguel).

باقلى ou باقلي *sorte d'insecte*, voyez Payne Smith 1479.

باقلى et باقلّا. Du nom d'unité باقلاة on forme le
pl. باقلات, Abd-al-wâhid 163, 16. — باقلا مصري
colocasie, Bc (cf. Lane). — Les paroles 1001 N. Bresl.
IX, 237, 6: ووقفت بالباقلي على الباب doivent signifier: « elle se plaça près de la porte la figure dévoilée »
(comme font les filles de joie), car l'éd. Macn. porte
en cet endroit, III, 439, dern. l.: ووقفت على الباب
مكشوفة الوجه; mais je ne suis pas en état d'expliquer l'origine de cette expression singulière.

باقول *cruche de terre poreuse pour l'eau*, Jackson 40.

بوقال *cruche*, Hodgson 85. Golius avait comparé
l'esp. « bocal, » et Lane suppose que ce mot vient de
بوقالة, mais c'est une erreur. Le mot roman ne vient
pas du mot arabe, ni le mot arabe du mot roman;
ils dérivent tous les deux du grec βαύκαλις ou βαυ-
κάλιον; voyez Ducange et Diez.

مبقلة *forme au pl.* مباقل, Gl. Edrisi.

بَقَم II c. a, et V, Voc. sous bresillus; probablement
(cf. مبقّم chez Freytag) *teindre, et être teint, avec
du brésil*.

بقم (*brésil*) est dans le Voc. بَقَم, pl. بقوم; aussi
بقم اصفر, Bc. — بقم حديدي *bois de fer;* بقم صيني
chandelle, bois jaune des Antilles; بقم قبرصي *bois de
rose, de Rhodes, de Chypre;* بقم مرجاني *bois de corail;* بقم مرر *campêche*, Bc.

بَقَم *Datura Metel;* c'est ainsi que Bait. I, 153 d
prononce ce mot.

بقن voyez بقف.

بَقّون *bourdon*, Alc. (zangano), qui écrit poqcôn. Peut-
être est-ce l'augmentatif esp. (on) de fucus.

Gl. Edrîsî. — C. على p. et ب r. *il saisit l'occasion de le vexer en*, Berb. I, 431, 10 et 11.

II *traverser*, Bc, p. e. un fleuve, Edrîsî, Clim. V, Sect. 4: وهو نهر كبير يُعَدَّى ibid.: بَعْدَ تَعْدِيَةِ نهرٍ (où B a le *techdîd*); de là مركب تعدية = بالقوارب, *bac*, Gl. Djob.; عدى للحدود مَعدِيَة, *outre-passer*, Bc. Aussi *tâcher de traverser* un fleuve, Müller S. B. 1863, II, 35, 5 a f.: ولما التقى الجمعان فرّ فراره ولكنّه عدّى فقيّده النهر C. على *passer par un endroit*, Bc. — *Rejaillir*, jaillir d'un point à un autre; c. على et الى *rejaillir*, être repoussé d'un corps sur un autre, Bc. — *Se détourner de*, *quitter*, *abandonner*. Lane (sous I) n'aurait pas dû révoquer en doute la constr. c. a., donnée par le Miçbâh; voyez le Gl. Mosl. — C. عن *démordre*, *se dénantir*, *se départir*, *lâcher prise*, *relâcher*, *céder de ses droits*, etc., *renoncer*, *sacrifier*, *ne vouloir plus de*, Bc. — C. عن *passer*, *omettre*, *ne pas parler de*, Bc. — *Brouiller*, mettre la désunion entre des personnes qui vivaient bien ensemble, Voc., Alc. (desconpradar (pour desconpadrar), enemigar hazer enemigos, enemistar). — *Disconvenir*, *n'être pas d'accord*, *se fâcher*, Alc. (desconvenir descontentarse); le Voc. a مُعَدِّي *inimicus*.

IV. Voyez Gl. Mosl.; mais il y aurait plusieurs choses à dire sur la leçon et le sens du vers qui y est cité, et M. de Goeje me dit qu'il traduit à présent اعدى c. d. a. par *communiquer à*.

V. Pour l'usage de cette forme cf. Bat. I, 35: كانوا يظنّون انّ القضاء لا يتعدّاه ils l'avaient regardé comme ne pouvant manquer d'obtenir la dignité de cadi;» — Weijers 20, 1, où il est question de la poésie d'Ibn-Zaidoun: لا تَتَعَدَّى به الرؤساء والملوك. L'éditeur n'a pas compris cette phrase; elle signifie, comme l'a observé de Sacy dans le J. d. S.: «il ne l'a consacrée à personne si ce n'est aux princes et aux rois.» — *Parcourir*, Ht, *traverser*, Bat. I, 50. — C. الى p. et ب r. *présenter une chose à quelqu'un*, Abbad. I, 313, 13. — *Se brouiller avec*, مع, quelqu'un, Voc., Alc. (enemigarse).

VII c. من p. *prendre une maladie de quelqu'un*, *prendre la contagion de quelqu'un*, aussi من مرض أحد Bc; العدى *contagion*, Ht.

VIII c. على *envahir*, en parlant des sables, Gl. Edrîsî. — L donne: *contagium* تَعَلَّد واغتدى وتلغّس; mais je crois devoir lire اعتدى. — Dans le sens de la Xe, *implorer du secours*, P. Macc. II, 247, 4 (cf. Add.; aussi avec le *'ain* dans Boul.).

X. On construit aussi استعدى بفلان *implorer le secours de quelqu'un*, P. Macc. II, 358, 12.

عَدْو *syphilis*, Cherb.

عَدْوَى est expliqué dans le Diw. Hodz. 113, vs. 5, par عدوى وعلاق; cf. 224, 3: حَمْلَة كَجِريَة السَّيْل وغارق واحد. — *Contagion*; ذو عدوى *communicable* (maladie), Bc.

Le Voc. a بَرّ العَدْوَة et بَرّ عَدْوَة sous *ultra*, et non pas عَدْوَة, comme chez Freytag. — Le passage du Diw. Hodz. se trouve 139, vs. 2.

عَدْوِي se trouve dans le Voc. sous *ultra*; c'est l'adj., عدوى, de عدوة, dans بَرّ العَدْوَة, *d'outre-mer*, *qui vient du nord de l'Afrique*. Alc. donne صوف عدوى *mérinos*, *laine de mérinos* (lana merina), et صالنبذ الصوف العدوى est chez lui *le mouton qui donne cette laine* (oveja merina). En effet, les Espagnols ont reçu cette fameuse race de l'Afrique; ses traces se rencontrent dans maintes tribus de l'Algérie, et elle tire son nom de la tribu des Beni-Merîn, qui existe encore aux environs de Tlemcen; voyez Devic 162, art. *mérinos*. A Tetuan on emploie encore le terme صوف عدوى pour *mérinos*, d'après le P. Lerchundi.

عُدْوَان *attentat*, Bc. — *Usurpation*, Bc. — Voyez Payne Smith 1205, où l'on trouve برم العدوان avec الاستندارات ,الأكاريز et الخزائن, etc., avec العداون الاسطلامات.

عَدَاوِى *hostile*, Bc.

عَدَاوِيَة *ennemie*, P. populaire Prol. III, 369, 8.

عَدَّاء *très-inique*, P. Aghânî 41, 1 (= Badroun 252, 5).

عَادِيَّة *désir de nuire à quelqu'un*, *de lui faire du mal*, Gl. Edrîsî.

تَعْدِيَة *anticipation*, *usurpation*, Bc. — *Violement*, *infraction*, Bc. — تعدية الأوامر *dérogation*, *action de* déroger à une loi, un acte, Bc. — *Hostilité*, Bc. — تعديةٌ فى الحرب *offensive*, Bc.

مُعَبِّر *batelier qui passe dans un bac ceux qui le veulent*, 1001 N. II, 574, 11.

مَعْبَرَة pl. معابر *barque, grande ou petite, qui sert exclusivement pour le passage des hommes et des animaux*; — *radeau*, Maml. II, 1, 156; chez Bc *batelet*, petit bateau; *paquebot*, bâtiment destiné à porter des lettres. — *Gué*, Descr. de l'Eg. XI, 184, d'Escayrac 259.

مَعْبَرَاوِي *batelier*, qui conduit un batelet, Bc.

عَذِبَ IV, comme verbe d'admiration, ما أَعْذَبَهُ, *qu'il est doux!* Macc. II, 262, 15, 1001 N. I, 14, 2.

V *s'affliger, se chagriner, se tourmenter*, Alc. (atormentarse, penarse), *pâtir*, souffrir, avoir du mal, Bc, L: *angor* وَجَعٌ وتعذّب, Prol. III, 406, 7, Damîrî article فَدَخَلَتْ بعوذةٍ الى بعوض فصعدت فى انفه: بعوض — دماغه فتعذب بها اربعين يوما ومات. — *Avoir beaucoup de peine*, prendre beaucoup de peine, *se tourmenter*, se donner beaucoup de peine, Bc. — Dans le Voc. sous *punire*, c. ب, فى et مع. — *Subir la question*, Bc.

XII (Lane). Un exemple Abbad. II, 66, 6.

عَذْبُ اللسان *langue dorée*, personne qui sait séduire, persuader, Bc.

عَذَبَة *cravache*, Barbier. — *Le fruit du tamarisc* (الأثل), Bait. I, 13 b: ويسمّى حب الاثل العذبة; cf. Freytag sous عجم; d'après le Most, v° اثل, ce serait le tamarisc même, et le M a sous عَذَب: «sorte d'arbre, et l'on dit que c'est le fruit du tamarisc.» Bc donne: اثل العذبة *empetrum* (plante).

عَذَاب *fatigue, apprêts, soin*, Cherb. Dial. 16. — *Martyr*, qui souffre beaucoup, qui a beaucoup souffert, Bc.

مُسْتَعْذَب *homo dulcis*; Voc.

عَذَرَ I. Fragm. hist. Arab. 525, 1: لا تخاربه اعذر به. Dans le Gloss. M. de Goeje dit que cet اعذر ou عذر c. ب signifie: «observa eum et evita,» ce qui me paraît fort douteux. — Dans le Voc. sous *barbescere*.

II *admonéter*, faire une réprimande en justice, à huis clos, Bc. — C. a. dans le Voc. sous *dificilis fuit*.

III c. a. *dimitere*, Voc.

IV c. الى p. *avertir*, surtout en parlant d'un ennemi, d'un rebelle, qu'on avertit et qu'on menace avant de le combattre, en le sommant de se soumettre; c'est proprement: s'excuser auprès de quelqu'un, lui dire: excusez-moi si je passe outre, si j'emploie la violence; c'est vous qui m'y forcez; voyez Gl. Bayân, Gl. Belâdz., Gl. Fragm., de Sacy Chrest. II, ٨٨, ٩, Haiyân 89 r° (Ahmed est le général de l'armée du sultan, et Daisam est un rebelle): وانفذ القائد أحمد بن محمد رسله الى مدينة لورقة متعذرا (مُعْذِرًا ل.) الى الخبيث ديسم بن اسحق ثم سار اليه فى التعبية يريد النزول ساحته (بساحته ل.). Ausi c. a. p., Amari 202, 4 a f.: وإن ابيتم ما عرضناه عليكم فقد انذرناكم فانظر لنفسك واعذرناكم, de Sacy Chrest. II, ١٣, 7: فقد اعذرتُك، مرّةً بعد اخرى وانذرتُك. Comme t. de droit, *sommer*, signifier à quelqu'un, dans les formes établies, qu'il ait à faire telle ou telle chose. M. de Goeje a publié à ce sujet, dans le Gl. Fragm., un passage curieux de Motarrizî, où on lit: كان أبو يوسف رحه يعمل بالاعذار, c.-à-d., selon l'explication de cet auteur: lorsque quelqu'un avait rendu plainte contre le sultan, et que ce dernier refusait de comparaître en justice, le cadi lui envoyait un messager qui criait devant la porte du palais: إن القاضى يقول أجب, et qui venait répéter ces paroles plusieurs jours de suite. Quand le sultan persistait dans son refus, le cadi nommait un procureur qui devait plaider en son nom. Cf. Macc. I, 556, 13 (= Mohammed ibn-Hârith 236). On dit aussi en parlant du cadi: اعذر الى فلان فى الشهود, Macc. même page l. 18, *faire connaître à quelqu'un les noms de ceux qui témoignent contre lui*. — اعذر فى الشهادات se dit du *cadi qui examine scrupuleusement si les témoins ont toutes les qualités requises*, Macc. I, 558, 17 et 18.

V c. عن et ل dans le Voc. sous *excusare*. — Pour le sens d'*être impossible*, cf. Abbad. I, 98, n. 132, Gl. Maw. — C. على p., Abd-al-wâhid 86, 12: il avait demandé un dépilatoire (نورة), mais تعذّرت عليه on ne put le lui procurer. — *N'être d'aucune utilité, ne servir à rien, être hors de service*, Akhbâr 130, 1: les écuyers du sultan étaient chargés de remplacer les chevaux hors de service, ما تعذّر منه. — En termes de marine, c. ب p. تعذّرت بهم الريح ils

عذر

eurent le vent contraire, Bayân I, 57, 12. — C. من *faire des difficultés,* le n. d'act. c. من *scrupule, répugnance,* Bc. — متعذّر الهمّات *plein d'anxiété,* Gl. Mosl. (je ne puis approuver ce qu'on y lit en outre; dans le texte, 80, 4, il faut peut-être lire: فتعذّر عليه آماله, et alors le verbe a sa signif. ordinaire). — Dans le Voc. sous *barbescere, lanugo.*

VII dans le Voc. sous *demoniacus.*

VIII c. الى p. *se disculper, se justifier auprès de quelqu'un,* Bidp. 260, 8. — C. ل et عن, R. N. 54 r°: le prince dit à son serviteur: je ne puis les recevoir dans l'état où je suis ألّا اعتذرت لم عتى فعال
اعتذرت فلم يقبلوا عذرى۞

X *s'excuser,* Alc. (escusarse); dans le Voc. c. ل, et عن sous *excusare.* — C. ب p. *excuser quelqu'un,* Alc. (escusar a otro). — *Refuser,* Alc. (rehusar). — Chez Alc. "achacar," et مستعذّر "achacoso;" Nebrija explique le verbe esp. par "causor, occasionem quaero," et l'adj. par "causarius, causabundus;" chez Victor le verbe signifie: "trouver occasion, imposer, mettre sus, accuser sur quelque occasion et sujet, achoisonner," et l'adj.: "qui trouve facilement occasion et prétexte à quelque chose, scrupuleux, maladif, qui est facile à devenir malade, douloureux;" chez Nuñez le verbe: "attribuer, rapporter, imputer, référer une chose à celui qu'on prétend en être la cause, l'auteur ou le principal instrument," et l'adj.: "maladif, infirme, malsain, valétudinaire, grabataire: qui est sujet à être malade."

عذّر Remarquez la phrase chez Haiyân-Bassâm III, 50 r°: le chevalier normand torturait son prisonnier musulman de toutes les manières, afin de le forcer à indiquer l'endroit où il avait caché ses trésors, حتى يبلغ نفسه عذرها فيه c.-à-d., jusqu'à ce que ce dernier en vint à un point où il était excusable (aux yeux de ses coreligionnaires) s'il révélait cet endroit. Immédiatement après, l'auteur dit: et parfois le musulman rendait l'âme sans qu'il l'eût fait. — *Occasion, cause, sujet, motif, raison,* Alc. (ocasion o achaque, razon causa o ocasion), p. e. une cause, un motif qui force l'imâm à interrompre ses fonctions, Macc. I, 938, 9. — *Faute,* Alc. (falta por culpa). — J'ignore

ce que signifie عذرى ou فى, comme porte l'éd. de Boulac, chez Macc. I, 942, 9. — *Menstrues,* aussi عذر النساء *ordinaires,* Bc.

عذرة (ابو عذر =) هو ابو عذرة الشى *il est le premier qui ait* etc., Macc. II, 199, 10 (cf. Add.). C'est la forme primitive de cette expression; on a retranché le ة pour rendre la prononciation plus facile, M.

عذرى (العشق) الهواء *l'amour platonique,* Burton II, 94, M, Macc. II, 833, dern. l.; mais Burton a mal expliqué l'origine de cette expression; ce n'est pas "amour pardonnable" (de عذر, excuse), comme il le pense, mais l'amour tel que le pratiquait la tribu des Benou-'Odzra, qui était célèbre par sa délicatesse en amour. Le traducteur de Bat. ne l'a pas comprise non plus, I, 155, II, 104. — Pl. عذارى *jeune garçon,* Bc (Maroc).

عذار Le Voc. a le pl. أعذر sous *frenum,* et Alc. prononce le sing. عذار (cabeçadas de cavallo).

عذير Pour عذير voyez Diw. Hodz. 51, vs. 1, 114, vs. 12, 209, vs. 24.

أطراف العنب العذارى *sorte de raisin,* proprement ou اصابع العذارى العذارى, Gl. Edrîsî, Gl. Esp. 207, Auw. I, 646, 12.

أعذر *fournissant une excuse.* Dans l'Aghânî 19, 14, lorsque les habitants de Médine se sont révoltés contre le calife et veulent chasser leur gouverneur, celui-ci leur dit: vous serez vaincus ألّا أعذر لكم أن تخرجوا اميركم "tumque aliquid excusationis saltem habebitis; si me, principem vestrum, non expuleritis" (Kosegarten). اعذر اليد والرجل *estropié de la main et du pied,* Bat. II, 321.

معذور pl. معاذير *aveugle,* Voc. — *Possédé du démon,* Voc.

عذافر, fém. ة, Wright 86, vs. 5, Djarîr.

عذل

عذل III *reprendre, censurer, critiquer,* Gl. Bayân, Voc. — *Rogare,* Voc.

VII quasi-pass. de la Ire, Voc. (v° *arguere*), Saadiah ps. 50.

عذم.

عَذُوم s'emploie aussi en parlant de la guerre, Diw. Hodz. 96, vs. 11.

عذو.

عَذَاب. On dit تُرْبَةٌ ذَاتُ عَذَاةٍ, Gl. Belâdz.

عر I *flétrir*, *déshonorer*; يَعِرّ *déshonorable*, *ignominieux*, Bc. — *Déroger*, faire quelque chose qui fait déchoir de la noblesse, Bc. — *Beugler*, Bc.

عُرَّة forme au pl. غُرَر, Valeton ٣٩, 5 a f.: أن أَغَلَ. — السميَّنت اذا كثروا ففيهم الغُرَر والعُرَر — *Femme méchante*, *mégère*, 1001 N. IV, 677, 7, cf. la trad. de Lane III, 728, n. 3.

عَرْعَار *genévrier*, Alc. (enebio *lisez* enebro) mata espinosa; il prononce (عَرْعَار); — arbre qui donne un fruit, dont les Bédouins tirent un suc extrêmement nourrissant, Burckhardt Syria 393; — arbre qui donne de la résine, dont on se sert pour goudronner les chameaux, Daumas Sahara 211, 226, 243.

مُعِرّ *infamant*; أَشياء مُعِرّة *horreurs*, choses déshonorantes, actions flétrissantes, Bc.

مَعَرَّة. Le pl. est مَعَارّ, Bidp. 138, 2.

عرب II c. a. p. faire de quelqu'un un véritable *Arabe*, P. Berb. I, 32, 5: وهم عَرَّبوا الاعْرَاب, où M. de Slane traduit: « Ce fut par eux que l'esprit national des Arabes nomades se retrempa. »

عَرَب Le pl. عُرْبَان, de Sacy Chrest. II, ٧, 7, ١, 6, Kóseg. Chrest. 72, 7 a f., 91, 7. M. de Goeje observe que c'est *nomades* chez Yâcout I, 502, 7, où il s'agit de Berbères, tandis que les Arabes sont nommés عرباء. 1. 5. — أَوْلَاد العَرَب *les citadins et les villageois*, l'opposé de العَرْب; *les Bédouins*, Lane trad. des 1001 N. II, 319, n. 18.

عَرَبَة, *voiture*, forme au pl. عَرَب أت et عَرَب, Gl. Belâdz., M. — Comme n. propre, Edrîsî, Clim. II, Sect. 5: وممْكة قطب ومقصد لأهل جزيرة عربة وهى بلاد اليمن.

نساء غرناطة المشهورات بالحسب sont العربيات عَرَبِيّ ولْجلالة تحافظتهنَّ على المعالي العربية, Macc. II, 631, 11. — *Charretier*, Hbrt 195.

عَرَبَانَة *chariot*, *tombereau*, *voiture*, Bc, M. — *Caisson*, sorte de caisse sur des roues pour les vivres, les munitions, Bc.

عَرَبَجِي *voiturier*, M.

عَرَّاب *parrain*; عَرَّابَة *marraine*, Bc. Ce mot a ce sens chez les chrétiens et il est d'origine syriaque, M.

أَعْرَب *le plus pur*, *le plus classique* (mot), Mufassal 196, 7.

أَعْرَابِيّ l'une des deux espèces du بشنين (Nymphœa Lotus); l'autre s'appelle الخَنْزِيرِي, Bait. I, 141 c.

عرد I *marauder*, aller en maraude, Bc.

عَرْبَدَة *bruit*, *tumulte*, *querelle*, Voc. (rixa), Alc. (raydo question), Payne Smith 1361, surtout *dispute d'ivrognes*, Bait. I, 287 b. — *Duel*, Alc. (trance de armas; Nebrija ne donne ce terme qu'en un seul sens, celui que j'ai indiqué). — أَنَّ المُسَارَّة عربدة, 1001 N. II, 163, où Lane traduit: « whispering is an act of rudeness. » — *Maraude*, vol fait par des soldats, Bc.

عَرْبِيد pl. عَرَابِيد *maraudeur*; — *partisan*, chef, membre d'expéditions hardies, Bc.

تَعْرِيد *dénonciation*, *délation*, Payne Smith 1520.

مُعَرِّد *maraudeur*, Bc. — *Rapporteur*, *dénonciateur*, Payne Smith 1520.

عربس I c. a. p. *troubler* quelqu'un, lui ôter la présence d'esprit nécessaire, M.

II *se troubler*, Hbrt 228, M.

عربش II *grimper*, Ht, الى شجرة « à un arbre, » Bc; c. ب ou s'accrocher, s'attacher à, s'agripper à; c. على se cramponner à, Bc.

عربق I *embarrasser*, *empêtrer*; لْحَصَان *jeter à terre* un cheval, le renverser en lui attachant les jambes; الخَيْط mêler du fil, de la corde, etc., Bc.

II حبلَة *s'embarrasser les pieds dans une corde*, Bc.

عربن II dans le Voc. sous arra.

عرج I, *boiter*, le n. d'act. aussi عَرُوجَة dans le Voc. (cf. plus loin).

II. Le Voc. sous *deviare* donne la constr.: c. a., عن et a. (*sic*).

VII *boiter*, Abou'l-Walîd 786, 31.

عَرُوجَة (cf. sous I) *boitement*, *clochement*, Alc. (coxedad de pie o pierna).

عَرَج pl. عَوَارِج *chapeau orné de plumes d'autruche, que portent les cavaliers bédouins dans les jours de fêtes*, Cherb.

أَعْرَج *celui qui n'a qu'une jambe*, Alc. (ombre de una pierna). — Pl. عُرْجَان *valet, figure dans les cartes de jeu*, Bc. — *L'espèce la moins grosse de la gesse et dont les feuilles ressemblent à celles de la vesce*, Auw. II, 68, 20. — ذُوَيْبَيْت أَعْرَج voyez sous le premier mot. — عَرْجَاء, *hyène*, pl. عِرَاج, Payne Smith 1554.

تَعْرِيج. Je ne connais pas le sens précis que ce mot doit avoir chez Djob. 177, 10: يُنْخَل مِنْهَا (الأبواب) الى دَهَالِيز وتَعَارِيجُ. — Les تَعَارِيج sont nommés parmi les figures d'une mosaïque, Djob. 85, 8. — *Falbala*, bande d'étoffe plissée, Bc.

مَسْعَرَج. Victor a l'esp. *almarax* dans le sens de *pont*. J'ignore si les Arabes d'Espagne employaient المعرج dans cette acception.

مِعْرَاج dans un vers 1001 N. II, 258, 4 a f., où Bresl. VII, 332, porte رَغِيف مِن خُبْز المَعَارِج Lane dans sa trad. (II, 495) avoue qu'il ignore ce que c'est. Autre rédaction de ce vers IV, 203, 5, Bresl. V, 100, X, 116.

عرجن.

عُرْجُون *régime qui couronne la tête du dattier mâle*, Daumas Sahara 139. — *Queue des figues*, Voc. (ficuum mota; voyez sous بَاجِين), avec *fatha* sur le 'aïn. En parlant de roses, les عَرَاجِين sont *les pédoncules, les portions des branches auxquelles adhèrent les boutons*, selon l'explic. d'Auw. I, 644, 5 et 6. — *Epaulettes*, Prax R. d. O. A. V, 214 n.

عُرْجِينَة pl. عَرَاجِين *rafle, grappe de raisin qui n'a plus de grains*, Alc. (escobajo de uvas).

عرد.

عَرْد *averse*, Roland.

عَرَّاد, n. d'un. ة, *charbon, tronçon de jeune bois qu'on brûle à demi, et qu'on éteint pour le rallumer au besoin*, M.

عردس.

عَرْنَدَس *nom d'un jeu d'enfant*, M.

عردش I *ronger*, Bc.

عَرْدِيب *tamarin*, Be (Eg.), Burckhardt Nubia 261, 436, d'Escayrac 78.

عَرْدِين *même sens*, Hbrt 55; mais c'est peut-être une faute.

عرزم.

لِبْن عُرَيْزِمِي *briques d'Arzam*. Cet 'Arzam était un homme de Coufa, qui faisait dans un cimetière de la brique très-mauvaise, car la terre dont il se servait était mêlée de jonc, de tessons et de matières fécales, de sorte que ces briques étaient à la fois sales et dangereuses en cas d'incendie, Gl. Belâdz.

عرس II *bivaquer*, Berb. II, 385, 3 a f. (cf. la ligne suiv.). — *S'arrêter quelque part*, ب, Berb. II, 279, 5, *y rester pendant un certain temps*, Berb. II, 155, وَمَضَى فِي وَجْهِهِ إِلَى بِجَايَة فَعَرَّسَ بِسَاحَتِهَا ثَلَاثًا 5: mais il faut lire avec notre man. 1350 فَعَرَّسَ. — C. على *se camper près d'une ville, pour l'assiéger*, Berb. II, 283, 4 a f. — *Amonceler*, Voc. (acervare). — عَرَّس المَتَاع *décharger les marchandises*, Gl. Edrîsî. — *Facere nupcias*, Voc.

V c. في dans le Voc. sous *manere*. — *Etre amoncelé*, Voc.

عِرْسَة *belette, furet*, Bc, Hbrt 64 (ce dernier avec le *kesra*), Pagni MS (donnola, Harsa). — عِرْسَة pl. عُرُوس *monceau*, Voc.; dans la 1re partie avec le س et le ص.

عُرْسِي *nuptial*, Bc; العُرْسِيَّة *ceux qui arrangent les noces*, M.

عرش

عَرائس ‏عَروس est aussi le pl. du masc., Voc., Alc. (novio rezien casado; le pl. عَراس sous esposo est une faute d'impression). Un grand Soufi est nommé عروس الفقهاء وأمير المجتهدين ,5 ,583 ,Macc. I, le nouveau marié parmi les fakihs, c.-à-d., le plus distingué. — nénufar, Most. v° عرائس النيل ;نيلوفر fleurs de nénufar, Bc. — Sorte de machine de guerre, de baliste, Gl. Belâdz.; Quatremère, Mong. 284 a, cite un passage de Mirkhond, où عروسك est le nom d'une machine de guerre. — Sorte de poisson, Edrîsî ۱۳۲, 7 a f. — Sorte d'oiseau, Yâcout I, 885, 13; dans un vers, ibid. IV, 842, 14, il est question de beaux oiseaux nommés عرائس السر . — العروس nom d'un minaret de la mosquée de Damas, Macc. I, 720, 6.

عَريس se trouve 1001 N. I, 165, 325, Payne Smith 1202, 1411, 1607.

عَروسة. Voyez pour un sens tout spécial que ce mot a en Égypte, Lane M. E. II, 290 et suiv. — عروسة المياه naïade, Bc. — Mandragore, Most. v° يبروح ;عَروسة الـفـيـران belette, Voc., Alc. (comadreja), Abou'l-Walîd 796, 7.

(عَروسة P) furet, Bc.

ابن عرس وهو العروسالك), L (mustela belette, la terminaison est espagnole.

عَروس et عَروسة poupée, Alc. (muñeca de niñas).

عَراسى sorte de pain qu'on mange aux noces, Alc. (pan de boda).

مَعرَس maison de campagne, Macc. I, 447, 17. — Voyez sous معرس.

عَرَش I. البساتين المعروشة, Çalât 67 v°, des jardins dont les allées sont en berceau, Berb. I, 413.

II entrelacer, p. e. en parlant de roseaux, Alc. (entretexido como cañas مُعَرَّش). — Tapisser de vigne, Bc.

V dans le Voc. sous vitis, faire, former le berceau, Auw. I, 312, 13, où il faut lire وينعَرَّش avec notre man.

عَرَّش. Quand on compare Lane et Ztschr. XXII, 153, on n'hésitera pas à lire عرش, au lieu de حرش, dans ce passage de Burckhardt, Syria 280: «Je remarquai sur les terrasses de toutes les maisons de Feik un petit cabinet nommé Hersh (حرش), formé de branches d'arbres et couvert de nattes. C'est dans ce frais endroit que la famille se retire pendant la chaleur du milieu du jour.» — Treille, ceps de vigne qui montent contre une muraille ou contre un arbre, Auw. I, 502, 16—18, où il faut lire avec notre man.: والعروس ايضا للحدثة تدبر بهذا التدبير حتى يصير لسوقها ارتفاع قدر اربعة اذرع وذلك ان العرش ما دام لينا عرش, Müller 16, 2, 36, 1. — Pl. فيد قبول تشكيل radicule, petite racine, Bc. — Filet, fibre, Bc. — En Barbarie, tribu, pl. أعراش et عُروش, Bc (Barb.), Ht, Dict. berb., Daumas Kabylie 47, 48, Hist. Tun. 136: وجمع المراقبة من العروش. — Dans la province de Constantine, territoire sur lequel la tribu n'a que le droit de jouissance, Dareste 83; عرش أرض terre possédée collectivement par une tribu, qui est inaliénable, syn. سابقة, Beaussier (Ouest).

عَريش berceau, tonnelle, Gl. Esp. 58, Bc. — Bocage, Bc. — Treille, ceps de vigne qui montent contre une muraille ou contre un arbre, Gl. Esp. 58, M, qui a le pl. vulg. عُرشان. — Treille, raisins qui viennent sur treilles, Gl. Esp. 59. — Nom d'une plante, Prax R. d. O. A. VII, 264.

عَريشة = عريش berceau, voûte en treillage garnie de vigne, de jasmin, etc., treille, Bc. — عريشة من شجر bosquet, Bc, seul, Mehren 31. — عرش dans le passage de Burckhardt cité plus haut, Ztschr. XXII, 153. — Vigne montante, Alc. (parra o vid cepa, vid o parra o cepa, vid abraçada con arbol), M, Abou'l-Walîd 779, 32.

مَعرَش, pl. أت مَعرَش berceau, treille, Gl. Esp. 58. — Echalier, haie, clôture de branches, Alc. (seto). — Cabine, Bat. III, 109. — الكرم المعرش la vigne montante, Gl. Esp. 59; aussi معرش seul, Voc., العنب المعرش treille, raisins qui viennent sur treilles, Gl. Esp. 59.

عرض I c. ل faire le maquereau, servir de maquereau, Bc.

II porter des cornes, être cocu, Bc. Cf. plus loin le n. d'act. et le part.

X cocufier, Bc.

عَرَض cornard, cocu, Journal of the R. Asiatic Society XIII, 38: والحمل نجم فى السماء ويقارنه نجم

عرص

يقال له ذو القرنين فيجعلني عرصًا, 1001 N. Bresl. XI, 11, pl. ات coquin, fripon, Mehren 31.

عَرْصَة pl. عرص, au Maghrib, *soliveau, colonne, pilier*, Gl. Edrîsî, Ht. — *Cornard, cocu*, Bc; *arsat, cornu*, terme injurieux que les Coptes appliquent à Judas, Thévenot I, 502; *Scheikh el Arsat, prince des cornus, ibid.* 279. — *Garce*, prostituée, carogne, femme méchante, débauchée, Bc. — *Jardin*, Domb. 75, *jardin d'arbres fruitiers, verger*, Beaussier, dans un diplôme chez Ali Bey, I, Planche VII: أنـعـمـنـا — على خدمنا على باى لحلبى بجنان السماليــة وعرصته للجبال? Dans les 1001 N. I, 398, 9, quelqu'un voyage للجبال في عرصة.

عُرْصَة pl. عرص est dans le Voc. *casale (porticus cum uno stallo)* (?); dans la 1re partie aussi avec le س. — Voyez عَرْسَة.

عُرْضَة? Dans les 1001 N. Bresl. IV, 322, 6, on trouve يا مال العرصة comme terme injurieux. Habicht dans son Gloss. (p. 24) prononce عُرْصَة, qui signifie selon lui *maquerellage* (Kupplerey), mais sans s'expliquer sur le mot مال, qui cependant est embarrassant.

أعْرَص s'emploie comme comparatif de مُعَرَّص (voyez), 1001 N. IV, 590, dern. l.: ولم يكن احد أعرص من, II, الذى يصف لزوجته انسـانـا بالحسن والجمال 385, 2 a f.

تَعْريص *copulation charnelle illicite*. Selon le M c'est pour تعريس; on y lit: وربما استعملت العامة التعريس للوطء للحرام وقالوا فى الشتم يا معرص بضيعة اسم المفعول مبالغة فيه. Si cette observation est juste, l'origine de plusieurs autres mots qu'on trouve sous cette racine serait expliquée. Dans les 1001 N. III, 238, 3 a f., deux esclaves ont reçu l'ordre d'aller noyer une jeune dame; mais voyant qu'elle est belle, ils se disent: Nous la conduirons plutôt dans la forêt ونعيش بها فى تعريض تجيب. — *Maquerellage*, Bc. — *Cocuage*, Bc.

مُعَرِّص *maquereau, mercure*, entremetteur de prostitution, *proxénète, ruffien*, — *cocu*, Bc, — *trafiquant de débauche*, Hbrt 244, Werne 34 (Hurenkerl), 121 (Kuppler), Burckhardt Nubia 241 (rascal), Burton I, 183, 1001 N. II, 379, 8, IV, 679, Bresl. IX, 385, XI, 105.

مُعَرَّصَة doit être un fém. comme عَرْصَة, *garce, carogne*; mais on l'applique aussi à un homme, 1001 N. Bresl. IX, 384, 2 a f.: فقال له امش معرصة كثيرة الكلام.

عرصم.

عِرْصِم, dans le Yémen, *solanum incanum*, البادنجان البرى, qu'on appelle aussi حَدَق, Bait. I, 296 c (la bonne leçon dans B), II, 189 i (il l'épelle).

عَرْض. Biffez cet article dans Freytag et dans le M, qui l'a suivi. C'est عِرْصِم qu'il faut lire.

عرض I. عرض نفسه على فلان *se présenter devant quelqu'un*, Nowairî Espagne 480: Proclamé calife par les Berbères, Solaimân se rendit avec eux à Guadalaxara, qu'ils prirent d'assaut, وعرضوا انفسهم على واضح; — *se faire connaître à quelqu'un*, Agânî 31, 7 a f.; العامرى — صاحب مدينة سالم فلم يقبلهم — *se jeter à la tête de*, faire trop d'avances, Bc. — عرض نفسه على الهلاك *aller aux commodités*, Djauzî 148 r°. — عرض البلاء على *se venger de quelqu'un*, Voc. — *Réciter* (Lane 2003 c), *prononcer ce que l'on sait par cœur*. Ce verbe s'emploie en parlant d'un professeur qui récite dans ses cours les livres qu'il sait par cœur, et aussi en parlant d'un disciple qui récite un écrit à un professeur afin de profiter de ses observations et corrections, ou bien qui récite certains livres afin de prouver qu'il les sait par cœur, en d'autres termes, qui passe son examen, Lettre à M. Fleischer 159 et suiv.; le M a: والعرض عند المحدثين هو قرآءه — C. a. et على *contrôler un récit au moyen de*, Prol. I, 9, 4 et 9. — *Décrier, diffamer*, Ht. — عرضنا وداعتك, 1001 N. Bresl. IX, 353, 3 a f., doit signifier: *nous vous disons adieu*; l'éd. Macn. porte: استودعناك الله. — ما عرضت بالصفد «je n'ai point eu l'intention secrète de solliciter des dons» (de Sacy), Nâbigha dans de Sacy Chrest. II, ۱۴۸, dern. l., cf. 463.

II *exposer*, c. a. p. et à r., comme donne le Voc. sous *exponere se periculo*, c.-à-d., عرض نفسه ل; — aussi c. d. a., Koseg. Chrest. 147, 8: لقد عرضتنا ونفسك شرا, Akhbâr 39, 4: il lui firent promettre

عرض   112   عرض

«qu'il ne les exposerait pas (aux attaques de leurs ennemis,) les Berbères;» de même 56, dern. l.; 42, 4: عرضتنا أكل الكلاب والطلول c. ب p., Mohammed ibn-Hârith 205; ما ذا عرضتما بالرجل à quel péril avez-vous exposé cet homme!» 209: — *Opposer,* ان ظنَنَّا فقد عرض بنفسه وذمّه Domb. 130. — *Faire réciter,* Cherb. Dial. 213. — *Inviter,* Ht.

III *molester,* Amari Dipl. 131, 8. — *Blâmer,* Voc. (arguere, synon. عذل عاتب). — Dans le R. N. 96 v°, un maître d'école dit: اق فلانا الى كتّابي فعارض الصبيان في الفساد, c.-à-d., il voulait séduire les garçons, en abuser. Je crois que le Voc. a pensé à un tel sens en plaçant ce verbe sous *inpetere,* car il y donne راود comme synonyme. — C. a. p. et ب r. *montrer* une chose à quelqu'un, Gl. Fragm. (Dans le passage ١٣٥, 4, je traduis: «Je ne l'ai pas fait, dit-il; ce que vous me reprochez n'est qu'un bruit répandu par ceux qui me haïssent, et qui se réjouiraient si j'éprouvais un revers de fortune.» Cela dit, il lui jura qu'il éviterait (la chose dont on l'accusait), et alors al-'Abbâs le laissa en paix.» Le verbe a donc sa signif. ordinaire, que Lane donne sous IV). — Dans le sens d'*étudier avec quelqu'un* (Lane TA), ce verbe se construit c. d. a., *étudier un livre avec quelqu'un,* Autob. 207 r°, où un professeur est le sujet du verbe: كان يعارض السلطان القرآن برواياته — ما عارض في الامير ... السميع الى ان توقى ne m'est pas clair dans un passage que j'ai copié sous دسّ II.

IV *émettre, exprimer,* Bc. — *Référer,* Roland. — C. عن *feindre de ne pas apercevoir* une chose, Voc. — Seul اعرض عنه = *refuser,* Gl. Fragm. — C. على p. *offrir,* اعرض للاخطر *s'offrir,* Bc. — *découvrir,* dégarnir de forces, de secours, *exposer aux dangers,* ل C. في ou ل r. *se mêler* de quelque chose, *y prendre part, y consentir,* Gl. Fragm. (si toutefois c'est la IVe, et non pas la Ire).

V c. ل r. *oser toucher à une chose, y attenter, avoir la hardiesse de se l'approprier,* Bidp. 244, 2: ولتعلم انه لم يكن يتعرض للحم استودعته اياه No-wairî, man. 273, p. 592: il est ordonné aux chrétiens ان لا يتعرضوا لماله ولا دمه «de ne pas attenter aux biens ou à la vie d'un musulman;» تعرّض لحرم *attenter à l'honneur des femmes d'un tel,* Amari 384, 12 (cf. annot. crit.), 500, 6; Aboulf. Hist. anteisl. 96, 16: تعرض للمملكة وليس من بيته المملكة aussi c. الى, Athîr XI, 79, 7, et c. ب, Fakhrî 277, 6 a f., en parlant de soldats: تعرضوا بالنساء. On dit encore: تعرض فلانا عشرةً والخيل *causer du dommage à quelqu'un,* Amari Dipl. 24, 10, 27, 7. — C. ل *soumissionner,* faire sa soumission pour acheter et payer le prix, ou pour fournir, entreprendre à tel prix, Bc. — *Etre mis en travers, tendu* (chaîne), Becrî 39, 9. — *Etre passés en revue* (soldats), Amari 201, 8 (cf. annot. crit.). — كعدوا متعرضين *ils étaient assis les uns à côté des autres, rangés à côté les uns des autres,* Ztschr. XXII, 155.

VIII *traverser,* Bat. I, 70, en parlant de la mosquée d'Amr au Caire: والطريف يعترضه من شرق الى غرب. — *Etre mis en travers, tendu* (chaîne), Bat. I, 131. — *Intercepter,* arrêter, interrompre le cours direct de quelque chose, Berb. I, 23, 13: اعترضوا — *Attaquer,* هدية باديس من افريقية الى مصر فاخذوها *attaquer de front,* l'opposé de اعتلى, «attaquer en élevant le bras,» de Sacy Chrest. II, 444, dern. l. — C. a. p. et على ou على r. *entrer en concurrence avec, contester, contrarier, contrecarrer,* Bc. — C. على *objecter,* Bc, Ht.

X ne signifie pas seulement, quand il est question d'une esclave, ce que Lane donne d'après le Comm. sur Harîrî, mais aussi *examiner une esclave;* voyez Mohammed ibn-Hârith 238, Tha'âlibî, éd. Cool et Roorda, p. 38, l. 3, 1001 N. II, 465, 4. J'observerai encore que Freytag, en donnant: «lustravit et comparavit rem rei c. a. et ب r.,» sur l'autorité, à ce qu'il prétend, de J.-J. Schultens, a attribué à cet illustre orientaliste une erreur dont il est innocent. Sch. donne d'abord *lustravit,* en citant Aboulfeda, et ensuite: استعرضت الناقة بحضرموت, «comparavi camelam Hadramaute,» en citant Harîrî (c'est p. 485, dern. l., dans l'éd. de Sacy), ce qui signifie: «j'ai acheté la chamelle dans le Hadhramaut;» c'est une traduction libre, mais justifiée par l'explication du scoliaste (والمعنى اشتريتها), tandis que Freytag doit avoir cru que ces paroles latines signifient: «j'ai comparé la chamelle au Hadhramaut,» ce qui est un non-sens; et ce qui est vraiment curieux, c'est qu'il avait cité lui-même ce passage de Harîrî dans la ligne précédente, en ne l'expliquant pas trop mal. — C. a. *passer des troupes en revue*, Abd-al-wâhid 92, 17. — *Se détourner de*, Bassâm III, 5 r°: خالعين لسليمن مُعارَضةً للطاعة واستعراضًا للجماعة

عَرْض ملك عَرْض, dans l'Inde, «le roi des revues,» était celui qui passait les troupes en revue et qui en avait le commandement, Bat. III, 44. Selon l'ouvrage persan intitulé Tabacâti Nâcirî, il existait, sous les princes ghourides, un fonctionnaire appelé صاحب ديوان عرض, «le chef du bureau des revues,» devant lequel devaient se présenter les soldats qui désiraient prendre du service, *ibid.* 458. — *La charge de présenter les requêtes, les pétitions, au souverain*, Cartâs 259, 5: ومن كُتّابه الفقيه الكاتب البارع ابو عبد الله المغيلى كان يتولّى العرض والانشاء; cf. Lane 2003 b, 16 a f. — Pl. أعْراض, aussi عُروضات et عَرْض حال, *mémorial, mémoire, placet, pétition, requête, adresse, lettre à un supérieur, supplique*, Bc, pl. عُروض *demande*, Ht; dans le M عرض حال, avec le pl. عرضحالات. — *Rapport*, relation, récit, Bc. — Dans le sens de *meubles* le pl. est aussi أعْراض, Fakhrî p. xix, 5; cf. Freytag sous عَرْض. — *Rang, rangée, file*, = صَفّ, Ztschr. XXII, 155, Macc. I, 364, 8: les hommes dans la mosquée étaient comme des حروف فى عرض سطر, car c'est ainsi que je crois devoir lire avec plusieurs man. et Boul., au lieu de عُروض. De là من عرض الناس = من جُملة الناس, Ztschr. l. l. — *Sphère*, étendue de pouvoir, de connaissance, d'état, de condition, p. e. هذا خارج من عرضه «cela est hors de sa sphère,» Bc. — عرض الوادى *le bord de la rivière*, Voc. (litus). — *Bœuf*, Domb. 64. — مِن عَرْض الفَحْص *sine* (sine cura), Voc.; je ne comprends pas comment cette expression pourrait avoir ce sens.

عِرْض Le pl. اعراض *tribus*, Ibn-Khordâdbeh 80, 3 (copié dans le Holal 87 r°), là où commence la liste des tribus berbères: أعراض البربر هوارة وزناتة الخ; chez Roland 352 *hordes*. Peut-être est-ce proprement *districts, cantons*, habités par les différentes tribus et qui leur empruntaient leurs noms; cf. Yâcout I, 541, 12, où il est aussi question des Berbères: وقد

من اسماء قبائلهم التى سمّيت باسم الاماكن التى نزلوا بها. — *Honneur*; أقَلَّ عِرْض *honnête homme; gens de bien*, Bc أكل العِرْض, ou الاعراض, ou عرضه, *détracter, médire, calomnier*, Voc., Alc. (detraer murmurar, detracion, habla contra otro, murmurar contra otro, muracion). نحن فى عرضك «we throw ourselves upon thy generosity,» comme Lane traduit 1001 N. III, 225, 9, où deux personnes, qui craignent d'être mises à mort, vont trouver leur mère et lui disent: انا فى, Bc أمّنا نحن فى امّنا يا امّنا أشفى فينا عرضك *la vie! la vie!*

عَرْض. De même qu'on dit فلان من عرض الناس, on dit فلان من عرض الجُنْد «c'est un simple soldat,» Recherches I, p. xxxviii, 6.

عَرَض *démon*, pl. اعراض, صاحب عرض, *possédé du démon*, Voc.

عارِض عرض الممالك voyez sous عَرَض.

عَرْضة pl. عَرَضات *un objet qu'on montre*, Freytag Chrest. 38, 11: ثم قال لخادمه يا بشر اذا انا مت فاجعل الرقاع فى اكفانى ألقى بها محمّدًا صلعم فى عَرَضات القِيامة. Les voyelles sont dans l'éd. — *La danse guerrière des Bédouins*, Burton I, 401.

عَرْضة, c. لِـ, *un objet exposé à*, Abdarî 37 r°, en parlant de la خِرْقة, nommée بُرقع, dont les femmes, chez les Bédouins de Barca, se couvrent le visage: فلا تزال تلك الخرقة عرضة للاتّساخ.

عُرْضى *tribu*, Ht; عُرْضى *quartier, campement, camp*, Bc; j'ignore s'il faut mettre ces mots en rapport avec أعراض (voyez عَرْض), ou bien avec le turc أوردى (ordi, ordou), dont nous avons fait *horde* et qui signifie *campement, camp*.

عَرَضى *accidentel*, Voc., M. الخطيئة العرضيّة, chez les chrétiens, *péché véniel*, M.

عَرَضيّة *accidence*, qualité, état de l'accident, *casualité*, Bc.

عَرْضيّة = كُرّ (voyez) *pièce de toile servant à former le turban*, expliqué par ما يلقى على الراس Mehren 31 (qui traduit à tort «calotte»).

عَرُوض musique, Alc. (musica arte de cantar), Prol. III, 417, 5 (cf. sur ce vers mes remarques dans le J. A. 1869, II, 213—4); L donne: melodia بِمَسَاقٍ ; وَعَرُوض حُلْو عروض البَلَد rimes de ville, chanson qui court par la ville, vaudeville, Prol. II, 195, 10, III, 417, 9. — Hémistiche, Prol. III, 417, 8. — Le pl. أَعَارِيض les pieds d'un vers, Macc. II, 406, 8; — mètres, J. A. 1869, II, 186—7, L (metrum). مِنْ ذَا العَرُوض huiusmodi, Voc.

الشَّاعِر العَرِيض Haiyân 9 v°. — ? Le flanc de la montagne qui est du côté du voyageur, si je comprends bien le M مَا عُرِض واستقام من جَانِب لِجَبَل وَهُوَ مِنْ كَلَامِ المُوَلَّدِين *

عُرَاضَة, au Liban, tirer des coups de fusil aux jours de fête, M.

عُرُوضَة échantillon, Bc.

عُرَيْضَة requête, pétition, M.

عَرُوضِي musicien, Alc. (musico).

عَرُوضَات ceux qui désirent, Roland.

العَارِض gros nuage qui apparaît sur l'horizon; جَاتْر عارض il pleut à verse, Delap. 39; le Voc. a averse, ondée (unda pluvia). — Fantôme, رَجُل عارض « le fantôme d'un homme, » Abbad. II, 120, 1, III, 211, n. 11. — Dérangement dans la santé, maladie, Badroun 17, 1: طَبِيب لَا يُخْشَى مَعَهُ دَاء وَلَا شَيْء est certaine maladie de la vigne, voyez Auw. I, 586, 5 et suiv. Spécialement: dérangement dans l'esprit, Autob. 198 v°: لَقِي أَعْلَام المشرق يومئذ فلم يأخذ عنهم لأنه كان مختلطا بِعَارِض والعَارِض للمس من الجِنّ cf. M: عَرِض فِي عَقْلِه كَلَام المُوَلَّدِين. — Démon, qui s'est emparé d'une personne, qui la possède, 1001 N. II, 341, 5 a f., 4 a f., 342, 2 a f., 343, 5, IV, 532, 14. — عَوَارِض السِّكَك les carrefours, à ce qu'il semble, Macc. I, 358, 6. — المَمَالِك (ou عَرَض), dans l'Inde, l'inspecteur des provinces, voyez la note dans Bat. III, 458.

عَارِضَة râpe, Alc. (raspa casi escofina). — عَارِضَة لَكَلَام débit, déclamation, Bc.

عَارِضِي accidentel, casuel, éventuel, Bc. — Casuel, revenu fortuit, Bc.

عَارِضِيَّة خَشَب latte, Bc.

أَعْرَاض exposé, Bc. — Offre, Bc.

تَعْرِيض euphémisme (trope), Bc.

مَعْرِض marché aux esclaves (Lane MA); le Voc. a مَعْرِض, pl. مَعَارِض, forum (ubi captivi venduntur); Khaṭīb 37 r°: (l.) وانا اقدر أن اشترى لك من العَرْض (المَعْرِض) اخيرًا (خَيْرًا) منه بِعِشْرِين دِينَار ma correction est certaine, car on lit chez Macc. dans l'endroit correspondant, II, 546, 4 a f.: مِنْ سُوق العَبِيد.

مُعْرِض, dans le sens de copiam sui offerens (cf. Diw. Hodz. 266, vs. 10), pl. مَعَارِض, Gl. Mosl. (?).

مُعْرِض me semble avoir son sens ordinaire, celui que Lane donne en second lieu, dans le passage cité Gl. Mosl. — Barrière, Macc. III, 118, 16: assistant à un enterrement, le sultan dit: كَيْفَ تَتَرَكُون الخَيْل تَصِل إلى ضَرِيح الشَّيْخ قَلَّ عُرْضَتُم هُنَاكَ (وَأَشَارَ إلى حَيْثُ المَعْرَاض الآن) خَشَبَة فَقَمْنَا Un مِعْرَاض est donc l'équivalent de مَعْرِضَة, « une pièce de bois mise en travers. » — Fléau de porte, barre mobile pour la fermer, pl. مَعَارِض, Beaussier.

مَعْرُوض exposé (subs.), Bc. — Requête, M. — Parvenu, Roland.

اِعْتِرَاض digression, ce qui est hors du sujet principal du discours, Bc. — Parenthèse, Bc.

مُعْتَرِضَات (pl.) semble signifier de petits canaux qui relient entre eux les canaux plus considérables, Gl. Belâdz.

مُتَعَرِّض soumissionnaire, qui fait sa soumission de fournir, de payer, etc., Bc.

عَرْطَنِيثَا Voyez Bait. II, 186 e, Payne Smith 1419. «Chez Râzî c'est une plante inconnue; ceux qui disent que c'est le أَذْرِيون se trompent; aujourd'hui on

عرع

appelle ainsi en Orient le خرو مريم, mais chez Râzî c'est une autre plante,» Gl. Manç. in voce. Bc a ce mot sous les articles *cyclamen* ou *Pain-de-pourceau, léontopétalon, patte-de-lion*.

عرع I, aor. *a, officier bien*, bien boire et bien manger, Bc.

عرعر.

عَرْعَر *genévrier*, Bc, Prax R. d. O. A. VI, 341, Pflügl t. 68, p. 24 («im hohen Atlasgebirge findet man den *Arar* (Iuniperus phœnicia), einen hochstämmigen Baum mit unverweslichem, hartem und ungemein schönem Holze, welches zu Bauwerken aller Art, eben so als zu kleineren Geräthen taugt»), cf. Jackson 16, 78, 83, Gräberg 33, 116; *sabine*, Alc. (sabina), Pagni MS; *thuya articulata*, Carette Géogr. 227.

عَرْعَرَة *le cri du chameau*, M.

عَرْعَر *viens pour jouer le jeu* عَرْعَر! Voyez Fleischer Beiträge zur arab. Sprachkunde II, 283.

عِرْعار, n. d'un. ة, pl. عَرَاعِر, *genévrier*, Voc.; chez Alc. la première syllabe est aussi avec *kesra*, et Cherb. donne عرعار *mélèze*; M: والعامّة تقول العرعار بزيادة الالف ¶

عرعل.

عِرْعِل, n. d'un. ة, pl. عَرَاعِل = عرعر *genévrier*, Voc.

عرف I *reconnaître, avoir de la gratitude*, p. e. اعرف لى هذه الفعلة «sachez-moi gré de cette action,» Bc, Abd-al-wâhid 167, dern. l., Gl. Mosl., où l'on trouve aussi la constr. c. d a. (On y lit encore que ce verbe signifie, c. a., *avoir coutume de*. Le texte qui y est cité porte: On m'envie parce qu'on sait que vous m'enrichirez, لأن ذلك قد عرفتم فعله فيمن قصدكم. Quand on traduit: «car vous savez faire cela à l'égard de ceux qui viennent vous trouver,» le verbe a sa signif. ordinaire.). — *Reconnaître pour sienne* une chose qu'on a trouvée, Gl. Belâdz. — عرف القاضى *le cadi a constaté son identité*, Roland. — عرف ب p. et a. r. *reconnaître, avouer que quelqu'un a telle ou telle qualité*, R. N. 45 rº: كان من المجتهدين فى عبادة نفسه — العبادة وكان سَخْنون يعرف له فضله

115

عرف

بأن *se reconnaître, s'avouer*, Bc. — *Examiner* une chose qu'on a trouvée, afin que si quelqu'un vient la réclamer, on puisse savoir si elle lui appartient réellement, Gl. Belâdz. — ما اعرف فيه *je ne m'en mêle pas, je ne veux y entrer pour rien*, Bc. — ما اعرف ثيابى الّا منك «c'est de toi que je réclame mes habits,» 1001 N. III, 428, 4, 5, 6; en parlant au juge, 433, 11: وما نعرف حالنا ومالنا الّا منك; cf. 435, 9 a f., 2 a f., etc., Bresl. XI, 383, 4 a f. — C. ب p. *savoir que quelqu'un est là*, R. N. 101 vº: ils étaient entrés pendant qu'il était absorbé dans la prière; quand il eut fini et qu'ils lui dirent qu'ils avaient attendu longtemps, il leur répondit: ما عرفت بكم وقت دخولكم ولا رايتكم الّا الساعة *tirer son nom de*, Gl. Edrîsî.

II. عرف ب احدًا ou مع *faire faire connaissance à quelqu'un avec un autre*, Bc, Gl. Badroun. — *Donner à quelqu'un une dénomination*, Macc. I, 134, 7: والكاتب الاخر كاتب الزمام هكذا يعرّفون كاتب الجهبذة cf. dans Lane يزيد. — عرّفته — *Faire avouer sa faute à quelqu'un*, Renan Averroès 442, 6 a f.: ومتى عُثِر منهم على مجد (الجد l.) فى غلواته — فليعاجل بالتثقيف والتعريف. Cf. l'expression que les lexicographes donnent sous I: أقّر, عرف بكذبه لفلان, c.-à-d., — *Confesser*, ouïr une confession, Bc. — *Nommer quelqu'un*, تعريف, Akhbâr 109, 4, Mâwerdî 59, 4 a f. — *Injurier, outrager*, Alc. (denostar dezir tachas, desonrrar), Yâcout II, 139, 7.

V. هو علم يتعرّف منه تحصيل المال «c'est une science qui enseigne à gagner de l'argent,» Bc. — *Acquérir des connaissances, étudier*, J. A. 1851, I, 60, 7: وبها قرأ ونشأ وتعرّف; cf. Lane. M. Cherbonneau a entendu ce verbe d'une autre manière, car il traduit: *et s'y créa de nombreux amis*, ce qui peut aussi se défendre. — *Examiner* une chose qu'on a trouvée, afin que si quelqu'un vient la réclamer, on puisse savoir si elle lui appartient réellement, Gl. Belâdz. — En parlant du propriétaire d'une chose perdue, la *décrire* à celui qui l'a trouvée, Gl. Belâdz. — C. ب p. *faire la connaissance de quelqu'un*, Gl. Badroun, 1001 N. IV, 482, 11, Qalât 62 rº: حين دخل بغداد وتعرف بسلطانها, Abou'l-Walîd 268, 15, 22. Aussi c. ل p., Macc. II, 102, 4 a f., 103, 7, Khatîb 99 rº (?): فجاء فى ذلك الموضع رجل حَدَّاد فقرأه لعبر كان له وتعرف له وابو بكر يستغرب امره فلما فرغوا من كلام الخ تعرّف بالناس *reconnaître le terrain*, les personnes dont le succès dépend, Bc. — C. ب p. *reconnaître* quelqu'un, 1001 N. Bresl. IV, 44, 2. — Je ne sais pas bien comment il faut traduire chez Djob. 300, 11: au commencement du mois يدعو بعضهم لبعض بركة ذلك الشهر ويمنه واستصحاب السعادة ولتخيير فيه. — *Trouver une odeur bonne*, Abou'l-Walîd 194, 31.

VI, en parlant du mari et de la femme, est تجامعها, M. — C. مع p. *faire connaissance avec* quelqu'un, Bc. — C. a. r. *se communiquer* (de Slane), Becrî 10, 9: وعندهم غريبة وهو ان السارى اذا سرق عندهم الخ. — C. a. *employer* un mot *comme terme technique*, voyez les passages du Gl. Manç. que j'ai copiés sous حَبّ القرع et رَحَى *ibid.*: شرح هو حلقة الدُبُر مستعار من شرح القرية وتَعُوروف هذا اصطلاح الاطباء وتَعَارُفهم: ورم vº et كالمنقول.

VIII *reconnaître une dette*, Müller 27, 11. — C. ل p. *reconnaître* quelqu'un *pour souverain*, Haiyân-Bassâm III, 66 vº: فتشاوروا فى ارتياد امير من انفسهم الخ. — C. ل p. et ب r. *reconnaître, avouer que quelqu'un a telle ou telle qualité*, Macc. II, 64, 4 a f.: اعترف له بالفضل والغناء فى حفظ قواعد الدولة. — *Méditer*, P. Macc. I, 306, 5.

عَرْف, *odeur*, forme au pl. أعْراف, P. Macc. II, 242, dern. l. — *Branche*, pl. عُروف, Hbrt 51, pl. أعراف, Beaussier (عراف chez Roland est une faute). — A Tunis on dit يا عرْفى, comme on dit ailleurs يا سيدى, Gazette Kabylie I, 81; mais c'est moins que سيدى; c'est comme on dit: maître Pierre, maître Jean, Pellissier 207; Dunant 217: « A Tunis, les indigènes donnent le titre de *Arfi*, Maître, Professeur, aux Européens d'un certain rang. » Mais chez Beaussier c'est عارف.

عُرْف, synonyme de عادة, *coutume, usage, pratique*, p. e. en parlant d'un prince qu'on loue: خصائصه لا تدخل تحت العرف والعادة, Tha'âlibî Latâïf 2,

3 a f., Alc. (orden continuada = عادة), Prol. II, 56, 17 et 2 a f., 57, 10 et 14. — *Droit coutumier*, de même que عادة, l'opposé de شرع, droit écrit, v. d. Berg 2, M., Alc. (fuero por juzgado = عادة; cette fois il écrit ôôf; si ce n'est pas une faute d'impression, c'est une prononciation adoucie), Wingfield I, 56; cf. de Sacy Anthol. gramm. 438, n. 25. العرف « practica conocida de la justicia, » Sandoval 320. — T. de gramm., *être défini* (nom), l'opposé de نَكِر, Alfîya 92. — Le pl. الأعراف *limbes*, t. de théol., Bc, Hbrt 149; ce dernier a aussi *purgatoire*, العراف, mais c'est le même mot. — الأعراف *les étoiles ϑ et ϑ dans la constellation du Lion*, Dorn 54. — عرف الديك (crête du coq) nom d'une plante = شنف الديك, M sous شنف. — عرف الأفعى *trou de serpent*, Payne Smith 1229.

عرف nom d'un instrument de musique, si la leçon est bonne dans Casiri I, 528 a; M. Simonet n'a pas remarqué le contraire.

عُرْفى *arbitral, extrajudiciaire*; حُكْم عرفى *arbitrage, jugement d'un différend par arbitre*, Bc.

عِرْفان, العرفان بالله (Prol. I, 199, 7), *la connaissance divine*, Prol. I, 199, 4, 13, III, 61, 14, Macc. I, 569, 18. — عرفان للجميل *gratitude, reconnaissance*, Bc. — *Connaissances*, personnes avec lesquelles on a des liaisons, Macc. I, 357, vs. 36 (cf. Add.).

عَروف *connaissant bien*, selon le scoliaste de Moslim, qui explique عروف السرى par الشرى. En ce sens les dict. n'ont que عَروفة, et le sens de صبور, qu'ils donnent à عروف, pourrait aussi convenir, Gl. Mosl.

عَريف désigne en général *un officier, celui qui est à la tête de quelque compagnie, un chef, un inspecteur, celui dont la fonction est de surveiller d'autres personnes*; cf. Berb. II, 373, 6; عرفاء الحَشَم, ibid. I, 584, 4, عريف للخصيان, *le chef des eunuques*, ibid. II, 341, 8 a f. Dans l'armée: un officier qui a sous ses ordres un nombre de soldats plus ou moins considérable; L donne: عريف على عشرة *decanus*, عريف على يد المائة *tribunus*; cf. Gl. Belâdz., Gl. Fragm., von Kremer, Culturgeschichte des Orients

I, 88, Haiyân 14 v°, et voyez sous عِرَافَة. A Coufa, *l'officier, le chef militaire d'un quartier*, Gl. Fragm. عريف الشُّرْطَة était à Séville, au XI° siècle, un officier subalterne, chargé de faire faire place au roi quand celui-ci sortait de son palais, et de prendre soin que les soldats gardassent leurs rangs; voyez Abd-al-wâhid 109. — عريف الغوغاء *prévôt de la populace*, Berb. I, 567 à la fin, 582, 1 et 5. — *Maître, artisan qui emploie ou dirige plusieurs ouvriers*, Haiyân-Bassâm III, 3 v°: ولحق بهم كلّ عريف ورئيس كلّ صناعة معروف Le chef de ceux qui émondent des vignes, Khatîb 57 v°: ثم قسمنا الى زيارين يصلحون شجرة عنب فقال لعريفهم الخ. عريف البنّائين Le, Macc. I, 373, 16, 380, 13, ou عريف البنّاء, Bat. III, 153, est celui qui est à la tête des maçons, qui les dirige, *maître maçon, architecte, celui qui a l'inspection des bâtiments*; ordinairement on l'appelle العريف tout court, Gl. Bayân, Gl. Esp. 57, L (architectus), Çalât 33 v°, Cartâs 46, 9 a f., Macc. II, 510, 5: العرفاء والصنّاع, Çalât 9 r°: ومشى من اشبيلية العريف احمد بن باسه بجميع البنّائين. — *Jongleur, musicien*, Alc. (juglar, musico, tañedor de coro o fiauta), Marmol Reb. 7 c: «guerta de Ginalarife, que quiere dezir guerta del Zambrero.» Dans l'origine c'était sans doute: le chef d'une bande de musiciens. — *Chef de corporation*, Müller L. Z. 150. On l'appelle aussi عريف السوق ou شيخ السوق, 1001 N. I, 345, dern. 1., 346, 1, parce qu'en Orient chaque corporation a son marché ou bazar particulier. — *Un écuyer, celui qui a la charge, l'intendance de l'écurie d'un prince*, Gl. Bayân, Akhbâr 129, 2 a f. et suiv. — *Moniteur, l'élève qui est à la tête d'une classe et qui est chargé de faire répéter leurs leçons à ses condisciples* (Lane), M, 1001 N. I, 178, 11, 312, 5 a f. — Sur les عرفاء dans la hiérarchie des Soufis, voyez Ztschr. VII, 22.

عِرَافَة *corps de soldats* plus ou moins considérable. Chez Belâdzorî 187, 4 a f.: de dix jusqu'à quinze hommes. L: عرافة من مائة *turma*, عرافة ثلثين *coors* [cohors], العرافة الثانية بعد المائة *subcenturia*, عرافة وعقدة ستّة الاف *legio*. Dans la 1re partie du Voc. *legio* (*lectio* dans la 2e partie est une faute, comme le prouve l'ordre des lettres). Nowaïrî Afrique 36 v°: ونزل الناس فوجا فوجا وحبيب يعرّفه بهم قائدا قائدا وعرافة عرافة.

En Espagne عرافة السود était, sous Abdérame Ier, *la garde noire*, Akhbâr 109, 4. Son petit-fils, Hacam Ier, institua les *'arîfs* ou écuyers, dont chacun avait sous ses ordres une *'irâfa* qui comprenait cent chevaux (cavaliers); voyez ibid. 129, 3 a f. et suiv. — A Coufa, *quartier organisé militairement*, Gl. Fragm.

عَرِيفَة «Les négresses de Tunis ont neuf *'arîfa* placées à leur tête, et remplissant à l'égard des femmes le rôle que les cheikhs exercent à l'égard des hommes,» Prax R. d. O. A. VI, 352. — *Une négresse ou une mulâtre très-forte, qui est chargée de fouetter et de pendre les femmes*; elle est pour ces dernières ce que le bourreau est pour les hommes. Celle qui doit punir les femmes du harem du sultan s'appelle عريفة الحرم. Voyez Charant 48, Voy. pour la Rédemption 199, Hœst 240, Pflügl t. 69, p. 7, Augustin 92, Cotte 138.

عَرَّافَة *pythonisse, sibylle*, Bc.

عرّافة espèce de haricot très-noir, Auw. II, 64, 5 et 6 (lisez حالكة سوداء وق, cf. l. 12 et 13).

عارف *clairvoyant*, Ht. — *Devin*, Berb. I, 457, 7. — Voyez sous عَرف الجميل. — عارف الجميل *reconnaissant*, Bc. — عارف الشراب est chez Alc. moxon. Mes dict. n'ayant pas ce mot, j'en ai demandé dans le temps l'explication à feu M. Lafuente, qui m'a répondu ceci: «C'est: celui qui se connaît en vins. Dans les endroits où l'on fait le vin en grande quantité, comme à Jerez, il y a des hommes fort expérimentés qui dégustent le vin des cuves, afin de calculer le degré de fermentation auquel il est arrivé, la force qu'il a, etc. Un tel homme s'appelle *catador* ou *mojon de vinos*.»

أعرف c. ب *connaissant mieux*, Mâwerdî 5, l. 5. — T. de gramm., *ayant la plus grande force définitive*, Mufassal 81, dern. l., 82, 2.

تَعْرِيف *description, tableau*, Ht. — *Tarif* (qui en dérive), Bc, Mc, Ht; cf. l'article qui suit. — *Visa*, Bat. III, 406, 407. — *Décharge*, Alc. (descargo = تخفيف). — *Excuse*, Alc. (descargo por escusa).

تَعْرِيفَة *tarif*, Bg. Le M dit que ce mot s'emploie en trois sens: 1° *droits d'entrée et de sortie, que chaque sorte de marchandise doit payer*; 2° *le tableau qui marque ces droits* [notre *tarif des droits, des douanes*]; 3° *la table qui marque la valeur des monnaies fixée par le tribunal de commerce* [notre *tarif des monnaies*]; de là l'expression عملة تعريفة, par opposition à la va-

عرف

leur que les monnaies ont dans le port. — *Décharge*, Alc. (descargamiento). — *Sortir de la Mecque pour aller à 'Arafât*, Burton II, 52.

تَعْرِيفِيّ *caractéristique;* — *déclaratif;* — *dénominatif;* — *déterminatif,* Bc.

فى التعارف *ordinairement,* Mâwerdî 203, 11.

مَعْرِفَة *connaissance, personne que l'on connaît,* Bc, 1001 N. IV, 484, 2 et 3: انا معرفة الملك; cf. Fleischer 1001 N. XII, Préface p. 32. — *Le nom sous lequel une personne est généralement connue, le surnom composé avec Ibn, nom de famille,* Alc. (ditado o titulo de onrras, nombre tomado del padre, sobrenombre; sous ces trois articles le synonyme est كُنْيَة (cf. sur ce terme Gl. Esp. 96); appellido de linage, renombre proprio), Macc. III, 444, 5 a f.: فارة فى صغره وراى انتى فقال هذه قرينة فلقب بذلك وصار هذا اللقب يُعْرَف به, Khatîb 22 r°: اغلب عليه من اسمه ومعرفته بابن قعنب ذكر الاستاذ ابن الزبير فى صلته وغَـيْـرة ان قـوما بغرناطة يُعْرَفون بهذه المعرفة فان كان مِنْهَم فَلَه اوَّلِيَّة لا بَأْس بها *Aussi nom d'une plante, le terme dont on a coutume de se servir pour la désigner; ainsi Ibn-Djoldjol* (man. de Madrid) *dit après avoir expliqué la signification du mot grec* κλινοπόδιον: ولا اعرف له بالطبيبى معرفة «*je ne lui connais pas de nom en latin.*», المَعْرِفَة بالله *pour* المَعْرِفَة, Prol. III, 74, 8, *la connaissance parfaite de Dieu,* Prol. III, 61, 9. — *Chez les Soufis du Khorâsân et de l'Inde, le deuxième degré du Soufisme, lorsque le Soufi apprend que les pratiques religieuses, bonnes pour le peuple, sont sans valeur pour celui qui sait,* العارف, Ztschr. XVI, 242. — معرفة الابن *légitimation,* Bc.

مُعَرَّف *qui a des crins,* Alc. (crinado).

المُعَرِّف *le nomenclateur, sorte de chambellan chargé de souffler aux maîtres de maisons, dans les réunions nombreuses, la condition des personnes présentes,* Bat. II, 346, 363, 381, III, 433, J. A. 1850, II, 61.

مَعْرُوف طاعة معروفة *un certain degré d'obéissance, une soumission plus apparente que réelle,* Prol. II, 268, 3 a f., Berb. II, 9, l. 6, 10, l. 4. — ضريبة معروفة *un tribut fixe, déterminé, qui ne varie point,* Berb. I, 609, 6 a f., *comme* ضريبة معلومة *ibid.* 614, 2 a f. — *Une tradition faible qui a pour la confir-*

عرق

mer une autre tradition faible, de Slane Prol. II, 482. — *Le* معروف *du* عارف *est Dieu,* Macc. I, 589, 4.

— Pl. مَعَارِف *gratification, récompense surérogatoire,* Gl. Bayân, Voc. (elemosina), Macc. I, 229, 10, II, 85, dern. l., Prol. I, 316, 4, Haiyân 15 r°; وتعهّدت *Attention,* بالصلات واجرى عليهم المعارف عند الغزوات *soin obligeant, complaisance, délicatesse de procédés,* p. e. عمل معى كُلَّ معروف *il a eu pour moi toute sorte d'attentions,* عمل معه معروفا *obliger, rendre service;* صاحب معروف *homme rempli d'attentions, prévenant, obligeant, serviable,* Bc. — المعروف *le savoir-vivre;* عنده معروف *homme qui sait vivre,* Bc. — *Chevêche ou petite chouette* (stryx passerina), Cherb., *hibou,* Dict. berb., «scops owl, Scops Zorca,» Tristram 393.

مُعَارَفَة *connaissance, liaison,* Bc.

مُعْتَرِف *chez les chrétiens, confesseur, celui qui a confessé constamment la foi de J.-C., jusqu'à souffrir des tourments, mais sans mourir,* M.

مُتَعَارَف (cf. Lane) *consacré par un long usage, ordinaire, synonyme de* معتاد *et de* دائم, Gl. Edrîsî, Djob. 68, 18, Prol. I, 232, dern. l., II, 4, l. 11, III, 62, 11 et 12; على المُتَعارَف *ordinairement,* Aboul-Walîd 403, 28, Prol. II, 379, 3 a f.; المُتَعارَف *le langage technique* (administratif), Prol. II, 55, 11.

عَرْفَج *branche-ursine ou acanthe,* Bc.

عرفش.

عَرْفَشَة *surveillant dans un hospice pour les aliénés,* 1001 N. Bresl. IV, 161, 4, 7, 168, 1; aussi عرفشى 162, 1.

عرق II. Le Voc. donne sous *coquere:* ما عَرَق اللَّحْم, 1001 N. Bresl. IV, 136, 11, *proprement: de la viande qu'on a fait suer,* signifie *de l'étuvée,* Fleischer Gl. 95. En parlant de figues sèches, ce verbe signifie: *les cuire dans de l'eau, afin de les conserver,* M. — Voyez sous تعريقة.

IV. Cf. avec Lane les expressions لم تَعْرَق فى العجم «*il n'y a point de parenté entre nous et les barbares,*» et اَعْرَقَ فيه اَعْرَاقُ العبيد «*il a les qualités qui sont propres aux esclaves,*» Gl. Fragm. (Dans le texte de Nawawî qui y est cité, اللِّئَام *n'est* pas le pl. de نُؤم, mais, comme toujours, de لَئيم; عرق فيه اللثام est une expression comme عرق فيه اللثام أعمامُه). Le Voc. donne: *generosus* (de *bonis hominibus*) مُغْرِق فى المَجْد. Il faut substituer un *'aïn* au *ghaïn*, et si Lane a raison, la véritable prononciation est مُعَرِّق.

عِرق *brin*, premier jet d'un végétal, tige d'arbuste; عرق عرق *brin-à-brin*, Bc. — عرق الانجبار *tormentille* (plante), Bc. — عرق النجيل *chien-dent* (plante), Bc; — selon Niebuhr, B. 126, le *ver de Médine* ou *dragonneau* s'appelle à Alep *ark el insil*; j'ignore si ce terme s'écrit de la même manière. — عرق الجوز *sang-de-dragon* (plante), Bc, Wrede Hadhramaut 130. — عرق الذهب *béconquille* (racine), *racine d'or*, racine amère de la Chine, fébrifuge, stomachique, Bc; *poivre long*, Lane M. E. I, 50, Sang., surtout *ipécacuanha*, Sang.; sous ce dernier mot Bc a عرق الذهب *parelle* ou *patience* (plante purgative), Bc; المطرش — عرق المسهل — عرق سوس (la racine de la plante dite *sous*) *réglisse*, Jackson 18, Timb. 74; au pl. عُروق سوس, Alc. (oroçuç, regaliza), d'où vient l'esp. *orozuz*. عرق السوس البَلَدى nom d'une plante en Espagne, voyez Bait. I, 149 b. — عرق الطيب *zédoaire*, Sang. — عرق الكافور, زرنباد, est le nom que le *amomum zerumbeth*, porte à la Mecque, Bait. I, 523 d (mal traduit par Sonth.), cf. II, 189 h. — عرق اللولو *madrépore* (production marine), Bc. — عروق دارهم = عروق السوس, *réglisse*, Bait. II, 189 j (mal traduit par Sonth.). — العروق الصُّفْر *chelidonium maius*, Bait. I, 346 d. On l'appelle aussi عروق الصَّباغين Bait II, 186 f, Gl. Manç. *in voce*, et عروق *tout court*, Gl. Manç. — *Nerf*, Alc. (nervio de los animales), *nerf*, *muscle*, Ht. — Pl. عروق *pouls des artères*, Ht; عرق ضارب *pulsus*, Voc. — Pl. عروق, en géologie, comme *veine* en français, Gl. Edrisî. — عرق البَطن, chez le vulgaire, *veine médiane*, Albucasis 6d. Channing 460, 15, Gl. Manç. v° أكحل. — عرق الور *veine jugulaire*, Bc. — عرق الماء *l'œsophage* du cheval, Auw. II, 673, 20. — عرق النَّسا *goutte sciatique*, goutte à l'emboîture de la cuisse, Alc. (ciatica), Bc; on lit dans le Gl. Manç. (v° نسى): «Ce terme de médecine n'est pas bon. Dans l'ancienne littérature il ne se trouve que dans un vers que cite Ibn-'Odais dans son Commentaire sur le Facîh. Cependant Tha'âlibî dit que c'est une douleur الذى يصيب من جهة النسى, et s'il en est ainsi, le terme est correct.» Selon le M on aurait dû dire وجع النَّسا, c.-à-d., وجع العرق الذى هو انسا; mais l'usage en a décidé autrement; — *veines sciatiques*, Bc. — عرق الأرض *ver de terre*, Most.: خراطين فى الديدان التى اذا احتفر الانسان فى الأرض وجدها وفى عروق الأرض Auw. I, 127, dern. l.: للحيوانات المتولدة فى البساتين كعروق الأرض والديدان وشبهها وغيرها (ainsi dans notre man.; لعروق dans l'éd. est une faute), 630, 5. On semble leur avoir donné ce nom parce qu'ils ressemblent aux *veines* de la terre. Du pl. عُروق le vulg. en Espagne a formé le n. d'un. عَروقة, qu'Alc. donne dans le sens de *chenille*, *ver qui ronge la vigne* (gusano que roe los panpanos, oruga gusano, pulgon que roe las viñas; l'esp. *oruga* vient peut-être de ce mot; je n'ai pas osé l'admettre dans le Gl. Esp. parce qu'il peut venir aussi du latin *eruca*, qui, de même qu'*oruga*, a le double sens de *roquette* et de *chenille;* cf. Dodonæus, 1198 a, et Nebrija, qui traduit *oruga gusano* par *eruca*). — عرق مَدَنى *ver de Médine*, *ver de Guinée*, *dragonneau*, *Filaria Medinensis*, Tha'âlibî Latâïf 132, 6. Le Gl. Manç. dérive ce terme de عرى dans le sens de *veine*, car il dit: كأنها عرق يمتد شيئًا بعد شىء حتى يبقى البدنى est une faute), et Niebuhr, B. 126, traduit aussi *vena medinensis*. Richardson Sahara I, 196: «A man showed me a sore place on his arm, which he called *Arak-El-Abeed* (عرك العبيد). This was a large raised pimple, in the centre of which was an opening, and from which aperture there issued from time to time a very fine worm, like the finest silk-thread, and sometimes not much thicker than a spider's web, in small detached lengths. This worm is often of the enormous length of twenty yards, gradually oozing out piecemeal. It is a common disease of Soudan where the merchants catch the infection, and bring it over The Desert. It is said to be acquired principally by drinking the waters of that country.» Il s'est trompé en écrivant ce mot avec un ك, et l'étymologie qu'il donne en note est par conséquent erronée. Voyez aussi Ghadamès 346—7, Ztschr. XXVIII, 703, et Barth III, 305: «Die Männer leiden viel an einem eigenthümlichen Uebel, welches in der Landessprache „mukárdam» genannt, von den Arabern aber mit dem Guinea-Wurme unter Einer Benennung, nämlich „ferentît» oder „'arûk,» begriffen wird, obgleich es davon sehr verschieden zu sein scheint. Es besteht nämlich in einem Wurme, welcher die kleine Zehe bewohnt und dieses Glied, beim Gelenk anfangend, allmählich zerfrisst, so dass es aussieht, als wenn es mit einem Faden abgebunden wäre. Ich halte dieses Insekt für identisch mit der *Malis Americana* oder *Sauvagesii* oder, wie es gewöhnlich heisst, *Pulex penetrans*, einem in Amerika wohlbekannten, sehr kleinen schwarzen Insekte.» — *Fraction d'une tribu*, Daumas Kabylie 47—8. — *Colline peu élevée*, Burton II, 66; *mamelon de sable, dune mouvante*, Daumas Sahara 188, Desor 21. On emploie aussi العرق comme collectif, ou le pl. العروق, pour désigner *une succession de mamelons et de dunes mouvantes*, Daumas Sahara 6, Tristram 232, cf. 325, Rohlfs 67, Barth I, 535. Ainsi العرق est la ceinture de dunes qui forme en Afrique la limite du territoire parcouru par les Arabes nomades, Berb. I, 67, 5 a f., ou bien: la barrière de sables mouvants, qui forme la ligne de séparation entre le pays des Berbères et celui des Noirs, Berb. I, 121, 5 et suiv., ou encore: les dunes de sable qui séparent la région des *coçour* et oasis du Sahara. R. d. O. A. N. S. IV, 422.

عَرَق التَمَر, « la sueur des dattiers » est le suc des dattiers. On l'obtient en étêtant l'arbre et en creusant le sommet du tronc. Le suc qui se décharge dans cette espèce de bassin, est encore plus doux que le miel et assez liquide; mais en peu de temps il devient épais et âcre, et quand on l'a distillé, c'est une boisson enivrante. Ceci est le *'arac* ou *'araki* proprement dit; mais par laps de temps ce mot est devenu le nom général que les Arabes donnent à toutes les liqueurs fortes, Gl. Esp. 196. — عرق الشجر *résine*, Bait. II, 189 f; عرق البطم *térébenthine*, Payne Smith 1435; عرق بابس *colophane*, Bait. II, 189 g. — عرق العروس ou العروسة *talc* (sorte de pierre), Most. v° تجمر الطلق, Bait. II, 161 b; biffez dans Sonth. Bait. II, 160 e, la première phrase, qui se trouve aussi dans E, mais qui appartient à l'article طلق, 161 b. عرق الموت, au fig., *la plus grande calamité*, Tha'âlibî Latâïf 32, n. c. — عرق أخضر *présent fait à un juge pour le gagner*, Bc.

عَرَقَة *suée*, inquiétude, crainte, Bc.

الأرض العرقة *la terre suante*, Auw. I, 62, 17; lisez de même avec notre man. 59, 2 a f., 60, 16.

عَرَق voyez عَرَقي.

عَرَقِيَّة *mitre ou casque en forme de pain de sucre*, Vêtem. 298, Hbrt 132 (*casque*), 1001 N. Bresl. IX, 260: وعلى راسها خودة بالذهب مطلية وعرقية بولاد, où l'éd. Macn. (III, 452) a بيضة, au lieu de وزردية. — *Calotte de toile qui se met sous le* طربوش, Vêtem. 298, Bc (pl. عراق), Bg 799, Hbrt 21, Ht, Ouaday 58, Dunant 201. — عرقية الراهب *fusain ou bonnet à prêtre* (arbrisseau), Bc. — NB. La forme عَرْقِيَة, que donnent le M, Roger, Burckhardt, Bg, semble propre à la Syrie; en Egypte et en Barbarie on dit عَرَقِيَة. L'origine du mot me semble incertaine. D'après le M c'est une altération de عِرَاقِيَة, *de l'Irâc*, *irâcain*, et je trouve en effet عراقية avec le sens de *calotte* dans les 1001 N. Bresl. IV, 329, 10, et dans Beaussier; mais ce qui s'oppose à cette étymologie, c'est qu'un auteur ancien, Tha'âlibî, écrit déjà عرقيات (Latâïf 112, 10), et qu'il les nomme parmi les objets que l'on fabriquait, non pas dans l'Irâc, mais dans le Tabaristân. Quant à l'autre étymologie, celle qu'on donne ordinairement (de Jong, Bg, Lane), de عرق *sueur*, « qui boit la sueur, » elle convient bien au sens de *calotte*, mais non pas à celui de *mitre ou casque*.

عِرَاقِي Si le pl. عَرَاقِي dans Auw. II, 92, 15, appartient réellement à ce sing., je crois avec Clément-Mullet (II, 90, n. 1) qu'il signifie *cosses* (des pois). — Mode de musique, Hœst 258, Descr. de l'Eg. XIV, 25, Salvador 30.

عُرُوق « Corail *arouk*, long et mince, » Prax 28. — *Porreau*, Hbrt 183.

عِرْق الأرض voyez sous عرق الارض. — *Roquette* (plante), Alc. (*oruga yerva conocida*). En ce sens c'est le latin *eruca*.

عِرَاقِيَة espèce de hautbois, Descr. de l'Eg. XIII, 417 et suiv. — Voyez sous عرقية.

عَرَّاقَة *feutre employé sous les selles des chevaux*, ainsi nommé parce qu'il boit la sueur, Descr. de l'Eg. XII, 459 (cf. Lane).

أَعْرَق. A ce que Lane donne on peut ajouter: note de M. de Jong sur Tha'âlibî Latâïf 3, n. c, Prol. II, 341, 2 a f.

تَعْرِيفٌ *force des nerfs*, Alc. (nerviosidad).

تَعْرِيقَة Beaussier donne pour عَرَّق *faire la boucle d'une lettre*, p. e. عَرِّق النون «faites la boucle du ن»; sous معرق il a: (lettre) *qui se termine en crochet recourbé à droite* [lisez à gauche], *passant au-dessous de la ligne sur laquelle on écrit; ce sont les caractères* تَعْرِيقَة السين *ainsi* ى ن م ل ف ص س, Macc. III, 135: فما رايت رجلا اكثر اخبارا ولا اطرف نوادر منه فما حفظته من حديثه ان رجلا من الادباء مرّ برجل من الغرباء وقد قام بين ستة اطفال جعل ثلاثة عن يمينه وثلاثة عن شماله واخذ ينشد

ما كنت احسب ان ابقى كذا ابدًا
اعيـــش والــدهـر فى اطرافه حتـف
ساس بستـة اطفال توسطتهم
مخصى كاحرف ساس وسطها الـف

قال فتقدّمت اليه وقلت فاين تعريقة السين فقال طالب درب الكعبة ثم قال للآخر من جهة يمينه قم فقام يجـرّ رجليه كانّه مبطول فقال هذا تمام تعريقة السين ۞

مُعَرَّقَة *calotte faite de poil de chameau*, Vêtem. 299, *ou de coton*, Hamilton 11.

مُعَرَّق *nerveux, fort, solide*, Alc. (nerviosa cosa rezia por ellos). — Je ne sais pas bien ce que ce mot signifie appliqué à une plante; Baït. I, 4 b: لم ساق مستديرة معرّقة, I, 127 b, en parlant du papyrus: وهي خوّارة معرّقة تتشظّى اذا رضّت الى شظايا دقيقة; le *teschdîd* est dans A; en parlant d'une courge, Auw. II, 234, 2 a f.

مُعَرَّقِى *nerveux*, Alc. (nervioso).

مِعْرِيقْ *ulcère au doigt*, Domb. 88.

عرقب II dans le Voc. sous enervare.

عُرْقُوب *tournant, coude, coin de chemin, de rue*, Bc.

عرقس.

عَرْقَسَا, *corruption de* عِرْق النَسَا, *la sciatique*, Alc. (ciatica enfermedad eerueêci, mais ajoutez un q avant l'u).

عَرْقَسِى *qui est tourmenté de la sciatique*, Alc. (ciatico enfermo della). Il donne dans le même sens *munerquest*.

عرقص I لِلْحَاجِبِ *froncer, rider le sourcil*; جبينه *se refrogner ou se renfrogner*, Bc.

تَعَرْقُصٌ لِلْحَاجِبِ II *froncement des sourcils*; الفُرّي *refrognement*, Bc.

عرقف I = عَقَّفَ *courber*, Rosen, les man. ar. de l'institut des langues orient. à St.-Pétersbourg, p. 219.

عرقل I *embrouiller, empêtrer*, الخَيْطَ *mêler du fil, de la corde*, Bc. Pour le grec συμποδίζειν, ps. 18, vs. 40 éd. Lagarde, et περιπλέκειν, ibid. ps. 118, vs. 61.

II *s'embrouiller, s'empêtrer, se mêler*, Bc; cf. Payne Smith 1680.

عرك I. عرك وجهه *se débarbouiller, se nettoyer le visage*, Bc. — عرك أُذُنَهُ *voyez* Lane; Abd-al-wâhid 61, 8, en parlant d'un maître d'école et de son élève: لطمى وعرك اذنى. On dit de même: عرك الظَّهْرَ *graisser les épaules, bâtonner*, Bc. Dans les 1001 N. Bresl. III, 144, 8, Macn. IV, 173, on trouve عركت اذان العود; cf. sous حرك II. — *Fouler aux pieds*, Gl. Mosl., Voc. (calcitrare), Alc. (pisar con pies, rehollar). — *Pétrir*, Alc. (sovar qualquiera cosa), Dict. berb., Hanoteau, Grammaire kabyle, 211, Auw. II, 357, 15, 402, 10, Cheo. 191 v°: ويكون لخبز منه قد , ibid.: أُحْكِمَ عَجْنُهُ وعُرِكَ, وأُجْوَدُ الأَخْبَازِ ما كَثُرَ فيه الماءُ حين جُبِنَ, ibid.: مَعْرُوكَة يُعْجَنُ وأُكْثِرَ من عَرْكِهِ. Cf. plus loin مَعْرُوك.

VI, forme pour laquelle Lane n'a pas trouvé d'autorité, se rencontre dans le sens de *se combattre, lutter*, dans Bidp. 6, 4 a f., et dans les 1001 N. I, 365, 14.

VII *être foulé aux pieds*, Voc.

VIII *attrita fuit* (vestis) (Reiske chez Freytag) est emprunté à Diw. Hodz. 274, vs. 5.

عِرَاك *genre de lutte*, 1001 N. I, 365, 5.

مَعْرُوك *instrument de bois dont se servent les pêcheurs*, s'il faut en croire Belâdz. 60, 1; mais voyez le Glossaire.

عَرَاكَة *batterie, querelle avec coups*, Bc. — *Révolte, révolution*, Ht.

خُبْز مَعْرُوك est chez Alc. «pan hemenciado.» Cette expression, que mes dict. ne donnent pas, à l'exception de celui de Nebrija (qui l'explique par artocopus panis; cf. Ducange), n'est plus généralement connue en Espagne, et elle a d'abord embarrassé feu M. Lafuente, que j'ai consulté à ce sujet; mais plus tard il a appris qu'on l'emploie encore en Andalousie pour désigner *du pain fort bien pétri, très-fin*. Telle est en effet la signif. que *khobz ma'rouc* a encore aujourd'hui en Orient, car M. Wetzstein dit en parlant de Damas (Ztschr. XI, 519): « Le mois du jeûne apporte encore une autre sorte de pain, *el-khobz el-ma'rouc*. Ce pain est beau, grand, blanc, de l'épaisseur de trois à quatre doigts, et la préparation en est très-fatigante, parce que la pâte doit être pétrie sans relâche. De là aussi son nom, *el-ma'rouc, fort bien pétri*. »

عرم I *relier* un livre, M.

II *acervare, acumulare*, Voc.; — *combler*, Ht, الكيل *combler*, remplir une mesure par dessus les bords, Bc. — *Ramasser*, Hbrt 182. — *Refrenare*, Voc.

V *être d'un mauvais naturel* (chameau), Gl. Mosl. — Dans le Voc. sous les trois articles que j'ai cités sous II; *s'accumuler, s'amonceler* (vagues), Abou'l-Walîd 550, n. 90, Payne Smith 1148.

عرم *sardine*, Bait. II, 190 b.

عَرِم *fortis*, Voc., *audax*, dans la 1re partie, dans la 2e عارم.

عَرْمَة pl. عَرَم *acervus*, Voc., *meule*, monceau, pile de foin, de grain, etc., Bc. — عرمة تراب *terrasse*, levée de terre, Bc.

عَرَمَة pl. عِرَام, Abou'l-Walîd 782, 22. *Tas, amas*, Roland. — *Petite moulure en forme de monceau, de pomme, qui sert d'ornement à un candélabre*, Payne Smith 1238.

عَرَامَة *fortitudo*, Voc., Haiyân-Bassâm I, 9 v°: وظهرت من عبد الرحمن لوقته عرامة وكان فى (فتى .l) أى فتى لو أخطأته المتالف ♦

عرّوم *brave*, Daumas V. A. 475.

عارِم *audax*, Voc., 2e partie, dans la 1re عَرِم. — *Femelle du lanier grande espèce*, Margueritte 172.

عرمش.

عرمش pl. عراميش *rafle*, grappe de raisin qui n'a plus de grains, Bc.

عرمض.

عَرْمَض. Voyez Bait. II, 190 d. *Asphodèle*, Most. خنثى.

عرمط.

حوش عرمط *la cour du roi Pétaud*, lieu de confusion, Bc.

عَرْموط vulg. pour عَمْروط, M sous ce dernier mot.

عرموى doit être le nom d'une étoffe, 1001 N. Bresl. XII, 55, 2 a f.: وعلى راسها معجر عرموى مسبل على وجهها; mais l'origine de ce mot m'est inconnue.

عرن.

عَرَن, en Syrie, *Hypericum album*, Bait. II, 188 b.

عرنة nom qu'on donnait à Malaga à un poisson qui ressemble à la torpille d'Egypte, Bait. I, 498 c; c'est la leçon de ADES et du man. 13 (3); B عرونة, H غرنة, L غرونة.

عرنس.

عِرنِس On dit الكرم عرانيس [*échalas?*], parce qu'ils ressemblent à des quenouilles, M.

عِرنُوس *tige de maïs*, Ztschr. XVII, 390.

عِرناسة pl. عَرانِس *quenouille*, L (colum), et aussi *quenouille* dans le sens de *ce dont une quenouille est chargée, filasse*, car le Voc. donne *colus* (*filasa*).

عرو I *saillir*, Edrîsî, Clim. III, Sect. 5: وشيد (البحر) جبال عادية (عارية .l.) قوى الماء ♦

عَرا, t. du jeu des échecs, *la pièce qui est placée entre le roi et une tour*, afin d'empêcher cette tour de mettre le roi en échec, Journal of the R. Asiatic Society XIII, 49.

عَرْوَة est عَرْوَة dans Alc.; le Voc. donne — . عَراوِى *ris*, t. de marine, œillets à une voile, Bc. — De l'astrolabe, *ansa*, Dorn 27; Alf. Astron. II, 261: *alharua, lazo, la armella pequenna en que está metida* الآلة. — *Nœud*, Macc. I, 585, 7: كان يقرى الناجاة لابن سينا فينقضه عروة عروة) *nœud par nœud*; lisez ainsi avec L et Boul.); عَقْد العروة *faire un nœud*, Hœst 116, qui écrit fort mal اخط

الرَوْثَة. — *La corde de l'arbalète*, Voc. — *Cordons de souliers*, Alc. (lazo de çapatos). — Le pl. عُرًى *les cordes qui tiennent les deux sacs de la charge suspendus sur le dos du chameau*, Prax R. d. O. A. V, 221. — *Chaîne*, Voc. (catena). — *Aisselle*, L: auxella [pour axilla] جَنَاحٌ وَعُرْوَةٌ.

عُرْوَة Le passage du Diw. Hodz. se trouve 126, vs. 12.

عُرْيَان, pl. de l'un et de l'autre عَرَاجِين et عُرْوَان *limace*, Alc. (bavosa gusano, gusano con cuernos), Aboū'l-Walīd 803, 13: שחדוד הו לחשיש אלדי נסמיה נחן עריאן.

اِعْتِرَاء *saisissement, impression subite et violente que cause un grand déplaisir*, etc., Bc.

عري I. عَرِيَ, ainsi que ses dérivés, ne se construit pas seulement avec مِنْ, mais aussi avec عَنْ, Fleischer sur Macc. I, 628, 19 Berichte 209.

II. عَرَّى *il s'est déshabillé*, Hbrt 19 (Alg.). — C. عَنْ *dépouiller, priver*; c. a. p. et مِنْ r. *spolier*, Bc.

V *se dépouiller de ses habits*, Bc, 1001 N. I, 21, 3, 48, Bresl. XII, 334; aussi مِنْ ثِيَابِهِ *se dévêtir*, Bc.

عَرَى *longue et ample chemise ou robe, en toile bleue, ouverte depuis le cou jusqu'à la ceinture et garnie de grandes manches. Cet habit est porté en Égypte par les pauvres*, Vêtem. 299. — (Voyelles?) *les vêtements dont un voleur a dépouillé quelqu'un*, 1001 N. Bresl. IX, 236, 2 a f., 267, 2; dans ces deux passages Macn. a ثِيَاب.

عُرْيًا *pajot* (poisson), Burckhardt Syria 66.

عُرْيَان, *nu*, pl. عَرَايَا, Cartâs 181, 14, comme si le sing. était عُرْيَان. — *Limace*, voyez عُرْوَان.

عَارٍ *désarmé, qui ne porte pas d'armes, qui n'est pas soldat*, Gl. Fragm. — الشَعِير العَارِي est الذي لَا قِشْرَ لَهُ, χόνδρος, *triticum romanum*, Bar Ali éd. Hoffmann n° 4642, Payne Smith 1707.

عز I, de même que V, VIII et X, c. بِ p., *devenir puissant et honoré par la protection de quelqu'un*, Gl. Belâdz. — C. على p., ne signifie pas, comme on lit chez Lane: «*surpasser quelqu'un en générosité*,» mais comme Freytag l'a dit avec raison: *être en honneur auprès de quelqu'un, lui être cher*; exemples: Motenabbi 123, 1 éd. de Calcutta, Bat. III, 188, IV, 186, Antar 73, 8; cf. sous VIII et sous عَزِيز. Seulement Freytag n'aurait pas dû ajouter que l'aor. est aussi *a*, car en ce sens c'est toujours *i*, Weijers dans Valeton 110. — C. a. p. *chérir, honorer, vénérer, respecter*, Ht, chanson dans la Descr. de l'Eg. XIV, 139: اسَل على اللي يَعِزُّوكَ *demande des nouvelles de ceux qui te chérissent*" (de Sacy). — Aor. *i*, *refuser, ne pas accorder*, p. e. «لَوْ كَانَ عِنْدِي مَا كُنْتُ أَعُزُّهُ عَنْكُمْ *si je l'avais, je ne vous le refuserais pas*,» Bc.

IV *favoriser, aider, protéger*, Alc. (favorecer). — *Estimer, honorer*, Bc. — *Estimer, priser quelque chose, en déterminer la valeur*, v. d. Berg 90, n. 1.

V c. بِ p. voyez sous I. — *Se conduire d'une manière orgueilleuse et dure* (Lane TA), Haiyân-Bassâm I, 171 v° (entrevue de Zohair et de Bâdîs): وخلط التعبير (التعزُّز) بالدالة وللجفاء بالملاطفة على c. p., *envers*, Notices 179, n. 5, dern. l. — *Se faire tirer l'oreille, résister longtemps aux propositions, se faire prier, faire le renchéri*, Bc.

VII dans le Voc. sous glorificare.

VIII c. بِ p. voyez sous I; المُعْتَزُّون بِهِ *ses clients*, Gl. Belâdz., Gl. Fragm. — C. على *être en honneur auprès de quelqu'un*, Bat. IV, 158: وَإِنَّمَا كَانَ اعتزازي عليكم بسبب سلطان الهند لأنّهم تَحَقَّقُوا مكانتي عندَكم.

X c. بِ p. voyez sous I.

عَزّ, qui est proprement un n. d'act. (on s'attendrait plutôt à عِزّ, mais le M a réellement le *fatha*), s'emploie adjectivement (الوصف بالمصدر); on dit donc: سبيل عَزّ, (قَوِيّ =) رجل عَزّ, شجاع عَزّ, Gl. Fragm. — عَزّ الانسان *maturité* (de l'âge), Bc. — عَزّ الضيفة *extrémité, le pire état où l'on puisse être réduit*, Bc.

يعطونها عن عِزَّة عِزَّة النفس *noble fierté*, Bc. — *tribut qu'ils ont l'air d'acquitter par condescendance* (de Slane), Berb. I, 180, 273, 1, II, 404, 8 a f.

Le pl. عَزَائِز, عَزِيز que les puristes condamnent

(Lane TA), est en usage chez le vulgaire; Alc. (glorioso) et Bc (cher) le donnent. — الأَعِزّة « les illustres, » dans l'Inde = *les étrangers*; le sultan de ce pays, Abou-'l-Modjâhid Mohammed châh, qui aimait fort les étrangers, avait ordonné de les appeler ainsi, Bat. III, 98, 222, 243. — *Frère aîné*, Domb. 75; c'est, selon la remarque de Hbrt 28, une expression respectueuse. — Une tradition authentique qui provient simultanément de deux individus d'entre les Compagnons, de Slane Prol. II, 484. — عزيز كتاب الله *la 2ᵉ sourate du Coran*, qui est la plus longue, et, à ce qu'on dit, la plus éloquente, Weijers 31, n. *h*, cf. 102, n. 138. — عزيز الوجود *rare, qui se trouve difficilement*, Bat. III, 128. — *Cher, chéri, précieux*, Bc, Ht, *estimé*, c. p., Hoogvliet 101: عزيز على العليا ô vous qui êtes estimé par les hommes (*ou cher aux hommes*) les plus nobles (cf. mes remarques sur le sens de ce vers dans mes Recherches I, 360 n., 1ʳᵉ éd.), Recherches II, App. xx, 3, 2ᵉ éd., Bat. IV, 96, Berb. II, 467, 5. Bc a la constr. avec عند.

أَعَزّ *bien-aimé*, Bc. — لم يبر شيئاً اعز له للبيع *il crut que le mieux pour lui, c'était d'appeler les Syriens à son secours*, » Akhbâr 38, 3 a f. — أعز البلاد عليك *le pays que vous préférerez*, » Cartâs 145. — Le fém. عزّة *affaire grave, difficile, affligeante*, Diw. Hodz. 156, 7 et 8, Kâmil 751, 10, cf. 754, 12.

عِزّة *estime, faveur, recommandation, estime qu'on a pour le mérite*, Bc, 1001 N. I, 339: معزته عند فلان *l'estime dont il jouit auprès d'un tel*, » aussi c. على p., I, 624. معزة النفس *noble orgueil, juste estime de soi*, Bc. — معزة الوطن *l'amour de la patrie, patriotisme*, Bc.

عزب I, 1ᵉʳ sens chez Freytag et Lane, le n. d'act. aussi عَزْب, Voc.

عَزَب *milice bourgeoise*, Niebuhr R. II, 376.

عَزَبَة *jeune fille, pucelle, vierge*, Voc., Alc. (manceba, moça crecida), Domb. 76; Lazeba-Mariem, la Vierge Marie, Mouette à la fin. — *Chapelle, petite église*, Bc.

عُزُوبَة *célibat*, Alc. (albarrania, solteria). — *Veuvage*, Alc. (biudeç). — (Voyelles?) *petite maison, destinée à des plaisirs secrets*, 1001 N. Bresl. III, 297:

وهذه القاعدة له عزيزة ينشرح فيها ويطيب ويختلي في تلك القاعدة بمن يريد.

عَزِيب forme au pl. عُزَنَاء et se construit avec عن, Djob. 336, 2 a f.; le pl. عِزْبَان, Payne Smith 1474. — A un sens particulier en Algérie. Carotte, Kabylie I, 52, 242, II, 87, 105, 183, 223, l'explique constamment par *ferme, métairie*. Selon Daumas, Kabylie 139 (cf. 237), c'est *une sorte de ferme habitée pendant la saison des travaux agricoles*, et Cherb. a d'abord reproduit cette explication; mais plus tard il a dit qu'il faut y substituer celle-ci: *portion de terre affectée au pâturage des bestiaux d'une* زاوية *gourbi ou tente sous laquelle demeurent les bergers pendant la saison des pâturages*. Je trouve encore dans la R. D. O. A. VI, 300: *azib, troupeau*, 301: *le temps des azibs*, et chez Espina, *ibid.* XIII, 156: « Les Azib-el-Bey, gardiens des troupeaux de la deira du bey. »

عُزُوبِيَة *célibat*, Bc.

عَزَّاب *moine*, Payne Smith 1589.

العَزَّابَة *les initiés, les affiliés à la secte khâridjite*, Berb. II, 18, 6, 67, 4, cf. la trad. de M. de Slane III, 203, J. A. 1852, II, 475.

عَازِب *garçon, célibataire*, Alc. (soltero o soltera no casados), Barbier, Fleischer Gl. 29. — *Veuf*, Alc. (biudo). — خل عازب *vinaigre*, Voc.

أَعْزَب pl. عِزْبَان *célibataire*, Bc.

مَعْزِب *hôte*, M.

عزبنجي Bc donne sous *célibataire*: on dit aussi par ironie, عزبنجية, pl. عزبنجية.

عزر.

عَزْرِي *célibataire, garçon*, Domb. 76, Ht. — *Palefrenier*, Hbrt 188. Le Dict. berb. a sous *domestique* أَعْزَرِي

عَزَارَة *apostrophe, trait mortifiant*, Bc. — *Mortification, chagrin, humiliation causée par une réprimande*, Bc.

عَزْرِي *palefrenier, garçon d'écurie*, Cherb., qui a le pl. 'Azera. — Proprement *domestique*, et de là chameau destiné à porter seulement des fardeaux, l'opposé de فحل, R. d. O. A. N. S. I, 181.

عازِبَة *femme non mariée*, et plus généralement, *femme débauchée*, Cherb.

هو الزعزور عند عامّة ديار عِيزران. Bait. II, 226 h: بكر وأربل A., et de même B dans le texte, mais sur la marge il a مِيزران, leçon qu'on trouve aussi dans le man. 13 (3) et chez Ibn-Djazla. Indistinctement dans Antâkî, qui a peut-être رأن عِين, comme Sontheimer.

تَعْزِيرَة *objurgation*, Bc.

عَزْرَن II *se gendarmer, s'irriter*; c. على p. *tempêter contre* quelqu'un, Bc.

عَزْرَنَة *frénésie*, au fig., *emportement*, Bc.

مُعَزْرَن *frénétique, furieux*, Bc.

عَرُور pour زعرور, Payne Smith 1239, 1.

عزف.

عَزْف, n. d'un. ة, *dactilus palme*, Voc.; mais Bait. donne, II, 190 e: عَزف هو الخُوص والدَّوم عند اهل المغرب.

عَزُوف *sifflant* (vent ou sable du désert), poétiquement en parlant du désert où sifflent les vents ou le sable poussé par le vent, Gl. Mosl.

عَزَّاف *musicien*, Akhbâr 127, 11.

المَعْزَفَة *la Lyre* (constellation), Dorn 46.

عزق I *bêcher, défoncer* la terre, *défricher*, Bc, *bêcher, creuser légèrement*, Hbrt 178.

عازق *vase d'argent ou de cuivre, qui contient du charbon ardent et dans lequel on apporte la cafetière*, Lane M. E. I, 206.

عزل I *sevrer* un enfant, Voc. — C. a. *dégarnir*, p. e. الدكّان, *une boutique des marchandises qu'elle contenait*, 1001 N. III, 465, 5, Bresl. XI, 107, dern. l.; عزل المَقَام *desservir la table*, Macn. I, 68, 12 (cf. Fleischer Gl. 98). Aussi c. فى, Bresl. XI, 108, 1: وعزل دكانه فبينما هو يعزل فى دكانه اذ — C. a. r. et الى l. *transporter des choses vers*, Bresl. XII, 411, 3 a f.: وعزلت جميع ما كان فى القصر الى بيتى, *Épuiser*, Ht.

II *exiler*, Ht. — *Plier bagage*, au propre, *décamper, déloger*, v. n., *déménager, lever le piquet, vider les lieux*, Bc. — *Déloger*, v. a., faire quitter un logis, une place, Bc. — *Déblayer, débarrasser*, Bc.

VII *se séparer du troupeau, s'égarer*, en parlant du bétail, Alc. (desmanarse de la manada). — *Etre cassé, destitué*, Bc.

VIII c. عن p. *se séparer de quelqu'un, rompre avec lui*, Bc. — *Se séparer du commerce des hommes pour se livrer à la dévotion*, Fakhrî 345, 4 a f. — يعتزل الحرب bien dans Lane, excepté que les mots: « en parlant de celui qui n'a pas d'armes, » sont de trop; voyez Badroun 112, 4, Freytag Locm. 36, 11, où il faut lire: كان معتزلا للحرب.

عَزْل *congé donné à un soldat*, Alc. (despedida del capitan a la gente). — *Terres de dépossession, biens confisqués*, R. d. O. XI, 107.

عَزَل *mode de musique*, Descr. de l'Ég. XIV, 29.

عُزْلَة *retraite, lieu particulier où l'on se retire*, Bc, Bidp. 166, 7. — *Retraite, l'action de se retirer du monde pour se livrer à la dévotion*, R. N. 61 r°: فتخلّى عن الدنيا وجعل الله همّه فى العزلة والانفراد بالله. — *Destitution, exil*, Ht.

عِزال *bagage*, Bc, Hbrt 139.

أعْزَل *plus écarté* (endroit), Gl. Belâdz.

تَعْزِيل المكان *déblai, enlèvement de terre*, etc., Bc.

مِعْزال *désarmé*, pl. مَعازِل, Diw. Hodz. 80, vs. 6.

اعْتِزال *irrégularité*, Alc. (irregularidad).

مُعْتَزِل *irrégulier*, Alc. (irregular).

عزم I c. الى, au lieu de على, Cartâs 86, 1: فعزم على Bat. عزم الى الخروج للصحراء et l. 2: السير الى الصحراء, III, 411: عزم على نفسه أن — *jurer que*, 1001 N. I, 152, 4 a f.: وقد عزمت على نفسى الى لا أعود ابدًا حتى الخ où Bresl. II, 12, 3 a f., porte: والبيت على نفسى انى لا أرجع حتى الخ. — *Engager, inviter, prier* عزم للغدا *convier à un repas*, Bc; c. على p., 1001 N. I, 67, III, 632, Bresl. IV, 136, ou c. a. p., M, Antar 19, 10, Mehren 31, Macn. I, 303, dern. l., 567, 6 a f., II, 71, Bresl. IV, 346, Ztschr. XXII, 86, 12 et 16; مَعْزوم *convié*, Bc, M, *invité*, Hbrt 11. — Est employé, avec le sens d'*aller*, d'une manière fort remarquable dans le R. N. On y lit 85 v°: Invité à prendre les armes sous la conduite d'Abou-Yezîd, il avait demandé une nuit

عزم

pour réfléchir; le lendemain il dit: اعزموا على عون الله *allez avec le secours de Dieu!* car je n'ai trouvé dans tout le Coran rien qui nous oblige de ne pas prendre part à cette guerre. Ailleurs, 83 r°, اعزم بنا doit signifier *allez avec nous*, car ils se mettent en route. Dans un autre endroit, 58 r°, un barbier, quand il a fini de raser la tête à quelqu'un, dit à un autre: اعزم يا سيدى, *allez, Monsieur!* c.-à-d., à vous, Monsieur. Beaussier donne pour l'impér. اعزم: *commencez donc; — dépêchez-vous, faites vite; — allons mettez-y-vous.* — C. a. p. et ب r. semble signifier *avertir* chez Haiyân 58 r°, où il est question d'un espion: عزمهم بإمكان الفرصة فيه لتخلوته C'est étrange.

II c. على *conjurer* les démons, *exorciser*, Voc., Alc. (conjurar, conjurar de palabras), Bc, M, Payne Smith 1183, 1184, 1185.

VIII. «اعتزم على المشرق, il forma le dessein de passer en Orient,» Aghlab. 65, 3 a f. — C. على *faire une tentative contre* une ville, Berb. I, 140.

عزم بالعزم *violemment*, Mehren 31.

عزْمَة *édit*, Gl. Maw.

عزْمَة *invitation*, Bc, Hbrt 11. — *Semonce*, invitation dans les formes à certaines cérémonies, Bc. — *Banquet, festin*, 1001 N. I, 325, II, 76, IV, 297, Bresl. X, 172.

عزيمة On dit: شمر عزائمه للاضطلاع بأمره, Berb. I, 497, et ركب لها عزائمه ibid. 492, 11. — *Invitation*, Bc, M. — *Banquet, festin*, Ht, 1001 N. Bresl. II, 254, 256.

عزّام *conjurateur*, prétendu magicien qui conjure les démons, les tempêtes, Voc., Bc, Saadiah ps. 58.

عازم même sens, Aboû'l-Walîd 208, 20.

معزم *effort*, L (nisus (conatus)).

معزم Voyez sur ces conjurateurs Ztschr. XX, 496, Léon 338, Marmol I, 63 c, Roger 275, Le Blanc II, 177.

عزو.

عزوة *consolation*, P. Prol. III, 364, 3, 380, 14.

عزوى *ironique*, Bc.

عزى II c. a., تعزى الهوى «tu souffriras patiemment

عس

les douleurs de l'amour,» P. Aghânî 62, 3. — *Faire compliment de condoléance* à quelqu'un, acc., sur, c. عن, Valeton ٣٢, 2 a f.: عزّاه عن ابنه, Bayân I, 274, 8, c. فى, Gl. Badroun, Bc, et c. ب, Macc. II, 766, 2 et 3, où il faut lire: قتل; وعزّوه عن, Fleischer, Berichte 188, veut lire avec d'autres man. فيمن, mais la constr. c. ب se trouve aussi dans un passage cité Maml. I, 2, 165.

V *chercher à se consoler*, Gl. Badroun, Lettre à M. Fleischer 175.

عَزاء *faire compliment de condoléance* à quelqu'un, Bayân I, 257, 3 (l. للعزاء), 7; — *une cérémonie funèbre qui avait lieu peu de temps après la mort d'un homme, et dans laquelle sa famille recevait, de la part de ses amis, des compliments de condoléance; pompe funèbre*, Maml. I, 2, 164, avec le pl. أعزية, Bc; cf. Bayân I, 274, 10: وجلس مجلسا عاما للعزاء; «prendre le deuil,» Bc, Maml. I, 2, 165, Bat. II, 354, IV, 302. — *Deuil, douleur*, Maml. l. l. — *Pouah!* interj. qui marque le dégoût, Bc.

عس I *rôder pendant la nuit autour des troupeaux* (loup, hyène), P. de Sacy Chrest. II, ١٢١, 6 a f. — *Sonder, chercher à connaître la profondeur de l'eau avec la sonde*, et *sonder, mettre, employer la sonde dans une plaie; tâter, sonder;* عس نفسه *s'essayer, se tâter,* Bc. — *Soupeser,* soulever avec la main par dessous pour connaître le poids, Bc. — C. على *serrer,* presser (= عض على), Bc.

II *presser, serrer,* étreindre avec force; شى يعسس «cela serre le cœur,» Bc. القلب

عسّ s'emploie comme pl. de عاسّ, Yâcout II, 240, 1.

عَسَّة *garde*. On place la première garde, العسة الأولى, à dix heures du soir, la seconde, العسة الثانية, à minuit, et la troisième, العسة الثالثة, à deux heures du matin, Daumas V. A. 245.

عاسّ, que les dict. donnent comme le pl. de عاسّ, s'emploie comme un coll. sing., *la garde, le guet, patrouille,* Bc, Hbrt 140, Berb. II, 387, 5 a f.: على حين غفلة من العسس الذى ارصد لهم ۞

عسّى *garde, sentinelle,* M.

عسّاس *garde, sentinelle,* Ht, Bc, cf. Ali Bey I,

14, R. N. 103 rº: je traversai la ville pendant la nuit pour me rendre à ma demeure, فرّتُ يرحبك ابن اى داود فاذا رابطة وعساسة وكلاب ها كلّمى احد بكلمة ولا نبح على كلبٍ Freytag dit à tort que ce mot se trouve en ce sens dans le Câmous; il n'est pas classique. — *Gardien*, Bc (Barb.). — عَساسين *avant-postes*, Bc. — *Sondeur*, Bc. — *Sonde* pour connaître la profondeur de l'eau; *sonde*, instrument pour sonder les plaies, Bc.

عسب.

عَسَبَة *anthemis*, Prax R. d. O. A. VIII, 282.

يَعْسُوب On dit القبائل اليعاسيب les tribus les plus puissantes, » Berb. I, 433, 1; mais يعسوب est aussi un coll. sing., *les principaux*, *les plus puissants*, Berb. II, 506, 6: لانّم يعسوب زناتة, I, 404: مراكش حيث محشر العساكر ويعسوب القبائل ۞

يَعْسُوبِيَّة *noblesse*, *puissance* d'une tribu, Berb. I, 501, 9, Khaldoun, man., IV, 33 rº: بما شاركوا صاحب المغرب من نسب ملكه وقاسموه فى يعسوبية قبيلة (قبيلة ا.). — *Commandement*, ibid. 33 vº: ورجع عثمان بن ابى العلى الى مكانه من يعسوبية الغزاة وزلائك حتى اذا هلك قدم عليم مكانه ابنه ۞

عسج.

عَوْسَج *buisson d'épines*, Bc, Hbrt 55.

عسجد.

مُسَجَّدَق *d'or*, Macc. II, 799, 5.

عسر IV *être insolvable*; Bc a مُعْسِر [مُفْلِس] *insolvable*, et اعسار est *insolvabilité* dans les 1001 N. III, 425, 2 a f.: هذا مسكين قد افلس وبقى عليه ديون وكلما, 426, 6 a f.: يجبس اطلقه ومرادنا ان نثبت اعساره, où Bresl. a قد صرت مفلسا وكتبوا حجّة اعسارك; M. de Goeje me fournit encore: Abou-Ishâc Chîrâzî 113, dans le باب التفليس وان لم يكن التفليس هناك مال وادّعى الاعسار نظرت فان كان قد عرف له قبل ذلك مال حبس الى ان يقيم البينة على اعساره ۞ عُسْر *insolvabilité*, Bc.

عسر *sorte d'oiseau*, Yâcout I, 885, 14; variantes: عر, وعر, فر. اعصار الهوى, 1001 N. Bresl. II, 327, 1, est pour اعصار الهواء.

عُسْر *queue*, Kâmil 110, 1 et 2.

مُعَسَّر *difficulté*, *péril*, 1001 N. Bresl. XI, 389, 8.

عسعس.

عَسْعَسَة *crépuscule*, Abou'l-Walîd 464, 10.

عسف I عسفه على العمل *il le contraignit à faire un ouvrage*, Gl. Belâdz.

II *contraindre*, *serrer*, *mettre à l'étroit*, *gêner*, *tenir en contrainte*, Bc. — عسّف البيت *balayer une maison avec soin*, nettoyer particulièrement les plafonds, corniches et autres endroits élevés, Bc, M.

V, au fig., *errer*, *se tromper*, Macc. II, 522, 10, Abdarî 79 rº: وكلّمته فى اشياء تخبّط فيها وتعسّف. — Dans le sens de ظلم, aussi c. على, Lettre à M. Fleischer 6. — C. على *pertinax esse*, et تعسّف *pertinacia*, Voc.

VIII, au fig., c. a. r. dans A de Haiyân-Bassâm III, 142 rº: خروج فى تدبير سلطانه واعتسف الامور واساء السيرة; ce passage manque dans B. — C. الى p. *courir vers*; M (sous قطب) explique قوطب عليه اعتسف (couper le chemin à quelqu'un) par فى المشى il courut vers lui par le chemin le plus court, et l'atteignit avant que l'autre se fût échappé; » de même sous قطع: «je courus vers lui en prenant le plus court»): والعامّة تقول نهبط اليه مقاطعة اى معتسفا على خطّ مستقيم ۞

عَسْف *violence*, Bc. — *Contrainte*, *gêne éprouvée quand on est trop serré*; *contrainte*, *gêne dans le style*, Bc.

عسف كلام *violent*, causé par un accident, Bc. — عسف *style guindé*, Bc.

مِعْسَفَة *balai*, M.

معتسف *forcé*, *affecté*, sans naturel, Bc.

متعسّف *peiné*, *travaillé avec effort*, Bc.

عسكر I *faire une expédition militaire*, *partir pour la*

عسل

guerre, c. الى *vers*, c. على *contre* (cf. le Voc. sous *exercitus*), et aussi: *fournir un contingent*, Berb. *passim*, Calât 69 v°: ils se révoltèrent, فعسكر البلم الشيخ الحج — ومعه عسكر من الموحدين . Au lieu du n. d'act. عسكرة, qui signifie quelquefois *l'obligation de fournir un contingent*, on trouve aussi تعكسر, Berb. I, 404, 2 a f., II, 429, 9. — C. ب p. *faire faire une expédition par*, Berb. I, 148, 4: Quand la famille Mozni se fut rendue indépendante dans le Zâb, صاروا يتعهدونهم بالجباية بعض السنين ويعسكرون عليهم باخر يق الاعراب «elle se faisait payer l'impôt par ces peuplades pendant quelques années en lançant contre elles un ramas de vagabonds arabes» (de Slane). — عسكر بهم *il les organisa en armée*, Haiyân 99 r°: واجتمعوا عنده ونزموه فعسكر بهم.

II c. على dans le Voc. sous *exercitus*.

عَسْكَر *soldat*, Ht, *fantassin*, R. d. O. IV, 229, VII, 50, 1001 N. II, 143, dern. l.; le pl. عساكر est fréquent en ce sens, Prol. II, 16, 2, 35, 12, Berb. II, 156, 3 a f., 161, 7 a f., 284, 1 (l. جولون avec notre man.), 370, 12, 410, 6, 1001 N. I, 815, 1, II, 237, 11, 343. — Sorte d'ornement, de boule, 1001 N. IV, 707, 5 a f.: يخترون له اربع عساكر من الذهب الاحمر الوهاج مرصعة بالجواهر, où Lane observe (III, 731, n. 26): «Ce sont des ornements de différentes formes. L'espèce la plus ordinaire est une boule à tête pointue, et cette tête est quelquefois surmontée d'un croissant;» Ouaday 552: «boule argentée ou en argent au sommet des quatre montants du porte-turban.»

عَسْكَرَة *expédition militaire* (cf. sous 1), pl. عساكر, Berb. I, 163, 7.

عَسْكَرِي *soldatesque*, qui sent le soldat, Bc. — *Soldat*, Bc, *fantassin*, Burckhardt Nubia 482, Daumas Sahara 243; au pl. on dit ordinairement عسكري, Calât 26 r°, 29 r°, Djob. 229, 2, Bat. IV, 285, et le Voc. donne ce mot sous *exercitus*; Bc a le pl. عساكر.

مُعَسْكَر, *camp*, est chez Bc مُعَسْكَر. — *Garnison*, Berb. I, 193, 5.

عسل II *faire du miel* (abeilles) (Lane TA), Alc. (miel hazer las abejas), Auw. I, 35, 3: الفضل المعسل II, 728, 5 a f. — عسلت عيند *s'assoupir*, *s'endormir d'un léger sommeil*, Bc.

V dans le Voc. sous *mel*.

VIII *boiter*, Payne Smith 1192 (lisez ainsi, au lieu de اغتسل).

عَسَل sorte de boisson, الشراب المسمى بالعسل Chec. 216 v°, qui en donne la recette; c'est du miel avec de l'eau qu'on met sur le feu et auquel on ajoute du poivre ou d'autres épices. — عسل بيروتي voyez Burckhardt Syria 392, qui suppose que c'est *manne*. — عسل داود (miel de David) est ἐλαιόμελι, Bait. I, 75 g, 460 d, II, 193 b. Aussi العسل دهن et دهن داود, M. — عسل اسود *mélasse*, résidu du sucre raffiné, Bc, Descr. de l'Eg. XVIII, part. 2, 378. — عسل القصب voyez sous le second mot. — عسل الورد *miel rosat*, Alc. (miel rosada).

عَسَلِي J'ai dit, Vêtem. 436, que ce mot signifie *jaune*; M. de Slane (trad. de Berb. I, 150) et M. de Goeje (Gl. Fragm.) sont de la même opinion, et Bc donne شمع عسلي *cire jaune*, et *chandelle de cire*; mais selon Lane, M. E. II, 378, et Beaussier c'est *brun clair*, et selon le Voc., *niger*. — *Mielleux*, Bc.

عَسَلِيَّة *une substance mielleuse*, Gl. Edrîsî.

عَسَّال *loup* (Lane TA), Kâmil 208, 4, 14.

مُعَسِّل sorte de parfum, 1001 N. I, 119, 14.

خروب المعسل sorte de caroube; on fait une boisson de son suc, Becrî 3, l. 8.

مَعْسُول au fig., اخلاقي معسولك, Mi'yâr 12, 3.

عسلج

عُسْلُج *Leontice Leontopetalum*, Bait. II, 186 e; je crois que Rauwolf, 119, 127, a en vue le même mot quand il dit que cette plante s'appelle *aslab*.

عُسْلُج est عَسْلُوج chez Alc., Cherb. C et Roland; le Voc. donne e et o. — *Tige*, *brin*, *pied* d'une plante, Alc. (tallo de yerva); *tige de chou*, Alc. (troncho de berça); *tige de l'artichaut sauvage*, Cherb. C. — *Germe*, Roland (qui écrit أُسْلُوج). — *Bétoine* (plante), Alc. (breton yerva). — العساليج, en Espagne, *libanotis*, Bait. II, 450 d. — عساليج الثوم *gousse d'ail*, Alc. (espigon de cabeça de ajos).

مُعَسْلِج *qui a une grosse tige*, Alc. (talluda cosa).

عسو.

عَلِس coriace, Bc.

عَسَى I. ما عَسَى et بِا عَسَى utinam, Voc. — ما عسى et ما عسى ما عسى quanto magis, Voc. — ما عسى أن بالنسبة الى المهدية « qu'est-ce qu'al-M. en comparaison de, » Amari 402, 3 a f.

عَشَّ I broncher, chopper, Ht.

II filer sa toile (araignée), R. N. 64 r°: فاذا بالبصرة فى التابوت على حالها قد عشش عليها العنكبوت, 88 r°: فلمّت الى مرحاضه فاعيّنُه قد عشش عليه العنكبوت من قلة دخوله فيه*.

عِشّ toile d'araignée, Bc. — عُشّ العنكبوت, نمل fourmilière, Bc.

عُشّ pl. عِشَشَ hutte, Bc; عِشَشَ « huts (made of rushes and brushwood), » Burckhardt Nubia 434.

عَشِّى cuisinier, M.

عشيش nid, Ht.

مَعَشِّشَ? Macc. II, 711, 12, dans une liste de présents: وعشر علامات معششة مذهبة.

عَشَبَ II herboriser, Voc., Bc, Ht. — Fourrager, Ht.

IV donner pour nourriture des plantes fourragères à un animal, Bait. I, 78 d: والصِّحاح كل شجرة تُعشَبَ بها السباع. — Mêler des plantes fourragères à, ibid.: تُدَقُّ اطرافُها الرطبة ويُعشَب بها اللحم ويُطرَح للسباع.

عُشَابَ, herbe, plante, forme au pl. أَعْشَاب, Bc, M, Ibn-al-Wardî, man. de Gotha 298, p. 34. — La botanique, man. B dans Khatîb 34 v°: فلوص فيه يعنى الطب والعشب كل مَن أمكنه*.

عَشَبَ nom d'une plante médicinale, Daumas V. A. 132, Sahara 3, 47 (a'cheb). — Paille de millet, Werne 15 (häschab).

عُشْبَة salsepareille, Descr. de l'Eg. XI, 455, Ghadamès 345 (acheba).

عُشْبَة, pl. عُشَب et أَعْشَاب, herba, Voc.; — buisson, Alc. (mata o breña). — Chélidoine, L (celidonia). — عشبة السباع nom d'une plante décrite Bait. II, 194 c, cf. 369 c, où le texte porte: اطلبها نبّاتًا

رايت بعض الناس يسميه فى بعض بوادى الاندلس عشبة السكبينج. — عشبة السبياع férule (plante), Bc. — عشبة الغُنجول nom d'une plante, nommée ainsi لانّها تبرئ بياض أعينُها, Bait. II, 156 c. — عُكرش, voyez Freytag sous ce dernier mot, Bait. II, 204 d. — عشبةُ كل بلا, dans le Maghrib al-akçâ et al-ausat, pimprenelle, Bait. II, 62 c. — عشبة النجّار (?) = la plante qu'on nommait en espagnol yerba sana, Bait. II, 602 b; ainsi dans H, A الخار; BEL sans points diacritiques. — عشبة la petite espèce de la plante dite جعدة, Gl. Manç. sous ce dernier mot.

عَشَّاب botaniste, herboriste, Voc., Alc. (erbolario conocedor de yervas), Bc, Macc. I, 934, 20, Khatîb 34 r°. — Herboriste, qui vend des plantes médicinales, Domb. 103, Bc.

مُعَشِّب le convive qui déchire les poulets rôtis avec une impatience qui trahit son avidité, Daumas V. A. 315.

مَعْشَبَة s'emploie substantivement, Badroun 45, 11.

مَدَرَة مُعَشِّبَة motte de terre couverte d'herbe, L (gleba (cespis)).

عُشْبُور, n. d'un. ة, dentale (poisson), Alc. (denton pece conocido).

عَشِنَ II c. على proicere, Voc.

العَشْنَتُ بِى (vulg. pour العطش) j'ai soif, Voc. v° sitire.

عَشَرَ II accoupler, apparier pour la génération, Bc. — Couvrir, saillir, couvrir sa femelle, Bc.

III. حُسْن معاشرة النساء se dit des femmes qui ont beaucoup de complaisance pour leurs maris, Bat. IV, 125, 150. — عاشر امرأة voir, jouir d'une femme, Bc.

V dans le Voc. sous decimare. — S'accoupler pour la génération, Bc.

عُشْر. Comparez avec Lane sous عَشْر: R. d. O. A. XIV, 106: « Les musulmans partagent le Koran entier en 60 حزب; 10 versets d'un حزب forment un عُشْر [lisez عُشْر] ou décade, » Lane M. E. II, 324: deux ou trois versets du Coran, Djob. 150, 4, R. N.

عشر   130   عشر

کان اذا اقرأ اقرأ اصبیان (الصبیان l.) اعشارٌم یقول 90 v°:
لجلفل اقرأ انت یا لسّ وبکمر من قول ذلک فاذا کبر
الطفل تسرّق وتلصّص وتصحّ فیه فراسة ابی اسحٰق
قراءة احادیث من الصحیحین، Khaṭîb 143 v°, 177 v°.
— و تختم باعشار من القرآن. — *La rosette qui indique la
fin d'un tel paragraphe du Coran*, Fleischer sur Macc.
II, 482, 3 Berichte 70. — *Décade, dizaine d'années*,
Weijers dans Meursinge 67. — On lit chez Mohammed ibn-Hârith, 240, qu'un plaisant donnait au cadi
Mohammed ibn-Bachîr le sobriquet de عُشْرُ الثُّلٌ,
le man. a les voyelles, mais l'auteur n'explique pas
ce que cela veut dire.

عُشْرٌ = ارضٌ عُشْرٌ, *terre qui paie la dîme*, Gl. Maw.

عُشْرَة *habitation*, t. de prat., compagnie charnelle;
کان له عشر مع *avoir un commerce de galanterie*, Bc.

عُشَار. Sous ce mot dans le sens de *pleine* (jument,
chamelle), par conséquent عُشْرَاء, Beaussier, qui a le
pl., donne: ابن عشار *petit chameau d'un an à
deux*; Davidson 92: « *el ben dshar*, le chameau dans
la seconde année; » R. d. O. A. N. S. I, 182: « La
chamelle ne met jamais bas qu'un seul petit. On lui
donne souvent le mâle immédiatement après le part;
et, si elle conçoit, le petit qui est déjà né prend le
nom de *ould adchar*. »

عُشَارِيّ = عُشَارِيّ, *long de dix coudées*, Gl. Badroun,
Lettre à M. Fleischer 30. — الکَسر العشری *fraction
décimale*, M. — *Decemvir*, titre qui appartenait exclusivement aux enfants des *dix principaux disciples
du Mahdi*, de Slane Berb. trad. II, 88. — دینار
عشری voyez sous le premier mot et les Addit. et
Corr. — ناقة عشری *dromadaire*, 1001 N. Brosl. XII,
132, 2 a f.: فامر لم بثلاث روس من جياد الخيل العتاق.
وعشر نوق عشریت. Aussi عشری seul, Shaw I, 252
(*ashaary*); Blaquière II, 188: « *Âdshâri*, un dromadaire dont l'état d'insensibilité apparente après sa naissance dure dix jours; un tel animal est très-estimé. »

عشری *terre qui ne paie que la dîme* (l'opposé de
خراجی), Gl. Belâdz., Auw. I, 5, 2.

عُشَر, chez les Arabes de la mer Morte عشیر,
nom d'une plante, voyez Burckhardt Nubia 36.

عشیر *famille*, Abbad. II, 250, 11. — *Tribu*,
Maml. I, 1, 186. — Avec l'article, comme coll. sing.,

pl. عُشْرَان, 1° les *Bédouins de la Syrie* (Caisites et
Yéménites); 2° *les Druzes*, Maml. I, 1, 186, 2, 273
(le pl. عشائر, que donne Quatremère, appartient à
عشیرة, dans le sens ordinaire de *tribu*), Ibn-Iyâs 58:
اجتمع 65: ومعد السواد الاعظم من الزعرو والعشیر,
141: عنده من العشیر والعریان ما لا یُحْصَی عددُهم,
153: جماعة كثير جمع من العريان والعشير والتركمان.
— Nom d'une plante, voyez عُشَر.

عاشر *vivre avec quelqu'un*, Freytag Chrest. 64,
5 (parmi les conseils qu'une mère donne à sa fille
qui vient de se marier: یا بنَيتي عليكِ بحُسْنِ الصاحبة
بالقناعة والعشارة بالسمع والطاعة. — فرس عشاری *jument
pleine*, Bc.

عَشَائر، عَشِيرَة *les grandes familles* d'une tribu,
Ztschr. XXII, 91, n. 2. — *Grand nombre, multitude*,
Haiyân-Bassâm III, 3 v°: ولحق بهم لاول امرم من
موالی المسلمین ومن اجناس الصقلب والافرنجة والبشکنس
عشیرتهم. — Dans le sens de عشیر, *ami, homme de
la même nation*, Haiyân 67 r°: ویستشفعون بهم الی
سوار عشیرتهم. — *Bon traitement*, Gl. Bayân.

فحٰی عشاری (pl.) *dromadaires*, 1001 N. I, 873, 7 a f.

عُشَارِیّ *composé de dix ingrédients* (médicament),
p. e. الاصطمالخیقون العشاری, Ibn-Wâfid 14 r° (recette).
— *Celui dont la taille a dix empans de hauteur*, d'Escayrac 272 (qui donne à tort un *fatha* au '*ain*). —
Barque, esquif, chaloupe. Ce mot que Freytag donne
deux fois, une fois sous la forme fautive عُشَّارِیّ
(même faute dans de Sacy, Abdallatif, 309, n. 26),
n'est pas, comme il l'a pensé, un mot qui n'est usité
qu'en Egypte, car on le trouve dans la Voc., dans
Alc. (esquife de nave), souvent chez les auteurs maghribins, Djob. 316, 8, 825, 17, Bat. II, 251, IV, 60,
Amari Dipl. 8, l. 9, et même chez des auteurs orientaux, p. e. chez Ibn-al-'Amîd *apud* Nowairî, man. 273,
p. 62 (pl.). Le pl. est عُشَارِیّات, Voc., Maml. I, 2,
89, Amari Dipl. App. 5, dern. l. Ce mot a donné
naissance à l'italien *usciere*, qu'on employait au moyen
âge, Amari Dipl. 397, n. f. — ناقة عشاریة (voyelles?) *dromadaire*, 1001 N. I, 669, 5; cf. عُشْری.

عَشُورَى et les autres formes de ce mot. On lit chez Mouette 354: « *Lachora*, fête dans laquelle ils sont obligés de donner au Prince la quarantième partie de leur argent. Ils ne la solemnisent qu'une journée; pendant toute la matinée ils se jettent quantité d'eau les uns aux autres. » Martin 39: « C'est la nouvelle année des musulmans; les déménagements ont lieu à cette époque; » Rozet II, 85: « le premier jour de l'an, » Pflügl t. 67, p. 9: « la nouvelle année, lorsque chaque musulman est tenu de donner aux pauvres la dixième partie de son avoir, ou du moins quelque chose. » — Le vulgaire donne ce nom à tout le mois de Moharram, Domb. 57, Hœst 251, Roland. — شَائِع العَاشِر *Safar* (mois), Bc.

عُشَارِى sorte de barque en Egypte, qu'Abdallatif, trad. de Sacy 299, décrit fort au long. La prononciation est incertaine, et عُشَيْرَى, que propose de Sacy (309, n. 26), me paraît fort contestable. Je préférerais عُشَيْرِى, que je considère comme une autre forme de عَشَارِى.

عَشِيرَان mode de musique, Descr. de l'Eg. XIV, 29.

عَشَّار celui dont l'emploi est de lire des décades (عَشْر, voyez) *du Coran*, Bat. IV, 204, 274 (dans le premier endroit la trad. n'est pas exacte, dans le second elle est tout à fait manquée).

عَاشِر celui qui est chargé par le souverain de recevoir sur la route la dîme des marchands, et de les protéger contre les voleurs, M.

دِينَار عَاشِرِى un dinâr qui vaut dix dirhems, Bayân I, 115, 1: وضرب ابراهيم بن احمد دنانير ودراهم سماها العاشرية فى كل دينار منها عشرة دراهم

عَوَاشِر (pl.) *temps de vacances*, Hbrt 153; chez Beaussier et Roland aussi *jours de réjouissance qui précèdent et suivent les fêtes*, et peut-être faut-il penser à un tel sens dans le Bayân I, 241, 6: فكانت تقوم فيه سوق جامعة ثلاث مرات فى السنة فى رمضان وفى العواشر وفى العاشوراء; mais alors ce serait jours de réjouissance avant et après certaine fête, non pas toutes, puisque ce marché ne se tenait que trois fois par an.

مُعَشَّر *décagone*, Alc. (figura de diez angulos), chez Bc معشر الاضلاع.

مُعَشِّرَة (فرس) (jument) pleine, Bc; les Bédouins n'emploient cet adj. qu'en parlant de chamelles et de vaches; les citadins aussi en parlant de juments et d'ânesses; le pl. est مَعَاشِير, comme si le sing. était مَعْشُورَة, Ztschr. XXII, 143.

مَعَاشِر (pl.) *l'édifice où les marchands paient la dîme, douane*, Palgrave II, 189.

عَشْرِيَا *chardon à cent têtes*, panicaut, Bc.

عُشْرَق voyez Bait. II, 194 b; *circée, herbe de Saint-Etienne*, Bc (où le *fâ* semble une faute d'impression).

عَشِقَ I. عَشِقَ se construit aussi avec فى, Lettre à M. Fleischer 123. — عَشَّقَ *rendre amoureux*, Alc. (enamorar a otro), Prol. III, 413, 4, cf. mes remarques sur ce vers dans le J. A. 1869, II, 209.

II. عَشَّقَ ذا بذا *adiungere*, Voc.; *acoquiner, attirer, attacher; encastrer, enchâsser, joindre*; عَشَّقَ الوَاحَا *emboîter, enchâsser des ais l'un dans l'autre*, Bc; dans les 1001 N. III, 448, 14, il est question d'une lance, مزراق مُعَشَّق فى بعضه, c.-à-d., composée de plusieurs pièces qui s'emboîtent; cf. 450, 9; Ibn-Loyon 22 v°, en parlant de l'espèce de greffe qui s'appelle تركيب الشق:

وعَشَّق الجلدين فى الحاشية من كل جانب بلطف صنعة

III c. a. p. *faire l'amour à*, Badroun 207, 12: بيل عاكفا على معاشقة النساء

V c. a. *s'éprendre de*, Lettre à M. Fleischer 7. — *Prier d'amour, déclarer sa passion*, Alc. (requerir de amores). — ذا بذا dans le Voc. sous *adiungere*; *engrener ou s'engrener, en parlant des dents de deux roues*; c. فى ou مع *s'emboîter*, Bc.

VI et VII dans le Voc. sous *adamare luxuriose*.

عِشْقِى *érotique*, Bc.

عُشَّاق *mode de musique*, Hœst 258, Descr. de l'Eg. XIV, 23: « on l'a peut-être appelé ainsi, parce qu'il est propre à inspirer l'amour; cependant plusieurs auteurs prétendent qu'il inspire le courage et la valeur. »

عُشَّاق, fém. ة, *libertin, lascif*, 1001 N. II, 226, 5: فقال لها يا فاجرة يا عشاقة سوف تنظرين ما افعل بك من العذاب

عشم

غُشَّاي, n. d'un. ة, sorte de blette? chez Alc. « bledo morisco; » mais je ne trouve ce terme ni dans Nebrija, ni dans Colmeiro, ni ailleurs; M. Simonet, que j'ai consulté, m'a répondu qu'il ne le connaît pas non plus. — Morelle, Alc. (yerva mora).

عَاشِق pl. عَوَاشِق osselet, petit os, Bc, 1001 N. IV, 596, 7, 597, 9, 10 et 13.

تَعْشِيق الاعضاء emmanchement, jointure des membres, de leurs parties, Bc.

مَعْشِق emboîture, endroit où les choses s'emboîtent, Bc.

مُعَشِّق amoureux, Alc. (enamorado).

عشم I attendre, se promettre, espérer, Bc.

II c. ب flatter, faire espérer, promettre, faire espérer, repaître, nourrir d'espérance, Bc.

V attendre, se promettre, espérer, se flatter; تَعَشَّم بالباطل se bercer de, se nourrir d'espérances vaines, Bc; 1001 N. Bresl. IV, 36, 13: انا متعشم بالموت « je m'attendais à mourir. »

عشم attente, espoir; ما كان هذا عشمنا بكم « je n'attendais pas cela de votre part; » ضاع عشمه ب « perdre l'espérance de, » Bc.

عشن

عُشَّان palmiers sauvages, Berbrugger dans de Slane Berb. trad. III, 277 n.

عَشَنْبَر, fém. ة, se trouve Diw. Hodz. 64, 9.

عَشَنْتَى = المتقبض الوجه السيّء المنظر, Kâmil 300, 20 et 21.

عَشَنْزَر. Ce masc. se trouve Kâmil 668, 8, le fem. ة Diw. Hodz. 64, vs. 4.

عشو V. Proverbialement: تَغَدَّى به قبل أن يَنْعَشَى به (l'autre voulait l'assassiner, mais il le prévint en l'assassinant lui-même), Macc. II, 762, 5.

عَشَا héméralopie, voyez Clément-Mullet II, 2, 114, n. 2, sur Auw. II, 575, dern. l. et suiv., J. A. 1853, I, 342; — nyctalopie, Bc.

عَشَاء souper, a dans le Voc. le pl. عَشَوَات.

عِشَاء « le moment qui correspond à une heure et demie après le coucher du soleil, » Ouaday 620 n.; «deux heures après le coucher du soleil, » Berbrugger XLVIII. — Complies, partie de l'office divin, Alc. (completas).

عَشَاوَة nyctalopie, Bc.

عَشَاتِي soupatoire, qui tient lieu de souper (dîner), Bc.

عَشَاء soupeur, dont le souper est le principal repas, Bc.

أَعْشَى héméralope, Bc, Auw. II, 576, 1; — nyctalope, Bc. — عَشْوَان erabundus, Voc.

عص I c. على appuyer, peser sur, serrer, presser, Bc; عص على انفه se boucher le nez, car parmi les conjectures présentées par M. de Goeje dans le Gl. Fragm. (p. 64), la deuxième me semble la plus acceptable.

عَصّ sacrum, os, la dernière vertèbre; croupion, le bas de l'échine, Bc. — Moignon, reste d'un membre coupé, d'une branche, Bc.

عصب I. Cf. avec Lane 2057 b à la fin: Akhbâr 152, 9, avec ma note. — N° 12 chez Freytag, au fig., أَقْلَتْ بعد عصب الريف, Berb. I, 522, 5.

II panser une blessure, Ht, Becrî 121, 12: عصب جراحه. — عصب عينيه il lui banda les yeux, 1001 N. I, 35, 6 a f., 77, 7 a f. — Revêtir une tour d'une pièce d'étoffe, Maml. II, 2, 212.

IV. Le scoliaste de Moslim explique l'expression ليس لك أعصب (impartial) par مُعْتَدِل الهَوَى. L'éditeur le considère comme un verbe d'admiration = « ليس لك أن يقال أعصب بيعقوب de te non dici potest: quantum gratia et favore tenetur Ja'cub. » Tout cela me paraît fort douteux.

V. Le n. d'act. esprit de parti, Bc. — C. ب ou مع se ranger sous la bannière de, prendre le parti de quelqu'un, cabaler, se coaliser; — tramer un complot; — s'ameuter; — c. ب adhérer à une opinion, à un parti; تعصب براى احد s'attacher à une opinion, — conspirer, مع ناس على conjurer, former un complot, Bc, Yâcout I, 521, 10.

VIII c. ب se ranger sous la bannière de quelqu'un, adhérer à une opinion, à un parti; c. مع se coaliser; prendre parti pour, Bc.

XII عـلى دعوة فلان se déclarer pour, Berb. I, 27, c. عـلى p., ibid. 87. — C. ب p., mais le sens ne m'est pas clair, Haiyân-Bassâm I, 120 r°: فارتفعت صنهاجة من معسكر المرتضى واعصوصبوا بأميرهم زاوي مسلمين له بالتدبير

عُصْب ou عَصْب, comme nom d'une plante, forme au pl. عصاب, Gl. Edrîsî. Cf. Bait. II, 196 d, où le nom grec est نـوارس dans AB, 563 c, où AB ont العصب, et Dioscor. III, 15 ("Ιωνες δὲ νευράδα).

عَصَب. D'après le Gl. Manç. in voce, la langue classique n'a ce mot que dans le sens de *ligaments*. Le Voc. (nervus) donne le pl. أعصاب. — Dans L ce mot correspond à *ruge*, ce qui est étrange. — Biffez dans Freytag « instrumentum, quo punitur, » et voyez Fleischer Gl. 32.

عَصْبَة (عُصْبَة ou عَصْبَة?) *l'action de bander* une plaie, Madjma' al-anhor II, 259: اختلف فى عصبة الجراحة بالحرير. — عَصْب, en Egypte, fichu de soie, carré et noir, avec un bord rouge et jaune; après l'avoir doublé en diagonale, on s'en entoure la tête, et par derrière on y fait un seul nœud, Vêtem. 300 et suiv.; à Damas, = منديل, Ztschr. XXII, 147. — *Serre-tête*, coiffure de nuit, Bc. — (عَصْبَة?) *affection*, Antar 7, 3 a f.: زادت عصبته لعنته.

عُصْبَة pl. عُصَب *parti*, union de plusieurs personnes, *bande, faction, ligue, brigue, cabale, clique, coalition, séquelle, trame*, Bc. — عصبة الشعب *démagogie*, faction populaire, Bc.

عَصَبَة. Ceux qu'on appelle ainsi en jurisprudence sont énumérés par Vincent, Etudes sur la loi musulmane 65. — Petite chaîne avec laquelle on maintient les boucles d'oreilles et qui vient s'accrocher sur le front en formant une espèce de diadème, Daumas V. A. 173. — عصبة السنا *mollet*, Hbrt 5, aussi عصبة seul, Ht, qui a le pl. أعصاب. — « Vitta, cidaris » chez Freytag appartient à عَصْبَة.

عَصَبى *nerveux*, Bc.

عَصَبِيَّة. Remarquez l'expression: كانت دعوته عصبية المولدين على العرب, Haiyân 11 v°.

عِصْبان *intestins coupés en petits morceaux, mêlés avec de la viande et accommodés avec du riz, du poivre, du sel et beaucoup d'épices*, Daumas V. A. 252.

عِصَاب *mouchoir mis par-dessus le turban pour l'assujettir*, Bc.

عَصَابَة, *bande, bandeau*, a chez Bc le pl. عُصَب. — Cf. Vêtem. 300 et suiv., Ztschr. XXII, 147, Bc: *coiffure consistant en un simple mouchoir roulé autour de la tête*. — عصابة الطاقية *la bosse de ce bonnet, sa partie d'en haut qui ne touche pas la tête*, Vêtem. 282, 12. — *Drapeau de soie, tissu d'or, que l'on portait derrière le sultan, et qui était surmonté d'une touffe de poils*; c'était un des emblèmes de la souveraineté, Maml. I, 1, 135, 192, 227, 228, 250, de Sacy Chrest. II, 268, 9 a f. (mal traduit), Prol. II, 46, 6 et 10. — Chez les juifs; *bande de cuir sur laquelle sont inscrits des versets du Pentateuque, et qu'on porte sur le front, sur la poitrine, sur le cou ou sur la main, soit pour montrer sa piété, soit en guise d'amulette*, M.

عَصَابِيَّة *démagogie*, faction populaire, Bc.

عُصَّاب, au Maghrib, *lepidium latifolium*, Most. v° شيطرج (= dans les deux man.), Gl. Manç. sous le même mot: واكثر المتأخرين على انه المسمى بالمغرب العَصَّاب (les voyelles sont dans le man.), Bait. sous le même article: هو العصاب بالبربرية; après II, 196 b (car Sonth. n'a pas cet article) il donne: عصاب هو الشيدطرج بالبربرية; ces voyelles sont dans le man. B.

تَعْصِيب *force des nerfs*, Alc. (nerviosidad).

مُعَصَّب *nerveux*, Voc., Alc. (nervioso).

عَصْبار *suc, jus*, Ht.

عصد II c. a. et V dans le Voc. sous pultes.

عَصِيد = عصيدة, Payne Smith 1182.

عَصِيدَة. Le Voc. (pultes) et Payne Smith 1182 ont le pl. عصائد. Descriptions de ce mets: Léon 101, Marmol II, 4 c, Lyon 49, 50, 177, Hornemann 7, Burckhardt Nubia 375, Ouaday 63, Richardson Sahara I, 277, Jackson Timb. 317, Pallme 47, Prax R. d. O. A. VII, 262 n., Rohlfs 190, Ghadamès 341; عصيدة جير, à cause de sa blancheur, d'Escayrac 417. — *Colle*, Bc, M. — Plante amère dont on fait la sauce pour le بَرِّين ou عصيدة, Richardson Sahara II, 283; *sonchus chendriloïdes*, Daumas V. A. 382.

عصر I. عَصَرَ عَيْنَيْهِ *contracter ses paupières pour en exprimer des larmes*, Badroun, notes, p. 57, R. N. 63 rº, en parlant d'un hypocrite: فاذا مَرَّ القارئ بشىء عصر عينيه. — *Serrer, comprimer*, surtout les testicules, Maml. II, 1, 94. — *Comprimer fortement les jambes ou la tête d'un homme entre des pièces de bois, qui forment comme un étau*, n. d'act عَصْر et عَصِير, Maml. *ibid.*, Macc. I, 693, 3, 694, 4 a f., Bat. I, 361, 1001 N. Bresl. XII, 331, 5.

عَصْر «à trois ou quatre heures après midi,» Ouaday 107, «environ quatre heures après midi,» *ibid.* 53, Ten Years 28, 69.

عَصْرَة *pression*, Bc.

عَصْرِى *contemporain*, de Jong. — من العصريّات et العصريّات *dans l'après-midi*, Bc.

عُصَار chez le vulgaire = زَحِير *dans la langue classique* (vehemens anhelatio cum gemitu coniuncta), Gl. Manç. sous ce dernier mot.

عصير *moût*, jus de raisin, Bc; aussi عصير العنب seul, Hbrt 17, Bg, Prol. III, 423, 14 (lisez ainsi avec notre man.). — *Huile d'olives*, Mi'yâr 25, 1 et 6, 28, 1, 29, 4 a f., pour عصير زيت, comme on trouve, selon Müller 64, dans deux man., 13, 10 et 11. — *Fruges*, Voc., avec le pl. عُصْران. — *La vendange*, comme l'anc. portugais *alacir*, *les vendanges, le temps où se fait la récolte des raisins, l'automne*, Voc. (vindemia, tempus vindemie), Alc. (otoñada), Khatîb 18 vº: كان يقرأ في شبيبته على الأستاذ الخ — يكرم له خارج الحصرة على امبال منها في فصل العصير, Bait. II, 521 b: ويجمع حبّه في آخر العصير Auw. II, 92, 21 (où Banqueri veut à tort changer la leçon). — عصير الدبّ, chez le vulgaire en Espagne, *arbouse, fruit de l'arbousier*, Bait. II, 196 e (AB), 305 d, Most. vis قاتل أبيه إجاص ot.

عَصّارى *tâchant, s'efforçant d'exprimer*, Müller S. B.

وعلى الدم غليانا عصاريّا قانفا بالرطوبات الفاسدة الطافية 1863, II, 4, l. 3:

عَصِيرى *automnal*, Auw. II, 443, 21, Chec. 198, وأما التفاح الرياشى — فهو شتوى ومنه عصيرى: rº.

عَصّارة *pressoir*, L (prælum).

عاصر, t. de médec., *est* دواء يبلغ قبضه الى اخراج ما في تجويف العضو كالاهليلج, M.

مَعْصَرة pl. مَعاصِر *pressoir*, Gl. Edrisî, Abou'l-Walîd 293, n. 48, 567, 8, Payne Smith 1570; — *moulin, surtout moulin à huile ou à sucre*, Gl. Edrisî. — *L'endroit où l'on vend l'huile*, Domb. 97.

مَعْصَرى *sorte d'huile*, voyez Pellissier 351, De-Gubernatis 104: « La côte offre deux qualités d'huile: le Masri ou celle qui est dans le commerce, et le Darbelmè [?] ou la comestible; le moulin Masri écrase les olives avec le pressoir, le moulin Darbelmè les lave dans des cuves successives et donne une huile plus belle et plus chère. »

مَعْصار forme au pl. مَعاصِير, Gl. Edrisî. — Même pl., *nom d'un instrument de torture, des pièces de bois entre lesquelles on comprime fortement les jambes ou la tête d'un homme, et qui forment comme un étau*, Maml. II, 1, 94, 1001 N. Bresl. XII, 331, 6.

عصف.

عَصْف *ouragan, tempête*, Ht.

عَصْفَة pour عَفْصَة, *noix de galle*, Gl. Esp. 122, Voc.

عَصْفِيّة pl. عَصافى *urceus*, Voc.

عاصف *tourbillon*, Bc; ريح عاصف *ventus pluviosus*, Voc.

عصفر.

عَصْفار *se trouve souvent chez Moula-Ahmed*; Berbrugger (XLVIII) pense que c'est: *le moment où le soleil, arrivant vers son déclin, prend une teinte jaunâtre*.

العَصْفور. عصافر *moustaches*, Domb. 85. — عصفور, باذاورد, Most. sous ce dernier mot. — عصفور دورى, انبرى *bec-figue*, Bc. — عصفور دورى *moineau*, Bc. — عصفور الزيتون *étourneau*, Beaussier. — عصفور السباح

عصم

ــ تَمْرَة = sorte de petit oiseau, Man. Escur. 893.

عصفور الشّكّال؟ Auw. II, 659, n. *. — عصفور الشوك sorte de petit oiseau, Bait. II, 197 a: لحم عصفور الشوك حارّ يابس الغذاء جدًّا.

عُصْفُورَة pl. عصافير *cheville*, morceau de bois ou de métal pointu, Bc; le pl. *celles des chevilles du* عود *dont la tête a la forme d'un petit disque surmonté d'un bouton*, Descr. de l'Eg. XIII, 228. — عصفورة الجمل est le nom que le vulgaire donne à une longue corde avec laquelle on attache la charge sur le dos du chameau, M.

عُصْفُورِي comme nom d'une couleur, Auw. II, 266, 13, où Clément-Mullet traduit *à fleurs fauves* (?).

النوق العصافيرية, Antar 21, 3 = النوق العصافيرى, 1001 N. I, 891, 4; Lane avoue qu'il ignore comment il faut traduire; je crois que c'est une espèce d'olives qui attire les étourneaux, puisque Beaussier traduit عصفور الزيتون par «étourneau.»

عُصْفُورَة est le nom que le خيرى à fleurs jaunes porte à Bagdad et à Moçoul, Bait. II, 196 c. Le vulgaire dit: عُصَيْفِرَة, M.

مُعَصْفَر, adj., *couleur de safran*, Gl. Belâdz., Macc. I, 555, 4 a f., III, 27, 3 a f., 28, 9. — Subst., pl. ات, Badroun 199, 3, *vêtement couleur de safran*, Gl. Belâdz.

عصم VIII c. مع *adhérer à une opinion, à un parti*, Bc.

عِصْمَة *obstruction*, Domb. 89.

عِصْمَة, suivi de عن لخطاء, ou seul, *innocence; impeccabilité, infaillibilité*, Bc.

عاصِمَة pl. عواصم *capitale*, M. — Le sens de العاصمتان noté par Schultens (dans Freytag) est emprunté à Ibn-Doraid dans Wright 4, 3.

عاصِمِي était le nom que le مسك مروزى (voyez) portait à Grenade. — Très-belle espèce de raisin, M.

عاصِمِيَّة *prune sèche, pruneau*, Alc. (ciruela passa).

مُعْصَم, suivi de عن لخطاء, ou seul, *impeccable*,

infaillible, Bc. — Dans le M: وربما كنى به كتاب المولّدين عن الولد تأدّبا مع الاكابر.

اعتِصام *infaillibilité*, Bc.

عصو VIII = اجتمع, si M. Fleischer a raison dans les Add. sur Macc. I, 339, 15 (Boul. a aussi اعتصمن).

عَصَا. Au fig., تفرّقت عصاهم شققا = la discorde se mit parmi eux, P. Kâmil 445, 8. — Au fig., خلع عصا se soustraire à l'obéissance de quelqu'un, P. Kâmil 465, 4. اكل عصا voyez sous اكل I. — Bâton du berger; de là: *groupe de 400 moutons confiés à sa garde*, Daumas Sahara 257. — عصا الرمح *le bois de la lance*, Bait. I, 127 b, en parlant du papyrus: ورقه وسوقه — فى غلظ عصا الرمح الصغير; lisez de même, avec notre man., عصا الرمح dans Auw. I, 466, 21; Edrîsî ٣, 7 a f. Par synecdoche عصا seul est *lance*, en valencien *aça*, Recherches II, App. XII, n. 2, L (asta), cf. sous ملس. — *Manche*, Hbrt 197, M. — *Férule* (plante), L (ferula) (عَصَى وكُلُخَة). — الاصطرلاب الخطّى *l'astrolabe linéaire*, de Nâcir ed-dîn at-Tousî, Sédillot 36, Khallic. IX, 24, 4 a f., 95, 10. — عصا الصيّاح *étoile de la constellation du Bouvier*, Alf. Astron. («é dizen á la asta en arávigue *açat açaya*»), Cazwînî I, 32, 4 et 6. — عصا هرمس, en Espagne, *mercurialis annua*, Bait. I, 318 b, 373 b.

عَصاة (forme que les puristes condamnent, mais qui est fort ancienne, voyez Lane sous عَصا) *bâton du berger*, Voc. — *Lance*, Voc. Proverbe: من أوّل غزواته انكسرت عصاته «sa lance s'est rompue dans sa première razzia,» c.-à-d., il a échoué au début de son entreprise, 1001 N. I, 41, 2 et 3.

عُصيّة *javelot*, L (astilia).

عَصَاوة *tyrannie, cruelté*, Payne Smith 1513.

عَصايَة *bâton, canne*, Bc. — *Hampe*, bois d'une hallebarde, Bc.

عَصّاء *celui qui fait des lances*, Alc. (lancero que las haze).

عصى I c. عن, 1001 N. III, 428, 3 a f.: انا مثل سَقَطَ الفول عاصٍ عن الماء والنار «je suis comme de mauvaises fèves qui résistent opiniâtrement à l'eau et au feu, » c.-à-d., qui ne se laissent pas cuire. على serait meilleur.

II c. a. dans le Voc. sous inobediens.

III *conspirer, comploter*, Ht.

IV *offenser*, Alc. (ofender, le part. pass. ofendido).

VI *se défendre opiniâtrement*, Khatîb 175 r°: اعتصم اهلها بالقصبة فتعاصت ٭

X, comme V, *être difficile*, Gl. Mosl. — C. a. *juger* une chose *difficile*, Berb. I, 487, dern. l.: استعصى الحصن الّا بالمطاولة, où M. de Slane traduit: «il reconnut l'impossibilité de réduire la place autrement que par un blocus très-prolongé.»

عَضَاوَة dit le vulgaire, au lieu de عِضيان, M.

عاص *conspirateur*, Ht.

مَعْصِيَة pl. مَعاصٍ *révolte*, Haiyân 49 r° et v°. — *Péché*, Voc., Kâmil 311, 3, de Sacy Chrest. I, ١٢٢, 3, vf, 4: بقعة يعمل فيها معاصى الله (des actes de désobéissance envers Dieu, des abominations). — فى معصية مبينة *sur le fait, en flagrant délit*, Bc. — *Guerre civile*, Haiyân 38 v°: المعصية بين اليمانية والمضرية. — *Offense*, Alc. (ofension).

عضّ I. عضّ على لحيته se dit de celui qui éprouve une émotion violente et qui tâche de la cacher, Kâmil 584, 12. — عضّ على ناجذيه ou ناجذيه a deux sens: 1° *avoir ses dents de sagesse, être dans l'âge viril* (cf. Freytag sous ناجذ); 2° *serrer les dents, supporter ce qui arrive en silence et avec courage* (cf. Hamâsa 6, 7 a f.); ainsi Alî avait coutume de dire à ses soldats: اذا لقيتم القوم فـاجمعوا القلوب وعضّوا على النواجذ فان ذلك ينبى السيوف عن الهام, Kâmil 501, 6—9. — *Elancer, produire des élancements*, Bc. — = عطّ (cf. Lane 2069 c), voyez sous ce dernier verbe.

VII *être mordu*, Voc. — Dans le Voc. sous stringere; c'est alors = انعطّ (voyez).

عصّة ارض oignon, tumeur douloureuse aux pieds, Bc.

عَضْب, *épée tranchante*, forme au pl. عِضاب, Müller 49, 7.

عضبية (ainsi dans l'Index, dans le texte *adheyba*) *acacia*, Burckhardt Arabia II, 307.

عضد II c. a. = I, 1ʳᵉ signif. chez Freytag et Lane, Gl. Belâdz.

عَضاد forme au pl. عَضائد, Alc. (verguenças de puerta), Boerî 23, Abdarî 17 v°, où il faut lire ainsi, 38 v°. — *Pilastre, pilier*, Bc. — *Règle mobile dans l'astrolabe*, Gl. Esp. 140.

عُضَيْد n'est pas *taraxacon*, car Bait., I, 155 k, l'en distingue, mais *chondrille*, Bait. I, 395 b, cf. II, 512 g.

عضرس voyez sur cette plante Bait. II, 197 b.

عضرط I c. a. *vilipendere*, Voc.

II dans le Voc. sous trutanus et vilipendere.

عَضْرَكَة *vilitas*, Voc., aussi sous *trutanus*.

عَضْروطى *vilis, trutanus*, Voc.

عضعض I, réduplication de عضّ, *mordre*, P. 1001 N. III, 411, 8.

عضل IV et V. On construit aussi: أعضل الشاة ولدها, constr. que Lane donne pour la IIᵉ, et تعضّلت المرأة بولدها, Gl. Mosl.

عضل s'emploie comme n. d'act. de la IVᵉ, *difficulté*, Gl. Mosl.

عضل *épineux, difficile*, Bc.

عِضال comme n. d'act., *enfantement* (difficile), Mi'yâr 13, 7: ومعشوق البرّ بها قليل الوصال‘ وحمل البحر صعْب ‘العضال (dans la texte ومشروق est une faute; la leçon que j'ai donnée est, selon Müller 64, celle des trois man.).

مُعْضل un *isnâd* duquel un ou plusieurs noms ont disparu; — un *isnâd* qui offre une lacune de deux noms propres qui devaient se suivre directement, de Slane Prol. II, 484, M.

عضم

عَصَة et عصاة, شجرة العصاة aubépine, Bc.

عضو.

عُضوي organique, Bc.

عَضَايَة se trouve souvent (Gl. Manç. in voce, Bait. II, 3 b, 32 c, man. de l'Escurial 893, qui a aussi عَضَصاة pour عَظَايَة) au lieu de عَظَايَة; correctement Bait. II, 199 b.

عطب I *vieillir, s'user*, Alc. (عَطَب añejar, qu'il prend dans le sens d'añejarse, car il le traduit aussi par بَلِيَ). — Aor. i, *enticher, commencer à gâter*, Bc. — Aor. a, *se gangrener*, Bc. — N. d'act. عَطَب, *faire naufrage*, Voc., Mâcc. I, 793, 10, Becrî 84, 14 (تعطب).

II *faire périr*, Alc. (confundir = دَمَّر et أَعْلَك), 1001 N. I, 821, 5 a f. — *Gâter, endommager*, Alc. (enpecor), p. e. un outil de fer, Alc. (dañar herramienta); *corrompre*, Alc. (cohonder (Nebrija: corrumpo), cohondimiento (Nebrija: corruptio, confusio) تعطيب). — *Emousser*, ôter le tranchant, la pointe, Alc. (enbotar). — C. a. dans le Voc. sous *naufragar*; *couler à fond, couler bas un bâtiment*, Hist. Tun. 137: فأنكا فيهم وعطب كثيرا من اجفانهم.

IV *gâter*, Bc.

V *se gâter*, Alc. (dañarse algo). — *S'émousser*, Alc. (enbotarse). — Dans le Voc. sous *naufragaro*.

عَطَب *perdition*, état d'un homme hors la voie du salut, dans le vice, Bc. — عَطَب *corruption*, Alc. (cohondimiento). — عَطَب *faiblesse, affaiblissement*, Alc. (flaqueza del que no se tiene). — *Danger*, L (periculum عَطَب), spécialement *le danger de mourir*, Edrîsî ؟١, 6, Berb. II, 191, 10, Freytag Chrest. 125, 13, عَطَب dans un vers Bat. I, 25, 1. — *Naufrage*, L (naufragium عَطَب). Je crois qu'en donnant: *procella* عَطَب, qui est sans doute pour عَطْب, il a eu en vue le même sens; il aura pris la cause pour l'effet.

عَطْبَة *perdition*, état d'un homme hors la voie du salut, dans le vice, Bc. — *Gangrène*, Bc. — *Peste*, personne dont la fréquentation est pernicieuse, Bc.

عطبي *gangreneux*, Bc.

معطب pl. معاطب *péril*, Bc.

عطارد

مَعْطِبَة se trouve dans un vers que j'ai publié Recherches I, App. LIII, 1, et je lui ai attribué le sens de *mèche*; mais la leçon est fort incertaine, car le man. d'Ibn-Abdalmelic, qui donne la même pièce 120 r°, offre la leçon مُحيطِبَة (sic).

مَعْطُوب *faible, languissant*, Alc. (flaco que no se puede tener). Le Voc. a معطوب مَعاطب الدَابَّة sous *mori*.

عطر II. L se sert improprement de ce verbe quand il donne sous *cerussa*: البَيَّاض لتعطير النساء.

عِطر *droguerie, épicerie et parfums*, Gl. Edrîsî. — *Essence, huile très-subtile*, Bc; عطر الوَرد *essence de roses*, Jackson Timb. 79; aussi عطر seul, Afgest. II, 164, que Bc prononce عِطْر; de là l'anglais *otto of roses*.

عِطْري *aromatique*, Bc, السلع العطرية *aromates*, Bat. II, 379, الادهان العطرية *huiles de senteur*, Bat. IV, 116. — *Celui qui vend le* عِطر, Ghadamès 104: «Dans chacune de ces niches, un *atria* ou nègre vend, en détail, quelques articles d'épicerie ou de mercerie;» je crois que c'est le pl. عطرية. — *Drogue, épice, aromate*, Bc; chez Hbrt 18 عَطَّري.

عِطْرِيَّة *odeur aromatique*, Most. v° دارشيشعان: وله خشب اصفر رطب فيه عطرية; souvent chez Bait., Yâcout I, 821, 6. — *Epices*, Daumas Kab. 402, Auw. II, 618, 5: العطرية الّتي تستعمل في الصباغ; chez Hbrt 18 عَطْرِيَّات عطريات *épicerie*, Bc, Bat. IV, 432, 1001 N. III, 105, 15. — Poudre faite de clous de girofle, de lavande sauvage et d'autres plantes aromatiques, avec laquelle les femmes au Fezzan se parfument les cheveux, Lyon 160, 170 (atria).

عَطَّار *marchand de drogues, de parfums, de bougies, etc.*, Gl. Edrîsî, fém. ة, Yâcout II, 918, 8.

عَطَّارَة *la boutique du 'attâr*, Jackson Timb. 330.

عطرد I dans le Voc. sous *ingeniosus*.

عُطارِد. En alchimie = لخارسيني, Abbad. I, 88, n. 82. — = سنبل رومي, Most. sous ce dernier mot, Bait. II, 198 c.

عُطَارِدِىّ *ingénieux*, Voc., Holal 33 v°, en parlant de Yousof ibn-Téchoufîn: كان رجلًا فاضلًا خبيرًا زكيًا فطينًا حاذقًا لبيبًا عطارديًا كُلّ ما يرى بعينه يصنعه بيده. — *Négociant, commerçant,* Alc. (uegociador).

عَطَس I. *Eternuer* est chez Alc. (estornudar) عَطَس

V dans le Voc. sous sternutare.

عَطَس sorte d'aloès, Bat. IV, 242.

عَطُوس *tabac à priser,* Bc; c'est vulgaire pour عَاطُوس, M.

عَطَّاس dans le Voc. sous sternutare.

معطس *Achillea ptarmica,* Bait. II, 22 b: ويسمّى المعطس ويسمّى عود العطاس ايضا عند البيطرة بالاندلس (ce que Sonth. a traduit d'une manière ridicule).

عطش II *altérer,* causer une grande soif, Bc.

V c. الى, au fig., *avoir soif de* connaissances, Abd-al-wâhid 170, 12: تعطّش الى العلم, Berb. I, 161, 8 a f.: تعطّش الى القراءة.

عطشان *dipsacus,* Bait. II, 198 c, 435 c.

عطّيبش *qui a soif de,* Abou'l-Walîd 789, 24: العطيش للعلم المشتاق له ن

عَطْشان dans le Voc. sous sitire.

عَطُّوش pl. عطاطيش *palanquin de parade,* Daumas Mœurs 266, 296, 304, 305, Carteron 317, 363, Prax R. d. O. A. V, 219, de Slane Prol. II, 69, n. 2.

عطعط I *proférer des cris confus,* Amari 204, 4, c. ب p., *contre* quelqu'un, Kâmil 20, 15.

عَطْعَطَة *lamentation* (= عويل), Payne Smith 1152.

عطف I c. عن p. et a. r., Calâïd 192, 16:
عمرى ابا حسن لقد جنّبت التى
عَطَفَت عليك ملامة الاخوان
« (le vin) qui a tourné contre vous le blâme de vos amis.» — C. على *transire,* Voc. — C. على p. et ب r. *présenter* une chose à quelqu'un, Macc. III, 132, 5: ثم عطف عليهما بالخبز واللبن.

II *caresser le pis de la chamelle en chantonnant,* ce qu'on fait afin qu'elle donne son lait, Ztschr. XXII, 77, 10, 95, n. 20.

V *se tourner çà et là, se tortiller,* Abbad. I, 59, 3, 136, n. 377, 1001 N. Bresl. III, 337, 8. — C. على p. et ب r. *présenter par pitié* une chose à quelqu'un, Abd-al-wâhid 41, 13: فاقاموا هنالك ايامًا يتعطّف عليهم بالطعام والشراب.

VII c. الى *se tourner vers,* Koseg. Chrest. 78, 4. Aussi c. على, p. e. dans le manifeste par lequel Hichâm II nomme Sanchol son successeur, *apud* Bassâm I, 24 v°, et Nowairî Espagne 473: وخشى ان هاجم محتوم ذلك عليه وينزل مقدوره به ولم يرفع لهذه الامة علمًا تأوى اليه، وملجأً تنعطف عليه " أن يكون الخ. — C. على *entourer,* en parlant d'un bracelet qui entoure le bras, d'un fleuve qui entoure une ville, Bat. II, 140: وبدور بها نهر يعطف عليها انعطاف السوار (lisez ينعطف avec le man. de M. de Gayangos). Dans Abbad. I, 39, 12, je crois qu'il faut lire de même avec A: بذات سوار مثل منعطف النهر, quoi-que l'éd. de Paris ait aussi la leçon البدر, que j'ai donnée. — C. على r. *s'attacher à obtenir* une chose, de Sacy Chrest. I, 263, 7 a f.: لا ينعطف... «ne s'attache à obtenir qu'une seule chose, cet état de quiétude du cœur, qui est le seul capital qu'il possède.» — Dans le sens d'*être favorable à* quelqu'un, *avoir pitié de lui* (Lane sous I), lisez en ce sens انعطف, au lieu de اعطاف dans Abou'l-Walîd 459, n. 6; aussi c. ل p., Çalât 22 v°: تلطف لعبد السلام المذكور فى السراح فكان لـ .امير المومنين رحمه انعطف له — Dans le Voc. sous copulare (comme t. de gramm.).

X. استعطف المراحم الرَبَّيَّة *attirer sur soi les miséricordes divines,* Bc.

أعْطاف, pl. عطوف et عطف, عَطْف, *coude,* l'angle que présente une rivière, un golfe, à l'endroit où sa direction change brusquement, Gl. Edrîsî. — *Penchant, inclination naturelle* de l'âme, Bc. — *Faux-fuyant,* endroit détourné pour s'évader, Bc.

عَطْفَة *détour,* endroit qui va en tournant, Bc, Mong. 253, زقاق عطفة *coin de rue, tournant de rue,* Bc. — عَطْفَة pl. عَطْف *coude* d'un fleuve, Bg. — Pl. عطف et عطوف, *ruelle, petite rue,* de Sacy

Abdallatif 385, Bc, Hbrt 186, Descr. de l'Eg. XVIII, part. 2, 137, 296, 1001 N. I, 201, II, 153, 10, 220, 2 a f., 228, 3 a f. (le pl. عطف). — Pl. عطف *traverse, rue, chemin qui coupe à travers champ, au plus court*, Bc. — Pl. عطف *impasse*, cul-de-sac, Bc, Descr. de l'Eg. l. l. — *Ourlet*, Roland (qui écrit عَتْفَة).

سهل العطوفة *flexible*, Bc.

عاطف *élégant, gracieux, bienveillant*, Ht.

عَاطِفَة *affection, bienveillance, faveur*, Ht.

مَعْطِف. معطف المرفق أو الركبة *pli*, endroit où le genou, le bras se plient; معطف المرفق *le pli du bras, endroit opposé au coude*; معطف الركبة *jarret*, Bc. — *Côté*, Voc. (latus), Abbad. I, 97, n. 130.

انعطاف *penchant*, inclination naturelle de l'âme, Bc. — *Épanchement*, au fig., épanchement du cœur, Bc.

عطل I. عَطَلَ (le doute de Lane sur la 2ᵉ voyelle est mal fondé), dans le sens d'*être sans travail*, a dans le Voc. (osciari) le n. d'act. عَطَالَة. — *Cesser*, même n. d'act., Voc. — عَطَلَ *avoir perdu l'usage d'un membre*, Beaussier; *être atteint de paralysie*; Bc a عطل (عَطَل) *paralysie*; cf. II et V; Aghlab. 77, 3: الى ان اصاب الفالج وعطل نصفه الايسر, chez Aboulfeda Ann. II, 452, 3, où il est question du même prince, on lit: فالج فعطل أبا الفتوح, et de même dans la reproduction de ce texte chez Amari 411, 1. C'est une faute grave, et je m'étonne que M. Fleischer l'ait constamment laissée passer; le verbe عطل ne convient nullement; il faut y substituer عطل. — *Se dessécher et mourir* (plante), Abou'l-Walîd 536, n. 8.

II *ne pas faire usage* d'un puits, Gl. Belâdz. — *Négliger*, *n'avoir pas soin de quelque chose comme on le devrait*, *ne pas s'en occuper* (cf. Lane), Ht (qui donne à tort la 1ʳᵉ sous *négliger*), Badroun 175, dern. l., R. N. 28 rº: ما انكرت صناعتك ولكنى انكرت تعطيلك. — لجانوتك الذى منه معاشى. — *Abymer, gâter, massacrer*, au fig., gâter, mal travailler, Bc. — *Mettre hors de service, rendre incapable de servir*, 1001 N. Bresl. IV, 345, 7, en parlant d'un énorme marteau: عطله, paroles que M. Fleischer, Gl. 93, explique ainsi: « quum illo malleo camelum feriret, omnes eius nervos frangebat, eum tam vehementer percellebat, ut omnes vires amitteret nec deinde usibus hominum inservire posset. » — *Emousser*, ôter le tranchant, la pointe, Alc. (n. d'act. enbotamiento, part. act. enbotador). — *Estropier, défigurer*, Bc. — *Paralyser*, Bc. — *Annuler, abroger*, Fleischer Gl. 93; *remplacer*, p. e.: le papier de Samarcand a remplacé, celui d'Egypte, Tha'âlibî Latâïf 126, 7; *proscrire, bannir la joie*, de Sacy Chrest. I, ٨٠, 4. — *Perdre son temps*, Calâïd 328, 17: ولا مواصلة راحاته وتعطيلهم بكرة وروحاته, Holal 14 vº: عطلتم بالدعة زمانكم, Macc. II, 437, 6. — *Accrocher, retarder*, arrêter, ralentir, interrompre, troubler, déjouer, empêcher de réussir (un projet), casser bras et jambes à quelqu'un, fig., Bc, Ht, Delap. 16, Domb. 122; عطل الامر *rompre le coup*, *empêcher le succès d'une intrigue*, Bc. — *Cesser*, Voc. (cessare), Haiyân 99 rº: عطلوا اعمالهم واجتمعوا عندى ولزموا « ils cessèrent leurs travaux; » الجهاد, Haiyân-Bassâm III, 232 rº; en parlant d'un professeur qui ne donne pas ses leçons, voyez sous دولة, Ztschr. II, 493, 9 a f. Aussi c. عن, Voc. — *Faire cesser un désir*, Cartâs 246, 3 a f. — *Détourner, distraire d'une occupation*, Bc, *distraire*, Hbrt 113. — *Entraver* les chevaux, Daumas V. A. 357. — *Séquestrer des revenus*, Alc. (enbargar hazienda), Ibn-Abdalmelic 109 vº: comme il refusait de payer certain impôt territorial عطلت عليه املاكه ومنع من غلتها فكان يختم كل يوم مجلسه بالدعاء على الوالى. — C. على p. *croiser quelqu'un, le traverser dans ses desseins*, Bc. — L donne: *prevaricator* عاص معطل كافر, *prevaricator* اعتل واخالف, *prevaricatus* جاحد, معطل. Je crois qu'il a eu en vue le sens que Lane indique sous معطل, de même que le Voc., qui donne ce verbe sous *hereticus*.

V *être en friche, sans culture*, Gl. Belâdz. — *Devenir vain, inutile*, Fleischer Gl. 93. — *Tomber dans l'oubli*, Abdarî 35 rº, après avoir décrit d'anciennes statues: ولعل ذلك كان بمعنى تعطل وجهل سره. — *Se gâter ou être gâté*, Bc. — *Être atteint de paralysie*, Athir X, 129, 7 a f.: اصابه فالج فتعطل جانبه الايسر وضعف للجانب الايمن. — *Se dessécher et mourir* (plante), Abou'l-Walîd 636, 32. — *Tarder, différer* de faire, demeurer longtemps, Bc (Barb.). — Cesser, فالسفر منها اليها لا يتعطل شتاءً ولا صيفًا, Djob. 339, 6; من, Yâcout I, 532, 19, de, c. عن, Djob. 154, 1, c. عن, Cartâs 224, 13; واذا سكنت الدجار الزواخر, تتعطل Ibn-Iyâs 17: تعطلت عن جريها القراقر, ibid.: الناس عن البيع والشرى فيحصل للناس في ذلك. De même تعطل منع غاية الصبر ويتعطل من اسبابهم «il avait perdu la vertu d'engendrer,» par suite de son grand âge, Fleischer Gl. 93. — C. من être privé de, Hoogvliet 47, 6: تعطلت المنابر من ينبتن في اماكن رطبة متعطلة, Baït. I, 97 c: اسمائهم العارة من. — Dans le Voc. sous hereticus.

عَطَل paralysie, Bc.

عطل dont on ne se sert pas, dont on ne fait pas usage, Gl. Edrîsî. — Sans emploi, Autob. 208 v°: عزله واقام عطلا في بيته.

عُطْلَة. Le pl. عُطَل dans le Voc. (osciositas) et chez Abou'l-Walîd 687, n. 77. — Embarras, empêchement, obstacle, Alc. (enbargo o estorvo).

وقت عطالة vacances, Ztschr. VIII, 355. — عطالة morte-saison, temps où l'artisan ne travaille pas, faute d'ouvrage, Bc. — ما لا عطالة ce n'est pas la mer à boire, ce n'est pas bien difficile, Bc.

الاشهر العطالية عَطَالِيّ les mois des vacances, Ztschr. II, 493.

عَطَّال osciosus, Voc., qui est sans moyens de travail, ouvrier qui est sans travail, Bc.

عاطل inhabile, vain, inutile, Ht. — Vacant, Ht. — Oiseux, qui par goût ou par habitude, ne fait rien, Bc. — Mal, mauvais; حصان عاطل rosse, mauvais cheval, Bc. — Friche, Cherb. Dial. 37.

تَعْطِيل sacrilège, L (sacrilegium). — Contretemps, Bc.

تعطيلة accroc ou accroche, difficulté, obstacle, Bc.

مُعَطَّل dans Alc. comme adverbe, oisivement ou infructueusement (ociosamente).

مُعَطِّلة l'action d'émousser, Alc. (enbotadura).

عطن I chancir, moisir, Bc. — Croupir, se corrompre, en parlant du liquide en repos, Bc.

عَطَن, au fig., l'endroit où l'on demeure, Harîrî

115, 4: فعادني عيبي من تذكار السوطني, والحنيني الى العطني, où le commentaire explique عطن par كناية. — عن الوطن ضيّق العطن est dans le Voc. inpasciens, synonymes: قليل الاحتمال, ضجر, ضيّق الصدر, قليل الصبر, غير محتمل. C'est en effet celui qui n'est pas d'une humeur souffrante, qui est d'un caractère difficile, d'une humeur fâcheuse, peu accommodante, qui a l'esprit hargneux, Catal. des man. or. de Leyde III, 67, 12: الا انه كان سيّئ الخلق ضيّق العطن. L'expression ضاق عطنه signifie avoir du mécontentement, se déplaire, être accablé d'ennuis, Vie de Saladin 48, 4 a f.: والحج (l.) عليه الامراء في طلب الزيادات وراوا انفسهم انهم قد اختاروا وضاق عطنه وكان صاحب امره مجاهد الدين قايماز وكان ضيّق العطن, où Schultens traduit avec raison: «hinc tædium obortum,» et «pertæsum quoque primario eius ministro —», haud sane assueto molestias devorare principum Syriæ»; 76, 4: quand le sultan reçut la nouvelle de la défaite de sa flotte, Macc. II, 203, 2 a f.:

لكنه انطفى بالقول ضيّق العطن

ضاق عطنه عن avoir de l'aversion, du dégoût pour, Khallic. VIII, 103, 7 (même histoire que dans le premier passage de la Vie de Saladin): والحج عليه الامراء في طلب الزيادات وتبسّطوا عليه في المطالب وضاق عنهم عطنه (de Slane traduit à tort III, 358: «whose exorbitant demands he was unable to satisfy»), Aboulfaradj 356, 13: وضاق عطنه عن معاشرة الاغمار et pour cette raison il se fit moine. ضيّق العطن se trouve encore dans cette sentence, attribuée à Alî dans le recueil d'Abd-al-wâhid (man. 28, p. 194), mais dont le sens m'échappe: من ضيّق العطن لزوم. Enfin le Voc. donne عطن sous pectus, mais c'est une erreur: ضاق عطنه est bien = ضاق صدره, mais cette expression figurée a une origine bien différente.

عَطَنة chancissure, moisissure, Bc.

مَعْطِن lieu, endroit, Haiyân-Bassâm I, 107 r°: خططها العليّة معاطن التنافس من قوام المملكة (postes). — Lieu de repos, station dans le Désert, Denham I, 110, 126 (meten, maten). — معاطن اللؤلؤ pêcheries

عطو 141 عط

de perles, » 1001 N. III, 63; de même dans l'éd. de Boulac, mais celle de Breslau porte (IV, 96) مغاطس.

مُعَطٍّ croupissant, Bc.

عَطَو IV, donner, aussi c. ل p., Gl. Maw., Bc, Koseg. Chrest. 82, 2. — Contribuer, Alc. (contribuir). — Rendre grâces, remercier, Alc. (dar gracias). — C. a. p. passer, approuver, allouer une dépense, Bc. — Montrer, Prol. II, 169, 6: أنّ اوجودُ اعطى «ce qui a lieu montre que» (de Slane). — اعطى الله عهدًا prendre un engagement envers Dieu, un engagement sacré, Badroun 290, 6. — اعطى أمرًا permettre, Alc. (dar licencia); — donner congé à un soldat, en parlant d'un capitaine, Alc. (dar licencia el capitan). — اعطى حصانه الميدان lancer un cheval, Bc. — اعطى حقًّا أن فى habiliter, rendre habile à, Bc. — اعطى نقده بيد أحد prêter l'oreille, écouter, Bc. — اعطى se laisser gouverner par quelqu'un, Bc. — اعطى رأيًا conseiller, donner conseil, Alc. (consejar a otro, dar consejo a). — اعطى شغلًا s'employer, s'occuper, Alc. (dar obra). — اعطى ظَهرًا donner de l'ombrage; sonner mal, faire naître des soupçons, des craintes, Bc. — اعطى ظهرًا tourner le dos à quelqu'un, Bc, Maml. I, 1, 105. — اعطى مثلًا montrer le chemin, donner l'exemple, Bc. — اعطاء وجه كذج faire mauvaise mine, mauvais accueil, Bc (Syrie). — اعطى اليد se rendre, en parlant d'un vaincu, Alc. (darse el vencido, rendirse el vencido).

VI prendre, dans le sens que nous attachons à ce verbe quand nous disons: où a-t-il pris cela? c.-à-d., qui lui fait avoir cette pensée? Mohammed ibn-Hârith 344: أين يتعاطى ابن بقى انه أعلم بالوثائق منى. — Percevoir, recevoir, recueillir des revenus, etc., Bc. — Embrasser, entreprendre, Bc. — Entreprendre, s'engager à faire quelque chose à certaines conditions, Bc. — Se mêler de, s'occuper de, Bc, faire son métier de, p. e. بيع الثياب «de vendre des habits,» Macrîzî, man., II, 359. — تعاطى البضائع المنوعة faire la contrebande, Bc. — Être en état de,

Bat. I, 305: لا يتعاطى اللسان وصف بدائعه, IV, 432: لا يتعاطى احدٌ النزع فى قوسه, Bassâm III, وفن يتعاطين اضراب كل ما ينسجنه ويضبطنه r° 86 جهمًا لعائبيه. — S'escrimer de, savoir se servir de, Bc. — Demander, exiger, Renan Averroès 460, 11: غير ملتفت الى ما يتعاطا خدمة الملوك من التعظيم — Quelquefois ce verbe a perdu presque entièrement sa signif. primitive, car on s'en sert là où nous mettrions le verbe avoir, p. e. يتعاطون السرج «ils ont des lampes allumées,» يتعاطون السيوف المسلولة «ils ont des épées nues,» Lettre à M. Fleischer 18. — Être vain, arrogant, orgueilleux, se vanter, L: cenodoxia [vana gloria, Ducange] تعاطى وتكبّر, arrogans تباه متعاطى متكبر, Voc: arogare, iactare c. فى. Je crois qu'en ce sens c'est pour تعانى. — Sous contumacia L donne: تجبّر وتعاطى, et sous contumax عاص (sic); il me paraît que c'est aussi pour تعاق; cf., p. e., Hoogvliet 49, 14: ولمّا تجبّر وعتى. — En donnant ce verbe sous arogare, le Voc. ajoute en note atribuere; il ne l'a pas sous ce dernier verbe.

VII dans le Voc. sous dare; se rendre, en parlant d'un vaincu, Alc. (darse el vencido).

عَطِيّة munificence, libéralité, générosité, Alc. (dadivosidad). أخذ وعطا commerce d'argent; — correspondance, relation entre les marchands pour le commerce; — communication, commerce, familiarité, Bc.

عاط donateur; — offrant, mieux مُعْطٍ, Bc.

أعطى donnant plus, Auw. I, 43, 12.

اعطيا chez Freytag doit être biffé.

مُعَطٍّ المعطون ceux qui sont chargés de distribuer la solde aux soldats, Gl. Belâdz.

مُعَطَّى cession, abandon, transport d'une propriété, Bc.

عطّ I étreindre, presser, serrer avec force; — étouffer, suffoquer; — le n. d'act. عَطّ ou عَظيط se sentir oppressé, éprouver une oppression de poitrine, étouffer; voyez mes remarques dans le J. A. 1869, II, 151—2;

le Voc. donne *stringere* عَضَّ c. a. et على, car ces deux verbes se confondent.

VII quasi-pass. de la Ire, car le Voc. a عَضَّ VII sous *stringere*.

عظلم.

عِظْلِم. Dans le sens d'*indigotier* Bait. II, 199 c; mais ailleurs, I, 129 d, il dit que c'est *verveine*; c'est ce qu'on lit du moins sur la marge du man. B.

عظم I c. على *superbire*, Voc.

II. تعظيم للضرّ *monseigneuriser quelqu'un*, Djob. 299, 3. — *Trouver une chose grave, dangereuse*, Gl. Fragm., Koseg. Chrest. 122, 4 a f. — C. a. r. et على p. *faire voir à* quelqu'un *le danger d'une entreprise*, Nowairî Espagne 450: Sollicité de se mettre à la tête de la conspiration, أراه المخالفة على نفسه. — وعظّم عليهم المؤنة *évaluer très-haut la dépense, les frais*, Gl. Fragm. — Il leur écrivit, وعظّم عليهم الخطب *en faisant valoir les droits qu'il avait à leur appui*, Akhbâr 65, 4, 67, 4.

IV cf. Gl. Belâdz.; *trouver une chose grave, dangereuse*, Akhbâr 7, 3; — *la trouver trop difficile, infaisable*, Mohammed ibn-Hârith 244: ان لا أعظم أن اجلس المجلس الذي يتظلّم فيه من مثل محمد بن بشير (les voyelles dans le man.); — *la trouver énorme, atroce, horrible* (cf. plus loin عَظْم), Abbad. I, 244, 3 a f.: on trouva des sacs remplis de têtes coupées, فاعظم ذلك وهال أمره.

V *s'ennoblir, s'illustrer*, Alc. (enoblecer = شرف V).

VI *être grand, violent*, Gl. Edrîsî. — C. a, لـ ou من *trouver une chose, une entreprise trop grande, trop grave, trop difficile, trop dangereuse*, Gl. Abulf., Abbad. I, 258, 10.

X *trouver une chose grave, dangereuse*, Gl. Belâdz., Gl. Fragm.

عَظْم, *os*, comme coll.; 1001 N. I, 864: نجبر عظمها et de même dans Boul.; mais il faut lire عَظْمَيْهِما, comme l'a fait M. Lane, qui traduit: « he stripped their bones. » Chez Bc le pl. est aussi أعظم. — وجع العظم *douleur dans les os*; les Maures en souffrent parce qu'ils sont continuellement assis par terre sans souliers, Jackson 153. — Le passage du Diw. Hodz. se trouve 218, vs. 5, avec le comment. — *Suros*, Daumas V. A. 190. — *Calus, nœud des os fracturés, des articulations*, Bc. — *Famille, race*, Mong. 425 b. — *Le bois* d'un arbre, par opposition à القشر, *l'écorce*, Auw. I, 408, 8, 449, dern. l., 450, 3, 16, 457, 6. — *Noyau*, Bat. IV, 392; Hbrt 52 a عَظْمَة (sic), *noyau* (Alg.). — عظم الفيل *ivoire*, Ibn-al-Djezzâr: عاج هو البليض وهو عظم الفيل; cf. sous طلباش. Aussi عظم العاج, Gräberg 150.

عُظْم *atrocité, énormité, horreur*, Bc.

عَظْم *œuf*, Carteron 39, pl. عظام, Cherb. Dial. 225; طاجين العظام *boutargue*, Pagni 144; عظام omelette, Martin 80.

عَظْمة *une affection des seins, gonflement et induration de la glande mammaire*, Sang., qui n'indique pas les voyelles.

عَظْمة os; عَظْمة الكتف *omoplate*, Bc. — *Œuf*, voyez عَظْم.

عَظَمة *dignité, mérite, importance*, Bc. — *Titre, nom de dignité*, Macc. I, 229, 10.

عَظْمى *osseux*, Voc., Bc.

عظيم *magnifique, superbe*, Vêtem. 353, n. 2. — *Excellent*, p. e. نبيذ عظيم « excellent vin, » Bc. — *Solennel*, Bc. — *Vénérable ou majestueux*, 1001 N. III, 6, 4 a f.; امرأة عظيمة *une grande (noble) dame*, ibid. 45. — *Bon, très-bon, tant mieux*, Bc. — *Chef, général*, Gl. Belâdz.

عظيمة من القول عظيمة *un propos injurieux*, Berb. I, 403, 6 a f.

أَعْظَم *rendant plus grand*, Auw. I, 281, 12, où il faut lire avec notre man.: والارض الرخوة أعظم لشجيره وأكثر لنزله.

تَعْظيم *hyperbole*, Bc. — *Solennité, cérémonie, pompe*; بتعظيم *solennellement*, Bc. — تعظيم اللّحْم *callosité, chair durcie, ossification, changement des membranes et des cartilages en os*, Bc.

تَعْظيمى *hyperbolique*, Bc.

مُعْظَم معظم النيل « le bras principal du Nil; »

مُعظم البَحْر, quand il s'agit de la mer même et non pas d'un golfe; معظم الطريق « la route principale, » Gl. Edrîsî.

مُعَظَّم osseux, Bc. — لحم معظم calus, nœud des os fracturés, des articulations, Bc.

مُعَظِّم aggravant, Bc.

مَعْظَمَة pl. مَعاظِم charnier, lieu où l'on met les ossements des morts, Alc. (ossero para echar guessos).

عفّ I. On dit كثير العَفّ والدين pour indiquer un cheval doux, docile, comme on dit en allemand « ein frommes Pferd, » Formul. d. contr. 2: طويل العنق — كثير العفّ والدين طويل الناصية. Aor. i, se rassembler, Mehren 32.

II c. a. castificare, honestare, Voc.

V. المتعفّفون ceux qui ont fait vœu de chasteté, Gl. Fragm.

عفّ الازار عَفّ chaste, Voc.

عَفيف, le pl. عَفاف الازار, Voc., Bc; Cartâs, ou الذيل, Bc, chaste. — عفيف الاكل sobre, Bc.

عفر II écraser, Hbrt 140 (Alg.).

عفر I escamoter, Ztschr. XX, 506—7.

II. عَفَّر وَجْهَه se dit aussi de celui qui baise le pied de quelqu'un par humilité, voyez le passage de Khatîb dans le Gl. Belâdz., et عفّر seul s'emploie en parlant de celui qui baise la terre par humilité, Amari 208, 6. (Quant à ce qu'on lit en outre dans le Gl. Belâdz., j'observe que chez Belâdz. 97, 2, تعفير الوجوه a son sens ordinaire, se prosterner la face contre terre en priant, l'opposé de ذَكَر اللّه قائمًا, qui suit, et que dans les 1001 N. II, 294, 4 a f., la leçon معفّر الوجه est fautive; il faut y substituer مصفّر الوجه, comme on trouve à l'endroit correspondant dans l'éd. de Bresl. (VII, 388, 8)). — Grappiller, cueillir ce qui reste de raisins dans une vigne, après qu'elle a été vendangée, M.

III. Un exemple de la signif. lutter avec quelqu'un et le terrasser (Lane sous II) se trouve Antar 5, l. 11. J.-J. Schultens n'a pas noté sous ce verbe bene tractavit negotia, comme le prétend Freytag, mais blande curare, colere, tractare, en citant l'Hist. Joctan.

de son père, 4, 7 a f. (= Aboulf., Hist. anteislam. 114, dern. l.). Son blande repose sur un malentendu, comme de Sacy l'a démontré dans l'édit. de M. Fleischer, p. 222—3, et quant au verbe عافر dans l'hémistiche: اذا انت عافرت الامور بقدرة, et dans les passages des 1001 N., que cite M. Fleischer, p. 223, et où il est construit soit avec l'acc., soit avec في, je crois qu'il a le sens de lutter avec, qui convient fort bien. Daumas, V. A. 361, et Beaussier donnent عفار, lutte.

VI lutter ensemble, Beaussier, Abd-al-wâhid 106, 3.

عفر poisson du lac de Tibériade, Gl. Edrîsî.

عَفْرة poussière, Bc.

عَفَرْنَى chez Freytag est عَفَرْنَى dans le Mufassal 171, 11.

عفرينة crête, Bc.

عَقار voyez Bait. II, 199, et restituez ce mot dans Auw. I, 401, 10, où l'éd. porte العقار (l. 9 lisez زناد avec notre man., au lieu de رمادى).

عَفَارة ce qui reste de raisins dans une vigne, après qu'elle a été vendangée, M, cf. Payne Smith 1441.

عَفَّار (pl.) charmes qu'on tient cachés dans la main, Ztschr. XX, 507.

مَعْفور expliqué par ما سقط من النار من الزَّنْد, Kâmil 124, 13.

يَعْفور âne, Pagni 60.

عفرت II devenir diable, Bc, M. — S'aguerrir, Bc.

عفريتية quinte, caprice, bizarrerie, Bc.

عفاريت. Voyez sur ces mauvais génies la dissertation de Lane dans sa trad. des 1001 N. I, 29—38. Démon, diable, esprit, mauvais ange, esprit follet, lutin, Bc. — Revenant, aussi عفريت المَيِّت esprit, revenant, Bc. — Hercule, homme robuste, Bc; « les Ouadayens chez lesquels s'exagèrent l'audace et la fierté sauvage sont appelés afryt, » Ouaday 410. — Géant, Alc. (gigante hijo de la tierra). — Griffon, Alc. (grifo animal conocido), Marmol. I, 30 d. — Tigre, Alc. (tigre animal peligroso).

عَفْرانة travail de géant, Alc. (gigancia obra de gigante).

مُعَفْرَت possédé d'un 'ifrît, 1001 N. IV, 686, 1, endiablé, Bc. — Bourru, quinteux, fantasque, Bc.

عَفْرَج xeranthemum, Prax R. d. O. A. VIII, 282.

عفس I *écraser*, Ht.

II. *écraser*, Bc, Hbrt 140. — *Encaquer, mettre dans une caque, entasser, presser, presser les uns contre les autres*, fouler; تمر مُعَفَّس *dattes sèches pressées dans des boîtes*, Bc.

عِفَاس *espèce de sandale en cuir cru*, Beaussier (Tun.).

عفش II عفش قدما كتبا *bouquiner, chercher, ramasser de vieux livres*, Bc.

عَفْش est un mot vulgaire qui signifie ما تجمع من الأثاث والأمتعة, M, *attirail*, grande quantité de choses diverses, *fatras*, amas confus, Bc, *bagage*, Bc, Burckhardt Nubia 409 n. et Prov. n° 428; *effets, meubles*, Beaussier; عفش الحاصل *garde-boutique, ce qui reste longtemps en boutique*, Bc. On dit هو عفش نفش dans le sens de لا خير فيه, M; Burckhardt, Prov. n° 428, donne aussi cette expression, qu'il traduit par *deal of rubbish and trumpery*, en observant que نفش est un mot sans signif. et qui ne sert que pour la rime; cf. 1001 N. Bresl. I, 73, 8, où la description d'un '*ifrit* horrible se termine ainsi: مختصر الكلام عفش وحش والسلام. Comme adjectif et en parlant d'un homme, *de nulle valeur, méprisable*, de Sacy Chrest. II, 60 (mais au reste, ce que de Sacy dit n'est pas exact, voyez sous كش). — *Goujat*, valet de soldat, de maçon, Bc; c'est à cette signif. que semble appartenir le ابن العفش appliqué au bossu dans les 1001 N. Bresl. II, 58, dern. l. — *Maussade*, Bc. — *Mal peigné*, Bc, *malpropre*, Tantavy, Traité de la langue arabe vulg., p. xx, l. 14, selon lequel on prononce en Égypte عفش.

عَفْشَة *équipages*, bagages, *pacotille; ramas*, assemblage de choses de peu de valeur, *ramassis; vieilleries*, meubles, hardes, choses vieilles et usées, Bc. — *Abatis*, la tête, les pieds, le cou, les ailerons de volailles; le cuir, la graisse, etc. de bêtes tuées; *tripaille*, Bc. — عفشة مرة *maritorne, femme mal bâtie et maussade*, Bc.

عَفْشَة *femme malpropre*, Burckhardt Prov. n° 428.

تَعْفِيشَة *pacotille, petite quantité de marchandises*, Bc.

عفص.

عَفْصِي *gallique*, tiré de la noix de galle, Bc; *qui a le goût ou la couleur de cette noix*, M.

عِفَاص *le sac dans lequel le cultivateur, le semeur, porte ce qu'il sème*, Abou'l-Walîd 358, n. 86, 395, 17 et 18. — *Cannelle, broche, cheville de bois, dont on bouche le trou d'un tonneau*, Alc. (canilla de cuba o de la tinaja).

عَفَاصَة *âcreté*, Ht.

عفيصة البذار *le sac dans lequel le semeur porte ce qu'il sème*, Saadiah ps. 126.

عفق I *gober, saisir quelqu'un à l'improviste, happer, saisir, pincer, saisir quelqu'un*, Bc.

عَفَق (pl.), t. de musique, *les intervalles moins grands que les diatoniques*, Descr. de l'Eg. XIV, 123.

عفن II *pourrir ou se pourrir*, M, et de même VII, Voc., Bc.

عَفَن *vert-de-gris*, L (erugo).

عَفَن *consomption*, L (tabitudo (putredo, morbus)). — *Carie*, L (caries). — *Vert-de-gris*, L (eruca).

عَفِن *puant*, au fig. iron., *vaniteux, sans mérite*, Bc. — *Saligaud, sale, malpropre*, Bc.

عَفنة *pourriture*, Bc. — *Puanteur*, Bc.

عَفِنى *putride*; حمى عفنية «*fièvre putride*,» Bc.

عَفَانَة *puanteur*, Bc.

عَفُونى *des miasmes*, Prol. I, 59, 7.

عَفُونى *putride*, Bc.

عَفْقِن *la chaussure d'hiver du voyageur arabe; «*elle ne diffère de la تَرْباغة qu'en ce que toute la jambe jusqu'au genou est garnie de lambeaux de bernous maintenus par des ficelles qui se croisent dans tous les sens*,» Carette Géogr. 181.

تَعْفِين, t. de chimie, *trituration*, Prol. III, 204, 8—10.

مُعَفَّن, t. de médec., دواء يفسد مزاج الروح والرطوبة الأصلية حتى لا يصلح الروح لما أعدت له كالزرنيخ, M.

عفو I. Lane n'a que la IIe forme c. على r., mais la Ire semble aussi en usage; عفا عليه التراب «*la poussière a couvert cet endroit, l'a rendu méconnaissable*,»

Gl. Belâdz.; Berb. I, 434, 6 a f.: فَأَزَالَ السُّلْطَانُ تِلْكَ السِّكَّةَ وَعَفَا عَلَيْهَا (lisez ainsi avec notre man. 1351, au lieu de عليه), *et la fit disparaître.* — *Révoquer un ordre?* Alc. donne: revocar mandamiento, nahfû, ahfêit, ahfû. Il écrit donc ce verbe comme si c'était حفو; mais ce dernier ne convient nullement.

II c. a. *dévaster, désoler, ravager,* Çalât 25 v°: قَدْ تَقَدَّمَ التَّارِيخُ فِي قَبِيحِ نِكَايَةِ إِبْرَاهِيمَ بْنِ هَشِمٍ لِمَدِينَةِ قُرْطُبَةَ. — وَتَعْفِيَتِهِ جَنَبَاتِهَا وَرُبُوعَهَا — C. a. *defendere,* Voc.

III c. من *exempter, dispenser de,* Nowairî Espagne 482: المُعَافَاةُ من للخدمة; Bc a معافاة *exemption, immunité,* c. من *remise.* — عافاك *bravo! optimé!* Bc; «*afakume el Arabe,* bravo, ô Arabes!» Jackson Timb. 141.

IV dans le sens de la Ire, obliteravit deletis vestigiis, Weijers 21, 6 a f., selon la leçon de notre man. A et du man. C de Paris, qu'approuve de Sacy (J. d. S.). Notre man. B offre la IIIe forme, et l'éditeur (74, n. 34) pense que la Ire serait préférable. Elle se trouve en effet dans l'éd. de Paris; mais un passage de Macc., I, 339, 9, vient à l'appui de la leçon العفاء, car le n. act. اعفاء y a le sens de *détruire.* — Dans le sens de *dispenser, exempter de,* ce verbe ne se construit pas seulement c. من r., mais aussi c. عن r., Gl. Abulf., Bc, Bidp. 238, 2 a f.

VI. J.-J. Schultens (voyez Freytag) cite le passage de Harîrî que Lane indique aussi. — *Se refaire, reprendre vigueur, revenir, rétablir, se remettre,* Bc (cf. Lane KL), 1001 N. I, 53, 10, 227, 3, 344, 1, Bresl. II, 298, 2 a f.

VIII c. عن *se dispenser de,* Bc.

عَفْو *remise,* somme abandonnée, diminuée sur une dette, un prix, Bc. — عَفْوًا *spontanément,* cf. Gl. Belâdz., Bait. I, 180 c: يَنْبُتُ لِنَفْسِهِ عَفْوًا عَلَى الشَّجَرِ المَذْكُورِ, II, 182 c: وَهُوَ يَنْبُتُ لِنَفْسِهِ عَفْوًا, 539 c; *sans rencontrer de résistance,* Haiyân-Bassâm I, 173 r°: لَحِقَ بِالبَرِّيَّةِ وَدَخَلَهَا عَفْوًا.

عَفِيّ *robuste, vigoureux, puissant, gros,* Bc. عَفِيَةٌ عَلَيْكَ *bravo!* Bc.

عَافِيَة. A la demande: «comment va la santé?» on répond: العَافِيَةُ, «je me porte bien,» Macc. I, 476, 20. — *Vigueur,* Bc. — *Tranquillité,* Bc (Barb.); رَاحَ بِعَافِيَتِهِ *s'en aller tranquillement,* R. N. 92 r°: il lui dit en le menaçant d'un couteau: لَئِنْ لَمْ تَبْرَحْ

مَاتَ عَلَى فِرَاشٍ (أَوْ سَرِيرٍ) —; بِعَافِيَتِكَ لَأَخْصِيَنَّكَ مِنْ ذَمَكَ العَافِيَة *mourir de mort naturelle,* J. A. 1851, I, 56, dern. l., 57, dern. l. — *Paix,* Voc. (pax), qui a aussi طَالِبُ عَافِيَة *pascificus (petons pacem);* — *désir de la paix, humeur pacifique,* J. A. 1852, II, 215, 7 a f.: وَارْتَفَعَ لَهُ بِذَلِكَ صِيتٌ عَظِيمٌ مَعَ عَافِيَتِهِ وَحُسْنِ نِيَّتِهِ — En Barbarie, où l'on évite d'employer le mot نَار, par antiphrase *feu;* Daumas V. A. 523: «Voulez-vous du feu pour allumer votre pipe, ne dites pas: *djib-li en nar,* apportez-moi du feu! Vous prêteriez le flanc à un jeu de mots tout entier à votre désavantage, le mot *nar* s'appliquant surtout au feu de l'enfer; mais dites: *djib-li el aafia,* apporte-moi la paix, la tranquillité!» Cf. Hœst 222, Domb. 79, Chénier III, 188, Barbier, Delap. 38, Bc (*feu fait avec des combustibles,* Barb.), Martin 33, 169: رَانِي نَقْعَدُ قُرْبَ العَافِيَةِ وَنَسْخَنْ «je me mettrai près du feu et je me chaufferai.» — عَافِيَة عَلَيْكَ *bravo!* Bc. — عَوَاقٌ *bon voyage!* Bc. — أَهْلُ العَافِيَةِ *les hommes besoigneux* (de Slane), Prol. II, 296, 14.

مُعْفَى. Most. sous خِلَافٌ (saule d'Orient): وَمِنْهُ نَوْعٌ يُعْرَفُ بِالمُعْفَى

مُعَافٌ (pour مُعَافِى) *affranchi,* exempté, c. عن *exempt,* Bc. — *Franchement,* avec immunité, Bc. — *Acquit-à-caution,* billet donné par le commis d'un bureau, pour faire passer librement un objet à sa destination, Bc.

مُعَافَاة voyez sous III.

مُعَافَات (pl.) *libertés,* franchises, immunités, Bc.

مُتَعَافِى *fort,* grand et épais de taille, *puissant,* très-fort, très-robuste, Bc, 1001 N. Bresl. III, 106, 3, où Macn. a شُجَاع.

عَفْوْنَامِه (ar.-pers.) *lettres d'abolition,* Ztschr. V, 498.

عقب VII dans le Voc. sous inobediens.

عَقْبُ *zygophillum album* Desf., Prax R. d. O. A. VIII, 282 (e'gga).

عُقْبَة *sr̂?* d'une femme, 1001 N. Bresl. III, 244, 4.

عَقُوف *désobéissant,* Bc.

عَقِيق *verroterie,* Ht, échantillons de diverses verroteries, et ensuite *verroteries,* Ghadamès 142. — Nom d'un ornement de femme, décrit par Lane M. E. II, 403—4. — Le pl. عَقَائِق *des chevaux fougueux, farouches,* Rauwolf 223 (œcaick).

مَعَقَّب ‎عَقَبْتُ تَمَائِمَهُ‎ l'endroit où (voyez Lane 2095 a, à la fin), c.-à-d., où il a passé sa jeunesse, Macc. II, 112, 12. — مَعَقَّبَات comme pl. du n. d'act. مُعَقَّب (Lane 2095 c), Macc. I, 544, 2.

عقّب II *réformer*, *corriger*, Alc. (reformar, le partic. act. reformador), Prol. I, 12, 9. — *Ditare*, Voc., mais seulement dans la 1re partie, et c. a. sous heres. — عقّب لولِيَه *ressembler à son père pour ce qui concerne le caractère*, Voc. (patrisare).

III. عَاقَبَا المِنْشَارَ بَيْنَهُمَا «ils firent aller la scie entre eux deux alternativement,» Prol. III, 309, 2 a f. — عاقب (او اعقب) بيّن الناس *changer une garnison*, *envoyer dans une ville une nouvelle garnison, en remplacement de celle qui y était*, Belâdz. 223, 5, 236, 8. Autrement dans le Gloss., mais M. de Goeje a reconnu qu'il s'est trompé.

IV c. a. *faire une chose plus tard*, le contraire de أَسْلَفَ, Abd-al-wâhid 88, 6, où le poète dit: Auparavant je vous ai donné des preuves de mon dévouement et de mon amour (أسلفت); j'avoue que plus tard j'ai fait des choses mauvaises, اعقبت أعمال مفسد (اعقبت est une faute d'impression). — أعقب الناقة *descendre de sa chamelle pour monter sur une autre*, Gl. Mosl. — اعقب اخاه على زوجته *il épousa la veuve de son frère*, Gl. Bayân. — اعقب بين الناس voyez sous III. — C. ب r. *substituer*, Hoogvliet 49, 2 a f. — C. a. p. et ب r., اعقبهم الله بالجوع, *Dieu les châtia en leur envoyant la famine*, Akhbâr 61, 10. — اعقب ب كلامه *ajouter* quelque chose à son discours, Bc.

V e. a. r. *avoir du regret de*, Becrî 190, 7 a f. *Contrôler*, Haiyân-Bassâm I, 10 r°: خدمة التعقّب والحاسبة «le poste de contrôleur des finances,» Bassâm III, 60 v°: ولي زمام التعقّب على اهل الاندلس. C. a. r. et على p. *contrôler*, *reprendre*, *critiquer*, Abbad. II, 91, 6 et n. 85, Macc. I, 201, 12, 613, 5, Bat. IV, 104, Abdarî 111 r°, Ibn-Abdalmelic 3 v°, Khatîb 91 v°. — C. a. *refaire*, Voc. (iterare), Alc. (rehazimiento et تَعَقَّب اعادة); cf. II chez Lane.

VI. تعاقبوا القوم في الامر والشيء *ils firent alternativement une chose*, ou *s'en servirent alternativement*,

على التعاقب *plusieurs fois*, *l'une après l'autre*, de Sacy Chrest. I, 461, 5. De même qu'on dit تعاقب المسافرون على الدابّة (Lane), on dit en parlant de plusieurs hommes: تعاقبوا على امراة «ils jouirent d'une femme, chacun à son tour,» 1001 N. II, 232, 5 a f. C. a., en parlant de plusieurs personnes, *recevoir une chose*, p. e. le trône ou une langue, *par succession*, *par héritage*, *chacun à son tour*, Becrî 67, dern. l., Prol. III, 303, 14. — Quasi-pass. de III, *être puni*, Gl. Mosl.

VII *être arriéré* (paye), Abdarî 59 r°: l'émir de la Mecque voulant emprisonner les pèlerins égyptiens, un Turc lui dit: فيما تاخذهم قال له فى حقوق وجبت لى على ملك مصر ولى حظّ فى بيت المال منعقّبه (منعقّب l.) اعواما.

VIII. Cf. Mufassal 89, 12: ومن ذلك قنسرى ولنصيبى وبيرى فيمن جعل الاعراب قبل النون ومن جعله معتقب الاعراب قال قنّسّرينى

عَقِب *culot*, *dernier né*, Bc.

عَقَب *fils*; ce sont des nerfs de chameau desséchés au soleil et divisés en parties aussi fines que la soie, ou bien encore des poils de chameau filés, Daumas Mœurs 264.

عَقِب *cul*, *fond ou derrière d'un vase*, Bc. — *Posthume* (ouvrage), Bc. — عقب الرمح *talon d'une lance*, Bc.

عَقْبَة *la troisième* (dernière) *moisson de la durra*, Niebuhr B. 146 n.

عَقْبَة, *trace*, pl. عقب, Abou'l-Walîd 544, 6.

عَقَبَة a chez Alc. (cuesta ariba enriscada, recuesto de monte) le pl. عَقَائِب, بلادهم عقبة (sic) «leur pays est-il montueux?» Martin 23. — *Labyrinthe*, Bc. — *Parenté*, *consanguinité*, Alc. (parentesco por sangre).

— En Égypte, pl. ات et عقب, *sorte de grande barque*, Maml. II, 1, 24, Stochove 424: «Les riches ont des bateaux exprès qui ne servent que pour cette réjouissance publique [la crue du Nil], et les appellent Achaba. Ils sont plats; la poupe en comprend plus de la moitié; elle est carrée et entourée de balustres afin que ceux qui les mènent n'incommodent les personnes qui sont assises dedans; elles sont par le bas couvertes de beaux et riches tapis de Perse, et le haut couvert de toile cirée; le dedans peint et diversifié par différentes sortes de couleurs, de façon que l'on y est comme dans une belle salle.» Voyez aussi de longues descriptions chez Thévenot I, 465, chez Monconys 282 (où le mot est altéré en *acorbé*) et chez Lane M. E. II, 293.

عَقِيبَة (talon = كعب) *la partie inférieure d'une flèche*, J. A. 1848, II, 210. — *Chacune des deux extrémités de l'arc*, ibid. 208.

عقبى Pour le sens de *compensation* (Lane 2101 c, à la fin) cf. Belâdz. 66, 15: J'ai diminué la capitation qu'ils ont à payer, عقبى لم من أرضهم «en compensation de leurs terres» (qui leur ont été ôtées). M. de Goeje reconnaît qu'il a mal expliqué ces mots dans son Gloss. — عقبا لكل سنة *je vous souhaite une bonne année* (compliment d'usage au premier jour de l'an), Bc (Alep).

عُقَاب *aigle de mer, aigle pêcheur, orfraie*, Alc. (aguila pescadera). — *Milan*, Cherb. — Les alchimistes donnaient le nom de cet oiseau au *sel ammoniac*, «propter levitatem in sublimationibus,» Devic 8.

عُقَيْبَى *amande verte*, Bc.

عاقِب Les chrétiens de Nadjrân avaient trois chefs: le سيد ou chef militaire, le عاقب ou chef civil, et l'évêque, Gl. Belâdz., M.

عاقِبَة *contre-coup*, p. e. عاقبته ترجع عليك «le contre-coup en tombera sur vous,» Bc.

التَّعْقِيبَة *baume de Copahu, copahu*, Bc.

مُعَقَّب *qui a des* عَقْب, P. Kâmil 242, 4.

مُعاقَب *difficultueux*, Bc.

عقد I. Nâbigha ayant dit:

بمَخْضَب رَخْص كان بنانه عَنَم يكاد من اللطافة يُعقَد

l'expression qu'on trouve dans le second hémistiche est devenue proverbiale; voyez ma Lettre à M. Fleischer 33. — *Lier les pierres* d'un édifice, Gl. Edrîsî, Djob. 97, 8 (cf. Lane L). — *Souder*, Alc. (pegar con sueldo, soldar travando, soldar con plomo). A sousentendre بالرصاص qu'ajoute Becrî 50, 7. — *Coaguler; cailler*, Voc., Alc. (cuajar), Bc; عقد المرق *lier*,

bien mélanger *une sauce*, Bc, Bait. I, 87 a, en parlant de l'anis: اذا عُقِد منه شراب بالسكر ; *mêler ensemble* deux ou plusieurs substances, *en faire une composition*; voyez mes articles سقنجبة et شاشية, 1001 N. IV, 484, 4 a f.; عقد الحلاوة *préparer un sorbet*, Antar 71, 1, Bâsim 78: ثم انه غمز الصُّنَّاع الذين في الدكان ان يعقدوا الحلاوة فدوبوا (فذوبوا =) قدس كبير شربة ماء النوفر الخ. — C. ل p. *faire un traité avec*, Gl. Belâdz., de Jong; c. مع et على, Voc. A sous-entendre عَقْدًا بَيْنَهُما عَقْدًا *il conclut entre eux un traité, une alliance*, Koseg. Chrest. 100, 11. عقد النكاح *contracter un mariage*, Bc. Aussi عقد على فلانة *contracter un mariage avec une telle*, Bat. I, 26. عقد لفلان على فلانة *faire épouser une telle par un tel*, Khatîb 71 r°: قلت وما عقد لولدى عبد الله أَسْعَدَهُ الله على بنت الوزير ابى الحسن, 90 v°: عليهما اخوتها ابو الحجاج لرجلين من قرابته, 99 r°: عقد له على اختـه. Aussi c. ل de la femme et مع de l'homme, Macc. III, 45, 7: فجعلت تواصل زيارة ابنتها التى عقد لها مع الوالد مع ابن عمّه. — *Dresser* un contrat, *le rédiger dans la forme prescrite*, Mohammed ibn-Hârith 295: كان الفقيه ابن المَأْمُون يُعْنَى باسباب الوثائق — وشنَّع عليه باب الفجور والتدليس فيما منها يعقد, ou un autre acte, p. e., celui par lequel on reconnaît quelqu'un pour souverain, البيعة, Haiyân-Bassâm I, 9 v°; un testament, Mohammed ibn-Hârith 324: فسَأَلنى ان اعقد له كتاب وصيّته, *formuler* un jugement, ibid. 218: وقد رايت سجلاً عقده محمد ابن بشير يقول فيه حُكْم عبده محمد بن بشير قاضى الجُنْد بقرطبة, 232: — *Croire*, Holal 67 v°: عقدت حُكْمَه للقوم بالصبيعة جازم من ناحية اخرى غير الناحية. — عَقَد التى عقدوها (ce qui causa leur déroute); cf. — *Compter au moyen des jointures des doigts*. Ce procédé, que plusieurs peuples de l'antiquité connaissaient aussi, est trop compliqué pour l'exposer ici; je renvoie donc à la dissertation de Silv. de Sacy dans le J. A. 1823, II, 65 et suiv., et surtout à celle de Rödiger dans le Ztschr. I, Anhang für 1845, p. 111 et suiv. Voyez aussi Mong. 32, Aghânî 78, dern.

l. (où il faut substituer la Ire forme à la IIe), Abd-al-wâhid 116, 10, Macc. I, 823, 12 et 15, 869, 12, II, 405, 13, Prol. II, 149, 9, 156, 3 a f. — T. de tisserand, *ajuster des lisses au métier pour pouvoir tisser la toile*, Alc. (enlizar tela). — عَقَدَ لَهُ عَلَى *il lui donna le gouvernement d'une tribu, d'une province*, Gl. Abulf., Tha'âlibî Latâïf 84, 5 a f. et suiv., Haiyân-Bassâm III, 66 v°. Incorrectement عقد على المغرب, Cartâs 86, 8. — De même qu'on dit لَهُ عَقَدَ لِوَاءً «il lui donna un commandement»), on trouve, Cartâs 114, 15, en parlant du Mahdî وجعل لِلخميس c.-à-d.: الرأى والمشورة وعقد الامامة والنظر للمسلمين *il leur conféra l'imâmat et leur confia le soin des intérêts des musulmans.* — De même qu'on dit عقد التاج على غيره, *se couronner*, et عقد التاج على رأسه *couronner quelqu'un*, on dit عَقَدوا لَهُ المُلْكَ Gl. Abulf. — *Prononcer une lettre d'une certaine manière* (cf. sous معقود), Macc. I, 828, 3 a f.: عبارته فصيحة بلُغَة اهل الاندلس يعقد حرف القاف قريبا من الكاف وسمعته يقول ما في هذه البلاد من يعقد حرف القاف. — عقد الزهر *boutonner, pousser des boutons, en parlant de fleurs; se nouer* (arbres), *passer de fleur en fruit*, Bc; *grener, produire de la graine*, Voc. (granare); Most v° العقد: حبس في كل مكان يعقد بَدأَ يَعْقِدُ هذا الحَبُّ, Auw. I, 281, 2. — se dit de l'œuf dans lequel se forme le poulet quand la poule le couve, Alc. (enpollarse el guevo). — عَقَدَ على نفسه *se proposer, résoudre*, Nowairî Espagne 465: فعقد المنْذِرُ على نفسه انه لا اعطاء صلحا ولا عهدًا الّا ان يلقى بسيده. Aussi عقد في نفسه, Macc. I, 574, 3 a f. Le verbe seul a le même sens, Haiyân-Bassâm I, 120 r°: فعقدوا مع المرتضى غزوها, R. N. 86 v°: وكان أَحَدُ مَنْ عقد للخروج على بني عبيد في, 92 r°: وكان احد من عقد للخروج في ايام ابى يزيد للجامع على بنى عبيد (les mêmes mots 87 r°, où التخروج est une faute), 104 r°: وجعلت اسأله في امر يلطف فيه ممّا يسكن به ابو العباس مما يعقده مع اخيه الذى هو على المظالم في امر يؤذى به الشيخ والمسلمين, et très-souvent dans ce livre, Bat. III, 76: عَقَدَتُ التوبةَ «il résolut de faire pénitence.» Aussi

عقد على نفسه, عقد على أَمْرٍ, Macc. I, 570, 2. — *se rendre garant d'une chose*, Haiyân 97 r°: وكتب التجيبى للخازن الى الامير عبد الله بأنَّه يدخل مع بَذْر فى ضمان فَيَعْقِد ابن جَهَّاج ويعقد على نفسه انابتَه الى الطاعة. Le M a en ce sens la constr. c. a. r. et ل p. عَقَدَ عَهْدَهُ. (عَقَدَ الشيءَ لفلانٍ ضمَّنه). *prêter hommage à quelqu'un, le reconnaître pour souverain*, Prol. I, 376, 14. عقدوا الأمرَ لفلان *ils donnèrent le trône à un tel*, Koseg. Chrest. 114, 5. عقد بولايَةِ العهد لابنه *il fit prêter hommage à son fils comme à son successeur*, Elmacin 149, 2. — عقد جسرا *jeter, construire un pont* (cf. Freytag), aussi Koseg. Chrest. 115, 7 et 8. عقد مَجْلِسًا *former, convoquer, tenir une assemblée*; عقد المجلس *assembler le conseil*, Bc, de Sacy Chrest. I, ١٤٩, 3 a f., Haiyân-Bassâm I, 30 v°: عقد معم مجلسا للشرب; cf. Meursinge 18, n. 50. Aussi *ouvrir un cours*, Meursinge 6, l. 8. — عقد موكبا *s'entourer d'un grand cortège*, Berb. I, 599, 6 a f.; عقد للجوع والحرب *s'entourer d'une foule de gens*, Cartâs 113, 6. — عَقَدَ الحَقَّ على نفسه *s'engager à suivre la vérité*, de Sacy Chrest. II, ١٣٠, 10. عقد رَكْعَةً = رَكَعَ رَكْعَةً, Abd-al-wâhid 94, 3. عقد سَحْرًا *charmer, produire un effet extraordinaire par charme*, Macc. III, 23, 10. — عقد لِواءً, *attacher une pièce d'étoffe à une lance*, est quelquefois le signe de la révolte, comme nous disons *lever l'étendard de la révolte*. Dans l'histoire racontée Akhbâr 105, Nowairî, Espagne 440, donne عقد لِواءً, au lieu de لِواءً, comme on lit dans اعتقد في رمح لواء l'Akhbâr. De même عقد خِرقًا على قَصَبٍ, Gl. Fragm. p. 21. — عقد ناظريه بِمَرأى وسيم *fixer ses yeux sur un beau visage*, P. Weijers 26, dern. l. — عُقَّدَ قَلْبُهُ *être dévoré par le chagrin*, Edrîsî ١٤٢, 7. — عقد على مذهب فلان *être de la secte de*, Ibn-al-Athîr, Commentaire sur Ibn-'Abdoun, man. de M. de Gayangos, 140 r°: عقد على مذهب ابى حنيفة.

II *coaguler*, Bc. — *Entraver*, Bc. — *Entrelacer*, Bc. — عقد الكلام *embarrasser le style*, Bc.

IV *congeler*, Bc.

V *être noueux*, en parlant de plantes, Alc. (eñudecer la yerva), en parlant d'une branche, Auw. I, 292, 10 (lisez تَنَعَّقَّد). — *Se coaguler*, Alc. (cuajarse), *se cailler*, Bc.

VII *se cailler, se coaguler, se figer, se prendre, congeler*, Bc. En parlant d'un œuf qu'on fait cuire, Gl. Edrîsî 307, 10, Most. v° البيض مسلوق: بيض المسلوق عندهم ما يولغ في طبخه حتى ينعقد ويصلب جدًّا, Djauzî 145: وأما المنعقد فردى عسير الانهضام. En parlant de glace, Bat. II, 411: للجليد المنعقد شوق النهر. — *Être formé en mottes* (terre) (comme V chez Lane), Bat. IV, 261. — انعقد الأمر لابنه (Freytag) se trouve de Sacy Chrest. II, ٥١, 1; de même اليوم الذي انعقد له فيه الملك, Macrîzî, man., II, 351. — الاجماع منعقد أن *il a été reconnu d'un commun accord que*, Prol. II, 51, 11. — *Être formulé* (jugement), Abbad. chap. IX: تنعقد عليه. — انعقدت السجلات بالاحكام العامة *toute la population prêta le serment de fidélité*, Berb. I, 505, 2. — *Se nouer* (arbres), *passer de fleur en fruit*, Bc; dans le Voc. sous granare. — *Être couvert de bosses, d'enflures qui proviennent de coups*, 1001 N. Bresl. I, 343, 9: انعقد له. — وقد انعقد جسمى من الضرب. «une foule de poètes ont exprimé في هذا المعنى سوى après lui cette idée,» Abbad. II, 108, dans la note. — C. على *entourer, environner*, 1001 N. I, 99, 11: انعقدت عليهما النيران. — C. على *être entouré par*, Macc. I, 346, 16: ابواب قد انعقدت على حنايا من العاج والابنوس.

VIII. On dit لوا اعتقد comme on dit لوا عقد, de Jong, et c'est quelquefois le signe de la révolte, comme nous disons *lever l'étendard de la révolte*, Akhbâr 105, 3 et 5. Le verbe seul a ce sens *ibid*. 112, 10. — اعتقد اليمين *faire un serment solennel* (cf. Lane sous I), Abû-al-wahîd 14, l. 16. — اعتقد بِهِمْ حُسْنَ ظَنِّ *il avait bonne opinion d'eux*, Abbad. I, 46, 2 a f. — *Croire*, c. في p. et a. r., *croire* quelque chose *à l'égard de quelqu'un*, de Sacy Chrest. I, ٢, 11: اعتقدوا فيه استحقاق الامامة «ils crurent trouver on lui toutes les qualités qui caractérisent un imâm.» C. على p. et a. r., Bidp. 116, 5 a f.: فان كان الاسد قد اعتقد علىَّ ذنبا «si le lion croyait que j'avais commis une faute.» Bc a, sous *croire*, la constr. c. ب r., et donne l'exemple اعتقد بدين *professer une religion*. — C. a. ou في p. *croire au mérite, à la sainteté de quelqu'un, avoir pour lui de la considération, de la vénération*, Maml. II, 2, 225, c. a. r., Bat I, 368, Berb. I, 414, 13: اعتقد منه الذمة والرتبة, où M. de Slane traduit avec raison, je crois: «dont le dévouement et le rang élevé lui semblaient dignes des plus hauts égards;» l'expression اعتقد منه ذمة a bien encore un autre sens (voyez plus loin), mais il ne convient pas ici. — C. في p. et a. r. *se croire une chose permise, se la permettre à l'égard de quelqu'un*, Djob. 74, 13: La plupart des habitants du Hidjâz sont des schismatiques, des hommes sans religion, وهم يعتقدون في الحاج ما لا يُعْتَقَد في أَقَلِّ الذِّمَّة, car ils considèrent les pèlerins comme une des principales sources de leur revenu, ils les pillent de toutes les manières, etc. — *Se proposer, résoudre*, Abbad. I, 95, n. 115, II, 22, n. 38, Gl. Bayân, Mohammed ibn Hârith 255, Haiyân 22 v°, R. N. 60 v°, 77 v° (deux fois), Khatîb 107 v°, Berb. II, 47, pén. l., 217, 10, de Sacy Dipl. XI, 17, 2. — *Obtenir*, p. e. un traité, Akhbâr 5, 4 a f.: اعتقد لنفسه ولاصحابه عهدًا, 14, 7: اعتقد على نفسه أمانًا, Berb. I, 146, 13: اعتقد منه ذمة بسابقته تلك, 365, 4: الذِّمَّة «par ce service il gagna ses bonnes grâces.» (Cette phrase a un autre sens I, 414, 13; voyez plus haut). — اعتقد اليَدَ عِنْدَ فلانٍ *obliger quelqu'un, lui rendre service*, Akhbâr 67, 2 a f.; اعتقد له بذلك يدًا *il reconnut qu'il lui en avait obligation*, Gl. Fragm. — اعتقد له ضغنًا *il lui garda rancune*, Mohammed ibn-Hârith 264: ثم انصرف عند وقد اعتقد له ضغنا عظيما واضمر له حقدا شديدا. Le verbe seul a le même sens, c. a. r., Calâïd 249, 7 et 8: فقابلته بكلام «أحقد», c. a. r. et على p., *ibid*. 56, 1. Cf. عقيدة. — *Ajouter* un point, نقطة, *à dessein, tout exprès, de propos délibéré*, Macc. II, 513, 10.

عَقْد. Le pl. est عُقُود dans toutes ses signif. — *Nœud*, Abbad. II, 77, 6, 78, n. 58, Akhbâr 159

3 a f. — *Congélation*, Bc. — *Liaison*, ce qui épaissit une sauce, Bc. — *Tissu*, au fig., longue suite d'actions, Bc. — *Traité*, mais qui a moins de force que celui qui s'appelle عَقْد, Gl. Belâdz.: عقد لم بغير عهد, et l'on dit souvent: عقدا وهو دون العهد ولا عقد, ibid. — عقد النكاح *contrat de mariage*, voyez sous مهر VI, Lane M. E. I, 239; aussi عقد seul, Ztschr. XXII, 109, n. 50; mais عقد النكاح signifie encore *le mariage même*, Burton II, 23. — *Attestation, certificat, témoignage donné par écrit, procès-verbal*, Abbad. II, 251, 9 et n. 33, Bat. I, 181, 216, 217, 218, Macc. I, 684, 18. — *Quittance*, Alc. (carta de pago, conocimiento de paga). — *Codicille*, changement, addition à un testament, Alc. (codicillo de testamento). — *Billet de reconnaissance d'une dette*, Inventaire, là où il est question des créanciers: كل واحد منهم بعقده ثابتا بحكم الشرع — *Joint*, en parlant de pierres, Gl. Edrîsî. — عقد السلالم *noyau*, vis où s'assemblent toutes les marches d'un escalier, Bc. — عقد حلزون *escalier en limaçon*, 1001 N. Bresl. I, 195, 10. — Dans le sens d'*arcade*, le pl. du pl. عقودات, 1001 N. I, 58, 9. — T. de maçon, *toit plat*, M. — *Foi, croyance aux vérités de la religion*, Abbad. I, 384, 9, Macc. I, 884, 9, Berb. I, 330, 2, 337, 8 a f., 366, 2 a f., 416, 6 a f., Meursinge ٣, dern. l., où c'est le synonyme de عقيدة, ٣, 2, mais l'éditeur (p. 100), qui ne semble pas avoir connu ce sens, s'est singulièrement trompé en voulant expliquer ce passage. — Autrement que chez Lane. «Par le mot *nœud* (عقد), Ibn-Khaldoun veut désigner les dix premiers nombres et aussi leurs produits, quand on les multiplie par les diverses puissances de dix. Cela est tout à fait conforme à l'indication donnée par El-Maredini. Cet arithméticien dit: «Les ordres élémentaires des nombres sont au nombre de trois: unités, dizaines et centaines, dont chacun comprend neuf nœuds,»» de Slane Prol. I, 243, n. 7. عقود السنين *plusieurs dizaines d'années*, Prol. II, 268, 16. — عقود sont les *différentes positions et jonctions des doigts*, quand on compte au moyen de leurs jointures, Ztschr. I, Anhang für 1845, p. 112. — Nom d'une maladie à laquelle est exposée la courge, Auw. I, 631, 18, où il faut lire ainsi avec Clément-Mullet et notre man. — العقود? Cazwînî, I, 34, 2, nomme quatre étoiles au milieu de la constellation du Dauphin العقود, avec la variante العقود, et c'est ainsi qu'on lit chez Dorn 50.

عقد الثريا *certaines étoiles parmi les Pléia*des, Valeton ٣٨, 6, et 74, n. 3. — *Corruption de* عقيد (voyez), Burton I, 238.

عقدة. Non-seulement *bouton* (Lane, Bc), mais aussi *fruit déjà noué*, Auw. I, 217, 5 et 8, avec la note de Clément-Mullet, I, 199. — عقد الرمان *les fleurs du grenadier*, Most. v° الرمان: زهر الرمان وهو عقد الرمان في أول طلوعه وهو الذي ينتشر من الشجر عند هبوب الريح, Bait. I, 265 e. — *Bouton d'habit*, Domb. 82, Bat. III, 266. — *Bouton, petite tumeur arrondie qui se forme sur la peau*, Gl. Manç.: شرى ۞ عقدة نافتية مفرطة. — *Rosette*, ruban noué en forme de rose, Bc. — عقد الحاجب *lisière* (qui sert à soutenir un petit enfant quand il marche), Müller 39, 9. — *Les jointures du corps*, Koseg. Chrest. 46, 2 a f. — *Joint*, en parlant de pierres, Gl. Edrîsî. — *Traité*, Abbad. II, 161, 8, Macc. II, 809, 1. — عقدة النكاح *le mariage*, Voc. (matrimonium). — *La pièce d'étoffe qu'on attache à une lance pour former un drapeau*, scoliaste sur Moslim ١٣٥, 3, Akhbâr 105, 4 et 5, Haiyân 64 v° لكل رئيس منهم عقدة يعقدها وعقدة يعتد بها, Mohammed ibn-Hârith 256: سأله أن يعقد له على قومه سنة كاملة الخ — حتى أنت العقدة الى يحيى من عند الأمير. — *Botte*, assemblage de plusieurs choses de même nature liées ensemble, 1001 N. I, 293, dern. l., où il faut lire: واخذ في يده عقدتين من حلفة (l'éd. de Boulac remplace ce mot par حزمة); *paquet*, ibid. IV, 645, dern. l.: عقد ثياب. — *Fourré, assemblage épais d'arbrisseaux, de broussailles*, Edrîsî ١٤٧, 13; le Voc. a عقدة من زيتون, olivetum. — *Corps, troupe de soldats*, L: legio عراقة, موكب وعقدة, cuneus, Cout. 44 v°: فاجتمعت حوله عقدة من ثلث مائة فارس لم يجتمع مثلها بالأندلس قبله ولا بعده, Akhbâr 68, 4 (lisez بن بكر; c'est une faute d'impression), Cartâs 149, 8 et 15, 247, 9 a f. — *Massue*, Alc. (porra para aporrear). Il écrit le sing. ûde et le pl. uûqued, ce qu'il fait aussi sous les articles «artejo» et «boton de arbol.» On peut en conclure que de son temps les Grenadins élidaient par euphonie la seconde consonne du sing. de ce mot. — *Difficulté*, obstacle; حل عقدة *lever un obstacle*, Bc. — *Sérieux*, mine renfrognée;

اعْقَدَدَ تَحَلَّت se dérider, quitter son sérieux, Bc. — Intention, résolution, Berb. I, 496, 6.

عَقُود = عَقِيد épaissi, Gl. Djob.

عَقِيد lait, Voc.; breuvage qu'on prépare en faisant évaporer la partie séreuse du lait; on forme le résidu en gâteaux ou morceaux avec la main, et on l'étend sur un sac de crin pour le faire sécher. On mange cela avec du beurre fondu, et on le boit fondu dans de l'eau. C'est, selon les Arabes, une boisson rafraîchissante, mais pour les étrangers elle a peu d'attraits, Burton I, 239. — Coagulation, caillement, Alc. (cuajamiento). — Epaisseur, densité d'un liquide, Alc. (espossura). — Le chef militaire d'une tribu, Burckhardt Bedouins 79, 168 et suiv., Ztschr. XXII, 72, chef de bande, d'Escayrac 261 n., 366; M: وَعَقِيدُ العَسْكَرِ. لَقَائِدٍ بن كَلام المُؤْمِنِين Dans les 1001 N. Bresl. VI, 198, 2, on trouve قَعِيد لِحَرَامِيَّة, le chef des brigands; je crois que c'est soit une faute, pour عَقِيد, soit le même mot avec une transposition des lettres.

عَقَّادَة l'art de faire des cordons de soie (cf. عَقَّاد), M, 1001 N. IV, 300, 11.

عَقِيدَة simbolum fidei Voc. — = عَقْدَة nœud, Auw. I, 151, 9 a f. (aussi dans le man. de Leyde). — = عَقْدَة joint, en parlant de pierres, Gl. Edrîsî. — La croyance que l'on a au mérite d'un homme, considération, vénération, c. ب pour, Maml. II, 2, 226, Macc. I, 587, 6. — Rancune, Cherb. Dial. 10.

عَقَّاد notaire, Voc. — Fabricant et marchand de cordons de soie, Descr. de l'Eg. XII, 447, XVIII, part. 2, 274, 386, M.

عَاقِد للشروط celui qui dresse des contrats, notaire, Macc. I, 622, 12, Khatîb 27 r°: كان عاقدا للشروط بصيرا يعلمها. Aussi عاقد seul, Khatîb 26 v°: وتعلم الوثيقة على العاقد القاضي أبي القاسم بن العريف — Commandant, chef, Calâïd 190, 3 a f: فلما اصبح عاقد كتائب وقائد جنائب وصاحب البيد.

تَعْقِيدَة ambiguïté, Bc.

مُعَقَّد se trouve comme t. d'archit. Prol. II, 322, 14, où M. de Slane traduit clef de voûte; cf. Edrîsî, Clim. III, Sect. 5: جعل معاقد روس اساطينه ذهبًا.

— L'expression أَهْلُ المَعَاقِد, dont j'ai donné deux exemples dans le Gl. Bayân (Ibn-al-Abbâr a copié Ibn-Haiyân, 21 v°), et que les savants de Constantine ont expliquée par أَهْلُ المَشُورَة, ceux qui avaient le droit de siéger dans le conseil, doit peut-être être mise en rapport avec أَهْلُ العَقْد; malheureusement le sens de ce dernier terme est également obscur (cf. Lane v° عَقْدَة et Gl. Mosl.).

مُعَقَّد noueux (bois), raboteux (bois), Bc. — كلام معقد style embrouillé, Bc.

مَعْقُود المعقود عن النساء celui qui ne peut cohabiter avec une femme par suite d'un maléfice, Bait. I, 47 d: ومرارة الذكر منه يحل المعقود عن النساء اذا, 492 h: سقي منها في بيضة نيمرشت في مستهل الشهر ان يبخر به المعقود عن النساء سبع مرات اطلقه ذلك. Cf. mes articles ربط et مربوط. — Concret, fixé, coagulé, Bc. — Gelé, congelé, Alc. (elada cosa, البحر معقود mar congelado). — سُلَّم معقود escalier en limaçon, 1001 N. I, 75, 12, comme حلزون حلوزني. — En parlant d'une lettre, p. e. du b, et alors c'est le p, Bat. II, 241, 343, Ibn-Abdalmelic 13 r°, en épelant le nom لُبّ (en espagnol Lope): وتشديد الباء بكسر :يَبْطِبْر, puis en épelant le nom المعقودة وضمها ;le الباء المعقودة ;fâ معقودة مفتحمد est aussi le p, Bat. II, 43; le جيم معقودة est le چ, Bat. II, 22, 270, 290, 321, 375, III, 329; on trouve aussi كاف, Bat. II, 365 (cf. sous la Iʳᵉ forme), et كاف معقود est le گ, Bat. II, 295, 338, III, 144. — Omelette, Hbrt 17 (Alg.). — T. de mathém., quantité sourde, incommensurable, M.

مَعْقُودَة t. de droit, sorte de serment qui s'appelle aussi مُنْعَقِدَة, M.

مَعْقُودِيَّة corps de réserve, troupes que le chef d'une armée réserve, un jour de bataille, afin de les faire donner quand l'occasion le demandera, M.

اِعْتِقَادِي dogmatique, Bc.

مُعْتَقَد intention, dessein, de Sacy Dipl. IX, 494, 4 a f.

مُنْعَقِدَة voyez معقودة.

عَقَر I. On trouve la constr. c. على dans le Calâïd 95

9 et 10: Dégoûté de l'ignorance des habitants de Saragosse, Ibn-'Ammâr عكف على راحه معاقرا وعتف بها على جيش الوحشة عاقرا. — *Tuer*, Voc. (interficere (cum labore vel miseria)), Alc. (matar), *tuer, détruire* des sauterelles, Calendr. 41, 8 (conservez la leçon du man. بعقر, car جراد est un coll. sing. masc.), Cartâs 73, 11.

II *blesser*, en parlant de la selle qui blesse le dos d'un cheval, Bc.

III se construit c. d. a., عاقر فلانا الخمر Maml. II, 2, 102, Berb. I, 495, 11, II, 465, 10; cf. II, 340, 11: معاقرة الندمان, 478, 1: وهو معاقر لندمائه. On trouve aussi: كان يعاقر بالخمر الندمان, Berb. II, 340, 6. — Ce verbe se trouve plusieurs fois dans l'histoire du pêcheur, qui fait partie des 1001 N., mais je crois que la leçon عقر III (voyez), que M. Fleischer a trouvée dans les man. de Paris, mérite la préférence.

V, طبّر, *être blessé par la selle* (cheval), Bc, M. — *Posséder beaucoup d'immeubles*, M.

VII *être tué*, Voc.

عُقْر expliqué par جَمْر, et le n. d'un. par جَمْرَة; مُعْظَمُهَا وَأَصْلُهَا est عقر النار dans le dialecte du Hidjâz et de Nedjd, Diw. Hodz. 268, vs. 17.

عقر *ergot*, petit ongle du pied des animaux, Bc. — عقر كوهان ou كوهان, عقر كوهان, ce qui signifie عاقرقرحا = اصل الكاهن او دواء الكاهن, *pyrèthre*, Bait. II, 202 d.

عَقَار, *immeuble*, forme aussi au pl. ات, Gl. Belâdz., Bc.

عَقَار *stérilité*, Alc. (esterilidad); cf. Lane sous I.

عَقَار fém. Macc. II, 167, 6, et s'emploie aussi comme adj., لخمر العقار, 1001 N. Bresl. IV, 6, 2 et 3.

عقيرة *écorchure faite par la selle sur le dos d'un cheval*, Bc.

عَقِيرَة *gibier*, Macc. II, 502, 15, Cartâs 97, 10.

عَقارى أَمْلاكى *immobilier*, qui concerne les immeubles, Bc.

عَقَّار, *drogue*, a le pl. عَقَاقِير dans le Calendr., passim, et ات, Bc (sous dispensation), Prol. II, 285, 15. — Avec et sans مَعْدَنِى, *substance minérale* employée dans la médecine et dans les opérations chimiques, Prol. l. l. et III, 202, 11, Ictifâ 127 v°, en parlant d'un miroir que Târic trouva à Tolède: كانت وكتابا فيه: *ibid.*: محلىبرة من اخلاط احجار وعقاقير. — الصنعة الكبرى وعقاقيرها واكسيرها, *Tueur*, Voc., Alc. (matador), Wright 116, 5 a f. — Le Voc. donne قوس العَقَّار *balista* (de dos peus). Peu est le mot catalan pour *pied*; on disait de même en latin: balista ad duos pedes, ou bien: a duobus pedibus (voyez Ducange), ce qui signifie: *une grande arbalète qui se bandait avec les deux pieds*. Mais pour être correct, le Voc. aurait dû écrire القوس العَقَّار, car je trouve dans le Holal, 31 v°: بذكر انه تألف عنده في استفتاحها ستة الاف من الرماة للقسى العقارية.

عَقَّار. Le vulgaire emploie ce mot dans le sens de عاقبة, M.

عَاقِر, *qui blesse*, le pl. عَقَرَة P. Abbad. I, 319, 4. — عَاقِر *femme stérile*, Alc. (mañera muger que no pare). — عاقرشما *anchusa* (شنجار), Bait. II, 181 b. — Le nom du *pyrèthre* est d'origine araméenne, عِقَّر קַרְחָא, et en arabe il faut l'écrire en un seul mot, avec l'article العَاقِرْحَا, Fleischer, note sur le Marâcid VI, 163—4.

أَرَاقِى voyez عاقرا.

أَعْقَر *détruisant davantage*, Auw. I, 124, 7 a f.

معقرون (ital. maccheroni) *macaroni*, Bc.

عَقْرَب I et II *faire comme fait le scorpion*, M, qui ajoute que c'est مولّدة. Ce témoignage vient à l'appui de celui de Freytag, que Lane a révoqué en doute.

عَقْرَب. La rencontre de scorpions est de bon augure, Müller 24, 2—5. — *Entrave en fer, d'une seule pièce*; c'est une bande aplatie en forme d'S, Ouaday 328. — *Aiguille de montre*, Bc, M; عقرب دليل *alidade, aiguille de cadran*, Bc. — عقارب البارود المصورة *des scorpions de poudre bien ficelés*, Casiri II, 7; voyez Reinaud F. G. 67; Quatremère (J. A. 1850, I, 243) pense que ce sont *des pièces d'artifice, des espèces de serpenteaux*. عقرب البحر *écrevisse de mer*, Jackson 55. عقرب الريح *grande araignée décrite par Lyon* 184. — On compte en hiver trois عقارب; c'est lorsque le froid est le plus sensible, au temps de la nouvelle lune de novembre, de décembre et de janvier, Calendr. 10.

عَقْرَبُون, chez Alc. عَقْرِبان, n. d'un. ة, scolopendre, céterac, doradilla, Alc. (doradilla yerva), Bc, Most. ثوم برى et اسقولوفنذريون, Gl. Manç. v°, سقولوفنذريون Bait. II, 31 b, 202 c; chenille, ou chenillette, ou scorpioïde; verrucaire, Bc.

عقربانا scolopendre, millepieds (insecte), voyez sous جناحجماسة.

عَقْرَبِيَّة Doronicum scorpioides, Bait. I, 417 b; leçon de ADS; BEH ont عقربيّة..

مُعَقْرَب Most. v° اكليل الملك (seulement dans Lm): ومنه شىء شبيه بالحلبة وهو المعروف بالمعقرب ❊

عَقْرَ ايشة écrevisse de mer, Domb. 68.

عَقْرَق grenouille, Bc, Hbrt 68.

عَقْرِبُون cresson, Alc. (berro yerva); c'est pour اقريبون (voyez).

عَقَص I piquer (puce, serpent), Bc, M.

عقص aiguillon, dard d'insectes, Bc, Hbrt 71. — Les عُقُوص, que Lane décrit v° عقّاص, font un cliquetis dans les 1001 N. III, 421, dern. l., sans doute parce que des morceaux de métal y sont attachés.

عَقْعَى = عَقْعَق pie (oiseau), Bc.

عقعق

عَقْعاق, n. d'un. ة, pie, Voc.

عَقْعاقِيَّة espèce de haricot dont la couleur est celle de la pie, c.-à-d., un mélange de blanc et de noir, Auw. II, 64, 8.

عقف

عُقّافَة, crochet, forme au pl. عقاقيف, Bc. أعْقَفُ Le fém. عَقْفاء = rasoir, P. Kâmil 334, 4.

عقل I. عقلوا انفسهم, en parlant de guerriers dans un combat, ils s'attachèrent les uns aux autres avec des chaînes ou d'une autre manière, ce qui les empêchait de prendre la fuite, Aghânî 13, 7, avec la note de Kosegarten p. 248. — Mettre en prison, R. N. 79 r°, en parlant d'un homme dont il avait été dit جَنّوه: منذ عقلت et منذ عقلنت — On dit الرَّجُلُ المعقُولُ. — عَقَلَ, depuis que je suis en âge de raison, Gl. Fragm. — عقل على نفسه avoir l'usage de la raison, se rendre compte de ce qu'on fait, Yâcout III, 760, 7: les femmes sortent alors على لا يعقلن طاهرات متبرّجات (et ensuite l. 10: وقد عاد انفسهن طلبا للجماع); recouvrer la raison, 1001 N. I, 91, 3 a f. — Connaître, Bc (Barb.), Delap. 125; reconnaître, Hbrt 45.

II. عقله بفلان il lui fit faire la connaissance de quelqu'un, Delap. 127.

IV c. a. dans le Voc. sous tardare. — Monter (صعد), Aboû'l-Walîd 539, 5.

V mettre en prison, Maml. I, 1, 210. — Faire la connaissance de quelqu'un, Delap. 127. — Se montrer intelligent (Golius), Aboû'l-Walîd 649, 30.

VII dans le Voc. sous ligare. — Ibid. sous intelligere. — Avoir une crampe, Bc.

VIII mettre en prison, Maml. I, 1, 209. — Séquestrer, Macc. II, 632, dern. l.: elle demanda au sultan رفع الانزال (الانزال) عن دارها والاعتقال عن مالها. — Retarder, empêcher d'aller, de partir, d'avancer, être cause qu'une chose vienne à être différée, différer, Alc. (engorrar a otro, retardar a otro, trasmañanar, le part. act. tardador de otro). — Tarder, demeurer longtemps, venir tard, Voc. (tardare), Alc. (engorrar o tardarse, tardarse, le part. act. tardador que se tarda, tardadora cosa). Se prolonger, durer longtemps, Macc. II, 437, 14, où il faut lire: بَعُدَ ما رحل عنّا وانتقل واعتقل من نوانا وبينّنا ما اعتقل. — Rester, Berb. I, 252: اعتقلوا بطن اعتنهم سائر ايامهم — s'armer d'une lance, Bc.

عَقْل vengeance (Reiske chez Freytag), de Sacy Chrest. II, ١٥٠, 6. — العقل العقّال voyez sous le second mot; — العقل les essences appartenant au monde spirituel, Prol. II, 371, 9 et de Slane I, 200, n. 2; — من عقله de son chef, Bc; — قلت لعقلى je me dis à moi-même, 1001 N. I, 294. — Repos, Alc. (reposo). — عقل العنب cep, pied de vigne, Bc.

عَقْلَة *prison*, Maml. I, 1, 210. — وصل أمرٌ بعقلة المراكب *les navires reçurent l'ordre de ne pas quitter le port*, Djob. 341, 3. — *Ce qui contient l'eau et l'empêche de s'écouler*, J. A. 1853, I, 108, Jacquot 59, Ghadamès 133, 149, Teixeira 133: «Tres pozos de suzia y hedionda agua, de que el Manzel passado tomava el nombre de *Ogolet el Kelb*.» — *Espace où, en quelque point qu'on déblaye le sable, on est assuré de trouver de l'eau*, Carette Géogr. 124. — = مطمورة *silo*, Testa 9. — *Lenteur*, Voc., 1ʳᵉ partie sous le ج; حُقْلَة, dans la 2ᵈᵉ partie et dans la 1ʳᵉ sous le ح, est pour خلة. — Pl. عُقَل *bâillon, poire d'angoisse*, Bc, 1001 N. III, 219, 6, 220. — عُقَل أصابع *phalange, os des doigts de la main*, Bc. — *Les différentes pièces d'une lance qui s'emboîtent sont des* عُقَل, 1001 N. III, 450, 9 (cf. 448, 13 et 14). — *Restitution d'une partie du butin;* cela a lieu ordinairement lorsque les guerriers qui ont fait une razzia sont convaincus que sans cela ceux qu'ils ont pillés mourraient de faim, Ztschr. XXII, 96, n. 22. — عقلة عنب *marcotte*, Bc.

عَقْلِيَّة *idée*, Barbier. — العقلية *âme de l'homme, homme raisonnable*, Bc. — العقليات, Khatîb 24 rº: المعقولات = ; c'est نظر في العقليات واصول الفقه comme Macc., I, 201, 7, donne dans le passage correspondant.

عَقَّل voyez ce qui suit.

عُقَّل. Le pl. ات dans le Voc. (*ligamen*). — Quel que soit dans ce cas le sens véritable de ce mot (voyez Lane et Gl. Belâdz.), il est certain que ما يساوي عقالا, Abbad. II, 116, 8, signifie: *c'est une personne d'aucune valeur*. De même Berb. I, 621, 3 a f.: لم يظفروا منه بعقال *ils ne lui enlevèrent rien qui eût la moindre valeur*. — Sorte de bande qui sert à retenir la كوفية sur la tête. Tantôt c'est une corde de poil de chameau ou de laine de couleur, longue de trois ou quatre pieds, qu'on roule deux ou trois fois autour de la tête; tantôt c'est une sorte de diadème fait de pièces de bois petites et rondes, et orné de morceaux de nacre. Voyez Vêtem. 304, Bg 802 (عَقَل), Palgrave I, 5, 303, Ztschr. XI, 494, XXII, 147, d'Escayrac, explication de la planche V (où *hégaz* est une faute d'impression pour *hégal*), M, et surtout Burton I, 229, II, 115. — NB. Dans l'arabe moderne le *kesra* de ce mot a été changé. Prax (R. d. O. A. V, 221) donne عِقَال dans le sens d'*entrave au genou* du chameau, et ordinairement on prononce ainsi quand on veut désigner la bande qui sert à retenir la *coufia* sur la tête. Burton, II, 115, écrit عِقَال, et il ajoute: «C'est ainsi que ce mot se prononce à la Mecque. Les dict. donnent عَقَل, ce qui dans l'Arabie orientale a été altéré en عِقَال.» Mais c'est justement la pron. ancienne, et les dict. n'en donnent pas d'autre.

عَقُّال voyez ce qui précède.

عَقُّول *chardon*, Bc, Lyon 210, 256, 271; *broussailles*, Bc; أرض عقول *lande*, Bc. C'est le même mot que عَاقُول.

عَقِيل = عَقِيلَة, 'Alcama éd. Socin, p. ٤, vs ٢.

عَقَّال *crampe*, Alc. (calanbre), Bc; chez Alc. sans *techdîd*; Bc l'ajoute avec raison. — *Assoupissement, engourdissement*, Alc. (atormecimiento), sans *techdîd*.

عَاقِل pl. عَقَّال, chez les Druzes, *initié aux secrets de la religion, prêtre*, M, von Richter 132. — *Inaccessible* (montagne), Yâcout III, 589, 10, cité dans le Gl. Mosl.

إعقال, t. de médec., *faiblesse de la langue qui empêche de bien prononcer*, M. — اعقال الطبيعة, t. de médec., *constipation*, M.

تَعَقُّل *ratio*, Voc.; *raisonnement, faculté, action de raisonner*, Bc.

مَعْقِل. معقل القوس *la poignée d'un arc*, Diw. Hodz. 268, vs. 15.

مُعَقَّل *intelligent*, Lettre à M. Fleischer 218. — *Difficile à comprendre, obscur*, R. N. 65 rº: فالقيت عليه مسئلة معقدة معقلة من كتب أشهب

مَعْقُول *croyable*, Bc, *vraisemblable*, Ht; هذا معقول *cela est juste*, Hbrt 232. — *Raisonnable* (qui ne vend pas trop cher), Delap. 104. — المعقول *les sciences fondées sur la raison*, Autob. 198 rº: العربية والادب جاء الى تلمسان بعلم 198 vº: والمعقول وسائر الفنون. — *Sens, faculté de comprendre les choses et d'en bien juger*, Bc, = عَقْل, Diw. كثير من المعقول والمنقول

155

Hodz. 254, 13, Kâmil 70, 3. — *Bon-sens*, Bc. — ضَيْعُ المَعْقُول *perdre la carte, se troubler, perdre la tête*, Bc.

مِعْقَالَة *bâton crochu par un bout pour ramasser le djérid*, Bc.

مَعْقُولِيَّة, suivi de الجِسْم, *l'idée que le mot corps éveille dans l'intellect*, Prol. III, 37, 10.

اِعْتِقَال *retardement, délai, lenteur*, Alc. (engorra o tardança, tardança).

مُعْتَقَل *prison*, Maml. I, 1, 210.

عَقْم.

عُقْم *stérilité*, Bc.

عَقِيم. Alc. donne le fém. عَقِيمَة, pl. عَقِيم (machorra). On trouve aussi عُقْمَى comme quasi-fém. de عَقِيم, de même que نُعْمَى est le quasi-fém. de نَعِيم, et alors il faut sous-entendre الدُّنْيَا; voyez Abbad. III, 126, n. 103. Sur l'expression المُلْك عَقِيم, voyez, outre Lane, Valeton 19, 6 a f. et 35, n. 8; ce que Quatremère a dit à ce sujet dans le J. d. S. 1847, p. 178—9, n'est pas tout à fait exact.

عُقُومَة *stérilité*, Voc.

أَعْقَم. المُلْك عَقِيم اعقم = المُلْك, Weijers 51, 1; cf. 181, n. 320.

عَقَّن *nom d'une crucifère*, Prax R. d. O. A. VIII, 282.

عَقْو.

عَقِيدَة مُشْكِلَة *difficulté, endroit difficile à entendre*, Bc.

عكب.

عَاوب (aram.) sorte de *chardon, silybum* de Dioscorides; on coupe ses rejetons au printemps, on les cuit et on les mange, Most. in voce, Bait. I, 51, dern. l., II, 114 e, 203 b, M, Rauwolf 74, Aboû'l-Walîd 168, 8, 557, 5, Saadiah comment. sur ps. 102; *échinopus*, Bc; *artichaut*, Mc; *cardon, chardon bénit*, Bg.

عُكَيْمِر voyez Bait. II, 204 c.

عَكَر I c. على p. *inquiéter, troubler, interrompre*, 1001 N. I, 93, 12, II, 75, dern. l. — *Faire du bruit*, Ht. — *Nuer, nuancer, assortir différentes couleurs*, Alc. (matizar en la pintura).

II *troubler, p. e. en crachant dans un liquide*, Voc. (turbare (in limpidis spuere)). — *Mêler, mélanger, p. e. du limon*, Alc. (mezclar como barro).

V *se troubler*, Voc., Bc; au fig., 1001 N. I, 72, لَيْتَنَا لَمَّا دَخَلْنَا هٰذِهِ الدَّارِ وَكُنَّا نَمْنَا عَلَى الكِيمَانِ : 4 فَقَدْ تَعَكَّرَ مَقَامُنَا بِشَيْءٍ يَقْطَعُ القَلْبَ۞

VIII *se troubler*; مُعْتَنكر *trouble*, Bc. — *Devenir noir*, Aboû'l-Walîd 626, 32.

عَكَر *rouge, espèce de fard rouge*, Jackson 155 (akker). — Le M semble donner عَكَر et مَعْكُور dans le sens de مُعَكَّر, car il a: والمُعَكِّرُ مَنْ عِنْدَهُ العَكَرُ و والمَعْكُور اسم مفعول والعَكَرُ وهٰذه من كلام العامة۞

عُكْرَة *bruit*, Hbrt 241.

L: عَكْرِى *purpurissus*, عُكْرِى *cramoisi*, Bc (Barb.), Roland, Delap. 92, 93, *couleur, le rose de carthame*, Prax R. d. O. A. IX, 215.

عَكَار *Iasminum nocturnum, rubeum Dalechampii*, Pagni MS (aekàr).

عُكَيْرِى, *dans l'Inde, sorte de grande galère*, Bat. IV, 59, 107.

عُكَّار pl. عَكَاكِير *fèces, lie, fécule, marc, sédiment*, Voc., Alc. (hez como quiera), Bc, Hbrt 17, Most.: دَرْدِى لِلْخَلِّ هُوَ عَكَّارُ لِلْخَمْرِ الرَّاسِب بَعْدَ غَلَيَانِهِ (les voyelles dans N), ibid.: الَّذِى يَرْسُبُ بَعْدَ الغَلَيَانِ۞

تَعْكِير *désordre, confusion*, Hbrt 241.

مُعَكَّر العَيْن *turbatus in oculis*, Voc.

مَعْكُور voyez sous عَكَر.

عكرش I c. a. et II dans le Voc. sous expeditus.

عِكْرِش. Voyez Bait. II, 204 d; *dactylis repens*, Prax R. d. O. A. VIII, 347, Guyon 210. — Sorte d'oignon comestible, Barth I, 105 ('akerisch). — Pl. عَكَارِش *expeditus*, Voc.

عَكْرِيش = عَكْرِش, Most. v° أجم (seulement dans N).

عكرك I c. a. dans le Voc. sous pigrescere et tardare.

II c. فى *pigrescere, tardare*, Voc.

عكز V *béquiller, se servir de béquilles*, Bc. — C. على p. *s'appuyer sur quelqu'un*, 1001 N. Bresl. IV, 175, 11.

عُكَّاز. Le pl. عَكاكِز dans le Voc. et dans M. *Bourdon, bâton de pèlerin*, Alc. (bordon), Müller 50, 3. — Chez les chrétiens, *bâton pastoral, la crosse d'un évêque*, M. — عكاز البهلوان *échasses*, Bc.

عُكَّازة *béquille*, Bc. — Chez quelques chrétiens, *bâton sur lequel on s'appuie dans l'église*, M.

مُعَكِّز *béquillard*, Bc.

عكس I *gâter, endommager*, et: *salir*, Bc. — عكس المعنى *altérer le sens, le texte*, Bc. — *Débaucher, démoraliser, mettre à mal, séduire, détourner du devoir, pervertir, suborner, porter à une action contre le devoir*, Bc. — On trouve dans les 1001 N. Bresl. IX, 60: ترتاح الهم النفوس' وتنعش رواتحـه من للخمول وتنعس, dans Macn. (III, 284, 14): (ش) (ل. والعكوس), روانحـه من فترة العكوس. Dans le premier texte le mot خمول semble être le n. d'act. de خمل dans le sens de *s'énerver*, donné par Bc, et alors عكوس doit être aussi un n. d'act. et signifier *se débaucher*. Dans l'autre texte عكوس pourrait être un pl. de عَكَس et signifier *débauches*. Le sens reste le même. — *Détraquer, faire perdre les bonnes allures d'un cheval*, Bc. — *Forcer, fausser*, Bc. — *Défigurer, déformer*, Bc. — *Maltraiter; habiller, maltraiter de paroles*, Bc. — *Perdre quelqu'un d'honneur, le décréditer*, Bc. — *Déjouer, empêcher de réussir (un projet)*; عكس التدبير *déranger les mesures*, Bc. — *Déconcerter*, Bc. — عكس نـور شبـاك *éborgner, ôter une partie du jour à une fenêtre*, Bc.

II. عكس البعير, comme la Ire, passage chez Schrœder, De vestitu mulierum Hebræarum, p. 8: وما اغنى الصامرة عن التعكيس. — C. a. *subvertere*, Voc. — C. a. dans le Voc. sous *pigrescere*. — *Echouer* (vaisseau), l'anonyme de Copenhague 43: وفى اثناء هذا بدر من بواكر الفتوحات تعكيس اجفان الروم فقُتل منهم خلق واسر اخرون. — Dans le Voc. sous *resultare*.

III *contrarier*, Vie de Timour citée par Schrœder l. l. p. 7: وحلـلـى نقمتـه عـن يعارضـه ويعاكسه عاكس; عاكس أَمْرَ أَحَد *contrarier, faire obstacle*; عاكس *contrecarrer*, Bc. — *Faire la guerre à, railler, contrarier*, Bc. — *Harceler, fatiguer par des attaques*, Bc.

V dans le Voc. sous *subvertere*. — Ibid. sous *resultare*. — *Pigrescere*, Voc. et en note: vel *recidivare*, mais sous ce dernier verbe il a la racine نكس.

VII *réfléchir*, v. n., *rejaillir, être renvoyé* (lumière), Voc, Bc, Abbad. I, 97, n. 127. — *Se gâter; se démancher, aller mal; tourner, s'altérer*; انعكست المادة *l'affaire a mal tourné*, Bc. — *Se déranger, se dérégler*, en parlant d'un homme qui devient déréglé dans sa conduite, *se perdre, se débaucher*, Bc. — *Se déformer*, Bc. — *S'en trouver mauvais marchand*, au fig. fam., *éprouver des suites fâcheuses*, Bc.

عكس الزبيبة *contre-sens d'une étoffe*, Bc; à *contre-poil*, Alc. (pespelo). — *Corruption, changement vicieux dans le texte d'un livre*, Bc. — بيت عكس *mauvais lieu, maison de débauche*, Bc; cf. sous I. — *Misère, malheur*, Ht. — *Coude*, Bc, Hbrt 4.

عَكْسَة *mauvais compliment, discours fâcheux*, Bc.

عَكَّاس, suivi de البيوت, *gâte-ménage*, Bc.

تَعْكِيس *crapule, vile et continuelle débauche*, Bc.

مُعَكَّس *obstiné*, Domb. 106, Ht.

مَعْكُوس pl. مَعَاكِيس *forcé, détourné, faux*, Bc, Schrœder l. l. p. 7. — *Biscornu, irrégulier*, Bc. — *Malheureux*, Hbrt 220, 1001 N. III, 196, 8. — *Débauché, déréglé, intempéré, crapuleux, libertin, vaurien*, Bc, Hbrt 244, Ht, 1001 N. III, 218, 4 a f.; كبير المعاكيس *archifripon*, Bc; ولد معكوس *polisson*, Bc.

مُعَاكَسة *réflexibilité*, Bc.

عكش

عَكْش *petite vache*, Ztschr. XI, 477, n. 3.

عَكَش chez le vulgaire pour عَنْكَش, M sous ce dernier mot.

عكاشة «لا تواخذنى بعكاشة الخط» «excusez mon griffonnage, j'écris précipitamment,» Bc.

عكف 1 se construit aussi c. a. r., Haiyân-Bassâm III, 5 v°: يعكف دفاتيرَ يقرأها (ainsi dans les deux man.).

V c. على, dans le sens de la Ire, 1001 N. I, 17, 9.

VII c. على dans le Voc. sous *asiduare*.

عَكْف queue du chameau, Prax R. d. O. A. V, 221.
عَكَائِف (pl.) tresses de cheveux, Ztschr. XXII, 165.
عَاكِف citadin, l'opposé de بَاد, Abbad. III, 24.
مُعْتَكَف demeure, logement, Djob. 268, 2.

عكل

عُكْلِيّ. Comme les membres de la tribu de عُكْل passaient pour de bien pauvres esprits, عكلي est devenu un sobriquet injurieux, *sot, fou,* Yâcout III, 706, 15. — *Novice, apprenti;* — *mazette, maladroit;* — فارس عكلي *mauvais cavalier,* Beaussier. — الكلب العكلي, nommé dans le Man. Escur. 893, est le nom que portaient les chiens qui se tiennent sur les places publiques (في الاسواق), l'opposé de سلوقي ou chien de chasse, Yâcout III, 706, 18 et 19, qui pense que ce mot vient d'un endroit عُكْل.

عكم I *arrêter, prendre et retenir prisonnier,* 1001 N. Bresl. VII, 102, 11, IX, 259, 1.

II *lier des paquets, des balles,* Payne Smith 1489: الاجمال المربوطة المعكّمة, 1500.

VI *être accumulé,* Ztschr. XVIII, 803.

عَكُّوم. Pellissier 360: « J'ai aussi remarqué une sorte de construction de murs faite avec des pots cylindriques de vingt centimètres environ de longueur, et fermés aux deux extrémités. L'air renfermé dans ces pots, appelés *akoum*, présente une résistance suffisante à la pression, et le mur est aussi solide que léger, quand toutefois il a son aplomb. »

عَكَّام, pl. ة et ون, *homme qui lie et charge les chameaux et autres bêtes de somme, et aussi homme qui a soin des bagages, particulièrement des tentes,* Lane trad. des 1001 N. II, 320, n. 28, Bc, 1001 N. II, 75, 2, 477, 1, IV, 707, 7 a f., Bresl. II, 107, 145; عكام باشي *le chef des bagages,* Bc.

عكن

عُكْنة, en Égypte, *colchicum autumnale,* Bait. II, 64 h, où il faut lire ainsi avec nos man., au lieu de اللعبة de Sonth. (A donne le *dhamma*), 204 b (AB, toutes les voyelles dans B), 440 b.

عُكْن, pl. ات et عَكَاكِين, *pinguedo,* Voc. Ce témoignage est important pour le vers Prol. III, 414, 13 et 14. Lorsque je tâchais de l'expliquer dans le J. A. 1869, II, 211, le Voc. n'avait pas encore paru; je me suis donc aperçu trop tard que ma conjecture est inadmissible, car le Voc. m'a appris que le mot que j'avais en vue n'est pas فكرون, mais فقون (voyez), et d'un autre côté ce livre vient à l'appui de la leçon du texte. العكنكين, qui est = العكاكين et qui signifie *pinguedines,* ici *les seins,* comme M. de Slane a bien traduit. Il faut donc lire:
تحت العكاكن معها خصر رقيق من رقتو يخفى اذا تطلبو
et traduire: « Au-dessous de ses gros seins est une taille si mince, qu'elle devient invisible quand vous voulez la saisir. »

مُعَكَّن *pinguis,* Voc.

عكو II c. بِ *deridere,* Voc.; *copier, contrefaire,* c. على; — *faire des contorsions en parlant;* — *se moquer de, railler, jouer,* Beaussier. Semble pour حكى II (voyez).

عل

عَلّ II, en parlant d'un malade, *le divertir, le désennuyer, lui faire oublier ses douleurs,* Haiyân 13 v°: وتابع في تعليل للخصي والطافه حتى اُتي من علّته. — *Leurrer,* علّل نفسه ب *nourrir un espoir;* علّل نفسه *se bercer de, se nourrir d'espérances vaines,* Bc; علّله بالمواعيد الكاذبة, Berb. I, 605, 12: « il les berça de fausses promesses; » II, 217, 7: علّله بالقعود عن « il berça Ibn-al-Ahmar de l'assurance qu'il n'aiderait pas Abou-Téchoufîn; » Macc. I, 841, 16:
علّل بالمسك قلبي رشا أحور
où M. Fleischer (Berichte 260) traduit: « Ein schwarzäugiges Rehlein hat mein Herz mit der Hoffnung des Fangens hingehalten. » — *Déclarer une tradition fausse,* l'opposé de صحّح, Macc. I, 711, 11. — *Clarifier,* Ztschr. XI, 515. — Pour la dernière signif. chez Lane, voyez Mâwerdî 44, 17, 311, 2, 5, 312, 14, Abou'l-Walîd 618, 14.

IV *attaquer* (maladie); Tha'âlibî Latâïf 42, dern. l.: عاد في علّته اعلّته. — Voyez sous le part.

V. تعلّل بالباطل *se repaître de chimères;* تعلّل بعسى ولعلّ *se bercer de, se nourrir d'espérances vaines,* Bc. — *Faire des excuses* (Lane KL), Abd-al-wâhid 174, 4 a f. — *Alléguer des motifs ou prétexter,* Baidhâwî II, 48, 17 et 21, Berb. II, 217, 8: تعلّل بالمعاذير « il allégua divers motifs qui l'empêchaient de,» Autob. 206 v°: تعلل عليه بالاستنزادة من العطاء «il allégua divers motifs pour obtenir de lui une augmentation d'appointements;» c. على p. *chercher des prétextes contre*, Bayân I, 170, dern. l.; c. على r. *s'emparer sous différents prétextes de*, ibid. 184, 3 a f.

VII dans le Voc. sous infirmari.

VIII, *être malade*, s'emploie aussi au fig., en parlant d'un pont ou d'un édifice qui se trouve dans un mauvais état, qui menace ruine, Gl. Belâdz., Cartâs 46, 9. — *Etre fautif*, Macc. II, 520, 3. — *Défendre* une leçon, لـ, *par* (بـ) une preuve, Gl. Mosl.

لَعَلَّ، عَلَّ *si*, exprimant le doute, Gl. Belâdz., Gl. Fragm.

عِلَّـة *défaut*, Prol. II, 396, n. l. 8, 405, 4. — ازاح علته signifie proprement *il fit cesser son excuse, il lui ôta son prétexte*, car dans cette phrase علة a certainement le sens de «prétexte,» et non pas celui de «maladie» (Lane, sous زيح, semble être indécis à cet égard), comme le prouve le verbe اعتذر dans ce passage, Macc. I, 334, 7: واذا ازاح الله العلل ما اعتذر غاز ولا شكا «quand Dieu ôte les prétextes (lève les obstacles), aucun guerrier ne peut s'excuser ni se plaindre.» علة est spécialement *une excuse pour ne pas partir, pour ne pas se mettre en marche*; cette excuse est fournie par le manque des choses nécessaires, et la phrase ازاح عللهم s'emploie surtout quand on pourvoit aux besoins des soldats qui refusent de se mettre en marche en prétextant que les choses nécessaires leur font défaut; cf. Asâs sous زيح: ازحت فتقدّم نور الدين الى صلاح الدين بالتوجّه ضحّبَـة عمّه اسد الدين شيركوه فاستعفاه صلاح الدين من التوجّه وقال ليس لى استعداد فتقدّم نور الدين بازاحة علّكم التوجّه (l. علّاكم), Fragm. hist. Arab. 550, 3—5, 558, 9: مَنْ كاتبك ان يوافقه على جميع ما يحتاج اليه حتّى توريح علته. La phrase en question signifie donc souvent *pourvoir aux besoins de quelqu'un*, comme M. Guyard l'a dit avec raison dans la Revue critique de 1874, 10 octobre, p. 228; Valeton ٢, 13: ما يَجِبُ على الرجال من حُسنِ مُعاشَرة

النساء وصيانتهن وازاحة عللهن (mal traduit par «removere quæ mala iis accidant»), Prol. I, 303, 9, Berb. I, 459, 3, 502, 9, 511, 7 a f., 524, 8 a f., 547, 11, et fort souvent dans ce livre, Khaldoun Tornberg 20, 12 (où la note de l'éditeur, p. 132, n'est pas tout à fait bonne), Antar 46, 13. Aussi en parlant de choses inanimées, p. e. ازاح علل الثغور «pourvoir aux besoins des places frontières,» Macc. II, 719, 2. Cette phrase signifie encore: *remettre les choses en bon état*, Amari Dipl. 5, 1. On emploie également l'expression ازال علته, Gl. Fragm., Berb. II, 150, 2.

— Les عِلَل d'une science ou d'un art sont *ses règles, ses lois*, comme Kosegarten l'a dit avec raison dans une de ses notes sur l'Aghâni, p. 217; cf. Aghâni 2, l. 6, Abd-al-wâhid 104, 3 a f.: وكان مع سهولة الشعر عليه واكثاره منه قليل المعرفة بعلله لم يَجِيـز الخوض في علومه, ibid. 221, 10, Macc. I, 603, 16: علل الوثائق «les règles qu'il faut observer en dressant des contrats,» ibid. 507, 17: برع فى الحديث وعلله ورجاله où علل signifie: «les règles qu'il faut observer dans l'étude des traditions,» comme 521, 3, 534, dern. l., 595, 5 a f. Beaucoup d'ouvrages portent ce titre, et d'autres ceux de علل النحو, علل القراءات etc.; voyez Hâdjî-Khalfa IV, 245—6, où Flügel s'est trompé en traduisant constamment ce terme par «vitiositates,» que du reste il a aussi. — En philos., *cause secondaire*, tandis que سبب est *cause première*, Prol. II, 365, 10, 366, 3. — علّـة الخلق ou علّـة العلل, *la cause des créatures* ou *de la création*, ou bien *la cause des causes*, chez les Druzes, est Hamza, de Sacy Chrest. II, ۱۱, 6, ۱۷, 6 et 9, 263, 274.

عَلِيل *doux*, en parlant d'un petit vent frais et agréable, Hoogvliet 96, 2 a f., 98, n. 194, 137, 5.

عُلالـة *parum*, Voc. — En Espagne, *Polypodium Dryopteris*, Bait. I, 420 b: وهو العلالة ايضا عند بعض شجّارينا بالاندلس.

عَلّالـة *bouteille*, Voc., Alc., qui a d'abord (ampolla de vidro) ce mot avec un seul l, pl. ات, et ensuite (redoma de vidro) avec deux l, mais avec le pl. علالل.

مُعَلّ. Chez les Druzes, مُعَلّ علّـة العلل, *la cause efficiente de la cause des causes* (c.-à-d., de Hamza), est Hâkim, le Dieu suprême, de Sacy Chrest. II, ۱۱, 6, ۱۷, 6, 263, 274.

مُعَلَّل se dit d'un *isnâd* ou d'un texte renfermant un défaut caché, provenant d'une erreur du rapporteur, de Slane Prol. II, 483.

مِعْلال *egrotativus, valetudinarius*, Voc.

مَعْلُول *effet*, forme au pl. ات, Badroun 20, 17.

علاش *parce que*, Bc (vulg. Barb.).

علب.

عُلْب, n. d'un. ة, dans le Yémen = l'arbre dit سِدْر, Most. sous ce dernier mot: (ابو حنيفة) قال عن ابن زياد اهل اليمن يسمون السدر العلبة و القُلْب; ainsi dans N, avec les voyelles; La: القَلْب و هو القلب, ce qui est mauvais. Lane pense que le *œlb* de Forskål est عَلْب, et Yâcout III, 710, 21, semble prononcer ainsi.

عُلْبَة *seau*, Ztschr. XI, 511, n. 37, 520. — *Botte*, Bc, Ht, 1001 N. I, 4, 4 a f.; علبة نشوق *tabatière*, Bc; cf. Ztschr. XXII, 100, n. 35.

عُلَبي *qui fait des seaux*, Ztschr. XI, 511, n. 37. — *Layetier*, qui fait des boîtes, Bc.

علث.

عَلَث *chondrille*, Bait II, 210 e, 512 g, Most.: هندبا هو العلث; ainsi correctement dans La; N a par erreur القَلْت.

عالَج III *tenter, essayer, tâcher*, Djob. 116, 4: ثم يعالج ادخال سائر جسده, Comm. sur Mosl. 70, 5. — *Tâter un ennemi*, chercher à le prendre au dépourvu, Maml. I, 2, 27. — *Badiner avant le coït*, Gl. Manç. علاج et مراس, vis — *Tâcher d'apprendre une chose*, واطامة (واطلعه) l. على امارات جرت من: Khatîb 70 r°: المستنصر لامراة العرب سرًّا كان يعالجها نصير (nom propre). — عالج الدار *tâcher de pénétrer dans une maison*, Macc. III, 45, 14: عالجوا دار لحاجب رضوان. — ففتّشوا اغلاقها ... *Tâcher de vaincre la répugnance de quelqu'un*, Mohammed ibn-Hârith 209: Un homme avait refusé l'emploi de cadi qui lui avait été offert, فعولج

علم المعدن *exploiter une mine*, Bc. — *Exercer un métier, une profession, un art*, Haiyân-Bassâm III, 29 r°: معالجة صناعة, Khatîb 176 v°: التّفناف — في ظِلّ وَنَشَأ باحواز ارجوذة; *s'exercer*, p. e. à parler une langue étrangère, Bidp. 270, 2 a f.: cet ermite parlait hébreu, et son hôte, qui trouvait cela fort beau, تكلَّف ان يتعلمه وعُلِم في ذلك نفسه اياما. — Dans le Voc. (v° *mederi*) *morti apropinquare*; c'est proprement علّم الموت, *lutter contre la mort*, Mohammed ibn-Hârith 241: وهو في مرضه وكريد يعالج الموت. — *Compello (cogo)*, L. — Par métonymie, dans un passage de Rhazès, *vomir*, Gl. Manç. v° علاج.

VI c. مع *batailler, avoir une discussion, avec quelqu'un*; معه على شيء *débattre*, Bc. — C. ب *prendre quelque chose comme un corroborant*, Gl. Edrîsî.

عِلْج *homme grossier et sans frein, qui s'abandonne à ses passions brutales*, de Sacy Chrest. II, 278. — Vers la fin du moyen âge, on donnait ce nom à tous ceux qui avaient changé de religion, aux musulmans qui s'étaient faits chrétiens, aussi bien qu'aux chrétiens qui avaient embrassé l'islamisme, et sous le nom de العلاج (Macc. III, 674, 24) ou المَعْلوجي, on entend souvent les renégats européens qui étaient au service des princes musulmans, Gl. Esp. 259, Lettre à M. Fleischer 39.

عِلْجان Voyez Bait. II, 210 d, 297 d (mal traduit).

عُلْجون (ذكر الصفادع), Most. علجوم; رماد الصفادع chez Freytag c'est v°.

عِلاج *médicament*, forme au pl. ات, Voc., Gl. Manç. — *Escrime*, et علاجدار، pl. علاجدارية, *maître d'escrime*, si Quatremère ne s'est pas trompé, Maml. I, 2, 27.

عِلاجي *curatif*, Bc.

المَعلوجي = المَوالي العلوجيون *les renégats européens au service des princes musulmans*, Berb. I, 411, 3.

مُعالِج se trouve dans le Voc. sous *olus*; je crois que c'est celui *qui cultive un potager*; cf. l'expression علاج الفلاحة que j'ai donnée sous III. — *Lutteur*, synonyme de مُصارع, Bâsim 8, 10, 26.

مُعَالَجَة débat, Bc.

علجم.

عُلْجُم alcyon, L (alcion).

علز

عَلَز I est employé par Abou'l-Walîd 315, 30, 528, 11 et 12, pour l'hébr. עלז, exsultavit, iubilavit.

عَلَز tremblement qu'éprouve le malade, l'agonisant ou l'homme ivre, Abou'l-Walîd 528, 13.

علص.

عليص chardon de Notre-Dame, chardon laité, chardon-Marie, Bc.

علف

علف I engraisser, faire devenir gras, Alc. (engordar a otra cosa, engordar bestias, saynar animales), Hbrt 65, Ht, Macc. II, 512, 16.

تعلّفت للجيوش الزروع V. les cavaliers donnèrent les blés à manger à leurs chevaux, Gl. Bayân.

VII dans le Voc. sous anonam dare.

VIII. من لم يحترف لم يعتلف «celui qui n'est pas industrieux ne gagne pas de quoi vivre,» «on n'a rien sans se donner de peine,» Bc.

أرقى العلف عَلَف. panser les animaux, Alc. (pensar bestias).

عَلْقَة l'orge et la paille pour les chevaux, Martin 86. — Le noyau de la datte, Prax R. d. O. A. V, 212.

عَلْقَة ce qui était donné par le prince pour l'entretien des ambassadeurs et autres personnages, et même pour la nourriture des animaux appartenant au prince, Mong. 371.

علفات (pl.) dormitifs, Ztschr. XX, 500.

عَلَاقَة (Lane) l'action de fourrager, Haiyân 90 r°: خرجت للخيل في العلاقة 91 r°.

عُلُوفَة (dhamma dans le Voc. v° anona, et dans le M, dans le sens de solde) l'action de fourrager, Freytag Chrest. 132, 11. — Les provisions nécessaires pour la nourriture des hommes et des animaux, Mong. 369. — La nourriture qu'un roi fournissait aux ambassadeurs et à d'autres personnes, Mong. 370. — Appointements, paye, pension, solde, traitement, gages, Bc, qui a le pl. عَلَائِف, M, Mong. 370. — ذُودَة العُلُوفَة urèbre, Alc. (gusano rebolton, rebolton gusano).

عُلُوفجي celui qui reçoit une solde, Mong. 370 b.

عَلَّاف qui se nourrit bien (cheval), Daumas V. A. 185.

عَلَّافَة pl. عَلَالِيف faux, instrument pour faucher, Voc.

مَعْلَفَة pl. مَعَالِف morceau, sac dans lequel on fait repaître les chevaux, Alc. (cevadera). Espina, R. d. O. A. XIII, 147, nomme des maalef parmi les ouvrages de sparterie. — معلفة البهائم ménagerie, Bc.

معلّفات expéditions pour fourrager, Freytag Locm. 43, 14: ورتّب قوما يعبرون (يغبرون .l) على اعمال حلب ويجمعون المعلّفات.

مَعْلُوف engraissé, gras, Alc. (cevado con cevo), Domb. 107, Ht; et subst. animal engraissé, Alc. (acevada bestia, cevon cosa cevada).

عَلْفَق mousse aquatique ou marine, Bc. Chez Freytag علفق sur l'autorité de Reiske.

علق

علق I. عَلِقَ, dans le sens que Lane donne en premier lieu, ne se construit pas seulement c. ب, mais aussi, comme Freytag l'a dit avec raison, c. acc.; voyez Abbad. III, 128. Au fig., علق ببعض ذخائر «il mit la main sur quelques-unes des trésors de son père et les emporta,» Abbad. I, 257, 4. — علقت النار فيه prendre feu, Bc. — Reprendre, en parlant des arbres, des plantes, qui prennent racine de nouveau, lorsqu'ils sont transplantés, Mohammed ibn-Hârith 221: غرس ذلك الرمّان حتى عَلَق وتَمّ, Auw. I, 156, 5 (où il faut changer أعلقت en علقت, quoique notre man. ait aussi la première leçon) et 21, 159, 4; n. d'act. عُلُوق 192, 13, 230, 14 (où il faut lire avec notre man.: فتعلق أوشك علوق).

II pendre, suspendre, attacher à, c. من (Lane TA), voyez des exemples de cette constr.: Bayân I, notes, p. 116, Macc. II, 207, 6, Auw. I, 154, 13. — Pendre un criminel, Alc. (colgar el ladron, enhorcar, ahorcadura). (تعليق). عَلَّق بيد فلان pendre quelqu'un en attachant sa main à (إلى) un mât, R. N. 95 r°: Je ne le ferai pas, dit le cadi, (c.-à-d. علّقتَ) ولو عَلَقتَ نصب له صاريًا عند الباب الاخر؛ alors le prince من ابواب الجامع الـذى يلى درب المهدى وعلـق بيدى

علق   161   علق

(وَعَلَّقَ .c.-à-d) بيده اليد فى الشمس فاقام كذلك ضاحيا للشمس فى شدّة الحرّ يومه ذلك فلما كان بالعشىّ مات
— Pour عَلَّقَ (cf. Lane 2133 c, au commt., Maml. I, 1, 180, où Quatremère donne à tort la Ire forme, 1001 N. IV, 328, 14, 713, 11), M et Bc donnent la constr. c. ل, عَلَّقَ للدابّة, للفرس, *donner à un cheval sa ration.* — C. من *bâtir* une سَقيفة *et la joindre à une mosquée,* Bayân II, 244, 3 a f. Macc. I, 368, 13. — عَلَّقَ البِنَاء, Lane 2133 c au milieu; de là مَسجِد مُعَلَّق, Khallic. I, 177, 16 Sl., رَبع معلَّق, VIII, 4, l. 8 Wüst., قاعة معلَّقة, 1001 N. I, 210 (où l'éd. de Bresl., II, 152, ajoute (عن الارض), 299, cf. de Sacy Abdallatif 482, c.-à-d., *élevé sur des arcades. Aussi: soutenir avec des étais une muraille minée par la sape en attendant le moment de la faire écrouler,* Mong. 289 b. — *Ecrire, noter par le moyen de l'écriture,* Abbad. I, 392, 2 a f., Nowaïrî Egypte, man. 2 o, 112 vº, où il est question du récit d'une bataille: قصّ على نبأها وعلَّقت ذلك منه Khatîb توالىـقه منها شرحه كتاب الارشاد لابى المعالى وكان 72 vº: بعضّه من حفظه من غير زيادة وامتدادا 8: حديثا له علَّق "Bokhârî a donné une tradition sur son autorité." — علَّق النارَ *allumer le feu,* Bc, *attiser,* Ht. — *Entrelacer,* Bc.

IV. اعلَقوه بالشورى *ils l'admirent dans le sénat,* Haiyân-Bassâm I, 9 vº.

V se construit aussi c. من, Voc., Aghânî 62, 11, Macc. II, 141, 12. — C. ب p. *se suspendre à quelqu'un, l'embrasser étroitement,* Nowaïrî Espagne 437: Mon jeune fils entra tout tremblant dans ma chambre, 484: ارادَ ضربَ عنقه فتعلَّقَ بـه — C. ب p. *se lier avec quelqu'un,* Macc. I, 273, 8: فتعلَّقَ بكتاب العلم — حتى قبَّلت بعض الاعمال — C. ب r. *s'affectionner, s'attacher à,* Bc. تعلَّق جَبَّة *s'attacher à, c.-à-d., attacher trop d'importance à,* Bidp. 261, 7: من كلمة واحدة فعلتَ ساعتك وتعلَّقتَ بكلمة واحدة كانت مِنِّى ولم تنشَّبت الاَمر. — C. ب p. *être relatif à, avoir du rapport avec,* Prol. I, 405, 3, de Sacy Chrest. I, 134, 5 a f., II, ٣٣, 6 a f., Macc. I, 134, 13, 138, 6. — C. ب r. *obtenir* un emploi, Abd-al-wâhid 19, 8: تعلَّق بوكالة — C. ب r., صبيـة والنظر فى اموالها وضياعها

prendre, embrasser un état; تعلَّق بكار النجـارة بكار "il s'est fait charpentier," Bc. — C. ب *mettre la main sur,* Haiyân 73 vº: وتلب دابّة بركبها فى خروجه فلم يمكنه الى ان تعلَّف ببردون هجين لبعض نصارى وبادَر ركبَه. — C. ب *escalader,* Haiyân 58 rº: اَميّة الصعـود الى اعلى القصر — فجعل يرميهم من اعلاه وبدافعهم ما استطاع ولا يقدرون على التعلَّق به Haiyân-Bassâm III, 142 vº: le prince se réfugia dans la chambre la plus haute du palais فصار الاعتصام بها سبب لـها. Aussi c. a., حياتـه اذ لم يطف القوم التعلَّق بـهـا — تعـلَّى معلَّم الاسوارَ والحيطان. — تعلَّقت آمالى اّن *ils conçurent l'espoir que,* Freytag Chrest. 131, 6 a f. — C. على r. *s'adonner à,* Koseg. Chrest. p. XIII: وصار يتعلَّق عـلى ما يبلديه لـه نفسـه. — T. de médecine, se dit du sédiment de l'urine quand il reste au milieu du vaisseau, au lieu de se précipiter au fond, Gl. Manç. in voce. — Se dit du soleil quand *il va se coucher,* quand *le jour décline,* 1001 N. Bresl. XI, 446, 12: ولم يزل بـاس فى الحديث حتى تعلَّقت الشمسُ واصفرّت وجاء وقت المغرب. — *S'engager, s'empêtrer,* Bc.

عِلْـق pl. عُلُوق *vaurien,* 1001 N. I, 291, 8 a f., 314, 12, 315, 3 a f., 643, 12, II, 178, 14, III, 229, 4, 564, 12, 566, 4 a f., 586, 3, IV, 9, 2, 17, 8 a f., 552, 9 a f., 598, 5, Bresl. VI, 330; je crois que c'est pour شرّ.

علَق *ver de terre,* Bc. — On lit dans les 1001 N. III, 25, 6, que le rhinocéros يأكل الجنبينات علَق, et Lane a donné sur ce passage cette note dans sa trad. (III, 95): عَلَق "I have rendered «the tender leaves of trees;» it oftener signifies «the leech» or «leeches.»" La seconde signif. ne convient nullement, et ce mot n'a pas la première; il faut lire العَلَف.

علَقة pl. علَـقـات *bastonnade;* اكل علَقة *recevoir la bastonnade;* علَقة اقلام *souffletade,* Bc; Freytag prononce ce mot عَلْقة, mais Bc a les voyelles que j'ai données. On dit de même علَقة بوس pour indiquer une foule de baisers, 1001 N. IV, 596, 2. Mehren 32 donne *peine, punition.*

علَقة (sans voyelles dans Bc) *attelage, chevaux,*

علق

bêtes de somme attelés, Bc. — *Relais*, chiens, chevaux qui doivent en remplacer d'autres, Bc. — لم علاقة في *tremper*, au fig., participer, être complice, Bc.

عِلْقَة *draperie, tapisserie*, Gl. Esp. 54.

عَلَاقَة pl. عَلَق *embryon*, Voc. — Espèce de grand panier servant à renfermer des poissons ou des fruits, Espina R. d. O. A. XIII, 145 (alaga).

عَلْقَى est en grec *Osyris*, Bait. II, 210 b.

عَلِيقَة pl. علائق *ration d'orge pour un cheval*, Bc, Maml. I, 1, 180. — *La nourriture de tout autre animal*, Maml. l. l. — Espèce de datte, Pagni 150 (halig), Prax R. d. O. A. V, 212, Espina *ibid.* XIII, 155 (alig), d'Escayrac 10, 11 (halig).

عَلَاقَة *dépendance*, Bc. — *Rapport*, liaison de certaines choses entre elles, relation à leur fin, Bc. — *Intérêt*, part dans une affaire, profit que l'on en espère; له علاقة في ذلك *il est intéressé*; له علاقة *il est engagé, impliqué dans cette affaire*, Bc; لا علاقة لنا بذلك *cela ne nous regarde point, ne nous concerne point*, 1001 N. IV, 680, 3 a f., cf. 693, 4, et par ellipse, 694, dern. l.; ما علاقتكم به *qu'avez-vous à faire avec lui?* IV, 683, 8 a f.; لا علاقة لي بفلان *je ne suis pas responsable de ce que fera un tel*, II, 473, 3 a f. — Pl. عَلَائِق *sangsue*, Voc.; c'est pour عَلَقَة.

علاقة du fouet est aussi *sa cordelette*, la petite corde fort menue et fort pressée qu'on met au bout du fouet, Maml. I, 1, 134. De l'astrolabe, *armilla suspensoria*, Dorn, Alf. Astron. II, 261. — Les علاقات sont *les grosses artères qui partent du cœur*, Abou'l-Walid 299, n. 9: מארשי לבבי ופשר פיה נפצה ופה — العلاقات sont *les tendons qui attachent la tête de l'homme à son corps*, Koseg. Chrest. 81, dern. l., Antar 26, 7, 1001 N. II, 78, 12, IV, 23, 5, 339, 3, Bresl. IX, 257, 3, X, 348, 3 a f., XII, 135, 3 a f. — *Grappe de raisin suspendue au plancher*, Alc. (colgajo de uvas). — *Écharpe, bandage pour soutenir le bras*, Bc.

عَلِيقَة *la ration journalière du cheval*, Maml. I, 1, 181. — *Cynanchum acutum*, Prax R. d. O. A. VIII, 348.

عُلَيِّق forme au pl. علاليق, comme Banqueri cor-

علق

rige avec raison dans Auw. I, 91, 6 a f., et le n. d'un. s'emploie aussi dans le sens de *buisson*, Ht, *rubetum* (ital. roveto) dans la trad. d'une charte sicilienne *apud* Lello 15, 21, 23. — Le عليق الكلب ou *églantier* s'appelle aussi عليق العدس, Bait. II, 206 b.

تَعْلِيق *'mots à insérer, écrits sur la marge, renvoi*, J. A. 1840, I, 381, 1. — *Diplôme*, synonyme de تقليد, car on lit 1001 N. I, 314, 14: ولا معه خط بانيهما بخط شريف وتقليد et l. 18: شريف ولا تعليق — *Corde amarrée aux* رواجع, *et servant à lever le bas de la voile pour lui donner plus de prise au vent*, J. A. 1841, I, 588. — تعاليق *lustres suspendus au plafond*, 1001 N. II, 249, 1: والشمع يضيء فوق رأسها وتحت رجليها والتعاليق الذهب مشرقة في ذلك المحل, où l'éd. de Breslau (VII, 317) remplace ce mot par ثريّات, IV, 648, 2. — *Articles, objets de luxe*, 1001 N. I, 804, 12: فاتوه بفرش نفيس وبسط وغير ذلك من تعاليق الذهب والفضة, III, 207, 6: فلما دخلا ذلك القصر اندهش جودر من كثرة الفرش الفاخر وما رأى فيه من التحف وتعاليق للجواهر والمعادن, IV, 657, 8; cf. Ztschr. XX, 508. Peut-être faut-il attribuer le même sens à التعليق dans Bresl. II, 347, 2, III, 31, 5 (où le texte porte التعلق), 53, 10, et le considérer comme un collectif. Dans le Gl. Esp., 54, j'ai soupçonné que c'est une orthographe défectueuse pour التعاليق, et que cela signifie *draperies, tapisseries*; mais je ne puis pas prouver cette signif. — تعليق *tripaille, fressure*, 1001 N. IV, 674: وكانوا كلما ذبحوا الذبائح يرمون تعاليقها في البحر, من تلك الطاقة Bresl. X, 264, 11.

تَعْلِيقَة *sac*, Voc. (pera). Le terme esp. *talega*, qui a le même sens, est évidemment la transcription de ce mot; il faut l'ajouter à mon Gl. Esp. — *Crochet*, Bg.

مُعَلِّق *poulie*, Prol. II, 323, 13; — *la corde qui passe sur une poulie*, ibid. I, 28, 6 et 7. — مُعَلِّق الحسن *crémaillère*, instr. de cuisine, Bc.

مُعَلِّق et مُعَلَّق *rouge, ardent*, Ztschr. XXII, 123.

مَعْلَقَة *buisson*, Voc. — Par transposition pour ملعقة *cuiller*, Fleischer Gl. 102, Bc; — مِعْلَقَة الشرابات *spatule*, instr. de pharmacie rond par un bout, plat par l'autre, Bc.

مُعَلَّق c. ب dépendant de, soumis à l'influence de, 1001 N. I, 6, 2, en parlant des femmes: — فَرِضاوُفنَّ وسَاخَطْهُنَّ مُعَلَّق بفروجهنَ. — كان معلَّق القلب ب il était fort attaché à, R. N. وسكن قصر الطوب وكان به معلَّق القلب :٣٠ 61. — Précaire, qui ne s'exerce que par tolérance, avec dépendance, incertitude, Bc. — Un isnâd dont le commencement est défectueux, puisque le nom du premier rapporteur, c.-à-d. du Compagnon, y manque, de Slane Prol. II, 484. — خطٌّ معلَّق dans le Voc. sous litera, écriture entrelacée, Bc. — الفرس معلَّقة la jument a une sangsue dans la bouche, Bc. — Lustre, chandelier à plusieurs branches, suspendu au plafond, 1001 N. III, 428, dern. l.: معلَّق فيه قناديل IV, 648, 2: ومعاليق فيه ابهى التعاليق من البلور الصافى.

مُعَلِّق voyez مُعَلَّق.

مِعْلاقي. Voyez Bait. I, 270 a, en parlant de la Datura Metel: وهو فى براغيم طوال خضر طويل المعاليقِ 271 b, Auw. I, 583, 15, 646, 5 a f., 670, 4 et 9, II, 391, 12, où Clément-Mullet remarque (II, 378, n. 2): «Nous avons souvent traduit par vrilles pour la vigne, et par queue pour les poires et les fruits, mais ici nous pensons qu'il s'agit non-seulement des vrilles mais plus encore des jeunes grappes dont on ne voit pour ainsi dire que les suspensions.» — Fressure, le cœur, la rate, le foie et les poumons, Bc.

On dit aussi المُعَلَّقى, التَحَلَّقَ المعلوقى Bait. I, 91 a.

مِعْلاقة crochet, Auw. II, 582, 8.

مُتَعَلَّق poème dont les hémistiches riment l'un avec l'autre, Bat. II, 283.

علقم II dans le Voc. sous amaricare.

عَلْقَم, en Espagne, concombre-d'âne ou sauvage, momordica claterium, Gl. Esp. 81, Voc. — Dans le Hidjâz c'est une autre plante, voyez Bait. II, 210 c, où A ajoute ظنى انه اللوفة تكون بصعيد مصر.

علك I ruminer, Niebuhr B. xxxv. — علك فى كلامه mâcher ses paroles, parler d'une manière confuse, Bc.

II baliverner, bavarder, rabâcher, Bc, Hbrt 239. — Unir avec de la glu, Alc. (pegar con lidia (?), pegar con liga).

V devenir ou être gluant, visqueux, Alc. (pegajoso como con (biffez ce mot?) liga), Gl. Djob., Auw. I, 56, 8 a f. (l. يتعلَّك). Pour exprimer qu'une matière gluante s'attache à quelqu'un, on dit يتعلَّك فلانًا, Alc. (pegajoso con (l. como) pez).

عِلْك mastic, Niebuhr R. II, 314. — Glu, Voc., Alc. (liga para tomar aves). — علك رومى ou علك الروم mastic, Sang., Most. v° مصطكى. — علك سودان gomme du Sénégal, Jackson 19. — علك عَلْم gomme arabique, Hœst 138, Jackson 15. — علك نَبَطى, ou الأنباط, ou انباطى, résine nabatéenne, est celle qui découle du pistachier, Most. in voce, Gl. Manẓ., Bait. II, 208. — علك يابس colophane, Sang.

علك délicat, Gl. Edrisi.

علكة (Bc sans voyelles) mastic, Bc. — Mâchicatoire, drogue à mâcher, masticatoire, Bc. — Baliverne, bavardage, radotage, radoterie, verbiage, rabâchage, Bc.

عَلَّاكة baliverne, Bc.

عُلوكة bon goût, délicatesse, Gl. Edrisi.

عَلَّاك mâcheur, Bc. — Bavard, rabâcheur, Bc, Hbrt 239, M, Payne Smith 1682.

معلِكات. Dans le passage des 1001 N. que cite Freytag, Bresl. II, 325, 5, il faut changer معلكات سكر en معلكات السكَّر, comme on lit معلكات السكَّر المسكَّر VII, 331, 11, sucreries.

علم I. عَلِمَ et عَلُمَ acquérir des connaissances, devenir savant, Fleischer sur Macc. I, 136, 7 Berichte 176. — S'emploie comme شعر, et de même qu'on dit ما علمت حتَّى, on dit لا يشعر الَّا وقت, Gl. Mosl. — لا أعلم بنفسى je perdis connaissance, 1001 N. I, 32, 7 a f.

II dresser un animal, Gl. Belâdz. — Prescrire à quelqu'un la manière de jouer; علم الشطرنج (لـ) والنرد diriger une partie d'échecs et une partie de trictrac, de Sacy Chrest. I, 188. — Noter, faire une marque, Bc; علم على شىء عَلامةً, ou علم على seul, mettre une marque à une chose (pour la retrouver ou pour la distinguer d'une autre); de même علم موضعا, Gl. Edrisi; cf. Djob. 52, 16, où il faut changer مُعَلَّم

en مُتَعَلِّم; c. عـلى *coter*, marquer par lettres ou par nombres des pièces, Bc; c. عـلى *marquer d'un signe d'approbation*, Valeton ٣٢, 5; c. عـلى, en parlant du sultan, *mettre son apostille sur* un diplôme, Maml. I, 1, 202.

IV, *faire savoir*, c. إلى p. et بـ r., Cartâs 33, 11. — Comme ce verbe s'emploie en parlant d'un tisserand ou d'un brodeur (cf. Lane), on dit au fig.: كان يعلم كلامَه نظما ونثرا بالاشارة الى التاريخ, Khatîb 24 r°.

V dans le Voc. sous *signare*.

عِلْم *théorie*, l'opposé de عمل, *pratique*, Prol. III, 309, 6. — العلم (pour للجفر) *livres qui contiennent la prédiction de l'avenir*, Akhbâr 61, 9; cf. Berb. II, 167, 2 a f. — العلم الأوّل *la logique*, Prol. III, 110, 5. — عُلُوم *emblèmes scientifiques*, Gl. Edrîsî.

اخذ علما ب عَلَم *prendre note de*, 1001 N. III, 15: ناخذ علما بثمنها. — *Signe*, *indice de la route*; c'est ordinairement un petit monceau de pierres, Lyon 348, Richardson Sahara I, 392. — *Edifice élevé*, Hoogvliet 53, 6. On dit aussi par apposition حِصْن عَلَم, Amari 45, 10. — Au sing. et au pl., *ruines*, les restes d'édifices détruits, Akhbâr 151, 6, souvent chez Djob., p. e. 109, 10, 111, 3. — Pour *nom propre* on dit اسم عَلَم, Macc. I, 404, 5, Berb. II, 7, l. 10, et aussi علم seul, Berb. II, 7, 2 a f., Marâçid I, 30, 13; mais اسم علم signifie aussi *nom spécifique*, Bait. I, 134 a: le mot بزر signifie „semence" en général, وقد خصّ به حبّ الكتان فصار اسما له علما et علم s'emploie encore dans le sens de *titre* d'un livre, Prol. II, 184, 14, Aghlab. 80. — T. de rhétor.; c'est quand on emploie le nom de l'objet auquel on compare quelque chose, au lieu de nommer cette chose même, p. e. quand on dit *rose* pour indiquer la bouche d'une jeune fille, Macc. II, 406, 11. — *Avis*, nouvelle, Bc. — *Etat*, registre, *liste*, *mémoire*, *note*, *relèvement*, *rôle*, Bc.

عَلَمِيّ *dénominatif*, Bc. — على الباه والعلمي *faire une chose tambour battant*, au vu et au su de tout le monde, Bc.

علماني *séculier*, Bc.

عَلَّام *marque*, indice, *jalon*, Bc, Ht. — *Taille*, bois pour marquer par des entailles ce que l'on fournit ou reçoit, Bc. — علام كتاب *signet*, t. de relieur, petit ruban pour marquer des passages dans un livre, Bc. — Pl. ات, *drapeau*, *étendard*, forme que Lane signale comme se trouvant dans le Dîwân des Hodzaïlites, est au Maghrib un mot très-ordinaire, L (*vexillum* الرايات والعلامات), Voc., Alc. (estandarte), Domb. 81, ma note dans le J. A. 1869, II, 183, Macc. II, 711, 11, Prol. III, 386, 11, Çalât 71 v°: وجعل الرايات والعلامات خلف راية. — *Midi* (heure de la prière), Ht; cf. اعلام.

عَلَامَة. Le pl. est aussi عَلَائِم, Bc (sous *livrée* et *armoiries*), *signes*, Yâcout II, 927, 19, *informations secrètes* ou bien *preuves*, ibid. 30, 19. — *Cote*, marque numérale pour l'ordre des pièces, Bc. — *Timbre*, marque imprimée au papier, Bc. — علامة سلك *vergeure*, fils de laiton sur la forme du papier, leur marque, Bc. — *Jalon*, bâton planté pour aligner, Bc. — *Désignation*, Bc. — *Enseigne*, tableau figuré à la porte d'un marchand, Bc. — *Apostille*, recommandation au bas ou en marge d'un mémoire, *signature*, *seing* et *paraphe*, *souscription*, *visa*, Bc, Alc. (firma de escritura). L'alâma sert à rendre valides les documents qui émanent du sultan, du cadi, etc.; mais elle varie selon les temps et les lieux. Quelquefois le sultan trace de sa propre main, après la date, les mots صحّ هذا; d'autres fois le secrétaire d'état trace en gros caractères les mots الحمد لله والشكر لله entre le *bismillâh* et la suite du texte, etc., car il y a encore d'autres manières; voyez de Slane Prol. I, xxxi, xlvi, note, texte II, 55, 56. De là vient le titre صاحب العلامة pour *secrétaire d'état*, Bat. IV, 409, Khatîb 60 r°. — *Type du sultan sur les monnaies*, Prol. I, 407. — *Criterium*, Lettre à M. Fleischer 148. — *Drapeau*, comme Golius a noté avec raison, Haiyân 83 v°: وخرج القائد ابن اميّة بالعلامة. — *Miracle*, Tha'âlibî Latâïf 93, 11. — *Arrhes qu'on donne à celle qu'on demande en mariage*, M. — *But*, Bc. — *Augure*, présage, Bc.

عُلَيْم الريح *girouette*, Domb. 98.

عَالَم. Freytag a observé dans ses Selecta (146) que ce mot s'emploie comme *monde* pour indiquer un certain nombre de personnes, p. e. عالم كثير, *beaucoup de monde*, Gl. Abulf., de Sacy Chrest. I, 224, t. a. dern. l., 327, 6, Koseg. Chrest. 75, 12, 1001 N. I, 93, 15. — العوالم *oi aiῶves*, Gl. Abulf. — العالم الانساني *le microcosme humain*, Prol. I, 198.

9; نَفْسَهُ عَالِم *sou propre microcosme, ibid.* 196, 1. —
عَالِمُ الْقَبْضِ, *l'attente de quelque bien*, عَالِمُ الْبَسْطِ,
l'attente de quelque mal, Ztschr. VII, 88. — عَـالِم
الْعَنَاصِر, عَالِم التركيب, عَالِم الرَّتْقِ, عَالِم الفَتْقِ sont
des termes des Soufis, voyez Prol. III, 69, 3 a f. et
suiv. — Selon la doctrine des Druzes il y a trois
mondes: عَالِم الْبَيْنِ et عَالِم الْحَقِّ, عَالِم الْبَجَنِّ; ce dernier
est le nôtre, M 469 a.

عَلِم *devin*, Payne Smith 1558. — الْعَالِم وَالْحِمَار *orpiment*, Most. v° زرنيخ, mais seulement dans N.

عَالِمَة pl. عَوَالِم *cantatrice, danseuse* (femme publique), Bc, Lane M. E. I, 249, II, 72.

عَالَمِي *temporel, séculier*, Bc; *laïque*, Aumer, Catal. des man. ar. de Munich 229.

عَالَمَانِي *laïque, séculier, terrestre*, Bc.

اعلام *midi*, Bc (Barb.); cf. علام.

تَعْلِيم pl. تَعَالِيم *précepte*, Bc.

تَعْلِيمِي *didactique, doctrinal*, Bc. — الجسم التعليمى
le corps géométrique, le solide, Prol. III, 88, 2. —
التعليميّة était un nom que les Ismaéliens portaient
dans le Khorâsân, Chahrastânî 147.

تَعْلِيمْجِي *instructeur*, Bc.

مَعْلَم *endroit où l'on apprend, école* (Freytag), de
Sacy Chrest. II, ۷١, 5 a f. — *Endroit que l'on visite
par dévotion*, Abdarî 45 v°, en parlant du mausolée
de Nafîsa, fille d'Alî, au Caire: عليها رباط مقصود
ومعلم مشهور, 59 r°, en expliquant le mot مَنْسَك:
والنسك العبادة واختص فى العرب بمعالم الحج ومتعبداته.
— *Science*, Voc. — Voyez مُعَلَّم.

مَعْلَم *entendu, intelligent, habile*, Bc.

مُعَلِّم *artiste, maître, celui qui a des ouvriers,
sieur*, Bc, Alc. (maestro de algun arte, oficial). Ce
mot, qu'on prononce vulgairement مَعْلَم (Alc. et les
voyageurs), est le titre qu'on donne à chaque maître
ouvrier, Niebuhr B. 39, Caretto Kab. II, 260, Lane
M. E. II, 374 n., Roland, Cartâs 151, 6 a f., Macc.
II, 636, 19, Bat. IV, 288; ainsi on dit معلم الإبر
aiguillier, معلم البُنَيْتَاتِ *tonnelier*, معلم الاصنام *statuaire*, Alc. (agujero maestro, cubero, estatuario). On
dit de même معلم الطبخ ou المَطْبَخْجِي, *chef de la
cuisine, maître d'hôtel*, Maml. I, 1, 27, Alc. (maestre
sala), معلم الحَمَّام, *baigneur, celui qui tient des bains
publics*, Lane M. E. II, 44, 1901 N. I, 409, معلم
الدِّيوَان, *douanier*, Bc, et معلم seul en ce sens,
Amari Dipl. 197, 1, Coppin 159, Monconys 254. En
outre ce terme, employé isolément, signifie *maître
maçon*, Cherb. Dial. 32, Shaw I, 300, *forgeron*, Barth
V, 693, *écrivain*, Werne 43, 51, *percepteur des contributions d'un village*, Lane M. E. II, 374 n., et c'est
en général un titre qui se donne à tous les bourgeois, p. e. au geôlier, R. N. 97 r°: المعلم نَصْر يطلبك
معلم اعتراف *confesseur*,
Bc. — قال ومَنْ نَصْر قال السَّجَّان. — معلم ذِمَّة *directeur*, qui a soin de la conscience de quelqu'un, Bc.

مُعَلَّمِي *magistral*, Bc.

مُعَلَّمِيَّة *maîtrise*, qualité de maître, Alc. (maestria
= صناعة; il prononce مَعَلَّمِيَة, cf. sous مُعَلَّم), Bc. —
Chef-d'œuvre, Bc.

ومعلومك ان مَعْلُوم *vous savez que*, معلومك ما
عدا من عذا, *vous jugez bien qu'il n'en fut pas
satisfait*, Bc. — Est quelquefois le synonyme de
مشهور et de محمود, mots auxquels on le joint, Gl.
Edrîsî. — *Fixe*, p. e. مبلغ معلوم «somme fixe,» Bc,
Macc. I, 134, dern. l., 135, 1, II, 767, 4, 812, 21,
Berb. I, 614, 2 a f., 617, 3, Amari 443, 2 a f. —
Faux (témoignage), Mohammed ibn-Hârith 294: وجميع
الشهادات الواقعة فيه معلومة لم يرد الله بشىء منها.
— *Honoraire*, ce que l'on paye aux médecins, etc.,
Bc, M, qui a le pl. مَعَالِيم, Amari Dipl. 197, 4;
معلوم الكُتَّاب *pension*, somme fixe qu'on paye chaque
année pour l'éducation d'un enfant, Bc. — *Traitement*, Khallic. IX, 70, 13, pl. معاليم, Maml. II, 2,
88, et cf. Freytag sous ce pl. — *Moyen d'existence*,
Bat. IV, 23. — *Redevance*, dette, charge, p. e. عليه
معلوم سنوى «il est chargé d'une redevance annuelle envers,» Bc. — *Droit*, imposition, taxe; *entrée*, droit payé en entrant; *commission*, droit prélevé;
معلوم السَّجَّان *droits de douane*; معلوم السَّجَّان *geô-
lage*, droit dû au geôlier; معلوم العَيَّار *jaugeage*, droit
pour jauger; معلوم الكَيل *mesurage*, droit sur chaque
mesure, Bc.

علي

مَعْلُومِيَّة secte parmi les Khâridjites qui portent le nom de العَجَارِدة. Leur doctrine est celle des Hâzimîya; mais ils considèrent exclusivement comme croyants ceux qui connaissent tous les noms et attributs de Dieu, M.

مُتَعَلِّم apprenti, Alc. (comensal = تِلْمِيذ), Bat. IV, 288, 291. — *Serviteur*, Jackson 192. — *Savantasse*, J. A. 1853, I, 266.

علن IV. اعلن بصحبته Berb. I, 483, 10, où M. de Slane traduit: *il cultiva son amitié.*

عَلَانِيَة dans Freytag doit disparaître. De Sacy a commis cette faute dans son éd. de Bidp. (112, 4, 127, 2, 184, 2), mais le mot est عَلَانِيَّة, sans techdîd.

عَلَنْدَى (cf. Lane sous علد) *ephedra*, Prax R. d. O. A. IV, 131, *ephedra alata*, Colomb. 28, Ghadamès 288, cf. 296, Beaussier.

علو I. مَنْ علا *heureux celui qui*, Mehren 32. — *Se guinder*, affecter de l'élévation, Bc. — C. على *surhausser*, t. d'architecture, Bc. — C. ب *réciter à haute voix*, Djob. 97, 2. — *Couvrir, saillir*, couvrir sa femelle, Bc, Bait. II, 143 c: وهذا الحيوان بَغَاهُ الحيوان وذلك انه لا يَرَى به حيوان من غير جنسه إلا وعلاه

II *couvrir*, Gl. Fragm. — *Mettre le comble*, Alc. (encumbrar poner cumbre). — *Planchéier*, Alc. (sobradar). — C. a. *proicere*, Voc.

IV. Au lieu de أَعْلَى عَنِّى, on dit aussi أَعْلَ seul, *va-t-en!* Aghânî 20, 15, cf. p. 257 des notes.

V dans le Voc. sous proicere.

VIII. اذا اعتلى قدّ, de Sacy Chrest. II, 444, 2 a f., où ce savant traduit: «Quand il attaquait son ennemi en élevant le bras, il le fendait.»

X c. على *surpasser*, Voc. (eminere), Alc. (sobrar sobrepujando). — C. على *traiter* quelqu'un *avec hauteur, avec dédain*, Çalât 21 v°: تكلّم أشياخ الموحدين فى استعلائه عليهم وتنقّصيره بأولاد أمير المؤمنين

عَلَى s'emploie avant le nombre d'heures, p. e. صلّبوا المسيح على ثلاث ساعات من يوم الجمعة, ou pour indiquer la distance, p. e. كان موضع الذبح بالشام على ميلين من ايليا, Gl. Abulf. — Pour le sens de *pendant, durant* (Lane 2145 b, 2ᵈᵉ moitié), cf. Koseg.-Chrest. 41, 3 a f.: فأقمت على عشرين يوما, Weijers 52, 7, et 188, n. 333. — على *il faut que je*, p. e. عَلَىَّ مشورة «il faut que je consulte;» Bc. — عليّ تخراج «j'ai envie de pisser,» Bc. — الذى عليه والذى له *doit et avoir*, Bc. — ما عليك *l'argent que tu me dois*, R. N. 80 r°: il ôta son *mandîl* de sa tête, le jeta au vendeur de beignets et lui dit: «Laisse manger le petit autant de beignets qu'il voudra!» فقال له صاحب الدكّان خذ ما شئت حتى تأتى بما عليك فقال له ما احبّ ذلك الا برهن ومضى وهو حاسر الرأس الى القصر — خلّص لا له ولا عليه *retirer son enjeu*, *sortir d'une affaire sans perte*, Bc. — *Au compte de*, aussi على, p. e. كيس «sa nourriture et son habillement sont à votre compte,» المصروف على كيسى وهذا على «cela est à mes frais,» Bc. — على بعضه *coup sur coup*, immédiatement l'un après l'autre; خمسة ايام على بعضها (vulg.) «cinq jours consécutifs,» Bc. — على الله *pour l'amour de Dieu*, R. N. 58 r°: قل لى أعطه تلك العشرة التى برضا الله ét با الله عليك — معك على الله تبارك وتعالى وعلى *je vous conjure au nom de Dieu*, Bc. — عليك با ما به *quoi qu'il en soit*, Aghânî 9, 5 a f. — لا عليك *ne craignez rien, soyez tranquille*, Badroun 278, 6 a f., 294, 6 a f., Bat. II, 147; ما عليك منه *ne te craignez point*, Bc; ما عليك من شىء *ne vous embarrassez de rien*, Bc, et à peu près en ce sens, 1001 N. I, 342, 2: ما عليك منى *ne craignez pas pour moi*. — ما عليك *cela lui importe peu*, Bc. — عَلَيْك est un nom verbal avec la signif. de l'impératif (comme dans عليك زيدا), il gouverne l'accus., p. e. P. Macc. II, 308, 4 a f.: عليك يا شمس العُلَى اظهارَ (cf. Fleischer Berichte 300). — عليك بنفسك *occupe-toi de tes propres affaires*, R. N. 61 r°, comme un peu plus bas: دَعْ عنك غيرك «ne te mêle pas des affaires d'autrui.» — يا على *utinam*, Voc.

عُلِّي Alc. donne úli, pl. عَلَالِي *sous soberado*, mot qui peut bien signifier *chambre au premier étage* (Victor donne comme synonyme algorfa, qui est l'arabe الغُرْفة), et sous miradero *lugar de donde miramos*, c.-à-d., *belvéder*. Selon Shaw, I, 308, *olee*, c.-à-d.

عَلَى, est = *oleah*, c.-à-d. عُلِّيَّة, et selon De-Gubern., 309, ali signifie *le premier étage*. Plus loin on trouvera d'autres mots dérivés de cette racine qui ont ces signif.; voyez aussi عُلِّيَّة chez Lane.

عَلْوَة synonyme de ذَرْوَة, Gl. Edrîsî. — Pl. علاوى *colline, éminence, hauteur*, Bc.

عَلِيكَة الاَقَاوِيه «les parfums les plus exquis, les plus précieux,» Aboû'l-Walîd 659, n. 60.

عَلْوَى *étages supérieurs*, Roland.

عَلْوِى *supérieur*, Abbad. I, 69, 2 a f.:

وقُلْ لعالَمها السُّفلِي قد كتمت
سَريرةَ العالَم العُلْوِي اعمات۞

عَلَوِي *céleste*, Bc, Haiyân-Bassâm I, 116 r°: كان العَلَوِيَّة — بصيراً بالآثَار العَلَوِيَّة عالماً بالافلاك وانهيَة sont *les trois planètes supérieures*, à savoir Saturne, Jupiter et Mars, M; العَلَوِيَّان, *les deux planètes supérieures*, sont Saturne et Jupiter, M, Prol. II, 186, 2, de Slane II, 227, n. 3, ou selon d'autres, Jupiter et Mars, de Slane II, 219, n. 3.

عُلُو ou السَّنَد عُلُو الاسْنَاد, Maml. I, 1, 46, ou علو الرواية, Macc. I, 902, 21, est quand on cite à l'appui des traditions qu'on rapporte une suite non interrompue de traditionnaires très-dignes de foi; ces traditions sont alors des عَوَالٍ (cf. sous عَالِيَة). De là l'expression: سمع منهما الصحيحَين بعُلُو, Macc. I, 806, 18, cf. 844, 5. — *Chambre supérieure*, Fragm. hist. Arab. 291, 3: فأقامه على باب الدار فى العلو (les voyelles ajoutées par l'éditeur ne sont pas bonnes, et dans son Gloss. il n'a pas deviné juste), Abdarî 80 v°: وأَنزَلَنا شيخُنَا شرف الدين الدمياطى بمدرسته الظاهريَة وكنتُ نَزَلتُ بالمدرسة الكاملِيَة 106 v°: فى عُلو منها ملِيح فكنتُ, R. N. 26 v°: منها فى علو مشرف على السوق أبيت عنده وكنتُ فى بيت فى سقيفته وكان يَسكن العُلو فيكان ينزل الّى. J'ai donné les voyelles de ce mot telles qu'elles sont dans les man. Selon Delaporte (J. A. 1830, I, 319) on donne à Tripoli le nom de علو, *élou*, à ce qu'on nomme au Maroc مصريَة, mot qu'il explique ainsi: «chambre ou appartement supérieur isolé, soit qu'il tienne à une maison, ou qu'il soit placé au-dessus d'une boutique. On y monte par un escalier dont la porte est toujours pratiquée sur la rue. Cet appartement, qui ne forme qu'une seule pièce, a toujours une petite fenêtre sur la rue, et jamais sur la cour intérieure des habitations: il sert ordinairement de logement aux personnes qui ne sont pas mariées.» Dans l'Hist. Tun., 123, je trouve un pl. علوات en ce sens: وأَكثرَه النَاسُ على اخلاَه علواتهم لِسُكنَى التُرك۞

عَلْوَة *hélas!* dans un vers en langue vulgaire, Aghânî 43, 8. Selon M. Fleischer (p. 298 des notes) c'est pour وَه. عَلى

عُلِّيَّة (Lane). Le Voc. a عُلِّيَّة *cenaculum*; cf. Shaw I, 308. — *Belvéder*, Bc, Djob. 51, 6, 253, 18, Cartâs 39 (plusieurs fois). — *Colline formée de débris et de fumier*, Mohren 32.

عَالٍ بالعالى *haut, à haute voix, tout haut*, Bc. — *Superfin*; من العالِ *fin*; شى من العالِ *marchandise de première qualité*; صوف عالِ *mère-laine*, première qualité de laine, Bc; aux exemples que j'ai donnés de cette signif. dans ma Lettre à M. Fleischer, 27, on peut ajouter Gl. Manç.: سقوطرى هى جزيرة هنديَة ينسب اليها الصبر العالى, avec un petit 'aïn sous le grand. — On applique ce mot au *sanad* d'une tradition pour indiquer qu'il se compose de noms de traditionnaires très-dignes de confiance, Maml. I, 1, 46: له سند عالٍ (mieux عال) للحديث, et: لم يَرزق الاستناد العالى; cf. Macc. I, 892, 13: وسمعت منه جزءاً اخرجه من حديث يزيد بن هارون ممّا وقع له عاليا. — Un مِئْزَر عالٍ est *un âne avec une selle très-haute*, Lane M. E. I, 286, 1001 N. Bresl. II, 138; de même أَبغل عَالِيَة الركاب, Macc. I, 231, 3.

عَالِيَة. Des عوال sont *des traditions qui ont été rapportées par une suite non interrompue de traditionnaires très-dignes de foi*, de Slane trad. de Khallic. II, 159, de Sacy Abdallatif 535, 7, Hâdjî-Khalfa IV, 277—8, Macc. I, 564, 20, 611, 10. — عَالِيَة ou au pl. عوال *joueurs d'échecs du premier rang*, Hâdjî Khalfa I, 467, 4, où il faut lire الفتل, au lieu de العيال, comme l'a observé M. van der Linde, Geschichte des Schachspiele I, 106, cf. ibid. 107, 120. — *Maison à un ou plusieurs étages*, Espina R. d. O. A. XIII, 149 (âlia).

أَعْلَى ne signifie pas seulement *le sommet*, mais aussi *l'extrémité* d'une chose, Gl. Edrîsî, Djob. 237, 4. — اعلاه *ci-dessus*, Bc, Catal. des man. or. de Leyde I, 156, 14. — عَلَى أَعْلَى *super*, Voc. — *Plus fin, de meilleure qualité*, Lettre à M. Fleischer 27; شي من الاعلى *marchandise de première qualité*, Bc. — En parlant d'un *sanad*, c'est celui qui s'appuie sur une suite non interrompue de traditionnaires très-dignes de confiance, Macc. I, 844, 4: وهو اعلى سند يوجد. Aussi en parlant d'un docteur, ibid. 843, 14: انه اعلى شيوخى فى القراآت. — جَدُّهُ الاعلى *son bisaïeul*, Macc. II, 35, 14, *le premier de ses ancêtres*, Bat. III, 102, 104. — الضَّحى الاعلى, Abdarî 45 v°: رحلنا فى الضحى الاعلى من يوم الثلاثا; Beaussier donne العُلْبَا *de 8 à 10 heures du matin*. —

pl. العُلَى, comme neutre, *chose noble, action noble, généreuse*, et aussi, le mot الطائفة étant sous-entendu, *les hommes nobles*, Weijers dans Hoogvliet 107. Dans le second sens Abd-al-wâhid 160, 13, Abbad. I, 321, 10. عُلْبَا a aussi le sens d'*éminence, noblesse*, Abbad. I, 321, 15, II, 73, 4, et عُلَى *celui de nobles qualités*, Abd-al-wâhid 105, 15.

مَعْلَاة *la partie haute* de la Mecque, Edrîsî, Clim. II, Sect. 5, en parlant de cette ville: وطولها من المعلاة الى المسفلة نحو ميلين وهو من جهة الجنوب الى جهة الشمال. — معال *choses fines, précieuses*, Abbad. I, 39, 2 a f.; — *hommes nobles, généreux*, ibid. 66, 7, Müller 129, 2 a f.

مَعْلُوة (c'est une forme comme مَكْرُمَة, etc.) pl. ات *chose ou action noble*, Macc. I, 865, 1, II, 597, 5, 772, 14.

مَعْلُو التناء المعلوقة *la lettre* ت, Bat. II, 172, 233, 266.

عَلُوقِس *sorte de* ماعز جبلى *dont la couleur est bleue*, Man. Escur. 893, qui a les voyelles (cf. Casiri I, 319 a).

علون II dans le Voc. sous *superscribere*.

عليش *pourquoi*, Bc.

عمّ I *généraliser, rendre général*, Bc. — C. على عمّ. شأمتُه عمّت على الكلّ *devenir général; s'étendre*, p. e. علينا *son mauvais destin s'est étendu jusqu'à nous*; *se ressentir* d'un événement heureux ou malheureux, en éprouver les conséquences, en avoir sa part, عمّ عليكم خير الشى او شومه, Bc. — *Perfectionner, favoriser*, Ht. — عمّ تثلج *il neige*, Bc.

II *exprimer d'une manière générale*, cf. Macc. II, 342, 6, et la note dans les Add.

V dans le Voc. sous *generalis*.

عمّ *beau-père*, père du mari, ou père de la femme, Bc, M, Hbrt 25. — عمّ العمّ *grand-oncle*, Bc. — عمّى خذنى معك *bardane, glouteron* (plante), Bc, M sous قطرب.

عمّة العمّ, ou العمّة العمّة, *grand'tante*, Bc.

عِمَّة, dans le sens de *turban* (cf. Laue, Bc, Bg), est assez ancien et se trouve Macc. I, 137, 16, II, 81, 14 (Ibn-Bassâm), Müller 131, 5 a f., Meursinge ٣٢, 5 a f., où il faut remarquer l'expression: شدّت عمّته, c.-à-d.: quand il mettait son turban pour sortir, c'était, la plupart du temps, pour aller donner son cours d'exégèse.

بالعموم et على العموم عُمُوم *en général*, Voc. — *Perfection*, Ht. — Chez les Almohades on donnait le nom de التجموع aux troupes qui étaient en garnison à Maroc, et celui de العُمُوم à celles qui étaient cantonnées dans les provinces, Abd-al-wâhid 248, 13 et 14.

عميم *général*, Voc. — Le passage du Diw. Hodz. se trouve 260, 12.

عُمُومى *commun, général, public, universel*, Bc.

عُمُومِيَّة *généralité*, Bc. — *Œcuménicité*, Bc. — Dans le Voc. sous *idiota*.

عمّى *idiota*, Voc.

عامّ *peuple*; العامّ *les bourgeois, les roturiers*, Bc. عامّة *les simples soldats*, Koseg. Chrest. 110,

5 a f. — *Les pièces du jeu d'échecs*, Alc. (trebejo de axedreç). — *La plus grande partie*, Gl. Bayân. — Sur دار العَامَّة et sur عَامَّة seul, dans le sens de *maison de ville*, voyez sous دار. — مساجد العَامَّة *les petites mosquées*, *chapelles*, Prol. I, 397, 1 et suiv. — *Œcuménicité*, Bc. Il a aussi un pl. irróg. اعوام, *le commun, la plupart*.

عَامِّي *trivial*, Bc. — *Banal, commun, qui sert à tout le monde*, Bc. — *Plébéien, roturier*, Bc, qui a aussi un pl. عوامّ sous le premier mot; Macc. II, 25, 11, Athîr X, 320, 6, 13. — *Ignorant, qui est sans lettres*, Alc. (lego no letrado). — *Particulier*, opposé à une personne publique, Bc. — *Séculier, mondain, laïque*, Bc, Ali's hundert Sprüche p. 73, n° 106: زهد العَامِّي مصلّت. — *Municipal*, Alc. (concegil de concejo).

عَامِّيَّة *grossièreté, vulgarité*, Gl. Badroun, cf. sous انسيَّة, *trivialité*, Bc. — *Roture*, Bc.

أَعَمّ, suivi de فائدة, *d'une utilité plus étendue, plus générale*, Bc.

مُعَمَّم, suivi de بِرَأي, *enfariné, prévenu d'une opinion*, Bc. — De même que مُعَتَّم, رَبّ مُتَنَعَّم et صاحب العَامَّة *théologien, savant*, et surtout *magistrat, homme de loi*, soit parce qu'eux seuls portent le turban, ce qui a été le cas dans quelques pays musulmans, notamment en Espagne, soit parce qu'ils portent le turban plus gros que les autres Arabes; voyez Aboulf. Ann. IV, 288, 3 a f., avec la note de Reiske p. 688, Maml. I, 1, 244—5.

مُعَمَّمَة *turban*, de Sacy Chrest. I, ٥١, 6, cf. 200.

مُعَمَّم *vulgaire*, Ht.

مُتَعَمَّم et مُعَتَّم voyez مَعَمّ.

عمبر pour عنبر, M.

عنبري voyez عنبري.

عمد I. عَمَّد c. a. *baptiser*, M.

II c. a. et ب *sustentare*, Voc. — Dans le Voc. sous intendere et scienter. — La signif. de *baptiser* est dans: Voc, Bc, Hbrt 27, Ht, M et dans le Calendr. 19, 5, où je crois devoir substituer عَمَّد à غمر. — عَمَّد وَلَدًا *tenir un enfant*, le tenir sur les fonts de baptême, *servir de parrain à un enfant*, Bc.

V. M. v. d. Berg remarque, 32, n. 3: « Discrimen inter تَعَمُّد et خيانة hoc est, quod prior *dolum* in genere significat, posterior vero calliditatem vel fallaciam. In gratiam eorum, qui iurisprudentiæ operam non dederunt, adnotare volo, dolum in genere (تَعَمُّد) omnem actum vel negligentiam continere cuius consequentias prævidit is, qui ea commisit, igitur omne continet quod de industria fit;» cf. Berb. II, 288, 14, où il faut lire المُتَعَمِّد avec notre man. — C. ب *s'appuyer sur*, Diw. Hodz. 133, 3 a f., où il faut prononcer أَتَعَمَّد, au lieu de أَتَعِد; le man. a أَتَعَمَّد; ce que l'éditeur a pris pour le *dhamma* est le *kesra* de مطالبي, qui est au-dessus de أَتَعِد. — Dans le Voc. sous babtizare; *se faire baptiser*, Djob. 347, 1; *être baptisé*, Bc, M.

VIII c. على *s'arrêter à, se déterminer, se fixer à*; اعتمدت على ان *former le dessein de*; اعتمدت ارحم «j'ai pris la résolution de partir,» Bc. — C. a. p. et ب r. est *apropriare* dans le Voc., synonyme de خصّ ب; je crois qu'il a voulu indiquer le sens de: *avoir quelqu'un en vue, en vouloir à quelqu'un*, comme dans Macc. I, 375, 17: لقد تعمّدني منذر بخطبته وما عنى بها غيري. — Absolument, *se mettre en mouvement*, Becri 74, 7; mais peut-être faut-il lire اعتمد (= قَصَدَ). — *Etre baptisé*, M.

عَمْد. Au lieu de قَتْل العَمْد, *meurtre intentionnel* (Vincent, Etudes 64), on dit aussi par ellipse العَمْد, Cairawânî 620: ولاد السدم في, المقتول في العمد ibid., 621: ولا يحلف في العمد أقلّ من رجلين, العمد لا يحلف في العمد الا الذكور

عَمَد *pieu*, Gl. Fragm. — Hbrt 51 donne عمد, sans voyelles, *branche, rameau*.

عُمْدَة. Le pl. عُمَد dans le Voc. — *Règle, exemple, modèle*, Bc. — Pl. عُمَد *un ou plusieurs hommes chargés de surveiller ou de faire quelque chose*, M.

عِمَاد (kesra, M, fatha, Ht) *baptême*, Bc, Hbrt 154, Ht, M.

عِمَاد. L'opposé de العِماد رَفيع (Lane) est نَليل العِماد, Gl. Belâdz.

عَمَد عَمُود sur une étoffe, proprement *colonnes*, c.-à-d., *raies*, Maml. II, 2, 76, 7 a f.; cf. Lane sous وَشْى مُعَمَّد (où les mots „lofty buildings" ne sont pas bons). — *Piastre à colonnes, colonnade*, M. — عمل العُود, par ellipse pour عمل أَهْل العُود, *le bureau des nomades*, l'administration des impôts fournis par les nomades, Berb. I, 395, 8. — En Espagne, dans l'armée des Omaiyades, *la grande tente où l'on gardait les prisonniers*, Haiyân 86 rº: وكان فى حبس العسكر رجل من اسرى اهل شذونه كانوا فى العُود عند صاحب الصناعة بالعسكر. — *Arbre généalogique*, Prol. I, 308, 3 a f., 309, 3, Berb. I, 161, 298, 8 a f., II, 73, 3, 560, 12. — *Barre de fer carrée pour fermer les portes et les fenêtres*; comme alamud en esp., Gl. Esp. 56, L (sera رَصّى) (sic) عَمُود, et de même sous vectis (sera)). — *Masse d'armes*, de Jong, Gl. Fragm. عُود السَرير *les bras d'un brancard*, les deux bâtons parallèles qui se prolongent à chaque extrémité d'un brancard, et qui servent à le soulever et à le porter, Aghânî 29, dern. l. — *Le manche de l'instrument de musique appelé* كَمَنْجَة, Descr. de l'Eg. XIII, 332. — *Le fût de l'arbalète*, Voc., Alc. (cureña de ballesta), J. A. 1848, II, 208. — *Corps, la principale partie de certaines choses*, p. e. عَمُود الشَجَرَة „le corps de l'arbre, sa tige," Auw. I, 634, 12 (à la ligne 11 lisez عَنْق avec notre man., au lieu de عَمَق); cf. sous أَنْسَى; عُود النهر „le bras principal de la rivière," Gl. Edrîsî. — *Perpendiculaire*, p. e. خَطّ عُود „ligne perpendiculaire," Bc (cf. Lane).

عِمَادَة *le titre, la dignité de* عَمِيد *chef*, J. d. S. 1847, 177. — *Baptême*, Bc, Hbrt 154, M.

عمادى قوس عمادى حمادى ؟ 1001 N. Bresl. IX, 254, 11 (manque dans l'éd. Macn.). — *Baptismal*, Bc.

عمودية *baptême*, Cartâs 150, 3.

عَمْدًا = بالعَامِد عَامِد, *à dessein, tout exprès*, 1001 N. Bresl. IV, 86, 3.

عَمُود pl. عَوَامِيد *colonne, pilier*, Bc, Gl. Abulf. Payne Smith 1311, Yâcout III, 762, 22. — *Cylindre*, Bc. — *Barre de fer*, Bc, 1001 N. IV, 302, dern. l. — عَمُود درابزين *balustre*, petit pilier, Bc.

عَامُودَة, suivi de شَمْعدَان, *guéridon, porte-chandelier*, Bc.

عَامُودِى *cylindrique*, Bc.

أَعْمَاد *baptême*; L (babtismum, tinctio وَطَهَّر). رَجُل مُعَمَّد expliqué par طَوِيل, Kâmil 739, 7.

المُعَمْدَانِى (syr.) ou يُوحَنَّا المُعَمْدَانِى *Saint Jean Baptiste*, Bc, M, Edrîsî, Clim. III, Sect. 5, Abulf. Hist. anteisl. 58, 3.

يَخْتَصّ المعماد *baptistère ou baptistaire* (adj.), Bc.

دين المَعْمُودِيَّة *la religion chrétienne*, Amari Dipl. 69; بَنُو المَعْمُودِيَّة *les chrétiens*, ibid. 222, 7; ابن او بنت المَعْمُودِيَّة *filleul, filleule*, Bc.

اعتماد *industria*, L.

مُعْتَمَدًا *officiellement*, Bc.

عمر I se dit aussi en parlant du marché, *être garni de toutes sortes de marchandises*, Amari 8, 1. 14: سوق عامر من اوله الى اخره بضروب التجارة, Gl. Edrîsî, R. N. 83 vº: فيأتى الى السوق للخياطين فى وقت عمارته 1001 N. I, 232: عمر السوق, où l'éd. de Bresl. a أَقيم السوق. — *Etre rempli* عامر *rempli* (tasse), Martin 33. — *Armer, équiper un navire, une flotte*, Çalât 37 vº: عمارة القطائع. La IIe forme semble plus ordinaire en ce sens. — *Frotter, frictionner, masser les mains ou les pieds de quelqu'un*, 1001 N. Bresl. VIII, 205, 9, synonyme de كَبَس, que donne l'éd. Macn. — *Se masturber*, Alc. (hazer la puñeta en las mesmas manos); dans la langue classique la VIIIe forme a ce sens).

II. La langue moderne aime à substituer cette forme à la Ire. — *Peupler*, Voc., Bc. — *Bâtir, construire un édifice, un vaisseau*, Bc. — *Restaurer, réparer des édifices, une ville*, Bc. — *Excolere*, Voc.; *jachérer, donner le prêmier labour à une terre en jachère*, Alc. (alçar barvecho, arar alçando, où il ne double pas le mim, mais il le fait sous l'autre article). — *Remplir*, Martin 123, *emplir, remplir*, Ht, Ictifâ 154 rº: لما افتتحت بلاد الروم ومعاقلها عمرتها بالاقوات Müller 123; عَمَّر بجر الزُقاق بالاجفان 1001 N. Bresl. VII, 3 a f.: اخذ دكانا وعمرها بالصبيى الربيع الخ مُعَمَّر *rempli de*, Hbrt 17, Ibn-Iyâs 386: البَحرَة وفى معمرة

بِالْمَاءِ. *Remplir*, dans une armée, les grades vacants, Autob. 206 v°: بثّ العطاء في عسكره وعمر له المراتب والسوطائف. — *Charger* une arme à feu, Alc. (armar tiro), Domb. 129, Bc, Ht, Delap. 140. — عمر القناديل *garnir des lampes*, Bc, 1001 N. I, 109, 4 (où Bresl. I, 274, 11, a عمّر الفوانيس), 212, 11, Bresl. XI, 377, 3. — *Armer*, *équiper* un navire, une flotte, Lettre à M. Fleischer 229, Voc., Bc, Hbrt 132. Le verbe seul s'emploie dans le même sens, de Sacy Dipl. XI, 9, l. 8, 16, l. 5, Amari Dipl. 233, 7, cf. 449, n. *q*.

— عمّروا المقاديف *tirer à la rame*, *ramer*, 1001 N. Bresl. X, 322, 9. — Doit avoir un sens spécial chez les joueurs de gobelets, voyez Ztschr. XX, 506 (cf. XXI, 276). — *Attaquer et tuer les cavaliers d'Omar*, Kâmil 220, 13.

V. Le passage du Diw. Hodz. se trouve 228, vs. 3. — Quasi-pass. de la IIe dans les sens de *populare*, *excolere* et *armare*, Voc.

VIII *restaurer*, *rendre habitable*, Rutgers 150, 11, et Weijers *ibid.* 151. — *Labourer*, Abbad. I, 243, 7, Macc. I, 617, 3. — *Se masturber*, Harîrî 498, 5 a f.

عُمْر, en parlant de choses inanimées, *durée*, Bat. II, 271, عمر الزمان «la durée du monde,» Gl. Abulf. — *Age*, Koseg. Chrest. 92, 2. — Dans le sens de *palmier*, le pl. est أَعْمُر, Gl. Badroun.

عُمْرَان *civilisation*, Bc, Prol. I, 68, dern. l., et de même عمران لخليقة, Prol. III, 87, 3.

عُمْرُونَة pl. عمارين *espèce de coiffure* des femmes en Espagne, Alc. (velo o toca de muger, toca de muger, Xativa toca de alli شاطبية عمرونة), charte grenadine: ثمن عمرونة تونسية ☉

عِمَار *restauration*, Bc. — عمار بارود *cartouche*, *charge d'une arme à feu*, *gargousse*, Bc.

عِمَارَة pl. عمائر *guéret*, *terre labourée et non ensemencée*, Alc. (barvecho). — عمارة مراكب *flotte*, *escadre*, Hbrt 126, Ht; aussi عمارة seul, M, Bc, Hbrt 126, Amari 530, 2 a f. — *L'équipage d'un navire*, *les hommes qui le montent*, Bat. IV, 365, Amari 344, dern. l., 345, 10, 346, 3, Append. 58, 6, l'anonyme de Copenhague 31: فتحت الأبواب ودخلت عمائر الاساطيل. — Pl. *Jeu d'échecs*, Alc. (juegos de axedrez). — Pl. عمائر *musette d'une bête de somme*, Cherb., Daumas Mœurs 270. — Même pl. *boucle d'oreille*, Voc., Hœst 119 (qui l'écrit incorrectement). — (Peut-être

du berbère أَمْرَار *corde*) *cordon*; — *ligne de pêche*; — *cordons d'or et de soie*, ornés de pierreries et garnis de houppes de différentes couleurs, dont se paraient les cavaliers et qui couvraient entièrement leurs étriers; — *ganse de soie*, *de fil d'étain*, *d'argent ou d'or*, que l'on coud sur le bord du vêtement, et qui sert, soit d'ornement, soit de boutonnière; — *garniture d'un vêtement*; voyez Gl. Esp. 54—6.

عِمَارَة, pl. عمائر et عمارات, *terre cultivée*, *champ*, Gl. Belâdz., Tha'âlibî Latâïf 70, 10, Abbad. I, 243, 7, 248, 2 a f., Edrîsî ۱٥۰, 1, Berb. I, 409, dern. l. (changez ن en ة?). — *Construction*, action de construire, *architecture*, Bc. — Pl. عمائر et عمارات *bâtiment*, *édifice*, Bc, Gl. Fragm. — *Imaret*, hôpital, Pr., Wild 190: «Sonst werden auch Stiffthäuser in der Türckey gefunden, welche für die reysenden und Frembdlingen gebauet werden, darinn ihn essen und trincken mit getheilet wird, und auff drey Tag Nachtläger da haben, werden auff Türckisch genennt Imareth,» Abdari 44 r°: فانه رأيت به رباطا ليس بعسقلان عمارة سواه. — *Litière*, 1001 N. II, 333, 9 a f. et suiv. (cf. عَمَّارِيَّة).
— *Engrais*, *fumier*, M.

عَمُّورَة, à Tlemsen, nom d'une mesure de capacité, Becrî 78, 1.

عُمَيْرَة est chez Alc. «puñeta en las manos;» les dict. ont جَلَد عُمَيْرَة, *se masturber*, sous جلد.

عُمَيْرِي *celui qui se masturbe*, Alc. (hazedor en las manos).

عَمَّار, suivi de الأرض, *défricheur*, Bc. — عمار البلاد والممالك *palladium des empires*, Bc. — *Convulsionnaire* (= مجذوب), Berbrugger 100.

عَمَّرى sorte de datte; cf. عَمَرى chez Freytag, mais cette forme semble aussi en usage, car d'Escayrac, 10, 11, écrit ammeri, Prax, R. d. O. A. V, 212, âmâri (*ibid.* N. S. I, 311, amari), et Pagni, 151, hammeri.

عَمَّارِيَّة. C'est ainsi qu'il faut écrire ce mot, que Freytag et le M donnent sans *techdîd* sur le *mîm*; le Voc. (sella) et le man. du R. N. (22 v°: ابرهيم عمارية) l'ajoutent, et la mesure d'un vers chez Macc. II, 224, 12, montre que c'est bon. Quant au sens, ce mot signifie *litière* (ainsi chez Mehren

32), plutôt que *selle*, M: هودج يُجْلَس فيه, Tha'âlibî Latâïf 55, dern. l.: وكان معها اربعمائة عمارية مدجّجة واركبه معه, Selecta ol, 10: لا يدرى في ايّتها كانت في العمارية; la Torre, qui écrit عَمُرِيّة, explique ce mot par: espèce de brancard (angarillas, especie de andas) sur une mule, dont se sert la nouvelle mariée pour se rendre à la maison de son époux; se trouve aussi Bayân I, 283, dern. l., II, 260, 10. — عَمَّارِيات dromadaires, Abou'l-Walîd 337, n. 57.

عَمَّيْرى *émouchet*, Cherb.

عَامِر *laboureur, cultivateur*, Voc. — بلاد العُمَّار *terre habitée et cultivée*, 1001 N. III, 19, 10, 21, 1, et par ellipse عُمَّار seul en ce sens, III, 19, 9, 67, 2 a f., 636, 7, Kalyoubî éd. Lees 1, dern. l.: فقال له مولاى اخترت للخراب فقال يا مولاى اما علمتَ ان الخراب يكون مع الله عمارا وبستانا, 64, 13. Dans le premier passage Lees a fait imprimer عُمَّار, et l'expression بلاد العُمَّار me porte à croire que c'est bon. C'est donc proprement le pl. de عَامِر dans le sens qui précède. — Le pl. عَمْرة *l'équipage d'un navire, les hommes qui le montent*, Berb. II, 330, 3: عَمرة الاسطول, Reinaud Dipl. 117, 13: si un navire fait naufrage, فالامان شامل للسفن وعمرته. Le sing. عَامِر, *un homme de l'équipage*, est dans le Voc. — *Celui qui a visité les deux villes saintes en Dzou'l-hiddja*; on donne le nom de حَاجّ à celui qui l'a fait dans un autre mois, Berbrugger XXIV. — عَمَّار الدار, dans le sens que Lane donne sous وتقول فلان من عمّار الدار اى (cf. Asâs: عُمَّار البيوت من جِنسِها), semble avoir été employé en Espagne comme un sing., car c'est ainsi que le donne Alc. (drasgo de casa, duende casa), et le Voc. a aussi عُمَّار, *demon*. Quant à عوامّ البيوت chez Lane, l'explication qu'il a empruntée au TA n'est peut-être pas la véritable, car on trouve dans le Cartâs, 32, 4 a f., en parlant d'une mosquée: وتقبل ان ما وجدت فيها من التحيّات فهو من عُمَّار الجنّ. On dit en outre عَامِر الماء pour indiquer *un djinn qui habite dans*

l'eau, *dans une rivière*, Humbert, Analecta Arab. ined. 3. — *Solide* (étoffe), Delap. 103.

تَعْمِير. Le pl. تَعَامِير doit avoir un sens spécial chez les joueurs de gobelets, voyez Ztschr. XX, 506.

مَعْمَرى est mal expliqué dans Freytag, car المضارب المعمرية dans Koseg. Chrest. 82, 3 a f., signifie « les tentes de Ma'mar. »

مُعَمَّر, comme *haunted* en anglais, *maison où il y a des djinns*, des عُمَّار البيوت, Voc. — سيف معمّر بالفضة *sabre monté en argent*, Daumas V. A. 170. — T. de charpenterie pour indiquer une des poutres angulaires d'une charpente? voyez Gl. Esp. 316.

مُعَمِّر, suivi de الفساق, *fontenier*, Bc.

مِعْمَرجى *maçon, architecte*, 1001 N. Bresl. IX, 309, 8.

مِعْمَار, même sens, 1001 N. III, 478, 2 a f., forme au pl. دين, 1001 N. I, 803, et معامير, Samhoudî 171, 12.

مَعْمُور, avec l'article, *la terre habitée*, Gl. Abulf., de Sacy Chrest. II, ۴۸, 8. — المخزين المعمور *les magasins du prince*, Maml. I, 1, 22. — *Peuplade d'étrangers*, Alc. (puebla de estrangeros). — Alc. a aussi ce mot sous establecimiento, mais le sens de « statut, ordonnance, » ne convient pas; peut-être a-t-il pensé plutôt à la signif. qui précède. — معمور القلب ب *rempli du désir de*, Macc. I, 201, 21: ولم يزل مذ فارق الاندلس متطلّعا لسُكنى افريقية معمور القلب بسكناها

مَعْمُورة *population*, Ht.

اِسْتِعْمَران espèce de datte, Niebuhr R. II, 215.

عَمَرد *rapide* (Lane L); voyez Gl. Mosl.

عمش V dans le Voc. sous lipposus.

العَمْش *peste!* Bc.

عَمَش, عَاشة et عَاشة, chez le vulgaire, *chassie*, M.

عُمَيْشَة *mal aux yeux*, Alc. (cegageç dolencia de ojos). — *Cataracte*, humeur, tache sur le cristallin de l'œil, Alc. (catarata de ojos).

عَمَّاشة et عُمَيْشَة *collin-maillard*, Bc.

عشش

دجاجة عَمْشاء بécasse, Alc. (gallina ciega ave). اعمش

عمشش I c. a. et II dans le Voc. sous lipposus.

عَمْشِيش lipposus, Voc.

عمص

غُماص chassie, Bc.

مَعمَّص et أعمص chassieux, Bc.

عمق

Cette racine est غمق, avec le *ghain*, dans le dialecte maghribin, Voc., Alc., Ht, Cherb. Dial. 17, man. D d'Edrîsî, et dans celui de la Syrie, M (cf. Payne Smith 1545). Sous abisus le Voc. a bien عُمْق, mais il ajoute: in usu غُمْق.

I. عَمُق, n. d'act. عُمْق, être arrogant, Voc.

II approfondir, creuser, Ht, Gl. Manç.: تعميق هو عُمَّق = — الدخول في عمق الشيء وهو قعره النظر, Payne Smith 1183. — Enfoncer, renfoncer, Bc. — Engloutir, submerger, abîmer, Ht. — Rendre ou déclarer arrogant, Voc.

V être arrogant, Voc.

عُمْق pl. أعْماق abîme, Voc., Alc. (abismo), Ht, Bc. — عميق, profond, le pl. aussi أعْماق, Voc. — Métaphysique, abstrait, Bc. — Pl. عُمَّاق foncé, en parlant des couleurs, Alc. (escuro), 1001 N. Bresl. IV, 341: أسْود غميق (avec le *ghain*). — C. ب orgueilleux de, Voc.

عُمُوقَة profondeur, Alc. (hondura).

عَمَاقِيَة. Le passage du Diw. Hodz. se trouve 72, vs. 8.

عَلمِق foncé (couleur), Bc (avec le *ghain*).

عمل

I se dit de plusieurs choses qu'on personnifie, p. e. Koseg. Chrest. 78, 7: (l. يَعْمَل) ولم يزل الحرْب يَعْمَل ارتفع الموت من الاطفال والشباب وصار Ibn-Iyâs 356: وعَمِلت, Antar 3, 4 a f.: يعمل في الشيوخ والعجائز — C. d. a. *faire* quelqu'un roi, vizir, etc., 1001 N. I, 92, 3, 4, 5. — *Faire* un bou-

quet, 1001 N. I, 60, dern. l. — *Faire* des journées, Abd-al-wâhid 200, 2 a f.: فعمل من جبايـة الى فاس سبع عشرة مرحلة وهذا نهاية ما يكون من سرعة السير. عمل له موضعا *faire place à quelqu'un*, Voc. — *Célébrer* une fête, de Sacy Chrest. I, ١٥٨, 5 a f. — *Préparer* un mets, R. N. 52 v°: تاخذ لنا خروفا وتعمله, 57 v°, où il est question de deux poissons: وغسلناهم (هما l.) وجعلناهما في طاجن وادخلناهما الفرن (هما l.); voyez aussi sous خلفظ. Le verbe seul signifie aussi *préparer des mets*, 57 v°: mon maître et moi, nous achetâmes رأسا وخبزا; quand nous eûmes placé cela devant nous pour notre déjeuner, un mendiant survint auquel mon maître donna tout; ثم عملنا في اليوم الثاني ففعل كما فعل في اليوم الأول. — *Composer* des vers, Macc. I, 538, 9 et 11, II, 412, 7. — *Assigner* un traitement, 1001 N. I, 30, 7: وانا بن اليوم ارتب له الرواتب والجرايات واعمل له في كل شهر الف دينار. — *Faire les bonnes œuvres* recommandées par la religion, et عَمَل substantivement, *bonne œuvre*, Haiyân 27 r°, Khallic. I, 671, 15 Sl., Macc. I, 488, 1 et 2, 521, 7, 553, 14, 561, 10, 583, 7, 585, 5, 587, 10 (corrigé dans ma Lettre à M. Fleischer 74), 601, 2 a f., 661, 16, 669, 17, 712, 19, 807, 21 et 22, 846, 17, II, 423, 15. C'est par ellipse, pour عمل بما في كتاب الله, phrase que donne Lane. — *Être en mouvement*, Aghânî 31, 2 a f.: وكان اذا غنى عمل منخراه. — *Se faire*, embrasser un état, عمل طباخا, « il s'est fait charpentier, » عمل نجارا, 1001 N. I, 193, 13, عمل خواجا, « fais-toi marchand, » 1001 N. Bresl. IX, 353; ce que Bc a: « pratiquer, exercer, p. e. يعمل حكيما « il pratique la médecine, » est au fond la même signif.; il a aussi: عمل شاعرا « monter sur le Parnasse. » — *Faire l'office de*, p. e. عمل ترجمانا « faire l'office d'interprète, » Bc. — *Faire, contrefaire, faire semblant de*, عمل روحه, p. e. عمل اطرش « faire l'ignorant, » عمل حاله غشيم « faire le sourd, » عمل حاله مريض « faire le malade; » عمل, *contrefaire*, عمل حاله مغموم « jouer l'affligé; » عمل روحه, *feindre*, p. e. عمل روحه رائح الى الصيد « il feignit d'aller à la chasse; » عمل روحه *faire mine de, faire semblant*, Bc; 1001 N. Bresl. I, 125, 2: فناولتني, III, 197, 11, 391, 2: القديم فاعرفته وعمِلت روحي شربته عملت نفسك السندباد, « vous faites semblant d'être Sindibâd, vous vous donnez pour lui, » VII, 65, 8:

عمل

«vous faites semblant d'être mort,» انت عامل نفسك ميتنا où Macn. a le verbe جعل. Le Voc. a يعمل نفسه sous *simulare.* — عمل *trancher du,* contrefaire, p. e. عمل نفسه خسرية كبيرة «trancher du grand seigneur,» Bc. — *Iniit feminam,* 1001 N. Bresl. XII, 292, 4 a f.: وما زال هو وإياها الى ان — *Rapporter, produire, donner un certain revenu,* Freytag Locm. 58, dern. l.: فارسل الى اخته الملكة يطلب منها ان تقايضه بقلعة جعبر وبالس الى شيء يعمل له بمقدار قلعة جعبر وبالس فاتفق — *Ordre,* sur ce qu'il lui donnerait en échange عمل لفلان على البلد *être gouverneur d'une province,* M. — Très-souvent avec le sens de *jeter* dans l'éd. de Bresl. des 1001 N., et aussi Macn. II, 87, 6 a f. — ان نسميها عمل على عشرة الآف دينار مهرها *Faire de la musique,* Athîr X, 435, 11: وكان اهل بغداد يعملون بانفسهم بالفين فيه ويتناومون العمل بيعمل اهل كل محلة منفردين بالطبول والزمور, Macn. II, 516, 18: فلما فرغ من استهلاكه وعمله — C. ب *agir d'après un conseil, un ordre,* Gl. Fragm. — C. ب *chercher à, tâcher de* (plus ordinairement avec ف, Lane, Gl. Fragm.), Haiyân 15 v°: — C. ب ومحمد يعمل بالفتك به دائما *s'adonner à,* Gl. Abulf.: اختطوا وعملوا بالمعاصي. — il offrit deux mille dînârs pour la jeune esclave, 1001 N. II, 100, 12, 222, 14. — C. على r. *se proposer,* Gl. Fragm., Koseg. Chrest. 107, 3 a f., Mohammed ibn-Hârith 238: عملنا على المقام بمصر. — C. على *se diriger sur,* Gl. Edrisî. — C. على r. *s'attendre à une chose, l'espérer,* Gl. Fragm. — C. على *intriguer, comploter pour perdre* quelqu'un, Gl. Bayân, de Sacy Chrest. I, ٣١, 7: عمل عليه حتى, Nowairi Espagne 467: وكان الذي عمل عليه وسعى به الى فتله, R.N. 64 v°: (Amari change ce nom en المُوَرَّدِيَ). — C. على p., par ellipse pour عمل عليه حيلة, *duper, tromper,* 1001 N. Bresl. X, 284: عمل عليك في هذه الجارية «on vous a dupé en vous vendant cette jeune esclave,» où Macn. a: عملت عليك حيلة في هذه الجارية; Bresl. X, 310, 3: وانا خائفة ان يكون عمل عليه من اجلي, où Macn., IV, 297, 4, donne: وانا خائفة ان يكون عمل عليه حيلة من اجل ان يبيعني

174

عمل

— C. عند p. *avoir de la valeur pour,* Macc. I, 558, 8: فكيف تعمل في فلان هذه شهادة لا تعمل عندي *que pensez-vous donc d'un tel?* Macc. I, 829, 3 a f. — عمل الحديد *travailler le fer,* Gl. Belâdz, Edrisî, Clim. I, Sect. 7: معدن حديد يستخرجونه ويعملونه. Aussi en parlant d'autres choses, p. c. de l'ivoire, de Sacy Chrest. I, 151, 2. — عمل ريقه *faire venir la salive dans sa bouche,* 1001 N. I, 37, 10. — عمل الشهور *fixer le commencement des mois,* de Sacy Chrest. I, ٦, 4, ٣, 2 a f. — عمل صحبة *lier amitié,* commerce, Bc. — عمل معدنا *exploiter une mine,* Gl. Edrisî. — عمل فكرته *bander son esprit,* comme on disait autrefois, *avoir l'esprit tendu, penser à quelque chose avec grande contention d'esprit,* Abd-al-wâhid 221 à la fin; عمل بالشيء فكرا *penser à une chose,* Macc. I, 704, 19, où il faut lire avec Boul.: وطر اعمل به فكرا. — عمل قلبه *faire claquer son fouet,* se faire valoir, Bc.

II *vendre, acheter, troquer, trafiquer,* Alc. (feriar).

III *échanger, troquer,* Alc. (cambiar trocar). — C. a. p.: *traiter, agir avec quelqu'un de telle ou telle manière,* Bc, عـ r., Gl. Belâdz, Gl. Fragm. *Converser, vivre avec quelqu'un* Alc. (conversar); le n. d'act. *commerce, liaison d'amitié,* Alc. (contratacion), Khatîb 33 v°: كان في حسن المعاملة *il était d'un commerce agréable.* — C. a. p. *faire un contrat* ou *un traité avec,* Gl. Belâdz., Voc., Akhbâr 13, 10. — عامل الله *faire une chose dans l'espoir d'être récompensé dans la vie future,* Berb. II, 377, 4: عامل الله في اسباب (où است «en préparant»), 485, 4 a f.: وكتب الله اجرهم لمن اخلص في معاملته, de Slane Prol. I, LXXV a. Aussi وجه الله عامل, Abbad. II, 162, 2 a f., cf. III, 222. Ceux qui le font sont appelés ارباب حالة خادمة الرجال بالاندلس, Khatîb 86 r°: المعاملات — وشيخ (ذوي ajoutez) المجاهدات وارباب المعاملات. — عامل بالدراهم *escompter, employer des dirhems dans le commerce, s'en servir comme d'une monnaie courante,* de Sacy Chrest. I, 247, 3 a f.; دراهم معامل بها *monnaie courante,* Bc. — عامل في دراهم *remplacer, faire un remplacement d'argent, un emploi utile,* Bc. — Pour la Ire, 1001 N. I, 30, 5 a f.: وعامل له طاسة من الذهب معلقة في رقبته يسقيه منها

عمل 175 عمل

IV. De même qu'on dit مُعَمَّل طَرِيق, on dit en parlant d'un chemin ليس يُعْمَل, *qui n'est pas frayé par les hommes*, de Sacy Chrest. II, ١٢٢, 9, 395, n. 79.

V. ظهر عليه التعمل *on voyait clairement que ce pied de la table y avait été ajouté, que c'était une réparation*, Macc. I, 171, 2 a f. — *Négocier*, Alc. (negociar).

VI c. مع *faire un contrat avec*, Voc. — *Se déguiser, se montrer tout autre qu'on n'est réellement*, Mohammed ibn-Hârith 307: وتنعامل ايضا وتنحلّم كأنّا لا نعرفك. — C. على p. *machiner, tramer la perte de quelqu'un*, Bc. — يتعامل *maniable*; لا ينعامل *intraitable*, Bc.

VIII. De même qu'on dit اعتمل الارض, *cultiver la terre*, on dit اعتمل الخضراوات, *cultiver des légumes*, Becrî 175, 10. — Comme la V°, *employer toutes ses forces*; ainsi en parlant d'un matelot معتمل الظَّهر, c.-à-d.: son dos emploie (de même que ses mains) toutes ses forces pour tirer les cordes, Gl. Mosl. — *Dompter un mulet*, Macc. II, 439, 3 a f., cf. Fleischer Berichte 53. — *Se laisser employer*, Berb. I, 602: صاروا الى الانقياد والاعتمال في مذاهب السلطان ومرضاته, cf. 607, 3 a f.

X *employer*, aussi dans un sens obscène, Djaubarî 85 r°, en parlant d'un pédéraste: استعمل الصبي المرتشين. — *S'occuper de, exercer un art*, Gl. Edrîsî, Macc. I, 597, 21; استعمل نفسه في العبادة « *faire ses exercices de dévotion*, » Macc. I, 598, 3. — *Faire, fabriquer*, Gl. Edrîsî, Prol. I, 70, 14. — *Panser une blessure*, Formul. d. contr. 5, en parlant d'un chirurgien: استعمل شجّة. — C. a. r. *feindre* (Lane), Becrî 184, 7 a f. et 3 a f., 185, 5 a f.; c. انّه *simulare*, Voc. — استعمل مهنة الدلالين *faire le métier de courtier*, Bc.

عَمَل chez Freytag doit disparaître; le mot est عَمَل.

عَمَل *pratique*, l'opposé de عِلْم, *théorie*, Prol. III, 309, 6. — ما العمل عليه *que nous suivons, que nous avons adopté*, Gl. Abulf. — En jurisprudence, *coutume, commune pratique*, comme مَذْهَب, Macc. I, 365, 18, 19 et 21, 366, 4 et 5, 474, 13. — *Bonne œuvre*, voyez sous I. — Au sing. et au pl., *les pratiques de la dévotion*, Macc. I, 894, 12, Prol. II, 163,

dern. l. — Chez les alchimistes, *le grand œuvre, la pierre philosophale*, Prol. III, 194, 15, avec la note de M. de Slane. — Seul, pour عمل الارض, *cultiver la terre*, Gl. Belâdz. — Peut sembler superflu dans « ثياب من عمل الصوف *des étoffes de laine*, » Berb. II, 292, 13. — *Le produit d'un travail quelconque*, Prol. II, 235, 17, avec la note de M. de Slane; *objet fabriqué*, Gl. Edrîsî, Müller 13, 2; اعمال *ornements, figures*, Gl. Edrîsî. — *Liste, inventaire, registre, compte, état des contributions*, J. A. 1832, II, 178, Akhbâr 142, 3, Khallic. IX, 41, 3, XI, 92, 5 a f., Macc. I, 134, 10, Prol. I, 321, 3 a f., Berb. I, 556, 2 a f.: اصول الاعمال *les originaux des registres*, Fakhrî 273, 2 a f.: فامره بلزوم سدّته التي كان فيها حسابه واصول. Les اعماله ou كتّاب العمل لعامل sont *les employés qui tiennent les registres, les employés dans l'administration financière*, Macc. I, 273, 8, Haiyân 12 r°: موضع العمل, et واه اصحاب الراي وكتاب للعمل est *le bureau d'un collecteur d'impôts*, Berb. I, 432, 13 et 14. الاعمال sont aussi *les bureaux de l'administration des finances*, Macc. I, 381, 11: اتّخذت فيها الدواوين والاعمال, et العمل ou الاعمال signifie souvent *les finances, l'administration des finances et des contributions*, Khatîb 36 v°: وهو يَتَبَيَّنُ القيادة والوزارة والقضاء وهو اذذاك وزير الامير وبيده v° 123, والكتابة والعمل المجاني والاعمال, Fakhrî 210, 2 a f., 351, 8, Prol. II, 15, 2 a f.: ديوان الاعمال والجبايات Berb. I, 361, 2 a f., 395, 4, 401, 11, Macc. I, 273, 8: قلّد بعض الاعمال « on lui confia l'administration d'une branche des finances, » Berb. I, 432, 3: ولي اعمال الجباية. — Sur عمل العود voyez sous le second mot. — Au Liban, دار العمل *la boutique d'un potier*, Domb. 98; cf. sous عامل — M; voyez ما تولّاه العامل — ذراع العمل, 1001 N. I, 361, dern. l.: وكان عرض النهر ستة اذرع بذراع العمل, pour indiquer la mesure ordinaire, légale.

عَمْلَة. Dans le sens de *larcin, vol, l'action de voler*, pl. ات, 1001 N. Bresl. XI, 382, 4 a f.: وصبيحناه بالمقارع فاقرّ بعملات كثيرة, Macn. II, 105, 8: « *commettre un vol*. » Mais plus ordinairement dans ce livre, *larcin, vol*, dans le sens de *la chose volée*, pl. aussi ات, Macn. II, 101, 9, 113, 6: سرى العملة ووضعها في دار ابي, Bresl. IV, 371, 3 a f.: الحرامية الذين يقتلون الناس ويسرقوا العملات, où

عمل 176 عمل

Macn. a الاشياء, VII, 139, 2: سرق العملة بتاع الخليفة, où Macn. a وكان من جملة, XI, 228, 6: امتعذ الخليفة (l. سيفا), 331, 1, 380, 2 a f.; Habicht, dans le Gloss. sur le VIIe vol. de son éd., cite ce passage de la Vie de Timour: كأنه سارق عملته تحسن ابطه. — *Forme, façon*, Alc. (hechura de obra). — Pl. ات *noble action*, Alc. (hecho noble). — Pl. عمائل *action, fait, trait*, Bc. — بعملته *en flagrant délit*, Bc. — Le pl. عمائل *manières*, Bc. — Le même pl. *manigance, intrigue, petites manœuvres*, Bc. — عمل عمائل *faire des siennes, faire des folies, des tours*, Bc.

عُمْلة *argent, monnaie*, Bc, لانها عند العامّة النقود, M. Le vulgaire dit: فلان سبى تُعْطى اجرة للعمل lorsqu'il ne paye pas quand le terme est échu, M.

عَمَلى الصنائع العمليّة *les arts mécaniques*, p. e. la reliure, la dorure, Macc. II, 105, 8, et voyez sous سفر II; الآلات العمليّة *les instruments dont on se sert dans ces arts*, Khatîb, man. de Paris, 1 v°: صناع اليد محكم لعمل كثير من الآلات العمليّة. — *Artificiel, faux*, Bc. — دعوى عملى *problème mathématique*, Bc.

عميل pl. عملاء *correspondant, négociant en correspondance avec un autre*, Bc, M. — *Commissionnaire*, M.

عمالة, t. de commerce, *commission*, ce qu'un commissionnaire perçoit pour son salaire, M. — *Péage, droit de passage*, Çalât 45 v°, en parlant d'un pont: فائد سبّلها على المسلمين للعبور عليها فى مصالحهم دون قبالة ولا اجازة عمّالة (ces voyelles sont dans le man.). — *La charge de percepteur des contributions*, Gl. Belâdz. اهل العمالة *les employés de l'administration financière*, Djob. 335, 3. — *Le produit des contributions*, Gl. Belâdz. — *District, étendue de juridiction, province*, Gl. Edrîsî. عمالة *l'emploi du* عامل (voyez) au Liban, M.

عمولة 1001 N. Bresl. X, 302, 4 a f.: هذا المنديل من اين لك فقال له نور الدين هذا شغل والدى عملته لى عمولة, où Macn. a: عملته لى بيده. — *Commande, ouvrage donné à faire exprès pour quelqu'un*, Bc.

عمولة *commission*, ce qu'un commissionnaire perçoit pour son salaire, M.

عمّال *ouvrier*, Voc., R. N. 88 r°: كان اخى منك قدم من الحج سلّم الى الحانوت فتوليته وقمت به مع

العالمين. — *Gouverneur*, Ht. — *Agent, député*, Ht. — *Courtier*, Ht. — عمال مركب *pilote*, Bc. — *Qui fait de bonnes œuvres*, Fakhrî 286, 8, Yâcout II, 113, 21. — En parlant d'une terre, *qui est en labour*, « terra laborabilis, » l'opposé de بَطَّال, « qui est en friche, » ancienne trad. latine d'une charte sicilienne chez Lello 14. — Indique dans la langue vulgaire la continuité d'une action; le sens montre alors quelle est cette action, ou bien on l'indique en ajoutant un participe, Fleischer Gl. 66, qui cite ces exemples tirés des 1001 N.: ولا زال عمال حتى اقبل على البرقان « il ne cessait de marcher jusqu'à ce qu'il » etc., والبخور عمال «tandis que les parfums fumaient sans cesse,» ولا زال سائف عمال الى ان جسه الى بيت نور الدين « il ne cessait d'exciter son cheval, jusqu'à ce qu'il » etc. De là vient que le vulgaire joint cet عمال, ou qui en est une abréviation, à l'aoriste, pour indiquer une action qui a lieu actuellement. Bc donne: عمال يتغدّى « il est en train de dîner, il dîne actuellement, » عمال يشقّ الفجر, ou عمال يطلع الفجر, «l'aurore commence à paraître.» Aussi dans M. Antar 19, 13: بنى زياد عمالين يبغضوا ولدى لان ما لهم مثله, 29, 1: وهو عمال يصنع طعامه.

عامل *agriculteur*, Gl. Belâdz., *fermier*, Hbrt 177. — *Fabricant*, Gl. Edrîsî. — *Potier*, دار العامل «la boutique du potier,» Alc. (tienda de olleros); cf. sous عَمَّل — عوامل للخراج *ceux qui sont sujets à l'impôt*, Berb. II, 4, 1. 6. — Au Liban le 'âmil est من تولّى مقاطعة; il est au-dessous du modîr et au-dessus du شيخ الصلح, M.

عامليّة *ما تولّاه العامل*, est au Liban, M.

تَعَمُّل *le pas lent des quatre dernières courses autour de la Ca'ba*, Burton II, 191.

تَعَامُل *traitement, accueil, manière d'agir avec quelqu'un*, Bc.

مَعْمَل pl. معامل *fabrique*, Descr. de l'Eg. XVIII, part. 2, 139, *chantier, atelier, fabrique, laboratoire, manufacture, usine*, Bc, M; معمل القزاز *four à verrerie*, Descr. de l'Eg. XII, 405, 475; ou معمل الفروج *étuve, couvoir artificiel, pour faire éclore les poulets*, Descr. de l'Eg. XVII, 246, Lane M. E. II; 5.

مَعْمُول *contrefait, imité, postiche, faux*, Alc. (fin-

عملف

gida cosa, filosofia fengida فلسفة معولة (postizo), *faux* (monnaie), Gl. Belâdz. — En parlant du camphre, *celui qu'on a obtenu par la destillation*, Bait. II, 334: ونصفى هذه الكوافير كلها بالتصعيد فيخرج منه كافور ابيض صفائح شبيهة فى شكل صفائح الزجاج المعول. — *Objet fabriqué*, Gl. Edrîsî. — *Espèce de biscuit*, Bc, M, avec le n. d'un. ة. — Biffez dans Freytag et dans Lane, qui l'a suivi: «asinus, cuius testiculi extracti sunt;» c'est une fausse leçon pour معول, et Freytag a corrigé cette faute dans son Meidânî, II, 928.

مُعَامِل *fournisseur*, al-Faradj ba'da 's-chiddati, man. 61, p. 209: اضفت اضافة بلغت منها الغاية حتى الج على للخبّاز والبقّال والقصّاب وسائر المعاملين ولم يبقى لى حيلة, et ensuite: فاحضرت المعاملين فقضينت جميع ديونى 1001 N. II, 305, 10 et 2 a f. (même histoire). Chez Alc. «conocido en comprar.»

مُعَامَلَة *conduite, procédé*, Bc. — *Troc, échange*, Alc. (trueco, ferias trocando = تبديل). — *Commerce d'argent*, Bc. — معاملات *affaires de commerce*, Amari Dipl. 192, 3 a f., 1001 N. I, 10, 11: كان كثير المال والمعاملات فى البلاد. — *Traité, contrat de commerce*, Gl. Bayân, Gl. Belâdz., Voc. — *Argent, monnaie; argent monnayé, numéraire*, Bc, M, 1001 N. IV, 500, 3 a f.; درهم معاملة *en monnaie de cours*, de Sacy Chrest. III, 383, dern. l., cf. Amari Dipl. 443, n. bbbb. — معاملة درام *placement*, action de placer de l'argent, Bc. — معاملات *negotia iuridica*, i. e. obligationes et ius reale proprio sensu, v. d. Berg 17. — المعاملات الديوانية sorte de contribution, Maml. I, 37.

مُسْتَعْمِل *favorable*, (vent), Edrîsî, Clim. I, Sect. 6: لخروج منه (الجون) صعب الّا ان يكون بريح مستعملة. — Semble signifier *fait par le tailleur*, R. N. 95 v°: زرمة فيها جبّة شرب ربيعة مستعملة plus loin l'auteur l'appelle جبّة جديدة. — مستعمل مركب *pilote*, Bc.

مُسْتَعْمَلَة *pot de chambre, vase de nuit*, Bc, Hbrt 203, M (sous خدامة); كرسى فيه مستعملة *chaise percée*, Bc.

عملق

عِمْلاق *géant*, Voc.

عَمْلُوش M. vulg. pour عمشوش.

II

177

علميص = عُمَيْلِيص, M.

عمى

عَمَّدَ *aveuglement*, Voc.; dans la 1re part. aussi *excecare*, mais cela n'est pas dans la 2de.

عمّهم dans les 1001 N. Bresl. XI, 402, 1, doit signifier *pays* ou *désert*.

عَمِىَ I *avoir les deux yeux louches*, Alc. (entortar de dos ojos). — C. على *ne pas faire attention à, ne pas apercevoir*, 1001 N. Bresl. XI, 104, dern. l. — En parlant de plantes, voyez Lane à la fin; exemples: Auw. I, 292, 10, où il faut lire: ما تَعَقَّد من اغصانه, 447, 14, 460, 7, 505, 3 a f., où il faut lire avec notre man.: وهى من عيونها. ويقطع ما عمى من عيونها.

II c. على p. *cacher une chose à quelqu'un*, Djob. 229, 7 et 8 (cf. dern. l., où il faut lire متعمّدا); aussi c. عن p., Autob. 215 r°: عميت عنه شأن ابن. — لخطيب ايقاف لموّدتّه عَمَّى العُقَد *laisser pousser les bourgeons* (cf. sous I); voyez dans les Add. et Corr. l'article بلقار. — عمّى القلب *assommer*, importuner à l'excès, p. e. رح عميت قلبى «va-t'en, tu m'assommes,» Bc.

IV c. a. p. et عن r. *rendre quelqu'un aveugle pour*, Kâmil 215, 1.

عَمَى السِّكيتى *paralysie du nerf optique*, Daumas V. A. 425. — العما *malepeste!* Bc. — عما, 1001 N. Bresl. II, 89, 5, locution proverbiale pour dire: les fous ne peuvent agir que follement, selon l'explication donnée par Caussin de Perceval, voyez Ztschr. VII, 573; العامّة عما, comme il faut lire dans l'Histoire des Coptes par Macrîzî, ch. 1, 9 éd. Wüstenfeld, semble aussi une loc. prov.; و عما y est pour ذوو عما, et le sens est: le peuple agit aveuglément; voyez Ztschr. l. l.

عُمِّى *loucher, être louche*, Alc. (entortadura de ojos).

عَمِى *fou, sot*, vers chez Bassâm III, 30 r°:
ما فيهم الّا دنسى او عمى او مضرّة

عِميان sorte de poisson, Yâcout I, 886, 9.

على العميان *aveuglément, à l'aveuglette*, Bc.

23

عن 178 عنب

عَمَايَة cécité, Voc. — Ignorance, Voc.

عَمَاتِي. العَمَاتِيَة الحَضْرَة chez les Soufis, voyez sous le premier mot.

أَعْمَى. On dit au fig. فَاجْتَمَدَ عَبْيَاء صَمَّاء, Abbad. I, 254, 6, الفَتْنَة العَبْيَاء, Macc. II, 14, 12, عَبْيَاء Berb. II, 33, 5. — العَامَّة العَبْيَاء la populace ignorante, Macc. I, 133, 2. — الأَمْر أَعْمَى la chose est obscure, si M. Fleischer a bien corrigé Macc. I, 396, 6. — التَرْكِيب الأَعْمَى la greffe à l'aveugle, voyez sous le premier mot. — دار العَمْيَان auberge, Domb. 97. — J'ignore ce que ce mot signifie dans Auw. I, 97, 10: الرَمْل الغَلِيظ الأَخْرَش السَبْيَل الأَعْمَى.

تَعْمِيَة énigme, Bc.

مُعَمَّى énigmatique, Bc. — Enigme, Bc, Prol. III, 230, dern. l.

مَعْمِيَة chez al-Akhtal 11 r°, expliqué dans le comment. par مَضَلَّة (Wright).

عَنْ. عَنْ هَدِيَّة en cadeau, Bat. III, 387. — عن علم بِه d'après la connaissance qu'ils en possèdent,» Gl. Edrîsî. — عن أمر فلان sur l'ordre de quelqu'un, عن اذنك avec votre permission, Gl. Edrîsî. — Après les verbes qui signifient envoyer: بعث (وجّه) عن فلان il envoya chercher un tel; de même نهض عن فلان il alla chercher un tel, قصدت للخزائن عن الأسلحة « on courut aux arsenaux pour y chercher des armes,» Lettre à M. Fleischer 37—8. — S'emploie quand on s'attendrait plutôt à la prép. على, Haiyân-Bassâm I, 172 r°: وعاداه باديس عن تعبية محكمة (de même dans la copie de ce texte chez Khatîb 134 v°), 173 r°: وصبحنا القوم عن تعبية محكمة. — Pendant, Abdarî 46 v°: les caravanes sont très-nombreuses, قائلاً بحيث لو غاب عن أحد رفيقه لم يجده عن أيام « pendant plusieurs jours.» — Tandis qu'on possède, Valeton r°, 2 a f.: أفضل الناس من عفى عن قُدْرَة, وتواضع عن رِفْعة وانصف عن قوّة l'éditeur (39, n. 7) cite un autre exemple: Hamâsa 25, 7 a f.; on peut ajouter: Kitâb al-alfâdh, man. 1070, 8 r°: يقال لا عَفْو إلَّا عن قُدْرَة. La particule عَنْد s'emploie de la

même manière, Kâmil 39, 2: قيل لمعويدة ما النبّل فقال الحلم عند الغضب والعفو عند القدرة.

عَنْ I. عنت البه الوجوه « tous les regards se portèrent vers lui » (de Slane), Berb. I, 470. — C. على p. faire attention à, Antar 27, 5: فَما التَفَتت البِها ولا عن عليها.

عَنْ = عَلّ, peut-être, Fleischer sur Macc. II, 194, 15 Berichte 284, cf. Lettre à M. Fleischer 176. — Chez les Cais et les Temîm pour أنّ; ils disent p. c.: اشهد عن محمداً رسول الله, Mufassal 139, 3 et 4; aussi chez le vulgaire, M.

عَنَّا pour أنَّا, P. Kâmil 47, 14 et 15.

عَنَّة fatigue, Cartâs 97, dern. l.

عَنَان. En parlant d'une forteresse: طلع في عنان السَحاب, Cartâs 51, 6, ce qui pourrait paraître une tautologie.

عِنَان bride. Au fig.: اخذ بعنانه = il l'empêcha d'aller plus loin, Akhbâr 19, 7; صرف الاعنّة الى فلان = il se dirigea contre un tel, Haiyân 90 v°; le Voc. a en vue le même sens quand il donne صرفت عنان parare; اطال من عنانه في = se livrer, s'abandonner à, R. N. 58 v°: وكان قد جرّر اذياله في الصبا واطال من عنانه في الهوى منهمكاً في البطالة صاحب لهو وصبوة. — Par synecdoche, cavalier, Gl. Fragm., Haiyân 102 v°: أَطْلَقْنا الِيه الأَعِنَّة « on dirigea contre lui des cavaliers », Antar 28, 7 a f., 39, 3. اعنّة الخيل la cavalerie, Akhbâr 157, 8: قَلَّدْنَاك اعنّة الخيل أجمع « nous vous avons confié le commandement de toute la cavalerie », Cartâs 260, 1, R. N. 6 r°: وقدّم خالداً قائد الاعنّة le commandant de la cavalerie, Abbâr 140, 11, على اعنّة الخيل Khallic. X, 61, 14, Macc. II, 755, 12, Cartâs 57, 1 (lisez قائد اعنّة avec notre man.); sa charge s'appelle قيادة الاعنّة, Berb. I, 532, 6 a f. — ذو العنان le Cocher (constellation), Bc.

عَتَّابِى. الفَقُّوص العَنَّانِى, Bat. IV, 435, voyez sous مُعَنَّى.

مُعَنَّى elegans, longus, Voc.

عنب I boire du vin, Alc. (bever vino).

عِنَب. Le pl. اعناب vignes (cf. Lane), Rutgers 127, 4, avec la note p. 128 à la fin. — Vin (cf. Lane), aussi en Barbarie, car Mouette, à la fin, donne *leineib*, *vin*. — العنب البَقَرى, dans quelques provinces maritimes de l'Espagne, *l'espèce de raisin qu'on appelle ordinairement* اصابع العَذارى, Bait. I, 55 c. — عنب الثَعلَب *morelle*, espèce de solanum, vigne de Judée, Bc; — *groseille*, Bc, Hbrt 52, et *groseiller*, Bc. — عنب الدُبّ *busserolle*, Bc, Bait. II, 215 b.

عنب الذِئب *solanum nigrum L*, *morelle*, Prax R. d. O. A. VIII, 348, Pagni MS, Browne II, 48, *la morelle à fruits rouges*, *solanum villosum*, Ghadamès 332, *douce-amère*, ou *solanum*, *vigne sauvage*, *morelle*, espèce de solanum, vigne de Judée, Bc; le Most. donne اوبه قنينه (*uva canina*) comme le nom roman; selon Bait. II, 212 b, le vulgaire en Espagne donnait ce nom au عنب الثَعلَب (ce passage manque dans Sonth.); — *groseille*, Hbrt 52 (Alg.). — عنب السقوف, en Espagne, *la petite espèce du Sempervivum qui croît sur les toits*, Most. (voyez le texte sous شيان); la même explication dans le Gl. Manç., mais là c'est عنب السَقف. — عنب الكَلب *églantier*, Alc. (escaramujo o gavança). — العنب المِسكى *raisin muscat*, Domb. 71; cf. sous مسك.

عِنَبَة *manguier*, Bat. III, 125.

عِنَبَة *vigne*, Bc. — Nom d'un ornement de femme, voyez Lane M. E. II, 400.

عَنْبَا *manguier* et *mangue*, Bait. II, 212 a, Bat. II, 185, Notices XIII, 175, 382.

عنَيبة قسم من العنيبة *choroïde*, tunique de l'œil où est la prunelle, Bc, Gl. Manç.: العين نَاة المَاء فى هو خَلط ينزل فى العنيبة من طبقات العين وفى الجُلدَقة الطبقة الصُغرى فيضعف النَظَر, le même sous قرنيه: لون ما تحت الجُلدَقة الكبرى العنيبة, voyez aussi sous قدم I, Ibn-Wâfid 2 v°, Aboû'l-Walîd 776, 8.

عنب nom d'une espèce de concombre, Auw. II, 213, 3 a f., voyez عَتابى. — *Annabi* ou *corinto*, douro d'Espagne, à Tougourt, Prax R. d. O. A. IV, 137.

عَنْبَتَش *quare*, Voc.

عنبر I *rendre noir*, Calâïd 222, 12.

عنبر *proprement l'ambre gris, et par suite la couleur noire*, Maml. I, 2, 133. — عنبر خَام *ambre gris*, Bc. — عنبر سائِل *copalme*, résine liquide, *liquidambre*, ambre liquide, Bc. — Pl. عنابر *magasin de blé*, M; c'est pour انبار, que Freytag a sous l'*élif*. — *Fond de cale*, Wild 110: «Die Hampar, das ist, die Böden in den Schiffen, unter dem Wasser, darein man die Güter oder Wahren thut;» Hbrt 128 a en ce sens العنبر التَحتانى; cf. 1001 N. II, 116, dern. l., où Lane traduit *cabine*.

عَنْبَرة *morceau d'ambre gris*, Cartâs 58, 9 (= قطعة عنبر l. 4), Calâïd 222, 16, Macc. I, 860, 2. — Pour عنبر, *ambre gris*, P. Macc. II, 529, 19. — Pl. عنابر *élite*, *fleur*, Bc.

عَنْبَرى. Parmi les présents qu'Almanzor distribua dans une de ses campagnes, l'auteur du Bayân nomme, II, 319, 13, deux كساء عنبرى, et dans mon Glossaire j'ai dit qu'il faut entendre sous cette expression *un manteau fait de la peau de l'énorme poisson de mer qu'on appelle 'anbar, c.-à-d., du cachalot*. Jusqu'à présent je n'ai trouvé rien qui m'engage à changer d'opinion. Il est vrai que, dans les temps modernes, *'anbari* est, comme on le verra tout à l'heure, le nom d'une étoffe; mais rien n'indique que ce mot ait eu cette signif. au Xe siècle, et comme la peau du cachalot sert à faire des boucliers, des sandales ou des souliers, et des cottes d'armes (voyez Lane), elle peut aussi avoir servi à faire des manteaux. Seulement j'ai eu tort de citer à ce propos un passage de Macrîzî. Cet auteur (II, 103, 1 Boul.) parle bien certainement de l'ambre gris (matière qui se forme dans les intestins du cachalot), et pas d'autre chose; une question plus difficile à résoudre, c'est de savoir quel sens il faut attacher aux paroles dont il se sert, quand il dit: «On en *faisait* (وكان يَتخذ منه) des oreillers, des moustiquaires et des rideaux.» L'emploi du verbe اتخذ ne permet pas de penser à des objets entrelacés de pièces d'ambre; il faut qu'il en aient été faits entièrement, ce qui est assez étrange. — Nom d'une pierre noirâtre ou verdâtre, parsemée de taches noires, jaunes et blanches, et qui exhale une odeur d'ambre gris. On en faisait des coupes; voyez Cazwînî I, 231, 6 et suiv. — Sorte d'étoffe; «travail d'Alexandrie et de Damiette,» Descr. de l'Eg. XII, 170, *crêpes de soie*, ibid. XVII, 390. Quatremère dit, Maml. I, 2, 133: «Suivant le témoignage de M. Estève (Finances de l'Égypte, p. 59), une étoffe porte en Egypte le nom d'*anbary*, sans doute parce qu'elle est de couleur noire.» Ce *sans doute* me semble sujet à caution; il faudrait prouver d'abord que cette étoffe est constamment noire, et cette preuve manque. — العَرَق العَنْبَرى est la meilleure espèce de عَرَق, M; aussi عنبرى seul, *liqueur*, boisson qui a pour base l'eau-de-vie, l'esprit de vin, *ratafia*, *tafia*, *rossolis*, Bc, Hbrt 17, Lane M. E. I, 223; le M a encore: عنبرى؛ العَمْبَرى نوع من العرق حلو وهو من اجوده مثلج *glace*, liqueur glacée, Bc.

عَنْبَرِيَّة *bouteille à liqueur*, Bc.

عَنْبَرِيْنَا Aboulfeda Ann. V, 80: وسيف محلّى بالذهب وتلكش وعنبرينا. La leçon est certaine, car elle ne se trouve pas seulement dans notre man., comme je m'en suis assuré, mais aussi dans les deux man. de Paris 750 et 749 suppl. arabe, que M. Defrémery a bien voulu consulter à ma demande et dont le premier a été copié à l'usage de l'auteur. Je crois donc que c'est le persan عَنْبَرِيْنَهٔ, qui signifie, soit une sorte d'ornement rempli d'ambre gris, que les femmes portent au cou, soit, selon l'explication de Vullers: sertum, margaritis et globulis ex ambra confectis distinctum.

عَنْبَرْكِيس *toile de coton blanche et fine*, M, *calicot*, Roland (qui écrit عَنْبَرْكِير de même que Beaussier), *madapolam*, Ghadamès 42, R. d. O. A. V, 21, XIII. 153.

مُعَنْبَر signifie selon Freytag, qui ne cite pas d'autorité, et le M, qui l'a suivi, *qui exhale l'odeur de l'ambre*, et de Sacy traduit ainsi, Chrest. I, ٧٨, 1. Ordinairement ce mot a le sens de *noir*, Maml. I, 2, 133.

عَنْبَس, *lion*, forme aussi au pl. عنابِسة, Wright 119, 8.

عَنْبَقَر, forme vulgaire, Ibn-Loyon 12 v°: عُيون البَقَر يسَمِّيه الطَّغَرى العَنْبَقَر وهو عند العرب عبيقر. cf. نوع من العنب اسود وليس بشديد السواد

عَنَتَ I *periclitari*, Voc., et les autres mots arabes qu'il a sous cet article signifient *périr*; M: لقى الشِدَّة وهلك. — *Persister*, Ht.

II c. a. et ب *confundere alium*, Voc.

V. Dans les 1001 N. I, 346, 15, les mots وقد تعَنَّت عليها me sont obscurs. — Comme quasi-pass. de la IIe dans le Voc. sous confundere alium.

مُتَعَنِّت *rigoriste*, trop sévère dans la morale, Bc.

عَنْتَر.

عَنْتَر *hercule*, homme robuste, Bc; M sous le nom du héros 'Antara: والعامّة تضرب به المثل فى القوّة والشجاعة.

عَنْتَرِى, pl. عَنْتَرِيَّة et عناتِرة, *celui qui récite le roman d'Antar et d'autres ouvrages du même genre*, Lane M. E. II, 163. — *Vêtement nommé du nom du célèbre héros*. Au siècle dernier les hommes de la haute classe au Caire et ceux de la moyenne le portaient sur la chemise et le pantalon; il était doublé de toile et il passait les genoux de deux empans environ, Niebuhr R. I, 152. Aujourd'hui les dames seules en font quelquefois usage en Egypte; c'est une courte veste, passant seulement un peu le milieu du corps, Lane M. E. I, 58.

عَنْتَجِد signifie selon quelques-uns *les pepins des raisins secs*, عَجَم الزبيب, Most. sous ce dernier mot, Bait. II, 222 c; mais selon d'autres ce sont les raisins secs eux-mêmes, Most., Bait. I, 515 e.

عند I *s'entêter*, *se piquer au jeu*, ou seulement *se piquer*, vouloir venir à bout d'une chose malgré les obstacles, Bc; c. فى *s'aheurter à quelque chose*, Bc. — *Imiter*, Ht.

III *s'entêter*, *s'obstiner*, c. عن *à ne pas faire une chose*, p. e. إن كان يعاند عن الجَى «s'il s'obstine à ne pas venir,» Bc; voyez aussi son article *contrainte par corps*; c. فى *s'aheurter à quelque chose*, Bc. — C. a. p. *rivaliser avec*, Voc. (contendere de pari). — C. ل p. *faire cause commune avec*, Haiyân 11 v°: وكان قائمًا بدعوة المولّدين معاندًا لابن مروان الخ وابن بكر الخ فكانوا البادي من خالفهم وبدا على من خرج عنهم

V *s'entêter*, Ht. — Cf. plus loin le participe.

VI *s'obstiner*, *s'opiniâtrer*, Bc. — C مع *rivaliser avec*, Voc.

عِنْد، ما كان عنده *ce qu'il savait*, Gl. Fragm. — كانت عنده *elle était sa femme*, Gl. Belâdz., Gl. Fragm. — انْفَق من عنده *dépenser son argent*, Macc. I, 136, 9. — ل devoir, avoir des dettes, Bc. — *En comparaison de*, Tha'âlibî Latâïf 16, 4. — *Malgré*,

عندل

Gl. Fragm. — نفسه عند *à son avis, suivant son estimation*, Freytag Chrest. 42, 1, R. N. 43 r°: وخبرى من نفسه عند به نزل ما لعظم ثيابَه الخِصىّ. Aussi عندى *suivant mon évaluation*, voyez un exemple tiré du R. N. sous رمى I. — *Conformément à*, Abdarî 82 v°, en parlant de Tunis: اسمها عند مؤسسة وهى, R. N. 16 r°, en parlant d'un bon cadi qui s'appelait Ghauth: أمّك والله اصابَت تقول وهى المرأة وانصرفت (sic) اسمى عند غوث والله فانت سمّتك حين, Hist. Tun. '100: il fut nommé Dey, mais يكن فلم فتخلع الظن عند — *Tandis qu'on possède*, voyez sous عن à la fin. — عندك *assez, c'est assez*, Bc.

عَنَد *entêtement*, Bc.

عَنَدى *contrariant*, Bc.

عِناد *entêtement*, Bc. — *Acharnement*, animosité, Bc. — الحضور عن عناد *incorrigibilité*; التروّية عن عناد *contumace*, Bc.

مُعنَد *entêté*, Bc.

مُعانِد *dissident*, sectaire qui rejette la religion dominante, Bc, *schismatique*, Hbrt 155. — معانِد الحضور عن *contumace*, Bc.

مُتَعَنَّد *ennemi, antagoniste*, chez l'auteur persan Sadi, Gulistan 137, 2 éd. Semelet.

عَنْدَل. Le passage du Diw. Hodz. se trouve 206, 11.

عنز

عنزة d'une mosquée, Cartâs 30, 16, 31, 8, 32, 13, 37, 14 et 16. J'ignore ce que ce mot signifie; Tornberg traduit par conjecture *turricula*, ce qui ne me semble pas convenir. — العَنْزة *la Flèche* (constellation), Dorn 50, où ce mot est mal prononcé et mal traduit.

عَنزى *le cheval arabe*, d'Escayrac 311.

عَنّاز *chevrier*, Voc., Alc. (cabrerizo). — La 15ᵉ étoile d'Andromède, sur le pied gauche, « et es la que llaman *alaanac* (l. ع), que quier dezir cabrerizo, » Alf. Astron. I, 53.

عنزروت *trifolium odoratum*, Pagni MS.

عنصل

181

عنصل

عنزق I c. a. p. *balancer* quelqu'un *dans l'air sur une escarpolette*, M.

II *être balancé dans l'air sur une escarpolette*, M.

عنزوقة *escarpolette*, M.

عنس I. Le Voc. a عَنَس يَعنُس sous mamma.

عنصر

عُنْصُر *source*, Cartâs 14, 6 a f., 17, 3, 4, 5 et dern. l.; au fig., Mi'yâr 18, 3: Andarax est عنصر جبايك, lisez de même 12, 1 (cf. Müller 64), Haiyân-Bassâm III, 4 r°: لخراج عنصر, Amari 111, 4, où il faut lire (cf. Append. 13): العُود اجناس عنصر وفيها
الذى تنشأ منه المراكب.

عنصر est l'hébreu עצרה. Dans l'Ancien Testament ce mot signifie: assemblée, réunion du peuple pour célébrer les fêtes religieuses. Du temps de Josèphe, c'était la pentecôte, et dans le Talmud on trouve ce terme dans la même acception. Encore aujourd'hui la forme arabe *'ançara* désigne, parmi les Coptes, *la pentecôte*, Lane M. E. II, 363, M, Bc, Hbrt 154; mais comme en réalité la signif. primitive du terme est très-vague, il n'est pas étonnant qu'on l'ait aussi appliqué à d'autres fêtes. En Espagne c'était *la Saint-Jean*, que les Maures fêtaient aussi bien que les chrétiens. Cet usage s'est perpétué dans le Maroc, et l'on trouve des détails curieux sur ce sujet chez Mouette 355 et chez Chénier III, 224; cf. Gl. Esp. 135—7, Haiyân 88 r°, 91 v°.

عنصرى *un fruit qui mûrit au mois de juin*, Gl. Esp. 136 n.

عنصرى *élémentaire*, Voc., Bc.

عنصل

عنصل pl. عناصل *caprice*, Ht.

عنصلة pl. عناصل *glande à la gorge*, tumeur accidentelle qui s'y forme, Voc. (glandula). Il a aussi التَّلَة, qui en est une corruption, et qui, chez Alc., est «landre del cuello.» C'est proprement عنصلة, et l'on a donné ce nom à cette tumeur parce qu'elle ressemble à un oignon de scille.

عنصلى *scillitique*, Bc.

عنصلان = عنصل, *scille*, Most. v° اشقيل.

عنطس

عَنْطَس (les voyelles dans N) *absinthe*, Most. v° الحسنتين.
— *Le fruit du myrte*, qui est doux-amer, Bait. I, 38 b, s'il faut lire ainsi; A عدلس (sic), B قنطس, S قبطس.

عنعن I, chez les traditionnaires, est quand ils rapportent un *isnâd* qui commence par la préposition عن, *d'après, sur l'autorité de*, p. e. عن زيد عن عمر عن احمد, sans ajouter سمعت, etc., par lequel tout bon *isnâd* doit commencer. Cependant une tradition مُعَنْعَن est bonne si l'*isnâd* n'offre aucune marque de supercherie, et s'il y a possibilité que le dernier rapporteur ait rencontré celui d'après lequel il a donné le renseignement. Voyez Lane 2163 b, M, Prol. II, 148, dern. l., avec la note de M. de Slane, 159, 15, 162, 5, de Slane Prol. II, 485. Par suite أَسْنَدَ =, P. Macc. I, 820, 10: خذ الوجد عني مسندًا ومعنعنا, P. Khallic. 475, 15 Sl., c. الى:

هاروت يعنعن فنَّ السحر الى عينيك ويسندهُ

عنف II, *molester, tourmenter*, Bc, se construit aussi c. ب p., de Jong.

V *se tourmenter*, Bc. — Dans le Voc. sous *vituperare*, c. ب sous *confundere alium*.

عنف *sujétion*, assujettissement, assiduité gênante, Bc.

عَنُوف *sévère, rigoureux*, Haiyân-Bassâm III, 232 r°:
علموا الراعي العنف منذ حقب

عنفص I chez le vulgaire pour تَعَنْفَصَ, M.

عِنْفَص pl. عَنافِص *bondon*, Voc. (clepsedra, voyez Ducange).

عنفق

عَنْفَقَة *menton*, L (mentum والذَّقن وعنفقة).

عنق II = III *embrasser*, Voc., Alc. (abraçar), 1001 N. I, 65, 3.

V c. مع dans le Voc. sous *amplecti*.

عَنَّق est expliqué dans le Diw. Hodz. 3, l. 12, par أوائلهم, p. c. رايتُ عنقا من القوم ومن الطبّاء.

عنق pl. اعناق, en parlant des fruits qui appartiennent à la famille des cucurbitacées ou à celle des pomacées, indique que ces fruits ne sont pas de forme

عنكب

ronde, comme les pommes, mais de figure oblongue, comme les poires, ou, comme on dit en botanique, qu'ils sont ellipsoïdes et non pas sphériques. Un tel fruit s'appelle مُعَنَّق, Gl. Edrisi. — *Défilé*, Renou 240. — عنق البواب *côlon*, le deuxième des gros intestins, Bc.

عُنُقي *cervical*, qui appartient au cou, Bc.

عَنَاك pl. عُنَاي *cupra (iuvenis)*, Voc.

أَعْنَق. عَنْقَاء n'est pas toujours un animal fabuleux, car les Arabes donnaient ce nom au *griffon*; voyez Rauwolf 232, 3, où *alcra* est une altération de ce mot; — nom d'une pièce qu'on a ajoutée au grand jeu des échecs, van der Linde, Leerboek van het Schaakspel 280.

تَعْنِيق *accolade*, embrassement, Bc.

والمُعَنَّق عند اهل M; عُنُق; مُعَنَّق voyez sous لبنان ضرب من الاجاص طويل العنق غير لذيذ الطعم

عنقد.

عُنْقُود *essaim d'abeilles*, Voc. — امراة عنقود مصايرة خصلة ومعنقود *femme qui est dans ses plus beaux atours, femme très-parée*, Bc.

(نوع من) عنقدى (N) ou عنقدى (Lm) *espèce de scorie*, Most. v° خبث الفضة.

عُنَيْقِيد dimin. de عنقود, Abou'l-Wâlîd 521, 30.

عُنْقُر est عُنْقُر et عُنْقَر dans le Kâmil 414, 16.

عنقريس sorte de poisson de mer, voyez Edrisi trad. Jaubert I, 63.

عنقل I *empêtrer, embarrasser*, Bc.

II *s'empêtrer, s'engager*, Bc.

عنك XII اعْنَوَّنَكَ, Ibn-Doraid (Wright).

عنكب.

عَنْكَبُوت *toile d'araignée*, Alc. (telaraña tela de araña), Pagni MS, Hbrt 71, Ht, a ce sens dans les livres de médecine, Most. in voce, R. N. 79 v°: فرفعت يوما الغطاء عنها (القدر) فاذا فى مملوءة بالعنكبوت *une robe mince comme une toile d'araignée*, 1001 N. Bresl. V, 233. — Dans l'astrolabe = الشَّبَكَة, Dorn 27, Alf. Astron. II, 261. — Une ex-

عنكليس *croissance qui sort des narines du cheval*, Auw. II, 585, 22, 586, 8 et 10. — عنكبوت محل *araignée de mer* (poisson), Bc.

عنّكليس *anguille*, Bc (Syrie), Hbrt 70, Payne Smith 1125.

عَنَم voyez Bait. I, 180 c, II, 222 f.

زيت مُعَنَّم Bait. I, 180 c: les habitants d'as-Chaubac en Syrie connaissent cette plante sous le nom de ويُطْبَخَن ثمرُه مع الزيت فيبانى لونه اخرٍ قالَ :العَنَم ويُعرَّف بالزيت المعنم ❊

عنو IV *vaincre*, Gl. Mosl.

VI chez Freytag doit disparaître; voyez sous عنى VI.

عَنوة. On dit أَرْض العنوةِ et العَنوةِ أَقَلْ, Gl. Belâdz., et العنوة seul dans le dernier sens, Akhbâr 23, dern. l.

عنون I, الكتابَ, *écrire l'adresse d'une lettre*, 1001 N. II, 209.

II dans le Voc. sous *superscribere*.

عُنوان Le pl. ات dans le Voc. Prov. عَنّ مِن الكتاب الْعَنوان ما في, Koseg. Chrest. 78, 2 a f.; العنوان دلالة على بعض ما في الصحيفة, Macc. I, 708, 5, فَتح الصحيفة تظهر مِن عنوانها, 1001 N. IV, 153. *ouvrir, rompre le sceau, le cachet d'une lettre*, Alc. (abrir sello, abertura de lo sellado; il écrit iîguên, îîguôn). — *Spécimen, échantillon*, Macc. I, 890, 19, II, 8, 7, Khatîb 38 r°: وشعرٌ مدوّنٌ كما قلنا وهذا *Etiquette, petit écriteau*, القدر عنوان على نبله Bc. — عنوان قبر *épitaphe*, Bc.

عنى I c. في dans le Voc. sous *intercedere*.

II. عُنيَ بشىءٍ, dans un vers, = عنى به, *s'occuper de*, Gl. Fragm. — C. a. dans le Voc. sous *mederi*.

III. *Studium impendit* c. a., que Freytag a sans autorité et que Lane n'a pas, est bon; Vêtem. 258, 7: على فَتح المدينةِ, Gl. Belâdz.; وكنْ يعانيين الوزارة Prol. II, 2, l. 5: Aussi على المدينةِ. على نَقْل الجبال *il s'efforça de prendre la ville*, Gl. Belâdz., مُعاناة

القلوب *dompter les cœurs* (de Slane), Prol. II, 2, l. 4 et 6. — C. a. r. *faire usage de*, p. e. du café, عاني القهوة, de Sacy Chrest. I, ١٢, 3, 464, 9. — عانى الأحكامَ *se soumettre aux autorités constituées*, Prol. I, 231, 5, ce qui s'appelle المُعاناةُ للأحكامِ, 230, 1, cf. 232, 10. Un peu autrement 230, 6: Si l'autorité se distingue par la douceur et la justice, ولا يعانا منها حكمٌ ولا منع وصل, où M. de Slane traduit: «si elle ne fait pas trop sentir sa force et sa puissance coërcitive.»

V c. a. p. *se soucier de*, Koseg. Chrest. 84, 5 a f.: وكان عنتر لا يهابه ولا يخشاه ولا يعبأ به ولا يتعتاه — C. ب dans le Voc. sous *mederi*. — *Importuner, s'opposer*, Ht (qui a تَعَنَّ).

VI *embrasser, entreprendre, se mêler de*, Bc, c. ب r., 1001 N. Bresl. II, 203, 1: يا ولدى وانت شابٌ ملسيم ولبش تتعانا بهذه السرقةِ وانت صاحب مالٍ ومتجر «pourquoi avez-vous commis ce vol?» Habicht, dans son Glossaire, n'a pas compris ce verbe, et Freytag a eu tort de le suivre sous عنو VI. — Dans le Voc. sous *mederi*.

VIII. Chez Bc la constr. n'est pas seulement c. ب, mais aussi c. في, *avoir soin d'une chose, la ménager, s'employer*, avec la négation, *ne pas faire attention à quelqu'un, le dédaigner, ne point faire accueil à quelqu'un, le traiter cavalièrement.* — L: *compello* انْشَقِع واتكلَّم وأَعْتَني; cf. sous X.

X. Voc.: *intercedere* نَسْتَعْنى في وب نَعَنى عَنَيت; synonymes شفع et تَوَسَّل; cf. L sous VIII. — *Se mêler de*, Bc.

بالعنية عنية *ex-professo*, avec toute l'attention possible, Bc.

عَناة *rente, — vente à charge de soin, d'entretien*, Roland; voyez l'explication de Dareste que j'ai copiée sous جَلسة.

عَنايَة *application, attention suivie*, Bc, *soin*, voyez Badroun 255, 5, et p. 77 des notes, Hist. du Yémen 180; c. ب *attachement*, قميصا فيه عناية عجيبة فى خياطته, grande application, Bc. — *Protection, faveur*, Bresnier Chrest. 290, *aide, assistance, secours*, Ht, Akhbâr 123, 2: احببتُ ان يظهر على عز نصرتكَ واكثر سرّنا وتوفيق الله قائدٌ ولنا عنايتكَ, Müller 25, 11:

«وعائد صلة عنايته من», 37, 6 a f., Berb. I, 453, 3. اهل العناية ceux qui sont protégés par le sultan, Abou-Hammou 83: le sultan doit interroger le hâkim, soit le çâhib as-chorta, sur toutes choses, لئلا يتوصل اهل العناية للرعية بمضرة ولا اذاية, et plus loin, ibid.: فانه اذا علم الحاكم او غيره من اهل العنايات واهل الدعاوى والجنايات que rien n'est caché au sultan, alors ils n'osent pas contrevenir aux lois; aussi ذوو العناية, Bat. III, 411; cf. Macc. I, 474, 22, en parlant d'un bon cadi: il n'y avait pas en lui اصغاءً الى عناية. Chez les Kabyles *protection, recommandation*, voyez Bresnier l. l. et beaucoup de détails chez Daumas Kabylie 70 et suiv.

على المعاني *à dessein*, Bc (Barb.). — L donne: *furiosus* جاهل عاني; cf. chez Beaussier: في راسه العناية *casseur d'assiettes; fougueux* (homme, cheval).

مَعْنَى *au sujet de*, Gl. Abulf., Bidp. 147, dern. l., 196, dern. l., de Sacy Chrest. I, ١١٣, 2 a f. لهذا المعنى *pour cette raison*, de Sacy Chrest. I, ١٢٢, 4. — *Genre, espèce*, Haiyân-Bassâm III, 28 v°: وكانت واحدة من القيان فى وقتها لا نظير لها فى معناها, عالم المعانى *quelque part: هذا الكتاب غايةٌ فى معناه* chez les Soufis, *le monde des réalités* (de Slane), Prol. III, 69, 11. — اسم معنى *terme abstrait*, Bc.

مَعْنَوِيّ *abstrait* (opposé à concret), Bc. — *Figuratif*, Bc.

المُعَنَّى *genre de poésie au Liban*, واكثر اعتمادهم فيه على القافية فلا يسألون فيه عن صحّة اللغة او وزن الشعر. M.

مَعْنِيَّة, c. ب, *soin, sollicitude pour*, Macc. I, 156, 12.

عَهِدَ I *donner, engager sa foi, promettre en prenant Dieu à témoin*, Alc. (dar la fe, prometer a Dios; il prononce عَهَّدَ). — اَعْهَدُ *fais ton testament*, c.-à-d., prépare-toi à mourir, Gl. Fragm. — C. ل p., عهد لابنه *il laissa ses droits à son fils*, de Sacy Chrest. II, ٣٣, 5 a f. — C. ب p., يومئذٍ لسعيده *parce qu'il se trouvait présent* (de Slane), Berb. II, 169, 10 a f. — C. من p. et ر., 1001 N. I, 100, 7 a f.: وكنت اعهد منذ بدين الاسلام, où Lane traduit: «I exhorted him previously to embrace the faith of El-Islâm.»

III c. a. p. et على r. *promettre, donner parole à quelqu'un de*, Bc. — C. ب *faire vœu de*, synonyme نذر للّٰه, Voc.

V *visiter, fréquenter*, Weijers 23, dern. l., Berb. I, 440, 5: وانقبض تجّار النصارى عن نعهّد بلاد المسلمين. — C. a. p. *soigner quelqu'un, pourvoir à ses besoins*, Gl. Fragm. (où on lit que c'est soigner un malade, mais le texte ne dit pas que le personnage dont il y est question fût malade). — C. a. p. *faire attention à* (cf. Lane), 1001 N. I, 269, 12: وهو يتعهّد; aussi dans Boul.; Bresl. (II, 298) a la VIe. — Le n. d'act. *application, étude sérieuse et suivie*, Abbad. I, 245, 3: il s'occupa de littérature, حصل منه لتقرب ذهنه على قطعة وافرة علّقها. — C. a. r. *accepter une proposition*, Berb. I, 564, 2 a f. — C. a. p. et ب r. *envoyer fréquemment, ou de temps à autre, certaines choses à quelqu'un*, Haiyân 15 r°: تعهّدهم, Berb. I, 148, 4: صاروا يتعهّدونهم بالجباية بعض بالصلات, 51, تعهّدهم بالجوائز والخلع: II, 26, 5 a f.: السنين 8 a f.: تعهّدهم بالعطاء; ou simplement *envoyer*, Haiyân-Bassâm III, 140 v°: لم يبتعهدوه فيهم (فيهم) بَعْدُ. — C. الى p. et ب r. *il lui recommanda de*, Berb. I, 516, 6. — *S'engager*, Bc. — *S'allier*, Ht.

VI *visiter*, c. مع, Voc.; cf. تعاهدى بالزيارة, Berb. I, 359, 7 a f. — *Prendre soin de quelque chose*, Bidp. 174, 6: فلتحسن تعاهدك لنفسك فانك اذا فعلت ذلك. — *Faire attention à*, voyez sous V, Calendr. 2, 1. 6, 3, 1. 5. — C. a. p. et ب r. *envoyer fréquemment, ou de temps à autre, certaines choses à quelqu'un*, comme la Ve, Akhbâr 52, 4. Je soupçonne que L, chez qui c'est *premitto (dirigo)*, a eu en vue le même sens. Dans d'autres phrases ou trouve une idée semblable, p. e. Berb. II, 206, 2 a f.: تعاهدهم بحنوّه «il témoigna fréquemment pour eux une vive affection;» I, 106: يتعاهدون الرؤوس بالحلق «de temps à autre ils se font raser la tête;» Calendr. 42, 7: ويستعاهد نقص الامتلاء بالفصد والدواء «de temps à autre on remédie à l'inconvénient de la pléthore par les saignées et les purgatifs.» — C. مع p. et على r. *faire un accord, une convention*, Voc.

VIII *exécuter*, Fakhrî 174, 7.

عَهْد *promesse, billet sous seing privé*, Bc. — *Firman*, M. — العهد القديم et العهد الجديد *l'Ancien et le Nouveau Testament*, M. — Chez les derviches, *l'initiation, le pacte que fait le novice quand on l'initie dans l'ordre*, voyez Lane M. E. I, 370. — *Rendez-vous (le lieu)*, Bc. — خميس العهد *jeudi saint*, Lane M. E. II, 364.

عُهْدَة. Lane (2183 a) a عَهْد comme synonyme de ذِمَّة, et Djob., 344, 3 a f. dit: المقام تحت عهدة الذمّة

عُهْدَة. Je ne sais pas quel est le sens précis de ce mot dans Haiyân-Bassâm III, 5 v°: il n'était ni généreux, ni avare, اعطى وحرم وجاد وبخل فكأنّه بجما من عهدة الذّمّ. — *Terme, délai donné pour répondre*, Alc. (plazo entre dos dias). — عليه عهدة *essentiel, sur qui l'on peut compter*, Bc. — عهدة الشيخ, *au Liban, est* مقاطعته, M.

مَعْهَد *lieu de divertissement, endroit où l'on s'amuse avec ses amis, rendez-vous*, Macc. I, 304, 13 (= مُنْتَهٍ), II, 409, 19, cf. I, 308, 14. — Comme nom de temps, de la manière dont on emploie عَهْد dans les locutions: عهدى من قريب, منى عهدك بفلان, Gl. Mosl.

مَعْهُود, avec l'article, *le connu, est un euphémisme pour désigner le membre viril*, 1001 N. I, 899, dern. l. — غير معهود *rendez-vous*, Bc. — موضع معهود *inattendu*, Bc. — اليوم المعهود *à jour nommé*, Bc. — كنا معاهدين نشاهد اشياء عجيبة معاقد «nous nous promettions de voir des choses extraordinaires,» Bc.

مُعَاهَدَة *traité, convention faite entre deux souverains*, M.

عَهْدنامَة *firman*, M. — *Traité, convention faite entre deux souverains*, M.

عهر.

بعهر عاهر *impudiquement*, Bc. — عهر الخلوة *pédérastie*, voyez sous le second mot.

عهر *putassier*, Bc.

عهارة *impudicité*, Bc.

عاهِر pl. عواهر *prostituée*, Voc. — عاهر الخلوة *pédéraste*, voyez sous le second mot.

عاهِرة pl. عواهر *prostituée*, L (meretrix), Voc., Alc. (puta del bordel), Macc. I, 693, 20. — ابن عاهرة الدار *terme injurieux par lequel on désignait un chanteur de Médine nommé Ibn-Aïcha*, voyez l'Aghânî de Kosegarten, Introd., p. 15, et p. 43 du texte.

مَعْهَر *locus scortandi*, Gl. Mosl.

عهن.

عِهْنَة, *dans le sens que Lane donne sous* عِهْن, *forme au pl.* عِهَن, Gl. Fragm.

عوج. II لو عوجت له اصبعى لبقة بالجزيرة واحدة هو ولا اصحابه «pour peu que je remue les doigts, il ne reste pas un seul jour en Espagne, lui et ses soldats,» Abd-al-wâhid 96, 5 a f. — *Tourner, passer auprès en tournant*, p. e. يذنا نعوج هذه الأجر «il faut que nous tournions cette borne;» — *doubler un cap, passer au-delà*, Bc. — عوج عوجة *se détourner du droit chemin*, Bc. — عوج الشعاع *réfracter, produire la réfraction*, Bc. — *Contrefaire*, Ht.

VII. انعوج chez Saadiah ps. 38. — انعواج الشعاع *réfraction*, Bc.

عاج. Comparez avec Lane TA: Kâmil 421, 16, Ouaday 335: «les bracelets en ivoire sont appelés *âdj* ou *ivoires*.»

عَوَج *biaisement, marche en biaisant*, et: *détour pour tromper*, Bc.

عَوْجَة *biais, ligne oblique*, Bc. — *Détour, endroit qui va en tournant, et: chemin qui éloigne du droit chemin; anfractuosité; tournant, coude, coin de chemin, de rue*, Bc. — *Bosse*, Payne Smith 1250.

عاجى *d'ivoire*, Voc. — *Blanc comme l'ivoire (mamelle)*, 1001 N. IV, 260, 2, 272, 6 a f. — *Qui travaille l'ivoire*, Içtakhrî 6d. Möller 77.

عاجِبَة *espèce de haricot, celle qui est l'ordinaire en Espagne*, Auw. II, 64, 4 et suiv.

تَعْوِيجَة *sinuosité*, Bc.

مُعَوَّج *ensellé (cheval)*, Daumas V. A. 189. — عوج

الــســاقَيْن cagneux, qui a les jambes et les genoux tournés en dedans, Alc. (estevado de piernas).

عَوَّدَ I. Ce verbe, joint à un autre verbe, donne à ce dernier un sens itératif, comme la particule inséparable re en français, p. e. عادوا لِخُوارج تاجتمعوا Gl. Fragm., أن عُدتَ رأيتُك قتلتُك, 1001 N. I, 101, 6 a f., Bc donne عاد قَطَع النهر reporter, et عاد أخَذ الشى repasser. Mais il vaut mieux dire عاد فسأل, Gl. Fragm. — Lire le Coran une seconde fois, 1001 N. II, 111, 11: فقرأ وعاد وختم. — Se rendormir, Abd-al-wâhid 82, 2. — Le Voc. a عَوْد وأيضً adhuc, et chez Alc. عاد est encore plus (mas aun); ما عاد plus, employé avec une négation, p. e. ما عاد فيه «il n'y en a plus,» Bc. — C. عَلَى remanier, refaire, raccommoder, Bc. — C. على p. se tourner vers, synonyme de رجع على, Gl. Belâdz. — C. على lucrari, Voc.

II. عَوَّدَ c. على accoutumer, exercer, dresser, former à, Bc; c. ب, 1001 N. I, 85: أتى معَوَّد بقتل السعفزيت, II, 26, 1. — Comme la Ire, visiter un malade, Gl. Mosl. — Répéter, Ht. — C. على acoquiner, attirer, attacher, Bc. — c. عيد l p. complimenter quelqu'un pour une fête, souhaiter la fête à quelqu'un, Bc. — Reformo أعَيِّدُ L.

III. عَاوَدَ عاوَدَ الكَرَّة revenir à la charge, Berb. I, 439. — Ecrire de nouveau, Akhbár 140, 3 a f. — Rebrousser chemin, Bc; عاوَدَ va-t'en, 1001 N. Bresl. IX, 269, dern. l., où Macn. a أرجع. C. إلى retourner, Bc. — Etre zélé, actif, l'opposé de غفل, 1001 N. II, 150, 11. — عايَدَ, c. a. ou على p., souhaiter à quelqu'un sa fête, Bc, M: هَنّا فلانا بقدوم العيد.

IV, seul, par ellipse, pour أعاد الصَّلاة, Macc. III, 678, 1 et 2. — Etre répétiteur dans un collège, Meursinge ٨, 2 a f. — لا أبدى ولا أعاد ne dire mot, Bc (cf. Lane). — أعاد semble signifier faire raison à quelqu'un d'une santé qu'il a portée, 1001 N. Bresl. III, 125, 6.

V c. على s'accoutumer, s'aguerrir, s'habituer; متعَوِّد fait à, Bc, 1001 N. II, 73, 9. — C. مع se familiariser, s'accoutumer, Bc. — Tâcher de se rendormir, Abd-al-wâhid 82, 2. — Goûter (avant le dîner),

Bc. — تَعَيَّدَ, c. على p., célébrer une fête chez quelqu'un, 1001 N. I, 659, 2 a f.

VII. مُنعاد répété, Bc. Voyez plus loin le part.

VIII, c. ب et على, s'accoutumer, Bc, c. على, 1001 N. II, 12, 2 a f.

X redemander, vouloir reprendre ce qu'on a donné, Bc. — Recouvrer, Gl. Fragm. — Chez Alc. non-seulement s'accoutumer (abituarse), mais aussi comme v. a., accoutumer (abezar acostumbrar, abituar a otro).

عَود en comparaison, Alc. (en conparacion). — عَود القِران, t. d'astrol., le retour de la conjonction, Prol. II, 187, 2. — En Barbarie, pl. عِياد, cheval, Beaussier, cheval entier, Bc, fém. ة, jument, cavale, Beaussier.

عُود arbre, Macc. I, 232, 2 et 3, 305, 22 et 23. — Estrade, élévation sur le plancher d'une chambre, sur laquelle on se couche pour dormir, ou sur laquelle on s'assied, R. N. 101 v°: وما رقد أبو سعيد (أبو اسحق) (l.); على عود قط (يعنى سُكَّة) ولا سريرا (سرير) (l.), Cout. 16 v°: ويدخل اصحاب حولاه مبى وم سادات الموالى بالاندلس فلا تَرِدنا (تَرِيدنا) (l.) من الكرامة على القعود على العيدان; dans le passage correspondant, Macc., I, 169, 19, a le pl. أعواد. — أعواد السرير, et aussi seul, brancard, Recherches II, 42–3, Prol. III, 331, 14, Berb. I, 203, 2 a f., 222, 2 a f., 361, 7 a f., II, 116, 6 a f., 130, 4 a f., 425, 7 a f. et suiv., 498, 12 (cf. Lane). — أعواد المنبَر, et aussi أعواد seul, chaire, Abbad. I, 140, n. 403, Gl. Fragm., Prol. II, 64, 16. — أعواد trône, Berb. II, 262, 2, 316, 3. — أعواد est souvent chez Djob. balustre (clôture), p. e. 277, 7. — أعواد navires, Prol. II, 33, dern. l., 34, 3. — Selle, Ztschr. XXII, 76, 16, 80, 9. — عود حديد tringle, verge de fer, Bc. — أعواد الشاه échecs, Macc. I, 480, 3 a f. — عود كبريت allumette, Bc. — Noms du bois d'aloès qui ne sont pas dans Lane: العود الرَّطْب, L (aloa), Most., Macc. I, 361, 16 (pour un autre sens voyez plus loin); عود الطَّيب, Most., العود الصنفى, Most., الصرف Most.; عود ماوردى Niebuhr B. xxxii. On dit au pl. أعواد pour désigner des compositions odoriférantes qu'on brûle, Bait. I, 57, 1: والاظفار القرشيمة تدخل فى النذود والأعواد واليرمكية والمثلثة — Luth, est aussi fém., Gl. Abulf.; a au Maroc quatre cordes doubles (cf. Lane), Hœst, Planche xxxi, n° 1. — Pipe, Bc.

عود ‎ البرى, en Ifrîkiya, *aspalathus*, Bait. I, 408.

— ‎ لخصص pyxacanthe, lycium, Bc.

— ‎ حلو réglisse, Sang.

العود الاحمر ‎ aulne, Carette Kabylie I, 258.

عود الحيّبة ‎ serpentine, Bait. II, 225 b.

— ‎ لخولان pyxacanthe, lycium, Bc.

المبارك ‎ — («h. e. lignum sanctum») *Lignum Guaiacum*, Pagni MS.

العود الرطب ‎ storax, L (سلىخة وايضا العود الرطب). Pour *bois d'aloès* voyez plus haut.

الرقة ‎ la racine de *Ferula assa foetida*, Bait. II, 226 c; leçon de BELS; KH الدقة.

الريح ‎ — désigne plusieurs plantes: en Syrie, *pivoine*; en Egypte, *chélidoine* (la petite espèce, et non pas la grande, comme chez Sonth.); *l'écorce des racines de l'arbre que les Berbères nomment* الرغيس; *l'acore*, ou *l'Iris faux acore*, Bait. II, 225 c. En Espagne, *Lysimachia vulgaris*, Bait. II, 445 d. عود ربيع مغرى est le nom que le الرغيس porte en Egypte, Bait. I, 4 c.

الصليب ‎ — pivoine, Bait. II, 225 c, A. R. 278, Bc. — Églantine, fleur de l'églantier, Alc. (rosa silvestre o gavança). — Ornement de femme, Lane M. E. II, 403.

العطاس ‎ — ptarmique, herbe à éternuer, Bait. II, 22 b (ويسمى عود العطاس ايضا عند البياطرة :سعوط بالاندلس), Bc. — *Gipsophyla Struthium*, Bait. II, 226 d.

العقرب ‎ — «bois que les moines de Saint Antoine réduisent en poudre, et le tiennent pour un souverain antidote contre les morsures des animaux venimeux, aussi bien que pour les yeux enflammés et chassieux,» Vansleb 333.

القرح ‎ — pyrèthre, Bc, Sang.; عود القرح لجبلي était chez les médecins de Damas le pyrèthre de Dioscorides, et عود القرح المغرى était chez eux le تاغنّدست, Bait. II, 180. On trouve العود القرح 1001 N. II, 318, 4 (= Boul.).

قصب ‎ — canne à sucre, Bc.

الفيسد ‎ —, en Egypte, nom d'un arbre; les teinturiers se servent de son bois, Bait. II, 132 d (sic AB).

الماء ‎ — osier, Domb. 70.

منتن ‎ — *anagyris* ou bois puant, Bc.

نوار ‎ — clous de girofle, Hœst 271.

عود الزج ‎ *acore*, ou *Iris faux acore*, Bait. II, 226 a.

اليسر ‎ — (AB) est un terme qu'on explique de différentes manières; voyez Bait. II, 226 b.

عيد ‎ foire qui se tient tous les neuf jours, Alc. (ferias de nueve en nueve dias). — العيد est العيد الفطر الصغير ou عيد, *la fête de la rupture du jeûne*, Abbad. I, 147, n. 433, Lafuente, Inscr. de Granada, 223, 12. — العيد الكبير est le nom que le vulgaire donne au mois de Dzou-'l-hiddja, Hœst 251, Domb. 58, Roland. عيد القربان المقدس ou عيد الجسد ou عيد *fête-Dieu*, fête du Saint-Sacrement, Bc. — عيد الغطاس *épiphanie*, Bc. — Dans le sens de «sorte d'arbre qui croît sur les montagnes (voyez Lane), ce mot semble former au pl. عيود, car on lit chez Becrî 115, 7: وهو جبل كثير العيود. Ce que Lane donne d'après le TA se trouve aussi dans Bait. II, 227 c, où le mot est écrit عيداد, ce qui est peut-être une faute.

عادة ازمانه ‎ *périodiquement*, Berb. I, 267, 6. — *Droit coutumier*, Alc. (fuero por juzgado). — *Présent d'usage*, Descr. de l'Eg. XI, 486, Lane M. E. II, 207, Ghadamès 185; عادة القفول *présents qu'un reçoit d'une caravane*, Daumas Mœurs 386. — *Droit qu'on paye*, Ghadamès 25, 149. — عادات النساء *menstrues, ordinaires*, Bc.

عودة ‎ buchette, menu bois, Bc.

عودى عالية شَمرَة ‎ *haut arbre*, Voc., Masoudi II, 81, Bat. III, 127, 128, 327, IV, 183, 243, 391; de même en parlant d'un homme: كان عادى الخلق «il était de taille gigantesque,» Aghâni II, 182, 10 Boul. — *Ordinaire*, Prol. III, 119, 6. — *Banal, trivial, commun* (terme); الكلام العادى *le style de conversation, le langage familier*, Bc. — العاديات *les pratiques de la vie usuelle*, Prol. III, 119, 10.

عليه الفرجية للوخ العودى ‎ ?, 1001 N. IV, 281: (= Bresl.).

عودية ‎ joueuse de luth, 1001 N. Bresl. XII, 300, trad. de ce livre par Lane, II, 322, n. 39.

عيدية ‎ étrenne, Bc.

عيداى ‎ dans les 1001 N. Bresl. VII, 190, 2 a f., doit être changé en عيدانى ou عبّدانى (voyez).

عويداى ‎ gargotier, 1001 N. Bresl. IX, 260.

عَوَّاد charron, artisan qui fait des charrettes ou des charrues, Alc. (carpintero de carros o carretas, carpintero de arados). — Echo, celui qui répète ce qu'un autre dit, Bc.

عَيَّاد, suivi de كلام, rediseur, Bc. — Pl. ة montreur de tours de force, Daumas V. A. 412; « cela doit venir de اعياد, fêtes, » Daumas MS.

عَائِدَة Le pl. عوائد droits coutumiers, Berb. I, 69, 5; حاكم العوائد le magistrat chargé de juger les contestations qui doivent être décidées selon ces droits, Alc. (juez de costumbres). — Le pl. l'argent que l'Aga fait jeter, sur son chemin, aux pauvres, quand il va rendre visite au souverain, le 4° jour du العيد الكبير, Rozet II, 90. — Le pl. droit, imposition, taxe, octrois, traite, droit sur les marchandises qui sortent ou qui entrent, Bc, redevances, Cherb. Dial. 164, Ztschr. XVIII, 566, les droits réunis, Gråberg 219; عوائد الكمرك droits de douane, Bc, Gråberg 220, 222. — Revenu, rente, Ht (qui écrit par erreur اوايد). — Le pl. denrées, Roland Dial. 570. — عوائد النساء flueurs, Bc.

أَعْوَد, plus utile, aussi c. ل p., pour, voyez la variante sur Bat. III, 13, 2.

تَعْوِيدَة collation, repas léger qui tient lieu de souper; goûter (entre le déjeuner et le dîner), Bc.

مُعِيد répétiteur, de Slane trad. de Khallic. II, 233, n. 1, Yâcout IV, 881, 8, Bat. II, 109; dans l'Inde on disait مكرّر, Bat. III, 432.

مُعَوِّد réformateur, Alc. (reformador).

شرع معاود appel de jugement, Roland.

مُتَعَيِّد, chez les Maronites, le livre, en langue syriaque, qui contient les prières qu'ils récitent les jours de fête, M.

سكّر مُنْعاد sucre raffiné, Fleischer Gl. 65, n. 2.

مُعْتاديِ accoutumé, coutumier, habituel, ordinaire, usuel, Bc.

مُسْتَعْوَن qui appartient au droit coutumier, Alc. (forera cosa de fuero).

عُودْنِين كَنَاوَة (le second mot est le n. propre «de Guinée») castagnettes (à l'usage des nègres), Dict. berb., en fer, Hœst 262.

عُوذ I c. a. p. prendre sous sa protection, protéger, Gl. Mosl.

IV. أَعِيذَك pour اعيذك بالله, Abbad. II, 76, 3. — Dans le sens de préserver, protéger (Lane), on dit أَعَاذَك, pour اعاذك الله, R. N. 57 v°: Quand Abou-Hâroun entendit ma voix, قال اعاذك ما مصيبت (sic) «il dit: Dieu te préserve! N'es-tu pas allé (à al-Monastir)?» La constr. est c. a. p. et من r., Gl. Mosl., Abd-al-wâhid 95, 2 a f.

V prononcer les mots أَعُوذُ بالله, ou une formule du même genre, Abd-al-wâhid 250, 16, en parlant du khatib: ثم يتعوّذ ويبقرأ قال من أوّلها الى أخرها (suivent des paroles du Coran). — C. من chercher à se protéger contre, Çalât 2 v°: ils gardaient les portes et les murailles, ويتعودون للجار من شرّ الجار وساء (sic) ظنّ الموحدين اعانهم الله بالناس فساجين منكم من اثيم X. استعان بالله متى = استعان متى, 1001 N. I, 24, 6.

عُوذَة, dans le Voc. cedula et torques, est pour عُوذَة, amulette.

المُسْتَعاد مِنْه douleur iliaque, voyez sous ابلاوش, J. A. 1853, I, 346.

عور II mutiler, retrancher un membre, Bc. — Endommager, gâter, Macc. II, 249, 4 a f. et 3 a f.; مَعَيَّر avarié, Bc. — C. a. concavum facere, Voc. — Sous decipere le Voc. a: نعور ك في عور. — Le Voc. a ce verbe c. a. sous « dificilis fuit; » c'est rendre revêche, indocile, car Alc. a معوّر dans le sens de revêche, indocile (revesado = صَعْب); cf. V.

V dans le Voc. sous concavum facere. — C. على être revêche, indocile, Voc., Alc. (haronear).

VI. كُلَّما تعاورت الاسماء غيبك والكنى «chaque fois que d'autres portent le même nom et le même surnom que vous,» P. Calâïd 59, 11.

X. aussi c. ل p., Khatîb 32 r°: استعار يوما للقائد ابي الحسين بن كماشة جوادا ملوكيا ۞

عُور le membre viril, Hœst 137 n.

عُور mauvais augure, Abbad. I, 319, 3, 364, n. 226.

عُور qui est sans moyen de défense (ville), Borb. II, 214, 5 a f.

عُور voyez sous II.

عَوِّر, pl. عور, Gl. Abulf.

عبرة emprunt, faux, postiche, Bc; اسم عبرة nom de guerre, Bc; وجه عبرة masque, Bc, Bg.

عَارِبة. Ce nom est donné à la contribution que payaient les chrétiens de Nadjrân en vertu du traité qu'ils avaient conclu avec le Prophète, Gl. Belâdz.

عُوَار avarie, Bc, mot qui en dérive, Gl. Esp. 217; le M (voyez l'article qui suit ici) confirme l'étymologie que j'ai donnée, et les doutes de M. Devic, 51, sont mal fondés. — Défectuosité (Lane, Bc), aussi au fig., Akhbâr 80, 6: تابصر القوم عُوَار رايهم (les voyelles sont dans le man.). — Mutilation, Bc. — عوار injure, tort, outrage, Alc. (injuria). — عور revêche, indocile, Voc. (dificilis). — بالعور à contre-poil, Alc. (redropelo).

العَوَارِيَّة, t. de commerce, des marchandises avariées, celles qui ont été endommagées par l'eau de la mer, M (البضاعة التي اصابها ماء البحر فنقصت قيمتها بذلك).

عيارة faux, postiche, Bc.

عُوَّارَى arbuste qui sert à faire le feu, Daumas Mœurs 305 (oueera).

وجه شَعَر معار perruque, Alc. (cabellera). — وجه معار masque, Alc. (caratula); sous mascara caratula il donne, par erreur je pense, وجه مُزَاير; — personne masquée, Alc. (moharrache).

استعاري métaphorique, Bc.

عُورْوَار (Daumas MS) «est un mot berbère et fréquemment employé par les Touareg, mais il est passé dans la langue arabe,» Daumas MS. Mimosa gummifera, Barth V, 681 (auáruar, berbère); — gomme blanche, Daumas Sahara 301 (aourouar), = علق سودان, Senegal gum, Jackson 19, 84 (aurwar).

عوز I. شيء يعوزه écolier, homme peu habile, Bc.

IV avoir besoin de, c. الى r., Haiyân 54 r°: اعلمه سرًّا بما اعوز اليه الامير عبد الله من انصافه من محمد ابن غالب ۞

VIII avoir à faire de, manquer, avoir besoin de, c. a. ou الى r., Bc.

عازة besoin, nécessité, Bc, Hbrt 220, M.

عوزة besoin, Bc.

عائز (Freytag) qui est dans le besoin, indigent, Hbrt 220.

اعتياز pl. ات besoin, Bc.

عوس.

عُوَيْسِيَّة canif (Kasrawan), petit couteau, canif (Syrie), Bc, M. Bc donne un fatha au 'ain; j'ai suivi le M.

عوص V dans le Voc. sous dificilis fuit.

عَوِيص, en parlant de gibier, difficile à attraper. P. Macc. II, 351, 4.

عَوَّاصَة dans le Voc. sous dificilis fuit.

عوص II, remplacer, c. ب r., Gl. Bayân 15, 7: عوض ما ذهب «il remplaça ce qui avait péri;» c. من et ب, Abou'l-Walîd 140, 13; le Voc.: c. a. et c. ب sous comutare. — C. على p. bonifier, suppléer, dédommager, mettre quelqu'un hors d'intérêt, indemniser, Bc; Bat. III, 134: un de nos compagnons eut un cheval blessé, عوضناه له بفرس الكافر «nous l'indamnisâmes au moyen du cheval pris à l'idolâtre.» — Rattraper, recouvrer ce qu'on avait perdu, Bc. — Réformer, corriger, Alc. (reformar). — Employer, à ce qu'il semble, Macc. I, 253, dern. l., où Ordoño dit au calife: فحيث وضعني من فصله وعوضني من خدمته رجوت ان أتقدم فيه ببنية صادقة ۞

V. يتعوص لا irréparable, Bc.

VI dans le Voc. sous comutare.

عِوَض dédommagement, Bc.

يبدّد عوض ما ان يعوض au lieu de, p. e. يحفظ ان «dissiper au lieu de conserver,» Bc.

عوَاض dans le Voc. sous comutare.

يا معوض dans le cri du porteur d'eau, 1001 N. III, 444, 7 a f., mais j'ignore ce que cela signifie.

مُعاوَضَة contrat bilatéral; aussi le contrat « do ut des; » غير معاوضة contrat unilatéral, v. d. Berg 29.

عوف

عوف verge, le membre viril, Bc (cf. Lane).

عوفيا pariétaire, Bait. II, 225 d (AB).

مَعاف؟ voyez معاى sous عوي.

عوق I non-seulement c. عن, mais aussi c. من r., Voc. (proibere).

II ralentir, retarder, v. a.; تعويق suspension, surséance, cessation d'opérations pour un temps; مُعَوِّق suspensif, qui suspend, arrête, Bc. — Tarder, retarder, v. n., 1001 N. I, 32, 4 a f. (où Bresl. I, 95, 6, a la Ve), من غير تعويق « sans tarder, » Koseg. Chrest. 90, 8. C. عن p. tarder à retourner auprès de quelqu'un, 1001 N. II, 116, 8 a f. — Emprisonner, Maml. I, 1, 84. — عوّق et عيّق miauler, Hbrt 62, Roland.

III c. a. empêcher, Baidhâwî I, 131, 16.

IV ralentir, retarder, Bc.

V s'arrêter, tarder, rester, demeurer, tarder, retarder, v. n.; يتعوّق long, lent; تعويق كثير « tu as été bien long; » بتعوّق حتى يقوم « il se lève tard; » أتعوّق بالعشا « je soupe tard; » عن différer, Bc.

VI c. عن être empêché de, Baidhâwî I, 614, 7.

VII être retardé, Bc.

VIII, dans le sens de retentus fuit (Freytag), c. عن, Freytag Chrest. 119, 8: وسير الى حلب يستدني, Yâcout I, 37, 20, عسكروا فاعتاق عنه لاشتغالهم بالفرنج.

عائق empêchement, obstacle, 1001 N. III, 419, 1, IV, 490, 8, c. عن, Amari Dipl. 192, 3; anicroche, obstacle, difficulté, Bc. — Longueur, lenteur dans ce qu'on fait, retard, retardement, Bc.

عوقة tard, Bc.

عواق retard, Bc.

عِياقة débauche, Vêtem. 271, 9 a f. — Faire le petit-maître, M; cf. sous عيّق. — Grande adresse, habileté, tour de force, Bc.

عائق Le pl. العُيّاق semble signifier chez Ibn-Iyâs la lie du peuple, les vauriens, Vêtem. 259. — Dans un récit des 1001 N. brigand, voleur, filou, synonyme de شاطر et de فتى, pl. عُيُق et عُيّاق, Bresl. IX, 246, 260 (Macn. شُطّار), 266, 1 et 12, 274 (Macn. فتى), 276 (Macn. عو رئيس فتيان أرض العراق), 277, et très-souvent dans ce récit. — Habile, capable, adroit, Bc. — Pl. عُيّاق homme galant, homme qui cherche à plaire aux dames, Bc; petit-maître, M, après avoir donné le sens classique du mot: ومنه العائق عند العامّة للبقى لانّه يشغل كلّ من رآه والاسم منه العياقة l'endroit où une chose est retenue, Abbad. I, 224, 5, où j'ai donné معاق, mais j'ai dit, III, 79, qu'il faut lire معاق avec deux man. Chez Macc. I, 340, 16, on trouve le mot avec le fâ.

معوّقة stérile (femme), 1001 N. Bresl. IX, 201, dern. l.; dans Macn. عقيم.

متعوّق retardaire, qui est en retard de payement, Bc.

عوكر

I troubler, Bc.

II se troubler, Bc.

عول

I. عال المَريض garder un malade, Bc. — C. على providere, Voc.

II c. على faire cas de, de Sacy Chrest. I, ٢٠, 3. — C. على prendre la résolution de, se disposer à, Voc., Maml. II, 2, 275; aussi c. أن, si la prép. على ne manque pas dans le passage qui y est cité: عوّل أن يجعل شرحًا, et c. الى loci, se disposer à partir pour. — C. على tirer sa subsistance de, Gl. Edrîsî, Macc. I, 617, 6, Müller 5, 2 a f. — C. في essayer de (de Slane), Prol. III, 68, 12. — Approvisionner, Bc (Barb.), Ht. — Disposer, Ht.

IV. أعيل صبرى impatienter, Bc.

V تعيّل dans le Voc. sous uxor.

عُول t. de jurispr., cf. de Slane Prol. III, 139, n. 2.

عالة Le passage du Diw. Hodz. se trouve 261, dern. l. عالة على الناس « un homme qui est nourri par la charité publique, » Macc. I, 136, 3, Raihân al-albâb 205 r°: فقال له انّك لتترك ولدك عالة على الناس.

عوم 191 عون

cf. الكلّ على الله عائلة, Macc. I, 210, 10; ils sont عائلة على الله
الـــمــحــتــرَف, c.-à-d., « ils exercent quelque métier pour
vivre, » Berb. I, 3.

عَوْلَة provisions, vivres, Gl. Edrîsî, Berb. II, 138,
3 a f., Delap. 122, Ht; Cherb. Dial. 14: لعولتهم « pour
leur consommation personnelle; » عولة رعويس Provision de voyage, Bc (Barb.); بيت العولة la dépense, le lieu
où l'on serre les provisions, Hœst 265 (qui écrit incorrectement بيت الولة). — En Espagne, les terres
que le sultan de Grenade donnait à ses soldats africains, Prol. II, 242, 14 et suiv.

عَيِّل, pl. عَيِّلَة, pl. عيَال, pl. du pl. عَبَالات, et أعْبَال, أعْيَال
famille, maison, Voc., Bc, Ztschr. XXII, 128, Gl.
Belâdz., 1001 N. I, 142. — Equipage, suite de valets, etc., Bc. — Fille, Bc (Barb.).

عَوِيس vil, méprisable, 1001 N. Bresl. IX, 249:
يا ابن العويس, où Macn. a يا ابن الخسيس. — Provision, Mc, Ht; عويس رعويس provisions de voyage,
Bc (Barb.).

عَوَّل peut-être, Voc.

عَيِّل, pl. أعْبَال et عِبَال, enfant, Ztschr. XXII, 128,
Prol. III, 391, 6: كل الوشاحسين عبّال على عبادة القزّاز
« tous les compositeurs d'odes ne sont que de petits
garçons auprès de, » etc. (de Slane).

عائل fils, garçon, et fille, Domb. 75.

تَعْبِيل ameublement, Alc. (aparato, sarcia, xarcia
de casa).

مُعَوَّل pic, Bc, M (sous مخلوف).

عوم I flotter, 1001 N. III, 11, IV, 321, 6. — Revenir sur l'eau, rétablir ses affaires, Bc.

II c. a. faire nager, Voc. — Lancer un vaisseau
à la mer, dans un fleuve (Lane TA), Alc. (echar
naves en el agua, naves echar en el agua). — Voguer, ramer, avancer; عوم بالمجرى avironner, pousser
avec l'aviron, Bc; seul, 1001 N. I, 296, 8 a f.; c.
ب de ceux qui sont sur le navire, ibid. II, 158,
6 a f., 364, 2 a f., IV, 316, 2 a f.

V nager, Voc., Gl. Mosl. (mais le part. pass. y a
le sens du n. d'act., et non pas du nom. de lieu;

متغرّم « un homme qui est sur le point
de se noyer et qui ne sait pas nager »).

عَوْم vogue, mouvement imprimé par les rames, Bc.
— A verse (se dit de la pluie), Bc.

عَوَّامة beignet, pâte frite à la poêle, Bc.

عَوَّام le convive qui envoie sa main à droite et à
gauche pour ramasser la sauce, Daumas V. A. 314.

عَوَّامة pl. ات beignet rond, M.

عون IV. اعانه على البكاء, et simplement اعانه, pleurer avec
quelqu'un, comme سعد III et IV; voyez Lane, Gl.
Belâdz. et Gl. Fragm. sous ce dernier verbe, Commentaire de Zauzanî sur le 1er vers de la Moallaca
d'Amrolkais.

VI gagner sa vie, Hist. des Benou-Ziyân 98 v°:
وصاروا (mieux) ينقلون الرمل على الحمير
ينتاعونه به, où le man. de Vienne porte:
يتناعونه به. — Moucharder, Bc. — C. على p. dénoncer quelqu'un, 1001 N. Bresl. IX, 381, 4 a f,
où Macn. (III, 227, 2 a f.) a le synonyme نمّ على. —
Intenter un procès, Ht.

عون nouveau client, selon l'explication donnée Prol.
I, 334, 11. — Chamelier, R. N. 68 r°: وجميع الرفقة
من الجمال والاحمال والاعوان لرجل واحد ثم اشترى
ثلاثين جملا حتى كملها مائة جمل بأحمالها واعوانها
— douaniers, Djob. 60, 11. — Djinn
malfaisant et très-puissant, 1001 N. II, 120, 11, 669,
2 a f., 670, 12, 672, 14 et 5 a f., etc.; cf. la trad.
de Lane II, 330, n. 106. — Colosse, homme ou
statue gigantesque, géant, Bc.

عانة pubis, os innominé du bassin, aussi عظم العانة,
Bc. — Vessie, Martin 149.

عونة subside, secours d'argent, Bc; عونة والخزرة
la corvée, Mehren 32.

عوذى colossal, gigantesque, Bc.

عَوان avanie, tort fait de gaieté de cœur, Bc,
Mocquet 180: « avanie ou amende; » cf. Devic 48. —
Délation, dénonciation, Bc.

عوان chez Alc. pour عنوان (voyez).

عوين provisions, Domb. 61, Daumas V. A. 345,
nourriture, aliment, Hbrt 11 (Alg.).

عوينة mesure pour les céréales, Berbrugger 186.

عون
عَوَانِيّ pl. عَوَانِيَة *mouchard, dénonciateur, délateur, sycophante*, Bc. — عَوَانِيَة جَهَنَّم , *euménides*, Bc.

عَوَانِيَة *avanie, tort fait de gaieté de cœur*, Bc; cf. Devic 48.

اِعَانَة *sorte de contribution*, M.

مَعُونَة s'emploie dans le sens du n. d'act. de la IVe, *aider*, Bidp. 222, 4: طـمـع فى معونتى ايام — فى لَيْلَة المَعُونَة *fête que donne un brave qui est dans la détresse, et pendant laquelle les invités déposent leur offrande à son bénéfice*, Daumas V. A. 449 et suiv.
— Pl. ات *argent qu'on donne à une tribu pour la mettre en état de faire une expédition*, Kâmil 76:

نحن ضرَبنا الأزدَ بالعرَاقِ والحِى من ربيعَة المِرَاق
وابن سهيل قائد النفى بلا معُونَات ولا أرزَاقٍ

Une contribution extraordinaire, imposée par le prince quand le trésor public était épuisé. D'extraordinaire qu'elle était, elle devint, dès le temps des Omaiyades, *une imposition fixe*, et par laps de temps, *tous les impôts reçurent le nom de* معاون, Gl. Edrîsî 351—2, 389, Gl. Belâdz., Gl. Fragm., Khatîb 14 r°: وأخلاقهم جَمِيلَة, فى احتمال المعاون الجبائية , cf. sous لَقَب. Dans plusieurs documents catalans du moyen âge, le mot *almoyna* signifie, soit un impôt sur les navires marchands dont le produit devait servir à équiper une flotte contre les Maures, soit un don volontaire destiné au même usage, Gl. Esp. 179, 180. De nos jours l'émir 'Abd-el-Kader levait aussi une *ma'ouna*, mais seulement en cas de nécessité absolue. Les tribus n'aimaient pas à payer une seconde fois cet impôt extraordinaire, et il a été la cause de défections nombreuses, Sandoval 321—2. *Impôt dont le produit sert à l'approvisionnement de l'armée en campagne*, Godard I, 150, 162. — صاحب المَعُونَة *préfet de police*, دار المَعُونَة, au Caire, *l'hôtel du chihna ou préfet de police, qui servait en même temps de prison;* aussi المَعُونَة seul (J. A. 1866, II, 424, n. 1) et حَبْس المَعُونَة ; voyez Gl. Edrîsî, où les textes d'Aboulfeda et du Comment. sur Harîrî ont été corrigés;

Mâwerdî 376, 8: ولاية الأحداث والمعاون — . « D'après M. Canale, Nuova istoria della repubblica di Genova, t. II, p. 344 et suiv., les relations de Gênes avec Ceuta dans la première partie du XIIIe siècle, donnèrent origine à une espèce de banque privée, appelée la Maona, qui prêtait de l'argent à l'Etat. Je pense qu'une autre société de ce genre fut la première à exploiter nos mines de fer et faire le commerce du fer en gros, car ces grands magasins sont appelés aujourd'hui *maona* en Toscane» (communiqué par M. Amari).

مَعُون *favori d'un grand seigneur*, Alc. (privado de señor; il écrit *muôni*).

اِسْتِعَانَة, t. de rhétor.; c'est quand le poète insère un vers d'un autre pour exprimer plus clairement sa pensée; c'est une sorte de تضمين, M.

عوه
عَوْه عَوْه *ouah! ouah!* le bruit que fait le chien en aboyant, 1001 N. I, 170, 8.

عَاهَة *une maladie qui, comme la lèpre, etc., peut se communiquer par le contact*, Maml. I, 2, 36; aussi مَرَض عَاهَة, Bat. II, 380. — *Infirmité*; اهل العَاهَات *les infirmes*, Bc. — *Mutilation*, Bc. — عَاهَة الحُبُوب *ergot, maladie des grains*, Bc.

عوى
I *glapir* (renard), Alc. (gañir el raposo).
II *aboyer*, Bc, Hbrt 62, *japper, glapir, crier*, Bc; عَوَى بالمَقْلُوب *hurler*, Bc. — Comme v. a., c. a., dans le Voc. sous *ullulare*.
IV voyez Diw. Hodz. 256, vs. 2 avec le comment.
V *aboyer*, Hbrt 62, dans le Voc. sous *ullulare*.

عَوِى *aboiement*, Bc, Hbrt 62, *aboi, jappement*, Bc; عَوَى بالمَقْلُوب *hurlement, cri lugubre et prolongé du loup, du chien*, Bc.

عيى
I. عَيِىَ, aor. يَعْيَى, Voc., aor. يَعْيِى, *se lasser*, Voc., Bc, 1001 N. I, 69: عيى ضبرة لبعرف حال هذين. — C. ن s'affliger de, Becrî 186, 11. — *Ennuyer*, P. Prol. III, 419, 8: يَقُلِّ قَدْ عَيْبَانِى اذَا البُكَا والنواح
II. عَيِى الرَّجُل comme عَيَا chez Lane, Ztschr. XII, 80, n. 19. — C. a. p. *fatiguer*, Voc., *accabler, fatiguer*, Bc.
IV. De même qu'on dit اَعْيَا بِه بَعِيرُهُ (Lane), on dit اعيا به حيلته ومكيدته, Bidp. 107, 4, « sa subtilité, sa finesse lui fit faux bond.» — C. a. p., mais le sens précis m'échappe, Motamid dans un poème adressé à son épouse absente, Abbad. II, 68, 4:
— مُرَادِى أعيَاكِ فى كُلِّ حِين فيَا لَيتَ اَنّى أعطى مُرَادِى

عيب

Ne pas garder la mesure, dépasser les limites. Le Voc. donne sous *excedere* المَدْحِ والشَّتْمِ, اعيا, et parmi les synonymes il a أقْرَطَ. Ce témoignage est d'une grande importance: il sert à corriger quatre passages, où l'on a imprimé ce verbe avec le *ghain*, ce qui est une faute, à savoir: Macc. I, 82, 13: والثاني ان قوله ١٠ يوما للفارس المجدّ اعياه وافراطُهُ ۰ وقد وذلك لشطارة, 135, 12: قال جماعةٌ انها شهر ونصف 337, عَمّتها وكثرة شرّ هم وإعياتُهم في امور التلخّص dern. l.: كتبَ الله لم اعياه ما سألتَ الأنُسُ السائلت Müller S. B. 1863, II, 7, l. 12: مَن أعْيي في التوحّش Dans les deux premiers passages de Macc., l'éd. de Boul. a correctement le *'ain*; dans le troisième, elle a fort mal أغيا; chez Müller la traduction est bonne («der sich ganz von der Aussenwelt abschliesst»), quoique la leçon, avec le *ghain*, ne le soit pas.

عَيْبَـاة *lassitude*, Bc, *fatigue*, Hbrt 42 (Alg.). — *Ignorant*, Voc.

عَيِيّ *ignorant*, Voc., Mohammed ibn-Hârith 317: الّا انه كان جاهلا عيّيّاه

عَيّان *valétudinaire, malingre*, Bc. — *Véreux*, au fig., *mauvais*, Bc.

أعْيا, t. de médoc., *grande lassitude qu'on éprouve dans les jointures et les tendons*, M.

المَرَض الاعيائي *maladie qui cause une grande lassitude*, Bait. I, 51 a.

مَعايات (pl.) *des questions qui fatiguent l'esprit et qui paraissent impossibles à résoudre, problèmes* (arithm.), Prol. I, 218, 12, avec la note de M. de Slane (cf. 217, 13), 218, 15; *casse-têtes, énigmes*, III, 146, 12, 193, 7 (substituez un ت au ى), Khatîb 38 v°.

عيّب I *trahir son devoir*, Bc. — عاب في حَقّ *offenser*, Bc. — عاب في شيء *pécher, faillir contre quelque règle, manquer à un devoir*, Bc.

II c. على *épiloguer, censurer, dénigrer, fronder*; c. a. p. et ب r. *faire à quelqu'un des reproches de*; c. على p. et ب r. *blâmer*, Bc.

IV *désapprouver*, Bc.

II

عير

V *se déshonorer*, Ht.

VIII *blâmer*, R. N. 101 r°: وكان لا يُغتاب عنده: احد من المسلمين الّا مبتدع او مُلحد

عَيْب *mal*, Alc. (mal ـ شرّ); عمل عيبا *faire le mal*, Alc. (cometer mal, hazer mal); قال عيبا *médire*, Alc. (dezir mal).

عَيْبَة *incartade, insulte brusque, extravagance, inconséquence, discours, action imprudente, indignité, chose indigne, outrage, messéance, personnalité, trait piquant, injurieux, vilenie;* عيبة في حقّ احد *offense,* Bc. — Vulg. pour لُعْبَة, *poupée*, M.

عَيّبان *vicié*, Bc.

عيّابة se construit avec في, Khatîb 22 r°: عيّابة في مشايخ قطره

عائب *offenseur*, Bc.

مَعْيوب *perclus, paralysé*, Alc. (tollido). — *Lâche, poltron*, Bc.

عيبقر forme vulgaire pour عَيْن البَقَر, L (prunus, quoquemella (vel prunus)); cf. عنبقر.

عيث I c. ب r., Haiyân 59 r°: فعاثت العامّة براسه وجسده عيثًا شديدًا

عيب I c. الى *s'appuyer sur*, Kâmil 160, 14: اعتجتُ البد أعيتُ اى عوّلتُ عليه

عيد voyez عود.

عيّر II *reprocher.* La constr. c. ب r., que les puristes désapprouvent, se trouve néanmoins chez de bons auteurs, p. e. chez 'Omar ibn-abi-Rabî'a dans l'Aghânî 71, dern. l., et dans une tradition, M; de Jong en donne beaucoup d'exemples; on peut y ajouter Ibn-'Ammâr dans Abd-al-wâhid 78, 6, un vers dans les 1001 N. I, 11, 2, etc. *Accuser*, Bc. — *Jauger, mesurer un vase pour voir s'il est de la mesure dont il doit être*, v. d. Berg 56, n. 1. — *Essayer de l'or, de l'argent*, Voc., Domb. 131.

III *tarer, peser un vase avant de le remplir*, Bc.

V dans le Voc. sous *oprobrium;* le n. d'act. *ignominie*, Ht. — Dans le Voc. sous *ponderare*.

VI. يتعاير *mesurable*, Bc.

عار, ارمى في العار *faire honte, faire rougir*, Alc. (envergonçar). — ابن عار et عار كلّ عار *très-vil, très-abject,*

25

très-méprisable, Alc. (cada ruin, chez Nebrija pessimus quisque); le second Abbad. II, 233, 7; الْعَارِ, ابْنُ الْعَارِ, Macc. III, 426, 7 a f. et suiv. Je soupçonne que c'est une contraction de عَاثِرٌ, cf. Becrî 101, 1:

فَقُلْتُ كَذَبْتُم بِحَدّ اللهِ شَمْلَكُمْ ما هو الّا عَائِرٌ وابنُ عَاثِرٍ

Pire, Alc. (peor comparativo de malo, peor menos bueno, empeorada cosa).

عِيرٌ sorte de poisson, Yâcout I, 886, 5; aussi dans quelques man. de Cazwînî (II, 119, 21), mais d'autres ont عِبر; cf. Cazw. II, 396, 5 a f. — عِيرُ قَبَّانٍ حِمَارُ قَبَّانٍ *cloporte*, Bait. I, 330 b, II, 568 e.

عَيْرٌ *chose de nulle valeur*, Abbad. I, 323, 3 a f.:

وتمّ لابن عكّاشة تدبيره واستنوشق له عَيْرة وبسيره

عَيْرَة voyez sous la racine عور.

عَيْرُورَة est dans L *probrum (flagitium)*, synonyme خَطَأ.

عِيَار *jaugeage*, action de jauger, Bc, v. d. Berg 56. — *Jauge*, juste mesure d'un vaisseau fait pour contenir des liqueurs ou des grains, Bc. — *Mesure*, Bc, Payne Smith 1713. — عِيَارُ الشُّرْبِ *ordinaire*, mesure de vin donné par chaque repas, Bc. — Pl. ات *poids*, masse de métal pour comparer, connaître le poids, la pesanteur, Voc.; cf. sous سُنْجَة. — Pl. ات *contre-poids*, Alc. (contrapeso), avec *fatha*. — *Marque*, *indication de poids*, Ht. — Dans les recettes, *indication de poids*, ou, comme traduit Reinaud, *proportion*, Reinaud F. G. 23 et suiv. — Pl. ات *tare*, le poids des barils, pots, caisses, emballages, etc., qui contiennent les marchandises et que l'on déduit quand on pèse ces dernières, Alc. (monoscabo o merma, avec *fatha*, merma en el peso o medida, tara en el peso, les deux derniers avec *kesra*). — *Titre*, degré de finesse d'un métal, Bc (cf. Lane), *aloi*, titre des métaux, Bc, Gl. Belâdz., Prol. III, 412, 5, Antar 67, 13. — *Calibre*, grandeur, l'ouverture d'une arme à feu, grosseur de la balle; عِيَارٍ وَاحِدٍ «ils sont du même calibre,» Bc.

عِيَارَة = ذُو عِيَارَةٍ عَيَّار *homme de la lie du peuple, vagabond*, Mâwerdî 376, 2 a f. — Voyez sous la racine عور.

عَيَّار *homme de la lie du peuple, vagabond*, Gl. Fragm., Prol. II, 264, 6, Haiyân-Bassâm III, 142 r°: اكثرهم اغمار عيّارون من نطع, comme dans les deux passages que cite Freytag, 1001 N. 1, 772, 10, 801, 3 a f., lisez de même Bresl. IX, 277, 5, 291, 6. — *Fin, rusé, adroit*, Bc, p. e. en parlant d'un voleur, اللّصّ العيّار, Burckhardt Prov. 28 («the thief who understands his business, able, clever, expert»). — *voleur, bandit*, Galhauban; on s'en sert aussi pour charger et décharger, J. A. 1841, I, 588.

عَائِر *qui sine domino oberrat* (equus), que Freytag donne d'après Reiske sous la racine عور, est bon; mais c'est sous cette racine qu'il aurait dû le placer, Gl. Fragm.

مَعِيرَة L donne ce mot sous *opprobrium* et sous *inproperium* (= امتهان); *blâme*, Koseg. Chrest. 88, 7 (corrigez les voyelles), 1001 N. I, 79, dern. l.

مِعْيَار. Dans le passage du Fâkih. al-khol., 131, 9: وانا اوصلك كل نهار دينارًا ذهبًا نصارًا كاملاً وافيا معيارًا, que cite Freytag, ce mot n'est pas un adjectif, comme il l'a pensé, mais, comme toujours, un subst. (= الذي يبقى معيارًا).

مَعَايِير *ajusteur*, Descr. de l'Eg. XVI, 487, n. 1.

عيس

أَعْيَس chez Moslim épithète du vin, Gl. Mosl.

عَاشَ I c. ب ou من r. *vivre de quelque chose*, Gl. Edrîsî. — C. مع *habiter, connaître charnellement*, Bc. — Chez Alc. «lograr de la vida;» s'il a voulu dire «jouir, profiter de la vie,» le verbe arabe peut avoir ce sens; mais chez Nebrija «lograr de vida» est au contraire «fungor vita,» c.-à-d., mourir.

V c. ب ou من *vivre de quelque chose*, Gl. Edrîsî, de Jong, R. N. 94 v°: ضاي على لحال ان ليس بيدي كان يتعيّش, Ibn-Abdalmelic 99 v°: صنعة اتعيّش بها — من تجارة يتعيّشها. — *Acheter des comestibles*, voyez sous قوت V.

VII dans le Voc. sous *vivere*.

عَيْش. Au Maghrib on entend sous ce mot, que Davidson, 141, traduit par *du pain d'orge: du pain arrangé par couches dans une jatte, avec un trou au milieu, qui contient, soit du lait, soit une sauce piquante avec de l'huile ou du beurre fondu*; on sert

عيص / 195 / عين

ce mets tout chaud; voyez Riley 167, 183, 203, 213, 226, 230, Richardson Sahara II, 132; Daumas, Sahara 277–8, traduit *kouskousou*. — عيش بلاحم, en Egypte, *du hachis frit avec du beurre et assaisonné de sésame, de vinaigre et de tranches d'oignon, qu'on met sur des couches de pâte fermentée et qu'on cuit au four*, Lane M. E. II, 251. — *Le bien-être*, Valeton ¹l, 11 et 38, n. 2, Prol. III, 227, 3. — *Déclaration d'amour*, Alc. (requesta de amores). — عيش السواح *faine*, fruit du hêtre, Bc.

عُوَيْش *petit pain*, Mehren 32.

مَعَاش *établissement, poste, état*, Bc. — *Yacht, petit navire*, Bc; *ce sont en Egypte les barques les plus grosses, qui naviguent à l'époque de l'inondation et servent principalement au transport des marchandises*, Fesquet 60, Niebuhr R. I, 56, von Richter 3. — *Equipage, ceux qui montent un bâtiment*, Bc.

مَعِيشَة *l'endroit où l'on gagne sa vie, boutique, fabrique*, Gl. Edrîsî. — Le pl. معايش *les plantes qui servent à la nourriture de l'homme*, Auw. I, 632, 7, 8. — *Reconnaissance, gratitude*, Alc. (conocimiento agradecimiento). — Ne m'est pas clair Hist. Tun. 97, où il est question d'un Dey: وسار شعبان هذا بعدل ورفق باشر فيه المعيشة

مُتَعَيِّش *mendiant*, Akhbâr 146, 7 (= طالب معيشة l. 11), Yâcout IV, 917, 18: فيها سوى للمتعيشين ومنازل لهم (une vraie ville de mendiants).

عِيص

عيص pl. أعياص signifie chez Ibn-Khaldoun *parent d'un souverain, prince d'une famille royale*, Prol. I, 283, 1, avec la note de M. de Slane, 298, 2 a f., 337, 16, Berb. I, 2, 20, 36, 93, 2, 94, 95, 184, 295, 362, 462, 7, 501, 7, II, 139, 5 a f., 250, dern. l., 281, 7.

عيط II *clabauder, crier, gueuler, piailler, vociférer*, Bc, Hbrt 10, Ht; c. على p. *crier après quelqu'un, le réprimander à haute voix*, Bc, *gronder, tancer*, Hbrt 115; c. على p. *héler*, Bc, Ht; c. لـ p. *appeler quelqu'un*, Bc, Ht.

عيط pl. عياط *cri, clameur*, Ht.

عياط *cri, crierie, piaillerie, vociférations, clabauderie*, Bc, Hbrt 10, Burckhardt Prov. 29, 1001 N. I, 11, 6 a f., 99. — *Gronderie, réprimande*, Hbrt 115.

عيناط espèce de barde, guerrier et poète, voyez Margueritte 219.

عائط *qui crie*, Freytag Chrest. 40, 1.

عبطارس = الاجذان, Most. v° محروت.

عيف I c. a. et من, Voc. (abhominari); c. a. r. *renoncer à*, Bc.

عافة *état de ce qui est dégoûtant*, Khatîb 32 r°, où il est question d'un chaudron qui contenait de la poix: فقالوا له وكيف يسوغ الطبيخ فيها ولو طبخ فيها شيئ ما تاكله البهائم لعافته

عَيْفَة *dégoûtant*, رجل عيفة: «un homme dégoûtant,» Beaussier, Daumas V. A. 101: «aaïfa benn aaïfa, dégoûtant, fils de dégoûtant.»

عيف II *miauler*, comme عوق (voyez).

عيل. Cherchez sous عول les mots que vous ne trouverez pas ici.

عَيْلُولَة (formé comme قَيْلُولَة) *le sommeil après la prière du matin*, Burton I, 287, Ztschr. XVI, 227.

عِيال pl. ات *bête de somme équipée*, Alc. (azemila ataviada).

عيم VIII. Cf. avec Lane (à la fin), Macc. II, 101, 8: عَهْدِي بِك تعتام الآداب — *Choisir*, Berb. II, 282, 10.

عَيْمَة *vivre de laitage*, Prol. I, 162, 1.

عين II *désigner*, Ht, Djob. 38, 7, 13 et 17, 48, 5, Berb. I, 32, 11; عينه لحجّة «il le désigna pour juger un procès,» Meursinge 26, 1, cf. 42, n. 174. — *Déterminer arbitrairement la somme qu'un contribuable devra payer*, Gl. Bayân. — *Regarder pour choisir un passage dans un livre*, Macc. III, 255, 16: فقال الشيخ بعد ان اردت القراءة من اوله افتح فى أثناء الاوراق ولا تعيّن. — C. a. p. *donner le mauvais œil*, Dîwân d'al-Akhtal 16 v°: فقالت ما أجمل هذا فعبنتة فسقط من دابته فات aussi chez Beaussier. — C. على p. *placer un espion auprès de quelqu'un*, Maml. I, 1, 182. — C. على *viser sur*, Delap. 140, Bc (Barb.), Ht, *mirer*, Ht. — C. a. et لـ *ostendere*, Voc. — C. a. dans le Voc. sous generosus. — *Pousser des bourgeons*, Auw. I, 529, 2. — *Se gâter, pourrir ou se pourrir* (fruits), Bc.

III c. إلى p. *regarder*, Gl. Mosl. — *Déterminer*, p. e. la capacité d'une mesure, Macc. I, 810, 19.

V dans le Voc. sous *ostendere*; مـتـعـيّن *certain, connu, reconnu, public*, Ht; synonyme de تـبـيّن, Cartâs 192, 11: وراى ان ضلالهم قد تبيّن، وغرّدهم على "مَن لَه قوّة قد تعيّن", Abd-al-wâhid 134, 2: *de quel droit emprisonnerons-nous un musulman*, ولم يتعيّن لنا عليه حقّ; cf. Gl. Maw., Prol. I, 18, 7. — *Se distinguer, s'élever au-dessus des autres*, de Sacy Chrest. II, ۲۹, 8 (ne connaissant pas ce sens, l'éditeur, 125, n. 33, accuse à tort Macrizi de s'être exprimé d'une manière vague), Abd-al-wâhid 18, 4, Macc. III, 414, 20; de là مـتـعـيّن *un personnage distingué, considérable*, Djob. 306, 14, *generosus* dans le Voc., aussi ذو التـعـيـين, Macc. II, 764, 10. — *Être déterminé*, Prol. II, 51, 10. — المباني المتعيّنة للسقوط *les maisons qui menacent ruine*, Prol. I, 406, 7. — Le n. d'act. *faire l'inventaire de*, Amari Dipl. 177, 2 a f., où il faut lire: فـعـلى البلد تعيّن تركته بالشهادة.

VI. لها تعايين *il lui donna dans l'œil*, Prol. III, 430, 3 a f. — C. على p. *épier*, 1001 N. Bresl. II, 284, 12: فقالوا له انت تتعاير علينا, mais il faut lire: تراقبنا; تنعايس Boul. a.

VIII. اعتيانة البحر *affronter les périls de la mer* (de Slane), Berb. I, 128.

عيـن العين القائمة *œil qui ne voit pas, mais dont la prunelle est saine*, Abou'l-Walîd 630, 24 et 25. Pour un tout autre sens de cette expression voyez plus loin. — على الراس والعين »je le jure sur ma tête et mes yeux,« 1001 N. I, 60, 2 a f. — نَصْب العين, رأى عيني *en ma présence*, Voc. (*coram*). — بـالـعـيـن semble signifier *personnellement*, J. A. 1851, I, 58, 5 a f.: وكان السلطان رحمه يسأل — عن اهل قسطنطينة بالعين والاسم ويسأل عن احوالهم سقط من أعين الـنـاس *perdre l'estime publique*, Gl. Fragm. — نزل من عين الملك *tomber en disgrâce*, اجتمع العين بالعين disgrâce, Bc. — نزول من العين *en venir aux mains, commencer un combat*, Cartâs 161, 15: فلم تجتمع العين بالعين الّا والمسلمون قد خامر قلوبهم الرعب وولّوا الادبار واخذوا فى الفرار de, car c'est ainsi qu'il faut même lire avec notre man. *ibid.* 217, dern. l., où l'édit. التقى الاعيان بالاعيان porte: فلما تقارب الجمعان والتقى العيان بالعيان, et وقعت العين على العين aussi Kosog. Chrest. 110, 2.

— أخذتنى عيني *le sommeil me gagna*, R. N. 41 r°: بعدما خرجت 79 r°, فاخذتنى عينى فنمت ثم انتبهت غلبتنى De même عنّى بساعة اخذتنى عيني فنمت, Cazwini II, 283, 21, Bat. IV, 20. Aussi مرّت عينى. — ثم مرت فى عينى فرقدت, R. N. 57 r°: بى عيناى غَلَبَتْنى عينى بالدموع *je ne pus m'empêcher de pleurer*, R. N. 85 r°. — *Les yeux fort enfoncés et creux*, Alc. (*ogeras hundidas*; j'ai suivi Victor; Nebrija: *oculorum recessus*). — Proprement *espion*, de là العيون *ceux qui, dans la guerre, examinent les dispositions des ennemis, qui font une reconnaissance*, Yâcout III, 755, 2 a f.: الطلبعة للعسكر, Berb. II, 296, 2: والتقت عيون القوم فكانت بينهم حرب, cf. 300, 2 a f. — *Inspecteur*, Djob. 280, 14. — *Beffroi, tour d'où l'on fait le guet*, Berb. II, 302, 5: واقتحم برجا كان عنــاك عينا على المسلمين; cf. Khaldoun IV, 33 r°: *Lorsque Tarifa eut été prise par les Castillans*, صارت عينا على من يروم الجواز من الغزاة. — *La chose la plus essentielle*, Chec. 177 v°: j'ai écrit ce livre à son usage, afin qu'il يطلع منه على عيون ما أنقيّدُهُ, et plus loin, *ibid*.: القول فى مرضه من اقوال للحكماء. Quelquefois le mot عين, joint à un autre substantif, exprime en quelque sorte le superlatif, p. e. Haiyân-Bassâm I, 78 r°: وكل معد يـقـضى الامور المشكلات عيونها »ses trésors les plus précieux,« Moslim 96, 1: عيون ذخائره وخاصة حرمه, عيون الامور المشكلات c.-à-d., car c'est une apposition, »les affaires les plus difficiles« (ce que dit le scoliaste n'est pas exact, et M. de Goeje adopte l'interprétation que j'ai donnée). — بعيـنـه *juste, précisément*, Bc. — عينا عينا *pièce pour pièce*, Roland. — En parlant de plantes, non-seulement *bourgeon, bouton* (Lane, Bc), mais aussi *jet, rejeton, pousse*, Voc. (*germen*), Alc. (*cogollo o cohollo de arbol, pinpollo en el arbol*), Bat. IV, 335, Auw. I, 13, 11, 155,

7 a f., 187, 2 a f. (lisez عين avec notre man., sans article). — *Maille de filet*, Alc. (ojo de las redes o malla الشَّبَكة), Bc, 1001 N. I, 632, 7 a f. — *Nœud coulant*, Auw. I, 151, 20 et 24. — *Boutonnière*, Alc. (ojal de vestidura), Hbrt 19. — Au Maghrib, *prune et prunier*, Gl. Edrîsî, Pagni MS (qui a *pruna* et *pruna silvestria*), Barbier, Delap. 146, Pellissier 348 (*prunier*). C'est pour عيون البَقَر, qui désigne *des prunes noires*. Au lieu de ce dernier mot, on trouve aussi عيون بقر, Most. v° يابسة et صمغ الاجاص, et le vulgaire disait en Espagne, par contraction, عَيْبَقُو (voyez ces mots). Autres espèces de prunes: عين بَرّ النَّصَارَى *reine-Claude*, Martin 102; عين الثَّور sorte de prune veloutée, Ten Years 366, grande prune bleue, à en juger par le nom arabe; عين الغَزَال grande prune d'une couleur foncée, *ibid.*; عين القَطُوس (œil de chat) prune verte, *ibid.* — Feuilles vertes du poireau, Alc. (porretas hojas de puerro). — *Petit trou qu'on fait dans la terre pour le jeu dit* سِبَاجَة, voyez Lane M. E. II, 64. — *Point brillant*, voyez sous رَبَّقَى, Bait. II, 411 a: حجر اللازورد الذى فيه عيون الذهب — *Echantillon, montre*, v. d. Berg 48. — *L'un des deux sacs dont se compose le* خُرج *ou bissac* (Lane sans autorité), 1001 N. III, 200, 5, 214, 11. — ذَهَب عين *pièce ou monnaie d'or*, Alc. (pieça o moneda de oro), Bat. IV, 350; خمسين الف دينار من الذهب العين, *chartes grenadines:* سنة عين قشتالية ريقبيمة. — العينان *les monnaies d'or et d'argent*, Abdarî 37 r°: chez les Bédouins de Barca il ne se fait qu'un commerce d'échange, — لا يجرى بينهم فيها درهم ولا دينار. — وقفا حالهم فى العينين يجهلون بها اثمان الاشياء — عين ثَكَمة *immeuble*, Gl. Maw. — *Robinet*, Delap. 165. — *Anciennes fêtes en l'honneur des fontaines et des puits*, Alc. (hontanales). — عيون *œufs pochés, œufs au miroir*, Bait. I, 197 (article œuf): والرعاد منذ والعيون معتدلة بين عثين فى كثرة الغذاء وسرعة النزول; en hollandais on les appelle *kalfsoogen* (yeux de veau). — عيون *ornements de cuivre ou d'argent attachés à des cordons de soie, que les femmes portent aux coins du voile nommé* بُرقُع, Lane M. E. I, 67. — عيون *lunettes*, Bc, Ht. — اعيان t. d'alchimie?

Amari 654, 4: صَحْبَتْ لدَيه صَنعَة الكيمياء *الا انها الادب، وقلب الأعيان *لانه يدل للحديد بالذهب، Les mots que j'ai placés entre des astérisques me sont obscurs. — ذات الأعين voyez sous le premier mot. —

عين البَقَرة, comme عين البَقَر, *buphthalmum* ou *œil-de-bœuf; mufle-de-veau*, Bc.

—, au Caire, *maladie des grains*, peut-être *rouille*, Niebuhr B. xxxiv.

الثَّمرة —, *nombril, œil, cavité des fruits opposée à la queue*, Bc.

الحَجَل —, en Syrie, *petite sorte du buphthalmum ou œil-de-bœuf*, Bait. I, 182 a (AB); عين الحَجَلة *adonis autumnalis* L, Prax R. d. O. A. VIII, 345.

الحُوت — *nacre de perles*, Alc. (nacar de perla).

الحَيّة — *ortie*, Most. v° أجرى (seulement dans Lm); les falsificateurs en mêlent la semence avec le cumin des prairies, auquel elle ressemble par la couleur; seulement ses grains sont un peu plus grands et elle n'a pas d'odeur, J. A. 1861, I, 19.

العين الأخضر *indigo*, Most. v° طين اخضر.

عيون الديكة sont des graines qui ressemblent à celles du caroubier, Bait. II, 226 f. On s'en sert en guise de poids, comme de ces dernières, Lyon 278: «The small red and black West India bean, so well known in England, is here named عين الديك (or cock's eye), and is the half Kharouba.»

عين زهرة *disque, centre d'une fleur radiée*, Bc.

السَّردُوك — (œil de coq) *nom du narcisse chez les Maures des campagnes*, Pagni 32.

عين السرطان ساجسبوريه, Bait. I, 57 b, Ibn-Djazla.

السَّقَاتة — nommé, dans le man. de l'Escurial 497, parmi les choses que vend le نَقَلى (Simonet).

الطاحونة — *trémie, grande auge large du haut, très-étroite du bas, faisant partie d'un moulin*, Bc.

العَقْل — *sentiment*, Bc.

أَعْلَى —. Selon Bait. I, 18 b, cette expression signifie en syriaque (بأنسريانيك) *buphthalmum* ou *œil-de-bœuf*.

عين القَحْبَة sorte de grain de verre, Burckhardt Nubia 269.

عينك فى قرنه Squalus zygœna, Pagni 93, qui écrit *Haint fi cornū*, ce qu'il explique par „occhio sopra le cornette."

عين القط = بابونج camomille, Sang. — Sorte de pierre précieuse, Inventaire: ومن عقيق غليظ ردى (sic) ‏ يسمّى عين قط ‎Est-ce ‎ أعين الهر؟

عين كُرْنب — sorte de choux qui, coupé, repousse et dure toute l'année, chou cabus ou pommé, Alc. (llanta de berça o col, repollo de berça).

النجّة —, (œil de brebis) sorte de raisin, Hœst 303.

النور —, en poésie, le soleil, Daumas Mœurs 290.

الهدهد —, en Ifrîkiya, *myosotis palustris*, Bait. I, 22 b, II, 226 g.

الهِرّ — variété du saphir, l'astérie ou corindon d'un bleu clair à reflets blanchâtres, qui forment une espèce d'étoile lorsque la pierre est taillée en cabochon; en allemand *Sternsaphir*; voyez Heuglin dans le Ztschr. für ägypt. Sprache und Alterthumskunde, mai 1868, p. 54, juillet 1868, p. 83; nommé Prol. I, 325, 14, parmi d'autres objets très-précieux, et chez Brosset, Collection d'histor. armén. I, 544.

عَيْنى proprement dit, Prol. III, 100, 10 et 12.

عَيْنَة, en Espagne, *Lonicera periclymenon*, Bait. I, 120 c. — Echantillon, montre, M.

عَيْنُون globulaire, Bait. II, 226 e, 237 f, A. R. 278.

عِيان voir avec les yeux du sentiment intérieur, Ztschr. XX, 26, n. 7. — *Réalité*, Abd-al-wâhid 72, 14.

عُوَيْن, n. d'un. 8, *pruneau*, Hbrt 52 (Tunis).

عُوَيْنات (pl.) *clou de mer* (coquillage), *morpions de mer* (coquillages), Bc. — *Lunettes*, Bc, M.

عِيانى oculaire (témoin), Bc.

عَيِّنَة échantillon, montre, Bc. — *Détachement*, troupe de soldats, Rutgers 166, dern. l., cf. 172. — *Beau garçon*, 1001 N. Bresl. VII, 52, 2.

أَعْيَن antilope selon Quatremère, J. A. 1838, II, 488–9; cf. sous بقر الوحش.

تَعْيين *ration*, Bc, Mc, Ht, Werne 11. — *Tâche imposée*, Hbrt 222. — *Tarif*, Ht. — *Rente*, ce qui est dû tous les ans pour un fonds affermé, charte grenadine: الزنك والتعيين, où le premier mot, écrit aussi رنطة, est l'esp. *renta*.

مُعَيَّن (voyelles incertaines) *Daphne oleoides*, Most. v° مازريون, Bait. II, 522 f.

المعينين, Djob. 150, 17 = الأعيان, *les principaux*, comme il écrit dans un passage semblable, 152, 1. — معينون *garnison*, gens qui gardent une maison, des meubles saisis, Bc.

مُعَيَّن *losange*, figure à quatre côtés égaux, ayant deux angles aigus et deux angles obtus, *rhombe*; شبيه بالمعين *parallélogramme oblique*, Bc, M.

معينة sorte de poisson, Yâcout I, 886, 3, mais chez Caswini, I, 119, 19, c'est معية.

مَعْيُون. Le passage du Diw. Hodz. se trouve 124, vs. 4.

غ

I. غاغا على الذئب *huer*, faire des huées après le loup, Bc.

خاجر غاغاطيس غاغاطيس voyez غاغاطيس.

غال grand poisson que l'on mange, Hœst 298, Gråberg 136. C'est le mot esp. *gál*, chez Victor „un poisson appelé Dorée."

غالالوطا = الباقلّى القبطى, Bait. II, 233 c; il donne ce mot sous le *ghain*; dans l'Agriculture nabatéenne c'est غالالوطا, mot dont la première moitié est araméenne, חלט, tandis que la seconde moitié en est la traduction grecque, λωτός; telle est l'opinion de M. Nöldeke dans le Ztschr. XXIX, 451.

غالَه قِرْشتَه (esp.) est, selon le Most. v° كماڢيطوس,

غالبيوبسيس le nom esp. du chamapitys; Alc., sous gallocresta (*orvale*, *toute-bonne*), écrit: gallí crícha.

غالبيوبسيس *chanvre bâtard* ou *Galeopsis*, Bc.

غالبون *caille-lait* ou *Gallium*, Bc.

عبّ s'emploie en parlant de l'arrosement, p. e. Auw. 1, 286, 6, où il faut lire avec notre man.: ثم يُسْقَى يوما ويترك يوما يَسقى يوما غبًّا, c.-à-d., « tu arroseras de deux jours l'un; » dans le même sens 192, 5: تسقى يوما وتغب ثمانية أيام 192, 19; يوما وتغب يوما tu laisseras passer huit jours sans arroser. » — *Humer*, avaler, Bc; c'est vulgaire pour عَبَّ, M.

II c. a. *couvrir*, Voc. — C. لِ *interpolare*, Voc.

IV. On dit أغبّ الزيارة ou زيارتُه, Abbad. III, 177; كان لا يغبّ الغزو, «il guerroyait sans relâche,» Abd-al-wâhid 52, 2 a f., Haiyân 20 v°, Khatîb 178 r°.

V *être couvert* ou *se couvrir*, Voc.

غِبّ. Le Voc. a عمل غِبًّا *interpolare*. — غِبّ après, que Bc prononce غَبّ, n'est pas classique, mais très-fréquent chez les auteurs du moyen âge, Gl. Mosl.

غُبّ, *golfe*, appartient au dialecte du Yémen, Edrîsî, Clim. I, Sect. 6 (Jaubert I, 54): ومعنى الغبّ للجون ❀

غُبَّة „The deep waters known by the name of *Ghubbat-Fâris*, or the *Persian depth*," Palgrave II, 247.

غبيبة? 1001 N. Bresl. X, 232, 9, où une jeune fille a مراشف سكرية وغبيبة مرخية ونهود عاجية.

غبيب Le passage du Diw. Hodz. se trouve 167, 3.

مَغَبَّة *digestion*, Gl. Manç. v° تخمة: واصله وخمة الأغذية: وخامة et v° من الوخامة وفي التثقّل وسوء المغبة التى لا توافق ولا تحمد مغبته (ها ل.) ❀

غَبَارنج sorte d'arbre, voyez Bait. II, 234 b (AB, avec les voyelles).

عبت.

أَغْبِيتَة *athanasia maritima*, Prax R. d. O. A. VIII, 348.

غبر

II. تغبير بالأخضر بالأزبال projeter les engrais en poussière sur les plantes, Auw. I, 114, 11, II, 139, 2 a f. Au fig. تغبير السوابق في مضمار التحصيل, c.-à-d., surpasser les meilleurs étudiants, Macc. I, 859, 1; غبّر في وجوه جميع كرام الملوك, c.-à-d., il surpassa les rois les plus généreux, Fakhrî 27, 6. — تغبير (cf. Lane) *la récitation cadencée du* تهليل *et la manière de psalmodier les versets du Coran*, Prol. II, 359, 12—14.

IV c. على *cacher*, 1001 N. Bresl. III, 115, 8: ومن اخفاه واغبر عليه. Beaussier a la 1re on ce sens.

غَبْرَة, *poussière*, chez Domb. 55. غُبْرَة. — *Un nuage de poussière*, Bc, pl. أتب, Cartâs 149, 7 a f., 218, 9. — غُبَيْرة *tapage*, Mehren 32. — *Etincelle*, L (fabilla شرر ولهيب وغبرة).

غُبْرَة *nigredo*, Voc.; remarquez le pl. 1001 N. II, 110, 10: le calife dit: Alâo-'d-dîn était blanc et le visage de celui-ci est noir, et le vizir lui répond: Ne savez-vous pas أن الموت له غبرات? — *Couleur mêlée de blanc, de rouge (ou de brun) et de noir*, Auw. I, 88, 12, où notre man. porte: والغبرة لون من اجتماع البياض والحمرة والسواد. — سكر غبرة *sucre brut*, Hœst 271.

غُبَار *folle farine*, Bait. I, 153 c (Edrîsî): واذا عُجِنَت ببياض البيض وغبار الحوارى; Alc. (harija) donne غُبَار en ce sens.

غُبَار *poussière*, t. de botanique, poudre féconde, Bc. — *Un nuage de poussière*, Bc. — *Poudre d'or*, Alc. (oro en polvo غبار ذهب, Gl. Bayân, Mi'yâr 14, 3 a f. — *Etincelle*, L (fabillis). — حروف الغبار *les chiffres appelés* ghobâr, Prol. I, 5, l. 9; on les trouve dans de Sacy, Gramm. ar., I, Planche VIII; voyez surtout Wœpcke, *Sur l'introduction de l'arithmétique en Occident* (Rome, 1859), et *Mémoire sur la propagation des chiffres indiens* (Paris, 1863); حساب الغبار *l'arithmétique*, Alc. (alguarismo), Daumas Kabylie 63.

غَبَّار voyez غَبَار.

غُبَار *poussière*, Müller L. Z. 16, 4.

غُبَيْرَة voyez آغبيرة.

غبس   200   غبن

غُبَارِي chiffres, Cherb. et le même Dial. 46; الغبارى le calcul, Cherb. Dial. 57.

غُبَيْرَآء pouliot, Alc. (poleo yerva conocida), Most. v° الغبيرا الَّتى تعرف بالملايه بالعجميَّة : فوذنيج ; dans le Voc. (pulledium) غُبَيْر, et de même dans nos deux man. de Bait. II, 518 c. — En Egypte, heliotropium europæum, Bait. II, 118 d.

احوال الآخرة = الباق = الغـابــر, Prol. II, 359, 13 et 14.

أَغْبَر niger, Voc.; L: ceruleus أَسْوَد طليم اغبر. — Couvert de poussières, Gl. Badroun, Gl. Bayân. — Turpis, Voc. — بنو غَبْرَاء expliqué par اللصوص voleurs, Kâmil 709, dern. l. et 710, 1.

أَغْبَر dans le Diw. Hodz. 38, 14, 255, vs. 16 avec le commentaire.

تَغْبِير. Ce que Freytag donne sous ce mot n'est nullement certain. Le passage qu'il cite se trouve dans l'éd. que Quatremère a donnée des Prol. II, 347, 18, où on lit تَغْبِيرة, et M. de Slane n'a pas changé cette leçon.

مغبر sol poudreux, Auw. I, 109, 17.

مَغْبَر. L: igneus مَغْبَر مُحْتَرِق.

غبس

غَبِس, fém. 8, obscur,. aadiah ps. 23.

غَبَّشَ العَيْن I éblouir, Bc.

II éblouir, Ht. — Assombrir (le temps, le visage), Beaussier.

V s'assombrir (temps, visage), Beaussier.

VII être ébloui, Bc.

غُبَشِيَّة crépuscule, Ht.

غُبَاش cataracte, opacité du cristallin, qui obscurcit ou fait perdre la vue, Alc. (catarata de ojos).

أَغْبَش الوجه qui a un visage sombre, 1001 N. Bresl. X, 300, 3 a f.: (l. وهو شيخ اغبش اغمش) اغبش الوجه ۞

غبط I, au passif, c. ب r., être content de, Gl. Fragm.:

II c. a. p. et ب r. exciter les désirs de quelqu'un, Gl. Bayân.

VII dans le Voc. sous emulari. — C. ب r. prendre plaisir à, 1001 N. Bresl. IX, 200, 10.

VIII c. ب r. ou p. être satisfait de, Gl. Fragm., Bidp. 191, 6 a f., 202, 4, 238, 3 a f., de Sacy Chrest. II, ١.., 2 a f., Nowairi Egypte, man. 2 m, 69 r°: زاد اغتباطنا فى, Bat.: اغتبط الملك المعظّم به

غِبْط plaisir, volonté, désir, Bar Ali n° 4491: ويقال ايضا طوبيّة الانسان وصميره ولبّته وغبطه واعتقاده واتباع هواه, car il faut lire ainsi, et également dans Payne Smith 1620, au lieu de علطه.

غِبْطَة vente avantageuse, gain, profit, Gl. Fragm., Macc. I, 471, 5, 6 et 7. — Titre que les chrétiens donnent aux patriarches, M.

غبيط bassin profond dans le lit d'une rivière, où l'eau reste plusieurs jours après que le fleuve a cessé de couler, M.

مَغْبُوط c. ب r. très-satisfait de, Abbad. I, 324, 9 a f., où il faut traduire: il fut empoisonné «dans un temps où il était le plus satisfait du mal et du bien qu'il faisait» (corrigez donc III, 165).

مَغْبُوط, chez les chrétiens, bienheureux, comme مرحوم chez les musulmans, M, Hbrt 149.

مُغْتَبِط satisfaisant, agréable (chose), Gl. Mosl.

غبغب

بالغَبْغَب absconse, Voc.

غبن I, tromper, etc., aussi c. على p., Cartâs 33, 7 a f. — Ourler, faire un ourlet à du linge, etc., remplier, faire un rempli, Bc.

II chagriner (Barb.), مُغْبِن chagrin, triste (Barb.), Bc, chagriné, Delap. 12, fâché, Barbier, triste, affligé, chagrin, trompé, Ht.

IV dans le Voc. sous fraudure.

V se chagriner, Delap. 26, Daumas V. A. 116; se repentir, se lamenter, Ht.

VII éprouver du déplaisir, Bc, 1001 N. Bresl. IV, 164, 4 a f., VII, 101, 1. — C. مع se brouiller, cesser d'être ami, Bc.

غبن 201 غدر

VIII *être trompé*, Voc., Recherches I, 530, 4 de la 1ʳᵉ éd.

غَبْن *désappointement, déplaisir, chagrin*, Bc, Yâcout I, 387, 8 (غَبَن), Wright Arab. Reading-book 11, 6 (غَبَن), 1001 N. Bresl. IV, 25, 101, 130.

غَبِينَة dans le Voc. sous fraudare. — *Fâcherie, déplaisir*, Bc. — *Brouillerie, mésintelligence*, Bc.

غَبِينَة *peine, tristesse, regret*, Ht, *tristesse*, Daumas V. A. 109.

مَغْبُون *fâché*, Mc, 1001 N. I, 6, 6 a f., 199, Bresl. II, 67, IX, 201, 236 (dans ces deux derniers passages Macn. a غضبان), c.' على p., *contre*, Bc.

مُغَايَنَات (pl.) *petites fraudes, tromperies, moqueries*, Ztschr. XX, 507.

غَبِي et غَبْو I. غَبِي *perdre connaissance, s'évanouir, se trouver mal*, Bc, Hbrt 33.

غَبَاءَة *épaisseur*, Bc.

غَبِي *vilis*, Voc. — *Epais*, Bc. — *Haineux, rancunier*, Bc.

غَبَاوَة *vilitas*, Voc. — *Rancune*, Bc.

غَابِيَة *trou de gerboise*, Kâmil 153, 14.

غَابِيَة (lat. gavia, d'où l'esp. gaviota) pl. غَوَابِي *mouette*, Alc. (gaviota ave conocida), Calendr. 92, 3. — (Ital. gabbia) *hune, sorte d'échafaud au haut du mât*, Bc.

غتر II. c. a. et في est dans le Voc. *abscondere (abscondere furando, vel decipere, vel furari)* et *furari*. C'est un dénominatif du subst. qui suit ici.

V dans le Voc. sous les mêmes articles.

غَتْرَة (esp. gatera) *chatière, trou dans une porte pour les chats*, Voc.

غتم.

غَتْمِي *callidus*, Voc.

غثّ.

غَثّ pl. أَغْثَاء *vilis*, Voc.

غَثِّث *sot, fou*, Payne Smith 1341.

II

غَثَى et غَثِي IV *exciter des nausées*, Auw. II, 68, 3, Bait. I, 118 b: تغثى 274 b: وتسمرها يغثى ويقيى وتقيى اذا شربت وحدها*

غَثَيَان et غَثْي *nausée, envie de vomir*, Gl. Manç. in voce, Sang., Bait. I, 130 a: ينفع من الغثى 136, 143, 144, J. A. 1853, I, 346. Dans L on trouve: *ablubio* (vel *adlubio*) مَرَضٌ ثمَّ غَثْنًا; Raphelengius a ajouté un astérisque au mot latin pour indiquer qu'il ne le comprenait pas ou qu'il le croyait altéré; la forme arabe est aussi étrange.

غَاجَرِي pl. غَجَر *bohémien*, Bc, Hbrt 89, Lane M. E. II, 120; M: الغجر قوم من العرب جفاة يسكنون الخولة ولواحى الاردن; fém. غَاجَرِيَّة *drôlesse, femme de mauvaise vie*, Bc. — *Goffe, mal bâti, grossier, maladroit*, Bc.

غَاجِيطَة (esp.) *aiguillette*, Alc. (agujeta).

غدّ I, *comme maladie de l'homme*, Kâmil 726, 3: في ديار بنى سلول تجعل يقول أَغدَّة كَغُدَّة البعير*

V c. على dans le Voc. sous *inverecundus*.

غُدَدِي, t. d'anatomie, *glandulaire, glanduleux*, Gl. Manç. v° غُدَّة: وبشبه بها الاطبّاء اللحوم الرخوة المتخلخلة التى لا ليف لها ظاهرا كلحم الثدى والضرع والانثيَّين فيقولون لحم غُدَدِي*

غَدَادَة *inverecundia*, Voc.

مَغَدَّد *inverecundus*, Voc.

غَدَامِسِي *épithète d'une superbe espèce de cuir, que les habitants berbères de la ville de Ghadâmes (dans l'état de Tripoli, au S. O.) préparaient au moyen de l'euphorbe, et qui ressemblait à de la soie, tant il était moelleux. Plus tard on a désigné par ce mot une espèce de cuir doré qui servait de tapisserie*; voyez Gl. Esp. 280 (cf. Freytag 263 b).

غدر I *se révolter*, Gl. Belâdz. — C. a. *surprendre une ville*, Cartâs 183, 13, Çalât 10 v°: وصام لخبر بغدر 25 v°, 26 r°, الفسقة اصحاب ابن هشكل مدينة قرمونة غدر النصارى مدينة, l'anonyme de Copenhague 2: رابحة واتفق غدرًا من البرج المستقبل بباب قصبتها

26

3. — C. a. *livrer* une ville *par trahison*, Voc., Çalât 23 v°: عبد الله بن شراحيل الذي غدر مدينة قرمونة. — 24 v°: الغادر بامرأة, et ومكّن منها بذلسه لابن هشك *l'amant, le séducteur d'une femme mariée*, Becrî 187.

II dans le Voc. sous pelagus; *s'amasser dans une mare, un bas-fond* (eau), Beaussier. — Dans le Voc. sous incaustum; il veut dire, comme Beaussier donne, *faire des pâtés* (plume, encre).

III *omettre*, Amari 19, 1, Bat. III, 97. — C. من *rester en arrière de, être inférieur à, différer de*, Içtakhrî 42, 7, Cazwînî I, 125, 10 a f., Bait. I, 22 c: لا تغادر منه شيئًا, 509 c.

IV *épouvanter, effrayer*, Alc. (asombrar, espantar). — C. a. dans le Voc. sous demoniacus.

V dans le Voc. sous pelagus.

VII dans le Voc. sous prodere. — *Ibid.* sous paraliticus. — *S'épouvanter, s'effrayer*, Alc. (espantarse lo medroso).

غَدْرٌ *perfidie*, Diw. Hodz. 81, vs. 7.

غُدْرَان *perfidie*, Diwan d'Amro'lkaïs ۳°, vs. 8 (cf. p. 99). — *Paralysie*, Voc.

غَدِير. Le pl. أَغْدُر, Alc. (estanque, remanso de rio), pl. du pl. اغادي, Fâkihî (Wright). — Dans le Désert, *bas-fond dans une plaine, où s'amassent les eaux de pluie; on y trouve des arbustes et quelques arbres*, Burckhardt Nubia 178, Burton II, 59 n. — *Crevasse dans une rivière où l'eau séjourne*, Beaussier, M. — *Courant d'eau, filet d'eau*, Alc. (venage o raudal de rio). — الغدير *l'extrémité de la mer Méditerranée qui touche au détroit de Gibraltar*, Becrî 90, 11 a f., 99, 10 a f., 105, 7 a f., 113, 6 a f. — Dans le style poétique on donne le nom de *mare, étang*, à la *cotte de mailles*, parce qu'elle brille comme un étang qui réfléchit les rayons du soleil, Macc. I, 432, 8 (= درع l. 4, cf. 433, 9), II, 431, 2 a f., cf. Addit. et Fleischer Berichte 49.

غَدِيرِي *qui croit dans des étangs*, Payne Smith 1579.

غَدَّار *voleur qui se sert d'une échelle pour voler*, Alc. (escalador).

غَدَّارَة pl. غَدَادِير *tache*, Voc. (macula), *tache d'encre, pâté*, car c'est ce que le Voc. a voulu exprimer en donnant ce mot sous incaustum. — Pl. أنت, Bg 804, en parlant de l'armure: „Quand on porte le دبوس (massue) à cheval, on tient dans l'autre main un bâton d'acier appelé غَدَّارَة". M: والغدّارة عند المولّدين قطعة من السلاح صغيرة يغدر بها العدو ج غدّارات.

مَغْدَرَة *perfidie, révolte*, Gl. Belâdz.

مَغْدُور, مَغْدَر ماء مَغْدُور *les eaux qui, dans un navire, s'amassent et croupissent dans la sentine*, Alc. (agua sentina). — *Paralytique*, Voc. — *Possédé du démon*, Voc. — *Epouvanté, effrayé*, Alc. (asonbrado).

غدروف pour غضروف, Payne Smith 1525.

غدف.

غَدْفَة *mouchoir de tête des femmes wahabites*, Pachalik 37; cf. غَدَفَة dans Lane.

غَدَق II *mettre beaucoup d'huile sur un membre*, Gl. Manç.: تغديق هو تكثير الدّهن على العضو من الماء الغدق وهو الكثير.

غَدَق = غَدِيق, Gl. Djob., Macc. II, 322, 2.

غَدِيقَة *le vent du sud-ouest*, Domb. 54 (غديكة).

غدم.

Ghoudam, salicornia fruticosa, Prax R. d. O. A. VIII, 283.

غدن.

غَدَانِي *espèce de figue*, Hœst 304.

غدو I. غَدِيَ *dîner*; le n. d'act. est écrit غَدًا dans le man. de Djob. 335, 2, où le dzâl est un changement de l'éditeur; Fleischer, dans ses notes sur Amari, a restitué le dâl.

II *faire dîner*, ou *donner à dîner*, Bc.

III. غودي بالحرب *on l'attaqua dans la matinée*, Haiyân 103 v°: ثم غودروا (غودوا l.) بالحرب في اليوم الآخر. On dit aussi غادى القتال *commencer le combat dans la matinée*, Badroun 141, 5, où il faut lire avec les man. cités dans la note c: فكانوا يغادون القتال ويراوحونه.

V *dîner*, Bc; c. a. r. *dîner de*, Mohammed ibn-

Hârith 330: وكان السوقى قد اخرج فى كمّه من بيته خبزا يتغدّاه فى حانوته, ou c. ب r., Macc. II, 762, 5 (cf. sous عشو V).

غَدٌ غَدًا demain = dans la vie future, Gl. Badroun.

غَدَا vulgaire pour غَدٌ «la nuit prochaine;» ليلة غدا, et en Barbarie بعد غدا, غير غدا «après-demain,» Bc.

غَدَاة. وَقْت الغداة الصُّغرى, Djob. 41, 7, est une expression dont je ne connais pas le sens précis. — Prandium, Voc.

غُدْوَة = غَدَآء le repas du matin, déjeuner, qui est vulgaire d'après le TA, se trouve dans un vers d'Abou-Nowâs al-Hacamî, Kâmil 234, 13; غدوة بلاش franche lippée, bon repas qui n'a rien coûté, Bc. — = le soleil, Tha'âlibî Latâïf 38, 3, où il faut lire ainsi. — En Barbarie, demain, بعد غدوه après-demain, Bc.

غَدَآء dîné, dîner, Bc, dîner léger au milieu du jour, Burton I, 78, 178, 287. — Dînée, dîner, lieu où l'on dîne, Bc.

فطور غَدَائِى déjeuner dinatoire, Bc.

غاد غَادِيَة, nuage qui se montre au matin, Gl. Mosl.

غَادِيَة, suivi de البهود est الجماعة التى تغدو منهم M d'après Motarrizî.

مَغْدَى, n. de temps, مغدى الضّحى «le lever de l'aurore,» Gl. Mosl.

غَدَّ X c. a. p. et ل r. exciter quelqu'un à faire promptement une chose, Berb. II, 328, 13: استغدّه للسير اليها, 551, 8; c. a. p. et الى exciter quelqu'un à se rendre promptement vers un endroit, 406, 1, 452, 9.

غَدَار.

غَدَار pour غَضَّار, Gl. Edrîsî.

غَدَا I cultiver une plante, Macc. I, 305, 11.

V c. ب faire diète, Voc. (dyetare).

VIII c. a. manger, dévorer, Bait. II, 32 c: وهو يشترط ما يغتذى (يغتذيه =) من ذلك اشتراطا, mais peut-être faut-il ajouter به.

غِذَآء diète, Alc. (dieta de comer); dans le Voc. حَفِظ et حفظ الغذا et حبس الغذا, et faire diète (احتفظ) الغذا.

غِذَآء, pl. اغذياء نعم, اغذياء ses protégés, ses clients, Ali's hundert Sprüche, n° 90.

غِذَآء pl. ات nourriture, Voc. (nutrimentum = غذا).

مَغْذَّى substantiel, nourrissant, Bc (مغذى).

غَرَّ I c. ب r. emporter frauduleusement, Amari Dipl. 106, 4: ان غرّ برهن او حقّ للجانب الكريم, où l'ancienne trad. latine (p. 306) porte: «si portarot seu auferet (l. auferret) aliquid curio suprascripti domini regis.» — Se perdre, disparaître, Amari Dipl. 105, les deux dern. l. (cf. l'ancienne trad. latine p. 306), Prol. III, 339, 15, si on y lit ويغرّ.

II. On ne dit pas seulement غرّ بنفسه, mais aussi غرر بالمسلمين, etc., Gl. Belâdz.

VII dans le Voc. sous decipere, errer, se tromper, mordre à l'hameçon, se laisser séduire, se repaître de chimères, s'abuser, succomber à la tentation, Bc.

VIII c. ب p. se flatter de l'espoir de vaincre quelqu'un, Haiyân 74 r°: فكيف رايت عقبى الاغترار ببنى امَّية. — Dans le Voc. (sous decipere) furari, vel abscondere.

غِرّ jeune homme, Voc. — Ce que Freytag a noté d'après Reiske, «illustris, nobilis,» repose sur une erreur de ce dernier, Fleischer sur Macc. II, 512, 18 Berichte 79, 80.

غُرّ oiseau qui ressemble un peu à la perdrix, mais qui est inconnu en Europe, Jackson Timb. 338 (gror), le même, Morocco 68 (rogr); c'est peut-être le pl. de غُرَّة.

غِرَّة (esp. guerra) guerre, Voc.

غُرَّة cheveux sur le front des femmes, Bc. — Toupet sur le front des chevaux, Bc (Halep). — Trou pratiqué dans les chambres ou dans les galeries des étages supérieurs d'une maison, pour laisser pendre le fuseau des fileuses, Chorb.

غُرَّاء et غُرَّية gingidium, fenouil sauvage, persil

sauvage, Bait. II, 234 c: غريرا الغافقى هو البستنباج الرقيق البزر الطيّب الرائحة وقال ابو حنيفة ويقال غرا نباتها مثل نبات الجزر ولها ايضا حبّ كحبّه وبزرة — شمع غرًا *cire vierge*, Bc. — بيضاء ناصعة وفى سهلية ورجها طيّبة

غرور, pl. ات, Saadiah ps. 31. — *Erreur, illusion*, Bc. — *Egarement de cœur*, Bc. — *Prisme*, au fig., se dit des passions qui égarent l'imagination, Bc. — *Présomption*, Bc, *arrogance*, Ht. — *Danger*, Voc.

غرير épithète de la gazelle, Mi'yâr 20, 2. — *Jeune homme*; fém. ة *jeune fille*, Voc.

غرارة *grand sac pour les grains, la farine*, Bc, Daumas Mœurs 270, formé d'une moitié de تلّيس, Cherb., Müller 10, Bat. IV, 398. — Nom d'une mesure, qui variait suivant les lieux; voyez Maml. I, 1, 133, II, 1, 85, Torres 86 (où *garada* est une faute, de même que 179, 223), Chénier III, 535, Burckhardt Syria 213 n., M. — Nom d'un tribut qui se composait de mille sacs de blé, Berb. I, 55, 2 a f. — *Jeunesse*, Voc. — Certaine partie de la tente, Barth V, 712 (gherára); — sorte de chambre à coucher, Barth III, 413 (ghurára).

غريراء *sisymbrium cinereum*, Prax R. d. O. A. VIII, 282; *brassica ceratophylla* Desf., le même, *ibid*.

غريرة *écureuil*, Alc. (harda animal).

غروري *illusoire;* غرورًا *spécieusement*, Bc.

غرّاء voyez غرّا. — *Espèce de ver de terre*, Man. Escur. 893: الغرباء وهو دابّة له شعر.

الغرّار *l'étoile du matin*, appelée ainsi لانه يغرّ بطلوع الفجر, M, Daumas V. A. 245.

أغرّ *libre de soucis* (de Slane), Prol. I, 228, 2 a f. — *insigne* (malheur), Haiyân-Bassâm III, 49 rº: لحادثة الغرّاء فى بريشتر.

مغرّ *spécieux*, Bc.

مغرور (cf. Lane sous غرير) *un homme qui a eu commerce avec une esclave qu'il avait achetée et qui l'a rendue mère, mais qui a été trompé par le vendeur, cette esclave n'ayant pas appartenu à ce dernier, mais à un autre qui la réclame*, Ta'rîfât 239.

غرانبيولا *gratiole, petite digitale*, Bc.

غرافيون (γραφεῖον) *stylet;* lisez ainsi Auw. I, 628, 2 a f., cf. Clément-Mullet I, 591, n. 1; notre man. a مزودا.

غَرَامَاتِيقِي (grec) *grammaire*, M (sous غرم).

غرب I. On dit غرب السهم فى فواده «la flèche lui perça le cœur,» et absolument غرب السهم, Gl. Abulf.

II c. a. dans le Voc. sous *occidere* (ad solem pertinet). — غرب باعد الصوت expliqué par الخفا, Diw. Hodz. 94, vs. 2.

V, en terme mystique, المتغرّبين فى هذه الحيوة «ceux qui sont en exil dans cette vie,» Bc.

X *s'étonner, trouver étrange*, Bc. — C. a. r. *admirer*, Bc.

غرب *machine hydraulique*, en général, Gl. Belâdz.

غرب Le *locus ubi e cisterna effluit aqua* de Reiske (chez Freytag) est sans doute emprunté au Kâmil 130, 19. — *Blé, graine des Canaries, phalaris, alpiste*, Most.: دوسر هى حشيشة يشبه ورقها درق سنبل (les voyelles dans N), Bait. sous دوسر, I, 462, l. 1: الحنطة الّا انّه اليّن منه وهو المعروف بالغرب ويعرف بالغرب (ce que Sonth. n'a nullement compris).

مرهم الغرب *populeum*, onguent, Bc.

غربة *exil* en terme métaphorique ou mystique, p. e. الذين فى غربة هذه الحيوة «ceux qui sont en exil dans cette vie;» غربة هذه الحيوة «le pèlerinage de la vie,» Bc. — Hœst 258 donne غربست (?) comme le nom d'un mode de musique.

الغربى *vent d'ouest*, Bc.

غراب chez Freytag est une faute pour غراب, Macc. II, Add. p. xv a.

غراب الزرع — *corneille*, Voc. — غراب البيّن, *sorte de corneille à plumes blanches*, Niebuhr B. 169. — Pl. ات (Voc., Alc.) et أغربة (Bc), *galère*, Voc., Alc. (galera, navio), Bc, *galea* dans l'ancienne trad. latine (p. 269) d'Amari Dipl. 8, Cout. 7 rº: أنشأ قرابات (غ. ا.) واخذ من مراكب التجّار, Calâïd 54, 11 (le premier), Edrîsî, Clim. II, Sect. 6: يكون طول

المركب منها طول الغراب الكامل, Bat. IV, 59, 1001 N. III, 435, 6 a f.: ابيعكم للغراب كل واحد بمأتي دينر, je vous vendrai comme rameurs sur une galère;» — pl. أَغْرِبَة brigantin, petit vaisseau à voiles et à rames pour aller en course, Bc. — Pl. غِرْبان le frontispice, la façade d'un palais où est sa porte principale, Alc. (portada de casa). — Sorte de poisson, en italien tordo marino, Pagni MS; M. le professeur Giglioli, du musée de Florence, que M. Amari a bien voulu consulter à ma demande, a répondu ceci: « Le tordo marino de Pagni est sans doute une espèce de Labrus, probablement Labrus turdus Bloch, qu'on appelle turdu en Sicile, et Labro tordo sur le continent. Les Français appellent les poissons de cette espèce Vielles de mer.» — T. de forgeron, anneau qui se termine en pointe, M.

غَرِيب, étranger, pl. aussi غُرَبَة, Voc., et أَغْرَاب, Bc. — Extraordinaire, singulier, rare, Bc, de Sacy Chrest. I, ۲, 3, Macc. I, 603, 2 a f. — الغَرِيب المُصَنَّف les termes difficiles, obscurs ou rares, qu'on trouve dans les traditions ou dans le Coran, arrangés et expliqués par ordre de matières, Lettre à M. Fleischer 114. — Barbare (mot), Bc. — Le fém. غَرِيبَة chose rare, excellente, Hoogvliet 49, 6; — un procédé singulier, Berb. II, 81, 5 a f., 82, 1; — Echis carinata (serpent), von Heuglin dans le Ztschr. für ägyptische Sprache und Alt., mai 1868, p. 55. — الغُرَباء les astrologues; on les appelle ainsi, non pas parce qu'ils sont des étrangers, mais parce qu'ils font des choses extraordinaires, Ztschr. XX, 496, 503, 508. — دار الغرباء hospice, maison de charité où l'on nourrit des pauvres, Alc. (espital de pobres mendigos); — دار للغرباء hôtel, maison garnie, Bc.

غَرِيب الصَّحْرَى pyrrhocorax, le grand chocard des Alpes, Cherb.; Tristram 393 a: «ogreeb hamrayah, chough, pyrrhocorax graculus.» Peut-être la forme correcte est-elle غُرَيب, dimin. de غُراب.

غَرَابَة bizarrerie, singularité excessive, originalité, singularité, Bc. — غرابة الكلام ومخالفته solécisme, Bc. — Doit avoir un tout autre sens chez Khatîb 158 r°, qui dit après avoir rapporté un bon mot du sultan: ولا خفاء ببراعة هذا التوقيع وغرابة مقاصره ومجالسه ; mais peut-être faut-il lire وغرابته et supposer qu'ensuite il manque quelque chose; dans ce cas le mot en question aurait son sens ordinaire. Comparez cependant غارب.

غُرَيِّب voyez غَرِيب.

غُرَيِّبَة. C'est ainsi que ce mot est écrit dans le M, qui l'explique par « نوع من الحلاوات سريع التفتّت مولّدة; chez Cherb. غَرِيبِبَة, gâteau composé de farine, de beurre fondu et de sucre, que l'on fait cuire au four; Daumas V. A. 253: Gheribiya, gâteaux de semoule au sucre, au beurre et au citron; cf. Martin 82; Burckhardt Arabia I, 58 ghereybe; Maltzan 130 ogribia; Bc غرائبية espèce de biscuit.

غَرَب arbre de la hauteur de l'olivier, dont les feuilles ressemblent à celles du peuplier, excepté qu'elles sont un peu plus larges, Burckhardt Syria 393.

Le pl. أَغَارِب, P. Abd-al-wâhid 214, 9. — غَارِب Garrot d'un cheval, Daumas V. A. 190. — غارب البيت le haut d'une chambre, Gl. Esp. 342 n.; chez Macc. I, 405, 3, il est question des غوارب d'un تابوت; Beaussier = côté d'un gourbi. — Dans la mosquée de Damas, l'espace sous le dôme et l'aile principale, qui mène à la grande entrée, Gl. Djob.

مَغْرِبِيَّة soirée, depuis le déclin du jour jusqu'à ce que l'on se couche, Bc. — Sorte de mets, M. — Espèce d'herbe, M.

غربل II dans le Voc. sous cribrare; تَغَرْبَل et s l'action de bluter, Alc. (cernidura).

غَرْبَال, pl. ون et s, cribleur, Voc. — (De harpelus, dimin. du lat. harpe, Simonet) autour, Voc. (accipiter).

العظم الغَرْبالي ethmoïde, os du crâne, Bc.

غَرَابِلِي celui qui fait des cribles, Domb. 104, 1001 N. I, 720.

غُرُنِي, au Soudan, est un fruit pareil à la prune, Bat. IV, 392, 398.

غرد II chanter (chamelier), Fleischer sur Macc. II, 468, 2 Berichte 65. — Crier, hurler, J. A. 1852, II, 218: غرد بالنداء كل من في محلّته بقولهم الغرب الغرب «tous les soldats de son armée se mirent à crier: Partons pour l'Occident!» Cf. Gl. Esp. 120. — Coasser (grenouille), Alc. (cantar la rrana).

غردن ou غَرِد *qui chante* (chamelier), Yâcout II, 259, 1.

غَرِد *dune*, Ghadamès 128, 293; le pl. غُرُود *dunes de sables mouvants*, Lyon 344, d'Escayrac 34, 578, Jackson Timb. 83.

غَرِد. Le «de tinnitu arcus» de Reiske (chez Freytag) est emprunté au Diw. Hodz. 13, vs. 13.

غَرْدَق *nitraria tridentata*, Cherb. C, *lycium afrum*, Prax R. d. O. A. VIII, 281, Richardson Central I, 37: «The *ghurdak* on which the camels browse, is a large bush with great thorns, and bears a red berry about the size of our hip. People eat these berries and find them good, with a saltish bitter taste, and yet a dash of sweetness;» de même Barth I, 131.

غرز I. غَرَز *entrelarder*, غرز في اللحم قطعا من شحم خنزير, Bc. — V. n., *entrer dans*, J. A. 1848, II, 215 n.: واذا اصاب الغريم لم يراه الا ان يغمز في لحمه «la personne qu'elle atteint ne la voit pas venir; cette personne ne s'aperçoit de son existence que lorsque le trait est entré dans sa chair;» غرز رجله في الوحل « son pied enfonça dans la boue, » Bc.

V et VII dans le Voc. sous figere.

غَرَز *la petite espèce du* الراعي عصا, Bait. II, 237 c.

غَرْز, pl. اغراز et غُرُز, *point*, piqûre faite avec l'aiguille enfilée, Alc. (puntada o punto, punto de costura), Bc, Roland, Delap. 91. — *Maille de bas*, Bc. — *Fossette*, creux au menton, aux joues, Bc.

مَغْرِز الدبابيس والابر *pelote*, petit coussinet sur lequel les femmes fichent des épingles, des aiguilles, Bc.

غرس I, aor. aussi o, Kâmil 142, 18; n. d'act. غُرُوس, Voc., غِراس, Voc., Macc. I, 305, 15, غِراسة, Voc., Becrî 109. — *Faire des boutures, provigner*, Alc. (estacada poner (Nebrija: novelo), majuelo plantar). — *Ficher*, Voc. (figere), 1001 N. I, 65, 6 a ف: في الشموع العنبر والعود.

II c. a., V et VII, dans le Voc. sous plantare, sous figere, VII, Payne Smith 1703.

VIII *planter*, Macc. 1, 305, 14.

غَرْس, pl. غُروس, Lettre à M. Fleischer 102, Gl. Fragm., pl. du pl. غروسات, Abbad. I, 70, dern. l., et غراسات (pl. du pl. غِراس), Gl. Edrîsî, Haiyân 29 r°, en parlant d'un jardin: اكثر غراساتها. — *Jeune plant, vigne nouvelle* (Lane TA), Alc. (majuelo), Calendr. 25, 6. — *Tige ou racine d'un végétal*, synonyme de أَصْل, Gl. Mosl. — *Queue des figues*, Voc. (ficuum mota, voyez sous باجون). — *Espèce de dattes*, d'Escayrac 11 (ghers), R. d. O. A. N. S. I, 311 (r'ess et r'ess bou fegouss). — *Pains de dattes confites*, Carette Géogr. 255.

غَرْسَة *bouture*, branche coupée à un arbre, à un arbuste, et qui, étant plantée en terre, y prend racine, Alc. (estaca para plantar, planta para plantar); *rejeton transplanté* (du dattier), Prax R. d. O. A. V, 214; غرسة الكرم المطعوم *provin*, rejeton d'un cep de vigne provigné, Bc. — *Jardin*, Domb. 75, Richardson Mor. II, 188: gherset-es-Sultan, le jardin de l'empereur; lisez ainsi, au lieu de Larsa Sultan, qui est expliqué de la même manière, chez Jackson Timb. 221, 298; *jardin qu'on a coutume d'arroser*, Lerchundi; Aboû'l-Walîd 324, n. 27. — (Esp.) *héron* (oiseau), Alc. (garça ave conocida).

غَرَّاس *planteur*, Bc.

اغراس *nouvelle plantation*, Alc. (estacada de plantas).

مَغْرِس, au fig., Chec. 195 v°: il ne faut pas manger les têtes des quadrupèdes ومغارس اذنابها. — « Grappes de *degla-maghres*, » dans un vers chez Prax R. d. O. A. V, 78.

غرش. Comparez avec de Sacy, cité par Freytag, M: والغرش من المسكوكات يساوي اربعين بارة وبطقال القرش بالنقاف ايضا وكلاهما معرّبا جروش بالالمانيّة ج غروش; Bc, même pl., *piastre*; غرش فرنجي *livre*, monnaie, un franc. Du pl. on a formé le n. d'un. غَرْوَشَة, *écu*, Ht.

غرض I c. ل *se passionner, se préoccuper par passion*; c. ل p. *pencher, incliner pour*, Bc.

II c. a. p. *viser un homme, le mirer comme le but* (غَرَض) *auquel on veut frapper*, Abbad. I, 65, 1: وامتسك شهورا حتى غرّضه احد الرماة «بسهم فرماه فاصماءه» فهوى في مطلعه «وخر قتيلا في موضعه» La leçon que j'ai préférée et l'explication que j'en ai donnée sont confirmées par le Voc., qui a غرض في

وعلى الاشارة sagittare, et par Alc., qui donne *pointer l'arbalète, viser* (apuntar la vallesta, assestar tiro, تغريض àssestadura de tiro, مُغَرَّض assestado assi). Aussi: *atteindre le but, le toucher*, Alc. (acertar, dar en el blanco); cf. IV dans Lane.

IV *se partialiser, prendre parti pour ou contre*; مُغْرِض *partial; — intéressé, attaché à ses intérêts, mû par l'intérêt*, Bc.

X *être le point de mire*, synonyme de استهدف, Abbad. II, 163, 10, cf. III, 223.

غَرَض *coup, action, dessein*, Bc. — *Fait, ce qui convient à quelqu'un*, Bc. — *Cause, intérêt*; طلع من غرضه *prendre fait et cause pour quelqu'un, se ranger du côté de; partialité*, Bc; M: فلان من غرض فلان اى من حزبه يتعصب له. — *Affaire, ce que l'on a à traiter avec quelqu'un*; *affaire, ce qui concerne les intérêts publics ou particuliers*; قضى اغراضه *faire les affaires de quelqu'un*; اترجّاك تقضى حاجة «je vous prie de me faire une commission;» *intérêts, affaires, choses importantes*; اغراضى كاغراضى «ses intérêts me sont aussi chers que les miens,» *intérêt*, part dans une affaire, profit que l'on en espère; صاحب غرض *pour*, dans l'intérêt de; *intéressé, attaché à ses intérêts, mû par l'intérêt*, Bc. — *Préoccupation, prévention, préjugé*, Bc. — *Opinion*, Macc. 1, 590, 2 a f. — Le Voc. a: signum اشارة et غرض, et Alc. donne ces deux mots sous «señal para alumbrar escritura;» je soupçonne que c'est *renvoi*, car Bc a le premier mot en ce sens. — *Vis-à-vis*, Alc. (en frente); dans le Voc. بالغرض (recte, cf. les autres mots sous cet article). — على غرضه *à discrétion, à volonté*, Bc.

الى غرضى c. voyez Lane; un exemple P. Kâmil 21, 3.

غَرْضَة *dextérité, adresse*, Alc. (derechura a destreza).

غُرْضِيَّات *partialité*, Bc.

غرضف.

غُرْضُوف *maladie de foie*, Daumas V. A. 426.

غرط II غَرَد II, Voc. (garire).

غرغر.

غَرْغَرَة Le pl. غَراغِر *gargarismes*, Ibn-Wâfid 3 r°: الغرغرة بالغراغر الباردة ولحارة

غَرْغَر *pintade*, sorte de poule, Bc.

غُرْغُرو *collet*, Alc. (collar de vestido); cf. b. lat. *gorgeria*, fr. *gorgière, gorgerin*, la pièce de l'armure qui servait pour couvrir la gorge.

غَراغِر (pl.). «Los puits y sont en petite quantité, et les Arabes arrosent au moyen de غَراغِر,» Tidjânî dans le J. A. 1853, 1, 110, où M. Rousseau observe: «J'ignore quel peut être ce moyen hydraulique.»

غرغل.

غَرْغَل *œuf qui n'a pas été fécondé*. Alc. (guero guevo, uevo guero).

غَرْغَلَة *gargarismus*, Voc. 1re part.; dans la 2de il a غرغرة.

غَرْغَنْتِيَة (esp.) *serpentaire*, Alc. (dragontia yerva), Bait. II, 446 c, où A n'a pas les points à leur place, B غرغنسه (sic); il dit que ce mot s'emploie en Espagne.

غَرَفَ I *tirer ou prendre du pot pour servir*, Yâcout II, 482, 16, Bat. IV, 69, 1001 N. I, 182, 11: دخل دكان الطبّاخ فغرف بدر الدين حسن زبدية حبّ رمان 190, 2, 212, 12: غرفوا الطعام, voyez un autre exemple sous اطبخ هذا, 1001 N. III, 603, 4: بيضار. — N. d'act. غَرِيف, *verser*, Mehren 32. — *Enlever, ravir, emporter*, Alc. (arrebatar), Bâsim 71: فرغت شيمع السروج عليه وقال — دارفع مولاى الحضرة للخليفة — وغرف الاثنين على كتفه

غَرْف *petit vase avec une anse qui sert à puiser de l'eau. Les petites gamelles en fer battu dans lesquelles on porte la soupe à nos soldats sont des* غُرْف, Cherb.

غَرْفَة, pl. ات et غِرَاف, *une poignée*, Gl. Edrîsî, Voc. (1re part., manus). — *Une cuillerée*, Bat. IV, 69. — *Renversement*, غرفة السروج «le renversement des selles,» Daumas V. A. 491; Beaussier a pour غرف I: *passer sous le ventre du cheval, tourner* (selle),

غُرُوف *cruche qui a la forme d'un vase étrusque*, Jackson Timb. 231 (garoff); Lerchundi écrit غِراف (cantaro pequeño).

غرف

غُرَافَة instrument pour curer les canaux. C'est un triangle équilatéral, fait en planches, et de huit décimètres de côté environ; il a des rebords de deux décimètres de haut sur deux de ses côtés seulement, Descr. de l'Eg. XI, 499, n. 8.

غِرَاف pl. غَوَارِيف roue de puits dans laquelle sont pratiquées des espèces d'auges, ou à laquelle sont attachées des seaux, pour tirer l'eau d'un puits peu profond, Bc, roue tournée par des bœufs ou des chevaux, à puiser l'eau d'une rivière, pour arroser les champs et les jardins, Bg; cf. le M sous دلب. — Voyez sous غروف.

غُرَافَة même sens, Gl. Belâdz.

مِغْرَف cuiller, Domb. 94.

مِغْرَفَة grande cuiller de bois, cuiller à pot, Burckhardt Prov. 44; — cuiller, croc ou grande fourchette en fer pour tirer la viande de la marmite, Alc. (garfio para sacar carne, مغرفة الحديد caço de hierro, مغرفة كبيرة من حديد cuchara grande de hierro). — Cuillerée, Alc. (cucharada quanto cabe), Bat. IV, 69. — مغرفة النار pelle à feu, Voc., Alc. (badil). — Pot de fer, J. A. 1849, II, 269, dern. l.: تغلي لجميع على انثار في مغرفة جديدة (حديد). 274, n., l. 4, Bait. I, 457 e, où le texte porte حديد في مغرفة و المغرفة التي يلقي فيها الشيء و حديد, et voyez ce qui suit. — Écumoire, Payne Smith 1482: مغارف مثقبة التي يصفي بها الشراب Beaussier a غَرّاف مثقوب en ce sens. — Bobèche, Payne Smith 1482: مغارف ما يوضع فيه السراج على المنارة. — Anse, poignée, manche, Payne Smith 1547. حَجَر يَجْعَل في رجل المَغْرُوف, M. القنطرة.

مَغْرَافِي celui qui fait des cuillers, Voc.

I غرق faire naufrage, se perdre, غرق المركب « le vaisseau a péri, » Bc. — Au fig., s'absorber, s'enfoncer, se perdre, p. e. غارق في تأمل الامور الالهية «absorbé en Dieu;» s'abymer, se livrer à, se plonger dans, s'ensevelir, p. e. غرق في النوم « être enseveli dans le sommeil, » Bc. — Au fig., غَرِقَتْ صَدْرُهَا «sa poitrine fut inondée de pleurs,» 1001 N. I, 45, 8: بكى لها. — S'embourber, Gl. Edrîsî, شديدا حتى غرق صدره.

Gl. Mosl., Akhbâr 9, 6 (= Macc. I, 163, 8, Abbâr 31, 13).

II. غرق الماء الاراضي inonder, Bc. — Couler à fond un navire, Bc. — Couler à fond, ruiner, Bc. — C. في abymer, précipiter dans l'abyme, Bc. — غرق في الدم ensanglanter, Bc. — C. a. p. faire que quelqu'un s'enfonce dans le sable, dans la boue, Yâcout III, 162, 17. — (Alc. donne garfaq sous espinar o punçar, mais ce verbe ne peut pas avoir ce sens, et quand on compare ce qu'il a sous le p, on voit que c'est une faute d'impression pour garraç).

V dans le Voc. sous submergere; dimergor, L. — Au fig., متغرق في بحر الافكار abstrait, enfoncé dans ses méditations, Bc.

X, 1er sens chez Lane, au fig., R. N. 96 rº, en parlant d'un Soufi: ثم استغرقه الحال «ensuite l'extase l'absorba tout entier, » Khatîb 34 vº: مع استغراق واوقاتنه. — S'absorber, s'enfoncer, se perdre, p. e. مستغرق في تأمل الامور الالهية «absorbé en Dieu;» s'ensevelir, p. e. استغرق في النوم, de Sacy Chrest. I, ٣٩, 1. Être absorbé dans des réflexions, Maml. II, 2, 100: الغالب على الشيخ الاستغراق والغيبة l'état ordinaire du chaikh était d'être absorbé dans des réflexions et dans l'extase.» — S'évanouir, perdre connaissance (cf. sous غارق), 1001 N. I, 803, 4 a f: فهو تارة يفيق وتارة يستغرق. — C. في s'enfoncer dans un pays, 1001 N. I, 384, 2. — Satisfaire entièrement, p. e. dans un vers: مستغرق لمنى العافيين نائلُه «ses cadeaux donnent une satisfaction complète à ceux qui les sollicitent,» Gl. Mosl., Müller 34, 5 a f: وخزائنها تستغرق بحلول الاعمار «ses magasins contiennent ce qui suffit amplement pour toute la vie» (un autre man. de l'Escurial, que feu M. Lafuente a collationné pour moi, porte بدخول). — On ne dit pas seulement استغرق في الضحك, mais aussi استغرق ضحكا, Khatîb 22 vº. — مستغرق, dans Macc. I, 467, 8, ne m'est pas clair.

غَرَق éboulement des terres, Alc. (hundicion, hundimiento derretimiento; je crois que ce dernier mot est de trop; s'il était bon, le terme arabe signifierait «fonte, fusion,» ce qu'il ne signifie pas). — غرق الاراضي inondation, Bc.

غَرْقَة submersion, grande inondation, Bc. — En

غرم

Barbarie, *boue, crotte, bourbier, fange*, Gl. Édrîsî, Cherb., Delap. 40, Martin 170 n., Ht.

غَرْقان، غِرْقان *noyé*, Bc. — *Naufragé*, Bc. — دم غرقان *sanglant*, Bc.

غَريق, *noyé*, pl. غُرَفاء, Bc. — *Naufragé*, Bc. — *Profond*, Ht, (Océan), P. Prol. III, 382, 5; *creux*, Ht. — اشفق عليه سكر غريق *il devint ivre mort*, Chec. 194 v°. — *Vulgaire pour* غَرِق, M.

صاحب غرْقة *emphytéose*, bail à longues années; غَرْقة *emphytéote*, qui jouit de l'emphytéose, Bc; cf. l'article غرود.

غارق, *suivi de* في عرقه, *en nage*, baigné de sueur, trempé de sueur, Bc. — *Suivi de* في البَحْرَيْن *évanoui*, Bc.

إغراق *amplification*, exagération, Bc, *hyperbole*, Mehren Rhetorik 12.

مُغْرَق *bourbier*, Alc. (atolladal).

مُغْرَوق *embourbé*, Alc. (atollado).

إستِغْراقي *faculté illimitée*, Roland, qui l'écrit par erreur avec un 'ain.

غرم I, *payer* (p. e. Kâmil 255, 9), n'est pas غرم dans la langue vulgaire, mais غَرِم, Voc. (persolvere), Alc. (pagar deuda). Au lieu de غرم للجباية, *payer le tribut, la contribution*, Berb. I, 37, on emploie غرم seul, القَبائِل الغَرامة «les tribus soumises à l'impôt,» Berb. I, 32, 50, 146, 147, etc., الرَعايا الغَرامة 34; cf. sous غارم. *Payer son écot, contribuer, concourir à une dépense commune*, Alc. (contribuir, escotar en el comer).

— *Livrer, donner*, Bat. IV, 446: ولقينا احد كبرائهم ب C. — فحبس القافلة حتى غرموا له اثوابا وسواها — *se passionner pour*, Bc.

II *amender, condamner à l'amende*, Alc. (multar penar en dinero), de Sacy Chrest. I, 366, 1. — *Imposer une contribution*, Alc. (demandar alcavala). — *Surcharger d'impôts*, Alc. (despechar los vasallos). — *Payer un impôt*, Alc. (pechar).

VII dans le Voc. sous persolvere.

X c. a. p. *imposer à des personnes une contribution extraordinaire*, Amari 170, 5 et 5 a f., 172, 5 a f.

غُرْم *paiement*, Alc. (pago de deuda). — *Écot*, Alc. (escote en el comer). — *Amende*, Akhbâr 30, 4. — *Contribution, impôt*, Alc. (demanda de alcavala).

غُرْمة *fossette au menton*, Macc. II, 626, dern. l., avec la note.

غرامة = غُرْمة *contribution, impôt*, Abou'l-Walîd 291, 4.

غَرام *contribution, impôt*; Maml. I, 1, 55, où Quatremère a pensé à tort que le *garam* des voyageurs est غُرْم, car un tel mot n'existe pas. — *Amour d'un sexe pour l'autre, tendresse, passion, folie*, passion excessive, *idolâtrie*, amour excessif, Bc.

غَريم *émule*, Bc. — *Adversaire*, Bc, J. A. 1848, II, 215, n, à la fin. غريمى *mon homme*, celui à qui j'ai affaire, à qui j'en veux, Bc, 1001 N. III, 228, 5: فقال الملك بان غريمى فالذى خلّص سالما, IV, 233, 2: وسلّمنا من الساجن هو الذى اخذ مالى ثم ان القاضى ارسل معها من الرسل اربعة وقال لهم احضروا غريمها في اسوء حال; fém. ة, Bresl. X, 427: للجارية، فعرفت للجارية الافرنجية غريمتى. Le criminel dont le bourreau doit couper la tête est le غريم de ce dernier, Bâsim 122, 123.

غَرامة *perte, dommage* (Lane TA), Burckhardt Prov. 62, Amari Dipl. 192, dern. l. — *Nécessité de payer, de dépenser de l'argent*, Djob. 74, 16: فالحاج معهم لا يزال في غرامة ومؤنة. — *Amende*, Bc. — *Contribution*, taxe, livraison de denrées imposée par l'ennemi lors d'une invasion, d'une conquête, *tribut*, ce qu'on paye, ce qu'un État paye pour marque de dépendance, Bc (Barb.), cf. Gl. Bayân, Letter in answer etc. 5, 8, Fréjus 48, taxe que payent les marchands pour obtenir la permission de traverser le territoire d'une tribu, Barth I, 194, 258. — Je ne sais pas bien quel est le sens de ce mot dans le Formul. d. contr. 8: وثيقة الغرامة والخيازة الذى لا ريب فيه ولا ارتياب ان فلان بن فلان قد عوّضاه (عرفناه ا.) يستغل في جنان الكرم والتين الذى له في مشمس كذا اعمر فيه مدة طويلة يتصرف فيه بانواع التصرفات ولا يعارض فيه عشرين سنة .

غَرّام *percepteur d'une contribution*, Alc. (alcavalero, cañama de pecheros; Victor: cañama, órden de pecheros, la troupe des péagers et gabeleurs), *péager*, fermier qui lève le droit de péage, Alc. (portadguero).

غرنق

— *Sujet à l'impôt, contribuable*, Alc. (pechero), Berb. I, 180.

غارِم *qui paye une contribution, contribuable*, Alc. (pechero, tributario), Maml. I, 1, 55, cf. sous I. — *Caution, répondant, garant*, Alc. (fiador de la persona).

Ghourim, convolvulus althæoïdes L, Prax R. d. O. A. VIII, 343.

مَغْرَم pl. مَغارِم *écot*, Alc. (escotadura). — *Amende*, Gl. Bayân. — *Contribution, péage*, Maml. I, 1, 55, Gl. Bayân, *excise*, Alc. (sisa de lo que se vende).

مَغْرَمِيّ *tributarius*, L.

مَغْرُوم pl. مَغارِم *sujet à l'impôt, contribuable*, Berb. I, 184. — C. ب ou في *passionné pour, épris*, Bc.

غرنق.

غُرْنُوق. C'est ainsi qu'on a toujours prononcé au Maghrib et ce mot y signifie constamment *grue*, L (grues الكَراكي وفي الغَرانِق), Voc., Alc. (grulla), Bc (Barb.), Most. مرارة الكركي تعرف الكراكي بالعجمية كركي هو الطائر الكبير, Gl. Manç.: غرويش وهو الغَرْنوق المسمى بالمغرب غُرْنوق, Calendr. 33, 2, 59, 1; cf. Hœst 298. D'après Abd-al-wâhid, 222, 11 et 12, غرنوق serait la forme maghribine et غرنيق la forme classique, mais M. de Goeje observe que c'est une erreur, car, dit-il, la forme غرنوق se trouve déjà dans une tradition sur Ibn-'Abbâs dans le Fâïk II, 222, où le commentaire porte: طائر (sic) الغُرْنوق والغِرْنيق. — *Cygne* d'après le Câmous turc, ابيض من طير الماء, Fleischer dans le Ztschr. für ägypt. Sprache u. Alt., juillet 1868, p. 84. — *Mou, poumon de bœuf, veau, mouton et autres animaux dont on se nourrit*, Alc. (assadura, bofes, butagos, livianos o bofes de asadura).

غرو I *remplir d'admiration*, Diw. Hodz. 289, vs. 11 avec le commentaire.

V *être collé*, Voc.

غَراوة *ténacité*, Bc.

غَرايَة *badinage amoureux*, Gl. Mosl.

مَغْراوي *adonné aux femmes*, Voc.

غِرْيَنون (cf. latin *granum*) pl. ات *frumentum*, Voc.

غزّ I, aor. *i*, n. d'act. غَزّ, *piquer, percer, entamer lé-*

210

غزر

gèrement avec une pointe, Bc, M: والعامَّة تقول غَزّ غَزَزْتُ الثوبَ بالإبرة غَزّاً غمزه. — *Pointer, donner des coups de pointe d'épée*, Bc. — *Picoter, causer des picotements*, Bc. — *Aiguillonner, exciter, animer*, Bc. — C. a. p. *donner un coup de patte*, au fig., *lâcher un trait vif et malin contre quelqu'un*, Bc. — *Ronger*, Ht.

غَزّ, n. d'un. غَزِّي (M, Berb. II, 302, 4 a f.), pl. أَغْزاز, désigne proprement une tribu turque, mais on l'a appliqué aux Curdes. Dans la seconde moitié du XIIe siècle, un corps de Ghozz vint de l'Egypte dans le nord de l'Afrique avec Carâcoch, qui joua un grand rôle dans ce pays. Peu à peu ces Ghozz entrèrent comme archers au service des Almohades; ils avaient des arcs qui leur étaient particuliers, قِسِيّ الغُزّ (Berb. II, 332, 3 a f.), et formaient la treizième classe dans la hiérarchie militaire, Holal 44 v°: (l. الغُزّ) الغِراء والغِزانِ عِندَكم (lisez aussi الغُزّ *ibid.* 49 r°: وُمّ الرماة يعني الرماة). Sous l'empire des Almohades ces étrangers jouissaient d'une très-grande faveur; Almançor les préférait aux soldats de son propre pays; mais peu à peu les circonstances changèrent, et au XVIIe siècle nous les trouvons bien déchus du haut rang qu'ils occupaient autrefois. Dans ce temps-là c'étaient encore des archers, mais dans un autre sens, savoir de celui d'agents de police chargés de mettre les fers aux prisonniers, de leur donner le fouet, et enfin, de leur couper la tête. Aussi le mot d'*algoz* a-t-il reçu en portugais le sens de *bourreau*. Voyez Gl. Esp. 128.

غَزّة شَحم *lardon, morceau, aiguillette de lard*, Bc.

مَغَزّ. Le Voc. a مِرْزَز أو مَغَزّ *sous violencia*.

غَزارِدون *sorte d'oiseau qui chante agréablement*, 1001 N. Bresl. III, 120, 4; Macn. et Boul. ont هَزار, *rossignol*, mais dans Bresl. le rossignol, بُلبل, est nommé dans la ligne suivante.

غزر I *regarder*, Ht.

II c. a. *multiplier*, Voc., Abou'l-Walîd 376, 13. — *Parler souvent, continuellement, beaucoup, hâbler, faire des fanfaronades*, — *aboyer après quelqu'un, crier après lui, médire*, Voc. (sous loquax), Alc. (parlar o hablar, dezir a menudo, hablar a menudo, baladrear, ladrar contra otro, hazia otro, por diversas partes (من كل جهة), *gañir contra otro, murmurar*, et dans la demande du confesseur: Detraxistes de algun di-

غرغر

ziendo mal del أحد وقلت منه عيب من أحد وقلت (غـررت).
M. Engelmann, dans le Gl. Esp. 123, n'avait pas besoin d'appeler d'autres racines à son secours pour expliquer ce sens, et il a eu tort de dire que « les signif. données ne présentent aucun rapport logique avec la racine غزر, *copiosus fuit, abundavit*, » car ce n'est rien autre chose qu'une ellipse, pour غزّر الكلام.

V quasi-pass. de II, 1re signif., Voc. sous *multiplicare*.

X dans le sens que la IIIe a chez Lane, Gl. Mosl. — *Rendre abondant, faire qu'une chose abonde, soit en grande quantité*, Valeton ٣١, 3 a f.: الاستخراج عُود الملك وما استغزر بمثل العدل ولا استنزر بمثل الجور «tributum nullâ re tam largum redditur quam iustitiâ.» — C. d. a. *donner à boire à quelqu'un une coupe pleine*, Gl. Mosl. — *Rassembler beaucoup de troupes*, Amari 395, 3 a f.: فاستنجاش وحشد واستغزر واستنبك.

غَزِير Constr. vulgaire: غَزِير يَرْفَع عينه «qui lève souvent les yeux,» Gl. Mosl. — Pl. غُزَرَاء *parleur, babillard, fanfaron*, Voc. (loquax), Alc. (hablador, parlero, palabrero, deslenguado que habla mucho, bozinglero, baladron).

غَزَارَة *babil, caquet,* — *bruit confus de plusieurs personnes, vacarme, querelle, tumulte, éclat*, Voc. (loquacitas), Alc. (parla, murmullo de gente, roydo murmurando, roydo con yra), Prol. II, 194, 4; cf. Gl. Esp. 122.

غَزَّار n. d'un. ة, sorte de jonc dont on fait des nattes et des *calam* pour écrire, M.

مُغْزِر *babillard*, Voc., mais le part. act. serait plus correct.

غَرْغَرْ I *larder, percer de coups, piquer*, Bc, 1001 N. Bresl. XI, 220, 6: أخذ سكينا وغرغر في رجليه. *Piquer la langue, affecter le goût*, Bc. — *Picoter, causer des picotements*; يُغَرْغِر *lancinant*, qui se fait sentir par élancement, Bc.

II *être piqué*, 1001 N. Bresl. XI, 228, 3 a f.

غَرْغَرَة *picotement*, Bc.

غَرْغَف *fourchette*, Hbrt 201.

غَزَل I, *filer*, n. d'act. aussi غُزُل, Voc. — *Flatter*, Haiyân 55 v°: أخذ في غزلهم والرفق بهم.

II *tourner en rond, pirouetter, faire le moulinet*, Alc. (remolinarse).

III s'emploie au fig. en parlant de la mort, Haiyân-Bassâm I, 78 r°: أقام به في كمد وغصّة والحمام يغازله الى أن مات عنده, ou en parlant de l'homme par rapport à la mort, Djob. 319, 6: وقد كنّا نغازل المنون حذرًا من نفاد الزاد والماء.

V ne se construit pas seulement c. ب (Lane), mais aussi c. في, Weijers 71, n. 26; à la p. 23, 8, le man. A porte: وله ينغزل في ولاده.

VII *être filé*, Voc.

X *filer*, Macc. I, 230, 10.

غَزْل *soie filée*, غَزْل قدنى *coton filé*, Bc. — دار الغزل *l'endroit où les femmes vendent ce qu'elles ont filé*, Fakhrî 181, 8. — Pl. غُزُول *filet pour prendre des bêtes sauvages*, Alc. (red para fieras). — Même pl. *vrille, pousse en spirale avec laquelle la vigne s'attache aux corps voisins*, Alc. (cercillo de vid, tiseretas o cercillos de vid), Bat. IV, 76 (mal traduit); Chec. 200 r°, nomme le شراب غزل الكرم parmi ceux qui fortifient l'estomac et excitent l'appétit.

غَزَل Le pl. غُزُول *chants d'amour*, P. Prol. III, 409, dern. l.

غَزْلِى *linger, qui fait du linge*, Domb. 103.

غَزَال Pour le fém. غزالة (cf. Lane) voyez Abbad. I, 102, n. 156, Voc. — غزال المسك *musc*, animal gros comme un chevreuil, Bc. — Sorte de poisson, *épée*, Alc. (espadarte), cf. Burckhardt Syria 166. — *Le chevalet de l'instrument de musique appelé* كمنجة, Lane M. E. II, 75. — بحر الغزال *mirage*, Werne 105.

غَزِيل *filage, manière de filer*, Bc.

غَزَالِى *sorte de datte longue et brune*, Hamilton 298, d'Escayrac 12.

غَزَّال *fileur*, Bc, Kâmil 320, 16, *fileur de laine*, Descr. de l'Eg. XVIII, part. 2, 380; fém. ة *filandière, qui file par métier*, Bc. — *Oursin*, Mc, Pagni MS (Alg.; il écrit guzàl); Roland a غزّال *oursins*.

غَزَّالَة voyez ci-dessus. — *Araignée*, Ht. — Pl.

غَزَازِل coche, petit cône au bout du fuseau pour retordre le fil, Alc. (tortero de huso); dans le Voc. fusus; l'hébr. וישר (voyez le Thes. de Gesenius) est expliqué par الدائرة التى تجعل فى المغزل لتصويبه وتحسن نسميه غزالة, Abou'l-Walîd 792, 30—1. — Même pl. et غَزَائِل, «remolino como quiera» chez Alc., vertex, vertigo, Nebrija.

غَزَالِيخ hachette, Domb. 96 (dolabra).

غَزَالَة grappe de raisin, Alc. (razimo).

مَغْزَل dévidoir, Venture dans Hornemann 435. — Filet, ibid. 438. — Vis de pressoir, Alc. (husillo de lagar). — Essieu, Alc. (exe de carro).

غَزو I signifie souvent chez Çalât passer au fil de l'épée, p. e. 92 r°: وفتحه غليظ على النصارى وغزا جميع, Bâsim 20: وغزى هو واباه بالملعوب والصراع والفلاح كان فى داخله faire des tours de force, 10: وأنا غزاوى (غزى ا.) ملعوب مصارع معانج ملاكم.
II combattre, Alc. (pelear contra el que pelea), Voc.: pugnare (quando de una terra ad aliam vadunt ad pugnandum).

V dans le Voc. sous pugnare.

X e. a. faire une incursion dans, attaquer, Gl. Belâdz., Haiyân 81 r°: فاستغزى العسكر حصون سعيد, 88 r°: فلما استغزى العسكر ابن مستنة وحاصرها حصون وادى اش الخز.

غَزو bandit, Ht.

غَزْوَة, vulgaire, guerriers, P. Prol³ III, 371, 15. — Faire la gazwa est: piquer le cadavre ou la tête coupée d'un chrétien avec des couteaux, des poinçons ou des épingles, ce qui est aussi méritoire que de prendre part à la guerre sainte. Les femmes le font aussi. Voyez Torres 180.

جَفْن غَزْوِق vaisseau de guerre, Holal 59 r°, Amari Dipl. App. 2, l. 9, Bat. II, 311, IV, 105, 271.

غَزْوَاتِى ménétrier qui accompagne les danseuses appelées ghawâzî, Descr. de l'Eg. XIV, 179.

مَرْكَب غَزْوَانِى (جَفْن) vaisseau de guerre, Edrisî, Clim. 1, Sect. 8, Clim. V, Sect. 3, Cartâs 243, 8 a f. Le Voc. a شى غزوانى sous pirate.

غَازِ. Les soldats de la garde africaine portaient à Grenade le nom de الغُزَاة, et leur chef celui de شيخ الغُزَاة, Berb. II, 541, 4 a f., 545, 2 a f., etc. De là vient que gazi a reçu en Andalousie le sens de barbaresque, Gl. Esp. 275. — Corsaire, pirate, Voc. — Pl. غَوَازِى bâton en forme de sabre (arme), Cherb. — Le mari d'une de ces danseuses qui portent le nom de ghâziya, Burckhardt Prov. 495, Lane M. E. II, 105.

— Ancienne monnaie qui valait environ vingt غِرْش, M.

غَازِيَة attaque, coup de main, prise, Ht. — En Egypte, pl. غَوَازِى danseuse (femme publique), Bc. On trouve sur elles des détails curieux dans Burckhardt Prov. 495 et dans Lane M. E. II, 105 et suiv.

مَغْزَى but, intention, Gl. Abulf.

عسق.

غَسِيق comète, Alc. (cometa).

غسل I. Quand un prince indien envoyait à quelqu'un un cadeau en argent, il lui faisait dire: «voici لغسل رأسك pour les ablutions, la toilette de ta tête,» Bat. III, 263, 381; cf. sous غسيل. — Détruire un écrit, l'anéantir, Yâcout II, 28, 9 et 10, Meursinge 6, 5. — De même que l'éditeur, je dois avouer que l'expression غسل المنبر, dans les Fragm. hist. Arab. 448, m'est obscure.

II laver un corps mort, Tha'âlibî Latâïf 87, 12.

— غَسَل رأسه laver la tête, au fam., réprimander, Bc.

III se laver, faire les ablutions, Ht. — Cf. plus loin le part.

V se baigner dans l'eau, Bc, Hbrt 42.

VIII même sens, Bc.

غِسْل guimauve, Bc.

غُسْلَة menstruum, فلانة فى غسلتها «une telle a ses règles,» Voc.

غُسْلَة désigne en Ifrîkiya la plante que le vulgaire en Espagne nomme بَعِيثَرون, Bait. II, 237 f, globulaire.

غَسِيل déteint, qui a perdu sa couleur par le blanchissage, Macc. II, 97, 19; M. de Goeje me fournit encore Mowaschâ 122 r° et v°: وليس يجيز اهل الظرف والادب لبس شىء من الثياب الدنسة مع غسل

غسن

ولا غسيلا مع جديد — *Blanchissage, dégraissement;* غسيل الصابون *savonnage,* Bc. Quand on donne à quelqu'un un cadeau en argent, un pourboire, on dit: هذا من اجل غسيل ثيابك, 1001 N. III, 486, 10, ou هذا غسيل يدك, ibid. 494, 2; cf. sous I.

غَسَّال عسن غسال *gamin, marmiton,* valet de cuisine, Bc (sous le second mot, غَل est une faute d'impression). — *Détersif,* Bc, Bait. I, 13 b: وقوة رمادها قوة غسالة زائدة, المدَر المسمى الغسال, Auw. I, 75, dern. l., où Clément-Mullet observe: « *Elava,* des paysans de Champagne. »

غاسول *terre à foulon,* Hœst 116, Godard I, 174. — غاسول رومى *euphorbia spinosa,* Bait. II, 233 d. — غاسول voyez sous زرّ ازار et ازرار الغاسول.

تغسيل *blanchissage,* Bc.

عمل له تغسيلة رأس *semoncer,* faire une semonce, Bc.

مَغْسَل a un sens plus général que celui qu'on trouve chez Freytag et Lane, *lavoir, lieu où on lave,* Gl. Belâdz., Alc. (estregadero donde lavan, lavadero lugar do lavan).

مَغْسَل *les fonts baptismaux,* L (labracrum [il veut dire: lavacrum] (babtisterium) مَغْسَل). — *Goupillon,* Maml. II, 2, 239: ضربه بالمغسل الذى فى دسم الشراب « il le frappa avec le goupillon que renfermait le plat qui contenait la liqueur » (Quatremère).

مَغْسَلَة et المَغْسَلَة *blanchisserie, buanderie,* Bc, M: جبانة بالمدينة يُغسَل فيها الثياب.

مَغْسَل *celui qui est chargé de laver les corps morts,* Lane M. E. II, 320.

مَغْسِل *celui qui lave les* haik, voyez Hœst 116.

مُغْتَسَل *celui qui est chargé de laver les corps morts,* 1001 N. II, 101.

غسن.

غسانية *mets composé de semoule, de miel et de* safran, R. N. 99 r°.

غشّ V *se fâcher,* Bc (Barb.), Ht.

VII *s'attraper, être trompé,* Voc., Bc, c. بـ *se laisser prendre à, être trompé par,* Bc.

غشو

X *tromper,* Gl. Belâdz.

غِشّ فى *frauduleux,* fait avec fraude, Bc.

غِشّ *levain,* vice dans les humeurs, Bc.

غِشّ *fraude,* pl. غُشوش, Gl. Maw.

غِشّ *colère,* Cherb. Dial. 143.

غَشيس *trompé,* Gl. Fragm.

غَشَّاش *fraudeur, frauduleux,* enclin à la fraude, *affronteur, sophistiqueur, trompeur, pipeur,* Voc., Bc, Hist. des Benou-Ziyân 99 v°: كان غدّارا خائنا غشاشا; 1001 N. IV, 4, 2 a f.; — *falsificateur,* Edrîsî, Clim. I, Sect. 6: الصبر الضرمى دون الصبر السقوطرى وربما سبكه الغشاشون للصبر فغشوا به الصبر السقوطرى.

مَغْشُش *fâché, de mauvaise humeur,* Delap. 24.

غَشَكين pl. غَشَاكين *camisia.* Voc.

غشم I. غشم حاله *faire l'ignorant,* Bc.

VI *faire l'ignorant,* Bc.

X. يستغشمنى *il me prend pour une dupe,* Bc.

غشم *stupidité, ignorance,* Ht.

غَشوم *celui qui a une mine refrognée, rébarbative,* Voc.

غَشيم *apprenti, novice peu habile, crédule, dupe,* qui est trompé, facile à tromper, *écolier,* homme peu habile, *sans expérience, inexpérimenté, gauche,* ridicule, *maladroit, inhabile, mazette,* homme qui ne sait pas jouer à quelque jeu, *neuf, novice, simple,* facile à tromper, Bc, 1001 N. I, 592, 599, III, 429, Bresl. IX, 233, X, 447; عمل حالة غشيم *faire l'ignorant,* Bc. Pl. غُشْم (غُشُم؟) « ill-bred clowns, » Palgrave I, 93. — T. de maçon, *non taillée* (pierre), M, Samhoudî 148, 2.

غَشومية *gaucherie, impéritie, inexpérience, maladresse, simplicité;* بغشومية *grossièrement,* Bc.

غشمر.

غَشْمَرة *furie, emportement,* Bc.

غَشْمَنة *rusticité, grossièreté, rudesse,* Bc.

غشو et غشى I, dans le sens de *venir,* n. d'act. aussi

مَغْشَى, Arnold Chrest. 207, 9. — غُشِيَ عَن رشدهِ *perdre connaissance*, Bc.

II *mettre dans une enveloppe, dans un étui*, Alc. (enfundar poner funda), p. e. un livre, Voc. (librum coperire); — *couvrir de croûte* une tourte, un pâté, Alc. (encostrar poner costra). — C. a. dans le Voc. sous extasis.

V *s'évanouir*, Ht.

VI *feindre de s'évanouir*, 1001 N. Bresl. III, 110; cf. plus loin le n. d'act.

غَـشْــى *nubécules*, maladie dans l'œil du cheval, Auw. II, 570, 20.

غَشْوَة *défaillance, faiblesse, évanouissement, pamoison, syncope*, Bc, Hbrt 33. — *Asphyxie*, Bc.

غِشْيَة *la couverture en cuir* d'un fusil, Burton II, 104 n. (gushat).

غَشْيان *asphyxié*, Bc.

غَشْيان *asphyxie*, Bc.

غِشَاء *fourreau, étui, enveloppe*, Alc. (funda de qualquier cosa), p. e. d'un livre, Voc. (sous librum coperire), Djob. 195, 15, Berb. II, 330, 2 a f., 392, 6 a f. — *Croûte*, Alc. (costra como corteza, encostradura do costra). — *Pellicule de grenade*, Alc. (tela de granada). — *Fleurs, pellicule ou mousse qui se forme sur la surface du vin et autres liqueurs*, Alc. (lapa de vino, lapa de qualquier cosa). — *Tégument, intégument*, Bc. — *Membrane, tunique, valvule*; غِشَاء العَضَل *pannicule, membrane sous la graisse, et dont les muscles sont enveloppés*; غِشَاء العَظْم *périoste, membrane qui recouvre et couvre les os*; غِشَاء المَفْصِل *capsule, membrane qui enveloppe une articulation*, Bc. — *Bonnet de papier en forme pyramidale qu'on met sur la tête de certains criminels*, Alc. (coroça). — *Chaperon dont on couvre les yeux de l'oiseau de proie*, Alc. (capirote de halcon). — *Éblouissement, difficulté de voir par trop d'éclat ou par une cause intérieure*, Bc. — Pour الاغشية chez Auw. I, 667, 12, voyez sous لغشية.

غَشَاوَة *dragon, tache dans la prunelle*, Bc, Auw. II, 572, 14 et suiv., dans le diamant, Bc; غَشَاوَة في العين *taie, pellicule qui se forme sur l'œil*, Bc. — غَشَاوَة البَصَر *berlue, éblouissement*, Bc. — (Pers. كجاو), et aussi sous d'autres formes que Vullers donne sous ce mot) pl. ات, espèce de bât formé de deux siéges petits et incommodes suspendus des deux côtés d'un mulet (ou d'une autre bête de somme) et que recouvrent des châssis de canevas soutenus par de légers bâtis à bois (Chardin cité par Vullers), Djob. 178, 2, 188, 2 a f.

غِشَائِى *membraneux*, Bc.

غَاش *foule, mêlée*, Bc (Barb.), Cherb., Ht, Delap. 138.

غَاشِيَة *une couverture* plus ou moins riche que l'on mettait par-dessus la selle du cheval. Sous les Seldjoukides, les Mamlouks, etc., c'était un des insignes de la souveraineté, et elle était portée devant le sultan par un écuyer; voyez Maml. I, 1, 4 et suiv. — *Un cercle, une réunion, ceux qui entourent habituellement un homme*, Maml. I, 1, 4 (cf. Lane à la fin), Hoogvliet 50, 7, Djob. 148, 7, Khatîb 29 v°: عظمت فى العلم غاشيته. — *Évanouissement*, Voc. — غاشية خوف *une très-grande peur*, Haiyân 16 v°: il reconnut l'autorité du sultan الى ان تغشّته من سطوته بكثير من اصحابه الثوار غاشية خوف

تَغَاش *évanouissement*, Hbrt 33 (Alg.).

مَغْشِيَة *évanouissement*, Domb. 89, Roland.

غَصّ I *avaler de travers en mangeant*; — *étrangler en mangeant trop vite*, Bc. — C. من, n. d'act. غَصّ et غُصّة, *displicere*, Voc.

غَصَب I *tyranniser*, Alc. (tiranizar). عصب على نفسه ou نفسه *se contraindre, prendre sur soi*, Bc.

VII dans le Voc. sous rapere.

غَصْب *vol de ce qui appartient à l'État*, Alc. (robo de cosa publica). — *Possessio malâ fide*, v. d. Berg 58, n. 1. — *Contrainte*, بالغَصْب et غَصْبًا *par contrainte, force*; غَصْبًا عنه *contre son gré*, بالطيب او بالغَصْب et رضا والا غصب *bon gré, mal gré*, Bc; 1001 N. Bresl. II, 65, 2: فجعلوه مجنون بالغصب «ils décidèrent qu'il était fou, mal gré qu'il en eût.»

غَصْبِيَة *chose faite forcément*, Bc. — *Contrainte*, Hbrt 214.

غَصْبَانِيَة *force, contrainte*, Bc.

غصن ‏غَصِيبٌ طَيِّبًا او غَصِيبًا bon gré, mal gré, Antar 44, 4.

غُصَّاب dans le Voc. sous rapere, appetitor alienorum, rapax, predo (qui predat), L.

اِغْتِصَاب contrainte, Bc.

غصن II dans le Voc. sous ramus, entrelacer des branches d'arbre, Alc. (enramar). — Faire des figures qui ressemblent à des branches, Djob. 92, 14.

V dans le Voc. sous ramus.

أَغْصَن, pl. أَغْصَان, Wright, qui cite Macc., mais sans autre indication. — Rigole, petit canal, Djob. 215, 14. — أَغْصَان les vers dont se composent les مُوَشَّحَة et les زجل, Prol. III, 390, 7, 9 et 11, 429, 7 et 11, J. A. 1839, II, 163, 3 a f., 164, 5 a f., Bassâm I, 124 r° et v°.

غُصَينَات rameux, branchu, Alc. (ramoso).

غُصَين, suivi de الذهب, verge-d'or (plante), Bc.

مُغَصَّن rameux, branchu, Alc. (ramoso lleno de ramos). — A plusieurs branches (chandelier), Djob. 149, 11 et 17, 151, 2 et 3. — Composé de stances, Prol. III, 361, 11. — Subst., ramée, Alc. (ramada sombra de ramos).

غَضَّ I. غَضَّ البَصَرَ عن détourner les yeux de, Voc. — غَضَّ طَرْفَ فُلَانٍ faire baisser les yeux à quelqu'un, et aussi lui fermer les yeux; غَضَّ عينه fermer les yeux; aux exemples que j'ai donnés dans le J. A. 1869, II, 140, 141, on peut ajouter: Macc. II, 197, 18:

قُلْ لِلْكَوَاكِبِ غُضِّي لِلْكَرَى مُقَلاً فَعَيْنُ الزَّهْرِ أَوْلَى مِنكِ بِالسَّهَرِ

Descr. de l'Eg. XIV, 234, n. 3, où le مُسَحِّر chante en s'adressant aux femmes: غُضِّي جُفُونَكِ يا عِيُونَ النَّرْجِسِ «fermez vos paupières, ô yeux de narcisse!»

IV chez Ibn-Haiyân = أَغْضَى, fermer les yeux sur quelque chose, faire semblant de ne pas s'en apercevoir, c. ل p. et عن r., 56 v°: وقرَّب منازلهما وأغضى etc. l. ل p. et على r. لهما عمَّا انتهى إليهما اصحابهما السلطان (Bc donne la constr. c. على r. pour أَغْضَى), le même dans Bassâm I, 23 v°: وأغض لهم على سوء ما كانوا. Le M, en donnant تَغَاضَى عليه من الظلم والحَيْف

on ce sens, ajoute: قبل ويجوز ان يكون اصله تغاضض VII se détourner (œil), Voc.

غَضّ acerbe, âpre, rude au goût, dur, revêche, rude, Bc.

غَضّ = فَصْفَصَة Most. sous ce dernier mot (la voyelle dans N).

غَضَاضَة acerbité, âpreté, Bc. — Simplicité, rudesse des mœurs bédouines, Prol. I, 367, 15 (cf. trad.), 370, 4, 410, 3 a f., 413, 5, II, 18, 3, 64, 6, 65, 2.

أَغَضّ plus rafraîchissant, Calâïd 59, 8.

غَضِب I. Exemples de لـ غَضِب (Lane TA): Aghânî 18, 7 a f., Akhbâr 115, 1 et 2. — C. عن se détourner en colère de, Ali's hundert Sprüche, Anhang, n° 188.

II c. ل dans le Voc. sous irasci; c. a. p. et في mettre quelqu'un en colère contre, Abbad. II, 5, 2 a f. (mais dans le vers des 1001 N., cité dans la note 20, il faut substituer à مَقْتِيًا (مُغْضِبًا.

VI être en colère, Gl. Mosl., Becrî 40, 5 a f.

غَضَب disgrâce, Bc. — غَضَب = غَضَبِيَّة = θυμός, l'appétit irascible, et شَهْوَة = ἐπιθυμία, l'appétit concupiscible, de Slane Prol. I, 385 n. — الغَضَب dire: عَلَيَّ غَضَبُ الله que la colère de Dieu soit sur moi, car en donnant la définition du terme لِعَان, le M dit que c'est une déclaration accompagnée, du côté du mari, du اللَّعْن (= dire: لعنة الله عليّ), et, du côté de la femme, du الغَضَب, et l'explication de ce dernier mot est fournie par Mâwerdî 391, 7 a f.

غَضْبَة rage, transport furieux de colère, Bc. — Indignité, qualité odieuse de ce qui est indigne, énormité, Bc. — Foudre de guerre, grand général, Bc.

غَضْبِيّ colérique, Bc.

غَضْبَة voyez غَضَب.

غَضِيب fâché, en colère, Alc. (enojado).

غَضَّاب dans le Voc. sous irasci.

مَغْضُوب abominable, indigne, méchant, très-condamnable, odieux, Bc. — Anathème, excommunié, Bc. — مغضوب عليه maudit, réprouvé; — disgracié tombé dans la disgrâce, Bc.

216

الْمُغاضِب *l'amante qui boude son amant*, Fleischer sur Macc. I, 652, 13 Berichte 215.

غضر.

غَضَار la porcelaine, Gl. Edrîsî, الغَضار الصينى Bait. I, 179, l. 2 (fort mal traduit par Sonth.). — *De la poterie, des vases faits de terre glaise; — vases de porcelaine,* Gl. Edrîsî; écrit كذار dans les 1001 N. Brest. III, 123, 10 (omis dans Macn. et Boul.).

غِضار pl. أغْضِرَة *grand plat*, en port. *alguidar*, Gl. Edrîsî, Gl. Esp. 132, Gl. Manç.: غضارة هو الطين العلك الحر الاخضر والغضار الصحفة المتخذة منه هكذا écrit غَضارة pl. أغْضِرَة dans le Voc., *scutella*.

غَضّار *potier*, Gl. Edrîsî.

مُغاضَرَة Le Voc. donne, mais seulement dans la 1re partie: مُغادَرَة (sic), *divicie*.

غضرف.

غُضْرُوفي *cartilagineux*, Bc, Payne Smith 1330.

غضى et غضو IV, *fermer les yeux sur*, ne se construit pas seulement c. عن (Lane, Voc., Bc), mais aussi c. على, Bc; cf. sous غض IV. — تَغَضَّى, en parlant du vin, signifierait, selon le scoliaste de Moslim, تَغَيَّر عن الغَلَيان.

VI, *fermer les yeux sur*, non-seulement c. عن, mais aussi c. على, Macc. II, 284, 4 a f. Doit souvent se traduire par *être indulgent;* Bc a حُسْن التَغاضِى *indulgence;* c. ل p. *pour,* Freytag Chrest. 100, 7 a f.; c. عن *se prêter à une chose, la laisser faire,* Bc.

غَضًا *cinis, igneus,* Voc., poussier, poussière de charbon, *cendre chaude où il reste quelques étincelles de feu,* Alc. (cisne (lisez cisco comme chez Nebrija) de hogar, rescoldo ceniza caliente).

غَطّ I *tremper* (son pain), Hbrt 13. — V. n., فى الماء, *enfoncer,* v. n., *aller au fond, entrer dans,* Bc.

III (Lane) dans le Diw. Hodz. 283, 4. La IVe chez Freytag semble une faute (au lieu de la IIIe).

غَطَّة *alambic pour distiller l'eau de vie,* Descr. de l'Eg. XVIII, part. 2, 416.

غَطاطة *taie, pellicule qui se forme sur l'œil,* Bc.

غُطَيْطة *brouillard,* Hbrt 166, M.

غطرش I *dissimuler,* Bc.

غطرف.

الغَطارِفة ou الغَطارِفيَّة, الدّراهِم الغَطْريفيّة, sont des dirhems qui étaient fort estimés à Bokhârâ et qui ont été frappés par Ghitrîf ibn-'Atâ, gouverneur du Khorâsân sous le règne de Hâroun ar-rachîd, M.

غطس I *absorber, faire disparaître,* Bc. — *Faire le plongeon,* au fig., *se soustraire au danger, à la discussion, à la vue,* Bc. — C. فى *s'abymer, se livrer à, se plonger dans,* Bc. — *Plonger dans la mer pour pêcher des perles ou autres choses,* c. على r., n. d'act. غَطْس, 1001 N. II, 193, 6 a f. et suiv. — غَطَس قَلْبُه *perdre courage,* 1001 N. I, 233, 10, comme en allemand: den Muth sinken lassen.

II *tremper* (son pain), Hbrt 13. — *Couler à fond un navire,* Bc. — *Baptiser,* Voc., Alc. (bautizar), Bg, Macc. II, 798, 16, Khatîb 22 v°: فقال اظنه منذ ولِدَ له (ولِدَ له ا. ل.) كان غير معتنطس تحمله للشيخ فغطّسه. De là مُغَطَّس *un Maure qui a reçu le baptême, un apostat,* Gl. Esp. 171. — *Provigner une vigne,* Auw. I, 13, 185, 20.

V *dimerger, L,* dans le Voc. sous *submergere, plonger, s'enfoncer entièrement dans l'eau,* Alc. (çabullirse). — *Recevoir le baptême,* Alc. (bautizarse).

VIII *recevoir le baptême,* voyez sous II.

غَطْسة pl. ات *l'action de plonger, de s'enfoncer entièrement dans l'eau,* Alc. (çabullidura en el agua, somorgujo).

غَطاس *baptême,* M; عيد الغَطاس *fête en mémoire du baptême de Jésus-Christ,* M, que les Coptes célèbrent le 11 Toubeh (18 ou 19 janvier), Lane M. E. II, 363. Dans l'Eglise latine, qui célèbre le même jour le baptême de Jésus-Christ et sa manifestation aux Gentils par l'adoration des mages, *Epiphanie, jour des Rois,* 6 janvier, Hbrt 153, Bc (chez qui le *techdîd* sur le *tâ* est une faute), Calendr. 19, 5.

غطس ― غَطُوس *immersion*, Bc. — *Disparition, éclipse*; absence subite, momentanée, Bc. — كوكب غَطُوس *occultation*, disparition passagère d'un astre, Bc.

غَطَّاس *plongeon*, oiseau aquatique qui plonge souvent, M, Yâcout I, 885, 17, 1001 N. III, 239.

غِطِّيس même sens, Bc.

غَطَّاسة même sens, Cazwînî II, 363, 8.

غَاطِس, suivi de عن الوجود, *sans connaissance*, 1001 N. Bresl. XI, 7, où Macn. a غائب عن الوجود.

تَغْطِيس *l'action de nager entre deux eaux*, Alc. (nadadura a somorgujo). — *Baptême*, Voc., Alc. (bautismo). C'est proprement une des trois sortes de baptême, *le baptême par immersion*; les deux autres sont الرش et السكب, M. — *Couchage*, Auw. I, 156, 3.

تَغْطِيسِيّ *immersif*, Bc.

مَغْطِس, vulg. مُغْطُس, pl. مَغَاطِس. مَغَاطِس اللُّؤْلُؤ *pêcheries de perles*, 1001 N. Bresl. IV, 94. — *Baignoire*, *bassin d'un bain*, Bc, *cuve ou baignoire pour prendre un bain d'immersion*, M, Bg 88, *bassin rempli d'eau chaude*, Lane M. E. II, 48, 1001 N. IV, 479, 2 et 9; *réservoir dans lequel se plongent les Coptes, le jour de l'Epiphanie, en mémoire du baptême de N. S.*, Vansleb 342.

غطش

غَطَش, *obscurité*, est bon (cf. Lane sous I), comme il résulte de la mesure d'un vers dans de Sacy Chrest. II, ٢١, 5 (cf. 389).

غَطْمَش I *éblouir*, Bc.

غَطَّى et غَطَّا II c. على *éclipser, effacer*, au fig., surpasser, *faire ombre à*, Bc. — غَطَّى على الصوت ou على الصوت *absorber le son*, Bc.

V *se voiler*, Bc. — C. عن p. *se cacher à, se dérober à*, Macc. II, 107, 7.

غِطَاءة. Pl. غطي, Bc (*housse*), غَطَاوِي, Ht, Delap. 59. — *Affublement*, habillement, ce qui couvre la tête, le corps, le visage, Bc. — *Voile, grand voile de femme qui couvre la tête et le corps tout entier*, Bc, Bg. — غِطَاء الفرش *housse*, couverture de meubles; غَطَّاء خَدَّة *taie*, Bc; cf. 1001 N. II, 46, 3. — *Membrane*, Bc.

غِطَايا (pl.) = خَفَايا, Payne Smith 1343.

تَغْطِيَة pl. تَغَاطِي *courte-pointe*, Alc. (cobertor de cama).

مُغْطَى (sic) *couvercle*, Domb. 93.

مُغَطِّى. مغطى الوجه *masqué*, Alc. (caratulado con caratula). — مغطى جمار *un âne avec la selle très-haute dont se servent les dames*, Lane M. E. I, 286.

امراة مغطاية *femme voilée*, Bc.

غَفَّ I *capter*, gagner par voie d'insinuation, c. a. p. *capter les bonnes grâces de quelqu'un*, Bc. — *Duper, tromper*, Bc. — *Manigancer*, Bc. — *Tourner*, questionner pour surprendre, Bc.

غَفّ *captation*, action de capter, Bc.

غَفَّاف *captateur*, qui surprend par adresse un donateur, Bc.

غفر II c. a. *asecurare* (= خَفَر), Voc.; *convoyer, escorter*, Bc.

V dans le Voc. sous asecurare.

VI. Des exemples de la signif. donnée par Lane d'après le TA se trouvent dans le Gl. Djob., où ce verbe est mal expliqué. — C. مع dans le Voc. sous parcere.

VII dans le Voc. sous parcere.

VIII. Le pass. *être remis en grâce*, Gl. Mosl. (?).

X. اَسْتَغْفَرَ اَللَّهَ *Dieu m'en préserve! Dieu me préserve d'en avoir l'idée! je n'ai garde; Dieu nous garde d'un pareil malheur*, Bc. استغفر لفلان, à sous-entendre اللَّه, *demander pardon à Dieu pour quelqu'un*, Koseg. Chrest. 41, 6 a f. C. الى p. *demander pardon à quelqu'un*, Bidp. 96, 3 a f. — C. ل et من *expier, réparer une faute par une peine*, Bc.

غَفَر, pour خَفَر, *faire la garde*, 1001 N. Bresl. IX, 272, 9: سهرت العبيد للغفر, où Macn. a للحرس.

غَفَر, pour خَفَر, *rétribution, récompense que l'on donne à des gardes, à une escorte*, 1001 N. II, 109, 3. — *Garde*, gens de guerre qui font la garde, *corps de garde*, soldats posés en un lieu pour faire garde, et: lieu où se tiennent les soldats de garde, *patrouille*,

غفر

escorte, convoi, vaisseaux, soldats qui escortent des provisions, des bâtiments, Bc, Hbrt 140, 1001 N. Bresl. IX, 231, 3, 233, 3, XI, 340, 1; غفر الليل *guet*, Bc, Hbrt 140; غفر الديوان *douanier*, Bc; — *faction*, gnet d'une sentinelle, Bc. — *Tous les ustensiles qui se trouvent dans la tente*, Ztschr. XXII, 131.

غُفْران, chez les chrétiens, *indulgence, rémission de la peine due aux péchés*, Alc. (indulgencia pardon, indulgencia del papa); نهار الغفران *jour d'indulgences*, Alc. (endolencias dia santo).

غُفْرانِي *piaculaire*, qui a rapport à l'expiation, Bc.

غَفِير, pour خَفِير, pl. غُفَراء, *protecteur*, surtout celui qui escorte et défend les voyageurs pendant leur route, Maml. I, 1, 208, Burton II, 113, Ztschr. XI, 494, *factionnaire, qui fait faction, sentinelle*, Bc, Hbrt 143, cf. Burton 1, 153, 1001 N. II, 109, Bresl. IX, 231. — *Conducteur de paysans à la corvée*, Mehren 32. — *Celui qui, moyennant redevance, a obtenu la protection d'une puissante famille sous le patronage de laquelle il s'est placé*, Margueritte 282.

غِفَارَة pl. غَفَائِر, au Maghrib, *bonnet, calotte portée par les hommes*, Vêtem. 314 et suiv. Macc. II, 636, 7, cf. sous أَقْرُوف Çalât 72 v°: ثم انعم عليهم بالكسوة التامة من العمائم والغفائر والبرانس والاكسية فإن (بان l.) — .حصل لكل فارس غفارة وعمامة وكساء وقبطلية وشقة Au Maghrib, *manteau, manteau rouge*, Voc. (capa (vermeya)), à Tunis, «*gefara légère enveloppant le tout*,» Michel 76, «*gefara, petit burnous en laine fine et blanche pour l'été*,» Dunant 201, Cout. 25 r°: دخل عليه يوما — وعليه ثوب عراق وغفارة عراق فقال فقل له يا ابن اشمر نظائر العراق على العراق ما فعلت غفارتك التي كنت تختلف الى بها وانا ولدَّ فقال له خلعت منها جلَّ وبرفعه لبغلك الاشهم، Huiyân-Bassâm III, 140 r°, où il est question de l'entrée de Hichâm III dans Cordoue, man. A: دخل — بخلعية مختصرة ساندلا (سمل l.) غفارة ما على تختبتها كسوة رثة :man. B شمل اشمال (اسمال l.) عفاوة الى ما تختبته كسوة رثة Macc. I, 881, 7, P. Prol. II, 194, 1, l'anonyme de Copenhague 34: ولما كان النزول برباط تازى التفث المنصور الى سافتته فرأى اكثر الغرابة من الاخوين والعوممة قد استلقوا واختصوا لباس الغفائر والبرانيس فانكر...

غفل

عليهم لكونه من زى للخليفة فى حالتى ركوبه وجلوسه فى كل موطن. Ce mot présente deux difficultés, car en premier lieu il n'est pas toujours facile de choisir entre les deux signif. *calotte* et *manteau*, et je crois à présent que dans les deux passages cités Vêtem. 316 la seconde signif. est préférable à la première. En second lieu on hésite entre غِفَارَة et غَفَّارَة (voyez), qui signifie aussi *manteau*, quand on n'est pas guidé par la mesure ou par le pl. — Pour حَفَّار, *protection*, Abou-Hammou 165: فانت وجبيوشك فى غفارتكم تعيشون وبدطائكم تثبتون

غُفَيْرَة *petit manteau*, voyez l'article qui précède; les voyelles que j'ai données sont dans le man.

غَفَّارَة pl. غَفَافِير *manteau*, Vêtem. 317, Calâïd 334, 2 (= بُرْنُس l. 5), cf. غَفَّار, M: الغَفَّارَة وشال يلبسه الاحبار فى الهياكل (j'ignore pourquoi il ajoute que c'est un mot hébreu); Bg a غَفَّار, pl. ات, *sous chape d'église*, et Bc n'a ni *techdîd* ni voyelles sous *chape*, *large vêtement d'église en manteau*.

تَغْفِير, chez les chrétiens, *indulgence, rémission de la peine due aux péchés*, Alc. (indulgencia pardon).

مَغْفِرَة même sens, Alc. (indulgencia pardon), et *jour d'indulgences*, Alc. (endolencias dia santo).

مُغَفِّر (غ pour خ) *protecteur*, Burckhardt Syria 660.

إِسْتِغْفَار عام *amende honorable*, Bc.

إِسْتِغْفَارِي *expiatoire*, Bc.

غفص III *subripio* (*raptim aufero*), L, cf. Gl. Mosl.; *decipere*, Voc.

VI dans le Voc. sous *decipere*.

غَقْغَق .I الساقور = תקע *le son de la trompette*, Saadiah ps. 150, vs. 3.

غفل I *s'assoupir, s'endormir d'un léger sommeil, s'endormir, sommeiller*, Bc.

II *assoupir, endormir à demi*, Bc. — C. a. p. *tromper la surveillance* de quelqu'un, Bc.

III c. a. p. *tromper la surveillance de quelqu'un*, Bc, Kalyoubi 10, 8 éd. Lees: فغافل امراته واخذ الصرة

غفلغ   219   غل

IV c. a. *omettre une chose de propos délibéré*, Berb. I, 466, 11. — *Abolir*, Berb. II, 561, 11.

VI *feindre de ne pas faire attention à*, c. عن r., Voc. (disimulare), Becrî 185, 2, vulg. c. على, Ztschr. XX, 509, 13 et 14, c. ب p., Akhbâr 37, dern. l.: ils lui demandèrent du secours فتغافل بام وسرَّه علاذ كام

VIII c. a. p. *surprendre quelqu'un, le prendre au dépourvu*, Kâmil 673, 5.

X c. a. p. *tirer son profit de la nonchalance de quelqu'un*, Gl. Badroun, Gl. Mosl., Macc. I, 166, 1, Berb. II, 185, 8 a f., Nafhut-ool-Yumun (Calcutta, 1811) 103, 6: فاستغفل الراعى بهرام واخذ سكيناً وقطع طرف اللحام.

مَن غُفْل c. *dépourvu de*, Berb. I, 517, 6 a f. — *Sans point* (lettre), Ibn-Abdalmelic 11 v°: ابن حُبَيْش بصم الحاء الغُفل, 13 r°, où il est question du nom propre بيطر: بقتح الطاء الغفل. — *Imbécile, lourdaud*, Macc. I, 137, 7, Prol. I, 341, 6.

غَفْلة *négligence de ses occupations*, Djob. 219, 9 (= Bat. II, 101). — *Frivolité*, Bidp. 29, 1. — *Niaiserie*, caractère de celui qui n'a aucune expérience des choses ordinaires de la vie, Khatîb 31 v°: غفلته ونوَّكه كان هذا الرجل من البله من اسباب الدنيا له فى ذلك حكايات, 32 r°, بغفلتهِ *niaisement*, Bc. — *Lourderie*, faute grossière contre le bon sens, la bienséance, Bc. — *Dupe*, qui est trompé, facile à tromper, Bc. — على غفلة *subito*, Voc., *ex abrupto, au moment où l'on s'y attendait le moins, tout à coup, au dépourvu, à l'improviste, inopinément*, Bc, Macc. II, 55, 1, 1001 N. I, 80.

غَفَل dans le Voc. sous negligere.

غَافِل Le pl. aussi غُفَّل, Gl. Mosl. — *Aigremoine*, Bc.

مَغَفَّل *imbécile, jocrisse, lourdaud*, Bc, Bidp. 239, 1, Nowairî, man. 273, p. 264 (titre): ذكر شى من نوادر المغفلين والحمقى, 1001 N. Bresl. IV, 353.

متغافل *imprévu*, Ht.

غفلق

غَفْلَغ *orage*, au fig., malheur dont on est menacé, disgrâces qui surviennent tout à coup, Bc.

غَفْلِيقَة *débâcle, révolution*, Bc.

غفو.

غَفْوَة (cf. Lane), pl. ات, Saadiah ps. 119, *dormitatio*, Voc. (= سِنَة), *assoupissement, sommeil léger*, Bc, chez Djob. 234, 2 a f.: سِنَة، غَفْوَة, chez Saadiah ps. 90: غفوة من الليل.

غل I c. a. *envier*, Voc., Alc. (enbidia aver).

II = I dans l'expression غَلَّ المَغَاوِرَ, Abbad. III, 78. — *Lier, attacher, enchaîner*, Voc. (conpedire), Auw. II, 296, 2, 1001 N. I, 91, 5 a f. — Dans le Voc. sous camisia.

IV c. على p. *nourrir une haine secrète* (غلّ) *contre quelqu'un*, Haiyân 58 r°: عليه (مغلون) معلون مرتصدون لغرَّته.

V dans le Voc. sous camisia.

VII dans le Voc. sous invidere. — Ibid. sous conpedire.

VIII c. من *tirer de, recueillir, percevoir*, Gl. Belâdz.: فاتى اغتلَّ من حمَّامى هذا فى كلَّ يوم الف درهم.

غَلَّة se prononçait en Espagne غَلْت, Voc., Alc. (cosecha), d'où l'esp. *guilla*. Le pl. est aussi غِلَل, Gl. Edrîsî, et (vulg.) أغْلال, M. — *Contribution pour des maisons et des boutiques bâties sur le terrain de l'Etat*, Gl. Belâdz. (Biffez les deux lignes qui suivent dans ce Gl., car dans les passages qui y sont cités, le vrai mot est عِلَّة; cf. Gl. Fragm. sous ce dernier terme). — الغلَّة *les grains*, Voc., Athîr X, 338, dern. l.: وكانت مدَّة البدنة الى وقت ادراك الغلَّة وحصادها; dans le même sens les pl. الغِلَال، الغَلَّات Bc, Athîr X, 334, 3 a f. (lisez de même dans Khaldoun Tornberg 24, 4), 344, 12. Dans la Deser. de l'Eg. XI, 503, 504, on trouve غَلَال *denrées*. — *Abondance des productions de la terre*, Bc. — *Un fruit*, Hbrt 51 (Alg.). — *Champ cultivé, jardin*, Gl. Edrîsî, Gl. Fragm., Venture dans Hornemann 440, Haiyân-Bassâm I, 142 v°: متقبل غلته (son fermier).

غَلَّة. Dans le Mi'yâr 6, l. 10, en parlant de Malaga: غللها لحكمة المبنيان, المائلة كنجوم السماء للعبان (l. للعبان). En rendant compte de cet ouvrage dans le Ztschr. XVI, j'ai soupçonné qu'il faut lire قَلِّها, parce que قَلّ est *tour* chez Richardson et chez Meninski, et que dans un passage de Macc., qui traite aussi de Malaga (II, 147, 2 a f.), les بُروج de cette ville sont comparés également aux étoiles. Mais comme غللها est, à en juger par le silence de Müller, la leçon des trois man., j'admettrais plutôt aujourd'hui que غَلَل est pour قَلَل. En tout cas l'emploi de ce mot est assez singulier.

غَلِيّ *envieux*, Alc. (enbidiosa cosa).

غَلِيل *abondant, fertile*, Bc.

غَلَالَة *pellicule, peau très-mince*, Bc; cf. Gl. Esp. 56, 119.

غَلَالَة *tunique d'homme ou de femme, légère et transparente*, qui, dans les temps anciens, était presque constamment jaune, Vêtem. 319 et suiv., *camisia (de panno subtili)*, Voc., R. N. 23 v°, en parlant de Mâlik ibn-Anas: وعليه غلالة ورداء تسوى الغلالة خمسة دنانير 62 v° (Cairawân): قلّ خرج عليها جبلة وعليه قميص وغلالة وسراويل ومنديل على اكتافه cf. Recherches I, App. xxxix, 2 a f., Aboulf. Ann. IV, 230.

غُلَيْلَة, en Barbarie, vêtement de femme, *tunique ou robe en drap fin, en satin, en velours, etc., ouverte jusque sur la poitrine et allant jusqu'à mi-jambes*, Vêtem. 322 (car c'est à ce mot que se rapportent les passages de Haedo), Michel 190 (femmes de Tunis): «des *vlila* brochées d'or descendant sur les hanches comme une redingote.» — En Barbarie, vêtement d'homme; au commencement du XVIIe siècle à Alger, *veste ou robe en drap de couleur, allant jusqu'au-dessous des genoux et ressemblant à une petite soutane, que l'on portait en hiver*, Vêtem. 323. Aujourd'hui, *veste sans collet et dont les manches sont fendues jusqu'au coude*, Cherb., *veste* (vêtement de drap qui descend jusqu'à la ceinture), Dict. berb., *veste* (en soie piquée), Bc (Barb.), *habit, corset à manches*, Ht, *chemisette* (espèce de camisole sans manches), Bg (Barb.), cf. Carteron 176, Maltzan 19. En Algérie on donne aussi ce nom à ce que nous appelons *habit* en un sens particulier, Delap. 78.

غَلَّال dans le Voc. sous conpedire.

مُغَلّ et مَغَلّ dans le Voc. sous invidere.

مُتَغَلْغِل. Le passage du Diw. Hodz. se trouve 216, vs. 19, cf. 217, 2.

مُسْتَغَلّ pl. ات, en général *tout ce dont on tire un revenu*, et de là *champ cultivé, maison, boutique, marché, moulin*, Gl. Fragm.; surtout *champ cultivé*, Gl. Edrîsî, Djob. 268, 11, Macc. I, 381, 13.

مُسْتَغَلّ pl. ات *produit, revenu*, Voc. (reditus), Gl. Belâdz. (en donnant ء, j'ai suivi le Voc.). — *Ce dont on a recueilli le fruit, qui n'a plus de fruit*, Alc. (esquilmada cosa; cf. Victor; Nebrija: effœtus).

غلب I. غَلَبَ عِنْدَكَ, à sous-entendre الظَّنُّ, الرَّأْيُ, ou un mot pareil, *vous vous imaginez*, de Sacy Chrest. I, 172, 7: وقد غلب عندكم اننا كفرة. — Remarquez l'idiotisme: غلبتني عيني بالدموع فبكيت, R. N. 85 r°. — غَلَبَهُ ضَحِكًا *éclater de rire*, Lettre à M. Fleischer 177; cf. Lane sous X. — C. a. *dominer, être le plus apparent, le plus fort*, p. e. يغلب عليه البياض «le blanc y domine», Bc. — C. a. p. et r. *forcer quelqu'un à*, Recherches I, App. xlv, 11 et n. 3. — غلب المراة على نفسها, et aussi simplement غلب امراة, *violer une femme*, Gl. Abulf. — *Duper, tromper, subtiliser, tromper subtilement*; غلبوك على *on t'a trompé, on t'a vendu trop cher*, Bc. — غَلِبَ مِن *s'embarrasser de, éprouver de la peine de*, Bc.

II c. a. et على *préférer une chose à une autre*, 1001 N. I, 618, 6. — *Désappointer, couper bras et jambes, faire grand tort, donner de la tablature, donner de l'embarras à quelqu'un, c. a. p. tailler des croupières, de la besogne à quelqu'un, lui susciter des embarras*; يُغَلِّب *incommodant*, Bc.

III. مِن جِهَةِ المُغَالَبَة *en vertu du droit du plus fort*, Haiyân 10 v°. — C. a. p. et على r. *enlever une chose à quelqu'un*, Gl. Belâdz.

V *conquérir*; l'auteur de l'Ictifâ construit ce verbe c. a., au lieu de c. على, Abbad. II, 15, 7, 163 v°: وتغلّب حصونها. — *Tâcher de nuire à quelqu'un, c.*

على p., de Sacy Chrest. II, ١٣٠, 6 a f., c. فِي p., 1001 N. I, 90, 5.

VII *être vaincu*, Voc., Lokman fable 35 éd. Schier. — انغلب فى حمله, 1001 N. Bresl. IV, 347, 3, semble signifier: *il trouva trop difficile de le porter.*

X *vaincre*, *conquérir*, *subjuguer*, Voc. (subiugare, sous vincere), Amari 534, 6. — اِسْتَغْلَبَ عليه *il fut éclipsé par d'autres*, Calât 65 v°: وهو كاتب مجيد ورجل مجيد الّا ان بسبب توحّشه عن الناس بنفسه استغلب عليه فاستولى عليه بذلك الخمول والقعود

غَلَبَة *prépondérance, supériorité d'autorité*, Bc.

غَلَبَة *abondance*, Roland.

غَلَبَة *antonomase*, emploi de l'épithète pour le nom propre, p. e. خليل الرحمن pour Abraham, Bc, البيت pour la Ca'ba, الكتاب pour le Coran, الرحمن pour Dieu, الأسود pour le serpent, M. — N. B. Pour aucun des mots suivants Bc ne donne les voyelles: غلبة خلاق *cohue*, assemblée tumultueuse, Bc, Djob. 141, 2: غسّل غلبات العوام, 1001 N. Bresl. VI, 339, 12: — ما هذا الجوع والغلبة الذى قد اجتمعوا هاهنا — *Tumulte*, Gl. Abulf. — *Babil, quanquan, propos, bavardage, galimatias, jactance, pédantisme*; كثير غلبة *bavard; curieux,* indiscret; *pédant*, Bc. — *Embarras*, peine causée par une multitude d'affaires, *épine*, embarras, difficulté, *la puce à l'oreille, inquiétude, tintouin*, inquiétude, embarras, *tracas,* embarras, peine, Bc. — *Cérémonie*, civilité importune, Bc.

غَلْبان *intrigué*, embarrassé, Bc, Lane M. E. II, 19 n., 1001 N. III, 203, 6 a f. (où Lane traduit «unable to prevail»), IV, 152, 3 a f.

غلباوى *babillard*, Bc. — *Pédant, pédantesque, savantasse*, Bc. — *Mystérieux*, qui fait mystère de choses qui n'en valent pas la peine, Bc.

غَلُوب *remportant souvent la victoire*, Gl. Mosl.

غالب *excellent*, Gl. Mosl. — فى غالب الظنّ *si je ne me trompe*, Macc. I, 393, 5 (cf. Add.).

غالِبَة, en Espagne, nom d'une plante, *alkékenge*, Bait. I, 183 a (dans l'article عِنَب (AB), et non pas عنب comme chez Sonth.), ou plutôt *l'espèce sauvage de solanum nigrum*, Bait. II, 212 b (lisez ainsi (B), et le mot qui précède est عِنَب (A)). Dans le Voc.

lierre (edera). En esp. *algalaba* signifie *vigne sauvage*. Le mot est d'origine espagnole, car le Most. a sous والحجمية الغالبة: يقطين (lisez ainsi avec le man. de Tolède; N العالبية, La العالبية).

أغْلَب *le commun, la plupart, gros, la plus grande partie, la partie la plus forte, la majeure partie*, Bc.

مَغْلَب pl. مَغالب *moyen de vaincre*, Gl. Maw.

مَغْلوب عن الشىء *vaincu par la difficulté d'une affaire, de sorte qu'on ne peut en venir à bout*, Gl. Abulf.

M المُغالَبَة الكِباش = المُكابَشَة بالاصابع est 1748 b, mais il n'explique pas ce que c'est.

غلت.

غلت *tare, déchet sur la qualité, la quantité*, Bc.

غلث.

غلث *brut, qui n'est pas net*, Bc.

غلس II. Au lieu de غلّس بالصلاة (Lane), on dit aussi غلّس et غلّس فى الصلاة seul, Gl. Fragm.

VIII *s'approprier*; مغتلس *détenteur, qui possède un bien sans droit*, Bc; c'est pour اختلس.

غلط I *se tromper dans son calcul* (Lane), Alc. (herrar cuenta), R. N. 69 v°: une certaine somme avait été destinée à élever un édifice, mais les architectes وبقى ابواب البيوت والاصلاح puis غلطوا بزيادة حنيتين بأجير وذهب الذى كان يكفى لذلك كلّه فى القوسين. — *Manquer, laisser échapper*, 1001 N. II, 313, 1: هذه المرأة كل يوم تشترى منى بدينار ولا تغلط يوما واحدا

II *se tromper dans son calcul* (= I), Alc. (herrar cuenta; par erreur il a aussi ce verbe sous herver). — *Induire en erreur*, Bc. (Lane TA).

III c. a. p. *combattre quelqu'un par des sophismes*, Voc. (cavillare, sous falacia = سَفْسَطَ); celui qui le fait est un مُغالِط, Voc., un مُغالِط فى نفسه لغيره, M; l'art de le faire s'appelle صناعة المُغالطين Badroun 18, 6; مُغالَطَة *cavillation, fausse subtilité, sophisme*, M, Voc, Bc, Fakhri 377, 5 a f. Le verbe se trouve dans un sens moins défavorable, celui de

غلط

confondre quelqu'un, chez Abd-al-wâhid 120, 8. — C. a. p. et في r. *chercher à prouver une chose à quelqu'un par des arguments spécieux*, Haiyân 37 v°: *Quand Abdallâh fut monté sur le trône, il s'occupa avant tout du dangereux rebelle Ibn-Hafçoun*, فانتدب بالحيل مغالطا له في سوء اعتقاده. — C. a. p. et r. *chercher à tromper quelqu'un, par des sophismes ou par des actions, sur une chose*, Haiyân 8 v°: خرج اليه مغالطا في طاعته اباه ڤامر بالقبض عليه فاعتل عمر بن حفصون للحيلة في قتل ابن شاكر يقترب بذلك الى الامير عبد الله ويغالطه في اصراره على المعصية Berb. II, 41, 7 a f., où il faut lire en corrigeant trois fautes: ثم غالطى ما بذله تلبيسا بالكرم («en feignant d'être généreux,» comme I, 654, 11). — C. a. p. et في r. *tromper* quelqu'un *sur* une chose, Haiyân-Bassâm I, 174 v°: فنجم بلديس وڤال أمكرًا عند الموت بابن المعاعلة الى (لا l.) تغالطه وامر بقتله الى محبسه فعند ذلك عرف ما يراد به ويئس من المغالطة في جرمه, Fakhrî 327, 5 a f. — *Tricher, tromper au jeu;* مغالطة *tricherie, tromperie au jeu*, Bc. — C. عن r. *dissimuler*, Berb. I, 658, 6 a f.: *Pendant l'espace de vingt ans, il exerça une autorité absolue à Tripoli, et l'influence de l'empire hafcide ne s'y fit plus sentir,* وهو يغالط عن الامارة بالتجارة والاحتراف بها («pour dissimuler toute la grandeur de son pouvoir, il s'adonnait au commerce,» de Slane); ولبوس شارتها الحج غالطه عن الابيات r., etc. — C. a. p. et عن r., *il voulut lui faire accroire qu'il n'était pas l'auteur de ces vers*, Freytag Chrest. 114, 2.

V dans le Voc. sous errare.

غَلَط *aberration, erreur, abus*; غلطا *par accident, sans dessein, sans le faire exprès*, p. e. قتله غلطا «il l'a tué par accident,» Bc, 1001 N. I, 74. — *Incongru*, qui pèche contre les règles de la syntaxe, يغلط *incongrument, incongruité, faute contre la syntaxe, incorrection, solécisme*, Bc.

غَلْطَة. Dans le Voc. le pl. غَلَط. — *Erreur dans le calcul*, Alc. (errada en la cuenta, yerro en la cuenta).

غلطان *vous vous trompez;* غلطان من c'est un abus de (une erreur que de) croire, Bc.

غالط voyez sous III.

أُغْلُوطَة, pl. اغاليط, Ibn-Doraid (Wright).

مَغْلَطَة. Le pl. مَغَالِط, Ibn-Doraid (Wright), *tromperies*, Prol. I, 210, 1.

مَغْلُوط *trompé*, Roland.

مُغَالِط voyez sous III.

مُغَالَطَة voyez sous III.

القياس المُغَالَطى *paralogismes* = arguments sophistiques, Prol. III, 26, 12, 111, 17.

غَلْطَلَاق, chez Freytag, n'existe pas. Le passage des 1001 N. qu'il cite porte غلطَان; c'est une faute pour بغلطاق, leçon qu'on trouve dans les man., comme l'a observé M. Fleischer Gl. 32. Malheureusement l'auteur du M n'a pas connu le livre de M. Fleischer; il a donc reproduit le غلطلاق de Freytag, qui est une altération d'une altération, et il y a même ajouté hardiment les voyelles: اُغْلُطْلَاق!

غَلُظ I. N. d'act. غَلْظ, غُلُوظَة et غَلَاظَة dans le Voc. (ingrossare).

II *grossir, rendre gros, exagérer*, Bc. — *Parler des grosses dents, fortement, avec menace*; له غلظ *dire des grossièretés à quelqu'un*, له غلظ في الحكي; *brutaliser*, Bc; de même غلظ عليه القول, Bat. III, 38. — غلظ الحَسّ *émousser*, Bc.

III c. a. p., à sous-entendu القول في, *dire des grossièretés à quelqu'un, le brutaliser*, Gl. Belâdz.

IV. On ne dit pas seulement اغلظ له في القول, mais aussi اغلظ له القول, et simplement اغلظ له, Abbad. II, 37, 17 et n. e, ou عليه, Gl. Belâdz.

V dans le Voc. sous ingrossare.

VI. تغالظا في القول *ils se dirent des grossièretés*, Gl. Belâdz.

X *devenir puissant*, Berb. I, 44; 5 a f., 644, dern. l.; c. على p. *devenir plus puissant que*, Berb. I, 19, 5, 312, 9, II, 42, 6. — *Devenir de difficile accès*, Berb. I, 544, 4: استغلظ عليهم باب السلطان.

غِلَظ *injustice, tort*, Voc.

غِلْظَة *sévérité, rigueur*, Haiyân 66 v°: قد طار له الاسم بحسن السيرة وجودة الضبط والحزامة مع الغِلْظَة

غلغل

على اهل الشرّ والدعارة والمبالغة فى عقوبة من ظفر به منهم, R. N. 101: كان شديد الغلظة على اهل البدع (غلظته واجحاب).
— *Jactance*, L (*iactantia*).

وانت امراة غليظة corpulent, Cartâs 86, 4: غليظ — غليظ الامعاء الغلاظ les gros intestins, Bc. — غليظ طعام aliment solide, Bat. II, 364; mais en parlant d'un aliment, c'est aussi qui épaissit le sang, l'opposé de لطيف, M sous ce dernier mot. — غليظ الزرع semé bien dru, Gl. Belâdz.
— *Pataud*, grossièrement fait, Bc. — *Opaque*, qui n'est point transparent, Bc. — كتاب غليظ lettre sévère, pleine de reproches, de menaces, Gl. Belâdz. — غليظ الحجاب de difficile accès (prince), Cartâs 258, dern. l.: غليظ الحجاب لا يكاد يوصل اليه الا بعد لحين.

غلاظة *lourderie*, faute grossière contre le bon sens, la bienséance, Bc. — *Opacité*, Bc.

غلظ pl. غلاظ *solennel* (serment), Gl. Fragm.

اغلظ *plus grave*, Gl. Maw.

مغلّظ, t. de médec., *incrassant*, remède propre à épaissir les humeurs, M.

غلغل I. Le doute de Lane est mal fondé; ce verbe s'emploie très-certainement comme verbe *neutre*, comme dans le passage du Fâkih. al-khol. cité par Freytag, 222, 9 a f.: فدخل فى ذلك النهر وغلغل فيه الى ان غلغل الرجل اسرع فى سيره. وق M: غاب عن النظر, الشى دخل على تعب وشدة. واما فى الشجر تخللها Haiyân 26 r°: كل نادرة تدور على الافواه وتغلغل فى الاسنة.

II. De même qu'on dit تغلغل فى بلد, s'enfoncer dans un pays, on dit au fig.: تغلغل فى نظر الوجوه الحسان, s'abîmer dans la contemplation des beaux visages, Macc. II, 396, 1.

مغلغل *ligatus catenis* dans Freytag est peut-être bon, car Beaussier a aussi *chargé de chaînes, de fers*; mais dans le passage des 1001 N. qu'il cite, l'éd. Macn. I, 91, 5 a f., a مغلّظ.

متغلغل s'emploie en parlant de verrues, voyez sous بزرور, mais j'ignore en quel sens.

غلف

غلغلة (esp.) *petit pois chiche, cicerole*, Alc. (galgana legumbre).

غلف II c. ب *envelopper*, Bc; غلّف مكاتيب mettre des lettres sous enveloppe, Bc, Hbrt 107. — La signif. d'*enduire, étendre une couche sur, couvrir de*, est au fond la même, car l'opinion d'Ibn-Doraid (voyez Lane sous I) est tout à fait inadmissible, et l'auteur du Gl. Manç. dit bien mieux: تغليف الشى هو جعلى — On emploie, p. e., ce verbe, quand on parle de la tête, des cheveux, qu'on poudre, qu'on couvre légèrement d'une certaine substance, Baït. I, 145 a: اذا يجىء ورق, جفف وسحق وخل وغلّف به الراس طوّل الشعر même 228 c, Auw. I, 252, 4 et 6, où il faut lire deux fois يغلّف, et l. 10, où il faut lire غلّف (cette fois correctement dans notre man.). غلّف بالذهب *dorer*, Freytag Chrest. 121, 7: صليب الصلبوت وهو قطعة خشب مغلفة (مغلّفة l.) بالذهب مرصعة بالجوهر Couvrir un mur d'une natte, Macc. II, 149, 7: الحصر التى تغلّف بها الحيطان. On emploie même ce verbe, du moins en poésie, dans le sens d'*humecter, mouiller*, comme dans ces vers d'Ibn-Zaïdoun, apud Weijers 44, 1 et 2, que l'éditeur a mal prononcés et qu'il a encore plus mal rendus (148—9):

كأنّ عَشِىَّ القَطْرِ فى شاطىِّ النهر وقد زهت فيه الازاهر كالزهر
تُرَشُّ بماء الورد رَشًّا فتنثنى لتغليف أفواه بطيّبة الخمر

« On dirait que les nuées pluvieuses du soir répandent sur les bords du fleuve, où les fleurs brillent comme des étoiles, de l'eau rose, et qu'ensuite elles se mettent à humecter les bouches [c.-à-d. les bouches ou calices des fleurs] par un vin généreux. »
(Pour عَشِى, *nuages du soir*, voyez Lane).

غلّف *gousse*, Most. v° بوذرنج: وله غلف شبيه بالغرون, Baït. I, حب يكون فى غلف اغبر اللون: حب الغلغل, وله 272 b: وعليه غلف شبيه بغلف اللوبيا 26 d: اخبية كاخبية الكاكنج فى جوف كل خباء غلف صغير الى الطول ما هو وفى جوفه حبّتان اصغر غلف من الجلبان توكل
— *Pesanteur d'esprit, stupidité*, Alc. (grossedad ne-

cedad). Il semble aussi donner ce mot comme un adj., *obtus, qui a l'esprit peu pénétrant*, car il l'a sous *boto de ingenio*; mais on y lit: galf, golofêt, et le second mot (cf. غُلُوف) semble plutôt un substantif.

غَلْغَة, suivi de القَلْب, *incirconcision*, t. de liturgie, état du cœur qui n'est pas mortifié, Bc.

غِلاف. Le pl. aussi ات, Voc. (cortex). — *Enveloppe d'une lettre*, Delap. 115. — *Prépuces*, Voc. — Au Maghrib, sorte de plante grimpante = سلع, Barth III, 315. — J'ignore ce que ce mot signifie Macc. II, 558, 12:

وإن اتيتُ الملوكَ ابغى نوالهم قبل اى شاعر
يذكر فى شعره غلافا وهو لزور لمخال ذاكر

L'éd. de Boulac porte خلافا.

غُلُوفَة *ruditas*, Voc.; cf. sous غَلَف.

أغْلَف. Le pl. غِلْفان, Gl. Belâdz. — *Rudis*, Voc.

تَغْلِيف pl. تغاليف *enveloppe*, Descr. de Rome, man. 755 (3): كتاب مليس من التغاليف الذهب الخ (de Goeje).

مُغَلَّف pl. ات *pli, enveloppe, enveloppe de lettre*, M, مغلف مكاتيب *enveloppe de lettres*, Bc; *lettres réunies sous une même enveloppe*, Hbrt 107; *couvert, enveloppe d'un paquet, paquet, lettres sous enveloppe*, Bc. — مغلف الزهرة *calice*, Bc.

غلق

غَلْق. Le pl. غلافق, غلافق الكرم *épamprer*, Bc.

غَلَق I. غَلقوا ابواب المدائن, pour غَلَّقوا ابواب المدائن, Akhbâr 9, dern. l. (cf. IV). — غَلَق القلوع *plier les voiles*, Hbrt 127. — C. على *fondre sur, attaquer un plat*, 1001 N. Bresl. X, 456, 1: وهو غالق على الصحن مثل المرخ

II *achever, clore, terminer*, Bc, M, Gregor. 38, 2: غَلْقُ الحَدّ «explicit limitum designatio.» — *Solder, payer le reliquat d'un compte*, غلق المبلغ *compléter une somme, y mettre le complément*, Bc, c. d. a., 1001 N. Bresl. IX, 294, 3: واخذ من ثمنه ثمن الجار. غلق الكلام (Macn. اعطى) وغلقه اليهودى الباقى *obscurcir le discours*, Bc. — *Parfumer*, Gl. Abulf.; mais ce n'est peut-être qu'une invention des grammairiens pour expliquer le surnom غَلْق.

IV. اغلق ابواب المدينة, pour اغلق ابوابَ المدينة, Gl. Belâdz., Nowairi Afrique 35 r°: انه منع جاذا من ;الدخول الى مدينة اشبير واغلقها دونه cf. sous I. — اغلق غلقة *Faire un enclos*, Akhbâr 63, 3 a f.: عظيمة ثم ان يجعلها مدينة. — *Couvrir entièrement*, Abou-'l-mahâsin I, 57, 2 a f. اغلق الكلام *obscurcir le discours*, Bc. — *Empoigner, prendre et serrer avec la main*, Alc. (enpuñar en el puño).

VII *se fermer*, en parlant d'une blessure, d'une plaie, Alc. (cerrarse la herida, cicatrigar la herida, soldarse la herida). — *Être couvert, caché*, Djob. 31, 3 a f.: انغلاق الجهات بالغيم فلا تميز شرقا من غرب. — *Être obscur, impénétrable*, Prol. III, 70, 1; le n. d'act. *obscurité*, Bc, Baidhâwi I, 2, l. 5. — *Être innavigable* (mer), Gl. Belâdz., Calendr. 106, 2. — انغلاق *obstinatio*, L. — *S'étonner, s'émerveiller, être empêché de parler*, Alc. (enbaçarse).

X *fermer ses portes* (ville), Macc. I, 141, 3 a f. (cf. Add.), Gl. Belâdz., où il faut substituer l'actif au passif. — *Juger une chose obscure et difficile*, Prol. II, 401, 9.

غَلْق الجُرْحة غَلْق *l'action de se fermer*, en parlant d'une plaie, Alc. (soldadura de herida). — Pl. أغْلاق, *enclos, jardin entouré d'un mur*, L (claustra, غلق للثمار consitus), Voc. (clausura).

غَلْق *grands porte* (Lane), Djob. 248, 9, 268, 1, 291, 10. — T. de maçon, *claussoir*, M.

غَلَق شديد الجدال, Diw. Hodz. 134, vs. 2.

غَلْقَة pl. غَلَق *enclos, jardin entouré d'un mur*, Voc. (ortus), Akhbâr 63, 3 a f.

غُلْقى voyez Bait. II, 237 g.

غِلاء غِلاء, suivi du génitif, *à l'expiration de*, 1001 N. Bresl. VII, 77, 10: وشرطوا عليه غلاء عشرة ايام اما المهر واما الطلق. — *Solde, complément d'un payement*, Bc. — *Acquit, quittance, décharge*, Bc.

غَلَق = شديد الجدال, c.-à-d. غُلُوق, Wright 91, n. 17.

غليق *fermeture*, Roland.

غَلاقَة *appoint, complément d'une somme en une autre monnaie plus petite, reliquat, reste de compte, solde, complément d'un payement*, Bc, M.

غلم

تَغْلِيفٌ, suivi de النـيـل, *la plus grande hauteur qu'atteint le Nil lors de l'inondation*, Fleischer sur Macc. I, 25, 21 Berichte 173. — *Acquittement*, Bc.

مُغْلَفٌ *prison*, Saadiah ps. 142.

مِغْلَقٌ, *clef*, pl. مَغَالِقُ, Djob. 228, dern. l. — *Fermoir d'un livre*, Berb. II, 330, 2 a f. et suiv. — *Chaîne*, Aboû'l-Walîd 786, 31: يـنعرجون من مغالقهم اى من ثقل قيودهم

مُغْلَقٌ *obscur, peu intelligible*, Bc, M; pl. انت point *difficile, obscur*, Bat. IV, 344.

مَغْلَقَةٌ pl. مَغَالِقُ *enclos*, Voc. (clausura). — *Collier*, Voc.

مُغْلَقٌ *quitte, libéré de ce qu'il devait*, Bc.

مَغْلُونٌ *plein et compacte*, Bat. III, 386, Auw. II, 167, 6. — *Ignorant*, Voc.

غلم

جَارِيَةٌ غلَامِيَّةٌ ou غلَامِيَّةٌ. Certaines jeunes esclaves du harem des califes de Bagdad portaient ce nom. D'après Hammer (Gemäldesaal II, 218), qui cite Mirkhond, c'est la veuve de Hâroun ar-Rachîd, Zobaïda, lorsqu'elle voulut détourner son fils al-Amîn du vice contre nature auquel il se livrait, et donner à ses passions une direction plus normale, fit prendre aux plus belles esclaves des habits de garçon en leur ordonnant de lui présenter le vin dans des coupes d'or, et depuis cette époque ces *gholâmîa* continuèrent à former une classe particulière dans le harem des califes. Cependant on les trouve déjà à la cour de Hâroun ar-Rachîd, Macc. I, 408, 1, et un vers d'Abou-Nowâs, cité dans les 1001 N. II, 462, 8 a f., pourrait faire supposer qu'elles ont une autre origine, car on y lit:

عشوقة الـحْمَر غلَامِيَّة تصلح للـوطى والزانى

Le mot se trouve aussi Macc. II, 454, 13, 1001 N. II, 459, 5.

غَيْلَمٌ *tortue*, pl. غَيَالِمُ, Voc.

مُغْتَلِمٌ *glouton*, L (degulator, gluto).

غلن

NB. Tous les mots qui suivent ici dérivent de γαλήνη. I *s'apaiser, se calmer*, Ht, Saadiah ps. 107, vs. 29, et le commentaire.

غلى

II *se calmer* (mer), Bc, Delap. 32, Ht, Roland Dial. 599, M.

غَلِينَةٌ et غَلَيْنَةٌ (γαλήνη) *bonace, calme de la mer*, M, Bc, Hbrt 130.

غَلِينِي et غَلَيْنِي *même sens*, Delap. 136, Ht, Hbrt 130; lisez ainsi, au lieu de علِيغِي chez Djob. 317, 1; la conjecture de M. Wright, dans les Addit. p. 38, est malheureuse, mais je vois par ses notes qu'à présent il est mieux renseigné.

غلى

I *surfaire, exagérer le prix*, Hbrt 104. — C. فى *calomnier*, Voc.

II c. a. r. et على ou ل p. *renchérir, rendre plus cher*, Voc., Alc. (encarecer), Bc; *surfaire, demander trop de sa marchandise*, Bc, غَلَّى السِعْرَ Hbrt 104.

III c. c. r. *payer une chose très-cher*, Haiyân-Bassâm I, 174 rº: كان جمَاعَةُ للدّفاتر مُغَالِيًا فيها (où Khatîb, 51 vº, u نـهـا, au lieu de فيهـا), Nowairî Espagne 469: غَالَى فى اثـمـانـها. — C. d. a. *demander à quelqu'un un haut prix pour*, Gl. Mosl.

IV *aimer*, p. e. un mets, Kâmil 85, 12:

وَاتَى لَأُغْلِى اللّحْمَ نِيئًا وَانّى لَمِمّن يِبِين الـلّحْمَ وهو نَصيبي

«j'aime la viande crue.»

V *devenir cher, coûter beaucoup*, Alc. (encarecerse).

غلو pour غلى *bouillir*, Mehren 32.

غَلَاةٌ *l'action de verser d'un vaisseau dans un autre*, Alc. (embrocadura de vaso).

غُلُوّ *cherté*, غُلُو ثَمَن *renchérissement*, Bc. — *Bouillonnement, état d'une liqueur qui bouillonne*, Bc. — Sorte d'hyperbole, Mehren Rhetorik 12 (pas غُلُوّ, comme chez Freytag).

غَالٍ, pl. غَوَالٍ et غَالِيُونَ, *cher, tendrement aimé*, Bc.

مَغْلُوغٍ *cher, qui vend à haut prix*, Bc.

غلى

I. دَمُهُ يَغْلِي; cf. avec Lane le Gl. Mosl. — C. من *pétiller de, brûler de, avoir beaucoup de désir, d'impatience*, Bc.

II *cuire à moitié, laisser à demi cru, sans assaisonnement*, voyez ce que j'ai dit sous شـشـن II. — C. a. *frotter le moignon d'un voleur auquel on a coupé une main avec une substance*, afin d'étancher le sang, 1001 N. Bresl. XII, 83, 3.

IV *fourmiller*, Alc. (hormiguear bullir).

V *bouillir*, Alc. (herverse).

غَلْبَة pl. غَلِي *bouillonnement, ébullition*, Voc., Alc. (hervor de lo que hierve), Bc, Ht, Bat. III, 2.

غَلَيَان et غَلْيَان *bouillonnement, ébullition*, Alc. (bullidura, hervor); غليان الدم *ébullition du sang*, Bc.

مَغْلَى *sorte de cafetière*, voyez Ztschr. XXII, 100, n. 35.

غَلْيُون (esp. galeon, ital. galeone), pl. غَلاوِين et غَلايِين *galion, vaisseau de haut-bord, vaisseau*, Bc (Eg.), Hbrt 126, M, 1001 N. IV, 467, 6 a f., 486. — *Pipe*, Bc (Alep), M, qui ajoute: En Egypte on dit حَاجَر.

غَمّ I. النَّبْتَ est اذا طال حتى يبلغ العضاة, Diw. Hodz. 95, 12. — *Etouffer*, Ht. — *Cuire dans une huguenote, mettre à l'étuvée*, Voc. (sufocare (coperire calidum ne vaporet)), Bait. I, 29 a, en parlant du lièvre: واذا طُجِن او غُمّ في قِدر. — *Voler*, Voc. (furari).

II. غَمّ القَلْب *étouffer, gêner la respiration, suffoquer*, Bc. — C. a. dans le Voc. sous nebula.

IV *indisposer, fâcher*, Bc.

V dans le Voc. sous nebula. — تغمّم بالحياء *être tout honteux*, 1001 N. I, 247, 2 a f.

VII *quasi-pass.* de I, 3ᵉ et 4ᵉ signif., Voc.

غَمّ *chaleur étouffante, manque d'air*, Cartâs 36, 10 a f.: وجعل فى القلاع ابوابا للرياح تدخل منها لئلّا يُهلك الناس الغَمّ والحَرّ.

غُمّة *tête*, M.

غُمّة *maladie de poitrine*, Daumas V. A. 425.

غَمَام s'emploie comme un collectif masc., Fleischer sur Macc. I, 624, 13 Berichte 207, Lettre à M. Fleischer 86—7. — *Brouillard*, Voc., Hbrt 166, Cartâs 61, 8 a f. et 6 a f. — T. de médec., *fleurs, petits flocons de moisissure*, M. — *Eponge*, Most. vᵒ اسفنج, le même sous حجر الاسفنج, Bait. II, 238 e, où il faut lire ainsi avec B (cet article manque dans A).

غَمَامَة Le pl. غَمَائِم semble se trouver chez un très-mauvais auteur, qui aura pensé à غُمّة, dans le sens d'*angoisses*; voyez Abbad. II, 200, 3 a f. et III, 233.

غَمَامِى (formé de غَمَام, comme سَحَابِى de سَحَاب) *terne, qui n'a point d'éclat*, p. e. en parlant du jaspe, Payne Smith 1640, Bar Ali 4529; aussi en parlant de fleurs, Bait. I, 536 c: وعليه زهر غمامى دقيق.

مَغْمُوم *obscur*, Auw. II, 389, 17.

مُغْتَمّ *embrumé, chargé de brouillards, morne (temps, couleurs)*, Bc.

غَمَد IV signifierait au fig. *suscepit* selon le Gl. Mosl. (?). La leçon même est incertaine.

V *se couvrir*, Gl. Mosl. (mais M. de Goeje n'a pas compris le passage de Djob. qu'il y cite et où il faut lire متعجّد, avec le 'ain). — Dans Mosl. xxxiv, vs. 37, la signif. est celle que Lane donne sous تغمّد الاعداء.

VII dans le Voc. sous vagina.

غِمْد pl. أغْمَاد *étui qui renferme des couteaux, les choses nécessaires pour écrire*, etc., Alc. (estuche, caxa de cuchillos, caxa de escrivanias). — *Cosse, enveloppe de certains légumes*, Bc.

غَمَّاد *fabricant de fourreaux d'épée*, Voc., Domb. 103.

غَمَر I *accabler, combler de bienfaits*, Abbad. I, 87, n. 77. — غَمَرُه فى السجن, 1001 N. Bresl. VII, 103, 3, doit signifier *ils le jetèrent en prison*, si la leçon est bonne; Macn. a وضعوه.

II = I *couvrir*, Gl. Edrîsî 356 et 389, Bc. — غَمَّرَ بالاحسان *accabler (combler) de bienfaits*, Bc.

IV. اغْمَار = مُغَامَرَة, Gl. Edrîsî.

غَمْر *abîme*, Bc, Hbrt 169; *sous gouffre, abîme*, Bc a غَمْر.

غُمْر pl. أغْمَار *brassée, autant qu'on peut contenir entre ses bras*, Bc, M.

غَمَر *pommade*, Djauzî 147 rᵒ: ينبغى تعاهد الشَّعر بالدُّهن ومن أجْوَد الغَمَر (sic) ان يوخذ حبّ اليقطين الخ.

غَمْرَة *étourdissement, engourdissement*, R. N. 97 rᵒ: un malade, après avoir mangé, se fait couvrir, فغرق

غمز , غمص

عرقًا عظيمًا فلما كان بعد العصر افاق من غمرته ووجد الراحة. — Ivresse, Voc.

غَمْرَة: inexpérience, Gl. Djob.

غِمَار (pl.) dans une pièce arabe chez Richardson Sahara I, 114, où ce voyageur traduit sacs. — Sing., voyez sous غِمَار.

غَمِير herbe et foin, mêlés ensemble au moment où on les coupe, selon l'explication d'Auw. II, 523, 9 et suiv.

غَمَر pl. غُمُور javelle, Ht.

غَمَّار inexpérimenté, Gl. Badroun.

غَامِر غامر بالماء couvert d'eau, de Sacy Chrest. I, 228, 4, 231, 8.

مَغْمُور accablé par la tristesse, Bayân I, 87, 10, 1001 N. II, 309, 13. — = غامر inhabité, Gl. Edrîsî. — Ivrogne, ivre, Ht, comme مُغْتَمِر dans la langue classique.

I مَغْمَر mordre, voyez sous مَغْمَز, Most. sous جبر يختلس — اذا غمزت عليه الاسنان ضر: القصة — Piquer, M (خمس), voyez le même sous غمز I. — C. a. p. jeter des œillades à quelqu'un, l'agacer par des œillades, de Sacy Chrest. II, 474, 9. غمز على القاضي lui lança un coup d'œil pour lui indiquer le cadi, Macc. I, 472, n. d, où il faut lire ainsi. — C. على p. dénoncer quelqu'un, 1001 N. I, 459, 4 a f., II, 141, 3, à un magistrat, c. a., I, 422, 1: si tu ne le fais pas, غمزت عليك نائب دمشق

II palper, n. d'act. تَغْمِيز, Kâmil 216, 7. — غَمَّز لَلحصان بالركاب éperonner, Bc. — C. a. p. faire un clin d'œil à quelqu'un, jeter des œillades à quelqu'un, lancer un coup d'œil à quelqu'un pour lui faire signe, غمّز بالعين faire signe de l'œil à quelqu'un, Bc. — Trahir, dénoncer, Ht.

VI c. على p., 1001 N. I, 31, 4. — C. على p. comploter, 1001 N. I, 331, 7.

VII être mordu, voyez sous مَغْمَز. — Dans le Voc. sous inuere.

VIII c. في p. = IV c. في p. (Lane sous IV, 2° signif.), Gl. Belâdz. — Annuo (vel innuo) أَغْتَمِز, L. وأشير,

X c. a. mépriser, Voc.

غَمْزَة signe, geste, Alc. (gesto con visaje), Bc, œillade, Ht, 1001 N. I, 88, 4, غمزة عين clin d'œil, Bc.

غَمَّاز, 1001 N. Bresl. IX, 270, 4 a f., doit signifier une espèce de pommade avec laquelle on frotte un homme qui se donne pour un nègre, afin de faire disparaître la matière avec laquelle il a teint sa peau en noir; dans l'éd. Macn. دهان الاختبار; mais peut-être la véritable leçon est-elle غَمَّار, avec le râ.

غَمِيزَة contemnibilis, Voc.

غَمَّاز aiguillon, tout ce qui excite à, Bc.

غَمَّازَة fossette aux joues, Bc, M.

مَغْمَز et مَغْمِز l'endroit où l'on mord, Gl. Manç. — موضع الغمز وهو العض على الشيء يقال غَمَزْتَه فَتَغَمَّز

I غَمَس غمس بالذهب dorer, 1001 N. Bresl. II, 326: صيرها وحش او طائر مغموس بالذهب. — Manger à la gamelle, Hbrt 202.

II tremper son pain, Hbrt 13.

VII, au fig., انغمس في علة الفاسق, Berb. II, 26, 2.

تَغْمِيسَة sauce, Hbrt 15.

I غَمَص se moquer, bafouer, Alc. (mofar escarneciendo), c. ڤ, Prol. I, 356, 16, 357, 1.

II c. على p. et ب r. blâmer quelqu'un à cause de, Mohammed ibn-Hârith 273: on ne pouvait rien reprocher à ce cadi excepté que sa femme avait trop d'empire sur lui, فكان ذلك مما يغمص به عليه في ذلك الوقت. Le man. (qui porte par erreur un ص au lieu d'un ض) a le ض.

V c. في = I, Autob. 208 r°: ربما تغمّص فيه بعض الفجرة على لا يرعد دينه ولا معرفته بالانساب

غَمَض I. Le n. d'act. غُمُوضَة dans le Voc. sous dificilis fuit.

II. غَمَّض عينه fermer la paupière, au fig., mourir, Bc. — Eteindre, L (extinguet يغمض, يطفى).

IV c. عن négliger, Weijers 38, 8.

V dans le Voc. sous dificilis fuit. — Ibid. sous claudere (en parlant des yeux).

غَمْضَة *dormitatio*, Voc.

غُمَّيْضَة *colin-maillard*, Bc, M.

غَامِص لِمَعًى غَامِص «pour une raison très-profonde,» Prol. III, 205, dern. l.

أَغْمَض *plus caché*, Abbad. II, 120, 10.

اِغْمَاضَة = *un moment*, Gl. Fragm.

غَمْغَم I *marmotter*, Richardson Sahara I, 194 (qui écrit قَمْقَم; voyez sur cette confusion du غ et du ق ibid. I, 134); ce verbe a le même sens dans le passage des 1001 N. que cite Freytag, comme l'a observé Fleischer Gl. 32.

غَمْغَمَة s'emploie en parlant du bruit que font les vagues, Djob. 320, 5.

غَمَك voyez عمق.

غمن

غُمْنَة (esp. *gumena*) *gros cordage de vaisseau, câble d'une ancre*, M; cf. Gl. Esp. 381.

غَمَى I *cacher*, 1001 N. III, 605, 2 a f.: الأمر مَغْمَى.

II *bander les yeux*, Bc.

غَمَا *masque*, Bc. — *Visière, pièce d'un casque, mobile sur les yeux*, Bc.

غَمَيَان *faiblesse, évanouissement*, Bc.

غَنّ I, en parlant de gazelles, *proférer à plusieurs reprises un son grasseyant et nasal*, Fleischer sur Macc. I, 649, 3 Berichte 214. Alc. a غَانّ *rauque* (ronco sonante).

III غَانّ c. a. *contendere de pari*, Voc.

VI dans le Voc. sous le même mot.

غُنّة *cantus*, Voc.

أَغَنّ *épithète des gazelles, et par suite des garçons et des jeunes filles (aussi compar.), voyez Gl. Mosl.*

غنب.

طَلَبَ الغَنِيبَة غَنَّبَ *redemander à l'ennemi les choses dont il s'est emparé, en menaçant de lui déclarer la guerre s'il s'y refuse*, Alc. (demandar el robo; chez Nebrija et Victor c'est «demandar a los contrarios el robo,» ce que le premier traduit par «clarigo,» et le second par «dénoncer la guerre aux ennemis, s'ils ne veulent faire raison.»

غِنْبَاز (le *rá* dans Freytag est une faute) pl. غَنَابِز, en Espagne, est, selon Macc. II, 767, 11, une espèce de vêtement grossier qui couvre le cou, et selon Alc. (jubon vestido nuevo) un pourpoint. C'est le mot esp. *gambax*, qui désignait *une espèce de tunique qu'on portait sur la peau nue, sous le haubert, un hoqueton*; voyez mes Recherches I, 645 et suiv. de la 1re édit.; aux passages tirés d'auteurs espagnols que j'y ai cités, on peut ajouter: Córtes de Leon y de Castilla I, 451, n° 18, Memorial hist. esp. IX, 338, Santa Rosa, Elucidario, Supplément p. 19, article canbases. Le Voc. a aussi ce mot, et dans la 1re partie il correspond à «preputium;» mais c'est sans doute une erreur; dans la 2de partie, 520, 1, l'équivalent latin de غِنْبَاز, qui devait se trouver entre «per se» et «perseverare,» a été laissé en blanc, et on ne rencontre pas le terme arabe sous «prepucium,» 534, 7. — En Orient غُنْبَاز ou غِنْبَاز (M), pl. غِنْبَازَات ou غَنَابِز, qu'on écrit aussi قَنْبَاز, *est une robe plus ou moins longue, à manches, serrée au milieu du corps, ouverte par le milieu, pour homme ou pour femme, et qui ressemble à une robe de chambre*; voyez Vêtem. 325—6, Bc (articles *robe* et *tunique*), Bg 800, M, Savary 382, Buckingham I, 302, Palgrave I, 5, 144, Woltersdorff (غنباز «ein kurtzer Unterrock, so die Türcken Tschjibun nennen»).

غُنْج I, *in coitu*, dans le sens que Lane indique sous غُنج («in the present day» etc.), 1001 N. II, 250 9 a f., 7 a f., 6 a f., Bresl. XII, 292, 2 a f.

V, *coqueter*, c. على, Bc.

غُنْج (esp. *gancho*) pl. أَغْنَاج *houlette, bâton de berger*, Alc. (cayado de pastor).

غُنْج *suie*, Cherb., qui dit ailleurs (p. 541): s'applique à une mèche de lampe qui charbonne.

مُغَنِّج *agaçant, câlin, coquet, mignard, minaudier*, Bc.

غنجف.

غُنْجُفَة pl. غَنَاجِف *boucle de cheveux*, Alc. (crespa de cabellos, guedeja de cabellos).

غند

مُغَنْجَف qui a les cheveux bouclés, Alc. (crespa cosa un poco, guedejudo).

غند.

غَنْدَة (esp.) griotte, espèce de cerise, Alc. (guinda fruta), et griottier, Alc. (guindal arbol).

غَنْدَر I c. a. dans le Voc. sous trutanus.

II faire ce que fait le غَنْدُور (voyez); aux témoignages que j'ai cités Gl. Esp. 273, on peut ajouter: Voc. sous trutanus, M: تغندر الغلام مشى الغندرى et وفي مشية فيها تبختر وخيلاة

غَنْدَرَة l'état de celui qui est غَنْدُور (voyez), Gl. Esp. 273.

غَنْدُور, fém. ة, pl. غَنَادِير et غَنْدَرَة. C'est un jeune homme de basse condition, qui, dans sa mise et dans ses manières, affecte une certaine élégance allant jusqu'à la recherche; ceux qui ne l'aiment pas l'appellent un fat, un muscadin. Il s'évertue pour plaire aux jeunes filles; il est gai, et, pourvu qu'il ait de l'argent, il est généreux et libéral. Il est brave ou du moins il veut le paraître; quand l'étranger opprime sa patrie, il s'arme et se joint aux mécontents. Dans sa vieillesse, quand il ne peut plus goûter lui-même les plaisirs, il procure des jeunes beautés à ceux qui en cherchent. Ce qu'il est parmi les jeunes hommes, la ghandoura ou motaghandira l'est parmi les jeunes filles. Comme lui, elle aime passionnément la parure; elle est coquette comme il est fat; toujours on la voit là où l'on s'amuse; ce qu'elle hait le plus, c'est le travail, et quand elle est sur le retour, elle se fait entremetteuse. Gl. Esp. 272—4; ajoutez Voc. (trutanus).

مُتَغَنْدِر, fém. ة, même sens, ibid.

غندف I et II dans le Voc. sous trutanus.

مُغَنْدِف trutanus, Voc.; voyez Ducange. — Hérétique, Prax R. d. O. A. VII, 263 n. — Brute, barbare, grossier, lourd, Beaussier.

غندق.

غنداقى et غندقلى armurier, Bc, Hbrt 85.

غُنْدَاق diurnal, livre d'église pour chaque jour, Bc. — Terrier, registre du dénombrement des terres, Bc.

غني

غَنْدَل.

غَنْدَال tique, Pagni 102.

غَنْغَرِينَا gangrène, M.

غَنْقِلِى (A) ou غَنْقِبَاى (B) (γογγύλη) rave, Bait. II, 238 g.

غنم II butiner, faire du butin, Bc.

IV dans le sens donné par Lane (TA) Kâmil 707, 18: لولا انك خلطت كلامك بالمسلة لاغنمتك جميع اموالهم. — لم يغنمك ذلك حبة خردل «cela ne vous sert à rien, cela ne vaut pas un zeste,» Diw. Hodz. 208, vs. 11. — C. a. p. enlever à quelqu'un son butin, Ictifâ 126 v°: واودع بهم واغنمهم.

X = VIII, Voc., Djob. 347, 2 a f., Macc. I, 138, 15.

غَنَم, pl. aussi أَغَانِيم, Diw. Hodz. 86, 6. — Troupeau de moutons, Voc. — Moutonnier, qui suit l'exemple des autres, Bc.

غَنَمَة brebis, ouaille, Alc. (comme n. d'un. sous ganado menudo), Bc, Hbrt 61, M.

غَنَمِى moutonnier, qui a la nature et le caractère des moutons, Bc.

غَنِيمَة prise, vaisseau, marchandises prises, Bc, Hœst 187.

غَنَّام berger, Gl. Esp. 119, M. — Avec le fém. ة, chien de berger, Voc.

غَانِم pl. غُنَّم soldat qui a l'usufruit d'une terre, Akhbâr 23, 5 a f. — سالم غانم sain et sauf, Bc.

غنى I, au pass., être habité, Gl. Abulf.

II. غَنِىَ عنه = غَنِىَ عنه, Gl. Belâdz.

IV. فلم يغن مغنى cela ne servit de rien, Akhbâr 44, 4 a f. (le man. a مغنى); ما أغنى عنه شيئا cela ne lui servit de rien, Badroun 200, 2.

V c. فى de l'instrument, Abbad. I, 40, 8; c. a. r., Kâmil 389, 14.

VI c. عن n'avoir pas besoin de, Prol. III, 370, 9.

X. من ايس من شى استغنى عنه «quand on désespère d'obtenir une chose, on se résigne à s'en passer,» Bc. — S'enrichir (Freytag), Bc, Ht, Hamâsa

غهب

209, 3, Abd-al-wâhid 170, 11; dans le Voc. c. بـ
cum alio ditari; en parlant d'une langue qui adopte
des mots étrangers, Berb. II, 7, 2 a f.

غَنِّي conditio divitis chez Freytag n'est pas bon;
voyez Fleischer sur Macc. II, 312, 11 Berichte 300.

غِنْوَة chanson, vaudeville, Bc, Hbrt 99.

غِنْوِي lyrique, qui se chante, Bc.

غُنَيْبَة, pl. ات et غَنَابِي, chanson, vaudeville, Bc,
Hbrt 99, M.

غَانٍ chanteur, Voc.

مُغَنٍّ. Le pl. du fém. مُغَنِّيَة, chanteuse, est chez
le vulgaire مَغَانِي, M, مَغَابِنِي, 1001 N. I, 442, 13,
Bresl. IV, 155, 4, 156, 2; أَرْبَاب المَغَانِي ceux qui possèdent des chanteuses et qui les donnent à louage,
Macn. I, 773, 13.

مَغْنَى chant, 1001 N. II, 37, 4 a f., 172, 4 a f.
et suiv. — Appartement dans le harem pour les chanteuses, Lane M. E. II, 72.

غهب

غَمْهَب sorte d'oiseau plongeur; voyez Devic 133,
article grèbe.

غَيْهَبِيَّة prisme, au fig., se dit des passions qui
égarent l'imagination, Bc.

غوث IV est chez Alc. «alumbrar la preñada,» ce qui
serait facile à expliquer si le verbe alumbrar avait
autrefois le sens d'accoucher, aider une femme à accoucher; mais l'Acad. ne le donne que dans celui d'enfanter, accoucher, mettre au jour, et Nebrija et Victor
n'ont ni l'un ni l'autre sens.

V implorer le secours de Dieu, Gl. Badroun.

X exemples de la constr. c. إِلى p. Gl. Abulf.; c.
من demander du secours contre, Nowairî Espagne 451:
كتب للحكم بأنّى عامل له على الثغر الاعلى سرًّا بأمره ان
يرسل اليه يستغيثه من جيوش الفرنج وطلب (ويطلب ل.)
النجدة والعساكر, 1001 N. I, 100, 6 a f. — Se réfugier, chercher un asile, Alc. (acogerse a guarida,
guarirse), dans, بـ, Haiyân 89 rº: فهزمو عزمة قبيحة
استغاثات منها بالوعر

ديوان الغوث le bureau de l'appel au secours,
où se trouve assis l'un des grands officiers, assisté
des jurisconsultes et des secrétaires. Quiconque a été

غور

victime d'une injustice s'adresse à eux pour implorer
aide et protection,» Bat. IV, 298. — Celui auquel
on a recours, Freytag Chrest. 78, 11:

اتيتكى لمّا ضاق فى الارض مذهبى
فيا غوث لا تقنع رجائى من العدل

Chez les Soufis c'est le قُطْب alors qu'on a recours
à lui, Ztschr. VII, 21, n. 2, Macc. I, 586, 2 a f.,
821, 3 a f. — Asile, Becrî 57, derv. l., Amari 186, 10.

إِغَاثَة l'action de suivre un parti, une faction,
Alc. (vandeo). — Asile, Alc. (guarida, lugar donde
huimos). — Rafraichissement, Alc. (refrescadura).

مُغِيث pl. électuaire qui passait pour une pa-
nacée, Ibn-Wâfid 4 rº, 9 vº, 28 vº, recettes 21 vº.

غودن I c. a. et II furari, Voc.

غور I est quelquefois v. a., au lieu de la IIe forme,
faire absorber les eaux par la terre, Berb. I, 634,
9 a f.: خرّب بلاده بقطع شجراءه ويغور مياهها. — La
signif. nº 7 dans Freytag est aussi dans Bc, mais
avec l'aor. i; c'est pour أَغَار.

II faire absorber les eaux par la terre, Gl. Fragm.
— هون يغور on enfonce ici (à cause de l'humidité
du sol), Bc.

V s'absorber (eau), Prol. II, 283, 13 (correction
de M. de Slane), Gl. Manç.: مغيض هو حيث يغيض
الماء اى يتغور
وصار العسكر مستغيصًا X c. لـ, Haiyân 91 rº:
لحصون العصاة

غار nid, Alc. (bivar de aves). — كِرْزُ الغار laurier
cerise, Bc.

غَوْر, pl. غِيَار, Diw. Hodz. 202, vs. 42. — Profondeur, impénétrabilité (des mystères, des desseins);
بعيد الغور homme impénétrable, Bc.

غَوْر souterrain, qui coule sous terre (rivière), Gl.
Edrîsî.

غَوَّار, pl. ـون et ة, celui qui fait des courses, Alc.
(corredor del campo). — Fondrière, terrain marécageux, Bc. — Tourbillon, masse d'eau qui tournoie
en forme d'entonnoir, Bc.

غوری

مـــغــار les vivres qu'on se procure par une course (غازٍ), Akhbâr 35, 4 a f.

مغیر voleur, brigand, Payne Smith 1293.

مَغَارَة, antre, caverne, grotte, forme au pl. ات et مغایر, Bc.

عَوَّرْقِه I, المَال, placer de l'argent à fonds perdu, Bc.

مغوری emphytéotique, Bc. Cf. غَوْرَة sous غبر.

غوز.

غاز nom d'une plante, Daumas V. A. 381.

غَوَّش II faire du brouhaha, du bruit, du tapage, du tintamarre, Bc, Hbrt 241; c. على crier après quelqu'un, le réprimander à haute voix, Bc, huer, Ht. — Tromper, Ht.

غوش nom d'un arbre; son bois est dur et l'on en fait des instruments de musique, M.

غوْشَة bacchanal, bagarre, brouhaha, bruit, assemblage de sons confus, carillon, tapage, charivari, des cris, crierie, rumeur, sabbat, tapage, tintamarre, vacarme, Bc, Hbrt 241 (Syrie), tumulte, Ht, M.

غوْشات bruit, Bc, 1001 N. II, 355, 9.

غوَيْشات sorte de bracelets, Lane M. E. II, 415.

غوشنة voyez Bait. II, 239 a, 379 g, «sorte de truffe inconnue au Maghrib,» Gl. Manç.; M donne: الغُوْشَفَة عشبة قلبية تُستعمل اشتاناً» (sic)

غوص I. Le n. d'act. غَوَصان, Payne Smith 1430. — Pêcher des perles est اللؤلؤ على غاص, Djob. 66, 2 a f., 67, 1. — C. على dans la 2de partie du Voc. sous astucia, dans la 1re astuciare. — Enfoncer, v. n., aller au fond, entrer dans, Bc, p. e. في الأرض غاص, Gl. Esp. 118; au fig. c. في approfondir une science, Bc; au fig., غاص في الحديد, en parlant d'un homme qui est entièrement couvert d'une pesante armure, Antar 2, 6 a f. — Aor. o et i, se perdre, en parlant d'une rivière qui se perd dans les sables, dans un marais, dans un lac, ou en parlant d'une rivière qui coule sous terre. Le verbe يغيض غاص s'emploie dans le même sens. Voyez Gl. Edrîsî, Berb. I, 124, 11, 4 a f.

غوص terrain sablonneux, plaine sablonneuse, Ouaday 269, 286; c'est proprement: amas de sable où l'on s'enfonce.

غیل

غَیْص. En Afrique boue est غِیْص, comme donnent Domb. 55, Ht, Bc (Barb.), Jackson 178, Hbrt 41, et gueice a en en port. le même sens. Je crois que la véritable orthographe est غَیْص, de غاص یغیص dans le sens d'enfoncer, proprement: la boue où l'on s'enfonce; corrigez donc ce que j'ai dit Gl. Esp. 282, l. 1 et 2.

غَیْضَة. Algaida désigne sur les côtes de l'Andalousie: un amas de sable que le vent forme sur les bords de la mer et qu'il déplace sans cesse. Je crois que c'est proprement: amas de sable où l'on s'enfonce, Gl. Esp. 118.

غَبِیص profond, dont le fond est éloigné de la superficie, et profond, très-difficile à acquérir, abstrus, compliqué, métaphysique, الغبیصات في الذهن غوص profondeur de l'esprit, Bc; selon le M c'est pour غبیص, avec le 'ain.

غَوَّاص dans le Voc. sous astucia (cf. Lane). — Plongeon (oiseau), Bc. — Les غَوَّاصة ou plongeurs sont une classe inférieure des djinns, voyez Lane trad. des 1001 N. III, 305, n. 6.

مَغَاص Le pl. ات, Bat. II, 235; on dit aussi مغاص على اللؤلؤ, Djob. 66, 20.

مغیص l'endroit où une rivière se perd, aussi مغیص Gl. Edrîsî.

غوط I se décharger le ventre des gros excréments, Voc., J. A. 1844, I, 397, n. 1, Macc. I, 909, 8, Payne Smith 1359.

II enfoncer, v. a., Bc. — C. a. dans le Voc. sous egerere.

V enfoncer, v. n., s'engager, Bc. — Se promener, Payne Smith 1442.

غوطة (esp. gota) goutte (maladie), Man. Escur. 888.

غوغ.

غاغَة bagarre, bruit, charivari, fracas, grabuge, huée, tintamarre, tumulte, vacarme; غاغة على الأكل orgie, Bc.

غوْغَة tumultus, Voc.

غَوَّل I, n. d'act. غَوْل, c. في p., nuire, causer du dommage à, Gl. Belâdz.

غون

III est encore en usage en Barbarie. مُغاول *pressé*, qui a hâte, Bc (Barb.), Delap. 7.

VIII. Cf. avec Lane le Gl. Mosl. et le Diw. Hodz. 188, vs. 40, avec le commentaire.

غَال pl. ات *serrure*, Bc (Syrie), M.

غُولَة fém. de غُول, 1001 N. I, 32, 4 a f. — *Furie, femme méchante*, Bc. — *Araignée en fer pour tirer un seau d'une citerne*, Cherb.

غالاتي *serrurier*, Hbrt 85.

غَائِلَة *le moyen ou l'occasion de perdre quelqu'un, de le ruiner*, etc.; on dit نصب له الغوائل et ارتصد، وغائلة الأمر لذكره من فيه, Gl. Bayân. — M: ذَرْك voyez donc sous كلام العَمَّة.

غَائِلَة = مَغْبَلَة, *méchanceté, malice*, Gl. Belâdz.

غون

غَوَن (l'esp. *gana*, auquel il correspond chez Alc.) pl. أغوان *désir, envie, volonté, goût, penchant, disposition, inclination*, Alc. (deleyte en si mesmo, disposicion por intencion, gana, talante, talentoso بِغْوَن); s'emploie encore au Maroc, mais Lerchundi l'écrit كَانَة pl. ات, et en Algérie, كَائَة chez Beaussier. — *Ensemble*, Alc. (semble), ce qui est étrange.

غوى I *suggerere a parte demonis vel hominis in malo*, Voc.

II *s'acharner*, Ht.

IV. اغواه الى ذلك الشيطان «c'est le démon qui lui a inspiré cela,» Bc.

VI c. a. p., en parlant de plusieurs personnes, *déclarer quelqu'un*, c.-à-d., *déclarer qu'il s'écarte de la bonne voie, qu'il fait des folies*, Gl. Mosl.

X *donner une mauvaise direction aux opinions de quelqu'un*, Haiyân 99 rº: ce faux prophète استغوى طرائقهم واستألف قبائلهم وتكهّن لهم

غَى est dans le Voc. *corruptio* = خَلَل et فَساد. Au lieu de citer la Hamâsa, Freytag et Lane auraient mieux fait de citer le Coran, 19, vs. 60.

غِيَّة *mauvaise action*, Haiyân 68 vº: وكان قد صار اليه (عمر بن حفصون) ذهره (ضهيره؟) الهارب رزق بن مندريل معينه على كل غيّة فشهد محمد غزاته هذه

غيب

Egarement de cœur, Bc. — *Goût*, inclination pour, sentiment agréable qu'on a d'une chose, Bc. — غَيْبَة الكُتُب *bibliomanie*, Bc. — *Cours, vogue d'une chose à la mode; mode, usage passager qui dépend du goût et du caprice*, Bc. — Vers chez Lane M. E. II, 94:

Yâ benât Iskenderecyeh
Meshyukum 'a-l-farshi gheeyeh,

où ce savant traduit: «Your walk over the furniture is alluring.» — *Genre*, goût particulier d'un peintre, etc., Bc. — *Chasse*, action de chasser les bêtes sauvages, Bc.

غَوَايَة *séduction, tentation*, Bc.

غاوٍ, en parlant d'un nuage, *qui donne peu de pluie*; on dit: ما بلغتنا غاوية من سحاب, c.-à-d., قليل المطر, Diw. Hodz. 289, vs. 7; cf. Kâmil 510, 4. — الغاوى *Satan*, Macc. II, 351, 9. — *Séducteur (de femmes)*, 1001 N. Bresl. XII, 293, 5, 9, 13, 15, etc. — *Prestidigitateur*, Zischr. XX, 494, n. 1, 506, cf. Gl. Fragm. (mais je crois que Lane M. E. y est cité par erreur). — *Amateur* غاوى كتب *bibliomane*, Bc. — *Modiste*, qui suit les modes, Bc. — امرأة غاوية *femme qui est dans ses plus beaux atours*, Bc; *femme qui aime la parure*, M. — *Inconstant*, Ht.

غَى IV. Dans plusieurs passages où l'on a imprimé ce verbe il faut lire غي IV, avec le 'ain (voyez).

غَايَة *point de départ*, Fleischer sur Macc. I, 639, 16 Berichte 211. — Lane à la fin, ajoutez: c'est sans doute *une sarbacane*.

غيب I *être absorbé dans ses réflexions*, 1001 N. I, 384, 6. — غاب من نفسه *avoir perdu l'esprit*, Maml. II, 2, 100; aussi غاب عن الوجود, 1001 N. I, 48, 15, 85, 10, غاب عن الدُّنْيَا, 76, 5 a f., غاب عن صوابه, Bresl. III, 261, 10, et غاب seul, Maml. l.l., 1001 N. Bresl. III, 261, 3 a f., XI, 377, 4 a f.; غاب عن الرشد *perdre la raison*, Bc; غاب عن رشده *s'évanouir, tomber en défaillance*, Bc. — غاب بالضحك *rire en cachette*, 1001 N. Bresl. IV, 164, 9. — C. الى *se tourner vers*, 1001 N. I, 256, 8 (= Bresl.).

II. غيّب وى انسان *effarer, troubler*, Bc.

X. c. a. p. *profiter de l'absence de quelqu'un*, 1001 N. Bresl. XI, 151: كان الغلام يستغيب زوجها ويجى اليها; je crois que ce verbe a le même sens Macn.

IV, 552, 4, où Lane traduit « croire que quelqu'un reste trop longtemps absent. » — Au pass. *tomber dans l'extase*, Maml. II, 2, 100.

غاب *roseau*, Bc, Hbrt 56, *arundo donax*, J. A. 1848, I, 275, *canne*, Hbrt 23; — *chalumeau, tuyau de paille*, Bc. — Pl. ات *bois, lieu planté d'arbres*, Bc.

غَيْب *la volonté secrète de Dieu*, Cartâs 187, 6 a f.; اخبر بالغيب *prophétiser*, Bc; في الغيب *contingent, qui peut arriver ou ne pas arriver*, Bc. — نائب غيبه *son lieutenant, celui qui commande en l'absence de son chef*, Ibn-Iyâs 74, 152, 153. — غيبًا *par cœur*, Hbrt 112.

غابة. Le pl. غِيب dans Cherb. Dial. 40. — En Barbarie, *une partie du désert est boisée ou cultivée, où il y a des dattiers, une oasis*, mais ordinairement sans habitants, Richardson Sahara I, 162, Lyon 345, Pellissier 140, d'Escayrac 18. Aussi *jardin fruitier, verger*, Ztschr. XII, 180; à Ghadamès, *jardin*, ou plutôt *potager*, Richardson Sahara I, 251 (où il écrit غبة; voyez sur cette confusion du غ et du ق ibid. I, 134). — Pl. غاب *chalumeau, tuyau de paille*, Bc. — Même pl. *flûte*, Bc, Hbrt 97.

غِيبة, نائب الغيبة *vice-roi*, nommé par le sultan d'Egypte, lorsqu'il quittait temporairement ce pays, pour gouverner en son absence; sa charge s'appelait نيابة الغيبة. A Damas, lorsque le *nâïb* devait quitter temporairement le siége de son autorité, il était remplacé par un officier, qui portait également le titre de نائب الغيبة, Maml. I, 2, 96, 98. — كاتب الغيبة *l'écrivain qui prend note des absents*, Bat. I, 205. — مال الغيبة semble signifier *les possessions des absents*, Haiyân-Bassâm III, 141 v°: Après avoir épuisé tous les autres moyens pour se procurer de l'argent, اضطر الى طلب الامناء والاوصياء عن الاوقاف ومال الغيبة وشبه ذلك; ainsi dans B; A porte او يصيب غائب. — ومال الغيبة *secrétaire*, Voc. (il donne: صاحب سرّ = غيبة).

غِيبي *casuel, éventuel, fortuit*, Bc.

غيبوبة *défaillance, évanouissement*, 1001 N. I, 586, dern. l. (in coitu): وغشى عليها ودخلت في الغيبوبة.

غائب, pl. غيوب, commentaire sur le 16e vers de Ca'b ibn-Zohair. — صلاة الغائب *la prière pour un homme mort dont le corps ne se trouve pas au lieu où se célèbre la pompe funèbre*, Maml. I, 2, 157,

Macc. I, 826, 11. — يوم غائب *temps nébuleux*, Voc. — غائب وعيه et غائب العقل *effaré, troublé, hors de soi*, Bc. — على الغائب et على الغائب *par cœur, de mémoire*, Bc, Hbrt 112. — Au jeu d'échecs, لعب على الغائب *jouer sans voir le jeu*, de Sacy Chrest. I, 188, Bland dans le Journal of the R. Asiatic Society XIII, 24 et suiv.

مغيبة *absence*, P. Kâmil 775, 7. — جاب مغيبته *médire, parler mal de quelqu'un en son absence*, Bc.

المغيبات *les choses du monde invisible*, Prol. I, 198, 16. et 2 a f., 201, 8.

غير I *être triste*, Prol. III, 421, 7, où il faut lire يَغير. — Aor. *i* et *a*, *être chatouilleux, sensible au chatouillement*, Bc. — *Braver*, Ht. — C. على *être zélé pour*, Bc. — Aor. *i* et *a*, c. من, *jalouser, être jaloux de*, Bc, 1001 N. I, 18, 3.

II c. a. et ب *remplacer une chose par une autre*, Macrîzî man. II, 351: غيّر هذا الزى بأحسن منه, cf. Macc. II, 182, 1, où Boul. a بغيار. — *Relever la garde, une sentinelle*, Bc. — غيّر الخيل *relayer, prendre des relais, des chevaux frais*, Bc. — غيّر ثيابه *changer d'habits*, Bc; غيّر الكلام *changer de discours*; mais la première expression signifie aussi *teindre ses habits en noir*, J. A. 1851, I, 61, 3 a f.: le prince étant mort, غيّر كلّ مَن في البلد ثيابه حزنًا عليه وكان عنده رجل بمضحكه فتجرّد من ثيابه ونزل في خابية الصباغ حتى غيّر جسده من قرنه الى قدمه. — *Contrefaire, déguiser*, p. e. غيّر صوته « *contrefaire sa voix*, » Bc. — *Dévaster, ravager un pays*, Abbad. III, 117. — *Défaire, maigrir, exténuer*, Bc. — غيّر عن أصله *abâtardir, faire dégénérer*, Bc. — غيّر احواله *déconcerter, faire perdre contenance*, Bc. — C. على *indisposer, mettre dans une disposition moins favorable*; غيّر الامير عليه *perdre quelqu'un dans l'esprit du prince*, Bc; Haiyân 48 v°: ما كان من تحريضه وتغييره وتحريضه على, Berb. II, 17, 7 a f., Cartâs 152, 2. — *Attrister, affliger*, Alc. (entristecer a otro, tribular), Haiyân-Bassâm I, 122 v°: وانا اراد حبوس تغيير ابن عبد الله يقتل ابني لغير سلطان نائلة. — *Améliorer* (Golius), Cartâs 127, 8 a f. et ailleurs dans ce livre. — تَغْيِيرُ الْمُنْكَر *changer, corriger ce que la loi condamne, réformer les mœurs,* Macc. I, 911, 22, Berb. I, 161, 230, 299, souvent chez Bat. p. e. II, 272. «Par suite du zèle excessif des gens dévots, cette expression a fini par signifier *ennuyer les yeux, leur jouer un mauvais tour,*» de Slane Berb. II, 165. — *Effacer* les traces du sang quand un meurtre a été commis, Akhbâr 106, 9: أمر بتغيير دمه أثر ; *effacer les traces* d'un meurtre, Haiyân-Bassâm I, 31 rº: après l'avoir tué, أمر بتغيير ما وقع

V *se déranger (montre),* Bc. — *Maigrir,* L (contabeo), Bc: تغيّرت *défait,* amaigri, abattu. — متغيّر أحواله *perdre contenance, se déconcerter,* Bc. — *S'attrister, s'affliger,* Alc. (entristecerse, tribularse), Gl. Badroun, Cartâs 158, 10, Abdarî 54 vº: ورأيتني مساجد الحيف ظهره الله بعنى من قلبي تحفظه ما تهاوزنا ما — C. على *être jaloux de,* يتغيّر له قلب كلّ مؤمن Macc. II, 540, 13 et 14, 405, 11, où il faut lire تَغَيُّرهمْ, comme dans Boul., Payne Smith 1488.

VI. يتغاير *à l'envi,* Bc.

غَيْر الغَيْر *les autres, le reste,* Gl. Edrîsî, Prol. II, 102, 2 a f. — الغَيْر — الغَيْر *l'un — l'autre,* Macc. I, 884, 19. — غير ما *plus d'un, plusieurs,* Mohammed ibn-Hârith 349: سمع من غير ما رجلٍ من شيوخنا *ibid.:* قلتُه أمير المؤمنين غير ما أمانةٍ غير أنْ — *mais,* Gl. Edrîsî.

غَيْرَة *jaloux, désireux de, attentif à,* Bc, له غيرة على او في شديد الغيرة على النسوان jaloux de l'honneur des femmes,» Bc, Koseg. Chrest. 91, 7. — *Zèle,* c. على, *ferveur;* شديد الغيرة على زَيْد *zélateur;* شديد الغيرة على الدين *fanatique,* Bc. — *Civisme,* zèle dont le citoyen est animé, Bc. — *Emulation;* بعضهم في غيرة *à l'envi l'un de l'autre, à qui mieux mieux,* Bc. — C. في ou عليه *intérêt que l'on prend à quelqu'un* Bc.

غَيْرَة = غَيْرَى *jalousie,* Voc.

غِيَار *tristesse,* Alc. (entristecimiento, tristeza).

غِيَار *achat,* Amari Dipl. 198, 5 (proprement n. d'act. de la III). — *Relais,* chiens, chevaux qui doivent en remplacer d'autres, Bc.

غَيُور *très-jaloux,* le fém. ة, Payne Smith 1488. —

Zélé, Bc, de Sacy Chrest. I, 446, 2: من كان شديدًا غيورًا في دينه *fanatique',* Bc. — *Chatouilleux,* sensible au chatouillement, Bc. — *Variable,* Lane trad. des 1001 N. III, 524, n. 36.

غِيَار *liseron* ou *liset,* Bc.

غَيَّار *chatouilleux,* sensible au chatouillement, Bc.

أَغْيَر c. على *ayant plus de zèle pour,* Gl. Maw.

مُغَيَّر *triste,* Alc. (triste), morose, Domb. 108.

مُغَيِّر, chez les Baraghwâta, *menteur,* Beert 139, 4 a f.

المُغَيِّرَة, t. de médec., signifie *fièvre intermittente* et *faculté nutritive,* M.

مُغَايِر aussi en parlant d'une femme, *jalouse,* P. Macc. II, 66, 16. — *Malsain* (air, pays), Bc.

مُغَايَرَة *émulation, rivalité,* c. في *concurrence,* Bc. — *Contre-sens,* Prol. III, 67, 15.

مُتَغَايِر, suivi de ل, *alius,* Voc.

غيروط *celui qui a certain vice de conformation dans les yeux,* synonymes أَشْوَس, أَخْوَص et أَزْوَر, Payne Smith 1692.

غَيْس, *boue,* voyez غَيْض sous غوص.

غيش voyez غوص

عيض III, L: *emulor* اغاندى واناقس واناغى واغابض

غَيْضَة = غَايْضَة *bois, forêt,* Gl. Mosl., Alc. (floresta, moheda), Akhbâr 10, l. 9 et 11. — *Lieu abondant en herbe,* Alc. (ervaçal lugar de yerva).

مُغِيض *canal d'arrosage, d'irrigation,* Gl. Maw. (où il faut lire 314, 1, 2, 8).

غَيْضُون pl. غَيَاضِين *bascule pour puiser de l'eau;* c'est une longue pièce de bois, à l'un des bouts de laquelle est pendu le seau, tandis qu'à l'autre bout il y a un morceau de bois ou une pierre pour faire le contre-poids, Voc. (ciconia putei).

غيط

غَيْط pl. غيطان champ, Bc, Fleischer Gl. 74, 1001 N. I, 7, 5 a f. — *Jardin, marais, terrain où l'on fait venir des légumes, verger*; voyez sur les غيطان, *jardins plantés de palmiers*, Desor 6, 16, 17; غيط مَزْرب *clos, espace cultivé, fermé de murs, de haies*, Bc; غيط بصل *oignonière, terre semée d'oignons*, Bc; غيط قنّب *chenevière*, Bc. غيط الأرانب *garenne, lieu peuplé de lapins*, Bc.

غَيْطَة (esp. gaita) pl. ات, au Maghrib, espèce de *hautbois*, Alc. (gayta), Domb. 103, Hœst 261, avec la figure Planche xxxi, n° 4, Hay 79, Salvador 41, 78, Bat. II, 126, 422, III, 110, Prol. II, 46, 13.

غيطان se trouve dans le Voc. comme un sing., *fundum*.

غَيْطَانِى *jardinier, maraîcher*, Bc, Ht.

غَيَّاط, au Maghrib, *joueur de hautbois*, Alc. (gaytero, tañedor de gayta), Domb. 103.

غَيْظ VII (Golius chez Freytag) doit être biffée, Weijers 159.

غَيْظ *fureur de l'amour, passion furieuse*, 1001 N. IV, 596, 1: ومن شدة غيظها من غرامه نزلت على خدوده بعلقة بوس

مُغْيَاظ dans le Voc. sous *irasci*.

مَغَايِظ (pl.) *accès de colère*; تجرّع المغايظ *parmi les choses qui amaigrissent*, Djauzi 148 v°.

غيل

غَيْل, dans le Yémen; = نهر, Yâcout IV, 952, 19, *source ou ruisseau*, Niebuhr R. I, 379.

غَيْل, pl. غيال, Diw. Hodz. 162, 3.

غَيْلَة se trouve dans le Diw. Hodz. 164, vs. 12.

غَيْلُولَة (formé comme قَيْلُولَة) *dormir vers neuf heures du matin, ce qui a pour effet la pauvreté et la misère*, Burton I, 287, Ztschr. XVI, 227.

غَيْلَس *léopard*, Domb. 64, Bc (Barb.).

غَيَّم I, *être couvert de nuages*, n. d'act. vulg. غَيْم, P. Prol. III, 371, 12.

II c. a. *nubilare*, Voc.

غَيْم, pl. أغيام, Wright qui cite Macc., mais sans autre indication. — *Brouillard*, Voc., Ht, Auw. I, 170, dern. l. — *Eponge*, Most. sous اسفنج, le même sous جمر الغيم: هو جمر الاسفنج, Bait. II, 239 d: هو اسفنج البحر, Rödiger Chrest. Syr. 98, n. 4.

غَيْمَة *brume, brouillard épais*, Bc.

مُغَيَّم *parcage, séjour des moutons parqués*, Bc. قيام لغيام الغنم بالمراح

مُغَيِّم *nubilosus*, Voc.

ف

فابش (l'acc. pl. latin *fabas*) *fèves*, Bait. II, 244 d et e (lisez ainsi).

فّد

فَتَّاد, chez Freytag, n'existe pas; voyez Fleischer Gl. 33.

مُغَتَّد *fourgonné, remué avec le fourgon (bois qui brûle)*, Diwan d'Amro'lkaïs ٦٨, vs. 8, et glose p. 126.

فار

فَأر, pour الفار في آذان (plante), Most. v° لوف: ولها

فار البحر — بصل كبصل الفار *pastinaca marina*, Pagni MS; le man. Escur. 893 distingue le فار بحرى du فار للخلا. — فار الصحراء *rat noir*, Tristram 385. — فار (فأرة) *belette*, Pagni 92, Beaussier, cf. Tristram 384. فأرة السمّ *musaraigne, sorte de souris des champs*, Bc. — فار الغيط *mulot, souris des champs*, Bc. — فأرة غيط *taupe*, Bc.

فُوَيْر *souriceau*, Bc.

فُئرانى *souriquois, qui regarde les souris*, Bc.

فارسيمون pour فراسيمون, Payne Smith 1440 à la fin.

فارماني (composé de l'arabe فَار et du suffixe persan مان) semblable à la souris, Tha'âlibî Latâïf 128, 4 et n. c.

فاريةٌ (esp.) foire, marché public qui se tient en certains temps, Alc. (fèria lugar de mercado).

الفارَانِيّة dans l'Inde, les domestiques qui ont soin des cocotiers, Bat. II, 209.

فاس I bêcher, Ht.

فَاس masc. Bidp. 170, 3, 189, dern. l., 190, 1, pl. ات, Bc, أفواس, Voc. — Bêche, houe, Voc. (ligo), Alc. (açadon, açadon para roçar), Bc, Ht, Hay 55, pioche, Bc (Barb.), pic, instrument de fer courbé et pointu, à manche, pour ouvrir la terre, etc., Bc. — En astron., voyez Cazwînî I, 29, 3 a f.

فاصمة (φάσσα) pigeon ramier, Fleischer Gl. 72.

فاض nom d'un antidote, Bait. II, 241 b (AB), cf. Vullers.

فاضَّة aussi فَضَّة, est iana (?) dans le Voc.

فاغوش crevasse, fente de ce qui crève, Bc.

فاغير papyrus, Bait. I, 127 b, 244 f.

فاغور poisson du Nil; les femmes se servent de sa tête pour en faire des affinoirs, Seetzen III, 498.

فَأل Le Voc., qui a فَأل, donne le pl. ات; même pl., bonne aventure, vaine prédiction, Bc.

فامد (esp.) renommée, réputation, Alc. (fama).

أفبان Le passage du Diw. Hodz. se trouve 64, 1.

فاوج puits, Daumas Sahara 262, où Taouedj est une faute d'impression (Daumas MS).

فاوينا (παιωνία) pivoine; églantine. Ecrit distinctement ainsi dans les deux man. du Most. et dans A de Bait, فاويني dans le Gl. Manç., favina et faguina chez Alc. (peonia yerva, rosa silvestre o gavança).

فبر castor, voyez بِبر.

236

فج

فبرير, Ibn-Loyon 17 v°, ou فِبرير, Voc., février.

فت II hacher de la viande, Alc. (picar carne).

فتّ des miettes de pain, Bc. — Potage, bouillon avec des tranches de pain, Bc.

فتّة tranche, Bg, Mc. — Pâtée, mélange d'aliments en pâte, Bc. — Potage, bouillon avec des tranches de pain, soupe, Bc. — Mets fait de viande hachée, qu'on place sur de petits morceaux de pain et qu'on assaisonne; voyez Lane M. E. II, 280. — فتّة خبز panade, mets fait de pain émietté et mitonné dans du bouillon, Bc.

فتّات «sorte de pâte faite de farine de froment, et regardée comme un mets très-délicat,» Denham II, 20; mets fait de farine sans levain, qu'on fait cuire légèrement au four et qu'on émiette; on en place une couche dans une jatte et on l'arrose avec de la soupe et des légumes; puis vient une autre couche, qu'on arrose de même, et ainsi de suite jusqu'à ce que la jatte soit pleine, Lyon 51.

فتّوت حَقَّاقة sorte de mets (cf. Lane), R. N. 31 r°:, التي تصبح غدوة في parlant d'une femme mariée, est جامعة فتنقلى ابغى روسا ابغى فتنوتا.

فتّيت des miettes de pain, Bc, Bait. II, 245 d, Abbad. III, 220.

فتاتة miette, Bc, L (ة), Voc. (ة), pl. فتات et فتائت, Hbrt 13 (ة).

فتيتة espèce de boudin fait avec du lait aigre et beaucoup de beurre, Bg, Burckhardt Syria 385, Bedouins 32.

تفتيت mets de pain et de lait, Mehren 32.

دَواء مُفَتِّت abstergent, remède émollient qui dissout les duretés, incisif, propre à diviser les humeurs, Bc, M.

فتح I percer une croisée, une porte, ou faire l'ouverture, Bc, Hist. Tun. 92, en parlant d'un dey: وفتح بيوتا في باطن aussi باب البنات وبنى خارجه سوقا السور, «percer, construire des chambres dans l'intérieur d'une muraille très-épaisse,» Bat. II, 135. — Etrenner, acheter le premier, Bc. — Débâcler, débarrasser; مِينا فتَّح débâcle, débarrassement d'un port, Bc. — *Découvrir ce qui est enduit de terre, ôter, enlever la boue*, Alc. (desenbarrar). — *Réparer*, Alc. (reparar). — فتَّح لفلان فتحًا, en parlant de Dieu, *inspirer*, Macc. I, 943, 5: افتتحْ لي فتحًا تُنوِّرُ به قلبي. Aussi c. على p., Prol. III, 256, 3 a f. — C. في r. *permettre*, en parlant de Dieu, Bayân I, 87, 13: فان فتح في الدعاء اذن في الاجابة «si Dieu nous permet de faire cette prière,» etc. — *Exaucer*, R. N. 94 r°: فصلّى ما فتح اللهُ «il fit une prière que Dieu exauça;» فتح الله في العلم et في العمل «Dieu a exaucé ma prière de devenir savant, de faire le bien,» Macc. I, 487, dern. l., 488, 2. — C. ب., Auw. I, 545, 5: (man. L في وقت فتح الاشجار بالنوار) بالنوار والورق «quand les arbres vont commencer à s'ouvrir pour montrer leurs fleurs et leurs feuilles.» — C. على p. et ب r. *faire à quelqu'un l'aumône de*, ou *lui accorder une faveur inattendue*, Bat. I, 19, IV, 24, 1001 N. I, 290, 9 a f., II, 195, 5, R. N. 58 v°: وكل هذه خمسين دينارا مثاقيل بعث بهما (بها ل.) البكا البكا وفتح بها عليهما. Simplement فتح الله dans le sens de: Dieu fit que la pêche fût bonne, 1001 N. Bresl. IV, 96. — يَفتح الله, la réponse ordinaire du marchand lorsqu'il refuse le prix que l'acheteur lui offre (= c'est trop peu), 1001 N. I, 421, 5 a f. et suiv., II, 116, 9, est une locution elliptique que Burton, I, 74, n'a pas bien expliquée. La comparaison de Bresl. X, 303, avec Macn. IV, 294, montre que c'est pour: يفتح الله عليّ بغيرك ببعد «Dieu m'accorde la faveur de ne pas vendre (cette chose à ce prix)!» Cette expression signifie aussi: «non, tu n'auras rien.» Ainsi on dit à un mendiant quand on ne veut rien lui donner: يفتح الله عليك, 1001 N. I, 259, 14. Dans le R. N. 80 r°, un enfant veut que sa mère lui achète des beignets, mais elle lui répond par يفتح الله et il se met à pleurer. يفتح الله a encore un autre sens. Quand on demande à quelqu'un: «Où allez-vous?» il répond: يفتح الله, c.-à-d.: Dieu le montrera, Hay 2. — فتَّح بابا ou سيرة *lever le lièvre*, être le premier à parler de quelque chose; فتح معه سيرة ou كلامًا بابا *lier conversation*; فتح معه كلامًا ou بابًا *prendre l'initiative à l'égard de quelqu'un*; فتح بابًا *rompre la glace*, au fig., hasarder le premier une démarche, etc., *faire le premier pas*; فتَّح باب *avances, premières démarches pour un accommodement*; Bc. — سيرة ou بابا معه فتح ou كَ بابا فتح *faire des ouvertures à quelqu'un*, Bc. — فتح بابا كَ *donner jour à, faire*

naître, Bc. — فتح, en magie, voyez sous باب. De même فتح الدارات, Macc. III, 23, 7. — افتتاحًا *préluder*, au fig., commencer par ce qu'il y a de moins important, Bc. — فتح بنتًا *dépuceler*, Bc, 1001 N. I, 884, 11. — فتح الحرب *ouvrir la campagne, commencer la guerre*, Bc. — فتح دعوى على *intenter, commencer une action, un procès contre*, Bc. — فتح سكّة *frayer, marquer un chemin*, Bc. — فتح السيف *tirer l'épée*, Abou'l-Walîd 594, 14—16; de même فتح يده في السوط *prendre le fouet*, Antar 98, 1. — فتح صدره *se déboutonner, parler sans gêne*, Bc. — فتح عينه *débourrer*, au fig., former, Bc, Voc. (subtiliare); فتح العين *aiguiser l'esprit*, Bc; فتح العقل *ouvrir l'esprit*, Bc. — فتح الفَأْل *dire la bonne aventure, deviner*, Bc, Hbrt 89, 157. — فتوحات كثيرة *faire la guerre à plusieurs reprises et avec succès*, Gl. Abulf. — فتح القلوع *déployer les voiles*, Hbrt 127. — فتح كيا *cautériser*, Bc.

II *s'épanouir, s'ouvrir, éclore* (fleurs), Bc, Macc. I, 383, n. c, cf. Fleischer Berichte 185 et 271, Yâcout III, 904, 10. — تفتيح, t. de tailleur, *piquer*, selon de Slane, Prol. II, 327, 14, III, 309, 13.

III. فاتحه بالكلام *entrer en conversation avec quelqu'un*, Bc, cf. Abd-al-wâhid 174, 6 a f., Macc. II, 396, 2 a f. — Le passage du Diw. Hodz. (فاتح البَيْعَ) se trouve 13, vs. 5, avec le comment. p. 14.

V. تفتّح البرق *l'éclair brilla*, Kâmil 73, 15.

VII *aboutir, crever* (apostème), Bc. — *Se fendre, en parlant d'une planche d'un navire*, R. N. 88 v°: فانفتح لنا لوح فرجعنا الى جودة ووقعنا بعض الشحنة او بلغنا ان الشحنة كلها ثم اصلحنا المركب, ibid. — De là vient قلوبكم ضعفت لما نالكم من انفتاح المركب que انفتاح signifie aussi *naufrage*, Alc. (quebrantamiento de nave), et chez Amari Dipl. 223, 3 a f., il faut changer واذا انفتح لكم مركب en انفتح النصلح, de même que 228, 5, ريح عرضي en انفتح الانفصاح, car l'ancienne traduction ital. porte, p. 390: «in casu di naufragio.» — انفتاح القلب *effusion de cœur, épanchement*, Bc. — C. الى *tirer sur, avoir quelque ressemblance*, Djob. 86, 8, en parlant de deux dalles de marbre vert: فيهما نُكَت تنفتح عن لونهما الى الصفرة قليلا كأنها تجزيع ۞

فتح 238 فتح

VIII. خَاتِمَةَ الامر calculer la fin qu'aura une chose, Valeton ٣o, 3 a f., et 69, n. 2. — Demander qu'on ouvre une porte, R. N. 82 v°: il n'ouvrait jamais sa porte avant le temps de la prière commune, فجلسنا على باب البيت فمال علينا الامر فافتح رجل اندلسى كان معنا بصوت حزين فسمعنا للشيخ حركة وبكاء وشهيقا ثم فتح الباب⁕

X composer une préface, Alc. (prohemiar). — Etrenner, recevoir le premier argent, Bc. — Conquérir, subjuguer, s'emparer de, Voc.

فتح. ابو الفتوحات conquérant, Bc. — Fente, Voc. — Le second labour qu'on donne à la terre, Auw. II, 9, 4 a f. — Pl. فُتُوح, pl. du pl. فُتُوحات, aumône L (stipes ورزق), Bat. II, 19, 375, Macc. II, 710, 9 et 10. — Mêmes pl., faveur extraordinaire que Dieu accorde aux mystiques fort avancés dans la vie spirituelle, de Slane Prol. III, 91, n. 4 (texte III, 64, 2), Macc. I, 573, 4 a f., peut-être aussi Meursinge 26, 8, mais alors le mot الفتح y est altéré. — فتح الباب t. d'astrol., l'aspect de deux planètes qui sont vis-à-vis, comme Jupiter et Mercure, M.

فَتْحَة ouverture, trouée, Bc. — Œillet, petit trou pour passer un lacet, Bc. — Pertuis, trou, ouverture d'une digue, Bc. — فتحة الحلق glotte, fente du larynx, Bc.

فُتُوح ouverture, occasion, Bc. — Salaire, Alc. (salario), 1001 N. Bresl. XI, 215.

فَتَّاح ouvreur, Bc. — فتّاح الفال diseur de bonne aventure, bohémien, Bc, Hbrt 89.

فاتح clair, peu foncé, lavé, clair; لون فاتح couleur claire, Bc. — Ecueil, Alc. (quebrador de nave). — فاتح باب كبير homme qui mène un grand train, Bc. — فاتح الفأل devin, Bc, Hbrt 157.

فاتحة avant-propos, préface, introduction, exorde, préambule, prologue, Bc. — Introït, Bc. — Préliminaire, ce qui doit être réglé avant un traité définitif, Bc. — فاتحة الخلاف celui qui donne l'exemple de la rébellion, Aghlab. 38. »الفاتحة من يصدّق من يكذبوق روحه honneur à celui qui se connaît lui-même,» «vive celui qui sait se connaître,» Bc.

مفتح الماء vanne, M sous بَسَّن.

خَطّ مُفَتَّح dans le Voc. sous litera.

مِفْتاح la clef du قانون, Descr. de l'Eg. XIII, 309. — Espèce de manivelle placée auprès de la crosse de l'arbalète, J. A. 1848, II, 208, L المفتاح الناري sous clavis (igniceso) et sous igniceso, Voc. sous balista. — Serrure, Cartás 39, 4 a f. — Employé d'une manière étrange Berb. I, 282: يجتمع اليد قبائل غمارة وصنهاجة مفتاح: M. de Slane pense que c'est adverbialement = افتتاح الامر, mais c'est peu probable.

مَفْتُوح. بالمفتوح en bon français, franchement, clairement, ouvertement, sans déguisement, à cœur ouvert, Bc. — مفتوح العين sagace, Voc., prudent, circonspect, Alc. (mirado por comedido). — فَهم مفتوح il a la compréhension facile, Bc. — يَدُهُ مفتوحة généreux, Bc. — En arithm., nombre commensurable, M. — الحساب المفتوح l'arithmétique, Khallic. IX, 23, 6, cf. la trad. III, 474, n. 2; aussi المفتوحات, M. — En géomancie, figure احدى مراتبه فرد والباقية, M (cf. مسدود).

مَفَاتِحَة lettre, Ibn-Abdalmelic 125 v°: وكانت بينه وبين جماعة من ادباء عصره من اهل مالقة وغيرهم مفاتحة الصلح — .مفاتحات ومراجعات نظماً ونثراً parole de paix, Bc.

افْتِتاح prélude, Bc, cf. sous I.

افتتاحِي inaugural, introductif, préliminaire, Bc.

انْفِتاح, t. de chir., انشقاق العرق في راسه, M.

اسْتِفْتاح étrenne, premier débit, première recette, Bc, Gloss. de Habicht sur le IVe volume de son édit. des 1001 N. — حرف الاستفتاح, en grammaire, est ألا, M.

اسْتِفْتاحِيَّة. الّا الاستفتاحية, Ibn-'Akfl 92, 2 a f.; voyez ce qui précède ici.

فتخ

فَتْخَة à Djodda, expliqué par خَاتم, Bat. II, 157; cf. Lane.

فَتَّاخَة, pl. فَتخ, en poésie, aigle, Fleischer sur Macc. II, 497, 8 (Add. et corr. xxxii), Masoudi V,

فتر

411 (la trad. de ce vers a été corrigée par M. de Goeje, Fragm. hist. Arab., p. ix).

فتر I, *cesser*, est chez Alc. فَتَر (cexar o cessar, dexar por cesar). — Aussi فتر *désenfler*, Alc. (deshinchar lo hinchado). — فترت همّته *se décourager*, Bc. فتر في كلامه *dire une chose inconsidérée*, Bc.

II *relâcher, détendre, desserrer*, Alc. (afloxar lo apretado).

IV c. من *cesser de*, Bc.

V dans le Voc. sous *laxare*.

فَتْرَة *l'action de rester dans le lieu où l'on est*, Alc. (quedada). — *Étourderie, inconsidération, légère imprudence*; صار منّي فترة «c'est une étourderie de ma part,» Bc.

فَتْرَة *cessation de travail, de jeu*, Alc. (cessacion de trabajo, de juego). — *L'action de se calmer, de s'apaiser*, Alc. (desencoñamiento).

فَتِر *languissant*, Diwan d'Amro'lkaïs ۴۳, vs. 5.

فُتُور *découragement*, Bc.

فنش II c. a. *fouiller*, Bc, Bidp. 111, 1; فتّش للحرش *battre un bois, le parcourir en chassant*; تفتيش على الصيد *battue*, Bc.

III se construit c. a. p. et عن r., فانشته عن اللُّقَم Khallic. X, 39, 3 a f. — *Chercher, tâcher de découvrir les causes*, Abbad. III, 41, 6 a f.

V *être visité*, Bc.

فَتَّاشِي *inquisiteur*, M.

فَتُّوش *mets fait de tranches de pain sec et d'oignons, qu'on appelle* ابو مليح *au Liban*, M; cf. sous زُرْدِيَّة.

فَتَّاشَة pl. فتاتيش *instrument à pointes recourbées, croc, comme fateixa ou fateixa en port.* (dans le Gl. Esp. 267 j'ai mal expliqué l'origine de ce mot), L (arpax, canicula, avec le synon. مُخْطَاف). — *Lampe de métal avec un crochet pour la suspendre au mur*, Voc. (erucibulum, synon. قَنْدِيل), la Torre (candil de hierro o metal), Lerchundi (petite lampe de cristal).

فتق

فَتْبَشَة *sac de papier dans lequel on met de la poudre et qu'on attache à un roseau; mis en contact avec le feu, il vole dans l'air comme des serpents ardents*, M.

تَفْتِيش *revue d'une armée*, Ht, Hbrt 139.

مُفَتِّش *enquêteur, juge commis pour les enquêtes, inquisiteur*, Bc, M. — *Le convive qui fouille dans le plat et y cherche, d'une manière peu propre, la viande avec ses doigts*, Daumas V. A. 315.

فتفت I *émier*, الخُبْز *émietter*, Bc.

فَتْفُوتَة pl. فَتَافِيت *miette*, Hbrt 13.

فتق I. *En parlant de la mer, rompre les digues, déborder*, P. Macc. I, 443, 17. — فتق السجون *ouvrir les prisons, mettre les prisonniers en liberté*, Aghlab. 18, 1. — فتق اللسان *se délier la langue*, Prol. III, 379, 6 (correction de M. de Slane). — فتق نَهْرًا *creuser un canal*, Gl. Belâdz. — فتقه بكذا, par ellipse pour فتقه لِجَاءَ بكذا, *fidit eum* (imagino sumtâ a semine) *ita ut* (germinis instar) *hoc illudve proferret*, Weijers dans Valeton 49, n. 3, sur ۱۴, 5. — فتق له العَقْل أن *il conçut l'idée, le projet de*, Bidp. 29, 3. — *Aiguiser*, Diw. Hodz. 10, 3 a f. — *Exciter l'appétit*, Djauzî 145 rº: (sic) يَفْتَق الزيتون الاسود النصيح, البصل يَفْتَق الشهوة ibid.: الشهوة ويقوي المعدة Bait. 50 b, 70 a: البصل 144 a: يفتق شهوة الجماع, فيوكل لبقوى II, 184 a: المخلَّل فانشفَّ للشهوة جدًا — البطن ويفتق الشهوة. *Pour la signif. qui chez Freytag est la 2ᵈᵉ, voyez ma Lettre à M. Fleischer* 167. — *Quitter secrètement l'armée, le camp*, c. a. ou من, Haiyân 60 rº: واستعجل سليمن الفرار بينم لمّا ان صار العسكر بإزاء قرمونة ففتقه ليلا وخرج معه كثير من المسلمين تلك الليلة rº: 101 الى بلده فكلّ من فتق منهم: ibid., من المحلة وهربوا على وجوههم. Aussi c. على p., في تلك الليلة فتق عليه اهل استجة الذين :vº 73 كانوا معد لما فتق عليه للجزع ونقبوا بسوق للحصن نقبا خرجوا منه فارين على وجوههم. — واتّسع للترى عليهم للفتقهم.

فتك

II *exciter* l'appétit, Gl. Manç. sous كامخ: on s'en sert avant et pendant le dîner. — لنفتيف الشهوة = I, 2 chez Freytag, Gl. Manç.: مكفر هو السواء الذى يفتّك (sic) بالكافور كالمسك من المسك *

اذا انكشف انكشافةً IV. افتتك se dit السحاب فكانت فيه فرجة يسيرة بين السحابتين Kâmil 461, 18.

فَتْق, *ouverture*, a le pl. فتوق, voyez sous رابطة. Même pl. pour le sens *descente*, *hernie*, *rupture* (aussi فُتَق, Domb. 89), Bc, J. A. 1853, I, 349. — *Décousure*, endroit décousu, Bc.

فَتْكَة, chez les habitants de Berber, pièce d'étoffe dont deux composent la فرد et qui sert seulement de monnaie, Burckhardt Nubia 214.

فتاق *descente, hernie, rupture*, Bc, M.

مُفتَّق mets fait de miel, de beurre, d'huile de sésame, d'aromates et de noisettes rôties, Lane M. E. II, 307.

فتك I c. فى *desevire*, Voc. — *Vivre voluptueusement*, l'opposé de نسك, Aghânî 57, 8 a f.: عاش عمر بين فى ربيعة ثمانين سنة فتك منها اربعين سنة ونسك فطورا كان ناسكا, Haiyân-Bassâm III, 5 v°: وربما يعود خليعها فاتكا وتارة تنسّك, Calâïd 343, 4 a f.: مجونا وفتكا. — *Dépuceler, violer* une femme, Alc. (desvirgar, forçar muger).

II *faire merveilles, faire fort bien, se surpasser soi-même*, Bc.

فَتْكَة n. d'un. du n. d'act., Abbad. III, 106.

فتك dans le Voc. sous desevire. — عيون فتاكة au fig., *yeux assassins*, Bc. — *Homme voluptueux*, Macc. II, 548, dern. l.

فتل I *dégourdir*, au fig., *façonner une personne, déniaiser*, Bc. — *Châtrer* un taureau, Voc. — *Pirouetter, tourner, se mouvoir en rond*; فتل بعجلة *faire le moulinet, tourner rapidement sur soi-même*, Bc.

VII *se tourner*, Djob. 94, 20, 100, 7, Chec. sous زرافة. — C. من *sortir de la prière*, Prol. III, 81, 5, Çalât 10 v°: انفتل من الصلاة.

فَتْلَة est chez Alc. retoçadura, mais comme le sens de ce mot (caresse amoureuse, attouchement lascif)

فتن

ne convient pas, je crois que c'est une faute d'impression pour retorcedura, chez Nebrija *contorsio, retorsio.* — *Filet, fil délié*, Bc. — فتلة خيط *aiguillée, longueur de fil, de soie, pour l'aiguille*, Bc. — فتلة المغزل *rainure en spirale pratiquée au bout le plus mince d'un fuseau*, Alc. (veca del huso).

فتيل *frange*, Ht.

فَتيل, pl. ات (Alc.) et فتائل (Voc.), *mèche* d'une chandelle, Voc., Alc. (pavilo de candela), Domb. 79, lisez ainsi dans Auw. I, 637, 3 a f. (man. L قبيل), 2 a f., 639, 8 (n. 3) (substituez d'après notre man. وتبدل ويمس); *d'un fusil*, Ztschr. XXII, 122.

معمل الفتائل *filature*, lieu où se prépare le coton, etc., Bc.

فَتيلة, *mèche*, a le pl. فتل, Kâmil 44, 9, le coll. فتيل, Bat. II, 264; فتيلته طويلة *lambin*, qui agit très-lentement, Bc. — *Mouchure*, Bc. — *Rat de cave, bougie, veilleuse*, petite lampe pour passer la nuit, Bc, Djob. 277, 9. — فتيلة كبريت *allumette*, Hbrt 169. — Pl. فُتُل, de Sacy Chrest. II, lov, 1, *bouchon de charpie, tente*, rouleau de charpie, Bc, Me, Ht, cf. Gl. Esp. 268. — Pl. فتائل *morceau de fromage*, 1001 N. Bresl. X, 398, 2 a f. (Macn. قطع). — *Petite bouteille, fiole, flacon*, Bc. — فتائل الرُّقيبان nom d'une plante décrite Bait. II, 245 c.

فَتّال dans le Voc. sous torquere. — *Cordier*, M sous برّام et فتل.

مُفَتَّلة *semoule*, pâte faite avec la plus fine farine, Bc. — *Soie crue du Bengale*, Jackson Timb. 214 (emfitla).

مُفتَّل *crépu*, L (cincinni il veut dire cincinnatus) — مفتل مكسّر. أجعد *un peu louche*, Alc. (visojo un poco). — *Dégourdi, expérimenté, retors*, au fig., *rusé*, Bc. — Pl. مفاتل *mèche*, Voc., Alc. (mecha de candil, pavilo de candela).

مُنفَتَل est chez Alc. entreverado, qui signifie *rayé, bigarré, et entrelardé*.

فتنة nom d'une plante, voyez Burckhardt Nubia 36.

فتن I, n. d'act., فُتُون, *faire des plaisanteries irrévérentes*, Macc. I, 521, 15.

II *scandaliser*, Alc. (escandalizar a otro).

III c. a. p. *faire la guerre à*, *combattre*, Beaussier, Haiyân 14 rº: فاقتعد مدينة اقليش وشيّد حصنا, Haiyân-Bassâm I, 192 vº: وامتنع بها وقاتن اهل طليطلة وطلب الزيادة فسعى للتوسّع فى بسده تحاول معانبة (مغانئة .l), *ibid*: احقّ الناس بولايته وهو ابن خاله النج امرم ان Çalât 91 vº: وكان قد بادر ابى (الى .l) مغاتنته فيقاتنوا منه فحص مدينة اغرناطة . Le Voc. a cette forme, c. على, sous guera. — *Rivaliser*, Zamakhcharî, Préface de l'Asâs: ما تراملت بـه شعراء تقبيط وتخذيل فى ايام المغاتنة.

V *se scandaliser*, Alc. (escandalizarse).

VI dans le Voc. sous guera; *se faire la guerre*, Haiyân-Bassâm III, 232 rº: وقعدوا فوق الارائك مقعّد — *se quereller*, Beaussier, Khatîb 64 vº: للجبابرة المتفاتنين من اهل موسطة الاندلس الى ان فسد ما بينهما: فتفاتنّا وتقاتعا.

VIII. بافتنان *séditieusement*, Bc.

فَتْنَة *cabale*, complot, intrigue, Bc. — *Scandale*, Alc. (escandalo). — *Cassie* (arbre), Bc. — شجر فتنة *acacia*, Bc.

فَتّان *remuant*, brouillon, *séditieux*, Bc.

مفتّان *séduisante*, *très-belle*, Gl. Mosl.

فتى et فنى III c. a. p. *sommer* quelqu'un de se présenter devant le juge (Lane TA), Kâmil 444, 18.

IV. افتاه فى الامر بأن *donner une décision* (mufti), Bc.

V c. على dans le Voc. sous virtus. — C. ل p. *recevoir de* quelqu'un *le* لباس الفتوّة, Fakhrî 370, 2 a f.

X aussi c. عن r., Voc.

فَتًى *serviteur novice*, Alc. (siervo boçal). — *Ennuque*, Voc. Au Maghrib, dans les harems des princes, le chef des eunuques s'appelait الفتى الكبير, et son lieutenant, الفتى الصغير. — *Brigand, voleur, filou*, voyez sous عائق.

فَتْوى *jugement*, *avis d'un médecin*, Haiyân-Bassâm, I, 116 rº, en parlant d'un médecin aveugle auquel son fils décrivait la qualité de l'urine des malades: فيهتدى منها الى ما يـهـتـدى له البصير ولا يخطى الصواب فى فتواه براعه (ببراعة .l) الاستنباط.

فَتًى *jeune*, ne s'emploie pas seulement en parlant des animaux, mais en général en parlant de toute chose; on trouve p. e. الفتى من الـكـرم «les vignes jeunes,» Auw. I, 183, 7, 299, 15.

فُتوّة *les plaisirs de la jeunesse*, Macc. I, 427, 4, cf. Reiske sur Aboulf. Ann. IV, 680; *se livrer à ces plaisirs*, R. N. 86 vº: تنسّك بعد فتوّة. — Signifie spécialement: l'excellence, la noblesse, les prérogatives éminentes, qui étaient l'attribut de la famille du Prophète, et auxquelles participaient, en quelque degré, ceux qui s'affiliaient avec cette auguste race, soit à titre d'amis, soit à titre de clients. Ceux qui avaient la *fotouwa* formaient une confrérie, une association, une sorte d'ordre de chevalerie. Quand on conférait cet ordre à celui qu'on en jugeait digne, on le revêtait en public d'un pantalon appelé سراويل الفتوّة ou الفتوّة لباس, symbole de la virilité, d'une tunique ou d'autres vêtements, qui se transmettaient de père en fils (cette cérémonie s'appelle aussi par ellipse ألبس فلانا الفتوّة), et on lui présentait une coupe appelée كأس الفتوّة. Le chevalier avait le droit de joindre à ses armes, soit la figure de la coupe (et c'est ce qu'on faisait ordinairement), soit celle du pantalon, soit enfin celles de ces deux objets. Le serment par la *fotouwa* était, pour les membres de l'ordre, le plus sacré de tous. Voyez Aboulf. Ann. IV, 244, avec la note peu satisfaisante de Reiske, p. 679, Maml. I, 1, 58—9, Vêtem. 398—9, Djob. 282, 14 et suiv., Fakhrî 370, 2 a f., Karabacek, Beiträge zur Geschichte der Mazjaditen, p. 5, n. 5, le même, Ein damascinischer Leuchter des XIV. Jahrhunderts, p. 14. Dans l'Asie Mineure l'association dite *al-fotouwa* était celle des *frères jeunes-gens* (الاخيّة الفتيان), qui donnaient l'hospitalité aux étrangers, réprimaient les tyrans et tuaient leurs satellites; voyez Bat. II, 261, 281. — *Brigandage, vol, filouteries*, Relation des Voyages éd. Reinaud II, ٢٢: وكان مبتدأ امره الشطارة والفتوّة وحمل السلاح والعبث. Les filous avaient, de même que les chevaliers, un pantalon propre à leur ordre, 1001 N. III, 459: ثم ان دليلك خلعت نبس لباس الفتوّة ولبست لباس النساء, où l'éd. de Bresl. porte (IX, 274): خلعت لباس العيار ولبست لباس النساء.

فَتْوِيَّة *générosité*, Meursinge 25, dern. l. (cf. 42, n. 172), si la leçon est bonne.

أَفْنَى (sic) *tener, mollis*, Domb. 105.

مَفْتَوِى = فَتْوَى, Alc. (ley del pontifice).

فج.

فَجّ pl. فُجُوج *colline, hauteur, tertre*, Voc., Alc. (cabeço o çerro, cerro, otero para otear).

فِجّ, vulg. فَجّ, M, *acerbe, cru* (fruit), *cru, dur, choquant* (discours), Bc, قول فج, Colliers d'or 50 éd. Barbier de Meynard; كلام فج *crudité, discours durs;* اخلاط فجة *crudité*, indigestion, humeurs crues dans l'estomac, Bc.

فج *contraction vulg. pour* وَجْه, فى qui est vulg. pour وجه, Voc. (sous resistere).

فَجَاجَة *acerbité, crudité, verdeur, acidité du vin, des fruits, défaut de maturité;* — *acrisie*, crudité des humeurs, Bc. — Signifie bien *fruit qui n'est pas mûr*, et se trouve, avec le pl. ات, Abou'l-Walîd 238, n. 82; le doute de Lane n'est donc pas fondé.

أَفَجّ أَفِج البَطَن *panard* (cheval), Bc; aussi فَجَا لِدَاخِل, Daumas V. A. 189; فَجَّر لِبَرَا *cagneux*, Daumas, *ibid*.

فَجَأً III *surprendre, prendre sur le fait*, Bc.

فجا *subit, subitement*, Bc.

فَجْوَة *subitement*, Voc.

فى فَجْوَة *subitement*, Nowairî Espagne 469.

الفَجَائِيَّة, aussi المُفَاجَئَة, حرف est la particule اذا, p. e. dans l'expression: خرجت فاذا السبع بالباب, M, Ibn-'Akîl 93, 5.

فَجَر II *saigner*, Voc., Cout. 42 v°: ويقال ان ميسورا قناه سمّ له الفطن المجعول فى جرح القصد — فلما فاجم عليه الدم فَجَّر تفاجير ضرورة ببُبَشتر فعاجلَه الموت — *Ouvrir une tumeur, un abcès*, J. A. 1853, I, 344, Müller S. B. 1863, II, 3, l. 12. — فجر عيونه فى *fixer, regarder avec attention*, Bc. — *Appeler quelqu'un impie* (فاجر), Gl. Belâdz.

V *verser des pleurs*, en parlant des yeux, Djob. 47, 3.

VII avec العين dans le Voc. sous manare. — Au fig., Cartâs 157, 9: انفاجر لطلب الثار.

فَجْر *prostitution*, Bc. — بفجر *témérairement*, Bc.

فجر est القافلة الصغيرة, Most. sous قافلة.

فَجَرَة *morceau*, Voc. (frustum); pl. فجر *morceau de plomb*, Voc.

Fogara, sources qui coulent sous terre, Rohlfs 96.

فَجِيرَة pl. فَجَائِر *face*, Voc. L'esp. ou le cat. semble donc avoir eu un mot *fachera*, dans le sens de l'esp. *faz, facha*.

فَاجِر *téméraire*, Bc.

مَفْجَر *l'endroit où l'eau sort de terre*, Khatîb 32 r°: ادخل يده فى مفاجر صغيرة فصادفت به ضفدعا كبيرا

له عيون مَفْجَرة *les yeux lui pleurent, ses yeux pleurent*, il a quelque sérosité qui lui coule des yeux, 1001 N. I, 130, 7 a f.

فَاجَعَ I. فيه أَهْلَه (ou فَجَع) *enlever (ravir) quelqu'un à sa famille* (en causant sa mort), Bc. — *Sauter*, Ht.

II voyez sous I.

IV, qu'on dit n'être pas en usage (Lane sous فَاجَع), se trouve dans le Commentaire sur le 7e vers de Ca'b ibn-Zohair, où le n. d'act. فَجْع est expliqué par الْافْجَاع.

V c. ل et على *condolere*, Voc.

VII. انفاجع فى اهله *il a perdu ses parents*; انفاجع فى ابنه *la mort lui a enlevé (ravi) son fils*, Bc. — *Avoir les dents longues, être affamé*, Bc, M: العامّة يقول انفاجع فلان اى غلبت عليه شهوة الطعام وهو مفاجوع والاسم عندهم الفَجْعَة.

فَجْعَة pl. ات, Colliers d'or 149, 3 éd. Barbier de Meynard, *malheur, calamité*, Gl. Badroun. — *Remords*, Voc. — *Gourmandise*, M.

فَجْعَنَة *gourmandise*, Hbrt 245.

فَجْعان *déréglé, glouton*, Hbrt 244—5.

فَجَاعَة *gourmandise*, Hbrt 245.

مَفْجُوع *déréglé*, Hbrt 244 (Syrie), cf. M sous VII.

فَاجِل II *effrayer*, Bc.

فِجْل *radis*, pl. فُجُول, Bc; فجل بَرّي *rapistre, raphanistre*, Alc. (ravano silvestre); فجل حَارّ *raifort, rave très-piquante*; on trouve nommé الفجل الغشطلمي(?) chez Auw. II, 18, 15.

فِجْلاني, proprement *vendeur de raves*, est celui qui vend des légumes, du poisson en saumure, du fromage, des câpres, des olives, etc., Fleischer Gl. 30, n. 2.

فَاجْلِيزة (esp. *fuslera*) métal fait avec les petites parties qui se détachent du laiton lorsqu'on le travaille au tour, Voc. (auricalculum, cuprum).

فج abréviation de فَحِينَئِذ, Fleischer Gl. 34 et dans son éd. des 1001 N., IX, Préface, p. 21, Beaussier. —

فج, فج ou فج, abréviation de مُحَال, *impossible*; ce qui semble un *fâ* est proprement un *mîm*; le point a été ajouté par erreur, ou bien c'est un signe d'abréviation, Fleischer dans la Préface citée, p. 21—3.

فَجّ I. Le vulgaire dit فاجت, pour فَجَّت, M.

فَجِيج *espiègle, sémillant*, Bc.

فَجَاجَة *espièglerie*, Bc.

فَاحت I, n. d'act. فَحْت, *creuser, excaver, fossoyer, miner*; حَافِظ حُفت حَفت *saper*, Bc.

فَاحِم.

فاحم الفَحْمَيْن أَفْحَم = فَحِيم, Kâmil 516, 14.

فَخْر I, n. d'act. فَخْر, *entailler*; — *miner, creuser*; — *sculpter*, Bc.

فَخَّار *sculpteur, statuaire*, Bc.

فحش I. La phrase فحش الموت في الناس, que donne Freytag, se trouve dans de Sacy Chrest. II, ۵۳, 5.
IV *faire une chose malhonnête*, M, Vêtem. 374. — *Être avare*, M.

فَاحِشَة, on parlant d'un homme, Wright 110, dern. l.

فاحش *déshonnête, malhonnête, vilain, déshonorable, honteux, ignominieux, indécent, indigne, infâme*, Bc. — *Obscène*, Bc, *lascif, impudique*, Ht. — *Incestueux*, Bc.

فَاحِشة في *obscénité*, ou بالفاحشة *incestueusement*; فاحشة الذكر بالذكر *pédérastie*, Bc. — *Castoréum*, Bait. II, 244 b, Most. sous جُنْدبَادَسْتر: ولْلَّصِبْية تَعْرف بالفاحشة ٭

مُتَفَاحِش *énorme*, Prol. II, 85, 12.

فحص I, aussi c. a., فحص الأمر *examiner une affaire, tirer une chose à clair, connaître d'une affaire*, Bc. — *Examiner des étudiants*, M: فَحص تلاميذ المدارس لامتحانِهم. — *Tenir quelqu'un sur la sellette, lui faire subir des questions*, Bc. — Dans le Voc. sous *campus*. II dans le Voc. sous *campus*; la 1re partie a تفحيص *campum facere*.

IV *se hâter*, Gl. Bayân.

VII *subir l'examen*, Bc.

فَحْص pl. فُحُوص *plaine, champ*, Voc. (campus), Alc. (canpo raso como vega, canpo que se labra), Holal 3 v°, 4 r°, 7 v°, 8 v°, 9 r°; الفحص الأفيح, Haiyân 82 r°, est la Vega de Grenade; Renou 16: «فحص, qu'on traduit ordinairement par *plaine*, se rend mieux par *canton*; souvent il désigne une contrée montueuse; aussi *banlieue* (Maroc et Algérie); » *banlieue*, Ht. — *Pâturage possédé par indivis ou en commun*, Alc. (dehesa concegil). — من عَرض الفحص *sine* (sine cura), Voc.

فَحْصي *appartenant à la plaine*, Alc. (canpesino cosa de canpo). — *Campagnard, paysan*, Voc., Alc. (canpesino ombre, criado en el canpo), Ht.

فحيص dans le Voc. sous *campus*.

فَحّاص dans le Voc. sous *scrutari, chercheur*, Beaussier.

مفاحص النتاج مَفْحَص *les endroits où les chamelles peuvent mettre bas*, Prol. I, 223, 5.

فَحَل I. فَحُل *être excellent*, Zamakhcharî, Préface de l'Asâs: "فَحُل نثرُهُ وجَزل شعرُهُ" (les voyelles dans deux man.).

V *être un excellent poète*, Catal. des man. or. de Leyde I, 298, 4 a f.

X *montrer un grand talent*, Prol. III, 420, 13.

فَحْل, en parlant d'animaux, *entier, qui n'est pas*

châtré; spécialement *taureau*, Alc. (cojudo toro, toro). Aussi en parlant d'hommes, d'esclaves, l'opposé d'eunuques, Macc. I, 251, 15, Haiyân-Bassâm III, 143 rº: اربعة غلمان احدهم فحل والثلاثة صقالب — Au fig.: *homme grossier et sans frein, qui s'abandonne à ses passions brutales*, de Sacy Chrest. II, 278. — *Brave, vaillant*, Hbrt 233, Bc; رجل فحل *homme ferré à glace*, capable de très-bien répondre ou de se défendre, Bc. — Terme général pour tout ce qui est gros, massif; ainsi الفحل est le n. pr. d'un énorme rocher, Palgrave II, 387. Une grenade très-grosse s'appelle رمّان فحل, et quand on décrit une belle jeune fille, on dit que ses mamelles sont comme deux فَحْلَي رُمَّان, 1001 N. I, 57, 2 a f., 361, 2, 370, 4, IV, 249, Bresl. III, 182, V, 312, VII, 325. On donne aussi le nom de فحل à *la boule qui surmonte une coupole ou la flèche d'un édifice*; c'est pour فحل رمان, *grosse grenade*, car une telle boule s'appelle aussi رُمّانة, Gl. Djob., Bat. III, 151 (où la traduction « flèche » est inexacte). — *Espèce de datte*, d'Escayrac 11.

فُحُولَة *excellence*, Gl. Badroun.

فُحُولِيَّة *excellence*, Berb. I, 501, 9.

فُحّال *Le térébinthe est le mâle*, فحل du pistachier, Auw. I, 268, 18.

فحم II *faire du charbon*, Voc. — *Obduro* أبْيَضّ وأفْحَمَ, I. VII dans le Voc. sous *confutare*.

فَحَم (M فحم الحجر) et أَرضي *charbon de terre, houille*; فحم الحجر سن aigremore, *charbon pulvérisé pour le feu d'artifice*, Bc. — Pour *potus* etc., M. Wright cite al-Akhtal 2 vº.

فَحْمِي *noir comme du charbon*, M,,1001 N. IV, 472, 7 a f.

فَحَامَة *charbonnière, endroit où on fait le charbon*, Bc.

فَحَّام *charbonnier, qui fait, vend* (Domb. 103) *ou porte du charbon*, Bc.

مَفْحَمَة *charbonnière*, Hbrt 196.

فخ.

فخّ (voyez Lane) pl. aussi أفْخاخ, Hbrt 76, Bc (*piège*). — *Embuscade*, Bc, Hbrt 140.

فَخَّة pl. فخاخ *lacs qui sert à prendre des oiseaux*, Alc. (lazo para tomar aves; son pl. fikâ est une faute d'impression pour fikâk).

فاختن.

فاختة = فاخْتَة, Fleischer Gl. 34, Beaussier, Cazwini II, 118, 2 a f., man. Escur. 893, Macc. I, 710, 4 et 6. Le Most. donne: دم الفواخت قبل ان الفواخت بسل في السنى; mais le man. N ajoute: التَّحَجُّل; فاختى *écrit* يتخذونها الناس في الاقفاص لتغرد لهم فختاج, Payne Smith 1602, et ce dernier aussi: *sorte de poisson*, ibid.

فاختى *épithète d'une espèce de soie*, Bait. I, 381 b: في لبس للبَزِّ الفاختى الجلوب من السوس, où le man. B omet للبَزِّ.

فخذ II *saigner un cheval à la cuisse*, Auw. I, 34, 7 a f., II, 672, 17.

فَخِذ, *cuisse*; dans le Voc. aussi فَخذ, pl. فُخذون et chez Bc avec le *dâl*; فخذ خنزير قديد *jambon*, Hbrt 16; aussi فخذ من خنزير, Alc. (pernil de tocino), et فخذ seul, Alc. (nalgada de tocino). — *Cuissart, armure de la cuisse*, Alc. (quixote armadura).

فَخْذَة *gigot, cuisse*, Bc (avec le *dâl*); فخذة *jambon*, Ht.

فَخُوذَة *jambon*, Ht.

فُخَيْذَة خنزير مُمَلَّحَة *jambon*, Hbrt 16.

فخر VI c. ب *afficher*; le n. d'act. *ostentation*, Bc.

VIII افتخر على الناس ب *se faire gloire de*; *se prévaloir, se targuer*, Bc, 1001 N. Bresl. X, 460; مفتخر بنسبه « infatué de sa noblesse, » Bc.

فَخْر *richesse, éclat, qualité de ce qui est riche, magnifique*, Bc; دَاتَت في غاية الفخر *magnifiques*, Cartâs 64, 2 a f.

فَخَر *gloire, orgueil, vanité*, Bc. — *Magnificence*, Bc. — *Représentation, faste, pompe, crus nécessaires, splendeur*, Bc.

فَخْرَانِي *potier*, Bc, Payne Smith 1453.

فَخُّور, pl. فخاخير, Mufassal 100.

فَخَّارَةٌ dans le Voc. sous olla.

فَخُّورٌ *four pour la poterie, endroit où l'on cuit la terre à potier*, Bc.

فَخَّارِيّ *potier*, Bc, Abou'l-Walîd 179, 29.

فَخَّارِيَّةٌ *espèce de haricot dont la couleur est celle de l'argile rouge*, Auw. II, 64, 9.

فَاخِر *magnifique* (personne), *qui se plaît à faire de grandes et éclatantes dépenses*, Bc. — *Corpulentus*, Voc., *gras, gros, grandiose*, Ht.

فَاخُورِيّ *potier*, Abou'l-Walîd 53, 12, 179, n. 59, 1001 N. Bresl. XI, 320.

فَاخُورَةٌ *poterie, lieu où l'on fait les pots de terre*, Bc, *atelier du potier*, Hbrt 77.

فَاخُورِي *potier*, Bc, Hbrt 77, M.

أَفْخَر الطَّعَام *bonne bouche, mets le plus exquis*; — *bonne chère, grande chère*, Bc.

مَفْخَرَةٌ = مَفْخُرَةٌ, Gl. Djob., Abbad. I, 23, 11, Abd-al-wâhid 136, 8.

مُفَخَّر *délicat, agréable au goût, délicieux, exquis*, Bc, 1001 N. II, 124, 3; — *magnifique*, splendide (chose), *pompeux, riche, magnifique, somptueux, splendide, superbe, très-beau, superfin*, Bc, 1001 N. Bresl. IV, 273.

فَاخِق chez Freytag et de là dans M, est une faute pour فَاخِت, Fleischer Gl. 34.

فخم

I *se dit aussi de la grandeur d'une maison royale*, de Sacy Chrest. I, ff, 6.

II *rendre magnifique*, Haiyân-Bassâm III, 4 r°: تَفْخِيم البَسْمَلَة. — De Sacy (Chrest. II, 172) s'est trompé en croyant que ce verbe, quand il signifie *prononcer avec emphase*, se dit des voyelles plutôt que des consonnes. Dans un texte qu'il a publié lui-même, II, 189, 8 a f., on trouve que le mot tartare يَسُورُل se prononce السِّين بتَفْخِيم. Appliqué au *fâ*, مُفَخَّم veut dire qu'on doit le prononcer comme *p*, Bat. II, 43, 416, Prol. I, 422, 10; au *çâd*, qu'on doit lui donner un son qui tient le milieu entre le *çâd* et le *zâ*, Prol. I, 55, 1. Quand il est question du *lâm*, Prol. I, 74, 3, مُفَخَّم semble exprimer un son intermédiaire entre le *l* et le *r*, car le mot esp. *almirante* (amiral) se prononce en arabe الَّلام بتَفْخِيم المُلَنْد, Prol. II, 32, 12.

V *devenir grand, magnifique*, Voc. (sous *magnificare*), de Sacy Chrest. 1, ff, 4; en parlant d'une armée, *devenir considérable, nombreuse*, Cout. 11 r°: فتلقّاه جدٌّ بنى البَاس فى عدد كثير ايضا تتفخّم جيشه وكثر عدده. — Le n. d'act. *emphase*, Bc. — En parlant d'un mot ou d'une lettre, *être prononcé avec emphase*, Voc. (avec اللفظ sous *ingrossare*).

فَخِيم *notable*, Alc. (notable).

بِفَخَامَة *notablement*, Alc. (notablemente).

فِدَاوِيش, aussi فِدَاوِينْش et فِدَاوُش, *esp. fideos, vermicelle, macaroni*; — *pâton, morceau de pâte pour engraisser les volailles*, Lettre à M. Fleischer 178.

فدج.

فَوْدَج = فُوذَج *appartient au dialecte des Benou-Sa'd ibn-Zaid Manât*, Kâmil 166, 5.

فدح IV. الفَاسِد المُفْدَح (les voyelles dans le man.) «*le brigand coupable de graves délits*,» Mohammed ibn-Hârith 329.

فخح V *se fracasser*, Roland.

فدش.

فِدَوش voyez فِدَاوش.

فدع.

فَدَع *un orteil du pied qui croise ou surmonte l'autre*, Alc. (dedo del pie encavalgado sobre otro).

فدغ II *briser*, Payne Smith 1424.

VII *être brisé*, Payne Smith 1424.

فَدَلَةٌ *hedysarum coronarium L*, Prax R. d. O. A. VIII, 280.

فدم.

فَدِم pl. فُدْم *ebes* (hebes), Voc.

فَدَام, pl. فُدْم, Kâmil (Wright).

فَادِم pl. فِيَادِم, et فَيْدَم pl. فَوَادِم, *niveau, instrument pour connaître si un plan est horizontal, plomb*, Bc; cf. فَادِن.

فدن II الارض فدن supputer par conjecture le nombre des arpents d'un champ, M (خمّن على فدادينها).

فدن pl. فُدُن [فَدَن ou فِدَن ? cf. sous Lane] et أَفْدِنَة, arpent, Bc. — Peut-être *champ*, comme فَدَّان, Macc. I, 88, 19 (cf. Lettre à M. Fleischer 11).

فَدَان. Le pl. est aussi فُدُن, M, et ce pl. s'emploie avec la signif. de *champs*, Lettre à M. Fleischer 11.

فَدَّان paire de bœufs qui labourent une terre; mais le vulgaire emploie aussi ce mot pour désigner un seul bœuf, M. — *Champ*, Gl. Edrîsî, Voc.

فَادِن pl. فَوَادِن *niveau, instrument pour connaître si un plan est horizontal, plomb*, M; cf. فادم.

فَدَى II بأَبيه فَدَّاه dans le Diwan d'al-Farazdak; فَدَاك عَمِّي وخَالي بَعَم وخَالٍ , Diw. Hodz. 182, 1 et 5. — C. a. p., peut se traduire quelquefois par *adresser à quelqu'un de douces paroles*, p. e. Haiyân 93 r°: فاذا بها تُغَنِّيه وهو يفدِّيها ويستسقيها.

III. On dit لا بَأْس ان يفادى بغير, p. e. فَادَى فلانا بغير, اسراء المسلمين بأسراء المشركين; de là on dit en parlant d'un prisonnier qu'on rend à l'ennemi comme la rançon d'un musulman: فودي به, à savoir بغير. On dit encore: فادى بأسير العدوّ على مال او اسير مسلم, Gl. Belâdz.

IV *dégager*, retirer un effet mis en gage, Alc. (desenpeñar).

VI c. من *renoncer à*, Berb. II, 255, 9 a f.

VII, en parlant d'un esclave, *se racheter*, Alc. (deliberarse de servidumbre).

فَدَاوِى les provisions qu'on offre au voyageur, Daumas V. A. 143.

فَدَاوِى *assassin, Ismaélien*, Mong. 124 a, Lane M. E. II, 161, Prol. I, 122, 5. — *Athlète*, homme robuste, Bc. — *Paladin*, guerrier brave et galant; *chevaleresque, héroïque, preux, brave, vaillant*, Bc, Lane l.l.; Quatremère, l.l., donne des exemples tirés d'auteurs persans, où فدوى et فدائى signifient *homme*

brave et même *téméraire*. — Conteur, Daumas V. A. 263, Beaussier.

I. فَذَلِكَ حِسَابُه ost formé des mots كَذَا كَذَا, dont se sert celui qui a calculé une somme, M, Macc. I, 927, 8 et 9.

فَذْلَكَة *le total, la totalité, le résumé*, M, Macc. III, 436, 20: فذلكة الحُسْنى وأخوه, Khatîb 66 v°: امير المسلمين فذلكة الحَسَب; aussi *la partie la plus importante*, Berb. I, 163, 6: كانوا لمكانتهم فذلكة الكتاب وفذلكة الجماعة.

فر I *sortir par en haut*, Alc. (salir algo por encima).

VIII c. عن p. *montrer*. Ce verbe est aussi transitif, p. e. en parlant de l'aurore: افترّ الدجى عن مغرب متوقد, c.-à-d., elle disperse les ténèbres afin que le jour se montre, Gl. Mosl.

كرّ وفرّ *à bâtons rompus*, avec interruption, Bc. — بين الثرّ والفرّ *périnée*, espace entre l'anus et les parties naturelles, Bc. — *Chardonneret*, Hbrt 67.

فُرَّة *fuite*, Diw. Hodz. 73, 4 a f., 165, 2. — *Caille*, Bc (Kasrouan).

فُرِّي nom d'un petit oiseau bon à manger; on l'appelle ainsi à cause du bruit que font ses ailes quand il vole, M.

فُرَيْرَة *pirouette*, bois ou métal traversé d'un petit bâton, qui sert à le faire tourner sur lui-même, Bc; cf. TA dans Lane.

فارّ. Le pl. فُرَّار, Gl. Maw.

مَفَرّ لا مفرّ منه *inévitable, sûr*, Bc.

مغفِّر; Ibn-Wâfid 20 r°: المغفّر وهو طلع النخيل distinctement, mais la leçon m'est suspecte.

فرادينج espèce de gateau, Payne Smith 1244.

فراسيون, suivi de الماء, *lycopus*, marrube aquatique; ابيض واسود *marrube*; suivi de القلب, *agripaume ou cardiaque*, Bc.

فراموش *assez cuit*, Ztschr. XI, 517, n. 42.

الفرانقون est dans L *collegiati*, et dans Abou'l-Walîd

فرنن ,חפרחמין ותרגמתה הטראכנה וםִ الاشراف 596, 20: le man. O remplace الطراخنה par אלפוראנכה. Je pense que ce pl. الفرانقون ou الفُرانكة a été formé du latin *forum*, esp. *fuero*, charte municipale, et qu'il désigne les membres du collège, du conseil municipal, qui étaient en effet les principaux de la ville.

فرْبيون ? leçon de Boul. dans Macc. I, 230, 11; voyez Lettre à M. Fleischer 29—30.

فرْبيّون cévadille, Prax R. d. O. A. VIII, 347.

فرت .فراتُنى , Payne Smith 1606; فراتيّة العراقي = le dialecte de l'Irâc, Kâmil 364, 15.

فرتك II éclater, se briser par éclats, Bc. فرتكة لحصوة saxifrage, Bc.

فرتل I, c. مع et عن, fuir, Voc., se sauver à toutes jambes, Beaussier.

II se soulever (mer ou peuple), Lerchundi, Beaussier.
فرتنة tempête, Bc; voyez ce qui suit ici.
فرتونة (fortuna; voyez ce mot dans Ducange, et ital.) pl. فراتن, t. de mer, tempête, Alc. (tempestad de mar, tormenta de mar), Roland, Lerchundi, M. — Révolte, Lerchundi.
مفرتَن agité (mer), soulevé, révolté (peuple), Lerchundi.

فرنبيت le ver de Guinée, Burckhardt Nubia 304, Forskål Flora XLIX; cf. فرنتيت.

فرث
فراث. Dans le Diwan d'al-Farazdak, فراتن est expliqué par الذين يكسرون النعم (Wright).

فرج I. L'aor. est aussi o, Wright 90, n. 8; Gl. Mosl., Kâmil 400, 10, Ibn-Doraid, Kitâb al-ichtikâk 301, 10. — C. من p. délivrer quelqu'un, Gl. Edrîsî. — L donne: curat يفرج ويبرى ويحمض.

II récréer, divertir, Alc. (deleytar a otro, recrear a otro). — Se réjouir, se divertir, Alc. (holgar). — Etendre ses bienfaits, Roland. — C. a. promener quelqu'un, Voc. — C. a. p. et على r. montrer, faire voir une chose à quelqu'un, Bc, M, 1001 N. I, 40, 5, 97, 10; la phrase que cite Freytag فرّجنا في داركَ se trouve dans de Sacy Chrest. I, ١٣, 5; de même c. في 1001 N. II, 158, 5. — تفرّج ou افرجّك tu auras de mes nouvelles, tu éprouveras ma vengeance, tu me le payeras, je me vengerai de toi, وبعده تفرج tu verras, ou je te ferai voir, manière de menacer, Bc; de même فرّج, 1001 N. I, 150, 6 a f.: وتولّا الى في السفر لكنت عملت معك العبر ولكن ما ارجع من سفري فرج اريك ما تقتضى مروق*

IV c. عن p. mettre un prisonnier en liberté, Gl. Abulf., Gl. Fragm., 1001 N. I, 797, 2 a f., 895, 9, Bresl. XII, 401, 11 (où il faut substituer افرجوا à افرغوا). — C. عن p. découvrir, faire voir, Gl. Fragm. — افرج له عن الطريق, par ellipse افرج له, aussi افرج عنه الطريق, céder le chemin à quelqu'un, et de là prendre la fuite devant lui, Gl. Fragm., Freytag Chrest. 131, 2 et 3, Berb. I, 397, 3 a f., Macc. I, 809, 2, Çalât 67 r°; افرج ل signifie aussi accorder le passage ou la retraite à des troupes ennemies, Khattb 160 r°: فصالح القوم صاحبَ نِبارة على الافراج لهم. — C. ل p. et عن r. céder une chose, de l'argent, une forteresse, à quelqu'un, Gl. Fragm., Freytag Chrest. 134, 8, Freytag Locm. 55, dern. l., Selecta ١١٥, dern. l.; cf. Djob. 137, 9 et 10. — افرج الناس عن القتيل veut dire: on ignore qui a tué cet homme, M. Un tel homme, pour lequel la composition (Wehrgeld) doit être payée par le trésor public, s'appelle مفرَج, Gl. Fragm. — En parlant d'une poule, avoir des poulets; on dit دجاجة مفرِجة et دجاجة مفرِجة; aussi ببيضة مفرِجة, de même que مفرّخة, Gl. Fragm. — Ce que Freytag donne d'après Cam. et Dj., separatus fuit a re c. عن, ne se trouve pas dans ces dict., Gl. Fragm.

V. Dans le sens de vivre sans souci, ce verbe se construit c. من r. (pour ce qui concerne), Akhbâr 126, 5 a f.: تفرج من امور الرعية. — Se divertir à la campagne, Alc. (holgar en el campo), se prome-

ner, Voc., Domb. 122, Hbrt 43. De même في تَفَرَّج
البَحر se promener en bateau, Alc. (navegar para plazer). — Le sens de regarder, inspecter, contempler, aussi chez Ht, Delap. 94, c. على p. ou r., M, 1001 N. I, 95, 7 a f., Bresl. VII, 315; c. على parcourir, p. e. un livre, Bc; être spectateur, Martin 109; مُتَفَرِّج spectateur, المُتَفَرِّجون parterre, le public du théâtre, Bc; يَحِبّ يَتَفَرَّج et مُتَفَرِّج curieux, qui aime à voir, Bc.

VII être décidé (chose douteuse), cf. Abbad. I, 133, n. 363. — C. عن p. être séparé de, Akhbâr 43, 2 a f.; se dissiper, انفرج عنه الغَمّ M. — C. عن montrer, faire voir, Gl. Fragm. — C. من être délivré de, M.

VIII? être ouvert, Haiyân-Bassâmi I, 23 rº: ثمّ جلس على مُتَفَرَّج نظّار الناس وهو مفترج الباب مرفوع الحجاب منفرج; mais peut-être faut-il lire للوارد والصادر.

فَرْج. Freytag dit à tort que Djauharî donne ce mot dans le sens de levamen, solamen; il n'a que فَرَج avec cette signif. — Freytag s'est trompé aussi en donnant confinia hostium; c'est le pl. فروج qui a ce sens; au sing. c'est place frontière, Gl. Belâdz. — فرج النيس liège, Roland, qui prononce feurdj; mais Delaporte, 160, écrit فَرْجَنِيس.

فَرَج belle vue; une porte à Alep s'appelle "Bab-el-Feradge, porte de belle vue, parce qu'au sortir de cette porte on a la vue de plusieurs jardins," Thévenot II, 58. Peut-être le pl. أفراج a-t-il ce sens dans Edrîsî, Clim. VI, Sect. 4: (B مسارح) بينهما مزارع وخصب وربيع دائم ومياه عذبة جارية وأفراج ممكنة. — Santé, Voc. — Remède, L (remedium مَرقع وفَرَج).

فَرَج مَطرح فَرَج lieu aéré, Bc.

فُرْجَة plaisir, divertissement, amusement, récréation, jeu, Alc. (deleyte dado a otro, deleytes en que alguno a plazer, desenhado, espaciosa cosa para holgar, holganza, juego para desenojarse), Macc. I, 309, 20, Haiyân 29 vº; إرادنا للفُرجَة 1001 N. 1, 103, 7: من أراد الفُرجَة على 143: خمسون مركبا أصغر للفُرجة شنق جعفر «celui qui veut avoir le plaisir de voir pendre Dja'far;» نَلْعَب الفُرجَة jeu, Alc. (juego de plazer). — Fête, partie de plaisir, Macc. I, 420, 6, 693, 4, Bat. I, 70. — Lieu où l'on s'amuse, 1001 N. Bresl. III, 84. — Spectacle, tout ce qui attire les regards, l'attention, pl. فُرَج, curiosité, spectacle curieux, Bc, Ht, M, Alc. (juegos de mirar); كان فُرجَة للناس être en spectacle, servir de spectacle à, Bc. — Optique, spectacle optique, Bc. — Scène, assemblage d'objets exposés à la vue, Bc. — Théâtre, Ht. — Musée, Ht. — Parade, montre, étalage de quelque chose, Bc. — مَضرب الفُرجَة, à Alger, le point de vue, Berbrugger 288; aussi منظر الفُرجة, Macc. I, 688, 4; فُرَج beaux points de vue, 1001 N. Bresl. II, 145, 2, 200, 1.

فَرَجي, en parlant d'un habit, taillé comme une فَرَجِيَّة, Macc. I, 901, 8.

فَرَجِيَّة robe flottante, faite ordinairement de drap, à manches amples et longues qui dépassent un peu l'extrémité des doigts, et qui ne sont point fendues, voyez Vêtem. 327 et suiv.

فَرِج gai, riant (endroit, contrée), Voc.

فُرجَة point de vue, Roland Dial. 577.

فَرّوج coq, Alc. (gallo), Domb. 62, R. N. 100 rº, où خصّينا سَمنّاه («un chapon que nous avons engraissé») est le synonyme de فَرّوج; فَرّوج الرواح nom du طلسم sur le Vieux Château de Grenade, Macc. II, 796, 2 a f. — فَرّوجَة بَرّيَّة gelinotte, Bc.

أفرنجَة (esp. frisa) frise, sorte d'étoffe de laine à poil frisé, charte grenadine: شبه أفرنجة, c.-à-d. un sayo de frisa.

تَفريج ouverture d'un vêtement, Maml. II, 2, 78.

مُفَرَّج, en parlant d'un vêtement, signifie ouvert, Maml. II, 2, 78; les traducteurs de Bat. II, 296, III, 266, qui l'ont rendu par ample, ont suivi Freytag, mais ce dernier n'allègue pas d'autorité pour cette signif. — En parlant d'un bonnet haut, dont la carre est comprimée au milieu, Bait. II, 317 c: على رأسه قلنس مُفَرَّج اعلاه. — Nom d'un vêtement, R. N. 42 vº (à Cairawân): فاذا بشاب خرّاز يقول لجاره (لجارِ ل) له ما رأيت أوحش من هذا الشيخ ولا أوحش لباسا من لباسه وكان زبّل يلبس المُفَرَّج

مُتَفَرَّج pl. ات promenade, lieu où l'on se promène, Djob. 267, 15, Macc. I, 111, dern l., 112, 2, lisez

فرجار

de même 1001 N. I, 199, 6 (où Boul. a le synonyme المنترّحات). — *Maison de campagne*, Djob. 233, 16. — *Le point de vue*, Berbrugger 288.

مفترَج *lieu où l'on s'amuse*, Fragment d'une Histoire de Damas, man. de Leyde 1516. On trouve plusieurs fois chez Ibn-Iyâs المفترجات ou أَماكن المفترجات, dans le sens, à ce qu'il paraît, de *mauvais lieux;* voyez Vêtem. 274, n. 15.

فِرجار.

الخطّ الفُرجاريّ فِرجار *cercle*, M.

فِرجان = فِرجار, Payne Smith 868.

فرجنبيس *liège*, Delap. 160; chez Roland الفِّيس

فِرجيرة (esp. *frasquera*) *cantine*, coffre en compartiments pour des bouteilles, Hœst 271.

فِرجين (pers. پَرچِين, aussi پَرزِين), *haie autour d'une vigne*, etc., M.

فَرِح I *jouir de*, *profiter de*, Alc. (lograr de alguna cosa), qui a فَرَح et le n. d'act. فَرَح. — C. ب p. *faire fête à quelqu'un*, *lui faire un accueil empressé*, Bc, Bidp. 139, 3 a f. — C. ل *être charmé de*, *se féliciter de*, Bc. — *Epulor* أفرَح, L. — C. ب p. *marier son fils*, *faire qu'il fasse des noces*, 1001 N. I, 655, 2, 812, 2; متى نَفرَح فيك *quand irons-nous à votre noce?* Bc.

IV *se réjouir*, Ht.

V *se réjouir*, Voc., Ht, 1001 N. I, 67, 5.

فَرَح est chez Alc. (gozo) فَرَح. — Pl. أفراح *fête*, *réjouissance particulière*, *fête à l'occasion d'un mariage*, *noce*, *épousailles*, Voc. (convivium), Bc, Hbrt 25, Maml. I, 1, 247, Lane M. E. II, 302, 368 n., Weijers 20, 1, Macc. II, 833, 2, III, 11, 4, Djaubari 84 r° et v°, Ibn-Iyâs 349, 1001 N. I, 132. — *Cris de joie*, Ztschr. XX, 88, 3. — أمّ الأفراح nom vulgaire de la plante potagère al-meloukhia, Mehren 24.

فَرحة *fête*, *bon accueil*, Bc.

فَرَاحيّ *chant consacré aux noces*, Descr. de l'Eg. XVIII, part. 1, 87 n.

مفرَح *sorte d'étoffe* (d'Alexandrie), Maml. II, 2,

249

فرخ

71 l. 5; la leçon est incertaine, voyez p. 78, mais la conjecture de Quatremère est inadmissible.

مُفرِّحات (pl.) *fêtes*, *réjouissances publiques*, Cartâs 96, 5 a f., 214, 12, 226, 7, 274, 6 a f. Dans ce livre ce mot a constamment ce sens, et c'est à tort que Quatremère (Maml. I, 1, 247) lui attribue aussi celui d'*instruments de musique*.

مُفرِّح قلب *bourrache*, Bait. II, 524 e. — مفرِّح الحزون *mélisse*, Bait. II, 524 f.

فرخ II dans le Voc. sous *pullus cameli*. — *Essaimer*, Alc. (enxanbrar).

فَرخ *pigeon*, *colombe*, Hbrt 66 (Alg.); le pl. فِراخ signifie spécialement *pigeonneaux*, Gl. Manç. — Pl. فِراخ (lisez ainsi) *corde entre deux poteaux* (ou perches) *plantés perpendiculairement*, *où l'on pend des oiseaux morts*, *afin que le mouvement que leur imprime le vent épouvante et fasse fuir les autres oiseaux*, Auw. II, 90, 16. — فرخ حلال fém. ة, pl. فراخ حلال, *enfant légitime*; فرخ زنا *bâtard*, Voc. — Pl. فُروخ *drageon*, *bouture*, *bourgeon qui part du pied d'un arbre*, *rejeton*, Bc. — Pl. فِراخ et أفراخ *feuille de papier*, Bc (Eg.), Hbrt 110, 1001 N. Bresl. XII, 15: كتبتُه في فرخ ورق; — كتاب في الفرخ *in-folio*, Bc. — *Latus perca* (poisson), Gl. Edrîsî, 1001 N. IV, 154, dern. l. (où le mot سمك me semble une glose). — Pl. فِراخ *arc ogive*, comme traduit Sprenger, Ztschr. XV, 411. — فرخ جمر *charbon*, *gros furoncle*, *tumeur pestilentielle*, Bc. — فرخ الماء *remou*, *flot*, *vague*, Domb. 55, Ht. — فرخ النحل *essaim*, *volée de jeunes abeilles*, Alc. (enxanbre de avejas).

فَرخة *pigeon*, *colombe*, Hbrt 66 (Alg.). — Pl. فِراخ *poule*, Bc (Eg.), Hbrt 65, ريش الفرخة *plumer la poule*, *faire des exactions*, Bc. — *Haste ou pique longue*, Ouaday 429. — *Feuille de papier*, Maml. II, 2, 239, Mong. cxxxv a et b. — *Arche*, *arceau*, Gl. Edrîsî. — *Porte*, *petite porte*, Voc. — Pl. فُرَخ *toque de religieuse*, Alc. (toca sagrada de monja). — *Couteau d'un palme*, Voc. — *Depuis la Haute-Egypte jusqu'au Sennâr et au Soudan*, *au moins dans le Soudan oriental*, c.-à-d., *dans la moitié est du Soudan*, *jeune fille*, *jeune* esclave, *une belle*, Ouaday 695, Richardson Central II, 203. — فرخة الباب *serrure de bois*, Hbrt 193 (Barb.), aussi فرخة العود, Domb. 92.

فراخ sorte de poisson, Yâcout I, 886, 5.

فراخة espèce de gesse, Auw. II, 69, 7 (l. 6 l. شخذونة؟).

فراخى la meilleure espèce de datte, Hamilton 298 («whose fruit is short, nearly white, and crisp, as if candied»).

فراخى *poulailler*, marchand de volailles, Bc.

فارخ au Maghrib pour فارغ, Gl. Edrîsî.

فرد I, aor. *i*, *déplier*, *déployer*, *dérouler*, *détordre*, *détortiller*, *développer*, *étendre*, Bc, Hbrt 127, 1001 N. III, 611, 1 (où le *techdîd* est de trop), IV, 163, 2, 303, 5, Bresl. IV, 171, XI, 439, 4 a f., XII, 190, 3; aussi en parlant de la voix, Bresl. VII, 73: وفردت صوتا حسنا وانشدت. — *Lever un impôt*, Ht; فرد فردة على *taxer*, faire une imposition, Bc. — *S'éloigner*, Ht. — *Porter*, Ht.

II c. ب r., p. e. فرد بالحرب «lui seul fut chargé du commandement militaire,» Gl. Fragm.

IV c. ب r., p. e. أفرد بالحرب, dans le sens qui précède, Gl. Fragm. — C. a. p. *laisser* quelqu'un *seul*, *l'abandonner*, Haiyân-Bassâm, I, 10 v°: فاجعـل الوزراء ينسلون عنه واحدا بعد واحد الى ان افرده (l. افردوه). — C. a. p. et r. *confier* une tâche à *un seul*, p. e. افرد فلانا لمحاربة «il confia à lui seul la tâche de combattre un tel,» Gl. Fragm.; aussi c. r., Haiyân 62 v°: افرده بالولاية «il donna à lui seul le gouvernement.» — *Mettre* un mot *au singulier*, Baidhâwî II, 48, dern. l., 49, 2. — *Déplier*, Bc, *déployer les voiles*, 1001 N. I, 128, 11, افرد القلوع Bresl. III, 380.

V. تفرد بنفسه *faire bande à part*, se mettre à l'écart, se retirer à part, Bc. — ال . s'occuper exclusivement de, Çalât 33 v°: تفرد الى ذلك.

VII *se confiner*, se retirer dans une solitude, *s'isoler*, Bc. — *Être unique*, Weijers 47, 13. — C. ب *posséder seul*; *avoir à combattre* quelqu'un *seul*; aussi par exagération, *être unique dans un art*, être infiniment au-dessus des autres, Gl. Fragm. — C. عن *se détacher*, se séparer, Bc. — *S'étendre*, se déployer, Bc.

VIII = VII, Saadiah ps. dans l'appendice.

فَرْد. Je réunis dans cet article فَرْد et فَرِد; les puristes n'admettent que فَرْد pour *un*, et condamnent فَرِد en ce sens, M; mais je crois que la langue ordinaire ne fait pas cette distinction. — *Un, un seul*, «une seule épouse,» فرد زوجة 1001 N. I, 9, l. 10, «je ne possédais pas un seul dirhem,» ما املك الدرهم الفرد *ibid*, 16, 3 a f., فرد طريق «une seule fois,» Bresl. III, 272, ابتاع فلان فرد البغل «un mulet,» Formul. d. contr. 1. افراد افراد un à un, Bc, افرادهم «les nommer un à un,» Abbad. II, 165, 3 a f.; افراد وازواج *un à un, deux à deux*, ou sans و, Bc. على فرد *un seul*, Bc. فرد عين *borgne*, Bc; *consonnance*, accord agréable de plusieurs sons, Alc. (*consonancia de bozes*). — Pl. افراد *individu*, Bc. — *Même*, فرد شى *égal*, indifférent, *c'est la même chose* (Syrie) هذا وهذاك فرد شى *cela revient au même*; *celui-ci est égal à celui-là*; انا واياك فرد عمر *nous sommes du même âge*, Bc. — En parlant d'une tradition, = غريب, une tradition authentique qui ne provient que d'un seul individu d'entre les Compagnons, de Slane Prol. II, 484. — الفرد nom de l'épée d'Abdallâh ibn-Rawâha, M. — Pl. افراد *panier à fruits*, Alc. (*canacho de fruta*, *cesto de vendimiar*), *panier de feuilles de palmier*, Lane M. E. II, 18, 1001 N. II, 26, IV, 168, 3. — فرد رز *grand sac de riz*, Bc. — الفرد الأبيض, pl. الفرود البيض, nom de l'ancienne monnaie que les Espagnols appelaient *blanca*, Memorias de la Acad. V, 311; dans la 1re partie du Voc. فرد est *denarius*. — En Barbarie, pl. افراد et فراد, *bœuf*, Bc, Barbier, Ht, Cherb. Dial. 151, Roland Dial. 567, *taureau*, Hbrt 60. — Pl. فرود et فردة, *pistolet*, Bc, M.

فَرْد, en parlant d'une épée, pourrait signifier, à en croire un scoliaste, *tirée du fourreau*, de Sacy Chrest. II, 437, n. 20; mais voyez Lane.

فَرْدَة s'emploie en parlant des deux côtés d'une chose, de deux choses qui, réunies, forment un tout. — Pl. فرد (M) et فرادى (Bc) *demi-charge d'une bête de somme, fardeau, balle, ballot, gros paquet*, Bc, M, Hbrt 88, 101, Ht, Niebuhr R. I, 139, 140, 1001 N. I, 142: شقة بساط فردة, où Bresl. (I, 352) a شقة بساط, ce que Macn. a aussi 146, 4. De là viennent plusieurs mots romans, entre autres le fr. *fardeau*, anciennement *fardel*, dimin. de *farde*, comme l'a fort bien prouvé M. Devic, 115. — D'une sandale, = واستعمل لفردة نعل من نعليه قبالًا :°v 42 .N ,R. فَرْد, وَاَهِيًا. — *Etrivières*, lanière en cuir, qui, dans les selles arabes, supporte les étriers, Cherb. — La moitié de la pièce d'étoffe de coton grossière, appelée ثَوْب دَمُور. Cette moitié, qui forme une longue serviette, sert de *pagne*, Burckhardt Nubia 216, Darfour 206, d'Escayrac 114, Werne 26. — Pl. فرد *battant* (d'une porte), Bc, 1001 N. I, 43. — T. de charpenterie, *chacun des deux arbalétriers d'une ferme*, voyez Gl. Esp. 109. — فردة من كاغد *une feuille de papier*, Alc. (pliego de papel). — (Pour فرضة) *contribution, imposition, taxe, capitation, impôt sur le revenu*, Gl. Esp. 108; فُرْد dans M, et le pl. فُرُد chez Bc. — فردة *petit bâton dont on se sert dans le jeu de tâb*, 1001 N. I, 582, avec la note dans la trad. de Lane, I, 610, n. 26.

فُرَيْدَة *un quart de l'étoffe appelée platilles royales*, Hœst 269.

الفِراد, t. de gramm., *le singulier*, Abou'l-Walîd 658, n. 39, 660, n. 74, 671, n. 24, 802, 27.

الفُرود, t. d'astron., *les Solitaires*, ζ *du Grand-Chien*, λ *et sept autres des Externes*, Sédillot 222.

فرادى *isolé; qui n'appartient pas à une compagnie*, Amari Dipl. 197, 2.

فُرُودَة *fichu carré en mousseline imprimée ou peinte*, ou bien en crêpe, que les dames au Caire attachent étroitement autour de la tête, Lane M. E. I, 58.

فرّاد *excellent cavalier*, Alc. (ginete escogido).

فُرَادي *timonier*, J. A. 1841, I, 589.

تَفْريد *privilège*, Ht. — *Cotisation*, Bc.

مُفْرَد *impair*, Bc. — *Qui appartient à un ermite*, Alc. (ermitaña cosa). — مفرد *individuellement*, كل واحد مفرد *chacun individuellement*, Bc; *isolément*, Bc, *seul*, p. e. استقلّ بالمُلك مفرد «il régna seul,» Gl. Abulf., *particulier*, de Sacy Chrest. I, 334, 3: عملوا لهم مذهبًا مفردًا «ils se formèrent une doctrine particulière,» II, ٧, 1: مدينة مفردها *une ville* qui forme un département particulier,» *ibid.*, ٩, 6 a f., Macc. II, 713, 3; كل جملة مفردها «phrase par phrase,» اعطيك جوابا كل جملة بمفردها «je vous répondrai point par point,» Bc. — بندقية مفردة *fusil à un coup*, Bc. — Selon Maml. I, 1, 187, المفرد signifiait en Egypte *le domaine particulier du prince*, et ديوان المفرد, *le conseil qui administrait le domaine privé;* mais ailleurs, I, 1, 27, Quatremère cite un passage de l'Inchâ, où on lit: «Lorsque Dâher-Barkok parvint à la dignité de sultan, ce prince ayant acheté un grand nombre de Mamlouks, créa pour eux un bureau auquel il affecta des cantons, dont le revenu devait être employé pour la solde et la provision d'orge attribuées à ces Mamlouks. Ce bureau reçut le nom de ديوان المفرد.» — Pl. مفاريد = مُفْرَدى (voyez). — المفرد الجهة, Maml. I, 1, 17, où Quatremère traduit dans le texte *l'impôt unique*, et dans la note, *l'impôt particulier;* j'ignore quel impôt c'était. — المفردين, dans l'Inde = الزمامين, *les soldats inscrits sur la liste de l'armée*, Bat. III, 188, 193, IV, 47.

مُفْرَدَة pl. ات *simple, herbe médicinale*, Bc.

مَفاريد pl. مُفْرَد, aussi pl. مَفارِدة pl. مُفْرَدى. C'étaient sous les sultans mamlouks des personnes qui faisaient partie de la *halca*, et qui étaient distinctes des *djondis* et des mamlouks, Maml. I, 1, 187, cf. Yâcout II, 309, 15 et 16.

مُنْفَرِد *étoile solitaire*, Dorn 61. — *Unique, sans égal*, Koseg. Chrest. 65, 6 a f. — منفرد عن الطرفين *neutre, qui ne prend point de parti*, Bc.

فردخ I *précipiter, jeter de haut en bas*, Alc. (derribar despeñando).

II *se jeter de haut en bas*, Alc. (derribarse).

مفردخ *rompu, brisé*, Alc. (quebrantado).

فردعقص *sorte d'oiseau*, Yâcout I, 885, 12; variantes: فرديغص, فردمقص.

فردوك *pair ou non*, جوز ولا فرد ولا جوزوك ولا فردوك, t. de jeu, *pair ou impair*, Bc.

فرذلات, au Maghrib, pâté qui renferme de la viande hachée, ou plus ordinairement du foie, avec de l'assaisonnement, Gl. Manç. v° سنبوسك; je crois avec

M. Simonet que c'est un pl. arabe de l'anc. esp. *fartal* (= farto, du lat. fartum, de farcio).

فرز *فرز الْبَيْذَقَ*, = تَفَرَّزَنَ, t. du jeu des échecs, Voc. sous scacus, où l'on trouve aussi IV et VII.

IV. Le n. d'act. *distribution*, *division*, Roland. — نفق بافراز *vivre avec économie*, Bc. — Voyez sous I. — C. على p. *observer*? 1001 N. Bresl. X, 137: فاَفرز عليها اليهودي ولحظ بها

VII dans le Voc. sous discernere. — Voyez I.

VIII. يَفْتَرِزُ *differt*, L.

فَرْزَة, pl. ات (Alc.) ou فُرُوز (Voc.), dans le Voc. sous scacus, *dame*, *reine*, pièce des échecs, Alc. (dama en el juego de axedrez).

فُرُوز (pl.) فَرَاز, فَرَاوِيز, *corridors*, Bar Ali nᵒˢ 3678—9, Payne Smith 1205.

فِرِيز *marthe*, espèce de fouine du nord, Alc. (marta animal conocido, frtz).

أَفْرِيز *frise*, ornement d'architecture, Bc. Dans le Gl. Esp. 270 j'ai soupçonné que c'est le mot grec pour frise, à savoir ζωφόρος, dont les Arabes auront retranché la première syllabe. — شادروان, *console ou chaperon*, Payne Smith 658, 709, 1205, 1421, 1523. — *Corniche*, ornement en saillie au-dessous d'un plafond, Bc. — Pl. أَفَاريز *créneau*, dents, vides égaux par intervalles au haut des murs d'une citadelle, Bc.

فَرْزَجَة (πεσσάριον) *pessaire*, Gl. Manç.: قطعة من الدواء تُتَّخَذ امثال البلاليط وتُحمَل من قَبل او دُبُر وقد يكون عربية, Bait. I, 39, 70 a.

فرزن I, t. du jeu des échecs, = تَفَرْزَنَ, Macc. I, 882, 3; Tha'âlibî, Yawâkît al-mawâkît, chap. 53, donne la locution proverbiale: قد اَحْنَتْ السكران قيل له واذا ذكّر وضيع ارتفع قيل له متى فرزنْت :ibid. فرزن, où le man. 813 porte تفرزنتُ. — *Discerner*, *observer*, *remarquer*, Bc, c. في, M: فرزن في الشيء حقَّق النظر فيه' عاميّة

فَرْزَنَة *reine au jeu d'échecs*, Macc. II, 673, 1, avec la note de Fleischer Berichte 167.

فِرْزِين pl. فَرَازِين *reine au jeu d'échecs*, Bc, Djawâlîkî 74, 75, 108. — *Huie*, voyez فِرْجِين.

فِرْزَنْبَنْد, t. du jeu d'échecs, Tha'âlibî, Yawâkît al-mawâkît, chap. 53: اذا كان مع الغلام الصبيح رقيب تَكْمِيل قِيْل معه فرزانبند; les dict. persans donnent également فرزين بند, mais sans en expliquer le sens précis; cf. Bland dans le Journal of the R. Asiatic Society XIII, 51—2.

فرس II, السطح, فَرَسَ, c.-à-d. de la terre blanche, sur le toit en terrasse d'une maison, M.

V. تَفَرَّسَ فِي فَنٍّ *se perfectionner dans un art*, Bc. — = VIII, Payne Smith 1249.

VIII c. a. *insilire*, Voc. — *Violer une femme*, Alc. (forçar muger), *un garçon*, 1001 N. II, 77, 4, 317, 6 a f. افْتَرَسَ حِصْنًا *surprendre un château*, Haiyân 19 rᵒ.

فَرْس *proie*, P. Abd-al-wâhid 213, 3 a f.

فَرْس *de la terre blanche qu'on met sur le toit en terrasse d'une maison*, M.

فَرَس *tire-corde*, *chevalet d'un instrument de musique*, Descr. de l'Eg. XIII, 228, Lane M. E. II, 78.

فرس البَحْر est bien *hippopotame*, Burckhardt Nubia 62, mais Bc a: *cheval marin* (animal fabuleux). — وأَوَّل من فرس, Abd-al-wâhid 246, 14: يعترض في العرض العام ولدُ عمر بن عبد الله الصنهاجي et ثم فرس عبد المؤمن من كان من ولده يتولى الأمر de même 248, 5 a f.: ثم بعدما فرس للخليفة من بني j'ignore comment ce mot a reçu le sens de *famille*. — Doit avoir un sens que je ne connais pas chez Ibn-al-Athîr, Commentaire sur Ibn-Abdoun, qui nomme, man. de M. de Gayangos, 138 vᵒ, en décrivant un festin: ماثل فرس قشلمش

فُرْسَة *proie*, L (captisa صَيْد وفُرْسَة). — *Occasion* (cf. Lane), pl. فُرَس, Voc.

فُرُوس se trouve Diw. Hodz. 245, vs. 7.

فِيس *carlina*, Prax R. d. O. A. VIII, 281.

فِرَاسَة *sagacité*, Bc, *bon sens*, *jugement*, Ht. Chez les Soufis, *les connaissances du monde invisible et les discours célestes qui viennent frapper leur esprit*, Prol. I, 199, 3 a f., M.

فَرَاس se trouve Diw. Hodz. 150, vs. 12, 151, 2.

فارس espèce de coing, Becrî 67, 2. — فُرْسَان espèce de grandes fourmis, Amari 11, dern. l.

فَارِيسِى المَرَاكِبِ الفَارِسِيَةِ مِنَ السُرُوجِ «selles à la persane pour hommes» (de Slane), Berb. II, 283, 1. — الأَرْحَاءِ الفَارِسِيَة, Edrîsî dans Amari 42, dern. l., où Jaubert (II, 89) traduit *moulins à manége*; الطَوَاحِين الفَارِسِيَة, Becrî 36, de Slane: «peut-être des moulins à manége.»

أَفْرَس *très-prévoyant*, de Jong.

اِفْتِرَاس *férocité*, Bc.

مُفْتَرِس *carnassier*, Beaussier, Prol. I, 70, 13.

فُرِسْطُون est une faute pour قُرِسْطُون (voyez); elle est fréquente et a même passé dans les dict. persans.

فَرْسَن I c. a. et II dans le Voc. sous *milicia*; Beaussier a II *apprendre à monter à cheval, devenir bon cavalier*.

فِرْسَن. الفَرَاسِن = الأَكَارِع d'un daim, Diw. Hodz. 38, sur vs. 6.

فِرْسِنَة *milicia*, Voc.

فَرَش I *se dilater, occuper un plus grand espace*; يَفْرُش *expansible*, Bc. — *Dérider, déplisser*, Alc. (desarrugar). — *Meubler*, فرش البَيت *garnir, meubler une maison*, Bc. — *Tapisser, tendre*, Bc. فَرَش بِضَاعَتَك *étaler, exposer*, Bc. — فرش باللوح *planchéier*, garnir de planches, Bc, Macc. I, 560, 11.

VII *être étendu*, Voc., Most. v° شَلْدِيرَه: يَسْرِيد تَنْفَرِش عَلى الأَرض, de même Kâmil 6, l. 14. — *Pisser* (bête de somme), Voc.

VIII *épouser*, M.

فَرْش *expansibilité*, Bc. — *Ameublement*, Bc. — *Tapisserie*, Bc. — *Lit*, Hbrt 203. — *Pavé*, Cartâs 36, 2; جَعَل فَرشها بِالرُخَام «il dalla la mosquée avec du marbre,» Prol. II, 218, 17. — *Plancher*, Gl. Esp. 111. — Au propre, *chameaux, moutons ou bœufs trop petits et bons seulement à être égorgés*; au fig., en parlant d'arbres nains ou d'hommes faibles, Gl. Belâdz. — Espèce de panier pour le كَعَك, Ztschr. XI, 517.

فُرُشّ pl. فِرَاش *lit* (particulièrement les matelas et couvertures), Alc. (cama para dormir, cama rica),

Bc, Hbrt 203, M. — *Matelas*, Bc. فُرْشَة مُعَلَّقَة *hamac*, Bc. — *Tenture*, Alc. (tendedura). — *Tapis*, Voc. — *Couche*, substance qui est étendue sur une autre, Auw. I, 128, 1. — *Palier* ou *repos* dans un escalier en pierre, Chron. Mecc. II, 84, 7—20.

فُرْشَة *brosse, vergettes*, Bc, M; c'est un mot français (à savoir brosse) et quelques-unes disent بِرَش, M.

فُرْشِى *clou pour les chevrons*, Alc. (cabrial clavo).

فُرْشِبَة pl. فَرَاشِب *chevron*, pièce de bois qui soutient les lattes sur lesquelles est posée la tuile ou l'ardoise d'un toit, Alc. (cabrio o cabrial); de là l'esp. alfargia ou alfagia. — Liége, Domb. 101.

فُرْشِبَة *couvertures*, Espina R. d. O. A. XIII, 156.

فِرَاش اللَيل *phalène*, papillon de nuit, Bc, voyez Guyon 237. — فِرَاش الطَاحُون *la roue qui, mise en mouvement par l'eau, fait tourner la meule*, M.

أَنَّ الوَلَد لِلفِرَاش *pater est quem nuptiæ demonstrant*, Prol. I, 37, dern. l., avec la note dans la trad.; — ayant mis au monde un fils qui était le fruit de l'adultère, وَضَعَتْه على فِرَاش زَوجِها, c.-à-d., elle prétendit que c'était le fils de son époux, Fakhrî 133, 8; — بَيت الفِرَاش *chambre à coucher*, Hœst 265; — لَحْم الفِرَاش *la viande pour l'appartement des femmes*, Burckhardt Syria 485. — فِرَاش خَانَاه *le garde-meuble*, Maml. II, 1, 115. — فِرَاش الحَجَر *chaussée pavée*, Burton II, 154.

فُرَاشَة *vert-de-gris*, L (eruca).

فَرَّاش *valet de chambre*, Bc; «il a soin des meubles, veille à la propreté intérieure des maisons et à l'éclairage,» etc., Descr. de l'Ég. XVIII, part. 1, 326, cf. The adventures of Hajji Baba I, chap. 6. Fém. ة *femme de chambre, chambrière*, Bc. Les فَرَّاشِين à Médine sont des habitants libres de cette ville, chargés de tenir la mosquée propre, d'étendre les tapis, de veiller à l'éclairage, etc. Ils sont payés par la Turquie. Quelques-uns des habitants les plus considérés appartiennent à ce corps, et parfois ce n'est qu'une sinécure; voyez Burckhardt Arabia II, 189, Burton I, 357. — *Carreleur*, Alc. (enladrillador, ladrillador). — *Tapissier*, qui travaille en tapisserie, Bc. — *Marchand en détail* Barth II 393. — Pl.

فرشح

قَرارِيش‎ plat d'aviron, Alc. (palma de remo pequeña).

فارِش‎ (aram. פרד) aiguillon (de bouvier), Aboû'l-Walîd 163, 29 (en Orient), Bar Ali n° 6233.

مَفْرَش‎ pl. مَفَارِش‎ étendage, endroit propre à étendre du linge, etc., Alc. (tendedero do tienden). — Sac de toile grossière pour les habits, les lits de voyage, etc., Alc. (almofrex), Bat. I, 293; chez Domb. 94

مَفْرَاش‎. — Gril, L (artabularius, craticula), Voc., Alc. (parrillas para assar).

مَقْرَش‎ voyez مَقْرَش‎.

فرشح I, فرشح على الحصان‎, enfourcher, monter à cheval, jambe de çà, jambe de là, Bc.

مُفَرْشَح‎ à califourchon, Bc.

فرشح II, فرشح رجلَه‎, écarquiller les jambes, Bc, Beaussier; le M a aussi ce sens, mais il soupçonne (à tort) que c'est une faute pour فرشخ‎, avec le ḫâ.

فَرْشَخَة‎ écarquillement, Bc.

مُفَرْشَح‎ valet, figure dans les cartes de jeu, Bc.

فرشخانة‎ sorte de pelle sur laquelle on ramasse les ordures en balayant, sasse, pelle creuse pour mettre les ordures en balayant, Bc.

فرص III surprendre l'ennemi, Berb. I, 198, 6, II, 37, 2 a f., aussi فارصة الحرب‎, I, 198, 5 a f., car c'est ainsi qu'il faut lire dans ces trois passages.

VIII enlever, Haiyân 102 v°: افترص اغنام قرطبة‎. — C. في‎ fraudare, Voc.

X, فرِّصّ الوَقْت‎, épier l'occasion, Bc.

فُرْص‎ petit drapeau, Domb. 100.

فُرْصَة‎ système de rotation, Burton I, 166.

فُرْصَة‎ (esp.) viol, violence faite à une femme, Alc. (fuerça fecha a muger).

فُرْصَة‎ pl. فرص‎ doit avoir un sens que je ne connais pas dans Antar 49, 5 a f.: وكان رجل حكيم‎ وهو فرصة من الفرص‌ مولع بقراءة الكتب والقصص‎.

فُرَيْصِر‎ (esp.) celui qui viole des femmes, Alc. (forçador de mugeres).

فريص‎ sorte de poisson, Yâcout I, 886, 3; variante العريص‎ Cazwînî II, 119, 19 فويص‎.

تَفْرِص‎ pl. تفارص‎ est-ce, pas تفريص‎ comme chez Freytag, Wright 8, l. 11 et 12.

فرصوع‎ chez Payne Smith 1385 est le syriaque ܦܰܪܨܽܘܥܳܐ‎ (Bar Hebræus 313, 1), que Castel explique par ungula bifida.

فرض I. فرض للناس‎, avec ou sans فروضا‎, proprement il leur assigna une solde, et de là, il les enrôla; aussi فرض من الناس فرضا‎; فرض لاهل بالمدينة‎ il les mit en garnison dans la ville; فرض للمدينة فرضا‎ il mit une garnison dans la ville, Gl. Belâdz., Gl. Fragm. — C. على‎ p. et a. r. imposer, Maml. II, 2, 186; Tha'âlibî Latâïf 10, 4, Macc. I, 478, 1, c. على‎ p. cotiser, taxer par cote, Bc, dans le Voc. sous colecta. — Payer l'amende, Hbrt 214. — Poser, supposer un cas hypothétique, p. e. فرضنا ان‎ «supposons que,» Bc, Prol. III, 314, 14, 316, dern. l., 317, 4, 344, 14: فرض نفسه مثل وليد‎ «se regarder comme un enfant.» C'est surtout un t. de mathém., p. e. نقطة مفروضة‎ «un point donné,» مثلث مفروض‎, Catal. des man. or. de Leyde III, 63, 5, 2 a f., 64, 12, 3 a f., 72, 1.

II expliquer un mot, Prol. II, 285, 2. — Mettre à l'amende, Hbrt 214.

IV dans le Voc. sous colecta. — Convoquer pour la guerre, Alc. (maherir para la guerra).

VII dans le Voc. sous colecta.

VIII imposer, Haiyân-Bassâm III, 4 v°: افترض‎ عليهم مالًا‎, cf. sous فريضة‎; on dit aussi افترض مدينة‎, Haiyân 69 v°.

فَرْض‎, t. de marine, mortaise, entaille faite à une pièce de bois pour l'assembler avec une autre, Gl. Esp. 98. — Certaines parties des prières ordinaires, qui sont prescrites par le Coran, Lane M. E. I, 100. — Chez les chrétiens, office, cette partie du bréviaire, كتاب الفَرْض‎, que tout ecclésiastique dans les ordres sacrés, est obligé de lire chaque jour, M. — Pl. فرائض‎, chez les chrétiens, sacrement, un des sept sacrements, Alc. (sacramento (uno de los siete)). — Succession ab intestat, v. d. Berg 17. — Pl. du pl. فروضات‎, contribution, Maml. II, 2, 187; Müller L. Z. 54, 6; فرض على كل واحد‎ cotisation, action de cotiser, impôt par cote, Bc. — Pl. فروض‎ garnison, Gl. Belâdz. — Supposition, Bc, hypothèse, Prol. II,

127, 14. — Pl. فِراص *écluse*, à ce qu'il paraît et comme traduit M. de Slane, Berb. I, 439, 10.

فُرْضَة *contribution*, Voc.

فُرْضَة, dans le sens de *port*, a le pl. فِراض, Berb. I, 201, 6, II, 290, 2 a f., 303, 3, 542, 2. — En Egypte et dans le Hidjâz, *le revenu de la douane*, Burckhardt Nubia 481. — *Amende*, Hbrt 214.

فَرْضِى *obligatoire*, Bc; j'ignore si ce mot a ce sens chez Auw. I, 224, 10, qui dit en parlant de la lune: الرطوبة الفرضية الحادثة فى زيادته; la leçon, que Banqueri a changée d'une manière assez malheureuse, est confirmée par notre man. — *Celui qui a droit à une rétribution*, Gl. Maw. — *Hypothétique*, Bc.

فَرْضِيَّة *hypothèse*; بالفرضية *conjecturalement*, Bc.

فِراض *rétribution, prêt d'argent à la condition d'une part dans les bénéfices*, Ht.

فَرِيض = mufti, J. A. 1853, I, 114.

فَرِيضَة. Comme on dit امام يصلّى الفريضة, Djob. 334, 8, on dit aussi امام فريضة, Haiyân-Bassâm I, 172 r°: ils tuèrent tous حتى امام فريضة ظهير. — *Solde, salaire, pension*, Gl. Belâdz., Akhbâr 23, 3. — *Taxe, contribution*, Maml. II, 2, 186, Voc., Calât 32 v°, Holal 8 r°: وافترض على اليهود فى تلك السنة فريضة ثقيلة اجتمع له منها جملة مال.

فَرْضَج I c. a. *alidere*, Voc., qui a aussi II c. ب.

فَرَّط I *négliger ses prières*, Becrî 169, dern. l. — فرط فيها الغرط *elle n'est plus, elle est morte*, 1001 N. I, 338, 5 a f. (Lane: «she is no more»). — *Défroncer*, défaire les plis, *dérider*, ôter les rides, Bc. — *Egrener*, Bc, M.

II. La différence entre II c. فى et IV c. فى est que le second signifie *ne pas garder la mesure en faisant trop*, et le premier *en faisant trop peu*; mais on ne fait pas toujours cette distinction, et فرّط signifie aussi *dissiper*, تفريط فى المال *prodigalité*, Gl. Fragm.; ما فرّط فى *conserver*, ne pas se défaire de, Bc. — *Abattre* le fruit, Payne Smith 1173, si la leçon est bonne.

IV *surfaire, exagérer le prix*, Hbrt 104. — C. فى *négliger, ne pas prendre soin de*, Amari Dipl. 32, 4, Haiyân-Bassâm III, 51 r°: المغرط فى المدينة.

V *se déranger, se mettre en désordre*, Alc. (desordenarse).

VII *se dérider*, quitter son air sérieux, *s'épanouir*, Bc.

فَرْطًا فَرْطًا *à de grands intervalles de temps*, Add. et Corr. sur Macc. I, 864, 11. — *Escompte, remise, retenue sur un payement avant l'échéance*, Bc. — فرط المعاملة *change*, droit du banquier pour ses traites, Bc. — *Monnaie, petites espèces*, M. — فرط الرمّان *éplucheur de grenades*, Descr. de l'Eg. XIV, 157.

فُراط (cat. forat, esp. horado, trou) proprement *anus, le trou du cul*, et par synecdoche *cul, fesses*, Voc. (natea).

فُرَاطَة *monnaie, petites espèces, petite monnaie*, Bc, M.

فُرَيْطَة expliqué par تَقَدُّم, Diw. Hodz. 162, vs. 4.

فُراط (L), فراط (Alc.), *rouille*, L (ferrugo). Je crois que c'est un ancien mot esp., formé de ferrum, p. e. ferrete, qui aujourd'hui a d'autres sens. — *Espèce de teinture*, L (ferrugo (genus tincture)), dont se servaient les cordonniers, Alc. (tinta de çapateros). C'était sans doute une teinture ferrugineuse. — *Mélange de petit sable et de fer, qui se détache de la meule et des instruments tranchants que l'on émoud*, Alc. (amoladuras tierra, cf. Nebrija et Victor).

فارط *improvisateur*, Abou'l-Walîd 586, n. 4; cette leçon est peut-être la bonne (cf. منه فَرَط dans Lane); celle du texte, فالط, fait penser à فالت, puisque افتلت الكلام signifie *improviser*. Dans ces man. écrits en caractères hébreux, ר et ל se confondent aisément.

افراط *profusion, excès de libéralité, de dépense*, Bc.

فَرْطَح II *s'évaser*, Beaussier; pour l'autre forme, تَفَلْطَم, Bc a aussi *s'évaser, s'ouvrir*; Bait. I, 73 b, en parlant de l'aétite: دواء هندى يشبه البندق الا ان فيه تفرطحا قليلا. Dans le Gl. Manç. la dernière lettre est constamment *khâ*, et dans ce man. le *fâ* semble plutôt un *bâ*, ce qui n'a rien d'étrange, puisque, d'après le M, le vulgaire dit مبلطح pour مفلطح. Le verbe signifie, selon ce Gl., *se baisser, se courber*: تفرطح هو تطامن واخفاض ويقال تفلطح; ou bien

فرطس

être couché par terre: هو (ajoutez) لَطَى من ذلك باب اللام
التَبَرْطَحَ (sic) وهو من لطى (sic) بالمكان اذا لصق به
فهو لاطى ۞

مُفَرْطَح évasé, large et plat; plate (assiette); épaté
(nez), Beaussier; souvent chez Bait, p. e. I, 85, 87 b,
273 b; مستدير الشكل مفرطح 279 c, 498 c, Auw.
I, 254, 11.

فرطس.

فَرْطَسَة groin, museau de cochon, Edrîsî dans Bait.
I, 411 e et 424 f. — فَرْطَسَة (d'origine berbère) teigne,
sorte de gale à la tête, Daumas V. A. 424 (fertsa),
Hbrt 34, فرتسة, pl. (فراتس) (Alg.), Bait. I, 181 a,
اذا طُلِيَ بذلك الدهن الفَرْطَسَة فعل في ذلك :421
II, 587 b نفعها في ذلك منفعاً بالغاً 422 a, 463 e, 471 a, اذا عولجت به الفرطسة في رؤس الصبيان,

فُرْطَاس teigneux, Voc. (i), Morgan II, 139 (a),
Roland (o), Mc (فُرْطَاس), Don Quijote I, chap. 40.
C'est un mot berbère; voyez le Dict. de cette langue.
On le trouve comme le surnom d'un prince berbère,
Berb. I, 202, 1, et un autre est nommé ابن تافرطست
«le fils de la teigneuse,» 246, 6 a f. — Le fém. ة,
la femelle du وحش, appelée ainsi par dérision
et parce qu'elle n'a pas de cornes, Shaw I, 255; le
cerf, Pellissier 450; chez Beaussier: chauve par l'effet
de la teigne; puis: écorné des deux cornes (bœuf),
bête à cornes qui en manque. — فُرْطَاس pl. فراطيس
bondon, broche, Voc. (clepsedra, voyez Ducange). M.
Simonet met ce mot en rapport avec le b. lat. pertusus (fr. pertuis), qui s'emploie certainement en
parlant d'un tonneau, témoin ce passage que cite
Ducange: «Ducilem a terra non longo iacentem re-
cepit, atque ad patentem qui erat in tonna pertusum
applicuit.» Il est vrai que pertusus ne signifie pas
bondon, c.-à-d., morceau de bois avec lequel on bouche
la bonde d'un tonneau, mais bonde, trou rond fait
à un tonneau. Toutefois on peut supposer une confusion; ainsi bonde s'emploie en français pour désigner
soit le trou rond, soit le tampon de bois qui sert à
boucher ce trou, quoique bondon soit préférable dans
cette dernière acception.

فُرْطُوش, aussi فرطوش, groin, museau de cochon,
Payne Smith 1101, 1371, 1377.

فرع

تَفَرْطَسَة teigne, Roland.

فرطش.

فرطوش voyez فرطس.

فَرْطَطُو (Cherb. (pl. قراطط), Domb. 67, Roland),
فَرْطُوطُوا (Beaussier), فَرطيطو (Hbrt 70), فرطوطو (la Torre,
Lerchundi), papillon.

فَرْطَلَ pl. فراطل voyez بَرْطَل

فرطون sorte de mets, voyez sous شاشية.

فَرَعَ I fendre, p. e. du bois, Bc, Hbrt 84. — Emonder,
Bc. — Comme en syr. (cf. פרע en hébr.), germer,
Merx Archiv I, 176.

II frondere dans le Voc., qui l'a aussi, c. a., sous
ramus; rejeter (plantes), repousser, reproduire, produire de nouvelles tiges, فرع فروعا pousser des rejetons, Bc, Abou'l-Walîd 586, 3. — Entrelacer des
branches d'arbre, Alc. (enramar). — II ou IV faire
germer, Merx Archiv I, 176. — فَرّعى بنصله expliqué par علاق, Diw. Hodz. 291, vs. 3; cf. dans
Lane sous ا فرعت راسه بالعصا.

V se ramifier, au fig., c. الى, Macc. I, 135, 8,
Khatîb 28 rº: وتفرع على قولى (il s'agit d'un
hémistiche dans un de ses poèmes). — مُتَفَرّع un
homme de connaissances variées, Bassâm III, 86 rº.
— Provenir, comme une branche d'un arbre, Abbad.
I, 168, dern. l., germer, Merx Archiv I, 176.

VII germer, Merx Archiv I, 176.

VIII conquérir, acquérir par les armes, Cout 10 vº:
افترعنا البلد, Macc. I, 179, 3 a f, Çalât 45 rº:
افترع بالغير ارضا

فَرْع pousse, jet, petite branche, rejeton, scion, drageon, bouture, bourgeon qui part du pied d'un arbre, Bc. — Plançon ou plantard, branche replantée
ou à replanter, Bc. — Branches, familles issues d'une
même tige; parties d'une chose composée, Bc. — فروع
sorte d'arbres petits et tortus, Barth I, 131. — Connaissance spéciale, Macc. I, 526, 10, où Fleischer
veut lire نوع, mais Boul. confirme la leçon du texte.
— Dans la 1ʳᵉ partie du Voc. exemplum, dans la

فرعل

2ᵉ *exemplatum* (?). — *Tête* (d'une brebis), Prol. III, 363, 9.

فُرْعَة *hymen*, repli membraneux qui se trouve ordinairement, chez les vierges, à l'entrée du vagin, Gl. Mosl. — *Morceau de cuir que l'on coud à une outre, ou à un soulier;* aussi فُرْعَة, Gl. Mosl.

فَرْعَة voyez ce qui précède.

فُروع L'expression فَيْحٌ نَجْمٌ الفُروع, citée par Lane, se trouve dans le Diw. Hodz. 186, vs. 31, mais avec le *ghain*; cf. فرع الصبيح dans le Kâmil 160, 2.

فَرَّاع حَطَب *fendeur*, Bc.

فَرْعَة *cognée, hache*, Bc, Hbrt 84, M.

فَأْرُعَة *cognée, hache*, M.

تَفْريع pl. تَفاريع, t. d'archit., peut-être *flèche*, Khatîb, Lettres, man. 11 (1), 21 rº : نَحْرِ في الطاعـن لجَوّ بالجَماسِر الهائل والتاج المُتَخَتَّم المتعدّد القِسى بِحَسَب الاماكن والشَّوكات, *ibid.* والتَفاديج والتَفاريع والتَفاريج ✱

مَفَرِّع *branchu, rameux*, Bc.

فرعل. Ce فرعل أجل chez Freytag doit être biffé; c'est une fausse leçon pour عسل أجل, في, Fleischer Gl. 55.

فرعن II c. على *traiter injustement*, Voc., *orgueilleusement*, Beaussier.

فَرْعَنَة *insolence*, Bc (Lane TA).

فرعون entre dans ces mots composés: مسلّة فرعون, l'aiguille de Cléopâtre, *le chat de Pharaon*, l'ichneumon, *la figue de Pharaon*, opuntia, cactus raquette, *le ver de Pharaon*, le ver de Guinée, *le bain de Pharaon*, certaines sources sulfureuses et inaccessibles, جنس فرعون, les Coptes, *la poule de Pharaon*, sorte de vautour, vultur percnopterus, Burton I, 10. — *Pharaon*, jeu de cartes, Bc.

فَرْعُونِي. On donne ce nom (partisans de Pharaon) aux Juifs laissés en Egypte par Moïse, d'Escayrac 255. — Nom d'une plante médicinale, Daumas V. A. 132.

مُفَرْعِن *insolent*, Bc.

فرغ

فرغ I. فَرِغْتُ *c'est de la moutarde après dîner*, Bc. — *Se débarrasser, être débarrassé*, Bc. — C. a. r. (vulg. pour من) *terminer, achever*, Gl. Abulf. — C. ب p. *achever sa victoire sur quelqu'un, en finir avec lui*, Akhbâr 35, 2. — C. من *consommer, détruire les vivres par l'usage*, Bc. — C. من p. *achever quelqu'un, le tuer*, Akhbâr 90, 6. — *Vaquer*, être vacant, Bc. — Dans le sens de *vacavit* roi, aussi c. الى, Abbad. I, 249, 16. — *Expirer*, au fig., *finir, prendre fin*, Bc, J. A. 1848, II, 245, 2. — *Etre épuisé, consommé*, J. A. 1851, I, 55, 6 a f., R. N. 23 rº: قال أصْلَحَكَ الله كنتُ أتانى من البادية اخبرونى فيه ان الزربعة قد لا يفرغ; فرغت فابعث البنا بالزربعة *inépuisable*, Bc. — *Etre achevé, terminé*, 1001 N. I, 253, 2. — *Etre vide*, Gl. Edrîsî. — *Fondre*, Gl. Edrîsî, L (conflo et fundo, et examino أسبيك وانيب وأفرغ; *conflatilis [de fonte, jeté en fonte, Ducange], fusilis et productilis* (مفروغ), Macc. I, 658, 2 a f.; le Voc. a فَرْغ et مَفْروغ sous *conflare*. — *Lier des pierres avec du plomb fondu*, Gl. Edrîsî.

II. فَرَّغ المكان *débarrasser un endroit*, Bc; — فرغ معدّته *aller par haut, vomir*, Bc. — *Décharger, débarquer*, Gl. Edrîsî; التصبير تفريغ *délestage*, Bc. — *Décharger une arme à feu*, Bc. — *Soutirer, transvaser une liqueur d'un tonneau dans un autre, transfuser, verser d'un plat (d'un vase) dans un autre*, Bc, ·Voc. (infundere); *tirer du vin*, Hbrt 203; — *faire écouler l'eau*, Edrîsî, Clim. IV, Sect. 3: وفي هذه القنطرة منافس تفرغ من البحر الى البُحَيْرة ومن البُحَيْرة الى البَحْر. — *Fondre*, Gl. Edrîsî. — *Lier, sceller des pierres avec du plomb fondu ou avec de la chaux*, Gl. Edrîsî. — C. a. r. et على p. *vestire*, Voc.; cf. sous IV. — *Se dégorger, s'épancher*, Bc. — *Descendre*, en parlant de bois qui descendent dans (على) la mer, Gl. Edrîsî.

IV *vider* (Lane), Gl. Fragm., Rutgers 176, 12 et 178. — *Déballer*, 1001 N. I, 59, 2: ما في وافرغـوا القفص ووضعوا كل شيء في محلّه. — *Transfuser*, Bc. — *Servir une poule cuite sur une écuelle*, Bat. IV, 69. — *Fondre*, Gl. Edrîsî, Voc. — *Lier, sceller des pierres avec du plomb fondu ou avec de la chaux*, Gl. Edrîsî. — *Revêtir*, Berb. I, 106: الصماء بلا كسبية المعلمة ويفرغون عليها البرانس الكحل ويشتملون, Koseg. Chrest. 80, 3: أفرغ عليه درعا; cf. sous II.

V *avoir les mains libres*, Akhbâr 3, l. 11; c. الى p. *avoir le loisir de s'occuper de*, Khatîb 136 v°: وتفرغ (l.) أنبه الحاضية ففغر عليه قفه — C. ل r. *se consacrer à* (cf. Lane), Khatîb 112 v°: وكان له يوم يتفرغ فيه كل جمعة للمناظرة. — C. من dans le Voc. sous *efundere et infundere*; le n. d'act. *épanchement, effusion, l'action de verser d'un vase dans un autre*, Alc. (derramiento a fuera, derramiento de uno en otro). — C. من r. *manquer de*, Cartâs 231, 8 a f.: قد تفرغت مخازنهم من الزرع ❊

VII *se décharger*, Aboû'l-Walîd 548, n. 50. — *Se fondre*, Voc.

X *débarquer, faire sortir d'un navire*, Berb. I, 394, 6. — استفرغ معدته استفرغ *aller par haut, vomir*; بطنه *aller par bas*, Bc. — *Se dégorger, s'épancher*, Bc. — *Tomber dans un épuisement (dissipation de forces)*, Aboû'l-Walîd 789, 23. — *S'éteindre, faute d'aliment* (feu, bougie), Alc. مستفرغ (entremuerta cosa). — *Disparaître*, Voc. (vanescere). — *S'évanouir, tomber en syncope, en pâmoison*, Voc., Alc. (amortecerse, amortiguar, desfallecer amortecerse, desmayar); استفرغ ضحكًا *pâmer de rire*, Macc. I, 472, 2 a f. — *Causer une défaillance, un évanouissement*, Alc. (desmayar a otro).

فَرْغ *mortier; bitume*, Voc.

فَرَاغ *expiration, échéance, fin, extinction, cessation*, Bc. — *Vacuité*, Bc. — *Loisir, vacances*, Bc, Gl. Bayân, Gl. Fragm.; أحوال الفراغ, Prol. II, 360, 4 (cf. l. 9), où M. de Slane traduit: « les choses de simple agrément; » 361, 6: مجالس الفراغ واللهو a f.; *évacuation de flegmes*, Payne Smith 1698. سيلان الفراغ — الفراغ والفرج

فَرَاغ, *vase*, pl. ـات, Bc.

فُرُوغ *expiration, échéance, fin*, Bc. — *Vacuité*, Bc. — *Dissipation, action de se dissiper*, Bc.

فَرَاغَة *creux, cavité*, Bc.

فَرَّاغ *fondeur*, Voc.

فَرُّوغ *vide*, Voc. — *Vain*, Voc.

فُرُّوغَة *cannelle ou cannette*, Alc. (canilla de cuba, cañilla de cuba o de la tinaja). — فروغة القزاز *arundo*, Voc.

فَارِغ *qui a du loisir, qui est en vacances*, Bc. —

Oisif, Macc. I, 136, 8. — *Vain*, Voc.; فارغ ou في الفارغ *en vain, en pure perte*, Alc. (en vano o en vazio), Bc. — *Creux*, Gl. Edrîsî. — *Destitué, dépourvu de*, Bc. — *Tare, poids de l'enveloppe, barils, pots, emballage des marchandises*, Bc. — الأيّام الفارغة sont: *les jours du mois lunaire réputés malheureux pour les travaux agricoles*, Auw. I, 222, 3, 223, 3 a f.—224, 4; cf. les Géorgiques de Virgile, I, vs. 276, avec la note de Heyne. — البحر الفارغ *reflux*, Bc (Barb.). — فارغ العنق *ayant certain vice dans le cou* (cheval), Auw. II, 497, 20.

تَفْرِيغ *l'argent qu'on paye pour le débarquement des marchandises*, Amari Dipl. 132, 4. — *La chute des feuilles*, selon l'explication d'Auw. I, 626, 14, où il faut lire ainsi avec Clément-Mullet. De même I, 21, 7.

مَفْرَغ (pour مِفْرَغ) pl. مَفَارِغ *entonnoir*, Voc.

مَفْرَغَات (pl.) *flegmes*, Payne Smith 1701, Bar Ali n° 4636.

مَفْرَغ = مَفْرَغ الدَّلْوِ chez Lane, Kâmil 633, n. k.

اِسْتِفْرَاغَات نَفَاسِيَّة *lochies, flux de sang après l'accouchement*, Bc.

فَرْفَحِين = فَرْفَخِي *pourpier*, Bc.

فرفر I *battre des ailes*, comme fait un oiseau quand on l'égorge, M, ou pour s'élever de terre, Beaussier.

II? 1001 N. Bresl. II, 167, en parlant d'un homme qui avait perdu le pouce: وهو ياكل بأربع اصابع اكل نحس واللقمة تتفرفر من بين اصابيعه. — Dans le Voc. sous *cominuere*.

فُرْفُر (*pourpre?*) est chez les alchimistes: une couleur rouge foncé, produite par l'opération de la nature plastique, Prol. III, 207, 16.

فُرْفُر *euphorbe ou euphorbier*, Bc. — *Papillon*, Bc, Hbrt 185. — En espagnol *alforfon*, qui semble une altération de ce mot arabe, signifie *blé noir ou sarrasin*.

فُرْفُورِي *porcelaine*, Cherb., Ht, Bc, *japon, porcelaine de Japon*, Bc, et de là بلاد الفرفور *Japon*, Bc; 1001 N. Bresl. IV, 378, cf. Fleischer Gl. 93.

فِرْفِير *pourpier*; ainsi dans le Most. (v° بقلة حمقاء), dans Bait. II, 255 c, et dans le Gl. Mânç., qui atteste toutefois qu'il a trouvé فرفين dans tous les man. de Djauharî; je crois cette dernière leçon (que Lane a aussi sous فرفح) mauvaise.

فُرْفِيرِيَّة *pourpre*, couleur rouge foncé tirant sur le violet, Most. v° ولزهر هذا النبات اللون مختلفة : ابريسا سطراطيقوس, aussi sous فيها بياض وصفرة وفرفيريةَ (Aster Atticus).

فرفش I c. a. *revolvere*, Voc., qui a aussi II; se dit au Maroc en parlant de la laine (revolver como lana), Lerchundi.

فرفص I *couper les os en petits morceaux*, M.

فرفط I, الخُبَّز, *émietter*, Bc. فرافيط خُبْز *des miettes de pain*, Bc.

فرفل I *comminuere terram*, Voc. — *Torcher, frotter*, Alc. (estregar entre las manos).

II quasi-pass. de I, Voc.

فُرْفُلَة (esp. forfolas) *furfure, crasse farineuse qui tombe de la tête*, Alc. (caspa de cabeça).

مُفَرْفَل *plein de furfure*, Alc. (casposo lleno de caspa).

فُرْفُلِيَّة dans la 1re partie du Voc., sans explication; peut-être = فُرْفُلَة (voyez plus haut).

فرفير voyez فرفين.

فرق II *débiter, répandre*, Bc. — فرَّق العساكر *casser, licencier des troupes*, Bc.

III. فارق الدُّنْيَا, en parlant d'un Soufi quand il est en extase, Djob. 286, 20. — Proprement *quitter quelqu'un, le laisser en paix*; mais فارق فلانا على كذا a reçu le sens de: *faire une trêve ou la paix* (ou صالحَ) *avec quelqu'un, sous certaines conditions*, Gl. Belâdz., Haiyân-Bassâm I, 46 v° وذكر ما فارق والبَنَا عليه من المخالفة معه. Ordinairement celui qui avait demandé et obtenu la trêve ou la paix, s'engageait à payer un tribut, Abbâr 121: والتزم حمل قطيع من المال فُورِقَ عليه عنها في بلد, 187, 6 a f., 200, 11, Haiyân 97 v°: وفارقت النجيبيّ على ضريبة من المال يحملها الى الامير من جباية البلد كل سنة, Recherches I, 160, 3 a f. de la 1re édit. De là vient que les expressions مال المُفارَقة, مال مفارقة et مفارقة فلان et فلان ont reçu le sens de *tribut*, Abbâr 97, 1, Haiyân 62 v°: منع مال المفارقة, 63 r°: وآلى ارسل اليهما مفارقتَه عنها, Abbâr 187: حمل مال المفارقة في بدء. (Corrigez en ce sens l'article de Lane).

IV *verser pour la seconde fois*, Alc. (derramar otra vez, chez Nebrija refundo). — *Effrayer, épouvanter*, Macc. II, 174, 5 (cf. فزَّى et Lane sous II à la fin).

V, au pl., *ils divisèrent entre eux*, Voc., Macc. II, 331, 1. — C. عن *quitter un endroit*, Gl. Belâdz.

VI. تفارقوا *se séparer*; كما تفارقنا *comme nous en sommes convenus en nous quittant*, Bc.

VIII *se séparer*, Rutgers 155, 4 a f. du texte arabe; le n. d'act. *divorce*, Alc. (descasamiento).

X. 1001 N. I, 83, 7: انثنيت يوما على عادتي الى البرية واستفرقت فيها, et de même dans Bresl. I, 213; Torrens traduit: *I wandered apart in it*.

فَرْق pl. فُروق *différence, contraste*, Voc., Bc. — *La raie de la chevelure*; de là من فرقه الى قدمه *de la tête aux pieds*, 1001 N. IV, 214. — *Monnaie*, Daumas V. A. 356.

فِرْق *bande, essaim*, Ht, p. e. de perdrix, Delap. 140, de personnes, Yâcout III, 886, 21, de factieux, Akhbâr 124, 11.

فِرْقَة *faction, secte*, Bc, Gl. Edrîsî. — *Fraction d'une tribu*, Daumas Kabylie 47, d'Escayrac 336, 349, Sandoval 266, Cartâs 75, 2 a f. — *Escouade*, Bc. — *Troupeau*, P. Badroun 100, 3 a f.: فرقة الغنم. — *Branche d'un fleuve*, Gl. Edrîsî. فِراق. On dit فراقه من فلان et فراقه لفلان, *sa séparation d'un tel*, Gl. Abulf.; فراق القبر *la dernière visite au cimetière*, Daumas V. A. 143.

فَريق est sing. aussi bien que coll., *chaque individu qui est réuni à un autre, mais qui peut en être séparé, ou bien, qui a été réuni à un autre, mais qui en a été séparé*, Fleischer Berichte 108 sur Macc. II, 582, 2. — *Division* d'une caravane, d'Escayrac 579. — *Classe*, Ztschr. XVIII, 552. — *Général qui* est au-dessus d'un commandant de mille hommes et qui porte le titre de pacha, M.

فَرِيقَة *fenugrec* (Syrie); — tisane faite de fenugrec, de dattes, etc., Most. v° حُلْبَة: ذكر ان عرب الشام يسمّونها الفريقة قال ابو حنيفة اخبرني بعض الشيوخ ان عرب الشام يسمّونها الفريقة وبذلك يسمّى النَّقُوع الذى يتَّخذ منها ومن التمر ومن اخلاط اخر فيسقى المرضى بالفريقة. — Piége pour prendre les jeunes faucons, où l'on met de la viande pour appât, voyez Guyon 221.

فَرِيق épithète d'une espèce de figue, Auw. I, 95, 16.

فَارْقِين (pers. بارکین ou پارکین) *réservoir d'eau au milieu d'une ville ou d'un village, ou fossé qui entoure les murs d'une ville*, Gl. Belâdz.

تِرْيَاق فَارُوقِي *mithridate*, espèce de thériaque, Bc. — شَرَاب الفَارُوقِي désigne aujourd'hui: tout ce qu'on fait prendre à un malade, M.

فَارِيقُون (ὑπέρεικον ou ὑπέρικον) *millepertuis*, Bc.

تَفْرِيق الصِّيَام. تَفْرِيق *déjeuné*, Alc. (propina desayunamiento). — Le pl. تَفَارِيق *divers*, Tha'âlibî Latâïf 37, 9: تَفَارِيق الالقَاب 10: ,97 ,تَفَارِيق البلدان Yâcout I, 8. — T. d'arithm., *soustraction*, M.

مُفَرِّق *chou étalé*, espèce de chou-fleur dont la tête se ramifie en plusieurs branches, Auw. II, 167, 7.

مُتَفَرِّق الرِّجَال. Dans les vaisseaux de transport sont المُتَفَرِّق, Amari 333, 5 a f., où Fleischer corrige المُتَفَرِّقَة; j'ignore ce qu'il faut entendre sous ce terme. — Les مُتَفَرِّقَة étaient des cavaliers qui avaient des fiefs, Wild 223, Schweigger 168, Vansleb 81; chez Coppin 206 on lit: « Les Mutaferagas et les Chiaoux, petits officiers employés par le Bacha », et le Dict. turc de Kieffer et Bianchi a. sous cet article: « cavaliers qui accompagnent le sultan dans ses voyages et sont chargés par lui de certaines commissions. » — باش مُتَفَرِّقَة *fourrier*, sous-officier qui cherche les logements et distribue le pain aux soldats, Bc.

فَرْقَاطَة (ital. et esp. fregata) *frégate*, Bc, M; chez Domb. 100 فَرْقَاطَة; cf. Jackson 5.

فَرْقَع I *faire du bruit*, Alc. (hazer ruido, ruydo hazer).

فَرْقَد est *Vénus* en Oman, et ailleurs *Arcturus*, dans la constellation du Bouvier, à la queue de la grande Ourse, Palgrave II, 263; الفَرْقَدَان (*gemini* dans le Voc.) *les gardes de la petite Ourse*, les deux étoiles du quarré, du côté opposé à la queue, Bc, α et β, J. A. 1841, I, 590, β et γ, Dorn 43, de cette constellation.

فَرْقَع I *résonner*, Alc. (sonar en derredor), Macc. I, 309, 15, 1001 N. Bresl. IX, 78. — *Rendre un son*, en parlant de choses qui se cassent, Alc. (sonar quebrando). — *Crever*, faire rompre avec effort, Bc. — *Frapper*, Alc. (cutir herir), 1001 N. I, 718: فَرْقَع بِذَنَبِه عَلَى ظَهْرِه

II *crever, se crever*, Cherb. C, Roland, Delap. 160. — *Craqueter*, en parlant du bruit que fait une lampe quand elle est sur le point de s'éteindre, Payne Smith 1502.

فَرْقَعَة *bruit*, Voc., 1001 N. II, 240. — Sorte de *fouet* du prédicateur à la Mecque; il l'agite dans l'air pour donner le signal de sa sortie, Djob. 94, Bat. I, 376, 379, 390, 394.

تَفَرْقُع *l'action de craquer, craquement*, Alc. (rechinamiento). — Pl. ات *castagnettes*, Alc. (castañuelas entre dedos).

فَرْقَلَة (φραγέλλιον, de flagellum), en Egypte, gros *fouet* garni de lanières de cuir, avec lequel on frappe les bêtes de somme et de labour, Fleischer Gl. 83—4, Lane M. E. I, 369, Bc, 1001 N. XI, 381.

فَرَك I, 1, chez Freytag, n. d'act. تَبْرِيك, de Sacy Chrest. I, ۴, 6; — *frotter*, Bc, Hbrt 199; فَرَك احْتَبَّه *se frotter les mains*, Bc. — S'emploie aussi en parlant d'attouchements lascifs, Macc. II, 560, 6, 1001 N. I, 62, 4 a f. — *Emier*, Bc. — *Tourner une vis*, 1001 N. II, 319, 320, 475, III, 104, 449, dern. l. (où l'éd. a un *techdîd*). — *Décamper, déguerpir, détaler, échapper* ou *s'échapper, escamper, s'esquiver, plier bagage, trousser bagage, enfiler la venelle*, Bc.

— N. d'act. فُرُوك et فُرُوكَة, *crescere* (in omnibus), Voc. — (Formé de l'esp. horca, فَرَكَ) *pendre un voleur*, Alc. (ahorcar, colgar el ladron, مَفْرُوك ahorcado, enhorcado).

V *s'émietter*, Beaussier, Bait. II, 122, en parlant de l'aloès socotrin: هُو سَرِيعِ التَّفَرُّك.

VII *se fendre, s'ouvrir*, Gl. Edrîsî, cf. sous فَرَك. —

S'émietter, Bait. I, 74 a: وهو لين جدًّا ينفرك بالاصابع، II, 123: واذا فركته انفرك سريعا.

فرِك qui s'ouvre facilement (amande), Gl. Edrîsî, M, qui a فرك, Most. v°: ابو حنيفة اللوز عرى: لوز حاو ويقال للرقيق (للبرخوN) القشر منه الذى ينفرك باليد لوز فرك وقال هكذا سمعه (سمعته l.) من بعض عرب الشام.

فَرِك voyez ce qui précède.

فَرَكَة (esp. horca) potence, gibet, Voc., Alc. (horca, rollo en donde ahorcan).

فَريك اللوز الفريك sorte d'amande facilement déhiscente, c.-à-d. que le moindre effort des doigts les ouvre en deux, voyez Becrî 41, 2, Cazwînî II, 372, 18; chez Alc. comme subst., n. d'un. ة, amande fraîche (alloza almendra fresca), almendrucos chez Lerchundi, c.-à-d. amande verte avec sa première écorce. — Dans L fruges et pulles, dans le Voc. frumentum, dans la trad. du Calendr. (mai) 57 spica tritici cum ustulantur, blé qui n'est pas encore mûr, Cherb., froment encore tendre et grillé légèrement au four, Bc; c'est, comme le l'écrit M. Cherbonneau, le blé de mai, le blé primeur, dont on fait un couscous de luxe; en ce sens Prol. III, 423, 14.

فريكة mets fait de فريك, M, espèce de حريسة faite avec du السنبل, qui remplace le froment, Ibn-Djazla.

القبلة المفروكة est, chez le vulgaire, une locution proverbiale pour désigner un homme lâche et d'une obéissance servile, M.

مَفْرُوكَة pâtes, mélange d'aliments en pâte, Bc; Vansleb 334: « La Mafruca se fait du Fatir, en le rompant en de petits morceaux, quand il est encore tout chaud, et aussitôt qu'il est tiré de dessous la braise; puis versant de l'huile d'olive dessus, et le pétrissant avec les mains, dans une grande jatte de bois, comme si c'était une pâte; » Thévenot I, 330 (Bédouins): « La mafrouca qui leur est un grand régale. Ils détrempent de la farine avec de l'eau dans une jatte de bois qu'ils portent toujours avec eux, et en font une pâte, qu'ils pétrissent bien; puis ils l'étendent sur le sable, la faisant fort mince en rond du diamètre d'un bon pied et demi; après cela ils la mettent sur le sable, sur lequel était le feu qu'on avait fait, et la couvrent de cendres chaudes, puis de braise, et quand elle est cuite d'un côté, ils la retournent de l'autre; étant bien cuite, ils la rompent toute en petits morceaux, et avec un peu d'eau la repétrissent y mêlant du beurre, et quelquefois aussi du miel, ils en font une grosse pâte, dont ils prennent de gros morceaux. » مفروكة اللبن pain au lait, Mehren 36.

فركك I deliciari, in cibo, potu et huiusmodi, Voc.

تَفَرْكُك delicie, Voc.

فركن I (formé de l'esp. horca, فَرْكَنة) pendre un voleur, Voc., Alc. (enhorcar).

II être pendu, Voc., Alc. (تَفَرْكَن ahorcadura).

فَرْكُوس perdreau, Daumas V. A. 431.

فرم II, أَسْنانَه, perdre ses dents de lait pour en faire de nouvelles (enfant), Bc; M donne en ce sens فَرَم الصبى.

فُرْمَة petit morceau, M. — Brèche à un vase, Ht.

فَرْمَة pl. فُرَم sorte de faux, Alc. (zimbarra). A ma demande si ce mot vient du latin forma, M. Simonet répond affirmativement, et il compare le cast. formon (ciseau de charpentier), cat. formador, port. formão, « a formando. » — Quantité de raisins disposés pour être pressés, Aboû'l-Walîd 567, n. 18, جماعة من العنب أُعدَّت للعصير. Nous supposons, M. Simonet et moi, que ce mot a la même origine; c'est forma dans le sens de: id quod adhibitis lignéis formis exstruitur (voyez Forcellini; Columelle VII, 8: liquor in fiscellas vel in calathos vel in formas transferendus est, VIII, 7: formis buxeis caseum exprimere, Isidore: fiscella, forma ubi casei exprimuntur). C'est donc proprement les bâtis à bois qui renferment les raisins qui doivent être pressés, puis ces raisins mêmes.

أَفْرَم (enfant) qui a perdu ses dents de lait et qui n'en a pas encore fait de nouvelles, M.

مَفارِم (pl.), qui se trouve dans le Diwan d'Amro'l-kaïs ٣٩, 1, est expliqué dans une glose du man. A comme chez Lane; mais de Slane, qui traduit medicamenta ad muliebria coarctanda (ce qui me semble plus approprié au contexte) dit (p. 112) qu'il a suivi l'explication donnée par la scolie du man. B.

فرماس *abricot sec*, Cherb. C, qui veut que ce soit *firmus* (?); ordinairement فرماس (voyez).

فرمان (M), *firman*, a les pl. فرامين et فرامنة, Bc, M.

فرمان (turc) *vergue*, J. A. 1841, I, 588, *antenne*, Bc.

فرمايج (بفجمة) شالٌ *châle de Perse à grandes raies*, Bc.

فرمق I *sourire*, Voc.

فرملة, en Barbarie, *veste*, Bc, *gilot à larges galons d'or, ouvert sur le devant, et garni de boutons, mais sans boutonnières*, Lyon 6, Hamilton 11, Michel 231, cf. Beaussier.

فرميلة *corset*, Ht.

فرن I *moudre*, Ht.

IV dans le Voc. sous *furnus*, *faire le métier de boulanger*, Alc. (hornear usar deste officio).

VII dans le Voc. sous *furnus*.

فرن, pl. vulg. فران, M, «est un four qui est à la disposition du public, je veux dire des ménages qui font le pain chez eux,» etc., voyez J. A. 1830, I, 319. — *Fourneau*, Voc. — *Moulin à bêtes de somme*, Beaussier, Ht.

فرنان *sorte de broussailles*, Barth V, 470. — *Chêne-liége*, Cherb. Dial. 79, Margueritte 147.

فرنبذ pl. فراني *sorte de gâteau*, Kâmil 174, 5, Khallic. XII, 3, 7 a f., où M. de Slane lit avec raison ainsi, au lieu de فرينة, Fakhrî 131, 12, Payne Smith 1164, 1244, 1670, cf. Lane. — *Sorte de prune*, Payne Smith 1243.

فرنبر (esp. *hornero*) *boulanger*, Voc.

فرنبة *sorte de variole*, voyez Guyon 241.

فرنان *fournier*, Bc, M; — *boulanger*, Voc., Alc. (hornero, fém. y hornera), Domb. 103, Bc, M, Lane M. E. II, 17, Mohammed ibn-Hârith 278, J. A. 1848, II, 244, 2 a f., 245, 3; nommé entre le طحّان et le خبّاز, Casiri I, 145, v. a. — *Meunier*, Ht. — Voyez sous جبس. — *Four*, Lerchundi. — *El ferrana, les dattes précoces*, Colomb 54.

(داء الثعلب وايضا الفرنبس) فرنبس *alopécie*, L (alopicia).

D'après une excellente observation de M. Simonet, ce mot doit venir de *porrigo* (inis), comme l'esp. *hollin* vient de *fuligo* (inis).

فرنتبيت *le ver de Guinée*, Niebuhr B. 126, Burton I, 372, cf. Barth III, 305; cf. فرتيت.

فرنج pl. ات *fornax*, Voc.

فرنجمشك (pers., proprement «musc des Francs»), souvent aussi avec le *bâ* (Most. La برنتجمشك, N برنجمشك et باذرنج, et خانجمشك (Most. v° برنتجمشك), Bait. II, 254 b, Bc) est expliqué ordinairement par الحبق الفرنفلي, *faux basilic*, *clinopodium*, Lane sous ce dernier mot, Bc, Bg, Gl. Manç., Bait. I, 132 a, 283 k, II, 254 b, Auw. II, 291, 17 (lisez ainsi; قيل هو الحبق القرنفلي; mais on trouve dans le Most.:

وقيل ليس به بل هو من بقول المائدة فوّاح

فرنجبية ou أم فرنجبية *espèce de machine de guerre*, Mong. 136, 137 a.

فرنس I *sourire*, Voc.

فرنسى *maladie vénérienne*, Hornemann 89.

فرنطال voyez أفرنطال sous l'*élif*.

فرنق.

فرناق (lat. *fornax*) *chambre qui précède l'étuve d'un bain à la mauresque, et où l'on entasse le fumier destiné à servir de combustible*, Cherb.

فرانق *courrier*, Diwan d'Amro'lkaïs t°, vs. 11, Berb. II, 352, 7 a f., 381, 9, 392, 7, 394, 4 a f., Payne Smith 1426; voyez surtout Lagarde, Gesammelte Abhandlungen 76—7.

فرانقية *courriers*, Payne Smith 1426.

فرنقلين (esp.) *francolin*, Alc. (francolin ave).

فرنك (fr.) *livre*, *un franc*, Bc, M.

فرو X *tâcher de procurer* à (ل) quelqu'un *d'excellents faucons*, Macc. I, 158, 13.

فَرْهَدَ strenuytas, vis (in bestia), Voc.; c'est pour فَرَاهِبَة, et le techdîd est de trop.

فَرْهَدَ I s'excéder, faire quelque chose jusqu'à l'excès, l'extrême fatigue, Bc. — Pousser, excéder, importuner, Bc.

فَرْو.

فَرْوَة, fourrure, pelisse, pl. فَرَاوِى, Bc, أَفْرِيَة, Voc., Khaldoun, man. IV, 12 v°. — Sorte de coiffure, Azraki 72, 5 a f., où le Prophète dit qu'il a vu 'Amr ibn-Lohaï dans l'enfer, يجرّ قصبه (يعنى امعاءه) فى النار على راسه فروة *

فرود وماهاس (pers., mais je ne le trouve pas dans les dict. de cette langue) nom d'une drogue, voyez Bait. II, 254 c.

فُرُوَيْس dans La, فُرُوَيْس dans N, limaçon, Most. v° حلزون.

فروصاهى espèce de poireau, Bait. II, 366 (AB).

فُرُوطَات combat naval, Alc. (pelea de naves por mar); proprement «flottes» (esp. flotas).

فَرْوَل I jeter sur l'épaule en guise de فَرْوَل, Bassâm III, 6 v°: وقد حمل كفاة فاعتقلها (ف)(biffez) وليس فروة « فرولتهما *

فَرْوَال peau de mouton, Barth V, 97. — Sorte de châle qu'on jette sur les épaules, Barth V, 704.

فرى I expliqué par أَسْرَعَ, Diw. Hodz. 55, 14; M. Wright ajoute: cf. Kâmil 38, 4, 263, 18.

IV c. عن et ل من fugere, Voc.

V c. عن faire voir en s'ouvrant, Hoogvliet 100, 13. — Se montrer, Macc. II, 369, 14.

VIII mentir sciemment, Alc. (mentir a sabiendas). — Calomnier, L (criminat يَفْتَرِى, criminator مُفْتَرِى), c. ب p., Bc, c. على p., Voc., M.

X c. على calomnier, Voc.

فَرِيَّة, calomnie, Voc.

فَرِيَّة mauvaise action, crime, L (crimen vel crimina), culpa, flagitium).

فَرِيَّة calomnie, Voc.

فَرَى grive, Hbrt 184.

pl. فَوَارِى rusé, Voc.

مُسْتَقْرِى charogne, Alc. (mortezino cuerpo = جيفة).

فَرْبَاس truffes blanches, Daumas V. A. 381.

فَرِيدَنَة acarne (poisson de mer); rondelle (poisson), Bc; chez Burckhardt قَرِيدَنَة (voyez).

فَرْبُول (ital. ferraiulo? cf. Vêtem. 334) longue chemise, fermée par devant et à manches amples, la Torre; cf. Beaussier.

فَرْبِيُون (?) voyez Macc. I, 230, 11, et cf. Lettre à M. Fleischer 29.

فَزَّ I sauter, M; c. على p. assaillir, Nowairî, man. 2 i, 161 r°: فَزَّ عليه باطنى فى زقّ حاجٍ فقتله; c. ل s'empresser de, Prol. III, 363, 1.

IV attaquer, assaillir, Ht.

X est le synonyme de اِسْتَخَفَّ, mettre quelqu'un hors de lui, c. a. p., et s'emploie en parlant du vin, de la joie, de la crainte, de l'ambition, etc., Gl. Mosl., Abd-al-wâhid 49, 2, Prol. I, 229, 10, Macc. III, 28, 13.

Djeld el-fezâzi, des peaux de buffle, Carette Géographie 96.

مُسْتَفَزَّة plaisir frivole, Calâïd 248, dern. l.: ما علمت له صبوًا ولا حَلَّت له الى مستنفزة حبوة، Macc. (II, 533, n. f) a مستنكر.

فَزَّرَ I. crever, Bc.

V crever, Bc.

VII crever; انْفَزَرَ مِنَ الأَكْلِ s'empiffrer, manger beaucoup, devenir extrêmement replet, Bc.

فَزَار semble signifier défilé, passage étroit, chez P. Macc. II, 136, 14.

فزع I c. الى s'empresser, dans son effroi, de faire une chose, Bat. III, 163: فزعوا الى تقبيل الارض, Bassâm II, 113 r°: ففزع (ابن عمّار) كما كان فى قيوده الى تقبيل رجليه. — Se rendre en toute hâte avec ب, vers الى, Akhbâr 130, 2, où il est question de cho-

فرك

vaux: لتكون معدّةً قائمةً لما عسى ان يفاجئها من امر; يَفْرَع النَبَه بها, c'est ainsi que je crois devoir lire, quoique le man. ait réellement يفرع, comme l'édit. — C. م p. respecter une femme, 1001 N. I, 367, où une femme dit: ان حصلت عنده ما فرع مني.

II c. في p. gronder quelqu'un, le réprimander avec colère, 1001 N. IV, 694, 2: ففرع فيه الملك ووخّد.

V s'épouvanter, Voc., Alc. (espantarse).

فَرْعَة alarme, cri pour faire courir aux armes, Bc.

فَزِعان craintif, effrayé, qui a peur, Bc, Arnold Moallakât ۴۸, 10, 1001 N. Bresl. XI, 85.

فَزوع contingent fourni par les tribus lors d'une expédition, Cherb.

فَوّاع dans le Voc. sous timere, craintif, peureux, Alc. (pavoroso medroso, temeroso con pavor).

مَفْزَع, au fig., désert, Berbrugger 91.

فَرْك

مَفْرَك humide, Domb. 108; chez Hœst 272 on trouve مَفْسَكَة laine humide.

فرن.

فَرّاني (du Fezzân) espèce de datte, Prax R. d. O. A. V, 212.

فس

فَسّ I, en Espagne, vulgaire pour فَصّ, Abou'l-Walîd 291, 3.

فَسّاس qui lâche souvent des pets, Voc.; c'est pour فَسّاء.

فَسْفَسَة scarabée, Domb. 67; dans la langue classique فاسيبا, فاسيبياء.

فسطان voyez فستان.

فُسْتُق فستق الصنوبر pignon, amande de la pomme de pin, Bc; Pagni MS a فستى suivi de Suri, pinei nuclei. — فستق العشرة nom d'un ornement de femme, M.

فُسْتُقي vert comme l'amande de la pistache, M, Voc., Damîrî I, 133 éd. de Boulac (article بغا): وقد أَهدى مُعِزّ الدولة بن بويه دُرّة بيضاء اللون سوداء

المنظار والرجلين على راسها دوابة فستقيه, 1001 N. IV, 472, 8 a f.

فُسْتُقِيَّة mets fait de bettes et de fèves, Amari 190, 13. — Petit bassin, réservoir, Ztschr. XI, 478, n. 4; la conjecture qu'on y trouve sur l'origine de ce mot, est confirmée par le M, qui le considère comme une altération de فِسْقِيَّة (pour فِسْقِيَّة).

فسح I. فسحوا من حولها ceux qui se trouvaient autour s'éloignèrent d'elle, Cartâs 32, 8 a f. — فَسَح لعامَين cet acte fixait à deux ans le temps que je devrais rester auprès de lui, Abbad. II, 162. — فسح الناس se frayer un chemin à travers la foule, 1001 N. I, 143, 14 et 19, 202, 13, Bresl. VII, 294. — Prendre l'air, se promener, 1001 N. IV, 471, 1.

II s'emploie comme I, فسح له في المجلس, M. — Elargir, M, Voc. — Espacer, Bc. — Rendre le temps tranquille, calme, Alc. (abonar el tiempo).

V prendre l'air, se promener, se distraire, se divertir, Bc, Yâcout II, 9, l. 9, 1001 N. I, 602, 4 a f, IV, 21, 471, 1.

VII se divertir, 1001 N. Bresl. II, 242 (deux fois).

فَسْح espacement, Bc.

فِسْح Pâques des chrétiens, tandis que la pâque des juifs s'appelle فِصْح, de Sacy Chrest. I, ۴۷, 6; mais cette dernière est aussi appelée فسح dans Aboulf. Hist. anteislam. 160, 15.

فُسْحَة voyez ce qui suit ici.

فُسْحَة a le pl. فُسَح, M, Voc. — Espace vide, Bc. — En esp. alfeiza, qui vient de ce mot, signifie embrasure. — Place, lieu public entouré de bâtiments, Bc, M, Cherb. Dial. 180, charte sicil.: الى الزقاق المامل عليه من البئر المالح الى فسحة باب البراج — Cour, espace découvert entouré de murs, Bc فسحة الدار, 1001 N. I, 184, 7 a f., II, 369, 9 a f. — Plaine, Calât 38 v°: ثم نزل باحَلَّة في فسحة من الارض, 1001 N. II, 144, 4 a f. — Appartement découvert, Lane M. E. I, 25, 228 (فُسْحَة). — Intervalle de temps, Alc. (intervalo de tiempo), 1001 N. I, 238, 1; cf. Khatîb 110 r°:

وانطلقَتْ ألسِنَتُهُمْ بالدعاء فى نَصْرِهِ وفساحَةِ عمرِه ودوام دولته (on lui souhaita une longue vie). — *Calme, bonace,* l'état où est la mer quand elle est calme, Alc. (abonança de tiempo). فَسْحَة. جعل له فساحَة *accepter les excuses de quelqu'un,* Macc. I, 51, 14: وقر يجعل فى المذكور فساحة ولا مندوحة بعد هذه الاعتذار لجمودة فى الصدق المفدوحة.

فَسْحَة voyez ce qui précède.

فُشُوح *galbanum,* Alc. (galbano); semble une des altérations de وَشَق (voyez).

فَسيح a le pl. فِساح, Gl. Edrîsî, Voc. — خَطّ فسيح dans le Voc. sous litera. — *Celui qui se meut librement,* Fleischer sur Macc. II, 165, 9 (Add. et corr. xi).

أَفْسَح *très-étendu, très-long,* Macc. I, 245, 11: وجلس للخمسى جانبًا حتى اكمل ابو ابرهيم مجلسه كافسح ما جرت به عادته ۞

تَفْسيح *extension,* explication dans un sens plus étendu, Bc.

مَفْسَح *spacieux* (lieu), Voc.

فسخ I *déconcerter, rompre les mesures, les desseins,* Bc. — فسخ اللون *déteindre, ôter la couleur, décolorer,* Bc. — فسخ الدم *décomposer le sang,* Bc. — C. a. *séparer les joints, les articulations d'un poulet,* 1001 N. I, 408, 9: وسلقتنا له فروجًا اخر وانت, 409, 9, II, 669, dern. l., III, 30, 3, IV, 558, 2 a f., Chec. 195 r°: ثامرت ان يذبح فروج. — وينظف ويشوى فى السفون ويفسخ فى وجهه حرارته فسخ *déteindre,* se déteindre, *perdre sa couleur,* Bc.

II *séparer les joints,* Abou'l-Walîd 735, n. 88.

IV (= I) *casser, annuler un compte, un acte,* Voc., Alc. (cassar la cuenta, cassar la escritura, مفسخ cassador de scritura). — *Falsifier, contrefaire, altérer,* Alc. (contrahazer falsando, falsar). — افسخ اللون *déteindre, ôter la couleur,* Bc. — فسخ الانطباع *désajuster, détruire l'égalité,* Alc. (desigualarse).

VII. نوئه انفسخ *se décolorer,* Bc, 1001 N. I, 223, 2, انفسخ اللون فى *se passer au blanchissage* (couleur), Bc. — Cf. plus loin le n. d'act.

فَسّاخ, chez les teinturiers et les orfèvres, *mauvais ouvrier, bousilleur, barbouilleur,* M. — Pour indiquer quatre degrés ou manières dans la doctrine de la métempsycose, on a formé, à côté de نَسْخ et مَسْخ, deux mots nouveaux, à savoir فَسْخ et رَسْخ, Chahrastânî 133, 2 a f., M.

فَسْخَة *jointure ou articulation qui a été séparée,* M. — *Branche d'un arbre,* Payne Smith 893, 1360.

فُسُوخ, en Barbarie, = حشيش, Burton I, 43 n. (il s'exprime d'une manière dubitative). — *Eclipse,* Ht, semble une transposition de خسوف.

فَسيخ *petits poissons salés,* Lane M. E. I, 289, II, 267, Burton II, 116 («the *fasîkh,* which act as anchovies, sardines, and herrings in Egypt»), M, Mehren 32, *hareng,* Hbrt 69, *hareng saur ou fumé,* Bc; فسيخ مَمْتَن *hareng peck ou pec, nouvellement salé, sans être encaqué,* Bc.

انفِساخ *fissure,* Bc. — انفساخ الدم *décomposition, dissolution du sang,* Bc. — بالانفساخ *faussement,* Alc. (falsamente).

فسد I *se passer* (couleur), A.c. (rebotarse la color). — فسد عليهم كل ما غرمه او فسد عليه ما كان عمله *il en fut pour ses frais,* Macc. II, 217, 16, 218, 8. — *Commencer le combat,* Alc. (romper batalla). — *Déformer, défigurer, rendre difforme,* Alc. (desformar lo formado). — *Piller,* Alc. (talar), Müller L. Z. 12, 3 a f.: وقصدوا قرى بلش وشرقية ملقة يريدون اخذ. — *perdre son crédit, faire faillite,* Alc. (quebrar el credito). — Voyez plus loin le part. pass.

IV *débaucher, jeter dans la débauche, corrompre la fidélité,* Bc. Le pass., en parlant d'une femme, *être violée,* Ictifâ 126 r°, en parlant de Julien: علم أن ابنته أفسدت. — أفسد عليه *débaucher, faire quitter le service de quelqu'un,* Bc, Nowairî Espagne 441: افسد عليه جنده. — *Déconcerter, rompre les mesures, les desseins,* Bc. — *Invalider,* Bc. — Mettre en déroute, Alc. (desbaratar batalla). — Pſüler, Berb. I, 16, 21, 25, 90, 94, 97.

V se putréfier, se gâter, Ht.

VII s'abâtardir, s'altérer, se corrompre, dégénérer, se dérégler, s'éventer, se gâter à l'air, se gâter, pourrir ou se pourrir, se putréfier, tourner, s'altérer, Voc., Alc. (corromperse de bien en mal), Bc, Yâcout III, 19, 13; s'adonner à la volupté, Alc. (enviciarse). — Se donner une indigestion, se gâter l'estomac, Alc. (ahitarse, dañarse el estomago). — En parlant du vin, prendre le goût du moût, Alc. (remostecerse el vino).

X c. مع p. se brouiller avec quelqu'un, s'en faire un ennemi, Mohammed ibn-Hârith 301: نذهبا عن — C. الى p. s'attirer la haine ou le mépris de quelqu'un, se rendre odieux à quelqu'un, Macc. II, 13, 6, Haiyân-Bassâm, I, 30 rº: واستفسدت ايضنا السعيد انزلنا أم عبد الملك والى ضيعتنا (رضيعتنا !) حمال (sic) أم ولدا mais il faut lire: III, واستفسد ايضا الى السعيد 142 rº القصة — C. a. p. remplir quelqu'un de haine, Aghlab. 16, 9: فلترّت زوجها البلس نخدع عبيد السرّيّن واستفسدته contra, على, un autre, ibid., 29, 2.

فسد pl. فساد perfidie, Alc. (quebrantamiento de fe).

فسدة chose cruelle, sanguinaire; carnage, tuerie, massacre, Alc. (carnicera cosa cruel, estrago de muertos, matança).

فساد commettre de mauvaises actions, se livrer au brigandage, au meurtre, etc., Gl. Edrîsî, ajoutez: Alc. (malhecho, tala), Abdarî 14 vº: Question: faut-il faire le pèlerinage مع فساد الطرق, «quoique les routes ne soient pas sûres.» — Libertinage, débauche, Gl. Edrîsî, 1001 N. III, 65, 2, où Bresl. (IV, 39, dern. l.) remplace فساد par لوط; pédérastie, voyez le R. N. sous عرض III; dans la même anecdote, le garçon dit: بين فساد ساستي الفساد في bordel, Bc. — Trouble, brouillerie, désordre, émotions populaires, guerres civiles, Bc. فساد المزاج signifie chez les médecins: l'enflure au commencement de l'hydropisie, et aussi: le commencement de la lèpre, Gl. Manç. in voce. — فساد المعدة ou المعدة في indigestion, Alc. (ahito, enpachamiento), M.

فاسد immoral, dissolu, débauché, Bc. — T. de médec. peccant, Bc. — الماء الفاسد, à la cour de Maroc, vin et eau-de-vie, Hœst 223.

مفسدة qualité pernicieuse, de Sacy Chrest. I, ١٣٣, 8. — Le pl. مفاسد brigandages, Berb. I, 95, 15.

مفسود corrompu, altéré, Gl. Abulf., Payne Smith 1176; gâté (œuf), Ietifâ 125 vº: انفخت الى ابيها مفسودة; poussé (vin), gâté par une chaleur qui le fait fermenter hors de saison, Alc. (rebotado vino); chose dont la couleur s'est passée, Alc. (rebotada cosa en la color); مفسود الدم scorbutique, Bc. — Mis en déroute. Alc. (desbaratado ser).

فسر II énumérer, Lettre à M. Fleischer 107.

V dans le Voc. sous exponere; ينتفسر déchiffrable, explicable, Bc.

X se construit c. a. r., Macc. I, 888, 5 (lisez ainsi, cf. Lettre à M. Fleischer 144), ou c. a. p. et عن r., Badroun 174, 2 a f.

فسار (syr. أعقشا, أفسار, أفسار, du pers. فسار, licou, Payne Smith 1749, Bar Ali 4740.

تفسير doit avoir un sens particulier dans Freytag Locm. 51, 2 a f.: فلحقنا الجهندار بالخلع والتفسير.

تفسيري interprétatif, Bc.

مفسر explicateur de songes, R. N. 29 rº: دخل عليه ابو شيخ المفسر فقال اصلح الله الامير رايت لك انبارحة رويا حسنة, 31 rº.

فسطاط, autre forme فستاط, aram. פסטט, est le byz. φοσσάτον, de fossatum, camp. Campement, Cherb. — Pavillon, tour de lit attaché au plancher en forme de tente, Alc. (pavellon de cama).

فستان (turc فستان) pl. فساتين, aussi pl. فساتين, cotte, jupe, robe pour femme, non ouverte par le milieu, Bc, Bg 806, M; تحتني فستان cotillon, jupon, Bc.

فسفس

فسفس, punaise, n. d'un. ة, Bc, Hbrt 71. فسيفساء et فسافساء mosaïques, Maml. II, 1, 272, Mocaddasî 158, 8 et n. e, et ailleurs.

فسيفسة petite pustule sur la peau, M.

فسق I se construit c. ب p., بأمر, Badroun 73, 5 a f., 1001 N. I, 342, 6 a f.

II, en parlant d'un juge, *récuser un témoin*, M: فَسَّقَ القَاضِى الشَّاهِدَ ضِدَّ عَدْلِه. — En parlant du grand juge, *déclarer qu'un juge inférieur a violé la loi*, Bat. I, 220.

فِسْق *l'action de commettre avec persévérance un péché quelconque, mortel ou véniel*, M; *perversité, déportements, mauvaise conduite, mauvaises mœurs, paillardise, ribauderie, prostitution*, Bc.

فِسْقِى *putassier*, Bc.

فِسْقِيَّة voyez فِسْقِيَّة.

فِسْقِيَّة, M, aujourd'hui en Égypte فِسْقِيَّة, Lane M. E. II, 45, 48, et ainsi 1001 N. 1, 3, l. 7, *bassin avec jet d'eau, fontaine avec bassin et jet d'eau, petit château d'eau*, Bc. — *Cimetière*, Bc, Ibn-Iyâs cité par Quatremère Becrî 40: اختفى فى فسقية المزى.

فَساقى *pauvreté, indigence, misère*, Alc. (lazeria por mezquindad).

فاسِق. Le pl. فُسَّاق, M, Voc., Alc., فَسَقَة, Bc; *mauvais sujet*, Becrî 184, 14, *celui qui vit en concubinage*, Alc. (amancebado), *paillard*, Bc, *pédéraste*, Alc. (puto que haze).

فاسوق, n. d'un. ة, *tique*, M. — Transcription du mot talmudique פסוק, *vers de la Bible*; Saadiah emploie فواسيق et فواسوق comme pl., comment. sur ps. 36, sur ps. 68, et dans l'appendice.

مَفْسَقَة pl. مَفَاسِى *bordel*, Voc.

الأفسقات *certains jours pendant lesquels les juifs ne boivent pas d'eau, de crainte de devenir malades d'hydropisie*, M.

فَسْقَل II c. عن *se séparer de*, Ztschr. XXII, 74, 6, 117.

فُسْكَرَة *écheveau*, Roland.

فسل.

فَسْل. Dans les 1001 N. Bresl. IV, 379, 2 a f., on trouve un pl. فسال qui doit signifier *bêches ou pioches*, si toutefois la leçon est bonne. — Pour l'hébreu פֶסֶל, *image*, pl. فسول, Saadiah ps. 78, vs. 58, ps. 97.

فَسْلَة *échauffourée, entreprise sans succès*, Bc.

فسو I c. ب *laisser sortir comme on laisse sortir une vesse*, Tha'âlibî Latâïf 126, 2.

II *vesser, lâcher une vesse*, Bc (= I). — C. a. *faire vesser*, Voc.

فَسْوَة pl. فِساء *vesse*, Voc., Bc.

فَسِيَّة *vesse*, Bc.

فَسَاء, فَسَاء الكِلَاب, en Égypte, *ortie pilulifère*; — *chénopode blanc, arroche sauvage*; — *cacalie*, probablement la cacalie à feuilles d'arroche, Sang.

فَسَايْنَة, en Afrique, *becfigue*, Bg, Hœst 297.

فَسَّاى *vesseur*, Bc.

حَرْسَه فَش (vulg.) *pourquoi*, Voc.

فش I. فشّ خَلْقَه ou الهَمّ *exhaler sa colère, sa douleur*, — *décharger sa bile, sa colère*, هَمّ فشّ *évaporer, soulager son chagrin*, Bc; فشّ خَلْقَه فى فلان *soulager sa colère, qu'A a causée, par des discours, des plaintes qu'on adresse à B*, M; aussi فشّ *seul, épancher son cœur* ou *s'épancher*, Bc. — فشّ الوَرَم *désenfler* ou *se désenfler, cesser d'être enflé*, Bc, M. — En parlant d'une serrure, proprement *l'ouvrir sans clef, par ruse* (حِيلَةً ومَكْرًا), M, cf. Lane et 1001 N. Bresl. III, 293, dern. l.: فَشَّتِ الضَّبَّة بِحَاجِر (cf. 294, 4); mais le vulgaire dit فشّ المِينَ, dans le sens de: خلعه دفعًا وهو مقفول, M.

II *combattre les flatuosités, les vents*, Chec. 208 r°: احتيجى الى التفشيش, *ibid*.: تفشيش الرياح, *ibid*.: الحشائش المفششة للرياح. — Dans le Voc. sous fascia.

IV *combattre les flatuosités, les vents*, Bait. I, 37 b: cette plante يُفَشّ الرِياح (les voyelles dans A), 168 b: يَعْقِل البَطْن ويفشّ الرِياح; *combattre, neutraliser les flatuosités que causent certains légumes*, Anw. II, 89, 14 et 15, en parlant des fèves: le thym رياحَها بَين بَعدهِ الفُودَنَجُ والنَعنَعُ والكَوْنُ فَهِى تَفشّ رياحَها أيضا; *combattre les scrofules*, Bait. I, 49: يَحلِّل ويَفشّ الخَنازير.

V *s'évaporer*, Chec. 217 v°: il ne faut pas manger ou boire quelque chose de froid après le bain لأَنّ

فشتال 268 فشر

للحرارة من داخل البدن قد تفشّشتْ وبرد بادن الجسم فاذا دخل شراب بارد بالفعل ربّما اجفعت (أتفَّأ،) الذى يبقى. — *Se faire prier*, Roland. — Dans le Voc. sous *fascia*.

VII *être poreux*, Chec. 189 v°: l'eau de puits ressemble à l'eau de source, لانها (المياه) تختلف فى انفشاش; والكيفيّة من جهة تلزّز الارض وانفشاشها comme est ici l'opposé de تلزّز, qui signifie « compacité, » il faut le traduire par *porosité*. De même Prol. III, 230, 13, où il est question du levain: il convertit la pâte en sa propre substance وتعمل فيه ما حصل فى الخبز من الانفشاش وانفشاشها. M. de Slano traduit « se gonfler: » je ne vois pas comment ce verbe aurait ce sens, mais on sait que le levain donne de la *porosité* au pain. — En parlant d'un arbre, *dépérir*, Auw. I, 157, 9 a f.: علمنا انه من مادّة تذيبهة رقيقة سريعة الانفشاش.

فَشَّة *mou*, poumon de veau ou d'agneau, Bc. —
فَشَّة (esp. faxa, faja) pl. فشش *bande*, Voc. (*fascia pueri vel equi*); chez Alc. فيشة (voyez).

فشّاش *celui qui fait un instrument pour forcer une serrure*, M (الذى يهيّئ لغلق الباب ما يفتح به).

فِشْتال pl. فشاتل *mâle de mouflon à manchettes*, Beaussier, Shaw. I, 255, Daumas Sahara 217—8, Ormsby 70, Colomb 17.

فشتانى *espèce de burnous*; Marmol, II, 71 c, dit en parlant de la ville de Tefza, « que d'autres nomment Fistola, » dans la province de Tedla: « Labranse en olla ricos albornozes que llaman Fixtelis, y alquiceles, y otros paños de lana muy delgados y finos, que llevan los mercaderos a Fez, y a Marruccos. » Je soupçonne que ce mot a été formé de فشتال, mouflon.

فَشْتُول pl. فشاتيل, en Espagne, *coiffure de femme*, Alc. (velo o toca de muger). M. Simonet m'apprend qu'il a trouvé ce mot écrit avec ces consonnes dans une charte arabe, mais que malheureusement il a perdu son extrait. D'après le P. Lerchundi فشتول est aujourd'hui une coiffure que portent les juives et qu'elles nomment أقبّة.

فشج I *marcher*, Hbrt 43, mais c'est *enjamber, faire de grandes enjambées, marcher à grands pas*, et l'on dit والعامّة تستعمل فشج, Bc, M: فشختات كبار, والغشخة للتخطّو الواسع والغشخة للواحدة منه. La II° forme s'emploie dans le même sens, Bc. C. على p. *marcher sur quelqu'un et l'enjamber*, M. — *In re venered, écarquiller les jambes*, comme فرشج, 1001 N. Bresl. X, 289, 4 a f.

II voyez I. — *Ecraser*, Ht, 1001 N. Bresl. II, 109, 1. — *Blesser à la tête*, Cherb. C (Bou Saada).

V *écarquiller les jambes*, Bâsim 96: وحلّ لباسه وتفشّج عليها واخرج احليله من انطافه واراد ان ينشج عليها.

فَشْخَة *enjambée, grand pas*, Bc, Hbrt 43, M.

مفشّج *à califourchon*, Bc.

زيتون مفشوخ *des olives que l'on a eu soin de fendre pour en ôter le noyau, avant de les confire au vinaigre ou à l'eau*, 1001 N. Bresl. I, 148, 12, où il faut lire ainsi, au lieu de مفسوخ, Fleischer Gl. 58.

فشر I et II *babiller, bavarder, craquer, gasconner, hâbler, verbiager*, Bc, Hbrt 240, M, Fleischer Gl. 36, 1001 N. Bresl. XII, 292. — I *labourer*, Ht.

فَشْر *bavardage, charlatanerie, charlatanisme, gasconnade, hâblerie, radotage, rodomontade*, Bc, vanterie, *jactance*, Hbrt 240, 1001 N. IV, 685, 5 a f., 699, 6.

فَشْرَة *craquerie, hâblerie*, Bc.

فشروى *bavard*, Mehren 32; mais ce terme, comme me l'a fait observer M. de Goeje, a dans le Hazz al-cohouf un sens plus largo, celui de *sot, stupide, niais*; ainsi on y trouve plusieurs fois مسئلة غبائية suivi de الجواب الفشروى: p. 70 الجواب الفشروى, 3: لغائة الفشرويّة, ومن اشعار الفشرويّة: 54, الفشرويّة. Il faut restituer ce mot dans les 1001 N. I, 191, 6 a f., où il est altéré en فشروى: فقال له الوزير فيما تفكر فقال له فى اى معقول الفشروية التى مثل عقلك فابه زلو كان عندك عقل ما كنت فعلت معى هذه الفعلة, l'éd. de Boulac le remplace par السخيفة.

فَشَّار *bravacherie, fanfaronnade, forfanterie, jactance, rabâchage, vanterie*, Bc, الكلام الفشار 1001 N. IV, 277; cf. حمأ.

فشور *nectar*, Voc.

فشطال 269 فشل

فِشَارَة‎ hâblerie, vanterie, jactance, Hbrt 240, bavardage, 1001 N. Bresl. VII, 280.

فَشَّار‎ abatteur, celui qui se vante de faire de grandes choses, babillard, buvard, bravache, capitan, fanfaron, charlatan, craqueur, hâbleur, rodomont, vantard, Bc, Hbrt 240. Je crois devoir restituer الفَشَّار‎ dans les 1001 N. I, 240, 2, où Macn. et Bresl. ont الانشار‎, et Boul. العشار‎.

فَشْرَا‎ (Most., Bait.) ou فاشرى‎ (Bc), pas فاشرى‎, comme dans Freytag et M), couleuvrée ou bryone, est d'origine syriaque selon Vullers. Quant au mot qui suit chez Freytag, je trouve chez Ibn-Djazla, dans le Gl. Manç. et dans les man. de Bait., les variantes فاشرشتين‎ et فاشرشتين‎ ou فاشرشبين‎.

فُشْطَال‎ (esp.) futaine, Alc. (fustan).

فُشْطَان‎ même sens, Bat. I, 351 (lisez ainsi); Beaussier donne: étoffe brodée que les Mauresques mettent par-dessus le pantalon quand elles sortent.

فُشْطَة‎ (esp.) fête, Alc. (feria o fiesta, fiestas de Baco, fiestas de ydolos, fiestas de los dioses).

فشغ

فشغ‎ smilax aspera, Bait. II, 256 b, 358 d; écrit ainsi dans mes deux man.

فِشِيع‎ lierre, Most. v° يغْدلين‎ (yedra).

فُشَقَ‎ pour وُشَقَ‎ (voyez).

فَشْقَر‎ I, الزرَعَ‎, engerber, mettre en gerbes, Voc.
II quasi-pass. de I, Voc.

فَشْقَر‎ pl. فَشَاقِر‎ amas de gerbes, Voc.; est le mot aragonais fascal, « dizeau, amas de dix gerbes ensemble; » au Maroc فَشْقَر‎ s'emploie encore dans le sens d'amas de blé, d'oranges, etc. (Lerchundi).

فشك

فَشَك‎ (turc فَشَكِى‎, فَشَكِى‎), n. d'un. ة‎, fumier, M, Hbrt 180.

فَشَك‎ (turc فَشَك‎), n. d'un. ة‎, cartouche, M, Bc. فشاك‎ cartouche, Ht.

فشاكة‎ fusée, pièce d'artifice, Bc; chez Ht فشكة‎ pl. فشك‎ en turc même sens.

pl. فواشيك‎ فوشيك‎ cartouche, Bc.

فَشْكَر‎ I (cf. l'ital. prendere il fresco, frescura, etc.) prendre l'air, se rafraîchir, Bc (Alger).

فَشْكَل‎ I c. a. confundere alium, Voc.; il a aussi ce verbe, c. a., sous dubitare.
II dubitare, Voc.; il a aussi cette forme, c. بـ‎, sous confundere alium; c. من‎ verecundari. — Buter, chopper, Bc.

فَشْكَلَة‎ confusio, Voc.

فَشَل‎ I être émoussé (épée), Gl. Mosl. — Perdre courage, Khaldoun Tornberg 13, 6 a f.: لم فشل ابن‎ ... صلبحة وجهده للحصار‎. — فَشَل‎ dans la langue vulgaire, n. d'act. فَشَل‎, se fatiguer, se lasser, être las, Voc., Alc. (cansarse, fatigarse o cansarse). — فشلت‎ المادّة‎ l'affaire a mal tourné, Bc.
II lasser, fatiguer, Voc., Alc. (cansar a otro, fatigar a otro).
V tenter une chose sans succès, M.

فَشَل‎ Anelitus وتنفس‎ فَشَل‎, L. — Fatigue du corps, Alc. (fatiga del cuerpo).

فَشَل‎, pl. أَفْشَال‎ Kâmil (Wright).

فَشَل‎ engourdissement, Bc. — Poltronnerie, Bc. — كلام الفشل‎ discours inconvenant, M.

فَشَل‎ يد فشلة‎ bras estropié, Bc.

فَشْلَة‎ fatigue, Alc. (cansacion, fatiga del cuerpo).

فُشَال‎ nom d'une plante dans le Most, v° عيفسطابيدلس‎ et سليمخذة‎; j'ignore de quelle plante il s'agit, car il semble y avoir de la confusion; mais comme فُشَال‎ (les voyelles dans N) est expliqué par مُغَيْزِل‎, petit fuseau, c'est sans doute fusellus (dimin. de fusus), esp. husillo, qui a ce sens; cf. Dodonæus 243 a, qui dit en parlant de l'atractylis: « On l'appelle aussi fusus agrestis et colus rustica, parce que les femmes faisaient de sa tige roide des fuseaux et des quenouilles. »

فَيْشَل‎ pl. فَيَاشِل‎ le membre viril, Alc. (cajo o carajo).

أَفْشَل‎ gaucher, qui se sert ordinairement de la

main gauche au lieu de la droite, M. — *Estropié du bras*, Bc. — اليد الفَشْلاء *la main gauche*, M.

تَفَشُّل *repos, délassement*, Alc. (descanso).

فشن

فَشَّة *cacade, décharge du ventre*, Bc.

افْشين (grec ἀفْتَجَى, qui signifie « prière, » M, c.-à-d. εὐχή) pl. الافْشِين *certaine partie de la prière dans l'Eglise grecque*, M.

فشو

فَشَا I, synonyme de عَمَّ, شَمَلَ, etc., Gl. Edrîsî. — *S'évanouir*, Ht.

II c. a., dans le Voc. sous *publicare*. — *Dilater*, Prol. I, 155, 14.

IV, يَفْشِي أَهْلَها *il répandra l'éloge de ses habitants*, P. Becrî 35, 14.

V dans le Voc. sous *publicare*. — *Se dilater*, Prol. I, 155, 13, 2 a f., 156, 6.

فَشَّاء *Delator*, دَلِيلُ فَشَّاء, L; est-ce فَشَّاء؟

فَاشٍ *indiscret* (= يَفْشِي السِّرَّ), Bc.

فص

فَصَّ II *orner de pierreries*, Fleischer Gl. 105, Rutgers 147, 12, 149, 169, 1, 173. On incrustait aussi de pierreries les murailles et les battants des portes, Yâcout I, 213, 20, 214, 6, 9, 11; dans Becrî 66, 8, où il est question d'un mur, il ne faut donc pas traduire avec M. de Slane « orner de panneaux. » *Incruster de carreaux plus ou moins grands de marbre, ou autre substance; couvrir de mosaïques*, Maml. II, 1, 270. — فَصَّ بَالْوَزْر *émailler*, Bc. — *Couper, tailler des pierres en morceaux*, Auw. I, 635, 6: المُفَصَّصُ العَجْمَى, dont il faut couvrir les racines des arbres. — *Ecosser, tirer de la cosse, dérober, ôter la première enveloppe des fèves des marais*, Bc. — *Lâcher un pet*, Voc.

فَصّ (transcription de πεσσός (Fleischer Gl. 105—6, corrigé dans son édit. des 1001 N. XII, Préface, p. 94) dans les premières signif. qui suivent ici). *Un échantillon de pierrerie, un chaton*, Maml. II, 1, 270, Fleischer l. l., L: *iacynthus*. — فَصّ سَماوِى المَزادى *Quartier de pierre, gros ou petit* (cf. Amari 29, 10); *un carreau de pierre ou de marbre, un fragment qui* entre dans la composition d'une mosaïque, Maml. l. l. — *Dé* (pour jouer), Fleischer l. l. — *Taie sur la cornée, sur la pupille, ou prunelle de l'œil*, Sang. — Avec ou sans البيض ou بيضة, *jaune d'œuf*, Voc., Alc. (yema de guevo), Domb. 61, Bc (Barb.), Hbrt 17, Auw. I, 645, 7: او بِبَصوصِ البَيض, mais il faut lire avec notre man. بِفَصوص. — *Ecaille de poisson*, Bait. I, 245 c, en parlant du جِرِّى ou *Silurus Glanis*: الجِرِّى سمك: جِر, M sous لَيسَ لَه فُصُوص ولا رِيشٌ ذَنِيل امْلَس لا تَاكلَه اليَهود وليس عليهِ فَصّ. — *Gousse, enveloppe de grains*, Bc. — *Le texte* d'un livre, M. — *Bruit, craquement*, Alc. (traque o traqueadura, traque por el sonido فَصّ). — *Pet* (فَصّ), M. — Cf. avec le dernier paragraphe de l'article de Lane, Kâmil 239, 11: احسن فيه واصاب الفَصّ.

فَصَّة *trèfle, luzerne*, Bc, M; chez Pellissier 347 *fas* («espèce de trigonelle, la seule plante fourragère que j'aie vu les Arabes cultiver»); فَصَّة chez Beaussier est une mauvaise orthographe; فَصَّةُ المَاءِ *ménianthe, trèfle d'eau*, Bc.

فَصَاصَة. Sous *traqueadera*, mot que mes dict. n'ont pas, Alc. donne facáça, pl. facacín. La comparaison de ce qu'il a pour فَصّ (voyez) me fait soupçonner que le premier c doit être aussi ç.

فَصَّاص *celui qui enchâsse des pierres précieuses dans des bagues*, M.

مُفَصَّص *mosaïque*, Gl. Edrîsî. — *Qui a la couleur du galbanum*, Alc. (galbanado deste color).

فصح

II c. a. dans le Voc. sous *eloquens*.

IV, dans le sens de *cœnam paschalem celebravit*, c. ب *cibi*, افصح بالخبز ولخمر, Gl. Abulf.

V *prononcer un discours oratoire*, Alc. (orar como orador).

فِصْحِى *pascal*, Bc.

فَصِيح *trouvère errant*, Daumas Mœurs 285, où *Fesfehh* est une faute d'impression pour *Fessehh* (Daumas MS); فَصَّاح chez Beaussier doit être une faute, car il donne le pl. فَصَّاحَة.

تَفْصيح *proclamation*, Ht.

فصد

IV dans le Voc. sous *minuere sanguinem*.

فصع

VII *être saigné*, Voc., Bc.

فِصَادَة *saignée, phlébotomie*, Voc, Bc, Daumas V. A. 426.

فَصَادِيَّة *ruban avec lequel les dames mettent ensemble les tresses de cheveux*, M.

فَصَّاد *saigneur, chirurgien*, Alc. (sangrador), Bc.

فَصَّد même sens, Khallic. I, 384, 3 Sl.

فصع.

اِفْتَصَع *pied bot*, homme qui a le pied contrefait, *estropié du pied*, Bc.

رَجُل مَفْصُوعَة *pied bot; pied estropié*, Bc.

فَصْفَص I, العظام, *séparer les os*, M.

فَصْفَصَة vient du persan اسپست ou اسفست, Bait. II, 257 b; chez Alc. (alfalfa) فَصْفَصَة.

فصق.

فُصَقِيَّة pl. فَصَاقِيّ *bande*, Voc. (fascia), *fazquia* dans l'Alexandre (copla 1819). Dans le man. de l'Escurial des canons, l'étole ou longue bande d'étoffe, que les prêtres portent au cou, lorsqu'ils remplissent certaines fonctions ecclésiastiques, et qui s'appelle aussi *orario*, est nommée فَسْقِيَّة وهو الغَسْقِيَّة الّتي اورارِيَه, بقدّس بها et plus loin: فَسْقِيَّة مُثْنِيَة «une étole double ou doublée.» — *Soufflet, coup du plat de la main*, Voc.

فَصَل I *vider, terminer*; فصل دعوى *juger, juger un procès; décider, régler un différend*; فصل دعوى *trancher une question*, Bc, iudicare, Voc., Bat. I, 35: قعد للفصل بين الناس, II, 190, Müller 2, l. 2: فصل الحُكْم, 12, dern. l., de Sacy Chrest II, ٦٦, 3: فصل بين ارباب الدين من غرمائه «juger entre les créanciers et leurs débiteurs.» — Dans le sens de *transplanter de jeunes palmiers*, n. d'act. فَصِيل, Calendr. 22, 2. — فصل الثمن *marchander, disputer sur le prix; convenir d'un prix*, Bc; M: فصل البضاعة بكذا اى عيّن ثمنها — *Acheter*, 1001 N. III, 433, 3 a f.: فقالت ان زوجى يبيع الرقيق فاعطانى خمسة مماليك ابيعها وهو مسافر فقابلى الوالى ففصلهن منى بالف دينار وماتين لى, 435, 4.

فصل

II *analyser, décomposer*, Bc. — *Articuler*, déduire par articles, Bc. — *Tailler*, en parlant d'une étoffe, d'un habit, aussi au fig., فصّل في العريض *tailler en plein drap*, avoir tous les moyens de succès, Bc. — *Tailler* du corail, Gl. Edrîsî. — فصّل الدعوى *décider, terminer un différend*, Bc. — صُوَر التفصيل, Macc. I, 364, 13, ne m'est pas clair; quatre man. ont صه.

III *traiter de*, négocier pour vendre, acheter, louer, Bc, M.

IV *distinguer, séparer*, Alc. (distinguir apartar uno de otro). — افصل المولود *il est temps de sevrer l'enfant*, M. — افصل المريض *le malade est mort*, M.

V dans le Voc. sous *scindere* (vestes). — *S'expliquer définitivement*, Roland.

VII, dans le sens de *sortir d'un endroit, le quitter*, non-seulement c. عن, mais aussi c. من, Abbad. I, 167, n. 548, Djob. 274, 19. — C. عن p. *se séparer de quelqu'un, rompre avec lui*, Bc. — C. عن *disconvenir de*, Macc. III, 439, 9: اعترض عليه ابن الصباغ اربع عشرة مسئلة لم ينفصل عن واحدة منها وانفصل الامر على — بل اقرّ باخضاعه فيها ذلك «la chose se termina ainsi,» de Sacy Chrest. I, ١٣٣, 3, على ايش ينفصل الحال «comment cela finira-t-il? Comment l'affaire se terminera-t-elle?» Bc. — Le sens de ce verbe ne m'est pas clair dans ce passage de Macc. II, 521, 6: وكان يرى ان الطلاق لا يكون الّا مرّتين مرّة للاستبراء ومرّة للانفصال ولا يقول بالثلاث وهو خلاف الاجماع

VIII c. من p. semble signifier *se faire justice à soi-même, se venger soi-même sur quelqu'un*, car dans les 1001 N. I, 293, 9, quand Nour ed-dîn est en dispute avec le vizir, tous les marchands lui font signe comme pour lui dire: «افتصل منه par aucun de nous ne prendra sa défense;» après quoi Nour eddîn jette le vizir par terre, etc. Dans Bresl. (III, 106, 2) l'expression est افتصل منك اليد.

فَصْل, dans le sens d'*article, chapitre*, etc., pl. فُصُول, Bc, M. — *Point*, marque pour séparer les phrases, Alc. (punto que demedia la sentencia). — *L'expression* d'une pensée, d'un مَعْنَى, Macc. II, 450, 5 a f.: مميّز في كل معنى وفصل, 599, dern. l.,

فصل 272 فصم

Calâïd 59, 1: باعتذر بعذر مختلّ المعاني والفصول؛ synonyme de قَوْل, Macc. I, 543, 9: فإن من المقبول انّى اشتهر وراق فصله وبهر قوله‏" (lisez ainsi avec M. Fleischer); Bayân II, 60, 9: كان فصيحا بليغا حسن التوقيع جيد الفصول. — Comme adj., *juste, vrai*, ou *clair*, ou tenant le juste milieu entre une concision exagérée et la prolixité; ainsi dans l'expression coranique فصل الخطاب, sur laquelle on peut comparer Baidhâwî, Comm. sur Sour. 38, vs. 19; قول فصل, de Jong, Macc. I, 375, 7, Mohammed ibn-Hârith ألقى اليه كلاما فصلا قليل اللفظ كثير المعاني 282: للحكم؛ fém. ة, Bayân II, 111, 8 a f. — *Opportun*, Alc. (oportuna cosa con sazon). — *La tête du hautbois*, Descr. de l'Ég. XIII, 399. — فصيل *épizootie* فصل الغنم *claveau ou clavelée*, maladie contagieuse des brebis, *tac*, Bc. فصل الفلاليس pl. فصل, chez Alc. pollazon criacion de pollos, que Victor traduit par nourriture ou nourrissement de poulets, couvée des poussins, pastura, o mangiare de polli, o de pulcini, Nuñez: couvée d'une poule.

فَصْلَة *pièce d'étoffe*, Ibn-Bat. Bat. IV, 3 (lisez ainsi, au lieu de فضلة).

فُصُول *façon*, Ibn-Bat.

فَصِيل *avant-mur*. Le pl. فصل (voyez plus loin) se prononce aussi فُصُل, Gl. Fragm., Saadiah ps. 48. Dans L on trouve: mansiungula, فصيل; Raphelengius en fait mansiuncula, et Scaliger ungula; je crois devoir lire muricingulum. Le man. avait mansugulu; ensuite un point a été mis après s et un i au-dessus. — *Vestibulum* (locus ante fores, idem ante ostium templi) مَدْخَل وَفَصِيل, L, porticus, Voc., avec les pl. فُصْلان et ات Ḥaiyân 55 vº: وضبط بنفسه باب الفصيل الذى يتوصل منه الى مجلس الوليد واصعد غلمانه Macc. I, 251, 3, où وغلمان الوليد على سقف الفصيل il est question des frères de Hacam II, que ce monarque, à son avénement à l'empire, avait fait venir au palais d'az-Zahrâ, afin qu'ils lui prêtassent serment: فساق جميعهم الزهراء فى الليل فنزلوا فى مراتبهم بفصلان دار الملك, cf. l. 12 et 18, où l'on trouve le pl. فصل؛ فصيل القصر, Abbad. II, 119, 8, semble avoir le même sens.

فَصِيلَة Le pl. فَصَائِل, Kâmil 536, 3; *morceaux*, Prol. II, 324, 2 a f., 325, 1.

فَصَّال *tranchant* (épée), M.

فَاصِل *juge*, Voc. — Pl. فواصل *intermedium*, Voc.

فَاصِلَة *mur de séparation* Amari 5, l. 13.

فَيْصَل doit avoir un sens que je ne connais pas dans Macc. I, 405, 7 (aussi dans Boul.).

تَفْصِيل pl. تفاصيل *détail*, Bc, Gl. Abulf.; بالتفصيل *en détail, au long, particulièrement*, Bc.

تَفْصِيلَة *pièce d'étoffe* (Freytag); ajoutez Nowairî Egypte, man. 2 m, 204 rº: تفصيلتين حرير, 1001 N. III, 501, IV, 246. — *Taille, coupe d'un habit*, Bc.

تَفْصِيلِي *analytique*, Bc.

مَفْصِل *pouls*, 1001 N. Bresl. II, 187, où Macn. a le pl. مفاصل, qu'on trouve aussi Macn. II, 45. — مفصل الساق *le mollet, le gras de la jambe*, L (sura مَقْصِل الساق ويضاضته). — Comme وصل (voyez), *pièces de rapport, qui servent dans les ouvrages de marqueterie*, Macc. I, 403, dern. l.: وله مفاصل تجتمع وتصنع له تحمل — ذو 19: اليها اجزاؤه وتلتئم مفاصل ينبو عن دقتها الادراك، ويشتدّ بها الارتباط بين المفصلين ويحمى الاشتراك‏"‏.

مُفَصَّل *détaillé, circonstancié*, Bc. — *Résolu, décidé, arrêté*, Bc.

انْفِصَالِي *disjonctif*, Bc.

مُنْفَصِل *composé de plusieurs pièces*, qui se joignent ensemble, Bat. III, 233, 234. — قضية منفصلة *proposition disjonctive*, Bc, M. منفصلة او متّصلة *conditionnel*, Voc.

فصم.

مِفْصَم, الحجر المقطوع للملابن expliqué par أفصيم, Abou'l-Walîd 798, 12.

مِقْصَم pl. مَقَاصِم *ciseaux*, Voc.

فصى V, *être délivré de*, aussi c. عن, Fâkihat al-khol. 21, l. 20, où la leçon du texte est bonne (pas avec le ض, comme dans les adnot. crit.), selon la remarque de Lane sous فصى V. — *Tâcher d'être excusé d'accepter une charge*, Fakhrî 297, 5 a f.

فَضّ I. فض المجلس *rompre une assemblée, lever la séance*, Bc. — لا فض فوك est un souhait, une prière, *que tes dents ne soient pas rompues!* car dans cette phrase *bouche* est pour *dents*, Harîrî 138, Macc. I, 311, 3 a f. — *Mettre* l'ennemi *en fuite* (comme كسر), Haiyân 78 v°: وفصل سلطانه — بغزوته الى الفـاسـق ثم استظهر اقل: 85 v°: فحصن بلاى فضّه وفتح الحصن العسكر عليهم فقصوّم (فقضوّم l.) واخرجوهم ونصبوا المجنيق للحساب, 94 v°: علیهم — فهزمهم وفض جمعه ou *régler une affaire, un compte*, Bc. — *Décider, terminer*, Ht. — *Distribuer* de l'argent, Lane, ou على القوم في القوم, Abbad. I, 251, 5. — *Faire couler des larmes*, P. Macc. II, 330, 5.

V *être argenté*, Voc., Beaussier.

VII. انفض المجلس *l'assemblée se sépara, la séance a été levée*, Bc, انفض الديوان, 1001 N. I, 14, 7.

فَضَّة, vulg. فَضّة, *para*, M, Bc, Lane M. E. II, 419, 1001 N. II, 85, Bresl. IX, 280 (Macn. درهم;); aussi نصف فضّة, Bc (Eg.).

فضّى *bleu de ciel, azuré*, Ht. رطل فضّى *livre* (poids) *pour argent, or, perles, pierreries*, de 12 onces, 1 k. 497, Beaussier, Rozet III, 106.

فضّة *gnaphalium* ou cotonnière (plante), Bc, Bait. II, 258 b (AB).

فضّيّات (pl.) *argenterie*, Bc.

فضاصى = فضّة *argent*, Mehren 32.

فَضّاص *sot, fou*, Payne Smith 1341.

فَضَح I *faire un affront public, décrier, déshonorer*, Bc, *diffamer*, Bc, Ht. — *Rendre honteux, confus, couvrir de honte, faire rougir*, Badroun, notes, p. 128, Abbad. II, 255, Macc. II, 100, dern. l. — *Découvrir, trahir*, Ht (qui écrit فضاح), Abd-al-wâhid 76, dern. l.:

يخفى لواعجه والشوق يفضحه
فقد تساوى لديه السرّ والعلن

car il faut restituer la leçon du man.; فضح نفسه *se trahir;* فضح روحه *se découvrir*, *être indiscret*, Bc. — *Violer*, faire violence à une fille, *déshonorer une femme*, Bc, M, Haiyân-Bassâm I, 10 v°: le harem du sultan فضح et les soldats de la garde emmenèrent les femmes avec eux.

III *outrager*, Bayân II, 30, 15: وانفق ان تطاولت البربر ايضا بالاندلس وفاضحوا العرب والانتقال من معاداتة الى مهاداتة ومن مفاتحتة الى مناعتة, Amari 336, 7.

IV *diffamer, déshonorer*, Alc. (desenfamar). — *Faire honte, faire rougir*, Alc. (envergonçar). Cf. plus loin le partic.

V *parler, agir sans retenue, avec insolence, s'oublier*, Alc. (desmesurarse). — C. في p. *dire du mal de, tenir des propos contre*, Bc.

VI c. مع dans le Voc. sous vituperare.

VIII *être aperçu, découvert*, Macc. I, 662, 16, Cartâs 32, 17, 5 a f. — *Se trahir*, p. e. يفتضح بذات الكذوب *le menteur se trahit par sa propre bouche*,» Bc. — هامت بالاقتضاح به *elle voulait se donner entièrement à lui*, 1001 N. I, 337.

فَضْحَة *chose honteuse*, Mohammed ibn-Hârith 266:

يخاصمنى ما تنفكّ تأتى بقضحة
دعوت ابن متّى والمسيح بن مريما

Les voyelles dans le man.

فضيح pl. فضحاء *inverecundus*, Voc.

فضاحة *inverecundia*, Voc.

فضّاح, Freytag, en citant Aboulfeda, n'aurait pas dû ajouter «detrectator» à proditor. Le mot signifie *celui qui trahit un secret*, et dans le vers:

وارحمتاه للعاشقين تكلّفوا ستر المحبّة والهوى فضاح

Reiske traduit très-bien: «Atqui amor est proditor. Secreta propalat.» De même 1001 N. IV, 712, 3 a f.: quand il sera ivre, il nous dira ses secrets, والمدام فضّاح.

مَفضوح *honteux, ignominieux*, Bc. — *Outrageant*, Bc.

فضيح *l'huile produite par le commencement de la pression*, Pellissier 351.

فَضْفَض I, أَشْغالَهُ, *terminer ses affaires*, M.

فَضْفاض = ذَيّال *celui qui, par orgueil, laisse traîner le pan de sa robe*, Kâmil 206, 13.

فَضَل I c. عن p., Macc. II, 712, 17: on leur donna ما عَمَّمُ وفَضَلَ عنْهم « ce qui suffisait pour tous, et de reste, » plus qu'il n'était nécessaire. C. على p., Bat. II, 82: Nous mangions de cet aliment, et ما فَضَل علينا « ce qui nous en restait, ce que nous avions de trop, » était dévoré par les chiens et les oiseaux.

II. يُفَضَّل بينه وبين الغَنْك *quelques-uns donnent la préférence à* — *d'autres à* —, de Sacy Chrest. II, 18, 8 t. a. — *Bien traiter, favoriser, avoir la bonté*, Ht.

III *comparer deux choses*, بينهما, *et choisir entre elles, dire quelle est la meilleure*, Gl. Mosl., Haiyân 10 r°: فاضل بين التمر وبين المَلُوط.

فَوضَّل *être curieux*, Cherb. C.

IV. انت المفَضَّل بقَبول الدَنانير = *vous êtes plus généreux en acceptant cet argent, que moi en le donnant*, Macc. II, 358, 3 a f.

V c. على *passer, surpasser en mérite ses rivaux*, Bc. — *Juger excellent, et de là adopter*, de Sacy Chrest. I, 350, 10: وقد تفضَّل تفسيره كثير ممن على « la plupart de ceux qui ont travaillé sur ce sujet, ont adopté sa traduction. » — *Daigner, avoir la bonté de, se donner la peine de*, c. ب r., p. e. ان تفضَّلتم بالسوال عن هذا الداعي « si vous daignez vous informer de nous, » Bc, Macc. I, 424, 15, 660, 20, II, 545, 8, 653, 19, Bat. I, 62; c. على p. et ب r. *faire à quelqu'un l'honneur de*, Bc. Aussi avec l'impér., p. e. تفضَّل ادخل « donnez-vous la peine d'entrer » تفضَّلوا كل معنا « dans le même sens), « faites-nous l'honneur de dîner avec nous, » Bc, qui a encore: كما تفضَّلتم « comme vous m'avez fait l'honneur de me le dire, » ان تفضَّلتم وعن أحوالنا سالتم « si vous daignez vous informer de nous. »

VI *exceller*, Gl. Edrîsî, Most. v° جبر الفيروزج: — ومنه ما يتفاضل في حسن المنظر تفوضل, *bavarder sur des choses dont on ne doit pas se mêler*, 1001 N. I, 60, 3 a f.: la condition est ان لا يسأل عمّا لا يعنيه وان تفاضل يُضرب

تَفَوضَّل *rédonder, être superflu*, Bc. — Comme تفاضل dans les 1001 N., *être curieux, bavarder sur des choses dont on ne doit pas se mêler, se mêler de ce qui ne vous regarde pas*, Bc, Payne Smith 1682 (lisez ainsi). تفوضل على الناس *contrôler, critiquer, censurer*, Bc, Ht.

فَضْل *pan ou bord d'un habit*, Müller 55, 5. — فضول *les lambeaux d'une pièce d'étoffe usée*, Akhbâr 85, 8 = الاخلاس القديمة l. 10. — *Gain, profit*, Voc. (lucrum, où فَضل est pour فَضْل), Alc. (ganancia), Macc. I, 273, 4. — *Produit des troupeaux*, Prol. III, 131, 2 a f., فضول *produits des animaux domestiques*, II, 276, 16. — *Bienfait, faveur, grâce*, etc., pl. افضال, Bc. — *Bavardage sur des objets dont on ne doit pas se mêler, commérage, remarques impertinentes, curiosité, indiscrétion*. Le sing. 1001 N. Bresl. III, 361, dern. l.; mais ordinairement on emploie le pl. فضول, Gl. Esp. 269—270, Voc. (curiositas), Bc, M. فضلا *en comparaison*, Alc. (en conparacion, fedle). — Pour عن فضلا, *nedum, quanto minus*, on dit aussi على فضلا, Gl. Mosl. — فضول البَدَن, t. de médec., toutes les matières solides ou fluides qui sortent du corps de l'homme par l'effet d'une évacuation naturelle. Elles sont au nombre de dix, et Avicenne, dans son Ardjouza, les énumère ainsi:

عِدَّتُها عَشَر فُضُول البَدَن
بَوْل بُرَاز ثُمّ دَمْع وَمَنِي
رِيق وَنَفْث وَمُخَاط وَعَرَق
وَلْحَيْض وَاللَبَن لِلنِسَا اتَّفَق

M. — فضول الدنيا *les vanités du monde*, Djob. 286, 15, en parlant des Soufis: كفاهُم الله مُون الدنيا وفضولها. — Comme adj., *excellent*, الأَرْز الفَضل, poète populaire dans Macc. II, 204, 12.

فُضَّل expliqué par مشية فيها اختيال, *démarche orgueilleuse*, Kâmil 411, 8.

فَضْلَة *restes qu'on dessert d'une table*, Alc. (relieves de la mesa). — Pl. فَضَل *coupon, petit reste d'étoffe ou de toile*, Bc. — فضلات *les produits des animaux*, Prol. I, 220, 3 a f., 276, 15. — *immondices*, Prol. II, 322, 7, 336, 17; فضلات *gros excréments, matières fécales*, Chec. 207 v°, en parlant d'un homme qui avait des attaques violentes et fréquentes de diarrhée: وكان قد اتخذ ركوة تحساس تحتى معدّة لهذا العارض فكان يخرج بالفضلة فيها ثم انه اخرجها من تحت الفضلات الحيوانية. — *les matières provenant des corps animés, comme les os, les plumes, les poils, les œufs et les excréments*, Prol. III, 191, 3 a f. — *Espèce de toile de lin*, Descr. de l'Eg. XVII, 369. — Dans Bat. IV, 3, substituez فضلة à فضلة.

فَضّالَة pl. فَضَالَى *grand drap de toile de lin, qui sert de drap de dessous quand on fait le lit*, Gl. Esp. 267. Beaussier, qui a le pl. فضالى, mais qui donne incorrectement فضلة pour le sing., explique ce mot par: *pièce de soie; — pièce d'étoffe, de drap* (Tun.); — *espèce de toile de lin qu'on fabriquait à Alger, Bougie*, etc.

فضال *de reste, plus qu'il ne faut*, Bc (car فضار est une faute d'impression).

فَضِيلَة. الفضائل *les excellentes qualités du Prophète*, Prol. II, 159, 3 a f.

فُضُولِىّ *bavard, celui qui bavarde sur des objets dont il ne doit pas se mêler*, Gl. Esp. 269; *curieux, indiscret, tatillon*, Bc; prov. كنت قاعد يتولى ما خلاني *trop parler nuit*, Bc; fém. ة *commère, femme curieuse et bavarde*, Bc. Le Voc. a ce mot sous *curiosus et presumptuosus*. Chez Alc. (mandon que mucho manda) *celui qui commande avec hauteur et plus qu'il ne doit*. Un vendeur qui n'a pas les qualités requises pour vendre, est aussi un فضولى, parce qu'il se mêle de choses qui ne le regardent pas, v. d. Berg 35, dern. l., 36, 1. — *Contrôleur, qui se mêle de censurer*, Bc. — *Un homme qui possède des connaissances très-variées*, Bassâm III, 86 r°.: فاعرف اعزى الله قدرى ووقّى قسطى ولا تطمع ان تظفر بعالم مثلى او متفرع فضولى شبهى ۞

فاضل *excellent, éminent*, a le pl. فُضَلاء, M, Voc.; on trouve: وانت رئيسنا وفاضلنا dans Bidp. 24, dern. l. — En gramm., le contraire de مفضول, p. e. dans l'expression: فواضل, زيد احسن من اخيه M. — Pl. *reste*, Bc, M, Bidp. 213, 4; الفاضل عن الحاجة *le superflu*, Bc. — *Bout du turban*, 1001 N. III, 645, 6.

فاضلة *pan d'un habit* (Freytag), Gl. Edrîsî.

فاضولى *cuistre, pédant grossier*, Bc.

فُوَضَلَة *superfluité*, Bc.

تَفَضُّل *privilège*, Bc. — تفضّلاً *gratuitement*, Bc; cf. sous وصل V. — تفضّلات *bontés*, 1001 N. I, 8, 5.

تَفْضِيل pl. تفاضيل, تفاضل, Payne Smith 1610. — تفضيل الذات *égoïsme*, Bc.

تفاضل *échanger des choses en quantités inégales*, v. d. Berg 94, de Sacy Chrest. I, 249, 2.

مُفَضَّل *privilégié*, Bc.

مَفْضُول, en gramm., voyez sous فاضل. — J'ignore ce que ce mot signifie en parlant d'énigmes, Khatîb 38 v°: ايّة الله فى فلك المعنى — يسئل منه المعايات والمستنبطات مفضولا وغير مفضول ۞

مُتَفَضِّل *qui ne porte pas de cuirasse*, Gl. Badroun.

مُسْتَفْضِل *qui a plus que le nécessaire, qui a le superflu*, M.

فضو et فضى I. Dans Haiyân-Bassâm III, 49 r°, il est question d'un canal que les anciens avaient construit sous terre الى ان فضت الى شط النهر. On s'attendrait plutôt à أفضت, mais la leçon que j'ai donnée est celle des deux man. — فضى, aor. *a*, *vaquer, être vacant*, Bc.

II *décharger, évacuer, vider; décharger une arme à feu*; فضّى المكان *débarrasser un endroit*, Bc. — *Etre de loisir*, Mc.

IV, dans le sens de *pervenir ad, delatum est ad*, en parlant du commandement quand il passe du père au fils, c. الى, Koseg. Chrest. 28, dern. l.: الى ان رمات معوية وأفضى الامر الى يزيد Weijers 38, 6, 50, 2 (Lane a noté cette phrase, mais il a eu le malheur de traduire الامر par « la chose, » ou « l'événement »); aussi c. ل, Ibn-al-Abbâr, man., 62 v°: أفضى الامر لابنه. Kosegarten prononce ce verbe à l'actif, et dans ce cas il a le sens de وَصّل, que lui attribuent les lexicographes arabes; Weijers le prononce au passif (voyez 130, n. 191), parce qu'il a trouvé chez Abou'l-faradj: أفضيت اليه الخلافة, mais on lit أفضيت اليه الخلافة chez Badroun 218, 3 a f.

V c. ل r. *avoir du loisir pour*, M.

فَضْوَة *loisir*, Ht, Bg, Mc.

فطحل 268 فطس

فَضَاء, pl. ات, Abou'l-Walîd 330, 14. — *Loisir*, Bc, Me, Prol. II, 359, 10, où il faut lire avec un de nos man. et Boul.: لَمْ تَغْنَّى الفِتْيَانُ فِي فَضَا خَلَواتِهِمْ « les jeunes gens chantaient aussi dans leurs loisirs solitaires. »

فَضَاء, mais le vulgaire dit فَضَا, *lieux d'aisances*, M.

فَضَاوَة *loisir, temps*, Bc, M, Mc; وقتِ فَضَاوَةٍ *heures perdues, heures de loisir*, Bc.

فاض *net, vide*, Bc, M. — *Désoccupé, qui n'a point d'affaires, qui a du loisir*, proprement فاضٍ مِنَ العَمَلِ ou مِنَ الأشغالِ, M, Bc.

الفَطَاحِلْ فَطَحِلْ *les grands savants*, M.

فطر I, *déjeuner*, a les n. d'act. فَطْر, فُطُور, فُطُر, M, et فَطَر M, Voc. — فَطَرَ القَلْبَ *époumonner, fatiguer*, Bc.

V dans le Voc. sous *prandere* et sous *azimare*.

VII *être créé*, Voc. — *S'époumonner, se fatiguer*, Bc.

فُطْر *loupes ou protubérances rondes et molles sur les troncs des arbres, dont on se sert en guise d'amadou*, ou bien *une espèce de champignon, amadou*, M.

فُطْر *champignon*, pl. فَطَارَى, Hbrt 48, Bc.

فِطْر *potiron, sorte de citrouille très-grosse*, Bc.

فِطْرَة pl. فِطَر *natura*, Voc.; *impulsion innée, disposition innée*, Abd-al-wâhid 137, 10, Prol. I, 69, 2, 72, 6, 165, 5. — *Don qu'on fait aux pauvres à l'occasion de la rupture du jeûne*. Sous les Mérinides, c'était devenu un don forcé, un impôt, Cartâs 258, 9 a f., avec la note de Tornberg, p. 441. — *Déjeuner*, Alc. (almuerzo).

فِطْرِيّ *naturel*, Voc.

فَطْرَان *qui n'a pas déjeuné*, Ztschr. XI, 481.

فِطْر *10e mois musulman*, Roland.

فُطُور, dans M فُطُر, *déjeuner, collation du matin*, Bc, M, Lane M. E. I, 200, Burton I, 177; *dîner*, Jackson 185, M. — Chez le vulgaire, le mois de Chauwâl, Hœst 251, أفْطُور chez Domb. 58.

فَطِير *galettes*, Prax R. d. O. A. VI, 349, *crêpes*, ibid., X, 316, *galettes au beurre*, d'Escayrac 14, « grandes galettes, de l'épaisseur d'un doigt, et de la grandeur d'un chapeau français, à grands bords, cuites dessous la braise, » Vansleb 334, « *foutir*, espèces de galettes feuilletées, arrosées de miel, » Ouaday 63, Descr. de l'Eg. XII, 36, n. 2, « des pâtisseries appelées foutirs, assez semblables à la pâte ferme du boulevard Bonne-Nouvelle, à cause du beurre fort qui entre dans leur composition, » Fesquet 55, « les gourmands de bas étage trouvent des foutirs, des gâteaux au fromage et au beurre rance, » ibid., 92. — خَمْر فَطِير *moût, vin non fermenté*, Hbrt 17.

فَطِيرَة pl. فُطُور *champignon*, Voc.

فَطَائِر (pl.) *pâtisserie*, Bc.

فَطِير *pédiculaire (plante), crête de coq*, Bc.

فَطِيرَة *pain sans levain*, Voc.; عِيد الفَطِيرَة *la pâque des juifs*, Daumas V. A. 486. — Pl. فَطَائِر, Cabbâb 78 v°: والفَطَائِر رَغَائِف رِقَاق تَطْبِخ فِي التَّنُّور وتُسَمَّى الفَطِيرَة عِنْدَ العَامَّة رِقَاق مِن العَجِين, M: عِنْدَنَا لِلحَوَادِق يوضَع فيه توابل ثُمَّ يُثنَى عليها مثلًا ويُخبَز, وتَختَلِف, Michel 115: «Les *phtères*, espèce de beignets de pâte, frits dans l'huile, sont très-goûtés du peuple arabe, » Cherb.: «espèce de crêpes baignées dans l'huile, » Burton I, 178: « a kind of muffin, eaten at breakfast; » cf. Burckhardt Nubia 174, Barth W. 151, Lane M. E. I, 200, II, 118, 267, 1001 N. III, 423; pl. فَطَائِر *pâtisserie, tourte*, Bc; فَطِيرَة حَلْوَة *tourte*, Hbrt 16; فَطِيرَة رِقَاق *oublie*, Bc.

فَطَائِرِيّ *celui qui vend des fatîras*, Lane M. E. II, 17, *pâtissier*, Bc, Hbrt 75.

فاطِر *qui ne jeûne pas*, l'opposé de صَائِم, M.

فَطُور voyez فُطُور.

فَطَرَاسَالِيُون (πετροσέλινον) *livêche*, Bc, *persil sauvage*, Sang., بِزْر الكَرْفُس الجَبَلِيّ M; cf. sous le ب.

فطس I *frapper*, 1001 N. Bresl. VII, 132, en parlant du bourreau: فَطَسَهُ رَمَى رَقَبَتَهُ, IX, 257: ضَرَب مَزَارِيق البَدَوِيّ, où Macn. a: مَزَارِيق البَدَوِيّ كَسَرَهُ. — فَطَسَ *suffoquer*, v. n., Bc, M.

II *étouffer, suffoquer*, Bc. — C. a. dans le Voc. sous *simus*.

غطق

V dans le Voc. sous simus.

فطس *suffocation, étouffement, difficulté de respirer*, Bc.

فطيس *charogne*; chez les Bédouins de l'Arabie on nomme ainsi celui qui meurt de mort naturelle, Burton II, 101.

فَطِيسَة pl. فطائس *charogne*, Ht.

اَقْنَس۔ المِبْضع الأفطس *lancette à pointe courte*, Auw. II, 580, 3. — Une femme qui reproche à son mari d'être inhabile à la génération, l'appelle بَغْل افطس, 1001 N. III, 419, 1.

مفطس الاذان *depressis et complanatis auribus*, Fleischer Gl.

فطق I et VII, pour فتق, dans le Voc. sous crepare.

فطم I. فطم الصّبّاغ الثوب se dit quand le teinturier a trempé une étoffe dans une substance qui l'empêche de déteindre, M.

II c. a. dans le Voc. sous ablactare. — فَطَّم الشَجَر = il ne reste plus de fruits sur les arbres; فَطَّمت المرأة = cette femme n'enfante plus, M.

IV *sevrer*, Alc. (destetar). Il écrit, à la manière espagnole, aftan (et sous les subst. destetar (nombre) iftân), et il donne aussi ce verbe sous apoyar la teta. Je ne trouve ce dernier que chez Nebrija, qui a: apoyar la teta a lo niño, lalo, as, avi,» c.-à-d., je crois, *allaiter*; dans son dict. latin-esp.: «lallo, mamar, ó apoyar las tetas.»

V c. من dans le Voc. sous ablactare.

VII c. من *être sevré*, Voc., Bc.

فطم *sevrage*, Bc.

فَطِيمِي *espèce de datte qui tire son nom de Fatmé en Arabie*, Burckhardt Arabia I, 57, Prax R. d. O. A. V, 212, d'Escayrac 11 (ftemy), Pellissier 149 (fetimi, comme Prax).

فطام *cesser*, p. e. فطام القزّ quand les vers à soie ont cessé de travailler, M.

فطامة *sevrage*, Bc.

فطن I *s'éveiller*, Hbrt 43 (Alg.), Ht.

269

فعل

II *réveiller*, Hbrt 43.

V c. ل r. *faire attention à, réfléchir à, examiner attentivement, peser*, de Sacy Chrest. II, ١٣, 5 a f., ١٣, dern. l., Prol. I, 30, 4, 49, 2 a f., Khatîb 32 r°: أَشَرْتُ عليه بالاحتراز من قومه v°: 174, ثم تفطّن لغفلته والتفطّن لمكايده; c. ل ou الى, Fakhrî 5, l. 12 et 13: les vizirs n'aiment pas que les rois lisent des livres d'histoire, خوفًا ان يتفطّن الملوك الى اشياء لا يحبّ; dans le Voc. c. ب sous *perpendere*. تفطّن *intelligence*, Khatîb 100 v°: وكان يبدو منه مع حداثة سنّه من الذكاء والنبل والتفطّن ما كان يبهت للحاضرين. متفطّن *attentif*, Abd-al-wâhid 256, 15. — C. ل r. *découvrir, éventer*, Abd-al-wâhid 218, 11. — C. الى r. *comprendre*, Prol. II, 404, 4.

X comme synonyme de فكر et ذكر, Payne Smith 1568.

فَطْه ou فَاطِه *iana* (?), Voc.

فطع X c. a. r. *être d'avis qu'une chose est honteuse, exécrable*, Gl. Belâdz., c.-à-d., *l'abhorrer*, Voc.

فطيع. Le Voc. a le pl. فطاع sous *amaricare*; mais je ne comprends pas bien en quel sens il prend فطيع. — *Cruel*, L (crudelis فَضِيع (sic)). — *Puant*, Gl. Edrisî.

فطاعة dans le Voc. sous *amaricare*. — فطاعة الحدبان *le plus laid, le plus difforme des bossus*, 1001 N. Bresl. II, 57, 68.

فعر I. فعر صوتًا *gronder quelqu'un en haussant la voix, tempêter contre quelqu'un*, M.

فعص.

مفعوص *écrasé, trop aplati*, Bc.

فعفع.

فَعْفَع *suie de cheminée*; prov. كلّ شي ينفع حتّى الفعفع, M.

فعل I, en parlant de médicaments, *exercer une action salutaire*, Gl. Edrisî. — فعل ذلك في نفسه *cela fit une mauvaise impression sur lui*, Bat. I, 424. — C. في, ما فعلت في الثياب «qu'as-tu fait des habits?»

R. N. 62 vo. — ما فَعَلَ *où est? ou comment se porte?* Gl. Belâdz., Gl. Fragm., voyez R. N. sous طَبَاشِير, Abd-al-wâhid 15, 2 a f. — فعل وصنع, ou فعل وفعل, *il a fait ceci et cela,* quand on expose ses griefs, quand on énumère les crimes de quelqu'un; فَعَلَت ou صنعت, فعلت وصنعت, quand on adresse la parole à celui qu'on réprimande, Gl. Belâdz., Gl. Fragm., Tha'âlibî Latâïf 85, dern. l., Khallic. I, 32, 16 Sl., Akhbâr 82, 3 et 4, Fakhrî 196, 3 a f., 228, 8, Nowairî Afrique 32 r°: وقال أبو الغمر وكتامتهم فعلوا وفعلوا واغلظ لهما فى القول *ce coquin, ce vaurien,* Abbad. II, 224, R. N. 97 r°, où une femme dit à propos d'un homme accusé de pédérastie: هذا الفاعل الصانع علىَّ بـ «ce coquin! amenez-le-moi!» Fakhrî 295, 8: يا فعل يا صانع Au fém., الفاعلة الصانعة *coquine, coureuse,* Macc. I, 108, 1, يا فاعلة يا صانعة, Macc. II, 636, 9. — فَعَل بـ وصنع *faire ceci et cela à quelqu'un, le vexer* ou *le punir de différentes manières,* Mohammed ibn-Hârith 206: ولو فُعِلَ بـ وفعل «quoi qu'on me fasse.» Souvent comme menace, ou avec الله, comme imprécation, p. e. Mohammed ibn-Hârith 269: اما والله لولا حقَّك هذا المَيِّت لفعلتُ وفعلتُ بك, Hist. Tun. 126: وعلم انها خديعة من اخيه واسَّرها لبعض ثقاته وقال أقدَمني ابنى الاوَّل والثانى فعل الله بـ وصنع. Aussi فعل بـ وصنع, Hamâsa 15, 6 a f., Badroun 252, 6, Fakhrî 362, 10, ou simplement فعل بـ Fakhrî 137, dern. l.: فقال له مَرْوَن. — لافعلنَّ بـ وفعل وتهدَّده s'emploie aussi dans un sens opposé, *il lui a fait telle faveur et telle autre,* Akhbâr 121, 9. De même فعل معه وصنع Fakhrî 84, 7 a f., 197, 1. — فعل بامرأة *toucher une femme, cohabiter avec elle,* Gl. Bayân, Gl. Fragm., Khatîb 22 v°: جاءت امراتان تتخاصمان مُتَئَارِراً اوصلها بعض المُدن فى امر نشأ بينهما وبيدها عقد مقال بعض جيرانه من نصّه حاكيا انه جا معها من موضع كذا الى كذا ولم يرسم المَدّ على الف جاء فقال الشيخ للمرأة تعرف ان هذا المبار جامعَك فى الطريق اى فعل بك فقالت معاذ الله ونفرت من ذلك فقال كذا كذا شهد عليك العقيد واشار الى جاره, 1001 N. I, 281, 2 a f.

Bresl. III, 253, XI, 111, 5. Aussi ö. مع, Bresl. III, 272. Le verbe فعل seul s'emploie dans le même sens, 1001 N. III, 239, 1: وصار كل واحد منهم يقول انا افعل قَبلَك, Bresl. III, 81, XI, 111, 7 et 8.

VII *être passif,* Prol. III, 199, 13, Müller S. B. 1863, II, 4, dern. l., 31, l. 3. — De là, *devoir subir la mort, être mortel,* Prol. III, 196, 2, avec la note de M. de Slane. — C. ل *subir l'influence de,* Becrî 153, 4: لا ينفعل للسنبادى «il ne subit pas même l'influence de l'émeri,» c.-à-d., l'émeri même n'y mord pas, Fakhrî 49, 7 a f.: لو يَحتَسِب من نفسِه بالانفعال العظيم لحبّها, Müller S. B. 1863, II, 3, dern. l.: Quand la peste se montre dans le corps de l'homme, انفعلَت لـ الروح (Müller: «so wird der Lebensgeist in das Leiden gezogen»). انفعالات الكواكب «l'influence de certaines étoiles sur d'autres,» Gl. Badroun. — *Être ému, éprouver des émotions,* Voc. sous aficere, où le synonyme est تَأَثَّر; de même Djob. 143, 4: ومقامات هؤلاء الاعاجم فى رقَّة; الانفس وتأثّرها وسرعة انفعالها الى, Macc. I, 378, 8: انفعل لقوله «il fut ému par ses paroles;» cf. Baidhâwî II, 48, 14. المنفعل, en parlant d'un Soufi quand il est en extase, Djob. 286, 21. Le Voc. a غير منفعل *inpasibilis.* — Chez Alc. «padecer la muger,» ce qui chez Nebrija est *crisso* (motitare nates, de mulieribus libidinosis in coitu). — Aussi chez Alc. «padecer por la boca,» ce qui chez Nebrija est *fello* (mentulam ore excipere).

VIII *forger un écrit,* M, Akhbâr 146, 4, Btrounî 23, 14. — افتعال الفضائل *la pratique des vertus,* Bc. — افتعل فيها غصبا *forcer une femme,* Bc.

X *forger un écrit,* Prol. II, 283, 1. — C. على *calomnier,* Voc.

فَعْل *effet,* Bc.

فَعَل Le pl. فُعَل, pour فَعَل, P. Bayân I, 37, 3.

فَعَلة pl. افعال *exploit, prouesse, fait héroïque,* Alc. (hazaña, hazaña en bien). — فَعالة مُقارِبة (فَعالة جيدة), *mauvaise action,* Alc. (hazaña en mal).

فَعّال *qui fait bien une chose, qui la fait énergiquement,* Coran, Sour. XI, vs. 109, Diwan d'Amro'lkaïs 21, vs. 17 (Ibn-'Abdoun, dans Hoogvliet 104, 3, s'est approprié cet hémistiche, ce que l'éditeur n'a pas remarqué), Wright 116, 5 a f.; — *actif, agissant,* Bc; — *efficace;* دواء فعَّال *remède puissant,* Bc; — العقل الفعّال, J. A. 1853, I, 272, est ὁ νοῦς ὁ ποιητικός, Ztschr. X, 536.

فاعل *journalier, qui travaille à la journée, manœuvre, homme de peine, maçon,* Bc, M, 1001 N. Bresl. VI, 232, 5; pl. فَعَلَة, Bc, Badroun 61, dern. l., Edrîsî ۱۴۳, 3, ۱۴٥, 3 a f., Macn. III, 147, 1, فُعَلَاء Macn. II, 144, 5 a f., et فُعُول, Bc, Bresl. VI, 232, 1 et 6. — الفاعل *le coupable,* Gl. Edrîsî. — Fém. ة *coquine, coureuse, prostituée,* Macc. I, 118, 7; يا ابن القاعلة *fils de putain!* Badroun 219, 11, Abd-al-wâhid 13, l. 15, 1001 N. Bresl. VIII, 226, 1. — فاعل تارك *un hardi compagnon, un gaillard déterminé, un fameux gaillard,* Beaussier; en parlant d'une femme, فاعلة تاركة, Macc. II, 541, 13.

فَيْعَل pl. فَياعِل *homme d'action,* Prol. III, 382, 6, avec la note de M. de Slane.

فاعِلِيَّة *activité;* قوّة فاعليَّة علّة فاعليّة *cause efficiente,* Bc.

فاعليَّة *efficacité;* فاعليَّة في السابق *rétroaction,* Bc.

تفعيل *mètre d'un vers,* Ibn-Abdalmelic 75 v°: فكان تفعيله مستفعلن فاعلن مستفعلن ❊

مُفتَعَل *qui a beaucoup à faire* (fabrique), Edrîsî, Clim. VI, Sect. 2: مدينة محتضرة بالتجارات متحركة وصناعات مفتعلة ❊

فعى et فعو

أفعى *la murène hélène,* Hœst 298, Gråberg 136, Godard I, 185, proprement أفعى البَحْر, Pagni MS, par comparaison avec le serpent.

فغو

فاغية فَغو *troëne,* Bc; cf. sous فاغية.

فَغوة *brésil, bois rouge,* Alc. (brasil).

فاغِيَة. Toute fleur odorante s'appelle ainsi, mais c'est spécialement celle de la Lawsonia inermis, Bait. I, 338 b, II, 244 c. Chez Bc c'est *troëne,* qu'il traduit aussi par شجر الحنّا, et l'on a confondu en effet la Lawsonia inermis avec le troëne; voyez Dodonæus 1306. — *Réséda,* Bc.

مَغْفُو. L'huile dans laquelle on a fait macérer les fleurs de la Lawsonia inermis, s'appelle دهن الحنّاء ou الدهن المغفو, Bait. I, 338 b.

فغفا = ببغا *perroquet,* Payne Smith 1457 (deux fois).

فقَّ.

فَقَاقى *poisson du Nil,* Descr. de l'Eg. XXIV, 177; « la *focaca* ou l'*Orbis marin,* qui devient rond comme un ballon quand il se gonfle, » Vansleb 72 (poissons du Nil).

فَقيق *bavard,* 1001 N. I, 240.

فقَّأ II, الرُّمانَة, *ouvrir une grenade et en rejeter les grains,* M.

فقع.

فقَّاع للجمال *espèce d'eryngium,* Bait II, 288 (AB); *fouka el ximèl,* eryngium, Pagni MS. — فقَّاع النحاس = توبال النحاس, Most. sous ce dernier mot.

فقد II *faire perdre, priver de,* p. e. فقد البَصَر « *priver de la vue,* » Voc.

IV, en parlant de Dieu, *faire mourir,* 1001 N. III, 45: افقد الله زوجته; mais peut-être faut-il lire افقدك.

V *examiner une chose, la considérer attentivement, y faire attention, en prendre soin, visiter, surveiller, s'informer de,* Gl. Fragm., L (exploro (et exquiro), Voc. (visitare) curam habeo), Auw. I, 533, 3, 534, 1, Freytag Chrest. 64, 6 et 10, Abdarî 80 v°: lorsque j'étais malade كان يبعث إلىَّ بشخص من فضلاء الاطبّاء يتفقّدنى ويعالجنى — وما زال يتفقّدنى مدّة من سبعة ايام. — C. a. p. et ب r. *prendre soin de* quelqu'un, *en lui fournissant* des vivres, etc., Bat. III, 16, IV, 398, Macc. II, 421, 11, Abbad. II, 161, 4 a f., Khallic. I, 610, 12 Sl., Haiyân 9 r°: وكان يتفقّد اهل. تفقّد الشيء عن — *garantir une chose de,* Auw. I, 189, 2 a f. — *Perdre,* p. e. البَصَر, *la vue,* Voc.

VIII *regretter une personne absente;* افتقدناك *vous nous manquiez* (pour que notre plaisir fût complet),

فقر

Bc. — *Examiner, considérer attentivement*, Macc. I, 497, 6, 1001 N. I, 305, dern. l., 878, 14. — *Visiter*, L (visito (vel lumino) وازور اختفد), Voc. (visitare); *visiter des provinces*, etc., *aller voir si les choses y sont dans l'ordre où elles doivent être*, Abbad. I, 38, dern. l., 51, 2 a f.; *visiter, aller voir par charité*, Bc; *aller voir un malade*, M. — *Faire la ronde*, Alc. (rondar). — *Passer l'armée en revue*, Hbrt 139. — *Avoir soin de quelqu'un*, Bc. — C. a. p. et بـ r. *prendre soin de quelqu'un, en lui fournissant des vivres*, etc., 1001 N. Bresl. IV, 52, 2 a f.

X *visiter une chose, examiner si elle est en bon état*, Bc, 1001 N. Bresl. VII, 291, 8. — *Aller voir un malade*, M. — *Avoir soin de quelqu'un*; استفقد ولاحظه بكل ما يلزمه *s'informer des besoins de quelqu'un et y pourvoir*, Bc.

فقد est selon le Most. en grec بنطافلن, πεντάφυλλον, *quinquefolium*; selon Bait., II, 260 c, qui l'épelle et qui prononce فَقِد, *Vitex Agnus castus*.

مَفْقُود pl. مَقَافِيد *magnifique, excellent*, Cherb. Dial. 41, 75, *délicieux*, Martin 81.

فَقَر I. فقر عينّه بخصها, M.

II c. a. *rendre pauvre*, Voc. — C. a. dans le Voc. sous *ritmus*.

IV. افْقَر الوَلَد في الحَىّ *déshériter un enfant*, Alc. (deserodar al hijo en vida).

V *vivre comme un pauvre*, R. N. 93 v°: كان زهرون ياخذ الطرقات وحدّه متفقرا وكان لا يحمل معه زادا, et un peu plus loin: وزهرون من السموس (الشموس؟) والتفقّر — *Se donner pour fakir quand on ne l'est pas*, Ztschr. XXVIII, 300, n. 5. — Dans le Voc. sous *ritmus*.

فِقَّيرَة لعب الفَقِر, Ztschr. XI, 438, où Fleischer traduit: «das Spielen mit parallelen Redegliedern.»

Le pl. فُقَرا dans le Voc. — *Ermite*, Pallme 7. — *Maître d'école*, Pallme 7, Lyon 247.

وقال الاصمعى فَقَارة Khallic. XI, 5, 8 a f. Wüst.: رايت الرشيد بطوس متقلدا سيفًا فقال يا اصمعى الا اريك ذا الفقار قلت بلى جعلنى الله فداك فقال استلّ سيفى هذا فاستلنته فوجدت فيه ثماني عشر فَقَارة. M. de Slane donne cette note sur ce passage (IV, 231, n. 4): «The word *fakâra* must here designate either a sort of waving ornament engraved on the blade or else a notch on its edge. It is doubtful which is meant, probably the latter.» Je crois que c'était un سيف مفقّر, expression que les dict. expliquent.

فَقِيرَة *femme qui va chez les personnes tourmentées par les génies, pour les guérir à l'aide d'une musique étourdissante, et de danses suivies d'évanouissement*, Cherb.

فَقَارِي *vertébral*, Bc.

فَقِيرِي. Je trouve l'expression بالفَقِيرِي, qui ne m'est pas claire, Bâsim 82: اشتهى من احسانك ان تاكل من هذا الذى عملناه لك اليوم فانه بالفقيرى عملنا لك بالفقيرى وجبناه البيك انزل افتتح الباب 93: وخذه.

فَقَارَى se trouve dans le Voc. sous *pauper*.

فَقَاتِرِي *mesquin, chiche (homme), piètre*; — *petitement, d'une manière chiche, mesquine*; — طعام فَقَاتِرِي *une pauvre chère*, Bc.

فقس

فقس ou فَقَّس I se dit proprement des oiseaux qui *brisent les œufs afin que les petits en sortent*, et ainsi Calendr. 32, dern. l.: تفقس الطير, dans la trad. latine: «frangunt ova aves;» chez Abou'l-Walid 105, 32, le verbe בקע dans les paroles d'Isaïe (34, 15): וחמלט ובקעה וברה («ova parit, findit, pullosque exclusos fovet») est expliqué par وتفقس, 190, n. 50: Isaïe 59, 5: וחזורה הבקע אפעה (*et compressum s. contritum (ovum) finditur in viperam*, i. e. ovo contrito excluditur vipera), Kalyoubi والبيضة المكدرة تفقس افعى 29, 13 éd. Loes: فسأل سليمان الطيور عن معاشها واين تفقّس. On dit en parlant d'œufs تبيض وابن تفقس *ils sont cassés, de sorte que les petits se montrent*,» Calendr. 90, 8, Yâcout IV, 867, 4. Mais ce verbe a reçu le sens d'*éclore, sortir de la coque*, Bc (س et ص), Bg 718 (س), Ht (ص), Calendr. 33, 1: ويبدأ النساء بحضسين بيض دود الحرير حتى تفقس — *Autres signif. de* فقس: *Prendre de l'humeur*, Bc. — C. a. p. *mettre quelqu'un en mauvaise humeur*, M (chez Bc II). — *Décharger un fusil*, M. — فقس انطبق عليه الغمّ على الوحش est, M; je serais donc porté à croire que الـفـخّ est une faute d'impression pour الـفخّ. — *Persuader, convaincre*, Ht.

II. L donne: *quatio* أَكْسَرَ وأَفْقَّسَ, et dans le Voc. فقّص c. a. est *alidere* (allidere). En parlant d'œufs, c'est, si je ne me trompe, *les battre, les agiter fortement avec une cuiller, etc., pour les brouiller, les mêler*; Most. v° وإن طبخ فى الماء بقشره: بيص مسلوق, et sous هو المتوسط الطبخ الذى بين الصلابة: بيص نيمرشت والرخاوة وقبل ان النيمرشت هو المفقّس فى الماء المتوسط الطبخ ايضا فقط وكثير من الاطبّاء يقيل النيمرشت هو المتوسط الطبخ بقشره كان أو مقفّسًا (le ﹷ deux fois dans N), Bait. I, 198: توخذ صفرة البيص وتفقص فى. — تقلم نصف قحف رقيف وتصرب حتى ترقّ *Oter la pulpe d'un fruit*, Alc. (desmeollar sacar meollo de fruta). — فقّص السمن *fondre du beurre sur le feu et l'écumer*, M. — *Péter devant quelqu'un, pour lui marquer du mépris, pour l'insulter*, Alc. (peer en desfavor). — *Mettre en mauvaise humeur*, Bc (dans M c'est la Iᵣᵉ).

V. تفقّس dans le Voc. sous *alidere*. — تفقّس, en parlant de beurre, quasi-pass. de II, M.

VI. تفاقس الغلامان est lorsque deux jeunes gens prennent chacun un œuf, et que l'un frappe avec le sien celui de l'autre; s'il arrive alors que l'un se casse, l'autre joueur l'obtient. Le n. d'act. est المُفَاقَسَة ou المُفَاقَسَة, comme disent quelques-uns, M.

فقّسة. Bc sous *couvée: les petits qui en sont éclos*; فقّسة *éclosion*, Bc.

فقّسان *en mauvaise humeur*, Bc; فقّسان *iratus*, Domb. 105.

فقّيس = فرمز, Bait. II, 291 a.

فقاقيس, فقّوس pl. فقّوس et فقّوس, dans le Voc. «espèce de concombre très-long que la plupart des Arabes mangent cru,» Cherb. الفقوس الحمار *concombre d'âne ou sauvage*, Alc. (cohonbrillo amargo); aussi الفقوس المرى (voyez Alc. sous *elaterio*), et chez Pagni MS *fackùs tabìm*; lisez *bahìm*, بهيم ? —

II

فقّوس الدوابّ *astragalus*, Prax R. d. O. A. VIII, 282. — Cf. sous عتّابى. — *Espèce de datte*, Rohlfs 55.

فقّيسة البطّيخ *une petite pastèque* (الرأس الصغير منه), M.

مفقّسة voyez sous VI.

فقّش II *rejeter*, Aboû'l-Walîd 677, n. 81.

فقّيشة *taillade dans le pan d'un habit, de la longueur d'un empan, faite pour le rendre plus ample*, M. — فقّيشات *castagnette*, Bc.

شاجر فاقش *arbre qui n'a pas de fruits*, M.

فقّص et ses dérivés, voyez sous فقس.

II. فقط *écrire après la somme totale d'un compte le mot* فقط, *tantum*, afin qu'on n'y ajoute rien par fraude, M.

فقع I s'emploie pour فقّا, car le Voc. donne l'un et l'autre sous *exoculare* (cf. VII dans les dict.). Aussi faut-il comparer فقّأ pour toutes les signif. qui suivent ici, à l'exception de la dernière. — *Percer un furoncle*, 1001 N. I, 215, 7 a f.: فقلت لها ان فى يدى حبّة فقالت أخرجها افقعها لك فقلت ما هو وقت فقعها; dans Bresl. (II, 162) فاجر. — *Crever*, v. a., *faire rompre avec effort*, Bc, 1001 N. Bresl. IX, 279: وكان العائق نزل واتكى على المصران فقعه فساح الدم من بين رجليه. Macn. a قطع. — *Percer* (abcès), v. n., Bc. — *Crever*, v. n., *se rompre*, Bc, M, 1001 N. Bresl. IV, 9, 1; فقع من الصحك *crever de rire, étouffer de rire, pouffer de rire*, Bc. — *Eclater, se briser par éclats*, Bc. — *Mourir subitement de douleur*, M; dans le Cartâs 169, 9 a f., مات مفقوعًا en ce sens. C'est comme on emploie *crever* dans le sens de *mourir*, en parlant des animaux, et populairement en parlant d'un homme. — Aor. i, c. a., *irriter, mettre en colère*, Voc.

II c. a. = فقّأ, Voc. sous *exoculare*. — *Crever, faire rompre avec effort*, Bc.

IV dans le Voc. sous *exoculare*. — *Sangloter*, Alc. (sollocar llorando).

V dans le Voc. sous *exoculare*.

VII dans le Voc. sous *exoculare*. — C. على *con-*

36

فَقْفَقَ 274 فكى

dolere, Voc. — Alc. donne cette forme sous les adverbes: solloçando (chez Nebrija singultim, en sanglotant) nanfacââ, anfacâât.

فَقَع قلب crève-cœur, Bc.

فَقْعَة crevasse, Bc. — Vesse-de-loup, espèce de champignon, Bc.

فَقْعَة sanglot, Alc. (solloço en el lloro).

فَقْعَة grande douleur qui cause la mort, Cartâs 47, 1: مات فَقْعَة وندامة (les voyelles sont dans l'édit.), 104, 12: فمرض بالفقعة ومات لعشرين يومًا من الكائنة.

فُقْعان iratus, Domb. 105.

فَقِع الأصوات est dans Abou'l-Walîd 218, 2, la traduction de יריב הרעם חיל קולות.

فَقاعيد mets préparé du poisson Bouri, Mehren 32.

فُقَّع, n. d'un. ة, champignon, L (fungis), Voc. — Coloquinte, L (colocintidus).

فَقَّاع فُقَّاع et فَقَّاع dans le Voc. sous exoculare. — champignon, Alc. (hongo de prado), Most. v° فطر Bc (Barb.), Hbrt 48 (Barb.).

فُقَّاع bierre, Bc.

فَقِّيع, n. d'un. ة, figue qui n'est pas encore mûre, M.

فَقَّاعة pl. فَقَّاع vase, cruche, probablement, dans l'origine, pot à bierre, Quatremère dans le J. A. 1850, I, 246; dans le passage publié J. A. 1849, II, 266, n. 1, notre man. 92 porte فَقَّاعة.

فَقَّاعي brasseur, Bc.

فاقِعَة pl. فواقِع bulle à la surface d'un liquide, Gl. Fragm., Khallic. I, 137, 17, 413, 5 Sl.

فاقوع nom d'une plante à branches longues, minces et creuses, M.

فَقْفَقَ I. فَقْفَقَتِ القِدْرُ est quand le liquide qui bout dans un chaudron forme des bulles et fait du bruit, M.

فَقْفَقَة ébullition, élevures, taches rouges sur la peau, échauboulures, Bc.

فَقْفاقة ampoule, enflure sur la peau, Bc.

فَقْفِيقة bube, élevure sur la peau, Bc. — Vésicule, petite vessie, Bc.

فَقَم III opposer, Saadiah ps. 92, vs. 12.

فَقَن.

فَقُون est dans la 1re partie du Voc. precocus, c.-à-d., je pense, figue précoce, hâtive. Chez Alc. façón, n. d'un. ة, est «higo en la flor,» terme qui désigne, si je ne me trompe, ce qu'on nomme en Provence figues-fleurs, c.-à-d. les fruits du figuier qui occupent le bas des ramules, et qui sont les plus précoces. De ficus, esp. higo?

تَفَقُّن aussi dans la 1re partie du Voc., precocus.

فَقَّه II c. a. p. enseigner le fikh à quelqu'un, Catal. des man. or. de Leyde I, 230, 4 a f. Je pense que le Voc., en donnant ce verbe sous iurista, a voulu indiquer la même signif., et non pas facere uxorem, comme on lit dans la note. — Ordonner, conférer les ordres, Alc. (ordenar de orden sacra, où le ç est une faute, comme le prouve la comparaison des articles orden sacra et ordenado).

V. Étudier le fikh sous un professeur, c. على, Abd-al-wâhid 14, 6, Khatîb 31 r°: تفقّه على أبي ريحانة, ou c. ب, Khatîb 30 v°: تفقّه بأبيه. — Se donner pour fakîh quand on ne l'est pas, Ztschr. XXVIII, 300, n. 5.

فِقْه. Sur ce qu'on appelle اللّغة الفقه, voyez Prol. III, 287, 10 et suiv., Macc. III, 755, 23 et suiv.

فَقِيه. Voyez sur l'importance de ce titre au Maghrib, Macc. I, 136, 18—20. — Maître d'école, et l'on prononce dans ce cas فَقِيه, Lane M. E. I, 81, Lyon 186—7, Pananti II, 80. — Pivoine (oiseau), Alc. (fraylezillo ave).

فِقْهَة les ordres sacrés, Alc. (orden sacra).

أَفْقَه plus versé dans le fikh, Dzahabî Tabacât al-hoffâdh, Classe IV, n° 6 (Part. I, p. 19) éd. Wüstenfeld, Formul. d. contr. 7: فهو أفقه وأبصر.

فَكّ I démettre, disloquer, luxer (Lane), M, Alc. (desconcertar mienbros, desencasar guesos, desgovernar algun mienbro), Bc. — Démembrer, arracher les membres, Alc. (desmenbrar). — Tordre, Voc. (retorquere); فكّى الرقيبة tordre le cou, Alc. (descorvigamiento); مفكوك الرقيبة descorvigado). — Dans le sens de dégager un gage, le n. d'act. est aussi فَكّ, Ibn-al-Athîr, Commentaire sur Ibn-Abdoun, man. de M. de Gayangos, 137 r°: وطلب فكاك خاتمه من عند الرواس. — Deviner une énigme, M, Prol. II, 349, 8, Macc.

II, 153, 5. — *Expliquer, pour la première fois, un livre difficile, ou les règles d'un art,* Macc. II, 254, 5 a f.: هو اوّل مَن فكّ بالاندلس كتاب العروض للتخليل واوّل من فكّ الموسيقى. — *Abattre, renverser,* Ht. — *Ragaillardir,* redonner de la gaîté, Bc. — فكّ الرّيق, dans le Hidjâz, *déjeuner,* Burton I, 287.

II *scander des vers,* M.

V *être disloqué* (Lane sous VII), Macc. II, 97, 19: وكوسبان قد تفكّكا عن قدمها. — En parlant d'un مشى مشية خلاعة وقيس, c'est مَتَخَتَّت, M.

VII *être racheté de captivité,* Voc. — *Etre tordu,* Voc. — *Se ragaillardir,* Bc.

VIII *racheter de captivité,* Voc., Cartâs 175, 3.

X *racheter de captivité,* Yâcout I, 187, 5. — *Dégager un gage,* Hbrt 105, Ibn-al-Athîr l. l.: استفكّ الخاتم.

فَكّ, pl. فُكُوك, Abou'l-Walîd 352, n. 75, Payne Smith 824. — *Luxation,* Domb. 90; ردّ الفكّ *réduire une luxation,* Bc. — Pl. فكاك *mors, frein, bride,* Bc, Hbrt 58. — فكّ الجمال (fekk-el-**djóbâl**), dans une chasse aux esclaves, «ceux qu'on a bloqués sur une montagne, et qui se sont rendus à discrétion sans avoir essayé de se défendre,» Ouaday 477.

فَكّة *commodité,* chose, état, moyen commodes, Bc. — *Douceurs,* petits profits, Bc. — فلان ابن فكّة *un tel a la coutume de parler sur une foule de sujets,* M.

فكّى *maxillaire,* Bc.

فكّاك *chirurgien,* Voc. — Dans le Voc. sous retorquere. — *Espion,* Alc. (oxea); il donne faquîq, pl. faquiquîn, ce qui semble فكّاك prononcé à la manière grenadine. — *L'ouvrier chargé de délier les bandes dont on enveloppe, avant la teinture, ces parties de la soie qui ne doivent pas être teintes,* M.

مَفَكّ *disloqué,* Alc. (desconcertado como gueso, mafâq).

فكّم I, التناسومة, *éculer, plier les quartiers d'un soulier en dedans,* Bc.

فكر II c. في *rappeler, remémorer;* فكّرني فيه «*rappelez-moi cela,*» Bc.

V c. a. *se rappeler,* Beaussier, Schultens, Monum. vetust. Arab. 48, 3 (prononcez اِتَفكّر), 1001 N. I, 76, 1; c. في *se ressouvenir,* Bc.

VIII c. a. *se rappeler,* Beaussier, Antar 28, 3 a f.: افتكر القديم; فافتكر اخاه وما يزل يبكى وينوح *se rappeler le passé; se jeter sur la friperie de quelqu'un, en médire,* Bc.

فِكْرة *imagination,* Alc. (imaginacion = خيال). — *Inquiétude, anxiété,* Alc. (anxia), Abbad. I, 53, 8: لا يكون لك فكرة :Bc سكّنْ فوادك لا تذهبْ به الفكر «n'en soyez pas inquiet, n'ayez point d'inquiétude.»

فكرى *métaphysique,* Bc.

فَكْرون et أفكر *tortue;* la première forme: Domb. 66, Hœst 295, Pagni 91 (fackarûm), Jackson 59; Graberg 135 a بو فكرون; la seconde: Domb. 67 أفكر (افكر الضحرى *tortue d'eau,* افكر الماء *tortue de terre*). Ce mot est d'origine berbère; d'après Mc la tortue s'appelle dans cette langue ايڢكرم, pl. ايڢكر, et d'après le Dict. berb., ايڢكر, pl. ايڢكران.

فاكورة pl. فواكير *loquet,* M.

فَكْرون *voyez* أفكر.

تَفْكِرة *agenda,* notes de choses à faire; *memento,* chose destinée à rappeler; *mémoire,* écrit pour faire ressouvenir; *note,* petit extrait, mémorial; *souvenir,* tablettes pour écrire ce dont on veut se souvenir; *souvenir,* ce qui rappelle la mémoire de, Bc.

مُفَكِّر *imaginaire,* Alc. (imaginaria cosa).

مُفَكِّر, suivi de الشرّ, *soupçonneux, défiant,* Alc. (sospechoso).

فكل.

أفْكَل *delirium tremens,* Gl. Mosl.

فكّه V *se récréer,* Bc. — C. ب p. *jouir de quelqu'un,* jouir de la vue de quelqu'un, le voir, s'entretenir avec lui, Bc. — C. ب p. *se moquer de,* Voc. (deridere); تفكّه باعراض الناس *s'amuser en médisant des absents* (cf. les dict. sous فكّه), Haiyân-Bassâm III,

مِمَّنْ دِينُهُ حَثّ الكأس، وتنضيد الآس، وطبخ النرجس، والتفكه بأعراض الناس،" 142 r°:

فَكّه *hilarité*, Bc. — ابن فكه *vert galant*, vif, alerte et robuste, Bc.

فَكِه *plaisant*, agréable, qui récrée, *récréatif*, Bc.

فَكِهانِيّ *fruitier*, Bc, 1001 N. I, 56, II, 293, 2.

فَكَّاه *fruitier*, Casiri I, 145, n. a.

فَاكِهَة = خمر عتيقة, Most. sous ce dernier mot.

مُفاكَهَة *récréation*, Bc.

فكى.

فاكِيَة pl. فَواكي *fructus*, Voc.; vulg. pour فاكِهَة.

فَلّ I, formé par le vulg. de فَلّ employé dans le sens de الانصراف, *partir, retourner*, M.

II *faire partir ou retourner*, M. — *Prédire l'avenir*, Alc. (agorar en palabras), est pour فَأَلَ II.

VII. انفل عزمه *perdre courage, se décourager, faiblir*, Bc, Antar 3.

فَلّ, n. d'un. ة, *jasmin d'Arabie*, Bc, Hbrt 50, Roland, Pagni MS, M, 1001 N. Bresl. X, 220.

فَلّ *fruit de l'Inde, ayant quelque analogie avec la pistache*; voyez Bait. II, 264 h, Rauwolf 228. — *Liège, arbre, son écorce légère, spongieuse*, Bc, Hbrt 132. C'est évidemment Φελλός, qui signifie aussi *liège*, l'arbre et son écorce; cf. فلين sous فلن.

فَلّة *dent, brèche faite à un couteau, une épée*, etc., Voc. — *Entrée, percée dans une haie*, Ht. — *L'action de partir, de retourner*, M.

فَلّة pl. فَلّ *dent, brèche faite à un couteau, une épée*, etc., Alc. (mella o melladura).

فَلّ ما *rarement*, Voc.

فلاطنس (πλάτανος) *platane*, Most. v° دلب.

فلت I *décocher une flèche*, Alc. (deslatar o disparar).

II c. a. dans le Voc. sous evadere. — C. a. dans le Voc. sous desipere. — *Lâcher un pet par accident, par malheur*, M.

III. مُفالَتَة dans un man. d'Abou'l-Walîd, 573, n. 41, comme synonyme de تنجية et تخليص (?).

IV. أفلت السيف فلانًا *un tel échappa au bourreau*, Berb. I, 540, 6, 640, 11, II, 19, dern. l. — *Disloquer*, Gl. Edrîsî.

V dans le Voc. sous desipere.

فَلْت *crapule, libertinage, polissonnerie*, Bc, Hbrt 244. — *Abus*, Hbrt 209.

فَلْتة *évasion*, Voc., Alc. (escapamiento); *escapade*, Bc. — *Echappée, action imprudente, équipée, action téméraire, sans succès*, Bc. — *Incartade, insulte brusque, extravagance, saillie, emportement, boutade*, Bc. — *Naïveté*, Bc. — *Décochement, l'action de décocher une flèche*, Alc. (deslate).

فَلْتَى dans le sens de فَلاتِى, car dans le M on lit: الفَلْتَى عند العامّة الذى لا يصون نفسه عن ارتكاب المعاصى

فَلْتِينة *Une belle jeune fille est appelée* دُرّة العَوَّاص وفَلْتِينة القَنّاص, 1001 N. IV, 273, 6 a f. Je ne sais pas bien comment il faut traduire.

فَلاتِى *crapuleux, dissolu, libertin, polisson, vagabond, vaurien*, Bc, Hbrt 244, 1001 N. Bresl. IX, 315: داروا فلاتية معاكيس *quand ils eurent tout dissipé*, امرأة (مَرَة) فلاتية أكبر الفلاتية *fripon fieffé*; عربانجى *carogne, misérable, femme décriée par sa mauvaise conduite, femme perdue; femme publique*, Bc.

فَلْت *croustilleux, un peu libre, libre, licencieux*, كلام فلت شوية *gaillard, un peu libre*, Bc; كلام فلت *discours dissolu, graveleux, propos grivois*, Bc, M. حصان فلت *cheval échappé*, Bc. — الفالتة *troupeaux qui ne sont pas attachés; — femme impudique; — pet qu'on lâche par accident, par malheur*; — نغمة فالتة *mélodie qui n'est pas conforme aux modes ordinaires*, M. — Voyez فارط.

فالتة (esp. falta) *faute*, Bc (Barb.).

فِلْتَر, mot syriaque, عذقة, *ager cultus*, Castel, expliqué par جريب, Gl. Belâdz.

فلج I ou II? Dans les 1001 N. Bresl. X, 338, en parlant d'un homme qui veut passer pour fou: فلج يديه. Je ne sais pas bien comment il faut traduire;

فلح

Macn. a بيديه اشاح, ce qui signifie: il laissa pendre ses mains.

IV *paralyser*, Voc., Bait. I, 202 e: فان النوم عليه. — *Epouvanter*, يفلج ويفسد نسبة الاعضاء الطبيعية Voc. (terrero); c'est proprement *paralyser*, comme on dit: la frayeur paralysait toutes ses facultés.

VII *être divisé*, Abou'l-Walîd 572, 13. — *Être paralysé*, Voc. — *S'épouvanter*, Alc. (espantarse); proprement *être paralysé*; cf. sous IV et 1001 N. I, 826, 4: انى رايت انسانا فى هذه الليلة لو رايته ولو المنام لانفلجت عليه, où Lane traduit: «thou wouldst be paralyzed with astonishment at him.»

فَلَجَّةٌ voyez فَلْجَجَةً.

Falagé, *le séné*, Caillié I, 109.

فَلِيجَةَ الثَغْرِ قَلِيبِي, 1001 N. I, 116, 4, *qui a la bouche bien fendue*.

فَلِيجَةً. «*Feldja*, étoffe dont se font les tentes,» Daumas Mœurs 270, Carette Géogr. 219, Barth W. 222 (*feldscha*, «aus Ziegen- und Kameelshaar oder auch aus jenem allein»), Espina R. d. O. A. XIII, 156: «des *flidj* ou tissus pour les tentes,» Ghadamès 137: «*flidj*, bandes de tissus servant à faire les tentes;» *felidje* chez de Jong van Rodenburg 103; فَلْجَجَةَ chez Ht; Beaussier donne فليج comme sing. et فلجة comme coll.

فلج semble le mot tronqué πληξία, et signifie *hémiplexie*, *paralysie*, Voc., qui a le pl. فَوالج, Bc, et *apoplexie*, Bg. — Sur la mesure qui porte ce nom, voyez Abou'l-Walîd 360, 10—12, 572, 20.

مَفْلُوج *paralytique* (Lane), Voc., Bc, Bg. — *Hydropique*, L (idropicus).

فلح I, n. d'act. فَلَاح, *prosperari*, Voc., *percer*, au fig., faire son chemin, Bc; ما فلج *jouer de malheur*, Bc. — تقضى لنفسك بفلج الخصام «vous croyez avoir cause gagnée,» Calâïd 119, 9.

II *cultiver*, *labourer la terre*, Bc, Hbrt 177, *cultiver un arbre*, Auw. I, 274, 2, 327, 13, 526, 16 (dans ces deux derniers passages le n. d'act.). — *Greffer*, *enter*, Auw. I, 488, 8 et 12, 489, 6, 491, 17, 492, 21 (dans presque tous ces passages le n. d'act.; la faute, ة pour ة, chez Banqueri, n'est pas dans notre man.).

277

فلح

IV *gagner sa cause*, Bidp. 189, 2: فان طالب. — *Se conduire vaillamment*, لحق هو الذى بفلح Ibn-al-Athîr, Commentaire sur Ibn-Abdoun, man. de M. de Gayangos, 137 v°: il avait fait la guerre, وقد افلح; in concubitu, 1001 N. Bresl. X, 265: رايتك فى نكاحك زاهد لم يزل قضيبك لاشى — وان افلحت تعل واحدا وتبقى ملقم مغشى *Être utile*, *servir à quelque chose*, Koseg. Chrest. 142, 4: لا يفلح هذا ابدًا. — *Profiter*, *faire des progrès*, Alc. (medrar por mejorar, Nebrija proficio). — *Cultiver une terre*, Auw. I, 4, l. 9, où notre man. porte: فى وقت عملها وافلاحها, *des arbres*, Auw. I, 20, 6 a f., 251, 8, 265, 18, *le blé*, II, 41, 2 (dans tous ces passages le n. d'act.). — *Réussir bien* (plante), Auw. I, 266, 20, 320, 11, 350, 11, Bait. I, 18 a: ولا تفلح فى البساتين البتة

فَلَاح *amélioration*, Alc. (medra por mejoria), exemple sous شطار. — *Retenue*, *modestie*, *honnêteté*, Macc. II, 356, 4 a f., 392, 11. — Doit signifier quelque chose comme *faire des tours de force*; voyez sous غزو I.

فَلَاحَة *champ*, *pièce de terre labourable*, Macc. I, 335, 19, Khaṭîb 72 r°: وتجز عن الركوب الى فلاحته

فَلَاحَة. — *Récolte*, Gl. Edrîsî. الذى فى قرة عينه الحيوانات *la manière d'élever les animaux*, Auw. I, 7, 10, etc. شيخ الفلاحة, au Maroc, l'intendant du domaine privé du sultan; il surveille la culture des terres, les troupeaux, les chevaux et toutes les autres propriétés du monarque, Pflügl, t. 69, p. 23.

الفَلَاحِ فَلَاح, au Maroc, *le jardinier en chef* du sultan, Hœst 155. — *Rustaud*, *rustre*, *ostrogot*, homme qui ignore les usages, lôs bienséances, Bc: الفلاحون *la secte des Noçaïris dans le nord de la Syrie*, M sous نصر.

فَلَاحِى *rustique*, *peu poli*, *rude*, Bc.

أَفْلَح. فَلْحَاء. Le passage du Diw. Hodz. se trouve 225, 2 a f.

تَفْلِيح *crevasse*, *fente*, Ht.

فلر.

فلر *épingle*, Barbier (flir). C'est l'esp. alfiler ou alfilel, dans lequel les Arabes n'ont pas reconnu leur الخلال.

فلس 278 فلس

فلرين (esp.) pl. انت‎ *florin*, ancienne monnaie d'Aragon, Alc. (florin de Aragon), charte aragonaise dans les Memorias de la Acad. de la hist. V, 311: قبض الثلاثين فلرينا متغالا نهبا من وازن ارغونيا ❊

فلور (esp. coliflor) *chou-fleur*, Ht, Pellissier 348. — Alc. donne »flordenadel vino,« qu'il traduit en arabe par flor nadêl. Aucun dict. n'a ce terme; aujourd'hui il est entièrement inconnu en Espagne, et les savants de ce pays ne semblent pas considérer le texte d'Alc. comme correct. Remarquant que Nebrija donne: „flor, la lapa del vino, flos vini" (fleur, pellicule ou mousse qui se forme sur la surface du vin), M. Lafuente voulait lire chez Alc.: „flor nata del vino" (même sens), et M. Simonet propose: „flor la del vino" (fleur, celle du vin). Ce dernier, toutefois, ajoute que la Torre donne: „flor de la nata del vino, فلور ناطل," terme hybride formé d'un mot castillan et d'un mot arabe. Sans oser rien décider dans une question aussi obscure, j'observerai pourtant: 1° qu'Alc. ne rend pas le ط par *d*, mais par *t*; 2° que nadêl, quand on fait attention à l'accent, n'est pas ناطل, 3° qu'à ma connaissance le mot ناطل, *vin*, n'appartient pas au langage ordinaire.

فلس I *faillir, faire banqueroute*, Hbrt 106, Ht. — Biffez „quæsivit, sed non invenit" dans Freytag, pour ce qui concerne le passage de Sacy Chrest. II, ٦٦, 10, qu'il cite. De Sacy, bien qu'il n'eût nullement traduit de cette manière ridicule, s'était cependant trompé, comme il l'a reconnu dans le J. A. 1832, II, 313, où il a dit qu'il faut prononcer وقد فلّس بعضهم, et traduire: « et que le cadi avait déclaré quelques-uns d'entre eux (les négociants du Caire) insolvables. »

II *s'obérer*, مفلّس *obéré*, Bc. — Retundere dans le Voc.; peut-être *river un clou*, comme chez Beaussier.

IV *se ruiner*, Bc.

V dans le Voc. sous depauperare. — Dans le Voc. sous retundere; *être rivé* (clou), Daumas V. A. 318.

VII et VIII dans le Voc. sous depauperare.

فلس (φόλλις, Ztschr. XXI, 672—4). Le pl. فلوس *argent, monnaie*, Ht, 1001 N. Bresl. II, 172. — *Nœud*(?) du bambou, Bait. II, 150 a, en parlant du tabaxir: ان اجوده اشدّه بياضا وخاصتّه عقده وفلوسه

فلس (sic), pl. فلوس, الطاولة. — التى فى جوف قصبه *dame à jouer*, Bc.

فلّس *banqueroute*, Gl. Maw.

فلّاس *pauvreté*, Voc.

فلاسة *banqueroute*, Hbrt 105.

فليسى ou فليسة. « *Flissi*, sabre droit de forme particulière et qui se fabrique chez les Beni-Abdallah, district des Flissa,» R. d. O. A. I, 278, cf. 358; *fliça*, Carette Géogr. 239, *flissa*, Daumas Kabylie 26.

فليسات (pl.) dimin. de فلس, *quelques oboles*, Bat. III, 171.

فلّوس (latin pullus), pl. فلاليس et فلاس, au Maghrib, *pullus parvus avium*, Voc., Alc. (pollo hijo de ave); spécialement *poulet*, Domb. 62, Bc (Barb.), Cherb., Roland, Daumas V. A. 431. La plante رجل الفرّوج se nommait parmi le vulgaire en Espagne رجل الغلّوس, Bait. I, 492 f (lisez ainsi avec A). Fém. ة, Voc. (pulla), Alc. (polla ya grande casi gallina).

فلّاس *mesquin* (ornement, repas), Bc.

فلّاس *banqueroutier*, Hbrt 106, Daumas V. A. 102.

افلاس *insolvabilité*, Bc, *banqueroute*, Ht.

تفليس *écailles de poissons*, chez Freytag, est bon; mais comme il ne cite pas d'autorité, j'ajoute: وأفضل الحيتان الذى ياوى الى الصخور التغليس (sic) الكثيرة ❊

مغلّس, pl. مغاليس *insolvable, ruiné*, Bc, *banqueroutier*, M.

مغلّس *banqueroutier*, Ht. — *Ecailleux*, Mehren 32.

مغلس, en Espagne, *tailler les branches des vignes en ligne droite*, Auw., man. de Leyde, 121 r°: قال الخطيب ابن حجّاج وقد اعتاد الكسّاحون عندنا ان يكون قطع القصبان من الكروم قطعا معتدلا من غير تحريف فيه ويسمّونه المغلس وهو اغرب فى صناعتهم لانهم ليس كل الناس يقدر عليه (l. لانه). C'est un long passage (9½ pages), qui manque dans l'édit. de Banqueri (I, 509).

فلسف I *philosopher*, Voc, Alc. (filosofar).

II *philosopher*, Voc., Bc, M, Macc. I, 591, 7. — *Philosophailler*, Bc.

فَلْسَفَة est, chez les Soufis, *s'assimiler autant que possible à Dieu, afin d'acquérir le bonheur éternel*, M. — *Etre bien versé dans les questions scientifiques*, comme dans ce vers que cite le M:

فَضْلُ لمن يَتَقَصَّى فِي العلم فلسفةً
عرفتَ شيئًا وغابت عنك أشياءً ۞

forme aussi au pl. فَلاسِف, Voc. Avec l'article, *Aristote*, M.

أخلاقٍ فيلسوفية. Une belle jeune fille a فَيْلَسُوفِي lit-on dans les 1001 N. I, 58, 14.

فَلْسَقِيبَة dans un glossaire φλασκιν, *bouteille*, Fleischer Gl. 72; cf. قَبْأَشَة.

فلش

فَلْشَة pl. فَلَش *belette*, Alc. (comadreja). — *Petit renard*, Alc. (zorra pequeña). — *Gazelle*, Alc. (rebeço). فلاش (esp.) *charpie*, Alc. (hilazas para herida).

فلص I, aor. o, c. من r. *se tirer de*, M.

فلط IV = فلت IV, Abou'l-Walîd 573, 33.

فَلاط voyez فارط.

فلطح I *évaser*, *élargir l'ouverture*, Bc.
II *s'évaser*, Bc; cf. فرطح II.

فَلْطَحَة *état de ce qui est évasé*, Bait. I, 243 c: في اعلاه فلطحة يسيرة ۞

فَلْطُورَة *coma*, Voc. Comme l'auteur de ce glossaire a rassemblé sous cet article plusieurs mots qui se rapportent aux cheveux et au poil, je crois l'opinion de M. Simonet fort probable, qui voit dans فلطورة le b. lat. *pilatura*, pilorum color in equis selon Ducange.

فلعس I *user d'épargne*, être d'une épargne sordide, Bc.

فلفل I, *crêper*, est classique; voyez Gl. Edrisi et Defrémery dans le J. A. 1866, II, 426. — فلفل القوم *ils partirent peu à peu*, M.

II *être crépu*, Gl. Edrisi. — Dans le Voc. sous *piper*, *être poivré*.

فُلْفُل et فِلْفِل. Le n. d'un. ة, *un grain de poivre*, Bait. I, 179. — فلفل أبيض est, selon Bait. I, 409 f, le nom que les droguistes de l'Irâc donnent à la graine dite دانۀ in persan, qui est jaune et amère, et qui vient du Couhistân et du Kurdistân (voyez Vullers). Le Most. a cet article: فلفل أبيض قيل هو الهدى وهى ثمرة بيضاء (مثلثة + N) تأتى من بلاد السودان فى طعمها مرارة والفلفل الأبيض عند ج وذ الفلفل الفج الموجود بين الفلفل الأسود الأملس وعند — *piment*, poivre d'Inde oblong, très-piquant, Bc, *poivron*, Roland. — فلفل الأحواص dans A et Boul., الأحواص dans B, ce qu'une main plus moderne a changé en الأحواص, tant dans le texte que sur la marge, *les graines d'Euphorbia nereifolia*, Bait. II, 264 f. — فلفل رومى *poivre en poudre, concassé*, Domb. 59. — فلفل السودان au Maghrib, *les racines du souchet comestible, amandes de terre*, Most. v° حب الزلم, Bait. I, 279 c, 536 d, II, 263 c, 546 b, Auw. I, 25, 8, II, 209, 4 a f. فلفل الصقالبة *les graines du vitex ou Agnus-Castus*, Most. et Gl. Manç. v° العقد, Bait. II, 264 c; Pagni MS donne *filfil* seul en ce sens; — *graines de Lepidium Draba*, car après Bait. II, 264 c, mes man. ajoutent: c'est aussi le بزر الحرف المشرق sadrée, sarriette ou *savorée*, Most.: صعتر فارسى هو المعروف بفلفل الصقالبة وهو الشطرية وهو صعتر الحمل Auw. II, 311, 2 (lisez ainsi). — فلفل عجمى *Capsicum*, Pagni 33: «Filfil Agimi, Capsico, pepe maggiore, o come diciamo volgarmente, *pepe matto*.» — فلفل القرود *graines de* كتم, Bait. II, 264 c; lisez dans Lane حب الكتم, au lieu de حب اللثم. — فلفل الماء *Polygonum Hydropiper*, Bait. II, 263 b, Pagni MS. — *Tammerat el filfil*, parmi les marchandises qui viennent du Fezzân: «grande gousse, dont la forme ressemble à une noix, et qui contient plusieurs petits grains d'un goût très-piquant, comme le poivre de Cayenne,» Lyon 156. — الدارفلفل *le poivrier quand il commence à porter des fruits*; mais chez les médecins, *les premiers fruits du poivrier*, M. — فلفل *espèce de tobe*, Barth IV, 449, 466, 511, V, 704.

فُلْفُلَة *crête* (d'un coq), Domb. 63.

اَلرَّطل الفُلْفُلى Becrî 27, 4, 145, 10, « est probablement le *ratl attari* qui s'emploie encore en Afrique et qui contient 16 onces, environ un quart de moins que le ratl ordinaire, » de Slane; confirmé par Macc. I, 811, 7—9. — M. ثَوب مُفَلْفَل = ثَوب فلفلى.

معجون مركّب فيه الفلفلان الابيض والاسود est فلافلى والدارفلفل, Gl. Manç. in voce; nommé Bait. I, 83 a, 354 a, Chec. 217 v°.

فُلَيْفِل, en Espagne, *Libanotis*, Bait. II, 450 d (AB).

فُلَيْفِلَة, هرنوة Most. sous ce dernier mot, Bait. II, 264 d, 570 a, A. R. 114. — Les graines du *vitex Agnus-Castus*, Most. et Gl. Manç. v° حب الفقد, Gl. Manç. v° بنجنكست, Bait. II, 264 d. — *Pentaphyllum*, Most. v° شجرة الفليفلة: كفّ الجَحْماء. — En Espagne, *ammi*, Bait. II, 264 d. — *Citronnelle*, Bait. II, 378 a. — *Poivre d'Inde* ou *piment*, Bc, Ztschr. XI, 520.

مُفَلْفَل *poivrade, sauce au piment*, Alc. (pebrada salsa de pimienta). — برغل مفلفل voyez sous le premier mot. — رزّ مفلفل *pilau*, riz cuit avec du bouillon, du beurre et du jus de viande, Bc, avec du sel et du poivre, Lane M. E. I, 218; mais dans M: ما طبخ ولم يتمّ نضجه فلا يزال حبّه يتذرّى كالفلفل — *Qui a les cheveux crépus*, لعدم التصاق بعضه ببعض, Antar 23, 11.

فَلْفَلْمُويَه (pers.) *la racine du poivrier*, Bait. II, 264 b, Ibn-Djazla; plus ou moins altéré dans Most., Gl. Manç., A. R. 288, Pagni MS.

فَلْفُوس *sorte d'oiseau*, Cazwînî II, 119, 14; mais chez Yâcout I, 885, 18, c'est فَلْقُوس.

فَلَق II *rompre en éclats, faire des éclats*, Voc. — C. a. p. mettre les pieds de quelqu'un dans la falaca, exemple sous حاشد.

V *être rompu en éclats*, Voc.

VII *même sens*, Voc. — *Se crever, manger avec excès*, Bc.

فَلَق pl. أفلاق *natte, tresse de jonc pour les nattes*, Alc. (enpleyta o enplenta).

فَلْق et فَلْقَة, pl. أفلاق, *lobe*, t. de bot., semence et fruit partagés en deux parties égales, Bc.

فَلْقَة *éclat de bois*, Voc. — *Laize d'étoffe*, Roland.

فَلْقَة est « un instrument composé d'un morceau de bois, aux deux extrémités duquel une corde est attachée de manière à former un arc. Les maîtres d'école et les chefs d'atelier ont tous une falaca, et s'en servent pour châtier les enfants. Ils passent les jambes du patient entre le bâton et la corde, puis tournent l'instrument plusieurs fois sur lui-même pour les étreindre fortement et le réduire à l'immobilité: Dans cette posture, ils lui assènent des coups de bâton sur la plante des pieds, » Cherb. Le mot se trouve dans plusieurs relations citées Gl. Esp. 262; ajoutez Bc (falaca), R. N. 96 v°: وثب عليهم الصبيان فادخلوه الكُتّاب وجعلوا رجله فى الفلقة — ثمّ ضربه المؤدّب ضربا عظيما وقال عاتوا الفلق والعصى والطر Le pl. فَلَق, Bâsim 66: والطناطير.

مُتَفَلِّق: فَلِيق, Wright 78, vs. 20.

فَلاَقَة pl. فَلاَئِق *éclat de bois*, Alc. (raja de madera).

فَلِيقَة pl. فَلاَئِق *éclat de bois*, Voc.

فَلاّق *pourfendeur*, Bc.

فَلُّوق *pastèque*, M.

فَيْلَق comme épithète, الجيش الفيلق, Müller 132, 13.

مُفْلِق employé comme terme injurieux 1001 N. Bresl. IX, 306: يا مفلق تفعل معى هذا الفعل وارد, où Macn. a يا ماكر, أن يذبحه.

مُفَلَّق est chez Auw. I, 338, 2 a f., le nom d'une espèce de pêche; Beaussier donne فَلاَّقى *dont le noyau se détache facilement* (pêche).

فَلْقَح II *se déniaiser*, M.

فَلَك II, dénom. de فَلَك, *prédire l'avenir*, M (اخبر بالغيب).

V *être rond*, cf. Bidp. 20, 5: ومدّ الى الفلك بصره.

Dénom. de — . وتفكّر فى تفلّك الفلك وحركات الكواكب فَلَك, *prédire l'avenir*, M.

X *être rond*, Diwan d'Amro'lkaïs ۱f, vs. 10, Becrî Mo'djam 314, 3. — C. على p. *traiter quelqu'un injustement*, Voc. (iniuriari).

فَلَك *roue*, L (rota), d'un chariot, L (quadriga رُخ), d'une machine hydraulique, Auw. I, 146, 6 a f., 4 a f. — فلك الساقَيْن والرُّكبَتَيْن *rotule*, os mobile sur le genou, L (poples). — علم الفلك *astronomie*, Bc, M, Daumas Kabylie 63; علم الأفلاك *astrologie*, L (astrologia); الأفلاك seul, *astronomie* ou *astrologie*, voyez sous أثر. — دائرة فلك البروج *l'écliptique*, Dorn, Prol. I, 83, 7; altéré en « feletal boïus, » Alf. Astron. II, 261. — شَكّ فلك voyez sous le premier mot.

فَلَكَة pl. فَلَك *roue* d'un chariot, Macc. I, 365, 13. — فلكة الرُّكبة *rotule*, os mobile sur le genou (Lane), Bc, M. — Pl. فِلَك (kesra dans Voc. et Alc.) *fesse*, Voc., Bc, *croupion* d'une poule, Alc. (rabadilla de gallina). — Le Gl. Manç. a cet article que je ne suis pas en état d'expliquer: في فلكة دبوق المُحْكَم الدَّبوق لعبة الصبيان والفلكة الشيء المستدير والمراد به شيء يوضع على الرفادة يستحكم عليها (sic) الرباط.

فَلَكِيّ *astronomique*, Bc.

الفَلَكِيَّة ou النُّجومِيَّة *sorte de jeu d'échecs*, v. d. Linde, Geschichte des Schachspiels I, 108.

فَلُوكَة pl. فلائك *chaloupe d'un vaisseau; embarcation, petit navire; felouque; polacre*, Bc. En indiquant l'origine de ce mot dans le Gl. Esp., 264–6, j'ai rejeté tout rapport entre ce terme et l'ancien فُلْك, auquel on le rattache ordinairement, et si M. Devic (p. 118) a « bien peur que les étymologistes ne se laissent pas convaincre et persistent dans leur opinion première, » je dois déclarer de mon côté que je persiste dans la mienne. Il était inutile de remarquer, comme le fait ce savant (p. 117), que les traducteurs de la Bible n'ont pas craint de choisir ce terme فُلْك pour désigner l'arche de Noé, car tous les arabisants savent que c'est aussi dans le Coran le nom consacré de cette arche. Je soutiens encore ma thèse: ce terme n'appartient pas à la langue qu'on parlait au moyen âge; on ne le trouve pas chez les prosateurs, ni dans la signif. générale de *navire*, ni comme le nom d'une certaine espèce de vaisseau. M. de Goeje est du même avis. Tout le monde sait que ce savant connaît les géographes et les voyageurs arabes mieux que personne, c.-à-d. qu'il a fait une étude spéciale des auteurs qui sont les plus riches en noms de navires, et il m'a dit que, quoiqu'il y ait constamment fait attention, il n'a rencontré le terme en question que deux fois, à savoir d'abord dans un passage de Masoudî (I, 292, 3, où il faut lire فاحدث, au lieu de فاخذت). C'est sans doute une réminiscence du Coran, où le mot est fréquent, et Masoudî le remplace plus tard par le terme ordinaire مراكب. L'autre passage est du grammairien Zamakhcharî, qui dit dans l'Asâs sous قرب: وركبت في القارب الى الفُلْك, après quoi il explique que قارب est chaloupe. Encore deux remarques: 1° فلوكة serait formé, à la manière vulgaire, d'un pl. فلوك, augmenté du ة d'un.; mais un tel pl. est douteux (cf. Lane); فُلْك est à la fois sing. et pl.; 2° ni L, ni le Voc., ni Alc. ne connaissent فُلْك dans le sens de navire.

فلن

الشيء الفُلانِيّ *telle chose*, Bc.

فَلِّين *liége, arbre, son écorce légère, spongieuse*, Bc, Hbrt 132, M sous بلط: شجر الفِلِّيني والبلُّوط كثير الوجود في الاندلس وقشره هو المسمَّى بخشب الفلِّين خشبٌ رَخِفٌ لَيِّنٌ يُصنَع منه سِدادة للقناني الواحدة منه فلِّينة, et sous فلين: الفلِّين. C'est, je crois, Φέλλινος, l'adj. de Φελλός, *liége*, qui est devenu en arabe فِنّ (voyez).

فِلِّينيّ voyez ce qui précède.

فلناجة (pers.) voyez افلنجة sous ا.

فرنجمشك = فلناجمشك (voyez).

فَلَنْصُ *melon d'eau*, Domb. 71; فَلَنْص chez la Torre (sandía); Charant 32: « Valencees or water melons. » Le port. a *melancia* pour désigner ce fruit, mais l'origine du mot m'est inconnue.

فلو

الفلا est chez le vulgaire *cette partie du sol qui n'est pas couverte d'un toit*, M.

فلو. « Chacun des émirs-commandants dût faire construire un vaisseau appelé *djelbah* جلبة et une petite barque فياسة لطيفة, désignée par le mot de *felwah* فلو, et destinée à transporter les provisions de bouche et autres objets, » Macrîzî Maml. II, 2, 273. — فلو الظهر *échine*, Bc.

فَلْوٌ. Le pl. أَفْلَا, Gl. Belâdz. — *Bourrique, âne*, Alc. (borrico), fém. ة (borrica). Il a le dimin. fulêi, pl. ات, dans le même sens.

فلومس et أفلومرس (φλόμος, Dioscor. IV, 102) *verbascum undulatum*, Bait. II, 264 g, Payne Smith 963.

فلونيا nom d'un électuaire (معجون) calmant, dont on se sert contre l'odontalgie, la diarrhée, etc., Ibn-Wâfid 3 r°, 4 r°, 17 r°, recette 21 r°. Le mot doit être grec, car il dit الفلونيا الروميّة, et c'est en effet Φιλώνια, pl. de Φιλώνιον, incorrectement pour Φιλώνειον. Τὸ Φιλώνειον φάρμακον était un remède nommé d'après son inventeur, Philon de Tarse, un contemporain d'Auguste, qui l'a décrit dans une pièce de vers qui nous a été conservée par Galien ; voyez Galien éd. Kühn, t. XIII, p. 261 et suiv., t. XIV, p. 6, t. XVII, 2ᵉ partie, p. 331.

فلى I c. عن. Le passage du Diw. Hodz. (voyez Freytag sous فلو n° 6) se trouve 15, dern. l. — A Damas, *séparer*, p. e. des pois d'avec des lentilles, Ztschr. XXII, 160.

II, n. d'act. dans le Haurân تَفْلاَيَة, *chercher*, en général, = فتّش, Ztschr. l. l. — En parlant des douaniers, *visiter les habits de quelqu'un pour voir s'ils ne contiennent pas de contrebande*, ibid.

IV *épouiller, ôter les poux*, Alc. (despiojar quitar piojos).

V *s'épouiller* (Lane), M, Bc, R. N. 21 r°. De là vient l'expression prov. التفلّي في الشمس, qui, à Damas, est l'équivalent de *fainéantise*, Ztschr. l. l. ; en parlant d'un oiseau, *se gratter avec le bec, passer le bec dans le plumage, becqueter ses plumes*, M, cf. Gl. Fragm. ; lisez de même Becrî 19, 3, où le *kâf* est une faute.

فَلْيَة *acervus*, Voc. Ce mot, qui sans doute n'est pas arabe, semble esp. ; *pila* (pile, amas, monceau) conviendrait fort bien pour le sens, peut-être pas pour la forme.

فَلاَية *pouliot*, Gl. Manç. v° فوذنج, Bait. I, 255 d : هو المعروف بالفلاية (AB). Autres formes: chez le vulgaire en Égypte (عاصمة مصري), فُلَيّة, Bait. II, 267 c (il l'épelle) ; en espagnol (بمجميعة الاندلس) (poleo), ibid. ; Pagni MS fleiu, *pulegium*; fliou, *mentha aquatica*, Guyon 208 ; mentha pulegium, pouliot, Prax R. d. O. A. VIII, 346 ; فليبو *lavande*, Cherb. ; أقليبون *pulegium*, Domb. 73. C'est le latin pulegium.

فَالية pl. فَوالي *bassinet, partie creuse d'une arme à feu, où est l'amorce*, Bc, *lumière d'une arme à feu*, Bc, Ht.

فَلْيُون (M), فِلْيُون (Bc), fém. ة, *filleul*, chez les chrétiens, M, Bc. Italien selon le M; mais dans cette langue figliuolo est *fils*, et filleul figlioccio.

فَلْيَيْن (esp. hollin) *suie de cheminée*, Voc. (fulligo), Alc. (hollin del huego), Most. v° دخان : وهو الذي يقال عنده المنافع تخصّ الدخان et : له بالعجمية فلييّن المعروف بالفلييّن

فم, etc., fém., P. Macc. II, 257, 19. — *Défilé*, Bruce I, 183 n. — فم الجمل *bec de lièvre*, Daumas V. A. 426. — فم السيف *le tranchant de l'épée*, M, Nowairî Espagne 455 : اخذ بفم السيف. — Employé dans un sens spécial, qui est peut-être analogue à celui que Freytag et Lane donnent en dernier lieu, Aboû'l-Walîd 235, n. 19 : وأمّا المصرة فهو الفم الثاني من العصفر يريد ان الثياب ليس في شديدة الجرى.

فُمَيْم et فُوَيْم *petite bouche*, P. Prol. III, 414, 1, avec la note de M. de Slane.

فن I s'emploie comme II, V et VIII, Gl. Mosl.

II s'emploie comme V, et مُفَنِّن signifie, aussi bien que متفنّن, *fort instruit dans divers genres de sciences*, Abd-al-wâhid, Préface p. xiv, n. 4, Macc. II, 644, 6.

V, p. e. في العلوم, comme II (voyez), Khatîb 24 r°, تفنّنوا في السعايات فيه, Prol. II, 58, 3 a f. ; في الترف « ils forgèrent toutes sortes de calomnies contre lui, »

Berb. II, 495, dern. l. — *Se promener*, Payne Smith 1442.

افتنان السُؤال VIII, p. e. «différentes manières de demander un bienfait,» Gl. Mosl. — C. a. p. expliqué par ب, et اشتَقَ طرب, Diw. Hodz. 194, vs. 63.

فنّ. En parlant d'une jeune fille, «كاملة الفنون» «possédant toutes sortes de beautés,» 1001 N. I, 116. افنان *les différentes sortes de fleurs* dans un jardin, P. Macc. II, 408, 2, et 409, 11. — *Artifice*, finesse, manière adroite de faire, بفنٍ *adroitement*, Bc. — فن الاكل *gastronomie*, Bc. — فن الطُّفَيْلِيَّة *parasitique*, art du parasite, Bc.

فَنّ pl. فُنُون *article*, Alc. (articulo partizilla).

فَنّ. Le passage du Diw. Hodz. se trouve 196, vs. 71.

تَفَنُّن *délicatesse*, Alc. (delicadeza, delicadez en manjares).

مُفَتَّن *délicat*, Alc. (delicado, delicado en manjares).

فَنْتَسِيَّة (φαντασία), sur les côtes occidentales de la Turquie, *splendeur*, *magnificence*. On l'applique à une fête de famille, à une soirée où l'on fait de la musique et où l'on danse: بَحَسْب الفنتسيّة signifie: il aime le luxe des habits, Ztschr. XI, 484, n. 13.

فنجر I, عيونه في (= فجَر), *fixer*, regarder avec attention, Bc, M.

فَنْجَرَة *effronterie*, Bc.

فَنْجَرَى *effronté*, Bc.

فنجل voyez sous فنجن.

فنجن.

فِنْجان pl. فناجين *tasse*, Bc, M, Coppin 175, Lane M. E. I, 205 (*tasse à café*), Werne 20 (kleine Obertasse), de Sacy Chrest. I, ١٢٨, dern. l., 1001 N. IV, 595, 3 à f, Ztschr. VIII, 348, n., l: 12; *godet, sorte de vase à boire*, Bc. Aussi فِنْجال, *tasse*, Cherb. Dial. 44. — *Clepsydre* (Golius), *horloge*, Yâcout I, 383, 13: وعلى احد ابواب هذه الكنيسة فنجاني للساعات يجعل ليلا ونهارا دائما اثنى عشرة ساعة Cazwînî II, 407: وبها فنجان الساعات اتُّخذ فيه انّنا

عشر بابا لكلّ باب مصراع طوله شبر على عدد الساعات كلّما مرّت ساعة من ساعات الليل او النهار انفتح باب وخرج منه شخص ولم يزل قائما حتى تتمّ الساعة فاذا تمّت الساعة دخل ذلك الشخص وردّ الباب وانفتح (de) باب اخر وخرج منه شخص اخر على هذا المثال Goeje). En ce sens le persan پنگان a aussi passé en arabe sous la forme بنكام et sous beaucoup d'autres qu'on trouvera dans mon article منجانة, sous le *mim*. — فَنْجَل *bouteille*, Domb. 94. — فنجان *tuyau de pipe en fer*, Ouaday 278. — Sorte de coiffure, Coppin 220, en décrivant le costume des dames du Caire: «Leur tête est couverte d'un *fingean*, qui est une sorte de couvrechef de carton d'un pied de haut, doré ou peint selon la condition des personnes, et quelquefois couvert de feuilles d'argent;» Bc: «coiffure particulière à certaines femmes des montagnes de Syrie, consistant en une sorte de corne d'argent creuse et de forme évasée par les deux bouts» (aussi طاسة); Bg 806: «le *findjân* est mis au côté droit de la tête et ressemble à une sarbacane ou porte-voix, dont la bouche est tournée vers la tête. Il est fait de fer-blanc ou d'autre métal léger, attaché moyennant des bandes, et monté de larges voiles, qui couvrent la figure;» M: والفناجان عند نساء الخضر حلبة من الذهب او النحاس كالعلبة المستديرة كانت تلبسها المرأة في راسها وتنعصب عليها؟

فنجنكشت (pers.) *Agnus-Castus*, Bait. II, 264 i, Alc. (sauze gatillo arbol), qui écrit fengon quêzt; فنجنكوشت chez Payne Smith 1313.

فنخ I *mettre le marché à la main*, dire que l'on est prêt à rompre un engagement, un traité, Bc.

فنخ *rupture*, action de rompre la paix, etc., Bc.

فند II *faire délirer*, تفنيد *délire*, Djob. 338, 5. — *Blâmer* (Lane), Gl. Mosl., de Sacy Chrest. I, ٧٨, 11 (où la trad. n'est pas bonne), cf. le Voc. sous confundere alium. — *Détailler un compte, en nommer chaque article l'un après l'autre*, M; cf. نقد II. — فَنْد ou فنيذ, formé de فنيد ou فانيذ, Chec. 199 v°: وينزل (الجوارش) عن النا ويبرد الى ان يقرب من التفنيد؟

فندى

V quasi-pass. de II, Voc. sous confundere alium.

— تَفَنَّدَ ou تَفَنَّدَ, quasi-pass. de II dans le dernier sens que j'ai donné, Chec. 200 rº: ثم يتراءى يتفنذ ويستعمل۞

فَنَذَ. M, après avoir dit que ce mot signifie *branche*: فند شمع Bo a ; ومنه فند الشمع على التشبيه بـ *cierge*.

فَنْدَة (esp.) *fourreau, étui, enveloppe*, Alc. (funda de qualquier cosa).

فَنَّاد *confiseur*, Alc. (confitero que los haze).

فَانِيد = فَانِيد, Chec. 211 vº, Alc. (alfenique).

فَانِيد (Voc., M) ou فَانِيد, n. d'un. ة (Voc.), *zucarum* dans le Voc. Cette espèce de sucre (voyez Vullers sous يانيد) est de deux sortes: le سَجْزِى, c.-à-d., qui vient du Sidjistân, et le خِزَائنى (mot dont l'origine n'est pas expliquée), Rhazès dans Bait. II, 36 a, cf. 244 g, où il faut lire سجزى; Bait. l'épelle et ajoute: منسوب الى سجستان. Mais d'après le Gl. Manç. (in voce) ce sont deux noms de la même espèce de sucre, à savoir du سُكَّر العُشَر ou *calotropis gigantea*. — En esp. *alfeñique*, qui est une altération de ce terme, signifie *pâte faite avec du sucre et de l'huile d'amandes douces* (Alc. alfenique, ffinid o finid).

فَانِيد = فَيْنِيد, Voc.

مُفَنَّد *blâmé*, Gl. Mosl.

مُفَنَّد *fait avec du sucre*, Alc. (alfenicado, mufīnid et mufened). — *Bonbons, dragées*, Alc. (confites, mufinnid).

فُنْدُق, pl. فنادق chez Djob. — *Magasin destiné aux marchands qui viennent dans la ville pour y vendre leur blé*, Gl. Esp. 139.

فُنْدُقِير, فُنْدُقَى, Voc., فُنْدُقَانى, Fleischer Gl. et (فندى) avec la termin. esp. ero), Voc., Alc. (mesonero), *hôte, aubergiste*.

فَنْدَلَ I *débaucher, entraîner à des parties de plaisir, dissiper un homme, le jeter dans une conduite dissipée*, Bc, M: فندل الرجل اى غيّر عقله عمّا كان عليه فتفندل اى تغيّر۞

II quasi-pass. de I (voyez).

فنطس

مُفَنْدِل *coureur, qui va et vient, jeune libertin, vagabond*, Bc.

فَنْدُورَة nom d'un instrument de musique à cordes. Chez Payne Smith 1489 ܦܢܕܘܪܐ est expliqué par قَنْدُورَة, mais il faut le lire avec un *fā*, gr. πανδοῦρα ou φάνδουρα, syr. ܦܰܢܕܽܘܪܳܐ, ital. pandura ou pandora, esp. bandurria, fr. mandore.

فَنَذ voyez فَنْد.

فنر.

فَنَار (cf. φανός et φάρος, esp. fanal), فَنَائِر (Voc.), pl. فَنَانير et ات، *lanterne*, Voc., Alc. (lanterna), Domb. 79, M, Jackson 122; *fanal, phare*, M, Davidson 39.

فَنَّرَ II *saigner au nez*, Hbrt 36.

فنس.

فَانُوس (φανός, φάρος), pl. فَوَانِيس et (Maml. I, 2, 5) فَوَانِس, est une lanterne pliante, faite de toile cirée qui est tendue sur des anneaux de fil de métal, et dont le sommet et le fond sont de cuivre étamé, Lane M. E. I, 225–6. — «Les irrigations de jour ont, pour unité de mesure, le *fanous*, qui comprend huit, dix ou douze gaddous, quelquefois plus encore,» Ghadamès 110.

فَانُوسِى *servant pour la lanterne dite* فَانُوس, Vêtem. 258, 3: الشموع الموكبية والفانوسية.

فَانُوسِيَّة semble désigner une certaine quantité de bougies, Macc. II, 712, 18: on leur donnait chaque jour ثمان فانوسيات شمع.

فنش.

بخلوا .Djaubarî 15 vº: بَنْكَت = فَنَش, pers. بَنْج (sic) — بالنسوان ويطعموهم الغنش. — *Bidet*, Bg 175.

فُنَيْش, pl. فَنانِش et فَنانِيش, *mulet*, Voc. (burdo), *jeune mulet*, Beaussier. Ce mot se trouve, mais altéré, dans le Cartâs 161, 7 a f., où on lit en parlant d'un sultan de Maroc qui allait voir ses vaches: وكان قد ركب فينشا. L'éditeur donne les variantes كبشا et فنيشا; la dernière leçon est la véritable.

فنصورى voyez قيصورى.

فنطس.

فنْطِيسَة‎ museau, non-seulement du cochon ou du loup, mais aussi de l'éléphant, de l'hippopotame, Becrî 173, 5.

فنْق‎ II c. a. dans le Voc. sous fastidire.

V c. في‎ fastidire, Voc.; cf. Lane.

فَنقَة‎ boisseau, mesure pour les grains, le sel, etc., à Cordoue, Becrî 113, 1, anc. port. fanga; cf. فنيقَة‎ et voyez فنَق‎.

فَناقِ‎ pl. فنق‎ délicatesses de la table, mets délicats, comme מַעֲדַנִּים et תַּמְנוּקִים, Abou'l-Walîd 576, 24.

فنَيْق‎ Le fém. ة, en parlant d'une jeune fille, = فنَق‎ et مَفناق‎, Gl. Badroun. — Cassette, coffret, Roland, Cherb., qui donne le pl. fenqa.

فنيقَة‎ boisseau, Mocaddasî 240, 5, esp. fanega. Les Mauresques avaient si bien oublié l'origine de ce mot qu'on trouve فنيغَة‎ dans une charte grenadine, ce qui est la transcription de fanega.

فنَك‎.

فنَك‎ est proprement une très-petite espèce de renard, de la grosseur d'un chat, qui habite les régions chaudes de l'Afrique depuis l'Abyssinie et le Darfour jusqu'au nord de l'Afrique, à Oran. Les Arabes se servaient de sa fourrure; mais le nom de fanec était aussi appliqué à d'autres animaux, ou plutôt à d'autres fourrures, soit qu'elles vinssent du Nord ou du Midi; voyez Gl. Esp. 102 et suiv. D'après M. Pavet de Courteille (Dict. turc-oriental), les Persans appellent فنك‎ le petit renard de Tartarie, désigné par les naturalistes sous le nom de canis corsak, en turc oriental قارساى‎. On lit dans M: والقَنَك‎ حيوان فروته احسن الفراء واعدلها قبيل هو نوع من جراء الثعلب التركي وقبيل يطلق على جرو ابن آوى في بلاد الترك‎. Le فنك‎ du pays des Turcs, Tha'âlibî Latâïf 28, 10, de Câchgar, ibid. 132, 13. — Pierre ponce, Bc, Pagni MS (pumex, fanech); c'est pour فينك‎ (voyez plus loin, à la fin de cette lettre).

فنكش‎ I, الامتعَة‎, chercher quelque chose parmi les ustensiles, M.

فنى‎ I se passer (fleur), Bc. — Chez les Soufis, se perdre en Dieu, Ztschr. XVI, 236, n. 4. — Battre à plate couture, complétement, Bc.

IV mourir, Alc. (finar morir).
VI périr, Badroun 252, 5, Abbad. II, 83.
VII dans le Voc. sous finire.

فنى‎ donné, avec فنو‎ (lisez فنو‎), comme sing. de أفناء‎, Kâmil 235, n. a.

فنيَّة‎. «Trois man. présentent dans un vers le pl. فنايا‎ (res caducæ) qui, selon l'étymologie, semble formé d'un sing. فنيد‎,» Gl. Badroun.

فَناء‎. Le pl. أفناء‎, Gl. Edrîsî 362. — Les dernières paroles du passage des Ta'rîfât: وفناء المصر ما اتصل‎ به معَدًّا لمصالحى‎, que Freytag a placées par erreur sous فَناء‎, appartiennent à cet article (cf. l'édit. de Flügel, p. 176); elles se trouvent aussi dans M, qui ajoute: سَعَة‎ — وقيل هو ان يكون على قدر الغلوى الفناء‎ espace, Auw. I, 531, texte corrigé d'après notre man.: وترى مع ذلك سعة الاستار وضيقها وليكن‎ في سعة الفناء الذى بين سطرَين في الغراسة التى‎; en parlant d'un puits, sa capacité, Auw. I, 145, 22: على قدر سعة‎ سبعة اشبار او ثمانية رجلان‎, فناء البئر‎, car c'est ainsi qu'il faut lire avec notre man.

فان‎ faible, fragile, Ht.

فنبار‎ lanterne, Bc; cf. فنار‎.

فَهّ‎ I, pas seulement فَهِهَ‎, mais aussi فَهَّ‎, c. عن‎, = ضَعُف عن‎, Kâmil 64, 17 et 18.

فَهَاهَة‎ énonciation difficile et stupidité (العى والغباوة‎), M, avec un vers d'Abou'l-Alâ, Macc. I, 834, 20, avec la note de Fleischer dans les Add., corrigée Berichte 259.

فهد‎.

فَهْد‎, pl. فهود‎, Payne Smith 1573. Voyez sur cet animal, dont on se sert à la chasse (Berb. I, 412, 8), Shaw I, 259; je trouve encore: lynx, Bc; felis iubata, léopard chasseur, Tristram 382; tigre chasseur, R. d. O. A. XIV, 160; «two different species of wolf, called dhîb and fahd,» Wallin dans le Journal of the Geogr. Society XXIV, 189.

مُفاهَدَة‎ dissension, discorde, M.

فهر.

فِهْر est chez les médecins *la pierre mince avec laquelle on broie les médicaments sur la molette*, M, Prol. III, 192, 2, 229, 2 a f.; cet instrument est aussi de cuivre, Bait. II, 551 a: وقد تسحق الاكحال المانعة الفِهْر; فى صلاية من نحاس بفهر منه (sic). — *Mortier*, Voc. (mortariolum); les deux synonymes qu'il donne, هاون et مهراس, signifient en effet la même chose; par contre مهراس, mortier, a reçu le sens de pilon.

فهرس.

فِهْرِسَة *répertoire, table*; فِهْرِسَة كُتُب *catalogue*; فِهْرِسَة الغلط *errata*, Bc.

فِهْرِسْت *catalogue*, Bc. — *Index*, M.

فهق I *rendre le dernier soupir*, 1001 N. I, 31, dern. l., II, 467, 6 a f.

V *être plein d'eau*, Kâmil 480, 14.

فهم I c. ب *entendre*, p. e. يفهم بالتركى «il entend le turc,» Bc.

VI dans le Voc. sous intelligere, *se comprendre mutuellement*, Prol. III, 279, 13.

VII. ينفهم *compréhensible, concevable, intelligible*, Bc.

X c. a. p. et عن ou فى r. *interroger quelqu'un sur*, Voc., Akhbâr 94, 7, Calâïd 62, 10, Djob. 36, n. a, Bat. II, 117, Aghlab. 28, 3 a f.

فَهْم pl. أَفْهام *intelligence*, Bc, Gl. Bayân. — غَيْر فَهْم *incapacité*, Alc. (inabilidad).

غَيْر فَهْم *incapable*, Alc. (inabile cosa).

فَهْمِى *intellectuel*, Bc.

فَهِيم (Lane TA), pl. فُهَماء, Kâmil 527, n. g, *entendu; intelligent*, habile, Bc, Alc. (engeñoso, entendido), Becrî 101, 3, Macc. I, 846, 3 a f.

فَهَّامَة *éclairé*, Bc, Macc. I, 552, 4, 755, 12.

تَفَهُّمِى *intellectif*, Bc.

عَدَم مَفْهُومِيَّة *inintelligibilité*, Bc.

اِسْتِفْهام *éclaircissement, explication dans une querelle, pour savoir de quelqu'un ce qu'il a dit ou fait,* et dans quelle intention, *explication, information, renseignement*, Bc. — نقطة للاستفهام *point d'interrogation*, Bc.

اِسْتِفْهامى, t. de gramm., *interrogatif*, Ibn-'Akîl 41, 9.

فو. بغيبك الثرى, Khallic. VIII, 144, 15 (lisez ainsi), est une imprécation, *que la terre soit dans ta bouche!* c.-à-d., je voudrais que tu fusses mort et enterré.

فُوَّة, *garance*, est chez Alc. (ruvia) فُوَّة. — الفُوَّة البرانيّة, en Espagne, *galium aparine*, Bait. I, 170 a.

فوت I. فات الامر *l'occasion de faire une chose est passée,* Lane, p. e. فقتلها لا يفوت «alors l'occasion de la tuer n'est pas encore passée,» Bidp. 259, 3; cf. Yâcout II, 744, 5. قد فات فيه الامر se dit d'un cas désespéré, p. e. lorsqu'un homme a des blessures si graves qu'il n'en peut guérir, Cartâs 141, 15: فمركب امير المومنين والامر قد فات فيه — فاشتدّ به الامر وطعناته ثمات بالطريق, ou d'un homme qu'on cherche et qui est déjà mort, Khatîb Escur., article sur Alî ibn-Hammoud: بحث عن هشام وقد فات فيه الامر. Seul, *la saison est passée*, Auw. I, 285, 14: ما , 296, 11: فإن فات ففى اوّل مارس وينبت فى ابريل فات الوقت *il n'est pas tard*, ou à la lettre: *le temps n'est pas passé*, Bg. *Tarder*, Alc. (tardarse). *S'écouler*, Hbrt 250. *Vieillir, cesser d'être en usage depuis longtemps*, Bc. ما فات qu'y a-t-il de perdu? qu'est-ce que cela fait? Freytag Chrest. 109, 15. — *Passer*, p. e. لمّا يفوت صاحب الرياحين «le marchand de fleurs ne passe pas encore;» quand il viendra, je l'achèterai, etc., 1001 N. II, 100, dern. l.; فائت, *passant, celui qui passe par un chemin*, Bc, 1001 N. II, 116, 6: واذا فات من موضع الى موضع; يفتفصل فائت فى الطريق *passer, aller d'un lieu dans un autre*, Bc; c. a. فات, 1001 N. IV, 157, 8; c. على *passer par un endroit*, Bc; فات من البلد *passer par la ville*, Bc; c. الى *entrer*, Bc. — C. a. *échapper à*, p. e. en parlant d'un arbre, لا يفوت اليد, c.-à-d., il s'élève seulement à une hauteur que la main peut atteindre, Becrî 162, 14; c. من *s'échapper de*, Voc. (evadere). — » من فاتته ركعة «celui qui a omis une ركعة» Becrî 169, 4 a f. — *Omettre* (volontairement), *passer, omettre, ne pas parler de, sauter*, Bc. — فات الشى *glisser sur, passer légèrement sur*, Bc. — C. a. *aban-

فوت 287 فوت

donner, Bc, Hbrt 142, Ztschr. XI, 677, 4 et n. 2, 1001 N. Bresl. XI, 39, 40; فائه الى سوء بخته « il l'a abandonné à son malheureux sort, » Bc; *sacrifier*, abandonner un ami par un intérêt; *quitter, renoncer*; فات الـشـىء *prendre son parti*, se résigner à la perte d'une chose; فات الـنّـفْـس شيئاً لاحد *céder*; فات الملك *remettre*, faire grâce d'une dette; فات الملك *se désapproprier*, Bc. — *Relâcher, céder de ses droits, se relâcher*, Bc. — T. de droit, *se détériorer*, v. d. Berg 99, n. 2.

II. فوت الفرصة *manquer l'occasion*, Bc, Hbrt 256. — *Laisser passer*; فـوّتـنى « laissez-moi passer, » Bc; Macc. II, 342, dern. l.:

لا تُفَوِّتْ ساعةً من كأسِكَ خَمْرٍ وعَشيقةٍ.

Passer, pardonner, Bc. — *Retarder*, v. a., Alc. (tardar a otro). — Comme v. n. dans M, qui donne: والعامّة تقول فوّت طَبَق الورد ونحوه اى فات وقته، قَطَفَه فضعفت رائحته وصار ورقه يتناثر صُبَقى (il a les voyelles) m'embarrasse.

III *faire une différence*, Damiri I, 176 6d. de Boulac: فسِجان من فوت بين لخلف.

IV *est* = أَهْلَك، Diw. Hodz. 245, 5; فات نفسه *il le priva de la vie*, Abbad. II, 122, 3 a f.: بطش به وأفات نفسه.

VI s'emploie en parlant de *ce qui a lieu par intervalles longs et inégaux*, de l'irrégularité de la démarche ou du pouls, Gl. Manç. تفاوت هو ضدّ التواتر وهو ان يكون بين النبضتين او المشيئتين بالجلدة زمان له قـدر بالاضافة الى المعتدل والمراد هنا هو ذ النبْض خـاصّة; Akhbâr 11, 3: les sentinelles faisaient mal leur devoir à cause du mauvais temps, فانما تسمع صياحا متفاوتًا ضعيفا «on entendait donc à peine le mot d'ordre et par intervalles longs et inégaux.» Le n. d'act. *irrégularité*, Coran 67, vs. 3. — *Devenir ou être excessif*, dans le Voc. *excedere*, c. ذ; Bat. III, 100, en parlant du rhinocéros: راسه كبير متفاوت الضخامة «il a la tête grosse et d'un volume excessif,» cf. 119; Akhbâr 150, 4 a f.: ثم ان الامور تفاوتت ذ ولايته وتفاوتت بعد قرب تداركها (la situation devint excessivement dangereuse). Les paroles de Moslim: متفاوت ذ الراى signifient, d'après le scoliaste, سابق فيه لا يدانى *praecellens alios omnes consilio*,

Gl. Mosl. — *Se relâcher, céder de ses droits*, Bc. — تفاوت له عن *résigner*, se démettre d'un office en faveur de quelqu'un, Bc.

VIII c. على *traiter* quelqu'un *injustement*, Voc. (iniuriari).

فَوْت *interruption dans un texte, lacune*, Autob. 198 rº: Je l'entendis expliquer ce livre, الاّ فـوتًـا يسيرا من كتاب الصيد «à l'exception d'une petite portion du chapitre relatif à la chasse.» — *Mort*, Cartâs 213, 9 a f.: قد طابت نفوسهم على الموت، وباعوها 224, 2 a f. — *Aliénation*, J. A. 1843, II, 222, 2 a f.: من ربهم بالجنّة قبل الفوت، لم تخرج من يده بوجه من وجوه الفوت «elle n'est sortie de ses mains par aucune espèce d'aliénation,» Formul. d. contr. 6: حجره تحجيرا صحيحا يمنع له التصرف والدخول والفوت. — *forclusion*, exclusion, faute d'avoir fait à temps, Bc. — فوت الوقت *tard*, Bg.

فَوَات *omission, suppression*, action de passer sous silence, Bc. — *Cession, renonciation, sacrifice, renoncement*, Bc. — *Instantanéité*, Bc. — *Tard*, Voc. — *Tardif*, Alc. (tardia cosa en el tiempo). — فوات ميعاد *prescription*, manière d'acquérir la propriété ou d'exclure une demande en justice; extinction d'une dette à défaut de demande de son payement dans le temps fixé, Bc. — امر بفوات البضائع *passavant*, t. de douanes, ordre de laisser passer des marchandises, Bc.

فائتٌ جمال فائت *beauté parfaite, exquise*, et de même en parlant d'une personne, فائت الحسن, etc., Bat. II, 167, 168, 303, 377, 439, etc. — *Résignant, qui résigne un bénéfice*, Bc.

فائتة Le pl. فوائت *prières satisfactoires*; de là en parlant d'un imâm, قضاء الفوائت *présider aux prières satisfactoires*, Bat. I, 212, où d'Ohsson est cité. Aussi *jeûnes satisfactoires*, Vie de Saladin 5: واما صوم رمضان فانه كان عليه منه فوائت بسبب امراض تواترت عليه ذ رمضانات متعددة وشرع ذ قضاء فـوائـت ذلك ذ القدس الشريف, voyez aussi ce qui suit.

أفوت *plus tard*, Alc. (mas tarde).

مَفَات voyez Diw. Hodz. 200, vs. 29.

مفاوت له *résignataire*, Bc.

مفاوتة *résignation*, Bc.

فوتنج

فُوتَنْجِى voyez فُوتَنْجِى.

.فوج

ناسِج grand pli au milieu de la cloison de crin (ساحة), tout proche de la perche qui soutient la tente, voyez Ztschr. XXII, 149.

فُوجِيل *faucille*, L (falcastrum, voyez Ducange). C'est le dimin. de l'esp. *hoz* (du lat. *falx*) et répond au fr. *faucille* pour la forme et le sens. Chez Alc. (guadaña, hoce para heno) c'est مِنْجِل فُوجِيل, ce qui est une tautologie, le mot arabe accompagné du mot espagnol, avec le pl. مَناجِل فوجِيلِيِين.

فَيْح et فوج I. Aor. *o*, رَائحَة منتنة فاح *sentir mauvais*; فى بَرائحَة *répandre une odeur*, *sentir*, Bc. — Aor. *i*, n. d'act. فَيْح et فَيُوح, en parlant du printemps, *faire naître partout beaucoup d'herbe*, M. — Aor. *i*, c. a. r., *prendre des informations relativement à*, M.

II. فوَّج dans le Voc. sous redolere. — فَيَّح *sentir, répandre une odeur*, Alc. (olor hazer o dar); — *puer, sentir mauvais*, Ht. — Comme chez Freytag, R. N. 100 r° (pendant une fête): وفَوَّحوا ابازِير واماوى.

فوج *assaisonner*, Bc (Barb.).

V dans le Voc. sous redolere. — *Se vanter, se glorifier*, Saadiah ps. 10, 12, 27.

فاح *glande*, tumeur, Bc.

فيح = الفَنْجِم se trouve Diw. Hodz. 186, vs. 31.

فَوْحة *odeur*, Voc.

فَيْحة pl. فيوح *odeur, bonne odeur*, Voc., Alc. (olor como quiera, olor bueno, olores de cosas secas, olores de panezillos, olores de unguentos espessos). — *Plaine, en général*, Burton II, 64 n.

فَوَّاح *odorant*, Voc., Alc. (oledor, olorosa cosa que da buen odor).

فَيَّاح *odorant*, Alc. (oledor). — *Puant*, Daumas V A. 102.

الفَيْح الافيَح *la Vega de Grenade*, Haiyân

82 r°. — الفَيْحاء, *la très-vaste*, était une épithète consacrée pour Baçra, comme الزوراء pour Bagdad, de Sacy Chrest. II, ۱۳, 5, et 63, n. 34; aussi pour Damas et Tripoli de Syrie, M.

أفواح (pl.) Macc. (Wright) et أفاويح (pl.) *odeurs*, Bassâm III, 99 r°: افاويح كلّ بستان.

.فود

فَوْد (*agmen hominum*) pl. فِيدان, Macc. II, 423, 17.

فود لَقِم *nom d'une plante*, Daumas V. A. 380, *bourrache*, Beaussier.

.مرو

فُوذَنج a le pl. ات, Most. sous مرو. معجون مركّب, فوذنجى est un électuaire composé, Gl. Manç. in voce, une potion pour hâter la digestion, Checc. 208 v°, 209 r°, qui écrit une fois, 209 r°, 4 a f., فوذنجى. Chez Bait. I, 354 a: واخذ بعدَه من الفوذنجى والغاذلى والكمّونى ۞

.فور

I *déborder* (eau qui bout), Bc. — Au fig., *bouillonner de colère*, voyez Fleischer sur Macc. I, 313, 8 Berichte 182. — فار وجهُه *rougir*; وجهه يفور *le feu lui monte au visage*, Bc. — *Jaillir, saillir, sortir impétueusement* (eau) (Lane), M, Athîr I, 75, 4 a f., Cartâs 37, 4, 41, 7, Prol. II, 276, 1; c. بـ *faire jaillir*, Djob. 334, 10, Cartâs 164, 7 a f. — *Croître*, Alc. (crecer).

II *couler*, Alc. (manar por algo).

فَوْر *sur-le-champ*, Voc., Khatîb 32 r°; aussi فى الفَوْر, Amari Dipl. 104, 1.

فارَة *rabot*, Bc, Hbrt 84. — *Mollet*, Cherb. — (Esp. feria) *foire*, Voc.

فَوْرة *ébullition, bouillonnement*, Ht. — *Eruption d'un volcan*, Bc. — فورة الكبد, t. de médec., *inflammation du foie*, M. — Au fig., *emportement* (cf. Lane), Calâïd 55, dern. l.: ويكشف عن عوراته‘ ويستخفّ ببوادره وفَوراته ۞

فَوَران *effervescence, émotion vive*, Bc. — *Eruption d'un volcan*, Bc. — فوران الصفراء *débord, débordement de bile*, Bc. — فوران المواد *orgasme, mouvement des humeurs, irritation des parties du corps*, Bc.

فوران الشهوة *aiguillon de la chair*, Bc.

فوّار *vapeur*, Ht.

فَوَّار dans le Voc. sous bulire. — *Jaillissant*, Maml. II, 1, 285. — *Jet d'eau*, Maml. II, 1, 284.

فَوَّارَة *jet d'eau*, Maml. II, 1, 284, Bc, Ht, Abbad. II, 226. — *Trombe, colonne d'eau et d'air mue en tourbillon par le vent*, Bc.

فورانكة voyez فَرانكة.

فوز I, *obtenir*. La constr. c. a., au lieu de بـ, chez Abdarî 46 v° (voyage dans le désert): واما القوت يتسبّب (فيتسبّب l.) فيه اذا كان صحيحا وقل ما يفوزه النسيب لكثرة الخلف. — *Obtenir le bonheur éternel*, P. Prol. III, 228, 13. — C. بـ *mettre à profit, employer*, Bc. — *En parlant d'un lot, sortir du sac*, Abbad. III, 64, n. 36.

II c. a. et من dans le Voc. sous evadere. — *Tirer un lot du sac*, Abbad. III, 64, n. 36.

فَوْز يا فوز مَن *heureux celui qui*, Bc. — الـفـوز *le paradis*, Voc. — Pour l'hébreu פז, *or pur*, Saadiah ps. 19, 21, 119.

مَفاز et مَفازة *désert*; la première forme Diw. Hodz. 200, vs. 29; pl. ات, Abou'l-Walîd 607, 12.

مَفازيّ *habitant le désert*, Abou'l-Walîd 607, 11.

فوش I *parler à haute voix, faire du bruit*, à ce qu'il semble, 1001 N. I, 72, 3 a f. — *Flotter sur l'eau*, M (sous فيش).

فوض II ne se construit pas seulement c. الى p., mais aussi c. لـ p., Voc, Bc, de Sacy Chrest. II, ٣٣, 7 a f., et s'emploie souvent avec le régime (الأمر) sous-entendu, Bat. II, 138: فوّض الـيـه السلطان فى حكم المدينة, Recherches 168, 6 a f 1re édit., Cartâs 212, 3 a f., Haiyân-Bassâm III, 142 r°: ففوّض اليه وعوّل عليه ⁂

V *s'abandonner, se fier à Dieu, se remettre entre ses mains*, Voc.

VI. تفاوضوا فى الكلام *ils conversèrent ensemble*, 1001 N. I, 72, 5 a f.; de même تفاوضنا للحديث, Bat. III, 26; c. فى, *sur*, Prol. I, 12, 1: تفاوضوا فى الاخبار; *délibérer*, Cartâs 211, 8 a f.: تفاوضوا فيما يصلح المسلمين ⁂

فَـوْضَى. J'ignore pourquoi le Voc. donne الـنـاس فوضى sous *accedere*.

تَفْويض. وزارة التفويض *est quand le vizir a sous sa direction* السيف والقلم, Nowairî Encycl. 446. — Le pl. تفاويض *diplômes*, Mong. cxxxvi b.

تفاوض *pourparler*, Bc.

مَفَوَّض *illimité*, Ht (pour مُفَوَّض).

رسل مفوّض *légat à latere*, Alc. (legado de latere).

مُفاوَضة *pourparler*, Bc.

فوضل I et II voyez sous فضل.

فوط II c. a. p. et بـ r. *mettre à quelqu'un un tablier* فوطة فى وسطه بفوطة من الحرير (فوطًا), 1001 N. II, 46: V, *mettre un tablier*, Bc.

فوط = فوطة *sorte d'étoffe (de coton, je pense), apportée de l'Inde*, Vie de Saladin 277, 28: فى تابوت توقّد وتترك عمل, Athîr X, 116: مسجى بثوب فوط, السلطان ولبس الصوف والفوط, Fakhrî 361, 6 a f.: وعمامة فوط ملوّنة, mais je crois devoir prononcer: وعمامة فوط ملوّنة ⁂

فوطة *serviette*, Vêtem. 339, qui sert à différents usages: *serviette de bain, essuie-main*, Bc, Hbrt 200, M, Vêtem. 343; *pagne, tablier*, Bc, Vêtem. 340, 342, Haines dans le Journal of the Royal geographical Society, XV, 120, Michel 190; *une espèce de turban, une pièce d'étoffe dont on s'entoure la tête*, Vêtem. 342, Gl. Esp. 270, Voc. (vita, c.-à-d. vitta, de lino), Ztschr. XII, 402; *peignoir, linge que l'on endosse quand on se peigne*, Bc.

تَفْويطة *tablier*, Hbrt 199.

فوع. M, خرجت بكثرة للحشرات فى المكان signifie I. V, en parlant d'un malade, *vomir*, M.

فَوْفَل *arec*, Bc, *noix d'arec*, Bait. II, 267 b, Dodonæus 1489, Niebuhr B. 141, Bat. I, 366, II, 184, 205. — *Coco*, Bc. — *Echinophora (plante)*, Bc.

فوق et فيق I. Aor. o, *surpasser, avoir le dessus*, aussi c. على, Voc., Bc. — Aor. o, plus ordinairement i (pour la IVe dans toutes les signif. qui suivent ici), *revenir à soi*, Alc. (retornar en sy), Bc; c. من *se re-*

mettre d'une maladie, Voc., de l'ivresse, Voc., *désenivrer*, v. n., Alc. (desenbriagar), Bc, du trouble, Bc. — C. ڤ s'*éveiller, se réveiller*, Alc. (recordar el que duerme), Bc, Ht. — *Se lever*, Ht (il a: s'élever; c'est une faute d'impression). — *Veiller*, Alc. (desvelarse), Chénier III, 188. — *Retourner, revenir*, Alc. (tornar de do fueste = رجع; فاق retornado como quiera). — C. على *se rappeler, se souvenir*, Bc. فاق على روحه *se rasseoir, se remettre de son trouble, se reconnaître, reprendre ses sens*; فاق على عقله *reprendre sa raison*, Bc.

II فَوَّقَ. *Encocher* une flèche, mettre la corde d'un arc dans la coche d'une flèche (Lane sous IV), Fleischer sur Macc. II, 566, 11 Berichte 98, Bayân II, 32, 4 a f.: ڤـوق سيما الى بَلَحِ فاصاب مقتناه — En parlant de l'arc, Djob. 180, 21: سلّت السيوف وفُوِّقَت ou de l'arbalète, Mong. 285 a: الفُنسى وَرميت السهام فَوَّقوا لخروج المسمعة, où Quatremère traduit: «ils disposèrent les arbalètes destructives,» Amari 206, 8: — وفُوِّقوا لخروج للحرج وسدّدوا الزنبورك للقرى والخرج «Pousser de fréquents hoquets*, Voc., Alc. (hipar el estomago).

فيّق *éveiller, réveiller*, Alc. (despertar, recordar al que duerme), Bc, Hbrt 43, 1001 N. Bresl. IX, 239, 273, 287, 304, X, 457. — *Tenir éveillé*, Alc. (desvelar a otro).

IV c. من *se remettre, revenir (du trouble)*, Bc. — *S'éveiller*, M, Bat. I, 403, IV, 20, 1001 N. I, 773. — *Se lever*, 1001 N. Bresl. IV, 169.

X *s'éveiller*, M. — C. على p. *avoir l'éveil de ce que quelqu'un fait, s'en apercevoir*, Akhbâr 17, 9: tandis que les musulmans tâchaient de miner une tour, استفاق عليهم العلوج. — C. من *se reconnaître, reprendre ses sens, se remettre, revenir (du trouble)*; استفاق من غشوته *reprendre connaissance, revenir à soi*; استفاق من شهوته *se reprendre, se corriger*, Bc.

فوق. فوق هو فوق *il est en haut*, Bc. — *à l'envers, le dessus dessous*, Bc. — من هنا الفوق *dorénavant*, Roland, Delap. 130.

فاقة *faim*, Voc. — *Le dessus, l'avantage*, Bc.

فُوقات est dans L *arteriaca*. Ducauge a *arteriatus*, avec cette explication de Simon de Gênes: «Arteriata passio dicitur, quando reuma ad traceam et lutrigam descendit; et inde raucedo fit vocis.»

فُوقى *pouce*, Domb. 86 (pour فَوْق; le vulg. dit pour فَوْق). — Les dînârs dits الفُوَيْقيّة ont été nommés ainsi d'après l'empereur Phocas, Fleischer sur Macc. II, 447, 7 Berichte 57.

فوقاني *mur supérieur*, 1001 N. II, 101, en parlant d'un voleur très-adroit: كان ينقب وسطلانبا ويلقف فوقانبا (Lane traduit *upper wall*); lisez de même Bresl. IX, 276, 11. — *Premier étage*, Delap. 85, *étage*, Hbrt 191 (Alg.).

فُوقانيّة. Anciennement cet habit n'était porté que par les cadis, Vêtem. 343. Robe ou manteau de drap que les hommes mettent par-dessus la جبّة, Bc.

فَواق *hiatus*, L. — Voyez ce qui suit ici.

فَواق ناقة. فُواق = *un seul instant*, Yâcout III, 478, 7, où l'explication de l'auteur est mauvaise, Abd-al-wâhid 47, 2 a f., où j'ai eu tort de changer la leçon; de même فواق بكبشة, Berb. II, 139, 3, et فَواقًا *seul*, Abbad. II, 97, 9. — *Hoquet*, Voc. et Alc. (hipo del estomago), qui ont فُواق, Gl. Manç., M, J. A. 1853, I, 346.

فُوَّاقة *hoquet*, Domb. 87, Roland.

فائق. فائق عليه *alerte, éveillé*, yif, Bc. — *vous souvenez-vous de lui*? فائق عليه ولكن من غير تاكيد «je m'en souviens confusément,» Bc.

فوقل chez Freytag est une faute pour فوفل.

فاق I (Daumas MS), aor. *o*, *uriner* (cheval), Daumas V. A. 190; chez Beaussier فُوق.

كرسى من الفُواك؟ 1001 N. Bresl. XI, 409: لخشى بالديباج الرومى

فول II (pour فأل II) *augurer* (bien), Bc.

فول. Le pl. أفوال, Voc. Je trouve nommées ces espèces de fèves: الفول المحلى (?) الاسود, Auw. II, 17, 2 a f., 83, 9; فول حشادى *fèves de petite espèce, féverolles*, Beaussier; — الفول الرومى الابيض, Auw. II, 17, dern. l.; — الفول الشامى, Auw. II, 83, 11 (وهو ابيض غليظ); — فول الشعال, chez le vulgaire en Espagne, en grec *tordylium*, Bait. II, 337 a, nommé

فولپيون

ainsi فُولٌ لَطِى *fèves* — ; لِأَنَّهُ يُوجَدُ فِى ثَمْرَتِهِ نَارُ الزِّنَادِ *de grosse espèce*, Beaussier; — الفُول المصرى, Auw. II, 17, dern. l., 83, 10 (وهو آخر غليظ); *colocasie*, Bc.

فُولَة pl. فُولَة البَـاقِـر *trifolium bubalinum*, Pagni MS. — *salsola muricata*, Prax R. d. O. A. IV, 196.

فَوَّال *marchand de fèves* (Lane TA), Voc., Bc, M, Lane M. E. II, 17, Bat. IV, 24, 1001 N. I, 244.

مَفْوَلَة pl. مَفَاوِل *champ de fèves*, Voc., Alc. (havar).

فُولپيون πόλιον, *polium*, en arabe جَعْدَة, Most. sous ce dernier mot; cf. la note de M. de Goeje sur Edrîsî 100, n. 2.

فوم.

أَفْوَام est dans le Voc. le pl. de فُم, *bouche*. Ht a افوام *orifice*.

فون.

فون *cygne*, Bc.

فَائِدَة *écheveau*, Roland.

فَوَا II *bâiller*, Voc., Alc. (boçezar). — En parlant d'une fleur, فُو الفَى *être sur le point de s'ouvrir*, Auw. I, 643, 18 (lisez ainsi), 644, 4: رؤس الورد اذا فُوَّهَت يَرْتَعِد. — *Trembler*, L (tremeo metuo). وقُمَّت بالفَيْع (ديفوى).

V, بلسانه, *faire claquer sa langue*, 1001 N. II, 395, 15: أم أنها تَفَوَّهَت بلسانها فرحا ببراءتها Bresl. a تَفَلْقَت. — Dans le Voc. sous oscitare; *bâiller*, Beaussier; Ht a تَفَوَّى *bâiller*.

فُو *bouche*, c.-à-d. *calice* d'une fleur, voyez sous غلف II. نَزَلَ المَطَرُ كَأَفْوَاهِ القِرَبِ est une locution proverbiale: *il pleuvait à verse*, littér.: comme les bouches des outres, Weijers 150, n. 245, Macc. II, 800, 15, avec la note de Fleischer dans les Addit. — *La partie ouverte, supérieure d'une barque*, Edrîsî dans le passage traduit par Jaubert I, 62: بنساجون فنكتنسى الشباك, et plus loin: على أفواه الزوارق شباك — Le فوق افواه الزوارق ويجتذبون الزوارق الى انفسهم pl. أَفْوِه *condiments*, Voc.

تَفْوِيد pl. تَفَاوِيد *condiment*, Voc.

291

فيا

فِى . فِى pour فِى, avant l'*élif* d'union, par licence poétique, Gl. Abulf. — لست من الشيخ فى شى, « idiotisme, « vous n'avez rien à faire avec le chaikh, » Gl. Fragm. — *Pour, en échange de*, Haiyân-Bassâm III, 28 v°, où il est question d'une esclave: فاعطاه فيها ثلاثة الآف دينار فملكها. *Pour, au lieu de*, Prol. III, 231, 3 a f. — Après les verbes qui signifient *partir, se mettre en route*, etc., ou *envoyer*, etc., cette préposition signifie *pour aller chercher*, p. e. توجّه فى فلان « il partit pour aller chercher un tel, » (بعث), Lettre à M. Fleischer 36—7. *Pour demander*, p. e. فلقى وصبينا فى رزق يجرى له « il alla trouver Wacif pour lui demander un traitement, » Gl. Fragm. — Par ellipse, comme imprécation, R. N. فضربه أسْوَد بالرمح فقال له فيك وفى سمك (؟ينيك) 74 v°: فقتل بالرماح . *puissiez-vous lui survivre longtemps!* comme traduit Lane, 1001 N. Bresl. IV, 172 (deux fois).

فِيّاً I. فَاء ≠ فِيّ الفَى ,زوال الشمس, Abd-al-wâhid 250, 4, est ibid. l. 1, *il est midi* (cf. sous زوال). — C. على *ombrager*, Kâmil 705, 17, Abd-al-wâhid 157, 15, où il est question du Guadalquivir: فاءت عليه مع الهاجيرة سَرْحَة صَدَحَت لغيبتها صفجّة مائد Macc. II, 333, 20. — C. ب *obtenir*, Berb. I, 436, 4 a f.: فاء بقصده من ذلك.

II *piller*, *saccager*, Voc., Alc. (robar a sacomano). — *Voler les deniers de l'Etat*, Alc. (robar lo publico). — *Confisquer*, Alc. (confiscar, le partic. essecutor).

V c. a. *se mettre à l'ombre de* (cf. Lane), M, Abbad. I, 45, 14, Macc. I, 6, l. 13, 27, 22, ou c. فى, M. — *Être pillé, saccagé*, Voc.

فَىُّ *pillage*, Alc. (robo de saco manos, saco mano para robar). — *Confiscation*, Alc. (confiscacion, essecucion, أمر بالفى essecutorial); مال الفى *l'argent provenant de confiscations*, Haiyân-Bassâm III, 140 v°: وزاد فى رزق مشيخة الشورى من مال الفى — فظبلوا ذلك على خبث اصله وتساهلوا فى ماكل لم يستطيبه فقيه وقد حدَّثت ان هشاما اطعمه من, et plus loin: قبله قمح ولد القاضى ابى ذكوان ابنم قَرَّ عنه واخذ ماله — *Le fisc, le trésor du sultan*, فظبلوا قبول مال الفى

Alc. (fisco = الغى صاحب); (السلطان مال) *employé du fisc*, Alc. (fiscal del rey); il traduit aussi ce terme par مواريث صاحب, et Nebrija donne: fiscal de patrimonio del rey, fiscalis, præfectus fisci. Ces deux termes arabes désignent peut-être: l'administrateur des biens confisqués et de ceux qui étaient dévolus à la couronne faute d'héritiers.

فَيْئَة *retour à l'obéissance*, Gl. Belâdz., Haiyân 97 rº (deux fois), Autob. 228 vº: فاءوا الى طاعته فتنقبّل.

فَيْتَم, Berb. I, 628, 10 a f., et souvent dans ce livre. — *Ombre*, dans le vers que j'ai cité sous I; au fig., القدر اليسير = qui précède, Cartâs 159, 9 a f. — *Prix fixe*, M.

فَيج. Le pl. أفواج, Payne Smith 1426, 1577. — Pl. فيوج *voyageur*, Gl. Edrîsî.

فَيْوجيّة *courriers*, Payne Smith 1426.

فَيْجَل, فَيْجَن *rue* (plante), Voc., Hbrt 49 (Alg.), ruta montana, Prax R. d. O. A. VIII, 284, 346; — Reaumuria vermiculata Desf.; on en mange, on en fait des chapelets pour les enfants, et encore de la tisane, contre la morsure des serpents et la piqûre des scorpions, Guyon 211; — artemisia delileana, Prax R. d. O. A. IV, 196.

فَيْجَم vulg. = فَيْجَن, M (rº سذب).

فوج voyez فوج.

فيد I *approvisionner, fournir les choses nécessaires*, Alc. (abastar); c'est pour la IVᵉ.

II = I, 4 chez Freytag, M. — فيّد ماله *prêter de l'argent à intérêt*, M.

IV, par ellipse, pour عَلَمًا أفاد (M, Macc. II, 402, 18), *instruire;* أفادة *instruction;* مفيد *docte, instructif*, Bc; Khallic. I, 411, 5 a f. Sl., Macc. I, 529, 7, 605, 4; c. d. a., Prol. I, 310, 7; افادة = تعليم Prol. I, 65, 14; افادة عن حقيقة خبر, Ztschr. XVIII, 324, 4 t. a., الافادة في اخبار *ibid.* 325, 4 a f. — C. d. a. ou c. a. r. et ل p., *apprendre, faire savoir*, Macc. I, c, 5, 399, 14, 861, 2 a f., Abdarî 17 rº: وافادنى ابو على المذكور حكاية عن ابى محمد الحريرى لم يذكر لها سندًا وهو ان الخ *; renseigner*, Prol. III, 290, 10 et 11. — Aussi par ellipse, pour عَلَمًا أفاد, qui a

également un double sens, *apprendre*, acquérir quelque connaissance, c. من عن, ou على p., *de*, Macc. I, 804, 5, Berb. I, 475, 5, Autob. 198 rº: لازمت كنت انتاب مجلسه وافدت, *ibid.* : مجلسه وافدت عليه منه, et *ibid.* la même phrase avec عليه, au lieu de منه, 198 vº: وان لم أتّخذه شيخا لمقاربة السن فقد افدت منه كما افدت منهم.

X *tâcher d'acquérir*, Macc. II, 191, 1: يا صاحبي كم استفيدت العبر عنك فلا أفاد وقال تاخذ صبيا ضعيفا باتيك لفائدة, Khatîb 18 vº: يستفيدها الخ. — *Apprendre*, acquérir quelque connaissance, Khallic. I, 411, 5 a f. Sl., Macc. I, 399, 13, 680, 17, II, 405, 16; جمعت استفاذته «il possédait beaucoup de connaissances,» I, 256, 20. — *Apprendre, être informé de*, Abdarî 11 vº: ولكن قد استفدنا بها حكاية وفي الخ. — *Être acquis, être constaté par*, من, Prol. I, 236, 5: وإذا كان أما استفاد «la parenté dont l'existence n'est constatée que par un ancien souvenir.» — C. ب *bénéficier, retirer de l'avantage de, tirer du profit de*, Bc, Macc. I, 136, 8; aussi c. a., Macc. I, 250, 5: استفاد علمه, 683, 15: وكان اولع الناس بالتجوّل في البلدان ومشاهدة الفضلاء واستفادة ما يرى وما يسمع, où l'on pourrait traduire *remarquer*, sens que donne Ht.

فائد = فائدة *utilité, profit*, Voc., Abbad. I, 46, 8 (corrigé III, 12); *avantage* dans un combat, Haiyân 106 rº: واجلت الحرب في اليوم الثاني فلم يكن كبير فائد. — *Revenu*, Gl. Edrîsî, Djob. 38, 3 a f., 46, 17 (ne pas changer le texte dans ces deux passages, comme l'éditeur a voulu le faire), 111, 2, où il faut corriger deux fautes et lire: قيل ان له في ذلك فائدًا كبيرًا; — *produit, rapport* d'un champ, Macc. I, 542, 2 a f.

فائدة *profit*, Alc. (provecho), Macrîzî, man., II, 351: ينال الناس من ذلك فوائد جليلة. — *Intérêt, profit sur l'argent prêté*, Bc, M. — *Revenu*, Djob. 280, 3, Prol. I, 12, 6, Macc. III, 137, 15, Mohammed ibn-Hârith 318, en parlant d'un cadi: لا اكتسب المال ولا بلغت به الفائدة الى اشتراء دار وانما كان

فيروزج

يسكن بكراه فى داخل المدينة. — *Salaire*, L (stipendium). — *Remarque utile*, de Sacy Chrest. I, ۱۴۱, 4 a f., Macc. I, 484, 14 et 3 a f., 486, 20; cf. 506, 8: وكتاب شرح الموطّأ وهو نسختان نسخة سمّاها الاستيفاء ثمّ انتقى منها فوائد سمّاها المنتقى. Le pl. *remarques*, *notes*, *observations*, Abdarî 28 v°: وقد اعطانى اكثر من عشرة اجزاء من فوائده وشيوخه وفهارسهم وقال انت اولى بها منّى فانه (قانى .l) شيخى على الوداع وانت فى عنفوان عمرك, Khatîb 29 r° (corrigé d'après le man. B): فلستولين الابدى من ذخائر كتبه وفوائد تقييده عن شيوخه على ما طالمان له الحسرة⁎ افات la récompense d'un poète, Macc. I, 798, 13.

مفيد produit, Gl. Edrîsî.

فيروزج espèce de teinture, selon le TA chez Lane; dans le même sens Payne Smith 1017: ضرب من النزاويق يقال له الفيروزج ينفش فيه مثل الهليلج والنرجس والشقائق⁎

فَيْرُوزَة turquoise. Le M donne bien فِيرُوزَج, probablement d'après Freytag (aussi Bait. II, 270 b), mais en ajoutant que le nom ordinaire de cette pierre précieuse est فيروز, et plutôt avec le *fatha* du *fâ* qu'avec le *kesra*. Alc. donne aussi (turquesa piedra) فَيْرُوزَة, pl. فيروز, et Bc (*turquoise*) a فيروزة sans voyelles.

باقوتة فيروزيّة *iaspis*, L.

فيرولة (latin ou roman) *férule* (plante), Bc.

فيرّ VII *s'écarter*, *se mettre à l'écart*, Aghânî 70, 2 a f. فَيْس voyez فَيْش.

تَبَيْصار voyez فَيْسار.

فَيْسان (esp.) pl. ات *faisan*, Alc. (faysan ave preciosa).

فيسنمي (gr.) *physionomiste*, Alc. (fisonomo).

فيسنميّة *physionomie*, Alc. (fisonomia).

فَيْش II (formé de فَيْشَة, voyez) *bander*, *lier*, *serrer avec une bande*, Alc. (falsar *lisez* faisar), faxar o faisar).

فَيْش *jactance*, *arrogance*, Ht, qui l'écrit avec le *sîn*.

فيص

ما فيش حد = ما فيه شى *il n'y a rien*; ما فيش *il n'y a personne*, Bc.

فَيْشَة (esp.) *bande*, Alc. (faysa por la faxa, faxa o faysa, faxa de pechos, faxa de muger); dans le Voc. فَشَّة.

فيشَة (fr.) pl. فيش *fiche*, *jeton d'ivoire*, Bc.

فَيَّاشَة, au Maghrib, *bouteille*, *flacon*, L (amula فَبَاشَة وأبريق), Voc. (fiala), Gl. Manç. dans ma Lettre à M. Fleischer 172. Chez Isidore fiasca; sur l'origine du mot on peut comparer Diez sous fiasco.

فيشسفيج *courriers*, Payne Smith 1426, si la leçon est bonne; semble d'origine persane.

فيص I. Le vers cité par Lane se trouve dans le Diwan d'Amro'lkaïs ۴۱, vs. 16, où les gloses (p. 123) l'expliquent soit par يبرق, soit par يعرق, soit par يقطر.

فيض I *croître* (eau d'un puits), Djob. 139, 13 (cf. 140, 4). — *Déborder*, *regorger*, M, Bc, Ht; c. على *inonder*, Gl. Esp. 100, Voc., Ht, Macc. II, 173, 1. — C. على *entrer par infusion dans* (de Slane), Prol. III, 222, 14. — *Etre de trop*, ou *être de reste*, Voc. (redundare), Alc. (sobrar lo que queda), Nowairî Egypte, man. 19 B, 139 v°: من فائض وقف للجامع — *Décharger*, *éjaculer*, L (eructo), Bc.

II dans le Voc. sous redundare et superfluere. — *Combler la mesure*, Alc. (colmar la medida). — *Déborder*, *regorger*, Alc. (rebossar lo lleno).

IV *répandre*, au fig., en parlant de la lumière, Macc. II, 100, 19: تشوّق الى حضرة الانوار المفاضة; افاض عليهم من النعم *épancher les grâces*; افاض الانعام *combler de biens*, *de faveurs*, Bc. — *Rendre public*, Voc.

V dans le Voc. sous redundare.

X *prier pour obtenir le* فَيْض, *l'épanchement de la grâce divine*, Ztschr. XX, 40, n. 51. — استفاض من السمع *puiser les renseignements qu'on donne dans ce qu'on a entendu dire*, Abd-al-wâhid 259, dern. l.; استفاض عن السفّار المتردّدين *les puiser dans les récits des voyageurs*, ibid. 273, 5. — On lit Berb. I, 233, 4 a f.: وحذر مغبّة الفعلة واستفاضة الدولة, et M. de Slane traduit: « la ruine de l'empire. » Je ne vois pas bien comment ce verbe pourrait signifier cela, et la leçon est incertaine. — Voyez plus loin le partic. pass.

فَيْض pl. انّ فُيُوض *débordement*, Alc. (rebossadura), Bc, *comble, ce qui dépasse un vase plein*, Bc, *crue, inondation*, Gl. Esp. 100, Bc. — *Le comble d'une mesure*, Alc. (colmadura de medidas). — *La marée vive*, Gl. Esp. 100. — الفَيْض *l'abondance, le don de Dieu*, surnom du Nil et de l'Euphrate, Descr. de l'Eg. XV, 58, M; mais cf. Lane.

فَاضَّة *bouillonnement*, Ht.

فَيْضى *fourni par une émanation* (de Slane), Prol. III, 196, 6. — فيضة القَدَح P. Abd-al-wâhid 154, 15, mais je ne sais pas bien comment il faut traduire.

فَيَضَان *l'inondation du Nil*, M.

فَيَّاض „nom que portent plusieurs canaux et qui distingue les grands بَطْن [voyez] des petits," Descr. de l'Eg. XVI, 13.

فَائِض غَلَّة فَائِضَة *récolte abondante*, Bc (il l'écrit avec le ظ).

مفَاض كشم غير مفاض *taille bien déliée* (de Slane), P. Becrî 110. — *Malfaiteur, criminel, scélérat*, Alc. (malhechor). Cette signif. est étrange; mais le mufâd d'Alc. ne peut être que ce mot, car مَعاد ne convient pas.

مَغِيض, suivi de النيل, *la crue du Nil*, Berb. I, 439.

مَغِيضَات (pl.) *les choses qui doivent émaner de* (de Slane), Prol. III, 257, 1.

مُسْتَفَاض avec على لسان الناس, *vulgaire*, Bc. — المستفاض على ألسنة العامة هو أن *communément parlant*, c.-à-d., *selon l'opinion commune, selon la façon de parler ordinaire*, Bc.

فيطل nom d'une plante, *sphondylium* selon Bait. II, 164 c, mais II, 272 d, il dit : «quelques-uns prétendent à tort que c'est sphondylium.» Le synonyme est طُولَة (voyez), *Laserpitium*.

فيف.

فِيفَاة. Le pl. فِيَاف est expliqué par *désert habitable*, d'Escayrac 18, *oasis*, Daumas Sahara 3. — Le pl. employé par Bar Ali comme si ce mot était dérivé de فَيء, فياف ظلال الموت, Payne Smith 1469.

فيق voyez فوق.

فَيْكِيكِي nom d'une étoffe de laine, qui est si fine qu'elle semble de soie, et qu'on fabrique à Figuig, oasis et ville située à cinquante-six lieues S. de Tlemcen, Marmol III, 10 d, Daumas Sahara 265.

فيل II *spargere*, Voc., chez Alc. esparzir, qui chez Nebrija est *spargo* et *fundo*; *répandre, verser, épancher*, Alc. (derramar trastornar), *verser peu à peu, doucement*, Alc. (entrederramar). — *Dissiper, gaspiller*, Alc. (perder derramando, desperdiciador), مُفَيِّل, *desperdiciado*, مُفَيَّل, *desperdiciadura, perdida derramando* (تَفْيِيل).

V dans le Voc. sous spargere. تَفْيِيل *l'action de répandre, de verser une seconde fois*, Alc. (derramamiento otra vez); تَفْيِيل *l'action de verser en différents endroits*, Alc. (derramamiento en diversas partes).

X, en parlant de l'intelligence, *la croire faible*, Haiyân-Bassâm I, 160 r°: تنقصوا حجاه واستفالوا رأيه, corrigez: تَنْقُصُوا حِجَاه واستفالوا رَأْيه.

فيل *éléphant*. Le pl. أفْيِلَة, qu'Ibn-as-Sikkît et d'autres désapprouvent (Lane), Bidp. 132, 9, Abou'l-Walîd 734, 7, Aboulfaradj 138, 9. — *Au jeu d'échecs, le fou*, Alc. (alfil de axedreç), Høst 112, Bc, cette pièce ayant en Orient la figure d'un éléphant.

أنْتى فِيلَة على فلان فَيَّلَة „j'ai trouvé l'occasion d'obtenir d'un tel ce que je voulais," M.

المَوز الفِيلِى *espèce de banane*, Edrisî, Clim. I, Sect. 7.

فَيْلُولَة (formé d'après قَيْلُولَة) *dormir immédiatement après (avant selon Ztschr. XVI, 227) le coucher du soleil, ce qui est considéré comme très-nuisible*, Burton I, 288.

فائل. La définition dans le Diw. Hodz. 48 est: عرق يخرج من الورك فيتبطن الفخذ الى الساق.

تَفْيِيل *lambeau d'habit, haillon*, Alc. (estraço = قطعة).

فِيلَالِى est l'adjectif du nom propre Tafilelt ou Tafilalet, dans l'empire de Maroc. « L'industrie de ses habitants consiste dans la culture des arbres, la fabrication des étoffes de laine et la préparation des cuirs appelés filâli, » Carette Géogr. 94. De là vient que *filâli* ou *filêli* désigne *une étoffe de laine* très-fine et mince comme de la mousseline, voyez Gl. Esp. 268, et aussi *des peaux tannées, des maroquins*, Gräberg 64, 122, Prax 4, 15, Daumas Sahara 61, 198, 232, 253, 267, 284, Mœurs 326, 348 n., Tristram 94, proprement الجِلد الفِيلَالِى « le cuir de Tafilelt, le plus doux et le plus beau qui soit au monde, » Jackson 47. — *Fouet*, nommé ainsi parce qu'il est fait de lanières de cuir de Tafilelt, Hay 43. — D'autres productions de Tafilelt sont الفِيلَالِى الكُحْل, qui est la meilleure espèce, Jackson 23, 30, 76, et الوَرْد الفِيلَالِى, qui ressemble à la rose de la Chine et dont l'odeur est très-forte; on en tire par distillation le عطر الورد, qu'on appelle par corruption en Angleterre *otto of roses*, Jackson Timb. 79.

فِيلَجَّة *ustensiles de peu de valeur qu'on transporte d'un endroit à un autre pour les vendre*, M.

فِيلَجُوش (pers. فيل گوش, *oreille d'éléphant*) *petite serpentaire* (plante), Most. v° لوف (le mot est altéré dans mes man.), Bait. II, après 272 e (cet article manque chez Sontheimer), 447.

فِيلَزَهْرَج (pers. فيل زَهره, *bile d'éléphant*) *lycium*, Most. v° حضض, Bait. I, 70 c, 312, II, 272 f, Gl. Manç. in voce.

فِيلون (gr.) *phyllon* (plante), Bc.

فِين I, n. d'act. فَيْنَة, *être avare* ou *être lâche*, M, فائِن *avare*, Bc.

فِينَة *vautour barbe*, Descr. de l'Eg. XXII, 245.

فِينان *chargé de feuillage* (arbre, branche), P. Lettre à M. Fleischer 90, 12, P. Prol. III, 395, 2 a f.; il faut donc substituer dans le Voc. (ramus) شجرة شجرة فَيْنانة à فِينانة.

فائِن. Alc. donne fâain arroh pour picaviento, *vent contraire*.

فِينَتَك ou فِينَتَج (pers. فينتك) *pierre ponce*, Bait. II, 273 b, 332 e (bon dans B); il faut restituer ce mot dans Amari 2, l. 8, où on lit فسك pour *pierre ponce*. Une autre forme est فنك (voyez).

فِينَك *où es-tu?* Bc.

ق

ق. سورة ق la 50e sourate du Coran, qui commence ainsi: ق والقُرآنِ المَجِيدِ.

قَابَجِى (turc قپوجى) *capigi*, portier du sérail, Bc.

قَابُودى *goujon*, Bc.

قَاناطِير voyez قَناطِير.

قَاتُولِيقِى *catholique*, Bc.

قَاجُوج *poisson du lac de Bizerte*, Gl. Edrîsî; cf. قَجاج, قَجِيم, قَجفِيم.

قَارَسطُون voyez قَرسطُون.

قَارُوص *poisson du lac de Bizerte*, chez Cazwînî قروص, Gl. Edrîsî.

قَارِينَة (esp. carena) *carène*, Ht.

قَاسطَر *castor*, Most. v° جندبادستر.

قَاسُورِس *espatule* (plante), Bc.

قَاش *poisson du Nil*; sa gueule est très-longue et ressemble au bec d'un oiseau; il est charnu et d'un bon goût, Seetzen III, 498.

قَاشانِى proprement *de Kâchân*, près d'Ispahan, endroit où se faisait « de si fine faïence, appelée kachy kiary [كاشى كارى dans Vullers], qu'elle passe dans les autres pays pour de la porcelaine, » Pétis de la Croix cité par Defrémery, Voy. de Bat. dans la Perse 24 n. De là الغَضائِر القَاشانِى, ou comme disait le vulgaire, القَاشى، « des plats de faïence de Kâchân, » Yâcout

IV, 15, 3 (pas نَى, comme dans l'éd.). Mais قاشانى désigne particulièrement *des tuiles ou carreaux de faïence émaillée de diverses couleurs*, Defrémery l. l., Bat. I, 415, II, 46, 130, 225, 297, III, 79. En persan كاشى, mais avec une autre étymologie, car on le dérive de كش ou كاشِ, *verre*, ces carreaux étant incrustés de verre pilé; voyez Vullers. Au reste on trouve encore dans la Descr. de l'Eg. XII, 473: « *Qeychâny*, carreaux d'appartement, avec lesquels les Egyptiens modernes remplacent les carreaux beaucoup mieux faits de leurs ancêtres, et qu'on se procure en détruisant, dans les anciens monuments arabes, les murailles qui en étaient garnies et ornées. »

قاشوشة *croc à retirer le seau d'un puits*, Bc.

قاشىى voyez قاشانى.

قاط *habillement complet*, Roland.

قاطائر قاطاطير *cathéter, sonde creuse de chirurgie*, Bc.

قاطاجانبيس *scille ou squille*, Most. v° اشقيل, d'après az-Zahrâwî.

قاغو *poisson du Nil*, Gl. Edrîsî.

قاقل (κακαλία) *cacalia ou pas-de-cheval* (plante), Bc.

قاعْلَة *cardamome* (comme chez Freytag 483 b), Voc., Bc; *Amomum Granum Paradisi* chez Sontheimer Bait. II, 273 c.

قاقلى *salsola fruticosa*, Bait. I, 492 f, en Irâc عند (اهل العراق), II, 274 c: « les Nabatéens donnent ce nom à la plante qu'on appelle autrement القلم » تسميه الانباط قاقلى ☼

عود قاقلى *agalloche, bois d'aloès*, Bc; c'est une des espèces du bois d'aloès, Bait. II, 225, 1, où il faut lire ainsi avec AB, au lieu de الـفـلافـلى; nommé: Macc. I, 367, 11, Bat. III, 234, IV, 167. Le nom vient de قاقلة, localité de l'île de Sumatra (à laquelle les Arabes donnaient le nom de Java); voyez Bat. IV, 240, 242, 243, 244.

قاقنَص (κύκνος, cycnus) *cygne*, Voc.; chez Alc. (cisne) caquêmiç, et aussi (ibid.) *le Cygne*, constellation.

قاقم = قاقوم *hermine*, Bc.

قاقبيا = اقاقيا, Bat. II, 276 c.

قالَة (esp., pg., ital., prov. cala, fr. cale; chez Ducange b. lat. cola: « portus ostium, vel statio, Gall. *rade* ») *cale, rade*, Müller 81, 4 a f., en parlant de Tanger: مثلثت بين المنار والـقـالـة; chez Becrî 85, 5 a f., on trouve قالة الشيبى comme nom propre, et M. de Slane observe sur ce passage: « *la cale aux galères*; l'ancien *Naustathmus*; قالة est encore employé dans l'Afrique septentrionale avec la signif. que nous lui donnons ici. » — (Esp. *escollo*, de *scopulus*) *écueil*, Edrîsî, Clim. II, Sect. 5: وهذا البحر بحر صعب المجاز كثير الـقـالات والـتروش والجبال الـنـاتـئـة, Clim. III, Sect. 5: وفيه (البحر) تروش وقالات طافية وخفية. — *Aune*, Alc. (vara de medir); Hœst 277: « ils donnent ordinairement le nom de قالة à une aune étrangère; » Pflügl, t. 71, p. 3: « on y mesure le drap et la toile au *codo* espagnol, en arabe *kala*; » Inventaire: ومن الـراشة شقتان زرقا كيلهما ثمانون قالة. C'est peut-être l'esp. *codo*; la permutation du *d* et du *l* est fréquente. — *Ordures des moutons qui s'attachent à la laine*, Hœst 272.

قامارون (κόμαρος, *arbousier*, κόμαρον, *arbouse*) *arbousier*, Most. v° ايبه قاتل.

قامرة voyez sous قمر.

قامرون voyez قمرون.

قاو (turc) *amadou*, Ht, « *caho*, l'amadou du Désert, » Jacquot 57 n.; chez Bc, Hbrt 196 et Delap. 73 قَـوْ.

قاورمَة (turc) *sorte de viande frite*, Hbrt 15, « stewed meat, » Lane M. E. I, 217, *carbonnade, fricassée*, Bc.

قاوزاز *térébenthine*, Payne. Smith 1435.

قاوق (turc) pl. قواويق *bonnet sans poil, de forme cylindrique, au bas duquel est roulée une pièce de mousseline; bonnet sans poil, rembourré de coton*, Bc.

قاون et قاوون (turc) *melon*, Hbrt 48, Bc, Browne II, 47, Pagni MS; chez Ht قاون, pl. قاينى.

قاوند *sorte d'huile ou de graisse*, qu'on tire du Yémen, de l'Abyssinie et de l'Inde; voyez Bait. II, 275 b, et Vullers.

قايش (turc) *bricole*, longe de cuir, *courroie*, Bc.

قايق (turc) pl. قوايق *bateau, caïque*, Bc, 1001 N. Bresl. X, 255 (Macn. زورق).

قايقجى *batelier*, Bc.

قبّ I *se hérisser*, Bc, Ht, *dresser*, v. n., Bc. — *Partir, se mettre en route*, M. — قبّ الشىء عن موضعه est ارتفع, M. — *Nager*, Bc.

قبّ l'éclisse du côté droit du قانون, Descr. de l'Eg. XIII, 308. — Pour un autre sens en musique voyez *ibid*. XIV, 124. — قب المجل *le manche creux de la faux*, M. — قب الميزان *la châsse d'une balance*, Bg, M. — Dans le passage Prov. XXIII, 34, où l'auteur exhorte de prendre garde à l'ivresse: «Tu seras comme celui qui dort כראש חבל «au sommet du mât,» Abou'l-Walîd (784, 12) explique ces mots par قب الصارى. Le mot arabe قبّ, pour *tête*, étant tout à fait étranger au langage ordinaire, j'aime mieux voir dans ce قبّ l'esp. *cabo, bout, d'extrémité*. Cf. Jal, *Glossaire nautique* 838: «Plusieurs monuments anciens montrent, aux sommets des mâts des navires, certaines petites constructions ayant la forme d'un panier rond et creux, d'un vase, d'une tasse. Ces espèces de hunes servaient aux guetteurs et aux combattants.» — (Hébr. קב) nom d'une mesure pour les céréales, *Lobb al-lobâb* ٢٠٣ b, 3 a f.

قُبّ pl. أقواب (sic) *seau*, Voc., où l'on trouve aussi كوب, chez Beaussier *seau de bois avec anse en bois faisant douve au seau*, pl. اقباب.

قَبّة (Alc. قَبَّة) (b. lat. *capa, cappa*, esp., pg., ital., prov. *capa*, fr. *cape, chape*) pl. قباب (Alc. قِباب) *manteau*, Alc. (*capa vestidura*), Athîr VIII, 407: un prince, en ordonnant un deuil public en mémoire de la mort de Hosaïn, امر ان يظهروا النياحة ويلبسوا قبابا علوها بالمسوح. Aussi كُبّة (voyez). — *Collet*, partie du vêtement autour du cou, *rabat*, *collet*, *col* d'un vêtement, Bc, M.

قُبّة *voûte*, Voc., Alc. (*boveda de edificio*). — *Dôme, coupole*, Bc. — *Edifice dont le comble est fait en dôme*, voyez Abbad. I, 142, n. 411, Lane 1001 N. I, 133, n. 48, M. — *Chapelle*, Alc. (*capilla de iglesia*); ce nom aux chapelles dont le comble est fait en dôme et qui contiennent le tombeau d'un homme éminent, spécialement d'un saint, d'un marabout, Richardson Morocco II, 231, Jackson 120, 127, et Timb. 117, Daumas *Sahara* 212, 224, et Kabylie 53 n., 144, Lane M. E. I, 324, II, 232, Niebuhr R. I, 344, Khallic. I, 180, 21 Sl., Cartâs 130 med., 1001 N. I, 101, 6. — *Grande tente;* chez les anciens Arabes elle était de cuir rouge et destinée pour les hommes éminents, J. A. 1838, I, 252; *pavillon*, sorte de tente, Bc, *tabernaculum*, Voc. — Petite tente ou berceau qu'on place sur le toit des maisons les jours de fête, voyez Lyon 317. — *Litière en forme de dôme, pour une seule personne, sur un chameau*, Bc, *palanquin*, Bg, Mc, Ht, Gl. Fragm., Djob. 201, 14, Khallic. VIII, 94, 4 a f., XI, 73, 6, de Sacy Chrest. I, ٧, 10, ٥, 2 a f. — *Cabinet, petite chambre*, Gl. Esp. 90–1. — *Dais, parasol*, Maml. I, 1, 134, Ictifâ 127 r°, en parlant de Roderic: وهو على سرير تحمله ثلاثة بغال مقرونات وعليه قبة مكللة بالدر والياقوت. Quand un tel dais ou parasol était surmonté d'une figure d'oiseau en or ou en argent doré, c'était en Egypte un des insignes de la souveraineté, Maml. l. l.; mais on ne l'arborait dans ce pays que dans les fêtes solennelles, Bat. III, 205, de Sacy Chrest. II, 268. Chez Bat. II, 187, on lit qu'on portait au-dessus du sultan de Macdachau quatre dais de soie de couleur, dont chacun était surmonté d'une figure d'oiseau en or. Aujourd'hui on a oublié en Egypte le véritable sens de القبة والطير, et on lui en attribue un autre, voyez Lane M. E. II, 369. — *Chapiteau*, vaisseau sur la cucurbite, R. — *Capuchon*, L (*cuculla*). — *Couvercle*, Macc. I, 655, 2 a f. احضر عشر قبات من الحلوى 1001 N. IV, 7, 5 a f., où Bresl. porte قعبان; Lane veut lire قعاب. — قبة et قبة الأرض. Comme dans l'opinion des Indiens, leur presqu'île était placée au milieu du monde, ils firent passer leur méridien au-dessus de leur tête. Ce méridien, après avoir quitté le pôle sud, était censé traverser l'île de Lanka, et passait par les lieux qui tiennent le plus de place dans les traditions des indigènes, notamment par la ville d'Odjain, capitale du Malva, qui fut pendant longtemps le principal foyer littéraire de la presqu'île, et où beaucoup d'observations astronomiques avaient été faites. Le méridien portait indifféremment les noms de méridien de Lanka et de méridien d'Odjain. Chez les Arabes il reçut celui de قبة الأرض, parce que قبة se dit aussi d'un lieu qui sert de centre à d'autres lieux et qui exerce une espèce de suprématie, ou bien celui de قبة أزين, le *dj* des Indiens se rendant tantôt par *dj* et tantôt par z; mais comme dans les man. on omet le plus souvent les voyelles, la masse des lecteurs s'accoutumèrent à prononcer *Azîn*, et ensuite, le point du ز étant omis dans les man., *Arîn*. Voyez Reinaud, Géographie d'Aboulféda, I, p. ccxxxv et suiv. — قبّة الاسلام n'était pas seulement un surnom de Baçra, mais aussi d'autres grandes villes, Not. et Extr. XIII, 172. — قبّة الرأس *le crâne*, 1001 N. III, 30, 1. — قبّة الشهينة, chez les juifs, *le Tabernacle*, la tente où reposait l'arche d'alliance pendant le séjour des Israélites dans le désert, jusqu'au temps où le temple fut bâti, M; aussi قبّة الزمان M, et قبّة العهد Bc. — قبّة العين *paupière*, Bc. — قبّة نجران, la coupole de Nedjrân (dans le Yémen), très-grande tente, faite de 300 peaux, qui pouvait contenir mille personnes. Elle appartenait à 'Abd-al-masîh ibn-Dâris ibn-Adî; c'était un asyle, et l'on y donnait aussi à manger. Les Arabes l'appelaient كعبة نجران, parce qu'ils s'y rendaient en pèlerinage comme à la Ca'ba de la Mecque, M. — قبّة الهواء *aérostat*, machine ou ballon plein de fluide plus léger que l'air, et qui s'y élève, *ballon aérostatique*, Bc. — قبّة الميزان *la châsse d'une balance*, le morceau de fer par lequel on soulève, on soutient une balance, lorsqu'on pèse quelque chose, Gl. Esp. 91, Voc. (statera), Bc: *fléau*, verge transversale d'une balance.

قبابة *bombement*, convexité, Bc.

قبّاب *tonnelier*, Domb. 104.

حمار قبّان *cloporte*, Bc.

مقبّب *convexe*, Bc, Vêtem. 282, 13 (l. avec M. Defrémery: بالغوا فى تقبيبهن).

قباطاق nom d'un vêtement que M. de Goeje identifie avec le بغلطاق et le قبا سلارى, Gl. Fragm.

قباجور (mongol) *contribution*, Mong. 256—9.

قبّاجى (turc قپوجى) *capigi*, portier du sérail, Bc. — *Poste, courrier à cheval*, Hbrt 108.

قبح I et II. Les six signif. que Freytag a placées sous la IIe appartiennent à la Ire, à l'exception de la 1re et de la 3e, Ztschr. XVIII, 801, n. 1. L'imprécation قبّحك الله est réprouvée par les puristes, qui veulent qu'on dise قبّحك الله; on emploie cependant la IIe, mais dans la langue ancienne il y a une différence entre la Ire et la IIe: la Ire se dit de Dieu,

maudire quelqu'un, l'écarter, l'exclure de ce qui est bon, tandis que la IIe se dit d'un homme, *maudire* un autre homme, lui souhaiter la malédiction de Dieu, dire: قبّحك الله, Fleischer sur Macc. II, 487, 12 Berichte 72—3; cf. Kâmil 662, n. c. Bc a السلام قبّحك fi! — لا يقبّحك على هذا الفعل «il ne rejeta pas mes paroles comme mauvaises,» = لا يقبّح على قولى, Ztschr. l. l.

V dans le Voc. sous *deformare* (*deturpare*).

قبح, قبح الشهوة, maladie, *l'appétit déréglé*, J. A. 1853, I, 346. — Dans Bidp. 229, 1, on trouve قبحا, mais le man. de Leyde porte بالمملوك.

قبحة *deformitas* est donné par Rosenmüller dans son Glossaire sur ses Instit. ad fundam. ling. Arab., p. 435.

قبيح, *vilain*, pl. قباحى, Bc.

قباحة pl. قبائح *crime*, Bc. — *Indignité*, Bc.

مقبحة *action honteuse*, Ali's hundert Sprüche, Anhang I, n° 188.

قبد قبيط, قباط = قباد (voyez).

قبر I *enterrer* quelqu'un, lui survivre; effacer sa réputation et la faire oublier, Bc.

IV *enterrer*, Voc., Alc. (enterrar muerto).

VII *être enterré*, Voc., Payne Smith 1486.

قبر, pl. aussi أقبر (Wright). Dans l'Aghânî 69, dern. l., درب القبر Kosegarten traduit: «per dominum domus sacrae!»

قبرى *sépulcral*, Bc.

قبرية *pierre sépulcrale, tumulaire*, Bat. I, 40, II, 15.

قبرة, Alc. قبر (esp. caparra), coll. قبر (قبر), *tique*, Voc. (cimex), Alc. (garrapata, ladilla, rezno garrapata).

قبرات (turc قبور) *fonte de pistolets*, Ht.

الحجر القبورى. قبورى *comme une espèce de pierre*, Bait. I, 119 b; j'ignore s'il faut traduire avec Sontheimer *pierre sépulcrale*. — قبورية حفرة *une cavité qui* a la forme d'une fosse sépulcrale, Auw. I, 190, 13, 211, 10, 246, 2, etc.

قَبَّار fossoyeur, Hbrt 215. — قُبَّار (κάππαρις), n. d'un. ة, câpre, Gl. Edrîsî 297, dern. l. et n.; aussi كَبَّار — ; قَبَّار البَقْلَة faux câprier ou fabago, Bc.

قَابِر fossoyeur, Alc. (enterrador de muertos).

مَقْبُرَة tombe, Bc, tombeau, sépulcre, Gl. Esp. 168. Le pl. المَقَابِر cimetière, ibid., R. N. 79 r°: رَأَيْتُ البَارِحَة قَصْرًا فِي طَرَفِ المَقَابِر مَمْلُوءَة بِالجَوْهَر الخ ❊

قِبْرِس, Yâcout IV, 29, 13 et 14, M (pas قُبْرُس comme chez Freytag), l'île de Chypre, Κύπρος, et ensuite: l'excellente espèce de cuivre qu'on en tire, æs Cyprium, cuprum.

زَاج قِبْرِسِي vitriol vert, vitriol martial, couperose, Bc; cf. قِبْرُصِي; de là esp. caparrosa, fr. couperose, qu'il faut ajouter au Gl. Esp. et au livre de M. Devic.

قَبَرْسُون (esp. caparazon) caparaçon, Alc. (acitara de silla).

قِبْرُص autre orthographe de قِبْرِس.

قِبْرُصِي. بِقَمّ قِبْرُصِي bois de rose, de Rhodes, de Chypre, Bc. — زَاج قِبْرُصِي couperose, Bc; cf. قِبْرِسِي.

قبز I bondir (= قفز), Hbrt 61; dans le M: جَلَسَ غَيْرَ مُتَمَكِّن ❊

قبس VIII. Haiyân-Bassâm I, 174 r°: كَانَ مُقْتَبِسًا للشِعر وغير طَبع فيه c.-à-d., c'était un imitateur d'autres poètes. — C. من tirer de, Prol. II, 179, 5.

قَبَس pl. أَقْبَاس tison, L (titio (fustis ustus vel foco), torris), Alc. (tizon), Recherches II, Append. xxxiii, 12; dans le Voc. قَبِس (ticio), et ainsi chez Djob. 225, 12: أنشد قصيدًا نَيِّر القَبَس‘ عراقي النَفَس ❊

قِبْس voyez ce qui précède.

قَبَسِيَّة pl. قَبَاسِي. القَبَاسِي sont des morceaux de bois longs et minces, dont on se sert pour construire un toit, pourvu qu'ils n'aient rien à porter (حَبِيث — , M. (لَا تَثْقُل فَوْقَهَا

القَبِيسِيَّة sont des marchands de Damas qui font le commerce avec les Bédouins, M.

قَابُوس, ou كَبُّوس (Cherb., Maroc), ou كَابُوس (de l'esp. arcabuz, arquebuse) un pistolet (qu'on appelait autrefois une petite arquebuse); زَوْج كَوَابِيس une paire de pistolets, Bc (Barb.); — petit fusil, Gl. Esp. 374.

مِقْبَس pl. مَقَابِس foyer, Gl. Mosl.

مَقْبِس. Le vulgaire dit: أَنَّى فلان ووَجْهُه مَقْبِس c.-à-d. rouge, tout en feu, par suite de la chaleur ou de la fatigue, M.

مِقْبَاس pl. مَقَابِس tison, Voc.

قَبْسَرْت et قَبْسَار pierre ponce, Alc. (esponja piedra pomez, piedra pomez esponja); ce sont peut-être des altérations de قِيشُور (voyez).

قبص

قُبَيْصَة chouette, Bc.

قَبْصَنَة pl. قَبَاسِن vestimentum (quando caput et corpus coperitur), Voc. Le b. lat. a bien capsana (voyez Ducange), mais dans le sens de: ea vestis pars, quæ ad os tunicæ collum circumamicit humeris iniecta.

قَبْصِيلَة coll. قَبْصِيل artichaut sauvage, Alc. (alcauci, cardo arracife). C'est, comme l'a dit M. Simonet (293), le mot esp. cabecilla, dimin. de cabeza (tête), et on a donné ce nom à cette plante parce que sa pomme ressemble à une petite tête, que les Grecs appelaient κεφαλή, les Latins capitellum, et les Castillans capota. Augmenté de l'article arabe, القَبْصِيل est devenu en esp. alcaucil, alcarcil, alcancil, alcauci. Ajoutez ceci au Gl. Esp. 89.

قبض I. Le n. d'act. قَبْضَة, Gl. Fragm. — Recevoir, Gl. Belâdz., Voc; spécialement recevoir des impôts, des contributions, les recouvrer, les percevoir, Haiyân-Bassâm I, 10 r°: خِدْمَة الخَرَاج للقَبض والنَفَقَة. Confisquer, Gl. Belâdz. — قبض يَد فلان retenir la main de quelqu'un, l'empêcher d'agir, Abbad. I, 221, 9, II, 53, 2 a f., c. عن r., Haiyân-Bassâm I, 23 v°: قبض كَفَّه — وَقبض أَيْدِي الحُكَّام على (l. عن) انصافِهم tenir les mains fermées, en parlant d'un homme qui ne donne rien, d'un avare, Haiyân 30 r°: قَبِيضُه

قبض 300 قبض

لَكفّد على القريب والبعيد. — *Serrer*, au fig., *oppresser*, Bc. — *Resserrer le ventre*, Bc. — *Lier*, Voc. (ligare). — قبض روحَه, *faire mourir quelqu'un*, se dit proprement de Dieu, 1001 N. I, 47, mais aussi, dans le style soutenu, d'un tyran, Abbad. I, 24, 11.

II. قبّض الثمن, et aussi le verbe seul, *payer*, Hbrt 106. — *Contracter, resserrer, raccourcir les nerfs*, Bc; *resserrer le ventre*, Bc; قبض البطن *constiper*, Bc; مقبّض *styptique*, دواء مقبّض *remède astringent*, Bc.

IV = II *livrer, remettre*, Asâs. — I *recevoir, recouvrer, percevoir des impôts, des contributions*, Alc. (coger pecho, recaudar rentas).

V. c. على p., avec ou sans اسيرًا, *faire quelqu'un prisonnier*, Weijers 115—6, Abbad. II, 9, Berb. passim, Haiyân 69 v°: (l. تنقبض) فلما نزلوا البهم تنقص عليهم فقتل جماعة منهم.

VI, en parlant de deux personnes, *se harper*, Bc, 1001 N. Bresl. IV, 140: فتماسكا وتقابضا وتخاصفا; avec بالبديّن *se saisir corps à corps*, Bc, Bayân I, 46, 5 a f., en parlant d'un combat: فلا تسمع الا وقع الحديد وتقابض الايدى بالايدى. — *Se disputer*, Martin 111. — التقابض *délivrance et payement de marchandises*, Abou-Ishâc Chîrâzî 98 et 99 (de Goeje); cf. de Sacy Chrest. I, 249, 2; Beaussier: *le vendeur a reçu ce prix de l'acqueréur après livraison de l'objet vendu* تقابضا في ذلك.

VII *se resserrer (ventre)*; انقباض *astriction*, effet d'un astringent; انقباض البطن *constipation*, Bc. — *Se resserrer*, en parlant de l'âme, de Sacy Chrest. I, 242, 2 a f.: Quand le voyageur approche de la ville, il voit un mur noir, sale, et une atmosphère grise, فتنقبض نفسه وينغم انسه انقباض *serrement, état d'un cœur oppressé*, Bc; cf. Bassâm III, 33 r°: لم يزل نافر النفس منقبضًا. *En parlant* d'une personne, *s'attrister, devenir soucieux*, Freytag Chrest. 104, 11: en entendant ce vers, qui était de mauvais augure, انقبض السلطان وتطيّر. — *Se tenir sur la réserve*, ne point se livrer, se confier; منقبض qui est sur son quant à soi, fier; في حاله منقبض *concentré*, qui ne communique pas ses pensées; رجل منقبض في ذاته *homme retiré en lui-même*, Bc. C'est le contraire de انبسط, R. N. 103 r°: سأله سؤال منبسط كيف حالك بابا اسحق فاجابه الشيخ جواب

كشّير, منقبض, Macc. I, 847, 8: لانه كان عارفًا به. Le n. d'act. الصحك والانبساط بعيد عن الانقباض, *vivre dans la retraite, se tenir éloigné du commerce du monde*, Abdarî 114 v°: وكان هذا الرجل رحمه آية في التواضع وطلب الخمول وافراط الانقباض, plus loin: كان اذا عُرف موضعه انتقل عنه الى موضع اخر لا يُعرف, Macc. I, 817, 9: فلا تعذلوني في انقباضى فانّى — رايت جميع الشرّ في خلطة النفس. *Abstinence, continence, retenue*, Macc. I, 717, 6: le prince lui présenta une coupe remplie de vin, فاظهر الانقباض وقال يا سيدى ما شربتها قطّ, III, 754, فقلت لها ان المعنى الذى دعوتك لاجله لا يصلح مع البكاء بل مع الانس وانشراح الصدر وزوال الانقباض, I, 560, 7, 566, 3 a f., Khatîb 19 v°: من اهل الخير, 23 r°: غرب في الوقار ومال الى الانقباض, كان على طريقته, 23 v°: والعفاف والطهارة والانقباض, مثلى, ibid., en parlant d'un cadi: واستنظهر بانقباضه عاف عن الهوادة; تخرّف بصناعة التوثيق على, ibid.: فرضيّت سيرته وانقباض. — *Restreindre ses demandes*, Haiyân 67 v°: فخرج جميع البحريين نحو المرية ليلا فلما اشرفوا على المرية هايم العلوج فانقبضوا والوا الى المناركة ودعوا الى المفاداة والمبايعة. — C. الى *se retirer en lieu de sûreté*, Abou'l-Walîd 635, 26. — C. عن *éviter quelqu'un, ne pas l'aller visiter, se séparer de lui, refuser d'avoir des relations avec lui*, Mohammed ibn-Hârith 278: وكان سعيد بن حسّان منقبضًا عنه فقال له القاضى ابا عثمان ما لك تنقبض عنى فلا تأتينى فوالله ما اريد وكان الطلبة ينقبضون (وٰن ل.), R. N. 86 v°: الا الحق, يعنى من اجل ذلك الرزق فليس هو زى طلبة العلم واهله منقبضًا, Macc. I, 618, 9: o'était un homme pieux, من, Aussi c. عن: السلطان اراده على القضاء فانى ثم ظهروا على معتقده وقبح مذهبه, Amari 615, 4: فانقبض منه بعض ولازمه بعض, mais notre man. porte منه, au lieu de عنه. Le Voc. a ce verbe, c. عن et من, sous aborere (abhorrere). — C. عن ou من p. *se fâcher contre quelqu'un*, Mohammed ibn-Hârith 234: ثم كتب لاحد اولاد عبد الملك — وتصرّف معه, 1001 N. I, تصرّفًا لطيفًا ثم انقبض عنه وخرج حاجًّا, 31, 15: le faucon renversa la tasse pour la seconde

قبص 301 قبص

fois, الملك من الباز فانقبص. — C. عن r. *se soustraire à*, Khatîb 49 v°: لَخُدمة عن الانقباض « se soustraire au service du sultan » (par des motifs de piété); cf. 78 r°: فَتَقاعد عند (عـن l.) لَخُدمة وآثَر الانقباض. — C. عن r. *être empêché de faire une chose*, Macc. I, 472, 13, Berb. I, 432, 3 a f., 440, 5.

VIII *prendre*, *saisir*, Nowairî Espagne 446: ارسل البازي على طائر فاقتنبصه٭.

قَبْص *rétrécissement*, *contraction*, Alc. (encogimiento). — *Serrement*, état d'un cœur oppressé, Pr. Prol. III, 60, 3 a f., 1001 N. II, 122. — *Propriété astringente*, Auw. I, 259, 1: وثمر البلوط قابص فمتى اكله آكلٌ وقبضه فيه اضرّ به ضررا شديدا (lisez ainsi avec notre man., et ensuite (واصلاحه, l. 7: كان قد ذهب. قبصه, Payne Smith 1384. — *Recouvrement*, *perception d'un impôt*, Alc. (cobro por recaudo, cojedura de pechos, cojedura como quiera, recaudamiento de rentas). — La figure de géomancie nommée قبص الداخل a cette forme ÷, et celle qu'on appelle قبص الخارج, celle-ci: ÷, M.

قَبْضَة *poing*, la main fermée, Bc, Hbrt 4. — Pl. قِباص *poignée*, autant que la main peut contenir ou empoigner, *faisceau*, p. e. de bois, *botte*, p. e. de lin, Voc., Alc. (manojo o manada, haz, haz de leña, maña de lino), Bc, Becrî 28, dern. l.; Abou'l-Walîd, 535, 24, a le pl. أت, et, *ibid*. n. 20, قبض, qu'il prononce 599, 13, قِبَض. — *Jointée*, ce que peuvent contenir les deux mains jointes, Amari Dipl. 4, l. 7: وامّا امرٍ القبضة التي توخَّذ من التجّار وجرت بها العادة فقد والقبضة التي توخذ من 3: et 6, قوِّتُنا وامرنا بلحتفها dans l'ancienne تَحارَكم في بيد واحدة مع زيادة عليها trad. latine (p. 256): « Preterea, dirictura illa quæ consuevit in terra mea dari, videlicet per singulos saccos giomellas quinque, in tantum est diminuta, quod non dabitur inde ulterius ultra id quod pugno quater poterit comprehendi. » — *La mesure du poing d'un homme*, *avec le pouce levé*, = 6¼ pouces, Lane M. E. II, 417; la 6e partie de l'aune ordinaire ذراع العامة; la 7e de l'aune royale ذراع الملك (Gl. Fragm.; cf. Abou'l-Walîd 267, n. 86. — Pl. قباض *manche*, partie d'un instrument par où on le prend pour s'en servir, Voc., Alc. (cabo de cuchillo), Bc, Hbrt 178 (de la charrue), J. A. 1848, II, 215 n., l. 4, 1001

N. I, 27, 11 a f., 28, 1; — قبصة السكّين (expliqué par « las cachas del cuchiello »), t. d'astr., *la nébuleuse de Persée*, Alf. Astron. I, 143. *Poignée*, ce par quoi on peut tenir à la main; قبصة السيف « poignée de sabre, » Bc; Alc. (enpuñadura o cabo). — *Garde d'une épée*, *d'un poignard*, Bc. — *Recette*, action, fonction de recevoir, Bc. — *Endroit où le guide demande un présent*, Burckhardt Nubia 43. — *Cassette*, Hbrt 203 (Alg.).

قبصان chez Freytag doit être biffé, voyez Fleischer Gl. 36.

قبصة *astriction*, effet d'un astringent, Bc.

قِباصة . قوّة قباصة *force astringente*, Bait. I, 13 b.

قَبوص (كبّوط, كبّوت, كبّوت, قبّوط = roman) *manteau de drap*, très-large, avec des ornements d'or ou d'argent par devant, *capote*, Bg.

قبّاص pl. قبابص *percepteur*, *commis*, *préposé à la recette des impôts*, Bc, Alc. (cojedor de pecho, demandador de alcavala, recaudador de rentas), Khatîb 187 v°: القابص (ajoutez الى) فَأَخْتَلَفَ الشَّرَطُ وحَمَلْتُ ببابِ القنطرة فقالوا هذا من كتيبته من ارباب الحالي بكذا كبّوط ; Descr. de l'Eg. XII, 92: « Quand le 'âmil se voit hors d'état de suffire au travail dont il est chargé, il délègue une partie de ses fonctions à des préposés appelés *qoubâd*, dont il reçoit les perceptions et dont il règle les comptes, de sorte que leur gestion rentre toujours dans la sienne. » — قابض l'ange de la mort, de Jong sous ابو. — *Astringent*, Payne Smith 1384.

تَقْبيص *remise*, l'action de livrer, de remettre, Alc. (entrega = تسليم).

تَقْبيص *versement*, action de verser de l'argent dans une caisse, Bc.

مقبص pl. مقابص *anse* d'un vase, Voc., Alc. (asa), Djob. 87, 9 (= Bat. I, 319).

مقبّص *receveur*, Roland.

مقبّصة *endroit où le guide demande un présent*, Burckhardt Nubia 43.

مقبوص c. على *iratus*, Voc. — *Recette*, ce qui est reçu en argent ou autrement, Bc.

قبصن, au Liban, nom d'un jeu d'enfant, M.

قَبَطَ I. être saisi de frayeur et prendre la fuite, M.

II. قَبَّطَ وَجْهَهُ, par transposition pour قَطَّبَهُ, M.

قِبْط (Coptes), le pl. أَقْبَاط, M, Bc, de Sacy Chrest. I, 355, 2.

قَبَط (pl.) semble signifier *tapis*, 1001 N. Bresl. XI, 472: وفُرُش كثيرة من لَخَر والديباج وقَبَط لِلحرير المقصب وفرشوا ذلك جميعه فى وسط البستان *

أَحْجَار قَبْطِيَّة, *pierres coptes* ou *égyptiennes*, étaient des pierres très-grandes et très-lourdes, voyez Gl. Esp. 311.

قَبْطِيَّة. Les dict. expliquent ce qu'il faut entendre sous الثِياب القَبْطِيَّة, Gl. Esp. 78, et ce mot y était le nom d'un vêtement. Le Voc. le donne sous « diploys, espatles, » termes que j'ai expliqués plus haut (voyez sous درنك); cf. Çalât 72 v°: حصل لكلّ فارس غفارة وعمامة وكساء وقباطِنا قبطيّة مختلفة الانواع, Holal 9 v°: وقبطبيّة وشقّة والالوان, et voyez le passage de Khatîb cité sous درنك.

القباط الابيض النصيبى etc., R. N. 99 r°. خُبّاط écrit قباد dans Amari Dipl. 204, dern. l.; l'éditeur observe (p. 442, n. *sss*) que l'ital. cubata, sicil. cubaita, signifie: pâte de sésame cuite dans le miel. Dans le Gl. Manç. on trouve que قبابيط désigne une sorte de pâtisserie qui renferme du sucre, des amandes et des pistaches; je corrige قبابيط.

قَبُّوط *sauterelle*, M, mais voyez sous جُنْدَب. — (Roman = قبّوط, كبود, كبوت, قبّوس) *capote, manteau de drap*, M.

قَبْطَان (roman) pl. قباطين *capitaine d'un navire*, Bc, 1001 N. II, 116, dern. l., IV, 468, 6 a f., 482; قبوطان باشا (قَبُّودَان) *capitan-pacha*, amiral turc, Bc.

قَبْطِن *triangle*, Voc. L'origine de ce mot est encore à trouver; l'explication qu'a proposée M. Simonet (295) me paraît peu satisfaisante, de même que celle de Weijers (dans les Orient. I, 418, n. p). Au reste ce mot doit encore avoir eu un autre sens, car le nom des vizirs des Aftasides de Badajoz, les بنو القبطرنه

(voyez sur les voyelles de ce nom dans les man. Hoogvliet 67, n. 38), ne peut pas signifier « les fils du triangle; » *triangle* serait pour un homme un sobriquet bien étrange.

قَبْطَل I *coudoyer, donner des coups de coude*, Alc. (cobdear dar del cobdo, dar del codo).

قَبْطَل pl. قَبَاطِل *aqueduc*, Voc. M. Simonet (318) l'identifie avec le terme grenadin *cauchil*, qui a le même sens.

قَبْطَل, قُبْطُل, pl. قَبَاطِل et قَبْطَال *règle* (instrument); Voc.: قَبَاطِل pl. قِبَاطِل; L: amussis « regula », وميزان; Ibn-Loyon 4 v°, 5 r°: والوزن بالقبطال ولجفنة أنّ تَبلّ جفنة معتدلة للحواشى أو صفحة معتدلة للحواشى من ماء في موضع معتدل وتُحدّ على للجفنة قبطالا طويلا ثمّ تنظر بعينيك مع القبطال وتُعلّم بعلامة حيث يقف بصرك وتنقل للجفنة الى هنالك وتمضى هكذا حتّى تتمّ وهذه صفة ذلك

قبطال

جفنة

والوزن ميزان البنّائين أنّ تُحدّ قبطالا كاملا على الارض او خيط بنّه موثّف الطرفين وتضع الميزان فى وسط القبطال او على وسط الخيط وهو مربّع من خشب في وسطه خطّ وعلى ذلك الخطّ خيط فى طرفه ثقالة الخ وهذه صفة ذلك

ميزان

قبطال قبطال

C'est cobdal, du latin cubitalis. L'esp. a encore codál dans un sens analogue; voyez les dict. de cette langue. Cf. Simonet 340.

قُبَيْطَل (Voc.) ou قِبَيْطَل (Alc.) (lat. cubitellus, dimin. de cubitus), pl. قَبَاطِل et ات, *coude* et *coudée*, Voc., Alc. (codo del braço, cf. sous codera sarna de codo et codera assi), Gl. Manç. ۴۰ مِرْفَق: ويسمّى; Hbrt 4 a pour *coude* العَاصَم القُبَيْطَل بترقيف النطاء; Bc: *coude* قِبَطَل. pl. كَبَاطِل et مِرْفَق (Alg.); كَبَاطَل ou كَبْطَال (Barb.). Cf. Simonet 340.

تَقْبِيْطَل *coup de coude*, Alc. (coduda golpe do codo).

قَبَع I *arracher*, M, p. e. قبع سنا « *arracher une dent*, » Bc. VII, au fig., Akhbâr 155, 4: واستنذلّت ملوكها; c'est قصاروا بين منقبع محصور ومنعن منهب النج ainsi qu'il faut lire, au lieu de متنقبع; le man. a منقبع (sic); expliqué par استتر, Kâmil 647, 14.

قَبْع *cette partie d'un vêtement qui couvre la tête*, comme le capuchon du bournous; aussi le قبع de la قلنسوة, etc., M, Vêtem. 347, n. 3. — Pl. أَقْبَاع *calotte, bonnet* (= طاقية ou عرقية), Vêtem. 344 et suiv., Maml. II, 2, 252, J. A. 1861, I, 25, n. 2; bonnet que portent les petits enfants, cousu de toile ou d'étoffe, et attaché moyennant une bande passée sous le menton, Bg 799. — Bonnet conique, en forme de *pain de sucre*, Bg 117. — Pl. أَقْبَاع *casque* (comme כּוֹבַע), Abou'l-Walîd 306, n. 24.

قَبْع ou قُبَّع, n. d'un. ة, *cochevis, alouette huppée*, Alc. (copada o cohujada, cugujada), Domb. 63, Bc, Hbrt 67, Tristram 397, Daumas V. A. 432, Chec. 194 r°: خنابر, Gl. Manç. v° القنابر وفي القبع Mohammed ibn-Hârith 284: on avait donné à ce cadi le sobriquet de القُبَّعَة: وذلك انه كان دحداحًا قصيرًا فكاد يخفى اذا قعد ☼.

قُبَّعَة *casque*, Ht.

قُبَّاع est un adj. en parlant d'une mesure, *ample, grande*, M, Tha'âlibî Latâïf 27, 5.

قَبْيع *androsace* ou *androselle* (plante), Bc.

قُبَّاعَة *manteau à capuchon*, L (lodix cuculata).

قُبَّعَة *bonnet pointu*, Bc.

قُبَّعَة *bonnet pointu*, Hbrt 21, Bc, *bonnet conique, en forme de pain de sucre*, Bg.

قُبَيْعَة *bonnet pointu*, Bc.

قُبَيْعَاتِي *chapelier*, Hbrt 83.

قَبْع voyez قَبّ. — *Raie* (poisson de mer plat), Domb. 68.

قَبَق En turc قَبَّق ou قباي désigne « une courge. » De là vient qu'en arabe on lui a donné cette signif.: Un mât fort élevé, au haut duquel était placée une courge d'or ou d'argent, dans laquelle était renfermé un pigeon. Les tireurs devaient traverser cette courge de leurs flèches, tout en faisant courir leurs chevaux, et celui qui l'atteignait ainsi que l'oiseau, recevait une robe d'honneur et emportait la courge. Maintenant encore, en Egypte, le mot قبق est synonyme de *cible*; voyez Maml. I, 1, 243, J. A. 1848, II, 220, 1850, II, 182. — *La paupière de dessus*, M; en turc, où قباق ou قبق signifie « couvercle, ». — *Très-grand vaisseau de guerre*, M. كوز قباغى.

قَبْقَب I. قَبْقَبَ الحَرْقُ se dit quand une brûlure cause l'enflure de la peau, M. — *Saboter*, faire du bruit avec les sabots, Bc.

قُبْقَاب, aujourd'hui en Egypte plus communément قَبْقَاب, est un mot himyarite, Freytag Einleitung 118; le pl. est قَبَاقِيب, dans le Voc. (aussi Macc. III, 391, 7 a f.) et قَواقِب, car en Espagne on disait aussi قَوْقَب au sing.; Alc. donne cette forme avec le pl. قَواقِب (çanco de palo, galocha de muger). Ce sont des sabots ou patins, ayant ordinairement quatre à neuf pouces d'élévation, et souvent ornés de nacre de perles, d'argent, etc. Les hommes et les femmes en font toujours usage dans les bains; mais les dames les portent rarement dans leurs maisons. Voyez Vêtem. 347 et suiv., Bg 807, Bc: *galoche, patin, sabot, socque*, Michel 216. C'était à Bagdad la chaussure des pauvres, Athîr X, 333, 2.

قَبَاقِيبِي *sabotier*, qui porte, qui fait des sabots, Bc.

قَواقِبِي même sens, Voc.

مُقَبْقَب. المَلْبوس المُقَبْقَب *massue pour asperger*, voyez Reinaud F. G. 41. — شيء مقبقب ناعم سمين = *cunnus*, 1001 N. Bresl. III, 274; ناعم مقبقب epitheta cunni, Macn. IV, 91, 6, où Bresl. a شيء مقبقب ☼.

قَبِل I *recevoir*, en parlant des impressions, des modifications, qu'une chose subit, p. e. quand il s'agit de pierres qui reçoivent les rayons du soleil, de Jong. — *Accepter* une lettre de change, la payer, Gl. Fragm. — *Recevoir, accueillir* une personne, Bc; Voc.: *exaudire* (recipere bene aliquem). — *Recevoir* chez soi, *loger, héberger*, Alc. (recoger en casa). — Le verbe seul, par ellipse, *accueillir une proposition, une demande*, Nowairî Espagne 456: فارسل عبد الرحمن من C. من p. *suivre le conseil de* quelqu'un, Bidp. 202, 8, 254, 10, Mohammed ibn-Hârith 209: لو قبل مني الامير «si l'émir avait suivi mon conseil.» — قبل مناه على il accueillit leurs accusations contre moi, de Sacy Chrest. II, 460, 8. — C. من concevoir, devenir enceinte, Voc. — Comporter, permettre, souffrir, consentir à, Bc. — C. a. p. avoir audience de quelqu'un, Bc. — Passer, être admis, reçu, Bc; mais il faut قُبِلَ en ce sens.

II, baiser, se construit aussi c. في, Abbad. I, 71, 11, 167, n. 551, Bat. II, 405, et c. ب, Cartâs 43, 8. تقبيل الارض est: toucher avec la main droite la terre, et ensuite les lèvres et le front, ou le turban; voyez Lane trad. des 1001 N. I, 483. — C. d. a. faire marcher un animal vers un endroit, Aboulf. Hist. anteislam. 200, 11 et 12: بقى كلَّما قبل فيله مكّة ينام ويرمى بنفسه الى الارض فاذا قبلوه غير مكّة قام بهرول (ne pas lire comme dans le Gloss.). — C. a. de la terre et من p., donner à ferme, Gl. Belâdz.

III. Dans le sens d'être en face de, le Cartâs a la constr. incorrecte c. ب, 38, 11, 40, 3 a f. — Correspondre, se rapporter à, répondre par symétrie, Macc. I, 135, 9. — Rencontrer, Ht. — C. a. p. avoir une entrevue avec; قابلوا بعضهم se voir, se regarder, se fréquenter, Bc. — C. ب s'aboucher, rapprocher des personnes pour conférer; قابل ménager une entrevue à quelqu'un avec, Bc. — C. a. p. et ب r. présenter une chose à quelqu'un, Djob. 48, 10 et 14. — Autres exemples du sens de punir, c. a. p. et على r. (Freytag: Bidp. 197, 1, de Sacy Chrest. I, 265, 7, Koseg. Chrest. 82, 7. — Objecter, Ht. — Collationner une copie (acc.) sur ou à l'original, c. ب, M, Bc, Abd-al-wâhid 61, 16, ou على. Les anciens glossaires traduisent corriger (Voc.: قابل الكتاب emendare; Alc.: corregir escritura, مقابلة correcion). — Accoucher, v. a., aider une femme à accoucher, L (obstetrico). — Soigner, Bc (Barb.), soigner un malade, Hbrt 38 (Alg.). — Soutenir, supporter, résister à une attaque, Akhbâr 9, 1: ثم قابل القلب شيئا فخرج اليه منها فيما يقابل بشر كثير 11: 31, من قتال («pour la guerre qu'il aurait à soutenir»). — قابل, Amari Dipl. 51, 5, où l'éditeur traduit: il avait été caution d'un tel.

IV, dans le sens de se rendre vers, non-seulement c. على, mais aussi c. الى, Koseg. Chrest. 73, 9, Nowaîri Espagne 456: اقبلوا الى قرطبة من النواحي — C. ب p. يطالبون الاموال التى كان ظلمهن ربيع فيها.

mener quelqu'un en avant, Bidp. 200, 8 (cf. 208, 4); c. ب p. et الى de l'endroit, conduire quelqu'un vers, Koseg. Chrest. 82, 4 a f. — C. على s'occuper de, J. A. 1838, I, 32, Abbad. I, 375, n. 256. Aussi c. في, Nowaîri Espagne 438: فاقبل يوسف في اعداد — C. على p. témoigner à quelqu'un des égards, de la bienveillance, Maml. I, 1, 164, Gl. Badroun, Cartâs 58, 1, 174 med., 203, 9, Koseg. Chrest. 68, 3 a f., de Sacy Chrest. II, ١٣٣, 7. — اقبل بوجهه الى se tourner vers, Gl. Belâdz. — اقبل عليه بالكلام adresser la parole à, Bc. — Être mûr, Cartâs 231, 9. — Accoucher, v. a., aider une femme à accoucher, (il a le n. d'act. اقبال, office de sage-femme, parteria officio de la partera que ayuda a parir). — اقبل ثوبا passer un habit à quelqu'un, Bat. III, 39. — = I, recevoir chez soi; loger, héberger, Alc. (recoger en casa). — Confronter, Roland (incorrectement pour la IIIe).

V c. a. ou ب prendre à ferme, à bail, une terre ou tout autre objet, Gl. Belâdz., Gl. Fragm., Haiyân-Bassâm I, 142 v°: متقبل السكّة بالمريّة, R. N. 83 v°: فعرفنا انّ الذى يعمل للخبز هناك رجل يهودى وانّه تقبّل السوق فى تلك القرية فلا يعمل احدا (l. احد) سواه (l. خبزا) خبزا بها. — C. ب p. et de l'argent, se charger d'extorquer à quelqu'un une certaine somme, Gl. Fragm. — Baiser, embrasser, Voc., Ht. — C. a. et على dans le Voc. sous exaudire.

VI c. مع dans le Voc. sous oponere. — Se correspondre, se rapporter symétriquement, se répondre, symétriser, Bc. — C. مع s'aboucher, avoir une entrevue avec quelqu'un, Bc. — Avec الكتاب dans le Voc. sous emendare.

VII dans le Voc. sous recipere.

VIII. De même qu'on dit مقتبل الشباب (voyez les dict. sous le part.), on emploie اقتبال زمان, Calâid 192, 4 a f.: ولهوت عن خلّى صفاء لم يكن يلهيهما عنك اقتبال زمان — اقتبل سرًّا recevoir un sacrement, Bc.

X c. a. commencer une chose, Gl. Belâdz., Macc. I, 250, 18, Müller 27, 2 a f., 37, 3. — Accueillir, recevoir quelqu'un qui vient à nous, Bc. — C. ب p. et l'acc. de l'endroit, conduire quelqu'un vers, dans, Müller 30, 3. — استقبله يفعله il lui reprocha ce qu'il avait fait, Akhbâr 29, 2 a f. — Le futurus, proxime *venturus erat* de Freytag doit être remplacé par *rei futuræ obviam ivit* c. a. r., Fleischer Beiträge zur arab. Sprachkunde II, 286.

قِبَل *cunnus et penis*, Gl. Manç. in voce, Cazwînî II, 184, 18; mais le Voc. le donne pour *anus*. — *Jeune*, P. Kâmil 727, 10: فَتًى قَبَلٌ لَمْ تُعْنِس السِّنّ وَجْهَهُ ☆

قَبَل. قَبْلَة *pour cette raison*, Berb. II, 450, 6 a f.: مِنْ قِبَلِ نَفْسِهِ — *spontanément*, فَنَكَرَ لَهُ السُّلْطَانُ قِبَلَه Macc. I, 121, 9. — مِنْ ذِى قَبَلٍ, *dans la suite*, est aussi مِنْ ذِى قَبَلٍ, Gl. Belâdz.

قِبَل *préparatoire*, Bc.

قِبْلَة. كَانَ فِى الْقِبْلَة = *il était imâm*, Becrî 122, 13. اَهْلُ الْقِبْلَة *les musulmans*, Haiyân 11 v°: وَجَاوَرَ اَهْلَ الشِّرْكِ وَوَالَاهُمْ عَلَى اَهْلِ الْقِبْلَة 95 r°, Haiyân-Bassâm I, 172 v°, Prol. II, 149, 16, Berb. II, 17, 13. Les Sonnites donnaient bien ce titre aux Khâridjites, mais nullement aux Chiïtes, R. N. 85 v°: ورأى ان للخروج مع ابى يزيد للخارجى وتقطع دولة بنى عبيد فرض لازم للخوارج من اهل القبلة ليس كذلك عنهم اسم الإسلام ويبرزون وبنو عبيد ليس كذلك فلمّا رأى r° 89: لانَّهم مجوس زال عنهم اسم الإسلام ربيع ذلك لم يَسْعَهُ التأخّر عليهم لمّا ان وجد رجلاً من اهل القبلة قام عليهم (le pronom dans عليهم se rapporte aux Fatimides, et l'homme dont il s'agit est le khâridjite Abou-Yezîd, 89 v°: un chaikh sonnite disait: مَنْ اَهْلِ الْقِبْلَةِ soldats d'Abou-Yezîd sont ceux des Obaïdites ne le sont pas (j'ai corrigé des fautes de grammaire dans ces extraits). — *Midi, le milieu du jour*, Voc. — *Le midi, le sud*, M. — *L'éclipse du sommet du* قَانُون, Descr. de l'Eg. XIII, 308, *le côté le plus court de cet instrument de musique*, Lane M. E. II, 79.

قُبْلَة, *baiser*, pl. قُبَل, Gl. Mosl., Voc., Kâmil 236, 10, Prol. III, 412, 11, 414, 2.

الْقِبْلَة *cabale des juifs*, Bc.

قِبْلِى (Bc a قِبْلِى sous *austral*) n'a pas seulement en Egypte le sens de *méridional* (Freytag), mais aussi en Syrie, Ztschr. XVI, 688, et, comme on le verra tout à l'heure, en Afrique. — *Vent du sud*, Bc, d'Escayrac 29, Testa 8; c'est dans le nord de l'Afrique le vent extrêmement chaud qui vient du Désert, Richardson Sahara I, 17, et Central I, 61; قِبْلِى شَرْقِى *vent de sud-est*, قِبْلِى غَرْبِى *vent de sud-ouest*, Bc. — En Espagne, *vent d'est*, Alc. (solano viento); de même chez Wild 103, qui dit en parlant de sa navigation sur la mer Rouge: « les Turcs nomment ce vent *kubla*, car il souffle du côté de l'est. »

قِبْلِى *préjudiciel*, Bc.

قِبْلِيَّة *petite boussole*, Lane M. E. I, 330.

قِبْلِيَّة *appétit*, Ht (mieux قَابِلِيَّة).

قِبْلَان (en turc قَپْلَان est *tigre*) *léopard*, Bc. قِبَال *chose d'aucune valeur*, Gl. Fragm.

قُبَال *devant, vis-à-vis, en face de, à l'opposite*, Bc, 1001 N. I, 44, 3. — حَشِيشَةُ قُبَال *cucubale* (plante rampante), Bc.

قَبُول *vent du sud*, L (auster). — *Orient*, Abou'l-Walîd 626, 12. — *Fortune, avancement, établissement en honneurs*, Bc.

قَبِيل *tribu*, Edrîsî ٣°, dern. l., ov, 5 a f. الْقَبَائِل *les chefs des tribus*, Berb. II, 351, 1 et 8 a f. — Pour *genus, species* (Freytag): Edrîsî ١٩, dern. l., Bat. III, 217, souvent dans les Prol., p. e. I, 236, 9. — لَا دِبيرًا وَلَا قَبِيلًا = *pas même la moindre chose*, Badroun, notes p. 66. — الله قَبِيلَك *Dieu vous demande compte*, Ztschr. XI, 521. — (Grec οἱ κάπηλοι) *cabaretiers*, Fleischer Gl. 73. — قَمِيل (esp. *capillo*) *chaperon, coiffe de cuir dont on couvre les yeux du faucon*, Alc. (capirote de halcon); cf. قُنبيل.

قَبَالَة *contrat par lequel on permet à quelqu'un d'exploiter une terre, moyennant une taxe, une redevance, que le dernier s'engage à payez annuellement en argent ou en nature. Ce terme s'employait aussi lorsque le souverain abandonnait la culture de tout le pays conquis aux habitants, à la condition qu'ils donnassent annuellement au fisc une partie de la récolte ou une somme d'argent; de là vient que* قَبَالَة *est presque devenu le synonyme de* عَهد *et* صلم, *et qu'on dit* قَبَالَة = الْخِدْمَة اَهْلِ الْقِبَالَة, Gl. Belâdz. — *La taxe, l'impôt, que l'on payait, en vertu de l'engagement contracté avec le trésor public, dont il vient d'être question*, J. d. S. 1848, p. 49. Ce mot désigne en outre plusieurs sortes d'impôts non prescrits par le droit canon, et par conséquent illégaux jusqu'à un certain point. C'était p. e. à Maroc une taxe qui se percevait sur la plupart des professions et sur la vente des objets de première nécessité. Ibn-Mardanîch mit une taxe sur chaque fête ou réjouissance, et elle s'appelait قبالة اللَّهو. Voyez Gl. Bayân, Gl. Edrîsî, Gl. Esp. 74. — *Bureau de douane*, Cartâs 5, dern. l., 258, 6 a f.

قِبَالَة *l'acte de donner et de prendre à loyer*, Gl. Belâdz.

قِبَالَة. Pour *vis-à-vis de quelqu'un* on dit aussi في قبالته, Gl. Edrîsî. — *Devant*, Ht. — *Droit, directement*, Bc (Barb.); قبالة tout droit, Ht, Daumas V. A. 484 (lisez ainsi). — *Très*, Bc (Barb.).

قَبَالُو (esp.) pl. قَبَالُوس *chapeau de cardinal*, Alc. (capelo de cardenal).

قَبِيلَة, برابر, قبائل, *Berbères, Cabyles*, Gl. Edrîsî, Ztschr. VII, 18, n. 2. — قبائل *fortunae vices* (Reiske), P. Macc. II, 29, 17.

قُبْلَة *baiser, embrassade*, Bc.

قُبَّلَة (esp.) pl. قَبَائِل *capuchon* d'un manteau, Alc. (capilla de capa); — *cuculle*, vêtement de religieux, Alc. (cugulla con capilla). — Même pl. *prépuce*, Alc. (capullo del miembro viril, circuncisión por el capillo).

قابل, مِنْ قابل *l'année suivante*, Aghlab. 69, 4 a f. (= Amari 478, 3); de même من القابلة, Macc. I, 393, 13. — *Vraisemblable*, Ht.

قابلة pl. قوابل *récipients*, vases dans lesquels vient tomber l'eau de rose pendant la distillation, Auw. II, 393, 18, 394, 20.

قابلية *capacité, portée de l'esprit*, Bc. — Seul ou avec للأكل *appétit*, Bc, Hbrt 11, M, 1001 N. I, 801, 8. — قابلية الألم *passibilité*, Bc. — قابلية الانحصار *compressibilité*, Bc.

قوابلي *qui s'occupe des sages-femmes*, surnom de Paul d'Egine, Gl. Abulf.

مُقْبِل. Dans un acte de vente, J. A. 1843, II, 223, 5 a f.: الشاب الأقبل على, où Bargès traduit: «le vertueux jeune homme Aly.»

لنَعْلِه قَبَالٌ signifie مُقْبَلُ التَّعْلِين, ce qui est un signe de mollesse, de mœurs efféminées, Kâmil 516, 14—16.

مقبل *prospère*, Bc.

مُقْبِل *approches*, Kâmil 79, 18: عند مقبل الحيض.

مُقبَّل *l'endroit du corps que l'on baise* (cf. Golius), Macc. II, 310, 3 a f.

مُقَبَّل الظَّعْنِ surnom qu'on donne à un homme très-grand, parce qu'il peut donner un baiser, dit-on, à une femme quand elle est dans sa litière sur son chameau, Kâmil 298, 11.

مقبول *valable, convenable*, Ht. — En parlant d'une tradition, *remplissant toutes les conditions requises*, de Slane Prol. II, 482. — *Amant*, ou plutôt *bien-aimé*, Alc. (amoroso).

مُسْتَقْبَل = مُقْتَبَل *ce qui arrivera, l'avenir*, P. Macc. I, 241, 13.

مُقَابَلَة *opposition* en astronomie, Bc. — *Rencontre, entrevue, audience*, Bc. — مقابلة في علم الجبر *équation, formule d'algèbre*, Bc. — علم الجبر والمقابلة *algèbre*, Bc.

مُقَابَل *assujetti à la taxe dite* قبالة, Gl. Edrîsî.

مستقبل chez Freytag doit être مُسْتَقْبِل, Fleischer Beiträge zur arab. Sprachkunde II, 286.

قَبَلَّار (esp. *capellar*) *manteau à capuchon*, Vêtem. 349 et suiv. (cf. Recherches 557 n. de la 1re édit.), charte grenadine: قبلار ديدى واخصر.

قَبَلْيُون (esp. *caballon*) pl. ات *terre élevée entre deux sillons*, Ibn-Loyon 39 r° (texte):

واهداف القبليونات للثوم في ازدراعه ثوات

et ensuite:

وفي القبليونات يزرع البكير.

قبم

قَبَامَة (turc قيامه). «El Kabama, ragoût de mouton cuit tout simplement avec du beurre, de l'eau, du poivre et du sel. Avant de le servir, on le couvre avec du persil et des oignons crus coupés en petits morceaux,» Daumas V. A. 251.

قبن

قبن II *peser*, Hbrt. 101, *peser avec de grandes balances ou avec le peson*, Bc; c'est proprement *peser avec le* قَبّان, mais le vulgaire dit aussi: قبنَه بيدِيه *peser* une chose dans la main, afin d'en déterminer approximativement le poids, M.

قُبُن pl. قُبُون peson, romaine, Bc.

قَبَانَة pesée, action de peser, ce qu'on pèse, Bc. — Le métier du peseur, M.

قُبُونَة pesée, l'action de peser, M.

قَبَّان peson, romaine, Bc; aussi قَبَّانَة grande balance, Bc, romaine, grande balance, Hbrt 101. Les Arabes dérivent ce mot du pers. كِپَان; mais ce dernier est lui-même d'origine latine. C'est *campana*, qui signifie *peson*, *romaine*, aussi bien que *cloche*, la disposition de ces deux objets étant la même, et qui vient du nom propre Campania; Isidore: «campana (statera unius lancis) e regione Italiæ nomen accepit;» voyez Ducange et Diez. J'observerai en passant que L a aussi ce mot: «statera (campana) ميزان.» — Dans Amari Dipl. 197, 7, 202, 7, on trouve nommé le ديوان القبان, où s'écrivaient les contrats de vente; mais ce terme n'est pas expliqué. — Peseur, Bc.

قَبَّانَة voyez قَبَّان.

قَبَّانِيّ peseur, Bc, M, Lane M. E. I, 83, Lobb al-lobâb ٢٠٣ a. — رطل قبانى le ratl ordinaire, Descr. de l'Eg. XVI, 86, 104.

قَبَّنُور, au Maroc, = قَبَّلَار (voyez), Vêtem. 351.

قبو et قبى. قَبَى I, aor. i, voûter, Bc; تَقَبَّى على الموجة la vague s'élève en voûte sur les الشقوف (s'élève au-dessus des) bâtiments, Delap. 41.

رفعه قليلا قَبَاء عن الارض est II. M.

IV c. a. et VII dans le Voc. sous testudo. volta.

قَبَا (turc) gros, grossier, M. — Commun, bas, ignoble, Bc.

قَبْو, pl. أَقْبِيَة, قَبَوَات, أَقْبِيَات voûte, toit voûté, arcade, cave, caveau, Gl. Edrîsî, Gl. Fragm.; cf. la figure dans Dimichki éd. Mehren 188. — Bâtisse en pierre, ibid., maison qui n'est pas ronde et dont le toit est en pierre, M. — Cheminée, Voc. (fumarium); le murcien alcabor, qui en dérive, désigne: le creux que forme le manteau d'une cheminée. — A Constantine, niche ou renfoncement dans le milieu d'une chambre, avec un banc en pierre, Cherb. — Aussi à Constantine, baudrier pour recevoir les pistolets, Cherb.

— La voyelle dhamma, qui forme une espèce de voûte au-dessus de la consonne, et nullement « contraction,» comme les lexicographes ont traduit, Gl. Edrîsî. — قبو سز (turc) qui est sans condition, Bc.

قَبْوَة voûte, arcade, coupole, intérieur d'un dôme, Bc, القبو الصغير المستطيل, M.

قَبَاء. Le pl. أَقْبِيَات, Berb. I, 265. Voyez Vêtem. 352 et suiv. C'était proprement un vêtement persan, anecdote chez Mehren Rhetorik 122—3, Athir XII, 90, 3 a f., et Aboulf. Ann. IV, 164, 1, cf. note de Reiske 667. Un passage curieux, remarqué M. de Goeje, est Aghânî VII, 124 Boul.: شقّ جيب قميصه الى اسفله فصار قباء

قَبَّة = قَبَاوَة ou قَبَّة le troisième estomac d'un animal ruminant, M. — قَبَاوَات détachements de soldats, Ztschr. IX, 594, n. 143.

قَبَايَة chemise en laine, Daumas Kabylie 400. — Gilet que les Turcs et les Kouloughlis portent par-dessus la veste appelée غَلِيلَة, Cherb. (avec ك); à Tunis ce qu'on appelle بدعيّة à Alger, Maltzan 19.

قَبُويَّة citrouille, Daumas V. A. 197.

مَقْبُوّ voûté, Gl. Edrîsî, Maml. II, 1, 280 a. — Non pas «in unum contractus,» comme chez Freytag, mais en parlant d'une consonne, surmontée d'un dhamma, proprement voûtée, Gl. Edrîsî.

مَقْبِيّ voûté, Bc, Abou-'l-mahasin, I, 42, 4. — En relief, Bc.

مُقْبَى (moqbî; cet î peut être â prononcé à la manière grenadine) cave, Alc. (boveda = مَحْمُورَة).

قَبُّورَجِيَّة brodeurs sur peau, Descr. de l'Eg. XVIII, part. 2, 139.

قَتّ II engerber, Beaussier, Pentateuque éd. Erpenius, Gen. XXXVII, vs. 7, p. 80.

قَتّ, n. d'un. ة, «ketteh, un tout petit trèfle à feuilles très-fines et crénelées et à fleurs jaunes,» Descr. de l'Eg. XII, 310. — Botte de foin, Mehren 33, ou de paille, Beaussier. — Pl. قَتَّات gerbe, Beaussier, Pentateuque éd. Erpenius, Gen. XXXVII, vs. 7, p. 80.

مَقَتَّات L: sufficiens قَانِع.

قَتَا voyez ses dérivés sous قَنَا.

قتب.

قَتَب bois du bât du chameau, Prax R. d. O. A. V, 221. — على القتب à dos de cheval ou de mulet, Macc. I, 386, 4; على الاقتاب à dos de chameaux, Prol. I, 229, 7, Berb. I, 437, 6. — Sorte de palanquin pour les femmes, décrit Burckhardt Bedouins 24, Ztschr. XXII, 156—7. — Pl. أقتاب bosse, grosseur au dos, à l'estomac, Bc.

قتر.

قَتْرَة, pl. قَتَرات, Diwan d'Amro'lkaïs ٣٠, vs. 2. — M. Wright a noté d'après le Diw. Hodz. ذو قَتَب = بعير, قوىٰ على الركوب, mais sa citation, p. 197, n'est pas bonne.

قِتّار ? guitare, esp. guitarra, s'il faut lire ainsi chez Macc. II, 144, 1.

القَتير expliqué par الدُروع, Diw. Hodz. 143, 3.

قَتَّار parcimonieux, P. 1001 N. Bresl. X, 264, 8.

قيتار se trouve chez Saadiah ps. 33.

قيتارة (esp. guitarra) guitare, Bc, Bg, Mc, Hbrt 98.

قتل I tuer, détruire la santé, incommoder excessivement, fatiguer, Bc; قتل نفسه se fatiguer excessivement, Bidp. 88, 3 a f: مثل الرجل الذى يحمل الحجر الثقيل فيقتل به نفسه ولا يجد له ثمنا. — Assassiner, ennuyer excessivement, Bc. — Battre quelqu'un, le frapper, peigner, battre, maltraiter, peloter, rosser, sabouler, Bc.

قَتْل homicide, meurtre, Bc.

اكل قتله قتله voyez sous اكل I.

قَتيل, pl. قَتْلاء, Mufassal 79, 5. — Victime désignée de la conspiration (de Slane), Berb. II, 152, dern. l. — قتيل الرعد caille, nommée ainsi parce qu'on dit qu'elle meurt lorsqu'elle entend le bruit du tonnerre, Bait. II, 51 b.

قتالة batterie, querelle avec coups, Bc.

قَتَّال tueur, Bc, Diwan d'Amro'lkaïs ٣١, vs. 13, Kâmil 501, 16; عيون قتالة yeux assassins, Bc; قتل coupe-jarret, Bc. — Léthifère, mortel, Gl. Belâdz., très-souvent chez Bait.

قاتل Le pl. قَتْلَى, Gl. Badroun. — un مضرب قاتل endroit du corps où une blessure est mortelle, 1001 N. I, 389. — قاتل أبيه arbousier, Most. in voce, qui donne, de même que Bait., le nom esp. madroño, Bait. II, 199 d, 275 d, 305 d, lisez de même Auw. I, 253, 5; selon Bait. on l'a nommé ainsi parce que son fruit ne se dessèche que lorsqu'il est remplacé par un autre; — banane, car Auw. I, 394, n*, dit en parlant du bananier: ويسمى حملها قاتل أبيه (lisez ainsi). — قاتل أخيه satyrion; cette plante a reçu ce nom parce que l'une de ses deux racines tuberculeuses est, pendant une année, bien remplie, et l'autre ridée, tandis que, l'année suivante, la première est ridée, et l'autre bien remplie, Bait. I, 372 b, II, 276 a. — قاتل العلق l'Anagallis à fleurs bleues, Bait. II, 275 f. — قاتل الفيل rhinocéros, Bc. — قاتل الكلب Cynanchum erectum, Bait. I, 344 b; colchique, Bc. — وقيل أنّما نيلوفر قاتل النحل nénufar, Most. v° سمى قاتل النحل لأنّه تنزل فيه النحل فينغلق عليها, Bait. II, 275 e. — قاتل نفسه espèce de gomme ammoniaque, Bait. II, 276 b. — قاتل النمر Aconitum Pardalianches, Bait. II, 275 c.

مَقْتَل combat meurtrier, Bc. — مقاتل السيف le tranchant de l'épée, Gl. Mosl.

مُقْتِل homicide, Bc. — Délétère, qui cause la mort, méphytique, Bc. — Mortel, excessif, extrême, Bc. — Tuant, fatigant, Bc. — Froid, plat, sans intérêt, sans expression, Bc.

تين مُقْتَل figue sèche, L (caricus).

المُقاتِل Saturne (planète), L à la fin.

قتم I. قَتَم s'obscurcir, Hbrt 256.

IV obscurcir, Hbrt 256.

قَتَم chez Freytag est une faute pour قَتَم (voyez).

قَتَام brouillard, Yâcout II, 372, 9, Edrîsî, Clim. VII, Sect. 4, en parlant d'un pays très-froid: quand le printemps arrive وانجلى القتام عن الساحل. — Ulcère dans la cornée (le blanc de l'œil), voyez sous سحاب.

مُقْتِم obscur, Hbrt 256.

قثأ.

قَثّاء, vulg. قَتّا et قَتّاية, concombre mince, dont la

قثاطير

peau est comme cannelée, Bc,' « lange geströmte Schlang Cucumeren, » Rauwolf 73. — قَثاء = الـقـثـاء الـمـبـرّق *concombre sauvage*, Most. — قَثاء الْجَبَّة *aristoloche longue*, Bait. II, 280 e, M; — *câpre*, Most. v° أصف. — الْقَثاء الشَّامى *cornichon*, Auw. II, 282, 12. — قَثاء النعام *coloquinte*, Bait. II, 280 b, M. — قَثاء هندى *Cassia Fistula*, Bait. II, 280 c. — زُرَاعَة القَثا *semence de poireaux*, Alc. (simiente de puerros).

مَقْثا، مَقْثَاة. En Espagne مَقْثاة, *terrain planté de concombres*; le Voc. et Alc. (cohonbral) donnent le *kesra*; — *melonnière*, Alc. (melonar); — مـقـثـا *planche de légumes*, Bc. Pl. مَقَاثَى, Voc., Alc., et مَقاثي, avec *tâ*, Amari 8, dern. l., Auw. II, 65, 9.

مَقْثى est la forme vulgaire pour قَثّاء, *concombre*, M. Le pl. الْمَقَاثى, Becrî 158, 6, Auw. I, 95, dern. l. (lisez ainsi), 631, 14 (bon dans notre man.); mais plus ordinairement الْمَقَاثِى, avec *tâ*, Bait. II, 118 d (dans A, B *thâ*), Auw. II, 439, 10, مَقَاثَا 1001 N. II, 128, 9, الْمَقَاثِ, Calendr. 41, 6, et مَقَاثِ 1001 N. II, 128 (Bresl. ث), IV, 165, Bresl. IV, 85, Ztschr. XX, 601, n. 3. — مَقْثى *hortolage, herbes potagères*, Alc. (ortaliza generalmente).

قَثَاطِير *cathéter, sonde creuse de chirurgie*, voyez sous مِبْوَلَة; écrit قَاثاطِير, Payne Smith 1634.

قَثَد VIII se trouve Diw. Hodz. 74, vs. 8, cf. 75, 1 et 2.

قَجّ

قَجّ *poupe, l'arrière d'un vaisseau*, Domb. 100, Bc (Barb.).

قَجّة *tirelire*, M. — *Encrier de terre*, M.

قَجِيجى *dorade*, Burckhardt Syria 166, où le *fâ* est une faute d'impression.

قَجْدَر.

قَجْدُور dans le Voc. sous plangere.

قَجْدَر I c. على *plangere*, Voc.; dans la 1ʳᵉ partie aussi قَشْدَر.

قَجَر.

قَجَار *tiroir*, Roland, Delap. 114, Bc (Barb.); Lerchundi écrit قَجَار, pl. ات.

قَجْفِيفى *Sparus pinifer*, Daumas V. A. 381.

قَجَم I, aor. *i*, n. d'act. قَجْم, *parler, dire, causer*, Ht, Bc (Barb.), Delap. 185; le قَجْم du Fâkihat al-khol., que Freytag nomme obscur, est donc expliqué.

قَحّ I *tousser*, M.

قُحّ *vert, qui n'est pas encore mûr (fruit)*, Abou'l-Walîd 99, 31, 561, 9.

قَحَب I. قَحَب *se prostituer*, Voc., Alc. (enputecerse, estar al partido), peut-être en ce sens dans une pièce de vers d'un poète populaire sur le *hachîch*, Prol. III, 431, 3:

قَحْبًا وَمِنْ قَحْبِيهَا تَعِلْ على أحراقى

où قَحِبَا semble = قَحْبَة. — *Fréquenter les femmes de mauvaise vie*, Alc. (putañear).

II *prostituer*, Voc., Alc. (enputecer a otra).

V *se prostituer*, Voc.

قَحْب *putanisme*, Bc.

قَحْبَة, *prostituée*, pl. قَحَاب, de Jong, M, Voc., Alc. (puta, ramera), Bc, 1001 N. Bresl. I, 133. — عين القَحْبَة *sorte de verroterie*, Burckhardt Nubia 269.

قَحْبَة dans le Voc. sous meretricari, *lieu public de débauche*, Alc. (puteria).

قَحْبَنَة *prostitution, putanisme*, Bc.

قَحَط I *écorcher, déchirer la peau, blesser légèrement, érafler, gratter, ratisser*; قَحَط لَحْيَ *chapeler, ôter la superficie de la croûte*, Bc; قَحَط الوَحَل *enlever la boue en raclant*, M.

II c. a. dans le Voc. sous siccitas. — قَحَط القَدَر *vider un chaudron en le raclant*, M.

V dans le Voc. sous siccitas.

VII. انْقَحَط يَدى *je me suis écorché la main*, Bc.

قَحْط pl. قُحُوط *sécheresse*, Voc. — *Disette*; عَام قَحْط *année stérile*, Bc, M.

قَحْط aussi en parlant de fruits, Edrisî, Clim. II, Sect. 5: قَحْطَة ثمارها.

قَحْطَة écorchure, éraflure, Bc.

قَحُوط année stérile, Kâmil 469, 5 et 8, 731, 10.

قَحَّاطة celui qui vide un chaudron en le raclant, M.

مِقَحَّطة racloir, l'instrument dont se sert celui qui vide un chaudron en le raclant, M.

قَحْف

قِحْف crâne, Bc, Hbrt 1; قِشْر القِحْف péricrâne, Bc. — Tête, Voc. (caput), Alc. (cabeça), Macc. I, 364, 16. — Bonnet de laine ou de feutre, que portaient les Fellâhs d'Égypte comme à présent le libd; s'emploie comme l'adjectif قِحْف d'un homme vil, gueux, Mehren 33. — Troussequin, M (ما يلي ظهر الراكب من السرج).

قُحَيْفِيذ bonnet haut et pointu, Payne Smith 1745, Bar Ali nº 4723.

قَحَف voyez قَحُوف.

مِقْحَفة pelle à feu, Hbrt 197.

قَحْقَح I rire aux éclats, Voc., Alc. (reir demasiado); cf. قَهْقَه dans les dict.

قَهْقَح قَحْ قَحْقَح قَحْ le son que l'on produit quand on rit aux éclats, Macc. II, 203, 12.

تَقَحْقُح éclat de rire, Alc. (carcajada de risa).

قَحَل

قَحِل, fém. ة, aride, Auw. I, 45, 10 et 13, 161, 7 a f., où il faut lire avec notre man. تصييرها قَحِلة, 167, 20.

قَحْلة emplâtre de poix, Voc. (oblata picis).

قُحُولة aridité (Gol.), aussi dans Bc et M.

قَحْلة buglose, Most. vº لسان الثور.

اِنْقَحَل a le fém. ة, Kâmil 697, 15.

قَحَم

قَحَم I. Palgrave II, 343: اِقْتَحَمُوا, plunge for it, shouted the captain, and set the example by leaping himself amid the waves,» cf. 347.

IV faire entrer. Comme les meurtriers d'Othmân avaient pénétré dans son palais par une maison qui appartenait aux Benou-Hazm, un poète nomme ces derniers, Aghânî 20, 2 a f.: المُقْحَمُون على عثمان. On dit أقْحَم فرسه النهر, mais aussi par ellipse et quand il a été question d'une rivière, أقْحَم فرسه, Akhbâr 114, 6. — C. على p. attaquer, Akhbâr 2, 3 a f., 2 a f., 33, 2 a f. — C. في pénétrer dans un pays, Akhbâr 9, 2 a f. — Au pass., se courber, Baidhâwî II, 47, 16: أقْحِمت الأعناق.

V s'emploie comme la VIIIe, præceps irruit in rem, c. a., Gl. Belâdz. Se précipiter, se jeter sur, attaquer impétueusement, de Sacy Chrest. I, ٢٠, 7 a f., Abbad. I, 54, 5 a f. — S'introduire de force, Bat. III, 280.

VII se hâter, Alc. (acuciar, aquexarse, le part. acucioso). — S'ingérer, s'entremettre, se mêler de quelque chose sans en être requis, Alc. (entremeterse, le n. d'act. entremetimiento). — Entremêler, Alc. (entremeter a otra cosa). — Être efficace, Alc. (le n. d'act. eficacia, le part. eficace). — En parlant du pain انْقَحَم signifie être fort bien pétri, très-fin, Alc. (homencia en el pan; voyez sur ce terme esp. ce que j'ai dit sous (معروك).

VIII. Le passage du Diw. Hodz. se trouve 150, vs. 9 (cf. le comment.). — اِقْتَحَم الأخطار affronter le péril, Bc. — Se jeter sur, c. على p., Haiyân-Bassâm III, 51 rº: فاقْتَحَم المسلمون عليهم وملكوهم اجمعين. — Enlever, Berb. I, 245, 9 a f.: اقْتَحَم الحصن من يده.

قَحْم. L'explication de Reiske (chez Freytag) est empruntée au Diw. Hodz. 160, 3; mais au lieu de traduire كبير par grand, il aurait dû le rendre par vieux (= المُسِنّ, qui suit).

قَحو

أقْحُوان. On n'emploie la forme أُقْحُوان que lorsque le mot est précédé de l'article, Most. Du pl. أقاحٍ on a formé le sing. masc. قَحْ, Ztschr. XIV, 702, n. 3, Fleischer sur Macc. II, 638, 8 Berichte 159. «Les poètes arabes parlent des fleurs de la camomille là où ceux de l'Europe mentionneraient le lis ou le pâquerette blanche,» de Slane Prol. III, 414, n. 10. Dans la langue classique = بابونج; chez les médecins c'est une fleur sans odeur, mais dont la forme ressemble beaucoup à celle du بابونج, Gl. Manç. Chrysanthemum coronarium L., Prax R. d. O. A. VIII, 343. Matricaire, Bc. أقْحُوان أصفر chrysanthemum, Bc.

قَدْ. Le verbe après cette particule est quelquefois sous-entendu, p. e. Abbad. I, 392, 3 a f.:

قُلْتُ فَقَدْ أَبْأَسْتَنِي مِن الحَيَاةِ قَالَ قَدْ

c.-à-d.: أَبْأَسْتُكَ قَدْ; autres exemples dans le Gl. Mosl. De même après قَدْ فَكَانَ, p. e. Berb. II, 288, 8:

ان لم يكن لك نقلهِ فكان قد

c.-à-d.: فَكَانَ قَدْ حَانَ; cf. Harîrî 311, 2 a f., Khallic. I, 115, 12 Sl., Gl. Mosl. — Voyez sous l'article qui suit.

قَدْ I. يَقْدِي assez, Mc; cf. قَدِي II; ما يقدَّاك شي *il n'est pas à ta mesure, il ne saurait te suffire*, Cherb. Dial. 23.

II s'emploie aussi en parlant de fruits que l'on coupe par tranches et que l'on fait sécher au soleil, Tha'âlibî Latâïf 111, 3 a f.: الخُوخَ المُقَدَّد, Bat. III, 15: يُقَدَّدُ البَطِّيخ ويَبِسَ فِي الشَّمس; de telles tranches s'appellent قَدِيد, Bat. III, 16; — قَدَّد عَلَى saurer, faire sécher à la fumée; قدد اللحم على الدخان boucaner, faire fumer et griller la viande, Bc.

قَدّ et قَدْ, pour قَدْر, Fleischer Gl. 94, *quantité, quotité, taille*, Roland; قَدْ الجَوْز «de la grosseur d'une noix,» Bc; القَدّ *poids égal, mesure égale*, Alc. (igual peso, igual medida); — *contemporain*, L: coetaneus قَدِّي في العُمْر, Hbrt 31: نَظِير وقَرِين وتَرْب وقَدّ *mon contemporain;* chez Alc. (igual de edad) قَدّ ان وَاحِد — .و قَدْ et بِقَدْ *aussi, autant, si, autant, aussi,* Bc; قَدِّي *autant que moi,* Hbrt 262 (qui a قَدَر pour «autant que»); — قَدْ *en comparaison de*, Hbrt 259; — *environ, ibid.;* — ايش قَدْ et ايش قَدْ *combien*, Bc, Hbrt 262 (ايش قَدْ), *aussi* (قَدَّاش, Ht; قَدْ شفناك شي «il y a longtemps que je ne vous ai vu,» Bc; — قَدْ ما *autant*, Ht; قَدْ ما *malgré tout ce que*, Roland; — على قَدّ *doucement, médiocrement bien, passablement, passable, tel quel, quelconque*, Bc. — En musique القَدّ signifie *des paroles, qui ont les désinences grammaticales, adaptées à un air populaire*, M.

قَدّ *règle (instrument)*, M.

قَدِيد voyez sous II. — خَنْزِير قَدِيد *jambon*, Hbrt 16. — Le n. d'un. ة *tranche de viande séchée*, de Jong.

لحم خنزير مُقَدَّد *jambon*, Hbrt 16.

مُقَدَّد *maigre*, M.

قَدَالِبُوْ nom de la plante قَلَّام, Most. sous ce dernier mot.

قَدَح I *battre le briquet*, Ht. Les dict. ont la constr. قَدَح الزَّنْد, mais on dit aussi قَدَح بِالزَّنْد, Badroun 268: — لِلقَاسِم اعقُدْ بيعةً واقدَحْ لَهُ فِي المُلْكِ زَنْدًا Au fig., قَدَحَت فَكْرَتُها, 1001 N. II, 346, 6, comme on dit au propre قَدَحَ النَّار. — En parlant de la pierre à fusil quand on la frappe avec le briquet, قَدَحَ نَارًا, *jeter des étincelles*, Bait. I, 291 b (pierre à fusil): اذا لَقِيَ جِسْم الفُولَاذ قَدَحَ النَّار, aussi isolément, *jeter des étincelles*, en parlant du feu, Prol. III, 365, 9. — قَدَحَ لِسانَهُ بالشِّعر *il improvisa des vers*, Kosog. Chrest. 93, 3 a f.; l'édit. des Extraits du Roman d'Antar (p. 9) porte en cet endroit: نَطَقَ بِلِسَانِهِ بالشِّعر. — C. a. *percer, perforer le bois, etc.,* M. — En parlant d'un oculiste, قَدَحَ العَيْن, *ôter, enlever la cataracte*, M اخرج منها الماء المنصَبّ اليها; قَدَحَ هُوَ ثَقْب الطَّبَقَة القَرْنِيَّة, Gl. Manç.: من داخل). — وتسبيل الماء النازل في ثقب العنبية المانع للأبصار. C. في *nuire à, porter atteinte à*, Gl. Badroun, Gl. Maw. Macc. II, 402, 3 a f., Prol. II, 158, 10, Berb. I, 98, Amari 614, 4. — C. على, mais je ne sais pas bien comment il faut traduire, Haiyân 92 r°, où il est question de conspirateurs: وكانت لهم قَصَّة عظيمة رموا فيها بالقَدْح على السلطان.

II. بلا تَقْدِيح *sans amorce*, selon la traduction de Reinaud F. G. 31. — *Aller souvent chercher de l'eau ou du vin avec un pot* (قَدَّح), Alc. (jarrear).

VII, avec النَّار, *quasi-pass. de* I, Voc. sous excutere ignem, Yâcout III, 455, 3. — ما يَنْقَدِحُ فِي نَفْس المُعَبِّر «les pensées qui passent par l'esprit de l'interprète» (de Slane), Prol. III, 86, 6.

قَدَح pierre à feu, Gl. Badroun.

قَدَح Au fig., قِداح الرجاء, قِداح الظنون, Djob. 185, 14 et n. b. — L'action de percer, M.

قَدَح. Le pl. aussi أَقْدُحْ, Voc. (urceus). Chez Alc. (jarro qualquiera et jarro de vino) *pot à une anse*, et « ginete de Salamanca vaso, » Nebrija: « urceolus fictilis. » « Jatte de bois propre à différents usages. La grande *guedah* sert à traire les vaches; de la petite, les paysans font soit une tasse, soit un pot à beurre, » Cherb. Voy. de Bat. en Afr. 35. — *Pot de chambre en bois*, Oyoun al-athar, man. 189 r°: وكان له قدح من عيدان يوضع تحت سريره يبول فيه — من الليل = « une très-belle chose; c'est une coupe qu'Ibn-Moebil a décrite dans des vers très-élégants, Lettre à M. Fleischer 163. Ce savant a prononcé قَدَح; un poète cité par Khallic. VIII, 113, 2, est tombé dans la même erreur. — A Grenade *cadae* ou *cadahe* désigne une mesure agraire, Gl. Esp. 244. — قَدَح مَرْيَم *Cotyledon Umbilicus*, Bait. II, 280 g (AB). — قوس قدح *arc-en-ciel, iris*; c'est d'après Djawâlîkî (Morgenl. Forschungen 153) une faute grossière pour قوس قَزَح; Chez Bc قوس قَدَح, dans le M (v° قزح): le vulgaire l'appelle قوس القُدَح, pour قوس قَزَح.

قَدْحَة *pot*, Martin 189.

قَدَحيّ *épigrammatique*, Bc.

قَدَّاح *désapprobateur*, Bc; قداح نار *étincelant*, Bc. — شاعر قداح *épigrammatiste*, Bc.

قَدَّاحَة *briquet*, M.

قدّيح والتزيد اذا طال به الزمان عمل فيه القادح كما يعمل في الخشب فيضعف فعله والدليل على ذلك ان تراه متثقبا كانه تقب براس ابرة. — *Noir*? voyez Fleischer dans les Add. sur Macc. I, 824, 18. — حُمّى قَدْحَة *fièvre brûlante*, M.

مِقْدَح *vrille, tarière*, M.

مِقْدَح نبار *volant pour amorce*, selon la trad. de Reinaud F. G. 25.

مِقْداح *calomniateur, instigateur, boute-feu*, M.

قدر I *pouvoir*; on construit aussi ce verbe avec l'aor., sans أن, p. e. اقدر اقول, Lettre à M. Fleischer 49. — C. على p. et ب r. *prédestiner*, Voc. — Dans Bat. III, 279: فلم يقدر قدر ذلك, où la trad. porte: «il ne méritait pas toutes ces distinctions.»

II *déterminer, fixer, régler*, Prol. II, 51, 1. — Une constr. singulière se trouve R. N. 93 r°: il nous demanda de lui prêter un quart de dirhem, فلم يقدر له منّا بشيء (sic), ce qui semble signifier: il n'était pas dans les décrets de Dieu que nous lui donnassions quelque chose, qu'il reçût de nous quelque chose. Dans ce cas c'est la constr. de قَضَى ou حَكَمَ appliquée à قَدَّر; les lexicographes expliquent par: قدّر الله الامر عليه وله قضى وحكم به. — *Mettre une monnaie au poids déterminé*, Prol. I, 407, 8, II, 47, dern. l. — C. a. *tracer le plan de* (architecte), Gl. Fragm. — *Mesurer*, Abbad. III, 112, 3 a f. — *Arpenter*, Ht. — *Former un mot*, Thaʿâlibî Latâïf 34, 2, en parlant du surnom نَفْطَوَيْه: وقدّر اللقب على مثال سيبويه. — *Travailler artistement*, Berb. I, 414, 2: ورفعت سقفها من الخشب المقدّر, Macc. II, 799, 3: بالصنائع المحكمة والاشكال المنفقة. — C. على *proportionner*, Bc. — دروع مقدّرة السّرد *Evaluer, apprécier, priser, fixer le prix de quelque chose, en estimer la valeur*, Voc., Alc. (apodar, apreciar, le n. d'act. apodamiento), قدّر الثمن *priser*, Bc, لا يقدّر *inappréciable*, Bc, Macc. I, 308, 6 et 8 (l. قُدِّر), II, 391, 16, Prol. II, 51, 2. — *Estimer, présumer*, p. e. يكون تقدير طوله قريبا من ثلاثين رمحا et عسكر ضخم تقدير اربعين الفا, Frähn Ibn-Foszlan 58. — *Penser, croire, supposer*, Abd-al-wâhid 68, 9, 94, 13, Prol. II, 332, 2. — C. a. p. et على r. *autoriser*, Bc. — *Sous-entendre, suppléer, ajouter ce qu'il y a de sous-entendu*, Alc. (suplir en la gramatica), Bc, Baidhâwî II, 48, 6. — الاقوات المقدّرة semble signifier *la nourriture de chaque jour*, Edrîsî, Clim. VII, Sect. 4: وبها من الاقوات المقدّرة اقلّ ممّا يكفيهم. — Voyez plus loin le part. pass.

III c. a. p. = قاوَيْتُه *certavi cum eo de robore, tâcher de vaincre quelqu'un*, Abbad. III, 105.

قدر

V dans le Voc. sous existimare. — *Se sous-entendre*, Bc.

VII c. ل dans le Voc. sous pose (posse).

X *se montrer puissant*, Macc. II, 331, 17.

قَدْرَ, suivi d'un génitif, *de la grandeur de, aussi grand que*, 1001 N. I, 58, 12: لؤلؤ قدر البندق ;واكبر aussi بقَدْرِ ibid. 91, 7. — قَدْرَ *circiter*, Voc. — *Existimatio*, Voc. — جاء (او بلغ) من قَدْرِك تتكلم بهذا الكلام «osez-vous bien parler ainsi?» Bc. — La ليلة القدر, dont il est question dans la 97e sourate du Coran, est la meilleure des nuits. C'est dans cette nuit que le Coran a été révélé en entier à Mahomet, que les affaires de l'univers sont fixées et résolues pour toute l'année, que les anges descendent pour bénir les fidèles, que toutes les prières sont exaucées, etc. Malheureusement on ne sait pas bien quelle nuit c'est; on sait seulement que c'est une des cinq dernières nuits impaires de Ramadhân, la 21e, la 23e, la 25e, la 27e, ou la 29e. Voyez les commentateurs sur le Coran, Lane M. E. II, 265, Macc. I, 363, 9, 527, 3, II, 429, 21, et surtout I, 572, 3—11.

قِدْر. On dit اكل القِدْر pour *manger les mets qui ont été cuits dans les marmites*, Müller 48, 2 a f.; de même قدور مطبوخة, *des marmites contenant des mets cuits*, comme porte notre man. dans Auw. I, 277, 3. Pl. قُدْران dans l'expression حمار القُدْران (= *mille-pieds*, الدود الذى يتولد تحت الجرار), Payne Smith 1810. — القدر *étoiles dans la constellation de Céphée*, Cazwini I, 31, dern. l., Alf. Astron. I, 23.

قَدَر. Le Voc. (v° predestinare) a le pl. أَقْدار et مَقادير. — الاقدار *les hommes puissants*, Abbad. I, 69, 5.

— *Permission, consentement*, Alc. (premision consentimiento); il donne cadà et cadâr.

قَدَرَة = قَدَر *marmite, pot*, Bc, *de terre*, Riley 208 (giderah), Auw. I, 277, 3 et 5, Abou-'l-mahâsin I, 268, 4, *pot au lait*, Descr. de l'Eg. XVIII, part. 2, 416. Le Voc. (olla) prononce قَدْرَة, pl. قَدَر. — Doit avoir un autre sens 1001 N. IV, 648, 2: وفى كل قَدَرة من البلور جوهرة يتيمة

قُدْرَة. Le pl. قُدَر, Voc. — *Capacité, portée de l'esprit*, Bc.

قَدَرِى *fataliste*, Bc.

قَدّار *rosse*, Mc; Daumas V. A. 189 écrit ce mot avec un ك, et chez Cherb. c'est كيدار, pl. كيادر.

قُدَيْرَة *oursin*, Domb. 68.

قُدَيْرَة *pot de terre vernissé qui sert de marmite*, Alc. (puchero de barro), R. N. 47 v°: فاذا طبيخ المرابطون قديراتهم وصلوا المغرب ودخلوا ببيوتهم الخ وجعل القديرة على النار وجعل فيها ذلك البقل v°: 62.

قَدّار *ollarius*, Voc.

القُدّار *étoile qui paraît à deux heures du matin*, Daumas V. A. 245.

قادر (= قادر على الوفاء) *solvable*, Bc. — القادرة *les puissants*, Arnold Chrest. 188, 6.

أقْدَر *plus puissant*, Gl. Maw.

أقْدَر, Diw. Hodz. 37, vs. 8, expliqué par القصير العظام et القصير المختلف القدمين, 38, par مُقارَب, 265, sur vs. 7.

تقدير *ellipse, sous-entendu, sous-entente*, Bc, M. — *Supposition*, Bc, Prol. II, 127, 14. — *Virtualité*, Bc. — T. d'arithm., *division*, M sous عد. — تقديرًا *tacitement*, Bc. — تقديرات comme traduction de (= نشابه), Payne Smith 1448.

تقديرى *elliptique*, Bc.

مُقَدَّر *virtuel, qui est seulement en puissance*, Bc. — *Tacite*, Bc. — كلمة مقدرة *ellipse*, Bc. — *Grand*, Gl. Edrisî. Les villages des Nefzâwa, dans la province de Castilia, sont nommés constamment القرى المقدرة السير, Berb. I, 146, 12, 639, 2, 646, 5 a f. Je doute que cela signifie «peu éloignés les uns des autres,» comme traduit M. de Slane. Chez Edrisî (ro, 5) ٣ مجار مقدرة المجرى signifie «trois grandes journées de navigation;» peut-être le sens est-il donc: les villages qui, lorsqu'on veut les parcourir, demandent une longue marche; mais je n'ose rien affirmer. — *Sorte de coiffure, de fichu* (عصابة) *orné, pour les dames*, M.

مُقَدِّر *celui qui est chargé d'évaluer par conjecture le produit d'un champ de blé, d'un verger, etc.*, M.

مَقْدَرَة *solvabilité*, Bc.

مَقْدَار Le pl. مَقَادِير, Voc., de Sacy Chrest. II, ۱۱۲, 5. — *Grandeur*, Gl. Edrîsî. — *Distance, ibid.* — *Quote-part*, ce qui revient à chacun dans un partage, Alc. (rata parte proporcional). — مَقْدَار مِن نَاس *beaucoup de personnes*, Alc. (mucho en cantidad). — *Exemple*, L (exemplum = أَسْوَة). — *Homme parfait*, Calâïd 231, 6: مَقْدَار لَه النّافِلَة في الجَلالَة والفَرض. — *Glane*, nombre d'oignons ou d'aulx attachés l'un contre l'autre à une torche de paille, Alc. (cobra de ajos o cebollas).

الْمَقَادِير في بَذْل المَقْدُور s'employer, Bc. — مَقْدُور *terme, le temps au bout duquel une femme doit accoucher*, 1001 N. I, 397, 3.

مَقْدُورَة pl. مَقَادِير *puissance*, Voc.

المُقْدَار *le membre viril?* Macc. II, 462, 1.

اِقْتِدَارِي *facultatif*, Bc.

قَدَس II. قَدَس اللهَ *louer Dieu*, Voc. — *Consacrer, dédier*, Alc. (consagrar, dedicar consagrar). — *Consacrer, sacrifier*, Alc. (consagrar sacrificar). — *Célébrer, dire la messe, officier*, Bc, Ht, M, Maml. II, 1, 279, Macc. II, 443, 12. — قَدَس القُربَان *consacrer, prononcer la consécration de l'eucharistie*, Bc.

V *dédier, consacrer*, Alc. (dedicar cousagrar). — *Aller en pèlerinage à Jérusalem*, Bc, Hbrt 152.

قُدْس سَيِّدنَا المُطْران *Monsigneur l'évêque*, قُدْس أبُونَا الخُورِي *Monsieur le curé*, Bc.

أَقْدَاس pl. قَدَس *godet d'une roue hydraulique*, Macc. II, 507, 13. — Même pl. *clepsydra*, voyez Becrî 48, 5 a f. et suiv. — *Tuyau, conduit d'eau*, Becrî 30, 1.

قُدْس *saint*, Gl. Abulf. — Nom d'une étoffe, Bat. II, 187, 311, 316, III, 34.

قَدَاسَة *sainteté*, Bc. S'emploie aussi de la même manière que قُدْس (voyez), M.

قُدَّاس pl. قَدَادِيس *messe, office*, Bc, M, Ztschr. III, 307; حَضَر القُدَّاس *entendre la messe*; قَدَّم قُدَّاسًا *offrir, célébrer une messe, assister à la messe*; قُدَّاس صَغِير *messe basse*, قُدَّاس حِبْرَوِي ou قُدَّاس كَبِير *grand' messe*; قُدَّاس مَيِّت *obit*, service fondé pour le repos de l'âme d'un mort, Bc.

قَدُّوس Jackson, Timb. 87, 89 n., 165 n., 274,

donne *talb cadus* comme le nom du premier ministre à Maroc, mais il paraît que c'est un surnom, un titre, الطَّالِب القَدُّوس.

قَدُّوس *saint*; Bc, M.

قَدُّوس, *grand navire ou barque*, se trouve Diw. Hodz. 199, vs. 14.

قَادُوس (κάδος, Fleischer Gl. 74) pl. قَوَادِيس *auget, godet*, petits vases attachés aux roues hydrauliques (en bois), Bc, 1001 N. Bresl. III, 116, 5, esp. alcaduz, arcaduz, pg. alcatrus. — *Tasse en fer battu*, Ghadamès 109, cf. 261. — قَادُوس الحَمَام *boulin*, trou de colombier, ou pot de terre pour servir de retraite aux pigeons, Bc, Mehren 32. — Nom d'une mesure de capacité = 3 *modd* du Prophète, Becrî 62, 9 et 10. — قَادُوس الطَّاحُونَة *trémie*, grande auge large du haut, très-étroite du bas, faisant partie d'un moulin; *auget*, bout de la trémie, Bc; cf. Mehren 32, 1001 N. Bresl. II, 263, 4. — *Tuyau, conduit, canal*, Gl. Esp. 78, Auw. I, 656, 20 et suiv. Le pl. قَوَادِيس *aqueduc*, Bc (Barb.). Quand il est question de roses, p. e. chez Macc. II, 395, 16: أَعْدَى لَه في قَادُوس وَرْدا, ce mot signifie aussi *tuyau, tube*, comme le prouve un passage fort altéré d'Auw. I, 308, que je corrige de cette manière à l'aide de notre man. et en notant les variantes: ويَغْرَس أيضًا من الورد في أكتوبر في البساتين للاجمل أصول مجتمعة ستة أو ثمانية ونحو ذلك في مواضع منفرقة فإذا لقحت (1) وعافقت فيُدْخَل عليها من اصلاحها قوادِيس مثل القَنانِيط (2) ملوَّنَة (3) بالجَنْتُم (4) طول كل قَادُوس منها نحو ذراعين (5)....... ويخرج أعلى تلك القضبان على فم كل قادُوس وهو قائم ويُملَأ بالتراب والرمل ويُسْقَى بالماء مرّات فإذا نَبَت الوَرْد فيها يَأتِي كأنّها أشجار لها سُوق (6) مُلَوَّنة — *Petit ballot de soie*, M.

قَوَادِيس, autre forme de قَادُوس, pl. قَيَادُوس *auget, godet*, Alc. (alcaduç de añoria). — *Tuyau*,

1) E ‏القحت‎. 2) l. ‏العماسط‎, E ‏العماسط‎; il faut lire comme je l'ai fait; c'est le pl. de ‏قنوط‎ (esp. cañuto); voyez ce mot. 3) l. ‏مملوية‎. 4) l. sans points, E ‏بالجسم‎. 5) Mot douteux; l. ‏وبيُوقف‎ dans le texte, ‏وبيَنوف‎ sur la marge. 6) Pl. de ‏ساق‎, bonne correction de Banqueri; E ‏سووى‎, l. ‏سوق‎.

قدم

conduit, *canal*, Voc. (canalis), Alc. (alcaduç de caños).

اَقْدَس *saint*, de Sacy Dipl. IX, 467, *très-pur*, Roland.

وصلواتهم وتقديسهم Il jure par les quatre évangélistes et, de Sacy Dipl. XI, 42, 14, qui traduit *leurs bénédictions*.

زيت المقدس *baume*, Alc. (balsamo sudor).

المَجْمَع المُقَدّس *propagande*, Bc.

مُقَدّسى pl. مقادسة, Bc, Hbrt 152, et مُقَدّسى Buckingham I, 91, *pèlerin de Jérusalem*. M: c'est مقدسى ou مُقَدّسى, mais le vulgaire dit en ce sens مُقَدّسى, pl. مقادسة.

قدع

قَدَع *vitium in oculo* chez Freytag d'après le Diw. Hodz.; p. 122 à la fin, c'est قَذَع, avec le *dzâl*, et p. 277, 10 et 11, قَدَع, avec le *dâl*. Je me suis assuré que, dans ces deux passages, Kosegarten a reproduit exactement le *îhan*.

قذف I *repousser*, M (دفع).

II *ramer, voguer; — voltiger*, flotter au gré des vents, Bc. C'est pour قذف II, M.

قَذْف *vogue*, t. de mer, mouvement imprimé par les rames, Bc. Pour قَذْف.

قَذَفَة *asthme*, Domb. 88.

قَذّاف *galérien, rameur*, Bc. Pour قَذّاف.

مِقْداف pl. مقاديف *rame*, Bc. Pour مِقْذاف, M.

قدم I. قَدِمَ c. الى *arriver*, Bc, Bidp. 280, 5 a f.; aussi c. ل, Gl. Abulf. — c. على ou ان *oser*; c. على p. *oser attaquer* quelqu'un, ou *le tuer*, Gl. Fragm., Gl. Badroun. — قَدُمَ *vieillir* (quand il n'est pas question de personnes), Alc. (envejecerse otra cosa).

II c. a. r. et ل ou الى p. *présenter, offrir à* quelqu'un des mets, du vin, les placer devant lui sur la table, Abd-al-wâhid 69, 13, 152, 4 a f. et n. *b*, Koseg. Chrest. 71, 6 a f. — C. a. r. et الى ou ل p. *offrir un présent à* quelqu'un, Maml. I, 1, 153, 1001 N. I, 39, 14 et dern. l., 40, 1. — C. a. p. et على r. *présenter* une chose à quelqu'un, *la mettre devant ses yeux*, Becrî 35, 8 a f.: ما أبالى ما قَدَّمْتُ عليه

قدم — يوم القيامة وفى صحيفتى اربع حسنات الخ قَدَّم كفيلا ou العُدّة *équiper, fournir, munir*; اللوازم *fournir une caution*, Bc. — *Préférer* quelqu'un' (acc.) à (على) un autre, Koseg. Chrest. 132, dern. l. — C. آخر sous exemple, *emploi un à quelqu'un Nommer* II, Macc. I, 884, 15, 16, 17 et 21. — *Baisser* la lance, 1001 N. I, 81, dern. l. — C. الى p. *ordonner*, Gl. Fragm. (sous V). — نقدّم ارساله *nous nous hâterons de vous l'envoyer*, Bc. — A *certainement* (cf. Freytag) le sens, que Bc donne aussi, d'*avancer, aller en avant, devancer, gagner du terrain*, voyez Abbad. I, 305, 16 et III, 148 à la fin; M: قَدَّم وقدّم بين يديه تقدّم, et ensuite: القوم سبقام.

IV *faire venir*, Bidp. 282, 5: سألوه ما اقدمه الى مدينتهم. — *Venir, arriver*, c. الى, Gl. Fragm. — C. على r. ou ان *oser*; c. على p. *oser attaquer* quelqu'un ou *le tuer*, Gl. Fragm., Gl. Abulf. (où بشى, pour شى, est un *lapsus calami*); c. على p. et ب r. *oser* quelque chose *contre* quelqu'un, Gl. Abulf. — *Cum multa audacia loqui*, Voc. (v° audere), qui a aussi ce verbe sous *strenuus* (in *verbis*).

V *être en faveur* (= حَظِىَ), Gl. Fragm. — *Être nommé à un emploi*, Cartâs 42, 9, Khatîb 23 v°: تقدّم قضيبا. — *Passer par les emplois, s'élever des moindres dignités aux plus grandes, et y parvenir par degrés*, Abbad. II, 125, 7. — C. على p. se dit de celui qui fait la prière comme *imâm*, voyez sous مأموم. — *Ordonner*, aussi c. ب, Gl. Fragm., على p., Akhbâr 69, 2 a f. — *Se charger de*, Alc. (tomar a su cargo), c. فى, Bidp. 14, 4: كان يكن من ضيم انّه كنت أولى مَن اخذ بيده (بيده) وسارع (man. L) ; فى تشريفه وتقدم فى البلوغ الى مرادى واعزازى; cette signif. me semble convenir mieux à ce passage que celle d'*ordonner*.

VIII voyez plus loin le n. d'act.

X *faire venir*, Gl. Maw., Gl. Fragm.

قَدَم *ancienneté*, Alc. (grandeza de edad), Bc.

قَدَم, *pied*, est aussi masc., Fleischer sur Macc. II, 728, 11 Berichte 178, M. قدم قدم ou قدم *pied à pied*, peu à peu, Bc. امير صاحب قدم *prince dont la présence porte bonheur*; نحس قدم *porte-malheur*, Bc. — *Pied* (mesure), Bc; deux pieds = une coudée et un peu plus d'un empan, Auw. I,

11. — *Un pas*, Hbrt 43. — مَوضِع قَدَم *endroit important, considérable*, BelÂdz. 175, 4: ثم يبقى بالجزيرة مَوضِع قدم الا فتح على عهد عمر بن الخطاب; c'est ainsi que je crois devoir prononcer et traduire, et non pas مَوضِع قَدَم, « *locus antiquus*, » comme l'éditeur l'a fait dans le Gl. — *Quartier d'un soulier*, Delap. 92. — J'ignore ce qu'il faut entendre sous القدم dans la mosquée de la Çakhra à Jérusalem, Amari 515, 5: لما دخل الصخرة رأى قسيسا قاعدا عند القدم ياخذ من الفرنج قراطيس؟

قَدَم *éternité*, Gl. Badroun.

قَدَمِيَّة *honoraires d'un médecin*, M.

قَدُوم, قَدُّوم, forme vulgaire mais ancienne, condamnée par Ibn-as-Sikkît et Ibn-al-Anbârî, admise par al-Motarrizî, M, pl. قداديم, Saadiah ps. 74, قَادُوم (Bc, Abou'l-Walîd 801, 13, Bat. IV, 192), قُبَيْدُوم (Voc. avec le pl. قوادم), *herminette*, outil de charpentier, Alc. (açuela), Bc, *herminette des menuisiers*, Descr. de l'Eg. XII, 462, *essette qui sert de fermoir et de marteau aux menuisiers*, ibid. 494, *marteau*, Hbrt 85, instrument qui est pioche d'un côté et hache de l'autre, Margueritte 317, الآلة التي تجرى مجرى الفاس, Tha-'âlibî LatÂïf 4', 6 a f. — قَدُوم *fruit du pistachier térébinthe*, Prax R. d. O A. VIII, 281.

قَدِيم, *ancien, antique*, a chez Bc le pl. قُدَم; لقدميهم في البلد *parce qu'ils formaient la famille la plus ancienne de la ville* (de Slane), Berb. I, 626, 2 a f.; رجل لا قديم له *un homme nouveau*, Cout. 25 v°, en énumérant les employés du fisc: ومهران قديم *ses anciens bienfaits*, comme traduit de Slane, Berb. I, 448, 8 a f. = قدما على, si la leçon est bonne, Abbad. I, 380, dern. l.: وحسب ابا عمر بن عبد البر قدَيما على بعض شيوخه؟

قَدِيمَة *marteau*, Ht.

قَدِيمَة, pl. قَدِيمَات, *bas de soie ou de coton*, Bg, Hbrt 21.

قَدِيمِيَّة *ancienneté, antiquité*, Bc.

قُدَّام *en avant, devant*, Voc, Bc, Koseg. Chrest. 108, Maml. I, 1, 13, 1001 N. I, 31. — *Ci-contre*, Bc.

قَدُّوم voyez قَدُوم.

قَدِيم *sparte dont on fait des cordes*, Prax R. d. O. A. VII, 264 (gueddîm), petite espèce de *halfa*, Jacquot 53 (gueddin, avec *n*); Barth, I, 35, nomme le *gedîm* avec le halfa.

الوَجه القُدَّامِي *devant*, partie antérieure, Bc. — الطريق القُدَّامِيَّة *chemin de traverse*, celui qui est plus court que le grand chemin, M.

قُدَّامِيَّة *avant-main*, partie antérieure d'un cheval, Bc.

قادم *cheville du pied?* Payne Smith 1385.

قَدُوم voyez قَدُوم.

قَدُّوم voyez قَيدُوم.

الطَّرِيف القادومِيَّة *chemin de traverse*, celui qui est plus court que le grand chemin, M.

قُوَيْدِمَة, dimin. de قادمة, *anteriores pennæ in alâ*, Macc. II, 421, 13, où il faut lire avec L et Boul. قويدماتي

اقدام *soin, prévenance*, Roland.

تَقْدِيم *grande maîtrise*, dignité de grand maître, Alc. (maestradgo de orden). — *Marquisat*, Alc. (marquesado). — *Intendance, gouvernement d'une maison, l'emploi de majordome*, Alc. (mayordomia). — *Episcopat*, Alc. (obispado). — *Abbaye*, dignité d'un abbé, d'une abbesse, Alc. (abadia señoria).

تَقْدِمَة *commanderie*, dignité que l'on confère dans les ordres militaires à des chevaliers, Alc. (encomienda de orden). — تقدمة الجيش *le commandement de l'armée*, Macc. II, 61, 2 a f. — *Papauté*, dignité de pape, Alc. (papado). — *Abbaye*, dignité d'un abbé, d'une abbesse, Alc. (abadia señoria). — *Dignité de jurat, de juré*, dans une ville, Alc. (juradoria en la cibdad). — Pl. تَقادم *don, présent*, soit volontaire, soit forcé, Maml. I, 1, 153; *cadeau que le nouveau chef des Fellâhs donne au seigneur*, Descr. de l'Eg. XI, 478. — Même pl. *arrhes*; le Voc. a لِ تَقَدَّم sous arra. — التقادم, chez les agriculteurs, *le blé que l'on coupe avant le temps de la moisson, parce qu'on en a besoin*, M.

مَقْدَم pl. مَقادم *antenne, vergue de navire*, Alc. (antena de nao). — مقادم *galeries*, Cherb. Dial. 130. — مقادم *pieds de mouton*, Bc.

مُقَدَّم pl. مَقَادِم proue, voyez le Voc. sous pupis; le vulgaire dit مُــقْــدَم, avec deux dhammas, pour مُقْدَم, proue, M.

مَقْدَم الاسنان المقادم dents incisives, Bc.

مُقَدَّم commandant, capitaine, Alc. (capitan); esp. almocaden, pg. almocadem; officier qui a cent hommes sous ses ordres, Hœst 184. — Grand maître d'un ordre, Alc. (maestre de orden). — Maréchal, Alc. (mariscal). — Majordome, Alc. (mayordomo). — Chef d'une secte, Kennedy 1, 135. — Patron de barque, Alc. (piloto de mar principal), pg. mocadão. — Le hâkim « a un lieutenant qu'ils nomment Almocaden, qui assiste d'ordinaire au tribunal, » Torres 260. — Selon St. Olon 112 les caïds dans l'empire de Maroc mettaient dans chaque ville ou village de leurs gouvernements deux officiers; le second « est l'Amokadem ou juge de police; sa fonction est de mettre tous les jours la taxe et le prix aux denrées comestibles et combustibles, qui se vendent toutes au poids, et de tenir la main à leur exécution. » — Chez les Druzes, la 3ᵉ dignité; la 1ʳᵉ est l'émir, la 2ᵉ le خَوَنْد, la 4ᵒ le chaikh. Le vulgaire donne par erreur un kesra au dâl, M. — « Chaque goubba [chapelle bâtie sur la tombe d'un marabout] a son Mekaddem, espèce de sacristain, qui est chargé de recueillir les offrandes, d'en faire l'emploi, et qui vit grassement aux dépens de son saint, » Colomb 17. — Intendant chargé de recueillir les offrandes des pèlerins et de les apporter à Ucsan, Rohlfs 33 n. — Un eunuque chargé de l'éducation d'une jeune fille, 1001 N. I, 97, 11: المقدّم (les voyelles ne sont pas bonnes), où Bresl. (I, 247) a الذى ربّاكى. الطواشى الذى ربّاكى Tuteur nommé par le cadi, Ht. — Agent de police, 1001 N. I, 238, 328, II, 27, 291, 1, III, 435. — Arrhes; le Voc. a مُقَدَّم تَعْطِيل sous arra. — Antenne, vergue de navire, Alc. (antena de nao). — Proue, M; en ce sens Bat. II, 163, où l'éditeur a fait imprimer مُقَدَّم, IV, 271; cf. مُقْدَم.

مُقَدَّمَة abbesse, Alc. (abadessa). — Prologue, Voc. — T. de logique, proposition, Voc. (= قضيبة). — Oraison, discours, Alc. (oracion razonamiento).

مُقَدَّمَة avis, avertissement, Çalât 59 vᵒ: ودخــل الفرسان – على غير علم ولا مقدمة من وصولهم ♣

مُقَدَّمِيَّة prieuré, dignité de prieur, Voc.

مِقْدَام strenuus (audax in verbis), Voc.

مَقْدُوم préposé d'une province ou percepteur général, Ouaday 144, d'Escayrac 428.

مُقَادَمَة façade, frontispice, Ht.

مَقَادِم (pl.) = مَقَادِيم, P. Kâmil 274, 7.

مُتَقَدِّم antérieur à, c. على ou لـ, Gl. Abulf. — Jurat, juré, dans une ville, Alc. (jurado en la cibdad).

اقْتِدَام promotion, Roland.

قَدْمِيَا = اقْلِيمِيَا cadmie, Bait. II, 280 f., = تُوتِيَا, Most. sous ce dernier mot.

قدو IV faire approcher, Renan Averroès 441, 6: ما الى يُقَدِّيهِم الى الله سبحانه ويُدْنِيهِم ♣

قَنْدُورَة, pl. قَنَادِير et قَدَاوِر, chemise, voyez قَنْدُورَة.

قدى II suffire, « هذا يُقَدِّي ceci suffit, » M; يُقَدِّينِي j'en ai assez, assez, c'est assez, Bc, Bg, Mc; يُقَدِّينَا « ce n'est pas assez pour nous, » Ztschr. XXII, 136; il faut donc lire chez Koseg. Chrest. 79, 2 à f., يُقَدِّي المال, au lieu de يُفْدِي. Ce verbe semble avoir été formé de قَدْ dans les expressions قَدْ زَيْد دِرْهَم, etc., « un dirhem est assez pour Zaid. » — C. a. mendier, Voc.; c'est pour كَدَى; il a aussi مُقَدِّي mendiant.

V est dans le Diw. Hodz. 113, vs. 7.

قَدِّيَة mendicitas, Voc., est pour كَدِّيَة.

قذر II aller à la selle, Martin 148 (écrit avec le dâl). — Lésiner, Bc.

V dans le Voc. sous deturpare; se salir, Alc. (ensuziarse, le n. d'act. ensuziamiento); être sale, Bar Ali nᵒ 1879, Payne Smith 1484.

قَذَر strasse, 1001 N. Bresl. I, 311; voyez Gl. Esp. 48.

قَذِر chiche, crasseux, vilain, avare, Bc.

قَذِرَة femme impudique, prostituée, Fleischer Gl. 16 n.

قَذَارَة crasse, avarice sordide, lésine, mesquinerie, Bc. — Pauvreté, chose basse qu'on dit ou qu'on fait, Bc.

قذع

قَذُورَة saleté, Voc., Alc. (brutedad, suzidad, قَذُورَة اللحْسَـد superfluidad del cuerpo). — Gueuserie, fourberie, Alc. (vellaqueria).

مَقْذُور sale, Alc. (bruto suzio, suzia cosa, suzia cosa non afeytada). — Coquin, fripon, Alc. (vellaco como quiera).

قَذَع I, n. d'act. (ou subst.) قَذَع et قَذْع, dans le sens que Freytag a sous n° 2, Diw. Hodz. 134, 6.

IV se construit c. ل p., Diw. Hodz. 134, 5, Kâmil 225, 21, 477, 14, c. ف p., Macc. II, 350, 9, ou c. ب p. (?), ibid. n. b. — Etre obscène, Abd-al-wâhid 216, 10, et le n. d'act. obscénité, 215, 3 a f.

مَقْذَع est dans le Diw. Hodz. 122, vs. 9.

قذعمل.

ما فى السماء قذعميلة = قذعميلة, p. e. قُذَعْمِيلَة, Kâmil 141, 8.

قذف I jeter, c. a. p., Koseg. Chrest. 103, 6 a f.: قذفوه فى مهران « ils le jetèrent dans le Mihrân, » Bidp. 188, 7: c. ب. ; عيشه من الحشيش وممّا يقذفه اليم البحر, p., Weijers 25, 5 et 90, n. 91, de Sacy Chrest. I, ۱۳۸, dern. l.: يقذف بنفسه فى الماء. — Renvoyer la chaleur, Tha'âlibî Latâïf 109, 1. — Calomnier, de Sacy Chrest. I, 366, 4, قذف بقوُلْ ibid. II, ۱۴۷, dern. l., R. N. cité sous حقّ ; chez Bc calomnier est قذف به شيئًا. — قذف فى حقّه reprocher quelque chose à quelqu'un, Abbad. I, 258, 10. — Le sens de ramer se trouve: Voc., Borb. II, 421, 15 et 16.

II ramer, Hbrt 128, Ht.

III, avec بقَول, calomnier, P. Kâmil 141, 19, cf. 144, 1—3.

IV ramer, naviguer, Alc. (navegar con remos, navegar como quiera). — Scier, voguer à reculons, ramener à rebours, Alc. (ciar mover atras).

VI. M: تقاذفت الغربق الأمواج قذفه بعضها الى بعض de même Abd-al-wâhid 85, dern. l.: ولم تزل البلاد تتقاذفه.

قَذْف nausée, envie de vomir, L (nausia). — Calomnie, Bc, Hbrt 247. — Semble tremblements de terre, Bait. II, 333 d: والسنة التى تكون كثيرة الصواعف والرجف والقذف والزلازل يكثر فيها الكافور.

قَذْفِى calomnieux, Bc.

قَذَّاف rameur, Voc., Hbrt 128.

قاذف pl. قَذَفَة calomniateur, Gl. Maw.

مَقْذَف l'endroit vers lequel on jette des cailloux, et de là but, Abbad. I, 73, n. 8.

مِقْذَاف, aviron, a le pl. مَقَاذِيف, Bc, Abou'l-Walîd 773, 3, Prol. II, 325, 2 a f. (leçon de M. de Slane), ou مَقَاذِف, L (remos; il a aussi: remiges مَغَاذِيف نبيعه للمِقْذَاف, mais c'est une erreur). (sic) «nous le vendrons comme rameur, galérien,» 1001 N. Bresl. IX, 362.

قذل.

قَذَّال les restes des cheveux qu'on a coupés et qui couvrent la moitié d'en haut du front; voyez Ztschr. XXII, 94, n. 18.

القَذَالَان sont les deux côtés de l'occiput, Kâmil 461, 17, où quelques man. ajoutent ناحيتنا القفا والنقرة بينهما.

قذن I, II c. a., V et le subst. قَذَانَة dans le Voc. sous insipidus homo, qui y est قَذَّان.

قذى.

قَذًى fétu, a le pl. أَقْذِيَة, Voc. — Même pl. lippitudo, Voc.

قر I. لم يقرّ قراره حتى بعث à peine fut-il bien établi sur le trône, qu'il envoya» etc., Bidp. 31. — Avouer, Ht; avouer son crime quand on a été mis à la torture, Alc. (confessar por fuerça, conocer por tormento); c'est pour la IVe.

II rapporter, raconter (cf. تقرير), quand ceux qui le font sont dignes de confiance, Müller 11: التواريخ المُقَرَّرَة المُثْبَتَة. — Maintenir, ratifier, Ht. — C. a. p. et على ou ب r. interroger quelqu'un sur, Voc. — Tourmenter quelqu'un, pour lui arracher un aveu, Maml. II, 2, 3. — بعد تقريرهم عليهم, de Sacy Dipl. IX, 471, 5, qui traduit: après que lecture leur en a été donnée. — Breveter, Bc. — أقرّ عنه غالى الغبط, P. Diw. Hodz. 212, 3, expliqué par أبرد كلّه.

III. Haiyân 57 v°: وكتبوا الى أميّة انّكم تريدون ان تحدث فى مدينتنا حدثًا لم تسبقوا اليه وحنن لا نقاركم عليه, ce qui semble signifier: «nous ne nous fions pas à vous dans cette affaire.»

IV *laisser*, ne pas ôter, p. e. اقرّ الارض فى ايدى اهلها, Gl. Belâdz., Gl. Fragm. — *Permettre*, Aghâni 69, 9: وقال لا أقرّ لابن ابى ربيعة ان يذكر امرأة من شعرى. — *Mettre par écrit*, Khatîb 23 v°: واقرّ ما روى عنه ابو القاسم بن عمر الحزرجى بفاس. — *Avouer son crime quand on a été mis à la torture* (cf. sous I), Alc. اقرار *confession por fuerça*).

— C. ب r. *croire à*, de Sacy Chrest. I, III°, 3 et 12. — C. ب r., en parlant d'un vaincu, *se soumettre à une chose, en être content*, Gl. Belâdz. — C. على p. semble *témoigner contre* quelqu'un, Macc. I, 135, 13: les voleurs tuent le maître de la maison, خوف ان يقرّ عليهم ويطالبهم بعد ذلك.

V dans le Voc. sous *confiteri*. — C. على et فى dans le Voc. sous *interogare*.

VI, en parlant de deux personnes, *affirmer, déclarer simultanément*, Becrî 184, 7.

X *être installé dans un logement*, Koseg. Chrest. 33, 9. استقرّ به المكان, *s'établir*, p. e. Bidp. 144, dern. l., doit se prononcer à l'actif, et non pas au passif, comme l'a fait Freytag; de même استقرّت به فما استقرّ به الجلوس حتّى النوى, voyez Gl. Abulf.; وما اقبل عليهم شيخ ثالث à peine furent-ils assis, qu'un troisième chaikh survint,» 1001 N. I, 12, 8, 27, 7 a f.; استقرت ارض مصر على قسمين «l'Égypte fut divisée en deux parties,» de Sacy Chrest. II, 20. — C. على *se fixer, s'arrêter à*; استقرّ رايه على *arrêter, résoudre sur, s'arrêter à*, Bc. — *Avoir lieu constamment*, Prol. I, 72, 3, où l'on trouve la forme استقرى (aussi dans notre man. 48; 1350 a استقلر). عندهم انه المهدى «ils furent convaincus qu'il était le Mahdi,» Abd-al-wâhid 134, 3 a f. — *S'autoriser, acquérir de l'autorité*, Bc. — C. a. p. et على r. *interroger* quelqu'un *sur*, Macc. II, 249, 18.

قرّة *roquette*, Pagni MS (= جرجير), qui a aussi: *karra butama*, eruca sylvestris alba; c'est pour قرّة العين.

قرّة. L'esp. *guerra* a passé dans le dialecte maghribin sous la forme غرّة, que le Voc. donne sous *guerra*, et chez Beaussier on lit: خيرّة (de l'ital.) *guerra*.» Je crois retrouver ce mot dans Bat. IV, 351, où le texte porte: وهذا فى زمان الصلح والمهادنة اعدادا لايام القرّة «le sultan a fait cela «dans les temps de paix et de trêve, pour être prêt au jour du malheur, ou de la guerre,» comme M. Defrémery a traduit, qui semble avoir pensé à قرّة (de وقر), mot qui, je crois, n'est pas en usage dans la prose du XIV° siècle, et qui n'a ni la signif. de *malheur*, ni aucune autre qui convienne. Le sens, comme il l'a fort bien senti, exige le mot *guerre*; je n'hésite donc pas à lire القرّة, si telle est la leçon de tous les man. et si aucun d'entre eux n'a الغرّة. — قرّة *temps affreux, très-mauvais temps*, Beaussier, *terrible tempête*, Lyon 333 (gherra, غرّة). C'est peut-être *guerra* au fig., comme nous disons *le combat des éléments*.

قرّة *froideur* (au fig.), Ht. — *Satisfaction, contentement*, Ht. — *Partie de la* سيمى; c'est l'art d'écrire des billets qui sont des remèdes pour les maladies des yeux et une foule d'autres maux; voyez Niebuhr B. 121. — قرّة عين *prunelle de l'œil*, Ht; — قرّة العين Veronica Anagallis, Bait. II, 283 c; *cardamine, cresson des prés, cresson*, Bc; Hbrt 47 a قرّة seul pour *cresson*. — Le galicien *corré* (cf. esp. *correa* et Simonet 354), qui signifie *branche verte tordue*, dont on se sert pour attacher, Ibn-Loyon 22 v°, en parlant de l'espèce de greffe qui s'appelle تركيب الشقّ: وشدّه بقرّة فالشدّ فى كل تركيب به يعتدّ.

قرار *bas-fond où l'eau se rassemble*, Badroun 285, 1: روى ان البلاء اسرع الى محبينا من الماء الى قراره. — *Fond, lit*, Bc, p. e. de la mer, 1001 N. III, 10, 5, 55, 6. — *Repos*, Bc. — قرار فى المحبّة *constance en amitié*, Bc. — على قرار الارض *sur la surface de la terre*, Gl. Edrîsî. — Pl. ات *village*, souvent chez Becrî, p. e. 114, 2, 4 a f. — *Chapelle sépulcrale*, 1001 N. Bresl. V, 9, l. 11, où l'éd. Macn. (I, 338, 2 a f.) remplace ce mot par مقصرة. — *Solde, traitement*, Freytag Chrest. 107, 3, 9, 118, 5. — T. de musique, est طرف القطعة الذى يقطع المغنى صوته اذا انتهى اليه, M. — Ne m'est pas clair 1001 N. Bresl.

III, 331, 2: وكانوا للحكماء قد بلغهم خبر بنات الملك فقالوا له ان كان الملك قد سرّ بنا وقبل هديتنا وانس لنا ان نتمنى عليه فنطلب منه ان يعطينا بناته الثلاث لنكون له اصهار ونتناقل به لان قرار الملوك لا يخالف.

قَرَارَة *bas-fond rond où l'eau de pluie se rassemble*; ainsi dans la Mo'allaca d'Antara, M. — على قرارة الارض *sur la surface de la terre*, Gl. Edrîsî.

قُرَيْرَة *toupie*, Bc.

قَرَارِى *ferré à glace*, très-habile, fieffé; c. في *consommé en*, Bc.

رَجُل قَرَارِى vulg. pour قَرَارِىّ, *habitant d'une ville, citadin*, M. — Semble avoir le sens que Bc donne pour قَرَارِى, Bâsim 123: انت ما انت (== وَيْلَك) بلدار قرارى خُذْ غريمك الذى فضل وافعل به مثل ما فعلوا اصحابك; dans la suite, 124, 125, le calife l'appelle: يا بلدار قرارى.

قُرَار ? *habitant, citoyen*, voyez Amari 343, 8.

قَرِير *trottoir, passage*, نهاية الرتبة في طلب الحسبة traduit par Behrnauer dans le J. A. 1860, II, 358: «Il convient qu'il y ait aux deux côtés du marché deux trottoirs (قَرِيرَان), sur lesquels les hommes passent au temps de l'hiver, si le marché n'est pas tout à fait pavé.» Je crois que c'est le même mot que celui qui suit ici.

قَرِيرَة (esp. *carrera*) *carrière, lice, hippodrome*, Alc. (corredera de cavallos, corredera de ombres). — *Route bonne pour les chevaux, pour les voitures*, Alc. (passage de cavallo, carril de carreta = مَحَجَّة); cf. Simonet 327.

قُرَّة *Stachys*, Bait. I, 2 a, II, 20 c, 275 g; Golius et Freytag ont eu tort de placer ce mot sous la racine قور, car on lit chez Bait. II, 21 a: قال بعض شيوخنا انما سُمّى عندكم قُرّة لأن القلب تَقِرّ من الخَفَقَان اذا شُرِبَت. — T. de géogr., *partie du monde*, comme l'Asie, l'Amérique, M.

قَارُورَة *urinal*, Voc., Bc. — *Vase plein de naphte, qu'on lançait sur l'ennemi*, Mong. 133 a, Maml. II, 2, 148. — *Boîte pour recevoir les dattes*, M. — *Boîte à vis pour recevoir le zebed*, Cherb. (qui donne قرارير comme pl.). — Le pl. قوارير *cristal*, Gl. Badroun. — Au fig., *la femme*, M: وتطلق القارورة على المرا

لان الولد او المنى يَقِرّ في رحمها كما يَقِرّ الماء في الاناء او تشبيهًا لها بالزجاج لضعفها.

قَوَارِيرِىّ *marchand de bouteilles*, Not. et Extr. XII, 426.

تَقْرِير *le silence gardé par le Prophète au sujet de certains cas qui s'étaient présentés; ce silence équivalait à une approbation*, de Slane Prol. II, 481. — *Rapport, relation, récit*, Bc, M. — *Déposition, témoignage*, Ht. — *Tarif, taxe*, Maml. II, 2, 129. — Pl. تقارير *diplôme par lequel le sultan confirme un gouverneur dans son emploi*, M. — Même pl. *brevet d'invention, patente, privilége* (acte qui contient le privilége), Bc.

مَقَرّ titre qu'on donne aux grands, comme chez nous *altesse, excellence*, Catal. des man. or. de Leyde I, 154, 3 f. a., 156, 10, Rutgers 130, 8 et 134, Bollettino italiano degli studii orientali, Ottobre 1876, p. 124, 125, 126, 127. — مَقَرّ البِئْر *trou au fond d'un puits*, où l'eau se rassemble quand il y en a peu, M.

مُقَرَّر *impôt, taxe, tribut*, Amari 150, 6; pl. ات; Moura dans Sousa, Vestigios da lingoa arabica em Portugal, p. 163, cite un passage de Couto, où on lit: «Que ella não tenha de pagar aos Reis as Mocarrarat, nem aos principes, seus vizires.» مقرّر المشاعليّة était le droit qu'on prenait pour le curage des cloaques, et pour l'enlèvement des ordures qu'on en tirait et leur transport aux voiries, de Sacy Chrest. I, 203, 1.

مُسْتَقَرّ *sous la tutelle*, Ht.

قَرَأ 1. Quand il est question du Coran, on dit قرأ بالسبعة (comme قرأ بالروايات, Macc. I, 503, 3 a f.), ou قرأ السبعة, Fleischer sur Macc. I, 490, 8 Berichte 191, ou قرأ القران على سبع روايات, 1001 N. I, 81, 12. — Pour le sens de *réciter*, voyez Lettre à M. Fleischer 162, Akhbâr 34, 10. Chez Alc. (de coro dezir) قرأ من الصدر. — *Réciter des paroles magiques*, Koseg. Chrest. 121, 1, 1001 N. I, 98, 6. — قرأ *il récita sur son cadavre les prières des morts*, 1001 N. Bresl. XI, 220, dern. l. — *Etudier une science* est قرأ علمًا, 1001 N. I, 81, 13, et قرأ في علم, Bc.

II *enseigner, donner des leçons*, Voc. (legere aliis), Alc. (dar licion el maestro), Yâcout II, 924, 14, III, 236, 18, IV, 213, dern. l.

IV c. d. a. *enseigner;* mais on peut sous-entendre soit le nom de ce qu'on enseigne, soit celui de la personne à laquelle on donne des leçons, Gl. Abulf., Gl. Belâdz., Macc. II, 510, 21 et 22. — اَقْرَأَهُ السلامَ *il le salua.* Al-Açma'î ne veut pas qu'on dise قرأ السلام, et Ibn-al-Cattâ' ordonne d'employer la IVᵉ forme, M. La règle établie par les grammairiens et d'après laquelle cette expression ne doit s'employer qu'en parlant d'un salut écrit, n'est guère observée; elle ne l'est pas p. e. dans Freytag Chrest. 53, 4 a f., où il faut lire: قل ان ابى يقرئك السلام, au lieu de يقرئك.

VII dans le Voc. sous legere; يَنْقَرِى *déchiffrable, lisible;* ما (لا) يَنْقَرَأُ *illisible, indéchiffrable*, Bc.

قُرْء. Le pl. أَقْرَاء = عِدَّة *le temps qui doit passer avant qu'une femme divorcée puisse se remarier*, Gl. Badroun.

قِرَايَة (pour قِرَاءَة) *lecture*, Voc., Alc. (leyenda), Bc; قرايَة درس *étude*, Bc.

قَرَّاء *liseur*, Bc. — *Caraïte*, Bc.

قَرَّايَة *lutrin*, Bc, M (sous قرى).

قَارِى, dans les couvents chrétiens, *novice*, M. — Voyez Diw. Hodz. 4, sur vs. 10, où on lit que لِقَارِئِهَا est = اعلاه = قَارِى الْقَصْر = لِوَقْتِهَا.

تَقْرِيَة *leçon*, Bc.

مَقْرَأ *oratoire*, 1001 N. Bresl. I, 316, 6. — *Compagnie de personnes assises par terre en deux rangs, l'un vis-à-vis de l'autre, et lisant à la fois certains chapitres du Coran*, Lane M. E. II, 232.

مُقْرِى *celui dont la principale profession est de chanter devant les corps des morts qu'on porte en terre*, Descr. de l'Eg. XIV, 210; de là 1001 N. Bresl. XII, 235, dern. l.: جعل له للختمات والمقرئين.

قراباذين voyez اقراباذين (I, 29 b) avec la note dans les Add. et Corr.

قَرَابَغَا, قَرَابَغْرَا, قَرَابَغْرَا, *espèce de machine de guerre*, Mong. 136 b, 137 a.

قَرَاغُول (Freytag 430 a), chez les Mongols, *ceux qui étaient préposés à la garde des routes*, Maml. II, 1, 190, 195; M, après avoir traduit Freytag, ajoute: وعند ارباب السياسة جماعة من الضابطية تقام فى اماكن معيّنة للمحافظة وربّما قالوا قراغون وكراكون ۞

قَرَاقُوز = قَرَاغُول (voyez). — قراقون *le polichinelle des musulmans*, Cherb.

قَرَاكُوز *clymène (plante)*, Bc.

قَرَاوُلِى (قَرَاوُل) (du turc) *éclaireur à cheval, batteur d'estrade*, Beaussier, Daumas V. A. 348: «*keroualine*, éclaireurs de nuit.»

قرب I. On veut que dans le sens d'*approcher*, l'aor. soit *o*, et *a* dans celui de *se mêler de*, Macc. I, 485, 2–4 (lisez تَتَلَبَّس avec Boul.). N. d'act. de قَرَبَ, قُرُوب, Diw. Hodz. 200, vs. 29. — *Vivre près du prince, à la cour, être un personnage considérable*, l'opposé de بَعُد, souvent, p. e. Bidp. 277, 5. — *Se rapprocher de Dieu*, Prol. III, 417, 2. — *Approcher de trop près*, Coran II, 183 (avec le comm. de Baidhâwî). — C. ل البَرّ *atterrer, prendre terre*, Bc. — C. ل p. *être parent de quelqu'un*, Bc, 1001 N. I, 460, 590, 1. — قرب من الناس *être d'un abord facile*, Gl. Edrîsî. — C. على p. *être facile pour*, Abd-al-wâhid 175, 9: si ces livres étaient accompagnés d'un bon commentaire, لَقَرُب مَأخَذُها على الناس. — Le n. d'act. قُرْب semble pour تَقْرِيب, *offrir*, dans Berb. II, 27, 4: وتناغَتت زناته فى التزلّف الى الدولة طاعات, où بقُرب الطاعات (voyez) doit signifier *hommages;* le sens doit être, comme M. de Slane a traduit: «tous recherchèrent à l'envi la faveur de la cour et tous s'empressèrent de lui témoigner leur dévouement;» cf. II, 51, 8 a f. — قَرْب pour قَرَب, Kâmil 537, 3 et suiv.

II *rapprocher, réconcilier*, Bc, cf. Abbad. I, 51, 1. — En parlant d'un prince, *admettre quelqu'un dans son intimité*, M. — قرّب لله القربان *immoler une victime à Dieu*, M, Bidp. 198, 3 a f.; Bc a قَرَّب لله *sa-*

قرب

crifier, et à قرّب تحيّة immoler, sacrifier. De là chez les chrétiens, administrer les sacrements, Bc, Hbrt 155, communier, administrer l'eucharistie, Bc, c. a. p., قرّب المريض M; قرّب الكاهن فلانًا ناوله القربان donner le viatique à un malade, Bc. — Offrir, Berb. II, 518, 8 a f.: انزلها بقصوره ملكه بالجمراء وقرّب لهم المراكب واقاض عليهم العطاء. — Faciliter, R. N. 57 v°: il devait aller à al-Monastîr pour y acheter deux poissons; en route il rencontre un homme qui le a; في فقلت لعلّى اشتريهما منه ويقرب عنّى ; son maître, le voyant si vite de retour, lui demande: n'es-tu pas allé à al-Monastîr? فقلت قرّب الله عنّاى كان من الامر كذا وكذا. — C. على p. et a. r. proposer à quelqu'un une chose comme facile, Ictifâ 126 r°, où il est question de Julien et de Mousâ: وقرّب عليه مرام غلبة الاندلس وسرعة فتحها. — Déduire, narrer, raconter, exposer en détail, Abd-al-wâhid 251, dern. l.: تهذِّب كلّيات سيرتهم مجملة على ما يقتضيه شرط التقريب قرّب لمقصوده déduire ses raisons, Alc. (deduzir por razones). — قرّب بشي être accusé d'un crime, Haiyân-Bassâm I, 31 r°: فلما دارت الكؤوس اخذ عبد الملك يعتذر ويحتمى فى ابطال ما قرّب به, et ensuite: وطفق معانيته والتعرّض لما قرّب به عنده.

III c. a. p. être parent de quelqu'un, Bc. — C. a. et في, Haiyân-Bassâm III, 50 v°, où un comte normand dit à un marchand venu pour racheter des jeunes filles: فاعرض عمّن هاهنا وتعرّض لمن شئت ممّن صبرته بتحصّنى من سبيى وأسراى اقاربك فيمن شئت منهن; j'ignore quel est le sens précis de cette expression.

V approcher, devenir proche, Nowairi Egypte, man. 2 o, 115 r°: فنازلها بمن معه على اربعة اميال فيها (l. منها) فلم يخرج اليه احد فى تغرب (l. تَقَرَّب) حتى صار منها على ميلين فلما راى المسلمون قريب من المدينة; c. الى aborder, joindre, approcher, Bc, Macc. I, 137, 6. — S'attacher à, Ht. — C. لـ se concilier les esprits, Macc. I, 136, 13: يقتله السلطان تقرّبًا لقلوب العامّة, ibid. l. 14; c. الى p. se concilier les bonnes grâces de quelqu'un, Koseg. Chrest. 107, 7, Nowairî

Espagne 439: فتنقَّربوا اليه بتسليمه له. — Dans le Voc. sous sacrificare; تَغَرَّب الى الله بالقربان, n. d'act. تغرُّب, تَقَرَّب الى ألبه تعالى به وطلب القربة عنده signifie et; M; obtenir par des sacrifices, Alc. (impetrar sacrificando). Chez les chrétiens, communier, le n. d'act. communion, Bc, M.

VI converger, Bc. — En parlant de deux armées, être presque égales en nombre, Akhbâr 59, 3 a f.

VIII c. من approcher, aborder, Bc.

X faire approcher, Gl. Fragm. — Admettre dans son intimité, ibid.

قُرْب abord, accès, Bc. — C. من intimité, Voc. — Affabilité, Prol. III, 266, 15. — Faveur, Bc. — بهذا القرب dernièrement, ces jours-ci, récemment, Bc.

قرب indigestion, si la leçon est bonne dans le Gl. Manç.: تخمة ﮬﻮ المرض المسمّى بالبشم عند اهل المغرب ويسمّى بالمشرق القرب.

قِرْبَة cruche, Domb. 93, qui écrit قُرْبَة.

قُرْبَة cornemuse, Bc.

قُرْبَة l'action de se rapprocher de Dieu, d'obtenir sa grâce, et les moyens d'y parvenir, Fleischer sur Macc. I, 518, 12 Berichte 194. — Oblation, chose offerte, Bc. — قربات = مقرّبات nobles juments, Berb. II, 383, 5, 391, 6 a f.

قُرْبَى dans le Coran XLII, 22, signifie selon quelques commentateurs (= التقرّب) effort pour se rapprocher de Dieu, au moyen de l'obéissance et des bonnes œuvres; cf. Amari 575, 4 et J. A. 1853, I, 259, n. 1.

قُرْبِيَّة parenté, consanguinité, Alc. (parentesco por sangre).

قُرْبَان, chez les Maronites, pain d'oblation (pain d'hostie), بشبان, Roger 432. — عيد القربان le grand Baïram, Bc; — la Fête-Dieu, Hbrt 154. — Conventiculum, L. — Bat. III, 167: l'impératrice كانت تركب بالغيوس والتركش والقربان يركبن الرجال; la traduction porte courtisans, mais il me semble que ce mot doit signifier autre chose.

قُرْبَانَة hostie, Bc, Hbrt 155.

قُرْبِينَة (roman) pl. قربين carabine, escopette, mousqueton; — tromblon, gros pistolet à bouche évasée, Bc.

قُرْبَاق pl. قربَاق, à Alep, *bohémien*, Bc, Burckhardt Syria 240.

قُرَاب (esp. *carabo*) *chouette*, Alc. (caravo ave de la noche).

قِرَاب, *gaine*, pl. ات, Bc, et أَقْرِبَة, M; *étui* d'un livre, Macc. II, 527, 15; *boîte*, Ht; pl. أَقْرِبَة, *sac*, Voc. (pera).

قَرِيب. Le Voc. a les pl. قُرَباء et قِرَاب sous *consanguineus*; Bc le pl. قَرَائِب sous *cognat*, قَرَائِب et أقرب sous *parent*. — متقاربة = أسواق قَرِيبَة *des marchés proches l'un de l'autre*, Gl. Edrîsî. البعيد والقريب *les petits, le peuple, et les grands*, très-souvent, p. e. Bidp. 206, 6. — *Récent, nouvellement fait*, Belâdz. 24, 3 (mal expliqué dans le Gl.; il faut prendre العهد dans le sens de *pacte, convention*, qu'il a aussi 23, 2 a f.). — عن قَرِيب *dans peu*, de Sacy Chrest. II, 229, 3 a f. — هو قريب عهد بفلان *il l'a connu (ou vu) il y a peu de temps*, Gl. Belâdz. — *Environ*, p. e. وهي على قريب فرسخين من مدينة انطاكية, Gl. Belâdz. — *Indigène*, l'opposé de غريب, Tha'âlibî Latâ'if 107, 2 a f. — قريب القعر, Djob. 67, 3, قريب العمق, *ibid*. 206, 19, قريب المَنْزَع et قريب الرشاء, Djauh. et Câm. sous بغبغ, *peu profond*; de même, par ellipse, قريب seul, Gl. Edrîsî, Djob. 64, 7. — *Peu élevé, bas*, en parlant d'un toit, Gl. Edrîsî. — قريبة الغاية قناة *un canal assez court* (de Slane), Berb. I, 413, 4 a f. — *Probable, vraisemblable*, Bc; aussi هذا قريب للصحة, قريب الى الصحة, Gl. Abulf.; شى قريب للعقل "il y a beaucoup d'apparence à cela," Bc. — C. من *accessible à*, Khatîb 72 vº: كان موفورا — *Facile*, Gl. Edrîsî, للتحمول قريبا من كل أحد Müller 129, 7 a f., Athir IX, 425, 5 a f., Auw. II, 568, 5. — *Favorablement situé*, Gl. Edrîsî. — *Médiocre, peu considérable, de peu d'importance*, Gl. Edrîsî, Müller 26, 5 a f., J. A. 1851, I, 56, 2 a f., Khallic. I, 734, 12 Sl.

قَرَابَة ou قَرَابَة (voyez Vullers) *sorte de boîte dans laquelle on transporte des pommes*; — sert aussi à transporter de l'eau, *outre?* de Jong.

قَرَّاب *fantassin, piéton*, Bc. — *Porteur d'eau*, Domb. 102, qui écrit كَرَّاب.

قَارِب, *barque*, est κάραβος, *carabus* chez Isidore.

Chef, 1001 N. Bresl. IX, 269: يا قارب حراميتنا, où Macn. a: يا رئيس للحراميتنا.

الوجه الاقرب اقرب اليه *immédiat*, Bc. — أَقْرَب *la chance la plus probable*, Bc.

أَقْرَاب *sac d'un voyageur*, Domb. 92.

تَقْرِبَات, تَقَرُّب *hommages*, Berb. II, 51, 8 a f. — مواضع التقربات *saints lieux*, Fakhrî 44, 6 a f.

تَقْرِبَة *offrande, sacrifice*, Bc.

تَقْرِيب. بالتَقْرِيب *à peu près*, Bc, Abd-al-wâhid 4, 5 a f. — *Approximation, calcul approché d'une quantité recherchée*, Bc. — تقريب القربان *offertoire*, partie de la messe, oblation du pain et du vin, Bc. — تقريب المريض *extrême-onction*, Bc.

تَقْرِيبِي *approximatif*, Bc.

مُقَرَّب. مقارب بالاغلبية *allié*, joint par affinité, Bc. — C. عند من ou من *qui a des relations intimes avec quelqu'un*, Voc. Jouissant de la faveur spéciale de Dieu, Macc. I, 883, dern. l.; à sous-entendre عند الله. — *De moyenne taille*, Voc.

مُقَرَّبَة. Ce que Freytag donne sous ce mot d'après Reiske me semble une erreur. Dans le texte d'Elmacin, 123, 7, on ne trouve pas مقربة, mais المقاربة (sic); je crois devoir lire المَغَارِبَة, et je pense qu'il est question d'une révolte (lisez وثار) des soldats maghribins. — كانت احدى المقربات في الاتام مُقَرَّبَة *c'était une de ces faveurs extraordinaires que Dieu accorde quelquefois aux mortels* (de Slane), Berb. II, 139, 6 a f.

مقارب *à peu près*, Bc. — بَيَّاض مقارب voyez sous le premier mot. — *Médiocre*, Ht. — *Mauvais*, Alc. (mala cosa مقارب, شى مقارب ruyn, fama mala تَنا مقارب, fama mala tener مقاربة, بغامة مقاربة hazaña en mal فعالة مقاربة).

مُقَارَبَة *approximation, calcul approché d'une quantité recherchée*, Bc. — *Médiocrité*, Ht.

اِقْتِرَاب *convergence*, Bc.

مُتَقَارِب *les joueurs d'échecs du second rang*, qui suivent immédiatement après ceux du premier rang, العالمية, v. d. Linde, Geschichte des Schachspiels I, 106.

قَرْبَانَة *le pillage des corsaires*, Hœst 191; cf. l'esp. *garabatear* (jeter le crochet, le harpon pour saisir quelque chose) et *garabatada* (l'action de le faire).

قرباج fouet, cravache, voyez كرباج.

قرباج (de l'esp. corvato, le petit du corbeau, Simonet 352) pl. قرابيج corbeau, Alc. (cuervo ave).

قربال (val. corbella (faucille), corbellot (serpe), esp. corvillo chez Herrera, Lib. II, c. 12: «Dice Columela que toda podadera tiene necesidad para ser buena de tener un corvillo para quitar las raices ó barbas,» Simonet 358) espèce de *serpette*, inventée à Saragosse, Ibn-Loyon 19 rº parmi les آلات الزبر: والقربال منبر صغير بلا سك استنبطه السرقسطيون.

قربس I voyez قربوس.

قربوس est le grec κρηπίς, *base, fondements*, Fleischer Gl. 74. Le pl. est aussi ات, Voc. C'est proprement la partie de devant de la selle, et la partie de derrière, le troussequin, se nomme قربوس وراني J. A. 1848, II, 226. Le vulgaire, qui prononce قربيس, ce qui à vrai dire n'est permis qu'en poésie, lorsque la mesure l'exige, donne ce nom au pommeau de la selle, M. — (للخشبة الصغيرة القائمة فى مقدّم السرج). قربوس الذقن *menton*, Bc. — Sorte de mets, si la leçon est bonne 1001 N. I, 211, 13: منزل قربوس مقلى; Bresl. porte (II, 154, 2) قرموس; فى عسل نحل.

قربس ou قربس I semble un verbe formé du subst. grec κρηπίς, *base, fondements*. Fleischer Gl. 74 donne d'après un Glossaire de Paris: قربوس اساس, κρηπίς. C'est ce qui s'accorde bien avec ce que donne le Voc.: قربس *construere*, proprement, je crois, *poser les fondements*. Mais comme ce terme technique était étranger et qu'on n'en saisissait pas bien le sens, on on a changé la signif. Selon le M, قربس البيت est un terme de maçon, qui exprime: قاس طوله وعرضه ليساوى بين كل حائط وما يقابله, *mesurer la longueur et la largeur d'une maison, afin que les murs opposés soient parallèles*. Ce verbe signifie en outre *plafonner, orner les plafonds de peintures, leur donner des ornements en forme de lacs, les dorer*, etc.; voyez Gl. Djob. et Gl. Esp. 167—8.

قربسى *appartenant au plafond*, Gl. Djob.

قربس pl. قرابيس *un bloc de pierres*, Maml. I, 1, 140. C'est peut-être aussi κρηπίς, et le mot a passé dans le berbère, car chez Edrîsî (٨٩, 12) on trouve تاقربيست comme le nom propre d'une montagne.

قربوس *base, fondements*, voyez sous I.

مقربس J. A. 1849, II, 312 n., à la fin: فاذا ركبت لا تركب به الا مقربصا حتى لا يقع السهم منه; Reinaud traduit: «Quand tu monteras à cheval, ainsi armé, tu auras soin de te munir d'un troussequin; c'est afin que la flèche ne sorte pas de la lance;» j'ignore s'il a bien rendu le mot en question; peut-être la signif. que Beaussier indique pour مقربس, *placé, porté en travers sur le devant de la selle*, convient-elle mieux.

قربط I (esp. quebrado, de quebrar, Simonet 321) c. a. *briser, rompre*, Voc.

II quasi-pass. de I, Voc.

قربطة *ténacité*, بقربطة *serrément, avec trop d'économie*, Bc.

مقربط *dur à la desserre, tenace* (avare, et opiniâtre), Bc.

قربع I *sabler, avaler tout d'un trait*, Bc.

قربيل pl. ات *berceau*, Voc.; sur l'origine voyez Simonet 320.

قربيلة ou قربيلة (esp. carabela) *caravelle*, espèce de bâtiment; on s'en sert pour le transport des chevaux, Alc. (caravela especie de navio, tafurea para passar cavallos).

قربن I (formé de قربان) *sacrifier*, Voc.

II quasi-pass. de I, Voc.

قرنبى chez Freytag doit être biffé; le mot est قرنبى.

قربوج pl. قرابيج *vases ébréchés, pots cassés*, Cherb.

قربوز (turc) *melon d'eau, pastèque*, Wild 75, 163, Thévenot II, 89; espèce de citrouille, chez Avicenne et Serapion *batega*, «mais maintenant les Egyptiens le nomment *Copus*,» Belon 303. — قربوز pl. قرابيز *outre usée et ratatinée*; se dit des seins d'une vieille femme, Cherb.; *guerabeus enneça, lex deux seins d'une femme*, Daumas Mœurs 284.

قرت I, aor. aussi *i*, n. d'act. aussi قرت, et l'on dit قرت الجلد, Kâmil 776, n. *b*.

قرات comme épithète du musc, P. Kâmil 777, 2.

قُرْنِيج (latin cortex, corticis), n. d'un. s, liége, l'arbre et son écorce; bouchon de liége; le morceau de liége dont est garni la ligne des pêcheurs; les morceaux de liége qu'ont les filets des pêcheurs, Alc. (alcornoque, boya corcha de red, corcho o corcha de alcornoque, tempano de corcho, veleta de vara de pescador).

قَرجل, قَراجِل, à Fez, biscuit, voyez sous بِشماط.

قُرْجُومَة pl. قَراجِم gorge, l'intérieur de la gorge, Cherb., Ht; Lerchundi écrit كُرْجُومَة.

قرح I. قَرَح dégénérer en ulcère, Bidp. 178, 2, Koseg. Chrest. 58, 7 a f.

II dans le Voc. sous pustula et sous ulcerare, ulcérer, causer un ulcère, تقريح ulcération, Bc, مقرح ulcéré, L (ulcerosus), Bc, Bait. I, 3: تنقطها وتقرّحها 1001 N. IV, 224: تَقَرَّحَت الدُّموع اجفانَه. — C. a. p. exciter, animer quelqu'un, M.

V dégénérer en ulcère, Gl. Manç. v° نقلة: بثور دقاق متقاربة تتقرّح وتسعى في الجلد وما قرب منه

VII c. على condolere, Voc.

VIII inventer ou adopter, M, Gl. Abulf., Vêtem. 239. — اقترح عليه بمغنّ « le calife pria Ishâc de lui présenter un chanteur, » Macc. II, 83, 3 a f.

قَرْح, au fig., فكانت الاندلس قرحا على قرح les affaires de l'Espagne allèrent de mal en pis, Macc. II, 697, 7. — قُروح الأمعاء dyssenterie, L (disentiria). — عِيد القرح voyez sous le premier mot.

قَرْحَة pl. قَرَح plaie, L (cicatrix, cicatrices), Bc. القرحتان esquinancie, Payne Smith 1324.

قُراح Khallic. X, 72, 14 Wüst.: الاشراف بالاقرحة الغريبة, où de Slane traduit: « l'emploi d'inspecteur des plantations situées sur la rive occidentale du Tigre. »

قَريح, pl. قَراحى Kâmil 633, n. d. — Le fruit amer du genêt رتم, Prax R. d. O. A. VIII, 344 (guerih).

قَريحة disposition, aptitude à, génie, talent, veine,

verve, Bc, Abd-al-wâhid 104, 2 a f., Bidp. 32, 8, Cartâs 35, 3 a f. (pas bien expliqué par Tornberg, p. 371 des notes). Dans le Cartâs 146, 10: قَبْل ان تكل قرائحم المجاهدين وتفسد نياتهم, c'est le synonyme de عزائم dans la ligne suivante. — Regret, Voc., qui a: cogitatio, dolor ex amisione alicuius amici.

قُروح expérimenté, Voc.

قارح, comme épithète d'un cheval, pl. قُرَّح, 1001 N. III, 303, 13, 335, 4, 346, 6, Bresl. IX, 43 (où Macn. et Boul. portent par erreur قداح). — Même pl. expérimenté, Voc.

أقرح sorte d'oiseau, Yâcout I, 885, 15.

المقرّح t. de médec., est un remède comme l'anacarde, يفنى الرطوبات الواصلة بين اجزاء الجلد ويجذب, اليد مادة رديّة تقرّحه M.

قرد.

قَرِد poilu, velu, L (pilosus). — قرد الرَّصيف carduus vulgatissimus viarum, en hollandais wegdistel, Gl. Esp. 199. C'est un terme hybride, composé de l'esp. cardo et de l'arabe الرصيف. Alc. traduit l'esp. cardo arraicfe par l'ar. cardarrecif, ce qui prouve que l'opinion de M. Devic, 38, qui a cru reconnaître حراشيف dans arraicfe, est insoutenable. Chez Colmeiro le terme esp. est cardo de arrecife.

قرد اليَمَن. قِرْد marmot, guenon, espèce de singe qui a une longue queue, Alc. (mono con cola, mona con cola; le terme est altéré en queŕd allemèn sous gato paus, qui a le même sens). — Lutin, enfant bruyant, Bc. — القرد le diable, M. — للقرد cela m'est égal, employé pour témoigner qu'on ne regrette pas la mort d'une personne, son départ, la perte d'un objet quelconque, Bc. — القرد في دولته soleil levant, celui qui a la puissance, la faveur depuis peu, Bc. — القرود, que Freytag (suivi par M) donne comme un terme astronomique, semble une faute pour السفرود; voyez Dorn 60.

قرد libéral, dans le dialecte des Kindites, Gl. Belâdz.

قُرْدة (esp.) pl. قُرْدس chardon dont on se sert pour carder les draps, Alc. (carda para cardar).

قُردين crasse, tartre qui s'attache aux dents, Alc. (tova de dientes).

قَرْد, pl. قُرُد, Mufassal 78, 15.

قَرَادَة tique, Cherb. C.

قُرَيْدَاتِى homme qui fait danser les singes, Bc, Lane M. E. II, 122, Burton II, 243 n., Descr. de l'Eg. XIV, 181.

قَرْدَامُون (κάρδαμον) cresson, Most. sous حُرْف ; les deux man. portent par erreur بر pour قر.

قَرْدَأبُون cardamome, Sang., cf. Gl. Esp. 249.

قَرْدبو terme injurieux, par lequel on désigne les parties sexuelles d'une femme, Cherb.

قردح I s'allumer (charbon), M.

قَرْدَحَة le métier du قَرْدَاحِى (voyez), M.

قَرْدَاحِى pl. قَرَادَحَة celui dont le métier est de réparer des armes à feu et de faire des couteaux ou d'autres petits instruments de fer, M.

قردس.

قُرَيْدِس est selon le M: «un petit poisson qui ressemble à une sauterelle ou qui est un peu plus grand.» Son témoignage est important pour l'orthographe du mot, dont les points sont souvent mal placés dans les man. Correctement Yâcout I, 886, 9, avec des fautes Cazwini II, 119, dern. l., et Bait. I, 506 e, d'où il appert que c'est en Egypte le crustacé رُوبيان (voyez اربيان I, 17 a).

قردش I carder, Bc, Cherb. B.

قَرْدَاش, n. d'un. ة, carde, Alc. (cardo generalmente), Cherb. B; — brosse à carder, Carette Géogr. 261.

مَقْرَدِش cardeur, Bc.

قردل I carder, Alc. (cardar, carduçar, مَقْرَدَل cardador, مَقْرَدَل cardado).

قَرْدَلَة l'action de carder, Alc. (cardadura).

قُرْدُول (esp. cordon) pl. قَرَادِيل bourrelet que les femmes mettent sous un fardeau qu'elles portent sur la tête, Alc. (rodeo, rodeo para atar la cabeça). — Queue traînante d'une robe de femme, Alc. (trascol de muger).

قَرْدَمَانِى (ou نا ; avec ces voyelles dans M, pas comme chez Freytag) porte bien le nom de الكرويا المريّة, mais improprement (وليس من نوعها), Gl. Manç., car c'est cardamome, Bait. I, 73 a, II, 280 h, Payne Smith 963.

قَرْدَنَة (dérivé de قرد) singerie, Bc.

قَرْدُوف et la plupart du temps قَرْدُون (esp. cordon), pl. قَرَادِين, petit morceau d'étoffe en soie ou en coton, que les jeunes Mauresques roulent autour de leurs cheveux et laissent pendre par derrière avec la tresse, Cherb.; — قَرْدُون, au Maroc, sorte de collier à l'usage des femmes, décrit par Hœst 120. — قَرْدُون (esp. cardon) chardon-à-bonnetier, Pagni MS.

قَرْدِيا anacarde, Most. v° بلاذر.

قرز VII c. على mendier, Voc.

مُقَارَزَة dispute, querelle, M.

قرزم

قَرْزَمَة الصيام collation prise le soir après un jeûne, Bc.

قَرْزِيط barre de perroquet, Roland.

قرس I, aor. a, se cailler (sang), Bc. — قَرْس, n. d'act. قُرْسَة, devenir aigre, Voc.; قرص serait plus correct; dans la 1re partie le Voc. a قرس et قارس pour aigre, dans la 2e seulement قَرْص, et dans une note aigre-doux. — Pour قرس dans le sens de piquer ou pincer, Voc. (lisez pecilgar, au lieu de pecigar).

II figer, épaissir, Bc.

V se figer, se coaguler, se cailler (sang), Bc.

قرس gosier, Daumas V. A. 354 (guers, deux fois).

قرسيبن (كبابة), M.

قَرِيس (que Freytag n'a pas bien traduit, parce qu'il ne connaissait pas le sens du mot صبغ) signifie des poissons marinés; Gl. Manç.: قَرِيس سمك مصبوغ يتّخذ له صباغ بابازير ويترك عليه حتى يجمد وهو من قرس البرد.

قَرَاسِيَا (M; chez Ibn-Loyon 8 vo قْرَاسِيَا ou قْرَاصِيَا (κεράσια, pl. de κεράσιον) *cerise*, Macc. II, 409, 16, à Damas جَرَاسِيَا بعلبكي, voyez sous قَرَاسِيَا. — جَرَاسِيَا, Mc; M: « قَرَاسِيَا ou قْرَاصِيَا est un arbre comme le prunier (اجاص); il porte des fruits qui ressemblent aux raisins noirs, et en Egypte on l'appelle الدّب خُنُوخ;» cf. Freytag sous قَرَاصِيَة, où il faut substituer مَصْعَة à مَصّة. Quelques savants attribuent le même sens à κέρασος. Dodonæus (1348 b) donne pour *corme*: en Allemagne, cerise d'Italie, esp. cerezo silvestre. — قَرَاصِيَة *pruneau*, prune sèche ou cuite, Bc, Hbrt 52.

قَرَسْطُون. Le mot χαριστίων, qui désigne la balance dont se servait Archimède (σταθμικὸν ὄργανον, Simpl. ad Aristot. Phys.), est devenu en araméen ܩܪܣܛܘܢ, ܩܪܛܣܝܘܢ, et en arabe قَرَسْطُون, Bar Ali n° 4877, Dorn 95, Loth, Catal. of the Arab. Manuscr. in the Library of the India Office 223, قَرَسْطُون, Harîrî 479, 7 a f., ou قَلَسْطُون, L (trutina), Voc., Abou'l-Walîd 798, 7, 800, 22; pl. ات. Chez les Arabes c'est un *peson, une romaine* (قَبَّان), dont on se sert pour peser les monnaies d'argent et de cuivre, Comment. sur Harîrî: مِيزَان, Abou'l-Walîd مِيزَان الدَّرَاهِم, Voc. dans la 1re partie; *statera milares* (même sens, cf. Ducange v° miliarensis), dans la 2de; *statera (calesto)*; ce *calesto*, qui vient de قَلَسْطُون, doit être ajouté à Ducange. A Fez une localité portait le nom de القِرَسْطُون, Cartâs 34, 15, 36, 14, 41, 11, sans doute parce qu'il s'y trouvait un tel instrument. Plusieurs auteurs ont écrit sur le قَرَسْطُون, p. e. les Benou-Mousâ (Fihrist I, 271, 16), Costâ ibn-Loucâ (*ibid*. 295, 17) et Thâbit ibn-Corra. Le traité de ce dernier, qui se trouve à Londres (Loth l. l.), a été traduit en latin par Gérard de Crémone, et des exemplaires de cette traduction, intitulée Liber carastonis, se trouvent à Paris (voir Wüstenfeld, Die Uebersetzungen arab. Werke in das Lateinische, p. 62). Par erreur on a écrit ce mot فَرَسْطُون, avec le *fâ*; d'après Flügel (Fihrist II, 127) c'est la leçon de presque tous les man. du Fihrist, et non-seulement cette faute a passé dans les dict. persans, mais Wüstenfeld et Flügel ont même dit que c'était la bonne orthographe. Ce dernier, bien qu'il ne connût point l'origine grecque du terme, aurait au moins dû se laisser guider par les formes araméennes (qu'il connaissait puisqu'il cite Dorn) et par les formes persanes avec le ك ou le گ (qu'il mentionne).

قَرَشَ I *croquer*, Bc, Roland, *gruger*, *manger*, Bc. — قَرَشَ على اضراسه *grincer des dents*, en parlant d'une personne qui est en colère, 1001 N. III, 273, dern. l.

II expliquée par جَمَع, *rassembler*, Abulf. Hist. anteisl. 196, 3 a f.; l'éditeur a sans doute eu de bonnes raisons pour écrire ce verbe avec un *tachdîd*, mais les dict. ne connaissent que la I re forme en ce sens. — *Se cailler* (lait), M. — قَرَشَ الدَّرَاهِم *compter les piastres* (قُرُوش) *qui se trouvent parmi l'argent*, M. — *Cueillir par-ci par-là*, Alc. (le n. d'act. sous entrecojedura; cf. V dans les dict.).

III c. a. p. *s'attaquer à*, Bc, قَارَشُوا العَدُوّ *ils se mêlèrent avec l'ennemi, ils en vinrent aux mains avec lui*, Fleischer dans les Add. sur Macc. II, 802, 14, 1001 N. Bresl. IX, 277: فَمَا لَكَ حَاجَة بِمُقَارَشَته, où Macn. donne فَمَا لَكَ قُدْرَة على مُقَارَعَته; je crois donc devoir lire قَارَشُو, au lieu de فَارَمُو, chez Haiyân 67 v°: بِحَرْبِهِم فِيهَا اَيَّامَا فَارَمُو فِيهَا فَلَم يَظْفَرُ بِهِم بِطَائِل. — *Intervenir, entrer dans une affaire, s'en mêler indiscrètement*, Bc, قَرَشَ الْمَادَّة *s'interposer*, Bc. Le M explique par قَارَشَه: خَالَطَه وعَاشَرَه لَم تَعَرَّض.

V *lutter*, Roland, Daumas V. A. 361.

قَرْش (pas قُرْش comme chez Freytag) *requin*, von Heuglin dans le Ztschr. für ägypt. Spr. u. Alt., mai 1868, p. 55, juillet, p. 83, Edrîsî de Jaubert I, 134, 2 a f., où il faut lire ainsi avec CD, Djob. 68, 6; Vansleb 72 nomme le *kersche* parmi les poissons du Nil. — Pl. قُرُوش *piastre*, Bc; voyez غِرْش.

قُرَشِيَّة *être originaire de la tribu de Coraich*; c'est ainsi qu'il faut lire, au lieu de العَرْشِيَّة, Fakhrî 28, 3 a f.

قِرَاش *lutte*, Daumas V. A. 361.

قَرِيش (esp.) *glaïeul*, sorte de roseau ou de jonc, Alc. (carrizo specie de caña).

قَرِيشَة, en Orient, mélange de lait caillé et de beurre; ce sont surtout les voyageurs sur mer qui s'en servent, voyez le Gl. Manç. sous لرر; M: جبنيّة تَتَمَيَّز من الحَليب فَتُمَلَّح غير مُقْرَّصَة ولا مُلْتَحِمَة الأَجْزَاء كالجبن; Bg 402: sorte de fromage qu'on tire du babeurre ou du lait caillé, ressemblant à une recuite. —

(Esp. cresta) *crête du coq*, etc., Alc., qui écrit cricha (via gallocresta, encrestado) et quiricha (cresta de ave); cf. قِرِشْتَهْ.

قُرْش مارش *viande de mouton au riz*, Mehren 32.

مُقَرَّش *qui a de l'argent, richard, cossu, pécunieux*, Bc.

مُقَرَّش *qui a une grande crête*, Alc. (encrestado con gran cresta).

مقارِشي *lutteur*, Bc (Barb.).

قِرْشَالَهْ *son fin où il reste une certaine quantité de farine*, Beaussier; خبز الغُرْشَالَهْ *pain noir, pain bis*, Hbrt 12 (Alg.).

قِرِشْتَهْ (esp. cresta) *crête du coq*, etc., Voc.; cf. غالَه قِرشته.

قُرْشَقِبِلَهْ *adiante*, Most. v° بِرْشِباوِشان; leçon de N et du man. de Tolède; en partie illisible dans La.

قرص I voyez قرس I. Le sens de *devenir aigre* se trouve chez Bait. I, 147: واذا طبخ مع السكباجات وبَرَدَت, Boul. a ص, mes man. ص. قرصت المرقة بسرعة est quand une femme ne lave pas tout le vêtement, mais seulement l'endroit qui est sale, M.

II c. a. r. *faire* d'une chose *des pastilles*, Bait. I, 191 a.

V dans le Voc. sous *panis*.

VII *passer par la filière*, passer par une épreuve difficile, Bc.

قُرْص nom d'une jolie fleur bleue, Davidson 22 (kara).

قُرْص, pl. aussi قِرَصَة, أَقْرِصَة, Payne Smith 1756. — *Gâteau*, Bc. — قرص شمع *marquette, pain de cire vierge*, Bc. — قرص شهد *gaufre, rayon de miel*, Bc; قرص عسل *gâteau, gaufre d'une ruche, rayon ou gâteau de miel*, Bc, Hbrt 70. — جوز = اقراص المَلِك الكوثل, Bait. I, 273 b; — «pastilles rougeâtres, où entre, dit-on, un fruit qui croit dans l'Inde et dans quelques parties de la Syrie,» Sang. — Dans les 1001 N. I, 57, les اقراص ليمونية وميمونية (Bresl. I, 149 a soulement اقراص مامونية) sont nommés parmi les choses qu'on mange au dessert. — Espèce d'ornement rond et convexe, fait de diamants, d'argent ou d'or, que les dames portent cousu au sommet du *tarbouch*; voyez Lane M. E. I, 59, II, 397 et suiv., M.

قُرْصَة *pinçon, marque qui reste lorsqu'on a été pincé*, Alc. (pecilgo), Bc. — *Piqûre*, Hbrt 71. — Sorte d'ulcère, Ibn-Wâfid 11 r°: وهى الفرحة المجهولة القرصة تعرض عن دم يغلى كالنار اسود اللون بفعل ما يفعل النار وهى كالكبة السوداء.

قُرْصَة (قِرْصَة) pl. قِراص *galette*, Ht (qui prononce قُرصَة; ce pl. aussi dans Payne Smith 1693, 1728. En esp. et en port. *alcorza, alcorça, alcorce* signifie: pâte très-blanche de sucre et d'amidon, dont on fait toutes sortes de figures. قرصة الحلاوى *massepain*, Bg. — *Pastille*, Formul. d. contr. 4: والقرصتين من البخور — الحبش قرصة من قمر *marquette, pain de cire vierge*, Alc. (pan de cera). قرصة عسل *rayon de miel*, Hbrt 70. — Pl. قُرَص et أَقْراص *roue*, Voc.

قُرْص *araignée de mer*, Pagni MS, Cazwînî II, 119, 21.

قَرِيص est une préparation culinaire dans la confection de laquelle entrent des substances acides, peut-être *daube*; Auw. II, 63, 16: قال الرازى لا يجمع الارز مع الخل ولا مع طعام متخلل كالقريص والهلام فى اكلة واحدة فان ذلك مضر جدّا (cf. Clément-Mullet II, 62, n. 1); Bait. I, 157: وكذلك قريص لحم بالكزبرة والخل والحموضات التى تشبيه; mes man. de Bait., de même que l'éd. de Boul. et le Gl. Manç. écrivent ce mot avec un ص.

قَرّاصات *sorte de pigeons*, Man. Escur. 893.

قرس قراسبا et قَراصِبَّة voyez قراسبا sous قرس.

قَرّاص *ortie*, M.

قُرَّيص *ortie*, Most. vie الاجرة et بزر الاجرة, Bait. I, 87 b, 181 d, M, qui dit que c'est la forme vulgaire de قَرّاص, Bc, Hbrt 47. — قُرَّيص احمر *lamier ou lamion (plante)*, Bc.

قَراصى *camomille*, Most. v° بابونج.

قَرْص *sorte de boisson*, Gl. Edrîsî 317, dern. l. — قَرْص ليمون ou قرص ليمقارص *citron*, Bc (Barb.); قَرْص seul *citron*, Ht, *citronnier*, Pellissier 848.

قُرَّيصَة *oseille sauvage, oxalis herba*, Daumas V. A. 380.

مُقَرْصَعْنَة sorte de pâtisserie, Bat. III, 425, 1001 N. Bresl. I, 149, 10.

مِقْراص pince, Bc.

قَرْصَعْنَة (voyelles de M), *eryngium*, voyez Bait. I, 155 e, II, 287 c; *chardon à cent têtes*, panicaut, Bc; = بَقْلَة يَهُودِيَّة, Most. sous ce dernier mot, cf. Bait.

قَرْصَف (تَارْسَاق turc oriental) *corsac*, espèce de renard de Tartarie, Bc.

قَرْصَل

قُرْصَال (esp. corsario) pl. قَرَاصِل *corsaire*, Alc. (cossario. de la mar). Cf. كُرْسَالِي. — Espèce de *navire marchand* dans une charte, Simonet 356.

قَرْصَن 1 *faire la course sur mer, croiser*, Bc, Hbrt 132.

قَرْصَنَة *piraterie*, Amari Dipl. 177, 1.

قُرْصَان (ital. corsale) *corsaire, croiseur*, Bc, Ht; pl. قَرَاصِنَة, Amari Dipl. 133, 2 a f.; قَرْصَان s'emploie aussi comme pl., *corsaires, pirates*, M, 1001 N. IV, 307, 4 a f. — *Bâtiment de guerre*, Hœst 187, Roland. — مَرْكِب قُرْصَان *navire marchand*, 1001 N. Bresl. VII, 131, 7. Cf. قَرْصَال et كُرْسَالِي.

قَرَض I *cisailler, couper avec des cisailles*, Bc, Djob. 219, dern. l., en parlant des habitants de Bagdad: فلا نَفَقَة فِيها 1: 220, يتبايعون بينهم بالذهب قَرْضًا; قَرْض الحَشِيش *brouter, manger sur place les végétaux*, Bc; cf. قَرَط I. — cf. قَرَاضَة .الَّا مِن دِينار تَقْرِضُه C. a. p. *médire de quelqu'un*, Voc. — *Écraser, éteindre*; قَرَض العَسْكَر *détruire une armée, la tailler en pièces*, Bc. — C. a. p. vulg. pour la IVe, *prêter*, M, Payne Smith 1586—7.

II *grincer les dents*, Payne Smith 1383. — *Incruster*, Fragment d'une Histoire de Damas, man. 1516: وسَقْف للجامع مقرَّض بالذهب واللازورد.

VI c. مع = III, Voc.

VII *être prêté*, Payne Smith 1587.

قَرْض حَسَنَة *commodat, prêt gratuit*, Bc. — *Mérite*, Alc. (merecimiento = اِسْتِحْقاق). — أنتَ مِن قَرْضِي وهو مِن قَرْضَكَ *similis*, Voc. — *Belette, martre*,

comme اِبن مَقْرَض, Vêtem. 282, 16, 287, n. 6, Khallic. XI, 136, 7 a f. Wüst. (lisez ainsi). — Petits insectes qui rongent le papier, Auw. II, 312, dern. l.; قَرْضَة صَغِيرَة للغابة Bc a Clément-Mullet traduit *mites*; *ciron, très-petit insecte*; dans le TA insectes qui rongent les outres. — Pour le *clasia* du Voc., voyez sous قَرَض.

قَرْض *fracture*, Daumas V. A. 425.

قَرْض chez Freytag est pour قَرْظ; A de Bait. donne aussi cette orthographe, I, 213 a, 355 d. Dans le Voc. on trouve قَرْض sous *clasia*; M. Simonet m'apprend que c'est l'anc. cat. *classa*, prov. *casilha* (dinin. de *casia*), qui signifient *acacia* et sont des altérations de ce mot.

قَرْضَة *emprunt, prêt*, Bc, Hbrt 104, Payne Smith 1586—7. — *Gros billot de cuisine*, Alc. (tajon). — Voyez sous قَرَض (Bc).

قُرَاض, chez le vulgaire en Espagne, sorte de lèpre, Zahrâwî 233 v°: وعلامته مِن قِبَل احْتِرَاق المِرَّة الصَّفْرَاء او فسادِها صُفْرَة اللَّون ويَبِس الصَّدر وشَقَاق اليَدَين والرجلين وتَقبِيبها وتَحرُّقِها وبَول هَؤُلاء يَكون امَّا احمر صافٍ وامَّا اصفر يظهر هٰذا الداء قليلًا قليلًا فى مدة الزمان وهو بَطِئ البُرءِ فان زادَت حَرَارة الصَّفْراء على يَبِسها كان مِن ذٰلك تَسَاقُط المَفَاصِل وتَأَكُّلُها وهٰذا الصِّنف مِن الجذام تُسَمِّيه العامَّة القُرَاص.

قُرَيص voyez قَرِيص.

قَرَاضَة. On appelait ainsi dans l'Irâc de petites pièces de dînâr ou de dirhem, que l'on coupait avec les cisailles et dont on se servait dans le commerce, Harîrî 70, 2 a f., Khallic. I, 621, 2 a f. Sl., Djob. 204, 16. On dit دِينَارَان قَرَاضَة et قَرَاضَة دِينار (l'opposé de صَحِيح) d'après M. de Goeje, qui cite Abou-Ishâc Chîrâzî 100, 7. — En Egypte, *vieux cuivres hors de service et rognures de cuivre*, Ouaday 338; Me a pour *vieux cuivre* قَرَاضَة نَحَاس (le *fâ* est une faute d'impression). — *Patraque, machine, montre, personne usée, de peu de valeur*, Bc.

قَرَّاض *prêteur*, Bc. — *Rogneur*, t. de métiers, Bc. — *Détracteur, médisant, calomniateur*, L (detractor, lacessitor, susurro), Voc. (detractor).

قُرْضَة *insecte qui ronge la laine*, TA.

مِقْرَض *ciseaux*, Voc.

مَقْرُوض gâteaux faits avec des dattes, du beurre, du fenouil, du cumin et de la cannelle, Pagni 151, 154, gâteaux de semoule où le miel et la cannelle dominent, Daumas V. A. 253; Bg 266: مَقْرُوضة pâte faite avec de la fleur de farine, du sucre et du beurre, formée en baguettes ou en rouleaux, et frite dans l'huile de sésame; Macc. III, 125, 14: وكان ابن الأشعر يذكر بالوقوع فى الناس فناوله القاضى عنصرا المقروض فاستحسن الحاضرون فطنته; on le faisant, le cadi faisait allusion à قرض I, *médire*, VIII, افترض عرض فلان, قرّاض, *détracteur*, *médisant*. Chez Martin 82 مقروط.

مَقْرُوضَة *voyez ce qui précède*.

أيّام العجوز المستقرضات, M 1341 b, 2 a f.

قرضب.

قُرْضاب *tranchant (épée)*, Koseg. Chrest. 82, 5 a f.

قُرْضاب *polygonum aviculare* L., *renouée*, Prax. R. d. O. A. VIII, 343 (gourd'ab).

قرضيل (esp. *cardillo*), aussi قرطيل, *chardon*, Macc. II, 417, 14 et dern. l.

قرط I *diviser*, *séparer*, Ztschr. XXII, 138. — *Craqueter*; قرط الأسنان *craquer*, Bc. — *Grasseyer*; on dit لسانه يقرط بالراء ou فلان يقرط بالراء, Bc, M. — *Brouter*, *paître*, Ht; cf. قرض I.

II *jeter çà et là*, Ztschr. XXII, 138. — C. على *serrer*, *presser*, Bc, Hbrt 215, Antar 80, 5, 1001 N. I, 324, 16 (où Bresl. IV, 374, a قرض), 715, 12, III, 56, 3 a f., IV, 692, 3, Bresl. IV, 169, 3; قرط على اضراسه *grincer des dents*, Macn. IV, 159, 4. Lier chez Mehren 33 semble une traduction inexacte. — C. على p. *exiger de*, Bc. — *Rogner la monnaie*, Bc; cf. قرض II et Akhbâr 162, 4 a f. — C. على *couper trop*, *rogner trop*, Bc, M. — *User*, *diminuer par le frottement*, Bc.

V se dit des cheveux qui tombent par suite d'une maladie, quoique la peau soit saine, Gl. Manç.: تقرّط هو سقوط الشعر لعلّة مع سلامة ظاهر الجلد.

قَرْط *luzerne*, Hbrt 47; le Calendr., 94, 4, a sous le 2 octobre: بيهما اعمل مصر بزريعة القرط وهو قصيبهم — *Foin*, Ht, Delap. 177; *fourrage*, Cherb. Dial. 17. — *Verbena nodiflora*, Guyon 195, 208. — Pl. أَقْرَاطَة, Abou'l-Walîd 432, n. 12, *pendeloque*, parure de pierrerie ajoutée à des boucles d'oreilles, Bc. — Petite lame ronde, ornée de pierres précieuses, que les dames portent sur le front ou sur la poitrine, M. — قرط البلح *régime de dattes*, M. — ذو القرط nom de l'épée de Khâlid ibn-al-Walîd al-Makhzoumî, M.

قَرِط *épargnant*, *trop ménager*, *parcimonieux*, *regardant*, Bc.

قُرْطَة *grasseyement*, M. — Grand morceau de bois, M, pl. قرط *billot*, — *hachoir* (Alg.), pour قرضة, Beaussier.

قَارِط, fém. ة, *beau-fils*, celui dont on a épousé la mère, M. — قارط الطاحون *garçon meunier*, M.

قِيرَاط Bc a le pl. قراطيط. Dans le Voc.: *obolus* (vel *oblares*); il a le dimin. قريط; chez Alc. *patard, maille, obole, trois blancs* (ardite, tres blancas moneda). — *Doigt* (mesure), M. — *Ecaille*, Alc. (oscama de pescado o cosa tal). — حساب القراريط espèce de chiffres, Quatremère Recherches sur l'Egypte 287.

قِيرُوط (κηρωτόν) pl. قيروطات *emplâtre*, *onguent*, Alc. (enplasto para ablandar, unguento para ablandar).

قيراطى *carreaux de terre cuite rouge*, Beaussier, Roland (avec ت).

تَقْرِيط *serrement*, *action de serrer la main*, Bc.

مِقْرَط pl. مَقَارِط *ciseaux*, Bc, Hbrt 82.

ذهب مَقْرُوط *pièce d'or usée par le frottement de manière à perdre de son poids, pièce d'or rognée*, Bc.

مُقْرِط *regardant*, *scrupuleux*, Bc.

مَقْرَطَة *chemin de séparation*, Ztschr. XXII, 138.

قرطب *buisson*, Ht.

قرطبون (esp.) *buveau*, *équerre*, Alc. (cartabon de carpintero, escuadra cartabon).

قرطس.

قُرْطَسَة *cible*, Abbad. I, 220, dern. l.

قِرْطَاس (χάρτης). Le pl. قَرَاطِيس *archives*, Bc. — *Carte, plusieurs papiers collés, carton*, Bc. — *Du papier commun pour envelopper, cornet, papier roulé en cornet*, Gl. Esp. 87. — *Rouleau d'argent*, Bc. قَرَاطِيس افرنجيمة *assignats européens*, J. A. 1861, I, 32. — *Cortuse (plante)*, Bc.

قَرْطَطَ I (esp. *cortar*, Simonet 329, ou plutôt du partic. *cortado*) c. a. *couper la barbe, la rendre plus courte*, Voc.

II quasi-pass. de I, Voc.

قِرْطَفْ Voyez Vêtem. 362, 438, Defrémery Mémoires 328.

قَرْطَل

قَرْطَل (صَنْبُلًا, de κάρταλλος) pl. قَرَاطِل *panier de jonc, mais le vulgaire l'applique à toutes sortes de paniers*, M, Bc, Payne Smith 1744. — (Indien), même pl., *épée recourbée*, Masoudi III, 9.

قَرْطَلَت (même origine) *manne en palmier nain*, Cherb. C; قَرْطَلَّة *panier*, Bc.

قَرْطَال, pl. قَراطيل et ات, même origine et même sens, Payne Smith 1744.

قَرْطَال (b. lat. *cortal, cortalis*, Ducange II, 625 c, d'où l'esp. *corral*) pl. قَرَاطِيل *étable pour les bœufs, les taureaux*, Alc. (toril para ganado vacuno). — *Vestibule, portique devant la maison*, Alc. (portal de fuera).

قَرْطِيل (esp. *cardillo*), aussi قَرْضِيل, *chardon*, Gl. Bayân. — (Du lat. *capitellum*, dimin. de *caput*, Simonet 318) *cap, promontoire*, Gl. Edrîsî. — *Barrique*, Domb. 101.

قَرْطَم I *rogner les ongles*, au fig., *retrancher des profits*, Bc. — *Tronquer, mutiler* un ouvrage, Meursinge ۳م, dern. l., et 121. — قَرطم الْمَآثر *jeter à un oiseau des semences de carthame, des graines de perroquet*, M.

قِرطم ou قُرْطُم قُرْطُم هِنْدِيّ est expliqué par حَبّ النيل, mais aussi autrement; voyez Most. v° حَبّ النيل, Bait. I, 278 f, 409 f, II, 296 d.

قِرطَام *lèpre*, M.

مقرطم الاذان ne signifie pas ce que Freytag donne d'après un Glossaire de Habicht. Lane traduit: « qui a de petites oreilles, » et le M confirme cette interprétation, car il dit que l'expression vulgaire مقرطمة اصابع signifie « des doigts courts. »

قِرْطُمانا *cardamome*, Most. v° كروبا برّى, Bait. II, 297 c.

قِرْطُوفَة *cotula*, Prax R. d. O. A. VIII, 346.

قِرْطِبيش (b. lat. *cortis, curtis*) *étable pour les bœufs, les taureaux*, Alc. (toril para ganado vacuno).

قِرْطِبينَة (b. lat. *cortina, curtina*) *vestibule, portique devant la maison*, Alc. (portal de fuera); avec تَحْت الارض, *portique souterrain*, Alc. (portal soterraño).

قَرَع I *battre le tambour*; à l'exemple tiré de la Vie de Timour, que cite Freytag, on peut ajouter: Berb. II, 191, 3 a f. — *Sonner la cloche*, Macc. I, 345, 9, II, 443, 13. — *Frapper l'oreille*, Abbad. I, 194, n. 6. — قَرَع جَبْهَتهُ بالاناة ne signifie pas seulement ce qu'on lit dans les dict., mais aussi *faire vider*, Gl. Mosl. — قَرَعَ المَاء الخَمْر se dit figurément quand on mêle de l'eau au vin, Gl. Mosl. — قَرْع الاقْدَام *bruit qu'on fait avec les pieds*, Voc. — قَرْع المعدة *la coction des aliments dans l'estomac*, Gl. Manç. in voce: لفظ مستعار للامر الكائن فيها عن تناول ما يتناول واصل القرع الضرب ٭

II *eveller*, Voc., *essarter, défricher en arrachant les bois, les épines, les ronces*, etc., Alc. (desmontar roçar monte, roçar, n. d'act. desmontadura de monte, roça, part. act. roçador, part. pass. desmontado). — *Mutiler, tronquer*, Alc. (desmochar). — *Rompre, briser*, L (*confringo* اِرتَصَّ واَنْكَسَر وانْهَشم واقرَع). — C. a. dans le Voc. sous *tiniosus*; cf. plus loin le part. pass.

III. Je crois reconnaître le n. d'act. قِرَاع, qui est fréquent (Abbad. I, 356, 5 a f., III, 155, Müller 21, 12, M), dans le mot *kora*, que Daumas, V. A. 361, traduit par *lutte*, et qu'il écrit كورة dans son MS.

V dans le Voc. sous les mots *confundere, evellere* et *tiniosus*. — *Roter*, Roland.

VII c. ب et مع dans le Voc. sous *collidere*. — Ibid. sous *pulsare ad portam*.

VIII. Biffez dans Freytag les trois premières lignes. C'est une faute dans la 1re édit. de Harîrî, qui a été corrigée dans la 2de, mais qu'on trouve aussi dans le M; c'est اِفْتَرع, avec le *fâ*, qu'il faut lire; voyez Gl. Mosl. p. LVII.

قَرْع. L'espèce de courge qui selon Auw. est la meilleure, et qui est blanche et petite, porte une épithète dont l'orthographe est incertaine; d'après Banqueri (II, 18, n. 2) c'est dans le man. de l'Escur. قرع ابو البراى ou (II, 234, 2 a f.) الترابى; — قرع بَلَدِى شوك *cucurbita viridis*, Pagni MS; — قرع طَوِيل *cucurbita longa*, ibid.; — قرع تُرْكِى ou قرع عَجَمِى *cucurbita cameraria, olearis*, ibid.; — قرع suri (h. e. Christianorum) *cucurbita maior*, ibid.; — حَبّ القرع voyez sous le second mot; — ظَرْف القرع ou حب دود حب القرع, voyez sous voyez sous le premier mot.

قَرَع *ulcères sur la tête qui font tomber les cheveux*; on les appelle aussi شَعِيع, Gl. Manç. in voce.

قَرْع *vide*, comme أَقْرَع لا شَىءَ فيه est قَرعُ المَزَاج ou ليس له ابل ولا غنم فى مراحه, Diw. Hodz. 159, sur vs. 4.

قَرْعَة *gourde, courge vide servant de bouteille*, Bc, voyez sous رُومِى, Chec. 187 r°: le médecin demanda à un malade qui pissait du sang: فيما ذا تَشْرب قال فى قرعة فامره بكسرِها فوجد فيها ذراريح قد تفسّختن وعدّه خاصّة هذا الحيوان الاضرار بالمثانة ; يقربها فيبول الدم *bouteille*, Ht, Martin 151, (pour l'encre), Delap. 113; le pl. قُرَع, Prol. III, 408, 6. — *Boîte* قرعة متاع البارود *boîte à poudre*, Delap. 140; *boîte* ou *écuelle*, Formul. d. contr. 4: قَرْعَة الطبيب وقرعة من السمن. C'est probablement, du moins dans l'origine, une moitié de courge ou calebasse; cf. Bat. IV, 386, 393, 398, Werne 20, 95. — En chimie, *cucurbite*, vaisseau pour distiller, Bc, M, *cornue*, Prol. III, 203, 4, J. A. 1849, II, 266, n. 1, dern. l., Auw. II, 273, 15, 395, 9, 397, 3. — *Crâne*, *tête*, Bc, Hbrt 1, M; خرج فلان بالقرعة signifie: «un tel est sorti la tête découverte,» M. — *Bassin naturel*, Prax R. d. O. A. VII, 268, 275 (gara', guera'),

bas-fonds susceptible de culture, quand l'année a été pluvieuse, Ghadamès 83. — *Teigne*, sorte de gale à la tête, Domb. 89.

ضرب القُرْعَة. قُرْعَة *tirer au sort*, Alc. (sortear), Bc. — *Divination, art prétendu de prédire l'avenir*, Alc. (divinacion); ضارب القُرْعَة *devin*, Voc., Alc. (divino o adevino). — *Capital, fonds*, Alc. (caudal en suerte). — Sur l'origine du nom القُرْعَة, أُسْطُوانة à Médine, voyez Burton I, 322.

قُرْعِى, épithète d'une espèce de poire, *en forme de courge, de calebasse*, Auw. I, 260, 8; encore une fois dans notre man., dans une phrase que l'édit. (I, 670, 17) n'a pas, mais on y lit par erreur القرع, au lieu de دود قرعى. — القرعى *ascarides*, petits vers, Bc (cf. sous حَبّ القرع).

قُراع *teigne*, sorte de gale à la tête, Bc, *chute de l'épiderme de la peau du crâne*, Sang.

قُرُوع العَيْنَين *fistule lacrymale*, Alc. (fistola de ojos dolencia).

قَرِيع *orfraie, busard*, Descr. de l'Ég. XXII, 274.

قُرَيعَة. On lit chez Bat. IV, 412: ويضرب الآلة التى يسمّونها قُرَيعات من قصب وتحتها قُرَيعات. M. de Slane avait traduit قُرَيعات par *grelots*, et M. Defrémery l'a suivi; mais à ma connaissance ce mot n'a pas ce sens; et comme l'auteur a dit un peu plus haut (IV, 405) que les instruments de musique des nègres «sont fabriqués au moyen de roseaux et de courges (قرع), que l'on frappe avec des baguettes,» je me tiens persuadé que قُرَيعات signifie *petites courges*. Dans l'Hist. des Benou-Ziyân on trouve, en parlant d'un meunier: وراسه فيه قُرَيعة وهو يجمل الدقيق لدِيار الناس. Dans ce passage je prononce également قُرَيعَة; c'est, je crois, une moitié de courge ou calebasse dont on se sert en guise d'écuelle; cf. sous قَرْعَة. — قُرَيعَة الكَتّان, chez le vulgaire en Espagne, *la cuscute qui s'attache au lin*, Bait. II, 4 e: وتسميه عامّة الاندلس بقُرَيعة الكتان, 380 b, Gl. Manç. v° كشوث. Je crois que c'est قُرَيعة, dimin. de قَرْعة dans le sens de *teigne*, et que c'est la traduction littérale du dimin. esp. *tiñuela* (teigne), qui désigne la même plante; cf. l'article طُنَيّة ou طانِية.

قُرَيعَة *teigne*, Voc., Ibn-Djoldjol dans mon article طنية ou طانية.

قرع

قَارِعَة, en Syrie, *place, endroit où il n'y a pas d'édifices, de murailles, etc.,* Ztschr. VIII, 354, n. 1. — قَارِعَة الطَّرِيق *chemin battu, chemin fort fréquenté,* Ztschr. l. l. (je regrette de n'avoir pas connu cette note en écrivant la mienne Abbad. III, 153); dans le passage 1001 N. III, 593, Lane traduit aussi على قَارِعَة الطَّرِيق par « in the beaten way; » M: وقَارِعَة الطَّرِيق اعلاه او معظمه وهو موضع قرع المارة Abbad. I, 313, dern. l., Berb. I, 300, 4, plus haut sous مَحَضَرة, Pseudo-Wâkidî de Hamaker 112, 3 a f. Aussi قَارِعَة المَحَجَّة, Abou'l-Walîd 389, 14, et قَارِعَة seul, Abbad. III, 153—4. — Par allusion aux قَوَارِع du Coran, de Sacy Chrest. II, ١٣, dern. l.: وقَد وعظتكن من الزمن الماضي بقوارع التخويم البالغات l'éditeur traduit: «je vous ai déjà averties il y a longtemps, par les expressions terribles de mes protestations énergiques,» R. N. 73 rº: فصبروا عليه من قوارع السبّ.

أَقْرَع *teigneux,* Voc., Bc. — *Chauve par l'effet de la teigne,* Bc. — En parlant d'une bête à cornes, *à qui on a coupé les cornes, ou qui n'en a point,* Alc. (mocha cosa sin cuernos), M. — Pl. قُرْع *fou* (pièce du jeu des échecs), Voc. — الخُوز الاقرع voyez sous حشيشة القَرْعَان. — خُوز voyez sous le premier mot.

مِقْرَع pl. مَقَارِع *bâton,* Voc. (fustis); chez Alc. « palo, » qui signifie *bâton,* et aussi *pal, pieu; houlette, bâton de berger,* Alc. (cayado de pastor), encore au Maroc, Lerchundi. — *Une pièce de bois dont on se sert pour bâtir, comme une solive ou un chevron,* Alc. (leño uno solo; j'ai suivi Victor; Nebrija: lignum, tignus). — مَقَارِع *treillage de jardin,* Alc. (varaseto); مَقَارِع *échalier, haie, clôture de branches,* Alc. (seto). — *Fourgon, instrument à remuer le feu,* Alc. (hurgonero de horno). — *Grande cuillère de bois,* Alc. (hataca para mecer). — *Sorte d'instrument fait en forme de grue, dont les laboureurs usent pour mesurer les terres et fossés,* Alc. (cigüeña instrumento para medir).

مَقْرُوع *chauve par l'effet de la teigne,* Hbrt 35 (Alg.).

مَقْرَعَة *est une partie du gros bout d'une branche de palmier dépouillée de ses feuilles,* Lane trad. des

قرف 333

1001 N. I, 229, M. E. II, 63. — *Un coup de* مَقْرَعَة, de Sacy Chrest. II, ٣, 1, Bat. II, 127, III, 312, 360, Nowairî Egypte, 2 k (2), 10: ثم امر به فضرب مائة مقرعة.

قرعش.

قُرْعُش *petit, de petite taille* (homme), M.

قرعم

قُرْعُمَة *vase de terre vieux et cassé,* M. أُم قُرْعِى *animal qui, dit-on, est de la grandeur du rhinocéros; il a la tête et la gueule très-petites et ne fait point de mal,* Burckhardt Nubia 433.

قرف I. Sur l'expression d'Ibn-Haiyân (Abbad. I, 248, 10): وفعلت فعلات نكأت القلوب وقرفت الذنوب qui ne me semble pas correcte, voyez *ibid.* III, 117, 3 et suiv. — C. على p. et ب r. *accuser,* Bc. — قَرِف (Bc donne aor. *o* et *i*) *se dégoûter de, prendre du dégoût pour, se dégoûter, perdre l'appétit,* Bc, M: والعامّة تستعمل القَرَف بمعنى التنفّر من الشيء او نفور النفس منه.

II = Freytag I, 1 et 5, M. — *Dégoûter,* Bc. — *Détester,* Ht.

III. العيش المُقَارِف *vie convenable, commode,* Gl. Mosl. — *S'éventrer, labourer, avoir beaucoup de peine,* Bc.

IV c. من *dégoûter de,* مُقْرِف *rebutant,* Bc, Tantâwî dans Ztschr. Kunde VII, 55, 1: اشغاله مقْرِفة (widerwärtig). — مُقْرِف *sagouin, malpropre,* Bc. — مُقْرِف dans les 1001 N. Bresl. IX, 317, 2 a f., semble plutôt signifier *chagrin, triste,* Macn. مغموم مقهور.

V c. من *se dégoûter de,* Bc, Hbrt 228, 1001 N. II, 134, 11.

VII *prendre la mouche, se fâcher,* Bc.

VIII *pêcher,* de Sacy Chrest. II, ٦٨, 4 a f., Macc. II, 664, 11. — *Dévaster un pays,* Gl. Badroun.

قَرَف *dégoût,* Bc, *dégoût, aversion,* Hbrt 228, *aversion, haine,* Ht; — *désagrément, sujet de chagrin, de dégoût,* Bc. — Le *dignus, conveniens* de Golius est confirmé par le Diwân de Djarîr 154 rº (Wright).

قِرْفَة. Cinnamome, cannelle, est dans le Voc. قَرْفَة, pl. قِرَف, chez Alc. (canela especia) quêrfe; chez Domb. 60 et Bc aussi حلوة قرفة; chez Domb. 61 et Burckhardt Nubia 263 قرفة هنديّة; Baït. II, 297 b: قرفة الطيب وقد ذكرت مع الدارصيني. — Sorte de drogue, Burckhardt l. l. — قرفة حطبية casse aromatique, Bc.

قَرْفان dégoûté, Bc, qui n'a pas d'appétit, 1001 N. III, 254, 4 a f.: واللبمون دواء لكلّ قرفان — Bc a sagouin, malpropre, pour مَقْرِف; peut-être قرفان a-t-il un sens à peu près semblable dans les 1001 N. III, 298, 15, où un anthropophage est nommé هذا القرفان.

قَرَافَة cimetière, Bc, mais c'est le nom propre d'un cimetière au pied du التجبل المقطّم en Egypte, M.

قَريفة mouche, difficulté, mauvaise humeur, Bc.

قَرَّاف (Daumas MS) celui qui essuie le plat avec le pain qu'il a porté à sa bouche, Daumas V. A. 314.

قُرُوفة vase à lait, Mehren 33.

قَارِف. Pour placenta J.-J. Schultens cite Abou-'l-faradj 216, 3 a f.

أَقْرَف voyez plus haut I, 29 b.

ما مَقْرُوف quelle mouche le pique? pourquoi se fâche-t-il? Bc.

قرفد I être séché et rétréci, en parlant d'un vêtement qui a été mouillé et sali, M.

قرفس I, Ht, et قرفش I, Bc, Ht = قرفص I (voyez). — Cf. (mais pour le sens ordinaire de قرفص) Morgenl. Forschungen 137, 2 a f.

قرفص I s'accroupir, Bc, M.

قرفوص الذقن le point du menton? Payne Smith 1142.

قَرَافِيص (pl.) قعد على قرافيصه s'accroupir, 1001 N. I, 415, 15, 595, 10, cf. Bâsim 123: اجلسه على قرافيصه ۞

قرفل.

قَرْفال, n. d'un. ة, vesce, Bc, Prax R. d. O. A. VIII, 344, qui dit que c'est aussi latyrus ochrus L.

قرق I glousser (poule), Alc. (cloquear la gallina), Bc, M; — couver (poule), Bc, Hbrt 184.

قِرْق pl. أَقْرَاق le tablier sur lequel on joue le jeu appelé قِرْق, Aghânî IV, 52, 2 éd. Boul., dont le nom moderne est دريس, M.

قُرْق pl. أَقْرَاق sandale avec la semelle de liége (comme alcorque en esp.), Voc. (sotular (alcors)), R. N. 73 r°: مجلس في الموضع الذي تلقى فيه النعال والاقراق فاخذت قرق وعصاي وازاري ومصيبتى معه الى 97 r°: فقال لهم اعطوني قرق وعصاي فاعطوه السجين, ibid.: ذلك فمضى الى دار (ابن) الجزّار فقال لى ابي فاخبرني بعض من كان جالسا قال نحن جلوس معه تلك العشية حتى سمع حسّ قرق قال فوثب ابن الجزار وقال هذا حسّ قرق الـهـوارى, Marmol II, 99 d: «los alcorques o pantuflos,» Beaussier: «قُرق espèce de brodequins, chaussure des femmes du Sud.» Ce mot, qui était en usage au Maghrib — en Espagne, en Afrique et à Malte (Vêtem. 438) — vient du latin cortex, qui est devenu en esp. corcho (comme pancho de pantex, Diez), proprement liége, et de là sandale avec la semelle de liége, comme corche et alcorque en esp. Peut-être ce terme vient-il à l'appui de ceux qui dérivent pantoufle de παντόφελλος («entièrement liége»), d'autant plus que l'allemand a pour liége, non-seulement Korkholz, mais aussi Pantoffelholz. — Même pl. corne, partie dure d'un pied non fourchu d'animal, Alc. (pata maciça = حافر, le c cédillé y est une faute d'impression, uña de animal patimaciço), Most. v° حافر, seulement dans N: ويعرف بلسان العامّة بالاندلس قُرق. On semble l'avoir assimilée au liége. — (Autre origine) descente, hernie, rupture, Bc, M.

قَرق (voyelles?) cric-crac, exprime le bruit d'une fracture, du froissement de deux solides, Bc.

قَرَقَة pl. قَرَق poule ou autre oiseau qui glousse, qui couve ses œufs, Alc. (clueca gallina, clueca otra ave qualquiera). — Couvée, Bc.

قَرْقَة = le jeu قِرْق, Kâmil 322, 3—5.

قَرَّاقة poule qui couve, M, Bc.

وَرَق قَرْقَة (voyelles?) cornet, papier roulé en cornet, Bc.

قِرْقَا, s'il faut lire ainsi avec Sonth. et B de Bait. II, 295 b, car Boul. et A ont قِرْقَا, = العشربي selon A; Sonth., B et Boul. العرق.

دجاجة قُرقانة قُرقان couveuse, Bc.

قُروقة couvée, Hbrt 184.

قُروقة pl. ات poule qui glousse, qui couve ses œufs, Alc. (clucca).

قُرُوقْميَة charnière, Cherb.

قَرّاب celui qui fait des sandales avec des semelles de liège, Voc.

قُروقَة pl. قُروق jouet d'enfant, Alc. (trebejo de niños). C'est *crécelle*, car Nebrija traduit « trebejo de niños » par *crepitaculum*, mot qui ne signifie pas autre chose. Se fondant sur la circonstance que Nebrija traduit, dans sa partie lat.-esp., crepitaculum par « el castillejo, juego de niños, » et que *castillejo* signifie aujourd'hui « une roulette pour apprendre à marcher aux enfants, » M. Simonet (328) prend قُروقَة dans le sens de *roulette* et le dérive du latin *carruca*, espèce de char. Il s'est trompé: une telle roulette n'est pas un jouet, et *castillejo* signifiait autrefois *crécelle*; Victor l'atteste formellement, car il a cet article: « Castillejo de niño, castillego, crecerelle, un jouet de petits enfants." Quant à قُروقَة ce n'est autre chose que l'esp. *carraca*, qui signifie *crécelle*.

مُقَرْقَة pl. مَقارِق sac, Voc., dans la 1re part. *de cuir*.

مَقروق qui a une *descente*, Bc, M.

قُرْقاس ou قِرْقاس, en Espagne, forme vulgaire de قَلقاس, Most. sous ce dernier mot: والعامة تقول له قِرْقاس, N قُرْقاس, Auw. 1, 25, 8 avec ص (aussi dans L), 126, 5, 394, 12 (L قلقاص), 432, 8 (L قُرقاس), 491, 18, 21 (L ق).

قَرْقَب I c. a. *evertere, revolvere*, Voc. — *Faire du tapage en marchant avec des galoches de bois* قَبْقاب, Cherb. C. — *Faire un cliquetis*, Daumas Mœurs 283.

II quasi-pass. de I dans le sens d'*evertere* et *revolvere*, Voc.; *s'ébouler*, Roland.

قَرْقَب pl. قَراقِب = قَبْقاب *galoches de bois*, Voc.

قَراقِب (pl.) *castagnettes* en fer dont se servent les nègres pour s'accompagner en dansant, Hœst 262, Cherb., Dict. berb., Maltzan 94, 416.

تَقَرْقُب *cliquetis*, Daumas Mœurs 283.

مُقَرْقَب (corail), en grains, pour chapelets et colliers, Prax 28, R. d. O. A. V, 20.

قَرْقَج (cf. Simonet 320) pl. ات *concombre cultivé*, Voc. (cucumer (de lavor)).

قَرْقَح I c. على *blâmer*, Voc.

قَرْقَد I *être sec* (pain), M.

قَرْقَدون pl. قَراقِدين *belette*; — قَرْقَدون منتن *putois* (animal), Bc. Cf. ce qui suit ici.

قَرْقَدان, ou plus ordinairement قَرْقَدون, semble le même mot que celui qui précède et est expliqué par سَنَاجِب dans M.

قَرْقَر I se dit du bruit du tonnerre (*gronder*) aussi bien que de celui que les flatuosités causent dans les intestins (*grouiller*), Gl. Mosl.; l'un et l'autre chez Abd-al-wâhid 216, 4:

واقبحهم من مرأى بطني فانه   يقرقر مثل الرعد قرقر في الجوف

II dans le Voc. sous rugire (venter), *grouiller*, Kâmil 666, 13.

قَرْقَرَة Le pl. قَراقِير, à cause de la mesure pour قَراقِر, en parlant du bruit de l'eau d'un torrent, Gl. Mosl. — Pl. قَراقِر *borborisme*; Gl. Mosl., de Sacy Chrest. I, 152, 3 a f., Bait. II, 43 d: يولد النفخ والتقراقر; قَراقِر, Kâmil 442, 13. — Pl. قَراقِر *pet*, vent qui sort du corps par en bas avec bruit, Payne Smith 1515, 1516. — *Toupie* à ce qu'il semble (comme قُريقِرو chez Bc), Haiyân-Bassâm, I, 155 v°: وكان له تقدم في ضرب القِرقِرة محكما لاقرانه ايقاعها

قَرْقَرَة *dos*, avec le dimin. قُرَيْقِر, Ibn-'Akîl 841, 6 a f.

قُرْقور *agneau*, M.

قَرْقَرَة *vieil arbre creux*, M.

قُرْقُورَة pl. قَراقِير sorte de vaisseau marchand qui parfois était d'une grandeur énorme, Gl. Esp. 248, Voc. C'est κέρκουρος, lat. *cercurus* (Hérod. VII, 97, Liv. XXXIII, 19, Lucil. Sat. VIII, 3 éd. Gerlach, Plaut. Merc. I, 1, 86, Plin. H. N. VII, 57), espèce de navire inventé par les Cypriotes.

قَرْقَرَاج grenouille, Roland (m'gueurgueur). C'est berbère; Barth, V, 686, donne pour grenouille égar, et le dict. berb. تَمَقَرْقُورْث.

قَرْقَرَاج sorte de poisson, Yâcout I, 886, 5; variantes dans les man. de Yâcout et de Cazwînî: فَرِفِرَاج, قَرْنَاج, وَمَاج.

قَرْقِس pour κόραξ, croc pour y pendre le godet d'une roue hydraulique, Fleischer Gl. 74. — قَرْقِس, en Égypte, cordage de dis, Gl. Edrîsî 303, 6.

قَرْقَش I croquer, Bc, M.

قَرْقَش cartilage du nez, de l'oreille, Cherb.

قَرْقُوش pl. قَرَاقِیش cartilage, Bc, M.

قَرْقُوشَة pl. قَرَاقِیش craquelin; croquet, pâte croquante; قَرْقُوشَة بسَكَّر grignon (de pain); قَرْقُوشَة مِنَ الْعَجِين رَقِيقَة : M a pour biscuit, Bc; جِدًّا تَتَجَعَّد وتَقَلَّى بِالزَّيْتِ ثُمَّ تَحْلَّى بِالعَسَلِ ونَحوه فإذا بَرَدَتْ يَبِسَتْ فَصَارَتْ تَقَرْقَشُ; dans le passage des 1001 N. II, 224, 3, Lane traduit biscuit.

مُقَرْقِشَات gâteau en forme de gril, composé de farine et de miel cuits dans l'huile, Cherb.

قَرْقَط I couper en petits morceaux, dont chacun s'appelle قُرْقُضَة, M. — Tondre, Cherb. B. — Craqueter; قَرْقَط بأَسْنَانِه grincer, Bc.

قَرْقَطَة voyez sous I.

قَرْقَطُون قَارَكْتُون bois de lit, Domb. 90; chez Hœst 266.

قَرْقَع I faire du bruit, claquer, craquer, Bc, Hbrt 241, Gildemeister Catal. des man. or. de Bonn 46, 2, 1001 N. Bresl. IV, 34, 3; en parlant du ventre, grouiller, M. — قَرْقَع مِنَ الضَّحِك rire aux éclats, Bc.

II faire du bruit, s'ébruiter, éclater, Bc.

قَرْقَعَة se dit du bruit que causent des choses dures, comme lorsque le fer tombe sur le fer, M; en général, tapage, Hbrt 241, 1001 N. I, 139, 14; bruit, brouhaha, cruquement, bacchanal; قَرْقَعَة السِّلَاح cliquetis, Bc.

مُقَرْقَع emporté, qui crie pour rien, Beaussier, 1001 N. I, 418, 4 a f.: فَقَالَ النَّاجِي فِي نَفْسِه هذا البدوي جِلْف; l'éd. de Boul. a مُقَرْقَع نَاشِف الرَأْس.

قَرْقَف I trembler, 1001 N. Bresl. III, 339, 6.

قَرْقَاف métier à broder, Roland.

قَرْقَل I (= قَرْقَر) rire à gorge déployée, Alc. (carcajadas dar de risa).

قَرْقَل pl. ات espèce de cuirasse, J. A. 1849, II, 321, n., 6 a f., 1850, I, 269. — Pl. قَرَاقِل croc, Bc. — Le membre viril, Alc. (cajo o carajo).

قَرْقَم.

مُقَرْقَم étique, Bc.

قَرْقَمَان est للخشب الَّذِي فِي جَوْفِ المَقْلِ الحِجَازِي والسَّعِيدِي Bait. II, 293 b.

قَرْقُومَعا curcuma, Devic 101 d'après Avicenne.

قَرْقَبِيط poulpe (animal marin de la classe des mollusques), Alc. (pulpo pescado, carquit); chez d'autres قَرْنِبِيط (voyez), et je serais porté à croire avec M. Simonet (326) que c'est une faute chez Alc.

قَرَل.

قِرِلّ (esp. grillo) cricri, Roland.

قِرْلَة feuilles de Sinapis Allionii qu'on mange au Caire comme une espèce de cresson, Descr. de l'Ég. XIX, 312.

عَبِيد قِرْلَة sobriquet par lequel on désigne les habitants de Sort, Becrî 6 avec la note de M. de Slane p. 428.

قِرِيل pl. قَرَائِل le membre viril, Alc. (cajo o carajo).

قِرَال (esp. corral) pl. ات basse-cour, poulailler, Alc. (gallinero donde se crian las gallinas); le pl. dans une charte de Tolède; cf. Simonet 355.

قَرْلُوج n. d'un. ة, pl. قَرَالِج ver luisant, Voc., Alc. (luciernaga); cf. Simonet 367.

قَرَم I. قَرَمَ القَضِيبَ couper le bout d'une branche, M.

II conpedire, Voc., formé de قَرْمَة (voyez).

V quasi-pass. de II dans le sens qui précède, Voc.

قَرْم. Voyez sur cet arbre Bait. II, 296 f, et Forskål, que Freytag cite sous قُرْم.

قَرَم بِنَفْسَمِي iris, Bc.

قرمد

قَرْمَة (قُرْمَة chez Bc (bûche) est une faute d'impression, comme le montre son pl.), pl. قُرَم et قَرامى, bûche, billot, Bc, Maml. II, 2, p. 4, l. 3: «On les fit sortir de prison et on leur coupa les mains avec un couperet sur des billots de bois, قُرَم خَشْب (à prononcer et à traduire ainsi, et ne pas changer la leçon, comme Quatremère le propose); tailloir, bois sur lequel on coupe la viande, tranchoir, Bc; قَرْمَة الاسكاف le billot sur lequel le cordonnier coupe le cuir, M, Bâsim 44, où il est question d'un cordonnier: فلم يكلمه ايضًا بل حمله هو والقرمه تحته والقرمة ما بقى, 45; الذي قدامه — souche, tronc, Bc, من اسفل جذع الشجرة اذا قُطِعَت, M. C'est évidemment le grec κορμός. — Comme l'esp. corma, qu'on dérive également de κορμός, et qui signifie cep, pièce de bois entaillée qui sert d'entrave à l'homme et aux animaux, Voc. (compes), la Torre (prision), fers attachés à un bois et mis autour du cou d'un criminel, Bg.

قَرْمِيَّة pl. قَرامي (M), comme قُرْمَة et de la même origine, billot, Maml. II, 2, 4, Antar 63, 2: وامر مشايخ النار ان تدور حولها وتتعبد وترمى من قرامى العود عليها; — tige, souche, Maml. l. l., M; de là قرامى, racine d'une dent, M; au fig., قرامى بدنك les tiges de ton corps,» c.-à-d., les os qui forment la charpente de ton corps, Maml. l. l.; — au fig., la verge de l'homme, ibid.

قَرَّام nom d'une plante à branches longues, très-minces et creuses, M.

قَرْمَة tête, Voc.; c'est peut-être berbère; dans cette langue tête est أقرى.

قرمد I couvrir de tuiles, Voc., Cherb. B, Macc. I, 361, 19, 377, 19.

II quasi-pass. de I, Voc.

قَرْمَد, forme plus moderne de قَرَامِيد (Gl. Mosl.), est un coll.; n. d'un. ة et pl. قَرامِد, Voc. — N. d'un. ة, grèves, armures des jambes, Alc. (gleba armadura).

قَرْمَدَة tuilerie, Bat. IV, 357.

قَرْمُود coll. tuiles, n. d'un. ة, Domb. 91, Cherb. B et Dial. 72, Cartâs 38, 5 et 6.

قرمط

قَرْمِيد. Le n. d'un. ة, tuile, Auw. I, 150, 5 a f. (où notre man. a قَرْمَد).

قرمز I c. a. teindre avec du kermès, Voc.

II quasi-pass. de I, Voc.

قِرْمِز, قَرْمَز, en Espagne, Voc., Alc. (grana color), pl. قَرامِز, Voc.; — chez les cordonniers, cuir teint en cramoisi, M. — القرمز الاخضر sorte de raisin, Auw. I, 667, 3.

قِرْمِزِي est l'adj. dans le Voc.

قِرْمِزيَّة robe cramoisie, Macc. I, 531, 12 et 14.

قرمس = قرمز, Bc.

قَرمَسي sorte de prune, Auw. I, 342, 8.

قرموس sorte de mets, 1001 N. Bresl. II, 154, 2, mais Macn. (I, 211, 13) a قربوس. — قَرمُوش, s'il faut écrire ainsi le «cormuç» d'Alc., pl. قَرامِيش, bonnet en forme pyramidale qu'on met sur la tête de certains criminels, Alc. (coroça). Du lat. cumulus ou du b. lat. culpus; l'astur. caramiello, qui a la même origine, désigne une sorte de chapeau de femme; voyez Simonet 353.

قرمش I manger une chose qui n'est pas liquide, comme des pois chiches ou des fèves, M.

قرمص II se retirer dans son nid (pigeon), Diw. Hodz. 177, 11.

قرموصى (κεραμεύς) potier, Fleischer Gl. 73.

قرمط I. قرمط في عداته ne pas tenir ses promesses, Mufassal 16, dern. l.

II professer les doctrines des Carmates, Macc. I, 849, 9 et 10.

قَرْمَطَة avarice sordide, ladrerie, M.

قَرمُوط pl. قَرامِيط Clarias Hasselquisti, Cuv. Val. et Heterobranchus, von Heuglin dans le Ztschr. für ägypt. Spr. u. Alt., mai 1868, p. 55, Heterobranchus anguillaris Geoffr., Silurus anguillaris Lin., Charmut niloticus Hasselq., Seetzen IV, 477; longue description chez Seetzen III, 275, 498; barbillon, petit poisson à moustaches, Bc; 1001 N. Bresl. IV, 320, 328.

قَرْمِيط (cat. et prov. caramida, esp. calamida, pg.

قرمل

et ital. calamita, fr. calamite) *l'aiguille aimantée* dont on se servait sur les vaisseaux avant l'invention de la boussole; nommée déjà dans un vers arabe de l'année 854 de notre ère, Gl. Bayân; cf. Ducange II, 21 b.

قرمل

قرمبيل *ardoise*, Ht.

I. قَرَنَ قَدَمَيْهِ *pendant la prière*, Macc. I, 906, dern. l., R. N. 36 v°: ثمّ قرن كعبَيْهِ فصلّى, 74 r°: فلما جنّ الليل قرن قدميه فهو قائم بين يدي اللـه عزّ وجلّ حتى انصدع الفجر. — *Réunir en groupes des noms propres qui ne diffèrent que par les points diacritiques ou les voyelles*, Yâcout V, 33, n. 1. — كان فى فرجها قرن وهو زائدة صلبة est قرنت المرأة dans le Voc. sous cornupeta. — قرن M., تنبتُ هناك شبيهة بالقرن

II c. a. dans le Voc. sous cornutus. — قرن اذانه *dresser les oreilles*, Bc.

III c. a. *concourir avec*, Prol. II, 52, 13: وقارن قارن ابام عبد الملك — *Egaler*, Bc. — الشىء بالشىء *comparer, rapprocher*, Bc.

IV, *pendant la prière, comme la Ire*, R. N. 35 v°: فصلّى الظهر ثم اقرن et ailleurs, 41 v°: اقرن قدميه كعبَيْه الى المعبر. — Dans le Voc. sous iugum. — Pour הקרין *avoir des cornes*, Saadiah ps. 69.

V dans le Voc. sous cornutus.

VI dans le Voc. sous asimilare, c. مع sous iugum.

VII dans le Voc. sous iugum.

VIII c. a. *concourir avec*, Khatîb 53 r°: واقترن بذلك تقديم ابنه ابى يعقوب على اشبيلية. — *Être réuni en un groupe, en parlant de noms propres qui ne diffèrent que par les points diacritiques ou les voyelles* (cf. I), Yâcout V, 33, n. 1.

قَرن, *corne*, pl. aussi اقران, Voc. On plaçait des cornes sur la tête du criminel que l'on promenait par les rues; voyez Gl. Bayân 26. قرون له *porter des cornes, être cocu*, Bc. — من قرنه الى قدميه *de la tête aux pieds*, J. A. 1851, I, 61, dern. l. — *Celui des quatre côtés de l'osselet qui est un peu concave et qui forme une figure comme un S ou comme une corne*,

si j'ai bien expliqué l'origine de l'esp. *carne*, Gl. Esp. 250. — *Silique, gousse*, Bc, parce qu'on l'assimile à une corne, M, Bait. I, 42 b: وله قرون — فيها, 115 b: حبّ مدوّر احمر يتنداوى به من عرق النسا وثمره قرون مثل ثمر (tamarinier): 213 a فامّا لخرنوب البرّى: 355 a, 348 b: واعبَبة كالقرون الفُرط, 1001 N. I; 508, 4 a f.: اخرجوا من الصندوق تلك الملعونة كانها قرن خيار شنبر قرن خروب ;من شدّة السواد والنحول رقيقها *caroube, carouge*, Bc. — Pl. قرون, est chez Alc. «*redrojo*,» que Nebrija traduit par *regerminatio*, et l'Acad. par *petite grappe de raisin que laissent les vendangeurs*; mais le terme arabe désigne *les branches des vignes qu'on ne coupe pas à l'époque de la taille et qui portent les raisins*, témoin ces passages d'Auw., qui ne se trouvent pas dans l'édition: man. 118 v°: المتروك فى الجفنة من الفروع التى تسمّى القرون ويسمّيه بعض الفلّاحين القضبان التى يتركون منها نفيه: 120 v° الانرع (بقيّه l.) لينبت فيها الثمر وفى التى تسمّى القرون voyez aussi dans l'édition I, 232, 18. — Pl. قرون, *trompette, cor-de-chasse*, Alc. (*bozina*). — *Boucle de cheveux*; sur l'expression الروم ذات القرون voyez Gl. Belâdz. M. de Goeje me communique encore cette note: Nöldeke, Geschichte des Qorâns, 106, n. 4, donne une autre explication, avec laquelle on pourrait comparer Amos VI, 13. — Dans le sens de *sommet d'une montagne*, pl. قرون, P. Abd-al-wâhid 214, 13. — *Bras* d'un fleuve, comme *cornu* en latin, Gl. Belâdz., Gl. Fragm. — Dans le sens de *compagnon d'âge*, pl. اقران, Bc. — *Temps*; فى قرن مع *en même temps que*, Haiyân 105 v°: كان على الفحج ابن مستنفذ واقى الامير فى قرن مع عيد الاضحى — قرن الايّل *corne de cerf* (plante), Bc; à Malaga, *Crithmum maritimum*, Bait. II, 283 b. — قرن البحر *ambre jaune, succin*, Most. v° كهربا, Bait. II, 295 d; قرن البحر *le corail et l'ambre jaune*, M. — قرن الجدى *volvulus*, Pagni MS; cf. Daumas V. A. 382. — قرن الغزال *cyclamen*, Bc; espèce de datte, d'Escayrac 11. — قرن من قرن *la corne du rhinocéros*, Jackson 38. — قرن الكبش *Hussonia oegrieras*, Colomb 28. — قرن حمامون *corne d'Ammon* (pierre), Bc. — قرون السنبل *Secale cornutum*, Bait. II, 294 d, 515, Gl. Manç. — قرن المعز ou قرون seul, *fenugrec*, Auw. II, 95, 6. — ابو قرن *rhinocéros*, Browne II, 27 (cf. sous ابو); *licorne*, voyez Ouaday 140, 643, où Perron cite un mémoire de Fresnel, lu à l'Académie et publié en 1844. — وحيد القرن *rhinocéros*, M.

قَرْنَة pl. قَرانٍ *angle, coin, carne, encoignure, pointe, recoin*, Bc, Hbrt 124, M, Freytag Chrest. 123, 3; — الأربع قرانى *les quatre coins* (jeu), Bc.

قَرْنِيَّة . الطبقة القَرنيَّة , الحجاب القَرنى , Bait. I, 196, ou Bait. I, 290 b, *cornée*, première tunique de l'œil, et qui renferme toutes ses parties.

قَرْنِيَّة *cornée* (cf. ce qui précède), Bc, Gl. Manç. in voce, Bait. I, 31 à la fin.

قَرْنَان *cornard, cocu*, Bc.

قَرَن . Khallic. I, 118, dern. l. 81.: il naquit فى قَران سنة ٤٩; M. de Slane traduit: « dans l'année 460; » ne serait-ce pas plutôt: dans une des années entre 460 et 469? — T. d'astrol.; dans Prol. I, 204, 1, M. de Slane traduit القرانات par *les conjonctions qui annoncent un mariage*; أهل القرانات *les hommes nés sous certaines conjonctions*, Prol. I, 306, 3. — القرانات surnom que les Turcs donnent aux rois des Francs, M.

قَرِين , *compagnon, pair*, a chez Bc le pl. أقران .

قَرِينَة s'emploie aussi en parlant de personnes du sexe masculin, *compagnon*, la terminaison étant alors corroborative, comme dans كريمة , راوية , نسّابة , Gl. Mosl., Bidp. 109, 2 a f., 114, 2. — *Chose analogue*, de Sacy Chrest. I, 170, 4 a f. — *Chose adhérente*, 1001 N. III, 458, 6 a f.: ميز المفاتيح من بعضها بالقرينة. — *Circonstance accessoire, fait accessoire, preuve accessoire*, ou simplement *preuve*, Berb. II, 16, 12: il ne m'a pas été possible de constater laquelle de ces deux assertions mérite la préférence, والقرائن متساوية ; cf. Prol. I, 399, dern. l., II, 30, dern. l.; من الجنسين ; قرائن الظلام *les circonstances accessoires offertes par le discours* (l'opposé des désinences grammaticales), Prol. III, 362, 8 et 15; قرائن الأحوال , pl. قرينة الحال , *circumstancia*, Voc.; peut-être *circonstance accessoire* dans Abd-al-wâhid 173:

فقالت وقد رق للحديث وابصرت قرائن احوال أذعن المكتَّما

— *Succube*, démon qui, suivant l'opinion populaire, prend la forme d'une femme, pour avoir commerce avec un homme, Voc. (bruxa; cf. sous حبيبة).

— *Démon* (جنّيّة) *d'une femme*; les femmes pensent que chacune d'elles a le sien (ou plutôt la sienne), qui se fait voir à elle de temps en temps;

elles l'appellent aussi تابعة , M. — *Le mal caduc, l'épilepsie*, Domb. 89, Lerchundi. — *Groupe de noms propres qui ne diffèrent que par les points diacritiques ou les voyelles*, Yâcout V, 33, n. 1. — T. de gramm.; la *carina* est 1° حاسبة , comme lorsqu'on dit à une personne qui va se mettre en voyage: « à la garde de Dieu! » le verbe: « allez! » étant sous-entendu; c'est donc *une ellipse*; 2° مقالية , comme lorsqu'on dit: « j'ai vu un lion écrire, » pour: un homme courageux; c'est donc *une métaphore*. On les appelle aussi لفظية et معنوية , M. Mais en rhétorique قرينة est proprement le mot ou la phrase qui indique qu'on emploie une métaphore; c'est le mot يكتب dans la phrase citée; voyez Mehren Rhetorik 31, 33, 36. — قرينة الغزال espèce de datte, R. d. O. A. N. S. I, 311. — (Lat. carina, esp. carena) *quille de vaisseau*, la Torre, Lerchundi, Mc: *carène* قرينة .

قرينبى chez Freytag est une faute; lisez قرنيا (voyez قرنيا).

قَرَنْيا (κρανία) *cornouille*, Bc, Bait. II, 287 b.

قَرآن *cornu, qui a des cornes*, Alc. (cornuda cosa con cuernos). — *Cornard, cocu*, Voc., Alc. (cornudo en denuesto), Windus 46, Hœst 44, 104, Jackson 158, Agrell 46.

أقْرَن *cornu*, Kâmil 705, 12, Damîrî: كبش اقرن .

أقْرُن *petites hauteurs*, Wright 84, dern. l.

مُقَرَّن *cornard, cocu*, Bc. — *Qui a des angles*, Niebuhr B. xxxIII. — *Quadrangulaire*, M. — *Taillé à facettes*, Bc; M. de Goeje cite Mowaschâ 125 v°: المقرَّن (l. الخواتيم ?) خواتيم . — *Siliqueux*, Bc.

مُقْرِنَة *joug*, Abou'l-Walîd 538, 10.

مَقْرَنَة *Vipera cerastes*, von Heuglin dans le Ztschr. für ägypt. Spr. u. Alt., mai 1868, p. 55.

مَقْرُون *cornu, qui a des cornes*, Voc.

مَقْرُون *qui a plusieurs cornes ou pointes*, Niebuhr B. xxxIII. — « Le même fauconnier porte souvent trois faucons à la fois, dont un sur le poing, un sur l'épaule et l'autre sur le capuchon du bernous. Ces oiseaux sont attachés par les pieds, au moyen d'une petite corde dont une extrémité est fixée à un piton tournant sur une lame de cuivre ou d'argent. L'ensemble de ce petit appareil porte le nom de *Mgroun*, » Guyon 221.

مَقْرُونَةٌ sorte de mouchoir, long de quatre aunes, que les femmes des Bédouins roulent autour de la tête et du menton, Ztschr. XXII, 94, n. 13, cf. Burckhardt Bédouins 28.

مُقَارَنَةُ خَيْل attelage, Bc.

اِقْتِرَانِي et مقترن complexe, Bc.

قُرْنَاجَةٌ (esp.) corneille, Alc. (corneja ave).

قرنب I, en parlant du chat, قرنب ذنبه او اذنه dresser la queue ou les oreilles, M.

قُرْنُب = قنب chanvre, Hbrt 47 (Alg.). — Pl. قرانب corde de chanvre ou de palmier, Cherb.

قُرْنَبَا. C'est ainsi (ou قُرْنَبَى) qu'il faut lire, au lieu de قرنبى et قرنبنى chez Freytag 420 a, 436 b. Richardson dans son dict. persan, le Kâmil 272, 10—14, Meidânî II, 253, et A de Baït. II, 295 g, ont la bonne leçon (B قرنبا, mais là où le nom se trouve pour la 3e fois, il a aussi قرنبا). Baït. dit que c'est: 1° = حديقة, 2° = خنفسة, 3° oxalis corniculata, et comme le man. 13 (3) dit que c'est un mot grec, je n'hésite pas à l'identifier avec κέραμβον ou κεράμβηλον. Sous ce dernier mot Hésychius dit: θηριδίον τι κανθάρῳ ὅμοιον, ὃ περὶ τὰς συκᾶς δεσμευόμενον ἀποδιώκει τῇ φωνῇ τοὺς κνῖπας; cf. la note d'Alberti.

قُرْنَبَاد (pers.) carvi, Most. v° كرويا بستاني, Baït. II, 295 h, lisez de même II, 368 b, où l'autre forme doit être lue قرنباد, comme aussi II, 295 j, et dans le Most. v° كرويا برى, où mes deux man. portent فرعون (sic).

قُرْنَبِيط (M) ou قُرُنبيط (Pagni) = قنبيط chou-fleur, Pagni MS, Bc, M, Auw. I, 25, 2, 111, 11 (dans ces deux passages notre man. a قنبيط), aussi قرنبيط Pagni MS.

نُوَار قرنبيط (pour دجاجة جاجة قرنبيط) bécasse, Bc.

قُرْنَدَرِي = قَرَنْدَلِي, Baṭ. I, 61.

قُرْنَدَل nom d'une plante, Colomb 49 (rien autre chose).

قَلَنْدَرِيَّة moine de l'ordre des قَرَنْدَلِيَّة ou قَرَنْدَلِي (voyez sur cet ordre de Sacy Chrest. I, 263 et suiv.), nommé d'après son fondateur, le chaikh Carandal (cf. de Sacy Chrest. I, 282, 12), 1001 N. I,

66 et suiv. — Claquedent, gueux qui tremble de froid, Bc.

قُرَنْدَلِيّة Freytag a emprunté ce qu'il donne à de Sacy Chrest. I, 282, 12.

قُرَنْدَة guitare, Hbrt 98, qui ajoute: turc et alg.

قرنس II muer, changer de plumes (oiseau), Voc.; dans le Calendr. 58, 7 avec le س.

قُرْنَس (aram. קוֹרְנָס) marteau, Abou'l-Walîd 541, 16, 578, n. 2.

مقرنس sorte de faucon, Margueritte 176 (El-Meguernèss).

قرنص II voyez قرنس II.

قُرْنَصَة la mue des oiseaux, Calendr. 58, 8. — ما له قرنصة للشغل il n'a pas le goût du travail, Bc.

قُرْنَصَة (esp.) pointe de fer longue et aiguë qu'on met aux colliers des gros chiens, Alc. (carrança).

قرناص perche où se repose l'oiseau de fauconnerie, القرناص عند الموّلدين وتدّ يدقّ في الارض معروفا M: فوق خشبة صغيرة مسمّرة به وفي تلك الخشبة يربط سير دقيق من طرفه الواحد والطرف الآخر تربط به رجل البازي ونحوه من جوارح الطير فبقف اكثر الاحيان على تلك الخشبة وينزل احيانا عنها الى الارض.

قرنفاد voyez قرنباد.

قَرَنْفُل. قَرَنْفَل clou de girofle, Bc, M; — قرنفل فرنجمشك Ibn-Djazla v° بستاني; — caryophillus Indicus flos, Pagni MS; — nom d'une fleur odoriférante, ordinairement rouge ou blanche, qui se trouve en abondance en Syrie; tel est le sens de ce mot dans la Mo'allaça d'Amro'l-kaïs, M; œillet, Bc, Hbrt 50.

قَرَنْفُلِيَّة odeur de clou de girofle, Baït. I, 130, 3 a f.: وان استقطرت هذه البقلة حدثت فيها قرنفلية — En Espagne, baccharis, Baït. I, 544 b, cf. Abou'l-Walîd 792, 17.

قَرْنُون et قَرْنِين, n. d'un. ة; pour le premier, artichaut, Cherb., Barbier, Hbrt 48 (Alg.); pour le second, carduus, Domb. 74, scolimus hispanicus, Cherb.

قرنبط

C, cardon d'Espagne, Ht, Cynara sylvestris, Pagni MS, petit chardon, Daumas V. A. 380, cardon, Bc; cf. Gl. Esp. 346.

قُرَنْبيط n. d'un. ة, pl. قَرَانِيط, poulpe (animal marin de la classe des mollusques), Voc., Pagni MS, Pellissier 106; chez la Torre جَرَنْبوط; chez Alc. قَرْنِبِط (carquit, pulpo pescado). M. Simonet 326 dérive ce mot d'un adj. b. lat. carnutus, ce mollusque étant très-charnu. — Homard, Ht. En ce sens, m'écrit M. Simonet, c'est l'esp. cornuda, qui n'est pas dans le dict., mais qui s'emploie sur les côtes de l'Andalousie pour indiquer la grosse écrevisse de mer; on l'appelle ainsi, ajoute-t-il, parce qu'elle a deux pointes en forme de petites cornes sur la partie antérieure de la tête.

قَرَه أغاجِ (turc) orme, Bc.

قَرَه برنْجَف (turc) crêpe (étoffe), Bc.

قَرْهَب Le passage du Diw. Hodz. se trouve 172, vs. 7.

قرو

قَرْو hernie, descente (اَدْرة), Gl. Manç. in voce.

قَرْوَة plat de bois, jatte, Ztschr. XXII, 150.

قَرْوان est dans le Diw. Hodz. 172, vs. 7.

قَرْوَل I rire aux éclats, Alc. (carcajadas dar de risa).

قَرْوَل (κοράλλιον) corail, Most. v° بسد, Bait. I, 137 b, II, 295 e.

قَرْوالِيون (et قَرْوالِيبون comme grec) même sens, Bait. ll. ll.

قَرْوِيشَة mal d'estomac, Daumas V. A. 425.

قَرَى I. « Dicitur in bello قَرَوَّها قَرَاهَا (Asâs), « exceperunt hospitio debito, » i. e. « fortiter se gesserunt, multumque sanguinem effuderunt, » ut dicit poëta: اِذَا ضَافَهُ هَمٌ قَرَاهُ Similiter: يَقْرِى المَنِيَّة أَرْوَاحَ الكُمَاة « quoties sollicitudo eius animum intrat, excipit eam firmo consilio, » et sine obiecto: يَقْرِى خُطَطِي عَزِيمَة « in adversitate fortiter se gerit, » » Gl. Mosl. — 2e signif. chez Freytag, noms d'act. قَرَى et قَرْى, Voc.

قرى

V. On dit: سار يتقرَّى المَنَازِل, Berb. I, 357, 10, تَقَرَّى أَعْمَال طَيْبَة وباغاية الحَج, II, 38, 9 a f., 54, 7. — Se mettre à la poursuite ou aller à la découverte de fugitifs, Çalât 85 r°: وأقام الموحِّدون بأعلى ذلك لجبل يومَيْنِ يتقرُّون بقاياهم. — Suivre le fil d'un raisonnement, pour l'examiner et le réfuter, Calâïd 119, 12: ولولا استنكاف للجدال، واجتناب ترديد القيل والقال، لقصصنا فصول كتابك أوّلا فأوّلا، وتقرَّيناها تفاصيل وجملا، واضفنا الى كلِّ فصل ما يبطله.

X examiner, et le n. d'act. examen, Abd-al-wâhid 5, l. 9 (où il faut restituer la leçon du man.), Fakhrî 203, 5 a f.: وقد دلَّ الاستقراء على أنَّ من اخترع دولة, وأحدنها لم يستمتع بها في أغلب الأحوال, Müller S. B. 1863, II, 7, l. 1, Prol. I, 261, 14, III, 94, 15, 224, 14, 265, 12, 281, 13, 295, 5, 301, 3 a f., 302, 13. الاستقراء est proprement ce que donne Bc: induction, énumération des faits particuliers pour en tirer une conséquence générale; le Voc. a استقرى sous inducere. — الاستقراء signifie aussi: admettre une proposition comme générale, parce qu'elle se trouve vraie dans la plupart des cas particuliers, de Sacy Anth. gramm. 42, n. 29.

نارى القِرى fanal, feu pour éclairer les côtes, Bc.

قَرِيَة, pl. aussi قُرَى M, et قَرِيَات, Fleischer Beiträge zur arab. Sprachkunde IV, 288. Le vulgaire forme le pl. قَرَايَا, comme si le sing. était قَرِيَّة, M (le Voc. a ce sing.), et ce pl. se trouve Abou'l-Walîd 647, n. 47, Amari 511, 6, 513, 8, 6 a f., Aboulfeda Géogr. 95, 6. — Sol, terrain, Auw. I, 50, 16.

قَرِيَّة vergue (Bc, Bg, Mc, cf. Djob. 33, 11), pl. قُرَى, Gl. Edrîsî. — Pour قَرِيَة (voyez).

اِخْرَاج القرى, Macc. II, 146, dern. l., semble un tour d'adresse, mais j'ignore en quoi il consiste.

قَرَوِى paysan, villageois, قَرَوِيون = اهل البادِية, Gl. Manç. in voce.

قِرْوَان paysan, Maml. II, 2, 209.

قَرَائِن voyez sous قرأ.

قَارِيَّة. Cette forme, que donne Freytag, repose sur un malentendu; il faut lire قَارِيَة; le vulgaire dit قَارِيَّة, Ztschr. XIV, 342.

أَقْرَى plus hospitalier, Kâmil 224, 5.

قْرِيدِس voyez sous قِرْس.

قْرِيدْنَة pajot (poisson), Burckhardt Syria 166, chez Bc قْرِيدْنَة (voyez).

قْرِيمِن bacile, fenouil marin, perce-pierre, Bc.

قْرِيوط celui qui rend les excréments d'une manière involontaire, Sang.

قْرِيُولَة (esp.) renouée (plante), Alc. (correguela).

قَرَّ I tisser, Voc.; en outre il a dans la 1re partie قَزَّاز texere, dans la 2e textrix (il faudrait قَزَّازَة).

II filer une intrigue, Bc.

قَزّ soie; — soie non préparée, Bc. — Gaze, Bc.
قَزّ ou جَوْز القَزّ cocon, Bc; le vulgaire donne le nom de قَزّ aux cocons qui ont été filés لَمَّا غُزِلَ مِنَ الشَّرَانِقَ (المُبَيَّضَة), M.

قَزَّاز verre, verrerie, vitrage, vitrerie, Bc, vitre, verre de vitre, Hbrt 86, M: وَالقَزَّاز لِلزُّجَاجِ مِنْ تَحْرِيفِ العَوَامّ —
Lampions, 1001 N. Bresl. VII, 133 (instruction à un esclave d'un cloître chrétien): وَبَعْدَ ذَلِكَ تُغْسَنْ القَزَّاز حَشِيشَة — ...وَتَعْمَرَه بِالزَّيْتِ وَتُوقِدْهُم بَعْدَ دَقِّ النَّاقُوس (مُبَرْيَة) القَزَّاز pariétaire, Bc.

قْزَيْز flacon (d'eau de senteur), 1001 N. I, 57, 8 (= Bresl. I, 150; Boul. مَرَشّ); c'est peut-être un diminutif comme قْزَيْزَة, qu'on trouvera plus loin.

قَزَازَة vitre, Ht. — Pl. قَزَائِز et قَزَازَات bouteille, flacon, Bc, Hbrt 202, Ht, 1001 N. II, 596, 3. — Lentille, verre convexe des deux côtés, قَزَازَة مُحَدَّبَة مِنَ الوَجْهَيْن; — objectif, verre de lunette tourné du côté de l'objet qu'on veut voir, قَزَازَة النَّظَّارَة المُقَابِلَة لِلْأَشْيَاء بِشَكْل عَدَسِيّ; — oculaire, verre de lunette placé du côté de l'œil, النَّتِي يَنْظُر اليَهَا; قَزَازَة النَّظَّارَة القَرِيبَة مِنْ عَيْن النَّاظِر, Bc.

قَزَّاز tisserand, Maml. II, 1, 103, Voc., Alc. (texedor), Descr. de l'Eg. XVIII, part. 2, 170, Bc; l'ouvrier qui devint vizir de Hichâm III est nommé par Haiyân-Bassâm 140 r°, حَائِك et 140 v° قَزَّاز; dans le Cartâs 41, 12, il faut lire avec notre man. النَّقَزَازِير. — Faiseur de filets, Alc. (redero que las texe). — A Constantine, passementier, Cherb. — Vitrier, Bc, Hbrt 86, Descr. de l'Eg. XII, 405, 475, Payne Smith 1016. — Celui qui sait l'art d'élever les vers à soie, M.

قَزَّازَة pariétaire, M.

قَزَاكَنْد (Freytag) voyez كَزَاغَنْد.

قَزَب II cajoler, flatter, caresser, Ht.

قَزْبُر.

قَزْبُرَة (val. casporra, cast. cachiporra, cat. catxaporra, port. cachaporra et cachamorra, Simonet 338) gourdin, bâton gros et court, avec un renflement à son extrémité inférieure, Bassâm II, 203 v°: فَمَرَرْتُ بِهِ يَوْمًا بِقَزْبُرَتِه النَّتِي تَدْعَى بِالقَبِيضَان مِنْ سَاحِل شَنْتَرَة وَبِيَدِه قَزْبُرَة فَلَمَّا رَأَيْتَهُ مَلَتْ إِلَيْهِ وَمَالَ إِلَيَّ وَأَخَذْ بِيَدِي وَجَلَسْنَا نَنْظُر مِنْ خَرَّاتِ بَحْرِتْ بَيْنَ يَدَيْه.

قَزَح I, n. d'act. قَزِيح, lâcher un pet, M.

قَزْح bouture de mûrier qu'on transplante, M.

قَزَّاح (Bait. l'épelle). Dans les environs d'al-Cairawân et d'al-Mahdîya on donne ce nom à une plante qui ressemble au fenouil, porte des fleurs jaunes, et des fruits qui sont semblables à l'anis, mais dont le goût est celui du fenouil. Elle est aromatique, s'appelle aussi عَلْجَان, et se trouve également en Egypte, Bait. II, 297 d, 210 d (lisez ainsi). Caretto, Géogr. 137, la nomme aussi, et dit que son parfum est très-agréable. Jackson se trompe peut-être quand il dit, 245, et Timb. 256: «guza Saharawie, grains of Sahara, called by Europeans grains of paradise.» J'ignore s'il faut comparer Payne Smith 1391—2, où un mot incertain, mais qui semble قَزْوَح, se trouve pour thym.

قَزْدَر I étamer, Voc., Ht, Bat. II, 313, ferblanter, Daumas V. A. 362; cf. قَصْدَر.

II être étamé, Voc.

قَزْدَار étameur, Domb. 104.

قزر

قَصْدِير pour قَزْدير (κασσίτερος) aussi Voc., M, Bc, Ht, Abou'l-Walîd 84, 20.

الغَزْدِيرِيَّة. Becrî 162, 3 a f., en parlant du Sous: والدرهم المسكوك عندهم قليل ومثاقيلهم تعرف بالغَزْديرية لان رجلا نولى سكتهم يعرف باي للحسن الغزديري 🟊 قَزْدِيرِي ferblantier, Roland, Cherb. Dial. 157.

قزر

قَزِر piteux, rechigné, mauvais, Bc.

قَزْدِير pour قَزْبِر = قَصْدِير étain, 1001 N. II, 295, 298.

قزع.

قَزَع, de la seconde déclinaison, ou du moins employé ainsi Prol. II, 156, dern. l.: فيجمع الله له قومًا قَزَعَ كقَزَعِ السحاب ; cf. la note de M. de Slane, qui traduit: « Dieu rassemblera autour de lui un peuple aussi nombreux que les flocons (de vapeur) dont se composent les nuages » (le techdîd dans le texte est de trop).

قَزَعَة nabot, de très-petite taille, nain, Bc, Hbrt 7.

قَرْقَز I craquer, Ht.

قَرْقَزَعَ قَزَعَ = قَوْس arc-en-ciel, Voc.

قزل

قَزِل occiput, Bc.

قَزْلِي occipital, Bc.

قِزْلَجَق (turc قِزِلْجِق) cornouille, Ht, Bc.

قزم

قَزْمَة (turc قَزْمَة ou قَزَمَة) pl. قَزَم pioche, Bc.

قزمل

قَزَامِل la paille (القشّ) qui se trouve parmi le blé et qui reste sur le crible, M.

قزن.

قَزَّان (turc) pl. ات chaudière, Bc, Hbrt 197.

قَزِين coriace, difficile, dur, avare, parcimonieux, Bc.

قِزَانَة parcimonie, Bc.

قَزَّان devin; fém. ة devineresse, diseuse de bonne aventure, Cherb.; قَزَّانَة devineresse, sorcière, Dict. berb.

343

قسج

قَزَى.

قَزَى être très-remuant, n'être jamais en repos, M.

قس II ordonner, conférer les ordres, Alc. (ordenar de ordon sacra). — En parlant de prêtres, officier, faire l'office divin, c. على p., Nowairî Égypte, 2 m, 79 r° (où les chrétiens sont les alliés des musulmans): والاقسَّا في الاصلاب يصلّبون على المسلمين ويقسّسون عليهم، وبايديهم كوس للخمر والهنابات يسقونهم 1001 N. I, 534, 16 (aussi pendant une bataille): القسوس. وقسّست والرهبان وشدّوا الزنانير ورفعوا الصلبان 🟊

قَسِيس. Le pl. أقسّاء, voyez sous II. Roger 289: «Leurs Chaïques et Cassis, qui sont les curés et prêtres de leurs mosquées.» Clavijo, Vida del gran Tamorlan 134, 14, traduit ce mot par prélat, et 101, 11, 15, 26, 3 a f., par ermite.

قَسِيسِي presbytéral, Bc.

قَسِيسِيَّة prêtrise, Bc.

قَسِيس, pl. aussi قُسَّان, أَقِسَّة, قَسَاوِسَة, M.

قَسِيسِيَّة prêtrise, M.

قسب.

قَسْب voyez Bait. II, 301 h.

قَسْطُوس (κίστος) ciste, Bait. II, 301 g.

قسح I s'endurcir, devenir insensible, impitoyable, dur, inflexible, cruel, Alc. (enpedernecerse, encrudecerse, hazerse crudo, encruelecerse, endurecerse). — قسح رأسه s'obstiner, M.

II c. a. causatif de I, Voc. (indurare), Alc. (endurecer otra cosa).

V = I, Voc., Alc. (endurecerse).

قَسِح dur, intraitable, insensible, Ht.

قَسَاحَة dureté, roideur, sécheresse, manière de répondre sèche, sévère, Bc, qui l'écrit avec le ش.

قُسُوحَة dans le Voc. sous indurare, sévérité; dureté, rudesse, inhumanité, Alc. (severidad, endurecimiento, rudeza, inhumanidad, بقسوحة gravement). — Être cru, pas cuit, Alc. (crudeza no cozedura).

قسم roide, *dur*; Ibn-Doraid donne ذَكَرٌ قَاسِمٌ et رَمحٌ قَاسِمٌ. — Pl. قَسَامٌ (Alc.) et قُسُوحٌ (Voc., Alc.), dans le Voc. sous indurare, *sévère, dur, inflexible, cruel, féroce,* Alc. (aspero cruel, enpedernido, feroce cosa, severo cosa grande), *dur, cruel, inhumain, méchant,* Ht; *dur, sec, froid, incivil, sévère,* Bc, qui l'écrit avec le ص; قاسي القَلْب même sens, Alc. (crudo o cruda cosa, inhumano), et aussi : *qui a l'esprit épais, bouché,* Alc. (gruesso de yngenio, ruda cosa de ingenio). En parlant d'un cheval, قاسي الدَقَم qui est fort *en bouche, qui n'obéit point au mors,* Alc. (desbocado cavallo). — Chez Alc. «pando cosa tesa,» ce que Nebrija traduit par «pandus, repandus,» et Victor par «courbé, cambré, étendu et affaissé, qui a le ventre tendu contre bas;» chez Alc. le synonyme est منفوخ. — *Épais,* Domb. 105 (قاسي).

قسط I *cotiser, taxer par cote,* Bc. — C. بين *régaler, distribuer,* Bc.

II *déterminer la quantité que chacun aura à payer pour ses impositions, fixer le taux,* Gl. Bayân, Haiyân-Bassâm I, 114 v°: ils jurèrent alors qu'ils n'avaient pas rempli ces postes ولا سيما عند تكرّر التقسيط عليهم — قسط لِلغرامة; *imposer un tribut,* Fakhrî 353, dern. l. : على الناس خمسة عشر الف دينار — C. a. et *distribuer, répartir,* Voc., Alc. (disponer poner en partes, parte dar, partir en partes, repartir). — قسط السَنَين *fixer les termes auxquels une dette doit être payée successivement,* M. — En parlant d'un cultivateur, قسط الأغراس *mettre les plantes à distance égale l'une de l'autre,* M.

قسط *contribution, impôt, tribut,* Payne Smith 1491: يُبَهَظُها الخراج والقِسط والطِقس والمال c'est la transposition de طقس, le grec τάξις. Plusieurs formes du verbe tirent leur origine de ce mot. — *Pot en cuir fondu servant à mettre l'huile, le beurre et le miel,* Descr. de l'Ég. XVIII, part. 2, 388 (qest); cf. قسط.

قسط *vase à lait,* Mehren 33. — *Réunion de prostituées qui vivent ensemble;* une seule d'entre elles s'appelle قسطية, M.

قِسْط. Most. : القسط الأبيض هو المرّ والقسط الهندي هو الأسود, et de même chez Bait.

II, 301 b et c; la première espèce s'appelle aussi العربي, Ibn-Djazla; une troisième est القرنفلي, qui ne vaut rien, le même et Nowairî, man. 273, p. 798. — *Bryone, couleuvrée,* Alc. (nueza yerva conocida). — قسط *aunée,* Auw. II, 313, 5 et 6, aussi قسط بستاني, ibid. 6 et 7, et قسط شامي, Bait. II, 301 d. — قسط نبطي (AB), dans le Sawâd, = البقلة اليمانية, Bait. II, 301 e. — *Jarre,* Roland; cf. قِسط.

قسطبية voyez sous قسط.

أقسط *plus juste,* Coran II, 282, *juste, équitable,* Roland.

تقسيط *nommé parmi les contributions illégales,* Cartâs 108, 8 a f. — *Patente, sorte de brevet pour les marchands,* Bc. — *Certificat délivré aux héritiers et en vertu duquel ils sont légitimes possesseurs,* Descr. de l'Ég. XI, 512; ibid. XII, 112 : «Le defterdâr jouissait d'une rétribution de mille médins par bourse, sur le prix de la terre adjugée à un nouveau moultezim; il en faisait la perception en lui délivrant le *tagsyt*, titre nécessaire pour exercer ses droits, soit que la mutation eût lieu par succession ou par vente.» TA: التقسيط ما كتب فيه قسط الانسان من المال وغيره.

قسطبينة *dé à coudre,* Cherb.; chez Roland قسطبينة.

قسطر. قَسْطَل voyez قَسْطَر.

قسطران *bétoine,* Bc.

قَسْطَل I *s'élever, en parlant de la poussière,* Koseg. Chrest. 77, 4 : وعَظُم القَنَا وقَسْطَلَ الغُبَارُ وثارَ وثَمَا; قَسْطَل بعنانِ السَّماء L'éditeur a prononcé ولَحِق, mais ces deux subst. seraient une tautologie, et il faut un verbe.

قَسْطَل (araméen, du latin castellum, *château d'eau*) pl. قساطل *fontaine, édifice pour fournir de l'eau,* Bc; en Syrie, الموضع الذي تغترف منه المياه, Yâcout IV, 95, 7, I, 557, 12; M. de Goeje me fournit encore: Ibn-as-Chihna, man. 1444, 35 r° : au nord de cette *madrasa* est قسطل عظيم يجري الماء اليه من بئر ساقية داخل حوش التربة ثم اجري البها الماء من القناة في عند. ابامي — *Conduit d'eau, tuyau de briques,* M, المولّدين انبوب من الخزف او غيره يجري فيه الماء

قسطن 345 قسم

qui ajoute que quelques-uns disent قَسْطُر, pl. قَساطِر; le même sens est indiqué dans un Vocabulaire du XVIIe siècle, composé à Damas par le missionnaire franciscain Bernardino Gonzalez (conducto de arcaduces) (Simonet); M. de Goeje m'a indiqué encore: Ibn-as-Chihna 57 r°: القَنَاة (القَنَاة) قسطل الى رأس وعمل منها, أمر ببناء القساطل واجرى الماء فيها :v° 57 الشعيبية, قسطل كبير يجرى :r° 94, حتى عمت اكثر دور البلد اليه من فائض البركة. — Dans la 1re partie du Voc. on trouve قَسْطَل *candidator, pulvis*; ce *candidator* semble une erreur pour *castanea*; voyez ce qui suit ici.

قَسْطَل ou قَسْطُل (cette dernière forme dans L, *castanea* قَسْطَل, et dans la 2e partie du Voc.) (lat.), n. d'un. ة au Maghrib et en Egypte, *châtaigne* et *châtaignier*, Yâcout IV, 95, 7 et 8, L, Voc., Alc. (castaño arbol, castaña fruta), Amari 118, 10, Auw. I, 254, 9, Bat. IV, 391, Bait. II, 65: للسورنجان قسطل جَبَلِي, Mehren 33; اصل كالقسطلة فى الشكل *châtaigne sauvage*, Alc. (castaña regoldana). — *Nèfle*, L (mesphilius).

قُسْطَن même origine et même sens, Ibn-Loyon 19 r° (texte): والقسطن والبلوط :r° 32, القسطن بنون خفيفية الشاه بلّوط والقسطلن بلام خفيفة الغُبار. Bat. ne semble connaître que la forme قسطل, car il remarque, II, 324, que les Turcs de l'Asie mineure disent قسطنة, au lieu de قسطل.

قُسْطَناس, que Freytag a mal expliqué, signifie *la pierre sur laquelle on broie les parfums*; M: صَلَايَة الطيب (اى البلاطة التى يُسْحَق عليها الطيب) ؟

قسطور voyez قسطون.

قسطورة *castoréum*, Most. v° جندبادستر, Bait. II, 301 f; dans le Most. aussi قسطريدة, mais je corrige قسطوريدة.

قسطوربيون, ou قسطاربيون, ou قرسطاربيون, nom d'une plante, = رأى حمام selon quelques-uns, mais d'autres, parmi lesquels se trouve l'auteur du Most. (in voce), ne sont pas de cet avis.

قسطون *costus* (?), Gl. Edrîsî. — (Esp. castaño, cf. قسطل et قسطن) *châtaignier*, Auw. I, 254, 10, où notre man. a قسطور, ce que l'édit. a, aussi I, 418, dern. l., où L omet le mot.

قسطيبيسى espèce de grenade, Auw. I, 273, 15.

قُسْقُس.

قَسْقَسَة (formé de قسّيس) *capucinade*, plat discours de morale, de dévotion, Bc.

Koskas, «espèce de truffes de Cana, qui jettent une tige haute et grosse comme celle du Nimphea, quoiqu'elles croissent en terre; la feuille est presque de même, mais elle est quatre fois plus grande, et ressemble mieux à un cœur; la tige tient au milieu comme celle du Nimphea, le vert en est plus gai, et ressemble à du tabis ondé,» Monconys 295.

قَساقِسَة (formé de قسّيس) *prêtraille*, Bc.

قُسْقُون *croupière*, Bc; Richardson donne قُسْقُن en ce sens comme arabe, Kieffer et Bianchi comme persan.

قسم I c. الى *diviser en*, p. e. قسم الكتاب الى ثلاثة فصول «diviser un livre en trois chapitres,» Bc. — *Donner en partage*, 1001 N. I, 142, 3: لم يقسمه الله شيئا. — *Conjurer, supplier, prier*, Ht (قسم); اقوتُ به عيالى; c'est pour la IVe.

II *conjurer*, comme font les magiciens (cf. קסם en hébr. et en syr.), Payne Smith 1388, 1603, 1001 N. Bresl. IX, 165: ثمّ انّه عزم وقسم وطلب الملك الاحمر; aussi قسّم (voyez).

III se construit aussi c. a. p. et ر., 1001 N. I, 30: الخَراج على المُقاسَمة — لو قاسمتُه في مُلكى, ou خَراج المُقاسَمة, ou مُقاسَمة, est lorsque les cultivateurs du sol doivent payer le tribut en nature, c.-à-d., quand ils doivent donner au souverain une certaine partie des produits de la terre, le dixième, le quart, le tiers, deux cinquièmes, la moitié, Gl. Belâdz., Gl. Fragm., Fakhrî 215, 3 a f. et suiv., 260, 5 (l. بالخُمسَين). دفع الارض الى اهلها مقاسمة على النصف, etc., lorsque la terre est devenue la propriété du fisc, mais que les habitants y restent et continuent à la cultiver en s'engageant à céder une certaine partie de la récolte, Gl. Belâdz.

IV *faire des adjurations, des exorcismes*, 1001 N. I, 691, 2 a f. — Quand ce verbe signifie *jurer*, on omet souvent la particule أن, comme après d'autres verbes qui expriment le serment, Gl. Badroun, Abbad. II, 175, 2.

V. Remarquez la constr. Macc. I, 583, 18: فكان يتبعه فى اسفاره ما ينيف على اربعمائة فقير فينقسمها التَّرْتيبُ فى وظائف خدمته; cf. ma Lettre à M. Fleischer 72. — Au fig., *chasser le sommeil*, Gl. Mosl.

VII *se diviser*, Gl. Edrîsî. — *Etre conjuré* (par un magicien), 1001 N. Bresl. IX, 166.

X *conjurer les démons, exorciser*, Bc.

قِسْم pl. اقسام *compartiment*, Bc. — Même pl. *département*, *division d'un pays*, Bc. — *Faction*, *parti*, *cabale*, Bc. — *Sort*, 1001 N. IV, 156, 8: وابدلنت قسم الدُّنيا cosmométrie, Alc. (medida del mundo; trad. de Nebrija).

قَسَم pl. اقسام *adjuration*, *formule d'exorcisme*, Bc, 1001 N. I, 854, II, 598, 6, 668, 3 a f., 669, 2 et 8.

قِسْمَة *partie d'une tribu*, Sandoval 269, Daumas Mœurs 16.

قِسْمَة, *part*, *portion*, Bc, forme au pl. قسم, M, Abd-al-wâhid 2, l. 12. — *Destin*, *destinée*, Bc, Ztschr. XVI, 244 (« ewig zugetheiltes Loos »), Haiyân-Bassâm III, 4 v°: j'ai connu ces deux princes lorsqu'ils étaient encore esclaves, فكنا حظى من الاعتبار بالدنيا اذ كانا على استخدامهما لها من الجهل والاقن واللكنة من خجهم الله تعالى فى القسمة البالغة الدالة على قوانها (l. قوانها) عنده. — *Division*, *règle d'arithm.*, Bc, M, Prol. III, 95, 15. — T. d'astrol., *la section*, Prol. II, 188, 4 a f., cf. la note de M. de Slane II, 221, n. 1. — *Ordination*, *action de conférer les ordres de l'Eglise*, Bc. — *Dans le commerce*, *deux réaux ou dollars*, Burckhardt Nubia 216. — قسمة للحق *justice distributive*, Bc.

قِسْمِى *partitif*, t. de gramm., Bc.

قسام *adjuration*, *formule d'exorcisme*, Bc.

قسيم *qui a quelque chose de commun avec un autre*, Abd-al-wâhid 141, 2 a f.: قسيم فى النسب الكريم, 273, 11: وهو قسيم نهر اشبيلية منبعهما واحد. *Hémistiche*, Abbad. II, 73, 1, 152, n. 39.

قَسَامَة, *dans le droit criminel*, « cinquante serments que sont admis à prêter les aâcibs mâles du défunt dans le cas d'homicide intentionnel, et ses héritiers hommes ou femmes dans le cas d'homicide par imprudence, » Vincent, Etudes sur la loi musulmane 66, M. — *Acte par lequel quelqu'un déclare devant le wâlî ou le juge qu'il s'abstiendra d'une mauvaise habitude qu'il a contractée*, p. e. de l'ivresse, M. — دَفْتَر القَسامة *registre sur lequel on écrit les noms de ceux qui ont endommagé les propriétés, et qui sont condamnés par le wâlî à réparer en argent le dommage qu'ils ont causé*, M.

قَسّام *celui qui répartit entre les héritiers les biens du défunt*, d'Escayrac 176, 1001 N. III, 194, IV, 639, 8. — *Le convive qui prend un morceau, le coupe avec ses dents et en remet la moitié dans le plat*, Daumas V. A. 314.

قَسّام *diviseur*, *nombre par lequel on en divise un autre*, Bc. — اسقف قسّام *ordinant*, *évêque qui confère les ordres sacrés*, Bc.

تَقْسِيم *division*, *règle d'arithm.*, Bc. — *Chez les chrétiens*, *adjuration*, M.

تَقْسِيمِى *distributif*, Bc.

مَقْسِم, à savoir مقسم الفىء, pl. مَقَاسِم, *butin* (qui doit être divisé); de là: صاحب المقاسم = هو على المقاسم = قَسّام الغَنَم, Gl. Fragm. — Même pl. *la bifurcation d'un chemin*, Alc. (dos caminos do se parten). — *Château d'eau*, M, Amari 118, 12: وحوله ابنية كثيرة وآثار عظيمة للماضين ومقاسم تدل على كثرة ويتشعب منه. — *Canal*, Iςtakhrî 243, 6: ساكنيه (نهر هندمند) مقاسم الماه, 261, 8, cf. Bat. I, 234.

مَقْسِم *cosmomètre*, Alc. (medidor del mundo; trad. de Nebrija). — Le mot المَقْسِمات, que Freytag donne sans voyelles en citant le Fâkihat al-khol. 122, 14, et qu'il traduit par *adiurationes Dei, ut adiuvet*, ce qui ne conviendrait en aucune façon, doit se prononcer المَقْسِمات et se traduire par *soucis, chagrins, inquiétudes*; c'est le synonyme de المنكدات, qui précède. Cf. مَقْسَم, que le Câmous explique par مهموم, *soucieux, chagrin*, et ce passage du Calâïd 54, 2: فقاضت نفسه فى اثناء منازلتهم جزعا، وفقدت روحه مقسما بالاتكاد موزعا.

مَقْسُوم *dividende, nombre à diviser*; مقسوم عليه

diviseur, nombre par lequel on en divise un autre, Bc, M. — *Ordinand*, qui se présente à l'évêque pour être promu aux ordres sacrés, Bc.

قَسْمُورى épithète d'une espèce de bois d'aloès, qu'on appelle aussi *le chinois*, Bait. II, 225 a (AB).

قسو I se construit c. على p., *contre*, Koseg. Chrest. 82, 6: قَسَا قَلْبِي عَلَيْهِ (lisez ainsi). — C. عل p. *être cruel envers*, Voc.

II *endurcir, rendurcir*, Bc, M, Gl. Fragm. — *Rendre cruel*, Voc. — Dans le Voc. sous pati.

III, en parlant d'un bardache, ce qu'on nomme en latin *scœvo* ou *scœveo* (motitare nates in coitu), Alc. (padecer el puto; voyez Nebrija). — Ce qu'on nomme en latin *fello* (mentulam ore excipere), Alc. (padecer por la boca; voyez Nebrija).

V *s'attrister*, 1001 N. Bresl. VII, 79, 12: لا تتقسى où Macn. a لا تحزن; cf. plus loin قَسْوٌ et مقسى.

قَسْوٌ *cruauté*, L (crudelitas قَصْوة), Voc., Bayân I, Introd. 86, 8. — *Tristesse*, 1001 N. Bresl. VII, 56, 6, 85, 2, IX, 197, dern. l., 201, 5, 284, 2.

قَسَاوَة *cruauté*, Voc., Alc. (crueldad).

قَاسٍ. Chez Bc (sic) رجل قاصى *homme austère*, *dur*; *cruel*, Voc., Alc. (cruel cosa sin mesericordia); L: *crudelis* القَلْب (sic) قاصى

مَقْسِي, fém. مَقْسِيَة, *triste*, 1001 N. Bresl. VII, 122 (Macn. حزين), IX, 197, 201, 284.

قَسُور.
قَسْوَر, *lion*, pl. قَسَاوِرَة, Voc. — Epithète d'un lion, P. Koseg. Chrest. 76, 7.

قشّ I *ramasser*, Bc. — *Rafler*, emporter tout promptement, faire rafle, Bc. — *Balayer*, Bc, Hbrt 197, M. — *Glaner*, Bc. — *Ecumer*, Bc, M. — En parlant de linge mouillé, *commencer à sécher peu à peu*, M.

II *balayer*, Alc. (coger vasura). — Chez les agriculteurs, قشّش الأرض *sarcler, arracher les ronces*, M. — *Dévaliser une maison*, Cherb.

قَشّ. Corrigez le *manipulus* de Freytag. Ce mot, avec le n. d'un. ة, signifie en Egypte et en Syrie: *brins d'herbes sèches ou bien de broussailles*; on dit قشّ تبن pour signifier *paille de blé*, et قصب قشّ veut dire *débris ou brins de cannes, de roseaux*; les tiges et les feuilles sèches y sont comprises, Fleischer Gl. 37; M: والعامّة تستعمله لما صغر ودقّ من يبيس النبات والواحدة عندهم قَشَّة; cf. Payne Smith 1170; Bc. avec le pl. قُشُوش, *paille*; *chalumeau*, tuyau de paille; لمّ القشّ *glaner*; pour قشّة il a *fétu* (cf. Fleischer l. l.); il a encore: قشّة *paille, défaut dans les métaux, les diamants*, et فيه قشّ *pailleux* (métal). Au fig. il donne: رجل من قشّ *homme de paille*, نار قشّ *feu de paille, ardeur passagère*. En Syrie قشّ est aussi: *tiges des céréales, mais proprement celles qui ne sont pas encore coupées*, l'opposé de تبن, Fleischer l. l. Bc donne en outre: قشّ البحر *algue*; قشّ مزهر *jonc*; قشّ القمح *jonc fleuri*; قشّ الخضر *chaume*. — *Supellectilis* dans le Voc., *effets*, قشّ الدار *meubles, vaisselle*, Cherb. qui prononce قُشّ, *bagage*, Bc (Barb.), *bagages, effets mobiliers*, Ht. Le pl. قشاش, R. N. 99 v°: il avait dit: je retournerai chez moi مرّ به الغدامسى وهو يضمّ, puis: وآخذ ما كان لى قشاشه. Je crois retrouver ce pl. chez Werne 73, qui, en décrivant une espèce de chambre dans une tente, dit que la cloison de derrière est couverte d'un tapis et ornée de boucliers et de tables incrustées de coquilles, lesquelles s'appellent *kaschahsch*. Peut-être faut-il aussi rattacher à ce قشاش le terme *bookashash*, que donne Shaw, I, 268, espèce de lézard qui vient souvent dans les maisons; ce serait alors: « celui des meubles. » Je crois trouver un pl. قشش dans les 1001 N. Bresl. XI, 57: un homme ayant été arrêté comme voleur, l'un disait ceci, et l'autre: يا ما قشش بيوت; — قشّ الغازية *butin*, Roland.

قشّ *herbe sauvage*, Burckhardt Nubia 326.

قشّ pl. قُشُوش *nid*; — *petite maison*, M. — Voyez قَشّ.

قَشَّة voyez sous قَشّ. — *L'anche du hautbois*, Descr. de l'Eg. XIII, 399. — *Abatis*, la tête, les pieds, le cou, les ailerons de volailles; le cuir, la graisse, etc. de bêtes tuées; قشّة البهائم *issues*, extrémités, entrailles d'animaux, Bc.

قُشَاش = قشّ, 1re signif., Fleischer Gl. 37.

قُشُوش *peau de lièvre*, garnie des oreilles ainsi que des pattes, qu'on jette en guise d'amorce au faucon quand il tarde à rejoindre son maître, Daumas R. d. O. A. N. S. III, 239 (gachouche).

قَشِيش = قَشّ, 1re signif., Fleischer Gl. 37.

قَشَّاشَة écumoire, Bc.

قَشَّاشِي servant au transport de la paille (barque), Maml. II, 1, 24.

قَشَّاش dans le Voc. sous supellectilis, revendeur, fripier, Macc. I, 142, 4.

مِقَشَّة balai, Bc, Hbrt 197, M, 1001 N. II, 231, fait de feuilles de dattier, Descr. de l'Eg. XII, 442; « it is short and flat, and is made of the thickest part of a palm-stick; the larger portion of which, being well soaked, is beaten until the fibres separate, » Lane trad. des 1001 N. II, 475, n. 25. — Brosse, Ht.

مُقَشَّشَة grand verre (زجاجة) dans un étui de bois mince; ordinairement on met des brins de paille (قش) entre ces deux objets afin d'amortir les chocs, M.

قَشِب II. قَشِب قَشِبَت يَدُه وشفَتُه est voyez قَشِب; مُقَشَّب calleux, Bc.

قَشْب expliqué par الخَلْط اي يُخَلَّط et par السَمّ بشيءٍ يَقرَبُه فيَقتَل, Diw. Hodz. 194, vs. 61.

قَشِب cal, durillon, Bc; mais selon le M c'est: خشونة مع تَقَشُّر تصيب الشفتين واليدين مع ملاحة الريح الشديدة البرد وذلك يقع احيانًا في العجين

قِشْبَة. On nomme ainsi dans le Hidjâz une écorce qui vient du Yémen et qu'on apporte à la Mecque; elle ressemble à la casse aromatique épaisse, et l'on s'en sert dans les parfums des femmes, Bait. II, 302 c (il l'épelle).

قَشْشُوب pl. ات pot de chambre, Alc. (potro para orinar).

قَشَّاب, قَشَّابِيَّة, nom d'un vêtement maghribin; c'est une tunique ou blouse de laine ou de toile sans col et sans manches, ou à manches courtes. On la porte au lieu du caftân ou sur cet habit. Voyez Vêtem. 364, Defrémery Mémoires 328, Marmol II, 148 c (alcaxaba), Prax 16, 18, Pflügl t. 67, p. 6, 7 (kashaba), Caillié I, 55, 83, 88, 90, 106, et surtout 160: «On nomme coussabe une pièce d'étoffe de deux aunes de long sur trois quarts au moins de large, pliée en deux, et les laizes cousues ensemble, en laissant par le haut des ouvertures pour passer les bras; on en fait une autre au milieu de l'étoffe pour passer la tête. C'est une chemise sans col et sans manches. » J'ai soupçonné autrefois que ce mot appartient à la langue des Mandingues; c'est une erreur, car d'après Caillié (III, 297) ce vêtement porte chez ce peuple le nom de douréqui.

مُقَشَّب hâlé du soleil, Ht.

قَشَمَر I rassembler du menu bois, M.

قَشَمْبَرَة ramassis de choses cassées et d'ustensiles quand on pille une maison, M.

قَشَم III, forme maghribine pour قسم III, traiter durement, Cabbâb 115 v°: ولو قال قائل ان مَعنا ما قاله ابن رشد فيمن يقصد المكارمة وما في كتاب ابن المَوَّاز وابن حبيب فيمن لا يقصد ذلك ويدخل على المقاشحة ويجعل على الغرر لكان ذلك حسن (حسنًا ل.); chez Beaussier قَشَم marchander beaucoup; pressurer, Prol. II, 83, 2 a f.

قَشَمِير voyez sous قَاجِدر.

قَشَر I monder, nettoyer l'orge, etc., lui ôter la peau, Bc. — قشر الجرح absterger, nettoyer une plaie, Bc. — Frotter, battre, Bc, 1001 N. Bresl. IX, 348: قشروه علقة, où Macn. a علقة ضربوه. — Peler, se détacher (superficie de la peau), Bc. — Avaler, anéantir, Mehren 33.

II monder, écaler, Alc. (mondar, remondar), Bc, écailler, Voc., Alc. (escamar pescado), Bc, 1001 N. Bresl. IV, 338.

V s'écailler, tomber par écaille, Bc. — Peler, se détacher (superficie de la peau), Bc, Bat. III, 85. — Monder, Alc. (mondar por descortezar).

VII peler, se détacher (superficie de la peau), 1001 N. II, 697, 4.

قِشْر écorce, mais c'est proprement la première, la grosse écorce, tandis que لِحَا est la seconde, la petite écorce, Abbad. II, 166. — Peau (de fruits), Bc; spécialement la peau du fruit du cafier, Burton I, 279 n. Dans le Yémen on donne le nom de kichr au café à la sultane, c.-à-d., à un breuvage fait des peaux peu ou point rôties des graines de café, Niebuhr B. 52, R. I, 294, 301, Ztschr. XII, 402. — Cosse, Bc. — Coque, écaille d'œuf ou de noix, coquille, Bc, Ht, Bat. II, 160. — Ecailles (de poisson), Gl. Edrîsî,

Ht, 1001 N. Bresl. IV, 338. — قُشُور *épluchures*,
Bc. — *Croûte*, plaque plus ou moins dure qui se
forme sur la peau, par la dessiccation d'un liquide
sécrété à la surface, voyez sous حـشـكـريـشـة. —
قشر الحَبّ *follicule*, enveloppe de grains, Bc. —
قشر سَلِيخَة *casse aromatique*, Voc. — قشر العظم *périoste*, membrane qui enveloppe ou couvre les os, Bc.
— قشر القحف *péricrâne*, Bc. — *Petite barque*,
(proprement *coquille*), Akhbâr 37, 3 a f.. Macc. I,
163, 17. — قشر *argent, monnaie*, Bc. — Sur le
poisson qui porte ce nom voyez Browne I, 101. —
Semble avoir un sens que je ne connais pas dans
Amari 334, 5 a f.: واستمرّ القتال وتقدّمت الدبابات
وصربت المنجنيقات وزاحمت السور الى ان صارت منه
بمقدار اماج فأثقف اصحابنا على ان يفتحوا ابوابا قبالتها
من السور ويتركوها مغلقة بالقشور ثم فتحوا الابواب على
غفلة وخرجوا منها على غرّة.

قَشْرَة voyez قِشْرَة.

قِشْرَة, chez Alc. قَشَرَة; le Voc. et Alc. ont le pl.
قُشُور, qui appartient proprement à قِشْر. — *Liége*,
Domb. 101, qui a قَشَر; mieux قِشْر chez Hbrt 132,
car c'est proprement *écorce*, comme *cortex* (liége) en
latin. — *Peau* (de fruits), Bc; — *café à la sultane*,
Burckhardt Arabia I, 48 (voyez sous قشر). — *Pellicule*, Bc. — *Coque, écaille d'œuf*, Alc. (cascara como
de guevo). — *Coquilles de noix, pelures de pommes,
criblures de grains, etc., épluchures*, Alc. (cascaras
mondaduras, alimpiaduras, hollejo de legumbre, hollejo
de qualquier cosa). — *Ecaille* (de poisson), Voc., Alc.
(escama de pescado o cosa tal). — *Croûte* (du pain),
Voc., Domb. 60, Bc, Hbrt 13 (aussi قِشْرَة), Roland; —
croûte quand une gale sèche, Alc. (postilla de sarna).
— قشرة الحَيّش *dépouille de couleuvre*, Alc. (hollejo de
culebra). — قشرة السَلِيخَة *casse aromatique*, Alc., mais
il a altéré le second mot, car il l'écrit (casia arbol
e yerva conocida e olorosa) açâleh, et (casia linea corteza) xelêhua; cf. sous سليخ et sous قشر.

قَشْرَة, *croûte*, voyez قِشْرَة.

قشروى dans les 1001 N. I, 191, 6 a f., est une
faute pour فشروى (voyez).

قِشْر, sans voyelles, pl. ات, est dans la 2ᵉ partie
du Voc. *fusus* (= مَغْزِل); dans la 1ʳᵉ il a قُشُر *fusus,
tortorus*. «Probablement,» dit M. Simonet (368), « de
l'adj. lat. *cochlearis*, tordu en limaçon, de *cochlea*,
limaçon, vis de pressoir, d'une presse, comme *cuchara* s'est formé de *cochlear*. Quant au mot b. lat.
tortorus, qui ne se trouve pas dans Ducange, cf. ital.
torcolo, cast. torculo (vis de pressoir), et cast. tortera
et tortero (fusi rotula), de torqueo.» — Dans la 2ᵉ
partie, le Voc. a encore قُشَيْر *nates*.

قُشَيْرَة dimin. de قِشْرَة; de là قشيرة الشرانف, M.

قَشَّار *brocanteur, marchand de bric-à-brac*, Cherb.

قاشر دواء *abstersif*, propre à nettoyer, Bc.

أقْشَر *funeste, malheureux, sinistre*, Bâsim 78: وكان
فلان وجهه اقشر؛ يوم اقشر تشوّشت العال كلها *le visage d'un tel porte malheur*, celui qui le fréquente ne
prospère pas, M.

تَقَاشِر اليد *bas, guêtres*, Domb. 82, Ht; — تقاشر
gants, Delap. 79.

مَقْشِر *farine*, Voc.; proprement comme chez Beaussier: *mondé* (orge, blé).

مَقْشُور vulg. pour قِشْرَة, dans le sens de مَشْمُوم, M.

مَقْشُرَة sorte de mets fait de froment mondé, M.

مِقْشَر sorte de *chardon*, Auw. I, 50, 13, qui dit
que le nom esp. est قردال (notre man. ذ), dimin.
de cardo.

قشط I *effleurer, enlever la surface, enlever, racler,
ratisser, regratter*, Bc, *ôter la peau*, Hbrt 76, Hamâsa 28, 8 a f.; cf. كشط I. — قشط الزبدة *écumer*,
Bc. — C. على *sangler*, Bc. — *Faire avancer* (بالسَّاق),
Ztschr. XXII, 130. — *Glisser*; قشط الشيء est
سقط قشط الخاتم من الخنصر et زلّ عن مكانه
ممْلَسًا, M.

II c. a. *découvrir, mettre nu*, Voc. (discoperire
(tibias, vel. . . .)). — قشط الثياب *dépouiller, ôter à
quelqu'un ses habits*, Bc, c. d. a., *dépouiller quelqu'un de*, 1001 N. Bresl. II, 55, dern. l.: ودخلوا
بالعروسة حتى يقشطوها حليها ويخلوها؛ surtout en parlant de voleurs, = قَشَط سليب الشيء قهرًا, M, *détrousser*,

قشع

Bc, 1001 N. Bresl. IX, 224, 7, 229, 7 (Macn. عريانة) et 10 (Macn. اخذ اموالـه). — قَشَطَ الرسن عن راسـه se décoter, défaire son licou, Bc. — Gratter, Bc. — Pirater, Bc. — Faire avancer (ساق), Ztschr. XXII, 130.

V être découvert, mis nu, Voc. — Être dépouillé, 1001 N. Bresl. IX, 224, 11.

VII s'enlever, être ôté, Bc.

قِشْطَة peau du lait qui a bouilli, Hbrt 12, غِشاوة من السمن تطفو على وجه الحليب او اللبن الراتب M, crème, crème cuite, Bc, Mehren 33. — قَشْطَة الريم écumoire, Bc. — Ananas, Bc.

قَشَاط sangle, Bc, M. — Ceinture d'un boucher, armée d'un مُسْتَحَكّ ou fer à aiguiser, Bg.

قَشَّاط écumeur de mer, pirate, Bc.

تَقْشِيط t. de tailleur, fausse couture à longs points, qui sert à retenir provisoirement la doublure, et qu'on ôte quand la couture à demeure est faite, M.

مِقْشَط pl. مَقَاشِط grattoir, racloir, Bc. — Canif, Hbrt 112.

مَقَشَّطَة instrument dont se servent les fabricants de cordons de soie pour les débarrasser des nœuds, M.

قشع I voir, Bc, Roland, M, Mehren 33, regarder, 1001 N. Bresl. III, 306. — Se mettre à faire une chose, Bâsim 67: ما قشعوا يعرضوا الرسل الا فى هذا اليوم ※.

II rasséréner, rendre serein, Voc.

V se rasséréner, devenir serein, Voc.

VII se dit de la poussière qui se disperse, qui disparaît, Koseg. Chrest. 76, 6 a f.; de là انقشع عن القتام la poussière, en se dispersant, montra, Bassâm III, 178 rº: فما أنتم قوله حتى لاح لهما قتام. — انقشع عن سريّة خيل Se fondre (neige), Khaldoun Tornberg 23, 5: انقشع الثلج واخل. — Se rasséréner, devenir serein, Voc., Berb. II, 33, 7: انقشع الجوّ. — C. عن p. lever le siége, Akhbâr 97, 4 a f. — Se rétrécir, comme traduit M. de Slane, Berb. ١٢,

قشف

143, 6 a f. — C. عن p. ne m'est pas clair dans un passage que j'ai cité sous جَوْلَة.

قَشُوع agneau que sa mère n'aime pas et n'allaite pas, M.

قشعر I c. a. et II dans le Voc. sous oripilatio.

قَشْعَرَة الجِلْد horripilation, Bc.

قَشْعَرِيرَة frisson de peur, Bc.

قَشْعَرِيرَة t. de médec., frisson dans le dos, qui précède la fièvre, M.

قشعم I c. u. avoir en abomination, Voc.

II c. من dans le Voc. sous abhominari, aussi abstinere.

قشف II, en parlant d'un voyage, rendre quelqu'un malpropre; au fig., وقد قشف الله عيشه, Gl. Fragm.

IV se déteindre (couleur), Alc. (desdozir el color; cf. Nebrija et Victor).

V être malpropre; puis, comme les hommes pieux et dévots étaient ordinairement malpropres, afin de montrer leur mépris des vanités du monde, ce verbe est devenu le synonyme de تَزَهَّد, Gl. Fragm.; mortifier sa chair, Hbrt 151; le n. d'act. frugalité et mortifications, Bc; le partic. frugal et dur, austère, rude (vie), Bc; Abd-al-wâhid 201, 15: واظهر بعد ذلك زهدا وتقشّفا وخشونة ملبس وماكل, de Sacy Chrest. I, 263, 11, Kâmil 376, 6, 403, 15, Macc. I, 501, 2, 591, 7, Cartâs 35, 12, 42, 14, 111, 7, Berb. I, 303, 1, Payne Smith 1589; la secte juive des Nazaréens, qui prohibait divers aliments, surtout l'usage des viandes, et empêchait le mariage autant qu'il était possible, est nommée par Macrîzî المتقشّفون, de Sacy Chrest. I, ١١۴, dern. l., cf. 346.

قَشَف maigreur d'une terre, Auw. I, 54, 2 a f., 138, 6.

قَشِف maigre (terre), Auw. I, 55, dern. l., 61, 3, 139, 4 a f., Bait. I, 18 f: المواضع القشفة اليابسة.

قِشْفَة croûte, croûtelette, Bc, 1001 N. II, 68, 11 ;.

قَشِيفَة croustille, Bc.

قَشَافَة frugalité, Bc.

قشق II étriller, Bc.

قَشَف (تركه قشاغو) étrille, Bc.
قشای ceinturon, Hbrt 134.

قشقر I c. a., aussi كشكر, dans le Voc. sous rugare.
II rugare, Voc.

قَشْقُوطَى qui a peu de barbe, Voc.

قشل I être pauvre, 1001 N. Bresl. IX, 363, où Macn. a افتقر.

قشل pénurie, Mehren 33, 1001 N. Bresl. XI, 55, 64.

قِشْلَة (Hbrt), قُشْلَة (M), قشلا (Bc), (تركه قشلا), pl. قشل, caserne, Hbrt 144, M, Bc, Hist. Tun. 136: le Pacha fit bâtir ابراج حمقت الوادي والقشل لخمسة البديعة الاحكام واسكن بها عسكر الترك ibid.: le Pacha اتخذ بيتا له بقشلة البشامغبة بين بيوتهم, وتنزيا بكثير من زيهم 143: Hosain-Pacha institua للجند النظامي وابتدى لسكناه قشلة المراكس۞

قشلان sans argent, 1001 N. Bresl. IX, 318: ان لم يكن, où Macn. (III, 197) a: كنت قشلان, معك دراهم, XI, 46, 3 et 4.

قِشْلَاق (تركه قشلاي) quartier d'hiver, Bc.

قشلمش voyez sous فَرَس.

قشم

قشم il n'est pas فلان ليس له قشم على العمل en état de travailler, M.

قشم liqueur forte, la sève du dattier, Guyon 245 (kichem).

قَشْمَر (تركه قاشمر) bouffon, farceur, Bc; pl. قشامر, 1001 N. Bresl. VII, 81, 5: وقال لها الدراويش ما جابوا شى العشرة الاب الذي اوصدوك بها ولكى دول دراويش قشامرة دول est égyptien = عولاء dans l'éd. Macn.). Habicht a écrit sur ce mot une note ridicule, et le diascouaste de l'éd. Macn. ne l'a pas compris, car il le remplace par فقرا.

قَشْمَرِيّة bouffonnerie, Bc.

قشمش = كِشْمِش, Gl. Manç. sous ce dernier mot, de Jong, Bait. II, 301, seulement dans A après h; écrit قَشْمَش Djauzî 146 r°, 148 r°.

قَشْنِيبَة (esp. cochinilla) cochenille, Domb. 102, Ht.

قشو.

قَشْوِيَة sorte de boîte (علبة) ronde, faite de paille (القش), M.

الجِلد القشبينى sorte de cuir, Inventaire.

قص I tondre, Ht. — Pour le sens d'exposer, expliquer, faire connaître, cf. Nowairî Afrique 47 v°: فقص عليهم عبد الله عقائد الاسلام وقواعده dans le même sens, à ce qu'il semble, avec le n. d'act. قَصّ, chez Bait. I, 20: واورد فيه ما اوردته عنه فيما تقدم نصا. — .وقصا N. d'act. قَصَص, raconter dans la mosquée ou sur la rue des légendes bibliques ou des traditions amusantes et quelquefois apocryphes. On trouve de ces قُصّاص (pl. de قاصّ) dès les premiers temps de l'islamisme. Les hommes sérieux désapprouvaient ce qu'ils faisaient, surtout parce qu'ils forgeaient des traditions; mais le peuple les écoutait volontiers, et l'autorité, qui les mettait sur la même ligne que les astrologues et les devins, était parfois obligée de prendre contre eux des mesures rigoureuses. Le verbe قصّ, toutefois, a reçu peu à peu le sens de prêcher, faire un sermon, et est devenu le synonyme de ذكّر et وعظ. Il se construit c. على p. (Amari 196, 5). Voyez Ztschr. XXVIII, 320, n. 2, Gl. Belâdz. 88—90, Gl. Fragm. — C. إلى se rendre vers, Voc. — C. a. et من, n. d'act. قصاص, mettre en compte une chose qu'on substitue à une autre, Gl. Belâdz.

II couper, en parlant des cheveux, etc., M, Voc., Alc. (cercenar, مقصّمن afeitado con tisera). — Punir, châtier, Ht. — Semble avoir, quand il est question de la soie, un sens que je ne connais pas, Bait. I, 7 b, article ابريسم: اجود انعمه وانقاه واستعماله يكون محرقا وصفة حرقه بأن يجعل فى قدر حديد ويطبق راسها بطبق مثقب ثم يجعل على النار ولو كان امكن استعماله مقصّصن لكان ابقى لقوّته۞

III c. a. p. et ب r. faire entrer en compte, Gl. Belâdz. — Compenser, Ht, مُقاصّة compensation,

v. d. Berg 111. — قَصَّصَ *châtier, justicier, mulcter, punir*, Bc. — قاصص *diminuer, réduire*, Ht.

V *être coupé* (cheveux), Voc. — *Être tondu*, L (tondeor).

VI. يتقاصص لاجل ذنبه *il portera la peine de sa faute*; تقاصص لاجل الغير *payer pour les autres, être seul puni pour une faute commune*, Bc.

VIII *appliquer la peine du talion*, Alc. (penar por talion).

قَصّ est expliqué dans le Gl. Manç. (in voce) par للخرزات الصغار التى فى وسط الصدر ويرتكز فيها اضلاع الصدر العليا من قدام. — *Narré*, Bc.

قَصّة *tonte*, Bc. — *Barége* (espèce d'étoffe), Cherb.

قِصّة *requête, placet*, Maml. I, 1, 236, Gl. Bayân, Gl. Abulf.; «de là venait le nom d'un officier, qui portait le titre de دار قصة, et dont les fonctions consistaient à recevoir, tous les jours de la semaine, les placets, requêtes et réclamations de tout genre. Il les faisait porter le vendredi à l'audience du sultan, si ce prince devait en donner une, et il recevait les réponses. Cette charge avait une haute importance,» Maml. I, 1, 237.

قُصّة *toupet*, Bc. — قصة الماس *long ornement en diamants et en or, que les dames portent sur le front*, Lane M. E. II, 331, 399.

قَصَاص *cytise* (arbrisseau), Bc, Bg 846, Bait. II, 304 c; Bc sans voyelles, B de Bait. (sur la marge) et Sonth. قَصَاص, A قَصَاص; mais les lexicographes arabes ont قُصَاص, comme Bg.

قِصَاص *châtiment, peine, pénalité, punition*, Bc. — *Amende*, Bc. — *Répression*, Bc.

قُصَاص, n. d'un. ة, pl. ات, *rognures*, J. A. 1850, I, 244—5.

قِصَاصِي *afflictif; — pénal; — répressif*, Bc.

قَصَّاص *tondeur*, Bc, M. — *Habile à reconnaître la trace des pas*, Gl. Djob. — *Agent de police*, 1001 N. Bresl. VII, 313, 4 a f. — *Celui qui raconte dans les réunions des légendes pour de l'argent*, M; c'est donc = قاصّ. — *Historien*, Alc. (istoriador). — *Gypse*, Most. v° جبسين وهو الشيد وهو الجصّ والجبس هو dans mes mes قصاص القصّ والقصّة والقصاص والجصّاص.

man. n'ont pas de voyelles; le ´ de جِصَاص est dans N.

قَاصّ pl. قُصَّاص voyez sous I.

قَصُّومَة *grand panier de jonc à deux anses*, M.

مَقَصّ, comme n. de lieu de قصّ dans le sens de *couper*, et dans celui de *suivre la trace*, Gl. Mosl.

مِقَصّ, *ciseaux*, pl. ات, Bc. — *Mouchettes*, Alc. (molletas para despavesar), qui prononce mucáç, et qui a le pl. mucayçît; chez Bc مقصّ الشمعة. — Voyez sous مقصّ, lettre mîm.

مُقَصِّص *historien*, Alc. (istoriador). — *Historique*, Alc. (istorial cosa).

مَقْصُوص pl. مقاصيص *boucle de cheveux prenant leur origine sur les tempes*, Bc; les femmes jurent par cette boucle, وحيوة مقصوصى 1001 N. III, 439, 6 a f., Lane M. E. I, 60.

قصب II *garnir de roseaux*, Cherb. Dial. 71. — *Faire un plafond en roseaux*, Cherb. Dial. 72 n. — T. de maçon, *tailler des pierres*, M. — *Emonder les vignes*, voyez sous زبر I.

قَصَب et قَصَبَة Pl. قِصَاب (*roseau, canne*), P. Macc. I, 354, 13 (cf. Add.). Le Voc. donne قَصَاب comme pl. de قصبة *castrum*. — قصب est l'*arundo donax*, J. A. 1848, I, 275. On l'appelle aussi القصب الفارسى (ou قصب الفارس, Most.), Amari 8, dern. l., 1001 N. I, 363, dern. l., Koseg. Chrest. 96, 2; trouvant ce terme dans une charte sicilienne, Amari MS remarque: «Dans l'endroit désigné par cette charte croît, comme partout en Sicile, l'*arundo donax*.» Autres noms: القصب الاندلسى, Ibn-Loyon 46 v°: يقال ابن واقد القصب الفارسى هو القصب الاندلسى قصب البنيان, parce que cette espèce de roseau est utile pour les constructions; lisez ainsi Auw. I, 18, 3, 396, 10 et suiv. (où notre man. a la bonne leçon), voyez surtout l. 19; قصب الساج, mais il faut peut-être corriger السيباج (voyez) et prendre ce mot dans le sens de *fossé*, Most.: قصب الساج هو قصب الفارس وهو الاندلسى ويقال له باسطوس وهو المصمت وهو الذى يعمل منه النشاب ومنه ما يقال له بلش وهو الانثى وهو باسطوس. كثير العقد يصلح ان يكتب به Au lieu de

قصب 353 قصب

il faut lire ناسطوس; c'est le grec ναστός, Dioscorides I, 114: καλάμων ὁ μέν τις καλεῖται ναστός, ἐξ οὗ τὰ βέλη γίνεται. L'arundo femina, qui est une variété de l'arundo donax, est nommée aussi par cet auteur, et بلش est peut-être le grec φλέως, φλόος ou φλοῦς, qui désigne également une espèce de roseau. — قصب *canne à sucre*, de Sacy Chrest. I, 276, 6 a f., II, ٨, 7; aussi قصب حلو, Gl. Edrîsî, Most., Voc., Bc, قصب السُّكَّر Most., M, Bc, قصب سُكَّرِيّ Gl. Edrîsî, قصب مَصّ, Hbrt 56 (Syrie), Bc, قصب المَصّ, nommé ainsi parce qu'on le suce, dans M, et enfin عود قصب, Bc. D'après Bait. II, 304 b, il y a trois sortes de canne à sucre: la noire, la blanche et la jaune; on ne pressure que les deux dernières et le suc s'appelle عسل القصب, expression qui se trouve, mais sans article, dans les 1001 N. IV, 679. — قصب, en Barbarie, espèce de *millet*, Denham I, 173, Lyon 73, 273, 275, Barth I, 156, 176, R. d. O. V, 16, 108, R. d. O. A. N. S. X, 549, Carette Géogr. 150, Richardson Central I, 83, 102, 109, etc., et Sahara I, 80, 334: « espèce de millet, pennisetum typhoideum Rich.; on l'appelle *drâ* à Tunis, et *bichna* à Tripoli », Ghadamès 185: « sorgho long », 332: « *Panicum*; apporté du Soudan; à longs épis et à grains blancs; il existe une autre espèce à grains jaunes », Blaquiere II, 39 n.: « The cassob seed, so little known in European countries, constitutes in Tripoly the most nutritive flour imaginable, and forms a principal part of the people's diet: it is contained in a spike, about 3 inches in length, and as many in circumference; this grows on the top of a reed, which seldom exceeds 3 feet in height; the seed is about the size of a large partridge shot, and of a light lead colour; it is very abundant in general. » Déjà chez Tidjânî, J. A. 1853, I, 111: « Leur principale culture est le *dora*, espèce de millet qu'ils nomment القصب », قصبة الحية au Maghrib, *petite centaurée*, Gl. Manç. v° قنطاورين, corrompu en *gaçat-el-haï*, ce qui est expliqué par *chironia pulchella*, petite centaurée, Prax R. d. O. A. VIII, 346. — القصب الذهبي, en Espagne, *Lysimachia vulgaris*, Bait. II, 445 d. — القصب القبطي nommé Auw. II, 443, 8. — قصبة الحنظلة *chalumeau*, Bc. — قصبة pl. قصب *roseau pour pêcher à la ligne*, Roland Dial. 591, 592. — قصبة pl. قصب *javelot, lance*, parce qu'ils sont faits de jonc, Gl. Bayân. — لعب القصب *carrousel*, Alc. (juegos a cavallo como cañas). — قصبة *pipe, calumet*, Bc. — قصبة, nom d'un instrument de musique, espèce de *flûte*, Daumas Mœurs 285, Shaw I, 296, Pananti II, 88, 89, ou de *hautbois*, flûte de roseau à deux ou trois trous, Carteron 252, 494, et dont le bout est garni d'un jeton qui s'applique sur les lèvres, Jacquot 216; cf. Salvador 13, 36. — قصبة comme nom d'une mesure; elle est de 6½ *dera*, Bc, de 40¼ *dera* carrés, M; cf. Lane M. E. II, 417; العَدّ بالقصب *mettre les briques*, etc., *en masse et les mesurer à la toise*, de Sacy Chrest. I, 69: وكان أبو حنيفة صاحب المذهب يعدُّ اللبن والآجرّ وهو الذى اخترع عدَّه بالقصب اختصاراً. — قصبة pl. قصب *tuyau, siphon, tube*, Bc, M, TA. قصبة *étui cylindrique qui renferme un amulette*, Koseg. Chrest. 73, 4 a f. — قصبة *gouttière*, Bc. قصبة الذراع *l'os du bras qui est creux comme un tuyau*, Alc. (cañilla del braço). — القصبة الصُّغرى *péroné, os extérieur de la jambe*; القصبة الكُبرى *tibia, os intérieur de la jambe*, Bc, chez Alc. قصبة الساق (çanca de pierna, espinilla de la pierna, où le pl. est قصائب). — قصبة *grèves, armures des jambes*, Alc. (gleba armadura). — قصبة الرجل *cou-de-pied*, Domb. 85. — قصبة *trachée, canal de l'air*, Bc, chez Hbrt 3 قصبة الرية; الحلف قصبة artère, canal qui porte l'air aux poumons, Bc, Hbrt 3. — قصبة المَرِيّ *œsophage*, M. — قصبة *asthme*, Bc. — قصب *filé, or, argent tiré à la filière*, Bc, M, قصب فضَّة et قصب أبيض *argent filé*, قصب أصفر *fil de soie doré*, Bc, *fils d'or et d'argent*, Descr. de l'Eg. XVIII, part. 2, 386, قصب ذهب *fil d'or*, Bg, Koseg. Chrest. 80, 3 a f., 1001 N. I, 56, 4, II, 222. — قصبة pl. أت *grain de collier oblong et cylindrique*, comme Lane croit devoir traduire dans le passage des 1001 N. I, 576: وقد رَقبته طوق من الذهب الأحمر وثلث قصبات ما كان مستطيلاً قصب: M a ce sens sous البرجد; من الجوهر; mais M. de Goeje remarque qu'il faut ajouter que ces objets sont creux, puisque le Fâik donne, II, 347: قال صاحب العين القصب من الجوهر ما استطال منه ذا تجويف, on y lit aussi que le Prophète l'a expliqué par بيت من لؤلؤة مجبّبة, c.-à-d. المجوّفة; de même dans le TA d'après Ibn-al-Athîr; d'autres: القصب أنابيب من جوهر. Aussi *une houppe de cette forme*, p. e. un *châch* بقصبات, Vêtem. 332 n. — قصب *bracelet*, Voc., qui a قصب ذهب et قصب فضّة *sous armilla*, Alc. (axorca de oro) قصبة, pl. قصب; sous « manilla » il a: یاcûb (l. caçâb), pl. aqçâb. — قصب, en Perse, étoffe de soie, en Egypte, étoffe brodée dans laquelle sont incrustées de petites lames d'or ou d'argent, Maml. II, 2, 75; قصب الذهب brocart, Bg. — قصبة العمود fût de colonne (comme caña en esp.), Edrîsî (Rome). — قصب ambre jaune, succin, Most. v° كهربا; distinctement dans N, La sans points. — قصب عراقي nommé parmi les choses qu'on mange au dessert, 1001 N. Bresl. I, 149, 1; M. de Goeje pense que c'est canne à sucre, parce qu'Abou-'l-Câsim (man. du musée britannique) nomme parmi les choses que les personnes riches de Bagdad mangent au dessert: قصب السكر. — قصبة métropole, Amari 4, l. 6, 12, 7, 144, 5, expliqué par المقطع المغسول بماء الورد, كرسى الكورة, Khallic. I, 602, 5 a f. Sl.

قصبى « الشبوب المريش والقصبى de l'alun sous la forme de plumes et de tuyaux,» Becrî 15.

قصبيّة. 1001 N. Bresl. I, 149: الى ان جاءت الى الحلوانى فاشتريت منه قصبيّة طبق من جميع ما عنده; je crois que طبق est la glose de قصبيّة (Macn. I, 56, dern. l., a seulement طبيقا), et que ce قصبيّة signifie un panier de jonc.

قصبجى tireur d'or, qui tire, bat et file l'or et l'argent, Bc, « les ouvriers en fil d'or et d'argent, Qasabgyeh, ce sont des Coptes; ils garnissent de métal la soie jaune ou blanche, après qu'ils ont coupé ce métal en très-petites lames,» Jomard cité Maml. II, 2, 75.

قصابة siphon, Bc.

قصابة. Quand Djauharî explique ce mot par صناعة القصّاب, il ne faut pas prendre, je crois, قصّاب dans le sens de «joueur de flûte,» mais dans celui de «boucher,» et ne pas traduire par conséquent avec Freytag « ars fistulatoria,» mais le métier de boucher, car c'est dans cette acception que je trouve قصابة chez Macc. II, 525, 11 (cf. l. 9) et 13, Payne Smith 1424. M. de Goeje remarque: Votre explication est aussi celle du Miçbâh, mais le TA est d'avis que l'autre signif. est également bonne: كلام الجوهرى يقتضى ان هذا التصريف فى لازم ايضا. On voit que le TA ne raisonne que par déduction et qu'il ne donne pas d'exemple.

قصبيّة avoine, Pagni MS.

قصّاب porteur de la mesure de l'arpenteur (مَسّاح), Descr. de l'Eg. XI, 490.

مَقْصَبَة cannaie, lieu planté de cannes, Bc.

مُقَصَّب, adj., tissu d'or (étoffe), Maml. II, 2, 76; — subst., orfroi, étoffe tissue d'or, Bc, Maml. l.l., Gl. Esp. 168.

مَقْصَبَة pl. مَقَاصِب cannaie, lieu planté de roseaux, M, Voc., Alc. (cañaveral de cañas). — Plantation de cannes à sucre, Auw. I, 393, 2, où il faut lire avec notre man.: ويبيت فيها الغنم حتى يصير زبلها ارض المقصبة.

قصت I, comme قصد, épargner, économiser, Hbrt 219.

قصح voyez قسح.

قصد I c. الى p. aborder quelqu'un, Ht. — يقصد الاشارة tirer des flèches, Voc. — C. a. p. et ر. p. e. قصد بالمكروه «on en voulait à ses jours,» de Sacy Chrest. II, ١٩, 6, قصدوهم بانواع من العقاب ils cherchaient les occasions de les tourmenter et de les exposer à toute sorte de supplices,» ibid. ١٣١, 4: — وكان فى اوّل امره مفلّا حتى احتاج الى القصد بشعره «au commencement de sa carrière il était si pauvre, qu'il fut forcé de présenter ses vers aux riches pour de l'argent,» Macc. I, 505, 7, جعل الشعر بضاعته = « il fit de la poésie son gagne-pain,» ibid. 2 a f. — Demander, supplier, Alc. (rogar, suplicar). — Mendier, Voc. — Épargner, économiser, Hbrt 219, économiser, ménager, Ht.

II composer des cacîdas, P. Macc. I, 73, 16, où l'on trouve le partic. مقصّد. — Psalmodier, chanter les louanges du Prophète, = صلّى على النبى, Cherb. Dial. 187, 188.

III c. a. p. se rendre vers quelqu'un, comme je crois devoir lire Abbad. II, 194, n. 27, l. 12 (cf. III, 232).

V préméditer, Bc.

VIII ne se construit pas seulement c. فى, mais aussi c. على, Nowairî Egypte, 2 m, 180 v°: وكان مقتصدا على مليمسد; L a pour ce partic. contentus, sobrius.

قَصْد. Au lieu de انشريف القَصْد, le droit chemin, le bon chemin (au propre et au fig.), on trouve الطريق

القَصْدِيّ, Bayân II, 191, 14, ce qui n'est pas bon, car قَصْد étant un n. d'act. employé adjectivement, on ne peut pas en former un féminin. Dans le Gloss. j'ai prononcé القَصْدَى, mais قَصْد ne signifie pas «droit.» On emploie aussi القَصْد seul, le droit chemin, Gl. Edrîsî, Bat. II, 361, et on dit encore مَهْيَعُ القَصْدِ, Macc. II, 111, 1. — قَصْدًا en droite ligne, en ligne directe, Edrîsî, Clim. I, Sect. 7: il faut faire un long détour, car جَوْن كبير يعوق عن الطريق قصدا, Amari 33, 3 a f. — Sobrietas, L; cf. les Dict. sous la Ire forme et Amari 13, 2. — Tenant le juste milieu, Baidhâwî II, 184, 22: هو الخطاب القصد الذي ليس فيه اختصار اقتصد مع ذلك في, Haiyân 29 rº: جَخَل ولا اشباع ممل غير ما ابتناءه بها كان الانفاق عليها بالقصد, قصدا — et ensuite: قصدا مشبها بفعله في جميع شؤونه على قصد, exprès, Bc, Mc. — قصدًا artificiellement, Edrîsî Iº, 9: مدينة صغيرة على منفع مياه مصنوع قصدًا; Alc. a aussi ce sens: hechiza cosa, alquedí, mais lisez: alquêzd. — Conclusion, Alc.; il a «colusion,» qu'il traduit par قَصْد et مَضْمُون, mais ce mot, qui ne convient pas, doit être changé en «conclusion,» car sous les adverbes de l'E il donne: en conclusion القَصْدُ الكَلَام (sic); cf. sous مقصود.

قَصْدَة = قَصْد intention, si la leçon est bonne dans Mâwerdî 125, 16, mais j'en doute.

قَصْدَة, adjectivement, épithète d'une lance, fragile, aisée à rompre; on dit القَنَا القَصْدَة, où le premier mot est un sing. masc., le second un pl., comme رَجْم أَقْصَاد, Abbad. I, 52, 10, cf. III, 22.

قَصْدِي intentionnel, Bc.

قِصَاد devant, en face de, vis-à-vis; من قصاد à l'opposite, Bc, Mehren 33.

قَصِيد. Je ne sais pas bien quel sens il faut attacher à ce mot dans un vers cité par Macc. I, 915, 20, et où un Espagnol se plaint des Egyptiens:

لا تبصر الدَّهْرَ مَنْ يراعى مَعْنى قصيد ولا قصود

قَصِيد. M. Wright a noté qu'il a trouvé un pl. قُصْد dans Amîn Chelebî.

قَصِيدَة élégie, Alc. (elegia o cantar triste). — Hymne à la louange de Dieu, Alc. (ino en alabança de Dios).

قَاصِد voyageur, 1001 N. I, 402, 545, 4 a f. — Messager, exprès, courrier, député, Bc, Ht, Grose I, p. x, Rutgers 130, 7 a f.; ambassadeur, Amari Dipl. 182, 6, 183, 1, 185, 2; chez les catholiques, légat, nonce, M, Ht, قاصد رسولى, Bc. — Sergent (officier de justice), huissier, 1001 N. Bresl. VII, 77. — Habitant d'un village qui est chargé de lever les impôts que les autres habitants ont à payer, M. — Mendiant, Voc.

الطَرِيق الاقْصَد أَقْصَد le chemin le plus direct, Becrî 12, 2, Djob. 64, 1, en parlant d'une route: وهى اقصد مسافة

مَقْصُود, en parlant d'un endroit ou d'une personne, auquel ou auprès duquel tout le monde se rend; de là المصر المقصود المدينة المقصودة (Macc. I, 94, 10), la capitale. On dit de même تجارة مقصودة, des marchandises que tout le monde veut acheter, qui sont fort en vogue, Gl. Edrîsî. — المَقْصُود pour conclure, finalement, Alc. (en conclusion, finalmente). — المَقْصُود, chez les Soufis, le but qu'ils veulent atteindre, c.-à-d., l'union avec Dieu, Ztschr. XVI, 272.

مُنْقَصِد, épithète d'une lance, fragile, aisée à rompre, Abbad. III, 22, Gl. Mosl.

قصدر I étamer, Voc., Bat. III, 252: احدهما نحاس والاخر مَقَصْدَر, Auw, II, 415, n. **** (à insérer dans le texte); cf. قدر.

II être étamé, Voc.

قَصْدِير (κασσίτερος). Le n. d'un morceau d'étain, M.

قصدعلى coiffure en forme de turban, Bc.

قصر I. Dans plusieurs signif. il est difficile de décider s'il faut prononcer ce verbe à la Ire ou à la IIe forme, ou plutôt on emploie l'une et l'autre; voyez Gl. Belâdz. et comparez Khatîb 23 rº: على قصير في المعارف avec Koseg. Chrest. 119, 3 a f.: تقصيرهم في العلوم. — N. d'act. قَصْر, être bas (muraille, porte), Amari 390, dern. l., Macc. I, 368, 15, R. N. 98 rº: فَانْحَنَى لِقَصْرِ الْبَاب; cf. قصير. — Faiblir, Amari 335, 1:

قَصَرَ ‒ C. a. et على limiter, borner à, Abd-al-wâhid 209, 4 a f., en parlant d'un hôpital fondé par un sultan: ولم يقصر على الفقراء دون الاغنياء بل كل من مرض بمراكش من غريب , Prol. II, خمل اليه وعولج الى ان يستريح او يموت 45 ,12: فقصروا الآلة من الطبول والبنود على السلطان , ibid. I, 20, 2 a f.: وحظروها على من سواه من عُمّاله قصرت عليهم الآمال «c'était sur eux seuls que reposaient toutes les espérances,» Müller 7: شابلها مقصور على فصل «on n'y trouve l'alose que dans une seule saison.» ‒ C. ب p. manquer, faire défaut, p. e. عاجزوا عن = عاجزت بهم النفقة = قصرت بهم النفقة النفقة, Gl. Belâdz. ‒ C. ب p. empêcher de marcher, p. e. قصر بهم الليل والبرد والجوع, avec l'explication حبسهم عن السير, Gl. Belâdz. ‒ Dans le sens de fouler, n. d'act. قِصَارَة, Voc. (candidacio), Auw. I, 686, 22 (l. قِصَارَته), 24, 26, 687, 2. Voyez au reste sous مقصور. ‒ Ce que Freytag a pour قصر به القول في ne se trouve pas dans le Commentaire sur le 55e vers de la Mo'allaca d'Amr ibn-Kelthoum, qu'il cite; biffez cela et voyez sous II (deux fois).

II voyez sous I au commencement. ‒ قَصَرَ الشَعرَ tondre, Voc. ‒ قصر الدركبين raccourcir les rênes, Bc; sous serrer la bride il n'a pas le techdîd. ‒ قصر ايديهم عن الضعفاء الى الغاية «summa diligentia cavit, ne hominibus de plebe iniuriam facere ullo modo possent,» Abulf. Hist. anteislam. 90, 3 a f.; dans son Gloss. Fleischer prononce le verbe à la Ire forme; je ne sais si c'est une correction. ‒ Être en arrière, en retard, s'arriérer, retarder (montre), traîner, Bc. ‒ ضربه وما قصر il l'a battu, et il a bien fait, Bc. ‒ قصر الفرس le cheval était trop fatigué pour aller plus loin, M. ‒ مَن قصر به عَمَلُه celui dont les bonnes œuvres ne suffisent pas (pour le faire entrer dans le ciel); mais la Ire forme s'emploie presque dans le même sens, Gl. Belâdz. Cf. Bidp. 191, 4: وصاحب حسن العمل وان قصر به القول في مستقبل الامر كان فضله بيّنا في العاقبة والاختبار «quoiqu'il ne puisse pas prédire l'avenir avec une certitude suffisante.» ‒

C. ب p. négliger quelqu'un, manquer aux égards qu'on lui doit, Gl. Fragm. ‒ C. ب mépriser, Voc. (contempnere), Commentaire sur le 55e vers de la Mo'allaca d'Amr ibn-Kelthoum éd. Kosegarten: ازدراء وازدراء قَصَرَ, voyez aussi ce qui suit. ‒ قَصَرَ به واحتقرَه بعبد manquer de parole, Bc. ‒ C. عن ne pas atteindre le but, Calâïd 58, 14: ولم ننظم ونَثُر ما قَصَّرَ عن الغاية (la IIe dans l'édit., comme dans les man. A et Ga); c. ب p. et عن empêcher d'atteindre le but, Khallic. I, 563, 6 a f. Sl.: قال فما لى لا أَنْكِر مَع الفحول قال قصر بك عن غايتهم بكاوك في الدمن . ‒ C. في negligere, Voc., manquer, p. e. وصفقتك للادعار والعدنى قصر في الواجب «à ses devoirs;» في واجباته se négliger, s'occuper moins exactement de ses devoirs; قصر في حقه manquer à quelqu'un, ne pas faire envers lui ce qu'on doit, Bc; aussi c. مع p., 1001 N. I, 60, 6 a f.: ما قصر اليوم معنا (Lane: «he hath not been deficient in his services for us this day»), 88, 5 a f. Dans un sens analogue: لا قصرت في جواريك, Aghânî 40, 9, c.-à-d., je ne manquerai pas d'instruire vos chanteuses. ‒ ما قصر في ne pas marchander, ne pas épargner, maltraiter, Bc.

III châtier, punir, Ht.

V être foulé, Voc.

VII s'accourcir, Bc.

VIII s'accourcir, Bc. ‒ C. على se borner à, se restreindre, se tenir à, Bc, de Sacy Chrest. II, 264, 4 a f., Abd-al-wâhid 71, 12.

X c. a. p. juger que quelqu'un manque à ses devoirs, Haiyân 77 v°: Ibn-Hafçoun faisait continuellement des incursions sur le territoire de Cordoue, وقد انزعج اهل قرطبة من خوفه واستقصروا الامير عبد الله في الاقتصار عنده. ‒ C. a. p. reprocher à quelqu'un de donner trop peu, Akhbâr 116, 2 a f.: كتب الى عبد الرحمن يستقصره فيما يجريه عليه ويسأله الزيادة. ‒ C. على être borné à, Abou'l-Walîd 635, 11.

قَصْر salle, Gl. Edrîsî, chambre supérieure, Hbrt 192, cenaculum, L, Lane trad. des 1001 N. II, 320, n. 25: «pavilion, piece of building, or set of apartments, isolated, or only connected with another piece of building on one side; or an upper room, generally isolated or nearly so,» cf. Gl. Edrîsî. — *Caserne*, Gl. Edrîsî. — Dans le Nedjd (Djob. 208, 20) et en Afrique, *village entouré d'une muraille*, Gl. Edrîsî.

قَصْر *pupillarité*, قَصْر الأولاد *minorité*, Bc.

قَصْر *brièveté, brièveté*, Bc.

قَصْرَة, pl. قَصَرات et أَقْصار, *cou*, Gl. Mosl., Diwan d'Amro'lkaïs ٣٠, 7, où un scoliaste (p. 99) explique قصرات par أصول الاعناق.

قصارين et قصارين *paille*, Payne Smith 1778.

قَصْرِيَّة, pl. قَصَر, vulg. قَصَارِي, est formé de قَصْر, n. d'act. de قَصَر dans le sens de *fouler*, et désigne proprement *un cuvier, une cuve où l'on fait la lessive*; Gl. Manç.: أَجَانَة اسم للقَصْعَة الكبيرة التي تُغْسَل فيها الثياب وتسمّى عندنا القَصْرِيَّة قال ابن السيد هى وعلى جانب مَنْسوبة الى القَصْر; cf. Djob. 110, 20: الطريق دُكَان مستطيل تُصَفّ عليه كيزان الماء ومراكن مملوءة للوضوء وهى القَصَارِى الصغار. Par analogie, *cuvier ou baquet d'un poissonnier*, Haiyân-Bassâm III, وطافوا بالرأس وقد محا الطين رسمه فغسلوه في 142 v°; قصرية سمك بسوق الحوت *baquet, cuve de tanneur*, Beaussier. — *Vase, pot*, L (caldaria), Voc. (idria, et dans la note librel, forme catalane pour le castillan lebrillo, *terrine, vase de terre*), R. Jehuda b. Koreisch éd. Bargès et Goldberg p. 78: אלקצר והו קצרייה, où les éditeurs remarquent, p. 120: »Insuper a R. Tanhhum hierosolymitano, in suo lexico المُرْشد, ut vox sincera prodituit est,« Auw. II, 402, 8, Amari 210, 3 a f. (cf. l'Appendice), J. A. 1849, II, 266, n. 1, l. 5 a f., 272, n. 1, l. 1, R. N. 18 r°: فاذا رَجُل أَسْوَد مَيِّت على مغسل واذا بقصرية مملوءة ماء وكساء أسود معلّق على وتد, Ibn-Loyon 38 v° (texte): فَعَفَنِ الخِيار في قصرية وحكّه لغَسْله في ثُقْبَة *ibid.*, où il traite في حفظ الغلات, قصرية, 1001 N. I, 576, 3; — *vase de terre pour les plantes, pot à fleurs*, Auw. I, 173, 8, 174, 15, 20, 187, 12, 310, 21, 311, 3, 15, 16, 312, 7, 318, 15, 484, dern. l., 643, 20, II, 272, 1; dans le man. de l'Escur. 497, l'architecte dit: كيف انتم مزروعين في قصرية; — *pot de chambre, vase de nuit*, Bc, Bg, Hbrt 203, R. N. 97 v°: كانت في امراة صالحة وكانت أَقْعَدَتْ وامتنعَت من الصِيام واحتاجَت الى

القصرية, 1001 N. II, 118, 15: فقال له واحد منهم هات لى قصرية فاتى له بها فتغوّط فيها وقال له ارم الغائط القَصْرِيَّة عند العامّة انآة مستطيل يوضع في M: فرماه خَرْق من سرير الطفل ليندفع البول ما يخرج منه من الفضلات

قُصُور *démérite*, ce qui fait perdre l'estime, *faute*; صار منه قصور *manquer, tomber en faute, et manquer, oublier*; صار منه قصور في حقّه *manquer à quelqu'un*, ne pas faire envers lui ce qu'on doit, Bc.

قَصِير. الكَرْم القَصِير *la vigne courte*, l'opposé de الكَرْم المُعَرَّش, Auw. I, 210, 2. — *Bas*, qui a peu de hauteur, Gl. Fragm., Becrî 29, 5, Edrîsî ١٣, 4 a f., Amari 385, 10, Auw. II, 389, 16, Prol. II, 218, 1, 1001 N. II, 562, 9 a f., voyez aussi un passage du R. N. sous نَوَّأل. — Semble signifier, comme مُقَصِّر, *sot, imbécile* chez Mohammed ibn-Hârith 280, où on lit que le cadi Ahmed ibn-Ziyâd s'était laissé persuader par son secrétaire 'Amr, qui voulait le supplanter, d'envoyer sa démission au sultan, quoiqu'il ne désirât nullement qu'elle fût acceptée; puis: فلما خرج الكتاب من حكمه دخل عليه من خاصته رجل فقال له انت قصير وكاتبك قصير وأنا قصير فاحذر ان يغلبك ويغلبنى كاتبك عمرو. Plus loin, 281, dans une relation un peu différente: قال له أيّها القاضى ان هذا الخارجى عنك يعنى عمروًا قصير وأنا قصير وليس فينا خير *qui a les reins faibles*, qui manque de moyens, Bc. — فرس قصير المَحْبِس, P. Calâïd 96, 14, dans le sens que les dict. donnent pour فرس قصير. — قصير الرَقَبَة *ingrat*, Voc. قصير الفقر *peu profond*, et aussi قصير seul, Gl. Edrîsî, Carette Géogr. 134: »الطويلة والقصيرة, deux puits, l'un profond, l'autre peu profond.« — De là قصير comme subst., *bas-fond, banc de sable*, pl. أَقْصار, pl. du pl. أَقاصِير, Gl. Edrîsî, Bait. II, 141 b: بل على تجارة أقاصير البحر, *ibid.*: هو شى يوجد في بحر المشرق وببلاد الروم وبأقاصير اسفاقُس, *ibid.*: يرصدها في الاقاصير — قصير البد *avare*, et aussi قصير seul, Gl. Belâdz.

قصارى *manque d'eau dans une rivière*; M. Simonet m'apprend qu'il a trouvé dans l'arpentage de Belicena, du XVIe siècle: »porque aviendo alquezara, que es cuando no viene agua en el rio de Xenil.«

قصر 358 قصر

قصارين voyez قصريں.

قاصر, t. de gramm., *intransitif* (verbe), M. — T. de jurisprudence, *celui qui est dans l'état d'incapacité légale*, M. — Pl. قُصَّر *mineur, pupille*, Bc. — قاصر بالبلغ *chose finale*, Alc. (final cosa); القاصر بالبلغ *pour conclure*, Alc. (en conclusion). — *Chemin de traverse*, Bat. I, 283.

تقصير *démérite, ce qui fait perdre l'estime*, Bc.

تقصيرة *trique, gros bâton*, Bc, Bâsim 8: فكُلّ من مدّ يده منكم ضربته بهذه التقصيرة كسرت يده وقام الى الحائط ونزّل من المسمار تقصيرة بنتجى ذراع ونصف وحطّها تحت يده بنتجى est vulg. = تاجى; en Syrie et en Egypte on ajoute souvent un ب à l'aoriste), *ibid.*: ان ضرب احد منّا ضربة بهذه التقصيرة قتلته

مَقْصَر *foulerie*, Müller 5, l. 9.

مقَصّر *traineur*, t. milit., Bc. — Dans le sens de *sot, imbécile* (Golius) 1001 N. I, 8, 3.

مقَصَرة *foulerie, où l'on foule les draps*, Bc.

مَقْصُور *toile de lin blanchie* (le contraire de toile écrue), Bc; M: والمقصور ايضا عند العامّة نسيج ابيض رقيق من القطن; je crois donc que dans le Holal 9 v° il faut traduire مدّة عمامة مقصور par «cent turbans de toile blanchie;» مقصور فرنجى *cretonne*, sorte de toile, Bc.

مَقْصُورة *en particulier*, Diw. Hodz. 52, vs. 6. — Le pl. est aussi مَقاصر, Voc., Abbad. I, 65, 4 a f., Calāïd 54, 14, Müller 18, 2, man. A dans le vers publié par Weijers 22, 11, aussi plus haut sous غرابة. — *Palais*, Abbad. I, 65, 4 a f.:

هاتيك قينته وذلك قصرُه ° من بعد أي مقاصر وقباب

Calāïd 54, 14: Quand al-Mo'tacim fut arrivé à Bougie, اوى منها الى جنّات ومقاصر. — *Chambre* (aussi, à mon avis (cf. Freytag), Bidp. 27, dern. l., 29, 4 a f.), surtout *chambre d'une dame dans le harem*, Freytag Chrest. 49, 9, Macc. I, 225, 5, Müller 18, 2. — *Cabinet*, Hbrt 192, Cherb. Dial. 75, *cabinet latéral*, Michel 97, 144, 229; cf. M: وعند المولّدين هى حجرة صغيرة

مرتفعة. — Dans les mosquées, *une chambre grillée, dans laquelle le prince, l'imâm, se place pour faire la prière publique, et qui renferme le mihrâb* (la niche vers laquelle toute la congrégation se tourne en faisant la prière). Elle occupe la place qui, dans nos églises, s'appelle le chœur; aussi trouve-t-on le mot كورو (*coro*, chœur) expliqué par مقصورة المحراب (Simonet 354). La première *makçoura* fut établie, dit-on, par Mo'âwia, à la suite de la tentative d'un Khâridjite qui lui avait porté dans la mosquée un coup d'épée. Voyez Prol. II, 62, 6 et suiv. avec la note de M. de Slane, Maml. I, 1, 164, II, 1, 283, Lane M. E. I, 116; dans le Voc.: camera (locus in quo facit orationem capellanus Saracenorum). Dans les grandes mosquées on trouve quelquefois plusieurs *makçouras*. Celle de Damas en renfermait trois, et l'une d'entre elles était le lieu où les saiyids hanéfites se réunissaient pour professer; voyez Maml. II, 1, 283–4. Dans celle de Cordoue il y avait des *makçouras* ou loges pour les femmes, Macc. I, 360, 7, 361, 22 et 24. — *Le Trésor*, le lieu où les revenus de l'Etat sont déposés, Badroun 210, 2 a f.: دخل دمشق وكسر باب المقصورة واخذ الاموال. — *Pavillon* (dans un jardin), de Sacy Chrest. I, ١٣, 6 a f. — *Chapelle sépulcrale*, 1001 N. I, 338, 2 a f. — *La niche, le trou, qui sert de retraite aux pigeons*, Maml. I, 1, 164. — مقصورة للكلاب *chenil*, 1001 N. II, 178, 5. — *Balustrade*, Macc. I, 371, 5: حظرت حوّل المنبر مقصورة عجيبة الصنعة; *balustrade en bois ou en bronze autour du cénotaphe d'un saint*, Lane M. E. I, 359, II, 242, 335, Burton I, 302 n. — *Chaîne*, Voc. (catena).

مَقاصيرى ou مقاصيرى, épithète du bois de sandal blanc, ou bien du sandal citrin, qui est d'un jaune fauve, Alc. (sandalos cetrinos, çandal macaziri; pour sandalos blancos il a صندل ابيض), Ibn-Wâfid 19 v° et Minhâdj ad-doccân, man. 1532, sous صندل جوارشن, et dern. page: صندل مقاصرى, Bat. IV, 149: الصندل صغيرة فيها الصندل المقاصرى, Djauzî 143 r°: جبذّ المقاصيرى الابيض, Bat. III, 250: منبر من الصندل الابيض المقاصرى, Chec. 211 r°. et 214 r°: صندل اصفر المقاصيرى. Dodonæus connaissait ce terme, car en parlant du bois de sandal, il dit (1548 a): «L'espèce jaune ou pâle s'appelle dans les pharmacies *santalum citrinum*, en latin *santalum pallidum* ou *santalum odoratum*; quelques-uns lui donnent l'épithète arabe *Mahasari, Machazari, Makassari*, ou *Mazaffrani*. Le dernier mot est مزعفرانى; quant à l'autre, on lit dans Nowaïrî, man. 273, p. 796: « Il y a plusieurs sortes de sandal; la meilleure est le sandal jaune, etc., qu'on dirait enduit de safran, qui a une odeur aromatique et qui s'appelle le macâcirî. On n'est pas d'accord sur l'origine de ce nom: quelques-uns disent que c'est un nom relatif formé du nom d'un pays appelé Macâcir; d'autres prétendent qu'un calife abbâside fit faire de ce bois des *chambres* (مقاصير) pour ses épouses et ses concubines favorites, et que c'est de là qu'on a tiré ce nom; mais la première opinion est préférable. On dit qu'on apporte ce bois de deux pays situés à l'extrémité de l'Inde, dont l'un s'appelle Macâcir et l'autre al-Djaur; de là les deux adjectifs pour désigner deux espèces de sandal, *al-macâcirî* et *al-djaurî*. Ce dernier est le blanc.» Et ensuite: « C'est de Sofâla qu'on apporte toutes les espèces de sandal que nous avons nommées.» (Sur la question si les Arabes recevaient ce bois de l'est de l'Afrique, on peut consulter Krünitz, ökonomisch-technologische Encyklopädie, t. CXXXVI, p. 95 et suiv.; mais dans notre texte il s'agit probablement de سفالة الهند, dont il est question chez Bait. II, 224 b).

اقتصار *simplification;* بالاقتصار *brièvement, sommairement,* اقتصار في حروف الاسماء والالقاب *abréviation,* retranchement de lettres d'un nom, d'un titre, Bc.

مقتصر *court, laconique,* Bc. — برهان مقتصر *enthymème,* argument composé de l'antécédent et du conséquent, Bc. — *Compendium, résumé, sommaire,* Bc.

قُصْط pour قُسْط, *costus,* Abou'l-Walîd 642, n. 73.

قصطل voyez قسطل.

قصع I *être chatouilleux,* Bc.

V *devenir concave comme un plat,* Gl. Manç.: تقصّع — هو التطامن حتى يصير على شكل القَصْعَة *Se carrer,* marcher d'un air arrogant, Bc.

قَصْع, n. d'un. ة, *planches courtes d'un toit en plate-forme, qu'on met en travers des planches longues et qui sont destinées à porter le plâtre,* M.

قَصْعَة *seau en bois,* Hbrt 199, *jatte de bois,* Mehren 33; *cuve où l'on fait la lessive, cuvier,* 1001 N. III, 10, 8, 15, 11. — *Auge de maçon,* vaisseau de bois pour délayer le plâtre, Bc. — Dans le luth, *la portion du dos qui forme le corps sonore,* Descr. de l'Ég. XIII, 227. — قَصْع *nom d'un instrument de musique,* Fakhrî 27, 4 a f.; ce sont probablement *des cymbales,* et on les aura nommées ainsi parce que ces deux disques ou plateaux de cuivre, que l'on frappe en mesure l'un contre l'autre, ressemblent à des plats ou écuelles, قَصْعَة الصارى *hune,* sorte d'échafaud au haut du mât, Bc. — قَصْعَة الماء *hydrocotyle* (plante), Bc.

قَصْعَة *selle de chameau,* Burckhardt Nubia 280.

قصف I قصف عمرك *que le diable t'emporte!* Bc.

V se dit d'un danseur qui plie tellement ses membres, qu'il semble sur le point de les rompre, M.

قَصْف *plaisir, divertissement, passe-temps agréable,* Abbad. I, 46, 5 (synonyme de اللهو), Macc. I, 438, 13 (de même), Badroun 29, 5: اقبل فى اوّل ملكه على القصف واللهو واللذّات والغزل, Mi'yâr 13, 3 (lisez ainsi; voyez Ztschr. XVI, 589, et Müller 64), 20, 11 (l'opposé de جدّ).

قَصَاف pl. قَصَاف dans le Voc. sous debilitare.

قَصَافَة dans le Voc. sous debilitare. — *Solennité,* Mehren 33.

قُصَيْفَة *Alcoceifa* dans un document portugais de 1158, aujourd'hui *alcouce,* la dernière syllabe ayant été retranchée, *lieu de débauche, bordel,* Gl. Esp. 92.

قَصَّاف *luxurieux, adonné à la luxure,* Badroun 248, dern. l.

تقصيف *en habit de fête,* Mehren 26.

يوم تقصيف *jour de fête,* Mehren 26.

مَقْصَف pl. مَقَاصِف *maison de campagne,* Ht, M: عند العامّة منزل يبنى للنزاهة; il faut attribuer le même sens à ce mot dans le passage du Fâkihat al-khol. que cite Freytag.

قصقص I (réduplication de قصّ) *raser, faire la barbe,* Alc. (afeitar barba); *couper avec des ciseaux, découper en petites parties des étoffes, du papier; rafraîchir les cheveux, en couper l'extrémité;* قصقص شعرها *coiffer, couper à une femme le bout des cheveux plus longs que les autres,* Bc.

قصقوصة *découpure, taillade, chose découpée,* Bc.

مُقَصْقَص *crépu,* Alc. (crespa cosa de cabellos).

قصل

قَصَلَ I *faucher*, Bc, Hbrt 179.

II. قَصَلَ على الدَّابَّة *donner de l'escourgeon à un cheval*, Voc.

قَصَل *gousse*, enveloppe de grains, Bc. — *Paille*, Mehren 33.

قَصِيل, pl. قُصْلان, Abou'l-Walîd 131, 1. — *Escourgeon, orge en vert que l'on donne aux chevaux*, Bc, Voc. (ferrago, pour farrago), qui a aussi le n. d'un. s, Alc. (alcacer de cevada, herren), dans L (ferrago كان يزرع كل سنة Macc. I, 384, 20: قصبيل الزرع ألف مدّى من الشعير قصيلا لدوابّه — *Chez les jurisconsultes, le blé avant qu'il soit mûr*, M. — *Alcacel* ou *alcacer* dans l'Alemtejo, *alchazar* dans un testament latin, *champ d'orge*, Gl. Esp. 78.

قَصَّال *faucheur*, Bc.

مِقْصال pl. مَقَاصيل *faucille, faux*, Bc, Hbrt 179.

قصم

قَصَمَ I *couper, trancher*, Hbrt 76.

II = قسم II (voyez) *conjurer (magicien)*, Payne Smith 1183, 1185, 1001 N. III, 351, 6.

VIII = VII, Gl. Djob.

قَصَام חסיל, *sauterelle*, Saadiah ps. 78, vs. 46; l'un des deux man. a قصام.

واقام يوسف رخى = *la mort*, قاصِمَة الظَّهْر قاصِمَة الميال إلى أن أَتَتْه قاصمة الظهر وغاية العمر فى سنة Freytag Locm. 38, 7 a f., où il faut lire ainsi; *leur ruine*, Haiyân 64 v°.

قصني

قَصْنى *galbanum*, Bc.

قصى

قَصَّى V c. a. *examiner à fond, scruter, explorer*, Abbad. II, 179, n. 108, III, 227, Macc. I, 161, 5, 177, 19, Amari 658, 4 a f., Haiyân 103 v°: واستدار العسكر حلّ ببشتر سنة عشر يوما يستقرى قراها ويتقصى اكنافها بالاحراق والتدمير والانتساف والتغيير, l'anonyme de Copenhague 65: صاروا يتقصّون آثار المفسدين, Holal 87 v°: ليس هذا الموضع محلّا لبسط القول وتقصّى الانباه انما نبنى على الاختصار. Aussi c. على, M. — *S'enquérir de*, c. على, Mohammed ibn-Hârith 226: تقصّى فى المسئلة وجعلنا لا نكشفه فى مسائلتنا; c. عن, l'anonyme de Copenhague 50: قد امتثلنا ما امرنا به من البحث عن الشقى والاجتهاد فى التقصى عن موضعه الخفى R. N. 90 v°: تقصّيت فى بلدى عن نسبى — *Exposer tout au long*, Auw. I, 202, 2 a f., où il faut lire avec notre man.: فما المختار من القضبان للغراسة فنقول على التقصّى والتمام فى غير هذا الباب على ما يحصرنا من ذلك ان شاء الله تعالى, 205, 4, où il faut corriger: واتقصّى ذلك على حسب ما القيته فى كتبهم, Khatîb 106 r°: ومنها كتابه الكبير فى الهندسة تقصّى (تقصّى l.) فيه اجزاءها.

X. استقصى البِلاد *il parvint jusqu'aux dernières limites des provinces*, Akhbâr 2, 2 a f., cf. Gl. Fragm. — *Examiner à fond, scruter*, L (investigatio, perscrutor, scrutor), Abbad. III, 227, Prol. I, 22, 9: ومن تأمَّل اخبارهم واستقصى سير الدولة وسيرهم وجد ذلك محقّقا الاثر الخ, Khatîb, man. de l'Escurial, article sur Abdallâh ibn-Bologguîn ibn-Bâdîs: Yousof, quand il fut maître de Grenade واستقصى ما كان بالقصر فظهر على ما يحتوى الناظر ويروع الخاطر من الاعلاق استقصى فى, والذخيرة والحلى الخ. Aussi c. على, المستقصى M. — C. على p. *chercher quelqu'un avec soin, s'enquérir de*, 1001 N. Bresl. XI, 356, 7, R. N. 102 r°: ayant revêtu une tunique وجدها على جسمه كالشوك فاستقصى مشتريها على بائعها فوجدها فاسدة الاصل (*l'acheteur s'enquit du vendeur*; c'était un فسائلة شىء فيه شبهة), et c. على r., R. N. 90 r°: عن القميص فقال لها فكبّ فاستقصصت الوالدة له عن القميص الذى عملته, 102 r°, où il s'agit d'un mouton: فاستقصت عليها. Aussi c. عن, Amari Dipl. 32, 3, 1001 N. Bresl. XI, 338, 3 a f. Le Voc. a ce verbe sous interogare, c. a, عن et فى. — C. a. *exposer tout au long*, Abd-al-wâhid 26, 5, 108, 15, Nowaïrî, man. 273, p. 157: لو استقصيناه لطال به. — C. فى p. *épuiser la matière*, Bc, de Sacy Chrest. II, 402, 2 a f. — C. التصنيف. — C. a. p. *traiter* quelqu'un *avec la plus grande sévérité*, Gl. Fragm. L (austeritas (severitas); severitas واستقصاء صدق), Mohammed ibn-Hârith 336: أذلّ الحبيب فى نفسه وفى صنائعه, 338: واستقصى عليهم *il agissait comme l'autre l'avait fait* فى الاستقصاء على الامانة فوقّف امناء الحبيب الخ

قصى

C. — عن ‫موقف الامتحان والاستقصاء‬ être loin de, Khallic. I, 6 Sl.:

‫تأخّر القطاع عنها وفي سارقة‬
‫فجاءها اليسر يستقصى عن الجبر‬

de Slane: « but a fracture has happened to it now which will not be readily healed. »

‫باقصى ثمن‬ . أَقْصَى au plus haut prix, 1001 N. IV, 355.

اِسْتِقْصَاء informé, information, Bc.

قَضّ VII c. على p. attaquer quelqu'un à l'improviste, se jeter sur, Gl. Bayân, Voc. (insilire), Abbâr 84, 12. — Crouler, s'écrouler, c. على sur, Khatîb, man. de Berlin, article sur Ahmed ibn-Yahyâ ad-Dhabbî: ‫استظلّ بحائط جنّة له فانقضَّ عليه فكُشف عنه وبه‬ ‫رمق فمات صبيحة ذلك اليوم‬. — C. عن p. se tenir à distance de quelqu'un, Cartâs 100, 6: ‫خاف منه ابن‬ ‫عباد وانقض عنه‬ ❊

قَضَبَ II former des branches (قضيب) dans une mosaïque, Djob. 85, 14. — C. a. lutter avec, Voc. — C. a. vibrare, Voc.

V dans le Voc. sous vibrare.

VIII abréger, Bassâm III, 36 rº, Khatîb 25 vº: ‫اقتضابه السمين (؟ السمين ل.) في ثورة المريدين‬ livre que Macc. (I, 201, 15) nomme: ‫اختصار نبيل من‬ ‫هذا‬, Cartâs 3, l. 19: ‫تاريخ ابن صاحب الصلاة‬ ‫المجموع المقتضب‬ ❊

قَضْب aussi trèfle séché, Ztschr. XIV, 341.

قَضِيب branche; le pl. en poésie قُضْب, Macc. I, 649, 3 (prononcez ainsi avec Fleischer Berichte 214), 650, 18, أَقْضِبَة Kâmil 238, 11. — De plusieurs émeraudes enfilées on formait une sorte de branche, de baguette, قضيب الزمرد, Abbad. I, 225, dern. l., 1001 N. III, 551, 14, 562, 2. — Pl. قضبان figure qui imite une branche dans une mosaïque, Djob. 84, dern. l. — Pl. قُضْبان osier ou saule, Alc. (vimbrera arbol, sauze para minbres). — Sceptre, chez Alc. (cetro insinias reales, vara real) ‫قضيب المُلْك‬, chez Bc ‫قضيب ملك‬, Koseg. Chrest. 108, 9, en parlant du calife: قضيب — ‫وفي يده اليمنى لخالد والقضيب‬ ‫للخلاعة‬ marotte, espèce de sceptre de la folie, Bc.

Pl. قضبان raie sur une étoffe (comme virga en latin), Fleischer Gl. 36, Macc. I, 183, 12. — Barre (de cuivre), Bat. IV, 441, barre de fer, Bc, Hbrt 85. — Pl. قُضْبان sorte d'instrument fait en forme de grue, dont les laboureurs usent pour mesurer les terres et fossés, Alc. (cigueña instrumento para medir). — Pl. قضبان couteau, Voc. — Nom d'un instrument de musique, Casiri I, 528 a. — ‫ذرّ قضيبا‬ épandre de la cendre ou autre chose droit devant soi, M sous شرّ I (voyez ce mot).

قَضّاب مصرى, en Egypte, Clematis Dioscor., Bait. II, 304 f (il l'épelle).

قَضّابَة baguette avec laquelle on bat le tambour et la timbale, Descr. de l'Eg. XIII, 521 (où قَضَابَة est sans doute une faute d'impression).

قَضْقَضَ I grincer les dents, Payne Smith 1383.

قضم.

قَضْم. قضم قُرَيْش les graines de la Pinus Picea, que les Arabes nomment le petit pin, Bait. I, 215 b, II, 305 c, et aussi cet arbre même, Most. vº ‫صنوبر‬: ‫كوكز‬, ‫صغير الصنوبر يعرف بقضم قريش‬, aussi sous Bait. II, 370 e, Auw. I, 15, 2. On dit aussi ‫قم قريش‬, Bait. II, 305 c, 318 e (AB), ‫القم قريش‬ dans notre man. d'Auw. I, 284, 16, 286, 2 a f., et ‫قل قريش‬, Bait. II, 318 e (AB); dans Bait. II, 370 e, B et Sonth. ont ‫قَل قُرَيْش‬; A ‫قل قريش‬; le Câmous a ‫قم قريش‬.

قَضْمَة portion d'orge qu'on donne à un cheval, Auw. II, 523, 1: ‫وتعلف الدابّة الشعير في قضمتين‬, 533, 2 a f.: ‫يقضم قضمة من الشعير‬. — Polygonum, Prax R. d. O. A. VIII, 347.

‫قضمانية‬ 1001 N. Bresl. III, 281, 3 a f.: ‫فخرج‬ ‫ينظر ما لخبر فلمّا رآه الأمير قصده خرط وصمّ‬ ‫القضمانية فراد ان يهرب‬ ❊

قَضِيم fruit des بطم, R. d. O. A. XIV, 162 (ked'im).

قُضَامَد pois chiche grillé, Bc, Ztschr. XI, 519, Rauwolf 75.

قُضَامَى pois chiches mouillés et grillés, M (Syrie).

قَضَائِم nom d'une plante amère, Daumas V. A. 381.

قضى 362 قضى

قضى **I** c. ب r., constructio prægnans, قضى الامر = بجاه به, Weijers 40, 1, cf. 135, n. 207, Abbad. II, 63, 14. — قضى بحقّه *donner à quelqu'un les marques d'estime qu'il mérite*, Freytag Chrest. 50, 6. — Dans le sens de *payer* une dette, aussi c. a. r. et ل p., Amari Dipl. 35, 1. — *S'acquitter plus tard d'un devoir religieux qu'on a négligé, oublié, réparer cet oubli*, Gl. Belâdz.

II c. a. dans le Voc. sous *persolvere*. — *Suffire*, p. e. هذا يقضيني « cela me suffit,» Bc. — *Occuper*, p. e. هذا يقضيه موضع صغير « cela occupe très-peu de place,» Bc.

III c. a. p. *conclure un traité avec* quelqu'un, Gl. Belâdz., Mohammed ibn-Hârith 218: فلما امتنع الفهرى بغرناطة واضطرّ الامير عبد الرحمن رحه الى النزول واشترط حضور القاضى يحيى فحضر وكتب فى كتاب المقاضاة وذلك بمحضر يحيى بن يزيد قاضى الجماعة.

IV dans le Voc. *complere*, et sous les verbes *expedire, iudicare, persolvere*. — *Négocier*, Alc. (negociar).

V, en parlant du temps, *s'écouler*, P. Macc. I, 310, عصر لنا تقضى, P. 311, 11: أيّام تقضّت بروضة 3: ببأسد, P. 705, 4 a f. — Dans le sens de I et II, *absolvit, consummavit*, Weijers 22, 10:

الا هل الى الزهراء اوبة نازح
تقضّت مبانيها مدامعه نزحا

où l'éditeur traduit: "An nunquam integrum erit Alzahram redire ei, qui iam locorum intervallo inde remotus est, ex cuius oculorum angulis aedificia eius plene absolutaeque aquam exhauserunt;» cf. la note (48) p. 77. — Dans le Voc. sous *persolvere*.

VI, en parlant de deux personnes, *conclure un traité*, Gl. Belâdz.

VII c. على *aboutir à*, Calâïd, man. A, I, 194: ne faites rien jusqu'à ce soir, lorsque je vous apprendrai ما تنقضى عليه القضيّه (dans l'éd. 118, 12, تنبى). — انقضى = *mourir*, Voc.; c'est comme nous disons: il a payé sa dette à la nature. — L'expression que Freytag cite en dernier lieu est empruntée à de Sacy Chrest. II, ٢٠, 3 a f.

VIII *demander, exiger, vouloir*, Bc, *rendre néces-*

saire, M: اقتضى الامر الوجوب دلّ عليه واقتضى الحال كذا استدعاه واستوجبه, de Sacy Chrest. I, 114, 6: il avait été Hanéfite, ثم تحوّل شافعيًّا بعد مدّة لامر كان عرض له امر اقتضى له, 6 a f.: اقتضى ذلك 143, وقد, II, 401, 4 a f.: التخروج من عدن الى برّ عجم اشتملت هذه الابيات على ما يقتضى الكشف عنه (« ces vers renferment quelques expressions qui ont besoin d'être expliquées »), Macc. I, 82, 11, 137, 1, Vie de Saladin 144, 17, بحسب اقتضاء الحال, « suivant l'exigence du cas,» Bc. *Exiger quelque chose de quelqu'un*, c. d. a., Nowairî Afrique 47 v°: ثمّ اقتضاهم الجواب. Dans le sens de *vouloir*, à ce qu'il semble, et avec la négation, *désapprouver*, Calâïd دخل المرية وعليه اعمال لا تقتضيها الاداب, 15: 54, «. — C. ب r. *nécessiter, demander*, Bc; c. ب r., Vie de Saladin 205 med.: اقتضى الحال بفقد احوال القدس. — *Acquérir, obtenir*, Calâïd 192, 13: il était parti à bride abattue, فلم يبروا الّا منهجد, ولا اقتضوا عوضا منه الّا رقّجه.

— *S'approprier*, Eutychius II, 161, 7: اختصّت الاموال. — *Revendiquer*, R. N. 59 v°: quand il se trouva à la Mecque et que sa sœur le fit prier de retourner au Maghrib, il répondit: فاقتضيتها لنفسك ما كنت لأنّ بلدا عرفت الله عزّ وجلّ فيه وامضى الى بلد عصيت. — *Vouloir*, الله تعالى فيه اخشى ان تقتضيبى العوائد *satisfaire, contenter*, Ibn-Tofail 197, 2: أمّا مل يجمعه. — او لذّة ينالها او شهوة يقتضيها وغيظ يتشفّى به *Assigner, donner, indiquer* un rendez-vous, Weijers 22, 6:

وأيّام وصل بالعقيقيب اقتضيته

cf. 76, n. 43, mais dans le vers 55, 4, je préférerais le sens de *rendre nécessaire*. — *Contenir, renfermer*, Meursinge 25, 5 a f. et 41, n. 170, Macc. I, 97, 11: il lui demanda: que pensez-vous de Cordoue? فخاطبه على ما يقتضيه كلام عامّة الاندلس بقوله جوفها شمام, وكان خلط هذا الورم, Chec. 187 v°: وغربيها تخام, الخ, يقتضى الحدّة والحرافة, Vêtem. 379, n. 1, Ztschr. XX, 487, 9: si je ne craignais d'être trop long,

ذكرتُ جميع اسماء الكتب وذكرتُ كلّ كتاب وما يقتضى
cf. مُقْتَضَى, وما يختصّ.

X. استقصى الدَّيْن *exiger le payement d'une dette*,
M, Gl. Djob., R. N. 91 vº. — C. a. p. *employer quelqu'un*, 1001 N. II, 75, 4: واذا بعَّمَّم نزل من فوق
بغلته وقبّل يد شاه بندر التجّار وقال له والله زمان با
سيدى ما استقصيننا فى تجارات ❊

قَضَاءٌ *judicature, fonction de juge, magistrature*,
Bc, fort souvent chez les auteurs. — قضاء المَناكِح
والخطابة والخطبة, ou والخطابة والخطبة, comme porte le man. de
Berlin, désignait à Grenade *la charge du juge qui devait décider les questions matrimoniales*, Khatîb 28
vº: ولى قضاء المناكح والخطبة بالحضرة. cf. قاضى
الأنْكِحَة à Tunis, chez Bat. I, 15. — *Juridiction,
pouvoir du juge, étendue du lieu où le juge a le pouvoir, district*, étendue de juridiction, Bc. — *Restitution*, Alc. (restitucion = خَلَف). — *Traité, convention*; عمرة القضاء ou القَضِيَّة, *la 'Omra du Prophète dans le mois de Dzou'l-ca'da de la 7e année de l'hégire, nommée ainsi parce qu'il avait conclu une trêve avec Sohail ibn-'Amr, le député des Mecquois qui l'avaient empêché l'année précédente de s'acquitter de ce pieux devoir*, قاضى سهيل بن عمرو
(على الهدنة), Gl. Belâdz.

قَضِيَّة, *affaire, chose, fait*, Bc, Alc. (negocio), Gl.
Fragm., voyez sous VII, Koseg. Chrest. 86, 5 a f.;
Prol. III, 396, 4; على أدنى قضية *sur la pointe d'une aiguille, sur rien*, Bc. — ما هو قضية *cela n'est pas nécessaire*, Bc. — *Cause, procès*, Koseg. Chrest.
49, 11: وشهود كلّ قضية الثِّنْتَان. — T. de logique,
proposition, Voc., Bc, Prol. II, 371, 11. — T. de mathém., *théorème*, Bc. — *Traité, convention*, Gl.
Belâdz.; عمرة القضية voyez sous قضاء. — *Phrase*, Bc. —
قضية جزئية *du particulier au général*, Bc. — قضية
حملية *catégorie*, Voc. قضية شاهدة *témoignage*, Voc.

قَضَاوة *juridiction*, Bc.

قَضَّاء قضا شغل *entendu, intelligent en affaires*;
رجل قضاء اشغال *homme d'affaires*, Bc.

قاضى الجماعة, *en Espagne et en Afrique*,
est ce qu'on nomme قاضى القضاة *en Orient, juge suprême*; قضاء الجماعة *désigne les fonctions de ce magistrat*, Quatremère Becrî 144. En Espagne il a porté le titre de قاضى الجُنْد tant que les cadis suprêmes appartenaient aux أجناد العرب, c.-à-d., à l'aristocratie militaire; mais lorsque, dans l'année 250 H., le sultan Mohammed nomma à cette magistrature un client de sa famille, à savoir 'Amr ibn-Abdallâh, celui-ci prit le titre de قاضى الجماعة; voyez Cout. 30 rº et cf.
Mohammed ibn-Hârith 218, 282. — العَرَب *est, chez les Bédouins, un juge qui prononce, non pas d'après le droit canon, mais d'après le droit coutumier*, Burckhardt Bedouins 68, Burton II, 87. —
قاضى الأنكحة *le cadi des mariages*, Bat. I, 15; cf.
sous قضاء. — Chez Alc. « *escrivano principal*, » que Nebrija traduit par « *scriba*, » et *vicaire-général d'un évêque* (provisor de obispo).

مُقْتَضَى *dû, devoir*; من غير مقتضى *de gaîté de cœur*, من مقتضيات الطبيعة *il est naturel que*,
Bc. — مقتضى الحال *l'exigence de la situation*, Mehren Rhetorik 17, 18. — *Etat, condition*, Gl. Edrîsî.
بمقتضى, comme على مقتضى chez Freytag, *suivant, selon*, de Sacy Chrest. I, ١٨٠, 5, II, ١٤, 2. — حسب
مقتضى الفوانين, « *suivant la rigueur des ordonnances*, » Bc. ومقتضى ذلك أن, « *il s'ensuit de là que*, »
Bc. — *Contenu*, Djaubari 61 vº: ويكون مقتضى الذى
كتبته. — Ce que Freytag donne d'après J.-J. Schultens: « مقتضيات *facultates*, » a été emprunté par ce dernier à Ibn-Tofail 125, 6.

قَطّ I *moucher une chandelle*, Macc. 705, 3, 4, 5. —
C. عن *avoir peur et reculer*, M.

VII dans le Voc sous *scindere*.

قَطْ etc. *absolument*, dans une phrase négative,
p. e. ما عندى قطّ « *il n'en a absolument pas*; » *aucunement, en aucune façon*, Bc. ليس قطّ *non-seulement*, Bc.

قِطّ, *chat*, ordinairement قُطّ, avec le pl. قطط
dans le Voc, قُطوط Bat. IV, 47, est vulg. قِطَط,
Lane trad. des 1001 N. I, 486, n. 38, Tristram, chez Bc قطط et قُطَط, pl. قُطَط. Alc. donne comme le pl.
de قطّ le mot قطاطليس, cf. plus loin sous قطس. —

القط البرّى loup-cervier, Alc. (gato cerval); on trouve القط لخطايى والبرى sous une des peintures du man. de l'Escurial 893. — القط السَبْرانى espèce de furet, voyez Shaw I, 260. — قط الـخَـلَاء chat sauvage, Domb. 65, Roland, Hœst 294 (où القلع est une faute pour الخلا); mais cf. Shaw I, 263 (caracal) et Tristram 382, qui distingue cet animal du chat sauvage et qui dit que c'est felis Lybicus, booted lynx. — Kot el ghali, genetta Afra Cuv., genette, Tristram 383; c'est, je crois, قط الغالى. — قَطّ, chez le vulgaire, les parties naturelles de la femme, M.

قَطَّة taille d'un calam, de Sacy Chrest. II, 334, 12.

مِقَطّ pl. أَتّ ciseaux, Voc.

قَطَارِمَة (turc اُتَّرِمَه, voyez plus haut I, 29 b) prise, vaisseau, marchandises prises, Domb. 101.

قطب I, 2 chez Freytag, remplier, faire un rempli, Bc. — قطب الثوب recoudre un habit qui s'est déchiré, M. — Se reprendre, se reformer, se rejoindre (blessures, chairs), Bc.

II cicatriser, fermer une plaie, consolider une plaie, agglutiner, Bc. — Se cicatriser, se réunir (chairs), Bc.

V dans le Voc. sous vultuositatem facere.

VII. انقطب القوت il ne restait plus rien à manger, M.

قَطْب (?) troussis, pli fait à une étoffe pour qu'elle soit plus courte, Bc.

قُطْب. Voyez sur le sens de ce mot chez les mystiques: Prol. III, 73, 3, Léon 347 (où Elcoth est une faute), Ztschr. XX, 37, n. 46, Lane M. E. I, 348 et suiv.

قَطْبَة est quand il ne reste plus rien à manger, M.

قُطْبَة, chez les géographes, pôle, M.

قُطْبِى polaire, Bc.

قُطْبِيَّة, chez les Soufis, le degré de قُطْب, Ztschr. VII, 22, n. 4.

قُطْبَانِيَّة même sens, Macc. I, 588, 7.

قَطِيب « qatyb, drogue, » Descr. de l'Eg. XII, 130.

قَطَابَة rempli, pli fait à une étoffe pour la rétrécir, la raccourcir, Bc. — Agglutination, Bc. — بَايِعْتُه بِيعَة القَطَابة «je lui rendis l'hommage comme au Cotb,» Ztschr. VII, 23, n. 2.

قَاطِبَة foule, quantité, Saadiah ps. 7: وقاطبة من الأحزاب ۞

مَقَاطِيب (pl.) mules, chaussure sans quartier, Payne Smith 1521; dérivé de قطب dans le sens de « couper;» voyez sous قَطْبَرَة.

قطر I. قَطَر فى الشَخاخ pissoter, Bc. — C. ب, وسيفه يقطر بالدماء «son sabre était dégouttant de sang,» Bc. — قطر مَرْكَبًا remorquer, Bc, Hbrt 131.

II. تقطير البول l'émission de l'urine goutte à goutte, J. A. 1853, I, 348, M. — Distiller, v. a., Alc. (distilar o destellar), M, Bc, Hbrt 93, Prol. III, 192, 1, Auw. I, 22, 6 a f.; تقطير اليبوسة la distillation par la voie sèche, c.-à-d., autrement qu'au bain-marie, Auw. II, 407, 21, l'opposé de تقطير الرطوبة, 408, 15. — Distiller, v. n., tomber goutte à goutte, Bc. — Couler, Bc. — Enduire de poix, Auw. II, 541, 8. — Le passage du Diw. Hodz. se trouve 171, sur vs. 4: وينقال قَطَرَه عن فرسه وقَطَّرَه القِرْن اى رمى به وتَقَطَّر هو; plus tard ce verbe est devenu قَنْطَرَ (voyez), et la Ve, تَقَنْطَرَ.

V tomber goutte à goutte, M; dans le Voc. sous stillare. — En parlant d'un cavalier, être renversé, tomber, voyez sous II.

VI. عليه ارحية كثيرة متقاطرة «plusieurs moulins établis à la file l'un de l'autre,» Amari 8. — نقطتان متقاطرتان deux points diamétralement opposés,» Bc.

X distiller, Hbrt 93, Ht, Bait. I, 130: وان استقطرت هذه البقلة حدثت فيها قرنفلية ۞

قَطْر du sucre dissous dans de l'eau et bouilli jusqu'à ce qu'il ait acquis de la consistance, dont on se sert, au lieu de miel, dans la préparation de quelques sucreries, M; M. de Goeje me dit que c'est pour قطر النبات et qu'il donnera un long article sur cette expression dans le Glossaire qu'il compte joindre à son édition des géographes. — قطر مَكَّة sang-de-dragon, liqueur, Bc. — قطر المِيزاب المتدارك, nom du 16e mètre, lorsque le pied فَعَلُن est changé en فَعْلُن, M 357 a. —

قطر

ما عندى عسل قطر, 1001 N. IV, 678, 4 a f.:
انحل وانما عندى عسل قطر احسن من عسل النحل وما
ذا يصير اذا كانت بعسل قطار, où Lane remarque (III,
728, n. 5): « Drip-honey is a „fine kind of black ho-
ney« (marginal note by my sheykh), or treacle." —
Pour قطر dans M, qui a: وقطر الشام ونحوها الاقليم
الواقعة فيه واقطار الدنيا جهاتها الاربع ❊

قُطْر. Le pl. du pl. اقاطير; اقاطير الارض « les
quatre coins de la terre,» Bc. — Catégorie, classe,
Prol. II, 32, 4. — Diamètre, module, diamètre (d'une
colonne, d'une médaille, d'une monnaie); نصف قطر
rayon, t. de géom., demi-diamètre, Bc.

كهربا = قطرا, ambre jaune, succin, Most. sous ce
dernier mot.

قَطْرَة, goutte, a dans le Voc. le pl. قَطار. — Chez
les médecins, remède liquide qu'on instille dans les
yeux chassieux, M. — قطرة ايوب larme de Job (plante),
Bc. — Pl. ات et قطار morceau, tranche (de viande,
de poisson ou d'autre chose), Voc. (frustum), Alc. (ca-
cho por pedaço, pedaço, pieça lo mesmo es que pedaço, puesta o pieça o pedaço, rueda como de pescado,
tajada de algo, traço (l. troço)), قطرة من صفيحة
« morceau d'un vieux fer de cheval » (callo de herradura), قطرة من خنزير « morceau de jambon ou de lard
frit dans la poêle » (torrezno de tocino), قطرة في قطرة
« miembro a miembro", chez Nebrija: membratim, ar-
tuatim; Djob. 235, 13, en parlant de la poix: après
l'avoir exposée à l'action du feu, قطرات; يقطعونها dimin. قُطَيْرَة petit morceau de pain, Alc. (çatico de pan).
Cf. Gl. Esp. 88—9. — قطرات, Payne Smith 1522, ou
قطارات, mules, chaussure sans quartier, Payne Smith
1482, 1522 (plusieurs fois), Bar Ali n° 4349. Les synonymes qu'on y trouve, à savoir الخفاف المقطوعة
ou المقطعة et المقاطيب, المقاطيع démontrent que ce
sens a du rapport avec قطرة, morceau. On a donné
ce nom à cette chaussure, parce qu'étant sans quartier,
elle ressemble à un soulier dont on a coupé le
quartier. — القطرات قطار est le pl. du pl. قطارات certaine partie de la quille d'un bâtiment; voyez Gl.
Esp. 89.

قطرة traînée, suite de choses en long, Bc.

قَطْرِي diamétral, Bc.

قطرية calament, plante (Nepeta); cataire ou herbe-
au-chat, Bc.

قِطَار file de chameaux, fém. chez Akhtal 2 v°: وقوله
تَتَرَوَّى يقول هذه القطار عليها رقاق علوة dans l'éd. que
Wüstenfeld a donnée de Khallic., on trouve en ce
sens un pl. قطارن, X, 109, 5; M. de Slane remarque
dans une note sur sa trad. de ce passage (IV, 199,
n. 12) que tous ses man. ont قطاران; mais un tel pl.
me semble inadmissible, et je crois devoir lire قطارات
avec l'éd. de Boulac. قطار a par conséquent le pl.
ات. — File d'esclaves, Gl. Edrîsî.

قطور remède liquide qui s'administre en gouttes, Ibn-
Wâfid 16 v°: صفة قطور ينفع من الدود فى الاذن, et
après la recette: ويقطر فى الاذن.

قطارة. « On compose pour les boissons et les électuaires un surrogat [mieux: un succédané] de sucre
et miel d'abeilles, qu'on nomme القطارة, c.-à-d., qui
suinte du sucre,» نهاية الرتبة فى طلب الحسبة,
traduit par Behrnauer dans le J. A. 1861, I, 16. —
Guetâra (les distillées), espèce de dattes, Prax R. d.
O. A. V, 212.

قَطَّار couvreur, celui qui répare les toitures défon-
cées, Cherb.

قَطَّارَة alambic, vaisseau pour distiller, Gl. Esp.
186, 390; lisez de même Auw. II, 400, 5, bon 401,
3, 11, 3 a f.

قاطر, t. de pharmacie, le liquide qui tombe goutte
à goutte de l'alambic quand on distille, M.

قطرات كونى nom (persan, selon Edrîsî, mais on ne
le trouve pas dans les dict. de cette langue) d'une
plante chez Ibn-Wahchîya; voyez Bait. II, 306 b (A
et B, mais ce dernier a le second mot sans points).

قَطْرَانَة (esp.) oiseau de nuit dont les yeux sont de couleur de feu et les plumes blanches, Alc. (cataraña ave).

قطرب

قُطْرُب lutin, esprit follet, Bc. — Ver luisant, Edrîsî
dans Bait. II, 17 a: القطرب هى الدويبة التى تمضى
بالليل كانها شعلة. — Bardane, glouteron, M.

قُطْرُيب, t. d'agriculture, petit morceau de bois qu'on

met dans une ouverture au bout du bois qui entre dans l'anneau du joug, afin qu'il ne se déplace pas, M. — خشيمة قطريب الرحى est expliqué ainsi dans M: الكور فتبقى معلّقة خارج الكور حتى يفرغ الحب عن الحيط فتسقط لعدم ماسكه وتنسحب على وجه الرحى فتنبه بصوته على فراغ الحب ونهاية طحنه, ce qui ne peut guère se traduire que de cette manière: « Petit morceau de bois qu'on attache à un fil et qu'on place sous le blé dans la trémie. Ce fil reste suspendu hors de la trémie jusqu'à ce que le blé sous lequel il est placé soit entièrement moulu; cela fait, il tombe parce qu'il n'est plus retenu, et traîne sur la meule. Le bruit qu'il fait alors avertit le meunier que la mouture est terminée.»

قطارب (pl.) mules, chaussure sans quartier, Payne Smith 1521 (deux fois).

قَطْرَمَة fouet de la bride d'un mulet, Cherb.

قطرميز bocal, sorte de vase à col court et à ouverture large, Bc, J. A. 1861, I, 20: « Il convient que les marchandises soient conservées dans des vases (براني) et des terrines (قطرميز),» afin de les préserver des mouches et de la poussière.

قَطْرَن I (formé de قَطْران goudron) goudronner, Bc, Hbrt 132, M.

قَطْريل, pl. قطاريل, est le b. latin quadrellus (voyez Ducange, qui donne aussi d'autres formes b. lat. et a. franç.), a. esp. quadriello (Alexandre, coplas 502, 1046, 1705, 2060) et quadrillo (l'archiprêtre de Hita, copla 261, Cancionero de Baena, p. 110 b, 2 a f., éd. Pidal), carreau d'arbalète, flèche courte, épaisse, et dont le fer avait quatre pans (de là son nom). Alc. donne ce mot (passador tiro de ballesta, sacra (l. saeta), vira specie de saeta). — Fer d'une flèche, Alc. (caxquillo de saeta).

قطس.

قَطَس, t. de la chasse à l'oiseau, gant à la crispin, Daumas R. d. O. A. N. S. III, 241 (guetass).

قَطُوس (Voc.), قَطُّوس (Prax), قَطُوس (Pagni) (b. lat. catus, cattus), pl. قطاطيس, chat, Voc., Pagni MS, Prax 21. Alc. (gato, cf. gato cerval) donne قِطْ pour le sing., قطاطيس pour le pl.

قطش.

قَطُّوش -robe à manches courtes, qu'on met sur le caftan, Woltersdorff, carmagnole, vêtement qui descend jusqu'au milieu du corps, Bc.

قَطُّوشَة queue de cheveux que les musulmans se laissent pousser sur le sommet de la tête, Cherb.

مقطوش 1001 N. IV, 28, dern. l., en parlant d'une belle jeune fille: وبين اكتافها شىء كانه اعظم العقبان ؟ مقطش dans Bresl.; او ارنب مقطوش الآذان.

قطع I retenir, arrêter, étancher, Alc. (restañar o restriñir). — Annuler, rendre vain, = قطع التحدّث الصلوة أبْطَلَها, M. — Consommer, détruire les vivres par l'usage, Bc. — Cesser d'envoyer un tribut, Eutychius I, 246, 5: قطع صدقيا ملك يهوذا ما كان يحمله الى. — يختنصر من الذهب والفضة Réduire un traitement, le diminuer, Aboulfaradj 156, 5 a f.: قطع ارزاق جنودم بعد مصالحته للفرس. — c. ل p. retenir, prélever, déduire d'une somme, Bat. I, 206: فمن غاب منهم قطع له عند دفع المرتّب بقدر غيبته à celui qui manque, on retient, lors du payement, une somme proportionnée à son absence;» cf. Macc. I, 602, 7: رجل له دار يأخذ اجرتها بجى، اليه الخزرجى يقطع عليه حقّه «comment! Un propriétaire qui doit recevoir le loyer de sa maison et qu'al-Khazradjī [c'est celui qui parle] vient visiter, serait privé d'une partie de ce qui lui revient?» — Déchirer, Alc. (estraçar), 1001 N. I, 93, dern. l.: قطعت وانا فى صورة القرد وخطفتن. — الخَدْرَج من ايديهم خافوا انى اقطعه Déchirer, au fig., injurier, outrager, Aboulfaradj 356, dern. l.: كتب ابن بطلان رسالة يقطعه فيها ويذكر معايبه. — Tenailler, arracher à un criminel des morceaux de chair avec des tenailles ardentes, Alc. (atinazar; c'est = atenazar chez Nebrija, aujourd'hui atenacear). — Détacher, Bâsim 44: فقامت الامرأة فقطعت من راسها درهمين واعطته (on sait que les femmes en Orient portent des pièces de monnaie en guise d'ornements). — Crever un cheval, le fatiguer si fort qu'il en meure, ou qu'il en reste fourbu, Eutychius II, 474, 13: فانهزم خمارويه — ورجع وَحْدَه الى مصر وقد قطع خمس دواب فى طريقه S'emploie en parlant, non-seulement d'habits, mais aussi de drapeaux, *les faire faire*, Koseg. Chrest. 99, dern. l.: فقطع الاعلام والاقبية البيض. — *Rompre l'amitié, ou le commerce qu'on avait avec quelqu'un*; le Prophète a dit: صلْ مَن قطعك واعفُ عمّن ظلمك, Macc. I, 513, 8; Haiyân 12 vº: يواصل على ذلك خلفاءه من اهل لجليقى وصاحب بمشتر واشكالهم ويوالبهم ولا يقطعهم. — Chez les chrétiens, *excommunier*, Eutychius II, 9, l. 10 et 11. — *Empêcher quelqu'un de parler, le réduire au silence, l'interrompre*, M: قطعه عرّفه الى قد بهرى مِن بأخّت بُكْنْتَه, Macc. I, 632, 1: حَسُن هذه الملكة ما قطعنى عن حديثه قطع الكلام (estorvar al que habla) et قطع المكلمة (estorvo al que habla); pour exprimer qu'Ibn-Abdrabbihi réduisit al-Calfât au silence, Haiyân, 32 rº, dit: فقطعه الى ذكر, et فقطعه ابن عبد ربه; ailleurs 4 vº: حاجة ممتنعة «il lui coupa la parole pour lui demander une chose que l'autre ne pouvait lui accorder.» Aussi c. على p., Macc. II, 160, 7, Imrâni 43. — En parlant du temps, *passer, consumer, employer*, اليوم, الليل, *passer le jour, la nuit*, Gl. Badroun; قطع الزمان *passer le temps, se divertir*, Fakhrî 5, 5 a f., 54, 12, 155, 3 a f.; un peu autrement قطع سَمَر الليل «tuer le temps tandis qu'on veille,» 1001 N. I, 10, 6; قطع الليل *veiller*, Voc.; قطع الزمان *gagner du temps*, différer, Bc. — *Parcourir*, aussi en parlant du mouvement des planètes, Pseudo-Wâkidî de Hamaker 99 med. des notes: يقطع القمر القلك فى ثمان وعشرين فَمَن قال بالقطع والتأثير فقد خرج texte 47, 3: لِيل من ملّتنا وشريعتنا ومعنى القطع والتأثير أذا قطع بالتأثير لا بدّ أن ينزل الغيث فيكون غلاء أو رخص, ce qui indique l'influence qu'exercent les planètes lorsqu'elles passent sur une étoile; cf. dans les notes p. 99, 100, et ci-dessous قَطْع. — *Décider*, porter son jugement sur, p. e. قطع المشكلة «décider une difficulté,» Bc, v. d. Berg 6, n. 2, *décider, affirmer, assurer*, Amari 29, 3 a f.: وقطعوا قَطْعًا ألّا مبانى الجَبب, Calâïd 191, dern. l., Bat. I, 274: من مبانى المدينة

«une *kibla* décisive;» se construit c. ان, Djob. 120, 18, 139, 13, Macc. I, 476, 8, 812, 18, c. بـ, Djob. 44, 8: القطع بصحة الشىء (sur la marge على صحة), 77, 7, بان, بانّه, Djob. 337, 8, Auw. I, 10, l. 17, c. على, Abbad. I, 222, 8 (aussi *être parfaitement sûr de*, Becrî 175, 6), على ان, Djob. 59, 2 a f., Haiyân-Bassâm I, وهى وقعة فتنبيه المشهورة بالاندلس التى قطع ٣ rº: 8 بالمقال على انه قتل فيها عشرة الآف قتيل وأرّبئْتْ; *conjecturer, présumer*, Bc. — *Conclure, prouver bien*, Bc. — *Punir un criminel en lui coupant la main ou le pied*, Gl. Abulf., Gl. Maw., de Sacy Chrest. I, 402, n. 35: هو أوّل من قطع فى السرقة فى الجاهلية فقطع رسول الله صلعم فى الاسلام, Athir IX, 425, 5 a f.: مَن سرى يُقْطَع. — *Châtrer des ruches*, Alc. (castrar colmenas); قطع الزمان القطع *la saison de châtrer les ruches*, Alc. (castrazon de colmenas). — Chez les chrétiens, *faire maigre*, Hbrt 153. — *S'arrêter, cesser*, Alc. (estancarse pararse; Nebrija donne: estancar pararse, sto, cesso); c'est, à ce qu'il semble, la signif. que les lexiques des indigènes donnent pour قطع ما انقطع وذهب = الركبة. — T. de jeu, *ouvrir le jeu d'une certaine somme, engager à le tenir, ponter, coucher*, Alc. (enbidar, enbite (l'action d'ouvrir le jeu) قَطَع). — قطع بَعْثًا عليهم *il leur ordonna de fournir un contingent en hommes, un corps de troupes*, Gl. Belâdz., Gl. Fragm., Akhbâr 104, 1; de là بعثنا مع فلان *il envoya un corps de troupes sous les ordres d'un tel*, Belâdz. 193, 3, Akhbâr 76, 2 a f.: فقطع بعثنا عليهم ابن شهاب «il envoya un corps de troupes commandé par Ibn-Chihâb.» — قطع الثمن *convenir d'un prix*, Bc. — قطع الحساب *apurer un compte*, Bc, Nowairî Afrique 23 rº: اقتطعا حسابها «allez régler vos comptes avec elle!» — قطع الخمر *cesser de boire du vin*, Macc. II, 396, 3 a f. (= ترك للخمر); de même, quand il a été question de vin, قطع seul, Aghânî 33, 11, cf. la note p. 290–1, où l'on trouve aussi l'expression قطع شَرْب الخمر, mais je ne puis admettre ce que Fleischer y dit en dernier lieu. — قطع السعر *fixer le prix*, Amari Dipl. 192, 2. — قطع الطريق على. Dans le sens de voler sur les grands chemins, je trouve le n. d'act. قُطّاع chez Haiyân 51 vº: وتضمّن له اصلاح الطريق ومنع الطماشكة ومن معد من المفسدين من قطعة

قطع ; sans الطريف, Gl. Edrîsî, Becrî 2, l. 8, et قطع seul, Gl. Belâdz., Haiyân 86 v°: اللصوص الذين كانوا يقطعون بجانب الشرف ويصدرون باعل تلك النواحى. Aussi: *couper le chemin à quelqu'un*, Ibn-Iyâs 17: وكانوا يقطعون الطريق على الناس ويمنعونهم من الخروج — قطع العقل *agréer*, *plaire à*; قطع عقله *persuasion*; يقطع عقله *persuasible*; قطع *être du goût de quelqu'un, plaire*, Bc. — قطع بعقله أن *persuader, déterminer à croire*, Bc. — قطع أعناق الخيل, aussi à la II° forme, en parlant d'un cheval, *gagner les autres chevaux de vitesse, les devancer*, Gl. Mosl. — قطع قصيدا *composer un poème*, Abdarî 111 v°: كان بمصر شاعر قحجاءا فقطع قصيدا هجاءا فيه جميع اهل الخطط — قطع قلبه *déchirer le cœur, émouvoir douloureusement l'âme*, Freytag Chrest. 135, 2. — قطع عليه مالا *exiger une rançon*, Freytag Locm. 60, 3 a f.: وقطعوا على جماعة من العسكر اموالا — قطع مالا (قطيعة) على نفسه *offrir une rançon*, Freytag Locm. 60, dern. l.: منهم جماعة اخذوها; وقتلوا الأسرى صبرا بخاف الباقون وقطعوا اموالا على انفسهم ووزنوها, Vie de Saladin 209, 4: ومن اخبارى ان سيف الدين المشطوب ضيّق عليه واند قطع على نفسه قطيعة عظيمة من خيل وبغال وانواع الاموال. — قطع نفسَه *retenir son haleine*, R. N. 88 v°: il rêve qu'il va être introduit auprès de Dieu, فاحضرت ذهنى وقطعتُ نفسى وعدّلتُ اموري, 1001 N. I, 248, 3 (Bresl.), قطع حسّه Bresl. IV, 185, 12 ; *essouffler*, قطع النفس *mettre hors d'haleine*, Bc. — قطع الورث *déshériter*, Alc. (deseredar por muerte, deserencia por testamento, مقطوع الورث *deseredado* aussi). — قطع البلد من الرضاعة *sevrer un enfant*, Voc. — C. الى *yre (ire)* dans le Voc., *passer*, Macc. III, 136, 2: قطعتُ الى الاندلس «je passai (d'Afrique) en Espagne;» *fuir rapidement vers*, Haiyân 100 v°: فقتلوهم اقبح قتل وعبروا متبعينهم الى ءمورة. — C. على p. *couper le chemin à quelqu'un*, Gl. Bayân. Au fig., *empêcher quelqu'un d'aller plus loin, de continuer un travail*, Macc. I, 473, 14: comme il était fâché contre moi, il me redemanda son exemplaire du Kitâb al-'ain, que j'avais commencé à copier; فلما قطع علىّ *lorsqu'il m'eut ainsi empêché de continuer ce*

travail,» on me dit, etc.; *empêcher* quelqu'un *d'aller plus loin*, c.-à-d., *lui rendre impossible la réalisation de ses vœux et de ses espérances*, Macc. I, 481, 10: فهو فى رجاءه على كلّه وقد, وتغاثا لما يُقطَع به يومّله, cf. la note de Fleischer Berichte 190. De même قطع *être frustré dans ses espérances*, M (= يَئِسَ او عجز), Haiyân-Bassâm III, 50 v°: فَمْتَ عندك مما وبئست قطعت فلما. — C. ب p. *couper les vivres à* quelqu'un, Abbad I, 253, 3 (j'ai eu tort, je crois, de rétracter cette interprétation dans le Gl. Bayân). Aussi c. a. p., Bayân II, 104, 2 a f.: عليه وضيّق قطعه حمارا حاصره. — مُدّة من ثلاثة اشهر التجّأ فيها الى اكل الدوابّ *C.* ب p. *priver quelqu'un de ses moyens de subsistance*, Bâsim 58: دراهم خمسة رزقى لكن فى الله قطع وما. — C. ب p. *anéantir, exterminer*, Haiyân-Bassâm I, 47 r°: قريبة مُدّة فى واهلكنهم بهم فقطع. — C. ب p. Je ne sais pas bien quel sens il faut attribuer à ce verbe dans Haiyân 20 v°: الى امره وآل المسالكة واداه الاتاوة على تمريض فى الطاعة وقطع به مُدّة. — C. على p. *imposer un tribut, une contribution*, Maml. I, 1, 42. — C. على p. *fondre sur les derrières de l'ennemi*, Haiyân 75 v°: شرع فلما فى القفول واخذ فى الرحيل نشأت لسلفاسفاسك ابن حفصون ولاصحابه فيه طماعية وتشوف لنيل فرصته فتهيّأ للقطع عليه فى مضيق كان على طريقه وركب ساقته وانتقل العسكر الى بلش من أوّل كورة 88 v°, فى خيله تدمير فلما اجتازت المقدمة لخصمن خرجت خيله فيها للقطع عليها والتشعيب. — C. فى *porter coup*, *faire effet, impression*, Bc. — فى *pénétrer, percer*, *pénétrer, imbiber*; قطع الماء فى *s'infiltrer*; الماء *perméable*, Bc. — C. فى *porter un jugement sur quelque chose*, Bc. — C. فى *déchirer quelqu'un à belles dents*, Bâsim 87: (= يلدعو) وهو الساعة يدى. — C. a r. et ل p., ou c. d. a., *assigner quelque chose à quelqu'un*, Gl. Belâdz., M قطع فينا وعليها (افرزها له, له قطعة من المال), p. e. *une certaine étendue de terrain à labourer*, Auw. I, 530, 17, 21, où il faut lire: فيقطع نهم البيد من ثلاثين باعا فى الطول; après ces mots notre man. a de plus: والأرض المتوسّطة يقطع لهم من البيد من اربعين باعا فى الطول هو القطيع الذى يُقطَع من الكرم للرجالة.

قطع 369 قطع

II *amputer*, Hbrt 38. — Dans le Coran VII, 160, on lit, en parlant des Hébreux: قَطَّعْنَاهُمُ اثْنَتَىْ عَشْرَةَ أَسْبَاطًا أُمَمًا «nous les avons partagés en douze tribus formant autant de nations;» mais Macrîzî, en disant (dans de Sacy Chrest. I, ١٠٣, 3): الْيَهُودُ الَّذِينَ قَطَّعَهُمُ اللهُ فِي الْأَرْضِ أُمَمًا «a appliqué ce texte, par une sorte d'abus ou d'*accommodation*, à la dispersion des juifs,» comme l'a observé de Sacy 323, n. 51. — *Scander des vers*, M, Bc. — قَطَّعَ رُوحَهُ *se mettre en quatre*, employer tous ses moyens, Bc. — قَطَّعَ الْأَصْوَاتَ, t. de musique, *entrecouper, modifier les sons, produire, former les notes*, Prol. II, 352, 13, 353, 5, 10, 3 a f., 354, 4, 10. قَطَّعَ عَقْلَهُ *tourner la tête*, faire tourner la tête à quelqu'un, le charmer, Bc. — قَطَّعَ أَعْنَاقَ التَّخْيِيلِ voyez sous I. — قَطَّعَ النَّفَسَ *essouffler, mettre hors d'haleine*, Djob. 162, 12: cette montagne est extrêmement roide, يَقْطَعُ الْأَنْفَاسَ تَقْطِيعًا. — قَطَّعَ الْوَقْتَ *passer le temps, tuer le temps*, Bc; قَطَّعَ اللَّيْلَ *passer la nuit*, P. Badroun 148, 3 a f.:

يَقْطَعُ اللَّيْلَ تَسْبِيحًا وَقُرْآنًا

III *tourner court*, abréger, éviter l'explication, Bc. — C. a. p. *couper le chemin à quelqu'un*, Freytag Locm. 64, 2: وَبَلَغَ خَبَرَهُمْ عَسْكَرَ حَلَبَ فَرَكِبُوا وَطَلَبُوا مُقَاطَعَتَهُمْ. — C. على *se mettre sur le chemin de quelqu'un*, 1001 N. Bresl. IX, 267: فَتَنَتَّ تَقَاطَعَ عَلَيْهِ فَنَوَّجَّهَ الْبَيْدَ بِلُطْفٍ, où Macn. a: وَتَكَلَّمَهُ بِكَلَامِ الْعَبِيدِ. — وَكَالَمَهُ بِكَلَامِ الْعَبِيدِ. قَاطَعَ فُلَانًا عَلَى مَالٍ *il fit la paix avec un tel*, à la condition que ce dernier lui payerait chaque année une certaine somme d'argent, Gl. Belâdz.; le Voc. a ce verbe, c. a., sous *pascisci*; Haiyân 104 r°: فَقَرَطَ أَهْلُهَا عَلَى مَالٍ يَأْخُذُ مِنْهُمْ. Aussi قَاطَعَ فُلَانًا عَلَى بِلَادِهِ, Belâdz. 199, dern. l., Fakhrî 327, 9. L'expression قَاطَعَ فُلَانًا بِمَالٍ signifie: il conclut un traité avec un tel, en s'engageant à lui payer annuellement une certaine somme, Djob. 124, 15: قَاطَعَ الْعَرَبَ بِوَظِيفَةٍ مِنَ الْمَالِ كَبِيرَةٍ عَلَى أَنْ لَا يَقْطَعُوا; aussi قَاطَعَ عَلَى نَفْسِهِ بِمَالٍ, l'anonyme de Copenhague 126: ابْنُ مَحْفُوظٍ لَمْ يَدْخُلْ فِي الصُّلْحِ الْمُنْعَقِدِ بَيْنَ (ajoutez ابن) الْأَحْمَرِ وَالنَّصَارَى بَلْ قَاطَعَ عَلَى نَفْسِهِ فِي الْعَامِ بِمَالٍ مَعْلُومٍ. L'argent qu'on paye

annuellement s'appelle مُقَاطَعَة; ce mot peut donc se traduire par *tribut, contribution*, Maml. I, 1, 42, Recherches I, Append. x, dern. l., Fakhrî 364, 1. Le bureau qui était chargé à Bagdad de l'administration de ces tributs se nommait دِيوَانُ الْمُقَاطَعَاتِ, Khallic. VII, 115, 9 Wüst. — قَاطَعَ فُلَانًا عَلَى عَمَلٍ signifie selon le M: وَلَّاهُ إِيَّاهُ بِأُجْرَةٍ مُعَيَّنَةٍ, c.-à-d., *il donna à un tel un travail à faire pour un salaire déterminé*; Cabbâb 115 r°: وَقَدْ كَرِهَ الْنَّخَعِيُّ أَنْ يَسْتَعْمِلَ الصَّانِعَ حَتَّى يُقَاطِعَهُ عَلَى عَمَلِهِ بِشَيْءٍ مُسَمًّى 115 v°, 7 a f., 116 r°, 4 a f.; M. de Goeje observe que ce verbe a le même sens dans le passage de Nawawî qu'il a cité dans le Gl. Belâdz. قَاطَعَ شَيْئًا عَلَى نَفْسِهِ *s'engager à*, l'anonyme de Copenhague 23, en parlant d'employés qui s'étaient rendus coupables de malversation et d'exactions, et qui furent punis par le sultan: وَكَانَ الَّذِي قَاطَعُوهُ عَلَى أَنْفُسِهِمْ أَنْ يُطِيعُوهُ وَيَدْفَعُوهُ «ils s'engagèrent à lui obéir et à lui payer une somme de» etc. — *Refouler la marée, aller contre la marée*; قَاطَعَ فِي الطَّيَّارِ *remonter une rivière, aller contre le courant*; au fig., *se battre les flancs*, faire beaucoup d'efforts inutiles, Bc.

IV *détacher, envoyer des troupes*, Gl. Belâdz. — *Acenser, donner à cens*, Bc. — C. d. a., أَقْطَعَهُمْ أَمْوَالَ أَهْلِ الْمَدِينَةِ *il permit à ses soldats de piller la ville*, Gl. Bayân; أَقْطَعَ فُلَانًا خَشَبًا «il permit à un tel de couper du bois,» M.

V, en parlant de plusieurs personnes, *se disperser*, c. عن p., *après avoir quitté*, Gl. Fragm., Akhbâr 70, 9, Cartâs 9, dern. l., Berb. I, 3, l. 8, Selecta ٥٥, 6 a f., Haiyân-Bassâm I, 121 r°: فَتَقَطَّعُوا فِي الْبِلَادِ وَدَخَلُوا فِي غِمَارِ النَّاسِ. — En parlant d'un cheval qui gagne les autres chevaux de vitesse, on dit: تَقَطَّعَتْ أَعْنَاقُ التَّخْيِيلِ عَلَيْهِ فَلَمْ تَلْحَقْهُ, Gl. Mosl.; cf. sous la Iʳᵉ forme. — تَقَطَّعَ نَفَسُهُ *être hors d'haleine*, Gl. Mosl.

VI c. مع p. *faire la paix avec quelqu'un*, Voc. — C. مع p. *faire marché*, convenir avec quelqu'un, Bc (Barb.).

VII *s'arrêter, cesser de couler*, en parlant de l'eau, Alc. (*estancarse el agua*), du sang, 1001 N. I, 37, 8; انْقِطَاعُ الْبَوْلِ *suppression*, p. e. انْقِطَاعُ الْبَوْلِ *suppression d'urine, ischurie*, Bc. — *Tomber en défaillance*, Gl. Belâdz. — Au lieu de l'expression classique انْقَطَعَ بِهِ

قطع

مُنْقَطِعٌ بِهِ, en parlant d'un voyageur qui n'est pas en état de continuer sa route, parce que sa monture est trop fatiguée, ou que ses provisions sont épuisées, les auteurs du moyen âge emploient اِنْقَطَعَ et مُنْقَطِعٌ, R. N. 93 v°: هذا رجلٌ قد تاه وانقطع واضعفه الجوعُ, Freytag Chrest. 35, 6 a f.: انا ابن سبيل, Tha'âlibî Latâïf 55, منقطع يريد رفدَك ليستعين به وأَعَنْتُ خمسمائة راحلة للمنقطعين من رجالة 5 a f.: الحاجّ. — *Rester chez soi, se tenir dans sa maison*, de Sacy Chrest. I, ١٠, 9: ce cadi s'excusa de se trouver à cette assemblée لضعف أوجبَ انقطاعَه «à cause d'une incommodité qui l'obligeait à se tenir dans sa maison." — *Être infesté de voleurs* (route), Gloss. Belâdz., Abdarî 5 r°: وجدنا طريقها منقطعةً — تخوفا ان تسلكه الجموع الوافرة الا على حذر واستعداد. — *il perdait son temps*, Fakhrî 268, 6. انقطع زمانه — *être hors d'haleine*; le verbe seul, *pousser*, انقطع نَفَسُه v. n., battre des flancs (= ضاقت نَفَس الفرسِ), Bc. — انقطع الى الله *j'ai envie de pisser*, Bc. — *vivre uniquement pour Dieu*, c.-à-d., *se faire ermite ou moine*, Djob. 60, 2, 210, 18, 289, 13, 17, Prol. II, 343, 11, III, 60, 1, Bat. I, 173, 184, III, 63, 143. On dit aussi انقطع الى العبادة, Bat. II, 163, et انقطع للعبادة, Bat. II, 233, 436, 441, III, 77, IV, 163, et انقطع في العبادة, Voc. v° heremita; منقطع seul, L: «emeriti [lisez eremite] في العباد», Prol. I, 420, 8, en parlant des chrétiens: ويسمون المنقطع الذي حبس نفسه في الخلوق للعبادة بالراهب, cf. Burton I, 163, Macc. III, 659, 19: après avoir servi plusieurs princes, تنزه عن الخدمة وانقطع بتزية الشيخ ابى معين, Djob. 60, 1, 289, 16, Berb. II, 236, dern. l., Abdarî 78 r°, en parlant de deux *ribât*: في كليهما رزق جار للمنقطعين وابناء السبيل, Bat. I, 173, II, 233. Le traducteur des deux premiers volumes de Bat. s'est trompé en rondant منقطعون par «retiré», et منقطعون par «ceux qui manquent d'appui,» «dépourvus de ressources,» «abandonnés.» Au reste L, le Voc. et Burton prononcent le partic. à l'actif, et c'est bon; mais M a le partic. pass., car il donne: والمُنْقَطَعُ اسم مفعول في نحو هذه صومعةٌ منقَطَعٌ فيها اى فيهـا

370 قطع

انقطعت C. — C. cesser de; تاسك منقطع عن الناس, j'ai cessé d'aller chez lui, Bc; c. ز عن بيته p. *cesser d'être auprès de quelqu'un, le quitter*, Bidp. 181, 2: وفي عائدات البنا غير منقطعات عنا. — C. عن *s'abstenir de*, Bc. — C. عن *s'arrêter, se contenir*, Bc. — انقطعوا عن بعضهم *rompre, cesser d'être amis*, Bc. — انقطع عن الكلام *rester court, muet, interdit*, Bc; de même انقطع عن الحجة *être au bout de ses arguments*, voyez un passage cité sous حصر VII. انقطع seul, *rester court*, de Sacy Chrest. II, 233, 2, Macc. II, 200, 11.

VIII c. a. *s'emparer de, s'approprier*, Gl. Belâdz., Berb. I, 41, 3: واستولى على المغرب اخو عبد العزيز واقتطع ابنه ابو الفضل ناحية مراكش, Haiyân-Bassâm I, 45 v°, III, 28 r°: سما لاول الفتنة الى اقتطاع عمله فاقتطع بداخل المدينة, Haiyân 57 v°: والامارة جماعته. — *S'approprier quelques paroles d'un vers*, Abbad I, 129, n. 336, où le scoliaste dit à propos des paroles d'al-Fath: وبغرذان ترخه وترنما قوله مقتطع من بيت جميل بثينة وهو قوله وما علج هذا الشوق الا حمامة — دَعَتْنَ ساقٍ حُرٍّ تَرْخَة وتَرَنَّما En parlant de plusieurs personnes, اقتطعوا, *ils divisèrent entre eux*, Carṭâs 25, 6, après avoir nommé plusieurs tribus: واقتطعوا الجهات فنزلت كلّ قبيلة جهة. — اقتطع فلانا الى نفسه *prendre quelqu'un en amitié*, de Sacy Chrest. II, 474, 3. — *Recevoir des fiefs*, Cout. 47 v°: وصار جميع ثوار الاندلس يرتزقون. — *Décider*, Gl. Badroun. ويقتطعون في حشمه

X c. d. a. *demander à quelqu'un quelque chose en fief*, Gl. Belâdz., M.

قطع. Chez les anciens lecteurs du Coran *pause* = وقف; les lecteurs modernes distinguent entre ces deux termes, et n'appliquent le premier qu'à la suspension de la voix qui est absolument nécessaire pour reprendre haleine, M. — *Trajet*, Djob. 31, 15: فكان طولي من, Macc. I, 82, 11: قطعا مستغربا في السرعة. — اربونة الى اشبونة وهو قطع ٦٠ يوما للفارس المُجِدّ T. d'astrol., *conjonction d'astres qui est critique, dangereuse, pour une personne*, Macc. III, 333, 18:

قطع 371 قطع

وقد اغتيل غرّة انتقاله الى القصر السلطاني بالبلد القديم متحوّلا اليه حذرًا من قطع فلكيّ كان يحذر فاخبره « منجّم » ان عليه قطعا واشار Elmacin 234؛ منه عليه ان يتّخذ سردابًا تحت الارض ويتوارى فيه مدّة — فلما انقضت مدّة القطع التي اشار بها المنجّم ;وهي على ما يقال سنة كاملة خرج المعزّ من السرداب voyez aussi un passage que j'ai copié sous سبر II; 1001 N. I, 108, 13: les astrologues dressèrent mon horoscope et dirent à mon père: ولدك يعيش خمسة عشر سنة وعليه قطع فيها ان سلم منها (منه .l) عاش الحجّ رمانا طويلا 110, 10; dans ce récit, l'édit. de Bresl., I, 272 et suiv. (qui a correctement منه), donne قُطُوع, qui par conséquent a le même sens. — *Opinion bien arrêtée*, Djob. 116, 11: جرى الخبر على ألسنتهم حتى عاد عندهم قطعا على صحّته لا يشكّون (il faut construire: لا يشكّون على صحّته), Macc. III, 122, 4: ومما سألته عنه أنّ الموقّعين يكتبون الصحّة والجواز والطلوع على ما يوهم القطع وكثيرًا ما ينكشف الامر بخلاف *d'une manière certaine et positive*, Prol. I, 190, 6: وحمل له على القطع ان المعلوم على, 198, 13: النفس مدركة الغيب في النوم القطع « ce qu'on sait d'une manière positive; » — قَطْعًا *absolument, décidément*, Bc, de Sacy Chrest. I, 193; dans une phrase négative, *aucunement*, Bc. — T. de mathém., pl. قُطُوع, *section*; القطع الزائد *hyperbole*; قطع مكافئ مجسّم *parabole*; قطع مكافئ *paraboloïde*; قطع ناقص *ellipse*, t. de géom., Bc. — *Format*, Bc; اكبر ما يكون من قطع الورق « papier du plus grand format », Mong. cxxxii; القطع الكامل, Mong. cxlviii, 3 a f., قطع الكامل, de Sacy Chrest. II, 12, القطع الكامل, Ztscher. XVI, 689, cf. Mong. cxxxiii, *format in-folio*; نصف قطع البغدادي, Mong. cxxxii, قطع البغدادي *ibid*. cxxxiii, قطع النصفي, Macc. II, 705, 19, *demi-papier*; قطع الثُّلْثِيّ le papier qui a les deux tiers du papier Mançouri parfait, Mong. cxxxvi b; قطع العادة le format ordinaire, *ibid*. cxxxvii a. — Le pl. قُطُوع désigne des *douars* dont les habitants ne sont pas propriétaires et n'appartiennent pas à une tribu; ce sont des journaliers qui ont acquis un petit pécule et qui prennent des terres à ferme;

voyez Sandoval 271, où ce mot est écrit *khetua*; chez Daumas, Mœurs 20, on lit: « Les douar désignés sous le nom de *ketad* (pièce, morceau). » — ابو قطع. « Au printemps, on coupe tous les poils du jeune mahari, et de cette circonstance il prend le nom de *bou-kuetad* (le père du coupement), » Daumas Mœurs 363.

قطع, par synecdoche, *flèche*, P. de Sacy Chrest. II, ١٤١, 4, cf. 388, n. 66. — La signif. de *fief*, donnée par Freytag, est empruntée à de Sacy Chrest. II, ٧٠, 11, cf. 237, n. 16, où l'on trouve le pl. أَقْطَاع. — Le pl. أَقْطَاع *galères, navires*, Amari 207, 7.

قِطْعَة (vulg. pour قِطْعَة) *lambeau d'habit, haillon*, Alc. (estraço). — *Une pièce de monnaie*, Lane M. E. II, 419, Bc, qui a le pl. قِطَع. On dit قطعة خمسة et قطعة بعشرين, *pièce de cinq, dix ou vingt faddhas*, Lane l. l.; Bc: قطعة بعشرة *pièce de dix sous*. — Pl. ات *troupeau*, Alc. (boyada من قطع, hato (plusieurs fois), manada, pegujal poco ganado, rebaño de ganado). — قطعات, pl. قِطَع من قِطاع, *petit pécule*, Alc. (pegujal poco dinero).

قِطْعَة, *pièce, morceau*, pl. aussi ات, Holal 66 rº: ونقل اليه منبرا — قطعاته عود وصندل احمر واصفر Pl. قطع *pièce d'étoffe*, Vêtem. 368, n. 2. Daumas, Mœurs 309, donne kate, les vêtements de drap. — *Pièce des échecs*, Beaussier, Maçoudi I, 160, Macc. I, 481, 4, 1001 N. I, 375, 14, IV, 195, 7 et dern. l. — *Individu*, Haiyân-Bassâm I, 47 rº: Sancho envoya contre eux 500 cavaliers فخرج البلد بأسره لدفاعهم فحمل على خمس ماية قطعة فولّوا الناس الادبار. — Pl. قطع *une pièce de monnaie*, Khallic. VII, 116, 3; cf. قَطْعَة. En Afrique on semble avoir entendu sous le nom de قطع *des pièces de monnaie au-dessous du titre, du poids*. Lorsque le prince Aghlabite Ibrâhîm ibn-Ahmed les eut remplacées en 275 H. par الدراهم الصحاح, il y eut une émeute qu'on nomme ثورة celle des dirhems; » mais elle fut apaisée, et depuis cette époque on ne fit plus usage des قطع; voyez Bayân I, 114, 9 et suiv. — *Billet*, Akhbâr 78, 3. — *Corps* d'infanterie, de cavalerie, Abbad. II, 232, n. 30, Berb. II, 43, 7 a f., Haiyân-

Bassâm I, 120 rº: قطعة من خيل الأفرنجة, 172 rº,
en parlant des piétons noirs: وكانوا قطعة خشينة
يقاربون الخمسمائة. Les Espagnols disaient de même:
una pieza de moros, p. e. Memor. hist. esp. IX,
187. — Pl. قطع et قطائع, galère, L (biremis, dromo
(navis longa)), Voc. (galea), Maml. I, 1, 143, part.
2, 272, Gl. Bayân, Abbad. I, 61, 9, Macc. II, 765,
13 et 17, Athîr X, 284, 4 a f., Cartâs 91, 5 a f.,
131, 4 et suiv., 1001 N. I, 103, 7, Khaldoun IV,
28 rº: فبعت معه القطائع في البحر. — Pl. ات contrée,
surtout belle contrée, Voc. (pars loci = جهة =
ناحية, قطعة جميلة etc.; sous pulcher il a قطعة et قطعة جميلة).
Zéro; homme sans crédit, Bc. On emploie ce terme,
suivi d'un génitif, quand on parle de quelqu'un avec
mépris, p. e. 1001 N. I, 174, 5 a f.: هو قطعة سائس
أحدب, comme on dit vulgairement en hollandais:
„een stuk van een stalknecht." En français on dirait: „une espèce de valet d'écurie," ce qui, toutefois, ne correspond pas exactement au terme arabe;
l'ancienne expression: „un tiercelet de valet d'écurie,"
conviendrait mieux. — قطعة un peu (proprement:
partes aliquot temporis), Gl. Abulf. — قطعة الدائرة
segment, partie d'un cercle compris entre l'arc et sa
corde, Bc, M; قطعة الكرة segment sphérique, M. —
قطعة زهر, Calâïd 328, 4 a f., ou قطعة الروض, pl.
قطع الرياض, parterre de fleurs, Macc. I, 52, 20, 868,
3, II, 167, 6, avec ma note b, d'où il résulte que
Wright n'a pas bien fait de donner I, 52, 20, le
pl. قطع, Calâïd 239, 10, Prol. II, 321, 14. —
قطعة من الشعر poème de sept vers ou de moins,
selon d'autres, de dix vers, M. — قطعة الكبد
très-cher, tendrement aimé, Abbad. I, 238, n. 67.

قطعة pièce de terre (voyez les dict.), p. e. قطعة
كرم, Tha'âlibî Latâïf 131, 6 a f., Nowairî Egypte,
2 m, 52 vº: كان يزرع قطعة زعفران. — Fief, Gl.
Belâdz. — قطعة حجر un rocher isolé, Bat. IV, 47,
et de même قطعة seul, Gl. Edrîsî. — قطعة دفاتير
une collection de livres, Haiyân-Bassâm I, 173 rº.
— قطعة الخيل pousse, maladie des chevaux qui les fait
souffler, Bc.

قطعى décisif (preuve), Ibn-Tofail 29, 2 a f. —
Bien arrêté, p. e. حدس قطعى „opinion bien arrêtée," Prol. I, 218, 10; dans II, 405, 12, de Slane
traduit العقل القطعى par „une critique trop sévère." —
Voleur de grand chemin, Bc. — Epithète d'une espèce
de bois d'aloès, Bait. II, 225 a.

قطعية la destinée écrite sur le front de quelqu'un,
1001 N. Bresl. VII, 138, 2: وان رايت قطعية على
جبيني، où Macn. (II, 120, 3 a f.) a: انه
مكتوب على جبينه ما قدرني الله عليه ; Bresl. ibid.
4 a f.: رايت جبينك قطعية وصبرت لما استوفيه,
Macn.: رايت مكتوبا على جبينك امورا، الذي عاينك
لا بد ان تستوفيها. — Coupe, bois coupé, Bc.

قطع brigandage, Cartâs 108, 6 a f.

قطاع segment; قطاع الدائر segment de cercle;
قطاع الكرة segment sphérique, M.

قطوع t. d'astrol., conjonction d'astres qui est critique pour une personne, voyez sous قطع. — Crise;
قطوع „bien des maux nous sont réservés;" pl.
ات traverse, revers, affliction; قطوعات circonstances
critiques, Bc.

قطيع pl. قطاع flèche, Diw. Hodz. 38, sur vs. 8. —
Partie, corps de troupes, somme d'argent, Gl. Bayân,
Akhbâr 102, 8, Macc. I, 250, dern. l., Haiyân 19
vº: التزم قطيعه من الجبائية, d'une vigne, voyez un
passage d'Auw. cité sous قطع I à la fin. — Dans le
Voc. sous pascisci; خطة القطيع semble le synonyme
de ديوان المقاطعات, l'administration des tributs (voyez
sous la IIIe forme du verbe), Abbâr 124, 2: واول
Pl. قطع. — ما تصرف فيه للامير عبد الله خطة القطيع
et قطعان, carafe, Abbad. I, 87, n. 78, Voc. (fiala),
bouteille carrée, flacon pour mettre des conserves,
Beaussier. — Pot de terre vernissé qui sert de marmite, Alc. (puchero de barro); peut-être en ce sens
dans le passage de Nowairî que j'ai cité Abbad. l. l.,
puisqu'on y lit: القدور والقطع.

قطاعة pl. قطاع une pièce de monnaie, Voc., Alc.
(dinero qualquier moneda, catâá; sous moneda il a ca-
tuâá, mais je soupçonne que l'u est de trop); voyez
aussi sous قطعة. Peut-être faut-il considérer قطائع

comme le pl. de ce قُطَاعَة dans ce passage du R. N. 99 r°: واخرج نعلا طَنْفيا جديدا ممّا أقدى البدء وقطائع واشباه ممّا تساوى (يساوى l.) دنانير۞

قَضَاعَة *le métier de tailleur de pierres*, M. — Chez les chrétiens, *abstinence, privation de chair, maigre*, Bc, Hbrt 153, M, qui prononce ce mot avec le *kesra*, pas avec le *fatha*, comme l'a fait Fleischer dans Aghâni 291; نهار قَضَاعَة *jour maigre*, Bc.

قُضَاعَة *ce dont on remplit les coussins*, 1001 N. IV, 278, 8: مدوّرة محشوّة بقضاعة فرو السنجاب. — *Ramas de gens vils et méprisables*, *écume*, 1001 N. I, 418, 15: لاى شىء تفعل انها جليلك مع انها من قضاعة الجوارى ودرع الناس. Aussi en parlant d'une seule personne, *le plus vil, le plus méprisable*, ibid. III, 249, 8 a f. et 258, 8 a f.: يا قضاعة العرب, 356, 15: يا قضاعة المسلمين, IV, 159, 4: يا قضاعة الانس, 658, 5: وانتنّ قضاعة الطفيليين, Bâsim 108: يا قضاعة الوزراء, 119: وقال له ولك يا قضاعة البلدارية اجيب (أجبّ =) امير المؤمنين۞

قُطَيْعَة. Biffez la signif. «abitus, discessus,» que Freytag donne, d'après Kosegarten, en premier lieu, car dans le vers en question, Koseg. Chrest. 18, 5, qu'il faut corriger de cette manière:

الى كم هذا الهِجْران فى كل ليلة
وألّا تَمَلَّين القَطيعَة والهَجْرا

ce mot a sa signif. ordinaire, celle de *rupture, l'action de rompre l'amitié*, الهِجْران; cf. Gl. Fragm., Berb. II, 134, 3. — *Troupeau*, Gl Edrîsî, en port. *alcatea*. — *Corps de troupes*, Cartâs 54, 3: فبعث قطيعة من البمّ الناصر بالقطائع وللجيوش الى قتاله. — *pièce de terre*, voyez un exemple sous دِمْنَة. De là *terre sujette au kharâdj, que le souverain donne en fief*, الخراج, M, Khallic. VIII, 9, 2 a f.: واقطعهم المعتصم قطائع بسر من راى وقطائع. — جق الى الآن معروفة عناك. Voyez sur ce qu'on appelle قطائع العِراقى sous صفى. — *Quartier d'une ville*, Gl. Edrîsî. A Bagdâd les قطائع étaient des quartiers qu'al-Mançour avait assignés aux principaux personnages de sa cour, M; comparez la longue description de Bagdâd dans Ya'coubî. Les قطائع d'Ahmed ibn-Touloun à Fostât étaient aussi des quartiers dont chacun était habité par telle ou telle classe d'hommes qui étaient au service du prince; ainsi il y avait la *catî'a* des nègres, celle des Roum, celle des *farrâch*, etc., et elles avaient toutes leurs rues, leurs mosquées, leurs moulins, leurs boutiques, leurs bains, etc.; voyez Abou-'l-mahâsin II, 13 et suiv. — *Une contribution, soit celle qu'on impose dans une occasion extraordinaire et unique, soit celle qui est levée annuellement*, Maml. I, 1, 41. — *Rançon*, Maml. I, 1, 42, l. 6 des notes, Vie de Saladin 209, 4. — On dit فلانة منقطعة البد c.-à-d., cette femme est elle n'a que cet homme qui lui fournisse les choses nécessaires à sa subsistance, M.

قَطُوعِى; سنة قَطوعية *année climatérique*, année fatale, Bc.

قَطَّاع *qui coupe*, Diw. Hodz. 34, vs. 4; *tranchant* (épée), Gl. Mosl. — *Fort*, qui fait une vive impression, Bait. I, 187 c, en parlant de nitre artificiel: وهو ملح تجرى قَطَّاع جَلَّاء; cf. قاطع. — *Tailleur de pierres*, Voc., M, Bat. II, 306, Arnold Chrest. 58, 13. — *Mineur*, celui qui fouille la mine pour en tirer la matière minérale, Amari 210, 10. — *L'ouvrier qui découpe ou qui débite les baguettes d'or en petits cylindres*, Descr. de l'Eg. XVI, n. 3 (j'ai négligé de noter la page). — *Chirurgien*, Prol. III, 363, 5 (où de Slane traduit à tort «bourreau»). — *Qui parcourt le désert*, Gl. Mosl., Diw. Hodz. 106, 7; قطّاع *navigateur*, Bc. — *Consommateur*, celui qui consomme les denrées, Bc. — *Détailleur*, qui vend en détail, Bc. — قطّاع دار الضرب *tailleur*, officier de la monnaie, Bc. — قطّاع دائرة *secteur*; قطّاع دائرة مقدار خمس واربعون درجة *octant*, secteur de 45 degrés, Bc. — قطّاع طريق *brigand, voleur de grand chemin*, Bc, 1001 N. I, 249; قطّاع للطريق.

قُطَّاعَة *l'instrument dont se sert le tailleur de pierres*, M; c'est à la fois un marteau et une hachette, voyez Gl. Esp. 94; Freytag Chrest. 134, 2 a f. — Pl. قطّاطيع *couteau pour châtrer les ruches*, Alc. (castradera para castrar). — *Traîneau*, sorte de grand filet pour prendre du poisson, L (tragum = جَرَّافَة).

قاطع; قاطع للحجار *carrier*, ouvrier qui tire la pierre des carrières, Alc. (cantero que saca piedras del minero). — *Fort*, p. e. en parlant de vin, خمر قاطع, 1001 N. Bresl. IV, 85 (Macn. III, 57, خمر صرف),

قطع 374 قطع

de levain, Bait. I, 382 e: فائد يصبحهم من الغد خميرا قاطعا, d'un remède, دواء قاطع (= ذهبت قوته), cf. sous ذهب I). — *Incontestable*, Formul. d. contr. اشتراه منه بثمن كذا بيعا صحيحا قاطعا سلك به ما 2: — *Persuasif*, Bc. جرت عادة المسلمين في بيوعاتهم *Finesse du fil ou de la pointe d'un instrument tranchant*, Alc. (agudeza de hierro). — Chez les chrétiens, *qui fait abstinence, qui fait maigre*, Bc, M. الطعام القاطع, chez les chrétiens, *aliments maigres*, ceux où il n'entre ni viande, ni lait, M. — Suivi d'un génitif, *l'autre côté de*, قاطع النهر «l'autre côté du fleuve,» Bc, M, Vie de Saladin 224, 2: كتب السلطان الى ولده قاطع, suivi d'un génitif, حتى يسير الى قاطع الفرات *de l'autre côté de*, Vie de Saladin 105, dern. l.: قاطع النهر ;جسر طبرية «à l'autre rive du fleuve,» Bc, de Sacy Chrest. II, ٩, 7: قاطع النيل Vie de Saladin 226: aussi البلاد التي في قاطع الفرات, على قاطع النهر, Bc.

قاطِعَة *sécante*, Bc.

قاطِعِيَّة, t. de commerce, *la quantité de mets, de marchandises, etc., que l'on consomme, qui se détruisent par l'usage*, M.

اقطاع pl. ات *apanage, bénéfice territorial, fief*, Bc, Gl. Abulf., de Sacy Chrest. I, 135, 6 a f., II, ٥٠, 7 a f., ٥٩, 6. — *Les revenus des fiefs dont on jouit*, ibid. I, ١٧, 6: وبلغ اقطاعه في السنة خمس عشر الف دينار.

تقطيع *interruption*, Ht. — En Egypte, *hacher à coups de sabre, la dilaniation*, Ouaday 318. — باع بالتقطيع *détailler, vendre en détail*, Bc. — Pl. تقاطيع *pièce d'étoffe*, Vêtem. 368, n. 2. — تقاطيع *figures dans une mosaïque, dans un plâtrage*, Djob. 85, 9, 105, 4. — تقطيع الحروف *l'articulation des lettres*, Avicenne 12 (J.-J. Schultens). — تقطيع الكتاب *le format d'un livre*, Borhân. ed-dîn 52 (le même). — تقطيع النفس *menstrues*, Payne Smith 1130—31. — تقاطيع الوجه *êtres d'une maison*, Bc. — تقاطيع بيت *trait, linéament du visage*, M. — في تقاطيع الفيل *dans les proportions d'un éléphant*, Bc.

تقاطُع *intersection*, Bc.

مَقْطَع *carrière, le lieu d'où l'on tire de la pierre*, Gl. Edrîsî, Voc., Prax R. d. O. A. VI, 295. — *Mine*; Mokta el Hadid, comme nom propre, «mine de fer fort riche aux environs de Bone,» Michel 35. — *Lieu où l'on coupe le bois*, Gl. Edrîsî. — *Plaque d'ivoire ou d'os sur laquelle on pose la plume pour la couper*, Bc, Carteron 314. — *Couloir, passage*, Bc. — *Pertuis, trou, ouverture d'une digue*, Bc. — مقطع الوادى *gué*, M, Ht; aussi مقطع seul, Bc. — *Pièce d'étoffe en général, et spécialement étoffe de lin*, Gloss. Edrîsî; مقطع بحَوَاشِى *toiles blanches claires, encadrées, sur leurs lisières, d'une bande d'un tissu plus serré; elles servent à faire des chemises pour les femmes de campagne*, Descr. de l'Eg. XVII, 217. Aujourd'hui مقطع حرير signifie *étoffe soie et coton*, Ghadamès 42. — La signif. de *chaîne d'une étoffe* (Freytag) est aussi dans le Voc.: tela panni. — *District*, Burckhardt Syria 168, Bassâm II, 97 v°, en parlant d'Ibn-'Ammâr: وكان غربى المَتَلَّع شَلَبى المقطع «il était du district de Silves;» *district limitrophe*, Barth I, 13 (Grenzgebiet). — Un désert est مقطع لأَعنَاق des chameaux, c.-à-d., il est si vaste, qu'il épuise les forces des chameaux, même des plus robustes, Gl. Mosl. مقطع الحَقّ, ou مقطع للحقوق, *l'endroit où le juge entend les témoins, fait prêter serment, et prononce ses arrêts*, p. e. dans une mosquée, Âmari Dipl. 26, 4: أمر أن بحضر القاضى والاشياخ والشهود بالجامع الاعظم ويستحلفوا اصحاب المراكب والتجار والركاب فى مقطع للحقوق منه على الحج .. ما أخذ لهم البيشانيون الحج — *Décision d'un juge, d'un prince*, Khatîb 18 r°, en parlant d'un cadi: نافذ المقطع, Weijers 49, 11, en parlant de Motamid: ومن منازعه الشريفه ومقاطعه المنيفه الحج .. Aussi en parlant d'autres personnes, *décision, résolution, dessein que l'on prend, projet*, Bassâm III, 6 v°: ils rencontrèrent un habitant de Murcie, 'كان عندهم مشهور المنزع .. (الفلة) .. مضروبا به المثل في برد المقطع «dont la (folle) conduite était bien connue dans cette ville, et dont le nom avait passé en proverbe pour indiquer de sots projets.» — *Bras d'un fleuve*, 1001 N. Bresl. II, 190: وقد احدقت بحضرتها مقاطعان النيل — *Son articulé*, M: ويطلق المقطع ايضا على مخرج الحرف من الحلف (مَخرج) (cf. sous مَخرج) او اللسان أو الشفتين. — *Syllabe*, Voc., M: «une lettre avec une voyelle, ou deux lettres dont la seconde est quiescente; ضَرَبَ est donc de trois macta', et موسى de deux.» — T. de métrique, = سبب et وتد (voyez ces deux mots dans Freytag);

قطع

M. J. Derenbourg m'a communiqué deux passages où ce mot se trouve en ce sens; le premier est tiré du Kitâb al-Mohâdhara par Moïse ben Esra: والاسبلب ; le second est emprunté au Kitâb at-taorîb wa't.tashîl par Abou'l-Walîd ibn-Djanâh: أعنى انهما مركبان من ثلاثة اجزاء. — يسميها اصحاب النسب مقاطع (؟) وتسميها العرب اسبابا Le dernier vers d'une caçîda, nommé ainsi لانه يقطع الانشاد, et appelé également الختم, M; c'est l'opposé de مطلع et l'on dit en parlant d'un poète: طريف حسن المطالع والمقاطع, Macc. II, 51, 2, وكلامه حسن المقاطع والمطالع, ibid. I, 541, 3 a f., المقاطع, Khatîb 20 r°.

مقطع hache, Hbrt 84. — مرة مقطعة fine lame, femme fine et rusée, Bc. Je soupçonne qu'il faut prononcer مقطعة, et prendre مقطع dans le sens de « tranchant » (سيف مقطع, M). Le passage du Diw. Hodz. se trouve 76, vs. 2.

مقطع. Biffez dans Freytag « malum gravissimum, » car dans le vers que Hamaker, Spec. Catal. 33, 1, a fait imprimer ainsi:

حدّثت مقطع وخطب خليل رقّ عن مثله اصطبار الصبور

il faut corriger trois fautes et lire:

حدّثت مُفظع وخطب جليل رقّ عن مثله اصطبار الصبور

حروف مقطعة abréviations. On donne p. e. ce nom aux lettres mystérieuses par lesquelles commencent plusieurs surates du Coran, et que quelques docteurs musulmans regardent comme des abréviations, de Sacy Chrest. I, 356—7. — Déchiré, usé (vêtement), M: والثياب المقطعة عند العامّة البالية المرقّعة. Maml. I, 2, 63, l. 2: الخفاف المقطعة. — جوخة مقطعة mules, chaussure sans quartier, Payne Smith 1522. On a donné ce nom à cette chaussure, parce qu'étant sans quartier, elle ressemble à un soulier dont on a coupé le quartier. — Incrusté; dans les 1001 N. IV, 194, 3 a f., un échiquier est مقطع من الابنوس. — مقطعات بالعاج semble signifier collines, coteaux, ومن هذا الحصن تظهر مقطعات جزيرة قبرس « du haut de ce fort on aperçoit les collines de l'île de Chypre, » Macc. I, 109,

قطف

3 a f.: وقد ضربوا في بطن الوادى بين مقطعاته خيما « ils avaient dressé des tentes au milieu de la vallée entre ses coteaux. »

مقطّع, t. de médec., remède résolutif, M.

مقطوع pl. مقاطيع, en parlant d'un voyageur, d'un pèlerin, celui qui, par suite de la fatigue, du manque de provisions, etc., n'est pas en état de continuer sa route (cf. sous la VIIe forme), 1001 N. 1, 617, 7: il était en guenilles, وفى وجهه اصفرار يعلوه غبار وهو مثل مقاطيع الحجّاج. — Poussif (cheval), Bc. — Hernieux, qui a une hernie, une descente, Alc. (quebrado potroso). — Un isnâd dont on ne peut établir la continuité par aucun moyen, de Slane Prol. II, 483. — مقطوع الظهر et مقطوع qui n'a plus d'appui, Bc. — الابيات المفردة منه مقاطيع الشعر, M. — Un court poème, Khallic. I, 9, l. 16, 117, 6 a f. Sl.; ailleurs chez cet écrivain: ولها شعر جيد قصائد ومقاطيع, pl. aussi ات, Macc. I, 451, 6. — الخفاف المقطوعة, ou simplement المقاطيع, mules, chaussure sans quartier, Payne Smith 1522 (plusieurs fois); cf. sous مقطّع.

مقاطعة interruption, Bc. — ذهبت اليه مقاطعة « je courus vers lui en prenant le plus court, » M; طريق مقاطعة traverse, rue, chemin qui coupe à travers champ, au plus court, Bc. — Tribut, contribution, Maml. I, 1, 42; voyez sous la IIIe forme. — Douane, Bc. — District, M (عند ارباب العشائر حصّة معلومة من البلاد).

انقطاع اللحّم carnaval, Alc. (carnes tollendas).

منقطع ermite ou moine, voyez sous la VIIe forme. — Chez les chrétiens, un mort pour qui personne ne prie ou fait dire des messes, M. — Un isnâd duquel un ou plusieurs noms ont disparu, de Slane Prol. II, 483.

قطف I, dans le sens de cueillir, n. d'act. aussi قطوف, Voc., 1001 N. III, 641. — Couper, p. e. la queue, Bidp. 180, dern. l.: مقطوف الذنب, des têtes, Akhbâr 103, 9, Cout. 46 r°: ممّن قطف راسه من الحشد. — قطف الشمعة moucher, ôter le bout du lumignon de la chandelle, Bc, 1001 N. III, 278: تقدّم الى الشمع الموقّد وقطف زهرته.

II. قَطَفَ الدَّقِيقَ ne pas cribler tout à fait la farine, afin que le son ne se mêle pas à ce qui a été criblé, M; مُقَطَّف bluté, tamisé (farine), Mehren 36. — قَطَفَ اللَّحْمَ, en parlant d'un boucher, désosser la viande, M.

V. pencher de côté et d'autre, se tourner à droite et à gauche, balancer, Lettre à M. Fleischer 7 et 8.

VII être cueilli, Voc.

قَطْف. Le pl. قِطَاف, de Sacy Chrest. I, ١٥٧, 6: ولِلخمر اما حرم بعد حتى قِطافه « le vin est défendu, quoique le raisin soit permis. »

قَطْف s'appelle aussi بَقْل الروم (voyez), Gl. Manç. in voce, arroche des jardins (atriplex hortensis), atriplex halimus, Colomb 27, had g'taf, traduit de la même manière Ghadamès 288, cf. 329; قَطْف سرمة arroche, Bc; قَطْف بَحْرِي, Bait II, 308 b = atriplex marina chez Dodonæus 1047 b. — «Arbuste à l'écorce blanchâtre sur un aubier vert clair, aux feuilles assez semblables à celles du buis, mais plus tendres, amères aussi,» R. d. O. A. VII, 286; «arbuste qui sert à faire le feu,» Daumas Mœurs 305.

قِطَاف, n. d'un. ة, = قَطْف, arroche, Voc., Alc. (armuelles).

قَطُوف le fruit du بُطْم, Barth I, 32 (gatûf).

قُطُوف ramilles, menus bois en fagots, Bc.

قَطِيف tapis en laine à long poil, que l'on fait dans la province de Constantine, Martin 77, Cherb., Mocquet 180: « alcatifs ou tapis, sur quoi ils mangent et couchent. »

قَطَائِف الشمعة mouchure, Bc.

قَطِيفَة. La pièce d'étoffe à long poil qui porte ce nom, servait anciennement de manteau et de couverture de lit (Ibn-Hichâm 1020: قَطِيفَة قد كان رسول الله صلعم يلبسها ويفترشها), plus tard seulement de couverture; voyez Vêtem. 232 n., Hœst 266, où on lit qu'elle pèse souvent trois cents livres; chez Barth V, 710 couvre-pied; de là قَطِيفَة, que Daumas, Mœurs 266, traduit par: «et qui ne dort pas sur un lit.» Aussi couverture de chameau, Belâdz. 267, 4 a f., et tapis, tapis de Turquie, Vêtem. l. l., Hœst 267. — Velours, Vêtem. l. l., Bc, Hbrt 20. — Le Gnaphalium des Grecs, Bait. II, 308 d; — amarante, Bc, passe-velours, Vansleb 100: « Le Katife, ou le Passe-velours, qui est de deux sortes, savoir, simple, et celui qu'on appelle en arabe Katife Kodsi, ou le Passe-velours de Jérusalem.» — قَطَائِف, Gl. Manç.: قَطَائِف هو صنف من الطعام يسمى بالمغرب المشهّدة وبافريقية المطنفسة وقد تخلط بعاجينها اهل المشرق سكّرا ولوزا وغير ذلك بنفتنون فيها; Bg 268: « pâte faite avec de la fleur de farine, bien battue et bien pétrie, qu'on verse avec une cuillère dans des formes disposées dans un poêle, et remplies de beurre fondu ou d'huile de sésame; on les arrange ensuite avec une espèce de spatule en fer sur un plateau métallique, et on verse dessus du miel ou du dibs (raisiné); quelquefois on en forme un pâté à plusieurs couches, farci de noix et assaisonné de miel; » cf. Masoudî VIII, 238—240, 406, Lane trad. des 1001 N. I, 435, n. 99, 610, n. 23, qui observe qu'on emploie rarement le sing. قَطِيفَة, et que pour désigner un seul de ces beignets, on dit قَطَائِف فَرْد; dans les vers chez Masoudî 406, قَطَائِف est considéré comme nom collectif et mis au singulier. D'après le Commentaire sur Harîrî 180, on a donné ce nom à ces beignets parce qu'on les comparait à l'étoffe ainsi nommée, لأنها تلفّ او ما عليها من نحو خمس القَطَائِف الملبوسة.

قَطَّاف vendangeur (Golius), aussi chez Bc, Ht.

مِقْطَف, pl. مَقَاطِف (mal expliqué par Freytag), proprement cueilloir, panier pour cueillir les fruits, Bc, puis en général cabas, coffin, Bc, panier, Espina R. d. O. A. XIII, 145; voyez surtout Fleischer Gl. 38; M: قَفَّة من الخوص مستديرة لها طَبَق كالعلبة; Bâsim 94: فعند ذلك دلا لهم مقطف بحبل نحطّوا فيه. (Mictaf dans les 1001 N. I, 20, dern. l., n'est pas bon; M et Bc donnent mactaf). — Doit avoir un autre sens dans le Calâïd 154, 5 a f.: وله أدب غضّ المَقَاطِف رطب المعاطف.

مِقْطَف, pl. مَقَاطِف ciseaux, Voc. — Crible de soie, d'un tissu grossier, pour la farine, M.

مُقَطَّفَة espèce de vermicelle, Daumas V. A. 252.

قَطْقَطْ

قَطْقَاطْ sorte d'oiseau, de Jong; c'est le synonyme de تُرُم, voyez Damîrî sous ce dernier mot, I, 195 éd. de Boulac.

قطل I égorger, couper, Ht.

قَطْل pl. قَواطِل mesure, Voc.; c'est pour قَبْطَل (voyez), Simonet 341.

قَطْلَب, n. d'un. ة, arbousier, Most. v° قاتل ابيه Bait. I, 123 a, 265 d, II, 196 e, 275 d, 305 d, Auw. I, 253, 3, M, Bc, Bg 830, Hbrt 53, Freytag sous حنّة.

قطم I et V dans le Voc. sous sodomita.

قَطْم sodomia dans le Voc.

قَطْم, pl. ون, Diw. Hodz. 18, vs. 3.

قَطْم rasibus, tout près, Bc.

قَطْم, pl. قُطَماء et قَطَمَة, sodomita, Voc., c.-à-d., bardache, mignon, comme chez Beaussier, qui donne le pl. قطام, et le fém. ة, en ajoutant: se dit aussi de la femme. C'est, je crois, Catamitus, proprement le nom latin de Ganymède, et ensuite bardache.

قطمر

قَطْمير bois de la grappe de raisin, Cherb.

قَطْميرة calice ou support de la datte, Prax R. d. O. A. V, 214.

قَطَامير pl. قَطَامير pignon, amande de la pomme de pin, Alc. (piñon desta piña), qui écrit guitimera, pl. gatimir; il paraît que c'est le n. d'un., formé à la manière vulgaire, du pl. قطامير.

قُطْمُزوايا jonquille, Bc.

قطن I, habiter, aussi c. a., Macc. II, 85, 12.

II c. a. p. et ب l. faire habiter, M. — Mêler de coton, Macc. I, 361, 11: الكتّان المقطّن. — Cotonner, se couvrir de coton, devenir mol et spongieux; مقطّن cotonneux; fourré, rembourré de coton, Bc. — C. a. dans le Voc. sous catena. — En parlant de mets, se gâter, M.

V dans le Voc. sous catena.

M. قَطْ == قَطَن; on dit: قَطَنَ عبدُ اللهِ درهمٌ قطن بلدي; ouater; بطّن بقطن et حشى قطنا. قطن béledin, coton du Levant, Bc.

قَطَن, t. d'anat., est défini de cette manière dans le Gl. Manç.: الفقارات التى ترتكز فيها اصلاع الخلف. — وهى المنقطعة عن الاتّصال من قُدّام وعلى البطن. Chevron, poutrelle, Ht.

قَطَنَة nates, Voc., croupe du chameau, Prax R. d. O. A. V, 221.

القُطْنة le coton, Tha'âlibî Latâïf 4, 1. 7.

قُطْنى vêtu de coton, R. N. 83 v°: رايتُه بِمكّة شابّ كريم الاخلاق عليه ثياب جيّدة من صوف — فقلت له السلام عليك يا صوفى فقال لى وعليك السلام يا قطنى فقلتُ له ان لباس القطن مع وجود التقى لا يضرّ ولباس الصوف مع عدم التقى لا ينفع فقال لى صدقتَ. — Espèce de sauterelle qu'on trouve principalement sur les champs de coton, Niebuhr B. 164. — Etoffe de soie et coton, qu'on a fabriquée d'abord à Djanza ou Canza dans la province d'Arrân (aussi l'appelle-t-on également الكنجى), et qu'ensuite on a imitée ailleurs, Cazwini II, 351, 5 a f., Descr. de l'Eg. XVII, 303, 304, Browne II, 264.

قُطْنِيّة pl. قَطانى, Dans les deux parties du Voc. on trouve que ce mot signifie vesce (vicia). Dans la 1re on trouve en outre: « adaza vel melica. » Adaza signifie panis, plante dont la tige et la feuille ressemblent à celles du maïs; Pagni MS donne également: ktania, panicum, et Prax, R. d. O. A. VII, 262, a noté goutania comme le nom du maïs à Tunis. Melica (voyez Ducange) signifie blé sarrasin. Chez Alc. قُطْنيّة est « escandia especie de trigo; » c'est une sorte de froment très-pur dont on fait un pain délicieux.

قُطْنيّة légumes, L (leguminis), Domb. 59, Bc. — Toile de coton, Bc, M, cotonnine, Bg (v° étoffe).

قُطَيْن, n. d'un. ة, coton, dans la 2e partie du Voc.; la 1re n'a que قُطَيْن. — خيط قُطَيْن bracelet, Voc.

قَطِين endroit habité, Haiyân 68 r°: فصرين حاضرتهم بعطن وعمر قطينها وكثر اهلها ❈

قَطِّينَة (lat. catena, esp. cadena) pl. قَطَائِن *chaîne*, Voc., Cartâs 144, 15 et 16 (corrigé dans la trad. 192, n. 3 et 430 des notes), 210, 3 a f. (corrigé trad. 273, n. 5), 214, 15; chaîne d'or à anneaux plats dont les Mauresques se servent en guise de jugulaires et qu'elles attachent à leur châchia, Cherb.

قَطْنِيَّة *féverole*, petite fève de marais, Bc.

قَطَّان dans le Voc. sous alcoton, *fabricant ou marchand de tissus de coton*, Kâmil 320, 16, J. A. 1830, I, 320, *vendeur de tissus de coton et de lin*, Sorakhsî, man. 373, Livre في الاسلام, chap. 16. Dans Djob. 134, 4, on lit: لهم القسيّ العربية الكبار كأنّها قسى القطّانين, ce qui a embarrassé l'éditeur. Il s'agit des arçons ou instruments en forme d'archet, dont les ouvriers, القَطَّانُون, se servent pour battre le coton; cf. sous قَوس.

قَوْطُون pl. قَوَاطِين *poutre*, Hbrt 191 (Alg.).

قِبْطَان pl. قَبَاطِين *cordon, lacet*, Bc, M, 1001 N. III, 198, 3 a f., 461, 13 et 14; قِبْطَانَة *ganse, cordonnet de soie, d'or*, Bc.

قَبْطُون pl. قَبَاطِين et قَبَاطِي, *petite chambre dans le dialecte de l'Egypte*, est κοιτών, chambre à coucher, Fleischer Gl. 73. — Au Maghrib, *tente*, Voc., Bc (Barb.), Daumas Mœurs 61, Carteron 39, Hay 2 (tente dont on se sert en voyage), Cherb. Dial. 229, Becrî 12, l. 15, Cartâs 19, 11 a f. (l. القيطونه, cf. 9 a f.), 64, 9 a f., Prol. II, 61, 16, Berb. I, 200, 3 a f., II, 30, 9, 44, 7, 65, 2 a f., 80, 10, 82, 9. — Camp, Berb. II, 55, 2 a f., 58, 4 a f., 59, dern. l., 70, 5, 71, 6, 80, 11, 406, 8, 408, 4; dans le n. propre Guîtoun-Zenâta, camp des Zenâta, trad. de Berb. I, p. LXXXIV; Carette, Kabylie II, 62, traduit à tort le n. propre El-Kitoun par «la tente;» il aurait dû écrire «le camp.» — باب القيطون *porte qui ouvre sur la mer, ou sur une rivière*, comme les portes qui ouvrent sur le canal au Caire, 1001 N. II, 117, 7, 365, 14; cf. la note dans la trad. de Lane II, 329, n. 99.

قِيطُونَة *tente*, Ht, qui écrit قِيطونَة.

أقطان voyez plus haut I, 30 a.

يَقْطِين n. d'un. ة, *citrouille*, Bc; Bait II, 603 c: اليقطين عند العامّة هو القرع ومن اللغة يقال على كلّ

شجر لا يقوم على ساق مثل اللبلاب وما اشبه ذلك M: غلب استعماله في العرف على الدبّاة وهو القرع المستدير كالبطّيخة.

قَطَا et قَطَو.

قَطَا *perdrix d'Egypte*, petite perdrix de couleur cendrée, Bc; voyez Poiret I, 269, Richardson Morocco II, 257 («smaller than a partridge, something like a ptarmigan; head shaped like a quail»).

قَطُوّ *auget d'une machine hydraulique*, Lane M. E. II, 32, *seau*, Mehren 33.

قَطْوِيَة *perdrix blanche d'Afrique*, Shaw I, 275 (kitawiah).

كُتَايَة pl. قَطَاطِي *la touffe de cheveux que les Arabes laissent pousser au sommet de la tête*, Berbrugger 116 (قُطَّايَة); *chignon*, Roland (قُطَّايَة gueuttaïu), *chignon de femme*, Ht (كُتَايَة), R. d. O. A. XII, 380: le sultan des sauterelles a «sur la tête une espèce de chignon comme celui des Arabes, goutaïa;» «queue de cheveux tressés et entortillés dans un ruban que les jeunes filles laissent pendre, Cherb.; «guetati, cordons de laine que les femmes attachent à l'extrémité des tresses de leurs cheveux,» Prax R. d. O. A. V, 22, n. 3. Je pense que c'est l'esp. *guedeja*.

قَعَب.

قَعْب. Le pl. قِعَبَان, si la leçon est bonne dans les 1001 N. Bresl. V, 273, 7: قصى حسن الى السوق واحضر عشر قعبان حلوى.

قَعْبَارُون *barbe-de-bouc, salsifis, scorsonère*, Bc.

قَعْبَل *Pancratium*, Bait. II, 309 b.

قَعْبُول *salsifis*, Bc.

قَعَد I *s'asseoir sur le trône, prendre possession de la royauté*, 1001 N. I, 76, 6 a f.: ان اباك قتله الوزير وقعد مكانك. — Se dit d'un professeur qui ouvre un cours, Macc. I, 604, 20: نزل مصر وقصد للاقراء بجامع عمرو بن العاصي, mais il faut lire وقعد avec Boul., comme 905, 2 a f.: وقعد لتعليم الآداب. — *Rester, séjourner, faire une station dans un endroit*, Bc, 1001 N.

I, 74, 3 a f.: وكنت ازور عمّى فى كلّ قليل واقعد عنده اشهرا عديدة. — *Rester, demeurer malgré certaines raisons, demeurer après les autres,* Bc. — *Se conserver, ne point vieillir ou se gâter,* Bc. — N. d'act. قُعَد, *tarder à venir,* 1001 N. I, 47, 7 a f.: 2, 48, وقال لها ويبكى ايش كان قعادك الى هذه الساعة — ان بقيتى تقعدى الى هذا الوقت لا اصاحبك. — *Ne pas parvenir aux dignités,* Calâït 65 v°: وهو كاتب مجيد، ورجل مجيد الا ان بسببه توحّشه عن الناس بنفسه استغلب عليه فاستولى عليه الخمول والقعود. — En parlant d'un Khâridjite, *ne pas vouloir prendre part à la révolte,* M. — *Se prendre à, se mettre à, commencer à,* p. e. قعدت تبكى «elle se prit à pleurer,» Bc, Macc. I, 563, 20: قعد يقول. — *Se décharger le ventre des gros excréments,* Gl. Badroun. — Dans un sens obscène, القعود = ce que fait un sodomite, Macc. I, 610, 10. قعد علی *il se mit sur son séant,* Bc. — قعد نظرہ على *coucher en joue, viser à quelque chose pour l'obtenir,* Bc. — C. الى p., est proprement, comme الى جلس, *s'asseoir en se tournant vers quelqu'un, et de là s'asseoir auprès de quelqu'un,* Mohammed ibn-Hârith 284: فقال له اياك ان تقعد اليه ثانية, Matmah 86 r°: tandis qu'ils s'entretenaient, اذ قعد اليهم رجل طويل اللحية. Kosegarten notes sur l'Aghânî 252, 3, 1001 N. Bresl. XI, 142, 6. — قعد الى الارض (comme جلس الى الارض) *s'asseoir par terre,* Gl. Badroun. — C. ب p. *empêcher quelqu'un d'atteindre le but,* Macc. II, 109, 15 (pour ce qui suit cf. les Add.); *empêcher quelqu'un d'agir comme il veut,* Freytag Chrest. 44, 7: il avait été très-généreux, حتى قعد به ثقره, car il devint pauvre. C. ب p. et عن r. *empêcher d'obtenir,* Bidp. 171, 2: من لا مال له اذا اراد امرا قعد به او ما (ايضا l.), Prol. I, 28, 15: رأيت العلم عمّا يريده «ne voyez-vous pas que cette passion empêcha Ibrâhîm d'atteindre le haut rang qu'occupait sa famille?" — C. ب *se faire fort, s'engager à,* Bc. — C. ب *cautionner, garantir,* Bc. — قعد بمصروف *passer, approuver, allouer une dépense,* Bc. — قعد على ضغن, *nourrir un sentiment de haine,* chez Freytag, est emprunté à un vers dans de Sacy Chrest. II, ١٣٩, 6. — C. عن p. *éviter quelqu'un, ne pas l'aller visiter,* Mohammed ibn-Hârith 278, après le passage que j'ai cité sous قبض VII:

Macc. I, فقال — والله لو اعلم هذا ما قعدت عنك; aussi c. عن l., Macc. I, 904, 7: القعود عن السلطان; قعد فى ادبه 442, 2 a f. *se tenir dans les bienséances, se comporter bien, se tenir dans la modestie,* Bc. — C. ل p. *donner audience à quelqu'un,* Akhbâr 70, 6. — C. ل p. *guetter quelqu'un, comme les bandits guettent les voyageurs,* Nowairî Espagne 454: وخرجوا من حصاره قرضية بنسائهم واولادهم وما خفّ من اموالهم وقعد لهم الجند والسفلة بالمراصد يهبون اموالهم ومن امتنع عليهم قتلوه. — قم وقعد voyez sous قم.

II *asseoir, v. a., faire asseoir,* Voc., Bc, 1001 N. I, 66, 12. — C. a. p. et عن r. *empêcher de,* Aboulfaradj 484, 6: وادركه نفس ووجع مفاصل قعّده عن الحركة. — *Poser les fondements,* Voc. — *Déposer,* Abou'l-Walîd 788, 33: الطين الذى يقعده الماء; ce qui me fait penser que c'est la II° forme et non pas la IV° forme, c'est que la V° (voyez) est employée comme le quasi-passif, et que Beaussier donne تقعيد dans le sens de *dépôt laissé par un liquide,* et مُقَعَّد *déposé (liquide).*

III c. على *s'en tenir à quelque chose,* Amari Dipl. 188, 9.

IV *mettre, placer,* 1001 N. I, 68, 7: وقدّمت شفرة (سقفا l.) مركشة واقعدت عليها بطيخة صينية اقعده, et اقعده seul, *destituer,* Abbad. I, 25, n. 71; mais il y a de la confusion dans cette note, cf. sous قم IV. — Au pass., Freytag à la fin, aussi dans M, exemple sous تصرية; cf. مُقَعَّد — اقم واقعد voyez sous قم IV.

V dans le Voc. sous *sedere,* sous *bases facere.* — *Etre déposé,* Abou'l-Walîd 802, 14: الطين الذى يتقعد من الماء.

VI c. عن *négliger de,* Gl. Fragm., Nowairî Egypte, 2 o, 112 v°: تقاعد عن نصرتهم — تقاعد عن الخدمة *prendre sa retraite,* Bc, Khatîb 78 r°: تقاعد عند الانقباض وآثر الخدمة (عن l.) تقاعد *retraite d'un emploi, des affaires;* متقاعد *émérite, qui est en retraite, retraité, qui a une pension de retraite,* Bc.

VIII. اقتعد مدينة بطليوس دار مملكة «il prit Badajoz pour résidence,» Haiyân 11 v°; de même ibid.: اقتعد مدينة شنت, 12 r°: اقتعد مدينة باجة ومملكها مريدة, 13 v°, 14 r°, etc. — اقتعد دكانا «il s'établit dans une boutique,» Macc. I, 259, 18.

X c. على se régler sur, Bc. — C. ب p. s'attacher à une seule femme, à l'exclusion de toute autre, 1001 N. Breslau. IX, 414: استفعدت فى وتبرك جميع سوارىه ونسائه ومحاصيه لأجلك.

قَعْدَة la hauteur d'un homme qui est assis, Bait. I, 269 c: هو تمنش يعلو قعدة الرجل. — Repos, Ht. — Sédentaire, Bc. — Le mois de ذو القعدة s'appelle aussi 1° ذو قعدة, déjà dans une inscription de l'Omaiyade Mohammed Ier dans Khatib 5 r°, à moins que ce ne soit une erreur du copiste, Recherches I, Append. LXVII, 3, Amari Dipl. 28, 7; 2° القعدة, Rutgers 173, R. N. dans Amari 187, 3 a f. (où l'éditeur ajoute à tort ذى), 64 v°: فى شهر القعدة, Macc. I, 717, 1, II, 808, 18, Amari Dipl. 217, 2 a f., et 3° simplement قعدة, Ztschr. XVIII, 556, n. 1, Hist. Tun. 97, 100. — Fesses, M.

قِعْدَة attitude, posture, situation, position, posture d'un homme, tenue, assiette à cheval, Bc.

قَعْدَى sédentaire, Bc.

قُعَاد, القُعَاد sédentairement, Bc. — Gadd est selon Daumas, V. A. 388, lieu où sont réunies les autruches; autrement chez Margueritte 74: «gâd (posté, embusqué [?]), manière de forcer l'autruche. Cette manière, comme le nom l'indique, consiste à se poster à un endroit convenu, près d'un point culminant, d'un arbre élevé, d'où on puisse voir de loin les autruches, que des rabatteurs vont lancer.»

قَعُود le chameau jusqu'à l'âge où il commence à porter, Prax R. d. O. A. V, 218; le chameau à cinq ans, Daumas R. d. O. A. N. S. I, 184.

قَعِيد chef, voyez قَعِيد.

قَعِيدَة Berb. II, 136, 3 a f.: وجاء الخدام الى قعيدة بيته زوجه بنت السلطان ابى اسحاق.

قَاعِد trop parler nuit, Bc. قاعدة النهد au sein arrondi, rebondi, 1001 N. I, 83, 8 a f. (= Breslau I, 213, dern. l.), IV, 286, 5, où Breslau X, 287, 6 a عاقدة النهد, mais c'est une faute; cf. مقعد dans les dict. — القعود nom de quatre étoiles, voyez العقود sous عَقْد.

قَاعِدَة banc d'une galère, Alc. (banco de galera). قاعدة الطاحون la meule de dessous ou meule gisante, 1001 N. IV, 703, 12. — Comme قعيدة (1001 N. II,

177, 3 a f.), grand sac, 1001 N. III, 475, 5 a f.: واذا بقاص يصيح عليه ويقول له تعال يا حلوانى فوقف له وحط القاعدة والطبق فوقها — فاكل منها الحلوانى واذا فيها البنج فينجمد واخذ القاعدة والصندوق والبدلة وغيرها وحط الحلوانى فى داخل القاعدة وحمل الجميع. — الجميع les deux ailes d'un palanquin, Ztschr. XXII, 157, 2. — En parlant d'une ville, non-seulement capitale (p. e. Aboulf. Géogr. 179, 10 a f.), mais aussi ville importante, grande ville, Aboulf. Géogr. 175, 2: واشبيلية من قواعد الاندلس, 179, 5: ومرسية من قواعد شرق الاندلس, Edrisi ١٥٠, 2, en parlant de Murcie: ولها حصون وقلاع وقواعد واقاليم. معدومة المثال — Stabilitas, L, assiette, situation ferme et stable, Bc. — Loi, règle, maxime, précepte, principe, méthode, principes; قواعد éléments, Bc; Macc. I, 131, 10, 132, 3 a f., Bat. III, 200. Cf. Nowairi Espagne 459: lorsque ce prince se fut emparé de la ville de Tolède, qui s'était révoltée, il y resta حتى استنفرت قواعد اهلها jusqu'à ce que les affaires des habitants fussent réglées.» على قاعدة systématiquement, Bc. — Statut; قاعدة الشرائع constitution, lois fondamentales d'un Etat, Bc. — قاعدة البناء ordre, t. d'archit., proportions, ornements, Bc. — Axiome, Bc. — Article de foi, Alc. (articulo de la fe), dogme, Bc. — Devise, mot choisi qu'on s'applique, Bc. — Forme, manière d'être, façon d'agir, de parler selon les règles, Bc. — Exemple, modèle, type, modèle, figure originale, Bc, Hbrt 116, exemple d'écriture, M, chez Bc خط قاعدة. — Accord, convention, Athir X, 398, 422, 423, 438, 442, XI, 139: وكان الشرط والقاعدة بين عبد المومن وبين عمر ان الخ, Nowairi Abbâsides, 2 h, 413: فلما استنقرت القاعدة بينهم, cf. Vie de Saladin dans Freytag (citation empruntée à Schultens). — Face, facette, côté d'un polyèdre, Bc, M.

قَعُود jeune chameau, Bc.

أَقْعَد, c. r., plus rapproché de, et de là, connaissant mieux, voyez mes remarques dans le J. A. 1869, II, 149, R. N. 15 v°: ذكر ابن سحنون فى طبقات اهل افريقية لكنه ادخله فى جملة شيوخ المصريين وابن سحنون اقعد بذلك (il est clair qu'après ادخله il manque le nom d'un auteur). — Convenant mieux à, s'adaptant mieux à, Abdari 94 v°: ومن جملة انصافه حفظه الله اتى راجعته منها الفاظ قليلة رايتها غيرها اقعد بالمعنى منها فاستحسن

قعد

ما ذكرته واذن لى فى اصلاحها على ما رايت (le premier منها se rapporte à une caçîda). — لا شى اقعد منه rien n'est plus vrai, L (nicil est verius).

تَقْعِيدَة pl. تَقَاعِد van en osier, Cherb.

مَقْعَد la chambre, le salon, où l'on reçoit ses hôtes et ceux qui font une visite, Lane trad. des 1001 N. I, 609, n. 2 et M. E. I, 21, M: وعند العامّة بيت خارج تقعد فيه الضيوف 1001 N. I, 578, 10, II, 68, 4 a f.; chez Bc salon et entresol; dans la tente, l'appartement des étrangers, Ztschr. XXII, 100, n. 31. — Palais royal, Berb, I, 265, 5 a f.: فاراد ان يتخذ بيتا لمقعد سلطانه محكم البناء مجللا بالكلس 376, 1: حتى استنبل غرضه فى حكم امضاه بمقعد سلطانه mais lisez بمقعد avec notre man. 1351, 505, 12: مقعد بدرج أي مقعد لمُلكَه amphithéâtre, Bc. — مقاعد baraques, huttes que font les soldats en campagne, ou sur les remparts, ou ailleurs, Berb. I, 455, 13: نصب المجانيق وقرب مقاعد الرماة II, 165, 8 a f.: مقاعد الحرس من الأسوار 482, dern. l.: بوأ 515, وبوامى المقاعد للحصار 489, 1: المقاتلة للمقاتلة 2, Prol. II, 31, 13: ونصب لصاحب الشرطة الكبرى كرسى بباب دار السلطان ورجل يتبوّون المقاعد بين يديه فلا يبرحون عنها الا فى تصريفه «le chef de la grande chorta siégeait à la porte du palais impérial, ayant près de lui plusieurs satellites qui occupaient des baraques et qui n'en sortaient que pour exécuter ses ordres» (pas bien traduit par M. de Slane), Khatîb واعمد (وعمد l.) فى رحبة القصر فأتم بها السقائف 112 v°: والبيوت واتخذها لخزن (لتخزّن l.) السلاح ومقاعد الرجال. — Siège, chaire, L (catedra), Voc. (sedibile = كُرْسى), sofa, Hbrt 203. — Matelas couvert de pièces de drap ou d'autres étoffes, qu'on place sur l'estrade ou sofa, et sur lequel on s'assied, Vêtem. 128, n. 2, M: رسادة كالفراش يقعد عليها coussin, carreau, Bc, R. N. 22 r°: فقال له ارفع ذلك المقعد, Bait. I, 413 r°, dans l'article sur l'ours: ويصلح ان يتخذ منه مقاعد أثر أمر: 1001 N. I, 315, 4: لاصحاب النقرس والمربوطين 563, 10: يكنس مصطبة وراء الباب ويفرش بمقعد ونطع 597, وفرشوا له مقعدا سلطانيا فوق بساط من الحرير:

قعدد

dern. l., Bresl. I, 279, les deux dern. l., II, 11, 2, III, 209, 10, 294, 2 a f. — Séance pour l'administration de la justice, synonyme de مجلس, Prol. II, 23, 16: فى مجالس الملوك ومقاعد احكامهم, Berb. I, 129, 3: ومجالس احكامهم — والتعرّض بالمقاعد الحافظة Aussi la salle où le sultan rend la justice, L: pretorium ومقعد, مجلس, Berb. II, 383, 2: لسماع شكوى المتظلّمين وجعل لهما مع ذلك الجلوس بمقعد فضله. — Place, espace qu'occupe une personne, une chose. Pour indiquer que les navires étaient très-nombreux et qu'ils occupaient beaucoup de place, l'auteur du Cartâs dit, 278, 4 a f.: وهم فى امر لا يعلم لهم عدد ومقعدهم فى البحر متّصل. De même P. Aghânî 62, 11: وقد كان لى عندكم مقعد «j'avais une place dans votre cœur,» j'étais aimé de vous. — Peut-être base (cf. مَقْعَدة chez Freytag) dans Abdarî 35 r°, qui dit en décrivant une قبّة, bâtie par les anciens à Tripoli d'Afrique, près de la porte de la mer: وفى مقعد النقبة صخرة مستديرة منقوشة بجار الناظر فى حسن وضعها.

مُقْعَد perclus, impotent de tout ou d'une partie du corps, Bc; Bait. I, 412, explique les paroles d'Edrîsî: يعنى الزمنة, par: المفاصل المقعدة.

مَقْعَدَة. Pour fesses on emploie bien le sing., mais plus souvent, je crois, le pl.; L: nates مقاعد, 1001 N. I, 225, 15. — Anus, bout du rectum, Bc, Gl. Mang.: مقعدة فى استعمال الاحتباء حلقة الدبر Edrîsî, Clim. II, Sect. 5: وانّما هو اذا شرب الانسان لم يلبث ان ينزل به من مقعدته مسرعا من غير تأخير ولا اقامة. — Troussequin, siège de la selle, Cherb. Pot de chambre pour les gros excréments, M.

متقاعد arriéré, paiement retardé, Bc.

قعدد I c. a. et II dans le Voc. sous maturus.

قَعْدَد forme au pl. قَعَادِد, Kâmil 272, 14. — Semble signifier noblesse, Djob. 203, 15: وامر هذا الرجل صدر الدين عجيب فى قعدده وابّهته وملوكيته واولاد عثمان بن سباع واولاد, Berb. I, 47, 9: وفخامة آلته الخ قعدد أبنائه. — على اشف منهم واعزّ بالكثرة والقعدد dans un vers chez Macc. II, 200, 8, est une expression burlesque qui semble signifier la matrice de sa femme; cf. Fleischer Berichte 284.

قَعْدَدَة *maturitas in moribus*, Voc.

قُعْدُود et مَقْعَدَد *maturus*, Voc.

قعر II *rendre creux, concave, creuser*, Voc. (concavum facere, fodere); سطح مقعّر *surface concave*, Be; chez Ht مغعّر, *concave*, est pour مقعّر; Gl. Esp. 187, dern. l., Prol. III, 65, 9 (miroir), Gl. Manç. v° اخمص: التقعير الذى فى باطن القَدَم من الجماضة وهو الصمور هى خرقة او قطنة تلف كبّة وتوضع على رفادة v° et الموضع المقعّر تملأ. — La manière de prononcer qu'on appelait التنقعير semblait d'abord aux Arabes d'une grande élégance; plus tard elle passait pour affectée et prétentieuse, et l'on employa aussi مقعّر, تنقعير, etc., pour indiquer les termes prétentieux dont on se servait; voyez J. A. 1869, II, 172—4. — Dans les gloses plus ou moins altérées chez Payne Smith 1475—6, تقعير الراس = تسفيط الراس, c.-à-d., en parlant d'une sage-femme: *donner à la tête d'un enfant nouveau-né la forme qu'elle doit avoir*.

IV = I *déraciner*, Cartâs traduction 358, n. 2.

V quasi-pass. de II, Voc. sous concavum facere et sous fodere.

قَعْر, *fond*, pl. aussi اقعار, Voc.; *cul, fond ou derrière d'un vase*, Bc. — *Bas-fond*, Burckhardt Syria 668. — *Abyme*, Bc. — *Pied, base qui soutient un ustensile*, Bc. — قعر المقلى *quille*, Bc. — *gratin, ce qui demeure attaché au fond du poêlon*, Bc.

قَعْرَة *concavité*, Bc. — *Souche du palmier*, R. d. O. A. N. S. I, 312.

تقعير, t. d'anat., *creux dans la superficie d'un membre*, M.

مقعر الكبد, chez les médecins, est ما تجويف منها, l'opposé de محدّب الكبد, M.

مَقْعَرَة *creux dans lequel s'emboîte un os*, Bc. — *Souche du tronc* du dattier, Prax R. d. O. A. V, 214.

قعس V = VI, Kâmil 25, 10.

قَعِس *réfractaire*, P. Berb. I, 393, 13.

اقعس *malheureux*, 1001 N. Bresl. III, 316, 4: اسمى قبل اليوم الاسعد واليوم الاقعس وبكى فبكت الصبية الخ

قعسر. Cf. Amari 16, 3: فاوليباه ابدًا فى عزّ قَعْسَرى

قعسرى شائع

قعقع I *râler*, Bc. — C. a. *faire craquer une porte*, P. Abbad. I, 317, 2.

II *râler*, de Sacy Chrest. I, ٣, 13, تقعقع *râle ou râlement*, Bc. — *Claquer* (dents), R. N. 61 v°: لما شعر الّا بنقعقع اسنانى من شدّة البرد — *Etre indécis*, Bait. II, 589 c: ينقعقع نونها بين النبيضاص والصفير

قَعْقَع *pie*, Daumas V. A. 432.

تَقَعْقَعَ *prendre le borço' et l'izâr*, Gl. Manç. in voce: التَّبَرْقُع والاِتِّزار.

قَعاقِع (pl.), au fig., *mots pompeux*, Abd-al-wâhid 151, 2 a f.: كانت طريقته فى الشعر على نحو طريقة محمد بن عانى الاندلسى فى قصد الالفاظ الرائعة والقعاقع المهولة وايثار التقعير; un peu autrement chez Haiyân-Bassâm I, 172 v°: il voulait le fléchir par des larmes, etc., mais l'autre lui dit: قع انقعاقع فليست تهولنى

قعم IV. Pour exprimer qu'une jeune fille a les bras potelés, un poète dit qu'elle est مقعّمة القلب, c.-à-d. qu'elle (que son bras) *mord le bracelet*, Abbad. I, 101, n. 147.

قعمب nom d'une plante, Bait. II, 309 c.

قعو I. *Coivit*, en parlant d'oiseaux, est aussi قَعَى, Abbad. I, 318, 5 a f. et dern. l.

قعو الابنتين voyez Kâmil 516, 14.

قعون I c. a. dans le Voc. sous pigrescere.

II c. قَعْوَن *pigrescere*, Voc.

قف.

قُفّ, *panier*, a le pl. قِفَف, Voc.; Bc, et قفاف Voc., Alc. (espuerta, goja en que cogen las espigas), Cout. 29 r°, Auw. I, 672, 8 (lisez ainsi avec notre man.). Une قفّة peut contenir environ un demi قفيز

de Cordoue, Auw. I, 11, l. 14. — Grand panier rond, enduit de bitume, dont on se sert à Baçra en guise de barque; voyez Niebuhr R. II, 204 n., Ker Porter II, 260. — Coussin, Ht.

قفر IV, *être dépourvu de*, se construit c. من, Macc. I, 422, 18, Abdarî dans le J. A. 1844, I, 394, 6 a f. (où اقفرت est une faute d'impression). — V. a. *dévaster, ravager* (= أخنى), Voc.

V *être dévasté, ravagé*, Voc.

قفر « plaine sablonneuse et vide, mais qui, fécondée un moment par les pluies de l'hiver, se couvre d'herbes au printemps, et où les tribus nomades, campées ordinairement autour des oasis, vont alors faire paître leurs troupeaux,» Daumas Sahara 3. — *Bitume*; قفر اليهودية et البهودين *asphalte*, Bc, Abou'l-Walîd 235, 20: قفر بابلي وبعرف بالشمداقوا voyez sous مَطْلُوي. — *Chaudron dans lequel on cuit le bitume ou la poix*, Payne Smith 1806.

قفر pl. قفار, *désert, endroit inhabité*, Alc. (yermo, quifr; sous despoblado il donne quifr, mais le pl. قفار qu'on y trouve, montre qu'il a eu en vue la forme قفر).

قفر أرض قفر *désert*, Voc.

قفرى chez Freytag doit être changé en قفرى, vulgaire pour قفرى, fém. de أقفر, Ztschr. XVIII, 547 n.

قفرى *anachorète*, religieux qui vit seul dans un désert, L (anacoreta).

قفران *désert*, P. Aghânî 156, 5.

قفير *ruche?* Payne Smith 1673.

أقفر. La citation chez Freytag est fautive; lisez: Koseg. Chrest. 96, 3.

قفز I *couvrir, saillir*, Bc. — C. على p. *sauter sur quelqu'un*, Vie de Saladin 205, 12 a f.: قفز عليه اصحابه — C. في *surprendre* une forteresse, Freytag Loem. 45, 3 a f.: Loulou démantela ces places, parce qu'il خاف ان يقفز فيها. — Dans le sens d'*aufugit* (Reiske), Freytag Loem. 52, 11: وقفز جماعة من العسكر الكاملى الى حلب فاستخدموا ☜

II c. a. p. *faire sauter*, M, Macc. II, 166, 1.

V *marcher d'une manière orgueilleuse*, Payne Smith 1157.

قفز pl. قفزان *gants*, Ht.

قَفْزَة. قفزا في قفزا *par sauts et par bonds*, Alc. (salto a salto). — *Saut*, action d'un cheval qui saillit une jument, Bc. — *Gargouillade*, pas de danse, espèce d'entrechat, Alc. (esganbete de dança). — *Course de haut en bas*, Alc. (corrida de arriba abaxo; Nebrija: decursus). — *L'action de descendre, d'ôter d'un lieu haut pour mettre plus bas*, Alc. (enbiada de arriba; Nebrija: demissio).

قفيز الطَّحَّان est la portion de farine que le meunier reçoit pour sa peine, M. — *Gâche*, M.

قَفَّاز dans le Voc. sous saliro, *cabrioleur*, Bc. — Sorte de serpent, Payne Smith 1375.

قفاز. Le pl. ات, Auw. I, 525, 18, et قفافيز, Voc., Alc. (guante). — *Gantelet de fer, de mailles*, Alc. (manopla armadura); ce que Freytag a donné d'une manière peu claire est *gantelet de fer du fauconnier*. — *Un épouvantail fait de pièces de bois minces*, Burckhardt Prov. n° 154.

قفش I *attraper, gripper;* — *empoigner*, Bc.

قفص

قَفَصْ, *cage*, pl. أقفصة, Alc. (jaula). — Pl. أقفصة et قفصات, *panier dans lequel on porte la volaille au marché*, Alc. (gallinero en que llevan las gallinas). — *Caffas* ou *caps*, espèce de grand panier de branches de palmier, *hotte*, Bc, Gl. Esp. 343 n., Descr. de l'Eg. XVIII, part. 2, 419, Niebuhr R. I, 271. — *Éventaire*, plateau d'osier, Bc. — *Treillage*, Bc. — *Mesure de capacité pour la gomme, l'encens, le myrrhe*, Descr. de l'Eg. XVII, 350, 351, 352. — قفص الملح voyez Djob. 268, 2 a f.

قفطان (pl. قفاطين), pour حفتان, ne semble en usage que depuis le XVIe siècle, Vêtem. 167.

قفع.

مُقَفِّع vulg. pour مُقَعِّع, M.

قفقف.

قَفْقيفة *tremblement dans les membres*, Cherb. C.

قَفْقُولَة chaudron, Mehren 33.

قفل I fermer; c. عـلى enfermer, Bc. — Boutonner son habit, Ht, Bc (Barb.).

II mettre un cadenas, Alc. (candado echar). قَفَل couper la tête d'un arbre; c'est vulg. pour الشاجرة, M.

IV faire retourner, renvoyer, Gl. Fragm. — Mettre un cadenas, Voc.

قُفْل. Une forteresse est appelée un قُفْل, parce qu'elle ferme le passage à l'ennemi, Amari 45, 5: حصن مانع وقفل رائع (j'ai substitué مانع, que j'ai trouvé dans les man. A et B, au lieu de منيع de l'édit.). — Clef de voûte, Gl. Edrisi. — Jointure, articulation, l'endroit où deux os se joignent, Voc. (juntura = مَفْصِل). — L'endroit du fût de l'arbalète auquel s'applique la manivelle, J. A. 1848, II, 208. — L donne ce mot sous tortilis et sous catelle (catenule colli) (c'est Raphelengius qui a cru devoir lire catelle; le man. a une syllabe de plus). Le second article rappelle, pour ce qui concerne tortilis, le « fit tortile collo aurum » de Virgile (Æn. VII, 351). Je traduis donc: petites chaines que l'on porte au cou pour se parer. — Vers d'un poème, J. A. 1839, II, 165, 6. — Balle de coton, etc., filé, M (وبسن الغزل ربط معينة). — Pl. أقفال botte (assemblage de plusieurs choses de même nature liées ensemble), Payne Smith 1792. — Pl. قُفُول (Bc, Ghadamès 25, Daumas V. A. 361, 1001 N. Bresl. XI, 395) caravane, Bc, caravane de mulets, M, Nowairî Afrique 61 r°: وافق ذلك وصولي من المهدية الى بجاية بأجمال متاع مع قفل, 1001 N. II, 77 (où la prononciation قَفَل n'est pas bonne), Bresl. VII, 65 (Macn. قافلة), IX, 251 (Macn. قافلة), X, 152 (Macn. ركب), XII, 187. Selon Freytag, cette signif. serait dans le Câmous; je ne l'y trouve pas, et le M dit formellement qu'elle est vulgaire.

قَفَل pl. قَفَل bouton d'habit, Ht.

قَفَل. On trouve dans le Gl. Mosl. cette note, que je ne prends pas sous ma responsabilité: قَفَل subst., à ce qu'il semble, selon l'analogie de يَخَل, est proprement, comme le synonyme قَحَل, aridité, et de là au fig. avarice.»

384

قَفْلَة pl. أَقْفَال bouton d'habit, Hbrt 19, Bc (Barb.), Delap. 77. — قَفْلَة مدّة أربعين يوم quarantaine, Bc.

قَفُول qui retourne, P. Koseg. Chrest. 148, dern. l., où il faut lire:
صَرَحَ النَّهْيَ وما كَنَى بجميل وتَوى بمضرّ ثوآء غيرَ قَفُولِ
قَفُول blé de Guinée, maïs, Holcus sorghum L., Richardson Sahara II, 116 et Central I, 109, 295, 308, II, 73, Lyon 231, 273, Denham I, 102.

قَفَّالي serrurier, Domb. 104.

قَفَّال serrurier, Hbrt 85.

قَفَّال. Le pl. قُفُول, Gl. Mosl. — Le premier passage du Diw. Hodz. que cite Freytag, se trouve 131, vs. 5. — Pour maigre, M. Wright cite aussi le Diwan d'Amro'lkaïs ٣٩, 11, celui de Djarir et Akhtal 6 v°, où le commentaire porte: القَفَّل الصوام.

قافلة زاد convoi, provisions pour un camp, une place, Bc.

أَقْفَالي serrurier, Bc (Barb.).

مَقْفَل chemin, se trouve dans le Diw. Hodz. 161, vs. 2, cf. 162, 2.

مَقْفُول ignorant, Voc., L: balbus et brutus مقفول.

وأبلّه Pendants d'oreilles, Daumas V. A. 172, chez Roland par transposition مقفّل.

مَقْفَجي cordonnier, savetier, Ht, Bc (Barb.).

فعلوط (κεφαλωτός) espèce de poireau = كراث بستاني, Most. sous ce dernier mot, Bait. II, 312 c, 363 b (AB).

؟تَقْلِيد base d'une colonne, Payne Smith 1311.

قفو II et V dans le Voc. sous ritmus.

X. استقفاها الاثنان uterque, unus post alterum rem cum eâ habuit, 1001 N. I, 5, l. 13.

قَفَا coup sur la nuque, Burckhardt Prov. n° 2, Burton I, 116. — اعطاه قفاه il lui tourna le dos, Humbert Anal. 28. — En général le revers d'une chose, Ztschr. V, 50, n. 3; قفا اليد le revers (le dos) de la main, Bc; envers d'une étoffe, le côté le moins beau, Bc, Ht; revers, côté opposé à la tête dans une médaille, Bc; قفا السكّة pile d'une pièce de monnaie, Bc; verso, seconde page d'un feuillet, Bc; le revers d'un instrument, Auw. I, 62, 3, le dos d'un couteau, Auw. I, 407, 20, 24, 437, 5 a f., Ibn-Loyon 21 v°. — من قفا البلور à travers le cristal, Bc. — La partie inférieure du dos, Khallic. VII, 68, 6 et suiv. — Sorte de poisson, Yâcout I, 886, 7.

قفوة pièce d'habillement, Mehren 33.

قَفَاتِي occipital, Bc.

تَقْفِيَة (biffez le techdîd chez Freytag) faire rimer, Prol. III, 323, 12.

قُفّ (abréviation de l'esp. cuculla) capuchon, Voc. (cucullus); ainsi dans la 1re partie, dans la 2e قُفّ.

قَفْقَف fabula, Voc.; sur l'origine voyez Simonet 342.

قُفَيْلَة pl. قَفَائِل crottin, fiente de brebis, de chèvre, Alc. (cagarruta); c'est un dimin esp. de l'ar. قُفّ ou de l'esp. caca, qui ont le même sens.

قُلّ شِبْو (pers. كُل شبو) tubéreuse, Bat. III, 383, écrit فُلّ شَنْبُو III, 150.

قلّ I. قلّ على عدلاً قلّ insulter, Bc. — قلّما est une litote pour لا, comme dans ce vers, Macc. II, 502, 20:

فقلت قُمْ فى ولا تَقم فى فقلّما يُؤْكَلُ القيام

que Fleischer traduit ainsi dans les Add., en rappelant que les Arabes disent: القلّة بمنزلة العدم: Je lui ai dit: donne-moi de quoi vivre et ne te lève pas devant moi; car on ne peut guère manger cet acte de se lever » (devant quelqu'un pour le saluer). — قلّ الزاد يكون au moins, Bc. — Manquer, p. e. قلّ الزاد «les vivres manquèrent,» Bc. — عن r. ne pouvoir atteindre une chose, Macc. I, 681, 4 a f. — هذا يَقلّه cela lui suffit, Djob. 39, 7: لانّهم لا يَصلّون ان اجريت عليكم, Abbad. II, 225, 3: الّا بزاد يقلّهم رزقًا يقلّك J'ai hésité entre la Ire et la IVe forme, et M. Wright (Gl. Djob.) s'est prononcé pour la IVe. Je crois à présent que c'est la Ire; cf. 1001 N. Bresl. III, 137, 4, où on lit qu'un pêcheur profita de l'obscurité de la nuit pour jeter ses filets dans un endroit défendu, car, dit-il, فى هذا الوقت مطمئنين من قِلّة الفراس; il faut lire: مُطَمْئِنِّين مِن قِلّة الفراس, c.-à-d., « à cette heure ceux

à qui un lit suffit (qui ne demandent rien autre chose) se livrent au sommeil.» Dans le même sens قَلّ له هذا, Macc. I, 536, 21:

سَقَاكَ يا سَفْحُ سَفْحُ الدَمع مُنهمِلاً
وقَلَّ ذاك له ان اعوز المَطَر

Le Voc. a la Xe c. ب pour suffire. — Dans le Voc. sous callus; formé du subst. esp. callo; voyez plusieurs fois plus loin.

II c. فى, 1001 N. I, 90, 4: قَلّ حسده فى طعامه — l'envie lui ôta l'appétit et le sommeil. — ولذيذ منامه قَلّل الادب perdre le respect, Bc. — C. ب r. ne pas estimer, mépriser, Khatîb 40 r°: وقال يقلّ ــــ. — (Formé du subst. الدنيا وبمحمد عقبى من يقلّل بها esp. callo) causer des cors, des durillons, en parlant de souliers trop étroits, Voc., Alc. (callecer hazer callos, matar como el çapato, مُقَلِّل calloso, encallecido con callos). — (Formé du verbe esp. calar, Simonet 303) pénétrer, Alc. (catar calar).

IV. أَقَلّ بها pensez que c'est peu, Macc. I, 464, 17:

الْفّ من الخَمر واقلِلْ بها لعالم أرى على بغيته
ما أَقَلّ هذا الغلام بأدبٍ que ce jeune homme est mal élevé! Macc. I, 679, 19, et l. 21: ما اقلّه بشفقة qu'il est peu compatissant!

V dans le Voc. sous parum. Ce verbe se dit de celui qui mène une vie simple, qui est simple dans ses habits, qui se contente d'une nourriture simple, تقلّل فى المَطعم, Fakhri 89, 6 et 12. Le verbe seul s'emploie en ce sens, Khallic. I, 250, 2 Sl., 255, 2 a f., Abd-al-wâhid 138, 3 a f., Yâcout IV, 600, 21, Meursinge ٢٠, 2 a f., on le trouve aussi joint à من الدنيا, Amari 189, dern. l., R. N. 43 r°: كان مروان رجلاً صالحًا متقلّلاً من الدنيا, 53 r°: كان رجلاً فاضلاً مجتهدًا ورعًا متقلّلاً من الدنيا, 62 v°: وهذا يدلّ على تقلّله من الدنيا وزهده فيها, lisez par conséquent le mot sans points chez Veth, Lobb al-lobâb 143, dern. l.: كانوا يتزهّدون ويتنقلّلون من الدنيا, pas V, comme l'a cru l'éditeur. — Etre méprisé, Müller L. Z. 41, 8: وتقلّل (l. وتنقلّل) المرتدّون الذين كانوا بها — ولم يبق لهم عند صاحب قشتالة جاه ولا حظوة. — (Formé du subst. esp. callo) avoir, gagner des cors, des durillons, Voc., Alc. (callecerse, encallecerse).

X *porter*; au fig., Rutgers 131, 8 (cf. 136): واسْتُقِلَّتِ البلادُ اليمانيةُ فى الحوزةِ الشَّريفةِ السلطانيَّةِ « les contrées du Yémen furent portées dans, c.-à-d. incorporées aux Etats du Grand Seigneur. » — *Prendre sa lance, s'en armer*, Koseg. Chrest. 80, 3: فقام وأفرغ عليه درعه وتقلّد سيفه واستقل رمحه وانتصب على ظهر جواده. — C. ب r. *être en état de porter une chose*, Bidp. 85, 3: l'homme fort peut porter un lourd fardeau, quoiqu'il n'y soit pas habitué, والرجل الضعيف لا يستقل به وان كان من صناعته Weijers 53, 1. De là *être en état, être capable de faire une chose*, Macc. I, 206, 6, Prol. I, 313, 3 a f., 316, dern. l., II, 207, 10, 235, 1 et 4, 246, 9; aussi استقل بنفسه فى شىء, Prol. I, 313, 14 et 15; *se montrer capable de faire une chose*, Haiyân-Bassâm I, 88 r°: وصرّفه فى السفارة بينه وبين امراء الاندلس فيما يجرى بينهم من التراسل والمداخلة فاستقل بذلك لفضل ما أوتيه من اللسن والمعارضة. Le n. d'act. *capacité*, Macc. I, 192, 13, Haiyân 4 v°: استقلال, Khatîb 53 r°: فنهض بأعبائه ما قوض الله (قوى اليد l.) وظهر فيه استقلاله وغناؤه, Haiyân-Bassâm I, 30 v°: il voulait chasser du trône Hichâm II استقلاله لضعف à cause de son incapacité, Bassâm I, 201 r°: le juif voulait ôter le trône à Bâdîs et le donner à Mo'taçim, parce qu'il savait qu'il serait tout-puissant sous ce dernier, لما كان يعلم من كلامه (كلاله l.) ويتبيّن من استقلاله (استقلاله l.). Le part. المستقل *celui qui est en état de combattre*, Haiyân 75 v°: فلمّا سلكهم الاقتال ومقصور الرجال ولم يبقى من الناس الا المستقل المتخفف اطلق الرجال للحرب Voc.; cf. sous I. — C. ب *suffire*, *se charger de*, de Sacy Chrest. II, ۰۲, 4: استقل بتدبير احوال مصر والشام Abbad. I, 46, 3 a f., 109, n. 195. — C. ب r. بالامر, بالولاية, etc., *gouverner seul, être indépendant*, M: استقل الولى بالولاية تفرّد بها ولم يشركه فيها غيره Bc: ملك مستقل *prince souverain*, Nowairî Afrique 23 v°: وكانوا فى مبدا ولى الامر فى حياته, 26 v°: ابيه ثم استقل بالامر بعد وفاته الامر كالنواب لملوك الدولة العبيديّة بمصر ثم استقلوا, 30 r°: l'autre étant mort, استقل بعد ذلك بالامر, Abd-al-wâhid 142, عبد الله بن محمد الكاتب وَحْدَه

15, 194, 4 a f., Prol. II, 115, 11 (= استبدّ), 116, 3 a f., 269, 3, Berb. I, 527, 2, 5, 2 a f., 529, 4 a f., Macc. I, 277, 6, II, 800, 19, Hist. Tun. 85, Prol. II, 253, 9: استقلوا بأمر أنفسهم « ils se gouvernèrent eux-mêmes, » *ibid.* 19, 12: مستقل بالنظر فى « il dirigeait avec une autorité absolue la perception, » استخراج الاموال etc. Aussi, mais rarement, c. على, Vie de Timour I, 110, 2 a f.: اذا بلغك انى استوليت (استقللت pour استقليت) « . En parlant d'un jeune savant, *être hors de la dépendance du maître*, Macc. I, 599, 21: قد برع واستقل وجلس للتدريس. En parlant d'un mot, *se mettre absolument, sans complément*, Macc. I, 614, 22. Un canal تستقل (شعيبا) نهرًا « *forme une rivière à part*, » de Sacy Chrest. II, 24, 5 a f. Le part. مستقل *à part, libre, détaché, isolé, spécial ou sui generis*, Djob. 44, 20: 226, 18: chaque quartier de Bagdad est مدينة مستقلة بخزائنه, Macc. I, 103, 7, 132, 20, 179, 8, 208, 16, 367, 3, J. A. 1851, I, 60, 6, Abdarî 17 v°: وعند كل باب منها ربض متّسع فى قدر البلد; en parlant d'un écrit, Macc. I, 105, 1 (cf. 358, 4), Hist. Tun. 117: si Dieu nous accorde une plus longue vie, اوردنا خبر دولتنا السعيدة بتاريخ مستقل; en parlant d'une science (*sui generis*), Prol. I, 61, 3 a f.: هذا علم مستقل بنفسه; en parlant d'une muraille, Müller S. B. 1863, II, 29, 3 a f.: استقلت M, استبدّ برأيه, — من كافّة نواحيها est استقل *agir d'après ses propres inspirations*, Prol. I, 316, 10. — C. ب *posséder* ou *présenter ce qui n'est point commun à d'autres choses de même espèce*, Prol. II, 358, 2 a f.: dans l'ancienne poésie arabe chaque vers était مستقل بالافادة, c.-à-d., « présentait un sens complet, » Macc. I, 75, 7: j'ai divisé ce livre en deux parties, وكل منهما مستقل بالمطلوب فيصح ان يسمّى باسمين « dont chacune traite un sujet particulier; il faut donc que chacune ait son titre, » 77, 2: dans chaque livre de la 1re partie j'ai donné quelques extraits des écrits de Lisân ed-dîn انشق انفس ان مع بذنبك, de Sacy Chrest. II, 64, 5 a f.: — قد استقل ونيكمون أول ما يقع الاسماع مستقل بنوع من الاعجاز Abou-Hammou 154: من استقل بمحمود هذه الخصال — *Se relever, se remettre sur ses pieds*, Haiyân 46 r°: لما استقلوا من نكبتهم. — *Relever de maladie, se ré-*

tablir en santé (Reiske chez Freytag), Bat. II, 149, Cartâs 230, 8 a f.: ووجد امير المسلمين الراجح واستقل واستقل من كان، Çalât 32 r°: من مرضه وعاد الى صحّته, Abdarî 110 v°, فيها من الموحّدين من علّة الحصار en parlant d'un médecin: ولم يقصّر في العلاج حتى استقللت. — استقل كتابًا *écrire un livre spécial* sur tel ou tel sujet, Thaʿâlibî Latâïf 115, 3. — استقل الرحيل *le départ commença*, Müller 35, 7 a f.: فكم من قلّب لرحيلنا وجب، لما استقل الرحيل ووجب.

قلّ *faibles débris*, Berb. II, 11, 3 a f.: والقلّ منهم بذلك الموطن لهذا العهد.

قلّ وعنزه pauvreté et mendicité, Mohren 33.

قَلَّة، قُلَّة (esp. *callo*, Simonet 303), pl. اتّ et قَلَل, *cal, calus, durillon qui vient aux pieds, aux mains, cor*, Voc. (callus; changez قُلَّة en قَلَّة, car il a le coll. (قَلّ), Alc. (callo de la mano o pie, clavo del pie). — قَلَّة *bulle*, globule rempli d'air qui s'élève quelquefois à la surface des eaux, qui se forme sur les liquides en ébullition ou en fermentation, etc., Alc. (bexiga en otra manera [Nebrija: bexiga en otra manera, burbuja. Bulla] câlla, pl. callôl [?]).

قلّة *défaut, disette, faute, manque*, Bc. — *Médiocrité de fortune, pénurie*, Bc, Thaʿâlibî Latâïf 56, 3. — *Légèreté*, Bc. — Comme coll. *peu nombreux*, Edrîsî, Clim. I, Sect. 8, en parlant des habitants de deux villes: أقلهما في ذاتهم قلّ، وفي انفسهم أذلّه.

قلّة *cruche ou pot*, non-seulement pour des liqueurs ou de l'eau (Alc. cangilon vaso de barro, Lane M. E. I, 220, 224, avec la figure, Burton I, 227 n.), mais aussi pour d'autres choses, Ouaday 593: « *goulleh* ou *pots* de beurre et de miel. » M. de Slane m'apprend qu'on donne à Alger ce nom à un vase de cuivre, dont les porteurs d'eau se servent au lieu de seaux, et qui a cette forme. — *Mesure pour l'huile*, Cartâs 38, 4 a f., qui contient 22 livres, Hœst 277, 24 livres, Pflügl t. 67, p. 29, t. 71, p. 3, 16 litres, Roland, Daumas Kabylie 255. — *Tour* chez Richardson et chez Meninski, voyez sous غلّة; *Khazneh Qoulleh* est, d'après la Descr. de l'Eg. XVIII,

part. 2, 350, le nom d'une grande tour du château du Caire. On trouve l'expression ابراج القلال dans Arnold Chrest. 164, 8, ce qui signifie, selon l'éditeur dans son Glossaire, *des tours à flèches*. J'en doute. — *Fovea in monte, ubi aqua pluvialis restagnat* selon Reiske; mais M. de Goeje m'a fait remarquer que ce savant aura trouvé quelque part le pl. قلات en ce sens, et qu'il l'aura prononcé قَلَّات, au lieu de قَلَات, pl. de قَلْت, qui signifie cela, comme je l'ai fait aussi, trompé par Reiske, en citant le passage de Becrî 172, 3 dans ma Lettre à M. Fleischer 211. Cette signif. doit donc être biffée.

الايّام القلائل، قليل *les temps de disette*, Amari 39, 6 a f. et suiv.

قليلة sorte d'oiseau, Yâcout I, 885, 14.

قُلَيْلَة *petite cruche*, Macc. I, 87, 7 (cf. Lettre à M. Fleischer 10). — *Mesure pour l'huile*, Becrî 113, 1 et 2.

قلّال *potier*, Gl. Esp. 80. — *Pauvre*, Daumas V. A. 158. — *Tambourin*, Daumas V. A. 185, 374.

قُلَيِّل, en Algérie, pl. قلاليل, *pauvre*, Beaussier, Daumas V. A. 150, 151; chez Hbrt 220 كُلَيِّل (Alg.). — *Très-doux* (cheval), Beaussier, Daumas V. A. 184.

اقليل, chez le cheval qu'on ferre, *la corne traversée par le clou*, Auw. II, 580, 4 a f.

مقلّ *petit?* Djob. 249, dern. l.: عبرنا في الزواريق المقلّ المعدّة للعبور.

مقلّل *rare, singulier, excellent*, Bc (Barb.).

قلا *poisson du lac de Bizerte*, Gl. Edrîsî.

قَلابَق voyez قَلَبَق.

قلابلغ *gros bagage*, Bc.

قلاثونية et قلاثونيذ (Κολοφωνία) *colophane*, Bc.

قلاطوش, corruption de قلقنطوش, *coloquinte*, Ibn-al-Djezzâr.

قلان (mongol?) *tribut*, Mesâlik al-abçâr dans Quatremère Mong. 259 b; cf. Vullers.

قلانش nom d'une plante, Bait. II, 313 c (il l'épelle).

قلب I *mettre* un habit soit *sens dessus dessous*, soit à l'envers, M. — قلب على العدوّ *faire volte-face*, Bc. — ضحكوا حتى قلبوا على قفاهم « elles rièrent tant, qu'elles tombèrent à la renverse, » 1001 N. I, 63, 5 a f. (قلبوا dans l'édit. n'est pas bon, car on emploie la VII° (voyez), qui est le quasi-passif, dans le même sens). — *Verser*, 1001 N. I, 68, 7: اقعدت على السفرة باطبق صينية وقلبت فيها ماء خلاف. — *Remuer, travailler, bêcher* la terre, M, Bc, Abd-al-wâhid 23, 3, Auw. I, 55, 15, 61, dern. l., 71, 18; le n. d'act. n'est pas seulement قلب, mais aussi قليب, Auw. I, 22, 3 a f., 43, 11 (lisez ainsi), 71, 20, 522, 10, II, 1, 2; قلب الارض بالمرّ *bêcher*, Bc. — *Visiter, examiner avec soin, en dehors et en dedans, une chose qu'on veut acheter*, M. — قلب الامر ظهرا لبطن *examiner une affaire*, M. — *Renvoyer*, M. — *Changer*, convertir en, p. e. قلب الماء خمرا, Bc, Macc. I, 444, 10: l'ivresse قلب مجالس الانس حربا وقتالا « changea pour lui la réunion en un combat, » c.-à-d., il croyait être sur un champ de bataille. Le part. مقلوب *métamorphosé*, Bâsim 80: voyant que Bâsim buvait énormément, il se dit: والله ما هذا الا عفريت مقلوب. L'expression قلب الاعيان s'emploie en parlant de prestidigitateurs, qui semblent *transformer les objets*, Prol. II, 308, dern. l.: من يخيل اشياء من العجائب بايهام قلب الاعيان « des gens qui opèrent des prestiges à faire croire à une transformation des objets » (et non pas « à un renversement des yeux, » comme traduit M. de Slane, qui s'est trompé en pensant que اعيان signifie ici « yeux, » et qui ne semble pas avoir remarqué que l'expression « un renversement des yeux » serait vide de sens); Macc. III, 23, 10:

فلله من اعيان قوم تنافسوا
— على عقد ساحر او على قلب اعيان

قلب احمر *devenir rouge, rougir* (de honte), Bc. — *Macicare* dans le Voc., mais j'ignore ce que cela veut dire; ماكس, qu'il donne comme synonyme, signifie *rabattre du prix en marchandant*.

II *remuer* la terre, *la bêcher*, Bc, Auw. I, 65,

9. — *Faner*, tourner et retourner le foin, Bc. — قلب الورق *feuilleter*, Bc. — قلب الراى *être irrésolu*, Bc, Bassâm III, 39 r°: يقلب الراى فى امره. — قلب ابوابا فى الحرب *il exécuta plusieurs évolutions*, 1001 N. III, 275, 2. — *Examiner, scruter*, Ht, L (perscrutor, scrutor), Gl. Mosl., Macc. II, 660, 8, *visiter*, faire une perquisition, un examen des lieux, des personnes, Bc, *examiner avec soin, en dehors et en dedans*, une chose qu'on veut acheter, la *tâter*, Amari Dipl. 128, dern. l., 143, 6, 157, 8, 197, 9, charte sicilienne: بمعرفة الدار المذكورة بالنظر والعيان والخبرة والمشاهدة والتقليب ; en parlant de marchands d'esclaves qui examinent les jeunes filles, 1001 N. I, 419: فقل لم اتاجر عن اذنك اكشف عن وجهها واقلبها كما يقلب الناس الجوارى لاجل الاشترا , 421: فاعتقد انها تمنع من التقليب . De même *éprouver* les métaux, Prol. III, 412, 4. — *Comparer*, Alc. (cotejar, cotejamiento). — قلب الكلام تقليب *envenimer un discours*, Bc. — تقلب المعاش *tâcher de gagner sa vie*, Prol. III, 8, 6.

IV *remuer, bêcher* la terre, comme I et II, Auw. I, 62, 2. — *Changer* sa voix, 1001 N. Bresl. III, 254, 3. — *Changer en*, Saadiah ps. 66: اقلب النهر بيبسا. — اقلب ذيله على راسه « il se couvrit la tête du pan de sa robe, » 1001 N. Bresl. II, 34, 4. — *Coucher un sarment, un cep de vigne*, Auw. I, 13, l. 13, 185, 20. — اقلب الحنك *démantibuler, démettre, arracher, déchirer les mâchoires*, Alc. (descarrillar).

V. Pour le sens de: *ex uno latere in alterum se versavit* (Reiske chez Freytag): en parlant d'une personne qui est couchée; qui dort, ou qui ne peut pas dormir, *s'agiter*, de Sacy Chrest. I, ٣١, 1 et 2, dans le Voc.: *palpitare* (quando non potest dormire); en parlant d'un poisson qui est hors de l'eau, *frétiller*, Bidp. 250, 2 a f. — Avec فى الهوا, en parlant d'un sauteur, *sauter en l'air et faire la roue*, Bat. IV, 412. — *Être inconstant*, Voc.; c. ب p. *être inconstant pour*, Abd-al-wâhid 165, 3: j'ai seulement rappelé cela. — لننظر كيف تتقلب الايام باهلها.

Se déplacer, se transporter d'un lieu dans un autre, Bassâm I, 85 r°: غلب عليه الفالج, cependant في تقلب Abd-al-wâhid 80, 14: يعدمه حركة ولا تقلبا فى بلاد الاندلس. — *Agir arbitrairement*, Antar 4, l. 14: ils n'étaient retenus par aucune loi, يتقلبون تحت

المُشبِهة والقُدرَة, c.-à-d., ce qu'ils voulaient et ce qu'ils pouvaient, ils le faisaient. — C. في, synonyme de تقلَّب في الأمور, disposer de, M (Câmous): تصرَّف في, Edrîsî, Clim. II, Sect. 6: تصرَّف فيها كيف شاء, Amari Dipl. تجارات يتقلَّبون فيها ويتعيَّشون منها, cf. النصرُّف في تجاراتهم والتقلُّب في بضاعتهم, 7: 46, Djob. 95, 18. — *Se transformer*, Bc; مُتَقَلِّب *variable*, Weijers 28, 10. — *Alterner*, faire à deux et tour à tour, Bc; autrement Koseg. Chrest. 96, 1: يتقلَّب على ظهور الخيل «il monte tantôt un cheval, tantôt un autre.» — *Remuer*, *bêcher* la terre, comme I, II et IV, Auw. I, 63, 6.

VII. Dans un passage de Mâwerdî, 76, 15, qui a été mal expliqué dans le Gloss. et où on lit: فلا ينقلبُ أحد منكم الا بفداء او ضربة عنق, ce verbe a sa signif. ordinaire de رجع, *retourner chez soi*, mais la constr. des derniers mots n'est pas logique. Le sens est: Aucun d'entre vous ne retournera chez soi qu'en payant rançon, ou bien il aura la tête coupée. — C. على p. *se tourner contre quelqu'un*, Weijers 28, 10, où il faut lire: وعلم ان الناس منقلبون عليه الدفتر وعلى. — *Tomber à la renverse*, Bidp. 174, 5, 1001 N. I, 64, 4 a f. et 65, 6; cf. ضحكوا حتى قفاهم sous I. انقلبت المدينة *toute la ville fut en mouvement*, 1001 N. I, 95, 8 a f.: وانقلبت المدينة لاجلي — *Être bouleversé*, Bc, 1001 N. I, 99, 4: وصاروا يتفرَّجون عليّ وصرخ علينا صرخة تخيل لنا ان القصر. — قد انقلب علينا *Faire la bascule*, Bc. — *Se convertir en*, p. e. انقلب الجبل ذهبًا, Bc, 1001 N. I, 98, 9 a f., 7 a f., 6 a f., 5 a f., *ibid.* l. 10: فانقلب العفريت في صورة أسد, III, 57, 12. — *Mourir*, en parlant d'animaux (بهائم), Voc.

VIII *tomber du mal caduc*, Voc.

قَلْب s'emploie comme *cœur* dans l'expression *au cœur de l'hiver*, قلب الشتاء, Calendr. 112, 5; aussi قلب الزربعة *le plus fort des semailles*, la saison durant laquelle on sème le plus, *ibid.* 109, 2. — قليبه حاضر *qui a de la présence d'esprit*, *du sang-froid*, Bc. — على قلب واحد *unanimement*, Voc. — *Gaîté*, R. N. 79 r°: le saint Abou-Dja'far Ahmed demande à son jeune serviteur pourquoi il est triste, فقال له قلبي ما وجدت منه ما احبّ فقال له ابو

جعفر عمُّك احمد (moi) له تسعون سنة ما له قلب. — تحبُّ انت ان يكون لك قلب. — *Effort*, action que l'on fait en s'efforçant, Alc. (esfuerço para algo). — I. اخذ voyez sous اخذ بقلبه ذو القَلْبَين est le poète Djamîl ibn-Ma'mar, M, à cause de sa mémoire prodigieuse, TA. — En parlant d'amandes, de pistaches, d'avelines, *l'amande dégagée de la coque*, Mokaddasî 180, 18: قلوب اللوز, 393, 13: وبستُ مَنَّ قلوب اللوز. Plus tard on a employé قلب لوز, etc., comme collectif, au lieu de قلوب لوز. Dans les 1001 N. I, 56, 4 a f. et suiv., une dame achète chez le بَقْلي: قلب بندق et (Bresl. I, 149, 2) قلب لوز فستق; l'ancienne édit. de Calcutta, de l'année 1814, porte (I, 155, 5 a f.) لبّ الفستق, ce qui donne le même sens; Amari Dipl. 202, 7: اكل قطعة لحم; Bâsim 109: وصميون وبندق وقلب لوز وقلب فستق; chez Bc قلب جوز est *cerneau*, moitié de noix verte sans la coque. Le pl. du pl. قلوبات et قلوبات سُكَّر *dragées*, amandes, pistaches, avelines couvertes de sucre; aussi قلوبات seul, Macrîzî II, 230, 4 a f.: اربع خوافين صيني مملوءة طعاما مفتخرا وبالقلوبات ونحوها; 1001 N. Bresl. I, 149, 3: la dame dont il a été question, اخدت ما تحتاج اليه من فقدّم له *ibid.* II, 87, 1: جميع القلوبات والمكسّرات قد طبخ, 98, 6: زبدية حبرمان وخترة بقلويات سكر حبرمان فائل محلّا مختّر بجلاب مختوم بالماء الورد والقلوبات lisez: بالقلوبات. — Pl. قلوب *pomme*, tête ronde de chou, de laitue; *trognon*, le cœur ou le milieu d'un fruit, d'un légume, Bc; Bochart, Hierozoicon I, 36, cite un passage (tiré de la tradition) où on lit: كان طعام يحيى عمّ الجراد (الجرادا) وقلوب الشاجر avec cette remarque du commentateur: الذي ينبت في وسطها غضّا وقد يفعل; cf. Bait. I, 13 b: طربا قبل ان يقوى ويصلب. — *Couronne*, la touffe de feuilles qui surmonte le tronc du palmier, 1001 N. I, 322, 15: طلع فوق التخلة وتداري (l. وتواري). — Je crois qu'il faut traduire de même قلب البيت chez Beert 20, 15, par *le sommet de l'édifice*; l'auteur y dit qu'à l'entrée des bas-fonds on voit un édifice qui sert de point de reconnaissance pour les navigateurs; فاذا راى قلب البيت

قلب

« lorsqu'ils aperçoivent le sommet de ce bâtiment, ils se détournent et font voile vers les lieux où ils doivent relâcher. Quatremère et de Slane ont traduit قلب par *centre*, ce qui ne me semble pas convenir. — *Anagramme*, transposition et nouvel arrangement des lettres qui composent un mot, disposées de telle sorte, qu'elles forment un mot ayant un autre sens. Elle est complète, c.-à-d., qu'elle consiste à retourner le mot; « ainsi le mot حَلَب, Alep, étant retourné, donne le mot بَلَح, datte, » Bc (qui a incorrectement قلب sous *anagramme*); autres exemples: le قلب de est عادو وداع, Macc. I, 61, 11; vers d'Ahnaf:

حُسَامُكَ فِيهِ لِلْأَحْبَابِ فَتْحٌ
وَرُمْحُكَ فِيهِ لِلْأَعْدَاءِ حَتْفُ

ou bien elle est incomplète, comme dans cette phrase: اللَّهُمَّ اسْتُرْ عَوْرَاتِنَا وَآمِنْ رَوْعَاتِنَا. Voyez Mehren Rhetorik 158, M. — *Fausse monnaie*, Bc; les dict. persans donnent aussi cette signif. — قلب doit être le synonyme de قوالب, car on dit قلوب الجامات aussi bien que قوالب الجامات; voyez sous جام. — قلب de boutargue, 1001 N. Bresl. X, 153, dern. l.: وبقى عندك قلب (Macn. omet قلب); de même جبن وزيتون وقلب بطارخ 454, 7. J'ignore ce que cela signifie. — على قلبك est la réponse à « Dieu vous bénisse! » (à quelqu'un qui éternue), à « Grand bien vous fasse! » (compliment à quelqu'un qui vient de boire), Bc. — فى قلبك, 1001 N. Bresl. IX, 312, dern. l.: وقالوا له إن مال أبينا فى قلبك, ce qui doit signifier *en ta possession*, puisque Macn. a عندك; mais je serais fort tenté de remplacer ce singulier فى قلبك par قِبَلَك, qui est justement l'équivalent de عِنْدَك. — فى قلب بعضهم *l'un portant l'autre*, l'un étant compensé par l'autre, Bc. — قلب الأرض, Most. sous ce dernier mot. — قلب الأسد la 8ᵉ étoile dans la constellation du Lion, Alf. Astron. I, 69, *a* (Regulus) du Lion, Dorn 54. — قلب الثور nom que l'on donne à une espèce d'olive très-grosse et amincie par un bout comme une poire; — *porte-monnaie en forme de cœur*, Cherb. — قلب nom d'un vêtement, espèce de مَنْصُورِيَّة (voyez), Macc. III, 643, 24. — قلب المَخْزُون *mélisse, citronnelle*, Most. v° باذرنجويه. — قلب الطير prune de petite espèce, Bc, Ainsworth dans Ritter Erdkunde XI,

501. — قلوب الحَلْبِير, au Maghrib, *millepertuis*, Gl. Manç. v° هيوفاريقون. — قلب القُرْآن, *le cœur du Coran*, est la sourate يس, la 36ᵉ, R. N. 98 r°, d'Escayrac 149. — أرباب القلوب sont les Soufis, Macc. I, 568, 16. — عمل قلبه *faire claquer son fouet*, se faire valoir, Bc. — أفعال القلوب, *les verbes de cœur*, sont nommés ainsi parce que l'attribut qu'ils renferment exprime une action intellectuelle, comme *savoir, penser, connaître*. Ce sont: حسب, ظن, رأى, وجد, علم, زعم, خال, de Sacy Gramm. II, 580. — وجع القلب *mal de tête*, voyez Jackson 153.

قَلْب (Bait. épelle le mot et en indique les voyelles, qui se trouvent aussi dans les deux man. du Most.) *argent*, Bait. II, 313 b. — *Saxifrage*; cette plante a été nommée ainsi parce que sa semence est blanche et dure comme l'argent, Bait. l. l., Most., Gl. Manç. — sorte de poisson, Bat. IV, 112, 311. — قلب الماس

قَلْبَك n. d'un. du n. d'act., Abou'l-Walîd 614, 16: يقلبك قلبة ويديرك إدارة

قَلْبَة *du blé bouilli*, M (قمح مسلوق).

قلوب mode de musique, Descr. de l'Eg. XIV, 29.

قَلِيب *tombeau*, Wright 114, 13 et 133, n. 46. — N. d'act. de la Iʳᵉ forme (voyez) dans le sens de *remuer, travailler, bêcher* la terre; comme tel il a le pl. قلب, Auw. II, 10, 1. 17: وأقضل القليب (où ما عملت اربع قلب a le sens qui suit ici). — *Terre labourée*, Auw. I, 518, 16: وهذه الأرض إذا فعل بها هذا الفعل صلحت وهى تسمى القليب 18 (au lieu de وما, lisez avec notre man.: وبأتى), II, 10, 1. 17, 1. 20. Le Voc. a قليب pl. قلائب *cultus*. Dans une charte de Tolède de l'ère 1190, où il est question de la récolte prochaine, le pl. est: وقَلْبَت ما يُضَمّ من شراب وقُلْبَت جميع القلائب حيث ما عرف له قليب فى الثلثة قرى

قَلِيبَات *brocoli*, sorte de chou d'Italie, ou rejetons de choux, Bc.

قَلَّاب dans le Voc. sous *vertere*; *changeant, incertain, inconstant, mobile, variable, versatile*, volage; قلاب اللون chatoyant, Bc. — قلابات sorte de pigeons qui تنقلب فى طيرانها, Man. Escur. 893.

قَلْدَمْ le morceau de fer qui sert à lever le loquet d'une porte, M.

قَلْب et قالِب, « mais le fatha est plus fréquent, » M, kesra dans Voc. et Alc., pl. قوالب et قواليب (c'est, dit le M, à cause de la paronomase, قواليب et أساليب, que Harîrî (20, 5) a employé cette dernière forme, mais elle se trouve aussi dans Tha'âlibî Latâïf 129, 5). Ce mot vient de καλάπους ou καλόπους, et désigne donc primitivement forme, modèle qui sert à donner à un soulier la forme qu'il doit avoir, Fleischer Gl. 72, Alc. (horma de çapatero), M, 1001 N. IV, 681, 16, embouchoir ou embauchoir, instrument pour élargir les bottes, Bc. — Moule, Alc. (molde vaziadizo), Ht, de Sacy Chrest. I, 235, 4 a f. Au fig., صَبّ على (ou فى قالب فلان) imiter quelqu'un, Abbad. III, 39, 11, 56, n. 4. — Sabot de bois, très-haut de semelle et de talon, que les femmes portaient pour se grandir. Je connais cette signif., qui se trouve dans la tradition, par M. de Goeje, qui cite ce passage tiré du Fâïk II, 366: كان الرجل والنساء فى بنى اسرائيل يصلّون جميعًا وكانت المرأة اذا كان لها الخليل تلبَس القالِبَيْن تَطاوَل بهما لتخليلها فألقى عليهن الحيض، فَسّر الغالبان بالرَقيصَيْن من الخشب والرقيص النَعل بلغة اليمن وانها ألقى عليهن الحيض عقوبةً مَثَلًا يشهدنَ الجماعة مع الرجل. Mon savant ami soupçonne que ce mot a aussi ce sens dans ce passage des 1001 N. Breal. II, 195, 11, qui m'avait embarrassé: والصبيّة قد اقبلت بقرقٍ وقلبٍ وعصبةٍ. — Boîte de plomb, Tha'âlibî Latâïf 129, 5: On transportait les pastèques فى قواليب الرصاص. — قلب سُكَّر du sucre en pain, Hœst 271, Martin 30; معبّاة فى الثلج قلب سكر pain de sucre, Bc, 1001 N. I, 125, 10. — قالب جبن un fromage, Hbrt 12. — قلب طوب brique, Bc, Hbrt 190. — Cachet, Bat. II, 91, Prol. III, 130, 9. — Presse, machine qui sert à imprimer, Alc. (prensa); صاحب قالب imprimeur, Alc. (impressor). — Calibre, Ht. Je veux bien croire que les Algériens emploient aujourd'hui قالب en ce sens, c.-à-d., qu'ils l'ont emprunté aux Français; mais je persiste à penser que calibre est d'origine latine, quoique M. Devic (79) soit d'un autre avis.

L'article calibre dans la 2ᵉ partie de l'ancien Dict. de Victor mérite d'être pris en considération. Il traduit le fr. calibre en italien par calibre, peso uguale, en espagnol par equilibrio, peso ygual. — Règle (instrument qui sert à tirer des lignes droites), Hbrt 83. — Règlement, règle, Ht. — L'extérieur d'un homme, Abd-al-wâhid 62, 3: وجعلنَت الحدِّث معه على أخرج القالب; طريقَ السُخرِية به والضحك على قالبه contrefaire l'extérieur, les gestes de quelqu'un, Voc. (= حكى II voyez). — Corps, par opposition à esprit, âme, etc., Rutgers 145, 2 a f.: قيامهم معد فى حروبه بقلبه وقلبه, Mirkhond Seldjouk. 69, 4 a f. éd. Vullers: انت اذا غيبت عنّا فانت بالقالب حاضر عندنا فى القلب; en persan قالب بى روح « un corps sans âme. »

اَقْلَب plus propre à changer, Mufaṣṣal 186, 6.

تَقَلُّب pl. ات (c'est ainsi que Freytag aurait dû écrire, et non pas تقْلِب); même observation sur son pl. تَقْلِيبَة) retour, vicissitude, versabilité, Bc, Macc. I, 134, 12. — Incertitude, Bc. — Métamorphose, Bc. — Révolution, Bc. — L'action de descendre de cheval, de mulet, Alc. (apeamiento).

تَقْلِيبَة culbute; ضرب تقليبة faire la culbute, Bc.

تَقْلِيب. Pour « muestra de mercaduria » (montre, échantillon), Alc. donne استخبار, et ensuite il a: « muestra en otra manera » تقليبة, « je ne sais pas bien ce qu'il a voulu dire. — تقليب النفس, t. de médec., l'effort que fait l'estomac pour vomir, Gl. Manç. in voce: هو حركة المعدة بالقىء وهو التهوّع.

مِقْلَب batterie, pièce d'un fusil sur laquelle frappe le chien, Bc. — شغلًا مقلبًا ab hoc et ab hac, sans ordre, sans raison, à tort et à travers, Bc.

التشبيه المقلوب est la comparaison inverse, comme dans ce vers: وبدا الصباح كأن غرّتَه وجهُ الخليفة حين يمتدح Mehren Rhetorik 25. — رأس بالمقلوب tête à l'envers, troublée, Bc. — Envers d'une étoffe, Ht. — Couché (sarment, cep de vigne), Auw. I, 187, 1; cf. sous la IVᵉ forme. — Une tradition généralement reconnue comme étant provenue d'un certain rapporteur, mais attribuée (dans l'*isnâd*) à un autre, de Slane Prol. II, 484. — Le septième son, ainsi nommé parce qu'il annonce le retour de la gamme, quand, après avoir monté jusqu'au huitième son, on retourne sur ses pas, Descr. de l'Eg. XIV, 18. — *Charogne*, Voc.

اِنْقِلَاب *solstice*, Bc, Auw. II, 178, 1, 186, 6. — دَائِرَة الانْقِلَاب *tropique*, cercle de la sphère, Bc.

قَلْمَارَك (ces voyelles dans La) = زِنْجَفُور *vermillon*, Most. in voce.

قَلْبَاق et قَلْمَق (turc قَلْبَاق et قَلْبَق) *bonnet à poil de forme cylindrique ou pointue*, Bc, porté par les Grecs et les Arméniens, Wolteresdorff; قلبق ترجمان *bonnet de peau d'ours, ou fourrure noire, ressemblant à un bonnet de grenadier, que portent les dragomans de la Porte et les* c. d. *Barattaires*; قلبق تترى *bonnet de drap ou de peau de mouton noire, que portent les Tartares ou les courriers; la forme ressemble au précédent*; قلبق زعترى *bonnet de même façon, fait de peau d'agneau noire; souvent les chrétiens de la Syrie le portent aussi*; قلبق استنبلى *bonnet de même façon, mais confectionné à Constantinople*, Bg 798; قلبق يهودية *bonnet des juives alpines, fait de velours*, Bg 806; قلبق اليهودية *amarante, gesse sauvage ou gland de terre*, Bc.

قلبقجى *celui qui confectionne des* قَلْبَق, Bg 798.

قَلْبُزَان (pers. قلب زن) *faux monnoyeur*, Bc.

قَلْبَقِى *voyez* قلباى.

قَلْبَق et قَلْبَق (esp. galápago, Simonet 300) pl. ات *tortue*, Voc., Alc. (galapago de la tierra et g. de la mar, galàpaq, tortuga galapago, calàpaq), Most. v° مرآرى السلحفاة البحرية, *mais seulement dans* N: *tortue est* قَلْبَق, بِلَغَة الاَنْدَلُس, Ibn-al-Djezzâr, Zâd al-mosâfir: البَحرى وهو القَلْبَق; M. Simonet donne قلابق *d'après cet auteur*. — *Ver qui ronge les pampres*, Alc. (gusano que roe los panpanos, calàpaq).

قَلْبِقَال *urèbre* (petit ver qui s'engendre et se roule dans les feuilles de pampre, etc.), Alc. (gusano rebolton, quelpequil), charte grenadine de 770—772, où il est question d'un jardin qui ôtait dans un grand dépérissement: وفى جذراته الدود والطرش والقلبقال. M. Si-

monet pense que c'est l'esp. calapatillo, qu'il croit être calapaquillo, dimin. de galapago (cf. son Glos. 182, l. 15).

قِلْبِيرَة (esp. calavera, Simonet 301) *crâne*, Voc. (calvaria).

قَلْت

قَلْت *grémil* (plante), Bc.

قَلُوتَة (κολοιτέα, κολοιτία, κοιλωτέα, κολουτέα) *baguenaudier ou coluthea*, Bc.

قَلْتَبَان = قُرْطَبَان, Gl. Mosl. p. LXII.

قَلَج (turc قلج) *cimeterre*, Ht.

قَلْجَة (esp. cacha) pl. قَلَج *manche d'un couteau*, Alc. (cabo de cuchillo, enpuñadura, mango de cochillo; soûs hasta la enpuñadura il a للقَلَم).

قَلَاشِين, قَلَاجِين, قَلَاجِين (ital. calzino), pl. قَلَاشِين, *en Syrie*, *chaussons en peau, en maroquin, chez les dames aussi en satin, qu'on ne porte qu'avec des* بابوج, *espèce de galoches*, Bg 724, 801, 807, Bc, Hbrt 21, M.

قَلَح

أَقْلَح, fém. قَلْحَآء, pl. aussi قُلْحَان, Kâmil 779, n. b.

قَلْحَس *fat*, *impertinent*, *sot*, Bc.

قَلْحَف I *se dessécher*, Mehren 34.

قَلْحَم IV. اِقْلَحَمَّ, *en parlant d'un enfant, être mal nourri, ou bien être né de parents déjà très-vieux*, Kâmil 697, 13 et 14.

قَلَد II. قَلَّدَ فَلَانًا الأَمْرَ *il confia le commandement, le gouvernement à un tel*, Haiyân-Bassâm III, 66 v°: اجتمع المَلَا من اهل قرطبة على فَلْدِهِ ورياستهم, I, 157 r°: تقليد امرهم للشيخ ابى الحزم بن جَهور, III, 140 r°: قَلَّد هذا الامر فى سنّ الشيوخة, P. Badroun 33:

فَقَلِّدُوا أَمْرَكُمْ لِأُمَّةٍ دَرُنَّمْ
رَحْبُ الذِّرَاعِ بِأَمْرِ الحَرْبِ مُضْطَلِعَا

« Confiez donc le commandement, ce sera bien fait, à un homme courageux et qui entend bien la guerre » (corrigez le Gloss.); de même Haiyân 77 v°: Ibn-Hafçoun قلّده الغارة بمَن ضمّهم اليه من المفسدين في الارض على اهل الطاعة « lui confia le soin de faire (le chargea de faire) des razzias, » etc. Aussi c. a. r. et الى p., Amari 453, 8: قلّدوا الامر الى زيادة الله. — C. a. p. et ب r., قلّد احدًا بالامر والنهي *autoriser*, revêtir de l'autorité, Bc. — C. a. p. *imiter*, Barbier, *prendre pour modèle*, Prol. II, 10, l. 12 et 15, p. 14, l. 12, 109, 14, 262, 6, 369, 12, Hist. Tun. 91: quand les Mauresques qui avaient été chassés d'Espagne furent arrivés à Tunis, les Tunisiens تعلّموا حرفهم وقلّدوا ترجمهم, Bc: *contrefaire*, faire une contrefaçon, *imiter, copier*, surtout pour ridiculiser, *jouer*, contrefaire, *représenter, singer*. — C. a. p. *adopter l'opinion* de quelqu'un; c'est ce sens que le Voc. a en vue quand il donne ce verbe c. a. sous credere; de là المقلّدون لهم *leurs sectateurs*, Prol. II, 167, 15; التقليد *suivre les opinions d'une secte, être d'une secte*, Macc. I, 499, 2: توفي بعد امتحان من منصور ببني عبد المؤمن سنة ٥٩٢ وذلك انه وشي به للمنصور ايام II, 72, 14: عزم على ترك التقليد والعمل بالحديث وتولّع بالعلم حتى نفى التقليد وحرق كُتُب المذاهب cf. Abd-al-wâhid 203, 11. De même e. a. r., P. Prol. III, 408, 8: يا مَن يلمني لما نقلّد ô toi qui me blâmes à cause des opinions que j'ai adoptées. » Aussi c. ب p., R. N. 64 v°: ce personnage avait d'abord été malékite, ثم نزع عن ذلك وصار الى مذهب الشافعي من غير تقليدا (l. تقليد) به بل كان كثيرا ما خالفه. — C. a. *faire habituellement* une chose, R. N. 83 v°: un personnage auparavant fort respectable s'était épris d'un jeune homme qui l'accompagnait, et comme on criait au scandale, quelques chaikhs dirent: عجبًا للناس قد ولعوا بفلان لما اقترف يفعل كذا وكذا وفي الناس من يفعل امثال ذلك وما احد يذكره بشيء من ذلك. — C. d. a., ou c. a. p. et ب r., *rendre quelqu'un responsable* d'une chose, en rejeter la responsabilité, la faute, la honte, etc. sur lui, J. A. 1869, II, 200, où j'en ai donné des exemples. C'est aussi un dénominatif de قلادة (collier), comme le montre ce passage du R. N. 102 r°:

Abou-Sa'îd, le serviteur d'Abou-Ishâc, avait acheté des concombres pour son maître; mais il craint que ce soit شيء فيه شبهة: وقلت والله لاخبرنه ولا تقلّدت ذنك وذلك انه قلّدني في ذلك وانا المطلوب والرجل الذي قلّدتُه انا ذلك لم يفسِّر لى من اين هو ولا من املاك مَن هو ولا يبين لى كيفية صحّة الملك فيه puis il dit à son maître: القيتُ في عنقي قلادة وكلّفتني. — قلّد الاسلحة *il arma ses sujets*, Holal 53 r°: حملا تقيلا والنجدة فحمل على الخيل وقلّد الاسلحة واوسع الارزاق. c. a. p. et ر., قلّده بسيف; *armer*; قلّد *ceindre l'épée à quelqu'un*, Bc, 1001 N. II, 322, III, 216, Bresl. XI, 143. — قلّد المركب *mettre à la voile*, Akhbâr 75, 3 a f.: فقلّدوا مراكبهم ومضوا حتى حلّوا. — قلّد السختيان *maroquiner*, apprêter des peaux de veau comme du maroquin, Bc.

V. تقلّد الأمر *accepter le gouvernement, la couronne*, Nowairî Espagne 450: lorsque, sous le règne de Haçam Ier, les mécontents voulurent placer son oncle sur le trône, ils vinrent trouver ce dernier, حضر عنده القوم يستعلمونه منه هل يتقلّد امرهم ام لا On dit de même تقلّد الوزارة, الحجابية, etc., remplir *la dignité de vizir, de hâdjib*, etc., Abd-al-wâhid 27, 11 et 15, Bassâm II, 76 r°: وكان على عهد المعتمد قد تقلّد وزارة ابنه يزيد, Haiyân-Bassâm I, 114 v°: تقلّد جيشا « remplir un emploi; » *avoir le commandement d'une armée*, Abbad. II, 87, 1; تقلّد المدينة *remplir l'emploi de çâhib al-medina*, Haiyân-Bassâm I, 10 v°: احمد بن يسبيل متقلّد المدينة. — *Être imité*, car Bc a لا يتقلّد *inimitable*. — *Adopter, embrasser* une religion, une secte, une opinion, Weijers 46, 4 a f.:

لم نعتقد بَعْدَكم الّا الوفاء لكم
رأيًا ولم نتقلّد غَيْرَه دينا

Haiyân-Bassâm I, 72 r°: راكبًا رأسَه في الخطة النبيس اذا تقلّدها او نشب فيه يجادل عليه ولا يصرفه صارف عنه. — C. a. p. ou r. *être responsable de, répondre de*, Mohammed ibn-Hârith 247: Les habitants d'Ecija

قلد 394 قلس

ayant demandé un cadi à l'émir, ce dernier envoya leur pétition au câdhî al-djamâ'a Mohammed ibn-Bachîr, en lui ordonnant de lui indiquer un personnage digne de cet emploi; لما قرأ محمد بن بشير

كتاب الامير اقرأه ابنه سعيدا ثم قال له انت تعرف جميع من يختلف البنا من الناس فما ترى ان يشير (نشير l.) به على الامير فقال له لست اعرف ولا انقلد احدا من الناس فقال له محمد بن بشير ما ترى فى المؤدّب الزاهد الذى يختلف البنا من شقندة فقال هو أمثل من يختلف البك غير اى لست اشير به ولا .مقلده; اتقلده فقال له ابوه فانا اتقلده واشير به cf. R. N. sous II et R. N. 95 rº: le gouverneur de Barca dit au cadi: ان عَدَا العبد فقال القاضى ان راى الهلال الليلة كان ما قلت وان لم يرى (يُرَ l.) لم اخبرك لانه لا يمكنى ان اعلم الناس يوما من رمضان واتقلد ذنوب الخلف; التقلد للدماء Freytag Chrest. 137, 11: «se rendre responsable du sang versé.» — On ne dit pas seulement تقلد بسيف mais aussi تقلد سيفا s'armer d'une épée, ceindre l'épée, Bc, Koseg. Chrest. 108, 7, 1001 N. I, 43, 12 et 13, 47 b, 76, III, 91, 231, 274. Improprement تقلد رمحا s'armer d'une lance, comme dans ce vers:

يا ليت زوجك قد غدا مستقلدا سيفا ورمحا

M. Aussi تقلد برمح, Koseg. Chrest. 80, 3 a f. On dit en outre تقلد فوطة ou بفوطة se ceindre d'un pagne, Bat., man. 246 vº, éd. II, 187, et تقلد طبلا porter un tambour au cou, Bat. IV, 412. — Se trouve employé d'une manière étrange dans un passage cité Macc. II, 438, 9: « فحين مقلدى تقلدنى اليد واعتقلنى ومَلْنا الى روضة الحمى; il paraît que cela signifie: «quand il me vit, il s'empara de moi.»

قلاد، قلادة collier, décrit Lane M. E. II, 407. — Bande d'étoffe autour du cou du chameau, Bat. I, 382, du cheval, Rutgers 169, 10. — Au fig., قلادة فى عنقه une honte éternelle, Hamâsa 127, 4 et 6; aussi = responsabilité, voyez R. N. sous la IIe forme. — قلائد الشام ou قلائد des dattes par lesquelles on a passé un fil; les enfants portent souvent ces sortes de colliers, Burckhardt Arabia II, 214, Burton I, 385.

تقليد voyez sous II. — Imitation, contrefaçon, contrefait; تقليد خط fac-similé; اسير التقليد servile, imitateur; pastiche, tableau rempli d'imitations, composition mêlée, Bc. — Rôle, personnage, ce qu'un acteur doit jouer; لعب تقليد comédie, Bc. — Pl. تقاليد dogme, Bc. — Chez les juifs et les chrétiens, pl. ات et تقاليد, la tradition, les choses que l'on sait par la voie de la tradition et qui ne sont point dans l'Ecriture sainte, M. — Expliqué par طهير القضاء le diplôme de cadi, Bat. I, 35, de même M.

تقليدى imitatif, Bc. — Chez les juifs et les chrétiens = صاحب التقليد, M.

مقلد voyez مقلد.

مقلد un jurisconsulte qui n'occupe pas même le troisième rang (الاجتهاد فى المسائل), v. d. Berg 9, n. 3. — Baladin, histrion, Ht.

مقلاد. Reiske a mal expliqué la phrase (رمى) القى الامور (بمقاليد), et ce que j'ai dit Abbad. I, 294, n. 209, est vrai jusqu'à un certain point, car مقاليد a bien dans cette expression son sens ordinaire de clefs, mais je n'aurais pas dû penser aux clefs des portes d'une ville. L'explication du M: والقى اليه مقاليد الامور اى مفاتيحها يعنى فوضها اليه, montre que, dans cette façon de parler métaphorique, les affaires d'Etat sont comparées à des choses enfermées sous clef. Dans le Kâmil 437, 2, on trouve le vers:

فتى لو يبارى الشمس ألفت قناعها
او القمر السارى لألقى المقاليدا

قلر.

قلّورة (syr. ܩܠܘܪܐ) petit pain, Payne Smith 1670, 1693.

قلارية sorte de poisson, Yâcout I, 886, 4.

قلس I. قلس باللحم se trouve dans le Diw. Hodz. 150, 3 a f.

II accumuler, Voc.

V être accumulé, Voc.

قَلْسَة. قلسة القوس corde de l'arçon, c.-à-d., de l'archet à battre la laine, le coton, Bc. — (Esp. calzas) pl. ات bas (vêtement qui sort à couvrir le pied et la jambe), Alc. (calças), Vassalli Lexicon Melitense 401, «kelasset, bas,» Dunant 201, klaset, Maltzan 19 (Tunis); Bc, M et Hbrt 21 l'écrivent avec le ك.

قَلَسْتِير (esp.) *celui qui fait des bas*, Alc. (calcetero que haze calças).

الـقَلِيس, que J.-J. Schultens a noté d'après la Hist. Joct. 112, se prononce الـقُلَـيْـس, القَـلِيـس ou الـقَلِيس, car on n'est pas d'accord sur ce point. C'est peut-être ἐκκλησία, mais ce n'est pas *église* en général; c'était le nom de la grande église à Çan'â, Ztschr. X, 22, n. 3.

قَلْس. Le *sanguinem emittens* (vena) de Reiske est emprunté au Diw. Hodz. 150, vs. 11.

قَلْسُوَة, pl. ات et قَلَالِيس, vulg. pour قَلَنْسُوَة, M; — *bonnet, bonnet de nuit;* — *capuchon*, Bc.

قَالِس = قَلْسُوَة, Macc. II, 145, 4 a f., Bait. II, 317 c: هى المعروفة باق قالس وهى نبتة لها زهر فيه; écrit شبيه من وجه انسان على راسه قالس مفرج اعلاه قالس, Macc. I, 299, 12.

مَقَلَّس *celui qui porte un* قالس *ou* قلنسوة; c'était en Espagne un fakîh qui avait le droit de prononcer des fetwâs, Abd-al-wâhid 270, 13, qui savait par cœur le Mowatta, la Modauwana ou dix mille traditions, car ceux-là seulement avaient la permission de porter le قَـالِس, Macc. I, 299, 12—14, où c'est مقلّس (aussi dans Boul.).

مِقْلَاس *houlette, bâton de berger*, Payne Smith 1819.

قلسطون voyez قرسطون.

قَلْسُوس نبات يكون منه للادن (?), M.

قلش I, aor. o, n. d'act. قَلْش الجلد والقرحة, est نشرها, M.

أَقْلَش (pers.) et قَلَّاش *rusé, astucieux*, M.

قَلُّوش *aiguière en terre*, Domb. 94.

أَقْلَش voyez قَلَّاش.

مُقَلِّش *chiffonnier*, M (sous نخل).

قلشبين voyez قلجبين.

قلص I, *diminuer*, aussi en parlant de l'eau, Becrî 82, 2 a f.: قلص وانقطع.

II *contracter, resserrer, raccourcir les nerfs*, Bc, l'ombre, Abbad. I, 39, 3 a f., 45, 5 a f., 57, 7. —

V. a., *raccourcir* un vêtement, et v. n., *être court* (vêtement), Gl. Mosl.

V *se contracter, se raccourcir*, en parlant de l'ombre, de Sacy Chrest. II, ۷۴, 4 a f.: تقلّص ظلّ العدل; en parlant de l'eau, c. عن, *s'éloigner de*, ibid. I, 276, 3 t. a.: تقلّص ماء النيل عن سور القاهرة. — *Être court*, Akhbâr 150, 2: تقلّص ايّامه «sa courte vie;» en parlant d'un vêtement, تقلّص عليه *il était trop court pour lui*, Gl. Mosl. — *Avoir des convulsions*, Payne Smith 1152.

قلوص. Le pl. قلاص semble signifier *bourbiers* dans Müller 9, dern. l.

قَلُوص *étron*, Bc, 1001 N. Bresl. II, 56, 2 a f.

قالِس = قَلِس (voyez).

مُقَلَّص = مُقَلِّس (voyez).

مِقْلَاص. Ibn-al-Abbâr dans Müller 195, en parlant de l'Abbâside Abou-Dja'far al-Mançour: وكان يقال لابى جعفر فى صغره مقلاص لقّب بذلك تشبيهًا بالمقلاص من الابل وهى الناقة التى تسمن فى الصيف وتهزل فى الشتاء وكذلك كان ابو جعفر

قلط I. *se soûler*, Mehren 33.

II = قدّم; قلّط لنا العشا «mettez le souper devant nous;» قلّط لى القهوة «donnez-moi le café;» الربيط قلّط حلاله «le prisonnier offrit tout ce qu'il possédait» (pour sa liberté); قلّط الله «il envoya Dieu en avant,» afin de voyager en sûreté sous sa conduite et sa protection, c.-à-d., il se mit en voyage au nom de Dieu, Ztschr. XXII, 121.

V = تقدّم; تقلّط على الاكل «il se mit à table;» تقلّط لليمين «il se disposa à prêter serment,» Ztschr. XXII, 121. — Pour le syr. أصمحى, *être avare*, Payne Smith 1700.

قَلْط *balayage, l'action de balayer*, M.

قَلْط, قَلّاط, قَلُّوط, nom d'un démon, اسم ولد من M. — c.-à-d. باعه قَلْطًا, بتماميه اولاد الجنّ والشياطين M; «je l'ai acheté vingt قرش قلط piastres tous frais compris,» Bc.

قَلْطِى pl. ات *chien*, Voc.; dans le Manâhidj alficar par Djamâl ed-dîn Mohammed ibn-Ibrâhîm al-Watwât al-Cotbî al-Warrâc, man. 219 (Catal. III, 217), je trouve ce passage, qui est assez curieux, 25 v°: le chien sait distinguer par l'odorat celui qui est mort réellement de celui qui ne l'est qu'en apparence, et l'on dit que les Roum font flairer pas les chiens ceux qu'ils veulent enterrer, pour savoir s'ils sont bien morts, ويقال ان هذا الحذى لا يوجد فى كلب يسمى القلطى وهو صغير الجرم قصير القوائم جدًّا cf. ويسمى الصبنى. قُلَيْطَى

قَلَط voyez قُلاط.

قَلُول soûl, Mehren 33.

قُلُوط amas d'ordures, M.

قَلَبِطَة hydrocèle, tumeur aqueuse autour des testicules, sarcocèle, tumeur charnue aux testicules, Bc.

قُلَيْبِطَى pl. ات petit chien blanc, Alc. (blanchete); cf. قَلَطى.

قَلَوُط voyez قَلَط. — Étron, Bc.

قَلِيط espèce de pain, M.

قَبِيلِيط celui qui a une hernie, M. — Homme méchant et insolent, M.

I. قلع المخالف lever l'ancre, Hbrt 128. — Enlever, lever, arracher la serrure d'une porte, etc., Alc. (descerrajar). — Oter la poix dont une chose est enduite, Alc. (desenpegar). — Décoller, détacher ce qui est collé, Alc. (desengrudar). — Dans le Voc. recedere (evelere, si in exercitu); c'est donc dans le sens de la IV°, recessit, castra movit chez Freytag. — Pour خلع, ôter un vêtement, ses habits, Vêtem. 30, n. 12, M; قلع جزمتك « tirer ses bottes, » Bc.

II. قَلَّع المركب le vaisseau mit à la voile, Bc (Barb.), J. A. 1851, I, 53, 2 a f.: وقلعت اجفانه — Congédier, renvoyer, قلع من مرسى القل فى ذلك الوقت, Hbrt 222. — Recogner, repousser, rebuter durement, Bc. — قلع القلب dégoûter, soulever le cœur, Hbrt 14. — Expédier, tuer promptement, trousser, tuer vite, Bc. — قلع حوائجه déshabiller, Bc. — قلع السلاح désarmer, Bc.

III. قَالَعَا est قلع احدهما الآخر, M.

IV. اقلع المركب le vaisseau mit à la voile, Bc, Djob. 31, 3 et 4, 333, 5 et ailleurs, Ibn-Iyâs 229: عاد اقلع, فلما نزل سيدى ابو الفضل فى المركب واقلعوا قل remettre à la voile, Bc. — C. من quitter un endroit, très-souvent chez Djob., p. e. 190, 2 a f., 191, 4, Khaldoun man. IV, 8 v°: من هنالك. — C. عن abandonner, renoncer à, de Sacy II, ٣, ٣, ١٨, 6 a f., ١.., 11, Hoogvliet 52, 8, Abbad. I, 169, 6. — Renoncer aux plaisirs, aux voluptés, Haiyân-Bassâm III, 140 r°: وقد كان معروفا بالشطارة فى شبابه فاقلع مع شيبه اظهر, Autob. 197 r°: فرجى فلاحه لصدقى نوبته النج التوبة والاقلاع

V (formé de قَلْعَة) être fortifié, Ictifâ 65 v°: فما قصد موضعا الا الفاه متقلعا ممتنعا

VII s'en aller, Voc., Recherches I, Append. xxxix, 12: ثم انقلع وراء; après ces mots Haiyân-Bassâm I, 120 v° a: وانقلع ايضا خيران برجاله; انقلع déguerpir; va-t'en d'ici! va-t'en au diable! Bc, 1001 N. I, 245, dern. l.: وبلك يا شيخ السو انقلع لايش. — Changer de direction (cheval), Auw. II, 685, 4. هذا الكلام الذى تقابلى به

VIII c. ب p. dans les 1001 N. I, 92, 2 a f.: ثم اقتلع فى من الارض وطار فى الى الجو, III, 21, 4.

X. استقلع الملك من اخيه « il enleva le royaume à son frère, » Gl. Abulf. — استقلعت الشجرة « il est temps d'arracher l'arbre, » M.

قلع الهند. قلع l'acier indien; la meilleure épée est من قلع الهند وطبع اليمن اذا كان, Tha'âlibî Latâïf 102, 7, 130, 4 a f.

قِلْع, voile (de vaisseau); le pl. قُلُوع aussi: Voc., Bc, Ht, Aboû'l-Walîd 636, 15 et 16, Cartâs 224, Berb. II, 293, 3 a f., Macc. II, 766, 7, 1001 N. I, 128. L donne قَلِيع pour voiles (carbasa, vela navis). Dans Bat. IV, 91, قلع est employé comme coll.: وقلعها من قصبان الخيزران منسوجة كالحصر لا تحط ابدا

قَلْعَة, château, citadelle, forteresse, pl. قلع, Bc. — زوج قلعات pl., زوج قلعة une paire de tenailles, Alc. (tenazas).

قَلْعَة. اقام على قلعة se tenir toujours prêt à partir, Berb. I, 643, 5 a f.

قَلْعَى, de قَلْعَة حَمَّاد, Yâcout IV, 164, 4: وبها الاكسية القلعية الصفيقة النسج الحسنة المطرزة بالذهب؛ قَلْعِي vient du malai كلڠ (étain), ou bien de قَلْعَة ou كلڠ, nom d'une ville dans l'Inde d'où l'on tirait l'étain, et est à la fois un adj. (الرصاص القلعي) et un subst., étain, Gl. Esp. 245.

قِلاَع pièce de toile qui couvre le عحن d'une mosquée, Cartâs 36, 16, 18, 19, 20. — Pl. أَقْلِع voile de misaine, Alc. (messana de la vela de la nave).

قُلاَع expliqué par الفم في بشور, Gl. Manç., aphtes, petites ulcères dans la bouche, Bc.

قُلُوع (pl.) signifie collines blanches d'après Edrîsî ١،١; cf. قُلَيْعَة; Hay 11 donne le n. pr. Dar-el-Clow, et il dit que c'est: « a rugged sierra. »

قَلِيعَة cheval de prise, Daumas V. A. 167 (gueléaa).

قُلَيْعَة. Barth, I, 44, parle d'une petite chaîne de collines, dont deux cimes portent le nom de el guledt; Margueritte 264 dit qu'El-Koleiat sont deux éminences, et il explique le nom de cette manière: « Petites villes fortes, à cause sans doute de leur forme qui est celle de citadelles, vues à distances; » R. d. O. A. VII, 296: Djorf-el-Gueléah, nom d'une montagne, qu'un autre appelle Djebel-el-Klie.

قَلاَّع الاسنان arracheur, qui arrache les dents, Bc.

قُلَيْعَة, pl. قُلُوع et قَلاَلِيع motte de terre avec des racines d'herbes, gazon, Voc. (cespes), Alc. (cesped terron con rayzes).

قِبلعى, en Orient, Leontice Leontopetalum, Bait. II, 186 c, 534 f (lisez ainsi); man. 13 (3): هذا ويسمى القبلعى نكونه يُغْسَل به الصوف والثياب فيبقلع اوساخها؛

أَقْلَف epitheton cunni, 1001 N. Bresl. VII, 319, 6.

مِقْلَع, vulg. مَقْلَع, pl. مَقَالِع, dans la 1re part. du Voc. sans explication, burin, Alc. (buril de platero).

مَقْلَع. المِقْلَعون est expliqué dans le Diw. Hodz. 120, 2, par الذين أَقْلَعَت عنهم السماء فلم يُمطَروا.

قلف I massacrer, gâter, mal travailler, Bc.

V frapper une chose avec une autre, Alc. (cutir uno con otro).

قَلْفَت I calfater, Ht; cf. قلفط.

قَلْفَط I, pour جلفط, M, calfater, radouber, Voc. (calafatare), Bc. — Cimenter, Maml. I, 2, 43.

II se radouber, Bc.

فقال لى موارًا كثيرة يابا, R. N. 57 v°: حوت قلفط بكر اشتهيمت حوت قلفط يعمل فى المنستير فاشترى اذا يرجل على كتف مشتة فيها حوتان, ibid.: واعملم لى ارسلى ابو هرون الى المنستير أشترى له, ibid.: من قلفط حوت قلفط اشتهاه؛

قَلْفَاط pl. قَلاَفطَة calfat, radoubeur, Voc., Bc, Auw. I, 456, dern. l., Dimachki 138 éd. Mehren.

مقلفط celui qui a retroussé ses vêtements, Daumas V. A. 350.

قَلْفَطِيرِيَات, comme prononce M, est aussi قلفطيريات, Quatremère Recherches sur l'Egypte 269, où l'on trouve en outre قَلْفَطِيرى قلم, espèce d'écriture talismanique. C'est une altération de قلفطيريات, Φυλακτήρια, l'écriture des phylactères, Ztschr. XXXI, 343.

قَلْفَنْدَر, قَلْفَنْدَار, sauterelle qui n'a pas encore d'ailes, Payne Smith 1115; dans le man. Escur. 893, ce mot est écrit قَلَنْفَدَر.

قَلْفُون, قَلْفُونِيَا, قَلْفُونِيَا (Κολοφωνία) colophane, Sang., résine, Bc, Bait. I, 205 a, 488 c, II, 316 b, Simonet 345.

قَلِق I se dit en parlant d'un cheval qui, par inquiétude, ne se tient pas en repos quand il est sous le cavalier (cf. قَلُوق), Akhbâr 89, 5, Auw. I, 546, 15. — S'impatienter, Bc, Abdarî 83 r°: le professeur me promit de lire avec moi le Çahîh de Bokhârî وعطل لاجلى اكثر الدول وكان يدارى اصحابه اذا راى منهم قلقا فاذا استكثروا عليه وعظهم وقال انه ضيف علينا من s'ennuyer de, C. — فاصبروا له حتى يتم الكتاب؛ Beaussier, Macc. III, 830, 11: استكتبه بعض امراء — الاندلس فكان ينبرم من ذلك ويتقلف منه. Veiller, M.

II c. a. dans le Voc. sous anxiari, agiter, alarmer, bourreler, mettre la puce à l'oreille, Bc. — Chatouiller, Voc., Alc. (cosquillas hazer), تَقْلِيقٌ coxquillas), Khatîb 67 r°: حركة الاسترعا وقلقة الاطماع, lisez: حرّكه الاستدعاء وقلّقه الاطماع ۞

IV *rendre quelqu'un inquiet*, de sorte qu'il ne peut se tenir en repos et qu'il change de place en tout moment, p. e. en parlant de l'effet que produit la piqûre de certains insectes, R. N. 48 r°: وأصابه من البقّ ما اقلقه. Aussi en parlant du sentiment que fait naître la visite prolongée d'un homme ennuyeux, et qui a pour effet qu'on ne saurait durer en place, Macc. I, 531, 18, où il faut lire يُقْلِق avec Boul., au lieu de يتلف.

V *s'inquiéter*, Voc., Ht, cf. Payne Smith 1455. — *S'impatienter*, Ht. — *Se presser*, Daumas V. A. 498. — *Être chatouillé*, Voc., Alc. (cosquillas sentir), تَقَلَّق coxquillas).

قَلَق est l'espèce d'irritation nerveuse que cause l'impatience, et qui empêche de durer en place, de dormir, etc., Weijers 23, dern. l., Koseg. Chrest. 79, 10, R. N. 48 v°: فاذا عنده من البراغيث امر عظيم, قال فاقيلت اتحرّك كلّما اكلوني فلما راى قلقى قال الـىـخ Abd-al-wâhid 175, 7: ينشكى من قلق عبارة ارسططاليس, *ennui*, أو عبارة المترجمين عنه ويذكر غموض اغراضه Barbier. Mais c'est aussi l'irritation nerveuse produite par la joie, Gl. Mosl. — *Gomme ammoniaque*, Descr. de l'Eg. XI, 449.

قَلِق قلق الاستقرار *qui ne sait où s'arrêter, qui ne trouve nulle part un asyle*, Haiyân-Bassâm III, 3 v°: استوطنها جملة من جالية قرطبة القلقة الاستقرار. — En parlant d'un cheval, قلق الركاب, *qui par inquiétude ne peut se tenir en repos quand il est sous le cavalier* (cf. قَلُوق), Haiyân-Bassâm III, 4 v°. — En parlant d'un cavalier, *qui n'est pas ferme sur ses étriers*, Khatîb Escur., article sur Abdallâh ibn-Bologguîn ibn-Bâdîs: كان جبانا مغمد السيف قلق لا يثبت على الظهر. — *Qui ne peut pas dormir*, 1001 N. I, 10, 8. — لفظ قلق *mot employé improprement*, Gl. Manç.: استعفاظ هو لفظ قلق غير موائف مراد, Prol. III, 337, dern. l.

قَلْقَان *inquiet*, Bc.

قَلُوق *inquiet*, L. (inquietus), Voc. (anxius). — En parlant d'un cheval, *qui par inquiétude ne peut se*

tenir en repos quand il est sous le cavalier, selon l'explication donnée par Auw. II, 546, 13.

قَلَق = قَلِيق, Macc. II, 595, 2 a f.

قَلُوقَة (esp. clueca, Simonet 302) *poule*, Voc.

قَلَّاق *importun*, Barbier.

مُقَلَّق *impatient*, Daumas V. A. 498. — *Pressé*, qui a hâte, Bc, *qui se presse*, Daumas V. A. 496.

قَلْقَدْأَنِيون (χαλκηδών, voyez Stephani Thesaurus) *calcédoine* (agathe blanche), Most. v° زرنيخ.

قَلْقَدِيس est une altération de χαλκῖτις; dans la traduction du chapitre de Dioscorides περὶ χαλκίτεως (V, 115), Bait. (I, 511) donne: خلقنبس وهو القلقديس. Expliqué par حاس ابيض محرق, Payne Smith 1750. *Vitriol vert, ou vitriol martial*, nommé aussi *couperose*, Alc. (caparrosa, vidriol romano o caparrosa), Bc.

قَلْقَدِيفُون nom d'un remède composé et corrosif, Gl. Manç. in voce; semble Χαλκιδικόν, adj. formé du n. propre Χαλκίς, mais les dict. grecs ne le donnent pas dans cette acception.

قَلْقَس I. قَلْقَس الرَّجُلُ se dit de celui qui a du mal dans la bouche parce qu'il a mangé de la racine de colocase, cette racine étant extrêmement piquante quand elle n'est pas bien cuite, M.

قَلْقَاس (fatha dans M) s'écrit aussi قَلْقَاص, Bat. IV, 84, 118 (س), IV, 335), Bg. — En Espagne, *Arum, pied-de-veau*, Most. v° لوف (seulement dans N), والكبير: يقال له بالاندلس القلقاس بقاقين; cf. Dioscorides II, 197: "Ἄρον, τὸ καλούμενον παρὰ Σύροις λούφα, — ὃ οἱ Κύπριοι καὶ κολοκάσσιον καλοῦσι. — قَلْقَاص *platanus*, L.

قَلْقُوس sorte d'oiseau, Yâcout I, 885, 18; var. قلعوس; Cazwînî II, 119, 14 قلقيس.

قَلْقَاسِي *vendeur de colocase*, 1001 N. Bresl. IX, 205: وكان مثل سكّين القلقاسى يقطع الذكر والانثى. يحب اكل التين والسنبوسك. Le sens est que ce gaillard convoitait également les filles et les garçons, et l'explication de l'expression arabe est fournie par la singulière structure des fleurs du genre arum, dont la colocase est une espèce: ces fleurs sont portées sur un spadice (colonne en forme de massue) nu à sa partie supérieure, couvert inférieurement de fleurs femelles, et sur son milieu de fleurs mâles. Quand on la coupe, on coupe par conséquent à la fois la fleur mâle et la fleur femelle.

قلقص. قلقاس voyez قلقاس.

قَلْقَطار. Voyez Bait. I, 510, 514, où c'est la traduction du χαλκῖτις de Dioscorides (V, 116), Most. v° زاج: هو انواع فمنه القلقطار وهو القلقطاريون وهو الزاج العراقى وهو رخو يعرف بالشاخميز ويقال به زاج الاساكفة, couperose, Alc. (caparrosa), colcotar, résidu de l'huile de vitriol, Bc; قلقطار معدنى chalcite, colcotar fossile, Bc; M: الزاج ومنه القلقنت. A en croire Juynboll (notes sur le Marâcid V, 532), قلقطا viendrait d'un mot grec moderne χαλκοτάρνος. Je ne le trouve nulle part et je doute de son existence; mais je rencontre la forme قلقطاريون en syriaque, puisque Bar Bahloul donne chez Payne Smith 1662: ܚܠܩܝܛܐܪܝܢ (cf. Payne Smith 1750: قلقطار اذا عتق القلقديس يصير قلقطاريون), et aussi en grec, χαλκητάριν, car dans le Glossaire de termes alchimiques publié par Bernard (dans Palladius de febribus, Leyde 1745), on lit cet article (p. 121): "Ἄνθος χαλκοῦ καλάκανθον καὶ χαλκητάριν καὶ πυρίτης καὶ θεῖον λευκὸν οἰκονομηθέν ἐστιν. Reste à savoir si χαλκητάριν est réellement d'origine grecque, car comment expliquer sa seconde moitié? Je pense plutôt que les alchimistes grecs l'ont reçu des Orientaux, et je considère encore, comme dans le Gl. Esp. 257, قلقطار comme une corruption de χαλκάνθη. Le *n* se retrouve dans la forme قلقنطار chez Vullers, et pour la terminaison cf. μουσική, qui est devenu موسيقى, mais aussi موسيقار.

قلقطاريون voyez l'article qui précède.

قلقل I déranger, Bc. — Troubler, jeter dans l'inquiétude, alarmer, Bc.

II. L: strido وانزمّ اَتَقَلْقَل. — Se dit en parlant des larmes, R. N. 90 r°: فتقلقلت الدموع فى عينى والدمعة.

قلقل désigne trois plantes inconnues au Maghrib; celle que nomme Râzî est connue dans l'Irâc, où l'on en mange les graines cuites, et où l'on fait des vêtements de ses branches; il paraît que c'est quelque chose comme le chanvre, Gl. Manç. in voce.

قَلاقْلان dolichos cuneifolius, Daumas V. A. 382.

قلقيل limon, mortier, Mehren 33 avec un signe de doute.

قلاقل (pl.) sonnettes, grelots, 1001 N. III, 293, 3 a f.

مقلقل au Maghrib = les dattes قسب, Bait. II, 301 h; leçon de BHL; E sans points; K مقلـل, AS فلفل.

قللجه, comme portent mes deux man. et l'éd. de Boulac dans Bait. II, 317 c (Sonth. قللحة), est l'esp. colleja (de caulicula, pour cauliculus, dimin. de caulis), Silene inflata Sm., selon Colmeiro, plante qui est très-proche des Lychnides, et que les auteurs plus anciens désignaient par le nom de Lychnis (cf. mon article حبّاحب). Sous l'article Struthion, Bait., II, 18 b, donne comme le synonyme de ce dernier mot قوليبة, qui est la forme aragonaise colella. Sontheimer traduit Struthion par Saponaria, et Colmeiro a: «Jabonera blanca, Lychnis dioica L.,» «Jabonera de la Maucha, Gypsophila Struthium L. et G. hispanica Willk.» Cf. Simonet 344.

قلم II dégarnir un arbre, en ôter les branches inutiles, ébrancher, émonder, tailler des arbres, ébourgeonner, Voc., Bc, Hbrt 181, Auw. I, 11, 10, 19, 5 a f.; 284, 5, 1001 N. Bresl. XII, 336. — C. ل souffleter, Bc, Hbrt 242.

V être émondé (arbre), Voc.

قَلَم (κάλαμος) pinceau, Alc. (brochon de pintor); chez Bc قلم شعر. — قلم رصاص crayon de mine de plomb, Bc, Hbrt 112. — قلم حديد pointe, outil pour graver, Bc; قلم النقش burin, Bc. — Ecriture talismanique, Djaubart 5 v°: حقّ الرموز والاقلام, قلم; قلم براوى hidroglyphe, Bc. — Style, Bc; en faisant l'éloge d'un cadi, كان طويل القلم فى كتبه, Mohammed ibn-Hârith 339. — Bureau d'un ministère, Bc. — Ferme de certains droits ou marchés, Bc; اقلام ميرى droits affermés, taxe imposée sur les corporations, Bc. — Greffe, Auw. I, 18, 10, 309, 7, 9, 407, 24 et 25, où Clément-Mullet observe: « le greffon de nos praticiens modernes, calamus des Latins.» — Flèche, Cartâs 273, 3 a f.: وامضى فى الاعداء سيوف واقلام. — Raie, toute sorte de lignes sur les étoffes, etc., rayure,

قلم

manière dont une étoffe est rayée, Bc. — *Membre viril*, Charîchî sur Harîrî 422, 8; قلم الثور *membre génital du taureau*, Alc. (vergajo de toro). — *Soufflet, coup du plat de la main*, Bc, Hbrt 242. — T. d'arithm., *dénominateur*, nombre inférieur d'une fraction, M: وأطلق عند المحاسبين على منازل الارقام. Je traduis ainsi parce qu'il a sous وعند: مَنْزِلَة: موضع القلمين والمنزلة, sous مَقام: للحاسبين مقام الارقام, et que Bc donne مقام dans le sens de *dénominateur*. — *Outarde*, Palgrave I, 451. — جرى قلم التكليف عليه *être responsable de ses actions*, Motarrizî sur Harîrî 421, dern. l.; aussi جرى عليه قلم, Mâwerdî 107, 14: قان غير البالغ لا يجرى عليه قلم, 389, 15: celui qui a été forcé de boire du vin, ou qui a bu une boisson dont il ne savait pas qu'elle était enivrante, لم يجر عليه قلم.

قَلْمى *petite voile hissée au second mât, à l'arrière du bâtiment*, J. A. 1841, I, 588.

القَلْميَّة، t. de musique, peut-être *chalumeau*, *son grave de la clarinette*, Gl. Mosl.

قلامَة. قلامة الظفر, *rognure d'ongles*, prov. pour: ce qui est vil et méprisable, M. Dans la négation, *la moindre chose*, Berb. II, 169, 3 a f.: قلم يظفروا, Becrî 187, 7 a f.: وان يبزرا في منهم بقلامة الظفر نفسه ولا في ماله مقدار قلامة.

قليمَة *sacristie*, Bc.

خِيَار قَلَامى ou أَقْلامى (1001 N. I, 56, 14) est le concombre d'automne, la plus petite espèce; on l'appelle ainsi parce qu'il est ordinairement aussi mince qu'un *calam*, et on y compare les doigts effilés de la bien-aimée, Ztschr. XI, 522.

أَقْلِيمِيا = قَلِيمِيا (καδμεία) *cadmie*, Most. (Lm: «sans *élif*»), Baït. I, 16 a, 28 b, 217 c, II, 314 c, Gl. Manç. in voce.

قَلْمى *sacristain*, Bc, Hbrt 151.

قَلَامى voyez أقلامى.

تقليم *couper les branches d'en bas du dattier, afin d'augmenter la saveur du fruit*, Burton I, 383 n. — *Rayure, manière dont une étoffe est rayée*, Bc.

قلنجونة 400

تَقْليمَة *tonture, branches ou feuilles que l'on coupe*, Bc.

قلماوش (κάλαμος) *Calamus aromaticus*, Most. v° قصب الذريرة.

قَلَمْبَق (malai كمبيل, Devic 83) *le bois odorant du carambolier*, qui est un arbre des Indes orientales; les musulmans en font des rosaires, Niebuhr B. 136, Burckhardt Arabia I, 70; — *carambolas, le fruit du carambolier*, Bg 837.

قَلْمَس pl. قَلامس voyez Bîrounî 12, 2 et 6.

قَلْمُوس *la houppe du capuchon*, qui est faite habituellement d'une autre étoffe, p. e. de poil de chèvre ou de brebis noir, Vêtem. 351. Dans la liste des mots de la langue des Kailouee, Richardson (Central I, 318) donne: « turban, or bandage round the head and face, *taghalmous*.» M. Simonet, 353, veut dériver ce mot du lat. *cumulus*.

قَلْمُوسَة. L: «melotis [ablat. du pl. de *melota* ou *melote*] قَلْمُوسات وهى من جلود المعز .» Ce mot vient de l'esp. *gamuza*, dans le sens de *peau de chamois*, car Ducange donne sous *melote*, d'après le Glossaire latin-franç. de St-Germain: «Melota, une robe faite de paulz, ou la piau du taixon qui va jusques aux reins, *ou robe aspre de chamois;*» cf. Simonet 300.

قَلْمُون et قَلْمُونة (du lat. *cumulus*, selon Simonet 353) *le capuchon du burnous*, Cherb., Ht, Dict. berb., Daumas V. A. 376, Bassâm III, 6 v°: وفى راسه قلمون طويل أبرَدُ من طَلْعَة العذيل (l. العَذول) «☼.

قَلْمُونى voyez plus haut I, 6 b, 6 a f.

قَلْمُونْيَا (voyelles dans N) *espèce de pastèque ronde*, Most. v° بطيخ: والمستديم هو المعروف بقلمونيا.

قلميدس *sorte de poisson*, Yâcout I, 886, 9.

قلناق *erysimum*, Payne Smith 1051.

قَلَنج = قولنج *colique*, Mehren 33.

قلنجونة *nom d'une plante en Ifrîkiya*, Baït. II, 318 b, s'il faut lire ainsi avec L (AB قلنجونة); je le suppose parce qu'une forme est كرنجونة (leçon de H).

قَلْمَاجِيَة (esp.) *chanoinie, canonicat*, Alc. (calongia dinidad).

قَلْنْدَاس (lat. Kalendas, de Kalendæ), Auw. II, 88, 14.

قَلْنْدَرَى voyez تَرنَدى. — Mode de musique, Hœst 258.

قلنس.

قَلَنْسُوَّة *bonnet haut en forme de pain de sucre*, Gl. Bayân 26; il était porté par les califes abbâsides (Aboulf. Ann. II, 184, Djob. 229), par leurs vizirs (Fakhrî 321, 3 a f.), par les cadis (Mohammed ibn-Hârith 237, cf. 209, 223, R. N. 21 v°, 73 r°). On le mettait aussi sur la tête des criminels quand on les promenait par la ville, Gl. Bayân 26. قَلَنْسُوَة البابا *tiare*, bonnet du pape, Bc. — *Capuchon*, Bg. — « On appelle *calansoua* de nos jours en Syrie, une espèce de voile noir qui ressemble à la coiffure de nos sœurs de charité. Les moines le portent seul sur la tête; mais l'évêque le porte avec une espèce de calotte » (note communiquée par M. Dugat). — Ce que les Coptes appellent قَلَنْسُوَّة ou قلوسية est une bande, large de quatre pouces, et longue d'un pied, qu'ils attachent sous le turban, et qui pend sur le dos, Lane M. E. II, 354.

قَلْنْقَدَر espèce de *sauterelle*, Man. Escur. 893; autrement قلفندر (voyez).

قَلَهرَّة (a. esp. calahorra, mot d'origine basque, qu'on dit composé des deux mots basques *cala*, château, et *gorri*, rouge, Simonet 299) pl. ات *forteresse* ou *tour d'une forteresse*, Alc. (alcaçaba, calahorra, torre para defender, torre para combate, cf. torre albarrana et torre mocha), Müller 3, l. 6, Lafuente Inscripc. árabes de Granada 179, 180, 181, 183.

قلو et قَلِي I. L'explication des paroles 1001 N. Bresl. II, 202, 2 a f.: وتَقطعوا يدي وتَقلوا, que Habicht a donnée et que Freytag lui a empruntée sous قلو II, n'est pas bonne. Les édit. de Macn. (I, 232) et de Boul. portent en cet endroit: فقطعوا يدي وتَقلوا فى الزيت, ce qui signifie: « ils me coupèrent la main et trempèrent le moignon dans l'huile bouillante; » cf. la note dans la trad. de Lane I, 428, n. 52. Ces deux édit. n'ont pas de *techdîd*, et je le crois de trop.

II c. a. dans le Voc. sous frigere.

IV c. a. *frire*, v. a., Voc.; مَقْلَى *friture*, chose frite, Alc. (frito cosa freyda); شىء مَقْلَى *beignets et autres mets frits à la poêle*, Alc. (fruta de sarten). — *Pocher, faire des œufs pochés*, Alc. (estrellar guevos).

V *frire*, v. n., Payne Smith 1431. — تَقَلَّى على النار *griller, brûler d'impatience*, Bc. — *Se désespérer*, Bc.

VII dans le Voc. sous frigere, *frire*, v. n., Bc. — انقلاء *haine*, Abou'l-Walîd 800, 11.

VIII = V chez Freytag, Payne Smith 1431.

قَلِى للخمر *cendre gravelée*, du marc de vin, Bc.

قَلِيبَة *fressure, intestins de quelques animaux*, comme le foie, la rate, le cœur, le poumon pris ensemble, Alc. (assadura); *ragoût que font les chasseurs avec le foie, le cœur et les rognons des lapins*, Alc. (cachuelas de conejo); spécialement *le foie*, Alc. (higado parte de la assadura = كبد). — *Poignée de sel qu'on jette dans le feu*, Daumas V. A. 369 (gliya). — قليبة مسك *une vessie de musc, un rognon de musc*, Bc.

قَلُوى *que l'on frit*, exemple sous غَوْشَنَة.

قَلَّاية الموضع تَتَّخذ فيه المقالى est M.

قَلَّاء *celui qui frit*, Voc., M, Bg 263.

قَلَّايَة (pas قَلَيْبَة comme chez Golius-Freytag, ni قَلَّابَة comme chez Yâcout IV, 156, 15) est عَكْمُدَا, de κελλία, pl. de κελλίον, qui est le dimin. de κέλλα ou κέλλη, du latin *cella*, pl. قَلَالِى. Anciennement on entendait en Occident sous le nom de couvent, non pas un grand édifice où les moines vivaient en commun, mais un assemblage de huttes, de cabanes, autour d'une petite église, à côté de laquelle se trouvait le clocher, où un étage, qu'on ne pouvait atteindre qu'avec des échelles, offrait un refuge en cas de danger (voir Wattenbach, Deutschlands Geschichtsquellen im Mittelalter p. 36, 84 de la 2e édit.). C'était une imitation de ce qui se pratiquait en Orient, car S. Pacôme, qu'on regarde comme le fondateur des ordres monastiques, avait, au milieu du IVe siècle, bâti à Tabenne, dans la Haute-Thébaïde, plusieurs milliers de cabanes placées à peu de distance l'une de l'autre et divisées en cellules contenant chacune trois cénobites. Du temps de Justinien, comme raconte Eutychius (II, 161—2), les moines du Sinaï vivaient dispersés sur les montagnes et dans les vallées, où ils avaient des cabanes pour demeures avec une grande

قلو 402 قما

tour ou forteresse (برج) au centre, dans laquelle se trouvait l'église et où ils se mettaient à l'abri des incursions des Bédouins. Ces cabanes sont nommées قلاتيهم. Ce mot peut avoir le même sens dans le traité conclu entre Omar Ier et les chrétiens de la Syrie, où ceux-ci promettent أن لا نحدث في مداثننا ولا فيما حولنا ديرا ولا كنيسة ولا قلاية ولا صومعة راهب (dans les notes de Hamaker sur le Pseudo-Wâkidî 165). Mais peut-être y a-t-il plutôt celui qu'indique Yâcout (l. l.), *édifice qui ressemble à un cloître*, بناء كالدير, car on entendait aussi sous *cellæ* des cloîtres qui dépendaient d'autres cloîtres plus grands; voyez Ducange II, 266 c. Cf. encore Imrânî 109: Mosta'în était fort prodigue ومن جملة ما كان قد اخرج فيه الاموال قلايا الرهبان, et qu'il remplit d'objets précieux; Payne Smith 1819. — *Evêché, maison épiscopale*, M, Eutych. II, 410, 9: وبنا ايضا قلاية الاسقفية. — *maison patriarcale*, Elmacin 122, 2 a f., où il s'agit d'un patriarche d'Alexandrie; وصارا ملازمين قلايته au Caire la maison du patriarche porte encore ce nom.

تَقْلِيبَة, Macc. II, 88, 2, 1001 N. III, 603, 4, 11, *des oignons cuits dans du beurre fondu*, après quoi on les étend sur d'autres mets, Lane trad. des 1001 N. III, 378, n. 11, *roux*, sauce avec du beurre roussi, Bc. — تقالي *viande et graisse*, Mehren 26.

مَقْلَى *poêle à frire*, Jackson 177; مَقْلاة *gril*, L (oratis). Pour exprimer que quelqu'un brûle (grillo) d'impatience, d'inquiétude, d'amour, on dit: هو على جالس على مقالي النار, 1001 N. I, 87, 2, مقالي النار ibid. I, 591, 7 a f., هو يتقلب على جمر المقالي ibid. I, 663, 11, هو من حبها على مقالي الجمر ibid. III, 558, 7 a f.

بيضة مَقْلِيّة *marguerite blanche*, Bc; on a donc donné à cette fleur le nom bien peu poétique d'*œuf poché*.

مَقْلي voyez مَقْلاة.

مَقْلِية, *haine*, doit s'écrire مَقْلَبَة, comme le montre la mesure d'un vers chez Macc. I, 559, 10 (cf. Add.); مَقْلية chez Freytag est donc une faute. — Dans le sens de مَقْلاة, مَقْلَبة, Payne Smith 1431: المقلبة والطنجير الذي خبز عليه.

مَقْلاية, *poêle*, ustensile de cuisine pour frire, *poêlon*, Bc. — *Plateau en fer sur lequel on torréfie la graine de café*, Descr. de l'Eg. XVIII, part. 2, 379.

مَقْلِيّ *grillé* (des fèves), Mehren 36.

قَلُوري. البصل القلوري *l'oignon calabrien*, Becrî 41.

القَلُورِيَة. « Gloss. Rom. inter nomina nautica: τκολλάριον (puto a κέλω, κέλλω, unde κέλης de nave, *celes, celox*), » Fleischer Gl. 73.

قَلُوس *maire blanc* (poisson), Burckhardt Syria 166.

قَلِي voyez قلو.

قَلُّون (du latin cuniculus, vel. confll) *lapin*, Domb. 65; cf. قنين, etc., sous قنّ, et قنليه.

قَلْبُوس (?), en Espagne, espèce d'euphorbe, Bait. II; 599 a; leçon de A; BHK sans points; L قلبوس (sic), S قلبوس; E غلبيوس.

قضم قريش voyez قم قريش.

قمّ II = I, *manger*, Bidp. 10, 3 a f.; de Sacy (p. 68 des notes) soupçonne qu'il faut lire يقمّم, à la Ire forme, et cette leçon se trouve en effet dans le man. de Leyde.

قمّ pour قيّ, قيّ, Gl. Fragm.

قَمَّة semble désigner un mets fait d'un agneau, 1001 N. III, 467, 5: واتى بخروف فذبحه واعطاه للنقيب ثم قمّ (sic) 5 a f.: فطبختُه قمَّة وكفنَه وجعله كليمتي. Fleischer (IX, 287) a fait imprimer فراء قمّه, et ensuite: طبخَه وقمّه وكفنَه; mais le sens exige un subst., et non pas un verbe. Peut-être ce mot a-t-il le même sens que قُمَام, qui suit ici.

قُمَام *ce que l'on mange*, Voc. (comestibilis), Macc. I, 97, 12, en parlant de Cordoue: غريبها قمام, avec cette explication: يعني بالقمام ما يوكل اشارة الى محرث التبّانية.

قُمَامَة *fumier, amas de fumier*, 1001 N. 1, 409, 8 a f., auparavant مزبلة.

قُمّام *myrte commun*, Prax 29 (gommam), et le même R. D. O. A. V, 20: « pilé avec le *serghin*, il donne une poudre que les femmes répandent sur leur chevelure pour la parfumer. »

مَقَمّ. Le pl. مقامّ, Gl. Mosl.

قمأ

قَمَاءَة *la petitesse de la taille*, P. Hamâsa 639, 1:
وَأَوْرَثَهَا شَرَّ التُّرَاثِ أَبُوهُمْ قَمَاءَةً جِسْمٍ (البيت)
avec l'explication: القَمَاءَة الصغر والقمْص, Macc. III, 830, 12: وكان من أعاجيب الزمان في افراط القَمَاءَة (القَمَاءَة l.) حتى يظن راكبه الذى استدبره انه طفل. La note marginale prouve que ce mot a fort embarrassé l'éditeur égyptien, dont le savoir, comme celui de presque tous ses confrères, se borne à ce qu'il trouve dans le Câmous.

مَقْمِى *chapon*, Daumas V. A. 431 (meguemi); c'est proprement *gras*, ou *engraissé*.

قَمَاجَة et قَمَاجَى (esp. camisa), pl. قَمَائِم et قَمَاجَى *chemise*. La première forme: Bc (Barb.), Ht, Jackson 137 et Timb. 28 (kumja); la seconde: Alc. (camisa), charte grenadine, Lerchundi. Cf. كَمَاجَة.

قَمَاجُون (augm. du mot qui précède, esp. camison, Simonet 305) pl. قَمَاجِى *chemise*, Voc.

قَمَح VI *refuser de boire* (chameaux), Diw. Hodz. 158, 10: حِين تَقَامَحَ الْأَبِل, mais lisez avec le man. تَقَامُح, car c'est l'aoriste.

VIII *sucer un médicament* (sans l'avaler), Bait. I, 164 a, où il est question de myrobolans: اذا استعمل على الريق اقتماحًا مع السكّر نفع من اللعاب السائل واذا ادمن المستمسى اقتماح وزن درهمين فى II, 503: كل يوم من ورقها ويبزرها مع مثله سكّر على الريق جفّف الماء الخ ۞

قَمْح, n. d'un. ة et pl. قُمُوح, Voc. — صاحب قمح الاندلس *directeur de l'approvisionnement de l'Espagne* (de Slane), Berb. I, 195. — قمح بلّدرى *fumaria agraria*, Prax R. d. O. A. VIII, 280. — قمح الحجل en Espagne = القمح البرّى, Auw. I, 50, 6 a f. —
القمح الأسود *blé noir, sarrasin*, voyez sous سَمْدَر. — قمح عجمى *blé de Turquie*, Pagni MS.

قَمْحَة pl. قمح *grain* (poids), Bc, M, Lane M. E. II, 418.

قُمَّحَة *Calamus aromaticus*, Most. v° قصب الذريرة, Bait. II, 318 g, Yâcout IV, 828, 11 et 17.

قَمَاحَى نبات قَمَاحَى *plante fromentacée*, Bc.

قَمَاحِيَّة *mets fait de blé mondé*, M.

قَمَاحَان *Calamus aromaticus*, Most. v° قصب الذريرة.

قَمَّاح *blatier*, marchand de blé, Bc, Macrîzî man. II, 347.

قَمَر I, n. d'act. قَمَار, *vaincre au jeu*, Asâs, Voc. (vincere (in ludis sicut in taxillis)), Zauzanî, Comment. sur le 5° vers de la Moallaca de Tarafa, Khallic. VII, 137:

وكن من لعب الشطرنج فى يده
وربما قُمِرَتْ بالبيدق الشاه

«le roi est parfois vaincu par le pion.»

II. قَمَّرَ الخبز *griller du pain*, Bc, 1001 N. IV, 689, 16, chez Mehren 26 *cuire*.

III *caponner, user de finesse au jeu, piper, t. omper au jeu*, Bc. — *Ergoter, chicaner*, Bc, *disputer*, M, Abbad. I, 173, 13.

IV *répandre de la lumière*, Voc. (lucere), رَاقٍ, مَقْمِر, Abbad. II, 52, 8, وجّه مَقْمَر, Amari 652, 3.

VII *être vaincu au jeu*, Voc.

قَمَر *potus*, etc., chez Freytag, doit être biffé; la véritable leçon est قَمِز (voyez).

قَمَر. القَمَران *le soleil et la lune*, chez les poètes, Macc. II, 542, 9, 552, 17. — Chez les alchimistes, *argent*, Most. v° فضة, Abbad. I, 88, Akhbâr 138, 4 a f. — Sorte de poisson, Descr. de l'Eg. XXIV, 375. — قمر الدين *espèce d'excellents abricots*, Bat. II, 44, 259, 260, Burckhardt Arabia I, 60; «Otter nous apprend d'après Hadji-Khalfah, que le territoire de Konia produit une espèce d'excellents abricots, nommée *Kamer-Eddin kaïsi* (Voyage en Turquie et en Perse I, 60),» Defrémery, Voy. d'Ibn-Bat. dans l'Asie Mineure 13; — *pâte d'abricots*, Descr. de l'Eg. XVII, 308, Burckhardt Syria 486; cf. جِلْد الفَرَس.

قَمْر pl. قَمَر *coup de flèche qui atteint presque le but*, Diw. Hodz. 29, sur vs. 14. — (Esp. cámara) *cabine de vaisseau*, M, Burton I, 168, Lerchundi; chez Domb. 100 قَمْرَة.

قَمُر *bête de somme que* Shaw, I, 250—1, dit

avoir vu à Alger; son nom viendrait de sa couleur argentée, et il aurait été engendré d'un âne et d'une vache. Capell Brooke, II, 16, doute de l'existence d'un tel animal, mais sans oser la nier. Le Dr. Boddaert, dans sa note sur Shaw, Rozet, I, 265, et Sandoval, 37, la contestent avec raison.

قَمْرَة nom d'un ornement de femme, voyez Lane M. E. II, 401. — قمرات الطُّرفاه espèce de sucrerie, s'il faut lire ainsi dans 1001 N. Bresl. I, 149, où le texte porte قمعرات.

قُمْرِي palumba, L, Yâcout I, 885, 4, IV, 174, 13, Man. Escur. 893; «au Caire on donne le nom de Komary à une espèce de tourterelle qui a un collier blanc ou de couleur; elles sont rares en Egypte,» Burckhardt Nubia 480. — Blanc (cheval), Jackson 246 n.

قَمَرِي lunaire, Voc.; Bc; سنة قمرية année lunaire, Bc; lunatique (tempérament), Auw. I, 345, n. *; حصان به رمد قمري cheval lunatique, sujet à une fluxion périodique sur les yeux, Bc. — الحروف القمرية, t. de gramm., sont les lettres qui, comme le ق dans قمر, n'ont pas pour effet l'assimilation du ل de l'article à la première lettre du nom. — Éclatant, qui a de l'éclat, Calâïd 53, 2 a f.: فكثيرا ما كان يعمر انديّة اللهو ويدلولها من مجلس الحفاظ الى البهو، كلاهما سري المنظر، قمري المزهر»

قَمَرِيَّة petite fenêtre, M, fenêtre en verre de couleur, Lane M. E. I, 23, 1001 N. Bresl. XI, 371. C'est un mot comme شَمْسِيَّة.

قمراتي joueur, Bc, Hbrt 89. — Capon, joueur rusé, Bc.

قِمَار dé à jouer, Alc. (dado de quatro (o seys) hazes). — Cartes à jouer, Alc. (naypes). لعب القمار jeu où l'on joue d'argent, Bc, jeu de cartes, Lane M. E. II, 55 (قُمَار), Niebuhr R. I, 167 (kamar).

العود القُمَاري Cette excellente espèce de bois d'aloès (Most. v° عود, où il faut lire avec N: اغالوجن), Bat. III, 284, IV, 167, Richardson Central I, 237) vient de سفالة الهند, Bait. II, 224 b. D'après Bat. IV, 240, 242, قمار, qui a donné son nom à ce bois, est une localité de l'île de Java. A en croire Yâcout, IV, 173, 7 et suiv., le vulgaire l'appelle Kamâr ou Kimâr, mais les personnes bien informées Kâmiroun; c'est, ajoute-t-il, une localité dans l'Inde. Cf. Gildemeister, Script. Arab. de rebus Indicis 61—68.

قَمَارِي. Dans son article sur le bétel, Bait. I, 201 a, dit: ويغلط من يظنّ ان ورق التنبل هو هذا الورق الموجود اليوم بايدينا المشبه بورق الغار فى شكله ورائحته وهو المعروف عند اهل التبصرة من باعة العطر بورق القماري لانه يجلب من بلاد يقال لها القمر فيما اخبرت به ومن الأطبّاء فى زماننا من يعتقد هذا الورق المذكور انه ورق الساذج الهندى ويستعمله مكانه وهو خطأ; voyez aussi Yâcout IV, 174, 17—20.

قَمَّار joueur, celui qui joue aux osselets, aux dés, Voc. (1re part. aleator, 2e part. sous alea, lusor cum talis (ce que l'éditeur change à tort en talibus, car c'est l'ablatif de talus, osselet), lusor taxillorum), Alc. (jugador tahur, jugador de dados).

قَامِرَة (esp. cámara) grenier, pays fertile en grains, Müller 6, 3: Malaga est قامرة الفلاحة; cette signif. doit être mise en rapport avec celle de trésor public, fisc; voyez chez Ducange cambra (2), camera (3), et comparez aussi chez lui camera salis = grenier à sel. (قامرة), chez Müller l. 8, s'appelle encore Campo de Cámara, Simonet 304). — Voyez sous قَمَرَة. — Tente de forme ronde, Cherb.; tente intérieure qui forme chambre dans la grande tente, Beaussier. Je pense qu'en ce sens ce mot vient sous-entendu de l'esp., et non pas de la racine arabe قمر, comme l'a cru Cherb.

قامري percale, Roland.

أَقْمَر, en parlant d'un cheval, ayant la maladie dite قَمَر, Auw. II, 506, 7 et suiv.; lisez de même chez Payne Smith 1753 اقمر البصر (au lieu de أقمار).

مَقْمَرَة (خبزة) لَقْمَة rôtie, morceau de pain rôti, Bc. Mehren 36 donne مقمّر pain frais.

قَمْرُون (esp. camaron), n. d'un. ة, crabe, écrevisse de mer, Alc. (camaron pescado), Lerchundi, Daumas V. A. 432, Gl. Manç. v° رسى, Bait. I, 506 e, man. Escur. 888, n° 5; chez Domb. 68 قَمْرُون.

قَمَز I sauter, Ztschr. XXII, 120. Le vulgaire emploie ce verbe pour قمص, M.

قمس

V? 1001 N. Bresl. XII, 406, 6: وصار يبوسها وينتقمز عليها; la leçon m'est suspecte.

قِمِز (tartare) *du lait de jument aigri*, Maml. I, 2, 147, Fraser Khorasan, Append. B p. 89, Bat. II, 365, Ibn-Iyâs 30, lisez ainsi dans Aboulf. Ann. V, 42.

قُمس.

قَمَاسَة *la dignité de comte*, Cout. 16 r°: وَلِيَ القَمَاسَة فكان أوَّل قومس بالاندلس

قوْمِس. On a donné le nom de Câmous, qui est le titre du célèbre dictionnaire de Fairouzabâdî, à tous les dictionnaires, M; قاموس اللّغة *dictionnaire*, Bc.

قَمَش V *être vêtu*, 1001 N. I, 67, 4 a f.: فنظرت المولاية اليهم وهم متقمّشين كالتجار

قَمْش *pauvre, misérable*, Voc.

قَمْشَة (turc قمچى) *fouet dont la lanière est divisée en deux*, M, Lane trad. des 1001 N. I, 618, n. 70.

قُمَاش, pl. ات, 1001 N. Bresl. XI, 9, *toile, étoffe*, Bc, ما نُسِج من القطن, M, *mousselines, toileries*, de Sacy Chrest. III, 383, 3 a f., 384, 2, II, ۱۰, 6, 189, 13, Maml. I, 1, 13 (5 fois), Aboulf. Ann. V, 274, 3, Ibn-Iyâs 30: ويشربوا مع السلطان القمز وهم قماش بياض, Bc. — *Vêtements*, synonyme de ثياب, Gl. Abulf., cf. Bat. IV, 401. — *Bagage* d'un voyageur, Amari Dipl. 189, 7, 193, 7. — *Marchandises*, Yâcout II, 485, 10, 647, 1 (de Goeje); بالشاش والقماش *linge*, Bc.

قُمَاشَة *lingerie*, commerce de linge, endroit où l'on met le linge, Bc.

قُمَّاش *linger, toilier*, Bc, *marchand drapier*, Hbrt 82.

قَمِيش *pauvre, misérable*, Voc.

قمشر.

قَمَاشِير (pers. کماشیر = كماشير) (voyez), Bait. II, 318 f. — *Espèce de champignon*, ibid.

قمص.

قَمِيص. Le Voc. donne فلانة في قميصها sous *menstruum*. — *Couverture de la Ca'ba*, voyez Azraki 175,

3 a f., Burton II, 236. — قميص حديد *cotte de mailles*, Bc. — قميص الحيّة *dépouille du serpent*, Bc. قُمُّص, chez les Coptes, *archiprêtre*, Lane M. E. II, 352, Bc.

قَمَامِصَة (pl.) *comtes*, Nowairî Espagne 455.

تَقْمِيص *métempsycose*; c'est parce qu'on regarde les corps comme les *chemises* des âmes; quelques-uns disent تَقَمُّص, mais c'est une erreur, M.

قَمْصَال, pl. ات et قَمَاصِل, *vase de terre, cuvette, vase dont on se sert pour se laver les mains*, Alc. (vaso de barro, agua manil). Cette signif. explique, je crois, l'origine de ce mot maghribin. C'est le latin *concha*, cat. *conca*, cast. *cuenca*; cf. chez Ducange: «*Pelves, conchas, in quibus pedes lavant, ut vasa fictilia*;» «*Delphicæ, pelves, conchæ, aquimanilia.*» Le *n* s'est conservé dans la forme berbère (voyez plus loin); mais les Arabes ont aussi appliqué ce mot à un vase de terre d'une autre espèce. — *Pot de terre*, اقنصال dans le Dict. berb., *vase de terre à grande panse et à col étroit dont se servaient les gens de la campagne, particulièrement les faucheurs*, Alc. (barril), *cruche*, Voc. (urceus), ou *bouteille, surtout pour garder et transporter le vin*, Alc. (ampolla para bever, jarro de vino), Macc. I, 841, dern. l.: فاختر لى يا زجّاج قمصال وزوج اقداح II, 163, 17: وكسر قمصال النبيذ الذى كان معه, cf. 3 a f. et suiv. Je crois que مُقَنْصَر, terme qu'on trouve chez Alc. dans le sens de *terrine pour traire les vaches, les brebis, etc.* (tarro con que ordeñan), a la même origine.

قمط I *bander* la tête, etc., Hbrt 38, *une plaie*, Maml. I, 1, 218. — C. قمط على شىء جيدًا, على, *serrer fort avec la main, tenir quelque chose serré*, Bc.

II *emmaillotter*, Bc.

V dans le Voc. sous *fascia*. — Voyez sous قَمَاط.

قَمْط pl. أقْمَاط *comte*, Voc., Gl. Badroun, de Sacy Dipl. IX, 470, 9.

قَمْطَة «pièce de mousseline qui fait plusieurs tours sur le *tarbouch* [des dames égyptiennes]: elle est en deux parties; celle qui reste en dessus est rouge ou d'une couleur très-vive: toute la coiffure forme autour de la tête une espèce de bourrelet saillant, que l'on orne de perles ou de pierreries,» Descr. de l'Eg. XVIII, 113; M: عَنْكَ يَقَمَّط بها الراس اى يشدّ.

قِمَاط, pl. ات (Bc) أَقْمِطَة (Voc.), braie, linge, lange, étoffe dont on enveloppe les enfants au maillot, maillot, Bc. — Pl. قُمُط, Prol. II, 322, 14: اهل البصر بأنبناء العارفين باحواله المستدلّين عليها بالمعاقد والقمط ومراكز الخشب الحرّ: M. de Slane traduit sablière; cf. مَفْمُوط; le M a قِيماط (sous قى) comme t. de maçon, avec cette explication: قِنْطَرَة فى اسفل البناء تُجْعَل اساسا له وهو ماخوذ من معنى القَمْط *

قَمَّاط celui qui prend le mouton dans le bâtiment où on les vend, et qui lui lie les jambes afin de le présenter à son chaland, Aasâs: واتانى القَمَّاط بشاة فاشتريتُها وهو الذى ياخذ الشاة فى دار الجَلَب فيقمطها ليُعَرِّضها على المشترى. C'est donc revendeur de moutons. J.-J. Schultens a noté sous ce mot: «qui emit ut revendat; unde قمط emere ad revendendum,» avec une citation que je ne puis déchiffrer, mais qui ressemble à ceci: «Vide Geris. ad Demai. II: 4.» Son père Albert avait noté la même signif. sur la marge de son Golius, mais sans citation. Jean-Jacques a encore noté ce passage de Bâsim 83: اشتهى ان تَقبل مولاى منى وتساعدنى لأن اليوم غلَّتى قليلة وان شاء الله غدا تأتينى المتعيشين والمتقمطين كلهم فاخذ منهم واجمع الدراهم واطلع بهم كاملين. Cette signif. convient fort bien au passage d'Abdallatif, 252, 5 a f., qui a tant embarrassé de Sacy dans sa traduction 424, n. 7. A mon avis il y est question de revendeurs (de poulets). — Voleur, proprement de moutons, parce qu'ils ont coutume de leur lier les jambes, قمط الشاة. Laith donne القُمَّاط pour voleurs, TA. — Cordier, TA. — Fabricant de maillots, TA.

قِميط voyez قِماط.

مَقْمُوط, t. de maçon, عتبة تُتَّخذ من حجارة تتداخل بعضها فى بعض, M.

قمطر IV lever la queue (chameau), Diw. Hodz. 224, dern. l.

قَمْطَرِير Freytag, qui cite le Commentaire sur Harîrî, où ce mot est expliqué par شديد العبوس, aurait dû traduire qui fronce les sourcils, interprétation qui se trouve aussi dans le Voc.

قمطلس englure, Bc.

قمع I mortifier, affliger son corps par des macérations; قمع جسده macérer, Bc.

II bourgeonner, Ht.

قِمْع, pl. قُمُوع et أَقْماع, ce qui entoure le pétiole, la queue d'un fruit, Gl. Fragm., 1001 N. Bresl. X, 209: عنب طعمه كطعم الشراب حالك لونه كلون الغراب خالية وهو بين اقماعه الخضر قمع النساء بين الحضاب (الخفيف). Le second vers, qui pêche contre le mètre et où le mot قمع n'est peut-être pas le véritable, est rédigé de cette manière dans l'éd. Macn. (IV, 248): بين اوراقه زهى فتراه كنان النساء بين الحضاب = جفّت, que Freytag explique par interior cortex glandis, Most. v° جفت البلوط: اقماع ابن جزار هو البلوط قل وهذه الأقماع هى المستعملة — Dans le sens d'entonnoir le pl. est أقماع, Gl. Fragm. — Vase qui sert de moule à sucre, Descr. de l'Eg. XVIII, part. 2, 416 (قِمْع); on l'a appelé ainsi, je crois, parce qu'il ressemble à un entonnoir placé le haut en bas (cf. Auw. I, 614, 1). قمع سكر pain de sucre, 1001 N. IV, 259, 4 (dans Bresl. ابلوج سكر). قمع القانى raiponce, Bc.

مِقْمَع pl. مَقَامِع bâton, Voc.

CAMAFEO (esp.) camée, Alc. (camafeo).

قمقم II c. على p. est تذمّر, M.

قَمْقَم (Cherb.), قَمْقُم (Ht), قُمْقُم (Hbrt 65), pl. du premier قَمَاقم, bec d'oiseau.

قُمْقُم flacon d'argent, de cuivre, de porcelaine, de verre, à goulot étroit et long, avec bouchon percé d'un ou de plusieurs trous, pour les eaux de senteur, Bc, Lane M. E. I, 248, 306, 307, II, 311, et trad. des 1001 N. I, 116, n. 2, Bat. II, 184. — Le pl. قَماقِم têtes, Saadiah ps. 18: وعلى قماقم اعدائى يوقفنى.

Le pl. قَماقِمَة semble signifier qui l'emportent dans la dispute, P. Diw. Hodz. 220, vs. 14: قماقمة اذاما كان خَصْم *

قُمْقُم voyez قَمْقَم.

قمل

اناء معروف طويل العنق يُنْتَخَذ vas, Voc., قُمْقُوم لتنسخين الماء وماوه هو طبيخ ادوية تطبخ فيه غير مُحلومةٍ, Gl. Manç. in voce.

القَماقم sont: les derniers jours de septembre; on dit qu'on peut, on les observant, pronostiquer le temps qu'il fera dans chaque mois de l'année suivante, M.

قَمْقَم (سَيِّد), chef, Kâmil 639, 13 et n. h.

قمل II قَمِل البدن تولّد فيه القمل M; — c. a. dans le Voc. sous pediculus.

V dans le Voc. sous pediculus.

قَمْل, pl. قُمُول, Voc.; — petit insecte qui s'engendre dans le biscuit, le blé, etc., Niebuhr B. xxxi; — القمل المذنب, 1001 N. I, 307, où Lane traduit (I, 467): vermine de l'espèce la plus abominable; — داء القمل *maladie pédiculaire*, dans laquelle il s'engendre une grande quantité de poux, Bc. — قم قريش est aussi (voyez) قضم قريش قمل قريش, Bc.

قمل *maladie pédiculaire*, Bc.

قُمَيْلة, en Syrie, *la semence de l'Athamanta cretensis*, Bait. I, 463 a (القُمَيْلة تصغير قَمْلة).

قيموليا (Κιμωλία) = طَفل, Most. sous ce dernier mot, *cimolde*, Sang., chez Bc طين قيموليا; — *boue des couteliers*, Sang.

مُقَمَّل *pouilleux*, Alc. (piojento, piojoso), Bc.

قَمْلَاجَة (esp. combleza, Simonet 346) pl. قَمَالِيج *concubine*, Voc.

قَمْلُول = Most. v° برغشت: c'est = غملول, et il ajoute: ورايتَ قملولا بالقاف.

قَمْلَيُون (esp.) *caméléon*, Alc. (camaleon animal como lagarto).

قمن V. Il lui fit des présents تقمَّنا لِسراته, Berb. II, 111, 4 a f.; lisez de même I, 396, 4 a f.

قمين c. a. ب *digne de*, Voc. — (Κάμινος) = قميمَه, *fournaise*, Bc, Payne Smith 1712 (قمين); قمين جير (قمين), *fournaise à chaux, chaufour*, Bc.

قُمَنْدَدُور (esp.) pl. قُمَنْدَدُورَس *commandeur*, Alc. (comendador de orden), Berb. II, 449, 6.

قُمْنُولُون *balcon*, Hbrt 194.

قُمَا pl. أقْمِيَة *entonnoir*, Voc.; c'est pour قَمْع.

قن II c. a. *crispare*, Voc.

V quasi-pass. de II, Voc. sous crispare.

اقْتَانَّ *crectus stetit* chez Freytag doit être changé en اقْتَانَ, cf. Diw. Hodz. 63, 3 a f.

قِنّ = قُنَّة *sommet d'une montagne*, Haiyân 42 v°: — وانزلوا ردودهم خلفهم على قفّ قف خيل (قنّ جبل). *Poulailler*, Bc, Hbrt 180, M, Ztschr. XVII, 391, 1001 N. Bresl. III, 332; cf. خُنّ.

قَنَّة voyez قَنّ sous قنو.

قُنَّة (= قُلَّة) *tête*, Gl. Mosl., Abd-al-wâhid 233, 11; — *occiput*, Chorb. — *Partie extérieure de la vulve*, Chorb.

قَنِيّ (esp. diente canino) *dent canine, dent œillère*, Voc. — (De cuniculus, val. confll) *lapin*, Ht, Martin 104, Guyon 214, Daumas V. A. 430 (gounina); chez Bc et Hbrt 64 أقْنِين.

قنانية *fiole, bouteille*, 1001 N. II, 4, 8 a f., 10, l. 11, III, 654, 2.

قَنِبِيَة = قَنِبِنِة, Devic 100 d'après un passage de l'alchimie de Geber, si la leçon est bonne, car en d'autres endroits ce man. porte قَنِبَة.

قَنِيبَة *vase fait du bois du dattier, qui sert à puiser de l'eau et qui a la forme d'une demi-sphère*, Prax R. d. O. A. V, 215 (guenina); « coupe en tiges d'halfa finement croisées et tressées: le Saharien en voyage est toujours muni de cette coupe, c'est sa tasse pour boire, son plat pour préparer sa *rouîna*, son vase pour traire les brebis ou les chamelles quand il rencontre un troupeau, » Colomb 18.

قَانُون *statuts particuliers des Kabyles*, Daumas Kabylie 77; cf. Hist. Tun. 91: ورتب عثمان داي قوانين — الرعايا في دفتر سموه بالميزان, *Le code pénal*, Wingfield I, 56; قانون نامه, *code*, Bc. — *L'impôt tel qu'il est* noté sur le registre, cf. la note de Hamaker citée par Freytag; — قانون لِلخراج le registre de la capitation, Berb. I, 164, 8 a f.; — le droit que paye une cabaretière au wâlî pour avoir la permission d'exercer son métier, 1001 N. III, 440, 8 a f.: فيجعل الوالي على قانونا, où l'édit. de Bresl. porte: فعل الوالي على قانونا; — impôt sur les oliviers (d'institution récente), Pellissier 322. — Pensum, surcroît de travail exigé pour punir, Bc. — Pénitence, peine imposée par le prêtre, Bc. — Modération, retenue, sage mesure, p. e. استعمل الشي بقانون «user avec modération de;» على القانون raisonnablement, passablement; بقانون sobrement, Bc. — Sur l'instrument de musique qui porte ce nom, voyez Lane M. E. II, 78, Salvador 37, espèce de petit piano, psaltérion, Chorb., harpe, luth, Hbrt 98. — Espèce de sorbet, J. A. 1861, I, 16, mais je ne sais pas si ce passage a été bien traduit par Behrnauer.

قانوني réglementaire, Bc. — Canonique, canonial, Voc., Bc; راهب قانوني chanoine, Bc.

قانونيّة canonicité, Bc.

قانين voyez قنين.

مقنّن réglé, Fakhrî 180, 6 a f.

مقنون canonique, Voc.

مقنّنين voyez sous le mim.

NB. Cf. plus loin le verbe قوّنَن.

قنا.

أحمر قاني pourpre, Bc.

قناوشق (de قنّة et وشق) gomme ammoniaque, galbanum, Bc, Sang.

قنب II = I émonder la vigne, Ibn-Loyon 19 r°: زبير العنب التقصيب والتقنيم وقنّم الكرم وقنّبه وقضّبه. — Tendre, bander, tirer une corde; مقنّب roide, fort tendu, tendu, Bc. — Bander, être tendu, Bc. — Voler, Beaussier.

قنبة vol, Beaussier.

قنب عندقي قنب est le hachich, Bait. II, 328 b. — Filasse de chanvre, Bc. — Cordon, p. e. de soie, 1001 N. III, 335, 7 a f.

قنّبي épithète d'une espèce de concombre, Auw. II, 213, 15.

القنّبية est le hachich, de Sacy Chrest. I, vᶠ, 3 a f.

قنّب voleur, Beaussier.

مقنّب brigands, bande de brigands, et aussi expédition faite par des brigands, comme en syriaque, Ztschr. III, 425, Berb. II, 239, 9 a f.: il laissa treize fils ما منهم الا صاحب حرب او مقنب. — Pl. مقانب serpette, Abou'l-Walîd 198, 2.

غنباز voyez قنباز.

قنبانيّة (esp. campaña), aussi قنفانية (Calendr. 56, 4, mais ڡ 97, 7) et كنبانية (Macc. I, 97, 13, Khatîb 176 v°), campagne; très-souvent en parlant de la campaña de Cordoue; aussi قنبانية طنجة (de Tanger), Becrî 108, 2 a f.

قنبر (cf. Freytag) est un coll.; قنبرة, pl. قنابر, bombe, grenade; ضرّاب قنبر bombardier, grenadier, Bc. — Pl. قنابر violon grossier dont se servent les nègres pour faire danser, Chorb., Bat. IV, 406, Godard I, 222: «le guemeri ou guitare à deux cordes,» Cotte 130: guimbri, sorte de guitare dont se servent les noirs, Rohlfs 6: «gimboi, sorte de guitare à deux cordes.»

قنبرجي bombardier, Bc.

قنبر, كنبار, caire, les fibres de la noix de coco, dont on se sert aux Maldives pour en tresser du fil avec lequel on coud les navires, Gl. Esp. 245, Bait. II, 545, 1, où il faut lire القنبار avec AB. —

قنبر (ital. gambaro, gambero) écrevisse de mer, homard, Pagni MS: «Gambari maggiori, Sparnocchie, Kumbàr;» dans son livre imprimé il dit, p. 110: «Quel pesce crustato, che da noi si chiama cicala marina, o dal Rondelezio squilla μάντης, cioè gambaro indovino, viene in Moresco appellato Cumbàr en tel Bakàr Hibir, che viene a dire, Gambaro del Mar grande.»

قنبر (turc, bossu) bossu, Bc. — Nain, Hbrt 7, Ht, qui écrivent قمبر d'après la prononciation.

قنباري, plumbago europea selon Sonth., est un mot nabathéen, Bait. II, 318 h, Freytag sous تلبل; mes

قنبريس   409   قندارية

doux man. du Most., v° برغشت, portent par erreur بالقبطية, au lieu de بالنبطية; *drave* ou *draba*, Bc; cf. Payne Smith 1368.

قَنْبَرِيس, aussi avec le *chīn*, *lait caillé*, M, 1001 N. Bresl. I, 148, 13; dans Bâsim 78 قطعة قمبريسية, et 80 القمبريسية seul.

قنبس I, عليه, est خمّن, M.

قنبس (κάνναβις) *graine de chanvre*, *chenevis*, Bc (qui donne les voyelles), de Sacy Chrest. I, ٨٣, 7.

قنبص.

قنباص Dans des chartes grenadines: وشيبرى قنابس للغنبار et قنباص لصوف. C'est peut-être le mot que j'ai donné plus haut sous les formes جُنْفَاص et جنْفِيص, قنباس *canevas, serpillière* (κάνναβις). — Pl. *compas*, Beaussier (cf. كنباس); c'est l'esp. *compas*, qui signifie compas, et au fig., ordre, circonspection, mesure. De là ce qui suit ici. — *Bon sens*, Beaussier, *savoir-faire*, Hugonnet 266 (*coumpass*); *composs yaiser* [ياسر], *plenty of wit*, Richardson Sahara I, 250; id. Central II, 262: « Compos! cried my Moorish informant; and certainly it was a clever negro trick; » رجل قنباس *homme de tête*, *habile*, Beaussier, Daumas V. A. 493.

قنبط.

قنبيط vulg. قَنْبِيط, M (aussi dans le Voc., avec le n. d'un. ة), et قرنبيط, *chou-fleur*, que Djawâlîkî (١٣٣) soupçonne être un mot nabathéen, est plutôt le grec κράμβη; voyez notes sur Djawâl. 55; signalé comme grec Payne Smith 1595.

قنبل.

قَنْبُلَة = قنبرة *bombe, grenade*, pl. قنابل, M.

قَنْبِيل, (nommé Masoudî I, 367) voyez Bait. II, 326 b; Most. in voce قَنْبِيل dans La): هو تربة الى الجورة يوتى بها من مدينة برقة وقيل انه ظل يقع على ارض بيضاء لا تزرع ويجمع باحتشاه البقر (pour Barca voyez Ibn-Haucal 43, 19 et suiv.); Yâcout III, 457, 3; Nowairî, man. 273, p. 791: واما القنبيل وهو شبيه بالورس يسقط فى اليمن مثل الرمل الاحمر وتازج حبوته صفرة ظاهرة فيه ويقال انه يوجد ايضا بخراسان على

وجه الارض غب المطر فيجمع GI. Manç.: inconnu au Maghrib, واخطأ من زعم انه معدنى.

قنبيلة *feuilles de pin qu'on brûle*, M.

قنت.

قَنَت (esp. *canto*) *angle*, Domb. 91, Ht.

قنجال pl. قناجيل *centaine, sentène*, brin de fil ou de soie qui lie l'écheveau, Alc. (cuenda para atar); aujourd'hui au Maroc قنچار, madejita de hilo ó seda, Lerchundi; sur l'origine voyez Simonet 350.

قَناجَّة, pl. قنج (Bc), قَنَج (Hbrt), *bateau, gondole, galiote*, Bc, *gondole, long bateau couvert, galiote*, Hbrt 127, *barque*, Fesquet 60, Browne II, 177, Bruce I, 43, 1001 N. Bresl. XI, 30 (où Macn. a زورق); قاجّه est la barque que le sultan ottoman monte pour aller sur le Bosphore, et qui est exclusivement destinée à cet usage.

قنجير (esp. *conejero*, de *conejo*, lapin, Simonet 351), fém. ة, pl. قناجير ou قَناجَر, dimin. قُنَيْجَر, proprement *chien pour la chasse aux lapins*, Alc. (podenco specie de can); au Maroc قنجير signifie encore *chien de chasse* (Lerchundi). Ensuite *chien en général*, Alc. (can, perro, perrito, perra), charte grenadine: واثنان من القناجير لبيبتو على الضان, où c'est, comme on voit, *chien de berger*. Chez Beaussier قناشر pl. قَنَاجِر *bouledogue, dogue*, et قناشر pl. *dogue*.

قَنْد forme au pl. قُنود, M; قند نبات *sucre candi*, Bc. — Espèce de banane, Edrisî, Clim. I, Sect. 7: الموز المسمّى القند.

قَنْد (esp. *conde*) pl. اقناد *comte*, et aussi *comtesse*, Alc. (conde o condesa), Müller L. Z. 12, 4 a f., 13, 9; قند اسطبل *connétable*, Alc. (condeestable); cf. قند.

حبّة قنديدية (AB) est κόκκος κνίδειος (Dioscor. IV, 170), *le fruit du garou ou Daphne Gnidium L.*, Bait. I, 282 e.

قَنُوط voyez قَنُود.

قندارية (à moins qu'il ne faille lire قيدارية, est κίδαρις, *turban*, Floischer Gl. 73.

قندر I, الـثَّوب, *raccourcir un habit, abreviare vestes* dans la 2ᵉ partie du Voc.; la 1ʳᵉ a pour قَنْـدَرَة: *abreviatio, candidacio*. Se fondant sur قصّر, que le Voc. donne comme synonyme de قندر, M. Simonet (309) attribue au verbe *abreviare* le sens de *fouler* (= candidare). Je ne comprends pas comment il l'aurait reçu, et quoique قصّر soit un verbe à double entente, les deux autres synonymes que donne le Voc., اخْتَصر et حمّل, ne signifient que *raccourcir*.

II quasi-pass. de I, Voc.

قندر pour *castor* chez Freytag est une faute; il faut قَنْدَس = قندر.

قَنْـدُورَة, pl. قنادير, قنادر (Voc.), et chez Edrîsî قداوير et قداور, qui est formé du sing. vulg. *guedwâra*, *chemise*, Gl. Edrîsî 364, Gl. Esp. 84, dans le Voc. *camisia*, et en note *brevis*; « robe sans taille et sans manches, » Carteron 183, id. 445: « Les Kabyles ne portent le burnous qu'en hiver ou pour les grandes occasions, et ils n'ont ordinairement qu'une longue chemise (*Akandour*) dont ils nouent les manches derrière le dos pour travailler; » cf. Carette Géogr. 217, Dunant 202, Wingfield I, 115; « he clothed the boy in the striped gondoura of heirship, adopting him as his own, » *pelisse d'investiture*, Roland. Engelmann et l'imâm de Constantine attribuent à ce mot une origine berbère; mais M. Simonet (310) veut le mettre en rapport avec *candidus* et le dériver de *candidula*. Il résulte d'un passage qu'il cite qu'on donnait aussi le nom d'*alcandora* au long voile que portent les femmes quand elles sortent et qui les couvre depuis la tête jusqu'aux pieds. Il est remarquable qu'on trouve dans le dict. persan de Vullers قَنْتُورَه et قنتوره, avec cette explication: « genus vestis lacinia brevissima et multis vinculis instructum. »

قَنادِرى *brocanteur*, marchand qui échange des marchandises, Alc. (baratron).

مَقَنْدَرات (pl.) *chemises*, Gl. Edrîsî 364.

قندرون (χονδρίλλη, la forme *chondryllon* chez Pline) *chondrille*, Bc.

قَنْدَز ou قندس *castor*, voyez Vullers, Frähn, Ibn-Foszlân 56—7.

قَنْـدُوز *écolier*, Daumas V. A. 346, *petit gamin, galopin*, Cherb.

مَقَنْدَس voyez مقندس.

قَنْدَس ou قندر *castor*, voyez Vullers, man. Escur. 893: هو الكلب (كلب ا.) الماء البحري وهو القندس, Most. sous ce dernier mot, Bait. II, 329 c.

مَقَنْدَس ou مَقَنْـدَز *composé de fourrure de castor ou mêlé de castor*, Vêtem. 328, n. 2, Maml. II, 2, 71, l. 8 et 10.

قندق I *se resserrer, retrancher de sa dépense*, Bc.

قَنْدَاق (turc) et قُنْدَاق, قُنْـدَقَة, pl. أت, (قُوُنْدَاق), *affût*, Bc, M; — *crosse de fusil*, Ht. — (Turc) *maillot*, Bc.

قَنْدَاقْجِيَّة (turc) *armuriers*, Descr. de l'Eg. XVIII, part. 2, 140.

قَنْدَاق est κοντάκιον, incorrectement κονδάκιον, « tenuis membrana, rotundo ligno, quasi iaculi fragmento (κοντῷ) circumvolvi solita, » Ducange v° *contacium*, avec cette citation de Montfaucon: « Est vero contacium brevis baculus, ut plurimum palmæ longitudine, cui hæret obvoluta miræ longitudinis charta membranea, ex multis foliis consequenter agglutinatis confecta, ubi descripta sunt orationes et officia Sacerdotibus recitanda, cum Sacra administrant;» pl. قناديق; voyez Bar Ali 4866, Payne Smith 1820; chez les chrétiens *missel*, et aussi *une partie de la prière en vers*, M.

قندل.

قَنْدَلَة *avarice*, Voc.

قَنْدِيل *aspalathe*, Bc, Bait. I, 408 a, 444 c (où il faut lire avec AB نوار القنديل (دهن, *calycotome intermedia* (un genêt), aussi *calycotome villosa et spinosa*, Prax R. d. O. A. VIII, 344, *spartium spinosum*, Daumas V. A. 211, cf. Barth I, 32, 105. — القنديل *filipendule*, Bc. — القنديل الما *œnante*, Bc.

مَقَنْدَل *avare*, Voc.

قَنْدَلَفْت (b. gr. κανδηλάπτης, mot hybride, composé de κανδήλα, le latin *candela*, et du grec ἅπτω, allumer; par conséquent: allumeur de lampes; voyez Ducange) pl. قَنْدَلَفْتِين *sacristain*, Bc, Hbrt 151, M; Breitenbach, Beschr. der Meerf., 115 v°, écrit *Kandelocht*, qu'il traduit par *Glöckner*.

قَنْدَوَار = بَلُوط, Most. sous ce dernier mot.

قَنْدِيَال (esp.) *froment de première qualité*, Alc. (trigo candial).

قَنْدِيلِيرا (lat. Candelaria) *la Chandeleur*, Calendr. 27,2.

قَنْدَق (turc, voyez قَنْدِى) *crosse, courbe du fût d'un fusil*, Bc.

قنر.

قَنّار, nom d'un. ة, *petit oignon*, M.

قَنَّارَة pl. قَنَانِر *crochet de fer*, Cherb.; voyez sous صَنَّارَة.

قَنَّارِيَّة (κινάρα) *cardon, artichaut*, Voc., Domb. 59, Bc (Barb.), Most. v° كنكر, Gl. Manç. v° كنكر, Abou'l-Walîd 168, 13, 558, 4, Auw. I, 29, Bait. II, 402 b.: الكنكر المسمَّى قنّاريَّة وهو الحُرشف البستاني*

قَنْزُو I. Le Voc. donne sous *vincere*: نَقَنْزَر عَيْن.

قَنْزُر dans une charte sicilienne: «lo texte ajoute وهى للحجار التابنة; dans la traduction *apud* Lello p. 9 *culmen*. En dialecte sicilien *cunzarru* est un monceau de grosses pierres, une butte formée de grosses pierres,» Amari MS.

قَنْزِير (κασσίτερος) *étain*, Voc.

قنزع I, en parlant d'un coq, *fuir devant un autre coq qu'il a combattu*, M; mieux قَوْزَع, voyez Freytag sous قزع.

قُنْزُع (L), قُنْزَع (Voc., Alc.), pl. قَنَازِع, *sorte de chapeau très-haut et à larges bords, qu'on porte pour être à couvert du soleil*, L (mitrapillum, mais Scaliger corrige avec raison: mitrapileum), Voc. (galerus (capel de sol)), Alc. (sombrero); cf. مِظَلّ, qui est le synonyme dans le Voc. — *Couronne de fleurs*, Alc. (corona de flores).

قُنْزُع, قُنْزُعَة, قُنْزُعَة, قَنْزَعَة, قَنْزَع, *la touffe de cheveux qu'on laisse sur le sommet de la tête du garçon quand on le rase, ou bien cheveux longs* (ما في او), M. — *Morceau de terre où il n'y a rien à brouter*, (ارتفع من الشعر وطال), M. — *Reste de plumes*, M. — *Coccyx*, M (العَصْعَب). — *Crête du coq*, M, *crête huppe*, Most. v° قنبرة: هذا الطائر له قنزعة على راسه. — *Pierre plus grande qu'une noix*, M من الريش.

411

قنص

(يبين للحجارة ما هو اعظم من الجوزة). — *Coiffure de femme*, M (التي تتَّخذها المرأة على رأسها). — Le M ajoute: والقنازع الدواهى ومن النمى والاسنام بقاياها وفى الحديث انه نهى عم عن القنازع وفى ان يوخذ الشعر ويترك منه مواضع*

قَنَازِعِى, car c'est ainsi que je crois devoir lire au lieu de التَنازِعى ou الغَنَازِعى du man., se trouve dans Meursinge, lا, 12 et 4 a f. (cf. n. *h*), comme le surnom d'un Cordouan, et c'est, dit Soyoutî, un nom de métier (نِسبة الى صنعته). Je pense donc que c'est *chapelier*, celui qui fait les chapeaux dits قنزع (voyez).

قَنَسْطَبِيط *espèce d'arbre*, M.

قَنَسِيج (esp.) *conseil de ville*, Alc. (concejo).

قنش II, avec دانيه, *dresser les oreilles*, Bc.

قَنَشْتَة (esp. canasta) *bannette, manne, panier d'osier*, Alc. (canasta como cuevano); Lerchundi donne قَنَشْتَة canasta de mimbre.

قنص I, n. d'act. قَنَاصَة, Diw. Hodz. 265, 12.

VIII *pêcher*, Voc. 1re partie. — *Atteindre à la chasse le gibier qui fuit*, Abbad. I, 24, 1; *atteindre, attraper, trouver un homme*, Akhbâr 10, l. 11: فأقتنصوا لم راعى غنم فاوردوه عليه. — La signif. que donne Freytag: *scrutatus fuit, detegere voluit*, est empruntée à de Sacy Chrest. I, 467. — اقتنص البنت غصبًا *violer*, Bc.

قَنِيص *le gibier*, Müller 31, 2, Berb. I, 412, 10.

قَنَّاس *oiseleur*, L (auceps).

قَانِصَة. Le M désapprouve l'explication du Câmous et dit que c'est chez les oiseaux ce que l'estomac est chez l'homme; de même dans le Voc.: قَانِصَة الطَّيْر *stomacus*; *gésier, deuxième ventricule des oiseaux granivores*, Alc. (molleja en las aves), Bc, Bait. II, 275 a. — *Le foie des oiseaux*, Voc. (iecur avis); cf. Most.: قَانِصَة يراد بالقانصة هنا للجلد الذى يخرج منها (sic) الاصفر الداخلى من قوانص الدجاج والديك وهو حجار (الاحجار) (N) فى حيوانها. — *Croupion*, Alc. (obispillo del ave). — *Entrailles, ventre*, Ht.

قُونْصَة *gésier*, Bc.

تقنُّص الارواح et تَقَنُّص *métempsycose, transmi-*

قنصر

gration des âmes, Bc. A en croire le M, ce تقنيــص est pour تقميــص (voyez).

قنصر.

مُقَنْصَر voyez sous قنصال.

قنصل.

قنصليّ consulaire, Bc.

قنصليّة consulat, Bc, M. On dit aussi قنصلانو, mais le mot ordinaire est كَنْشِلرِيَة (chancellerie), M.

قنط I, dans le sens de désespérer, n. d'act. قَنَاط, Alc. (desperacion). — C. من s'ennuyer de, Cartâs 157, 7, 216, 10; seul, s'ennuyer, ibid. 269, 8 a f.

II (dénominatif de l'esp. cañuto dans les signif. qui suivent ici). قنط الحصير tresser une natte, Voc. (p. 254; à la p. 66 تقنيط est: arundinare, desperare, storium; lisez: arundinare storium, desperare). — Dévider, bobiner, mettre du fil en écheveau ou en peloton, Alc. (devanar), dévider en bobines, Beaussier.

IV c. a. dans le Voc. sous desperare; semble donc: désespérer, faire perdre l'espérance. — Perdre l'espérance, se décourager, Alc. (desafuziar de si).

قَنْط pl. ون dans le Voc. sous desperare.

قَنْوَط et قَنُوط (esp. cañuto, portion de roseau comprise entre deux nœuds, Simonet 312-3), pl. قنانيط et قنانط, roseau, Voc. (arundo, avec le ط), Alc. (cañuto, avec le د, chez Nebrija internodium); roseau qui sert de tuyau, Auw. I, 150, 3 a f., où il faut lire قنوب متثوب, au lieu de قبود, 308, 18, passage que j'ai corrigé sous قادوس 647, 4, où il faut lire avec notre man.: أن جعل عنقود العنب الخ (notre man. a, comme l'édit., صمود sans points, mais ils sont certains), II, 465, 17: أن سرك أن تخذل البقر فادقق الورد اليابس في مناخره بعمرط قصبة (l. بقنوط); — bobine, Mc, Beaussier; cf. sous la IIᵉ forme; — petit vase qui contient la gomme arabique dont on se sert quand on écrit, Alc. (après grassa para escrevir, qu'il traduit par صمغ عربى grassera para la tener, cannûd), probablement nommé ainsi parce qu'il avait la forme d'un roseau; — تركيب القنوط, en esp. injerto de cañutillo, la greffe en flûte, Ibn-Loyon 23 vº: تركيب الانبوب ويسمّى تركيب القنوط

قنطر

قال التغزيّ بركّب بالقنوط شجر التين واللوز والزيتون والتوت والدفلى الخ

قَنَاطَة, في بعض سواحل بحر المغرب, sèche ou seiche (poisson), Bait. II, 14 a (il l'épelle), 74 b; cf. Simonet 312.

قانط celui qui est désespéré à un tel point, qu'il veut se pendre, Alc. (colgadizo que se quiso colgar).

أقنط qui est dans une grande anxiété, Abbad. II, 199, 4 a f.

قنطاريون (κενταύριον) centaurée, M sous قنط.

قنطر I avoir la forme d'une قَنْطَرَة, M. — Cintrer, bâtir en cintre, Bc, voûter, Gl. Edrîsî, Maml. I, 2, 43. — Le poids d'une chose devint un قنطار, un quintal, M. — Se cabrer, Ht. — Renverser, faire tomber, Maml. I, 1, 40; dans la langue ancienne قَطَر (voyez). — Tomber en avant de son cheval, M. — Amonceler, Bc. — Attacher la bride du cheval au pommeau de la selle, Beaussier, 1001 N. IV, 75: قنطر لجامه في قربوس سرجه

II, en parlant d'un cavalier, être renversé, tomber, Maml. I, 1, 40, M; restituez ce verbe dans Freytag Locm. 36, 8; dans la langue ancienne تَقَطَّر (voyez sous قطر II). — En parlant d'un cheval, تقنطرت به قرسه, son cheval tomba, Maml. l. l., M. — Se cabrer, Bc.

قنطر. Biffez ce que Freytag a donné en citant J.-J. Schultens. Ce savant a noté قناطر pl. de قنطر pagi, an pontes, Wakidi Bahn. 9: Josephus عمر القناطر وبنا مدينة.» C'est le pl. de قَنْطَرَة dans le sens de digue.

قَنْطَرَة digue, M, Pellissier 175, cf. l'article qui précède. — Désigne toutes sortes de ponts: pont de pierres, formé d'arches (voyez sous جسر), pont de bois (Bat. I, 66, Amari 49, 7, Alc. ponton puente de madera), pont de bateaux (Edrîsî ١٩٣, 7. ١٩٤, 3 a f.). — Aqueduc, Macc. I, 124, 17, Yâcout I, 301, 16 (lisez حنايا), Abdarî 18 rº, où il est question de l'aqueduc de Carthage, Davidson 17: « Les ruines de l'aqueduc, nommé El Kantarah, » Carteron 246: « La porte d'El-Kantara, c.-à-d. du pont, parce qu'il y avait là un aqueduc romain dont on voit encore les assises. » — Cintre, voûte, arcade, arche, Gl. Edrîsî

قنطرمة 413 قنفبطس

369, 389. — *Le creux du pied*, Alc. (fuente del pie). — *Le dos d'une reliure*, Cherb. C. — *Protubérance au milieu du cou* du cheval, Auw. II, 497, 20 (c'est un vice, mais un vice peu grave).

قَنْطَرِى *pierre d'une arcade*, M.

قَنْطَارَى, قَنْطَرِيَّة, قَنْطَارِيَّة (κοντάριον, dimin. de κοντός), proprement *le bois d'une lance*, par extension *lance*, Mong. 288 b, 289 b (ajoutez Schultens Excerpta ex Ispahanensi 24, 6), Antar 53, 6 à f., 57, 2, 61, 4 et suiv., Fleischer Gl. 73, 1001 N. I, 537, 8 a f.

حشيشة القنطريّة (κενταυρίη) *centaurée*, Bc.

قنطار est le b. lat. *quintale*, fr. *quintal*, poids de cent livres; Bc l'a sous quintal; signifie encore cent livres en Syrie, M; Macc.: عشرون قنطارا من صوف. السمور وخمسة قناطير من القصدير — *Marc d'argent*, Alc. (marco de plata). — Espèce de datte, Niebuhr R. II, 215.

قَنْطَارِى, قَنْطَارِيَّة voyez قَنْطَرِى.

مُقَنْطَر. Les expressions القناطير المقنطرة (déjà dans le Coran III, 12), اموال مقنطرة, signifient *des sommes immenses*, Gl. Edrisi.

قَنْطَرْمَة (turc قَنْتَرْمَه) *bridon, bride légère*, Bc.

قنطس

قُنْطُس «*contos*, drogue de Barbarie,» Descr. de l'Eg. XII, 124; c'est = تَاغَنْتَاسْت, voyez plus haut I, 139 a.

قُنْطَاس (κοντός) *piquet du milieu de la tente*, Cherb. — *Sommet, cime*, id.

قنطاورين (κενταυρίον) *centaurée*, Gl. Edrisi, Most., Bait., etc.

قَنَع I. قَنَع *modérer ses désirs*, Bc.

IV *contenter l'esprit*, en parlant d'une raison, d'une preuve; اقنع احدا بالدلائل *convaincre; conclure, prouver bien*, Bc. — اقنع نفسه ب *modérer ses désirs*, Bc.

V dans le Voc. sous *contentus*.

VIII se construit c. ب, *se contenter de*, Voc., de Sacy Chrest. I, ۱۴٥, 4, Bassâm III, 5 r°: مقتنعا منهم بالبسمير, Khatîb 27 r°: مقتنعا بالطاعة, *se passer, se contenter de, se payer de, se satisfaire, en rester*, Bc.

X *se contenter*, Alc. (contentarse, aztaquââ, l. aztaquáâ).

قَنَع *sobriété*, Bc.

قَنِع *sobre, tempérant*, Ht.

قِنَاع, pl. أَقْنِعَة, *fichu que les personnes des deux sexes posent sur la tête; — voile de visage* dont se servent les femmes, Vêtem. 375 et suiv., cf. Reiske sur Aboulf. II, 639.

قَنُوع *sobre, abstinent, content de peu*, Voc., Bc.

قنوع *sorte d'étoffe*, Macc. II, 711, 3.

قَنَاعَة *modération dans les désirs*, Bc. — *Sobriété*, Bc, *tempérance*, Ht.

قانِع *content de peu*, Bc. — Dans le Voc. *amicus*; c'est étrange.

مُقْنَع *ce dont on peut se contenter*, Gl. Fragm.

قنعس

قِنْعَاس. Pour *jeune chameau* M. Wright a noté l'hémistiche chez Damîrî: لم يستطع صولة المُزْل القناعيس.

قنف I *s'abstenir*, Mehren 34.

II et V. تقنّف et تقنّيف *se dégoûter*, Mehren 26, V *s'abstenir*, 34.

قنافة *homme léger et stupide*, Mehren 34.

قنفذ II *se hérisser*, Mc.

قُنْفُذ. Le Voc. a pour *hérisson* les formes قَنْفُون et قُنْفُط, Bc قنفص. — *Oursin, châtaigne ou hérisson de mer*, Alc. (erizo pescado de la mar). Comme *erizo* (hérisson) en esp., *coque ou peau couverte de piquants, qui enveloppe la châtaigne*, Auw. I, 254, dern. l., où le man. de Leyde a la bonne leçon.

مُقَنْفَذ *couvert de piquants comme le hérisson*, Alc. (enerizado como erizo).

قَنْفَط I c. a. et II dans le Voc. sous *oripilatio*; c'est un dénom. de قُنْفُط, chez lui = قُنْفُذ (hérisson), *se hérisser*.

قُنْفِيطَس (esp.) *bonbons, dragées*, Alc. (confites); قنفيط

chez Beaussier et dans une charte grenadine, où l'on trouve aussi تَنْغِيمِيْن.

قَنْك.

قَنَاي (turc قُونَاق) pl. ات *le lieu où l'on couche quand on est en voyage*, M, Caretto Géogr. 124, *hôtel*, Bc; قَنَاي العسكر *caserne*, Hbrt 144. — *Bivouac*, Cherb. — *Etape*, M, Cherb., Martin 21, Ht.

قَنَك (ou كَنَك) *encens, oliban*, Bc.

قَنْقَف.

قَنَاقْفِي *celui qui est peu délicat dans le choix de ses maîtresses, débauché, ordurier, crapuleux*, Cherb.

قَنْل.

مَقَنَّل (formé du subst. esp. *canal*) *cannelé, fait en forme de canal*, Alc. (acanalado, canalado hecho a canales).

قَنَلْبَة (port. coelho, qui est pour conelho, val. conill, du lat. cuniculus) *lapin*, L (cirogrillus, cuniculus), Voc., Macc. I, 122, 7.

قَنَم II *émonder la vigne*, voyez sous قنب II.

قَنُومَة = أَقْنُوم, L (persona = قَبْوِمَة, mais lisez قَنُومَة). — قَنَم, chez le vulgaire en Espagne, = قنب (κάνναβις, *cannabis*), *chanvre*, Gl. Esp. 247, Voc., aussi dans notre man. d'Auw., où l'édit. I, 495, 20, a قنب.

قَانِم = أَقْنُوم, Alc. (persona divina).

ملوك ذوى الاقانيم أَقْنُوم sont *les rois des chrétiens*, Amari 208, 5 a f.

قَنُو I. Pour no 4 chez Freytag: لَأَقْنُوَنَّكَ قَنَاوَتَكَ expliqué par لَأَجْبَنَنَّكَ جَزَاءً , Diw. Hodz. 34, 5 a f. — قَنَى *percer* (lance, قَنَاة), P. Abbad. I, 396, 10. — (*tarder*, 1001 N. IV, 626, 6 a f.: ولو علمتَ ان فيك عيبا من هذه العيوب ما لبث قنيتك عندى ساعة واحدة.

قَنَا, sing. masc., *lance*, Abbad. III, 22, Gl. Fragm., Macc. I, 332, 15, II, 779, dern. l., Müller 127.

قَنَاة poét. pour *corne*, Diw. Hodz. 184, vs. 24, cf. 185, 1. — *Tige du régime* (du dattier), Prax R. d. O. A. V, 214. — Le pl. aussi أَقْنِيَة, *canal*, Voc., Bc, *aqueduc*, Ht, Bc, *cloaque*, de Sacy Chrest. I, 203, 1 et 9. — *Gouttière entre les deux pentes d'un toit*, Alc. (teja para canal maestra; Nebrija: deliciaris tegula). — *Tuyau de conduite*, Gl. Badroun. — Comme t. d'archit., dans un sens que je ne connais pas, Djob. 82, 12.

قَنَايَة *canal, aqueduc*, Bc.

قَنْوَة. M. Wright a noté le pl. قَنِي d'après le Diw. Hodz., mais sa citation, p. 32, n'est pas bonne.

قَنَوِي *factor canalium*, Voc.

قَنَاوِيَة *pot de terre, mince au milieu et large aux deux extrémités, servant à rafraîchir l'eau*, Bc. — قَنَاوِيَة *gombo* (légume), Cherb.

مَال قَنَيْبَان est l'expression, pas قَنَيْبَان comme chez Freytag; voyez Diw. Hodz. 34, vs. 1, avec le commentaire.

قَنَا ou قَنَّا (cf. Simonet 311) *férule* (plante); Dioscor. III, 84: ἐμφερὴς νάρθηκι, chez Bait. I, 85: شبيهة فى شكلها بالقنا وهو الكلخ ; Bait. II, 111 b.: القَنا وهو الكلخ ؟

مقنى *aquilin* (nez), Bc.

قَنْوَل pl. قَنَاوِل *dent canine, mâchelière, molaire*, Voc.; chez Alc. le pl. (قَنَاوِل) est toujours bon, mais non pas le sing., car il donne (colmillo) quênnol, l. quênuel, (diente colmillo) quênul, l. quênuel, (quixar o quixada) cânnel, l. cânuel. M. Simonet (311) dérive ce mot de *caninus*.

قُنُو I (formé de قَنِى) c. a. et II dans le Voc. sous canon.

قَنِى IV c. عن = أَغْنَى , *suppléer*, si Wright a bien corrigé (Add. et corr.) Macc. I, 174, 5 (Boul. = texte).

قَنِيَّة. *Prendre des bêtes de somme* لِلْقَنِيَّة, Auw. I, 33, 2 a f., où Clément-Mullet traduit *pour le produit*; cf. Diw. Hodz. 34, 6 a f.

قهد.

قَهْد, pl. قُهُود dans le Dîwân de Djarîr (Wright).

قهر I. قهر الامراة forcer une femme, Bc. — Faire enrager quelqu'un, Bc.

II subjuguer, Alc. (sujuzgar). — Forcer, Voc. (cogero). — Affliger, Hbrt 229.

IV subjuguer, Alc. (sujuzgar). — Affliger, attrister, tourmenter, Alc. (angustiar, apassionar, congoxar a otro, penar).

VII être forcé, Voc. — S'affliger, Alc. (angustiarse, apassionarse, congoxarse), Hbrt 229, éprouver du déplaisir, enrager, Bc, 1001 N. III, 227, 13; c. من s'affecter; c. على p. se fâcher contre quelqu'un, Bc. — Se hâter, se diligenter, Alc. (ahincarse).

قَهْر tristesse, Abbad. I, 307, 9, dégoût, déplaisir, dépit, fâcherie, mortification, Bc, 1001 N. III, 19, 29, 34, 65, 69, 266, 304, 540, etc. — قهراً ipso iure, v. d. Berg 39. — جوهر القهر terme technique des talismanistes, dont la signif. est inconnue à M. de Slane, Prol. III, 140, 14.

قُهْرَة = قَهْر, Gl. Mosl. — قُهْرَة chagrin, tourment, peine d'esprit, affliction, angoisse, fatigue d'esprit, adversité; aussi: souffrance du corps, Alc. (angustia, anxia, congoxa, enfermedad de animo, fatiga del animo, fortuna tribulacion, passion del cuerpo, قهر الروح passion del anima, قهر دائمة passion congoxosa, tormento, trabajo por enojo, tribulacion, بقهر fatigadamente). — Toux violente, Domb. 89.

قَهْرَى coactif, coercitif, Bc.

قاهر affligeant, Alc. (congoxosa cosa).

قاهرة empressement, diligence, Alc. (ahinco en si mesmo, cáhara), Abbad. I, 222, 1.

قهرية espèce de sucrerie, Bat. III, 124, 1001 N. Bresl. I, 149.

أقهر plus puissant, Gl. Maw.

من غير أقهار invinciblement, Bc.

مقهور affligé, tourmenté, qui est dans une grande anxiété d'esprit, Alc. (angustiado, apassionado tribulado, enfermo apasionado de animo), 1001 N. I, 6, 6 a f., II, 91, affecté, affligé, offensé, outré, Bc.

قهربا = كهربا, Most. sous ce dernier mot.

قهرم.

قَهْرَمَة intendance, M, قهرمة الدار l'intendance du palais, Berb. II, 152, 13 (lisez ainsi avec notre man. 1350), 340, 9 a f. et 5 a f., Khatîb 71 v°: ولى ابوه قهرمة لثانى الملك لبنى نَصْرٍ

قَهْرَمَان (pers.; les voyelles chez Freytag ne sont pas bonnes) pl. قَهَارِمَة intendant, celui qui est chargé de conduire et de surveiller la maison d'un prince, M, Berb. I, 634, 3 a f., II, 131, 5, 136, 7 a f., 340, 7, Haiyân-Bassâm I, 47 v°: dans son palais étaient ما لا يُخْفَى من خجابه وقهارمته; voyez surtout Prol. II, 13, 3 et suiv.

قَهْرَمَانَة pl. قَهَارِمَة intendante, Berb. II, 138, dern. l., 372, 8. — Duègne, Bc. — Soubrette, Bc. — Femme galante, Bc. — Courtisane, femme prostituée, un peu considérable, Bc. — = قهرمان intendant, Berb. I, 507, 3 a f.

تَقَهْرَم II se construit c. عن, Djob. 80, 5. — Avoir le dessous, Bc.

تَقَهْقَرَة مَشْى القَهْقَرَى marcher à reculons, Bc. — Rétrogradation, t. d'astr., Bc.

قهم.

قَهَم déplaisir, chagrin, Bc.

قهو.

قَهْوَة «Cahua, Vinum album et debile, Matthæus Silvaticus,» Ducange. — Non-seulement café, boisson, mais aussi graines de café, M. — Pl. قهاوى café, lieu où on le prend, Bc, Ht, d'Arvieux II, 14, Lane M. E. II, 38, Cherb. Dial. 44, 1001 N. IV, 582, 9 a f., Ztschr. VIII, 348, n., l. 5. — Présent de bienvenue, Niebuhr R. I, 286.

قهوانى et قهوتى cafetier, Bc; aussi قهوجى, Bc, 1001 N. II, 469.

قو voyez قاد.

قوب.

قوب (esp. cubo) seau, Voc., qui a قب pl. أقواب

et aussi كـوب (voyez). — (Κώπη?) pl. اقـواب *levier*, barre propre à remuer les fardeaux, Bc.

قَوْبَةٌ pl. قوابى *dartre*, Bc, Hbrt 36, *feu volage, loupe*, le pl. *grattelle*, Bc; Abou'l-Walîd 284, n. 56, Payne Smith 1239.

قوباء a aussi le pl. قوب, Gl. Manç. v° قوابىّ, Abou 'l-Walîd 284, n. 57, Payne Smith 1239.

مَقْوُب *dartreux* (homme), Payne Smith 1239, Beaussier.

قوت I c. a. *manger*, Macc. I, 138, 6.

II c. a. p. *pourvoir d'aliments*, Voc. v° victus, Alc. (proveydo مقْوُت).

V, *se nourrir de*, c. a., Gl. Belâdz.; c. من *subsister par*, Gl. Abulf.

VIII, *se nourrir de*, c. a., Khatîb 15 r°, c. من, Koseg. Chrest. 85, 9 a f.; الحبوب المقتاتة (Auw. II, 47) *graines alimentaires* = σῖτοι, J. A. 1865, I, 187; M: اغتات للحبوب اتتخذها قوتنا. — J'ignore pourquoi le Voc. a ce verbe, c. a., sous vestigium.

قوت *gagner sa vie au jour la journée*, n'avoir pour subsister que ce qu'on gagne chaque jour par son travail, Alc. (dia y vito).

قُوتِىّ *alimentaire*, Bc.

قوج est peut-être le pers. سراغوج, dont on aura retranché سرا, Fleischer Gl. 39.

قوجيل voyez sous ضَوْج.

قوح

مُقَاوَحَة *pointillerie*, contestation sur des bagatelles, Bc.

قود I ne s'emploie pas seulement en parlant du cheval, mais encore en parlant du cavalier, Nowairî Espagne 487: قادوه بلجام بغلته, de Sacy Chrest. II, 474, 6: وابنه يقوده. Aussi c. ب p., mais alors il faut sous-entendre «sa monture,» car c'est proprement: duxit (sc. antecedens) iumentum cum eo, i. e. quo vehebatur, Gl. Fragm. — Dans le sens de *commander, avoir le commandement de*, non-seulement c. a., mais aussi c. ب, Haiyân 103 r°: قاد بالصائفة القائد احمد, 104 v° (2 fois), 105 r° (cf. 105 v°), 106 v°, 107 r°. — *Emmener* un prisonnier, Berb. 1, 353, 9. — De

même que nous disons *conduire l'eau*, on emploie قاد en parlant d'un canal, d'une muraille, Gl. Belâdz. — *Présenter des chevaux de selle en guise de présent*, Ztschr. XXII, 141, Berb. I, 413, 4: ايام العرض والقود c.-à-d., «de la présentation des chevaux de tribut» — Pour le sens de *lenocinium exercuit*, n. d'act. قيادة, Gl. Mosl.

II c. a. p. *nommer* quelqu'un *commandant*, قائد, Gl. Belâdz., Gl. Fragm., Gl. Mosl. — *Livrer le présent ou le tribut désigné par le mot* قَوْد (voyez), Maml. I, 1, 43. — C. a. dans le Voc. sous leno.

V. تقوّد dans le Voc. sous leno, *faire le maquereau*, Alc. (alcaguetar). — تَقَيَّد *commander des gens de guerre*, Alc. (acaudillar).

VII. انقادت له الامور على اسنوائها, Bidp. 23, 2, où l'on peut comparer la note de l'éditeur. Freytag a trouvé la constr. de *submisit se* c. الى p. dans de Sacy Chrest. I, 350, 2 a f. t. a. انقياد *dévotion, dévouement*, Ht. — *S'étendre en long* (montagne), Macc. II, Add. et corr., p. xxvii.

VIII c. a. p. *se laisser conduire par* quelqu'un, Gl. Mosl.

قَوْد *présent ou contribution, qui consiste en chevaux, chameaux*, etc., Maml. I, 1, 42; — *cheval envoyé en présent sans harnais*, Bc.

قائد *cheval ou présent de soumission*, Daumas Kabylie ix, 170, 244, 259, 465, Sandoval 281, *le cheval conduit devant quelqu'un en signe de vasselage*, Cherb. — *Laisse, corde pour conduire un animal*, Roland.

قَوّاد *maquerellage*, Voc., Alc. (alcagueteria).

قيَاد *rêne*, au fig., *gouvernement*; قيادة فى يدك «il est sous votre dépendance,» Bc.

قوادة *cocuage*, Bc.

قِيَادَة *la dignité de commandant*, قائد, Gl. Fragm., Alc. (alcaidia, alcaldia). — *La troupe de soldats qu'un caïd a sous ses ordres*, Gl. Belâdz. 69.

قَوّاد *celui qui est chargé, de la part de son maître, d'offrir le présent ou la contribution qui consiste en chevaux*, Ztschr. XXII, 142. — *Guide*, Ht. — Pour la signif. de *maquereau*, Alc. (alcaguete), Ztschr. l. l., etc.; *cocu*, quand il s'agit d'un mari qui consent à l'infidélité de sa femme, Bc; le fém. ة, *maquerelle*, Alc. (alcagueta), Macc. II, 548, 21.

قَائِد. Le Voc. a le pl. قُبَّاد. Ce titre a reçu une signif. très-étendue et très-vague. On le donne au gouverneur d'un district (Mendoza, Guerra de Granada 44, Haedo 10 c, etc.), ou d'une ville (Fréjus 81, Windus 13, 122, Lempriere 19), et en outre à tous ceux qui ont un emploi public ou une charge dans la maison du roi: celui qui lève les droits d'entrée à la porte d'une ville, le fermier de la cire et celui des cuirs, l'inspecteur des blés du sultan, celui des troupeaux, etc., portent tous ce titre, Haedo l. l. A Tunis on le donne aux Israélites employés dans le gouvernement, Dunant 217. قَائِد المَاء est celui qui veille à la répartition des eaux dans les propriétés de chacun, Daumas Sahara 195, Richardson Morocco II, 277.

أقْوَد, *celui qui regarde droit devant soi*, Gl. Mosl. — Dans le sens indiqué par Freytag en dernier lieu, Macc. II, 548, 21.

مَقَاد, *rang, disposition de plusieurs personnes sur une même ligne*, Gl. Maw.

مَقْوَد, *licou*, Hbrt 59.

مَقَادَة, *laisse, corde dont on se sert pour mener des chiens attachés* (cf. قَاد), Müller 31, 7.

مَقْوَدَة, *chose qui mène à*, Mufassal 182, 4: الفُكَاهَة مَقْوَدَة الى الأَذَى

مُتَقَاوِد voyez Kâmil 31, 18, 32, 17.

قور II. فى التقوير *circulairement*, voyez la note de M. de Slane sur P. Prol. II, 283, 14; cf. كَوَّر. — *Suivre les contours du golfe*, Gl. Edrîsî. — *Creuser*, Voc., Bc; cf. جَوَّر. — *Entasser*, Cherb. Dial. 17.

V *être creusé*, Voc.

قَوْر *parc*, Berb. I, 412, 7: فاذا ركب للصيد خَطَّا أقْوَار, pl. فى قوره; cf. قَوَار. — Cf. كُور. — Pl. أقْوَار *enceinte*, Beaussier, ce qui forme *clôture autour d'un espace*, Müller 3, l. 3, en parlant de Malaga: بعد سور حقير, 4, l. 7: à Salé il y a أن ضوعفت اسوارها واقوارها والى التنجيد والتشييد فقير

قُو *ichneumon*, Man. Escur. 893: النمس وهو القو

قَارَة, *mamelon qui s'élève à pic dans les plaines sahariennes et sur le sommet duquel s'étend un pla-* *teau*, Colomb 6, 31. — Ce que Freytag a en dernier lieu est قَارَة; voyez sous قَر.

قُرَّة *fosse*, Voc. — *Vulve*, 1001 N. Bresl. X, 129, 3.

قُورَة *front*, Bc.

قَارِى *bitumineux*, Bc, Djob. 235, 4 a f.

قَوَارَة البَوْل *morceau de poterie dont on se sert pour nettoyer le penis après avoir uriné*, 1001 N. I, 826.

قَوَارِى *tourneur en os*, Cherb. Dial. 97.

قَوَّار *criard*, Bc.

قَوَّارَة semble être l'équivalent de: mer environnant une langue de terre, Aboulf. Géogr. 19, 9, avec la note dans la traduction de Reinaud; le *techdîd* est dans l'édit., mais peut-être faut-il prononcer قَوَارَة.

أقْوَر *rond*, Prol. II, 61, 3: يستعملون منها بيوتًا مختلفة الاشكال مقدرة الامثال من القور والمستطيلة والمربعة, avec la note de M. de Slane, qui corrige القَوْرَاء, leçon qui se trouve aussi dans nos deux man.; II, 321, 16: قطاع الرخام القور المحكمة الخرط, où la grammaire exige le pl. القُور, au lieu du sing. القَوْرَاء, leçon que nos deux man. ont également; mais on trouve un autre exemple d'une telle construction II, 354, 5: ومنها آلات الاوتار وهى جوخاء كلها; Edrîsî, Clim. III, Sect. 5, en parlant de la cathédrale de Jérusalem: واما القبة الكبرى فهى قوراء مفتوحة الى السماء. Le fém. قَوْرَاء subst. *enceinte, l'espace qui est clos, entouré, parc*, Berb. I, 412, 9, où il est question de faucons, de levriers, etc.: فيرسلونها على اسراب بالبلسان, ibid. 4 a f.: الوحش فى تلك القوراء, 413, 3, II, 150, 7 a f.: المصمودى هو القوراء الفصيحة ورجع الى تلمسان وانزلهم بالقصبة وهى الغور الفصيحة الخطة, mais il faut lire القوراء الفسيحة. *Pain rond et plat* (مُسَطَّح, voyez M sous دوم VII), ressemblant au disque de la lune, voyez Macc. I, 533, 16. On lit chez Burckhardt Syria 292: قَوَارَة *Kawara*, reservoirs formed of clay, in which they keep their wheat and barley, and which are about five feet high and two feet in diameter;» mais comme il écrit plus loin, 389, ce pl. «قَوَارِى *Kowari*,» je pense que le sing. est قَوْرَاء, au pl. قَوَارِى; c'est au fond la signif. d'*enceinte*.

تَقْوِير trou rond, Auw. II, 549, 20.

مَقَوَّر, en parlant du tailesân, signifie, d'après plusieurs auteurs, festonné, échancré, Gl. Edrîsî. — جبل مقوّر (aussi 1001 N. Bresl. XII, 24) chaine de montagnes de forme demi-circulaire, ibid.

قُورْت (esp.) monnaie de cuivre qui valait quatre maravédis, Alc. (cuarto de moneda).

قُورْتَال (esp.) mesure de grains, qui est le quart de la fanègue d'Aragon, Alc. (cuartal medida).

قوز II amonceler en donnant au monceau une forme ronde, M.

قوز solitude, retraite, Habicht dans les notes sur le VII° volume de son édit. des 1001 N., p. 14.

قُوزِي monceau, M. — (Turc قُوزِي) agneau, M.

قُوزِي (turc) pl. قوازي agneau, Hbrt 61, Bc.

قوس II faire feu (avec un fusil), Bc, tirer un coup de fusil, Bc, Hbrt 136, Ht, قوس البارودة, M, قوس حاططا tirer au vol; قوس طائرا, Bc; قواسذ tirer à la posée, Bc.

قُوس arbalète, Voc, Bc, dans L (ballista) الرومى. Le Voc. nomme ces espèces: قوس أفرنجي l'arbalète à anneau; قوس العقّار grande arbalète qui se bandait avec les deux pieds; قوس اليد petite arbalète qui se bandait avec la main; قوس اللولب arbalète qui se bandait avec un instrument (balista de torn; cet instrument est: «el armatoste ó torno de dos manijas,» Catálogo de la Real Armería, Glosario p. 10, 13; cette espèce est nommée par l'anonyme de Copenhague 28: وقيل ان سبب وفاته كان من (سهم أصابه وهو على خبائه على شنتبرين من قوس اللولب il nomme aussi قوس عَرَبى, en ajoutant turques, et قوس خربى sans explication. On avait encore le قوس الخشبان (voyez sous le second mot) et le قوس الرجّال وهى المجروخ, J. A. 1848, II, 213, n. 4. Sur قوس الزيّار voyez sous le second mot. — Arquebuse. Avant d'être une arme à feu, l'arquebuse était une arme à jet, et ce qui me fait penser que les Arabes d'Espagne ont réellement donné le nom de قوس à l'arquebuse, c'est le verbe alcauciar, qui s'emploie dans la Colombie avec la signif. d'arquebuser (voyez Cuervo, Apuntaciones criticas sobre el lenguage Bogotano, Bogota 1876, p. 132), et qui est évidemment formé de القوس; cf. la II° forme du verbe. — طلع قوس عمادى voyez sous طلع II. — Flèche, Alc. (frecha; frechero رامى بالقوس). — Roulette, pièce du ressort d'une arme à feu, Bc. —

قوس ندف, M, قوس الندّافة, قوس النّدّاف arc à battre le coton, arçon, archet à battre la laine, le coton, Bc, Becrî 48, 3 a f.; chez Djob. 134, 4, قوس النقّانين. Arc, arcade, arche, cintre, Voc., Alc. (arco de edificio), Bc, Ht; قوس القنطرة arceau, arc de voûte, Bc. — Nef d'une mosquée, synonyme de بهو et بلاط, Gl. Edrîsî. — Partie du nef d'une mosquée, qui pouvait contenir environ dix personnes, Cartâs 36, 10, 37, 5 a f.: لان فى كل بلاط اثنا قوسا يجلس فى كل قوس عشرة من الرجال. — دار الاقواس aqueduc, Cherb. — قوس المركب la quille d'un vaisseau, Voc. — Archet, Bc, قوس كمانجة archet de violon, Bc, Lane M. E. II, 75. — L'arc-en-ciel ou iris, قوس قزع, se nomme aussi قوس السحاب, قوس السماء, قوس الله (voyez قوس قدح Tha'âlibî Thimâr al-coloub 3° r°) sous le second mot), et au Maghrib قوس النبيّ, Alc. (arco del cielo), Bc (Barb.), Cherb. (Alg.), Daumas V. A. 350, et قوس الماء, Beaussier; cf. Morgenl. Forschungen 153. — قوس الخرّاط tour, machine pour façonner en rond le bois, etc., Voc., où ce mot est écrit avec un chîn. — Moustiquaire, Alc. (pavellon de red para mosquitos). — Coudée, Ht.

قُوَاسة و قَوْسة coup de fusil, Hbrt 135, Bc.

قُوَيْسَة seul et avec المعين sauge (plante aromatique), Bc.

قَوَّاس archer, M, Alc. (arquero que tira), Abou'l-Walîd 652, 4, 661, 1. — Arquebusier, Voc. — Chasseur, celui qui va à la chasse avec un fusil, M. — Archer, soldat de police, gendarme, Bc; écrit avec le ص 1001 N. III, 221 (= Bresl.) et Bresl. IX, 225; قوّاس المحكمة sergent de justice, Bc. — Domestique qui, armé d'un bâton, précède son maître pour écarter la foule, et qui porte ses ordres, Descr. de l'Eg. XVIII, part. 1, 326—7.

أقواسى fabricant d'arcs, Lane M. E. II, 143.

مَقَوَّس, على المحفاظ قام على مقوّس est, Diw. Hodz. 127, 6.

قوش II. قُوش الدَابَّة mettre une croupière à un cheval, M.

قُوش croupière, M.

قُوشة et كُوشة voyez كُوشة.

قوشال (esp. cuchillo) couteau, Inventaire: وين القوشال « 39 douzaines de couteaux, » تسعة وثلثون طرينة où la copie porte par erreur القـوشـال; immédiatement après il est question des السكّاكين.

قوصر I cintrer, bâtir en cintre, Bc, باب مقوصر, 1001 N. I, 184, 7 a f., III, 418, 8, Bresl. IV, 88, 2 a f.

قَوْصَرَة panier (Freytag sous قصر), a le pl. قَواصِر, Bat. III, 15. — Même pl. cintre, voûte, arcade, arche, voûte de pont, voussure, courbure, élévation d'une voûte, Bc. — Corniche, ornement en saillie au-dessous d'un plafond, Bc. — Fronton, ornement au frontispice d'un édifice, au-dessus d'une porte, Bc. — قوصرة مدخنة mitre, tuiles placées en mitre sur une cheminée, Bc.

قوض II lever le camp, قوّضوا ابنيتهم, Badroun 213, 6, transporter ses bagages, Müller 16, 2 a f.: قوّض رحّله عن المكان. Le verbe seul, par ellipse; décamper, Badroun 128, 9, Cout. 41 v°, en parlant d'un prince qui leva le siége d'une place: فقوّض راجعا Abbâr 53, 5: (ة .l) فسارعوا الى الرحيل وقوّضوا من عسكره الى كوره, Macc. II, 21, 3 a f.: قوّضوا عن عسكره

III voyez sous قبض III.

V se séparer (assemblée), Tha'âlibî Latâïf 75, 3, Khallic. I, 734, 12.

قوط pl. أَقْواط troupe (en parlant d'hommes), Gl. Bayân.

قوطة les parties naturelles de la femme, Hœst 137 n.

قَوْطَة, chez le vulgaire قُوطة, M, pl. قوط, bannette, panier de petites branches, Bc.

قوطة (esp. cota) froc, l'habit monacal, comme Kutte en allemand, Alc. (mongil vestidura de monge). —

قوطة من زرد cotte de mailles, Alc. (cota de malla).

قوطب I. قوطب عليه فى المشى couper le chemin à quelqu'un; قوطب عليه فى الكلام couper la parole à quelqu'un, l'interrompre en prenant la parole, M sous قطب.

قوطن I c. a. couper la main à quelqu'un, Voc. II quasi-pass. de I, Voc.

قوطن pl. قَواطِن qui a la main coupée, Voc.

قوطينون (κότινον = κότινος) olivier sauvage, Auw. I, 161, 15 (à corriger; Banqueri قرطنون, notre man. قرطينون), 234, 11, 235, 4, 243, 19 (substituez قوطنيون à قوطنيون).

قوع I, aor. a et o, قاع غضبه على احد décharger sa bile, sa colère, Bc; c'est pour يقى.

قاع enfoncement, ce qui paraît le plus reculé, le plus éloigné dans un lieu enfoncé, fond, Bc, Voc. (fundum), fond d'une rivière, de la mer, d'un vaisseau, Gl. Edrîsî, d'un vase, Alc. (suelo de alguna vasija); le fond d'une vallée, l'endroit où les eaux stagnantes confluent, Gl. Edrîsî, marais, Bait. I, 472 a: وهو ينبت فى القيعان ومناقع المياه, Auw. I, 46, 2, 47, 13. — Profondeur, Hbrt 169, abyme, Bc. — Pied d'une coupe, d'un vase, Alc. (pie de copa o vaso). — قاع الرجل ou قاع الساق la plante du pied, Voc., Alc. (planta del pie). — من القاع radicalement, entièrement, Alc. (derrayç).

قاعَة le lit d'un canal, Maml. I, 1, 47. — Sol, terrain, Cherb. Dial. 74, Macc. I, 90, 4: l'Espagne est متخصبة القاعدة, 124, 5: ونوع يُبْسَط به قاعات par terre, 471, 16; القاعة يعرف بالبلدجى Cherb. Dial. 130. — A la Mecque, la partie la plus basse d'une maison, le rez-de-chaussée, Gl. Edrîsî. — Souterrain, 1001 N. I, 112, 4 a f. — Pl. قاعات et قياع, grande chambre, salle, salon, Bc, Hbrt 192, Lane M. E. I, 21 et suiv. et trad. des 1001 N. I, 213, Maml. I, 1, 47, II, 2, 22. — قاعدة النوم dortoir, Bc. — Pavillon, corps de bâtiment, Bc. — قاعة العساكر caserne, Bc, Hbrt 144.

قوغى (turc قوغو) cygne, Bc.

قوف

قوف barque, M.

قوفا pierre noire et spongieuse, qu'on trouve aux environs d'Alep et dont on fait des meules, M. Dans les Selecta ٢٨, 3 a f., où il est question de Simâ attawîl, qui fut assiégé dans Antioche par Ahmed ibn-Touloun, on lit: فالقت عليه امراة حجرا وقيل قوفا فقتلته.

فوق 420 قول

Freytag, dans une note sur ce passage (p. 96), a pensé que c'était l'araméen *coufa*, qui signifie *perche*; mais le sens indiqué par le M convient bien mieux, car on tue plus facilement un homme avec une meule qu'avec une perche, et en outre c'est un mot alépin, tandis que l'auteur dont j'ai cité les paroles était également d'Alep.

فُوقِي (κῦφι), mot qui est d'origine égyptienne; voyez Dioscor. I, 24, et Jablonski Opusc. p. 118) sorte d'encens composé de plusieurs substances, et aussi *le pin*, à cause de sa bonne odeur, Bait. II, 331 d: قوفى تأوبله بالـيـمـوناتميـة الـبـخور ومنه سُمّـى معاجين الفوق لانه كان يستعمل فى بخور الهياكل قديما ويسمّون بهذا الفوقيّ كل :M الاسم شجر الارز فى طيمى رائحته ايضا بخور عطرى. Le nom de l'arbre est écrit incorrectement قوفا dans Nowairî, man. 273, p. 788, l. 4.

قُوفِيَّة voyez كُوفِيَّة.

قائف l'art du قائف, Freytag Chrest. 31, 6, Lobb al-lobâb ٢.٢ b, dern. l.; علم القِيَافَة *chiromancie*, Bc.

قَوَّاف *batelier*, M.

قائف est un mot de la langue ancienne, voyez Freytag Chrest. 31, 5; *chiromancien*, Bc.

قَائِفِى = قَائِف Lobb al-lobâb ٢.٢ b, dern. l.

قوق. قَاق pl. قِيقَان, en Syrie, *corneille*, Bc, *corbeau*, Hbrt 67, Yâcout IV, 217, 1, Ibn-as-Chihna, man. 1444, 55 v°, حتى يحجّوا القِيقَان « trois jours après jamais, la semaine des trois (quatre) jeudis, » Bc. قوق الماء *cormoran*, Bc.

قَاق *chouette*, Mehren 34.

قَاق *dauphin*, Ztschr. für ägypt. Spr. u. Alt., mai 1868, p. 55, juillet p. 83.

قُوقَاى sorte de remède composé et laxatif, Gl. Manç. in voce. Chez Ibn-Wâfid, 1 v°, 14 r°, 16 v°, حب القَوَاقَايَا sont des pilules dont il donne la recette, et dont on se sert, p. e., contre l'alopécie. C'est le grec τὰ κοκκία, dimin. de κόκκος, nom de certaines pilules purgatives qu'on nommait en français *pilules cochées*, en allemand *Hauptpillen*; voyez Stephani Blancardi Lexicon medicum éd. Kühn.

قُوَيْقَة *chouette*, Mehren 34.

قُوَقَّب = قَبْقَاب (voyez).

قَوَاقِيقَى voyez sous قَبْقَب.

قُوقَحَان *souci* (fleur), Hbrt 50, Bc.

قُوقَرَة Most. sous فو, mais seulement dans N, sur la marge: وقيل هو القُوقَر.

قَوْقَع *coquille, coquillage*, Hbrt 70, Bc, Mehren 34. Sur l'origine de ce mot voyez sous قَوْقَس.

قَوْقَعَة *escargot, limaçon*, Bc, Hbrt 68. Cf. قَوْقَس.

قَوْقَل I. قَوْقَل الفَشَّ *entasser le* فَشَّ (voyez), *le réunir en grands monceaux*, M.

قَوْقَلَة *monceau de* فَشَّ (voyez), M.

قُوقَلَارِس (latin des botanistes cochlearia) *cochléaria* (herbe), Bc.

قَوْقَس, n. d'un. ة, pl. قَوَاقِس, *limaçon, mollusque rampant à coquille*, Most. v° حَلَزُون قَوْقَس dans N; La donne (كُوكِس), Alc. (caracol); العُرْيَان القُوقَس *limace, mollusque rampant, sans coquille*, Voc.; قُوقَس الـبَحر *huître*, Voc. (ostia pescado). — *Tortue*, Voc. قَوْقَعَة العين *l'orbite de l'œil*, la cavité dans laquelle l'œil est placé, Alc. (cuenca del ojo, ceja la cuenca del ojo). — Ce mot, de même que قَوْقَع et قَوْقَعَة (voyez), me semble une altération du latin *concha*. Toutes les signif. conviennent: *concha* désigne l'enveloppe dure des limaçons, des huîtres, des tortues, et par suite ces animaux mêmes. L'esp. *cuenca*, qui en dérive, prouve qu'on l'employait aussi figurément pour désigner l'orbite de l'œil.

قول I. قَالَ « بلغنى انكم تقولون وتقولون « on m'a raconté que vous dites ceci, et que vous dites cela, » Yâcout II, 592, 15. فقل فى دولة يديرها حائك « que dire d'un Etat gouverné par un tisserand!» Abd-al-wâhid 39, 4 a f. Le Voc. a تَقُل (sic) pour *nunquid* = قَل et (تُرَى). C. a. p. *dire à*, Abbad. I, 296, n. 216; ما تقلى شى à d'autres, Beaussier. — *Réciter des vers qu'on a composés soi-même*, l'opposé de تَمَثَّل, Macc. I, 273, 16: قال له — قال اخْتَلَتْ ام قلتَ قال بل قلتُ *il lui fit des représentations à cet égard*, souvent au pass. قيل فى ذلك, et simplement قيل له, Gl. Fragm., Tha'âlibî Latâïf 12, 9, Madjma' al-

قول

anhor II, 258. قال فيه *trouver à dire*, qu'il manque quelque chose, trouver à reprendre, *mordre sur*, *médire*, *critiquer*, Bc. — *Chanter* (oiseau), Prol. III, 406, 13 (voyez sur ce vers mes remarques dans le J. A. 1869, II, 196-7). — C. ب *admettre*, reconnaître pour vrai, Bc, *croire à*, Gl. Badroun, Gl. Fragm.; قال براى *tenir une opinion*, Bc, Macc. II, 521, 6: كان لا يقول بالثلاث «il était d'opinion qu'on ne peut pas répudier trois fois une femme.» قال يخاطب فلان *être de la secte de quelqu'un*, Gl. Edrîsî. — C. ب *se passionner, s'enthousiasmer pour*, Tha'âlibî Laṭâïf 71, 10. — C. على p. *mentir*, M. — C. ل p. et على r. *parler à quelqu'un d'une chose*, *la lui dire*, 1001 N. I, 9, 1; Bresl. III, 369: الموضع الذى قال له عليه «l'endroit dont il lui avait parlé;» قال له على امر *il lui parla d'une chose à faire, il lui donna un ordre*, Macn. I, 95, 7. — C. عن p. روى عنه *rapporter des traditions sur l'autorité de*, M. — C. عن *parler de*, R. N. 57 v°: اشترى الحوت الذى قلت لك عنه. — C. فى p. اجتهدت. — M. قال باحدى يديه على الاخرى *battre des mains*, voyez Gl. Belâdz.

II *redire, répéter, dire une même chose plusieurs fois*, 1001 N. Bresl. IV, 180: قَوِّل, Lane: „tell it again and again!"

III c. a. p. *chanter des répons*, Djob. 145, 5, où il est question d'un moëzzin: ومعه اخوان صغيران يجاوبانه ويقاولانه

V. تَقَوَّل كلمةً *faire usage d'une expression*, Gl. Edrîsî. — C. على *dire de quelqu'un une chose qui n'est pas vraie, calomnier, médire*, M, Voc.; piquer par des paroles plaisantes et satiriques, brocarder, Ibn-Abdalmelic 124 r° et v°, en parlant d'un prédicateur: وذكر لى غير واحد انه تكلم على اهل اغمات فى مجالس فلم يصل البه منهم احسان فادرج فى بعض مجالسه تنبيهًا لهم وعتّبنا قوله لاعبينت الزمان فى دست للحديث فنصربى فى طرف للحرمان شاة مات فشكوت لخال الى اهل اغمات فكلّمى قال أمّ مات ومعنى اغم بلسان المصامدة وهم البربر المجاورون لمرّاكش وما صاقبها من البلاد خُذُّ فكان معنى ما تقوّل عليهم خُذ مات اى ان الاعتاء لا يوجد منهم أمّ (dans le Dict. berb.) *prends est*.

VI c. مع *se prendre de paroles (de bec) avec quelqu'un, avoir une discussion avec, disputer*, Bc. — *Dire des sottises*, 1001 N. Bresl. XI, 131, 11.

قول

VII *être dit*, Mufassal 129, 15, Voc.

قَوْل *opinion, secte, foi, religion*, Gl. Edrîsî, Gl. Fragm., M; ما هو يقولك «qu'est-ce à ton avis?» 1001 N. Bresl. IV, 139. — Dans le Kiptchak, *le chant arabe des lecteurs du Coran*, Bat. II, 371: ثم اخذوا فى الغناء يغنّون بالعربى ويسمّونه القول ثم بالفارسى والتركى ويسمّونه الملمّع. — صاحب قول *homme de parole*, Bc. — قَوْلِى est dans la 1re partie du Voc. *posesio*, ce qui est sans doute une erreur; dans la 2e partie où le trouve sans équivalent latin, entre *posticus* et *postis*.

قُول *certain trou du hautbois*, voyez Descr. de l'Eg. XIII, 400.

قِيْل. Le pl. مَقَاوِل et مَقَاوِلَة, Gl. Abulf., Hamâsa 166, 10. Le pl. اقيال est encore en usage chez les tribus de Chemmâr et de Harb pour désigner les grands qui ont le droit de siéger au conseil et d'y voter, Ztschr. XXII, 91, n. 2. De même Cartâs 95, 2: وجوه وثلاثمئة (قبيل .l) قبائلها a f.: 188, 9 المرابطين واقيالهم وتشاور رؤساؤه واقيالها. On le trouve aussi comme synonyme de ابطال, *braves, héros*, de Sacy Chrest. I, ١٥١, 5, Koseg. Chrest. 96, 9.

قوله (turc قُولا) *isabelle, de couleur jaune-blanchâtre*, Bc.

قَوَّال *un récitateur de vers pieux*, R. N. 52 r°: فدخل المسجد فسمع بعض القوالين يقول (suivent des vers pieux), 55 r° (aussi dans une mosquée): فقال القوالون اشعارا فى الزهد, 87 v°, 96 r°, Khatîb 39 r°: قال فى غرض التصوف وبلغنى انه نظمها البخ — كلفا كلّفت بها القولين والمسمعون بين يديه, mais lisez: — *Chanteur*, Abbad. I, 212, 18, Macc. II, 168, 3; le fém. ة, *une soliste, ou une précenteuse*, celle qui entonne, Ztschr. XXII, 98, n. 24, 159, 2. — *Poète ambulant*, voyez Margueritte 218; le fém. ة, *improvisatrice*, Hugonnet 102, Daumas V. A. 138 et suiv. — Chez les Yezidis, *prêtre*, Buckingham I, 286.

قَائِل قَائِلًا *en termes formels*, Recherches II, App. XXXVII, 6, cf. XXXVIII, n. 1.

أقْوَال voyez plus haut I, 30 a.

تَقَوُّل se trouve Mufassal 183, 1.

مَقَال dictum, Voc., Saadiah ps. 7.

مِثْقَل anneau sur lequel tourne la bride, Wright 8, 2.

المَقُولات les catégories, Amari 576, 3, J. A. 1853, I, 271, n. 1.

مُقَاوَلَة tâche, ouvrage qu'on donne à faire dans un temps limité, Bc.

قَوْلَب I contrefaire l'extérieur, les gestes de quelqu'un, Voc. (= أَخْرَج القَالِب).

قُولَف sac, bourse de cuir, Mehren 34.

قُولَيبَة voyez قَلاجِه.

قُولَنج est dans le Voc. قُولَنج, prononciation que le M donne aussi. Le pl. أَت, voyez sous إِيلاوش.

كُولُون ou قُولُون (κῶλον), côlon, le deuxième des gros intestins, Bc, M, Chec. 198 rº.

كُولُونية ou قُولُونية colonie, M.

قُولِيُون fiente de chien, Most. vº زِبل الكَلْب; κοπλιον existe bien en grec moderne, mais il signifie « petit chien, » tandis que le Most. donne: يقال لزبل الكلب قوليون وهو خرو الكلب.

قوم I, aor. o, se dit d'un emploi qui est bien rempli par une personne, Bidp. 22, 2: le roi ayant offert le vizirat à Bidpai, qui l'avait refusé, il lui dit: انى فكرت فى اعفائك فيما عرضتنه عليك فلا يقوم الا بك ولا ينهض به غيرك ولا يضطلع به سواك — En parlant d'un procès, être pendant, Mohammed ibn-Hârith 288: القَاضى الذى قام هذا السبب عنده — Figurer, faire figure, Bc, Maml. I, 1, 11: اسمه قسم دون «son nom seul figurait, et non sa personne.» — Ressusciter, v. n., revenir de la mort à la vie, Voc. — être dans une continuelle, une grande agitation, de Sacy Chrest. I, fº, dern. l. (cf. 89, n. 13), Fleischer sur Macc. I, 762, 4 af. Berichte 252, Abd-al-wâhid 84, 6 a f., Calâïd 119, 5 a f.: وانت خلال ذلك تختفل وتحتشد وتقوم وتقعد وترى غيظا وترعد. L'expression complète semble être قَام فى راكب وقعد; on la trouve Berb. I, 571, 8 a f., II, 295, 2 a f., 319, 7, et sans وقعد, I, 360, 12, II, 180, 3 a f., 208, 8. On dit Mâwerdi 15, 13, قام وقعد c. ب signifie, soit: faire tous ses efforts pour mettre quelqu'un en réputation, Hamâsa 111, 9 a f.: وملأت منه الارض اذا قمت وقعدت بذكره,

soit: faire tous ses efforts pour noircir la réputation de quelqu'un, ibid. 726, 3 a f.: ويقال قام فى فلان = قام للحرب على رجل —. وقعد اى نثا على قبيحه سَاق, voyez les dict. sous ساق, Gl. Badroun. — قَام جَالِسًا se mettre sur son séant, en parlant d'une personne qui était couchée, Freytag Chrest. 48, 6: وَكُنتُ مُتَّكِئًا فَقُمتُ جَالِسًا شَاء se cabrer, Bc. — قام مقاما voyez sous قَطبة. — قام اللَّيْل passer la nuit en prières, Abd-al-wâhid 128, 14; aussi قام seul, Fakhrî 152, 1: كم تقوم من الشهر «combien de nuits passez-vous chaque mois en prières?» Cf. قَيَام et قُوَّام. — C. الى p. se présenter devant quelqu'un, Macc. I, 904, 15; قام الى القَاضى paraître devant le juge, comparaître (quand on a été sommé de le faire), Mohammed ibn-Hârith 297. — C. ب prendre soin de, ou administrer, Gl. Edrisi, Gl. Belâdz, de Jong; se charger de, présider à, Bc; subvenir à, pourvoir, suffire à, Bc; pourvoir aux besoins de, suffire pour, Gl. Edrisi, Gl. Belâdz, de Jong, Voc., Macc. I, 658, 16, Freytag Chrest. 128, 4 a f. et suiv.; fournir, procurer, Becri 153, 15: وَفَسَوق اغمات وَبِيكَة يَقُوم بِصُروب السِلَع p. et ب r., ibid. 37, 11; قام بما عليه faire face, être en état de satisfaire à ses engagements, Bc. — قام بدعوة فلان se déclarer pour quelqu'un, le reconnaître, Nowairi Espagne 440: لما سمع بحجة السلطان فى بيعه Bat. man. 195 vº: قام بامر فلان العباس وقيامه بدعوتهم, de même de Sacy Chrest. I, ov, 7. — C. ب égaler, contre-balancer, Müller 46, 8: فى قام خيره بشره دخل تحت ب C. — خطبة الاعتدال ومن قصر خيره عن شره الحج couter, M, قامت السِلعة بكذا, de Jong, Macc. I, 363, 1, et c. على p., Voc., Cartâs 39, 13, où il faut lire avec notre man.: وقامت عليه. — C. الأبواب بمال جليل payer, Macc. II, 713, 14: صَالحتهم اهلها على قطيعة يقومون بها, Berb. I, 5: قام بالخراج للسلطان. قام بواجبه accueillir avec les égards convenables, Bc. — قام بوعده tenir sa parole, Bc. — C. ب être versé dans, Amari 616, 2: وأخذ عن المصريين انواعا من فنون الهندسة لانهم قائمة بها من قديم; cf. de Jong. — قام خطبة prêcher un sermon, Macc. II, 253, 5, Djob. 77, 12: قد حبر خُطبًا اعدها للقيام بها بين يدى سيدنا امير المؤمنين. Aussi قام مقاما, Macc. l. l., l. 4.

قوم

le ناع annonça sa mort, Weijers 45, 1; de là le dicton: اذا كثر الناعى اليك قام الناعى بك, Valeton ۲٧, 6, c.-à-d.: quand on vous annonce la mort de beaucoup de vos contemporains, on annoncera bientôt la vôtre; cf. la note 3, p. 55. — C. على prendre soin de, ou administrer, Gl. Belâdz. — C. على p. presser quelqu'un, insister auprès de lui pour le porter à quelque chose, 1001 N. II, 222, 7 a f., III, 464, dern. l. — C. على protester, Bc. — C. على savoir, Gl. Belâdz. — C. على être versé dans, Amari 643, dern. l., Prol. II, 402, 13, Macc. III, 675, 20, Khatîb 34 v° (corrigé d'après le man. de Berlin): قام على الصنعتين. قام على امره, وهما للحديث والنبات gouverner par soi-même, Berb. I, 554, 5 a f.; de même قام قامت عليه نفسه, Prol. II, 8, l. 11, 23, 2. — C. على faire une étourderie, Khallic. X, 28, 13. — C. عن p. se tenir éloigné de, p. e. قام القوم عند ثلاثة ايام, Gl. Fragm. — C. عن lever le siège, Bc. — C. عن être né de (?), Gl. Fragm. — قام عند القاضى paraître devant le juge pour plaider, Mohammed ibn-Hârith 241: فتوفى رجل من تجار قرطبة عظيم النعمة فقام مملوك له عند القاضى محمد بن بشير يذكر ان مولاه المتوفى اعتقه وانه انكحه ابنته واوصى اليه بماله L'expression قيم عند القاضى على فلان signifie on porta plainte au juge contre un tel, Mohammed ibn-Hârith 288: ما قيم عندك من امر, 293: قيم عنده على بقى بن مخلد قومس « la plainte que vous avez reçue contre Gomez. » — C. في r. réclamer, revendiquer, demander une chose à laquelle on croit avoir des droits, Mohammed ibn-Hârith 262: وولاه ابراهيم بن العباس القضاء فشهد عنده يوما يحيى بن يحيى فى الماء الذى كان بفرن ببرئيل الذى قام فيه بنو العباس وابن عيسى, 229: 236: ضيعة قيم فيها عنده c.-à-d. عند القاضى قام عنده (القاضى) فيها (ارحاء القنطرة) بعض من قام (قيم عليه (السلطان) فيها a :12 ,556 ,I .Macc où) قضى (القاضى) للمملوك بما 241: فيه, Avec ellipse de قام. C. على p. et في r. contester une chose à quelqu'un devant le juge, refuser de reconnaître le droit qu'une personne prétend avoir à une chose, Akhbâr 128, 2: قام على رجل فى ضيعة كانت لم تحسن يده, Mohammed ibn-Hârith 224: قام على معاوية بن صالح فى الجارية فاستحقـت عليه. — C. لـ p. être en état de ré-

sister à, être égal en force à, Abd-al-wâhid 84, 16. On dit aussi: ما قامت له معد قائمة il ne pouvait lui résister,» Gl. Badroun. — C. مع, قام معنا بر جزيرة سرذانية على نحو ميل او اقل = nous étions proche de, etc., Djob. 31, 12. — C. من se nourrir de, Becrî 17, 13: وبها شجر التوت الكثير ويقوم من الشجيرة الواحدة منها من الحرير ما لا يقوم من خمس شجرات من غيرها.

V. a. (pour la IV°) lever, élever, Alc. (levantar a otra cosa).

Aor. i, v. a. (pour la IV°), enlever; قام رجله; — sauter le pas, mourir; قام الشى من مطرحه ôter; — قام يده للضرب lever la main sur, Bc. Je crois que cette I°re forme, pour la IV°, se trouve 1001 N. I, 31, 5 a f.: فقام الملك عينه « le roi leva les yeux » (pas عينه, comme dans l'éd.).

II قوّم, mais chez Alc. قيم. — قيم الشعر ou الزغوب faire que les cheveux se hérissent, se dressent, Alc. (voyez espeluzos, espeluzado). — Mettre la lance en arrêt, Alc. (arrechar), Antar 3, 5 a f., chez Bc قوّم سنان الرمح; cf. Gl. Mosl. — Conduire un cheval, un éléphant, un navire, Gl. Mosl. — Braquer le canon, Ht. — Mettre des révoltés à la raison, Berb. I, 395, 5 a f. — قوّم سيرته se corriger, Bc. — Consolider, Gl. Edrîsî. — Soulever, exciter l'indignation, la rébellion, révolter; قوّم الناس agiter les esprits, les soulever; قوّم النفس envenimer l'esprit, révolter, choquer, indigner, Bc. — Animer, exciter, irriter; c. على acharner, exciter, animer, armer contre, exciter à faire la guerre à, déchaîner, exciter contre, Bc. — قيم الصياح donner l'alarme, le cri, le signal pour faire courir aux armes, Alc. (rebato hazer). — Eveiller celui qui dort, Alc. (recordarse (l. recordar) al que duerme). — Ressusciter, ramener de la mort à la vie, Voc. — Evaluer à est قوّم ب, de Sacy Chrest. II, ۳°, 6 a f., Hist. du Yémen 180: قوّم ذلك القميص بنحو خمسمائة دينار.

III contre-balancer, Voc., Bc. — Evaluer, Gl. Edrîsî. — C. ب opposer, mettre une chose vis-à-vis d'une autre, mettre en comparaison, en parallèle, Bc.

IV *fournir, produire des preuves de*, على ou بـ, Weijers 32, 2, où le man. A porte بارقه, au lieu de على ارقه, et 104, n. 147. — *Exposer* quelqu'un dans la mosquée, afin que tous ceux qui le veulent puissent l'accuser, Gl. Belâdz. — *Ressusciter, ramener de la mort à la vie*, Voc. — *Ecrire*, Abbad. I, 38, 2 a f., 428. — *Célébrer* une fête, Müller 52, 8. — *Pourvoir, munir*, Alc. (proveer), Haiyân 62 v°: بعد اقامته لسائر نفقاتها *après avoir pourvu à toutes les dépenses de la ville*.» — *Réprimander*, Akhbâr 82, 2: فكان ابن معوية بعد ذلك يقيم عيسى ويقول انت مولانا لا تشكل فى قرب ولاذنا منّا ففعلت وفعلت. — *Evaluer*, Gl. Belâdz. — *Servir, être d'usage*, Bat. III, 385: اقامت بقاياها اياما «*ces restes servirent encore durant plusieurs jours*.» يقيمه ذلك *cela lui suffit*, Ztschr. XXII, 78, 10, cf. 137. — En parlant du moëzzin, اقام للصلاة *faire l'appel à la prière*, M. اقام الموذّنون *prononcer l'adzân*, Cartâs 43, 3: نادى بالاذان الاول من يوم الجمعة, où notre man. a nâdî, au lieu de اقام. Le verbe اقام seul signifie *prononcer l'ikâma*, c.-à-d., l'appel à la prière qui a lieu immédiatement après l'*adzân*, Djob. 100, 18: يبدأ موذّنو الشافعى بالاذان ثم يقيم موذّنو سائر الائمّة. R. N. 63 r°: وكان جبلة يصلّى فى مسجده يوم الجمعة الظهر اربع ركعات باذان واقامة فقال له الموذّن اتوى ان اوذّن واقيم فى داخل المسجد فان الوقت حان فقال فى جبلة توذّن وتقيم فى صحن المسجد والاّ فانم اقام. — داركى ولو منعنا احد من الصلاة لرميناه بالنبل واقامت *mettre dans une continuelle, une violente agitation*, Fleischer sur Macc. I, 762, 4 a f. Berichte 252, de Sacy Chrest. III, ٣, 11, Abd-al-wâhid 97, 10, 119, 2 a f., Berb. I, 18, 4; même sens Abbad. I, 23, 4 t. a.; dans la note sur ce passage, 25, n. 71, il y a de la confusion. اقام خُطْبَة *prêcher un sermon*, Macc. I, 566, 3. — اقام الدين *présider aux cérémonies d'un culte religieux*, Becrî 175, 16. — اقام سوقًا, etc., voyez sous رَسْم. — *ouvrir un marché*, Gl. Belâdz. Mais أقيم السوق, 1001 N. Bresl. II, 201, signifie *le marché était en train*, chez Macn. أدام فعلها اقم الصلاة signifie d'après M عمر السوق mais cette expression doit avoir un autre sens chez Mohammed ibn-Hârith 256, où Ibn-Ma'mar est le cadi de Cordoue, qui était en même temps çâhib aç-çalât:

صلّيت صلاة السفوف مع ابن معمر فى الجامع بقرطبة سنة ٣١٨ فضلًا واحسن الصلاة ولم يقم الصلاة وطوّل فى صلاته بدأ بالصلاة ضحى وفرغ فى القائلة وقد تجلّيت الشمس. — وكنّا فى زمن الصيف اقام الاعراب — *prononcer exactement les désinences grammaticales*, Djob. 180, 8, en parlant d'un khatîb étranger: لسانه لا يقيم الاعراب. — اقام القران *faire lire le Coran par des lecteurs salariés*, J. A. 1852, II, 222, 7. — اقام et اقام القيامة القيامة. القيامة, voyez sous القيامة. — اقام الهيبة *il inspira le respect*, Abd-al-wâhid 19, 15. — C. بـ *fournir*, Müller L. Z. 28, 2 a f.: فوجد بلدا مقيما بالخيل والرجال. — C. a. p. et على r. *informer* quelqu'un *de*, Gl. Belâdz. — C. فى *s'occuper de*, p. e. اقام فى ذلك ثلاثة سنين, Gl. Fragm.

V *fixer le prix*, v. d. Berg 90, n. 2.

VI. لا يتقاوم بثمن *irrésistible*, Bc. — لا يتقاوم *inestimable*, Bc. — C. مع *contre-balancer*, Voc.

VII. ينقام على السوق, 1001 N. Bresl. X, 448, où Macn. (IV, 465) a يذهب الى السوق. Le part. منقام, 1001 N. Bresl. IX, 321, 1 = مرتفع dans l'éd. Macn. انقام من الغفر *descendre la garde, en être relevé*, Bc.

X. استقام فى مشيه *marcher droit, faire son devoir*, Bc. — En parlant du vent, *redevenir favorable*, Bat. II, 355. — *Rester, séjourner*, Bc, *durer*, Bc, Hbrt 250, *se conserver, se maintenir, tenir*, Bc. استقام على الطاعة *persévérer dans l'obéissance, rester fidèle au sultan*, Berb. I, 79, 206, 207, 210, etc.; par ellipse, اقام, Gl. Belâdz. — de là الاستقامة للسلطان *la fidélité au sultan* الطاعة, Haiyân 63 r°, Berb. I, 27, Haiyân 16 v°: مشى على بعض الاستقامة «il fut jusqu'à un certain point fidèle au sultan; cf. Berb. I, 9, 190, 269. — *S'arrêter*, Ht. — *Coûter*, Hbrt 105, Ht; مستقام *revenant à tel prix*, Roland.

قوم *certain nombre de personnes réunies, qui sont du même rang, groupe*, Koseg. Chrest. 117, 5 a f: واذن بدخول الاشراف اوّلا ثم بعدهم الاولياء وسائر وجوه الناس وجوهر قائم بين يديه يقدّم الناس قوما بعد قوم. Au lieu de القوم, *les ennemis*, on dit aussi au pl. القيمان; dans quelques parties de l'Arabie, *troupe de ceux qui vont piller*, Burton II, 112; cf. d'Escayrac 360. — *Etat de guerre*, Ztschr. XXII, 92, n. 10. — *Contingent de cavaliers armés que certaines tribus fournissent au chef du pays lorsqu'il fait une expédition*, Cherb., Booms 46, Sandoval 102, 427, Hirsch

73. — القَوْم‎ les Soufis, Macc. I, 568, 16 et 17, 897, 14, II, 666, 11, III, 109, 21, 427, 12, Prol. III, 75, 10, 77, 2 a f. — Essence, ce qui constitue la nature d'une chose, Alc. (essencia = ذات). — Koum el yazid, éléphantiasis, Daumas V. A. 426.

قِيَم. Ceux qui lisent dans le Coran VI, 162, دِينًا قِيَمًا, considèrent ce قِيَم comme un n. d'act. (= قِيَام) employé adjectivement; voyez Baidhâwî et le Mufassal 181, 5 a f.

قَامَةٌ, brasse, pl. قِيَم, Gl. Edrîsî, Voc.

قُومَا genre de poésie populaire inventé à Bagdâd sous le règne des Abbasides; on s'en servait en guise de réveil pour annoncer l'apparition de l'aurore dans le mois de Ramadhân, et il a reçu ce nom, qui est l'impératif du verbe قام au duel, parce que les chanteurs se disaient les uns aux autres: قوما لنسمر‎; voyez J. A. 1839, II, 165, 7 a f. et suiv., 1849, II, 250, Ztschr. VII, 368, 10.

قَوْمَةٌ sédition, Bc, Hbrt 210, révolte, soulèvement (révolte, et mouvement d'indignation); قومة اهل البلاد على بعضها guerre civile, Bc.

قِيمَةٌ est obscur dans Berb. II, 473, 6 a f.: كانت سجلماسة وطنًا لهم وفي قيمة مجالاتهم (M. de Slane (IV, 364) a traduit, mais en hésitant: «ils avaient leur résidence à Sidjilmessa, ville qui, à elle seule, leur valait autant que toutes les contrées parcourues par leur tribu.» — Le prix d'une chose que le locataire apporte, avec la permission de l'intendant, dans le sol d'un وَقْف, p. e. l'ongrais, Ztschr. VIII, 348 n. — Evaluation, Amari Dipl. 173, dern. l., 174, 3; لا قيمة له inappréciable, Koseg. Chrest. 122, 6. — Facture de commerce, Ht. — Amende, peine pécuniaire, proprement restitution du prix d'une chose, Gl. BelÂdz., en port. caima, Gl. Esp. 257. — L'objet qu'une personne élève ou dresse avec la main et qui est plus haut qu'elle, M. — Sédition, émeute, tapage, dispute, Ht. — (Turc) hachis, Burton II, 280.

قَوْمِي insurrectionnel, révolutionnaire, Bc.

مال قِيمِي, t. de droit, choses qui ne peuvent être remplacées, qui, lorsqu'elles ont péri, ne peuvent être compensées par d'autres choses du même genre, mais pour lesquelles il faut payer la valeur, قِيمَة, v. d. Berg 47, M.

قَوْمِنِى ennemi, Ztschr. XXII, 126.

قَوَام, t. de médec., consistance (النَّبَات), Gl. Manç., M 1545 b, dern. l.: وانغلظ عند الاطباء ضدّ الماءُ et وهو دواءٌ يجعل قوام الرطوبة اغلظ من المعتدل او اغلظ, Becrî 179, dern. l.: قوام الكتان, où de Slane traduit: «la consistance du lin.» — (Vulg.) soudain, tôt, vite, Bc, 1001 N. Bresl. IV, 385, dern. l., IX, 315, 321, 363; dans ces trois derniers passages l'éd. Macn. remplace ce mot par سريعا.

قَوِيم sévère, voyez sous حَقِّي.

قِيَام résurrection, souvent dans le Coran, Gl. Abulf., Bc. — Sédition, insurrection, de Sacy Chrest. II, ٣٣, 8. — Perpendicularité, Bc. — C. على réclumation, Bc. قيام الليل passer la nuit en prières (cf. sous la Ire forme et sous قَائِم), Abd-al-wâhid 13, 4. قِيَام seul a le même sens (cf. sous la Ire forme et sous قَوَّام), Abd-al-wâhid 218, 5 a f., Vie de Timour I, 302, 11. Spécialement: passer les nuits du mois de Ramadhân en prières, قيام رمضان, ce qui est approuvé par les Sonnites et condamné par les Chiites; dans le R. N. 65 r° 'Obaidallâh dit aux Sonnites: أناظركم في قيام رمضان فان وجبت لكم الحجّة رجعنا اليكم وان وجبت لنا رجعتم الينا; ensuite il dit: انتم تعلمون ويروون ان النبى صلعم لم يقم الا ليلة ثمّ قطع وان عمر بن الخطاب استنّ القيام, ce qui, à son avis, était une innovation, une hérésie. On dit de celui qui le fait صلّى القيام, Amari 189, 10. — relevailles, cérémonies de la bénédiction, à l'église, d'une femme après les couches, Bc. — Diarrhée, Bidp. 151, 5.

قِيَامَةٌ. Comme le jour de la résurrection doit être pour tous les hommes un jour redoutable, ce mot est devenu le terme caractéristique qui exprime, au plus haut point, le trouble, l'effroi, la consternation; on dit p. e. قامت عليه, قامت قيامته, وجدت قيامته القيامة, Maml. I, 1, 95, Haiyân 53 v°, 54 v°, Macc. II, 12, 9, 251, dern l. Les expressions قامت قيامته et قامت عليه القيامة, ajoute M. de Goeje, expriment aussi une indignation violente, Aghânî V, 64, 7 a f., 70 Boul. اقمت قيامتك est une imprécation

tion, Maml. I, 1, 96: عَلِمْتُم سلامَتَكُم وأقَمْتُم قيامَتَكُم " puissiez-vous perdre votre sécurité, et voir lever pour vous le jour de la résurrection! » Mais أقام القِيامَةَ signifie *élever quelqu'un aux nues*, Khatîb 44 rº: تَقييمون القِيامَةَ بحبيب والبخترى والمتنبى وفى عصرنا من يَنْتهى الى ما لم يَهتندوا اليه المتقدمون ولا المتأخرون C'est proprement, je pense : faire, en louant quelqu'un, autant de bruit qu'il y en aura le jour de la résurrection. — *Révolte, dispute, émeute, tapage*, Ht. — قيامات الكواكب les invocations qui sont particulières aux astres, et qui sont nommées ainsi parce qu'on les prononce en se tenant debout, Prol. III, 143, dern. l., 145, 6. — *Adresse, dextérité*, Bc. — Pl. قِيام *chaîne*, fils tendus sur un métier pour faire de la toile, Bc.

قَيِّم, fém. ة, conserve la constr. du verbe, p. e. القَيِّم بأمره, Gl. Fragm., Abou'l-Walîd 322, 23. — *Gouverneur, administrateur, gardien, chef, inspecteur*, p. e. قَيِّمة الجوارى *la gouvernante du harem*, القَيِّم على الخيل *l'écuyer*, قَيِّم المنجمين *le chef des astrologues* (1001 N. Bresl. III, 241); القَيِّم soul *le trésorier*, Gl. Badroun, Gl. Belâdz., de Jong; *gouverneur d'un enfant*, Akhbâr 51, 12; *préposé aux soins de propreté*, R. d. O. A. VII, 85. — *Serviteur dans des bains publics*, Macc. II, 547, 20. — *Joueur de gobelets*, Lane M. E. II, 119. — Titre que reçoit un porteur d'eau qui, pendant une noce, peut porter une outre remplie de sable et d'eau plus longtemps que ses confrères; voyez Lane M. E. I, 251 n. — *Adroit*, Bc, 1001 N. Bresl. IX, 306, 10 (où Macn. a شاطر بارع فى الشطارة). — C. ب *versé dans*, Amari 619, 7, 646, 6 a f. — Pl. قَوائم *chaîne*, fils tendus sur un métier pour faire de la toile, Voc. — *Valeur*, Prol. II, 98, 10.

قَوّام *qui passe la nuit en prières*, Abd-al-wâhid 243, 9, cf. sous la Iʳᵉ forme, etc. — Le fém. ة *demoiselle suivante*, demoiselle attachée au service d'une grande dame, Bassâm III, 85 vº: وعلى راس العلاجة جوارى من القوامات اسيرات كأنها فلقات قمر.

قَيُّوم *lieutenant-général* (de Slane), Berb. II, 186, 7.

نَهَض (وثَب) قائمًا *se lever promptement, brusquement*, 1001 N. I, 44, 7 a f., 51, 1. — قائم فى الهواء *très-élevé*, Gl. Edrîsî. — خِطْبُكَ قائمة *celle qui a lieu régulièrement*, Gl. Edrîsî. — العين القائمة voyez sous le premier mot. — *Escarpé*, Bc. — *Perpendiculaire*, Prol. I, 85, 9 et 10. — ان كان دورانه قائمًا il

tournait dans le sens vertical, Gl. Edrîsî. — قائم الزاوية *rectangle*, قائم الزوايا *rectangulaire*, Bc. — *Considérable*, en parlant d'une montagne d'un pilier, d'un édifice, d'une somme d'argent, etc.; aussi قائم بذاته en parlant d'une ville, d'un marché, ainsi que قائم بذاته ou قائم بنفسه, Gl. Edrîsî. — قائم بذاته *indépendant*, Gl. Edrîsî, Bc; *isolé*, Gl. Edrîsî. — قائم بنفسه *intrinsèque, réel, qui est en soi*, Bc. — *Restant fidèle à l'islamisme*; Hakîm ibn-Hizâm a dit: لا بايعتُ رسول الله صلعم ان لا اخرّ الّا قائمًا, c.-à-d. اموت الا ثابتًا على الاسلام. — Pl. قُوّام et قَوَمة, *gouverneur, administrateur, gardien, chef, inspecteur*, Djob. 43, 3 et 4, 44, 4 et 5; قوّام المملكة *les ministres de l'État*, voyez sous مُعَطَّن. — قائم الاسطول *commandant de la marine*, Berb. II, 215, 9 a f.; قائم الخيل *écuyer*, Gl. Fragm.; قائم المساجد *bedeau*, Gl. Abulf., Tha'âlibî Latâïf 13, 4 a f., aussi seul, Mohammed ibn-Hârith 296, 330, Macc. I, 364, 14; ils étaient sous les ordres du çâhib aç-calât, Mohammed ibn-Hârith 273. Il est aussi question des قَوَمة des moëzzins, Djob. 94, 9. — قائم الليل *qui passe la nuit en prières*, Abd-al-wâhid 133, 5 a f.: كان يَبْعُد فى قوّام الليل وصوّام النهار, cf. sous la Iʳᵉ forme, etc. — على القائم *régnant*, Bc. — *Contre-poil, rebours*; على القائم *à contre-poil, à rebours*, Bc. — Au jeu des échecs c'est lorsque la partie est indécise; voyez Bland dans le Journal of the R. Asiatic Society XIII, 15. — En Egypte on donne le nom de قائم à quatre mâts qu'on dresse sur une même ligne, à l'occasion de l'anniversaire de la naissance du Prophète, et qui sont reliés entre eux par des cordes sur lesquelles on suspend des lampes, Lane M. E. II, 208. — قائم الماء *château d'eau*, M.

قائمة se dit, comme *pied* en français, en parlant de plusieurs sortes de meubles, d'ustensiles, قائمة d'une table, d'un lit, d'une machine de guerre, etc., Gl. Belâdz. — *Chambranle* d'une porte, R. N. 77 vº: فيلقى القمودى الى باب البيت الذى هم فيه فيجعل يده على قوائم الباب — *Appui* (de bois), Auw. I, 455, 15. — *Pilon*, M. — T. de géom., *angle droit*, M, Prol. III, 101, 6. — Pl. ات et قوائم *état, inventaire, liste, mémoire, note, rôle, tableau*, Bc, Ht, M.

أقْوَم c. ب *plus propre à, qui a plus d'aptitude*

pour, Mâwerdî 5, l. 5, Fragm. hist. Arab. 572, 14. الاقامات اقامة *vivres*, Ht, *provisions*, Maml. I, 1, 22, Fleischer Gl. 99, de Sacy Chrest. II, 86, dern. l. du t. a., Khallic. X, 72, 15, Ztschr. V, 493, dern. l.

تَقْوِيم pl. تَقَاوِيم *la détermination de la position des astres pour un temps donné*, Prol. III, 107, 12; cf. Macc. II, 549, 3; *calcul ou tableau astrologique*, Fakhrî 326, 3 a f.: فجعل ينظر فى اصطرلابه وتقاويمه, 1001 N. III, 203, 4 a f.: تقويم البُلْدَان — فضربت له تقويما *l'indication des longitudes et des latitudes*, M; — *tableau*, *ouvrage contenant la description d'un pays*; تَقَاوِيم pl. *tables chronologiques*, Bc. — تقويم التواريخ *almanach, calendrier, éphémérides*, Bc, M. — *Évaluation des biens*, Maml. I, 1, 37: «Il inventa un cadastre تصقيع et une évaluation des biens تقويم, et quantité d'autres mesures vexatoires.» — *Soulèvement*, *mouvement d'indignation*, Bc. — *Formation*, t. de math., *action d'élever à une puissance*, Bc.

مَقَام pl. ات *grade, rang*, Bc, Macc. III, 755, 14: وقد عرف لى مقامى — *Degré de sainteté*, Catal. des man. or. de Leyde V, 1, n. 2 (مقام?), Bat. IV, 342, Cartâs 179, 10 a f.: وكان مقامه التوكّل Macc. III, 675, 17: ونزل اسرار المعارف خصوصا مقام التوكّل; pl. ات, Koseg. Chrest. 61, 3, Berb. I, 50, 5. — مقام الجمع, *la station de l'union*, est chez les Soufis lorsqu'on obtient quelquefois une perception vague de l'unité, et مقام الفرق, *la station de la séparation*, lorsqu'on monte plus haut et qu'on acquiert la faculté de distinguer entre les êtres, Prol. III, 72, 9 et 10. — T. de musique, *degré du son*, Descr. de l'Eg. XIV, 24, 37, n. 1; مقام الصوت *ton*; مقام *mode en musique*, Bc. — الموسيقى *Caractère, titre, dignité*, charge, Bc; مقامات *dignités ecclésiastiques*, Hbrt 150. — *Autorité, puissance*, Alc. (autoridad, señorio de señor soberano). — *Rôle*, la manière dont on agit dans certaines occasions, Khaldoun man. IV, 8: كان موسى فى هذه الغزاة مقام محمود. — *Honneur*, la démonstration extérieure par laquelle on fait connaître le respect qu'on a pour quelqu'un, 1001 N. III, 231, 2 a f.: عمل له مقاما «il lui rendit de grands honneurs.» — Titre qu'on donnait exclusivement aux souverains, Maml. I, 1, 155, I, 2, 49, non-seulement en Egypte, mais aussi ailleurs, Alc. (alteza señoria, alteza real), Khatîb 172 r°, 255 v°, Bat., Holal 1 v°, etc.; عالى مقامكم *votre altesse*, Bc.

المقامات للخمسة sont chez les Druzes les cinq personnages dans lesquels a résidé la divinité, à savoir 'Obaïdallâh al-Mahdî, al-Kâïm biamrillâh, al-Mançour billâh, al-Mo'izz lidînillâh et al-'Azîz billâh, de Sacy Chrest. II, 234. — Pl. ات *combat*, Khaldoun man. IV, 8: أنّا لم, Akhbâr 87, 3: هزمومم بعد مقام صعب «nous n'en sommes pas encore venus aux mains,» Berb. I, 15, 2: تجيى للمقام, 43, 2. — وكانت لهم مقامات *Sujet*, objet d'une science, matière sur laquelle on écrit, Prol. III, 324, 15. — *Système*, Prol. III, 122, 3 a f. — Pl. ات «monument commémoratif élevé au lieu où s'est arrêté un saint personnage,» R. d. O. A. N. S. IV, 82; c'est ordinairement une *chapelle* ou *mosquée*, et souvent elle renferme le tombeau d'un saint, Ouaday 596, Barth I, 424, 533, Sousa Vestigios da lingoa Arab. em Portugal éd. Moura 162, Niebuhr R. I, 310, Burckhardt Syria 612, Ztschr. XI, 437, n. 3, 1001 N. Bresl. XI, 41, 42, où Maen. (IV, 494) a مزار, Hist. Tun. 142: ولم غير ذلك من المآثر والمحاسن والاعتناء بمقامات الصالحين وتجديد مشاهدهم. Chez Bc *mausolée*. — Pl. ات, t. d'arithm., *dénominateur*, nombre inférieur d'une fraction, Bc; voyez sous قَلْم. — Suivi du génitif, *applicable à*, p. e. هذه المادة ما هى مقام هذا القانون «cette loi n'est pas applicable à ce cas-ci,» Bc. — فى المقام *à l'instant*, Gl. Badroun. — Dans le vers d'as-Chammâkh: وتقبين عنه مقام الذنب الذنب, c'est, Mufassal 41, dern. l.

مُقام *l'action de se tenir debout*, Bidp. 14, dern. l., 16, 7. — Pl. ات *service*, c.-à-d., les plats qu'on sert sur table et la vaisselle avec le linge qui sert à table, Fleischer Gl. 98, 1001 N. Bresl. XII, 354, 3 a f., Bâsim 12, 13, 14, 18, 26, etc.

مَقَامَة. صداقتنا مقامة واحدة, de Sacy Dipl. IX, 495, 3, qui traduit: «notre amitié avec lui restera sur le même pied.» — Pl. مَقَاوِم *réunion solennelle, séance*, Haiyân 23 v°: يقوم بين يدى الخليفة فى المحافل (Abbâr, en copiant ce passage 98, 12, omet le dernier mot). On semble dire dans le même sens كان يقوم بين قام المقامة, Haiyân 21 v° (= Abbâr 97), وقام — *Discours, sermon*, Asâs: يدى للخليفة المقاوم بين يدى الامير مقامة حسنة ومقامات بخطبه او عظة او R. N. 96 r°: وكان يقوم فى جموع المسلمين غيرهما, M: فيحرضهم على الجهاد مقامات كانت عنده ويشعر وتنطلق

قَوْمانِيَّة

الْمَقَامَات عَلى خُطَب مِن مَنظُوم ومَنثُور كَمَقامَات الحَرِيرِي، *qui a lieu auprès du Macâm Ibrâhîm,* Djob. 144, 18: التَراوِيحُ المَقامِيَّة.

مُقَوِّم *bien,* Voc.

مُقَوِّم *celui qui fournit des bêtes de somme et des provisions aux pèlerins,* Burckhardt Arab. II, 6, et Syria 243, Ztschr. XXII, 131.

مُقَاوِم *équivalent,* Bc.

اِسْتِقامَة *droiture, intégrité, justice, loyauté, probité, pureté,* Bc, Hbrt 232.

مُسْتَقِيم *intègre, loyal, probe,* Bc.

قَوْمانِيَّة *convoi, munition, provision,* Bc.

قَوْمَس *comte,* ne manque pas chez Freytag (Gl. Belâdz.); il l'a sous قمس; le pl. est قَوامِس et قَوامِيس.

قُومى (κόμη), comme on trouve chez Sontheimer, A et B, قُومى, *tragopogon,* Bait. II, 329 h; les corruptions proviennent peut-être de l'accus. grec chez Dioscor. II, 172: Τραγοπώγων ἢ τετραπώγων, οἱ δὲ κόμην καλοῦσι.

قون

قُونَة pl. قُون *image,* Ht, M, Payne Smith 1584; c'est pour أَيقُونة, qui est εἰκόνια, le pl. de εἰκόνιον, qui est le dimin. de εἰκών, M, Fleischer Gl. 73. Je trouve la forme أَقُونة chez Edrîsî, Clim. V, Sect. 1, qui dit en parlant de l'église de Saint-Jacques-de-Compostelle: وفِيهَا مِن الاقُونَات المَصنُوعَة (A — المصوعة) مِن الذَهَب والفِضَّة نحو (مِن + A) ٢٠. أَقُونَة; le sing. correctement dans BC (A — يَاقُونَة); pour le pl. ils ont par erreur (A — اللَعُوبات) اللَقُونَات.

قَاوُون, *melon,* voyez plus haut p. 296 b.

قُوناق (turc) pl. ات *couchée, lieu où l'on couche en voyage,* Bc.

قُونْطَرايِرْبا (esp. contrayerba) *contra-yerva, contre-poison, antidote contre la peste,* Bc.

قَوَّن I, formé de قانُون, Chec. 191 r°: ici se terminent les prolégomènes sur la digestion على القَانُون العِلمِي والطَرِيف الصِناعِي مَقَوَّنًا مَبوَّبًا مَقَرَّبًا مُهَذَّبًا *Punir,* Bc, Hbrt 213.

قوى

قُوَّة II. D'après l'Asâs قُوَّة est *jeter à son compagnon un cri qui est le signal du départ,* صِيحٌ بِصَوتٍ هُو امارَةٌ بينهما. Le verbe seul semble signifier *donner le signal du départ* dans les 1001 N. Bresl. XI, 212, dern. l.: فقالَت لَه اتْرُك الحَبَّاكَة وتَفتَح دُكَانًا طَبِيبٍ فَقَالَ لَها انَّ اهلَ بَلَدِي يَعرِفونِي وهَذا امرٌ لا يَصلُح الا فى بلاد الغُربَة فَقَوِّى حتى نُسَافِر مِن هَذه البَلدَة.

قُوِهِى. Cette étoffe est de peu de valeur, voyez Valeton ٣٤, dern. l.

قَوْوش *coursier, canon à la proue d'un navire,* Bc.

قَوِىَ I, en parlant d'un bruit, d'une nouvelle, *acquérir de la consistance, commencer à se confirmer,* Nowairî Espagne 476: الخبر ان قَوِى عندَهُم للخبر بدخول محمد القَصر. — *Reprendre courage,* Akhbâr 69, 2. — C. r. على *pouvoir,* Voc.; *avoir les moyens (pécuniaires, etc.) de faire une chose,* Akhbâr 43, 8; *seul, ibid.* 66, 2 a f. — C. على *prévaloir,* Bc. — C. على *être trop fort pour,* Koseg. Chrest. 96, 13.

II *mettre quelqu'un en état de fournir à ses besoins,* فاخرَج اليومَ الفَ دِينار وقال قَوُّوا بَهَك, Akhbâr 70, 10: 71, 1: واعطَوا النَاسَ تَقوِيَةً لَه; *équiper un soldat, le pourvoir des choses qui lui sont nécessaires, surtout d'armes,* Gl. Belâdz, Gl. Fragm.; *fournir des armes et des vivres aux habitants d'une ville,* Gl. Fragm.; chez Alc. «fornecer,» c.-à-d., *fournir, pourvoir, équiper; faire des avances de grains à ceux qui en ont besoin,* Maml. I, 1, 142. — *Animer, exciter,* Alc. (animas), Akhbâr 86, dern. l.: ولحَق. — يَبِين مَعوِنَة كُلّ مَن قُوَّتَ نَفسَه على ذلك *Accréditer, rendre vraisemblable,* Bc. — قوَّى عَزمَه *payer d'audace, d'effronterie,* Bc.

III c. a. p. *se mesurer avec quelqu'un, lutter avec lui,* Bc.

IV c. مِن *être abandonné par,* Ztschr. XII, 64, 3, cf. 79, n. 2.

V c. ب *se munir de,* Gl. Fragm.: ذَهَب الفِرِنجِ تَقَوَّوا بِهَذَا المَال على شَيءٍ — خَبَّامِي وتَقَوَّوا باسلِحَتِهم *avoir, grâce à cet argent, les moyens de faire une chose,* Akhbâr 70, 3 a f: ما على المال بهذا اعطاءَ نُريد لِيَتَقَوَّى, Sarakhsî dans le Gl. Belâdz. — تَقَوَّى على بِه — *s'animer,* Alc. (animarse), c. على *s'animer à,* Bc. — *Prendre courage, confiance,* Alc.

(esforçarse). — C. على p., de Sacy Dipl. XI, 44, 1: لا يتقوى احد لا يودبهم, où l'éditeur traduit: « personne n'usera envers eux de voies de fait. » — C. ب p. et على de l'autre, *pouvoir résister par le secours de quelqu'un à*, Gl. Fragm. — تقوى عليه ب *se prévaloir, tirer avantage de*, Bc.

VI c. على p. *faire querelle à quelqu'un*, 1001 N. III, 189, 7. — C. مع *mesurer ses forces contre*, Bc. — تقاوى عليه ب *se prévaloir, tirer avantage de*, Bc.

X (Freytag sans autorité) se trouve Bidp. 194, 8.

قُوَّة *pouvoir, faculté de faire*, Prol. II, 338, 9. — *Virilité, la capacité d'engendrer*, de Sacy Chrest. II, ٨٥, 5 u f. — *Moyens pécuniaires*, Akhbâr 24, 5: فان امرى امير المومنين ببنيان سور المدينة فعلمت ان قبلى قوة على ذلك من خراجها. — *Munitions de guerre*, Haiyân 85 v°: ادخل فيها (في القصبة) الندب والقوة فبلغ نحو مائتى وخمسين شيئنبا Athîr XI, 82, 17: مملوءة رجالاً وسلاحاً وقوة (cf. Suppl. 18, 2, et biffez Amari 293, n. 2), Amari 537, 9: اسطول بعدد وقوة عظيمة. — *Soutien, appui*, Nowairî Afrique 18 r°: بيا بنى تميم لوا ن بكم قوة أوى الى ركن شديد قوة السير *marche longue ou forcée*, Freytag Loem. 64, 3: وقد تعبت خيولهم وضعفت لقوة السير وقلة الزاد والعلف.

قوى a chez Alc. (fuerte) le pl. quiguâ. — بالقوى *fortement*, 1001 N. Bresl. IV, 168, 10 et dern. l. — كثيرة العمارة *très-peuplée (ville)*, Djob. 215; 1 (= الخلف) *qui suit*). Comme adv., *bien, beaucoup, très*, قوى مليح *« très-bon, »* Bc, 1001 N. Bresl. III, 270: ان موضعى هذا قوى مليح; aussi après l'adj., IX, 203: كان مليح قوى. — *Beaucoup, excessivement*, 1001 N. IX, 315, 7, 316, 8. — *Actif qui agit avec force et promtitude, assuré, ferme, hardi*, Bc. — *Corpulent*; le compar. اقوى, 1001 N. Bresl. IV, 26: وكان الرائس ذو جثته وما فينا اقوى منه, Bat. II, 181, 400, l'anonyme de Copenhague 77: امر بفتح المخازن المعدّة لاختزان الطعام ففتحت للعامة وقيل عليهم فذكر انها كانت بثمن للاقوياء وبغير ثمن للضعفاء. — *Mélancolique*, Alc. (malenconico, avec le pl. quiguâ).

قَوَاءٌ, c.-à-d. ذهاب الزاد والجوع اكلة القوا, Diw. Hodz. 156, 4 a f.

قيح

أقوى c. على *plus propre à*, Gl. Belâdz. — *Plus corpulent*, voyez sous قوى.

تَقْوِيَةٌ *des grains que l'on fournit aux laboureurs pour leur nourriture, avant la moisson, et qu'on se fait rendre après cette époque*, Maml. I, 1, 141; M: والعامة تستعملها لما يعطى الفلاح من العون المالى لتمشية الارض وتجمعها على تقاوى; Bc: تقاوى *semailles, grains semés*. — *Epargne, économie*, Payne Smith 1331. — *Réunion où l'on boit*, Alc. (colacion de bever; Nebrija: symposium, compotatio). — تقوية الاولاد *répétition, t. de collége, exercice*, Bc. — Comme قوى ب signifie « être accusé de, » je crois que تقوية désigne *inquisition d'Etat* chez Haiyân-Bassâm I, 128 r°: Câsim ibn-Hammoud, dont le règne fut plus doux que celui de son frère Alî, أمر باسقاط رسم التقوية واظهر البراءة منها واقصى السعادة (السُّعَاة l.) وطردهم واقرّ القاضى والحكّام والحرمة (والخدمة l.) على منازلهم se trouve Diw. Hodz. 156, 4 a f.

مُقَوّى *répétiteur, qui répète les écoliers*, Bc.

مقوى ورق مقوى *carton*, Hbrt 112; aussi مقوّى, pl. ات, *carte, plusieurs papiers collés, carton*, Bc, Hbrt 112.

قَبَأَ VI *vomir*, 1001 N. I, 395, 2 a f., IV, 183, 6, Beaussier.

مَنْزِرَع قَبَّيْس *chenevière*, Bc, mais pour *chènevis* il a قنبس.

قَبَّيل est *cauannus* dans L; cf. Simonet 296, mais il me semble plus prudent de ne pas faire des conjectures sur ce mot.

قيثَارَة (roman), pl. قيثاتير, M, et قِيتَارَة, Bc, Hbrt 98, *guitare*; aussi قِيتَار, M; cf. كتارة.

قيج fém. ة, *faisan*, Bc.

قيح *suppuration*, Daumas V. A. 425; dans le Voc. pl. اقياح, *sanies*.

قيد

قَيْدَ I (vulg. pour أَوْقَدَ), aor. i, brûler, faire du feu de; الشمعة ou قَدْ النار allumer le feu, une bougie, Bc. — قيد regretter, Roland.

II lier, au fig., astreindre, de Sacy Chrest. I, 263, 7: طرحوا التقييد بآداب المجالسات والمخاطبات « ils ont secoué le joug de toutes les règles de politesse qu'on observe communément dans la société et la conversation. » Aussi au fig., قَيَّدَت عليه أنفاسه « il ne peut plus respirer librement, » Macc. I, 136, 11. — Restreindre, au fig., diminuer, réduire, Bc; se renfermer dans un cercle plus étroit, l'opposé de أَطْلَقَ, M, Prol. I, 4, l. 6. Cf. de Sacy Anthol. gr. II, 4, où l'éditeur observe (53, n. 74): « On entend par تقييد, toutes les conditions au moyen desquelles on restreint et l'on resserre une définition, pour en écarter tout ce qui est étranger à l'objet qu'il s'agit de définir, » Baidhâwî II, 48, 1. Quand on joint un mot à un autre pour en préciser, en déterminer, en restreindre le sens, le mot déterminé est مُقَيَّد, Gl. Manç. v° واكثر ما تصرف مطلقًا على آفة الرجلين وتقييد زمانة ويقيد باسم ما فيه من الأدوية: مرهم v° id., في غيرهما او باسم اول طبيب اتخذه او باسم علة ينفع منها كذلك او نحو ذلك id., v° فالج, Chec. 183 v°: le mot حَمِّيَّة dicte, est employé, مطلقًا غير مقيد. — Déterminer, Gl. Maw., Amari 576, 8 et 10, Calât 9 r°: واجمل البشر لذلك من الاجناد والفواد والكتاب واهل الاعمال — قَيَّدَ — لحساب لتقييد الاشغال والانفاق على الاعمال بالكتاب noter, prendre note de, consigner, coucher par écrit, enregistrer, Prol. I, 405, 16, ordinairement قيد seul, Abbad. I, 195, n. 15, Bc, Voc. (notare, aussi sous notarius et obligare), Bat. IV, 264; — recenser, enregistrer les contribuables, les mettre sur les rôles des impositions, Alc. (enpadronar, encartar, مُقَيَّد enpadronado por hazienda); — faire le recensement des troupes, Alc. (contar gente); — contrôler, mettre sur le contrôle, Bc; — écrire d'après une déclaration verbale, Roland, Amari Dipl. App. 3, l. 6. — C. على épargner une chose, l'employer avec réserve, Bc.

V quasi-pass. de II dans le sens de conpedire (cf. au fig., de Sacy Chrest. I, 263, 8 a f.: لا يتقيد بهيمة « il ne se prescrit aucune règle pour sa mise

قير

extérieure »), notare, obligare, Voc. — C. في s'appliquer à, s'attacher à, faire attention à, choyer, ménager une chose, et: veiller avec grand soin à la conservation d'une personne, veiller à; c. ب ou على, soigner, conserver; le n. d'act. attention, scrupule, application, Bc; متقيد في الدرس studieux, Hbrt 116; 1001 N. I, 806, 3: وانا على ان اتقيد باستنشاق, 579, تقيد بالملك وكيسه, IV, 486, 8 a f.: الاختبار, انتقيد لك به Bresl. IX, 383: تقيد خدمة عماك, 12 (Lane: « I will pay all attention to him for thee »), XI, 8: تقييد به مدة شهرين. — C. على r. épargner, Bc.

قَيْد entrave sur les deux pieds de devant du chameau, Prax R. d. O. A. V, 221. — ما دام في قيد الحياة pour la vie, Bc, Bat. I, 280, II, 427, III, 55, 177, 321, 432, IV, 316. — قيد اللسان frein de la langue, Bc.

المجنون ما عليه تقييد. تقييد « on passe tout à un fou, » Bc. — Application, attention, Bc. — Pl. ات et تقاييد, ce qu'on note, ce qu'on couche par écrit تقييد الدعاوي والمخاججي actes, Voc.; — procès, procédure, les pièces d'un procès, Alc. (proceso en el pleyto); — rôle des impositions, recensement des contribuables, Alc. (enpadronamiento, encartacion), l'anonyme de Copenhague 39: ثم قبض على ابن رجلًا شريف مرسيها وثقفه وطلب منه احضار تقييدات (تقييدات ل.). (المجاي ل.) المجاي وأزمتها; — dictée, ce qu'un professeur dicte à ses auditeurs, d'où vient qu'un grand nombre de livres portent ce titre, Abbad. I, 196, n. 15; — écrit, livre, ibid. 195.

مقيد الجوابات secrétaire (au Caire), Burton II, 297.

قير II cirer, enduire de cire, Voc., Alc. (encerar con cera).

V quasi-pass. de la IIe dans le sens qui précède, Voc. v° incerare et v° brandar (qu'il prend, je crois, dans le sens de « torche ».)

قير espèce de bitume dont on se sert en guise de goudron, Teixeira 76: « Un bitumen que llaman quir, y que les sirve de brea, » cf. Gl. Esp. 327, Niebuhr R. II, 203. — Pl. أَقْيَار, au Maghrib, comme κηρός, cire, Voc., Alc. (cera de avejas), Bait. II, 333 c: واهل المغرب يسمون الشمع قير واصله رومى والقير ايضًا قير الاذن؛ هو القار وقيل هو الزفت الرطب la cire des oreilles, Alc. (cera de la oreja).

قَيْرَوان ouvrier qui emploie la poix, Payne Smith 1806.
مَقَيِّمٌ؟ se trouve dans les quatre man. de Paris
de Bat., là où les éditeurs, IV, 12, ont donné, d'après
le man. de M. de Gayangos, مُنَيِّر, en traduisant
« un pagne bleu. »

قَيْرَوان le gros d'une caravane ou d'une armée, Gl.
Belâdz. — Camp, ibid., ou plutôt la principale ville
de garnison, Akhbâr 4, l. 7: افتتح طنجة واختطها
قيروانا للمسلمين واوطنها ايامٍ (de même Macc. I, 155,
3 a f.), 10, 5, en parlant de Cordoue: وهى الهرم
قصبة الاندلس وقيروانها وموضع ملكها. — Cheflieu
d'une province, Gl. Belâdz.

قَيْرَوان espèce de scorie مُنْطَفِى = خَبَثُ الفِضّة, Most. v°

قَيْم nom d'un instrument de musique, Casiri I, 528 a. —
قَيز, plante, genre chicoracée, Daumas V. A. 382.

قَاسَ I c. على proportionner, Bc. — Essayer, p. e.
un habit, des souliers, Alc. (provar como vestido o
calçado). — S'essayer, spécialement s'essayer à combattre, s'exercer au maniement des armes, Alc. (ensayarse, ensayarse para la guerra). — Sonder une
plaie, Formul. d. contr. 5: quelqu'un a reçu une
blessure sur la tête فقاسه الحكيم واذا هو قد بلغ العظم. —
Arbitrer, décider en qualité d'arbitre, Alc. (alvedriar,
arbitrar). — Dans le Voc. sous silogismus. — Viser,
Bc, Delap. 141. — Jeter l'eau, Daumas V. A. 484.

II arpenter, mesurer, Ht.

III comparer une chose à (ل ou ب) une autre,
Voc.

VI dans le Voc. sous asimilare, sous comparare,
c. مع sous mensurare.

قَيْس pl. أقياس mesure, Voc. — Environ, Voc.
(circiter). — بِقَيْس secundum, Voc.

عُود القَيْسِه voyez sous عُود.

قِيَاس. Le pl. أت, Voc, Bc, Abou'l-Walîd 149,
10, 407, 22, Prol. III, 140, 6, et أقْيِسَة, Voc.,
Prol. II, 342, 6. — Raisonnement, Bc, de Sacy Chrest.
I, ٩, 3 a f., raisonnement syllogistique, Prol. III,
140, 6. — Argument, Bc. — Induction, conséquence
vraisemblable tirée de, Bc. — Hypothèse, supposition,
système, hypothèse; بالقياس par conjectures; يتّبع قياسات
systématique, qui fait des systèmes, Bc. — بالقياس الى
relativement à, de Sacy Chrest. II, 323, 2 a f.

بعيد عن القياس absurde, Berb. II, 3, l. 8. — Jugement,
la faculté de l'entendement qui compare et qui juge,
Alc. (juyzio natural = عَقْل). — Instinct, Alc. (in-
stinto natural). — Mesure, ce qui sert de règle pour
déterminer une quantité, une dimension, Voc., Alc.
(medida), Bc; mesure du pied, que prend un cordonnier, Delap. 90; بقياس modestement, posément,
sagement, Alc. (mesuradamente, modestamente). —
Brasse (mesure), Alc. (braçada = قامة); cf. Gl. Esp.
185. — Echelle, ligne divisée par degrés, Bc. —
Nivellement, Bc; بقياس de niveau, Alc. (nivelada-
mente). — Niveau, instr. pour connaître si un plan
est horizontal, Bc. — Arbitrage, jugement d'un différend par arbitres, Alc. (alvedrio, arbitrio). — Matière, Alc. (materia de donde sacamos). — Essai,
p. e. d'un habit neuf, ou bien: une petite portion de
quelque chose, p. e. de vin, qui sert à juger du
reste, Alc. (prueva provar alguna cosa assi como
vestido, prueva por gostar). — L'action de s'essayer
à combattre, de s'exercer au maniement des armes,
Alc. (ensayo para la guerra, ensayo para polea). —
Couverture de sopha avec franges, Bc; M: ضرب من
الحصر دقيق القش محكم النسج. — Pl. ات engelure,
Bc. — علم القياس perspective, une des parties de
l'optique, Alc. (prespectiva arte); — géométrie, Hbrt 92.

قِيَاسَة. pl. قَبَايِس bâtiment, gabare, quaiche, Bc,
Maml. II, 2, 273, Light 123: « I began to descend
the Nile in a small caiash or barge, » Fesquet 60:
« cayasses, barques qu'on emploie à la navigation
pendant les basses eaux; elles sont plates et pesantes
dans leur marche. »

قِيَاسِي syllogistique; — hypothétique, systématique, Bc.

قَيَّاس dans le Voc. sous mensurare, arpenteur,
toiseur, Bc. — Niveleur, Bc.

أقْيَس plus en harmonie avec l'analogie, Abou'l-
Walîd 161, 22.

مَقْيِس arbitre, médiateur, Alc. (arbitro, arbitrador,
medidor derecho). — Arbitral, Alc. (arbitraria cosa). —
Celui qui s'essaie à combattre, qui s'exerce au maniement des armes, Alc. (ensayador para polea).

مِقْيَاس pl. مَقَايِيس compas, Amari 18, 10; Reinaud
(Géogr. d'Aboulf. p. cxvii) remarque sur ce passage:
« Ce mot désigne plus spécialement le style d'un ca-
dran solaire, et est synonyme du grec gnomon. »

Sonde, instr. pour connaître la profondeur de l'eau, Fleischer Gl. 71. — مقياس الزمان chronomètre, Bc. — Pl. مقاييس et مقايس analogie, Kâmil 112, 3, Macc. I, 483, 2, Prol. II, 349, 8. — Au Maghrib, grand anneau d'or ou d'argent en forme de bracelet, que les femmes se mettent aux jambes et aux bras, Alc. (manilla), Domb. 82 (armilla), Marmol II, 4 b (mequiaz), 103 a et b: «Leurs joyaux sont de très-grands anneaux d'or ou d'argent, qu'elles nomment el Mocayaz; mais elles n'en portent qu'à chaque bras, et ils sont si grands que, s'ils sont en or, ils pèsent ordinairement cent ducats, et, s'ils sont en argent, dix ou douze», Hœst 120 (inexact), Michel 190: «m'kaïs, anneaux d'or énormes » autour de la cheville du pied, 235. Chez Beaussier مقياسة (cf. مقياس), pl. مقياس et مقاييس, bracelet en corne ou en métal, Formul. d. contr. 4: زوج الاساور وزوج المقياسة.

مَنْقَاس toisé, mesuré avec la toise, Bc.

قِيسَارِيّة (aussi avec le ه) pl. قياسر bazar, halle, place publique qui sert à tenir le marché, ou bien : un bâtiment carré fait en forme de cloître, qui renferme des chambres, des magasins et des boutiques pour les marchands; voyez les auteurs cités Gl. Esp. 79. Il saute aux yeux que ce mot est l'adj. latin Cæsarea, ou plutôt l'adj. grec Καισαρεία. En parlant de la caisâríya de Fez, qu'il décrit comme une ville dans la ville, puisqu'elle était entourée de murailles et qu'elle avait douze portes, Léon 307, que Marmol (II, 88) a suivi, explique aussi l'origine du nom. Selon lui les Césars ont fait bâtir, dans les différentes villes, ces halles ceintes de murailles, afin d'y mettre le produit des impôts, et en même temps les marchandises des citoyens, à l'abri des émentes et du pillage. Cette explication est assez plausible, seulement l'autorité de Léon n'est pas fort grande quand il s'agit d'histoire ancienne. L'opinion de M. Simonet (297) me semble plus simple et plus probable: à son avis ce serait (halle) césaréenne, c.-à-d., privilégiée ou autorisée par le César, moyennant une certaine redevance. Au reste le mot doit être venu de l'empire byzantin, car on le rencontre dans les contrées qui lui ont été soumises, en Syrie, en Egypte, au Maroc, tandis que dans l'Occident Cæsarea n'a jamais cu cette signif. C'est donc des Arabes que les Espagnols l'ont reçu, et je le trouve avec toute raison dans le Gl. Esp.; dans le livre de M. Simonet il est de trop. — Caserne, Quatremère Bocri 34, Lambrechts 42 (kasserie).

قِبْش cuir à repasser, Ht.

قَبْشُور (κίσσηρις) pierre ponce, Most.: حجر قبشورا وفي كتاب النعوت حجر القيشور وهو حجر منفتح (L منتفخ) القشر منتخلخل للجسم خفيف الثقب ومن خفته يعوم على الماء ولم معادن كثيرة في بلاد صقلية في جبل البركان. L'auteur du Gl. Manç., où le mot est écrit par erreur قَبْشون, dit à peu près le même; il ajoute qu'il s'est assuré que cette pierre n'est pas le الحجر الركاني qui vient de Sicile, quoiqu'elle y ressemble beaucoup et qu'elle serve aux mêmes usages. Bait. I, 42 c, 292 d: يَخفو فوق الماء كالقيشور, II, 273 b, 332 e. Restituez ce mot dans Cazwînî I, 233, et dans Amari 2, l. 8. Cabçâr et cabçart, qu'Alc. donne pour pierre ponce (esponja piedra pomez, piedra pomez esponja), me semblent des altérations de قيشور.

قِبْصُورى épithète pour une espèce de camphre, Bait. II, 334; Antâkî (sous كافور) épelle d'abord le mot de la même manière, après quoi il ajoute qu'on dit aussi القيبصوري (بالفاء والنون); man. 13. (3): فنصورى وهو منسوب الى موضع من بلاد الهند من ناحية سرنديب; cf. Vullers.

ماء قَبْصُوني eau saumâtre, Bc.

قبض II procurer, faire obtenir une grâce, un avantage, Bc.

III. قابص et قاوص (Bc, Hbrt 104, lisez ainsi), échanger, troquer, se construit c. ب r., Freytag Chrest. 102, 5, 104, 4 a f., 109, 9, 1001 N. III, 9, 18, 62; ibid. 25 la constr. est: وقايصوف عليه ببضائع ومتاع; قاوص (قايص) أحدا في شيء ;من عندهم troquer, Bc; ضراب مقايص troqueur, qui aime à troquer, Bc.

قبط sorte de poisson, Man. Escur. 893.

قبطرة est dans la 2e partie du Voc. torche (brandar); dans la 1re il a قَطِيرة colobium, ce qui est le nom d'un vêtement (voyez Ducange); cf. Simonet 337.

قَيْطَن I c. a. et II (formé de قَيْطُون, voyez sous قطن) dans le Voc. sous tabernaculum (tenda), I planter sa tente à, chez, c. عند s'établir chez, Beaussier.

قَيْطَن voyez sous قطن.

قَيْطُون voyez sous قطن.

قيطوس (κῆτος) baleine, Ht.

قيف II c. a. mendier, Voc.

V dans le Voc. sous mendicare.

قيف pl. قيوف atterrissement, dépôt de terre fait par les eaux sur leurs bords, Bc. — Falaise, côte escarpée garnie de landes à sa base, Bc; Cherb. donne كاف en ce sens, Daumas kaf; voyez Gl. Edrîsî 290—1.

قيّاف mendiant, Voc.

قيفال. Pour veine céphalique voyez Freytag sous قفل. — (Κέφαλος) anguille, Fleischer Gl. 74.

قيقب, aujourd'hui قيقب, n. d'un. ة, micocoulier, Cherb., Carette Kab. I, 168, 250, 255, II, 90; chez Beaussier c'est érable, acer obtusatum; lisez de même Auw. I, 333, 2 a f., 403, 1 (notre man. a le mot sans points). Sur l'usage qu'on faisait de son bois pour le قربوس, voyez Wright 3, l. 2 et suiv. قيقب et قيقبان, à Jérusalem, arbouse, Bait. I, 265 d, article جنى: وهو المسمى بالقيقبان عند اهل القدس وبعضهم يقول القيقب ه

قيقب sorte d'oiseau, M.

قيقج espèce d'exercice militaire, voyez J. A. 1848, II, 220, 221.

قيقلة؟ Bait. I, 127 b, en parlant du papyrus: وله ساق قيقلة: طويلة خضراء الى البياض عليه قيقلة كبيرة dans CDE et Boul.; BL قيقلة; A فيقلة; quelques man. (pas AB) ont كثيرة.

قيقمونة les substances qu'on employait chez les anciens Égyptiens pour embaumer les corps morts, M sous حنط.

قيقن I c. a. decipere (ad mulieres pertinet), Voc., qui a aussi II.

قيل I faire halte pendant la chaleur, Djob. 62, 19. — Dans le Voc. sous sexta, et en note: ad umbram sedere. — Chômer, être oisif, Fleischer sur Macc. I, 627, 7 Berichte 208.

II faire halte à midi, Burckhardt Nubia 387. — Faire la méridienne, la sieste, Alc. (scatear tener la siesta), Bc. — Se reposer, M. — Passer quelque part

l'été, la saison la plus chaude, Alc. (estio tener en lugar). — Passer la journée, Cherb. C. — قيّلنى laisse-moi, Roland.

IV, dans le sens de pardonner, ne se construit pas seulement c. d. a., Gl. Belâdz., M, mais aussi c. a. p. et من r., Badroun 292, 10: فدعا لهم ان يقيلهم الله من عثرتم, Weijers 27, 7, où il faut lire avec le man. A: وفى اثناه نكبته، وقعود الحزم عن اقالته من كبوته, et c. فى r., Voc. (dimitere iniuriam). — Demander pardon, Abbad. III, 106, 6, où اقالة est le synonyme de استغفار. — Faire pardonner, Calâïd 117, 4 a f.: واقبل من عثاره الانشاء «les beaux morceaux qu'il composa lui firent pardonner ses fautes. — اقاله الله من فلان Dieu l'a délivré d'un tel, Gl. Belâdz.

V imiter, Lettre à M. Fleischer 56.

X. استقال الله شيئا prier Dieu de considérer un vœu comme non avenu, Khallic. I, 377, 9 81. — C. من se dispenser de, Bc. — استقالة عثرة demander pardon pour une faute, Abbad. II, 257, dern. l. (cf. III, 218). — C. من p. se délivrer de, Abbad. I, 251, 10.

قيل (copte ⲕⲉⲗ) sorte de poisson, Ztschr. für ägypt. Spr. u. Alt. mai 1868, p. 55, juillet p. 83, 84.

قَيْلَة pl. قوائل sieste, méridienne, Voc.

قَيْلولة voyez اقالة.

قَيْلانَة l'action de faire halte à midi, Burckhardt Nubia 387. — Faire la sieste, 1001 N. I, 31, 10.

قَيُّولة mandibula, Voc., os des mâchoires, Alc. (varilla del cuello); d'origine espagnole, Simonet 338.

قائلة soleil, Domb. 53, Bc (Barb.).

اقالة. L: reconciliatio وَرَجْعَة اقالة; c'est réconciliation dans le sens que les Catholiques attachent à ce terme, à savoir: l'acte solennel par lequel un hérétique est réuni à l'Église, et absous des censures qu'il avait encourues; dans la traduction des canons, man. de l'Escur., اقالة et قيلولة ont ce sens, et sont expliqués par وهى لخناعة بالاورشتيبا.

تقييلة méridienne, sieste, Bc.

مقيل une halte pendant la chaleur, Daumas Mœurs 303. — Sieste, Voc. (1re part.), cf. Gl. Mosl.

قِبْلَغَة

مَقْبُول qui a une descente, Bc.

مَقْبَالَة lieu frais et couvert où l'on fait la méridienne, Alc. (sesteadero lugar para tener siesta). — Varenne, pâtis, lieu où l'on fait paître les bestiaux en été, bergerie, parc, Alc. (agostadero, majada de ganado). — Hôtellerie, Alc. (majada o posada).

قِبْلَغَة voyez كِبْلَاجَة.

قَبْلُون (a. esp. alquilon, du latin aquilo, Simonet 296) aquilon, vent du nord, Ibn-Loyon 35 v°:

وللجمع فى الذرة والدخن يكون نثرهما به مع البيس يهوّن فان يطل جمعهما تمزّرا لذاك بالقبلون ايضا نثرا؟

قِيماط voyez sous قمط.

قَيْماق (turc قَيْمَق) crème, Bc, Niebuhr B. 49; peau du lait qui a bouilli, Hbrt 12.

قَائِم مَقَام pour قَيْمَقَام, caïmacam, lieutenant du grand-vizir, Bc.

ومنه زيتون اسود قَيْمُومُوشَرِين sorte d'olive, Most. v° نوع احمر بعرفه د بالياقوتى وهو قريب من الاسود ورق (voyelles dans N), et v° ويسمّى قيموموشرين :الزيتون هو ورق قيموموشرين.

قِين IV أَقْيَن chanter, Payne Smith 1136.

قَيْنَة. Le pl. aussi قَيَان, Fleischer sur Macc. II, 222, 7 Berichte 287.

قِينا أصل القيناء squine, esquine, china, racine médicinale des Indes, Bc. — قينا quinquina, Bc.

قَيْهَق antore ou antitoré, Bc, Bait. I, 96 a (chez le vulgaire en Espagne).

ك

ك‍ 2 ك = 2 شهر كانون الثانى = كانون janvier, Bc. ك s'emploie avant les noms en sous-entendant une autre préposition, p. e. وكان بينهم ايام اخر لم يشتق فيها القتال كهذه الايام pour فى هذه الايام, Gl. Abulf.

كَأْب III c. a. dans le Voc. sous tribulari.

كَابُلِي اهليلج كابلى myrobolan chebule, Bc, c.-à-d., du pays de Kâboul (cf. Yâcout III, 456, 18, 20, IV, 221, 1); aussi كابلى seul, Sang. — Acajou, arbre d'Amérique, Bc.

كَاتَدْرَة (καθέδρα) le siège de l'évêque, M.

كَأْد VI, c. عن, s'emploie comme عاجز عن, ne pas être en état de faire, de supporter une chose, Prol. I, 317, dern l.: اعتزم الرشيد على عدمه وتخريبه فتكاءد عنه, Berb. I, 586, 5: تكاءد عن حمل العداوة بن الجانبين. Aussi comme synonyme de عجز, Akhbâr 148, 8: تكاءد فى الشكر وعجز فى الجهد, c.-à-d., je ne puis vous remercier assez.

كَاذِى ou كاذَى (Freytag 20 b), Pandanus odoratissimus, arbre qui ressemble au palmier, et qui croît dans l'Inde, en Chine et dans le midi de l'Arabie; on se sert de son écorce en guise de papier, et il donne une huile connue sous le nom de دهن الكادى voyez Gl. Badroun, Bait. I, 456 b, II, 337 b, A. R. 199.

كَار (pers.) pl. ات art, carrière, condition, état, métier, parti, profession, Bc, Hbrt 73, M (sous كور); تبع كار الحرب armes, profession de la guerre; كار الدوّار il a pris le parti de l'épée; colportage; كار الساعاتية horlogerie; — هذا كارى c'est un plat de son métier, Bc. — Barque, Gl. Geogr. 343.

كَارُب (Sang.) كَارُبا (Bc) = كَهْرُبا ambre jaune, karabé; la forme كاربا aussi Bait., Most., Payne Smith 1686.

كَارْدَة (pers.) دهن كارده = دهن الثانى Gl. Geogr.

كَارْدِينَال cardinal; ديوان الكاردينالية conclave, Bc.

كَارَنْتِينَا quarantaine; lazaret, lieu où l'on fait la quarantaine, Bc.

كَارُونِيَّة sorte de navire, Gl. Geogr.

كَارُوبِيم chérubin, Bc.

كَارُوصَة carrosse, Bc.

كاز‎ coche, le bout de la flèche dans lequel on fait passer la corde, J. A. 1848, II, 210.

كَأْس‎ (coupe) masc., de Sacy Chrest. I, ١٥٨, dern. l.; pl. كُؤوسَة‎, P. Kâmil 236, 9, أَكْواس‎, L (fialas), Voc., Macc. I, 438, 8, II, 356, 3 a f., et كيسان‎, Bc (Barb.), Delap. 57. Chez les chrétiens, calice, coupe pour l'Eucharistie, Bc. — Pl. كُؤوس‎ et (Cartâs) كيسان‎, lampion, Voc., Djob. 81, dern l., Macc. I, 361, 6 et 7, 363, 3, 15, 427, 2 a f., Cartâs 39, 7, 279, 6 a f., 280, 14. — Cette espèce de crotales qui ont la forme d'un vase, tels que les cymbales, et ces petits crotales de même forme, dont les danseuses égyptiennes se servent en dansant, Descr. de l'Eg. XIII, 495, Lane M. E. II, 87, Fesquet 74 n. — Pl. كؤوس‎ et كاسات‎, grand tambour (cf. Vullers), 1001 N. III, 150, 271, 274, 298, 321, 337, Bresl. IX, 58.

كَأْسَة‎ coupe, M.

كاش‎, dans le mot composé كاش حوائج‎, l'officier préposé à la garde du magasin qui renfermait les provisions destinées pour la cuisine et la table du prince. De Sacy (Chrest. II, 60) n'ayant pas compris ce terme et l'ayant même mal lu (كاس‎), au lieu de كاش‎; dans le passage qu'il cite, l'édit. de Macrizi, qui a paru à Boulac, a la bonne leçon), et Quatremère (Maml. I, 2, 138) n'en ayant pas expliqué l'origine, que je ne connaissais pas non plus, j'ai consulté M. Vullers, qui m'a répondu que كاش‎ est une altération arabe du persan خواجه‎ (dominus, præfectus), ce qui lève toute difficulté (comparez aussi sous خوشكاش‎).

كاشان‎ et كاشانة‎ (pers.) maison d'été, M.

كاشي‎ faïence, Bc; voyez قاشاني‎.

قاطرى‎ (esp. catre, lit de camp, cf. fr. cadre) le bois de lit, Domb. 90.

كاطوليكي‎ catholique, Bc.

كاكَنَج‎ (Freytag 1 et 49) coqueret, alkekenge, Gl. Esp. 147.

كاكى‎ I glousser (poule), piauler (poulet), Bc. — Caqueter, jaboter, babiller, Bc.

تكاكى‎ gloussement, cri de la poule, Bc.

كالون‎ pl. كوالين‎ serrure, Bc (Eg.); cf. كيلون‎.

كامادريوس‎ (χαμαίδρυς), suivi de الماء‎, germandrée (grande ou aquatique); suivi de الأرض‎, petite germandrée ou petit chêne vert, Bc.

كانا‎ aussi, Bc (Barb.).

كاندبير‎ chanvre, Bc.

كانه السُّكَّان‎ barre du gouvernail, J. A. 1841, I, 589.

كاوچشم‎ (pers., de گاو‎, vache, et چشم‎ œil) =بهار‎, Bait. II, 339 c.

كاورن‎ (?) se trouve dans les deux man. du Most. comme signifiant حجر مرار البقر‎.

كاوزوان‎ (pers., de گاو‎, vache, et زبان‎, langue) buglose, Bait. II, 339 b.

كاوُل‎ (pers.) = كرّاث الكرم‎, Bait. II, 339 f.

كَآفِن‎ (composé de كَ‎ et أنّ‎), etc., que de, voyez Kâmil 634, 13 et suiv.

كبّ‎ I répandre, verser, Bc, Hbrt 202, Ht; كبّ القديح‎ «vider un verre,» Bc; كبّ شخلختة‎ pisser, 1001 N. Bresl. VII, 134. — كبّ الكَبَّبَ‎ rôtir, Payne Smith 1436. — C. على‎ dans le Voc. sous intentus. — C. r., n. d'act. مَكَبَّة‎, couvrir en guise de couvercle, Payne Smith 1794, Gl. Geogr.

هو من الشواء مُكَبَّب‎ II rôtir, Bc, Gl. Manç. v° مُكَبَّب‎ = I, 1, à savoir المُلْقَى على الجمّر او الطابَق‎. — قلبه وصرعه‎, Gl. Manç. v° مُكَبَّب‎ (dans le man. par erreur وصرمه‎). — = I, pelotonner, Voc., Beaussier, Cazwinî II, 128, 5 a f.

IV c. على‎ se baisser, se courber sur, Recherches I, App. XXXIX, dern. l.: قد اكبّ على كتاب يقرؤه‎ Müller S. B. 1863, II, 3, l. 6: والاكباب على مشموم‎. — Couvrir en guise de couvercle, Gl. Geogr.

V pommer, se former en pomme, Bc. — Se grumeler, s'engrumeler, se mettre en grumeaux, Bc.

VII se décharger, se jeter dans, en parlant de l'eau courante, Bc.

كَبّ *mesure*, Payne Smith 1697.

كُبَّا (roman) *tasse*, Ztschr. XI, 507, n. 31; cf. كُبَّايَة. — (Ital. coppe) ورق كُبَّا *cœur*, carte marquée d'un cœur, Bc.

كِبَّة voyez كُبَّة. — Comme قَبَّة (voyez), *cape, manteau*, pl. كِبَب, Voc. (capa), Bg (cape, capot), Holal 9 v°: أربع وسبعون كبة ملف.

كُبَّة. Pour *pelote* la 1re part. du Voc. a correctement كُبَّة, la 2e كَبَّة; pl. كُبَب, Voc., Alc. (ovillo de hilado). — Même pl. *boule, pelote de bois*, Alc. (bola de palo). — *Boulette*, Auw. II, 567, 21: وضع عليه كبة من هذا الدواء; déjà, comme le remarque M. de Goeje, dans le Fâïk I, 20: كبة من شحم, où le mot est expliqué par جَرَوْنَقِ, qui est le persan گروهه. — Boulette faite avec de la viande, du persil, de l'ail, des pistaches, du blé, hachés et pilés, ensuite frite dans le beurre, ou cuite dans un bouillon de viande; en Egypte كبيبة ou كبابة, Bc; cf. Buckingham I, 148, v. Richter 136; chez Hbrt 16 كبّة; mets fait de برغل (de blé bouilli et séché) للحيلة, mais sans viande, M. — Pl. كُبَب *bubon*, tumeur maligne, *bouton de la peste*, Bc, Hbrt 37; — *peste, contagion*, Bc (Eg.), Hbrt 36 (Eg.), de Sacy Chrest. I, 177, Ht; ولد تأته حملة ولا كبة حامية, 1001 N. IV, 689, « il ne lui arriva ni marchandises, ni peste brûlante, » est une façon de parler vulgaire, qui signifie: il ne lui arriva ni ce qui pût lui profiter, ni ce qui délivrât les autres de lui (Lane, trad. III, 729, n. 16); cf. IV, 695, 2, 697, 6, 699, 1. *Peste!* sorte d'imprécation ou d'exclamation, Bc.

كَبَاب *rôt, viande rôtie, du rôti*, Bc, Hbrt 76, Domb. 58, Chec. 196 v°: الكباب هذا عند اهل المشرق ينطلق على اللحم المشوي على الجمر والمشوي في السفود *petits morceaux de viande rôtis à la brochette*, Bc, « morceaux de viande gros comme une noix passés à une brochette et rôtis sur la braise, » Ouaday 577, cf. Bg 261, Burton II, 280, Richardson Central II, 191, 260, Lane M. E. I, 217 et trad. des 1001 N. III, 235, n. 21, Burckhardt Arab. I, 58, Buckingham I, 148.

كَبَابَة, *cubèbe*, s'écrit aussi كُبابة, Most., Voc., avec ou sans le *techdîd*, Most., et a le pl. كِبَاب, Voc. — Voyez sous كُبَّة.

كُبَيْبَة *boulettes de viande*, Hbrt 16, voyez sous كُبَّة. — كبيبات الشتا *pissenlit*, dent-de-lion (plante), Bc.

كَبَابِجِي *rôtisseur*, Domb. 102.

كَبَابَة *pelote, peloton*, Bc, Hbrt 82. — كَبَابَة الشَّوْك *hérisson*, M.

كُبَايَة, dans M كِبَايَة, *verre*, vase de verre pour boire, Bc, Hbrt 202, M; *tasse*, Ztschr. XI, 507, n. 31; cf. كُبَّا.

مَكَبّ (le versement) *le confluent* de deux rivières, Carette Kab. I, 59.

مَكَبّ, pl. ـات et مَكَابّ, *peloton*, M, Bc. — *Couvercle*, Domb. 93 (مُكَبّ), *couvercle en forme de chapeau, attaché par une coulisse au panier appelé bouna*, Cherb.

مَكَبَّة *couvercle*, Auw. II, 711, 3, 1001 N. III, 425, 630, Bar Ali 4817, Gl. Geogr.

مُكَبّ *rond formant une boule*, Bc, 1001 N. I, 147, 6 a f., III, 411, 8, *pommé*, formé en manière de pomme, Bc.

كبتل IV comme verbe d'admiration = I, 5 chez Freytag, Macc. I, 592, 2.

كَبُّوت pl. كبابيت est l'esp. *capote*, Vêtem. 380, *cape, capot*, Bc, Bg, M; — *veste* (en serge), Bc; — aussi كَبُّود, Bc, Mc, كَبُّوط, Ht (*capuchon, capote*), Martin Dial. 127 (*caban*); كابوت, Ztschr. XI, 486 (*capuchon*).

كبتل I c. a., vulg. pour كتّل, *mettre en boule, pelotonner*, M (sous كتّل), Payne Smith 1189; كبتل يده *fermer le poing*, comme en allemand *die Faust ballen*, Antar 80, 12: فكبتل يده وضرب عنتر على صرصورة الذنية. — *Causer une tumeur, une enflure, une bosse* (hacer bulto), Vocabulaire du P. Bernardino Gonzalez, composé à Damas au XVIIe siècle (Simonet).

II quasi-pass. de I, M (sous كتّل).

كَبْتَلَة *tumeur, enflure, bosse*, Gonzalez. — قَبْطَل voyez sous كَبْتَل.

كِبْث ·كَبْنُولَة pelote, Bc. — *Bube, pustule*, Gonzalez (granillo).

مُكَبْتَل *rond formant une boule*, Bc. — *Abougri, trapu, gros et court, ramassé*, Bc, M (pour مُكَتَّل). — مكبتل الوجد *joufflu, à grosses joues, mafflé*, qui a de grosses joues, Bc. — *Fatigué*, t. d'art, sans légèreté, sans fraîcheur ou netteté, *mat, lourd, compacte*, Bc.

·كبث

كبث (?). Most. v° دارشيشعان وما داخل لحمته يقال له الكبث ۞

كَبَاث voyez Bait. II, 347 c.

·كبج

كبج *animal qui ressemble au caméléon*, Man. Escur. 893: الكبج دابة مثل الحرباء.

·كبج

كابج *biliosus*, L (distinctement).

كبد II dans le Voc. sous *epar*.

III c. a. *résister à*, Gl. Edrîsî; absolument, *tenir ferme*, Fleischer sur Macc. II, 681, 3 Berichte 168.

V dans le Voc. sous *epar*.

VI. متكابد المسالك « coupé par des sentiers presque impraticables" (de Slane), Becrî 54.

VII *se fâcher, s'indigner*, Payne Smith 1670, Bar Ali 1908, 7158.

كَبِد, pour كَبْد, *le milieu du ciel*, Gl. Mosl. — طيطان = كبد الكلب *poireau sauvage*, Ibn-al-Djezzâr. — ذات الكبد, *hépatite, inflammation du foie*, Bc.

كبد = كبيد, P. Kâmil 214, 13. — Cartâs 178, 8 a f.: كان أسد كبد اللون; Beaussier a كبدى en ce sens; il donne *brun, couleur de foie*, en parlant de la couleur de certains nègres.

كبدى *colère, indignation*, Payne Smith 1670.

كَبَدِيّ *hépatique*, Bc. — Voyez sous كَبِد.

كبدانى (comme عَصْبَانِ) *irascible, colérique*, Payne Smith 1670.

كَبَّاد (Hbrt) (M), n. d'un. ة, *cédrat*, espèce de citronnier, son fruit odorant, Bc, Hbrt 52, *poncire*, sorte de gros citron, Bc; ۵ *bigarade*, grosse orange aigre et grenue, Bc, Vansleb 98: « les *kebbads*, qui sont des orangers qui portent des oranges d'une extraordinaire grosseur; » 1001 N. I, 578, 5 a f., III, 254, IV, 254.

كَبُّود voyez كَبُّوت.

كبر I. كَبُر *devenir puissant*, Recherches I, App. IX, 9. — S'*enorgueillir*, Alc. (ensobervecerse). — كبرت نفسه عن *dédaigner de*, Bc. — كبر عليه ذلك *il croyait que c'était trop pénible*, R. N. 46: ayant renversé la cruche, il n'avait plus d'eau, وكانت ليلة كثيرة الريح والبرد والماجل اسفل القصر فكبر على النزول فى طلب الماء ۞

II *agrandir* une maison, Gl. Belâdz. — *Enorgueillir, rendre orgueilleux*, Alc. (ensobervecer). — كَبَّر لله *orare*, Voc.

III *s'obstiner*, Badroun 249, 3 a f.: فابوا ان ياذنوا لى بالدخيل الى ان كابرت ودخلت, 1001 N. I, 867, 10: ما انت الا شاب بليد مكابر احمق. C. a. p. *contredire* quelqu'un *obstinément, le contrarier, le quereller*, Voc. (contrayriari, rixari (disputare cum ira)), 1001 N. Bresl. IV, 160, 4, 183, 9, *chicaner*, Bc.

IV *prendre en mauvaise part, s'offenser de*, Gl. Belâdz., Gl. Fragm.

V se prend aussi en bonne part, en parlant d'une noble fierté, Gl. Fragm.

VI *se contredire, se quereller*, 1001 N. Bresl. IV, 178, 9. C. مع *contredire, contrarier, quereller*, Voc.

كَبِر. الكبر البعلبكى Chez Abou-'l-mahâsin on trouve كبر comme le nom d'une étoffe, de Sacy Chrest. II, 61, 4 a f.; Léon 665, en parlant des Egyptiens: « Æstate gossypinam telam variis coloribus intertextam gestant; hyeme vero pannum gossypio suffultum, quem *Chebre* vocant » (il faut prononcer ce *Chebre* à la manière italienne); 1001 N. Bresl. IX, 278: وربط, وربط على, على بطنه قطعة كبر مصرى, où Macn. a: بطنه بعض قماش. — *Jupon*, Ztschr. XXII, 94, n. 16; *manteau de femme*, ibid. 164; cf. كبر et كبر daus Vullers.

كبر المحاشم *sorte de hernie*, Sang.

كبر *querelle*, Voc. — (Du latin *caurus* ou *corus*)

كبس

pl. أَكْبار‎ vent nord-ouest, L (corus وَرِيحٌ وَكَبَرٌ, coreis أَكْبار‎ جَمْعُ كَبَرٍ).

كَبَر‎ ? Macc. II, 711, 16, où il est question d'une tente: وأكبارها من فضَّة مذهبة ‎ — ? Baiṭ‎ I, 168 b, article: بُلّ‎ الرازي قالت الخوز انه فَنَاء هندى وهو مثل‎ — كبر بالبن‎ infusion de feuilles (B) كَبَرٌ‎ فَنَاء الكبر‎ de la plante labsân dans du lait, Mehren 34.

كُبْران‎ pl. كَبارين‎ espèce de veste qu'on met sur la صدريّة, M.

كَبَّار‎ une butte, semblable à une montagne, mais qui n'en est réellement pas une, puisque les eaux peuvent l'entraîner comme une masse de terre, Nowairî dans Maml. I, 2, 26.

كَبِير‎ chef, de Sacy Chrest. II, ٢١, 10, Gl. Géogr. — Maître, Bâsim 20: اعْلَمْ وسهلاً فى الحاجّ باسم معلمى — Le chef des eunuques, Berb. II, 341, 12, 1001 N. I, 182, 5, Bresl. II, 99, IV, 150, 2 a f. — Le chef ou prévôt des marchands, 1001 N. III, 80, 3. — كبير بيوت الغنش‎ le majordome d'Alphonse, Cartâs 225. — السنّت الكبيرة‎, ou simplement الكبيرة‎, est celle de ses femmes qu'un homme a épousée la première, et qui occupe le plus haut rang, la maîtresse de la maison, Lane M. E. I, 275, Burton II, 184, 1001 N. I, 327. — كبيرة‎ titre qu'on donne aux mères des enfants du sultan, ou à celles de ses femmes qui, après avoir été ses favorites, sont devenues les gouvernantes des autres, Lyon 98. — Grande coupe, Abbad. I, 41, 11, 46, 1, 90, n. 95, III, 17 à la fin, Macc. II, 587, 14, 1001 N. I, 304. — Comme nom d'une monnaie idéale, gros (voyez de Sacy cité par Freytag), aussi Cabbâb 92 r°, Amari Dipl. 173, dern. l. — ابو كبير‎ Asa fœtida, Sang.

كَبِيرَة‎ grande coupe (comme كَبِير), Akhbâr 162, dern. l.

كُبَيّر‎ un peu grand, Alc. (grande un poco).

كُبَّار‎ (κάππαρις), n. d'un. ة‎, câpre, Voc., Most. v° اصف‎, هو الكَبَر وهو القَبّار — وتعرفه العامَّة الكبّار.

أَكْبَر‎ pl. أكابر‎ docteurs, de Sacy Chrest. I, ١٢, 10. الزوجة الكبرى‎ la sultane favorite, souvent.

تَكْبِير‎ t. de gramm., voyez مُكَبَّر.

تَكْبِيرَة‎ un seul cri de الله أَكْبَر, Beaussier, Macc. II, 533, 11.

مُكَبَّر‎ nom qui contient une des lettres serviles (الزوائد); ainsi أَعْبُدٌ، عُبُودٌ، عَبّادٌ، مَعْبَدٌ، عابد, sont des مكبر, parce qu'ils sont مما فيه الزوائد, Hamâsa 94, 3 a f.; أَسْوَدٌ‎ est aussi un تكبير, Kâmil 179, 21; mais le diminutif, qui contient aussi une lettre servile, s'appelle un مُصَغَّر, et pour exprimer p. e. que le nom سليم‎ doit se prononcer Salîm, pas Solaim, on dit: وسليم بفتح السين مكبر, Macc. I, 607, 2, ce qui est le contraire de مصغر. — Le berger en chef (= mayoral), Gl. Esp. 178. — Du moût aux câpres, c.-à-d., où l'on a introduit l'écorce de la racine du câprier pilée, Chec. 216 r° (longue description), Auw. II, 410, 12, 414, 21 et suiv., Ibn-Loyon 30 r°, Alc. (aloxa مُكَبَّر, cf. aloxinium dans Ducange).

مُكَبِّر‎ un fonctionnaire attaché à une mosquée, et qui répète, d'une voix sonore, une partie des paroles destinées à annoncer la prière, et qu'a prononcées l'imâm ou le khatîb, Lobb al-lobâb ٢٠١‎, où il faut substituer المُبَلِّغ à المُبَلَّغ.

مُكَبَّرَة‎ pupitre en pierre sur quatre colonnes, dans la mosquée de Médine, Burton I, 298.

كبرت‎ II dans le Voc. sous sulfur.

كِبْرِيت‎ الكبريت الاحمر, or, aussi Macc. III, 755, 11. — عود كبريت‎ allumette, Bc; aussi كبريت‎ seul, Bc, Hbrt 196, Ht. — روح الكبريت‎ sulfurique (acide), Bc.

ذبيذ كبريتى‎ sorte de médicament où il entre du كبريت احمر, Ibn-Wâfid 5 v°, 22 v°.

كِبْرِيتى‎ sulfureux, Bc.

كبس‎ I c. a. p. fondre sur l'ennemi, l'attaquer impétueusement et tout à coup, Gl. Esp. 76—7, Freytag Chrest. 124, 2 et 9, Haiyân 71 v°. Bc à la constr. c. على, surprendre, prendre au dépourvu, à l'improviste; de même Abou'l-Walîd 444, 31. Aussi c. a., surprendre une maison et l'occuper à l'improviste, Gl. Fragm., 1001 N. I, 341, 9; Bc: descendre chez, dans (en parlant de la justice), aller sur les lieux. —

Fouler, presser, écraser, Bc, de Sacy Chrest. II, ١٣٠, 3 a f., 1001 N. I, 37, 5, Bait. I, 95 b: ويكبس الخامص منهما فى الجباب حتى يدرك فيكون كأنّه الموز فى رائحته وطعمه. — *Fouler, blesser, offenser un nerf*, Bc. — كبس الورم *désenfler, ôter l'enflure*, Bc. — *Encaquer, mettre dans une caque, entasser, presser*, Bc. — *Mettre en saumure*, voyez un passage cité sous مصير (racine صبر), Gl. Manç. v° مكبوس, après avoir donné les signif. que Freytag a sous 1 et 3: ومنه المكبوس فى اللحم من المصيرات; *confire des fruits*, p. e. au vinaigre, voyez sous كبيس; Payne Smith 1675. — *Se farcir, se remplir l'estomac avec excès*, Bc. — *Imprimer*, Ht. — Dans le sens d'*intercaler*, de Sacy Chrest. I, ٢٢, 3, n. d'act. كَبْس, ibid. l. 12, Bîroûnî 12, l. 11, 12 et 20, Yâcout IV, 970, 21 (lisez كَبْس).

II *fouler, presser, écraser, tasser*, Bc. — On pourrait croire que le sens de *masser*, que Freytag donne d'après un Glossaire de Habicht, doit être biffé, et que partout où ce verbe se trouve dans les éditions des 1001 N., p. e. Macn. II, 173, 2, 249, 10 et 11, IV, 478, 3 a f., 479, 3, il faut y substituer كَبَّس (voyez), comme on lit dans l'éd. de Bresl. du dernier passage, XI, 14, 4 a f., 15, 1 et 5, et dans Macn. IV, 479, 6. Mais cette opinion serait erronée, car Beaussier, qui a composé son dict. indépendamment de Freytag, donne également *masser*. Aussi ces deux verbes ne sont pas tout à fait synonymes, quoiqu'ils se confondent facilement. كبّس, proprement *presser* (aussi chez Beaussier), est réellement *masser, pétrir avec les mains les différentes parties du corps d'une personne qui sort du bain*, tandis que كبس est *frotter les hommes au bain avec un petit sac de crin*, كيس ou كاسة. Le massage se pratique aussi pour provoquer le sommeil, Lane trad. des 1001 N. I, 611, n. 33, et par contre, pour éveiller un homme qui dort, ibid. II, 400, n. 19. — *Mettre les bœufs au joug*, comme ضغم, *subjuguer, dompter*, Payne Smith 1675, 1676; الرياضة وتكبيس البهائم; *habituer un veau à tirer la charrue*, M; *dompter, vaincre*, Ht. — *Marcotter, provigner*, L (propagu- c.-à-d. propago) (أدرك واكبس), Beaussier, Auw. I, 13, 182, 2, etc.

V *être marcotté*, Auw. I, 193, 17.

VI *se presser, se serrer*, Haiyân-Bassâm I, 8 r°: فازدحموا وتكابسوا وقتل بعضهم بعضا

VII *être intercalé*, Bîroûnî 10, l. 17, p. 14, l. 8.

كَبْس *terre qu'on étend sur un terrain pour l'égaliser; dans un sens plus général, terre*; aussi, *la terre qui provient des fossés, etc., qu'on a creusés*, Gl. Geogr.

كَبْسَة *coup de main, surprise*, Bc, Freytag Locm. 68, 1. — *Echauffourée, léger combat*, Bc.

كَبْسُون = برنج *graines provenant de l'Inde et de la Chine, et qui sont fortement purgatives*, Sang. — كبسون حبشى *plante laxative et vermifuge*, Sang., Bait. II, 347 b.

كَبَّاس *gros, grand* (ضخم), الحجر الكبّاس, P. Kâmil 501, 12 et 14.

كَبُّوس voyez كابوس.

كَبِيس *embolisme, intercalation d'un mois, d'un jour*, Bc. — *Fruits confits*, p. e. au vinaigre, M; والعامّة تستعمل الكبيس لما كُبِس فى الخلّ وحُو من الثمار سَنَة كَبِيسَة *bissextil, année où il y a un jour de plus*, Voc., Bc, Calendr. 12, 4, de Sacy Chrest. I, ٩٠, 1.

كبيسى *embolismique*, Bc.

كَبَّاس *celui qui fait habituellement des attaques violentes et subites*, Gl. Esp. 76.

كابوس (Alc. *pp*) (esp. capuz, etc., Simonet 319), pl. كوابيس et كبابيس, *chaperon, capuchon*, Voc, Alc. (capullo vestidura); *calotte blanche des Kabyles*, Cherb.; *bonnet des docteurs musulmans*, Bg (Afr.).

كَبُّوسَة (même origine) *calice de la rose*, Domb. 75.

كابوس pl. كوابيس *succube, démon qui, suivant l'opinion populaire, prend la forme d'une femme, pour avoir commerce avec un homme*, Voc. (bruxa; cf. sous حبيبة). — Voyez كابوس.

كَبِيسَة *le manche de la charrue*, M.

أَكْبَس, fém. كَبْسَاء, *gros, grand*, رأس اكبس عامد, Kâmil 501, 14.

تَكْبِيس pl. تكابيس *marcotte*, L (propago), Auw. I,

كبست — 440 — كبن

184, 13, 254, 3 (lisez ainsi), 268, 6, 270, 4 a f. (d'après notre man.).

مِكْبَس pl. مَكابِيس *instrument pour presser* (يكبس بها) *la laine, le papier, etc.*, M.

مُكَبَّس زهر مكبَّس *triste*, Domb. 108. — زهر مكبَّس *fleur double*, Bc.

مكباس الطولنبة *piston, cylindre qui se meut dans un corps de pompe*, Bc.

كبست (pers. كَبَسْت) *coloquinte*, Most. v° حنظل; *la pulpe de la coloquinte*, Bait. II, 348 b (AB).

كبش I = كمش *prendre une poignée*, Fleischer Gl. 94, 1001 N. IV, 500, 5 a f.

كَبْش, *bélier*, pl. كِبَاش, Bc. — Pl. أَكْبُش et كِبَاش et كبوشة, *bélier (machine de guerre)*, Gl. Belâdz., Amari 334, 5; l'anonyme de Copenhague 63: فجبرت المجانيق والاكبش نصبوا والسلاليم على أضعاف ما كانت Mong. 284 b: ثلاث دبابات يكبَّاشها ibid. 286 a: « Dans le récit du siége de Saint-Jean d'Acre par les Chrétiens, tel que nous le donne l'historien Isfahani, on trouve de longs détails sur un bélier كبش, que les assaillants avaient construit pour battre les murs de la place, et qui devait son nom à une énorme tête surmontée de deux cornes.» — Pl. أَكْبُش *mantelet pour se mettre à couvert dans l'attaque des places*, Alc. (manta para combatir). — Pl. أَكْبُش *pile, maçonnerie qui soutient les arches d'un pont, pilier, ouvrage de maçonnerie pour soutenir*, Bc; le pl. كبوش dans cette phrase que donne l'Asâs: كبش حجر ودبي سورا حصيناً ووثقه بالكبوش *parement, grosse pierre à la surface d'un mur*, Bc. Chez Abou'l-Walîd (778, 17) on trouve à propos du mot מגרעות (I Rois VI, 6), que Gesenius traduit par *imminutiones, contractiones muri, Absätze*: כי מגרעות נתן לאדן אן نقصانات جعل لرواشن البيت يعني كباش — لتحط الرواشن عليها وتنسمر, M. *Müre, fruit du mûrier*, M. — كبوش قرنفل pl. كبش قرنفل *clou de girofle*, Bc, M. — داء الكبش voyez sous ذبل.

كبشا (syr. ܟܶܫܳܐ) *fuseau*, Payne Smith 1675, où il faut lire ainsi, au lieu de كشبا et كبا ؟.

كَبْشَة = كمشة *poignée*, Fleischer Gl. 94, Bc, Mehren 34, 1001 N. III, 582, 2 a f. — *Amas, ramas, ramassis, séquelle, tas*; كبشة *clique, nichée*,

Bc (il écrit قم sous le second mot, mais je pense que c'est قُم). — Pl. كُبَش, *t. de tailleur, agrafe*, M: صنارة من نحاس ذات حلقة من نحاس ايضا يقومان مقام الزر والعروة ۞

(?), M. المُغَالَبَة بالاصابع est مُكابَشَة et كِبَاش.

كُبُوشي *capucin*, M; chez Bc كبوشين.

كابِشَة *instrument pour labourer les arbres, houe*, Cherb.

مُكابَشَة voyez كِبَاش.

كبط.

كُبّوط voyez كُبّوت.

قُبْطَال voyez كِبْطَال.

كبك.

كَبْكَة pl. ات *planche avec des trous qu'on suspend au plafond et sur laquelle on met les assiettes*, M.

كبكب.

كبكوب *pelote, peloton*, Bc.

مُكَبْكَب *rond formant une boule*, Bc.

كبل.

El-kablou, Salvia verbenaca L., Prax R. d. O. A. VIII, 279.

كُبَيْلة (ital. *coppella*) *verre, gobelet*, Hbrt 202.

Kabyleh, nom d'une drogue, Descr. de l'Eg. XVII, 394.

كَبَال (a. esp. *capelo*, etc., Simonet 316), pl. ات et كَبَابيل, *chapeau*, Voc.

أوّل من كسا الكَعْبَة كابل ؟ Azraki 173, dern. l.: كسوة كابلة تُبَّع, de même 174, 7.

كبن II (formé de كَبُّون) *châtrer*, Voc. (caponem facere); Alc. a مُكَبَّن *châtré (adj. et subst.)* (capado cosa castrada, capado varon).

V *être châtré*, Voc.

كَبُّون (Alc. ڥ) (esp. *capon*) *chapon*, Voc., qui a le pl. كَبَابين, Alc. (capon ave castrada), qui a le pl. *capûpit*, Hbrt 65 (Alg.).

كبو et كبى 1. كبا dans le sens de *concidit pronus*; proverbialement كبا جدّه, Abbad. II, 53, 9, cf. III, 197. — *Se prosterner*, Ht. — كبى, aor. *i*, *tomber de sommeil*, laisser tomber sa tête en avant par envie de dormir, Bc; *s'assoupir*, Ht. — كبى, aor. *i*, *se décolorer*, Bc.

IV *ternir*, Bc.

VII *tomber en ruine* (édifice), Cartâs 25, 20, 40, 1.

كبوة nom d'une euphorbiacée, Most. v° ينتوع, Bait. I, 82 d, II, 599 a.

كباوة *lividité*, *ternissure*, Bc.

كبابة pour قبابة, Gl. Esp. 244. — *Tapis*, Bc.

كبّاية voyez sous كبّ.

كابى الزّناد qui *n'aime pas à rendre service*, Gl. Belâdz. — *Décoloré*, *livide*, *mat*, *nuageux*, *terne*, *terni*; كاب أبيض *blafard*, Bc.

كبيكج (pers.) *Ranunculus Asiaticus*, Bait. I, 151 e, II, 85 i, 343 b, Gl. Manç. in voce.

كتت VII quasi-passif de I, 1, Badroun 271, 1.

كتتيت *charpie*, Bc.

كتاعبكوس (καθολικός) *le patriarche d'Arménie*, Maml. II, 1, 209.

كتب I. *Écrire à*, non-seulement c. الى, mais aussi c. ل, Badroun 24, 7., ما كُتبَ على الجَبين *destinée*, Bc. — كتب له بذلك *il lui écrivit pour lui ordonner de faire telle chose*, Gl. Abulf. — كتب له بولاية *il lui accorda par un diplôme le gouvernement d'une province*, Maml. I, 1, 158; de même كتب له في قومه *il lui décerna par un diplôme le commandement de sa tribu*, ibid. — Spécialement *écrire des lettres sur l'ordre d'un homme de qualité*; de là كتب عن فلان *être le secrétaire d'un tel*, Abbad. I, 7, n. 23. — كتب له شيئاً *donner quelque chose à quelqu'un par acte notarié*, R. N. 75 r°: أنّ اعطاك والدك داراً — الخ, ou *la lui léguer, la lui donner par testament*, 1001 N. I, 216, 6 a f.: انّها كتبتُ لي جميع ما تملك من ثيابٍ بدنها وصبغتها واسبابها بحجّة — كتب له بالمال الى فلان *donner à*

quelqu'un *une assignation pour une somme sur un tel*, Aghâni cité Maml. I, 1, 158: وصله بثلاث مائة الف درهم وسأله عمّن يختار ان يكتب له بها البيع il lui fit présent de trois cent mille pièces d'argent, et lui demanda sur qui il voulait qu'on lui donnât une assignation pour cette somme,» Tha'âlibî Latâif 12, 2 et 3: امر له عائقة الف درهم كتب بها الى زياد بالعراق; cf. Fakhrî 289, dern. l.: كتب له واحاله بذلك على. — C. عن (?وكتب), Dans les signatures des chartes, بعض النوّاب حلف وكتب عنه, après le nom propre, est l'équivalent de *iuro et confirmo*, Muñoz Fueros 367—9. — كتب الكتاب *faire le contrat de mariage*, Bc, Lane M. E. I, 239, 1001 N. Bresl. II, 6; «contracter mariage, qu'ils appellent *Iktoub*,» Roger 257. En parlant du père on dit: كتب كتاب بنته على فلان, 1001 N. I, 872, 9 et 10; en parlant de celui qui épouse: كتب مع بنت فلان, Hoogvliet 50, 8, et en parlant du notaire et des témoins: كتبوا كتابه على فلانة, et كتبوا كتابها على فلان, 1001 N. I, 216, 4 et 5.

II. En parlant d'une jeune fille, وهي منقّشة مكتّبة, 1001 N. I, 211, 7, *teinte avec du henné selon Lane*, III, 523, 3 a f.: وطلبت منهن نقشاً مليحاً من اجل ثمّ اعرته, 4: 524, تزويق بنت بكر وتنقيشها وتكتيبها وتركيبت النقش على يديها من ظفرها الى كتفها ومن مشط رجليه الى فخذيه وكتبت سائر جسدها. فصار كأنّه ورد احمر على صفاتها المرمر; mais peut-être la traduction de Lane n'exprime-t-elle pas tout à fait le sens du mot, car en parlant d'un toit, مكتّب est *orné d'inscriptions et de figures (de différentes couleurs)*, voyez Gl. Geogr. — *Enrôler*, car Bc a تكتيب العسكر *enrôlement* et مكتّب العسكر *enrôleur*.

III *correspondre, avoir un commerce de lettres*, Valeton ۴, 7 et ۶۱, n. 1. — C. r. *écrire pour exiger*, Nowairî Espagne 485: Ce prince chrétien, quand il eut appris qu'un autre avait reçu des musulmans un grand nombre de places, كاتب على حصون اخرى وتوعّد وتهدّد فاجيب الى ما سأل. — *Faire un contrat*, Voc. — En parlant d'un esclave (voyez les dict.), كاتب على نفسه, Khallic. IX, 115, 3.

IV. ما اكتبه *que son écriture est superbe!* Prol. III, 415, 7.

V dans le Voc. sous *scribere*, *écrire, copier*, Macc.

قرأَ القرآن على المُكْتِب أبي عبد الله :III, 40, 15
تكتُّبًا ثم حفظهَا﷼

VI *faire ensemble un contrat*, Voc.

VII *dans le* Voc. *sous* scribere.

VIII *écrire une réponse à*, Haiyân 30 v°: أمرَهُ يومًا
باكتتاب خطاب اليه لبعض عُمّالـه. — *Se faire inscrire*, Bayân I, 171, 5 et 7.

كُتْبَة والتَّبَة الدِّيوان *le rôle des soldats régulièrement
payés par le trésor public*, Recherches I, App. x, 13.

كُتُبِيَّة *librairie*, Bc.

كِتَاب. Le pl. كُتُوب, Yâcout III, 422, 9, pour
كُتُب, comme لُحُوف, pour لُحُف, du sing. لِحَاف,
chez Bat. III, 380; cf. Gl. Fragm. 68, v° فصل. الكتاب
est la Grammaire de Sîbawaih, M. — *Livre
sur la magie*, 1001 N. I, 854, 5, 866, 7 a f. —
كتاب الانشاء *protocole*, formulaire pour dresser les
actes publics, pour écrire aux différentes personnes
suivant leur rang, Bc. — *Contrat*, كتاب نكاح *contrat de mariage*, Bc, et aussi كتاب *seul, voyez sous
la Ire forme*, 1001 N. I, 140, 5 a f., etc.; — *l'acte
par lequel le mari assigne un douaire à sa femme en
faveur du mariage qu'il contracte, et pour qu'elle en
jouisse en cas qu'elle lui survive*; dans les 1001 N.
Bresl. I, 40, quand le marchand se prépare à aller
mourir, il partage ses biens entre ses enfants, واوفى
لزوجته حقَّها وكتابَها; Khallic. IX, 87, 11, où il est
question d'un mariage: وكان الصداق ثلاثة آلاف دينار
والكتاب ثوب مصمت — *Inscription*, Gl. Edrîsî. —
Branche d'une science, Prol. I, 62, 4. — Biffez dans
Freytag la signif. d'*école*; ce n'est pas كِتاب, mais
كُتَّاب qui a ce sens; son erreur est étrange, car
Hamaker, qu'il cite, avait donné à ce mot ses voyelles
véritables.

كِتَابَة (n. d'act.) *composer des lettres sur l'ordre
d'un prince, en qualité de secrétaire; exceller dans
cet art*, Abbad. I, 7, n. 23, Gl. Geogr. — *L'emploi
de secrétaire*, ibid. — *La secrétairerie du prince*,
ibid. — *Sort, maléfices, paroles, caractères qu'on
suppose produire des effets extraordinaires*, Bc. —
*Contrat par lequel un esclave achète sa liberté moyen-
nant un certain prix, mais en s'engageant à servir
son maître jusqu'à l'entier acquittement de ce prix*,
de Sacy Chrest. I, 460, cf. Gl. Tanbîh.

كُتَيِّبَة *écrit, livre, bibliothèque*, Ht.

كِتَابِي *juif ou chrétien*, Gl. Tanbîh. — *Esclave qui
a fait le contrat, dit* كِتَابِي (voyez); le fém. Macc. II,
521, 4.

كِتَابِيَّة = كِتَابَة dernier sens, Formul. d. contr. 2,
où l'on trouve une وثيقة الكتابية.

كَتَّاب *écrivain, maître d'école*, Hbrt 111.

كُتَّاب *école*, voyez Gl. Belâdz. — *Espèce d'arbre*,
Burckhardt Syria 344 (rien de plus).

كاتب *notaire*, traduction d'une charte sicilienne
apud Lello 10, 20. — الذي, c.-à-d., كاتب الجيش,
sous les Almohades, Abd-al-wâhid 176, 7 et 8, 191, 9 (cf. 10), 229, 10. — كاتب العمل
ou للعمل, voyez sous عمل. — *Devin*, Cherb., Amari
595, 4 (aussi 596, dern. l. ?), 1001 N. I, 866, 5,
8 a f., 5 a f. — الكاتب *Mercure (planète)*, L (à la fin).

أَكْتَب *écrivant mieux*, de Slane trad. de Khallic.
II, 331: وكتب الخط المنسوب الى ان قيل انه اكتب
من ابن البوّاب﷼

مَكْتَب *bureau; comptoir de négociant; cabinet d'é-
tude*, Bc, Hbrt 100, 192, Ht. — *Partie d'un djond*,
Mohammed ibn-Hârith 222: خرج في مكتبه من جند
العرب, mais il faut lire مَكْتَبِه, cf. 230: مصر
الشاميين ومكتبه في جند حمص; de même 249. —
Secrétaire, meuble pour écrire, Bc.

مَكْتَبَة *cabinet d'étude*, Hbrt 192. — *Bibliothèque*,
Bc, Ht. — *Librairie (local)*, Hbrt 88.

مَكْتَبِي *scolastique*, Bc.

مَكْتُوب pl. مَكَاتِيب *poche*, Domb. 82, Bc (Barb.),
Ht, Roland.

المَكْتُوبِيَّة *les cérémonies et prières prescrites par la
loi*, Bat. II, 149; cf. Gl. Tanbîh.

مُكَاتِب s'emploie aussi bien que M; مكاتَب:
والمكاتب الذي كاتب عبده ويصحّ ان يكون كل واحد
منهما مكاتِبا ومكاتَبا لان كل واحد منهما فاعل
ومفعول في المعنى; cf. Gl. Tanbîh.

كَتْخُدَا et كَتْخُدَاى (pers.) *l'homme de confiance du vizir* (معتمد الوزير ومدبر اشغاله), mais ordinairement on emploie le mot كاخِيَة, M.

كتر

الكبتار فهو اسمٌ Man. de l'Escur. 1530: مولَّدٌ وامّا الكتّارات وواحدها كتّارة هى العيدان وقبيل بل الحفوف ولا اراه عربيًّا ۞

كتع I *entreprendre, embarrasser, rendre perclus un bras*, Bc.

II *contracter, resserrer, raccourcir les nerfs*, Bc.

V *se contracter*, Bc.

VII signifie انقبض وذلّ, M.

كتعة *courbettes, salutations humbles, intéressées*, Bc.

أكتع *estropié du bras, manchot, perclus du bras, de la main*, Bc, Hbrt 8.

مكتع *perclus du bras, de la main*, Bc.

يد مكتوعة *bras estropié*, Bc.

كتف I, dans le sens de *lier les mains derrière le dos*, a aussi le n. d'act. كِتاف, M, Berb. I, 168: شدّوه كتافًا ۞

II *lier les mains derrière le dos*, Gl. Fragm., Voc., Bc, *garroter*, Ht. — كتف يديه signifie selon Bc et Beaussier *croiser les mains sur la poitrine* (position respectueuse); quand cette expression se trouve dans les 1001 N., p. e. II, 25, 10, Lane traduit *croiser les mains sur le dos*; l'étymologie et des passages comme celui-ci, I, 844, 4 a f.: وهو مكتّف اليدين الى وراءه semblent prouver qu'il a raison, mais voyez sous la V°. مُكَتَّف seul s'emploie par ellipse en ce sens, I, 831, 7 u f.: وقف مكتّفًا, et l'on trouve aussi, Bresl. III, 269: وايديه مكتّفة.

V quasi-passif de II, Voc. sous ligare. — *Croiser les mains sur la poitrine* (position respectueuse), Bc; cf. sous II; le témoignage de Bc est confirmé par M: وتكتّف فلان فى الصلوة وتحوها ضمّ يديه الى صدره 1001 N. Bresl. III, 190, dern. l.

كتف etc., au fig., *appui, soutien*, Jackson Timb.

382: "The Sultan calls his soldiers (*ketteffee*) «my shoulders or support, or strength;»" منحوا العدوّ الاكتاف, comme *terga dare* en latin, *fuir devant l'ennemi*, Maml. I, 1, 105; en parlant de Dieu, p. e. منح الله المسلمين اكتاف المشركين, *faire fuir un des adversaires devant l'autre*, Maml. l. l., Bidp. 7, 3, Abd-al-wâhid 206, 3. — Dans le Voc. كَتْف, pl. كُتُوف, répond à *tabula*, et ce mot se trouve en effet avec le sens de *tablette à écrire*, comme me l'a fait remarquer M. de Goeje, dans ce passage de l'Aghânî VII, 50, 10 a f. Boul.: ثمّ قال هات دواة وكتفًا فاتيته بهما فجعل يملى على قرنه. Il l'a sans doute reçu parce qu'anciennement on écrivait aussi sur des omoplates (voyez, p. e., Nöldeke, Geschichte des Qorâns 191), et les dict. ont sous لوح: اللوح الكتف اذا كتب عليها. — *Versant, penchant, côté d'une montagne, d'une chaîne de monts*; كتف الجبل *le flanc d'une montagne*, Bc.

كتفة خنزير مملحة *jambon*, Bc.

كتفى *huméral*, Bc. — شال كتفى *châle à palmes des deux côtés avec bordures et des coins*, Bc.

كتّاف, pl. ات, Voc., Beaussier.

كتيف *benignus* (?), Gl. Geogr.

كتيفة *blessure faite par le bât à l'épaule de la bête*, Beaussier. *El ketafiate bih, il a les épaules chevillées* (cheval), Daumas V. A. 189.

تكانيف (pl.) *les liens avec lesquels on lie les mains derrière le dos*, R. N. 93 r°: وقيل للناس حلّوا تكانيفهم ففعلوا ۞

كتكت. كتكت *bourre de soie, chrysantin, strasse*; كتكت *filoselle, grosse soie*, Bc; c'est la partie la plus grossière, le rebut, cf. 1001 N. IV, 276, où une jeune fille dit dans son indignation: فهل انا من كتكت المشاى، او من مهلهل الاخلاى، حتى تطوف فى على شيخ بعد شيخ ۞

كتكوت pl. كتاكيت *poussin, petit poulet nouvellement éclos*, Bc, Hbrt 184.

كتل II *mettre en boule, pelotonner*, M.

V *se mettre en boule, se pelotonner*, M sous دبس II, Abou'l-Walîd 150, 7.

كَتْلَة pl. كُتَل bloc, amas, assemblage, Bc. — Boule, M sous دعبولة, p. e. de pâte, synonyme de كُرَّة, M sous دوح VII; boulet de canon, M sous مِدْفَع; bouton, tête, p. e. d'une épingle, M sous دبّوس: — Scabieuse وكلابرة من النحاس في طرفها كتلة صغيرة (plante), Bc. — كتلة صفراء immortelle (plante), Bc.

كتنبلة loupe, tumeur ronde enkistée sous la peau, Bc.

كُتَيْبِلَة nom d'une plante, Bait. II, 349 c (il l'épelle).

مُكَتَّل corbeille, panier. Les paroles de Bat. I, 345: وهم يسمون الفقّة مكتلا, pourraient faire penser que c'est un mot mecquois; mais des auteurs d'autres pays l'emploient aussi, p. e. Tha'âlibî Latâïf 73, 12, Badroun 98, 3, Cabbâb 111 r°, et on le trouve chez Bat. lui-même, qui a le pl. مكاتيل, IV, 112.

كتم I, céler, c. عن p., Bc. — De la 4e signif. chez Freytag vient l'expression des agriculteurs اغصان تكتم المعدة لقبضها, et aussi الشجر لامساكها الماء M; répercuter, faire rentrer les humeurs, كاتم, t. de médec., répercussif, qui fait rentrer, Bc.

V se cacher, Gl. Djob., Abbad. I, 297, 2 a f.

كتم signifio, je crois, troène. De Jong van Rodenburg 119 traduit el-K'tem par steenlinde; steenlinde est, d'après le dict. dont je me sers, phillyrée, et la Φιλλυρέα de Dioscorides (I, 125) est, selon Dodonœus (1306 a), le troène. Beaussier, qui traduit filaria (arbre), et le Most. confirment ce raisonnement: le dernier dit que de son temps les Espagnols donnaient au كتم le nom de اطرنه; c'est évidemment le b. lat. tronus (chez Ducange), fr. troène. Forskål, Flora Egypt.-Arab. 159, qui écrit par erreur قتم, traduit Buxus dioica. Voyez encore Bait. II, 348 d, Auw. II, 383, 20 et suiv., et quant aux opinions erronées A. R. 191.

كاتم السرّ l'emploi de كتانة السرّ (voyez), Maml. II, 2, 320.

كتّام cachant bien, P. Kâmil 413, 3.

كاتم السرّ le chef de la chancellerie, voyez Maml. II, 2, 317 et suiv.

أَكْتَم, 1001 N. Bresl. X, 300, 3 a f., اكتم اللحية semble signifier qui a la barbe épaisse.

مَكْتُوم espèce de datte, Niebuhr R. II, 215.

كتن.

كتن nom d'une plante, Bait. II, 349 b: وقد يكون نبات اخر يعرف بالكتن ايضا الخ.

كُتَيْتِنَة nom d'une plante, Bait. II, 349 b (AB).

كَتَّان est aussi Voc., Mc. — زيت الكتّان vernis, Alc. (barniç).

كُتُّونة (χιτών, χιτωνία, χιτώνιον) aube, vêtement en toile pour les prêtres, Bc, Ht, M, Bg; rochet, surplis d'évêque, Bc.

كتّانيّ dans le Voc. sous linum; كنانيبات toiles de lin, Gl. Belâdz.

كوتوال, كنتوال (Cazwinî II, 265, 11 a f.) (hindostani) commandant d'un château, Bat. III, 188, 193, 206.

كتأ.

كُتَّاء est بزر الجرجير, Bait. II, 351 b.

مَكْتَأ pour مقتأ (voyez), pl. مَكاثِئ, terrain planté de concombres, Voc.

كتب.

كاتبة, pl. كواتب, Mufassal 79, 9.

كتج.

كاغيط كتّاجي papier à écrire, Hbrt 111 (Barb.).

كثر I augmenter, v. n., Gl. Belâdz.

II. زاد وكثّر il a été beaucoup trop loin, passer la mesure, Bc. — كثّر الله خيرك merci (à quelqu'un dont on reçoit un cadeau); كثّر خيرك grand merci, Bc. — C. على p. dire beaucoup de mal de quelqu'un, Fakhrî 380, 3 a f.: كثروا (l. كثّروا) عليه عند الخليفة. — En parlant d'un brigand, tâcher d'inspirer de la crainte à un voyageur par des paroles menaçantes, Mâwerdî 103, 1 et 6, 106, 6 (l'explication dans le Gloss. est ridicule). — En grammaire تكثير est indiquer combien de, Macc. II, 518, 1.

III c. a. être supérieur en nombre, Gl. Belâdz. —

Attaquer, Gl. Badroun. — *Vaincre*, Gl. Belâdz. — المكاثرة بالماء *employer beaucoup d'eau*, p. e. pour les ablutions, Gl. Tanbîh.

IV. اكثر في كلامه dans le Voc. sous *loquax*. — C. في *parler au long sur*, Gl. Badroun, de Jong; aussi اكثر في ذكر الشيء, *parler beaucoup de*, Gl. Abulf. — C. من r., اكثروا من ذكر الشيء et: اكثرت العرب من مراثى المقتولين et: النداه والشكر, Gl. Abulf. — C. على p. (par ellipse, p. e. de القبيل والقال) *accabler quelqu'un de reproches, d'injures, ou faire contre lui de grandes plaintes*, Gl. Abulf., Mohammed ibn-Hârith 298: فكتب سليمن بن اسود الى الامير رحمه الله يكثر على عبد الله بن خالد ويصف تناقله (l. تَنَاقُلَه). — *Etre riche*, et non pas «*enrichir*» (Golius-Freytag), Gl. Belâdz.

V n'est pas «*ditatus fuit*» (Freytag), mais *briller aux dépens d'autrui*, Gl. Belâdz.

VI. On dit تَكَاثَرَت اموالُه; de là التكاثر *le désir d'amasser de l'argent*, Gl. Geogr.

X. اذا تَمَنَّيْتَ فاستكثر «*si vous souhaitez, souhaitez beaucoup,*» Bc. — C. من r. *se procurer une chose en grande quantité, en prendre une grande quantité*, Abbad. I, 257, 5 (corrigé III, 110), Gl. Belâdz. Un peu autrement: dans ce temps-là les hommes كانوا يستكثرون من الحرص على احاديث النساء «*avaient beaucoup de penchant pour les discours qui roulaient sur les femmes,*» Tha'âlibî Latâïf 70, 2 a f. — C. من r. *rendre un impôt plus productif*, Gl. Belâdz. — *Acquérir une grande connaissance des traditions*, Macc. III, 659, 17: شرق وحج وتطوف واستكثر ودون عن مشيخة بلده واستكثر, ibid. l. 23: رحلة سفره. — Des exemples de la signif. *multum esse consuit* (Golius) se trouvent dans le Gl. Belâdz; استكثر ذلك عليه «*il pensa que c'était un objet extrêmement précieux pour cet homme,*» Vêtem. 357, n. 6. — *Se plaindre*, Roland, e. على p. à quelqu'un, exemple sous قلق. — استكثر بخيره I. *remercier*; استكثر بخيره على شيء ou عن شيء *remercier quelqu'un de quelque chose*; استكثر بخيره عن غيرته البد *remercier quelqu'un de son empressement*, Bc.

من كثر ما à *force de*, p. e. من كثر ما بكى «*à force de pleurer*,» من كثر ما اكل حصل له ضرر «*il a tant mangé qu'il s'est fait mal*,» من كثر ما كانوا الناس مزدحمين ما قدرت ادخل «*il y avait une foule telle que je n'ai pas pu entrer,*» Bc.

كَثْرَة *grand nombre d'habitants, être fort peuplé*, Gl. Geogr.

كثير الروس *polycnemum*; quelques-uns appliquent aussi ce nom à la قرصعنّة, Bait. II, 351 d. — كثير الارجل *polypodium*, Bait. II, 351 c (AB). — كثير الركب ou كثير العُقَد *polygonatum*, Bait. II, 351 e (AB). — كثير الاضلاع *plantago maior*, Bait. II, 351 f. — كثير الورق *myriophyllum*, Bait. II, 351 g.

كَثِيرَا *gomme adragant*, Gl. Esp. 186.

كَوْثَر (الشراب العذب), M 1852 b. — *Petit navire*, M 1852 b.

الكَوْثَرِيَّة *la lecture de la CVIII sourate, nommée* سورة الكوثر, jusqu'à la fin du livre, Djob. 273, 19 (= Bat. I, 205).

أَكْثَر, انت الاكثر وما اكثر *maxima*, Voc. — 1001 N. III, 197, 4, où Lane traduit: «*vous êtes supérieur [en générosité].*» — *Rendant plus nombreux, plus considérable, augmentant*, Auw. I, 281, 13, où il faut lire avec notre man.: والارض الرخوة أَعْظَم لشاجره وأَكْثَر لنزله.

أَكْثَرِي *ayant lieu la plupart du temps, le plus souvent, le plus ordinairement*, Dorrat al-ghauwâç, Introd. 18, 8, Chec. 189 v°; ceci n'est pas حُكْمًا جزمًا بل حكمًا اكثريًا.

Taksira, parmi les fêtes de famille, Barbier; mais je n'oserais pas affirmer que ce mot appartient à cette racine.

مُكْثِر pl. مكاثر *réunion* (de Slane), Berb. I, 596, 8 a f.

مُكَثُّور voyez Baidhâwî I, 12, 2.

كثف I. كَثَافَةُ سلطانه, *en parlant de la puissance d'un prince*, Abbad. I, 221, 4 a f. Dans un passage de Râzî cité par Macc.: الجبال التى يخصّها برد الهواء وكثافة الجوّ, *ciel nuageux*, à ce qu'il semble, puisqu'on dit سحاب كثيف.

V *épaissir*, v. n., et *s'épaissir*, Voc., Bc.

VI *être en quantité et près à près*, Gl. Geogr.

كثم

كِثَاف .le pl , كَثيف, Voc. On dit هَ النَّثيفة الهموم
« les soucis qui obscurcissent les âmes, » de Sacy
Chrest. I, ٧١, 6 a f. — Uu رجل كثيف signifie تقبّل
— مطمس كثيف, L: *obtusus (stolidus)* غليظ المعاشرة
Qui se dilate? voyez sous لطيف.

كثم

كَثَم كَثَم مِنْ, Mufassal 175, 3.

كَثُولقَى *catholique*, Voc.

كَجَّه *mauvais accueil;* اعطاه وجه كجّه وجد كجّه كَجَّه
*accueillir mal, faire mauvaise mine, faire mauvais
visage à quelqu'un,* Bc. (Syrie). Peut-être du pers.
كج « qui est de travers, courbe, » كج بين « qui regarde de travers. »

كحّ I *tousser,* Bc.

كَحَّة *toux,* Bc, Hbrt 35, *rhume,* Bc; عود الكحّة
s'il faut écrire ainsi le second mot du terme que Lyon,
157, 160, écrit *Aoaud el Kagh* et qu'il traduit par
« cough wood, » gâteau fait d'épices et de miel.

كَحْتَرت I *déyringoler, descendre vite et malgré soi,* Bc.

كَحْسِس

كَحْسَة pl. كَحَّس *cheville du pied,* Voc.

كحسل

كحاسيل, qui semble un pl., se trouve comme le
nom d'un animal, du porc-épic, du lapin ou d'un
autre, dans Payne Smith 1192.

كَحْف I كحف موخّر حذائه I. *tourner le quartier de
son soulier en dedans,* M.

كَحْكَ pour كَعْك, *gimblette, pâtisserie dure en anneaux,*
Bc, 1001 N. Bresl. IX, 286 (Macn. كعك).

كَحْكَح I. كحكح اضحكه, M. — *Plaisanter, débiter des drôleries, faire le farceur,* Cherb. C, Ht.

كَحَل I, II et IV, *aveugler un homme en faisant passer entre ses paupières, après l'avoir fait rougir au
feu, le poinçon d'argent,* ميل, que l'on emploie ordinairement pour appliquer sur les yeux la galène ou

كحل

sulfure de plomb, كُحْل, destinée à leur donner plus
d'éclat et de brillant. Cette pratique n'endommage
nullement le corps de l'œil et ne laisse aucune marque d'aveuglement dans la personne, qui a néanmoins
perdu la vue, parce que la chaleur du feu dessèche
l'humeur de la lumière. Voyez Quatremère dans le
J. A. 1836, II, 357, et dans les Not. et Extr. XIV,
1, 49, de Jong (conjecture malheureuse). Quelquefois
on employait deux poinçons, Badroun 161, 5 et 6:

كحل ميلين بعد ان أحميا ة

II. Voyez sous I. Quand un soi-disant oculiste,
un charlatan qui n'a pour toutes les maladies des yeux
que son كحل et son ميل, est auprès d'un patient,
on lui dit: كحّله بالرمح يا اخى والله احسن من ميلك
« oins-le avec la lance, mon frère! Par Dieu, elle
vaut mieux que ton poinçon! » car كحّله بالرمح est
un euphémisme pour *aveugler,* Ztschr. XI, 487, n.
19. — *Plâtrer,* Gl. Geogr. — *Saigner un cheval à
l'œil,* Auw. I, 34, 7 a f., II, 672, 7 et suiv. — *Se
couvrir de la première verdure* (terre), M. — *Rendre
noir,* Voc., Alc. (enegrecer otra casa), Hbrt 80 (Barb.),
Djob. 85, 20.

IV voyez sous I.

V *être teint en noir,* Voc., Alc. (alcoholar, qui doit
être pour alcoholarse).

IX ou XI *devenir noir,* Alc. (enegrecerse).

كُحْل forme au pl. أكْحال, Voc., Bc, Diw. Hodz.
53, 7, et كُحُول, Voc. « C'est la galène ou sulfure de
plomb, ce qui a été reconnu d'ailleurs sur un échantillon que j'ai apporté. C'est à tort que plusieurs auteurs ont traduit le mot *cohol* par *antimoine,* Prax
29. On l'appelle aussi كحل سليمن et كحل الجلا, Bait.
II, 351 i. Dans le Most. on trouve: الاثمد هو الصخرة
السوداء وهو الكحل الاسود والعامّة تعرفه بكحل الصخرة
من الفحل ; *antimoine* كحل جبرى ou كحل اصفهانى
antimonial, Bc. Le كحل احمر contenait: tuthie
du Kermân, une sorte de limaçon de mer et du
sucre, Sang. Le كحل اصفر est composé de tuthie, curcuma, myrobolan citrin, gingembre, poivre long, sel
gemme indien et chélidoine; employé en Egypte au-
déclin des ophthalmies, Sang. كحل عزيزى ou كحل عزيز
mélange de cadmie d'or, scories de cuivre, tuthie de
l'Inde, clous de girofle, aloès socotrin, feuilles de

clinopodium, ou faux basilic, sel gomme indien, écume de mer, sel ammoniac et musc, Sang. — كحل السودان est = أسود, et شونيز كمون, Most. sous le premier mot.

كُحْلِي bleu, Bc; c'est bleu foncé, tirant sur le noir, 1001 N. IV, 472, 7 a f.: والأسود اللونُ مختلفة, Abd-al-wâhid 223, 6, R. N. 39 v°: كفحمى وكحلي. — رأيت لسحنون ساجا كحليا وازرق (وازرق l.) Mais dans L c'est pourpré, car il a: purpura لون كحلي, et à la fin du livre c'est aussi la couleur de l'escarboucle, qui est également d'un rouge foncé: carbunculus الياقوت الكحلى الذى يُكنَّى صبيغًا ; chez Aboul-Walîd 443, 25, c'est aussi escarboucle, عشي. — العمى الكحلى paralysie du nerf optique, Daumas V. A. 425 (kohhali).

كُحَيْلِي, كحيل, pl. كحائل, pl. كحيلان, كُحَيْلاة, كُحَلانى cheval de race, bucéphale, cheval de parade, Bc, Hbrt 58 (كحيلانى) et كحلان), Niebuhr B. 153 ot (كُحَيْلِى), Ztschr. XI, 477, n. 2 (كُحَيْلِى), M (le pl. كحائل), d'Arvieux III, 241: « ils appellent Kahhilan, c.-à-d., nobles, les chevaux qui sont d'une bonne et ancienne race, » Ferrières-Sauvebœuf II, 92: « la première, la meilleure et la plus noble race [de chevaux] s'appelle Queiland, » d'Escayrac 313: « une jument koheli (de race), » Fesquet 126: « chevaux nejdis, les premiers de l'espèce: ceux qu'on nomme kuell sont les plus anciens. »

كحلوان voyez sous اكحل.

كحيل voyez كحلانى.

كُحْلَة noirceur, Voc. — L'action d'appliquer un collyre, Payne Smith 1720.

كُحْلَة sargo, muge (poisson), Domb. 68.

كُحَيْلَة voyez كحيلى.

كُحَيْلِيَّة espèce de dattes, R. d. O. A. N. S. I, 311.

كُحَيْلاة chez Freytag est une faute; il faut كُحَيْلَة.

A Tolède alcohela signifiait chicorée, et on lui a donné ce nom (« la petite noire ») à cause de sa semence noire, Gl. Esp. 92.

كحلان voyez كحلانى.

كَحْل dans le Voc. sous colirium, cf. Payne Smith

1720, Bar Ali 4685; oculiste, Bc, Ztschr. VIII, 354, XI, 487, XX, 498, de Sacy Chrest. II, 189, 4. — Nom d'un oiseau, peut-être corbeau de nuit, Bar Ali 4624, Payne Smith 1695 (où la variante, طحال, semble une faute).

كَاحْلَة collyre, Gl. Mosl.

أَكْحَل noir, Voc., Bc (Barb.), p. e. en parlant d'un esclave noir, Jackson 189; الكحلان les nègres, Richardson Sahara I, 312, Central II, 189; en parlant d'un cheval, qui a le poil d'un noir foncé et luisant, Alc. (morcillo cavallo فرس أكحل صغرا كحلاة bile noire, Alc. (colora negra); Alc. traduit aussi le nom de la Sierra Morena par جبل الأكحل. — الأكحل n'est pas seulement veine médiane, mais c'est aussi le nom d'une veine dans le genou, Freytag Chrest. 106, dern. l.: يضرب بنشاب زنبورك فاصاب ركبته فوقع فى — الأكحل فبقى اياما ومات. — Le fém. كحلاء buglose, Bait. II, 351 h (Sontheimer, outre qu'il a mal traduit, comme à l'ordinaire, a confondu les deux articles كحيلاء et كحلاء en un seul); en Espagne c'est buglose, dit le Gl. Manç. v°: لسان الثور; il ajoute que ceux qui disent que c'est كُحَيْلاء (comme Bait.) se trompent; il se peut qu'elle ait beaucoup de rapport avec cette plante, mais la كحلاء se mange, et la كحيلاء ne se mange pas; — la plante qui s'appelle aussi لسان tout court, pas لسان الثور, qui a beaucoup de rapport avec la buglose, et qui est douée des mêmes propriétés médicinales, Bait. II, 351 h, 488 b; c'est echium plantagineum (cf. sous لسان); — orcanète (anchusa tinctoria), Bait II, 108 e, 351 h; — كحلاء et كحلوان espèce de عينون globulaire, Bait. II, 226 e, 351 h; — poisson du lac de Bizerte, Gl. Edrisî.

التى يلصق بها الدراهم المكحلة sont مَكْحَل. الكحل فيزيد منه الدرهم دانقا او دانقين, M d'après Motarrizî.

مُكْحُلَة pl. مكاحل; voyez-en la forme dans Lane M. E. I, 50, et cf. Daumas Mœurs 77, 78. — Sorte de boîte ou d'enveloppe qui renfermait les matières combustibles que devait lancer l'instrument de guerre, J. A. 1850, I, 248. — Dans l'origine, espèce de baliste, de catapulte, destinée à lancer des pierres, le feu grégeois, ou d'autres projectiles; après la découverte de la poudre, canon, pierrier que l'on employait soit dans les siéges, soit en rase campagne; *coulevrine*, Mong. 290—1. — *Fusil, mousquet*, Bc, Ht, Hœst 138, Jackson 177 et Timb. 360.

مكحلاق *oculiste*, Bc.

مَكْحُولُه pour مَكْحَلَة, pl. مَكَاحِل, *instrumentum in quo ponitur colirium*, Voc.

كَخ

كِخّ *caca, excrément d'enfant*, Bc. Burton II, 128, a une note mystérieuse sur كِخّ.

كِخّ interj. qui marque la désapprobation ou le dégoût, *fi*, Burton I, 117 n., Prol. III, 431, 9 (corrigé dans la trad.).

كَخَاخَات (pl.) = اكواخ *cabanes*, Gl. Geogr.

كَخَى

كاخِيا (Bc), كَاخِيَّه (M) (turc كَخْيَه), pl. كواخي, *intendant*, Bc, معتمد الوالي وكاتم سره M. Aussi كاخِيَة, M.

كدّ I c. a. p. *imposer à quelqu'un un travail pénible*, Bidp. 213, 4 a f. — *Se hâter, se presser*, Voc.

IV c. في ou على *se hâter, se presser*, Voc, Alc. (apressurado, aquexado). — L donne: *transiliens* مَكّد ثم خاطر.

كَدّ *industrie, labeur, peine, travail*, p. e. يتقوت بكدّ يديه «il vit du travail de ses mains,» Bc, وذكر الشيخ 'لا ياكل الا من كدّ يمينه', Bat. II, 319, — انه اما كان عيشه من كدّ امراته كانت تشتري الكتان فتغزله وتنسجه منه ابدانا فتبيعها, R. N. 64 r°. — *à peine, à grand'peine*, Bc, Hbrt 229. — *Macération, mortification par jeûnes et autres austérités*, R. N. dans Amari 195, 7 et 8, 196, 2 (où il faut lire avec le man. عليه من الكدّ), R. N. 78 v°: وكان يشبهه بالعابدين في الكدّ والاجتهاد في العبادات, 80 v°: وكان لائق الفصل كلام في معاني العبادات وللحظّ على الكدّ والاجتهاد وصيام النهار وقيام الليل. — Quand Mocaddasî dit en parlant d'étoffes: لا شبه لها في الكدّ مع رقة وحسن, ce mot, à mon avis, ne peut signifier

que *solidité* (c'est proprement le sens de „molestiam pertulit"), car il veut donner à entendre que ces étoffes sont fort durables. Autrement dans le Gl. Geogr.

كِدَّة *hâte, empressement, activité*, Alc. (aquexamiento, instancia priesa, priessa, quexura priessa).

كَدِّق *industriel*, Bc.

كَدَّاد astragalus armatus Wildd., Prax R. d. O. A. VIII, 281.

كَدُود *tenace, avare*, Gl. Geogr. — Dans le Voc. sous festinare.

كَدَّاد *celui qui se macère par les jeûnes et autres austérités*, R. N. dans Amari 194, 3 a f., R. N. 75 v°: وكان من الكدَّادين ممن يحيي الليل الطويل ويشدّ اللفائف على ساقيه في أول الليل كانه خارج الى سفر ليقوى بذلك على قيام الليل

كدح I, 1, se construit aussi c. ل r., Abd-al-wâhid 274, 1, et 2 c. على p., يكدح على عياله, Dîwân de Djarîr. — *Endommager, casser*, de Sacy Chrest. I, 252, 10.

كَدْخُدَائِيَّة (pers. كدخدای, كدخدای, formé de كدخدا) *ménage, gouvernement domestique*, Valeton ٣, 5 et 58, n. 3.

كدر II c. على p. *troubler le repos, la tranquillité de quelqu'un*, c. على *troubler, inquiéter dans la jouissance, dans la possession d'un bien*, Bc; c. a. *attrister*, Voc.; cf. Weijers 44, 6:
فتحزّنا من اللذّات أطيب طيبها
— ولم يغدّنا هم ولا على تكديرٍ

choquer, Bc. — *Déplaire*, Alc. (desplazer no agradar). — *Ternir*, Alc. (desluzir), Bc.

V *devenir triste*, Voc. — *S'inquiéter, s'alarmer*, 1001 N. I, 306, 11: فقال يا امير المؤمنين اذا طالعت عليكم ربما تكدّروا واما الشيخ ابراهيم فيموت من الخوف. *être choqué*, 1001 N. I, 70, 13. تكدّر خاطره

VII *devenir trouble*, Baidhâwî sur Sour. 81, 2.

X *devenir sale*, Macc. I, 685, 19.

كَدَر, *proprement n. d'act., s'emploie substantivement, saleté*, et forme au pl. أكدار, de Sacy Chrest.

I, ١٩٩, 7, 1001 N. II, 8, 3. — Pl. اكدار turbatio,
Voc. — Querelle, Alc. (renzilla). — من غيـر اكدار
paisiblement, Bc. — شراب النَّدر ,Bait. II, 338: وأمّا
شراب النادى فانه المعروف بشراب النّدر ;cf. sous كاذى
c'est le persan كَدَر.

كَدر terne; لون كدر couleur mauvaise, qui n'est
pas unie, couleur inégale, qui n'est point partout la
même, Bc. — Mesquin (chose), Macc. I, 694, 13:
وجوامك المدارس قليلة كدرة

كُدْرِيّ sorte d'oiseau qui ressemble au catá (cf.
dans les dict.); il est un peu plus grand qu'une perdrix, ses ailes sont noires, il fait un bruit singulier
quand il s'élève, et il vole comme un pluvier, Richardson Morocco II, 231, 240, 259, qui écrit deux
fois kader et une fois gedur; voyez aussi Tristram
399, qui écrit El Koudhre et qui dit que c'est le
common sand grouse. Cf. كدرى.

كُدَّر se trouve dans le Diw. Hodz. 48, 2 a f.

لون الكُدْرَة gris tirant sur le noir, Ztschr. XVI,
236, n. 7; cf. Gl. Geogr.

كُدْرِيّ chez Hœst 296 comme la plus grande espèce
de perdrix; cet oiseau a les pattes très-courtes et
deux anneaux noirs sur la poitrine; cf. كدر.

كُدُورَة inégalité d'une couleur qui est mauvaise, Bc.

كَدَّار potier, chez Domb. 102, est pour فَخَّار.

كَيْدَار pl. كيادر mauvais cheval, rosse, Cherb.
cf. قذار.

مُكَدِّر fâcheux, importun, triste; c. على incommode,
Bc. — Querelleur, Alc. (renzilloso).

كدس II amonceler. Comme Freytag ne cite que Golius,
j'ajoute: M, Voc., Alc. (amontonar), Edrîsî ٢١, 4,
١٩٨, 4, Çalât 38 r°, Abou'l-Walîd 125, 27, 599, 8.

V s'amonceler, Voc.

VI s'amonceler, Beert 17.

كُدْس monceau, Alc. (hacina ayuntamiento de hazes,
monton de cosas), p. e. de pièces de monnaie, M,
de foin, Alc. (almear de heno كدس من ربيع), de
terre, Alc. (monton de tierra), de cadavres, Abbad.
II, 199, 11. — كدس من تراب terre grasse pour les
murs en torchis, Alc. (pece de tierra para tapiar). —
كدس من مَوْتَى brancard pour les enterrements, Alc
(lochiga de muertos).

كَدِيس pl. كُدْسَان monceau de blé, le blé qu'on
rassemble pour le porter à l'aire, M, Aboû'l-Walîd
125, 27, Payne Smith 1807.

كادس se trouve dans le Diw. Hodz. 284, vs. 15.

كدش I donner une dentée, un coup de dent (= كدم), M.
II. كدّش للجواد, c.-à-d. صار كالكديش (voyez), M.
كدش, كُدْش (fr. et esp. coche), char, coche, Domb.
97, Hœst 153.

ورق النَّدش papier brouillard, Bc.

كَدْشَة dentée, coup de dent, Bc.

كَدَّاش celui qui possède ou qui est monté sur un
كَديش (voyez), M (صاحب النَّديش).

أَكْدَش, fém. ة (M, Hbrt), ou أكديش (pers. كَديش,
M), pl. كُدْش (اغديس, اكدي, اغدش, اكدش,
Bc, Hbrt) كُدْشَان (Daumas) et أكاديش, cheval de
race mélangée, qui n'est point de race, mazette, mauvais petit cheval, cheval de somme ou de trait, quelquefois cheval hongre, quelquefois aussi bon petit cheval,
car on trouve الاكاديش لجياد (Maml.), et les sultans
font cadeau de ces chevaux à d'autres princes; voyez
Fleischer Gl. 40 et son édit. des 1001 N. IX, Préface
p. 15, X, Préface p. 13, Maml. II, 1, 46, M, Bc
(aux articles cheval et mazette; كديش صغير bidet),
Hbrt 58, Burckhardt Syria 295, Daumas V. A. 204-5.
— Homme de race mixte, Maml. II, 1, 47.

أكديش voyez ce qui précède.

كدكد I piauler (petit poussin, faucon), Alc. (piar el
pollo o halcon).

كَدْكَدَة imitation du son d'une chose dont on frappe
une autre chose dure, M.

كدم I. Mohammed ibn-Hârith 301: وكان ذلك الوزير
يَشْتُنا سليمٰن ويُكَدِّم (sic) عليه عند الامير من قبل je
ne sais si la leçon est bonne.

كَدَمَة une chenopodée, Prax R. d. O. A. VIII,
282.

كدن

كدن I, syr. ܟܕܢ, *mettre les bœufs au joug*, au fig., *subjuguer*, Payne Smith 1675, 1679, 1680; كدن الفَدّان *atteler les bœufs à la charrue*, M. — كَدَن n° 2 chez Freytag, n. d'act. كُدُون, Kâmil 329, 2.

II. كدّن لِلخيل *atteler*, Bc.

IV, au pass., *être gras*, Kâmil 329, 2.

VII. انكدن في العبودية *être mis sous le joug de la servitude*, Payne Smith 1679.

كَدَنَة *arpent*, Bc.

كُدْنَة expliqué par قوّة الجسم, Kâmil 329, 1.

كُدِين (pers.) *fouloir*, Gl. Geogr.

كُدُونة la qualité de la terre dite مُكَدَّنة, Auw. I, 93, 8; voyez كَدَّان sous كذ.

كَدَّان pour كَذَّان, M; voyez ce mot sous كذ.

كُدَيْنَة (syr. ܟܕܢܐ *petite jarre à goulot étroit*, Payne Smith 1680.

كُدّين (pers.) pl. كواديين *fouloir*, Gl. Geogr.

مُكَدَّن voyez كَدَّان sous كذ.

كدى I *blesser*, en parlant d'une satire, كدّتك قصيدتي P. Becrî 129, 12.

II *mendier*, Gl. Fragm. 62, Voc., qui écrit par erreur ce verbe avec un ق, au lieu d'un ك, Payne Smith 1204, Gl. Geogr.

V *mendier*, Gl. Fragm. 62.

كَدِيّ *avare*, R. N. 44 v° (il n'avait rien reçu): وجعلت في نفسي هذا الكدي لا يلقى بالا ولا اكترث بقدومي عليه وندمت على اتيانى اليه⁕

قَدْيَة (كُدْيَة) (pers. كُدَيْة) *mendicité*, Gl. Djob., Voc. (sic), Macc. III, 22, 11, Payne Smith 1205.

كُدْيَة, pl. كوادى Amari MS. — Veine de sable, un peu moins prononcée que les عرق, Daumas Sahara 273; *koudiat*, mouvements de sables, peu élevés, mais très-nombreux, *ibid.* 307. — *Colline*, Gl. Mosl., Alc. (cerro).

كذ

كَدّان, souvent كَذّان, n. d'un. ة (M), aussi جِدّان, désigne, d'après les lexicographes arabes, une espèce de pierre tendre qui ressemble presque à une motte de terre argileuse desséchée. On lit au contraire chez Prax, R. d. O. A. VI, 295: «On tire de la carrière Mekta-Soliman, située au S.-E. et à 14 milles de Tunis, une pierre appelée *kaddal* [sic], blanche, dure et compacte, propre à l'appareil et à la décoration.» Plusieurs passages d'auteurs arabes semblent indiquer également que c'est plutôt une pierre dure, comme l'a déjà observé M. Wright (Gl. Djob.; le passage d'Edrîsî y est cité mal à propos; Jaubert a traduit inexactement; voyez le texte !!!, 2). Ainsi on lit chez Ibn-Iyâs, cité par Quatremère (Recherches sur l'Egypte 282, n. b): «la pierre de *caddzân* est une pierre que l'on emploie pour faire les pavés des maisons et les degrés des escaliers.» A mon avis, toutefois, cette contradiction n'est qu'apparente. *Caddzân* signifie *pierre de tuf*, car Djob. 336, 5, dit que Palerme est bâtie toute en pierre de taille de l'espèce que l'on nomme *caddzân*, et selon M. Amari, dans une note sur ce passage (J. A. 1846, I, n. 40), «les édifices du moyen âge, à Palerme, sont bâtis avec un tuf calcaire assez fort, et cependant d'un grain très-fin.» Or, on sait que le tuf est fort tendre, mais qu'il devient dur lorsqu'il est employé. On trouve nommé الكذّان اللكّى (Edrîsî ٣١١, 17); ces pierres venaient probablement du port de Locca en Afrique.

En mettant ce mot sous كذ, j'ai suivi la grande majorité des lexicographes arabes. Quelques-uns, dit le M, considèrent le *noun* comme radical; mais s'ils avaient raison, ajoute-t-il, il y aurait un verbe كذن. Il est vrai qu'une telle racine n'existe pas; mais de la racine كذ on ne trouve que la Iʳᵉ forme, dans le sens de خشن, verbe extrêmement rare, que je n'ai jamais rencontré, et qui ne me semble avoir rien de commun avec le tuf, tandis que صار أكذّ في كذّان من الارض est un dénominatif de *caddzân*, ce qui prouve bien qu'on a considéré *ân* comme une terminaison, mais non pas qu'on a eu raison de le faire. A mon sens, un mot qui s'écrit à la fois كذّان et جذّان doit nécessairement être d'origine étrangère (faudrait-il comparer ὁ χαλάς, qui a le même sens en grec moderne?). Ne connaissant pas l'opinion des grammairiens ou n'en tenant pas compte, les agriculteurs ont considéré le *noun* comme radical, et ils ont formé de *caddân* le partic. ou adj. مُكَدَّن, qu'ils appliquent à une terre jaune, mauvaise pour l'agriculture et qui ressemble au *caddân*, sinon qu'elle a de la fraîcheur, التربة المكدنة التي تشبه الكدان الا انها رطبة Auw. I, 92, 3 a f., 97, 12 (lisez ainsi), 144, 3 a f.; on l'appelle aussi *caddân*, 143, 21. La qualité de cette terre se nomme chez eux كدونة, Auw. I, 93, 3. C'est probablement *le tuf*, cette substance qui tient plus de la nature de la pierre que de celle de la terre, et qu'on trouve assez ordinairement au-dessous de la terre franche, de la bonne terre.

كَذَا وَكَذَا *comme cela, comme ci, comme ça, ni bien ni mal, doucement, médiocrement bien*, Bc. — هكذا وكذا *çà et là*, Auw. I, 59, 14.

كذب I, *en imposer à quelqu'un, lui faire un mensonge*, se construit c. a. p., de Jong, Macc. II, 200, 2, 299, 8, 540, 12 (corrigé par Fleischer dans les Add. et Berichte 89), c. على p., Bc (*en imposer, mentir*), Badroun 296, 4, 1001 N. I, 88, 1, et peut-être c. الى p., Badroun 296, n. a. C. a. p. et a. r., كذب الحديث, Fleischer Berichte l. l. (jemand mit etwas belügen). C. على r. *la donner belle, vouloir en faire accroire*, Bc (= طلى على), R. N. 57 v°: وقال الله يعلم اني ما قلت الّا ما اخبروني به أبو بكر وما كذبت عليه (en hollandais: ik heb er niet bij gelogen).

II c. ب r. *croire qu'une chose est fausse, qu'elle n'est pas vraie*, Gl. Fragm. 46. — *Combattre mollement, faiblement, lâchement, sans vigueur*, Yâcout III, 188, 5: اذا حملوا صبروا ولم يكذبوا واذا حملنا لم نصبر ونكذب. — *Manquer, rater* (arme à feu), Bc. — كذب الجعبة *fausser la compagnie*, la quitter, ne pas s'y trouver après l'avoir promis, Bc.

IV c. a. p. *tromper par des mensonges*, Weijers 28, 5 et 96, n. 119.

كَذِب *mensonger, fait à plaisir*, controuvé, Bc, Coran XII, 18.

كَذْبَة *bourde, colle, fausseté, menterie, poisson d'avril*, Voc. (*mendacium*), Bc.

مرجان كذاب *corail faux*, Burckhardt Nubia 270.

كَذُونَة *ficta*, L, *mensonge, menterie*, Beaussier.

كَذَّاب *faux*, p. e. لولو كذاب « perle fausse, » Bc; له اسم كذاب *pseudonyme*, Bc.

اقاذب كاذب espèce d'*Origanum Dictamnus*, Bait. II, 518 c.

تكذّب *faux-feu*, amorce qui brûle sans que le coup parte, Bc.

كذن.

كَذَّان voyez sous كذ.

كُودِين pl. كوادين *fouloir*, Gl. Geogr.

كرّ I *attaquer, assaillir*, c. على, Koseg. Chrest. 96, 2, ou c. a., Haiyân 56 r°: فانثالت العامّة لمنعه وكرّته. — C. على p. *venir au secours de*, Abbâr 157, dern. l.:
فكرّ على ابن عمّك وانتشلُه
— فليس حمّى ابن عمّه بالمُباح.
Rouler, faire rouler, Hbrt 191. — كرّ الطابة et لخّط عن الطابة *dérouler un peloton de fil*, Bc.

II. كرّر عليه تكرارًا « pendant les visites que je lui fis à différentes reprises, » Khatib 73 r°. — *Refaire*, Alc. (*rehazer*; Nebrija: *reficio, instauro*). — *Envoyer pour la seconde fois en retour*, Alc. (*enbiar en retorno*; Nebrija: embiar otra vez en retorno, *remitto*). — *Ramener*, Alc. (*reduzir* = ردّ; Nebrija: rodigo, reduco). — *Faire vibrer*, si de Slane a bien traduit Prol. III, 128, 16. — *Concentrer, rendre plus actif* (un sel); *raffiner, rendre plus fin, plus pur, spiritualiser*, raffiner, subtiliser, *rectifier* des liqueurs, les distiller une seconde fois; كرّر السكر *affiner le sucre*, Bc; المكرّر, Fleischer Gl. 65, 1001 N. I, 348, II, 67, 2, IV, 259, Bresl. II, 180, V, 30 (lisez ainsi), sucre de première qualité, qui est d'une très-grande blancheur, Descr. de l'Ég. XVIII, part. 2, 378; de même بنج مكرّر, 1001 N. I, 394, 2 a f., II, 225.

X *tâcher d'attirer* quelqu'un *vers*, الى, Haiyân 100 r°: interrogé par ses cavaliers pourquoi son cheval suait, tandis que les leurs ne suaient pas, le pseudo-prophète répondit: الى ما امره (أَمَرَه) بمكان أحاول تجاوزه الّا وملكته تجذبنى للمقام عندهم وملكتك المكان

الذى أوْمَلَد تنازَعَهُمْ وتستكرُّف الى مكانها فلهذا ما تَرَوْنَ
من عرق فرسى ۞

كَرّ وَكَرّ. كَرّ, à *bâtons rompus, avec interruption,* Bc. — شَدّ, *pièce de toile servant à former le turban,* Mehren 34, Bâsim 40: لبس شاشه وكعْب زربوله واخذ الكر الذى له لحواشى وانزل به الى السوق واخذ فى يده الكَر ونفش حواشيه وخدم ماء 41:, وايبعه، وشال الكر من على كنفه 48:, ثم انه انطيلس به.

كَرّ, pl. كِرَار *sorte d'étoffe* = للجيش الرقيق, Azraki 174, 11 et 12. — (Du pers. خَر, âne?) même pl. *âne,* Hbrt 59, M, *ânon,* Bc (haute Syrie). — *Poule d'eau,* Roland (keur). — Pour عذر, *archiprêtre, évêque,* Payne Smith 1713. — (Syr. ܟܪ) *chaudron dans lequel on cuit le bitume ou la poix,* Payne Smith 1806; de même كُرّ, ibid.

كُرّة. عاوَدَ الكُرّة *revenir à la charge,* Berb. I, 439; cf. II, 99, 4: ثم كانت لبنى مرين الكرة الثانية الى تلمسان, cf. l. 8; على, II, 414, 4 a f. — دعا الى كرة الدولة «il invita le peuple à rétablir l'empire,» Haiyân-Bassâm I, 10 r°. — *Retour de la fortune,* Prol. II, 37, 6 et 12, Berb. I, 391, 3 a f., 403, 6, 417, 1, 447, 10, 556, 5, 601, 3 a f., 638, 12, 659, 11, II, 20, dern. l., 38, 8, 59, 8 a f., 127, 4 a f., 218, 7 a f., 249, 6, Macc. I, 132, 3 a f., II, 800, 10, Haiyân-Bassâm III, 50 v°: قد ردّ لنا الكرة عليهم «la fortune est maintenant pour nous et contre eux» (d'après le man. B), Amari 185, 5 a f. — *L'occasion de se venger,* Berb. I, 552, 12, Haiyân-Bassâm I, 47 r°: Sancho fut dompté à grand'peine par Almançor, mais plus tard, pendant la guerre civile, كرة — نتمكّن من هشم البيضة وطمح أمله الى الكرة ودهشة *terreur panique,* Müller L. Z. 25, 5 a f. — T. d'arithm., *cent mille,* M.

كُرّ كَرّ voyez.

كَرَار = كَلاَر (gr. mod. κελλάρι) *cellier, chambre des provisions,* Bc, Hbrt 192, M, 1001 N. I, 300, III, 456, 458, Bresl. IX, 253 (Macn. مخزون).

كَرَارَة (esp. carreta) *voiture,* Bc (Barb.).

كَرَارْجى = كَلَارْجى *celui qui prend soin du cellier, cellérier,* M.

تَكْرِير *raffinement,* extrême subtilité, Bc.

تَكْرِيرِىّ *réduplicatif,* t. de grammaire, Bc.

مُكَرَّر *raffiné, fin, rusé,* Bc. — عبادة مكرّرة *mysticité,* raffinement de dévotion, Bc.

مُكَرِّر, dans l'Inde, = مُعِيد, *répétiteur,* Bat. III, 432.

كَرَاكُون voyez قَرَاغُلى.

كرب I. كَرَبَ *se plaindre, se lamenter,* Hbrt 33 (Alg.).

II (=I, 2 chez Freytag) *lacer, resserrer,* Ztschr. XXII, 75, 3, 120. — *Causer des angoisses* à, Voc.

كرب *s'emploie en parlant d'une chaleur étouffante,* Gl. Geogr. — *Sommet* dans Aïachi chez Berbrugger 13.

كَرْب *grand nombre de coups de fouet, cent coups de fouet,* Alc. (açotes muchos, ciento açotes).

كَرَب *angoisse,* Bc (avec ces voyelles, pas كَرْب). — *Gémissement, lamentation,* Hbrt 33.

كَرِب, fém. ة, *étroit* (maison); *endroit dont les maisons sont étroites;* — *étouffant, qui fait qu'on respire difficilement* (chaleur, mais aussi nuit, ville, et encore en parlant d'un pays froid et triste), Gl. Geogr.

كَرَب *hoquet,* Bc. — *Joug, pièce pour atteler les bœufs,* Bc.

كُرْبَة *fatigue, travail, peine de corps ou d'esprit, lassitude,* Alc. (fatiga del anima, passion del cuerpo, trabajo por enojo). — مفرّج الكربات *le consolateur des affligés,* Bc.

كَرْبِى pl. كَرَابِى, en Algérie, *cabane,* Hbrt 180 (Alg.), Ht (قربي), Bc, Shaw I, 316, Gräberg 36, Daumas Sahara 189 et ailleurs, d'Escayrac 305; de Jong van Rodenburg 22: «Ehel el-Graba, Arabes agriculteurs; graba est le pl. de gourbi, cabane de paille.»

كَرُوب pl. كَرُوبِون et كَرُوبِى, *chérubin,* Payne Smith 1809.

كَرِيب (esp. cribo) *crible,* Alc. (crivo para crivar, crib).

كَرَاب (coll.) *champs,* Payne Smith 1808: سقيين كرابتها وحقولها pour أُقَمَة مَرْصَمَة (Ps. LXV, 10).

كَرَّاب (syr. ܟܪܒܐ) *laboureur,* Payne-Smith 1810, Aboû'l-Walîd 45, 1.

كَارُوبِى *chérubin,* Payne Smith 1809.

كرب pressant, qui presse, insiste sans relâche, Bc.

مَكْروب celui qui se sent oppressé parce qu'il a trop mangé et trop bu, M.

كربج I frapper d'un كُرْباج; de là مُكَرْبَج qui mérite des coups de cravache, un vaurien, Fleischer Gl. 55 et dans son édit. des 1001 N. IX, Préface p. 17.

كُرْباج, M, كِرْباج chez les autres (turc قِرْباج, mais le mot, qui existe aussi en hongrois, en russe, etc., semble d'origine slave), pl. كَراببيج (M), aussi قَرابيج (Ht, Smith dans Fleischer, 1001 N. IX, Préface p. 17), fouet fait de la peau de l'hippopotame, Burckhardt Nubia 62 n., 252, Turner II, 365, de la queue de l'éléphant, M, cravache; — tige de fer, Ouaday 367.

كربس

كربس (syr. ܩܪܒܣܐ) courtier, Payne Smith 1810.

كَرَفْس = كَرْبَس ache, Voc.

كِرْباسة morceau de كِرْباس, Gl. Geogr.

كربل

ألم الكربيل maladie parmi les assiégés quand ils n'ont ni viande ni légumes, Rutgers 165, 5, 176, 5.

كرت I, aor. a, dégringoler, rouler, Bc.

II éconduire, éloigner quelqu'un avec ménagement, adroitement, Bc.

Krettah, paquet de douze gerbes de lin, Descr. de l'Eg. XVII, 101.

الكرانته pièce de mousseline plissée, longue d'un tiers de coudée, et qui était placée entre le bonnet, الكلفتة, et le turban, الشاش, du côté gauche; cet ornement était particulier aux sultans mamlouks, Maml. I, 1, 187.

كُرَّيْتَة (esp. carreta) pl. كَراريت charrette, Alc. (carro para llevar cargas), Bc (Barb.), Daumas Mœurs 149, Afgest. II, 102. Aussi avec le ط, Simonet 327;

كِرْبَطة المِهْراز affût de mortier, Domb. 80.

كرتع II تَنْكَرْتَعَتْ يَدُهُ avoir des spasmes dans les doigts, M.

كَرْتَع spasmes dans les doigts, M.

كرتك poisson du Tigre, Gl. Geogr.

كرث VIII se soucier de, s'inquiéter de, s'épouvanter de, Gl. Badroun, Gl. Fragm., Macc. I, 590, 13, Prol. III, 356, 14, Rutgers 175, 13, 178, c. فى, Prol. III, 355, 11. — ما اكترث فيه ne point faire accueil à quelqu'un, Bc.

كَرَاث. Voyez sur cet arbre Bait. II, 369 c, nommé Diw. Hodz. 272, vs. 1.

كُرُوث J'ignore ce que ce mot signifie Fakhrî 373, 7 a f.: وبرع فى علوم المتصرفين كالحساب ومعرفة الكُروث والمساحات والمُقاسمات.

كُرَّاث, n. d'un. ة, Voc.; كُرَّات شامى ou الأندلسى, Most. sous ce dernier mot, cf. Bait. كُرَّات بستانى, Most. sous ce dernier mot, cf. Bait. II, 363 b; كُرَّاث نبطى est كُرَّاث الجبل وهو البرّى, Most. in voce, cf. Bait. l.l.; كُرَّاث الكرم, وهو طيطان Bait. l.l.; قُرْط = كُرَّاث البقل et كُرَّاث المائدة, Bait. II, 293 d; كُرَّاث رومى = رأسن Most. sous ce dernier mot.

كرج I. كَرَّج الشىء rouler du haut en bas, M (الدفع مُتَدَحْرِجًا).

VIII = I, II, IV et V chez Freytag, M.

كُرْج, nom d'un quadrupède, du مُحلَّا, ثور للجبل, وعل; écrit aussi كرغ (c'est ainsi que je crois devoir lire dans K, au lieu de الفرغ) et كرك, Payne Smith 1612, Bar Ali 4479.

كريج nom d'un instrument de musique à Séville, Macc. II, 143, dern. l.; M. Simonet (88, n. 3) propose de voir dans ce mot l'esp. carrizo, qui signifie glaïeul; ce serait alors كُرَيِّج.

كُرَّج est le persan كُرَّه, poulain. De là cheval de bois, equus ligneus dans le Voc., qui prononce كُرَّج, pl. كَرارِج; c'est un jouet d'enfant (لعبة dans Djauharî et Djawâlîkî 130, 2 a f., pas «ludi nomen,» comme chez Freytag. Les كُرَّج dont parle Ibn-Khaldoun (Prol. II, 361, 2 et suiv.), ces figures de bois représentant des chevaux harnachés, que les danseuses suspendaient à leurs gilets, pour représenter des cavaliers qui couraient à l'attaque, qui battaient en retraite et qui combattaient ensemble, sont, selon

كرخ

l'observation de M. de Slane, les jouets que les enfants appellent *chevaux à jupon* et *chevaux à carrousel.* On les retrouve en Espagne, Abbad. I, 324, 2: ذكر انه كان ساعتئذٍ يلعب بيديه بالكرج Les trois articles de Freytag, كرج, كُرج et كُرَّج, doivent donc être réunis en un seul, comme l'a déjà observé M. Sachau.

كرخ I (mot araméen de l'Irâc; cf. chez Buxtorf n° 3, *ligare, alligare, colligare*), *rassembler en un seul endroit*, ne se dit pas seulement de l'eau, mais aussi de personnes et de bétail, Gl. Fragm.

كرخ (syr. ܟܪܟܐ, *arx, oppidum, civitas*) voyez Yâcout sur les endroits qui portent ce nom, joint à un autre, dans l'Irâc.

كرخ (syr. ܟܪܟܐ) pl. اكراخ, comme كرخ avec hâ dans nos dict, *cellule*, Payne Smith 1819.

كاروخة (syr. ܟܪܘܟܐ) *tournant, gouffre*, Payne Smith 1826.

كَرْخَانَة (pers. كار خانه) pl. كراخين *atelier, fabrique, manufacture*, Bc, M, Descr. de l'Eg. XVIII, part. 2, 139; كرخانة بروت *salpêtrière*; كرخانة جوخ *draperie*, كرخانة ورق *bonneterie*; كرخانة طرابيش *papeterie*, Bc; صاحب كرخانة *manufacturier*, M.

كرخانجى *manufacturier*, M.

كرد., كَرْد, pl. كَرَاد, expliqué par أعذاء التخل Kâmil 691, 1 et 2; mais plusieurs man. ont كَرَادِين.

كَرْدِى, *Curde*, a chez le vulgaire le pl. كَرَاد, M. — Pl. كَرَاد *espèce de tapis*, Gl. Fragm. 61.

كردان pl. كرادين *collier de fils d'or*, Bc.

كرداب (pers. گرداب) *tournant, lieu où l'eau tourne toujours*, Gl. Geogr.

كردنك voyez كردانك.

كردس I (pour كدّس) *entasser*; كردس فوق بعضه *jeter les uns sur les autres*; كردسهم فوق بعضهم *il les renversa les uns sur les autres*, Bc. — II. تكردسوا فوق بعضهم *se renverser (tomber) les uns sur les autres*, Bc; — تكردسوا *se presser les uns*

454

كرز

contre les autres, 1001 N. Bresl. IX, 88: وتسكردسوا, où Macn. (III, 272, 5) a وازدحموا فى الباب, فى الباب.

كردوس pl. كراديس *phalange, régiment*, Bc, Aboù'l-Walîd 123, n. 44, Bar Ali éd. Hoffmann n° 4198, Payne Smith 1481. — الكراديس رؤوس العظام, comment. sur les mots بادى الكراديس dans le Dîwân d'al-Akhtal 10 r° (Wright).

كردايسة *l'action de tomber sur la tête, les pieds en l'air*, Domb. 87.

كُرْدمَانَة, aussi كرمدانة (Ibn-Djazla), est le pers. كَرْدَمَانَه, d'où vient l'arabe جردمانف, aussi جردمانف (Ibn-Djazla), pour كرمدانه; voyez l'article du Gl. Manç. que j'ai donné sous طاس et plus loin كرم دانه.

كُرْد pl. كرادن voyez.

كردناج est le pers. گَرْدَنَاج, *espèce de rôti*, Bait. II, 390, passage de Rhazès: ولا يتعرض للشواء ولا الكردناك leçon de B, A السكرباك. Dans le Gl. Manç., où ce mot est écrit كردناك, on le trouve expliqué de cette manière: هو الشواء المكبوب على الجمر او الطابق بعد كبسه فى مياه عاذبة واذاويه او تلبخ فيها نصف طبخة Cf. Vullers sous 3. گُردان.

كردور (esp. *corredor*); كردور متاع الشمال *bâbord*, كردور متاع اليمين *tribord*, Bc.

كردون pl. كرادين *capot* ou *capote*, Bc.

كَرْدَنَال *cardinal*, Alc. (cardonal de Roma), Amari 341, 6.

كَرْدَنَالِيَّة *cardinalat*, dignité de cardinal, Alc. (cardenaladgo).

كرز I (syr. ܐܟܪܙ, de κηρύσσω) *proclamer*, Payne Smith 1817. Dans le sens n° 6 chez Freytag, n. d'act. كرز, M. Aussi *prôner*, faire de longs discours, Bc. — *Verser l'eau*, M.

II *faire carnaval*, Bc.

كَرْز *prédication, sermon*, Bc. — Pl. كروز *pomme de pin*, M.

كرز (κέρασος) *cerise*, Hbrt 52, Bc. — N. d'un arbre qui porte des fruits qui ressemblent aux prunes (خوخ, voyez ce mot), mais qui sont plus petits et que l'on mange, M; probablement *cormier*; voyez mon article كرز الـغـار sous قـراسـيـا. — كرز الـغـار *laurier cerise*, Bc.

كَرْزَة *prône*, Bc.

كُرْزِيَّة (dans le Holal كرسيّة) pl. كَرَازِي *étamine de laine*, Alc. (estameña, querzîa, pl. querzîzi, l. querzîzi). Bien que ce mot maghribin existe aussi en berbère, je ne cherche plus son origine dans cette langue, mais elle m'est encore obscure. S'il y avait un nom de lieu كرز, où cette étoffe se fabriquait, la difficulté serait levée; je ne le connais pas toutefois. — *Longue bande de cette étoffe, dont on entoure cinq ou six fois la tête, en guise de turban*, Vêtem. 380—2, Gl. Edrîsî, R. N. 63 r°: حـمـل (l. ابى) ابـو لـبـاس وكـان, وردا (l. وكرزية) وكردة صـوف مـن جـبّـة (sic), صـوف مـن وردا (l. وكرزية) 93 r°: وخـلـع كـرزيـة 94 r°: عـمـامـة او كـرزيـة سـودا 100 r°: وكـفـن فـى كـسـاء وجـبـة صـوف كـانـت عـلـى راسـه الـنـاس نـام اذا فـيـهـا يـصـلّـى كـان وكـرزيـة Aussi: *une telle bande faite de lin*, Voc.: *vita* (i. e. *vitta*) *de lino* كَرْزِيَّة, pl. كَرَازِي. — *Ceinture faite de cette étoffe*, Ht (ceinture كَرْزِيَّة (kerzîa), Godard I, 206: « ceintures de laine, appelées karazi.»

كَرَازَة *prédication*, M.

الكريز *carnaval*, Bc.

كُرَاز *cruche à goulot étroit et par conséquent fort propre à tenir l'eau fraîche. Ce mot appartenait au dialecte de l'Irâc; les Arabes d'Espagne l'ont reçu des Irâcains conjointement avec l'objet qu'il désignait*; esp. *alcarraza*, prov. *alcarazas*. Biffez la signif. « *figulus* » chez Freytag, Gl. Esp. 86.

كَارِز *prédicateur*, Bc.

كَارُوز (κῆρυξ) *crieur, héraut*, Payne Smith 1817. — *Prédicateur, prôneur, qui fait le prône, sermonnaire*, Bc, Hbrt 156, M, Payne Smith 1818. — *Prôneur, grand parleur, qui fait des remontrances*, Bc.

مَكْرُوز *banni, proscrit, exilé*, Payne Smith 1817.

كُرْزُن pl. كَرَازِن *coiffure dont se servaient les dames à Bagdad au IX*e *siècle de notre ère; voyez le Mowasschâ par Abou-'t-Taiyib, man. 1440, chap. 43*.

كرس II dans le Voc. sous *quaternus*. — (Formé de χρῖσμα), chez les chrétiens, *bénir, dédier, consacrer au culte, inaugurer, consacrer*, Bc, M, Payne Smith 1684, Wright, Catal. of Syr. MSS. I, 237 a.

V dans le Voc. sous *quaternus*. — *Etre béni, dédié, inauguré, consacré*, M. — *Rassembler du bois*, etc., M.

كِرْس. Le passage du Diw. Hodz. se trouve 282, vs. 5. — *Motte de fumier qui sert de combustible*, Descr. de l'Eg. XIII, 9 (kers).

كُرْس (esp. *corzo*) pl. أَكْرَاس *chevreuil*, L (ibices أَكْرَاس), Voc., Alc. (corço o corça).

كُرْسِيّ *chaire de prédicateur*, Alc. (pulpito, predicatorio; l'un et l'autre aussi مِنْبَر). — *Chaise qui sert exclusivement à y placer le turban pendant la nuit*; on l'appelle aussi كرسى العمامة, Vêtem. 343, n. 1. — كرسى الولادة *chaise d'une forme particulière, sur laquelle s'assied la femme qui doit accoucher*, Lane M. E. II, 306. — *Sorte de banc à dossier pour trois ou quatre personnes*, Alc. (escaño de assentar). — *Sorte de chaise qui sert à porter le* صبى (voyez), Burton II, 280. — كرسى الكاس *le plat* [?] *sur lequel on pose le calice; c'est Quatremère qui traduit ainsi cette expression, qu'il a trouvée dans le Pontifical copte*, J. A. 1850, I, 252. — *Affût de baliste*, Gl. Fragm. — *Le tréteau qui soutient l'astrolabe*, Alf. Astron. I, 168, Dorn. — *Espèce de pupitre sur lequel on pose un Coran précieux*, Gl. Edrîsî, *et aussi un autre meuble, qui sert à transporter un tel pupitre*, Macc. I, 404, 2 a f. — *Tablette dans laquelle s'implante par le bas un instrument pointu*, J. A. 1850, I, 251. — A la Mecque on appelait ainsi une espèce d'échelle ou d'escalier, qui avait neuf marches et des pieds de bois, où étaient adaptées quatre grandes poulies sur lesquelles il roulait. On le plaçait contre le mur de la Ca'ba, de façon que son degré supérieur se trouvât de niveau avec le seuil; voyez Djob. 91, 12 et suiv., Bat. I, 309, et cf. Burckhardt Arabia I, 266. Aujourd'hui il a six roues et une forme un peu différente; voyez Ali Bey II, 80, et la figure LVIII, n° 4. — *Objet ressemblant à une table basse, qu'on place sur un trou, carré ou rond, pratiqué dans le sol, et qui contient un pot avec du feu. On jette sur cet objet des couvertures, on l'entoure de tapis et de coussins, et alors les habitants de la maison se chauffent en tirant les longs bords des couvertures sur leurs genoux et leurs cuisses*, Fraser II, 188. — ذورسى

الْمَلِك trône, M. — كرسى المملكة siége, lieu de résidence, capitale d'un empire, Gl. Abulf.; Bc (siége) donne en ce sens كرسى seul; ville importante, Khallic. I, 4, l. 8 Sl.: احدى كراسى خراسان. — Le siége, la résidence d'un patriarche, d'un évêque, Edrîsî (Rome), Prol. I, 420, 12, 421, 13 et 14, M. — Les Mauresques donnent le nom de كرسى à de petites pièces d'argent ou d'or, qu'elles ont dans leurs colliers, à cause de la figure de ces ornements, Gl. Esp. 93. — Le tire-corde du طنبور Descr. de l'Eg. XIII, 251. — كرسى الخدّ le milieu de la joue, 1001 N. I, 44, شاب مليح بخدّ احمر وشامة على كرسى خدّه a f.: 4 كقوس عنبر

كرسون (ital. crescione ou fr. cresson) cresson, Bc.

كرسابة boue, limon, Mehren 34.

كراسة sandaraque (gomme), Hœst 274, 306, qui l'écrit avec un ص; c'est peut-être le mot que je trouve écrit dans l'Inventaire الكراشنت, et aussi كراسة; un créancier reçoit une certaine somme (l. من قيمة) كراسة ولوز حار (ماءً l.). ☼

كريسى épithète de la plus petite espèce de pois chiches, Most. v° حمّص: ومنه صنف يسمّى الكريسى; وهذا الصنف اصغر ما يكون من الحمّص distinctement dans N; La semble porter plutôt الكريسى.

كرّاس cahier, Bc, ordinairement de huit feuilles, M.

كرّاسة cahier, Voc., Alc. (cuaderno de hojas). — Brochure, M.

كروسة (fr.) pl. ات carrosse ou charrette, M, Lerchundi (carro), Hist. Tun. 113: درهام وهو يسابر كروسته فنلده ☼

كرسالى (ital. corsali, pl. de corsale) pl. كرساليم corsaire, de Sacy Chrest. II, 42 et Dipl. XI, 41, Amari 347, 6 a f. Cf. قرصال, قرصان.

كرسنة ce qui, chez les ouvriers, est prêt à être travaillé, façonné, p. c. le bois chez les charpentiers, les semelles chez les cordonniers, etc., M.

كرسح I (formé de كسح) rendre rachitique, perclus, M (sous كسح).

II être rachitique, perclus, M.

مكرسح cul-de-jatte, Bc.

كرسع

مكرسع manchot, Ht.

كرسنة, dans les deux man. du Most. كَرَسْنَة, comme prononcent le vulgaire et 'Acim Effendi, M, aussi dans le Voc., Bc كرشنة, ers, vesce noire, Alc. (yeros yerva), Bc, Tunesî dans Cabbâb 75 r°: والكرسنة وج, Abou'l-Walîd 327, 19: en Syrie الجلبان الصغير لحبّ, en Irâc الجلبان; en esp. alcarceña. — Chervis, racine bonne à manger, et qui est fort douce au goût, Alc. (chirivia rayz conocida). — Epeautre, J. A. 1865, I, 201. — Bergeronnette, hochequeue (petit oiseau), Alc. (chirivia avezica).

كرش I. كَرَشَ, aor. i et o, donner la chasse, mener tambour battant, forcer à la fuite, remporter des avantages successifs sur, poursuivre, presser; كرش من مكان débusquer, chasser d'un poste, Bc.

II devenir ventru, M; مكرش ventru, Bc, Payne Smith 1834.

كرش ventre, Voc., Alc. (pança de vientre), Domb. 86, Hbrt 3 (Alg.), Payne Smith 1834, bas ventre, Alc. (bajo vientre); رقصنت بالكرش elle a conçu, Hbrt 26 (Alg.). — Cæcum, le premier des gros intestins, Alc. (tripa ciega). — Outre pour le lait, Payne Smith 1293. — كرش العنبر ou من العنبر, pl. اكرشة, Prol. I, 321, 2, 1001 N. III, 371, 1; de Slane traduit un sachet d'ambre gris, Lane rend كرش par skin; c'est probablement morceau de la panse, du gras-double d'un bœuf, dans lequel on conserve l'ambre gris. — كرش الارنب astragalus, Prax R. d. O. A. VIII, 282.

كَرْشَة poursuite, Bc.

كَرْشَة tripe, Bc. — Gras-double, membrane de l'estomac du bœuf, Bc.

كُراشة pl. كُراش ride, Alc. (arruga, desarrugadura), le pl. Abou'l-Walîd 800, 16.

كُرَيْشَة, كَرَيْشَة nom d'une étoffe; M: الكُرَيْشَة نسيج من القطن ونحوه، مولّدة، سمّى به لتقبّضه Descr. de

كرشلة

l'Eg. XVII, 309: «كُرَيْش espèce de soie rouge et noire, extrêmement claire, dont les femmes se font des chemises et des voiles; on l'envoie de Damas en Egypte,» XVIII, part. 2, 167: «شغل كُرَيْشة حريري ouvrages en soie, en koreych,» 382: «koreych, étoffe de soie claire;» chez Bc كُرِيشة crêpe. Je ne sais s'il faut mettre ce mot en rapport avec le *craishi* de Browne, II, 264, qui dit que c'est le terme technique pour indiquer la préparation de la soie blanche.

— كُرَيْشَة pl. ات, خَشَبَة يُسْقَف بِهَا الخَشَب, M.

كُرَيْش, au Maroc, *yeuse, chêne vert*, voyez sous شريش.

تَكْرِيش *rugosité*, Bat. IV, 77.

تَكْرِيشَة *rétrécissement*, Alc. (encogimiento). — Pl. تَكَارِيش *ride*, Alc. (engurria o arruga). — Même pl. *chose ridée*, Alc. (rugada cosa arrugada).

مَكْرَش *outre pour le beurre*, Burckhardt Bedouins 33.

مَكْرَش *gourmand*, Hbrt 245 (Alg.).

كُرْشْلَة pl. كَرَاشِل *espèce de gimblette faite de farine de fleur d'orange et de beurre*, Lerchundi.

كرشن I c. a. et II dans le Voc. sous *oripilatio*.

كرط.

كُرَيْطَة voyez كُرَيْتَة.

كَرْطُوس ou كَرْطُوش *figue*, Cherb., Martin 102.

كرع I chez le vulgaire = جرع, M.

V *roter, faire des rots*, Bc.

كُرَاع pl. أكرُع, Alfîya, كُرُع, Kâmil 421, n. p., كِرْعَان, Aboû'l-Walîd 332, 12. Cf. Maml. I, 2, 126. — *Les longs pieds de derrière de la sauterelle*, Palgrave II, 139. — *Bras d'un fleuve, canal*, Barth V, 148.

كُرَاع الدَّجَاجَة *saponaire* (fleur), Cherb.

كُرَاع pl. كَوَارِع *cheville du pied*, Ht (qui l'écrit par erreur avec ى). — *Pied*, Hbrt 5 (Alg.), qui donne كُوَارَع comme le sing. et كوارع comme le pl.; *kuarah, pieds*, gloses grenadines de la 1re moitié du XVIIe siècle (Simonet). — كوارع *un plat de pieds d'agneaux*,

---

كرك

cuits avec de l'ail et du vinaigre, Lane M. E. II, 159.

تَكْرِيعَة *rot*, Domb. 87.

مَكْرَع pl. مَكَارِع, s'emploie comme n. d'act., comme n. de lieu et comme n. de temps du verbe كرع, proprement *boire* en parlant d'animaux, puis, en parlant d'hommes, *boire à la manière des animaux*, et enfin *boire* en général, Gl. Mosl. Comme n. de lieu, *abreuvoir*, Mem. hist. VI, 116.

عُرْعُوب = كُرْعُوب *jarret*, Bc.

كُرْع voyez كُرَع.

كَرْفَا.

كَرْفَة pl. كَرَافِي, كَرَافِي الشَّحْم, *couches de graisse*, Kâmil 141, 3 et suiv.

كرفج.

مُكَرْفَج, s'il faut écrire ainsi le mot qui chez Alc. est *mucârfex, couvert de piquants comme le hérisson* (enerizado como erizo).

كَرْفَز (turc كُرْفُز) *golfe, anse, baie, rade, port*, Hbrt 176, Ht; كُرْفُز صَغِير *anse, petit golfe*, Bc.

كَرْفَس *persil*, Domb. 59 (كَرَافِس); — *céleri*, Hbrt 48, Martin 100. Espèces d'ache: الأجامي, Bait. II, 352 c; بطرسانيون, ibid.; البستاني, ibid., Most. v°; طرخيون, الرومي, Most. v°; قيل انه بزر الكرفس للجبلي; هو المقدونيس وقيل هو الكرفس الرومي ذكر ذلك مسيح المشرقي, Bait. II, 352 c, 355, 599 c; الصّحرى, Bait. II, 352 c; القبرسي, Bait. ibid. (leçon de Boul. et de Sonth.; AB الغبرسمى); كرفس الماء, Bait. II, 283 c sous قوة العين, Most. même article, Bc (ache), aussi كرفس ماوى, Bc.

كَرْفُو (esp. *garfio, crochet, croc*) *fourchette*, Bc (Barb.).

كرك.

كَرْك (pers. كَرْك, abréviation de كَرْكَدَان) *corne de rhinocéros* (dont on fait des manches de couteaux), Payne Smith 1829.

كُرْك (turc كُرْك ou كُورْك) pl. أكراك *pelisse, robe, manteau fourré*, Vêtem. 382, Bc, 1001 N. Bresl. IX,

208: الْفَرِوَةُ السَّمُور, où l'éd. Macn. a: السَّمُور الثَّرْك. — Espèce d'oiseau aquatique blanc, de la grosseur d'une grande oie; ces oiseaux habitent les îles sablonneuses du Nil, en troupes de plusieurs centaines, Burckhardt Nubia 23. — Voyez كرج.

كَرْكَدَ espèce de toile bleue très-étroite, Descr. de l'Eg. XVII, 218.

كَرْكِيَّة alambic, M, Ht.

كُرْكِيّ cigogne, Bc. — سمك الكراكى brochet (poisson), Bc. — (Κυριακός) يوم الكركى dimanche, سوق الكركى marché qui se tient le dimanche, Gl. Geogr.

كَرَاكَة (d'origine turque), à Tunis, bagne, galères, Beaussier, Dunant 68.

كَرْكَبَ I culbuter, renverser, Bc, Mehren 34, faire rouler, dégringoler, au fig. مكركب disposé en amphithéâtre, Cherb. B. — S'échafauder, faire de grands préparatifs pour peu de chose, Bc. — Embarrasser, mettre en peine, M (ازعجه وضيق عليه), qui dit que le vulgaire a formé ce verbe de كربة. — Faire du bruit, comme traduit Lane dans 1001 N. III, 49, 7 a f.: فاستيقظتُ من منامى وسمعت شيئًا يكركب فى جانب المغارة (c'était un animal sauvage).

II culbuter, v. n., dégringoler, Bc. — Etre embarrassé, mis en peine, M.

كَرْكَبَة culbutis, amas confus, embarras, confusion de choses; كربة خبص saccage, amas confus, Bc. — Attirail, grande quantité de choses diverses, Bc. — Gros bagage, Bc. — Echafaudage, grands préparatifs pour peu de chose, Bc. — Embarras d'esprit, 1001 N. II, 105, 4 a f. — Gargouillement, bruit de l'eau, Bc.

كَرْكَبِيَّة espèce de dattes, Prax R. d. O. A. V, 212.

كَرْكُوبَة carcasse, squelette, Bc.

كَرْكِبَاش, dans le Diarbekir, espèce de Celtis australis, Bait. II, 539 e; leçon de A; sans points dans BEH; S et Boul. كَرْكِبَاس L كَرْكَش K كَرْكَاس.

كركد.

كَرْكِيد ou صنعما (صنعما) de κερκίδος, gén. de κερκίς), instr. de tisserand; voyez Bar Ali 4868, Payne Smith 1829. كركند dans Fleischer Gl. 73 est une faute.

كَرْكَدَن. Selon Jackson, 38 et Timb. 256, les Africains donnent aujourd'hui ce nom à la corne du rhinocéros; aussi chez Beaussier. Bc a كركدن pour rhinocéros, et كركدان بحرى est chez lui licorne de mer, narval. — Alouette, Payne Smith 1768.

كَرْكَر I, dans le sens d'inhibuit, retinuit, c. a. p. et عن alter., Gl. Geogr. — Chatouiller, Bc. — Traîner, Ht.

II être chatouilleux, Bc.

كَرْكُر (les voyelles dans les deux man. du Most.) espèce de petit pin, Most. in voce, Bait. II, 370 e (الصنوبر الصغير الذى يعرف بقمل قريش).

كَرْكُر monceau de pierres pour indiquer le gisement des puits, Jacquot 62.

كَرْكُورَة pl. أت, ou مكركر, pl. مكركر, semble barrique, Amari Dipl. 205, 4, cf. 437, n. 38.

كَرْكُور, 1re signif. chez Freytag, a le pl. كراكر, de Sacy Chrest. II, 452, Kâmil 734, 10.

كُرْكُور jabot (d'oiseau), Domb. 63.

كُرْكُرى sucæda maritima, Prax R. d. O. A. VIII, 347.

المكركر الرومى nom d'une drogue, 1001 N. II, 66, 8 a f., où Bresl. (VII, 44) a المركوة.

كَرْكَرْهن (berb., cf. Vullers) Anthemis Pyrethrum, Bait. II, 370 i.

كركش.

كَرْكَش, en Egypte, camomille (à fleurs blanches), Bait. I, 69 b, 106 b, II, 180; d'après Nowairî, man. 273, 786, c'est le حوذان ou رأس الـخضب, qu'on aime beaucoup en Egypte.

كَرْكِيش camomille, Sang.

كَرْكَطُو tambourin qui a la forme d'un vase à fleurs et que l'on frappe avec deux baguettes minces (مضرب), Cherb.

كَرْكَع I rire à gorge déployée, Bc.

كَرْكَل I (esp. calcar, Simonet 322) calcare, Voc.

II quasi-pass. de I, Voc.

كَرْكَمُول (s'il faut écrire ainsi, comme l'a fait la Torre, le corcomúl d'Alc.) comble, ce qui peut tenir au-dessus des bords d'une mesure, Alc. (colmo de me-

كركند 459 كرم

dida). D'origine esp.; *comble* est en cat. *crumull* et *curumull*; voyez encore d'autres formes chez Simonet 353, qui ajoute: probablement du lat. *cumulus*, augmenté de la syllabe *cor* pour *con*, ou du b. lat. *culmus*.

كَرْكَنْد (pierre précieuse) voyez Bait. II, 370 b.

كَرْكُون كَراكون (comme le M écrit sous le ك) ou voyez sous قراغول.

كركهان et كركهن *améthyste*, Bc.

كُرلى *courlis* ou *courlieu* (oiseau), Bc.

كرم II *amender les terres avec du fumier*, Auw. I, 172, 6, 343, 11. — Ne m'est pas clair dans Macc. II, 89, 15: وقد يطلبك ان جاءه بطيفوريّة مغطّاة مكرّمة بطابع مختوم عليها من فضّة

III c. a. p. *traiter quelqu'un avec générosité*, Weijers 26, 3, cf. 91, n. 97, Abbâr 151, 12 (n. d'act. كَرام), ثم اشار بدر — مكارمة ابن حجّاج واسلام Cout. 47 rº: قشع III. — C. a. p. *donner en cadeau dans l'espoir d'une rétribution*, Gl. Fragm.

IV. اكرم تشييعه «il le reconduisit d'une manière fort honorable,» Abbad. I, 224, dern. l. — C. a. p. *donner à quelqu'un une hospitalité généreuse*, Gl. Fragm. — C. على et ب r. *accorder, donner, gratifier*, Bc.

V. Le n. d'act. *avec plaisir, volontiers*, Bc. — Dire كرم الله, J. A. 1851, I, 62, 4 a f.

VI, en parlant de deux hommes, تكارما *ils se témoignèrent beaucoup d'estime*, Recherches II, Append. XLVII, 2.

كَرْم pl. كُروم est expliqué inexactement par Freytag; c'est un collectif, *ceps de vigne*, Fleischer sur Abou-'l-mahâsin VI, 66, cf. Gl. Tanbîh. — Pl. كَرْمٌ et كُرُمات (Voc., forme qui semble propre à l'Espagne, Gl. Geogr.), *vigne*, étendue de terre plantée de vigne, *vignoble*, Bc, Hbrt 54, *jardin* (de là le terme grenadin *carmen*), Gl. Esp. 250, Calendr. 75, 5, Lafuente, Inscr. de Granada, 170 n., Khatîb 18 vº: كان يقرأ فى شبيبته على الاستاذ الصالح ابى الحج — يكرم له خارج الحضرة على اميال منها فى فصل العصير قال ويجهّزنى يوما بقُلّة من الرُبّ

. لايبيعه بالبلد Le M donne cette définition: *terre entourée d'une muraille et plantée de beaucoup d'arbres, de sorte qu'on ne peut l'ensemencer, tandis qu'on peut le faire dans le *bostân*, les arbres y étant à une assez grande distance les uns des autres*. — كرم تين *figuier*, J. A. 1843, II, 220, 6. — *Bouteille*, si la leçon est bonne dans les 1001 N. Bresl. III, 295: كرمين نبيذ.

كَرْمَة *vigne*, plante qui porte le raisin (Golius), Bc, Abd-al-wâhid 24, 15, Abbad. II, 162, 6 (cf. III, 221). — *Figuier*, Domb. 69, Bc (Barb.), Hbrt 53 (Alg.), J. A. 1853, I, 151 (Tripoli); pl. كُرَم, Cherb. Dial. 168. — Espèce d'écriture décrite Descr. de l'Eg. XI, 507. — الكرمة البيضاء *couleuvrée* ou *bryone*, Bc, Bg 835, Most. vº هزارجشان, Bait. I, 131 e etc., Auw. II, 384; فاشرشين = الكرمة السوداء, Most. l. l. — كرمة شائكة *smilax aspera*, Bait. II, 358 d.

كرمان = حمص, Most. sous ce dernier mot. — شالة كرمان *châle qui n'est point de cachemire*, Bc.

كروم التجمّل *moricandia suffruticosa*, Prax R. d. O. A. VIII, 282.

كريم. Le pl. أَكْرِمَا dans le Voc. — الله كريم *alors comme alors*, c.-à-d., *dans cette conjoncture, on avisera à ce qu'il faudra faire*, Bc. — *Nom d'un oiseau qui semble dire* يا كريم, M; cf. كريمة.

كَرامة dans le sens du n. d'act. de la IIe et de la IVe forme, Gl. Edrîsî, Cartâs 154, 3. — *Bonnes grâces, faveur*; زوّل الكرامة *disgracier*, Alc. (desfavorecer). — *Faveur surnaturelle* (de Slane), Prol. III, 64, 12. — *Marque d'estime*, Gl. Edrîsî, J. A. 1866, II, 426, n. 3; *marques d'honneur*, Alc. (insignias de honra), *trophées*, Alc. (insignias de vencimiento). — *Libéralité, générosité*, Ht. — *Grâce, bienfait*, Alc. (merced por beneficio). — *Présent, cadeau*, Gl. Edrîsî, Gl. Fragm. — *Hospitalité*, Gl. Fragm.; دار كرامة *une maison où l'on tient table ouverte*, Djob. 126, 5. — *Repas*, Voc. (convivium). — *Renommée, réputation*, Alc. (fama con mucha onrra; بكرامة *famosamente*). — *Magnificence*; *somptuosité, grande et magnifique dépense*, Alc. (magnificencia en los gastos). — Espèce de tribut, Barth V, 542. — لا ولا كرامة *en aucune manière*, Aghânî 39, 7 a f., Macc. II, 451, 8: وليست لا حبًّا ولا كرامة به C'est pour, de Sacy Gramm. I, 502, corrigé par Fleischer dans ses notes

كرم 460 كرنب

sur ce livre. — كرامتكى فى سعى, 1001 N. III, 442, 11, semble signifier: *je lui pardonne en votre considération;* خاطرك كرامة *pour vous,* pour l'amour de vous, Bc. — Chez les Soufis, *la faculté de vaguer par le monde spirituel,* Prol. I, 199, 2 a f. — اكلناها *vous nous avez bien fait suer,* Bc. مشبعة كرامتكم

كرامى espèce de datte dans la province de Baçra, Gl. Geogr.

كريمة. On dit قومه كريمة, Kâmil 108, 10 et suiv., Hamâsa 128, et نفائسها وخيارها كرائم المال M, Hamâsa l. l., Borb. I, 637, 6. — Sorte de *tourterelle,* Ztschr. XI, 478; cf. كريم. — فرّد كريسمة *boryne,* Hbrt 8.

كرّام *vigneron* (Golius), Bc, Hbrt 182, Bar Ali 4871, Payne Smith 1831.

كرامى *appartenant à un vigneron,* Fleischer Gl. 39.

كارم *succin,* ambre jaune, كرم اصفر *carabé,* ambre jaune, Bc.

كارمى, pl. كارم et الكارم (Bat. IV, 49), est une corruption de كانمى, c.-à-d., de Kânem, mot qui désigne une nation de nègres. Des individus de ce peuple s'étaient établis en Egypte, où ils s'occupaient du commerce des épiceries que l'on apportait du Yémen. On les nommait aussi التجار الكارمى et l'on trouve l'expression البحار الكارمى; voyez Not. et Extr. XII, 639, XIII, 214, Bat. IV, 49, 259.

اكرام *salaire, honoraires,* Gl. Edrîsî, Cartâs 65, 1.

اكرومة semble avoir chez les pédérastes un sens spécial, Macc. I, 423, 3.

تكرمة est expliqué de cette manière par Nawawî, man. 357, p. 445: تخت ما وهى — التكرمة الانسان من فراش او وسادة وخوها هذا هو المشهور وقال القاضى ابو الطيب وقيل المائدة

مكرمة *témoignage d'estime,* R. N. 26 v°: dans l'antichambre un esclave lui apporte une table chargée de mets, ففكرت فيما بينى وبين نفسى وقلت اعنده مكرمة او منقصة ما ارى هذه الا منقصة; de même dans Moslim p. 73, vs. 28.

مستكرم nom d'une plante qui ressemble au poireau, Djaubarî 10 r°: شاجرة يقال لها مستكرم وهى على مثال الكراث لا زائد ولا ناقص وهى موجودة كثيرة فى الحشائش

كرماسيس (grec, à ce qu'on dit, voyez Vullers), t. d'anat., *conjonctive,* membrane muqueuse qui unit le globe de l'œil aux paupières, Bait. I, 469 b.

كرماشاذى excellente espèce de datte dans le Kirmân, Gl. Geogr.

كرم دانه (pers.) *le fruit du garou ou Daphne Gnidium L.,* Bait. II, 370 b (AB); écrit كرمدانه I, 282 c.

كرم سوت (pers., كرب سوت, hind. نسبج est: من لخمير يعمل منه الغنايز M; Bc a كرمسود *moire.*

كرمش I *rider;* درمش الليس بثلى *froncer,* plisser menu du linge, Bc. — *Se ratatiner,* se resserrer, se recroqueviller, se replier, se rider, Bc.

II *se gripper,* se froncer, Bc.

تكمشة *rétraction,* contraction, raccourcissement; — ride; — *faux-pli,* pli déplacé, Bc.

كرمليتان *carme* (religieux), Bc.

كرمولينا *aigremoine,* Prax R. d. O. A. VIII, 346.

كرموس (berb., cf. Dict. berb. et Jackson Timb. 381), en Barbarie, *figue,* Domb. 70, Bc (Barb.), Cherb., Ht, Shaw I, 223, Hœst 138, 304, Adams 145, Gråberg 112, Lamping II, 42, Jackson 76; — كرموس النصارى *figue que porte le figuier à raquette,* Bc (Barb.), Jackson 12, 77, *opuntia, cactus raquette,* mémoire de Léon de Rosny R. d. O. A. N. S. V, 49—56. Pagni MS donne *Karmûz Suri* et *Karmûz l'hendi, ficus Indica, Opuntia.*

كرن

كرانة (lat. rana?) *grenouille,* Domb. 66; *crapaud, ibid.*; cf. جران

كرانى *le scribe d'un bâtiment,* Bat. II, 198, IV, 250.

كرونة (esp.) *couronne,* tonsure cléricale, Alc. (corona de clerigo).

كرنب, *chou,* n. d'un. ة, Voc, Bc, aussi اكرنب, Most. v° حماص, Ibn-Loyon 21 r° et ailleurs. كرنب نبطى *chou,* en général, Gl. Manç. in voce: المعروف هو بالكرنب مطلقا; synonyme كرنب اندلسى, Auw. II, 162, 1, Bait. II, 358 c. Espèces: حورى dans mes deux man. de Bait. II, 358 c, حوزى chez Auw. II,

166, 12, leçon incertaine, voyez Clément-Mullet II, 160, n. 1; — خراسانى, Bait. I, 155 h, où Sontheimer a confondu deux articles en un seul: بقلة حامضة ,كرنب الدار; عنه البقلة تشبه الكرنب لخراسانى الخ Most. v° حتماص: وقيل انه الاكرنب لخامض وقيل هو كرنب الدار aussi الكرنب الدورى, Auw. II, 162, 7, qui en nomme deux espèces: احدهما حامض يعرف بالنبطى est الخاجى, l'autre, وهو مشرّف الورق صغيرها غير مشرّف ـ قنبيط شامى = chou-fleur, Most. in voce, Auw. II, 167, 5, Bait. II, 360, dern. l.; شرقى ـ صغير الورق ايضا le chou cubus à grosse tête (Clément-Mullet), Auw. II, 162, 3; — صقلى chou cabus, Alc. (repollo de berça); cf. Escolano, Hist. de Valencia I, 697: «Las colas y berças nacieron en Sicilia y Napoles;» صنوبرى, le chou de forme conique, Auw. II, 162, 2, 167, 5, est le chou-cœur de bœuf, selon Clément-Mullet II, 156, n. 1; ce savant (II, 18, n. 1) veut lire de même, au lieu de العشورى, chez Auw. II, 18, 8; — كرنب الكلب chou-de-chien, Bc; — موصلى espèce de chou-fleur, Bait. II, 360, dern. l.; — حمدانى, Bait. II, 361; je crois devoir lire de même dans le Gl. Manç., après les mots que j'ai cités sous كرنب نبطى, où le man. porte: والمعدانى صنف آخر منه غير معروف بالمغرب ينفرش على وجه الارض.

كرنيبة pl. كرانيب gond, Ht.

كرنيب (χέρνιψ) est nommé dans un Glossaire «inter res ad lavandum et balnea pertinentes,» Fleischer Gl. 73; gourde, courge vide servant de bouteille, M, Masoudi I, 266.

كرنيبية carcasse (il se dit aussi d'une personne très-maigre), squelette, Bc.

كرنجونة voyez قلنجونة.

كرنر I grogner, Ht.

كرنف.

كرناف bases de palmes de dattier, Ouaday 561.

كرنافة pied du djerid, n'est employé que comme bois à brûler, Prax R. d. O. A. V, 214, 215.

كرنيفة crosse, courbe du fût d'un fusil, Bc.

كرنك I se barricader, Bc.

كرنك pl. كرانك barricade; — retranchement, travaux pour se couvrir; — créneau; — canonnière, ombrasure pour le canon, le fusil, Bc.

كرنونش cresson, Hbrt 47 (Alg.).

كرنفين = قرنفين (voyez), Gl. Esp. 346.

كره I c. من r., P. Mufassal 58, 17.

II c. في dégoûter de, Bc. — C. a. dans le Voc. sous cogere.

IV c. d. a., Aghlab. 72, 11: il fit demander justice à al-Hasan, se plaignant que l'un de ses esclaves اكره امرأته الفاحشة «avait forcé sa femme à céder à ses violences.»

VI. Freytag a mal traduit le passage de Bidp. 134, 9; c'est prendre, avaler à contre-cœur.

VII dans le Voc. sous abhominari.

X rendre difforme, Gl. Mosl. — S'abhorrer, Alc. (aborrecerse).

كراهة turpitude, Alc. (fealdad desonestidad).

كريهة bête noire, personne que l'on déteste, Bc.

مكروهة indécent, mais sans être criminel, Burton I, 69 n. — Laid, vilain, déshonnête, Alc. (fea cosa desonesta). — Action blâmable, d'Escayrac 151. — Charge, incommodité, importunité, Gl. Belâdz., Gl. Fragm. — Pl. مكاريه malheur, Bc.

كرو et كرى I. Dans le sens de creuser, le second est plus fréquent que le premier, Gl. Fragm. — N. d'act. كرايـة curer un puits, Ztschr. XXII, 173. — كرى louer, donner à louage, et: prendre à louage, Bc. — Soudoyer, entretenir des gens de guerre, leur payer leur solde, et: s'assurer le secours de quelqu'un à prix d'argent; stipendier, Bc.

IV louer (donner à louage) à quelqu'un, c. من, Lobb al-lobâb, Suppl. annot. 56. — Chez le vulgaire أكرى pour اكترى, louer, prendre à louage, Abdarî dans le J. A. 1845, I, 406, 3 a f. et suiv., 1001 N. I, 27, 12; affréter, noliser, louer un vaisseau, Alc. (fretar nave).

VII c. من dans le Voc. sous locare.

VIII affréter, noliser, prendre un bâtiment à louage, non pas en totalité, mais en partie, Djob. 309, 2 a f.: واكترينا في مركب كبير, 1001 N. III, 82, 11; on dit

كرو

aussi ريس المركب مع اكتريت, ibid. 62, 7, 82, 7. — Se louer, se donner à louage, Abbad. II, 102, 2.

X louer, prendre à loyer; — affréter, prendre à louage un vaisseau, noliser; — stipendier; — s'abonner, Bc.

كِرْو, vulg. pour كِرَاء, prix de la main-d'œuvre, كِرْو اليد prix de la façon, Bc.

كُرَة, vulg. كُرَّة, M. Pl. aussi كُرِيسَن, Diw. Hodz. 201, 8. Le Voc. a le pl. كُور, Alc. (pelota, pelota de espingarda, pella cosa redonda, tropico) كُور; cf. sous la racine كور. — Tropique, petit cercle de la sphère, Alc. (tropico del espera del circulo). — كرة الريح ballon, vessie enflée d'air et recouverte de cuir, Alc. (pelota de viento). — Voyez mon article أَكَرَ, plus haut I, 30 b.

كرى (syr. גֻּמְרָא) monceau de froment ou d'orge mondé, vase dans lequel on les conserve, Bar Ali 4853. Payne Smith 1806—7.

كرى (pour كِرَاء) loyer; prix de la main-d'œuvre, Gl. Geogr.; كرى نهار journée, travail, salaire d'un jour, Bc.

كُرَوِي (Golius) sphérique, Abou'l-Walîd 689, 9. — Globuleux, composé de globules, Bc.

كروية toile de lin de France, Hœst 227, 270, grosse toile blanche de fil, Beaussier.

كِرَاء louer une place dans un vaisseau, la prendre à louage, Djob. 341, 1, 346, 4 a f. — Pl. أَكْرِيَة donner à ferme et prendre à ferme, Alc. (arrendamiento dar arrenta, arrendamiento tomar arrenta).

كُرَوِي sphérique, M.

كُرَوِيَّة rondeur, Bc.

كَرَوَان œdicnème (Charadrius œdicnemus L.), Gl. Esp. 85, Pagni 100, Ztschr. für ägypt. Spr. u. Alt., mai 1868, p. 56; Yâcout, I, 885, 17 et 18, nomme الكروان لحرحى et الكروان البحرى.

كرويا suivi de برية ou جبلية, cardamome, Gl. Manç. y° كردمانا, Bait. II, 280 h, 369 b.

كزبر

كَرَاوِيَا carvi, كَرَاوِيَة المباركة chervi; M, كَرَاوِيَا cumin des prés, Bc.

كَرَّاء loueur, qui fait métier de donner à louage, Bc.

راجل مُكْرِي manœuvre, journalier, Alc. (peon jornalero).

مُكَارِي fermier, Alc. (arrendador que toma, rentero que lo toma); locataire, Alc. (casero que mora en casa agena), Beaussier. — Manœuvre, journalier, Beaussier, R. d. O. A. N. S. VI, 298: « mekariîn, ouvriers à la journée. »

مُكْتَرِي locataire, Alc. (casero que mora en casa agena). — Fermier, administrateur ou percepteur des alcabalas, Alc. (alcavalero).

كَرْوَاط bègue, Domb. 108.

كروكو (latin) safran, crocus, Gl. Esp. 95.

كز

I c. على serrer, presser, Bc, 1001 N. Bresl. IV, 169: فبقوى عضته وبكزّ باسنانه على الذمه — grincer des dents, Ht, 1001 N. II, 25, 6 a f.: وصار يكزّ على اسنانه. — Vulg. كزّت نفس فلان من كذا dans le sens de ne pas vouloir d'une chose, l'abhorrer, M, qui ajoute: « ou bien c'est كظّ. »

كُزَّاز spasme, tétanos, J. A. 1853, I, 342, Payne Smith 1152, 1433.

الامتداد الكُزَازِي même sens, Payne Smith 1433.

كَزَاغَنْد, (pers. كَزَآغَنْد, chez les poètes aussi كَزَاغَنْد p. e. chez Sadi, Gulistan 55, 22 éd. Semelet) espèce de jaquette rembourrée et piquée, en coton ou en soie, dont on se sert en guise de cuirasse, cf. Freytag III, 439 a, J. A. 1869, II, 12, Nowairî Afrique 39 v°: فقالوا اين تطعن هؤلاء وقد لبس (ليسوا l.) الكزاعندات (sic) والمغافر فقال امير منهم فى اعينهم فسمى من ذلك اليوم ابا العينين. Aussi pl. كزغندات, Maml. II, 1, 33.

كُزْبُر (L, Voc., Alc. culantro), كَزْبُر, كُزْبِر, كُزْبُور (M, Voc.), كَزَابِر pl. (Prax R. d. O. A. VIII, 283), كُزْبُور. — شاهترج (Voc.). كزبرة بَرّي fumeterre, Most. v°; كزبرة الثعلب pimprenelle, voyez sous ألف, plus haut

I, 33 b, Bait. II, 377 b, 379 c. — كزبرة الحمام *fumeterre*, Bait. II, 75 b, avec le *sin*, 379 d. — كزبرة cerfeuil, Bc. — كزبرة الصخر *perce-mousse*, polytric commun, Bc.

كزد

كَزُودَا، كَزُودَه، كَزُرد، كُوزدَه (pers. كُوزده) la petite et pernicieuse espèce de scorpion à Ascar Mocram, qui s'appelle جَرَّارة en arabe, Gl. Geogr.

كَزَغَنْد voyez كَزَاغَند.

كزق

I *amarrer, attacher, lier*, Ht.

كزكز

I (réduplication de كَزّ) *grincer des dents*, Ht.

كَزْلك (pers. كَزْلِك) *poignard*, 1001 N. Bresl. VII, 142 (Macn. خنجر), IX, 209 (Macn. سكين), 219, 247 (Macn. خنجر).

كزم

كَزمة sorte de poids médicinal, Bait. I, 179: والشروبة منه ثلث كزمات والكزمة ست قراريط۞

كزن.

كُزان nom d'un instrument de musique, Casiri I, 528 a.

كَزوان (pers.) *mélisse, citronnelle*, Bait. II, 377 c.

كَزُولة *bâton court et noueux, à tête énorme, garnie de clous grossiers*, Daumas V. A. 376.

كس.

كُسّ, *vagin*, forme au pl. أَكْساس, Bc.

والسُّكَّر هو الكَسبِيس: سُكَّر, Most. v° كَسبيس.

كَسب I *être vainqueur*; كسب البلاد *conquérir*, Bc. — كسب دعواه *gagner son procès*, Bc, Hbrt 213; كسب على السلمى *gagner codille, sans avoir fait jouer*, Bc; كسب الفرصة *profiter de l'occasion*, Bc.

V *gagner sa vie*, Bat. man. 265 r°: الشيوخ الذين لا قدرة لهم على التكسّب۞

VII dans le Voc. sous *acquirere*.

VIII *acquérir*, Bc, Hbrt 102, Gl. Mosl.; مُكتَسِب *acquis récemment*, Gl. Mosl. — C. من *gagner sa vie* en, Maml. I, 1, 31. — *Gagner, se rendre quelqu'un favorable*, Bc. — اكتسب الفرصة *profiter de l'occasion*, Bc.

X. استنكسب العبْد *ordonner à un esclave de gagner de l'argent*, Gl. Mosl. — *Acquérir*, ibid.

كَسْب, pl. أَكْساب *possessions*, Berb. I, 389, 10, R. N. 102 r°: فوجدت زيتًا عند قوم من أصول في ايديهم; — من اكساب طيّبة *Prise, vaisseau, marchandises prises*, Bc. — *Bétail*, Alc. (ganado menudo, ganado mayor), Nowairî Égypte 2 o, 115 v°: فاخذوا جميع; كَسْب Barth, V, 179, donne *kissib, troupeau de chameaux*. — كسب الضروب *le bénéfice sur le monnayage*, Gräberg 219, 222. — *Naga* [ناقة] *kuessab, une chamelle fertile*, Prax R. d. O. A. N. S. I, 182. — T. de théol. scol., *l'acte qui a pour résultat d'attirer à l'homme un avantage ou d'éloigner de lui un mal*, de Slane Prol. III, 249, n. 1.

كَسْبا espèce de datte, Becrî 52; écrit كَسبة, Auw. I, 344, 12 (lisez ainsi), 492, 1; Pagni 149 parmi les dattes: «Ksebba, molli, lunghi, tumidi, dolcissimi, ed il loro nucleo è gobbo, e malfatto;» immédiatement après il a de nouveau les *Ksebba*, qu'il décrit; Prax R. d. O. A. V, 212 (ksabâb, du butin).

كَسبة (pers. كُشْبَه) *marc, ce qui reste des fruits pressés, marc d'olive, de sésame dont on a tiré l'huile*, Bc. — Voyez كسبا.

كَسْبِيّ. العلوم الكسبية *les connaissances qu'on acquiert par l'étude*, l'opposé de الوهبية, celles qu'on reçoit par inspiration, Macc. I, 571, 15.

كَسبان. انت كسبان والّا خسران «*gagnez-vous ou perdez-vous?*» Bc.

كَسّاب *celui qui possède du menu bétail*, Alc. (ganadero de ganado menudo).

كَسّاب *agriculteur*, Müller 10, 4. — الكُسّاب *ceux qui exercent des états lucratifs*, Not. et Extr. XIII, 172.

مَكْسَب *moyen d'acquérir les choses nécessaires, moyen de subsistance, moyen de gagner de l'argent*, Gl. Edrisî, Prol. II, 285, 15, 286, 2, Berb. II, 85, 6 a f, 162, 5 a f. — *Endroit où se trouve le bétail, c.-à-d., pré, prairie*, Gl. Edrisî. —

Bétail, Gl. Edrîsî, peut-être en ce sens Berb. I, 20, 2 a f., 538, 4 a f.

مَكْسُوب acquis par héritage, Gl. Mosl. — عبيد مكسوب ceux des nègres qui sont esclaves, Hœst 141.

اِكْتِسَاب signifie souvent *mérite* dans les Prol., p. e. I, 181, 10, 198, 15.

اِكْتِسَابِي *acquis*, Bc.

كَسْتْ (corruption de كُدْس) *monceau*, Voc.

كَسْتَنَائِيَة (grec) *marron*, Bc (Syrie).

كُشْتِبَان (pers. اَنْكُشْتْبَانَه, plus tard اَنْكُشْتَوَانَه), aussi كُشْتُوَان et كُشْتِبَيَان, pl. ات, *dé à coudre*, Voc., Ztschr. XX, 613, Bc.

كَسْتَج.

كُسْتَبِيج forme au pl. ات, M, Gl. Belâdz. 35; aussi كُشْتَبِيج et كُشْتَيْج, Payne Smith 846, 1020, 1710.

كَسْتَك I *entraver*, mettre des entraves à un cheval, Bc.

كَسْتَنَة (grec) *châtaigne*, *marron*, Bc.

كُسْتَوَان voyez كُسْتِبَان.

كَسَح I, n. d'act. كَسْح, *curer*, *nettoyer* un cloaque, un puits, une rivière, M, de Sacy Chrest. I, 203, 1, 5 et 9. — (Syr. كَسَّح) n. d'act. كِسَاح et كَسَاح, *ébourgeonner*, *émonder*, *élaguer*, Bc, Hbrt 181, Auw. I, 14, 1, 196, 19, 220, 3, 224, 8, 236, 8, 239, 1, 300, 12, 317, 10, 500, 17, Payne Smith 1784—5, 1831. — *Aplanir* le sol, Gl. Maw.

VII. اِنْكَسَحُوا مِنْ هُنَا *va-t'en au diable!* هون *déguerpissez d'ici!* Bc.

VIII, en parlant d'un torrent, *emporter*, *enlever en coulant*, Tha'âlibî Latâïf 93, 6 a f. — *Détruire*, Gl. Geogr. — C. a. r. *s'approprier*, *s'emparer de*, Berb. I, 20, 2 a f., 68, 8, Abbad. II, 161, 1, où il faut prononcer وَاكْتَسَحْتِ السَّائِغَة (la note 29 n'est pas bonne), Khatîb 171 v°: الجهاد في شعبان من علم v١٧ اقتضى نظر لخزم ورأى الاجتهاد للاسلام اخلاق الغارات على بلد كفرة (الفقرة l.) من جميع جهات المسلمين فعظم الأثر وشهر الذكر واكْتَسَحْتَن الماشية وخُمّ السيف ۞

كَسْح *la forme du corps*, comme قَدّ et le français *taille*, 1001 N. Bresl. VIII, 307, 2, cf. Fleischer dans Gersdorf's Repertorium 1839, p. 435.

كُسَاح *rachitis*, Bc, 1001 N. I, 328, 2.

كَسَّاح (syr. كَسَّوْحَا) *élagueur*, Bc, Auw. I, 232, 17, dans un passage qui manque dans l'édit. (I, 509), mais qui se trouve dans le man. de Leyde: فالذي ينبغي للكَسَّاح قبل الكَسَح ان ينظر في الشجر, autre exemple sous مِغْلَس, Payne Smith 1785.

مِكْسَح *balai*, Abou'l-Walîd 327, 4.

مِكْسَحَة. On donne le nom de مَكَاسِح aux panicules du jonc, Bait. I, 19 d: وله (للاذخر) ثمرة كأنها مَكَاسِح, II, 132 f: مَكَاسِح القصب الا انها ادق واصغر مَكَاسِح مثل مَكَاسِح القصب الصغير.

مُكَسَّح *noué*, *rachitique*, *perclus*, Bc, 1001 N. Bresl. IV, 821, 10; لا تعرج عند المُكَسَّحِين « il ne faut pas clocher devant les boiteux;» ce proverbe se prend en arabe dans le sens de: Ne cherchez pas à finasser avec des gens plus fins que vous, Bc.

كَسَد I. La constr. c. على p., notée par Freytag, se trouve dans Bidp. 230, 2 a f. — En parlant d'un marché, *être mauvais*, où le commerce ne va pas, M, Haiyân-Bassâm III, 141 v°: كَسَدَت أسواق قرطبة ولم تُسْلَك سبيلها

كَسَاد *stagnation dans les affaires*, dans le commerce, Cherb., Roland; كَسَاد السوق *le commerce ne va pas*, *il n'y a point de débit*, *le marché est mauvais*, Bc.

كُسْدَاك pl. كَسَادِك *gland en or et en argent*, de la forme d'une poire, et qui se termine toujours par une grappe de petits glands pareils, Cherb.

كَسَر I *rompre*, *violer* un testament, *y contrevenir*, M. — C. a. p. *briser le cœur* de quelqu'un, Gl. Belâdz., Gl. Fragm., Badroun 151, 10; كسر خاطره *affliger*, *attrister*, *briser le cœur*, Bc. — C. a. p. *anéantir le pouvoir* de quelqu'un, Gl. Belâdz. — *Rabattre*, *abaisser*, *réprimer* l'orgueil; كسر نفسه *abaisser l'orgueil* de quelqu'un, Bc, Koseg. Chrest. 17, 12: كسر نفسه لها. — *Interrompre*, *suspendre*, *arriérer*, Maml. II, 2, 51, Gl. Belâdz., Gl. Fragm., Fakhrî

327, 3 a f.; كسر الشيء على فلان *retenir le bien d'autrui*, Gl. Belâdz. — C. a. r. *désapprouver*, Mohammed ibn-Hârith 279: فعاب عليه فعله وكسر رايه; c. a. p., Bayân II, 78, dern. l., Amari 186, 8: فانصرف القاضي عن رايه اراد للخروج مع اسد فشاور; L, Amari 186, 8: ذلك سحنون فكسر عليه وقال له لا تفعل — C. a. p. et c. a. r., *détourner quelqu'un de* كسره عن مراده = صرفه, M. — C. a. p., en parlant d'un juge, *déclarer qu'un marchand est en faillite*, كسر الحاكم التاجر, M. — *Tourner un coin*, à ce qu'il semble, R. N. 92 r°: بينما هو يوما يمشي un homme passa près de lui qui voulait abuser d'un garçon; celui-ci implora son secours; il ordonne à l'homme: دعه يا فاسق; mais ce dernier l'injurie et le menace de son poignard; il prie Dieu de le faire mourir subitement; فما هو الا ان كسر ركن المسجد واذا بالصبي قد اقبل pour lui dire que son persécuteur venait d'être tué. — *Dissiper de l'argent*, à ce qu'il semble, 1001 N. Bresl. IX, 355, 2. — كسر انفه *donner sur le nez*, *mortifier*, Bc. — كسر على جفنه *cligner des yeux*, Aghlab. 62: ولم يكن احول وانما كان يكسر على جفنه اذا نظر «il n'était pas précisément louche, mais il clignait des yeux lorsqu'il regardait.» كسر حاجبيه *cligner des yeux en signe d'approbation*, Voc. (*anuere*). — كسر حدّة *neutraliser*, rendre neutre un sel, Bc. — كسر خليج القاهرة *couper la digue du canal qui baigne le Caire, pour l'inondation périodique du Nil*, Koseg. Chrest. 121, 4. — كسر شَهْوَته *satisfaire son appétit*, R. N. 99 r°: il veut que son serviteur lui achète les ingrédients d'une غسانية pour deux dinârs; c'est beaucoup trop, dit le serviteur, cela suffirait à rassasier 300 personnes, وانت اما تكسر شهوتك — كسر على ربع مدّ وربع تفير هسل الخ L'expression الصغرى signifie *satisfaire son premier appétit*, Bâsim 78: quand le حلواني a placé des rafraîchissements devant Bâsim, il dit: اشتهى انك تفطر وتكسر الصغرى — كسر عندنا بين ما نعمل الغدا عند السراجنجي كعب زربوله semble *éculer, plier les quartiers d'un soulier en dedans*, voyez sous كعب IV; on dit خفّ مَكْسُور, خفّ بكَسَر, Gl. Geogr. — C. r. *supprimer*, Tha'âlibî Latâîf 115, 2: وقد كسر محمد -- على ذكر منافعه «il a supprimé la mention de ses qualités bienfaisantes » (mal expliqué dans le Gloss.). — C. على *rester devant* une ville, Haiyân 86 r°: الى ان احتلّ على مدينة اشبيلية — فكسر عليها يومين وبان له امتناع اهلها الخ.

II. كسّر راسه *se casser la tête*, s'appliquer fortement à une étude, Bc. — *Tuer*, Margueritte 25: «Sbâ kesser li feurd,» «le lion m'a cassé (= tué) un bœuf.» — C. a. *crisper*, *crêper* Voc.; L: *cincinni* (il veut dire *cincinnatus*) مُكَسَّر. — Au passif, en parlant des mamelles d'une femme, comme V et VII, *être flasques, pendantes*; cf. Fragm. hist. Arab. p. VIII et Beaussier sous مكسر. — Voyez sous I. — *Réfléchir, renvoyer, repousser*, p. e. كسّرت المرآة النور, M. — *Mesurer, arpenter* (Golius), Voc., Alc. (*medir*), Becrî 25, 42, Edrîsî, Clim. I, Sect. 7: تكسيرها الف ميل وماتنا ميل, Clim. III, Sect. 5: وتكسير هذه الغيضة ١٣ ميلا في ميلها, Djob. 88, 11, Yâcout I, 19, 17, 29, 20, 30, 31, 52°, 21, Cartâs 37, 2 a f., 38, 1, 129, 4 a f. et suiv., Gl. Bayân 14, 8 (ne doit pas être changé), voyez aussi sous مرجع; L donne: *aritmetica* علم التكسير والحساب, *geometer* مُكَسِّر (chez Alc. *medidor de la tierra*). — *Déterminer la somme d'une figure géométrique*, Gl. Maw. — C. على dans le Voc. sous *astucia*.

III c. a. p. *rabattre du prix en marchandant*, كاسره, في البيع, M. — Dans de Sacy Dipl. XI, 46, 4, l'ambassadeur génois jure ولا على انه بقى لهم شيء عند احد من لجنوية واخفيته وكاسرت عند, et l'éditeur traduit: «aucune chose qui ait été par moi cachée ou soustraite.»

V *se crisper, se crêper*, Voc., Edrîsî ⁷°, 6 a f. — *Se réfléchir*, M. — *Faire naufrage*, Rein. Dipl. 117, 11: روايا حفن تكسّر او رمت به الريح او البحر الخ. — *Être engourdi*; M explique المتنكسر من المخبول par كثرة النوم.

VII *avoir le cœur brisé, s'attrister*, Gl. Belâdz., Gl. Fragm., Akhbâr 86, 10, Descr. de l'Eg. XIV, 198: «celui qui vient الذى اتى بانكسار لباب الكريم avec un cœur brisé se présenter à la porte de l'être le plus généreux»; انكسر خاطره *s'attrister*, Bc. — *S'abattre*, en parlant d'un chameau trop chargé, Burckhardt Prov. n° 17. — *Cesser, discontinuer, se désister*, Mohammed ibn-Hârith 296: فوحد الناس وقالوا قد انكسرت

ففعلتُ ما دلَّى عليه: 320, اذ وكَّل مَنْ يناظرُك فانكسر ابن لبابة وقلتُ له ما قل لى فانكسر عند ذلك ورجع عمّا وقد أتَتْه امرأةٌ تُخاصم زوجَها فاستدخلتُ: 341, كوهبت عليه بلسانها وآذَنتْه بصَلَفِها فنظر اليها فقال لها اقصِرى — والّا عاقبتُك فانكسرت المرأةُ شيئًا ثمّ عاودت الصلف *Être interrompu, arriéré;* انكسر عليه مال signifie: «une somme était due par lui,» Maml. II, 2, 52, et aussi, comme انكسر له مال (*ibid.*), «une somme lui était due,» R. N. 94 v°, où il s'agit du متولّى احبـاس سـوسـة et du loyer de ces احبـاس: قيل انه انكسر عليه من جملة انكرا مالٌ فأدّى ذلك من ماله ولم يضطرّ السُّكّان الى الغرم رقّةً منه عليهم. — *Être interrompu, terminé,* Gl. Belâdz., Tha'âlibî Latâïf 3, l. 11. — Lorsqu'une chose est cassée par accident, on dit: انكسـر الشرّ c.-à-d. que, par la perte de l'objet cassé, un mal plus grave est détourné, Bc. — *Faire naufrage,* Amari 346, 5 a f., 347, 2, de Sacy Dipl. IX, 468, 6 a f., Amari Dipl. App. p. 3, l. 8. — En parlant des mamelles d'une femme, comme la V°, *être flasques, pendantes,* Becrî 158, 3 a f. — *Faillir, faire faillite, manquer, faire banqueroute,* Bc, Hbrt 105, M, 1001 N. I, 121, Bresl. IX, 210, 250; انكسر عن ثمانمية الف غرش «il a fait banqueroute de 800,000 piastres,» Bc. — انكسر انفه *se casser le nez,* ne pas réussir, Bc. — انكسرت السهام على الرؤوس «les portions n'ont pas été distribuées équitablement» وهو مأخوذ مـن كسْر العين = انكسار العين M. — (الكَسْر فى الحِساب), *cligner des yeux lorsqu'on regarde,* Gl. Mosl.

كسْر pl. كُسور *bris,* fracture, *brisure,* partie brisée, *cassure, rupture,* Bc, M. — Même pl. *éclat,* partie d'un morceau de bois brisé, Bc. — Pl. كُسورات et كُسور (Schultens dans Freytag 35 a, Gl. Abulf.), t. d'arithm., *fraction,* Bc, Bîrounî 7, l. 18, p. 10, l. 7, Prol. III, 95, 16; on dit وكسرا يومًا «plus d'une journée,» قيراطا الّا كسرًا etc., Gl. Edrîsî. — Voyez sous I. — *Le premier labour qu'on donne à la terre,* Auw. II, 9, l. 18. — *Neutralisation,* Bc. — Chez les lecteurs du Coran, الامالة الخفيفة, M.

كسْر. Sous كسر البيت on entend *le recoin le plus secret de sa maison,* Prol. III, 226, 4, Macc. II, 404, dern. l.; لزم كسر بيته *vivre dans la retraite,*

Autob. 197 r°, 241 r°, Macc. I, 897, 20; aussi قعد رفع له كسر البيت فى كسر بيته, Macc. I, 699, 17; *il lui accorda asile et protection,* Berb. II, 342, 5 a f.

كسْرة, pl. كُسُورات et كُسُور, *miette,* Voc.; en ce sens le pl. كُسور Macc. II, 229, 7. — *Banqueroute,* كَسْرة تاجر رجل ذو كسرات وقدرات *faillite,* Bc, Hbrt 105. — *un homme qui se laisse tromper en toutes choses,* M.

كِسرى. Le pl. كُسور *les monnaies des rois de Perse,* comme on dit: un louis (d'or), un napoléon (d'or), Gl. Maw.

كسْرى *fractionnaire* (nombre), qui contient des fractions, Bc.

الكسرلَوز («le casse-noix») et الكسرجَوز («le casse-amandes») sortes d'oiseaux, Yâcout I, 885, 10, cf. la note dans le V° volume.

كسُور *qui brise,* Diw. Hodz. 245, 9. — Se trouve comme épithète d'un mulet dans les 1001 N. I, 65, 5.

كسُور *appoint,* complément d'une somme en une autre monnaie plus petite, Bc.

كسِير *vaincu, défait,* Maml. I, 2, 273.

كِسارة *fracture, rupture,* 1001 N. I, 70, 12.

كسّار *casseur;* كسّار الصُّور *iconoclaste,* Bc. — Seul ou كسّار حطب *abatteur, bûcheron,* Bc. — كسّار الطَّواجن *iris* (fleur), Cherb. — كسّار العظام *orfraie,* Alc. (aguila quebranta guessos, quebranta guessos ave).

كاسر pl. كواسر *carnassier, féroce,* Bc, 1001 N. III, 449; طير كاسر *oiseau de proie,* Bc. — *Correctif,* Bc. — كاسر الحجر *saxifrage,* Bait. II, 339 d; chez Bc seul.

اكسير vient du grec ξηρόν, ξήριον, proprement *médicament sec,* et ensuite: *la matière réduite en poudre qui transmue les métaux, la pierre philosophale;* en dépit de l'étymologie, on a aussi appliqué ce mot à des préparations liquides; voyez Fleischer Gl. 70, Ztschr. XXX, 536. — فضّة الاكسير ? Macc. I, 370, 9.

اكسيرين nom d'un remède composé dont on se sert dans les ophthalmies, Gl. Manç. in voce. C'est une prononciation inexacte de اكسيرين, ξήριον. Payne

Smith 1786 a cette forme deux fois sous حمعىا et une fois sous حمعىا.

تَكَسُّر, t. de médec., *la condition de celui qui* اختلاجًا في البدن *et qui sent des piqûres sur la peau et les muscles*, M.

تَكاسير لِلجِلد تَكْسير *fracture*, Daumas V.-A. 425. — تَكاسير *rides*, Gl. Manç. v° غضون. — *Souplesse des membres*, Macc. II, 168, 11. — *Courbature, maladie de l'homme, du cheval, provenant de grande fatigue*, Bc. — *Réduction d'une pièce de monnaie en espèces plus petites*, Bc. وعند اهل الجفر هو نوع من البسط وينطلق — M. على التحريف ايضا وعلم التكسير هو علم الجفر — *Terme technique dans le* أسرار الحروف علم, *voyez* Prol. III, 138, 3 a f., 147, 2.

مَكْسِر. صُلْب المَكْسِر *excellent* (blé), Gl. Geogr.; طَيِّب المَكْسِر *est expliqué par* محمود عند الخبرة *dans* M, *par* ليَبِّن لِلجانب *dans les scolies sur le Dîwân d'Abou-Tammâm*, man. 899. — T. de charp., peut-être *très-grande poutre qui soutient le toit*; le mot est écrit ainsi trois fois dans Payne Smith 736, mais la leçon est incertaine, car p. 1652 on trouve المُكِنس et deux fois المسكن, et dans Bar Ali 4547 المكبس.

مَكْسِر *proprement au-dessous du titre, au-dessous du poids* (monnaie); mais dans la Transoxiane (الدراهم) المَكْسَّرة était une espèce de monnaie, Gl. Geogr.

مَكْسِرات *des amandes et des noisettes cassées*, selon la trad. de Lane, 1001 N. III, 215, Bresl. I, 149, 4, Macc. I, 687, 13.

مَكْسُور. Pour conserver les olives, on les prend lorsqu'elles sont encore vertes; on les frappe avec une pierre lisse ou bien avec un morceau de bois jusqu'à ce que l'olive soit bien meurtrie, et on l'appelle alors المَكْسُور (olive brisée), Auw. I, 686, 3—6.

— En parlant d'or, *en morceaux*, voyez sous سَلّ I; Prax, R. d. O. A. VI, 342, parle d'un épilatoire dans lequel il entre « de l'orpiment ou sulfure d'arsenic appelé *dahab maksoura* (or en morceaux). » — *Isolé*, on parlant d'un canal qui ne communique pas à un autre canal ou à un fleuve, Gl. Belâdz. — *Celui dont le salaire est arriéré*, 1001 N. IX, 199. — *Banque-*

routier, failli, Bc, Hbrt 106. — *Naufragé*, de Sacy Dipl. XI, 43, 9. — نظر مكسور *regard languissant*, Bc.

انكسار *humilité*, Bc.

منكسر النفس *humble*, Bc.

كسطرون *varlope, plane; sorte de rabot*, Bernardino Gonzalez.

كسع I *suivre, poursuivre*, Haiyân 76 r°: كسعت للخيل آثارهم. *Pour exprimer: il me semble déjà vous voir fuir, on dit*: كأنّي بكم تكسع الريح أدبارَكم, Gl. Fragm.

مَكْسَع pl. مَكَاسِع *bardache*, Berb. II, 478, 1: مكاسع ربيه, *comme il faut lire avec un autre man.* (trad. IV, 370 n.), « *les bardaches du sultan*, » Müller 49, 5 a f.: مرابط خيل البريد ومكاسع الشيطان المريد.

كسف I. Dans le Cartâs on trouve souvent la constr. incorrecte كسف بالشمس, et l'auteur de ce livre construit خسف de la même manière.

VII. انكساف البال *pudeur*, Payne Smith 1348.

كُسُوف *éclipse*, Hoogvliet 100, 10, pl. كُسُوف, Abbad. I, 63, 11, pl. du pl. كُسُوفات, Birouni 6, l. 19.

كَسْفة. صلاة الكسفة *les prières de l'éclipse*, qui consistent en deux rekahs, Burckhardt Nubia 428. — *Confusion, honte, ignominie*, Bc. — *Affront, soufflet, échec, revers, affront*, Bc.

كُسُوف. الكسوفان *les prières de l'éclipse du soleil et de celle de la lune*, Gl. Tanbîh.

كُسُوفي *éclipstique*, Bc.

كاسف *se dit du teint*, Bat. II, 16, où le traducteur le rend par *maladif*.

أَكْسِفة; *cordonniers chez Freytag, est une faute pour* أَسَاكِفَة.

منكسف *flétri, languissant*, Payne Smith 1752 (2 fois).

كَسْفَرة = كُسْبَرة, كُزْبُرة *coriandre*, Sang., Payne Smith 1633, 1784; كَسفرة الحِمَار *fumeterre*, Sang.

كسكرين et كسكاري trépied, Hbrt 198; chez Bc كساكر, pl. كسكاري.

كسكس II s'enfuir, Djaubarî 9 v°: اذا اوما الى سائر الوحوش انسكست قدامه مثل ما ينساق الغنم وهى تتكسكس قدامه خوفا منه ودروسها فى ايديها واذنابها بين ارجلها۞

كُسْكُسُو. C'est ainsi que le nom de ce mets se trouve écrit Macc. II, 204, 18, Bat. IV, 394, Choc. 193 r°, Alc. (hornigos de massa). Un chaikh employait la forme كسكسون (aussi chez Bg 264), Macc. III, 137, à la fin: فرايتُ النبى صلّعم فى المنام فقال اطعمْ الكسكسون قال يقوله هكذا بالنون — وكان ابو القاسم يقول فيه كذلك ويخالف الناس فى حذف النون من هذا الاسم ويقول لا اعدل عن لفظ رسول الله صلّعم۞

كَسْكَاسٌ et كَسْكَاسَة, pl. كَسَاكِسُ, houlette, bâton de berger, Voc. — كُسْكَاسٌ passoire, Roland, espèce de tamis employé à la préparation du kouskousou, Sev. Voyages to Barbary 33, Jackson 178, Carette Kab. I, 222, Colomb 20: « panier d'halfa en forme de cône tronqué dont la grande base est ouverte et la petite fermée par un tamis assez serré. »

كسل I, c. من, عن et فى, II c. a. et V dans le Voc. sous acidiari; en comparant Ducange, on voit que la Ire et la Ve signifient s'ennuyer, la IIe, ennuyer.

VI cagnarder, fainéanter, paresser, Bc; se trouve Berb. I, 354, 6 a f., 406, 9, Payne Smith 1181, et se construit c. عن, comme la Ire, Nowairî Afrique 39 r°: ولمّا تكاسلت صنهاجة عن قتال زناتة, Berb. II, 178, dern. l., 382, 8 a f., 1001 N. III, 123, dern l.

كَسَل ennui, Voc.

كَسْلَان L: fastidiosus, مَلْلِي كَسْلَان qui s'ennuie, Voc. (acidiosus).

كِسِيلِى voyez Bait. II, 378 d; dans la Descr. de l'Eg. XVII, 394, on trouve kousyleh comme le nom d'une drogue.

كسلن I (formé de كَسْلَان) c. a. ennuyer, Voc.

II c. من, عن et فى, ennuyer, Voc.

كَسْلَنَة ennui, Voc.

مُتَكَسْلِن qui s'ennuie, Voc.

كسم II draper, habiller une figure, Bc.

كَسْم, quelques-uns disent كاسم (M), costume, draperie, habit, mise, mode, modes, ton, uniforme, Bc, M; كسم اليوم la nouvelle mode; كسم لخدامين livrée; كسم الناس le bon ton, celui des gens bien élevés, Bc.

كَسْمُويَا (A) ou كَسْمُونَا (B), كَسْمُوتَا (Sonth. et Boul.) (on voit que l'avant-dernière lettre est incertaine) nom d'une plante dont les feuilles ressemblent à celles de la marjolaine; c'est un remède contre les morsures de scorpion, Bait. II, 378 c.

كسمنج chez Freytag et dans M doit être biffé; le mot est كَشْنَج (voyez).

كسو I c. a. p. donner des habits précieux à quelqu'un, Nowairî Espagne 462. — كسى كرسيا rempailler, regarnir une chaise de paille, Bc. — En poésie, verser de l'eau dans le vin, Gl. Mosl.

VII s'habiller, Bc.

VIII couvrir? Edrîsî, Clim. I, Sect. 7: فتكتسى الشِّبَاك فوق اقواف الزوارى; Jaubert (I, 62) traduit: « les filets couvrent (litt. habillent) peu à peu la partie supérieure des embarcations. »

X c. a. p. demander des habits à, Kâmil 329, 11.

كِسَاء nom d'une étoffe de laine que tissaient les Bédouins et qui servait à différents usages, Gl. Esp. 185. — Grande pièce d'étoffe, ordinairement de laine (cf. Sarakhsî, man. 373, livre الاسلام, chap. 16), qui sert à la fois de couverture de lit et de manteau; quelquefois ce mot est féminin; voyez Vêtem. 383 et suiv., Gl. Esp. 185—6, Gl. Fragm.; — sous اهل الكساء on entend Mahomet, sa fille, son beau fils et ses deux petits-fils, parce que, dans certaine occasion, le Prophète les enveloppa tous de son grand manteau, كساء, Burton I, 314; — رَبّ الكساء est Alî, Macc. I, 808, 9.

كِسْوَة, dans le Voc. كَسْوَة. Chez le vulg. le pl. est كَسَاوِي, comme si le sing. était كَسْوَاة, M. — Des vêtements de laine, Daumas Sahara 108. — Livrée, Alc. (librea), Berb. I, 634, 2 a f.; dans ce passage il faut lire بكسوة بنائه avec notre man. 1351, et

كسيلفون (pers.) , le premier mot ne doit pas être changé, comme de Slane veut le faire (trad. III, 139). — *Couverture de soie*, Alc. (cobertura de seda); *couverture du tombeau d'un saint*, Burton I, 411, Djob. 42, 9; *le voile de la Ca'ba*, Maml. I, 1, 223, Djob. 90, 14.

كسيفون (pers.) *glaïeul*, Bait. II, 379 a (AB); le *fâ* dans Bc est une faute; cf. Vullers.

كش (pers.) interj. dont on se sert pour chasser une poule, M, un chat, 1001 N. Bresl. II, 57. — T. du jeu des échecs, كش عليه *il est en échec*; c'est le pers. كشت, par abréviation كش, voyez Bland dans le Journal of the R. Asiatic Society XIII, 37, 52, 53; en Espagne on prononçait اش (voyez). Beaussier كش مات *échec et mat*.

كش I *se crisper, se racornir, se retirer, se raccourcir*; كش القط طوائره يكش ويمد *élastique*; *faire patte de velours*, se dit du chat qui retire ses griffes en donnant la patte, Bc. — *Froncer le sourcil*, M. — (Formé de l'interj. كش) *chasser*, p. e. une poule en disant كش, M, كش الدبان, *chasser les mouches*, *émoucher*, Bc., c. على p., 1001 N. Bresl. III, 224: وخادم واقف يكش عليه

كش *retirement*, t. de chir., contraction, raccourcissement, *rétraction*; كش العصب *contraction*, Bc.

كشة (lat. *cassia*, Simonet 337), à Tunis, *Lavendula Stœchas*, Bait. II, 381 e (il l'épelle). — كشة العجوز *brion*, mousse sur l'écorce des chênes, des arbres, *mousse, pulmonaire*, Bc. — كشة العروس *coraline* (plante marine), Bc.

كشش *racornissement*, Bc.

كشاشة *retirement*, t. de chir., contraction, raccourcissement, Bc. — *Elasticité*, Bc. — *Irritabilité*, Bc.

مكشة *chasse-mouche, émouchoir*, Bc.

كشتبن (pers. كشت بر كشت (كشت) *nom d'une plante décrite* Bait. II, 379 h, nommée I, 125 c.

كشتبان (pers. انكشتبانه), pl. ات et كشتبين dans M

كشانتين, *dé à coudre*, Bc, M; cf. كستبين.

زهر الكشانتين *digitale*, Bc. — *Gond d'une porte*, Ztschr. XX, 613.

كشتنج est le pers. كشته ou كشنه, *composition d'aromates*, Ibn-Wâfid 1 v°: شرب كشتنج الاصطماخيقون; la recette 14 r°.

كشتوان (même origine que كشتبان) *doigtier de l'instrument de musique appelé* قانون, Lane M. E. II, 79, Descr. de l'Eg. XIII, 309, où c'est كَشْتُوان.

كستبج et كشتبنر voyez كسنبج.

كشث. كشوث etc. n'est pas arabe, mais appartient au dialecte du Sawâd, Bait. II, 380 b. الكشوث الرومى n'est pas *absinthe*, comme on trouve dans le Most. r° افستتين et dans Bait. II, 381 c, mais *Cuscuta Epithymum*, comme on lit dans le Gl. Manç.: هو صنف من الافيتمون, qui ajoute que cette plante est inconnue au Maghrib.

كشح I, *avoir de la rancune contre* quelqu'un, se construit aussi c. في p., Weijers 46, 12.

كشح voyez sous طوى I.

كشد. كاشد *homme pauvre et impotent*, Descr. de l'Eg. XI, 504.

كشر I *grimacer*, c. ل p. *faire des grimaces à* quelqu'un, Bc.

II. كشر له عن انيابه, M, كشر عن اسنانه *montrer les dents*, au pr. et au fig., Bc, Ibn-Hamdîs dans Nowairî, man. 273, 150, en décrivant les portes d'un palais: عضت على حلقاتهن ضراغم فغرت بها افواهها تكشيرا *Faire la mine, témoigner du mécontentement, rechigner, se rider*, مكشر *rechigné*, Bc.

كشر *grand drap dont on enveloppe le cadavre*, Daumas V. A. 136.

كشر *morose, rébarbatif, sérieux*, Bc.

كشر *grimace*, Bc.

كشط

كُشْرَى (dans l'Inde كَشْرَى) nom d'un mets dans l'Inde; c'est le mungo de Clusius, cuit avec du riz et assaisonné de beurre, Bat. III, 131 avec la note; aujourd'hui dans le Hidjâz et à Suez كُشْرَى, Burton I, 178, II, 63.

كُشْمِير dans le Dîwân d'Abou-Tâlib = כשר, Ztschr. XVIII, 834.

كَشَارَة morosité, Bc.

تَكْشِيرَة rebuffade, rebut, Bc.

كشط I = قشط enlever la surface, racler, ratisser; un طرس مكشط, Macc. I, 320, 12, est une feuille de papier qui a déjà servi, et dont on a effacé l'écriture avec un grattoir, pour s'en servir encore une fois; effacer une lettre, un mot avec un grattoir, Yâcout I, 353, 4.

II ou IV semble se hâter, 1001 N. Bresl. II, 108: والجميع مكشطين طائرين الى ان وصلوا الى الدكان؟

كشط = قشط costus, Bait. II, 381 d.

كشف I, dans le sens de révéler, manifester, montrer à, se construit c. ل p., Gl. Badroun, ou c. ل p., Abdal-wâhid 84, 6, c. ل p. et عن r., Koseg. Chrest. 73, 3, Mohammed ibn-Hârith 226. — Mettre dans son jour, dans la situation la plus favorable, Bc. — Ouvrir ce qui est couvert d'un enduit, Alc. (abrir lo embarrado; Nebrija: abrir lo embarrado, o empegado, relino). — Recenser, vérifier, examiner, reconnaître les lieux, revoir, examiner de nouveau, visiter, voir, inspecter, Bc, Maml. I, 1, 179. — Dépouiller, extraire un compte, Bc. كشف الاصل remonter à la source, Bc. — كشف بخت احد dire la bonne aventure, Bc. — كشف له الحجاب عن داره il lui donna l'autorisation d'entrer chez lui à toute heure, Berb. II, 163, dern. l. كشف العاقبة percer l'avenir, le prévoir, Bc. كشف الغمّ dissiper le chagrin, Bc. — كشف عن الوجه, à sous-entendre القناع, faire ouvertement une chose, Berb. I, 27, 6 a f., 96, 2. — كشف اللعبة éventer la mine, découvrir un projet caché; كشف المختبي éventer la mine ou la mèche, Bc. — كشف النجم لاحد consulter les astres pour quelqu'un, Bc. — كشف وجهه décharger sa douleur, Bc. — كشف وجهه في faire tous ses efforts pour, Cartâs

470

كشف

56, 8 a f.: وكشف وجهه في ذلك وعمل فيه جهده. — Mettre en fuite (Freytag), Abbad. I, 248, 14; c. a. p. et عن chasser, expulser quelqu'un d'un lieu, Haiyân 37 v°: l'émir envoya contre lui un général avec des troupes, كيما يكشفه عن تلك الناحية. — Entourer d'un fossé et de palissades, L (vallo احدق واحيط وأَكْشَف). — C. على inspecter, Bc, surveiller, Maml. I, 1, 179, Rutgers 166, 7. — كشف على دفتر compulser un registre, en prendre communication en justice, Bc. — C. على regarder, porter ses regards sur, Cartâs 39, 15: on l'accusa انه يكشف من تلك العليّة على الديار وعلى مسالخ حمام بنت الباز المجاور لها فينظر منها الى النسوة اذا تجردن في مسلخ الحمام. — C. على p. visiter, aller voir quelqu'un chez lui, « visiter un malade », Bc. — C. على panser; كشف على جرح visiter une blessure, Bc. — كشف على سرّ surprendre un secret, Bc. — كشف على بيضة mirer un œuf, le regarder en faisant passer la lumière au travers, Bc. — C. على donner sur, avoir vue sur, regarder sur, Bc, Hbrt 187, Holal 47 r°: وبنى على راس الجبل سورا افرد في قتّه حصنا هي كاشفة عليها — يكشف على ما وراء الجبل elle sait par inspiration ce qui vous manque, 1001 N. Bresl. IX, 200 (Macn. كاشفتين). — C. عن p. a. r. délivrer quelqu'un de, Cartâs 100, 4 a f.: كشف عنه ما هو فيه. — C. عن prendre des informations relativement à une personne ou à une chose, Maml. I, 1, 179, Akhbâr 147, 4 a f, Nowairî Espagne 452: وكشف عن الذين آثروا الفتنة فسمّى. C. a. p. prendre des informations auprès de quelqu'un, l'interroger, Mohammed ibn-Hârith 224: فكشف زياد بن عبد الرحمن مالكا وقال له يا ابا عبد الله كيف رايت معاوية بن صالح, 226; c. عن au sujet de, ibid. 224: كشفه عن وجه, 256: ثم كشف زياد معاوية عن مالك. نكشف اهل العلم عمّا يجب عليهم, 272: ما يريد عليه, 293, Macc. I, 560, 14.

II découvrir une maison, en ôter le toit, Alc. (destechar la casa). — Ouvrir ce qui est couvert d'un enduit, Alc. (desenbarrar = فتح). — Relever la mentonnière, la partie d'un casque sous le menton, Alc. (desencapotar la bavera). — Dresser les oreilles, Alc. (desencapotar las orejas). — Préparer, Alc. (aparar).

III c. a. p. et ب r. montrer, révéler, p. e. كشفه M. اظهره له واطلعه عليه, c. a-d. بما في نفسه « il se mit contre lui en rébellion ouverte, »

كشف

Khatîb 78 ro (lisez ainsi au lieu de بالشروة). Au lieu de كشف فلانا بالعداوة, *se montrer ouvertement hostile à quelqu'un*, on dit par ellipse كاشف فلانا, Abbad. I, 248, 17, Haiyân 38 rº: وقويت طباعيته في عدم سلطان الجماعة فكاشفه وترك البقية وطرد عاملَه. — C. a. et على, dans le Voc. sous discoperire. — *Pressentir, sonder, chercher à deviner les dispositions de quelqu'un*, Bc, *interrogat*, L, *chercher à découvrir, examiner*, Maml. I, 1, 179, Macc. I, 164, 2, c. a. p. et عن r., Macc. I, 489, 6. — C. ع r. *découvrir par intuition, par inspiration, par révélation, les choses cachées*, Bat. II, 360, III, 309, IV, 218. كاشفتُ على elle sait par inspiration ce qui me manque, 1001 N. III, 420 (cf sous I). C. a. p. et في r. *révéler par inspiration quelque chose à quelqu'un*, 1001 N. Bresl. VII, 333, 1: وقل يا ابن منصور اكشفك فيما تكشفني. Comparez plus loin قل ما قلتن لك صاحبك هذا الكتاب. — C. a. p. et r. مَكاشَفة et مُكاشَفة, *interpréter un songe à quelqu'un*, Bat. I, 52. — C. a. p. *pénétrer quelqu'un, découvrir ses secrètes pensées*, Macc. III, 677, 26: فكاشفه في الحال بلا سؤال.

IV *se déboucher le visage et les yeux, comme si on avait le manteau tout autour de la tête, et qu'on l'ôtat pour voir et entendre quelque chose ou pour parler, lever les yeux*, Alc. (desencapotar los ojos; j'ai suivi Victor).

V *se découvrir, ou être découvert*, Gl. Fragm. — *S'évanouir, disparaître, se dissiper* (chagrin, soucis), M sous فرج V. — *Visiter, examiner avec soin*, Djob. 59, 15. — C. على *contempler ce qui ne doit pas être vu*, 1001 N. Bresl. VI, 214, dern. l. — Reiske a trouvé la signif. qu'il donne dans le Diw. Hodz. 160, vs. 4.

VI c. على *savoir*, Voc.

VII *être levé* (voile), de Sacy Chrest. I, ١٢٠, 12. — *Se dénouer, se démêler*, Bc. — *Se divertir d'une manière peu décente*, Macc. I, 431, 7. — *Etre inculte* (champ), Gl. Geogr. — C. عن *se retirer de*, Tha'âlibî Latâïf 108, 3: في وقت انكشاف الوباء وتزوع الحمّى عن جميع البلدان, cf. Diw. Hodz. 189, 2 et 3. — *Etre mis en déroute, prendre la fuite*, Gl. Badroun, de Jong, Gl. Fragm. Je trouve la constr. singulière c. على dans Haiyân 81 vº: ثم انكشف على سعيد والعرب.

VIII c. على *communiquer, donner connaissance, communication de*, Bc. — C. على *connaître, cohabiter avec une femme*, Bc.

X *examiner*, Djob. 60, 12, Berb. II, 373, 9, Khaldoun man. IV, 36 rº: استكشف ثم ولده على قبض. — C. عن *prendre des informations relativement à*, Berb. I, 448, 2 a f. — C. a. *découvrir, parvenir à connaître ce qui était tenu caché*, Berb. II, 300, 2 a f. — *Faire cesser*, Haiyân 1 vº: وذكر ما عاينه من حروبهم ورامه من صلوحهم استكشافا لغتنتهم.

كَشْف *examen, enquête*, Maml. I, 1, 179; *expertise, examen des experts*, Bc; *recensement, nouvelle vérification de marchandises, révision, revue, visite, vérification*, Bc; كشف على محل *descente, visite des lieux par autorité de justice*, Bc. — قاضى الكشف, au Liban, *juge d'instruction*, envoyé par le hâkim, M. — *Dépouillement, extrait, état abrégé*, Bc. — ديوان الكشف était le bureau chargé de surveiller la mise en valeur des terres, l'entretien des digues et des canaux, et l'établissement des comptes de revenus pour toutes les localités, Gl. Bayân. — Pl. كُشُوفَة *déclaration à la douane*, M. — *Sceau, apposer le sceau*, Pallme 162. — كشف النجوم, t. d'astrol., *thème céleste*, Bc. — *Révélation extatique*, Ztschr. XX, 25, n. 6: « die hinter der äussern Erscheinungsformen verborgenen Ideen und Wesenheiten vermittelst des inneren Sinnes in ihrer Urgestalt wahrnehmen,» Prol. I, 199, 3 a f., II, 142, 2 a f., 164, 11, 179, 7, Macc. I, 496, dern. l.; اهل الكشف *les illuminés*, Ztschr. VII, 89.

كَشْفَة المال *proclamation pour annoncer la vente des biens en justice, criée*, Alc. (publicacion de bienes).

كَشْفَة *cheveux qui se dressent*, Payne Smith 1149.

كَشِيف = مكشوف, Diw. Hodz. 42, vs. 2.

كَشَّاف pl. ة *réviseur, expertiseur, vérificateur, visiteur; expert; inspecteur de marchandises aux douanes*, Bc. — *Explorateur, coureur, celui qu'on envoie pour prendre des informations sur la marche de l'ennemi*, Maml. I, 1, 179, Gl. Abulf., *reconnaissance, ceux qui sont chargés de faire une reconnaissance*, Bc.

كاشف *capitaine-commandant de district*, d'Escayrac 269, 437, Descr. de l'Eg. XI, 493, Browne I, 12,

كشك 472 كشكش

17, 18, 55, 84, Pallme 1, 18, Werne 15, Mehren 34. أَكْشَفُ pl. كُشْفٌ, Kâmil 264, 4, 669, 12.

تَكْشِيفٌ « est le nom que l'on donne à tout individu des Messoufa que la caravane paye pour la précéder à Iwâlâten. Il prend les lettres que les voyageurs écrivent à leurs connaissances ou à leurs amis de cette ville, afin qu'ils leur louent des maisons, et qu'ils viennent à leur rencontre avec de l'eau, à la distance de quatre jours de marche,» Bat. IV, 381; l'éclaireur du خبير, c.-à-d. du conducteur d'une caravane, Daumas Mœurs 337 n.

مُكَاشِفٌ celui qui a des révélations extatiques, illuminé, Macc. I, 476, 8, Bat. I, 47, II, 416.

مُكَاشَفَةٌ comme كَشْفٌ (voyez), révélation extatique, chez Bc pressentiment, intuition, Bat. I, 36, 57, Berb. I, 569, 7, 1001 N. II, 260, 4 a f.

كشك.

كَشْكٌ (pers.) sorte de fromage qu'on tire du lait aigre, Gl. Tanbîh.

كَشْكٌ (pers.). Ce mets est nommé 1001 N. Bresl. VII, 300, 2; Gl. Manç. كشك هو للحشيش من أى ; Bg 265: « gruau de blé, saturé de lait pendant plusieurs jours, ensuite séché au soleil sur les terrasses des maisons; on l'emploie à faire des soupes, des omelettes, etc. Il y a deux espèces de ce gruau, كشك للخمير وكشك الـلـبـن; le premier est préparé avec du levain et fermenté jusqu'à être à demi putréfié, ensuite séché au soleil, pilé fin, et employé avec du beurre ou de l'huile comme une pâte; le second se fait de la même manière avec du gruau et du lait aigre, et se mange comme le précédent;» cf. M, Lane M. E. II, 282, Burckhardt Syria 293, v. Richter 269, Palgrave II, 376, Mohren 34, Bait. I, 315 a: هو نوع من الكشك يعمل من حشيشة باليمن فيصير قطعًا سودًا نشبه, et ensuite: حامص جدًا كشك الفقراء voyez sous الكشك البابلى Sur كشكيبة.

كُوشَكٌ (pers., كوشك, par abréviation كشك) palais, Bat. III, 212, 271. — Un kiosque qui avance hors du mur de la maison, à trois côtés à jour, avec des fenêtres et un sofa, comme un balcon, mais couvert et fermé, Fleischer Gl. 41 sur 1001 N. Bresl. I, 153, 4; dans le M c'est كشك, avec cette explication: شبه روان بارز عن مساواة بقية البيت. — Kiosque, pavillon dans les jardins turcs, Bc; expliqué par « tour de bois,» Bat. II, 403.

كَشْكَةٌ (esp. casco) pl. ات casque, Alc. (armadura de cabeça, casquete de hierro).

كِشْكِيَّةٌ. Gl. Manç. v°‎ كشك : وأمّا الكشكية من الطبيخ فهو ان ينقع الشعير فى اللبن الحامض حتى يحمص ويجفف ويتخمّر به الطعام ويدّخر هذا الكشك المحمّص وكشك الفقراء شيء يتّخذ من M: مقرصًا وغير مقرص النشا ولطيب يجمد بالغلى ويعمل منه طعام يعرف الاغذية الغليظة كالكشكية: Bait. I, 232; بالكشكية والمصيرة.

كُشَاكٌ ceinture en brocart, la Torre.

كُشْكِنَاتُ الهوى sorte de sucrerie, 1001 N. Bresl. I, 149, 3 a f.

كَشْكَابٌ (de l'ar. كشك et du pers. آب) eau d'orge, sorte de boisson faite de farine d'orge, Ghazâlî, Aiyohâ 'l-walad 5, l. 8 6d. Hammer: نو كان لرجل حرارة ومرص صغراوى يكون علاجه بالسكنجبين والكشكاب.

كَشْكَرُ, aussi كِشْكَر, I c. a. et II dans le Voc. sous rugare.

كَشْكَرٌ (syr. مَعْصَرٌ) moule à faire des briques, Payne Smith 1786, passage qui montre qu'il faut lire p. 1843: الكشك الذى يحمل فيه الطين (au lieu de الطبق).

كَشْكَشَ I, avec الحطب, assembler du bois, Voc. — Animer, irriter les animaux les uns contre les autres, les exciter à se battre, Alc. (açomar). — (Rédupl. de كشّ), كشكش الذبّان chasser les mouches, émoucher, Bc.

II quasi-pass. de I, 1re signif., Voc.

كَشْكَشٌ pl. كَشَاكِشُ galon, M, qui dit que c'est persan.

كُشْكُشْ voyez Ztschr. XXII, 166.

كَشْكَاشٌ cerise, Most. v° قراسيا : ورايت انغراسيا هو الكشكاش.

كُشْكُوشَةٌ écume, scorie des matières fondues, bave, Domb. 61, Ht, Bc (Barb.).

تَكْشْكُشْ l'action d'animer les animaux les uns contre les autres, Alc. (açomamiento).

كَشْكُل (pers.) pl. كَشَاكِل *coupe à boire dont se servent les derviches, les mendiants*, Bat. II, 2; aussi كَشْكُول, M, et كَشْكُولَة, M, Ht (*sébile*).

كشلة ? voyez plus haut sous خُبْز.

كشلمِيش (altération de كِشْمِش) *raisin de Corinthe sans pepins*, Bc.

كشم.

كَاشِم = κληματίς, Payne Smith 1748. «Aliis Seseleos species,» Golius; c'est, selon Bait. II, 337 a, une erreur des modernes. كاشم رومى *livèche ou sermentaire*, Bc.

كشمر.

شالة كشمر *châle de cachemire*, Bc.

كَشْمِير *cachemire*, M.

شال كشميرى *cachemire*, Bc.

كَشَامير (pl.)? 1001 N. Bresl. IV, 108: وحولى جماعة كَشَامير من الحبشة والهنود (lisez ainsi avec l'éd. Macn., au lieu de والمنبور).

كشْمِيش *lambruche ou lambrusque, espèce de vigne sauvage*, Bc.

كُشْمَلَخ est, selon Bait. II, 532 b, un mot persan, qu'on employait à Baçra.

كَشْنَم (pers. كَشْنَه). L'article de Bait. II, 379 g, montre qu'on entend sous ce mot deux plantes différentes, à savoir: 1° *blette*, ou une plante qui ressemble à la blette, cf. Bait. 1, 529 e, Most. v° بقلة يمانية, Auw. II, 157, 14 (lisez ainsi dans ces trois textes); 2° une espèce de champignon, qu'on trouve en abondance dans la Transoxiane et le Khorâsân.

كَشْنِيُّور = كُشْنَى *ers, lentille ers*, Sang.; écrit aussi كوشنى, كشنة, كشن, Bar Ali 4675, Payne Smith 1716.

كُشُّو كُشُّو (syr. ܟܘܫܘ ܟܘܫܘ) *parole dont on se sert pour apaiser les chiens*, Payne Smith 1716.

كشينة (esp.) *cuisine*, Alc. (cozina), qui donne le pl. cachichin, Domb. 91, Hœst 265; cf. كوزينة.

---

473 كعب

كَاصَل *teinture*, Descr. de l'Eg. XVII, 386, *poudre*, ibid. 392.

كطارة (esp.) *guitare* (cf. قيتارة); sur la guitare des nègres, كطارة كناوة, voyez Hœst 262.

كظّ I s'emploie en parlant de chemins, de défilés, etc., qui regorgent de monde, où il y a une foule de passants qui se pressent, Berb. I, 81, 587, 9 a f., II, 161, 7 a f. — Voyez sous كزّ I. — *Vomir*, Voc., Alc. (bossar, gomitar, revessar por gomitar, tossier echar); c'est une onomatopée, comme l'hébreu קוא, קיא, קיק d'où vient le hollandais (bas) *kotsen*.

كَظّ et نظّ *vomissement*, Alc. (gomito, vomito lo mesmo es que gomito).

كَظِيط. Cf. avec Freytag: Berb. I, 587, 8 a f.: فى كظيظ الزحام.

كظم I *se concentrer, être triste, mélancolique*, Bc.

VII dans le Voc. sous conpescere.

كَظْم, pl. أَكْظَام, Asâs, Mi'yâr 14, 3.

كَظْمَة الغَيْظ *réprimer sa colère*, Ali's hundert Sprüche, Anhang n° 80.

كعب II et IV, avec زربوله, *redresser les quartiers d'un soulier, le contraire d'éculer*, Bâsim 40 (quand Bâsim va sortir et qu'il veut qu'on le prenne pour un agent de police) لبس شاشه وكعّب زربوله 44:, وسوّا لغة عمامته وشمر يديه et ensuite, 48, quand il veut se rendre méconnaissable: وكسّر كعب زربوله.

كَعْب, *talon*, pl. أَكْعَاب, Bc. On dit كعب مبارك, *un talon qui porte bonheur*, 1001 N. Bresl. IV, 164: لا رأيت لك كعب مبارك على, c.-à-d.: «je n'ai pas trouvé que votre visite m'ait porté bonheur;» cf. Macn. I, 156: قالوا هذا بكعب المولود حسن, où l'édit. de Boulac porte: ان قدم هذا المولود مبارك. Pour exprimer le contraire, Bâsim 32: وانتم جئتم أمس الى عندى بطلتوق (بطلتموق ا.) من صنعتى التى لى فيها انتم :55 عشرين سنة وهذا بقدومكم وكعبكم المدور مُطرِد. كعب الرمح *talon d'une lance*, Bc; كعبكم مشوم مستوى اللعب, Diw. Hodz. 142, 1. *La partie inférieure d'une flèche*, J. A. 1848, II, 210. — كَنّى كعب الصومعة *éculer, plier les quartiers d'un soulier en dedans*, Bc; aussi كسر كعب الزربول, voyez sous le verbe. — *Osselet*, pl. أَكْعَاب, Prax R. d. O. A. V,

كعك

84. — *Dé*, Lane trad. des 1001 N. I, 610, n. 26. — كَعْب, pl. كُعُوب, Bc; كعب كعب *le cube-cube*, ou sixième puissance, J. A. 1834, I, 435. كعب الرجل *cuboïde*, os du pied en forme de cube, Bc. — Grosseur qui se porte sur le paturon du cheval, au milieu du boulet, sur la place de l'entrave de l'un et de l'autre côté, Auw. II, 651, 6 et suiv.

كَعْبَة pl. كُعُوب *sabot* d'un animal, Alc. (carnicol). — *Masse* d'amidon, voyez sous مَرُوزِيا et cf. Freytag sous كَعْب.

كَعْبِى *cube, cubique*, Bc.

أَكْعَاب *renard*, Domb. 64.

تَكْعِيب *cubature*, méthode pour trouver le cube, Bc. — *Treillage*, Bc.

تَكْعِيبَة *treillage, treille*, Bc.

مُكَعَّب *chaussure qui ne couvre pas le talon*, M.

رمح مكعّب *lance faite d'un jonc dont les nœuds sont forts*, Koseg. Chrest. 80, 2 a f. — *Cube* (adj.), *cubique*, Bc. — *Cube* (subst.), Bc. — *Treillage*, Bc, 1001 N. I, 297, II, 253, IV, 25, 4 a f., 247, dern. l., Bresl. III, 119, 2 a f., où il faut lire مكعب خيزران.

كعك II *rétorquere* dans la 2ᵉ partie du Voc., dans la 1ʳᵉ *recordare*, verbe qui semble formé de *corda*, *courber, recoquiller, entortiller, plier en rond*, Alc. (enroscar hazer roscas), *rouler une corde en anneaux*, Beaussier.

V *se courber, se recoquiller, s'entortiller, se plier en rond*, Voc., Alc. (enroscarse), *se coucher en rond* (chien), *s'enrouler sur lui* (serpent), Beaussier. — *Roucouler, caracouler, bouler* (pigeon, tourterelle), Alc. (arrullarse).

كَعْك (d'origine égyptienne, et non pas persane; Strabon nomme les κακεῖς, sorte de pain des Egyptiens; voyez de Sacy Abd-allatif 328), n. d'un. ة. C'est en Egypte, selon Burton I, 113, une sorte de gâteau indigeste; cf. Gl. Geogr. En Syrie et en Arabie, c'est au contraire un excellent pain ou biscuit en forme d'anneau, de couronne, etc.; voyez Bg 604, Ztschr. XI, 516, Burton I, 238; Bc: كعك *gimblette*, pâtisserie dure en anneaux; كعكة *couronne* (pain), *pain rond et creux au milieu*. De même en Espagne, Alc. (rosca de pan). Dans le nord de l'Afrique, le كعك renferme soit des dattes, soit du miel, soit des épices, soit de la viande hachée, Cabbâb 78 v°, Daumas V. A. 253. Dans le Wadáy, gâteau fait de *dokhn* ou de riz, avec du beurre, du miel et des dattes, Barth III, 525. كعك شامى voyez sous كعك شغل الجوينش بشماط *sorte de pain d'Espagne*, connu seulement à Alep, Bg 266. — On donne aussi le nom de كعكة à des choses qui ont la forme d'une gimblette. M. Ainsi on trouve كعكة من الذهب أو من الفضة, Bat. III, 156, Payne Smith 1693, c.-à-d. un grand anneau d'or ou d'argent. Dans mon Catal. des man. or. de Leyde I, 155, 4, 9, 11 et dern. l., 156, 1, il est question de كعكات remplies de matières incendiaires, c.-à-d. de bombes qui, à ce qu'il semble, étaient vides dans le milieu. On donne encore le nom de كعكة à une guirlande tissue de paille, qui a la forme d'une gimblette, et dans laquelle on met la خابية, afin qu'elle ne tombe pas, Ztschr. XI, 516, n. 41.

كَعْكَة *gimblette*, Alc. (rosquilla), Bat. I, 52, 53; Cherb. Voy. de Bat. en Afr. 36; كُعَيْكَات «à Constantine une espèce de bonbon, en forme d'anneaux de rideau, composés de farine, de graisse et de confitures de dattes crues.»

مُكَعْكَعْ حَيْش مكعكع *serpent enroulé*, Alc. (rosca de culebra), Beaussier. — النجم المكعكع *comète*, Cartâs 109, 2.

كعل.

كَعْلَة *queue*, Beaussier, Daumas V. A. 185, 190.

كعم.

مُكْعَم *muselière*, Weijers 59, 7, cf. 210, n. 394.

كعو I. كَعَى o. عن, c.-à-d. عجز عنه بعد محاولته, est vulg. pour كاع يكيع عن, M.

II *tenir* quelqu'un *pour lâche*, M. — C. a. p. *faire qu'un autre ne puisse obtenir ce qu'il désire*, M.

كَعُوّ *chose qui fait qu'on ne puisse obtenir ce qu'on désire*, M.

كَعَى I, suivi de التاسومة, *mettre un soulier en pantoufle*, تاسومة مكعية *soulier en pantoufle*, Bc.

كغد.

كَغَّاد papetier, celui qui fait le papier, Voc.

كاغد, pl. كُغُود, Voc. — Papier qui sert d'enveloppe (dans Ghadamès 42 on trouve كاغد suivi de elada, c.-à-d. العاد, dans le sens de papier à envelopper); de là paquet, Invent. ومن المشطة من العود ست مائة كاغدا وخمسون وعشرون كاغدا ❊

كاغدة pl. كواغد feuille de papier, morceau de papier, Gl. Geogr.

كاغِيد = كاغد, Cartâs 26, 10 a f., 35, Invent.: ومن كاغيد الانتة ست رزمات six rames de papier de Hollande.» Pl. كواغيد comme coll. papier, Gl. Geogr.

III. كاغت الأم لولدها se dit d'une mère qui, lorsque son enfant veut parler, imite sa voix en disant كُغْ, M.

كف pour كَيْفَ; كَفَلَا pourquoi pas, Voc.

كف I ourler, remplier, Bc; — border une robe de soie, etc. (Reiske), Madjma' al-anhor II, 258: روى أن النبي ليس جبة مكفوفة بالحرير. — Cesser d'être, d'exister, Tha'âlibî Latâïf 107, 5 a f.

II border une robe de soie, etc., Diw. Hodz. 279, vs. 1, où le scoliaste dit: تكففه بالديباج ابو le عمر مكفف يكفّف ثمّ يجعل عليه الديباج والحرير M a aussi مكفف. — ثوب — Battre des mains, Voc. — Donner une claque, Alc. (dar palmada). — Ce qu'on lit dans le Gl. Maw. est plus que douteux et repose sur un texte défectueux et inintelligible.

VI se contenir, ne pas combattre, Gl. Badroun, Kâmil 610, 12; امتنعوا = تكفّوا عن الامر, M.

VII dans le Voc. sous suere.

VIII c. عن semet continuit a, de même que la Ire, Gl. Bayân.

كفّ est constamment fém.; il n'y a pas de bonne autorité pour le masc., M. على كف الرحمان à la merci de la Providence, Bc. — En Egypte, poing, Burckhardt Prov. n° 3, aussi en Algérie, Ht. — Poignée (Golius), Burckhardt Prov. n° 33; la quantité de dix grains, Auw. I, 11, l. 12 et 13. — Pl. أكفّ

à Ispahan et dans le Khouzistân, mesure de capacité pour les matières sèches, Gl. Geogr. — كف ورق, pl. كفوف, main de papier, Bc, Hbrt 112. — كف اليد paume de la main, Hbrt 4, creux de la main, Bc; aussi كف seul, pl. كفوف, Alc. (palma de la mano, fuente de la palma de la mano). — Patte d'un pigeon, P. Abbâr 242, 2 a f. — Pl. كفوف claque, coup du plat de la main, soufflet, tape, L (alapa), Bc, Hbrt 242, Ht, Gloss. de Habicht sur son Ier volume, Journal of the R. Asiatic Society XIII, 37: بَدَرَه ضَرَبَه كَفًّا; يَكِفّ عظيم claquer, donner des claques, Bc; شمط كف قلم claquer un soufflet, le donner, Bc. — Le pl. كفوف gants, Bc, 1001 N. I, 31; بياع كفوف ganterie; بضاعة كفوف ganterie; حديد gantier, Bc. — كف الميزان plateau, fond de bois de grosses balances, Bc. كف شريك voyez sous le second mot. — كف آدم (plante) voyez Bait. II, 383 c. — كف الاسد Cyclamen Europœum, Bait. II, 384 a. — الكف الجذماء et كف اجذم (AB et Boul.) Vitex, Agnus-castus, à ce qu'on dit, Bait. II, 383, Most. in voce et sous سنبل رومي, où l'auteur observe que كف الماجانم est au contraire nard celtique. — كف جرانة (h. e. manus ranæ) renoncule, Pagni MS, Prax R. d. O. A. VIII, 280. — كف الدائبّة millefeuille, Sang. — كف الذنب gentiane, Bait. II, 384 b. — كف السبع renoncule, Bait. II, 343 b, 383 a, Gl. Manç. v° كبيكج. — كف الصبع renoncule, Bait. II, 383 a. — كف العروس férule (plante), Bc. — كم مريم = كف عائشة Digiti citrini, Bait. I, 54 c, II, 87 a; — Daucus creticus, Gl. Manç. v° دوقو. — كف الكلب, ويسمّى عندنا كف عائشة voyez Bait. II, 384 d. — كف مريم désigne plusieurs plantes: rose de Jéricho, Anastatica hierichuntica, Forskål p. LXIX; selon Coppin 333, elle a reçu le nom de main de Marie, « parce qu'ils disent que la Sainte Vierge en serra une avec la main et qu'elles sont demeurées fermées comme on les voit ordinairement; » — Digiti citrini, Bait. I, 54 c, II, 87 a, 384 c; — Vitex, Agnus-castus, Forskål p. LXVIII, Bc, Bait. II, 384 c; — dans l'ouest de l'Espagne, Pentaphyllum, Bait. II, 384 c; كف مريم الحجازية décrite Bait. l. l. — كف النسر millefeuille, Sang.; — Asplenium Ceterach, Bait. II, 31 b. — كف الهر

كفا

voyez Bait. II, 383 b. — ذو الكَفَّيْن et ذو الكف noms d'épées, M.

كَفَّة poignée, botte, كَفَات سنبل, Payne Smith 1792. — Main de papier, Maml. II, 2, 239, Mong. cxxxv a. — Dans les 1001 N. Bresl. IV, 143: وقدّم صحن اوز مشوي وكفة كماجة selon Fleischer Gl. 94, ce serait كَفَّة, discus rotundus; mais Lane traduit gâteau; كَفَّة كَماجة est donc comme كَفّ شريك (voyez).

كَفَّة, pl. ات et كِفَاف, une sorte de plateau ou de poche qui faisait partie d'une machine de guerre, et dans laquelle on posait la pierre ou tout autre projectile que l'on destinait à être lancé contre l'ennemi, Mong. 368, Çalàt 26 v°: il jeta ses prisonniers في كفّة المنجنيق.

كَفَّة voyez كوفية.

كِفَاف. خبزنا كَفَافنا pain quotidien, كفافا بومنا notre pain quotidien, Bc; cf. Gl. Mosl. — كفافا ne signifie pas omnino (Reiske), mais sans rien gagner et sans rien perdre; voyez Gl. Mosl., Macc. I, 261, 15: لكن تخرج كفافا لا عقابا ولا ثوابا

كَفِيف aveugle, Voc., M, Mehren 34.

كِفَافَة ourlet, Bc.

كَفَافِي quotidien, Bc.

اكفاف abstinence, Bc.

تَكْفِيف pl. ات auvent, appentis, Alc. (ala de tejado), Gl. Djob.

كَفَا IV, avec لَوْنه, altérer la couleur, Gl. Mosl.

V être retourné, renversé sens dessus dessous; c. ب renverser, Gl. Mosl.

VI. تَكَافَا الفريقان la victoire resta indécise, Gl. Abulf. — J.-J. Schultens donne: الشاجر تتكافا من غير ريح « arbores sese proclinarunt sine ullo vento, » Hist. Joct. 170, 9 a f. (= Badroun 99, 5 a f.). — Pour le sens de fuir voyez Gl. Belâdz.

VII être retourné, renversé sens dessus dessous, Gl. Mosl.

X c. a. p. demander à quelqu'un de retourner un vase, Gl. Mosl.

كفر

كَفُو capable, intelligent, habile; c. لِ compétent, Bc; pl. أَكْفَاء, Gl. Geogr.

تَكَافُو t. de rhétor., antithèse, lorsque deux idées opposées se trouvent dans la même phrase, comme dans cet exemple: nous vivons et nous mourons, Gl. Badroun, Mehren Rhetorik 97.

كَفَتَ I c. a. verser, transvaser rapidement, M.

II expliqué par جَمَعَ, Diw. Hodz. 5, vs. 15, et par شَمَّرْتُ ثوبي كَفَتَ, 165, vs. 2. — C. ب plaquer, recouvrir d'une feuille de métal, Maml. II, 1, 114.

كَفْت, pl. ات et أَكْفَات, le plaqué, la couche de métal plus précieux dont on recouvre un autre métal, Maml. II, 1, 114.

كَفْتَة (turc) hachis de viande mêlé de riz que l'on enveloppe avec des feuilles de vigne ou de chou, Martin 79, Cherb., M; كفتة اللحم اللفتة ou لحم pour les chiens, 1001 N. Bresl. IX, 244, 269; Rohlfs 55: « les boutiques des vendeurs de kifta, nous dirions les restaurants. »

كَفْتِي celui qui fabrique ou vend du plaqué, Maml. II, 1, 114.

كَفَحَ I. Pour le sens de repulit, c. a. et عن (Golius): Berb. I, 54, 4.

III est proprement combattre l'ennemi face à face et sans qu'on se couvre d'un bouclier ou d'autre chose, M, cf. Abbad. III, 105, 3, se prendre corps à corps, Cartâs 191, 4, Çalàt 26 r°, 30 r°. — Dans le Voc. astiludere, c.-à-d., en parlant de chevaliers, jeter, dans les tournois, une lance courte contre une espèce de charpente, que l'on pouvait renverser si on la frappait fortement et avec adresse; cf. sous بُجَيْر, plus haut I, 121 b. — Le sens d'intercéder, que donne Freytag, est emprunté à de Sacy Chrest. II, ١٣, 9.

VI c. مع dans le Voc. sous astiludere; cf. sous III.

كَفَرَ I. On ne dit pas seulement كفر درعه, mais aussi كفر على درعه, Haiyân 55 r°. — Apostasier, Bc. — Pester, murmurer violemment, sacrer, juror, blasphémer, Bc.

II dans le Voc. sous discredere, déclarer incrédule, M, Gl. Tanbîh, Kâmil 127, 4, 562, n. e, 611,

12, Abd-al-wâhid 124, 1, Holal 41 v°, Payne Smith 1799. — كفر بمينه vulg. pour عن يمينه, Gl. Geogr. — كفّرتني *vous m'avez bien fait pester*, Bc.

IV *rendre ingrat*, Abbad. I, 255, 3.

V dans le Voc. sous *satisfacere*.

كَفْر, vulg. كَفَر, M, *commune, dont plusieurs composent un village*, Descr. de l'Eg. XII, 72. — كفر اليهودي = كفر, *bitume de Judée, asphalte*, Gl. Esp. 32.

كَفْر = بلاد الكفر *les pays des infidèles*, Macc. I, 92, 3.

كُفْر؟ voyez مكفّر.

كفرة يهودي *bitume de Judée, asphalte*, Alc. (espalde es un betum judayco).

كفرة (syr. ܟܦܪܐ) *écuelle faite du tissu réticulaire qui enveloppe le pied des branches des dattiers, que l'on a enduit de poix*, Bar Ali 4814, Payne Smith 1802.

كفّار (syr. ܟܦܪܐ) *serviette, essuie-main*, Bar Ali 4656, Payne Smith 1799.

كَفَّارة *pénitence, peine imposée par le prêtre pour une faute*, Bc.

كافر *apostat*, Bc. — Pl. كفّار *cafard, hypocrite*, Bc. — En Nubie on donne ce nom aux scarabées, Burckhardt Nubia 23. — كافر الدروع *habit qu'on porte sur la cotte de mailles*, Zamakhchari Asâs.

كافور. En poésie et dans le style soutenu on nomme le camphre pour indiquer tout ce qui est blanc, p. e. كافور الصباح ou الصباح, *l'aurore blanche comme le camphre*, » P. Abd-al-wâhid 80, 7 a f., Macc. I, 445, 17, مسك المداد وكافور القراطيس, Macc. III, 31, 12. — *Le bouquet du vin, son parfum*, voyez sous مزاج. — الكافور اليهودي *Laurus Camphora*, Bait. I, 509 c. — كافور الكعك *zédoaire*, Sang.

كافورة *camphrée (plante)*, Bc; «est, je crois, la même plante, ou à peu près, que la Camphorata Monspeliensis,» Lane trad. des 1001 N. III, 641; cf. Pagni 197.

كافوري *blanc comme le camphre*, Macc. II, 439;

19; شمع كافوري *cire blanche*, Bc. — Epithète d'une espèce de prune et d'une espèce d'abricot, Gl. Geogr.

كافورية *Parthenium*, Bait. I, 69 b, II, 86 k; *chrysanthème*, Cherb., Roland.

تكفير *abjuration*, Ht.

تكفيري *expiatoire*, Bc.

مكفّر (sans autres voyelles) est *edia* dans L; Scaliger a lu de même, mais en ajoutant un astérisque, ce qu'il fait quand un mot lui est obscur; je ne le comprends pas non plus.

مكفّر, suivi de اليمين, *délié de son serment*, Alc. (suelto de juramento). — (Formé de كافور) *camphré*, Gl. Manç. in voce.

مكفّر *poème qui ne contient que des sentences, des maximes de sagesse, des conseils*, J. A. 1849, II, 249; الكَفَّر, J. A. 1839, II, 164, 8 a f., semble une faute. — *Almocafre* signifie en espagnol *hoyau, plantoir, sarcloir* (cf. Gl. Esp. 167), et d'après le Morisque Alonso del Castillo, ce serait en arabe المكفّر (Simonet).

مكفّر *camphré*, Bc, الشمع المكوفر, 1001 N. Bresl. II, 48, X, 98 (Macn. شمع الكافور).

كفز I = قفز, *sauter*, Voc., qui donne aussi II c. a., V, VII et كفاز.

كفس.

Koufas, Cleome Arabica L., Prax R. d. O. A. VIII, 282.

أكفس *pire*, Bc (Barb.).

كفكف I *retenir ses larmes*, Abbad. I, 44, 11, 1001 N. II, 349, 15, 453, 2 a t.

كفكيرة (pers. كفگير, *écumoire*) *cuiller à pot*, Hbrt 201.

كفل I, 1, chez Freytag, n. d'act. aussi كَفَالة, M, Voc., Prol. I, 20, 15.

IV = I *jeûner*, Payne Smith 1455.

V c. ب *prendre soin de, se charger de*, Djob. 38, 12, 48, 9, 52, 18, 73, 1, 121, 3, 127, 19, 228, dern. l., Macc. I, 250, 20. — *S'abstenir, vivre dans l'abstinence*, p. e. du vin, Gl. Mosl.

VII dans le Voc. sous *providere*.

كفن

VIII c. a. *prendre soin de*, Voc., Cartás 152, 2; اِكْتَفَلَ عَاجَلَةً *conduire une charrette*, Alc. (regir carro).

كَفَل, *croupe*, pl. كُفُول, Bc. — *Fesse*, Hbrt 3.

كَفَالَة *caution, cautionnement, garantie*, Ht, Hbrt 104, Bc.

كَفَالَة *la dignité de* kâfil, *de vice-roi, de gouverneur*, Maml. I, 2, 98.

كَافِل *dans le Voc. sous providere*.

كَافِل *tuteur*, Berb. I, 9, l. 10; مَنْ لَا تَكُونَ المَلَكَة الكَافِلَة لَه, Prol. III, 265, 12 = *qui n'est pas sui iuris*. — *Protecteur*, Amari 453, 3: كَافِل قَضَاءِ المُسْلِمِين, 456, 5 a f. et 457, 5 a f.: كَافِل الأُمَّة. — *Vice-roi, gouverneur*, p. e. كَافِل السَلْطَنَة بِالشَّام, Maml. I, 2, 98, Mong. cxxxv b, Amari Dipl. 167, 6.

كفن.

كَفَانَة (syr. عَصَا) *sorte de vêtement que portent les moines*, Payne Smith 1671—2.

كَفَّان *celui qui fait métier d'envelopper les morts dans le linceul*, Alc. (mortajador de muerto).

أُكْفَانِيّ *celui qui fait des linceuls*, Macrîzî man. II, 357.

كَفَّة *boutoir, instrument de maréchal pour parer le pied d'un cheval*, Bc.

كفى I c. d. a. *suffire à quelqu'un contre*, c.-à-d. *le dédommager de la perte d'une chose*, chez Ht *compenser*, de Sacy Chrest. II, ١٣٠, dern. l., Ibn-Doraid vs. 85 éd. Scheidius. — C. d. a. *suffire à quelqu'un contre une personne ou une chose*, de Jong, c.-à-d. *débarrasser quelqu'un d'une personne qui l'importune, d'une affaire qui lui cause des soucis* (et dont on se charge à sa place), Bidp. 25, 4: سَقَط عِنْدَه النَّظَر في امور الأعداء بِما قد كَفَاه اللّٰه ذَلِكَ بِسَبَبِها, Haiyân-Bassâm III, 4 v°: امن اعل البلد من مقتَه وكَفَاه اللّٰه أمْرَه, Becrî 119, dern l.: أَنَا اكفيك خَبَرَه «je me charge de vous débarrasser de cet homme», Mâwerdî 144, 2 a f., 350, 7, Berb. I, 361, 3 et 2 a f.; au passif, A-ghânî 31, 3 a f.: لَو شِئْتَ كَفَتَتْ كَفَيْتَ بِنَفْسِك الطَلَب

«si vous vouliez, je pourrais, après vous avoir trouvé, m'épargner la peine de chercher un autre;» Macc. I, 490, 15: l'émir Hichâm ayant insisté auprès de Ziyâd afin qu'il acceptât la dignité de cadi, ce dernier prit la fuite, et alors Hichâm s'écria: لَيْتَ النَّاس كُلّهم كَزِيَاد حَتَّى أَكْفَى أَقَلّ الرَغْبَة في الدُنْيَا «plût au ciel que tous les hommes ressemblassent à Ziyâd, afin que je fusse débarrassé de ceux qui ambitionnent les postes lucratifs!» Dans le R. N. 78 r° un voyageur à qui un gouverneur avait enlevé ses bagages vient demander à un saint de prier Dieu qu'on les lui rende, et le saint, après l'avoir entendu, lui dit: اذْهَبْ كُفِيتَ إن شاءَ اللّٰه تعالى, c.-à-d. «tu seras débarrassé de tes soucis;» en effet, les bagages lui furent rendus. Dans une histoire semblable (ibid.) le saint dit: انصرِف لعلّ الله يكفيك امره. Bc donne: كفى اكفينا شَرّ الشيء *épargner une chose à quelqu'un*; كفى شَرّه *cessez de nous tourmenter*; respecter, *épargner, ne point endommager*. — *Entretenir, faire subsister en bon état, conserver*, Bc. — *Fournir*, Ht.

II *suffire*, يَكْفَى *assez, c'est assez*; كَفَيْتَ وَوَفَيْت *je n'ai pas besoin de rien* (j'ai pris tout ce qu'il me fallait), Bc. — *Remunerare*, Voc.

III. كافأَه عن حديثه «il lui envoya un cadeau en retour du sien,» Haiyân 71 r°. — *Récompenser*, Ht, Badroun 228, dern. l., Haiyân 76 v°: وقدّم الى خُطَّة الوزارة مكانَه تعجيلًا لمكافاتَه

VI (pour كَفَّ VI), *en parlant de deux personnes, faire la même chose*, P. 1001 N. I, 40:

إنْ عَدَتْ عُدْنَا وَإِنْ وَافَيْتَ وَافَيْنَا
— وَإِنْ هَجَرْتَنِي فَإِنَّا قَدْ تَكَافَيْنَا

Etre récompensé, Bc.

VII pour كفّ VII, Mehren Rhetorik 33.

VIII *être rassasié*, Freytag Chrest. 49, 7. — C. ب *se contenter*, Bc. — C. عن *n'avoir pas besoin de*, Quatremère dans le J. d. S. 1847, p. 479, qui observe qu'il faut lire de même dans le Cartâs 3, l. 8. — اكتفينا مُؤْنَتَه *on nous en a épargné la peine*, Bc. — *Homologuer*, Ht.

X. استنكفاء الأمر est proprement *il le pria de le débarrasser d'une affaire qui lui causait des soucis*, R. N.

68 rº: واخذ يستعيذ بالله تعالى ويستكفيه شرّه وضرّه (le mal que l'autre pouvait lui faire), et ensuite: وشكر الله على ما كفاه منه. Aussi *se débarrasser de*, Freytag Locm. 62, 6 a f.: واطلقت الاسرى من الداوية الذين استكفاه الامر. L'expression استكفاه الامر signifie encore: *il lui remit une affaire*, il lui en confia l'inspection, la disposition, Akhbâr 124, 2 a f.: وكان له قاض قد استكفاه امور رعيّته لفضله وزهده وورعه. Par ellipse on emploie استكفاه seul, Abbad. I, 51, dern. l.: الى ان وكل امره الى احد اليهود واستكفاه. La constr. est aussi: استكفاه به الامر, Weijers 20, 12, Berb. I, 375, 4, et par ellipse به استكفى, de Sacy Chrest. II, ٢٣, 6 (Freytag semble avoir eu en vue ce dernier passage en donnant: «*summam fiduciam posuit* in aliquo c. ب p.»).

عدم كفاية *insuffisance*, Bc.

أجرى له كفايته بقدْيَة *il lui assigna une somme suffisante pour son entretien*, Bat. III, 47, cf. Gl. Tanbîh. — *Aisance, état de fortune suffisant pour se procurer les commodités de la vie*, Mocaddasî 33, 1, Yâcout III, 881, 2, et peut-être II, 256, 20 (de Goeje). — فرض على الكفاية *un devoir religieux qui est obligatoire pour toute la communion* (Lane sous فرض), Gl. Tanbîh, Baidhâwî I, 18, 2. قتل الفعلة بالكفاية *il tua les ouvriers en masse, tous ensemble, en totalité*,» Belâdz. 292, 2 a f. L'expression بالكفاية signifie aussi *compte rond ou somme totale*, Yâcout III, 838, 1: وخراج 3, IV, فرس ثلاثة وثلاثين الف درهم بالكفاية 988, 4 (de Goeje). — *Capacité, intelligence, habileté, compétence, talent*, Bc, écrit constamment كفاية dans le Fakhrî, 133, dern. l., 179, 2 a f., 207, 2, 215, 7; aussi *mérite*, Gl. Fragm., Gl. Tanbîh, Akhbâr 119, 9, Haiyân 18 vº: وارسل رأسه الى ابن حفصون فانفذه ابن حفصون الى الامير عبد الله بقرطبة مستحمدا اليه بكفاية شأنه, Abbâr 142, 9, Bassâm II, 72 rº, en parlant d'un homme qui avait été nommé cadi: فمهد لذلك جانبا من كفايته واحتسب فيه جزء من عنايته, Bayân I, 284, 6, Berb. I, 147, 3 a f., 361, dern. l., 395, 11, 432, 4, 502, 8 a f., Khatîb 64 vº: فبعثه رسولا ثقة بكفايته, 1001 N. Bresl. XII, 353, 4;

dans Valeton ١٣٣, 13, ce mot me semble avoir le même sens, et non pas celui d'*administration*, que lui attribue l'éditeur; هو كفاية كل شى *il peut tout*, Bc. — *Protection*, synonyme de وقاية, Abbad. III, 109, 3: واسأل الله ان يجعلك فى خبر الكفاية وجانب الوقاية. — *Avoir soin de son honneur*, Gl. Fragm. L'expression اهل الكفاية semble signifier *des hommes loyaux, qui ont de l'honneur et de la probité*, Haiyân 71 vº: les vizirs déconseillèrent à l'émîr Abdallâh de se mettre à la tête de l'armée qui allait marcher contre Ibn-Hafçoun, لاستغلاظ شوكة الخبيث وكثرة انصاره والليان من خبايا الحرب الغشوم لا سيما ان جرت من ذو الكفايتين. — غير اهل الكفاية المغلقين لباب المعذرة semble un titre comme ذو الرئاستين, ذو الوزارتين, Valeton 69, n. 4.

كاف c. ل *capable, compétent*, Bc, Hbrt 92, Gl. Tanbîh; celui auquel on peut entièrement abandonner la conduite d'une affaire, la tâche de gouverner une province, etc., et de là *administrateur, ministre*, Badroun, notes 124, de Jong, Gl. Geogr.

أكفى *le plus capable, le plus habile*, R. N. 14 vº: ذكر لى ان اكفى عبيدى واقومهم بصنعتى توفى ❊

الأجير المكفى *un journalier à qui on donne un salaire, mais qui doit pourvoir lui-même à sa nourriture*, M sous مون.

قطع مكافى مجسم *parabole*, t. de math.; قطع مكافى مجسم *paraboloïde, solide formé par la parabole*, Bc.

اكتفاء *contentement de peu, ou de ce que l'on a*, Bc. — T. de rhétor., *apocope*; c'est, p. e., lorsque le poète retranche une lettre ou uno syllabe à la fin d'un vers, etc.; voyez pour plus de détails Mehren Rhetorik 132, 188, M; quand un poète le fait, on dit: قال مكتفيا, Macc. I, 60, 3.

كَكّى III *glousser*, Hbrt 184.

تكوكى et تكاكى *gloussement*, Hbrt 184.

كلّ I, 1 et 2 chez Freytag, n. d'act. aussi كَلَل, Gl. Mosl., Voc.

II. كلّ عنده مخيرا *il l'abandonna à son sort*, Becrî 185, 8. — C. a. *fatiguer*, Voc. — كلّل بالجواهر *enrichir* de pierreries, Bc. — Proprement *couronner*; chez les Coptes le prêtre, quand il unit un homme et une femme par le lien conjugal, place une espèce de couronne ou de diadème sur la tête du fiancé, et une autre sur celle de l'épousée; cette cérémonie s'appelle التكليل, Lane M. E. II, 371, M, et de là vient que ce mot est chez Bc: *célébration du mariage, épousailles, cérémonie du mariage chrétien*; il a aussi كلّل c. ل *célébrer un mariage*, le faire avec les cérémonies.

V. تَكَلَّلَ وجهُهُ بالعرق *son visage était couvert de gouttes de sueur qui ressemblaient à des perles*, 1001 N. II, 411, 3 a f. — Le passage du Diw. Hodz. se trouve 212, vs. 9, cf. 213, 5.

كَلّ هو كلّ عَلَىَّ *il est à ma charge*, il faut que je le nourrisse, Gl. Belâdz. 76.

كلّ. On trouve chez Aboulfeda, Hist. anteisl. 12, 6 a f.: فكلّ الدوابّ أَنى ذلك, de sorte que le nombre et le genre dépendent de كلّ, ce qui est contre la coutume. — بكلّ كأس *par tous les verres*, c.-à-d. *par le grand nombre de verres*, P. Macc. II, 558, 8:

— والـلّـصّ ما بيننا صريعًا بكلّ كأس عليه دائر

s'emploie par ellipse dans le sens de *toujours, constamment*, P. Abd-al-wâhid 173, 8: كشمسٍ ولا كلّ هذا (ذا) — الضحى يغشى بها الطرفَ كلّما *aucunement, nullement*, Aghânî IV, 60, 15, V, 60, 9 a f. Boul.; ولا كلّ هذا بمرٍّ *point du tout*, fût-ce *pour une seule fois*, ibid. V, 109, 7 a f. (de Goeje). — كلّ يوم كم يوم قليل *souvent, tous les quelques jours*, Bc. — كلّ بدّ *à coup sûr*, Bc.

حاشا وكلّا كَلَّا *Dieu m'en garde!* (je n'ai point commis cette faute); حاشا وكلّا ان يخطر بِبالي شى *loin de moi une semblable pensée*, Bc.

كِلّة pl. كِلَل, P. Harîrî 35, 8, *rideau, moustiquaire*, est كِلّة dans le Voc., *alcala* dans une charte, Gl. Esp. 80; سماء من كلّة *ciel, le haut d'un lit*, Alc. (ciclo de cama). — كلّة البقر dans une charte sicil., où l'ancienne trad. latine, *apud* Lello p. 19, porte *mandra vaccarum*.

كُلّة (turc كُلّه, كُولّه) pl. كُلَل *boulet, boule de fer* dont on charge un canon, Bc, M; *grenade, boule de*

métal creuse, pleine de poudre, Bc. — *Bille*, petite boule de marbre, etc., qui sert à des jeux d'enfants, M.

كُلِّيّات pl. كُلِّيّ *universaux et universel*, t.. de logique, ce qu'il y a de commun entre tous les êtres d'un même genre, Bc. — الكلّيّات *les maximes générales*, Prol. I, 65, 1.

كَلال *épuisement du sol*, Auw. I, 22, 2 a f.

كَليل vulg. pour الكليل, M.

كَلُولة *dormir avant les prières du soir*, ce qui est réprouvé partout en Orient, Burton I, 287.

كَليلة *espèce de fromage fait avec du lait, dont on a extrait le beurre*. Les Arabes prétendent que cet aliment alourdit la tête, et ils disent d'un homme qui comprend difficilement: il a mangé du *kelila*, Cherb.; Carette Géogr. 267: «fromages du pays appelés *klila*.»

اكليل, chez les chrétiens, *célébration du mariage*, Bc, M; cf. sous la II° forme. — Aussi chez les chrétiens, *tonsure*, la couronne que l'on fait sur la tête aux prêtres, etc., en leur rasant des cheveux, M. — اكليل انوار *nimbe* ou *limbe*, cercle de lumière autour de la tête des saints, Bc. — الاكليل ou اكليل الجَبَل الجَبَلِيّ *romarin, Libanotis coronaria*, Bc, Bait. I, 72·b; en Espagne on l'appelait aussi اكليل الشِّعْرَة, L (zimbri), اكليل النفساء, Bait. II, 450 d, et الاكليل seul, L (libanotis romarino, quod alii zimbri vocant) (نور الاكليل), Alc. (romero mata conocida), qui a aussi le n. d'un. ة, en portugais *alecrim*. — اكليل الملك *mélilot*, Alc. (corona de rey yerva), Pagni MS, Bc (*couronne impériale et mélilot*, Bg); — *romarin*, Voc., Prax R. d. O. A. VIII, 284.

العظم الاكليليّ *os coronal* ou *frontal*, Bc.

اكليليّة. Ibn-Djoldjol dit que c'est الخيرى البنفسجيّ ويبفوح بالليل اكثر من النهار, et que le vulgaire en Espagne l'appelait ملول.

مُكَلَّل *orné de pierreries* (cf. Freytag), مكلّل بالدرّ, بالجواهر, باللولو, بالياقوت, etc., Bidp. 255, 9, 256, 7, Abd-al-wâhid 8, 4 a f., 1001 N. I, 45, 2, et مكلّل seul, *orné de pierreries*, comme dans la Vie de Timour, Macc. I, 102, 7. — *Touffu*, Bc.

كَلَا I *contempler, observer les étoiles*, Gl. Mosl. — *Solder*

كلا 481 كلب

une dette, Roland; mais c'est peut-être une erreur, car Beaussier a, comme Freytag, *être différé, remis à plus tard* (paiement d'une dette).

دَلاء, كَلاَ (pers.) *bonnet haut*, Bat. II, 379, 389, III, 218, 286, IV, 54; Bg 798: «كولا, bonnet de drap, de forme conique, que portent les derviches.»

كلب I. كَلَبَ c. على *sévir contre; infester, ravager* des frontières, Athîr VII, 79, 8 a f., un pays, Müller 116, 5 a f.; aussi *sévir contre* l'ennemi, Müller 123, 13: وأحاط بالمسلمين الخضر وكلب عليهم العدوّ, et *s'approprier* ses femmes et ses biens, Athîr l. l.: خرج الى الثغور الجزيرية وكلبوا عليها وعلى اموال المسلمين وحريهم ۞

II *dresser un chien pour la chasse*, M. — *Cramponner, attacher avec des crampons*, Bc, *pendre, accrocher, suspendre*, Ht. — *Se cramponner*, Bc. — C. على *accrocher un vaisseau, jeter des grappins et des crocs d'un vaisseau à un autre, pour venir à l'abordage*, 1001 N. Bresl. VII, 131, 8, où Macn. a وضع كَلَّبَ الباب. الكلاليب في مركبهم *crocheter une porte*, Bc.

V *se hérisser, s'irriter*, Ht.

VI *sévir*, c. على *contre*, Abbâr 142, 9, Abbad. II, 174, 6, Cartâs 161, 16, 166, 8 a f., Berb. I, 243, 2, 244, 1, 293, 3 a f., 376, 377.

X *devenir enragé*, Bc, *être furieux, se mettre en rage*, Hbrt 243, Nowairî, man. 273, 638: وقع طبعه انه يسالم النمر وغيره من السباع ما لم يستكلب فاذا استكلب خاف كلّ شيء — *S'insurger, se soulever*, Gl. Fragm. — C. على *sévir contre*, Gl. Fragm., Haiyân 101 v°: وزاد العدو استكلاباً عليهم وجرأةً ۞

كَلْب *canicule*, Ht. — *Dame, pièce du jeu de trictrac*, Masoudî I, 158; d'après Gildemeister (Script. Arab. de rebus Indicis loci 139), ces pièces auraient été nommées ainsi parce qu'elles avaient une tête de chien; *pion, petite pièce du jeu de dames*, Bc, du jeu طاب, Lane M. E. II, 60, du jeu سباحة, ibid. 64. — Sorte de *ver long et vert, qui attaque les arbres à l'extérieur*, Auw. I, 629, 20 et suiv., 631, 3 a f., où il faut lire avec notre man.: ومما يعاليي الدود المسمّى الكلب الذي يصيب قبل في غيرها من الحشرات ممن يسلم به الحر. Alc. a en ce sens كلب الوَرْد (gusano de rosas). — كلب البحر ou الكلب البحري *squale, chien de mer*,

Alc. (tollo), *requin*, Bc, Palgrave II, 321; — *ichtyocolle (poisson gluant)*, Alc. (caçon pescado, nioto o caçon pescado); — كلب الماء البحر ou كلب الماء *raschal*, espèce de poisson, Descr. de l'Eg. XXIV, 240 et suiv. — كلب البقر *alain ou alan, dogue, gros chien propre à chasser le sanglier*, Alc. (alano especie de canes). — الكلب الصيبي voyez sous قلطي et Yâcout III, 733, 16 et 17. — كلب الماء *castor*, Bc, M, Masoudî III, 13, Nowairî, man. 273, 719; — *loutre*; les négresses se font des ceintures avec la peau de cet animal, Cherb.

كَلَبَة *maladie des yeux chez les animaux*, Auw. II, 582, 18.

كَلَمِيّ *épithète d'une race de chameaux*, de Sacy Chrest. II, 419, 12. — *Canin*; ناب كلبي *dent canine*; جوع كلبي *faim canine*, Bc. — سعال كلبي *coqueluche*, Bc.

كَلْبَان *enragé, hydrophobe*, Bc, Ht.

كَلِيب *chasseur*, comment. sur Alcama.

كَلَّابَة *semble avarice*, Bâsim 60: قوم من البخل والكلّابة قد هجروا الأهل والقرابة ۞ مشمش كَلَّابِي *abricot dont l'amande est amère*, Bc.

كَلَّابْزِي *piqueur, celui qui conduit à cheval une meute*, Bc, Payne Smith 1743.

كُلَّيْبِيَّة *iniquité, méchanceté*, Alc. (maldad).

كُلَّاب *crochet*, Ht, *agrafe*, Maml. II, 2, 78. — *Tenaille*, Alc. (tenazas de barvero); كلاليب *forceps*, Bc; *ciseaux avec lesquels on coupe, ou rogne, les extrémités des branches*, Auw. I, 376, 4 a f., 405, 8, 507, 7. — *Grappin d'abordage*, 1001 N. II, 117, 5. — كلّاب الديك *ergot, petit ongle du pied des animaux*, Bc.

كُلَّابَة *tenaille*, Bc, Hbrt 86, Ht; كلابة النعلبند *tricoises, tenailles de maréchal*, Bc; — *morailles*, instr. de maréchal avec lequel on serre le nez des chevaux difficiles, Bc.

كَلَّابِيَّة *secte qui tire son nom de Mohammed ibn-Collâb et que l'on compte parmi les* اصحاب الحديث, Gl. Geogr.

أَكْلَب *épithète d'un chien, enragé*, Antar 38, 11, 1001 N. III, 299, 2 a f.: يا كلب اكلب ويا اقلّ العرب 334, 9; je pense que ce mot a le même sens dans le Fâkihat al-khol. 167, 5.

مكلب ‎enragé, Ht, Payne Smith 1742.

مُكَلَّب, chez la secte des Ismaéliens qui porte le nom de الشَّيْعِيَّة (cf. le Chahrastânî de Haarbrücker, II, 415), *un des sept [imâms?] qu'on imite*, M.

مَكْلُوب ‎enragé, Bc, Ht, Payne Smith 1742, Richardson Sahara I, 323.

كلبا espèce d'orge, *gymnocrithon*, Auw. II, 46, 3 a f.

كلمش (syr. ܥܶܣܛܡܐ) pl. كلابيش *panier*, Payne Smith 1744.

كلموت espèce de *sauterelle*, Casiri I, 320 a.

كلموش *bonnet de drap*, espèce de calotte blanche ou rouge, autour de laquelle est roulé le turban, Bc; *galabouch*, bonnet rouge de Tunis, Prax R. d. O. A. V, 19.

كلمت.

كَلْتْ *fosse remplie d'eau*, Domb. 99 (ة), *lac, marais*, llt (ة), R. d. O. A. XIII, 180. — *Boue*, Hbrt 41 (Alg.), Bc.

كَلَات (pers.) *château*, Gl. Geogr.

كَلَوْتَة (ces voyelles dans le Voc., *capellus*), aussi كَلَفْتَة، بَلْغْتَة، كَلَفْتَة (Ibn-as-Chihna 103 r°: يركب بِاللَّفْتَة وَانْقِياد), pl. كَلَوَات et ات, *bonnet*, qu'on portait avec ou sans turban, Vêtem. 387, J. d. S. 1848, 46—48. Je n'ose pas me prononcer sur l'origine de ce mot, qui est le fr. calotte. Le persan l'a aussi (كَلوْتَه). D'un autre côté, on trouve en latin (Cicéron chez Nonius, Servius) un mot douteux, qu'on a lu *calantica, calautica*, ou, comme Peyron a trouvé dans un palimpseste de Turin, *calvatica*. En supposant que cette dernière leçon est la bonne, on a donné au mot une origine latine, de *calva* (*superior pars capitis*); mais plusieurs savants modernes, tels que Ribbeck (ad Afran. fragm. p. 145), Orelli (in adnotat. ad Schol. Bob. p. 336), Gerlach et Roth (dans leur édit. de Nonius), préfèrent *calautica*. La forme orientale, كَلُونَة, et le fr. *calotte* viennent à l'appui de cette orthographe, mais, si elle est la véritable, le mot n'a pas d'étymologie en latin. J'observe encore que le syriaque a ܟܰܠܰܕܰ pour *tiare, mitre*.

كلت sorte de poisson, Yâcout I, 886, 6.

كلثم مُكَلْثَم *charnu*, 1001 N. IV, 208, 6 a f.; mais اللَّحْمَة, IV, 292, 6 a f., semble signifier *qui a la barbe touffue*.

كلج.

كليجا (pers. كليجه ou كليجچه) *petit pain pétri avec du beurre*, Bat. III, 11, pl. كليجات, Cazwînî II, 314, 10.

كلج I. لون هذا اللوح كلج من الشمس « le soleil a mangé la couleur de ce drap, » Bc.

II? Kâmil 455, 5: فإذا هي تُكلْج في قفاي, où un autre man. a تَكلْج.

كلج. De Sacy Chrest. II, ٦٠, 2 a f.: كلجة الأشجار « ses arbres étaient desséchés. »

كالج *livide*, de couleur plombée et noirâtre, Bc.

مكلاج *très-austère*, Kâmil 419, 1.

كَلَخ, n. d'un. ة, pl. كلوخ, *férule*, genre de plantes ombellifères, L (ferula كلخة), Voc., Alc. (caña hexa, palmatoria o caña hexa), Domb. 70; là où le texte de Dioscorides porte (III, 84): ἐμφερὴς νάρθηκι, on lit chez Bait. I, 85: شبيهها في شكلها بالقنا وهو الكلخ; là où il nomme de nouveau le νάρθηξ (IV, 154), Bait. I, 225 b donne: النبات المسمّى نرتقس وهو الكلخ; encore chez Bait. I, 205 b: وجد المخلسون السبيل الى تدليسه بغير ما نوع القنا وهو الكلخ, III, 111 b: من الكلوخ, 326 c, comme le nom que le vulgaire au Maghrib donne à la férule: عند عامّة المغرب, 388 b (de même); Becrî 39, 3, 71, 12 (n. d'un.), Auw. II, 722, 10, Cartâs 14, 5 a f., 19, 2 a f. Une espèce fournit le galbanum, mot que L traduit par صَمْغ الكَلَخ, une autre la gomme ammoniaque, Most. v° وشق: وهو صمغ الكلخ, Gl. Manç.: أشق هو صمغ صنف من الكلوخ يَجْتَلَب الى المغرب ومن زعم انه صمغ الكلخ نفسه فقد اخطأ, Davidson 23: « *El-kelakh*, a plant resembling fennel, from which the gum ammoniacum is extracted. » De là vient qu'en Égypte كلخ signifiait *gomme ammoniaque*, Bait. II, 388 b. — *Arundo*, Voc., *roseau sauvage*, Alc. (cañavera). — *Parietaria diffusa* Mert. et Koch., Alc. (caña roya yerva; ici et dans ce qui suit, je m'en suis tenu à Colmeiro). — *Onopordon Acanthium* L., Alc. (tova caña). — *Cachrys*, Prax R. d. O. A. VIII, 282. — اَلثَلْج الكَلْدِي, à Grenade, *Heracleum Sphondylium*, Bait. I, 424 b, II, 24 b.

الكَلْدَى = العَوْد الهِندِى *l'aloès indien*, Bat. IV, 167, peut-être du grec ἀγάλλοχον.

كُلَيْبِخَة une ombellifère, Prax R. d. O. A. VIII, 280; peut-être كُلَيْبَخَة, comme ferulago, petite férule.

كَلْدَانِى (Chaldéen) *astrologue*, Payne Smith 1745.

كَلْدَانِيَّة *astrologie*, Payne Smith 1745.

كلر.

كَلَّار (gr. mod. κελλάρι) *cellier*, *garde-manger*, Bc, M; أمين الكَلَّار *office*; كَلَّار النَقْل *cellérier*, Bc.

كَلَّارجى *officier, qui a soin de l'office*, *pourvoyeur*, Bc, M.

كَلَر sorte de bois ou de drogue, qu'on tire de l'Inde et qui est peut-être المُغَات الهِندِى, Bait. II, 385 c (AB); cf. كَلَر dans Vullers.

كلس II *saturer avec de la chaux, calciner*, Prol. III, 192, 2, Gl. Manç.: اَسفيذاج هو الدَواء المُتَّخَذ من الرَصاص بالتَكليس — التَراب كَلَّس *presser la terre en la foulant avec les pieds*, Auw. I, 208, 3. — Je ne sais pas bien comment il faut traduire مكَلَّس زيتون, 1001 N. Bresl. I, 148.

كَلْس (lat. calx) est *chaux vive*, Most. v° حَجَارَة مَشْرِيَّة, Rauwolf 31.

كَلْسَة *bas*, voyez قَلْسَة.

كَلْسِين (poisson) voyez جَلْسِين.

كِلِيس sorte de poisson, Yâcout I, 886, 5.

كَلِيسَة L donne: *aula* وَكَلِيسَة قَصْر.

كَلِيسَة = تَبِيسَة, *église*, Beaussier, Lerchundi.

كَلْسَنَة nom d'un édifice à Damas sur lequel on peut consulter Maml. II, 1, 287—8, Djob. 269, 5.

كِبِلُوسِى adj. formé de كِبِلُوس, *Collîyât d'Averroès*, man. de Grenade: والغذاء الكِبِلُوسِى بِداخل الكَبد من بابه وينطبخ في تِلك العُروق الخ ٭ — اَكلَس sorte de poisson, Yâcout I, 886, 5.

كلش.

كَلَّاش *coiffure des vieilles alepines, tant turques que chrétiennes*, Bg 805.

كلص.

كَلْص pl. كَلاَلِص *étron*, Cherb.; chez Beaussier كَلُّوز.

كلف I c. ب *désirer ardemment une chose*, Haiyân احتجب عنهم أيها فسَاءَهُم ذلك وكَلِفُوا بانتظار r°: 100 ابيه وسِمَاع كلامه لِمَا كان يَبْلُغُهُم عنه وخاطبوه في ذلك فَخَرج عليهم ٭

II *charger quelqu'un de faire quelque chose*, Alc. (comendar a otro que haga algo, encomendar, encomendar cometer), c. a. p. et a. الى ou ب r., *assujettir à, astreindre à*, Bc, *forcer, contraindre*, Ht, Voc. (compellere), Alc. (apremiar, costreñir); cf. Macc. II, 636, 21: اَنغَفَلَه Koseg. Chrest. 114, 9: كَلَّفَه ان يَعْمَل, 1001 N. I, 99, 14: التِى كَلَّفُوه للتَجنُّد على البَيْعة; *imposer une corvée*, Ht, Prol. II, 98, 8: بِما لبِتنا ما كَلَّفْنَاهُ بذلك, Khatîb 107 v°: لا يَلزَمها تَكليف الاعمال. — Avec وَظيف: ولا يُكَلِّف منها كُلْفة على كل حال. «ayez la bonté de me donner l'encrier, la plume;» كَلَّف خاطِرَك نَاوِلنى الدَواية او القَلَم خاطِرك «je vous ai donné bien de la peine, pardon de la peine;» «merci» (à quelqu'un qui a pris quelque peine pour vous), Bc. — C. a. p. *constituer quelqu'un en frais, être cause qu'il fait des frais*, Bc, c. d. a., 1001 N. IV, 731, 8: وَأمر بِزِينَة المَدينة ثَلثين يوما ولم يُكَلِّف أحدًا من اهل المَدينة شيئًا من ماله. — بل كامل الكُلَف والمَصاريف من خِزانة المَلِك, *Entretenir, fournir à la subsistance*, Bc, 1001 N. IV, 475: يُكَلِّف من كيسه, où Lane traduit: «he maintains him from his own purse.» — كَلَّفه *coûter*, p. e. سَفَرى كَلَّفنى مِيَة غِرش «mon voyage m'a coûté cent piastres,» Bc, Hbrt 105. — *Garnir de, pourvoir de tout ce qui est nécessaire pour la commodité, l'ornement, la conservation, la défense*, Bc. — كَلَّفَ للغِدا

inviter à un dîner, Bc. — Embarrasser, empêcher, Alc. (estorvar).

V c. أن se donner de la peine pour, Bidp. 270, 3 a f., c. ة, de Sacy Chrest. I, 155, 7. — C. a. r. se forcer à faire une chose, faire effort sur soi-même, faire une chose à contre-cœur, Abd-al-wâhid 61, 4 a f.: تَكَلَّفْتُ جَوَابَهُ غَايَةَ التَّكَلُّفِ. — C. لـ p. et a. r. s'imposer une obligation envers quelqu'un, Becrî 185, 14: ما تكلف لها عند أملاكها «toutes les obligations qu'il s'était imposées par le contrat de mariage» (de Slane), Badroun 200, 2 a f. — Soigner, prendre soin de, se charger de, Alc. (curar tener cuidado), Mohammed ibn-Hârith 328: ثم تكلف بعد ذلك تأليف تلك الاقضية وجمع تلك الاحكام. — En parlant d'un poète, travailler ses vers, Khatîb 31 v°: sa poésie est médiocre, plutôt mauvaise que bonne, وكان لا يتعنَّى فيه ولا يتكلف. Mais ordinairement c'est: les travailler trop, de sorte qu'ils sentent l'huile, comme on dit, Abd-al-wâhid 121, 3 a f., 221, 12, 227, 12, Prol. III, 397, 5, 404, 3, Haiyân-Bassâm I, 72 v°: il fut nommé câtib فوقع كلامه جانبا من البلاغة لانه كان على طريقة المعلمين المكلفين (المتكلفين l.) فلم يأجد في اساليب المتطوعين (المطبوعين l.). — C. لـ dans le Voc. sous conpellere; متكلف occupé forcément, Roland. — Comme la IIe, c. d. a., assujettir à, contraindre à, Gl. Fragm., si la leçon est bonne, ce que l'éditeur met en doute; voyez ses Add. et emend. p. 108. — Dépenser (cf. Freytag), Bc, Hbrt 219, Gl. Geogr., p. ۹: تكلفت على سفري مية غرش «mon voyage m'a coûté cent piastres,» Bc; تكلف على il m'a coûté, Hbrt 105, p. ۹: تكلف على سفري مية غرش, même sens que la phrase qui précède, Bc, 1001 N. III, 226, 4: لم يتكلف عليه شيء «cela ne lui avait rien coûté;» يتكلف dispendieux, très-coûteux, Bc.

كَلَف rousseur, tache rousse, Bc, Mehren 34.

كَلِف amoureux, affectionné, Kâmil 165, 2 (= مشوق) c. بـ, 715, 6; dans de Sacy Chrest. II, ۹۴, 2 a f.: فنظر اليها صاحكًا كلفًا, l'éditeur traduit: « il l'a regardée avec un rire de dépit,» mais je doute que ce mot puisse avoir ce sens.

كَلْفَتْنا = كَلَّفْتَنا et كُلْفَة (voyez).

كُلْفَة contrainte, Alc. (apremiadura), Ht, dans le Voc. sous conpellere. — Commission, ordre qu'on donne à quelqu'un, Alc. (encomienda de palabra). — Peine, embarras, chez Ht déplaisir, et peine, fatigue, Abd-al-wâhid 218, 11, Macc. II, 514, 4 a f., 697, 5, Prol. II, 52, 13, 323, 16. — Soin, Alc. (cuydado). — Dépens, dépense, état, train, frais, entretien, subsistances et vêtements, charge, ce qui nécessite une dépense, Bc, M, Nowairî Egypte, man. 2 o, 109 v°: رسم لجميع من توجّه في خدمته ان تكون كُلْفَتُهُ وما يحتاجون اليه من الماكل والعليق على الابواب السلطانية, man. 19 B, 139 v°: كلفة ونفقاته, 1001 N. IV, 731, 9, Bresl. IX, 356: تذكر في جميع الالوان الفاخرة من «qui peut en payer les frais?» où l'éd. Macn. a: بغير كلفة لاحد; من يقدر على ثمنها يقدر على كلفتهم, Gl. Geogr. — Corvée, Gl. Bayân 14, l. 12 et n. 1, Ht, Haiyân-Bassâm I, 8 v°: حفير فشروع في (حفر .l), للخندق حول قرطبة والزم اهلها القيام بامره اخف في مداراة, III, 141 v°: فاشتدت الكُلَف عليهم الناس وكفّ عن الكُلَف وكتب الى الجماعة كتابا طويلا اوضح فيه العذر في شان تلك الكُلَف, Khatîb sous II. — Espèce d'impôt, Descr. de l'Eg. XII, 60, 62. — Repas que les chaikhs des villages donnaient aux كاشف et aux autres Mamlouks qui voyageaient dans la province, Descr. de l'Eg. XI, 496. — Garniture, ce qui sert à garnir, orner; fournitures de tailleurs, boutons, ganses, etc., Bc. — Parties, articles d'un mémoire, Bc. — Cérémonie, civilité importune, Bc.

كلاف tapisserie, Hbrt 204.

كليف dans le Voc. sous amare.

كلّاف berger, Descr. de l'Eg. XI, 483, XII, 68, vacher, Mehren 34.

كوالف Spina alba, Bait. II, 408 d.

أكلف châtain, Bc.

تكلّف peine, fatigue, de Sacy Chrest. I, ۱۴۸, 9. — Affectation, dans les manières, Macc. I, 503, 7, Meursinge ۳۲, 5 a f., dans le langage, Macc. II, 417, 2 a f., recherche dans la parure, Macc. I, 562, 3. — من غير تكلّف sans cérémonie, sans façons, Bc.

تَكْلِيف pl. تَكالِيف contrainte, Alc. (costreñimiento). — Charge, obligation, condition onéreuse, Bc. — Charge, ce qui nécessite une dépense, Bc. — T. de théol. sous lequel on entend: *avoir atteint l'âge de puberté, l'âge de raison, celui où l'on est responsable de ses actions et assujetti aux prescriptions imposées par la loi divine;* le Voc. donne: « فِى حَدّ مُكَلَّف et التكليف adultus (iam potest cogere [il veut dire cogi]), » et بلغ حد التكليف *pubescere;* » 1001 N. I, 897, 6: فكيف تخشى من الحرام، وارتكاب الآثم، وانت لم تبلغ حد التكليف، ولا مؤاخذة فى ذنب الصغير ولا تعنيف»; cf. Aboulf. Ann. II, 420, 7 (dans sa note k, p. 428, Reiske n'a pas bien expliqué ce mot), Prol. I, 201, 11, 16 et 2 a f. De là التكليف الشرعية *les obligations imposées par la loi divine,* Prol. I, 393, 2 a f., aussi التكليف seul, Prol. III, 17, 6. — *Contribution, imposition, impôt, subside,* Bc, Hbrt 210, Gl. Esp. 349, Macc. II, 465, 11. — *Recherche dans la parure,* Macc. I, 600, 17: وكان مطرح التكليف يمشى بثوب واحد وعلى راسه طاقية. — *Cérémonie, civilité importune, compliment, façon, cérémonial, cérémonies entre particuliers,* Bc.

تَكْلِيفِيَّة الفُرُوض التَكْلِيفِيَّة *les prescriptions légales,* Prol. III, 16, 11; العَقْل التكليفى *la raison qui impose des devoirs,* Prol. I, 202, 1.

مُكَلِّف. Le pl. مَكَالِف *ceux qui sont à la charge de quelqu'un, qu'il doit nourrir,* Rutgers 165, 12, 199, 7, 8 et 10; l'éditeur, p. 201, n'a pas compris ce mot.

مُكَلَّف (cf. تكليف) *celui qui a atteint l'âge de puberté, de raison, l'âge où l'on est responsable de ses actions et assujetti aux prescriptions imposées par la loi divine,* Ztschr. XI, 430, XX, 33, n. 30, هو (العَاقِل البَالِغ), Bat. II, 170, Macc. I, 582, 5, Prol. I, 201, 7, 347, 5. — *Vêtu avec recherche,* 1001 N. Brosl. IX, 323, 325. — *Somptueux, superbe,* Bc, 1001 N. III, 104, 8: التريس المكلفة.

مُكَلِّف peut-être, avec ellipse de نفسه, comme متكلف, *celui qui entreprend une chose qui est au-dessus de ses forces, ou qui se mêle de ce qui ne le regarde pas;* voyez Gl. Geogr.

مَكْلَفَة *fièvre putride,* Domb. 88.

مُتَكَلِّف voyez مُكَلِّف. — *Trop recherché* (Freytag), Abdarî 55 v°, après avoir rapporté certaine étymologie du nom de مَكَّة: بضعفه لا خفاء بعيد متكلف وهذا. — متكلف بالتشريفات *cérémonieux,* Bc.

كلت voyez sous كلفة، كلفتة، كلفتاة.

كلفونيا (Κολοφωνία) *poix-résine,* Bc.

كَلَك (pers.), pl. أنت, Voyages de Sind-bâd éd. Langlès ٣١, *radeau, train,* espèce de radeau, Bc, Buckingham II, 87. C'est aussi une espèce de mauvais vaisseau, fait de branches et de peaux de mouton enflées, dont on se sert sur les rivières de l'Irâc: voyez M, Thévenot II, 103, Ker Porter II, 259, Niebuhr R. II, 330, 337, Pachalik 50 n., 51.

كَلْكَل t. de marine, *carène,* Djob. 325, 3, Edrîsî, Clim. III, Sect. 5. — كلاكل البيد P. Prol. III, 425, 6, où de Slane traduit *les collines du désert.* — « Si une danseuse tourne avec vitesse sur elle-même, et qu'ensuite elle s'arrête tout à coup en se baissant, le renflement de sa robe s'appelle كلكل, » Humbert Anthol. 138, qui tenait sans doute ce renseignement du Syrien Michel Sabbagh (voyez sa Préface p. VIII). L'appliquant à l'hémistiche dans les 1001 N. I, 21: وعينه تنزل فى كلكل الشبكة, il ajoute: « Tel est à peu près l'effet que produit un filet dans l'eau: il se renfle et se gonfle; c'est ce que le poète appelle ici كلكل. »

كَلْكَلَة *violence,* Arnold Chrest. 197, 11: فاذا هو جبرئيل قد اقبل من جبل عرفات بخشخشة [صوت السلاح] وكلكلة [شدة] قد ملأ ما بين المشرق والمغرب.

كُلْكُون (pers.), كُل كُون, *couleur de rose, rouge* (fard rouge), M.

كَلَم II c. a. p. *obéir à la sommation de* quelqu'un, 1001 N. I, 97, 7: كلمى الملك, où Lane traduit: « answer the summons of the king. » — *Faire parler* (p. e. un démon qui fait parler une statue), Gl. Geogr.

V *parler sur,* c. ب, Holal 2 r°, ou على, Badroun, notes, p. 43 (sur p. ٥, l. 2), Bassâm III, 179 r°. — *Chanter* (grive), Alc. (cantar el tordo). — C. الى p. *parler par un intermédiaire avec* quelqu'un, Çalât 21 v°: ارى من الراى والنصيحة لله وللتخليفة ان نتكلم اليه جميعنا معشر الموحدين والطالبية وان يجعل (جعل l.) بيننا وبينه من يوصل اليه كلامنا من بنيه واحدا فقبلوا رايه واجتمعوا وتكلموا الى امير المومنين رضه ان يكون ابنه السيد ابو حفص الذى يوصل كلامهم بالحدثان. — تكلم *prédire l'avenir,* Prol. II, 50, dern l. — C. على *prononcer des paroles magiques sur ou contre,* Gl. Edrîsî, Prol. III, 129, 5. — C. عن p. *porter la parole au nom de,* Abd-al-wâhid

كلم

176, dern. l. — C. ف p. ou r., *parler d'une personne ou d'une chose d'une manière peu honorable, médire, blâmer,* Mohammed ibn-Hârith 282: كان مَوْلًى وهو أوّلُ من ولي قضاء الجماعة للخلفاء من الموالي فشقّ ذلك على العرب وتكلّموا فيه ...., Macc. I, 576, 3, 586, 7, 617, 20, II, 376, 12 (تُكُلِّم), Koseg. Chrest. 43, 4, Renan Averroès 444, 3 a f., R. N. 75 r°: ذكر قاضيًا — كانت له احكام خطاء فكان ينبه على خطائه وذلك ان ابن عبدون بلغه 87 r°: وينكلّم في احكامه ان ابا عبد الله تكلم في ابي حنيفة فاراد التوصّل الى اهانته. Le verbe seul en ce sens, Khallic. X, 28, 9 Wüst., 1001 N. Bresl. XI, 6, l. 10. En parlant d'une tradition, *en contester l'authenticité,* Prol. II, 142, 15, et quand il est question d'un traditionnaire, *contester son autorité, sa bonne foi,* Macc. I, 529, 2, Prol. II, 152, 1, 158, 5 et 10.

كَلِم n'est pas seulement pl. de كَلِمَة, mais s'emploie aussi comme sing. masc., Abbad. II, 164, 10 et n. 63.

كَلِمَة synonyme de دين, Abd-al-wâhid 94, 12: فكان هذا احد الفتوح المشهورة بالاندلس اعزّ الله فيه فيها اظهر اللعين عمر :Haiyân 95 r°, دينه واعلى كلمته ابن حفصون النصرانية وباحلاف العجم نصرى الذّمّة واستخلصتها بالكلمة. — *Réputation,* Cartâs 2, 8 a f., en parlant d'une dynastie: اعلى الله كلمتهم ورفع قدرهم 3, l. 7, d'un prince, *ibid.* 2, 2 a f.: نصره الله وأيّده. — *Domination,* Berb. I, 61, 9: واعلى كلمته وأيّده وبعث كلمته في اقطار المغرب الاقصى والادنى الى تخوم الموحّدين ; le prince héréditaire est nommé حامل كلمة واحدة, Abbad. I, 61, 12. — كلمة واحدة *union,* Roland, Bat. III, 66: طمحوا ان يجعلوا خراسان كلمة واحدة ; وَاحِدَةً — *à juste prix,* Roland. — ائتلاف الكلمة ,اجتماع الكلمة ,*concorde,* et تفريق الكلمة, الكلمة *discorde,* Abbad. I, 278, n. 111. — كلمات *paroles magiques,* 1001 N. III, 350, 4 a f.

كلمة (berb.?) *petit jardin,* R. N. 78 r°: من قل أعرف عندكم في الكَلْمَة وفي الاجْنِيْنَة شيء (sic) شيئًا (l.) من العليق نبت مع الزرب فقال له نعم عندنا منه شيء كثيرة.

كَلِمَات espèce de tapis, voyez plus haut, I, 31 b, sous أكليم.

كلى

486

تَكَلُّم *phrase,* Hbrt 110. — *Prose,* Kâmil 708, 3: نور يَتَجَوَّز في الكَلَامِ لِاِيجَازٍ في الشِّعْر. — *Propos frivole, baliverne, sornette,* Gl. Geogr. — *Propos, discours médisant,* Koseg. Chrest. 43, 4, Macc. I, 586, 5. — *Débat, contestation, altercation,* Gl. Fragm., Aghânî 60, 3 a f., Macc. II, 440, 12, Bait. I, 248 b: نشر وقوع الكلام وفيه كلام بينه وبين الناس *ceci est contesté,* Macc. I, 300, 3. — *Procès,* voyez sous خصامة. — *Convention, accord, pacte,* Cartâs 245, 9, où l'ambassadeur mérinide dit à Sancho: وان كان بينك وبين ابن الأحمر كلام او ربط فاتركه واخرج من امورك بالكلمة, 246, 3. — Employé d'une manière étrange 1001 N. Bresl. IV, 154: اقام في الخلافة ياخذ ويعطي ويامر وينهى وينفذ كلامه الى اخر النهار.

كليم الله ou simplement الكليم est une épithète qu'on donne à Moïse, M, Becrî 135, dern. l., Djob. 54, 2, Bat. I, 132, Cartâs 110, 1, 134, parce qu'on trouve dans le Coran, IV, 162: وكلّم الله موسى تكليمًا.

مُكَلَّمَة *discussion, querelle,* Roland.

مُتَكَلِّم celui qui parle avec élégance, *éloquent,* Alc. (elegante en dezir, eloquente). — المتكلّمون sont nommés parmi les employés du gouvernement à Alexandrie, Amari Dipl. 214, 223, dern. l., 226.

متكلماني *beau parleur,* qui s'énonce bien, avec affectation, Bc.

كلمنتون (καλάμινθος) *calament* (plante), Bc.

كلن

كلان (pers.) *grand,* Gl. Geogr.

كَلِّين t. de maçon, voyez sous مَصْقَط.

كلى

I. كَلَى *manger,* Bc (pour اكل).

كلوة *rein, rognon,* pl. كلاوي, Bc. — *Paume,* le dedans de la main entre le poignet et les doigts, Bc, Ztschr. XX, 507, 2, 1001 N. I, 623, 4 a f.

كلاوى *rénal,* voisin des reins, Bc.

كليبس

اِكْلِيمِرس ou كْلِيمِرس (κλῆρος) clergé, M.

كَمْ «combien êtes-vous?» كم في كم et كم واحد انتم, «en combien de temps?» في كم من الزمان بالمجرى, «à combien plus forte raison,» Bc. — et كم واحد quelques, p. e. قعد عندنا مدة كم يوم «il est resté quelques jours chez nous,» Bc, Bait. I, 127: ومن كناش ابن الرملى انه قد قطع الرعاف كم مرّة بقشير كل كم يوم souvent, tous les quelques jours, Bc; بيض الدجاج المجرى الخ كم واحد poignée, petit nombre, Bc.

كَمّ II emmuseler, embâillonner, Bc. — C. a. dans le Voc. sous manica; مُكَمَّم qui a de longues manches, Alc. (mangado de luengas mangas).

V dans le Voc. sous manica.

كُمّ, au fig., sortie étroite (que l'on compare à une manche), Gl. Geogr.

كُمَّة, bonnet haut et rond, forme au pl. كِمَام 'Aboulf. Ann. IV, 232, 5. — Caveçon, comme traduisent Banqueri et Clément-Mullet dans Auw. II, 534, 11.

كُمَّة, au Maroc, sorte de poignard courbe, nommé ainsi, je pense, parce que, dans l'origine, on le portait dans la manche (كُمّ) de son habit, Gl. Esp. 282; cf. pour l'étymologie Müller 131, 4 et 5, Ztschr. XXII, 118.

كَمَام (coll. sing. masc.) calices des fleurs, Abbad. I, 39, 13. — Pelures, peaux ou enveloppes de certains fruits, coques de noix, Gl. Tanbîh.

كموم بهيم inula chrithmoïdes, Prax R. d. O. A. VIII, 348.

كَمَامَة, calice des fleurs, forme au pl. كَمَائِم, Abbad. I, 179, n. 21.

كَمِيمَة espèce de toile fine, qui s'appelle en esp. platilla, Hœst 269, Jackson Timb. 20, Inventaire.

مُكَمَّة forme, modèle qui sert à donner à certaines choses la forme qu'elles doivent avoir, Payne Smith 226.

كَمأ

كَمَاة truffe, Bc.

كَمَايَة pomme de terre ou morelle tubéreuse, Bc. —

كَمَايَة بِلَاد الامريك topinambour, plante d'Amérique semblable à la pomme de terre, Bc.

كَمَاذَرِيُوس (La), كَمَاذَرِيوس (N) (χαμαίδρυς), chamédrys, germandrée, petit chêne, Most. in voce, Bc, Bg.

كَمَافِيطُوس (χαμαίπιτυς) chamépitys ou ivette, Most., Gl. Manç., Bc, Payne Smith 1663.

كمت

كُمْت comte, de Sacy Dipl. IX, 471, 1.

كَمْبِيت كَمُوت. Le Voc. donne sous equus: كَمُوت.

كَمِيتِى ramassé (cheval), Daumas V. A. 184 (koummiti).

كَمَتَر onagre, si l'on peut se fier à Casiri I, 151.

كمثر

كُمَّثْرَى. Sortes de poires: الحلبى, 1001 N. IV, 251; الرومى, ibid., Auw. dans une phrase de notre man. qui manque dans l'éd. et qui devrait se trouver I, 670, 17; العبينى, Ibn-Djazla v° كمثرى, inconnue au Maghrib (Gl. Manç.); الطورى, 1001 N. l. l.; العباسى Cazwînî II, 191, 10; القرعى (voyez ce mot). D'après une communication de M. de Goeje, Abou-'l-Câsim al-Bagdâdî énumère dans ses حكايات (man. du musée brit. 40 v°) celles-ci, qui sont toutes excellentes: الشامى, السلطانى, الزرجون, النهاوندى, الجردى (sic) السجستانى, الحسينى. — Ornement de femme, Lane M. E. II, 409.

كمج

كَمَاج, n. d'un. ة, signifie en persan une espèce de pain très-blanc, sans levain, ou cuit dans les cendres; ainsi dans les 1001 N. Bresl. IV, 143 (cf. Fleischer Gl. 94), M: خبز مستدير اسمك من الخبز العادى. Bâsim, 114: يا احمد قال عشرة دنانير كل شهر جامكيتك وكماجة وثلاثة ارطال لحم فى كل يوم ودوشة فى كل سنة. Aujourd'hui ce mot signifie ordinairement farine de première qualité, Bc, Lane trad. des 1001 N. II, 377, n. 3.

كَمَّجَ I tailler les extrémités des branches pour les empêcher de s'emporter, les refréner en quelque sorte, Auw. I, 11, l. 11.

كمخ

كِمْخَة chenille, tissu de soie velouté, Bc. — Damasquète, étoffe de soie, or et argent, de Venise du Levant, à fleurs, Bc.

كَمَدْخَا. Voyez Gl. Esp. 246 et Karabacek dans les Mittheilungen des k.k. Oesterreich. Museum für Kunst und Industrie, 1879, avril, p. 302.

كَمَنْخَة saletés sur un vase, etc., M.

كَامِسْج Le pl. est aussi كَوَامِسْج, M, Gl. Manç. in voce, etc.

كمد I, n. d'act. كَمْد et كِمَادَة, donner le cati aux draps, Becrî 20, 10, Yâcout III, 96, 11, Cabbâb 115 r°: اذا استاجرت رجلا على نسيج او قصارة او خياطة او كمد او صبغ فلتعيّن الاجارة. — Battre un métal, le laminer, le réduire en lames, Alc. (batir hoja).

II. Après „panno calefacto" ajoutez chez Freytag: „aut medicamento sicco calefaciente," Gl. Manç. v° تكميد; mais c'est en général fomenter, appliquer une fomentation, Bc', par conséquent aussi en appliquant un médicament liquide et chaud sur une partie malade, Ibn-Wâfid 3 v°: وتكميد الموضع بماء قد طبخ, 4 r°: فيه شعير مرضوض ونوار بنفسج وورد ورد. — Brunir, polir, lisser, fourbir, Alc. (bruñir). — Aplanir, aplatir la terrasse au haut d'une maison, M.

IV. أُكَمِّدُ خُسَّادِي „je mortifierai ceux qui me portent envie," 1001 N. I, 315. — = II fomenter, appliquer une fomentation, Gl. Manç. sous تكميد et sous كماد.

VII dans le Voc. sous percutere. — Devenir triste, وَشَمْلِي قَدْ تَشَتَّتْ وَحَالِي انْكَمَدْ, Koseg. Chrest. 86, 5; 1001 N. II, 100, 4 a f.

كَمِدْ foncé, en parlant d'une couleur, Bait. I, 2 a: وهو اخضر كمد, 284 d: يضرب لونها الى الحمرة الكمدة 460 f (émeraude): وناضره أَجْوَدُ من كمده فى العلاج; quand il s'agit de blanc, très blanc, II, 208: ابيض كمد.

كُمُودَة et كَمَادَة couleur foncée, لون يضرب الى السواد, Gl. Manç. sous le premier mot, Auw. I, 301, 11, où il faut lire avec notre man.: اللولو لحائل الى صفرة او كمدة, Bait. II, 22 b: لونها الى الكمدة.

كِمَادْ comme n. d'act. = تكميد et اكماد, fomenter, appliquer une fomentation, Gl. Manç. in voce, M qui cite ces paroles tirées de la tradition: الكماد احبّ الىَّ من اللَّمِّ.

كُمُودَة voyez كمدة.

كَمَّادْ dans le Voc. sous percutere, l'ouvrier qui fait passer les draps à la calandre, qui donne le cati aux draps, Gl. Djob. — Brunisseur, polisseur, ouvrier qui polit, Alc. (bruñidor).

كُومِيدَة Frankenia pulverulenta L., Prax R. d. O. A. VIII, 283.

مَكْمَدَة pl. مَكَامِد dans le Voc. sous percutere; enclume, L (cuscudis (? sic), incus).

كمر I. كمر بالغِطَاء (غمر اى ستر) couvrir (quelqu'un entièrement, M.

كَمَر (pers.) ceinture de cuir [dans le M: de poil] et à poche pour mettre de l'argent, Bc; ceinturon de cuir comme une sangle, qui sert à serrer le corps et tenir les caleçons suspendus; on le met sous le zonnâr, et on y garde de l'argent, Bg 801; Buckingham, I, 7, dit qu'il portait sa lettre de change, son argent et ses papiers „cachés dans une ceinture secrète (inner girdle) que les indigènes appellent khummr; on s'en sert généralement à cet usage, parce qu'on ne peut la perdre, et qu'elle ne peut être arrachée au voyageur, à moins qu'il ne soit tout à fait dépouillé de ses habits;" 1001 N. IV, 162, 2, 585 9; Descr. de l'Eg. XII, 449: „On nomme kamar les différentes espèces de ceintures," etc.; Bat. II, 232: „il me donna كمر الصداقة la ceinture de l'amitié, dont on fait usage pour maintenir sa robe retroussée; elle aide celui qui est assis et lui sert, pour ainsi dire, de support; la plupart des faquirs persans portent cette espèce de ceinture." Prax, 28, a sans doute en vue le même mot quand il dit: „ceintures de Djerba appelées kamal."

كَمَرَة, le pl. كِمَار Diw. Hodz. 226, vs. 5. — (Lat. camera ou camara) voûte, arcade, Ht.

كَمَر = تَمَران ceinture etc., Macc. I, 657, 22 et dern. l., Macrîzî, man. 372, II, 350: sous la dynastie turque, les émirs, les soldats et le sultan lui-même portaient من فوق القباء تمران بحلق وابزيم.

كَمَّار visage difforme, Domb. 84.

كَامِر (hébr. כֹּמֶר) pl. نُمَّار prêtre, Abou'l-Walîd 322, 23.

مكمرة *étouffoir*, Bc, 1001 N. II, 427, 6, 8, 14 (corrigez l'erreur de Lane, trad. II, 600 n.).

مكمور *étouffade* (ragoût), Bc.

كمرك I, avec البضاعة, *percevoir*, et aussi *payer*, *les droits de douane imposés sur les marchandises*, M.

كمرك (aussi turc, mais cf. sur l'origine de Sacy Chrest. III, 339) pl. كمارك *douane, droit d'entrée et de sortie, traite*, Bc, M; *douane, le lieu où une douane est établie*, M; أمين الكمرك *douanier, intendant des douanes*, Bc.

كمركجى *douanier*, Bc, M.

كمس.

كيموس forme au pl. ات, de Sacy Chrest. I, 151, Most. v° الانسان: وهو واحد من الكيموسات: دم الانسان 1.

كمش I *empoigner, saisir, agripper, saisir vivement*; صار يكمش ويعطى *donner l'argent à pleines mains*, Bc. — *Se blottir, se ramasser en un tas, s'accroupir*, Bc.

II *rider, plisser*, Voc., Alc. (arrugar, plegar como ropa, n. d'act. plegadura), Domb. 106, 122, 131, Roland, Delap. 101, Hbrt 31, Macc. I, 313, 7: كمش وجهه.

VII *se rider*, Voc., Payne Smith 1759. — *Se contracter, se resserrer, se rétrécir*, Most. v° حب الفيل (seulement dans N): les fleurs s'ouvrent pendant la nuit فاذا حازها حر الشمس انكمشت وانضمت وانغلقت كالخريطة. Aussi en parlant d'un pays, *se resserrer, se rétrécir*; هذا على انكماش ولايته est « un territoire de peu d'étendue, » Calâïd 53, 13: وقلّت جبايته، فانّ نظره لم يرد على امتداد ناظر البخ. Au fig., *être morose*, l'opposé de انبسط, Macc. I, 192, 12, II, 227, 8. — *Se retirer* باجبل *sur une montagne*, » l'anonyme de Copenhague 98: لحق الى الجبل — والرشيد — لما تبينى انكماش اعداءه باجبل C. عن *éviter*, Berb. I, 563, 6 a f.: منكمشا عن زحف بنى مرين «pour éviter la rencontre des Merinides» (de Slane). — C. الى *s'agripper à*, Bc.

كمشة *poignée, contenu de la main*, Bc, M, Martin 151; بالكمش كمش, كمشة ملانة *plein la main*, Bc; pl. كمش *à poignées*, اعطى بالكمش «*donner l'argent à pleines mains,*» Bc.

كمشة, en Ifrikiya, *stœchas*, Gl. Manç. v° اسطوخدوس.

كمش *ride, pli*, Domb. 83, Ht.

كماشة *tenaille*, Bc, Hbrt 86. — *Rateau*, Ht.

تكميش n. d'un. ة, *ride, pli*, Alc. (arruga, rugada cosa arrugada, pliego de vestidura), Hbrt 30.

مكمش *âpre au goût*, Alc. (aspero al gusto).

كمشر.

كماشير (pers.) *matière gommeuse qui ressemble à l'Opopanax*, Bait. II, 388 c, cf. I, 135 a. — *L'oliban*, Sang.

كمكم.

كمكام Bait. II, 144 a: وزعموا ان الكمكام ورق شجرة الضرو وقيل لحاؤها — — صمغ الضرو يعرف بالكمكام. *Lentisque* (arbre), Bc.

كمل II. كمّل أمضاءه «il l'a pleinement ratifié,» de Sacy Dipl. IX, 486, 4 a f.

VII *être complété*, Voc., Alc. (enterarse lo menguado).

VIII *être complet, fini*, M, Maml. I, 1, 16, 6 a f.

X *être complet*, 1001 N. I, 25, 7 a f.: استكمل الدخان داخل القمقم c.-à-d.: la cruche était entièrement remplie de fumée. — C. a. p. *suffire pour*, Calât 55 v°: ولم تستكمل المراكب ولا القطائع الناس فى الاجازة فى ذلك اليوم. On trouve aussi ce verbe c. a. p. dans un passage obscur et peut-être altéré Meursinge 25, 10, cf. 40, n. 158. — L: *usurpat* (presumo, *illicito utor*) يستنكمل الحرام ويغصب.

كمال *mérite, supériorité, illustration personnelle, talent*, Prol. II, 292, 3, 11, 293, 4, Macc. I, 134, 6. — *Beauté*, Gl. Edrisi.

كمالة *achèvement, complément, consommation, continuation*, Bc. — *Supplément, supplément d'un livre*, Bc. — كمالة كسوة *caleçon*, Bg 799, 806.

كامل, كوامل الكفّال *titre que portaient les* Maml. I, 2, 158.

كاملية pl. كوامل *espèce de robe, deux exemples*

كمن

Maml. II, 2, 78, Ibn-Iyâs 48: فاخلع على الهَجّان ،كامليّة صوف بتمور, 446: الْبسه كامليّة حافظة.

تَكْميل العرض *réparation d'honneur*, Bc.

مَكْمِيل فى الكَلام *qui parle dans un style élevé*, Alc. (grande en palabras, chez Nebrija grandiloquus).

كَمَن I. كَمَن مَسْجِدًا se dit d'un mendiant qui se tient perpétuellement dans une mosquée, Abbad. II, 159, 5. — *Concentrer sa colère*, la cacher, Bc, par ellipse, car le M a: كَمَنَ الغَيْظَ فى الصَدْر.

IV, *cacher*, se construit c. d. a., *cacher une chose à quelqu'un* Abbad. I, 38, 11 et 12. — *S'embusquer*, Bc, M, c. على ou ل, Voc.

كُمْنَة *amaurose, goutte sereine*, Bc. — Chez le cheval le caractère de cette maladie est qu'il voit bien devant lui, mais nullement de côté, ni à droite, ni à gauche, Auw. II, 572, 4 et suiv.

كَمَان (vulg.), contraction de كَمَا أَنَّ, M, et كَمَانا Bc, *aussi, encore*, Bc, M, 1001 N. Bresl. II, 43, 106; كَمَان مَرَّة *encore un coup*; كَمَان شُوَيّة *tout à l'heure*; وكَمَانَكَ *c'est pourquoi*, Bc.

كَمِين. Le pl. أكْمِنَة dans le Voc., كُمَناء, Payne Smith 1755, Bar Ali 4749–50. — Comme adj., للجيش, c.-à-d., le détachement de l'armée castillane qui s'était introduit dans Tarifa et qui s'y tenait caché, Berb. II, 387, dern. l. — Pl. كَمَاتِى, chez Alc. *mesnada*, que Nebrija traduit par *exercitus, expeditio*, Victor par *armée, troupe de gens, compagnie*. — (Du latin *caminus*) *l'amas de bois qui brûle dans l'âtre*, L (rogus كَمِين وكُدْس حَطَب).

كَمَان. voyez كَمَانا.

كَمُّون *aubépine*, Cherb. — كمون للجبل à Bougie, *les graines du Meum athamanticum*, qu'on emploie en médecine et pour assaisonner les mets, voyez sous كمون برّى. — كمون أَسْوَد بِسْبَيس est proprement mais on donne aussi ce nom à la *nielle*, Bait. II, 397 b; ainsi en Ifrikiya, Gl. Manç. v° شُونيز. Chez Alc. كَيْمُون أَسْوَد est *cominos rostrigos*, ce qui semble = comino rústico, termo que Colmeiro explique par *Laserpitium Siler L.* — كمون شامى, Bait. II, 395. — كمون فارسى (blanc), M. — كمون العادد, Bait. II, 395. — كمون كرمانى est البسباتيقون, Most. in voce, c.-à-d.

κύμινον βασιλικόν d'Hippocrate, la meilleure espèce de cumin, qui venait anciennement d'Ethiopie; *fabagelle*, Bc (où قرمل est une faute); — *févier, zygophyllée des déserts*, Sang. — اسقنك, Bait. II, 395. — كمون نبطى بِسْقِينَك يا كمون يا كمون voyez sous سقى I.

كَمُّونِى *qui a la couleur ou la forme du cumin*, M. — اللَّمُّونى *electuarium diacyminum*, Avicenne 201, Aboulfaradj 237, 14.

كَامِن *couvert*, dissimulé, Bc.

كَمُّون = كَامُون *cumin*, Voc.

كَيْمُون = كَمُون *cumin*, Voc., Alc., (cominos de comer).

مَكْمَن pl. مَكَامِن *lieu où l'on se cache* (de manière à pouvoir surprendre quelqu'un au passage), Gl. Edrîsî, Gl. Mosl., Gl. Geogr., M, L (latibulum, obsidiones مراصد ومكامن), Voc., Müller 19, dern. l., Hist. Tun. 94, Payne Smith 1755, Bar Ali 4750; — *lieu où une personne se cache* (pour échapper aux regards de ceux qui la cherchent), Berb. II, 150, 8, 205, 9, Prol. I, 35, 1; cf. Djob. 315, 20: قَبَضْتُ علينا الريح الغربية — .طالعَنا الباس من مكمنه 11: 322, من مكمنها *L'endroit où quelque chose de bon ou de mauvais est cachée*, Prol. II, 394, 14, Berb. II, 86, 6; *l'endroit où un trésor est caché*, Athîr X, 334, 15: واخذت وبسط دفائنَهم وذخائرَهم فى مكامنها عليهم العذاب لاستخراج الاموال فاخرجوها من مكامنها احتجاناتها, Aboû'l-Walîd 791, 11, Yâcout I, 11, l. 14. — *Endroit caché*, dans le sens de vallon très-profond, *gouffre*, Auw. I, 46, 16, 47, 1. — *Dessein secret*, Berb. I, 484, 7: فأغرى به السلطان ودلّه على مكامن — ثورته وعداوته, Berb. II, 234, dern. l. *les côtés faibles* d'une place, Berb. II, 234, dern. l. En parlant d'une personne, مكامن signifie également *ses côtés faibles, ses défauts habituels, ses passions dominantes*, Berb. I, 637, 12: حتى ابتذله الغنى ودلّت على مكامنه الثَروة (le dernier mot (« opulence ») se trouve aussi dans le man. de Londres et ne doit pas être changé, comme M. de Slane veut le faire dans sa trad., III, 143). مكامن فلان هلكته signifie « les côtés faibles par où l'on attaque une personne pour la ruiner, » à peu près comme عورة, Berb. I, 642, 9: فسعى بعبد الله هذا عنده للخايفة ودلّه على مكامنه هلكته وبصره بعورات بلده.

مَكْمُون *qui est en embuscade*, Voc.

كَمَنْجَة (pers. كَمَانْچَه) espèce de viole, décrite par Lane M. E. II, 73 et suiv.; cf. Salvador 41; *violon*, Bc; *basse*, Ht; كمنجة عَجُوز voyez Descr. de l'Eg. XIII, 327 et suiv.; كمنجة صغير ou كمنجة فَرْخ voyez *ibid.* 346 et suiv.

كَمُون et كمون pour l'ital. *comune*, Amari Dipl. Gloss., de Sacy Chrest. II, 43 et suiv.

كَنّ I, n. d'act. كُنُون, en parlant du vent, *cesser, s'apaiser*, M.

X *chercher un abri*, c. ضى, Voc. (il a ce verbe sous *apricum*; cf. sous كُنّ, ou إلى, Calendr. 100, 3: ويستكنّ النمل الى الغَوْرِ

كَنّ pl. أَكْنَان *abri*, Voc. (apricum; il emploie ce mot, non pas dans le sens qu'il a dans le latin classique, mais dans celui qu'abrigo, abric, abri a dans les langues romanes; le terme manque dans Ducange).

كَنَّة. الكَنَّة dans un dialecte pour الجَنَّة, *le paradis*, Gl. Fragm.

كِنَّة *hésitation*, Bc. — *Réticence*, fig. de rhét., Bc.

موضع كَنِين *endroit abrité*, Voc. — L donne: *calidus*.

كَنِينَة.

كَانُون forme au pl. كوانين, M, Voc., Bc, Macc. II, 299, 7, 324, 13. *Fourneau*, Bc, fourneau en terre servant de brasero aux indigènes pauvres, et sur lequel ils font aussi la cuisine, Cherb., «small hearth of clay, painted with yellow and red, upon which they boil their coffee-pots,» Burckhardt Arabia II, 23; *poêle*, Ibn-Bachcowâl, man. de l'Escur., article sur Ahmed ibn-Sa'îd ibn-Cauthar de Tolède; un de ses disciples raconte: j'allais le voir et entendre ses leçons avec beaucoup d'autres; en novembre, décembre et janvier il y avait في وسط المجلس كانون في طوله قامة الانسان مملوءا محمّا ياخذ دفئه كلّ مَنْ في المجلس (Simonet). — خبز الكانون *pain cuit sous les cendres*, Chec. 192 r°: وامّا خبز الكانون المدفون في الرماد فلا خُبْبر فيه; cf. كانُونِيَّة.

كانُونِيَّة *pain cuit sous les cendres*, Alc. (pan cozido so la ceniza); cf. خبز الكانون.

كانُون = كَنِين, Voc. (focarium), Alc. (hogar lugar del fuego); pl. كوانين.

كنبوش et مكنّة *asyle*, Saadiah ps. 14, 61, 104.

مُكَنِّي (formé de كِنَانَة) *qui porte un carquois, qui en est armé*, Alc. (encarcaxado).

زهر مكنزن مَكْنُون «jardin à fleurs fermé de haies,» Koseg. Chrest. 75, 8.

كنب.

كَنَب pl. كُنُب *cal, durillon*, M, Bc, Yâcout IV, 307, 20 et 21.

كَنِب se trouve dans le Diw. Hodz. 272, vs. 1.

كَنِيب, *zeæ species, olyra* chez Freytag, est un mot qui appartient au dialecte du Yémen, Bait. I, 100 b, II, 404 d.

كِنِبِيَّة et كِنِبِيَّة (κωνωπεῖον) *moustiquaire*, Fleischer Gl. 73, 74.

اكْنَاب *erreur*, Ht.

كنباص (esp. *compas*) dans Prol. I, 94, 17, est ce que les Allemands nomment *Compasskarte*; voyez-en la description dans Peschel, Geschichte der Erdkunde, p. 189 et suiv. Cf. قنباص.

النِعال الكَنْبَايَتِيَّة (var. الكَنْبايتية) sont des sandales indiennes qui se fabriquaient surtout dans la ville d'al-Mançoura, mais qui tirent leur nom de la ville de Cambaye (كنبايَة), Gl. Geogr.

قَنْبَايَتِيَّة voyez كَنْبَايَتِيَّة.

كنبث.

كنباث nom d'une plante, Bait. II, 405 b; leçon de AB; Boul. كنبات; Sontheimer, qui a كنبات, demande si c'est *Equisetum*.

كنبيل.

كَنْبِيل (esp. *capillo*) *le chaperon ou capuchon qui couvre la tête du faucon*, Beaussier, Guyon 221; *keumbide* chez Daumas R. d. O. A. N. S. III, 241, semble une faute d'impression; cf. قبيل sous قبل.

كَنْبُوش (esp. *cambux, gambux*, voyez Simonet 305), pl. كنابش et كنابيش, *voile pour couvrir la figure*, Alc. (antifaç de novia, velo de muger, toca de muger),

Domb. 83, Yâcout I, 861, 6 (Tlemcen): وتتخذ النساء بها من الصوف انواعا من الكنابيش لا توجد فى غيرها Bargès 43: «Les Arabes tenaient un bout de leur *cambousch* ou voile placé au-dessous de leurs narines, pour ne pas respirer l'air frais et humide du matin,» Cartâs 123, 5 a f.: كان دلالا يبيع الكنابش; — *bavette*, Alc. (bavadero).

كُنْبُوش, *housse*, forme au pl. كنابيش, Yâcout III, 157, 6, 419, 21, Macrîzî man. II, 351: الكنابيش الزركش.

كنت.

كُنْت espèce de datte, Beaussier, Pagni 151 (chend).

كُنْتِى espèce de datte, d'Escayrac 11 (goundi); Pagni 152 dit que *Kunti* lui semble la même espèce de datte que *chend*.

كُنْسِنَت, on Syrie, *ers, vesce noire*, Abou'l-Walîd 327, 20, cf. Payne Smith 1708 et lisez de même 1847 (au lieu de الخنبت).

كَنَّتَتْ, en parlant d'une femme mariée, est التى تقىل R. N. 31 r°; c'est كنت وكنت قبل أن أجى اليك donc un mot formé par plaisanterie de كُنْتُ.

كَنْبِيش espèce de datte, Beaussier, d'Escayrac 11, Pagni 149 parmi les dattes: „*Chintis*, lunghi, duri, aridi, e rosseggianti,» chez Cherb. كَنْتُوتى espèce de dattes presque aussi estimées que les دقلة نور.

كَنْتَجَر (pers. كَنْكَر) *artichaut*, Most. in voce et sous عكوب, Abou'l-Walîd 168, 13 et n. 58, 557, 8; lisez deux fois ainsi, au lieu de كاجر, chez Auw. II, 302, 5 et 6.

كَنْتَجى, nom d'une étoffe de soie et coton, voyez sous قطنى et Maml. II, 2, 77.

كَنْد I, n. d'act. aussi كَنَد, Kâmil 748, n. *b*, se construit c. d. a., وسمى كندا لأنه اباد نعمته Gl. Abulf.

كَنْد n'est nullement un mot persan, qui signifierait «brave, vaillant,» comme le dit Freytag en citant sa Chrest. ١٢٣ (lisez ١٣٣), l. 7 (ajoutez: et l. 10, 136, dern. l., Amari 323, 9), mais c'est le mot roman *conte, comte*; cf. كُنْد. L'auteur du M a copié la lourde bévue de Freytag; il en a encore copié une autre, qui n'est pas moins ridicule, car il explique كنداكرا par «brave,

vaillant,» comme Freytag l'avait fait en citant sa Chrest. 162 (lisez 132), l. 6. Il s'agit du même *comte*, un de ceux qui accompagnaient l'empereur Frédéric Barberousse pendant sa croisade, et qui y est appelé كُنْداكرا. Au reste cet اكرا n'a pas encore été expliqué. J'ai cherché ce nom dans la liste des Allemands qui prirent part à la troisième croisade, publiée par Röhricht dans le II° volume de ses Beiträge zur Geschichte der Kreuzzüge (Berlin 1878, p. 326 et suiv.), mais je n'ai rien trouvé qui aurait donné lieu à cette mauvaise transcription arabe. Le pl. كُنُود, Nowaïrî Espagne 455. كند اسطبل (ou اصطبل) *connétable*, Maml. I, 2, 52, Athîr X, 211, dern. l., lisez de même Khaldoun Tornberg 13, 6 a f.

كندج.

كُنْدُوج, pl. كناديج (Wright).

كندر.

كَنْدَرَة expliqué dans le Câmous par مجثم البازى, ce qui ne doit pas être rendu par «locus ubi cubat accipiter,» comme chez Freytag, mais par *perche, chevalet où se repose l'oiseau de fauconnerie* (chez Alc. percha), sens que l'esp. *alcandara*, qui en dérive, a aussi.

كُنْدُرِى remède composé où entre l'oliban (لبان) et dont on se sert contre la diarrhée, Ibn-Wâfid 4 r°, 21 v°.

كَنْدَرُوس = حندروس, Most. sous ce dernier mot.

كندس. Voyez Bait. I, 156 a, II, 18 b, 402 b. — كندس, Frähn, Ibn-Foszlan 56.

كندك.

الكُنْدَكِيَّة ثياب semble être *une étoffe de laine épaisse*, du pers. كُنْدَكى, formé de كُنْد, Gl. Geogr.

الكَنْدَلى. Voyez Bait. II, 405 c.

كنر.

كَنَر (pers. كنار) *bordure de châle de cachemire*, Bc.

كَنَار (pers.) *lisière d'une étoffe*, M (chez Bc كينار); *bordure de châle de cachemire*, Bc; *bord de la mer*, M; *bord de quoi que ce soit*, M.

كنر *tiges de palmier divisées longitudinalement en*

كنز

quatre, Espina R. d. O. A. XIII, 146. — كنور ou كنورا (mais la seconde lettre n'est pas certaine) = وتد, Gl. Geogr.

كَنَارِى serin de Canarie, M.

كِنَّار pl. ات = طنبور, Abou'l-Walîd 325, 28.

كَنْبَر gibecière, Bc.

كَنْبِرَة nom d'un instrument de musique, Macc. II, 144, 1.

كنز I emprunter, Voc. (manulevare, verbe que Ducange explique par « fideiubere,» mais qui dans le Voc. doit signifier emprunter, puisque ses synonymes sont سلف, استسلف et استعار). — كنز فلان من اللحم se dégoûter (يشم) de ce qui est gras, M. — كنز, en parlant d'une étoffe, être d'une tissure ferme; elle est alors كانز, M.

IV thésauriser, Payne Smith 1305.

VII dans le Voc. sous tesaurizare. — Être emprunté, Voc.

كَنْز كَوْن trésor caché, trésor surnaturel, Cherb. Voy. de Bat. en Afr. 31.

كَنْزِيَّة semble avoir existé, puisqu'en espagnol alcancia signifie boîte à cacher de l'argent, tirelire.

كَنُوزِى très-précieux, 1001 N. IV, 658, 2 a f., 707, 2 a f.

كَنَّاز dans le Voc. sous tesaurizare; trésorier, Alc. (tesorero); — thésauriseur, Bc. — Celui qui cherche des trésors qu'il croit cachés dans les fondements d'anciens édifices, Léon 351. — Emprunteur, Voc.

مَكْنَز pl. مَكَانِز dans le Voc. sous tesaurus.

مُكْتَنِز mediocris stature, Voc.

كنس I (syr. ܟܢܫ) rassembler, Payne Smith 1774 (مكنوس).

II balayer, M, Bc, Ht, Payne Smith 1774. — (Syr. ܟܢܫ) rassembler, Payne Smith 1774.

VII être balayé, Voc.

كُنَاس balayures, ordures ramassées avec le balai, Alc. (barreduras), Payne Smith 1774.

كنش

كُنَاس balayures, L (purgamentum كناس وزِبل), Alc. (barreduras). — Fumier, amas de fumier, L (sterquilinium كناس ومزبلة).

كَنِيس synagogue, M.

كَنِيسَة fumier, amas de fumier, M.

كَنِيسَة pl. كَنَائِس espèce de litière, M, plus grande que le محمل, plus petite que la عمارية, Gl. Geogr.

كَنِيسَة, au Maghrib = كنيسة, église, Alc. (iglesia por denuesto), Calendr. 103, 4, 106, 4, Bayân II, 111, n. b, constamment dans le man. A d'Edrîsî; M. Simonet a trouvé cette forme dans des documents espagnols du temps de la conquête de Grenade au XVᵉ siècle; selon le P. Lerchundi elle est encore en usage au Maroc, et selon Beaussier, à Tunis.

كَنَائِسِى ecclésiastique Bc. — L'écriture neskhi, parce qu'elle est en usage pour les livres dont on se sert dans les églises, M sous نسخى.

كَنَّاس pl. ون balai, Alc. (escobajo para linpiar); كنّاس الفرن écouvillon, vieux linge attaché à un long bâton, avec lequel on nettoie le four, lorsqu'on veut enfourner le pain, Alc. (barredero de horno). — Pl. كَنَانِيس fourgon, instrument à remuer le feu, Alc. (enbolvedero como hurgonero). — Fém. ة, balayeuse, Alc. (barrendera). Dans l'Inde les balayeuses étaient des femmes qui entraient dans les diverses maisons sans permission, et auxquelles les femmes esclaves, que le sultan avait placées près de chaque émir pour faire l'office d'espions, racontaient ce qu'elles connaissaient. Les balayeuses rapportaient cela au roi des donneurs de nouvelles, et celui-ci en informait le sultan, Bat. III, 343.

مَكْنَس = كَنَّاس, Abbad. I, 141, n. 404, Voc.

مُكَنَّس balai, Abou'l-Walîd 327, 4.

مَكْنَسَة goupillon, aspersoir, Alc. (isopo para rociar). — مكنسة chez le vulgaire en Espagne, bouillon-blanc (plante), Bait. II, 527 c. المكنسة القريشية grande centaurée, Most. v° قنطريون كبير; — selon Bocrt la plante dite المخلمة (voyez), Bait. II, 527 d.

كنسروج sorte de ver = ضرص, Payne Smith 1279.

كنش

كَنْش (syr. ܟܢܫܐ) rassemblement, Payne Smith 1774.

كُنَّاشَة et كُنَّاش (aram. כְּנָשׁ, collection), pl. كَنانيش, recueil de notes sur la médecine, Pandectæ dans les anciennes traductions latines. On entend sous ce mot un recueil de notes sur les vertus des plantes, Bait. I, 81 b: أمّا بطّن قد عدّه جماعة من التراجمة في انواع الاقحوان ومن اجل ذلك نجد في كثير من الكنانيش الموضوعة في هذا الفنّ منافع امّا بطّن هذا مذكورة مع الاقحوان; un traité de thérapeutique, p. e. où l'on parle successivement de chaque membre du corps humain, en indiquant la manière de le traiter et de le guérir quand il est malade, voyez Renan Averroès 449, 6, 5 a f., 450, 2, 5 (où il faut substituer quatre fois الكنانيش à الكَنانيشى), ou bien, où l'on expose ce qu'il faut faire ou éviter dans certaines maladies, p. e. Müller S. B. 1863, II, 3, l. 1, où il est question de la peste: كلّ ما قرّره المصنّفون في كنانيش العلاج استعمالا واجتنابا; aussi un traité qui embrasse toute la médecine; ainsi le livre d'Alî ibn-'Abbâs al-Madjoûsî porte le titre de الكنّاش, et aussi celui de كتاب الكنّاش العضدى ou الملكى, كامل الصناعة الطبّية في الطبّ, Catal. des man. or. de Leyde III, 236. Beaucoup d'auteurs ont écrit des livres sous ce titre; voyez Bait. I, 197, II, 190 d, 370 e, 378 d, Hâdjî Khalfa V, 244—5. Aussi: recueil de notes sur d'autres sujets, p. e. الكنّاش est le titre d'une compilation dont le premier livre traite de la grammaire, Hâdjî Khalfa l. l. Calepin, recueil de notes, d'extraits, etc., qu'une personne compose pour son usage, Bargès 407, M: والأناشيد عند المغاربة مجموعة تُدرج فيها قواعد وفوائد

كَنف I soutenir, porter, Macc. I, 101, 19. — Se soumettre, Alc. (someterse a otro ser sugeto).

IV c. ب entourer, Gl. Geogr.

V protéger, prendre quelqu'un sous sa protection, Macc. I, 252, 8: se voyant menacé par les troupes musulmanes, Ordoño résolut de se rendre à la cour du calife, sans avoir obtenu un sauf-conduit et accompagné seulement d'une vingtaine de ses grands; Ghâlib, le gouverneur de Medina-Celi, les prit sous sa protection, تَكَنَّفَهم. — Je crois que ce verbo a son sens ordinaire, entourer, être à droite et à gauche de, dans Moslim p. 65, vs. 35, où ce poète dit en parlant d'un coursier rapide: كانّما تَكَنَّف عطفيها جناحا

«on dirait que les ailes d'une autruche entourent ses flancs.» L'éditeur le considère comme un dénominatif de كَنَف dans le sens d'aile, et traduit munir d'ailes.

VI, au pl., s'entr'aider, Kâmil 645, 7.

VII dans le Voc. sous providere.

VIII contenir, Gl. Edrîsî, Berb. I, 607, 4. — Soutenir, appuyer, Haiyân 99 r°: عاقده على القيام بدعوته والاكتناف لدولته. — Dans le Voc. sous providere.

كَنَف حضنه signifie d'après le M: كنف الانسان اى العضدان والصدر, c.-à-d. le sein et les bras (bras dans le sens qu'il a en termes d'anatomie: la partie du bras qui s'étend depuis l'épaule jusqu'au coude), et je crois qu'il a ce sens dans les deux passages cités dans le Gl. Fragm.: ما كشفت لامرأة كنفا منذ الخ «je n'ai découvert le sein d'aucune femme, depuis que,» etc. (= je n'ai pas eu commerce avec elle), et: ما علم الله انّى طالعت كَنَف حرام قطّ «Dieu sait que je n'ai jamais vu le sein d'une femme qui m'était interdite.» L'éditeur prend كنف dans le sens de l'hébreu כָּנָף, lacinia vestis, mais sans compter qu'il faudrait d'abord prouver que كَنَف l'a en arabe, il ne conviendrait pas à طالع, «voir, contempler».

كنفانى préparateur et vendeur de كنافة (voyez), 1001 N. IV, 678, 13 et suiv.

كنيف pl. كنائف cloaque, Voc. — Entouré d'une haie, Gl. Geogr.

كنافة (ke, Bg, ki, M, kou, Lane, Burton) pl. ات, M, espèce de vermicelle, fait de fleur de farine, frit dans du beurre et sur lequel on verse du miel fondu; voyez Bg 267, Lane M. E. I, 183, 218, II, 118, trad. des 1001 N. I, 243, n. 66, III, 728, n. 5, Burton II, 280, Mehren 34. Ce mot, à en juger par les récits du R. N., était déjà en usage au II° siècle de l'hégire; on l'y trouve 21 v°, 58 r°, ibid.: انّى كان عندى شىء من سميد وعسل وزبد فقالت لى نفسى والنّاشيد: Cabbâb 78 v°, 73 v°: اليوم اعمل كنافة للشيخ; زغائف رقيقة جدّا تطبخ ثمّ يجعل فيها الافاويه والعسل 1001 N. IV, 677.

كِنَافْتِي et كِنَافاتِي *préparateur et vendeur de* كِنَافَة (voyez), M.

كَنَّاف *vidangeur*, Voc., Becrî 148, dern. l., Macc. II, 763, 6, III, 755, 11.

مُكَنَّف *étendu* (pays), Gl. Geogr.

كنفش.

كَنَافِش الصَّنَوبَر dans le M (sous كنفج) sans explication, probablement *pommes de pin*.

كُنَيْفِشَة plante qui est un antidote contre la morsure des scorpions, Bait. II, 492 (les voyelles dans B).

مكنفش *crépu*, Bc.

كَنكَك (ou قَنكَك) *oliban*, *encens*, Bc.

كنكث chez Freytag n'existe pas; le mot est كشكث.

كَنْكَر (pers. كَنْكَر) *artichaut* (*acanthus mollis*), Most. v° كنكر هو خرشف بستانى يسمّى القنّارية, Gl. Manç.: كنكجر, Bait. I, 302 d, 303 b, II, 403 b, Ibn-Loyon 48 v°; *acanthe ou branche-ursine*, Bc.

مِثنَان est زريعة المثنان Ibn-al-Djezzâr; cf. كنكرية

كنكرزد (pers. كنكر زد) *gomme qu'on tire du* كنكر (*acanthus mollis*), Bait. II, 404 b, صمغ الكنكرزد II, 203, dern. l., Payne Smith 1764.

كَنكَلَة *instrument de musique en usage parmi les chrétiens, probablement, comme alcáncara en anc. port., espèce de tambour de basque*, Simonet 309.

كنل.

كنالية *serin*, Roland.

كنه VIII *comprendre*, *concevoir*, Bc.

كَنْهَان Voyez sur cet arbre Bait. II, 404 c.

كنى II c. عن r. *faire allusion à*, Bc.

V c. ب *prendre un surnom*, M, Voc., Payne Smith 1762—3. تكنّى نفسه ب *se qualifier*, *s'attribuer un titre*, Bc.

كُنْيَة Appeler quelqu'un par son *conya*, son surnom composé avec Abou, quand on lui parle, est une marque d'estime, de respect (voyez p. e. Macc. I, 242, 11—13, 466, 14); de là vient que ce mot a reçu le sens de *titre*, *qualification*, *qualité*, Alc. (ditado o titulo de onrras, où cûma est une faute d'impression pour cûnia), Bc. — *Surnom*, *nom de la maison*, *de la famille dont on est*, comme *alcuña* en esp.; ce sont les surnoms composés avec *Ibn*, tels que Ibn-Omaiya, Ibn-'Abbâd, etc.; ce sont de véritables noms de famille, car ils n'indiquent pas que le père, mais qu'un des illustres aïeux de l'individu dont il s'agit s'appelait Omaiya, 'Abbâd, etc.; voyez Gl. l'sp. 95-6.

كِنَايَة *l'action de dire indirectement une chose*, *l'opposé de* الصريح, Gl. Tanbîh. — صار كناية عن ملك «il devint comme un roi,» 1001 N. III, 207, 9, 226, 15.

مكنى *allégorique*, Bc.

كهرب 1 (formé de كهربا) *électriser*, M.

كَهرَمان (pour كهربا) *ambre jaune*, Bc. — L (à la fin) donne كَهرَمان parmi les pierres précieuses, avec le synonyme hébreu אֶחלָמָא; ce mot semble être יַהֲלֹם, qu'on traduit par *onyx* (cf. le Thesaurus de Gesenius 383 a).

كَهرُوا = كهربا *succin*, Gl. Geogr.

كهف.

كَهف *précipice*, Hbrt 169 (Barb.). — Dans le Formul. d. contr. 4 on trouve حصير الكهيف parmi les objets dont se compose le trousseau; j'ignore ce que c'est.

كهوفي ? Formul. d. contr. 1: اشتراء منه بكذا دينارا من سكة الكهوفية

كهكك I voyez Diw. Hodz. 138 sur vs. 3.

كهل.

كَهل, pl. كُهُول, Abou'l-Walîd 299, n. 19.

كُهُولَة *l'action de devenir vieux*, Alc. (antiguamiento). — *Age avancé*, *maturité de l'âge*, Beaussier, Yâcout II, 241, 10.

كهن I. كَهن, n. d'act. كَهَانَة, *être laid*, *difforme*, M.

II c. a. dans le Voc. sous *divinare*, *dire la bonne aventure*, Beaussier. — Chez les chrétiens, *officier*, *faire l'office divin à l'église*, M, Payne Smith 1684, comme تكهّن.

كَهَنُوت (syr. ܟܳܗܢܘܬܐ) *prêtrise, robe, profession ecclésiastique, sacerdoce, sacrificature, dignité de sacrificateur, pontificat, encensoir* au fig., *l'Eglise ou l'autel*, Bc, M, Payne Smith 1684, 1685, 1686, 1758; سِرُّ الكَهَنُوت, dans l'Eglise romaine, un des sept sacrements, *l'ordre*, M.

كَهَنُوتِى *sacerdotal*, Bc.

كَهِين *magicien*, 1001 N. Bresl. IX, 327, 3 a f., 328 (= Macn.). — Pl. كِهَان *laid, difforme*, M.

كُهَّان *devin*, Voc., Beaussier; *astrologue*, Alc. (astrologo del nacimiento).

كَاهِن, pl. كَاهَنَد, de Sacy Chrest. I, 334, 15, chez les juifs, les chrétiens et les païens, *ministre de la religion, pontife, prêtre, sacrificateur*, Bc, M, de Sacy Chrest. I, ۱۴, 4 a f.; fém. ة, *prêtresse*, Bc. — *Astrologue; — médecin*, Nawawî.

كُوْهِن (hebr. כֹּהֵן L (sacerdos), de Sacy Chrest. I, ۱۴, 4 a f.

كَاهِنِى *sacerdotal*, Bc; قَلَم كَاهِنِى *écriture hiératique*, Bc.

كَوْهَنَبَة *pontificat*, de Sacy Chrest I, ۱۴, 3 a f.

اكْهَان *conjecture*, Alc. (conjetura).

تَكَهَّن *prêtrise*, Payne Smith 1686. — تَكَهِّين et تَكَهُّن *astrologie*, Payne Smith 1745. — (Comme ܟܗܢܘܬܐ) *abondance*, Payne Smith 1685—6.

كَهُرَات espèce de légume, voyez Bait. II, 407 b; ainsi dans Sonth. et Boul., mais AB ont كَهُوَارِب, et B les voyelles كَهُوَارِب.

كِهِى.

كَوَاهِى (pl.) espèce de faucon? Ibn-Iyâs 103, dans une liste de présents: عَشَرَة كَوَاهِى بِرَسْم الصَّيْد.

كِهِيَانَا *pivoine*, Bait. II, 407 d; ainsi chez Sonth., dans Boul. et dans Vullers; AB كِهِنَايَا (voyelles dans B).

كو.

كَوَّى *trou*, Alc. (agujero), p. e. trou fait avec la vrille dans le bois, Alc. (barreno), *œillet, petit trou pour passer un lacet*, Alc. (ogete de vestidura), *trou du voile devant l'œil*, Müller 21, 1, *ouverture qu'on pratique pour l'arrosement des champs, rigole*, de là كُوَى النَّهْر, M.

كوب.

كُوب (cf. Simonet 363) *seau*, Voc. (situla), Alc. (herrada para sacar agua); — *terrine pour traire les vaches, les brebis*, etc., Alc. (tarro en que hordeñan). — (Lat. caupulus, caupulus, caupulus, Simonet 363) *barque*, L (caupulus بَغِّس وكُوب).

كُوبَة (esp. copa, ital. coppa, fr. coupe) *coupe*, se trouve chez le scoliaste arabe-espagnol de Moslim et s'emploie aujourd'hui en Egypte, Gl. Mosl. — (Esp. cueva, anciennement cova, cuva) *caverne creusée pour former un dépôt d'eau*, Simonet 363—4; le second passage de la charte grenadine qu'il cite est conçu en ces termes: سَأَل أن يَبِيع منه مِقْدَار عَشَر قَامَات يَحْفِر فيها كُوبَة بأَسْفَل البِئْر تَحْت كَرْم يَبْتَغِى بِذَلِك زيادَة ماء العَين وَمَاءَه. Le diminutif esp., augmenté de l'article arabe, *alcubilla*, est un terme de Grenade qui signifie *réservoir, château d'eau*.

كُوبَان pl. كَوَابِين *couverture de cheval à l'écurie*, Bc, M.

كَوَّاب *tonnelier*, Alc. (cubero), Lettre à M. Fleischer 127.

كُوبِرْتَة (esp. cubierta) *pont, tillac*, Bc (Barb.).

كَوَّبَ I (formé de كُوبَان, voyez), الفَرَس, *mettre la couverture à un cheval*, M.

كُونَا كَنْبَا (esp. gutagamba) *gomme-gutte*, Bc.

كُوتُوَال voyez كَنْتوَال.

كُوتَل = تُوتَل, Most. sous ce dernier mot, Bait. II, 267 b (AB).

كُوخ, *cabane*, est chez Bc.

كود I. Saadiah construit souvent: كَادَها, كَادَهُ أن يَفْعَلَ أن تَفْعَلَ ۞

II *arrondir, donner à quelque chose la forme ronde, une forme sphérique, cylindrique ou circulaire, la mettre en boule*, Voc. (qui a ce verbe sous pil. (pilota) كَرَّى), Alc. (redondear, mais il se peut qu'il ait eu en vue تَكْوِير); تَكْوِير est l'opposé de تَرْبِيع, Prol. II,

283, 18; تكوير rondeur, Bc; Gl. Manç. vo زلابية, R. N. 94 v°: كُوِّر على قَدْر العِتَاب وهو بطين حائط, في داره بالطين وزوجته تكور له الطين بيديها وتناوله (l. اياه) يملّس به الحائط — كَوَّر لحساب additionner, M. — (Formé de كُورة, province) *réunir en une seule province*, Gl. Belâdz. — Comme احْمَدّ, *devenir chaud*, Payne Smith 1711.

V *s'arrondir en forme de boule*, Voc., Beaussier.

كَوَّر *faire la ronde*, Alc. (ronda la obra del rondar); mais il se peut que ce soit كُرّ.

كُور pl. اكوار *fourneau*, Bc, Hbrt 85, Macc. II, 416, 3 a f. (d'un verrier), *forge*, Hbrt 85, كور لحدّاد *forge*, Bc. — Dans le sens de *ruche*; au fig. ثقب كورها « il perça sa ruche, il châtra sa ruche, » c.-à-d., il la dépucela, 1001 N. Bresl. V, 339. — T. d'archit., pl. اكوار, Maml. II, 1, 267, où Quatremère traduit *tambour*. — *Trémie*, Payne Smith 1714: عدوا كور قطيب; exemple sous الطاحون الذي يَحُطّ به الحنطة.

— *Bdellium*, Most. in voce: تكون وهو صمغ شجرية, في بلاد العرب وهو صنفان صقلي وعرني والصقلي اشد سوادا Bait, II, 408 b, 525.

كارة est *autant qu'une personne peut porter sur le dos* (en persan پشتوار, voyez Vullers) ou *sur la tête* (Bidp. 261, 1: « il portait sur sa tête une كارة de lentilles »), *une charge, un fardeau*. De là une certaine quantité de blé, Câmous, *de farine*, comme جُملة en Egypte. A Bagdad on avait le proverbe: وكارق بعد في السيار « on pèse encore ma quantité de farine, » pour exprimer: mon affaire n'est pas encore terminée, ou, quand il s'agissait d'une personne: je lui suis encore attaché, je ne me suis pas encore détaché d'elle; voyez Khallic. IX, 94, 9, 11 et 12 (où il faut substituer partout كارة à كاذة). Selon Mocaddesî (145, dern. l.), كارة était en Mésopotamie une mesure qui contenait 240 livres (رطل) de Bagdad = 4 قفيز 16 مكّوك (à 15 رطل). — *Paquet de hardes*, M. — M: ومنه انارة عند المُلَحدين لشيء مخدّة مستديرة يُجعل عليها الرغيف بعد بسطه ويلزق في حائط التنور كارات Les كارات sont donc, si je ne me trompe, des espèces

de *bannetons*, comme disent nos boulangers, dans lesquels on place les pâtons et qu'on range près du four. — *Moule à faire des briques*, Bar Ali 4786, Payne Smith 1786. — *Sac*, 1001 N. IV, 544, 8, 4 a f. («bag» dans la trad. de Lane).

كُورة pl. كُوَر = كُرة (voyez) *boule, balle* (à jouer), *globe*, Bc, *boulet*, Ht, des كُوَر de couscousou, Macc. II, 204, 20; لعب الكورة *jeu de boule, paume*, Bc. — (Κόρη), en Egypte, *fille, fille de joie*, Fleischer Gl. 16 n., 1001 N. I, 86, 87, 419. — Chez les Touâreg, espèce de *blouse*; ils en portent trois, et en voyage ils y en ajoutent encore deux autres: 1° la شعرية, 2° « le *kôré* qui est bleu-noir et uni, » Carette Géogr. 110.

كُورى *sphérique*, Amari 159, l. 2 de la note.

كَوارة voyez كِوار.

كِوارة, *ruche*, forme au pl. كوائر, M, Bait. I, 50 a: كوائر النحل. — Vase en terre qui a la forme d'une ruche, car il est plus étroit vers le haut que vers le bas; il sert à différents usages, mais surtout à conserver la farine, le blé, etc., aussi كوار, Fleischer Gl. 41, M, Payne Smith 1714, 1806. — *Dévidoir*, Descr. de l'Eg. XVIII, part. 2, 380. — *La Tiare*, constellation, Dorn 44, n. 1.

كُوَيرة *balle, pelotte*, Alc. (pelota pequeña). — *Pilule*, Roland Dial. 562. — كويرة العلم *sphère*, Roland.

كَوّار *melon d'eau, pastèque*, Domb. 71.

مُكَوّر *chou pommé*, Domb. 59, Bc (Barb.). — *Près de terre* (cheval), Daumas V. A. 185.

مُكَوّر, comme مُعَمّم (voyez), etc., *théologien, savant*, et surtout *magistrat, homme de loi*, parce qu'en Espagne eux seuls portaient le turban, Abbad. I, 220, 4 a f., cf. III, 89.

كوريج sorte de poisson, Casiri I, 320 a; mais voyez كوريح.

كُورجة (lat. *corbis*, dimin. *corbula*, ital. *corbello*, *one*, *ino*, *etto*, fr. *corbeille*), Ouaday 599: « mon *côrbo* ou mannequin à vaisselle et ustensiles de cuisine, » et on note: « *côrbo* est un terme en usage parmi le peuple au Maghreb, surtout à Tunis; » *cantines*, Martin 130.

بالكورجة كورجة ou مكورجة *en bloc*, sans compter, Bc.

كوردن *grillus*, L.

كوركان voyez كولكان.

كولينا *coraline* (plante marine), Bc.

كوريج sorte de petits poissons qu'on mange salés, Gl. Mosl. p. LXIX, v° ملسم, où M. de Goeje compare الكوريج et الكراريجة, petits poissons verts, des dict. arabes. Chez Casiri I, 320 a, on trouve nommé الكوريج parmi les poissons; c'est peut-être une faute pour الكوريج.

كوز II. L: *detractor* تَكْرِيْز, نَمَام وقرَّاص ومُكوز, *susurrus* وزَغْرَغَة وزَمْزَمَة, ces articles sont importants; ils servent à expliquer un passage d'al-Fath que j'ai publié Abbad. II, 99 n., et où on lit: فاوحى فى ذلك الى ابن عبد العزيز ورمز، وكوز على رسوله المعلم بذلك وغمز, où ce verbe semble signifier *insinuer quelque chose à* (على) *quelqu'un, lui faire entendre adroitement et malicieusement ce qui peut nuire à une troisième personne*.

كوز *vase à lait*, Mehren 34. Masoudî (II, 262 et suiv.) parle d'un vase (قدح) intarissable: une armée, pressée par la soif, pouvait s'y désaltérer sans qu'il y manquât une seule goutte du liquide qu'il contenait. Il avait appartenu à Adam, et, après avoir passé de main en main, il échut à un roi de l'Inde nommé Kend. Ce dernier, lorsqu'il se vit menacé par Alexandre, lui envoya, pour se le concilier, ce vase, un philosophe, etc. Voulant éprouver ce philosophe, Alexandre lui fit remettre le vase rempli de beurre en aussi grande quantité qu'il en pouvait contenir. A son tour, le philosophe renvoya le vase à Alexandre avec mille aiguilles (ابَر) enfoncées dans le beurre. Alexandre avait voulu faire entendre que sa science était complète, en sorte que pas un des sages ne pouvait ajouter à la somme de ses connaissances. Le philosophe, à son tour, qui avait compris l'allégorie, avait fait entendre que sa science ajouterait à celle du monarque, et entrerait dans son esprit comme les aiguilles étaient entrées dans le beurre. L'auteur persan du Modjmil at-tewârîkh, J. A. 1844, II, 147, 12 (cf. 175, n. 1), donne improprement à ce vase le nom de كوز ابَرى, par allusion aux aiguilles dont il vient d'être question. Dans les 1001 N. I, 240, 1, الكوز الاسوانى (c.-à-d. d'Oswân ou Syène, dans la haute Egypte, الاصوانى dans Boul. et Bresl.) est le sobriquet d'un bavard, et Lane remarque dans sa trad. (I, 429) à ce sujet: «الكوز الاسوانى seems to imply that the person thus named was always like a mug, with open mouth, and insensible as flint to rebuke.» En turc je trouve كوز (= كوز = كوز) avec la terminaison لك, qui, ajoutée à un nom, sert à former le nom abstrait de qualité, كوزلك *bavardage, babil intarissable*.

كوزة pl. اكواز *cruchon*, Bc; le b. lat. a aussi la forme *couza*, et l'esp., *alcuza*; voyez Gl. Esp. 96.

كوزى *cramoisi, vermeil*, Bc.

كوزلك (turc) *besicles, lunettes à branches*, Bc.

كوزينة (esp. *cocina*) *cuisine*, Hœst 137; cf. كشينة.

كوس. NB. cherchez sous كبس les mots qui ne se trouveraient pas ici.

كوس pour كاس, avec le pl. اكواس, voyez sous كاس.

كوسا n. d'un. كوسة, *courge*, M; aussi كوسة, Bc, Lane M. E. I, 217, Ztschr. XI, 476. — (Pers. كوسى, dont la forme arabe est كوسى) *qui a très-peu de barbe*, Bc, M, Burton II, 14.

كوسة voyez كوسا.

مكواس (pas مكيس) *comme chez Freytag*. Alf. Astron. II, 22: «Et faz un vergudo de fierro, et sea luengo de guisa que pueda entrar su sombra en el cerco quando passar la quarta parte del dia acerca della; — — et sea el cabo de suso deste vergudo bien delgado; et á este vergudo dizen en arávigo *miguez*, et en latin *cated*.»

كوسالة (من داخل) *semelle intérieure*, Dclap. 92.

كوسج (Freytag 33 b). La Iʳᵉ forme est dans le Voc. un v. a., car il le donne sous *imberbis* c. a. (*rendre imberbe*). Il a aussi la IIᵉ forme (*devenir imberbe*), et le nom est chez lui كوسج, pl. كواسج.

كوش I. كش على الدنيا *s'adonner aux plaisirs, s'y appliquer avec chaleur*; le subst. est كوشة, M; formé de la racine persane كوش; le verbe كوشيدن signifie *laborare, operam dare, studere*, كوش *labor, opera, studium*.

كوش

كُوش (syr.) *fuseau*, Payne Smith 1716: صُمْهَا المِغْزَل espèce كُوش الأبْقار .— الكوش الذى يَعْزِل بـه الاناث d'oiseaux qui se trouvent auprès des troupeaux, Barth W. 28; c'est donc *garde-bœuf*.

كُوشَة voyez sous la Ire forme.

كُوشَة pl. كُوش, dans le Voc. قُوشَة pl. قُوش, au Maghrib, *four*, Voc., Cherb., Ht, Martin 175, Dict. berb., *d'un boulanger*, Delaporte père dans le J. A. 1830, I, 319: «كُوشَة, *kauschah* [il est le seul qui prononce ainsi], est le four d'un boulanger ou d'un vendeur de pain; il reste échauffé jour et nuit, au lieu que *forn* est un four qui est à la disposition du public, je veux dire des ménages qui font le pain chez eux. A Tripoli, il y a une différence sensible entre كُوشَة et فُرن. Le *forn* est absolument semblable aux fours des boulangers et des traiteurs; on le chauffe en y jetant le bois destiné à cet effet, au lieu que le *kauschah* se chauffe par dessous, au moyen d'une chambrette inférieure qui sert à recevoir le combustible, et qu'on nomme dans ce pays بيت النار. C'est sur la partie supérieure de ce foyer, qui sert de plancher au four, qu'on place le pain ou tout autre comestible dont on désire obtenir la cuisson. Cette espèce de four a l'inconvénient que ce qu'on y fait cuire n'est jamais cuit parfaitement, et qu'il s'imprègne de la fumée qui pénètre souvent par les moindres fentes que l'ardeur du feu peut occasionner au plafond du foyer et dans le fond supérieur;» Amari Dipl. 175, 1: وكان بها من كُوشَة للخبز Cartás 26, 11: الكُوش المُعَدَّة لعمل الخبز وبيعه مائـة كُوشَة و٣٥ كُوشَة scoliaste de Moslim, le seul qui ait قُوش comme un sing., 49: وذكر ابو حاتم انّ المَلّة الموضع الذى يُطْبَخ فيه الخبز واهل الاندلس لا يعرفون المَلّة الّا التى يُطْبَخ الخبز فى قُوش منها مُسْتَعْمل من الارض قد صار pain خبز اللُوشَة (cf. sous مَلّة) مُوسَّطها بين ارضها وسَقْفها cuit au four, Daumas V. A. 252; — *four à chaux ou à poterie*, J. A. l. l., كُوشَة الجَبر, Domb. 97. Ce mot doit être d'origine latine ou romane, de *coquere* (coquere panem, coquere liba in foco, coquere laterculos, coquere calçem, etc.); mais la difficulté est de trouver la forme qui lui a donné naissance. Chez Ducange on rencontre *chochia* et *cochia* pour cuisine.

كُوشان mets en usage dans le pays d'Omân et fait

كوف

de riz et de poisson, Câmous; Relation des voyages éd. Reinaud ٣٠, où il est question des Chinois: وطعامي ; الارز وربما طبخوا معه اللوشان فصبوه على الارز فاكلوا Bat., II, 82, dit de même que les habitants de l'île de Ceylan répandent sur le riz du كُوشان, qui sert d'assaisonnement; ailleurs, II, 185, il dit en parlant de Makdachau (Magadoxo): «la nourriture de ce peuple consiste en riz cuit avec du beurre, qu'ils servent dans un grand plat de bois, et par-dessus lequel ils placent des écuelles de *cauchân*, qui est un ragoût composé de poulets, de viande, de poisson et de légumes.» — Ce mot a encore un autre sens, car en parlant de Hinaour, Bat., IV, 70, l'explique par *du lait aigri*, qui sert à terminer le repas.

كُوشَانى ? *olivier sauvage*, s'il faut lire ainsi dans cette note d'Ibn-Tarîf sur Dioscorides v° زيتون, qui m'a été fournie par M. Simonet: ويسمّى الزيتون البرّى بالكوشنانى ۩

كَوَّاش chez Freytag doit être biffé, car le Câmous, qu'il cite, ne donne pas ce mot, mais bien كُوشان.

كَوَّاش *boulanger*, Cherb. — *Chaufournier*, Domb. 104.

كُوشاد (pers.) *gentiane*, Most. v° جنطيانا, Bait. II, 408 e, Ibn-al-Djezzâr (ذ).

كوع II *s'accouder*, Bc.

كُوع, *coude*, pl. كيعان, Bc, Hbrt 4.

مَكاوع (pl.) *pedes saltatorii gryllorum*, Niebuhr B. p. XXXVIII.

كوف II *dévider*, mettre le fil du fuseau en écheveau, Bc.

كاف ou الشّتوة كافات الشّتاء, *les cáfs de l'hiver*, sont les sept choses dont on a besoin en hiver et qui commencent toutes par la lettre *câf*. Ibn-Soccara les a énumérées dans ce vers (Hariri 262):

كنٌّ وكِيسٌ وكانونٌ وكأسٌ طَلَا
بَعْدَ الكَبابِ وكُسٍّ ناعمٍ وكِسَا

On voit que dans ce vers كُسّ (= فَرْج المرأة) est le sixième des mots qui commencent par ك; de là vient qu'on donne au كس le nom de الألف السادسة, de Slane trad. de Khallic. III, 118, n. 9. On dit aussi كاف المرأة en ce sens, 1001 N. IV, 27:

ولمّا كشفتُ الثوبَ عن سطحِ كافِها
— وجدتُ به ضيقًا كتَخَلْخُلِى وأرزاقي

كوكم

علْم اَلْكاف est *l'alchimie*, parce que le mot كيميا commence par la lettre *câf*, Burton I, 105, et اهل اَلْكاف ou اصحاب الكاف, sont *les alchimistes*, Ztschr. XX, 494, 508. — (Berb. ايتّخف, proprement *tête*) pl. كيفان, *pic, piton, montagne en pointe, rocher escarpé, coteau*, Cherb., Ht, Daumas Sahara 59, Carteron 99, Carette Kab. I, 56—58, Pellissier 181, 193, Delap. 171, Rohlfs 40, dans le nom propre du rocher تاملوكاف, Becrî 136, 10.

كوفية (lat. *cofea* chez Fortunat, évêque de Poitiers au VIe siècle, ital. *cuffia*, *scuffia*, esp. *cofia*, *escofia*, pg. *coifa*, fr. *coiffe*; sur l'origine voyez Diez), vulg. كَفِّية, pl. كَوافِي, *mouchoir carré en coton, en coton et soie, ou en soie tissue d'or, qu'on double diagonalement et qu'on porte sur la tête, de manière à faire retomber sur le dos les deux coins repliés, et les deux autres coins sur le front*; voyez Vêtem. 391—4, Maml. II, 2, 269, Voc. (capellus de lino توفية), Bg 799, 802, M, Burton I, 229. A Tunis, *calotte ou bonnet porté par les dames*, St. Gervais 72: « elles ont la tête couverte d'un bonnet, appelé *coufié*, qu'affermit un mouchoir fin, d'un travail riche semé de pierreries, » Michel 190: « la charmante *kuffia* brodée en or ou en argent et formant queue derrière la tête en descendant jusqu'à la taille, » de même Dunant 201, Prax R. d. O. A. VI, 339: « les femmes de Tunis ont sur la tête une calotte brodée, *coufia*. » La forme vulg. كَفِّية: M, Bg. Ztschr. XI, 494, XXII, 141. — Même pl. *dévidoir*, Bc; *la bobine en roseau du fileur de laine*, Descr. de l'Eg. XVIII, part. 2, 380; chez les cordiers, عند البرامين آلة من قصب, M. يَلُفّ عليها الغزل.

كوافي *dévideuse*, Descr. de l'Eg. XVIII, part. 2, 380.

كوفر. Voyez مكوفر sous كفر.

كوفل I. On dit d'une mère كوفلت طفلها, c.-à-d., لقّته, M; بالكوفلية لشبه مخدّة يشدّ بها الطفل; explication qui n'est pas bien claire.

كوفلية voyez ce qui précède.

كوكة *flocon, touffe de laine*, Bc.

مكوكب I voyez sous كوكب.

II *devenir une étoile*, Payne Smith 1695.

كَوكب *chambre haute, chambre qui est en haut de la maison, du palais*, Voc. (cenaculum, synonyme عليّة), Weijers 22:

يمثّل قرطيها لى الوهم جهرة

— فقبّيتها فالكوكب الرحب فالسطيحا.

Dans le Câmous بياض في العين, ce qui ne signifie pas *album* in oculo, comme traduit Freytag, mais *taie, certaine tache blanche et opaque qui se forme quelquefois sur l'œil* (cf. mon article نقطة), بَياض, M, *macula oculi*, Voc. D'après Auw. II, 569, 19 et suiv., on l'appelle بياضا تحدث في العين quand toute la pupille est voilée, et الكوكب quand elle ne l'est qu'en partie. — كوكب الأرض *talc* (sorte de pierre), Bc, Bait. II, 161 b, cf. 408 g, Payne Smith 1694; sur Sonth. Bait. II, 160 e voyez sous كوكب الذوائبة et كوكب الذنب *comète*, Payne Smith 1695. — عرق العروس *terre de Samos*, Bait. II, 408 f. كوكب الوعر *hépatique* (plante), Bc. اقراص الكوكب *pastilles dont les ingrédients sont*: myrrhe, olibau, noix de galle, safran, castoréum, opium, Ibn-Wâfid 4 r°, 21 v°.

كواكيمة *mots fait de boîtes et de pois chiches*, Amari 190, 11.

مكوكب *étoilé*, Bc; — *orné d'étoiles, garni de certains ornements auxquels on suppose quelque ressemblance avec une étoile*, Djob. 193, 10, 198, 16, 1001 N. I, 44, 1, III, 89, 7. مكوكب العين *qui a une taie sur l'œil*, M, Voc., qui a aussi le verbe كوكب c. a.

كوكسب *espèce de camphre*, Bait. II, 334 (AB).

كوكلان *genévrier*, Bc.

كوكن *limaçon*, voyez قوقن.

كوكو *coucou*, Alc. (cuclillo ave conocida), Bc, Hbrt 184.

كوكوم (turc كوكوم) *coquemar, vase pour faire bouillir l'eau*, Bc.

كول VII = الاستعمال d'après M. Wright, mais je ne le trouve pas à l'endroit du Kâmil qu'il cite.

كويلة، كويلا fruit dans l'Inde qui ressemble à l'orange, Notices et Extr. XIII, 175.

اكول (turc قول) pl. كولا isabelle, de couleur jaune-blanchâtre, Bc.

كوركان ou كولكان nom d'un produit d'Isbîdjâb et de Ferghâna, Gl. Geogr.

كولّم (indien, بالهندية, Bait., cf. Vullers) poivre noir, Bait. II, 408 h.

كولون et كولونية voyez sous قوليون.

كوم V s'accumuler, s'amasser, Bc.

كوم, pl. اكوام et كيمان, tertre, éminence de terre, colline, Bc. — Mêmes pl. amas, monceau, pile, tas, groupe, Bc, Fleischer Gl. 41. الكيمان désigne surtout les voiries, les monceaux d'immondices, de charognes, qui entourent les villes en Orient, Bc, Fleischer Gl. 42, Lane trad. des 1001 N. I, 133, n. 47, Arnold Chrest. 62, 3 a f., ou bien des décombres, Fleischer l.l. — Masse, fonds d'argent d'une société.

كومة, pl. aussi كوم amas, masse, meule, monceau, Bc, Abbad. II, 39, 1, cf. M. Le « cumulus frumenti » de Freytag est une bévue; voyez Ztschr. XXXII, 229.

تكويم encastrement, L (incastratura, cf. Ducange).

كومدية comédie, Bc.

كومنة câble, Bc, Hœst 187; dans M غمنة; cf. Gl. Esp. 381.

كون I. Après le prédicat, ou sans prédicat, fut autrefois, Gl. Geogr. — Dans des vers en langue vulgaire on trouve كان, pour كنت تبكي (lisez ainsi avec Boul. et notre man. 1350 pour عويت) Prol. III, 419, 10, 423, 1. — Par ellipse, كان, à sous-entendre حقد ou quelque chose de semblable, « ils étaient mal disposés pour lui, » Gl. Abulf. — Par ellipse, faire ce qui a été ordonné, si le texte est correct dans Koseg. Chrest. 141, 3 a f.: le père dit à ses filles: mettez vos plus beaux habits, etc., فكن, c.-à-d. فكن يفعلن ذلك, « et elles le firent. » — كن, suivi d'un nom propre à l'accus.,

s'emploie quand on croit reconnaître quelqu'un de loin, p. e. كن ابا زيد est-ce vous, Abou-Zaid? Harîrî 171. — كان ما كان il y avait autrefois, Bc. — Être créé, خلق, M, p. e. P. Abd-al-wâhid 33, 6 a f.: le jour du dernier jugement كنا لم نكن نود « nous voudrions n'avoir jamais été créés, » Antar 29, 12: فقالوا لا كنت ولا كان ولا عمرت بكم لوطنا. Vivre, être en vie, exister, Gl. Fragm. On dit لا كان ولا لا خلق ولا تحرك, ce que le M explique par تكون, « plût au ciel qu'il n'eût pas été créé et qu'il ne se mût pas!» mais je crois plutôt que la Ve forme a été ajoutée pour donner plus de force à l'expression, على الاتباع, comme on dit: « plût au ciel qu'il n'eût jamais existé!» De même لا كان ولا استكان, Koseg. Chrest. 14, 6 et 7: le calife demande à sa concubine: as-tu bu du vin cette nuit? Non, répond-elle, quand vous n'êtes pas là et que je ne puis vous contempler, je ne puis pas boire; لا كان الشرب ولا استكان « plût au ciel que, dans ce cas, il n'y eût pas de vin!» Aussi 16, 12 et 13: Ton récit, dit-elle à son amant, me cause une grande peine, et j'apprends avec douleur ce que ton cœur a souffert à cause de moi; لا كنت ولا استكنت « plût au ciel que je n'eusse jamais existé!» car c'est ainsi qu'il faut prononcer, et non pas لا كنت ولا استكنت, comme l'a fait l'éditeur. — Être présent, ou séjourner, demeurer, n. d'act. كينونة et كون, p. e. فاعلمته مكانك « je lui appris que l'autre était présent, » اخبر بمكانه بالاسياف « on lui apprit qu'un tel séjournait sur la côte, » Gl. Fragm. — ان كان s'il le faut, 1001 N. I, 36, 12: « O roi, dit-il, ان كان ولا بد من قتلي s'il le faut et que ma mort est inévitable.» — ما كان لك ان il ne vous sied pas de, Gl. Belâdz.; كنت il me siérait, je devrais, Meursinge 21, 9 a f.: كنا ونحن صغار لا نجلس الا خلف الحلقة في حكمات من هذا النمط « je devrais, puisque je suis jeune, ne m'asseoir que derrière le cercle des auditeurs, en présence d'hommes aussi considérables que ceux qui se trouvent ici;» 1001 N. Bresl. II, 333 (cité par Meursinge 28): كنت اشعرتني بهذا الامر

كون

لاوطّنْ نفسي عليه «vous auriez dû m'informer de cette affaire, pour que j'eusse pu y préparer mon esprit.» فما كان ولا هان عليّ أن اسمع بكائها «je devais de toute nécessité entendre ses cris,» 1001 N. I, 86, 7 a f. — كائناً فيه ما كان quoi qu'il en soit. كائناً مَنْ كان, quelconque, en parlant d'une personne, et كائنةً ما كانت, ou كائنةً ما كان, en parlant d'une chose. Aussi sans كائنة, p. e. دابّة ما كانت «un animal quelconque,» Gl. Fragm. اى من كان يكون quel qu'il soit; ايش ما كان يكون quelle qu'elle soit (chose), Bc. — C. بـ, كان بخير se trouver dans une bonne condition, situation, Badroun 64, 4 a f.; كان بالمنزلة occuper une place, remplir un emploi, Bidp. 283, 10. — C. على avoir le gouvernement d'une province, d'une ville, Gl. Badroun. — كان على أن il fut sur le point de, Gl. Belâdz. — كوّن في نفسك semble signifier: remettez-vous de votre affliction, Cartâs 120, 10: Comme ils pleuraient amèrement en apprenant la mort du Mahdî, Abd-al-moumin leur dit: l'imâm est allé vers Dieu et il a trouvé quelque chose de meilleur que ce qu'il a abandonné, فكوّنوا في انفسكم وانظروا فيمن تولّونه أمركم. — Le terme de grammaire خبر كان, «le prédicat du verbe câna,» a donné naissance à des expressions comme ادخله في خبر كان, أصبح في خبر كان «il disparut,» كان وكان «il le fit disparaître,» Gl. Djob. — كان وكان (cf. Freytag). Cet ouvrage de poésie a été inventé par les habitants de Bagdad. Le nom est dérivé du sujet: dans l'origine c'étaient des contes rimés, qui commençaient par le mot كان, «il y avait un jour;» dans la suite c'étaient aussi des préceptes et des maximes de sagesse en vers, des chants d'amour, etc. Le كان وكان est composé de quatrains (aussi l'appelle-t-on القصيد الرباعي, 1001 N. Bresl. I, 185, 4); la rime de chaque quatrième vers est la même (les autres ne riment pas), et la lettre qui la forme doit être précédée d'une des lettres faibles ا, و, ى. Les règles des désinences grammaticales sont observées en partie dans ces pièces. Voyez J. A. 1839, II, 165, 7 et suiv., Prol. III, 429, 5, 13 et suiv., Ztschr. XVI, 671, n. 1.

II. عالم التكوين, Prol. I, 173, 3 a f., le monde sublunaire, comme traduit M. de Slane, qui observe: c.-à-d., le monde où les êtres créés ont été formés avec de la matière préexistante. — تكوين soumission (cf. كان يكون), Rutgers 175, 5 a f. et 178.

V se mouvoir, M; cf. sous I. — C'est au contraire ne pas se mouvoir, être immobile, dans Macc. II, 66, 18: فملأ الساقي قدحا من ابريق فبقيت على فم الابريق نقطة من الراح قد تكوّنت ولم تقطر.

X voyez sous I.

كون. Remarquez des expressions comme celles-ci: une jeune fille est «مشرقة اللون, مليحة الكون,» 1001 N. I, 83, 7 a f.; «أصفرّ لوني, وتغيّر كوني,» ibid 87, 12. — الكون le trésor surnaturel, le trésor invisible de Dieu, de Sacy J. d. S. 1829, p. 481, Bat. I, 47, II, 242, III, 157, IV, 222, Macc. I, 593, 13; aussi au pl. الاكوان, Berb. I, 287, 7, 416, 7 a f. — نقطة الاكوان, P. Macc. I, 570, 6; je ne sais pas bien comment il faut traduire. — Attendu que; كون أن à cause que, parce que, Bc, Ibn-as-Chihna 64 فخرج الى الرصافة كون انها في البريّة; de Sacy Chrest. II, 12: لكوني اشتغالي بغيره من المصنفات «parce que j'étais occupé à composer d'autres ouvrages;» Maml. I, 1, 44: il se regardait lui-même comme étranger dans le palais du sultan, لكونه لم يكن له جداش «attendu qu'il n'avait pas été camarade de ce prince,» كونه «parce qu'il,» 1001 N. I, 88, 12. — اش كون qui, quel homme? Bc (Barb.). — (Turc) cuir de vache, Bc.

كَوْنَة. يكونة formellement, Alc. (formalmente). — Combat, Bc.

كَيْنُونَة. L: conversatio ومسكنى وسيرة. كِيان est le syr. ܟܝܢܐ, nature, essence. Chez Abou-'l-alâ (dans de Sacy Chrest. III, ff, vs. 35): Si Jupiter ou Mars forment des desseins contraires à ses volontés, خانهما الكيان «leur pouvoir naturel les abandonnera,» où de Sacy remarque (105): «Suivant la glose de Tebrîzî, on entend par كيان, l'état d'un homme, sa manière d'être, et s'il survient un changement dans son état, on dit فسد كيانه, c.-à-d. تغيّر حاله sa manière d'être s'est changée.» Il ajoute: «Ayant entendu réciter des vers d'Abou-Tâmmâm, Abou-Ishâc al-Kindî dit: Cet homme-là ne vivra pas longtemps. On lui demanda pourquoi il disait cela: قال لأنه تحمّل على كيانه ما فوق طاقته C'est, dit-il, qu'il s'est chargé d'un fardeau qui est au-dessus de son état, c.-à-d., de ses forces.» Prol. III, 197, 12: les corps ont commencé par être des esprits, et ne furent convertis en corps doués de cohérence et de densité qu'après avoir éprouvé la chaleur de la nature plastique (de Slane), اِمَّا اصابها حُرُّ الكِيان. L'expression سمع الكِيان signifie *physica auscultatio*; Aristote, Alexandre d'Aphrodisie, Rhazès, etc., ont écrit des livres sous ce titre; Abd-al-wâhid 175, 7 a f., M, Hâdjî Khalfa III, 612, Auw. I, 37.

كائنَة pl. كَوائن *chose future*, Djob. 76, 19, 77, 6. — نهار الكائنة *les jours de danger*, Daumas V. A. 155.

تَكْوِين. تكوين سفر التكوين *la Genèse*, M. — Pl. تكاوين *forme, figure*, M.

مَكَان pl. أمْكِن, Mufassal 78, 3 a f., مكاكِين, Voc. — مكانَك, par ellipse pour قِف ou اِقعُد في مكانك, a presque le même sens que رُوَيْدَك, *attendez, modérez-vous*, Gl. Fragm. — مكانَه *immédiatement, sur-le-champ*, Gl. Fragm. مكانًا *un peu auparavant*, Gl. Fragm. — *Rang éminent, haut rang, rang élevé, distingué*, Abd-al-wâhid 83, 5 a f: وكان ابن عمار في الشطرنجي طبقةً عاليةً فاخرة بمكانه منه, Koseg. Chrest. 52, 6: كان من الورع والديس بمكان, Berb. I, 183, 1: وكان لبنيه بها وفي فقهه قرطبة مكان. — *Mérite*, Abbad. I, 324, 15: وجعل يُطْوِي أبي عكاشةَ ويُدْخِرُ — حسن بلائه وينبه على مكانه من الدولة وغناته." *Morceau* (d'un animal), p. e. يعطيه القصاب, Gl. Geogr. — لمكان, comme من الشاة مكانه آثر اخذه, à cause de, Bidp. 194, 4 a f.: كالتاجر الذي لكن امراته, Berb. II, 557, 12: عطف على سارق لمكان امراته. — فاوعز الى عامل سبتة بالتقبُّض عليه لمكان ما يونس بن ترشيحه, comme لكونه, *parce qu'il*, Berb. II, 340, 6 a f.: Khalîfa avait un cousin, لقبوه بالصغير "qu'on nommait le jeune, parce que l'autre portait le même nom;" بمكانه *pour cette raison*, souvent dans Berb., p. e. II, 560, 5 a f.

كَوَّن I (formé de كانون) *aimer à s'accroupir au coin du feu*, Cherb. C.

كوثبان espèce de *poireau*, Bait. II, 365 (AB).

كوى I, n. d'act. vulg. كَوْي, M; Bc a كوى اللحم *cautérisation*, et كوى *repassage*. — كوى القلب *brûler*, au fig., *inspirer une passion violente*, كوى قلبه الشوق

brûler du désir, Bc, chanson dans la Descr. de l'Eg. XIV, 142: حبّ الجميل كاوِيني «l'amour d'un objet charmant me consume.» — *Cuire*, causer une douleur âpre et aiguë, Bc. — *Plisser avec un fer chaud, repasser*, Bc, M.

IV *cautériser*, Voc.

VII *être cautérisé*, Voc., 1001 N. Bresl. IX, 223.

كَوَى *cautère*, pl. كَيَّات; فتح كَيّا *faire, appliquer un cautère*, Bc.

الكَيَّة السوداء *sorte d'ulcère*, voyez sous قرصة.

كَوَّايَة *repasseuse*, femme qui repasse le linge, Bc.

مَكْوَى pl. مَكاوي *bouton de feu*, instrument de fer en forme de bouton, qui sert à cautériser, après qu'on l'a fait rougir au feu, Voc. (*instrumentum cauterii*); ce mot est altéré chez Alc., qui donne (*botón de fuego*) mahgueq, pl. mahíguít. — مكوى *fer pour repasser*, Bc.

Mekoui, qui a le feu (cheval), Daumas V. A. 190.

كى.

كِيّ *pélican*, Maml. II, 1, 74 (où le *techdîd* est une faute), de Jong p. XIV, l. 2, Bait. I, 341 g (il l'épelle). Chez Payne Smith 1538 c'est *l'ibis*; j'ignore si les auteurs des gloses p. 1542, qui semblent donner الكوى et المكى pour *outarde*, ont eu en vue le même mot.

كَبْبا (syr. اِمَّا) *mastic*, Bait. II, 408 k (il l'épelle); Ibn-Wâfid 2 v°: تنقيف الرأس بحبّ الكبّة; dans le M كَبّا. Le mot vient du nom de l'île de Chios ou Chio, chez les Orientaux صما خِيبا (voir Payne Smith 1722); Dioscorides I, 51: Περὶ Μαστιχελαίου — συντίθεται δὲ ἐν Χίῳ τῇ νήσῳ κάλλιστον.

كِبْيا voyez ce qui précède.

كبيب, pl. كباب et أكباب, *sorte de petite natte épaisse*, M (qui dit que ce mot est d'origine persane, mais je ne le trouve pas dans cette langue), Antâkî v° بردي: الحصر المعروفة في مصر بالاكباب

كبتونة (χιτῶν) *aube*, vêtement en toile pour les prêtres, Bc.

كِيثَار, Casiri I, 528 a, كَيْثَارَة pl. كَيَاثِر citara, Voc., كَيْثَرَة cithara, L.

كَيْثَرِى et كَيْثَرِى, Voc. sous citara.

كِيج

كِيجِى mesure de capacité pour les matières sèches dans la province indienne de Tourân; elle tire son nom de la ville de كِيج ou كِيز, Gl. Geogr.

كِيد I. Remarquez l'expression كادهم فى بناء القصر لشيعته « il les trompa en bâtissant une citadelle pour ses partisans, » Berb. I, 628, 15; كاد فى التخلّف عنه « il le trompa en ne l'accompagnant pas, » 644, 4 a f. — Dépiter, causer du dépit, Bc. — Triompher, au fig., remporter un avantage sur quelqu'un, sur ses rivaux, Bc. — كاد يكون empêcher, Gl. Mosl.

III c. a. p. combattre avec, Gl. Belâdz. — C. a. p. rivaliser quelqu'un, Bc.

IV irriter, Bc.

VII se dépiter, enrager, se piquer, Bc.

كَيْد, pl. كُيُود, Saadiah ps. 69 comment. — Iniquité, méchanceté, malice, Alc. (malvestad). — Combat, Gl. Belâdz., Gl. Fragm., Gl. Geogr., M, Berb. II, 36, 3; قُوّة كيد ou مكيدة valeur, bravoure, Gl. Belâdz. — Désir de combattre, Gl. Geogr. — Dépit, rancune, Bc.

كِيادة et كَيْد = , Payne Smith 1432.

كَيُود astucieux, Voc.

أَكْيَد astucieux, Gl. Mosl.

الاكدّ mutinerie, obstination d'un enfant qui se dépite; pique, petite querelle, Bc.

مَكِيد astucieux, méchant, pervers, Alc. (artero, malvado).

مَكِيدة ne prend aussi dans un sens favorable, finesse d'esprit, Bidp. 106, 9: قد خبرت الاسد وبلوت رايه ومكيدته وقوّته — قُوّة مكيدة valeur, bravoure, Gl. Belâdz.

على مُكَايد c. astucieux, Voc., Gl. Mosl.

كِيدّار fougère, Gl. Manç. in voce.

كيد II (بالكبير على) et V dans le Voc. sous follis.

كِيس

كِير soufflet, est du genre commun, Diw. Hodz. 261, vs. 3 avec le comment., pl. aussi كُيُور, Carette Kab. I, 289. — = كور, fourneau, Bc, Hbrt 85, Macc. II, 617, 11, R. N. 96 v°: توقى شهيدًا بحرق النار قيل انه اصطلى عند كيره وعندما غلب عليه البلغم فنعس فالتهب النار فى ثيابه وافرط فيها حتى احترق هو نفسه. — (Κύριος) maître, propriétaire, Payne Smith 1684.

كِيرياليسون (gr.) Kyrié-Eléison, M, Bc, qui a ص.

كِيس II mettre dans une bourse (كيس), M. — Frotter les hommes au bain, Bc, Lane M. E. II, 51 n., Delap. 165, Martin 122, 1001 N. II, 688, 7, Bresl. XI, 14, 15, cf. sous لِيفة et sous كيس II, où l'on trouvera cités d'autres passages.

III. La loi a permis ou prescrit المُكَايسة dans les achats et les ventes, c.-à-d. qu'elle permet l'emploi de certains tours d'adresse dans le but d'établir entre le prix d'achat et celui de vente une différence dont on puisse faire son profit; voyez Prol. II, 100, 6, 278, 5.

V chasser la paresse, devenir diligent, Alc. (desenperezar).

كَيْس activité, vivacité, vigueur, vigilance, l'opposé de عَجْز, Badroun p. 122 des notes, Abbad. II, 186, 9. — = كَيّس voyez Kâmil 80, 3.

كِيس bourse, somme de 500 piastres, Bc. — Bourse à cheveux, Vêtem. 387–8. — Sac, Vêtem. 388, n. 3. — Etui, Bc. — Frottoir de bain, Bc, Lane M. E. II, 51 n., Bâsim 21: واعطا خالد قطعة كيس وثلاثة اموال. — وجه رجل وليفة — Kyste, membrane en vessie qui renferme des humeurs, Bc, p. e. كيس المرار ou المرارة, Abou'l-Walîd 307, 33, Mi'yâr 8, 6. — كيس البيض bourse, peau des testicules, كيس الخصى scrotum, Bc; aussi كيس seul, Gl. Manç. in voce. — كيس الراعى bourse à pasteur ou tabouret (plante), Bc.

كَاسَة, pl. أت et كَوَاسِى, petit sac de crin, dont se servent les masseurs dans les bains, Delap. 165, Ht, Beaussier.

كِيسة bourse, Domb. 83, Martin 127. — Espèce de gant en laine qui sert à frotter dans les bains, Martin 123.

كواسة gentillesse, Bc.

كِبَاسَة habileté, capacité, intelligence, savoir-faire, dextérité, agilité, vivacité, pénétration, esprit, Alc. (abilidad, agudeza de ingenio, desenboltura diligencia, diligencia, dostreza, engeño, ingenio, industria, presteza); بِكِيَاسَة promptement, Alc. (liberalmente). — Habitude, coutume, disposition acquise par des actions réitérées, Alc. (abito disposicion). — Beauté, Bc.

كَيِّس a le pl. أَكْيَاس, M, Kâmil 437, 11, Bidp. 176, 11, كُيَّاس, Alc., Payne Smith 1181. — Habile, agile, vif, vigilant, Alc. (abile, abile a la ciencia, desenbuelto por diligente, diligente, industrioso), l'opposé de عَاجِز, Badroun p. 122 des notes. — Gentil, gracieux, Macc. I, 891, 14: كان كيس الأخلاقي محبوب الصورة. — Mêlé, embrouillé, confus, Alc. (intricuda cosa).

كُوَيِّس, vulg. pour كَيِّس, M, beau, gentil, joli, joliet, Bc, Hbrt 7, 111, Ht (qui a قوَيِّس), 1001 N. Bresl. III, 80 (Macn. جميل), 217, IX, 205 (Macn. مليح).

كُوَيِّسَة beauté, Bc.

أُنُوس vulg. pour أَكْيَس, M.

مُكَيِّس, mieux مُكَيِّسَاتي, celui qui frotte les hommes au bain, Lane M. E. II, 49, 51 n.

كَيَّف I se faire, être praticable, convenable, Bc.

II dire le comment (كَيْف) d'une chose, la qualifier, la décrire en détail, Gl. Edrîsî, Voc., Ht, M, l'anonyme de Copenhague 47: بتيسير يعجز العقل عن تكييفه 1001 N. II, 145, 5. — Modifier, donner un mode, une manière d'être, Bc. — Faire exister, faire avoir lieu, Macc. I, 332, 1 et 12, II, 700, 18, 729, 4, 734, 17, Prol. II, 216, 10, Berb. II, 138, 12, 287, 8 (lisez كيّف avec notre man. 1350, au lieu de كنفه), 368, 3 a f. — Mettre en belle humeur, Bc, M.

V quasi-pass. de II, Gl. Edrîsî, Voc., M. — Se figurer, se représenter, Macc. I, 389, 17: والاذعان في, Berb. I, 287, 6, en parlant d'une magicienne: تكيّف سعده بروحانية كوكب منتحسرة; M. de Slane traduit s'incorporer avec l'esprit d'un astre. — S'égayer, se mettre en gaîté, Bc, Hbrt 226, M, se griser,

Bc; مُتَكَيِّف en belle humeur, qui est en pointe de vin, Bc.

كيف لي اليوم أن أرى عمر كيّف « comment dois-je faire aujourd'hui pour voir Omar? » Aghânî 68, 7; — كيف كنت تسمع « que pensez-vous de ce que vous avez entendu? » c.-à-d., cela vous plaît il? Aghânî 31, 7 a f.; — en pensant que, Bidp. 197, 3: ففرحت المرأة كيف يذهب « la femme se réjouit en pensant que son mari partirait » et qu'elle pourrait recevoir son amant, Bassâm III, 33 v°: راسله كيف رجع الى, 1001 N. I, 55, 6: مستقرّه, وقليد ملتهب على مدينته; كيف و ... ; كيف يغيب عنها bien au contraire, Macc. I, 848, 13: Abou-Haiyân n'a pas nié les miracles des saints, ... ; كيف وقد ذكر منها كثيرا ; كيف exactement comme, Ormsby 69, 76.

كيفي guise, mode; اعمل على كيفي « je ferai à ma guise »; على كيفك, ou على كيفك, vous êtes bien le maitre, comme il vous plaira; إن كان لك كيف si cela vous plaît; على كيفي à mon gré; على كيفي à discrétion, Bc. — كيف مزاج disposition, état de santé; — bien disposé (sous le rapport de la santé), Bc. — Humeur accidentelle, caprice, على كيفه selon son caprice, fantaisie, على كيفي à ma fantaisie, كيف لـه être en humeur de, Bc. — Gaîté, belle humeur, Bc, M, Lane M. E. II, 35, Burton I, 9; كيف في en belle humeur, Bc. — Proprement l'état de gaîté, d'ivresse, causé par le hachich, et ensuite le hachich même, Maltzan 140, Ali Bey I, 81, Jackson 78 et Timb. 330, Lempriere 300, Pananti II, 47, Richardson Sahara I, 316, Tristram 161.

كيفش comment, Bc (Barb.).

كيفيّة modalité; modification, Bc. — Dimension, Bc. — Particularité, circonstance, Bc. — Divertissement, régal, grand plaisir, Bc, Hbrt 226, M.

مُكَيِّفات (pl.) événements, Macc. I, 333, 11, 336, 2.

كَيْكَل, n. d'un. ة, pl. كياكل, cygne, Bg, Cherb., Pagni MS, Beeri 58, 4 a f.

كيكوانة plante inconnue au Maghrib, Gl. Manç.

كيل I produire, donner, Gl. Geogr.

II mesurer, M, Voc., Alc. (medir), Bc, Payne Smith 1698. — Acheter des céréales à la mesure, Cherb. C.

V être mesuré, Voc., Payne Smith 1697.

كَيْلَجَة

VIII *acheter des céréales à la mesure*, ou simplement *les acheter*, Beaussier, Berb. I, 31, 15, Cartâs 187, 12.

كَالَ (du pers. كال dans le sens de *recourbé*) instrument recourbé comme un hameçon, dont on se sert pour démolir des forteresses, M.

كَيْل sur les monnaies *poids ou mesure juste*, Ztschr. IX, 833. — Mesure de grains, *setier, mine*, Bc, Alc. (emina medida), « gallon of corn, » Lyon 189, la douzième partie d'une غرارة ou six *modd*, M. — *Stade*, mesure de 125 pas géométriques, Alc. (estadal medida de cierto trecho; Nebrija stadium). — *Les céréales dont les Bédouins ont besoin et qu'ils viennent acheter en Syrie*, Ztschr. XXII, 100, n. 36. — أكيل assez, L (satis أكيال وصرفًا).

كَيْلَة nom d'une mesure de capacité pour les céréales; en Syrie elle contient deux *modd*, M. — *Vase à boire*, Ztschr. XXII, 150.

كَيْلَة *jauge*, juste mesure d'un vaisseau fait pour contenir des liqueurs ou des grains; *mesure*, quantité comprise dans le vaisseau qui sert de mesure, Bc. — *Boisseau*, Ht. — *Béquille*, Domb. 90; semble formé de وكل.

كَيْلَة *mesurage*, action par laquelle on mesure, Bc. — *Le métier*, et aussi *le salaire de celui qui mesure*, M, Bc.

كَيَّال celui qui achète le blé, Daumas V. A. 229.

مَكِيل comme n. d'act. de la I‾ʳᵉ forme, *faire sa provision de blé*, Berb. I, 45, 4, 88, 6: فقبل البه مرداس في بعض السنين عيرم للمكيل

مَكِيلَة *mesure*, Gl. Esp. 300, Gl. Tanbîh.

مَكِيل s'emploie chez le vulgaire comme n. d'act., *mesurer*, et dans le sens de *mesure, vaisseau qui sert de mesure*, M.

كَيْلَجَة (Freytag sous كلج), كَيْلَقَة, كَيْلَكَة, كَيْلَقْة mesure de capacité pour les matières sèches, qui diffère selon les provinces, Gl. Geogr.

كَيْلَكَان (pers.) espèce de poireau, Bait. II, 408 m; lisez de même 365, où AB portent كليكان.

كَيْلُوخ pl. كوالخ *renard*, Alc. (raposa animal conocido); le dimin. raposita, coâylak, pl. أت; sous zorra o raposa, çaylôk est une faute; M. Simonet a trouvé dans une charte grenadine: جلد متع كيلوخ « une peau de renard, » et dans une autre, comme surnom: المقدم حسن الكيلوخ

كَيْلُوخِي qui appartient à un renard, Alc. (raposuna cosa de raposa).

كَيْلُون aussi كالون, pl. كوالين, *serrure ordinaire de portes*, Bg, *serrure de fer*, Hbrt 193, Bc; semble plutôt *cadenas* dans les 1001 N. II, 224, 14: وقفل القاعة وحط على الباب كيلونا واخذ المفتاح معه; aussi Lane traduit-il *padlock*.

كوالِينِي *serrurier*, Hbrt 85.

كيم. Biffez chez Freytag *collis* etc.; cf. Fleischer Gl. 41.

كيمختَ (pers.) espèce de cuir, Gl. Geogr.

كيموس, pl. أت, Payne Smith 1701, *chyme*, bol alimentaire, Bc.

كيمياء désignait dans l'origine *la substance qui transmue les métaux, la pierre philosophale*, et vient de χυμεία, qui est formé de χυμός, *un fluide*; c'est le synonyme de اكسير, qui vient de ξηρόν, ξήριον, proprement « médicament sec. » La science (l'alchimie) s'appelait علم صناعة (صنعة الاكسير = صنعة الكيمياء), et enfin علم الكيمياء, الكيمياء tout court; voyez Ztschr. XXX, 534—8. — *Chimie*, Bc. — *Fausse monnaie*; ضرّاب كيميا *faux-monnoyeur*, Bc.

كيمي *alchimiste*, M.

الكيمياء يعملون الكيميا = الذين *les alchimistes*, Nowairî Afrique 44 rᵒ (deux fᵒˢ).

كيماوي *alchimiste*, M, Hbrt 93, Ztschr. XX, 508 Athîr X, 332, 1, 5 et 6. — علم لحل الكيماوي *chimie*, Bc. — *Faux-monnoyeur*, Bc.

كيميوي *alchimiste*, Macc. III, 23, 9 (lisez اسود avec notre man.).

كيماوي *alchimique*, Bc.
كيماوي *alchimiste*, Fihrist.

كيمار voyez sous كنر.

كيهك chez les Coptes, *avent*, temps avant Noël et pour se préparer à cette fête, Bc.

ل

ل. Dans le Coran, chez les poètes, et même en prose, cette particule est l'équivalent de أنْ, Gl. Badroun.

ل. لَكَ وَلَكَ, pour le simple لكَ, afin de donner plus de force au discours, Bidp. 181, 2: فأنما تحن لك ولك « la neuvième année du règne d'un tel,» Gl. Abulf. — أيها الملك يبيعها لَه les vendre pour son compte, Roland. — كان ل être assujetti à, P. Abd-al-wâhid 16, 5 a f.:

—عجبًا لقوم لم تكن اذهائم للهوى ولا اجسادهم لنحول

مَنْ لى بفلان qui me remplacera auprès d'un tel? R. N. 16 r°: souvent, quand il y avait un enterrement, ce cadi était seul dans la mosquée, فيقال لوانّك انصرفت الى دارك فيقبل فمن لى بالملهوف المضطر بَعْدَ, après, p. e. اذا قصدنى فلم يجبنى — Pour كانت ولادة شبت لمضى ماثتين وثلثين سنة من عمر آدم, Gl. Abulf. — السلم لك Dieu vous soit propice! Abbad. I, 392, 9. — لله عَلَىّ je prends Dieu à témoin, exemple sous طلب I, R. N. 78 r°: لا أنْ على لله 90 v°, où il est question d'un maître d'école: ولما قرأ كتاب ادب المعلمين لمحمد بن سحنون رحه ترك التعليم وقال لله على لا علمنت ابدا وذلك انه خاف ان يضعف عن القيام بالشراىط التى فيه فتركه تطوعا

ل. ولا — لا non-seulement, mais aussi, Prol. I, 295, 6, II, 217, 2; de même لا من كذا ولا من كذا et ولا من حيث — لا من حيث tant en ceci qu'en cela, ou non-seulement en ceci, mais en cela, Prol. I, 247, 15, 367, 16 et 17, III, 270, 11. — بلاك اروح أزىّ-rai sans toi,» Bc. — Comme il ne faut qu'un instant pour prononcer la syllabe لا, non, les Arabes emploient كلّا pour exprimer presque au même instant, Harîrî 437, Gl. Djob., Haiyân-Bassâm I, 172 r°: فلم يَكُنْ الّا كلا حتى حكم الله بالظهور لأقَلّ الطائفتين عدّنا, 155 r°, 175 r°. De même ولا كلا, Harîrî l. l., Gl. Badroun, Gl. Djob., Prol. I, 36, 8, Berb. II, 279, 12, 294, 1, 386, 4 a f., Çalât 84 v°: فلم يكن ولم يكن الا كلا, Khatîb 113 v°: الّا كلا ولا حتى الخ ولا (حتى ajoutez) اقبلت الطلائع منذرة بانقبال العدوّ

اللاأدرية les pyrrhoniens, les sceptiques (de لا أدرى « je ne sais pas »), M.

لاخ (lat. halex, esp. aláche ou aléche) sorte de petit poisson, le hareng, l'anchois, la sardine ou le célerin, Gl. Edrîsî; d'après le P. Lerchundi لاجة désigne au Maroc une espèce de sardine, et Beaussier donne لاشة espèce de sardine de qualité inférieure.

لاجورد lazulite; — azur, Bc.

لاجوق (turc orient. آلاجوق ou آلاجوى tente, Maml. I, 1, 192.

لادمام cratægus azarolus, une aubépine, Prax R. d. O. A. VIII, 280.

لارنج citron acide, Ht.

لاريس (lat. larix) mélèze, Bc.

لازورد lapis, lapis-lazuli, lazulite, M, Voc., Bc; — azur, Bc.

لازوردية violette, Mehren Rhetorik 24.

لاش (= لا شى) néant, rien, Bc. — Poisson du Nil, chromis niloticus, rond, à queue rouge, très-charnu et bon à manger, Seetzen III, 497, IV, 516, Edrîsî ۱٩. D'après Victor le poisson qui s'appelle lácha en espagnol ressemble au barbeau. Marmol, Reb. 6 b, nomme le Bib Lacha à Grenade, et il traduit ce terme par «puerta del pescado.»

اللاشة ماشة, Akhbâr 17, 8, chez Macc. I, 170, dern. l. الأشة ماشة, est l'esp. argamasa, qui signifie béton, espèce de mortier fait de chaux, de sable, de bitume et de gravier. Le Voc. a لَشَمّش argamasa (bitumen), et chez Alc. *laxamâx* est: argamasa, hormigon de pared, maçacote para solar, loçado de maçacote.

لاطبين poisson du Nil, Seetzen III, 498.

لاطَنَة pl. نَواطن *barque sur un petit cours d'eau*, Voc. (barca rivi).

لاطون (esp. laton) *laiton*, Macc. I, 303, 12, 362, 14.

لاطى (ἐλάτη) *pin*, mais aussi le خَور (voyez), Payne Smith 1011.

لاؤنَة *mastic*, Bc; dans M نيڤونة (voyez).

لاك *gomme laque* (d'Angleterre), Hœst 270, Inventaire: ومن اللاك افلامينكى

لاكى.

مَلاكى *angélique*, de Sacy Chrest. I, 492.

مَلائكى *angélique*, Bc.

لالا II. *Splendere* est dans le Voc. تَلَلَى et تَلالى herbe qui vient de la Mecque et dont on se sert en médecine, Bait. II, 411 d.

لولو Most. v° ولدفاقه الغَبر متثوب يقال: حَجر اللولو. — *Iris germanica L. et Iris sambucina L.*, Alc. (lirio cardeno); زيت لولو huile faite de cette fleur, Alc. (azeite de lirios). — زهر اللولو *marguerite*, Bc. — لولو doit avoir, dans un passage que j'ai cité sous رسم I, uno signif. qui m'est inconnue. لونوى espèce de datte, Niebuhr R. II, 215.

لالا, لالة, لالى, dans le Voc. لَالَة (domina) pl. ات chez Alc. (doña) *lêlle* pl. lellêt, au Maghrib (berb.?), *dame, madame*, Domb. 77, Bc (Barb.), Hbrt 24, Jackson 30, 152, Ten Years 29, Barbier, Delap. 155, Ht, titre qu'on donne à la Vierge Marie, *Lella Maryam*, Torres 258, Charant 70, Harck Oluf 9, aux princesses, Torres 232, 246, 247, 303, 305, 400, 413, 414, 423, Lempriere 353, 355, 356, 359, 361, 362, 363, 365, 368, 369, 375, 376, etc., aux femmes des chaikhs, Lyon 62. La principale des quatre femmes de l'empereur de Maroc s'appelle *Lella cabira*; les autres, Lella suivi du nom, Hœst 175; — *la reine au jeu des échecs*, Hœst 112; — أُم لالا *grand'mère*, Hbrt 29 (Alg. et Mar.).

لالال *tarare*, bon! bon! je m'en moque, Bc.

لالَك (pers.), n. d'un. ة, pl. نَوالِك, *soulier*, Defrémery Mémoires 329—330.

لالَكى (de la forme pers. لالَكا) *cordonnier*, Lobb al-lobâb ٢٨١.

لالى voyez لالا.

لالويشَة *calendula*, Prax R. d. O. A. VIII, 343.

لالى voyez لالا.

لأم I, 1 chez Freytag, n. d'act. مَلأَم, Berb. I, 398, 6, II, 473, 2 a f.

VI *coagmentatus est, coniunctus est*, Payne Smith 1455, Ibn-Doraid (Wright). — C. مع dans le Voc. sous concordare. — *Goguenarder*, Bc.

VIII c. ب *adhèrere*, Voc. — C. ب *s'armer* d'une cotte de mailles, Nowairi Afrique 50 v°: اذا التثموا بالرَبط خلت من فتوق التمائم أزاهر تَبدو من فتوق الكمائم أو ائتاموا بالسابريّة أبرزوا عيون الأفاعى من جلود الأراقم X, avec السلاح, *s'armer*, Calât 29 v°: استلاموا السلاح وركبوا خيلام

لأم *avarice*, ladrerie, Bc. — *Goguenarderie*, mauvaise plaisanterie, Bc.

لَئيم *goguenard*, mauvais plaisant, Bc.

لأم, pl. ألأم, Kâmil 271, 6.

لمأم الما *l'amas des eaux*, Aboû'l-Walîd 629, 16, Saadiah ps.

لمائم (pl.) sorte de pessaire, Ibn-Wâfid 7 v°: حبلان الوشائع المعروفة باللمائمات في العضو المذكور

لامساسيه voyez sous مساس.

لامون = ليمون, Auw. I, 154, 6 (lisez واللامون avec notre man.), 314, 12, 315, 4, 319, 13, 4 a f., etc.

لامى *élémi*; voyez Gl. Esp. 259, Antâki: زوقا رطب هو المعروف في مصر باللامى الخ

لامبون *lamier* ou *lamion* (plante), Bc.

علم اللاهوت (Freytag 129 a) *la nature divine*; — *la théologie*, Bc.

لاوندى théologal, théologique, Bc.

لاوندى, pl. لاوند et لاوندية, semble *Levantin*, 1001 N. IV, 605, 3: وجعلتنى صاحبة اللاوندى, Bresl. IX, 226: رايت لابس لبس اللاوند, Macn. IV, 603, 1: اثنين من اللاوندية يتقاتلان مع بعضهما.

لاى.

لاوى pour ألوى (pas لاوى comme chez Freytag), Gl. Geogr.

لولاة même sens, *ibid.*

لايش d'où vient...? Bc.

لبّ I. لبّ قميصه حريرًا coudre une bande de soie sur le col de la chemise, M.

II c. a. dans le Voc. sous *capitulum* (باب); mais je soupçonne que cette forme, ainsi que la V°, appartient à l'article *capicium*. — لبّوا عليه, Cartâs 112, 6 a f., où Tornberg traduit: *eum conviciati sunt*, ce qui convient au contexte; mais la leçon est-elle bonne?

V dans le Voc. sous *capitulum* (باب), mais voyez sous II.

لبّ (esp. *lapa*, du lat. *lappa*), n. d'un. ة, *bardane*, *glouteron* (plante), Alc. (cadillo pequeño cardo); cf. لبيلة, لبالة.

لبّ, voyez لبّ.

لبّ, dans le sens de *moëlle*, pl. aussi الباب, Voc. — لب التخميز, *mie*, Bc. — Pl. الباب (Voc.) *noyau*, Voc., Hbrt 52, *pepin*, Bc; لب الرمّان *grains de grenade*, Mokaddasî 324, 10; en Egypte (où l'on prononce *libb* d'après Lane, mais Wetzstein donne *lobb*) on entend sous ce mot *des grains de melon rôtis*, Lane M. E. II, 19 n., Ztschr. XI, 520, n. 43. — En parlant d'amandes, de pistaches, d'avelines, comme قلب, *l'amande dégagée de la coque*, et comme collectif لب جوز; voyez sous قلب; لب جوز المستقى semble comme جوز قلب chez Bc *cerneau* moitié de noix verte sans la coque, Chec. 196 v°: ورايت بعض ابناء الملوك يضيف اليها لب الجوز مقشورا من القشر الداخل (Esp. *lobo*) fém. ة, pl. ات et لبّة, *loup*, Voc., Macc.

v°, هو خرو اللب: زيل الخشب وهى مرارة اللب: مرارة الخشب. I, 122, 12, Most. v°

لبّة *bouillie*, lait et farine cuits ensemble, pâte liquide, Bc, mets préparé du premier lait, après que la vache a vêlé, Mehren 34, qui ajoute: «du verbe لبّ, têter;» mais ce verbe n'a pas ce sens, et notre لبّة est évidemment une forme vulg. de لبا, qui signifie précisément: le premier lait d'une vache qui a vêlé.

لبّة *collier*, Lane M. E. II, 405, Bc, Akhbâr 122, 3 a f. (= عقد), Khatîb 3 v°, en parlant de Grenade: الى ان صارت دار ملك ولبة سلك, Formul. d. contr. 4, parmi les objets du trousseau: والشنيفة واللبة المشتقة بكذا وما فيها من العقيق.

لبّة (comme لبّ) *moëlle*, Calâïd 94, 10: ولقد رايت عظمى ساقيه قد أخرجا بعد سنين من حفر — (corrigé d'après des man.); ولبّاتهما مشتقّة لم السابق, Bc. — *Mie*, Bc, لبة خبز *mie du pain*, Hbrt 13.

لبّانة *intelligence*, Voc. — *Eloquence*, Hbrt 94. — *Mie* (du pain), Bc, Hbrt 13, 1001 N. II, 68, 11.

لبّازة mets fait de mie de pain, de miel, de beurre fondu et d'un peu d'eau rose, Lane M. E. II, 307.

لبا.

لبا *crème recuite*, Bc. — لبا النار البارد *herbe-au-lait*, herbe-aux-nourrices, Alc. (lechetrezna); proprement: lait de feu froid; cette plante a été nommée ainsi à cause de son suc laiteux, qui est amer et très-âpre à la langue.

لبوة et لبوة *louve*, Voc.; on a donc confondu le mot arabe, qui signifie *lionne*, avec لبة, qui est l'esp. *loba*.

لباء sorte de poisson, Yâcout I, 886, 8; le *techdîd* dans Cazwini II, 119, 2 a f.

أباء *illic*, Voc.; semble le catalan *la bax*, fr. là-bas.

لبت.

لبتة pl. لبت *carpe*, Bc; la leçon لبت chez Cazwinî II, 119, 18, est donc bonne, tandis que celle qu'on trouve dans Yâcout, I, 886, 2, لبت, ne l'est pas.

لبت pl. لوابيت لابوت *morceau de fer à l'extrémité du soc de la charrue*; quelques-uns disent لابوت, M.

لبث I *s'engraver, s'engager dans le sable* (bateau), Bc. — *Marcescere* (*in carnibus, vel piscibus*), Voc., qui a aussi II c. a.

II voyez ce qui précède.

لابوت voyez لابوت.

لبج

لبَاج (ital. *libeccio*, esp. *lebeche*, prov. *labech* (aujourd'hui *abech*), a. fr. *lebeche*, *lebech*, qu'on dérive de λίψ λιβός, lat. *libs libis*) *vent du sud-ouest*, Alc. (viento entre poniente y abrego; il a aussi ce mot sous rogación viento, mais par erreur, car ce terme signifie vent du nord, ou du nord-est), Fréjus 49, Domb. 54; chez Becrî 105, 13, et chez Bc, c'est لبيش, ce qui représente très-bien λίψ; — *le sud-ouest*, Ht (où sud-est est une faute), Delap. 33, qui a لِبَاش, Amari 25, 1, Amari MS: «les confins d'une propriété, après avoir été dirigés قِبلِيًّا, reviennent لِبَاجًا».

لبج II et V. لبج او تلبج جسمه من الضرب *les traces des coups étaient visibles sur son corps*, M.

لبخ. A la longue et savante dissertation de Silv. de Sacy (Abd-allatif 47—72) sur les arbres de diverses espèces qui portent ce nom, j'ajoute ces citations: Descr. de l'Eg. XVIII, part. 2, 394: *lebbek* avec le nom botanique *mimosa lebbek;* — van Karnebeek dans la Revue intitulée de Gids, 1868, IV, 127: *lebah*, espèce particulière de frêne, qui ne perd ses feuilles que pendant quinze jours au printemps; — Wittman 346: *lebback*, espèce de cassia fistula.

لبخَة pl. لبخات *cataplasme*, espèce d'emplâtre, Bc, Hbrt 37, M.

لبد I *se poster*, Bc. — *Se blottir, se ramasser en un tas, s'accroupir, se tapir, se cacher en se tenant dans une posture raccourcie*, Bc. — *Fouler, tasser*, Bc, M.

N. d'act. لبْد *se taire*, Voc.

II *poster*, Bc. — *Guetter, épier*, Bc. — *Feutrer*, Voc., Bc; لبّد الصندوق *envelopper une caisse avec des feutres*,» Bc; 1001 N. Bresl. IV, 24: شعرهم ملبّدين على جلودهم, c.-à-d., comme porte l'éd. Macn. (III, 28): وعليهم شعور مثل اللبد الاسود. — *Fouler, tasser*, M; cf. de Sacy Chrest. II, ١٢٣, vs. 4, où ce verbe est

employé en parlant d'une terre humide qu'on aplatit en la frappant avec une pelle; لبّد الغليون *charger trop une pipe, bourrer le tabac*, Bc. — *Faire taire*, Voc.

IV c. ب p. *faire cause commune avec*, Berb. II, ٣٣, 9.

V *être feutré*, Voc. — *Agir lentement, lambiner*, M sous ركرك: والعامّة تقول تركرك عن الامر اى ابطأ وتلبّد. لبد (Voc. لبّد, Alc. *lebd, lebt*) *feutre*, Voc, Alc. (*hieltro*), Bc. — *Haut bonnet de feutre*, qu'on met aux malfaiteurs ou aux prisonniers quand on les promène par les rues, Athîr VIII, 69, 4 a f.: فاركب على جمل هو وابنه وعليهما البرانس واللبود الطوال, 205, 2 a f.: (L) ووجدوا في سواده برانس لبود (ولبودا), Mehren 35. — *Chaussure de feutre*, Gl. Fragm. — Pl. لبَاد *maillot, couches et langes d'enfant au berceau*, Alc. (*pañales para criar niños*). — L'auteur d'un traité sur l'art de la guerre, parlant d'un mélange de baume et de naphte, ajoute (J. A. 1849, II, 269 n.): فانه لا يحرق لبود الروم الا. هو لانهم يستنزون باللبود Quatremère (J. A. 1850, I, 262) veut traduire *cuirasses*, puisque, suivant l'assertion de Bruce, لبد désigne «une espèce de cuirasse.» Je suis dans l'incertitude.

لبّدة pl. لبّد *calotte de feutre* blanche ou brune, que les hommes du peuple au Caire portent sous le tarbouch; les gens pauvres n'ont pas autre chose sur la tête, Lane M. E. I, 45, Fesquet 183, Burckhardt Nubia 155, 1001 N. I, 664, 7, cf. III, 446, 11, 452, 12. — *Bourre d'une arme à feu*, Bc. — Pl. لبائد *des crins agglomérés*, de Sacy Chrest. II, ١٢٢, 5, 394, n. 75.

لبيد بيضاء *bouillon-blanc* (plante), Bc.

لبّاد *feutrier*, Bc. — Pl. لبّاديد *feutres;* «on s'en sert tantôt pour emballer, tantôt pour une espèce de tapis ou de nattes en voyage,» Bg, Burckhardt Syria 293 («*lebaet*, coarse woollen stuffs used for carpets, and in winter for horse-cloths»), M, Yâcout IV, 164, 3, Nowairi Egypte, man. 2 m, 171 r°: وجد الملك بركة في حركات (خرَكاه) (cf. تسع خمسمائة رجل مكسوة لبباد (لبابا) ابيض, Reinaud F. G. 35, n. 4, J. A. 1849, II, 319, n., l. 6 et 8, 1850, I, 245, 1001 N. I, 720, 7, III, 621, 6 a f. — *Taciturne*, Voc.

لبد pl. لبابيد *feutre*, Bc. — Calotte de feutre, qu'on porte sous le tarbouch, ou sans tarbouch, M; bonnet de laine feutrée, que portent les pâtres, les Turcomans et d'autres en quelques endroits de la Syrie, Bg 798. Je pense que ce mot à ce sens chez Masoudi VI, 432, où ceux que le calife al-Amîn chargeait ordinairement de faire la chasse aux lions, sont appelés اصحاب اللبابيد والخراب. — *Couverture de cheval, sous la selle*, M.

مُلَبَّد (pas مُلْبَد comme chez Freytag) *qui a une crinière*, épithète du lion, Gl. Mosl.

المُلَبَّد المُتَخَتَّم. مُلَبَّد *sorte d'étoffe*, voyez Macc. I, 123, dern. l.

مَلْبَدة. Daumas Mœurs 99 (chasse au lion): « Quelquefois on creuse, auprès d'un cadavre, un trou recouvert de forts madriers, entre lesquels on ménage seulement une ouverture nécessaire pour laisser passer le canon d'un fusil. C'est dans ce trou, appelé *melebda*, que le chasseur se blottit; au moment où le lion se dirige vers le cadavre, il fait feu;» de Jong van Rodenburg 132 (même sujet): « Tusschen eenige oude verwarde boomstammen kozen wij eene schuilplaats (*melbeda*).»

لبر

ليبرة (lat. libra) *livre*, poids de l'or, Amari MS.

لَبْرَ pl. لُبَر *able, ablette* (poisson de rivière), Alc. (broca pescado). C'est peut-être un mot qui a été corrompu par l'influence de l'article, car d'après le P. Lerchundi on donne au Maroc le nom de وبّر à un poisson qui est un peu plus grand que le *besugo* ou rousseau.

لبريل (esp. lebrillo) pl. لباريل *terrine*, Voc., Alc. (lebrillo grande de barro).

عنب اللَّبْرُشك (esp. labrusca) *lambruche* ou *lambrusque*, vigne sauvage, L (labrusca (uba silbatica)).

لَبْرَكة (esp. la barca) *bac, gabarre*, bateau plat qui sert à la navigation des rivières, Voc.

لبس I *se revêtir d'une cuirasse*, Maml. I, 2, 78, 1001 N. III, 170. — Poétiquement, لبس الدجى = marcher dans l'obscurité, Gl. Mosl.

II *habiller, vêtir, revêtir, accoutrer, attifer*, Voc., Bc. — *Habiller, maltraiter de paroles, draper, railler, médire*, Bc. — لبّسه متسلم حلب «il l'a investi de la charge de gouverneur d'Alep,» Bc. — C. بـ *plaquer, appliquer une chose plate sur une autre*, Bc, Haiyân 12 r°: اتخذ عليها ابواب حديد ملبسة عجيبة الصنعة, Cartâs 41, 9: صهاريج ملبّس بالرصاص. — *Crépir, enduire un mur, plâtrer*, Voc., Cherb. Dial. 70, Cartâs 32, 8: فلبّس الصومعة بالجصّ والجبّار, l. 9 et 10, 1001 N. I, 75, 7 a f. — C. على r. *cacher*, Cartâs 35, 15: فنصبوا على ذلك النقش والتخاييب الذي فوق المحراب وحوّلوه بالكاغيد ثمّ لبسوا عليه بالجصّ. — C. على p., Djob. 36, 14: وعدّه لا محالة من الامور الملبّس فيها على السلطان — ولو علم بذلك على ما يؤتى عنده من العدل والآثار لارتفع لازال ذلك; peut-être aussi chez Mohammed ibn-Hârith 292: اشتغل به قلب هاشم ولبس عليه مكاننه ورّ فكرّه الى ضرّه ومطالبته, s'il faut traduire: «il lui cacha son intention.» — *Mettre une chose dans*, في, *une autre*, Bait. I, 120 a: le bézoard est utile اذا لبّس — C. على p. *tromper*, تلبيس *imposture, imposteur*, Bidp. 139, 4, Prol. I, 40, 9, 166, 13: لبّس عليه بـ «il fut trompé par,» cf. de Slane Prol. I, LXXIV a: لبّس عليه بالعدالة «il lui fit croire qu'il était un homme de bien,» Prol. I, 169, 3 a f., 287, 2 a f., 289, 2 a f., 290, 6, 2 a f., 307, 3 a f., 389, 9, II, 284, 14 et 15, Berb. I, 457, 3 a f., J. A. 1848, II, 245, 2; cf. J. A. 1852, II, 213, 3 a f.: لبّس عليه الامر انّ والده توفّي «victime d'un mensonge, il s'imagina que son père était mort.» — C. بـ *feindre* une chose, Berb. I, 654, 11, II, 41, 6 a f., où il faut corriger: ثم غالطني بما بخله, لبّس تلبيسا بالكرم «en feignant d'être généreux.» — لبّس عليه بكتاب, proprement: «il le trompa en lui donnant une lettre,» dans le sens de: «il lui remit une lettre qu'il avait forgée,» Cartâs 266; 4 a f. On dit aussi كتاب لبّس فيه, *forger une lettre*, Berb. I, 360, 10, ou تلبيس الكتاب على لسان فلان, 364, 14; cf. II, 338, 3 a f. (lisez l'histoire qui y est racontée); autre construction, II, 560, 2 a f.: ولبّست عليه وعلى

لبس

„on forgea des lettres au nom de ce chef et de son vizir," par lesquelles les officiers zenatiens furent invités à se révolter. — لبس بشيء فلان *se donner pour*, Berb. I, 67, لبس باته الفضل „il se donnait pour al-Fadhl," cette espèce d'imposture s'appelle تلبيس, 102, 3 a f., 103, 1, 627, 11, تلبيسه باني عبد الرحمن "se donner pour Abou-Abd-ar-rahmân," II, 384, 1.

III c. a. p. *être intime avec* quelqu'un, خالده dans les dict. ar., exemple sous شمل VIII. — C. a. dans le Voc. sous *contractus in mercatione*.

IV c. a. p. *faire prendre à quelqu'un sa cuirasse*, ملبس *couvert d'une cuirasse*, Maml. I, 2, 78. — *Barder, couvrir d'un caparaçon*, ibid. 79, Notices XIII, 184. — C. d. a. *communiquer un secret à quelqu'un*, Gl. Mosl. — C. على *douter de*, Voc. — C. على *dérouter quelqu'un*, Prol. III, 208, 4.

V *s'attifer, s'endimancher, se parer, se requinquer*, Bc, Gl. Geogr. — *Être crépi, enduit, plâtré*, Voc. — *Être altéré, faussé*, Prol. I, 57, 9. — *Être difficile* (question) *pour*, على, Voc. — *Se mêler de, s'occuper de*, Prol. II, 381, 13, Berb. I, 457, 12, si on y lit متلبسا avec notre man. 1351, Cartás 239, 10. — C. ب *prendre, s'approprier*, Bayân I, 48, 12. — C. ب *s'attacher à* quelqu'un, Prol. I, 287, 7; c'est aussi la leçon de notre man. 1350; M. de Slane préfère la variante والملتبسون (qui est aussi dans notre man. 48); je pense que la V et la VIII forme s'emploient dans le même sens.

VIII dans le Voc. sous *vestiro*; يلتبس *mettable*, qui peut se mettre (habit), Bc. — Dans le sens d'*être obscur, douteux*, c. على p., *pour*, M, de Sacy Chrest. II, ٩, 1. De là chez Nowairî Espagne 467, qui réfute une assertion d'Ibn-ar-Rakîk: والتبس عليه محمد بن عبد الله باجدّه محمد بن عبد الرحمن c.-à-d., il confond ces deux princes. — C. ب *se mêler de, s'occuper de*, Abbad. I, 166, n. 545, Gl. Fragm., Prol. II, 363, 1, Berb. I, 457, 12 (cf. sous V). — C. ب *être mêlé avec*, de Slane Prol. I, LXXIV a. — C. ب *prendre, s'approprier*, Gl. Bayân, Haiyân-Bassâm I, 157 v°: وصير كل ذلك بايدي ثقات من اهل — C. ب *s'attacher à* — لا يلتبس بشيء منه quelqu'un, voyez sous V. — التبس بالتجنّي *être possédé du démon, être épileptique*, Lane trad. des 1001 N. II, 330, n. 107.

لبس في الكلام *amphibologie*, Bc.

لبس pl. لبوس *cuirasse*, dans les deux exemples cités Maml. I, 2, 79: وجد، وكان معه لبوس وسلاح et (corrigez cette note), Athîr XII, عندهم لبوسا كثيرا 75, 7. — *Sorte de caparaçon de laine rembourrée avec du coton, qui, dans la guerre, couvre le dos, les flancs, le cou et la poitrine du cheval, et qui, dit-on, est impénétrable aux coups de lance et d'épée*, Burckhardt Nubia 215.

لبس *sorte d'oiseau*, Yâcout I, 885, 13. — *Sorte de poisson*, Yâcout I, 886, 8.

لبسة لبسة شيطان *possession, état d'un possédé*, Bc.

لبسة *espèce d'oseille*, Alc. (romaza yerva; d'après Colmeiro, romaza est: *Rumex Patientia L.*).

لبسى *amphibologique*, Bc.

لسان (λαψάνη) *graine de moutarde, Sinapis arvensis*, Bait. I, 357 b (AB), II, 413 b, cf. Mehren 35; لسان البحاتر *sisymbrium iris L.*, Prax R. d. O. A. VIII, 280; — لسان الخيل *capsella bursa pastoris*, ibid.; — لسان مقلوب *sinapis pubescens*, ibid.

لباس, pl. ات et ألبسة, *en Égypte et en Syrie, caleçon, pantalon, chausses*, Vêtem. 395 et suiv., Bc. — *Cuirasse*, Maml. I, 2, 79; dans Athîr XII, 75, 7, Nowairî, Afrique 64 v°, remplace لبس par لباس.

لبيس *espèce de carpe*, voyez Gl. Edrîsî, Vansleb 72, Seetzen III, 499, IV, 516; cf. ابو لبيس.

لبيس *du poisson (en général)*, Alc. (pece pescado generalmento).

لباسة *chausses*, Bg.

لبّاس (pas bien expliqué par Freytag) *qui est somptueux en habits*, Gl. Fragm. — لباس الخناصر *le doigt auriculaire, petit doigt*, M sous خنصر.

لابس *cuirassé*, 1001 N. Bresl. XII, 316: واذا به ملان بالعسكر وهم بين مدرع ولابس.

تلباس *enduit*, Cherb. Dial. 67.

تلبيس *illusion* (de Slane), Prol. III, 76, 12. — *Bauche ou bauge, enduit sur les murs*, Bc. اهل التلبيس *les hypocrites*, de Sacy Chrest. II, ٤٢, 1. —

Astucieux, Bc; *hypocrite*, Ht; d'après le M, l'expression vulgaire ولد تلبيس (sic), pl. تلابيس, serait une corruption de ولد ابليس.

مَلْبِس *bien mis*, 1001 N. Bresl. II, 194.

مَلْبِس *maître de la garde-robe*, Freytag Chrest. 130, 8 a f.: قُتِل ملبس السلطان وطَشْت داره.

مَلْبِس pl. ات bonbon, dragée, Bc, Hbrt 16, *dragées ou amandes couvertes de sucre*, Bg 269, M, 1001 N. III, 475, 4 a f., IV, 373, 3 a f.; ملبس القرفة *cannelas*, dragée de cannelle, Bc.

مَلْبَس *mise*, manière de se mettre, Bc. — *Démoniaque, possédé*, Bc; — *qui est dans un état d'exaltation religieuse, convulsionnaire*, Lane M. E. II, 219, Burton I, 198.

التَبَيس في الكلام *amphibologie*; المعنى *ambiguïté*, Bc.

ملتبس *amphibologique*; المعنى *ambigu*, Bc.

متلبس *hypocrite*, Macc. III, 328, 6: المتلبس الذى يظهر النسك والعبادة ويبطن الفسق والفساد.

لَبَش II *plier bagage* (au propre), Bc; M: لبش الشىء جمعه من ههنا وههنا على غير نظام.

لَبَش pl. ات *bagage, effets, meuble, pacotille*, Bc, M. voyez لباش et لبش لبالة.

لَبَص I et II *s'engraver, s'engager dans le sable* (bateau).

II *s'ensabler*. II لبص المركب في الرمل *ensabler*, faire échouer sur le sable, Bc.

لَبَط I *donner des coups de pied, ruer, ginguer, donner une ruade à*, Bc, Hbrt 59, M. — En parlant de pâte, *être molle, liquide*, et par conséquent difficile à pétrir, M. — C. ب r. (ou II?) *faire en hâte*, Merx Archiv I, 157.

V *clocher, boiter en marchant*, Merx Archiv I, 157. Il est donc certain que dans Abou'l-Walîd 793, 8: يتعوج في كلامه كما نقول نحن يتلبط, il faut corriger يتعرج.

لَبْطة *coup de pied d'un quadrupède, ruade*, Bc.

لَبَّط *frapper le sol* (للبط), voyez Lane sous ce verbe) *avec les pieds de devant*, M.

لِبط ou لَبّاط (esp. *abad*, avec l'article) pl. لَبابِط

clerc, chanoine, Alc. (clerigo, canonigo de iglesia), Simonet 233; *chapelain, curé*, chartes grenadines.

لَبَق I c. ل *aller, être séant, faire, être séant, convenir, seoir*, p. e. هذا يلبق لك «cela vous va bien (vous sied),» Bc, M; يلبق *honnête, plausible, spécieux*, Bc.

II. لبق له الثوب *essayer un habit à quelqu'un*, M. — لقب له, لَبَّق به vulg. pour كذا, M (sous لقب).

لَبَق vulg. pour لَقَّب, M (sous لقب).

لَبِيق *beau, élégant* (caravansérai), Gl. Geogr. — *Accort, aimable*, Voc. (placidus, synonymes خفيف الروح et شيق). — *Ardent, passionné, lascif* (baiser), 1001 N. Bresl. III, 79: استقبلته ببوس لبق شبق.

لَباقة *beauté, élégance*, Gl. Geogr. — *Dextérité*, Bc. — *Accortise, amabilité*, Voc. (placencia = خفّة روح).

تَلْبيق vulg. pour تَلْقيب, M.

لَبَّك II *embarrasser, empêcher la liberté des mouvements, gêner*, Bc, Hbrt 194, M.

V *s'embarrasser*, Bc.

لَبْكة *embarras*, Bc, Hbrt 194.

مَلْبُوك *embarrassé, gêné*, Bc, Hbrt 194.

لبل.

لَبْلى *épithète d'une espèce de faucon*, Calendr. 92, 1 (septembre): وتخرج الشاذانقات اللبلية من البحر الكبير فتصاد الى أوّل الربيع, où l'ancienne traduction latine porte: falcones allebliati. Ce mot, qui semble formé du nom de la ville de لَبْلة, Niebla en espagnol, est devenu نَبْلى, qu'on trouve chez Alc. (halcon nebli, nebli especie de halcon), en esp. *nebli*, en pg. aussi *nebri*. Actuellement on s'en sert encore en Algérie; voyez Daumas dans la R. d. O. A. N. S. III, 235, qui écrit *el nebala*.

لَبالة. Dans Ibn-Djoldjol sous *aparine* et sous *alyssum*: وهو نوع من اللبالة; chez Ibn-Tarîf sur Dioscorides لَبَيْلة (aparine). C'est le dimin. du lat. *lappa*, esp. *lapa*, ar.-esp. لَبّ, لَبّة (voyez), *bardane, glouteron*.

لبالية *l'Océan*, Prol. I, 74, 2, où M. de Slane remarque: « Ce mot est peut-être une altération de πέλαγος, ou bien il représente لَبَلانت, *l'Atlantique*. Ce dernier mot étant changé en لَتَلانَة, puis ponctué d'une manière inexacte, aura produit le mot *Leblaïa*. Becrî 249 donne au mont Atlas le nom de اَللَنَت, *Adlant*: le nom d'*Atlas* était donc connu des Arabes. »

لبلب

لَبْلَبْ *discours confus mêlé de plaintes*, M, qui dit que c'est peut-être pour بَلْبَل.

لَبْلَاب *herbe-au-lait, herbe-aux-nourrices*, Alc. (lechetrezna). — *La graine de l'indigotier*, Auw. II, 307, 3 a f. اَلْلَبْلَاب الأَحْرَش, ou اَلْلَبْلَاب الْمَجُوسِي, ou لَبْلَاب الْمَجُوس, *véronique*, Bait. I, 76 b, Bc, الْمَجُوس أنثى *velvote ou élatine*, Bc.

لَبَالِيب pl. de لَبْلُوب *bourgeon, bouton*, Bc. Mais dans les 1001 N. Bresl. IV, 35, لَبَالِيب doit signifier *branches*; on y lit: je vis un serpent s'entortiller autour de l'arbre sur lequel je me trouvais, وتَلعَبَت على اللَّبالِيب الغَوْقِيَّة وقُلتُ لَعَلِّي أَقعُ مِن عَلَيْهَا وَاقْتُل وارْتَاح مِن عَذَاب انَام الحَج

لَبْلَابَة *cannelle, robinet mobile*, Bc.

لَبْلَابِي *pois chiches (garbanzos) rôtis dans une poêle ou dans un four*, Shaw I, 216 (leblobby), *pois chiches grillés*, Roussier.

لبن II *se remplir ou être rempli de lait (comme le pis d'une vache)*, Alc. (enlecharse estar de leche).

لَبَن *un pain*, Gl. Geogr.

لَبَن, pl. لُبُون, dans le Voc. Signifie proprement *du lait en général*, dans le Voc., *du lait frais*, J. A. 1838, II, 515, et en Egypte il a encore ce sens, Lane M. E. I, 314; mais en Arabie, en Syrie et dans le nord de l'Afrique, c'est *du lait aigre, du lait de beurre aigri*, que les Arabes préfèrent au lait frais, chez Bc: *lait caillé (avec feu) et aigrelet (Syrie)*, tandis que *lait frais* s'y exprime par لَبَن حَلِيب, ou حَلِيب seul, J. A. l. l., Lane l. l., Hœst 217, Kennedy I, 100, Richardson Sahara I, 299, Martin 190. — Chez les écrivains anciens اللَبَن signifie *des chamelles abondantes en lait*, et comme on les donnait pour la rançon d'un meurtre, دِيَة, ce mot a reçu le sens de *rançon*, J. A. 1838, II, 515—6. — *Semence génitale*, Ht. لَبَن أبِي النَّوْم *opium*, Sang. لَبَن السَّوْداء gomme qui vient du Maghrib et qui s'extrait d'une euphorbe; appliqué sur des enflures, ce médicament en détermine promptement la vésication, et, aspiré par les narines, il provoque de longs éternuements et des saignements qui peuvent être mortels, Bait. II, 249, 428 b. C'est donc la gomme-résine connue sous le nom d'*euphorbium* ou *gomme-euphorbe*, qui s'extrait de quelques euphorbes charnues d'Afrique ou d'Arabie, notamment de l'*euphorbia antiquorum L.*, et de l'*euphorbia officinarum L.* — لَبَن الطَّبُّوس chez Payne Smith 1648, où il faut lire ainsi, au lieu de لَبَن الطَّبِسوش, est exactement l'allemand *Wolfsmilch*, *tithymale*. = لَبَن الطَّيْر *chose qui n'existe pas, les oiseaux n'ayant pas de lait*, Tha'âlibî Latâïf 26, 6; c'est comme « *lac gallinaceum* » en latin. — Au lieu de لَبَن عَذرى chez Freytag, lisez لَبَن العَذْراء, Bc (*argile blanche*); chez Payne Smith 1273 *vif-argent*.

لَبِنَة, لِبْنَة est *la brique qui a complété* (*l'édifice*), c.-à-d. *la dernière brique de l'édifice, le couronnement de l'édifice*, et cette expression s'emploie au figuré, p. e. en parlant de Mahomet, le dernier et le plus grand des prophètes; voyez Lettre à M. Fleischer 4—6. Ce que j'y ai dit est pleinement confirmé par Prol. II, 166, 13—167, 6, d'où il résulte aussi qu'on a désigné Mahomet par le nom de *la brique d'or*, et le Fâtimide qu'on attendait par celui de *la brique d'argent*. Au reste, l'idée de *brique* se confond avec celle de *plaqué*, table, feuille plus ou moins épaisse de quelque métal que ce soit; voyez 1001 N. II, 142, 8 a f., Gl. Badroun, Becrî 16, 5, Edrîsî 7, 2, Bait. I, 43 b: لَبِنَة مِن رَصَاص — *Le collet* d'un vêtement, Voc; dans la 1ʳᵉ partie لَبِنَة, dans la 2ᵉ, لَبِنَة pl. — = جُرُبَّان *cette large pièce d'un vêtement qui couvre le derrière, les fesses*, Khallic. VII 68, 8, M. — *Bouteille*, 1001 N. Bresl. II, 238: قال يا مَولاي قَد حضر الطعام بقى الشَّراب فقلت لَه عِندِي لِبْنَة اَو لِبْنَتَين نَبِيذ

لَبِنَتا الباب *jambages*, Frähn, Ibn-Foszlan 123.

لِبْنِي *blouse de dessus des Touareg, qui en portent trois; « elle est bleu uni; la nuance est celle des raies les plus foncées de la sâmia,*» Carette Géogr. 109, Jacquot 207 (lebni).

لُبْنَى *storax* ou *styrax*, Gl. Manç., s'appelle aussi لُبْنَى الرَّهبان, Bait. II, 540, Abou'l-Walîd 368, 16, ميعة سائلة et لُبْنَى مُسْك et لُبْنَى عنبر, Most. v° سائلة.

لَبَنِيّ *lacté*, Bc; *qui est de la couleur du lait*, Payne Smith 1640.

لَبِينَة, 1001 N. Bresl. I, 154, 3, *riz au lait* selon M, mais d'après Ayde *apud* Fleischer Gl. 43, c'est: un potage au lait aigre, auquel on entremêle des boulettes de hachis et de gras de mouton.

لِبَان *câble, cordage*, Bc, Hbrt 128; Werne 10 explique *libâhn* par «l'action de tirer des vaisseaux d'un endroit à un autre;» c'est, je crois, une méprise; on fait cela avec des لبان, mais ce n'est pas l'action de le faire.

لُبَان «gomme qui a un goût de résine et qu'on mâche,» Lyon 158. — لبان جاوى *benjoin* (mot qui dérive du terme arabe), littéralement «encens javanais,» c.-à-d., encens de Sumatra, car les Arabes donnaient à cette dernière île le nom de Java, et c'est elle qui produit le benjoin le plus blanc et le plus beau. Aussi لبان tout court. Voyez Gl. Esp. 239. — لبان ذَكَر *encens mâle*, Alc. (encienso macho), 1001 N. I, 57, II, 66, altéré chez Burton II, 144 n.: «Dr. Carter found the balm, under the name of *luban dukah*, among the Gara tribe of Eastern Arabia.» — لبان شامى *poix-résine*, Bc; espèce de résine qui sert de dépilatoire, Lane M. E. I, 56 n. (libân). — لبان العذراء *magnésie*, Bc.

لبين ou لبين *euphorbia*, Prax R. d. O. A. IV, 196, VIII, 281.

لَبَانَة *acacia à fleurs jaunes*, Daumas V. A. 172 (lobane).

ليمونات *laitage*, Bc.

لَبِينَة *tithymale*, Pagni 30 (lebeina).

لَبَّان, celui qui fait métier de vendre du lait, M, a toujours été un terme injurieux et l'est encore, Burton I, 239.

لَبَّانَة *laiterie*, lieu où l'on conserve le lait, Bc. — بقرة لبّانة *vache à lait*, femme qui a beaucoup de lait, Bc. — طريق اللبّانة *chemin de Saint-Jacques*, *la voie lactée*, Bc.

تَلْبِينَة, avec ou sans اللَّوْز, *amigdalatum*, Voc.

مَلْبَن pl. ملابن *pâtisserie faite d'amidon, de sucre et d'eau de fleurs d'oranger*, M, comme مَلْبَنْى, Gl. Geogr. — T. de charpentier, من عوارض الفلك يضمّ الواحد; M; voyez sur اللباب ملبن Frähn, Ibn-Foszlan, p. 119—124, où de Sacy traduit *le bâti d'une porte, son cadre, sa monture*; Aboul-Walîd 190, 3, a pour מזוח מזוזה (*postis ianuæ portæque, in quo cardines eius moventur*): ملبن وملابن وهى خدود الابواب.

مَلْبَن (sorte de pâtisserie); celui de Merw était fameux, Thaʿâlibî Latâïf 120, 4, 133, 3, de même que celui de Baʿalbek, Bat. I, 186, 1001 N. Bresl. I, 149, où il faut lire de ملبس, au lieu de ملبن. — *Masse de figues sèches et comprimées en forme de briques*, Maimonide dans le Thesaurus de Gesenius 311; cf. Gl. Edrîsî 340—1; chez Buxtorf מלבן est aussi *massa ficuum quadrata*. — ملبن طين voyez sous طلبس. — *Laiteux*, Alc. (lechal cosa de leche); je suppose que le Voc., qui donne ce mot sous pinguedo, a eu en vue le même sens.

لبّى II لبّى, ou لبّى فلانا ou لبّى دعوة فلان, *répondre à l'appel de quelqu'un*, Abbad. III, 147, 1 et 2, Cartâs 210, 6, 250, 15.

لُبَيْبَك pour لُوَيْبِياء, Voc.

لَبِّى (cat. llèbra, esp. liebre) pl. ات *lièvre;* — *lapin*, Voc.

لَيْبَرُون? sorte de poisson dans un man. de Bat. IV, 112, où d'autres ont ليبرون.

لتّ I *babiller, bavarder*, Ht, M; لتّ فى الكلام *rabâcher*, Bc.

لتّ comme chez Freytag, Antar 73, 5 a f.: وضربه بلت حديد من ساعد شديد — *Verbosité*, Bc. — Sorte de poisson, Yâcout I, 886, 5.

لَتَّات *rabâcheur*, Bc.

لتخ II *souiller*, Payne Smith 1529.

لتر لَتيرَة *araignée*, Voc.; c'est une corruption de رُتيرة, qui est pour رُتَيْلة.

لتلت لَتْلَتَة *bavardage;* — *s'occuper de bagatelles*, M.

لتم ملتم *mortier, boue*, Bc (Barb.).

لتّ I *mouiller une chose sèche avec de la graisse, de*

l'eau ou autre chose, afin de lui donner de la consistance, Gl. Manç. in voce.

لَثَّة gencive, Voc.; c'est pour لِثَة.

لَثْغَة sorte d'argot consistant à ajouter aux mots la lettre ث, en retranchant quelquefois une des radicales. Ce changement se fait aussi en y employant les autres lettres de l'alphabet et prend selon la lettre ajoutée le nom de لَثْغَة, باتِية, جِيمِية, الفِيَّة, etc., Beaussier. Chez Daumas, Kabylie 8, l'argot des malfaiteurs de profession est appelé *el Hotsia*; il traduit *le caché* et il m'a indiqué الطَّمْس comme l'orthographe arabe; mais je pense que c'est une erreur.

نَثَات est الشيء الذي يكون به اللثّ, Gl. Manç. v° لثت; voyez sous I.

لَثَغ I, avec بِحَرفٍ, *prononcer mal certaines lettres*, *grasseyer, susseyer*, لثغ في حرف الراء *grasseyer*, Bc.

لَثَغ et لَثْغَة *blesitas*, Voc.

لثق.

لَثَق expliqué par لُزُوج dans le Gl. Manç. — الحمَّى الـلـثـقـة *fièvre pituiteuse et continue*, Gl. Manç. حُمَّى البلغمية التي تنوب كل يوم وتفتر بين النَّوبتين est وَرَد لأن ; فإن لم تفتر فهي اللَّـثـقـة elle a reçu ce nom M. مادَّتها التي في البلغم ذات رطوبة وبلّة.

لثم VI c. مع dans le Voc. sous osculari.

لِثَام voyez Vêtem. 399.

تِلْثِيمَة pl. تَلَاثِم *voile de gaze dont les femmes arabes s'entourent le visage*, Cherb.; التلثيمة البيضاء était portée avec le turban et le *taileçân* par les cadis suprêmes sous les Fatimides, de Sacy Chrest. II, ٢٢.

مَلْثَم *endroit qu'on baise*, Ferazdak (Wright).

لج I. Dans le sens de *contendere* le Voc. a le n. d'act. لَجِيج. — C. على p. et ب r. *insister, persister, serrer les côtes à quelqu'un, le presser vivement*, Bc, M, *stimuler, exciter, importuner*, Ht, Kosegi Chrest. 96, 5, 1001 N. I, 8, 4 a f.; لَجّ في طلب *postuler*, Bc. — C. على p. et ب r. *chicaner*, Bc. — *S'impatienter*, p. e. من لج كفر «l'impatience est une impiété,» Bc.

(Formé de l'esp. *lazo*) *tomber dans un lacs, s'empêtrer, s'embarrasser dans une chose comme dans un lacs*, Macc. I, 161, 3, Prol. III, 406, 6.

II (formé de l'esp. *lazo*) *enlacer, attacher avec des lacets*, Alc. (amentar, enlazar). — (Formé de l'esp. *lucir*) *luire, reluire, briller, jeter de la lumière*, Alc. (blanquear luzir, luzir como quiera, resplandecer a lexos); le Voc. (sous lucere) semble donner ce verbe comme actif, *faire luire*, et pour *luire* il a تَلَجْلَم, qui a la même origine; chez Beaussier *aller très-fort, flamber* (feu), et *allumer un feu violent*.

V (quasi-passif de II) *être enlacé*, Alc. (enlazadura تَلَجُّج).

VI c. مع dans le Voc. sous contendere.

لَجّ (esp. *lazo*; ج = z, voyez les exemples que j'ai donnés J. A. 1869, II, 194 n.) pl. لُجُوج *lacet, lacs*, Voc. (laqueus), Alc. (lazo, lazo para tomar aves, lazada); *lien qu'on attache à un dard pour le retirer quand il a été lancé*, Alc. (amiento para tirar). — Dans L: gremium دَلَج وَوَسَطُ حَجْرٍ, c.-à-d. *ceinture, bande dont on se ceint le milieu du corps* (gremium n° 3 chez Ducange), et en ce sens, comme l'observe M. Simonet, c'est aussi lazo, laqueus (Ducange laqueus n° 2, zona, cingulum).

لَجَاجَة *pertinacia*, Voc.

السمك اللَّجِّي *les poissons qu'on trouve dans les grandes eaux*, Bait. II, 54 b.

نذر اللجاج voyez sous نذر I.

لَجَاج *chicane, chicanerie*, Bc, Abou'l-Walid 213, 7.

لَجُوج *demandeur, importun*, Bc.

لَجِيج *importun, opiniâtre*, Ht.

لَجَاجَة *persévérance*; بلجاجة كليّة *instance*; بلجاجة *instamment*, Bc.

IV *déterminer, forcer de*, Bc. (الجى). — ألجَوا ضياعهم إلى فلان *ils cédèrent la propriété de leurs terres à un tel et en devinrent les fermiers, afin de jouir de sa protection*, Gl. Belâdz., Gl. Geogr.

VIII dans le Voc. sous cogere et c. ل sous refugium. — *Supplier*, Alc. (suplicar). — C. إلى r. *avoir besoin de, être obligé de recourir à*, R. N. 58 r°: son maître lui dit: donne les dix mithcâls que tu as au mendiant, قال فوقفت عن اعطائها وشحّحت بها وخفّف أن التجئ اليها

لَجَأ, fém. ة, sorte de tortue qui vit sur la terre et dans la mer; voulant faire la chasse aux oiseaux, elle plonge d'abord dans l'eau, puis se roule dans la poussière, ce qui rend sa couleur méconnaissable, et, s'étant embusquée près d'un endroit où les oiseaux viennent se désaltérer, elle fond sur sa proie et l'entraîne dans l'eau, M.

لَجِيْئَة *refuge*, Voc. — *Faute*, *défaut*, *pauvreté*, *disette*, Alc. (mengua).

مُلْتَجِئ *nécessiteux*, *indigent*, Alc. (menguado, menesteroso).

مُلْتَجِئ *celui qui émigre* (qui cherche ailleurs un refuge) *parce qu'il a encouru la colère de son gouvernement*, M.

لَجِب I *frémir*, Ht.

VIII *frémir*, *être agité*, au propre en parlant de la mer, au fig. en parlant du cœur, Gl. Mosl.

لَجِر II (cf. le subst. qui suit ici) *carreler*, *paver avec des carreaux*, *avec des pierres carrées ou en losange*, Alc. (enlosar, ladrillar el suelo), مُلَجِّر *enladrillador*, مُلَجَّر *losado de ladrillos*, *losado de maçacote*, *ladrillado suelo*, سطح مَلَجَّر *suelo de ladrillos*).

لَجُورَة, pl. لَجُور et لَوَاجِر, *brique*, Voc., Alc. (ladrillo de barro). C'est le mot آجُور, أَجُور, avec l'article, الآجُور, dont on a formé un mot nouveau et le verbe لَجَّر.

لَجُّورَة (b. lat. lucerna) *lucarne*, *œil de bœuf*, Alc. (lunbrera); — *meurtrière*, ouverture dans un mur pour tirer à couvert, Alc. (saetera o tronera, tronera). Aujourd'hui ce mot signifie au Maroc, d'après le P. Lerchundi : une plaque de fer qu'on met sur une serrure pour couvrir le trou où entre la clef.

لَجِف II. C'est لَجِف مكيال, pas à la Ire forme comme dans Freytag, Kâmil 64, 14.

لَجَك V *se passer un mouchoir sous le menton*, Bc.

لَجَك (pers. لَچَك) *mouchoir passé sous le menton*, Bc.

لَجْلَج I *bredouiller*, parler d'une manière peu distincte, sans articuler, Bc, Macc. I, 216, 15. — *Hésiter*, p. e. entre la générosité et l'avarice, Gl. Mosl. — (Formé de l'esp. lucir, comme لَجَّ II (voyez)), *luire*, *reluire*, *briller*, Voc. (splendere); — c. a. *faire luire*, Voc. (sous lucere).

II *balbutier*, *barbouiller en parlant*, Bc, Freytag Chrest. 56, 5 a f., Freytag Locm. 51, 5 a f., Macc. II, 28, 22, Cartâs 43, 6, 1001 N. II, 238, 4, 243, 7, IV, 649, 10, Bresl. XII, 114: صار يرعد ولسانه يتلجلج — Comme I, *hésiter*, p. e. entre la générosité et l'avarice, Gl. Mosl. — *S'agiter*, *être dans un mouvement continuel*, Gl. Mosl., Prol. I, 398, 5: ما تلجلج في صدرك « les opinions qui te passent par la tête » (de Slane). — *Devenir vaste et profonde* (mer), Gl. Geogr. — (De l'esp. lucir, cf. sous I) *luire*, *reluire*, *briller*, Voc. (lucere).

لَجْلَجَة *bredouillement*, *balbutiement*, Bc.

لَجْلَاج *bredouilleur*, Kâmil 10, 6.

لَجَم II *brider*, *mettre un frein*, Bc, Hbrt 59, M. — *Saccader*, *donner à un cheval des saccades*, *de brusques et rudes secousses en lui tirant la bride*, Alc. (sofrenar = ضرب باللجام).

IV. لجم القِدْر est *soulever une marmite au moyen d'un bâton qu'on place dans l'anse*, ce qui s'exprime aussi par الجم المكيال, حملوها بلجامها, Gl. Geogr. — *garnir le haut d'une mesure d'un bord de métal*, et alors elle s'appelle مُلْجَم, ibid.

VIII *être bridé*, M, Voc. — التجم عن الكلام *demeurer interdit*, 1001 N. I, 247, 2 a f.; Bc a pour *demeurer interdit* : انقطع عن الكلام كأنه ألجم بلجام.

لِجَم a le pl. ألْجُم dans le Voc. et chez Macc. — Voyez sous IV.

لَجَّام *celui qui fait et vend des brides*, Voc.

تَلْجِيمَة *saccade*, *brusque et rude secousse qu'on donne à un cheval en lui tirant la bride*, Alc. (sofrenada).

مُلْجَم *mesure dont on se servait à Baçra*, Kâmil 112, 5, cf. sous IV; elle contenait 2½ صاع = 10 *modd*, Gl. Geogr.

لَجِن II *faire une* لَجْنَة (voyez), Voc., Abou'l-Walîd 538, 5.

V quasi-pass. de II dans le sens qui précède, Voc.

لَجْنَة, pl. ات et لِجَن, *tranchée pratiquée autour d'un champ qu'on laboure, pour que l'eau de pluie puisse s'écouler*, Alc. (sangradora de sulco, ce qui est chez Nebrija: elix, colliquium [le mot est colliquiæ, arum]; dans sa partie lat.-esp. il a pour elix: el sulco grande para desaguar la tierra, et pour colliquia: el sulco para sangrar el agua lluvia); Aboûl-Walîd 537, 25-27: בְּחָצֵר מֵשִׁנָה הוּא לָפָט הַזֶּה يَخْتَلِف الخراث حوالي للمكان الذي يريد حرثه وهو المسمى لَجَنَة. Le Voc. a aussi ce mot p. 251, 5 (sous aureola orti); l'explication crusta arce, ce qui, d'après l'éditeur (p. XXXII), semble corrigé cesta, n'y est peut-être pas altérée; Ducange donne crusta ou crosta dans le sens de *mare, petit amas d'eau dormante*, et crusta arce est par conséquent «l'amas d'eau dormante autour d'un champ»; لَجْنَة se trouve encore chez Saadiah ps. 129. Je crois que c'est une corruption du latin elix, gén. elicis, qu'on trouve chez Columelle et chez Pline; Festus: «Elices, sulci aquarii, per quos aqua collecta educitur e liris.» C'est l'accus. elicem, prononcé elicen à la manière espagnole, qui a donné لَجْنَة.

لَجِن *orange*, Domb. 69, Ht.

لُجَانَة du latin *lagena*, Payne Smith 1351.

لَجّ I, n. d'act. لَجّ et لَجَّة, c. على, *infestare* (= IV), Voc., Freytag Chrest. 44, 7: فلم يزل على تلك الحالة حتى قعد به دهره ونآج عليه بكلكله ولّج عليه الفقر où la leçon est confirmée par notre man. 495.

IV *persister, persévérer à* (في), *dans, continuer, faire continuellement, sans interruption*, Macc. II, 167, 9: اشار الى الغلام أن يلج في سقيه, 285, 4: --ارال ملكت لخانقين مهابة بها ما تلج الشهب في التحفقان C. ب *faire suivre continuellement par*, Calâîd 86, 7: لحاج الدهر على التمام بالسرار, 56, 6 a f.: وقبل جرت عن بعض كثرى جفوة --التّحّن على وجهى بغمز للحواجب

C. على *gêner, embarrasser*, Auw. I, 354, dern. l.: quand on plante deux ceps de vigne dans une même fosse, التّجّ كلّ واحد منهما على الآخر (lisez ainsi avec

notre man.). — C. على *harceler l'ennemi*, de Sacy Chrest. II, ٣٠, 10.

لَجُوج *persévérant*, Bc.

I. لَجَب = لَجّ, Kâmil 176, 17.

مِلْجَاب *van*, Payne Smith 1022.

مَلْجُوب aussi Kâmil 176, 17.

لَجَج X *confugit*, Ibn-Iyâs, man. de Gotha 308, p. 8 (Wright).

لَحَد I ou II = IV, *diffamer*, si la leçon est bonne dans Haiyân 9 v°: فاحد (عُظَمَاهُم .l) وحد اعظماهم عليهم ولم يستثن منهم سوى بدر الحرج

IV. جعلوا يلحدون في امره «ils se mirent à abandonner son parti,» Abbad. I, 323, 4 a f.

لَحْد, pl. aussi اللُحَّد, Bayân I, Introd. 91, 13, *sépulcre, tombe*, Voc. (sopulchrum), Alc. (luzillo sepultura).

مَلْحَد *sépulcre, tombeau*, Vêtem. 386, 2 et n. 3, Gl. Bayân, Prol. II, 215, 16, 228, 15, Amari 655, 7. Il y a, comme je l'ai dit dans le Gl. Bayân, des man. qui ont مَلْحَد; ce serait donc مَلْحَد; mais M donne المُلْحَد اللُّحَد, et sous لحص il a le vers, avec les voyelles: قد اشتروا لى كفنا رخيصا ويولّونى ملحدا لحميصا

مُلْحَدَة *hérétique*, P. Kâmil 617, 17, cf. 618, 4.

لَحَس I *écorcher par le frottement*, Bc, M: والمكارون يقولون لحس الرحل الدابّة اى قشر شيئا من جلدها

لَحْس pl. chenille (insecte reptile), Bc.

لَحّاس, suivi de الخلل, *écumeur de marmite, parasite*, Bc. — Rhazès donne le nom de لَحّاس à la pituite (بَلْغَم), ce qui est une استعارة بديعة, Gl. Manç.

لَحِيس *vermine*, Mehren 35.

لَحَش I c. على *jeter sur*, Ztschr. XXII, 120.

لَحَظ I. Asâs: وتقول انا عندى محفوظ ملحوظ بعين العناية "ملحوظ; de là *regarder avec respect, honorer*; le

لحف 519 لحق

Voc., qui donne ce verbe sous *aspicere*, ajoute dans une note *honorare*. — C. a. p. et ب r. *accorder une chose comme une faveur à quelqu'un*, de Sacy Dipl. XI, 15, 6 a f.: وممّا لحظكم به أيّدة الله من كرامته وخاصّكم من برّه بم انّكم متنى النجح

III *regarder quelqu'un de travers, le regarder d'une manière qui marque du mécontentement, ou de la colère, ou de l'aversion*, Gl. Fragm. — لاحظه بكل ما يلزمه *avoir soin de quelqu'un, avoir des égards pour quelqu'un*, Bc.

لَحْظ, le pl. aussi لحاظ, M, Macc. II, 538, 15 (à lire لحاظكم تنجرحنا, voir Fleischer Berichte 89), 545, 4.

لَحْظَة *instant, moment*, Alc. (instante de tiempo, momento de tiempo), M, qui donne cette signif. comme vulgaire, Macc. I, 134, 5, 1001 N. I, 55, 1.

لحاظ dans le Voc. sous *aspicere*.

مَلْحُوظ *bien vu de Dieu*, Beaussier; cf. 1001 N. III, 419, 2 a f.: فتقدّم المواب وقبّل يدها فنعته وقالت له ابعد عنّى لثمّلا تنقض وضوئى انت الآخر مجذوب وملحوظ من الاولياء. — *Apparent*, Roland.

(pl.) ملاحظات *buts*, Prol. III, 420, 2 a f., où il faut lire وملاحظاتنا avec Boul. et notre man. 1350.

لَحَف I *se voiler, se couvrir*, Ht.

لحاف *manteau doublé*, L (diplois, sagum, mantum, vel clamis) لحاف ومخشو ; en a. esp. *alifafe* s'emploie dans le sens de *pelisse*, Gl. Esp. 140–1; — *le grand voile ou manteau dont se couvrent les femmes quand elles sortent*, Djob. 337, 2 a f., Macc. II, 548, 2 a f. — Pl. ألْحُف, Voc., Alc. (colcha de cama), لُحُوف, Bat. III, 380 (pour لُحَف, cf. Gl. Fragm. 68, v° فصل), *couverture de lit en coton, épaisse et piquée*, Gl. Esp. 140, Voc., Domb. 93, M («chez les Mowalads»), Bc, Lane M. E. I, 227, Bat. III, 380; *couvre-pied*, Bc; لحاف شغل ابرة *courte-pointe*, Bc. — *Linceul*, Ht. — Voile bleu dont les Touaregs s'enveloppent la tête, Lyon 156 (incorrectement El Khaaf).

تلحيفة = *haïk*, Cherbonneau, 4e exercice, p. 5.

مَلْحَف, Voyage au Darfour trad. par Perron 204:

«le *malhaf* est une grande pièce d'étoffe que les Fôrions de la classe aisée se jettent à plusieurs tours sur les épaules en manière de baudrier, et qui a la forme et l'apparence des *milâjéh* d'Egypto. Le malhaf est en mousseline, ou bien en *ilâdjéh* ou *ilâguéh* (étoffe de Syrie, d'un tissu assez fort, en soie et coton, avec de petits dessins en soie comme brochés), mais toujours avec de longues franges. On s'en drape en sautoir redoublé, c.-à-d., sur les deux épaules, comme je viens de l'indiquer, ou bien en cercle tombant de la nuque sur le devant de la poitrine, les bouts rejetés par derrière le dos. Lorsque quelqu'un, vêtu du malhaf, paraît devant le sultan, il le met aussitôt en ceinture; c'est une règle de bienséance et de décorum;» cf. Ouaday 58.

مِلْحَفَة, dans le Voc. خَفَة et مَلحَفة, *manteau d'homme*, Vêtem. 401, Macc. I, 230, 5 et 6, Bayân I, 233, 5, Bat. II, 161, IV, 70. — *Le grand voile ou manteau dont se couvrent les femmes quand elles sortent, haïk en toile de coton posé sur les épaules*, Vêtem. 401–3, Prax 18, M, Bg v° voile, Barth V, 26, Caillié I, 161. — *Couverture de lit en coton*, Vêtem. 402, n. 2, Bc, Macc. I, 230, 6, II, 88, 4, R. N. 53 r°; *drap de lit attaché à la couverture, faisant un avec la couverture*, Bg, M: والملحفة عند المولّدين ملاءة تركّب على قفا اللحاف تقديم الوسخ. — وتجعله اقدر على منع البرد *Couverture de cheval, d'âne*, Vêtem. 402, n. 2, Becri 93, 14. — ملحفة الخادم «*meleft-el-khadem, le voile de la négresse, bubania feei,*» Colomb 22.

لحق I, *atteindre*, n. d'act. لُحُوق dans le Voc. — لحقوني *à moi!* Bc. — الحقني بأهلك formule qu'on peut prononcer quand on répudie sa femme, Gl. Tanbîh (pas IV). — C. ب p., à peu près comme *atteindre* en français, *parvenir au même rang qu'un autre*, Cazwini II, 374, 6: ayant à repousser une invasion des chrétiens, les musulmans de Malte armèrent leurs esclaves, en leur promettant la liberté s'ils étaient victorieux. Ils le furent, et alors لحق العبيد بالأحرار. — *Impétrer, obtenir par ses prières*, Alc. (impetrar rogando). — C. a. p. لحق امرا *une chose lui est arrivée*, Bidp. 13, 4. — C. ب *rester attaché à*, s'il faut lire dans Haiyân 6 v°: ولقّب يومئذ بالثائر فلحب به لحق — *Suivre*, Hbrt 45; dans les 1001 N. III, 47, 8,

لحق est l'opposé de السابق; لحق à Damas, *persécuter*, Ztschr. XXII, 116. — لحق الشيَّ فلانا, n. d'act. لُحوق, *avoir à payer un prix* (الرم), M. — C. a. p. et ب r. *présenter, donner*, 1001 N. I, 100: لحقني بطاسة. — C. الى قوم كذا لصق, être *affilié à*, M: لحق الى قوم كذا vous *arriverez à temps*, لاحق عليهم. — بهم *je serai toujours à temps de faire cela*, ما لحق اعلم et ما لحق عليه *je n'aurai pas le temps de faire cela*, Bc; 1001 N. Bresl. XII, 325: وما لحقت تقفل عليه زوجها «elle n'eut pas le temps de fermer le coffre dans lequel elle avait caché le prince, son amant, avant l'arrivée de son mari.»

II c. a. dans le *Voc.* sous atingere. — *Amorcer une arme à feu*, Ht, Beaussier.

IV, dans le sens de *adiunxit, adiecit*, c. a. et ب alt. (Golius), ou comme dit le M: لحق به اتبعه اياه وجعله يلحقه: de Sacy *Chrest.* II, ١٣٢, vs. 66 (Chanfará), ١, م١, 4 a f. et suiv., Abdoun vs. 18 (p. 129 de mon édit.), Meursinge 5, 3 a f.: il biffa le nom d'Ibn-Mâdja والحق ابن قانع في الحاشية *et ajouta celui* d'Ibn-Câni *sur la marge.*» On dit en parlant d'un traditionnaire: الحق الاصاغر بالاكابر, Khallic. I, 128, dern. l. Sl., dans le sens de: il était le chaînon entre l'ancienne et la nouvelle génération des traditionnaires.

لحق القائف الولد بابيه signifie: le physionomiste déclara que l'enfant avait un tel pour père, ayant observé une ressemblance entre l'un et l'autre, M; par ellipse, le mot بابيه ayant été supprimé, Abulf. *Hist. anteislam.* 90, 2: وكل مولود اختلف فيه الحقه بالشبه, où Fleischer traduit: «in liberis, de quorum patre non constabat, alicui addicendis similitudinem formæ secutus est»; Bc: الحق ولده حلالا ولحقه بالنسب *légitimer.* — C. a p. et alt. *faire parvenir* quelqu'un *au même rang qu'un autre*, Calaïd 209, 12: «comme il était juif, il ne pouvait avoir les grands emplois qu'obtenaient ceux qu'il égalait en talents, حتى الحقه الله بأقرانه, car il embrassa l'islamisme. — الحقه باسم فلان *il lui donna le nom qu'un tel portait*, Badroun 246, 2, où quelqu'un dit à al-Fadhl le Barmécide: je suis né le même jour que vous, فسمتني امي فضيلا اكبارا لاسمك ان تلحقني بوصفته لقصور قدري عن قدرك *et alors ma mère m'a nommé Fodhail, parce qu'elle faisait grand cas de votre nom, mais elle me le donna sous la forme diminutive, mon*

rang étant bien inférieur au vôtre;» cf. 28, 7: فالثنوية م الزنادقة فألحقت بهذا الاسم سائر من اعتقد القدم فالحقه. — *Enrôler*, في العالم واني حدوثه وانكر البعث dans Cout. 38 v°, الحقه في جنده dans Berb. II, 288, 9, mais ordinairement الحق seul, Cout. dans mes *Recherches* II, App. p. LXXXVIII, 9, Haiyân 34 r°, وكان ملحقا في الديوان فكان الغزو يلحقه 57 v°, ومعه جملة من الحشم قد كان الحقه, Khatîb Escur., article sur Abdallâh ibn-Bologguîn ibn-Bâdis: ce prince, menacé par Yousof ibn-Téchoufîn أسرع في المل والحف السوقة والحاكة واستكثر من اللفيف voyez aussi sous ملاحق. — *Dépendre, détacher, décrocher*, Alc. (descolgar, synonymes de نزل et قبض).

VI, en parlant de plusieurs personnes, *se joindre successivement à*, c. ب p., de Sacy *Chrest.* II, ٣٣, 10. — *Corriger*, Bait. I, 536 e: ينبغي ان يتلاحق ضرر اذا ادمنت ما يفتح السدد ويمنع تولّد الحصاة

VIII c. ب l. *gagner un endroit, y arriver, y parvenir, s'y retirer*, de Sacy *Chrest.* II, ٢٧, 5. — التحق بفلان *obtenir une place parmi les pages d'un tel*, Nowaïrî *Afrique*, dans un passage traduit par de Slane, trad. de l'*Hist. des Berb.* I, 446. — *Suivre*, Hbrt 45.

X *prendre et entretenir à son service un corps d'infanterie*, Berb. I, 521, 1, 547, 11, II, 99, 3 (à prononcer au passif), 110, 6, 145, 6 a f., 168, 5, 246, 6 a f., 345, 7, 359, 3 a f., 369, 9 a f., 412, 13, Aghlab. 64, 5, Macc. I, 333, 19. Il résulte de plusieurs de ces passages que, lorsqu'il s'agit de cavalerie, on emploie استركب; cependant on trouve aussi استلحاق الفرسان, Berb. II, 373, 1.

لُحَّق *adhérents, partisans*, Akhbâr 108, 6: ثم وضع الشراء في المماليك واللحق. — *Apostille, note interlinéaire*, Kâmil 241, 16, Abd-al-wâhid 121, 5: اللحق بين الأسطار, Amari *Dipl.* 236, 8, cf. 448, n. 11 et 18.

لَحْرون *maigre* (cheval), Gl. Belâdz.

لحوقي *poêle, ustensile de cuisine pour frire*, Bc.

لاحِق *traîneur, qui demeure derrière*, Gl. Belâdz. — Chez les fakîhs, *celui qui a pris part au commencement de la prière publique, mais pas au reste, soit parce qu'il a dormi, soit par suite d'impureté légale* (المحدَّث), *soit enfin parce qu'il a dû rester debout* à cause de la presse, M. — En parlant d'un traditionnaire, voyez sous سابِقْ. — Nom de plusieurs nobles coursiers, M, Macc. I, 385, dern. l., Abd-alwâhid 125, 10. — السابق واللاحق, en parlant de chevoux, voyez sous le premier mot. لواحق *drageons*, branches qu'on prend sur les racines et qu'on plante, Auw. I, 155, 2 a f., 181, 17, 249, 2 a f., 250, 1. — اللواحق, t. de chronol., les cinq jours intercalaires qu'on appelle aussi المُسْتَرِقَة (voyez ce mot dans Freytag), αἱ ἐπαγόμεναι, M.

تَلْحِيق *amorce*, Ht.

مُلْحَقْ *apostille, addition interlinéaire*, de Sacy Dipl. XI, 17, 4, Amari Dipl. App. 8, l. 5. — *Supplément*, Bait. II, 116 b: قال قسمنا في الملحق المقالة الرابعة; dans une annonce que Khalîl Sarkîs a mise dans le Lisân al-hâl, journal qu'il publie à Bairout, il nomme ce Supplément aux dict. arabes: الملحق للقواميس. — *Petit billet inséré dans une lettre pour une affaire particulière ou que l'on avait oublié*, Bc. — *Lettre circulaire, adressée à différentes personnes pour le même sujet, dans les mêmes termes*, Bc.

مَلاحِق (pl.) *grades militaires*, Bayân II, 217, 3: واستنزل ابن مروان لحليقى واهله وذوى الشوكة من صحبه واسكنها قرطبة ولحقهم فى الملاحق السنية (lisez ainsi; le man. d'Arîb a le س sans points), Haiyân 8 v°: فصار فى الديوان تصرف لجندية 21 r°: بها (بقرطبة) باعلى الملاحق الى ان استنزله للخليفة عبد الرحمن v° 21: باعلى الملاحق استنزلتهم فاثبتت فى شرف الملاحق انبائهم وتصرف فى للخدمة الجندية تصرفهم.

مُتَلاحِق *immédiat*, Ht.

لَحْكَم *consolida regalis*, Domb. 75.

لَحْلَج I *dissoudre*, Mohren 35.

لحلاج *cardon, chardon de Notre-Dame*, chardon laité, chardon-Marie, Bc, Hbrt 48.

لحم II *engraisser*, v. a., Voc.
III *combattre avec*, Saadiah ps. 35.
IV. لحم السيف *le glaive sévissait*, Müller S. B. 1863, II, 7, 2 a f., Khatîb 171 v°: واكتسحت الماشية ولحم السيف ۞

V *engraisser*, v. n., Voc. — *Subir la dilaniation, être haché (par le bourreau) à coups de sabre*, Alc. (encarniçarse, chez Nebrija carnificor).

VIII *se joindre, se rejoindre*, M, Abbad. I, 50, 11, et 116, n. 240} c. بـ *adhérer à*, التحم *inhérence, joint, point de jonction*, Bc. — *Hacher à coups de sabre (bourreau)*, Alc. مُلْتَحَم *encarniçado* (Nebrija: carnifex), التحام *encarniçamiento* (Nebrija: carnificatio)).

X. Ce que Freytag a en dernier lieu est le passif, Gl. Belâdz. — الاستلحام est *hacher à coups de sabre, la dilaniation*, Ouaday 317 (cf. plus haut sous V et VIII), et dans Berb. I, 536, 13: استلحام العامة, M. de Slane traduit très-bien *mettre en pièces*; de même Belâdz. 96, 8 (pas comme dans le Gloss.), Berb. I, 3, 27, 36, 49 et 212: استلحامهم قتلا وسبيا (improprement), 56, 149, 151, 183, 184, Khatîb 70 r°: وتمت على الامير ابى اسحق الهزيمة واستلحمه التثبير ممن واستلحم العدو السيف واستأصله الهلاك v° 113: كان معه وكانت, 124 r°, Hist. des Benou-Ziyân 99 r°: تلك الهزيمة شنعاء استلحم فيها من بنى عبد الوادى الجم الغفير, Hist. Tun. 89: les Turcs prirent la Goulette واستلحموا من به وغنموا ما فيه.

لَحْم *viande*, pl. du pl. لحومات, Bc.

لَحْمَة *la partie pulpeuse* d'une plante, voyez sous كبت.

لَحْمَة *alliés*, Haiyân 67 r°: كانوا جيرة ولحمة, Berb. II, 33, 4: كانوا على 278, 14: صاروا لهم لحمة وتحوّلا الطاغية ثقة ولحمة.

لحمة *soudure*, Bc. — *Liaison; tissure*, liaison de ce qui est tissu, Bc.

لَحْمِى *charneux*, Bc. — Dans le Voc. *carnalis* (cf. Ducange). — الاستسقاء اللحمى *sorte d'hydropisie*, Gl. Manç. v° استسقاء.

لَحْمِيَّة *la partie pulpeuse* d'un fruit, Bat. III, 21, Most. v° لحمية: جفن البلوط هو القشرة الرقيقة التى على لحمية البلوط التى بين القشر الاعلى والطعم; texte de N; dans La لحمية manque.

لِحَام *soudure*, Bc, M. — لحام الصاغة et لحام الذهب.

chrysocolle, Most. v° تنكار, Bait. I, 363 f, II, 434 b, Payne Smith 1816. — Au sud de Baçra, *navire qui s'est ensablé*, Niebuhr B. p. xxxiv (liham).

لَتْحَام *boucher*, Hbrt 75, Ht, Gl. Geogr.

تَلْحِيم *carnification*, changement des os en chair, Bc.

مُلْتَحِم pl. مَلَاحِم, proprement *carnivore*, *lion*, ou plutôt *hyène*; aussi *oiseau de proie*, Gl. Mosl. — *Charnu*, Bc. — Sorte d'étoffe dont la chaîne est de soie, mais non pas la trame; on la fabriquait surtout à Merw, Vêtem. 113, n. 9, Tha'âlibî Latâïf 120, 1 et 4, 132, 12. Le Voc. a مُلْتَحِم, pl. مَلَاحِم, *camisia*. Cf. Gl. Geogr.

لَحْم مُلْتَحِم se trouve dans le Voc. sous *caro*.

دواء مُلْتَحِم *remède incarnatif*, qui réunit, fait revivre les chairs, Bc.

مَلْحَمَة *campus mortuorum*, Voc.; *boucherie*, Hbrt 76; وقائع الملاحم *des batailles meurtrières* (de Slane), Berb. I, 280, 4 a f. — Pour le sens de *prédiction concernant les affaires publiques*, on peut consulter encore: J. d. S. 1826, p. 31, 32, J. A. 1860, I, 134, n. 3, Abd-al-wâhid 70, 14, 130, 2, 197, 4 a f., Macc. I, 315, 6, Ibn-Iyâs 219: كتب ملحمة, 1001 N. Bresl. III, 218, 3 a f.

مُلْحَام est dans L. *ribri*, mais de même que Scaliger, je dois avouer que j'ignore comment il faut corriger ce mot.

التَّحَام *l'incarnation* (de Jésus-Christ), Amari Dipl. 13, 2, Calendr. 39, 1.

الملتحم *conjonctive*, membrane, le blanc de l'œil, Bc, Gl. Manç. in voce: أعلى طبقات العين وهو البياض le même sous سبل: بياض العين الطبقة الملتحمة est Kitâb al-colliât d'Averroès, man. de Grenade, après avoir décrit la cornée: ويعلو هذا لحم جسم ابيض; الملتحمة ailleurs لأين صلب يسمى الملتحمة.

لَحَّن II *mettre en musique*, Macc. I, 530, 13 et 14; le Voc. لحّن الشعر sous *armonia*.

V dans le Voc. sous *armonia*.

لَحْنَة espèce d'absinthe, en allemand *Weisskraut*, Ztschr. XI, 520.

لَحْنَانِي *grammairien*, Alc. (gramatico).

الْلَحَان *cantus* chez Freytag doit être biffé; le mot est لَحْن, pl. الْلُحَان, de Fleischer Berichte 246 sur Macc. I, 734, 6.

تَلْحِين pl. تَلاحِين *modulation*, *air*, t. de musique, Prol. III, 393, 2 et 8, Bat. I, 244, IV, 289.

لَحُوس I = لَحَسَ *lécher* un plat, M.

لَحْي « Dual. لَحْيَان » chez Freytag doit être changé en لَحْيَيْن, duel لَحْيَيَانِ, et ce duel signifie *les deux mâchoires*, de Jong.

لِحْيَة, pl. الْحَى, Payne Smith 1142. Employé d'une manière étrange 1001 N. Bresl. II, 56: دخل الى بيت الخلا وخرا فى لحيته والفلوس نازل من ثقبته ce ne serait-il pas altéré? — *Menton avec sa barbe*, Hbrt 2. — لحية التَّيْس est proprement *Tragopogon porrifolium* (Bait. ورقها امثال ورق الكرات ou *pratense*, barbe-de-bouc (Bc), et c'est cette plante qu'on indique par ce nom en Arabie, en Syrie, dans le Diyâr-Beer et à al-Faiyoum; mais Honain, dans ses traductions de Galien et de Dioscorides, l'a appliqué à une plante entièrement différente, à savoir au *ciste* ou شقوراص (voyez), Bait. II, 432 b, cf. Gl. Manç. in voce; — *ulmaire*, ou Reine-des-prés, Bc, *Spiræa Ulmaria L.* — لحية الحمار *Adianthum Capillus Veneris*, Bait. I, 126 b, II, 435 b. — لحية الحوت، fanons de baleine, corne pliante, Bc. — لحية عتروس *barbe-de-Jupiter*, Bc. — لحية الراعى *Lekit Hatrùs* (hoc est barba hircina) *Asphodelus rarus*, Pagni MS. — لحا الغول nom d'une plante décrite Bait. II, 433 b; on l'appelle aussi لحية مسرن (AB), مسرن étant le nom d'une plaine entre Tlemsen et Fez, ibid. Dans AB le nom persan est ارملاندن, et le nom berbère est تامرت وسبيرن; d'après le Dict. berb. *barbe* est dans cette langue تَمَرْت. لحية المعزة *barbe-de-chèvre*, Bc. — لحية المعزى *chardon à cent têtes*, panicaut, Bc. — *Hela aya Enta* [مناع اللحية] *Benxija*, « c.-à-d. la barbe de Benxija, » vaisselle de terre de deux couleurs, Torres 240, qui raconte pourquoi on lui a donné ce nom.

لخبط nom d'une plante, voyez Bait. II, 435 c.

مُلَحاةٌ note d'infamie, Diwan d'Amro'lkaïs 39, 1, Mufassal 134, 8.

لَخْبَطَ I mêler, Bc, Hbrt 90, Ht, M, brouiller, mettre pêle-mêle, déranger, mettre en désordre, embrouiller, renverser, troubler l'ordre de, bouleverser, transposer, tripoter, troubler; — barbouiller, faire grossièrement; لخبط فى الكلام barbouiller en parlant; — griffonner, écrire mal; — contrefaire, rendre difforme, Bc.

II se déranger (montre); — se troubler, s'intimider, Bc.

لَخْبَطَة chaos, dérangement, confusion, désarroi, désordre, embarras, embrouillement, imbroglio, renversement, transposition, tripotage; — barbouillage, bousillage, ouvrage mal fait, Bc.

ملخبط baroque, Bc.

لَخْتِين, en Espagne, le suc laiteux qui découle de l'écorce du figuier, lorsqu'on y fait des incisions, Ibn-Loyon 24 r°:

وآخـتـنـيـر فى تركيب أشجار التين
يَبُسُّ الهواء ليجفّ اللَّخْتِين

Le Voc. donne la forme moins correcte لَخْتِيِن, lac ficus. C'est un mot hybride, composé du latin lac et de l'arabe تين, figue.

لَخْش

لَخْشِيَّة voyez لَغْشِيَّة.

لاخْشَة = لاخْشَنَة et لاخْشَنَة, M.

لَخَّصَ I explanare, Voc.

II extraire, Bc. — Compter, calculer, Abd-al-wâhid 33, 11.

V dans le Voc. sous comentari.

تَلْخيص extrait, note, petit extrait, mémorial, Bc, souvent chez les auteurs. — Pl. تلاخيص obligation, billet de reconnaissance d'une dette, Voc. (cautio, voyez chez Ducange cautio n° 1).

لَخْطُج (مִּים הֲיָוֹן (coenum luti, pro cœno profundissimo) expliqué par الطين الذى يقعده الماء الذى نسميه نحن لَخْطُج, Abou'l-Walîd 788, 34.

لَخْلَخَ I parfumer, embaumer la peau avec une pommade odorante, Rhazès dans Chec. 194 v°: لَخْلَخْتُ جسمه كله بالغاليـة.

II vaciller, Bc.

لَخْلَخَة, sorte de parfum, a le pl. لَخالخ, Gl. Manç. in voce. — Vacillation, Bc.

ملخلخ branlant, qui branle dans le manche, qui n'est pas ferme dans sa résolution, assuré dans sa place, Bc.

لَخَّم I, aor. o, déconcerter, décontenancer, embarrasser, encombrer, Bc.

VIII décontenancer, Bc. — S'embarrasser, se troubler, s'embrouiller, perdre le fil de ses pensées, Bc.

لَخَم. D'après Bat. II, 214, le nom de ce poisson, qui ressemble à celui qu'on appelle chien de mer, est لَخَم.

لَخَن II voler, Voc.
V être volé, Voc.
لُخْنَة vol, Voc.

لَدَّ.

لَدَّ advocatus, Voc., 1re partie, mais c'est probablement une erreur, ou bien il aura voulu indiquer que le verbe لَدَّ se trouve sous advocatus dans la 2e partie (où il semble avoir été oublié).

لدد sorte d'oiseau, Yâcout I, 885, 19, mais Cazwînî, II, 119, 14, a ازد, variante ارد.

الماء الملدّد de l'eau tiède, Martin 155, Roland.

لدغ II injurier, invectiver, Ht; semble pour لذع II.

لدغ I, vulg. pour لثغ, M (sous لثغ), Bc, prononcer mal certaines lettres, grasseyer, susseyer, لدغ فى حرف الراء grasseyer, Bc, bégayer, Ht.

II, t. d'art vétérinaire, donner à un cheval un coup de flamme, Auw. II, 672, 4 a f., 673, 1, cf. Clément-Mullet II, 2, 210, n. 2. — Voyez sous لذع II.

IV. ألدغ فلانا العقرب il fit piquer un tel par un scorpion, M, Macc. II, 262, 14.

VIII dans le Voc. sous mordere.

لَدْغَة piqûre, Haiyân-Bassâm I, 174 v°: il possé-

لدم

وربّما لم يكن حظّ للحسناء dait cinq cents chanteuses منهنّ غير لدغة العصدة (النقضة ا.)، ثمّ لا يعود الدهر اليها. — L: *vexatio* لدغ.

تعبّ ولدغ, vulg. pour لثغ, M, *bégaiement*, Ht; — *accent, prononciation propre à un peuple, à une province*, Bc.

لثغ *piquant*, Payne Smith 1666.

ألثغ, vulg. pour ألثغ, *grasseyeur*, Bc.

لدم I. لدم القطن بالمغزل *garnir un fuseau*, Bc.

لدمى *grosse gazelle de montagne, d'un poil roux (couleur de fumée), à membres épais, à cornes courbes et divergentes*, Beaussier, Shaw I, 256, Ghadamès. 333.

« قلادة ذهب ملدوم فيه اللؤلؤ والمرجان ». مَلْدُوم *collier d'or entremêlé de corail et de perles*, Bc.

لدن

لدن تلدن *depuis que*, Diw. Hodz. 98, vs. 4.

لدنّى, formé de l'expression من لدن اللّه «d'auprès de Dieu;» العلوم اللدنية signifie chez les mystiques *les connaissances qu'on reçoit par la faveur spontanée de Dieu*, Macc. I, 577, 18, 579, 2, 587, 3 a f., Prol. I, 177, 14, III, 64, 2.

لاذن, chez Bc aussi لادن, *ladanum, substance résineuse*, Alc. (laudano olor conocido), Bc, Daumas Sahara 302: «une matière odoriférante, appelée el adan, très-estimée dans le Maroc; elle est malléable comme de la cire; les riches s'en font des cadeaux;» chez Beaussier لدان ou اذان «pâte noire composée de plusieurs aromates qu'on emploie comme préservatif en temps d'épidémie;» dans le Voc. (comme dans le Câmous) avec le *dzâl, aromata;* شجرة اللاذن *ciste, lède* ou *lédum*, Bc. Cf. Hérodote III, 112: Τὸ δὲ δὴ λήδανον, τὸ καλέουσι Ἀράβιοι λάδανον, avec la note de Bæhr, hébr. לט, Thesaurus de Gesenius 748 b.

مَلْدَن *tapé, séché, aplati au four*, Bc.

لذّ I *flatter, délecter les sens*, Bc.

II dans le Voc. sous *sapidus* (in gustu), *délecter*,

Alc. (deleytar a otro), *flatter, délecter les sens*, لذّذ الآذان *charmer, flatter l'oreille*, Bc.

IV, comme verbe d'admiration, ما الذّ حديثك «que votre récit est agréable!» 1001 N. I, 14, 2.

V se construit aussi avec بـ, Abbad. I, 27, n. 78.

لذّ *volupté*, Bc.

لذائذ الدنيا *les attraits du monde, les douceurs de la vie*, Bc; — *bon goût, saveur, succulence*, Bat. I, 305: واللحوم بها سمان لذاذات الطعوم.

لذّة. Pour le pl. ملاذّ, *voluptés, plaisirs* (cf. Freytag), J.-J. Schultens cite Aboulfaradj 119, 3; j'ajoute: Macc. II, 75, 5, Prol. I, 160, 16, 225, 14, Aghlab. 76, 11, Nowairî Afrique 20 r°: انهمك على الملاذ. Je ne trouve le sing. que dans le M; peut-être n'est-il pas en usage.

ملذّذات (pl.) *voluptés, plaisirs*, 1001 N. I, 17, 10.

متلذّذ *sensuel, voluptueux*, Bc.

لذع I. يلذع *mordant* (acide), *qui marque, emporte une couleur*, Bc.

II = I *brûler*, Wright 99, 5 a f. — *Être mordant, avoir une qualité corrosive*, Most. v° ماء النجر: شديد التقطيع والتلذيع.

لذعة *mordacité, qualité corrosive; au fig., médisance piquante;* — *pointe, saveur piquante, agréable du vin, etc.*, Bc.

لوذع etc., voyez sous *lâm, wau*.

لرامنزا (?) *dispute, querelle*, Payne Smith 1361.

لزّ I *presser, approcher contre*, p. e. الأسطور «les lignes de l'écriture,» *serrer*; c. a. p. *serrer les côtes à quelqu'un, le presser vivement*; في بـ *faire des instances à quelqu'un, le presser de*; لزّ بان *presser quelqu'un, insister auprès de lui pour le faire diligenter*; نزّوا الأعدا الى الخيام «ils poussèrent l'ennemi jusqu'à ses tentes, ils serrèrent l'ennemi contre les tentes,» Bc; *insister, presser*, Hbrt 115; *importuner, séduire*, Ht.

II. Dans le Voc. *firmare*, avec la note: *vel tasconar*, verbe catalan qui signifie *enfoncer un coin*, sens que Beaussier donne aussi pour نزّ; c'est donc un dénominatif de لزاز (voyez), *coin*.

V *être compacte, condensé*, Auw. I, 54, 11, 60, 1

(l. الـتَـلـزّز), 12 (l. الْمُتَلَزِّز), 4 a f., 79, 17, 80, 17 et 18 (l. التلزّز); le Gl. Manç. explique مندمج par المتلزز; Chec. 189 v°: l'eau de puits est comme العديم البَرَح, l'eau de source تختلف فى الكميّة من جهة تلزز لأنّها وأفضل للحنطة الشديدة التلزز: 191 v° الارض وانفشاشها فى الابدان ما التلزز غالبٌ عليها: 218 r° التّفيلة الوزن فيكون استعمال التدلّك قبل الرياضة واجبًا.

VIII même sens, Payne Smith 1224.

لِزَاز Sur l'expression لِزَازُ خَصْمٍ voyez J. A. 1838, II, 473 n., Ḥaiyân 82 v°: كهيّر قوّاده ولزاز حروبه. Pl. ات et لزائز, *coin pour fendre le bois*, Voc., Alc. (cuña para hender), Lerchundi, Dict. berb., Auw. I, 451, 3 et 7 (où il y a beaucoup de corrections à faire), 452, 18, 453, 2 a f., 484, 19, où il faut lire avec notre man.: لوازان غلظ الاصبع وطول اصبعين او الخ, 21, 4 a f., ثلاث اصابع وبعمل اربعة لزائز ان اردت الخ où il faut lire avec notre man. تلك الزّائر, autre exemple dans ce Supplément, t. I, p. 74, 4 a f.

لَزَّاز *importun*, Ht.

لزب.

الّلوازب *les années stériles*, Mosl. 179, vs. 13.

لَزَج II *rendre visqueux*, Voc. (viscosare); لَزّج الشى بالماء *dissoudre une matière visqueuse dans l'eau*, Bait. I, 128: وياخذون ثمر المشمشين ويلزجونه بالماء ويضعون تلك اللزوجة على القطع (le techdid dans A).

V se trouve dans le Diw. Hodz. 14, 2 a f. — *Devenir visqueux*, Voc.

لَزِج *visqueux, gluant, glutinatif, glutineux, tenace*, Voc., Bc, M, Payne Smith 1484, Chec. 192 r°, 197 r°.

لُزُوجة *viscosité*, Voc., Bc, M, Djauzî 144 r°, Chec. 192 r°, 197 v°.

لزق. Cf. لصق et ses dérivés. I. لَزِق se construit aussi avec على, de Sacy Chrest. I, 148. — لَزَق *unir, réunir, souder, bander une plaie*, Ht, *coller*, Mc.

II *coller*, في الحائط ou للحائط «contre un mur», Bc; cette forme se trouve aussi dans le Dîwân de Ferazdak (Wright). — Voyez sous لزّق.

III c. a. *adhérer à*, M, Saadiah ps. 101.

IV c. الى *attacher contre*, Bc; c. على, 1001 N. I, 48: لا أَلْزِقُ جسدى على جسدك; — *enchâsser*, Alc. (encaxar); — le n. d'act. *soudure*, Alc. (soldada (lisez soldadura)).

لَزْقة, M, لِزْقة, Hbrt (comme لَصْقة), pl. لزائق, 1001 N. I, 543, *emplâtre*, Bc, *cataplasme*, Hbrt 37, *bandage*, Ht. — Le M donne ceci, dont le sens m'échappe: واللزقة من النجل عند الخراتين خلاف النشوار وهم يبيعون منهما فعلا فيقولون لزق اى اتى اللزقة وشوّر اى اتى النشوار.

لِزَاق pl. ات *matière gluante, ce dont on se sert pour joindre et faire tenir deux choses ensemble*, Ztschr. XX, 508. — لزاق الحجر *lithocolle*, Bait. II, 435 f. — لزاق الذهب *chrysocolle*, Bait. II, 435 e.

لَزِيق *qui est à côté de*, p. e. هو لزيقى, c.-à-d. بجنبى, M, Ḥaiyân-Bassâm I, 7 v°: فذهن لزيق ابيه الحكم «à côté de son père.»

لِزَاقة *alliage de l'or*, Alc. (liga en el oro). — Ce qui reste d'un mets au fond et aux côtés du chaudron, M.

لزاق الذهب = لزاق الذهب *chrysocolle ou vert-de-montagne*, Bc, Most. v° تنكار.

لُزَيِّق avec ces voyelles dans le M, dans le sens que Freytag donne d'après Forskål. — En parlant d'une pêche, *qui adhère au noyau*, l'opposé de فَلِيق, M. — Vulg. pour لُزَيْقة, M.

لازِق comme prépos. *à côté de*, Abou'l-Walîd 783, 10.

لازِقة *assiette, couleur en détrempe que les doreurs sur bois emploient avant d'appliquer ou d'asseoir l'or*, Alc. (sisa para dorar).

أَزْقُونة (esp. azcona, avec l'article) pl. لزاقين *javelot, dard, petite lance*, Alc. (azcona, dardo, lançuela pequeña).

لزم I. Phrases: لزم السكوت *garder le silence*, Bc; لزم الفراش *garder le lit*, Voc., Khaldoun IV, 18 v°:

لزم

لزم الصبر على الفراش; se résigner à, Bc; لزمتكم عاقبته « vous en subissez les conséquences, » Bc. — لزم المالُ فلانًا avoir à payer une somme, M, Becrî 48: يلزمه مثقال في العام « il a à payer un mithcâl par an, » Bat. II, 46, III, 147: لعظم ما يلزم في بنائه « à cause des grandes dépenses qu'aurait exigées sa construction. » — *Falloir*, p. e. كل ما يلزمه « tout ce qu'il lui faut; » *importer*, يلزم ان « il importe de; » et يَلزَم *contraignable;* يُلزِم *obligatoire;* ملزوم *lier*, p. e. « lié par un serment, » Bc. — لازم من et يلزم *sequitur*, Voc.; يلزم منه *il s'ensuit*, Prol. II, 52, 5. — لزمه شيٌ *avoir besoin de*, Bc. — *Mordre*, L (mordet), Voc., Alc. (adeltellar (l. adentellar), morder). — L'étrange *dignus fuit ut*, c. ب r., de Freytag, semble emprunté à Bidp. 8, l. 10; mais « cette phrase a quelque chose d'embarrassé, » selon la remarque de Silv. de Sacy dans les notes critiques (p. 67—8), qui soupçonne que le texte est altéré. On y lit: si nous négligeons de nous acquitter de ce devoir, لزمنا من وقوع المكروه بنا وبلوغ المحذورات البنا اذ كنا النح; de Sacy traduit: « nous nous exposerons infailliblement à éprouver des désagréments et à devenir l'objet des critiques les plus sensibles, parce que, » etc. C'est bien là le sens; je prononce *lazimanâ (adhæret nobis)*, et je considère le *min* comme le *min* partitif, pour شيٍ من; mais alors l'explication de Freytag n'est pas bonne et doit disparaître entièrement. Il est vrai que Beaussier donne aussi *être digne de, mériter de*, mais son exemple تلزمه العقوبة, « il mérite d'être puni, » prouve que c'est لزم dans le sens d'*adhærere*.

II *forcer, contraindre, obliger*, Voc., Ht, Djob. 35, dern. l.: فلّزموا اداء زكاة ذلك — C. d. a. *imputer*, Haiyân 57 r°: فلّزموه ذنب قتيلهم عبد الله « ils lui imputèrent le crime d'avoir tué leur camarade Abdallâh. » — *Condamner à l'amende*, Alc. (penar en dinero). — *Payer*, Alc. (pechar), Macc. I, 346, 6 (où il faut prononcer يَلزَم). — *Payer l'amende*, Alc. (lastar pagar pena). — *Affermer*, Hbrt 177.

III. لازم الصبر *s'armer de patience*, Bc. — C. a. p. *mettre provisoirement un accusé aux arrêts*, Mâwerdî 142, 1, 145, 6, 413, 15 et 16, Aghânî VI, 127, 2, 3 et 5 Boul.

IV c. d. a. *contraindre* quelqu'un à *porter* une coiffure, un vêtement, de Sacy Chrest. I, 145, dern. l.: لقد ألزموا الكفّار شاشات ئك — C. الى *nécessiter*, *contraindre à, obliger à, déterminer*, faire prendre une résolution, Bc. — الزم نفسه ب *s'engager à, s'assujettir à, s'obliger par un contrat à*, Bc. — C. a. p. *mettre aux arrêts*, Aghânî VI, 126, dern. l. Boul.: ڤامر بيما الزمه دارِه عمر ان يُلْزِما *il le mit aux arrêts dans sa maison, il lui défendit de sortir de chez lui*, Nowairî Egypte, man. 2 m, 75 v°. — C. d. a. *imputer*, Weijers 21, 2: الزمتني الذنب الذي جنته « vous m'avez imputé le crime que vous avez commis vous-même » (le texte et la traduction de l'éditeur ont été corrigés par de Sacy dans le J. d. S. 1834, p. 161), Macc. II, 513, 12 (cf. Add.): لا تلزمني ما جنته براءة — C. a. p. et ب r. *condamner à l'amende*; on peut ajouter à la citation de Freytag: M, Macc. I, 315, 3 a f. الزمه « il dit qu'il lui ferait un cadeau (s'il parlait), ou qu'il le punirait (s'il ne parlait pas), » Macc. I, 216, 19. — الزم لرأيه *convaincre*, Bc. — الزم ان *il lui objecta que*, Prol. I, 357, 12.

V *prendre à ferme*, Hbrt 177.

VI *durer*, continuer d'être, 1001 N. I, 1.

VIII. التزم الفراش *garder le lit*, Voc. — *S'engager*, Bc; التزم امرا *s'engager à faire une chose*, Athir IX, 425, 4 a f., Khatîb 107 v°: cet écrit portait: هذا ما التزم واعتقد العمل به بلقين بن باديس للوزير القاصي الخ; de même c. ل p. *s'engager envers* quelqu'un, de Sacy Dipl. IX, 486, 9: التزم له ان يجيب من احبه التزم بشرط: ويبادي من عاداه كما التزم له الملك النح *s'engager à observer une condition*, Pseudo-Wâkidî de Hamaker, notes, 171, 14 et 15; التزم بالشروط ان *s'obliger par un contrat à*, Bc; التزم بمال *s'engager à payer une somme d'argent*, de Sacy Chrest. II, ٢v, 7; aussi التزم المال, Gl. Geogr.; التزمت للتجّار بالثمن, notes, 1001 N. Bresl. II, 170, ou, comme porte l'éd. de Boulac, I, 83: التزمت الثمن للتجار « je donnai aux marchands des obligations, » des écrits par lesquels je m'obligeais à leur payer plus tard le prix de ce que j'avais acheté; dans l'éd. Macn. I, 220, 7, le texte والتزمت التجّار بالثمن, ne me semble pas bon. Alc. paraît donner التزم comme verbe actif, puisqu'il l'a sous atar por carta et sous obligar; mais je crois qu'il a pensé à atarse, obligarse, car pour obligado il a ملتزم. — C. a. *se voir obligé à*, *prendre la résolution de*, Bayân I, 161, 4 a f. — التزم السؤال *se charger de répondre à une question*, Gl. Geogr. — C. ب *devoir*, Bc. — اتزم اروح *il m'a fallu partir*, Bc. — التزموا ان *ils en vinrent à*, *ils furent réduits à*, Bc. — التزم بالملتزم, de Sacy Chrest. I, ۱۸۸, 8, *se dit du pèlerin qui prie dans le Moltazam* (cette partie de la Ca'ba qui est depuis l'angle où se trouve la pierre noire jusqu'à la porte de l'édifice), *en étendant les bras et en pressant la poitrine contre le mur*; cf. Burckhardt Arabia I, 173. — *Affermer*, *prendre à ferme*, Bc, Hbrt 177, M, Bat. IV, 49; التزم وطنًا *prendre à ferme la levée des impôts dans une province*, J. A. 1852, II, 212, 3. — Dans le Voc. sous *mordere*.

X *s'imposer des sacrifices*, Cherb. Dial. 7. — ومن ذلك يستلزم ان *il s'ensuit de là que*, Bc.

ابن عمّة لزم *germain, issu de frère*, ابن عمّ لزم *germain, issu de sœur*, Bc.

لَزْمَة pl. ات *morsure*, Alc. (amordazamiento, bocado, mordedura). — Pl. ات *mors*, partie de la bride qui entre dans la bouche du cheval, L (salibare لزمة ولجام Ducange sous salivaris: pars freni, quæ salivâ equi humectatur), Daumas V. A. 190, 479, Mohammed ibn-Hârith 302: فقال لبعض اهل السوق ممن كان في المجلس احببت ان اشتري لزمة محبية حسنة لفرس اكتسبنه فانظر لي فيها قال فما امسى الليل من ذلك النهار الّا وفي بيته سبع عشرة لزمة هدايا كلها (le man. a deux fois toutes les voyelles), Macc. II, 711, 11. — لَزْمَة, forme moderne de لازم, *contribution, impôt;* aux témoignages et aux explications donnés dans le Gl. Edrîsî on peut ajouter: Dan 91, 92, 93, 107 (*lisme*, taille, tribut), d'Arvieux V, 257 (*lizme*), Poiret I, 20 (*lisme*), Ht, Cherb. Dial. 12, Martin 86, Duvernois 158, R. d. O. A. XII, 393, *ibid.* N. S. VIII, 245: «la lezma est un impôt de guerre levé extraordinairement pendant les expéditions,» Carteron 340: «des palmiers pour lesquels les Arabes donnent la *lezma*, c.-à-d. dix centimes pour chaque pied d'arbre,» Wingfield I, 43: «lezma, the payment of 40 centimes to every square foot of date-garden.»

لُزُوم *devoir*, Hbrt 116. — اهل اللزوم Formul. d. contr. 7: وهما من اهل اللزوم طائعين غير مكروهين ; cf. Beaussier: «وهو في حالة الصحّة واللزوم, dans les actes judiciaires, *dans l'état de santé obligatoire*; cette phrase, quoique incorrecte, est fréquemment employée.»

لزّام *mordant, qui mord*, Voc., Alc. (amordazador).

لازم *essentiel, il faut, immanquable, indispensable, nécessaire, obligé, urgent*, Bc. — *Résultat nécessaire*, de Slane Prol. III, 146, n. 2. — En parlant d'un contrat, *tout à fait valide;* غير لازم *qui, quoique valide et ne pouvant être attaqué en justice, reste cependant sans effet par une cause quelconque*, v. d. Berg 30. — Un ou plusieurs mots explétifs dans une phrase, comme خاطره لازم, هلم جرا, يعني, etc., M. — *de conséquence* (personnage), رجل خاطره لازم *personne à qui l'on doit des ménagements*, Bc. — *Impôt*, Gl. Edrîsî, Gl. Geogr.

لازِمَة pl. لوازم *devoir*, Bc, Hbrt 116. — Le pl. لوازم *équipement, le matériel*, t. milit. *nécessités, besoins de la vie, choses qui sont nécessaires, ce qui est nécessaire à l'Etat*, etc., *trousseau;* جميع لوازمه *tout ce qu'il lui faut*, Bc, 1001 N. III, 598, 8: لوازم المركب ;خرج بعد ان جهز جميع اللوازم الى لفائف *gréement*, Bc. — Pl. لوازم *impôt*, Gl. Edrîsî, Gl. Geogr.

ألزَم *adhérent plus*, de Jong.

أُلزام (cf. Freytag) *ceux qui entourent la personne du souverain*, Macc. II, 713, 12.

إلزام *conviction*, Bc.

مَلزم pl. ملازم *impôt*, Reinaud Dipl. 117, 17: المغارم المعروفة والملازم المالوفة, où le texte catalan porte: «los drets e matzems» (l. malzems), Amari Dipl. 109, 3, l'anonyme de Copenhague 108: فألزم اهلها وطائفا وتكالفها (sic) وابتلام بانواع من المغارم والملازم ⁂

مَلزم (vulg. مِلزم) *emplâtre*, Voc., Alc. (bisma = bizma), emplastadura, enplasto, enplasto para la cabeça). — *Presse, machine à presser* (cf. Freytag), Voc., Ht. — *Piquet d'une tente*, Cherb., Martin 129.

مُلزِم *convaincant*, Bc.

مَلزَمَة *presse, machine à presser*, Bc, Ht. — *Moulinet, machine pour la monnaie*, Bc.

مَلزوم *engagé, obligé, qui a contracté une obligation*, c. ل ou ب *tenu de*, انت ملزوم بالشرط الى ذلك.

« vous êtes obligé à cela par le traité, » Bc. — ملزوم ب الاعتراف atteint et convaincu, reconnu comme coupable, Bc. — La cause nécessitante, ce à quoi un résultat est nécessairement dû, de Slane Prol. III, 146, n. 2. — Droit à payer, Amari Dipl. 127, 5 et 6, 128, 4, 6, etc.

مُلازم tenant, qui s'est impatronisé dans une maison, y domine, Bc. — Lieutenant (grade au-dessous de capitaine), Bc, M. — ملازم جدّه qui a un maintien décent, Bc.

التزام obligation, acte par lequel on s'oblige à payer une certaine somme, Alc. (obligacion por deuda). — Ferme, Bc. — Fief, seigneurie, Bc. — Domaine, le domaine de l'Etat; صاحب التزام suzerain, Bc.

التزامي domanial, Bc.

التزاميّة suzeraineté, Bc.

مُلتَزَم (de la Ca'ba) doit être prononcé ainsi, pas ملتزِم, comme chez Freytag, Gl. Djob.

مُلتزِم censier, censitaire, tenancier, Bc, Burckhardt Arabia II, 245 n.: «landed proprietor, who shares in the possession of villages and grounds;» Vansleb 93: «la plus grande partie de ces seigneurs sont Meltesimins, ou fermiers de provinces, qu'ils tiennent du Divan au prix pour lequel ils sont taxés dans les registres;» d'Arvieux I, 180: «le Grand Seigneur donne la douane (d'Alexandrie) à un partisan, qui lui en rend mille piastres par jour; on l'appelle Multezin.» — امرأة ملتزمة duchesse, Bc. — Suzerain, Bc.

مُتَلزِّم métayer, fermier, Hbrt 177, Ht.

اِستلزام = مُلازمة dans le sens technique, de Slane Prol. III, 147 n., M.

لس, pour لَيْسَ, non, pas, Voc.

لسّا est pour للساعة encore (ital. ancora, pour anchè ora); à la place de لسن dans les 1001 N. Bresl. II, 120, 14, il faut lire, d'après des man., لسّا ما; on écrit aussi للسعد et لسعد, Fleischer dans Gersdorf's Repertorium 1839, p. 434–5. Bc a: encore, p. e. لسا عائش « il vit encore, » لساك نائم « vous dormez encore, » لسا ما اجا « il n'est pas encore venu, » لسا ما وقت pas encore; — لسا على وقت « il est encore de bonne heure » (Alep); — لسا ولد blanc-bec, jeune homme sans expérience.

لسبج

ملسبج من راسه الى رجليه armé de pied en cap, Bc.

لسبح I, pour لحس, lécher, Bc.

لسع VIII dans le Voc. sous percutere (fiblar); le verbe catalan fiblar signifie piquer.

لسع الخمّ remords, Bc.

لَسْعَة coup de dent, trait de médisance, Bc.

لسيعة saponaria ocymoides, Bait. I, 98, dern. l.

لَسّاع qui pique souvent, Voc.

لسلس.

لسلس une crucifère, Prax R. d. O. A. VIII, 282.

لَسْلوس qui zézaie en parlant, vulg. langue de soie, Cherb., Roland; cf. لثلث.

لسن II. Le passage du Diw. Hodz. se trouve 131, 7–9.

ذو لسانين de vive voix, Bc. — نسائن لسان (Freytag) double, dissimulé, faux, Bc, M. — على لسان فلان se dit d'une pièce de vers, etc., qu'on fait courir sous le nom d'une certaine personne, Gl. Fragm. — جاء على لسان فلان se dit de celui qui porte un message, qui a commission de dire quelque chose, R. N. 63 v°: وجاء رجل الى جبلة على لسان المرودى فقال له يقبل لك القاضى الخ. — Eloquence, Gl. Badroun, Gl. Bayân, Haiyân-Bassâm I, 192 r°; ذو لسان ou صاحب لسان éloquent, Cartâs 8, 112, 5 a f. — T. de géogr., langue de terre, M, chez Bc لسان ارض. — Battant d'une cloche, Alc. (badajo). — Marteau de la porte, Hbrt 193. — = ابو شناف (voyez), Bait. II, 438 b, par conséquent echium plantagineum. — Erysimum d'après B de Bait. I, 217 b: وهو البقل المعروف بالّسان. — Pl. ألسُن carrelet (poisson de mer), Alc. (azedia pescado). — Sole (poisson de mer), Hœst 298.

لسان الإبل phyllitis, scolopendre ou langue-de-cerf, Bc.

لسان البحر havre, petit golfe, Bc.

— os de sèche; l'explication écume de mer (M, Sang.) repose sur une erreur; voyez mon article شبيبا; — sorte de poisson, M.

لسان الثور sorte de poisson de mer, Man. Escur. 893.

النحْرّ — *clitoris*, Alc. (*criea de la mugor*).

الحَلَف — *luette*, Alc. (*canpanilla de la garganta, gallillo o canpanilla*).

الحال — *langage muet, gestes, regards*, Bc.

الحيّة — *langue-de-serpent, ophioglosse*, Bc.

الحَروف — *plantain*, Alc. (*lengua de cordero yerva*).

الذئب — nom d'une plante, Bait. I, 156 a.

الزاوية — *l'extrémité de l'angle, l'angle même*, Gl. Geogr.

العرض — *bourrache*, Domb. 74.

عصفور — *boulette, petite boule de chair hachée, d'oignon et de persil*, Bc.

العصفور جبلى — *cérinthée* ou *mélinet*, Bc.

القدّان — *manche, timon de la charrue*, Bc, Hbrt 178.

القرد — (la langue du bœuf) plante, Daumas V. A. 380, *plantain à feuilles lancéolées, plantago lanceolata*, Beaussier.

القفل — *pêne, morceau de fer qui sort d'une serrure et ferme une porte*, Bc.

الكلب — nom de trois plantes, voyez Bait. II, 439 c; = الحَمَل لسان, Most. sous ce dernier mot; *cynoglosse*, Bc.

الميزان — *languette de balance*; Freytag a voulu donner ce sens, mais il n'a pas bien choisi le mot latin; au lieu de *momentum bilancis*, qui signifie autre chose, il aurait dû écrire *examen*.

لسين *bavard, babillard*, Payne Smith 1043.

نَسَالة *éloquence*, Cartâs 111, 13, Yâcout IV, 60, 13.

مُلْسان *verbeux, bavard*, Voc.

مُتَلَسّن = ملسّن (*in linguæ modum mucronatus*), ou bien *qui a beaucoup de langues de terre ou de golfes*, Gl. Geogr.

لَش *pourquoi*, Voc.; contraction de لاى شى.

لشك *ichneumon, mangouste*; — peut-être aussi un petit poisson qui tue la baleine, mais la leçon est incertaine, Gl. Edrîsî.

لشَكّة *tranche*, Hbrt 15 (Alg.).

لَشْمَش voyez plus haut p. 507 اللاشَّة ماشد.

لشا *supprimer, annuler*, Ht.

III *abroger, abolir*, Hbrt 209, M, Arnold Chrest. 206, 3; ملاشاة *destruction, abolition*, Hbrt 144, 209.

V *être annulé*, Voc.

VI a déjà été employée par Moâwia, voyez Gl. Mosl.; L: *emarcuo (vel emarcesco)* اتّلاشاة, *exinanitus*; متلاشى; on dit تلاشى المريض quand les forces d'un malade baissent et qu'il est près de mourir, M.

لَغْشِيمْة voyez لَشيمْة.

لَصّ.

لَصّ *sicaire, assassin*, Bc.

لصف.

لَصف, *vulg. en Espagne, Scolymus*, Bait. I, 302 d: وهو المعروف عند عامّة الاندلس باللّصف وصاده مكسورة.

لصق, مَلْصَق. Cf. لزى et ses dérivés. I لَصِقَ, n. d'act. Diwan d'Amro'lkaïs 45, vs. 15. — C. ب *s'entêter de, s'engouer de*, براى *s'enticher d'une opinion*, Bc. — لصِق بالغرا *coller, souder*, Ht; لصق بالغرا *mastiquer, coller avec du mastic*, Bc.

II. لصّق بالغرا *coller*, Bc; cf. Diw. Hodz. 203, vs. 50.

III c. a. et ب dans le Voc. sous *adherere*. — *Côtoyer, aller côte à côte de quelqu'un*, Bc.

IV. لصّق السور بالارض *raser un mur*, Gl. Belâdz. — لصّق المدينة *assiéger, cerner une place*, Gl. Belâdz. — الصّاى *être affilié à une tribu*, Prol. I, 240. — C. ب *enticher, faire adopter une opinion*, Bc.

VI *être contiguës (maisons)*, Gl. Geogr. — C. ب et مع dans le Voc. sous *adherere*.

VIII se construit c. ب, M, Voc., de Sacy Chrest. II, 439, n. 24, Cartâs 41, et c. الى, Voc. — *Toucher*, 1001 N. I, 54, 15. — *Etre affilié à une tribu*, Prol. I, 240. — C. ب ou مع *épouser un parti, une opinion*, Bc.

لصق *incrustation, application d'un corps sur une surface pour l'orner*; خشب لصق *placage, bois en feuilles appliqué sur d'autres bois*, Bc.

لِصاق, لصّقة, Voc., لصّقة Domb. (comme لزوق), pl. لصاق, *emplâtre*, Voc., Domb. 90, Bc.

لصلص soudure, Ht. — Pl. الصَقْدْ colle, Voc.

لصاي الذهب chrysocolle, Payne Smith 1816. — La plante dite τύφη, Payne Smith 1446 (c'est un abrégé de Dioscorides III, 133; ce que Freytag a est une tout autre plante).

لَصُوق qui adhère, P. Kâmil 317, 7.

لَصِيق attenant à, Ht. — اللصيق بنفسه Bedr — »son ami intime,« Haiyân 4 rº. — الخفيف عليها بحيل celui qui s'affilie à une tribu, Prol. I, 239, 4.

لصيق grateron, Domb. 75.

لصيقى cynoglosse, nommée ainsi parce que له بزر خشن يلصق بالثياب, et aussi بلسكى, grateron, Bait. I, 23 b, II, 439 g (lisez ainsi).

لصّاي qui adhère, Bait. I, 395 a: وعليه شوك دقيق لصّاي — لصّاي بكل ما يتعلق به من ثوب او غيره Faisant adhérer, Most. vº شلدير يريه (yerba soldera): ce mot signifie عشبة لصّاقة.

لاصف à côté de, Voc.

مُلصق attenant, contigu, 1001 N. I, 90. — Celui qui s'affilie à une tribu, Prol. I, 239, 4, 240, 6.

مُلصَّق attenant, contigu, Alc. (casa que no deslinda con otra ذار ملصّق).

مُلاصق inspecteur, Kalyoubî 55, 5 éd. Lecs: وامّا الأرض فإنّ الملاصق لأرضنا اراد سقى ارضه فنام فانفجر — مُلاصق à côté de, Voc. الماء فسقى ارضنا

لصلص II (formé de لَصَّ voleur) voler, Payne Smith 1276, 1292, 1293.

لصو.

لاص pl. لَواص miel, Diw. Hodz. 178, vs. 21, 179, 2.

لضم I. = نظم composer, Mehren 35; c. a. et الى faire adhérer fortement à, M. — لضم الخيط enfiler, Bc.

لطّ I commettre, compromettre, لط نفسه s'enferrer, se nuire à soi-même, Bc.

IV c. على p. ne pas vouloir payer, Fakhrî 333, 10.

لطأ et لطى et لطا I. En parlant d'une plante qui rampe à terre, on ne dit pas seulement بالأرض لاط, Bait. II, 65, mais aussi لاط مع الأرض, Bait. I, 9,

345 a. Aussi s'accroupir sur le sol, en parlant d'une bête féroce qui va s'élancer sur sa proie, Gl. Geogr. — Avec ou sans بالأرض, être bas, Gl. Fragm., Gl. Geogr. Aussi en parlant des tempes chez un malade quand elles deviennent creuses, Ibn-Wâfid 11 vº: اذا رأيت عينى المريض تدمع وانفه يدقّ واصداغه تلطأ فى — Etre ample, أوّل المرض فهى من علامات الهلاك large, Auw. II, 678, 1: la selle doit être لاطي بحديدة على, I, 456, dern. l.: القربوس والمؤخرة »avec un instrument à pointe large et qui ressemble à celui dont se sert le calfat.« La figure dans notre man. n'est pas comme celle qu'a donnée Banqueri et a réellement la pointe très-large, de cette manière:

]━━━━━━( )━━━━━━[

ومنه ما ثمره لاطي, ibid.: ونواه لاطي Bait. I, 274 c: والسعدان ثمره, II, 23 b مستدير عدسى الشكل 199 d: فيها, مفرطح لاطي على قدر الدرهم مستدير vulg. لطى يَلطي — ثمر لاطي على قدر نوى الزيتون pour لطا يَلطُو, M, se cacher, Ht.

VI être bas, Gl. Fragm., Gl. Geogr.

VIII c. ل consentire, Voc.

قلنسوة لاطئة (كمة لاطية) بالراس un bonnet qui va juste à la tête, qui n'est pas haut; on supprime بالراس, et on dit aussi لاطية tout court, Gl. Fragm.; Haedo 27 c et d: »Toutes les femmes à Alger portent sur la tête, d'abord une sorte de coiffe dans laquelle elles renferment les cheveux, et qu'elles nomment en langue moresque lartia (sic), ou el beniga; elle est faite de toile, et brodée sur le devant de soie de couleur, verte, jaune, etc.;« Bg 805: لاتية (sic) bonnet des dames, orné de petites monnaies d'or ou d'argent, et sous bonnet: لاطية »bonnet d'évêque;« selon le M, اللاطية, pl. ات, est chez les chrétiens d'Orient une espèce de fichu (منديل), que les ecclésiastiques portent sur la قلنسوة.

لطخ I, n. d'act. لطوخ, Aboû'l-Walîd 241, n. 36. — لطخ بذنب, dorer, بالفضة, argenter, Bc. — بالذهب on lui a imputé un crime, Haiyân 54 vº. — لطخ approcher la lampe du feu pour l'allumer, M. المصباح بالنار

II *souiller*, — *enduire*, — *oindre*, Vêtem. 313, n. 2, Voc. (deturpare (cum luto), ungere), M, Bat. IV, 291, Payne Smith 1454, 1529, Recherches I, 164, dern. l. de la 1re édit.:

وبعزى (وبَغْرى) l.) ذوو النقص من أهلها
— بنتلطخيج اعراض اهل الكمال.

C. على *se vanter*, Voc. (iactare).

V *s'oindre, se frotter*, Voc., Bat. IV, 116, 149.

لَطْخَة *tache*, Hbrt 199. — *Nébuleuse*, étoile peu brillante, Bc.

وهو رغوة تتصاعد من الدبس لطاخ espèce de gelée, اذا ضرب بعرق الحلاوة, M.

ملطَّخات للدائخ *onguents*, Payne Smith 1454.

لطر *autour*, espèce d'écorce qui ressemble à la cannelle, Bc.

لطس

مِلْطاس *hache*, Voc. (securis).

لطش

I, vulg. pour لطخ, M, ou pour لطس, aor. *o*, n. d'act. لَطْش, *donner à quelqu'un un coup du plat de la main*, Fleischer Gl. 80, M; Bc: *bourrer, porter des coups, taper, frapper*, لطشه ب *assèner, donner un coup violent*; cf. 1001 N. I, 31, 8. — يلطش الراس *monter (porter) à la tête, capiteux, qui porte à la tête*, يلطش *fumeux, qui envoie des vapeurs à la tête*, Bc.

II *claquer, donner des claques*, c. ل *souffleter*, Bc. — تلطيش, pour le syr. لتحديد, *l'action de plâtrer*, Payne Smith 1482.

III *ferrailler, faire du bruit en frappant des épées les unes contre les autres*, Bc.

V *être souillé*, Payne Smith 1529.

VI: تلاطشوا *se donner des coups du plat de la main*, M. — *Se cosser, se battre* (béliers), Bc.

لَطْشَة *coup (pas très-violent)*, Burckhardt Prov. no 398, *atteinte*, coup qui atteint, Bc. — *Coup de tête*, action étourdie, *imagination*, fantaisie bizarre, idée folle, *lubie*, caprice, folie, *manie*, vertige, folie, égarement de la raison, *vertigo*, caprice, fantaisie, grain de folie, *vertigo*, maladie du cheval, Bc.

ملطوش pl. ملاطيش *bizarre, esprit creux*, homme visionnaire, *écervelé, énergumène*, possédé du démon, enthousiaste, *extravagant*, fantasque, *hétéroclite*, hypocondre, maniaque, tête timbrée, Bc.

لطع V *se morfondre*, s'ennuyer à attendre, perdre du temps à, c. على *naqueter*, attondre servilement à la porte de quelqu'un, Bc.

لَطْعَة *attente*, temps employé à attendre, Bc. — Pl. ات pièce de feutre ou de toile cirée, qu'on met sous un petit enfant afin de tenir sa couchette propre, M.

وهو كيس خريع منطبع لطبع صريع ربيع? 1001 N. Bresl. II, 240:

لطف

I. لَطَفَ c. ب semble *prendre soin de*, Mohammed ibn-Hârith 221: فاخذ من ذلك الزمّان شيئاً لطف به. — وغرسه حتى علق وتمّ واثمر. ou في الامر *employer des moyens subtils*, p. e. la ruse, la flatterie, *pour réussir dans une affaire*, Gl. Belâdz. — لَطُف *avoir l'esprit fin, subtil*, Badroun 283, 1: وقال لطف اهل العراق. — لَطُف, n. d'act. لُطْف, dans le Voc. sous *malus, empirer, devenir pire*, Alc. (enpeorar, enpeorar la dolencia).

II *rendre* لطيف, M, Gl. Djob. — *Exténuer*, t. de pratique, *mitiger, modérer, neutraliser, tempérer, corriger, tempérer les effets de*, لطّف الكلام *ménager les termes, adoucir les expressions*, لطّف المادّة *atténuer, rendre moins grave*, Bc, Haiyân-Bassâm I, 41 vo: Ibn-Hazm professait hautement ses opinions فلم يلطّف يطلّف صَدْمَهَ بَمَا عنده بتعريض ولا يزفه بتدريج. — *Subtiliser*, Bc. لطّف البديع *voyez sous* لطيف. — *Empirer, rendre pire*, Voc. (vo malus).

III. لاطفه بالهدايا «il tâcha de lui complaire en lui envoyant des présents,» Haiyân 71 ro, cf. sous لطف: Recherches I, 184, 3 a f. de la 1re édit.: فقد كانت طوائف العدوّ — تلاطف بالاحتيال، وتستنزل بالاموال.

IV, en parlant d'un prince, *faire approcher de sa personne, traiter honorablement*, Gl. Fragm. — *Soigner un malade*, Haiyân 13 vo: وتابع في تعليل للخصى والطائف, في المسئلة ou الطف له في القول — حتى افاق من علّته, aussi الطف سؤالَه, et الطف في المسئلة, *demander d'une manière amiable, polie, gracieuse*, Gl. Fragm. — C. a. p.

et ب ر. *donner des présents à quelqu'un*, aussi simplement لطْفٌ, Gl. Fragm.

V *employer des moyens subtils*, p. e. la ruse, la flatterie, avec إلى, في, أن, حتى ou لـ, *pour*, Gl. Belâdz., Gl. Fragm. p. 102, Bidp. 31, 8, Abd-al-wâhid 48, 17: *ils ne laissaient personne approcher de lui*, تلطّف — يَوم من اكابر البربر حتى وصلوا اليه وقالوا له الخ. — C. ب ر. *faire une chose avec adresse, avec précaution*, Amari 432, 4 a f.: تلطّفوا بالصعود على الجبل (*pour ne pas être aperçus*). — C. ب ع. *complaire, se conformer au goût, à l'humeur de quelqu'un pour lui plaire, courtiser*, Bc, Abd-al-wâhid 96, 4: وتلطّف في خدمته حتى قرّبه امير المسلمين اشدّ تقريب, *employer envers quelqu'un des manières engageantes*, comme traduit de Sacy dans le passage de sa Chrest. II, 56, 9, *pulchris verbis allicere* aliquem, selon la traduction de Reiske Aboulf. IV, 48, 11, cf. 1001 N. I, 66, 8: فلم تزل تتلطّف بهم حتى قالوا لها دعيهم يدخلوا, *dulcibus verbis placavit* aliquem, comme traduit Meursinge dans le passage qu'il a publié p. 22, 14: ولولو تلطّفى بالجماعة كالانباسى الخ — لكان ما لا. تُلطّف لعبد السلام في السراح فى, Çalât 22 vº: خيرا فيه «*on tâcha d'obtenir du calife par des paroles douces la mise en liberté d'Abd-as-salâm*,» et *ibid.*: ورغبتى منكم ان تجازينى على حسن تلطّفى بك «*je désire que vous me récompensiez pour les bons services que je vous ai rendus auprès du calife.*» Aussi c. مع p., Macc. II, 537, 7: وتلطّفت مع بعض حاشيتى أوصلتنى الى البيد. — *Empirer, devenir pire*, Voc. (vº *malus*).

X, en parlant d'un prince, *faire approcher de sa personne, traiter honorablement*, Gl. Fragm. — De même dans le sens de استلطف بجنبه, *ceindre l'épée*, Gl. Fragm. — *Tâcher d'apaiser quelqu'un, de gagner ses bonnes grâces*, Abbad. I, 53, 7, Macc. I, 391, 17.

لُطْفٌ ou لطف المكانة ou لطف المحلّ *faveur, bonnes grâces*, Abbad. I, 336, n. 65 (cf. sous لطيف). — *Détérioration, dégradation*, Voc. (*malicia* = رذالة), Alc. (*peoria*).

لَطَفٌ pl. ألطافٌ *présent, cadeau*, le pl. aussi *friandises*, Gl. Belâdz., Gl. Fragm., de Jong, R. N. 21 rº: وكان يلاطف الطاغية ويبعث اليه بالألطاف. — *Vin*, Gl. Geogr.

لَطَفٌ pl. لُطَفٌ *friandise*, Gl. Geogr.

لطيفٌ *agréable, aimable, amiable, courtois*, Bc. — لطيف المكان *qui jouit d'une grande faveur*, Haiyân-Bassâm III, 143 rº: لطيفة المكان من نفسه «*qui jouissait auprès de lui d'une grande faveur*» (cf. sous لُطْف). — *Modéré, tempéré*, Bc, *modique, peu considérable*, Cazwinî I, 201, 20: ماء عذب فيه جرح لطيف; دهنيزا لطيفة *blessure légère*, Bc. — *Etroit* (chemin), Bocrî 55, 13. — *Court, bref*, Nowairî Espagne 451: وكان الحكم قد ارسل مع ولده خادما اليه، ومعه كتاب لطيف الى عروسه, et cette «*courte lettre*,» ce «billet,» *apprenait* à 'Amrous *dans quel guet-apens il devait attirer les Tolédans.* Aussi *bref, sec, froid*, Macc. II, 413, 6: رد ردّا لطيفا «*il me rendit brièvement, sèchement, mon salut*,» parce qu'il était de mauvaise humeur. — اللطيف ou التلاطف est, d'après l'Aghânî, un genre de poésie inventé par Moslim; cf. le Gloss. C'est le style à facettes, l'abus des *concetti*, de l'antithèse et des jeux d'esprit. Ibn-Khallicân (I, 277, 7 a f. Sl.) dit en parlant d'un poète: وشعره كله لطيف وهو كما يقال السهل الممتنع لطيف, et c'est, comme on dit proverbialement, le *facile-difficile* (cf. sous منع VIII), c.-à-d.: elle semble facile au premier abord, mais en réalité elle est difficile et obscure. — En parlant d'une drogue, *qui se rétrécit par l'effet de la chaleur naturelle*, comme la cannelle, l'opposé de كثيف, si tel est le sens des paroles du M: وقال الاطبّاء اللطيف دواء من شأنه ان يتصغّر اجزاؤه عند فعل الحرارة الغريزية فيه كالدارصينى ويقابله الكثيف كالقرع. — En parlant d'un aliment, *qui subtilise le sang*, l'opposé de غليظ, M. — Pl. لِطافٌ Voc., ألطفٌ Alc., *mauvais*, Voc. (*malus*), Alc. (*mala cosa*); لطيف الظنّ *soupçonneux, défiant*, Alc. (*sospechosa cosa que sospecha*).

لطافةٌ *amabilité, aménité, bénignité, courtoisie, délicatesse, finesse, délicatesse dans les choses d'esprit* بلطافة الشمائل, Bat. II, 167), *agréablement, doucement*, لطافة الطبع *bonté, douceur;* — *aisance dans les manières*, بلطافة *cavalièrement, lestement, de bonne grâce;* — *modération;* — *précaution, ménagement, prudence*, Bc.

لطيفةٌ من البلاغة *une grande finesse d'ex-*

لطلة

pression (de Slane), Prol. I, 179, 14. — Pl. لطائف présent, cadeau, Gl. Geogr.

اَلْطَاف l'habitude de l'onanisme chez les femmes, Harîrî 498, 4 a f., M.

لطيف voyez تَلَطُّف.

التَّلْطِيف chez les lecteurs du Coran = الامالة, M.

مُلَطِّف, t. de médec., atténuant, remède qui augmente la fluidité des humeurs, M.

مُلَطَّفَات (pl.) dépêches, Mong. cxxxv b, cxxxvii a, Fakhrî 363, 1.

مُلاطَفَة modération, diminution du prix, d'une peine infligée, d'une taxe, etc.; مُلاطَفَة القصاص commutation, changement de peine, Bc.

لَطْلَطَة (esp. ladilla) morpion (insecte), Voc. (cimex); chez Alc. نَطْلَطَة.

لطم I se construit aussi c. على, Bidp. 219, 3: لطم على راسه, 1001 N. I, 101, 1: لطم على وجهه. — Choquer, heurter, cogner, Alc. (topar encontrando con otro), Bc; se dit, p. e., en parlant des flots, 1001 N. I, 21, 9, لطم الامواج للبر ressac, choc impétueux des vagues en mouvement contre la côte, Bc, ملطوم من الامواج « battu des flots,» Bc; c. ب heurter, donner contre, toucher, échouer, donner contre un écueil, sur un basfond, Bc, Hbrt 130; لطم القدم بالقدم trinquer, Bc. — Ecorner, diminuer, Bc. — Entamer, faire une petite déchirure, une petite incision, Bc.

II dans le Voc. sous panis; c'est une transposition de طَلَم (voyez ce mot dans les dict.).

III choquer, heurter; Bc a le proverbe: بيضة ما تلاطم حجرة «ce serait le pot de terre contre le pot de fer;» le poète Moslim emploie ce verbe en parlant du vent qui se heurte contre la flamme, qui la pousse avec son souffle, Gl. Mosl.

V se heurter, en parlant des vagues, Gl. Mosl.; c. ب se cogner, se heurter contre, Bc. — Dans le Voc. sous panis; cf. sous II.

VI se heurter l'un contre l'autre par accident, s'entrechoquer, Bc, le n. d'act. collision, frottement, Bc, surtout en parlant des vagues, Abbad. I, 52, 5 et 6, Djob. 320, 4, Payne Smith 1508, 1001 N. I, 103, 11, Gl. Geogr., متلاطم بالامواج houleux, Bc,

لعب

Antar 3, 1, 1001 N. I, 5, 2 a f.; تلاطم الامواج tempête, Voc.; تلاطم مع الحيطان «se heurter contre les murailles,» en parlant d'un homme ivre, Macc. I, 306, 11; تلاطم مع العدو escarmoucher, Bc.

VIII. التطموا se donner des soufflets, Gl. Mosl.

لَطْم ribordage, dommage causé à un navire par le choc d'un autre, Bc.

لَطْمَة soufflet (Golius), pl. ات, Alc. (bofetada), لِطَام, Voc., se trouve Koseg. Chrest. 87, 3. — Choc, coup, rencontre, Bc.

لَطَّام qui donne des soufflets, Voc.

لَطَّامَة pleureuse, Ztschr. XXII, 159, 4.

مُلاطَمَة عساكر escarmouche, Bc.

لطى voyez لطأ.

لظ III s'obstiner, Abd-al-masîh al-Kindî 21: فإن أبيت لظاظا ولحاظا وجهلا وتماديا في كفرك ❊

لظى V c. من se plaindre de, Voc.

لَعَب I, le n. d'act. aussi لِعَب, Voc.; cf. plus loin ce mot comme subst. — Jouer, exécuter un air, Bc; c. على jouer d'un instrument de musique, M. — Se livrer à des exercices guerriers, à des combats simulés, Maml. I, 2, 136, Cartâs 243, 4 a f., 247, 13, 14, 16. — لعب بالسيف tirer des armes, Bc. — Caracoler, Martin 96. — C. ب mettre en mouvement, remuer, Koseg. Chrest. 86, 5 a f.: لعبت بأعطافه النخوة العربية. — C. على p. jouer un tour à quelqu'un, Bc, 1001 N. I, 122, 11, Bresl. IX, 363, 7 (Macn.); احتال على (1001 N. Bresl. IX, 290: كل من أخذت عليها سائر العيان فلم يقدروا يأخذوها passer la plume par le bec, tromper l'attente, l'espérance, Bc. — C. على r. faire des tours pour saisir une chose, 1001 N. Bresl. IX, 290: C. في r. se jouer de, se moquer de, في الدين, في الامر M. — لعب في الراس monter à la tête, Bc, 1001 N. I, 62, dern. l.: لعبت الخمرة في روسهم وعقولهم. — لعب في عقله enjôler, cajoler, séduire l'esprit de quelqu'un, tourner la tête à quelqu'un, Bc. — لعب بالمزراق chasser avec le faucon, Gl. Badroun. — لعب بالحمام se servir de pigeons messagers, envoyer des messages au moyen de pigeons, Bayân I, 171, 1, et souvent chez les chroniqueurs; cf. Gl. Fragm. sous حمم. — لعبت نفسه avoir mal au cœur, il eut envie de vomir, Bc.

II. لَعَبَ الاَصَابِعَ *jouer du pouce*, compter de l'argent, Bc. — C. a. *salivare*, Voc.; cf. مُلَعَّب.

III c. a. p. *jouer aux échecs avec quelqu'un*, Gl. Fragm. — C. a. p. et بِ r. *dire une plaisanterie à quelqu'un*, Gl. Fragm. — *Amuser, tromper, jouer, tromper, ridiculiser, se jouer de quelqu'un*, Bc.

IV dans Alc. pour I: *jouer* (burlar de manos, Nebrija: ludo); — *jouter* (justar); — *danser sur la corde* (trepar; cf. Nebrija et Victor).

V dans le Voc. sous *salivare*.

VI c. ب; le passage de Koseg. est 52, 3. — *Se jouer de, se moquer de*, Amari 515, 5 a f., en parlant de Frédéric II: وانما كان يتلاعب بالنصرانية. Bc a la const. c. مع sous *ballotter, se jouer de quelqu'un*, le renvoyer de l'un à l'autre, *jouer, tromper, ridiculiser*. التلاعب *absolument se jouer du bon droit*, de Slane Prol. I, LXXV a, *se jouer de serments et de promesses*, Berb. II, 303, 11; cf. Prol. III, 6, l. 12: on défendit de passer d'une école de jurisprudence à une autre لِمَا فيه من التلاعب. — C. ب *dénaturer un mot, en changer la forme*, Maml. I, 2, 132, Yâcout II, 106, 2, ou *la signification*, de Sacy Chrest. I, ۱۴۱, 2. — *Etre dans un mouvement continuel*, Djob. 299, 7.

لَعِبٌ pl. اَلعاب *prestidigitation*, Macc. II, 179, 4, 5, 15. — *Lâb el hâkkem* espèce d'escrime avec un bâton dans la main droite et un coussin dans la main gauche; on ne doit toucher que les bras, Niebuhr R. I, 163—4; chez Bg 514 c'est بالحكّام, *bel hàkkam*, escrime, l'art de se battre au sabre et au poignard.» — لعب القِمار voyez قمار. — *Tour*, action qui exige la promptitude, l'adresse, trait de subtilité, de finesse, Bc. — لعب نفس *nausée*, Bc.

لَعِبٌ et لُعَيبٌ *anémone*, Sang.

لَعَبٌ. Le Voc. donne cette forme comme n. d'act., et je crois que c'est elle qu'Alc. a en vue quand il écrit: liab, ltab, ltabb, liâb et ltâb, pl. ات. C'est chez lui: *jeu* (burla de manos), le pl. *jeu en général* (juego generalmente); — *caresse d'amour, attouchement lascif* (retoço); — لعب البلا *jeu de hasard* (juego de fortuna); — لعب الحق *jeu qu'on joue sérieusement, tout de bon* (juego de veras, chez Nebrija juego de veras y no burlas, ludus; de burlas, «pour rire,» est l'opposé de «de veras»); — لعب الكلم *jeu de mots* (juego de palabras); — لعب الفرجة *divertissement* (juego de plazer); — لعب القبض *carrousel* (juegos a cavallo como cañas). Il a encore leebît, qui semble aussi لَعِبَات, *danse de personnes masquées* (dança con personages).

لَعْبَة. Freytag s'est trompé en citant le Câmous pour les signif. qu'il donne sous cette forme. Le Câmous ne l'a que pour اللعبة البرية; pour toutes les autres signif. il a لُعْبَة. — En Egypte, *la racine de la mandragore*, Bait. II, 440 c; cet article est intitulé لعبة مُطلَقة (pas خلقة comme chez Sonth.), et ce مطلقة, que Sonth. n'a pas compris, signifie: لعبة seul, pris isolément, par opposition à لعبة بريرية, qui précède; aussi le Most. a-t-il seulement لَعْبَة sous لعبة برِيرية, chez les médecins de l'Irâc يبروح, *colchicum autumnale*, Bait. II, 64 b, 204 b, 440 b.

لُعْبَة (pas لَعْبَة voyez) comme chez Freytag pl. لُعَب *amusette, babiole*, jouet d'enfant, joujou, Bc, Djob. 195, 3, Kalyoubî 71, 13 éd. Lees, *brimborion*, chose de peu de valeur, Bc; — *poupée, marionnette*, Bc, Macc. II, 55, 6: وضع على السقائف لُعَب من ياسمين فى شكل الجوارى, 1001 N. Bresl. II, 190, 1: نساءها لُعَب «les femmes d'Egypte sont des poupées,» elles sont parées, ajustées, aussi joliment que des poupées, ibid. 46, 4 a f., en parlant d'un bossu: وهو شخّص (cf. sous شخّص): قاعد كَيْه كأنه شخص او لُعْبة. la traduction de Habicht, *gibet*, que Freytag a copiée, est ridicule); *grande poupée, figure humaine*, Nowairî Egypte, man. 2 k (2), 154, et 2 l, 66 r°: on trouva parmi les trésors d'un grand لعبة من العنبر على قدر جسده برسم ثيابه توضع عليها ثيابه لتكتسب رائحتها «une figure d'ambre de la grandeur de son corps, et qui servait à recevoir ses habits, que l'on y plaçait afin qu'ils s'imprégnassent du parfum de l'ambre,» 1001 N. I, 191 (= Bresl. II, 112): وقال للنجّار اصنع لهذا لعبة خشب فقال بدر الدين حسن وما تصنع بها فقال اشتغل عليها واسوقك على اللعبة ثم ادور بى المدينة كلها; pas *gibet* comme chez Habicht et Freytag, ni *croix* comme chez Lane (I, 326); cf. Defrémery Mémoires 330—1, et dans le J. A. 1862, II, 387.

لَــعِــبــى joueur, qui folâtre, qui aime à s'amuser, Bc. — *Scénique*, Bc.

لُعَيْبَة *viscosité*, Chec. 197 v°, en parlant du مسلوق fait avec du poisson: ولُعَيْبَتُه تزول عنه بالماء الصقالبية الذي سلق فيه (les voyelles sont dans le man.).

لُعَاب. Le pl. الْعَبَّة *les mucilages*, Sang.; لعاب النبات *mucilage*, matière visqueuse, épaisse des plantes, Bc; لعاب السفرجل *la décoction mucilagineuse des graines du coignassier*, *gelée de coings*, M; لعاب الصبر *suc d'aloès*, Edrîsî, Clim. I, Sect. 6; لعاب الهاء est الزوجة, Gl. Manç. in voce. — لعاب الشيخ *sorte de pierre précieuse*, Gl. Edrîsî.

لَعِيب *joueur*, qui a la passion du jeu, Bc, Hbrt 89, 114. — *Acteur*, qui joue un rôle; لعيب الكوميدية *comédien*, Bc. — لعيب زحليقة *patineur*, Bc. — لعيب النبوت *joueur de bâton*, Bc. — Voyez لَعِب.

لُعَابِى *mucilagineux*, Bc, M.

لُعَيْبَة *poupée*; le vulgaire dit عَبَيْبَة, M.

لَعَّاب fém. ة, est, je crois, le mot qu'Alc. écrit liâb et laâb, fém. lieba. C'est chez lui: *bouffon*, *mime* (representador de momos, le fém. moma contrahazedora), aussi لَعَّاب الخَيَال (momo contrahazedor); avec كبير *le chef d'une troupe de mimes* (momo principal); — *théâtral*, qui appartient au théâtre (teatral cosa de teatro); — *qui caresse d'une manière lascive* (retoçon).

لاعب *prestidigitateur*, Macc. I, 283, 2, II, 179, 4, 11. — (Un objet) *qui flotte au gré du vent*, 1001 N. I, 56, 5. — *Ample*, qui ne serre pas, Djob. 195, 3. — لاعب chez Avicenne et ceux qui l'ont suivi, est une faute pour لاعبة, M.

مَلْعَب pl. مَلَاعِب *théâtre*, *amphithéâtre*, *scène*, L (anfiteatrum), Alc. (teatro do hazian juegos), Bc, Edrîsî ١١٣, 7, Amari 30, 8, 34, dern. l. — *Cirque*, Bc, *hippodrome*, ملعب للخيل *manège*, Bc, ملعب للجياد Macc. I, 114, 14. — *Petite guerre*, guerre faite pour s'exercer, Bc; *fantasia*, *tournoi*, de-Gubern. 28, 306, Pflügl t. 68, p. 22: «des exercices à cheval et des danses guerrières, qui sont toujours accompagnés de quelques coups de fusil, s'appellent *el melab dial rami*;»

ملاعب et ملاعيب, Maml. I, 2, 136, signifient aussi *exercices guerriers* (pas comme chez Quatremère). — Le cercle que les femmes forment autour des cavaliers qui font la fantasia, Martin 109. — اهل الملاعب *ceux qui font des tours de force*, 1001 N. I, 758, 3 a f., IV, 373, 2 a f.

Melaab, le convive qui s'amuse à faire des boulettes de pain pour les tremper dans le plat et les manger ensuite, Daumas V. A. 315. Je suis dans l'incertitude quant aux voyelles.

مُلْعِب *fripon*, Hbrt 248. — *Ptyalagogue*, qui provoque la salivation, Bc. — ملعب النفس *nauséabond*, Bc.

مَلْعَبَة *jouet*, Bat. I, 385. — *Momerie*, jeu joué, affectation, déguisement de sentiments, Bc. — Espèce de poème populaire, Prol. II, 193, 16, 195, 9, III, 420, 14, 424, 5, 429, 2.

مَلْعَبِى *théâtral*, Bc.

مَلْعُوب, pl. ملاعيب et ملاعب, *niche*, *paquet*, *tromperie*, *malice*, *passe-passe*, *filouterie*, *tour d'adresse*, *pièce*, *tour de malice*, *poisson d'avril*, *tour*, Bc, M, 1001 N. II, 107, 4 a f., 109, 4 a f., 115, 3 (l'éd. de Bresl. remplace ce mot par ملعبيا (منصف); *faire une niche à quelqu'un*, *faire une pièce*, *jouer*, *faire pièce à quelqu'un*, *lui jouer un tour*, *friponner*, Bc, 1001 N. Bresl. IX, 283: لعب معه سبع ملاعب (Macn. صاحب ملاعبين منصف), ملاعبين *mystificateur*, *aigrefin*, Bc; اهل الملاعيب *joueurs de gobelets*, Ztschr. XVI, 673, n. 5. — غزا بالملعوب *faire des tours de force*, et celui qui les fait est un ملعوب غازى, voyez sous غزو I. — *Coup de partie*, coup décisif, Bc. — *Rôle*, Bc.

مُلَاعِب *jongleur*, *pantalon*, Bc. — *Mystificateur*, Bc.

مُتَلَعِّب (?) *musicien* (?), Gl. Geogr.

لعبط II semble signifier *ruser en faisant des tours de lutte*, Antar 79, 15: ولكن لخصم اذا نظر خصمه قد فلما ١١, 80, رجم عليه، فلا بد ان يتلعبط بين بديه" نظر رستم الى ما حل فيه، وكيف خجيل قدام الملك وحواشيه" فصار يتلعبط ببديه، مع رجليه" وطلب لخلاص منه، غضبا عنه" ۞

لعج.

لَعَج *amour brûlant*, Diw. Hodz. 220, vs. 6.

لَاعِج. Le pl. لواعج (M) *douleurs violentes*, Abbad. I, 71, 2 a f., Abd-al-wâhid 76, dern. l., Macc. I,

199, 8, 275, 13, 695, 5. — Dans Müller 24, 13: «وَأُمُّ حَسَنٍ تَبْعَثُ بِنَغَمَاتِهَا لَوَاعِجَ الشُّؤُون», les deux derniers mots semblent signifier *des larmes brûlantes*, car شؤون s'emploie dans le sens de *larmes* (Lane 1491 c à la fin).

لعر

لَاعَرِين *pied-de-lièvre*, lagopus, Bc.

لَعِسَ I ne se dit pas seulement en parlant d'un jeune homme, mais aussi en parlant de lèvres, لَعِسَتِ الشَّفَةُ. M.

لَعَسٌ est سواد مستحسن فى الشفة, M, Calâïd 93, الذى بعث الاحسانَ عرفًا عاطرًا ونفسًا واتبته فى شفاه الايام لَعسَا. dern l.:

أَلْعَسُ = لَعِسٌ, Fleischer Berichte 114 sur Macc. II, 592, 17.

أَلْعَسُ. On dit aussi مُجَاجُ الْأَلْعَسُ «saliva pulchrum in modum nigricans» = saliva quæ in nigricantibus labiis sita est, Weijers 49, 8 et 176, n. 306.

لعسم II = تلعثم; altéré chez Freytag en تلعلم, M.

لعف I «*abhorruit a, odit*,» chez Freytag, qui cite ce vers de la Hamâsa:

قلو كنتَ بالارض الفضاء لَعَفْتُها ولَاكن اتتك ابوابه من وراٍتِبا

«mais c'est du verbe عاف يعاف, et le *lâm* est le جواب de لو. Ces sortes de bévues sont fréquentes dans son Dictionnaire,» M.

لعق II c. a. dans le Voc. sous lanbere.

IV c. d. a. *faire lécher*, M, Diw. Hodz. 67, 11.

V et VIII dans le Voc. sous lanbere.

لَعُوق, dans le Voc., pl. ات, لَعُوق, *électuaire, lok*, Voc., Bc; ce mot *lok* ou *looch* est la transcription du terme arabe, Gl. Esp. 298. Biffez le لعوقة de Freytag, qui n'existe pas.

لَعَّاق *qui lèche beaucoup, souvent*, Voc.

مِلْعَقَة *truelle*, M.

مَلْعُوق *malheureux*, Domb. 105; chez Bc et Hbrt 220 avec le ك.

ملاعقى sorte d'oiseau, Yâcout I, 885, 15.

لَعْقَط dans le dict. de Freytag est une faute pour لَعْمَط, M.

لعك

ملعوك voyez ملعوق.

لَعْل est une pierre fine et d'un rouge vif, qui est plus tendre que le rubis, Niebuhr B. xxxvi. — *Amarante* (plante), Bc.

لعلى *carmin*, Bc. — *Lilas* (arbuste), Bc.

تلعلم «chez Freytag est une faute pour تلعسم,» M. لَعْمَط est le mot qui chez Freytag est altéré en لَعْقَط, M.

لعن I. لعن نفسه *dire en commençant une déclaration solennelle:* لعنة الله علىَّ *Dieu me maudisse si*, etc., M. C'est ce qui s'appelle الْتَلَعُّن, cf. le Ta'rîfât, cité par Freytag sous لعان, avec Mâwerdî 391, 11.

III. Quand un mari accuse sa femme d'adultère sans en fournir des preuves, il est condamné au *hadd* (en ce cas, 80 coups de fouet), excepté s'il يلاعن منها, et le لعان consiste en ceci: le mari dit dans la grande mosquée, en présence du juge et de quatre témoins: «J'atteste Dieu que j'ai dit la vérité en accusant ma femme que voici d'avoir eu un commerce adultère avec un tel,» et s'il veut renier un enfant, il ajoute: «et que cet enfant n'est pas de moi, mais le fruit de l'adultère.» Il fait quatre fois cette déclaration et ensuite il ajoute: «Dieu me maudisse (لعنة الله علىَّ) si j'ai menti en accusant ma femme d'avoir eu un commerce adultère avec un tel, et en déclarant que cet enfant n'est pas de moi, mais le fruit de l'adultère.» Cela dit, il a accompli son *li'ân*; اكمل لعانه; le *hadd* ne lui est pas applicable, tandis que sa femme doit subir la peine de l'adultère, excepté, toutefois, si elle تلاعن à son tour. Elle dit alors: «J'atteste Dieu que mon mari que voici a menti en m'accusant d'avoir eu un commerce adultère avec un tel, et que cet enfant est de lui.» Elle fait quatre fois cette déclaration, et ensuite elle ajoute: «La colère de Dieu soit sur moi, si mon mari a dit la vérité en m'accusant d'avoir eu un commerce adultère avec un tel.»

Cela dit, la peine de l'adultère ne lui est pas applicable; on sépare l'enfant du mari, et on prononce le divorce. Ainsi chez Mâwerdî 391, où la constr. est, comme on l'a vu: لاعن الزوج من الزوجة; cf. Gl. Tanbîh et Beaussier. Je trouve la constr. c. a. chez Haiyân-Bassâm I, 153 v°: وهو أوّل من لاعن زوجه بالاندلس فأرى الناس العمل في اللعان بالعيان۞

VI. تلاعنا est quand le mari et la femme prononcent la formule dite لعان (voyez sous III), Gl. Tanbîh.

VIII obtenir gain de cause, après qu'on a prononcé les mots: Dieu me maudisse si ma déclaration n'est pas conforme à la vérité (في التعن الرجل انصف نفسه الدعاء على), M. — Être admis à faire le li'ân (voyez sous III), Mâwerdî 392, 1: واذا قذفت المرأة زوجها حُدَّت ولم تلتعن « quand une femme accuse son mari d'adultère sans en fournir des preuves, elle doit subir le hadd et n'est pas admise à faire le li'ân.»

اللعْن voyez sous I.

لَعْنَة malice, méchanceté, Bc, souvent chez Ibn-Haiyân en parlant des rebelles, p. c. 20 r°: Ibn-Mastana صاحب عمر بن حفصون وتاليه في التمرّد واللعنة, Ztschr. XX, 508, 37 r°: قائده الشديد التمرّد واللعنة, 7 a f., en parlant des juifs: أشد لخليفة كفرًا ولعنة. cf. 6 a f., 509, 2. — Peste, enfant méchant, Bc. — Orma dans L, mot dont je ne sais que faire.

لعين, pl. لُعَناء, Kâmil 302, 7. — Même pl. malicieux, malin, sycophante, fourbe, délateur, Bc.

لَعَّان médisant, Gl. Fragm., L (maledicus) سفيه لا يكون لعّانًا, Voc. (maledicus), Valeton 9, 7: (اللسان لعّان) الموصى طعّانًا ولا لعانًا۞ médisant, mordant, Alc. (mordace).

ألعن pire, pis, Bc; comme superl., le pire des, Ztschr. XX, 508, 7 a f., en parlant des juifs: ان هذا من العبن, 1001 N. I, 329, 9: يا العين الطائفة العبن لخليفة واخبثها العبيد, lisez de même avec Bresl., au lieu de العبد 323, 5; العبن والعبن de pis en pis, de mal en pis, Bc.

مَلْعَنَة a été mal expliqué par Freytag d'après le Câmous. On entend sous الملاعن les trois endroits où il n'est pas séant de se décharger le ventre des gros excréments, à savoir: ceux qui sont ombragés par des arbres, le bord de l'eau et les chemins fort fréquentés. Ils ont reçu ce nom, parce qu'on maudit celui qui le fait; ce sont des مواضع لعن الناس, puisque, dans de tels endroits, les ordures sont particulièrement désagréables; cf. Weijers dans Valeton 15, n. 7, avec le M. — Micmac, intrigue, manigance, Bc.

مَلْعون. Tout aliment nuisible s'appelle ainsi, M. — Méchant, pervers, scélérat, Alc. (malvado). — Tranchées violentes des chevaux, qui sont mortelles la plupart du temps, M.

مُلاعَنَة la femme répudiée par son mari en vertu de la formule dite لعان (voyez sous III); Gl. Tanbîh.

لعو لَعَنَتْ نَفْسِي I, aor. i, n. d'act. لَعَيَان, et لَعَى ost غَثَّتْ من الجُوع, j'ai une faim insupportable, formé, à ce qu'il semble, de لَعْوَةٌ للجُوع, M.

وهب لَعًا. De même qu'on dit لعا لعشرة, on dit لعا لعشرتك, Abbad. I, 411, n. 79.

لاعية. Bc a: ésule (plante), et avec le pl. لواعي tithymale; Sontheimer traduit euphorbia triaculeata Forsk. dans Bait. I, 166 c, II, 411 b; «inconnu au Maghrib,» Gl. Manç.; cf. Freytag sous لاعبة, qui est une faute pour لاعية.

لعويس I mâcher, M.

لغثيط (λογοθέτης) le chancelier à la cour de Byzance, Gl. Geogr.

لغد. لغْد pl. لغُود fanon, peau qui pend sous la gorge du taureau, Bc.

لغز II parler à mots couverts, Bc.

IV. Les alchimistes الغزوا اصطلاحاتهم «choisissent une terminologie obscure et énigmatique,» Prol. III, 192, 7. Parler à mots couverts, Bc. — On dit en parlant de la gorboise, جرتد الغز, quand elle creuse son trou de telle manière qu'il fait des sinuosités et qu'il est d'une entrée difficile, M.

VIII dans le Voc. sous alegoria.

لَغْز (sic), pl. ألغاز, Voc., لغوز, Alc., discours, lan-

gage, style figuré, Voc. (alegoria), Alc. (estilo de dezir por figura). — *Blâme*, اللغز فى لغة العرب طعن وعيب, وذمّ, Abou'l-Walîd 793, 34.

لَغْشِيَة (esp. *lejía*, du lat. lixivia (lixiva), pour cinis ou aqua lixivia, ou lixiva) · *lessive*, eau qui a passé sur les cendres pour laver le linge, Voc. (lixivium), avec le pl. ات; Alc. (colada de paños, lexia) et Beaussier écrivent لَخْشِيّة, pl. chez Alc. لَخاشى, et pour *lessiver, faire la lessive*, il a (colar paños) لَشِيَّة عمل; selon le P. Lerchundi, le terme لغشية s'emploie encore au Maroc. On prépare aussi le raisin sec avec de la lessive, Dict. de l'Acad. esp. sous *pasa*: «la uva seca ó enjuta al sol, ó cocida con lejía,» Ibn-Loyon 29 rº: عمل الزبيب

وهو بالزيت مع الاغشية فائرة يَعمل قَصْد السُرْعَة corrigé sur la marge اللَّغْشِيَة. Ce procédé est décrit fort au long par Ibn-al-Auwâm I, 667, 12 et suiv., qui applique le terme dont il s'agit aux raisins secs préparés de cette manière, car il intitule ce paragraphe: فى عمل الزبيب المعروف بالاغشية (dans notre man. بالاعشمه).

لغط I. L'expression لغطوا بالشكاية dans Berb. I, 479, 5. — لَغَط = لابج, Saadiah ps. 114.

لغم I (formó de لَغْم c. a. *miner*, pratiquer une mine sous un ouvrage de fortification, M.

— (turc لَغْم) pl. لَغُم *mine*, cavité souterraine pratiquée sous un bastion, un roc, etc., pour le faire sauter par la poudre, Bc, M; ضرب النار فى اللغم «faire sauter la mine,» Bc.

— لَغْمِى *mineur*, celui qui fouille la mine, Bc, M.

تَلْغِيم *écume*, Alcama II, vs. 10 éd. Socin.

واذا بِبِرْكَةِ الحَمَّام, 1001 N. Bresl. XI, 445: ملغم, où ملغمة بالذهب مرصعة بالدر واللجوهر والياقوت الاحمر semble signifier *doré*, si la leçon est bonne.

لَغْمَن I c. a. *comiscere* (malum cum bono), Voc., qui a aussi la IIᵉ.

لَغْمُوذة? 1001 N. Bresl. XI, 376, 10.

لغو I *prononcer*, Ht. — *Être vain, inutile* (لغا الشي

(بَكَل), M. — *Comiscere* dans le Voc. — لَغِى, aor. *i*, *dédaigner, mépriser, rebuter*, Alc. (desdeñar a otro); semble pour ألْغَى.

IV *rendre vain, inutile* أبْطَلْ dans les lexiques des indigènes), Macc. II, 557, 18:

بآل سعيد يفخر السعد والعلى فايديهم تُلغى ايادى الغمائم

« car leurs bienfaits rendent inutiles ceux des nuages. » — Aussi = أبْطَلْ, mais dans un sens différent, Macc. II, 442, 11 (cf. Add.): فما أصْغَى اليه، ولا ألْغَى, c.-à-d.: il ne cessa pas d'être en colère contre lui. — *Abolir* un impôt, Gl. Belâdz. — *Licencier* des soldats, Alc. (soltar el juramento; synonymes سرّح et أطْلَقَ; Nebrija: exauctoro). — *Excepter*, Gl. Belâdz. — C. عن *supprimer, passer sous silence*, Macc. I, 591, 3 a f. (texte corrigé dans ma Lettre à M. Fleischer 77): وها انا اصف لكى بعض ما ختمه الله به من الامور التى هى خارقة للعادة وتُلغى عن الامور للخفية التى لا نعلمها ونقصد الامور الظاهرة التى نعلمها. Le Voc. a ce verbe c. a. et c. عن sous *dimitere*.

لَغْو *erreur*, Voc. — لغو اليمين cf. avec Freytag le Gl. Tanbîh.

لَغْوَة pl. لَغَاوى *accent*, prononciation propre à un peuple, à une province; — *dialecte*; — *patois*; — *idiotisme*, Bc.

لَغِيّة *prostituée*, Voc.

لُغَيْدة (dimin. de لُغَة) *forme empruntée à un mauvais dialecte*, Fleischer Beitr. zur arab. Sprachkunde III, 301.

ألْغَى *plus versé dans la langue classique*, Amari 677, 12: كان اماما فى اللغة حافظا لها حتى انه لو قيل لم يكن فى زمانه الغى منه لَمّا استبعد۞

لف I. لَفَّ لَفَّهُ مَنْ (cf. Freytag sous لَفّ et Harîrî qu'il cite) so dit d'un ramassis de toutes sortes de gens, qui se joignent à un chef, à une armée, etc., Berb. I, 19, 13, Hist. du Yémen man. p. 264: وغنمت العساكر السلطانية ومن لف لفها من اتباعها وانصارها; do même Khatîb 68 rº: نزل المهدية جميع ما لف من القرى ; aussi c. ب p., Haiyân 64 vº: فيمن لف لفه من العرب

الْمُوَلَّدُون ومن لف بهم. — *Faire tournoyer, pirouetter un bâton*, 1001 N. IV, 152, 2 a f.: ثُمَّ إنه اخذ مسوقة بيده ولفها في الهواء ثلث مرّات, 154, 1. — *Tournoyer, biaiser, chercher des détours*, Bc. — *Envelopper, embarrasser*, Bc. — *Dévider*, Roland. — N. d'act. لَغِيف, *avaler*, Mehren 35.

II *rassembler*, Haiyân 41 r°: لَقَفَ جموعا, 62 v°: لَقَّ اهل, 19 r°: ولَقَّفوا فُسَّاق النَّاس على المعصية; de là ملقَّف النواحي *ramassis de toutes sortes de gens*, Gl. Geogr.

III c. a. *être aux mains, en être aux mains, combattre*, لاقّ بعضُهم بعضًا. Se dit aussi du faucon qui saisit sa proie, qui la tient sous ses pattes, لاقّ الصَّيْد, Gl. Fragm.

V c. على *se rassembler contre l'ennemi, et se jeter sur l'ennemi*, Gl. Fragm.

VI *être aux mains, en être aux mains*, p. e. ما تصافّوا حتّى تلافّوا, Asâs dans le Gl. Fragm.

VIII dans le sens de *s'envelopper de, dans*, aussi c. بـ, Gl. Edrîsî. Par ellipse, *être enveloppé d'un linceul*, Hoogvliet 101, 5:
— وإن حبيبا بنت عنه لعاطل وإن عزيزا غاب عنك لَمُلْتَفّ.
S'engager (combat), Haiyân 103 v°: التقفت الحرب. — C. ب *entourer*; au fig., ملتقّ بلد واشتقّت *pays étendu*, Gl. Geogr. — C. ب *se tordre autour de*, Bidp. 273, 10: فالتقّت الحيّة بالحبل. — C. على *se rassembler contre l'ennemi, et se jeter sur l'ennemi*, Gl. Fragm.; dans le second sens le Voc. a la constr. c. ب (*insilire*). — C. على p. *se joindre, s'attacher à quelqu'un*, Gl. Bayân; dans Koseg. Chrest. 79, 9: فلمّا رآهم يومئذ قد التقَّفوا على جُنَيْدَبة اغتاظ, *il faut restituer* التقَفّ. — *Pommer, se former en pomme*, Bc. — التقّف السَّاق بالسَّاق *voyez Lane sous* ساق.

لَقّ pl. لُقُوف *paquet, ballot*, Alc. (lio de cosas). — *Détour, discours qui semble regarder une autre matière que celle qu'on veut traiter*; لفّ في الكلام *tortillage, façon de s'exprimer confuse et embarrassée*, Bc.

لَقّ, dans le sens de *ramassis de toutes sortes de gens*, pl. aussi الفاف, Haiyân 14 r°: جميع الفاف الفِتْنَة.

لَفَّة *proprement n. d'un. du n. d'act.* لَفّ. *Chaque tour qu'on fait faire au châle qu'on roule autour du tarbouch pour former le turban, s'appelle une* لَفَّة, p. e. كان كوز العمامة ثلاثًا وعشرين لَفَّة, Gl. Fragm.; *c'est au fond la même signif. que* spire, *un tour de spirale, chez* Bc. — *De là: le châle qu'on roule autour du tarbouch*, Ztschr. XI, 503, Bg 704, 799, *le turban*, M, Bc, Hbrt 21. On dit لَقّ اللَّفَّة dans le sens de بها اعتمّ, M. — *Coiffure de femme*, Carteron 64, en parlant des Bédouines: «Sur la tête un linge blanc (*alfa*) — mais lavé rarement, — maintenu par un cordon (*chenbir*) et retombant sur le cou et les épaules, leur sert de coiffure.» — *Paquet, ballot*, Maml. I, 1, 218, 1001 N. Bresl. VII, 130: فانت تروح معى لمركبى واعطى لك لفّة جوخ ولفَّة اطلس ولفَّة قطيفة ولفَّة صوف الجوري (dans Macn. رزمة). Je crois que Prax (R. d. O. A. V, 215) est tombé dans une singulière erreur, ce qui lui arrive rarement, quand, après avoir parlé du mot ليف, il ajoute: «Le mot *lif* ou *lifa*, qui signifie *enveloppe, vêtement*, est employé pour désigner collectivement les burnous et les haïks.» Ceci n'a rien de commun avec ليف, et c'est لفّة qu'il a eu en vue. — *Détour, endroit qui va en tournant*; *détour, chemin qui éloigne du droit chemin*, Bc. — *Circuit, ce qu'on dit avant de venir au fait*, Bc. — *Pirouette*, Bc.

لَفَّة *est un nom spécificatif, manière d'arranger le châle qui sert à former le turban*, 1001 N. I, 176, 4 a f.: هذه شاش بلفتة على الكرسى, où Lane traduit: «this is his turban, twisted just as it was, upon the chair», Bresl. II, 71: فنظر الوزير الى شاش حسن ابن اخيه فاخذه في يده وقلّبه وقال والله هذه عمامة وزير الّا انّها لفّة موصلية. — *Epaisseur*, Voc.

لَقّة *turbatio* dans le Voc.

لقّان *aigre-doux*, Bc.

لَقَف *ramassis de toutes sortes de gens*, Berb. I, 626, 5, où il faut lire: وكان بنو مزنى لقفا من لفائف الاعراب.

لَغِيف pl. لفاف *épais*, Voc., *touffu*, Gl. Geogr. — C. ب *entourant*, Gl. Geogr.

لَفَافَة *épaisseur*, Voc.

لِفَافَة *bande de toile*, p. e. en parlant d'une blessure, تمطها بالـلـفائف «il l'enveloppa de bandes,» Maml. I, 1, 218; le cadavre d'un homme doit être enveloppé في ثلثة اثواب ازار ولفافتين بيض, celui d'une femme في خمسة اثواب ازار وخمار ودرع ولفافتين بيض, Abou-Ishâc Chîrâzî 47, 6 et 7; Payne Smith 1827: مثل الاسرة وللخلاخيل لفائف des mains, du pied, etc., وما بشاكل لفائف couches, linges dont on enveloppe les petits enfants, Macc. II, 195, 21. — Corporal, linge carré sur l'autel pour poser le calice, l'hostie, Bc.

لـفـيـفـة ramassis de toutes sortes de gens, Berb. I, 15, 11, 22, 4, 626, 5 (cf. sous اللقف, II, 222, 10.

لـفّاف dans le Voc. sous involvere. — Captieux (homme), qui tend à tromper par une belle apparence, Bc.

تلفاف liseron (plante), Cherb.

ملفّ enveloppe, Bc, Maml. I, 1, 218. — Rouleau, paquet, Bc. — Le mot pour drap est مَلَف; voyez-le sous le mim.

ملفّة pièce d'étoffe que les femmes placent sur la tête, afin que le خمار ne soit pas souillé par l'huile dont elles se parfument les cheveux, Vêtem. 403, = وقاية, Ibn-as-Sikkît 526. — Ensouple ou ensouble, cylindre de bois sur lequel le tisserand roule sa toile à mesure qu'il la fait, Payne Smith 1826.

مَلـفـوف enveloppé dans son manteau, Gl. Tanbîh. — Pommé, formé en manière de pomme, Bc. — N. d'un. ة, Hbrt 47, M. — « Foie de gazelle qu'on prépare en melfouf. Voici comment se fait cette préparation, aussi simple qu'excellente: On fait griller sur la braise le foie de la gazelle. Lorsqu'il a une demi-cuisson, on le retire pour le couper par morceaux de la grosseur d'une noix. Ces morceaux sont saupoudrés de sel, puis entourés de panne ou toilette de la gazelle. On les enfile ensuite en brochettes et on soumet celles-ci à la cuisson finale. Quand elles sont bien dorées, et que la succulente graisse a pénétré les pores du foie, on retire. On mange brûlant, et, selon l'expression de Brillat-Savarin, on voit merveille,» Marguerite 289; R. d. O. A. VII, 290: « des melfous (l. melfoufs), foies à la brochette, enveloppés de lard,» تشبيد ملفوف t. de rhétor., est une comparaison dans laquelle on nomme d'abord les objets que l'on compare, puis ceux auxquels on les compare, Mehren Rhetorik 26.

مُلْتَقّ spiral; خطّ ملتقّ spirale, ligne courbe autour d'un cylindre, d'un cône, ou reportée sur un plan, Bc.

الـتـفاف l'obliquité de l'écliptique, M.

لفت

لَفَتَ se trouve Diw. Hodz. 57, 2.

لفت V regarder à droite et à gauche, pour voir si l'on peut s'échapper, Calâïd 54, 8: ويبقى ابنه عزّ فكان : 10, 192, الدولة محتميل التلفّت مرتقبا للتفلّت يروم التفلّت وبكثر التلفّت. «

VIII regarder autour de soi, Alc. (acatar en derredor); — regarder en arrière, Alc. (mirar a tras). — C. a. (à sous-entendre لفت) regarder, être tourné vers, Gl. Geogr. — Dans le sens de faire attention à aussi c. ل, Abbad. I, 51, 11, et c. a., P. Macc. II, 220, 6: التفت صنعتي وحسن ابتداعي — Remuer la queue, Alc. (collear).

لَفْت est dans le Voc., n. d'un. ة, pl. لُفُوت; — rave, Domb. 59, Bc (Barb.); — lift el hashoure, sorte de radis, Shaw I, 217; — لفت بـلدي navet, Domb. 59, Hœst 308; — لفت خَلَعي sinapis pubescens, Prax R. d. O. A. VIII, 280; — لفت طليطلي voyez Bait. II, 105 à la fin (AB).

مكرم علينا بحسن اللفتة لفتة il m'honore de sa bienveillance, Bc. — 1001 N. II, 269, 6 a f., en parlant d'une chanteuse: فاخذت العود ورجعت عليه الالحان حتى طرب المكان واخذت القلوب باللفتات je ne sais pas bien comment il faut traduire.

لفيتي chou-fleur sauvage, Richardson Central II, 49.

لفات sorte d'oiseau, Yâcout I, 885, 13, mais chez Cazwînî (II, 119, 8) c'est لقاف.

ملـفـت جاء ملفتًا faire demi-tour (cheval), Boussier, Daumas V. A. 187.

وفرغ زمان التفات, de Sacy Chrest. II, l.³, 4: الامهال لاهل الغيّ والضلال والالتفات «l'éditeur tradui ; «le temps du répit est passé pour les partisans de l'erreur, de l'égarement et de l'insouciance,» et il di dans une note (277, n. 160): « le mot الْتِفَات signifie proprement *tourner la tête* pour voir quelque chose: il est évident qu'il est pris ici dans le sens de اعراض *se détourner;* » j'en doute.

التَفَاتْ dans le sens technique que التفات a chez Freytag, Badroun 3, l. 4.

مُلْتَفَت *profil*, délinéation d'une tête vue par un côté, Bc.

لَفَح I *gober, avaler, gruger, manger,* Bc.

لَفْحَة n. d'un. du n. d'act. لَفْح dans le sens de *brûler*, Hoogvliet 105, 6.

لُفَّاح, n. d'un. ة, *le fruit de la mandragore*, dont la racine s'appelle يبروج, Cazwînî I, 297 (corrigez le nom persan l. 6; (سايزيل), Most. v° ثمرته يبروج: c'est هي اللفاح, Bait. I, 211 a, II, 440 d. Les fruits de la mandragore mâle sont ronds, jaunes, lisses et ressemblent à de petites pommes (cf. Macc. I, 363, 17: عصبت بها تفاح من الصفر كالفاح الصفر"; «ceux de la mandragore femelle sont larges en bas et vont en diminuant en haut, comme *une sorbe* ou *une poire* » (Dodonæus 814 b). C'est ce qui explique les signif. qui suivent ici: pour les deux premières on a pensé aux fruits de la mandragore mâle, et pour les deux autres à ceux de la mandragore femelle. — En Égypte et en Syrie, *espèce de petit melon rond*, à raies rouges et jaunes, qui porte aussi le nom de شَمَّام et de دَسْتَنْبُويَه, *cucumis dudaïm* de Linné. Ce fruit (cf. Forskål, Flora Ægypt.-Arab. 169) ressemble à celui de la mandragore mâle: il a aussi la peau très-lisse, et en outre « son odeur est agréable et narcotique; c'est pour cette raison que le vulgaire s'imagine que c'est une sorte de *loffâh*, qui est le fruit du *yabrouh*», Bait. I, 149 a, cf. 420 c, II, 108 c, 440 d. — *Espèce de pêche qui a la peau lisse*, *le brugnon* selon Clément-Mullet, Most. v° خوخ: ومنه ضرب فيه حمرة يسميه بعض الناس اللفاح, Auw. I, 338, لا رغب فيه, en parlant de la pêche: la première espèce est املس دون زغب فيه حمرة يسمى الاقرع وهو المصرى ويقال له الشتوى ايضا ويسميه قوم اللفاح. — *Sorbe ou corme*, le fruit du sorbier ou cormier, Auw. I, 324 (plusieurs mots manquent dans l'édit.): وقيل ان شجرة — . الغبيرا هى شجرة المشتهى وثمرها يقال له اللفاح.

Poirier sauvage, Alc. (guadapero); c'est sans doute dans l'origine *poire sauvage*.

لَفَظ I. On dit en parlant d'une armée qui répand la mort, يلفظ الأقتار, Gl. Mosl., et لفظ نفسه est *rendre le dernier soupir*, Haiyân-Bassâm I, 175 r°. — *Prononcer d'une manière élégante*, Voc. (pronunciare pulcra et bona verba).

II c. a. dans le Voc sous pronunciare etc.

IV c. ب *prononcer d'une manière élégante*, Abd-al-wâhid 170, 9: كان احسن الناس ألفاظا بالقرآن.

VIII dans le Voc. sous abiicere.

لَفْظِيّ *littéral*, Bc.

لَفْظَان *hâbleur*, si c'est là le mot que Ht écrit d'une manière fort étrange لافزان.

لَفَّاظ dans le Voc. sous pronunciare.

لَفَع I *cingler*, *frapper*, Bc.

V se construit c. ب, mais aussi c. a., parce que c'est un dénominatif de لفاع et qu'il renferme l'idée de لبس, Lettre à M. Fleischer 140.

لَفَق I *ourler*, Bc. — *Prendre sous son bonnet*, *inventer*, Bc.

II. La signif. *consuo* est aussi dans L; cf. Djob. 68, 1: les navires dont on se sert dans la mer Rouge sont ملفّقة الانشاء لا يستعمل فيها مسمار البتّة انما هى مخيّطة; chez Edrîsî, Clim. II, Sect. 6, المراكب من قطعة est l'opposé de المراكب الملفّقة واحدة; *agencer*, *ajuster*, Bc. Au fig., *coudre*, ajouter l'un à l'autre des passages de livres, Bc; *coudre ensemble*, *fabriquer*, *controuver*, Abdarî 59 r°: ولفّقت مطالبَ من خرافات «il cousit ensemble toutes sortes de folles prétentions,» Khallic. I, 178, 1 Sl.: لفّقت له نسبة «on lui fabriqua une généalogie;» *controuver*, *inventer une fausseté pour nuire à quelqu'un*, Bc. — *Rapiécer*, *mettre des pièces à un habit*, Voc. (pitaciare); de là au fig., لفّق للحديث, c.-à-d. زخرفه, M, nous dirions *farder*; aussi *cacher*, *موّه بالباطل*, car une pièce qu'on met à un habit troué, cache le

لغلف

trou (cf. plus haut, I, 548 b, 1—5), Prol III, 325, 3: Ne pouvant se servir de la prose libre, les écrivains ولعوا بهذا المسجّع يلغفون به (cf. trad.) ما نقصهم من تطبيق الكلام على المقصود ومقتضى الحال فيه ويجبرونه بذلك القدر من التزيين الخ۔

V *être rapiécé*, Voc.

لغلف I *tortiller*, Bc. — *Envelopper, emmailloter, couvrir*, Ht.

II *s'envelopper dans ses habits*, 1001 N. IV, 212, 4.

لغلافة bistorte (plante), *liseron* ou *liset*, Bc.

لغى I c. ل *hanter un lieu, fréquenter un endroit*, Bc.

VI. تلاغى قلبه *apaiser une personne irritée*, Bc. — C. a. p. *seconder*, Cartâs 125, 11 a f.

لق I *toucher, mettre la main à, ou sur quelque chose*, Bc. — Bâsim, quand il eut reçu des pièces d'argent, لقم في شدقه, Bâsim 44, 47, 71, ce qui semble signifier: « il les mit, les cacha dans un coin de sa bouche.»

VIII, en parlant des mains, *être frappées l'une contre l'autre*, Haiyân-Bassâm I, 23 v°: كيفية مقتله (l. شنقته) الغلوب وانقلبت الازار وألتقّت عليه الاكفّ الخ۔

سبعج, *terme injurieux*, voyez sous يا لقة الزربول.

مِلَقّ *bâton avec lequel les enfants frappent la balle* (طابة), *quand ils jouent*, M.

لقب II très-souvent c. d. a., Gl. Mosl.; — c. ب *qualifier, donner, attribuer un titre*; ملقّب بألقاب شرف *titré*, Bc.

لقب est de trois sortes selon le M, à savoir: 1° لقب تسخيف *sobriquet injurieux, qu'on donne par dérision* (cf. Aghânî 14, 2), ce qui est défendu; 2° لقب تعريف *sobriquet qui n'est pas offensant, et qui sert seulement à distinguer une personne de ses homonymes*; ainsi d'anciens imâms sont nommés الاعمش, الاعرج, الاخفش, etc.; 3° لقب تشريف *qualification, qualité, titre honorifique*, Bc, de Sacy Chrest. II, 237, n. 18. — *Titre que porte un grand dignitaire de l'Etat, et par suite haute dignité, poste éminent*; القاب الملك ou القاب الخدمة *les premières dignités de l'Etat*, Haiyân-Bassâm I, 10 r°: واقرّ المستظهر

يومئذ على مراتب الباب (الفاب) (l. الالقاب منهم) خدمة المدينتين الزهراء والزاهرة وخدمة التعقّب ولكلّ لقب من اصناف هذه : ibid., والحاسبة وخدمة الخ, لخدمة جماعات سمّاهم ابو مروان بن حيان في كتابه Khatîb 70 r°, où il est question d'un homme qui voulait faire passer un imposteur pour le prince légitime: فاخذ في تلقيبه القاب الملك واسماء رجاله وعواتده ورتّب له القباب (l. الالقاب) الملك: 91 v°, وصفة قصور صاختمت به الدولة, 108 r° (Bâdîs), ودون الديون مهّد الدولة ووضع القاب خدمتها: 146 v°, ونبّهت الالقاب Chez Ibn-Khaldoun القاب الملك a tantôt le même sens, tantôt, ainsi que لقب seul, *les titres et emblèmes de la souveraineté*. Voici des exemples de l'une et de l'autre signif.: Prol. I, 401, 16: ولمّا انقرض شأن للخلافة وظهورها وصار الامر كلّه ملكا, وسلطاننا صارت هذه الخطط الدينية بعيدة عنه بعض الشىء لانها ليست من واستكمل مراسمه ولا الملكى القاب, Berb. I, 460, 2: القاب الملك وقسم الخطط بين رجال الدولة: 557, 7 a f., واعاد القاب للخلافة ورسومها وشياتها, 599, 15, 598, ثم سموا الى اللقب والتفنّن في الشارة: 6 ;128, II, 4 a f., فلم يزالوا اخّذين بدعوتهم واحد بعد l. 8: الملوكية, واحد متجاهرين عن اللقب ادبا معّ مجدّدين البيعة. — *Titre à l'estime, à la reconnaissance du public*, Khatîb 131 v°, après avoir énuméré plusieurs améliorations et embellissements qu'un premier ministre apporta à la ville de Grenade: واخذاذ امثال هذه الالقاب يشقّ تعداده اللقب في اللغة ما يعبّر به (l. ا). — *Terme, mot*, M: عن شى, Prol. III, 325, 6; القاب للحديث *les termes techniques dans la science des traditions*, Macc. I, 819, 20; القاب الاعراب والبنية *les termes qui servent à indiquer les désinences grammaticales et les points voyelles*, M. — Le pl. *les diverses espèces ou branches* d'un art, p. e. du *badî*', Prol. III, 293, 7: فرعوا لعلم البديع القابا وعدّدوا ابوابا ونوّعوا انواعا, cf. III, 355, 5, Macc. II, 431, 14: وهذه الطريقة الرجلية بديعة تتحكّم فيها القاب المكوس, ou القاب للجباية; — القاب البديع ou الالقاب المخزونية, *les diverses espèces de contributions*,

Prol. II, 83, 16, 100, 12: lorsque les recettes ordinaires ne suffisent pas pour couvrir les dépenses, فيستحدثون القبا ووجوّها يوسعون بها لجباية, 300, 12: lorsqu'il eut à choisir, entre les diverses branches des contributions, الالقاب المخزنية, celle sur laquelle on lui assignerait son traitement, il choisit l'impôt sur les vins, Berb. I, 95, 2. Le mot لقب seul signifie aussi *contribution*, charte grenadine: ما يحتمل في القاب طاعة بلدون واعشارها في لقب المعاونة (pour المعونة) المكية — في لقب الكسى والمنفاعة (pour والمنفعة). En outre le pl. القاب a reçu le sens de *l'administration des impôts*, J. A. 1849, I, 193, 6: وخَدَم في الغاب القاب (l. بجباية).

لقاب sorte d'oiseau, Cazwînî II, 119, 8, mais chez Yâcout (I, 885, 13) c'est لقانب.

لَقَح, n. d'act. لَقْح et لِقَاح, *bourgeonner, pousser, germer, pousser des boutons, des feuilles, des rejetons, rejeter, repousser*, L (pullulo (germino) القَحْم), *pollens* (l. pullulans avec Raphelengius) (l. لاقح), Voc. (frondere), Alc. (brotar, echar las plantas, erbolecer crecer en yerva, hogecer los arboles, rebentar planta o simiente, renovar el arbol o yerva, retoñecer los arboles, tallecer yerva), Auw. I, 169, 9 et dern. l., 184, 14 (cf. n.), 190, 2, 191, 3, etc., Prol. III, 368, 13; — *prendre, prendre racine* (plante), Alc. (prender la planta). — *Recommencer, se rallumer* (guerre, hostilité), M. — Pour le sens vulg. de *jeter*, voyez aussi 1001 N. Bresl. IX, 308, 1, où l'éd. Macn. a رمى.

II *faire naître, produire*, Tha'âlibî Latâïf 108, 4 a f.: ولو كان في العالم شيء هو شرّ من الأفعى ولجارة لما لقح للجدري. — قصرت تصبغك الاهواز عن توليدها وتلقيحها *inoculer*, لقح للجدري البقرى *vacciner*, Bc.

V *se coucher, s'étendre tout de son long*, 1001 N. Bresl. III, 286, 10, 310, 8, 381, 10. — C. على p. *courir vers*, Ztschr XXII, 77, 4.

VIII. Biffez dans Freytag là 1ʳᵉ signif., qui appartient à la Vᵉ. — Biffez aussi chez lui la signif. d'*intumuit*; dans les 1001 N. Bresl. I, 250, 14, la leçon والنقحت, que Habicht a en vain tâché de défendre (VII, p. VII), est fausse, et doit être changée en وانتفخت, comme M. Fleischer (Gl. 42) l'a dit avec raison.

لَقَح, n. d'un. ة, pl. لُقُوح et لِقَاح, *drageon, rejeton qui naît de la racine d'un arbre*, L (recidiva لقح), Alc. (cogollo o coholo de arbol, renuevo de arbol, retoño de arbol), Auw. I, 155, 2 a f. (l. واللقاح, bonne correction de Clément-Mullet), 502, 13 (l. واللقوح avec le man. de l'Escur. et le nôtre), 506, 14, 507, 1.

كانت مكّة بلدًا لقاحًا اى لم يكونوا في دين مَلك. لقاح. Kâmil 185, 21.

لقاح *fécondation*, Bc.

لَقُوح, pl. لَقَائح, comment. sur le Dîwân de Djarîr (Wright).

جَوْز لقاحَة *couleur fauve*, Alc. (leonado color).

تَلْقيحَة *bourrasque*, au pr. et au fig., تلقيحة ريح *grain de vent, ouragan*, تلقيحة ريح تهب من البر *rafale, coup de vent de terre*, Bc.

لَقَس.

لَقَس النَّفْس *triste*, Gl. Mosl.

لقاس nom de la plante qui s'appelle aussi قَنَّب, Bait. II, 309 c: ويعرفها بعض اهل البادية باللقاس ainsi dans A, mais la leçon est incertaine; B sans points, Boul. s.

لَقيس (syr. ܠܩܝܫܐ) *tard*, Bc (Kasraouan), *tardif*, l'opposé de بكّير, M; — comme l'aram. לְקִישׁ, hébr. מַלְקוֹשׁ, *la pluie de la dernière saison*, Merx Archiv I, 163.

لَقَش I *parler, causer, discourir, ne dire que des choses frivoles, jaser*, Bc (Syrie), Hbrt 114 (Syrie), *babiller*, Ht, 1001 N. Bresl. IX, 205, 9; c. مع *converser*, Bc (Syrie).

II *diviser un morceau de bois en éclats, faire des éclats*, Voc. (dolare (stelare); ce stelare est le cat. estellar, cast. astillar). — En parlant du bois d'un arbre résineux, *devenir* لَقَش (voyez), M. — *Faucher, couper le foin*, remarque sur Job XXIV, 6: ובכרם רשע ילקשו, où la traduction arabe a aussi تلقش: يقطعون عشبه وهى كلها من معنى التلقيش في العربى Abou'l-Walîd 794, 8 et 9.

III est selon Mehren 34 le synonyme de هارش; il traduit *caresser*, mais voyez sous هرش III; 1001 N. Bresl. VIII, 120, 8: وافتنته تلك الليلة بالملاقشة والعب.

لقش

V quasi-pass. de II dans le 1er sens, Voc.

لَقْش = الْكَلام, M (Syrie), *causerie*, Bc (Syrie), *babil*, Ht; لقش فالت *discours gras*, Bc.

لَقْش *la partie intérieure et grasse du pin*, Auw. II, 407, 11 : يوخذ من خشب الصنوبر داخله الكثير يعرف بالقش, cf. l. 20, *bois résineux*, M ; الودك الذي, cf. l. 20, *bois résineux*, M ; واللقش عند العامّة خشبٌ يُستخرَجُ منه القار ويُستصاصًا به كالارز والصنوبر وغيرهما.

لَقْشَة, pl. ات et لَقْش, *éclat*, partie d'un morceau de bois qui est rompu en long, *copeau*, éclat que détache un rabot de menuisier ou de charpentier, Voc. (dolatio), Alc. (astilla, cepilladuras), le pl. لقش chez Abou'l-Walîd 803, 7. C'est une métathèse de لَشْقَة, comme on dit aujourd'hui au Maroc d'après le P. Lerchundi, a. esp. lasca, cat. et val. llesca, ital. lisca.

— لَقْشَة de l'arbalète, chez Alc. braço de vallesta, peut-être *le fût de bois ou chevalet, destiné à diriger le projectile*. Aujourd'hui ce mot signifie au Maroc, d'après le P. Lerchundi, *ressort* d'une montre ou d'un fusil.

لَقَّاش *bavard, babillard, caqueteur, causeur*, Bc, Hbrt 239, Ht.

مُلاقَشَة *conversation*, Bc (Syrie).

لَقَط I *ramasser les grains avec le bec* (oiseau), M. — *Ecumer, prendre çà et là*, Bc ; لقط العلم من الكُتب c.-à-d. il a pris ce qu'il sait tantôt dans tel livre, tantôt dans tel autre, M. — *Cueillir*, Hbrt 50. — *Couper*, p. e. لقط اصابعه « il lui coupa les doigts, » M ; *couper, faire tomber des branches*, Auw. I, 162, 6 a f., 4 a f., 163, 1, 5.

II c. a. dans le Voc. sous coligere, *ramasser*, Hbrt 182, Cherb. Dial. 30 ; — *glaner, ramasser les épis après la moisson*, Alc. (espigar coger espigas). — *Cueillir*, Alc. (cojedor como quiera مُلَقَّط), Delap. 144 ; *cueillir des fruits*, Alc. (coger fruta, cojedor de frutas مُلَقَّط).

VIII *ramasser les grains, les miettes, avec le bec* (oiseau), Gl. Badroun, Cartâs 96, 7, R. N. 47 ro : كان عبد الرحيم يأخذ الفتات في يده ويبسطها فينزل au fig., الغراب على يده فيلتقط ما عليها من الفتات

لقف

Prol. I, 327, 3, Berb. I, 130, 12 ; — un مُلْتَقِط est celui qui a ramassé, par-ci par-là, quelques connaissances superficielles, de Slane Prol. I, LXXV a. — *Cueillir*, Hbrt 50; cf. Koseg. Chrest. 81, 2, où il est question d'une excellente jument: وإن قَمَزَها طارت الى الغيوم' وصاحبها بلتقط النجوم. — *Faire tomber des branches*, Auw. I, 163, 6.

لُقَطَة *chose de hasard, qui n'est pas neuve, qui est de rencontre, chose d'occasion*, Bc.

لَقَّاط *tenailles*, Domb. 96, Bc (Barb.), Hbrt 86 ; لقاط العافية *pincettes*, Domb. 80.

لكلّ ساقطة لاقطة « toute parole échappée est relevée, » Bc, cf. M, Meidâni II, 443.

مَلْقَط *l'endroit où un oiseau ramasse les grains avec le bec*, Macc. I, 340, 16.

مِلْقَط pl. مَلاقِط *fourchette*, Bc, Hbrt 201. — *Pincettes*, Hbrt 197, chez Bc ملقط النار.

مِلْقاط pl. ملاقيط *mouchettes*, Bc.

مَلْقُوط pl. ملاقيط *un criminel qu'on a arrêté, qui s'est fait pincer*, M.

مَلْقُوطَة *sorte de navire*, Gl. Geogr.

لَقِف I *recueillir, rassembler*, Alc. (recoger o arrecoger); n. d'act. لَقْف, *recueillir des pommes*, Voc. (pomare). — *Apprendre, acquérir quelque connaissance*, p. e. فعلّمه الفارسيّة فلقفها وكان لبيبا, Gl. Geogr. — *Armer d'un bouclier*, Alc. (adaragar, escudar); cf. ملقف. — *Escalader*, 1001 N. II, 101, 7 : وكان هذا السرّاق ينقب وسطانيًّا ويلقف فوقانيًّا, lisez de même بلقف, au lieu de يعلقف, dans Bresl. IX, 276, 11 : هذا عائق أرض العراقي وينقب وسطاني ويعلقف فوقاني ; cf. ملقف.

V c. a. ر. et من p. *apprendre, recueillir de la bouche de*, Gl. Geogr. — *Concevoir, devenir enceinte, ibid.*

لَقَف *agonie*, Ht.

لَقِيف. Sur حوص لقيف voyez Diw. Hodz. 45, vs. 12, 68, vs. 3.

لْقْف pl. مَلاَقِفْ *bouclier, écu*, 1001 N. Bresl. IX, 249, 260, 261, 263; cf. sous la Ire forme. — Espèce d'appentis oblique au faîte d'une maison, tourné vers le nord ou le nord-ouest et destiné à amener les brises dans une chambre ouverte qui se trouve au-dessous, Lane M. E. I, 25 (malkaf).

مِلْقَف *espèce de grapin ou de croc, dont les voleurs se servent pour escalader une maison, une muraille*, 1001 N. II, 104, où il est question d'un voleur: ثم يسحب سيفه في يمينه واخذ ملقفه في يساره واقبل على قاعة الجلوس التي للخليفة ونصب سلّم التسليك ورمى ملقفه على قاعة الجلوس فتعلّقت بها وطلع على السلّم الى السطوح الخ; cf. sous la Ire forme.

لَقْلَق I. لَقْلَقْ بلسانه *faire claquer sa langue*, 1001 N. Bresl. VIII, 209, où l'éd. Macn. a le synonyme تَغْوَ بلسانه (voyez فَوْ V). — *Piquer sans cesse* (cousins), Gl. Geogr. — *Ecornifler, manger aux dépens d'autrui*, Bc.

لَقْلَقْ ou لَقْلاَقْ est une très-grande espèce de cigogne; on lui donne le nom de *pèlerin*, حاجي لقلق, parce que c'est un oiseau de passage, Buckingham I, 144. — *Glouglou, bruit d'une liqueur versée dans une bouteille*, Bc. — (Lat. *lucanica*) لَقَالْقْ *saucisse, andouille, boudin*, Gl. Manç. in voce: هو الادام المسمى بالمغرب مَقانق. Autres formes مَقانق et نَقانق (voyez).

لقلوق pl. لَقَالِيقْ *écornifleur, parasite*, Bc.

لُقَمْ II dans le Voc. sous *buscolla*; لَقْم الخُبْز *faire des bouchées de pain, les préparer pour les avaler*, M. — *Greffer*, Hbrt 182 (Alg.), Roland. — Pour لَقّم *emboucher, instruire de ce qu'il faut dire*, Bc. — Pour لَقّب *cognominare*, Voc.

IV c. a. p. *donner à quelqu'un une bouchée, ce qui est une attention délicate, un témoignage d'affection*, Freytag Chrest. 49, 7: فجعلت تاكل وتُلقِمُها الى ان اكتفت, 1001 N. I, 62, 3 a f., avec la note de Torrens p. XII, 56. — القمه الحَجَر *il lui donna une pierre à avaler, c.-à-d., il réduisit son adversaire au silence*, M.

V dans le Voc. sous *buscolla*; *avaler*, M. — Pour تَلَقَّب, Voc. v° *cognominare*.

II

VIII *teter*, Prol. I, 163, 13.

لُقْمَة *morceau de pain*, Alc. (pedaço de pan, racion de pan, qu'il prend sans doute en ce sens, car chez Nebrija c'est: racion de pan mendigado, quadra); لُقْمَة مَقْمُورة *rôtie, morceau de pain rôti*, Bc. — *Bouillie de farine de dorra, avec du beurre ou des bamias séchées*, Werne 30 (lochma). — Au lieu de لُقمات القاضى dans l'éd. de Bresl. des 1001 N. I, 149, l'éd. de Macn. et celle de Boul. ont لُقَيْمَات القاضى (voyez), mais Bc donne aussi: لقمة قاضى *échaudé* (pâtisserie).

لُقْمى *vin de palmier*; c'est ainsi qu'écrivent Beaussier, d'Escayrac 8, Tristram 96 (où laguni est une faute d'impression pour lagmi), Afgest. II, 195, Carette Géogr. 226, Prax R. d. O. A. V, 213, R. d. O. A. N. S. I, 312, Pellissier 151; chez Richardson Sahara II, 466, c'est لُقْمَى, mot, dit-il, qui signifie *larmes ou écume*; Barth W. 276 a aussi *lakmeh*; dans Daumas MS لاكمى; je trouve encore chez les voyageurs les formes: aguemi, el águemi, l'akmi, al-akmi, lakby, lackbi, lackby, lakaby, laghibi, lugibi, luigibi, etc.

لُقَيْمَات القاضى *échaudé* (pâtisserie), Bat. III, 124, 425, cf. sous لُقْمَة.

لَقَنْ I. Dans le sens que Freytag donne, c'est يَلْقَن; لَقَن الكلام من فلان c. a. est *comprendre*, فلَقَّنَها عند ابن فطيس M, Mohammed ibn-Hârith 282: «Ibn-Fotais comprit ce qu'il voulait dire;» cf. Berb. I, 300, 6 a f.

II *dicter*, M. — *Dicter, suggérer, emboucher, instruire de ce qu'il faut dire, souffler, inspirer, suggérer*, Bc, c. d. a., Gl. Tanbîh; spécialement *souffler la formule* لا اله الا الله *aux oreilles d'un défunt*, Gl. Tanbîh; cf. تلقين.

V *entendre, apprendre*, M, de Sacy Chrest. II, ۳۳, 10: فنقل الاخباريون واهل التاريخ ذلك كما سمعوه درود حسب ما تلقّنوه.

VIII dans le Voc. sous *instruere*.

لَقَنْ (λεκάνη); 1001 N. I, 48, 11: فقال لها اكشفى لقن; اللقن تحته عظم فيران مطبوخة فكليها; Lane traduit *dough-pan*; dans l'éd. Bresl. c'est لكن, et chez Bc

لَكَن est *bassin creux*, *bassin à laver*, *cuvette*, *vase pour se laver les mains*.

لَقَانَة (λεκάνη) *gros plat d'argile*, Mehren 35.

لَقْيَة (esp. lagaña, Simonet) *chassie*, *humeur gluante qui sort des yeux*, Voc. (lippitudo).

تَلْقِين *apprendre à un mort*, *qui vient d'être enterré*, *ce qu'il doit répondre aux questions des deux anges qui viendront l'interroger*; le fakîh qui le fait est un مُلَقِّن, *un instructeur des morts*, Lane M. E. II, 338.

لقو

لَقْوَة *paralisis quando os torpet*, Voc., Alc. (perlesia dolencia); cf. وَقْوَة.

لَقْوَة (esp.) *lieue*, Alc. (legua).

لَقِي I, n. d'act. لَقْيَا, Voc. — ان كنت سندانا فالقى « *lorsque vous êtes enclume*, *supportez*, » c.-à-d., souffrez le malheur avec patience, Bc. — لقى له محلًّا ou وطيفمة, *placer*, *donner*, *procurer une place*, Bc.

II c. d. a. *accorder*, *concéder*, *donner*, Gl. Mosl. — Le Voc. a cette forme c. a. sous pati (faire souffrir), et الله يلقيك sous obviare; Bc: يلقيك الله فعلك *Dieu vous traitera selon vos mérites* (se prend ordinairement en mauvaise part), *Dieu vous punisse de ce que vous nous avez fait*, *Dieu vous rendra le mal que vous avez fait aux autres*. — لَقَّى للجواب *répondre à l'instant*, *sans hésiter*, car dans le Diw. Hodz. 110, les derniers mots de l'hémistiche: تخصم قومًا لا تُلَقَّى, sont expliqués par لا تقوم لجوابهم ولا يَتَحَضَّرك الجواب et par *Il faut prononcer de même dans* Bidp. 263, 2 et 3, où le roi dit تَلْقَى بالجواب « *tu réponds bien promptement*, » et où l'autre réplique: trois sortes de gens يَلْقَون للجواب « *répondent promptement*:» un roi qui donne des présents, une femme qui épouse un homme noble qu'elle aime, et un sage qui peut faire le bien. Dans sa note (p. 108), de Sacy a pensé avec raison à la signif. de *recevoir comme par inspiration*; il faut comparer en effet Sour. 27, vs. 6: انك لَتُلَقَّى القرآن, c.-à-d., لَتُتَوَتَّاه, comme dit Baidhâwî. — 1001 N. Bresl. III, 262: Camar az-zemân trouva le jardinier à l'agonie, s'assit à son chevet, lui ferma les yeux, ولَقَّاه الشهادة, après quoi il prit soin des funérailles; c.-à-d., je crois: il récita, ou enseigna, au jardinier (qui, évidemment, avait déjà rendu le dernier soupir) la profession de foi, comme le مُلَقِّن le fait aujourd'hui en Egypte auprès du tombeau (cf. Lane M. E. II, 338).

III c. à p. *aller au-devant*, *aller à la rencontre de*, Bc. — *Accueillir*, *recevoir*; لاقاه باحسن ملاقاة « *faire à quelqu'un une bonne réception*, » Bc. — C. a. p. *avoir audience de* quelqu'un, Bc. — *Eprouver* (un mal), *ressentir*, Bc; dans le Voc. pati. — ما لاقيت الّا و *voilà que*, *ne voilà-t-il pas que* Bc. — لاق حاله *se trouver*, *sentir*, *éprouver que l'on est dans un certain état*, Bc.

IV. أَلْقَت طَلًا *elle* (la chamelle) *a mis bas un petit*, P. J. A. 1838, I, 6, l. 5; en parlant d'une femme, أَلْقَت جَنِينَها ou مضغة *faire une fausse couche*, Gl. Tanbîh. — القى بنفسه *se lever précipitamment*, Gl. Bayân. — القى بالا الى, ou لـ, *faire attention à*, voyez sous بال. — القى اليه السمع *il lui prêta l'oreille*, M. — *Placer*, p. e. وضعه، M, Cartâs 31, 5 a f.: ورَكَّب فى اعلى المنارة سيف الامام ادريس — وسبب القائم فى اعلاء (أَعْلى ل.) المنار ان الامير C. — الحج. C. p. et a. ou r. *communiquer une chose à quelqu'un*, M, Abd-al-wâhid 96, 15, 188, 4, Berb. I, 162, 5, 395, dern. l., Khatîb 21 v°: وجد ابن مسعدة ابنه من مائقة بكتاب فى بعض الأغراض الضروريّة رغب فيه ان ينعم على ولده بالمشابهة (بالمشافهة ل.) لالقائه امر ينوب عنه فيه. Aussi *communiquer à différentes reprises*, c.-à-d. *répéter*, c. a. r. et الى p., Bat. III, 172, 197. — *Proposer*, c. a. r. et الى p., Becrî 119, 4 et 7, c. ل p., Bat. IV, 191. — القى اليه ان *il lui inspira l'idée que*, Bat. III, 162: Cotb ed-dîn fut calomnié près du sultan, والقى اليه جلساؤه « et les familiers de ce prince lui inspirèrent l'idée qu'il voulait se déclarer souverain de l'Inde, » Berb. I, 482, 12, c. a. r., Berb. II, 481, 5 a f., Macc. II, 500, 2 a f.: فرأيت ليلة فى المنام كأنّ رجلًا بائعى فى زقّ اهل المشرى كل ثيابه « بيض وكان يُلْقَى فى نفسى انه للحسين, l'idée me fut inspirée, me vint, que c'était Hosaïn.» — C. على p.

لقى 547 لقى

et a. r. *enseigner*, M, qui cite ces paroles de la tradition: تلقّنا ألقها على بلال فائد أمدّ صوتنا, p. e. *un air à quelqu'un*, Aghânî 43, 16, Koseg. Chrest. 130, dern. l., Prol. III, 393, 3 (et non pas « remettre, » comme traduit de Slane). — *Dicter*; درسًا القى ou تصديرا *faire une dictée à des étudiants*, Khallic. I, 45, 8 a f. Sl., Meursinge 7, l. 11, 9, l. 9, et aussi dans un sens plus large *professer*, *faire un cours*, *proposer des questions aux étudiants et leur faire répéter ce qu'ils ont appris*, car un scoliaste sur la Vie de Timour, II, 869, explique يلقى المدرس بطرح par القى بيده (الطلبة). المسائل على طلبة — وبعيدها الى فلان *se rendre, se soumettre à quelqu'un*; aussi dans le sens de *lui abandonner la conduite de ses affaires, des affaires du royaume*, Abbad. I, 284, n. 141, Gl. Bayân. Dans le second sens on dit aussi القى بمقاليده البيد (proprement: il lui remit les clefs, en parlant d'un assiégé qui se rend); ألقت اليه الرياسة et ألقى اليه بالمقاليد et أقاليده *il obtint le pouvoir suprême*, Abbad. I, 294, n. 209. Dans le premier sens aussi: القى لفلان يد الاستسلام Mi'yâr 5, l. 7, ou الغلب, 6, 2, et القى يده في يد فلان, Abd-alwâhid 180, 2. — القى الاذعان *se soumettre*, Djob. 325, 13. — القى بينهم *il leur souffla l'esprit de la révolte*, Berb. II, 509, 7 a f.

ان تلقى القافلة فيخبرهم بكساد تلقى الركبان V. ما معي لبغيتهم, ce qui est défendu, Gl. Tanbih. — *Recevoir, retenir ce qui tombe de haut, retenir dans la main quelque chose que l'on vous jette*, Bc, Djob. 130, 18: وربما رمى بعضهم بالسيوف في الهواء فيتلقفونها 183, 4; *parer un coup en y opposant quelque chose qui l'arrête*, Koseg. Chrest. 111, 6 a f.: فضربه الاخر ضربة ثالثة فتلقاها المقتدر بيده اليسرى فقطعت ابهامه. — *Soutenir l'effort de, l'attaque de*, Bc. — تلقى احدا بالتصفيق *applaudir à quelqu'un*, Bc. C. a. p. et ب r. *présenter, offrir*, Aghânî 41, 5: تلقى من Obtenir, Edrîsî ٩٩, 5: بالمجامر والحميم الغلام الارادة (dans un sens obscène). — *Surveiller*, Maml. I, 1, 203: هو الذى يتلقى حسبانات الدولة.

تلقّى بحرف التنفيس القسم est en grammaire: *faire suivre, dans le second membre de la période, le lâm du serment par la particule* س, *et* تلقيه بالفاء est: *le faire suivre par la particule* fa. Ibn-Abdalmelic, 75 r°, observe sur le vers de Temîm:

أقيم وأترحّل ذا لا يكون لمن صحّ هذا ستدمى عيون

et sur celui d'Ibn-al-Hannât:

لمن كن من قبله جدّه علينا الوصى فهذا الامين

ce qui suit: تلقى القسم بحرف التنفيس كما وقع في عجز البيت الاول من بيتى تميم لا يجوز تلقيه بالفاء كما في عجز البيت الاخر من ابيات ابن الحنّاط. Puis il ajoute qu'il faut dire comme dans le Coran: ولئن صبرتم لهو خير للصابرين. Le M a sous وتلقى القسم بها ويلى نادر جدًّا كقول ابى طالب: لئن والله لن يصلوا اليك بجمعهم حتى أوسّد في التراب دفينا

VI. تلاقوا بينهم *ils eurent une conférence ensemble*, Akhbâr 7, dern. l. — *Recevoir* (= V), Gl. Mosl.

VIII *rencontrer*, aussi c. ب p., Bidp. 204, 1, Haiyân-Bassâm I, 23 r°: التقى بفارس. — *Se trouver, se rendre dans un lieu, y être*, Bc. — *Parer un coup en y opposant quelque chose qui l'arrête* (= V), Gl. Fragm.: فالتقى الطعنة في الترس. — Biffez ce que Freytag a emprunté à Koseg. Chrest.; c'est une fausse leçon à laquelle il faut substituer لقّ VIII (voyez).

X. الاستلقاء من غير نعاس = *se prêter aux désirs des pédérastes*, Macc. II, 470, 18. — استلقى على قفاه *tomber à la renverse*, 1001 N. I, 8, 8 a f. — استلقى الشىء من الهواء *saisir quelque chose à la volée*, ou *de volée*, Bc, 1001 N. II, 113, 2 a f.: استلقى الكرة لخليفة «il saisit la balle à la volée, avant qu'elle eût atteint le calife.» — *Reconnaître*, 1001 N. Bresl. III, 141: فلما سمع الخليفة كلام جعفر ضحك فلما ضحك عرف استلقاه جعفر وقال له لعلك مولانا السلطان, où Macn. a.

استلقى *recevoir, retenir ce qui tombe de haut, retenir dans la main quelque chose que l'on vous jette*, استلقى الشىء من الهواء *saisir quelque chose à la volée, ou de volée*, Bc.

لقاء *combat*, Gl. Belâdz. (où M. de Goeje donne

لك

وفي المغرب لَقَاء d'après un man. de l'Asâs, mais cf. M: (وقد غلب اللَّقَاءُ على الحرب). — *Forme, figure, aspect*, dans le vers que j'ai cité sous شَرْر, comme chez les Persans et les Turcs. — لقاء = تَلْقَاة = قُبَالَةَ, Diw. Hodz. 18, vs. 1.

لَقَاة est moderne pour لُقْيَة, *rencontre*, M.

لَقْيَة pl. لَقَايَا *trouvaille*, Bc, *trésor caché, enfoui, qu'on trouve*, M; لَقِيَ لَقِيَة *faire une trouvaille, trouver la pie au nid*, faire une découverte avantageuse, Bc.

لاقِيَة pl. لَوَاقِي *claque, coup du plat de la main*, Alc. (palmas (l. palmadas) con las manos (تَعْطَى لَوَاقِي).

أَلْقَبَة pl. أَلَاقِي *calomnie*, Berb. II, 433, 8.

مَلْقَى *endroit où l'on se rencontre*, M, Khallic. VII, 132 Wüst. — مِلَاق, comme chez Freytag, *lunette, ouverture ronde des latrines*, Bc, 1001 N. IV, 728, 3.

مُلَاقَاة *confluent de deux rivières*, Carette Kab. I, 59 (mlâga). — *Audience*, Bc.

مُتَلَقِّي *receveur*, Bc. — *Fermier*, Bc.

المُتَلَاق *nom du 16e mètre*, المتدارك, M.

لَكّ.

لَكّ. Sous ce nom les Arabes, les Persans et les Indiens (*lâk'châ*) semblent avoir entendu plusieurs drogues qui teignent en rouge; voyez les détails que j'ai donnés Gl. Esp. 295–6; — *cire d'Espagne*, parce que la laque y entre, *ibid*.; لك بسر *cancamum ou cancame*, espèce de gomme, Bc. — لَكّ (d'un mot indien qui signifie *cent mille*), pl. لُكُوك (Freytag n'a que ce pl.) et أَلْكَاك, dans l'Inde et au Yémen, *cent mille*, M, « le lac est une somme de cent mille dinârs (d'argent); cette somme équivaut à dix mille dinârs d'or, monnaie de l'Inde, et le dinâr de l'Inde vaut douze dinârs et demi, en monnaie du Maghrib,» Bat. III, 106. Aujourd'hui chez les Arabes *dix millions*, M.

لَكّة (Voc.), لُكّة (Alc.), pl. ات et لِكَك, *ouate qu'on met dans l'encrier*, Voc. (alcotonium dans la 1re partie, atramentarii vagina dans la 2e), Alc. (algodon en la tinta); c'est pour لِيقَة.

لكع

لَكِّيّ *laqueux, de la couleur de la laque*, Auw. I, 326, 5, où il faut lire avec notre man.: هو شاجر 327, 3, à lire: له نوار احمر كثير لكّي اللون احمر لكّي.

لُكَّيْبَة *espèce de haricot rouge tirant légèrement au noir*, Auw. II, 64, 7. — ناقة لُكَّيْبَة expliqué par كثير اللحم, Diw. Hodz. 57, 1.

V. لَكَا تلكّأ في الاذن لى « il différa de m'accorder la permission,» Bat. IV, 159.

لَكَع I, n. d'act. لَكَاع et لَكَاعَة, pour لَقَح, *pousser des feuilles*, Voc.

لكد I c. على *se jeter sur*, Ztschr. XXII, 140.

لُكْدَة *attaque*, Ztschr. XXII, 140.

لكز I, au fig., 1001 N. III, 6, 4 a f.: وفي صدر ذلك المجلس رجل عظيم محترم قد لكزه الشيب في عوارضه

V c. على p. *plaisanter*, Bc.

VIII dans le Voc. sous *pugnus*.

لُكْزَة, pl. لُكَز (Voc.), لِكَز (L *colafis*), *coup de poing*, L, Voc., Domb. 90, Ht.

لكش I. لكشه بيده *il le frappa*; on dit de même نكش الفرس بالركاب, c.-à-d. طعنه, M.

نكيشا, mot obscur, donné comme synonyme de كتين ou كثير, Gl. Geogr.

لكع I *lambiner, temporiser*, Bâsim 68: il avait grand'-peur والّا بالقاضى زعق عليه ذلك لكع عليه تلي مرّة فتقدّم الى بين يديه

II c. a. p. *faire honte à quelqu'un, lui causer de la honte*, Macc. II, 175, 20:

وللحبّ بخرسنى على أنّى ألكع سيبويه

« l'amour me rend muet, quoique (dans d'autres circonstances) je fasse honte à Sibawaihi » (le savant grammairien).

III *lanterner*, مُلَاكِع *temporiseur*, مُلَاكَعَة *temporisation*, Bc.

VI *chipoter, faire peu à peu et lentement, vétiller, lambiner, s'amuser à la moutarde, muser, temporiser*; le n. d'act. *lanternerie*, Bc.

لكلك chipotier, lambin, lanternier, musard, Bc.

لَكْلَكَ I trotter, Bc.

لَكْلَكَة trot, Bc.

لَكَم I entamer un bataillon, Bc.

II c. a. p. donner des coups de poing à quelqu'un; de là مَلْكُم علي un barbare vil et abject, auquel tout le monde donne des coups de poing, Gl. Mosl.

III. Encore un exemple chez Abdarî 54 r°: ويستعدّون للدفاع والملاكمة. Un مُلَاكِم est un boxeur, voyez sous غزو I.

VI boxer, Bc.

لَكْمَة gourmade, coup de poing, لكمة مشط coup de poing, Bc, Payne Smith 941.

لَكَامِيخَة taloche, coup de la main sur la tête, Bc.

لَكَّام qui donne des coups de poing, boxeur, Payne Smith 941.

لَكَن voyez لقن. — Pour لكان donc, Bc.

لَلَّه voyez لالا.

لِمْ nonne, Voc. (synonymes: أَمَّا, أَلَّا, أَلَيْسَ, أَلَمْ, أَمْ).

لِمْ بَم Atriplex maritima, Bait. II, 441 b (AB et Boul.).

لَمَّ I. لَمَّ الشمل, proprement rassembler ce qui est séparé, a reçu le sens de trouver l'occasion de rencontrer quelqu'un, comme dans ce proverbe: ان لقيتها قطّع ايزارها قبل لمّ الشمل «Si vous la trouvez, coupez son voile en deux. — L'essentiel à présent, répliqua l'autre, c'est de trouver l'occasion de la rencontrer,» Burckhardt Prov. n° 56. — Plier; j'ai trouvé quelque part: لَمّت المنديل وشَدَّتْه في وسطها plier en rouleau, rouler, 1001 N. II, 118, 6: وبعد ذلك لَمَّ نم القلوع (تلمّ ا.) البسط وتكنّس وتمسح البلاط serrer, carguer les voiles, ferler, plier les voiles, Bc, Hbrt 127. — لَمَّ في الدركين serrer la bride, raccourcir les rênes, Bc. — لَمَّ في حضنه presser contre son cœur, Bc. — Ramasser, Hbrt 182.

IV, dans le sens de rendre une courte visite, c. p., à quelqu'un, M: الّم بالقوم انام بهم فنزل بهم وزاره زيارة غير طويلة, Abbad. I, 171, 2 a f.; de même VIII, M. — Dans le sens de toucher (Freytag), Macc. II, 284, 3: كما يفعل التحلّ الملمّ بِلَسْعه يريد به ضرًا وفيه حمامَه ☼

Au fig., comme attingere, étudier superficiellement une science, Macc. I, 216, 16: أَغْفى أيّها الأمير فاتى — C. ب r. الملمتُ بعلم النجوم ولم احقّق النظر فيه toucher une matière, en parler incidemment dans un discours, indiquer légèrement, Abbad. I, 309, 5, 345, n. 110, Macc.: وَلَعَلَّنَا نُلِمُّ ببعض منتزهانها فيما باقي من هذا الكتاب, II, 327, 8. — C. ب prononcer à la hâte, lancer une épigramme, un trait de raillerie, Müller 27, 12: ولم يلمّ بكَيْفٍ ولا حَتَّى, Khatîb 139 r°: كان يلمّ بالنادرة الحارّة. — C. ب r. imiter, Abbad. I, 315, 2: وهذه القطعة يشبه أولها قطعة عَوْف بن محلّم «Arriver, avoir lieu, Hoogvliet 54, 2 a f. — C. ب p. tomber, entrer dans l'esprit, Hoogvliet 106, 1:

وذى خَطَل فى القول يَحسب انّه
مُصيبٌ فما يُلْمِمْ به فهو قائلُه

الالمام (فعله) M. — commettre un péché بالذنب = boire du vin, de Sacy Chrest. II, ٨٠, 3. — Comprendre; عرَفه ont الم بالمعنى, M.

VIII voyez sous IV. — S'accumuler, s'amasser, se grouper, se pelotonner, se ramasser, se rassembler, s'attrouper, Bc, 1001 N. I, 23, 10.

لَمّ pl. لُمُوم attroupement, rassemblement, Bc.

لَمَّا lorsque, quand, p. e. كان عمر انوش لما توفّ ١٥٠ سنة «Enoch, lorsqu'il mourut, était âgé de 950 ans,» Gl. Abulf., Fleischer Beiträge zur arab. Sprachkunde 285 (sur de Sacy I, 157). — Dans le sens de حتّى, jusqu'à ce que, 1001 N. II, 248, 7 a f.: وقال بعضهم اما قلت لكم انه لا يسبيته فان شكله حسن ومن حسين واذا, Bresl. IX, 266 1: صبر عليه لما شبع عرفت ذلك بالعاشق صبر لما قرب, Ztschr. XXII, 74, 5; c'est dans ce cas, à ce qu'il semble, une contraction de لما الى (= الى ان), ibid. 117, 1—3.

لَمَّة cueillette, collecte pour les pauvres, quête, Bc. — Levée d'impôts, Ht.

لُمَّة pl. لُمَم *flacon, bouteille*, Voc.

لُمَّة *accumulation, amas, ramassis, attroupement, groupe de personnes, tourbe, turbe, presse, foule, multitude qui se presse*, Bc.

لِمَام يَسِيرًا لِمَامًا *peu de temps*, P. Bayân I, 71, 2 a f.; variante chez Ibn-al-Abbâr et Nowairî: لِمَامًا قَلِيلًا. On trouve عن لمام dans le Kâmil 407, 15.

لَمَّام *glaneur*; لمام عسكر *racoleur*, Bc. — لمام الفشّ *Mentha Kahirina*, Lane M. E. II, 298.

مَلْمَم *réceptacle*, Bc. — *Vase de forme sphérique avec deux très-petites anses*, Descr. de l'Eg. XVIII, part. 2, 416.

لمج II *remplir ou couvrir de boue*, Alc. (encenadar o encenagar), مُلَمَّج *bourbeux*, Alc. (lodoso); formé du mot qui suit ici.

تَلَمُّج *l'action de s'embourber*, Alc. (encenagamiento). De l'esp. *lama*, qui signifie *boue, fange*.

لمح I *apercevoir, découvrir, entrevoir*, Bc, Hbrt 10, Câlâïd 94, 1: لمح لمحًا باصرًا; لمح ما شاء بطرف غير ضرير, *regarder attentivement, fixement* (cf. Lane sous باصر), Tha'âlibt Latâïf 4, dern. l.: il ressemblait tellement à son père, حتى كاد لا يميّز الا المتأمّل جدًّا اللامح لمحا. لمح الشيء بالبصر *diriger ses regards vers une chose*, M. — يَلْمَح ذا لذا *ceci ressemble à cela*, Voc. — لمح له بلادب *il lui donna une preuve de sa politesse*, Meursinge 21, 10 a f. — *Lécher*, Ht.

II c. الى *faire allusion à*, M, Macc. III, 30, dern. l. ولمح بيده الابيات الى قول الرصافي. Le M donne aussi la constr. فى فيه بالتلميح, و لَمَّح فلان بيت كذا C.-à-d. — C. ل p. et ب r. *donner à entendre, laisser entendre*, voyez sous لمع II.

III *être semblable à*, Payne Smith 912.

IV c. ب = لمح ب ألْمَح ب, *raconter succinctement une chose*, Gl. Badroun.

V *regarder, considérer*, Macc. II, 520, 3: ورحم "وتلمَّح مَن تصفح". — *Chercher*, Abdarî 58 v°: "وكنت اتلمّح لعمر غدرا بعذرا ا. واقول لعلّ فيهم" من رأى الهلال تحسينًا للظنّ بهم «je cherchais une

excuse pour leur conduite » (ma correction est certaine, car l'auteur dit ensuite: لهم اعتذارى), Bat. II, 330: فكنّا نتلمّح اثر الطريق تحت الثلج « nous cherchions à reconnaître les traces du chemin sous la neige, » 1001 N. III, 416, 6: وصارت تتلمّح لمنصف تلعابه فى البلد, 428, 2 a f. — *Apparaître*, Prol. I, 402, 15: ولم يكن ايثارهم فى الدولة حينئذ اكرامًا لذواتهم وانّما هو لما يتلمّح من التجمّل بمكانهم فى مجالس الملك لتعظيم الرتب الشرعيّة « ce n'est pas pour eux-mêmes que le gouvernement les traite avec des égards, mais pour faire voir qu'en leur accordant une place honorable aux audiences royales, il a un grand respect pour la hiérarchie religieuse » (de Slane).

X *découvrir*, Bc.

لَمْحَة et لمحة البصر لمحة عين *moment, instant*, Voc., Alc. (instante de tiempo).

لَمْحَة pl. لُمَح = لُمْعَة *particularité remarquable*, Abbad. II, 140, Orient. I, 393, 3, où Weijers a mal prononcé.

تَلَمُّح V. لفلان التلمّذ *étudier sous un professeur*, Macc. II, 121, 1 (cf. Add.).

لمس I *donner des ordres*, de Sacy Dipl. IX, 500, 2 a f.

لمس I, n. d'act. aussi لميس, Gl. Mosl. — خلى يلمس *se laisser entamer*, fig., Bc.

IV c. a. p. *aider quelqu'un à obtenir ce qu'il désire*, M.

V *toucher*, voyez sous حسّ I, *manier, patiner une femme*, Beaussier.

VIII dans le Voc. *acipere, inquiro* et sous *tangere*.

مَلْمَسَة pl. ملامس *touche, pièce de clavier*, Bc.

مُلْتَمَس *nombril*, L (umbilicus), Voc., Albucasis 338, 6.

لمض

لَمْضَة ou لَمَاضَة *forfanterie, loquacité*, Bc.

لَمْط *nom que porte, dans les déserts africains, un animal du genre des antilopes. On se servait de sa peau pour en fabriquer des boucliers excellents et fort estimés, qui s'appelaient* دَرَقَة لَمْط, *en esp. adaragadante, adarga dante, adarga de ante, dargadante*, Gl. Esp. 195.

لمط

لَمْطَى fait de la peau du لمط, دَرَقٌ لمطيةٌ, Quatremère Becrî 200; bouclier fait de la peau du لمط, Macc. II, 711, n. f.

لمظ

لاَمِضَة voyez لماضة.

لَمَاظ nom d'une plante, Carette Géogr. 137.

لمع II tacher, tacheter (Freytag), Voc. (maculare), Alc. (machar o manzillar), Vêtem. 65, n. 2. — Briller, Edrîsî, Clim. III, Sect. 5 (Damas): il n'y a pas de mosquée أَبْدَعُ منه تلميعا بأنواع الفصّ المذهب والآجر الخ ; n. d'act. تلماع, Diw. Hodz. 212, vs. 9. Je prononce de même dans Mocaddasî 375 r, 3 a f., البَكيرة المُلَمَّعَة « le lac qui brille » (par la réflexion des rayons du soleil). — C. a. faire briller, Voc. — C. a. et ب orner de, Dorrat al-ghauwâç 3, l. 10: ما لمّعته به من النوادر

IV c. ب indiquer succinctement, Abbad. I, 235, n. 56, 271, n. 75, II, 165, 13. — Bat. II, 87, en parlant de Sadî: وكان اشعر اهل زمانه باللسان الفارسي وربّما المع في كلامه بالعربي « c'était le premier poète de son temps en langue persane, et il a parfois mêlé des vers arabes à ses vers persans,» car c'est ainsi qu'il faut corriger la traduction; cf. مُلَمَّع.

V être taché, tacheté, Voc. — Briller, Voc.

VIII être tacheté, Gl. Geogr.

لَمْع aperçu, exposé sommaire, Bc.

لَمَع (ألْمَع?) luisant, Bc.

لَمْعَة pl. لَمَع tache, Voc., Alc. (macula, mancha o manzilla); seul ou لَمْعَة تَرِزَق marque bleue qui reste sur la peau quand on a reçu un coup de fouet, etc.; aussi ampoule causée par la morsure d'un insecte, Alc. (cardenal de golpe, roncha). — Petit miroir rond, Lyon 153, Barth V, 35. — (Sans voyelles) bluette, petite étincelle, Bc.

لُمْعَة pl. لُمَع particularité remarquable, trait, ce qu'il y a de plus saillant dans quelque chose, Abbad. I, 235, n. 56, II, 4, 2, Gl. Bayân, Gl. Edrîsî, de Jong, Abd-al-wâhid 6, 5.

رمل لميع purette, sable brillant, Bc.

لَمّاع brillant, Gl. Edrîsî, لمّاع السراب, Diwan d'Amro'lkaïs 33, vs. 7, Abou'l-Walîd 160, 14.

المُلَمَّعَة note dans de Sacy Chrest. III, 201 et suiv., Prol. I, 341, 8.

مُلَمَّع est quand les hémistiches ou les vers sont tour à tour arabes, et persans ou turcs, M, qui en donne des exemples; cf. Bat. II, 371.

مَلْمَعَة, مُلَمَّعَة, pas مُلَمَّعَة, comme dans Koseg. Chrest. 145, 11, est une plaine qui présente des taches de différentes couleurs par l'effet du mirage, Kâmil 717, 1 et n. a.

لمق VIII vestire dans le Voc. Comme la racine لنق ne signifie rien de semblable, je suppose que le verbe التمّق a été formé de النِّماق, botte (plus haut I, 33 a), et qu'il signifie mettre ses bottes.

لملم I ramasser, Bc. — لملم ثيابه fermer ses habits (en signe de respect), Bc.

II fermer ses habits (en signe de respect), Bc, 1001 N. Bresl. III, 361: ثمّ نهضت وتلململت ودنت من الملك وقبّلت يده الخ

لِمْلِم a le pl. لمالِم, Abbad. I, 320, 5.

كتيبة ململمة = مَلْمَلَمَة, Gl. Mosl.

لمن

اللِمان fer de Norvége, Hœst 270.

لمى

لَمَى lèvres noirâtres, Abbad. I, 387, 2 a f., III, 182. — Salive, Bc.

لَنْباسو (esp.) glouteron, bardane, Alc. (lampazo yerva).

لَنْبرِيَّة (esp.) lamproie, Alc. (lanprea pescado).

لَنْجُون chaloupe canonnière, Bc.

لَنْخَطُوس (λογχῖτις) lonchitis ou lonkite (plante), Bc.

لنس لانس mousseline, Not. et Extr. XIII, 201, Maml. II, 2, 77.

لنك (turc لنك) trot; مشى لنك trotter, Bc.

لنكن

لَنْكَنْ fruit dans l'Inde, qui est de la grosseur d'une noisette, et a la saveur d'une grenade, Not. et Extr. XIII, 175.

لُنْبِيَة (b. lat. et a. esp. linea) chemise, charte de Tolède de l'ère 1190: وان تاخذ لنبية واحدة من خزّ.

لهب IV brûler, Alc. (arder), Freytag Chrest. 64, 11: احرق قلبى فانّ حرّ لجوع مُلْهِب, 1001 N. III, 48, 15: لجوع والهبى العلش, Haiyân-Bassâm III, 141 r°: la vente de ces objets lui procura quelque argent, mais شواظ النفقة (B التهبيها) لم يلبث ان الهبها la flamme des dépenses le brûla bientôt.»

V. On dit جوعًا تلهّب, aussi التنهب, brûler de faim, M. — Comme لهف V, être avide de, 1001 N. III, 376, 12: تنهب وتلهف سليمان على معرفته وقال لـ عرفناء إكافاءنا على مروته.

VIII. جوعًا التنهب voyez sous V; — s'enflammer de colère, M; — c. على p. s'enflammer d'amour pour, 1001 N. I, 832, 13: ils me semblent tous les deux également beaux, وعندى راى آخر وهو انبا نـنـهـبـه احدهما من غير علم الثانى فكل من التنهب بـه رفيقه — c. على brûler du désir de quitter, 1001 N. I, 55, 6: وقلبه ملتهب على مدينته كيف يغيب عنها.

لُهَيْبَة (Ht), لَهِيبَة (M), pl. لهوب (Bc), اـت (Ht), flamme, Bc, Ht, M.

لَهِيب flamme, Bc, voyez sous سَبِيل. — Dans L: caminus (fornax).

إلتهاب pl. اـت, t. de médec. inflammation, Bc, M.

التهابى inflammatoire; حمى التهابية fièvre inflammatoire, Bc.

المُلْتَهِب Céphée (constellation), Cazwînî I, 31, 24, Alf. Astron. I, 13 (almutahib), Dorn 44, Bc.

لهت I, vulg. لهث, M, être essoufflé, haleter, Bc, R. N. 97 r°: وهو فى جهد حتى عرق عرقًا عظيمًا ثم دخل المسجد فجلس وجلسنا حوله وهو يلهت (sic) ويقول وهو يجرى ويلهت (sic) حتى سال عرقه 98 v°.

II dans le Voc. sous latrare, et dans une note: anelare canis pre lasitudine.

لهف I, désirer, c. ان, Mohammed ibn-Hârith 255: الهج, plus loin il a la constr. c. ب: ان الناس باشبيلية يستقصا بقرطبة فقلت ابا زكريا لهج الناس. — من امرك بشى prononcer dans son rêve le nom de quelqu'un, 1001 N. IV, 212, 6 a f.: انتبه من منامه نصف الليل فسمع زوجته تلهج فى منامها بذكر مسرور وهى نائمة فى حضنه فانكر ذلك عليها. — Souffler, respirer avec effort, haleter, Bc.

II c. a. dans le Voc. sous gaudere, où l'on trouve aussi IV c. a. et, V et VIII c. ب.

لَهُوج avide, Kâmil 85, 11.

مَلْهَج endroit où l'on se plaît, où l'on aime à être, Abbad. I, 169, 2, 176; n. 3.

مَلْهُوج, مهبهب والذى نسميه نحن ملهوجا, Abou'l-Walid 781, 30.

لَهَدَ I haleter, Bc, être essoufflé, Ht; cf. لهث. — expliqué par ورم, se gonfler, Diw. Hodz. 71, 13. ولهيد كانّ لـهـدة فى فـواديه, Diw. Hodz. 253, 3 a f.

لهذم

لَهْذَمِيّات (pl.) pointes des lances, P. Kâmil 37, 8.

لَهْزَم II se joindre aux tribus dites اللهازم, Kâmil 276, 3.

لهط I avaler, Mehren 35, goinfrer, Bc, لهط الشى اى اكله بسرعة وشراهة, M.

لَهْطَنَة goinfrerie, Bc.

لَهْط piffre, goulu, gourmand, Bc.

لهف I faire rafle, enlever tout, souffler, escamoter, enlever, ôter, Bc.

V. كنا متلهفين على اخباركم «nous étions avides de nouvelles de votre part,» Bc, cf. l'exemple que j'ai donné sous لهب V.

VIII éprouver une douleur brûlante par suite d'un malheur dont on a été frappé, M, cf. Payne Smith 1510, 1525.

لَـهْـفَـة. Dans le Diw. Hodz. 80, vs. 3: فلهفى على ردّ لهفته don- Besoin urgent; — عمرو بن مرّة لهفة ner à quelqu'un ce dont il a un besoin pressant; لِلَهْفة

pour la dent creuse, pour la première faim, Bc. — *Voracité*, Bc, 1001 N. IV, 470, 2 a f.

لَهَّاف *escogriffe*, qui prend hardiment sans demander, Bc.

المظلوم المضطرّ يستغيث .c.-à-d, لاهف = مَلْهُوف ومن ابوابه التى فكها M, Macc. I, 303, 10: وروبحسر الله لنصر المظلومين وغياث الملهوفين الخ ,II, 350, 19 فلا غوث لملهوف ولا غياث لمرتاد

R. N. 16 r°: souvent, quand il y avait un enterrement, ce cadi était seul dans la mosquée, فيقال له لوائك انصرفت الى دارك فيقول ومن لى بالملهوف المضطرّ اذا لاتى من قصدنى فلم يتجهدنى, 1001 N. I, 675, 14: اهل المعروف واغاثة الملهوف .qui a un besoin urgent de, Bc. — *Triste, rempli de douleur*, 1001 N. II, 330, 6 a f.: le matin il ne trouva pas son fils فطلع الى اعلى القصر وهو ملهوف فنظر الى ابنه فتاسف على فراقه. — *Famélique*, c. الى *affamé*, Bc; على حصن *qui mange goulûment d'un plat*, 1001 N. IV, 469, dern. l.: فتناوله الصحن فاخذه منه وهو ملهوف عليه وعلى غيره من الاكل مثل القلب التلشر او الذى كان ان يموت من الجوع. — *Gourmand*, Daumas V. A. 163.

لهق

لُهَاق dans le Diw. Hodz. 184, vs. 24.

لهب I النار *ratiser*, ranimer le feu, Bc.

لهم IV se construit c. الى r., Bat. IV, 205: الهمنى الله "Dieu m'inspira d'avoir recours au tamarin," Berb. II, 541, dern. l.: من يلهمه الله الى عمل للجهاد. — C. a. p. *rappeler à la mémoire, faire ressouvenir*, Voc., Alc. (acordar a otro (Nebrija: memoro, admoneo), membrar a otro (= ذَكَّر), recordar a otro, remembrar a otro).

VIII, au fig., سمّت العرب للخيل السوابق لهاميم التنعّم بالهام. — Aboû'l-Walîd 138, 7. لانّها تلتهم الارض *être inspiré*, Bc, Gl. Mosl. — C. ل *se ressouvenir*, Voc. (recolere = ذكر), Alc. (acordarse, membrarse (= ذكر), recordarse, remembrarse). — C. a. *attaquer* une personne, une place, Prol. I, 10, 3, Berb. II, 468, 2 et 3.

لَهُم se trouve dans le Diw. Hodz. 65, vs. 3.

لَهْمَة *infusion*, manière dont les facultés surnaturelles sont infusées dans l'âme, *inspiration, vocation*, Bc.

لَهْمِيم, pl. لهاميم, Aboû'l-Walîd 138, 7.

الْهام *instinct*, Prol. II, 331, 13 et 15.

التَّهام *connaissance, idée, notion*, Alc. (conocimiento).

— *Mémoire, souvenir*, Alc. (anima con que recuerdan, memoria, recordacion, remembrança).

لُهَن (vulg.) = الى هنا, Voc., qui a aussi الْهِنَاك = لَهِنَاك et لُهَن.

لهو I *divertir la multitude*, comme fait un musicien, un jongleur, un baladin, Voc. (ludere, sicut mimi). — *Être occupé*, Ht. — لَهِى c. عن ou عن p. *négliger, oublier*, M, Mohammed ibn-Hârith 337: ثمّ قال له يوما نسيتنى يا ابا الغصن فكّر فى اوليائك وفى اعدائك ثمّ اين تجعلنى وابن تجعل اسلم فلَهِىَ عنه بذكر وقال لست بالله اغفل امرك

II *occuper*, Ht. — *Remplir un moulin de grain*, comment, sur le Dîwân de Djarîr (Wright). = لُهَن, *ibid*.

III لاهى احدا عن *détourner, distraire* d'une occupation, Bc.

IV الهى بعظمة *donner un os à ronger*, accorder une faible grâce pour amuser, Bc. — C. a. dans le Voc. sous mimus in instrumentis.

V dans le Voc. sous ludere. — *Railler, bafouer, tourner en ridicule*, Alc. (burlar de palabra, escarnecer, reir de otro, le n. d'act. burla de palabra, corrimiento escarnecer a otro, escarnecimiento, escarnio, mofadura o escarnio, le part. burlador, escarnecedor). — *Tromper, duper*, Alc. (engañar, le n. d'act. engaño, le part. engañador). — *Faire des tours de passe-passe*, Alc. (le n. d'act. engaño con aparencias).

VI *chercher à se distraire, à éloigner l'esprit de ce qui le fatigue ou l'obsède*, 1001 N. III, 47, 8: ثمّ انى سليت نفسى — وصرت اتلاهى فى بعض الامور. — Dans Valeton f°, 3 a f.: combien elle est triste, la situation de celui dont la vie touche à sa fin, ولم يبقى منه الّا انفاس معدودة وحركات محصورة ومدّة فانية وعدّة متلاهية; dans la traduction (p. 82): « et de quo non

لهو

supersunt nisi anhelitus haud ita multi et motus sat pauci, et spatium temporis (brevi) evanescens et certus numerus dierum ludentium.» On voit par la note que Weijers aurait pris عدّة dans le sens que Reiske a noté: «*vetustas senum*, proprie *numerus annorum*,» s'il ne lui avait pas paru suspect. Ce mot, toutefois, a à peu près cette signif., car Lane donne: «انقضت عدّة الرجل the man's term of life ended.» C'est donc le synonyme de مدّة; mais متلاهية, dont Weijers a donné une explication bien peu satisfaisante, ne me présente aucun sens. Je lirais متناهية (*qui touche à sa fin*), ce qui conviendrait parfaitement, si les man. ne s'y opposaient.

VIII. لهى بنفسه *s'occuper de soi-même*, 1001 N. IV, 371, 8 a f. — C. ف *s'amuser à*, Bc.

آلات اللهو ,لهو *instruments de musique*, 1001 N. I, 66, dern. l.

لهاة *guttur* dans le Voc., *arrière-palais de la bouche*, Beaussier, chez le cheval, لهاة اللهاة أحمر, Auw. II, 509, 21 (où l'on ne peut pas traduire *luette*, car la luette n'existe point chez le cheval, Djob. 339, 9. — *Fève, lampas du cheval*, Beaussier, Daumas V. A. 182.

لهوة «فكان ذلك اوّل لهوة مال اتّخذه «cette somme d'argent fut l'origine, le fond des grandes richesses qu'il acquit plus tard,» Gl. Belâdz. — = لهنة, comment. sur le Dîwân de Djarîr (Wright).

لهوى *geste*, Roland.

ملهٍ *musicien, joueur d'instruments, jongleur, baladin qui fait métier de divertir la multitude*, L (musicator, mimus (iocularis)), Voc. (mimus in instrumentis), Maml. I, 2, 143, II, 2, 103, Haiyân-Bassâm I, 8 r°, où قنبوط الطنبوري est appelé ensuite قنبوط الملهي. Le fém. ملهية signifierait *danseuse* selon Quatremère (Maml. II, 2, 103); je crois que c'est plutôt *musicienne*; cf. Abbad. I, 249, 4 et 6, 275, n. 94.

ملهى pl. ملاهي *réjouissance, fête*, Valeton ٣٣, 6, cf. 63, n. 6, Tha'âlibî Latâïf 71, 10, Khatîb 186 v°: «واما رسوم الاعراس والملاهي فكانت قبائلنها غريبة Quatremère (Maml. I, 2, 143, II, 2, 102) donne ارباب الملاهي dans le sens de *musiciens*. Dans الملاهي c'est bien le pl. de ملهى; mais je prononce l'autre

لوب

terme ارباب الملهى. En outre, c'est par un *lapsus calami* que ce savant donne ملاهيات comme un pl. de ملهيات; il a voulu écrire ملهيات, mais c'est ملهيات, pl. de ملهية, fém. de ملهٍ. Je pense aussi que dans l'expression آلات الملاهي, *instruments de musique* (p. e. 1001 N. I, 218), il faut voir un pl., non pas de ملهى, mais de ملهى, car ملهى est déjà un nom d'instrument et آلة الملهى serait une tautologie insupportable.

ملهية *leurre*, Alc. (añagaza).

لهوج I *flamber, passer par le feu, ou par-dessus le feu*, Voc., Alc. (sollamar). — *Brusquer, faire vivement et brusquement*, Bc.

II quasi-pass. de I dans le 1er sens, Voc.

ملهوج *tumultueux*, Bc.

لهوق I *caqueter*, Bc.

لهوقة *caquetage*, Bc.

لهواق *caqueteur*, Bc.

لو لولو لولولو *cris de joie que poussent les femmes*, Hœst 111, Ten Years 82, 91, 93, Kennedy I, 111; c'est ce qui s'exprime par le verbe ولولل.

لوب

لابة (qui semble le même mot que notre *lave*) est une حرّة, *une terre couverte de lave*; cf. Abou'l-Walîd 339, 1: دארم תלאחדות في بلاد اللاب اي في المعاطش والبلاد الحارّة للجافّة. — واللاب جمع لابة وفي الحرّة اعني الارض التي احرقتها الشمس وجفّفتها بدوامها عليها. Or, حرّة, le Prophète a dit ما بين لابتيها pour indiquer le territoire de cette ville; mais on a aussi appliqué cette expression à toute autre ville, dans le sens de *tout son territoire*; ainsi on trouve dans un passage où il est question d'un théologien de Coufa: ما بين لابتيها اقفه منه «il n'y avait dans son territoire aucun homme qui fût plus versé que lui dans le *fikh*,» Gl. Belâdz. Ibn-al-Khatîb dit même (dans Müller S. B. 1863, II, 9, l. 8 a f.): ما بين لابتي المشرق والمغرب «depuis les confins de l'Orient jusqu'à ceux de l'Occident.»

لوث لَوْبَة (pour لَبْوَة) *lionne*, Alc. (leona); Ht a لُوَيْبَة.
لَوْبَة *serrure*, Domb. 94, Ht.
لُبَان = لُوبَان, Voc., Alc. (encienso), Macc. III, 23, 6.
لوبانة مغربية, en Egypte et en Syrie, *euphorbe*, Bait. II, 248 b (AB), Bc.
لوبانى *de la couleur de l'encens*, c.-à-d. *d'un blanc jaunâtre*. Ibn-al-Khatîb, dans son article sur 'Alî ibn-Sa'îd (man. de Paris et de Berlin) donne des vers sur un فرس لوبانى, et Macc. (I, 637, 21) remplace ce dernier mot par اصفر.
لوبيآء هِنْدى voyez Rauwolf 193.

لوث I. لات به من *ses adhérents*, Mohammed ibn-Hârith 282: فجمع عبيده ومن لات به.

II *vilipender*, Voc. — *Laver*, Payne Smith 1223, 1342.

V *être vilipendé*, Voc.

VIII *être tourné*, comme une corde autour de la cheville d'un instrument de musique, Gl. Mosl. — *Languir*, Ibn-Abdalmelic 139 v°: وقد كان اصابه حينئذٍ التهبات لوم من اجلد دارَه (*maladie de langueur*); au fig., Khaldoun man. IV, 7 v°: كانت طاعتهم ملتاثَة «*leur obéissance était languissante;*» de là التهبات *penchant à la révolte, esprit séditieux*, Abbâr 123, 3; ملتاث, en parlant d'un pays, d'une ville, *séditieux, enclin à faire sédition;* c. على p. *être animé d'un esprit séditieux contre*, Gl. Belâdz.

لَوْث *saleté;* les fakîhs disent: باطنى الحقّ لا يخلو عن لوث, c.-à-d. دنس وتجاسَة. M. — *T. de jurispr., circonstance fournissant présomption grave de la vérité de l'affirmation du demandeur*, Vincent Etudes 68, M: شبه الدلالة والبيّنة الضعيفة الغير الكاملة, Gl. Tanbîh, Cairawânî man. 620, 621, Mâwerdî 398, 16 (où il faut lire اللوث الدعوى, et ne pas penser à un verbe أَلْوَتَ comme l'a fait l'éditeur), Bat. III, 440: وسجنته بسبب الدعوى للوث ظهر عليه «je le fis mettre en prison au sujet de l'accusation de vol, parce qu'il y avait de fortes présomptions contre lui.»

لَوْثَة *vilitas* dans le Voc.

لَوْثَى *vil*, Voc.

لَوْثِيَّة dans la 1re part. du Voc. sans explication; l'éditeur supplée *vilitas*.

اَلْوَث expliqué par أقوى, Kâmil 88, 17.

لوج II *chercher*, Beaussier.

V *aller, courir de pays en pays, courir les pays, le monde*, Beaussier.

لَوَّاج *chercheur*, Beaussier. — Pl. ة, à Tunis *espèce d'agent de police, de garde national;* ils font des patrouilles pendant la nuit, Beaussier, Pellissier 53.

لوح I, 1er sens chez Freytag, n. d'act. لَوَاح, Voc. — «هذا الغنى الذى لاح لنا النظر فيه *qui est devenu pour nous, les premiers, un objet d'examen*» (de Slane), Prol. I, 63, 9.

II *faire briller, orner*, Autob. 232 r°: فلما رفعت — C. ب r. *montrer de loin*, له الكتاب ولوّحته باسمه, M, Fakhri 70, 2: لوّح للكلب يرغيف; surtout *montrer de loin* une chose *en l'agitant en l'air*, Antar 74, 3 a f.: وقم يلوحوا بالصوارى, *pour donner un signal*, 1001 N. III, 34, 5: apercevoir un navire dans le lointain, اخذت فرعا كبيرا من شجرة ولوّحت وصرت به الى ناحيتها, où l'éd. de Bresl. porte (IV, 38): اللوّح لام بالفرع, Macn. III, 353, 2; لوّح بيده, Payne Smith 1636; simplement لوّح لهم «il leur donna un signal,» Bresl. XI, 171. — *Indiquer brièvement*, Prol. I, 52, 15, 1001 N. I, 805, 9: لوّحتُ له بالكلام, où Bresl. (III, 56) porte: فلوّحت له ببعض ما كنّا فيه تلك الليلة الاولى ثمّ الثانية. L'expression لوّح بالكلام signifie aussi *il lui fit entendre en mots couverts*, 1001 N. I, 394, 10. — لوّح العنب *le raisin donna les premiers signes de maturité*, M. — *Faire tourner et virer dans l'air*, Koseg. Chrest. 87, 7: لوّح العنّب فى الهواء ثلاث, فتجمع الانوف، ولوّح, 1001 N. III, 335, 11: تلويحات. — *Lancer*, Prol. I, 94, 4: القذوف، وهزم الصفوف, C. وقتالهم بالحجارة يلوحونها الى خلف (var. يرمونها) على p. *attaquer, se jeter sur*, Voc. — (Dénom. de لوح) *planchéier, couvrir, entourer, assurer avec des planches*, Voc., Alc. (entablar con tablas, le n. d'act. entablamiento con tablas).

IV *faire apparaître, montrer*, P. Macc. II, 267, 16.

V *être planchéié*, Voc.

VIII *briller*, Kâmil 503, 7.

لَوْح, dans le Voc. et chez Alc. لُوح, *planche*, *ais*, Voc. (postis, qui a ce sens dans la basse latinité), Ht, Abd-al-wâhid 207, 2 a f.: كان يقعد في موضع بينه وبين أمير المومنين ستر من الـواح (« une cloison de planches »), Bat. I, 29, etc.; — مثل اللوح *machinalement*; aussi *tout d'une pièce, qui se tient tout droit, qui n'a rien de dégagé dans la taille*, Bc. — *Table dans une boutique sur laquelle on étale les marchandises*, Alc. (mesa en que ponen lo vendible). — *Tablette à écrire*, *ardoise*, Alc. (tablillas para escrevir), Bat. IV, 433, Gl. Geogr.; chez Alc. aussi لوح الامتلاء — لوح النرد dans le Voc. *alea, trictrac*, *le tablier sur lequel on joue au trictrac*. — لوح الطابية *le vase, le mortier, le moule, dans lequel on bat la tapia, le pisé*; ce sont deux planches assurées par des traverses, Gl. Bayân p. 30. — *Savonnette, boule de savon préparé*, M sous صبون. — لوح العظم *os*; chaque os s'appelle ainsi à l'exception des قصب des mains et des pieds, ou bien *tout os qui a de la largeur*, M. — *Nom d'une mesure de capacité à Fez*, Becrî 117, 14. — *Instrument à battre le blé*, Alc. (trillo para trillar). — *Pelle*, Ht; Beaussier a *pelle de moissonneur* pour لوحة. — Je ne sais pas bien quel est le sens de ce mot dans le R. N. 98 v°: un homme qui est tout en sueur dit: اتيت لأبشرك بوصول لوح مشحون أُرسل به اليك فقال له وهذا الذي صيّرك بهذه الحالة فقال له اذهب بارك الله لك في اللوح بما فيه ۞

لاحَّة physionomie, Bc.

لوحة planche, Bc. — *Banquette, banc rembourré*, Bc. — *Ecriteau, inscription en grosses lettres*, Bc. — *Palette, instrument de bois long, plat et large par un bout*; لوحة انوان *palette, petit ais pour étendre les couleurs*, Bc.

لواحي *qui vient des oasis* (الواحات), p. e. النيلجي لواحي, المعْرة اللواحية, Edrîsî ۳, dern. l., Most. v° اللواحي, où le man. N porte حمّة, طين احمر اللواحتي.

لائحة pl. لوائح *feuille volante sur laquelle les commis font rapidement leurs comptes*, M.

تلويح, chez les lecteurs du Coran, *changer un mot pour embellir le son*; on le désapprouve parce que c'est une innovation, M. — خيط التلويح, t. de pêcheur, *ligne, les fils de crin au bout desquels est attaché un hameçon, et dont on se sert pour prendre du poisson*, M.

مُلوَّح *écailleux*, Gl. Edrîsî. — *Incrusté de marbre*, Gl. Geogr. — *Echafaud, ouvrage de charpenterie pour voir plus commodément des cérémonies publiques, etc.*, Alc. (cadahalso, ce qui chez Nebrija est suggestum, et dans sa partie lat.-esp. il a: suggestum, el cadahalso alto para mirar).

مُلوَّحة tablado chez Alc., ce qui chez Nebrija est: tabulatum, contignatio, chez Victor: plancher, échafaud, galerie faite d'ais, pupitre.

لوذنون *ladanum, substance résineuse*, Alc. (laudano olor conocido); cf. لاذن.

لاذ I. Modification du sens ordinaire, Macc. I, 472, 16: au lieu de *se jeter dans l'eau*, لاذ بالقعون في درج الصهريج. — C. ب p. *s'attâcher à quelqu'un, se dévouer à son service*, Gl. Edrîsî. — C. ب dans le Voc. *decumbere* (= التزم الفراش et حمك VII c. ق). — *User de subterfuges*, Gl. Bayân, Mohammed ibn Hârith 345: وجعل ابن بقى يلوذ لـه عن الاجابة R. N. 57 v°: فكنت الوذ واعتذر لصعب المشي علىّ. — C. عن *se détourner de*, Ztschr. XXII, 84, 2, 150, Becrî 128, 2: لاذ عنهم بعسكره « il se détourna d'eux avec son armée » (et non pas « il alla rejoindre son armée », comme traduit M. de Slane). — *Etre inconstant, ne pas demeurer longtemps en même état* (cf. لَوَّاذ), L (مَن لا يَلُوذ) (immobilis et indeclinabilis).

III *suivre* (= تابع selon un scoliaste), Gl. Mosl.

V. Dans L: *flectuosa* متلوذة.

لاذ se trouve comme un sing. dans Tha'âlibî Latâïf 131, 2: وعليه ثوب ابيض صبغه عرقه حتّى كأنّه ثوب لاذ, et dans le Mowaschâ 124 v°: مثل اللاذ والحرير والنفر والديباج والوشى والخز ۞

لوَّاذ est dans L: *inconstabilis, instabilis, nutans, vacillans*; il l'a aussi, entre inpendo et inperitia, après un mot latin qui est illisible pour moi comme il l'a été pour Scaliger.

مَلاذ *asile*, M, Bc.

لذع (cf. les dict. sous لذع) I et II. تلوذع est dans le Voc. *ludere*, qui a aussi I c. a. sous cet article.

لوْدَعَة dans le Voc. sous ludere, *jeux d'esprit*, Prol. III, 324, 6 et 9.

لوْدَعَى dans le Voc. sous ludere.

لوْر (M) (pers. لُور lôr), Gl. Manç. in voce: هو صنف من الشيران (الشراز ١.) كثير الدّسم يُتَّخذُ من اللبن والزبد وماء لجبن يطبخ بالرفق حتى يصير فى قوام الشراز ولا يَعرف اليوم بالمشرق هذا الاسم وتحدس قوته وصفته انه المسمى اليوم بالمشرق القريشة وهو خلط من شراز اللور لبن M: وزبيد كثير الاستعمال يُسقى به فى البحر متوسط فى الصلابة بين لجبن واللبأ واهل الشام يسمونه قريشة ; cf. les dict. pers. et mon article قريشة. Se trouve chez Abou-Ishâc Chîrâzî 243, 8.

اللورا (λύρα) *la Lyre* (constellation), Dorn 46, *allora* dans Alf. Astron. I, 13; p. 31 il donne trois noms arabes et ajoute: « et en griego le dizen *allora*. » On y lit aussi que النسر الواقع, c.-à-d. Wéga, α de la Lyre, « s'appelle aussi allausa, ce qui signifie *amande*; » mais je pense qu'on a lu par erreur اللوزا au lieu de اللورا. Peut-être لوز dans Dorn 46, 3, est-il une altération du même mot.

لوز V dans le Voc. sous amigdalus.

لوْز, n. d'un. ة, لوزة *pain d'épice fait avec des amandes*, Descr. de l'Ég. XII, 432, Maltzan 130. — لوز *ornement en forme d'amande*, *gland* (en or) suspendu au capuchon du burnous, Macc. I, 255, 4. — لوزة, t. de maréchalerie, *forme*, tumeur calleuse qui vient au paturon, à la base de la langue ou à la gorge d'un cheval, Daumas V. A. 191, Auw. II, 594, 20, 627, 19. — لوزة *coque*, *cocon*, enveloppe du ver à soie, Alc. (capullo de la seda). — لوز pl. لواز *mollet, gras de la jambe*, Alc. (pantorrilla de la pierna, رجل بلواز كبار ombre de grandes pantorrillas). — لوزة *le doigt du milieu* (chez les Romains digitus infamis), Alc. (higa de la mano, puges higa); اعطى لوزة *faire la figue*, montrer le pouce entre les deux doigt voisins en fermant le poing, en signe de mépris, Alc. (higas dar). — اللوزتان *les amygdales*, *les glandes*, *les tensilles*, les deux glandes en forme d'amandes, qui sont aux deux côtés de la gorge, sous la luette, Bc, J. A. 1853, I, 344. — لوز البربرى nom que le vulgaire au Maghrib donne aux *fruits du Elæodendron Argan*, Bait. I, 30 b, II, 443 b. — لوز العجل *ris*, glande sous la gorge du veau, Bc. — لوز المُكلّس *instrument de fer lisse pour égaliser la glaise*, M. — لوز المعدة *pancréas*, une des glandes conglomérées derrière le fond de l'estomac, Bc. — لوز الهند *coignassier*, Auw. I, 327, 17; — لوز فندقى et لوز الشوكولاتة *cacao*, amande dont on fait le chocolat, Bc.

لوزى dans le Voc. sous amigdalus, *en forme d'amande*, M, *glanduleux*, Bc; عيون لوزية « *des yeux en amande*, » Bc. — حلاوة لوزية *nougat*, Bc. — مشمش لوزى *abricot dont l'amande est douce*, Bc, Bat. I, 142.

لوزة *confiture faite aux amandes*, Fleischer Gl. 59, M.

لويزى (fr.) *louis*, nom d'une monnaie d'or, Bc.

ملوّز *amandé*, *lait d'amande*, Alc. (almendrada).

لوزينج Le n. d'un. ة, Aghânî 61, 10. C'est un mets comme le قطائف, apprêté avec de l'huile d'amandes, M.

لويس.

لاوس vulg. pour ايلاوس, comme écrit le M (cf. plus haut I, 46 b ايلاوش), c.-à-d. εἰλεός, *douleur iliaque*.

لوسيماخوس (λυσιμαχία et λυσιμάχιον) *lysimachie* (plante), Bc, M; suivi de احمر *salicaire*, *lysimachie rouge*, Bc.

لوش II *terrasser*, ôter les forces, accabler, *harasser*, Bc (Kasraouan).

لوشة (esp.) pl. لوش *cadette*, pierre carrée dont on pave les églises, Voc., Alc. (losa para losar, قَلَم من لوش *suelo de losas*. — (Esp.) *piège en quatre de chiffre pour prendre des oiseaux*, Alc. (losa para tomar aves).

ملوّش *pavé de cadettes*, Alc. (losado de piedras).

لوص I c. من voyez sous II.

II. لوّص فى كذا فلاص منه *importuner quelqu'un pour une chose*, jusqu'à ce que l'autre en éprouve de l'ennui, M.

لاصة *gâchis*, saleté, boue, Bc.

لوط V, en parlant d'un pédéraste, *prier d'amour*, déclarer sa passion, Alc. (requerir de amores un onber a otro).

لوطر

خشبة يُسقَف بها, M. لاطة pl. ان est, comme كَرِّيشة بها, M.

لَوْطَة adhésion, Aghânî 75, dern. l.: لشعر عمر بن كان له فى قلبه لوطة; اى ربيعة لوطة بالقلب وعَلَق بالنفس il avait de l'affection pour lui, Berb. II, 342, 7: فكان لهما بعينه حلاوة وفى قلبه لوطة. — Dans le Voc. sous sodomita.

لِواط pédérastie, sodomie, Voc., Alc. (pecado contra natura, sodomia), Bc, Gl. Fragm., Gl. Geogr.

لَوَاطَة même sens, M, Gl. Geogr.

لائط pl. لَوَطَة pédéraste, Gl. Geogr.

أَلْوَط très-adonné à la pédérastie, Gl. Badroun.

لوطر I c. a. et II dans le Voc. sous stultus; dans la 1re partie لَوْطَرَة stultizare.

لوضيس latus perca, poisson du Nil, Gl. Edrîsî.

لوع II, en parlant de l'amour, rendre malade, M. — Punir, tourmenter (عَذَّبه), M.

V biaiser, employer la finesse, Bc.

لَوْعَة perplexité, Bc.

لوعى pus, Domb. 90.

مُلَوِّع biaiseur, Bc.

لوغاذيا potion composée d'une foule d'ingrédients et qu'on emploie p. c. contre الروح الباردة المرتقية الى الراس, Ibn-Wâfid 1 v°, 2 r°, 9 v°, recette 14 v°, Baït. I, 480, en parlant de la rhubarbe: وان أضيف الى اللوغاذيا العتيقة كان فعله أقوى۞

لوف.

لُوف. Pour serpentaire, Dracontia, Arum Dracunculus, Baït. (II, 446 c, 86 f) donne اللوف السبط (B), لوف الارقط, Bc, et لوف الحية الكبير, لوف السباع pied-de-lion, Bc.; اللوف الجعدى et الجية

Lâfa, suivi de بلدى, panicum viride, de عربى, panicum colonum, Prax R. d. O. A. VIII, 347.

لُويفة؟ voyez لوقة.

لوق I. لَوَق courber, M. — Etre fou, traduit M. Wright dans Aboû'l-Walîd 793, 6.

لولب

II amollir, de Sacy Chrest. I, 272, a f. — Paralyser, Voc.; cf. sous لوقة. — Faire des grimaces, Ht; مَلوَّق تر grimace, Bc.

V être paralysé, Voc.; cf. sous لوقة.

VII اِنْلَوَق être courbé, M.

لَوْقَة la paralysie de la lèvre chez le cheval, Auw. II, 588, 1: واللوقة لحادثة فى فم الدابة علامتها لبقراط المبينر ان تميل احدى شفتى الدابة الى الناحية الاخرى (cf. Clément-Mullet II, 2, 127, n. 1). C'est une transposition du mot لقوة, pour lequel le Voc. a paralisis quando os torpet, tandis qu'il donne les verbes تلوّق et لوّق sous paraliticus.

لَوَاقَة soufflet, coup du plat de la main sur la joue, Alc. (bofetada).

لويقة Momordica Elaterium ou une plante qui lui ressemble et qu'on trouve dans la Haute Egypte, Baït. II, 210 c, art. علقم (dans A et Boul.): ضَنّى, où Boul. semble avoir le fâ, 452 c, où K et Boul. ont le câf, BL le fâ, AEH sans points.

أَلْوَق courbé, M.

مِلْوَق spatule, comme celle dont on se sert pour étendre le dibs, M., 1001 N. II, 66, dern. l.: فينبغى ان تأخذ منه على راس الملوق بعد ان تأكل اللحم الضانى والحمام البيتى۞

ملواق صيدلانى spatule, instr. de pharmacie, Bc.

لَوْكَتْ I (cf. لكت). لوكدة بالوسخ salir, M (sous لكت).

لول les graines du drinc, Daumas V. A. 211.

لويلة petit bocal ou tube du hautbois, Descr. de l'Eg. XIII, 399.

لولب I arrondir; مَلَوْلَب rond, Voc. — Faire tourner la bascule qui sert à puiser de l'eau, ou l'arbre d'un moulin, Voc.

II quasi-pass. de I, Voc.

لَوْلَب vis, cheville tournante, Bc, vis d'une boîte, Cherb. — Ressort, morceau de métal qui réagit contre la pression, Bc. — Soupape, languette mobile d'une pompe, Bc. — Robinet, Bc. — Bascule pour puiser

لولق

de l'eau, longue pièce de bois, à l'un des bouts de laquelle pend le seau, tandis qu'à l'autre bout il y a une pierre pour faire le contre-poids, Voc. (tornum putei), Alc. (cigoñal para sacar agua). — Arbre de moulin, Voc. (tornum molendini). — Grue (machine), Ht (لولاب). — Tour de potier, Fleischer Gl. 73. — Pressoir, Bait. I, 41 a: يُخْرَجُ عصارتُه بِلولب, de même 65, l. 1. — Loquet, Ht. — Tuyau de fontaine, Bc. — Vertèbre, L (vertebra). — لولب الانبيق bec d'alambic, Bc. — لولب الدولاب axe d'un rouet, avec poignée, Bc.

لولق II grimacer, c. في p. faire des grimaces à quelqu'un, Bc; c. ب p. imiter par moquerie les paroles de quelqu'un, en faisant des grimaces, M (sous لوق).

ابو تلولُق grimacier, Bc.

لولم I = لَيْلَب, et II = تَلْوْلَم, Voc.

لولو II. (تلولى =) tortiller, chercher des détours, des subterfuges; (ملولى =) متلولى tortueux, Bc.

لوم I, n. d'act. لَوْم, Voc.

III. لاوَم vulg. pour لَاءَم, M (sous لأم).

V c. ب s'arrêter dans un endroit, Berb. I, 388, 5, Haiyân-Bassâm I, 122 r°: تلوى (l. تَلَوَّى) ببغرناطة. — بعد حصول والده بالمنكب ايامًا لتنميم حاجاته. C. p. ménager, traiter de manière à ne point offenser, Mohammed ibn-Hârith 219: القاضى يحيى ابن يزيد فقال له يا لئيم عبد الرحمن ظفر بِبْنَاتِك وكرائمكَ فتلوَّمَ عليهم حتى نَقِلَن الى دارك ولم يَعْرِضْ لهنَّ وأنتَ الخ.

X se laisser vaincre par les reproches de quelqu'un (de Slane), Berb. II, 255, 7 a f.

لِمْ I. La lettre lâm désigne au fig. la barbe de chaque côté du visage, les favoris, J. A. 1839, I, 174, Macc. I, 423, 16, 573, 2 et 11. — لام التعريف l'article, Bc.

الشريان اللّامى t. d'anat. l'aorte, nommée ainsi parce qu'en parvenant à la région lombaire, elle se divise en deux gros troncs, comme un Λ grec, M. — العظم اللّامى l'os hyoïde, nommé également ainsi parce qu'il a une certaine ressemblance de forme avec le Λ, M (plutôt avec l'Upsilon, υ).

لون

مَلام blâme, Bc.

الملامية (qui s'exposent au blâme) secte de derviches qui allient la piété intérieure à la licence extérieure; voyez le Dict. pers. de Vullers et le Ta'rîfât 248 éd. Flügel. Un ملامى est = un ملامتى (chez Freytag).

لَوَّمَن I c. a. p. mettre un criminel dans la prison dite لُومان, M.

لُومان, pl. لُومانين et ات, prison où l'on enferme les grands criminels pour un certain nombre d'années ou pour la vie; il y en a, p. e., une à Saint-Jean-d'Acre, M. A l'en croire, ce mot vient du grec λιμήν, port, que les Turcs prononcent لِيمان et qu'ils emploient en ce dernier sens; mais la transition d'un port à une prison me semble un peu forte.

لون II corroyer les peaux, Alc. (çurrar cueros).

V être de différentes sortes, Gl. Manç.: تَلوُّن منقول لتبديل الاصناف من سائر الاشياء.

لَون éclat de l'or, Alc. (resplandor de oro). — Condition, manière, façon (= صفة ou كيفية), Khatîb 15 r°, en parlant des monnaies des Grenadins: ودرهم مربّع الشكل من لون المهدى القائم بدولة الموحدين, Gl. Geogr.; dans le jargon des villes maritimes de la Syrie on dit: شَلون القضية «comment était le cas?» Ztschr. XXII, 74, 5, 117; اش لونك comment vous portez-vous? Blaquiere II, 78; لونك comme toi, Bc (Syrie). — Un plat de légumes, de viande, etc., J. A. 1869, II, 163; السوان المواكيب المفتخرة bonne chère, grande chère, Bc. — Ce qu'on mange avec le pain, Voc. (pulmentum = ادام). — N. d'un. ة (= لينة), n. d'un. لِيْنَة, pl. لِيَان, selon Wright dans le Diwan d'Amro'lkaïs 43, où je ne le vois pas), les palmiers qui portent aussi le nom de نَخْلَة, M; à Médine tous les palmiers portent ce nom, à l'exception des espèces البرنى et العجوة, Gl. Belâdz. — الوان sorte de verroterie, Burckhardt Nubia 269. — الانوار, ابو الوان chez les Soufis, voyez Ztschr. XVI, 236. — tissus de soie grège, venue du Levant, de différentes et très-belles couleurs, Jackson Timb. 214, Gråberg

141, Godard I, 195. — سبع الوان *fleur de la passion*, Domb. 72; — *caméléon*, Daumas V. A. 432.

لَوَايِس *calmar* ou *cornet*, mollusque du genre des sèches, Domb. 68 (sepia); Alc. (calamar pescado) écrit le coll. laguêin, et le n. d'un., laguêyna.

تَلْوِين الدِّقَانِين *vernis*, Bait. I, 205 a (Edrîsî): واذا سحف الترمس بخل وعاجن دقيقه بتلوين الدهانين المؤلف من زينت البزر عن الغلفونيا ووضع منه في قرطاس وصمدت به النآبيل والنواسير في المقعدة ابرأها mais au lieu de والغلفونيا, je lis عن الغلفونيا, car il s'agit évidemment d'un vernis composé de colophane dissoute dans l'huile de lin.

مَلَوَّن *teint avec de l'ocre rouge*, Alc. (almagrado); — *teint avec du safran*, Alc. (açafranado).

لُونِبِيلَات (pl.) Abou'l-Walîd 792, 5, explication de כְּסָלִים (lumborum musculi interni prope renes, quibus adeps adhæret): لونِبِيلَات نسمى نحن والذى القطن C'est le pl. arabe d'un diminutif de *lumbus*, a. esp. *lumbo*, aujourd'hui *lomo*, chez Ducange *lumbellus*, esp. *lomilla*, *lomillo*.

لوى I. لوَاه بالضرب *il le roua de coups*, 1001 N. Bresl. XI, 382: ومصبينا الى عند لِوَلَى الذى باالضرب — لاذيقه مثل ما فعل في واكذب عليه واطعمه المقارع *Détourner*, *éloigner*, *écarter* (= لوى), Hoogvliet 51, 14 (il y est question de la mort d'une épouse): ولواها Abbad. I, 52, 12: ses soldats berbères لووه عن مساورتهم وتنوء عن مراوحتهم ومباركتهم « *Un peu autrement* Berb. II, 217, 11: فلم يزل يلوى عن ابن الاحمر المواعيد, c.-à-d., ce vizir sut détourner son maître de faire des promesses à Ibn-al-Ahmar. — C. على dans le sens de *se soucier de* (Freytag nº 9), Khatîb 86 vº: وكان أمره في التوكّل عجبا لا يلوى على سبب, Hist. des Benou-Ziyân 95 rº: فولى هاربا مهزوما جريحا لا يلتفت ولا يلوى على من تعثّر من قومه — لوى الغوث se dit de celui qui cherche en vain de la nourriture, P. de Sacy Chrest. II, ١٣٨, 2.

— لوى الثوب est dans le Voc. *adosar*, et le verbe catalan *adossar* (echarse á cuestas, humeris imponere, dans le dict. d'Esteve) correspond au fr. *endosser*.

II لوى براسه *détourner la tête*, Macc. II, 246, 5: وانّما رايحتُ العيش لوى براسه وايقفتُ انّ الموت لا شك لاحقى — *Envelopper*, Voc., Ht.

IV *tourner*, p. e. une porte, Alc. (entornar como puerta); لوى العنان *tourner bride*, Bc, Antar 3, 5 a f. — C. الى *incliner à*, *être porté à*, Haiyân 67 vº: فلما اشرفوا على المورية عابُه العلوج فانقبضوا واللوّا الى المتاركة ودعوا الى المغاداة والمبايعة

V *tortiller*, *chercher des détours*, *des subterfuges*, Bc, Abbad. I, 172, n. o, c. على p., Berb. II, 27, 1, et ب r., I, 440, 8: فلما طلبوا المال تلوى عليهم بانه p. (do même que la Vc), Belâdz. 335, 5 a f., 445, 12. — *S'embrouiller*, Beerî 35, 12: التوت الامور, Abd-al-wâhid 99, 2: فالتوى الرمح بغلالته وخرج تحت ابطه وعصمه الله — *Se prolonger*, Abbad. I, 306, 5: ثم التوت منه.

يلتمد لحال ابنما يسيرة, Abd-al-wâhid 99, 12. — Dans le Voc. c. ل, من ou على *redire*.

لَوّة (pour لَبْوَة) *lionne*, Voc. — *Louve*, Voc.

لِيَة (dans le Voc. sans *techdîd*), pour أَلْيَة, pl. أت, *fesse*, Voc., Alc. (anca la nalga, nalga, cia por el anca, nalguear ضرب في الليات, nalgada ضربة في الليَة); *croupion d'oiseau*, Alc. (rabadilla de gallina). — *Queue de mouton* (il s'agit du mouton à large queue), 1001 N. Bresl. IV, 329, 12, surtout *sa partie la plus grasse*, comme طرف ليَة *l'extrémité de cette queue*, qui est la partie la plus grasse, 1001 N. I, 201, 3, où il est question d'un cuisinier: وان طاب طرف ليَة تنزل عليه الكلاب من السطوح. On compare à cette queue ou à son extrémité les jeunes filles grasses, qui sont fort dans le goût des Orientaux, ou les parties grasses de leur corps, Fleischer Gl. 43, 1001 N. IV, 259, 2 a f.: une jeune fille est كانها ليَة طريَّة, est, كانهما طرف ليَة a. des jambes IV, 286, أَثْنَوَى من الليَة, Bresl. X, 260 (Macn.) كاطراف ليَة, ou bien (de cunno) شيء كانه طلرف ليَة, Bresl. X, 232. Enfin elle est, Bresl. I, 154, 3, ليَة في لبنيَة « une queue de mouton dans un potage au lait. » ليَة الصفيحة *éponge*, extrémité d'un fer à cheval, Alc. (callo de herradura). — En Syrie, *sorte d'ail,* qu'on mange avec du lait, Fleischer Gl. 42.

لَوَّاى, à Tunis, *bâton garni à une de ses extrémités d'une bande de fer roulée, à l'usage des voleurs de grand chemin,* Beaussier, Cherb.

لَوَايَة *bourrelet* ou *bourlet, coussin rond et bourré, vide par le milieu; tortillon, bourrelet sur la tête pour porter un fardeau,* Bc. — *Lisière, extrémité d'une étoffe,* Bc (Barb.).

لَاوِيَة *coin de rue,* Alc. (canton de calle).

لَوَّاء *volvulus,* Pagni MS.

الْوَى *bois d'aloès,* Diwan d'Amro'lkaïs 26, vs. 9.

تَلَوّى *contorsion, convulsion;* بَتَلَوّى *convulsif, qui se fait avec convulsions,* Bc.

مَلْو. Pour *caracol, escalier en limaçon,* Alc. (caracol escalera) donne: madârich mului, pl. madarigît muluitu.

مُلْو *convulsif, qui donne des convulsions,* Bc.

مِلْوَى *cabestan, tourniquet pour rouler le câble,* Bc. — *Pièce d'étoffe plus longue que large dont les grandes dames s'entourent la tête et qu'elles roulent autour de leurs cheveux,* Cherb.

مَلْوَى pl. مَلاوى *cheville d'un instrument à cordes,* Gl. Mosl., Lane M. E. II, 75, 78, Descr. de l'Eg. XIII, 228, n. 1 (celles des chevilles du luth dont la tête est pyramidale), 1001 N. I, 69, IV, 519. — *Manivelle, espèce d'instrument pour faire tourner un essieu, un manche, etc., pour tordre le cordage,* Bc, Cherb. J. A. 1849, I, 550, 1850, I, 395; *moulinet, tourniquet pour enlever ou pour tirer des fardeaux,* Bc; *tourniquet, machine qui tourne,* Bc; *cabestan, tourniquet pour rouler le câble,* Bc, Hbrt 128.

مِلْواة *cheville d'un instrument à cordes,* Gl. Mosl.

مَلْوِيَّة *fouets, coups de fouet,* P. Kâmil 107, 8.

مَلاوِة *pince, levier,* Ht.

الْتِواء. بِالْتِواء *obliquement, d'une manière frauduleuse, indirectement,* Bc. — *Entorse,* Bc, M. — الْتِواء الأعصاب *convulsion,* Bc. — *L'obliquité de l'écliptique,* M.

مُلْتَوِ *oblique, détourné, frauduleux,* Bc. — Dans le

Voc. piger (vagus), c.-à-d., je pense, *batteur de pavé, flâneur.*

لَىّ pour لِأَنَّ ou لِأَىّ, الى أَيِّ, Voc. (quo).

لِبارى *espèce de datte,* Becrî 52.

لَبِت IV = أَلْثَى Ibn-Doraid (Wright).

مَلْبَثَة se trouve dans le Diw. Hodz. 74, vs. 7.

لِبَرون *gaude, Reseda Luteola* L., Alc. (gualdas yerva), Bait. I, 37 b (AB), 167 d (AB), II, 314 a, Auw. I, 642, 20. C'est un mot maghribin; لِبَرون chez Sontheimer est une faute que Sanguinetti n'aurait pas dû reproduire. — *Espèce de poisson,* Bat. IV, 112, où un man. porte لِبَرون.

لِبَرونى adj. formé du mot qui précède, Bait. I, 473 o: وزهره لِبَرونى الشكل a: 474, النبات اللِبَرونى الشكل.

لِبَس II *rester où l'on est; en parlant de deux choses,* c. ب, *être attachée l'une à l'autre,* M. — *Crépir, enduire un mur, plâtrer, ravaler, crépir un mur du haut en bas;* تلبيس *crépi, crépissure, enduit de plâtre, ravalement,* Bc. Je n'ai pas rencontré ailleurs ce mot, et je serais tenté de considérer لِبَس et تلبيس comme une faute d'impression pour لِبَس, تلبيس, qui a réellement ce sens, mais cette faute se répéterait alors huit fois, ce qui n'est pas vraisemblable.

لَيْس se trouve souvent, sans subir de changement, comme particule négative, avant toutes les personnes du verbe, avant les pronoms personnels, et même quand il n'y a pas un tel sujet, p. e. لِأَمْوَالِهِمْ وَلَيْسَ لَهُمْ « ils (les avares) appartiennent à leurs trésors et non pas ceux-ci à eux » (pour لَهُمْ فِى وليهم), Fleischer sur Macc. I, 227, 3 Berichte 179, Gl. Abulf., Merx Archiv I, 189, plus haut sous شَوَيْعَى (art. شيع); Prol. III, 333, 6 et 7, 391, 2 a f. =: لَيْسَ غَيْرَ et لَيْسَ إِلَّا *fqt*, Mufassal 10, 2 a f., 31, 8, 33, 3 a f. — لَيْسَمَا pour سِيَّمَا لَا, Voc.

لَبِيسَى *callidus,* Voc.

لَبِيسِين, n. d'un. ة, *strasse, bourre ou rebut de la soie,* M.

لَيْش (pour لِأَىّ شَىء) *pourquoi,* Bc.

لِيفَ II. لِيفَ جسَدَهُ se laver le corps en se servant d'une لِيفَة (voyez), M.

لِيفٌ, pl. أَلْيافٌ (Bc fibre), n. d'un. ة. Le tissu réticulaire qui enveloppe le pied des branches des dattiers, comme pour les protéger contre l'action des vents, sert à faire des cordes et à remplir les bâts des chameaux, Prax R. d. O. A. V, 215, d'Escayrac 14. De celui du palmier nain, que les femmes des Bédouins filent et tissent, on fait des tentes, Hœst 127 (où il faut substituer à لِيفَة الدُّوم ; écrit aussi incorrectement par Grâberg 36). Dans le bain on se sert d'une لِيفَة, d'une touffe de ce tissu réticulaire, en guise de brosse, M: حَكَّ جلده باللِيفَة Bâsim 21: يا حاج باسم ما تعرف تمزخ وتكيس في الحمام, وتحكّ رجلين الزبون وتغسل راسه بالصابون واللِيفة voyez aussi sous كِيسْ. — Fibre dans les chairs, Bo, Gl. Mang.: لِيفٌ هو الشعب الخيطيّة التي يتشعّب البها. — Sorte اللّحم كانّها شعب ليفِ النّخل منقول متعارفٌ de poisson, Yâcout I, 886, 8, où Cazwînî (II, 119, 2 a f.) a رِيفْ.

لِيفِيَّةٌ fic (ficus, marisca), voyez plus haut I, 84 a, art. باسور.

لِيقٌ I, venir bien, convenir, aussi c. لـ; لاقَى عندك أن juger à propos, convenable, Bc.
VI c. في p. faire des grimaces à quelqu'un, Bc; cf. لَوَى II et وَلَقَ II.
X juger convenable, Bc.

لِيقَة pl. لِيقَ encre sympathique, Ztschr. XX, 508.

لِيقِيَّة Momordica Elaterium ou une plante qui lui ressemble, Baït. II, 452 c; ainsi dans AB et Boul., chez Sonth. avec le fâ.

لَيِّقٌ tenace, avare, Hist. des Benou-Ziyân 97 v°: كان ليقا بخيلا مسيكا.

لَيْقَنَ I enduire de لِيْقُونة (voyez), M.

لِيْقُونة enduit fait de blanc de céruse et d'huile de graine de lin; on l'applique sur les terrasses des maisons contre l'eau de pluie, M; c'est donc ce que les vitriers appellent mastic; chez Bc لاقُونة.

لَيْل.

لَيْلْ. Les Arabes comptent par nuits, comme nous comptons par jours, Gl. Abulf.; de là اللّيالي = le temps, Weijers 84, n. 67. — لَيْلَة soirée ou nuitée, où l'on fait de la musique, Gl. Esp. 296; — en Algérie, réunion des khouan pendant la nuit, Cherb. Dial. 187. — En parlant d'une femme enceinte, كانت حاملا على ليالِيها, Koseg. Chrest. 72, 5 a f., comme on dit en hollandais: « zij liep op alle dag, » « elle approchait de son terme.» ليْلَة الوَقْعَة la nuit qui précéda le combat, comme il résulte de l'ensemble du récit, Haiyân-Bassâm I, 172 v°. — Pour la deuxième faction que les soldats font la nuit, la seconde veille, Alc. (modorra la segunda vela) donne « nûce lêil, » ce qui est une faute pour « nûçe, » نُصّ, forme vulgaire de نِصْف, et « gualilêil, » qui vient peut-être de وَلَّى اللّيل = minuit est passé. Pour la troisième faction, la troisième veille, il a (modorrilla la tercera vela) « al kalalêil, » peut-être de خَلَا اللّيل « la nuit est passée.» — Au Maghrib, الليالي السّود, les nuits noires, sont les quarante nuits les plus longues et les plus froides de l'année, qui commencent le 11 décembre et durent jusqu'au 20 janvier, Auw. II, 434, 7 et suiv., 435, 6, Calendr. 22, 7. Dans le Voc. ليالي الشّتا, caniculare. Aussi simplement اللّيالي, Prol. III, 423, 14. Selon un calendrier qui a été traduit par Hœst (252, 257), cette saison commence le 13 déc. et finit le 20 janv.; d'après Jackson (4, 5, 6, 8, 113), elle s'étend du 20 déc. jusqu'au 30 janv. vieux style, et Beaussier en fixe le commencement au 23 déc. Ils donnent tous اللّيالي seul. — لَيْلَة الغَطَّاس est chez les chrétiens la ليلة, la nuit qui précède le jour où l'on célèbre le baptême de Jésus-Christ (6 janv.; voyez sous غَطَّاس). Ils pensent que la vie de celui qui a été baptisé dans cette nuit ou qui la passe en veillant, sera longue, M. — ليلة القَدْر la nuit où le Coran descendit du ciel, Thévenot I, 278. — صاحب الليل voyez sous le premier mot. — Chez les poètes, chevelure noire, Weijers 123.

لَيْلِيَّة soirée (divertissement), Bc, Ztschr. XXII, 146.

أَلْيَل très-obscure (nuit), M, de Sacy Chrest. II, ۱۴۱, 8.

لِيلَكِ (Mc) ou لَيْلَك (Bc, Bg) (du pers. لَيْلَجْ ou لَيْلاكْ indigo) lilas.

ليم

ليم III. لايْم vulg. pour لاءم, M (sous لأم).

لِيم, n. d'un. ة, *lime, sorte de petit citron qui a une eau fort douce*, Gl. Esp. 297; — ليم حلو et ليممّجيمنا *orange douce*, Hœst 305, Hbrt 54 (Alg.); — ليممقارص ou ليم قارص *citron*, Hbrt 55 (Alg.), Bc (Barb.).

لَيْمُو = لَيْمُون, M, Djauzî 145 v°, 147 r° (deux fois), 149 r°; cf. Gl. Geogr.

لَيْمُون est de trois sortes: 1° le doux, qu'on entend ordinairement sous ce nom; 2° *le citron*, qui porte le nom de المراكبى (la leçon est donc bonne dans 1001 N. Bresl. I, 147, dern. l., tandis que ليمون مراني dans Macn. I, 56, est une faute); chez Bc *citron* est ليمون قارص (Barb.); 3° *l'orange*, M. Cf. Gl. Geogr. *Merops apiaster*, Tristram 398.

لَيْمُونى *citrin, couleur de citron*, Bc, 1001 N. IV, 472, 6 a f.; *étoffe qui a cette couleur*, chanson dans la Descr. de l'Ég. XIV, 145: يا لابس الموى (sic).

ليمونية *sorte de mets*, Djauzî 145 v° (sans explication).

ليميا *l'art de faire des talismans*, Ztschr. XVI, 226.

ليموناتة ou ليمونادا *limonade*, Bc, M.

مُلايِم (pour ملائم) *docile, soumis*, Ht.

لين I, n. d'act. aussi لَيَانَة (voyez-le plus loin comme subst.), Voc. sous molificare, Payne Smith 1377 (lisez اللينة), et ليونة, Abou'l-Walîd 678, n. 87. — *Être modique* (prix), Djob. 122, 11.

II *détremper, ôter la trempe à l'acier*, Alc. (destenplar hierro). — لين البطن *dévoyer, lâcher, relâcher le ventre*, Bc. — *Devenir mou et lent*, Alc. (lentecerse hazerse liento).

لَيِّن, *doux* (individu), pl. نيان, Abou'l-Walîd 665, 24. — *Détrempé* (acier), Alc. (destenplado como hierro). — *Brillant*, L (nitidus (splendidus)).

لين العيش *bien-être*, Bc. — Avec ou sans البطن, *cours de ventre, dévoiement, foire, relâchement du ventre*, Bc, M. — N. d'un. ة, voyez sous لبن.

لينة *aisance, commodité*, Ht. — *Pourpier*, Hbrt 47.

لِيان *ductilité*, Bc. — لِيان *bassin en métal, cuvette en métal*, Cherb., Delap. 76, Martin 82.

لَيَانَة *ductilité, flexibilité, malléabilité, souplesse, tendreté*, Bc.

واللاين الجلد المدبوغ لين se trouve dans le Diw. Hodz. 131, 6. — *Cerf*, Domb. 65.

لينج (pers.) *ocre de cuivre bleue*, κυανός de Diosc. (V, 106), Bait. II, 452 b (lisez ainsi).

لَيْنُوفَر pour نَيْلُوفَر, M, Payne Smith 1809.

ليه *pourquoi*, Bc.

لِيوَان pour الايوان, pl. لواوين, Lane M. E. I, 17, II, 45, 1001 N. I, 597, II, 22, Bresl. IV, 378.

ليواني *lévite*, Saadiah ps.

م

ما s'emploie quelquefois, au lieu de مَن, en parlant d'êtres doués de raison, même, contre la règle, dans une question (ما هو), pour (من), Abbad. III, 94, Gl. Fragm. — ما ذا s'emploie en deux acceptions, à savoir اِسْتِفْهَامًا, c.-à-d. dans le sens de *pourquoi*, et aussi للكثرة, c.-à-d. dans le sens de *combien de*, *que de*, Macc. II, 517, 3 a f. — 520, 2, J. A. 1869, II, 180, Gl. Mosl. — ما لى *pourquoi me demandez-vous cela?* Badroun 217, 12: فقال يا خالد اين كنت. — قلت ما لى. — Pour le *quid*, *aliquid* de Freytag: وان ما ملك من تلك الحج, Gl. Belâdz. Avec la négation *rien*, spécialement *aucune autorité, aucun pouvoir, aucune considération, aucun crédit*, Gl. Geogr. — ما شى? *toute chose*, Gl. Belâdz. — Sur le ما المصدرية, qui semble employé d'une manière pléonastique, voyez Fleischer dans mes Abbad. III, 29 et sur Macc. II, 580, 4 Berichte 105 et suiv., où il observe que le pléonasme n'est qu'apparent: مِن قَبْلِه ما طُوِيَتْ et مِن.

قَبْلَهُ طَوَتْ signifient bien au fond la même chose, mais le premier est: « c'est (déjà) avant lui qu'ils ont emporté,» le second: « (déjà) avant lui, ils ont emporté.» — ما علمت autant que je sache, Abd-al-wâhid 243, 8: الحج فى دينه مجتهند قوّام صوّام علمت ما فانه. — Suivi d'un pronom personnel, un peu, assez, passablement, jusqu'à un certain point, Khafâdji 210: وفى حديث لخليقه ازهر اللون الى البياض ما هو اى ماثل البه وكانت اذهانهم الى Abd-al-wâhid 5, 4: وليس هو بعينه كان الى الطول 169, dern. l. et 189, 9: الغليظ ما هى هو ما, Edrîsî, Clim. II, Sect. 6, en parlant d'un poisson: له راس مربّع فيه قرنان فى طول الاصبع الى الرقة ما هى, Bait. I, 18 d: وله اصل ادق من اصبع لونه اسود ما هى, 246 c (passage d'Edrîsî): له راس مربع ما هى II, 96 c: طعمه حريف ما هو بيسير حلاوة 287 g: مرغية اطرافها محددة ما هى ما هى. De ces exemples, qu'il serait facile de multiplier, car chez certains auteurs, p. e. chez Bait., cette locution est très-fréquente, il résulte que dans le passage d'Edrîsî f 1, qui nous a embarrassés, M. de Goeje et moi (voyez p. 380), لونه اخضر ماهر, il faut substituer ما هو à ماهر. Parfois aussi beaucoup, grand, fort, voyez Fleischer Beiträge zur arab. Sprachkunde VII, 100, dans une citation chez Khafâdji: حبيبة وان كانت الى الشمائل ما هى, Yâcout IV, 583, 4: خبيبتة ما هى وبصاحب فلان ما فعلتن هذا — اقرب ما هى as-tu osé traiter ainsi l'ami d'un tel homme? Gl. Geogr. — من ما quelle différence entre — et (cf. Freytag sous ى), Bâsim 114: والله ما هذا لمثل من ذلك الزيت «quelle différence entre le vinaigre d'aujourd'hui et l'huile d'hier!» — فيما =, Aboulfeda Hist. anteislam. 108, 3 a f.: لما parce que, قتل ما بين حرّان واليرها, Voc., Gl. Mosl., Bidp. 202, 2, Gl. Geogr.; aussi ممّا, et عنّدما lorsque, Gl. Mosl. غير ما plus d'un, plusieurs, voyez sous غير. — خرج دخل ان اولّ هو فما الحاجب « à peine fut-il entré, que le chambellan sortit,» Gl. Fragm.

مائنة (Freytag 146 a), de Sacy Chrest. I, 267, 17, Badroun 2, l. 4, Bîrounî 5, 1.

ماجوج ياجوج ماجوج nain, أجوج ماجوج pygmée, Bc.

ماخالقه peut-être μελανοκδλη, poix noire, Gl. Geogr.
مادام ان puisque, p. e. مادام صار الظهر قم حتى نتغدى « puisqu'il est midi, allons dîner,» Bc.
ماديس (esp. medias) des bas, Hœst 114 n.
مار (syr. عذرا) avant les noms des saints, p. e. مار بطرس saint Pierre, Bc.
مارس mars (mois), Djob. 31, 14.
مارستان pl. ات (M) sert ordinairement à la fois pour les malades et pour les aliénés, Lane trad. des 1001 N. II, 378, n. 12, Cartâs 199, 3: صنع المرستانات للمرضى والمجانين, et désigne quelquefois spécialement hospice des aliénés, J. A. 1832, II, 303, Jackson 131.
مارستانى directeur d'hôpital, Casiri I, 145, n. a.
مارشه mars (mois), Amari 167, 8.
ماركبيون nom d'un arbrisseau décrit Bait. II, 466 c; leçon de BEK et Boul., A ماركونا L ماركمونا H ماركبيو (اسم فارسى ذكره صاحب man. 13 (3): ماركبوا الفارسية (ajoutez الفلاح), mais je ne trouve pas un tel mot dans les dict. persans.
مارماهى (pers.) et مارماهى xanguille, Bait. II, 55 a: السلباح 488 c (lisez المارماهى يزيد فى الباه), Gl. Geogr. Cf. مرماى.
مارون (μάρον) Teucrium Marum, Bait. II, 466 b, Bc.
مازال encore, Bc (Barb.), qui donne: مازال بكرى «il est encore de bonne heure,» مازال ما خلص «il n'a pas encore fini,» etc.; c'est pour ما زال, et quand on le conjugue, on l'écrit ordinairement en deux mots, p. e. القهوة انت ما زلت فى الفراش « tu es encore au lit,» طابت والّا ما زالت « le café est-il prêt ou pas encore?» Voyez tout l'article de Bc.
مازر, chez les botanistes andalous, le مازريون à larges feuilles, Daphne alpina, Bait. I, 468 b.
ماساقولا arbousier, Most. v° قاتل ابيه.
ماست (pers.) راتب, Most. in voce (La ماشن), Gl. Manç. in voce: حمضته; هو الراتب الذى لم تشتك

ماسريڡا dans Bait. I, 198 a B donne ماشــــت, et A par erreur ماسٮ; écrit ماس Bat. II, 45.

ماسريڡا ($\mu\varepsilon\sigma\alpha\rho\alpha\ddot{\imath}\kappa\dot{\alpha}$) *vaisseaux, glandes mésentériques*, Ibn-Wâfid 4 v°, Bait. I, 279 a, Chec. 179 v°, 209 r°; dans M ماساريڡَى et l'adj. ماساريڡِى.

ماسۡعود *nom d'une drogue indienne*, voyez Bait. II, 466 d.

ماسۡلٮىن (voyelle dans N) *limaçon*, Most. v° حلزون.

ماش (vulg.) *rien*, p. e. quand on vous demande: ما ذا معكم, vous répondez ماش M (sous موش).

ماصۃ *ficelle*, Cherb.

ماطر شلٮف (lat. *mater sylvæ*, esp. *madreselva*) *chèvrefeuille*, Bait. II, 488 b (AB), qui ajoute avec raison: معناه بالنٮطىى امّ الشّعراء.

مٴاق.

مٴاڡى, *coin de l'œil*, pl. موٯ, Bc.

مٴوٯ quelquefois = لَحَاظ, Gl. Manç. v° مٴاٯ.

ميٯى *lacrymal*, Bc.

ماڡوٯ الانسان *cerveau*, Bc.

مٴاڵ, comme مٯل, pour آلَ مِنۡ, Diw. Hodz. 283, vs. 10.

مالٮد ٮشكه (esp. *malvavisco*) *guimauve*, Most. v° هو المالٮد ٮشكه خطمى, voyez aussi sous ورد.

مالٮح ou مالٮش vulg. pour مَالِح (pl. مَالَح), M.

مالڡراطن ($\mu\varepsilon\lambda\iota\kappa\rho\alpha\tau\nu$) *mélicrat*, Sang.

مالٮحولٮٮا (gr.) *vapeurs, mélancolie*, Bc.

مالٮحولٮٮا (gr.) *mélancolie*, Gl. Manç. in voce, cf. sous حدٮث, Aghlab. 58.

مالو (de l'esp. *malo*, mauvais, c.-à-d. mauvais temps) *tempête*, Bc (Barb.).

ماليٮحولٮٮا (gr.) *mélancolie*, Sang.

مالٮٮطٮطش حَجَر ($\mu\varepsilon\lambda\iota\tau\iota\tau\eta\varsigma$, Diosc. V, 150) *lapis melitites*, Most. in voce (cf. Bait. I, 284 b), avec *sîn*, Payne Smith 1666.

مالٮكولٮٮا et مالٮكولٮٮا. Dans des passages d'Edrîsî cités par Bait. I, 181 b, 202 e, 398 a, on trouve un mot qui, dans mes man., est écrit مالكونىا, مالنكولىا, مالٮكولىا, et qui est expliqué par *ulcères sur les jambes*, الڡروح فى الساٯىن. Je crois que c'est $\mu\varepsilon\lambda\iota\kappa\eta\rho\iota\alpha$, et que le mot a été plus ou moins altéré par l'influence de $\mu\varepsilon\lambda\alpha\gamma\chi\omicron\lambda\iota\alpha$, dont les Arabes se servent souvent sous différentes formes.

مامٮٮا *absinthe*, Bc, Hbrt 49 (Syr.).

مامٮران *grande chélidoine, éclaire*, cf. le dict. pers. de Vullers, Most. qui dit que c'est ٮقلد لحطاطٮڡ, en esp. حندرٮنۃ, c.-à-d. *golondrina, yerva de las golondrinas*, Bait. II, 186 f, Payne Smith 1723; espèces صىنى Bait. I, 5 a, II, 188 a, مكى, Bait. I, 5 a. Dodonæus, 71 a, 1559 b, pense que ce n'est pas chélidoine, mais une espèce de doronic. Voyez encore plus haut I, 318 a, article حلونٮۃ, et cf. Rauwolf 126: «Mehr haben ihre Krämer kleine würtzelein zuverkauffen *Mamirani tchini* genennet, in gebresten der Augen, wie sie fürgeben, gantz dienstlich: dise seind gelblecht, wie die Curcuma, umb ein zimliche lenger, auch dünner und knopffet, das solche unseren weisz wurtzlen sehr ehnlich, unnd wol für das rechte Mamiran mögen gehalten werden, dessen sonderlich Rhases an mehr orten gedencket.»

مٴان I *être chargé de pourvoir à la subsistance de quelqu'un*, de Sacy Chrest. II, 361, *supporter les frais de la subsistance, de l'entretien de quelqu'un*, Fleischer Gl. 48.

موٮۃ. Les formes sont: 1° موٮۃ (rare), pl. مون, 2° موٮۃ ou موٮٮۃ, pl. مون et اٮ, 3° موٮۃ; voyez Gl. Fragm. (contre Fleischer); le pl. مٮن se trouve dans notre man. assez correct d'Abou-Ishâc Chîrâzî, p. 55, 1 de l'édit. — *Soin, peine*, اكتڡٮٮا موٮٮۃ «nous sommes débarrassés de ce soin, on nous en a épargné la peine,» Bc, Gl. Belâdz., Gl. Fragm., Bat. II, 221; *charge, fardeau* (au fig.), Prol. I, 313, 3 a f. (corrigé dans la trad.). — *Travail, travail pénible*, Djob. 47, 18: ومونۃ العطٮمۃ كنشر الرخام وٮحت مون, Prol. II, 235, 7: الصحور العطام وحڡر الحندٯ «les travaux agricoles.» — المون *les besoins de* الڡلح

la vie, Prol. II, 1, l. 4. — *Impôt, contribution*, Khaṭîb 186 v°: فعظمت في بلاده المغارم وتقلت — وجعل على الاغنام وعروض (؟) البقر مونا غريبة, Djob. 74, 16, Müller 26, 5 a f.: واذا عزمت فأصالحك على دجاجتك واذا عزمت فقلت ضريبة غريبة ومونة غريبة, Athîr I, 293, 10: فكتب الى جميع رعيته انه لا خراج عليهم ولا جزية ولا مؤونة, de Sacy Chrest. II, ۲۰, 7: وشرط ان لا يكون على احد من ولد على بن ابى طالب رضّه مؤنة ولا كلفة, ibid. l. 10, Gl. Geogr., Beaussier: anciennement *impôt d'approvisionnement*. — *Les frais de la subsistance, de l'entretien de quelqu'un*, Fleischer Gl. 48, Gl. Tanbîh, chez Bc *fourniture*, Haiyân 34 r°: وكأن ملحقا في الديوان فكان الغزو يلحقه فيحمل القائد احمد بن محمد بن ابى عبدة كلّ السفر عنه ويقوم بمؤونته ذاهبًا وجائيًا, Haiyân-Bassâm I, 142 v°: son avarice à l'égard de ses femmes était telle ان وكلهن الى انفسهن في اكثر مؤنتهن, Djob. 279, 21, Macc. I, 93, 8, Müller 47, 10, Bat. I, 358, IV, 347, Berb. I, 581, 10, Bat. III, 76: « si je dis à mes compagnons, qu'avant qu'ils fussent réunis chez moi j'avais fait péaitence, ظنّوا ذلك عجزًا عن مؤنتهم ils penseront que c'est par impuissance de les traiter. Il fit donc servir les choses que ses pareils faisaient servir auparavant, tant mets que boissons.» — *Provision*, Ht, qui a le pl. مؤنات *munitions, provision de vivres*, Hbrt 11, *approvisionnement, ravitaillement, munitions de bouche, provisions, vivres, subsistances*, Beaussier, dans le Voc. sous providero, Cartâs 280, 6 a f.: واجرى عليهم المرتبات والمؤن في كل شهر 1001 N. I, 567, 13: شرع ابى في تجهيز مؤن mon mariage ayant été résolu, (Lane: «the provisions for the entertainments»), Bresl. II, 274: وادخلته الى المدينة سرًّا ورتبت له مؤنته *Nourriture des matelots pendant un voyage*, Amari MS. مؤنة, مؤنات الماكلة *munitions de bouche*, Roland 514. بيت المؤنة *munition de guerre*, Bc (Barb.). — *dépense, lieu où l'on serre des provisions*, comme le beurre, l'huile, etc., M (sous مون). — *Prestations en nature, rations de vivres*, Beaussier, *les vivres qu'on donne gratuitement à un voyageur*, Löwenstein 211: « Chaque étranger qui arrive le soir dans un douar reçoit sa *mona*. Elle diffère selon la richesse de la tribu et le cas qu'elle fait du voyageur, mais ordinairement elle se compose de lait et de fruits,» Davidson 21, 22, 23, 24, 25, etc., Hay 23 (ces deux voyageurs donnent une fausse étymologie, comme si le mot était مُنّة), Berb. I, 544, 4 a f.: اصلح مؤنات السلطان واحوال مقامته في سفره. — *Frais, dépense*, Beaussier, Djob. 45, 3, 126, 3 a f., Macc. I, 303, 3, Berb. I, 443, 12, de Sacy Chrest. I, 226, 4; *la dépense de l'escorte, que le voyageur doit payer*, Hœst 90. — *Salaire par jour*, Domb. 75, Ht. — Dans L: *gubernatio*. — حياطة وحراسة ومؤنة وتدبير Le pl. مؤن *masses, monceaux*, p. e. de pierres, Gl. Fragm.; M. de Goeje ajoute: *les matériaux d'un bâtiment*, le marbre, etc., Samhoudî 169, 10 et 12. — مُؤنة *mortier, ciment*, Ht, M (sous مون).

مَأْنَسْتَار (gr.) pl. ات *monastère*, Bat. II, 437.

مَأْنَى, pour ما انا من طرفك, p. e. مَأْنى أمين من طرفك « je ne me fie pas à toi,» Bc.

ماهودانة (pers. ماهو دانه ou ماهوب دانه) *catapuce, épurge, Euphorbia Lathyris*, Gl. Manç. in voce, Bait. I, 282 b, 427 d, II, 459 b (ماويذانة AB); altéré de diverses manières dans Payne Smith 1873, 1877, où l'on trouve aussi la forme ماهوبذانج.

ماهوش, pour ما هو شي; ما هوش ردى *passable*, Bc.

ماهى زهرة, et ماهيرزهره (pers. « poison des poissons ») *menispermum cocculus*, Most. in voce, Bait. I, 184 c, II, 57 i, 75 a, 460 b.

ماهيّة *matière, ce dont une chose est faite, nature*, Bc, ماهيّة العشف Nowairî, man. 273, p. 138. — *Somme*, quantité d'argent, Bc; ماهيّة الملك *liste civile*, revenu du roi, Bc; — *salaire* (mensuel ou annuel), M (sous موه).

مَاوَرد.

ماوَرَدى *la meilleure espèce de bois d'aloès*, Burckhardt Arabia II, 97.

ماوَرديّة *mets préparé avec de l'eau rose*, Mehren 35.

مَأى.

مبر

مائَة a aussi le pl. مثيين, Gl. Mosl.

مَايَة mai, Voc., Djob. 53, 21; aussi مـايـو, J. A. 1845, II, 338, dern. l.; en poésie مايَة, P. Macc. II, 832, 15 (cf. Add.).

مايَة (pers. مايَه) mode de musique, Salvador 33, 41 n., écrit مايا dans un traité man., Descr. de l'Eg. XIV, 30; رمـل المـايـة autre mode de musique, Hœst 258, Salvador 54. — *La deuxième corde du luth et celle qui est à côté du bourdon*, voyez Alc. sous cuerda de laud.

مثيني (formé de مثيين, pl. de مائَة) *centuple*, Prol. III, 171, 7, lisez de même *ibid.* dern. l.; الـوفـق المثيني العددي *l'amulette centuple formée de nombres*, carré magique qui se composait probablement des mille premiers nombres, III, 135, 8, avec la note dans la trad.

مُبِر *velours*, Hbrt 20 (Alg.), Bc (Barb.).

متت I. Au n° 3 de Freytag il faut substituer: *ad gratiam alicuius consequendam aut beneficium ab eo impetrandum aliquid re ut instrumento aut caussâ usus est, eam prætendit aut ad eam provocavit*, Fleischer sur Macc. II, 632, dern. l. Berichte 157, Badroun 245, 9, Khallic. I, 384, 17 Sl.

متع I *s'étendre*; en parlant de l'eau, *couler*, Gl. Geogr.
— N. d'act. مَتْـروح, comme מתח, *étendre*, Abou'l-Walîd 397, 14, Gl. Geogr. (dans une tradition).

متع II ne s'emploie pas seulement en parlant de ce que l'on donne à une femme qu'on répudie, mais dans un sens plus large, p. e. *doter* sa sœur de lait, Mâwordi 235, 11.

V, *jouir*, aussi c. في, Bc; c. ب *jouir d'une femme*, chez Bc *connaître*, cohabiter avec une femme, Becrî 158, 2 a f., Macc. I, 555, 16.

X, *jouir*, aussi c. في, Bc; c. ب *jouir d'une femme*, Gl. Tanbîh, Becrî 158, 2 a f.

مُتْعَة *jouissance*, Ht. — *L'action de jouir d'une femme, commerce charnel*, Gl. Edrîsî, Mohammed ibn-Hârith 239: لا حاجة بك الى صناعتها وانما تبتاعها للمتعة *Usufruit*, Bc, Weijers 29, 6 et 98, n. 128; dans le Voc. *posesio*.

متاع a aussi le pl. du pl. أمتعات, Gl. Geogr., et le pl. أمتوع, Voc., L (*commercium* أمتعاع ومتاجر). Ce pl.

متن

au fig. *connaissances*, Khatîb 26 r°: فكان سابقًا للخطبة ومناح الطيبة امتناعا وتفننا وحسن اللقاء. — *Usufruit*, Abbad. I, 242, 4; dans le Voc. *posesio*. — Au fig., *membre viril*, M, 1001 N. Bresl. III, 271. — *Toile*, Voc. — متاع اولاد *pédéraste, sodomite*, Bc. — Quant à متاع dans la langue vulgaire pour notre préposition *de*, indiquant un rapport de propriété et de possession, voyez de Sacy Chrest. III, 353 et suiv.; Bc: متاعي *le mien*, متاعك *le tien*, متاعنا *le nôtre*, متاعهم *le leur*, متاعينهم *les leurs*; quelquefois chez les auteurs de la fin du moyen âge, Cartâs 58, 10: قاصب تلك العنبرة متاع ابن عمه لحسن P. Prol. III, 396, 7, Formul. d. contr. 4: من ذلك عشرين اثوابًا عشرة منها من اكسية الرجال وعشرة متاع النساء.

أمتع *très-bien fourni de*, Macc. I, 798, 12: كان أمتَع الناس حديثًا ومشاهدةً, où Haiyân-Bassâm (I, 142 v°) a اقنع.

ممتع *facétieux, plaisant*, Abd-al-wâhid 20, 8: كان وكان ممتع, Macc. II, 278, 15: فكة المجالسة ممتعا المجالسة كثير النادرة.

مستمتع *force de jouir* (de la vie), Khatîb 39 r°: قد علقته اشتراك (أشراك l.) الهوم وفيه بعد مستمتع بديع كبير, Fakhri 222, 9: ما بقى فى مستمتع ولا بلاغ.

متك

مَتْك. Il paraît que sous la singulière définition du Câmous: نبات تجمد عصارته, il faut entendre *réglisse*, car le Most. a sous سوس: وذكر (ابو حنيفة) عن بعض (leçon de mes deux man.; sous رب السوس ils ont par erreur: (أخي عصير المتك); Ibn-Djazla l'a aussi sous سوس et in voce.

متن I. متُن *être fort* (vin), Gl. Edrîsî.

II *rendre le vin* (les mets, M) *fort, en y ajoutant des aromates*, Gl. Edrîsî.

مَتْن, *pars terræ dura et elata*, pl. مُتُون, scol. sur 'Amr ibn-Colthoum éd. Arnold 124, 2. — *Dos du chameau*, Bc, du cheval. — *La surface de la mer*, d'un fleuve, Djob. 30, 5, 35, 5, de Sacy Chrest. II, ٢٩, 4. — على متن الطريق *sur le chemin même*, Gl. Geogr. — *Lame d'un sabre*, Cherb. — Le

مت

d'une tradition est *son texte*, sans l'*isnâd*, de Slane Prol. II, 481, M, cf. Hamaker Spec. catal. 172, de Sacy Chrest. I, 170, 5 a f. — اصولها متن est اللَّغَة والفاظها ومفرداتها, M.

متون *restant*, Roland.

متين a le pl. متان, Djob. 132, 17, Gl. Manç.: خَزّ عَوْ صِنْف من الحرير يتَّخَذ منه ثياب متان » *fermeté de caractère*, Macc. I, 471, 18; *solidité* d'un poème, Abbad. I, 202, 4; *connaissances solides*, Macc. I, 504, 17. — *La force enivrante* d'une boisson, Gl. Edrîsî.

ماتن *l'auteur du texte*, l'opposé du شارح ou *commentateur*, M.

تمتّن = تمتّن, Wright 3, 1.

مَتّ I à l'aor. *i* dans le Diw. Hodz. 136, vs. 3.

ممروديطوس *Mithridatum, Mithridaticum antidotum*, la thériaque préparée par le roi Mithridate et qui était la grande avant l'invention du فاروق, Gl. Manç. in voce, Bait. I, 120 a, 200 a.

مثل II *copier des modèles d'écriture*, Prol. II, 347, 19 et 21. — Dans le sens de *faire un exemple sur, mutiler*, c. ب p., Bc, Badroun 127, 13.

III c. a. p. *se mouler sur quelqu'un*, Bc.

V c. من *prendre exemple sur*, Recherches II, Append. XI, 9. — *Emprunter des vers à un poète plus ancien et les appliquer, avec quelques changements, à la situation où l'on se trouve, ou bien emprunter un hémistiche à un poète ancien et y ajouter d'autres*, Abbad. I, 91, n. 98. — Pour la VIIIe, Cartâs 161, 4 a f.: كانت اوامره لا تتمثّل « on ne se conformait pas à ses ordres. »

VI c. ف p. *se mouler sur quelqu'un*, Bc.

VIII. امتثال للخدمة *se nommer le serviteur de quelqu'un*, Djob. 299, 3.

مَهْرُ المثل ثَمن المثل مَثَل *prix raisonnable*; de même Gl. Tanbîh. — Pl. مُثُل *exemple*, Voc. — مَثَل *en cet état, dans cette situation*, Gl. Bayân 30, 6 a f.

مَثَل *exemple*, Alc. (exemplo que damos, exemplo que tomamos); تَمَثَّل, *au milieu d'une phrase, par exemple*, M, Macc. II, 383, 8. Bat. III, 345, 408. —

متن

Exemplaire, copie, Alc. (exemplar de donde sacamos, materia de donde sacamos, ce qui chez Nebrija est: exemplum, apographum).

مَثْلَة *mutilation*, Voc., *castration*, Macc. II, 57, 3.

مَثَلَى مال, t. de droit, *choses qui peuvent être remplacées*, qui, lorsqu'elles ont péri, peuvent être compensées par d'autres choses du même genre, v. d. Berg 47, M.

المِثْلِيَّات = مال مثلى, Gl. Tanbîh.

مِثَال, *exemple*, pl. ات, Saadiah ps. préface. — ما مثاله *la formule ci-après*, Maml. I, 1, 176. — مثال *par exemple*, Voc. — *Ordre écrit*, Amari Dipl. 167, 5. — *Petite cédule, qu'on donne à un soldat qui a obtenu un bénéfice militaire*, Maml. I, 159, 161, 219, 4 a f.

مَثَلَة, pl. ات et مَثَائِل, *leçon donnée à apprendre*, Hbrt 109, Bc, M; *devoir, thème, version donnée à un écolier*, Bc.

امثال. Le pl. مُثُل, de Sacy Chrest. II, ١٣٩, 2 a f. أَمْثَل. Bat. II, 384: ثم يدخل الناس للسلام الامثل فالامثل ثلاثة ثلاثة « ensuite les sujets entrent pour saluer le sultan, selon leurs rangs respectifs, trois par trois.» — أَمَاثِل *façon, manières contraintes, embarrassantes, cérémonie*, Bc. — رجل اماثل *galant homme*, Bc.

أُمْثُولَة, pl. ات et اماثيل, *leçon donnée à apprendre*, M.

تِمثال *modèle, patron*, Bc. — *Statue*, Bc. — *Idole*, Voc. — *Monnaie*, L (moneta). — T. d'astrol., *thème*, Prol. III, 129, dern. l.

تَماثل *règle fixe*, Maml. I, 2, 201.

مُماثل *jongleur, bouffon*, Alc. (truhan representador).

مثن

مُثنان, n. d'un. ة, *thymélée, garou, trentonel, Daphne Gnidium* L., L (turbiscus), Alc. (torvisco mata conocida), Bait. I, 234 c, II, 124 b, 156, dern. l. (ويشبه المثنان الرخص), 194, dern. l. (المثنان dans B), 369 c, 488 f, Auw. II, 558, 1, 722, 9, Most, sous خسر: المؤلِّف اظنّه المثنان, et il y a مثنان parmi les succé-

مج 569 مجن

danés. Le fruit de cette plante, en grec κόκκος κνίδειος (Dioscor. IV, 170), s'appelle en arabe حَبُّ المَثْنان, Bait. I, 282 e, cf. II, 370 b, où c'est ثَمَرَةُ المَثْنان, Most. v°: أَزاز. — قيل هو الاصاص وهو حبّ المثنان. Les Arabes donnent aussi le nom de مثنان au genre passerina qu'ils ont confondu avec les daphnés, Leclerc sur A. R. 35, 212, 218—9; *passerina hirsuta*, Cherb. C, Prax R. d. O. A. VIII, 343, et مثنان الغزلان *passerina*, 281. — *Nerprun*, Renou 293. — En Égypte et sur les côtes de la Syrie, nom d'un arbrisseau décrit Bait. II, 489 b.

مَثانِيَة *vessie*, L (vesica مَثانِيَة, sic; sous visica il a la forme ordinaire مَثانَة).

مجّ I s'emploie au fig., comme *exspuo, respuo* en latin, Macc. II, 210, 4, Prol. III, 361, dern. l., en parlant des oreilles ou des yeux, quand on ne veut pas entendre ou voir une chose, Abbad. III, 58, n. 10, Gl. Abulf., Valeton ٣٨, 10; n. d'act. مَجَّة, Kâmil 409, 13. Be a ce verbe c. ل, *rebuter*, rejeter avec dureté. — مَجَّة se dit de l'accouchement, وأقلّ النفاس ماجّة واكثره ستّون يوماً, Gl. Tanbih. — *Humer, laper*, M (جرع).

II et III *différer, remettre à un autre temps*, Voc. V c. في *être différé*, Voc.

مُجَّة pl. اتّ *pis, tetine des animaux*, p. e. de la brebis, Voc., de la truie, Alc. (ubre de puerca parida); aussi *mamelle de femme*, Alc. (teta, teton); encore au Maroc مجّ, Lerchundi; Alc. (tetilla) a aussi le dimin. مُجَيِّجَة.

مَجَلُ الجَليد pour désigner de l'eau très-fraîche, Mi'yâr 19, 9, lisez de même 20, 2 a f.

مجد.

مَجْد, chez les chrétiens, *gloire, la béatitude dont on jouit dans le paradis*, et ils donnent au Messie le nom de مجد الآب, M. — *Puissance, autorité*, de Slane Prol. I, 299, n. 2; الانفراد بالمجد *se réserver toute l'autorité, autocratie*, Prol. I, 299, 8, avec la note dans la trad. — Pl. مجود *cantique, psaume*, Saadiah ps.

مَجيد, pl. أمجاد, Djob., Macc.

تَمْجيد *compliments écrits*, Roland.

ماجر.

مَجَر *monnaie d'or hongroise*, M. — « Dans l'ouest de l'Arabie la lame du sabre s'appelle *majar* (du nom des Madgyars?), et l'on dit qu'elle est de fabrication allemande,» Burton I, 241.

ماجور pl. مواجير *terrine*, Hbrt 198, Mehren 35; *vase (pot) à fleurs*, Hbrt 199.

ماجس.

وَرْد مَجوسِي ou *églantier*, Auw. I, 303, 11.

مَجوسِيَّة *paganisme*, Voc., M.

الماجسطى، الماجستىنى، الماجستنى n'est pas seulement le titre du livre de Ptolémée (μαθηματικὴ σύνταξις, μεγίστη (σύνταξις), d'où Almageste), mais plusieurs livres arabes qui traitent du même sujet ont pris ce titre, M.

ماجع.

مَجيع *insatiabilis (vorax, potulentus)*, L.

مَجَّاع L: *concupiscens*. مشتهى مَجَّاع.

ماجل.

مَجَلَة Becrî 85: يدخل اليها في مجلة في البحر, où M. de Slane traduit: « où l'on pénètre en suivant un passage que les eaux se sont ouvert à travers les sables pour se jeter dans la mer.»

ماجلس II (racine جلس) *s'asseoir en affectant de grands airs*, Be.

ماجن I. Ce verbe, qui dans le Voc. a aussi le n. d'act. مَجونة, s'emploie, ainsi que ses dérivés, soit dans le sens de *se livrer au libertinage, sans respect pour l'opinion publique, sans honte ni vergogne*, soit dans celui de *se livrer aux plaisirs de la jeunesse* (Macc. I, 283, 9, Mi'yâr 15, 7, Prol. III, 410, 11), soit dans celui de *badiner, plaisanter* (Macc. I, 521, 14 أجون) *faire des plaisanteries irrévérentes*), II, 417, 6, 522, 18, Khallic. I, 383, dern. l. Sl., Khatîb 92 v°: أول (المجانة والدعابة); voyez Gl. Fragm.

II dans le Voc. sous lascivire.

III c. a. p. *parler à quelqu'un d'une manière obscène*, Gl. Fragm.

V dans le Voc. sous lascivire.

VI *se dire des choses obscènes* (en parlant de plusieurs personnes), Gl. Fragm. — *Dire des folies* (comme font les aliénés), Djob. 286, 3. — C. على p. *se moquer de*, 1001 N. I, 274, 9.

ماجِن مَفْلوج *hydropique*, L (idropicus) (?).

ماجِن (pas ماجون) dans le passage du Fâkihat al-kholafâ 119, 14, que cite Freytag, n'a pas le sens qu'il lui attribue, mais celui de *plaisanterie*.

مُجُونيّ *cynique*, Bc. — *Plaisant*, Haiyân-Bassâm I, 128 vº: خطبة مجونيات *poèmes obscènes*, Macc. II, 461, 4 a f.

مَجّان *dissolu, lascif, libertin, déréglé dans ses mœurs*, Voc., M, Abbad. II, 20. — مَجّانًا *sans profit*, 1001 N. 11, 300; — ذهب عمري مجانا s'emploie, comme *gratuitement*, dans le sens de *sans fondement, sans motif, par le hasard, de gaieté de cœur*, Prol. II, 100, 2, 278, 6, III, 302, 2, Berb. I, 264.

مجّون *habit de drap, à manches et à corps courts, et sans doublure*, Vêtem. 128.

محح abréviation de محـال, *impossible*, Fleischer dans l'éd. de Breslau des 1001 N. IX, Préface, p. 21 et suiv.

مخّ

مخّ, *jaune d'œuf*, a le pl. محاح, Beaussier, البيض, Chec. 181 rº, 186 rº, 195 rº.

مخّة *même sens*, M, J. A. 1849, II, n. 1.

مخر.

مَخّارة est vulg. pour مَخّارة, M.

ماخر.

ماخور, en Syrie *place frontière*, est מַעֲמָד (p. e. Bar Hebræus 331, 10); voyez Djawâlîkî ١٢٢ et 64, Thesaurus de Gesenius 451 b, Abou'l-Walîd 784, 26.

محص II, en parlant de Dieu, *éprouver quelqu'un*, mettre à l'épreuve sa foi, sa fermeté, son courage, etc., p. e. en lui faisant essuyer une défaite, Berb. II, 314, 2: وانكشف المسلمون وتمحّصهم الله, I, 337, 4: وانكشفوا في يوم بلاء وتمحيص; de là تمحيص *défaite*, II, 387, 3: للخبر عن واقعة طريف وتمحيص المسلمين; ou bien en lui envoyant une maladie, I, 608, 14: طرق السلطان تمحيص من المرض. — *Examiner*, Prol. I, 56, 15, 57, 1 et 3, Chec. 190 rº: ومن سؤالات الاطبّاء. — *Munir de points voyelles*, Voc., Beaussier.

V quasi-pass. de II, 1ère et 3e signif., Voc.

مَحَص dans le sens de *lisse*, Diw. Hodz. 193, vs. 58.

ماحض II *purifier*, Voc.

V *devenir ou être pur*, Macc. I, 97, 2 (cf. Add., bon dans Boul.), 114, dern. l., Berb. I, 608, 5 a f.: وتمحّصت بهذا الابتلاء طاعة اهل توزر ومخالصتهم, Prol. I, 262, 5, P. Aghânî 70, 15: تمحّصت الدجنة «le ciel nuageux s'éclaircit;» mais ce sens se modifie: *se développer franchement*, comme traduit M. de Slane dans Prol. I, 416, 8; *ibid.* III, 134, 6 et 9: النفوس المتمحّصة للخير ou للشرّ «des âmes portées naturellement vers le bien,» ou «vers le mal» (de Slane). Dans plusieurs textes ce verbe est confondu avec V (voyez).

بمحض عدوّ محض ممحض *ennemi juré*, Bc. — تلال موجودة محض قدرة الله *spontanément*; قدرة الله «monticules naturels,» Bc.

امتحاض *puritas* (castitas), L.

محط I *travailler comme un forçat, travailler beaucoup*, Bc.

II *brocher, écrire, composer à la hâte*, Bc.

محق I *dissiper* son argent, Amari 190, 5.

VII *disparaître, périr*, Payne Smith 1481: فنى انمحق الهلال بات, 1001 N. I, 501, 13. — انمحق est quand on ne voit presque pas la lune à la fin du mois, M; le Voc. a امحق sous *luna* (quando decrescit).

ماحق 1001 N. III, 196, 7: ودخل عليهما الساحق والماحق, où Lane traduit: «ruin and destruction.»

ماحل I, مَحَل, *être stérile*, se dit aussi des arbres, Athir I, 293, 7 محلت الاشجار, Gl. Edrîsî.

محل

II *anéantir*, Voc.

V. Dans Bidp. 124, 5, ce verbe n'est pas pour تمحّل, comme on lit chez Freytag, mais il a son sens ordinaire, celui que Fr. donne en premier lieu. — *Être anéanti*, Voc.

ممحّل, dans le sens d'*inutile, qui ne sert à rien* (homme), a le pl. مُمحّول, Haiyân-Bassâm I, 24 rº: — قَتْل الملوك والأتِمّة بأيدي الأحول من عبيدهم وأصحابهم. Dans le sens de *stérilité, sécheresse*, pl. مُمحّول, Asâs, Voc., Diw. Hodz. 245, vs. 14, Abbad. II, 159, 7, أمحل, Diw. Hodz. 214, vs. 33, et أمْحال, Gl. Mosl., Ibn-Doraid: قد كلبت الأمحال.

محل sorte de poisson, Gl. Edrisî.

ماحل (*delator*), pl. مُمحّل, Payne Smith 1047.

أمحل, formé de ماحل, *très-absurde*, Abd-al-masîh al-Kindî: فإن قلنا أنها ثلثة آلهة فقد أشركنا وجمعنا بأشنع القول وأمحله.

أمْحال pl. irrég. de مَحلّة, de la racine حلّ; Beaussier le donne sous محلّة avec l'explication: *corps expéditionnaire, armée en campagne, colonne expéditionnaire; — corps d'armée, colonne; — camp; campagne, expédition*, p. e. خدمت تسعة أمحال «j'ai fait neuf expéditions;» Hist. Tun. 123: وامتنعت أعناق الآمال لعودهم لمقرّ عزّهم لولا ما دبّره حسن باى قسطنطينة من الغدر وردّ الأمحال على أعقابها فتفرّقت جموعها: 127: ومن الاتّفاق أن ولاية الباشا امارة الأمحال كانت جمع الأمحال ضاحبت فيها وأوعب أبطال جندها: 136: فى صفر وخرجت الأمحال المذكورة لنظر: 137: وأعيان خازنيته وزيره المذكور: 142: le Pacha envoya son frère contre les rebelles بأمحاله. On lit chez St. Gervais 114: „Le Bey, pour lever le Carache et autres droits imposés sur les Mores, sort deux fois l'année, l'une en hiver et l'autre en été, et mène avec lui environ 3000 hommes, moitié infanterie et moitié cavalerie; ils se partagent en deux camps, savoir, le camp des Turcs et celui des Mores; le Bey commande le camp des Mores et son fils celui des Turcs;» chez Dunant 63: „L'héritier présomptif se nomme le Bey de camp, parce qu'il est chargé de commander les expéditions, soit camps, qui ont lieu deux fois par an, pour aller percevoir l'impôt auquel sont soumises les tribus de l'intérieur des terres." C'est ce que l'Hist. Tun. 133 exprime ainsi: ويباشر ابنه (du Pacha) المذكور, سفر الأمحال. Ordinairement الرحلة بأمحلة شتاء وصيفا, ibid. 93: نزل لابنه حمودة عن سفر الأمحال, 93, en parlant d'un dey: 121: ونزل عن سفر الأمحال لابنه مراد, واولى ابنه: ibid. , فلما آتاه الله المُلْك أولاه سفر الأمحال. Aussi السَّفر seul, ibid. 93: محمد باى سفر الأمحال وتداولا السفر والجبايات.

محمح 1 *hennir*, Ht.

ماحن I *affriander*, rendre friand, attirer par quelque chose d'agréable, Bc.

IV dans le Voc. sous *temptare*.

VIII *appliquer un homme à la torture*, Maml. I, 2, 81, Hist. des Benou-Ziyân 92 vº: فامتحنه وضربه بالسياط. الامتحان ل avoir de l'efficacité sur, Auw. I, 104, 19: واعلموا أن خرو الناس يتلو زرق الطيور, للجودة والامتحان للارض والمنابت كلها. — Dans les 1001 N. IV, 134: وامتحن بشرب مليح وأكل مليح, où Lane traduit *to give himself up to*; remarquez cependant que Beaussier rend la Vº par *se charger l'estomac d'eau, de nourriture, se gonfler, se crever de boire et de manger, se bourrer, s'empiffrer, se gorger, se soûler, se remplir le ventre*, ce qui conviendrait fort bien.

محنة *persécution*, p. e. celle qu'éprouvèrent les musulmans que l'on voulait forcer de reconnaître que le Coran n'était point un livre incréé, Maml. I, 2, 82. — *Le tourment, la torture*, ibid. 81—2.

محى et ماحى I. ب ذنوبه *racheter, effacer ses fautes par*, Bc; ممحى *satisfaction*, expiation, ممحى الذنب *extinction, rémission d'un crime*, Bc.

IV (pour I) *effacer, détruire, défigurer, laver*, Alc. (le part. pass. deshecho, desfigurar lo figurado, deslavar); — *effacer, rayer de la mémoire*, Alc. (raer del coraçon, le n. d'act. raedura de la memoria).

ماحيا chez Domb. 59 *crematum* [?], parmi les légumes. A-t-il eu en vue *critamum*, c.-à-d. κρίταμον, que Dioscor. (II, 156) donne comme une autre forme de κρίθμον ou κρηθμον, *crethmum* chez Pline H. N. XXVI, c. 50 (ou § 82 et 83), *Crithmum maritimum* L., *fenouil marin, bacile, perce-pierre*?

مخ

مُخّ. Le pl. أَمْخَاخ, Voc., Bc (*cerveau*); مُخُّ الذَّرّ =
chose qui n'existe pas, Tha'âlibî Latâïf 26, 6. —
مَخّ السمك *laitance* ou *laite*, partie des entrailles des
poissons mâles, de substance blanche et molle, Bc.

مُخّيّ *médullaire*; — *cérébral*, Bc.

مختر II pour تَبَخْتَر, *faire le beau, se pavaner, se rengorger*, Beaussier, Antar 33, 3 a f.: وهو يتمختر
مشيته' ويهتز عند خطرته»

مَخْدَع I (formé de مُخَدَّع, *sentier, petit chemin de
traverse*, de la racine خدع *pratiquer, ouvrir des sentiers*, Alc. (senderar).

مَخْرَق I et II. Le Voc. a II, c. ب et ف, *deliciari,
in cibo, potu et huiusmodi*, et il y donne aussi I c. a.;
cf. مَخْرَقَة sous خرق.

مَخْرَقَة *exciter la discorde, des disputes*, M.

مُمَخْرِق *menteur*, Payne Smith 1037.

مَخَض I, n. d'act. مَخِيض, Diwan d'Amro'lkaïs 29, 5.
II dans le Voc. sous lac.
V c. ب ou عن *enfanter*, Fleischer sur Macc. II,
745, 10 Berichte 183, Gl. Mosl., Lettre à M. Fleischer 231, où j'ai indiqué les passages de l'Hist. des
Berb. où ce verbe doit être substitué à تمخّص; peut-
être faut-il y ajouter Berb. I, 609, 2: فخاصموا جميعا
ونقضوا عيهما ارائه اعتقل ابى زيان où M.
de Slane traduit: «ils tinrent un conseil et, après
avoir épuisé toutes les ressources de leur esprit, ils
adoptèrent l'avis de mettre Abou-Ziyân aux arrêts;»
ce serait alors: ils enfantèrent le projet de.

مَخَاض Pl. de ce coll. مَخَائِص (comme أَقوام de
قوم), Kâmil 59, 16, 60, 3.

مَخِيض s'emploie substantivement, مخيض البقر *lait
de beurre*, Bait. I, 14, 168 b.

مَخَط I. انفه مخط *se moucher*, Bc; aussi مخط seul,
Alc. (alimpiar narizes, limpiar como narizes, sonar
los mocos), Bc, Hbrt 35, Roland, n. d'act. مَخَاط,
Gl. Geogr.; لا يمخط بكوعه *ne pas se moucher du
pied*, être brave, difficile à tromper, Bc.
II *moucher*, Bc; انفه *se moucher*, Hbrt 35.

مَخَّاطَة, proprement n. d'un., ما يقذفه الرجل من
انفه في دفعة واحدة; pl. مُخَط *morve*, Alc. (mocos de
narizes).

مُخَاطَة *morve; roupie*, goutte d'eau qui pend au
nez, Bc.

مُخّيط, etc.; la forme مخيط, Becrî 49, Bait. A II,
4 b; chez Bc: مخيط et مخيط نبق *sébeste*, petite
prune noirâtre du sébestier d'Egypte, et مخيط *sébestier*. Voyez Ouaday 358—9.

مُمَخَّط *morveux*, qui a de la morve, Alc. (mocoso
lleno de mocos).

مَخَل.
مَخَل (μοχλός, Fleischer Gl. 74), pl. أَمْخَال et
مُخُول, *barre de fer, levier en fer, pince*, levier de
fer, Bc, M: آلة مستطيلة من حديد وغيره تقلع بها
التجار

مَخَل كاتب *teneur* celui qui tient les livres, les
registres, Bc.

مَخْلَع II. La mauvaise explication de Habicht, qui a
passé dans Freytag et de là dans le M, a été corrigée par Fleischer Gl. 95, qui dit avec raison que
c'est: *luscivire, se gerere* خليع, i. e. *lascivum, petu-
lantem, procacem*, en allemand *ausgelassen*.

مَخَمَج I c. a. *ôter le cerveau*, Voc., qui a aussi II. —
Sous coquere le Voc. a II et I c. a.

مَخْمَض II *se gargariser*, Bc.

مَخْوَل II *se troubler*, Hbrt 228.

مَدّ I *couler*, c. الى de l'endroit vers lequel une rivière
coule, et على de celui qu'elle baigne, Gl. Geogr.; de
là c. الى (*ibid*.) ou c. a. *se jeter dans*, p. e. نهر يمدّ
الى النيل «une rivière qui se jette dans le Nil,» Gl.
Edrîsî, M; cf. Djob. 37, 3, 200, 12, 208, 4, passages dans lesquels l'éditeur a donné à tort au verbe
les voyelles de la IVe forme; cf. مادّة. — C. الى p.
par ellipse, *étendre la main vers*. Dans le commentaire sur Moslim: لقى حبائبه وتمكن منهن فلم يقبلهن
ولا مدّ اليهن مخافة عيون ارقبائه. Dans le Gloss. l'édi-

teur laisse le choix entre l'ellipse de بَصَرَهُ ou نَظَرَهُ, et celle de يَدَّ. Je préfère la dernière interprétation, parce que « il ne les regarda pas » me semble un peu faible après « il ne les baisa pas. » Sous la VIIIe forme on trouvera la même ellipse de بيد. — *Durer*, Gl. Geogr. — *Lâcher la bride*, l'opposé de كبح, Auw. II, 543, 2 a f. et suiv. — *Prêter*, s'étendre (étoffe), Bc. — *Prendre*, prendre racine, Bc. — *Accentuer*, Voc., Alc. (acentuar). — *Construire un vaisseau*, Bc. — مد خطاه *allonger le pas* (chameau), hâter sa marche en faisant de plus grands pas, Antar 3, l. 11; de même مد باع, voyez sous أبواعه, مد seul مَشَى, Ztschr. XXII, 134; *trotter*, marcher beaucoup à pied, Bc. — مد سماطا voyez sous سماط. — مد اللسان *étendre la voix*, Djob. 102, 10: ارتفعت اصوات الطائفين بالتأمين بألسنة يمدها (تمدها l.). القلوب لناصعة مد النفس = *traiter plus au long, plus amplement*, Macc. I, 510, 3 a f.; cf. مديد.

II *suppurer, rendre du pus*, Alc. (podre hazer), p. e. جرحة ممدّدة, Alc. (llaga con materia).

III *devancer*, Bayân II, 270, dern l.: فانّه محمد شاوا وجرى الى الغاية برز فيها دونه سابقا لا للحلبة وتخلّف جعفر عن مداه, ou peut-être *rivaliser avec quelqu'un dans la course*; cf. ce que j'ai donné sous مد خطاه.

IV, dans le sens de *quantum atramenti*, etc., chez Freytag, c. ل p., R. N. 23 v°: ثم قل الدواة فجعلت امدّ له

V *se coucher*, s'étendre de son long, Bc. — Dans le Voc. sous sanies.

VII quasi-pass. de I, امدّ السماط, 1001 N. II, 124; cf. sous سماط.

VIII. امتدّ بنا الكلام « notre discours a été prolixe, » Macc. I, 65, 17. — C. الى (à sous-entendre بصرُه ou نظرَه) *regarder*, M. — C. الى p. ou r. (à sous-entendre يدك) *attenter à*, Haiyân 37 v°: وامتد الى اعز الاموال فلم يدع مالا قدر عليه عند من ظنّ به امتد الفاسق عمر بن حفصون الى حصن بني 39 r°: خالد, Haiyân-Bassâm III, 28 v°: ترك التناجوز لحقّه

والامتداد الى شيء من اعمال غيره; cf. Abbad. I, 62, 11: ما امتد بي اليم سبب — فلما امتدّ الزمان اليم بعدوانه *ce qui m'a été possible*, Abbad. I, 220, 10. — *Se coucher, s'étendre pour prendre du repos*, Alc. (acostar en la cama, echarse como en cama (pour le partic. il a mamtûd, echado estar tendido o muerto), jazer). — امتدّ في مشيته *marcher d'une manière élégante, fière ou affectée*, etc. (تَبَخْتَرَ), M. — *Croître et déborder* (rivière), Gl. Geogr. — *Couler* (rivière), c. على l., Gl. Geogr. — *Aller en augmentant* (chaleur), Gl. Geogr. — C. في *voyager, continuer son voyage*; c. الى *vers*; c. على *du pays qu'on longe*, Gl. Geogr. — Dans le Voc. sous acentuare.

X. استمدّ المعونة من *demander du secours à*, Edrîsî, Clim. VI, Sect. 4: ومن الله نستمد المعونة. — C. من *emprunter ses eaux à*, Yâcout III, 379, 21, 413, 10, Müller 6, 2 a f.: ووواديها ملح المذاني، مستمدّ من. — C. من p. *apprendre quelques choses de*, Meursinge 22, 5. — C. على *s'étendre*, Gl. Geogr. — Dans le Voc. sous materialis.

مَدّ est محدود السماوات غاباتها, Abou'l-Walîd 364, 13. — Est, chez les lecteurs du Coran, اطالة الصوت — M. مدّ البصر est aussi bon حرف من حروف المدّ que (voyez Freytag sous مدا) et se trouve dans la tradition, Gl. Geogr. — *Idrops*, L.

مِدّ. En donnant ce mot sous *incaustum*, qui chez lui a le sens d'*encre*, le Voc semble avoir eu en vue le sens ordinaire, mais il est singulier qu'il ajoute dans une note *palmada*, mot qui, dans tous les dialectes de la Péninsule, ne signifie que *claque, coup du plat de la main*. — Vulg. pour مدَّة, *la chaîne d'une étoffe*, M.

مَدّة *abcès*, Payne Smith 1403.

مُدّة, pl. مُدَد, Birouni 13, 5. — *Trêve, suspension d'armes*, Gl. Belâdz. — حارس المدّة *ange gardien*, Djob.

مَدَد, *renfort*, forme au pl. أمداد, Bc, Abbad. II, 177, 2 a f., et ce أمداد signifie quelquefois *soldats*, Abbad. I, 324, 8, Macc. I, 92, 16. — *Secours surnaturel*, Lane M. E. II, 217.

مِداد, *encre*, pl. أمِدّة dans le Voc. On trouve

مداد الصوف chez Auw. I, 645, 7 (aussi dans notre man.), ce qu'on traduit par *l'encre employée pour teindre de la laine*. — *Suie de cheminée*, Most. v° دخان: دخان et دخان هو المداد est = l'esp. فلیین, c.-à-d. *hollin*, 1001 N. Bresl. III, 256: son fils étant mort, le roi fit proclamer أن يلبسوا السواد واذنوب المداد.

مدید. مال مدید *de grandes richesses*, Gl. Geogr. — Le Voc. a مدید الباع *sciens*; cf. Bassâm III, 98 v°: مدید النفس, — نهض في الصناعة بالباع الأمد, proprement *qui a l'haleine longue*, dans le sens de: *qui peut composer des poèmes de longue haleine*, Macc. II, 44, dern. l.: وكان أديبا قوي العارضة مطبوع الشعر مدید النفس; cf. sous la Ire forme.

مدیدة dit-on aujourd'hui pour مدید, dans le sens de *aqua, cui inspersum*, etc., chez Freytag, M.

مدّاد *étireur*, Descr. de l'Eg. XVI, 459, n. 1. — *Fabricant d'encre*, Voc. — *Constructeur*, celui qui construit un vaisseau, Bc. — *Abondant en eau (fleuve)*, Gl. Geogr.

مادة *matière, sujet sur lequel on parle, on écrit*, Bc, Macc. I, 910, 12. — *Matériaux, sources dans lesquelles puise un auteur*, Macc. II, 103, 11. — En parlant d'une mine, *ce qu'elle contient, le minerai*, Becrî 161, 2: معدن فضة قديم غزیر المادة «dont le minerai est très-abondant,» 163, 5. — *Matière, excréments, pus, humeur vicieuse, peccante,* aussi مادة, Alc. (materia podre), Bc, M; *abcès, amas de pus dans quelque partie du corps*, Alc. (apostema), Payne Smith 1403; *péripyème*, Badroun 269, 14: ثم توَلَّد للمأمون مادة تنصبّ إلى حلقه وكان دواؤه أن تَتْبُكَ حتى تنضج فتَنفتح ففعل ذلك مرات. *Au fig., pour exprimer: mettre un terme aux guerres civiles, aux révoltes*, Abd-al-wâhid 9, l. 17: قسم موادّ الفتن وقطع, Berb. I, 533, 12: وجمعهم على الطاعة بعد الفرقة باستقامته موادّ لخلاف من العرب باستقامته. — المواد *les ressources*, Gl. Badroun. — *Vivres*, Gl. Badroun, Elmacin 92, 20. — *Affaire*, Bc. — *Article d'un traité, d'un contrat*, Bc. — مادة لحیاة *humide radical, principo de la vie de l'animal*, Bc. — موادّ أرزاقهم *les sources d'où proviennent leurs traitements*, Macc. I, 687, 4 a f. —

موادّ العلم *les problèmes et les décisions de la science*, M. — موادّ النهر *les affluents d'une rivière*, Gl. Geogr. — موادّ اللغة *les paroles*, M.

مادّي *matériel*, Voc., l'opposé de أدبی et de عقلي, M; علة مادية «cause matérielle,» Bc. — حروف مادية *lettres radicales*, Berb. II, 7, l. 7 a f. — *Lymphatique*, Bc.

مادية *matérialité*, Bc.

مَدید voyez sous أَمَدّ.

تمدّد *tétanos*, Payne Smith 1152, 1433, M.

مدّ *l'action de s'étendre*, Abou'l-Walîd 699, 11.

ممدود. أموال ممدودة *de grandes richesses*, Gl. Edrîsî sous بسط. — تاء ممدود est et تاء مربوط est ه, Prol. II, 390, 11.

امتداد *extension, contour, longueur*, Gl. Geogr. — *Amplification*, Khatîb 72 v°: وكان يعلّقه من حفظه من غير زيادة وامتداد. — *Espace, ce qu'il y a entre le ciel et la terre*, Voc. — الامتداد الكزازی *tétanos*, Payne Smith 1433.

مدح I c. ب *louer à cause de*, de Sacy Chrest. II, 447, 1. — *Flatter*, Alc. (lisongear). — C. a. p. *faire l'apologie de* quelqu'un, Bc.

VIII *se réjouir de ou se vanter de*, Saadiah ps. 10: امتدح بملوغ شهوته, ps. 34.

مدح *cantique*, Alc. (cantico), Roland; *motet, psaume*, etc., *mis en musique*, Alc. (mote o motete). — «Petit poème sacré en l'honneur de l'Islam et des hauts faits accomplis par ses' *Oualis* et *Moudjaheds*,» Margueritte 221. — *Chant à la louange de quelqu'un; chant à l'occasion de la naissance d'un enfant; chant nuptial*, Alc. (canto de loor de los hombres, canto de nacimiento, canto de bodas).

مديح *panégyrique*, Bc, Khallic. I, 345, 5 a f. Sl.

مديحة pl. مدائح *cantique, hymne*, Bc, Abou'l-Walîd 161, 32; مديحة أزواج *épithalame*, Bc.

مديحي *apologétique*, Bc.

مدّاح, barde, trouvère religieux qui va dans les fêtes chanter les louanges des saints et de Dieu, la guerre sainte, et qui s'accompagne du tambourin et de la flûte,» Daumas Mœurs 275 (cf. 285), Margueritte 221, de Jong van Rodenburg 264; cf. Bat. III, 432. A Damas, *chanteur mendiant*, Ztschr. XI, 482, n. 9. Cf. Browne II, 342.

مَمْدَحَة pl. ممادح *action louable*, Kâmil 138, 3.

مدر

مَدْرَة pl. مُدُور, comme *motte, butte, éminence isolée, faite de main d'homme ou par la nature*, Gl. Geogr. — هاتى يا خذى يا سدرة وودّى يا مدرة سدرة خذى يا مدرة *ce qui vient de la flûte retourne au tambour*, les biens mal ou promptement acquis se dépensent de même, Bc.

مدرى (abrév. de من درى) *qui sait?* Bc.

مَدَرة الأرض *terre dure et compacte*, l'opposé de متخلخلة, Auw. I, 195, 17 (lisez ainsi).

مُمَدَّر *rempli de mottes de terre*, Alc. (terregoso lleno de terrones).

مَدْرَاسى « des étoffes assez fines (de calicot ou de madapolam) connues en Egypte sous le nom de *madrâcy*, » Ouaday 337. De Madras?

مَدَس pl. أَمْدَاس voyez sous دس.

مدش

مَدَاشَة (esp. madeja, de mataxa, qui vient du b. gr. μάταξα, μέταξα, voyez Diez) pl. مَدَائِش *écheveau de fil*, Alc. (madexa).

مُدَّس = دَقَس ne signifie nullement *vif-argent*, comme dit Freytag, mais *soie*, particulièrement *soie blanche*. J'ignore comment il est tombé dans cette étrange erreur; le Câmous de Calcutta, dont il a fait usage, a correctement ابريسم.

مدن V dans le Voc. sous civitas; *se civiliser*, M; التَّمَدُّن *la civilisation*, Prol. III, 265, 5, Macc. III, 674, 5.

مَدَنِى السياسة المدنية voyez sous le premier mot. — et مَدِينِى *cristatus*, Voc.

مَدِينَة *capitale* d'un district, d'une province, d'une île, d'un royaume, p. e. Grenade était كورة مدينة الاندلس Cordoue, مدينة Cairawân البيرة, افريقية, de Gayangos trad. de Macc. I, 529; la ville que les chrétiens appelaient Palerme portait le nom de المَدِينَة chez les musulmans, Djob. 328, 12. — المَدِينَة *la partie la plus ancienne de la ville de Cordoue*, Abd-al-wâhid 28, 4, comme la Cité à Paris, la City à Londres. — *Province*, comme en hébreu et en araméen, Gl. Geogr., Yâcout I, 348, 11 (synonyme de كورة), Cazwînî II, 337, 17. — En Espagne, *espèce de pain fait de farine de première qualité et avec du safran, et qui représentait une ville*; on la préparait pour le يوم النيروز, Macc. II, 463, 7 et suiv. — *Halot, repaire, terrier de lapin*, Alc. (madriguera de conejo), *terrier de renard, clapier de la pin, trou de souris*, Beaussier. — En philos., *la réunion des hommes en société*, Prol. II, 368, 4. « Selon les philosophes, les gouvernements des diverses espèces peuvent se ranger dans deux catégories: la première est ce qu'ils appellent المَدِينَة الفاضلة, *la cité parfaite, l'état parfait*; ils désignaient la seconde par le terme المَدِينَة غير الفاضلة, *la cité imparfaite*. Dans l'état parfait, toutes les relations des citoyens seront fondées sur l'amour, et il n'y aura jamais de différends entre eux; donc ils n'auront pas besoin de souverain; ils s'y nourriront de la manière la plus convenable, aussi la médecine leur sera inutile; chaque individu aura la plus grande perfection dont l'homme est susceptible. Dans cette république modèle, tous penseront de la manière la plus juste; personne n'ignorera les coutumes et les lois; il n'y aura ni faute, ni plaisanterie, ni ruse. La cité imparfaite est celle où l'ignorance, le vice ou l'erreur prédominent. On la désigne aussi par les termes المَدِينَة الجاهلة « la ville ignorante, » المَدِينَة الفاسقة « la ville corrompue, » المَدِينَة الضالة « la ville égarée, »» de Slane Prol. II, 141. — المُدُن السَّمَاوِيَّة *cives etherei*, L [?].

المدائى espèce de pigeon, Man. Escur. 893.

مدى II, pour مَدَّ, p. e. 1001 N. I, 47: مدينا السماط, pour مَدَدْنا; cf. Wright Arab. Gramm. I, p. 77.

VI c. على r. *continuer* quelque chose, Gl. Badroun; التمادى لوجهه « continuer sa marche, » Abd-al-wâhid 84, 4 a f.

مَدًى *champ*, sujet, matière, p. e. هذا مدى واسع « c'est un vaste champ, » Bc. — فى المدى (vulg.) *toujours*, P. Prol. III, 378, 3 a f.

مُدْى. Cette mesure n'était pas seulement en usage en Syrie et en Egypte, où elle contenait 19 صاع, M, mais aussi en Espagne, Nowairi Espagne 485

مذر

(siége de Cordoue): فاشتدّ بها الغلاء فبيع مدى القمح
وهو قفيزان ونصف بالقروى بثلثمائة درام, cf. Becrî 117,
14 et voyez surtout Gl. Geogr.

مذر.

مَذِرَ قَذِرَ *inmundus*, Voc.

مُذَهَّب I (formé de مَذْهَب, racine ذهب, cf. Freytag
et Lane sous ذهب) c. a. dans le Voc. sous opinio.

II *dogmatiser*, Bc. — *Faire secte*, *se distinguer
par des opinions singulières*, Bc.

مُمَذْهَب *qui peut se soutenir de part et d'autre,
problématique*, Alc. (opinable cosa de opinion).

مُتَمَذْهِب *dogmatiste*, Bc.

مذى.

مَذَّاء *semen genitale emittens*, Kâmil 372, 5.

مرّ I se construit c. بـ l., voyez sous كرّ X. — مرّ به
ذكر الجنّة «on lui parla par hasard du paradis;» مرّ
به الخليفة العاشر «il lut par hasard: le dixième calife,»
etc., Gl. Badroun. — En donnant مرّ فى فكره *de re
parum cogitavit*, Freytag a oublié d'ajouter la négation, qui est essentielle, مرّ ما; c'est dans de Sacy
Chrest. II, ٢٣, 1, qu'il a trouvé cette expression. —
مرّت فى عينى *le sommeil me gagna*, voyez sous عين.

IV s'emploie comme *passer*, v. a., dans le sens de
faire mouvoir, *faire glisser une chose sur une autre*,
p. e. أمرّ الموسى على راس, أمرّ عليه القلم, أمرّ عليه يَدَه,
أمرّ الرمح على جنبى الاقرع. Aussi comme v. n., c. على,
toucher, Gl. Fragm.

V *devenir amer*, Voc. — = IV, dern. signif. chez
Freytag, voyez sous قبيل.

X est expliquée par دام dans les dict., qui donnent aussi عادة مستمرّة. C'est par une sorte de
tautologie qu'on dit استمرارها ودام استمرّ «l'usage s'en perpé-
tua,» de Sacy Chrest. I, ١٥٥, dern. 1. *Persévérer dans*,
c. على, Voc., Khaldoun man. IV, 7 v°: استمرّ على
الخلاف. — *Insister*, Ht.

مرّ *bêche*, Bc, pl. مرور, Gl. Fragm. — *Fiel*, Alc.
(biel).

مُرّ. L'expression مرّة نفس *âme fière*, que donne

Freytag, est de Chanfarâ, dans de Sacy Chrest. II,
١٣٧, 11. — *Myrrhe* est aussi مُرّ مَكَّة, Hbrt 57, et
ومنه ما يوجد جامدا على M, qui ajoute: المرّ الصافى
ساى الشاجرة وهو المعروف بمرّ البطارخ, ومنه ما يعصر
بعصير ماء ثم يجمد ويحاكى الميعة السائلة ويسمى المرّ
الحبشى. — *Grisâtre*, Hbrt 82. — *Espèce de myrte*,
Auw. I, 248, 10 et 11. — مرّ الصحارى *coloquinte*,
M. — مرّة حلوة *douce-amère*, *vigne sauvage*, Bc.

مَرّة *fois*, a chez Bc le pl. أَمْرار; pour exprimer
qu'une ville est plus grande qu'une autre (p. e. ar-
Ramla) de moitié, on dit: مرّة فى عظم الرملة
ونصفها, Gl. Geogr.; مرّة *une fois*, c.-à-d., *autrefois*, *ja-
dis*, Ht, Gl. Esp. 304. — بمرّة *promptement*, Voc.
(cito, velociter).

مِرّة *fiel*, *bile*, pl. مَرار, M. مرّة صفراء *bile*, Voc., M.

مَرّة *chicorée*, Domb. 74.

مُرّى est le latin *muria*, fr. *muire*, ital. *moja*; mots
composés: ital. *sala-moja*, esp. *sal-muera*, pg. *sal-
moura*, fr. *sau-mure*, gr. ἁλ-μυρίς. La forme مُرّى
est dans Ibn-Loyon 30 v°, où le texte porte: عمل
المُرّى بضمّ الميم وسكون الراء, avec la note: مرى للحوت.
Dans les deux man. du Most. c'est مرى, sans *techdîd*.
L'Acad. explique l'esp. *almori*, *almuri*, par: *certaine
composition de farine*, *de sel*, *de miel*, *de palmites
et d'autres choses*. Cf. Gl. Geogr.

مَرار *fiel*, *bile*, Voc., P. Abd-al-wâhid 155, 8,
Abou'l-Walîd 307, 33, 391, 17; المَرار الأصفر *bile*,
Voc.; au fig., *fiel*, *haine*, *aigreur*, Bc. — *Chicotin*,
suc très-amer, Bc. — *Amertume*, Bc. — مرار الصحراء
coloquinte, Most. v° حنظل et sous عبيد il a حبّ مرار
الصحراء, Bait. II, 512 d.

مَرارة, *vésicule du fiel*, a le pl. أت, M, et مَرائر,
M, Abbad. I, 391, 11, Mi'yâr 8, 6. Dans l'idée des
Orientaux, les émotions violentes et douloureuses crè-
vent le vésicule du fiel; de là les expressions شقّ
مرارته, تفطّرت (انفطرت ou) مرارته, كبس مرارته,
Ztschr. XVI, 586, Abbad. III, 183. *Amer*, *fiel des*

poissons, Bc. — Le mets national du Soudan. On égorge une chamelle ou une brebis; on coupe ses intestins, son cœur, son estomac, son foie, en une multitude de petits morceaux qu'on jette pêle-mêle, et encore chauds, dans un grand plat de bois et qu'on arrose avec le fiel de l'animal, d'Escayrac 299, 418.

فيلزقوج = مرارة انفيل (l'un et l'autre « bile d'éléphant») *lycium*, Most. v° حصص. — Pl. ات *chose amère, triste*, Abou'l-Walîd 354, 27: يلهمهم بالمرارات والشدائد والهموم والغموم. — *Dispute*, L (lis (rixa) (نشر ومرارة ومشاجوة).

مُرِيَّة ou مُرَارَة *Barkhousia*, Prax R. d. O. A. VIII, 282.

مَرِيْرَةٌ, *corde*, pl. مَرَائِرُ, Becrî 179, dern. l. : المَرَائِرُ, t. de médec., *drogues amères*, M; chez les juifs, *les herbes amères qu'ils mangeaient avec l'agneau pascal*, M.

مَرِيرَةُ القَزَّاز *pariétaire*, Bc.

مُرَيْرَة voyez مَرَارَة.

مرورية *sorte de chicorée sauvage, ou de laitue sauvage*, Baït. II, 512 g, Most. v¹ˢ خسّ بَرّى هنديا et (leçon de N; La a partout par erreur مرويّة), Ibn-al-Djezzâr: خسّ برى ويعرف بالمروريّة. Richardson et Vullers donnent مَرَوريّة comme un mot persan, mais il est sans doute formé de l'arabe مرّ, être amer.

مُرَار *nom de plusieurs espèces de centaurées à fleurs jaunes et rouges; elles ont toutes, comme la centaurea procurrens, des épines autour des fleurs, et les chameaux les mangent*, Ztschr. XXII, 92.

مُرَار a pour synonyme, selon Baït. II, 501 c (qui épelle le mot), شَوْكَةٌ مُغَيْلَةٌ, et ce dernier, d'après Baït. II, 93 f, est *Ononis antiquorum L.*, puisqu'il y cite Dioscor. III, 18.

مُرَيْر *est chez le vulgaire la plante qui s'appelle* مُرَار *dans la langue classique*, M.

Morréra, tragopogon, Pagni MS.

أَمَرّ *plus fort*, 1001 N. Bresl. IV, 32: واذا بذلك الاسود قد اتى ومعه اثنين امرّ واشدّ منه. — *Pire*, Alc. (peor).

مَمَرّ pl. ات *corridor*, Gl. Fragm., Abou'l-Walîd 611,

29 et 30. — Pl. ات *rue*, Alc. (calle), Djob. 37, 6 (cf. n. *b*), Macc. I, 691, 4, 1001 N. IV, 160, 13. — *Escalier*, Bat. III, 151, 152. — ممرّ الايّام *cours du temps*, Bc. — Le Voc. a ce mot sous *olla*, j'ignore pourquoi.

مَرَأ I c. على, 1001 N. Bresl. XII, 385: وكان اذا اكل شيئًا لا يُرى عليه. — Le Voc. a مَرَا يَمْرَا sous *mundare*; voyez sous مَرَاوَة.

II مَرَّى c. a. *mundare*, Voc.; voyez sous مَرَاوَة.

V dans le Voc. sous *mundare*, c. مع sous *curialitas*; voyez sous مَرَاوَة.

X *trouver un pays salubre*, Gl. Geogr.

مَرْءٌ, المَرْءُ = صاحب الضيعة, *le maître du domaine*, Clément-Mullet I, 3, n. 1.

مَرْأَةٌ المَرْأَةُ المُسَلْسَلَةُ *Andromède* (constell.), Dorn 51, Cazwînî I, 34; dans Alf. Astron. I, 13: almara al-mucelçela vaçaca.

مَرِىٔ *œsophage, conduit alimentaire*. Comme ce canal est très-étroit chez l'autruche, on dit: ميرتنا باتينا في مثل مرىء النعامة = nous ne recevons que peu de vivres à la fois, Gl. Belâdz.

مَرِىّ *curialis* et *mundus* dans le Voc.; voyez sous مَرَاوَة.

مَرَاوَة est dans le Voc. (*mundicia* (*ensenanient*) et *curialitas*. C'est une autre forme de مُرُوّة (voyez), qu'il a aussi sous le premier mot, dans le sens de *courtoisie, politesse, civilité*. *Curialitas* se trouve avec cette signif. dans Ducange; *munditia* y manque, mais le mot catalan qu'ajoute le Voc. et qu'il faut lire *enseñament* (= *ensenyament*), montre que c'est le synonyme de *curialitas*, car en provençal *ensenyamen*, etc., signifie aussi *instruction, éducation, politesse*; voyez Raynouard V, 229 b, qui cite ces vers:

> Essenhamen e pretz e cortesia
> Trobon ab vos lur ops e lur vianda.

« Éducation et mérite et courtoisie trouvent avec vous leur profit et leur nourriture. » L'adj. مَرَوِىّ, dans le Voc. *curialis* et *mundus* (*ensenayt*), signifie *courtois*; c'est l'équivalent de مَرِىّ (= ذو مُرُوّة) dans la langue classique. La Ire et la Ve forme du verbe ont dans le Voc. le sens d'*être courtois*, et la IIe y a celui de *rendre courtois*.

مُرُوَّة (pas مُرْوَة comme chez Freytag), aussi مُرْوَات, pl. أت, a un sens très-large. Il désigne en général les qualités que possède un galant homme, les vertus chevaleresques, et on peut le traduire tantôt par *grandeur d'âme*, tantôt par *bravoure*, tantôt par *générosité* (Bc), tantôt par *sentiment d'honneur* (Bc), tantôt par *activité* (Bc), tantôt enfin par *courtoisie* (Alc. cortesia), *politesse, civilité* (Ht); voyez Weijers dans Valeton 19, n. 3, Gl. Geogr.; et le pl. مَرْوَات désigne toutes ces qualités, Gl. Mosl.

مَرَاسَنك vulg. pour مَرْدَاسَنَك *argyrite*, *litharge*, M.

مَرَت I *frotter*, Hbrt 199.

II (formé de مَرْت ou مَارْت, *mars*). Le vulgaire dit: مَرَت القَاضي « le cadi est entré dans le mois de mars, » c.-à-d., il cesse ses fonctions, M.

مَرْت ou مَارت *mars* (mois), M.

مَرْت, fém. du syr. مَار, *dame* ou *sainte*, M.

مَرْدَقُوش pour مَرْدَقُوش *marjolaine*, Hbrt 49 (Alg.), Prax R. d. O. A. VIII, 345.

مَرْتَك *litharge*, *oxyde de plomb*, Alc. (espuma de plomo); en esp. *almartaga*. — Sorte de dattes, à ce qu'on dit, M.

مَرْتَنُوس sorte de poisson, Yâcout I, 886, 4; var. رَبنوس, رَشوس.

مَرَث I, 6 et II, 2e signif. chez Freytag, doit être corrigé; c'est: *toucher ou frotter un agneau avec des mains sales et puantes*, ce qui a pour effet que sa mère ne veut plus avoir rien à faire avec lui, Gl. Mosl.

II *toucher avec des mains sales, salir*, déjà dans la tradition, Gl. Mosl. (cf. sous I), L (sordidu (fedo) يَمَرث, contactus ومَرث ونَجِّس, sordidus مَمرث, squaleo (sordeo) أمَرث, profano وادنس وامَرث, Voc. (deturpare, cf. les synonymes qu'il donne), Hoogvliet 105, 13 (où تَمْرِيث est le synonyme de تَلْوِيث); cf. le Gl. Mosl. où l'éditeur a déjà donné à entendre qu'il faut laisser intacte la leçon du man. — Au fig., *injurier, outrager, faire un affront à, déshonorer, diffamer, causer de l'amertume, affliger, faire de la peine*, L (contumelia (iniuria) تَمْرِيث, contumeliosus مَمْرَث, nocentes مَمْرَثون (مَخَالفُون), Voc. (confundere alium), Alc. (denostar, desonestar a otro, injuriar de palabras, amargar hazer), Berb. I, 245, 1: قعد ابن عبّاد عن تلقّيه ومرّثه (corrigez la trad. II, 80). — *Arracher les cheveux ou les poils avec les mains*, Alc. (mesar).

V *se salir, être sali*, Voc. — Au fig., *se salir, se déshonorer*, Alc. (dosonestarse).

مَرْثة *saleté*, L (spurcitia, squalida, squalor). — *Injure*, L (nocentia), *affront, algarade*, Beaussier. — *L'action d'arracher les cheveux ou les poils avec les mains*, Alc. (mesura, corrigez mosadura et cf. II à la fin).

مَرَج I. *couler*, *s'écouler* (eau), Kâmil 231, 18 et 19. — تَمَرَّج وتَمَرَّج videtur *crissare, motitare nates*, de muliere libidinosa in coitu, 1001 N. III, 137, 14 (la même leçon dans Boul. II, 62, 7); la langue classique a aussi, mais dans un autre sens, مَرَج ومَرَج, où مَرَج est pour مَرِج (M).

II c. a. et V dans le Voc. sous pratum.

مَرْج *marais, herbages*, Ht. — *Champ*, Macc. III, 29, 23: رأيت لابن مرج الكحل مرجا احمر قد اجهد نفسه في خدمته فلم ينجب فقلت; voyez aussi les vers qui suivent.

مَرِج *agité, houleux* (mer), Gl. Mosl.

مَرْجَة pl. مَرَاج *marais*, Hbrt 175 (Alg.), Renou 29, *marais, herbages*, Ht; cf. 1001 N. I, 4, l. 13.

Mârjo, soude, kali (plante), Suœda fruticosa Forsk., Arthrocnemum fruticosum Moq., Alc. (almarjo yerva). La forme de ce mot n'est pas arabe et je ne la connais pas dans cette langue; mais comme, d'après le Dict. de l'Acad. esp., ces plantes abondent dans les *almarjales* ou *marais*, et que ce dernier mot vient de المَرْج ou المُرَجّد dans le sens de *marais*, ce *mârjo* semble avoir la même origine. (Corrigez l'article almarjo dans le Gl. Esp. 157).

مَرْجَان vulg. مَرْجَان, est صَفِيطا מרגל, abréviations de מרגניתא מרגניתא, μαργαρίτης, Sachau sur Djawâlikî 65. Pl. مَرَاجِن, Voc. Proprement *perle*, voyez

Ztschr. III, 348; puis *corail*, المُرْجانُ الأَخْر, Ghadamès 42; مرجان كُذَّاب *faux corail*, Burckhardt Nubia 270; *mordjân tedou*, verroteries, imitation des grains de corail, Ghadamès 40, Prax 28, Lyon 153.

مرجانى *corallin*; بقم مرجانى *bois de corail*, Bc.

مراجنى *corailleur*, Beaussier, Roland.

مرجح (رجح) I (formé de مَرْجوحة ou مَرْجِيحة, racine *balancer avec une balançoire*; — *bercer*, mouvoir dans et avec le berceau, Bc.

II *se balancer avec une escarpolette, osciller*, Bc, en parlant d'un homme qui s'est pendu, 1001 N. Bresl. XI, 131, 2 a f.

مرجل.

مُرَجَّل *étoffe rouge qui se fabriquait à Samarcand*, Gl. Geogr.

مرجيقل (esp. murciegalo (par transposition murcielago), anciennement murciego, pg. morcego, du latin mus cæcus, mus cæculus) pl. ات *chauve-souris*, Voc., Alc. (morcielago avo de la noche). — *Niveau à fil à plomb*, qui se compose d'un triangle rectangle isocèle du sommet duquel pend un fil à plomb sur la base marquée au milieu; lorsque le fil tombe exactement sur ce milieu, les deux prolongements des côtés semblables étant égaux, les points sur lesquels ils posent sont de niveau; Ibn-Loyon 4 v°: قالوزن بالمرجيقل أن يُقَلَّمَ عُودان طولهما واحد وبينهما فى الأرض عشر أذرع أو نحوها ويمدّ شريط من رأس العوديّن لرأس الآخر ويعلَّق المرجيقل فى وسط الشريط وهو مُثَلَّث من خشب فى وسطه خطّ وعليه خَيط فى طرفه ثقالة فان وقف خيط الثقالة على الخطّ الذى فى وسط المرجيقل وعلى طرف المرجيقل المحاذى للأرض فما بين العوديّن من الأرض معتدل وان خرج الخيط عن الخطّ رفعت العود المنخفض أو انزلت العود المرتفع حتى يعتدل الوزن ثم تنقل أحد العوديْن وتزن وتمضى هكذا حتى تتمّ وهذه صفة ذلك

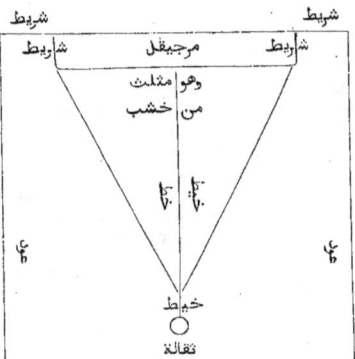

Lisez de même, au lieu de مرجيقل, dans Auw. I, 147, 15, et comparez la description. On semble avoir trouvé quelque ressemblance entre cet instrument et une chauve-souris, puisqu'on lui en a donné le nom.

مرخ I. مرخ, aor. *a*, n. d'act. مرخ, au Liban, *frotter le plancher d'une chambre avec du sable mouillé*; c'est peut-être pour مرخ, M.

II c. a. dans le Voc. sous *lascivire*.

IV (dénom. de مُرَاخ, racine روح) *se reposer*, Ztschr. XXII, 121.

مُرُوح, pl. مِرَاخ, Diw. Hodz. 199, vs. 19.

مريخ nom d'une graine indienne qui ressemble à celle des carottes, Bait. II, 504 c.

مِمْراخ (adj.) *savant*, Gl. Geogr.

مرخ I signifie chez les médecins quelque chose de plus que دَقَنَ, à savoir *frictionner légèrement avec de l'huile*, Gl. Manç.: وينَاجِرُ مرخ هو من اللغذ الدهن فى استعمال الاطبّاء معنى زائد على الدهن وهو ضغط يسيرٌ لا يبلغ ان يسمّى دَلْكًا واذا لم يريدوا هذا المعنى الزائد قالوا دَقَنْتَهُ

II *frictionner*, Bc.

V *s'oindre, se frotter d'huile*, Gl. Manç. v° مرخ.

مرخ est *Asclepias ignivoma*, voyez Niebuhr B. 142. — *Genista Saharæ*, Colomb 28. — *L'espèce de miel* que donne la fleur du مَظّ, Bait. II, 522 d: وللمظّ عسل يسمّى المرخ بظهر فى جلنار المظّ ※ (Mars) en alchimie le fer, Abbad. I, 88, n. 82.

مرد I. مَرُدَ, aor. o, être dans l'adolescence, Alc. (adolecer). — Le Voc. a مَرُدَ يَمْرُدُ sous sodomita; c'est être bardache; cf. sous أمْرَد.

V. متمرّد indomptable, audacieux, opiniâtre, Ht; تمرّد فى طلب الدنيا حتى بلغ المنى «il s'opiniâtra à chercher les biens de ce monde,» Macc. I, 261, 20; combattre opiniâtrement, à outrance, Macc. II, 318, 16. — Se révolter, Ht. — C. على être impudent, Voc. — Devenir ou être bardache, Voc.

مَرْدَة insurrection, sédition, révolte, Ht.

مُرْدِيّة être bardache, Voc.

مارد diable, Voc.; mauvais génie très-puissant, Lane M. E. I, 339. — مَرَدة لبنان nom qu'on donnait aux anciens habitants du Liban, à cause de leur esprit séditieux, M.

أمْرَد, qui n'a point de barbe, pl. aussi مُرْدان, Bc. — Pl. مُرْد et مُرْدان, bardache, mignon, giton, Gl. Bayân (dans le passage d'Ibn-Haiyân qui y est cité, le man. B semble porter والخرذان, ce qu'il faut changer en المُرْدان), Voc. (v° sodomita, où il faut changer أمْرَد en أمْراد), Beerî 129, 15, Macc. I, 693, 6, 1001 N. II, 284, 6.

صرح ممرّد من قوارير se trouve dans le Coran, XXVII, 44, où il est question de la visite de la reine de Saba à Salomon, et où les commentateurs expliquent ممرّد par مملّس. En Espagne, الصرح المُمرّد était une partie du palais d'az-Zahrâ, Macc. I, 377, 18, et on l'appelait aussi السطح المُمرّد, Macc. I, 251, 4 et 5, 372, 7.

مُرْدادماه (pers.) nom du cinquième mois de l'année solaire persane (Vullers), Auw. II, 36, 4 a f.; août, car selon le texte cité par Vullers, le soleil est dans ce mois dans le Lion.

مَرْدَاسَنْج, مُرْدَاسَنْك argyrite, litharge, Bc, M, Bar Ali 4500, Gl. Geogr.

مَرْدَحُوش = مردقوش, Payne Smith 1111.

مَرْدَدْقُوش, on Espagne pour مَرْدَقُوش, marjolaine, Gl. Esp. 174, Calendr. 41, 9, Auw. I, 27, 93, dern. l., 133, 2 a f., 500, 12, II, 287, 5 (à corriger dans quelques-uns de ces passages).

مَرْدَغ II (= تَمَرَّغَ) se rouler par terre, se vautrer, Bc.

مَرْدَقُوش télaspie (fleur blanche en forme de pompon), Cherb.

مُرْدَقُوش M. = مَرْدَكوش

مُرْدَه سَنْك = argyrite, litharge, Bc.

مَرْديِنِى espèce de tabac, Burckhardt Syria 393. Pour مَارِدِينِى, de Mâridîn?

مَرْزَبان, pl. مَرَازِب, Wright 104, 4, Kâmil 444, 5.

مَرْزَوان est en persan = مَرْزَبان, mais doit signifier bardache dans les 1001 N. Bresl. VII, 62, 2: جمال على علائى الدين ليأخذ منه بوسة فلاقاها فى كفّه وقل نه ايش راتجم تفعل فقال انى حبيبتك ومرادى اعملك مرزوان وقم عليه ان يفترسه ※

مرس I بيد manipuler, Auw. I, 44, 9, serrer avec la main, de Sacy Chrest. II, ٦، 1. — مرس الودن frotter les oreilles, Bc. — Exprimer quelque chose dans un morceau de toile, afin d'en tirer le suc, Voc., Ibn-Wâfid 24 v°: يوخذ اوقية من لب خيارشنبر وينقع فى ثلث اواق ماه حارّ ويمرس ويصفى ※

III éprouver, essayer, tenter, examiner, Voc. (temptare). — Hanter, fréquenter, Ht, Bat. IV, 372: وكذا ألغى امره عجيب فانه نشأ فى البادية ولم يطلب العلم ولا مارس الطلبة. — C. ل s'habituer à, de Sacy Chrest. II, 323, 4 a f. — Combattre, Abbad. II, 183, 5 a f.: فالبّس اذا نظر بفطنته فى اخبار الناس واطّلع منها على وصف الحروب والمراس. — Se battre en jouant, folâtrer, badiner (ante coitum), Gl. Manç.: مَرَاس هو شدّة المعالجة والمحاولة وهو فنّا كناية عن المداعبة قبل الجماع ※

V c. ب p. avoir des démêlés, des querelles avec,

Abbad. I, 251, 17, Abbâr 179, dern. l., Haiyân-Bassâm I, 46 v°: أملاك النصرانية المتمرسون بهم (بالمسلمين), de même 47 r°, Haiyân 67 v°: فعاد البحريون الى التمرس بالعسانيين الذين كانوا شفعاوهم mais ce qui suit, لم والتمرس, est étrange et suspect, 95 v°: Ibn-Hafçoun, quand il se fut déclaré chrétien, fut abandonné par plusieurs de ses alliés, وخرج عليه ايضا يحيى بن انتلة صاحبه الاكبر عنده في جماعة من المسلمين فتمرس منه, mais je lis بـه.

VIII dans le Voc. sous exprimere; voyez sous I.

مَرْس *mars* (mois), Hœst 253.

مَرَس, pl. أَمْرَاس et مِرَاس, *corde*, Gl. Esp. 236, Lettre à M. Fleischer 22, Djawâlîkî (dans Morgenl. Forschungen 154, 11; il a مَرْش comme forme vulg.); lisez de même, pas مرس, dans Yâcout II, 387, 21.

مَرَسَة chez le vulgaire *corde mince*, M.

مُرَيْسِي *blé de mars*, Alc. (trigo tremesino).

مُرَيْسِي épithète d'une espèce de grenade, voyez sous رمّان.

مُرُوس *douanes, bureaux de la douane?* Cartâs 258, 7 a f.: ce sultan ازال المكوس وامر بهدم المروس.

مُرَيْس était à Bagdad *une espèce de pain mince, pétri avec* (يمرس) *du beurre et des dattes*; le nom de la rue où on le préparait était دَرْب المريس, Khallic. I, 133, 17 et 18 Sl.

مُرَاسَة *pratique, routine*, Mohammed ibn-Hârith 328: مع كثرة الدُرْبَة وطول المراسة وتقديم المعاناة والرسوخ التامل في مذهب الرأي وطُرُق الفتيا.

مَرِيسَة espèce de bière, Barth III, 525 (merissa), d'Escayrac 287, 299, 348, 417, 418 (merissa), Pallme 32, 48 (merissa), Werne 11 (merissa), Browne I, 322, (merisi), 360 (merisé), Burckhardt Nubia 201 (où *merin* est une faute d'impression). Elle semble tirer son nom de la province dont il sera question dans l'article suivant.

مَرِيسِي. Les Coptes appellent la Haute Egypte ⲘⲀⲢⲎⲤ, *ce qui est au midi*, et chez les Arabes Marîs ou Morîs est la partie supérieure de la Haute Egypte jusqu'à la Nubie, Masoudî VI, 272—3, ou bien la partie de la Nubie qui est immédiatement au-dessus de la Haute Egypte, et qui s'étend jusqu'aux troisièmes cataractes, de Sacy, Abd-allatif 13—15, Masoudî III, 43. (Il est inexact de dire que Marîs est un village, comme on trouve chez plusieurs auteurs arabes, et l'orthographe مَرِيسة chez Yâcout IV, 515, 7, n'est pas recommandable). De là vient le nom du vent *merisî* en Egypte, المريسي, Khallic. I, 133, 15 Sl., Macc. I, 694, 12, الريح المريسية, de Sacy l. l., Masoudî III, 32; Bc: مريسي *bise*, هواء مريسي *mistral*; cf. Vansleb 39, Fesquet 75: « vent qui souffle de tout l'hémicycle austral en commençant par l'orient et finissant par l'occident.» C'est un vent très-dangereux pour la santé. « Quand il souffle pendant treize jours consécutifs, dit al-Djâhidh, les Egyptiens achètent linceuls et parfums, convaincus qu'ils sont de l'approche d'un fléau qui répand partout la mort » (Tha'âlibî Latâïf 99, 8 et 9 = Masoudî VI, 273). La même province produit une excellente espèce d'ânes, الحمار المريسي, Yâcout IV, 515, 8, Tha'âlibî Latâïf 97, dern. l., de Sacy l. l. 15. — الطائفة المريسية était une branche de la secte des Mordjia, qui empruntait son nom au théologien Bichr al-Marîsî (+ 218 H.). C'est à tort, je crois, que plusieurs auteurs arabes dérivent le nom relatif de cet homme de la province de Marîs dont il vient d'être question, car rien n'indique qu'il ait été originaire de ce pays, et l'on dit même que son père était un orfèvre juif de Coufa. L'opinion qu'Ibn-Khallicân (I, 133 Sl.) rapporte en dernier lieu est sans doute la véritable, à savoir que ce théologien s'appelait al-Marîsî, parce qu'il demeurait à Bagdad dans la rue dite دَرْب المريس (cf. sous مُرَيْس; M. de Slane, comme l'a déjà observé M. Veth (Lobb allobâb, Suppl. annot. p. 205, n. a), s'est trompé en disant dans sa traduction que la rue a été nommée d'après le théologien (aussi dans aç-Çâghânî cité dans le TA), et Yâcout (IV, 515, 13), qui écrit درب المريسي, au lieu de درب المريس, est tombé dans la même erreur).

مارس (μέρος) *portion de terre, champ*, Fleischer Gl. 74.

Temras, dans les bains, *masser*, Richardson Sahara I, 262; Lyon 15 écrit مرس et prononce *temerse*.

مُمَارَسَة *pratique, routine*, Bc.

مِرِسْتَان = مارستان (voyez), pl. ات. Cette forme: Voc., Cartâs 199, 3, Bc (*hôpital, petites-maisons*).

مَرْسِين, *myrte*, est μυρσίνη, Fleischer Gl. 43, et se trouve Becrî 171, de Sacy Chrest. I, 365, 6, Lobb al-lobâb f a, l. 10 (lisez ainsi, cf. Suppl. annot. p. 5), Gl. Geogr., Ouaday 338, Hbrt 50. — *Espèce de melon*, si la leçon est bonne dans Auw. II, 223, 14.

عِذَار مَرْسِيسِي *qui ressemble au myrte*, p. e. مَرْسِيسِي اخضر, Fleischer Gl. 44.

مرش I *croquer, manger, grignoter, manger en rongeant*, Bc. — *Brouter*, Ht.

مِرَاشَة *aspersion, action d'asperger* (mot nouveau, formé de la racine رش), 1001 N. IV, 27, 3: وفي لعب ومزاج ومراشة بالماء ۞

المروشيون (variante المروسيون) nom des Chiites en Ahwâz, Gl. Geogr.

مَرُّوش, pl. مَرَاوِيش *petit miroir*, Voc. C'est un mot hybride, formé de مِرّ, vulg. pour مِرآة dans le Voc., et de la termin. dimin. esp. *ucho*.

مَرْشَان (fr.) *maréchal*, Maml. I, 2, 190.

مَرْشَلَّة pl. ات *havre-sac de soldat*, Alc. (mochila talega); c'est une altération de l'esp. *mochila*, qui vient de *manticula*, dimin. de *mantica* (même sens; Nebrija traduit *mochila* par *mantica*).

مرض II. اعتنه في طاعته *il n'était plus dans une disposition favorable pour le gouvernement, son obéissance était peu sincère*, Berb. I, 640, 14; التمريض في الطاعة, II, 143, 5 a f., ou التمريض seul, I, 641, 16; طاعة مَمْرَضَة, I, 436, 9. — مَرَض الكلام *parler d'une manière rude, incivile*, Macc. I, 797, 2 a f.:

مرضت ومَرَضت الكلام تشاغلا الى الى ان خلت انك عاتب ۞

مَرَض *asthme*, Alc. (asma dolencia). — المرَض *certaine maladie de la vigne, étiolement*, Auw. I, 586, 7 et suiv. المرض الرقيق et المرض انزين *phthisie*, Domb. 88. — المرض الكبير, Bc, المرض الفرنجي, Domb. 89, Jackson 154, Daumas V. A. 424, مرض النساء Jackson 154, *siphilis, mal vénérien, vérole*. — *Malepeste*,

imprécation avec étonnement, Bc. — Au fig. (مَرَض) فرفع اليد في selon les puristes), Berb. I, 330, 2: القضاء ابى الوليد بن رشد مقالات نسب فيها الى المرض في دينه وعقله = *des opinions peu orthodoxes*; II, 245, 3 a f.: وبقي بنو عبد المومن اثناء ذلك في مرض من الأيام وتشاغل عن الحماية = *leur empire tombait en décrépitude*; Khaldoun man. IV, 11: من في قلبه مرض في الطاعة = *ceux qui n'étaient pas dans une disposition favorable pour le gouvernement*, et de même Berb. I, 554, 3 a f.: كان في قلبه من الدولة مرض.

مَرَضى *morbifique*, Bc.

مَرِيض, comme ضعيف, *de faible autorité*, قول مريض, M. — *Langoureux*, p. e. عين مريضة, M, مريضة النظر, Aghânî 72.

مَمْرُوض *cachectique, d'une mauvaise constitution*, Bc, Payne Smith 1813.

مرط.

مِرْط a aussi le pl. أمراط dans le Voc., qui le donne avec la signif. vague de *pannus*. Nommé comme le vêtement distinctif des femmes dans ce vers sur un très-beau jeune homme que cite Ibn-Haiyân 102 r°:

قد قلدوك السيف يا سيدي والفرط اولى بك والمرط

C'était *une longue jupe traînante*; voyez Hamâsa 579, Moallaca d'Amrolkais vs. 26, Diw. Hodz., man., 149 v°, texte que j'ai donné sous ركل III. Ces passages sont décisifs, et je crois que dans les 1001 N. III, 409, 3, ce mot n'a pas d'autre signif. On y lit qu'Ishâc al-Maucilî reçut une nuit d'hiver et pendant un temps affreux la visite d'une amie, قد وعليها مرط اخضر انتشحت به وعلى راسها وقاية من الديبنج تقيها من المطر. Evidemment la dame avait mis une jupe en sautoir sur le dos et la poitrine, afin de se garantir autant que possible du froid et de la pluie. Le *mirt* que les hommes portaient quelquefois (Nawawî 33) est aussi une espèce de jupe traînante, Hamâsa 504.

مَرْطَبَان (dans les dict. pers. aussi مرتبان), n. d'un. ة, pl. ات, *vase de porcelaine* dans lequel on serre des médicaments, des confitures, des épices ou de l'encre, M (sous رطب), J. A. 1847, I, 252, Bat. IV, 252.

مرطس II *se salir, se souiller*, تمرطس في الطين والخطايا, Payne Smith 1485, 1504.

مَرْطُسْ *sali, souillé*, Payne Smith 1485.

مرطولست sorte d'arbre, voyez Bait. II, 501 b.

مرطيس sorte de pierre bleue, voyez Bait. II, 505 c (AB) et Vullers.

مَرَع I, aor. *a*, *couler*, Alc. (manar por algo, manar por diversas cosas).

مُرَع, sing. masc., est le mot pour une espèce de caille; ce n'est pas le pl. de مَرَعَة, comme chez Freytag (son pl. مُرْع est une faute du Câmous de Calcutta; il faut مَرْع, comme dans le M et chez Damîrî, voyez Ztschr. I, 338), mais مَرَعَة est le n. d'un. de وقل سيبويه ليس المرع تكسير مرعة اما هو TA: مَرَع من باب تمرة وتمر لانّ فعلة لا يكسر لقلّتها في كلامهم الا نرام فانوا هذا المرع فذكّروا فلو كان كالغرف لانّشوا. Construit aussi comme sing. masc. dans Yâcout II, 90, 17, Cazwînî II, 120, 2 a f. (la faute, avec le ghain, aussi Yâcout I, 885, 11, a été corrigée dans le V° volume).

مَرْعَة pl. ات *fontaine*, *source*, *endroit où il y en a*, Alc. (fontanal lugar de fuentes, manadero o manantial, manantial cosa). Je ne sais si j'ai bien transcrit ce mot; chez Alc. c'est mâraa et mâree, pl. muruât.

عُشْب بَلَد أمْرَع مَرِيع, Diw. Hodz. 258, 2 a f.

مَرَّع I *se vautrer dans la poussière* (cheval blessé), P. Becrî 143, 5. — *Peigner*, *battre*, *maltraiter*, Bc. — *Éluder*, *rendre vain*, Bc.

II في التراب *rouler dans la poussière*, Bc; Freytag aurait dû donner la même signif. au lieu de son volutari sivit etc.; Abbad. I, 307, 9: قَبَّل الترْبَ ومَرَّع جبينه وعفر. — *Frotter*, 1001 N. Bresl. I, 48: وترامى على ومرّغ وجد (وجهه) على أقدامه — *Salir*, Voc. — *Mouiller*, Voc.

III *ballotter*, *se jouer de quelqu'un*, *le renvoyer de l'un à l'autre*; مُمارَغة *ballottement*, Bc.

V *se frotter*, 1001 N. I, 13, l. 14: وجاعلي وتمرّغ مرّغ وجهه (=على) dans Brosl.), 15, 6, Bresl. IV,

374: صارت تتمرّغ على فانكشف احليلى. — *Se salir*, Voc. — *Se mouiller*, Voc.

مَرْغَن I *propagare*, Voc., *marcotter*, *provigner*, Beaussier; d'origine esp., car dans cette langue *mugron* signifie *marcotte*, *provin de vigne* (du latin *mucro*, cf. Diez), et le verbe *amugronar*, *provigner*.

II dans le Voc., *se marcotter*, *provigner*, Beaussier. مرغون (esp. mugron) pl. مَراغين *marcotte*, *provin*, Beaussier.

مرعنيس *ranunculus*, Prax R. d. O. A. VIII, 280.

مرّ I. Cf. avec Freytag n° 4: مرّ من وسط *traverser*, *percer de part en part*, Bc, n. d'act. مَرَق, Gl. Tanbîh. — C. من *passer par un endroit*, Bc; M: والعامّة تقول مرق فلان اى اجتاز من جانب الى جانب آخر او مرّ. — Dans le sens de *se détourner de* aussi c. عن, Haiyân 22 v°: ونسبوه الى ان اصرّ للخلاف للامير, مرقت سرقسطة عن طاعته r° 65: عبد الله والمروق عنه. — *Partir vite*, *s'en aller vite*, *sortir rapidement*, *s'esquiver*, Lettre à M. Fleischer 198—9. — *Croître*, Prax R. d. O. A. VIII, 347.

II. مرّق سيفه من وسط جسد *passer son épée au travers du corps de quelqu'un*, Bc. — (Dénom. de مَرَق) dans le Voc. sous brodium; مُمَرَّق *plein de suc*, *succulent*, *juteux*, Alc. (sugoso, xugoso).

V dans le Voc. sous brodium.

مَرَق, *bouillon*, *sauce*, forme au pl. مُرْقان, Voc., et أمراق, Voc., Alc. (cozina caldo), Maml. I, 1, 27, où ce mot a un sens plus large; Quatremère traduit *ragoûts*. مرق الملح ou مرق seul, *saumure*, Alc. (salmuera sudor de lo salado, salmurejo o salmuera). مرق التجير *beton*, espèce de ciment pour bâtir, Alc. (calçina).

مَرَق *clair*, *peu épais*, Bc.

مَرَقَة, vulg. pour مَرَق, *bouillon*, Carteron 74, «bouillon de mouton ou de poule; on n'en boit qu'en cas de maladie,» Daumas V. A. 252. — *Saumure*, Alc. (salmorejo o salmuera, salmuera sudor de lo salado). — *Angustia*, Voc.

مَرَقَة *jus de viande*; *bouillon*; *consommé*, bouillon de viande très-cuite; *sauce*, Bc.

مَرَاقٍ, fém. ة, dans le Voc. sous brodium, c.-à-d. qui le prépare et le vend, gargotier, Mowaschâ 145 v°: ذَكَان مَرَاقٍ.

مُرَقِّف (aram. מרק, Sachau sur Djawâlîkî 63) *Carthamus tinctorius*, Bait. II, 512 b (AB).

مارِق *liquide*, Bc. — *Schismatique*, pl. مُرَّاق, Gl. Geogr.

مَرَقَة = مارَقَة, Auw. I, 586, 4 a f. (aussi dans notre man.). — *Cyperus iunciformis*, plante ainsi appelée parce qu'elle croît au milieu de l'eau, يَرَق فى وسط الماء, Prax R. d. O. A. VIII, 347.

مَمْرَق pl. مَمَارِق est ordinairement une espèce de petite lanterne dans le toit d'une chambre et servant à renouveler l'air; elle est octogone; ses côtés sont de treillis de bois et portent une coupole; mais on entend aussi sous ce terme une simple ouverture dans le toit, faite dans le même but, ou pour donner du jour, Lane M. E. I, 21 et trad. des 1001 N. III, 570, n. 16 sur IV, 161, 15 du texte. Cf. Payne Smith 1101; = طابق, Samhoudi 149, 3 et 4.

مرقشيثا (forme araméenne, en syr. avec ܥܥ, au lieu de ܬܥ, mais d'origine incertaine; cf. l'article «Ueber den Namen Markasit» dans le Neues Jahrbuch für Mineralogie de 1878) *marcassite*, exactement ce que les Grecs nommaient πυρίτης, Bait. II, 508 c (AB), Macc. I, 91, 6, Khatîb 6 v°, J. A. 1849, II, 278, n., dern. l.; cette orthographe aussi chez les auteurs cités dans le Marâcid de Juynboll, V, 532, chez Rhazès, Géber, etc., Devic 157. Chez Bc مرقشيذا; il donne encore مرقشيطة القمدير *bismuth* (demi-métal).

مرقبيرة Bait. II, 96 c: ابو العباس الحافظ الشنترى اسم للموقبيرة ومعنى المرقبيرة الحسّنة; ainsi dans Boul.; A الموقيرة, B الموقيرة. M. Simonet pense que c'est le mot arag. et murc. *morquera*, qui désigne une espèce de thym, et qu'il propose de dériver d'un adj. b. lat. *muricarius*, formé de *murex*, pourpre, et qui aurait signifié *qui embellit*, حسّن. Cependant ششن (voyez) semble désigner une autre plante.

مَرْكَس I verbe que le Voc. donne sous longaniza et qui est formé de مِرْكَاس, *saucisse*, *andouille*, *boudin*; voyez plus haut I, 555 b.

مَرْكَش (esp.), fém. ة, *marquis*, Alc. (marques).

مَرْكَلِيُون *marchand*, Voc. De *merx* on peut former *mercalis*, qui n'existe que dans le composé *promercalis*, et de là *mercalio*; le catalan doit avoir eu une telle forme.

مركن مَمْرَكَن chez un poète populaire qui parle de la عديملة: اِنْ صَنَعَت على يدى ممركن, Macc. II, 204, 2 a f. (= Boul.); je n'en connais pas le sens.

مرل *Merll* (roman) *merle*, Pagni MS.

مَرْمَاخُوز, مَرْمَاخُوز Bc, M, Bait. II, 502 c, Most. in voce, *marum*.

مِرْمَارَاد baguettes (قضبان) *blanches et velues*, dont l'odeur ressemble à celle de la myrrhe, M.

مَرْمَاهى (composé des deux mots pers. مار, serpent, et ماهى, poisson) *anguille*, Bait. I, 66 d, 68, Ibn-Djazla سمك, Payne Smith 1125; avec le suffixe qui indique le dimin., مرماهيم, Casiri, I, 320 a, Payne Smith 1125. Cf. مارماهى.

مَرْمَت I *déranger*, mettre en désordre, Bc.

مَرْمَتَة *dérangement*, désordre, Bc.

مرمد *Temermid*, *misère*, Daumas V. A. 117; cf. Beaussier.

مرمر I *murmurer*, Bc, Ht. — Dans le Voc. sous *murmurare* comme v. a., car il le donne c. a. — *Tourmenter*, Bc. — *Pousser à bout*, choquer à l'excès, Bc. — *Devenir amer*, M. — *Rendre amer*, Ht.

II *murmurer*, Voc.; تمرمر *murmure*, Bc, *l'action de gronder, de murmurer entre ses dents*, Payne Smith 1515. — *Avoir (prendre) beaucoup de peine*, Bc. — تمرمر من الغيظ *écumer de rage*, Bc. — Chez le vulg. = تنخّم وتشكّى, M.

مَرْمَرَة *un bloc de marbre*, Gl. Belâdz. v° رخم, Macc. I, 860, 2. — *Murmure*, *rumeur*, Bc.

مرمر *orge qui n'est pas encore mûre*, Cherb., Beaussier.

مرمش I *briser avec les dents*, 1001 N. III, 271, 3 a f.: أكله ومرمش عظامه (Bresl. هشم), dern. l. (Bresl. هشم), 277, 16 (aussi dans Bresl.).

مرمط I *froisser, chiffonner*, Bc. — *Abymer, gâter*, Bc.

مرمل I c. a. dans le Voc. sous *murmurare*.

II *murmurer*, Voc.

مرميران = مامِيران *éclaire* (plante), Bc. مرميران كبير وصغير.

مرن II *imbiber, rendre mou*, Ht. — *Employer* un vase, etc., *pour la première fois*, M.

III. Le n. d'act. مَرَان *pratique, routine*, Mi'yâr 16, 5 a f., Prol. I, 405, 4, Berb. I, 618, 2 a f.

V *acquérir de l'expérience*, Haiyân-Bassâm I, 9 r°: وكان قد نقلته المخاوف وتقاذفته به الاسفار فتحنّك — C. ب dans le Voc. sous *instruere*; c. على s'exercer à, Bc; c. في, Macc. I, 489, 13: تمرّنت في العربيّة واللغة⁕

مَرِينَة (esp. marina) pl. مَرَائِن *la côte de la mer*, comme autrefois *marine* en français, Calendr. 37, 8 et n. b, 45, 8.

مُرِيَّنَة (M) *murène*, Alc. (morena pescado, arab. morêna), Bc, Domb. 68 (مَرِينَة et مُرِيَّنَة), Gräberg 136; altéré chez Matham 68: « Desen dach vongo onse maets veel vis, en onder anderen een vreemt fatsoen van een zee-ael, het vel zeer schoon gespickel, lanck ruijm drie voeten, wordt op de Moortse Tael en Vrine genoemt gelijck aen ons verklaerde Monsr. Lijbergen, die langen tijt tot Salee hadde gewoont.»

مَرِينَة nom d'un arbre qui ressemble au jasmin et qui s'appelle aussi قُوم المَجُوس, *le haoma des Mages, des Guèbres*, Bait. II, 502 b, cf. les dict. ar. sous قوم, où ce mot est signalé comme persan; il est étrange que le Borhâni Câti' (dans Vullers) le donne comme maghribin et c'est sans doute une erreur.

مَرَان et مَرَانِي dans le Voc. sous *facies*. De la racine رأى?

مَرَان est d'après Bait. II, 496 b, la κρανία de Dioscor. I, 172, *Cornus mascula L., cornouiller*.

مارون se trouve dans le Diw. Hodz. 156, vs. 17.

مَيْرُون, *saint chrême*, est dans le M. مِيرُون, pas مِيرُون comme chez Freytag.

مِيرُون *chicorée sauvage* chez Alc. (almiron) est une corruption de أَمِيرُون; voyez sous l'*élif*.

مَرَنْدَا II *dîner*, Voc.; formé du mot qui suit ici.

مَرَانْدَة, dans le Voc. sous *comedere*, est le b. lat. *merenda*, a. fr. *marende*, *dîner*, le repas qu'on fait à inidi, du verbe *merendare* = *meridie edere*.

مرقيطس nom d'une pierre qui a des vertus médicinales, Bait. II, 505 b (*sîn*, pas *chîn*, dans les mun. et Boul.).

مرو.

مَرْو *pierre ponce*, Amari 424, 2 a f. (Etna): ومنها يكون حجر المرو الذي تحكّ به الارجل. — *Marum*; voyez sur ses espèces Bait. II, 502 c (où il y a quantité de fautes à corriger).

مَرْوِي. Edrisî de Jaubert I, 467: « On tire de ce pays quantité de soie et de bourre de soie, ainsi que du coton de qualité supérieure, connu sous le nom de coton de Merw et extrêmement moelleux; c'est avec ce coton qu'on fabrique diverses étoffes destinées pour l'exportation;» mais les Arabes donnaient le nom de Merwi à toutes les étoffes dont le tissu était serré et qui venaient du Khorâsân, parce que Merw était la capitale de cette province, Tha'âlibî Latâïf 119, Gl. Geogr.; cf. Becrî 93, 14: وجلّلوا الحمار بملحفة مَرْوِيَّة. L'adjectif مَرْوَزِي ne s'employerait, d'après M, qu'en parlant d'un homme de Merw; cependant on trouve 1001 N. I, 820: وكان على راسه مقنع مروزي ازرق.

Morvan, le mouflon du Fezzan, Guyon 215.

مَرَاوَات *des plaques de métal ou autres, qui décoraient le harnais du cheval*, Maml. I, 2, 137.

مُرَوزِيَا nom d'un mets qu'on appelait à Grenade العاصمى. C'était de la viande avec du sel, de la coriandre, de l'huile, un peu de miel, deux masses d'amidon (كعبتا نشا), des amandes et des poires (اجاص), Chec. 196 v°, qui dit encore: « J'ai connu un prince qui y ajoutait des cerneaux dégagés de leur peau intérieure, ce qui rendait ce mets encore bien meilleur.» Ce terme s'est conservé au Maroc, car on trouve chez Hœst 109: « Morosía, مرسية, viande bouillie avec du miel, des amandes et des raisins secs.» Je l'identifie avec le b. lat. *amorusia*, sur lequel Ducange donne cet article: « Ius carnium elixarum. Matth. Silvaticus: « Almusosat, id est, brodium, quod latine vocatur amorusia.»» Ce mot arabe est المصوصات.

مَرْوِيَّة, aussi مَرْوَى (pg. marroyo, esp. marrubio, lat. marrubium) *marrube*, Alc. (marruvio yerva, mastranto yerva, où narróy est une faute d'impression pour marróy), Most. v° فراسيون (prassium fœtidum, marrubium plicatum): وهو المرويه الذي تبول الكلاب عليه. Gl. Manç.: فراسيون هو النبات المسمى مرويه وبالمروى الابيض. On trouve بِنْتُوشَه dans le Most. in voce مرويه et chez Bait. I, 166 c (à corriger), II, 512 f, où il dit que c'est la βαλλωτή de Dioscor. III, 107; c'est l'esp. *marrubio puntoso*, marrube qui a des pointes, parce que les calices des fleurs de cette plante ont des pointes piquantes. Le Dict. berb. a pour marrube مَرْوِيث; chez Prax R. d. O. A. VIII, 346, c'est *marroubia*.

مرى VIII c. a. *avoir la jouissance de*, Berb. I, 6, l. 8: ولهم على ذلك الاقطاع من السلطان يمترونها.

X = VIII *in pluviam dissolvit*, Gl. Bayân.

امرى ثمرة plus productif, Auw. I, 176, 11.

ممارى cagot, Bc.

ممارأة cagoterie, Bc.

مريافُلُن (μυριόφυλλον) *mille-feuille*, Bait. I, 307 a: وهذا هو المريافلن عند اطباء اهل الشام وعلمائها.

مريحانة *mouron* ou *anagallis*, Bc.

مَرْيَم *Marie*. On dit à celui qui a fait une chose étrange: يا مريم, par allusion aux paroles adressées à Marie dans le Coran, XIX, 28: يا مريم لقد جئت شيئا فَرِيًّا « O Marie, tu as fait une chose étrange,» Harîrî 94. — ابو مريم *agent de police*, ibid.

مز

مَزّ ou مَزّد (turc مست) *chaussons* ou *bas en maroquin*, Vêtem. 405, Burton I, 274 (mizz).

مَزّ *vert*, qui n'est pas mûr, qui n'est pas fait, Bc.

مُزّ *acidule, aigre-doux, suret*, Bc.

مُمَزَّزَة de la viande cuite à l'étuvée, avec des oignons, de la mélasse, du vinaigre et de la grosse fleur de farine, Lane M. E. II, 267.

مَرْزَالَقْب, en Algérie, ceinture des femmes bédouines, en laine rouge, ornée de fils d'or et d'argent, Cherb.

مَزَجَ I, aor. *a* aussi Voc., Alc., o, M, Diw. Hodz., Kâmil 283, 7. — *Donner à boire à table*, Alc. (escanciar, abrevar gente). — L: *plaudeo (et adplaudeo)* اسفق (pour اصفق) وامزج, ce qui est étrange.

III c. a. *se mêler avec*, Valeton 1ᵛ, 4 et 34, n. 2 Macc. II, 176, 2, 231, 3. — *Toucher, être limitrophe de*, en parlant d'une tribu par rapport à une autre, Gl. Geogr. — مازج العقل *troubler la tête, la cervelle*, Bait. I, 201 a (bétel): واذا اكل ورقه وشرب بعده الماء طيب النفس واذهب الوحشة ومازج العقل قليلا, comme un peu plus loin خامر العقل.

IV = I *donner à boire à table*, Alc. (dar a bever, dar del vino).

VI *être mêlé ensemble*, Valeton 34, n. 2, Bîrounî 14, dern. l., M; aussi *se mêler, s'attaquer corps à corps*, Valeton l. l.

VIII c. ب *se mêler avec*, Abbad. I, 81, n. 45, M, Voc., Ali's hundert Sprüche n° 74. — امتزج بالغضب *se mettre en colère*, 1001 N. I, 183, II, 107.

مَزْجَة, n. d'un., dans le Diw. Hodz. 282, 2.

مَزْجِى n. rel. formé de مَزْج; المُرَكَّب المَزْجِى, t. de gramm., *les composés intimement combinés*; ce sont les noms propres composés, formés originairement de deux mots, mais dont l'union est si intime que chacun des deux mots, hors de la composition, ne conserve aucune valeur; tels sont حَضْرَمَوْت, بَعْلَبَك, M, de Sacy Gramm. I, 268, avec les remarques dans les Beiträge de Fleischer.

مِزَاج *tempérament*, a chez Alc. (complision) le pl. أَمْزِجَة. على مزاج الملك « comme le roi le désirait,» 1001 N. IV, 588, 2. حرك ذلك مواجمهم « cela les mit de mauvaise humeur,» Berb. II, 357, 2. — *Climat, température*, Hbrt 163, de Sacy Chrest. I, ٢, 6. — *Nature* d'un simple, de Sacy Chrest. I, ٨٣, 3 a f., qualité d'une eau, ibid. II, ٢٩, 3. — *Habitude, coutume*, Ht. — مِزَاج لِلخمر *le bouquet du vin, son parfum*, M (كافورٌ اي ريحها لا طعمها). — Voyez sous امتزاج. المزاجة تُذهب المهابة « la familiarité détruit le respect », Bc.

مَزَاجِي nom d'un ornement de femme, décrit par Lane M. E. II, 396—7.

مَزَّاج *échanson*, Voc., Alc. (copero que da vino, dador de vino, escanciano).

مازج *échanson*, L (pincerna).

مُمَزَّج nom d'une étoffe précieuse, *brocart d'or*, Athîr X, 382, 6 a f.: وكان ضمان غزل الذهب واطلق صُنّاع السقلاطون والممزج وغيرهم ممّن يعمل منه يلقبون عظيما وادنى عليها العمّال من شدّة, XII, 154, 16: الممزج المنسوج بالذهب, vers du poète persan Khâcânî dans le J. A. 1865, I, 348: در ممزّج باشم وممزوجى كوثر خاطرم

مُمَازَجات voyez sous امتزاج.

امتزاج *mélange, mixtion de liqueurs*, Alc. (mezcla de licores). — T. d'astrol., *aspect de la lune*; ces aspects s'appellent مَزَاجات, مُمَازَجات et امتزاجات, M. — جمع حروف اسم المطلوب مع; c'est T. du علم التجفّر; حروف اسم الطالب on emploie مِزَاج dans le même sens, M.

ممتزج *communicatif*, Bc.

مزح.

مَزْر, n. d'un. ة, nom d'un arbre et de ses fruits, est pour مصع (voyez).

مِزَار dans le Voc. sous *ludere*, *badin*, Hbrt 227, Kâmil 29, 4, Payne Smith 1371, Yâcout II, 121, 20, III, 138, 8, Bat. IV, 436.

مِمزار même sens, Diw. Hodz. (M. Wright ne note pas la page).

مَزَر, pl. مُزُود et أَمْزِدَة, *école*, Voc., est, de même que مَسِيد (voyez sous سود), une altération de مَسْجِد.

مزر II comme dénom. de مِزْر, Kâmil 358, 4.

مِزْر. Voyez encore sur cette espèce de bière: Maml. I, 2, 6, Edrîsî ٩٩, 15, Macc. I, 693, 17 et suiv.

مزى

Freytag a eu tort de faire suivre cet article par un autre sur مَزّ, qui aurait le même sens et qui n'est qu'une mauvaise prononciation de *mizr*. En outre le امزار des 1001 N., qu'il y donne comme un pl., est au contraire un sing. ساب مزر *lâcher l'aiguillette, se décharger le ventre*, Bc.

مِزَار vulg. pour l'espèce de bière dite مِزْر, Fleischer Gl. 44.

مَزَّار *celui qui fabrique ou qui vend la sorte de bière dite mizr*, Maml. I, 2, 6.

مَازُور pl. مَوَازير عود يُشَدّ به حبل الدابّة اذا; on dit aussi موازِر, dont on forme le verbe استرخَى. — M. شَدَّ بالموازِر موزِر للحِبل et مَوْزَر signifie voyez ce qui précède.

امزار est مَزار avec l'*élif* prosthétique = *la sorte de bière dite mizr*, Fleischer Gl. 44.

مزع I s'emploie en parlant de chevaux de bataille, Fleischer sur Macc. I, 865, 14 Berichte 262.

II *déchirer*, Hbrt 82, *dilacérer, lacérer*, Bc.

مَزْع, pl. مُزْعَة, Kâmil 318, 1.

مزق I *ruiner, détruire*, Sachau, Zur Gesch. und Chronol. von Khwârizm I, p. 13. — مزّق عرضه, et le verbe seul c. a., *déchirer l'honneur de quelqu'un*, Gl. Geogr. — *Être dissolu, lascif*, Gl. Geogr.

V *se disperser*, Gl. Belâdz.

VIII امتزق *déchirer*, Kâmil 241, 3.

مَزِق *qui déchire*, P. Ibn-'Akîl 215, 12.

تَمْزِيقَة *tissure lâche*, Alc. (raça del paño, ce qui chez Nebrija est: panni raritas).

مَزْكا (syr. ܡܙܟܐ), chez les chrétiens, *le vin de l'eucharistie*, M.

مزن.

مُزْن pl. مُزْنَة *nuage*, Voc, Bc (Barb.).

مزهر II *se fâcher, s'indigner*, Payne Smith 1670.

مزى.

مَزِيَّة *prédilection, faveur*, Gl. Bayân, Bat. II, 168, Abd-al-wâhid 210, 7, *grâce, faveur volontaire*, Bc

(Barb.), *faveur*, Cherb. Dial. 110, Ht. — *Immunité, exemption, privilége, prérogative*, privilége attaché à une dignité; le pl. مزايا *libertés*, franchises, immunités, Bc. — *Plaisir*, faveur, bon office, Bc (Barb.), plaisir, Martin 13, Ht, *service*, Ht. — Le pl. مزايا *hauts-faits*, par ironie, *crimes*, Bc.

مسّ I. جَامَعَها = مسّ امراتَه. — M. «ils manquèrent de vivres,» Berb. I, 241, 9. — On dit مسّه بالسوط et مسّه العذاب = مسّه بعذاب Gl. Belâdz. — L'expression قد مسّت بِهِ الحاجة que Freytag n'a pas comprise, signifie: «les circonstances exigent, il est nécessaire, il faut, p. e. Baidhâwi II, 48, 16: مسّت الحاجة الى معين Bait. I, p. VIII, 6 Sonth.: الغرض الثالث ترك التكرار حسب الامكان الا فيما تمس الحاجة اليه لزيادة معنى او تبيان, Catal. des man. or. de Leyde IV, 130: رأيت الحاجة ماسّة الى شرح المسائل التي وضعها الشيخ الخ. — مسُّ *être insipide*, Voc.

II c. a. *rendre insipide*, Voc.

V *être insipide*, Voc.

VIII dans le Voc. sous *tangere*.

مَسَّ «Freytag n'a pas compris le passage de Bidp. 202, 3; les mots مسّا لذلك لا يجد signifient: «il ne trouve rien qui le touche dans cette affaire, cela ne lui fait rien, il ne s'en soucie pas»» (Weijers). — *Dérangement dans l'esprit, folie*, proprement: *attouchement par un djinn*, M, Berb. II, 410, 11: كان اولو امسّ و الجبال, Khatîb 33 v°: اصابه مسّ من الجنون. — N. d'un. , pl. أمساس, *bonite* (poisson de mer), Alc. (bonito pescado).

مسّ (pour موسى) pl. أمساس *rasoir*, Voc., exemple du pl. sous كيس; — *canif*, Hbrt 112, Barbier.

Miça ou *miça* chez Alc. *insipidité, fadeur* (dessabrimiento, desdon, sosedad). Est-ce مسّة?

مَساس. Comme Moïse, selon le Coran (XX, 97), avait dit au Samaritain qui avait fabriqué le veau d'or dans le désert: «Ton châtiment dans ce monde sera celui-ci: Tu diras à quiconque te rencontrera: Ne me touchez pas,» لا مساس, les Samaritains ont

reçu le nom de اللامساسيّة, de Sacy Chrest. I, ١١٣, 10, cf. 339, 340, Bîrounî 21, 9. — Sorte de pâtisserie, R. N. 94 v°: ثم قدّمنا له الأضياف وكشفناها عن فإذا فيها قباط وقالوذج ومساس; cf. مَسيسَة.

مَسوس pl. مَساس *insipide, fade*, Voc, Alc. (dessabrido, dessabrida cosa sin sabor, desdonado, sosa cosa sin sal); aujourd'hui en Algérie مَسوس, Beaussier, Dict. berb., Ht. — *Ennuyeux*, Daumas V. A. 168. — *Torchis*, Ht.

مَسَاسَة *insipidité, fadeur*, Voc.

مَسيسَة, au Liban, sorte de pâtisserie faite de farine pétrie avec du *dibs*, M.

مَسيسى *bergeronnette* (oiseau), *Motacilla alba*, Bg, Beaussier, Pagni MS, Shaw I, 272, Tristram 397, مَسيسَة chez Barth I, 144, مصيصى dans Ztschr. XII, 179.

مَسائس (pl.) *bracelets* énormes, d'or ou d'argent sans pierreries, massifs et mal travaillés, espèces de barres d'or ou d'argent fléchies, Cherb., Michel 190, Hbrt 22, Ht, Daumas V. A. 173; dans la Descr. de l'Eg. XVIII, part. 1, 51: *sâys* (sic), larges anneaux d'argent dont les femmes ornent leurs doigts.

مَسّاس *qui touche* est dans le Diw. Hodz. 150, vs. 10. — (مَسّاسة) *aiguillon* (dont on se sert pour piquer les bœufs), Abou'l-Walîd 353, n. 7. — مسّاس الفدّان *le soc de la charrue*, M.

أمَسّ «il jouissait de son amitié toute particulière,» Berb. I, 410, 3 a f. أمَسّ طريقا *qui frappe plus juste*, Haiyân 32 r°: وكان القلفاط الهجاء أمسّ طريقا من ابن عبد ربّه.

مَماسّ *tangente*, ligne droite qui touche une courbe, Bc, M.

مَسْتَن (turc) *chausson en forme de bottine*, Bc, Bg 801, 807, Woltersdorff, Ztschr. XI, 484, n. 11, Payne Smith 1142; cf. مز.

مسترخاش pl. (term. turque) مسترخاشلار *maître char-*

pentier, ouvrier constructeur dans les ports, Beaussier; singulier accouplement de l'esp.-ital. maestro et du pers. خواجه, qui signifient tous les deux maître. مشترداش charpentier chez Ht et مشترداش chez Bc (id.) sont des altérations de ce terme.

امسح dans un vers pour أمسى, Mufassal 176, 4 a f.

مسح I, par ellipse, pour مسح بالدهن, oindre, Bc, Hbrt 155, de Sacy Chrest. II, 474, 9; sacrer (un roi), Bc. — Dégraisser, brosser, nettoyer, essuyer, Alc. (alimpiar), Ht, torcher, essuyer, Hbrt 199. — Etriller, Auw. II, 551, dern. l. — مسح للحديد fourbir, Bc. — مسح عطفه ou عطفيه ou أعطافه, au fig., flatter, cajoler, Haiyân-Bassâm I, 120 rº: خاطبه أولاً بكتاب يدعوه فيه الى طاعته ومسح اعطافه واجمل مواعده, III, 3 rº: مسحًا اعطافه ولثمًا اطرافه, Bassâm II, 111 rº: il n'avait vu personne ألا وهو يمسح عطفه ويمشي بين يديه او خلفه, Abd-al-wâhid 89, 13, Berb. I, 572, 2 a f. Mais مسح اعطاف دولته doit signifier: il rétablit l'ordre sur les frontières de son empire, Berb. II, 140, 5 a f.: Après neuf mois de courses, il arriva dans Tlemcen, وقد كف يمسح اطراف ملكه ومسح اعطاف دولته. — Au fig., faire disparaître, dissiper, Berb. I, 454, 8: مسح الصغينة عن صدره, 541, 2 a f.: «مسح ما كان في صدره,» «il dissipa ses appréhensions,» 561, 7, II, 264, 3 a f. Peut-être aussi faire disparaître des mets qu'on avale, voyez un passage que j'ai publié sous زط I. En parlant de la cataracte, يمسح النظر «elle s'oppose à la vision» (en interceptant le passage des rayons lumineux), voyez sous عنبية. — Rader, passer une règle ou un autre instrument sur la surface d'une mesure pleine de grains, de sel, etc., pour rendre cette mesure égale, et par ce moyen avoir la mesure juste, Alc. (arrasar, rasar la medida), Macc. 1, 810, 3 a f. et suiv., Gl. Geogr. — Raser, en parlant d'un cheval qui ne marque plus, Bc (quand la cavité des dents incisives ne paraît plus). — Couper, spécialement le membre ou les testicules, Gl. Geogr.

II c. على p. essuyer les larmes de quelqu'un (de Slane), Prol. III, 32, 4 et 10.

III toucher, Gl. Edrîsî.

V. تمسح بالماء se frotter avec de l'eau, c.-à-d., se laver (اغتسل), M; on dit de même تمسح بالتراب وبالحجر, Voc. (lavare), c.-à-d., se frotter, se nettoyer avec du sable ou des cailloux, quand on n'a pas d'eau. C'est en ce sens que Mahomet a dit: تمسحوا بالارض فانها بكم برة, dans Valeton v, dern. l., phrase que l'éditeur (p. 13) ne me semble pas avoir comprise. — Comme v. a., تمسحه بالماء او الدهن, dans le sens de مسحه, et de même بالشيء, M. — On dit proprement تمسح بأذيل فلان s'essuyer (les mains ou le visage) avec les pans de la robe de quelqu'un; c'est ce qu'on fait quand on considère une personne comme sainte et qu'on veut s'attirer les bénédictions du ciel en touchant les pans de son manteau. Aboulf. Ann. I, 244: A l'occasion d'une grande sécheresse, une procession eut lieu afin de demander de la pluie, et le peuple pria que cela lui fût accordé à cause de la sainteté d'Abbâs, qui était présent. Avant qu'on fût de retour dans la ville, il commença à pleuvoir, فاقبل الناس يتمسحون باذيل العباس. Par catachrèse تمسح بفلان dans le même sens, Djob. 288, 20, 289, 1, Abd-al-wâhid 132, 8, Bat. II, 81, Khatîb 88 vº: يتزاحمون عليه في طريقه ويتمسحون به, Aboulf. Hist. anteislam. 170, 5 a f., en parlant d'une secte indienne qui adore des bœufs: ويتمسحون في التوبة الى بها. On dit même التمسح مسح مشهد toucher le mausolée d'un saint, afin de s'attirer les bénédictions du ciel, Bat. II, 79 (corrigez فيتمسحون). — Pretereo أختبر واتمسح وانهب واقوت, L.

VII. لا ينمسح indécrottable, Bc.

VIII dans le Voc. sous tergere.

مسح المرضى extrême-onction, Bc. — Mesure, Hbrt 123.

مسح grosse étoffe de poil de chèvre, de poil d'âne (Vêtem. 406, n. 1), de poil de chameau (Edrîsî ۱۴۴, 2 a f.), chez Bc burat, bure, serge, Azraki 180, 4 a f. On en fait les tentes, des sacs qui contiennent les provisions pour les hommes et pour les bêtes de somme, et enfin des cilices, des frocs, Vêtem. 405—7, Macc. I, 330, 4, Müller 49, 2. Dans L: cilicium

مَسْحْ شَعْرْ (sic). Nommé comme le vêtement des femmes esclaves chez les chrétiens, Macc. II, 772, 6.

مَسْحَة onction, t. de liturgie, Bc, Hbrt 155; مسحة المَرْضَى extrême-onction, M; aussi آخر مسحة, Bc, Hbrt 155. — Nettoiement, Alc. (alimpiadura). — L'action de rader du grain, Alc. (arrasadura, rasura de medida); cf. sous I. — Raclure, ratissure, Alc. (rasura o raedura). — Rabot, Bc (Barb.).

مَسُوح onguents, de Sacy Chrest. II, 474, 5, pl. ات, M. — Les autres signif. dans Golius-Freytag n'appartiennent pas à ce mot, mais à مِسْح.

المَسَاحَة متاع المَشايخ مَسَاحَة (dons pour les chaïkhs) gratification que le propriétaire donne à son chaïkh, Descr. de l'Eg. XI, 486.

مَسَاحَة géométrie, M, Hbrt 92, Macc. I, 364, 12, géométrie pratique, arpentage, Hbrt 83, Prol. III, 103, 2 a f., Fakhrî 373, 7 a f.; مَسَاحَة المُثَلَّثَات trigonométrie, Bc. — Le خَرَاج على المَسَاحة (nommé ainsi parce que le prince a été obligé de faire mesurer les terres) est de deux sortes: 1° il faut payer un tribut annuel pour les terres cultivables; mais c'est l'exception; 2° il ne faut le payer que pour les terres cultivées, et la quantité du tribut dépend de la nature du sol, de ses produits, du mode d'irrigation, du voisinage de ports et de marchés, Gl. Belâdz. 86, Gl. Geogr.

مَسِيحِي chrétien, Voc., Bc.

مِسْلاح frotteur, celui qui frotte les planchers, Bc. — مِسْلاح الصَّرم décrotteur, Bc. — Mathématicien, géomètre, ingénieur, arpenteur, Hbrt 83, 92, Bc, Descr. de l'Eg. XI, 480.

مِسْحَاة pioche, Hbrt 178.

مَمْسُوح châtré, privé du membre et des testicules, Bc.

مَمْسَح = le mot qui suit ici, Bar Ali 4656.

مَمْسَحَة pl. مماسح décrottoire, lavette, chiffon pour laver, torchon, Bc, Hbrt 199, Payne Smith 1799; ممسحة الدواب, Payne Smith 1298.

مَمْسُوح lisse (dirhem) (comme مَسِيح), Gl. Belâdz. — Châtré, privé du membre et des testicules (comme أَمْسَح).

1001 N. III, 166: فصار الرَّجل مَسُوحا ليس له ذكَر, où l'éd. de Bresl. (XII, 328) a أملس.

مَسْحَقُونِيَا est, dit-on, un mot grec, mais on ne l'a pas encore retrouvé (cf. Vullers II, 852 a); voyez Bait. II, 516 c (AB et Boul.), Gl. Manç. in voce. Quelques médecins européens du moyen âge l'emploient aussi sous la forme massacunia, et Ducange cite ce passage de Matthæus Silvaticus: «Potamum, est quædam aqua, cum qua alkeantur vel invitreantur vasa: et fit ex plumbo et limatura æris, et lapide focali, et vocatur ab aliquibus Massacuma [l. Massacunia], vel aqua vitri, vel aqua vasorum, quia ex ipsa invitreantur viridi invitreatione vasa terrea.»

مَسَخَ I, métamorphoser, aussi c. ب p., مَسَخَ الله به, Gl. Edrîsî; le Voc. (sous monstruum) a ce verbe c. a. et ب. — En parlant d'un copiste, altérer un texte; on dit d'un copiste qui fait beaucoup de fautes: ce n'est pas un ناسخ, mais un ماسخ, M.

II c. a. et ب et V dans le Voc. sous monstruum.

مَسْخ pl. مُسُوخ monstre, homme extrêmement laid et petit, L (homunculus (monstrum)), Voc. — مَسْخ métempsycose, M.

مَسْخَة monstre, Bc. — Monstrueux, Bc. — Monstruosité, 1001 N. IV, 723, dern. l.: مَسْخَة فعرفها صورتها. — Maussaderie, Bc.

مَسْخَة désagrément, Bc. — Aspérité, Bc.

ماسخي.الملاسخى القِسِي منسوبة الى ارض او رجل ماسخي, Diw. Hodz. 219, 8.

أمْسُوخ prêle, queue-de-cheval (plante), voyez plus haut I, 38 a.

مَمْسُوخ difforme, disgracié, laid, mal fait, Bc, M. — Maussade, Bc.

مَسْخَر II (formé de مَسْخَرَة, racine سخر) c. على p. se moquer, railler, plaisanter, tourner quelqu'un en ridicule, goguenarder, turlupiner, bouffonner, Gl. Esp. 306—7. — Se masquer, ibid.

تَمَسْخُر jeu de masques, mascarade, Gl. Esp. 307.

مُتَمَسْخِر masque, personne masquée, Gl. Esp. 307.

مَسَدَ II masser, Martin 124, M: مَسَد الشيء وعلى الشيء امرّ يده عليه شديدا ۞

مَسْقَى = مَسْنَد (voyez), M.

مَسَد sparte, Voc. (spartum), L (carex). — Mousse, L (muscus).

مُصَفَّق ou مُصَفَّقَة I (formé de مِصْفَقَة ou مِصْفَقَة, racine صفق, سفق) jouer des cliquettes, des castagnettes, Alc. (chapear).

مِسْطارِين truelle, Bc.

مَسْطُوس nom d'une pierre, Payne Smith 1666.

مُسْقَنْطِن asa fœtida, Most. v° الاجذان: درايت الاجذان (les voyelles ثمرة لحلتيت المنتن ويسمى مُسْقَنْطِن dans N).

مِسْقَاطِر = لبن العَشَر, Most. sous ce dernier mot.

مسك I très-souvent c. a., Gl. Edrîsî, M. مسك معه شيئًا prendre une chose avec soi, Gl. Edrîsî. Arrêter, emprisonner, Maml. II, 2, 275, 5 a f. مسك للحبل الطرفين donner une chandelle à Dieu et l'autre au diable, ménager la chèvre et le chou, nager entre deux eaux, Bc. — C. ب r. s'appuyer sur, mettre sa confiance dans, de même que II, IV, V, VIII et X, Gl. Fragm. — مسك كوع السكّة plier bagage, prendre la porte, Bc. — Se maintenir, Bc.

II voyez sous I.

III. بَقِي أميرُ مَاسِكًا في بني أسد مُدّة il régna quelque temps sur,» Aboulf. Hist. anteisl. 132, 14.

IV c. a. p. arrêter, saisir, se rendre maître de, de Sacy Chrest. II, ١٣٣, 9 et 11. — C. a. p. et عن r. empêcher quelqu'un de, Freytag Chrest. 51, 2 a f.: واريد منك منْ يُمسك جمالَه عن الذهاب مع لخراسانيين. — Entretenir, faire subsister, conserver, p. e. en parlant de Dieu, Voc.; «هذا يُمْسِك الشعرَ على لونه ceci conserve aux cheveux leur couleur,» Gl. Edrîsî. — C. a. r. s'en tenir à, Auw. I, 217, 5: فأَمْسِكْ في قلعها وغراستها مِثْلَ ما ذُكِرَ قَبْلُ هذا. — Par ellipse, tenir le gouvernail d'un vaisseau, gouverner un navire, Voc. — امسك عليه الكتاب tenir un livre avec la main, afin qu'un autre le lise, Abdarî 83 v°, où il est question d'un professeur fort âgé: ووكَّلَه يُمسك عليه, أصلحَه العتيقي — وكان يناولني القراءة وأمسك انا الأصل وقد قرأت عليه بعض الاولى وجميع الثانية وأصله 113 v°. Mais ordinairement c'est faire réciter un livre par quelqu'un, tenir à la main un livre qu'un autre sait par cœur et qu'il récite, Macc. II, 258, 11 (texte corrigé): وقال ابو عمر الطلمنكي دخلت مرسية فنشبت في اهلها يسمعون على الغريب المصنف فقلت انظروا من يقرأ لي وأمسك انا كتابي, aussi, par ellipse, فلما راى تيسمى, Abd-al-wâhid 62, 8: قال يا بنّى أمْسِكْ علىَّ قال فامسكت عليه وجعل يقرأ أمسكْ على فلان. De même خوالد أن اخطأ واوْ ولا فاء صَوِّنّا, Aghânî 44, 5 a f., 2 a f., 45, 2 (expression qui a embarrassé l'éditeur, voyez sa note p. 299), faire chanter par quelqu'un un air noté qu'on tient à la main, afin de s'assurer qu'il le sait par cœur. — Voyez sous I. — C. على p. attendre, Djob. 349, 5: وان يمسك المتقدم منها على المتأخر — C. عن refuser d'accepter, Berb. II, 164, 14: وانتظم في الغزوة المجاهدين وامسك عن جراية السلطان فلم يحل البها بيذًا (le وامسك du texte est une faute d'impression). — S'abstenir de boire et de manger, Gl. Tanbîh; cf. plus loin le n. d'act.

V c. ب r. s'appuyer sur, mettre sa confiance dans, Gl. Fragm., Gl. Tanbîh, de Sacy Chrest. I, ١١٠, 3, Pseudo-Wâkidî de Hamaker 95, 4 a f. — C. ب appuyer sur, insister sur, Bc. — يَمَسَّك بحَبْل فلان se laisser conduire par quelqu'un, Gl. Geogr. — C. ب persister dans, de Sacy Chrest. II, ٧١, 7: فانتم متظاهرون بالطاعة متمسكون بالمعصية — C. عن s'arrêter, se contenir, Bc. — C. من ou عن s'empêcher de, se défendre, c. من se tenir de, s'empêcher de, Bc. — تمسّكوا في بعضهم s'entretenir, se tenir réciproquement, Bc. — Etre musqué, Voc.

VI. لا يَتَماسك il ne peut se tenir sur ses pieds, il tombe de faim, de fatigue, etc., Koseg. Chrest. 147, 9. — Rester fidèle au souverain, Haiyân 70 v°: وانفَضَّ راسه الى ابن حفصون فانفذ ابن حفصون الى الامير عبد الله يوبَّخه في تمسّكه — Pour le «partes habuit inter se cohærentes» de Freytag; de là متماسك en parlant de la figure d'un homme, Fleischer, Beiträge zur arab. Sprachkunde II, 266, qui traduit *gedrungen*, *ramassé*, *trapu*. — *Etre en bon état, fleurir*, Gl. Geogr.

VII c. الى *s'agripper à*, Bc.

VIII c. a. p. *faire prisonnier* (signif. que Freytag a placée par erreur sous VI), Diw. Hodz. 13, vs. 23: اِنْ اَمْتَسِكْه فبالغداه وانْ اَفْتَلْ بسيفى فانّه قَوْد où le comment. (18, 4) explique le verbe par اِنْ اَسِرْتَه. — *Se maintenir*, Abbad. I, 65, 1. — Dans le Voc. sous sustentare (ut Deus). — *Ne pouvoir ni avancer ni reculer*, quand on tâche de passer par une ouverture, Djob. 116, 10. — Voyez sous I. — C. من ou عن *s'abstenir de*, Voc.

X *se maintenir*, Abbad. I, 135, n. 374, 429. استمسك على الراحلة *être bien à chameau*, M. — استمسك البَوْل se dit quand il y a une rétention d'urine, M. — Voyez sous I. — C. ب dans le Voc. sous sustentare (ut Deus). — C. عن *s'abstenir de*, M. — En parlant de plantes, *reprendre, prendre racine de nouveau*, lorsqu'elles sont transplantées, Auw. I, 162, 18.

مَسْك *sac en cuir*, Gl. Belâdz. Aujourd'hui on prononce en Algérie ce mot avec un *chin*, مَشْك; c'est une grande outre en peau de bœuf, carrée, pour porter l'eau à dos de chameau ou de mulet; l'animal en porte deux, une de chaque côté, Beaussier, Prax R. d. O. A. VI, 290, Cherb., qui ajoute: au fig., *abondance*. — دقّة المَسْك *gouvernail*, Alc. (governalle de nao).

مِسْك a le pl. مُسُوك, Voc., Gl. Geogr. — مسك الجنّ *Chenopodium Botrys*, Bait. II, 113 b; — *sorte de petit polium*, voyez sous جَعْدَة, Bait. II, 517 e (mal traduit; d'après le texte c'est 1º parmi le vulgaire en Espagne: sorte de petit polium; 2º le شواصرا (Chenop. Botr.) porte aussi ce nom). — المسك الرومى *tubéreuse*, Pagni MS, Cherb., Delap. 144, Roland. — مسك الغريب *Geranium Moschatum*, Domb. 72.

مَسْكَة *poignée*, ce par quoi on peut tenir à la main, Bc, M. — *Capture; prise de corps*, action d'arrêter un homme en vertu d'un acte du juge, Bc. — *Tenue*, manière de tenir, Bc.

مِسْكى *muscat*, qui a une odeur agréable, Bc. — *Raisin muscat* (cf. sous عنب), Hœst 303, chez Alc. (moscatel uva) *maqui*. — *Sedum reflexum* L., Alc. (uva canilla), aussi *maqui*. — Alc. donne: gengibre maqui, en arabe zengebîl maqui. Ce mot était en effet en usage dans les langues européennes: en ital. gengibre mechino (chez Capmany, Memorias III, 164, d'après Balducci, à ce qu'il semble); en hollandais mekijn ou mechin chez Dodonæus 1559 a, qui dit que c'est une espèce de gingembre, Zingiber fuscum officinarum. Mais d'après Nebrija, gengibre maqui signifie au contraire machir, mot que dans sa partie lat.-esp. il explique ainsi: „macer, un genero de gengibre maqui, son las macias„, c.-à-d. macis, écorce intérieure de la noix muscade. — *Couleur de musc*, espèce de couleur brune, Bait. I, 274 c: ثم يحمّر اذا , II, 282 b (cerises): ولونه يكون اوّلا احمر ثم يكون مسكيا ومنه ما يكون اسود۞

مِسْكِيَّة *la couleur du musc*, espèce de couleur brune, Bait. II, 142 a: لونه اصفر الى الحمرة يشوبه مسكيّة. — *Pimprenelle*, Cherb. C. — *Lycopode*, Bc; formé, non pas de l'ar. مسك, musc, mais du latin muscus, mousso, car le nom latin est muscus terrestris; voyez Dodonæus 841 b.

المسك الابيض sorte de poisson, Yâcout I, 886, 10; mais la leçon est incertaine, et Cazwini II, 120, 1, a البسال.

مَسِيك = متماسِك *cohérent*, Wright 17, 10, cf. 44, n. 1.

مَسِيكة *concubine*, M. — *Pimprenelle*, Bc.

مَسّاك *épingle*, Ht, Barbier.

ماسك. *Timonier* est chez Bc ماسك يد الدفّة, et مَسِك seul s'emploie dans le même sens, Edrîsî, Clim. II, Sect. 2 (le sujet de فيقول est le capitaine): فيقول للماسك على المركب جرّ اليك وادفع عنك dans BD; AC خذ. — *Pincettes*, Bc, Yâcout III, 456, 1; الة ماسكة, t. de chir., *forceps*, M. Chez Hbrt 197 ce mot est مَشِك pl. مواشِك, que Bc a aussi; chez Ht مشيكة. — ماسك البول nom d'un remède contre la stranguric, Ibn-Wâfid 7 rº, recette 25 vº.

الماسكة parmi les objets du trousseau, Formul. d. contr. 4, mais on ne voit pas ce que c'est.

اِمْساك *continence*, M, Mi'yâr 12, 5: خلوة اعتكاف وامساك. — Dans le mois de Ramadhân, *l'ordre de* s'abstenir d'aliments, annoncé par un coup de canon, Burton I, 75, Lane M. E. II, 260.

تَمْسُك pl. ات billet, promesse par écrit de payer, cédule, billet sous seing privé, lettre de crédit pour toucher de l'argent, effet de commerce, billet, obligation, seing privé, obligation qui n'a pas été faite devant l'officier public, titre, acte qui établit un droit, Bc.

مَسْكَة prise, moyen, facilité de prendre; اعطى مسكا donner prise sur soi, s'exposer à être repris, prêter, Bc.

مُمْسِك astringent, styptique, man. de Leyde d'Auw., après I, 330, 21: le coing quand il est cuit يَذْهَبُ مَسْكُهُ. — عنه ما فيه من القّوة المسهّلة ويقبّين المَسْكَة الارواح stéchas, Bc, Bait. II, 534 d. — La constellation مَسْك العنان s'appelle aussi مَسْك الأعنّة, Dorn 48, Alf. Astron. I, 13.

مُمَسَّك noir comme le musc, P. Bat. I, 58.

مِسْيَك manche, poignée d'outil, Ht.

مُتَمَاسِك, en parlant d'un traditionnaire, Prol. II, 150, 17; de Slane qui tâche de bien retenir (?).

مِسْكِن I c. a. dans le Voc. sous miser.
II donner à contre-cœur, Alc. (escatimar, cf. Victor). — Ramper devant quelqu'un, Bc.

مسل.

مَسَل torrent, a aussi le pl. مُسُول, Gl. Djob.

مَسْمَر I (formé de مِسْمَار, racine سمر) clouer; — sceller, fixer dans un mur avec du plâtre, etc., plomb fondu, Bc.

مَسْمَرْجِي cloutier, Bc.

مَسْمَقُورة, au Maghrib, aristolochia longa, Gl. Manç. v° زراوند. D'après Bait. I, 525 c, ce mot est d'origine esp. (بعَجَمِيَّة الاندلس) et il en donne encore deux autres formes, à savoir مَسْمَقَار et مَسَمْقَرَان. Aussi comme esp. dans le Kitâb al-collîât d'Averroès, man. de Grenade. Tout autrement dans le MS. Escur. 890: الاشقل بلدا عندنا باللسان الاعجمي المَسْمَقُورة.

مسن.

مَسَن, vulg. pour مِسَنّ, pierre à aiguiser, pl. ات, Gl. Edrisi 368.

مَسِينة (pers. مِسِينَه, de cuivre, adj. formé de مس, cuivre) bassin de cuivre, Aboulf. Ann. IV, 380, 1 et Ann. hist. n° 271, Rutgers 147 (Quatremère, dans le J. d. S. 1846, p. 524, a eu tort de vouloir changer le المَسينة d'Aboulf. en الصينية).

مسو II c. على p. dire bonsoir à quelqu'un; الله يَمَسِّيكم بالخير et par abrév. مَسَّيْكم بالخير bonsoir; on dit aussi à Alep مية مسا مَسَاكم, Bc. — Combattre quelqu'un pendant le soir, c. a. p., Arnold Chrest. 126, 7: وقاتلم قتالا شديدا يصبّحهم ويمسيّهم.

III combattre quelqu'un pendant le soir, c. d. a., Bayân II, 171, 3: واقام عليه خمسة ايام يغاديهم للحرب يصابحهم العدو, c. a. et ب, Macc. II, 704, 7: ويماسيهم — ويماسيه بحرب. — Voyez ce qui suit ici.

VI. Saadiah semble employer VI dans le sens de fondre, נמס מסס, ps. 22, vs. 15, et III dans celui de faire fondre ou déchoir, ps. 39, vs. 3, et ps. 112, vs. 147.

مَسَوَّة présure, M.

مَسِيا corruption du mot Messie, M.

مَسُومِي manteau léger et en laine blanche, qu'on fabrique à Bagdad, Burckhardt Bedouins 27.

مش VIII = I, II et V; عظم امتشاش un os sucé = un sujet rebattu, Macc. I, 142, 3.

مش sorte de fromage qu'on tire du babeurre et du lait caillé; une espèce s'appelle مش حصير, Mehren 35; chez Sang. مش الحصير petit-lait.

مَشّ voyez Auw. II, 658, 19 et suiv.

مَشْشا voleur, Gl. Geogr.

مَشُوشَة sorte de mets, voyez sous شوش.

مُتَمَشّ est le mot, pas مُمْتَشّ, comme chez Freytag, Gl. Geogr.

مُشْت signifie poignée en persan, aussi en parlant de liquides (مَشْت آب), et les habitants de Merw disent à propos de la distribution de l'eau: ست مُشْت كُلّ. — M. وَبَسْتَنات.

مشتان pl. مشاتين *l'instrument, l'appareil mécanique des faiseurs d'horoscope et des joueurs de gobelet;* علم المشاتين *l'art de jouer des gobelets avec un appareil,* Ztschr. XX, 506, 507.

مشتردَاش voyez مستردخاش.

مشج ,الأَمْشاج *t. de médec., les humeurs,* Müller S. B. 1863, II, 5, 4 a f.: ويسرى فى الامشاج والرطوبيات.

مشح I. Quelques hommes du peuple emploient مشح pour مسح, ce qui est un syriasme; ils disent المريض مشح, et de même مَشْحة pour مَسْحة, M.

مشر pl. أَمْشار, comme משׁר en araméen, *t. de jardinage, couche, planche,* Auw. II, 59, 4 a f.

مَشارة pl. ات *même sens,* Auw. II, 60, 2.

مَشْرَف (formé de مُشْرِف, racine شرف I et II dans le Voc. sous baiulus.

مشركاب *nom d'une étoffe,* Mohammed ibn-Hârith 284, en parlant d'un cadi: فرأيته جالسا بحكم بين الناس وعليه ثوب مَشْرَكَاب (sic).

مشط II *peigner,* M, Bc, Hbrt 22, *coiffer,* Bc.

V *se peigner,* Hbrt 22.

مِشْط *ornement de femme qui a la forme d'un petit peigne d'or,* voyez Lane M. E. II, 402—3, Sandoval 308. — *Fer à friser,* Alc. (encrespador hierro para encrespar). — *Etrille,* Hbrt 180. — *Dent d'une roue,* Cazwînî II, 381, 7 a f.: امشاط الدولاب, Auw. I, 146, 6 a f. (corrigé d'après notre man.): وكلّما كثرت الامشاط فى الفلك الصغير الخ. — *Toile,* Voc. — Sorte de poisson, Cazwînî II, 119, 4 a f., Vansleb 72, chez Burckhardt Syria 242 مَشاط (tous sans description). — مشط الرجل *métatarse,* Bc; le Voc. semble avoir voulu dire la même chose quand il donne: planta pedis (quod inferius) مشط البدن *métacarpe,* Bc. — مشط العسل *rayon de miel,* Voc. Most. v°

واذا قبل عسل لم تسمه نار فهو الذى يقطر: عسل مشط الْمَنَاجِة (N ينقاطر) — من امشاطه من غير عصر chevalet, Bc. — مشط الراعى *dipsacus sylvestris,* Bait. I, 466 b, 518 b. — مشط الغول *nom d'une plante décrite* Bait. II, 532 d. — امشاط زَيْنَب *sorte de sucrerie,* 1001 N. I, 57, 1, où Bresl. a امشاط العنبر et Boul. امشاط seul. — مُشْط (pers. مُشْت, poing) *coup de poing,* Bc.

مِشْطَة *peigne,* Hbrt 22 (Alg.), Ht. — *Molette,* Roland.

مُشْطى *étoffe qui se fabriquait à Naisâbour,* Gl. Geogr.

مَشِيطة *scandix pecten* L., Præx R. d. O. A. VIII, 344.

مُشَيْطَة *geranium,* Pagni MS.

مَشَّاط *coiffeur,* Voc.

مَشَّاطة *coiffeuse;* — *dame d'atour,* Bc.

مَاشِطَة *celle qui mène l'épousée à la maison du mari, le soir des noces,* Alc. (madrina de boda, cf. Victor).

مشع II *nettoyer,* Abou'l-Walîd 396: فان التنظيف عند العرب يقال له تمشيع، يقولون مشّع قصعتك اى امسحها ونظّفها ويقولون ايضا للاستنجاء تمشيع والاستنجاء هو التنظّف بماء او مدر. Cf. sur ce verbe le Thesaurus de Gesenius, 829 a.

مشق I. De même qu'on dit مشغ في الكتابة dans le sens de التزويق والتشاجير, on dit: مدّ حروفها, P. Macc. I, 323, 17, *peindre.* — مشق الحرير *effiloquer,* effiler de la soie pour faire de la ouate, Bc. — T. d'agric., *remuer légèrement* la terre autour des racines des plantes avec un قدوم, c.-à-d., avec un instrument qui est pioche d'un côté et hache de l'autre, *piocher légèrement,* Auw. I, 11, 9, 208, 12, 209, 1, 525, 6, II, 442, 17 (l. يُمْشَق), 19, 443, 8 et 9, 444, 20 et 21. — مشق الورق عن الشاجر *effeuiller, ôter les feuilles,* M.

II *carder,* Bc. — *Boutonner, pousser des bourgeons,* Alc. (abotonar el arbol). — *Attrister,* Voc. — *Coïonner, dire des coïonneries, plaisanter,* Bc.

V *s'attrister*, Voc.

VIII سيفه *mettre l'épée à la main*, Bc, Macc. I, 656, 2 a f., où il faut lire لم تَتَّشَقْ سيفها (Fleischer Berichte 215).

مَشْعَ *plaisanterie, coïonnerie, farce*, Bc.

مشْعَة *même sens*, Bc.

مشَاي *effeuillaison*, M.

مُشَاق *bourre de laine, étoupe, filasse*, Bc, Hbrt 182, de Sacy Chrest. I, 253, 7, J. A. 1849, II, 319, n. l. 4, 321, n. 5 a f., Samhoudi 165, 7, 1001 N. IV, 276, 5; مشاقى صوف *lanice (bourre)*, مشاق calfat, للقلفاط *étoupe*, Bc.

مُشوق *éclat, bruit d'un corps qui éclate*, Alc. (estallido).

مُشَاقَة = مُشَاق (d'un usage fréquent).

مَشْق *sorte de poisson de mer qui porte aussi le nom de* مُكِّي, Câmous (sous ce dernier mot, Freytag a par erreur مُشَقَّ).

مَشِيق pl. أمَشِقَة *humidum veretrum*, Voc.

مَشَاقِى *filassier*, Bc.

مشْعَة *l'instrument du filassier*, M.

مشقع II *coïonner, dire des coïonneries*, Bc.

مُتَمَشْعِ *vulg. pour* مُتَمَشِّع [que je n'ai pas rencontré] = مسْقع, *disert, éloquent*, Djawâlîkî dans Morgenl. Forschungen 153.

مَشْك voyez مسك et مشيك et ماشك voyez ماسك

مَشْكَرَل dans la 1re part. du Voc. sans explication.

مَشْكَطْرًا مَشِير مَشْكَطُرا مَشْير (id. N) (Most. La), مَشْكَطْرًا مَشِيعَ (Vullers), *Origanum dictamnus*, Most. in voce (sous فودنج N مشيع), Bait. I, 106 a, II, 268, 518 c (où B a مشير dans le texte et مشيع sur la marge).

مِشَال.

مَشَال (d'origine esp., Simonet 246) *moule (mollusque bivalve)*, la Torro.

أرض مَشِيلَة *samiis*, L. Je pense que c'est (cf. Ducange v° samicus) *samia terra* = *terra sigillata* (de Samos); mais je ne suis pas en état d'expliquer ce مشيلة.

مَشْلِيُون (cf. prov. *moscalho (moucheron)*, de *mosca*, Raynouard IV, 272 b) *moucheron*, Ibn-Loyon 27 r°, texte:
ويتجمّع الذكار بعد التلوين وبعد ان يكون بالمشليون
note: قال القلفنيرقى وقول العامّة ان المشليون يدخل فى التين محَال. Un Maure porte chez Ibn-al-Khatîb le nom de ابن مشليون.

مشمش I dans le Voc. sous *victus*.

مشمش, chez Bc مِشْمِش, n. d'un. ة, Bc, M; *abricot dont l'amande est douce*, Bc, M, Bat. I, 142, 1001 N. I, 299, IV, 250, nommé aussi الحَمَوِى, de Hamât (voir Bat. l. l.), Ztschr. XI, 479; مشمش كلابى *abricot dont l'amande est amère*, Bc, M; autres sortes: عنتابى, مشمش خراسان (كيبلاقى), جيبلاقى (Bresl.), عنبابى, peut-être عتّابى (voyez), كاقورى, 1001 N. I, 299, III, 254, IV, 250, cf. Bresl. IX, 5, X, 213. — مشمش برّى *arbouse et arbousier*, Bc. مشمشى, suivi de اللون ou seul, *couleur d'abricot*, Tha'âlibî Latâïf 127, 3 a f. et n. e, 1001 N. I, 874.

مشمش = مشماش *abricot*, Bc (Barb.).

مشْمُلا *nèfle*, Bc, Hbrt 53.

مشى et مشو I, n. d'act. مَمْشَى, Arnold Chrest. 207, n. 85. مشَى الثلج *marcher dans la neige*, Bait. II, 202 e: نقع من مشى الثلج وخوض الصقيعى. — Se dit aussi de celui qui se promène à cheval, particulièrement: *aller au pas ordinaire, au petit pas*, par opposition à رکض, *galoper*, Gl. Edrisî. — *Prendre un chemin de traverse, un chemin plus court*, Alc. (atajar camino, chez Nebrija *compendium facio*). — En parlant d'argent, *avoir cours*, Prol. III, 132, 6; en parlant de marchandises, *être de bon débit*, 1001 N. Bresl. VII, 60. — مشى بين الفريقين *être intermédiaire, médiateur*; مشى بينهم بالنميمة *se dit d'un calomniateur*, Gl. Belâdz. — *Se conduire*, Bc. — *Venir*, en parlant de choses, Maml. I, 1, 13: ثمّ « *ensuite venaient*, مشت النقع واجماجم بالاغطية للحرير

مشو 596 مشو

otc. — مشى بطنه *aller à la selle*, Bc. — مشى لحال *il est tard*, Bc (Barb.). — مشى مع الطبع *se laisser aller, parler négligemment*, Macc. II, 417, 2 a f. — مشى فى المسائل *étudier des questions*, Khallic. I, 734, 12 Sl.: فاوردت عليه مسائل لم يمش فيها.

II مَشَّى *remuer* (de Slane), Prol. III, 204, 9. — بطنه *faire aller, lâcher le ventre, faire aller à la selle*, Bc, Gl. Manç.: تَمْشِيَة كناية عن فعل الدواء — المسهل وكذلك المشى والاستمشاء بمعانيهما من هذه — *Payer son écot*, Alc. (escotar en el comer).

III c. a. p. *marcher avec, à côté de quelqu'un*, Gl. Badroun, Gl. Fragm., Voc., Kâmil 304, 16. Au fig. en parlant de collines, d'une île qui semble marcher avec celui qui la côtoie dans un vaisseau, Gl. Fragm., cf. Diw. Hodz. 44, 2. — C. a. p. *traiter, agir avec quelqu'un de telle ou telle manière*, Amari Dipl. 117, 2: ونوصيكم بمماشاة مَن يَرِد عليكم من تلقائكم المماشاة الحسنة. — *Marcher avec une escorte et en grande pompe*, Macc. I, 472, 4: وكانت القضاة حينئذ لا تواكب ولا تماشى. — تماشى semble signifier: *il lui donna un tel pour collègue*, Çalât 69 v°: وفيها ايضا اختص الامير الاجل الاعدل بوزارته ابا العلى ادريس بن جامع وقربه واحبّه ومشى معه الفقيه ابا محمد المالقى فى المسائل ❊.

V *marcher*, Gl. Bayân, Gl. Fragm., Hbrt 43, de Sacy Chrest. I, ١٣٠, 4, Djob. 295, 9; c. ب *parcourir*, Berb. I, 54, 11. Au fig., *réussir*, Athîr X, 400, dern. l.: جرى له حديث مع الغزالى فيما فعله بالمغرب من التمكّن فقال له الغزالى ان هذا لا يتمشى فى هذه البلاد ولا يمكن وقوعه لامثالنا. — *Se promener*, Gl. Fragm., Voc. (c. على et ب), Alc. (passearse), Bc, Cartâs 42, dern. l. — C. فى *se réunir pour délibérer sur une affaire*, Berb. I, 59, 11: الى ان تمشت وتمشت رجالات: 565, 6; رجالات من رغبة فى بعض ذلك ثم تمشّت رجالات: 573, 3; رجالاتهم فى قتل عمر بن على — *S'établir* (autorité), بنى مرين واتمروا فى الرجوع عنه Berb. II, 273, 6: وتمشّت طاعته فى اقطاره فلم يبق — *Continuer, durer, ne cesser pas*, Recherches II, Append. p. LI, 3 (conservez la leçon du man.). — *Aller souvent à la selle*, Payne Smith 1442.

VI *marcher ensemble*, Gl. Fragm.

VII. طريق لا ينمشى فيه *chemin impraticable*, Bc. X voyez plus loin le n. d'act.

مَشْو *marche*; مشو الفرس *le pas d'un cheval*; جئت مَشْو والّا ركب «êtes-vous venu à pied ou à cheval?» Bc.

مُشَاة, chez Freytag, doit disparaître, car c'est le pl. de ماش.

مِشْوَة *allure, démarche, manière de marcher*; مشوة الفرس *le pas d'un cheval*, Bc. — *Conduite, marche, conduite*, Bc.

مَشْوَة *trotte, espace de chemin, voyage*, Bc.

مَشْى *aller souvent à la selle*, voyez sous II, Gl. Manç. sous مشى: المَشْى والاستمشاء كنايتان عن foire, Hbrt 34. الاختلاف للبراز ;مشى البطن

مِشْيَة, pl. مَشْى, Diw. Hodz. 184, 12.

مَشِيَة *servante?* 1001 N. Bresl. XI, 376, 11.

مَشَّاء (vulg. مَشَى et مَشَاى) *marcheur, bon piéton*, Bc. — *Fantassin, soldat à pied*, Bat. II, 421, III, 111, 417, IV, 193. — *Bon voilier*, Delap. 132. — *Péripatéticien*, J. A. 1853, I, 272, Prol. III, 90, 7.

مَشَّاية (si telles sont les voyelles) *semelle*, Payne Smith 1778.

ماش, pl. مُشَاة, M, Bc, Diw. Hodz. 106, 4, Macc. I, 593, dern. l., *piéton, qui voyage à pied, soldat à pied*, Bc; dans le sens de *soldat à pied*, M, Macc. II, 801, 17, 1001 N. I, 448, 3. — *Négociable*, Bc.

ماشِيَة (changez le pl. مواشى de Freytag en مواش), à Tunis, *paire de bœufs de labour*, Beaussier. — A Tunis, *charrue, étendue de terre que peut labourer une paire de bœufs dans l'année, environ dix hectares*, Beaussier, Pellissier 353, Cherb. Dial. 12. D'après Lyon 12, 15, 21, les jardins entre Tripoli et le désert s'appellent مشية.

تَمْشِيَة *acheminement, moyen pour arriver à la fin qu'on se propose*, Bc. — *Contribution, écot*, Alc. (contribucion, escotadura).

مَمْشَى *passage de communication, galerie, corridor avec des chambres à droite et à gauche, passage qui conduit d'une maison à une autre ou d'une écurie à* une maison, Voc., Alc. (portal para passear, andamio, corredor como carrera), Beaussier, Bc, Cherb., Martin 41, Djob. 295, 13, 335, 20. — *Trottoir*, Bc. — *Allée de jardin*, Auw. I, 154, 9; les allées étroites s'appelaient *allées de Saragosse*, et les larges, *allées persanes*, Ibn-Loyon 49 v°:

وأسفل العرائش المماشى تحيط بالبستان كالحواشى المماشى الضيقة تعرف بالسرقسطية والواسعة تعرف بالفارسية

سلوى مشى *dresser*, aplanir *une allée*, قاله الطغنرى Bc. — *Chaussée*, *digue*, 1001 N. Bresl. III, 209. — L'espace où un certain nombre de personnes peuvent marcher côte à côte, Abd-al-wâhid 163, 8: ان بلغى

عرض حائط سورها عشا ستة اثراس فى صف واحد ۞

مَمْشَى *commodités*, M, Bc.

مَمْشَاة *chaussée*, *digue*, 1001 N. I, 850, 3 (où Bresl. a مشى).

اِسْتِمْشَاء *aller souvent à la selle*, voyez II et مشى, Gl. Manç.: M: الاستمشاء كناية عن القيام الى البراز

وربما كنى بالاستمشاء عن التغوط ۞

مَشُور I *se promener*, Hbrt 43 (Eg.).

مَصَّ VIII *se dessécher* (arbre), Voc.

مَصّ قصب المَصّ *papier brouillard*, Bc. — ورق المَصّ voyez sous le premier mot.

ذو مَصّ, chez les Sab'îya, *un des sept qu'on prend pour modèles*, nommé ainsi لانه يمص اى باخذ العلم من الحجة, M.

مَصَاصة pl. مصاص *bagace, canne à sucre passée au moulin*, Bc.

مَصَّاص *suceur*, celui qui suce, M, Voc.; مصاص جروح *suceur, qui suce les plaies pour les guérir*, Bc.

مَصَّاصَة *chouette*, Bc. — *Vampire*, Bc. — Au Maghrib, *plantain, plantago maior* L., Gl. Manç. v° لسان الحمل, Pagni MS, Prax R. d. O. A. VIII, 347, Cherb. C (qui a incorrectement مساسة); مصاصة البرّ *plantago minima*, Pagni MS.

مَصِّيصَى *cordes ou fils faits d'étoupe de lin*, M.

مَمَصّ *suçoir, ce qui sert à sucer*, Bc.

مَمْصُوص *fluet, mince, personne très-maigre*; طويل ممصوص, *effilé*, Bc.

مَصَّرَ II *embellir une ville*, Çalât 34 v°: اقلم بقرطبة وهو 45 r°: فزادها تمصيرا ومهّدها تمهيدا وتبشيرا الذى مصّر اشبيلية ۞

مِصْر pl. امصار *contrée*, Bc.

مَصْر *présure, ce qui sert à faire cailler le lait*, Bc.

مِصْريّة voyez sous ثُمّ.

مَصْرى *égyptien*, a chez Bc aussi le pl. مَصَارِوة. Vulg. مَصْرى, épithète de نياحاون dans le Voc. Vulg. مَصْرى, épithète de pierres très-grandes et très-lourdes, qu'on tirait d'Egypte, Gl. Esp. 310, 311.

مَصْريّة pl. مَصَارى, au Maghrib, *chambre ou appartement supérieur isolé*, soit qu'il tienne à une maison, ou qu'il soit placé au-dessus d'une boutique; *un logement dont l'entrée est dans le vestibule, et qui, séparé du reste de la maison, sert à loger les esclaves.* — *Cabine de vaisseau.* Voyez sur ce mot, qui est d'origine latine, Gl. Esp. 382—4. Dans le Voc. c'est: *solarium* (non *copertum*); c'est sans doute un *solarium*, c.-à-d. une chambre supérieure, mais il est étrange qu'il ajoute: *découverte, sans toit*.

مَصْريّة pl. مَصَارى *médin, para* (Syrie), Bc, M (Syrie); مصريّات *argent, monnaie*, Bc.

مَصِير *pâté*, 1001 N. Bresl. V, 108, 9; aussi مصبير ibid. II, 308, 10; cf. Fleischer Gl. 45. — Le breuvage qui s'appelle aussi عقيد (voyez), Burton I, 238.

مَصَارة (cf. Gl. Esp. 182) est *stadium* dans L.

مصبرة voyez مصير.

مَأْمُور voyez مأمول sous مصل.

مَأْمُورة voyez plus haut I, 26 b.

مَصْطَكى = مَصْطَكَا, *mastic*, Not. et Extr. XIII, 370, Abou'l-Walîd 431, 29.

مصع

مُصْع, écrit مَصَع dans les deux man. du Most., *n*. d'un. ة, dans le Voc., *muzâa* et *muzâha*, pl. muzâh, chez Alc., en Espagne et à Tunis, *néflier* et *nèfle*, Voc. (nesples), Alc. (niespero arbol conocido, niespero fruta deste arbol), Most. v° زعرور المعروف بالمصع يسرقسطة ويعرف بها ايضا بالعاجمية بناشبرش Pagni MS (Bushà (*sic*), mespilus), chez Beaussier مَرَج. — *Cormier* et *corme*, Bg (مَرَج) (Barb.).

مُصَفَّق I voyez مَشَفَّق.

مصل I *filtrer*, Bc.

II *laisser égoutter*, Voc., Alc. (escurrir algo), exemple sous ماصل.

V *couler goutte à goutte*, Voc., Alc. (chorrarse).

مُصَل des boulettes de farine d'orge, qu'on laisse tremper longtemps dans du lait aigre; après quoi on les fait sécher et on s'en sert comme de levain. Le pain préparé de cette manière s'appelle المصلية, Gl. Manç. in voce.

مَصَل *du miel pur*, Voc.

مصلية voyez مُصَل.

مُصَالَة *distillatio*, Voc.; والبول مصالة الأخلاط, Most. v° بول الانسان.

ماصل pl. مواصل. Sous مواصل on entendait en Orient: *du bouilli dont on a laissé égoutter l'eau dans laquelle il a été cuit et qu'on a ensuite assaisonné*, Gl. Manç. v° مصابر: واما المواصل تجمع ماصل وهي المصاليق المصل عنها ماؤها الذي طبختـن فيه ثم تخلّل بعد ذلك وتُطيّب وتُسمى كذلك ببعض بلاد المشرق.

ماصول, que Freytag' donne comme le nom d'un instrument à vent d'après la Vie de Timour, se trouve sous la forme ماصور chez Bg 445, qui l'explique par *chalumeau*, *flûte des pasteurs*. C'est le persan ماشور, ماشوره, ماسوره, ماسور, proprement *tuyau* (cf. plus haut I, 26 b), ensuite *flûte*. Ecrit موصل, 1001 N. Bresl. I, 173, 10 (de là chez Freytag sous وصل), موصلي, *ibid*. III, 369, 11, et موصلي *ibid*. XII, 227, 7, ouvrage man. sur la musique cité dans la Descr. de l'Eg. XIV, 22 (avec cette note: « instrument persan qui nous est inconnu »). Pl. مواصل, 1001 N. Bresl. II, 47, IV, 156, 166, et مواصل, Macn. I, 166, 373, Bresl. XII, 415.

تُمَيْصَلَة pl. ات *petite goutte*, Alc. (gotica gota pequeña).

مُصْمَصَ I (rédupl. de مصّ) *sucer*, *téter*, Alc. (chotar, chupar humor), *suçoter*, Bc.

تَمَصْمُصَ, n. d'un. ة, *sucement*, Alc. (chupadura).

مصن

مصين sorte d'excellente datte en Omân, Gl. Geogr.

مصو II c. a. *épuiser*, *vider jusqu'à la dernière goutte*, M.

مُصَاوَة et مَصَايَة *les dernières gouttes d'eau qui restent dans un vase*, M.

مض I *ennuyer*, *causer de l'ennui*, Freytag Chrest. 39, 10, en parlant d'un conspirateur dont la tête avait été mise à prix: فاقام حينا مختفيا حتى مضه الاختفاء. كان مبتلى مَضَض *inconvénient*, *ennui*, Khatîb 88 v°: بوسواس في وضوئه يتحمّل الناس من اجله مضاضا في تاخير الصلوات ومضايقة اوقاتها.

مُمِضّ = مَضّ chez Freytag, Kâmil 551, 14.

مضر

مصيرة voyez Tha'âlibî Latâïf 12, 8 et suiv., où l'on trouve aussi le surnom الشيخ المصيرة.

مضغ II c. a. dans le Voc. sous masticare.

VIII *être mâché*, Voc., Gl. Manç.: علّك هو ما يمتضغ من صمغ النبات.

مَضْغَة *mastication*, *l'action de mâcher*, Alc. (mascada o mascadura), Beerî 41, 3.

مَضَاغَة *mâchoires*, Domb. 86, Daumas V. A. 230.

مَضَّاغ *mâcheur*, Voc., Bc.

مُضْمَر I voyez مِضْمَار sous ضمر.

مضض II = 1, Gl. Tanbih.

مضى I. Par pléonasme, مضوا بها معهم, Tabarî dans Koseg. Chrest. 98, 2 a f. — *Devenir commun et vulgaire* (proverbe, apologue), Bidp. 273, 4: مضى في لما, 1001 N. I, 77, 2: ذلك مَثَلٌ ضربه بعض الحكماء مضى رايه في ذلك. — قيل في بعض الامثال الماضية « son opinion fut admise, » Khaldoun IV, 7 v°. — مضى الحكم *le jugement a été rendu* (et ne peut pas

مضى

être révoqué), Mohammed ibn-Hârith 241. — C. على continuer à, Freytag Chrest. 32, 11; c. في, Gl. Tanbîh. — C. على rester fidèle à un traité, l'observer, s'y conformer, Akhbâr 13, l. 12. — Se perdre, Alc. (perderse). — مَنْ مضى من الشاجّارين les botanistes anciens, Bait. I, 156 b: وقد كان بعض من مضى من الشاجّارين بالاندلس تسمّيه باذن الجدي. — Pour mourir on trouve aussi la constr. مضى بسبيله, Notices 181, n., l. 10 (de même dans le man. B), Haiyân-Bassâm I, 46 r°, P. Bassâm I, 119 v°, Casiri II, 211, Khatîb 66 r°. — Sous le n° 3 de Freytag le n. d'act. مُضَاة est une faute; il faut مُضَاء, et ce nom d'act. se prend aussi dans le sens de fermeté de caractère, Khatîb 26 r°: لبيّن العريكة مع مضائه.

II c. a. faire aller, Voc. — Perdre, Alc. (perder).

IV. امضى حُكمَه rendre un jugement, aussi امضى seul, Abbad. II, 72, 4 et n. 47. — امضى للحرب بنفسه se mêler au combat (au lieu de se borner à le diriger), Cartâs 81, 2: انما ضربتَك لأنّك باشرتَ القتال وامضيتَ للحرب بنفسك; mais la leçon n'est pas certaine, voyez les variantes dans la trad. p. 109, n. 6. — Ratifier un acte, un traité, Gl. Tanbîh, Nowairî Espagne 474: وامضى امير المومنين عهد هذا واجازه وانفذه, de Sacy Dipl. IX, 486, 11, lisez de même dans Reinaud Dipl. 117, 5: عقد امضاء السلطان au lieu de عقد مضاء; cf. Abbad. I, 52, 8; chez Bc امضى بالرضا ratifier; — apposer le طُغراء sur une ordonnance, M (وتوقيعها بامضاء الصكوك والمكاتيب est suivie de الفرمان وضع (; —); رسم عليه طغراء السلطان) est chez lui signer, Bc, Hbrt 107. — Assurer à quelqu'un la possession de, Cout. 2 r°: C. — امضى لم يضيع ابيه. على dévorer, Gl. Edrîsî.

VIII chez Freytag est à biffer, car dans Koseg. Chrest. 69, 13, il faut substituer انتضى à امتضى.

ماض الماضين les anciens (les Grecs et les Romains), Amari 118, 11. — ماض في dans le Voc. sous audacia. — ماضي القول والفعل, dans les actes, qui est dans l'état voulu par la loi pour pouvoir contracter valablement, Nowairî Espagne 474: وهو جائز الامر

مطر

ماضي القول والفعل. — Dans le sens d'épée, pl. مَوَاض, Ibn-Abdoun vs. 22. — الماضي sorte de poisson, Yâcout I, 886, 6.

أَمْضَى très-léger, très-agile, Gl. Edrîsî. — Plus valable, Gl. Maw.

أمضاء seing, signature, Hbrt 107, M.

مضيّع I donner ou faire prendre le change à, tromper, Bc.

مطّ II dilater, M, Aghânî 33, 7.

V. Dans Prol. I, 209, 12, M. de Slane traduit le n. d'act. par relaxation (des nerfs). — S'épaissir (Golius), Bait. II, 4 b: وقد داخله لزوجة بيضاء تتمطّط.

VIII se dilater, Bc.

مَطُوط poissons comme de très-petits anchois, Palgrave II, 316, 324.

مطّانوة est μετάνοια, qui dans le grec ecclésiastique et par suite dans le copte, s'emploie dans le sens de prosternement; de là المطّانوة « ils se prosternèrent devant lui, » Quatremère Recherches sur l'Egypte 248, n. 1.

مطر II c. a. et V dans le Voc. sous pluit; Bc: عمّ عمّ تتمطّر et عمّ il pleut.

X se procurer de la pluie, Yâcout I, 840, 15 (cité dans le Gl. Mosl.): وقد استفاض بين اهل المشرق انّ مع التُرك حصّى يستمطرون به ويجيئهم الثلج حين ارادوا, ou au fig., se procurer la richesse, comme chez Moslim:

بكفّ ابي العبّاس يُستمطَر الغِنى
ويُستنزَل النُعمى ويُستَرعَف الفَضل

— Simplement demander, Yâcout III, 54, 12 (cité dans le Gl. Mosl.): دم يرزقون التنّين في ايّام الربيع ويستمطرونه اذا أبطأ عنهم كما نستمطر المطر اذا انقطع فستخسنها, Haiyân 26 v°, où il est question de vers: الامير وقال اكتبه لنا يا موسى وزدنا في ان كانت فيها عندك زيادة — وموسى مُطْرِق الى ان تأتّأ له القول في الزيادة. — النى استمطرها منه الامير. — Au fig., faire répandre des larmes, faire pleurer, هذا استمطر العين, Gl. Mosl.

مَطَر pl. أَمْطَار correspond dans un glossaire à πμετρετης, Fleischer Gl. 45; c'est donc une altération du grec μετρητής, qui était à Athènes la mesure ordinaire pour les liquides, en latin *metreta*. En arabe ce mot a le même sens. A la savante note de Quatremère sur Becrî 41 j'ajoute ces citations: mesure pour le beurre, Maqrîzî I, 84, 7 Boul., Nowairî, man. 273, 597, dans le chapitre sur la fabrication du sucre: كل مطر نصف قنطار باليشى على التحرير والرطل اليثى ماتنا درم, Odorici éd. Amari, Lettere inedite di Muley-Hassen p. 64: « Secondo il Balducci Pegolotti (presso Pagnini, Della decima e delle altre gravezze ec. T. III, p. 129) il mattario d'olio delle Gerbe rispondeva a cafiso 1, 3 di Messina,» Blaquière II, 46 n.: « Le mataro de vin équivaut à 2¼ gallons, le mataro d'huile à 5 gallons,» Prax R. d. O. A. VII, 161: « *metar*, mesure pour l'huile à Tunis, 19 litres 20; les négociants français établis à Tunis disent *métal*, pl. métaux,» Pellissier 307, Caillié I, 152: « un matar de mil (le quart d'une barrique).» Mais ce terme, de même que مَطَرَة, a reçu aussi le sens de *grand vaisseau ou bouteille de cuir ou de bois pour l'eau*, Lane trad. des 1001 N. II, 232, n. 77, Quatremère l.l., Thévenot II, 138 (Perse): « un vaisseau de cuir qu'ils appellent *Matara*, pour mettre de l'eau;» aujourd'hui on écrit مَطَرَة, et c'est: une peau de bouc, en forme de gourde ou de bouteille, qui sert à porter l'eau en route; elle est d'une contenance de quatre à six litres et conserve l'eau fraîche en été; on l'accroche au bas du mulet, Beaussier, Martin 132, Fraser II, 47, 145. Enfin c'est *vase* en général, p. e. celui dans lequel on conserve le poisson salé, de Sacy Abd-allatif 284, Quatremère l.l., les olives, 1001 N. Bresl. III, 260, l'or, ibid. 263 (la forme مَطَرَة 265), etc.

مَطْرَة *pluie*, Bc, Valeton I⁵, 1. — Voyez sous مَطَر.

مُطْرِن pl. مَطَارِن *archevêque*, Voc.

مَطْرَنِيَّة *archiépiscopat*, Voc.

مَطْرَانِى *archiépiscopal*, Bc.

مَطْرَانِيَّة *archiépiscopat*, Bc.

مُطَير *nubes pluviosa* (Reiske), Tahmân, Kâmil 471, 4.

مَطَّارَة voyez مَطَرَة.

مَطْرِيَّة *pot de terre*, de forme ronde, avec goulot, étroit et allongé, Bc; a sans doute la même origine grecque que مَطَر.

أَرْض مَاطِرَة مَاطِر, comme nous disons *un climat pluvieux*, Alc. (lluvioso).

مُمْطِر forme au pl. مَمَاطِر, Tha'âlibî Latâïf 127 dern. l. (de toile cirée et imperméables), Gl. Geogr.

مُمَطَّر épithète du loup, *qui court avec une grand vitesse, avec impétuosité*, parce qu'il le fait quand il est exposé à la pluie, Gl. Mosl.

الْمَمْطُورَة est la secte des وَاقِفِيَّة, Gl. Geogr. 378, dern. l.

مُسْتَمْطَرَات (pl.), t. d'archit., peut-être *larmier*, partie saillante au haut d'un ouvrage de maçonnerie, destinée à éloigner l'eau de pluie, Payne Smith 1205.

مَطْرِش I c. a. et II dans le Voc. sous baburius (fou, sot).

مَطْرِش pl. مَطَارِش *fou*, *sot*, Voc.

مَطْرَق I (formé de مِطْرَقَة, racine طرق) *marteler, battre à coups de marteau*, Alc. (martillar). — *Craqueter* (cigogne), Alc. (cantar la cigueña).

مَطْرِقَال Bait. I, 233 b: le *scordium* de Dioscorides est الخشبيشة الثومية عند شجارى الاندلس ويسمونه ايضا المطرقال (leçon de B et de Boul., A المُطْرُقَال), II, 102 c: *scordium* est المُطْرُقَال (A الْمُطْرُفَال) عند عامة الاندلس sic). Le mot fait penser à *matricalis* ou à *matricaria*, termes qui désignent des plantes différentes, mais qui sont formés de *matrix*, parce que ces plantes sont bonnes contre les maladies de la matrice, et il se peut fort bien qu'on ait donné le nom de *matricalis* au scordium, car selon Dioscorides (III, 115), on se servait de cette plante pour provoquer les menstrues.

مَطْرُون (esp.), n. d'un. ة, *arbousier et arbouse*, Alc. (madroño arbol, madroño fruta); cf. Bait. I, 123 a: الجنا الاحمر المعروف بعاجمية الاندلس بالمطرونية

مَطْرِيج (b. lat. matrix (Ducange matrix n° 2), esp. matriz, et avec l'article arabe almatriche) *canal d'arrosement*, voyez sous مَشْرَب (biffez l'article almatriche dans le Gl. Esp. 160).

مَطْرِيطَاوُس (ἡμιτριταῖος) *fièvre demi-tierce*, Bait. I, 492 b: فى حميات الربع والمطبقة والمطريطاوس

مطع V s'emploie comme تَمَطَّى en parlant d'un homme qui a les mains, les bras liés, *les étendre avec force afin de rompre ses liens*, 1001 N. III, 300, 4: بَطَّع فِي الوَقِفْ فَمَزَقَه, 335, dern. l.: مَطَّع فِي النَّتَّف فَقَطَعه.

مطل I *faire attendre*; la constr. c. a. p. et ب r. se trouve dans les dict. des indigènes, aussi chez de Jong. — مَطَل *concordare* dans la 1re part. du Voc. semble une erreur.

II *refuser*, Alc. (rehusar), Macc. II, 437, 6, en parlant d'un homme qui s'était jeté dans la dévotion: وعَطَّل أَيَّام الشَّباب، ومَطَّل فيها سعاد وزينب والرباب «۞.

III *mener, amuser et entretenir de paroles, d'espérances*, c. a. p. *tenir quelqu'un le bec dans l'eau, l'amuser de vaines promesses, lanterner, leurrer quelqu'un de belles promesses, remettre quelqu'un de jour en jour*, Bc, surtout en parlant d'un débiteur retardataire, qui est un مَاطِل, Prol. I, 406, 13, Ztschr. Kunde VII, 54: ودائمًا أهل مصر يماطلون الباشا في الخراج; c. ب r., Macc. I, 5, l. 11, II, 542, 5.

VI dans le Voc. sous *differre*.

مطل, à Moltân dans l'Inde, mesure pour le froment qui contenait douze livres, Gl. Geogr., où M. de Goeje identifie ce mot avec مَطَر, mais ce dernier est une mesure pour les liquides.

مَمْطُول *corde*? J. A. 1849, II, 270, n. 1, l. 6, 271, n. 1, l. 3 et 6 (où من المَمْطُول est dans notre man. 92).

مَتَمَطَّط II *s'étendre, étendre les bras comme en s'éveillant* (= تَمَطَّى), Bc.

مطن

مَاطَنَة, pl. مَواطِن et مَبَاطِن, *malleus*, Voc., chez Alc. (marra o almadana) matána, pl. maguatín, et matán, pl. matanít, chez Domb. 96 مَاطَنَة *vectis aduncus*, chez Beaussier مَاطَنَة *gros marteau, masse*, en espagnol almadana, almadena, almadina (*instrument de fer comme une grande masse, qui sert aux mineurs pour rompre les rochers*). Dans le Gl. Esp. 148 j'ai soupçonné que c'est une altération de مَعْدَن, qui a le même sens.

مطو II c. a. *étendre*, Voc.

III *se baisser*, Bc.

V. نَطَّا فِي قُيُودِهِ قَطَعَهَا «il fit un effort et rompit ses liens,» Bc, Koseg. Chrest. 97, dern. l., comme تَمَطَّع (voyez). — مَطَّى وضربه *allonger un coup*, Bc.

أَمْطَى *qui emporte en peu de jours* (maladie), Müller S. B. 1863, II, 9, 2 a f., s'il ne faut pas lire أَمْضَى.

التَّنَطِّي *tétanos*, Payne Smith 1433.

مع est une onomatopée qui indique le cri des moutons, M.

مع. Par pléonasme, Tabarî dans Koseg. Chrest. 98, 2 a f.: وإذا رحل لا مَضَوْا بِهَا معهُ, Macc. I, 939, 21: وكتب الكتاب, Amari 193, 5 a f.: يرحل معه بشي؛ — وقابله وأَنِ به معه إلى القيروان, *Envers*, Amari Dipl. 84, 8: وعسى تعملوا معه كما يعمل هنا مع تجّاركم. — *En contact avec*, p. e. الحُصن الذي مع الكواكب, et طَرَف سيف كل واحد منهم مع طَرَف سيف الذي يُقَابِلُهُ, Gl. Belâdz. — *Pendant*, prépos., p. e. ونُوق مع الليل, Gl. Belâdz., المهدي مع فراغه من بنائه Djob. 87, 8, Macc. I, 560, 3 a f., où تُوفي مع السِّتين وثلاثمائة semble signifier: il mourut dans une des années entre 360 et 369. — مع الأَيَّام, مع الساعات (ou مع الأحيان والساعات, مع طول الأيام), *sans cesse, toujours*, Gl. Edrîsî, Athîr XI, 160, 13, Berb. I, 501, 8, Cartâs 210, 2, 266, 9 a f., Nowairî Afrique 55 v°: وكان بين يومٍ من العسكريّين مراماة ومطاردة مع الأَيام. — *Selon* (comme عِنْدَ), p. e. معنا «selon nous, selon notre opinion,» Gl. Abulf. — *Le long de*, Gl. Edrîsî, Auw. I, 154, 18; aussi مع طول, Abdarî 78 r°: ومواضع مسقفة مع طول الحائط. — *Dans la direction de*, Gl. Edrîsî. — *Du côté de*, Gl. Edrîsî. — *Surtout quand il s'agit de*, Mcursinge 23, 4: فقال هذا عجيب ممّن يتصدّى للتصنيف كيف يقلّد في مثل هذا مع هذا الاستاد, «surtout quand il s'agit d'un aussi grand docteur.» — *Par l'entremise de*, Recherches I, Append. xxxvi, 2 a f. et n. 1.

مَعِيّ adj. formé de مع, *avec*, M, et de là le subst. مَعِيَّة, que Freytag a placé sous معى.

معج.

مَعِج, pl. مُعُج, Kâmil 238, 7 et 8.

مَعَاج a été emprunté par Reiske au Dîw. Hodz. 289, vs. 13, cf. 290, 4.

معد I, au pass., *avoir l'estomac dérangé, de sorte qu'il ne digère point;* un tel est مَعُود, M, Macc. II, 323, 11.

مَعِدَة, مِعْدَة, *estomac,* pl. مِعَد et مَعَائِد, Voc.; *caillette, quatrième estomac des animaux ruminants,* Alc. (cuajar de animal). — *Gros boudin fait avec des œufs, des épices et de la viande bien hachée,* Alc. (obispillo bandujo de puerco; il a miêda, pl. miâd). — *Réservoir, lieu où l'on amasse des eaux pour les distribuer en divers endroits,* Cartâs 36, 3 a f., 41, 13 et 14, cf. Beaussier.

مَعْدِيّ *stomachique,* Bc.

مَعْدُود = الكَثِير العَدْو, Dîwân de Djarîr (Wright).

مَعْدَن I (formé de مَعْدِن, racine عدن) *fouiller la mine pour en tirer la matière minérale,* Voc.

II quasi-pass. de I, Voc.

مُمَعْدَن *qui est de métal,* Alc. (metalado cosa de metal).

مَعْدُنُوس (altération de مَقْدُونس, voyez) *apium,* Domb. 60, *persil,* Hbrt 47, Roland.

معر I. مَعَّر الرِّمَاد *disperser la cendre* (بَدَّد), M.

II. مَعَّر وَجْهَهُ signifie d'après les dict. des indigènes, غَيَّرَ غَيْظًا, dans le Voc. *vultuositatem facere;* c'est, *sourciller, laisser paraître des marques d'altération sur son visage;* cf. Chec. 186 r°: une femme mangeait des grains de poivre comme nous mangeons du pain, فلا تُمَعِّر لذلك وجهَها.

V quasi-pass. de II dans le sens qui précède, Voc. et les dict. des indigènes.

مِعَار nom d'un petit animal rouge, Baït. I, 275 h: يعقد فوقه حب شبيه بالحيوان المسمّى معار leçon de AB; Sonth. et Boul. avec le *ghain*.

مَعِز.

مَعَز pl. مِعَز *chèvre,* Voc., Hbrt 61, Bc.

مِعْزَاية *chèvre,* Bc.

مِعْزَاز fém. ة, *chevrier,* Bc.

مَاعِز *chair de chèvre,* Bc.

مَعْزَرُون (altération de مَازَرِيُون) *camélée, olivier nain,* Bc.

معزل II *embrasser les doctrines des Motazilites,* voyez sous شرق V.

معش V (formé de مَعَاش, racine عاش يَعِيش) *gagner sa vie, gagner de quoi vivre en travaillant,* Voc., Alc. (ganar la vida), Abbad. II, 178, n. 107, Khatîb 28 v°: ثم تعرفت أنه سك (نسك l.) ورفض المتمعِّش من الشهادة. — C. ب *se repaître de,* au fig., Macc. III, 156, 8 a f.: فقال السعد والنحس بيد الله ليس للكواكب فيه تأثير وإنما وضعت كتب النجوم ليتمعش بها العامّة ولا حقيقة لها.

مَعْشَة *serpe,* Ht.

تَعَايِش et تَعِيش *trouver ordinairement les moyens de se sustenter,* Cherb. C.

مُمَعِّش *fournissant les moyens de se sustenter,* Cartâs 273, 15: وكانت أيامه كلها غالية لم يزل الزرع بها والسعر مرتفعًا الّا انها كانت مُمَعِّشَة.

معض VIII c. ل *se donner de la peine pour,* si la leçon est bonne dans Bassâm III, 85 v°: ولم يتخبر انه امتعض لقتل اسر تلك الجارية.

معط V et VII *être dépouillée de ses poils (peau),* Gl. Geogr.

تَمَعُّط. Le sens de *defluvium pilorum passus,* que Freytag donne sans autorité, se trouve dans les 1001 N. Bresl. III, 331.

معك I *frotter le linge en le lavant,* Bc.

II *frotter,* Voc. — *Salir,* Voc.

V quasi-pass. de II, Voc.

مَعْكَرُون (ital.), n. d'un. ة, *macaroni,* M; chez Bc مكاروني.

معل.

مَعِل *qui n'a qu'un seul testicule,* Payne Smith 1592.

معم I *bêler,* Bc.

مــعــن

مَعْمَعَة mêlée, tohu-bohu; comme qui dirait micmac (style), Cherb.

مَعَن II. Dans Meursinge 22, 2 (cf. 29, n. 86) le man. ولم يَعَن الطلب في كل ما اشرتُ اليه «il n'avait pas encore beaucoup étudié les sciences que j'ai nommées,» et comme le M donne la V° forme, je pense que dans la langue moderne la II° s'emploie en effet dans le sens de la IV°.

IV c. في pénétrer fort avant dans, Abd-al-wâhid 7, 3 a f.: ثم دخل طارق هذا الاندلس وامعن فيها, Abbad. I, 245, 4; traiter à fond, Macc. II, 122, 19: امعن — والمتبين يذكر فيه اخبار عصره ويمعن فيها

في النظر approfondir une chose, la considérer attentivement, Bc, M, Nowairî Espagne 473: امعن النظر وأطال الاستخارة ۞

V c. ة r. considérer attentivement, M.

ماعون, comme coll., ustensiles, Berb. I, 447, 8 a f., 501, dern. l., 601, 12, 658, 5 a f., II, 331, 7. — Instrument, outil, Alc. (herramienta, instrumento con que obran, instrumento de qualquiera oficio); instrument chirurgical, Alc. (instrumento de cirugano). Comme coll., outils, appareil, Alc. (aparejo), Domb. 95. — Instrument à cordes, Alc. (instrumento para tañer). — Charrue, Venture 431, Grüberg 101, Hodgson 85. — Ferronnerie, lieu où l'on vend les gros ouvrages de fer, Alc. (herramental, cf. Nebrija et Victor). — Vase, Hbrt 198, vase de terre, Daumas V. A. 305, Bat. III, 173: فاخذوا زَقه وماعونه ils prirent son outre et son pot à l'eau; gros plat, Mohren 35. — Le pl. مواعين vêtements, Ztschr. XXII, 138. — ماعون ورق rame, vingt mains de papier réunies, Bc, c.-à-d. 400 feuilles, mais 500 chez les imprimeurs, M.

مواعيني celui qui fabrique ou qui vend des outils, Abbad. II, 1; les mêmes paroles chez Ibn-Abdalmelic 80 r°.

معو I bêler, Hbrt 61, Ht.
III bêler, Hbrt 61.

مِعَى, مَعَى aussi مَعَاء, M, pl. aussi أمعِيَة, M, Voc.; المِعَى الاثنى عشر duodenum, le premier des intestins grêles, Bc; المعى الصائم jéjunum, le second intestin grêle, Bc. — المعى الأعور cæcum, L (cecum intestinum), Bc, Gl. Manç. in voce. — المعى المستقيم rectum, le dernier des trois gros intestins, Bc, Gl. Manç.

مــغــر

in voce. — معاء الارض espèce de reptile = شحمة الارض, Man. Escur. 893.

معية sorte de poisson, Cazwinî II, 119, 19, mais chez Yâcout I, 886, 3, c'est معينة.

مُعَيِّن I (formé de عَين) fasciner, ensorceler, charmer par le regard, Alc. (aojar).

تَمْعِين charme par la vue, Alc. (aojadura).

مَغارجة (esp. magarza) épergoute, matricaire, Bait. I, 106 b: واهل الاندلس يعرفونه بالمغارجه وهو اسم لطبي, 181 f: والذي تعرفه تجارونا بالاندلس بالمغارجه. Dans le Gl. Manç. v° اقحوان, c'est مَقْرِحَة.

مَغَث I. مَغَث comme t. de médec. est الـتحـرك للقيء, Gl. Manç. in voce.

مُغَاث. Descr. de l'Eg. XVII, 308: «une drogue nommée moghât,» Gl. Manç. in voce: «racines d'une plante inconnue au Maghrib;» voyez Bait. II, 385 c, 522 g. On écrit aussi مـغـاث, Bait. II, 313 a (lisez ainsi), Most. (où La a مَغَاث): مغاث هو عروق شجرة الرمان البري ابو حنيفة هو اصل الفلفل ويسمى بالفارسية حب vo, اشراس (sic), وهو المغاث بالثاء وهو ساسد واصله هو الذي يعرف المغاث عن ابي حنيفة: الفلفل.

مغد. مَغَد voyez Bait. II, 524 b.

مغذ. مَغَاث voyez مغات.

مغر. مَغْرَة Most.: طين احمر هو المغرة وهو الارطين وهو مغرة النجارين وهو ضربان ومنها المغرة المدنية ومنها المغرة (اوتكن N, ارتكن La) اللوّاحبية وهو المشق وهو ازنكن. عيد المغرة fête des Coptes le 9 mars, à l'occasion de laquelle ils enduisent d'ocre rouge les portes de leurs maisons et les cornes de leurs vaches; c'est la fête de la présentation du Christ au temple, Calendr. 36.

مَعِر. معار voyez معار sous معر.

مَغِيرة (si ce mot doit être placé ici) sorte d'étoffe, Cartâs trad. p. 50, n. 5, seulement dans notre man.:

مغص

le minbar a غَشَاءَيْنِ احدَهُما مِن جلد معزى والثاني مِن مِـغِـيْـرة, texte 36, 16: les toiles qu'on tend sur le sont مبطّنة بالمَغِيرة, leçon de trois man. ?مغائر 1001 N. I, 541, 9: وذلك لَحِصان ادهم مغائر de même dans Boul.

مغص VII avoir des tranchées, M.

مَغاص et مَغِيص tranchées, colique, Bc, Hbrt 34, M.

مغض I par transposition pour مضغ, mordre, L: mordet يَمْغَضْ.

مغط

ابو مُغَيِّط ver de terre mince et long, M.

مغل I, aor. o, angustiare, Voc.

VII avoir l'estomac dérangé quand on a mangé trop de choses grasses; un tel est مَمْغُول et le subst. est مَغْلَة, M.

مَغْلَة مَمْغُول voyez VII.

مُمَغْمَش I dissimuler, Ht.

مغمغ I mâchonner, mâcher avec difficulté, Bc. — Marmonner, murmurer sourdement, Bc. — مَغْمَغَ كلامَه est ل بـيبـيـنـه, Câmous, mâcher ses paroles, parler d'une manière confuse, Bc.

مغناطيس (μαγνήτης ou μαγνῆτις), ou خَاتَجَر مغنطيس ou avec l'article, aimant, calamite, pierre d'aimant, Bc, Cazwînî, etc.

مغنطيسي magnétique, Bc.

مَغْنِيسِيا magnésie, M, Macc. I, 91, 7, Gl. Geogr.; on dit aussi مغناسيا, Gl. Geogr., et مَنازِيا, M. — Dans un sens technique chez les alchimistes, voyez Prol. III, 207, 14.

مَغْنِيطِس diamant, Voc. (adamas).

مغم magnitudo, Voc.

مُغَيِّب I (formé de la racine غَابَ يغِيب) dissimuler, Bc.

مقت

(مُخَصْمُدًّا) مَقْرِيَان titre de l'évêque chez les monophysites ou Jacobites, qui est sous le patriarche et qui le remplace au besoin, M, cf. le dict. syr. de Castel-Michaëlis p. 726.

مقق I. مَقَّ حَبَّ العِنَب sucer des raisins et en rejeter les pepins et la peau, M.

مَق (esp. moco) pl. أَمْقاق champignon qui se forme au lumignon d'une chandelle, Alc. (pavesa de candela, cf. despavesar o despavilar, despavesadura, despaviladura).

مَقِيقَة, en Syrie, sorte de mets, du lait caillé au moyen de caroubes qui ne sont pas encore mûrs, M.

مقت I (à corriger chez Freytag), n. d'act. مَقْت (pas مَقاتَة), détester, avoir en horreur; le ه après ce verbe signifie à cause de, Haiyân-Bassâm III, 5 r°: أحدث فيهما أيضا احداثا مقتوا بها; la constr. avec ب de l'objet, au lieu de l'accus., dans Bidp. 189, 6, ne peut pas être bonne; j'y lis ما, au lieu de بها. — مَقْت, n. d'act. مَقاتة, être détesté, إلى الناس, par les hommes, M. — مَقُتَ c. على être avare de, Voc.

II c. a. et V c. على et ب dans le Voc. sous avarizare.

VII se refrogner, Bc.

مَقْت chose détestable, Coran IV, 26. — Grande âpreté à l'argent, cupidité, parcimonie, avarice, mesquinerie, lésine, Voc. (avaricia), Alc. (caçurria, cortedad de coraçon = بُخْل, guarda, chez Nebrija parsimonia; يَمْقُت escassamente = بَيْخَل, mezquinamente), Haiyân-Bassâm III, 4 v°: من اهل البلد من تعرَّض له باشعار طاهر, مقته, Abbad. II, 175, 15: المقت غير لائقة بالوقت.

مَقِت haineux, bougon, grondeur, qui a l'humeur sombre, Bc.

مَقيت âpre à l'argent, parcimonieux, avare, mesquin, Voc. (avarus) qui a les pl. مَقَات et مُقَّات, Alc. (caçurro (chez Nebrija avarus, avidus, parcus), corto de coraçon = بخيل, escasso avariento, guardador o escaso, hazino por escaso), chez qui le pl. est مقطا. C'est plus que بخيل, car pour ce dernier Alc. a caçurro un poco.

مَقَانَة‎ avarice, Voc.

مَمْلُوت‎ qui a l'humeur sombre, Bc.

مَقْدُونِس‎, persil, est le byzantin μακεδονίσιον, gr. mod. μακεδονίσι (de μακεδών), Fleischer dans Gersdorf's Repertorium 1839, p. 435; Belon 465: chez les Grecs « le persil est nommé Macedonico; » cf. Bait. II, 527 b, Dodonæus 1181. بقدرنوس‎ et معدنوس‎ en sont des altérations.

مَقَر‎

مَقَار صاب‎ est dans le Diw. Hodz. 207, vs. 2.

مَقْرَجَة‎ voyez مغارجة‎.

مَقْرَع‎ I (formé de مَقْرَع‎ ou مَقْرَعَة‎, racine قرع‎) c. a. frapper avec un bâton, Voc. — C. a., comme قَرَع‎, réprimander, Voc.

II quasi-pass. de I dans les deux sens qui précèdent, Voc.

مَقِس‎

مَقِيس‎ fâché, 1001 N. Bresl. VII, 43 (Macn. II, 66 مغتاظ‎).

مَقَاسَاس‎ nom d'un grand arbre portant des baies rondes, qui renferment un suc douceâtre dont on fait de la glu, M; nommé مَقَسَة‎ par Palgrave, qui dit II, 324: « a glossy-leaved tree, laden with round berries which afford a sort of slime much used by bird-catchers. »

العنب المَقَسَاسِيّ‎ sorte de raisins qui ressemblent aux baies de cet arbre, M.

مَقَص‎

مَقَصّ‎ broiement, mouture, Voc. (moletura dans la 2e partie, dans la 1re mola); cf. l'article qui suit ici.

مَقَصّ‎ (Voc.) et مِقَصّ‎ (Voc., Alc.), altération de مِقَصّ‎, ciseaux, Voc. (forfex), Alc. (tiseras); pl. أَمْقَاص‎ (Voc., Alc., Macc. I, 124, 2) et أَمْقَصَة‎ (Voc.). Le dimin. مُقَيْص‎ pl. ات‎ petits ciseaux, Alc. (tiseretas), pincettes dont les femmes se servent pour s'arracher les poils des sourcils, Alc. (tenazuelas para cejas). — مَقَاص‎, pl. أَمْقَاص‎ et أَمْقَصَة‎, machina dans le Voc.;

peut-être une machine qui ressemblait plus ou moins à des ciseaux. — مَقَاص‎ pl. أَمْقَاص‎ poutre qui pose sur un mur, Alc. (viga que descansa en pared).

مَقَّاص‎ sous molendinarius dans le Voc.; probablement: celui qui possède et met en mouvement la machine dite مَقَاص‎.

مقط‎.

مَقَط‎, pl. مِقَاط‎, Saadiah ps. 118, vs. 27.

مَاقِط‎ est dans le Diw. Hodz. 96, 2 a f.

مَقْقُون‎ pl. ات‎ étalon, cheval entier qu'on emploie à couvrir des cavales, Voc. (emissarius, cf. Ducange). Chez Alc. (garañon, cf. garañon echar أَطْلَق المَقَن‎) c'est مَقَن‎, pl. ات‎. Ces deux mots ont évidemment la même origine, mais je n'ai pas réussi à la trouver.

مَقَل‎ I sortir, s'écouler, se répandre, couler, Alc. (salirse el vaso).

مَقَل‎. Le bdellium, dont le M énumère trois sortes, l'indien, l'arabe et le sicilien (cf. mon article كور‎), s'appelle aussi مقل اليهودى‎ ou المُقل اليهودى‎, Bait. II, 408 b, Most. v° كور‎, Gl. Manç.: مقل يهودى‎. — Cerveau brûlé هو صمغة مجلوبة تُنْسَب لبلاد اليهود‎ (homme emporté, entêté), tête de fer, homme de fer, opiniâtre, rétif (personne), crâne, fou, tapageur, entêté, entier, opiniâtre, mauvaise tête, têtu, Bc.

مَقْلَة‎ vulg. pour مُقْلَة‎, M.

مَقْلَة‎ turban très-ample, porté par les ulémas, Lane M. E. I, 47.

مَقْلَتة‎ (? sic) nique, signe de moquerie, de mépris, Bc.

مَقْلَاصِف‎ mélisse, Prax R. d. O. A. VIII, 284.

مَقْلِيَاتَا‎ (syr., Bait.; de la racine عدا‎, frire, mais la forme n'est pas dans Castel-Michaëlis) du cresson frit, qui entre dans une poudre nommée سفوف المَقْلِيَاتَا‎, Bait. II, 526 d.

مَقْلِين‎ pl. مَقَالِين‎ chardonneret, Voc., comme مَقْنِين‎; en parlant dans le J. A. 1869, II, 196—7, du vers Prol. III, 406, 13, j'ai changé المَقْلِين‎ en المَقْنِين‎, mais le Voc., qui n'avait pas encore été publié à cette époque, montre que ce changement n'est pas nécessaire.

مَقَن *étalon*, voyez مَقْرُون.

مِغْنَف.

مَقَانِف altération de نَقَانِف (voyez).

مَقْنِين pl. مَقَانِين *chardonneret*, J. A. 1869, II, 197, Voc., Daumas V. A. 432.

مك.

مَكِّي épithète de l'étoffe خِيش; elle se fabrique dans le Tabaristân, mais elle se débite principalement à la Mecque, Gl. Geogr. — Semble désigner une sorte de grenade, car le Voc. le donne sous *malgranatum*. — الملك espèce de sorbet, J. A. 1861, I, 16, mais je ne sais pas si ce passage a été bien traduit par Behrnauer.

مَكِّيَّة espèce de navire; peut-être était-il destiné au transport des pèlerins à la Mecque, Gl. Geogr.

مَكُوك pl. مَكَاكِك *navette*, instrument de tisserand, Bc, Hbrt 78, Beaussier.

مَكَاكَة *singe*, Hbrt 63.

مَكَرُونِي (ital.) *macaroni*, Bc; dans M مَعْكَرُون.

مَكَانَة voyez منجانة.

مكث I *rester, demeurer, séjourner dans un endroit*, se construit c. ب, comme donnent les dict. des indigènes, ou c. فى, 1001 N. I, 26, 4 (c. على *sur*, de Sacy Chrest. I, 231, 12); mais la constr. c. accus. loci, comme on trouve chez Freytag, est impossible. — Le n. d'act. de مَكَث est مَكَانَة, M.

II c. a. *faire rester, demeurer*, Voc.

III c. a. p. *arrêter, retenir longtemps*, Gl. Belâdz.

مَكِيث est dans le Diw. Hodz. 19, vs. 1, cf. 20, 10 et 11.

مكد I *persévérer dans le bien*, Alc. (perseverar en bien).

مكر I, *tromper*, aussi c. على, Voc.

III c. a. p. *chercher à tromper*, Gl. Badroûn, M.

VI *jouer la comédie*, *feindre un sentiment*, Bc.

مَكْرِيَّة pl. ات *ruse*; مَكْرِيَات *manége, manigance, pipeaux, rubriques, stratagème, des subtilités*, Bc.

مَكَّر, *saltem* dans le Voc. (= وَلَوْ), est l'ancienne particule esp. *maguar, maguer, maguera, mager*, anc. galic. *macar*, qui signifie *quoique*.

تَمَاكُر *machiavélisme*, Bc.

مَكْرَم II (formé de مُكْرَم, racine كرم) c. على p. et ب r. *gratifier*, par ironie, Bc.

مكس I, aor. *i*, n. d'act. مَكْس, *percevoir les contributions dites* مَكْس, M.

II *faire payer les contributions dites* مَكْس, *les percevoir*, Edrîsî, Clim. II, Sect. 5, Djob. 304, 18 et 20, 335, 12 et 13. — *Imposer des droits sur ce qui se vend sur le marché*, c. a., Müller L. Z. 6, l. 7: مَكَّس الاسواق le sultan.

مَكْس, pl. مُكُوس et (mod.) أَمْكَاس. Ce mot qui, déjà du temps du paganisme, avait la signif. de *droits de marché, imposition sur les marchandises qui se vendaient sur le marché*, Bc, l'a encore, Sandoval 294, Carotte Kab. I, 360 (sous les Turcs en Algérie): «redevance de dix pour cent imposée à toutes les marchandises; elle se percevait à l'entrée et en nature, au profit, soit du trésor, soit de son mandataire.» Aussi *droits d'entrée*, Cherb. Dial. 225, p. e. ceux qu'on levait sur les vaisseaux qui venaient de l'Inde à Djidda, de Sacy Chrest. II, 55, 2 a f., 56, 13; *droits d'entrée et de sortie*, Bc. Dans un sens plus large, car selon Hœst 171 on entend sous الأَنْكَاس (sic): les droits d'entrée qu'on lève aux portes sur toutes les marchandises, les impôts sur les boutiques, les fours, etc., et le droit de marque sur l'argent travaillé; cf. Gräberg 219, 222. Encore: *passage, droit pour passer, péage, droit pour un passage*, Bc. Toutes ces impositions sont illégales, car aucune n'est autorisée par le Coran; aussi lit-on dans la tradition: «Celui qui fait payer le *macs* n'entrera pas dans le paradis,» M. — *Écrit que l'on donne à quelqu'un et par lequel on déclare qu'il a payé le macs, quittance*, Edrîsî, Clim. II, Sect. 5: Les pèlerins ont à payer un *macs* ولا يعبر احد من حاج (حاجى A) (عيذاب = عذاب ة المغرب الى جدة الا ان يظهر مكسه ومتى جوّز ربانى بحر القلزم ولم يكن عنده مكّس غرم الربّانى ولذلك لا يجوز

احد من عذاب الى جدّة حتى بظهر الرياش البراءة عما يلزمه — — وان عُثر على رجل منهم لا مكس معه لزم حقّه على الرياش الذى جوّزه

مَكْوِسَة النَار pincettes, Ht. On a donc confondu ماسك et مكس; cf. ماسِك.

مَكَّاس percepteur des impôts dits macs, M, Gl. Geogr., fermier ou collecteur des droits sur les denrées, percepteur d'octroi, de droits de marché, Beaussier, Bat. I, 419: وليس بهذه المدينة مَغْرم ولا مَكَّاس ولا وال وانّما يحكم عليهم نقيب الاشراف l'éditeur a mal prononcé et mal traduit.

مَكَّس II mésoffrir, offrir d'une marchandise beaucoup moins qu'elle ne vaut, Bc.

مكل II nettoyer un puits, Akhtal 5 r° (Wright).

مكلة déesse, Bc.

مكن I (formé de مَكْمَن, racine كمن) se cacher, Antar 95, 3 a f.: حتى وصل الى عيون الظباء وهو المكان (وطلع من الكمين) (cf. 96, 3: الذى مكمن فيه صهره واقد).

مكن I. مَكُنَ être fort, solide, sûr, M; cf. ماكن.

II. مكّن لفلان في الأرض, Coran XII, 21, expliqué de diverses manières par les commentateurs; cf. Abulf. Hist. anteisl. 78, 16. — C. على appuyer, peser sur, presser, serrer, étreindre avec force, Bc.

IV proprement mettre en possession de (aussi c. a. p. et ب r., Macc. II, 201, 7); de là أمْكَنَنى الأمر, à sous-entendre مِنْ نفسِهِ, dans le sens de je puis faire, etc., une chose, Gl. Mosl. De même pouvoir attraper, Edrîsî, Clim. II, Sect. 5, en parlant d'un poisson: وصيّره بيمن أمكنه فى البحر كثيرًا جدًا — — Arranger, ordonner, Alc. (amañar).

V c. مِن s'emparer, se rendre maître de, Nowairî Espagne 485: لم يتمكّن منها «il ne put s'emparer de la ville;» s'emparer de l'esprit de quelqu'un, Bassâm II, 98 v°: فقرّ عن البلد ولحِق بشرى الاندلس; وتمكّن بها من المؤتمن posséder à fond une science, Macc. I, 136, 3 a f., une langue, de Sacy Chrest. I, 357, 1 t. a. — Se raffermir, prendre pied, s'établir solidement, Bc, Gl. Bayân, devenir ou être so-

lide, Gl. Badroun, M, Nowairî Espagne 468: تمكّن واتّسعت مملكته, de Sacy Dipl. IX, 494, 2, 1001 N. I, 85, 7; s'ancrer, s'établir, s'affermir dans un emploi, Bc. — Devenir, Prol. I, 237, 1.

X s'établir, se fixer, Bc. — S'affermir; s'ancrer, s'établir, s'affermir dans un emploi, Bc. — S'autoriser, acquérir de l'autorité, Bc.

مُكن sauterelle qu'on mange, Niebuhr B. 162.

مَكْنَة main, Voc. — Blessure, Daumas V. A. 368, Beaussier. — Piége, embuche, Ht.

مَكْنَة honneur, Voc.

مَكْنَة (mal expliqué par Freytag) pouvoir, M; Djob. 203, 16, de Sacy Chrest. II, ٦٩, 4 a f., Gl. Geogr. — Crédit, Bc. — Incommutabilité, possession sans crainte de trouble légitime, Bc. — Possibilité, Bc.

المكين titre des chrétiens, Catal. des man. or. de Leyde I, 154—5; cf. le nom de l'auteur dont les annales ont été publiées par Erpenius.

ماكِن ferme, qui tient fixement; ferme, assuré; ferme, fort, robuste; ferme, compacte et solide; fort, solide, sûr, Bc. — Dur; راس ماكن tête dure, راسه ماكن tête de fer, homme de fer, opiniâtre; هذا الحصان راسه ماكن ou تمّ ماكن للحصان «ce cheval a la bouche dure,» Bc. — Coriace, Bc.

أمكان pouvoir; اهل الامكان les puissants, Gl. Geogr.

متمكّن invétéré, enraciné, Bc.

مكنيطس. Selon le Calendr., la navigation est interrompue chez les Grecs pendant sept semaines, qui commencent le 1er mars, et le premier jour de chacune de ces semaines, c.-à-d. par conséquent le 1er, le 7, le 14, le 21 et le 28 mars, et le 4 et le 11 avril, porte le nom de مكنيطس, premier مكنيطس, deuxième مكنيطس, etc., magnetis dans la trad. latine.

مكو

مُكّاء. Richardson Morocco II, 259: « mokha; it is about the size of a nightingale, and of a white light-brown colour. We seldom heard such sweet notes as this bird possesses.»

مَكى pour مِشكى (voyez).

مل I arranger, Ht. — C. a. p. s'ennuyer de quelqu'un,

Freytag Chrest. 44, 8. — *Ennuyer, dégoûter, fatiguer*, Alc. (enhastiar), *importuner*, Bc.

II (dénom. de مِلَّة) *faire une loi*, Voc.

V c. ب p. *s'ennuyer de quelqu'un*, Gl. Mosl.

مُلّ (cat. et val. moll, du latin mullus) pl. أَمْلَال *mulet, muge* (poisson de mer), Alc. (salmon pescado conocido, c.-à-d. salmonete); cf. مول.

مَلَّا *que, combien! particule d'admiration*, Bc.

مَلَّة ou مَمْلَة, corruption de مَوْلَى chez les Turcs, qui disent ملا قاضي, parce que, lorsqu'on parle d'un cadi ou qu'on lui adresse la parole, on dit مولانا, M.

مَلَّة *proprement la fosse dans laquelle on allume du feu, afin de cuire le pain sur des charbons et des cendres chaudes.* De là en Espagne *four*, tout l'ouvrage de maçonnerie dont se sert le boulanger, et dont cette partie où l'on fait cuire le pain s'appelle قوش, Gl. Mosl. — مَلَّة seul, pour خُبز مَلَّة, est vulg., mais ancien, Gl. Mosl., Eutych. I, 198, 2, Bar Ali 4348, Payne Smith 1164, et pl. مِلَال, 1516, Palgrave II, 14: «*Mellah*, or bread, baked, or rather burnt, under the glowing cinders.» Dans le R. N. je trouve l'expression impropre خُبز مَمْلَة, 6 rº: il mit la lettre في. — ملّة خبز قد انضجها, *Arrangement*, Ht.

مَلَّة forme au pl. مِلَل, et non pas مُلَل, comme chez Freytag. — *La somme due pour la réparation d'un homicide* (دِيَة), M. — Pl. مِلَل *nation*, Bc.

مَمْلُول *ennuyant*, Gl. Mosl., Gl. Geogr. — *Ennuyé*, Gl. Geogr. — Voyez mon article الكليلية sous كلّ. — *Marjolaine*, Most vº مرزنجوش, Auw. II, 287, 7.

مَلَالِيل *bien, fortune*, Bc.

مَلَّالِيَّة *le chant des rameurs*, comme κέλευσμα, κέλευμα en grec, mot qui a passé dans la b. latinité sous la forme *celeuma*, d'où vient l'esp. *saloma* (même sens), L: *celeuma* ويسمى (pour البَحْريِّين) زمهير البَحْريِّين. Je pense que مَلَالِيَّة est une onomatopée. Aussi en parlant de chants qui ressemblent à ceux des rameurs, Bat. II, 409: ويغنّون اثناء ذلك بالملاليية (biffez la malheureuse conjecture de l'éditeur).

مُلُوْلِيبَة même sens, Voc. (celeuma dans la 1ʳᵉ part., dans la 2ᵉ sous nauta).

مَمْلُول, n. d'un. ة, *chêne*, M.

Millil, roitelet (oiseau), Tristram 396 (willow wren).

املول = مازريون, Most. sous ce dernier mot.

مَمْلُول = مِيْبَل, *specillum, stylus*, Gl. Manç. sous ce dernier mot.

مَلَا I *remplir de*, c. a., c. ب et c. من, M; pour من aussi Gl. Badroun. — Par ellipse, *remplir une lettre, un livre de* (ب), Meursinge 25, 8: راسَلَ الكَمَال — وملا على الكرماني بما لا يليق «il écrivit une lettre à Camâl ed-dîn et la remplit de choses inconvenantes contre al-Kirmânî,» 45, n. 196, 6 a f.: ثم راتب على التاريخ وسلق فيه اعراض الناس وملا مساوى للخلق وكلّ ما رموا به ان صدقًا وان كذبًا, *être en selle*, Abbad. III, 143, 7 a f. — ملا دماغه *monter la tête, inspirer une résolution, imprimer fortement une idée*, Bc. — ملا عينه من امرأة *regarder une femme d'un œil de convoitise*, Abulf. Hist. anteisl. 88, 17. — لا ملا صَدْرَه — وكان شجاعًا صارمًا لا يملا قلبه شيء 39, 14: يملا قلبه شيء, *expression que Freytag donne sans autorité et qui signifie rien ne trouble son esprit, il ne perd jamais la tête*, se trouve Freytag Locm. 39, 14: يملا قلبه شيء — ملا السلطان عليه *il indisposa le sultan contre lui*, Berb. I, 484. — ملا عينه *plaire*, Lettre à M. Fleischer 105; aussi ملا العين والقلب, Imrânî 212: كان كاتبًا بليغًا فصحيحًا كريمًا يملا العين والقلب. De même ملا *dire des choses qui plaisent*, Kâmil 328, 14: il entra chez Moâwia vêtu d'une *'abâa* grossière, et lisant le mépris dans les yeux du prince, il lui dit: ليست العباءة تكلّمك وانّما يكلّمك مَنْ فيها ثم تكلّم فلا سمعه ثم نهض ولم يسأله فقال معوية ما رأيت رجلًا أحقر — اولًا ولا أَجَلّ آخرًا. — C. a. *tendre*, p. c. un arc, Hist. Joctan. 134, 1, comme عَنَدَه عَهْدًا; Macc. II, 208, 14, où il faut lire avec les man. d'Ibn-al-Khatîb, comme jo l'ai dit dans ma Lettre à M. Fleischer 170: فعاد والارتياح قد ملا عطفه والنَّعيم قد رفع انفه. Les dict. ont bien مَلَّ pour *tendre*, mais avec في, et quand la constr. est c. a., je crois à présent que c'est la 1ʳᵉ forme; cf. ce qui suit ici. — ملا الفرس فُرُوجه

le cheval tendit la courbure entre ses jambes de devant et la courbure entre ses jambes de derrière, dans le sens de: *il partit ventre à terre*, Badroun, notes, p. 115—6 (mais je crois que c'est la Ire forme, et non pas la IIe). De là ملإ فروجه *ventre à terre, à fond de train*, Auw. II, 543, 19: حتى اذا توهّم انك ملإ فروجه, lisez قد نمّت على ظهره فتحرّك ملى فروجه, 685, notes 3 a f.: ثمّ أجرى فرسًا بعد ذلك مل فروجه corrigez de même, Khallic. VIII, 145, 3:

جرت تحتته العلياء ملإ فروجها
الى غاية طالبت الى من بطاوله

Cf. Daumas V. A. 187: «*idjeri aala chedd le mela, il est lancé à fond de train*.» De même ملا حوافره, Auw. II, 617, 4: ثمّ ركض حتى ملا (l. ملإ) حوافره.

II ملّا دماغه = I dans cette expression, Bc. — ملا ماء dit le vulgaire, sans *hamza*, *tirer, puiser de l'eau*, M.

III c. a. *conspirer avec quelqu'un contre* (على) un autre, Bidp. 193, 2 a f.

VIII. امتلا من الغنائم *faire un riche butin*, Aghlab. 71, 3 a f., en parlant d'un général: فهزمهم وامتلا من غنائمهم — امتلا الزرع *le blé monte en épi*, Becrî 177, 6.

X. استملا فى الدَّيْن (mal expliqué par Freytag) signifie جعل دينه فى أملئاه اى اغنيائه ثقة, *prêter sur parole à des personnes solvables*, M.

مَلَا pour مَلْآن, *plein*, se trouve dans l'Aghânî (apud Koseg. Chrest. 130, 9): كانت مغرمة بالشراب وكانت تقول خذ ملا وأردد فارغا (Koseg. prononce à tort ملًا); cf. Gl. Geogr. Je crois retrouver ce ملا dans l'expression ايّام ملى, c.-à-d. ملى, qui désigne: *les jours du mois lunaire réputés heureux pour les travaux agricoles, dies felices operum* (Virg.), tandis que ايّام فارغة indique les jours malheureux (cf. les Géorgiques de Virgile, I, vs. 276, avec la note de Heyne), Auw. I, 223, dern. l., 224, 1—5. Le mot reste constamment invariable, car on dit يوم ملى, ايّام ملى, ويومان ملى, et aussi simplement الملى.

ملا *flux*, Bc.

مِلْءٌ. مل الأرض ذهبًا مِلْءٌ «autant d'or que la terre en peut contenir,» Coran III, 85; — ملء فواد *autant que le cœur désire*, Haiyân-Bassâm III, 4 r°: وضرب تنجازرها اوجه الركاب نحوهم حتى بلغوا من ذلك البغية وفوق ملّى فواد الأمنية (les 4 derniers mots manquent dans le man. B); — نام ملء جفونه *dormir d'un bon somme, dormir d'un sommeil tranquille*, M, qui cite un vers de Motenabbi; — ملء فروجه voyez sous la Ire forme; — ملء العنان *à toute bride, à bride abattue*, Calâïd 190, 2 a f.: جرى الى نُدّاته ملء العنان; — بكى ملء عينيه *pleurer à chaudes larmes*, Calâïd 65, 16: Quand Ibn-Tâhir eut rendu le dernier soupir, un de ses amis entra وهو يبكى ملء عينيه' ويقابـ على ما فات منه كقّيم«

المَلَا, M; لأنّه ملأ المكان, t. de philos., *corps*, M; لا يوجد فيه أمور مختلفة للحقوقى المتشابه est, M; sur ملا الأعلى voyez de Slane Prol. I, 200, n. 2, et M.

مَلَا n'est pas seulement le pl. de مَلْء, mais s'emploie aussi comme un coll. sing. masc., Gl. Mosl., Moallaca d'Amrolkais vs. 61, Chanfarâ vs. 67, Azrakî 174, 3, Koseg. Chrest. 130, 7.

مَلِى ou مَلَى (M). *Riche* en est ب ملى, Gl. Badroun. — A la 2^e signif. chez Freytag il faut substituer *payant ponctuellement ses dettes*, ou bien *qui a de quoi payer, solvable*, voyez mes remarques dans le J. A. 1869, II, 168—170.

مُلَاءَة. Au temps du paganisme on entendait sous le mot مُلَا (coll. sing. masc.) des toiles ou voiles, dont on couvrait p. e. la Ca'ba, Azrakî 174, 3. Elles servaient aussi de vêtement. Les hommes portaient la *molâa* sur la cotte de mailles, Hamâsa 16, 2 a f. (biffez chez Freytag la forme مُلَاء, qui n'existe pas), Ibn-as-Sikkît 528 (celles des 'Abs étaient blanches). Aujourd'hui la مُلَايَة est une pièce de toile de coton rayée en bleu et en blanc, ou bien de laine, ayant huit pieds de long sur quatre de large, que l'on jette sur l'épaule gauche après l'avoir doublée, et dont on se sert en forme de manteau ou camail, Vêtem. 409, Browne I, 39, II, 94, Burckhardt Nubia 87, Ouaday 341, 762. Sur la *molâa* ou *milâye* des femmes voyez Vêtem. 410, 411; ajoutez Voyage au Darfour 204: « Le *mîlâyeh* usité en Egypte est une sorte de grand voile en toile, parfois en soie, généralement bleu, à petits carrés, avec bordure fabriquée dans l'étoffe même. Ce vêtement est particulier aux femmes de médiocre condition, qui s'en enveloppent en le laissant descendre de la tête, par-dessus les épaules et les bras, jusqu'aux talons. Il est maintenu, de chaque côté, par les mains, et arrêté sur la tête par une ou deux épingles,» Pallme 42, 50, Burton II, 15. — *Châle dont on s'enveloppe la tête*; le M explique شاش par ملاءة من الحرير يعتم بها. — *Couverture*, Vêtem. 411, n. 1; ملاية *drap de lit*, Bc. — ملاية *nappe de table*, Ht. — Remarquez encore que ملاءة s'emploie aussi comme coll., Tha'âlibî Latâîf 72, 9: ومن الملاءة ثمانية الاف ملاءة۞

ملايّة *forme moderne de* ملاءة (voyez).

مَلَّان *ramassé, trapu, vigoureux*, Bc. — *Irrité*, Antar 17, 6: انا اعلم ان قلبك على ملان, وانك لما جرى عايك حردان. — *Enrhumé*, M.

مليان *plein, rempli*, Bc.

مَلّا *qui puise de l'eau chez le vulgaire, qui le prononce sans hamza*, M.

البَحْر المالي *le flux*, Domb. 56, Bc.

امتلاء t. de médec., *pléthore, abondance de sang et d'humeurs*, M; Calendr. 42, 8.

امتلائي *provenant de pléthore*, Bait. I, 58: ينفع من النشنج الامتلائي۞

ممتلئ *gros*, voyez sous صرف, Bait. II, 73 c: وعصيبه على غلط الرمح الممتلئ من الدردار۞

ملب

ملاب *voyez* مولاب.

ملح II *embellir*, Voc.

V *devenir salé*, Gl. Edrîsî, Voc. — *Manger des choses confites au sel*, Gl. Mosl. — *Plaisanter*, Macc. II, 377, 7; cf. 1001 N. Bresl. XII, 355: يملح اخبارا «ses histoires plaisantes.» — *Être embelli*, Voc.

VI *manger le sel ensemble*, Beaussier, Daumas V. A. 351, 1001 N. Bresl. XII, 6.

مَلْح pl. مُلوح *vol*, Voc. (furtum).

ملح. Le *sel minéral* (معدني) ou *sel gemme*, s'appelle ملح جبلي, M, ملح برّي, Bc, ملح اندرانى, M, ملح كبير, Domb. 102; ملح هندي *sel gemme de l'Inde*, Sang., Bait. I, 136, dern. l.; «c'est un sel noir inconnu au Maghrib,» Gl. Manç. in voce. — ملح محروق ou ملح بارود *nitre*, Bc; aussi ملح البارود (voyez sous شورج); ملح الدبّاغين *salpêtre*, Bc, aussi ملح حتّى, Shaw I, 228. — ملح توتيبة *ammoniac*, Bait. II, 531 d (A), aussi ملح النشادر, Bc. — ملح الصبّاغين ou ملح الزجّاجين *alcali*, Gl. Manç. v°, aussi ملح قلى, Bc; ملح قلى *potasse, soude*, Bc. — ملح العجين et ملح سبخي voyez sous سبخي. — ملح الصاغة *chrysocolle*, Most. v° تنكار, Bait. II, 531 c, *borax*, Bc (les anciens chimistes donnaient aussi le nom de chrysocolle au borax). — ملح العامة ou ملح العادة ou ملح الطرطير *tartre*, Bc. — ملح الغرب *le sel qui se rencontre sur l'arbre dit* غرب, Bait. II, 531 f (j'ignore de quel arbre il s'agit; غرب et غرب désignent des arbres différents). — ملح نبدلي *sel fossile*, Sang. — ملح يوخذ وسخ *sel qu'on tire de la terre même*, Bait. II, 531 g (AB). — بحر ملح, من نفس الارض voyez. — روح الملح *esprit de sel*, Bc. — ملحد يأكل على ذيله *il est ingrat*, M. — Dans le sens de *salé*, fém. ة, aussi en parlant d'une terre, Gl. Geogr. — *Lait*, Kâmil 284, 6.

مَلْح pl. مُلوح *sel*, Voc. — Pour le مِلْح de Freytag voyez مَمْلَحَة.

مَلِح *lac salé*, Daumas Sahara 80 (malah).

مَلِح *salant* (adj.), d'où l'on tire le sel, Bc.

مَلْحَة *bon mot*, Bc. — *Lieu agréable*, car dans de Sacy Chrest. I, ٧°, 10, je crois devoir prononcer وكانت ارض الدّيباجات من ملح القاهرة وبهجتها, au lieu de مِلْح. — *Objet joli, élégant*, de Jong. — *Chef-d'œuvre*, Bc. — Pour la couleur, cf. Bait. II, 197 b: فيه ملحة اى بياض۞

مَليح *le beau jeune homme, l'amoureux*, Alc. (gentil por galan onbre o muger), Prol. III, 413, 4 (avec mes remarques dans le J. A. 1869, II, 209), 422, 12 (cf. ibid. 215), *amant*, Hbrt 24 (Alg.). Aussi *la belle*, Alc., Prol. III, 423, 1. — *Solennel, pompeux*, Alc. (solene cosa ملیح). — *Clair, net, aigu, sonore* (son), Alc. (clara cosa en sonid طنين)

(مسيح). — Dans le sens de *salé*, aussi en parlant d'une terre, Gl. Geogr.

ابو مَلْبِح sorte de mets = فَتُوش (voyez).

مَلاحَة *gentillesse, grâce, agrément, élégance, beauté*, Alc. (garrideza, gentileza), Bc, Badroun 228, 11, Koseg. Chrest. 65, 4 a f., Mi'yâr 27, 4.

مَلُوحَة (M, pas مَلُوحَة comme chez Freytag), en Egypte, *des salaisons, de petits poissons salés;* chez Bc aussi *anchois;* Antâkî: صحناة لا تُعْرَف اَلاّ بالعراق ويقرب منه ما يُعْمل بمصر ويسمى المَلوحَة ۞

مِلِيحَة *salière*, ustensile pour mettre le sel, 1001 N. Bresl. II, 297; la même leçon dans Boul. I, 101, 3 a f.; Macn. مِلحَة.

أَتْقَبْ المَلوحِيَة *dessaler*, Bc.

مَلَّاح *saunier*, faiseur de sel, Alc. (salinero que haze sal). — *Saleur*, celui qui sale, Bc; J.-J. Schultens a: *qui multum salit*, metaph. in adagio شَرَّاع مَلَّاح «multum secat et salit;» de eo qui libere reprehendit, Ad. Gol. XCVI. — *Salière*, Alc. (salero para tener sal). — *Sauce* (où il entre du sel), Burckhardt Nubia 203. — *Grésil*, nommé ainsi parce qu'il ressemble au sel, M. — *Celui qui travaille aux embouchures des rivières*, M. — *Voleur* dans la 1ʳᵉ partie du Voc., *recéleur* dans la 2ᵒ (qui omit furatum).

مَلَّاح *Androsaces Sertularia*, Bait. I, 90 c, II, 532 b; = قَلَّام dans le Most. sous ce dernier mot. — *Salsugo* dans L, tandis que le Voc. a مَمْلَحَة pour ce mot latin.

مَلَّاحَة *mine de salpêtre, nitrière,* Alc. (salitrar (l. salitral) donde se cria el salitre). — *Gabelle,* lieu où l'on vend le sel, Bc, M. — *Salière,* Bc, Hbrt 17.

مَلَّاحَة *sueda*, Prax R. d. O. A. VIII, 283, *cressa cretica L.*, ainsi appelée parce qu'elle vient sur les terrains salés, idem 348.

مُلَيْلَح pl. ات *petite salière*, Alc. (salero pequeño).

مالِح *salpêtreux, nitreux*, أرْض مالحَة, Alc. (salitroso lleno de salitre). — المَالِح, pl. المَوالِح *des choses confites au sel*, Gl. Mosl. — *Des* مالحون *sont ceux qui ont mangé le sel ensemble, et qui, par conséquent, ont contracté amitié*, Burton II, 53: «dipping hand in the same dish with them, in order that the party might always be *malihin*, on terms of salt,» 111: «*Nahnu malihin, we have eaten salt together*, is still a bond of friendship.» — *Fou, sot*, Voc.

أَمْلَح *blanc* quand on parle de moutons, Prol. III, 287, 13. — Comme compar. de مَلِح, *plus gracieux*, Koseg. Chrest. 50, 3 a f.

مَمْلَحَة *salière*, M, Bc, Hbrt 17, 1001 N. I, 269.

مَمْلَحَة *salsugo* dans le Voc.; cf. مَلَّاح.

مَلْخ I *arracher*, Alc. (arrancar); *éclater des branches, les détacher par éclat pour planter*, Auw. I, 155, 18 (l. مَلْخ), 159, 6, 177, 3 a f., 199, 4; c'est le *decerpere* du Voc. — *Disloquer, déboîter, démettre les os*, Alc. (desencasar); مَلُوخ *éreinté, démembré*, Alc. (derrengado, deslomado, desmembrado).

VIII dans le Voc. sous *decerpere* (voyez I).

مَلْخ *branche détachée par éclat pour planter*, Auw. I, 175, 20, 2 a f., 176, 1; comme coll., Calendr. 33, 5; pl. مَلُوخ, Auw. I, 13, 158, 17, etc., Calendr. 25, 4.

مَلْخَة pl. ات même sens, Alc. (ramo para plantar). — *Rupture des reins, tour de reins, démembrement*, Alc. (derrengadura, deslomadura, desmembradura). — *Entorse*, Bc.

ملوخ est اذا كانت سَهْلَة المَرّ بَكْرَة مَلُوخ, Kâmil 59, 2.

مَلُوخ *Atriplex Halimus*, voyez Bait. II, 441 b (AB), 531 h. — = ملوخية, Most. vᵒ خبازى.

مَلْخُون I (formé de مَلَخُونِيَة) c. a. et II dans le Voc. sous *stultus*.

مَلْخُونِيَة *mélancolie*, Voc. (stulticia ex infirmitate).

ملد V, en parlant d'une noble jeune fille, *vivre entourée d'égards et de soins*, Gl. Mosl.

أَمْلُود a le pl. أماليد, Calâïd 191, 14: اخنانها الاماليد.

ملذ I. Le n. d'act. مَلاذ (Reiske) se trouve dans le Kâmil 726, 12, 727, 1.

مَلْذان = مَلْذان, Kâmil 727, 1.

مَلُوذ = مَلُوذ, Kâmil 727, 1.

ملر

مُلْوَرَة (lat. merula, par métathèse) pl. مَلاوِر *merle*, Alc. (mierla ave).

مَلْبِيَة (esp. mollera) *sommet de la tête, sinciput*, Voc.

مَلَس II *raboter, rendre uni et poli avec le rabot*, Alc. (acepillar, copillar con copillo), Ht. — *Dénouer*, 1001 N. Bresl. III, 79: ملّس اللباس من وسط الجارية « il dénoua le caleçon de la jeune fille. » — C. على *toucher doucement, palper, tâter*, 1001 N. I, 335, 3 et 5, 540, 7; على لحيته *caresser sa barbe*, Bresl. X, 378. Quand on veut dire à quelqu'un qu'il peut ou doit partir, on dit: قم ومَلِّس ou مَلِّس على راسك درج على، راسك, 1001 N. I, 74, 11, 120, 12, 605, 3; les explications que Lane a données de cette expression (trad. I, 230, n. 43, et addit. p. 249) ne me semblent pas satisfaisantes. — *Caresser, enjôler*, Ht.

VIII *être lisse, uni, poli*, M sous نفش I.

مَلِس *lisse, uni, poli*, Alc. (lisa cosa), mais je suppose que c'est par erreur, et que c'est le pl. de أَمْلَس, qui précède chez Alc.

مَلِس, fém. ة, *lisse, poli*, Voyages de Sind-bâd éd. Langlès 22.

ملسى *épithète d'un cheval*, 1001 N. Bresl. XII, 118: للخيل العواتق الملسيات.

مَلِيس *aigre-doux*, Bc.

مَلُوسَة (esp. merluza) *merluche*, Alc. (pescada).

مَلّاسَة *rabot*, Domb. 95. — *Truelle*, ibid.

مَلّاسى *fondant* (fruit), qui a beaucoup d'eau et qui se fond dans la bouche, Ztschr. XI, 524.

مَلِيسى vulg. pour أَمْلِيسى, M.

أَمْلَس, en parlant de fruits, semble signifier *qui a la peau lisse*, اللوز الاملس, Becrî 3, Calendr. 83, 7 (dans la trad. lat. persica lonia, mais lisez lenia, c.-à-d. lœvia); cf. أَمْلِيسى. — En parlant d'un désert, *où il n'y a point de plantes*, Berb. I, 106. — *Celui auquel on a coupé le membre viril*, 1001 N. Bresl. XII, 328: فيبقى الرجل املس من غير ذكر.
— Les مُلْس formaient en Sicile une certaine classe de serfs, tandis qu'une autre portait le nom de الخُرْش, Gregor. 36: خمسمائة رجل من اقليم جاءو منهم اثنين حرش.

وثلاثة ملس (lisez ainsi avec le man., au lieu de والثلاثة), J. A. 1845, II, 318; Noël des Vergers (ibid. 332) observe que, dans la transcription grecque, le mot ملس est toujours rendu par ἐξώγραφοι, et dans ce dernier terme il croit retrouver les *ascriptitii* des chartes latines.

أَمْلِيسى désigne une variété de certains fruits, de grenades, Tha'âlibî Latâîf 111, 4 a f., Edrîsî ٣, 1, Auw. I, 273, 13, de caroubes, Auw. I, 246, 2 a f., de châtaignes, Auw. I, 254, 12, de noix, Auw. I, 292, 2 a f., de noisettes, Auw. I, 349, 2 a f., et semble signifier *qui a la peau lisse*; cf. أَمْلَس.

مُمَلِّس, t. de médec., *émollient*, M.

مِمْلَسَة pl. مَمالِس *rabot*, Alc. (copillo), Hbrt 84. — *Truelle*, Voc., Alc. (plana de albañir), Bat. II, 12: علسة البنّاء.

مَلْسِتان pl. ات = مَوْسِتان, *hôpital*, Voc.

ملسقالقو (ital. mariscalco) *maréchal*, Gregor. 38.

مَلَش I *manger vite*, M.

مَلْش (esp. músculo, par métathèse et contraction) pl. أَمْلاش *muscle du bras*, Alc. (morezillos de los braços).

مالِش vulg. pour مالِج, *truelle*, M.

مَلُّوش *ver qui ronge l'intérieur de l'arbre et qui le fait mourir*, M.

ملشون *sorte d'oiseau*, Payne Smith 1183, semble = بلشون (voyez).

مَلَص I *rompre* رقبته *le cou à quelqu'un*, 1001 N. Bresl. II, 58.

مَلِيص *prune*, Domb. 71.

مَلَط I (ou II?) *faire tourner l'épée dans l'air*, Bâsim 123: ayant reçu l'ordre de couper la tête à un criminel, اجلسه على قراقيصه وكتّف بيديه وملط سيفه ووقف على راسه وقال دستورك يا امير المومنين; cf. V.

V même sens, Khatîb 18 v°: كان يتملط سيفه الى قنده.

خَلْط مَلْط *pêle-mêle*, Bc.

ملغ

وكان له اخ مرتهن عند السلطان ؟ملطى Haiyân 19 r°: فى السجن فلطف فى تخليصه حتى اخرج اليه يوم عيد ملطى موكّل به فقتل الملطى وخروج مع اخيه ذلك sans dire que مَلَطى dans le sens ordinaire (de Malatia) ne convient pas pour l'Espagne.

ملاطاة la plante مشط الغول, Bait. II, 532 d.

مِلاط est en général *ce dont on se sert pour faire tenir ensemble des pierres*; on trouve p. e. ملاط اساساته الرصاص, Gl. Geogr.

مَلُوطَة pl. ملاليط voyez Vêtem. 412—3 et ajoutez-y: mongil vestidura de monge chez Alc.

أَمْلَط imberbe, Ht.

ملغ

ملاغة *plaisanterie, amusement*, Domb. 127, Ht.

مَلَف (ملف Beaussier), pl. مُلُوف, pl. du pl. ملوفات (Beaussier), au Maghrib, *drap*, Vêtem. 112 n. (l. 7 a f. lisez فذرعها ou فذرعها, et traduisez: « il le mesura»), Voc, Bc (Barb.), Hbrt 19 (Alg.), Ht, Macc. II, 711, 5, Khatîb 92 v°: زوبرأسى شاشية ملف حمراء les passages de Bat. sont: II, 311, 362, 377, 435, 443, 444, III, 8, 10, 190, 244, 421, 423, IV, 3, 403, 412; Ghadamès 40: *melfelâda* [c.-à-d. ملف العادة], *drap grossier*.

ملفان est le syr. ܡܲܠܦܵܢܵܐ, *docteur*, Payne Smith 1599.

مَلَّاف *drapier, fabricant de draps*, Alc. (perayle que haze paños, trapero).

مَلَّف I *allécher, fasciner*, Ht. — *Briguer*, Alc. (abarcar tierra, cf. Nebrija et Victor).

II *flagorner, flatter, cajoler, courtiser*, Bc, *caresser, flatter*, Hbrt 236, 245.

V c. مع p., voyez sous صنع V.

مَلَّف *appât*, Ht.

مَلَف *amour feint, qui est seulement dans les paroles, et non dans le cœur*, Gl. Manç. in voce.

مَلَفَة, pl. ملق et أملاق, *en Egypte, lieue*, Bc, Lane M. E. II, 417, Burckhardt Nubia 482.

أُمْلِيق (esp. ombligo) pl. أماليق *ombilic, nombril*, Voc, Alc. (ombligo del animal).

ملك

تَمَلُّق *fadeur, louange fade*, Bc.

مُمَلَّق *qui a un nombril*, Alc. (ombligado); cf. امليق.

مَلَّاق = مِمْلاق, Kâmil 330, 11.

ملك I كذا ملكت القلعة من موضع «c'est de ce côté que la forteresse fut attaquée et prise d'assaut,» Edrîsî ٨٢, trad. 100, n. 1. — ملك البرّ *atteindre le rivage*, 1001 N. Bresl. IX, 370. — ملك روحه c., من ou عن, *s'abstenir de*, Voc. — ملك الولى المرأة *le tuteur empêcha la femme de se marier*, M. — ملك كفّه بالسيف *tenir l'épée bien ferme*, Abbad. III, 94, Gl. Mosl. sous شك. — مَنْ يُمْلَكُ امرُه عايه *ceux qui subissent la domination de l'étranger*, Prol. III, 265, 11. Mais ملكوا عليه امره est *ils s'emparèrent de sa personne* dans Berb. I, 545, 9: ثمّ تسوّروا جدرانها واقتحموا داره وملكوا عليه امره واخرجوه برمته

II *aliéner, vendre*, Alc. (enagonar); la formule qu'emploie le vendeur est مَلَّكْتَك ou مَلَكْتُعَنَّك, Gl. Tanbîh.

V c. a. *acquérir, se rendre maître de, posséder*, Gl. Fragm., Macc. I, 133, 4, Calâïd 118, 5: معاجزة اسباب ب; تتشرق الدنى بتملّكها chez Bc (*acquérir*) c. ب; *les moyens de s'enrichir*, Macc. I, 130, 2; تَمَلُّك *opulence*, Gl. Geogr. De là تَمَلَّك *tomber, être au pouvoir d'un maître*, Abbad. I, 38, 4, en parlant d'un roi détrôné et prisonnier: تُمَلَّك بَعْدُ المُلْكِ, Prol. I, 19, 3 a f. (cf. la trad.): تَمَلَّك جَدُّ من الفرس «son grand-père, un Perse, était tombé en esclavage» (de Sacy et de Slane ont prononcé à tort تَمَلَّكَ جَدَّ). En parlant du sol, d'arbres, etc., مُتَمَلَّك signifie *qui est regardé comme une propriété particulière*, Bat. IV, 173, 242, 243. — *Monter sur le trône*, Bc, Athîr X, 400, 2 a f., Macrîzî, man. II, 351: فلما تملّك الملك الظاهر برقوق; تملّك على القوم est M. — *S'impatroniser, s'établir dans une maison et finir par y dominer*, Bc.

VI تمالك عقله ou نفسه *se maîtriser, être maître*

ملك

de soi, Koseg. Chrest. 7, l. 10. — *Tenir ferme, ne pas lâcher le pied*, Amari 162, 7.

VIII dans le Voc. sous posidere; *acquérir*, Bc. — C. ب *s'abstenir de*, Voc.

X dans le Voc. sous posidere; *s'approprier, capter, gagner*; استملك القلوب *conquérir les cœurs*, Bc.

مِلْك pl. أَمْلَاك *bien-fonds, bien immeuble*, Alc. (eredad, milq); املاك se dit des biens-fonds, comme les terres, les propriétés territoriales, Burton II, 4, Tha'âlibî Latâïf 72, 6, Maml. I, 1, 26, dern. l., Cartâs 33, 8 a f., 281, 12, et les maisons, Cartâs 273, 11 a f.: وغليتين فى ايامه الاملاك فبيعت الدار ب ايامه بالف دينار ذعبا

مِلْك, Haiyân 68 v°: après avoir secoué le joug du sultan, نعموا الى ملك انفسهم « ils résolurent de se gouverner eux-mêmes, » de se former en république. — اسباب الملك *les moyens de s'enrichir*, Gl. Geogr.

مَلَك, *ange*, pl. أَمْلَاك, Voc.

مَلِك, *roi*, pl. أَمْلَاك, de Jong; — pas seulement *roi*, mais aussi *prince*; les quatre fils de Motamid de Séville, qui n'étaient que gouverneurs, portaient aussi le titre de ملك; de même les auteurs latins et espagnols donnent souvent le titre de *rex* et de *rey* à des Arabes qui n'étaient que de simples généraux ou des gouverneurs; — dans l'Inde = émir, Bat. III, 145. — الملك الأحمر *Mars*, Bc. — ملك الحيات *aspic*, Bc.

ملكى vulg. pour مَلَكِى, *Melchite*; aujourd'hui on entend ordinairement sous الملكية *les catholiques*, M.

مَلَكِى *angélique*, Voc., Bc. — الملكى espèce de sorbet, J. A. 1861, I, 16, mais je ne sais pas si ce passage a été bien traduit par Behrnauer.

مَلْكَى = مَلْكَان, Kâmil 270, 16.

مَلَكُوت (pas مَلْكُوت comme chez Freytag), chez les Soufis, *le monde caché ou insensible qui n'a de relation qu'avec les esprits et les âmes*, de Sacy Chrest. I, 451. — Chez les chrétiens (masc., le fém. est une faute du vulgaire), *le royaume des cieux*, M, *paradis*, Ibrt 149. Aussi *la prédication de l'Évangile*, M.

مَلَك peut se traduire par *point capital*, Bidp. 247, 7: وللحلم راس الامور وملاكها, Auw. I, 153, 7: ملاك

ملكتنات

, 165, صلاح جميع الاشجار سقيها بالماء فى الصيف الخ 21, 186, 13, Berb. II, 560, 11. — *Fiançailles*, Ht.

المليك *Dieu*, de Sacy Chrest. II, 442, n. 31.

مَلِيكَة *reine*, Voc.

ملوكية = ملوخية (Freytag 205 b) *mauve*, Gl. Manç. in voce, Bait. I, 347 c.

مالك *infernalis minister*, Voc.; cf. Reiske dans Freytag.

ملكى *sorte d'oiseau aquatique*, Bait. II, 487 b.

أَمْلَك c. ب *ayant plus de droits à*, Mâwerdî 20, 9. — C. ب وكان النعمل املك به ب *il s'occupait plus de bonnes œuvres* (que d'études théologiques), Macc. I, 894, 12.

تَمَلُّك *occupation, habitation*, Bc.

تَمْلِيك, avec ب, *mise en possession*, Bc.

مُمَلَّك *qui porte le titre de* مَلِك, Abbad. II, 173, 3 a f.

مَمْلَكَة, pl. ممالك; s'emploie aussi en parlant d'un premier ministre, quand il est tout-puissant, comme l'était Almanzor, Abd-al-wâhid 26, 4.

مَمْلُوكِى. صلاة مملوكية, *prières d'esclaves*, signifie dans le langage populaire: des prières sans ablutions, parce qu'ordinairement les esclaves n'accomplissent les pratiques religieuses qu'afin d'échapper aux coups de bâton de leur maître, Burton I, 98 n., chez Lane M. E. I, 254 n., c'est صلاة مالكية.

مَمَالِيكى voyez ce qui précède.

امتلاك النفس *modération*, Bc.

متملك. L: *mulcator* متملك; mulcator est « peremptor, qui corpora afficit vel cruciat » (Ducange), mais dans ce cas les deux mots arabes ne me semblent pas convenir.

استملاك *investiture*, Ht.

مَلَكْتَنَات, mieux أَمْلَكْتَنَات, Bar Ali 4789, Payne Smith 1777—8, est le même mot que فَمَلَخْتَنَات, qu'on trouve deux fois chez Mocaddasî (voyez Gl. Geogr.) et qui est le pl. arabe du persan فَمَلَخْت. D'après les glossateurs syriaques, le sens est ordinairement *semelles*, et quelquefois aussi *des morceaux de cuir avec lesquels on raccommode de vieux souliers*.

ملكز‎ II c. على‎ p. *plaisanter*, Bc.

مَلْمَار؟‎ Bait. I, 5 a: ﺎَﻃِﺒّﺎَء ﻣِﺼﺮ ﻳَﺴْﺘَﻌْﻤِﻠُﻮﻧَﻪ ﻓﻲ ﻣُﺪَاوَاةِ ﺍَﻣْﺮَﺍﺽ ﺍﻟْﻌَﻴْﻦ ﺑَﺪَﻟًﺎ ﻣِﻦ ﺍﻟْﻤَﻠْﻤَﺎﺭ ﺍﻟﺼّﻴِﻨّﻲ ﻭَﺍﻟْﻤَﻠْﻤِﻴﺮَﺍﻥ ﺍﻟﺼّﻴِﻨّﻲ ﺍو ﺍﻟْﻤُﻜَﻰ ﺑَﺪَﻟًﺎ ﻣِﻨْﻪُ ﺍﺫَﺍ ﻋُﺪِﻡَ‎

ململ‎ II (cf. مرمر‎) *murmurer*, l'Evangile selon saint Jean VI, 41 (man. de Madrid): ﻓَﻜَﺎﻥ ﺍﻟﻴَﻬُﻮﺩ ﻳَﺘَﻤَﻠْﻤَﻠُﻮﻥ ﻣِﻨْﻪُ‎ VII, 12: ﻭَﻛَﺎﻥ ﻓﻲ ﺍﻟْﺠَﻤَﺎﻋَﺔ ﻣَﻨْﻪُ ﺗَﻤَﻠْﻤُﻞ ﻛَﺜِﻴﺮ‎ (Simonet); peut-être *murmurer entre ses dents* chez Djaubarî 6 r°: ﻭَﺟَﻌَﻠْﺖُ ﺃَﺗَﻤَﻠْﻤَﻞ ﻋَﻠَﻰ ﺭَﺩّ ﺍﻟْﺠَﻮَﺍﺏ ﻓَﻠَﻢْ ﺃَﻗْﺪِﺭ ﻋَﻠَﻰ ﺫَﻟِﻚَ‎

ملن‎.

ﻣَﻠَﺎﻥ‎ *rouget* (poisson), Roland, Beaussier; chez Pagni 71 *Mllù*.

ملند‎.

ﺍﻟْﻤَﻠَﻨْﺪ‎ est l'esp. *almirante*, *amiral*, Prol. II, 32, 12, Berb. II, 386, 4, Cartâs 224, 7 a f., 2 a f., Abou-Hammou 133: le sultan Merinide Abou-'l-Hasan allâ porter la guerre en Espagne ﺑَﻌْﺪَ ﺍَﻥْ ﻓَﺴَﺪَ ﻣَﻠَﻨْﺪ‎ (ملند‎ l.) ﺍﻟﻄﺎﻏﻴﺔ ﺍﻟﻨﺼﺮﺍﻧﻲ ﻭَﺃَﺧَﺬَ ﻣَﺎ ﻛَﺎﻥَ ﻟَﻪُ ﻓﻲ ﺍﻟﺒَﺤْﺮ ﻣِﻦَ ﺍﻟﻄَﺮَﺍﺋِﺪِ ﻭَﺍﻟﺸَﻮَﺍﻧﻲ‎. Ce mot vient bien de ﺃﻣﻴﺮ‎ (voir Gl. Esp. 164—5), mais il avait trop changé en route pour que les Arabes pussent le reconnaître.

ﻣَﻠَﻨْﺪِﻳّﺔ‎ nom d'un instrument de musique en usage parmi les Maures de Grenade, Hernando de Baeza (éd. Müller L. Z. 78): « y tocando los ataualas y anafiles y melendias con gran voz començaron á pasar el arroyo;» chez Alc. *malandia* sous *musayca obra antigua*, ce qui signifierait *mosaïque*, mais c'est une erreur: ses trois mots arabes se rapportent à *musique* (*musica*), et il n'en a aucun pour *mosaïque*.

ملو‎ II *dicter*, Bc.

IV. املى‎ *il traîna la négociation en longueur*, Berb. I, 534, dern. l., 593, 6 a f. — *Dicter;* de là املى دروسا‎ *dicter, donner des leçons, enseigner*, Macc. I, xcix, 14, 39, 5; aussi املى‎ seul, *enseigner*, ibid. xcix, 15, 3 a f., 39, 8. Aussi *dicter* dans le sens de *suggérer à quelqu'un ce qu'il doit dire ou faire*, Macc. II, 555, 17: ﺃَﻋْﻠَﻢُ ﺃَﻥَّ ﺍﺑْﻦَ ﺳَﻴِّﺪ ﺍﻟﺸَﺎﻋِﺮِ ﺃَﻣْﻠَﻰ‎ ﻋَﻠَﻰ ﺍﻟﺴَﻔْﻠَﺔ ﻣَﺎ ﻗَﺎﻝَ ﻭَﺻَﻨَﻊَ‎ « il apprit que le poète Ibn-Sîd avait suggéré à l'homme du peuple ce que ce dernier avait dit et fait, » Berb. I, 96, 7, 400, 13: ﻓَﺘَﻠُﻮﻩُ ﺑِﺎِﻣْﻠَﺎﺀ ﻗَﺎﺋِﺪِﻫِﻢ‎ (« à l'instigation de »), 565, 8, II,

112, 4. — *Minuter, faire la minute d'un écrit, noter*, Alc. (escrevir por minuta, notar algo en otra cosa).

V *jouir longtemps de*, c. a., Calâïd 213, 14: ﻭَﻧَﺎﻝَ‎ ﺃَﺳْﻨَﻰ ﺍﻟْﺤُﻈُﻮﻅ ﻭَﻣَﺎ ﺗَﻤَﻠَّﺎﻫَﺎ ﻓَﺈِﻥَّ ﺩَﻫْﺮَﻩُ ﻛَﺮَّ ﻋَﻠَﻴْﻪِ ﺑِﺨَﻄُﻮﺑِﻪ‎ « ﻭَﺳَﻔَﺮَ ﻟَﻪُ ﻋَﻦ ﻗُﻄُﻮﺑِﻪ‎, Berb. I, 488, 2 a f., II, 201, 2 a f., 350, 4, 351, 3, c. ﻣِﻦ‎, Macc. III, 185, 10: (ﻭَﻗَﺪْ ﻟَﻘِﻴَﺪْ ﻭَﻟَﻢْ ﻳَﺘَﻤَﻠَّ ﻣِﻨْﻪُ ﻟِﺸِﺪَّةِ ﻧُﻔُﻮﺭٍ ﻣِﻦَ ﺍﻟﻨَﺎﺱِ‎ « il n'avait pas joui longtemps de sa société»), Berb. I, 546, 7 a f.: ﻛَﺎﻥَ ﻣُﻘِﻴﻤًﺎ ﺑِﺎﻟْﺤَﺼْﺮَﺓ ﻗَﺪَّﻣَﻬَﺎ ﺯَﺍﺋِﺮًﺍ ﻣَﻨْﺬُ ﺃَﺷْﻬُﺮٍ ﻭَﺍﻗَﺎﻡَ‎, Macc. III, 712 ﺗَﻤَﻠَّﻴْﺎَ ﻣِﻦَ ﺍﻟﺰِﻳَﺎﺭَﺓ‎, et c. ب‎, Bc, qui a: ﺗَﻤَﻠَّﻰ ﺑِﺮُﺅْﻳَﺘِﻪِ‎ « jouir de la vue de quelqu'un.»

VI = ﻗَﻢْ‎, Diw. Hodz. 204, vs. 12, 205, 2.

VIII. ﻟَﻮْﺡ ﺍﻟِﺎﻣْﺘِﻠَﺎﺀ‎ *tablette, agenda, calepin*, Alc. (tablillas para escrevir).

X c. a. *jouir depuis longtemps de*, Macc. II, 173, 14 (cf. Add. et Fleischer Berichte 281).

ﻣَﻠُﻮ‎ *rouget* (poisson), Pagni 71 (Mllù), qui ajoute « comme dérivé du latin *mullus*;» cf. ﻣَﻠَﺎﻥ‎.

ﻣَﻠُﻮَّﺓ‎ voyez sous ﻟﻮﻯ‎.

ﻣَﻠَﻲ‎ *écrivain*, Alc. (escritor que conpone).

ﺍِﻣْﻠَﺎﺀ‎ *orthographe*, Bc.

ﻣَﻠُﻮﻥ‎ (esp. *melon*), pl. ﺎﺕ‎ et ﻣَﻠَﺎﻟِﻴﻦ‎, *melon*, Alc. (melon fruta conocida, papon o melon), Most. v° ﺑَﻄّﻴﺦ‎, seulement dans N: ﻳُﻌْﺮَﻑُ ﺍﻟﺼِﻨْﻒَ ﺍﻟﺼُﻠْﺐ ﺍﻟﻠَﺤْﻤِﻴﺬ ﻣِﻦ‎ ﺍﻟْﺒَﻄّﻴﺦ ﺑِﻠِﺴَﺎﻥ ﺍﻟﺎﻧﺪَﻟُﺲ ﻣَﻠُﻮﻥ‎ (sic) ﻭَﻫُﻮَ ﺻِﻨْﻔَﺎﻥ ﺃَﺻْﻔَﺮ‎ ﻭَﺃَﺧْﻀَﺮ‎. — (Esp. *melon*) mêmes pl., *blaireau ou animal qui ressemble au blaireau*, Alc. (melon animal como texon, texon animal conocido).

melon, ﺍﻟْﺒَﻄّﻴﺦ ﺍﻟﻄﻮﻳﻞ‎ ﻣَﻠُﻮﻧْﻴَﺎ‎, Bait. II, 533 a.

ﻣَﻠْﻴَﺎﺭ‎ est le syr. ﻣَﺴَّﻤﺖَ‎, du grec μιλιάριον, chez Buxtorf ﻣﻮﻟْﻴَﻴﺮ‎, avec cette explication: *calefactorium, vas culinarium, cuius capacitas continet aquam, et intra capacitatem ad latus est receptaculum carbonum ad calefaciendum aquam;* se trouve Payne Smith 1300; aussi ﻣِﻨْﻴَﺎﺭ‎ ibid. et 1516; mais ﻣَﻴْﻨَﺎﺭ‎ et ﻣَﻨْﻴَﺎﺭ‎ sur cette dernière page me semblent des fautes. Le mot est d'origine latine; les Romains donnaient le nom de *miliarium* à un vase haut et étroit, qui servait à chauffer l'eau dans les bains, parce qu'il avait la forme d'un milliaire, d'une pierre milliaire; les Grecs leur ont emprunté ce terme.

ﻣَﻠِﻴﻠُﻮﻃُﺲ‎ (μελίλωτος) *mélilot*, Most. v° ﺍِﻛْﻠِﻴﻞ ﺍﻟﻤَﻠِﻚ‎, où ce mot est altéré en ﻣَﻠِﻴﻮَﻃِﻦ‎.

مَلْيُون (roman), pl. ملايين et vulg. ملاويون, million, M, Bc. En Orient, *dix millions*, M.

مُومُو (Roland), مُمِي (Voc.) *prunelle*; chez d'autres مومو ou موموا (voyez).

مَمِيثَا = مَامِيثَا, Bait. II, 462 b (AB).

مُومَة (Alc.) ou مُومِيَة (Voc.) *chouette, hibou*, Voc., Alc. (curuxa specie de lechuza, lechuza ave). L'esp. a donc eu un mot *mamera*, *qui tette*, formé de *mamar*, *teter*, comme *lechuza* vient de *leche, lait* (lechuzo, za, adj., se dit d'un mulet qui tette encore). Il faut penser aux striges des Latins, ces oiseaux de nuit qui, dans l'opinion populaire, suçaient les mamelles des petits enfants.

مِن. Après les verbes qui expriment un mouvement, *par* ou *sur*; aux exemples donnés par Freytag j'ajoute Meursinge 22, 4: il alla à la Mecque من البحر «par mer.» — فمن قائل يقول *quelques-uns disaient*, Badroun 145, 9, ومن قائل *quelques-uns disent — d'autres prétendent*, Aboulf. Hist. anteisl. 192, 7 et 8. — *Pendant* (c'est proprement le partitif), Bokhârî, man. II, 170 v° استيقظ النبي من الليل v°: 174 — *Consistant en*, Nowairî Espagne 477: فقام رسول الله يصلّى من الليل ونُوفّى محمد جُنْدَهُ, dans من احد — .قوّادا من طبيب وحائك وجزّار ودسّار des phrases positives, *un*, Djob. 292, 9: كنت من احد فتيان الخليفة. — Pour le من qui indique un rapport de connexion, p. e. هو منك وانت منه (de Sacy Chrest. II, 420), *il y a des rapports de rang et de dignité entre toi et lui, il va de pair avec toi et toi avec lui,* voyez de Sacy Gramm. I, 492. — *En comparaison de,* Aboulf. Hist. anteisl. 74, 8: والذى يقوم بعدك دونك بمنزلة الفضة من الذهب «celui qui te succédera te sera aussi inférieur que l'argent est inférieur à l'or,» Aboulf. Ann. II, 92, 2 a f.: واسوتاه من رسول الله ناهيك من رجل. — Pour *prodige d'homme, homme prodigieux*, on emploie aussi من رجل soul, Abbad. I, 259, n. 1. — من يوم ان *maudit soit le jour où*, Macc. III, 23, 20:

من يوم اذ صيّرت ودّى جانبا
واعرضت عنّى ما تناطح عنزان. —

منك semble avoir le sens de *s'il vous plaît,* Aghânî 39, 8:

خليلي عوجا منكما ساعة معى.

فذاق الطعام من *il goûta le mets pour voir s'il y avait assez de sel,* Khatîb 32 r°:
الملح بالمعرفة فوجده محتاجا للملح فجعل فيه ملحا.
Pour les expressions عجب من et شأن من الشأن, voyez sous شأن et العجيب.

مَنَّ I, *donner, faire une grâce à quelqu'un,* c. على p. et ب r., M, de Sacy Chrest. I, ۹v, 4 a f., p. e. منّ عليه بالبقاء «il lui accorda la vie,» et par ellipse منّ عليه, Gl. Belâdz. — Dans le sens de *reprocher un bienfait,* n. d'act. aussi مَنٌّ, M, Voc., de Sacy Chrest. II, 449, Kâmil 397, 9, et se construit c. على p. et ب ou acc. du bienfait, Gl. Mosl.

. II *être couvert de manne* (arbre), M. — C. a. p. *reprocher à quelqu'un un bienfait,* M.

V *reprocher un bienfait,* Gl. Bayân.

VIII, *reprocher un bienfait,* se construit comme I c. على p. et ب r., Gl. Mosl.

مَنّ, *manne,* pl. أمنان, Macc. I, 123, 19. — Certain insecte qui est nuisible aux arbres, M.

مِنّ *manne,* Voc.

مُنّ *manne,* Payne Smith 1474.

مِنَّة pl. مِنَن *bienfait, grâce,* Abbad. I, 77, n. 22, M, Voc. (sous *daro*); منّة خاصّة *privilège, don naturel,* Bc. — *Grâce, remerciment, témoignage de reconnaissance,* Abbad. l. l. — *Obligation, engagement qu'impose le devoir de la reconnaissance pour des services, des bienfaits qu'on a reçus de quelqu'un,* Bc.

مِنَّة *manne,* Voc.

مِنَّة = مَنِيَّة (voyez) *obligation;* منيتك على *les obligations que je vous ai;* كان تحت المنية et حمل منية «avoir des obligations,» Bc.

مَنَّان *l'action de reprocher un bienfait,* Alc. (çaherimiento).

مَمْنُون, *mort,* est fém., Abbad. III, 172, n. 132, M, Recherches II, Append. xx, 7 (à lire سلبته avec le man. A).

مَنِينَة *sorte de petit biscuit ou craquelin, fait de*

fleur de farine avec un peu de beurre, 1001 N. II, 118, trad. de Lane II, 329, n. 102.

مِنَّان *qui reproche un bienfait*, Wright 135, n. 67, Voc. (c. على). Le fém., en parlant d'une femme mariée, est التي مَنّ منها البعل, R. N. 31 r°.

مَمْنُون *reconnaissant*, Bc, Hbrt 234, c. ل *obligé*, *redevable*, اكون لك ممنونا بذلك «je vous en aurai beaucoup d'obligation,» Bc, M.

مَمْنُونِيَّة *reconnaissance*, Bc, انا تحت ممنونيتك «je vous en suis fort obligé,» M.

مَنَارِي (b. lat. manaria) pl. ات *faux, faucille*, Voc. (cultellus (fauszon); fauson est l'augm. du cat. faus = fals).

مَنَازِيَا vulg. pour مغنيسيا, *magnésie*, M.

مَنَاوِيش et مَنَاوِيش *violet*, couleur pourpre tirant sur le bleu foncé, Bc.

مَنْت (esp. manto) pl. مُنُوت *manteau*, Lettre à M. Fleischer 228—9, Voc. — (Esp. manta) *couverture de lit, couverture de laine à longs poils, ibid.*

مَنْتَة (esp. manta) pl. ات *couverture de lit, couverture de laine à longs poils*, Alc. (manta de cama); *couverture qu'on met sur les chevaux*, charte grenadine: منتنات للخيل.

مِنْتَانَة, مِنْتَان, مِنْتَانَة (du pers. نيم تن, « demi-corps,» par métathèse) *jaquette de drap brodé*, en été d'un mélange de soie et de coton, avec de longues manches, sans boutons, Cherb., Defrémery Mémoires 158, Bc, Maltzan 19, chanson dans la Descr. de l'Eg. XIV, 164: محبور لابس منتانة, où de Sacy dit à tort: «terme dérivé de l'italien.»

مَمْنَتَجُوشَة, dans le dict. de Vullers et ailleurs, est une fausse lecture; voyez مَبِيَاتَجُوشَة.

مِنْتَان voyez مِنْتَان.

مُنْج *sorte de pois, de* mâch, *le* mungo *de Clusius*, Bat. III, 131, الماش الاخضر, M.

مَكَّانَة, مَنْكَلَة, مِنْقَالَة, مِنْقَانَة, مِنْجَانَة (non pas de μάγγανον, comme disent Wright et Bargès, car ce mot n'a pas ce sens, mais du pers.

بِنْكَام, بِنْكَان, *clepsydre*, qui en arabe s'écrit aussi (voyez Hâdji-Khalfa II, 69) et فِنْجَان (voyez)) *clepsydre*, L: *clipsidra* مِنْقَانَة وهي الة توخذ بها الاوقات Alc. (relox de agua, menquina), Richardson Sahara I, 185, qui la décrit; — *horloge, pendule, montre*, Voc.: *orologium* مِنْقَانَة (dans la 1re part. il a مِنْجَانَة sans explication); Bargès 368—9, n. 1, qui cite Macc. III: الساعة وتسميها المغاربة المنجانة, et qui ajoute: en Barbarie, et notamment à Tunis, مِكَانَة ou مَنْكَلَة, *montre*, chez les Berbères مِنْقَانَة; chez Djob. 273, 1, مِنْجَانَة, et dans un mau. de Cherichi (ibid. n. a) مِنْقَانَة, chez Macc. II, 254, 5 a f., مِنْقَانَة; dans la Vie d'Abou-Hammou, qui se trouve à la tête de son livre, là où il est question de l'anniversaire de la nuit de la naissance du Prophète: ويقرب السلطان خزانة المنجانة قد زخرفت كانها حلة جانبية لها ابواب مجوفة على عدد ساعات الليل الزمانية فهي مضت ساعة وقع النقر بقدر حسابها وفتح عند ذلك باب من ابوابها ويبرز منه جارية صورت في احسن صورة في يدها اليمنى رقعة مشتملة على نظم فيه تلك الساعة باسمي مسطورة فتضعها بين يدي السلطان بلطافة وبدها اليسرى على فها كالودعة بالمبايعة حق للخلافة; chez Domb. 94, Hœst 153, Ht, Hbrt 88, Daumas V. A. 73, مكانة, مَكَّانَة, *magána*, magana.

مَنْكَلِجِي (du mot qui précède, avec l'affixe turc) *horloger*, Hbrt 87 (Barb.).

مَنْجَنِيق. Pour les pl. voyez Lane sous جنق; aussi مَنَاجَنِيق, Gl. Belâdz., مَنَاجَنِيق, Gl. Fragm., مناجق, Bc.

مَنْجَنِيقِي *ingénieur*, Mong. 285 a.

مَنْجُوق *espèce de drapeau*, Gl. Bayân.

مَنْج I. La note de Silv. de Sacy citée par Freytag (aussi dans les notes sur Bidp. p. 67) est en tout point erronée, et منج ne signifie nullement «vaincre.» De Sacy aurait mieux fait de s'en tenir à Manger, qui dit avec raison que c'est *permettre le pillage d'une ville aux soldats*, en s'appuyant sur Elmacin 53, 5 a f.: منج المدينة للجند. Quant à l'autre expression, on dit منج الظهير ou منج الاكتاف comme terga dare en latin, *fuir devant un ennemi*. En parlant de Dieu, p. e. منع الله المسلمين اكتاف الكافرين c'est: « Dieu fit fuir les infidèles devant les musulmans, » proprement = اعطى الله المسلمين ظهور الكافرين voyez Maml. I, 1, 105. — منحه سرًّا *administrer un sacrement à*, Bc. — Le n° 2 de Freytag a le n. d'act. مَنْح, Gl. Mosl.

مَنَاح chez Golius-Freytag est une faute; il faut y substituer:

مَنَّاح, Gl. Mosl., Voc., Diw. Hodz. 158, vs. 3.

مِنْحَال voyez مِيخَال

مِنْذُ قَبْلُ *iterum*, Voc.

مِنْدَام *interim*, Voc.

مَنْدَبُور (pers. « malheureux ») *gueux, mendiant*, Ht.

مَنْدَبُونَة (lat. mentha bona, esp. yerba buena) *menthe*, Most. v° مرماخوز.

مِنْدَر I *aplanir* الارض *la terre avec un cylindre, égaliser (unir) la terre avec le rouleau*, Bc, Hbrt 179.

مِنْدَرُونَة *cylindre, gros rouleau pour aplanir la terre*, Bc, Hbrt 179.

مَنْدَغُورَة (μανδραγόρας), en Egypte, *mandragore*, Bait. II, 534 b.

مَنْدَقِي I *faire la révérence*, Alc. (reverencia hazer).

تَمَنْدُقِي *révérence*, Alc. (reverencia).

مَنْدَلِي épithète d'une espèce de bois d'aloès, Gildemeister, Script. Arab. de rebus Indicis loci 69.

مَنْنَع I (racine نوع) c. a. et II c. ب dans le Voc. sous *modus*.

مَنْثَانِلِيَة (esp. manzanilla) *camomille*, Hbrt 49 (Alg.).

مَنْظَر. Dans les 1001 N. Brosl. VII, 132, 6, le prince de Gênes, auquel un corsaire a amené des prisonniers musulmans, dit au bourreau كبيبه منظر, et l. 11 منظره, ce qui doit signifier: « coupe-lui la tête. » Je ne m'occuperai pas de ce que Habicht (p. 15) a dit au sujet de ce منظر; mais il me semble que ces mots ne sont pas arabes et que l'auteur les donne comme italiens. M. Amari, que j'ai consulté, m'a répondu que, faute d'une explication plus satisfaisante, on pourrait substituer مَظَّر à منظر, et que ce serait alors *mozzar cap suo*.

مَنْطَق I (formé de مَنْطِق ou مُتَكَلِّقَة, racine نطق) c. a. *ceindre*, Voc.; la II°, qu'il a aussi, se trouve chez Freytag sous نطق.

II *étudier la logique*; on dit: فقد تَمَنْطَق, M sous نطق, تَنَنْطَق.

مَنَع I *refuser de payer un impôt, un tribut*, الصدقة, Aghlab. 56, الجباية, Haiyân 62 v°, مال المفارقة, ibid. منعنى الكتاب *il refusa de me prêter le livre pour plus longtemps*, Macc. I, 473, 13. — C. عن p. *protéger, défendre*, Gl. Geogr. — *Excommunier*, Bc. — Freytag n'a que منع, *être indéclinable*, mais on dit aussi à l'actif منع الكلمة من الصرف, *ne pas décliner un mot, le laisser invariable*, M. — منع a aussi le n. d'act. مَنَاع, Hamâsa 51, 4.

II *fortifier un château, des murailles*, Abd al-wâhid 25, 6, Müller L. Z. 9, 2, 22, 1, 33, 4. — منع العجل *faire sucer le veau afin de faire couler le lait de la vache, et l'empêcher ensuite de continuer*, M.

III c. a. p. et ou عن r. *empêcher d'entrer*, Gl. Fragm. — *Résister*, Gl. Fragm., Khatîb 148 r°: وكانت بينه وبين مرين وقائع كان عليه فيها الظهور وربما نذرت الممانعة; avec نفسه عن *repousser la force par la force, défendre sa vie*, Bc, Gl. Fragm., *résister, tenir dans une place assiégée*, Bc; c. عن *disputer sa vie, son bien*, Bc.

V *résister aux prières de l'amant*, P. Prol. III, 422, 14; cf. plus loin le participe.

VI se trouve Baidhâwî I, 614, 6, et c. a., Diw. Hodz. 26, vs. 12, 29, 3.

VIII. امتنع الشي *la chose ne peut être acquise*, M; مُمْتَنِع *impossible*, Voc. — *Être inaccessible (endroit, montagne, désert, homme), innavigable (mer)*, Gl. Geogr. Au fig., *être difficile à saisir, à comprendre*, comme dans ce titre d'un livre chez Yâcout

III, 473, 3: الَنوادر الْمُتنعة ; proverbialement en parlant de poésie: elle est السهل الْمُمتنع *le facile-difficile*, Khallic. I, 277, 7 à f. 8l., c.-à-d., elle semble facile au premier abord, mais en réalité elle est difficile et obscure. — C. على عـلى *se défendre contre, résister à*, Abd-al-wâhid 26, 6 et 7, Nowairî Espagne 454: وتعد لهم لجند والسفلة بالمراصد ينيعون , اموالهم ومن امتنع عليهم قتلوه, Tha'âlibî Latâïf 116, 2. C. ب *c'est se défendre avec le secours de*, Gl. Fragm. — C. من *être empêché de*, p. e. « de jeûner et de passer la nuit en prières, » voyez le R. N. sous تقديرية. — C. عن *faire des difficultés*, Bc.

مَنْع *interdit, censure ecclésiastique; suspense, censure qui suspend, état d'un prêtre interdit*, Bc, M.

مَنْعَة, proprement n. d'act. de مَنَع, dans le sens de *prohibuit, arcuit, repulit*, comme subst., *empêchement, encombre, obstacle*, Tha'âlibî Latâïf 14, 9: وكان بنو اميَّة لهم بيوت بلا منعة ولا اذن (M. de Jong, dans son Gloss., a confondu ce mot avec celui dont je parlerai dans l'article suivant, et dont il diffère tout à fait aussi bien pour l'origine que pour le sens). — *Suspense, censure qui suspend, état d'un prêtre interdit*, Bc.

مَنَعَة et مَنْعَة (selon quelques-uns cette dernière forme ne serait permise qu'en poésie, mais d'autres l'approuvent aussi en prose, M, et on la trouve assez souvent dans les man.), proprement pour مَنَاعَة, n. d'act. de مَنُع, *être inaccessible*, comme subst., *situation avantageuse, inaccessible*, p. e. d'une place de guerre, *force, pouvoir, puissance*, Gl. Badroun, Gl. Edrîsî, Rutgers 135. — *L'endroit fort, de difficile accès, où l'on se défend contre l'ennemi*, Alc. (guarida para defender), Çalât 84 v°: فاقتحموا عليهم في منعاتهم ولم تنفعهم , 85 r°: ودخلوا البلاد في موضع اعتصامهم , معاقلهم الى أن استولى الموحّدون باعلى شواهقه واعظم منعاته.

مَنِعَى *prohibitif, répressif*, Bc.

مَنِيع *fort, robuste, vigoureux* (homme), M, *fort* (place de guerre), M, Aboulf. Géogr. 249, 2 a f.; *inaccessible* (montagne), Yâcout III, 549, 6, Nowairî Espagne 442; *fort, épais*, en parlant des lames de fer dont une porte est revêtue, Gl. Edrîsî. — منيع *ferme* (chair de poisson), Gl. Geogr. — Fém. ة, *chaste* (femme), M.

مَنَاع dans le Voc. sous *proibere*. — *Fort* (homme), 1001 N. I, 684, II, 99, 2 a f., (château), I, 376, 520.

مانع pl. موانع *contrariété, contre-temps, difficulté, empêchement, encombre, obstacle, rémora, traverse*, Bc, Abbad. I, 131, n. 347. — *Fort* (mur), Gl. Geogr.

أَمْنَع *plus inaccessible*, comme dans le proverbe هو امنع من لبدة الاسد. — *Plus grand*, Roland.

مَمْنُوع *suspens* (adj.), *interdit* (prêtre), Bc. — *Clôture, terrain avec une enceinte de murailles*, Alc. (coto, où le *noun* manque)

اِمْتِنَاع *interdit, censure ecclésiastique*, Bc. — *Contrebande*, Ht.

مُتَمَنِّعَة *chaste* (femme), M.

منجالة voyez منجانة.

منفسج = بنفسج *violette*, Alc. (violeta), Hbrt 50.

علّة المنقاف *morve, maladie contagieuse et mortelle des chevaux*, Bc.

منقانة et منقالة voyez منجانة.

منقال (pour منقل, voyez sous نقل) *bassinoire*, Delap. 71.

منكلة et منكلجى voyez منجانة.

منكمة *presse pour exprimer l'humidité, pressoir*, Bc; de μάγγανον, qui a ce sens en grec moderne.

منلا voyez ملّا.

منلبار voyez منيبار.

منو *le cri du jeune âne*, 1001 N. Bresl. II, 57.

ما متنوش *mauvais*, Bc (Barb.).

منووش voyez plus haut مناوش.

مني I. Le *decretus fuit* de Freytag n'est pas مَنِى, mais مُنِى, Macc. II, Add. p. xii a.

II c. a. p. et ب r. *promettre*, Abbad. III, 111–2,

Gl. Fragm., Gl. Geogr., Voc., Cartâs 164: وَعَدَاهُ
— مَنَّتْكَ نَفْسَكَ انْ تَكُونَ خَلِيفَةً ,P. Becrî 122: ومِثْنَاهُ,
C. d. a. ou c. a. p. et ب r. *accorder à quelqu'un ce qu'il désire*, M; en parlant d'une femme, *accorder à un homme* (acc.) *ses dernières faveurs*, Athîr II, 189, 8. — = I, *tentavit*, Gl. Mosl.; *enjôler, allécher, tenter*, lit. — Voyez sous V.

IV c. على *faire opter entre*, Haiyân-Bassâm I, 9 v°, où il est question du choix d'un calife: مَا مُنُّوا (l. مُنُّوا عَلَيْهِ وَعَلَى سَلِيمَانَ بْنِ الْمُرْتَضَى وَعَلَى مُحَمَّدٍ بْنِ الْعِرَاقِيِّ

V, *optavit*, se construit c. على de la personne dont on désire obtenir quelque chose, Asâs, Fâïk II, 510: تَمَنَّى عَلَى اللَّهِ خَيْرًا فِي دِينِهِ وَدُنْيَاهُ, Freytag Chrest. 118, 6 a f.: فَقَالَ صَلَاحُ الدِّينِ أَتَمَنَّى عَلَى اللَّهِ مَصَرَ, 1001 N. I, 23, dern. l.: فَقَالَ الْعِفْرِيتُ تَمَنَّ عَلَيَّ أَيَّ مَوْتَةٍ تَمُوتُ بِهَا et souvent dans ce récit, 89, 7 a f. et suiv. — *Désirer, convoiter des honneurs, l'empire*, Alc. (*cobdiciar onrra, codicia de reyno*, etc.). — يَتَمَنَّى *il ne demande pas mieux, il sera très-content de cela, je le voudrais bien, je m'estimerais heureux que cela fût*, Bc. — فَسَلَّمَ عَلَيْهِ وَتَمَنَّى بَيْنَ يَدَيْهِ, 1001 N. III, 231, 3 a f., où Lane traduit: *he raised his hands to his head*; Brosl. (IX, 390): فَسَلَّمَ وَعَمِلَ ضَرْبَ لَمْ تَمَنِّي Bc: تَمْنِيَّةٌ بَيْنَ أَيَادِي جُودَرَ وَالْعَامَّةُ تَسْتَعْمِلُ التَّمَنِّي M; *faire une révérence à quelqu'un*; M: لِضَرْبٍ مِنَ السَّلَامِ يَحْتَنِي فِيهِ الرَّأْسُ وَتَمُدُّ الْيَدُ الَى ثَدْيٍ أَوِ الَى الْفَمِ احْتِرَامًا لِلْمُسَلَّمِ عَلَيْهِ وَتَعْظِيمًا لِشَأْنِهِ ← تَمْنِيَّاتٌ.

مَنَا pour مَنَايَا et pour مَنَازِلَ, Kâmil 236, 14 et 15; مَنَا chez les Hodzailites = مَنَايَا, منايا, Diw. Hodz. 8, 4.

مَنَى الحُوتِ *blanc de baleine, sperma-ceti*, Bc.

مُنْيَةٌ pl. مُنَى *vaste jardin*, Recherches II, Append. LXV et suiv., Voc. (*ortus*), Tha'âlibî Latâïf 131, 7 et 8, Mohammed ibn-Hârith 336, Becrî 124, 8 a f., Akhbâr 63, 4 a f. Mocaddasî ne connaissait pas ce sens; voyez Gl. Geogr.

أُمْنِيَّةٌ *désir, souhait*, Voc., Bc, Gl. Fragm.; — *vain espoir*, Gl. Mosl.

مِنْبَار *poignard*, Cherb. — *Ortolan*, Cherb. — Voyez مِلْبَار; pl. انت, Bar Ali 633.

مُنَيْبِرَةٌ nom d'une plante décrite Bait. II, 533 d (il l'épelle).

مَهْ abréviation du ما interrogatif avec le هَاء الْوَقْفِ, Abbad. I, 252, 1, 281, n. 130 et surtout III, 121, p. e. فَلَوْ انِّي مُتُّ فَمَهْ « si j'étais mort, qu'est-ce que cela serait?» — مَهْ يَهْ *bah!* Bc.

مِهْتَر (M) (pers. مِهْتَر, compar. de مَهْ, « plus grand ») et مِهْتَار, pl. مَهَاتِرَة et مَهَاتِرِيَّة, *surintendant*, Maml. I, 1, 162; — *chef des écuries, ibid.* 120; — *chef de la musique militaire, ibid.* 173; — مِهْتَر خَانَه *musique de régiment*, Bc; — *étoffe de soie très-légère, de fabrication indienne*, Burckhardt Arab. I, 335 (*moktar khâna*).

مهج.

مُهْجَة, pl. aussi مُهَج, M, Gl. Djob., Diw. Hodz. 146, vs. 8, de Sacy Chrest. II, ٣, dern. l., Abdal-wâhid 155, 12; يَبْذُلُ مُهْجَتَهُ فِي *faire tous ses efforts pour*, Bc.

مهد II. مَهَّدَ الْبِلَادَ *régler les affaires des provinces, les administrer*, Abbad. I, 201, 12, de Sacy Chrest. II, ٦, 2 a f. — مَهَّدَ قَوَاعِدَ لِدَوْلَتِهِ *se frayer un chemin au trône*, Abbad. I, 221, 11. — مَهَّدَ قَوَاعِدَ سُلْطَانِهِ *il affermit les fondements de son empire*, Abbad. I, 221, 2 a f. De même مَهَّدَ مُلْكَهُ, Prol. I, 45, 7, دَوْلَتَهُ, Abbad. I, 243, 5, Bassâm III, 99 v°: مَهَّدَ. — خَلَّدَهَا اللَّهُ وَأَيَّدَهَا كَمَا وَطَّدَهَا وَمَهَّدَهَا « *il consacra à cet emploi une partie de ses talents*, voyez sous كِفَايَة.

V *être aplani, facilité*, M, Macc. I, 940, 17. — *Être affermi*, Nowairî Espagne 482: il demanda aux Berbères les forteresses qu'ils lui avaient promises, فَقَالُوا لَيْسَتِ الآنَ بِأَيْدِينَا فَإِذَا تَمَهَّدَ (l. تَمَهَّدَ) سُلْطَانُنَا أَنْجَزْنَا لَكَ مَا وَافَقْنَاكَ عَلَيْهِ ←

مَهْد *litière*, Cazwini II, 280, 11.

مَهْد, en Syrie et surtout à Gaza, *Leontice Leontopetalum*, Bait. II, 186 e, 534 f (il l'épelle).

تَمْهِيدَات (pl.) *éclaircissements*, Prol. I, 220, 7.

مَهَرَ I (formé de مُهْر) *estampiller*, M.

II dans le Voc. sous *egregius* et *excellere*. — *Brunir, polir, lisser, fourbir*, Alc. (bruñido مُمَهَّر).

مُهْر, *poulain*, pl. مِهَار, Voc., أَمْهَرَة, Alc. (potro). — (Pers.) *estampille*, Bc, M, 1001 N. III, 610. — مهر الرَّبِيع sorte d'oiseau, chez Alc. *loriot (oropendola ave), pito, espece de pie (pico ave o pito ave, pito)*; Tristram 401 nomme parmi les oiseaux: *el mohr, dotterell, eudromias morinellus*.

مَهْرِيّ *chameau d'une race particulière à la province de Mahra, dromadaire*, Abbad. I, 107, n. 187, III, 19. — *Dotal*, Bc.

تَمْهِير *dotation*, Bc.

مَهْرَج I *célebrer la fête du* مِهْرَجَان, *de l'équinoxe d'automne*, Yâcout IV, 263, 7: كتب فى يوم مهرجت

ليت شعرى مهرجت يا دهقان   وقدها ما مَيْرَج الغتيانُ ۞

مِهْرَجَان pl. ات est la forme arabe du pers. مِهْرْكَان, la fête de l'équinoxe d'automne; en ce sens Kâmil 419, 13; mais chez les Arabes ce mot signifie en général *fête, festin*, Voc. (convivium, fatha), Cartâs 139, 12, où une fête nuptiale est appelée مِهْرَجَان عظيم, Müller L. Z. 4, l. 6, 1001 N. Bresl. X, 457, ou bien, du moins en Espagne, *la Saint-Jean*, 24 juin, Macc. II, 88, 6–8, Bait. v° لوف: يوم المهرجان, Haiyân-Bassâm III, 141 r°. — *Tintamarre, bacchanale, hourvari, tumulte*, Beaussier.

مُهْرَدَار (pers.) *celui qui garde l'estampille du vizir*, M.

مُهْرَدَارِيَّة *l'emploi de ce fonctionnaire*, M.

مهض VIII *vilipendere*, Voc.

مهل I c. على *sustinere*, Voc.

V *agir lentement et prudemment*, Abbad. I, 227, n. 13. — C. على p. *donner du répit à*; تمهل عليه حتى *donner à quelqu'un le loisir de*, Bc. — C. على dans le Voc. sous *sustinore*. — C. عن *différer*, Bc.

VI *agir lentement*, Gl. Mosl.

مَهْل *loisir*, Ht.

مُهْل *plomb*, Voc.

مَهْلَة, pl. مُهَل, Gl. Mosl. — *Trêve*, Hbrt 144, Ht.

أَمْهَالِى *dilatoire*, Bc.

مَهْمَى ou مَهْمَا *quicquid*, Ewald Gramm. I, 358, Abbad. I, 243, 3 a f. — *Si, quelque*; مهما كان صغيرا « si petit qu'il soit; » مهما يكون « quelle qu'elle soit (chose), » Bc.

مَهْمَنْدَار (مهماندار pers.) *officier à la cour chargé de recevoir et d'accompagner les ambassadeurs étrangers ou autres personnages de considération*, Macc. II, 712, 12.

مهن I. مهن نَفْسَه *prostituer sa dignité en se chargeant de travaux qui déshonorent un homme*, Gl. Manç. v° مهانة: بذلها فى دقائق الأمور وخساسها, qui explique aussi مَهَانَة par ابتذال. — *Montrer du mépris pour*, R. N. 45 r°: un homme pieux n'avait pas voulu recevoir son souverain qui était venu lui rendre visite et qui lui dit alors: مَهَنْتَنِى وَحَجَبْتَنِى وَأَنَا أَمَامَكَ.

III = عَمِلَ, Diw. Hodz. 202, 7.

VI, Saadiah ps. 106, vs. 43.

VIII. امتهن نَفْسَه, comme مهن نفسه, *prostituer sa dignité en se chargeant de travaux qui déshonorent un homme*, Gl. Manç. v° مهانة; *se faire ou être ouvrier*, Abbad. I, 222, 8, aussi امتهن seul, ibid. 230, n. 30; *labourer la terre*, Macc. I, 88, 22 et dern. l. — *Montrer du mépris pour*, Djob. 112, 6, R. N. 42 v°: nous voulons punir ce jeune homme أَمْتَهَن — لاستخفافه بحقّك وامتهانه لقدرك وعلمك بالضرب *subir la honte de recevoir des coups*, Haiyân-Bassâm I, 23 v°.

مَهْنَة est condamné par Açma'î, qui prononce مَهَنَة (M), مَهْنَة, مِهْنَة (M), pl. مِهَن, مَهَن, M, *service*, p. e. هو فى مَهْنَة أهلِه اى فى خدمتهم, M, Mohammed ibn-Hârith 259: كان يحمل خبزه الى الفرن بنفسه ويتصرف فى مهنة اهله. — *Travail, occupation*, Hbrt 73: خرج فى ثياب مَهْنَته « il sortit dans ses habits de travail, » M; عبد مِهْنة « un esclave qui s'occupe de travaux manuels, » et de même أَمَة مِهْنَة Lettre à M. Fleischer 219; surtout *travail pénible*, peine, Gl. Geogr. — *Métier*, Bc, Hbrt 73, M, Abbad. I, 230, n. 30, Djob. 73, dern. l., Khatîb 78 rº: les biens dont il avait hérité بمهنة صانعَه عن التحرّف. De là ذوو المهن *ouvriers, artisans*, Abbad. l. l., aussi اراب المهن, Macc. II, 412, 3, اهل المهن, Gl. Geogr. — *Vilitas*, Voc., Djob. 342, 7. — Le pl. مهن *objets d'un usage journalier*, Prol. I, 221, 17, Macc. I, 380, 19.

ماهن forme au pl. مهان, Gl. Fragm., et مَهَنَة, Kâmil 630, 10, Bassâm III, 233 vº: وتَفادى بالمَهَفر. ومِهنتم وصناعُهم (*ouvriers*). (Le Gl. Fragm. donne encore un autre pl., à savoir مِيهان; mais quoique le sing. فاعل ait aussi le pl. فعل, je crois que مُهان est préférable. Ce qu'on y lit au sujet de مَهنَة repose sur une fausse leçon de notre man. du Kâmil; M. Wright a fait imprimer correctement مَهنَة). — الماهِنون chez Rhazès *les bouffons*, Gl. Manç. vº مهانة. — Expliqué par امتهنهم المومُ ذلكَهم ومعكهم وتهكهم كما يمتهن الثوب, Diw. Hodz. 157, 4.

الامتهانات *ludibrium, abiectio*, L. — Le pl. امتهانات *les travaux d'un homme de peine*, Prol. II, 277, 4.

مُمتَهن *iniuriosus*, L.

مهو IV *écraser, broyer* avec un pilon sur une pierre, Prol. III, 192, 2, 229, 2 a f. et dern. l.

مَها (A), مَهى (B) (pers.), espèce de cristal, voyez Vullers et Bait. II, 534 c (à corriger ainsi; L: *ont المَها وهو البلور* et de même sous onicinus; Raphelengius: Legitur pro ספר et תרשיש al. Chrysolithus; cf. mon article حَجَر المَها.

مَهَا. Daumas Sahara 302: «el meha semble être une espèce de buffle;» Ghadamès 129: «une antilope du genre appelé *meha* dans le sud de Laghouat, et ici *beguer-el-ouach*,» cf. 334; Cartâs 64, 3 a f.: مهات (l. مهاة); chez Bc le pl. مها est *bêtes fauves, cerfs, daims, biches*.

مَهوا *nom d'un arbre dans l'Inde, bassia latifolia*, Bat. III, 128, Not. et Extr. XIII, 175.

مهيبص I *craquer, hâbler*, Bc.

مَهيصمة *bravacherie, jactance frivole, fanfaronnade, rodomontade*, Bc.

مهيبص *bravache, craqueur, faufaron, rodomont*, Bc.

مَهيم mot interrogatif qui appartient au dialecte du Yémen, et dont on explique l'origine et la signif. de différentes manières; voyez Harîrî 94 et surtout le M.

مَهو, *meum*, ne doit pas s'écrire مُو, comme chez Freytag 222 a, mais مُوّ, M, Most. La, Alc. (mu, môv, pinillo yerva conocida), Bg 862 (le Most. N a مُو).

مُوبَذ, mot persan, qui signifie *prêtre des adorateurs du feu*; le grand prêtre portait le titre de *moubedi moubedân* (*prêtre des prêtres*); mais les auteurs arabes ont pris *moubedân* pour un nom au sing., de Slane trad. des Prol. I, 80, n. 2.

موت II. J'ai noté: *déclarer mort*, 1001 N. Bresl. IV, 276, mais il doit y avoir une faute dans cette citation.

V dans le Voc. sous mori; cf. plus loin le partie X, 1er sens chez Freytag, Aghlab. 14, Berb. I, 486, 1, 505, dern. l., etc. — اِستَومَت *s'évanouir, rester comme mort*, Voc. (esmortir, s'il faut prendre ce verbe dans le sens du cat. esmortuirse); — *s'éteindre, faute d'aliment* (feu, bougie, etc.), Alc. (tremorir).

موت *absolument stérile*, Becrî 147, 7: جميل موت. جميل كبير موت لا ينبت شيئا, 158, 3: لا عمارة حوله.

موت, terme indien, espèce de grain, voyez Bat. III, 131-2, avec la note.

مُوبِّت, مُميت, pl. مُوتان, de Jong. — *Mortel*, Coran, Bidp. 250, 1, et notes p. 107. — *Stagnante* (eau), Gl. Geogr. — *Qui a perdu sa saveur par la cuisson* (vin), Gl. Fragm.

مَوتة pl. ات *mort, manière de mourir*, Bc, M, Gl. Geogr., 1001 N. I, 24, 1: من علىّ اىّ موتة تَموت بها واىّ قتلة تقتل بها ۞

مُوتان (الوباء), Gl. Manç. in voce, Becrî 177, 6, Müller S. B. 1863, II, 9, l. 7.

مَوات Pl. موتات *déserts*, Amarî 19, 5 (conjecture de Fleischer).

مواتنة. Dans le Voc. يعمل مَواتَه على *esmortiment*

موتب 623 موز

facit; en catalan ce mot signifiait *défaillance*; c'est donc *tomber en défaillance*, ou peut-être *feindre de tomber en défaillance*.

تَمْوِيبٌ *mortification*, état de chairs qui ne participent plus à la vie et prêtes à se gangrener, Bc.

عُمْرٌ مُمَاتِي *immortel*, L (inmortalis).

خَطِيئَةٌ مُمِيتَةٌ, chez les chrétiens, *péché mortel*, M.

مُتَمَوِّتٌ *moribundus*, L.

مُتَمَاوِت *qui semble être mort*, voyez sous قَلْطِي.

مُوتَب pour le syr. ܡܘܬܒܐ, Payne Smith 1646.

مُوتَج *calament* (plante), Bc.

مُوتَر une ombellifère, Prax R. d. O. A. VIII, 280.

مَوج I s'emploie au fig. en parlant d'un terrain sur lequel une foule s'agite comme les vagues de la mer, Djob. 187, 6: تَمُوجُ الأَرْضُ بِهِمْ مَوْجًا, Berb. II, 279, 5: وقد ماجت الأرض, 400, 9: والارض تموج سبينا عند ما, 440, 4, Prol. II, 211, dern. l.: بالجيوش كانت افريقية مستقرة العمران كثيرة السكان تموج باغلها, موجا. — En parlant de personnes *ماجوا* est *le désordre se mit parmi eux*, اختلفت امورهم واضطربت, M, Akhbâr 103, 7. — مالى بعضهم فى بعض *se presser les uns contre les autres*, p. e. pendant une fuite désordonnée, Cartâs 173, 16, Berb. I, 461, 5 et 6, 601, 2; le Voc. a eu vue le même sens quand il donne ce verbe, c. ن., n. d'act. مَوَجَان, sous angustiare. — En parlant d'oiseaux, *voltiger*, Cartâs 60, 18.

II c. a. dans le Voc. sous fluctuare et sous unda maris. — مَوَّجَ الهَوَاء *faire circuler l'air*, Berb. I, 615, dern. l. — *Ondoyer, bouillonner*, en parlant des eaux de la mer, Alc. (ondear, hervor la mar); تَمْوِيج *hervor de la mar*; مَوَّج *ondoso*.

V *ondoyer*, M, Voc., Bc, Gl. Djob., Gl. Tanbîh, Abou'l-Walîd 147, 13, Mi'yâr 22, 2, Müller 22, Payne Smith 1148; تَمَوُّج الهواء *l'ondulation de l'atmosphère*, Prol. II, 125, 10, 211, 14, 16 et 17, 212, 1 et 11. — *S'inquiéter*, Payne Smith 1455.

VI *ondoyer, onduler*, Bc, Payne Smith 1149; تَماوُج *flottement, ondulation*, Bc. — *Flotter*, être irrésolu, Bc. — *S'inquiéter*, Payne Smith 1455. — *Chanceler* (homme ivre), 1001 N. Bresl. IV, 86.

مَوْج. Le pl. أَمْوَاج *ébullition*, Payne Smith 1515. — (Esp. *mocho*) pl. ات *hibou à oreilles d'âne, duc*, Alc. (mochuelo ave conocida); chez Jackson 71 *muka*.

مَوْجَة *tempête*, L (procella).

مَوْجِي *ondulatoire*, Bc.

مُمَوَّج *ondé, fait, façonné en onde, moiré*, ondé comme la moire, Bc; — *camelot ondé*, Vêtem. 328, n. 1; — قماش حرير ممَوَّج *moire*, étoffe de soie ondée et serrée, Bc.

مَائِج *ondé, fait, façonné en onde*, Bc.

مُوجِبر *mauve*, Ht.

مُودِيان, مُودِعان, مُودِجير, *corruptions du syr.* ܡܩܘܿܫܐ, *petite cloche*, Payne Smith 1561.

مُوذَر I vulg. pour مَذِر, *être gâté* (œuf), M sous مذر.

مُور

مُور *castor*, Alc. (castor animal, cf. cojon de castor animal). — (Turc) *violet*, Ht; *châtain*, couleur de châtaigne, Bc; en turc c'est *violet*, mais se dit en général des couleurs sombres; بقم مور *campêche*, bois dur pour la teinture noire, Bc; en turc مور وصارى « bois de Brésil foncé et jaune. »

مُورَج pour نَوْرَج, M, Abou'l-Walîd 391, 26.

مُورد أسْفَرَم (pers. مورد اسپرم) *myrte sauvage*, Bait. II, 536 b.

مُورشكة est l'esp. *morisco*, voyez sous خور.

مُورقا nom d'une plante à Séville, voyez Bait. II, 536 c.

مُورن I et II *se faire Maronite*, M sous مرن.

المَوْز المُوريانى espèce de banane, Edrîsî, Clim. I, Sect. 7.

مُوريون *mandragore*, Most. v° يبروج.

مُوز vulg. pour الماس *diamant*, M sous ميس.

مَوْز banane et bananier, voyez Notices XIII, 174, Gl. Geogr. — تُفَّاح مَوْز pour مَوْز, voyez sous تفاح.

مُوزَة (pers.) botte, Bc, Fakhrî 3, 4 a f., 2 a f.

مَوْزَر I voyez مازور sous مزر.

مُوزِيكَا vulg. pour مُوسِيقَى, M.

موس.

مُوس (vulg. pour مُوسَى) pl. أَمْوَاس rasoir, Voc., M, exemple sous كيس, Payne Smith 1785, chez Bc موس الحلاقة; — couteau, Bc; — canif, Hbrt 112, Barbier; — scalpel, Domb. 78.

مُوسَوِيُّون nom que les Chiites portent dans le Sous, Gl. Geogr.

Mucia, pl. mucitn, rasé, Alc. (afeitado a navaja).

مُوَاسِي et مَوَّاسِي coutelier, Hbrt 85.

مُوسِيقَى (gr.) musique, Voc., Alc. (musica, par erreur aussi sous musayca obra antigua), M. — Concert, M. — Orgue, Alc. (organo instrumento musico).

مُوسِيقِي musicien, Voc., M, Fihrist.

مُوسِيقَار musicien, Hbrt 97, comme خَنْدَمَحْنا.

الآلات المُوسِيقَارِيَّة qui appartient à la musique, الصنعة الموسيقارية, Prol. II, 43, 5, III, 361, 8.

موش.

ماش, n. d'un. ة, M, phaseolus max L., voyez de Sacy Abd-allatif 119, Not. et Extr. XIII, 174. — Mâche, herbe qu'on mange en salade, Bc; « je ne sais si Bc a fait quelque confusion ou si vraiment ماش se prend dans le sens de notre mâche, » Devic 154.

موش طيب mauvais, Bc.

مَوَّطَل I c. a. p. = ماطَل c. a. p., promener quelqu'un, l'amuser par de fausses espérances, Bc.

موق.

مُوق, botte, est dans le Voc. مَيْق.

مَوَل II donner à quelqu'un le titre de مَوْلَاي, mon seigneur, Gl. Bayân, Gl. Djob., Ibn-Hichâm 401, dern. l., Calâïd 59, 11, Macc. I, 98, 17, 833, 19, Prol. I,

335, 8, Berb. I, 17, 404, 3 a f., 428, 3 a f., 641, 5 a f., II, 128, 3.

V croire, affirmer qu'une chose est مَال, v. d. Berg 28, n. 3, M, Gl. Tanbîh.

مَال est masc. et fém., M. — En jurisprudence, les choses qui sont dans le commerce, v. d. Berg 28, M. — Marchandises, Ztschr. XI, 489. — Au sing. et au pl. des terres, Gl. Edrisi. — Impôt, Bc, l'impôt en argent (l'opposé de خَرْجَة, l'impôt en nature), Descr. de l'Eg. XI, 489, Rutgers 174, 10, 176—7, Payne Smith 1491, cf. جِبَة sous وجه. — Au pl. recettes, Gl. Geogr. — T. d'arithm., produit, carré, J. A. 1834, I, 435, J. d. S. 1847, p. 571, où Quatremère cite The algebra of Mohammed ben-Musa éd. Rosen, p. 3, 4, 5. M, Prol. III, 97, 14; مَال مَال ou أَمْوَال le carré-carré, J. A. l. l., M: مَال كَعْب le produit du cube par le carré, J. A. l. l.

مُول sorte de poisson, Man. Escur. 888, n° 5; cf. مُل sous مل.

مَالِي chose qui est dans le commerce, v. d. Berg 28, n. 2 et 3. — حَقّ مَالِي une créance, Bat. III, 285.

مَالِبَة dans le sens d'opulence, Khatîb 176 v°: مِن على عادة أولي المالبة et أهل المالبة. — Valeur, ce que vaut une chose, Macc. I, 488, 4 et 5. — Sorte de poisson, Man. Escur. 888, n° 5.

المَوَّال vulg. pour المَوَالِي, M.

مُمَوَّل prospère, Alc. (prospero).

مُتَمَوَّل ce qui a une valeur, Prol. II, 273, 9, 274, 9, 13, 2 a f., III, 232, 12, 238, 11.

مُولَاب, مَلَاب lézard vert, Beaussier, Ht.

موم.

مُوم, comme maladie, voyez Diwan d'Amro'lkaïs ٣١, vs. 13, Diw. Hodz. 157, 4 et 5, 220, 9, Bait. I, 14 (dans B): والموم هو البرسام اذا كان مع حُمّى.

مُومُو prunelle de l'œil, Domb. 85, Ht; chez Roland مومو, dans le Voc. مِيمِي.

مُومِي qui ressemble à la cire, voyez sous طَاوُوسَى.

مُومِيًا (b. gr. μουμία, μώμιον) pissasphalte; à ce qu'on lit dans le Dict. de Vullers j'ajoute: Ibn-al-Djezzâr: الزفت مثل اخضر عقير هو ومومبا, Gl. Manç. in voce: هى رطوبة ارضية تسيل من سموت الغيران معروفة تجلب من المشرق وهى باخواز لورقة من الاندلس. Chez Tha'âlibî Latâïf 110, n. d, et dans le Gl. Geogr., on trouve la forme persane مومِيَاءى. — *Bitume de Judée*, de Sacy Abd-allatif 273. — المومِيا القبورى amalgame dont les Egyptiens se servaient pour embaumer leurs morts, *ibid*. — Sorte de pierres noires qui se trouvent à Çan'â dans le Yémen et qui ont une petite cavité. En les cassant on trouve dans cette cavité une substance coulante noire, *ibid*. Tous ces médicaments sont utiles pour consolider les fractures.

مُومِيَة *momie*, Bc.

مون I, n. d'act. مَوْن, = مَأَنَ (voyez); ما يمونه *ce qui lui procure la subsistance*, Prol. II, 272, 9. — مان على فلان فى كذا «il prit soin de contenter un tel dans telle affaire,» M.

II = I, M; *approvisionner, avitailler, ravitailler*, Bc, Hbrt 11; dans le Voc. *persolvere* (vel facere providere). مَوَّن الاجير *donner à un journalier, non-seulement un salaire, mais aussi la nourriture*; c'est alors un اجير مُمَوَّن, M. — *Apprêter, assaisonner, accommoder les mets*, Alc. (guisar manjares).

IV *approvisionner*, Aboû'l-Walîd 337, n. 52.

V *s'approvisionner*, Bc, Hbrt 11.

مُوَّان *fournisseur, munitionnaire, pourvoyeur*, Bc.

موّه II c. ب *feindre de*, Berb. I, 632, 11: ممَوِّهًا بالدعه السنة، ال، II, 335, dern. l.: قمَوَّه ينتسبه للملك بالمغرب. Dans le vers de la Vie de Timour cité par Freytag, أموّه عن سعدى بعلوى signifie: «je feins d'aimer 'Olwâ, afin qu'on ne pense pas que j'aime So'dâ.» — C. على p. et ر. *faire accroire à quelqu'un que*, de Sacy Chrest. I, ١١١, 11 «je pense que c'est ce passage que Freytag a eu en vue). — *En imposer à* quelqu'un *par* (ب), de Slane Prol. I, LXXIV a: مَوَّه على ب: ما يموهون به من الاعتصام باهل الشوكة *ibid*. b: — C. ب p. *faire passer* quelqu'un *pour un autre*, Haiyân-Bassâm I, 8 r°: درى الشخص الذى موَّه به «il enterra la personne qu'il avait donnée pour Hichâm II.» Plus souvent: *se faire passer pour un autre*, J. A. 1848, II, 245, 2, Berb. I, 165, 5, où il est question d'un boucher qui passa chez les Irâten et qui موَّه عليهم باسم عبد الرحمن «se donna pour le prince Abou-Abd-ar-rahmân.» — C. على dans le Voc. *arogare (vanagloria)* et *iactare*.

V *être doré*, Voc.

مَاةٌ. Le pl. أَمْوَاهٌ, Mufassal 173, أَمْيَاه, Payne Smith 1298, Gl. Geogr., مُيُوه, Voc., Saadiah, Payne Smith 1298, Gl. Geogr., مِيَاه, Payne Smith 1298, Aboû'l-Walîd 147, n. 76. — Le pl. اماوى *eaux de senteur*, R. N. 100 r° (pendant une fête): وفوّحوا ابازير واماوى. Sur les espèces ماء الطلع, ماء الزعفران, ماء الخلاف (ou القيسوم) voyez Gl. Geogr. — *Eau, lustre, brillant*; une pierre est كثير الماء ou قليل الماء, Bait. I, 394 b. — *Cataracte*; «les Arabes la nommaient l'eau, الماء, parce qu'ils la regardaient comme l'accumulation dans l'œil d'un liquide opaque,» J. A. 1847, II, 160; aussi الماء النازل, Bait. I, 162 a; الماء الابيض النازل فى العين *cataracte blanche*, Sang., chez le cheval, Auw. II, 578, 18 et suiv.; الماء الاسود النازل فى العين *cataracte noire*, Sang., chez le cheval, Auw. II, 579, 8 et suiv.; الماء الاصفر النازل فى العين *cataracte jaune*, Sang. — ماء أول, appelé aussi راس الصابون, *l'eau tiède qui a passé pour la première fois à travers une couche de cendres de bois; cette lessive, qui est devenue ainsi alcaline, a acquis la propriété de dissoudre les corps gras, et elle s'écoule par une ouverture pratiquée au bas du cuvier; on la recueille dans un baquet et on la fait chauffer pour la verser une seconde fois sur le linge*; Gl. Manç. in voce: هو المسمى راس الصابون وهو القطر الاول من ماه الرماد. — ماء المراية *glace de miroir*, Domb. 94. — ماء الزّهر *eau de fleurs d'oranger*, Sang. — ماء العقاب? voyez J. A. 1861, I, 33. — ماء الوجه signifie bien *nitor faciei* (Freytag), رونق الوجه ونضارته, *l'éclat du teint*, p. e. Khallic. I, 653 Sl.:

وقالوا يصير الشَّعر فى الماء حَيّةً اذا الشمس لاقَتْه فما خلتُه صدقًا
فلما نوى صدغاه فى ماء وجهه وقد لعسا قلبى تبقَنْتُه حقًا

et de là: سلب ذلك وجه فلان ماءه «cela fit pâlir un tel,» Amari 651, dern. l. Mais ماء الوجه, ou, ce qui

II   80 revient au même, ماء الْمُحَيَّا, signifie aussi *pudeur* ou *honneur*, p. e. Khallic. I, 178 Sl.: Vous sollicitez sans cesse les faveurs d'une maîtresse ou les dons d'un protecteur :

اَيْ ماء يبقى لوجهك هذا ٭ بين ذلِّ الهوى وذلِّ السؤال

où M. de Slane traduit: « Can a blush of generous shame ever mantle on your cheeks, after submitting to the degraded state of a lover and a beggar?» Khallic. VII, 104, 9 Wüst.:

وصِرْنا نلاقى النّائبات باوجهٍ رقاقٍ للحواشى كان بقَدْرِ صروفِها

de Slane: « radiant with honour. » ضَنَّ بماء الوجه signifie *être jaloux de son honneur*, ne pas s'abaisser à des démarches indignes d'un homme qui se respecte, p. e. à briguer des dignités, à demander de l'argent ou des cadeaux, Macc. I, 825, 1:

وقَصْر آمالى مآبى الى النَّدى وإنْ ضَنَّ المُدى سوف املكُ
فصُنْتُ ماءَ الوجه نفسْ ابيَّة وجادتْ يمينى بالذى كنتُ املكُ

Le contraire est ارقاَ ماء وجهه *perdre la pudeur*, c. à d. *ne pas avoir honte de faire ou de dire une chose*, Djob. 203, 5, 280, 11, synonyme de ارقاَ عن وجهه, 204, dern. l.; cf. 301, 9: ولو استفرغت لَه ماء الحياة جميع ما في خزانتي مما كان عوضًا عما اراقه من حرِّ ماء وجهه. استمنَحناه ايّاى بماءِ وجهه *vendre son honneur*, p. e. en se faisant payer ses louanges par des personnes qui ne les méritent pas, Khallic. I, 54 Sl.:

اى فضل لشاعرٍ يَطلب الفضول من الناس بكرةً وعشيّا
— عاشَ حينًا يبيع في الكوفة المّا ٭ وحيناً يبيع ماءَ الْمُحَيَّا

ضَرَبه الماءُ *il est fourbu* (cheval), Daumas V. A. 189; se dit d'un cheval qui perd tout à coup l'usage de ses jambes pour avoir bu trop tôt après avoir eu chaud. — عِيد الْماء *la fête des semaines* chez les juifs, Daumas V. A. 487.

الأرحى الماثيّة ماءى *moulins à eau*, Amari 42, dern. l. — *Succulent*, Most. : اترج هو التفاح الماءى.

ماثيَّة *sérosité*, Bc. — *Suc* (d'une grenade), Becrî 41. — *Eau-de-vie de figues*, Daumas Sahara 56, R. d. O. A. N. S. VIII, 239 (mah'ial l. mahiah), Jackson 77 (mahayha), 92 et Timb. 236 (mahaya).

ماوى .الماورد الماوى *l'eau de rose de seconde distillation*, Auw. II, 402, 5, cf. Clément-Mullet II, 389, n. 1.

موى *aquaticus*, Voc.
موى dimin. vulg. de ما, M, mais donné par Ibn-'Akîl 342, 11.
مويَة *eau*, Voc, Bc; موية الملكة *eau de lavande ou de Cologne*, Bc.
ميَة *eau*, Bc.
تمويَة (le ° de Freytag est une faute grave) pl. تمويهات *altération de la vérité*, *mensonge*, Bîrouni 17, 3. — *enchantements*, Gl. Badroun 109, 8 a f., Cartâs 83, 10.
متموِّى voyez sous متملّك.
مُمَوَّقة *fausse nouvelle*, Gl. Fragm.

موى II (formé de ما) *abreuver*, *inonder*, *humecter profondément les terres*, Alc. (enaguaçar).

مويزج *staphisaigre*, Bc; c'est l'orthographe correcte, mais elle a été altérée; voyez ميوزج.

ميا le cri du chat, 1001 N. I, 170.

الدواء الميّاهيانى nom d'un remède composé contre la lèpre, Ibn-Wâfid 9 v°, qui dit, 28 v°, qu'on en trouve la recette chez Yâcouti.

ميبختج (voyelles dans M) (pers. مى پختهٔ, « vin cuit ») espèce de *raisiné*, Gl. Manç. in voce: هو ربّ العنب ومعناه شراب مطبوخ Bait. I, 57 h, 58, II, 164 f; 542 b (lisez ainsi); ailleurs, I, 259 c, il dit que c'est du moût qu'on a épaissi par la cuisson jusqu'à le réduire au quart, ما بقى ربعه من عصير العنب بعد طبخه; Rauwolf 105, qui écrit incorrectement *pachmatz*, dit aussi qu'on le fait de moût, et il ajoute qu'il y en a deux sortes: l'une, qui est liquide, se donne mêlée avec de l'eau comme une sorte de julep aux domestiques; l'autre, qui est épaisse et meilleure, s'emploie en guise de confiture. Aussi ميبختج.

ميبخوشة. On trouve dans le dict. pers. de Vullers un mot منتجوشة, qui signifierait *nard celtique* et qui serait d'origine grecque; ce mot se trouve aussi avec la même signif. dans le Most. v° سنبل رومى et dans mes man. de Bait. II, 60; mais c'est une erruer et il n'y a jamais ou un tel mot grec. La véritable leçon se trouve dans B de Bait. II, 534 a, à savoir مَيبَخْوشَ (il a toutes les voyelles), ce qui est persan et signifie *du vin* (مَي) *avec du nard*, car le persan خوشه est l'équivalent de l'arabe سنبل; c'est donc ὁ διὰ νάρδου οἶνος de Dioscorides V, 67, 69.

مَيبُون (formé de مَأبون, racine ابن) I c. a. et II dans le Voc. sous inverecundus, et مَيبُنَة *inverecundia*.

مَيبَخَة (pers. بَهْ مَي, « vin de coings ») *eau de coings*, faite de vin et de jus de coings avec du sucre, Gl. Manç.: عو شاجر (شراب l.) معروف بِتَخَذ (sic) ميبَة بِالسكر والخمر وعصارة السفرجل معرَّب, Calendr. 89, 5: شراب الميبختة.

ميباجو *mil, millet*, Bc (Barb.).

ميبح IV dans le Voc. sous exaurire.

X *puiser de l'eau*, Gl. Djob. Au fig., *épuiser*, Akhbâr 158: — انى كتبت وحتر شَوْ قى يستميح تَجَلَّدى *Vasto*, L.

ميخال *treuil*, Prol. II, 205, 11, 2 a f., 323, 15, III, 103, 13; mais les points diacritiques de ce mot varient beaucoup dans les man.; ميخال fait penser à μηχανή, et منتخال, à μάγγανον. Un pl. irrég. المَخالي semble se trouver dans le Holal 58 v°: ووَرَاءَهم أَصحَاب المَخالي فيها التِّجارَة.

ميد I s'emploie au fig., comme ملج, en parlant d'un terrain sur lequel une foule s'agite comme les vagues de la mer, Djob. 187, 6: فترى الارض بهم تميد, Ibn-Habib, man. d'Oxford, p. 149: وتموج بجميعهم موجًا, Ibn-Abd-rabbihi, al-Icd, II, 365 éd. de Boulac: فمضى حتى انتهى الى ارض تميد باهلها — كانت لها انفسهم تجود وكادت الارض بهم تميد. *Avoir le vertige et le mal de cœur*, par suite d'ivresse ou d'hémorragie, ou parce qu'on va sur mer, M; *avoir le mal de mer*, Voc. — Le doute exprimé par Freytag sous le n° 7 n'est pas fondé; ce verbe est réellement le synonyme de ملج.

VI = I تَمَايَل مَهتَزّا, M; *chanceler* (homme ivre), Mohammed ibn-Hârith 271: لَقِيَا رجلا يَتَمَايد سُكرًا.

ميد *mal de mer* (cf. sous I), Bat. II, 160: ودخلتَ امواج البحر معنا فى المركب واشتدّ الميد بالناس (mal traduit).

مَيبَكَة se trouve dans le Voc. sous sella, et à en juger par la place qu'il y occupe, c'est une partie de la selle. — كريم المَيدَة et خَصيب المَيدَة *généreux, libéral*, Voc.

مَيدى *médin*, petite monnaie d'Egypte, Bc; c'est une contraction de مَويدى, voyez plus haut I, 46 a.

مَيدان. Au lieu du pl. ميادين, le poëte Moslim emploie مَيادى par abréviation dans la rime, Gl. Mosl. Pl. ات dans le Voc. — *Plaine* en général, Burton II, 64 n., cf. Gl. Geogr.; *place, lieu public entouré de bâtiments*, Bc; cette place sert de marché et c'est là que se tiennent les jeux publics, Gl. Geogr. — *Tir d'armes à feu ou de flèches*, Ht. — Pl. مواديين *évolutions à cheval*, J. A. 1848, II, 227, Catal. des man. or. de Leyde III, 298, n. 1, corrigé V, 249.

مَيَّاد, en parlant d'une branche (Mi'yâr 25, 4 a f., Müller 36, Macc. I, 10, l. 11, 19, 7) a le pl. مِيد, Macc. I, 36, vs. 69.

مائد القلب *lâche, qui n'a point de cœur*, Alc. (corto de coraçon).

مائدَة a le pl. ات, M; موائد, M, 1001 N. I, 29, 1, et dans le Voc. — مَوَّاد seul pour مَائِدة, *table d'autel*, M (cf. sous هيكل), Yâcout I, 384, 12 et suiv., dans le sens indiqué par Ducange: « *Tabula praeterea dicta tabella, non quae altari superponitur, sed ea, quae solida et figuris exornata ipsi altari praetenditur, cuiusmodi in Ecclesiis Cathedralibus etiamnum conspicitur.*» صاحب المَائدة *maître d'hôtel*, de Sacy Chrest. I, ۱۷٠, 7. — *Dépense*, lieu où l'on serre des provisions à l'usage de la table, M. — *Dalle*, Becrî 4, 1: مائدة رخام اسود, Macc. II, 156, 2. — *Butte, éminence, hauteur, tertre*, Alc. (muela cerro, muela cerro a mano), cf. Djob. 249, 16: وهذا التلّ مشرف متّسع مائدة من الارض مستديرة, 252, 9: كانه المائدة المنصوبة — T. d'anat., chez Alc. *hanche* (anca de juega el gueso, môide, avec le pl. irrég. amdîd, c.-à-d. (امداد); Beaussier donne ميدة الظهر reins, lombes, bas du dos; chez Ibn-Wâfid 8 r° les امراض المائدة sont énumérés entre امراض الركبتين et امراض الوالدة من الرحم, et on y lit: يعرض للمائدة الثقل من قبل البلغم الغليظ اللزج ويعرض منه ثقل في الساقين ينع المشى, cf. 27 r°; Albucasis 68, 11 éd. Channing: ذاكو العليل ثلاث كينات على خرز الظهر تحت المائدة Bait. I, 50 a: ينفع من وجع الظهر والمائدة. D'après Hyrtl (Das Arabische und Hebräische in der Anatomie p. 297) c'est le plat du dos sur lequel se trouve l'omoplate. De là vient que le *musculus cucullaris* porte dans le latin des anciens anatomistes le nom de *musculus mensalis* ou *trapezius*, le muscle trapèze. Chez les Arabes (et c'est ce que Hyrtl n'a pas remarqué) c'est la traduction du terme grec, car Pollux (II, 177) explique τραπέζαι par: τῶν ὠμοπλατῶν τὰ περὶ νῶτα πλατυνόμενα.

مير I, n. d'act. مَيْر et ميارة, *transporter, porter d'un lieu dans un autre*, Voc.

VIII c. a. *prendre quelque chose comme aliment*, Macc. I, 384, 8, n. d, cf. Fleischer Berichte 185. — *Demander des aliments*, Moslim 179, vs. 13. — *Transporter*, Voc.

مير vulg. pour أمير, M.

ميرة a le pl. مير, pas ميّر comme chez Freytag, de Jong (je pense que c'est une faute d'impression). — *Impôt sur les terres*, M, cf. ميرى.

ميرى est une altération persane et turque de أميرى *qui appartient au prince*; de là *fiscal*; الميرى *fisc*; مال الميرى *les finances*; ميرى *taille*; miri, *impôt sur les terres dans l'empire ottoman*; اقلام ميرى *droits affermés*, taxe imposée sur les corporations; ملح الميرى *gabelle, impôt sur le sel*, Bc.

ميّار *muletier qui transporte des marchandises d'un lieu dans un autre*, Voc., Alc. (harriero, recuero), Khatîb 22 v°: جاءت امراة تخاصم ميّارا اوضلها من بعض المدن; *celui qui transporte le vin pour le débiter*, Alc. (vinatero que trata vino). — *Sujet à l'impôt* (terre), M.

مختار *marché*, Gl. Geogr.

ميرميران (pour le pers.-ar. ماميران, voyez) *chélidoine*, Bc.

ميرن I (formé de ميرون) c. a. p. *oindre avec du saint chrême*, M, cf. ميرون sous مرن.

II quasi-pass. du verbe qui précède, M.

ميّز II. *ميّز عن غيره faire distinction*, Bc. — *Avoir la faculté de discerner le bien d'avec le mal*, Gl. Maw., Gl. Tanbîh, Haiyân-Bassâm I, 143 r°. — *Connaître*, Voc., Alc. (conocer, مميّز conocido ser, غير مميّز desconocido), Becrî 148, 11: وم يلتزمون الانقاب فاذا حسر احدم عن وجهه لم يميزه احد من اهله, 170, 14, 173, 6: يميزون موضعه من النبل بتاحرك الماء على طهره, Abbad. I, 54, 7. Le Voc. a ميّز روحه وعن روحه *recognoscere*. — *Distinguer quelqu'un, l'élever au-dessus des autres*, Abbad. 1, 69, 1. — *Regarder, contempler*, Becrî 87, 8: يناذى بعضا ميّز بعضا ميّز «regarde, regarde!» c. a., 1001 N. Bresl. II, 332: فجعل ميّز الى فنظر ابو النواس وميّزه, VIII, 191: الغلام يميّزها II, 327. — *Indiquer*, 1001 N. I, 703, 13: فقالا لم ميّزوه لنا باعيانها تميزوه لها. Au Maghrib, c. a. ou على, *passer des soldats en revue*, Gl. Esp. 83, Nowairî Afrique 54 r°: التمييز ومعناه العرض, l'anonyme de Copenhague 14, 15, 20 (3 fois), 24, Holal 58 r°: وامر بعرض الجيوش والتمييز عليهم فميّزوا۞

V *se distinguer*, Abd-al-wâhid 18, 5: سمع للحديث رجل متميّز, Macc. I, 136, 2 et 3; un وتميّز فى ذلك est «un personnage distingué,» Amari 511, 2 a f. — C. عن *se distinguer de ce qui est hétérogène*, Haiyân 92 v°: امير العرب المتميّزين عن اضدادم المولّدين, et الى *se réunir à ce qui est homogène*, والعاجم, 38 r°: la guerre ayant éclaté entre les Arabes d'un côté, les Mowallads et les Espagnols chrétiens de l'autre, تميّزت احزابهم بعض الى بعض بكل جهد, ibid., عندما تميّزت: 40 v°; cf. تميّزت البيم نصارى الخدمة الاحزاب بالعصبية, 50 r°, 92 v°. — Dans le Voc. sous *cognoscere*. — *Se retirer, se jeter dans*, الى, Haiyân 92 v°: تميّز بهم سوار الى المدينة بغرناطة. — C. a. *regarder, contempler*, 1001 N. Bresl. II, 22: فتميّز, 93: السلطان الى نور الدين وزير مصر وتميّز فلاى بخاطره, Antar 64, 2 a f.: والملك كسرى يتميّز فى طوله وعرضه ويسمع كلامه ولفظه. — C. ب *prendre possession de*, Berb. II, 320, 4 a f.

VI *se distinguer*, Gl. Mosl. — *Se séparer*, ibid. — *Regarder, contempler*, 1001 N. Bresl. II, 187: وتميّزت جسده فرايت عليه اثر ضرب المقارع۞

VIII *se distinguer*, de Sacy Chrest. II, 267, 11:

وإما قاضى القضاة الشافعى فرسمه الطرحة وبها يمتاز c.-à-d.: امتاز ذا من ذا — la *tarha* est son costume distinctif. — *séparer un objet d'un autre*, Voc. — C. الى *se réunir, se joindre à*, Akhbâr 58, 4 a f. — *Se retirer, se jeter dans*, Haiyân 49 r°: فلماتاز ابن عمرون ومن — C. ب *prendre possession de*, Berb. I, 45, 8.

مَيْز *discernement*, Abd-al-wâhid 218, 2, Macc. I, 121, dern l. — *Connaissance*, Alc. (noticia conocimiento). — قِلَّة ميز *ingratitude*, Alc. (desconocimiento = غير شاكرين). — *Au Maghrib, revue de soldats*, Gl. Esp. 82—3, l'anonyme de Copenhague 122: فلما خرج غمراسان برسم الميز من تلمسان واجتمع عليه الأجناد لما وقف ابو يحيى الميز فقدّم المسلمين 123: والقواد وميزهم; — *rôle où sont inscrits les soldats*, Gl. Esp. l. l. — *Décision*; c'est lorsque, après une délibération, tous les Kabyles déchargent leurs armes; Daumas Kabylie 54, 264. — *Butin*, Bc.

مَيَاز dans le Voc. sous *discrecio*.

أميز *plus distingué, plus considérable, plus important*, 1001 N. I, 149, 7: وكان الصغير اميز من الكبير, الصباحة والملاحة, Ibn-as-Chihna, man. 1444, 89 v°: واليها تنسب الكورة وان كان فيها ما هو اميز منها, ومما اختصت به ان سائر الاقوات اننى تكون 100 r°: بها من قمح وشعير وغيرهما من الحبوب ارضى وارخص وزنا واميز واقوى وارضى منها فى غيرها (ces deux passages m'ont été fournis par M. de Goeje; j'ai corrigé le second).

تَمْيِيز Sur le يوم التمييز d'Ibn-Toumart voyez Athîr X, 406.

مُمَيَّز *propre*, Alc. (propio); اسم مميز *nom propre*, Alc. (nonbre propio); كتبة مميزة *autographe*, Alc. (escritura de propia mano; il a par erreur مميز au masc.). — *Notoire*, Alc. (notorio cosa conocida).

امتياز *distinction*, différence, préférence, prérogative, singularité avantageuse, Bc.

اِمْتِيَاز pl. ات *concession, le don et l'octroi que le gouvernement fait à une personne ou à une compagnie d'avoir le monopole de certaines marchandises, ou de fabriquer certains articles à l'exclusion d'autres personnes*, M.

ميس I se dit d'une jeune fille qui *se balance* en marchant, 1001 N. IV, 67, 3, de plantes agitées doucement par le vent, Abbad. I, 97, n. 129.

IV *faire couper*, Hoogvliet 51, dern. l., si l'éditeur a bien expliqué ce vers p. 78, n. 96.

مَيْس, n. d'un. ة, d'où l'esp. *almez, alizier* ou *micocoulier*, voyez Gl. Esp. 163—4; Auw. I, 333, 2 a f., explique الميس par القيقب (lisez ainsi), et ce dernier mot désigne *le micocoulier*; voyez encore sous نَشَم. — مَيْس = (voyez). — *But, point où l'on vise*, Bc. — *Clinquant, petite lame de cuivre doré ou argenté*, Bc.

ميلسة القمر *libration, balancement apparent de la lune autour de son axe*, Bc.

مائس *décidé, d'un caractère ferme, résolu*, Bc.

ميسوسن (pers.) شراب السوسن مركب est, Gl. Manc.; cf. Ibn-Djezla et le dict. de Vullers II, 1246 b.

ميش *chat*, Jackson 190. En esp. *miz* est un mot pour appeler un chat, et *miz* ou *mizo* signifie aussi *chat*; en berbère *chat* est امشيش ou موش (Dict. berb. et Mc).

ميشبهار (pers.) (ميش بهار) *sempervivum*; altéré de différentes manières chez Bait. II, 541 c, et dans Payne Smith 1013, 1253.

ميه منشحة = ميه ميشاحة *eau corrompue*, Bc.

مَيْص, avec le ص dans le Gl. Manç., Bc et Hbrt 12, avec le sîn, pl. ميوس, dans le Voc., en pg. *almece, almice, almiça*, pour مَصْل, *petit-lait, sérosité du lait caillé*, Gl. Esp. 162, Pagni MS (mis). Le Voc. a encore ميص مطبوخ *brosat* dans la 1ʳᵉ partie, *broscat* dans la 2ᵉ; c'est le catalan *brossat* qui signifie *fromage écrémé*.

ميط I *écarter* اللثام son voile, Prol. III, 431, dern. l.

IV. اماط عن وجهه, par ellipse, *écarter, lever son voile*, Müller 11, 3 a f.

ميع II dans le Voc. sous *liquor*; *mollifier, rendre mou et fluide*, Bc. — *Enduire de mortier mêlé de paille hachée*, Bc.

ميعة سائلة ميعة, *la résine du storax*, s'appelle

aussi مبعذة جارية, Pagni MS, et مبعذة الرعبان, Most. v° مبعذة سائلة, Bait. II, 540. Sur l'amalgame nommé مبعذة مباركة, dont on se sert contre le mauvais œil, voyez Lane M. E. 1, 383. — *Fluteau* ou *plantain-d'eau*, plante de la famille des alismacées et dont la racine est odoriférante, Alc. (almea yerva).

مبعذة *fluidité, liquidité*, Bc.

بلسم مائع *stacté*, myrrhe stactée, Bc.

ميبختنج = مبيختنج, Payne Smith 1280—1.

ميل 1. مال مَيْلًا الى *avoir une prédilection*, Mohammed ibn-Hârith 239: خشيت ان تكون مثل تلك الشهوة قادتك — C. ل se الى هذه الشهادة لمال تاخذه او مَيْل تميلذ *rendre vers*, de Sacy Chrest. II, 348, 5: لم فوجدوا رصدا على الماء فلما مالوا له فى جوف الليل الح « quand ils vinrent, dans le milieu de la nuit, pour s'y désaltérer. » — C. على p. *se tourner contre* quelqu'un, *lui être contraire*, Gl. Edrisi 291, Macc. I, 257, 21: ثم تاجّد لروساء الدولة عن عاينه وزاحمه قال علىميم وحتم عن مراذبه. Le verbe seul en ce sens, Cartâs 258, 2 a f.: واذا اعطى اغنانا واذا مال افنانا. — C. على p., en parlant d'un échanson, *s'incliner vers* quelqu'un qui est couché sur un divan, *lui présenter fréquemment la coupe*, Gl. Badroun. — C. ب *faire tomber*, Abbad. I, 170, dern. l. — المال مال وللمال حتال etc., voyez sous حول I. — مال على جوانب فلان *gouverner quelqu'un, le mener comme on veut*, Macc. II, 20, 14: هذا رجل نتحكم عليه ونميل على جوانبه.

II vulg. = I, M. — *Préparer* la terre, Cherb. Dial. 15, *donner un labour préparatoire, une première façon à la terre*, Beaussier.

IV. امال عليهم المطعم *il leur fit donner à manger*, Gl. Badroun. — Je ne sais pas bien comment il faut traduire dans Haiyân-Bassâm I, 8 r°: وامال النصارى يومئذ على المهزمين من اسلمين (على المسلمين). — Biffez *avertit rem* dans Freytag, qui cite Koseg. Chrest. 18, 5; il faut y substituer تمبلين à تمبلين (Weijers).

V *s'incliner*, Voc., Aboû'l-Walîd 627, 8; *se balancer en marchant*, Vêtem. 36.

VI *chanceler* (homme ivre), 1001 N. I, 61, 11, 85, 10.

X. استمالة النظر *détourner ses regards* de quelque chose, Djob. 153, 20.

مَيْل *climat*, ou égard à la température de l'air, Abd-al-Wâhid 5, 3: وعظمت جسوم اهل ذلك الميل, 137, 10: وعذا امر جبلت عليه فطرم واقتضاء ميل.

ميل *milliaire*, Gl. Fragm. Sur الميل الاخضر à la Mecque voyez Djob. 105, 16, 17, 20, 106, 3. — اصابع فرعون = اميال للجراح, Bait. I, 55 a.

مَيَل *orgueil*, Dorn Auszüge ٦٨.

مَيْل, n. d'un. de مَيْل, *inclination, action de pencher*, Kâmil 503, 18.

ميال *labour préparatoire, première façon donnée à la terre*, Beaussier, R. d. O. A. VI, 70; — *terre qui l'a reçu, guéret*, Beaussier.

مَيَّال على ميال العمامة, c.-à-d. tout Arabe, Koseg. Chrest. 76, 5.

مائل الشّق, ou الرامى, ou العنق, ou المنكب = *orgueilleux*, Abbad. III, 173, n. 136. — *Laid?* voyez Ztschr. XI, 684, n. 3.

امْيَل c. الى *inclinant davantage vers*, Abd-al-wâhid 5, 1, *pour* une opinion, Aboû'l-Walîd 47, 32, 418, 12.

ميبلعة (esp.) *chat-de-mer* (poisson), Alc. (mielga pescado).

ميلق I c. a. *essayer* les métaux, Voc.

II quasi-pass. du verbe qui précède, Voc.

مَيْلَق pl. ميالق *pierre de touche*, Voc. (probatorius lapis, qui vocatur hensay), Alc. (toque de oro), Prol. III, 412, 4. Ce mot est encore en usage en Afrique; Mc: *pierre à aiguiser* en berb. ميلاق, dans le dict. berb. اميلق; Cherb.: *pierre à repasser* ميبلق; Beaussier donne sous ملق مليق *petite pierre à aiguiser*, ce qui semble une faute, mais il a correctement le pl. ميالف.

ميبلنخوليبة *mélancolie*, Bc.

مطالب الميم. اصحاب الميم *ceux qui cherchent des trésors cachés* (parce que la première lettre de ce mot est le *mîm*), Ztschr. XX, 496, 503.

ميمنذ maman, Bc.

ميمر (syr. ܡܐܡܪܐ) pl. ميامر homélie, sermon, Eutych. II, 277, 9, Ztschr. XXVIII, 495; — traité; ainsi on trouve nommé le كتاب الميامر d'Empédocle, Amari 615, dern. l., les ميامر de Galien, Bait. I, 473 o, II, 122, 215 b (2 fois), 582 b.

ميمران (pour le pers.-ar. ماميران, voyez) chélidoine, Alc. (ciridueña yerva).

ميمس.

كالمثلاثي المتميمس الذي يرمي الشراك والسهام متميمس وسائر آلات الموت, Abou'l-Walîd 793, 16; formé de μῖμος, mimus, qui a aussi passé en syriaque, ܡܢܡܣܐ.

ميمن vulg. pour مَن, qui vive? Bc.

مينا ou ميمة port; مينا employé comme coll., Macc.
II, 703, 3 a f.; pl. ميين, Bc, de Sacy Chrest. II, ٨, 4 a f., Amari Dipl. 183, 2, 219, 5, 6, et موانى Amari 344, 2, 6, 8, 9, etc. — مينا (pers.) émail, Bc, Gl. Geogr.

مَيْنَر البنديرة (esp. amainar la bandera) amener, baisser pavillon, Bc (Barb.).

ميوينرج staphisaigre. L'herbe aux poux s'appelle raisins secs sauvages en grec (σταφὶς ἀγρία), en latin (passula montana) et en arabe (زبيب الجبل); en persan مَوِيزَك, qui est le dimin. de مَوِيز, raisins secs; de là vient l'arabe ميويزج, que donnent Bc et le Borhâni câti' (dans Vullers sous مويزك). Mais les Arabes ont altéré ce mot de différentes manières: dans M c'est ميبيزج, chez Bg ميوِيزَج, dans le Gl. Manç. (in voce) ميويرج, chez Freytag ميوبراج, dans Auw. 1, 578, 14 مسويرج, mais dans notre man. متيبرج.

ن

ن, dans les livres des Druzes, signifie ناسوت, l'humanité de Hakem, sous laquelle s'est cachée la divinité, de Sacy Chrest. II, ٨٢, 9 et p. 247.

ناج (compar.; cf. Freytag I, n° 5), Abou'l-Walîd 548, 6: والرجل يناج في دعائه اذا تضرع يقال ادع ربك بأناج ما تقدر عليه وهو اضرع الدعاء

نارباج (pers. نارباج) mets fait de grenades, Tha'âlibî dans le Gloss. de M. de Jong p. XVII, 4 a f.

ناربيج voyez نربيج.

نارجيلة, chez le vulg. اركيلة, narguilé, pipe persane dont le tuyau est de bois, mais qui aboutit à une pomme de vitre, par où passe la fumée. Elle a pris ce nom parce que la capsule qui renferme le tabac est formée d'une noix de coco, M.

ناردين ناردين بَرّى = اسارون nardus rustica, Most. sous ce dernier mot, Sang.

نارقا (?) écrevisse de mer, Most.La v° مرارة عقرب الماء ويعرف نارقا (sic) وهو عقرب البحر; dans N بارقا ou بارقا.

ناركبوا (pers. نارکبو) caput papaveris nigri (Vullers), Bait. II, 546 e. ناركيد dans le M est une faute.

نارمشك a dans le Gl. Manç. les voyelles نَارْمُشْك (inconnu au Maghrib); c'est une espèce de petite grenade qu'on tire du Khorâsân, voyez Bait. II, 546 a.

نارنجيات = نيرنجيات enchantements, Gl. Badroun 109.

نازكي espèce de mors, Auw. II, 553, 2 a f., où l'éd. a un râ; 678, 18 et 19, on trouve: ويتخذ لجاما نزكيا وما اشبهه من النزكي فانها لجم الفرسان, où Clément-Mullet observe (II, 2, 215, n. 2): «M. Caussin de Perceval dit avoir lu نيزوكى et نزكى, mais ne pas connaître cette espèce de mors.»

ناسطوس (ναστός) espèce de roseau, voyez sous قَصَبْ.

ناغشت (pers.) sorte de poivre éthiopien ou noir, Bait. II, 546 b, où mes deux man. ont ناغشتن.

ناغيست (pers.) = نارمشك, Most. sous ce dernier mot, qui a ناغيشت.

نالج = نيلج indigo, Auw. I, 642, 12, où notre man. porte: واذا اردت ان يكون الورد لازورديا مخّد الـمـالج في (sic) وهو المر (sic) النير (sic) c'est الـسعـراحـي (sic) في الطيب; ibid. l. 16 il a المالج (sic).

نانا nenni, Bc.

نانخّة, etc. (pers.), ammi; Most. in voce a نانخاه, et sous بطرساليون L نانخاه, N نانخّد; le Gl. Manç. sous نانوخّد a les formes نانخّد et نانخّواه; Bait. II, 543 (seulement dans A): نانخواه ويقال نانخه بلغة اهل الاندلس ونانخوه ونانخاه chez Bc نانخّد et نانخواه; chez Pagni MS nunka.

نَنَّة et نَانَة, pl. ات, maman, grand'mère, bonne, Lettre à M. Fleischer 185.

ناورد (pers.) ناورد قزان l'évolution de Gazan (c.-à-d. du khan mongol de Perse qui mourut en 1304), manière de combattre à cheval et de vaincre son adversaire, J. A. 1848, II, 202. — Cirque, Khatîb 151 r°, où le man. de Berlin porte: كرامتهد في مذاهب واقصت الى الحضور معه في بعض المراقب على ناورد رحيم دنا بـم النختّام اسدًا وردًا; dans le man. Gayangos مورد.

ناوك (pers.) pl. ات flèche, Imâd ed-dîn Ispahâni dans Mong. 285 b: الابشار دامية من الزنبوركات والناوكات الناكيات.

ناوَكيّ adj. formé du mot qui précède, Belâdz. 260, 2: القوس الناوكيّـة.

ناولون (ναῦλον) affrêtement, prix convenu du louage d'un navire; ناولون مركب nolis, ou nolissement, ou naulage, louage d'un navire, Bc.

ناى I être éloigné, Weijers 34, 7, 119, n. 161. — C. ب p. éloigner, Macc. II, 245, 8; c. a. p., انآى تنآى, ابعَدَنى, voyez Kâmil 212, 10 et suiv. — (Formé du pers. ناى) jouer d'un instrument à vent, Hbrt 97.

V s'éloigner, Recherches I, 291 1re édit.:
متى تَتَخَطَّى (نَتَخَطَّى l.) الايام فى بأن ارى
بغيضا تَنأى او حبيبا تَقَرَّب۞

ناى (pers.) pl. ات espèce de flûte, Lane M. E. I, 371, II, 82, M, Hbrt 97 (نايى), de clarinette, Burckhardt Arabia I, 399; نايات = مزامير, Gl. Manç. in voce; les différentes sortes de ناى sont énumérées Descr. de l'Eg. XIII, 441—2; الناى الطويل, Yâcout II, 448, 11; chez نَرِمّ, الاعشى (pers. نَرْمَك ناى), Djawâlîkî ٣., dern. l., ٧, 4, ١٣٩, 11—13, et dans les notes p. 16: «zarte Flöte, vgl. das alte Dolcian, woraus später das Fagott entstand;» dans la liste d'instruments de musique chez Casiri 1, 528 a, il faut substituer الشاى à الناى; J.-J. Schultens cite Tha'âlibî, Imrânî et la Vie de Timour.

مَنْاى retraite éloignée, de Sacy Chrest. II, ١٣٥, 3, Kâmil 343, 8.

مُنْتَأَى = نَوى, Kâmil 527, 1.

نب

انبوب, n. d'un. ة, portion de roseau comprise entre deux nœuds, M الانبوب ما بين الكعبين من القصب, Abd-al-wâhid 99, والرمح ومن النبات ما بين عقدتيه فرماه الفارس برمح قصير انابيب القناة طويل شفرة 2: Tha'âlibî Latâîf 72: ومن البطائن الّتى تحمل السمّان من كرمان في انابيب قصب درسى ما لم يكن يعتذ بعضه ثمانية عشر الف انبوبة الحج; cf. Blaquière II, 139 n.: «The shawls made at Jerbi for the Grand Seignior are of exquisite texture: they are sent to Constantinople inclosed in canes, and may be drawn through a finger ring.» — Roseau, انبوبة un roseau non taillé; quand il est taillé, c'est un kalam dont on se sert pour écrire, de Sacy Chrest. II, 333, 2. — Roseau qui sert de tuyau; puis tuyau en général, M ويستعار, d'un vase, Ztschr. XI, 516, n. 41; tuyau de fontaine, Bc; siphon, tuyau recourbé, Bc; Djob. 152, 17; Mohammed ibn-Hârith 297: قصي سليمن بن اسود بغير ذلك ان يجعل انبوبا في اعلى القرن فيخرج الدخان من اعلاه فلا يبصر ذلك — canule, petit tuyau au bout d'une seringue, Bc. — Entonnoir, Alc. (enbudo), Formul. d. contr. 4: ورق الماء والانبوب. — Robinet, Domb. 96,

نبا

Bat. II, 106. — *Artère*, L (arterie عروق وعَصَب, l. مٌ). — *Bondon, broche*, Voc. (clepsedra, voyez Ducange). — انبوبة *châsse*, coffre pour les reliques, *reliquaire*, Bc. — انبوب الراعى nom d'une plante, Bait. I, 96 h: قيل انه عصى الراعى وقيل مزمار الراعى وقال مسيح هو صنف من حى العالم وهذا النَّرْكيب بالانبوب ou تركيب الانبوب — .هو الاصح *la greffe en flûte*, voyez sous قَـنْـفـوط, Auw. I, 459, 3 et suiv.

نَبَأَ I *proclamer, prêcher*, Roland. — نبى عن *annoncer, prédire*, Bc.

II *prophétiser*, Alc. (divinar por instincto divino). — En parlant de Dieu, *donner à quelqu'un le don de prophétie, le faire prophète*, Abbad. III, 5, l. 9, Nawawî, Préface, p. 62.

IV *pronostiquer, prophétiser*, Bc.

نَبَأٌ. النَّبَأ العَظيم, *la grande nouvelle*, chez les musulmans *la résurrection, le jour du jugement*, Coran 78, vs. 2, est dans le style des Druzes le jour du triomphe de Hakem et de ses adorateurs, de Sacy Chrest. II, 236.

نبأ *prophétie*, Bc.

نَبِيٌّ voyez sous نبو.

نُبُوَّة. النبوات *les recueils de traditions relatives au Prophète*, Prol. III, 119, 5; — *les déclarations faites par les prophètes*, ibid. 224, 13. — *Haut rang*, Bassâm III, 5 r°: لم تكن نبوة مشهورة ولا حظوظ من الادب موفورة.

نَبَوِيَّات *cantiques à la louange du Prophète*, Prol. III, 339, 11; la bonne leçon, restituée par M. de Slane, se trouve dans nos deux man.

أنْبَأ (aram.) *abbé*, M.

أَنْبَأ, compar. formé de نَبَأ, *plus élevé*, de Sacy Chrest. II, ٦٧, 3 a f., cf. 236, n. 13.

مَنْبَأَة *indice (de* عن*)*, de Sacy Chrest. II, 401, 6 (= Dorrat al-ghauwâç 4).

نبت I, n. d'act. نُبُوت, Bc (*germination*). S'emploie aussi en parlant de la chevelure, Alc. (نبت الشعر, *encabellecerso*), de Sacy Chrest. II, 415, 2 a f., de métaux, Tha'âlibî Latâïf 128, 2 a f. — *Se dresser*, Becrî 105, 11: صخر نابت فى البحر «un rocher qui se dresse dans la mer,» 106, 13, 136, 10; dans Edrîsî

نبت

Clim. II, Sect. 5, B et D ont كثير القلالات والنتروش ولجبال الناتتة, mais A المائتة.

II *végéter, boutonner, pousser des bourgeons; reprendre, pousser de nouvelles racines après avoir été replanté*, Bc. — *Faire présenter à une céréale pénétrée d'eau et amassée en couches les phénomènes de la germination*, Bait. II, 259 c: من دقيف الشعير المنبّت المجفّف — — وماء دقيف المنبّتة لـلـحمضة او ماء دقيف الشعير المنبّت فما كان منه متخدّلا من دقيف الشعير المنبّت والنعنع الخ. — *Dépurer et cristalliser le sucre*, Bait. II, 36 a: وامّا نبات السكّر فتختلف حسب اختلاف الشيء الذى نَبَت منه لانّه ان كان نباته من سكر قد طيّن بماء الورد كان الخ. — *Contre-pointer, piquer des deux côtés une étoffe*, Bc, Prol. II, 327, 13.

IV *planter, semer*, Gl. Belâdz., Gl. Tanbîh. — *Produire des métaux*, Tha'âlibî Latâïf 122, 8.

نَبْت, *plante*, forme au pl. أنبات, Abbad. I, 70, 6 a f. — Même pl. *abcès, ulcère, flegmon, furoncle*, Voc. (*aposteuma, ulcus*), L (fleumon نبت عظيم), Alc. (nacido o diviesso, nacido grano).

نَبْتَة *plante*, M, Bait. II, 132 a: وانبتة كلّها لونها اصفر.

نَبْتَة, Comment. sur le Dîwân de Farazdak (Wright).

نَبَات, *plante*, comme coll. fém., Abou'l-Walîd 776, 18 et 19, pl. ات, M, Voc., Bc, de Sacy Chrest. I, ١٩١, 2. — ومنها في النبات *la botanique*, Khatîb 35 v°: النباة (ت) شرح حشائش ديسقوريدوس وادوية جالينوس. — *Duvet sur les joues*, Bat. II, 116, III, 312, IV, 282, 1001 N. I, 387, 388, 407, etc. — *dépurer et cristalliser le sucre*, voyez sous II; نبات سكر, ou نبات seul, *sucre candi*, Sang., Not. et Extr. XIII, 176, Bat. III, 124, 136, 242, 385, 433, 1001 N. I, 110, 2; حلاوة النبات sorte de sucrerie dans laquelle entre le sucre candi, Fakhrî 378, 9; نبات الجلّاب, Djauzî 146 r°. — *Ecueils*, Bat. II, 163; cf. les passages de Becrî que j'ai cités sous I. — *Nebât-àli-bâjerâd* (*germes d'Ali, l'homme aux sauterelles*), espèce de 'dattes, Prax R. d. O. A. V, 212.

نبت

نَبَاتَة plante, M, Bc. — Couture, rang de points à l'aiguille; arrière-point, rang de points sur une couture, Bc.

نُبَيْتَة pl. نَبَات rejeton, nouveau jet que pousse une plante par le pied, Alc. (pinpollo al pie del arbol, núbita, pl. nubît; sous ramo de renuevo il a mubbîta, pl. mubbît, mais il faut substituer deux fois un n au m); le pl. Auw. I, 155, 2 a f., 181, 17 (lisez ainsi, notre man. a اللبات, sic), 182, 3, 183, 5 a f., 2 a f.

نَبَاتِي végétal, Bc. — النفس النباتية âme végétative, qui fait croître les plantes, Bc.

نَبُّوت plante, M. — Pl. نبابيت, aussi نُبُود pl. نبابيد, et نَابُود, gros bâton, gourdin, massue, Bc, Hbrt 242, M, « bâton de 5 à 6 pieds, fort gros et garni d'un petit cercle de fer par en bas pour l'empêcher de se fendre, » Coppin 235, Burckhardt Nubia 131, 155, Burton I, 187, Werne 49, Lane M. E. I, 178, 1001 N. I, 181, 4: وللخادم يمشي خلف عجيب (cf. بنبوت (بنبوت) لو ضرب به جمل ما تار (ثار l.) Bresl. II, 82), Bresl. IV, 323; لعب النبوت jeu de bâton, لعيب النبوت joueur de bâton, Bc. Quant à l'emploi d'un tel bâton sur les navires voyez Bruce I, 44.

فول نابت des fèves trempées dans l'eau jusqu'à ce qu'elles commencent à germer, et ensuite bouillies, Lane M. E. II, 282.

نَبُّوت = نَابُوت, Bc.

تَنْبِيت contre-point, point opposé d'ouvrage à aiguille, Bc.

مَنْبِت couche ou planche pour les jeunes légumes qu'on transplante plus tard dans les grands carrés, Auw. II, 141, 14, cf. Gl. Esp. 156. — Origine d'une famille, d'une personne, M sous نصب: لفلان منبت صدق أى منبت ومحتد, Prol. I, 244, 7, 298, 10. — Famille, Prol. I, 242, 13 et 16, 243, 8, 249, 5, 297, 3 a f., 334, 13 et 2 a f. — Argile, L (argilla منبت). — Argent, Most. v° فضة.

مَنْبِتَة endroit où croissent des plantes, Abbad I, 63, 5 (prononcez ainsi). — Couche ou planche pour les jeunes légumes qu'on transplante plus tard dans les grands carrés, Gl. Esp. 156.

فول نابت = فول منبوت. (voyez), Gl. Geogr.

مَنْبُوت voyez Bait. II, 603 h. — Lieu où germent les plantes(?), Gl. Geogr.

مُسْتَنْبِت مُسْتَنْبَت endroit où croissent des plantes, القصب endroit où croît la canne à sucre, pour pays très-éloigné, Gl. Mosl.

نبث

IV creuser, Wright 18, 3.

نَبِيثَة, pl. نَبَائِث, Kâmil 255, 7.

نَبَّات celui qui creuse des puits, Diwan d'Amro'lkaïs 34, vs. 1.

دواء يعقد الدم الوارد الى منبث, t. de médec., est للجراحة لحمًا, M.

نبج

أَنْبِيج voyez Bait. I, 95 b.

نبح

II c. a. faire aboyer, Voc., Beaussier.

V voyez Kâmil 322, 12.

نَبْحَة aboiement, Alc. (gañido de perro, ladrido de perros).

نبذ

نَبَاذِيَة pinte, mesure de liquides, Bc.

نَبُّود = نَبُّوت (voyez).

نَبَذَ I. Pour نبذ العَهْد الى العَدوّ, jeter à l'ennemi le traité, c.-à-d. rompre le traité, on dit par ellipse نبذ الى العدو = نبذ العهد الى العدو, Gl. Belâdz. — C. الى p. et ب r. jeter quelque chose à quelqu'un, Abd-al-wâhid 225, 1, Prol. III, 343, 2 a f. (cf. J. A. 1869, II, 174), voyez aussi sous III. — بمكروه il lui fit du mal, Haiyân 58 v°: وحلف له كل واحد منهم حسين يمينا على الوفاء بما عاقدوه عليه وانه لا ينبذه بمكروه.

II faire fermenter, voyez sous تربية.

III est expliqué ainsi dans Bokhârî II, 168 v°: المنابذة ان ينبذ الرجل الى الرجل بثوبه وينبذ الاخر اليه ثوبه ويكون ذلك ببيعهما عن غير نظر ولا تراض. — C. ه. rompre un traité, Gl. Belâdz. — Se séparer de

نبذ

quelqu'un خَالَفَهُ وفَارَقَهُ عَن قَلْبِى, M), *s'opposer à lui, lui être hostile, lui faire la guerre,* Haiyân 60 v°: Quand Ibn-Hafçoun se fut déclaré chrétien, نَابَذَ وسَجَدَة بنى الخَلِيج التَّاكُرنى ظَهِيرَه وانحرف عنه *Cartâs* 192, 15, Macrîzî I, 79, 7 a f. Boul.: نَبَذُوا العَمَّال.

VIII *se séparer de, s'éloigner de, se tenir à l'écart de,* se construit c. عَن, Nowairî Espagne 437: وكُنتُ مُنتَبِذًا عَن النَّاس, Bat. I, 21, Berb. II, 98, dern. l., ou c. مِن, 1001 N. I, 12, l. 15. *Quitter, abandonner,* c. عَن, Berb. I, 621, 12, II, 290, dern. l., ou c. مِن, Bassâm II, 98 v°: بَعُدَ انتبَاذَه من مَنَازِلَة شَلْب. Le partic. مُنتَبِذٌ, proprement *séparé,* au fig. *distingué, excellent,* p. e. جَارِيَة مُنتَبِذَة التَّخَلُّق, Gl. Mosl. — *Se séparer du souverain, se révolter,* Müller 123, 4 a f. — C. عَن *être dépourvu, privé de,* Berb. I, 450, 4 a f. — وهُوَ يَتَبَنَّسُ مُنتَبِذًا عَن الحَامِيَة والبِطَانَة. — *Préparer une boisson enivrante,* Gl. Edrîsî. — *Boire une boisson enivrante,* R. N. 23 r°: Etant préoccupé en entrant dans la mosquée, j'ai heurté contre les nattes qui m'ont fait tomber, et je crains qu'on ne pense qu'on أتَى مُنتَبِذ; je vous ai donc fait venir, ô cadi, pour que vous déclariez mon innocence فَاستَنكَهَنِى ابن غَانم فوجَدَه بَرِيًا مِمَّا قَال (le cadi). — *Croître* (blé), Voc. Je ne comprends pas ce verbe dans le Diw. Hodz. 170, 3 a f.: قال وَاللهِ لَقد انْتَبَذَ صَخْرُ الغَىِّ القَتْلَى وَرِسْتَجَم; mais je me suis assuré que le man. porte réellement ainsi.

نَبْذَة forme au pl. نَبَذ, M, Voc. (parum), et ce pl. semble signifier *bagatelles, choses ou discours frivoles* chez Macc. I, 590, 13:

وعَفِّ عَن كُلِّ بَذِى لا يكتَرِثُ بالنَّبِذ

«détourne-toi de ces hommes sans pudeur qui ne craignent pas de s'amuser à des bagatelles.»

نَبِيذ est chez Rhazès et les Irâcains, comme encore aujourdhui (Lane M. E. I, 134 n., M, Bc *vin*), toute boisson enivrante, que ce soit du *nabîdz* véritable ou du vin, Gl. Manç. in voce. On donne aussi au vin le nom de نَبِيذُ الأرجُل, «le *nabîdz* des pieds,»

نبر

parce qu'on le prépare de raisins qu'on foule avec les pieds, tandis que نَبِيذ الأيدى désigne le *nabîdz* proprement dit, Lettre à M. Fleischer 196. — *Du vin avec du miel,* Alc. (clarea de miel e vino). — نَبِيذ المُعَجَّنِين *sirop de confitures liquides,* Alc. (almivar). — نَبِيذِى *piquette, petit vin, méchant vin,* Bc.

نَبِيذَقِى *fabricant d'hydromel,* Becrî 162, 7 a f.

نَبَّاذ dans le Voc. sous abiicere.

نبر II c. a. ou لِ *apercevoir, remarquer,* Voc. — C. a. *donner à quelqu'un qui court le risque d'être arrêté un signe de la tête ou de la main, afin de l'avertir de prendre la fuite,* Voc. — *Vieillir et se fendre* (arbre), M. — *Amonceler,* Payne Smith 1840.

V c. ب et لِ dans le Voc. sous perpendere. — C. ب et مِن dans le Voc. sous inuere etc. — *Etre amoncelé,* Payne Smith 1841.

نِبْر, n. d'un. ة, *du vieux bois dont on se sert pour allumer le feu,* M.

نَبَر (esp., du lat. napellus) *napel,* Alc. (anapelo yerva); aussi نَبَال.

نَبِر *franc, hardi, aisé;* كَلَام نَبِر *expressif,* Bc. — نَبِر المُنخَل *le cercle de bois d'un crible,* Payne Smith 1508.

نَبْرَة pl. نَبَرَات *son,* Gl. Mosl. — Dans le Voc. sous perpendere et sous inuere (verbalis).

نَبْرَانِى *toile pour chemises,* Descr. de l'Eg. XVII, 389.

نَبَارِى *les cultures dans des terres hautes qu'il faut arroser, à l'époque où le Nil commence à croître,* Descr. de l'Eg. XVII, 17. — La contribution des terres semées en maïs et en herbages, quand elles ont été arrosées artificiellement, c.-à-d. à l'aide des chadouf, ibid. XII, 90.

نَبِير pl. أنَابِير *monceau de blé,* Payne Smith 1806. Cf. انبار sous l'*élif*.

مِنبَر. La figure d'une telle chaire se trouve dans Ali Bey II, pl. LVII, n° 7. — *Mosquée,* Gl. Edrîsî. — *Dépendance, paroisse, ibid., district,* Berb. I, 624, 5: وَرُئى بعض اخوَانه على مَنَابِر عَمَلِه. — Dans un sens plus large que *chaire*, Edrîsî, Clim. VI, Sect. 1 يصرفون خرز هذه الدواب dans l'Océan): فيتّخذونها منابر للصعود والنزول والقعود. — *Niche où l'on prie*, Barth I, 186, 424. — حساب المنبر *la géométrie*, Daumas Kabylie 63.

منبار *andouille*, boyau de porc farci, *saucisse*, Bc, 1001 N. III, 215.

نِبْراس, *audacieux*, Diw. Hodz. 151, vs. 15.

نِبْريش et نِبْريج = نِبْريش (voyez), M.

نِبْريز *ferronnière*, bijou que les femmes mettent sur leur front, Bc.

نَبَزَ I c. a. *soupçonner*, Voc.

نَبْزَة pl. نَبَزَات *son?* voyez Gl. Most.

نبس I. Pour l'usage de ce verbe cf. Haiyân-Bassâm I, خطبة له جونية نبس بها بلديه في بعض خلواته: 128 v°.

نبش I *gratter*, comme les poules grattent la terre, Alc. (escarvar); de là نبش فراخ كتابة *pieds de mouche, mauvaise écriture*, Bc. — *Découvrir et mettre à nu les racines de l'arbre, déchausser*, selon l'explication d'Auw. I, 11, 294, 17; *bêcher, creuser légèrement*, Ibert 178. — On dit نبش على فلان من قبره, Gl. Bayân, et نبشت عن صداه « je déterrai son cadavre, » Haiyân-Bassâm I, 175 r°. — *Fureter, chercher çà et là, faire des recherches*, Alc. (hurgar, reguizgar).

VIII dans le Voc. sous *exhumare* et *fodere*.

مَنْبيش ? Pour *torchon* Alc. (rodilla de lienço) donne mampich, pl. manipich; ce mot est encore en usage au Maroc et Lerchundi l'écrit مَمْبيش.

نبض.

نَبَض, ordinairement نَبْض (ou نَبَط) chez le vulgaire, M, pl. أَنْباض *pouls*, M, Voc., Bc.

نبط IV. La première signif. chez Freytag doit être *faire jaillir* de l'eau انبط الحافر بلغ الماء واستخرجه بعمله, Djob. 230, 18, 235, 3, Calendr. 97, 3, Mi'yâr 24, 4 a f., Khatîb 103 r°.

X *faire jaillir* de l'eau, Djob. 250, 18, Auw. I, 12, 4 a f.; — *faire dériver en partie* les eaux d'un fleuve dans un canal, Gl. Geogr. — *Inventer, imaginer, découvrir, deviner*, Bidp. 4, 2 a f., 20, 6, Macc. I, 305, 13, 613, 5, 913, 4, Haiyân Bassâm I, 116 r°, en parlant d'un médecin aveugle auquel son fils décrivait la qualité de l'urine des malades: فيهتدى منها الى ما يهتدى له البصير ولا يخطى الصواب في الاستنباط; فتراه دراعم (ببراعة l.) الاستنباط *la pratique de la déduction analogique* (de Slane), Prol. III, 2, l. 16.

نَبْط, *puits*, pl. أَنْباط, Kâmil 568, n. l. — Par corruption pour نَبْض, *pouls*, Bc, M.

نابْطَة (lat. nepeta, esp. nebeda) *pouliot sauvage*, *calament*, Most. N sous فودنج (dans Lm cette partie de la page est enlevée): الفودنجي الجبلي هو بالـنـبـيطي; lisez المناطط هذه اللفظة الفيتها على عنده الصفة النابطة; dans la trad. du passage de Dioscor. chez Bait. II, 269, le nom latin est dans A نباطى, c.-à-d. نابطى; Alc. donne (nebeda yerva) nàpita, mais nàpita serait plus correct; chez Daumas V. A. 381 نابطة est le nom d'une plante, et Beaussier a: نابطة *mélisse belle-menthe*, melissa calamintha.

مُسْتَنْبَط *source*, Gl. Geogr. — المستنبطات *sorte d'énigmes*, Khatîb 38 v°: لا اية الله في فك المعمى يجاريه احد في ذلك ممن تقدمه شانه عجب يـفـك منه المعايات والمستنبطات مفصولا وغير مفصول.

نبع I. Le passage de la Chrest. de Silv. de Sacy que Freytag a eu en vue se trouve I, ١٣٠, 2 a f. — C. ب *faire jaillir*, Djob. 235, 4; عيون تنبع بالقار et نبع بالحليب *regorger, déborder de lait* (seins d'une femme), Beaussier; à tort avec les voyelles de la IV° dans Bat. II, 105.

II c. a. *faire jaillir*, Voc.

نبع نبعة *arbre généalogique*, Fleischer sur Macc. II, 758, 13 Berichte 186. — *Fontaine, source d'eau*, Bc, M, Gl. Geogr. — *Suc qui découle d'une plante*, comme en syriaque, Payne Smith 1165.

نَبَّاع dans le Voc. sous *manare*.

مَنْبَع = مَنْبَعَة, Abd-al-wâhid 252, 9.

نَبَّاعِى *sourcier*, celui qui prétend avoir la faculté de découvrir des sources, Bc.

نُبُوغ I. Freytag a négligé de donner le n. d'act. — *Fleurir, être en crédit, en honneur, paraître*, éclater, se faire remarquer, Bc. — On dit نبغ بالشعر, Bat. IV, 372, et نبغ فى الشعر والترسّل, Berb. II, 492, 5, Haiyân 33 v°: وقد كان سلف له من أوّل نبعته (نَبَغَته 1). فى الشعر قول كثير فى الامير عبد اللّه ❊

نابغ comme *novus homo* chez les Romains, Macc. I, 274, dern. l. (cf. Add.).

نَبِق.

شجر نبق, نَبِق, *alize*, fruit de l'alizier; *lotus* ou *lotos*, espèce de cerisier d'Egypte à fruit exquis, Bc, Burckhardt Nubia 213, 240, 244, 281, Napier Reminiscences of Syria II, 199, Burton I, 388, Palgrave II, 155: « The Nabuk, with its rounded leaves and little crab-apple fruit, a mere bush in Central Arabia, becomes in Hasa a stately tree. » Selon Browne II, 41, il y a au Darfour deux espèces différentes de نبق, dont l'une, نبق العرب, est un arbrisseau qu'il a vu aussi dans les jardins d'Alexandrie, tandis que l'autre, qui atteint une hauteur considérable, a les feuilles et les fruits plus petits. Des fruits qu'on laisse sécher sur l'arbre, ajoute-t-il, on prépare une sorte de pâte qui est d'un goût assez bon; c'est le دقيق النبق de Bat. IV, 394. — « Le nabk-el-karnau est une sorte de pâte assez friable préparée avec le fruit de l'arbre dit nabk-el-karnau, qui est un *rhamnus* dont le fruit est jaune roux. On pile la pulpe de ce fruit encore frais, après en avoir séparé le noyau. La pâte s'emploie, au Caire, comme médicament astringent et analeptique, » Ouaday 675. —

نبق مخمّط *sébeste*, petite prune noirâtre du sébestier d'Egypte, Bc.

نَبَك les sables mouvants, R. d. O. A. N. S. I, 307.

Pustules rouges, voyez sous نَمْلَة.

نَبَّال الهواء *crécerelle* (oiseau de proie), Bc.

نبل I expliqué par حذق الشىء, Diw. Hodz. 30, sur vs. 19.

II *plier et pointer* une pièce de drap, Voc.

IV comme verbe d'admiration (de نبيل), Koseg. Chrest. 132, 1: فناهيك ما كان انبلها وانبل مجالسها.

V. Chanfarâ dit en parlant de flèches (dans de Sacy Chrest. II, ۱۴۱, 4): اللاتى بها يتنبل, ce que le scoliaste (p. 388) explique par ينتشذها نبلا.

Quasi-pass. de II dans le sens que j'ai donné, Voc.

X *trouver* une personne ou une chose نبيل, Gl. Djob. (le passage de Macc. qui y est cité se trouve I, 305, 13), Berb. I, 375, dern. l., Khatîb 106 v°: فاستنبل اغراضها واستحسنها ❊

نَبْل pl. نِبَال *carreau d'arbalète*, flèche courte et épaisse, Alc. (passador tiro de ballesta).

نُبْل *élégance*, *beauté* (d'un édifice), Gl. Geogr.

نَبْلَى espèce de faucon, voyez لَيْلَى.

نَبَّال (esp. du lat. napellus) *napel*, Ibn-Djoldjol, Bait. I, 139 b (lisez ainsi avec A), nommé ainsi عند شجّارى الاندلس; aussi نَمِر.

نبيل, pl. نُبَلاء, Voc., Saadiah ps. 47, نُبْل, Diw. Hodz. 30, *noble*, Voc. — *Honorable* (accueil, réception), Abd-al-wâhid 95, 14: تلاقاه لقاء نبيلا. — *Elégant*, *beau* (édifice, ville); *magnifique* (vêtement, cadeau), Vêtem. 352.

نَبَالَة *habileté*, Hbrt 231.

نبائل (pl.). L: *munile* (*omne ornamentum muliebre*) نَبَائِل قَصَب وحُلِى ايضا, Godard I, 18, en parlant des juives du Maroc: « les *nbaïls*, les *kholkhals*, les *khuoaten*, précieux anneaux qui entourent les bras ou les jambes au-dessus des chevilles et qui brillent aux doigts de la main.»

نَبَالى pl. نَبَابِل est dans le Voc. *cultellus* (*temprador*); ce *temprador* signifie, d'après M. Simonet, *canif* (cat. tempaplomas, ital. temperatoio), et dans نبالى il voit une corruption de l'esp. *navaja* (qui vient du latin *novacula*).

نَبُّولَة (esp ampolla) pl. نَبَابِل *vessie*, Domb. 87, Roland, Delap. 160, Lerchundi, Beaussier, qui donne encore: *bulle d'air*; — *globule liquide*; — *bube*, *élevure*.

مَنْبِل (esp. venable) *épieu*, L (venabulum); chez Alc. (venable de montero) le sing. est menêbel, c.-à-d. مَنْبَل, le pl. منابل.

نَبُه I *être intelligent*, *pénétrant*, Voc. (sous subtiliare); cf. نبيه.

II *rendre intelligent*, *pénétrant*, Voc. — نبّهوا على بعضهم *s'entr'avertir*, Bc. — C. a. p. et على *appeler*

نبو

l'attention de quelqu'un sur, Abbad. III, 120, n. 97; aussi c. a. p. et الى, Macc. II, 280, 3: وتنهّى اليه كلّ وقت; cette constr. (cf. Fleischer Berichte 296—7) est mise hors de doute par le M, qui donne: نبّه فلانا على الشيء والّهه اوقفه عليه واعلمه به ❊

VIII *rester éveillé, veiller*, 1001 N. I, 586, 14: وقالت كيف انتبهت ولم يغلب عليك النوم. — C. ل *faire attention à*, Gl. Belâdz., M, c. الى, 1001 N. IV, 474, 5 a f.: فانتبه بوّاب الخان الى باب الحجرة فرآه مقفولا. — C. على *s'appliquer à*, Bc.

X dans le Voc. sous excitare.

نَبِيه, pl. نُبَهَاء, M, Voc. — *Éveillé, vif, vigilant, pénétrant*, qui a une grande perspicacité, *intelligent, habile, adroit*, Bc, Voc. (subtilis homo), Alc. (mirado por comedido = مفتوح العين).

نَبَاهَة *subtilitas*, Voc., *vigilance, pénétration, adresse*, Bc.

تَنْبِيه *avertissement pour payer l'impôt*, Bc. — *Ban, mandement quelconque à cri public*, Bc.

تَنْبِيهَة *éveil*, Bc. — *Observation, remarque*, Bc.

مُنَبِّهَة espèce de maladie, *qui excite, qui tient réveillé*, J. A. 1853, I, 341.

نبو I c. عن, en parlant des yeux, *se détourner de*, comme dans ces paroles de la tradition: قدمنا على عمرو مع وقد فنبت عيناه عنه ووقعت على, M; autres exemples dans ma Lettre à M. Fleischer 141—2. Un peu autrement Bait. I, 87 b: شوك دقيق ينبو عنه البصر «des épines très-petites et presque imperceptibles.» — C. عن *refuser de*, Calâïd 119, 13: لا يدفع حجّته دافع ولا ينبو عن قبيله أنّه راه ولا سامع. — C. ب *repousser, rejeter*, Khallic. I, 423, 9 Sl.: ونبت به بغداد كعادة البلاد بذوى فضلها Abd-al-wâhid 146, 8: وكان طول هذه الولاية لا يستقرّ به قرار ولا يستقيم له حال تنبو به البلاد, Macc. I, 429, 2 a f., II, 303, 20:

انا امرؤ ان نبت بى ارض اندلس
جمّت العراق فقامت لى على قدم

avec ma note, Berb. II, 454, 7 a f.; cf. Prol. II,

نتج

26, 15: ان نبا الزمان برجل منكم فاعطفوا عليه وواسوه, où de Slane traduit: «si la fortune trahit un de vos collègues.» — Je ne comprends pas pourquoi Alc. (requerir como quiera) donne ce verbe, aor. i, dans le sens de *rechercher, désirer*, synon. رغب.

IV incorrectement pour I, *être émoussé*, chez le scoliaste de Moslim, Gl. Mosl.

نَبِي (pour نَبِيّ) épithète d'un chemin souterrain, *convexus et conspicuus* selon le Gl. Geogr.

نَالَتْهُ نَبْوَةٌ نَبْوَةٌ *il fut envoyé en exil*, Macc. I, 859, 2 (cf. Add. et ainsi dans Boul.).

النَّبَوِيَّة (formé de نَبِيّ, prophète) nom d'une confrérie orthodoxe et opposée aux Râfidhites, voyez Djob. 282, 14 et suiv.

نتج I a l'aor. *i* selon les Dict.; *o* dans le man. de Moslim, chez Bc *a*, *i*, *o*, Gl. Mosl., *a* dans le Voc. — *Élever* des animaux, Gl. Edrîsî, Gl. Geogr., Cartâs 161, 8 a f.: كان يوتى بالبقر من الاندلس فينتجها, Berb. II, 38, 5 a f.: فى رياضه الكبير من حضرة مراكش ورفع الامان عن من ركب فرسا او نتج خيلا من ساير البرير. — *Mettre bas, faire des petits*, Voc, Bc. Au fig., *produire*, R. N. 23 v°: وكان يقول ما نتاجت افريقية فنتجت له هيئته ودلّته, Bidp. 5, 4: مثل على بن زياد فطنته ان يتقدّم الى الصنّاع الذين معه ان يصنعو اخبيلا من ذجاج الخ. Dans les passages où se trouve l'aoriste, p. e. Freytag Chrest. 20, 3, Koseg. Chrest. 53, 2, Macc. I, 140, 5, Haiyân-Bassâm I, 140 v°: والفتنة تنتج العجب (leçon du man. B), ce peut bien être la Ire forme, mais aussi la IVe, qui a le même sens. — C. من *venir, procéder, émaner, découler, avoir sa cause dans, s'ensuivre, naître, résulter*, Bc, Chorb. Dial. 39, dans le Voc. sous concludere, Catal. des man. or. de Leyde III, 107, 5 a f.: من هذه الاصول; c. عن, ibid. 111, 12, où il faut lire (cf. V, 243): ما سمحت به فطرتى. — En parlant d'un garçon, *devenir un jeune homme* (شبّ), M.

II *produire*, Voc. (generare). نتج القضايا *conclure, tirer des conséquences*, Voc.

IV *élever des animaux*, Auw. I, 7, 8 a f. — *Mettre bas, faire des petits*, Voc. Au fig., *produire*, Gl. Maw., Djob. 196, 18, Amari 618, 8, Bât. I, 31: فانتج له تعلم الوصول الى قصدى «son action le fit par-

venir à son but, » Macc. I, 482, 13, III, 658, 2 a f.:
فانتج الانتباذ من تلك الرياسة لخطيبيةٍ أن الـــــ ; voyez
aussi sous I. En parlant d'un syllogisme, *donner une*
نتيجة, *un argument concluant*, Fleischer sur Macc. I,
339, 2 et 3 Berichte 184. — *Conclure*, Voc., c. من
*inférer, tirer une conséquence de, recueillir, inférer,
tirer une induction d'un entretien*, Bc.

V dans le Voc. sous generare, et c. من sous concludere.

VI, en parlant d'animaux, *être tenus aux champs
pour en tirer de la race*, Gl. Edrîsî 381 et 389, Gl.
Belâdz.

VIII = أنتج, Ibn-Doraid (Wright).

X c. a. dans le Voc. sous concludere, c. من *conclure, inférer de, déduire, induire, tirer*, Bc, M.

نتاج *l'action de mettre bas, de faire des petits*, M,
L (feta واحد نتاج ذات), de Sacy Chrest. II, 39, 1: طير
كثير النتاج « un oiseau très-prolifique, » Bait. II, 590
c: واذا رعته الغنم كثر نتاجها (L a fecunditas (fertilitas) نتاج), Macc. I, 830, 6, Prol. I, 223, 5, 236,
2 a f., Gl. Geogr. — *Les petits* de certains animaux,
L (fetus (subolis)), Gl. Edrîsî, Prol. I, 220, 14; aussi
نتاج, Gl. Geogr. — *Race*, en parlant de chevaux,
Beerî 145, 6: وغنم منها خيل ـــ من نتاج خيل أوراس,
— *L'action d'élever* des animaux, Prol. I, 236, 16,
Berb. I, 106, 10.

أهل النتاج *ceux qui élèvent des animaux*, Nowairî Afrique 38 v°: ولم يكن من اهل الوزارة ولا من
الكتاب بل كان من اهل النتاجة والفلاحة بالشام ۞

نتيجة *production, produit*, Bc, Ghadamès 19:
« les النتائج السودانية différentes denrées et produits
du Soudan, » cf. Djob. 36, 19, 100, 19, Prol. I,
6ℓ, 2, II, 164, 1, 316, 14, III, 61, 13, Berb. I,
366, 4 a f.; *conséquence*, Prol. III, 61, 4, Baidhâwî
I, 512, 5 a f. — *Argument concluant*, voyez sous
IV. — Expliqué par العمل, *la pratique*, par opposition à la théorie; العلم, Catal. des man. or. de Leyde
I, 138 (mais dans Abbad. I, 245, 4, je conserve à
présent la leçon ساجينه (cf. III, 96)). — *Fecunda*

نتيجة, L حبلى.

نتائجة قوة *faculté discursive*, Bc. ناتجة *discursif*.

نثر.

نثور (proprement: trahens et rapiens vi et vehementer) *lion*, Gl. Mosl.

منتثر se trouve dans le Diw. Hodz. 230, 8.

نتش I *agripper, saisir vivement, attraper*, Bc.
II *sucer* un os (?), Payne Smith 1786.
نتشة *quenouillée*, Bc.
تنتيش pl. تناتيش *bagatelle, vétille*, Bc.

نتف V (Diw. Hodz. 293, 8) et VIII *perdre les cheveux, les poils, ceux de la barbe*, ou, en parlant
d'un oiseau, *les plumes*, Voc., Alc. (descabellarse,
pelarse hazer lanpiño, desplumarse), Ibn-Wâfid 1 v°:
وانتتفوا الانتتاف المسمى داء الثعلب dans un vers
de Djarîr 75 r° (= Kâmil 126, 3); c'est donc aussi
v. a. (Wright).

نتفة *plume arrachée*, Macc. I, 364, 5. — *Extrait*,
Ztschr. XV, 109, Orient. II, 187, 3 (mal expliqué
par Weijers), Abbad. I, 190, 5 a f. (lisez المنتتف),
Yâcout I, 743, 10. — *Morceau, petite portion de
quoi que ce soit*, M.

منتوف *celui qui a la coutume d'arracher les poils
de sa barbe*, c.-à-d. un مخنث, *un bardache*, M. —
Un pauvre qui n'a rien de bon, M.

نتق I, n. d'act. نتق et نتى, *aller par haut, vomir,
dégobiller*, Bc, M, Hbrt 33 (Syrie).

منتق = منتاق *ayant beaucoup d'enfants (femme)*,
Payne Smith 1595.

منتّق *vomitif*, Bc.

نتن II *puer*, Bc.
IV *empuantir, infecter*, Bc.
V dans le Voc. sous fetere.
نتن *fesse-mathieu, usurier*, Bc.
نتنة *puanteur*, Bc, Cartâs 168, 5 a f.
نتان *empuantissement*, Bc.
نتين *mercurialis annua* L., Prax R. d. O. A. VIII,
279; *ononis longifolia* Lam., id. *ibid.* 282; *adonis*, id.
ibid.

نتنة *gueuserie, action vile*, Bc.
نتونة *puanteur*, Voc., Alc. (hedor, odor malo). —

L'action de flamber, de passer par le feu ou par-dessus le feu, Alc. (chamusquina). — *Allumette*, Alc. (sulfonete de piedra sufre). — نتونة الأصابيس *espace, distance entre les dents, inégalité des dents*, Alc. (helgadura de dientes).

نَتيِنَة *chenopodium*, Prax R. d. O. A. VIII, 347, et *amarantus prostratus*, ibid.

نَتيِني pl. ات *parole de moquerie, brocard; chanson satirique; libelle diffamatoire*, Alc. (pulla, canto de reprehensiones, libelo diffamatorio).

نَتَان *puant*, Alc. (hedionda cosa).

مُنَتِّن *qui a les dents l'une loin de l'autre*, Alc. (helgado).

مُنَتِّنَة *anagyris*, Bait. I, 82 d: وتسمّى ببادية مُنَتِّنَة. — الأعراب وبالمُبتَنَع الآن بِالمُنَتِّنَة En Egypte, *galeopsis* Dioscor., *lamium purpureum*, Bait. II, 229 c.

نَتو II c. a. dans le Voc. sous *elevare*.

نَتوة *protubérance, proéminence*, Bc.

نتّ.

نتّ طوى له على النتّ *dissimuler ses véritables sentiments*, Berb. I, 30, 70, 223, 3 a f., (lisez de même 436, 9), 602, 3 a f., II, 104, 4, 320, 5, 334, 12, 335, 7, 342, 9 a f., 362, 7 a f., 390, 5 a f., 410, 2, 463, 5 a f. Notre man. 1350 a partout النتّ, mais celui de Londres النتّ comme l'édition.

نثر I se construit aussi c. ب, نثر بالمسك, Abbad. I, 385, 1. — نثر على الفقراء voyez sous نثار نثر النثار *faire des distributions aux pauvres*, Bc. — C. في p. *se répandre contre quelqu'un en invectives*, 1001 N. Bresl. IV, 181, 2, VIII, 354, 5; Fleischer (Gl. 96) avait voulu corriger la leçon dans le premier passage, mais il a changé d'avis (XII, Préface, p. 93) quand il eut rencontré le second. C'est, je crois, une ellipse, pour نثر فيه الكلام (cf. Bat. II, 227), c.-à-d. أكثر.

VI. *Exemples de la signif. tomber par fragments, peu à peu* (Golius) Bat. IV, 384, Gl. Tanbîh.

VIII *se disperser*, Gl. Badroun.

النثر = نثر النثار (à la noce), Abou-Ishâc Chîrâzî 205, 20. — *Figure sur un habit*, M.

نَثرَق *prosaïque*, Bc.

نثار. C'est sous cette forme que Freytag aurait dû placer l'explication qu'il donne sous نثار d'après le Comment. sur Harîrî; aussi 1001 N. Bresl. II, 50, 4; نثر النثار, chez Bc *faire des largesses*, ibid. l. 7: ولأخدام تنثر النثار على روس الصغار والكبار Abbad. II, 164, 7. — *Prose*, Abbad. II, 164, 8, Mi'yâr 20, 3, Prol. II, 238, 2 a f.

نثير *épars*, تناثر الشعر *la chute des cheveux*, M, J. A. 1853, I, 340.

مُنَثَّر *toile peinte*, M.

منثور *giroflée, violier*, Bc, Hbrt 50. — *Figue*, Cherb.; cf. Gl. Edrîsî 342. — *Mauves*, Vansleb 100 (mentúr). — *Espèce de datte*, d'Escayrac 11 (si son *mansour* est منثور). — voyez sous le premier mot. الأدب المنثور شجر أخنثور *de même est: histoire, poésie, prose rimée, anecdotes*, Macc. I, 137, 5. — ملح منثور *sel pilé*, broyé(?), Gl. Geogr.

نثج.

نَثَجَل chez Freytag doit être biffé, car dans le passage qu'il cite il faut lire نَجَّل.

نجب.

نجب I *prosperari (in frugibus)*, Voc. (il a نَجَبَ mais son n. d'act. نَجَابَة fait soupçonner que c'est نَجُبَ), *réussir bien* (arbre), Anw. I, 170, 4, 183, 21, 213, 4 a f. (n. d'act. نَجَابَة), 214, 11, 218, 1 et 3, (travail manuel), Gl. Geogr. (où la IVe forme est une erreur).

II c. a. dans le Voc. sous *prosperari (in frugibus)*.

IV *enfanter, engendrer, produire; absolument être productif; aussi produire, composer des vers*; voyez mes remarques J. A. 1869, II, 208–9, Lettre à M. Fleischer 118, et ajoutez Macc. III, 674, 19: منجبات للحيوان والنبات.

نجب *est spécialement l'écorce de la Laurus Cassia*, Bait. II, 550 c (AB).

نجيب. Sur les نُجَباء dans la hiérarchie des saints voyez Ztschr. VII, 22, de Slane trad. de Khallic. III, 98, Lane M. E. I, 349. — Sur نجيب الطرف

طَرُف. — *Chameau d'une* اجيب الطرفين voyez sous
belle race, Quatremère sur Becrî 229 (qui ajoute à
tort la signif. de « bon cheval »), *dromadaire*, Voc.,
Koseg. Chrest. 118, 2. De même نجيبة, Holal, man.
Ga 10 r°: وكان قتالهم على النجائب اكثر من الخيل, (6 v°) porte السبخت. — *Courrier
monté sur un dromadaire*, Berb. II, 198, dern. l. —
Dans le Voc. sous prosperari (in frugibus).

نجيبة, pl. aussi ات, Ca'b ibn-Zohair vs. 13. Voyez
ce qui précède.

ناجِب *courrier monté sur un dromadaire*, Quatremère sur Becrî 229, Maml. I, 1, 196, II, 2, 89, II,
2, 273, Fakhrî 74, 11 et suiv., 1001 N. Bresl. XII, 80.

أنجَب *plus excellent*, Abd-al-wâhid 226, 15. — *Réussissant mieux* (arbre), Auw. I, 218, 6, où le
كانت de la l. 4 doit être placé, comme dans notre
man., avant انجب.

مناجيب اخونة excellent, Haiyân 25 v°: مناجاب.

نجم I, n. d'act. aussi نَجْم et نَجاح, Gl. Mosl. —
S'avancer, *marcher à la fortune*, *croître*, *percer*, *faire
son chemin*, *se pousser*, *prospérer*, *réussir*, Bc; M:
وربما قيل نجم فلان في امره وحاجته اذا فاز به وظفر
L donne: *proficio*, أنْجَم, *prodifico idem*, *propono* (vel
prefero) أبدر واسبق واقدّم وأنَجَم.

II *avancer*, *faire aller plus vite*, Bc.

نَجاح *avancement*, *progrès*, *établissement de fortune*, Bc: Ce mot a son sens ordinaire de *réussite*,
bon succès dans Koseg. Chrest. 58, 7 a f.: وقع الدواء
على داء قد قرح فاسرع في نجاحه (lisez ainsi); cf. Haiyân-Bassâm I, 116 r°, en parlant d'un médecin:
فانجم علاجا « il fut très-heureux dans sa pratique. » —
Bait. II, 77 a: وقد يدخل في حب النجاح الهندي
وينفع من الفالج واللقوة.

أنجَم *qui a le plus de succès*, Koseg. Chrest. 142, 1.

مَنْجَحَة pl. مَناجِح *heureux succès*, Valeton أ, 14
et p. 6, n. 4, Gl. Geogr.

نجد I *aider* (Freytag) aussi dans M et Gl. Abulf.

II *rendre fort*, Gl. Esp. 311 n., Voc. — *Arçonner*,
battre la laine, les bourres avec l'arçon, نجد القطن
nettoyer le coton avec l'arçon, Bc.

IV *rendre fort*, Gl. Esp. 311, n., Voc.

II

X *demander du secours à*, aussi c. ب p., M, Gl.
Abulf., Macc. I, 233, 20. — لم يستنجد لصدّه عبّاد
« il n'osa pas redemander à son
adversaire 'Abbâd la tête de son fils. » Abbad. III,
130, 14.

نَجْد, pl. نجاد, Diw. Hodz. 251, vs. 22.

نَجْدة s'emploie p. e. en parlant de la *capacité* d'un
guide, Müller 29, dern. l. — *Secours*, *troupes qui
vont au secours*, Bc; chez Freytag la citation de
Hamak. Wakid. est fautive, lisez p. 57; Nowairî Espagne 451, Maml. II, 1, 124, 11 a f.

نَجْدى *Le cheval du Nedjd résume le mieux le
type du cheval arabe*, d'Escayrac 311.

نجاد *peau de mouton qui contient les vivres du
voyageur pauvre*, Sandoval 311 (nejad).

نِجادة *l'action d'arçonner*, Payne Smith 1250.

نجّاد *arçonneur*, Payne Smith 1250.

أنجَد *plus brave*, Amari 432, 10; mais la note
2 n'est pas exacte, car A porte: في كانون فانجد.

مُنَجِّد *arçonneur*, Descr. de l'Eg. XVIII, part. 2,
380. — *Bourrelier*, *faiseur de harnois de bêtes de
somme*, Bc.

مناجد = مَناجيد *taupes*, Badroun 99, 8, 10,
dern. l.

نَاجِذ II. Un exemple dans le Kâmil 293, 8.

ناجذة dans la 2e partie du Voc. pour *dent*, mais
ناجذ dans la 1re.

نجر I *charpenter*, *menuiser*, Alc. (carpinteoar). — *Layer*,
tailler la pierre avec la laie, Alc. (escodar dolar piedras). — نجر عظما *détacher la chair des os*, *mettre
les os à nu*, 1001 N. I, 864, 4 a f.: اخذ جملا
ودسها ودبحهما وقطع لحمهما قطعا ونجر عظمها (عظمهما l.
(Lane: he stripped their bones). — *Ronger*, Voc.,
Alc. (roer). — *Dégrossir*, *polir*, *façonner*, Alc. (desbastar). — نجر الباب *fermer une porte avec une barre*
(نَجْر), M.

II *charpenter*, *travailler le bois*, Bc, 1001 N. I,
340, 6 a f.: يسهر على قبر لم يكن فيه الا خشبة مناجرة
صنعة النجّار.

نجر

VIII dans le Voc. sous dolare, sous rodere.

نَاجِر *mortier de bois*, Ztschr. XXII, 100, n. 35.

نَاجِر *barre pour fermer une porte*, M, pl. نَاجُور, Saadiah ps. 147 (pour בריח).

نَاجِرَة pl. نَاجِر *choucas, corneille, geai*, Alc. (grajo o graja).

نَاجِرَة pl. ات *l'action de ronger*, Alc. (roedura).

نَجِير maghribin pour نَجِيل, *gramen, chiendent*, L (gramen), Voc., Alc. (grama yerva), Most., نَجَم, Bait. I, 234 d, II, 550 c وهو النجيل الذي تعرفه العامّة بالنّجير واهل المغرب يسمّونه بالنّجير بالراء (المهملة). D'après Ibn-Djoldjol sous agrostis ce serait un nom latin vulgaire: وبالعربية النّجم والطبّي العامّي (sic) المدجر, mais c'est sans doute une erreur.

نِجَارَة *l'action de dégrossir*, Alc. (desbastadura). — Suivi de النَّجَّار, *l'action de layer*, Alc. (escodar, sous les noms).

ذراع النّجَّارين le ; بذراع النّجّار بالنّجَّار pour نَجَّار semble avoir eu d'abord une coudée et demie; plus tard il en avait 1¼, Gl. Geogr.

النّجارِيَّة se trouvent nommés comme les clients d'Omm-Salama, l'épouse du premier calife Abbaside, Badroun 217, 3; variantes العجارِيَّة العجبانِيَّة. Dans les Fragm. hist. Arab. 99, 6 a f., c'est un corps d'archers; mais M. de Goeje m'apprend qu'il faut lire البُخاريَّة, et que, dans ce temps-là, il y avait un corps d'archers de Bokhârâ.

أنَاجِر pl. أناجِر *jatte*, *vase rond et sans rebord*, *plat (vaisselle)*, Bc.

مُنَجَّر *échu en héritage*, Ht (? dans les deux parties, mais semble fautif).

مُنَجَّر *qui abonde en chiendent*, Alc. (gramoso lleno de grama).

مِنْجَرَة pl. مَنَاجِر *atelier*, J. A. 1849, I, 193, 9; *chantier*, Domb. 101. — *Charpenterie, l'art de travailler le bois*, Alc. (carpintería el officio).

مَنْجُور *équarri* (pierre), Gl. Edrîsî, Qalât 9 v°. *Ebréché*, Ht. — Sorte de verroterie, Browne II, 75, Ouaday 334, Lyon 152 (ce dernier مَنْجُور). — Chez

642

نجس

les charpentiers اسم شامل لما يدخل بناة البيت من الأغلاق وغيرها, M.

مُنَاجِيرة uom d'un instrument à vent, M.

نَاجَز I *venir promptement*, Gl. Fragm. — نَجَز بالوعد *accomplir promptement sa promesse*, ibid., Abbad. I, 390, 13, où il faut prononcer: وضيعت منك وان لم تُنَاجِز بلدة وعدك

II *être sur le point d'être terminée* (chose), M.

III se construit c. a. p., Gl. Badroun, Gl. Belâdz., ou c. d. a. نَاجِزَه القتال, Asâs, نَاجزُم للحرب, Khaldoun IV, 4 r°. Freytag n'a pas bien expliqué le proverbe qu'il cite; voyez Weijers dans Valeton 36, n. 1.

IV, *accomplir sa promesse*, se construit c. a. r. et c. p., Nowairî Espagne 482: انجزنا لك ما وافقناك عليه, ou c. a. p., de Sacy Chrest. I, ١٣٤, 4 a f.: ليت عندنا ما تعد. — *Arriver promptement*, Edrîsî, Clim. IV, Sect. 4: أن اراد التعجيل والانجاز cette route est

V. تنجّز الوعد *demander à quelqu'un d'accomplir sa promesse*, Gl. Fragm.

VIII dans le Voc. sous complere, *être terminée* (affaire), Gl. Fragm. — انتَجَز الوعد *demander à quelqu'un d'accomplir sa promesse*, Abbad. III, 245, Gl. Fragm., Berb. II, 289, 7 a f., où il faut lire لانتجاز avec notre man.

مُنَاجِزَة *terres d'une mauvaise qualité*, Descr. de l'Eg. XII, 71.

نَجِس I *faire des ordures*, Roland. — *Profaner*, Bc.

II *déclarer impur*, de Sacy Chrest. I, ٧١, 1.

نَاجِس, en Egypte, «a low disorderly, unprincipled character, a base worthless fellow,» Burckhardt Prov. n° 5. «Il est généralement reçu que, si une femme avait des relations avec son amant au milieu d'un troupeau de chameaux, pendant la nuit, ces chameaux tomberaient tous malades et périraient en partie. C'est ce qu'on appelle El Nedjeuss,» R. d. O. A. N. S. I, 188.

نَجَاسَة *profanation*, Bc.

أنجَس *pire, pis*, أنجَس والأنجَس *de pis en pis*, Bc.

تَنْجِيس *pot de chamb·e*, Alc. (bacín pequeño).

ناجَش I *exciter*, p. e. à la guerre, للحرب, Akhbâr 99, 2 a f.

نجش, que Freytag donne sans autorité dans le sens de *trou* dans un instrument à vent, doit disparaître; le mot est نخش (voyez).

ناجَع I *avancer*, faire aller plus vite; نجع المركب *cingler*, voguer à pleines voiles, Bc.

VIII *voyager pour gagner sa vie*, M. — *Subsister*, Autob. 206 r°: ولوه الوظائف العلمية فكان ينتجع منها. — *Ramasser et manger*, Becrî 17, 3: وينتكادس التمر هناك اعواما لا يقع عليه احد ولا يبلغ اليه حتى ينتجعه الناس فى السنين الجدبة وعند الحاجة والضرورة. — *s'approvisionner*, Autob. dans de Slane Prol. I, LXVIII n. (lisez ainsi avec notre man. et Boul.). — انتجع موضعـا *se rendre vers un endroit pour y faire paître ses troupeaux*, Becrî 149, 8. — انتجع مساقط الغيث ou انتجع الامطار, *pour* etc., *se rendre vers des endroits arrosés par la pluie*, Gl. Geogr. — *Fréquenter un port*, Becrî 70, 11. — *Laisser manger quelque chose* (accus.) *par les chameaux*, Gl. Edrîsî.

نَجْعَة pl. نُجَع est *fruges* dans le Voc. — Pl. نُجُوع *troupeaux*, Prol. III, 364, 10, Pagni MS (nago, pecora). — *Tente*, pl. نُجَع *tentes*, *camp*, voyez les exemples que j'ai donnés J. A. 1869, II, 179. — *Tribu*, Beaussier, Daumas V. A. 360, *la tribu en mouvement*, *en marche*, Godard I, 228, Sandoval 305, Carette Géogr. 164; pl. نُجُوع, Beaussier, Daumas V. A. 359, Hist. Tun. 123: وداتم نجوع افريقية بالملد والميرة.

نَجْعَة *voyager pour gagner sa vie*, Haiyân-Bassâm I, 12: وكان ممن طرحت به تلك الفتنة الشنعاء واضطـ جرت له فى طول الاغتراب, *ibid*.: (بها ل.) الى الناجعة; بُعْد الناجعة لابتغاء الفائدة: v°. 142, والناجعة اخبار Macc. I, 798, 13.

نَاجِعَة *nomades*, Berb. I, 29, 34, 36, 47, 56. — *La vie nomade*, Berb. I, 37, 2: عهد البداوة والناجعة. 56: اهل الناجعة.

أَنْجَع compar. de نجيع, Auw. I, 154, 15. — M. de Goeje m'a prié d'ajouter qu'il faut biffer l'article sur ce mot dans son Gl. Geogr., et que, dans le passage qui y est cité, il faut lire اجع (cf. Lane sous ce mot).

ناجَف

نَاجَفَة *lustre*, sorte de chandelier de cristal, etc., suspendu, Bc; *chandelier*, ou plutôt un certain nombre de chandeliers, principalement de verre, placés l'un au-dessous de l'autre et de manière à ne sembler qu'un, Lane M. E. II, 211.

ناجَل X se trouve dans le Diw. Hodz. 188, 6, 234, 2.

نَجَّل = نَجْلَة, Payne Smith 1635 (lisez ainsi).

نَاجِيل *dactyle* (plante graminée), Bc, *panic dactyle*, Sang.; — *dictame blanc*, Bc; — *chiendent*, aussi عرق الانجيل, Bc; — *herbes en général*, Sang. Voyez Rauwolf 230.

أَنْجَل est aussi une épithète de l'œil, M, P. Abd-al-wâhid 188, dern. l.: ذوات الاعين النجل.

نجيل voyez sous نجيل.

مِنْجَل *couteau recourbé de jardinier*, Bg, *serpette*, Auw. I, 437, 18, 502, 11. — En port. *manchil* signifie *couperet*, *couteau de boucher* (cf. I, 6 chez Freytag).

نَاجَم I *pouvoir*, Cherb. Dial. 9, 13, 14, etc.

II *payer en termes*; mais نجّم عليه الدّين signifie *il lui fit payer sa dette en termes*, Gl. Fragm. — *Remplir les fonctions d'astrologue*, Maml. I, 2, 50. — *Exposer à l'action de l'air pendant la nuit*; c'est bien la IIe forme (cf. Freytag), car dans Bait. I, 58: وترك الى الصباح منجما, notre man. A porte le *techdîd*; aussi Auw. I, 143, dern. l. — *Pouvoir*, Bc (Barb.), Roland.

IV. نجم الربيع عنّا *le printemps nous a quittés*, Kâmil 504, 15.

نَجْم, n. d'un. ة, *étoile*, Voc, Bc, 1001 N. III, 49, 4 a f. — *Horoscope*, كشف له النجم *tirer l'horoscope de quelqu'un*, Bc. — علم النجوم *pour* النجوم, *l'astrologie*, Payne Smith 1745. — *Terme*, *temps préfix de payement*, voyez sur l'origine de cette signif. Gl. Fragm., *payement à terme*, Roland; نجم et نجم *moment fixé*, Hbrt 254; نجما بعد نجم *en payements successifs à terme*, J. A. 1843, II, 222, 6 a f.

— نُجُوم القُرآن les versets du Coran, Prol. I, 180, 15. — نُجُم verroteries à gros grains, Ghadamès 40.
— نُجُوم paillettes, Roland. — Cynodon dactylon, chiendent, Prax R. d. O. A. VIII, 341.

نَجْمَة العين la tunique de l'œil, Domb. 88.

نَجَّام ressources, Cherb. Dial. 35.

نَجَامَة astrologie judiciaire, Abbâr 91, dern. l., Amari 331, 6, Prol. I, 203, 3 a f.ᵉ et suiv., 213, 6, III, 86, 6, 133, 16, Autob. 213 v°: المُقَدَّم في الطب والنَّجَامة

النُّجُومِيَّة الفلكية ou sorte de jeu d'échecs, van der Linde Geschichte des Schachspiels I, 108.

عِلْم التَّنْجِيم astrologie, astrologie judiciaire, Bc; aussi التَّنْجِيم seul, Macc. I, 136, 10, 11.

تَنْجِيمِي astrologique, Bc.

مُنَجَّم étoilé, Alc. (estrellada cosa).

مُنَجِّم aussi géomancien, Prol. II, 177, 12.

نَجَّى I repousser, Calâïd 96, 6: وهو يريد استشارة الموتى في الخروج الى موضع بعثه اليه ووجَّهه‘ فكلّ من صلّه ‟عنده نَجَّه ووجَّهه؛ repousser une demande; dans Amari 209, 2, j'avais corrigé, guidé par la rime et par nos man. 12 b et 783 du al-Fath al-Cossî: فلما سمع ما et قِيمَه من نَجَّاه؛ نَذْهَب بعد ما صَلَّب على وجَّهه, j'ai vu depuis que Fleischer corrige de même dans les Nuove annot. crit. — Vituperare, Voc.

III c. a. dans le Voc. sous vituporare.

تَنَجَّى dans le Voc. sous vituperare.

نَجَا I c. ب sauver, porter en sûreté, Nowaïrî Egypte, 2 o, 115 r°: لم يَفْلِت من الفرنج الا من نَجَا به فَرَسُه؛ نَجَا بِنَفْسِه se sauver, Kosag. Chrest. 73, 6, Nowaïrî Espagne 437: نَجَا بِكَرَامَتِه نَجَوْت بِنَفْسِي واحيَى Sur voyez sous le second mot; aussi نَجَا بِخَشَاشَةِ نَفْسِه Athîr VIII, 402, XI, 149. — Etre acquitté, Ht.

II. نَجَّى الميت laver le derrière et les parties honteuses d'un cadavre, Gl. Tanbîh.

III avec ou sans ربه s'entretenir avec Dieu, Bc, Macc. I, 273, 22, 410, 14, Badroun 271, 2, Cartâs 248, 15, R. N. 19 r°: كان لا ينام أكثر ليله لِشُغْلِه

بِصَلَاتِه واقباله على مناجاته ربِّه جلّ وعلا؛ Alc. a sans doute en vue le même sens quand il donne ce verbe sous contemplar; c'est contempler dans l'acception de méditer, penser à Dieu et à ses perfections. — Discourir (cf. نَاجَى et نَجَوَى), Tha'âlibî Latâïf 6, 8: أوّل من تكلَّم في القَدَر غَيْلَن النبي عَمَّ ولمَّا كَثُر المُناجَات ||, في ذلك ولمَّ واحتَتَم مُسَمَّى اسمه من حَنِيفَة الانبياء faut lire (avec le man. A) أَكْثَر et المُنَاجاة.

V se sauver, Voc., Alc. (librarse).

نَجَاة. النَّجاة, t. de musique, peut-être le dessus, Gl. Mosl., où M. de Goeje soupçonne que ce mot vient du pers. نَيْجَه, flageolet.

نَجْوَة endroit élevé où l'on croit être en sûreté, Müller 142, n. 1; cf. P. Masoudi III, 207: كان بِنَجْوَة من الدَّهر « il était au-dessus des atteintes de la fortune, » بِنَجْوَة الشيء = عن, نَاحِيَة, à l'abri de, Aghâni X, 7, 7 et 8 Boul.

نَجْوَى entretien avec Dieu, prière, Haiyân-Bassâm I, 23 v°: ولما خلصت فيه النَّجوى وتَوالى عليه الدعاء نَظَر الى عباده وسَلَّط عليه الى الله, Cartâs 276, 2. — Entretien, entrevue, conférence, Berb. II, 316, 7, 493, 3.

نَجِيّ = مُنَاجَاة, Kâmil 160, 10 et suiv. L'expression coranique خَلَصُوا نَجِيًّا (XII, 80), que Baidhâwî explique par انفردوا واعتزلوا مُتَنَاجِين, s'emploie dans le sens de tenir conseil, délibérer, Berb. I, 609, 2, II, 169, 12, 314, 8 a f., 449, 2; خلص نَجِيًّا s'entretenir avec quelqu'un, II, 428, 11. — C. من libre de, Abbad. I, 383, 16, si j'ai bien corrigé. — نَجِيّ للهموم inquiet, soucieux, Gl. Mosl.

نَجِيَّة inquiétude, souci, Gl. Mosl.

نَاجٍ innocent, Ht.

مَنْجَاة endroit élevé où l'on croit être en sûreté, Berb. I, 300, dern. l.: وخرج به الى مَنْجَاة من جبال المَصَامِدة; de là كان بِمَنْجَاة من être à l'abri de, Prol. I, 25, dern. l.: ولقد كان اولئك القوم كلهم بِمَنْجَاة من; cf. Berb. I, 294, 2 a f.: خَنِثَت السَّرَف والترَف في ملابسهم الى أقاموا بِمَنْجَاة من الطاعة.

نَحَت I creuser, souvent chez Bat., p. e. creuser une route dans les rochers, creuser une caverne, creuser

نحت

un tronc d'arbre, pour en faire un canot. — *Fabriquer*, Gl. Geogr.

IV *faire travailler, façonner le bois*, Cartâs 35, 18.

VIII dans le Voc. sous *dolare*.

X *faire fabriquer*, Gl. Geogr.

نَحَّتَ, t. de gramm., *réunir deux mots en un seul*, comme quand on emploie عبشمى comme n. rel. de عبد شمس, M.

نَحِيت *pierre de taille*, M; comme adj., Ibn-Iyâs, man. de Gotha 302, p. 229 (cité par M. Wright):
ولها سور بالحجر النحيت من الصخر الاحمر ❊

نَحَائِدُ اضاع نحائدُه *perdre la tramontane, se troubler, s'égarer*, Bc.

نَحَّات *raboteur*, Voc.

حجر مَنْحُوت *pierre de taille*, Bc, Hbrt 190, Bat. I, 114. — كلمة منحوتة *mot dans lequel deux mots sont réunis* (cf. نَحَّتَ), M.

نحد.

مَنْحَد chez Freytag doit disparaître, car dans Koseg. Chrest. 114, 8, il faut lire مُتَّخَذة.

نحر

نَحَرَ I *frapper d'estoc*, Alc. (dar estocada, estocadas dar).

V c. ٻ. *connaître très-bien*, Gl. Belâdz.

نَحْر, pl. aussi أَنْحُر, *poitrine*, Gl. Mosl. — *Commencement du jour, du mois*, M. نحر البحر *le bord de la mer*, Gl. Edrîsî, Gl. Geogr.; بنحر الطريق *au bord de la route*; في نحر العدو *sur les frontières*, Gl. Geogr. — En parlant de colonnes أنحر, pl. نحور, semble désigner *un cercle en saillie, ibid.* — Pour جلس في نحر فلان, *vis-à-vis de*, J.-J. Schultens cite le Tograi de Pocock p. 155; on en trouvera un autre exemple sous mon article بنحر; aussi dans l'Asâs et dans le même sens TA, Gl. Geogr.

نَحْرَة *estocade*, Alc. (estocada, punto por estocada).

نَحِيرَة pl. نحائر *natura* dans le Voc. est une faute pour نحيزة.

نَحَّار نحار الابل s'emploie comme = مَنْحار = *généreux, hospitalier*, P. Cartâs 185, 6 a f. (lisez ainsi), et de même seul, Kâmil 737, 14.

نحس

مَنْحَر *gosier*, Payne Smith 1386, 1001 N. II, 314, 7 a f.

نَحَسَ II *devenir comme du cuivre*, M, — *Couvrir de cuivre*, M.

IV, V et VIII dans le Voc. sous *infortunatus*; VIII, t. d'astrol., *devenir malheureux, prendre une nature funeste par suite d'influences du dehors*, Morgenl. Forschungen 283.

نَحِسَ ليلة نحسٍ chez Chanfarâ est بارِدة, *nuit froide*, d'après un scoliaste (de Sacy Chrest. II, 388, n. 66). — Les deux planètes malheureuses, Saturne et Mars, s'appellent النَّحْسان, pas النَّحِسان comme chez Freytag.

نحسى *maléfique*, Bc.

نُحاس. La meilleure espèce de cuivre est النحاس الذهبى, M; نحاس اسبيدارى *airain*, Bc. — *Batterie de cuisine*, Formul. d. contr. 4, parmi les objets du trousseau: والنحاس بكذا وبرمة وطساس نحاسات *chaudronnerie, marchandise de chaudronnier*, Bc. — Sur le sens technique de نحاس chez les alchimistes voyez Prol. III, 207, 13.

نَحَاسَة *au Maroc*, = طنجرة, Cherb.

نَحَاسَة *plaque de cuivre*, Gl. Fragm.

نُحُوسَة *infortune*, سعودات ونحوسات *heur et malheur*, Bc.

نُحَاسِى *de cuivre*, Voc. — *Cuivré*, Bc. — *Chaudronnier*, Voc. (part. 1).

نَحَاسِيَّة *alliage de cuivre*, Cherb.

مَنْحُوس *malencontreux, malheureux, sinistre*, Voc., Bc, Hbrt 220, Ztschr. XI, 488, 1001 N. I, 895, M 1713 a, 7: وجهه منحوس لا يصادف خيرا من يعاشره او يلمّ به ❊

مَنَاحِس (pl.) *même sens*; d'après le M c'est un pl. irrég. de نَحْس, ou bien de مَنْحَس; le Voc. le donne comme le pl. de منحوس.

نحص

في التى لم نَحُـصَ, pl. نَحُوص, et expliqué par تحمل في عامها, Kâmil 521, 2.

ناحف II *rendre maigre*, Voc.

V *maigrir*, Voc.

VIII *maigrir, languir*, Hbrt 32.

أنحاف *flamant* (oiseau), Domb. 63, Bc, Hbrt 184, Daumas V. A. 431.

نحيف *douillet, délicat, tendre, délicat*, Bc, *délicat*, Hbrt 32, 79'; مزاجه نحيف *mal complexionné*, Bc. — *Sensible*, qui est aisément irrité, ému, touché, Bc.

نحل I. نحل العبادة, comme VIII, *s'adonner à la dévotion*, Berb. I, 35, 2 a f.

II *rendre maigre*, Voc.

IV *faire des petits* (abeille), M.

V *devenir maigre*, Voc.

VIII c. a. r. *s'attribuer à tort*, p. e. الكرامة « *le pouvoir d'opérer des miracles*, » Khaṭîb 29 r°: رجل ينتحل من بني الشعوذة ومنتحلي الكرامة Miʿyâr 23, 9, où il faut lire:

واذا الجمال المطلق استشهدته ألغيت ما انتحل لخيال وزورا

« Quand vous devenez témoin de la beauté absolue (de Grenade), vous rejetez ce que l'imagination s'est attribuée à tort et ce qu'elle a chargé de faux ornements. » — انتسب البها est انتحل قبيلة كذا M', et ainsi المنتحل نسب الشرف Berb. II, 432, 10, est = الشريف l. 14. — *Adopter un nom, un titre*, Prol. II, 10, l. 14: ثم صارت الى انتحال الاسماء والالقاب 11, 2 a f., 12, 6, 65, 4; *adopter, employer*, II, 42, 7: اعلم ان للسلطان شارات واحوالا تقتضيها الابهة والبذخ فيختص بها ويتميز بانتحالها عن الرعية والبطانة فنقوموا الخ. — *S'approprier*, Berb. I, 150, dern. l.: عليهم احوالهم وما كانوا يطالبونهم به من الوصائف البربرية والافريقية العسلية الالوان وانواع طرف المغرب وكانوا ينتحالون في جميع ذلك وانتحاله. — *S'appliquer à; s'adonner à, faire son métier, sa profession de*, Carṭâs 23, 1: واكثرهم جعل ينتحل للحرات والفلاحة dans les notes p. 364: (=) من ينتحل الصناعة Chec. 186 v°, ينتحل الطب *les médecins*), de même Notices 182, n., l. 5 (lisez كثير avec le man. B), Prol. I, 56, 10, 220, 12 et 13, 221, 6, 2 a f., dern. l, 222, 4, 231, 9, II, 86, 11, 177, 6, Berb. I, 366, 6 a f., 367, 1, 432, 1, 465, 3 a f., 544, 8 a f., II, 32, 7 a f., 276, 14,

350, 7, 363, 7, 365, 10 et 2 a f., 366, 1. Souvent انتحل العبادة *s'adonner à la dévotion*, Berb. I, 35, 15, 50, 5, 97, 9, II, 90, 7, de Slane Prol. I, LXXV b. Dans le Voc. *facere*. Chez Abd-al-wâḥid 150, 15: ينتحل طريقة, ينتحل طريق البلاغة 229, 7 a f.: الوعظ Le n. d'act. *efforts*, Müller 47, 11, Macc. I, 2, l. 6. — *Attacher de l'importance à*, Haiyân-Bassâm III, 5 v°: وكانت دولته اكثر الدول خاصة واسرافا في Prol. II, 195, 2 a f.: محاباة لانتحاله العلم والفهم يصح منها قول الا على تاويل تحرف العاصة او يجازف. — *Amaigrir, devenir maigre* (Freytag), aussi dans Bc, Payne Smith 1811.

نحلة Dans la danse *nahleh* ou de la guêpe, l'almée feint d'être poursuivie par une guêpe; voyez Fesquet 75.

نحلة pl. نحل *occupation*, Prol. II, 359, 9: كانت البداوة اغلب احلام (correction de M. de Slane confirmée par nos deux man.); نحلته من المعاش *la manière dont on pourvoit à sa subsistance*, Prol. I, 220, 10. — Au fig., comme بضاعة, *marchandise*, Autob. 198 r°: كانت بضاعته في الحديث وافرة وتحلته في التقييد والحفظ كاملة

نحل *medicago arborea*, Bait. II, 304 c.

نحيل *maigre*, pl. نحال dans le Voc.; خصر نحيل *corsage délié*, Bc, 1001 N. III, 540, 557, Brosl. XI, 78. — *Décoloré, pâle*, Alc. (descolorado). — *Les petits de l'abeille*, M.

نحولة *affaiblissement de couleur, pâleur*, Alc. (descoloramiento).

ناحل, pl. نحل, de Sacy Chrest. II, ١٣٨, 3, نحال, Voc.

منتحلة *ruche à miel, endroit où l'on élève des abeilles*, Cherb., J. A. 1849, I, 194, 2 et la n. 14 p. 211.

منتحل pl. ات *occupation, profession*, Berb. I, 128, 5 a f., Autob. 201 r°: نشأ في كفالة جده القاضي فنشأ له بذلك ميل الى انتحال العلم الى التجنيدية التي مقصود في العلاج, Khaṭîb 33 v°: كانت منتحل ابيه بالرقا والعزائم من اول (اول l.) النفس ولجبال تعلق بانحال l.) الدول. Les doc-

trines dont on fait profession, Berb. I, 300, 9: وَيَّخذه القاضى على منتحله وخلافه لأهل قطره»

نَاحِم El-naham, les deux premiers mois qui suivent l'équinoxe du printemps, Descr. de l'Eg. XVII, 327 (?)

نَحْنُ Le Voc. donne les formes vulgaires نِحِن, نِحِنتِ, نَحْنُ, et نَحْنَا, le M.

نَاحَنَمَ I et II *tousser à dessein, faire hum, "hum,* Bc.

نَحْنَحَة n. d'un., vulg. de نَحْنَحَة, M.

نَاحَى et نَاحَى I. هذا النَّحْو ومَا نَحَا «et des paroles de ce genre,» Abd-al-wâhid 13, 7; أَنْحُ منه هذا «agissez ainsi avec lui,» Bidp. 178, 4 a f.; النحو نَحَا مَنْحَى فلان *faire comme un autre,* Abbad. I, 429.

II se dit spécialement du bétail qu'on sépare, car Alc. le donne sous *apartar ganado.* Je ne sais si L a pensé à cette acception quand il donne: *compello* (cogo) أَنْحَى; sous *cogo* il a: (sic) أَحْجَز وَأَنَحَى وأعالى et أَضْطَرَ. — *Oter ses souliers,* Hbrt 21 (Alg.).

III c. a. p. *se rendre vers,* surtout avec une intention hostile, Gl. Geogr.

IV. Les dict. des indigènes expliquent أَنْحَى فلان على فلان par أَقْبَلَ على فلان بالسيف ضرباً et أَقْبَلَ عليه بالسوط, et de même chez Macc. II, 28, dern. l.: ولما أَنْحَى أصحابه على أصحاب الفهرى. Mais أَنْحَى على فلان signifie aussi *maltraiter de paroles,* Kâmil 560, 14: سمر ليلةٍ عند زياد، ومعه جماعة فذكر أمر للخوارج فأَنْحَى عليهم غيلان «كان كثير الأنحاء علىّ» جالبا, Macc. II, 413, 9: «المحافِل ما يسوء الىَّ», ou bien *importuner, tourmenter,* Haiyân 74 r°: réduits à l'étroit par le sultan, les habitants d'Ecija, qui tenaient pour Ibn-Hafçoun, demandèrent l'*amân,* وَاعْتَذَرُوا بِإِنْحَاء العدوّ ذى الشوكة (ils s'excusèrent donc en disant qu'ils avaient dû céder à l'importunité du puissant ennemi, c.-à-d., d'Ibn-Hafçoun), Weijers 32, 1; وَيتَعَتَّى بإنحاء الزون على الأحرار Macc. II, 177, 12, n. c:

عائِدُهُ عن هَرَها مُنْفرداً نَفَرْسٍ أَنْحَى عليه فَاتَّكَا

P. Abbâr 184: أَنْحَى على جِسْمِى النحولَ.

V c. مع *est sequestrare* dans le Voc.
VI *se rendre l'un vers l'autre,* Gl. Geogr.
VIII *se rendre vers,* إلى, Gl. Belâdz.

نَحَوَ على نَحْوِ ما *à peu près de la même manière,* Bidp. 140, 3, de Sacy Chrest. I, 267, 6 a f. — *Modèle,* Abd-al-wâhid 183, 2: ثم اخرج الىّ من تحت الأَنْحَاء بنفسه مفتاحاً على النحو الذى رأيت فى المنام الموسيقية *les modes de musique,* Macc. II, 338, 15 (cf. Yâcout IV, 565, 21); أَنْحَاء التعاليم *les différentes parties des mathématiques,* Aboulfaradj 316, 7.

نَحْبَة لِنَحْبَةٍ *à part,* Voc.

نَحْوِىّ *grammatical, littéral, ancien,* l'opposé de *vulgaire,* Bc.

نَاحِيَة. كانت له ناحية من هاشم *il était en faveur auprès de Hâchim,* Mohammed ibn-Hârith 307, R. N. 47 r°. — وكانت له ناحية من السلطان — *Intention,* Athîr X, 405, 8 a f.: فكان الونشريشى يعمد الى الرجل الذى بأَخَاف ناحيته. — Un groupe cantonal qui n'est pas assez considérable pour former un *caza* (c.-à-d. une كورة) séparé, mais qui ne peut non plus, à cause de sa position géographique, être rattaché à l'un des *cazas* voisins, Gl. Geogr. — من ناحية ou فى ناحية *à quelque distance,* Gl. Geogr. — *Lance,* Diw. Hodz. 80, sur vs. 5.

نَوَاحِيخ *banlieue,* Ht.

أَنْحَى *plus savant en grammaire,* Macc. I, 613, 19, 904, 18.

مَنْحَى pl. مَنَاحٍ est le synonyme de مَقْصِد, *le but, la fin qu'on se propose,* Bat. I, 11: ونقلت معانى كلام الشيخ أبى عبد الله بألفاظ موفية للمقاصد التى قصدها, «موضحة للمناحى التى اعتمدها», Abbad. I, 51, 2 a f.: وما زال متفقداً فى مناحيه, où une glose dans un man. de Paris explique مناح par مقاصد, «il ne cessait d'aller avec ardeur à ses fins,» Orient. I, 403: «اصبح الدين منبسطاً فى نواحيه مغتبطاً بمناحيه» (où Weijers n'a pas bien expliqué ce mot), 439: اَمَّنْ الله نواحيكم, ويمن مذاهبكم ومناحيكم. Aussi *manière de faire, d'agir,* comme مَذْهَب, Bat. I, 236: les habitants des villages de Damas sont كأقل الحاضرة

نخ 648 نخر

مناحيهم «dans leurs manières comme ceux de la capitale,» Prol. I, 6, 4, où l'auteur dit en parlant de son ouvrage: واخترعته من بين المناحى عجيبا مذهبا Prol. II, 50, 5: وطريقة مبتدعة واسلوبا لان العرب كان ; الكلام والبلاغة اقرب مناحيهم واطهرها un peu autrement 43, 10: l'histoire, faussée par des compilateurs sans critique, عدّ من مناحى العامة «fut rangée parmi les choses dont le vulgaire seul s'occupe.» — Sur نحا مناحى فلان voyez sous I.

منحاة, dans le sens de مقام السانية على الحوض, pl. مناح, Kâmil 442, 12 et 17.

نخ I s'accroupir, s'agenouiller (chameau), Bc. — Baisser la tête (طأطأ), M.

نخ (pers. نخ, tapetum vel stratum elegans et pictum, Vullers) est نخ dans le Voc. qui l'a sous tapetum; pl. نخاخ, Macc. I, 230, 16, où le man. quasi-autographe d'Ibn-Khaldoun, que possède le Musée britannique, porte: وخمسة عشر من اخاخ للفرز Payne Smith 1632, Bar Ali 4515 (où خاخ est une faute), Gl. Geogr., et انواخ, Voc., forme qui suppose un sing. نوخ, qu'on trouve en effet dans Macc. l. l. n. f. — Pl. انخاخ paillasson, natte de paille, Bc. — Etoffe de soie brochée d'or, brocart, Vêtem. 220; les passages de Bat. que j'y ai cités se trouvent dans l'édit. II, 309, 388, 422 et III, 81; chez Marco Polo, comme l'a observé M. Defrémery (J. A. 1850, II, 166), nac ou nach; Yâcout I, 822, 22, nommé النسيخ parmi les étoffes précieuses qu'on fabriquait à Tibrîz, mais il faut lire soit النخ, soit son synonyme النسيج.

نخ ne signifie pas vin (النخم), comme on trouve chez Freytag, mais ânes (النخم).

نخب I. نخب être timide, aussi Berb. I, 533, 8, où il faut lire: ونخبت القلوب لرعبه

VIII est facere dans le Voc. (?).

X c. a. choisir, Prol. III, 416, 12, où il faut lire ainsi avec Boul.

نخب éligibilité, Bc.

نخبة signifierait grande coupe selon le scoliaste de Moslim, mais dans le vers auquel se rapporte sa note, النخب ne semble être rien autre chose que نخب الكلام «discours choisis,» Gl. Mosl.

ناخذ

ناخذا (pers.) capitaine de navire, écrit ناخدا de Sacy Chrest. II, 56, 2, ناخوذة 1001 N. IV, 181, Bresl. VII, 282, ناخوذي, Bat. III, 371, IV, 54, 58, 62, 249.

نخر I, n. d'act. نخار, ronfler, Voc., Alc. (roncar), Bc; en parlant du cheval, 1001 N. II, 8, 2 a f.: واما الفرس فانه شاخر ونخر وصهل وازمهر. — Se dit du cri de certains animaux, p. e. du tigre, Alc. (bramar el pardo), du cerf, Alc. (bramar el ciervo). — Rugir de colère, Akhbâr 25, dern. l.: فلما وجدوه جالسا معه ودخع البغم الثاب, Haiyân 100 v°: نخروا وعاتبوا ابام نخر عظمه — فلما قرئ عليهم وترجم لهم نخروا وغضبوا rompre la tête à quelqu'un, l'étourdir, l'importuner, Bc.

II faire ronfler, Voc.

تنخر (?) espèce de danse chez les tribus arabes autour de Souf, Tristram 321 (nakhar).

نخرة grognement du pourceau, Alc. (gruñido del puerco).

نخار ronfleur, Voc., Alc. (roncador). — Grogneur, Alc. (gruñidor). — Sorte de poisson, coracinus, Domb. 68.

ناخر, coll. ه, cheval, Kâmil 150, 8 et 10.

منخر, منخر nez, Barbier; c'est ancien, comme dans l'expression كبّه الله على مناخره; — sorte de datte, proprement مناخر زينب, le nez de Zainab, mais le dernier mot a été retranché, Pagni 150, d'Escayrac 11: «la datte appelée monakhir (nez), aussi longue que le petit doigt, et qui passe pour supérieure à la datte deglé [دقلة] elle-même,» Richardson Morocco II, 285 (monachah) et Sahara II, 187 (tenakor), Prax R. d. O. A. V, 212 (menakhar).

منخار (Alc., Ht), مناخر (M), مناخر (Domb.), pl. مناخير et مناخر, narine, Bc, 1001 N. I, 23, 12. — Nez, Alc. (nariz), Domb. 84, Ht, Bc; منخاره غال

fier, hautain, Bc; روحه في مناخبرو qui a la tête près du bonnet, qui s'irrite aisément, Bc.

مُتَنَخَّر qui a un grand nez, Alc. (narigudo, ombre de gran nariç).

نَاخَز I ronger, Hbrt 249, M sous دوده تناخز: مالوش

نَخَز فَتَميته الشَّجَرِ — Elancer, produire des élancements, Bc.

نَخَز (نَخْزَة) الضَّمير remords, Bc, Hbrt 249; aussi نَخَز soul, Hbrt.

نَخْزَة élancement, impression d'une douleur subite, Bc. — Point de côté, douleur piquante, Bc.

نَخَّاز qui pique, Payne Smith 824.

نَاخُوز pl. نَواخيز et مِنخَز pl. مَنَاخِز aiguillon, Bc.

نَاخَس I picoter, piquer légèrement, Alc. (entrepunçar). VIII dans le Voc. sous stimulare.

نَخْسَة piqûre légère, Alc. (entrepunçadura). — Coup d'éperon, Alc. (espolada herida de espuela).

نخَّاس aiguillon, Payne Smith 1151.

نخَّاس qui pique souvent, beaucoup, Voc. — Maquignon, marchand de chevaux, d'ânes, Koseg. Chrest. 99, 5: نحن قوم نخاسون ومعنا خيل عتاق Akhbâr 157, 6: وانت يومئذ نخَّاس الخمير بإشبيلية — Marchand d'esclaves, maquereau, celui qui fait métier de prostituer des femmes esclaves et de vendre leurs enfants, Tha'âlibî Laṭâïf 77, 8: كان نخَّاسا له جوار يساعيهم ويبيع اولادهن — Courtier, Alc. (corredor que aprecia), 1001 N. I, 281.

نَاخِس lancinant, qui se fait sentir par élancement, p. e. وجع ناخس douleur lancinante, poignante, Bc.

أَنْخَس voyez sous مِنخَس.

مِنْخَس, pl. مَنَاخِس et dans le Voc. aussi أَنْخَس, aiguillon, Voc., Alc. (aguijon, aguijon de abeja, aguijon de hierro), Aboû'l-Walîd 396, 26. Au fig., membre viril, Bayân II, 243, 5 a f., comme Macc. II, 418, 2, le dit avec raison. — Curette, instrument de fer pour l'extraction de la terre qui s'engage dans le soc de la charrue, Alc. (arrejada o aguijada).

مِنْخَسَة, aiguillon, L (aculeus vel stimulus).

مِنْخَسَة الفَدَّان aiguillade, l'instrument avec lequel Samgar tua 60 (ou 600) Philistins (מלמד הבקר), Juges III, 31), Aboulfaradj 38, 13, si toutefois cet auteur

n'a pas eu une autre pensée; cf. le Thesaurus de Gesenius sous מלמד. En effet, מנחסה (forme qu'on trouve aussi chez Payne Smith 1151) signifie bien aiguillade, car on lit dans Bar Ali n° 6234: الفارش مِنخَسة الثور في الحرات, mais c'est aussi une partie de la charrue, distincte du soc ou سكة, comme il résulte d'Aboû'l-Walîd 798, 17: كانت لهم مبارد حادَّة اعتَدوا [لأن] بها السكك والمناخس وسائر آلات الحرث; peut-être coutre.

مِنخاس pl. مَنَاخيس aiguillon, Voc., Bc. — Aiguillade, gaule pour piquer les bœufs, Bc, 1001 N. I, 718, 2 a f.

نَخْنَس I éplucher, rechercher les défauts avec malice ou avec grand soin, Bc.

نَخْشُوش pl. نَخاشيش ouïes, parties de la tête des poissons qui servent à la respiration, Bc, 1001 N. IV, 489, 4. — Narines, 1001 N. III, 278, 6 a f.: فَقَطَع دُخان البَنج ودخل في نخاشيشهم فَقَدوا جميعهم dans Bresl. (IX, 50) c'est نفاشيش; il faut y substituer نقاشيش; c'est une prononciation légèrement différente du même mot.

نَخْصَص I farfouiller, Bc.

نَخَع I, n. d'act. نَخع et نَخاعة, cracher, jeter dehors la pituite, Gl. Geogr. — N. d'act. نَخع, cahoter, saccader, Bc, 1001 N. Bresl. IV, 336: نخع البَغلة من لجامها فقامت على رجليها

نَخْعَة cahot, saut d'une voiture, saccade, Bc.

نُخَاع, « ridiculement défini par Freytag », désigne la moelle épinière, comme dans ce passage de Râzî: جعل الباري في اسفل القحف ثقبا واخرج فيها شيئا من الدماغ وهو النخاع « Le créateur a placé au bas du crâne une ouverture par laquelle il a fait sortir une portion de cervelle, qui est la nuque. » Le médecin persan al-Hosainî appelle la nuque la queue de la cervelle, دنبال دماغ. L'ancienne signif. de nuque, b. lat. nucha, esp. port. ital. nuca, était aussi moelle épinière, ainsi que le montrent les passages suivants pris dans le Dict. de M. Littré: « Spondille (vertèbre) est ung os percé au milieu, par lequel pertuis la *nuque* passe » (Lanfranc). « La nuque vient de la cervelle, ainsi comme le ruisseau de la fontaine » (*ibid.*), phrase qui n'est que la traduction de ce passage de Râzî: أن الدماغ بمنزلة عين — والنخاع « La nuque ou moelle spinale » (Ambroise Paré), » Devic 177. Beaucoup d'autres témoignages chez Hyrtl, Das Arabische und Hebräische in der Anatomie, p. 190 et suiv. — *Moelle*, Bc, M.

نوخع *nuque*, Bc.

نخف

نخف == نغف *siccœ narium sordes*, s'il faut lire ainsi chez Payne Smith 1368, au lieu de نخف et نحف.

نخل II *cribler, passer par le crible*, Voc., Chec. 199 v°, où le man. porte ينتخل, 200 r°: كل ذلك بعد اجادة. — *Choisir*, Gl. Mosl. السخف والمنتخبل.

نخلة *dattier femelle*, Prax R. d. O. A. V, 214. Au fig., *amante*, Müller 140, Hamâsa 97, 4 a f. — *Entortillement de cheveux en rond*, surtout sur le front ou sur le sommet de la tête, Alc. (remolino de pelos o cabellos); *épi, raie formées sur les animaux, et particulièrement le cheval, par le retour du poil*, Beaussier, qui cite Daumas, Chevaux du Sahara 118 et suiv.; voyez le même V. A. 186 (عنده نخلة السلطان) et 191 (deux fois). — نخلة فرعون *arbuste qui produit un fruit rouge à noyau d'un goût très-agréable*, Carette Géogr. 150, R. d. O. A. N. S. X, 549.

المرقم المنخلي *sorte d'onguent, d'emplâtre*, Voc. (emplaustrum, unguentum), Most. dans un passage que j'ai publié sous صابون. Il a reçu ce nom parce que, quand on le fait et qu'on a mis sur le feu les ingrédients dont il se compose, on les remue avec une branche de palmier fraîche. Ibn-Wâfid 30 r° donne la recette: 3 livres de litharge, autant d'huile, 2 de graisse de veau et 1 de colcotar, après quoi il ajoute: يجمع الجميع ويحرك على النار بجريد النخل الطري ويستعمل.

Nakhwali, le cultivateur qui secoue le régime des fleurs mâles des dattiers sur les fleurs femelles, afin de les féconder, Burton I, 386.

نخال *son, la partie la plus grossière du blé moulu*, Voc., Alc. (afrechos), Bc, Macc. I, 516, 9, de Sacy Chrest. I, 253, 7, 1001 N. II, 124, 12. — En latin *acus* (fém.) signifie bien « aiguille, » mais un autre *acus* (neutre ou fém., gén. *aceris*) a le sens de : *purgamentum frumenti, levius ac tenuius, quod e tritis spicis evolat*; L le prend d'abord dans le premier sens, ensuite dans le second, quand il donne: *acus* أبرة ونخال ونشارة.

نخالة *raclure*, Cazwînî I, 239, 6 a f.: وان سقى انسان نخالة للحديد.

نخال *chiffonnier*, M, Gl. Tanbîh.

نواخلة (pl.) *ceux qui cultivent des palmiers*, Burckhardt Arabia II, 207, 239.

تنخيلة *tête de loup (grand balai)*, Roland.

منخل *bluteau*, pl. مناخل, M, Bc, et مناخيل, Bc. منخلة *crible*, Payne Smith 1515.

متناخلي *fabricant de cribles*, 1001 N. I, 720.

نخم V *renâcler, faire certain bruit en retirant son haleine par le nez, en soufflant par le nez*, Bc. — *S'ébrouer, ronfler par frayeur, souffler avec force* (cheval), Bc.

تنخيم *expectoration*, Bc.

نخو II *dans le Voc. sous* iactare, *sous* lascivire. — *Animer, stimuler, aiguillonner le courage, exciter au combat, piquer d'honneur*, نخى الى القتال *exhorter au combat*, Bc, M: نخاه واخاه اغرا.

IV voyez II.

نخوة pl. نخوات, Gl. Mosl. *Sentiment d'honneur, le point d'honneur*, Bc, Kosegg. Chrest. 86, 5 a f.: النخوة العربية لعبن باعطافه 91, 9, Ztschr. XXII, 79, 12, Berb. I, 597, dern. l.: وكانت لهذا — *Civisme, zèle dont le citoyen est animé*, Bc. — *Orgueil, arrogance*, Voc. (iactancia, lascivia). — *Faste, pompe*, Abd-al-wâhid 80, 9: فدخلها ابن عمار في موكب ضخم وجملة عبيد وحشم واظهر نخوة في بطريرطه المعتمد على. — الله حين وليها ايام ابيه La نخوة *des femmes consiste aujourd'hui dans des exclamations comme*: «Habbâs, ma vie!» «Habbâs, favori de toutes les femmes qui haïssent leurs maris!» Ztschr. XXII, 140. — *Contraction de* اخوان, ammi, Sang.

نخوى *orgueilleux, arrogant*, Voc.

انتخاء *le mot de la tribu, qui est toujours le même*,

ند

Ztschr. XXII, 98, n. 25 b. — *Vers qu'on adresse à son adversaire avant le combat*, ibid.

نَدّ

نَدّ *ambre*, Bc. — عود الند *aloès*, Bc. — Le *par*, *similis* de Freytag n'appartient pas à cette forme, mais à نِدّ.

نَدّ المُخَقّ المَقطوع نَدّ *pièce avec laquelle on raccommode un soulier*, Payne Smith 1382.

ندب I *inviter, convier*, Gl. Edrîsî, Voc., Bat. III, 138: أمر مندوب اليه غير واجب « un acte recommandé, mais non obligatoire. » — Par ellipse, pour نَدب *appeler à la guerre*, Gl. Esp. 192, Akhbâr للمغازية, dern l.: وندب من اجناد الشام من كل جند سنة 30, 104, 3: وقطع الامير البعوث على الاجناد وجعلها الآف بينما دولاً في كل سنة فاذا انقضت دولة ندب اخرى. L'expression ندب جندا الى حصن, littéralement *appeler une division à une forteresse*, signifie *l'y envoyer pour y tenir garnison*. Aussi le Voc. a-t-il ce verbe sous *mittere*; de même *envoyer*, de Sacy Chrest. I, ٢, 13: فاغتمّ الرشيد لذلك وندب اليه الفضل بن يحيى في خمسين الفا, Abd-al-wâhid 93, 12: وندب ندب معه رجالا يَعظُم ويكرّم. L'expression ندب معه signifie *envoyer ou mettre des troupes sous les ordres d'un tel*, Gl. Belâdz., Akhbâr 30, 4 a f. Plus tard, l'idée d'*appeler* ayant tout à fait disparu, on a dit ندب حصنا, voire même ندب في الحصن جيشا, *mettre garnison dans un château*, Gl. Bayân, Gl. Belâdz.

قبل ان — ندب = انتدب *se mettre en marche*, يَندب لهذه الغزاة, si la leçon est bonne, Gl. Fragm. — Dans 1001 N. Bresl. XI, 228, où ce verbe signifierait quelque chose comme *brandir une épée*: فاخذ كبيره وسلّه وندبه وخدنا به وخط, la leçon, de même que, est sans doute altérée.

II *mortifier sa chair*, Hbrt 151.

IV dans le Voc. sous *invitare*.

VI *s'exciter l'un l'autre*, Macc. I, 438, 15.

VIII *être prêt à faire une chose à laquelle on a été appelé, invité, répondre à un appel*, p. e. تعزو الروم, Gl. Belâdz., للجهاد, Abd-al-wâhid 92, dern. l., Bat. IV, 96; *consentir à, se présenter pour*, Bat. IV, 380: انتدب رجل من مسوفة دون اجرة نطلبه Müller

30: انتدب الى دلالة الطريق; de même Belâdz. 263, 12. — *S'évertuer, s'occuper d'une chose avec zèle, avec ardeur*, Maml. II, 2, 227. — انتدب معه *se mettre sous les ordres d'un tel*, Gl. Belâdz. — *Se rendre vers*, Memor. hist. esp. VI, 116: لما سعوا له وانتدبوا اليه. — *Envoyer une armée*, Nowairî Espagne 446: وعليه اعمال لا تقتضيها الآداب, Calâïd 54, 15: ولا. — = I, *pleurer un mort*, on يرتضيها — = انتدم; والانتدام الا الانتدب. M., ما نصّ وتبسّم, c.-à-d. خذ ما انتدب.

ندب *entreprenant, hardi*, Bc. — *Garnison*, Gl. Esp. 390. — ندب نشاب *un faisceau, un paquet de flèches*; — ندب *un petit paquet composé de cinq balles d'arbalète*; — par extension, *une collection de cinq individus*, p. e. *cinq oiseaux*, et le duel ندبان *dix oiseaux*; — le pl. اندب *les exercices qui se font avec les flèches*; — par suite, *les exercices, les évolutions de la guerre*; — *des exercices, des évolutions d'un autre genre*, p. e. en parlant d'un danseur de corde: اظهر اندابا غريبة, Maml. II, 1, 76, II, 2, 97—8, cf. J. A. 1848, II, 218.

نَدَب, *cicatrice*, pl. aussi انداب, Kâmil 719, n. d.

نَدبَة *appel, convocation*, Alc. (llamamiento por nombre). — *Invitation*, Alc. (combite). — Par ellipse, *appel à la guerre*; — de là *expédition militaire*; — *garnison*, Gl. Esp. 191—5, 390, Gl. Belâdz., Gl. Fragm. — T. de gramm., l'interjection يا ou ي, M.

نَدّابة *carine, pleureuse dans les funérailles*, Bc, Lane M. E. II, 319, Burton II, 23, Daumas V. A. 137.

مِندَبا *entreprenant, hardi*, Bc; cf. مِنتَدَبي chez Freytag.

ندح.

مَندُوحَة est dans le Voc. *causa et excusacio*; cf. Djob. 269: وعائشة رضّها في دخول دمشق كعلي رضّه لكن لهم في رضّه على مندوحة من القول وذلك انهم يزعمون انه رأى في المنام مصلّيا في ذلك الموضع فبنت الشيعة فيه مسجدا واما الموضع المنسوب لعائشة رضّها فلا مندوحة فيه وانما ذكرناه لشهرته في الجامع. — *Competence*, Beaussier.

ندر I *être rare*, M, Voc., Bidp. 116, 2 a f., etc. — *Échapper* (parole, etc.), Abd-al-wâhid 211, 12: وربّما

ندر

وتَنْدَرَ مِن ندرت له الابيات لجيدة, Djob. 285, 19: تَنْدَرَ الكلامَ n. d'act. تَنَادُر, — بعتهم النوادر الظريفة est فَضَحٍ وَجَادٍ, M؛ aussi en parlant d'autres choses, p. e. Khatib 148 r°: وكانت بينه وبين مرين وقائع كان عليه فيها الظهور وربما ندرت الممانعة «souvent sa défense était très-belle.»

II *plaisanter, dire des plaisanteries*, Abbad. II, 99, 224, Mohammed ibn-Hârith 315: كان كثير النادر والتطييب (والتطييب l.) تندَر فى مجلس النصر على خصم كان يتخاصم عنده بنوادر اختل منه للحاضرين, Macc. II, 431, 13, 515, 20, III, 692, 14, Khatib 123 v°: كان التندير والهزل قد غلب عليه♦

IV c. على p. même sens, de Jong.

VI *tomber*, Masoudi VI, 466: واشتدّ لجلاد وتبادرت على C. على (l. وتنادرت). — الرؤوس وعمل السيف والنفار *plaisanter*, Abbad. II, 223, Aghânî III, 30 Boul., Yâcout IV, 176, 14 (corrigé V, 380).

VIII *tomber*, P. Abbad. II, 65, 3, P. Yâcout IV, 346, 7 (l. تتندر).

X *tenir pour plaisant, facétieux*; Mohammed ibn-Hârith 334: ويستندر لفظه من جهة النادر والفكاهة.

نَدِرَ, vulg. pour نَدَرَ *rarement*, Mocaddasî 489, 3.

النَدْرُ العَيْن = جاحظ, Payne Smith 1425.

فى النادرة ou نَدْرَة *rarement*, Gl. Edrîsî, Ztschr. XVI, 590, de Jong, Haiyân-Bassâm I, 30 r°, dans le Voc. ما نَدْرَة.

نُدْرَة, proprement n. d'act. de نَدَرَ, voyez sous I, Haiyân 35 v°: ولابن جهور منهما الشفوف على صاحبه فى غزارة قوله وندارة بدائعه♦

نَادِر fi النادر ou نادرًا *rarement*, Gl. Edrîsî. — Pl. نوادر *mot rare*, Lettre à M. Fleischer 115. — *D'excellente qualité*, Gl. Geogr. — *Plaisanterie*, Abbad. II, 234, n. 37, Mohammed ibn-Hârith 240, 315 (2 fois), 334, Macc. II, 401, 5, 555, 3, 557, 4 a f. — (= أَنْدَر) pl. نَوَادِر *meule*; p. e. نوادر الزرع, Cartâs 234, 9 a f., de foin, Cherb., de paille, Daumas Sahara 243. De là le verbe نَوَّرَ *former des meules de foin ou de paille*, Cherb. C.

نَادِرَة *phénomène*, Bc. — *Plaisanterie*, Abbad. II,

ندل

234, n. 37, Lettre à M. Fleischer 41—2, Haiyân-Bassâm I, 49 r°, Macc. I, 472, 2 a f., 474, 17, 531, 3 a f., 549, dern l., II, 633, 6, etc.; *anecdote*, Bc.

مِلْح أَنْدَرَانِى *sel gemme*, Bc; dans le Voc. ملح خَيْدَرَانِى, dans Alc. (sal goma) malh hederâni; grande différence d'opinions sur l'origine de ce mot, voyez Sang. 325 et suiv.

مَنْدَرَة pl. مَنَادِر *aire*, Beaussier (Tunis). — *Appartement au rez-de-chaussée*, Bc; en ce sens c'est pour مَنْظَرَة (voyez).

بالمنْدار *à rebours, à l'envers, gauchement*; كلام منْدار *discours confus*, Bc.

مُنْدُور, proprement مَنْدُور منه, *celui dont les testicules tombent, qui les perd, non pas par castration, mais par un vice de conformation*, M.

ندس

I *inclinare*, Voc., où il a aussi II c. a. et V.

ندش

Mendexa, flocon, houppe de soie blanche et bleue sur une pantoufle, Haedo 8 c.

ندف

I, au fig., *remplir la panse, avaler*, Mehren 36.

II = I *arçonner, battre la laine, les bourres avec l'arçon, nettoyer le coton avec l'arçon*, Bc.

VIII dans le Voc. sous *carminare*.

قوس نَدْف et نداف voyez ce qui suit ici.

نَدَّاف, suivi de الصوف, *arçonneur*, Bc, ou seul, Payne Smith 1250; قوس نَدَّاف (M, Abou-Ishâc Chîrâzî 172, 15, mal expliqué dans le Gloss.), قوس النداف ou نَدَّافَة *arc à battre le coton, arçon*, archet à battre la laine, le coton, Bc, Becrî 48, 3 a f.

مِنْدَفَة القوس *petit battant de bois qui frappe sur la corde*, Bc. (sous *arçon*).

ندل

نَدْل vulg. pour نَذْل, M, pl. اندال, *coïon, poltron, lâche, pagnote*, Bc.

نَدَالَة vulg. pour نَذَالَة, *pagnoterie, poltronnerie*, Bc.

نَدَّال (syr. نَمْلَة) *millepieds, scolopendre*, Payne Smith 1554.

مَنْدَل est un mot indien qui signifie *cercle* (voyez Vullers), et ضرب المنْدَل, en parlant d'un magicien, est proprement *tracer un cercle par terre*. Mais sous ضارب المندل on entend, d'après Prol. II, 177, 14, *un magicien qui travaille en fixant ses regards sur des miroirs ou sur des liquides*, et dans le ضَرْب المنْدل tel qu'il a été décrit par Lane, M. E. I, 403, 410 et suiv., il n'est pas question d'un cercle tracé par terre. Voyez encore 1001 N. Bresl. III, 217, Burton I, 12, 370 n., II, 199 n.

مَنْديل est le latin *mantele* ou *mantile*, et désigne comme ce dernier *une serviette*, Vêtem. 416 n., L (mandeliu, manuterguim, mappe). Mais on entend en général sous ce mot *un linge* ou *un morceau de laine* (Alc. paño de lino o lana), qui sert à différents usages. Ainsi c'est *mouchoir*, pour se moucher, pour s'essuyer le visage, Vêtem. 414 n., Athir X, 302, Bc; — *mouchoir de cou*, *fichu*, Bc; — *mouchoir qui sert de ceinture*, Vêtem. 418, Gl. Bayân, Aghânî IV, 171, 6 Boul.: منْديل ابيض مئْزر; — *qui sert de coiffure*, la longue pièce d'étoffe qu'on roule plusieurs fois autour de la tête pour former le turban, ou *mouchoir qui la remplace*, Vêtem. 415 et suiv., Macrîzî dans de Sacy Chrest. I, 199:

وربَّما اعتمَّ به الرجل M: مائةَ منديلٍ يعنى عمامة Tha'âlibî Latâïf 87, 11, R. N. 80 r°: وقال لصاحبى الدكّان خُذْ هذا المنديل ونزعه عن رأسه ورمى به اليه, Bat. II, 354: ومضى وهو حاسر الرأس الى القصر ولم يكشفوا رءوسهم بل جعلوا عليها مناديل من الصوف الأسود عوضا عن العمائم, de même IV, 116; — à Damas, *voile de visage* en coton et à fleurs; les Bédouines, qui ne se voilent pas, le laissent pendre sur le dos, Ztschr. XI, 481, XXII, 94, n. 14; — *mantille*, Bc; — *housse*, 1001 N. II, 435, 6 a f.: فرايات على الحمار جارية راكبة وتحتها منديل مكلَّل بالجواهر. ۞ — مَنْديلَة = منديل *mouchoir qui sert de coiffure*, Formul. d. contr. 4: مَنْديلَة الراس. ۞

نَدِم I *se dédire, se rétracter*, Alc. (desdezirse).

II *faire repentir*, Gl. Fragm., Voc.

III se construit c. d. a. نادَم فلانًا خَمْرًا, Gl. Mosl. — *Inviter*, Voc. — *Être l'ami de* quelqu'un, Cout. 47 v°: وتوفق ابن حفصون فى أوّل أيامه بعد ان كان صار الى المنادمة واقامة الدعوة «après avoir lié amitié avec Abdérame III et reconnu sa souveraineté.» — *Se conduire poliment envers* quelqu'un, 1001 N. Bresl. IX, 386: واحتقرني ولا قام فى وبقيتين اكلّمه ينادمنى

«je continuai à lui parler, afin qu'il se conduisît poliment envers moi» (dans Macn. فيجيبني).

V *se plaindre*, 1001 N. III, 24, 4: وهو يتندَّم وخبط كفًّا على كفّ ويقول واحسرتاه الخ ۞

VI, en parlant de plus d'une personne, *boire ensemble*, Gl. Belâdz., où l'on trouve l'expression: هل لك فيما يَتنادَم; cf. Kâmil 323, 3: على الشراب عليه, c.-à-d.: veux-tu boire du vin avec moi? — En parlant d'une seule personne, c. مع, *être le convive de* quelqu'un, Voc.

X *prendre* quelqu'un *pour* نديم, *en faire son compagnon de table*, Cout. 27 r°: وكان قريبا لخاصّته, بعبد الرحمن بن الحكم وهو ونذ ثم استندمه وهو خليفة استوزر 31 r°: وقرّب مكانه حتى استندمه 30 v°: واستندم اخاه. — *Loger, traiter, régaler*, Cout. 41 v°: فاستندمه ايّاما ثم حباه وكساه وصرفه۞

نَدْمان a aussi le pl. ندون, Gl. Mosl.

نديم *se repentant*, P. Prol. III, 382, 11.

تَنَدَّمى pl. de تَنديم donné comme pl. de cette forme, Gl. Mosl., Voc. Signifie parfois *compagnon, camarade* en général, M.

نَدَامَة *chagrin*, Lane M. E. I, 267 n.

مُتَنَدَّم *repentir*, M, P. Hamâsa 95, P. Ibn-'Akîl 84, 9.

مُنادم (pl.) *bons mots* (cf. نَدم), Macc. III, 7, l. 13: وكانت له فى النادرة العذبة منادم عريضة۞

ندا I *héler, appeler*, Bc, M.

ندا vulg. = ندى *rosée de l'aurore*, Mehren 36.

ندو I *inviter*, Khatîb 99 r°: فلما كان لعيد الفطر فندائه فرغوا من اكلهم الخ۞

II *ramollir une chose à la rosée*, Alc. (relentecer a otra cosa). — C. فى *vituperare*, Voc.

III *crier, élever très-haut la voix*, de Jong, Nowairî Espagne 453: كانوا ينادون عند انقضاء الاذان, Abbad. I, 71, 9. — C. ب, et aussi c. a., *crier, proclamer*, ou *faire crier, faire proclamer*, Gl. Fragm., de Sacy Chrest. I, ١٥٠, 7 a f., ١٥, 3, Abd al-wâhid 98, 7, Nowairî Espagne 437: المخيل ينادون بالامان :454. Aussi c. ب: ينودى بالامان

ندو

des personnes auxquelles s'adresse la proclamation, Müller 17, dern. l.: نادى باعل المدينه موعدكم بيوم الزينه: — نادى باسم لخلافة « il le proclama calife, Gl. Fragm. — C. على r. crier, proclamer pour vendre ou retrouver quelque chose, Bc, vendre à l'encan, Gl. Fragm., Amari Dipl. Gloss., Gl. Tanbîh. — C. عن r. demander une chose à grands cris, Haiyân-Bassâm III, 49 vº: كانت المرأة تطلع من فوق سور المدينة فتنادى من يدنو اليها من الكلبة عن جرعة ماء لنفسها او لطفلها, comme en hollandais: « zij riep om een teug water.» — C. في p. exciter ses soldats, Akhbâr 34, 7. Aussi *les appeler aux armes*, Berb. I, 51, 2 a f., II, 245, 14, 257, 6, 322, 6. — *Citer en justice*, Ht.

V s'imbiber de rosée, s'imprégner d'humidité, Voc., Alc. (relentecerse), Bc, Auw. I, 66, 6 (lisez وتتندى avec notre man.), 141, 16, 191, 14, Bidp. 260, 10.

نَدًى calamité, voyez Abbad. III, 139 (sur I, 310, 3).

ندى sorte de millet (?), Gl. Geogr.

نَدْوَى rosée, humidité, Voc., Alc. (liento por umidad, rocio); Volck, dans son édit. du Lâmiat al-af'âl, trad. 3, n. 6, a donc nié à tort que ce mot a ce sens; mais peut-être نَدْوَة, comme il veut prononcer, l'a-t-il aussi.

فربّما ندت منه نَدْيَة goutte, Bait. II, 120 c: اى قطرة فتقع فى العين فكانها شهاب نار.

تَنْدِيل humide, mouillé, Bc.

ندّ et نَدِى sont synonymes d'après les dict.; mais un vizir les distingue dans ce vers qu'il adressa à des savants qui étaient venus lui rendre visite, Macc. II, 302, 8:

لله درّ الأفاضل أنـجــاد شرف أندى بقصدهم والنادى

Peut-être l'un est *le salon*, et l'autre, *la salle du conseil*. — Chez Alc. (nota sobre sentencia) *marque*, *note* est nadi; je pense que c'est نادي (vulg. pour نا), proprement (signe) *qui appelle* (l'attention).

نشر avec la variante نوادى الدهر et l'explic.: نوادى الدهر اوائله وكذلك نوادى كل شىء, Diw. Hodz. 241, vs. 4.

المنْدَى espèce de terres arrosées artificiellement, Gl. Geogr.

نذر

مُنَاد crieur, héraut, Bc; منادى الفراق l'ange de la mort, de Sacy Chrest. I, ۱۷۳, 4 a f.; منادى النيل celui qui annonce chaque jour la crue du Nil, Lane M. E. II, 284.

مُنَادَى l'endroit où l'on vend à l'encan, marché, Gl. Esp. 173.

مُنَادَيَة annonce, criée, proclamation, Bc.

I. نذر نذر اللجاج ou نذر على وجه اللَّجاج est, p. e., quand on dit: ان كلَّمتُ فلانا فعلَيَّ كذا, Gl. Tanbîh. — Est dans le Voc. defidare, où il a aussi IV c. من et VIII; mais je ne sais pas bien en quel sens il prend ce verbe, car la signif. ordinaire (*défier*) ne convient pas; peut-être *avertir, exhorter de prendre garde*.

II c. ب *remontrer*, représenter les inconvénients d'une action, Bc.

IV c. a. p. et ب r. *avertir, annoncer*, R. N. 100 vº: وانذر الناس بموته «il annonça sa mort aux habitants du château,» Beerî 176, 8: وم ينذرون بجلوسه — ; بطبيل انذر الناس بشىء *prédire*, Bc, Djob. 76, 18: آثار حدثانية وقعت بايدى بعصم انذرت بالاشباء — 1. انذره لشىء من الكواتن, 77, *avertir quelqu'un qu'il a à faire quelque chose, lui en donner l'ordre*, Macc. I, 243, 13: انذره لشهود صنيع, cf. les deux dern. ll.

VIII dans le Voc. sous *premonere*; *être averti*, Saadiah ps. 19.

نَذْر نذر الرهبنة chez les chrétiens, *les vœux monastiques*, M. — موضع النذور, dans les cloîtres chrétiens, *l'endroit où l'on garde les offrandes pieuses*, 1001 N. I, 515.

نَذْرِى *votif*, Bc.

نَاذِر *religieux, soumis par des vœux à la profession religieuse*, Bc.

إنْذَار pl. ات, t. de médec., *phénomènes, signes critiques*, Gl. Manç.: أربعة جمع أربوع وهو عدّ الأيام — *من اليوم الى رابعه ويعنى به ايام التجارين وانذاراتها* ; Prédiction, Djob. 49, 20: انذار من الانذارات للحدثانية

نذل

مُنْذِر est *preco* dans le Voc.; المنذر بالجنازة est *celui qui dirige les funérailles*, Macc. I, 487, 8, où il donne le signal du départ.

المُنْذِرِيَّة nom d'une secte, voyez Gl. Geogr.

نذل.

نَذَل تَذُل *peureux*, Hbrt 228; cf. نَذْل.

نر.

نِرة *cinnamome*, Bc.

نَرْبِيج ou نَبْرِيج, quelques-uns disent نِبْرِيج et نَبْرِيش, M, chez Bg 570 نَارْبِيج, qui l'explique ainsi: espèce de narguilé, dont le tuyau est fait de cuir comme un long serpent [aussi quelques-uns l'appellent-ils الحَيَّة ou *serpent*, M], et qui communique avec une bouteille ou carafe, remplie d'eau, par où passe la fumée. D'après le M c'est un mot persan qui signifie أنبوب النار (?).

نَرْتَكْس *portique devant une église*, M. C'est une altération de πορτικος, la transcription de *porticus*.

نرج.

أَظْفَار النَّجِيب = نَارَج, Most. sous ce dernier mot. — نَوَارَج (pl.) = نَبْرَنْجَات, *enchantements*, Cartâs 83, 10, Khatîb 72 v°: وكان صاحب جبل ونوارج مستظرفة يلهى بها اصحابه ويؤنسهم

نَوْرَج ou نَيْرَج. Voyez sur cette machine à battre les grains: Djawâlikî 147, Descr. de l'Eg. XII, 423 et Planche VIII, fig. 2, ibid. XVII, 27, Lane M. E. II, 33. — نَيْرَج *enchantement*, Djawâlikî 148.

نَرْجِس. Note marginale sur le man. de Paris d'Ibn-al-Khatîb 199 r°: النرجس فى لغة العرب النور الذى يقال له بالتركى والفارسى زرين قدح لا الزهر الاصفر الذى فى وسطه سواد. En Espagne = بهار et عبير, Macc. II, 198, dern. l., II, 465, 15. — Au fig., *œil*, voyez J. A. 1839, I, 168. — Au fig., *coupe*, Abbad. I, 384, 3 a f.; cf. M in voce: وعليها زهر ابيض مستدير شبيه بالكوس — نرجس مُضَعَّف *narcisse double, Nar-*

cissus Tazetta L.; سوسن نرجس semble la même fleur, Gl. Geogr.

نَرْجِسِيَّة *pot à fleurs*, 1001 N. Bresl. II, 326: الريحان والنوفر والنرجس فى نرجسيات ذهب مرصعة

نَرْد *trictrac*, Bc. — *Le tablier dans lequel on joue ce jeu*, Aghânî IV, 52, 2 Boul. — لوح النرد *dé à jouer*, Voc. (alea); aussi نرد seul, Voc. (taxillus), Alc. (dado de seys hazes).

نَرْدْشِير *dé à jouer*, Voc.

نَرْماهَن (pers. نرم آهن) *l'espèce de fer qui est molle*, voyez plus haut I, 715 a, Diw. Hodz. 18, dern. l., souvent dans le Traité de l'art de la guerre, man. 92; corrigez J. A. 1854, I, 68.

نَرُوكَة pl. ات *crapaud*, Alc. (sapo o escuerzo), *grenouille*, Aboû'l-Walîd 800, 4: والصفدع هو الذى نسميه نحن نروكة. Selon l'explication fort ingénieuse de M. Simonet, c'est la transposition d'un mot comme serait *ranuca* (de *rana*), et il compare l'ital. *ranocchia, ranocchio*.

نز.

نَز́ épithète d'une terre *dans laquelle l'eau transsude*, Auw. I, 59, 3 a f.

نَزَز, vulg. pour نَزّ, M, *écoulement*, Bc.

نَزَازَة *l'eau qui transsude*, M.

نزح

I *curer, nettoyer quelque chose de creux*; نزح *pomper*, Bc. — *Verser*, 1001 N. Bresl. II, 692: نزح بالترميكة. — *S'écouler*, Bc. — Le pass., ثانية يَنْزَح لا, dans le Diw. Hodz. 189, 2 a f. — C. عن *s'éloigner de, abandonner*, de Sacy Chrest. II, 30, 3: نزحوا عن الميلاد; cf. VIII. Il se peut donc que نزح الى, *se rendre vers*, comme portent les man. de Belâdz. 171, 6, soit bon (dans le Gloss. l'éditeur propose d'y substituer نزع, mais son Gl. Geogr. montre qu'à présent il est de mon avis).

VIII *être éloigné*, le n. d'act. *éloignement*, Mohammed ibn-Hârith 225, Weijers 46, 5, Ictifâ 163 v°: Saragosse ne fut pas prise par les Almoravides, mais resta à al-Mosta'în ibn-Houd لانتزاح وبعده واعتضاده ذوو انتزاح ومنتأى: Aboû'l-Walîd 364, 26: بجيرانه الروم

نزر

فى بلاد 414, 7: وبعد اى ذوو بلدان [بعيدة] نازحة .انتزاح وجلاء — C. عن s'éloigner de, M, Mohammed ibn-Hârith 318: منتزحا عن الناس ملتزما للبادية.

نَزَح vidange, Bc.

غراب البَيْن = طير النَزَّاح, P. Macc. I, 665, 10, cf. Fleischer Berichte 217.

نَزَّاح cureur, vidangeur; نزّاح الوحل boueur, qui ôte la boue dans les rues, Bc.

نزر

X rendre exigu, Valeton ۳٦, 3 a f.

نَزْر, fém. ۶, Payne Smith 1566: تكون عطيّتك نزرة وكثيرة بلا حدٍّ.

النِزَارِيَّة est un des noms des Ismaéliens, parce qu'ils tenaient Nizâr, le fils aîné du calife al-Mostancir, pour le successeur légitime de ce calife, Weil Gesch. der Chalifen III, 206, n. 1, Macc. I, 656, 10.

أَنْزَر de trop peu de valeur, Abou'l-Walîd 362, 20: والفواكه انزر من ان يتوسل بها الى الملوك الكبار.

نزع I destituer, quand le sultan destitue un gouverneur, M. — نزع يده من الطاعة se révolter, Amari 427, 6; de même نزع طاعة فلان, Berb. I, 310. — Défaire, détruire ce qui est fait, Bc, M. — Corrompre, gâter, pourrir (v. a.); منزوع corrompu (viande), pourri, Bc. — C. الى avoir le désir de se rendre vers, Akhbâr 67, 5 (n. d'act. نزوع), Bat. I, 301 (de même). — C. الى incliner, se porter vers une chose ou une personne, de Sacy Chrest. I, 403, M, Berb. I, 52, dern. l., 430, 1: ثم دخل معه دار الحرب حين نزع الى دين النصرانية ورجع عنه قبل ان يأخذ به, P. Amari 154, 6: يُخَفَّن. — C. الى se rendre vers, Gl. Belâdz., Gl. Fragm., Akhbâr 50, 2, Becrî 126, 11, Abd-al-wâhid 234, 11, Haiyân-Bassâm III, 3 v°: نزع اليهم كل, Bassâm II, 98 r°: نزع ابن عمار اليه طريد Khatîb 64 v°: اسم على يدي احد ملوك بني هود بسرقسطة ibid.: ثم نزع الى ملك قشتالة, نزع اليهم embrasser le parti de quelqu'un, Berb. I, 155, 12: نزع الى فلان aussi نزع الى دعوة الأميّة, Cartâs, notes 364: فلحف بإدريس واضمر النزوع الى فلان فنزعت زعيمة, Berb. I, 53: وانتزى من بنى العباس الموحدبن وانحرفوا عن ابن غانية فرعوا نزوعهم. De même نزع الى من قبل فلان embrasser les opinions de

quelqu'un, Prol. III, 38, 2. — نزع الى العدوّ, ou للعدوّ, ou نزع seul, passer à l'ennemi, Abbad. III, 188, Haiyân 88 v°: ونزع اليهم من عسكر السلطان فرسان ورجاله ونزع لهم خلال ذلك من اصحاب السلطان جماعة 89 r°: 91 v°: — ونزع منهم الى اصحاب السلطان جماعة ايضا, 107 r°: ونزع من اصحابه الى العسكر ثلاثة عشر فنتجهم. Cf. sous نازع. — نزع الى خدمة فلان se mettre au service de quelqu'un, Berb. I, 44, 7. — C. الى s'appliquer à, Abd-al-wâhid 175, 11: لما اعلمه من قوّة نزوعه الى الصناعة Khatîb 24 v°, en parlant d'un savant. — نزع بالسهم lancer une flèche, فيما ينزع اليهم M; aussi c. a., Becrî 44, 2 a f.: وبها قبّة لا يلحقها الرامى نزع عن Dans le même sens باشك نزع السهام علوًا وسفلا. — M. نزع بآية من القران réciter un verset du Coran à l'appui de ce qu'on avance, M. — نزع بفلان inviter quelqu'un à, M. — C. عن p. abandonner le parti de, Berb. I, 37, 38, 42, 89. — نزع عن دين الى دين changer de religion, Berb. I, 468, 7 a f. — C. من partir de, s'éloigner de, quitter, Haiyân 77 v°: نزع من قرطبة فلحق بالمارى عبر بدن. — S'écouler, couler d'un lieu dans un autre, Bc, Gl. Geogr.; e. من, en parlant d'un canal, être dérivé d'un fleuve, Gl. Belâdz. — نزع فى القوس tendre un arc, Bat. III, 119; mais نزع فى وتر القوس signifie aussi faire résonner la corde d'un arc, Berb. II, 459, والترجمان يترجم عنهم وهم يصدقونه بالنزع فى 3 a f.: وتصديقهم, Bat. IV, 408: اوتار قسيّهم عادة معروفة لهم ان ينزع احدهم فى وتر قوسه ثم يرسلها كما يفعل اذا حقدن. — 412: فينزعون فى قسيّهم شكرًا للسلطان — Pour نزع رمى (voyez), qui se dit des suggestions du malin esprit, Berb. I, 644, 5 a f.: نزع الشيطان فى صدره ثم وحدانيته نفسه بالاستبداد, Les deux racines ont été employées indifféremment l'une pour l'autre, comme de Sacy l'a déjà remarqué, Chrest. I, 403, n. 38, 492, n. 14; cf. نزعة.

II = I arracher, M. — Dans le Voc. sous modus.

III, en parlant d'un cheval, mordre le frein avec les dents molaires, jeter la tête de côté et d'autre, et se livrer à des mouvements brusques et désordonnés, selon l'explication donnée par Auw. II, 542, 21 et suiv. — C. d. a. tâcher d'arracher une chose à quelqu'un, la lui disputer, p. e. نازع فلانا الثوب, M, Abd-al-wâhid 166, 1 (corrigé p. xxii), 184, 12, Bassâm III, 1 v°: بأسماء أنفس قد نازعها الموت أرماقها; c. a. p.

et على r., Bidp. 240, 3: يُنازعني على منزلتي, c. a. p. et في r., Nowairî Espagne 470: يُنازعه في الأمر. — C. a. p. et الى r. *attirer vers*, Aghânî 59, 3 a f.: قد نفسى أن تقتْ الى قبول الشعر وتنازعنى البهم aussi c. d. a. نفسى, GI. Mosl. — C. a. l. *se rendre vers*, GI. Mosl. — C. على *incliner à, être porté à*, R. N. 88 v°: وتحنّ تُنازع انفسنا على الخروج منه (du navire). — *Troubler, inquiéter*, Ht. — من نازعته حقيقته celui à qui la vérité de ce principe inspire des doutes, Prol. III, 76, 3 a f. — *Tenter, solliciter au mal*, Berb. I, 540, 8 a f.: نازعه ما كان في نفسه من الاستبداد «il se laissa tenter par l'amour de l'indépendance.» — نازعه الكلام ou الحديث *causer avec quelqu'un*, Asâs, Dîwân d'al-Hâdira o, dern. l. — C. a. p. et a. ou ب de la coupe, *propinavit*, au propre et au fig. (*présenter*), Gl. Mosl. — *Râler*, rendre un son enroué en respirant, Bc. — *Agoniser*, Bc, 1001 N. Bresl. III, 88: نازع وتوفّى.

IV dans le Voc. sous *removere*; au lieu de la Ire, *arracher*, Cartâs 153, 15: حتى فاكها وانتزعها من يد المرابطين.

VI c. a. *tâcher de s'arracher une chose, se la disputer*, M, Abbad. II, 15, 11: les trois fils de Ferdinand تنازعوا الملك «se disputèrent le pouvoir.» (L'*invicem sumserunt* de Freytag est une mauvaise traduction de تناولوا الشى وتجاذبوه). — *Rivaliser ensemble*, Abbad. I, 307, 6, c. a. تنازعا الشعر, en parlant de deux poètes rivaux, Koseg. Chrest. 146, 11: يتنازعون الصواب «ils tâchent, l'un à l'envi de l'autre, d'atteindre à la perfection,» Aghânî 6, 4 a f. — تنازعا الكلام *ils causèrent ensemble*, Recherches II, p. xlvii, 4; تنازعا الخصومة *ils procédèrent en justice*, Gl. Geogr. — تنازعوا الناس *ils se présentèrent la coupe, chacun à son tour*, Asâs.

VIII *détacher* un vers d'un poème pour le placer ailleurs, Djob. 96, 3 a f., un verset du Coran pour le réciter, Djob. 151, 16, 154, 15, 222, 17; *citer*, Macc. I, 375, 8; *emprunter à, tirer de*, Tha'âlibî Latâïf 2, l. 5, Djob. 155, 10. — انتزعه بزرفة *il lui porta un coup de lance*, voyez sous زرق. — *Se corrompre* (eau, viande), *se gâter, pourrir ou se pourrir*; انتزع الماء *croupir*, Bc.

نزع *retranchement*, espace retranché d'un plus grand, Bc. — *Portée* d'une arbalète, Berb. II, 321, 13: القوس. — البعيدة النزع العظيمة الهيكل *La justesse d'un raisonnement*, Haiyân 97 v°: Quelqu'un ayant donné un bon conseil, les vizirs من نزعه صوّبوا قوله وجحدوا.

نَزْعَة, pl. نِزَاع, est *modus* dans le Voc. Ordinairement le pl. est نِزَعات, et le mot signifie, entre autres choses, *manière*, façon de composer qui est propre à un artiste, p. e. Macc. III, 680, 19: sa poésie est على نزعة خفاجي «dans la manière d'Ibn-Khafâdja,» Macc. II, 83, 2 a f., en parlant d'un chanteur: سمعت لم نزعات واعلم ان الكلام في. Cf. Prol. I, 62, 2: حسنة ونغمات رائقة قد الغرض مساحدث الصنعة النزعة غريب الفائدة où de Slane traduit: «les discours dans lesquels nous allons traiter cette matière formeront une science nouvelle, qui sera aussi remarquable par l'originalité de ses vues que par l'étendue de son utilité.» — *Inclination*, disposition et pente naturelle à quelque chose, Prol. I, 24, dern. l., 235, 7: نزعة طبيعية في البشر مذ كانوا — Amari 17, 2: نزعته الشريفة العلوية. — *Tentative*, Macc. I, 511, 17: il tâcha de réconcilier entre eux les princes andalous, وهم يجعلونه في الظاهر ويستقلونه في الباطن — Prol. I, 288, 3, 11, 175, 8: ويستبردون نزعته ولم يفسد شيئا (l. الجد) القريحة وقد كانت بالمغرب نزعة. — *Mouvement*, Müller 20, 12, en parlant d'une jeune fille: نزعة من الدعاء الى الحق والقيام بالسنة — *Voyage*, Müller 25, 3 a f.: وقد شهرته نزعاته رشبها الحجاز il s'était fait connaître par son voyage au Hidjâz.» — *Dispute, procès, querelle*, Ht. — Pour نَزغَة (voyez), *suggestion diabolique*, de Sacy Chrest. I, ١٥٣, 8, où le man. a le 'ain (492, n. 14); voyez sous I à la fin. — *Mot piquant, raillerie piquante*, Khatîb 22 v°: وذكر بعض نزعاته, et ce qui suit justifie ma traduction, Prol. II, 38, 2: فاخجله ببعض النزعات وحشى على نفسه فلحق بتونس, Berb. I, 60, 4 a f.: ببعض النزعات الملوكية 431, 9, 491, 1, 495, 11, 584, 7 a f., 609, 3, II, 126, 1, 138, 13, 149, 3 a f. (substituez يوسفه à يوسفن), 211, 5, 219, 9, 278, 2 a f., 335, 2, 539, 2 a f., Autob. 235 v°: قاضى السلطان تَخطُّ المالكية لبعض النزعات فعزله. C'est proprement نَزغَة (aussi notre man. 1350 a-t-il le *ghain* dans II, 138, 13); mais نزغ s'emploie pour نزع (voyez sous I à la fin), et la forme avec le 'ain est certainement la forme ordinaire chez les auteurs maghribins; aussi le man. de Khatîb offre-t-il un petit 'ain sous le grand. Par suite il ne faut pas changer le *'aïn* en *ghaïn* chez Macc. I, 730, 7: وهي من نزعات بعض المهجّائين comme cela a été fait dans les Add. et quoique l'éditeur égyptien ait donné le *ghaïn*. Je me permettrai encore de remarquer que M. de Slane a été aussi inconséquent que malheureux en traduisant ce mot. Une fois il l'a rendu par: mauvaise plaisanterie; mais d'autres fois par: motif, caprice, extravagance, boutade, imprudence, moment de mécontentement, et même par: exaction et mesure arbitraire, affaire qui jette la mésintelligence entre souverains.

نِزاع suivi de الموت ou seul, *agonie*, Bc, Hbrt 39, M, 1001 N. Brosl. III, 262.

نَزُوع *profond* (puits) (بعيدة الماء), Ztschr. XVIII, 235. — = نازع (chameau) *qui désire retourner à l'endroit où il est habituellement*; en général, *désirant se rendre vers*, إلى, Abbad. III, 176.

نَزِيع *un intrus dans une tribu*, Tabarî éd. Koseg. II, 206, 2 a f.; lisez de même Prol. I, 239, 3 et dern. l.

نَزُوعِي *impulsif*, Payne Smith 1167.

نَزّاع *saisissant, qui saisit*, Coran 70, 16.

نازِع pl. نُزَّاع *transfuge*, Abbad. III, 188, Haiyân 103 rº: ووافق نازع فذكر انه قتل اللعين وصبغان ابن اترابه. On en tenait registre, et ce registre s'appelait ديوان النزاع Haiyân 73 vº: وجي بالاسرى الى الامير عبد الله وديوان النزاع بين يديه فمن ادعى منهم النزوع والفى اسمه في الديوان عزل ورفع عنه السيف ثم امر عاد الامر (السيم) — Sur بضربي رقاب الفاسقين اجمعين النَّزَعَة voyez Gl. Fragm.

تَنازُع *râle ou râlement*, Bc. — T. de gramm.; «il peut arriver qu'un même nom serve de sujet à deux verbes, ou même à un plus grand nombre; il peut arriver pareillement que le même nom serve de sujet à un verbe, et de complément à un autre. Cette sorte de lutte entre deux parties du discours qui exercent une influence ou pareille ou différente sur le même mot, est nommée *contestation au sujet de l'action* تنازع في العمل, c.-à-d, de l'influence des antécédents ou *régisseurs* عوامل sur les compléments,» de Sacy Gramm. II, 246; cf. M.

مَنْزَع. Le *fundus* de Golius est *fond d'un puits*, car il a eu en vue les mots de Djauhari: البُغَيْبِغُ البِئْرُ القَرِيبَةُ المَنْزَعِ. C'est le nom de lieu de نزع dans le sens de جذبها واستقى بها, c.-à.-d, نزع الدلو — Comme n. d'act. de نزع عن, *se reculer, s'éloigner, s'écarter*, Fâïk cité dans le Gl. Belâdz. 103: قد نشبوا في قتل عثمان اي وقعوا فيه وقوعا لا منزع لهم عنه — Comme n. d'act. = النزوع الى الغاية, *tâcher d'arriver au but, au bout de la carrière* (cheval), dans ce vers de la Hamâsa 158:

وللقارح المعبوب خير علالة من العَجْم المرْخى وابعدُ منزَع

c.-à.-d, ابعد غاية, comme dit Tibrîzî, *fournissant mieux sa carrière. Le locus quo receditur*, que donne Freytag en citant ce passage, est absurde. — But, point où l'on vise; on dit au fig. عاد السهم من منزعه dans le sens de عاد السهم الى النَّزَعَة = le commandement est retourné à ceux qui y ont droit, Gl. Fragm. — *Modus* dans le Voc., comme نزعة; c'est le synonyme de مَقْصِد, Djob. 95, 18: فتأمَّل هذا المنزع, Macc. II, 551, 2: وجعل يصل ما يحتاج من مزاحمة الى صلة باحسن منزع وانبل مقصد, et de مَذْهَب, Djob. 301, 5: وهذا في الحلم منزع, comme l. 10: وهذا في الكرم مذهب رشيدي, أَحْنَفِي, et l. 16: وهذا في العقد مقصد عمري, او جعفري, Prol. I, 241, 2 a f.: المتفرعون الى الملوك بمنازعهم ومذاهبهم, 414, 2 a f.: استبلاغا في منازع الملك وتشبيها لمذاهبه. C'est donc *manière d'agir ou manière d'être*, Weijers 49, 2 a f., Djob. 170, 10, 202, dern l., 308, 5, 346, 13, Prol. I, 254, dern. l., 410, 3 a f., II, 47, 7, 59, 2, Macc. I, 366, 20, Ibn-Tofaïl 74, 5, Bassâm III, 6 rº: كان عندهم مشهور المنزع, مضروبا به المثل: كان — أتقن اهل عصره, Khatîb 27 rº: في برد المقطع, خطًا وأجلَّهم منها ما اكتسب قطّ شيئا من متاع الدنيا 29 rº: غريب المنزع فذ المآخذ اعجوبة من اعاجيب القتن. En parlant d'un auteur, *manière, façon de composer qui lui est propre*, comme نزعة, Abbad. III, 32 (mais dans le vers auquel se rapporte cette note, I, 173, 10, il faut prononcer au nominatif: غلب فيه), كل منزع جزل, et traduire: *in quo prævalent cuiuscunque generis solido et robuste scribendi modi*, Bat.

نزغ

IV, 345: واعطى ناآداب حظًّا جزيلا من نفسه فاستعمل مــنــزع, «il se fit une manière qui lui était propre,» Macc. I, 541, 22 (poète): حُلْوُ المَنَازِع. De même Macc. II, 548, 8:

واقبل يبدى لى غرائب نظمه
وما كنت ادرى قبله منزع الساحر

«auparavant je ne connaissais pas la manière dont la magie s'exerce.» — Endroit vers lequel on se rend pour se divertir, lieu de plaisance, Macc. I, 442, 9: وحدائق. تَهدِى الارج والعَرْف ومَنازِع تُبْهِج النفس وتمتع الطرف. Le passage du Diw. Hodz. se trouve 77, vs. 7.

مُنازِع agonisant, Hbrt 39.

مُنْتَزِعَة agonie, Bc, Hbrt 39.

مُنْتَزَع texte, passage tiré du Coran. Ayant à expliquer le mot نَصّ, qui signifie cela, un scoliaste dans Weijers 30, n. a, dirait que c'est منزع أُصُولي; mais منزع ne peut pas convenir ici, et quand on compare ce que j'ai donné sous la VIIIᵉ forme, on se convaincra qu'il faut lire مُنْتَزَع.

نزغ I se dit spécialement des suggestions du malin esprit, Coran VII, 199; Voc.: نزغ فى قلبه suggerere (a parte demonis, vel hominis in malo); cf. نزغ الشيطان فى صدري dans le passage que j'ai donné sous I, avec le 'ain.

نَزْغَة suggestio, Voc.; نَزْغَة الشيطان suggestion du malin esprit, Valeton ١٣٩, 1; cf. sous avec le 'ain. — Mot piquant, raillerie piquante, voyez encore sous نزعة.

نزف I saigner du nez, Martin 145.

IV. Corrigez Freytag: ce verbe a un sens actif: épuiser, tarir, mettre à sec, et un sens passif, être tari, أنزف الدم الذي أنزف le sang qu'il avait perdu, l'avait épuisé, Yâcout II, 668, 20.

VIII épuiser, tarir, mettre à sec, Gl. Djob.

نزيف et نزف menstrues, Payne Smith 831; نزيف هemorragie, Bc.

نزيف perte de sang, Bc, 1001 N. III, 277, dern. l.; — dyssenterie, Alc. (lluvia sangre, sangre lluvia), Hbrt 34, chez Bc نزيف seul.

نزافة une maladie de la peau, Sang.

نزق I s'impatienter, Ht, R. N. 88 rº: صرت نزق نفس, c. فى p., ibid.: فقال فتلومنى على نزق فيك; تغضب وتنزق — Sortir, Diw. Hodz. 279, vs. 2.

II impatienter, Ht.

نَزْق, pl. نُزُوق et نَزَائِق navette de tisserand, Alc. (lançadera de texedor), Beaussier, Ht.

نَزَق susceptibilité, Bc.

نَزِق susceptible, Bc.

نَزْقَة pl. ات mouvement d'impatience, de colère, Valeton ١٣٩, 1.

نزك

نازكى voyez نزكى plus haut.

نَزَاكَة (formé de l'adj. pers. نازِك, fin) finesse. Fleischer Beitr. zur arab. Sprachk. III, 304.

نَيْزَك Les douze نيازك sont autant de comètes; l'apparition d'une d'entre elles est le présage d'un événement funeste, Cartâs 74, 10 (corrigé dans l'errata).

نزل I. نزل الوادي il descendit en suivant le cours du ruisseau, J. A. 1841, I, 118; نزل من السلم il descendit l'escalier, 1001 N. I, 75, 13, et ensuite, 3 a f.: نزل فى السلم. — Dresser les tentes, 1001 N. I, 43, 5, Abbad. I, 64, 3 a f. — Se loger, prendre une habitation, Alc. (aposentarse). — Débarquer, sortir d'un vaisseau, Alc. (desenbarcar). — انزل, t. de mer, serre la côte, J. A. 1841, I, 589. — نزل الصبر voyez sous صبر. — Perdre, diminuer de valeur; نزل السعر le prix a baissé, Bc, Yâcout I, 456; اسعار الفيروان نازلة. — Se servir d'expressions basses, triviales, donner dans le bas comique, Macc. I, 242, 16: وانا هَزَلْ ـ نَزَلْ ـ C. أَلَى p. se rendre à l'assiégeant (garnison), Gl. Belâdz., Gl. Fragm. — C. الى s'abaisser à, Macc. I, 655, 14: ذنبت همّتك الى فدعها «votre ambition s'abaisse à demander un morceau de pierre.» — C. ب p., en parlant d'une cause, d'un procès (نازلة), être porté devant le juge, Macc. II, 634, dern. l.: وكان فى مجلس قضائه تنزل به — C. ب r. évacuer de l'urine, des matières fécales, Edrîsî, Clim. II, Sect. 5: جبّ النوازل. وعنده الحمراء بها جبّ — C. ب تنزّل بمن شربه من حيث تنزل انياه من الإنسان ولا يقيم بالمعدة

نزل 660 نزل

شيئًا وإنّما هو اذا شربه الانسان لم يلبث ان ينزل به من
مقعدته مسرعًا من غير تأخير ولا اقامة; le Voc. a aussi ce
verbe sous egerere, mais sans en indiquer la constr. —
C. على p. *sabouler*, maltraiter; نزل عليه بالعصا *tomber
à coups de bâton sur*, bâtonner, Bc; نزل عليه بالضرب,
1001 N. 1, 9, 7 a f., 63, 9, 68, 2 a f. نزل عن
= تركه M. — نزل له عن *céder quelque chose à
quelqu'un*, et le verbe seul *abdiquer une place*, Maml.
I, 1, 175. — C. عن *être inférieur à*, Prol. II, 304,
قَتُلْ فِى ان خلقَ التجار نازلة عن خلق انروّسة:
être plus faible que, de Slane Prol. I, 275, col. 2,
l. 11: العصائب الأخرى النازلة عن عصابتهم فى الغلب
ne pas suffire à, Prol. III, 263, 5: لما ان أكثر محفوظهم
عبارات العلوم النازلة عن ابلاغد
«car, bien qu'ils aient
appris un grand nombre de termes scientifiques, ces
termes ne suffisent pas à l'exacte expression de la
pensée» (de Slane). — C. عن dans le Voc. sous *ob-
sidere*, mais ce doit être une faute pour على. — C.
عند *boire à la santé de quelqu'un, en l'invitant à vous
faire raison*, Bc, 1001 N. 1, 62, 6 a f.: فاخذت الصبى
والقلبى وشربوه ونزلت عند اختها وما زالوا يشربون انه
الملك. — نزل من عين *tomber en disgrâce*, Bc.

II *faire descendre*, 1001 N. 1, 63, 5 a f.: نزّلوا
نزّل عن كرسى الملك; سكا فى رقبته *détrôner*, Bc. —
Baisser, Ht; نزّل البنديرة *amener, baisser pavillon*,
Bc; نزّل القلوع *amener les voiles*, Bc; le verbe seul
caler, Hbrt 127; *abaisser, affaler, descendre* (v. a.),
rabaisser, rabattre, Bc, Alc. (acostar abaxar, decendir
alguna cosa); *dépendre, détacher, décrocher*, Alc. (descolgar). — *Décharger, décharger une charge*, Alc. (des-
cargar), Ht; نزّل بالمراكب
embarquer, Bc. — *Arranger*, M (رتّب). — نزّل القِشّ
paver, Cartâs 30, 2. — العسل نزّل فى *confire au miel*,
1001 N. 1, 211, 13, cf. Fleischer Gl. 55. — *Incruster*, بالفسيفسا, de mosaïques, Maml. II, 1, 279,
Djob. 177, 6, 196, 17, 269, 3 a f., Macc. III, 9,
8 a f.: تنزيل الذهب *Enchâsser*, فى الذهب, dans
de l'or, Alc. (engastar como en oro). — *Déménager*
(v. n.), Alc. (casa mudar). — *Transcrire, inscrire*,
Maml. I, 1, 205, R. N. 65 r°: فالقيت عليه مسك
معقدة معقلة من كتب اشيب فبدأ بتنزيلها والنظر فيها
— نزّل الرقم *inscrire des chiffres*, M. — *Substituer* (v.
a.), M: نزّل الشىء مكان الشىء اقامه مقامه le Voc.

a aussi ce verbe c. a. sous *suplere*. De là تنزيل en
jurisprudence, *substitution*, Abou-Ishâc Chîrâzî 188,
17. — *Déchausser, ôter la chaussure*, Alc. (descalçar).

III c. a. *assiéger*, Voc., presque à chaque page
chez les chroniqueurs.

IV c. d. a. *faire habiter* quelqu'un à, Khaldoun IV,
7 r°: فأنزله قرطبة. — *Inspirer*, M. — انزل الله الكلام
C. ب p. et a. r. *causer quelque chose à quelqu'un*,
Koseg. Chrest. 89, 2: فلطمنى وكاد ان ينزل بى المهالك,
90, 5 a f. (prononcez العبر). — ينزلون البيت الثانى
منزلة «ils portent au second
temple le même respect qu'au premier,» de Sacy Chrest.
1, ١٠٩, 6. — C. a. p. *forcer quelqu'un à se rendre*, Gl.
Fragm. — *Débarquer* (v. a.), Djob. 36, 6. — *Enlever*,
Bat. I, 268: فأنزل اساطين للخشب وجعل مكانها اساطين
من اللبن. — *Porter beaucoup de fruits*, Aboû'l-Walîd 430,
1: ويقال انزلت الشجرة اذا اكثر نزلها اى ثمرها.

V *s'humilier*, Macc. II, 821, 15, Prol. I, 377, 11. —
تنزّل له *avoir de la condescendance pour quelqu'un*, Bc,
Khatîb 71 v°: تنزّل له فى شى; تَنَزَّلَ مَتَخَلَّف متنزّل
condescendre à, Bc. — *Daigner*, Bc. — تنزّل منزلة فلان
remplacer quelqu'un, Voc.

VI, en parlant de plusieurs personnes, *elles s'éta-
blirent, dressèrent leurs tentes*, Khaldoun IV, 7: تنازلوا
على نهر واقتتلوا عليه اياما. — *Descendre, s'abattre*
(oiseau), 1001 N. III, 21, 5. — C. الى se *rabaisser,
s'abaisser, s'humilier*, Bc, 1001 N. IV, 40, 9: لقد
اكثرت التنازل اليما يا اخانا. — C. عن *abdiquer, se démettre, se désister*, له عن *résigner, céder*, Bc. — Se
rabattre à, se borner à, Bc.

VIII *descendre*, Vie de Saladin 11, 11 a f.: ثم انتزل
من طراحته

X *faire descendre* les esprits, *les évoquer* (magicien),
Macc. III, 23, 5:

اذا استنزلوا الارواح يأسم نبادرت
طوائف ميمون واشياخ برقان

Beaussier donne aussi *évoquer des démons*. — *Faire
sortir de l'argent de la poche*, Djob. 120, 17: des pâtisseries استنزل الماء الفاسد; نستنزل الدرهم والدينار *semen genitale emittere*, Aboulfaradj 85, 5. — استنزله
ou simplement استنزل, *il le força de descendre de son château, de se rendre*, Gl. Belâdz, Abd-
al-wâhid 68, 14, Nowairî Espagne 468: يستنزل

المتغلّبين , 478: فاستنزلوه من الدير , Holal 10 r°. — C. a. p. et عن r. *engager quelqu'un à renoncer à un avis*, استنزله عن رايه , Asâs, Maml. I, 1, 175. — *Faire en sorte que quelqu'un cesse de persister dans sa résolution, qu'il change d'avis, de conduite*, Macc. II, 436, 9, où il est question d'un homme qui fuyait la société et qui se cachait dans sa maison; un de ses amis عاتبه في ذلك في الاعتزال، وواخذه حتى استنزله بعيّنى الاستنزال، Sakhâwî, man. 970, 149 r°: Ibn-as-Chihna, grand adversaire des Soufis, était aussi un homme éloquent et persuasif, حتى انه استنزل الشهابى ابن العينى عن تصوّف وكان باسمه فى الاشرفية الجديدة , «au point qu'il détourna Ch. d'assister à des conférences de Soufis qui se tenaient sous ses auspices dans la nouvelle Achrafîya» (Quatremère a cité ce passage Maml. I, 1, 175, mais il l'a mal rendu par les mots: «il engagea Ch. à se démettre d'un emploi qu'il exerçait parmi les sofis»). — *Tâcher de se rendre quelqu'un propice, de gagner ses bonnes grâces, de l'apaiser*, Weijers 32, 5 (cf. 104, n. 148), 39, 6, Recherches I, 184, 3 a f. de la 1re édit.: فقد كانت طوائف العدوّ — تلاطف بالاحتيال، وتستنزل بالاموال، وكان دين اهلها فى الدهر القديم دين الصابيين من عبادة الكواكب واستنزال قواها , والتقرّب اليها بانواع القرابين , Macc. II, 590, 15 (corrigé par Fleischer Berichte 112, cf. Lettre à M. Fleischer 223), où il est question d'un homme très-irrité: فسكّنوه بالاستنزال، وتنوّه عن ذلك النزال . — *Se rendre quelqu'un propice, gagner ses bonnes grâces, l'apaiser*, Kâmil 46, 2 et 4, Abbad. I, 173, 8: يجب عنه وجه رضاه ولا يستنزله بذلك ولا استرضاه.

نَزْل *petit village*, Descr. de l'Eg. XII, 273. — *Campement de tribu*, Burckhardt Bedouins 19. — نَزْل , pl. نُزُول الأوتار , *l'action de débander, de détendre une arbalète*, Alc. (desenpulgadura).

نَزْل pl. نُزُول *catarrhe, fluxion*, Bc, M.

نَزْل, *provisions que les sujets sont tenus de fournir au souverain quand il est en voyage et à son armée*, pl. نُزُول , Haiyân 88 r°: سار الى حصن وجّه فاقام بها و... ايّاما الى ان وردت الدوابّ بالمنزول من بجانه . — *Le produit* d'un arbre, Abou'l-Walîd 430, 1 (voyez sous IV), Auw. I, 281, 13, où il faut lire avec notre man: والارض الرخوة أعظم لشاجره واكثر لنزله.

نَزْل *herbeux, où il croit beaucoup d'herbe*, Abou'l-Walîd 430, 1 et 2.

نُزْلَة *descente, arrivée*, Mehren 36; نزلة الحاجّ est en Egypte le nom vulgaire du mois de Çafar, parce que la caravane des pèlerins égyptiens arrive au Caire à la fin de ce mois, à son retour de la Mecque, Lane M. E. II, 194. — *Descente*, irruption d'ennemis par terre ou par mer, Bc. — *Escarpement, pente, glacis, talus, penchant, terrain qui va en pente, rampe*, plan incliné qui tient lieu d'escalier, Bc. — *Quartier d'un village*, Burckhardt Nubia 196. — *Petit village, hameau*, Descr. de l'Eg. XII, 273, Burckhardt Nubia 236 n. — *Campement de tribu, douar de nomades*, Beaussier, 'Aïachi dans Berbrugger 134 (qui a *fraction de tribu*): «Nous trouvâmes au مُنَصّف deux نَزْل des اولاد ضولن , qui étaient venus là pour s'emparer d'une نَزْل des الأشراف qu'ils prirent en effet.» — *Rhume de cerveau*, Ht, Bc (Barb.). D'après le Gl. Manç. (v° زكام) c'est cela chez les Bédouins et aussi *rhume de poitrine, enrouement*, mais les médecins ne le prennent que dans la dernière acception: ويريد به الاطبّاء هنا ما اختنّ بطريق الانف وما كان من طريق التَحَلُّف؛ يسمّونه قوّة وهما عند العرب واحدّ de قوّة , il faut lire نَزْلة, comme on le voit par son article نَزْلة. — *Congestion, amas d'humeurs*, Bc.

نِزَال *l'obligation de loger des soldats*, comme نَزْل et انزال (voyez), Cartâs 258, 8 a f.: رفع النزال عن ديار الرعية «le sultan exempta ses sujets de l'obligation de loger des gens de guerre.»

نُزُول pl. ات *abdication, renonciation à une place ou à un bénéfice militaire*, Maml. I, 1, 175; c. عن *abdication*, Bc. — *Calade*, terrain en pente, *descente*, pente par laquelle on descend, Bc. — *L'obligation de loger des soldats*, comme نَزْل et انزال (voyez), J. A. 1848, II, 243, 3 a f.: لم تعلم له منقبة سوى انه رفع النزول على (عن l.) اهل تونس وكانوا يلقون منه امرا عظيما «l'histoire ne lui reconnaît pas d'autre mérite que d'avoir exempté les habitants de Tunis de l'obligation de loger des gens de guerre, dont ils avaient éprouvé bien des déboires.» M. Cherbonneau s'est trompé en traduisant (p. 250): «que d'avoir fixé sa résidence à Tunis.» — Chez les traditionnaires l'opposé de عُلُوّ (voyez), M. — نُزُول دم *empyème*, amas de pus ou de sang épanché; — *pissement de sang*, Bc.

نَزِيل se trouve dans le Voc. sous stabularius, à côté de نزيلة.

نَزَالَةٌ logis, Cout. 38. v°: lorsqu'Ibn-Hafçoun servait encore dans la garde du sultan, le wâlî al-medîna, qui voulait le vexer parce qu'il était un protégé du vizir Hâchim, اخرجه من نزالة الى نزالة. — *Mauvais état*, p. e. d'une maison, نزالة الديار, Mi'yâr 23, 3 a f.; cf. نازل. — *Criblure*, reste du grain criblé, Bc.

نَزِيلَةٌ pl. نَزَائِل *les provisions qu'un vassal fournit au suzerain quand il est en voyage et à son armée* (cf. نُزُل), Bayân II, 215, 14: واخرج الى الناصر النزائل واقام له الوظائف والتزم ادرار الجباية الكاملة parmi les emplois de la cour on trouve nommé خدمة الانزال والنزائل, Haiyân-Bassâm I, 10 r°. — *Logement gratuit*, Alc. (posada por amistad); peut-être le Voc. a-t-il pensé à ce sens quand il donne نزيلة, pl. ات, sous stabularius. Surtout *logement de gens de guerre*, Mi'yâr 7, 6: (ضمّ) قد ضمّ الاهلة ديارها و ومنازليها لنزائل لجند نازلة 26, 6: صداعها رنزائل « ses maisons sont dans un mauvais état par suite du logement des gens de guerre. » — « Les passages les plus dangereux des chemins de l'empire sont gardés dans beaucoup de provinces par des gens d'armes nommés *nzeils*, » Godard I, 231.

نَزُولِيّ *catarrheux*, ou *catarrhal*, Bc.

نَازِل forme au pl. نُزَّل, Koseg. Chrest. 57, 10 (prononcez ainsi), et نُزُول, Weijers 36, l. 2 des notes, 121–2, n. 174 (Motenabbi), Orient. II, 191. — *Bas, vil, méprisable, en mauvais état*, Voc. (vilis), Delap. 149, Freytag Locm. 39, 7 a f.: كان يقول شعرا نازل ويلعبون لعبا دونا, Cazwini II, 160, 3 a f.; الحقيقة, man. 891, fol. 337, l. 10: ليطئن الغريب انه فى طبقة نازلة; اشياء نازلة حقيرة Mi'yâr 26, 7; بصوت نازل *à voix basse*, Hbrt 10; voyez aussi Beaussier.

نَازِلَة pl. نَوَازِل, *cause, affaire, procès*, Voc. (questio), Beaussier (qui a le pl. ات), Mohammed ibn-Hârith 215, Abbad. II, 72, 4, Macc. I, 603, 22, II, 634, les 2 dern. l. — *Réception solennelle des députés des tribus par le souverain*, Abd-al-wâhid 177, 1: كان يتكلم عن الوفود ويختضم فى النوازل فيأتى بكل عجيبة. — *Catarrhe, fluxion*, Chec. 205 r°: عجز اطباؤه عن.

Djauzî, علاجه من نوازل متتابعة كانت تنزل من راسه الى الصدر: 144 r° لفشتخاش ينفع من النوازل.

الأنْزَال *l'obligation de loger des soldats*, Macc. II, 632, dern. l.: كتبت الى عبد المومن بن على رسالة; l'édit. porte الأنزال, تسألها رفع الأنزال عن دارها; mais ce mot, qui serait le pl. de نُزُل, ne convient pas; il faut un n. d'act. comme sont les synonymes نزال et نزيل (voyez).

تَنْزِيل *condescendance*, Bc. — Semble *dilettantisme* dans Macc. I, 575, 16: كان يقول انه يعرف الليمبيَاء, et a pour synonyme بطريق التنزيل لا بطريف التكسب, 570, 23: اعرف الليمبياء بطريق المنازلة, مُنازلةً. — Pl. ات doit avoir chez les Soufis une signif. que je ne connais pas, Catal. des man. or. de Leyde II, 75, 14: وفر اول فيما نظمته من هذا الجزء من الابيا الى الواردات الاليهيه، والتنزلات انروحنتبه، والمناسبات العلوية».

تَنَزُّل *le retour du mont Arafat à la Mecque*, Burton II, 52.

تَنَازُل *condescendance*, Bc. — *Démission*, acte par lequel on se démet d'une charge, Bc.

مَنْزِل *une journée de chemin*, Gl. Geogr.

مَنْزِلَة dans le sens de *dignité, poste élevé*; le pl. منازل, que quelques puristes condamnent, Akhbâr 95, 4 a f. — Sorte *d'auberge gratuite*, voyez Niebuhr R. I, 301. — *Une journée de chemin*, Gl. Geogr. — *Antichambre*, Hbrt 192. — Dans le Voc. *vicis* = بمنزلة; مَنَاب, suivi du gén., s'emploie quand on compare une chose à une autre, de Jong. — T. d'arith., *dénominateur*, nombre inférieur d'une fraction, M; voyez sous قَلَم.

مُنَزَّلَة *mets fait de viande et d'aubergines*, M. — منزلة سمك *matelote*, mets de poissons, Bc.

مُنْزُول *enrhumé*, Voc. — *Un fonctionnaire qui a perdu sa place*, soit par une abdication volontaire, soit par une destitution, Maml. I, 1, 175. — *Auberge gratuite*, entretenue par le chaikh du village, Ztschr. XI, 482, n. 10, M, qui dit que c'est proprement فيه منزول. — *Poste*, établissement de chevaux placé de distance en distance pour le service des personnes qui veulent voyager vite, Bc.

مَنازِلَة genre de lutte, 1001 N. I, 365, 4. — *Cause, affaire, procès,* Formul. d. contr. 7: يستوعب النظر في مُنازَلَتِهِما. — Voyez sous تَنَزَّل.

نزم

تَنزيم pour تَنجيم, Payne Smith 1388.

مَنزوم *mordillé, mangé à moitié,* Alc. (mordiscada cosa medio comida).

نزه II. تَنزيه *est, comme traduit Pocock (Spec. Hist. Ar. 270 éd. White), amotio eorum quæ de Deo non dicuntur,* ou, selon la définition de M. de Slane (Prol. III, 51, n. 2, sur III, 35, 3 a f. du texte: فَكَلَّفَنا (أوّلًا اعتقادَ تَنزيهِهِ في ذاتِهِ عن مشابَهَةِ المخلوقينَ *agnoscere ac profiteri Deum a paritate, pluralitate ac qualitatibus humanis exemptum esse.* On emploie aussi ce mot pour s'excuser quand on s'est permis de comparer une chose sainte à un objet qui ne l'est point, ce qui pourrait sembler irrévérent; ainsi Djob., 82, 16, en comparant le macâm Ibrâhîm, à cause de sa forme, au four d'un potier, ajoute en parenthèse: مِنْ آياتٍ; de même 97, 12: البيت العتيق انّه قائم وسط لِخَيْم كالبُرْج المشيَّد وله سَرح نَظَرَهُ ونَزَّهَ خَاطِرَهُ. — *Promener;* التَنزيه الأعلى *promener ses yeux sur,* Bc, Catal. des man. or. de Leyde I, 298, 9: لِيَنَزَّه طَرْفه في جَنَّاتٍ من تَخْميلٍ وأعناب. — C. a. *amuser,* Voc.; cf. plus loin تَنزيه. *Prendre ses ébats,* Ht.

V c. عن r. *s'abstenir, par un sentiment de honte, de faire une chose,* Djob. 38, 11: وَقَد رَتَّبَ أيمَا فيه أقوامٌ برسم الزِّيارة للمَرضى الذين يتنزَّهون عَن الوصول للمارستانِ المذكورِ من الغُرَباءِ خاصَّةً, ou bien *par dévotion,* Macc. I, 466, 14: وكان عفيفًا عن الوِلَاياتِ متنزَّهًا (lisez ainsi avec le man. de Leyde et Boul.). — C. عن r. *renoncer par dévotion à,* Macc. III, 659, 19, en parlant d'un homme qui avait rempli de hautes fonctions: ثُمَّ تَنَزَّهَ عن الخدمةِ وانقطعَ بتربة الشيخ أبى مدينَ. — *Aller souvent à la selle, avoir la diarrhée,* Payne Smith 1442.

X. استنزه عن البول *retenir son urine*; استنزه البول est une faute, Gl. Mosl.

تَنَزُّه *l'action de se divertir,* Haiyân-Bassâm III, 4 vº: يَبغى للخروج للتنزُّه خارج البلد, Bat. man. 267 vº: ويسرّكبون معنا كلّ يوم للتنزُّه في اقطار المدينة 268 rº, J. A. 1851, I, 62, 11: وفيه السفن للتنزُّه. — تَنزَّه في رياضِه الكبير متمتعًا براحته فيه مدة طويلة. Pl. نُزَه *amusement, plaisir,* Badroun 29, 5: اَقبَلَ في (corrigez le Gloss.), Haiyân 29 vº: أوَّل ملكه على القصف واللهو واللذّات والنُّزَه والصيد. — أوقات نُزَهِهِ وفُرَجِهِ l'esp. *añaza* est chez Victor *foire qui se tient tous les ans.* — Même pl. *fête, partie de plaisir,* Gl. Esp. 196, Khatîb 32 rº: حاولوا دَيْمَ لحم ثُمَّ في بعض النُّزَه. *l'esp. añaza est chez Victor foire qui se tient tous les ans.* — Même pl. *lieu de plaisance, promenade, lieu où l'on se promène,* Bc, Gl. Geogr., Macc. I, 442, 10 et 11, Nowairî Espagne 464: خرج الى الرّصافَةِ متنزِّهًا ورجع من. — *Bouffon,* 1001 N. Bresl. VIII, 196, 1: نَزهَتُهُ تُحمّ وماتَ, où Maen. (II, 380) a: وكان أبو النُّواس نُزَهةً; وكان ابو نواس مُضَحِّكًا *faut-il comparer le نُسخَه* de Bc? et نُزهة طبيل النُّزَه *diarrhée,* Payne Smith 1442.

تَنَزُّه, pl. تَنَزُّهات et نَزائِه, *divertissement, plaisir,* Gl. Esp. 195–6. — *Fête, foire, joute,* ibid.

تَنَزُّه *qui s'abstient de tout ce qui est malhonnête,* Khatîb 26 vº: ناطقة الأسن للخاصَّة والعامّة بِفَضلِه جَماعَةً نَزاهَةً.

تَنَزُّه *désintéressement,* Bc.

تَنزيه *amusement, récréation,* Bc.

مَنزَه pl. مَنازِه *appartement sur une terrasse, belvéder,* Beaussier, Ht, Cherb., Delap. 84, Domb. 97 (turris alta), Macc. I, 128, 10: مَنازه مرتفِعة وأبراج مشيَّدة, 481, 15, 442, 10, II, 555, 1, 10 et 16, 557, 5, Aboulf. Géogr. 179, 5.

مَنزَه pl. ات *lieu de plaisance,* Cazwinî II, 158, 2; prononcez de même مُنَزَّهات dans Elmacin 292, et biffez le مَنزَّه de Golius.

مُنَزَّه *terrasse,* Roland Dial. 624.

مُتَنَزَّه *lieu de plaisance, promenoir,* Bc, Djob. 267, 15.

نزو 664 نسب

مُنْتَزَةٌ *promenade*, lieu où l'on se promène, Bc; le pl. ات, Aboulf. Géogr. 175, 8 a f., 179, 6, peut aussi appartenir à مُنْتَزَه; j'explique de même انزوة مُنْتَزَهات dans Ibn-Haucal 382, 1, pas comme dans le Gl. Géogr.

مُنْتَزَه pl. ات *lieu de plaisance*, Gl. Edrîsî.

مُنْتَزَه عمل متنزه عن كل غصب واكراه *action libre*, Bc. — متنزه عن الضيم *désintéressé*, Bc.

مُسْتَنْزَه pl. ات *lieu de plaisance*, Gl. Mosl., Macc. I, 344, 11, Nowairî Espagne 462: اختنزع قصورا ومستنزهات كثيرة

نزو IV. انزى الفَحْلَ على الانثى *faire qu'un animal mâle couvre sa femelle*, M, Auw. I, 33, 18 (lisez انزاه), 34, 2, Abbad. II, 152, 5.

VIII c. على p. *se révolter contre son souverain, se déclarer indépendant*, Abbad. I, 263, n. 23, très-souvent dans Berb. — C. على r. *s'emparer de*, Abbad. l. l., souvent dans Berb.

نزا *amas de pierres amoncelées une à une par la piété persévérante des voyageurs sur le lieu témoin d'un meurtre qui n'a pas été vengé*, Carette Géogr. 123 (*nza*), Barth W. 342 (même orthographe).

نزوة pl. نزوات *attaque*, p. e. au fig. de la fortune, du sort, Gl. Mosl., de crainte (accès de crainte), Kâmil 474, 12, Haiyân 11 r°: ذو الاخبار العظيمة والنزوات الشنيعة والفتكات المشهورة Macc. II, 717, 10. — *Révolte*, Abbâr 88, 2: وتعهّد ابن ابنه هذا مهاد الطاعة من بعد نزوات سلف Abbad. II, 158, 4. — *Pétulance, insolence*, Abd-al-wâhid 61, 3 a f.: حملى على ذلك نزوة الصبى

نسأ

نَسَأ c. ب *enceinte d'un enfant*, Azraki 174, 10: قبل ان الد زيد بن ثابت وانا به نسأ

نَسَأ pl. ناسئ *qui intercale*, Bîroûnî 12, 1.

نسب I. نَسَبَ الى *emprunter son nom à*, Yâcout I, 713, 6, etc. — نسب الشيء الى احد *imputer, attribuer une chose à quelqu'un*, Bc, de Sacy Chrest. I, ٣٠, 1. — C. a. p. et الى r. *qualifier*, p. e. نسبه الى البخل *qualifier quelqu'un d'avare*, » Bc; c. ل r., Macc. I, 138, 9: فلذلك قد ينسبون للبخل

نسب ; taxer *quelqu'un de*, *l'accuser de*, Bc, 1001 N. III, 142, 7. — نسب الى نفسه *s'approprier un ouvrage*, Bc.

III. وما يناسب ذلك *et d'autres objets de même genre*, 1001 N. III, 452, 14. — C. a. ou ل *convenir à, être propre à*, 1001 N. II, 74, 7 a f.: انا عندى لكل بلد ما يناسبها من القماش والمتاجر, III, 27, 9, 39, 6, 53, 6 a f. — C. ل *proportionner*, Bc.

VI c. مع *être parent de*, Voc.

VIII c. ل *emprunter son nom à*, de Sacy Chrest. I, ٨٦, 10: ومع ذلك فبانفون من انتسابهم لها لما فيها من الشنعة *encore n'aimaient-ils pas qu'on les appelât du nom de preneurs de hachicha, tant cela passait pour une chose honteuse.*»

نَسَب *parage*; صاحب نسب *de haut parage*, Bc. — *L'accord des sons*, Descr. de l'Eg. XIII, 255, n. 3. — J'ignore ce qu'il faut entendre sous اصحاب النسب dans un passage d'Abou'l-Walîd que j'ai cité sous مقطع.

نَسِيْبَة a le pl. نَسَب, M. — الانجيل النسيبة *la partie de l'Évangile qui contient la généalogie de Jésus-Christ*; parfois on donne le nom de النسب à tous les chapitres généalogiques de la Bible, M. — *Proportion* (le نَسيب de Freytag est une faute), M, Voc., Abbad. II, 162, 8 (cf. III, 221—2), Djob. 252, 10, Khatîb 25 r° (corrigé d'après le man. de Berlin):

قد عكفنا على الكتابة حينا وانت خطة القضاة تليها
وبكل ل نلف للجنة الا منزلا نائيا ومرعى كريما
نسبة بدّلت فلم تتغير مثل ما يزعم المهندس فيها

— بالنسبة الى *auprès de, en comparaison de, proportionnellement, relativement à*, Bc, M, Abd-al-wâhid 60, 4 a f. (corrigez les voyelles), 246, 2 a f., Macc. II, 62, 11, Cazwînî II, 264, 11 a f., Müller 43, 9, Samhoudî 157, 7: بالنسبة الى زمنه, 147, 1. De là vient que le Voc. donne نسب sous *respectus*. — نسبة لهذا الى ذا *ceci ne saurait entrer en comparaison avec cela*, de Sacy Chrest. I, ٢٢, 12: واما الذل الاسلامية فلا نسبة لها الى عدة الدولة حتى تذكر معها Le Voc. semble avoir pensé à cette expression quand il donne pour نسبة: *de quo non debet fieri comparatio.*» — كان ذلك بالنسبة الى مقامه *cela convenait à la hauteur de sa position*, Prol. II, 343, 8 (ajoutez après مقامه, *comme dans la trad.*). — *La source d'où provient l'argent*, Abd-al-wâhid 271, 4: Almanzor agrandit la mosquée de Cordoue comme Hacam II l'avait fait avant lui, زاد زيادة اخرى من نفس النسبة, «avec de l'argent qui provenait de la même source», c.-à-d. du cinquième du butin, فهو — . مسجد لم ينفق فيه درهم الا من خمس المغنم Je ne sais pas bien comment il faut traduire Abbad. I, 309, 10: وهذا المعنى فى النسبة الدالة بذاتها التى وصفها للجاحظ فى اقسام البيان. Mehren Rhetorik a dans son index pour نسبة: «affirmative oder negative Aussage von einer Person oder Sache.»

نسبى *généalogique*, Bc.

نسيب, *parent*, pl. نسباء Voc., Prol. II, 339, 12, نسائب Bc; *le beau-père du mari*, 1001 N. II, 86, 87; *le beau-père de la femme*, Daumas V. A. 437; *beau-frère*, Daumas ibid.; *gendre*, Daumas V. A. 436, 1001 N. II, 90, 2.

نسابة *parenté*, Bc.

نسّابة *généalogiste*, Khallic. III, 83, 10 Wüst.

نسّاب pl. نسّابة *généalogiste*, de Sacy Chrest. I, 113, 4 a f.

انسب *plus exact à indiquer sa famille*; — *meilleur généalogiste*, de Sacy Chrest. II, 369. — ما فيه انسب منه *il n'y a rien de mieux, de plus convenable*, Bc. — *Meilleur poète érotique*, Aghânî 56, dern. l., éd. Boul. VIII, 182, 10.

تناسب *parenté*, M.

منسوب. Comme les choses dont on indique l'endroit, le pays d'où elles viennent, p. e. le bois d'aloès des Indes, l'ambre gris d'as-Chihr, le musc de Thibet, sont ordinairement d'une qualité supérieure, le mot منسوب a reçu le sens d'*excellent, qui a un très-haut degré de bonté, de perfection*; voyez de Jong, qui cite ce passage de Tha'âlibî وعود الهند يذكر مع. On l'emploie, p. e., en parlant d'épées منسوبات الصفائح, Macc. II, 799, 2, de chiens d'une race excellente, Becrî 176, 6: وعلى باب القبة كلاب منسوبة لا تكاد تفارق موضع الملك تحرسه فى اعناقها سواجير حلى غير معروف ولا منسوب, de joyaux الذهب والفضة Müller 9, 1, de pigeons, et alors ce sont *des pigeons* *porteurs de dépêches*, selon une note de Reiske (chez Freytag), qui, comme l'a remarqué M. Defrémery dans son article sur le livre de M. de Jong, p. 19 et 20 du tirage à part, a eu en vue les deux passages d'Aboulfeda Ann. III, 644, et IV, 328; la preuve que c'est aussi منسوب dans le sens indiqué, est le synonyme الحمام الهندى, *pigeons indiens*, comme me l'a fait remarquer M. de Goeje en citant ce passage de l'Aghânî XII, 135 Boul.: طلب محمد بن بشير من ابن ابى عمرو المديبى فراخا من الحمام الهندى فوعده ان ياخذها له من المثنى بن زبير ثم نبّر عليه اى اعضاء فراخا غير منسوبة دلّسها عليه واخذ المنسوبة لنفسه. On trouve surtout المنسوب الخط, de Jong, Khallic. I, 479, 15 Sl., XII, 48, 15 Wüst.: ومن الكتب المنسوخة بالخطوط المنسوبة والخطوط الجيدة نحو مائة الف مجلد, dans un passage cité par M. de Slane (trad. de Khallic. II, 331): الى وكتب للخط المنسوب, Catal. des man. or. de Leyde I, 201, J. A. 1857, I, 409: وكان ابن الساعاتى, ان قيل انه أكتب من ابن البوّاب فخر الدين جيّد انكتابة كتب المنسوب (où Sanguinetti n'a pas plus compris cette expression que de Slane dans ses notes sur la trad. de Khallic., l. l. et IV, 559, n. 27). C'est *une belle main*, mais proprement: *une main si belle et si originale, qu'on reconnaît tout de suite l'écrivain*; ainsi Ibn-Mocla était صاحب الخط المنسوب (de Slane l. l.), c.-à-d., qu'il écrivait le خط ابى مقلة (Khallic. I, 479, 17 et 18), مصاحفان المنسوب الخط الى ابن مقلة. On dit de même كربان منسوبان, Berb. I, 331, 6, «deux beaux exemplaires du Coran, dont les copistes ont de la renommée.» — Dans Macc. I, 884, 13: وبيتهم بيت قضاء وعلم وسودد متوارث ومجد مكسوب ومنسوب, ce mot est embarrassant et ne peut pas avoir le sens qui précède. — C'est probablement dans le Kâmil (284, 15) que Reiske (chez Freytag) a trouvé le pl. مناسب.

مناسب *bienséant, convenable*, Bc, 1001 N. I, 315, 10: — . اذا كان المناسب قتله وقّت قديمه *Acceptable, plausible*, Bc. — *Commode*, Bc. — *Propice* (chose), Bc.

مناسبة est dans le Voc. le synonyme de نسبة, *comparatio, proporcio, respectus*. — *Convenance, bienséance*, Bc. — *Opportunité*, Bc. — *Plausibilité*, Bc منتسبات (pl.) *dépendances*, Bc.

المتناسبات (pl.) *les sons accordés*, Descr. de l'Ég. XIII, 255, n. 3.

نسج I. Exemple de la signif. *entrelacer, tresser*, Auw. I, 668, 7: في صناع من حلفا وشبهها وليكن خفيف الغسج, dans notre man. النسج, mais lisez النسج; cf. Gl. Geogr.

VIII *être tissé*, Voc., Ibn-Tofail, 41, 7 a f.; c. ب *être entrelacé de*, au fig., Gl. Geogr.

نَسِيج *tissu*, Bc; ثوب نسيج اليمن, c.-à-d. منسوج — M. نسج العنكبوت, pl. نسائج, *toile d'araignée*, Voc., Bc.

نَسَاجَة *tissu*, Gl. Manç. v° سَبَل: c'est sur le blanc de l'œil كالنساجة الحمراء.

نَسِيج *réseau, tissu*, Bc. — نسيج seul, par ellipse pour نسيج الذهب والحرير, comme on trouve chez Sadi, *étoffe de soie brochée d'or, brocart*, Bat. II, 422, Macc. II, 149, 11: النسيج البلنسي الذي يسفر لاقطار المغرب Fakhrî 376, 10, 1001 N. Bresl. II, 326; chez Marco Polo, comme l'a observé M. Defrémery (J. A. 1850, II, 166), *nassit et nascisci*; sur Yâcout I, 822, 22, voyez sous نخ. — النسيج الذهبي = الكشوت, Payne Smith 1841. — Au fém., نسيجة وحدها و elle est *incomparable, unique*, Khatîb.

نِسَاجَة *contexture, texture*, Bc.

نَسِيجَة, pl. du pl. نسائجات, *claies*, Gl. Fragm.

نَسَّاج *faiseur de filets*, Alc. (redero que las texe).

مَنْسَج pl. مناسج *métier pour broder*, Bc, Lane M. E. I, 283—4. — *Lisse*, fil à l'aide duquel on lève et baisse la chaîne d'une étoffe pour passer la trame, Alc. (lizo para texer o ordir). — *Lien*, Alc. (vencejo para atar), منسج من كتان (tela del coraçon). — *Diaphragme*, Alc. (tela del coraçon). — *Epiploon*, Alc. (redaño), Gl. Manç. v° ثرب وتسميه العامة الربا والمنسج. — *Fressure*, intestins de quelques animaux, comme le foie, la rate, le cœur, le poumon pris ensemble, Alc. (coradela por assadura).

نسح.

نَسْحَة *cocasse, ridicule*, Bc; cf. sous نزهة.

نسخ I *substituer* une chose (ب) à une autre (accus.), Hoogvliet 50, 4 a f.

III. نسخ احدها الآخر est ناسخ, M.

IV = I *annuler*, Alc. (reprovar = بطل). — = I *transcrire, copier*, Alc. (trasladar escritura).

VI c. a. r. *se transmettre les uns aux autres, et sans interruption, la propriété d'une chose*, M: تناسخوا الشيء تداولوه وتنابعوه (cf. le n. d'act. dans Freytag), Asâs تناسخت الورثة et تناسخت القرون, Payne Smith 1539: عَذَفْتَةَ يَتَنَاسَجُ وَيَتَنَاسَبُ بِتَنَاسُلِ يَسْلَمُ, et encore: بتناسخ يتداول يعدى, Yâcout IV, 281, 1: لم يزل البيت منذ اهبط آدم الى الارض معظما محرما تتناسخه الأمم والملل أمة بعد أمة وملة بعد ملة, Haiyân-Bassâm III, 48 v°, en parlant de la ville de Barbastro: تناسختها قرون المسلمين منذ ثلاثمائة وثلاث وستين سنة.

VIII c. ب *être annulé par*, Voc.

X c. a. r. *demander d'annuler* une chose, M.

نَسْخ *métempsycose*, mais seulement quand l'âme passe d'un corps humain dans un autre corps humain, M. — *Plagiat*, M, Mehren Rhetorik 149, 199. — قلم النسخ *l'espèce d'écriture dite* neskhî, 1001 N. I, 94, 13.

نُسْخَة *arrêt d'un juge*, M. — *Recette, l'écrit qui indique la manière de composer certains remèdes*, etc., J. A. 1853, I, 347, Auw. II, 415, 9, Chec. 213 v°, Gl. Manç. v° خالص et ماء الاصل, passim chez les médecins.

نَاسِخ *copiste, scribe*, Gl. Djob., Voc., Alc. (escrivano de libros). — *Qui abroge, annule*, Voc.

نَسِيخ pl. نساخ *copiste, scribe*, Bc, Casiri I, 145, n. a. — *Nom d'un employé*; voyez Gl. Maw.

مَنْسُوخ se trouve dans Alc. (reprovacion) dans le sens d'un n. d'act.

نسر V *être incurable* (plaie), Voc.

نَسْر a chez Bc (*aigle*) le pl. نسور; voyez sur cet oiseau Jackson 65, Hœst 298. — *Fourchette du pied du cheval*, Bc. — Pl. نُسُور *le mollet du bras*, Alc. (pulpejo del braço). — *Rose musquée, rose de Damas*, Pagni MS (nesr); c'est donc pour نيسرين — قلة النسر sorte d'insecte venimeux, Bait. I, 11 b.

نَسْرَة *envie, petit filet qui se détache de la peau autour des ongles*, Bc.

نَسْرِى *aigle, étendard, enseigne*, Bc. —

(Pour نسرين) *rose blanche*, Grâberg 110; — *narcisse*, Domb. 72 (terme pour lequel il a aussi الورد الابيض). — *Huile de rose*, Pananti II, 67 (nessari).

نسرين n. d'un. ة, M. Le pers. نسرين désigne, d'après le Dict. de Vullers, rose blanche, petite et à cent feuilles, dont il y a deux espèces, à savoir كل مشكين ou rose musquée, et نسرين كل. L'auteur du Gl. Manç. (in voce) dit: « le *nisrîn*, qui ressemble à la rose, est inconnu au Maghrib; l'espèce blanche a été apportée en Ifrîkiya, mais on n'y a pas encore l'espèce jaune; ce que les jardiniers maghribins appellent *nisrîn* ne l'est pas. » Je trouve ce mot pour *rose musquée* ou *muscate* chez Alc. (mosqueta yerva), Bc et Hbrt 50, *rose blanche*, Roland. نسرين السياج (leçon de A), *nisrîn des haies*, est *rosa canina*, *églantier*, Bait. II, 206 b; d'après Auw. I, 403, 4 a f., quelques médecins donnaient le nom de *nisrîn* à l'églantier (lisez اهل بعض عند avec notre man.); *églantier* chez Bc.

نسير *maigre*, partie de la chair où il n'y a point de graisse; — نسير الفراخ *blanc*, chair blanche, Bc.

ناسور ou ناصور, pl. نواسير et نواصير, *fistule*, Alc. (fistola dolencia), Bc, Gl. Manç. v° ناصرحة: الفاسدة الباطنى التى لا تقبل البرء ما دام فيها ذلك النواصير من البدن; الفساد حيث كانت نواصير est spécialement *fistules à l'anus*, Sang., cf. plus haut t. II, 560 a.

منسر, pl. مناسير (pour مناسر), est d'après le scoliaste de Moslim *le bec d'un oiseau de proie*, et منسر, *escadron*; mais selon les lexicographes ces deux formes s'emploient indifféremment dans ces deux acceptions.

منسر *incurable*, Voc.

نسع.

نسع. Le n. d'un. *lien*, Auw. I, 641, 13: يُشَدّ من بردى (l. بنسعة) ينسعة (notre man. بلسعة).

نسف I *emporter et disperser*, en parlant du vent qui emporte les sables, M: والريح انتراب قلعته وفرقته. واكثر ارضها ايضا رمال تنسفها الرياح Edrîsî 3, l. 5; وتنقلها من مكان الى مكان Bat. IV, 382 dans un seul man.: اما فى رمال تنسفها الريح dans le Mi'yâr 25, 7: فهى مهب نسف ودار خسف, le mot نسف est peut-être un subst., *vent qui emporte les sables*. Aussi en parlant de la pluie que le vent emporte, chasse, الشرق عند العامة المطر الذى تنسفه الريح sous M شرق: من لخارج الى داخل البيت. — *Souffler* (vent), Bc (Barb.), Ht, Martin 175. — C. على *jeter sur*, Ztschr. XXII, 75, 4, 120. — نسف فى الاكل *bâfrer, manger goulument*, Bc.

VIII *enlever, ravir, emmener, emporter par force*, Prol. I, 15, 12: فاذا ساروا فى غير اعمالهم احتاجوا الى , انتساف الزروع والنعم وانتهاب البلاد فيما يرون عليهم وتتغلب العدو على اخذها غانتنسف ما Haiyân 101 v°; فبالغ فى انتتيعهم, Abd-al-wâhid 186, 1; كان فجما علبيّا وانتساف معايشها وقطع المواد والمدد عنها, 206, 16, Recherches II, App. XIII, 12. — C. a. ou c. ب = I, la 1ʳᵉ signif. que j'ai donnée, Gl. Geogr.

نَسَّاف *bâfreur*, Bc.

مَنسَف, suivi de الرز, *monceau de riz cuit*, qui se trouve sur un plat dont on mange, M.

مِنسَف *sorte de table en cuivre battu, qu'on ne trouve que chez les riches*; décrite Ztschr. XXII, 100, n. 32. — *Vase oblong de bois*, Mehren 36.

نسق X, Saadiah comment. sur ps. 22.

نسق على نسق et نسقًا comme نَسَقًا, de Jong, Abbad. I, 61, 1.

نسك II dans le Voc. sous *religiosus*.

النُّسك *les rites du pèlerinage*, Gl. Tanbîh.

تنسك *bigoterie*, Bc.

منسك, pl. المناسك *les jours de fête*, chez les chrétiens, Macc. I, 172, 12.

مُتَنَسِّك *bigot*, Bc.

نسل I *avoir beaucoup d'enfants*, M. — Au n° 2 de Freytag il faut substituer: *éplucher de la laine*, *arracher les plumes d'un oiseau*, *plumer*, نسل الصوف M; chez Bc: والريش ينسله تسلا انتفشه واسقطه *éfaufiler, tirer le fil du bout coupé d'un ruban*, d'une étoffe, *effiler, effiloquer*, effiler de la soie pour faire de la ouate. — *S'effiler*, Bc.

II *engendrer*, Voc., Alc. (le partic. act. engendrador, le partic. pass. engendrado de la tierra), *engendrer de nouveau, régénérer*, Alc. (engendrar otra vez, regenerar). — *Effiler*, الثُّوبَ et من الحيوط, Voc.
III dans le Diw. Hodz. 290, vs. 16.

IV est l'équivalent de I et doit être corrigé chez Freytag comme je l'ai indiqué sous I; انسل فلانً والرِّيش الصوف est اسقطه, M.

V *être engendré*, Voc. — *Etre effilé*, Voc.

VIII se trouve dans Saadiah ps. 72, vs. 17, et dans Payne Smith 1597: نسل انتسال عَظْمَـهُ.

نَسْل pl. أَنْسَال *haut lignage*, Alc. (generacion como linage, genero por linaje noble). — Même pl. *la postérité*, Alc. (generacion venidera).

نَسُول *rapide*, Dîwân de Djarîr (Wright).

نَسِيل. Pour la note de Reiske voyez Diw. Hodz. 212, vs. 8.

نُسَالَة *charpie*, filament de linge usé; — *plumasseau*, tampon de charpie, Bc. — *Filet*, fil délié, Bc.

نَسَّال dans le Diw. Hodz. 34, vs. 3.

نَاسِل *fécond*, Bc.

تَنْسِيل *charpie*, Ht.

تَنَاسُل *génération*, action d'engendrer, et: ordre naturel de la génération, Bc, Alc. (engendramiento); آلَات التَّنَاسُل *les instruments de la génération*, J. A. 1853, I, 349.

تَنَاسُلِي *génital*; — *prolifique*, Bc.

الْمُتَنَاسِلُون pour مُتَعَصِّبَة, Payne Smith 1541, qui signifie *généalogistes*, mais aussi *étymologistes* (cf. 303, 1009, 1025).

نسم IV *répandre des parfums*, poète populaire Prol. III, 391, 8, mais la leçon est douteuse.

V, au fig., Fakhrî 99, 6 a f.: il sortait chaque jour de Médine يَتَنَسَّم الاخبار, Antar 39, 6 a f.

نَسَمَة *brise*, petit vent frais, *haleine de vent, souffle*, médiocre agitation de l'air, Bc.

نَسِيم était anciennement fém. et ainsi encore P. Macc. II, 348 19 (cf. Add.).

نسنس I c. a. *infestare* (ex nimia curiositate), Voc.
II dans le Voc. sous le même article, et aussi c. ة *diligenter facere*.

نَسْنَاس. Voyez sur ces êtres fantastiques une savante note de Quatremère J. A. 1838, I, 212 et suiv. (cf. aussi Lane trad. des 1001 N., I, 37); chez Bc, qui a le pl. نسانيس de même que le Voc., *pygmée* et *satyre*. Dans le sens de *singe* (le M a aussi: والعَامَّة تُطْلِق النَّسْنَاس على السَّعْدَان), le pl. est نَسَانِيس et نَسْنَسَة, J. A. l. l.

نَسْنُوس nom d'un oiseau à large tête, qui habite les montagnes, M.

نَسْنِيس = نَسْنَاس *monstre*, Voc.

نسو et نسي I. نَسِيَ يَنْسَى, n. d'act. نِسْوَة, *abandonner, négliger son travail*, M. — نَسِيَ *devenir hébété, s'engourdir*, Alc. (rebotarse, chez Nebrija hebeo, hebesco).

V dans le Voc. sous oblivisceree.

VI *tâcher d'oublier*, Abd-al-wâhid 82, 7 a f.: وتَنَاسَى الامر تَنَاسِيَهُ. — *Oublier, négliger*, Gl. Fragm., Abou'l-Walîd 644, 16.

VIII *être oublié*, 1001 N. Bresl. VII, 119; يَنْنَسِي *prescriptible* (droit), Bc; انتِسَاء *désuétude*, Bc.

نَسَا sorte de poisson, Yâcout I, 886, 2. — La graine du chelidonium glaucium ou pavot cornu, Auw. II, 301, dern. l. — وَادِي النَّسَا. «On trouve en Algérie et sur les frontières du désert plusieurs localités qui se nomment وَادِي النَّسَا. Ce dernier mot est berbère et signifie *lieu où l'on passe la nuit, où l'on bivaque*. Comme le même mot signifie *femmes* en arabe, il y a beaucoup d'indigènes qui expliquent l'origine de ces noms par des contes semblables à celui que nous donne El-Becrî,» de Slane sur Becrî 144.

نِسْو *oubli*, Bc.

صار نسيا مَنْسِيًّا نَسِي *il tomba entièrement dans l'oubli*, 1001 N. II, 110; c'est une expression tirée du Coran, XIX, 23, où quelques-uns prononcent, مَنْسِيًّا, على الاتباع.

نَسِيَة *ortie*, Ht (nesia).

نِسْيَان *léthargie*, Alc. (letargia dolencia), Bc, J. A. 1853, I, 341.

نش 669 نشب

نِسْوانيّ *pour femmes, qui sert aux femmes*, Berb. II, 283, 1: المرادب النِسْوانِيَّة.

نِساوِى *muliebris*, Voc.

نَسِى *arthratherum plumosum*, Colomb 22, *aristida*, Ghadamès 330, Burckhardt Syria 659, 664: « a kind of grass, which in summer soon dries up and resembles wheat.»

نَسَّاى *oublieux*, Bc.

الأنْسَى. Le vulgaire nomme ce nerf الأنْسَى, M.

مَنْسٍ, مَنْسِى القَلْب *oublieux*, Alc. (olvidadizo). — *Léthargique*, Alc. (letargico).

مَنْسِيَة, au Maghrib, *millepertuis*, Gl. Manç. v° عيون فاريقون.

نش I c. على p. *émoucher, chasser les mouches avec un éventail*, 1001 N. I, 857, 5. — *Frapper*, 1001 N. I, 119, dern. l.: ثمَّ حَطَّى على سَطْحٍ وانْزَلَتْ ونَشَّتْنى, où Bresl. a ضرب بخيلَه على وجهي قلع عيني اليمنى. — *Dresser, instruire un chien*, Ht. — *Boire*, en parlant du papier, Bc, Hbrt 112. — En parlant d'une muraille ou d'un vase qui contient un liquide, *suer*, M. — N. d'act. نَشِيش *pétiller, craqueter*, en parlant du bruit que fait une lampe quand elle est sur le point de s'éteindre, Payne Smith 1502.

نَشّ *sueur* d'une muraille, M.

وَرَق نَشَّاش *papier qui boit*, Hbrt 112, M.

مِنَشَّة *chasse-mouche, émouchoir, éventail*, Bc, Cherb Dial. 140, Richardson Sahara I, 212; مِنَشَّة مِن ريش *plumeau*, balai de plumes, Bc.

نَشَا I, n. d'act. مَنْشَأ, l'anonyme de Copenhague 17: أحسن منشاها.

IV *élever, nourrir, éduquer*, Bc, M (Freytag a eu tort de ne donner que le passif). — أنشا أصول الفتنة « faire éclore les germes d'une révolution,» Bc. — *Construire* un navire, une flotte, Gl. Edrîsî. — *Composer, rédiger* un écrit, de Sacy Chrest. I, ۱۴۹, dern. l.

V *s'élever, provenir, naître, arriver*, Berb. I, 54, وكفحوا العرب عن وطى تلولهم لما تنشا عنهم من العيث والفساد, 5:

VIII *s'élever*, Bc. — *Croître, augmenter*, et انتشا *croissance*, Bc. — *Grandir* (enfant), 1001 N. I, 12, dern. l.: فكبر وانتشا, Bresl. II, 23. — *Recevoir son éducation*, Aboulf. Hist. anteislam. 86, 11: انتشا عند العرب وتخلّق بأخلاقهم. — *Parvenir*, faire fortune, Bc.

نَشَأ, suivi du génitif, *élevé, éduqué à*, 1001 N. I, 72, 9: وانا نشوا بغداد وعمري ما دخلت هذه الدار الا; lisez نَشَوْ ou نَشَأ; Bc a نشو *élevé*, celui qu'on a élevé.

نَشْأَة *germe*, au fig. *principe, cause, origine*, Abbad. I, 322, 14: "محتَّ حرب، ونشاة طعن وضربٍ". — نشاة دولة السلطان celui qui a été élevé à la cour du sultan, Berb. II, 525, 9, 531, dern. l., Weijers 19, 2 a f., cf. Hoogvliet 56, 7.

نَشْوَة *parvenu*, personne de néant qui a fait une fortune subite, Bc.

نَشِى dans le Diw. Hodz. 177, vs. 13.

ناشِى *auteur épistolaire*, Bc. — Le pl. ناشِئَة *jeunes gens*, Berb. II, 401, 6: من ناشِئَة اهل الادب « un jeune littérateur;» — ناشِئَة دولتِه *les jeunes gens que l'on élevait à la cour*, Berb. II, 215, 7 a f.

ناشِئَة *germe*, Bc (pas ناشِيَّة comme il écrit).

إنْشَاء. « Tout ce qu'on énonce par la parole est, soit la déclaration d'un fait, خبر, soit l'expression d'un commandement ou d'un souhait, إنشاء,» de Slane Prol. III, 265, n. 1 (cf. M); il traduit *prescription arbitraire* dans Prol. I, 61, 6, et rend aussi l'adj. إنْشائى par *arbitraire*, Prol. I, 61, 1, III, 290, 4 a f., 332, 7; cf. Ibn-'Akîl 42, 11.

إنْشائى *épistolaire*, Bc. — Voyez l'article qui précède.

نَشَاسْتَج (pers. نشاسته) *amidon*, Dict. pers. de Vullers, Payne Smith 1878.

نَشَاسْتَجِى (pers.) *docteur*, Gl. Geogr.

نشب I. Au fig.: après avoir renoncé au monde et mené une vie d'anachorète, je fus appelé par le sultan ونشبت فى الدنيا ثانية, Bat. III, 161. Aussi au fig., نشبت للجراح فى الحالِقَتين, Gl. Fragm. — Dans l'expression نشبت الحرب بينهم, ce verbe signifie presque la même chose que وقع, mais avec l'idée de ténacité et d'ardeur, Gl. Belâdz. — ينشب ان فعل

il ne tarda pas à faire, Gl. Belâdz., Khatîb 78 rº: ولم ينشب ان عاد الى البلاد المشرقية. Freytag a confondu cette signif. avec celle de ما نشب, suivi de l'aoriste, ما نشبت اقول, *ne pas cesser de*. — *Décocher, lancer un trait*, Bc, Abou'l-Walîd 296, n. 80.

III se trouve construit c. a. p. et ل chez le scoliaste de Moslim (p. 15, vs. 58), لا يناشيد للحرب, mais je serais tenté de lire للحرب, ce qui est la constr. ordinaire.

IV *engager le combat*, Gl. Fragm.; de même *engager une discussion*, R. N. 50 rº: فانتشب المناظرة مع اليهودي. — *Greffer par térébration*, aussi *greffer en général*; voyez Auw. I, 14, 1, 19, 10 (corrigez d'après notre man.: وصف العمل فى الانشاب بالتقمم), 186, 21 et dern. l., (وفيه العمل فى انشاب شجرة فى اخرى) 224, 9, 406, 3 a f., 476, 18 et suiv.

VIII c. فى, au fig., *se fourrer dans une affaire désagréable*, Mohammed ibn-Hârith 342, où il est question d'un cadi qui ne voulait pas voir un homme ivre, وكنت اعرف كراهية القاضى ان ينتشب فى مثل هذا ورقة قلبه ان يقرع احدا بسوط. — *Avoir besoin*, selon Alc. (*aver necessidad*), ce qui est étrange.

نَشَب est dans le Voc. *biens meubles*.

نَشْبَة *trait*, L: *iactus* رَمْيَة ونُشَابَة.

نُشَّابَة. Le pl. نشاشيب *bulles*, si la leçon est bonne dans les 1001 N. Bresl. XI, 224: واغلا له الماء حتى فار وطلعت نشاشيبه.

نَشَّاب pl. ة *archer*, Gl. Fragm., Berb. II, 110, 6, 112, 8 a f., Müller 80, 1: دار النشابة وللحامية المصرمة; Khatîb 160 vº: الرماة النشابة الدارعة للحرب المناشبة; dans Macc. I, 247, 18: مائة علوك من الافريسم ناشبة, il faut aussi lire ناشبة, comme على خيول صافنة, dans Boul.; nous avons négligé, M. Fleischer et moi, de corriger cette faute; substituez encore النَّاشبة à النَّاشِفة dans le Bayân I, 266, 2 a f.

ناشبى pl. ة même sens, Athîr V, 184, 11, cité dans le Gl. Fragm.

مُنْتَشَب *démêlé, querelle*, Bayân II, 134, 5: فتأمّل ابن مسلمة منتشبه مع ابن عم محمد بن حجاج (corrigez le Gloss.).

نِشْتَر (pers. نيشتر) *lancette, flamme*, Bc.

نشج

نَشَاج épithète d'une outre remplie de vin, nommée ainsi لانه ينشج اى يسمع لغليانه صوت; mais une autre leçon est نَشَّاج; voyez Diwan d'Amro'l-kaïs 50, vs. 1 et 128 des notes.

نَشِج I *se corrompre* (eau, viande), *pourrir*, Bc.

IV انشج اللحم *corrompre la viande*; مُنْشَج *pourri, corrompu*, Bc.

نشح

نُشُوح *sève, verdeur*, Bc.

نَشَد I c. d. a. *interroger quelqu'un au sujet d'un objet qu'on a perdu*, Aghânî 65, 14: وجعلت علامة ما بينهما ان باتيها رسوله ينشدها ناقة له. — *Interroger, questionner, demander*, Barbier, Ht. — انشدك الله الّا فعلت *je vous conjure par Dieu d'épargner ma vie*, Abbad. I, 305, 6 a f.; نشدتك الله الّا فعلت *je vous conjure par Dieu de faire*, M, aussi بالله, Mufassal 33, 15. — *Louer* (مدح), M.

II c. a. p. *il lui demanda*, Ztschr. XXII, 75, 15.

III. ناشده الله *conjurer au nom de Dieu*, Bc; ناشدتك الله الّا فعلت comme I, Voc.

IV dans le sens de *demander qu'on indique* c. ب, Koseg. Chrest. 24:
فوقفت انشد بالذين احبّهم * وكأنّ قلبي بالشفار يقطّع
ودخلت دارهم أسائل عنهم * والدار خانية المنازل بلقّع

نَشِيد a chez Alc. (*cancion*) le pl. نُشُد et (*elegia*) انشاد; ce dernier se trouve aussi 1001 N. III, 5, l. 5, et dans le titre du *cantique des cantiques* نشيد الانشاد, Bc, M. Le M considère انشاد comme un pl. de نَشَد dans le sens de *nešīd*, et l'on peut dire la même chose de نشود.

نَشِيدَة pl. نشائد = نَشِيد, M. — *Ce que l'on cherche*, Mi'yâr 19, 2 a f.

أَنْشَد. Dans la pièce de vers qu'on trouve dans Meidânî I, 3, et qui commence par les mots انشد من خوارة, Quatremère (J. A. 1838, I, 6 et 7) prononce أَنْشُدُ et traduit: « je cherche une femelle de chameau, » en oubliant que le verbe نَشَدَ ne peut point se construire avec عن. Freytag a eu raison de prononcer أَنْشَدُ, mais en traduisant: « magis quærens quam camela, » il a péché contre la langue aussi bien que contre le bon sens, car نَشَدَ ne se dit pas d'une chamelle, mais de celui qui cherche une chamelle, et la pièce dans son entier, que Quatremère a bien mieux traduite que lui, montre clairement qu'il s'agit d'une chamelle qui s'est échappée. أَنْشَدُ est un comparatif formé du passif, comme أَحْمَدُ, « plus digne de louange, » أَعْرَفُ, « mieux connu, » et beaucoup d'autres (voir Wright Gramm. I, 161 β); par conséquent *cherché avec plus de soin*.

نَشَرَ I. نَشَرَ القلاعَ *déployer les voiles*, Alc. (velas desplegar). Dans le sens de *déployer* aussi c. بـ, نَشَرَ بالبَنْدَيْن, Koseg. Chrest. 119, 2 a f. Au fig., نَشَرَ سِيرَة, Amari 26, 10, et نُشُور العَدْل 27, 3, *se conduire d'une manière juste*; نَشَرَ الحَرْبَ عليها *il l'attaqua de tous côtés*, J. A. 1850, I, 255. — Faire sécher des fruits, Gl. Geogr. — *Divulguer, publier, rendre public*, Akhbâr 148, 7: عظمت نعمة الامير عن الشكر وجلّت ايادِيه عن النشر « ses bienfaits sont trop grands et trop notoires pour qu'il soit nécessaire de les publier. » نَشَرَ علمًا *répandre des connaissances, enseigner*, Macc. I, 910, 9. نَشَرَ ذِكْرًا *acquérir une bonne renommée*, Freytag Chrest. 64, 4 (prononcez نَشْرِي). نَشَرَ حُكْمًا *prononcer un arrêt*, Akhbâr al-molouk, man. 639, p. 167: بارس في نشر حكم لا. — *Aérer, donner de l'air, mettre en bon air*, Bc.

II c. a. dans le Voc. sous *serrare*.

V dans le Voc. sous *sortilegus* (in scripto). — Dans le Voc. sous *serrare*.

VIII *s'étendre*, Abd-al-wâhid 11, 7 a f.: انتشرت دولة بني العباس. Voyez pour une modification de ce sens le passage de l'Ictifâ que j'ai donné sous بسط VII. — *Se répandre, se disperser*, Abbad. I, 166, n. 547. Aussi en parlant d'écrits, ibid., انتشار الأجيل. — M. انتشار الذَّكَر pour indiquer l'érection du membre viril, M. — Dans le Voc sous *serrare*.

نَشْرَة pl. ات *feuille de papier sur laquelle on a écrit quelque chose et qui n'est pas fermée*, M.

نَشِير, t. de charpentier, *du bois scié*, M.

نُشَارَة, *sciure*, Voc., Bc. On s'en servait en Espagne en guise de sable pour faire sécher l'encre sur le papier, Macc. I, 477, 20, comme on peut encore le voir dans cette partie de notre man. 331 qui a été écrite à Grenade. Aussi l'espèce de *poussière qui tombe du bois quand il est rongé par les vers*, voyez sous اكل V. — *Des copeaux*, Bc. — Sur l'article *acus* de L voyez sous انخال.

نَشَّار *scieur*, Voc., Bc, Macc. I, 470, dern. l. — Dans les 1001 N. I, 240, 2, il faut substituer القَشَّار (voyez), *bavard*, à النَشَّار.

نَشَّارَة pl. نَشاشِير *salière*, Alc. (salero para tener sal).

مَنْشَر pl. مَنَاشِير *séchoir, lieu où l'on fait sécher des toiles, etc.*, Bc, M; *claie pour faire sécher des fruits*, Beaussier; en port. *almanchar* ou *manchar* est *lieu où l'on fait sécher les figues*. — (Proprement مصدر ميمي *la résurrection des morts*, Gl. Geogr.

مِنْشَار, *scie*, pl. مَنَاشِير, Bc, M. — « *Serra*, trad. d'une charte sicil. *apud* Lello p. 10, dans la signif. sicil. de *crête de montagne*, » Amari MS. — مِنْشَار *l'extrémité de la lame, à laquelle est fixée l'anneau gourmette* (Clément-Mullet), Auw. II, 544, dern. l. — *Lieu où l'on fait sécher les figues et les raisins*, Auw. I, 666, 5 a f., 3 a f., 669, 13; de là vient la forme esp. *almixar*, qui a le même sens, tandis que la forme port. *almanchar* ou *manchar* vient du synonyme مَنْشَر. — *Tuilerie*, Cherb.

مَنْشُور pl. مَنَاشِير est, d'après l'auteur du Inchâ, *tout acte qui a rapport aux concessions territoriales;* ils sont distingués en plusieurs classes comme on peut le voir Maml. 1, 1, 201. Les lettres pastorales portent le même nom, M.

مَنْشُورِي *prismatique*, Bc.

انتشار, t. de médec., *dilatation de la membrane palpébrale*, M.

نَشِرَ III *garder rancune*, Voc.

نَشْزَة *éminence, hauteur, monticule*, Gl. Geogr.

نَاشِزَة pl. نَوَاشِز *colline*, Gl. Mosl.

نَشِطَ I, au pass. c. عن, *être empêché de*, Cartâs 262,

نشع | نشف

8 a f.: فسمع الغنش — بقلومه فاراد قطع الحجاز عليه فعمر الاجفان فبعثهم الى الرقاى فنزلوا به فـنُشِّط امير المسلمين عن الجواز بقصر الحجاز وامر بتعمير الاجفان بقابل الرّروم . — بها اجفان البرّوم نَشّط redevenir alerte, Aghlab. 45; C. L. 9 وعدنوا اوّلًا ثم نشّـطـنـوا وعادنوا الى الصبر se mettre à une chose avec ardeur, Bidp. 22, 2 a f.:
تفرّغ لوضع كتب السياسة ونشّط لها ۞

II exciter, نشّطهم الى الطعام, Koseg. Chrest. 120, 8; نشّطه لحقّه «il l'excita à faire valoir ses droits,» Berb. II, 153, 9 a f.

IV. انتشطني من عقالها il me débarrassa des chaînes de mon emploi, Autob. 237 rº.

نَشِط actif, allant, qui aime à aller, dératé, sans rate, alerte, diligent, dru, vif, gaillard, ingambe, leste, agile, alerte, allègre, Bc, pl. دون, Payne Smith 1181.

نَشْكَة activité, Ht.

نَشاط agilité, 1001 N. I, 88, 5 a f.: واخذت السيف وتقدّمت بنشاط. — L'action de donner de l'activité, de Sacy Chrest. I, lov, 1: ومن نشاط وبها في العبادة ما لا يشويه نقص «le café est très-propre à donner l'activité convenable pour s'acquitter des exercices de piété.» — Ce qui rend alerte, agile, Abbad. I, 394, 11.

نشاطة agilité, gaité, légèreté, Bc.

أنشوطة, pl. أناشيط et أخشيطة, exemple sous نشيطة M, Amari 389, 4 a f., nœud coulant; le vulgaire dit شوطة, M, Bc; au fig., أنشوطة les liens qui le retiennent dans la vie publique, Borb. I, 487, 11. L'expression ما عقلك بأنشوطة veut dire: votre amitié n'est pas faible, pas facile à dénouer comme un nœud coulant, M.

مَنْشَط مَنْشط على المَنْشط والمَكْره soit que cela fût agréable ou désagréable, Prol. I, 376, 14. M. de Goeje m'a communiqué ce passage du Faïk II, 393: المكره جمع المكرة وهو ضدّ المنشط يقال فلان يفعل كذا على المكره والمنشط اى على كلّ حال ۞

نشع 1 chez les Maghribins pour نشع, couler, Lettre à M. Fleischer 208 (où j'ai oublié de dire que dans Macc. I, 442, 15, il faut substituer يَنْشَع à يَنْشَع).
— Dans le Voc. resudare, synonyme de رشح, suer, en parlant d'un vase rempli d'un liquide.

IV accrocher, retarder, entraver, arrêter, mettre obstacle, faire revenir quelqu'un, le rappeler, أش بك «pourquoi me rappelez-vous?» Beaussier; Margueritte 214: „S'entendre rappeler quand on a commencé la marche pour un départ est un mauvais signe; c'est la n'echa (de n'echa, retirer, retirer, empêcher)."

نشاعة charta sicil.: ومن جملة عذا الحدّ وجدة بين لخندقين على شاذى الوادى الى النشاعة بقدر متين ۞

نَشَاع dans le Voc. sous resudare.

نشف I. نَشَف, aor. i, n. d'act. نَشْف, نشف فلان الماء un tel a imbibé un torchon d'eau; ainsi dans la tradition: كان للنبى صلعم خرقة ينشف بها اذا توضّأ. M. — نشّف sécher, devenir sec, se sécher, p. e. الثوب, M, Bc, Hbrt 56, Ht, R. N. 62 vº: وقد كان فى ذلك اليوم قد غسل ثوبه فحضرت صلاة الجمعة ولم ينشف ثوبه فاخذ قميص زوجته, Auw. I, 454, 6, où il faut lire avec notre man.: او بتراب لين ليـنـشـف ما فى تلك البلة, Pseudo-Wâkidî de Hamaker 142, 18 du texte: ووم من خشبة رطاب باكون لا تنشف لهم عيون أن فى جفف الوادى فرطا (l. فرط Bresl.). — se dessécher, tarir, p. e. en parlant d'un puits, M, Bc, Ht, 1001 N. II, 603, 4: النهر الذى ينشف فى كل يوم سبعين, cf. l. 7; — être sec, Amari 43, 11: وحينئذ رغيف يابس, النّاشف, 1001 N. I, 664, 7; وتقطع ناشف الحطب وتكسره, II, 118, 5: لم تأكذ ايام وصار ياكل من السمك الناشف الذى يقذفه, 601, 6: لا يكاد الثلج يقلع, Yâcout I, 722, dern. l.: الحرّ عن ارضها صيفا ولا شتاء وقلّ ما يرى اعلاها ارضا ناشفة. Cf. plus loin le partic. — Se durcir, Bc, Ht. — Se faner, Bc.

II sucer, Alc. (chupar), cf. plus loin le partic.; absorber l'eau, Bait. I, 46 a: فاما الاسفنجة للحجمة اذا اخذت وحدها على الانفراد فليست فى منزلة الصوف المنشف. — De là تنشيف comme t. d'alchimie, au الحرقة المنشفة, Prol. III, 195, 5, où de Slane traduit macération. — Sécher, dessécher, Voc, Bc, Bg, Ht, Edrîsî, Clim. II, Sect. 5: pendant la chaleur on ne voyage point dans ce désert المنشفة لجفوف الماء بها ورياحها (B seul

نشف 673 نشل

a la bonne leçon), Bait. I, 129 c: في خَاصِيَّة وله, مِنَشِّف للرطوبات, 138 et 280 c: تنشيف للرطوبات 1001 N. II, 631, 4 a f.: في يعصر ثيابه وينشفها المَشْس. Au fig., نشّف الريق *faire tirer la langue*, faire attendre l'assistance, Bc; — *épuiser, tarir*; نشّف نفسه *s'épuiser*, détruire son tempérament, Bc. — *Essuyer, torcher, éponger*, Bc, Hbrt 199, Ht, Vêtem. 39, 3, Gl. Tanbîh, Bat. II, 106: ينشف بالفوطة الماء عن جسده, 1001 N. III, 77, 5 a f. — *Etancher, arrêter l'écoulement du sang*, etc., Bc. — *Aérer, mettre, exposer à l'air*, Alc. (orear poner al ayre). — *Durcir*, Bc. — *Faner*, Bc. — *Glacer, intimider, refroidir, pétrifier, interdire, glacer*, منشّف *pétrifiant*, Bc; aussi dans le Voc. sous perplexus.

IV *s'absorber*, Alc. (chuparse); c'est pour la Ire.

V *se dessécher*, Voc., Ht. — *S'essuyer*, M, 1001 N. I, 620, 6 a f.: اتوا لهم الغلمان بالمناشف فتنشفوا mais lisez فتنشفوا avec Boul., IV, 92, 1: قدّمت اليها مناشف من حرير — فاخذتها وتنشفت بها.

VIII *se dessécher*, Bat. I, 259.

نشفان *consomption, marasme, maigreur extrême*, Bc.

نشاف *sécheresse*, Hbrt 164, au propre, et au fig.: manière de répondre sèche, sévère, Bc; في النشاف *sèchement, en lieu sec*; بنشاف *sec, sèchement*, Bc.

نشوفة *sécheresse, siccité, dureté, rudesse*, Bc.

نَشّاف *séchant*, Bait. I, 268: مرياً حَبيَّك لبرد الكبد نَشَّاف لرطوبة المعدة. — *Eponge*, Pagni MS.

نَشّافة pl. نشاشف *éponge*, Voc, Cherb., Ht.

ناشف *sec*; on dit خبز ناشف comme nous disons aussi *du pain sec, tout sec*, بلا أدم, M; — *sec, froid, incivil, sévère, rude, d'humeur fâcheuse*, Bc; — على الناشف *à sec, sans eau, sans argent*, Bc. — T. de cuisine dont je ne connais pas le sens précis, voyez sous متحركات, Djauzî 148 r°: القلايا الناشفة. — ناشف الراس, 1001 N. I, 418, 4 a f., est l'équivalent de يابس الراس, comme porte l'édit. de Boulac, et ce dernier signifie d'après Bc *tête dure, roide, opiniâtre, inflexible*.

تَنشيفة *essuie main*, Hbrt 200. — *Echarpe*, Defrémery Mémoires 159, Ht.

مِنْشَف pl. مناشف *essuie-main*, Voc. (sudarium sicut tovallos); toalla signifie essuie-main), Espina R. d. O. A. XIII, 157, *serviette*, Bc. — *Espèce de coiffure*, Alc. (almaizar).

مُنَشِّف *le convive qui suce ses doigts imprégnés de graisse*, Daumas V. A. 315.

مِنْشَفَة pl. مناشف *essuie-main, serviette*, M, Bc, Hbrt 200, Bg, Martin Dial. 120, Vêtem. 39, Payne Smith 1487, 1734.

نشق II c. a. p. et ب r. *faire respirer l'odeur de quelque chose à quelqu'un pour ranimer ses esprits*, p. e. نشّقه بالخلّ «il lui fit respirer du vinaigre,» 1001 N. III, 276, 5, 278, 4 a f., IV, 11, l. 14.

V *Flairer, sentir par l'odorat*, Abbad. I, 319, 15; — *prendre par le nez*, Bc, Payne Smith 1630: تنشّق الأخبار; وتنشف الريح الى ان موت au fig., dans les 1001 N.

VIII *flairer, sentir par l'odorat*, Müller S. B. 1863, II, 4, dern. l.

X. Au lieu de استنشق الماء, les théologiens disent استنشق الأخبار, M. استنشق بالماء *être à l'affût des nouvelles*, Bc, 1001 N. I, 806, 856, II, 109, dern. l.

نَشَقَة pl. نَشَق *guirlande, feston*, Aghânî 2, l. 12, avec la note de Kosegarten p. 217.

نشوق *tabac à priser*, Bc.

تَنشيقة *prise de tabac*, Bc.

نشك I *joncher, parsemer*, Bc.

نشكر I dans le Voc. sous latrare.

II *aboyer*, Voc.

نشل I *tirer en haut*; نشله بصمعه *tirer quelqu'un par le bras*, en parlant d'une personne qui est par terre et qu'on veut remettre sur pied, au fig.: *tirer quelqu'un de l'obscurité et l'élever à de hautes dignités*, Lettre à M. Fleischer 95—6. — *Dérober, filouter, voler*, Bc, Hbrt 248.

VIII *tirer quelqu'un en haut, le tirer d'une position malheureuse, de l'embarras où il se trouve*, Lettre à M. Fleischer 96.

نَشل dit le vulgaire, au lieu de نشيل, M.

نشم ‎ــ‎ ‎نَشْل‎ coupeur de bourses, filou, voleur, Bc, Hbrt 248.

نشم I. ‎نَشِمَ من مرضه‎, aor. i, n. d'act. ‎نُشْم‎, se rétablir en santé, Diw. Hodz. 257, 9.

‎نَشَم‎, n. d'un. ة, pl. ‎أنْشَام‎ (Voc., Edrîsî vi, 7, Abbad. I, 70, vs. 17), est un nom générique (Auw. I, 402, 7: ‎جميع انواع النشم‎, comme il faut lire avec notre man.), qui comprend trois espèces d'arbres, à savoir: 1° ‎النشم الأسود‎ *l'orme*, Voc. (ulmus), Bait. I, 416 c sous ‎دردار‎: ‎وتعرف بالأندلس بشجر النشم الأسود‎ cf. Auw. I, 399, 10, où il est aussi question du ‎دردار‎ et où il faut lire avec notre man: ‎وقيل انه‎ ‎النشم الأسود وبأجلدة فخشبها جيد‎. C'est le نشم par excellence, et ce mot seul désignait *l'orme* en Espagne, L (ulmus), Alc. (olmo), comme il le désigne encore en Algérie, Cherb., Carette Kab. II, 99. Chez Alc. ‎نشم‎ est aussi alamo negrillo, c.-à-d. alnus selon Nebrija, aune, mais chez Victor alamo negro est *orme*. 2° ‎النشم الأبيض‎ est *le micocoulier*, en arabe ‎الميس‎ (esp. almez) et ‎القيقب‎, Ibn-Loyon 18 v°: ‎النشم الأبيض هو الميس‎, Auw. I, 553, 14: ‎النشم الأبيض الذي يسمى الميس‎. Le micocoulier est un arbre qui a du rapport avec l'orme, et les Arabes le considéraient comme la femelle de l'orme, Auw. I, 333 à la fin: (1. ‎القيقب‎) ‎واما غراسة الميس وهو القفت‎ ‎وهو ضرب من النشم وقيل انه الأنثى من النشم وان‎ ‎الذكر هو النشم الأسود‎ (le mot qui suit doit se lire ‎وللميس‎, comme dans notre man.), 402 à la fin: ‎واما النشم الأسود العريض الورق‎ (adde ex L ‎الذى لا‎ ‎يثمر وهو الذكر والأنثى هو العبعب القيقب‎). Autrement dans le Voc. qui donne sous platanus: ‎نشم‎ ‎ابيض‎ alber; en catalan alber blanc est le nom du peuplier blanc. 3° ‎النشم العبقى والحور‎ (car c'est ainsi qu'il faut lire dans Auw. I, 401, 12; ‎العبرى‎ qui croît au bord de l'eau) le peuplier blanc.

‎نشم‎ rance, Payne Smith 1315.

‎نَاشِم‎ al. ‎نشم‎ dans le Diw. Hodz. 257, vs. 8.

نشن III viser, mirer, Bc.

‎نشان‎ (pers.) enseigne, marque, timbre, marque imprimée au papier, Bc; pl. ‎ات‎ enseignes, tableau figuré à la porte d'un marchand, Maml. II, 1, 15, 2 a f.; ‎نشان الدراهم‎ loi, t. de monnaie, vrai titre, carat de la fabrication; ‎نشان المعاملة‎ déférent, t. de monnaie, marque de la fabrique, Bc. — Numéro, Bc, ‎نيشان‎ chiffre, Hbrt 122. — But; ‎نشان ابيض‎ blanc, but; ‎نشان اخذ‎ viser, Bc; chez Roland ‎نيشان‎ action de tirer, et ‎نيشان‎ but; en ce dernier sens ‎نيشان‎ dans Ht, ‎نشان‎ et ‎نيشان‎ dans Hbrt 90. — Mire, espèce de bouton au bout d'un fusil, d'un canon, et qui sert à mirer; visière, bouton sur le canon du fusil, Bc. — ‎نيشان‎ à cause, Ht.

‎نيشان‎ voyez ce qui précède.

‎تَنْشِين‎ tir, ligne suivant laquelle on tire le canon, Bc.

نشنش I, comme ‎نش‎, pétiller, craqueter, en parlant du bruit que fait une lampe quand elle est sur le point de s'éteindre, Payne Smith 1502.

II entrer en convalescence, M, Bc.

نشو II c. a. empeser, mettre de l'empois, M, Voc., Alc. (le part. pass. engradada cosa), Bc.

V être empesé, Voc.

‎نَشْوَة‎ pl. ‎نَشَوات‎ vin, Diwan d'Amro'lkaïs 31, 8, expliqué par ‎للخمر والسكر‎, ibid. 100 des notes, Calâïd man. II, 51: ‎عامر اندية النشوة‎ = adonné au vin.

‎نشَاويَة‎ mets fait d'amidon, M.

نشى I forger, Alc. (forjar).

‎ناشى‎ forgeron, Alc. (forjador).

‎نَاشِيَة‎ forge, Alc. (forja).

نص I. Au lieu de ‎نَصَّ فلانا على شيء‎, on dit aussi ‎نص‎ ‎على فلان‎ désigner quelqu'un pour son successeur, Gl. Fragm. — Autoriser, Alc. (autorizar). — Dicter une lettre, Hbrt 107; on dit ‎نص الكتاب لفلان‎ et ‎على‎ ‎فلان‎, M. Peut-être le Voc. a-t-il ce sens en vue quand il donne ce verbe c. a. et ‎على‎ sous textus libri. — C. ‎على‎ exposer, développer; le M (sous ‎ورد‎) explique ‎اخذ فيه ونص عليه اورد الكلام‎ par ‎اخذ فيه ونص عليه اورد الكلام‎.

‎نَصّ‎. Les traditions qui sont dignes de foi, ayant été connues des compagnons de Mahomet de son vivant, ‎الحديث المتواتر‎, s'appellent ‎نص‎, c.-à-d., éléments des lois reconnus par toutes les sectes, comme n'étant sujets à aucun doute, J. A. 1850, I, 185. Dans un sens plus large, texte qui fait autorité, et qui se trouve soit dans le Coran, soit dans la tradition, soit dans un livre de jurisprudence ou de théologie; de même ‎المنصوص‎, Gl. Tanbîh. — Pl. ‎نصوص‎ texte, les propres paroles d'un auteur, Voc., Bc, par opposition aux gloses, au commentaire, Alc. (testo no glosa), de Sacy Chrest. I, ٧٨, 2 a f., ٩١.

3 a f. On emploie la locution ما نَصَّهُ, qui est très-fréquente (p. e. de Sacy Chrest. I, 252, 7 a f.), quand on va transcrire textuellement les paroles d'un auteur. Aussi pour indiquer les propres termes dont quelqu'un s'est servi en parlant, Macc. I, 244, dern.: يا فقيه أنهيتَ قولَك على نصه الى أمير المومنين.
Le texte d'un sermon, Alc. (tema de sermon). — *Opinion écrite*, Roland. — *Dispositif*, prononcé d'un arrêt, Bc. — *Thèse*, Roland. — *Traité*, Roland. — *Intention*, à ce qu'il semble. On lit chez Ibn-Haiyân, 30 v°, que le sultan Abdallâh ordonna à son petit-fils Abdérame, qui, bien que fort jeune encore, avait déjà fait de grands progrès dans l'étude, d'écrire une lettre à un de ses employés. Abdérame se mit à l'œuvre, نصه وأصاب «et saisit parfaitement l'intention de son aïeul;» aussi ce dernier, quand il eut lu la lettre, en fut-il fort content. — *Le sens*, Roland. — *Style*, Bc. — *Autorité*, Alc. (autoridad de grande, qu'il traduit aussi par أمْر).

نَصّ pour نَصْف vulg. *demi*, *moitié*, Voc., M, Mehren 36, Bc; على نص et نص على نص à *demi*, Bc.

نَصّى *textuel*, Bc.

تَنْصيص, t. de gramm. L'adverbe négatif لا est employé على سبيل التنصيص, quand il nie, *d'une négation absolue et complète*, l'existence de l'espèce entière d'êtres dont il s'agit, p. o. لا انسان في الدار, «il n'y a point d'homme dans la maison,» de Sacy Gramm. II, 414.

مُنْتَقَوْض voyez sous نَقَض.

نَصَبَ I n'a l'aor. o que dans نصبتَ لهم الشَهْم ; autrement c'est i, M, et ainsi dans les bons man., p. e. Diw. Hodz. 193, 8, 200, vs. 23, Kâmil 568, 9. — *Planter* un arbre, Wright Arab. Reading-Book 4, l. 10. — *Constituer*, *nommer* quelqu'un calife, Nowairî Espagne 480: نصبَ البربر خليفةً, Haiyân-Bassâm I, 120 r°: نَصَبَ خليفةً بشرقيّ الاندلس, *roi*, Macc. I, 133, 6, *juge*, Abd-al-wâhid 207, 17, etc., cf. Djob. 38, 14 et Gl. Tanbîh; on dit de même نصبَ للأمر, Berb. I, 521, 2 a f., 553, 3 a f., يُنْصَبُ للعدالة «on le nomme 'adl,» Khatîb 39 r°; نصب لهم فلانًا «il voulut qu'il reconnussent pour leur souverain un tel,» Berb. I,

521, 15. — *Préparer*, Voc. (parare). — *Fonder*, p. e. un hôpital, Djob. 38, 7. — *Etaler*, Ht, Abbad. II, 222, 7. — *Développer*, Ht. — Proprement *tendre* des filets, au fig. *tendre un piège*, par ellipse لفلان نصبَ. De là نصبَ على فلان *jouer un tour à quelqu'un*, *escroquer*, *friponner*, Gl. Fragm., 1001 N. Bresl. IX, 218, où Macn. a على احتال. — Dans Badroun 199, 3 a f., j'ai donné d'après un seul man. نصبَ السلطان dans le sens de: *il lui disputa le pouvoir*; mais c'est inadmissible, ce passage est altéré.

II c. a p. *élever* quelqu'un *à une dignité*, M; تنصيب *promotion*, action d'élever à une dignité, Bc. — *Pourvoir*, établir en mariage, donner un état, Bc. — C. a. *emmancher*, mettre un manche (نصاب) à quelque instrument, Voc.

III c. a. p. *tenir tête à*, Hamâsa 671, 8, Weijers 55, 7, de Sacy Chrest. I, ١٨٠, 7, Nowairî Afrique 25 r°: وأنتَ قد ناصبتَ هؤلاء.

IV *préparer*, Alc. (aparar). — *Parer un coup*, Alc. (parar como bofetada); انصبَ على فلان *parer les coups qu'on veut porter à quelqu'un*, Cartâs 141, 9: assailli par les Castillans dans sa tente, le sultan en tua six, فطعنوه طعنة نافذة وقُتل ثلاث من جواريه كُنَّ قد انصبن عليه.

V, au fig., en parlant d'une chose qui *se présente à l'esprit*, qui vient à la pensée, Gl. Mosl. — *Etre emmanché*, Voc.

VIII. انتصبَ على ظهر جواده *il se mit droit en selle*, Koseg. Chrest. 80, 4. — Au fig., en parlant d'une chose qui *se présente à l'esprit*, qui vient à la pensée, Gl. Mosl. — *S'établir*, Prol. II, 177, 8: les devins, sachant combien les hommes souhaitent d'obtenir des renseignements sur l'avenir, ينتصبون لهم في الطرقات والدكاكين. Spécialement en parlant d'un professeur qui ouvre un cours, Autob. 208 r°: انتصبتُ لتدريس العلم وبثّه, Prol. I, 396, 3 a f., Ibn-Abdalmelic 114 r°: C. ـ لـ, وانتصب لتدريس ما ينتحله من فنون العلم *s'ériger en*, s'attribuer une autorité, un droit, une qualité qu'on n'a pas. Ainsi انتصبَ للتحكّم, expression que Freytag a trouvée dans de Sacy Chrest. II, ٥١, 3, mais qu'il n'a pas bien traduite, est لـ قلم, M, *s'ériger en juge*; Amari 7, 6 a f.: منتصبين لاخذ الصدقات *qui s'érigent en percepteurs*; de Slane Prol. I, LXXIV a: النظر في عدالة المنتصبين لتحمّل الشهادة

« examiner la compétence de ceux qui s'attribuaient le droit de servir de témoins aux actes ;» aussi c. ﻓﻲ, cf. Gl. Geogr. — C. ل être nommé à un emploi, Prol. I, 41, 2: فكان لتحمّلْهُ العلم بدولتهم مكان من الوجاهة وﻻﻧﺘﺼﺎب للشورى كلُّ في بلده. — Dans le Voc. sous parare.

نَصْب البيت l'arrangement des meubles dans une chambre, 1001 N. I, 177, dern. l.: وكتبه في ورقة صورة نصب البيت جميعه وان لشاخ اذه موضع كذا والستارة الفلانية موضع كذا وجميع ما في البيت cf. نَصْبَة. — Filet, rets, Gl. Fragm. — Escroquerie, friponnerie, Be, Hbrt 248, 1001 N. III, 188: لأنّه عارف بالمكر والسحر والنصب — Voyez نَصَب et نَصَبَة.

نَصْب. Dans هذا نصب عيني le dhamma semble plus correct que le fatha; il y en a même qui considèrent le fatha comme une faute, M (le Voc: a le fatha sous coram); c'est un فَعْل qui a le sens d'un مفعول, comme طُعْم et أَكْل, par conséquent == منصوبا لعيني, M. L'expression جعل هذا نصب عينيه, que Hamaker (p. 127) n'a trouvée nulle part excepté dans un passage de son Pseudo-Wâkidî, n'est pas rare; on la rencontre p. e. Macc. I, 848, 1, Berb. I, 407, 7 a f., واجعل الموت نصب عينيك, ibid., dern. l.: متى جعلتَ وصيتي هذه نصب عينيك; mais parfois elle exprime quelque chose de plus, comme dans ce vers, Macc. II, 542, 2:

يا من اذا ما أتلقى جعلتُه نصب عيني

« quand tu viens, je te dirai ton fait.»

نَصَب peine, souffrance, Gl. Geogr. — L'action de se mortifier, de mortifier sa chair, de Sacy Chrest. I, 334, 2: وابطلوا فريضة الصيام والنصب (l'éditeur p. 336) le considère comme la traduction de l'hébreu שטנה. — La haine fanatique contre Ali, dont on accuse les Hanbalites et d'autres Sonnites, Gl. Geogr.

نَصْبَة érection, élévation, Ht. — Arrangement d'une chambre, 1001 N. I, 192, 4: افرشي البيت مِثل نَصْبة, cf. l. 5. et نَصْبَة. — T. d'astrol., thème céleste (comme on dit نصب الطالع « dresser l'horoscope,») Müller 15, 6 a f.: في وجهة خالفها, والغلام المتّهم, ونصبة قضى لها بالسعد من لا ينعاجهم, Abbad. II, 197, 8: فأمر ابن عباد منجّمه باخذ طالع الوقت والنظر فيه فوجده أَوفق طالع واسعد نصبة

. وادّاها على الظفر للمسلمين. Be donne نصيبة polichinelle; cette expression signifie proprement: « celui dont l'horoscope est favorable.» — Pl. أنصاب et نصاب piège, traquenard, lacs, panneau, Alc. (cepo para caer en el, lazo para tomar bestias fieras). — Pl. anse, Alc. (presa para prender, chez Nebrija retinaculum, ansa). — Sorte de plateau sur lequel on étale des fruits, Abbad. II, 222, 6. — Arbrisseau, Hbrt 183 (pas نَصِيب comme p. 51), M; le coll. نَصْب pépinière, plant de petits arbres, M.

نَصْبَة construction, disposition, Gl. Geogr.

نصاب من هو نصابه celui qui est son égal en rang, en dignité, Macc. II, 421, 7; cf. منصب. — Famille d'une tribu, Prol. I, 279, 8 et 10, 281, 2 a f., 282, 14, 283, 1, 315, 13, 334, 13, texte dans la trad. I, 275, col. 2, l. 4, 6, 9, 13 et 20. — درهم النصاب le dirhem légal, Abd-al-wâhid 163, 16: درهم مؤمني وهو نصف درهم النصاب — La quantité d'argent — un quart de dînâr — ou un objet dont la valeur s'élève à un quart de dînâr, que quelqu'un vole et qui l'expose à la peine d'avoir la main coupée (car on ne la coupe pas si la valeur est moindre), Abou-Ishâc Chîrâzî 306: فان سرق دون النصاب يُقطَع والنصاب ربع دينار او ما قيمته ربع دينار 1001 N. II, 184: ثم قال له ان هؤلاء القوم يزعمون انك دخلت دارم وسرقت مالي لعلك سرقت دون النصاب قال بل سرقت نصابا كاملا. — Dans le sens de manche, pl. أنصبة, Voc., Djob. 60, 11. — Corne, Domb. 66, Be (Barb.). — Instrument en bois, et de forme d'un pilon, court et large, dont se servent les selliers pour préparer leur cuir, Cherb.

نَصِيب, pl. aussi نُصُب, M. — Après avoir copié les paroles du comment. sur Harîrî, 188, 5 et 6, le M ajoute: ومنه لعبة يا نصيبي عند المولّدين أى اللعبة المقول فيها يا نصيبي. — Part au gâteau, au profit, Be. — Profit, 1001 N. IV, 470, 4 a f. — Pl. أنصبة ration, portion réglée de vivres, de vin, Alc. (racion de palacio, racion de cada uno), Macc. II, 441, 11. — Destin, destinée, Be, Ztschr. XVI, 244; صاحب النصيبة celui dont c'est le sort de faire une chose, 1001 N. III, 204, 1; chance, bonheur, bonne

نصب

fortune; بالنصيب *risquable;* للنصيب *au hasard;* على نصيبك *sous vos auspices,* sous votre bonne fortune, Bc.

نَصِيبَة pl. نَصَائِب *filet, rets,* Gl. Fragm. — *Escroquerie, friponnerie,* ibid. — *Profit,* Bc.

نَصَّاب *aigrefin, chevalier d'industrie, escroc,* Gl. Fragm.

ناصبي est presque devenu un terme injurieux, *fanatique;* de même النواصب, Gl. Geogr.

أنصَب *plus éminent,* de Jong.

مَنْصَب (le M ne le donne qu'avec le *kesra*) *patrie,* Macc. I, xcviii, 5 a f.: ارتحل تاركا المنصب والوطن, p. 9, l. 15: تاركا المنصب والاهل والوطن والألف — *Charge, emploi, dignité, place, poste, rang,* M, Ht, de Sacy Chrest. I, 171, Macc. I, 605, 9; لفلان منصب *un tel est un personnage haut placé,* M; لامراة ذات منصب *une belle femme,* parce que la beauté, à elle seule, est pour une femme ce qu'une haute dignité est pour un homme; M. Au lieu de منصب الملك, Berb. I, 613, 5, ou منصب الخلافة, Berb. I, 488, 9, on dit par ellipse المنصب seul, *le pouvoir suprême, le trône,* Berb. II, 355, 5 a f., 416, 5. مناصب البلاد, au Liban, *les principaux, les gens en place,* M. — *L'endroit où les pêcheurs tendent leurs filets,* a. esp. *almancebe* dans les Ordonnances de Séville, terme auquel l'Acad. esp. attribue, mais peut-être sans nécessité, un sens plus large, à savoir: les filets, la barque et tous les autres instruments nécessaires pour une certaine espèce de pêche dans le Guadalquivir aux environs de Séville; voyez Gl. Esp. 154—5. — *Endroit,* Ht. — *Cause,* Ht. — *Escroquerie, friponnerie, tour,* Bc; dans les 1001 N. par corruption منصف. — المناصب الحربية ne signifie pas, comme traduit Reinaud, F. G. 5, l. 2, et J. A. 1848, II, 199, « machines de guerre, » ni, comme on lit dans le Catal. des man. or. de Leyde III, 298, « parties vulnérables, » mais *exercices militaires,* comme notre man. 490 (2) le montre clairement. — *L'appareil dont se sert la dévideuse,* Descr. de l'Eg. XVIII, part. 2, 300 et Pl. XV, fig. 3 Arts et métiers. — *L'appareil dont se sert le potier,* Abou'l-Walîd 774, 14. — Si l'explication de المناصب par Reiske, *loca corporis* etc., est empruntée au Diw. Hodz. 55, 11,

sa traduction n'est pas bonne, car الاغراض والمرامي signifie *buts, points où l'on vise.*

مَنْصَبَة pl. مناصب *banc de pierre à côté des portes des maisons,* Voc. (bancus (vel sedile)), Alc. (poyo para assentarse).

مَنْصُوب c. الى *qui tient pour, qui fait cause commune avec* (forteresse), Haiyân 40 v°: المنصورين للحصون وخرج في جمعه 42 r°, الى العرب منذ بدت الفتنة الى الحصون المنصورة الى طاعة عمر بن حفصون فاوقع بهم فيها كانت صائقة الى عمر بن حفصون 104 r°, واغار عليهم — جالبت على الحصون المنصورة اليه فهتكها حصنا حصنا منصوبة, منصوبة pl., t. du jeu des échecs, Bland dans le Journal of the R. Asiatic Society XIII, 16, 23, Vie de Timour II, 874, 5. Le savant auteur de l'histoire de ce jeu, M. Van der Linde, m'a fourni sur ce terme une foule de renseignements neufs et curieux, dont je ne puis reproduire ici que la substance. Au moyen âge il n'y avait que les maîtres qui jouassent des parties complètes; le grand nombre, qui les trouvait trop longues et ennuyeuses, ne jouait que ce qu'on appelait منصوب, on français *jeu parti* (rarement *parture*), terme qui a existé pendant environ trois siècles (1250—1550), esp. *juego de partido* ou *de partida,* ital. *partito,* b. lat. *partitum,* et qui comprend trois formes, à savoir: 1° mat forcé en un certain nombre de coups; de 3 jusqu'à 16; 2° ce qu'on appelle aujourd'hui *problème,* mais avec certaines conditions, p. e.: telle ou telle pièce est inviolable, telle autre ne se meut pas, etc.; 3° les études, les *fins de parties* proprement dites.

انتصاب *zèle,* Macc. I, 612, 7: ce professeur كان ذا انتصاب للافادة « avait beaucoup de zèle pour l'enseignement. » — T. de médec., *érection,* Bc. — انتصاب ou انتصاب النفس *orthopnée,* grande difficulté de respirer qui oblige le malade à rester debout, ou sur son séant, Sang.

مُنْتَصِب *escarpé* (montagne), Prol. III, 132, 2 a f. — *Vertical,* Bc.

نصت I c. ل p. *prêter l'oreille,* Bc, M.

II *écouter, prêter l'oreille, être aux écoutes,* Hbrt 10.

V *être aux écoutes,* Bc; c. ل p. *écouter,* Bc, M.

X = وقف منتصتا, M.

نصح I, avec les n. d'act. que Freytag a notés sous son n° 1, c. ل ou c. a., exprime à la fois l'idée de donner de bons et sincères conseils, et celle d'être l'ami de quelqu'un, parce qu'un ami sincère et loyal est bon et sage conseiller; dans M: نصحه cf. Nowairî Espagne له المودة واخلص ونصحه وعظه و: فاشار الى عيون اهلها ان يسألوا عبد الرحمن 451 الدخول البلد ليرى هو واهل عسكره كثرتكم وقوتكم ومنعتكم فظنوا ينصحهم فعلوا ذلك. Bc donne نصحد et نصح مع في أمر agir sincèrement, loyalement, avec quelqu'un, à l'égard de quelqu'un. Chez Alc. (desengañar) détromper, désabuser, نصح est aussi avoir à l'égard de quelqu'un des intentions droites, louables, p. e. Khatîb 17 r°: وكيف دارت الحال لم يتحمل من نصح لله ولامير المسلمين "quoi qu'il en soit, il est certain qu'en agissant comme il le faisait il n'avait d'autre intérêt que celui de la religion et de l'émir des musulmans." — Sous le n° 2 de Freytag, le n. d'act. نَصَح est une faute d'impression, lisez نُصْح. — Epurer, rendre pur, purifier; نصح العمل est نصح نفسه, صفاه est نصح العسل, M. De là اخلاصه, il a la conscience nette, sa conscience ne lui reproche rien, de Sacy Chrest. II, ٧٨, 6: ونصحكم من قبلكم نفسه وحذر, l'éditeur, qui traduit: "il n'a rien à se reprocher vis-à-vis de vous, il vous a averti du danger," a donné un techdîd au verbe; mais je n'ai trouvé nulle part la II° forme de نصح. — نصح, n. d'act. نَصَاحَة, engraisser et s'engraisser, devenir gras; نصح gras, Bc, M.

III se conduire loyalement, Nowairî Afrique 18 v°: انظروا كيف تكونون وكيف تنصحون, puis, quand ces soldats ont été mis en fuite, اعتذروا وحلفوا انهم ناصحوا واجتهدوا c. a. p. avec, à l'égard de, Badroun 189, 8.

V communiquer, donner communication de quelque chose, Gl. Belâdz.; c. ل p. et ب r., Haiyân-Bassâm I, 30 v°: وتنصحوا Berb. I, 98, 4: تنتصح له بالقصد ببعض ذلك للسلطان بتونس.

VIII. انتصح متى ينتصح ، "que ceci serve de leçon à mes amis," Bc.

X. استنصح جُبُوبَه il s'en fit de sincères amis (cf. نَاصَح dans les dict.), Abbad. I, 251, 6.

نُصْح amitié sincère, P. Abbad. I, 386, 5: جميل يوجب النصح والودا

نُصْحِي délibératif, qui tend à persuader ou à dissuader, Bc.

نَصِيحَة loyauté, fidélité, Cartâs 12, l. 14: ما كتب به الى الرشيد يعرّفه بخدمته ونصيحته

نَصَاح dans le Voc. sous consulere tibi.

نَصَّاح homme loyal, fidèle, Abbâr 123, 2 (= Haiyân 8 v°): وصرفه الناصر في ضروب من خدمته سكن منه فيها الى نصاحه وثقة

نصر I c. من se venger de, Macc. II, 698, 4.

II c. a. p. porter du secours à, Bayân I, Introd. 88, n. 3. — Baptiser, Bc, Hbrt 27.

III aider, secourir, Rutgers 155, 12, et 157, M. — Combattre quelqu'un? Abbad. II, 194 n.: فان كنت لا تستطيع للجواز فابعث التي ما عندك من المراكب لاجوز اليك وناصرك في احب البقاع اليك; comme cette signif. serait fort étrange, j'ai soupçonné (III, 232) qu'il faut lire واقاصدك.

IV aider, secourir, Abbad. II, 191, 5 a f.: واجب على كل مسلم اغاثة اخيه المسلم والانصار له; leçon de deux man.; والانتصار, qui serait bon, ne se trouve que dans un troisième, qui, en général, est fort mauvais.

VIII c. على (Golius) défaire, mettre en déroute, triompher, remporter la victoire, Bc, M, conquérir, gagner la bataille, Ht, Beerî 189, 1001 N. Bresl. VI, 259. — C ب être aidé par, Akhbâr 86, 4 a f.: وكانوا رجوا دخول قرطبة والتوسع في معاشها والانتصار باهلها, ou demander du secours à, Gl. Abulf. انتصر prendre la défense de, Gl. Abulf., Mohammed ibn-Hârith 273: وهو يقول شب رب عبدناه ان انا لم ننتصر له, صار له نصيرا لعلان Macc. I, 152, 6, 485, 2, 486, dern l., 572, 20, 814, 3, 938, 4, II, 51, 18, Abbad. II, 125, 5 a f. (j'ai corrigé la note III, 213), Maml. II, 1, 124, 8 a f., Bat. II,

415, IV, 329, Amari 575, 3, Prol. I, 32, 2, 365, 10, Berb. I, 299, 8. — C. من p. et من r. *venger quelqu'un de*, Bassâm III, 23 v°: الانتصار لنواقل المسلمين ; c. ل p. et من alt. *venger quelqu'un des injures qu'il a reçues d'un tel*, Haiyân 66 v°: Sauwâr, l'émir des Arabes de Grenade, غزا البَخُوربِّين الذين اختطفوا مدينة بجانة — وقد بلغه — استخفافهم بمن جاورهم من العرب الغسانيين واستطالتهم عليهم — فقصدهم سوار — طمعًا في — الانتصار لقومه (نقومه l.) الغسانيين منهم.

X. c. ب p. *demander du secours à*, M, Voc. (apellare بالله بنفلان), ou *se faire aider par*, Nowairi Espagne 478: وكان ابن غومس القومس مع شنشول ببرج قرطبة معاقدًا له يستنتصر به على من يناويه من أنقماسه — C. ل p. انتصر له من, Gl. Abulf., mais la citation y est fautive.

نَصِيرة الدَّاخِل est en géomance le signe =, et نَصِيرة الخَارِج, le signe ⁼, M.

نَصِيرِي *triomphal*, Bc.

نَصِيرَاني. Sur la signif. de ce terme dans le jeu de طاب voyez Lane M. E. II, 61.

ناصِيرة *ouvrage extérieur, entre la citadelle et la ville*, et qui pouvait servir soit à la défense, soit à l'attaque, Rutgers 180, 3 a f. et 182.

الدِرْهم الناصِري ناصِرِي, Macc. I, 694, 9, valait à Tunis 6 maravédis, 32 = un ducat, Marmol II, 245 d (naçares), cf. Léon 569 (nasari); = 8¼ centimes, Berbrugger 282; à Tunis 4 *nasseri* = 7 centimes, Prax R. d. O. A. VI, 290, cf. 294. — عصائب ناصِرِيَّة, P. Khallic. X, 4, dern. l., en parlant des jeunes filles de Bagdad: يعتصمن العصائب الناصريات; M. de Slane (IV, 4, n. 3) soupçonne que cette عصابة a été nommée ainsi en l'honneur de Saladin, dont le titre officiel était al-melic an-nâcir.

ناصُور voyez ناسور.

تَنَصُّر *baptême*, Hbrt 154.

تَنَصِّيرِي *baptismal*, Bc.

منصر pl. مناصر *bande*, troupe, Bc; c'est vulg. pour منصر.

مَنْصُوريَّة, au Maghrib, sorte de tunique qui emprunte son nom à l'émir al-mouminîn al-Mançour Abou-'l-Abbâs Ahmed as-cherîf al-hasanî, parce que c'est lui qui l'a mise à la mode, Macc. III, 643, 24: وقل وقد لبس منصورية من النوع الذي يقال له قلب تجر والمنصورية نوع لبس معروف بالمغرب استاخرجه السلطان المذكور واضافه الى اسمه. Dombay 82 traduit *indusium*. Au rapport de Hœst 119, les femmes à Maroc portent 1° la chemise, 2° le *caftân*, 3° «sur cet habit quelques-unes portent une *Monsoria*, ou un surtout (Ueberzug) en toile de lin fine.» Autrement chez Pflügl (t. 67, p. 7), qui dit que les femmes de cette capitale portent 1° «la *mensoria*, c.-à-d., la chemise fermée par devant avec des boutons,» 2° le *caftân*, 3° une seconde chemise. Ce mot semble avoir perdu sa première syllabe, car on lit chez Maltzan 20 que les femmes à Tunis revêtent «une *souriya*, c.-à-d., une chemise de dessus ample et flottante, peu différente au fond de la *djobba* des hommes, et dépassant peu les hanches;» Hamilton 11 atteste aussi qu'à Bengazi on porte «une chemise à larges manches, *sourich*,» puis le فرملة ou le زبون.

مُناصِر *auxiliaire*, Bc.

مُتَنَصِّر *celui qui a renié le mahométisme pour embrasser la religion chrétienne*, Alc. (elche tornadizo, tornadizo).

نصطفير sorte d'oiseau, Yâcout I, 885, 3.

نصف II est chez Alc. «encentar lo entero,» que Nebrija traduit par *libo, delibo, degusto.* — *Parcourir la moitié* de la carrière, Abd-al-wâhid 120, 4 a f.: وهذا الغاية فرمهوا او تَصِفوا.

III. اعطاء ضيعة مناصفة *il lui donna une métairie à ferme*, Gl. Bayân p. 15; cf. plus loin le partic.; d'après ce que j'ai dit dans le Gl. Bayân, ce n'est pas nécessairement *pro dimidio valoris* dans Mocaddasi 469, 11: ورسم للجنائبين انهم يحملون التمر الى خراسان مناصفة.

IV. بالانصاف *selon un calcul moyen*, Macc. I, 299, انتهت جباية قرطبة ايام ابن ابي عامر الى 3 الاف: 16 الف دينار بالانصاف. — C. a. p. *donner à quelqu'un la moitié, partager également avec lui*, de Sacy Chrest. II, ۸۰, 10: le devoir de la religion exige que, quand un des Unitaires a pris pour femme une des sœurs Unitaires ان يساويها بنفسه وينصفها من جميع ما في يده. — C. من p. *faire justice de*, de Sacy Chrest. II, ۵۵, 6: وموضوع الحاجب ان متوليها ينصف

«من الامراء والجند les attributions de l'office de chambellan étaient que celui qui en était pourvu faisait justice des émirs et des militaires,» c.-à-d. qu'on ne s'adressait au chambellan que quand le défendeur était un émir ou un militaire: c'est ce qu'exprime le prépos. من. C'est ainsi qu'on lit plus bas: وانصاف الضعيف منهم (*ibid*. 168). — *Payer*, Voc. (persolvere), Alc. (pagar lo recebido, et le n. d'act. paga pago de deuda). Le Voc. donne la constr. c. a. et من, ce qui veut dire c. a. p. et من du prix, car on lit chez Macc. I, 361, 1: واوّل ما عمله ابن ابى عامر تطييبب نفوس ارباب النذور الذين اشتريت منهم لبهدم لهذك الزيادة بانصافهم من الثمن. L'expression انصاف العمّال Macc. I, 295, 9, II, 714, 3, signifie *il paya bien les ouvriers, il les rétribua largement*. Alc. donne aussi ce verbe sous «acudir.» Nebrija offre: «acudir o recudir, reddo,» et «recudir con la renta, reddo;» je crois donc qu'il faut penser à recudir, dans le sens de: payer ou assister quelqu'un sur ce qui lui revient de ses rentes, gages, etc. — انصف له البيعة dans le Voc. *concedere*, semble signifier *céder*, transporter une chose à une autre personne, lui en donner la propriété; il a بيع له comme synonyme.

V c. ب dans le Voc. sous *dimidiare*. — تنصّف بينهما *il décida leur querelle*, Bat. III, 371.

VI. تناصفوا *la victoire fut longtemps balancée*, Macc. II, 762, 15 (cf. l. 20). — (ou تناصف معه له), البيعة, dans le Voc. sous *concedere*, semble signifier la même chose que البيعة له بيع; voyez sous IV.

VIII *demander justice* d'un tel (من) pour (ل) une personne, Gl. Fragm. — انتصف من فلان في كلامه *parler de quelqu'un comme de son égal, ne pas lui donner de titre*, etc., Tha'âlibî Latâïf 14, 1. — Ne m'est pas clair dans les 1001 N. Bresl. XII, 9, où il est question d'une pierre précieuse: خذى هذا وانتصفى به على اهل الدنيا.

X. Je ne comprends pas les paroles de Râzî dans Choc. 204 v°: le malade, un peu médecin lui-même, déclare qu'il a employé sans succès les remèdes que Râzî lui a prescrits; puis ولما طال بى وبه ترك استنصافى واقبلنا نلتقى دائمًا للنظر والبحث. ينتصف دون انصاف الصوارى *à la hauteur de la moitié du mât*, Djob. 320, 6 et Gl. p. 23. — Nom

d'une petite monnaie égyptienne, faite d'un mélange d'argent et de cuivre; c'était dans l'origine le demi-dirhem du sultan al-Moaiyad, le médin (voyez plus haut I, 46 a), Lane trad. des 1001 N. I, 214, 1001 N. III, 197, 3 a f.; نصف فضّة *para*, Bc. — نصف النهار *le méridien*, M. — نصّ راس, vulg. pour نصف راس, *petit bonnet dont se servent les matelots*, Domb. 88.

نَصَف dans le Voc. sous persolvere, *paiement*, Alc. (paga de lo recebido, satisfacion de la deuda).

نَصَفَة *gouvernement juste et régulier* (de Slane), Berb. II, 1, l. 7.

نُصْفِى *vaisseau de grandeur moyenne*, voyez Bat. IV, 92.

نَصْفِيَّة pl. نَصافِى *panier qui peut contenir un demi-quintal*, Voc. — Pl. نصافى *étoffe de soie et toile*, Voyages de Sind-bâd éd. Langlès 95: حرير مائة نصفية وكتّان, Yâcout II, 263, 13 (cf. V, 151), en parlant de la ville de Hazza dans le district d'al-Maucil: ينسب اليها النصافى الحزيّة وفى ثياب قطن رفيّة. Ce نصافى s'emploie aussi comme sing. masc., de Sacy Chrest. II, 61, Not. et Extr. XIII, 200. — نُصَيْفَة *poutrelle, poutre divisée en deux ou en quatre parties*, Prax R. d. O. A. V, 214 (nous'afia).

نصاف voyez ce qui précède.

تَنْصِيف t. d'arithm., *diviser par deux*, M.

مُنَصَّف pl. مُناصف se trouve souvent dans les 1001 N. pour منصب *escroquerie, friponnerie, tour*, et l'on dit لعب منصفا, Gl. Fragm. 90; dans quelques passages l'éd. Macn. remplace le منصف de l'éd. de Bresl. par ملعوب.

مُنَصَّف t. d'arithm., *divisé par deux* (nombre), M.

مُنَصَّفى nom d'un poids, Pachalik 117 (munóffi).

مُناصف *colon partiaire, fermier*, Gl. Bayân p. 15, Voc.

نصل I c. من *échapper de*, Bc. — Quant à l'explic. de Reiske, voyez Diw. Hodz. 31, 4.

نَصْل pl. أَنْصال, Voc. Par synecdoche *épée* ou *lance*, Gl. Fragm., Gl. Mosl.

نَصْلَة pl. نِصال *lame*; — *rapière*, Bc.

أَنْصَلَة pl. الأناصل *glande à la gorge, tumeur acciden-*

telle qui s'y forme, Voc., Alc.; c'est pour عَنْضَلَة (voyez).

نصو VI *se prendre l'un l'autre par les cheveux en combattant, puis s'approcher, se toucher, se mêler*, Kâmil 56, 3 et 18—9.

ناصِيَة *le sommet de la tête*, Burton I, 159 n. — *Tresse de cheveux qui tombe sur les épaules*, voyez Hœst 120.

نض I *palpiter*, 1001 N. Bresl. IV, 177: فاغتاظ للخليفة ونض العرق الهاشمي من بين عينيه (Lane traduit: to throb). — ما حصل M; ما نص ببدي منه شي, le Voc. donne pour ce verbe *presto esse* (synonymes حل et حسان); c'est peut-être le même que celui qu'Alc. écrit à plusieurs reprises (acaecer, acontecer, acaecer bien, acaecer mal) *nadá*, aor. *ynád*, impér. *nad*, et qu'il traduit par *arriver, échoir, avenir, survenir*. Le M donne encore: خذ ما نص لك من ثمن, c.-à-d., تيسر وتعجل et نَضّ ماله, او ثمن qui signifie qu'une marchandise a été convertie en argent comptant. — N. d'act. نَضوض, *payer comptant* de l'argent, Beaussier, Gl. Tanblh.

بعد نصوص رأس المال نضوض *prélèvement*, Roland; «après prélèvement du capital,» Beaussier.

ناض المال ناض *argent comptant*, Asâs, Prol. II, 85, 1, Müller, 43, 1; aussi ناض seul, Macc. II, 159, 1: واجرى عليه الرزق من الطعام والادام والناض, Djob. 35, 18 (opposé à سلع, *marchandises*); Beaussier a توفّ عن ثلاثة الاف دراهم ناضة, de même Cout. 29 v°: دينار ناضة ﴾

نضب I *décroître* (eau, rivière), de Sacy Chrest. I, 224, 15, Tha'âlibî Latâïf 99, 10, Djob. 206, 8, Auw. I, 170, 15 (lisez ainsi), Prol. II, 276, 3, Abdarî 80 v°: كان الماء قد نصب من الريف فسافرنا على طريقه; aussi en parlant du jour, *baisser, décliner, disparaître*, Gl. Mosl.

IV *épuiser, mettre à sec*, Gl. Djob.

VIII *s'épuiser*, Abdarî 81 r°: فيه مواجل كثيرة لماء المطر قلّ ما انتضب (انتصب l.) لكثرتها وعظمها ﴾

نضج I, n. d'act. نَضْج et نَضِيج, dans le Voc. sous *digerere*; c'est, je crois, *être de facile digestion*. On lit

chez Bat. IV, 428: le motif pour lequel les nègres anthropophages n'ont point mangé cet homme, c'est qu'il était blanc, لانهم يقولون ان اكل الابيض مضر لانه لم ينضج والاسود هو النضيج بزعمهم. La traduction porte: «En effet, ils disent que la chair des hommes blancs est nuisible, vu qu'elle n'est pas mûrie; celle des noirs est seule mûre, dans leur opinion.» M'appuyant sur le Voc., qui donne quatre formes de ce verbe sous *digerere*, j'aimerais mieux traduire: «vu qu'elle est indigeste; celle des noirs est seule de digestion facile, dans leur opinion.»

II *faire mûrir*, Abou'l-Walîd 238, n. 82. — C. a. et ب dans le Voc. sous *digerere*.

IV *faire aboutir* un abcès, un apostème, Djawâlîkî f°, 10, Müller S. B. 1863, II, 3, l. 12: وفي كونه خراجا بعلاج للخراج بتسكين اللذع والانضاج انضج قلبه, والتفجير بالدواء او بصناعة اليد au fig.; غيظا *il fit déborder la colère amassée dans le cœur d'un tel*, notes sur Djawâlîkî 23. — Autre t. de médec., *corriger les humeurs peccantes*, M: الانضاج عند الاطبّاء, Chec. 187 v°: ترقيق الغليظ وتغليظ الرقيق او تقطيع اللزج فاخذت في تدبير ذلك بالحط بالتعديل والانضاج. — *Digérer*, Voc.

V c. ب dans le Voc. sous *digerere*.

نَضِج *de facile digestion*, voyez sous I (dans un seul man. نَضيج).

مِنْضَج *broche* (ustensile de cuisine), Payne Smith 1506.

مُنْضِج pl. مَناضج, t. de médec., *remède qui sert à corriger les humeurs peccantes*, M: والمُنْضِج عند الاطبّاء دواء يصاحب قوام الخلط ويهيئه للدفع فان كان غليظا يرققه او رقيقا يغلظه; le vulgaire dit مُنَضِّج.

مُنَضِّج *pépastique, qui mûrit les humeurs*, Bc.

نضح I *salir*, Payne Smith 1529. — *Déteindre, se déteindre* (étoffe), M sous فطم: والعامّة تقول فطم الصبّاغ الثوب اى غمسه في ما يمسك صباغه فلا ينضح على غيره (cf. نَضَح dans les dict.). — Aor. *a* (comme ce verbe a dans toutes ses signif., de même que *i*, M), *couler* (sang), P. Prol. III, 430, 3.

II *salir*, Payne Smith 1529.

نَضُوح (masc. et fém.) *poreux* (outre), Gl. Belâdz.

نَضَّاح *suant beaucoup*, Haiyân 99 v°: وكان يركب فرسا نضاحا كثير العرق ❊

نَضَّاحَة (les voyelles dans notre man. 92) *vase* (vase poreux), J. A. 1849, II, 274, n., l. 13, 279, n., l. 11.

مِنْضَح *aspersoir de foulon*, Payne Smith 1110—1.

نضد II *arranger*, *mettre en bon ordre*, un jardin, Abbad. I, 24, 9, des arbres qu'on plante, Berb. I, 413, 9, des fleurs, Haiyân-Bassâm III, 142 r°: تنضيد الآس, des créneaux, Berb. I, 442, 6. — *Enchâsser*, Bc, 1001 N. I, 57, 4 a f.: اللولو المنضد

V *être arrangé*, Macc. II, 149, 3: الازهار المتنضدة se dit en parlant d'arbres qui sont serrés les uns contre les autres, Maml. I, 1, 20, de mailles ou petits annelets de fer entrelacés, Cartâs 149, 9, Antar 2.

مَنْضُود *bouquet*, Aghânî IX, 140, 9 a f. (de Goeje).

نضر I. نُضُورَى s'emploie comme نَضَار, Gl. Manç. sous ce dernier mot. Au fig., نَضَارَة العيش, Prol. II, 360, 8.

نَضِر *frais de coloris*, Bc.

نَضَر chez Freytag est une faute pour نُضَار, Fleischer sur Macc. II, 405, 17 Berichte 42.

نُضَار نضار للخشب *le meilleur bois* (dont on se sert pour la construction des palais), Haiyân-Bassâm III, 4 r°. — Most. v° اثل: ويعرف بالنضار بسبب الآنية التى تتخذ منه لان من كل شجرة اتخذ منها آنية فهى نضار ❊

نَضِف.

نَضِيف vulg. pour نَظِيف, *propre*, *net*, Mehren 36, M.

نَضَاقَة vulg. pour نَظَافة, *propreté*, M.

نضل III. *Définition exacte et détaillée de ce qu'on entend sous* المُنَاضَلَة *dans* Abou-Ishâc Chîrâzî 152, 9 et suiv. — ناضل عن مذهبه *défendre sa secte*, Haiyân 46 v°, Haiyân-Bassâm I, 41 v°, *contre quelqu'un*, c. a., Macc. I, 512, 2: وكان شافعى المذهب يناضل الفقهاء عن مذهبه ❊

نَضْنَض I se construit aussi c. ب, Macc. II, 279, 17: نضنضت حية بلسان Abd-al-wâhid 208, 15: رافعـا اصبعه الى السماء ينضنض بها ❊

نضو I *pénétrer* (épée, flèche), Gl. Mosl. — *Disparaître* (nuit), *ibid*.

IV *parcourir* un pays, Gl. Mosl.

VIII *ôter* un habit, un man. dans Abbad. I, 47, n. o, où d'autres ont la Ire forme. — *Montrer* (la nuit qui fait voir le jour), Gl. Mosl. — *Donner* un conseil, Gl. Mosl. — *Le lavage a fait disparaître la couleur d'un habit*, Gl. Mosl.

X. استنضى السيف, variante, العزم, P. Bayân II, 73, 5 a f.

نَضْوَة الفرس *instrument de maréchal pour ferrer les chevaux*, M.

نط I *sauter*, M, Bc, Ht, Ztschr. XXII, 120; aussi comme verbe actif, c. a., *sauter*, *franchir*, Bc, 1001 N. I, 368, 2: ولو قيل له نط هذا النهر ما يقدر على ذلك; نط الساقية *se faire turc*, Bc; *bondir*, Bc, Hbrt. 61, 227, Ht; *cabrioler*, Bc; *gambader*, Bc; *rebondir*, Bc; *voltiger*, faire des tours de souplesse ou de force sur une corde tendue, Bc. — *Jaillir*, Ht, *saillir*, Bc. — *Culbuter*, Ht. — *Tressaillir*, éprouver une agitation vive et passagère, Bc. — *Divaguer*, s'écarter de la question agitée, Bc.

V *sautiller*, Bc.

نَطّ *saut*, *soubresaut*, *bond*, *cabriole*, *croupade*, *entrechat*, *gambade*, *ricochet*; — *saillie*, sortie impétueuse avec interruption, Bc. — *Tressaillement*, Bc.

نَطَّاط *sauteur*, Bc.

تَنْطِيط *rebondissement*, *ricochet*, Bc.

نطبق (?) sorte de poisson, Edrîsî, Clim. I, Sect. 7; leçon du man. B, qui est le meilleur; mais les points différent dans les autres et D porte البطنى.

نطح I *pousser*, Voc. (inpellere), Alc. (enpellar o enpuxar, enpuxar أَوْرَا نطح enpuxar atras, enpuxar a menudo).

III *heurter*, Ztschr. XXII, 79, 14. — *Toucher à*, *être près de*, Khallic. X, 8, 3 a f.: ومن يعلم متى

نطر

مات واظنّه ناصح السّتين ; mais il faut lire ناطح avec l'édit. de Boulac.

IV *presser*, Alc. (estribar, estribar al contrario).

VI *se heurter* (vagues, torrents), Gl. Mosl., Prol. III, 370, 1, où il faut lire تناطحت avec le man. D et les deux de notre Bibliothèque. — En parlant de vaisseaux dans une bataille navale, *se frapper, se heurter les uns les autres avec leurs éperons* (مناطح), voyez مـنـطـح), Cartâs 243, 3 a f.: فلعبوا امامه فى حربهم ‏وتناطحوا قدامه كفعلهم فى حربهم‏.

VIII. Dans le Cartâs 95, 7, il faut substituer وكان انتطاح, *choc*, comme le sens et la rime l'exigent, à اقتطاع, et lire par conséquent: وكان بينهم انتطاح، تفلّتت فيه السّيوف وتكسّرت الرّماح

نَطْحَة *coup de corne*, Bc. — *Choc, heurt*, Voc., Alc. (enpellon o enpuxon, enpuxon).

نِطاح dans le Voc. sous *inpellere*.

نَطُوح *calamiteux*, Gl. Fragm.

نَطَّاح *qui pousse beaucoup, souvent*, Voc.

مِنْطَح pl. مناطح *éperon* d'un vaisseau, Bc, Bg, Cartâs 224, 11.

نطر I c. a. vulg. = انتظر, *attendre* quelqu'un, M.

II *mettre en sentinelle*, Bc.

نَطْرَة (esp.) *loutre*, Alc. (nutria animal).

نَاطُور *vigie*, t. de marine, sentinelle, Bc. — *Vigie, pilier élevé* (sic), Mehren 36. — *Gardien d'une maison de bains*, M. — *Ornement de diamants que les dames portent sur le front*, M.

نطع 1 *pousser en avant*, Ztschr. XXII, 75, 5, 121.

نطع était un tapis de cuir circulaire, ayant autour du bord un cordon coulant; en le tirant on pouvait lui donner la forme d'un sac. Le bourreau s'en servait pour recueillir le sang de ceux qu'il décapitait, »de Slane trad. de Khallic. IV, 203, n. 4.

نطف 1 *couler* (chandelle, bougie), Bc. — نطف الشمعة *moucher*, ôter le bout du lumignon de la chandelle, Bc. ناطف = نطف, Payne Smith 1803.

نُطْفَة *une idée*, très-peu, *un soupçon*, très-petite quantité (d'une liqueur), *une goutte*, un peu, Bc.

نطفىّ *séminal, spermatique*, Bc.

نطفى *vendeur de* ناطف, Lobb al-lobâb, Djob. 268, 7, Aghânî IV, 104, 1 Boul.

مُنْطِف dans le Voc. sous *creatura* et en note *creator bonus*.

مِنْطَف pl. مناطيف *mouchettes*, Bc.

نطق 1 se dit aussi d'un luth et d'un oiseau, Gl. Fragm. — النطق = dire ياربّ, Djob. 151, 2 a f. — *Dicter*, Hbrt 107, Ht. — L donne: *exercet* يَنْطَق ويدرب, *exercitatio* تنهم ونُطُق.

II c. a. dans le Voc. sous *pronunciare*.

IV *personnifier*, attribuer à une chose inanimée la figure, le langage d'une personne, Bc.

X c. a. p. faire parler, ordonner de parler (كلّمه; وتطلب منه النطق); de là الاستنطاق comme t. de pratique, *interrogatoire*, M; استنطقه *il lui fit subir un interrogatoire*, Freytag Chrest. 61, 11: فاحضرهما بين يدى امير المؤمنين فاستنطق الرّجل فاقرّ بالمال فى ذمّته — *inviter quelqu'un à parler d'une manière éloquente*, Gl. Badroun. — استنطق وجوهم من القول والخطاب *faire usage de différentes manières de parler*, Gl. Geogr.

نُطْق *raison* (faculté intellectuelle etc.), Voc., M.

نِطاق. Quand les auteurs emploient ce mot au figuré, ils pensent à *une bande dont on se ceint le milieu du corps, une ceinture*; Ibn-as-Sikkît dit, p. 525: النطاق خيط يشدّ به المنتطق قال
وعقّد نطاقها لم يتحلّل
(cet hémistiche est dans la Hamâsa p. 38); cf. Djob. 295, 2 a f., et 296, 10: نطاق من الحديد »des bandes de fer.« On dit donc نطاق الاسوار, Prol. II, 202, 11, نطاق الخفير, Berb. II, 322, 10 (cf. Prol. II, 73, 2, Berb. II, 108, 13), نطاق من الجند, Berb. II, 379, 5 a f., comme nous disons *une ceinture* ou *une enceinte de murailles, de fossés*. Puis, comme »la frontière d'un empire l'entoure de tous les côtés comme une ceinture« (Prol. II, 114, 7 et 8, cf. I, 291, 9 et les 2 dern. l., 292, 6), et qu'une ceinture peut être ample ou étroite, on dit: اتسع نطاق سلطانه (او ملكه او دولته), pour exprimer que les frontières d'un Etat sont poussées fort loin, que l'Etat a une

grande étendue, et par contre ماك ضاق نـ دلـ طـاق, ضاق, etc., pour تضييق نطاق الخُطَّة, تضايق نطاق الدولــة indiquer que ces frontières ont rétréci, que l'empire a perdu en étendue; on trouve ces expressions: Haiyân 29 v°, 82 r°, Khatîb 187 r°, et chez Ibn-Khaldoun elles sont extrêmement fréquentes. On dit de même نطاق الـمـديـنـة *l'enceinte d'une ville*, Macc. I, 304, 15, et نطاقها اتسع, quand elle a un vaste circuit, Macc. I, 369, 8, ou en parlant d'un parc de chasse: قد خرج نطاقه عن التحديد, « son enceinte, son étendue, était trop vaste pour être mesurée,» Berb. I, 412; اتسع نطاق الاسلام, Macc. I, 174, dern. l. Encore quand il s'agit d'autres choses, p. e. d'une guerre civile, d'une sédition, qui s'étend استـوسـع نطاق الفتنة (او اتّسع), Haiyân 69 r°, Prol. I, 290, 9. Puis, quand des assiégeants cernent une place de guerre, ضاق نطاق الحصار, Berb. II, 380, 1, أحاطوا بطريق نطاقا واحدا, 387, 10. Enfin ce mot a chez quelques auteurs, et notamment chez Ibn-Khaldoun, un sens très-large et très-vague; on peut le traduire par *étendue, faculté, pouvoir, domaine*, etc.; voyez Prol. I, 177, 5 et 7, 264, 12: لما قم عليه من الامكان نطاق الامكان, 12: 329, التي يضيق عنها نطاق المزاحمة; «le domaine du possible (cf. l. 14 et dern.); Berb. I, 130, 12: نطاق القدرة «la faculté que la puissance divine peut exercer afin de produire des choses surnaturelles» (de Slane); II, 275, 5 a f.: ضاق نطاقه عن الممانعة «il n'avait pas le pouvoir de se défendre», 298, 12: quand l'ennemi eut mis le siège devant Malaga, ضاق النطاق على ابن الاحمر, Ibn-al-Ahmar se trouva dans un grand embarras; Khatîb, Lettres, man. 11 (1), 18 v°: لما ضاق نطاق الصبر; Ihâta, 12 v°: فيه مستخلص السلطان عنه نطاق, c.-à-d. ذرعا القيمة, d'une valeur inappréciable. — Pl. ات *une portion de cercle*, M: ويطلق النطاق عند اهل الهيئة على بعض الدائرة ✱

نَطُف = نَطَف, P. Kâmil 236, 7.

نَاطِف. Dans le vers chez Tha'âlibî Latâyf 50:
فذم رسول الله صبّر ابيكم
على منبر بالناطق الصادع الفصل

il faut sous-entendre le mot *discours*. — Chez les Sab'îya, *prophète*, M. — ناطف الصبح, en poésie, = *le coq*, Gl. Fragm. — النفس الناطقة est la traduction du terme λογική ψυχή des philosophes grecs, *âme raisonnable*, de Slane Prol. I, 199, n. 1.

مَنْطَف I et II voyez sous le *mîm*.

مِنْطَف. Ibn-as-Sikkît 525: سمعت العامرية تقول المنطف يكون للنساء ولا يكون للرجال

مُنْطَف pl. ات, t. d'arithm., *rationnel (nombre)*, le nombre qui peut s'énoncer (c.-à-d. le nombre entier) et aussi son carré, Prol. III, 95, 2 a f., 102, 1, M.

مِنْطَقَة. Voc.: *balteus (hominis vel equi)* et *cingulum (equi vel pueri)*; Cañes (sous *cingulo*) cordon dont le prêtre se ceint les reins par dessus l'aube; Bg 801: ceinture tissue et brodée en or et argent; Hbrt 134: *baudrier*; Bc: *ceinturon*, sorte de ceinture pour porter l'épée, etc., منطقة لحمل السيف. Un récit curieux se trouve chez les chroniqueurs sous l'année 396 H. (Athîr IX, 133, Aboulf. II, 614). Ils rapportent qu'un roi de l'Inde, lorsqu'il se fut soumis à Yemin ad-daula, reçut de ce sultan un vêtement d'honneur et une *mintaca*. Il revêtit l'habit, mais supplia le vainqueur de lui épargner la honte de se ceindre les reins de la *mintaca*. Yemîn ad-daula, toutefois, fut inexorable, et le prince hindou fut obligé de lui obéir. — *Bande de broderie autour d'un rideau*, 1001 N. II, 222, 3: وجعلت فيه منطقة ثم اخذت الستر. — بصور طيور وصوّرت في دائرها صور الوحوش, T. d'archit., *le tambour de la coupole*, Gl. Geogr. — منطقة البروج *le zodiaque*, Bc, Prol. I, 74, 16 et 17; chez Alf. Astron. I, 27, منطقة فلك البروج; aussi المنطقة seul, M.

مَنْطِقِي *logicien, dialecticien*, Voc., M, Fihrist, Gl. Geogr. — منطقي *logique*, Bc. — Espèce de scorie, Most. v° خبث الفضة.

مَنْطُوق, t. d'arithm., = مُنْطَق, M.

مَنْطِيقِي *logicien, dialecticien*; منطيقيا *dialectiquement*, Bc.

نطل I *arroser*, en parlant d'une machine hydraulique, Gl. Edrîsî.

II *humecter, mouiller*, Ht; M: نطّل راس العليل بالغ; Gl. Manç. v° نطل: النطل والتنديل وضع الدواء ... على موضع الالم كالتكميد بالسبانس مرّة بعد مرّة (il y a une lacune dans le man.).

نَطْلَكَ (esp. ladilla) *morpion* (insecte), Alc. (ladilla); le Voc. (cimex) a اَطْلَكَ.

نَطُول et نَطِيل *embrocation*, Bc. نَطُول, qui a le pl. ات, est aussi *le morceau de laine qu'on applique sur un membre malade, après l'avoir trempé dans une décoction, et l'eau chaude, mais qui n'est pas une décoction, qu'on verse sur un tel membre*, M.

مِنْطَال *seau qui sert à puiser de l'eau*, 1001 N. II, 474, 2: فراى بثرا فى حوش البيت وعليها منطال فانزله. — فى البئر وملاه Mentâl, certaine «manière d'arroser,» Descr. de l'Eg. XII, 418; *ibid.* XVIII, part. 2, 543, n. 1: «Une autre méthode plus simple est employée pour l'arrosage des terres peu élevées au-dessus du niveau des eaux: on l'appelle *mentâl:* deux hommes plongent un panier dans le Nil à l'aide de quatre cordes, et jettent l'eau à la volée dans une rigole préparée pour la recevoir et la conduire sur les terres: le mouvement est également mesuré et accompagné d'un chant particulier.»

نَطْنَط I *cabrioler*, Bc.

نطو

نطا (pour نطع) pl. اَنْطِيَة *corium*, Voc.

نَطَاوَة *humidité causée par la pluie*, M.

ناط *endroit mouillé par la pluie*, M.

نَظَر I *examiner et juger les procès, exercer les fonctions de juge*, Mohammed ibn-Hârith 303: فغزا القاضى عمرو تلك الغزاة فلما قدم لم يؤخر بالنظر والرسم حينئذ اذا غزا القاضى ثم قدم لم ينظر حتى يتعهد اليم بالنظر فاقام الناس يومئذ نحو من ستة اشهر لا قاضى لهم; c.-à-d. نظر بين الناس (M). — *Exercer le ministère*, de Sacy Chrest. I, ٢, 3 a f.: فوقّع عن الحاكم ونظر. — C. a p. *chercher, choisir*, Gl. Fragm., Macc. I, 882, 13. — *Surseoir, suspendre, remettre*, Alc. (sobreseer). — *Marquer*, Alc. (notar señalando); cf. sous II. — C. فى *noter, remarquer que*, Bc. — C. على *avoir l'inspection de, la surveillance sur*, Gl. Badroun, Auw. I, 533, dern. l.; aussi c. فى, Djob. 287, 17, 306, 3. — C. على *examiner la conduite de quelqu'un*, Mohammed ibn-Hârith 206: Ayant reçu des plaintes contre le cadi de Jaën, le sultan ordonna au cadi al-djamâa ان ينظر على قاضى جيان فان ظهر بريّا اقرّه على قضائه وان ظهر عليه ما رفع الى الامير فيه عزله عن انه اذا تظالم ,207: الكورة فنظر قاضى الجماعة فالفقهاء برئا الناس من قاض اجلستموني فنظرت عليه وان كنت القاضى فنظلم الناس متى مَنْ تجلسون للناس على متى مَنْ هو اعلم متى. — C. فى r. *examiner*, Gl. Fragm. — C. فى r. *étudier* une science, un art, Abbad. I, 267, n. 53, Becrî 137, dern l., Haiyân-Bassâm I, 116 r°: ونظر فى الطبّ بعد ذلك فاجمع علاجًا. — C. فى p. *prendre soin de*, Gl. Edrîsî, Djob. 287, 19, Macc. II, 229, 19 et 21; aussi c. على p., Macc. II, 229, 22: جلنا من العجائز من ينظر منّا ويبيع غزلنا ويتفقد احوالنا. — C. فى p. *tâcher de trouver* (comme en hollandais *omzien naar*), Mohammed ibn-Hârith 206: فلما بلغ الامير قوله عاقا ونظر فى غيره⹁

II *établir des comparaisons*, Prol. III, 271, 16, 347, 4. — *Nommer* quelqu'un inspecteur (ناظر), 1001 N. III, 53, 2 a f. — *Marquer*, Macc. I, 323, 11: ومصقّع الابواب نظرُوا نَمِرًا بالنقش بين شكوله تنظيرا Alc. (notar señalando) a en ce sens la Iʳᵉ forme, ce qui, je crois, est incorrect, car à mon avis ce verbe est un dénominatif de نَظَر (voyez), *marque*.

III c. عن p. *défendre, plaider pour*, Haiyân 54 v°: فلما بلغ محمد بن خطاب بن الاجلين وحزبه من الموالى والمولّدين المتعصبين لابن غالب الشاخصين الى باب السلطان للمناضرة (ظ. ا) عند ما كان من قتله الخ *Consulter, interroger*, Gl. Fragm., Prol. I, 378, 11.

IV c. a p. *accorder un délai à*, Gl. Belâdz., Koseg. Chrest. 101: لم ينظره الميسور ان يعوله, Akhbâr 71, 7.

V (ou VIII, car les points manquent dans les man.) *tarder*, Gl. Belâdz.

VI, en parlant de plusieurs personnes, *disputer*, Recherches I, Append. XLVI, 2 et n. 1; aussi en parlant d'une seule, c. مع, Voc. — *En parlant de plusieurs personnes, délibérer*, Gl. Fragm. — التناظر, t. d'astrol., *les aspects réciproques* des astres, Prol. I, 202, 18.

VIII *tarder*, cf. sous V, Berb. II, 139, 6. —

C. a. *prendre soin de*, Gl. Edrîsî. — *Contempler*, Koseg. Chrest. 9, 5.

X *attendre* aussi dans Bc. — C. d. a. *demander à quelqu'un un délai de*, Haiyân 61 r°: استنظره ثلاثة ايام « il lui demanda un délai de trois jours, » Nowairî Espagne 450: les fakîhs offrirent le trône à ce prince, فاستنظرهم ليلةً ليرى رأيَه ويستخير الله تعالى فانصرفوا (leçon du man. de Paris; celui de Leyde porte par erreur فاستظهرهم).

نَظَر est chez Alc. « omenage » et « pleyto omenajo, » termes que Nebrija traduit par « fides publica, » tandis que, dans sa partie latine, cette dernière expression est rendue par *sauf-conduit donné par le prince* (el salvoconduto y seguro del Principe); chez Victor, au contraire, les termes esp. signifient *accord ou promesse réciproque entre le seigneur et le vassal*. Je ne connais le mot arabe ni dans l'un ni dans l'autre sens.

نَظِير = نَظَر forme au pl. أنظار, Fleischer sur Macc. I, 491, 2 Berichte 191; في نظر ما *comme*, 1001 N. IV, 476, 7: فمى رآك فرح بك واكرمك في نظر ما اكرمته (Lane traduit: like as); mais peut-être est-ce plutôt *en récompense de*, comme نَظِير (voyez).

نَظَر. النظر *vue*, faculté de voir, Bc, M. — نظر البلاد *paysage*, étendue d'un pays qu'on voit d'un seul aspect, Bc. — Pl. أنظار *regard*, Bc. — *Optique, perspective*, apparence des objets éloignés, Bc. النظر *le mauvais œil*, Bc. — النظر chez les Soufis, *voir Dieu*, Macc. I, 584, 16 (cf. 583, 15 et 16). — *Surveillance*, Abbad. I, 323, 11 (corrigé III, 144): مَن كان بعض ابواب قرطبة يومئذ الى نظره — L'*exercice de la justice*, Mohammed ibn-Hârith 237: لا يكون، مجلس نظره غير السماع من البيّنات et aussi p. 238. — النظر *la place de premier ministre*, de Sacy Chrest. I, ٥١, 4, ٥٣, 1, ٥٨, 4 a f. — النظر *le raisonnement*, de Sacy Chrest. I, ٩, 3 a f.: براعون, Abbad. العمل بالنصوص دون الالتفات الى النظر والقياس; تمهر في الاصول وذهب الى النظر والاختبار II, 75, 10: *spéculation*, Bc. علم الكلام علم النظر والاستدلال, *la scolastique*, M: aussi النظر seul, Haiyân 34 r°: وله « رحلة حجّ فيها ولقي جماعة من اهل النظر فاستبحر. *Bon plaisir, volonté*, charte de Tolède: وقع النظر والاتفاق من المدرّجين والشيوخ والاعيان من كنيسة شنت لوّقاديه بداخل مدينة طليطلة نظرا رأوه لانفسهم.

النظر — سدّنا ولمكنيسة المذكورة صلاحًا ورشادًا الخ *l'astrologie*, Macc. I, 216, 21, où un astrologue dit au sultan: الّا ان مدتك في الملك فيما دلّ عليه النظر تكون ٨ اعوام او نحوها; de là اهل النظر *les astrologues*, Gl. Edrîsî. — *Goût*, au fig., sentiment du beau, discernement, finesse de jugement, Bc. — *Surséance, délai, suspension*, Alc. (sobreseymiento). — Pl. أنظار *province, district*, Abbad. I, 274, n. 89, II, 18, Gl. Bayân, Macc. I, 231, 15, 877, 16, Djob. 290, 5, Bat. I, 358, 429, Amari Dipl. 12, 6 et le Gloss., Cartâs 181, 5 a f. (lisez ainsi avec plusieurs man.), Haiyân-Bassâm I, 78 r°: وخاطب قائدَ حصن المدوّر بازماجه عن نظره ولا (l. وألّا). يجتاز على شيءٍ من عمله, Edrîsî, Clim. V, Sect. 1: نظر كبير et وعليه (النهر) l'anonyme de Copenhague 22, 30, 32, 41, etc., charte de Tolède: حكومة الليثيون من نظر مدينة طليطلة. Gl. Geogr. — *Marque, note*, Alc. (nota o notacion).

بالنظر اليه ou بالنظر الى كذا *eu égard à*, M, Macc. I, 297, 13 et 15. في نظر كذا, que le M explique par تفكر في طريقه لعدم وضوحه, se dit de ce qui demande *considération*, ce qui ne doit être admis qu'après mûr examen, parce que c'est douteux, sujet à caution, Macc. I, 569, 4, 842, 11, 848, 12, 861, 9, Bait. I, 4 a, 271 b, 337, Gl. Geogr. De même en parlant d'un homme, p. e. d'un traditionnaire, فيه نظر, *on a des doutes à son sujet, il est sujet à caution, il ne faut pas trop se fier à lui*, Prol. II, 148, 8, 155, 6: قال البخاري فيه نظر وعنده اصطلاحه قوية عَلى ما لَه نظر *un homme digne de considération, considérable*, Müller L. Z. 47, 8: ومن في التضعيف جدًّا. Par contre, بقي من اجناد القيسان ومن له نظر بغرناطة *de peu de considération, de peu d'importance*, Auw. I, 52, 16: لأن الصنوبر ليس له نظر, mais lisez لنظر (notre man. a نظر). *sous les ordres d'un tel*, Berb. I, 201: أجازهم البحر لنظر جعفر, 232, 243, 2 a f., 245, 246, 2: وعهدت على ما لنظرك, 250, 7 a f., 305, 5 et 3 a f., 308, 362, 4, Khatîb 65 r°: المواضع التي لنصره (النظره l.) Hist. Tun. 91: واتّخذ الاساطيل العظيمة لغزو الكفّار, الى نظر فلان Aussi لنظر احد الامراء يسمّى محمد باي Berb. I, 625, 5 a f.: ونأتيهم جيوش صنهاجة الى نظر فلان تحت نظر فلان. — الوزير خلف بن ابن حيدرة *un tel est sous la protection de tel autre*, s'emploie aussi comme formule de politesse, M.

نَظْرَة vue, étendue d'un pays, etc., que l'on voit, Bc.

نَظْرِيّ visuel, optique (adj.), Bc. — Spéculatif, théorique, Voc., M, Bc. — Contemplative (vie, philosophie), Bc.

نَظْرِيَّة problème de géométrie, M.

نَظِير, semblable, pl. نَظَائِر dans le Voc. — (وله نَظِير) fait double, entre les parties, Roland. — فى نَظِير ou نَظِير, suivi du gén., en récompense de, 1001 N. III, 44, 9: واعطانى شيئًا كثيرًا فى نظير عملى له 6, 52: IV, فتخذ هذا متى نظير جميلك الذى فعلته معى 3: 282, وقالت للدلال اوصلى عند هذا الشاب المليح فان اشترانى كان هذا الخاتم لك فى نظير تعبك فى هذا اليوم معنا ,590, 6. — Les grammairiens appliquent ce mot à ce qu'on nomme aussi مثال (forme d'un verbe, verbe dérivé du verbe primitif), mais en réalité il a un sens plus large, M.

نَظَارَة inspection, action de regarder, d'examiner, Bc. — Intendance, Bc; ainsi on dit نظارة الخارجيّة et نظارة الماليّة, M. — Chez les Persans, se promener dans les jardins, M, cf. Ztschr. XXXII, 249.

نَظِيرَة pl. نَظَائِر copie, Gl. Bayân.

نُظَيْرَة petite marque, Alc. (notezilla nota pequeña).

نَظَّار النظارون فى الاجسام الشفّافة كالمرايا وطاساس الملا les devins qui regardent dans un miroir ou dans une cuvette remplie d'eau, Prol. I, 191, 16. — Circonspect, prudent, Gl. Geogr. — Celui qui examine et décide les questions de théologie et de jurisprudence, Gl. Geogr.

نَظَّارَة longue-vue, télescope, lunette d'approche, Bc, Hbrt 93, M; نظّارة شمس hélioscope, lunette pour regarder le soleil, Bc; ضرب نظّارة champ, étendue qu'embrasse une lunette d'approche, Bc. — (Forme عَلَّامَة) = نَظَّار dans le dernier sens que j'ai donné, Gl. Geogr.

نَاظِر لفعل نَاظِر vain de ses bonnes œuvres, Macc. I, 587, 10. — A شديد الناظر chez Freytag il faut substituer شديد الناظر. — Dans le sens d'inspecteur, etc., pl. نظّار, Alc., M, Macc. I, 134, 11; الناظر فى امره = curateur, tuteur, Gl. Tanbîh. — Intendant, celui qui est chargé du soin de gérer un domaine et de surveiller les travaux agricoles, Alc. (aperador del campo). — Maître berger, Alc. (mayoral de ganados). — Pilote, celui qui gouverne un vaisseau, Alc. (piloto de mar principal). — Gouverneur d'un district, Lane M. E. II, 123. — Major (officier), Bc. ناظر السفائن le capitaine qui commande les navires du gouvernement, Burton I, 174. — Controversiste, Prol. I, 32, 5, Berb. I, 298, dern. l. — T. d'astrol., aspect, 1001 N. II, 584: les astrologues حسبوا طالعه وناظره من الكواكب, 619, 9, 622, 1 et 3. — Infect, infecté, de Sacy Chrest. I, 334, 8 a f. (cf. 336). — Tempe, Roland. — Le pl. نواظر bésicles, lunettes, Ht. الناظر الى الشمس Helioscopia, Bait. II, 599 a.

نَاظُور l'homme qui fait le guet sur une porte, Voc., une tour, Bat. IV, 364, 365. — Haute tour sur la muraille où l'on fait le guet, Barth I, 139, et W. 180; — fanal, phare, Barth W. 80. — L'homme auquel on confie la garde des habits dans une maison de bains, J. A. 1861, I, 39. — Télescope, M.

مَنْظَر مُنَظَّر ذو منظر d'un bel aspect, Abdarî 6 r°: هذا ذو منظر, المدينة ذات منظر un homme, Macc. I, 465, 10. — Pl. مَنَاظِر belvédère, Alc. (miradero lugar de donde miramos). — Amphithéâtre, Ht. — Frontispice, Ht. — Grande salle ouverte au premier étage, Maml. II, 2, 15, longue description Descr. de l'Eg. XIV, 208, n. 1; cf. منظرة. — علم المناظر l'optique, M.

مَنْظَرَة belvédère, Gl. Fragm., de Sacy Chrest. I, 276, 4 a f., Nowairî Espagne 468, 469, Maml. I, 2, 91. — Appartement au rez-de-chaussée ou au premier étage, où le maître de la maison se tient pendant le jour et reçoit ses visites, Maml. II, 2, 15, Fesquet 108; salle; en parlant des juifs, la salle du conseil, le sanhédrin, Maml. l.l.; salle de spectacle, Bc.

مُنْظَر prudent, fin, Alc. (recatado). — غير منظر inculte, Voc. علم المنظورات la perspective, Bc.

مُنَاظِر celui qui examine et décide les questions de théologie et de jurisprudence, Gl. Geogr.

مُنَاظَرَة l'optique, Prol. III, 104, 6. — T. d'astrol., aspect, Prol. I, 204, 14. — علم المناظرة la controverse, la dialectique, M.

مُنْتَظَر l'avenir, Voc.

نظف II نَظَّف épousseter, Bc; en ce sens نظّف التراب, 1001 N. I, 83, 10. — Aviver, rendre plus frais, plus net,

Bc. — شَجَرة نَظَّف élaguer, Bc. — *Assainir, rendre sain*, Bc.

X *se nettoyer*, p. e. *en appliquant un dépilatoire*, Abd-al-wâhid 86, 11: اِسْتَنْدى نُورَة يَسْتَنْظَفُ بها.

نَظِيف, *net, propre*, forme au pl. نِظَاف, Gl. Edrîsî, Bc, et أَظْفَاف, M. — Pl. نِظَاف *gracieux, gentil, élégant, beau*, Alc. (gracioso, gentil, hermoso), Bat. I, 278, 1001 N. I, 66, 12. — Pl. نُظَاف *vert, vigoureux, robuste, gaillard, sain*, Alc. (loçano o gallardo). — *Sain, qui n'est pas gâté*, Bc. — نَظِيفة علقة *une bonne rossée, une bonne volée de coups de bâton*, Fleischer Gl. 103. — *Serviette, essuie-main*, Payne Smith 1799.

نَظَاف *gracieux*; c'est Alc. qui donne ce pl. comme un sing. (gracioso).

نَظَافة *grâce, gentillesse, élégance, beauté*, Alc. (gracia en hermosura, gentileza, hermosura). — *Vigueur, vivacité, santé*, Alc. (loçania).

نَظَّاف *cardeur de coton*, Descr. de l'Eg. XVIII, part. 2, 380.

نَظَافتي *propret*, Bc.

نَظْلى *douillet, qui aime ses aises; délicat, difficile à contenter*, Bc.

نظم I *meubler*, Bc.

II *accommoder, caser, mettre en ordre, compasser, débrouiller, disposer, distribuer, établir, régler, façonner, ordonner, mettre en ordre, organiser, ragréer, rajuster, ranger, réformer, régler, régulariser, tenir, entretenir, soigner*, نَظَم بيتا *monter, établir une maison*; نَظَم اَتات بيته *emménager et s'emménager*; نَظَم حاله ou سيرته *se corriger, s'amender, régler sa conduite*, Bc. — *Meubler*, Bc. — *Dorloter, traiter délicatement*; نَظَم نفسه *se dorloter*, Bc. — *Cadencer, rendre nombreux, agréable*, Bc.

IV (pour I) *versifier*, Alc. (notar en metro).

V *s'ajuster, se parer, s'habiller, mettre des habits plus recherchés que ceux qu'on porte ordinairement*, Bc.

VIII s'emploie très-souvent au fig., *être bien ordonné, disposé, réglé*, de Sacy Chrest. I, ٢١, 4 a f., II, ٥٨, 4, Prol. I, 405, 2. — *Enfiler des versets du Coran, comme on enfile des perles*, Djob. 182, dern. l.: فصدع بخطبة انتظمت آية الكُرْسِىّ كلمة كلمة — C. a.

entourer, environner, Djob. 149, 11, 152, 20, 192, 20, 193, 5 (je prononce داخِلَها et سَنَّةٌ), 243, 17: وخُطُّ هذه القرية مُتَّسع والبَساتين قد انتظمَتْه, 244, 4, 257, 12 et 15, 258, 16.

نَظْم *verroterie*, Edrîsî o, l. 11, Bat. IV, 349.

نَظْمة, qui semble signifier *balle, ballot*, dans Mâwerdî 281, 2, m'est suspect; l'éditeur observe que les man. l'ont sans points diacritiques.

نَظْمِى *poétique*, Bc.

نِظَام. هم على نظام واحد est expliqué dans le M par هم على نهج غير مختلف; cf. Macc. I, 132, 21: après le démembrement de l'empire, صعب ضَبْطُهم الى نظام واحد «il était difficile de réunir les Arabes d'Espagne en un seul faisceau, de les faire concourir au même but.» Dans les 1001 N. I, 65, 2 a f.: ils entendirent frapper à la porte, mais لم يناخرم نظامهم c.-à-d., ils continuèrent néanmoins à faire ce qu'ils faisaient, ils ne se laissèrent pas troubler dans leurs plaisirs. — *Economie, harmonie des parties, des qualités du corps*, Bc. — *Harmonie, concorde*, en parlant des personnes, 1001 N. II, 88, 7: ثم انهم باتوا فى حظ ونظام ومناقلة كلام الى ان اصبح الصبح. *Harmonie d'un vers, d'une période*, Bc; dans les 1001 N. I, 60, 3: فلما سمعوا البنات الشعر والنظام, ce mot ne semble être que le synonyme de شعر. — *Discipline, règlement, ordre*, Bc. — Pl. اَت *institution, action d'instituer, chose instituée*, Bc. — *L'armée régulière*, M. — عمل نظاما *ordonner un festin, en faire l'ordonnance*, 1001 N. II, 91, 12: اخذ ما يحتاج اليه من المأكل والمشرب والسمن وعمل نظاما مثل كل ليلة. — *La bride du dromadaire*, Werne 18 (nesâhm). — En astron. النظام est = منطقة الجوزاء *les trois étoiles* ε, δ, ζ *dans la constellation d'Orion*, Cazwînî I, 38, 20, Alf. Astron. I, 92.

نِظَامِى *organique*, Bc. — *Soldat de l'armée régulière*, M.

نَظَّام *joaillier*, Macc. I, 403, 4.

ناظم *écrivain*, Alc. (escritor que conpone). — *Orateur*, Alc. (orador).

تَنْظِيم *compassement, régularité froide et affectée*, Bc.

مُنْتَظَم بيت *maison commode*, Bc.

مُنْتَظَم, avec ب, *orné de*, Nowairî Egypte, man. 2 k (2), 106: العمائم المنظومة بالجوهر النفيس, 1001 N.

I, 66, 13: فنظروا الى محل ظريف ومقام نظيف منظوم — بخضرة وشموع توقد وخمور تصاعد ونقل وفواكه ومدام Très-beau, très-bien arrangé, M. — بيت منظوم maison commode, Bc.

شكل منتظم polygone régulier, Bc.

نَعَب II = I marcher en étendant le cou (chameau), Gl. Mosl.

نَعَب, fém. ة, qui croasse, Weijers 23, 5 (la même leçon dans l'éd. de Paris du Calâïd), cf. 82, n. 62.

نعت.

نَعْت, qui forme au pl. نُعوت, ne doit pas se traduire par *adjectif*, mais par *qualificatif*, car si كريم dans مررت برجل كريم نعت ابوه est un dans مررت برجل كريم ابوه l'est également, M. Ainsi les surnoms des califes المعتصم بالله, المعتمد على الله, etc., sont également des نعوت, Macc. I, 131, 22. Quant à la signif. d'*enseigne* (d'auberge), que donne Freytag, il l'a évidemment empruntée à de Sacy Chrest. I, ۱۰۰, 2 a f.: وامتثل ذلك جميعه يوم تعددت ا f.: ببيوتها ونعوتها لكذوبها من غير ميلاة من الولاة, où de Sacy traduit ainsi (« les enseignes des marchands qui vendaient du café »), mais en exprimant un doute qui me paraît très-fondé (car l'étymologie repousse un tel sens) et en ajoutant fort à propos (p. 476): « Cela pourrait aussi signifier qu'on donnait publiquement le nom de *preneurs de café* à ceux qui en faisaient usage, comme on appelle حشيشي, ترياقي, افيوني les preneurs de *hachicha* ou d'*opium*. » — *Espèce, monnaie, compte*, Ht. — *Un secret*, Hbrt 236.

مَنْعوت *beau*, Voc. — *Secret* (adj.), Hbrt 236.

نَعْتَل nom d'un personnage à longue barbe, un Egyptien ou, selon d'autres, un habitant d'Ispahân. On le donnait par dérision à Othmân, parce qu'il avait aussi une grande barbe, quoique de reste ce fût un fort bel homme, de Jong.

نعد VI. تَنَاعَد par métathèse pour تَعَانَد, Voc. sous *contradicere* et sous *contendere de pari*.

نعر I *mugir* (taureau, vache), Alc. (bramar el toro), Bc; *grogner* (pourceau), Alc. (gruñir el puerco); *gronder* (chien en colère), Alc. (regañar); aussi en parlant du cri d'autres animaux, voyez نَعَرَة. — *Crier*, Voc.

(dans la 2e partie *vocare*, mieux dans la 1re *vociferari*), c. ب p., Gl. Fragm. p. 10: Yezîd ibn-al-Mohallab disait: صلاح c.-à-d., كلّما نعر بهم ناعر اتّبعوه بهم صائح ودعاهم داع يريد انهم سِراع الى الفتن والسعى فيها. — C. ل p. *montrer de l'affection, du zèle, du dévouement pour*, de Sacy Dipl. IX, 493: وجب علينا ان ننعر له النعرة التي تليق بما له من رتبة علية, paroles que l'éditeur a traduites un peu librement par celles-ci: « Nous nous sommes crus obligés à embrasser sa défense d'une manière qui répondît à son rang élevé. » — *Piquer*, comme fait la mouche dite نُعَرَة, M.

II *beugler*, Bc. — *Racler*, jouer mal du violon, Bc.

IV c. على *prendre fait et cause pour, secourir*, Beaussier.

VI *se secourir*, Beaussier.

VIII? Auw. II, 466, 20: البقر متى تلدغها الذباب تأخذ الانعار وذلك شبيه بالدهش, l'éditeur dit que le man. a ce mot sans points diacritiques et il a fait imprimer الابتغار, ce qui ne convient point. الانتعار fait du moins penser à la mouche dite نُعَرَة, mais je n'affirme rien.

نَعْرَة *grognement* (du pourceau), Alc. (gruñido del puerco); *bêlement* (de la brebis), Alc. (balido); *hennissement* (du cheval), Alc. (relinchido). — *Fausse alerte*, Berb. II, 24, 6 a f.: واسرّ الى بعض مستخلصيه — .من الاتباع فاوقعوا نعرة في اعقاب العسكر — *Affection, zèle, dévouement pour*, على, Lettre à M. Fleischer 230. — *Secours, aide*, Beaussier.

نَعَارَة *pot de terre avec un goulot et deux anses*, Bc; c'est proprement نَعَّارَة et il a été appelé ainsi parce qu'il rend un son quand on le porte à la bouche; mais le vulgaire prononce ce mot sans *teschdîd* et dit au pl. نَعاتِر, M.

نَعُورَة voyez ناعورة.

نَعّار *grogneur, celui qui grogne*, Alc. (gruñidor). — Le vulgaire emploie ce mot pour désigner la mouche qui, dans la langue classique, s'appelle نُعَرَة, M. — *Agitateur, celui qui excite du trouble, de la fermentation dans le public, qui allume une sédition*, Gl. Fragm. p. 10. — *Racleur*, mauvais joueur de violon, Bc.

نَاعُورَة (pas du dialecte de la Palestine, Gl. Geogr.),

نعز roue hydraulique, écrit نعورة dans le man. A de Haiyân-Bassâm III, 4 r°, pl. نواعر, P. Bat. I, 143. — Le Voc. a نَعُورة, pl. نواعر, *tornum*, et aujourd'hui ناعُورة désigne encore au Maroc, d'après le P. Lerchundi, *une tour à dévider, un grand dévidoir*.

نعز, que Freytag donne avec un signe de doute pour *rossignol*, est une faute pour نغر.

نعس I a l'aor. *o* selon Motarrizî, et ainsi dans le Diwan d'Amro'lkaïs 34, vs. 13 (= Kâmil 164, 8). — S'emploie aujourd'hui au Maroc, où نام n'est plus en usage, pour *dormir*, et نعاس *sommeil*, Lerchundi.

II *assoupir*, Voc., Bc.

IV *assoupir*, Voc. — *Tenir pour endormi, lent, paresseux*, M.

V *s'endormir*, Voc., Alc. (adormecerse); متنعّس *qui a sommeil*, Hbrt 43.

X *s'endormir*, Ht.

نعس *envie de dormir*, Bc.

نَعْسان, fém. نَعْسَى, M, *qui a envie de dormir, qui a sommeil*, Domb. 108, Bc, Hbrt 43; — *endormi, lent, paresseux*, Bc.

نَعَّاس dans le Voc. sous *dormire*.

ناعس عين ناعسة *œil battu;* — *œil mourant, langoureux, passionné*, Bc.

نعش I. A cause du froid لا يَنْتَعِشُ الزرع « le blé *ne lève, ne pousse pas,*» Gl. Geogr.

IV *dégourdir, ranimer, ravigoter, rendre des forces, rendre la vie, faire revivre, rendre les forces*, Bc, Baït. I, 202 e: اذا نيم عليهِ حفظت الاجسامَ وانعشها Badroun 65, 10 (l. الزمان). — *chatouiller, flatter les sens*, Bc.

VIII, comme verbe actif, انتعش العثرَة *remettre sur pied un homme qui a bronché*, P. Akhbâr 140, 10. Aussi comme v. a., au fig., dans ce passage de Tabarî qui est cité dans le Gl. Djob.: وكان حريصا على انتعاش الضعفاء وعمارة البلاد — *Se dégourdir, se ranimer, renaître, revivre*, انتعشت روحه *revenir à soi*, Bc; — نشط بعد فتور M; Bayân II, 31, 4; Djob. 206, 4: فانتعشت النفوس والاجسام ببرد نسيمه Haiyân 28 r°: لعظم الانتفاع بهذا الباب وجدّة فوائده. — جدّا وانتعاشا (وانتعشت) الرعيّة بنهاجه Subsister, *vivre et s'entretenir*, Djob. 207, 18: وهو معبر بسكّان من الاعراب ينتعشون مع الحاجّ في التجارات والمبايعات (variante يتعيشون chez Cherichi), Bat. III, 373 (même variante), Macc. II, 248, 21: وكتب له بمال وخلع وموضع ينتعش منه

نَعْش, *bière*, forme au pl. نُعوش Bc, Vêtem. 83 n., انتعش et انْعَش, Voc.

نعاش *mouvement*, impulsion, affection, passion de l'âme, Bc.

التَّعَّيْش = السّها dans la grande Ourse, Dorn 44, Alf. Astron. I, 19: «e dízenle *noayn* [l. *noayx*], et es diminutivo de *naax*.»

التَّواعش (pl.) = بنات نَعْش, Diw. Hodz. 200, vs. 23.

أَنْعَش *plus ranimant*, Gl. Djob.

انتعاش *chatouillement, impression agréable*, Bc.

نعظ IV *faire que le membre viril se gonfle, se durcisse et se redresse*, M: انعظ الذكر صاحبه حرّكه, 1001 N. II, 392: انعظت الجارية ذكره ببسمها, Baït. I, 21 b: cette plante, employée de telle et telle manière, يهيّج الباه, 32: انعط انعاظا متوسّطا, 86 a, 106 a, Macc. II, 555, 7: ذكَرُ مُنْعِظ. — Dans le sens de *libidine vénéreâ exarsit*, c. على p., *être épris d'amour pour*, Aghânî 69, 10 (l'édit. de Boulac a أنْ, pas إنْ).

نَعْظ, t. de médec., *priapisme*, M.

ناعوظ, que Freytag a mal expliqué, est (remède) *qui cause des érections*.

نعق I au fig. en parlant du soleil qui incite ou pousse l'aurore, الشمس تنعق بالضحى, Gl. Mosl. — C. ب, se dit d'un *agitateur* (ناعق), *qui excite du trouble, de la fermentation dans le public, qui incite la populace à la révolte*, Gl. Fragm., Gl. Geogr., Çalât 81 v°: حرّكت فتنة بضلال جهّال من البربر ناعقين بالفتنة, *ibid.*: نعق في جبال غمارة مفسّد ضالّ غويّ, *ibid.*: شرّ هؤلاء المارقين الناعقين في الجبال, منع اسمه انخ

نعل

Prol. I, 37, 14: القَبُولُ مِنْ كُلِّ قَائِلٍ وَالتَّسَمُّعُ لِكُلِّ نَاعِقٍ (où de Slane traduit à tort: «chaque parole de mauvais augure»), 290, 13: مِنْ وَأَتْبَعَ نَعِيقَهُ الْأَذَلُونَ, Berb. II, 198, 3 a f.: سَفِهَاءُ تِلْكَ القَبَائِلِ وَغُمَّارُ. — C. ب appeler, Macc. III, من معه من ناعقِ الفتنة. 125, 6 a f.: كَانَ لِلْمَلِكِ الْعَادِلِ عُلُوكٌ اسْمُهُ مُحَمَّدٌ فَكَانَ يَخْصَّهُ لِدِينِهِ وَعَقْلِهِ بِالنِّدَاءِ بِاسْمِهِ وَإِنَّمَا كَانَ يَنْعَقُ عَمَّالِيكَهُ يَا سَاقُ يَا طَبَّاخُ يَا مِزَيَّنُ.

نعل II mettre une carreleure à des souliers, les ressemeler, Alc. (solar çapatos).

نَعْل, pl. aussi أَنْعُل, M, Alc., أَنْعِلَة, Voc., Bc, et أَنْعُلَة, Gl. Djob., est proprement sandale, Vêtem. 421. Du temps de Mahomet, les plus précieuses venaient du Hadhramaut, Sprenger II, 166. Celles de Tâïf étaient aussi en grande réputation, Edrîsî, Clim. II, Sect. 5: وَبِالطَّائِفِ تُجَّارٌ مَيَاسِيرُ وَجَلُّ بَضَائِعِهِمْ صُنْعُ الأَدِيمِ وَأَدِيمُهَا عَلَى الجُودَةِ رَفِيعُ القِيمَةِ وَالنَّعْلُ الطَّائِفِيُّ يُضْرَبُ بِهِ المَثَلُ, R. N. 21 vº, en parlant du cadi Bahloul († 183 H.) à Cairawân: وَكَانَ لِبَاسُ البُهْلُولِ قَلَنْسُوَةً مَشْهُورَةً, 99 rº: وَاجْرَجَ نَعْلًا طَائِفِيًّا جَدِيدًا مَا أَحَدَى الَّذِي. Mais ce mot a reçu un sens plus large, يَتَنَطَّلَى عَلَى التَّاسُوعَة M, soulier, Bc, soulier, chaussure en général, Bg. — Semelle, Alc. (suela de çapato), Bc, Ht. À Berber Burckhardt (Nubia 208) a entendu l'expression: نَعْلَكْ طَيِّبْ «votre semelle (your sole) est-elle bonne?» c.-à-d., êtes-vous assez fort pour marcher autant qu'il vous plaît?

نَعْلَة ulcère, Lettre à M. Fleischer 86.

مُنْعَل voyez sous رَكِبَ III.

نَعْلَبَنْد (ar.-pers.) maréchal ferrant, Bc.

نعم I c. ب jouir de, se réjouir de, Abbad. I, 38, 11, 39, 10.

II adoucir, rendre doux au toucher, Bc. — Subtiliser, Bc. — Hacher en menus morceaux, Bc. — فِى النَّظَرِ ou نَعَّمَ النَّظَرَ regarder fixement, Payne Smith 1183–5.

IV assurer un revenu, Alc. (colar renta). — Dire oui, Aboû'l-Walîd 780, 29, أَنْعَمَ لَهُ il lui dit oui (قَالَ نَعَم, M), Kâmil 549, 12; dans le Voc. concedere

نعم

c. ل p. et ب ou في r. — أَنْعَمَ لَهُ السُّؤَالَ il lui permit gracieusement de faire des questions, Gl. Abulf. — Promettre, Alc. (mandar prometer algo, prometer, le n. d'act. promessa o prometimiento). — Faire bien, fortement, p. e. دَقَّقْتُ الدَّوَاءَ وَأَنْعَمْتُ, c.-à-d. أَنْعَمَ النَّظَرَ M. — بَالَغْتُ وَزِدْتُ فِيهِ regarder fixement, Gl. Geogr. — أَنْعَمَ بِكَ est un idiotisme dont je ne connais pas le sens précis, 1001 N. III, 444, dern. l.: ثُمَّ أَعْطَاهُ دِينَارًا وَقَالَ لَهُ بِالسَّقَّاءِ نَظَرَ البَيِّمَ وَاسْتَقَلَّ لَهُ أَنْعَمْ بِكَ يَا غُلَامُ صَغِيرٌ قَوْمٌ كِبَارٌ قَوْمٌ آخَرِينَ où l'éd. de Broslau porte يَا نَعَمْ يَا نَعَمْ.

V éprouver une sensation agréable, Djob. 87, dern. l., en parlant de la pierre noire: وَالْحَجَرُ عِنْدَ تَقْبِيلِهِ لِلزَّوْنَةِ وَرَطُوبَةً يَتَنَعَّمُ بِهَا الفَمُ.

نَعَمْ pl. أَنْعُم bénédictions, grâces, faveur du ciel; même pl. faveur, Bc.

نَعَمْ comment, employé pour faire répéter un discours qu'on n'a pas compris, plaît-il? quoi? Bc. — وَنَعَمْ et certainement il en est ainsi, Hoogvliet 49, 3 a f. — يَا نَعَمْ يَا نَعَمْ voyez sous IV.

نِعْمَة grâce du ciel, la bonté de Dieu, sa miséricorde, Alc. (gracia de Dios, merced por misericordia = رَحْمَة). — Munificence, libéralité, générosité, Alc. (dadivosidad de mercedes), Nowairî Egypte, 2 m, 193 vº: كَانَتْ لَهُ نِعْمَةٌ عَظِيمَةٌ. Pour affirmer on dit en parlant à un prince: وَحَقِّ نِعْمَتِكَ «j'en jure par votre munificence,» 1001 N. I, 95, 11. — Tout ce qu'on a reçu par la faveur de Dieu ou des hommes, مَا أَنْعَمَ بِهِ عَلَيْكَ مِنْ رِزْقٍ وَمَالٍ وَغَيْرِهِ, M; de là biens, Nowairî Espagne 442: سَلَبَ نِعْمَتَهُ «il lui enleva ses biens;» أَرْبَابُ النِّعَمِ riche, M; أَوَاسِعُ النِّعْمَة les riches, Koseg. Chrest. 85, 5 a f. النِّعَمُ sont spécialement des objets d'une grande valeur, Koseg. Chrest. 82, 2 a f.: النِّعَمُ — . وَاخْرَجُوا لِزَوْجَتِهِ الحُلَلَ الفَاخِرَةَ وَالنِّعَمَ الظَّاهِرَةَ les joies célestes, les joies du paradis, Gl. Badroun, Recherches I, App. LIII, 12. — Délicatesse, mollesse, de Sacy Chrest. I, 252, 5 a f.: وَذَكَرَ أَنَّهُ مِنْ زَوِّي التُّوتِ فِيهَا لَيْنٌ وَنُعْمَة mais c'est un texte rempli de fautes et l'on s'attendrait plutôt à نُعُومَة. نَعْمَة bien, fortement, Voc. (valde). — L donne l'article étrange: bono appetitus نَعْمَةُ الْمَوَدَّة. S'il a voulu dire boni appetitus l'expression arabe serait مَوَدَّةُ النِعَم.

نَعْمَة récolte, Cherb. Dial. 180. — *Pain*, Daumas V. A. 271.

نُعْمَى *bonheur*, Abbad. I, 388, 5.

نُعْمَان *pavot, coquelicot*, L (papaver), Most. vº شبيه بورق الخشخاش او النعمان: ماميثا, et sous خشخاش ابيض : c'est l'équivalent de النعمان الكبير. — « The Noman plant (نعمان), *Euphorbia retusa* of Forskål, » Burckhardt Syria 571; نعمانية chez Freytag d'après Forskål.

نُعْمَانِي. « *Namani*, dromedaries of good breed, so called from the place of that name, » Burton II, 16; mais je crois qu'il faut prononcer *no'mâni*, car je considère ce terme comme l'équivalent de عصافير النعمان. — Sorte de poème, voyez سُباعيّ. شقيق النعمان *anémone, renoncule*, Bc.

نَعْمًا *bien, fortement*, Ztschr. I, 158, Auw. I, 130, 14, 131, 5 a f., 141, 1, 143, 8, etc.; de même دقْقةً نعمًا, دقًّا نعمًا, c.-à-d. دقًّا ما دقَقْتَه, M (Freytag a mal prononcé et mal expliqué).

نَعِيم *grand bien vous fasse!* (compliment à quelqu'un qui sort du bain, qui vient de faire sa barbe, ou qui se réveille), Bc. — *Repos, tranquillité*, Alc. (holgura). — *Béatitude*, bonheur, félicité éternelle, Bc, Abbad. I, 385, 4. — *Le paradis, le séjour des bienheureux*, Hbrt 149 (aussi جنّة النعيم), Weijers 47, 11 et les notes p. 164. — نعيم البال *tranquille*, Hamâsa 732.

نُعُومَة *délicatesse, mollesse*; بِنُعومة *douillettement*, Bc. — *Moelleux*, t. de dessin, Bc. — *État de ce qui est, uni, lisse*, 1001 N. III, 20, 3, Bresl. III, 271.

نُعَيْمِيَّة *subtilité*, Bc.

نَاعِم *délicat, agréable au goût*, et: *délié, faible; douillet, délicat; doux au toucher, mollet, moelleux; mignon, délicat, gentil; subtil, délié, fin*, Bc; cf. Ztschr. XI, 517, n. 42 (*weich zu beissen*); *recens*, Voc. نَاعِمًا *bien, fortement*, J. A. 1850, I, 228. — ناعم منو *menu, en petits morceaux*, Bc. — سكَر ناعم *sucre en poudre*, Bc; de même بين ناعم et تراب ناعم,

c.-à-d. اخذ فى الناعم, M. — محكم الدقيق *filer doux*, agir avec douceur, par crainte, Bc.

ناعمة *sauge*, Bc, Most. vº اشفاقس, Bait. I, 77 b, II, 79 d (AB).

تَنَعُّم *mollesse, vie oisive et voluptueuse*, Bc, Tha'âlibî Latâïf 30, 3: وكان فيه تخنيث وتانيث وتنعم شديد.

مُنَعَّم البدن *délicat*, Voc.

نَعْنَع II *balbutier*, Payne Smith 819.

نَعْنَع النعنع التّرنجى. نعناع et نعنع *apiastrum*, Domb. 73. — النعنع الحرّ *mélisse, ibid.* — نعنع الماء *cresson*, Bc. — T. de médec., Bait. I, 358 a (Edrîsî): الورم الكائن فى خلق المسمى نعنع, où Sontheimer traduit *Tonsillar-Geschwülste*.

مُنَعْنَع. Une belle jeune fille a رقبة منعنعة, 1001 N. Bresl. V, 312; il faut lire رقبة, mais je ne sais pas bien comment il faut traduire l'adjectif.

نعو.

نَعْوَة, vulg. pour نَعْيَة, *l'action d'annoncer la mort de quelqu'un et l'invitation de l'enterrer*, M.

نعى I aussi c. a. p. et الى alt., Abd-al-wâhid 66, 3 a f.: اظهر موتَه ونعاه الى رعيتِه *il les invita à enterrer un défunt*, M. — Aor. i, *se plaindre de sa misère*, M.

VI se construit c. a. p., Haiyân-Bassâm I, 107 rº: اتّصل خبر هلكه بعشيرته اهل قرنبة فتناعوه.

نغر.

نَغَر *pas species asinorum* comme chez Freytag, qui a prononcé خُمُر, au lieu de خُضُر, mais *species avium*, Ztschr. Kunde I, 315.

نَغْرة pl. نَغَر *corneille*, Voc. (cornicula), L (gragulos [c.-à-d. graculus]). نَغَر. — *Timbale* (instrument de musique), Chorb. C.

نغز I. نغز بالابرة *piquer avec une aiguille*, M. — *Élancer, produire des élancements*, Bc.

نَغْزَة *élancement*, impression d'une douleur subite, *point de côté*, Bc.

نَغْرَك, dans l'Inde, *le fruit de l'arbre* عَنْبا, Notices et Extr. XIII, 175.

نغش I *jaillir, saillir*, Voc. — نغش بالشوك *éperonner*, Bc.

II c. a. *faire jaillir*, Voc.

III c. a. p. signifie, d'après le M, *causer avec quelqu'un* (حادَثَه); mais chez Bc c'est *agacer*, exciter par des regards, des gestes, des paroles, et il donne aussi مناغشة *agacerie*, gestes, discours d'une femme pour agacer et séduire. C'est en ce sens qu'on trouve ce verbe dans les 1001 N. I, 836, 15: يَنْتج ,ببطئ والسرّة وهارشنى وناغشنى من هذا الوقت الى بكرة , IV, 579, 5: اجلس جانب الدرويش وناغشه ولاعبه ibid. 6 a f.: تقدّم الى الدرويش وصار يناغشه ويعرص قلع ما كان عليه من الثياب :.695, 2 a f نفسه عليه وجلس على الفراش وطلب النغاش ووقع الهراش

VIII *jaillir, saillir*, L (scaberet يَنْتَغِشُ; mais il faut lire scatoret; c'est le verbe scatere, comme le Voc. donne le synonyme scaturire pour la Ire). — *Bouillir, bouillonner*, L (fervor غَلَيان وانتغاش).

نغش *agaçant*; وحشة ولكن نغشة *laideron*, jeune femme ou fille laide, mais qui n'est pas sans agrément, Bc.

نغش *pomme d'Adam*, Bc.

نُغْش dans le Voc. sous scaturire.

نغص V *être inquiété*, Abdarî 106 v°: ma chambre donnait sur le marché, فكنت قلّ ما ارقد الّا متنغّصا (sic) لصياح الباعة وم ببيعون طول الليل

X. استنغصت الامّ لولدها الغائب est quand une mère pense, en mangeant, etc., à son enfant et s'afflige de son absence, de manière à en perdre l'appétit, M.

نغض I et IV *se rendre, marcher vers* (الى), Gl. Fragm.

نغف.

نغف *sicca narium sordes*, Payne Smith 1368.

نغل I. نغل دوّدا dans Abou'l-Walîd 680, n. 5, comme traduction de ורם תולעים (Exode XVI, 20). Ordinairement on croit que c'est de רמם et l'on traduit: « et creverunt vermes; » mais Abou'l-Walîd dit que c'est de רחם; Fürst est de la même opinion et traduit: « et repebant vermes. » Le sens que donne Beaussier, *fourmiller, grouiller*, pourrait donc convenir. — *Démanger*, avoir la démangeaison, Bc.

II c. a. dans le Voc. sous incurabilis, mot pour lequel il a مُنَغَّل.

IV *exciter quelqu'un* (accus.) *à la révolte contre* (على), Gl. Fragm.

V dans le Voc. sous incurabilis.

نغل *mulet*, quadrupède engendré d'un cheval et d'une ânesse, M.

نغلان *démangeaison*, picotement entre cuir et chair, Bc.

تغيل *mulâtre*, Bc.

نغم I *réciter le Coran d'une manière chantante, psalmodier*, Djob. 183, 11: قرّاء ينغمون بالقراءة فيأتون بألحان تكسب الجسد طربا وأريحيّة, كانها المزامير الداوديّة. Ces modulations s'appellent تَغمات, Djob. 202, 11: فابتدروا القراءة بنغمات عجيبة وتلاحين كان طيّب, 221, 2; cf. Khatîb 18 r°: مطاربة مُشْجِية النغمة بالقران

II dans le Voc. sous modus; طرب est نغّم المُغَنِّى في الغناء, M.

نَغْمة a dans le Voc. (modus) le pl. نغم. De même que *ton*: 1° *mode ou mélodie*, 2 *son mélodieux*, Descr. de l'Eg. XIV, 35, n. 3; *ton, son*, Bc; *chant, air, modulation*, Bc, Hbrt 99; *note musicale*, Kosegarten Aghânî 37, Prol. II, 352, 15. Cf. sous I.

نغمش 1 *chatouiller, titiller*, Bc.

نَغْمَشة *titillation*, Bc.

تنغمش *chatouillement*, Bc.

نغنغ II *balbutier*, comme نغم II, Payne Smith 819.

نُغْنُوغة pl. نغانيغ *goitre*, Alc. (papo de papudo). — *Angine, esquinancie, avives*, Alc. (papera en los animales); j'ai suivi Nebrija et Victor).

نغى II c. a. dans le Voc. sous contendere de pari.

III c. a. *rivaliser avec*, ma note dans le Ztschr.

نف

XVI, 595, Voc., Gl. Mosl. — *Chanter* (oiseaux), *gazouiller*, *ramager*, Bc, Hbrt 185. — *In gratiam rediit* ne repose que sur un malentendu et doit être biffé, de Sacy Chrest. II, 322.

VI. Pour *rivaliser réciproquement* (cf. Freytag) je citerai encore: Berb. I, 383, 6, Haiyân-Bassâm I, 120 v°: ils avaient quantité de bagages وكان امراؤه والوجوه من اهله قد تنازعوا وجاءوا مجىء مَنْ لا يشكّ فى الظفر

نَفَث

نَفْث *trombe, gouffre, tourbillon*, Domb. 55, Ht.

نَفَثَ I. Freytag n'aurait pas dû donner *souffler* comme la signif. primitive de ce verbe, mais *cracher*, car quand les lexicographes arabes l'expliquent, ils emploient bien نَفَخَ, mais de manière à faire entendre que c'est *souffler en crachant*; ainsi dans le M: d'abord *cracher*, puis: ونفث نفخ مع ريق وبزق او. On بزق ولا ريق معه او هو كالنفخ واقلّ من النفل. l'emploie en parlant de celui qui jette dehors de la salive, de la pituite ou du sang; voyez Abbad. III, 127, et cf. mon article شوصة. Quand on dit qu'un magicien نَفَثَ في العقد, cela signifie aussi qu'il a craché un peu sur un nœud, M: نفث الراقى في العقد, Prol. III, 128, 16, où il est question de magie: ثم ينفث من ريقه بعد اجتماعه, Baidhâwî II, 423, 15: والنفث النفخ مع ريق فيه. L'idée de *souffler* prédomine toutefois dans ce vers, Macc. II, 419, 15:

واذكر لهم زمناً يهب نسيمه ۞ أصلاً كنفث الراقيات عليلا

On dit encore au fig. نفث اللّٰه الشىء في القلب, c.-à-d. القاه, M, et quant à l'expression مُذْ نَفَثَ قَلْبى chez Harîrî 421, qui présente un double sens, il faut consulter le Commentaire. Je trouve aussi (لفظ. cf. بِبَيْبَات) نفث بأبيات, Haiyân 22 v°: ونسبوه الى ان اصرّ الخلاف للامير عبد اللّٰه والمروق عنه وعزوا البه ابياتًا من الشعر نفث بها فيما يعتقده من ذلك جعلوه ذريعة الى قتله

III. Dans le Fâkihat al-khol. 74, 17: وامّا انا فلا بثّ لى معه من المباحثة والمؤانسة والمناقاثة, ce verbe, auquel Freytag attribue une signif. peu convenable, doit avoir à peu près celle qu'il a dans Harîrî 212, *discourir*.

694

نفج

التَّفّاثَات dans le Coran 113, 4, que Freytag a mal expliqué (de même que نَفَث et نَفَثَة), signifie *les femmes qui ont craché sur des nœuds qu'elles ont faits*, c.-à-d. *les sorcières*.

منافث pl. مَنْفَث *soupirail*, Alc. (espiradero); c'est une mauvaise prononciation pour مَنْفَس ou مُنَفَّس (voyez).

نَفَج I. M: ونفاجتــه نَفْجًا عَظَمْتــه والعامّة تقول نفشته; voyez نفش.

نَفيج *caille*, Bc. Ce renseignement peut servir à corriger Yâcout I, 885, 2, qui, dans sa liste d'oiseaux, nomme d'abord السلوى, *la caille* ou *le roi de cailles*, puis النفج الملوح, variantes dans les man. de son ouvrage et de celui de Cazwînî المبقعة et التقيمى. Il faut certainement lire النفج, autre espèce de caille, peut être *la caille ordinaire*. Quant à الملوح, je n'oserais pas affirmer qu'il appartient à ce terme; c'est peut-être une autre espèce d'oiseau.

نَفْجَة pl. نَفَج *bursa, saccus* chez Freytag d'après Reiske doit disparaître, car dans le passage qu'il cite il faut lire البقعة, comme Quatremère l'a dit avec raison (Maml. I, 2, 204).

نَفَاج chez Freytag doit être biffé; le mot est نَفاج (voyez).

نَفَاجى (contenu dans une vessie) épithète de la meilleure espèce de musc, Djauzî 143 r°: المسْــكَ اجْودهُ النَّفاجى الاصفرى

نَفّاجة مسك *une vessie de musc*, Bc.

نَفّاج. Le Voc. a نَفّاج et مُحْتال *indigens*, mais c'est évidemment *un pauvre qui veut passer pour riche*, car un نَفّاج est un مفاخر بما ليس عنده.

نَفَح I *convenir*, Ht, c. ل *être agréable à*, Beaussier. — يقال له لسانْ نفح عنده = نَفَح عنده, Akhtal 15 v°: مُضَر لنفحه عنهم وفخره لهم (Wright).

III c. a. *rivaliser en agréable parfum avec*, Weijers 24, 9.

نَفْحَة *mesure pour le froment à Bokhârâ*, qui contient 57 *mann*, M.

نَفَّاح *aiguillon de la chair*, Bc.

نفَّاح *odorant*, qui répand une bonne odeur, Voc.,

Macc. II, 364, 10. — Espèce de pastèque qui a une odeur parfumée, Auw. II, 224, 2, 231, 12 et suiv., où il faut lire ainsi.

حَرُّ نَفَّاخَةٍ a été trouvé par Reiske dans le Diw. Hodz. 50, vs. 2: تَرَمَّصَ مِن حَرِّ نَفَّاخَةٍ avec la glose: تَرَمَّصَ توجَّع مِن حرّ هذه التي نَفَخَتْهُ ۞

نَافِجَة pl. نَوَافِج *parfum*, Abbad. I, 170, 9. — نوافج المسك est vulgaire pour نَوَافِج المسك, *vessies de musc*, 1001 N. I, 320, 7 a f., trad. de Lane I, 516, n. 5, Fleischer dans l'éd. de Bresl. XII, Préface p. 58—9.

أَنْفَحَة etc. *présure, ce qui sert à faire cailler le lait*, Bc, Gl. Manç.: اللبن الجامد في كروش الحيوان, الرضيع ينعقد بها الحيوان (اللبن), cf. l'article chez Bait. I, 93 b.

نَفَجَ I a l'aor. *o*, pas *a* comme chez Freytag, Arnold Chrest. Gloss. نفج الجلد *boursoufler, enfler la peau*, Bc. — نفج et نفج روحَه *se prélasser*, *affecter un air de dignité, se rengorger*, Bc, Voc. (نفج iactare); aussi نفج شكيمته, M. — C. نفج في *donner de l'encensoir, des louanges outrées*, Bc. — نفج في رأسه *tourner la tête de quelqu'un, lui inspirer des idées, l'égarer*, Bc. — نفج فيه الروح *se dit d'un avorton qui a vécu*, Gl. Tanbîh. — نفج الصبحى *il est déjà grand jour*, M. — Marmotter, Gl. Tanbîh. — نَفَجَ *avoir les testicules enflés*, M.

II *faire enfler*, Hbrt 33. — C. a. dans le Voc. sous iactare.

V quasi-pass. de II, M, *être enflée* (voile), Hbrt 127.

VIII *se gonfler d'orgueil*, chez Bc *s'enorgueillir*, M; aussi انتفج راسه, Amari 7, 3; — *se gonfler de rage*, Gl. Fragm. — *Se grossir* (armée), Akhbâr 96, 2 a f., 97, 6.

نَفْج *gonflements*, de Sacy Chrest. I, 151, 1, 152, 3 a f. — *Hydrocèle*, Alc. (potra de humor congelado). — *Tension, raideur*, Alc. (entesamiento). — نفج البطن *hydropisie*, Alc. (idropesia). — *Spasme, mouvement convulsif dans le visage*, Alc. (pasmo en la cara). — *Inflammation*, Daumas V. A. 425.

نَفْخَة *souffle*, Alc. (ospiritu o soplo, soplo), Ht. — *L'action de souffler*, قبل نفخة الصور «avant que la trompette du dernier jugement ait sonné», Abbad. I, 250, 13. — *Tumeur, enflure*, Ht, *bouffissure*, *enflure des chairs*; au fig., du style, *emphase*, Bc. — *Tension, raideur*, Alc. (entesamiento). — *Orgueil, présomption, fierté, hauteur, gloriole, morgue*, Alc. (presuncion), Bc, Hbrt 240, Ht, Daumas V. A. 181. — *Van*, Payne Smith 1022.

نَفْخِى *présomptueux*, Alc. (presuntuoso).

مرض النفاخ *carreau, maladie des enfants, obstruction qui durcit et tend le ventre*, Bc. — *Nefêk zebabâr* (ainsi dans le man.), c.-à-d. *natura muliebra enflata*, *espèce de datte*, Pagni 150.

نَفَّاخ *souffleur*, Voc., Bc. — نفاخ القرن *corneur, celui qui sonne d'une corne*, Alc. (bozinglero). — *Orgueilleux*, Voc.

نَفَّاخَة *globule*, Bait. II, 19 a: وفي طرفه شعب نطاف صعدا. عليها نفاخات بيض صنوبرية الشكل عليها زهر ابيض, Abou'l-Walîd 100, 11: النفاخات المتولِّدة في. البيض عند قليته اذا [لم] يحرك. — *La figue dès qu'elle commence à mûrir*; on l'appelle ainsi parce qu'alors elle commence à se gonfler, M.

نَافِج *fier, hautain*, Bc, Hbrt 240. — *Arula*, Voc. (voyez Ducange), *foculus maior*, Domb. 80, *réchaud* Roland, *fourneau portatif en terre cuite*, Beaussier; ils donnent le pl. نوافج; dans le Cartâs 119, 10, c'est نوافيج كان فخّارا يعمل النوافيج, car c'est ainsi qu'il faut lire avec deux man., au lieu du النوابيج de l'édition. De là vient l'esp. *anafe* ou *alnafe*, réchauffoir, petit fourneau portatif. L'article que j'ai donné sur ce terme dans le Gl. Esp. 184 doit donc être changé.

نَافُوخ, à Bagdad, *la racine du glaïeul*, Bait. I, 424 a: اصله يسمّى النافوخ بالنون ببغداد وتستعمله النساء كثيرا ببغداد للسمن وفي غمر الوجه لتحسين اللون وهو عندهم (ببواديها +B) كثير ينباع منه المنّ بإبسا بثلثة دراهم, II, 546 d. — Plus vulg. que يافوخ ou بافوخ *sinciput, sommet de la tête*, Bc, M, Payne Smith 1612.

تَنْفِيخ *scorbut*, Ht.

مِنْفَخ pl. مَنَافِخ *soufflet, instrument pour souffler*, Bc, M, Abou'l-Walîd 427, n. 32, Bait, article dans le man. A après II, 164 c: ويتَّخذ من انابيبها منافخ للنار ۞

مُنْفَتِحْ même sens, Bait. I, 417 b: وعلى طرف القصيب زهرة صفراء جوفاء كمنفتحة الصاغة — Van, Payne Smith 1022.

مُنَفَّخ hydropique, Alc. (idropico). — *Joufflu*, qui a de grosses joues, Alc. (carrillo hinchado). — *Tendu*, *raide*, Alc. (pando cosa tesa, teso). — *Celui qui a des spasmes, des mouvements convulsifs dans le visage*, Alc. (pasmado el que tiene pasmo en la cara). — *Emphatique*, Bc.

نَفَذ I *être abandonnée* (mine), Gl. Geogr.

II. نَفَذَ الحساب *détailler un compte, en nommer chaque article l'un après l'autre*, ذكره نَفْذَةً نَفْذَةً اى ;مفصَّلًا وهما من كلام العامّة quelques-uns disent فَنَّد, M.

IV *vider* une outre, Aghânî 33, 11.

X *épuiser*, Djob. 161, 11: حتى نزفت دمعها العيون واستنفدت ما هو الشُّؤن, Müller S. B. 1863, II, 35, l. 11: il mourut, car قُوّتَهُ استنفذ; cf. Ibn-Abdalmelic 86 v°: روى عن ابيه واستنفد بالكتابة مصنّفاته c.-à-d., il copia tous les ouvrages de son père; استنفذ *donner tout ce qu'on a*, Abd-al-wâhid 110, 3 (où le بذل est une faute d'impression), de même que قِبَلَهُ ما استنفد, Abbad. I, 396, 3 a f., استفراغ الوسع واستنفاد المجهد, Bîrouni 4, l. 8; aussi *faire tous ses efforts*, Nowairî Espagne 452: فاقتتلوا وبذل كلٌّ من الطائفتين جَهْدَهُ واستنفد وسعه (d'après le man. de Paris; celui de Leyde porte par erreur واستنفدوا).

نَفْذَة في الحساب *parties*, articles d'un mémoire; *allocation*, action de passer un article en compte, Bc, cf. sous II.

نَافِذ I *percer*, avoir issue, p. e. بيته نافذ على حارتين « sa maison perce dans deux rues, » Bc, M: نَفَذ المنزل الى الطريف اتصل به, de Sacy Chrest. II, ۱۳۳, 4, 1001 N. I, 857, 7 a f.: وفتح باب سر القصر النافذ الى البحر ;نفذ لبعض *communiquer*, avoir communication, en parlant de deux appartements, Bc; زقاق لا ينفذ *cul-de-sac, impasse*, 1001 N. I, 236, 8, II, 21, 14. — N. d'act. نَفَذ *boire* (papier), Alc. (espanzirse el papel; autrefois on disait aussi *percer* en

français, car Victor traduit l'expression esp par « percer ou boire (le papier); » نَفَذ الكاغد espanzimiento de papel). — *Faire de grands progrès, exceller*, M: نفذ فلان في الامر مهر فيه واجراه, Fakhrî 273, 5: وكان قد مات ابوه وهو صغير فاسلمته امّه الى بعض كتاب العجم فنفذ نفاذا محمودا وتعلَّم آدابًا كثيرة من وكلاهما من, Haiyân-Bassâm I, 10 r°: اداب النَّفْس اكفل (اكمل l.) فتبيان الزمان فهما ومعرفةً ونفاذًا في مشاركته في علم اللسان, III, 5 v°: العلم الرفيعة وكان رجلا بصيرا ونفوذه في علم القرآن, Bait. I, 68: بأنتكهن نافذا فيه نفاذا كثيرا, Gl. Geogr. — *Être irrévocable*, M: نفذ الامر (ordre) والقول نفوذا ونفاذا مضي وجرى ونفذ العتق كانه مستعار من نفوذ السهم فانه لا مرد له اجبانوا الى, Mohammed ibn-Hârith 230: « s'ils consentent à la vente, c'est bien; mais s'ils s'y refusent, mon arrêt est irrévocable, » cf. Gl. Tanbîh. — *Sortir*, Alc. (salir una cosa con otra), Prol. I, 309, 4: فان نَفَذ مع si le nombre d'aïeux qui en résulte s'accorde avec celui que donne l'arbre généalogique. » — *Franchir les obstacles*, Bc; *réussir*, Macc. II, 405, dern. l.: وينفذ مع هذا في مطوَّلات الاشعار. — *Se faire, s'exécuter*, Bc. — *Surnager, subsister après un désastre*, Bc. — C. نفذ من الخطر *échapper de, à*; *se sauver*, Bc. — نفذ لِوَجْهِهِ, Cartâs 58, 8 a f., لطيّتِه (فنفذنا لطيتنا), Djob. 333, 10 (où il faut lire لطيتِه) *partir pour sa destination*; c. الى *se rendre vers*, Mohammed ibn-Hârith 226: فانه صار الى حمص مُنْصَرِفَهُ; *se mettre en route, marcher*, من بغداد نافذا اليكم, Djob. 346, 1 et 2, Haiyân 4 r°: فنفذ حتى قدم قرطبة, 39 r°: les habitants de Tortose ayant demandé un cadi au sultan, celui-ci donna ce poste à un jurisconsulte d'Elvira, qui لا يهم نفذ نفذ امره الى فلان — il ordonna à un tel de, Cartâs 39, 10 et 17, 40, 4, etc. — نفذ الطريق *le chemin est public, à l'usage de tous*, M. — Comme v. a., *percer à jour*, Gl. Edrîsî. — نفوذ العلامة *tracer l'alâma*, rendre valide un document qui émane du sultan, le parafer, Abd-al-wâhid 205, 12, où il est question des membres de la famille du calife: وقد كانوا قبل ذلك لا فرق بين احدهم وبين الخليفة سوى نفوذ العلامة

II *faire pénétrer, percer* une flèche, M. — نفذ بضائع من غير كمرك *faire la contrebande*, Bc. — *Percer*, v. a., Voc., Alc. (hincar traspassando, passar con tiro o herida); une épée مُنْفَذ لجانبَين *à deux tranchants*, P. Macc. II, 165, 7. — *Exécuter*, Gl. Badroun, Gl. Bayân, Gl. Belâdz., Valeton 7, n. 1, Voc., Mohammed ibn-Hârith 273, 347: تنفيذ أمور, Haiyân 86 r°, إذا استيئانت والاناة فيها اذا اشتبهت (deux fois): نَفَذَ ذلك «cela fut exécuté,» R. N. 54 r°: فقال ان الامير امر بتنفيذ ما تَحيّون; aussi c. في, Çalât 86 r°: ينفذ في الاوامر «exécuter des ordres.» نفذ لفلان *exécuter les ordres de quelqu'un*, Akhbâr 157, 9: Nous t'avons nommé général et gouverneur, نفذ حُكْمَ فلان — .فتهاونت بالتنفيذ لنا وقلّت المبالاة بنا *prendre soin que l'arrêt d'un tel soit exécuté*, Mohammed ibn-Hârith 231: le sultan كان ينفذ احكامه .ونفذ له حكمه 233: — .ران وقعت منه بغير المحبوب *Prononcer un arrêt*, Mohammed ibn-Hârith 229: فنفذ ورايت 267: القاضي القصبية على حبيب وسجّل واشهد في بعض الحكايات انه ابا عزله لانه حفظت عليه في تلك المدّة سبعون قصبية فاستكثرت منه قضا بها قال محمد (بُكَر .l) وهي فيما ارى حكاية مدخولة لانه لا تنكر تنفيذ الاقصية وكثرتها مع حضور الحقّ وانكشاف ثمّ اخذ كتابا فعقد حُكّم لنقوم بالصنيعة 232: الصدق تنفيذ الحقوق — .ثمّ نفذه بالاشهاد فيه *l'action de faire droit à chacun, l'administration de la justice*, Macc. I, 468, 5. — *Ordonner*, c. الى p. et a. r., Djob. 77, 18: حسبما نَقَذَ السيد ذلك من سلطانه «comme cela lui avait été ordonné par son sultan;» c. بـ, Mohammed ibn-Hârith 329: وآذن بالتنفيذ. En- فـ. القطع والصلب بلا موامرة منه ولا استيذان — voyer, de Jong, Gl. Fragm., Macc. I, 251, 1. — *Expédier, faire mourir*, Gl. Mosl. — نفذ من لخطر *sauver*, Bc. — نفذ له الشيء *il lui donna une assignation pour recevoir une chose*, Bat. III, 436, على فلان, Bat. III, 440: الزرع المنفّذ على عزيز «les grains pour lesquels j'avais une assignation sur 'Azîz,» Prol. II, 13, 5: تنفيذ ما يجتاج اليد على فلان «payer en mandats remboursables par.» — Voyez plus loin le n. d'act. et le partic.

IV *faire pénétrer, percer* une flèche, M. — *Percer*,

v. a., de Sacy Chrest. II, ۱۴۴, 2 a f.; انفذ أنقابها *trouer, faire des trous*, Macc. I, 335, 6. — *Prononcer un arrêt*, حُكْما, Mohammed ibn-Hârith 229, 232, Prol. I, 406, 15 (si on y lit انفاذ, comme dans de Sacy Chrest. I, 469, 8). — *Juger* un procès, Abdal-wâhid 207, 5 a f.: فكان هذا ايضا مما حملة على القعود في ايام مخصوصة لمسائل مخصوصة لا ينفذها غيره. — انفذ امرا *donner un ordre, ordonner*, Khatîb 54 r°: انفذ الأمر بقتلهما. Aussi انفذ seul, *donner des ordres*, Abbad. I, 296, 2 a f. — *Envoyer*, Gl. Edrîsî, Gl. Belâdz., Gl. Fragm., de Jong, Haiyân 39 r°, Haiyân-Bassâm I, 24 r°, Nowairî Espagne 443, Cartâs 58, 2 a f., 1001 N. III, 226, 9. — انفذ عهدا *ratifier un acte, un traité*, Cout. 2 r°: انفذ لهم الوليد امير, Nowairî Espagne 474: عهد طارق وامضى المؤمنين عهده هذا واجزاه وانفذه. Mais c'est aussi *exécuter un traité*, Cout. 2 v°: فكتب لها عشام الى حنظلة بن صفوان الكلبى عامل افريقية بانفاذ عهد الوليد. — ابن عبد الملك انفذ لفلان (او الى فلان) صكّا *payer une assignation, un mandat*, Gl. Fragm.

V dans le Voc. sous *penetrare; percer*, Cartâs 225, 5: واقبلت سهام المسلمين عليهم صائبة كانها المطر الواكف, او الريح العاصف,، في تنفّذ التراس والدرع mais lisez والدروع et ensuite وللجموع. Dans Payne Smith 1540: تنفّذ دواء او غيره. — *Etre exécuté* (ordre), Voc. — *Aboutir*, Ht.

VIII dans le Voc. sous *penetrare*.

نفاذ نفاذ الأمر *exécution*, Bc. — *Contrebande*, Bc. — T. de métrique, *la voyelle du* و (pron. affixe) *dans la rime*, M, Freytag Arab. Verskunst 322.

نفاذة *vigueur, énergie*, Payne Smith 1293.

نافذ *agissant avec pleins pouvoirs*, Roland.

نافذة pl. نوافذ *ouverture faite dans la muraille d'un bâtiment, pour donner du jour et de l'air à l'intérieur*, M.

انفذ *plus efficace*, Gl. Maw.; *valable*, Ht.

تنفيذ *vigueur, énergie*, Mohammed ibn-Hârith 231: le sultan اقرّه على قضاة الجماعة وكان يعرف صلابته التنفيذ, ou خطّة التنفيذ, ou وتنفيذ الخرج seul, *le contrôle des dépenses du sultan*, Berb. I, 473,

9: وقلّده حجايته لجموعة الى تنفيذ لخرج, ibid. l. 5:
كان يتولّى التنفيذ :8 ,Cartâs 259, خطة التنفيذ —
Pl. أنت assignation, mandat, écrit portant l'ordre
de payer une certaine somme à la personne qui y
est dénommée (cf. sous II et IV à la fin), Amari
Dipl. 108, 7 : واذا كان لاحد منهم حقّ فى الديوان
وعليه حقّ فيه وبيده بذلك تنفيذ محسوب ما له ما
عليه, cf. l. 10, Macc. III, 438, 8: ومن اجلّ مآثره
بها المدرسة لجديدة وكان قدّم للنظر فى بناتها قاضيه
على المدينة المذكورة ولّما اخبر السلطان بتمام بنائها جهّز
اليها من فاس لبراعا فقعد على كرسى من كراسى الوضوء
حول صهريجها وجىء بالرسوم المتضمنة للتنفيذات اللازمة
فيها فغرقها فى الصهريج قبل ان يطالع ما فيها وانشد
لا بأس بالغالى اذا قبل حسن ليس ما قرنت به العين ثمن *

مَنْفَذ (pas منفذ comme chez Freytag, Fleischer
sur Macc. II, 612, 18 Berichte 151) pl. منافذ on-
verture, p. e. منافذ الوجه, Gl. Tanbîh. — Soupirail,
Alc. (respiradero), ventouse, ouverture pour donner passage à l'air, Bc, Gl. Geogr.; cf. منفس. — Ouverture
par où passe l'eau, soupirail d'aqueduc, Beert 59,
10: جدول ماء جار يستحبر بالمدينة وله منافذ تسقى
فقطعوا منها عند لحاجة, Macc. I, 165, 3 a f.:
القناة من جريتها الى الكنيسية وسكروا منافذها,
Prol. II, 322, 7: منفس = المنافذ للمياه لجارية, Gl.
Geogr. — Entrée, endroit par où l'on entre, Haiyân 73
r°: ضاق باب لخصن باذنهابه فلم يجد اللعين
منفذا للدخول عليه حتى الخ, Ht, Bc,
porte, au fig., issue, Bc, 1001 N. 1, 752, 11: فقالت
له الغارل ان اعددت فى خبرى هذا سبعين منفذا اخرى
جبال وشعاب ان 1, :138 Edrisî, منه اذا طلبت بللمضيق
يقدر احد على ساوكها لصعوبة مراقيها وخشونة طرقاتها
فقاتلهم قتالا شديدا, Cartâs 104, 6 a f.: ونعذّر منافذها
قتال من ابقى بالموت واغتنم الشهادة اذا (اذا 1.) لم يجد
منفذا يخلص منه. — Orifice de la matrice, Prol. II,
329, 5 et 2 a f., d'un tuyau, Macc. II, 612, 12
(lisez ainsi avec Boul.). — Trouée, espace vide,
abattis au travers d'un bois, Bc. — Avenue, passage,
communication, passage, voie qui communique d'un
lieu à un autre; سدّ المنافذ الى « rompre les commu-
nications, » Bc, Gl. Geogr. — Refuge, excuse, prétexte, Bc.

مُنَفَّذ. Lo منفّذ لخدّمن فى دار السلطان, Prol. II,

14, 10, était le contrôleur des dépenses particulières
du sultan, l'intendant de sa maison. C'était un personnage considérable, et l'on voit par le passage
cité des Prol. qu'à la cour des Benou-Ziyân de
Tlemcen, de même qu'à celle des Benou-Hafç de
Tunis, on lui donnait parfois le titre de hâdjib, et
qu'il avait, en certaines occasions, la comptabilité
ainsi que le droit de parafer les pièces officielles.
D'après Léon 565 et Marmol II, 244 d, c'était à
Tunis le premier dignitaire, une espèce de vice-roi.
(Chez Van Ghistele, 375, 2, il est aussi question
de lui, mais son nom y est altéré en Elmonisete).
A Fez le vizir et le Munafit occupaient aussi les
premiers rangs, Marmol II, 99 a. — Sonde (instrument de chirurgie), Alc. (calador de cirugiano).

مَنْفُوذَة. زنقة بلا منفوذة cul-de-sac, impasse, Alc.
(calle sin salida).

نَفَر I c. ر. الى et الى الشىء اسرعوا النهم M. —
Jaillir (eau), Bc. — S'épouvanter, en parlant d'un
troupeau, fuir çà et là, Alc. (aventarse el ganado).
— نفر لم يصد a dit Ibn-Khaldoun en parlant des habitants des villes, Prol. 1, 228, 2 a f., après avoir observé qu'entourés de murailles, ils sont à l'abri du
danger. C'est, à ce qu'il semble, une expression proverbiale qui signifie: leur gibier n'a pas besoin de s'enfuir, n'a rien à craindre. — Epouvanter et faire fuir,
Alc. (aventar hazer huir); c'est pour la II°. — Se séparer du troupeau, s'égarer (bétail), Alc. (desmanarse
de la manada, desmandarse). — N. d'act. aussi نَفْر,
avoir peur et se jeter subitement de côté (cheval, mulet), Alc. (espantarse la bestia), c. عن r. et ب du cavalier, Gl. Fragm, Bat. man. 200 r°: نفر فى الفرس
de même chez Aboulf. Ann. IV, 6, 1. 5 (où Reiske
a bien traduit, tandis que Hamaker, dans la note
citée par Freytag, a cru à tort que c'est «s'emporter»). — Quitter l'endroit où l'on habite et se mettre
en voyage, se mettre en mouvement, partir pour une
expédition, Maml. II, 1, 121, Gl. Bayân, Gl. Belâdz., Abd-al-wâhid 247, 13, Haiyân-Bassâm III, 49
r°: وكنز اسلمتم امرهم لتخطيطهم ودخلهم الى انفسهم.
— C. عن détester, haïr, abhor-
rer, Ht, Abbad. II, 197, 4: وكفر اعلام امير المسلمين
فقالت به لغزر من الاستدلال بالنجوم, Khatîb 22 v°:
نفر قلبه من; معاذ الله ونفرت من ذلك
prendre en aver-
sion, avoir de l'éloignement, de la répugnance pour,
avoir horreur de, prendre en haine, Bc; cf. Hamaker
et Gl. Fragm. Aussi absolument, خاذره, Aboulf.

Ann. IV, 266, 3 (Hamaker). — C. ﻓﻲ p. *s'emporter contre*, se fâcher violemment, Fleischer Gl. 96, 1001 N. III, 238, 8 a f., Bresl. XI, 248, 7, cf. Fleischer XII, Préface, p. 93. — *S'éteindre* (famille), Mohammed ibn-Hârith 226: N'ayant reçu de vous aucune nouvelle, وقع بظنوننا ما يقع مثله بالضنون على فروخ اللّيالي والأيّام، ومرور الشّهور والأعوام، من الانقراض والنّفور. Dans le sens de *vaincre*, non-seulement c. a. p., mais aussi c. على p., Rasmussen Addit. ad hist. Arab. ۴۰, 4 (Hamaker). — *Se gonfler* (membre viril), 1001 N. I, 324: نفر احليلي حتّى صار مثل المفتاح الكبير — *Veiller à la garde*, Hbrt 143.

II dans le sens de *mettre en fuite*, aussi c. ب, Gl. Mosl. — *Faire une battue*, surtout pour faire sortir les lapins, Alc. (oxear como conejos, تنفير oxeo de conejos). — *Inspirer de l'aversion*, à quelqu'un, accus., pour un autre, عن, J. A. 1869, II, 143: نفر القلب *repousser*, inspirer de l'aversion, *répugner*, inspirer de la répugnance, Bc. — *Rebuter*, choquer, déplaire, Bc. — *Sonner de la trompette*, Maml. II, 1, 123.

III *appeler* quelqu'un, accus., *devant*, الى, le juge, Gl. Badroun, M. — *Éviter*, se tenir à distance de, avoir de l'aversion pour, Gl. Edrîsî, Gl. Fragm., Aboû'l-Walîd 323, 25; le Voc. l'a sous eferari. — *Discorder*, être discordant; مناﻓِر *discordant*, Bc.

مناﻓِر *transfuge*, Gl. Belâdz.

IV. Dans une tradition on lit: أتنفّر بنا, c.-à-d., جعلت ايلنا تنفّر, tandis que تنفّرت signifie مُنفّرين, Gl. Fragm.

V dans le Voc. sous eferari.

VI *s'éviter, se fuir, avoir de l'aversion l'un pour l'autre*, Gl. Edrîsî. — En parlant d'une seule personne, *rebuter, repousser*, P. de Sacy Chrest. I, ۷١, 12: صار من بعد التنافر مؤنسي; c. عن *avoir de l'aversion pour*, Cartâs 8, l. 15, où il faut lire وتنافر المغرب عن المشرق, comme Quatremère a corrigé d'après un man. dans le J. d. S. (au lieu de وتناذى). — C. على p. *se réunir contre*, Bayân I, 280, 2 a f.: فلمّا وصلوا الى قرية كامل وباتوا بها تنافر اهل المنازل عليهم فقتلوهم

X *exciter à partir pour la guerre*, Maml. II, 1, 123—4, Gl. Bayân, Gl. Belâdz., Gl. Fragm., Abd-al-wâhid 91, 16, 92, 7, 235, 8, Cartâs 154, 7 a f., 211, 10; ce verbe a le même sens dans Freytag Chrest. 131, 14. — Chez Alc. conquistar; mais ce verbe ne signifie pas *conquérir* et il n'est point le synonyme de قتل et حارب, qu'Alc. donne aussi pour conquistar.

نَفَر *individu* (Bc, Gloss. de Habicht sur le II° volume de son édit. des 1001 N.). La règle d'après laquelle ce mot ne se dit que depuis trois hommes jusqu'à dix, est si peu observée par les auteurs, qu'ils parlent de 6000 et même de 50,000 نفر, Rutgers 153, 9 a f. et la note de Weijers p. 154. — *Simple soldat*, Bc. — *Troupe de gens qui partent pour la guerre*, Gl. Belâdz.; *les compagnons de celui qui fait une expédition*, et de même نَفْرة, نُفْرة, نافرة, ibid. — Comme sing. et comme pl., *caravane et caravanes*, Gl. Geogr. — *Patrouille*, Hbrt 140 (Eg.). — النَّفَر العامّ *proscription*, ordre donné par le sultan à quelque particulier que ce soit de tuer une personne qui a encouru sa colère en quelque lieu qu'elle se trouve, M.

نَفْرة *désordre, confusion*, Haiyân 85 r°: un corps de troupes passa à l'ennemi pendant la bataille, فوقعت لهوزبيهم في العسكر نفرة شديدة اطفأها القائد, احمد بن هاشم وسكّن نفوس الجشم ثمّ قامت بالعصبة نفرة شديدة بسبب حلب, J. A. 1852, II, 215, 4:. — العامّة أن بها من بني مرين. — *Aversion, antipathie, haine*, Bc, Ht, Macc. I, 590, dern. l., Berb. I, 9, 3 (corrigé dans l'errata); spécialement en parlant d'un vassal qui a la velléité de se révolter contre son suzerain, l'opposé de استقامة, Berb. I, 11, 3 a f., 42, 2 a f. Employé d'une manière un peu étrange 1001 N. I, 399, 6 a f., où il est question d'un nègre très-irrité: وزادت به النفرات. — Voyez sous نفر.

نُفْرة voyez sous نفر.

نِفار الطبع *aversion*, Bc.

نَفُور a dans le Voc. le fém. s et le pl. نُفَّر.

نَفُور *misanthropie*, Bc.

نَفِير, pl. أنْفار, Yâcout III, 548, 13, أَنْفُرة, Gl. Belâdz., *troupe de gens qui partent pour la guerre*; ainsi les Mecquois qui se mirent en campagne pour aller protéger leur caravane, qui revenait de Syrie sous les ordres d'Abou-Sofyân, contre l'attaque de Mahomet, sont nommés النفير, M; de là vient le proverbe لا في العير ولا في النفير, Meidânî II, 500, Kâmil 190, 2 et suiv., Aghânî IX, 106, 2 Boul., Masoudî VI, 439, 5; Haiyân 100 r°: فلتحف بذ في طريقها نفير اهل طليطلة وطلبيرة ووادى الحجارة وشنتبن برية وذواتها فساروا في

نَغَر ‏فتعهد الى بعض قوّاده فى اشغر بان: Cout. 19 v°; عسكر: يخاطب بحركة العدوّ اليه ويسلّ الجند والنغير بقرطبة وغيرها فاستنفر الناس. — *Le départ*, Maml. II, 1, 122, p. e. pour aller à la rencontre d'un prince, Müller 20, 5 a f.: وقع النغير ونسابق الى لقائنا لحم؟ الغير; surtout *le départ pour la guerre*, Maml. l.l.; قيام عامّة الناس النغير العامّ *la levée en masse*, M: لقتال العدوّ, deux exemples dans Maml. l.l.; était quand l'empereur de Maroc appelait auprès de lui les soldats qui d'ordinaire restaient dans leurs provinces respectives, Abd-al-wâhid 248, 14. — *Le signal du départ pour la guerre*, Maml. l.l.: حكر عسكرى من الرحيل قبل النغير. — *L'appel à la guerre*, Abd-al-wâhid 235, 11: خرج الادفنش الى قصبية بلاد الروم مستنفرا من اجابه من عظماء الروم الخ. — *La charge, l'attaque*, Maml. l.l., Bayân I, 166, 5 a f.: les Cotâma voulaient piller les boutiques, فصاح اهل الاسواق النغير فقتل من كانت اكثر من الف رجل («attaquez, attaquez!»). — Pl. أنفار et أنفرة , *trompette*. En ce sens ce mot n'est point d'origine persane, comme on lit dans Freytag et dans le M. Quatremère a dit fort bien, l.l.: «Comme, d'ordinaire, c'est la trompette qui donne le signal du départ pour le combat, de là vient, sans doute, que cet instrument est désigné par le mot de نغير. En effet, il cite un passage où on lit: ضرب بوق النغير, «on sonna la trompette de l'attaque,» et on trouve de même dans le Fakhrî 27, 5 a f.: البوقات الكبار كبوى النغير. — *Un trompette*, celui dont la fonction est de sonner de la trompette, R. d. O. IV, 231. — Vulg. ركبى نغيرى *ma monture s'en éloignera*, P. Prol. III, 365, 6.

نَغُورَة voyez sous نَغَر.

نَفَّار *un trompette*, celui dont la fonction est de sonner de la trompette, Alc. (tañedor de añafil).

نَافِر, pl. نُفَّر, Gl. Mosl. — *Saillant, qui avance, qui sort en dehors*, M.

نَافُورَة voyez sous نَغَر.

نَافُور, chez les chrétiens, *l'hostie*, ou bien *les prières qu'on récite sur l'hostie*, et encore *la couver-*

نفس

ture des vases dont on se sert quand on célèbre la messe, M.

نَوْفَرَة et نَوْفُورَة *jet d'eau*, Bc, M (sous *noun waw*), pl. نَوافِر, 1001 N. Bresl. XI, 14: عمل نوافر فى القسطنطينية (dans Macn. سلسبيلا).

تَنَافُر *discordance, incompatibilité*, Bc. — تنافر اصوات *cacophonie*, Bc.

مُتَنَفِّر *celui qui sonne de la trompette*, Maml. II, 1, 123.

مُنَافَرَة *discordance, incompatibilité*, Bc. — *Procès*, Gl. Fragm. — منافرة التشبيه *catachrèse*, *métaphore par abus des termes*, Bc.

مُتَنَافِر *discordant*, Bc.

نفس I. Dans le sens de *juger quelqu'un indigne de*, aussi c. ع ر., Gl. Fragm. — Dans celui d'*envier quelque chose à quelqu'un*, aussi c. a. r., Gl. Fragm., Abd-al-wâhid 194, dern. l.; n. d'act. نَفَاسَة, ibid. 95, 8. — نَفَس *naître après un autre*, Alc. (nacer sobre otro que nacio).

II *expirer, rendre l'air qu'on avait aspiré*, Alc. (espirar echar el huelgo, resolgar o resollar). — *Respirer, prendre haleine*, Alc. (alentar, entrespirar). — Chez Alc. «*abahar*,» ce qui dans Nebrija est: retener el baho, vaporo, dans Victor: jeter des vapeurs, évaporer, exhaler, haleuer. — *Donner de l'évent*, *introduire de l'air*, Bc. — نَفَّس الشجر *faire, à l'entour des arbres, des découverts ou déchaussements*, ce qui s'appelle التنفيس, Auw. I, 518, dern. l., 545, 2 a f., 546, 2 a f. — C. عن p. *donner du relâche à quelqu'un*, et dans un sens analogue, نَفَس عن يد فلان Nowairî Espagne 479: Comme on lui avait lié la main, il dit: تنفسوا عنّى واطلقوا يدى لاستريح ساعة فنفّسوا عن يده فاخرج من خفّه سكّينا كالبرى الخ. — نَفَّس *nager entre deux eaux*, Delap. 160. — *Enchérir, rendre plus cher*, Voc.

III. Dans le sens d'*envier quelque chose à quelqu'un*, c. a. p. et ب r. (Golius), Bidp. 239, 4; مُنَافَسَة *envie*, Prol. I, 21, 8, 22, 13, Macc. I, 132, 4 a f. — C. a. p. *rivaliser avec*, Abbad. I, 239, n. 73, II, 158, 3. — *Faire tous ses efforts pour*, فى, Abbad. I, 239, n. 73. — نافسته الى *aspirer à*, Gl. Geogr.

IV *être précieux*, M. — ما انفسه que son âme est noble! Gl. Badroun.

V *respirer, prendre haleine*, Abbad. I, 258, 3: تنفّس — *Respirer* dans le sens *de vivre*, Macc. I, 259, 10: لو تنفّس صاحب هذا القبر — تنفّس الصعداء, ou par ellipse le verbe seul, *soupirer*, Abbad. I, 324, 13, 378, n. 276, Khallic. I, 347, 16 Sl., Müller 27, 15, 1001 N. II, 18, 6. — *Souffler* (vent), Djob. 71, 10 et 12. — *Répandre une odeur agréable*, Gl. Bayân. — *Être exposé au vent, à l'air*, Gl. Manç.: فيباح هو المكان الواسع المتنفّس الطيّب Djauzî 146 r°: وينبغى لمن شوى لحما ان يتركه الهواء — لا يغمّه فانه يتنفّس. — *Enchérir, devenir plus cher*, Voc.

VI. Dans le sens de *se disputer* une chose, aussi c. a. r., Gl. Badroun, Gl. Mosl., et c. على r., Bc. — En parlant de plusieurs hommes, *rivaliser entre eux*, Prol. I, 345, 1, de Sacy Chrest. II, ٣, 3; aussi en parlant d'un seul, c. مع, ibid. ٢١, 3: وتنافس كلّ منهما مع الاخر — C. a., en parlant de deux hommes, *demander en même temps une femme en mariage*, Cout. 3 r°.

X *juger précieux* (نفّس), Gl. Djob.

نَفَس. النفس, t. de philos., *l'âme universelle*, Prol. I, 180, 8. — فى نفسك تسئلى عن ابنتك »vous avez l'intention de m'interroger au sujet de votre fille,« 1001 N. I, 91, 16. — نفسه صغيرة *modeste*, Bc. — ما لى نفس je ne suis pas en train de, en humeur de, Bc. — *L'intérieur*, p. e. d'un édifice, de Sacy Chrest. I, ١٤v, 4 a f.: تشرب فى (القهوة) نفس الجامع, d'un aqueduc, Haiyân-Bassâm III, 49 r°: فانهارت فى نفس ذلك السرب صخرة عظيمة لزوم صفوّتها للخلق من جهارة بنائه نفس السرب فعدموا الماء والامر فى نفس الامر سدّت الاول نفسه فى *en vérité, réellement*, 1001 N. III, 639, 4. — حسب مع نفسه *faire des calculs de tête*, Mâwerdî 344, 2 (= Prol. II, 16, 9). — نبت لنفسه *venir naturellement* (plante), sans qu'on prenne soin de la cultiver, Auw. I, 60, 2: ممّا تنبت تنبت لنفسها ولا يفلحها الناس 249, 16, 253, 9, où il faut lire avec notre man.: يستنبت الارض الجبليّة التى ينبت نفسه فيها ot 21, Bait. II, 547, 1. — نفسه *même*, p. e. حضرموت بنفسها »Hadhramaut même,« Gl. Geogr. — بنفس ما *au même instant que*, Macc. I, 121, 14: وبموتى بالحيّات والعقارب الى سرقسطة حيّة فبنفسى ما تدخل الى جوف البلد تموت — فى نفسه *comme*

بنفس, *indépendant*, Gl. Geogr. — *Appétit, goût, appétence des aliments*, p. e. ما له نفس باكل, »il n'a de goût pour rien,« Bc. Reiske (chez Freytag) a نَفَس pour *appétit*, mais c'est une erreur, car le M donne: والعامّة تستعملها بمعنى طلب الطعام يقول (تفّل) ليس لى نفس للاكل. — Pour *passions, emportements, disputes*, les citations de Freytag ne sont pas bonnes; il aurait dû donner: de Sacy Chrest. I, ١٣٩, 10, 445, n. 5. — بيت النفس ? 1001 N. Bresl. III, 216: فتقدّم منتجّم قد صادفه رجل فى بيت النفس. L'explication donnée par Habicht dans son Gloss. (p. 6) est inadmissible.

نَفَس *soupir*, Abbad. I, 64, 4. — *Tout son, articulé ou non, qui accompagne l'action de repousser l'air par les poumons*; ainsi on dit: ولّيت بانفاس خافتة, c.-à-d. qu'ils prirent la fuite en chuchotant entre eux, soit pour ne pas être aperçus de l'ennemi, soit parce que leurs forces étaient épuisées, Fleischer sur Macc. II, 574, 8 Berichte 102. Cf. Macc. I, 136, 12: Quand on dit d'un homme qu'il s'occupe de philosophie ou d'astronomie, le peuple le nomme aussitôt athée, وقيّدت عليه انفاسه, c.-à-d. qu'il ne peut plus proférer le moindre mot sans qu'on lui cherche noise. — *Souffle* (du vent), Djob. 71, 13, Calâïd 54, 10: وساعدتنا الريح بنفس. Chez Djob. 331, 2 a f., on lit qu'un نفس نارى sort des cratères de l'Etna. — *Odeur agréable*, Gl. Bayân. — *Gorgée de fumée de tabac*, M. — Le نفس d'un poète, d'un écrivain, *sa manière dans le choix et l'arrangement des mots*, M. — نفس الانتصاب, t. de médec., est quand on ne peut respirer qu'en tenant le cou droit, M. — النفس المنتصف, t. de médec., est quand une moitié du poumon est malade et l'autre saine, M. — Biffez chez Freytag *appetitus*, car c'est نفس (voyez).

نَفَس *panaces Heracleon*; مزمّة est expliqué par نفس جاوشير (pour جاوشير), Payne Smith 1627, et مزمّة امزمعدهم (ὀπάκλειον) عود الجاوشير نفس 1630: — نفسة *brise*, Gl. Geogr.

نَفَسانى روح نَفَسانى *esprit vital*, voyez un passage du Gl. Manç. cité sous بَطَّن. — *Appartenant à l'âme*, Prol. I, 194, 15; الكلام النفسانى *les paroles de l'âme universelle*, Prol. I, 177, dern. l. — *Personnel*, Beaussier, Macc. III, 61, 3. Après avoir raconté qu'un

نفس

ambassadeur du sultan de Grenade donna lecture d'une lettre d'Ibn-al-Khatîb à un roi chrétien, et que ce dernier, ému jusqu'aux larmes, s'écria: «Un tel homme devait-il être mis à mort!» l'auteur ajoute en adressant la parole au lecteur: ڧانظر بكاء العـدوّ الكافر على هـذا العلّامة وتقتّـل اخوانه في الاسلام له على حظّ نفسانى, c.-à-d. qu'Ibn-al-Khatîb avait été mis à mort par ses coreligionnaires pour un intérêt personnel.

نَفَاس *la période après l'enfantement, pendant laquelle la mère est regardée comme impure, au point de vue religieux*, Lane M. E. II, 309. — نفاس البيض *l'action de pondre*, Alc. (postura de guevos).

نَفِيس *saint, respectable, très-vertueux*, Bc, aussi subst., Gl. Geogr. — نَفِيسَة, pl. نَفَائِس (Voc.), (Alc.), *accouchée, femme qui vient d'accoucher*, Voc., Alc. (parida de hijo o hija), Domb. 77; prov. يبعث الصبيان الى النفائس, Cartâs 44, 18, «il envoie des garçons aux femmes en mal d'enfant,» c.-à-d., il fait des sottises.

نَفَاسَة *noblesse de caractère*, Gl. Edrîsî; لأولها ونفاسة, Hoogvliet 47, 3 a f.: ses deux fils وكانا نفاسة حسنين — كوكبى رفاسنه ورفّتى نفاسنه۰ *leur grande beauté, leur beauté incomparable*, Gl. Edrîsî.

استنزاعات نفسية نفاسى *lochies, flux de sang après l'accouchement*, Bc.

نَفِيسى *épithète d'une étoffe qu'on fabriquait dans les villes de Nafousa*, Gl. Geogr.

نُفَاسَة *le froid de la fièvre*, Burton I, 370.

أَنْفَس *très-noble*, Gl. Edrîsî. — Le vulgaire dit: هذا انفس من ذاك, c.-à-d. *ceci est un peu plus grand que cela*, M.

تَنَفُّسَة *un soupir*, Aghânî I, 146, 6 Boul.

تَنَفُّسى *respiration*, Bc. — Voyez sous II. — حرف التَنَفُّس, t. de gramm., «particule de répit,» est la particule س, de Sacy Gramm. I, 504, cf. sous نفى V. — تَنَافِيس *certaine maladie de la peau*, Sang.

مَنْفَس pl. مَنَافِس *soupirail, ouverture pour éclairer, aérer un souterrain*, Bc, Ht, Voc. (spiraculum), *ventilateur*, Cherb, Becrî 87: غار عظيم وفى اعلاه منافس احمل قوما من اتباعه ودفنه, Cartâs 118, 7: كافوا الابار

702

نفش

مايت وجعل لكل واحد منهم منفسا في قبره, mais il faut lire منفّسا, car on trouve plus loin, l. 5 a f.: فاغلق على اصحابه الذين دفنهم المنافس الذى ترك لهم (le mot كنتم dans le texte est de trop; aussi notre man. ne l'a-t-il pas), Abbad. II, 215, 2 a f., où il est question d'une salle de bain: وسدّ المنافس للهواء دونه; cf. منفذ. — *Soupirail d'aqueduc, de pont, ouverture par où passe l'eau*, Djob. 261, 7: سقاية بها منافس ينصبّ منها الماء في سقاية صغيرة, Edrîsî, Clim. IV, Sect. 3: وفى هذه القنطرة منافس, Gl. Geogr.; cf. منفذ. — *Lucarne, œil-de-bœuf*, Beaussier, Becrî 77, 2 a f.: les portes de cette ville sont محمدة كلها عليها منافس. — *Conduit ou évent, par lequel monte la fumée*, Voc. (fumarium), Bat. II, 337. — *aspiraux, trous de fourneaux couverts d'une grille*, Bc. — *Cratère d'un volcan*, Djob. 331, 2 a f., Amari 118, 4 a f., 136, 3 a f., Cazwînî I, 166, 14. — *Pore*, Bc; chez Beaussier منافس الشعر *pores.* — منافس *molettes* (maladie des chevaux, qui consiste en une tumeur molle à la jambe), Daumas V. A. 199.

نَفَشَ I *carder la laine*, Alc. (carmenar lana). — *Tiller, détacher l'écorce du chanvre*, Alc. (oscarmenar). — *Evailler* (des étoffes), Bc. — *Se nettoyer la barbe, en ôter la poussière*, Burckhardt Prov. n° 376. — *Faire le lit et remuer bien la plume pour l'amollir*, Alc. (mollir la cama, j'ai suivi Victor; نفش mollidura, منفوش mollido). — *Hérisser;* نفش الشعر *retaper, peigner à rebours les cheveux et les enfler*, Bc. — *Enfler*, Ht. — *Louer quelqu'un outre mesure*, de sorte qu'il se rengorge, M: والعظمة تقول نفش فلان فلانا الى مدحه فشمخ بنفسه; cf. le passage de ce livre que j'ai donné sous نفخ I. — نفش روحه *faire le gros dos, faire l'homme important, faire de l'embarras, se pavaner, se panader, se rengorger;* نفش *seul se panader, se carrer, marcher avec ostentation, se rengorger*, Bc. — *Se disperser*, Selecta ٣, 10: فان كنتم صادقين فانفشوا كما نفش اهل الجزيرة, Prol. II, 211, 12, en parlant de vapeurs méphitiques: فاذا تخلّلت الريح ونفشت وذهب بها يمينا وشمالا, Choc. 190 ٢°: اثر ان الابخرة لا تعمّد بل تنفش عنه, Auw. I, 99, 10: ويمنع انتراب المعّتى به السرجين حرّ السرجين أن ينفش فيعكسه الى اسفل, car c'est ainsi qu'il faut lire avec notre man., au lieu de نفش. — يتنفّش *se déjeter*, se dit du bois, etc., qui travaille, qui se courbe, Bc.

II doit se trouver dans Bc, mais la citation dans l'Index (605 m 2) n'est pas bonne.

V dans le Voc. sous carminare; cf. sous VIII.

VII. انَّفَش se *hérisser*, Bc. — *Pelucher*, se couvrir de poils par le frottement, l'usure, Bc.

VIII *éplucher* de la laine, voyez sous نسل 1, P. Abbâr 42, 7. — *Etre épluché*, M sous نسل: ونسل الصوف والريش انتفش وسقط — *Carder* la laine, Voc., Auw. I, 266, 8 (cf. l. 1), où notre man. a la Ve. — *S'érailler*, Bc. — *Pelucher*, se couvrir de poils par le frottement, l'usure, Bc. — *S'enfler*, *se gonfler*, Auw. I, 40, 6: مدرتها مستجمعة شبيهة بانعقاد الحجر لا تنتفش ولا ترخو 11, 7 a f. —. *Se rengorger*, Bc.

نَفْش *jactance, arrogance,* Ht. — عفش نفش voyez sous le premier mot.

نَفْش *orange*, Bc. — *Nafach*, espèce de datte, d'Escayrac 11.

نَفَّاش *cardeur*, Alc. (carmenador de lana).

نافِش *huppé, apparent, considérable*, Bc. — *Espèce de saumon*, Descr. de l'Eg. XXIV, 228.

منفوش الشعر *échevelé*, qui a les cheveux en désordre, Bc.

نَفَض I. نفض الشجر *secouer un arbre pour en faire tomber les fruits*, M (حرّكه ليسقطه ما عليه), *gauler un arbre*, Beaussier; — نفض الثوب *secouer un habit pour détacher et faire tomber la poussière qui le couvre*, M (حركه ليزول عنه الغبار), chez Alc. *épousseter* (desenpolvorar); chez Bc. *battre un habit, le nettoyer*. — *Abattre les feuilles d'un arbre*, M (نفض الورق من), نفض الشجر اسقطه, *abattre le fruit*, Hbrt 182. — *Espader le lin*, Alc. (ospadar lino, منفوض ospadado con espada), 1001 N. IV, 353: زرعت كتانا وقلعته ونفضته —. *Battre* le blé, Alc. (batir mies). — *Rebattre, remettre certaines choses en meilleur état en les battant*, comme un matelas, etc., Bc. — *Tourner un fouet en l'air, pour le faire claquer*, Djob. 94, 11; نفض يده وجهه *remuer la main devant le visage de quelqu'un, faire mine de lui donner un coup*, 1001 N. I, 267, 1. — *Balayer*, voyez sous طَبْطَبَ. — Pour le n° 5 de Freytag cf. Khatîb 17 r°: نفضتُ عند البلد « on le chercha partout dans la ville. — نفض الطريق *reconnaître une route, pour voir si elle est sûre, s'il n'y a pas d'ennemis*, M (نفض الطريق تتبعها فعل), Berb. II, 328, 6 a f.: (الانفيضة) يدى بين رخومه. — Après نفض يَدَهُ on emploie من, Abbad. I, 162, n. 523, Berb. I, 501, 3 a f., ou عن, Khatîb 78 v°: نفض عن الخدمة يده. — *Epouvanter, effrayer*, Ht. — نفض طوقه se dit, à ce qu'il semble, d'un officier de police quand il n'est pas en état d'exécuter l'ordre du prince, 1001 N. III, 438, 7 a f., 441, 10. Je ne suis pas à même d'expliquer cette expression, et la leçon n'est pas certaine, car l'édit. de Bresl. (Fleischer) porte en ces deux endroits طَرف, au lieu de طَوق.

II *épousseter*, Bc. — *Dépourvoir, dégarnir* de ce qui est nécessaire, *épuiser*, prendre tout l'argent, les vivres, etc., Bc.

V *se secouer*, Tha'âlibî Latâïf 111, 11, où il faut lire تنفض للندى.

VIII *se secouer*, Bc, Abbad. I, 278, n. 109.

دفع فضول البدن من مجاريها, t. de médec., est نَفْض Gl. Manç. in voce. — *Pouls*, Alc. (pulsso); c'est pour نبض, M. — عند الفقهاء التنافز Quand une étoffe ne déteint pas sur une autre, ou que l'odeur de son parfum ne se communique pas à une autre, s'il faut traduire ainsi les paroles du M: وعند محمد ان لا يتعدّى اثر الصبغ الى غيره او يفوح منه رائحة الطيب — نَفَض *le blé qu.* graine *bien*, Chorb. C. — مُنْوَرَّد (voyez), Carette Géogr. 180.

نافض *le frisson qui précède la fièvre*; quand il n'est pas suivi de fièvre, c'est une maladie *sui generis* (برآسن), Gl. Manç. in voce. حمى نافضة *fièvre précédée de frisson*, Bc.

منفضة *espèce d'assiette sur laquelle on pose la pipe quand on fume*, M.

نَفَط II c. a. *donner des ampoules*, Voc., Alc. (ampollar), Bait. I, 3: تنفطها وتقرحها.

نَفْط حرّاقة نَفْط ou حرّاقة نفوط *feu d'artifice*, J. A. 1850, I, 256—7, où Quatremère observe que « le mot نفط, après avoir désigné une sorte de matière bitumineuse, une composition dans laquelle cette substance entrait comme principal ingrédient, s'employa, soit au singulier, soit au pluriel, نفوط, pour signifier: la poudre et les pièces d'artifice dont elle est la base.» Dans un passage d'Ibn-Iyâs, qui rapporte que, dans une fête qui eut lieu au Caire, جماعة من الانكشارية مشاة برمون بالنفوط, Quatremère (Mong. 133 b) avait d'abord traduit: «des janissaires marchaient à pied, tirant leurs fusils;» mais plus loin (293 b), il a dit que cela signifie qu'ils tiraient des pièces d'artifice dont le naphte formait le principal ingrédient. — Chez Alc. نَقَّاط, pl. أنْفَاطِي, est *lonbarda*, c.-à-d., *une pièce d'artillerie, une espèce de canon*, chez Nebrija *machina nitraria*. Ainsi dans Müller L. Z. 11, 6, 15, 12: وقرب الى مدينة‎, 16, 5 a f.: رندة عدّته وانفاطه حتى هدم بعض اسوارها ونصبوا الانفاط, 17, 4 et 5 a f., 18, 5 a f., etc. — N. d'un. ة, *allumette chimique*, M. — *Ampoule qui survient à la main à force de travailler*, M. — *Sorte de poisson*, Yâcout I, 886, 4; variantes chez lui et chez Cazwînî: نقط, نفط.

نَفَطْلى qui a rapport au naphte, Mong. 133 b; الملح النفطلى espèce de sel qui vient du voisinage de Darâbdjird et qui a l'odeur du naphte; les riches s'en servent à table, Gl. Geogr. — *Celui qui prépare et qui lance le naphte*, Mong. 1. l.

نَقَّاط *ouvrier qui tire le naphte du sein de la terre*, M, Gl. Belâdz. — *Celui qui lance le naphte*, M, Mong. 134 a. — *Artilleur, canonnier*, Alc. (artillero).

نَقَّاطَة *machine destinée à lancer le naphte*, Mong. 134 b, Maml. II, 2, 148, M. — *Sorte de torche*, M (aussi sans techdîd). — Pl. ات et نفاطيط, *ampoule sur la peau, vessie*, Voc., Aboû'l-Walîd 100, 6, Bait. I, 3, M: وقيل الفقهاء للبثرة نقاطة مستعار من نحره; Chez Alc. (ampolla hinchazon, bexiga de huego) نقاطة, pl. نـفـاطـيـط. — Pl. نفاطيط *bulle qui se forme sur un liquide*, Voc. (sous spuma).

نافِطَة رغوة *de l'écume dans laquelle il y a des bulles*, M.

نفع I *pourvoir* (?), Alc. (proveer).

II c. a. *rendre utile à*, de Sacy Chrest. II, ٧٨, 2 a f.: نفع الله من وفق للعمل بما فيها «que Dieu le fasse profiter et le rende utile à ceux à qui il fera la grâce d'observer ce qui y est contenu;» *procurer du profit à*, Abbad. I, 221, 4 a f.: فنفع الله به كافّة رعيّته. — *Faire valoir*, mettre en valeur, en état de rapporter du profit, Bc. — *Intéresser*, donner un intérêt, faire entrer dans une affaire pour avoir part au succès, Bc.

VIII aussi c. من *retirer de l'avantage de, bénéficier, trouver son compte in*, Bc, M.

X c. a. p. = طلب نفعه, M. — C. ب = VIII *profiter de*, Alc. (aprovechar), Gl. Djob. (où il faut corriger: 216, 14), Gl. Geogr.

نَفَاع *procurant des avantages à*, voyez sous خصّ I.

نافِع, au Maghrib, *fenouil*, Gl. Manç. v° رازيانج, Voc., Alc. (hinojo ya crecido con simiente, نافع جبلى hinojo silvestre), Domb. 73, Auw. I, 647, 4. M. Simonet m'apprend qu'à Montefrio on donne au fenouil le nom d'*almáfio*, ce qui est une corruption de النافع. — *Anis*, Jackson 103 n. النـافـعـان *de l'anis avec du fenouil*, Voc.

نُوَيْفِع, au Maghrib, *Meum athamanticum*, voyez sous بسبس.

نفق I, dans le sens d'*être de bonne vente*, c. على p., auprès de, Abd-al-wâhid 172, 14: وكان يقول لو نفق عليهم علم الموسيقى لانفقته عندنا. — N. d'act. نَفَاق, c. على p., *être en grand honneur auprès de*, Gl. Fragm., Fakhrî 370, 1. Aussi en parlant d'une femme qui est recherchée en mariage par beaucoup d'hommes, ou qui est fort estimée de son mari. Une telle femme s'appelle نَفِق, Gl. Fragm. — *Débiter*, vendre, Bc. — = IV *dépenser*, Nowairî Espagne 466: فلمّا امتنع اهل معين الاندلس من اداء لخراج الباقى رجعوا الى تلك الخزائن فانفقوها بافراز; نفق *vivre avec économie*, Bc. — I et IV *donner aux émirs ou aux soldats* (ب ou على) *une gratification*, Maml. I, 1, 152—3.

II. De même qu'on dit à la Ire forme نفق السوق, on dit à la IIe نفّق السوق, Yâcout II, 113, 13, Bat. I, 5, Müller 18, 16. — نفّق الدرهم *faire qu'une monnaie soit au titre légal*, Gl. Belâdz. sous روج.

III c. a. p. *traiter* quelqu'un *avec duplicité, fausseté*, Haiyân 37 v°: فاظهر عمر قبوله واستمسك بالطاعة. — C. على: شهورا انفذ فيها امر الامير عبد الله وهو ينافقه *se révolter contre*, Gl. Edrîsî, L (rebellium نفاق),

Beaussier, Mohammed ibn-Hârith 209: أبيت
كما ابت السماوات والارض ابايةَ اشفاقٍ ، لا ابايةَ عصيان
كبير المنافقين ونفاق ، Haiyân 23 v°: Ibn-Hafçoun était
« le plus grand des rebelles, » Akhbâr 101, 12 (l. نفاقهٔ),
115, 12, 124, 11, Cartâs 108, 6 a f., 206, 8 a f.,
216, 13, 222, 5 a f. et dern. l., 279, 1 et 16, Berb.
I, 136, dern. l., 270, 3, Müller 18, 16, Bat. IV,
357 et 358 (pas bien traduit). — C. على *contradicere*
et aussi c. على sous guera, Voc.; نفاق *guerre*, Alc.
(guerra), Cartâs 226, 6 a f.: وعظم النفاق فى جميع
بعد ان دام ، 229, 7 a f.: اقطارهم بين المسلمين واٌرُوم
النفاق بينَهُما مُدَّةً.

IV, au fig., *faire accepter*, de Slane Prol. I, :xxvi a:
وبسفّقون بعظائم هذا البدائل ينسبونها الى
Voyez sous I. — *Nourrir, entretenir*, Alc. (governar a otro
= اطعم, mantener), c. على p., Gl. Tanbîh, Cartâs
263, 3: وشرط له ان يسفّقف عليه وعلى محاتّه بطول
اقامته عليها, Bat. IV, 288: انفق عليه *il fut entretenu
aux frais de l'Etat. — Subsister*, vivre et s'entretenir, Alc. (mantenerse), Macc. II, 421, 6: خفقف عليها
I, 497, 3: un mystique
enseigne à un autre une formule qu'il doit prononcer
quand il a besoin de quelque chose, قالا انفق منها
منذ تنفق كنز , autre formule منه سمعتها, *ibid.* l. 19.
— في or انفق اوقاته على , *consumer*, employer son
temps, ses forces sans réserve, Bc; aussi en parlant
de personnes, *employer sans réserve, sacrifier*, Prol. I,
264, 16: انفقوهم فى وجوه الدولة ومذاهبها « ils les obli-
geaient à épuiser leurs forces dans le service du gouvernement, » 350, 2 a f., Berb. I, 360, 2, 365, 6 a
f., au passif 359, 4.

V c. ب *débiter* des mensonges, Macc. II, 54, 8:
واعانها على نفسها ما كان يتنفق به من الكذب

نفق pl. أنفاق *trou* de souris ou de gerboise, Diwan d'Amro'lkaïs 25, vs. 2. — Même pl. Est expliqué par سرب فى الارض له مخرج الى مكان اخر , *souterrain
qui a une sortie; c'est un couloir souterrain, un tun-
nel*, Athir I, 249: واتخذت نفقا من مجلسها الى حصن
لها داخل مدينتها ثم قلت ان جمعنى امر دخلت النفق
الى حصنى , cf. 250, 251, et dans la même histoire
d'az-Zabbâ Masoudi III, 190, 196, 197, Badroun 94,
4, Cazwînî II, 284, 3: وبنت على طرف الفرات مدينتين

متقابلتين من شرقى الفرات وغربيه وجعلت بينهما نفقا
تحت الفرات فكانت اذا رعقها الاعداء اوت اليه ; cf. aussi
Abdarî 66 v° (mosquée de Médine): باب اخر هو نفق
نفق 75 r°: فى الارض يهبط فيه (منه l.) على درج
ببيط منه على درج من رخام. Au reste, il faut biffer
chez Freytag la signif. *uter lacerus*. Il est vrai que
de Sacy (Anthol. gramm. 70) a traduit les paroles de
Harîrî: لا يقال للسرب نفق الا اذا كان مخروقا par: « *nafak* ne se dit d'une outre que quand elle est déchi-
rée, » mais il aurait dû écrire: « *nafak* ne se dit d'un
souterrain que quand il a une ouverture. » — *Débit,
vente*, Bc. — *Neffek*, que Barth IV, 528, donne comme
le nom d'une mesure pour les dattes, est peut-être
une transposition de فنق ; voyez sous cette racine.

نُفُق voyez sous I.

نَفَقَة *argent pour la dépense*; ما معى نفقة « je n'ai
point d'argent pour faire ma dépense, » Bc, Bat. I,
65: فبعث انبك بهذه النفقة ودفع الى جملة دراهم
Argent, Maml. I, 163: صرة فيها نفقة, Nowairî Espagne
437: ٱلحقتنى اختى أم الأصبع مولاى بدرا بنفقة وجوه,
Abdarî 59 r°: je fus obligé de prendre la fuite avec
la caravane خوفا على النفوس وعلى بعض نفقة كانت
معنا. — *Les dépenses et les extra que l'on fait dans
une famille pour une fête, pour une cérémonie religieuse*, J. A. 1852, II, 509. — *Gratification, distribution faite aux émirs ou aux soldats*, Maml. I, 1,
163, Nowairî Egypte, 2 m, 79 r°: ارسل الىّ البحر السلطان
الملك الصالح النفقات والخلع والكساوى ; cf. J. A. 1851
I, 61, 10. — *Les cadeaux que le maître d'école reçoit
des parents à l'époque de certaines fêtes religieuses*,
R. d. O. A. VII, 85. — *Solde*, paye donnée aux
gens de guerre, Bc. — *Entretien*, ce qui est nécessaire pour la nourriture et les autres besoins de la
vie, Beaussier; comme t. de droit c'est: la nourriture,
l'habillement et l'habitation, M; cf. v. d. Berg 17;
Host 106: « Quand une femme est enceinte à l'époque
de la mort de son mari, la famille du défunt est
obligée de payer son entretien, نفقة, jusqu'à son
accouchement; » Bat. IV, 124: على مستاجروهن نفقتهن
« leur entretien est à la charge de celui qui les prend
à gage, » 427: فاحسن اليهم باربعة الاف مثقال لنفقاتهم. —
*La quantité d'aliments dont on a besoin pour subsister
pendant un certain temps*, Bat. III, 290: Pendant
une disette, le sultan ordonna ان يعطى للجميع اهل
دخلى نفقة ستة اشهر من المخازن, après quoi l'auteur

ajoute qu'on donne à chacun la quantité d'un *ratl* et demi par jour, poids de Barbarie; de même 373: ٣٥٧ : وَعَيَّن لَهُمَا نَفَقَة مِنَ الدَّقِيقِ وَاللَّحْمِ فِي كُلِّ يَوْمٍ ; IV, 37: وَكُنْتُ أُعْطِيهِمْ نَفَقَة خَمْسَة أَيَّامٍ فِي خَمْسَة أَيَّامٍ « je leur distribuais tous les cinq jours les provisions nécessaires à leur subsistance durant cet espace de temps.» — *Prodigalité*, Alc. (prodigalidad).

نَفَاق voyez sous III.

نَفِيق *recherché, honoré, respecté*, Gl. Geogr.

نَفَّاق *prodigue*, Voc., Alc. (prodigo). — *Sommelier, maître d'hôtel, dépensier*, Alc. (botiller, comprador de comer).

أَنْفَقُ *de meilleur débit*, Koseg. Chrest. 99, 3.

مُنَفَّق *endroit où une marchandise est de bon débit*, Orient. I, 409.

مُنَافِق *adulateur, flagorneur*, Bc.

مُنَافَقَة *flagornerie*, Bc.

نفل II *eligere (de electis)*, Voc.; c'est *choisir parmi le butin*, Çalât 21 r°: وَاسْتَنَبَّ عَبْدُ السَّلَامِ جَمْعَ الْغَنَائِمِ وَالْأَمْوَالِ ، وَتَنْفِيلَ مَا شَاءَ مِنَ الْأَنْفَالِ ، فَيَنْتَقِلُ صَلَاةَ الضُّحَى V c. a. chez Khatîb 86 v°: c. à dans le Voc. sous orare. — Quasi pass. de II dans le sens que j'ai donné, Voc. — C. a. *donner des cadeaux à*, Gl. Fragm.

نَفَل *tribule* (plante), L (tribulus (genus erbe spinose)).

نَفَل ، حَسَنْدَقُوقَا Most. sous ce dernier mot; cf. Bait. II, 558 d; *medicago pentacycla*, Prax R. d. O. A. VIII, 344; *nitraria tridentata* (le lotus des anciens?) voyez Guyon 185, 211; nom de plusieurs espèces de trèfle sauvage, à fleurs blanches, jaunes, rouges et bleues, qu'on distingue par des épithètes, Ztschr. XXII, 92, n. 7. — *Nénufar*, Alc. (escudete yerva o nenufar).

نَفَلَة *surérogation*, t. de mysticité, ce qui est au delà des promesses, des obligations, Bc. — *Trèfle*, Domb. 74, Pagni MS.

نَفِيل *bâtard*, Hbrt 30.

نَفْنَفَ I. نَفْنَفَ المَطَر *bruiner*, Bc.

II *pleuotter*, Bc.

نَفْنَاف *bruine*, petite pluie froide très-fine, Bc; M: وَالْعَامَّة تُسَمِّي مَا تَسَاقَط مِنَ الثَّلْجِ مَبْسُوطًا رَقِيقًا بِالنَّفْنَافِ

نَفْنُوف *bruine*, petite pluie froide très-fine; نَازِل نَفْنُوف *il pleuotte*, il tombe une petite pluie, Bc.

نفى I. نَفَى مِن بِلَادِهِ *bannir, exiler, proscrire, reléguer*, M, ordinairement نَفَى seul, et نَفَى *ban, exil, bannissement, déportation*, Voc., Bc, Hbrt 214, Bidp. 283, 4, Catal. des man. or. de Leyde I, 232, 4 a f., Macc. II, 203, 13, Meursinge 26, 16. — *Réprouver, rejeter, condamner une doctrine*, رَأْيًا , Bc. — حَلَفَ أَنَّهُ لَا يَعْلَمُ أَنَّ غَيْرَهُ فَعَلَ كَذَا كَذَا est على نفي العالم Gl. Tanbîh. — *Renier* un enfant, Mâwerdî 391, 10; ainsi al-Mançour dit: نَفَيْتُ مِنَ العَبَّاسِ أَنْ ar-Rachîd: نَفَيْتُ مِنَ المَهْدِي لَمَّن لَمْ تَأْتِنِي بِرَأْسِ لِارْسَانِ الْبَيْكِ مِنْ يَأْتِيَنِي بِرَأْسِكَ أَوَّلًا ثُمَّ بِرَأْسِهِ Gl. Fragm. — *Emprisonner*, M.

III c. a. *être en désaccord avec, contredire, et contradiction*, M, Gl. Tanbîh, de Sacy Chrest. I, ١٢٩, 3 a f., ١٥٩, dern. l., ١٣٢, 5, II, 248, 2 a f., Macc. I, 103, 2 a f.

IV en Espagne pour I, *exiler, bannir, proscrire*, Voc., Alc. (desterrar confinando, desterrar encartando, desterrar como quiera, echar de su naturaleza).

V *repousser*, Cartâs 92, 2 a f.: فَكَتَبُوا إِلَيْهِ جَمِيعِهِمْ ، يَسْتَنْصِرُونَهُ وَيَسْتَصْرِخُونَ وَتَنْفِي العَدُو عَنْ تَحْنَقِي بِلَادَهُمْ ; 93, 1: لِنُصْرَةِ الْمُسْلِمِينَ وَتَنْفِي العَدُو عَنْ تَحْنَقِي بِلَادَهِ notre man. a نفي dans ces deux passages

VIII dans le sens de *s'éloigner de, se séparer ou être séparé de*, c. عن , M, Mâwerdî 391, 5 a f, et c. من , Hoogvliet 47, 8. — C. عن *nier d'avoir occupé* un emploi, Haiyân-Bassâm I, 114: ils jurèrent alors qu'ils n'avaient pas rempli ces postes, فَجَرَّت عِنْدَ الانْتِفَاءِ عَنْ تِلْكَ لِخَطَّاطٍ نَوَادِرَ طَرِيفَة مَضْحِكَة . — C. ب *être renié par* son père, sa famille, Gl. Fragm. — Dans le Voc. sous exulare. — *Émigrer*, J. A. 1849, I, 187, 4 a f.

نَفْي voyez sous I. — لِلنَّفْي , t. de gramm., *privatif*, qui marque la privation, Bc. حَرْفُ النَّفْي *négative*, particule qui nie, Bc.

نفى nom d'un fruit? 1001 N. I, 309: وَاخَذَ مِنَ

نقب

وَلِيَمُونَا نَفيا الْبُسْتَانِ; ainsi dans Macn. et Bresl.; Boul. omet le mot.

نَفْيَة‎ ban, exil, relégation, Bc.

نَفْيِى négatif, Bc.

نَافِيَة pl. نَوَافٍ négative, Voc.

أَنْفَى éloignant, écartant davantage, Mâwerdî 112, 11.

مُنَفَّى lieu d'exil, M.

مُنَفَّى disait-on à Grenade pour مَنْفِى, exilé; puis, comme les exilés se livraient au brigandage, brigand, voleur, Gl. Esp. 317.

نَقَّ I, n. d'act. نَقّ, se lamenter, M. — Pétiller, craqueter, on parlant du bruit que fait une lampe quand elle est sur le point de s'éteindre, Payne Smith 1502.

نَقّ revêche, peu traitable, rébarbatif, Bc.

نَقَبَ I. نَقَبَ الحَائِط faire brèche à un mur, Bc; de même نَقَبَ القَصْر faire une brèche au mur d'un château, Nowairî Espagne 476. Ce verbe s'emploie spécialement en parlant de voleurs qui pénètrent dans une maison par une brèche, Soyoutî, Hosn al-mohâdhara, man. 113, 338 v°: ثَلاَثَة مِنَ اللُّصُوصِ نَقَبُوا كَانَ يَنْقُبُ ويَسْرِقُ وَمَا R. N. 91 v°: ارْتَكَبَ بَعْضَ الدُّوُر. On les appelle النُّقُوب, أَصْحَاب النُّقُوب, Ztschr. XX, 504. — Miner, Alc. (minar). — Contreminer, Alc. (contraminar). — اذا سَمِيتَه مِن بَيْنِهِم نَقَبْتَ بِاسْمِه est appeler quelqu'un par son nom, comme נקב en hébreu, Abou'l-Walîd 450, 32, mais il le donne en ajoutant: تَقُولُ العَرَبُ.

II nommer quelqu'un نَقَّبَ, Gl. Maw. — Voiler, Voc. — C. عن (voyez Freytag) cf. Kâmil 314, 1—4, Prol. I, 340, 11.

IV. مُنَقِّبًا en minant, Alc. (minando).

V porter le voile appelé nicâb, Diw. Hodz. 54, 3 a f., Becrî 170, Djob. 337, 4 a f.

VIII être percé, Voc., Abou'l-Walîd 579, 23.

نَقْب, pl. أَنْقَاب et نِقَاب, M, brèche, dans le passage de Soyoutî cité sous I: le matin on trouva ces trois voleurs morts, أَحَدُهُم عَلَى بَابِ النَّقْبِ. — Pl. وَانْسَابَتْ trou de serpent, Hoogvliet 51, 5: حَبَّاتُ الْمُلَمَّاتِ مِنْ أَنْقَابِهَا. — Même pl. mine, Alc. (mina soterraña cueva), Macc. I, 335, 7. — Défilé,

Burton II, 61. — Descente, pente roide; le pl. أَنْقَاب s'emploie dans le sens de montagnes, Burckhardt Syria 537 n.

نَقَبَ = نَكَبَ, Dîwân de Farazdak (Wright).

نَقْبَة brèche, Ht, Bc (chez Hbrt 145 نَقْبَة) spécialement celle que fait un voleur pour pénétrer dans une maison, Voc. — Pl. ات, نِقَاب et نَقْب, poterne, t. de fortification, fausse porte, galerie souterraine, ménagée pour faire des sorties secrètes, Voc. (posticus), Alc. (portillo de muro, postigo puerta tras casa), Müller L. Z. 9, 3: وَبَاتَ النَّصَارَى يَصلحونَ شَانَهُمْ وَيَمْتَعُونَ أَسْوَارَهُمْ وَيُغْلِقُونَ نَقَابَهُمْ 24, 11, 12 et dern. l.: خَرَجُوا مِنَ النَّقْبِ 29, 3 a f.: وَسَدُّوا أَبْوَابَهُمْ وَبِنَوْا نُقُوبَهُمْ. — Percée, M: قَطَعَة مِنَ الأَرْضِ نَقَبَتْ وَغُرِسَتْ حَدِيثًا, مُوَلَّدة.

نِقَاب, pl. نَقْب, M, Djob., et أَنْقِبَة, Voc., voile dans lequel on a pratiqué deux trous à l'endroit des yeux, Vêtem. 424 et suiv.; Bg: voile de crêpe qui ne couvre que la figure.

نَقِيب. Le نَقِيب des chérifs est le surintendant de la classe des chérifs, p. e. à Bagdad, Pachalik 27, à Bokhârâ, Macc. I, 710, 4, au Caire, Lane M. E. I, 252, 366, à Tunis, Berb. I, 515, 10, à Fez, Prol. I, 40, 5, en Irâc, en Syrie, en Egypte, Bat. III, 78; d'après le M c'est مَنْ يَنْقُبُ عَنْ أَحْوَالِهِم. Il est chargé d'examiner la généalogie de ceux qui se donnent pour descendants d'Alî, de délivrer des certificats à ceux qui le sont en effet, d'écarter les autres, et de punir les délinquants, Reiske sur Aboulf. Ann. II, 790. Le نَقِيبُ النُّقَبَاء ou nakîb en chef à Dihlî, Bat. III, 218. — Syndic, qui est chargé des affaires d'une communauté dont il est membre, Bc; le نَقِيبُ السُّوقِ est, d'après Lane, trad. des 1001 N. II, 319, n. 20, un officier qui est sous le chaikh ou syndic du marché. — Le supérieur d'un couvent, de Sacy Chrest. I, ١٢٨, 3. — Général, ou plutôt grand écuyer, Niebuhr R. I, 366, 403. — Les نَقِيب forment une certaine classe dans la hiérarchie des welîs ou saints, voyez Ztschr. VII, 22, de Slane Khallic. III, 98, Lane M. E. I, 349. — Chez les Druzes et les Râfidhites, nom d'une classe d'agents subalternes, de Slane Prol. II, 191, n. 1. — نَقِيب قَاضِى القُضَاة, de Sacy Chrest. I, ١٢٩, 10, où l'éditeur traduit *lieutenant*. — *Sergent, archer, sbire, bas officier de justice*, Voc. (sagio; dans la 1re partie aussi gulea, ce qui est une faute), Alc. (andador que llama). — Comme n. d'act., *picoter, manger*, Daumas V. A. 271. — ميمون التقيب dans Abulf. Hist. anteislam. 136, 11, est sans doute une faute pour l'expression ordinaire ميمون النقيبة.

نقابة *ulcère* (Reiske) pl. ات, Payne Smith 1277.

نقابة *l'emploi de* نقيب (voyez) *des chérifs*. Je ne sais si M. de Slane a eu raison d'attribuer le même sens à ce mot dans ce passage des Prol. 1, 408, 5: نقابة الانساب التي يتوصل بها الى الخلافة او الحق ببيت المال وقد بطلت لدثور للخلافة ورسميها, car cet emploi n'a pas été institué dans le but de vérifier les généalogies afin d'autoriser des prétentions au califat, et il n'a pas cessé lors de la chute du califat; il existe encore de nos jours. — *Syndicat*, Bc.

نقيبي *syndical*, Bc.

نقاب dans le Voc. sous *perforare*. — *Mineur, sapeur*, Mong. 252 a, Maml. I, 1, 14. — *Voleur*, L (fur): cf. sous I. — Espèce de poisson, Beaussier, *ombre, maigre*, Pagni MS (nakàb, ombrina).

نقابة *épingle*, Cherb.

انقب dans le texte cité Gl. Geogr. me semble une faute; je lis انقب.

منقوب «On trouve dans le Sahara beaucoup de groupes de puits nommés *mengoub*; ils sont tous ouverts dans le tuf: *mengoub* signifie creusé en pic,» Colomb 35.

نقح II. نقح الشعر *polir un poème*, mais ce verbe s'emploie aussi dans le sens de *polir* en parlant d'autres choses, M; نقح الكلام *polir le style*, Bc; en parlant d'une doctrine, d'un système, Catal. des man. or. de Leyde I, 228, 11: عدل الى مذهب داود بن علي فنقحه ونهذبه وجادل عنه *polir l'esprit, les mœurs*, Prol. III, 9, l. 10: وهو بأخذه تنقيح الحضارة وتهذيبها; les mots بعد تنقيح التهذيب, Abd-al-wâhid 65, 7, peuvent se traduire par *après mûre délibération*. — *Développer*, comme traduit de Sacy dans sa Chrest. I, ١٣٣, 11: الامر لما شرح وبين ونقح. — *Fixer, déterminer*, Prol. II, 10, 11: فاغفلوا امر هذه الحادث وتنقيحها

اسمائهم. — *Dégager* (de Slane), Prol. III, 20, 13: تنقيحهم الوصف الذي يغلب على النوع الخ.

نقح I *discerner les vraies traditions des fausses*, Macc. I, 465, 15: في شفاء عباس احاديث لم يعرف اهل المشرق النقد محرجيها مع اعترافهم بجلالة حفاظ الاندلس ذن اصها في الحديث, Khatîb 34 v°: الذين نقلوه. — حافظ ناقدا ذاكرا لتواريخ احدثهم وانسابهم الخ *Critiquer*; اهل النقد *les critiques*, Lettre à M. Fleischer 33—4. C. على p. et a. r. *blâmer* quelqu'un à cause de ce qu'il fait, reprendre en lui une chose, Calâïd, man. I, 156: فبلغه انى نقدوا عليه شربه (cf. 591, 12). — C. a. L'expression نقد على فلان signifie aussi *concevoir pour quelqu'un une haine violente, à cause des opinions qu'il professe*, Macc. I, 580, 5: اهل اعل قد نقد عليهم وقد انكار المصرية وسعوا في ارادة قتله. — C. a. *observer*, 1001 N. Bresl. IX, 269, en parlant d'une portière: تنقد الداخل والخارج, où Macc. (III, 457) a la VIII°. Le Voc., *observare*, donne pour I et VIII la constr. c. على. — *Contredire, se disputer*, Ht. — Dans le sens de *payer, payer comptant*, Hbrt 106, aussi c. d. a., M, qui cite les paroles d'une tradition: اعطنيه نقدا معجلا ونقدني ثمنه c.-à-d., Gl. Bayân, Fakhrî 345, 7. C. عن *payer pour* quelqu'un, Macc. I, 602, 6. Le Voc. a ce verbe c. a. sous spondalicium (quod datur mulieri), et on le trouve en effet employé en parlant d'un père qui dote sa fille chez Macc. III, 735, 16: واشهد على نفسه بانه زوج ابنته فلانة من ختن الشاب ونقدها عند الشوار الاول من العشرة آلاف دينار التى وصلت بها الملك واجل نيف عند الشوار الثاني; mais je crois devoir y conserver la signif. de *payer comptant, remettre*, et je traduis: «il remit à sa fille, comme venant de lui, la moitié des 10,000 dinârs qu'il avait reçus du roi, et s'engagea à lui payer l'autre moitié à un certain terme.» Beaussier donne ces phrases tirées d'actes: نقدها من ذلك «sur les dits objets l'époux a remis à l'épouse, ou il lui a compté sur cela;» ينقد الشوار «il livrera la moitié.»

VIII *discerner le bon du mauvais, le vrai du faux*, Abbad. I, 37, 9: كل ذى فهم مستنقد, avec la glose (74, n. 12): يميز الصواب من الخطا, L *iudico (vel diiudico)*, Macc. I, 630, 21. — *Examiner*, Abbad. I, 46, dern. l. (j'ai corrigé la traduction III, 20, de Slane Prol. I, LXXV a (où il faut lire مستنقد, au lieu de مستنقد), Prol. I, 8, 5, 57, 1, Nowairî Afrique: من

مُنْتَقِدِ المَعْنى «un investigateur curieux de la signification des noms.» — *Critiquer, improuver, blâmer*, c. على p., M, L (depreendit, inlusor, inreprensibilis (avec غير), repreendo, repreensibilis), Mehren Rhetorik 202 n., مُنْتَقِد *censeur, critique équitable*, Bc, Catal. des man. or. de Leyde I, 305, 2, Macc. I, 82, 11, 134, 4, 206, 12, 512, 16, 543, 21, 572, 1, 939, 6, II, 94, 14, 143, 10, 396, 7 et 8, 522, 8, 527, dern. l., Cartâs 44, 17. انتقد عليه بعضهم بأن *quelqu'un lui opposa que*, Macc. II, 104, 11. C. على p. et a. r. *blâmer quelqu'un à cause de ce qu'il fait, reprendre en lui une chose*, Gl. Djob., Macc. I, 612, 18, 679, 15, Khallic. I, 37, 12 Sl., l'anonyme de Copenhague 9: انتقدت علم اخبار شيعته واحوال صحبتـه, Bat. I, 159 (où la traduction est tout à fait manquée); انتقاد صاحبنا «il y a ici une remarque à faire,» Yâcout IV, 915, 22. *Concevoir pour quelqu'un une haine violente, à cause des opinions qu'il professe*, Macc. I, 591, 1. — *Observer*, voyez sous I.

نَقْد *argent*, Becrî 183, 3 a f.: وتجارة اهل بلد كوكوا — نَقْدًا; وهو نَقْدهم *en argent comptant*, Gl. Tanbîh, Bat. III, 402, Macc. II, 530, 19; دراهم نقد *finance, argent comptant, numéraire, argent comptant monnayé*, Bc. — Le pl. نُقُود *dirhems*, M: درهما سميـن — الدراهم بالنقود ايضا. Sous les Aghlabides on entendait sous ce nom des dirhems de mauvais aloi, Bayân I, 114, dern. l., l'opposé de الدراهم الصحاح, ibid. l. 10. — *Pièces de monnaie en or ou en argent, dînârs et dirhems*, Freytag Chrest. 138, 4: ونقودها من الدراهم, Prol. I, 407, 2 et 6, III, 232, والدنانير مصروفة بامه ما معي شي من انقود *je n'ai point d'argent*, 1001 N. Brosl. IV, 73. — Pl. نقد *dot*, Voc., Ht, M: انقدان *l'or et l'argent*, النقدان العزيزان — النعيم لصداقنا من كلام بعض العامة, Prol. I, 149, 11, ou الشرفان, 150, 3.

نَقْد. Le passage du Dîw. Hodz. se trouve 17, vs. 22, cf. Kâmil 742, 17.

نَقْدة pour كَسْبرة ou تَقْدة, *coriandre*, Most. v° كـبربا: وفي النقدة ويقال التقدة بالتاء والاجتباء يعرفونها بالنون.

نَقْدِيّة *comptant, en espèces*, دراهم نقدية *comptant, argent en espèce*, Bc, M.

نَقَادَة est dans L *crimen (vel crimina) et querimonia (querella vel questus)*.

مُنْقَد pl. مَنَاقِد signifie peut-être *la layette* d'un banquier (cf. le passage de Torres que j'ai cité plus haut I, 691 n), 1001 N. III, 468, 2 a f.: وعند ميزان وفرغ النفيس: 12, 470, وصنجه وذهب وفضة ومناقد وفرغ: 9, 472, الذهب والفلس الفضة في المنقد قدامه الذهب والفضة في المنقد.

نَقَذَ IV *enlever, arracher*, Gl. Edrîsi.

X *enlever, arracher*, p. e. des ornements, Cartâs 35, 11: فقهاء المدينة واشياخها ان يستنقذ الموحدون عليهم ذلك النقش والزخرف, *une ville à l'ennemi, ibid.* 126, 7: وبرسم غزو الروم واستنقاذ الاسرى من ايديهم, *des trésors à l'ennemi*, Nowairî Espagne 455: توسط بلادهم — واستنقذ خزائن ملوكهم تخريبا.

نَاقِذ *rédempteur, celui qui rachète*, Bc.

نَقَرَ I *frapper à la porte*, Voc., Khatîb 186 v°: واذا بنقر نقرا علي — واذا بنقر بابهم: r° 187, عنيف بالباب المنخار *nasarde, chiquenaude sur le nez*, Be. — *Battre le tambour, le tambour de basque*, Voc., Djob. 188, 19, نقر دفوف نقر في طبل, Abbad. II, 37, 3 a f., 1001 N. III, 429, 1, où Brosl. a نقر طيران. — *Pincer ou toucher une corde d'instrument avec les doigts pour la faire résonner, la frapper avec le plectrum*, Descr. de l'Eg. XIII, 494. — *Becqueter, donner des coups de bec*, Bc, Bidp. 260, 9, où il est question d'un couple de pigeons: وجعل الذكر ينقر الانثى حتى مادت. — *Donner de la corne*, Alc. (cornear con cuernos). — اسرع signifie نقر فلان في صلاته نقر الديك فيها وخفف ولم ينم الركوع والساجود كما ينقر الديك. On dit d'un tel: هو يعمل النقوي, M. *brocarder, piquer par des paroles satiriques, décocher un trait de satire, lancer un sarcasme à quelqu'un, dire à quelqu'un un mot piquant*; نقر في ضمد *lancer à quelqu'un un sarcasme piquant, dire à quelqu'un un mot piquant, donner à quelqu'un son paquet*, Bc. — نقر راسه باعد, Asâs, ou نقر راسه seul, à peu près comme nous disons *se gratter l'oreille, le front* (en signe d'embarras), pour exprimer: *ne rien dire ou ne rien faire sans y avoir mûrement réfléchi*, Koseg. Chrest. 132, 2: ذمتحيّك ما كان انبائها وانبل (pas نقر comme dans مجلستها من تكلّم او تحرّك فى نقر راسه l'édit.). — *Ciseler, graver*, Bc, Hbrt 87. — *Articuler un son, en faisant frapper sa langue au palais ou contre les dents, c.-à-d. en prononçant une voyelle*

نَقَرَ   710   نَقَرَ

accompagnée d'une consonne, Descr. de l'Eg. XIII, 494.

II *battre le tambour, tambouriner,* Bc, Hbrt 98; نَقَرَ عَلَى دَفّ *jouer du tambour de basques,* Bc. — *Copter, carillonner sur les cloches,* Alc. (repicar con canpanas). — *Becqueter, donner des coups de bec,* Bc.

III *contester, réclamer,* Ht; *chicaner, ergoter, pointiller, contester sur des riens, vétiller, faire des difficultés,* Bc. — ناقَرَتْنِي سَرِّي *j'eus des scrupules, des remords de conscience,* R. N. 102 r°.

VI *se becqueter,* Bc. — تَنَاقَرُوا فِي الكَلَامِ *se dire l'un à l'autre des choses piquantes,* Bc.

VIII dans le Voc. sous *pulsare ad portam.*

نَقْر *tambour de basque,* Descr. de l'Eg. XIII, 494. — *Les temps rhythmiques marqués sur les instruments de percussion,* ibid. — *Sarcasme,* raillerie amère et insultante, Bc. — *Ciselure,* Bc. — Le pl. أَنْقَار *pièces de monnaie,* Becrî 162, 3 a f.: وتنبايع اهل سوقه بالحلي المكسورة انقار الفضة « en guise de monnaie d'argent. » — *Le bruit qu'on fait avec la langue et qui s'appelle ainsi, sert aussi à apaiser un cheval, comme dans le Diwan d'Amro'lkaïs* 29, 2:

أَخَضَضَهُ بِالنَّقْرِ لَمَّا عَلَوْتُهُ

et dans le Kâmil 324, 19, le dimin. نُقَيْر est expliqué par صَوَيْت بِاللسان يُسَكَّن بِهِ الْفَرَس اذَا اضْطَرب بِفَارِسه

نُقْر *trou,* M.

نَقْرَة *un roulement de tambour,* Bat. I, 423. — Pl. ات *coup, en parlant du bruit que fait une baguette sur une caisse,* Bc. — *Tambour,* Cartâs 239, 3 a f.: وامر بضرب النقرة ليسمعهم من صَلّ عن الطريق — فضربت النَقْرَة. — *L'action de ramasser avec le bec,* Macc. II, 337, n. l. — *Paquet,* réplique vive et mordante, Bc.

نَقْرَة *fossette,* creux au menton, aux joues, Bc; — *vulve,* 1001 N. IV, 208, 2 a f., où il faut lire ainsi; — نَقْرَة الأبط *gousset,* creux de l'aisselle, Bc; — نَقْرَة الرَّقَبَة *nuque,* creux entre la tête et le chignon du cou, Bc; chez Hbrt 3 seul; نَقْرَة المَعِدة *creux de l'estomac,* Bc. — نَقْرَة ضَفَادِع *grenouillère,* Bc. — Le foyer, l'âtre où l'on prépare le café et où l'on entretient le soir un feu pour donner de la lumière, Ztschr. XXII, 150. — Dans le sens de *lingot,* pl. aussi نَقْر, Prol. I, 322, dern. l., 323, 4, Gl. Geogr. — *L'argent dans la mine,* Davidson 91, *argent,* Domb.

101, Hœst 137, Venture II, 430, Jackson 191, Mouette à la fin (où *mecora* est une faute). De là نَقْرَة ou الدِرْهَمُ النَقْرَة comme le nom d'un certain dirhem d'argent, Freytag Chrest. 138, 2, Athîr X, 285, 12, Bat. I, 361, 403, II, 159, IV, 210, 317, 334; aussi نَقْرَة seul, Bat. IV, 334 et dans les passages des 1001 N. cités par Freytag d'après un glossaire de Habicht; Bat. II, 9, en parlant de Baçra: ودرهمهم ثَلْث النَقْرَة, et les mêmes paroles II, 50, en parlant de la petite ville de Calîl, à trois journées de marche d'Ispahân.

نَقْرَة *toute lettre qui produit un son,* Descr. de l'Eg. XIII, 494.

نَقْرَى *voyez sous I.*

نَقْرِي *tambourineur,* Bc.

نَقْرِيَّة *petite timbale;* نَقْرِيَات دَقَّاق *timbalier,* Bc.

نِقَار *chicanerie,* mauvaise difficulté, Bc.

نَقِير. *La signif. de canal* (Golius) est confirmée par le Voc., où le pl. est نَقَائِر. — *Le pincement d'une corde,* Descr. de l'Eg. XIII, 494. — T. de maçon, pl. نَقَرَان, *planche sur laquelle ou baquet dans lequel on transporte le mortier,* M. — *Vase dans lequel deux personnes transportent le lait,* Sandiah comment. sur ps. 81: النَقِير هو الاناء الذي يحملان ... فيه اللبن بين اثنين — Biffez dans Freytag la signif. *cornu, tuba,* car dans le passage des 1001 N. qu'il cite il faut substituer نَفِير à نَقِير, comme l'a observé Lane dans sa traduction, II, 546, n. 5.

نِقَارَة *le métier de* نَقَّار (voyez), *sculpteur,* etc., M.

نُقَارَة *timbale,* Burckhardt Nubia 319, d'Escayrac 367, Werne 79, 92.

نُقَيْرَة *moquerie,* Bc.

نَقِيرَة *espèce de tambour,* Ouaday 422 (naguyrah). — Pl. نَقَائِر *corvette,* vaisseau léger pour aller à la découverte, *paquebot,* Bc, Hbrt 126, Ht.

نُقَيْرَة *petit tambour,* Voc., Alc. (atabalia), Abbad. II, 243, dern. l. نَقَارِيَّة *petit tambour ou timbale,* bassin de cuivre ou de terre recouvert d'une peau tendue, Bc.

نَقَّار *celui qui frappe à la porte,* Voc. — *Un tambour, celui dont la fonction est de battre du tambour,* Bat. I, 423. — *Celui qui sonne de la trompette,* Descr. de l'Eg. XIII, 494. — *Tailleur de pierres, de*

نَقْر

رجل ينقُر الأرحى = *meules de moulin*, Badroun 142, 5 = l. 4; *sculpteur en pierre, en bois et en marbre*, Descr. de l'Eg. XVIII, part. 2, 404, M, Hbrt 87; *ciseleur*, Bc. — نَقَّار الخشب *pic* (oiseau), Bc.

نَقَّارَة, pl. ات et نَقَاقِير, *petit tambour ou timbale*, bassin de cuivre ou de terre recouvert d'une peau tendue, Bc, M: عند المولدين شبه الدق من الجلد يضرب عليها وبعضهم يقول المقيرة, Hbrt 98; *grosses timbales en cuivre portées sur un chameau ou un mulet*, Mong. 421–2, Lane M. E. II, 86, Fesquet 74 n., Mehren 36, Abbad. II, 243, n. 65. — Pl. نَقَاقِير *marteau de porte, heurtoir*, espèce d'anneau ou de battant de fer qui est attaché au milieu d'une porte à l'extérieur, et avec lequel on frappe pour se faire ouvrir, Voc. (anulus porte = حَلْقَة), Lerchundi (aldaba de puerta). — Les deux نَقَّارَة d'une porte sont *les deux anneaux ou crampons par lesquels passe le cadenas quand on la ferme*, Djob. 80, 17: وللباب نقارتا فضة كبيرتان ينعطف عليهما قفل الباب (à lire ainsi avec Cherichi), Bat. I, 309: وللباب نقارتين كبيرتين من فضة عليهما قفل ❀

نَقْرَة voyez نَقِيرَة.

نَاقِر pl. نَقَّار *joueur de tambour de basque*, Alc. (panderetero, tañedor de pandero adufe). — *Celui dont la profession est d'emboucher la trompette*, Descr. de l'Eg. XIII, 494. — T. de médec., espèce de *picotement*, Chec. 208 r°: وقد ذكر بعض الأطباء علّة سمّاها بالناقر قال رأيت الوجع ينقر في الموضع من البدن ثم ينتقل بسرعة ❀

نَاقُور *cor de chasse*, Ht.

أَنْقَر *borgne*, Voc. Un Todjîbide d'Aragon, dont j'ai raconté l'histoire dans mes Recherches, I, 228 et suiv., portait le surnom de الأنقر; un autre personnage, nommé Bayân II, 100, 4, le portait aussi.

مِنْقَر pl. مَنَاقِر *ciseau*, Alc. (escoplo). — Même pl. *nez aquilin*, Alc. (nariz aguileño).

مِنْقَار, pl. مَنَاقِير *ciselet*, Voc., *ciseau*, Bc, Ht. — *Coin de petite taille se rapprochant de la forme de la cheville*, Auw. I, 408, 4, 9, 451, 7, 452, 17, 453, 7, 18, 2 a f., 484, 18, 23.

مَنْقُور بالجُدَري *grêlé, marqué de petite vérole*, Bc.

نَقْش

مَنْقَرَة (esp. mancera) *manche de la charrue*, Alc. (esteva de arado, manzera o esteva).

مَنَاقِير sorte de poisson, Yâcout I, 886, 9.

نَقْرَس I c. a. et II dans le Voc. sous artetica.

مُنَقَّرِس *goutteux*, Voc., Alc. (gotoso de gota de pies, de manos), Bait. I, 42 c: وقد يتّخذ من هذا الشجر اجران فيصنع فيه المنقرسون ارجلهم فينتفعون به فانه كان متقرسا (منقرسا l.) وكان, Yâcout I, 684, 9: يحمل في محفّة ❀

نَقَزَ I. نَقَز *fuir*, M.

II *sauter*, Ht, Daumâs V. A. 185. — نقز على الطير *oiseler, se servir d'appeaux, pour appeler et attirer les autres oiseaux*, Voc. En ce sens, ce verbe est formé du mot qui suit ici.

نَقَازَة pl. نَقَاقِيز, que le Voc. a sous venari, est l'esp. *añagaza*, qui signifie *appeau, moquette, ente*, etc.

نَقَسَ II *noircir, barbouiller avec de la suie*, etc., Alc. (tiznar, le part. pass. tiznado).

نَقْس *déficit*, Bc; c'est pour نَقْص.

نَقْس *suie*, Alc. (tizne o hollin).

نَاقُوس, dans le Voc. avec le ص, pl. aussi نَوَاقِيس, Djob. 307, 6. Pour la signif. de *cloche*: Voc., Alc. (canpana, relox campana), Bc, Ht, Macc. I, 174, 3 a f., Djob. l. l., Bat. II, 425, Berb. II, 288, 3 a f., Cartâs 167. — *Petite timbale*, Burton I, 258.

مِنْقَس *vertical*, Ht.

نَقَشَ I *ciseler, buriner, graver au burin*, Alc. (pintar con buril, منقوش figurada cosa con sinzel), M, Bc, Hbrt 96, Bg; نقش على فلان *contrefaire le cachet de quelqu'un*, Gl. Belâdz. — *Sculpter*, Voc., Alc. (esculpir), Bc, Ht, Khatîb 94 v°: وتنوّى الاحتفال بقبره نقشا وتحريما واحكاما. — *Damasquiner*, Bc. — *Emailler*, Bc. — *Layer*, tailler la pierre avec la laie, Alc. (escodar dolar piedras). — *Découper*, Ht. — *Sarcler, échardonner, ôter les chardons, les mauvaises herbes*, Alc. (escarda o roçar, نَقْش escarda o roçadura); *caver, creuser autour d'un arbre*, Alc. (escarvar (l. escavar) arboles); *donner le binage avec le sarcloir* (Clément-Mullet), Auw. I, 192, 9, 14, 17, 525, 2 a f.; *creuser légèrement, peu profondément*, Voc., Alc. (entrecavar). — *Fouiller*, Ht. — *Piquer*

نقش   712   نقص

une moule, Alc. (picar muela para moler), Gl. Edrîsî,
نقش حجر الرحى ضربه بالتقديم نيخشن بعد أملاسه : M
— *Moucheter*, faire de petites marques rondes sur,
Bc. — *Se peindre les mains avec* tamer-henna, Bg.
II *peindre*, *embellir*, *orner de figures*, Bc. —
Ciseler, Bc. — *Marqueter*, marquer de plusieurs taches, *tacheter*, Bc; 1001 N. I, 211 (jeune fille): في
منقّشة مكتّبة (avec du henné selon Lane), للجدري
marqué de la petite vérole, Hbrt 34.
III se construit c. d. a.; dans un vers chez Macc.:
هو ناقشه للحساب — C. a. p. *disputer avec* quelqu'un,
M (جادله وماحكه), Fakhrî 24, 6 a f.: وانا ناقشه
هذا القول «je conteste la justesse de cette proposition;» مناقشات *contestations*, *démêlés*, *disputes*, Berb.
I, 546, 3 a f.; dans Prol. III, 256, 8, 257, 5, où
il est question de termes, d'expressions, je crois que
cela veut dire que le sens de ces termes est contestable.
V voyez sous نزع.
VI c. مع dans le Voc. sous computare.
VIII c. على خاتم فلان انتقش *contrefaire le cachet
de quelqu'un*, Gl. Belâdz.
نقش, pl. نقوش, pl. du pl. نقوشات, *peinture*, M,
Gl. Edrîsî, Rutgers 146, 6 et 148. — *Ciselure*, Bc;
— نقش مكتوب *inscription*, caractères gravés sur la
pierre, 1001 N. I, 85, 14 (= السطران المكتوبان, 84,
13); — نقش المُصْحَف *taille-douce*, Bc. — *Légende*
sur une pièce de monnaie, Prol. I, 407, 7. — *Email*,
Bc. — *Sculpture*, Gl. Edrîsî, Voc.; aussi *sculpture*,
art du sculpteur, Bc; *bas-relief*, Bc; حديدة نقش
voyez sous le second mot. — *Marque de petite vérole*,
Hbrt 34.
نقش chez Freytag doit être biffé.
نقش *partie, marche d'un jeu*, Cherb.
نقّاشة *enluminure*, Bc. — *Ciselure*, l'art de ciseler,
Alc. (sinzel arte desta manera); — *gravure*, ouvrage
du graveur, Bc. — *Moucheture*, Bc.
نقّاش *thym*, Ht.
نقّاشة *gravure*, art de graver, Bc, M.
نقّاش *ciseleur*, *graveur*, Bc, Hbrt 87, *graveur en
pierre fine*, Descr. de l'Ég. XVIII, part. 2, 404. —
Sculpteur, *statuaire*, Voc., Bc. — *Emailleur*, Bc. —
Tailleur de pierres, Beaussier, Aghânî IV, 152, 13
Boul.: كان نقاشا يعمل النبرم من جزاز لجبل — النقّاش

للأحجار *lapidaire*, celui qui taille les pierres précieuses, Most. vº حجر معلوم عند النقاشين: حجر الماس
للأحجار. — *Celui qui échardonne, sarcle*, Alc. (escar-
dador o roçador).
منقش pl. مناقش *ciseau, burin*, Alc. (sinzel instrumento de platero). — *Sarcloir*, Alc. (escardillo
para escardar); *rateau, herse*, Alc. (rastros para ca-
var); *binette*, instrument avec lequel on donne le binage, Auw. I, 311, 12 (n. 4), 525, 5 a f. (l. بالمناقش
avec notre man.), 2 a f. (de même).
منقش *ciseleur*, Alc. (sinzelador).
منقش pl. مناقيش *ciseau, burin, poinçon de graveur, pointe*, outil pour graver, Domb. 96, Bc. —
Sarcloir, Voc. — *Pincette* pour s'arracher le poil,
Bait. II, 149 b: منقاش (من اضطلعون) وان عمل عند
وادمن نتف الشعر به بذل ذلك الشعر ولم ينبت
ابدا. — Au sing. et au pl., *mouchettes*, Payne Smith
1134. — *Cathéter*, ibid.
منقوشة حاشية *bord brodé*, Alc. (orilla
bordada). En parlant d'une province où la culture est
excellente, on dit: cette province est منقوشة
Gl. Geogr. — *Dinâr*, M; par ellipse pour دينار منقوش,
p. e. Aghânî X, 52, 10 Boul.: كأن وجيه الدينار
المنقش. Ce mot a passé dans la basse latinité sous
les formes *mancusnus, mancosus, mancusa*, etc.; voyez
quantité d'exemples dans Ducange IV, 219.
منقوشة pl. مناقش *boucle d'oreilles*, ordinairement
en deux parties, Beaussier, Roland, Daumas V. A.
172. — Pl. مناقيش *pain rond à croûte colorée et
enduite d'huile*, M.

نقشوش pour خشوش (voyez), pl. نقاشيش, *narines*.

نقص I *avoir moins que la mesure, que le poids*, Bc. —
C. عن r. *ne pas atteindre à*, Macc. I, 134, 5. —
Manquer, faire faute, Abdarî 49 rº: من نقصه شي
زاده «les pèlerins auxquels il manque quelque
chose de leurs provisions;» ناقصنا شي «une chose
nous fait faute;» ناقصه فلوس «l'argent lui manque;»
ناقصه لسان «il ne lui manque que la parole,» Bc. —
S'éloigner de son devoir, Bc. — *Réduire à de plus
petites proportions, dimensions*, Gl. Fragm. — Dans
le sens de *diminuer*, non-seulement c. a. p. et من r.,
mais aussi c. d. a., de Jong. — C. d. a. *ôter, enlever une chose à quelqu'un*, Abd-al-wâhid 171, 10, 16,
17, 230, 7, 244, 12; dans Badroun 257, 10, je lis

نقص 713 نقص

à présent, en m'appuyant sur la majorité des man.: mon roi ne m'a pas envoyé vers vous مالك لانتقصيك « pour vous prendre votre argent. » — *Dévaster, dépeupler*, Ht. — نقص بفلان, quand on vend des prisonniers au rabais, *il offrit pour un tel un moindre prix*, Akhbâr 45, 10.

II *blâmer, reprendre*, Meursinge 22, 2 a f. — نقّص في حقّه *insulter à, outrager*, Bc. — *Manquer, tomber en faute*, Bc. — نقّص في الواجب *s'oublier*, manquer à son devoir, *trahir son devoir*, Bc. — نقّص في كلامه *faire banqueroute*, manquer à sa promesse, Bc.

IV انتقص دمًا *saigner, tirer du sang en ouvrant la veine*, 1001 N. I, 240, 14, Bresl. II, 226. — *Résoudre*, Alc. (resolver). — *Abroger une loi*, Alc. (quitar la ley). — *Manquer, faire faute*, Alc. (faltar).

VIII *se résoudre (humeur)*, Alc. (resolverse el umor).

— Se construit, comme v. a., c. d. a., انتقصه حقّه (= I), M.

X. Le n. d'act. *diminutio* dans L. — *Blâmer*, Gl. Bayân, Cartâs 111, 14.

نقص *faute, manque*, Alc. (falta por mengua), Bc. — *Chose qui manque*, Alc. (faltosa cosa que falta). — *Faute (péché)*, Bc. — *Déchet*, Alc. (falta de peso o medida, mengua en el peso, menoscabo o merma, merma en el peso o medida), Bc, *tare, déchet sur la qualité, la quantité*, Bc. — نقص الحساب *décharge de compte, escompte, rabais*, Alc. (descuento). — *Mépris, dédain*, Alc. (menosprecio); شافه بعين النقص *mésestimer*, Bc; ذو نقص *un homme méprisable*, l'opposé de فاضل, 1001 N. I, 22, 11:

فلا عجبًا من كنت عاينت فاضلًا فاخيرا وإذا نقص بدولته يسطو

— *Incartade*, insulte brusque, extravagance; نقص في حقّ أحد *insulte, offense*, Bc.

وتبقى بين *blâme*, 1001 N. I, 79, dern. l.: نقصان للعرض — الملوك بالمعيرة والنقصان *outrage*, Bc.

— Pl. أنت, t. d'archit., voyez sous كبش.

نُقّصة, variante نقاصة, est dans le Diw. Hodz. 158, 1 et 3.

نقص dans le Voc. sous minuere.

ناقص *ayant du déchet sur le poids*, Alc. (menguado en el peso). — قطع ناقص, t. de géométrie, *ellipse*, Bc. — بالناقص *en vain; c'est égal*, Roland.

أنقص *moins*; باِنقص من *à moins de*, pour un moindre prix, Bc. — *Plus méprisable*, voyez sous أسقط.

مُنتَقَصة *témoignage de mépris, outrage*, voyez sous مكرمة. Bc a منقصة (?مُنْقَصة) *outrageant*.

نقض I. Au lieu de العهد نقض, on emploie aussi نقض seul, c. a. p. ou c. ب p., Gl. Belâdz. — نقض الوضوء *invalider l'ablution*, Bc, Gl. Tanbîh. — *Répondre, réfuter*, نقض كلامه *contredire, réfuter*; c. على p., Nowairî Espagne 467: وقل ابن الرقيق انه اخ لعبد الله بن محمد وليس بعمّ حسني وينقض ذلك عليه انه قل فيه الحج, Prol. I, 280, dern. l. — *Rétracter*, نقض قوله *se dédire*, se rétracter, Bc. — *Se révolter*, Gl. Belâdz. — *Séparer des gens qui se battent*, Alc. (despartir roydo, نقض despartimiento de roydo, ناقض despartidor de roydo). — نقض الجرح *rouvrir une blessure*, au positif et au figuré, et de même la IIe, Bc. — نقض عليه الحمّى *la fièvre le reprit*, Bc.

II *détruire*, Payne Smith 1615—6. — Dans le Gl. Manç., v° شهب, les étoiles tombantes sont nommées نقض الخرج — نجوم الرجم المُنقضة voyez sous I.

III *réfuter*, Bc. — Le corrumpere dans la 1re part. du Voc. semble une erreur.

IV *dissoudre, détacher*, Abbad. I, 190, n. 194, *découdre*, Voc., انقض الزرد *couper, rompre, défaire les mailles d'une cotte de mailles*, Alc. (desmallar). — Biffez la dernière signif. chez Freytag, car Reiske s'est trompé; voyez mon Catal. des man. or. de Leyde II, 36, n. 1.

VI. تناقضوا الكلام بينهم *ils causèrent ensemble*, 1001 N. Bresl. X, 222: وجلسوا يتحدّثون ويتنادمون. M يتناقضون = تناقضوا المبيع. ويتناقضون الكلام بينهم.

VIII *se détacher*, Alc. (desasirse). انتقاض الزرد *l'action de rompre, de couper, de défaire les mailles*, Alc. (desmalladura); il a انتقض seul pour *défaire les mailles d'une cotte de mailles qu'on porte* (desmallarse). — انتقض الامر *chose qui peut être dépliée*, Alc. (desplegable). — *l'affaire s'est brouillée*, M. — انتقضت الطهارة *l'ablution a été invalidée*, M, Gl. Tanbîh. — انتقض المجلس *la séance a été levée*, Bc (le fâ est une faute d'impression). — C. على p. *se révolter contre*, Gl. Belâdz., Abd-al-wâhid 198, 12, 199, 15, 262, 6, Cout. 6 r°, Haiyân 37 v°, 38 v°, 69 r°, Khaldoun, man. IV, 9 r° et v°. — *Se rouvrir*

نقظ 714 نقط

(blessure), Gl. Belâdz., M, Bidp. 178, 2, Berb. II, 242, 9, Cartâs 67, 4 a f., 189. — *S'éloigner, partir,* Hoogvliet 90, n. 151.

نَقْض *l'action de déplier,* Alc. (desplegadura).

نَقْض (pl. aussi نُقُوض, M) *démolitions, les matériaux qui restent de ce qu'on démolit,* Macc. I, 471, 10 et 16, Cartâs 33, 3 a f., Fakhrî 185, 10, Mohammed ibn-Hârith 299: بهذا (sic) لستُ أبيع نَقْضَها فكيف الدار جميعًا‎

نَقْضَة pl. نَقْض, t. de charpentier, *poutre dont on se sert pour le toit,* M.

نَقِيضة *le contraire,* de Sacy Chrest. I, ۱۳v, 11.

نَقَّاض *ouvrier qui démolit des bâtiments,* Gl. Belâdz.

مَنْقُوض *étendu par terre,* Alc. (rellanado).

تَنَاقَض *être toujours en contradiction avec soi-même,* de Sacy Chrest. I, ۱۹, 6, cf. M.

نقط I *pointer, faire à petits points,* Bc. — *Dégoutter, tomber goutte à goutte,* Voc., Alc. (destellar caer gotas, gotear). — *Couler, laisser écouler l'eau goutte à goutte,* والعامة تقول نقط الانا اى قطر, M.

II *moucheter, faire de petites marques rondes sur,* Bc; مُنَقَّط *moucheté,* Ht. — نَقَّطه الشيب, comme وخطه الشيب, *grisonner,* Aboû'l-Walîd 204, 6, et n. 48. — *Laisser couler goutte à goutte,* Voc.; Aboulf. Hist. anteisl. 172, 3: واذا اراد الانصراف حرّك الماء ببده‎ ; نَقَّط الماء من اخذ فنقط على راسه ووجهه, *égoutter, faire écouler l'eau goutte à goutte,* Bc; ce qu'il a encore: *couler,* en parlant d'un vase d'où le liquide sort, p. e. تنقط لجرة هذه «cette jarre coule,» *fuir, laisser couler le liquide, dégoutter, tomber goutte à goutte,* p. e. انفد ينقط دم [c.-à-d. دمًا] «le sang lui dégoutte du nez, il saigne au nez,» est la même signif.; le verbe est actif dans ces exemples. — *Couler goutte à goutte,* Bc. — C. a. على p. et ب ou a. r. *jeter ou donner à quelqu'un, dans une fête, etc., des pièces de monnaie,* Fleischer sur Macc. II, 411, 11 Berichte 45, 118, Bc: نقط على المغنيين *faire don de pièces de monnaie aux musiciens dans une fête,*

Djaubarî 84 v°: جعل ينقط بخمسة سلطانية خلف خمسة الى ان نقطه بجمله, Macc. II, 559, 9, 1001 N. I, 165, 6: حطّ وكلّما جاءك المواشط والمغاني والحايات — وارم لهم فاكمش ذهب ملآن تجده جيبيك في يدك, donne: Bresl. II, 43, où فنقط كلّ من اتى البيك بالحفنة نقطنا ونقطها (العروس), et 45 il a: ونقط على من جيبك خزانة ذهب‎, Macn. 166, 2, 175, 10, 225, 5, Bresl. IX, 257, où Macn. remplace ونقطوه par وانعم عليه, XII, 64. — Le jour de ses noces, le marié jette ou donne aussi des pièces de monnaie à la mariée, comme on le voit par les 1001 N. et par Bc, ينقطها; mais ce verbe a encore un sens un peu différent; il signifie en parlant du marié: *donner, le jour des noces, des vêtements et d'autres choses à la mariée,* M.

V dans le Voc. sous *punctare.* — *Ibid.* sous *stillare.*

نَقْط *pointillage,* t. de peinture, *petits points,* Bc. — *Pointe, trait malin d'esprit,* Bc; — pl. أنقاط *calembour, quolibet, mauvais jeu de mots, mauvaise pointe d'esprit;* انقاط *jeu de mots,* Bc. — Comme collectif, *points diacritiques,* de même que شَكْل signifie *points voyelles,* de Sacy Chrest. I, ۷۱, 1: وقد كتب الشقيف بها سطورا وأحسن شكلها للطلّ نقط‎ (pas نُقَط), 234, n. 11, en parlant des premiers exemplaires du Coran: فجرّدوه كما يهوى كتابنه ما فيه شَكْل ولا نَقْط فيحجرا‎ Biffez donc dans Freytag l'article نَقْط.

نُقُوط pl. نَقَط *pièces de monnaie qu'on jette ou qu'on donne aux musiciens dans une fête, à la mariée dans une noce,* Bc, Fleischer sur Macc. II, 411, 11 Berichte 45, Lane M. E. I, 250, 256, 261 fl, 301, 1001 N. Bresl. II, 50, Macn. III, 429.

نُقْطَة *point ou virgule,* M, Alc. (coma punto en la escritura). — *As* (un point seul marqué sur un des côtés d'un dé ou d'une carte), Alc. (as punto, azar un punto). — *Zéro,* Ht. — النُّقَط الأربع *les quatre points cardinaux,* le septentrion, le midi, l'orient et l'occident, M. — نقطة الاحتراق *foyer d'ellipse,* Bc. — *Goutte de liquide,* M, Alc. (gota quando cae), Ht, Gl. Mosl. — *Écoulement d'une liqueur goutte à goutte,*

Alc. (destelladura de gotas). — *Goutte articulaire*, Alc. (artetica gota). — *Apoplexie, catalepsie, mal caduc*, Alc. (gota coral o morbo caduco), Domb. 88, Bc, Ht, Roland Dial. 564, Hbrt 39 (qui l'a avec le *kesra*); on appelle ainsi cette maladie parce qu'on croit qu'elle provient d'une goutte de sang qui frappe le cœur, M (substituez الصداع المصرع à الصداع). — *Goutte sereine*, eau qui tombe sur les yeux, obstruction subite du nerf optique, Bc. النقطة في داخل الحافر est le dépôt qui se forme à l'intérieur du pied d'un animal par la putréfaction du sang extravasé par suite d'une contusion ou d'un coup violent, Auw. II, 638, 4 a f. et suiv. — *Germe de l'œuf qui se trouve dans le blanc*, Alc. (meaja de huevo). — *Taie*, pellicule qui se forme sur l'œil, Alc. (nuve de ojo), Bc. — T. de musique, *comma*, chacun des petits intervalles dans lesquels on divise chaque ton en musique, Alc. (coma en la musica). Chez Bc نقطة الغنا est *note de musique*. — *Morceau de fer dans lequel tourne le gond inférieur d'une porte, crapaudine*, M. — T. de maçon, *pierre, etc., qu'on place sous l'extrémité du levier*, afin de soulever plus facilement le fardeau, M. — نقطة العروس *les vêtements et autres choses que le marié donne à la mariée le jour des noces, son présent de noce*, M, نقط عروس, Meidânî II, 762, n° 46 (mal traduit), نقط العروس titre d'un livre d'Ibn-Hazm, Abbad. II, 128, 10. — نقطة الاكوان voyez sous كون.

نقيط est expliqué par مولى المولى, de même que ناطط; Freytag n'aurait donc pas dû traduire « *servus servi*,» mais *l'affranchi de l'affranchi*; Koseg. Chrest. 112, 1: وقيل ان الذى قتل المقتدر نقيط غلام مونس. — *Don de pièces de monnaie fait aux musiciens dans une fête, à la mariée dans une noce*, Bc.

نقّاط (Daumas MS) *celui qui prend un morceau, le porte à sa bouche et secoue ensuite ses doigts dans le plat*, Daumas V. A. 314.

ناقط voyez نقيط.

منقط pl. مناقط *poignée* (contenu de la main), Voc.

نقع II *détremper, délayer dans une liqueur, infuser, faire tremper, macérer dans un liquide*, Voc., Bc.

V dans le Voc. sous *madefacere*.

VIII *baigner, v. n., tremper, être dans* (في) quelque chose de liquide, *s'imbiber*, Voc., Alc. (mojarse), Bc.

نقع *cri*, Kâmil 320, 7.

نقعة *macération, séjour d'une substance dans une liqueur*, Bc. — *Etang*, Edrîsî, Clim. V, Sect. 2, en parlant d'une rivière: واصله نقعة كثيرة الماء فى اصل جبل ✱

نقوع *infusion, liqueur dans laquelle certaines substances ont séjourné*, Bc. — *Abricots séchés*, M.

نقيع *infusion* comme نقوع, Bc, Bait. I, 5 b, 58. — Comme épithète de سم, *poison*, de même que منقّع, *confit*. Les dict. donnent: سمّ منقّع اى مربّى et l'Asâs: سمّ نقيع ومنقع مربّى. L'expression سمّ نقيع se trouve Abbad. I, 304, 3:

والند من ضغم الخصوص على فى اسم النقيع

Ce نقيع s'emploie aussi comme subst. Dans le Gl. Manç. on trouve un article مربّى نبطلى, corrigez نبطلى, confiture نبطية, qui est النقيع المعروف. C'était donc une confiture empoisonnée. Dans l'hémistiche Bayân I, 207, 4 a f.: وسقى جزارة بن نقيع الحنظل, je crois qu'il s'agit aussi de pommes de coloquinte confites. Ceci peut servir à corriger ma note Abbad. III, 147.

نقاعة *l'action de mouiller, de détremper, de faire détremper*, Alc. (remojo). — *Lagune, petit lac, flaque d'eau, mare, amas d'eau dormante*, Bc; le pl. نقائع chez Bait., Gl. Esp. 325, Yâcout IV, 865, 5 (cf. V, 479).

نقاعة. L'esp. *noque*, qui en dérive, signifie *fosse où les tanneurs font tremper leurs cuirs*; cf. Gl. Esp. 325.

منقع. Au fig., dans le sens de *lac, mare*, منقع للجود, P. Berb. I, 32, 4. — *Cuve ou étang artificiel à macérer*, Gl. Esp. 325; cf. avec l'expression: «*Menaka*, scilicet ubi mollificatur linum,» Bait. II, 382 b: الضيعة التى قبلى مناقع الكتان; on lit aussi chez le même, II, 194 a (asclepias gigantea): والناس فى بعض البلدان حيث يكثر يأخذونه ذلك اللبس فى الميزان ثم يجعلونه فى مناقع فينقعون فيه الجلود فلا تبقى منقع الدم. — عليها شعرة ولا وبرة ثم تلقى فى الدباغ. — Dans les 1001 N., proprement *l'endroit de la stagnation du sang*, est *l'endroit où les derniers supplices ont lieu ordinairement*, parce qu'on y laisse le sang s'absorber dans la terre, trad. de Lane I, 486, n. 39.

نقف 716 نقل

مُتَنَقَّعُ الخَنازِير souille, lieu bourbeux où se vautre le sanglier, Bc.

مُسْتَنْقَعُ المَوْت champ de carnage, Berb. I, 27; cf. مُنْقَعُ الدَّم.

نَقَفَ I c. a. p. donner une chiquenaude à quelqu'un, et aussi: lancer contre lui une petite pierre avec les doigts, M.

نَقْفَة pl. نَقَف chiquenaude, coup du doigt du milieu, replié, et détendu avec force, Bc.

نَقَلَ I, n. d'act. نَقَلان, Aghânî dans Maml. 1, 1, 4: أمر بِنَقَلانِ قرائبه واعلام وحشمه وغاشيته من جالساته — Charrier, voiturer, Bc. — Dans le sens de rapporter: M, de Sacy Chrest. I, ٢٢, 2, Macc. I, 500, 7, Athîr XI, 79, 8; نقل اليه عن احد rapporter, redire par malice; من نقل اليك فقد نقل عنك celui qui te fait des rapports sur le compte des autres, fait aux autres des rapports sur ton compte;» Bc. — Copier (en peinture), Hbrt 96; سما نَقَل calquer, contre-tirer un dessin avec un transparent; نقل الرسم في الصغير réduire en petit, réduire un dessin, le copier en petit, Bc. — Copier, imiter les actions, etc., Bc. — نقل من لغة الى اخرى traduire d'une langue en une autre, Bc. — Faire marcher les pièces au jeu d'échecs, Bc, de Sacy Chrest. I, 188, 1001 N. I, 375, 12. — Transmettre, céder, faire passer sa possession, ses droits à un autre, transporter, céder juridiquement, c. الى aliéner, Bc.

II transplanter, L (transplanto, le part. pass. transplantatus), Alc. (trasponer plantas), Macc. I, 305, 11, très-souvent dans Auw., p. e. I, 178, 7, 196, 14. — Déménager, déloger, Alc. (mudar casa, mover de lugar) تَنَقَّل مَدانش de casa a otro lugar). — Déléguer, envoyer quelqu'un à sa place avec pouvoir d'agir, Alc. (delogar poner en su lugar). — نَقَّل الشعاع réfracter, Bc. — Altérer, changer, Alc. (alterar mudar); comme il donne la IIe, je crois qu'il faut prononcer تَنَقَّل dans Tha'âlibî Latâïf 108, 7: ولقد كادت البلدة تنقل ذلك وتبدله pas نَقَل à la Ire, comme l'a fait l'éditeur. — C. a. p. donner à quelqu'un des نَقَل, des fruits secs, etc., qu'on mange au dessert en buvant du vin; c. ب r. chez Macc. I, 673, 14, où il faut lire avec Boul.:

سقانا شرابا كلون الهناء ونَقَّلَنا بقرون الـغـنـوز

«il nous a présenté une boisson dont la couleur était celle de la poix, et il nous a donné des cornes de chèvre pour dessert.» M: نَقَّل فلان ضيفه أطعمه النَّقَل.

V se rendre, se transporter en quelque endroit, تَنَقَّل من مكان الى اخر تحَوَّل او اكثر الانتقال :M, Abbad. I, 45, 7 (n. h): وما زالوا يتنقلون من قصر الى قصر; se transporter tantôt dans un endroit, tantôt dans un autre, aller çà et là, Khallic. I, 180, 18 اشتغل وتنقَل الى ان صار منذ ما صار Sl., Amari 117, 6 a f.: وملك اسد بنى الفرات بالتنقل جميع القبائل في القبائل ou تنقل في البادية, Gl. Fragm., Gl. Geogr. — mobile (fête), Bc. — C. ب ou على manger des fruits secs (نَقَل) au dessert en buvant du vin, Gl. Edrîsî, M, 1001 N. II, 23, 11.

VI. تَناقَلوا c. a. r. ils se donnèrent réciproquement une chose, Weijers 211, n. 398, Ztschr. XVIII, 790.

VIII. انتقل مُنْتَقَل comme n. d'act., Gl. Mosl. — c. a. r. ils se donnèrent réciproquement une chose, Ztschr. XVIII, 790. — = III, en parlant d'un cheval, Diw. Hodz. 195, 1 et 4. — C. ب manger des fruits secs (نَقَل) au dessert en buvant du vin, Gl. Edrîsî, de Jong (prononcez الشَّرْب), les buveurs, dans le vers 119, 4, pas (الشَّرْب), Haiyân 10 ro: دخل على شرب من اخوانه باشبيلية ينتقلون بيسمّاس رطب ⁂

نَقْل charriage, action de charrier, salaire du voiturier, Bc. — Rapport, récit fait par indiscrétion, malignité, Bc. — Pl. نُقُل relation écrite, Meursinge 6, l. 12: والذى اعتقده ان الذى وصلت اليه من هذه العلم السنّد سوى النقل والنقيل الذى أطلعت عليها فيها لم يتصل اليه ولا وقف عليها احد من اشياخى الخ. — Expédition d'un acte; peut-être: expédition dans une autre langue, ou: traduction légale, Amari MS. — Cession, abandon, transport d'une propriété, virement, transport d'une dette active, Bc. — Permutation, t. de droit canon, échange d'un bénéfice contre un autre, Bc. — Détourner un nom appellatif de sa signification primitive pour lui en donner une autre, ou pour en faire un nom propre, de Sacy Anthol. Gramm. p. VI et VII de l'Avis aux lecteurs, Prol. III, 47, 6; pl. أنقال changements de signification, Prol. III, 302, 5. — Pl. نُقَل plantes bonnes à transplanter, ou transplantées, ou plantes en général, L (plante), Auw. I, 135, 3: وهو يصلح لسقى انقال الاشجار (bonne correction de Banqueri), 156, 7, 171, 2: وينبغى ان تنقل الانقال النابتة من النبوى المأبنة والحبوب, pour الثانية, est une correction de Clément-Mullet), 175, 6: لا تنقل النارنج حتى, 196, 14 et 16: يبلغ قامة الانسان وصفة المختار من الاشجار والانقال للغراسة (lisez ainsi avec notre man., au lieu de والانتقال), 211, 6, 213, 17, Haiyân-Bassâm I, 174 v° (description d'un مجلس): قد صبغت فيه فواكه غريبة وانقال ملوكية على طوله. Le n. d'un. ة se trouve dans le Voc. (planta; نَقَل, qu'il donne comme pl., est une prononciation adoucie de نَقَل), dans Alc. (pinpollo para plantar, planta para plantar), qui a le pl. ات, Ht (plante), Abou'l-Walîd 789, 15, Auw. I, 211, 8, pl. ات 214, 9; Cherb. (bouture) et Delap. 36 (plante) ont نَقْل. Alc. donne aussi نَقَل, pl. انقال, sous « cebollino simiente de cebolla;» toutefois ce n'est pas cebollino dans le sens de graine d'oignons, mais dans celui de petit oignon avec sa tige encore très-jeune, et c'est ainsi qu'Auw. emploie نقل البصل, II, 193, 6, 19, 24 et dern. l. — Mobilier, meubles, Berb. I, 448, 6 a f.: فاغرى به السلاطين ورغبه فى ماله فتقبض على سعيد واعتقل بالقصبية وتقبض على نقله ابن ياسين وابن عبباد الرجالة وغيرها Il ne sera pas superflu de remarquer que notre man. 1351, celui de Londres et ceux de Paris 142/2 et 722/5 ont la même leçon. Cf. منقبل.

نَقْلَة aliénation, vente, transport de la propriété d'un fonds, transmission, Bc. — Transplantation, Bc. — نقلة قدم pas de danse, Bc. — Panier en osier, Prax R. d. O. A. VI, 290. — T. de médec.; ce sont بثور دقاق متقاربة تتفرح وتسعى فى الجلد وما قرب منه Gl. Manç. in voce.

نَقْلِى traditionnel, Bc.

نَقْلِى vendeur de fruits secs, Lane M. E. II, 17, Casiri I, 145, n. a, 1001 N. I, 56, 74, II, 293.

نَقِيل qui transporte, Kâmil 425, 19.

تدبير النقولات office, art de préparer, de faire ce qu'on sert sur table pour le dessert, Bc.

نَقِيل pl. نقال (Reiske) voyez Diw. Hodz. 234, 2 et 3. — Dans le dialecte du Yémen = عَقَبَة, Yâcout IV, 810, 15.

نَقَّال portefaix, M, Domb. 103, Beaussier; en esp. anacalo: garçon de boulanger qui porte le pain. Désignant dans l'origine la personne qui porte une chose, ce mot a aussi été appliqué à la planche sur laquelle on la portait; ainsi l'esp. añacal est: « celui qui portait du blé au moulin,» et le pl. añacales, « planches sur lesquelles on portait le pain cuit du four à la maison.» Puis anaquel en esp. tablette sur laquelle on met les verres, les plats, etc., Gl. Esp. 189, 190; cf. منقلة. — Rapporteur, qui fait des récits par indiscrétion, malignité, Bc.

نَقَّالَة pl. نقائل espèce de brancards ou de crochets en bois placés sur une bête de somme pour transporter les gerbes de blé, Beaussier; brancard, Bc. — Charrette, Bc, Hbrt 195. نقالة لوضا العسكر ambulance, hôpitaux ambulants, Bc.

نَقَّالِى ambulant, non fixé, Bc. (je crois qu'il faut ajouter le techdîd, qu'il ne donne ni pour ce mot ni pour نقالة).

نَاقِل. Par politesse on dit ناقل en parlant d'une femme enceinte, au lieu de حامل, M.

تَنْقِيل تراب remuement de terre, Bc. — تنقيل العساكر mouvements, changements de postes, marches et contre-marches d'une armée, Bc.

مَنْقَل pl. مناقل brasier, bassin de métal pour mettre la braise, Bc, M, Lane M. E. I, 207, Turner III, 451, réchaud, Hbrt 197; منقل صغير مغطّا chaufferette, Bc. Chez Roland مَنْقَل brasier, chez Delap. 71 مَنْكَال bassinoire; mais le mot, comme l'observe avec raison M. Wetzstein (Ztschr. XI, 484, n. 12), est d'origine arabe et vient de نقل, car ce brasier est portatif.

مَنْقَل rapporteur, celui qui, par malice, rapporte ce qu'il a vu ou entendu, détracteur, Voc. (detractor).

مَنْقَلَة pl. مناقل est dans le Voc. mensa (discus, vel scutella depicta); il a man, mais je crois min plus correct; cf. l'esp. anaquel sous نقّال. — Le jeu qui porte ce nom (Aghâni XI, 19, 6 Boul.); on prononce مَنْقَلَة, Lane M. E. II, 55, d'Arvieux III, 321, Blaquiero II, 74, etc., mais le M a min, ce qui me semble la bonne forme. — Laminoir, Descr. de l'Eg. XVIII, part. 2, 385 (mangaleh, mais comme c'est un nom d'instrument, *min* vaudrait mieux). — *Rapporteur*, instrument de géométrie, Bc.

مُنْتَقِلَة est le mot quand on parle d'une blessure, pas avec *kesra* comme chez Freytag, Gl. Tanbîh.

مَنْقُول pl. انت *biens meubles* (les bestiaux exceptés), Beaussier, v. d. Berg 45, Gl. Tanbîh; منقولات *effets mobiliers*, منقولات البيت *meubles, biens, effets que l'on transporte*, Bc. — صورة منقولة *portrait*, Hbrt 96.

مُناقِل est dans le Diw. Hodz. 183, sur vs. 17.

انتقالات, t. de musique, *intervalles*, Descr. de l'Eg. XIV, 17.

انتقالي, Müller S. B. 1863, II, 9, dern. l.: ممّن عملوا بتعديل القوانين الانتقالية ※

نقم I, n. d'act. نَقَم et نُقوم, c. على ou مِن p. et acc. ou ب r., *reprocher quelque chose à quelqu'un*, Abbad. I, 198, n. 27, Gl. Badroun, Gl. Bayân, Gl. Maw., Gl. Fragm. (où il faut biffer les derniers mots sur la VIII° forme, car dans le Bayân I, 8, 4, la leçon du man., انتقد, doit être conservée, comme je l'ai dit dans le temps à M. Wright, qui a reproduit ma remarque dans le Gl. Djob. 33, 1 et 2), Becrî 165, 4 a f., Bat. III, 211, 314, Berb. I, 67, 150.

IV c. من dans le Voc. sous *vindicare*.

V c. على p. et a. r. dans le sens que j'ai donné sous I, Gl. Fragm.

VIII. Le Voc. (*vindicare*) a la constr. من et على.

X *pousser quelqu'un à se venger*, P. Bayân II, 307, 4 a f.: ان الملوك اذا ما استنقموا نقموا — *Se venger*, Ht.

نَقِمَة, سيَّاف النَّقِمَة, Khallic. I, 177, 10 Sl., سيف النقمة, 1001 N. I, 67, 6 et 7, نقمة الخليفة للخلفاء, de Slane Khallic. I, 600, est *l'exécuteur des arrêts de mort prononcés par le calife*. — *Mal, malheur*, Daumas V. A. 228, dern. l., P. Abd-al-wâhid 112, 8, Gl. Tanbîh.

أنْقَام, t. de mer, *viens au vent*, J. A. 1841, I, 588.

اِنْتِقام *punition, peine corporèlle*, Alc. (punicion, pena corporal).

نَقْنَق I employé en parlant d'une tortue, P. Macc. I, 348, 8. — *Bougonner, gronder, murmurer entre ses dents, grogner, marmotter*, Bc. — نقنف فى الاكل *pignocher, manger négligemment et par petits morceaux*, Bc, بهل فيه, M.

نقناقى *grognard*, Bc.

نَقانِق (lat. lucanica) *boyaux d'agneau, farcis de viande hachée, avec du poivre, du sel, du lait aigre ou du jus de grenades, et cuits au four*, Bg 263, Aghânî 61, 10: نقانق مصرّف بالخردل, Bait. I, 82 c (Rhazès): فلمّا الامعاء فلا تصلح لطبخ الاسفيذباجات بل للنقانق فاذا اتّخِذَت نقانق فليكثر فيه من الابازير والتوابل; on trouve aussi la forme لقاليق (voyez), et le M a مقانق avec cette explication: محشوّة مصارين. — *Friandises, bonbons, douceurs*, Cherb., confitures, Ht, Bc (Barb.).

نَقانِقي *fricasseur de boyaux d'agneau pour les saucisses*, J. A. 1860, II, 383. — *Gourmand, friand, qui dépense son argent pour acheter des douceurs*, Cherb.

نقى et نقو II *nettoyer*, Alc. (alimpiar, limpiar). — *Purger*, Bc, Hbrt 37. — *Nettoyer les ruches*, Alc. (destifiar las colmenas). — *Ramoner, nettoyer une cheminée*, Alc. (deshollinar). — *Ecailler des poissons*, Alc. (escamar pescado). — *Cribler*, Alc. (crivar o alimpiar). — نقى الحشيش *sarcler, arracher les mauvaises herbes*, Bc; Alc. l'a sans subst. (escardar o roçar). — *Epamprer, ébourgeonner, tailler la vigne*, Alc. (deslechugar las vides, despanpanar las vides); *pratiquer un retranchement de branches, pincer les petites branches inutiles*, Auw. I, 219, 4 a.f. (lisez ainsi), 238, dern. l., 292, 9. — نقى الحجارة *ôter les pierres*, Alc. (despedrar o desenpedregar). — *Ecrémer*, Alc. (desnatar). — نقى عن روحه *se décharger, se purger d'une accusation, se justifier*, Alc. (descargo por escusa). — *Choisir, élire, choisir, trier*, Bc, Hbrt 224, Voyages de Sind-bâd éd. Langlès 35. — La signif. de *choisir*, p. e. des cailloux, s'est modifiée, et il faut quelquefois traduire ce verbe par *ramasser*, p. e. 1001 N. III, 23, 12: فنقيت من هذه الحجارة شيئًا كثيرًا وادخلته فى جيبى وبين ثيابى, 60, 6 a f.: حجارة صغارًا من الزلط وملات تلك المخلاة. Lane traduit *choisir* dans le premier passage, et *ramasser* dans le second. — نقى الدوالى *échalasser les vignes*, Alc.

(rodrigar vides). — *Se monter, faire la somme de*, Alc. (montar en suma).

V *se nettoyer*, Voc., Alc. (mondarse).

X. M: واستنفىٰ استنقاءً بالغ فى تنقيةِ بدنِه وهو قياسٌ لا سماعٌ; cette forme est toutefois en usage, car L donne: *purgatio* استنقاءً واستنقاءً تنظّه, et voyez Abou'l-Walid 261, 5 et 15.

نَقِى نقى الفَرج *chaste*, Voc.

نَقِيَّة voile de couleur foncée, qui couvre le menton et la bouche, Burckhardt Bedouins 29.

نَقَاوَة *choix*, action de choisir, Bc, Hbrt 224. — *Orpiment*, Voc. — *Trèfle*, Alc. (trebol yerva conocida).

نقاىّ *serviette, essuie-main*, Bar Ali 4656, Payne Smith 1799.

نَقَايَة *choix, élite*, Voc. (electum).

أَنْقَى *plus propre, plus net*; au fig. أَنْقَى ساحةً, voyez Weijers 114.

تَنْقِيَة *immondices, ordures qu'on ôte de ce qu'on nettoie*, Alc. (alimpiaduras, mondaduras, mondaduras como de pozo). — *La bourre ou strasse de la soie*, esp. *atanquia*. — *Espèce de dépilatoire*, Alc. (atanquia). L'esp. *atanquia* a significó aussi *pincettes pour arracher le poil*. — *Electuaire, médecine, purgation*, Domb. 90, Hbrt 37. — *Le temps où il est à propos de placer les échalas*, Alc. (rodrigazon tiempo de rodrigar).

مُنَقِّ *laveur, celui qui lave*, Alc. (lavador). — *Instrument pour nettoyer, vergettes, balai ou autre chose*, Alc. (linpiadero). — Avec ou sans الاذنَيْن *cure-oreille*, Alc. (escarva orejas, monda orejas). — *Cure-dent*, Alc. (escarva dientes, monda dientes). — *Purgatif, vomitif*, Ht.

نَقْش I (formé de نَقْش, pl. de نُقُوش) *marqueter*, marquer de plusieurs taches, *tacheter, jasper*, bigarrer en imitant le jaspe; مُنَقَّش *moucheté, pommelé*, marqué de gris et de blanc, *tacheté*, Bc.

نَكّ, aor. o, n. d'act. نَكّ, نَكّ على الغريم, *presser un débiteur*, M. — نَكَّ العَمَل est أَصْلَحَه, M.

نَكَا IV voyez نَكَى IV.

نكب I, n. d'act. نَكْبَة, *disgracier*, priver quelqu'un de ses bonnes grâces, Gl. Fragm.

II. De même qu'on dit نَكَّب به عن الطريق, on dit نَكَّب به عن المزَلّات والمغالط, Prol. I, 8, 3 a f. — C. a. dans le Voc. sous infortunatus. — C. a. dans le Voc. sous tacere, ce qui est étrange.

III c. a. p. *céder le haut du pavé à quelqu'un*, Macc. II, 231, 22 (cf. Add. et corr.).

IV semble *faire tomber un cavalier de son cheval*, J. A. 1849, II, 270, n. 1, 4 a f. — C. في dans le Voc. sous infortunatus.

V c. a. *passer à côté de quelqu'un (sans le toucher)*, Macc. I, 420, 19.

VIII dans le Voc. sous infortunatus.

نَكْبَة يجيك نَكْبَة *que le diable t'emporte!* Bc.

نَكْبَة النَكْبَة الكبيرة *la grande dune*, Barth V, 101 (núkkaba).

نَكْبَاء, pl. نكباوات, Kâmil 259, 15.

نَكُوب *vieilles crottes de chèvres*, M.

أَنْكَب (*inclinans* chez Freytag) s'emploie comme مائل المنكب, مائل الرأس, مائل الشقّ, etc., dans le sens d'*orgueilleux*, Abbad. III, 173, n. 136.

مَنْكِب التزاحُم بالمناكب, *se pousser de l'épaule*, se dit d'une foule de personnes qui se pressent, Müller 18, 3; عنكب زاحمه ou قوى منكب *il le fit reculer*, Berb. I, 88, 4, 90, 3 a f. — مائل المنكب = *orgueilleux*, Abbad. III, 173, n. 136. — من منكب الطريق *à côté de la route, sur la route*, Gl. Geogr. — منكب الثوب *latitudo*, Voc. (?). — مناكب الكرمة sont quatre اغصان qu'il faut laisser à la vigne quand on la taille, et chaque منكب doit avoir deux قضيب ليكونا حافظ المنكب; كالعضدين لسائر قضبان الكرمة المثمرة est une petite branche à côté de chaque منكب, qu'il faut y laisser aussi, Auw. man. de Leyde 121 v° (dans l'édit., I, 509, il manque plus de neuf pages).

مَنْكُوب. Dans une lettre apocryphe de Motawakkil (Recherches I, 183, 2 a f. 1re édit.): 'فبالذنوب المركوبة والفرى المنكوبة'; mais le partic. pass. est employé improprement dans la rime, au lieu du partic. actif.

نَكَتَ I. نكَتَتِ الأرضُ (Freytag n° 1) se fait quand on

réfléchit, M, Koseg. Chrest. 102, 1. — *Renverser*, 1001 N. Bresl. I, 72: فَنَكَتَ الْقَيْمَ وَهَزَّهُ لَمَّا يَنْظُرُ (شَيْءَ ل.)، فِيهِ فَلَمْ يَنْزِلْ مِنْهُ شَيْئًا; de là *faire sortir en renversant*, ibid. 14: اخْرَجَتْ كِيسًا مِنْ ثِيَابِهَا وَنَكَتَتْ (ل.)، 103: (وَنَكَتَتْ) مِنْهُ ثَمَانِيَةٌ وَتِسْعُونَ خَاتَمًا بِطَيْفٍ وَنَكَتَ الذُّرُورَ فِيهِ وَفِرَشَهُ (cf. J. A. 1827, II, 228); de même نَكَتَ الْغَلِيُونَ « renverser une pipe pour en faire sortir la cendre, » M.

II *brocarder*, piquer par des paroles satiriques, *plaisanter*, Bc, c. عَلَى p., Macc. II, 353, 1 et 2, c. فِي p., Voc. (deridere). — C. عَلَى p. *blâmer* (نَكَتَ), (يَعَابُ قَوْلَهُ أَوْ عَمَلَهُ), M.

نَكَتَ قَصِيرٌ *courtaud*, écourté, de taille grosse et courte, Bc.

نُكْتَةٌ. Remarquez l'expression كَانَ فِي قَلْبِهِ نُكْتَةٌ مِنَ الْغَبْرَةِ dans le passage de l'Autob., que j'ai cité sous مُرْبَى (racine ربو); un peu plus loin l'auteur dit: فَاسْوَدَّتْ تِلْكَ النُّكْتَةُ فِي قَلْبِهِ. — *Point brillant*, Calâïd man. I, 193: وَمَا أَنْتَ فِي أَهْلِ الْبَلَاغَةِ إِلَّا نُكْتَةٌ هُوَ نَكَتَهَا الْأَدِيبُ, Thaʿâlibî Laṭâïf 121, 3 a f.: فَلَكُهَا الْعُلْيَا. — *Point*, question, difficulté, Bc, Recherches I, 186, 2 de la 1re édit.: وَكِتَابِي هَذَا يَجْمَعُهُ الشَّيْخُ الْفَقِيهُ الْحَجُّ ... وَمُشْتَمَلٌ عَلَى نُكْتَةٍ هُوَ بَيِّنُهَا وَيُوَضِّحُهَا. — *Courte note explicative*, Macc. I, 476, 16: وَكَانَ إِذَا قُرِئَ عَلَيْهِ صَحِيحَا الْبُخَارِيِّ وَمُسْلِمٍ وَالْمُوَطَّأُ يُصَحِّحُ النُّسَخَ مِنْ حِفْظِهِ وَيُمْلِي النُّكَتَ عَلَى كُلِّ عِلْمٍ مِنْهَا, Bat. IV, 342: وَفِي الْمَوَاضِعِ الَّتِي تَحْتَاجُهُ أَبِيهَا لَهُ الْقَدَحُ الْمُعَلَّى يَجْلُو مُشْكِلَاتِهِ بِنُورِ فَهْمِهِ وَيَبْقَى نُكَتَهُ الرَّائِقَةَ مِنْ حِفْظِهِ (pas « saillies ou bons mots, » dans la trad.; ils auraient été fort déplacés). — *Morceau, partie, fragment d'un ouvrage d'esprit*; l'auteur du Holal dit en parlant de son livre, Abbad. II, 183, 14: أَنِّي لَمْ أُخِلَّهُ مِنْ قِطَعِ الْأَشْعَارِ وَنُكَتِ الرَّسَائِلِ; cf. Abbad. I, 207, 2 a f.: وَنَذْكُرُ فِي الْقِسْمِ الرَّابِعِ نُكَتًا وَجَوَامِعَ تُؤَدِّي إِلَى كَيْفِيَّةِ تَغَلُّبِ أدفونش عَلَى مَدِينَةِ طُلَيْطُلَةَ. — *Sommaire*, M: النُّكْتَةُ مِنَ الْكَلَامِ الْجُمْلَةُ الْمُنْتَخَبَةُ لِلْمَحْذُوفَةِ الْفُضُولِ. — Dans le sens de *bon mot*, pl. aussi نَكَتَات, 1001 N. II, 251, 3 a f. (= Boul.); Bc: *bluette, petit trait d'esprit, jeu de mots, pointe, trait malin d'esprit, rencontre, saillie*. — Pl.

نَكَتَ et نَكَتَات *anecdote*, Bc. — *Etrange aventure*, 1001 N. IV, 634, 13. — *Originalité*, bizarrerie, singularité, Bc. — *Drôle de corps*, plaisant, *drôle, farce* (adj.), *original*, homme singulier, Bc.

نُكَتِي *farceur*, Bc.

تَنْكِيت, pl. ات et تَنَاكِيت, *facétie, brocard, drôlerie, lazzi, plaisanterie*, Bc, Macc. II, 108, 2. — T. de rhétor.; c'est comme dans le Coran 53, 50: وَأَنَّهُ هُوَ رَبُّ الشِّعْرَى, où Sirius est nommé au lieu de toutes les étoiles, M.

نَكَثَ I. Le mot الْعَهْدِ est souvent sous-entendu, *violer une convention*, Abd-al-wâhid 84, 5 a f., et ce verbe se construit c. ب p., Haiyân 16 v°, Haiyân-Bassâm III, 49 r°: فَلَمَّا خَرَجُوا نَكَثُوا بِهِمْ وَقَتَلُوا مَعًا, ou c. عَلَى p., Badroun 297, dern. l. — *Se parjurer*, Hbrt 246.

VIII *violer une convention, se révolter*, Haiyân 37 v°: ثُمَّ لَمْ يَبْعُدْ أَنْ عَادَ إِلَى غَيِّهِ فَانْتَقَضَ وَانْتَكَثَ وَكَشَفَ بِالْمَعْصِيَةِ وَجْهَهُ.

نَكَثَ *parjure*, Hbrt 246.

نَكَّثَ dans le Voc. sous infringere pacem.

رَجُلٌ نَاكِثٌ *vaurien*, M.

نَكَحَ I, n. d'act. نَكْحَ, Gl. Badroun, Edrisî ٣٣, 2 a f. Se construit aussi avec مِنْ, *épouser*, Badroun 117 des notes. C. إِلَى *prendre une femme parmi un peuple*, Haiyân-Bassâm I, 22 v°: فَنَكَحُوا إِلَيْهِمْ وَتَبَرَّوْا مَعَهُمْ.

III, en parlant d'une tribu, d'un peuple, c. a., *contracter des mariages parmi une autre tribu, un autre peuple*, Gl. Geogr.

IV. مِنْ après ce verbe exprime le datif, comme dans les autres verbes de cette classe, Gl. Badroun, Akhbâr 5, l. 8.

VI, en parlant de plantes, *s'entrelacer*, M. — تَنَاكَحَتْ أَحْلَامُهُمْ expliqué par اخْتَلَافَتْ, Diw. Hodz. 205, 5.

VIII dans le Voc. (sous coyre) *mulier est luxuriata*. X dans le Voc. (sous coyre) *vir est luxuriatus*.

نَكَحَ dans le Diw. Hodz. 119, 1.

نِكَاحَ forme au pl. أَنْكِحَة, de Sacy Chrest. II, ١١٣, 7, ١١٣, 10; قَاضِي الْأَنْكِحَة « le cadi des mariages, » Bat. I, 15.

نَكَّاحٌ *luxurieux, adonné à la luxure*, et *polygame*,

Gl. Fragm., Beerî 169, 7: وكان عبد الله نكاحا للنساء يتزوج فى الشهر عددا منهن ويطلقهن. — نَكِح luxurieux et polygame, M. — Fort timide, M. ناكِح البيد qui se masturbe, M.

مَنْكَح femme à marier, Valeton ٣٣, 3 a f. — Mariage, Khatîb 28 v°: وفى قضاء المناكح والمُخاطبة (B والخُطابة); je crois que ce mot a le même sens dans Tha'âlibî Latâïf 53, 9: أشرف انفسه مَناكِحا مصعب, après quoi l'auteur énumère les femmes nobles que ce personnage épousa.

مُنْكَحَة prostituée, Voc.

نَكِد II. Dans l'imprécation الله يِنَكِد عليك, 1001 N. II, 83, 12, III, 433, 1, 462, 3 a f., il faut sous-entendre العيش. — C. على harceler, importuner, tourmenter, tracasser, inquiéter; نَكد على نفسه s'inquiéter, Bc.

III se mutiner, se dépiter, s'entêter (enfant), Bc (où نَكد est une faute d'impression pour ناكد, synonyme de عاند).

نَكَد pl. أَنْكاد souci, chagrin, inquiétude, Ht, Abbad. II, 154, 9, Calâïd 54, 2: فقاصت نفسه فى أنكاد, فاستعنى عليك لمُلّك انيمِ, Macc. I, 427, 5, 1001 N. II, 194, 7. — Tracasserie, Bc. — بيت نكد ménage, dérangement de meubles, Bc.

نَكِد acariâtre, atrabilaire; طبع نكد humeur fâcheuse, acariâtre, Bc. — Mauvais, difficile (chemin), Amari 31, 3 a f.: جبل متحزّز لا يتوصل اليه الا على طرق وعرة ومسالك نكدة; pas نكِرة comme porte le texte, ce qui serait un non-sens; c'est une faute de l'éditeur; les deux man. de Paris ont نكدة. — Malheureux, p. e. عيش نكد vie malheureuse, Bc.

أَنْكَد infortuné, malheureux; الموطن الانكد, on parlant de l'endroit où avient ou lieu des supplices, Hoogvliet 47, dern. l.; جدّ انكد infortune, malheur, P. Akhbâr 159, 5.

مُنَكِّد rabat-joie, homme triste, ennemi de la joie, Bc, 1001 N. I, 244, 6. — Dans le Fâkihat al-khol.

122, 14, il faut prononcer, non pas المُنَكِّدات, comme l'a fait Freytag, car ce verbe n'a pas de IV° forme, mais المُنَكِّدات, et traduire soucis, chagrins, inquiétudes (comme أَنْكاد), au lieu de calamitates.

مَنْكُود malheureux, Bâsim 120: والله يا منكود لن شى يحصل لك الا الحياة.

نكر I (pas نَكُر, mais نَكِر dans Voc. et Alc.) nier, Voc., Bc, dénier, nier un fait, désavouer, disconvenir, méconnaître, ne pas reconnaître, renoncer; نكر اهله méconnaître, désavouer ses parents; dédire, désavouer ce qu'une personne a dit ou fait pour nous, Bc; se dédire, se rétracter, Alc. (desnegarse de lo dicho). — نكر الجميل ingrat, Voc.; يمكر méconnaître, être ingrat, Bc, M v° ملين: والمنوّيدون يقضون ماعمد على; aussi نكر المعروف, ذياك اى نكر الجميل ible, Bc.; نكر الحُكم décliner, ne pas reconnaître une juridiction, Bc. — Se défendre de, se disculper, Bc. — Dans le sens de désapprouver c. على p., de Slane Prol. I, LXXV b, 12 a f.: ولم يكن ذلك شان من رافقته من الفقهاء فنكروه على, où Boul. remplace على par متى, Berb. I, 416, 6 a f., 435, 2, 1001 N. I, 88, 6 a f.: وانا اضلفك تروح ولا انكر (l. انكِر) عليك. — Le Voc. a يَنْكُر على remanere, ce qui est étrange.

II déguiser, travestir, Bc.

III nier, Voc.; c. a. p. contredire quelqu'un, soutenir que ce qu'il dit n'est pas vrai, Beerî 186, 7: قلت وهل لى من ضيف قال نعم هو ذاك فى البيت الكذا فناكرته فقام الى فاستخرجه. — C. a. p. désapprouver, Berb. I, 59, 3.

IV c. a. p. ne pas reconnaître quelqu'un, Badroun 88, 5 a f.; aussi c. على p., Macc. III, 676, 1: جاءتنى الغزالة على عادتها فلما شمّتنى نفرت عنّى وانكرت على. — C. a. p. désavouer quelqu'un, p. e. pour son père, Bat. III, 47. — C. على p. et a. p. désavouer quelqu'un, déclarer qu'on ne lui a pas donné ordre de faire, Bc. — انكر ان révoquer en doute que, Bat. III, 359: فانكر الامير ان يعطى التجار مثل ذلك السرير « l'émir révoqua en doute qu'un tel présent fût offert par de simples marchands. » — Exemple de انكر أمره, Bat. III, 207: انكر الناس أمره « les gens conçurent des soupçons à son égard.» — C. على être méfiant, منكر méfiant, soupçonneux, Ht. — Dans le sens de désapprouver, c. على p. et a. r., M, Bc (qui a aussi انكر الشيء على احد réprouver, rejeter, condamner une doctrine), de Sacy Chrest. I, ۱۰۳, 7. On dit من غير انكار ولا نكير pour exprimer *sans que personne y trouvât la moindre chose à redire*, de Sacy Chrest. I, 224, 15. — Dans le sens de *nier*, aussi c. من, Badroun 285, 4: وما انكرت من ان يكون الامر على ما نفسه. — بلغك انكر faire dire par la servante qu'on n'est pas chez soi, quand on y est, 1001 N. I, 289, 3 a f. et 2 a f., II, 216, 4.

V تنكّر *se déguiser, se travestir*, p. e. بزى النسوان « il se déguisa en femme,» Bc, Gl. Badroun, Gl. Fragm. — *S'inquiéter*, Chec. 187 v°: le médecin voulait appliquer des sangsues, فتنكّر العليل لذلك وخاف منها. — *Se plaindre de*, de Sacy Chrest. I, ۱۰, 6: قدم كتاب تيمورنك يتضمّن الرعد والابراق وتنذّر قتل سلم. — Dans le sens d'*être indisposé, irrité contre quelqu'un* non-seulement c. ل, mais aussi c. من et c. على, Gl. Fragm., Maml. I, 1, 210. — C. على p. *déplaire à*, Maml. I, 1, 211: تنكّر على الملك النظائر حاله. — Dans le Voc. sous *apolativum*.

VI *désapprouver*, Gl. Maw.

X c. a. dans le Voc. sous *negare*; *disconvenir, nier, ne pas demeurer d'accord*, Bc. — *Désapprouver, trouver mauvais*, Gl. Fragm., Gl. Mosl., Akhbâr 142, 7; *trouver étrange, extraordinaire*, Gl. Fragm.; *trouver absurde*, Gl. Fragm., Voc.

نكر *rétractation*, Alc. (desnegamiento).

نكر *inconnu, peu connu*, Abd-al-wâhid 150, 11. نكرة. Dans Berb. I, 554, 5: ولمّا تفقّد العرب الاعياص دلّ على نكرته بعض اهل عرفانه, M. de Slane traduit *le secret de sa naissance*.

نكران *dénégation, désaveu*, Bc, Payne Smith 1800; *rétractation*, Alc. (desnegamiento de lo dicho). — نكران المعروف *ingratitude*, Bc.

نكير *inconnu*, de Sacy Dipl. IX, 493, 7 a f.: وجلالة خطير وخطب سلفه ليست بنكيرة. — *Blâmable, répréhensible*, Mâwerdi 425, 5. — Dans le sens d'*ingratus, invisus* (Golius), de Sacy Chrest. II, ۴۷: صرف الزمان وحادث المقدور تركا نكير لخطب غير نكير

« Grâces aux calamités qu'ont produites aujourd'hui la vicissitude du temps et la rigueur du destin, les plus grands malheurs ne méritent plus le nom de malheurs,» 1001 N. I, 899, 2 a f.: لا ترى بعد هذه الليلة من نكير. — *Un fils déshérité par un père encore en vie*, Alc. (deseredado hijo en vida).

نكارية *dénégation*, Bc.

نكّار *hérétique, Khâridjite*, Berb. I, 129, 4 a f.; النكّار *secte parmi les Khâridjites*, Berb. I, 464, 2; aussi النكّارية, Gl. Geogr.

ناكر pl. نكّار *hérétique, Khâridjite*, Gl. Edrîsî, Berb. II, 17, 13. — *Renié, apostat*, Bc.

انكار *négative, proposition qui nie*, Bc.

انكاري *négatif*, Bc. — *Déclinatoire*, Bc.

منكر *apocryphe*, Bc. — *D'une vigueur inouïe, très-vigoureuse* (attaque), Nowairî Espagne 483: حملت الغزية عليهم حملة منكرة. — *Pernicieux*, Edrîsî ۱۴۹, 4 a f.: وعواقبها وبئى غير موافق منكر لمن دخلها من الطارئين. — *Une tradition provenant d'un rapporteur de faible autorité, et en contradiction avec une autre tradition fournie par un rapporteur dont l'autorité est encore plus faible*, de Slane Prol. II, 483. — *Absurde*, Voc. — Dans le sens de *chose blâmable, défendue*, etc., pl. non-seulement منكرات, mais aussi مناكر, de Sacy Chrest. II, ۸۰, 4, Abd-al-wâhid 128, 6; le منكرات de Freytag doit être changé en منكَرات.

منكور *absurde*, Voc.

نكريش (du pers. نيك, *beau*, et ريش, *barbe*, par conséquent *qui a une belle barbe*) pl. نكاريش *barbu*, Khallic. IX, 94, 14 et 16; M. de Goeje ajoute ce passage tiré de l'Aghânî VI, 206 Boul.: كان في جوار الحسين بن الضحّاك طبيب يداوي للجراحات يقال له نصير وكان مختّنا فاذا كانت وليمة دخل مع المختّنين واذا لم تكن علاج للجراحات فقال فيه الحسين بن الضحّاك نصير ليس المُوَد من شأنه نصير طبّ بالنكاريش يقولن للنكريش في خلوة مقال ذي نطف وتجهيش هل لك ان نلعب في فرشنا نيقلب الدثير المراعيش يعنى المبادلة ۞

I نكّر *aiguillonner*, Bc.

نكس I *baisser* la tête, Bidp. 156, 12: ونكسوا رؤوسهم. — به نُكِسَ *tomber, être atteint d'une affreuse catastrophe*, Nowairî Espagne 437, où l'Omaiyade Abdérame dit: لما أعطينا الامان ثم نكس بنا — بنهر ابى فطرس. نكس مرضه *avoir une rechute*, 1001 N. II, 52, 3.

V. تنكّس في مرض *retomber*, être attaqué de nouveau d'une maladie, Bc.

VIII. عكس الضربة وانتكسها *contre-coup*, répercussion d'un corps sur un autre, Bc. — Avec في ou seul, *retomber*, être attaqué de nouveau d'une maladie, *avoir une rechute*, Bc, 1001 N. Bresl. VII, 28, M, qui ajoute que le vulgaire dit أنذكس.

نكس *défaut qui annulle un acte*, Amari Dipl. 198, 1. — عكسا نكسا *à contre-sens*, en sens contraire, Bc.

نَكْسَة *rechute*, retour d'une maladie, Bc, 1001 N. I, 411, 2 a f. — Pl. نكس *infortune*, malheur, P. Abd-al-wâhid 214, 5.

أنْكيس *figure de géomance*, etc.; de là أصابه انكيس «un malheur l'a frappé,» M.

مُنَكَّس وقع منكّس الراس *il tomba la tête la première*, Bc.

مُنَكَّس *planeur*, Descr. de l'Eg. XVI, 487, n. 2 (écrit: منكيس *menakys*).

مَنْكوس *défavorable*, Bc. — Espèce de poisson, Beaussier, Becrî 41, où de Slane traduit *ombrine*; lat. *mormyr*, ital. *mormiro*, selon Pagni MS.

نكش I الارض *mouver, remuer la terre, remuer la terre avec le pic, piocher, remuer la terre, la fouir et la porter d'un lieu à un autre, fouiller, creuser pour chercher*, Bc; dans le M: نكش الارض اى اثارها وقلبها, et il ajoute que quelques-uns disent ركش. — نكش اذانه *se curer les oreilles*, Bc. — *Dénicher* quelqu'un, découvrir sa retraite, Bc.

نكش *fouille*, travail fait en fouillant la terre, Bc.

نَكّاش الارض *terrassier*, homme qui travaille la terre, Bc.

منكش pl. مناكش *pioche*, Ht.

مُنْكش *cure-oreille*, Bc.

مَنْكوش *petit pic*, Bc.

نكص I, par ellipse: les officiers de ses ennemis نكصوا «abandonnaient leurs princes pour rechercher son amitié,» Akhbâr 155, 7.

IV *faire reculer*, Gl. Djob.

نَكظ I. نَكظ n° 2; Reiske a trouvé ce sens dans le Kâmil 375, 14.

نَكظ *faim violente*, de Sacy Chrest. II, ١٣٨, dern. l., cf. 366, n. 40.

نكع.

مَناكع (pl.) *les deux longues pattes postérieures des sauterelles*, au moyen desquelles ces insectes s'avancent en sautant, Niebuhr B. p. xxxviii.

نكف III. ناكفه الكلام est selon le M: عاوره اياه; dans Bc ناكف est *taquiner*, contrarier. — مُناكف *cauteleux*, fin, rusé, مناكفة *cauteleusement*, Bc.

V c. عن *se séparer de*, P. Aghâni 21, 5 a f.

X c. عن *avoir du dégoût pour*, Alc. (asco aver, aver asco, esquivar = استنكف), Prol. III, 232, 15, 273, 3, Berb. I, 24, 11; dans le Voc. c. a. *abhominari*.

نكل I s'emploie absolument pour نكل عن اليمين, *ne pas oser prêter le serment*, Akhbâr 23, 5 et 6, Cairawânî man. 623, Gl. Tanbîh, et de même pour نكل عن القول, *ne pas oser parler*, Khatîb 32 r°: فنكل وعجز عن حجّته ⁂.

II, *punir*, ne se construit pas seulement c. ب p., mais aussi c. a. p., Voc. (punire civiliter pro peccato), Abbad. I, 53, 3, 124, n. 293, Macc. I, 859, 4 a f. — Au passif, *être soufflété, recevoir des soufflets*, L (vapulor). — C. a. *irriter*, Voc. (iritare (ad iram provocare)). — *Mépriser*, L (contemno).

IV *épuiser*, Voc. (exaurire).

V c. ب dans le Voc. sous punire.

نَكال a dans le Voc. le pl. أنْكال. — *L'action de punir*, Amari Dipl. 25, 3, Khatîb 65 r°: كان شديد النكال. — *L'action de dompter, de subjuguer*, Abbad. I, 251, 3 a f.: فاعمل في نكالهم وجوه سياسته وشغل بقتالهم ايام رياسته ⁂.

نَاكِل، pl. نُكَّل et نَكَلَة, Gl. Mosl.

مِنْكَلَة pl. مَنَاكِل *instrument pour couper le tabac ou autre chose*, M, qui dit que c'est persan (?).

نكم IV dans le Voc. sous *tacere*.

نكه

نَكْهَة *odeur du musc, de Sacy* Chrest. I, ١٢٨, 2, *du vin, ibid*. II, ٢٨, 3 a f.

نَكَى I. قتل وجرح واثّر فيه est في العدوّ نكى ou العدوّ, وقهره, M, avec cet hémistiche d'Abou'n-nadjm: فَنَكَى العِدَاءَ ونَكَّرَم الأَضْيَافَا. — *Dépiter, piquer, fâcher, irriter*, Bc. — Chez Alc. le partic. actif est *importun, ennuyeux* (molestador o enójoso).

IV في العدوّ ou انكى العدوّ s'emploie comme la Ire; aussi في دفاع العدوّ, ou انكى في قتل العدوّ, في بلاد العدوّ, Lettre à M. Fleischer 23 et suiv., Gl. Fragm., Gl. Geogr.; dans le Voc. *vincere*. — *Inquiéter, troubler, molester, tracasser, vexer, tourmenter, ulcérer, irriter, aigrir, provoquer*, Voc., Alc. (congoxar a otro, enconar a otro, molestar, provocar a yra; le partic. act. molesta cosa, le partic. pass. despechado por enojado, enconado, enojado, irado subitamente); cf. Auw. II, 649, dern. l., avec la note de Banqueri; *faire enrager* quelqu'un, *faire pique à, piquer, fâcher, irriter, taquiner*, et le part. تَاقِين taquin, Bc. — *Causer un apostème, un abcès*, Alc. (apostemar a otro).

VIII *s'inquiéter, se tourmenter*, Alc. (congoxarse, desmolerse o deshazerse). — *S'irriter, se courroucer*, Voc., Alc. (ayrarse, enojarse con hastio, quexarse). — *Apostumer, se résoudre en abcès*, Alc. (apostemarse); *s'enflammer, s'envenimer* (plaie), Alc. (enconarse la llaga); Macc. II, 822, 10.

X *se dépiter, se piquer*, se fâcher, Bc. — *Etre malade, souffrir*, Payne Smith 1659.

نِكَايَة, اهل النِكَايَة, Amari 164, 10 (= 211, 5 a f.), sont: les braves qui blessent, tuent ou subjuguent l'ennemi. — *Angoisse, peine, affliction, souci, inquiétude, ennui, chagrin*, Alc., qui écrit naquía ou nequía conformément à la prononciation grenadine (alteracion enojo, cordojo dolor de coraçon, çoçobra, molestia, molestia o enojo); *déboire, mortification, dépit, pique, taquinerie;* عمل له نكاية *faire pique à* quelqu'un; فيك نكاية *pour vous faire dépit, pour vous faire enrager, exprès pour vous faire pique*, Bc; وربّما استعملها الموحّدون نعمل او حركة يقصد به M: نكاية لـ le Voc. a sous *iritare*; اغتصاب الغير وقهره Cartâs 241, 4: تجازت جيوش المجاهدين بغنائمهم والرجال في الأغلال والنساء مقرنين في الجبال وبرزوا بها عليهم (مدينة شريش). نكاية لمن بها من الروم وارهابًا لهم *Colère*, Alc. (ayramiento, enojo ira subita, ira arrebatada). — *Animosité, haine, aversion*, Alc. (enconamiento). — *Inflammation d'une plaie*, Alc. (ençonamiento de llaga).

NAKYOUY nom d'une drogue, Descr. de l'Eg. XVII, 394.

نَلَّس contraction vulg. de نَتَجَلَّس, Voc. sous *sedere*.

نمّ I, n. d'act. نَمَام, P. Abbad. II, 50. — Dans le sens de *calomnier*, c. ب p. ou على p., Voc., Bc (على). — C. على p. *dénoncer*, 1001 N. II, 384, 6 a f., 4 a f., III, 227, 2 a f., où Bresl. a تعاون على, ce qui donne le même sens. — *Se montrer furtivement, se trahir*, Lettre à M. Fleischer 169. — C. ب ou على *montrer furtivement, trahir, ibid*. 170. De même le verbe seul, Fakhrî 77:

وإن يكن الزجاجي ينمّ طبعًا   فسيبدنا أنّم من الزجاجي

— Dans le sens de *répandre une odeur agréable*, en parlant de fleurs, P. Berb. II, 454, 12.

IV, comme verbe d'admiration en parlant du musc, ما أنمّ comme son parfum est délicieux! P. Prol. III, 391, 8, où il faut lire ainsi avec notre man. 1350 et l'édit. de Boulac.

نَمِّي *calomnieux*, Bc.

نَمِيمِي *calomnieux*, Bc.

نَمَّام *menthe, serpolet*, Bc.

نَمَّامَة *cresson*, Bc.

أَنَمّ voyez le vers sous I. = أَنْمَى, Wright 104, 5, 127, n. 12

نَمْشَة, نَمْجَة, نَمْجَاه (pers. نِيمْجَة) *poignard courbé ressemblant à un petit sabre, dague*, Gl. Esp. 324.

نمر II (formé de نَمِر, voyez) *numéroter*, M.

V dans le Voc. sous *lorica*.

نَمِر, aussi نِمْر M, pl. aussi نُمُور M, Bc, Gl.

Geogr., نمران, Gl. Geogr., *léopard*, Jackson 35, Bc; *tigre*, Hœst 291, Bc; *panthère*, Bc. — خانق النمر *aconit*, Bc; aussi قاتل النمر et شجرة النمر, Gl. Manç. v° شجرة.

نَمِرَة (ital.) pl. نَمِر *numéro*, M, Bc. Le terme de commerce tout à fait moderne حساب النمرة est expliqué dans le M.

نَمِرَة, pl. ات, Hamâsa 82, 7 a f., نُمُور et نِمَار, Wright 6, 2, 13, n. 12, Fâïk I, 201, Macc. I, 493, 2. — Pl. نُمُور *peau de panthère*, Gl. Geogr. — Sorte d'étoffe décrite par Ibn-as-Sikkît 527.

تَنَمُّرَات (pl.) *taches, marques sur la peau ou le poil*, Payne Smith 1729.

مُنَمَّر *tavelé, tacheté, marqueté*, Bait. II, 64 g: وهو (السمّور) منمّر الجلد, Payne Smith 1728.

متنمّر même sens, Payne Smith 1729.

نمرد II *se rebiffer*; تنمرد على شخص *se rébéquer*, répondre avec fierté à son supérieur, Bc.

نمرق. Azrakî 174, 6 a f.: فانظر الى البيت اليوم ثمّ وعليه كُسىً شتّى من وصائل وأنطاع وكرار وخزّ ونمارق عراقية ولم يجلس على, Tha'âlibî Latâïf 15, 2 a f.: اى ميسانية — شيء من الأنماط ولا على النمارق التي على المساند فاخرى *fleur en Perse et en Irâc qui ressemble au jasmin blanc*, Bait. II, 560 b.

نمس II بناموس *faire un tour de passe-passe*, Ztschr. XX, 499; cf. sous ناموس.

V c. ب *affecter une vertu, une piété qu'on n'a pas*, Chahrastânî 20, 8: ونبغ رجل متنمّس بالزهد (fort mal dans la trad. de Haarbrücker: «der sich die Enthaltsamkeit zum Gesetz gemacht hatte;» le verbe est arabe et ne vient point de νόμος», de Sacy Chrest. I, ا٠٠;

ودع المُعَجِّل للسرور وخلّني من حسن ظنّ الناس بالمتنمّس où il faut traduire, non pas comme l'a fait l'éditeur, qui a aussi pensé à νόμος, mais: «Laisse là les dévots qui proscrivent et bannissent la joie, et ne me parle pas de la bonne opinion que les hommes ont de ceux qui affectent des vertus qu'ils n'ont point,» Freytag Chrest. 113, dern. l.:

فلا تغتررّ منه بفضل تنمّس
فما هكذا كان الجنيد ولا الشبلي ٭

نِمْس a le pl. نُمُوس, M, Alc., Bc, Hbrt, Abou'l-Walîd 775, 5. — *Furet*, Voc. (p. xxxiii; il a *fatha*), Alc. (huron para caçar), « le furet ordinaire, Mustela Furo,» Shaw I, 266, Roland, *animal d'Afrique qui ressemble au furet*, Bc, Gråberg 133; *belette*, Bc, Hbrt 64; *fouine*, Pagni MS; cf. M.

نَمَس, n. d'un. ة, *insectes qui s'engendrent sur les poules; ils leur sont nuisibles et parfois ils les tuent*, M; Bc a نَمَش, avec le chîn, *puceron*.

ناموس. Deux mots entièrement différents, dont l'un est arabe, l'autre grec, s'écrivent ainsi, comme l'a observé Fleischer (Ztschr. XII, 701). Le mot arabe est la forme فاعول de نمس, racine نمّ, dont les signif. primitives sont *bourdonner, marmotter, dire à l'oreille, dire en secret*. Fleischer a mis dans l'ordre convenable les différentes signif. de ce ناموس arabe; j'y ajoute quelques observations en suivant l'ordre de ses numéros: 1° *cousin, moucheron, moustique*, n. d'un. ة, Bc, proprement *qui bourdonne*; Freytag a dans ناموس en ce sens, mais à un endroit qui ne lui convient point (p. 227); — 3° *confident, celui à qui on confie ses secrets*, Haiyân 99 r°: هذا (ابو على السرّاج) اختار القرشيّ لناموسه وعاقده على القيام بدعوته والاكتناف لدولته فاعطاه القرشي من ذلك ما سأله وتدبير برأيه; là الناموس الاكبر ou الناموس, *le plus grand confident de Dieu*, c.-à-d. *l'archange Gabriel*, car M. Fleischer a prouvé par d'excellentes raisons que cette expression doit être expliquée de cette manière, et il est étrange que Sprenger, dans sa prolixe et confuse dissertation sur ناموس, Ztschr. XIII, 690 et suiv., qui me semble un travail manqué, n'en ait tenu aucun compte; — à 6° il faut ajouter, d'après une observation de M. Fleischer lui-même (Ztschr. XXI, 275), le ناموس *des prestidigitateurs, tour de passe-passe*, Ztschr. XX, 487, 4 a f. et suiv., 489, 493, 499. — Transcription du grec νόμος. Pas seulement pour *loi divine*, mais aussi pour *loi humaine*, ce que Sprenger (XIII, 699) nie à tort; Bâsim 42: الحاكم الذي عنده نواميس وأحكام; le livre de Platon sur les lois s'appelle ناموس افلاطون, Catal. des man. or. de Leyde III, 306—7; Bc: ناموس طبيعي *droit naturel*, الطبيعة *loi naturelle*. De là *système, doctrine*, Chahrastânî 20, 10: فانتحلى ناموسه وصار ذلك مذهبا, Haiyân 101 v°: خرج ابن القط هذا من قرطبة بناموس يبغي به الدولة. *Manière d'agir, conduite, coutume*, Macc. I, 131, 16:

ولمـا خـرقـوا هـذا النـامـوس كان أول ما تهتك امرُهم ثم وكان خلفـاء بنى امـيـه يظهرون للنـاس 5: 132, اضمحـل في الاحيـان على أبّهة للخلافة وقانون لم في ذلك معروف الى أن كانت الفتنة فزدرت العيون ذلك الناموس واستخفت به, où ناموس semble l'équivalent de قانون, qui est également d'origine grecque. Mais les Arabes ont perdu de plus en plus de vue le vrai sens de ce mot étranger, et ils l'ont appliqué à des idées qui n'ont plus rien en commun avec νόμος. Ainsi ناموس الشريعة est employé comme طريقة, *la voie de la justice, la droite voie*, Khatîb 112 r°: وكان سالكا ناموس الشريعة ماثلا الى طريقة المستقيمين. Aussi *respect mêlé de crainte*, synonyme de هيبة, Fakhrî 27: نظام يحفظ وبها الهيبة المملكة وتحرس من اطماع الرعية وقد كان الملوك يبالغون في اقامة الهيبة والناموس بارتباط الاسود والنمور ويضرب البوقات الكبار — لاثبات الهيبة في صدور الرعية وكانت قواعدك, Macc. I, 131, 12: ولاقامة ناموس المملكة Athîr XI, اخبار الهيبة وتمكن الناموس من قلوب العلم 2: Puis *réputation, honneur*, Cartâs 110, 6 a f.: كان رجلا فقيرا مشتغلا بطلب العلم وتحصيله وشرف له ناموس عظيم, Macc. II, 358, 7: ولا اجسر الكلمة لأنى رايت صيبانى وناموسى قد حصل وانما قصد حفظ ناموسه عند, Amari 521, 2: في يده والناموس عند العامة ما يحمده الرجل من M: الغربى الظاهر. Be donne encore اسمه وصيته وشرفه décorum, bienséance. Enfin *zèle, ferveur, courage, ardeur*, Ht. — S'emploie au lieu de ناموس, M.

نامـوسـيّـة, *cousinière*, rideau de gaze contre les cousins, *moustiquaire*, garniture de lit pour garantir des cousins, *rideaux de lit*, moustiquaire, Bc, Lane M. E. I, 228, 1001 N. IV, 315, 2: elle monta sur une mule وارخوا عليها ناموسية من الحرير.

نمش I *éplucher*, Bc.

II c. a. et V dans le Voc. sous lentiginosus. — II c. a. *jeter de l'eau goutte à goutte sur du froment ou sur un habit*, M.

نَمَش pl. أنْماش *rousseur, tache rousse, taches de rousseur*, Bc. — *Puceron*, Bc; cf. نَمَس.

نَمشَة voyez مجا.

أنمش *plein de lentilles, de taches de rousseur (visage)*, 1001 N. I, 130, 7 a f.

مُسْتَنْمِش même sens, Voc., Alc. (pecoso lleno de pecas).

نمط II c. a. *ordinare*, Voc., où il a aussi V; II c. a. et V sous modus.

نَمَط *tapis qu'on étend sur le* بساط, Tha'âlibî Latâïf 15, 3 a f. et suiv. — Pl. أنْماط *devant d'autel*, Alc. (frontal de altar). — Au fig., *joue imberbe*, P. Macc. I, 572, dern. l.

نمق II *arranger d'une manière élégante*, Gl. Edrîsî. — *Composer, inventer, broder un récit*, Bc, Yâcout I, 216, 2: وظننا انها من اخبار القصاص المنمقة واوضاعها المزوقة.

نمقة *homme méprisable*, Roland.

نَمكَسـود (pers. نمك سود, salé) *est* لحم يجفف من غير تقديد, Gl. Manç. in voce, cf. Bait. II, 561 a et Ibn-Djazla, Payne Smith 1635, Bar-Ali 4525, Gl. Geogr.

نمل I et II *fourmiller, picoter entre cuir et chair*, Bc; le Voc. a la IIe sous formica.

نَمْل, *fourmi*, pl. نُمول, Voc.; نمل الاسد *fourmilion*, M. — Au fig., *les petits filets d'or ou d'argent, qui fourmillent, pour ainsi dire, sur les lames de Damas*, Ztschr. XI, 485, n. 16. — Au fig., *les petites taches noires qui naissent sur la figure, taches de beauté*, J. A. 1839, I, 173. — الذين يمشون بالنميلة السليمانية sont des escrocs qui commencent leurs opérations par un discours sur la fourmi de Salomon (Coran 27, 18); voyez Ztschr. XX, 494. — رقية النملة ou النملة على الخط espèce de charme contre la maladie de la peau appelée نمل ou نملة, Gl. Belâdz.

أنمل coll. de نملة, Macc. I, 140, 15, II, 482, 15 (cf. Add.).

أُنمُلة, au fig., *petit bienfait*, tandis que يد est *grand bienfait*, Gl. Mosl.

ذمنم.

ذمنم *vermine*, Mehren 36.

ذمنمة *roitelet (petit oiseau)*, Bc.

ذمنم *cresson*, Bc.

مُنَمْنَم (étoffe) *à figures petites et élégantes*, M. —

نمو

جارية مُنمنمة jeune fille dont les proportions sont petites et élégantes, M.

نمو et نمى I. Le M a يَرمى الرَّجُلَ الى ابيه نَسَبَه اليه mais on dit aussi نمى لفلان nommer quelqu'un comme son ancêtre, Haiyên 64 v°: بنو قَحْطانِ للأذواء تَنمى، وينمى العبيدُ منلم للعبيد ou نُمى فى قبيلةٍ, Abbad. I, 50, 11 (cf. sous VIII), et encore نماءٌ نسبٌ الى ماءِ السماءِ, Abbad. II, 132, 4. — Produire, engendrer, donner naissance, Catal. des man. or. de Leyde I, 227, 15, où من نماء est ceux qu'il a produits, ses descendants, Abbad. I, 50, 11: نَمى فى حِمْيَرٍ ونَمَتْكَ   وتلكَ وشَفَّجَ فيها النَّحام Cartâs 185, 3 a f.:

فاقسم انّا وانمرازبر اخوة   نَمَانا وقمَّ جَدَّ كريمُ المناسب

car c'est ainsi qu'il faut lire avec notre man., au lieu de نمانا (« un noble aïeul nous a produits, eux et nous »).

II. تَنميةُ المال le talent de faire valoir l'argent, Berb. I, 432.

IV propager, multiplier par la génération, Bc. — Avancer quelqu'un, lui procurer de l'avancement, élever, Bc.

V dans le Voc. sous multiplicare.

VIII. On ne dit pas seulement انتمى الى فلان dans le sens de نسبَه اليه, mais aussi انتمى له Voc., Hamâsa 80, 6; aussi c. فى de la tribu, Bassâm I, 145 v°: وينتمى فى غسّان, Ibn-al-Abbâr 62 v°. De même انتمى لفلان بالولاء se donner pour le client de quelqu'un, Bassâm I, 24 r°: وبنو برد ينتمون لبنى شَهيد بالولاء, ou لولاء فلان انتمى, Haiyân-Bassâm III, 3 v°: وانتمتْ جماعةُ عذد الاصناف الممتهنة الاصاغر معظم الى بنى عامر وانتفتْ عن نسبها ابتغاءَ عرضِ الدنيا. Bc a: انتمى الى باب se réclamer de quelqu'un, indiquer quelqu'un comme ami, comme parent. — C. الى p. s'attacher à quelqu'un, se dévouer à son service, de Sacy Chrest. I, v, 6: وخرج من بغدادَ يريد الانتماءَ الى الدولة الفاطمية بالقاهرةِ من يتولون به, 12: ١٣١, وكان القمحى ينتمى اليه, Freytag Chrest. 120, 3: صاحب طبرية قد انتمى الى السلطان لتَخَلُّفٍ (لتخلُّفٍ l.). وقصدى الانتماء, Amari 422, 10: جرى بينه وبين الفرنج; de même انتمى الى خدمة فلانٍ, de Jong (qui البكبى n'a pas bien expliqué cette expression). Chez Djob.

نهب

287, dern. l., المنتمون للطلب sont ceux qui se dévouent, se consacrent à l'étude.

نَمَاء produit d'une terre, voyez deux exemples sous خَلال.

نامٍ copieux, Meursinge 86: كان على حظٍّ نامٍ من الخ. — Organisé, en parlant du corps, de la matière, qui a en soi un principe inconnu de vie, de développement, Bc. — القوّة النامية faculté augmentative, Bc; dans Prol. II, 334, 1 et 16, de Slane traduit النامية par puissance alimentaire. — النفس النامية âme végétative, qui fait croître les plantes, Bc. — النوامى les drageons, les branches prises sur les racines et qu'on plante, Auw. I, 13, 155, 3 a f., 181, 16, 319, 3 a f. et dern. l.

أنمى plus copieux, en plus grande quantité, Mi'yâr 7, 2 a f.

نَموذِج canon (règle) de l'Eglise, Collections des canons, man. de l'Escur.: النموذج الذى هو الريغلة.

نَموذِج = نَموذَج, M.

نَفْس (esp.) nones, Alc. (nonas).

نَفْقَة voyez نَافَقَة, plus haut p. 632.

نَنى (esp. niña), العين (ou نَبَى) نَنى prunelle, Bc.

نهب I. Le n. d'act., نَهْب est aussi نِهَاب, Recherches II, Append. p. xv, 12 (dans la rime), et نَهَبَى, Amari 400, 6 (correction de Fleischer); en effet, نَهْبَى، نَهِبَى، نَهَبَى، نُهْبَى ne signifient pas seulement, d'après les dict. des indigènes, المنهوب, mais aussi أَخْذُ الغنيمةِ. — Profaner, Alc. (profanar lo sagrado). — « جواد ينهب الارض نهبًا un coursier qui dévore l'espace,» Bc, Koseg. Chrest. 80, 2 a f., en parlant d'une jument: تنهب الارض نهبًا كأنها شُعلةُ نارٍ

IV = I piller, L (vastitus) (ح ل) وغارة مخاصرة فقبّض; (وانهاب); s'approprier; Amari Dipl. 8, 3 a f.: c. a. p. dépouiller, ibid. l. 8: على جميعهم وانهب جميع ما وجد عدْاهُمْ وقبض على القوم وانهبام.

VI prendre une chose l'un à l'envi de l'autre, se la disputer, Abbad. II 161, 2: فاخذ ذلك البيعُ

وَتَنَافِيهَا الاسواق, au fig., Aghânî III, 64, 7 a f. Boul. VIII, au fig., اِنْتِهَابِ اللّبِّ, Antar 7, 6.

نَهْبَة pillerie, action de piller, Bc, cf. sous I.

نَهَّاب pillard, M, cf. Payne Smith 1248. — الحُجْر النهاب pierre d'aimant, Payne Smith 1666.

نَاهِب Ajoutez à la citation de Freytag: 123, 6.

مَنَاهِب dans un vers du Kâmil 444, 8, est considéré par M. Wright comme un quasi-pl. de مُنْتَهَب; je crois plutôt que c'est un pl. de مَنْهُوب.

نهج VIII. A la Ire et à la IVe forme ce verbe signifie, en parlant d'une route dans le désert, وضح واستبان, être visible, facile à reconnaître, car dans le désert il est souvent difficile de distinguer les routes. La VIIIe forme a le même sens, Recherches, II, Append. IX, 2: وانتهجت السبيل بين ملوك افقنا وبين امير المسلمين; de même au fig., Abbad. I, 212, 2 a f.: ولا بأس من الزيادة ان انتهجت سبيل, c.-à-d., s'il est possible. Dans le vers de Moslim, p. 57:

ووقعة لك في ظل الملك منتهجًا فيها وماتَ لها الحُسَّاد ارغاما

je prononce مَنْهَجًا (via aperta et manifesta).

نَهُوج (pl.) est dans le Diw. Hodz. 268, vs. 18.

أَنْهَج plus visible, plus facile à reconnaître (route), de Sacy Chrest. I, 131.

مِنْهَاج méthode, habitude, et: manière de faire d'après certains principes, un certain système, Bc. — Pointe, entreprise, dessein, p. e. مع منهاجد «suivant sa pointe,» Bc.

نهد II c. a. faire soupirer, Voc.

V soupirer, M, Voc., Alc. (sospirar, le n. d'act. sospiro), Bc, Hbrt 229, Ht, Gloss. de Habicht sur le IIIe volume de son édit. des 1001 Nuits, Kâmil 214, 11, Ibn-Hamdîs dans l'Akhbâr al-molouc, man., 168:

وناعدة لما تنهدت أعرضت فراحت وقلبى فى ترائبها يَنْهَدْ

Saadiah ps. 6 et 31. C. على r. soupirer pour une chose que l'on n'a pas, Bc.

نَهْد. Le pl. نُهُود n'est pas à sa place dans Freytag. No se dit, selon Hœst 224, que des mamelles d'une vierge. — Bosse ou mamelon d'or ou d'argent sur un bouclier, Macc. II, 711, 13 et 14. — نهد sans voyelles est dans L crepundiis; je pense que c'est grelot. — Sorte de pois, Wild 180: «Türckische Erbsen, nohut genannt.» — نهود البنات sorte de poisson à coquille, Bruce I, 209, 210. — Coll., n. d'un. ة, soupir, Hbrt 229.

نَهْدَة pl. ات invasion, Abbad. I, 322, 15.

تَنْهِيد respiration, Martin 147.

تَنْهِيدَة soupir, Ht, Hbrt 229, qui a تنهيد comme coll.

مُنَهَّد, à mamelon, indique des fruits de forme sphérique; ainsi Edrîsî, p. ٧٦, dit المُنَهَّد انتفاح, et chez Auw. I, 327, 19, منهد est le nom d'une des deux variétés du coing qu'en Hollande aussi on distingue en pommes et en poires (kweeappelen et kweeperen).

نهر I fureter, chercher çà et là, faire des recherches, Alc. (hurgar = نبش). — C. على réprimander, Bc. — Appeler, M. — L donne: cado اَسْقُطْ وَانْهَرُ وَاَسَاجُدْ.

IV saigner, Ht.

نَهْر canal, plus grand qu'une ساقية, qui à son tour est plus grande qu'un جدول, M, Gl. Tanbîh; le Marâcid (II, 308, 12 et 13) remplace deux fois le ساقية de Yâcout (III, 788, 9 et 11) par نهر, ce qui nuit à la clarté du passage. — Conduit d'eau en métal, Gl. Geogr. — Rigole, bourrelet creux qui, placé dans l'intérieur de l'alambic (chapiteau) l'environne; c'est dans cette rigole que vient se réunir le liquide (ou la vapeur condensée); souvent chez Auw. dans le chapitre sur la distillation, p. e. II, 410, 4. — نهر اردن l'Éridan (constellation), Bc.

نَهْرَة réprimande, Bc.

نَهْرِيّ de rivière, Bc. — Poisson, Voc. (piscis; peut-être poisson de rivière). — Carpe, Hbrt 69 (Alg.).

نَهَار, pl. vulg. ات, M. — Une journée de chemin, Gl. Geogr.

مَنْهَر. En Aragon almendra, formé du pl. المناهر, est: un canal par où coule dans la rivière l'excédant de l'eau des canaux d'arrosement ou des moulins. Dans Macc. I, 371, 9, le pl. مناهر canaux, aqueducs.

نهز VIII, saisir, profiter de, aussi c. من, de Jong. — Se hâter, R. N. 28 r°: قم بانتهاز «va-t'on vite.»

نهس

نَهْزَة صَوْت inflexion, passage d'un ton de voix à un autre, Bc.

نَهْوز, avec برأسه, qui remue la tête, Kâmil 515, 2.

نهس

نهيسات (pl.)? Edrîsî, Clim. V, Sect. 1 (bois de pin): وتُعمَل منه انواع الآلات لضروبيّذ مثل الابراج والنهيسات والسلالم ونحوها; leçon de B; dans A ce mot manque.

نَهِس pl. نَهَس carnivore, Gl. Mosl.

نهسك se trouve chez Bait. II, 562 d; le Most., v° جزر, بری donne نهشك, et Vullers a نَهْشَل.

نَهْش I ronger, Koseg. Chrest. 134, 10, 1001 N. III, 30, 5. — Déchirer avec les ongles, en parlant des animaux, Bc. — Dévorer, déchirer sa proie, Bc.

III c. a. déchirer avec les ongles, en parlant des animaux, Hoogvliet 48, 3: وناهشوهم مناهشة الحلم لقتيل الغلاة. — Au fig., déchirer quelqu'un à belles dents, l'accabler d'injures, Recherches II, LXXXVII: والناس يناهشونهم ويرمونهم بالحجارة

IV mordre, Gl. Tanbîh.

VIII. J'ai noté que cette forme signifie dans Berb., comme la Ire, dentibus molaribus apprehendit, et que cette leçon se trouve aussi dans Boul.; mais ma citation (I, 428, 4 a f.) n'est pas bonne. Le Voc. a ce verbe c. ب sous mordere.

نَهْشَة dentée, coup de dent, morsure, Bc.

نَهَاش. السباع النهاشة les bêtes dévorantes, Payne Smith 1255.

نهض I c. في ou عن p. aller chercher quelqu'un, Lettre à M. Fleischer 36—8; le Voc. a aussi نهض في yre. — C. في et على dans le Voc. sous diligenter facere; c. ب s'empresser, Bc. — C. ب p. élever quelqu'un, le rendre supérieur en fortune, etc., Macc. I, 645, 3, Abd-al-wâhid 80, 6: وساعده لحل ونهض به — être en état de faire une chose, Badroun 232, 11: انى دعوتك لامر رايتك نهضت به البحتن Bîdp. 22, 2: لا يقوم الا بك ولا ينهض به غيرك ولا يضطلع به سواك. En ce sens نهض seul, Meursinge 23, 16. نهض بالملك être en état de régner, Holal 60 v°: ولم ينهض بالملك بسبب استيلاء الموحدين على معظم البلاد بالمغرب — نهضوهم بالتكاليف ils leur imposèrent des contributions, Berb. I, 163, 9.

II c. a. dans le Voc. sous yre et sous expeditus. — Lever, 1001 N. Bresl. IV, 158: نَهَّض عينيه. — Rendre inquiet, Gl. Fragm. — C. ب s'empresser, Bc.

III c. a. se diriger vers une forteresse pour l'attaquer, Haiyân 88 v°: وناهض للجند حصن ركوط فناشبهم اهله للحرب

IV faire marcher, Gl. Belâdz. (la signif. de mandavit doit y être biffée; dans 204, 13, c'est la Ire forme dans son sens ordinaire, انهض ب, entreprendre une chose). — C. a. p. élever quelqu'un, lui donner un poste, une dignité, Abbad. I, 26, n. 71, 178, n. 15. — Soulever, élever un peu quelque chose de lourd, Bc. انهضه للشى fournir à quelqu'un les moyens de, Bc.

V dans le Voc. sous yre, sous expeditus.

VIII c. في faire une chose avec zèle, Voc. (diligenter facere), c. في l'entreprendre avec zèle, Matmah 60 r°: "وابدع لما ألف, وانتهض لما تكلف,"; le n. d'act. vivacité, zèle, ardeur, Prol. I, 251, 11, Khatîb 28 r°: وولى القضاء بجبل الفتح متصفا فيه بجزالة وانتهاض

X aussi c. الى r., Abbad. I, 222, 7 a f.

نَهْضَة pouvoir, faculté de faire, = الطاقة والقوة, M, dans le Voc. fortitudo, potencia, et aussi sous fortis, Akhbâr 70, 7: ليس في القوم نهضة ولا قوة على, Abd-al-wâhid 185, 13: فلم ير له طاقة بدفاعه الخروج, Weijers 38, 3:
ولا نهضة لمقاومته

لك التخيير أنّى لى بشكرك نهضة
وكيف أؤدى فرض ما انت مسلف

Khatîb 16 v°: لم النهضة بالاعباء وسمو الهمة, de même dans le livre de Josué, VIII, 20, cité par Castel: فلم يبق فيهم نهضة للهروب الى مكان. — Hâte, empressement, activité, Alc. (pricssa); aussi dans le Voc. sous expeditus. — C. الى l'action de se rendre vers, M. — Élévation, constitution en dignité, Abbad. I, 26, n. 71.

نَهْضَة comme n. d'act. de نهض, زنة نهض, zèle, ardeur, p. e. لا نهضة في جهاد ولا حمية على الاعداء, Gl. Geogr.

نَهُوض allant droit devant soi, Diwan d'Amro'lkaïs 29, vs. 9.

ناهض. Freytag a mal traduit la définition des lexicographes arabes; c'est: le petit d'un oiseau qui a

نهق

déjà beaucoup de plumes et qui est presque en état de voler; cf. Chec. 215 v°: les vieillards doivent manger نـواعـص فـراخ للحمام مشوية: *ibid.*, الفراريج النواعص 148, والفراخ جيّدها النواعص: Djauzî 144 v°: ومطبوخة r°: عذا. فراخ للحمام النواعص. Au fig., Khatîb 28 r°: الرجل صدر عدول لحضرة الفاسية وناعض عشهم, c.-à-d. qu'il était né à Fez.

نَاعِصَة = داعية تنهض البكى, Diw. Hodz. 25, 15.

مَنْهَض *le pouvoir, la faculté de faire une expédition*, Akhbâr 70, 8: كلّ من كان فيه منهض قد نهض الى ابى جوشن

نهق I *bêler*, Roland.
نَهَّاقِي *qui brait*, Voc.

نهك IV *épuiser, consommer, absorber*, Mohammed ibn-Hârith 326: فان ولّاه الى اموالنا برغبته وحرصه وانهك أخباسَنا
VIII *violer*, Gl. Fragm. — *Piller*, ibid.
نَيْكَة, par transposition pour نَكْهَة, *puanteur*, Voc.
ناكى *très-beau*, Haiyân-Bassâm I, 174 v°: دعاني الى داره فصرنا الى مجلس ناكى

نهل.

نَهْلَة *instant, moment*, M.

مَنْهَلَة *station; — une journée de chemin*, Gl. Geogr.

نهم I. نَهَم, n. d'act. نَهْم, *présenter une jument à un étalon, pour savoir si elle est pleine ou non*, M. — نَهِمَ *se construit* c. فى, ou نهم فى الطعام, M, فى الشىء, Haiyân 22 v°: وكان من اكبر ما نقمه عليه اصحابه استهتاره بالنساء ونَهَمِه فيهن

II et IV c. a. et V dans le Voc. sous *ingurgitare*.
نهما *espèce d'arbre*, Bait. II, 562 b (AB).

نَهْمَة *gourmandise*, Bc, *intempérance*, Hbrt 245. — *Virilité*, capacité d'engendrer dans l'homme, Bc.

نَهَامَة *gloutonnerie, voracité*, Voc.

نَهِم *glouton*, Voc.

نهى I, aor. *i* chez le vulgaire, M, et ainsi dans Bc. —

730

نوا

Résoudre, décider une question, Bc. — *Trancher court, terminer en peu de mots*, Bc. — *Franchir le pas, se résoudre enfin*, Bc.

III dans un vers chez Wright 3, l. 7.

VI *être mûr*, Gl. Edrisî, Cartâs 231, 9.

VIII. كان السحر قد انتهى اليها «elle s'était familiarisée avec la magie,» Gl. Abulf. — تَعَالَجْنَا «après bien des débats nous avons voulu que,» Bc. — حين (جلس) قعد *il s'assit au dernier rang de l'assemblée*, Macc. I, 376, 10: قام البم الناصر ان يقعد بقربه فقال يا امير المومنين انما يقعد الرجل حيث انتهى به المجلس ولا بتخطى الرقاب مجلس فى آخر الناس Prol. III, 395, 4. — *Être mûr*, Voc., Alc. (le partic. madura cosa), Macc. II, 411, 17, Bait. I, 115 b: وفيها ثم يحمر اذا انتهى حمرة c: 274, حتى اذا انتهى انفتقت مسكية — فاذا انتهى اسود — وهذا ينتهى فى فصل الشتاء الربيع والعدس ينتهى فى فصل — *Se flétrir, se faner*, Alc. (marchitarse, le partic. çediçio cosa lacia). — انتهى الى امر فلان *exécuter l'ordre de quelqu'un*, انتهى الى الشىء الى راى فلان *suivre le conseil de quelqu'un dans une affaire*, Gl. Fragm.; c. الى p. *s'en rapporter à quelqu'un, s'en remettre à sa décision sur quelque chose*, Gl. Geogr.

نُهَى = الغاية, غاية العاقل, Kâmil 571, n. a.

نِهَايَة. *En parlant d'un homme, on dit qu'il est* نهاية فى الادب *ou* نهاية فى الجمال, Gl. Abulf.

نَهَائِى *extrême, qui est au dernier point, au plus haut degré*, Koseg. Chrest. 75, 6 a f. — *Déterminant*, Bc.

نَاهِية *empêchement*, Gl. Belâdz.

مُنْهِى *déterminé, qui a peu de solution, en parlant d'un problème*, Bc (semble مَنْهِى; cf. ناه). — *Mûr* (apostème), *prêt à crever*, Bc. — *Exposé*, Bc (écrit مُنْهَى). — رجوع عن المناهى *conversion, changement de mœurs, de sentiments, avec amélioration*, Bc.

مُنْتَهٍ *disciple qui a achevé ses études*, Gl. Tanbîh.

نوأ I. Imitations de l'inversion dans le passage du Coran (xxviii, 76): ما ان مفاتحه لتنوأ بالعصبة اولى القوّة (pour تنوء), Djob. 179, 8: ما ان العصبة تنوء بالمفاتيح

ينْغوا كل مصراع منه بالعصبة, Berb. I, 412: أشمعة منه بالعصبة « منها فى فاتح وغلقه بالعصبة أولى القوّة », les battants sont d'une telle grandeur que la force réunie de plusieurs hommes est nécessaire pour les ouvrir et les fermer.»

II être *nébuleux, couvert de nuages* (ciel), Alc. (añublar el cielo; le partic. annublado).

IV comme verbe intransitif, *s'incliner*, P. Macc. II, 466, 9 (cf. Add. et Fleischer Berichte 64).

نَوْءٌ *nuage, nuée*, Voc. (nubilum), Alc. (annublo, nublado), Müller 19: اطلّتنا بها ليلة شاتيه، واتَّحقّتنا أنواءٌ للارض مواتبه، « nous y eûmes une nuit pluvieuse, et des nuages, qui touchaient la terre, nous couvrirent;» ou comme coll., *nuages*, Calâïd 60, 3 a f.: وركب متتبيدا فى يوم غيم والأفق لو مرّت به دهمة « ... — Pour la الليل لغبت فى نوء وما بانت یا جنوه signif. de *tempête*: Bc (Barb.), Ht (qui a aussi نَوْءة), Haiyân 87 v° (2 fois), 88 r°, Djob. 31, 18, 70, 15, 71, 19, Athîr IX, 246, 3. — *Atmosphère*, Bc. — *Température*, Bc.

ناوي *pluvieux*, Cherb. C.

نوب I, n. d'act. aussi نِيَابَة, M, Voc., de Sacy Chrest. I, ۱۱, 4. — Dans le sens de *remplacer* aussi c. a. p., Amari 544, 8: ويبقى ولده ابو العباس احمد بافريقية — Aor. a ou i, *déléguer, substituer*, نوب اياه ابراهيم Alc. (delegar poner en su lugar, sostituyr, sustituir en lugar de otro). — C. a. p. *échoir, arriver par cas fortuit, tomber en partage*, Bc, 1001 N. I, 122, 2: والأرث III, 218, الذى نابى معكم قد جعل الله فيه البركة 2 a f.: واخذ هو ما نابه من الميراث. — *Être de garde* (gens de guerre), Gl. Fragm. — *Coûter*, être acheté à un certain prix, Alc. (costar por precio); le Voc. (constare) donne la constr. ناب فى الشى كذا le Gl. Geogr.: وناب عليهم الاموال العظيمة « cela coûta des sommes considérables,» et ناب عليه ألف درهم « il restait à payer mille dirhems pour ce travail;» charte de Tolède: ويعطى الارجدياقن ثلث ما ينوب فى اقامة الشاعورى, où le texte latin porte: « ita ut archidiaconus det tertiam partem dispense crectionis.»

II *déléguer*, Bc. — C. a. *donner la fièvre*, Voc. — Pour أنَّب, *reprendre, blâmer, censurer*, Payne Smith 1777; أنَّب est devenu d'abord وَنَّب التونيمب pour نوّب par métathèse, puis التنيب, *ibid.* 1779).

III مُنَاوَبَة *chacun à son tour, à tour de rôle*, Bat. III, 196, 1001 N. I, 387, 8: فنادى مناد من الافرنج لا يكون قتالنا فى هذا اليوم الا مناوبة بان يبرز بطل منا. — منكم الى بطل منا كان يناوبنى القراءة *il me relayait de temps en temps pour réciter*, voyez sous مسك IV. — C. a. p. *disputer avec, répliquer à quelqu'un*, Macc. II, 243, 14 (cf. Add.); — *être en rivalité avec, être l'adversaire de*, Berb. I, 574, 10.

IV aussi c. الى, اناب لله *se convertir*, Voc.

V *avoir la fièvre*, Voc.

VI *se relayer, se relever*, Bc, على الأمر, M.

VIII. انتابوا رياتا من جميع الامصار « les habitants de toutes les villes environnantes se relayaient régulièrement pour tenir garnison dans cette place,» Becrî 112, 9. — *Se rendre à, dans*, Gl. Geogr. — *Etablir sa demeure, son domicile en un lieu*, Gl. Geogr.

X. Pour *nommer* quelqu'un *son lieutenant*, J.-J. Schultens cite Elmacin 257, 10 a f., 291, 12 a f., et un passage d'Aboulf. Ann. qui se trouve dans l'édit. IV, 34, 13; ajoutez: Haiyân 71 v°, Djob. 69, 7, Holal 14 v°. — استناب الى الله *se confier en Dieu*, Vie de Saladin 8: الاخلاص الى الله تعالى والاستنابة اليه والاعتماد فى كشف فذلك الغمّة عليه ۞

نَوْب *fièvre intermittente*, Alc. (cicion de calentura), *ièvre tierce* ou *double-tierce*, Alc. (terciana calentura, terciana doble).

نوب (syr. ܢܘܒܐ) = لوف (plante), etc., Payne Smith 1914.

نيوب voyez نيبا.

نَوْبَة، بالنَّوْب، على النَّوْب *à tour de rôle*, Gl. Geogr. — Un corps de troupes qui, à tour de rôle, fait son service auprès du prince, ou dans une place de guerre; de là *garnison*, parce qu'on la changeait périodiquement (cf. Becrî 11: الذى عليه نوبة للاحتراس), Maml. II, 1, 12, Gl. Fragm., où l'on trouve, entre autres, ce passage: كلمات النوبات فى النهار والليل وهى خمس نوبات فى الظهر والعصر والعشاء ونصف الليل وعند الصباح. On dit نوبات واقفون بالنوبة en parlant de soldats qui sont de garde, 1001 N. Bresl. III, 110, et on les appelle اهل النوبة, Bat. III, 34, 196, 197, 218, Gl. Fragm., اصحاب النوبة, 1001 N. IV, 503, ارباب النوبة, 2 a f. Dans le Roman de Bâsim on lit que Hâroun ar-Rachîd avait trente بلدانية, dont dix étaient, à tour de rôle, de service pendant trois jours, et que le chef d'un tel détachement s'appelait (ou رئيس راس

النوبة; cf. رأس نوبة الجمدارية, dans Maml. II, 1, 14. La signif. de *garnison* est dans Bc (Barb.), Ht, Several Voyages to Barbary 76, 95 (on la changeait chaque année), Dan 108: « Les soldats des garnisons, qui sont épars dans les villes frontières du royaume, que l'on change de six en six mois, et qu'on appelle *Pubes* [l. *Nubes*]. » — *Le jour, le temps, où un militaire est dispensé de faire son service*, Gl. Fragm. — خيل النوبة *des chevaux qui étaient stationnés à tour de rôle devant le palais du souverain, afin qu'il pût les monter quand il lui en prenait envie*; on dit aussi فرس النوبة, دابة النوبة, النوبة seul, et نوبة هجين (de dromadaires), Maml. I, 1, 165, II, 1, 12, Bat. IV, 237, Yâcout III, 458, 7, Fakhrî 188, 7, Amari 325, 7 et 3 a f. — *Musique de plusieurs instruments concertants, concert de musique*, dans l'origine *la musique qu'on fait périodiquement* (بنوبة) *devant les maisons des officiers*; M: آلات النوبة عند المغنيّين اسم لطائفة من والنوبة chez Bc: *aubade, concert, fanfare, musique, symphonie*, الطرب اذا أخذت معًا عملوا له نوبة et دقّوا له نوبة *donner une aubade à quelqu'un*, دقّ نوبة *donner des fanfares*; chez Hbrt 97: *concert, musique d'instruments à vent*; chez Ht *orchestre et roulement du tambour*; cf. Fleischer Gl. 99, 100; Mong. 418 et suiv.: « *concert de musique, composé de tambours, de trompettes et autres instruments, qui se fait entendre chaque jour, à plusieurs reprises, au-dessus de la porte du palais d'un prince, et qui forme un des attributs les plus caractéristiques de la souveraineté, ou d'une dignité éminente*; » Miss. hist. 42 b: « luego que oigas la *Huba* [l. *Nuba*] Real de tambores, y otros instrumentos, » 466 b: « despues iba la *Nuba* de el Rey, que es su *musica*, compuesta de mas de cinquenta instrumentos, aunque los mas rusticos, pero tocados con alguna asonancia, » 470 b, 689 b; Della Cella 75 (corrompu en *nubar*). Sur la خاتون نوبة (de la princesse) voyez Maml. I, 1, 139. On dit: ضربت النوبة *on sonna la retraite, ou le tambour battit la retraite, ce qui a lieu dans le premier tiers de la nuit, ou à deux heures après l'entrée de la nuit, et après la retraite, il n'est plus permis de se trouver dans les rues*; Bat. III, 404 dans l'Inde): وذلك في ثلث الليل, وقد ضربت النوبة والعادة عندهم اذا ضربت لا يضرب أحد, Pagni 111: « essendovi questa legge posta dal passato Re Karacùs, que dopo sonata la *Nuba* [ainsi dans le man., pas *huba* comme dans l'édit.], che a nostra usanza, sono le due ore di notte, ne và la vita a qualsiasia o Turco, o Moro, ma particolarmente cristiano, che vada per la città. » — *Bande de musiciens, orchestre*, M: وربّما أطلقت النوبة على المطربين (النوبة, Bc *orchestre*), Burton II, 217, Ten Years 28: « The *bubor* (sic), or royal band, performs with great ceremony before the door of the messeley every afternoon, » 130, 144 (nubar), 234 n. (nuba), 246, 1001 N. I, 95, 6: هاتوه بالنوبة (Lane: « conduct him with the band of music before him, to my presence »). — *Morceau complet de musique*, Salvador 23, Bat. II, 126, Macc. II, 84, 17, 1001 N. II, 54, 10, 87, 2: عمل نوبة سماع, 300, 14: فغنّيت — غنّت على العود نوبة كاملة, IV, 173: نوبة مطربة — *Accès, attaque d'une maladie*, Maml. II, 1, 13: حصل للسلطان نوب كثيرة من الصرع « le sultan éprouva plusieurs attaques d'épilepsie, » Haiyân-Bassâm III, 67 r°: اعتلّ عمّة اعمى علاجها واختلفت نوبها تطلعه تارة وتويبسه اخرى. Surtout *accès de la fièvre*, chez Bc والنوبة عند الأطبّاء زمان اخذ, M: نوبة السخونة, الحمّى. De là *fièvre*, pl. نوب, أنواب, Voc., qui ajoute que c'est plus en usage [chez le peuple] que حمّى. — نوبة ماء *tour d'eau d'irrigation de 24 heures*, Beaussier, *droit de puiser de l'eau*, Roland; cf. Gregor. 44, 46; Ghadamès 110: « On distingue les irrigations de jour de celles de nuit, ce qui donne lieu à une *nouba* de jour et à une *nouba* de nuit. » — *Contribution que les Arabes doivent payer tous les quatre ans au sultan de Wadâi, et qui consiste en une vache pour chaque quatrième homme*, Barth III, 514; — lo *Bey de la Noba* était le titre d'un officier chargé d'aller lever chaque année le tribut que le sultan de Fezzân devait payer au Pacha de Tripoli, Hornemann 79, Lyon 3. — *Bataille*, Ztschr. VI, 391, n. 2, Amari 336, 11. — *Temps, époque*, Berb. II, 381, 10: il arriva à Tunis dix-sept jours واشترط من نوبة الفتح « après sa victoire, » 390, 7: 401, عليهم ان يكفّوا من قبله حتى يقضى نوبة للجهاد — 6: وكان سابق الشعراء في تلك النوبة أبو القاسم. *Possession*; un livre est في نوبة فلان, Orient. I, 465. — *Disgrâce, perte des bonnes grâces d'une personne puissante*, Antar 58, 6: نحن نصلح نوبة الملك المنذر — عند الملك كسرى بهذا الامر وتنقطع من بينهم الشر, رأس النوب était, sous les sultans mamlouks, un émir qui avait l'autorité sur les Mamlouks du sultan;

نوب

c'était à lui qu'ils devaient recourir pour obtenir des conseils ou lui soumettre leurs discussions; il servait d'intermédiaire entre eux et le souverain, et il était chargé d'arrêter ceux qui devaient être mis en prison. Il avait plusieurs assesseurs, tels que le رَاس نوبة ثاني appelé autrement راس نوبة الميسرة. Il y avait encore le راس نوبة الامراء, qui avait l'inspection sur les autres émirs, mais cette charge était tantôt supprimée, tantôt en exercice; voyez Maml. II, 1, 13 et 14.

نوبة voyez نوب.

نُوبِي sorte d'oiseau, 1001 N. I, 118 (= Bresl. I, 299); aussi dans le man. de Leipzig de Cazwînî (II, 118, 2 a f.), notes sur Yâcout V.

دَابّة نَوْبِيَّة un cheval de la نوبة, un cheval destiné à être monté à son tour, Maml. II, 1, 12 et 13.

نَوْبَجِيَّة pl. نَوْبَجِيَّة « noubadjyas, Turcs qui alternaient pour le service de garde dans l'ancien palais du dey d'Alger, Daumas Mœurs 150. — نَوْبَجِيَّة bande de musiciens, orchestre, M.

نَوْبَاتِي concertant, qui fait sa partie dans un concert, ménétrier, musicien, symphoniste, Bc, musicien d'instruments à vent, Hbrt 97.

نُوَب = الذى بِنَوْبِه, Kâmil 36, 10.

نِيابَة l'emploi de lieutenant, M, très-fréquent.

نائب, lieutenant du souverain, chargé de lever les impôts, a le pl. نُوَّاب dans le Voc. — النُّوَّاب les soldats qui sont de garde, Gl. Fragm. — Contingent, part que chacun doit fournir ou recevoir, lot, portion d'un tout partagé entre plusieurs, légitime, portion accordée aux enfants par la loi نائب الاولاد شرعا ميراث والديهم, quote-part, quotité, portion, certaine quantité de pain, de viande, etc., Bc. — Intérêt, part dans une affaire, profit que l'on en espère, Bc.

نائبة tour; نوائب à tour de rôle; gardes qui font leur service à tour de rôle (comme نوب), p. e. Athîr VI, 326, 4 a f.: وكتب اليهم المعتصم يامره ان يجعل الناس نوائب يقفون على ظهور الخيل نوبًا في الليل محافظة المبيات, Gl. Fragm. — Devoir extraordinaire qu'on doit remplir, dépenses extraordinaires qu'il faut faire, p. e. quand les princes doivent recevoir des ambassadeurs ou des hôtes, ou bien quand les sujets doivent travailler à corvées, réparer les ponts, les chemins, les digues, etc., Gl. Belâdz., Gl. Geogr. Il faut aussi traduire نوائب par dépenses extraordinaires dans Macc I, 93, 8, où il est question des Omaiyades: وينفقون في امرهم ونوائبهم وموّن اعليهم مائة الف دينار. نائبة est aussi l'argent qu'il faut pour faire un voyage, Alc. (despensa para el camino, niéba, ce qui semble une faute pour nêibe). — Tribut que payent les Bédouins, Hœst 130, 183 (néiba, mais incorrectement نعيمة), Grāberg 218, 222 (nàiba). — Tributaires; Marmol, Reb. 64 c, dit que nueyba (sic) signifie en Afrique « partido de barbaros pecheros del magazen del Rey;» mais c'est peut-être inexact.

نائبي représentatif, Bc.

مَنَاب tour, Voc. (vicis). — Quote-part (comme نائب), charte sicil.: سهم جميع الدار المذكورة وحصّة ذلك. — ومنابه قبض كل واحد — Droit dans une affaire, ordre, rang, Ht.

مُنْتاب سائِل mendiant, Voc.

مُسْتَناب lieutenant du souverain, chargé de lever les impôts, Voc.

نوت.

نَوَّتِي celui qui soulève, qui remue avec un levier, Alc. (palanquero el que sopalanca).

نواتيَّة dans le Voc. نَوَتِي pl. نُوتِيَّة M, نُوتِي Freytag sous نتو. سوط نُوتي sorte de câble dont on se sert sur les navires pour punir les matelots, dague de prévôt ou de punition, 1001 N. Bresl. IV, 330: وكان عنده سوط نوتي مضفور على مائة وستين طاق فاخذه بيده ولا زال يضرب نفسه حتى ادمى اجنابه وبلدنه. — Un homme excessivement avare, pinsa-maille, M.

نُوتيَّة marine, science de la navigation sur mer, ce qui la concerne, Bc.

نوح II c. a. dans le Voc. sous plangere; Alc. a مُنَيِّح pleurant, larmoyant (lloroso).

نِيَاح chant funèbre, élégie, Alc. (canto de muertos, canto de cayda de principos, elegia o cantar tristo). — Obsèques, funérailles pompeuses, Alc. (essequias).

نَوَّاح, avec ces voyelles dans M, oiseau qui est nommé aussi dans Yâcout I, 885, 4.

نوخ

1001 N. Bresl. XII, 320: واثل محاثر مستنات ؟ناثج مسبلات الشعور الا انهن محتشمات ولهن روائح وعلبهن نائج۞

نُوَّخَة. Ajoutez نُوخ aux pl. que Freytag donne sous différents articles, M, de Sacy Chrest. II, ١٣٨, 11.

نَوَّخ I est bien en usage, Freytag Chrest. 44, 7: قعد به دهره وناخ علیه بكلكله (la faute d'impression (avec le hâ) a été corrigée dans l'errata).

IV est proprement: produire avec le gosier un son guttural et rauque, خِ, khe khe ou ikh ikh, qui indique au chameau qu'on veut qu'il s'agenouille, d'Escayrac 279, 610, Burton I, 147, 277 n., Richardson Sahara I, 421; on dit par conséquent اناخ الرجل الجمل « l'homme fit agenouiller le chameau, » M; improprement اناخ فلانا aider quelqu'un à descendre de sa monture, de Sacy Chrest. II, 474, 8. — اناخ كلاكله s'agenouiller (chameau); au fig., Abd-al-wâhid 214, 2:

فاناخ الموت كلاكله بظبك علی بشر رجس

« la Mort s'abattit sur. » — اقام به اناخ بالمكان est M; camper, de Sacy Chrest. II, ٣٠, 3. — C. علی se présenter hostilement devant une place ou un homme, J. d. S. 1846, p. 529. — C. علی s'adonner à, Abbad. I, 52, 3 a f.: لا ينبغى ٥: 57, الاناخة علی لهوی ولعبی الا علی لهوی.

تَنَخ pl. أَنْواخ voyez نُوخ.

مَنَاخ voyez ce qui suit ici.

مُنَاخ, dans le Voc. (cubile) مَنَاخ, pl. ات, est proprement l'endroit où les chameaux s'agenouillent, où ils couchent. De là étable, Maml. I, 1, 119: الاسطبلات 120: والمناخات الذي على المناخات qui avait l'inspection des étables. » Puis, comme les endroits où couchent les chameaux sont fort malpropres, ce terme a aussi reçu le sens de fumier, tas d'ordures, Amari 669, 6: فكسر الرصد وحمل الی المناخات. — Endroit, maison, château, etc., où l'on s'arrête en voyage, M: تصدر للاقراء ببلده علی وقور محل الاقامة, Khatîb 26 rº: اهل العلم فكان سابق للخلیة ومناخ الطیبة, Müller 24, 1 (dans la relation d'un voyage): حصن أشَمَ ومنـاخ في مناخ رحب المنطلق' ثميف, 49, 9: لا يُلِم»

734

نور

"الغلق" سامی السور" كفیل بحفظ المبسور"، يامن به Ré- . — الذمر خائفه"، وتدفع معرة السماء سقائفه"، انج sidence, Berb. II, 103, 11: وكانت تلمسان لذلك العهد نزولا للحامية ومناخا للسيد من القرابة الذي يضم نثرها ويخب عن اخائها. — Camp, Berb. II, 96, 16: ولما هلك يوسف بن يعقوب بمناخه علی تلمسان. — Climat, la température de l'air dans un pays, Bc, M: والعامّة تستعمله لحالة مكان من حيث اعتدال هوائه وعدمه وموافقته للصحة وعدمها" يقولون مناخ موضع كذا طيّب pl. ات ج مناخات مَنَاخ. — خمبيج او calendrier, Voc. (kalendarium), Alc. (almanaque, calendario), avec l'article notre almanach. L'auteur du M soupçonne que ce dernier mot vient de مناخ dans le sens de climat, que je viens de donner, « quoique les Arabes, » ajoute-t-il, « n'emploient pas مناخ pour calendrier. » Les Arabes d'Espagne l'employaient déjà en ce sens au XIIIᵉ siècle, comme le montre le témoignage du Voc., mais à ma connaissance ils ne l'avaient pas dans celui de climat, et en outre la transition de climat à calendrier me paraît peu naturelle. Ni l'une ni l'autre signif. ne me semblent d'origine arabe; il est impossible de les rattacher à la racine نوخ. Tout ce qu'on peut dire, c'est que nous avons reçu notre almanach des Arabes d'Espagne par l'intermédiaire des Castillans, car il est assez ancien dans leur langue. Sans parler du Dict. de Nebrija, qui le donne, on le trouve dans le Cancionero de Baena, p. 89:

A esto me dad, señor, la respuesta
Por los almanaques de fylosofya,

et ibid.:

Que yo non entiendo qués astrología
Nin sus almanaques;

p. 512:

Nículas, estudia é vee soñl mente
Los almanaques del tiempo que anda.

Quant à la question de savoir où les Arabes l'ont pris, elle reste obscure (cf. Gl. Esp. 154). Je ne sais pas non plus s'il a quelque chose de commun avec le mot qu'Alc. donne pour cadran solaire (relox del sol), mais qu'il écrit مَنَال, avec le hâ.

نَوْذَرِ I voyez sous ناذر.

نور I, dans le sens de fuir, voyez نبر.

II allumer, illuminer, Ht; نور له éclairer à quelqu'un, Hbrt 200. — نور له avertir quelqu'un par un feu qu'on allume sur une tour et qui sert de signal,

Haiyân 81 v°: وكان ابن حفصون قد توقّف دونها متمكّنا (متكمّنا.ا). بالقرب منها فنوّروا له من القصبة فجاءهم, كما أوعز اليهم, Abd-al-wâhid 253, 14; chez Alc. (almenara) تَنْيِير (qui est = تنوير) est *feu allumé sur une tour pour servir de signal.* — C. على p. *duper, tromper* quelqu'un, p. e. en lui donnant ou en lui vendant du faux pour du fin, voyez le passage de l'Aghânî cité sous مَنْسُوب. — *Vivre comme un bohème*, M (cf. نوري).

IV *allumer sur une tour un feu qui sert de signal*, Akhbâr 37, 4 a f.

V dans le Voc. sous *florere*. — Le Voc. a تَنَوَّر sous *illuminare*, تَنوّر قَلْبه البَصيرة *subtiliare*, القَلْب والقَلْب *subtilitas.* Chez lui cette expression, comme on le voit aussi par les synonymes qu'il donne, exprime l'idée de subtilité, sagacité, finesse. Chez Alc., au contraire, تَنَوَّر a un sens défavorable, celui de *dissimulation, hypocrisie* (simulacion lo que no es).

نار, pl. أَنْوُر ou أَنْيار, P. Kâmil 381, 15. « حرب نارا وقد صارت نارا, *et cela devint guerre après avoir été feu*, c.-à-d., la guerre qui s'annonçait depuis quelque temps éclata. Cette expression proverbiale renferme une allusion à une coutume des anciens Arabes: ils allumaient du feu sur une colline pour annoncer que la guerre était imminente; voyez Rasmussen, Additamenta ad hist. Arab. p. 68, J. A. 1841, I, 113. — نار البَرْد *flammula Iovis*, Pagni MS. — نار فارسي *charbon, anthrax*, Sang. — النار الفارْسِية *érésipèle*, Domb. 89, Gl. Manç. in voce, Tha'âlibî Latâ'îf 132, 7. — جبل النار *volcan*, M. — مركب النار *bateau à vapeur*, M.

نور a le pl. أَنْوار, M, Voc., Hoogvliet 52, 10, 54, 7 a f., Abbad. I, 60, 2, أنوار, Gl. Geogr.

نور *éclat de l'or*, Alc. (resplandor de oro), *splendeur* (d'un temple), Gl. Geogr. — *Auréole*, Alc. (resplandor de cuerpo glorioso). — النور *celui qui rend les choses claires*, M (الذى يبيّن الاشياء). — النور chez les chrétiens surnom du Messie, comme de Mahomet chez les musulmans, M. — النور est chez les Soufis *Dieu*, M; voyez sur leurs نور النور et كلّ وارد الهى يطرد الكون عن القلب أنوار Ztschr. XVI, 236. — اهل الانوار sont *ceux qui connaissent la signification de certaines lettres ou abréviations*,

Ztschr. VII, 88. — سَبْت النور est chez les chrétiens orthodoxes d'Orient *le samedi avant Pâques*, lorsqu'une lumière miraculeuse apparaît dans le saint sépulcre à Jérusalem, M, Lane M. E. II, 365. — نور على نور *tant mieux*; عليك نور *optimé*, fort bien, Bc.

نورة *un petit charbon allumé*, Bc, Hbrt 196, M.

ناريّ *igné*, Voc., Bc, L (ignea ناريّة). — *Chaud*, Bc, *brûlant*, Edrîsî, Clim. II, Sect. 5: pendant la chaleur on ne voyage pas dans ce désert, à cause de ارضها النارية المهلكة. — *De couleur de feu*, Hbrt 81, L: carbunculus ناري. — ياقوت احمر ناري — *Inflammatoire*, Bc. — *Vif*, Bc. — ناري القرى *fanal*, feu pour éclairer les côtes, Bc. — تعليم ناري *exercice à feu*, Bc. — المفتاح الناري voyez sous le premier mot.

ناريّة *inflammation, phlogose*, Bc. — *Phlogistique, feu élémentaire, calorique*, Bc. — *Feu, vivacité de l'esprit, vie*, Bc.

نورة *chaux*, pierres calcinées, Alc. (cal de piedras cozidas), Bc, Macc. I, 478, 15. Nommé, avec des feuilles de bétel et des noix d'arec, comme une chose que l'on mâche, afin de rendre l'haleine agréable, d'augmenter la rougeur des gencives, etc., Bat. I, 366. — Le dépilatoire qui porte ce nom (Akhbâr 112, 4 a f., Abd-al-wâhid 86, 11) se compose de chaux vive et d'un peu d'orpiment (à peu près un huitième). Avant de l'appliquer, on en fait une pâte avec de l'eau; il fait tomber le poil en deux minutes, Lane M. E. II, 53 n. — *Orpiment*, Voc. — Sorte de flûte; le passage de Macc. cité par Freytag se trouve dans notre édition II, 144, 1. — Chez Alc. « cohecho de corambre,» terme qu'aucun dict. ne donne et qu'on ne connaît plus en Espagne. Je soupçonne que c'est ce qu'on appelle aujourd'hui *pelambre*, à savoir *le mélange de chaux et d'eau dont les tanneurs se servent pour enlever le poil des cuirs*, en français *plamée*, et un tanneur de Grenade, que M. Simonet a consulté à ma demande, lui a répondu que cette opinion lui semblait assez plausible.

نوريّ pl. نَوَر *bohémien*, M, Bc (Kasraouan), Hbrt 89; ils donnent les voyelles du pl. نَوَر, pas avec le *techdîd* sur le *wau*, comme chez Quatremère (Maml. II, 1, 5) et Wetzstein (Ztschr. XI, 482, n. 9). D'après Quatremère, ce nom serait dérivé de نور et leur aurait été donné parce qu'ils portent habituellement un fanal ou réchaud; mais M. de Goeje pense que c'est plutôt une légère altération de Lourî, nom que les bohémiens portent en Perse. — Surnom de saint Ignace, M.

نُورِيَّة brunelle (plante vulnéraire), Bc. — *La dîme qu'on paie à l'évêque*, M. — Surnom de la sainte Vierge, M.

نُورانِيّ *qui allume le feu*, Payne Smith 1621. — الحروف النورانية ou *lettres de la lumière* sont celles des monogrammes au commencement des sourates, et qui forment ces mots: العلوم et قطع له سر حكيم نص, النورانية désigne *la science qui enseigne le sens caché de ces lettres*, Ztschr. VII, 88.

نُورانِيَّة clarté, Bc. — *Lumière*, intelligence, clarté d'esprit, Bc. — *Illumination*, lumière extraordinaire que Dieu répand dans l'âme, Bc.

نِوار *dissimulation, hypocrisie*, Alc. (simulacion lo que no es). — *Flatterie, caresses*, Alc. (ronceria).

نَوَّارَة pl. نَوَّار *fleur*, Voc., Alc. (flor de arbol), pl. نَواقِر, Gl. Edrîsî, Gl. Geogr.

نَوَّار *qui éclaire*, Koseg. Chrest. 57, 8: القمر انوار — *Mai*, M.

نَوَّار, n. d'un. ة, *fleurs*, spécialement *anémones*, Fleischer Gl. 46. — *Clinquant*, petite lame de cuivre doré ou argenté, Bc; dans les 1001 N. Bresl. I, 110, il est question d'une tunique autour de laquelle il y avait نوار مصرى, « peut-être une sorte de *galon à paillettes d'or*,» Ayde dans Fleischer Gl. 46. — نوار بلادرج *centrantus ruber, valériane rouge*, Prax R. d. O. A. VIII, 279. — نوار البيض *bellis sylvestris Cyr.*, une marguerite, Prax R. d. O. A. VIII, 280. — نوار التَّخَلَّة *echium grandiflorum* Desf., Prax R. d. O. A. VIII, 279. — نوار عندى *consolida regalis*, Pagni MS. — نوار القرنفل *clou de girofle*, Hœst 271, Domb. 61. — نوارة الديك *la crête du coq*, Domb. 63, Bc.

نَيِّر *diaphane*, Bc. — النيِّر الذى فى رأس الغول la 12e étoile dans la constellation de Persée, Alf. Astron. I, 37. — النَيِّرات السبعة *les sept planètes*, Macc. I, 92, 7.

نَيِّرَة *diaphanéité*, Bc. — ذو نَيِّرَة *subtil, sagace, fin*, M.

نَوَّادِرى *marchand fleuriste*, Domb. 75.

ناثِرَة *le feu de la division*, comme traduit Quatremère J. A. 1838, I, 17; *guerre civile* = فتنة, Abbad. I, 48, 5: "فى أوّل الناثرة، والفتنة الثائرة" — ناثرة الحرب *l'ardeur de la guerre*; ناثرة الفجر *l'ardeur du soleil à son lever*, Gl. Maw.

أَنْوَر épithète du mois de Rebî', ربيع الانور, Hist. Tun. 89, 94.

تَنْوِير *lumière*, M.

تَنْيِير voyez sous II.

مَنار *phare*, Gl. Edrîsî, Djob. 35, 1, Bat. I, 29. — *Tour, minaret*, Gl. Edrîsî, Berb. II, 288, 3 a f., Cartâs 31, 5 a f. (= منارة, 7 a f.). — *Colonne, obélisque*, Gl. Edrîsî. — Dans le sens de *poteau pour marquer le chemin*, c'est aussi un coll. sing. masc., Gl. Fragm.; au fig., منار شرعة الحقّ = *le calife*, de Sacy Chrest. II, ١٣١, 3 a f. — En espagnol *almenar* est un pied de fer sur lequel on met des torches de résine ou de bois résineux pour s'éclairer, dans les campagnes. — *Luminaire*, corps lumineux, Bc.

مَنارة *longue perche avec plusieurs lampes attachées au bout supérieur*, Lane M. E. II, 210. — *Soupirail*, ouverture pour éclairer, aérer un souterrain, Bc.

مُنَوَّر *fleuri*, Alc. (florida cosa). — Le Soufi qui est parvenu au plus haut degré, voyez Ztschr. XVI, 243. — *Indienne*, Roland. — منوّر البصيرة *subtil, sagace, fin*, Voc.

مُنِير *le conducteur d'une caravane*, Daumas Mœurs 337, qui écrit *menir*; dans Sahara 299 il donne المنابر *les éclaireurs de la caravane*. — منير الشجاع est = الفرد dans la constellation de l'Hydre, Alf. Astron. I, 103.

مَنارَة, pl. منابر et منار, *poteau pour marquer le chemin*, Gl. Fragm. — Dans le sens de *minaret*, le pl. est aussi منار, *ibid.*, Kâmil 481, 16. — *Espèce de grand chandelier à plusieurs mèches et destiné à éclairer les appartements*, Gl. Esp. 163, longue description dans la Descr. de l'Eg. XIV, 200, n. 1. — Semble

نورج

désigner une espèce de vase dans Abou-Ishâc Chîrâzî 108, 8: وان اسلم فى آنية مختلفة الاعلى والاوسط والاسفل كالاباريق والاسطال الصبية الروس والمنارات (والمنابر) (var.

مُسْتَنْبِر qui ne peut se flétrir, L (inmarcessibilis مُسْتَنْبِر غير متغير).

نُوْرَج voyez sous نرج.

نُورَزَة mouette (oiseau de mer), Bc.

القَمحُ النَّورِسى espèce de blé qui tire son nom d'une ville de l'Asie-Mineure, M.

نَورُوز est chez les Coptes le 10e ou le 11e septembre, Lane M. E. II, 298. Au pl. عبيد النواريز, 1001 N. II, 267, 6 a f.

نَوْس I, n. d'act. نَوْس = أَبَطَأَ, Diw. Hodz. 36, 6. ناس est aussi coll. sing. masc. dans la langue ancienne, Fleischer sur Macc. I, 46, 11 Berichte 174. — Des personnes de qualité, Gl. Edrîsî, المناس la bonne compagnie, Bc; مثل الناس décemment, Bc; ابن الناس ou ابن ناس enfant de bonne famille, homme de condition, de haute condition, Bc, Daumas V. A. 153, 175, 1001 N. I, 346; de même بنت ناس une demoiselle de famille, 1001 N. II, 87, 7 a f., اولاد ناس Bresl. IX, 235 (où Macn. a احرار). — الناس les fonctionnaires de l'empire, Berb. I, 219, 3: رعى له عبد الناس لم عبد الناس. — المومن ذلك واقتطعه واندرج فى جملة الناس le peuple, le bas peuple, Berb. I, 3, l. 9.

ناسوت humanitas, Voc.; comme masc. et terme concret, Aboulf. Hist. anteisl. 162, dern. l.: وصرحتم الملكانية ان المسيح ناسوت كلى. L donne humana.

ناسوتية générosité, L (humanitas, synonyme كرم).

ناووس ou ناؤوس (M) est proprement un caveau, une chambre souterraine, بيت تحت الارض, qui sert de sépulture, Bat. IV, 300, 301, 302, Hamza Ispahânî والفرس لا تعرف القبور وانما كانت تغيب الموتى فى 46: قعد يوما فى, Macc. I, 797, 6: الدخمات والنواويس; ناووس واخر فى مجلس مانوس; cf. Maml. II, 1, 288; le pl. نواويس cimetière (des chrétiens); les fakîhs disent: النواويس اذا خربت قبل الاسلام جاز اخذ ترابها, M. — Sarcophage, M. — سكان النواويس troglodytes, Bc.

نوسة lampion, M.

نوع

النويسى, chez les Maronites, le livre de celui qui prie pour les morts quand on les enterre, M, qui dit que c'est syriaque. M. Wright, que j'ai consulté, m'a répondu que ni lui ni M. Payne Smith ne connaissent un mot comme serait ܢܘܣܐ. Il pense que c'est un diminutif arabe de نعش, que Michaelis, dans sa note sur Castel (p. 542), donne dans le sens de cimetière.

نُوسَر I (formé de ناسور); le vulgaire dit نوسر للجرح, c.-à-d. اصابه الناسور, M (sous نسر).

نَوْش I = اسْتَرْخَى, Diw. Hodz. 36, 3 et 4.

III. ناوش العدو escarmoucher, مناوشة escarmouche, Bc.

VI. تناوشوا للحرب ils commencèrent le combat, Haiyân 42 v°.

نَوْض I se lever, Domb. 135; incorrectement chez Hœst 138 نُوط lève-toi; se relever, Daumas V. A. 105; s'élever, Cherb. Dial. 1, 10, 26. — Exister, Martin 115; رانى ناتض على هذه الصنعة depuis mon enfance je fais ce métier, Martin 50.

II réveiller, Martin 129.

نَوْضَة comme n. d'act. de ناض, نهضت نوضة, 1001 N. Bresl. III, 251.

نَوْط I dans le sens de suspendre aussi c. الى, de Sacy Chrest. II, ١٣١, 5, c. على, Bat. IV, 327. — C. ب p. et a. r. confier à, Djob. 164, 18: من نيطت به سدانة البيت, Abd-al-wâhid 83, 4: لا يناط به امر الّا اضطلع, Haiyân-Bassâm III, 140 v°: اطلق يده فى المال ونأط به الرجال. — C. ب dépendre de, Bc.

نَوْطَة (de l'ital. nota) contrat de vente, M.

نائط maigre (viande), M.

نَوْع II. نوع الشى est جعله انواعا, M, distinguer en plusieurs espèces, Prol. III, 420, 14: نوعوه اصنافا الى « on l'a distingué en plusieurs espèces, telles que » etc., Auw. I, 42, 2: تنويع الارض « la classification des terrains, » cf. 100, 2. — Diversifier, varier, Voc. (diversificare; il a aussi ce verbe sous modus), Alc. (diversar), Bc; تنويع مغرم imposer des contributions de diverses sortes, Abbâr 210, 1; الفضائل المنوعة « des draps de lit de diverses sortes, » Macc. II, 711, 6; cf. Bat. II, 309, III, 279. — Spécifier, entrer dans

نوع 738 نول

de grands détails, s'étendre sur un sujet, Auw. I, 158, 18: (l. هذا) نَوَّعَ هذه الاشياء اكثر من هذه (فَإِنْ كَثُرَتِ الاسماء نُوِّعَتْ وتوسَّعَت)، Khatîb 4 v°: التنويع; «وإنْ قلّتْ اختصرتْ وجُمِعَتْ» — Former, donner la forme, Alc. (formar dar forma, منوَّع formal).

V dans le Voc. sous diversificare et sous modus; cf. J. A. 1852, II, 213, 3: تغيَّرت الاحوال وتنوَّعت; Prol. I, 8, l. 16: معارف متنوِّعة «des connaissances très variées.» — S'appliquer à l'étude de différentes sciences, Meursinge ۲v, 2 a f.

نَوْع الانسان le genre humain, Khatîb 34 v°: عجيبة نوع الانسان فى عصره il était

تَنَوُّعات (pl.) variétés, mélanges, Bc.

نَوْعِر vulgaire pour نَعَرَ, M (sous ce dernier verbe).

نوف I c. على, excéder, est vulgaire pour IV, M, cf. Yâcout IV, 673, 19; c. عن, Voyages de Sindbâd éd. Langlès 18, 1001 N. II, 375, 8, III, 526, 4 a f.; le Voc. a نائف sous addere.

II. نَيَّف على excéder, M, Macc. II, 146, 4, Caläyd, man. I, 96: نيَّف على التسعين. Le Voc. a c. على et في, addere (in compoto); ce compotus est = computus = numeratio, de computare; voyez Ducange.

IV c. عن excéder, Bc (cf. Freytag sous نيف IV), de Sacy Chrest. II, ٩, 11. — C. ب et a. r. faire monter quelqu'un sur, Moslim p. 203, vs. 43.

ناف joug, Bc.

نوف joug pour atteler les bœufs, Mehren 36.

نَيِّف herbage, Mehren 36.

نَيْف en Algérie pour أنف, nez, Cherb., Beaussier, Bc (Barb.); — au fig., amour-propre, orgueil, honneur, chic, Cherb., Ht, Daumas Mœurs 296, Carteron 489; voyez surtout Beaussier.

نيفة rôti, Mehren 36.

نيافة éminence, titre des cardinaux, Bc.

نوفر pour نينوفر nénufar, Jackson 79, Gräberg 33, Payne Smith 1807.

ذوق.

ناقة. «Le miri pour chaque naga varie dans les différentes tribus de cinq à six cents piastres. La naga, comme la livre sterling, est une valeur imaginaire, qui consiste en dix chameaux, ou en vingt bœufs, ou en une containe de moutons ou de chèvres,» Hamilton 141. — ناقة الله insecte qui ressemble à l'araignée, Lyon 347.

نوك I. نَسُك et ses dérivés expriment, comme غفل, l'idée de niais, simple, qui n'a point d'idée des choses ordinaires de la vie; cf. Khatîb 31 v°: ونوكة غفلة كان هذا الرجل من البله فى اسباب الدنيا له فى ذلك باللف النادرة للحاذق فى مَلَأٍ من النَّوْكَى ۲۲:r°, حكايات الحمق والغفلة فلا يهتزّ لموقع نادرة ولا يضحك منه.

نول I voyez Diw. Hodz. 63, sur vs. 3.

II c. a. p., en parlant d'une femme, accorder ses dernières faveurs à un homme, P. Aghânî 55, dern. l.; cf. sous نَوَال. — نَوِّلِى طَرَفَ الحَبْلِ «allonge-moi le bout de la corde,» Bc. — C. a. dans le Voc. sous tugurium.

III s'occuper d'une chose, en prendre soin, J. A. 1852, II, 222, 6: ومن كان امينا فى مناولته وعمله وفعله; Amari Dipl. 73, 8: وظهر منه من حسن مناولته لاغراضكم وتصرُّفه فى محاولاتكم واشغالكم, car c'est ainsi qu'il faut lire ce passage. D'après Beaussier, un مناول est celui qui est chargé de la nourriture des tâlibs dans les zâwiyas.

V dans le Voc. sous tugurium.

VI recevoir. تناول المعترف est chez les chrétiens: après s'être confessé, il reçut l'hostie de la main du prêtre, M. En parlant d'un homme qui se laissa glisser du haut d'une muraille au moyen d'une corde, فتناولوه حتى استقرّ بالارض ils le reçurent dans leurs bras, Berb. II, 214, 11. — Prendre, en parlant des aliments, des boissons, par conséquent manger, Prol. I, 25, 4, boire, Abbad. I, 41, 11, 91, n. 97. — En parlant d'un mot, comprendre deux ou plusieurs significations, Gl. Geogr. — تناول الرأى معه il le consulta, Berb. I, 487, 6 a f. — S'occuper de quelque chose, en prendre soin, Djob. 58, 2: بديعة وربما تناول, 2: 74, الشكل كان الخرّاطين تناولوها وله; Amari 210, 10: ذلك نساومهم الشريفات بانفسهنّ; Macc. I, (معدن الكبريت) قطاعون علمون بتناول ذلك,

نول

705, 3: فاحتاجت الشمعة ان تُقَطَّ فتناول مُثَبِّه غلام وكانت قبائل الموحدين، Cartâs 153, 5 a f.: وجنود المغرب يتناولون قنّنيها مع سُعاة البابل والنِسار، Prol. I, 40, 7, 281, 3 a f.: وكلامه لا يتناول تأسيسم، المدخول العامُّد في أولها وانما هو تخصوص بالدخل الأخيرة والسعى راجلاً في II, 284, 16, Berb. I, 658, 5 a f.: سكك المدينة يتناولة حاجاته وماعونه بيده، II, 257, 9: وتناول أسبته بيده، 274, 3 a f. — *Faire*, Djob. 200, 16: والحوض لا يُتناول فيه غير الاستنقاء خاصةً صوناً له. « on n'y fait pas autre chose que,» il ne sert pas à autre chose. — بالرمح ou بالخنجر, تناوله بالسوط *il lui donna des coups de fouet, de poignard, de lance*, Amari 185, 11, Berb. I, 495, 11, 519, 2 a f., II, 154, dern. l. — C. a. p. *insulter, diffamer*, Mohammed ibn-Hârith 262: فلما خرج تناوله بعض للخصوم، فانصرف يحيى الى القاضى فقال ان هذا تناولنى فأدّبه، 315: وقيل له ان محمد بن اسباط يقعُ فيك ويبتدعك، Haiyân-Bassâm I, 120 v°: فتحدّث الناس انهم اصطبحا (اصطبحا l.) على راسه سرورا بهلكه وتناولاه من الذكر عبثًا بما لم يكون اصلا له; le Voc. (vituperare) donne la constr. c. a. et لـ. — C. a. p. *échoir en partage*, Berb. II, 45, 11: ما وتناولتُم من احسانه وبرّه، 240, 9: لم يبعدوا مثله وتناولته المتجابة في خدمتهم. — *Traverser* un désert, Gl. Mosl.

X c. d. a. *tâcher d'obtenir une faveur* de quelqu'un, Abbâr 157:

يا رسولي ابلِغ اليها شكائى واستنلها ولو بقاء حياتى

«tâche d'obtenir d'elle quelque faveur, quoique ce ne soit que la promesse de me conserver la vie;» c. a. p. *tâcher d'obtenir la faveur* de quelqu'un, *tâcher de l'émouvoir*, Haiyân-Bassâm I, 172 v°: وانا ارفق به بعد ان قبّلت وجه (وجهه l.) واستعبرت رقّة لاستنلته فلم يزده ذلك الّا قسوةً.

نَوْل pl. أنْوال *salaire, solde*, Payne Smith 1421. — Même pl. *métier* (machine), Maml. II, 1, 103, Be, Ht. — Etoffe en soie et coton pour mouchoirs de couleurs bleue et blanche, Descr. de l'Eg. XVIII, part. 2, 383, 411 (nôl); cf. نولى.

نول *mâchoire*, Payne Smith 1913.

نولى nom d'une étoffe, Becrî 181, 3 a f., en parlant des nègres: ويلبسون الثياب المصبغة بالحمرة cf. نَوْل. C'est peut-être نولىّ; القطنى والنول وغير ذلك

نول

nom relatif formé de Noul, ville située sur les limites du désert.

نَوَال, en parlant d'une femme, *ses dernières faveurs*, P. Koseg. Chrest. 142, 7: وافنيت عمرى بانتظار نوالهما; cf. sous II. — *Bonté, bienveillance, faveur*, 1001 N. I, 364, 13: فإن انعمت الىّ بدست اخر كان — Pl. أنت *salaire, solde*, Payne Smith 1421, — *Impétration, obtention*, Bc. — *Argent, richesse*, 1001 N. III, 8, 6: وكان عنده مال كثير ونوال جزيل، où Bresl. III, 375, a: وكان صاحب مال كثير واملاك، mais ensuite: وقد خلف لى شى كثير من المال كثيرة، والنوال Macn. III, 45, 6: وزوّجنى بامراة شريفة القدر، والنية النسب كثيرة المال والنوال 60, 10, 70, 13, Bresl. VIII, 314, 9, XII, 50, 10; dans tous ces passages نوال est joint à مال. — *Cordage fait de roseaux*, Bc.

نَوَال, comme نَوَالَة (voyez), *cabane, hutte*, R. N. 86 v°: قال ربّت على النوال فنزلت الى حفرة بالقرب من النوال احفر فيها ترابا اصلحها به (sic) — — فهدمت النوال وحدوث اثره.

نَوَالَة, pl. أت et تَواويل, au Magrib, *cabane, chaumière, gourbi* (tribus d'or. berbère), *petite cabane en feuillage, hutte* (Tun.), Beaussier, qui a le pl. نوائل, L (tugurium (cellula parva), cella بويت et نَوَالَة), Voc. (tugurium), Alc. (casa pagiza o pobre, casilla pagiza, choça), R. N. 80 r°: l'ennemi s'étant montré sur la côte, اخذ الوالى اهل سوسة اصحاب النوالات وغيرهم نوبًا بالحروس (les habitants des cabanes sont ici les hermites), 85 v°: كانت عندنا عافانا على صفّة الوادى نوالات مفخوربات تباع منها البقل (dans la suite du récit le sing. نوالة; dans le récit suivant, qui ressemble à l'autre, quelqu'un ne veut pas manger du sucre de Sicile, parce qu'il provient من ضياع اقتنعطه سلّمى رجل من اهل الدنيا ان :98 r° (السلطان امضى معه اليم ليبراه فضبيبت معه وكان الرجل الدنيابى الخّبياني l.) طويلا جسيما قال فدخلنا اليم وباب النوالة قصير لا يدخله الانسان الّا منحنى (c.-à-d. منحنيا) ibid.: فوجدته قائمًا على باب نوالته، proverbe donné par la Torre: طريف لجياله جاء يشعل القنديل وحرى النوالة el galan de la sierra vino por luz y quemó la naguela.» Ce mot, en espagnol *naguela*, est certainement identique, comme d'autres l'ont observé en parlant du terme espagnol, avec l'ancien mot africain dont les Romains ont fait *magalia*, عبيد النّوالة chez les juifs, *la fête des cabanes*, Daumas V. A. 486. — *Etable pour les chevreaux ou pour les cochons*, Alc. (chibital de cabritos, çahurda o pocilga de puercos, pocilga). — *Bordel, lieu de prostitution*, L (prostibula, ce qui est pour prostibulum).

نائل, en poésie, *générosité*, Macc. I, 216, 7, II, 487, 2 avec la note de Fleischer Berichte 72.

نوم I signifie souvent dans les 1001 N. *se coucher, s'étendre tout de son long sur quelque chose, se mettre au lit*, ou *être couché*, mais sans qu'on y attache l'idée de *dormir*, p. e. I, 600, 6: ونامستْ علــى الســريــر, Bresl. III, 359, 2 a f.; وانسطاحت على ظهرها ورمتنى على صدرها le partic. se trouve déjà en ce sens dans cette tradition: من صلّى قاعدًا فله نصف أجر القائم ومن صلّى نائمًا فله نصف أجر القاعد M; aussi en parlant d'un mort, 1001 N. Bresl. IV, 179: فوجدت — نزهة الفواد نائمة ميتة *Passer la nuit chez quelqu'un* (en mangeant, en buvant, etc., sans l'idée de dormir), 1001 N. Bresl. IV, 136, 159. — C. عن *négliger*, Gl. Badroun, M.

II. *Pour endormir*, Bc a نوّم et نيّم; نيّمه *fermer la bouche à quelqu'un*, ou *l'engager à fermer les yeux sur quelque abus*; نيّم المادّة *assoupir, étouffer une affaire*, Bc. — *Tâcher de dormir, chercher le sommeil*, Macc. I, 273, 3 a f.: وأرق المنصور أثر ذلك واستدعى النوم فلم يقدر عليه وكان بأقنبه عند تنويمه أثرٌ كريه الشاخص الخ

V dans le Voc. sous *dormire*.

VI *s'endormir*, Hbrt 43.

X *s'assoupir*, Ht. — C. الى p. et ب r. *confier une chose à quelqu'un*, Bassâm III, 33 r°: فاستنام البه برسالة الى بعض حلفائه الخ

نوم vision, Alc. (sueño verdadero, Nebrija: visum, orama). — Comme adj., *qui dort*, رجل نوم Kâmil 586, n. *h*, 634, 10.

نَوْمَة *somme, sommeil*, Bc.

نوّام *dormeur*; نوام مع غيره *concheur, qui couche avec un autre*, Bc.

نائم *croupissant, stagnant*, Bc.

منام, pl. ات, Alc., Bc, et منايم, Alc., *rêve, songe*,

Alc. (sueño vano), Bc, M, qui atteste que le vulgaire l'emploie en ce sens et qu'il dit aussi بنام, Içtakhri 28 éd. Mœller, Koseg. Chrest. 64, 7 (منامات), Abou'l-Walîd 785, 28 (de même) منام راى *faire un songe*, راى فى المنام *voir en songe*, Bc.

منامة, pl. منامى et منايم ات, *rêve, songe*, Voc., Alc. (sueño lo que soñamos).

.نون

نون. Quelques puristes désapprouvent le pl. نينان, voyez Macc. II, 181, 3 a f. et suiv. — *Anguille*, Domb. 68, Bc (Barb., en Syrie نونو), Bait. II, 488 e.

نونو en Syrie, *anguille*, Bc, Hbrt 70. — *Prunelle de l'œil*, Ht; cf. نى.

نونى sorte d'oiseau, Yâcout I, 885, 4; variantes dans les man. de Yâc. et de Cazwînî: نوجى, نوى; حولى peut-être la véritable leçon est-elle نوّى.

نونبر *novembre*, Voc., Djob. 138, dern. l.; Ibn-Loyon 11 v° a les voyelles نُوَنْبِر.

.نوة

نوة le cri du chat, 1001 N. Bresl. II, 57; cf. sous نوى.

الأنوه *plus honorable*, Macc. II, 248, 20.

نوى I. نوى نيّة *former, concevoir un projet, projeter*; c. على *compter, se proposer de*, Bc. — *Mirer, viser*, Ht.

II *miauler*, Bc, Hbrt 62.

IV dans le Voc. sous *proponere*. — *Promettre*, Alc. (prometer).

نوى *amande*, Domb. 72, Ht.

نَوَى (fém. en ce sens, et نوى بعيدا chez Freytag est un *lapsus calami* pour بعيدة) *le terme du voyage*, p. e. اقرّته النوى = استقرّت به النوى "le terme du voyage lui a procuré du repos;" دار النوى *chaque endroit où l'on s'arrête en voyage*; رب النوى *hospitalier*, Fleischer Abulf. Hist. anteisl. 238, sur Macc. II, 302, 1, 582, 3 Berichte 300, 108. — *Mode de musique*, Hœst 258, la cinquième طبقة, M.

نَوِي *miaulement*, Hbrt 62, Bc.

نواة a le pl. paucitatis نَوَيَات (aussi M) et le pl. multitudinis نوى, Abou-Hanîfa dans le Most. v°

نبا 741 نيرنج

التمر ; le vulg. emploie نَوَايَا, qui est proprement le pl. de نَوَيَة, M. S'applique non-seulement aux graines pourvues d'une écorce ligneuse et dure, mais encore à celles qui ne l'ont point telle, comme le gland, la châtaigne, etc., Clément-Mullet I, 155, n. 3.

نَوَايَة (Voc.), نَوَايَا, pl. ات (Voc.), نوى (Bc, c.-à-d. نَوَى), noyau, Voc., Bc. — = حَبَّ خُرُوب, Prax 13 (nouaïa); 24 nouaïa font un مثقال, Pellissier 367.

نِبْيَة (aussi نِبَّة sans techdîd, M) le but du voyage, M, Djob. 30, 7: للنيَّة المباركة (pour le pèlerinage de la Mecque), Kâmil 49, 2: ويقال شَطَّتْ بِهِ عمل الشي على نيته. — نِيَّة قَذَفَ أي رحلته بعيدة faire une chose à l'intention de quelqu'un, à sa considération ou pour lui, Bc. — La نيّة en termes de dévotion, la direction de l'intention, doit précéder chaque acte de dévotion; elle est mentale ou exprimée en paroles, Burton I, 75. — نِيَّة الطواف courte prière dont Burton, II, 190, donne les paroles. — De bon gré, volontairement, Alc. (grado diziendo de grado). — على نيّته droit, sincère, innocent, candide, simple, innocemment, bonasse, simple, sans malice et de peu d'esprit, Bc.

نوى مطر il va pleuvoir, Bc.

تَنْوَى, Hbrt 62, تنواى, Bc, miaulement.

نِبَاءً.

نَيْءٌ, mais il est aussi permis de dire نَيٌّ, M. — عود فى bois d'aloès dont on n'a pas tiré le suc, Gl. Manç. in voce, Djauzi 149 rº. — Nu, Ht (?).

نيب.

ناب نابات ou أنياب défenses, longues dents de sanglier, Bc. — ناب الجل adonis autumnalis L., Prax R. d. O. A. VIII, 280.

نييس (esp.) cartes à jouer, Alc. (naypes).

نيج II e. a. p. mettre en repos, tranquilliser, M.

V (syr. لكسا) être en repos, exempt de toute peine d'esprit, M, Payne Smith 1589: الرهبانية ولخلو — والنيج من الناس. — Aussi en parlant du repos éternel, trépasser, mourir de mort naturelle, dormir, être mort, متنيّح défunt, Bc, M, Wright Catal. of Syr. MSS. 1153 a.

نَبْدَا ou نَبْدَة, en Egypte, sorte de pâte qui se fait à Manfalout, à Menchièh, etc.; on fait germer des grains de froment en les trempant dans l'eau pendant quelques jours; on les laisse sécher ensuite, et, étant séchés, on les broie sous la meule, puis on les jette dans une chaudière pleine d'eau pour les faire cuire jusqu'à une certaine consomption. De tous ces apprêts il se forme une espèce de confiture très-douce et agréable, quoique sans sucre et sans miel, de Sacy Chrest. II, ٥, l. 4, p. 25 et suiv., Bat. I, 102, Gl. Geogr.

نير I, aor. i, fuir, comme نار ينور dans la langue classique; mais ce dernier appartient à la langue poétique, tandis que les Bédouins emploient aujourd'hui نار ينير comme un mot ordinaire, Ztschr. XXII, 141.

II teindre en bleu, Voc. — Mettre en fuite, Ztschr, XXII, 141.

نار fuite, Ztschr. XXII, 141.

نير pl. أنيار = نيلة indigo, Vêtem. 78, n. 5, Voc.

— ذو نيرين, charnu, gras, est dans le Diw. Hodz. 206, vs. 8.

نيرة gencives, M (où لثّة est un lapsus calami pour لثّة; voyez son article).

نير Un ثوب منير n'est pas ce que donne Freytag, mais ce ثوب منسوج على نيرين, c.-à-d., comme Freytag offre avec raison sous ذو نيرين, une étoffe à double trame, en persan دو پود (M), d'où l'arabe دَيْبُود (voyez ce mot dans Lane; voyez Ibn-as-Sikkît 527; c'était surtout à Reï et à Chîrâz qu'on fabriquait ces étoffes, qui sont plus épaisses et plus durables que les autres, Tha'âlibî Latâïf 111, 5 a f., 129, 8, Nowairî, man. 273, p. 96, Gl. Geogr. — Teint avec de l'indigo, bleu, Vêtem. 78, n. 5.

نيرب sorte du mets كشك, Mehren 36.

نيرج .نيرنجات = نيرجات, enchantements, Prol. III, 191, 6 (de même dans notre man. 1350).

نيرنج (pers. نيرنك), enchantement, que Freytag a p. 264 a, forme au pl. ات, Gl. Abulf., Gl. Badroun, نيرنجيات dans Hadji-Khalfa IV, 186, 7.

نيروز

نْبْرُوز se trouve Macc. II, 463, 7, Auw. I, 661, 5 (aussi dans notre man.).

نَبْرُوفَل et نَبْرُوفَر nénufar; ces deux formes dans le Most. v° نيلوفر, la seconde dans Alc. (nenufar).

نبزكى voyez نازكى.

نيسابورى non-seulement comme adj., mais aussi comme subst. (nom d'une étoffe), Gl. Geogr.

نَيْسَابُوريّة, ساق واسفناريّة espèce de mets, à savoir Amari 190, 12.

نبشو (pers. نيشو ou نِيشَه, mot qui désigne dans cette langue une espèce de prune, et qu'on trouve aussi dans Tha'âlibî Latâïf 113, 1, où il faut substituer نيشو à نيسو) abricot, Domb. 71, Ht.

نَبْشَن I (formé du pers. نِشَان ou نِيشَان) chiffrer, Hbrt 122.

نشان voyez sous نيشان.

نيض

نياص عود brin de plante, Lane M. E. II, 316.

نيع

نيع palais (partie supérieure du dedans de la bouche), M.

نيف voyez نوف.

الحجَر النِّيقى pierre de Nicée, pierre jaune, creuse et légère qu'on trouve sur les bords du lac de Nicée, et qui, lorsqu'elle est suspendue sur les hanches d'une femme enceinte, hâte son accouchement, Edrisi de Jaubert II, 304.

نيك I se dit aussi de celui qui commet le péché contre nature, Alc. (hazerlo el honbre al otro), 1001 N. Bresl. III, 271, 8, 272, 3 a f., 273, 2—4; au passif يُنَاك قَاض, Macc. I, 396, 21 (dans un vers satirique qui est bizarrement altéré dans le Bayân II, 300), c.-à-d., un cadi qui est مَنِيك, comme dans ce vers chez Becrî 129:

نبيل

جسّون يزعم انه متلوّط وهو المَنيك اذا خلا بالامرد Aujourd'hui encore un مَنْيُوك est, selon Beaussier, un bardache, un mignon.

II, dans le vers cité dans le Gl. Fragm., ne me semble pas un causatif, mais un fréquentatif (للتكثير) de I.

VIII quasi-pass. de I, M.

نَيْكَة n. d'un. de نَاك dans le sens que j'ai donné, 1001 N. Bresl. III, 272, 4.

نَيَّاك bardache, mignon, Beaussier (Tun.), 1001 N. Bresl. III, 271, 13.

مَنْيُوكة prostituée, 1001 N. I, 51, 4.

نبل I, dans le sens d'acquérir, نال من الحضرة منالا il avait acquis une grande influence à la cour, Berb. I, 445, 1. — نال امرأة obtenir la possession d'une femme, la violer, Cout. 3 v°, où il est question de Roderic et de la fille de Julien: فاستحسنها فنالها. — C. a. atteindre, toucher, Becri 11, 3: حزمة حطب كبيرة. — C. a. p. من جرائد النخل تنال سعفها الارض atteindre, frapper, en parlant d'un malheur, etc., synonyme de اصاب (de même que نل مطلوبة est aussi = اصابه, mais dans un autre sens), Belâdz. 399, 3 a f.: مات كمدًا لما نال الناس واصابهم, Abd-al-wâhid 74, 16: نائلته منه محنة; en parlant d'un siège, Akhbâr 101, 10: فلما عضته الحرب وناله الحصار دعا الى الصلح; en parlant de blessures, الجراح التي نالته, Khaldoun, man., IV, 3 r°. نال به بسوء faire du mal à quelqu'un, Belâdz. 324, 10. Au passif نيل = أُصيب il périt, Gl. Belâdz. — بلغ est نال من عدوّه مطلوبه منه مقصوده M, c.-à-d., obtenir l'avantage sur l'ennemi, lui faire du mal, lui causer du dommage; de même نال من العدو بغيته ou بَغيْتَه, car dans Amari 187, 7: فخاف ان ينال الروم من المسلمين بَغْيَتَهُم; faut lire بغيتهم; Fleischer a corrigé ainsi dans l'Appendice, et de mon côté, je puis certifier que le man. a la bonne leçon; la faute est de l'éditeur; aussi نال من العدوّ غَرَضًا, Nowairi Espagne 459: خرج جمع كثير من اهل طليطلة لعلّها يجدون فرصة وغفلة فينالون منه غرضا واصحابه. Par ellipse on dit dans le même

نيل

وهم مطبمثنون بحال: نال من العدوّ sens
غرّة وغفلة فنال من المقدمة وكان البلاء باهلها لولا
الخ, Nowairî Espagne 447: فنال عرضهم عسكر الغزني
منهم وقتل نفرا من المسلمين, Khaldoun Tornberg 16, 1:
نال المسلمون منهم, Khaldoun, man., IV, 7: هزمهم ونال منهم
ونالمن منهم للحامية في المدافعة, Berb. I, 499, 7: اعظم التّنيل
نال منهم اضعاف, II, 135, 6 a f.: بانقتل ولجراحة اعظم النيل
منه ما نالوا «il leur fit beaucoup plus de mal qu'ils
ne lui en avaient fait éprouver,» II, 99, 4 a f.:
تخاصمهم حولا كريتا بينال منهم وينالمون منه c.-à-d. que
les deux partis remportèrent alternativement des avantages. En parlant d'une ville ennemie, نالوا منها اعظم
النيل «ils y firent d'énormes dégâts,» Berb. II, 135,
3. Aussi en parlant d'autres choses, *causer du dommage à quelqu'un*, *lui faire du mal*, p. e. en parlant
de disette, Prol. I, 161, 12: فلا تنال منكم ما تنال
من اولشك, de froid et de pluie, Macc. I, 138, 10:
وقد نال منّا البرد والمطر اشدّ النيل. Cf. encore Berb.
I, 542, 4 a f. — De même qu'on dit نال من عرضه,
*porter atteinte à l'honneur, à la réputation de quel-
qu'un*, *le blâmer*, *le diffamer*, *le calomnier*, on emploie
نال seul c. ‌‌‌‌‌‌‌‌‌‌‌‌‌‌ ‌‌‌‌ ‌ ‌‌‌‌ ‌‌‌ ‌‌‌ ‌‌‌ ‌‌‌ ‌‌‌ ‌‌ ‌‌‌ ‌‌‌ ‌‌‌ ‌ ‌‌‌ ‌‌‌‌‌ p., Abd-al-wâhid 6, 4 a f.: فاغضب ذلك
وكان المعتصم يعيبه في, 95, 10: الملك ونال منه وتنوّعه
فنال, 177, dern. l., 205, 8: منهم مجالسه وينال منه
بلسانه, Macc. I, 859, 5 a f., 882, 14, Athîr XI, 80,
1, où il faut lire, comme dans Amari 291: ونال منه
وكمّه, Berb. I, 527, 11, II, 463, 10 a f.: حمّلوا
السلطان على النيل منه والاهانة به, Nowairî Afrique
25 v° 7: ودسّى بهما عنده انهما يقعان فيه وينالان منه
au passif, نيل منه, Motarrizî dans le Gloss. de M.
de Jong, p. xxxix, l. 5. — *Rétablir tant soit peu ses
forces*, à ce qu'il semble, Akhbâr 38, 3: doux bâtiments chargés de vivres leur avaient été envoyés à
Ceuta, فاتفق ذلك فنالوا منه ولم يبلغ منهم مبلغا حتى
اشرفوا على الهلاك ۞

نَيْل = نَوْل *prix du passage dans un navire*; dans
Bat. II, 255: ولم باخذ منّا نولا, le man. Gayangos
porte نيلا.

نِيل. «Anagallis cœrulea, *Nilteleuta*, quasi Inda-
cum a colore cœruleo,» Pagni MS. — عرائس النيل
fleurs de nénufar, Bc.

نِيَل (esp. niel, du b. lat. nigellum) *nielle*, t. d'orfévrerie, ornements ou figures que l'on grave en creux
sur un ouvrage d'orfévrerie, et dont les traits sont
remplis d'une sorte d'émail noir, fait d'un mélange
d'argent, de plomb et de soufre liquéfiés, Abbad. III, 16.

مُنَيَّل *niellé*, Daumas V. A. 193, Bat. IV, 3.

نَيِم. حساب النيم *genre de calcul qu'on emploie quand
deux rois vont se faire la guerre, et qu'on désire
savoir lequel sera vainqueur*; voyez Prol. I, 210, 4
et suiv.

نِيمَة pl. نِيَم *bouteille*, Lettre à M. Fleischer 172.

نيمبرشت *œuf à la coque*, pour le pers. نيمبرشت (*à
demi cuit*); dans le Voc. c'est نيمبرشت, comme dans
le Kitâb al-colliât d'Averroès, man. de Grenade: امرت
الاطبّاء بطبّاخه نيمبرشت اى غير كثير الانعقاد chez
Djauzî 145 v°, نَيْمَبَرْشت, dans le Most. (sous le ب)
ببيض نيمبرشت, sans voyelles dans le Gl. Manç. et
dans Bait. I, 47 d; restituez ce mot dans Valeton ۱۱,
7, où la leçon du man. est presque bonne (la note
1, p. 38, ne l'est pas); corrompu en نيمرشت dans un
passage que j'ai cité sous رَعَاد.

نيمغاريات *poisson du Nil*, Gl. Edrîsî.

نيمني *datte quand elle commence à se former*, Bc. —
(Esp. niña) نيني (او نني) العين *prunelle, pupille*, Bc,
Hbrt 2.

ه

هَا, comme pronom affixe, se rapporte parfois à un
subst. fém. sous-entendu, surtout à خمر (vín), حرب
(guerre), et ارض (terre), Abbad. I, 87, n. 80, 116,
n. 237, 272, n. 77, II, 257, de Jong sous ظهر. —
هاكذا = كها *ainsi*, P. de Sacy Chrest. II, ۱۴۱, 2
a f.: وانْ بَك انسا ما كها الانْسِ يَفْعَلَ (cf. p. 391). —
Interj. de surprise, d'étonnement, *ha!* Bc, 1001 N.

I, 64, 13: فقال الحمد لله على السلامة ها ها يا خان ، هاتوه٭ ، هاتوه ، هاير الشيء — . ابو منصور *amenez-le, apportez-le!* Gl. Fragm.

مَنو ڤهَات *qui est-ce?* Bc.

مَنو هَاد *qui va là?* Bc.

هَارون *chat*, Hbrt 62.

هَاسيمونَا nom d'une plante, voyez Bait. II, 567 c (AB).

هَاق le cri du jeune âne, 1001 N. I, 170.

هَاء الآن s'emploie quand on blâme quelqu'un, Ztschr. XII, 77, cf. 81, n. 33 et 34.

هَاوَن pl. أَهْوَان *mortier*, pièce d'artillerie pour lancer des bombes, *obusier*, mortier pour lancer un obus, Bc.

هَبّ I, dans le sens de نشط واسرع, so construit avec الى, Abbad. I, 422, 3 a f., Macc. III, 45, 20: وهبّ الى الدخول الى القلعة فالفاها قد اخذت دونه شعابها كلها ونقابها. — *Cuire*, causer une douleur âpre et aiguë, p. e. تهبّ عيني «l'œil me cuit,» Bc. — هبّ بيده *mouvoir la main, faire un signe avec la main*, Payne Smith 1636.

II *maçonner*, travailler grossièrement, *torcher*, faire à la hâte, mal faire, Bc.

X. والمسلمون يستهبّون الريح على الثغر واهله «les musulmans *cherchent* encore *à faire tourner le vent* (de la victoire) contre les infidèles» (de Slane), Prol. II, 40, 11.

هَوْب est vulgaire pour قَوْب النار, M sous قوب.

هَبَّة pl. ات هَبّات *bouffée*, action passagère du vent, Bc, Abbad. I, 170, 9, 179, n. 23, Abd-al-wâhid 88, 8.

هَبَاب *suie*, Bc, Descr. de l'Eg. XIII, 14, Mehren 37.

مَهَبّ pl. مَهَابّ *endroit où le vent souffle*, M, Préface d'Ibn-Bassâm: مهاب الرياح, Mi'yâr 25, 7.

هَبَج.

تهبّج t. de médec., *tumeur molle*, M.

مهبّج chez le vulgaire, *égratigné* (مخدّش), M; cf. هَبَش II.

مهبرج *frappé*, pl. مهابرج, Abou'l-Walîd 793, 21.

هَبْجَر II *couper en morceaux*, Khaldoun, man., IV, 36 r°: قتل بين يديه مهبرًا بالسيوف ٭

III *se débattre*, s'agiter beaucoup, *faire le diable à quatre*, faire beaucoup de bruit, de désordre, Bc.

هَبْجَر *poulpe*, ce qu'il y a de plus solide dans les parties charnues, Bc. — *Maigre*, partie de la chair où il n'y a point de graisse, Bc.

هبر le maigre de la viande, Hbrt 15.

هَبْرَج I *bredouiller*, Ht.

هَبَس I c. على = هَجَم, Ztschr. XXII, 115.

هَبْش II *égratigner*, M, Payne Smith 1370; cf. مهبّج.

V quasi-pass. de II, Payne Smith 1371.

هَبَط I. Remplacez le «*decidit* a monte» de Freytag par *descendit*, car ses autorités ont نزل; de même *descendre, s'abaisser, aller en bas:* Voc., Alc. (decendir de alto), Bc, Hbrt 42, Ht et très-souvent chez les auteurs. Le M a la constr. نزله = هبط الوادي, chez Alc. (rio abaxo) هبط على الواد. En parlant du soleil, *se coucher*, Ht, Soyouti dans Weijers 87. En parlant d'un oiseau, *s'abattre*, Bc. — C. الى *se rendre précipitamment vers*, Gl. Bayân, Mohammed ibn-Hârith 319: فسألني ان اشتري له كساء بُرْكَان قِبَل عبد الله فامرني ابي ان اهبط الى المزاذين في طلبه فهبطت فاشتريت. — C. على *tomber sur, attaquer*, Holal 47 v°: فمنعه من الهبط عليهم (il empêcha les Almohades de descendre de l'Atlas pour attaquer Maroc), 58 r°: فهبط عليهم الموحّدون وهزموه. — *S'affaisser*, s'abaisser sous, *céder*, s'affaisser, *crouler, décliner, s'ébouler, s'écrouler, être sur le retour, tomber*, être affaibli, Bc; والعامة تقول هبط الحائط «la muraille est tombée», Bc, M: هبط قلبه — .تقول هبط الحائط اي سقط بعنف *être saisi*, être subitement touché de déplaisir ou d'étonnement mêlé de crainte, Bc. — *Débarquer*, Hbrt 131. — *Se soumettre*, Gl. Bayân.

II *abaisser, affaisser*, faire abaisser, Voc., Alc. (abaxar algo, decendir alguna cosa), Bc, Gl. Mosl. — *Dépendre, détacher, décrocher*, Alc. (descolgar). — C. ب p. *faire tomber* quelqu'un, Ztschr. XXII, 74, 5. — هبط العقل *mettre une charge sur un chameau*, Asâs.

IV c. الى = I *se rendre précipitamment vers*, Cout. 36 r°: فانهبط اليه في من فتيانه يقول له

V dans le Voc. sous descendere. — Quasi-pass. de II dans le dernier sens que j'ai donné, Asâs.

VII dans le Voc. sous descendere, = انحطّ, M, Yâcout II, 426, 10, Mo'allakât éd. Arnold ci, 3 (l'opposé de ارتفع). — *Être affaibli*, 1001 N. Bresl. IV, 105.

هُبُوط, t. d'astrol.; une planète est dans sa *déjection* ou *chute* (سقوط ou هبوط) quand elle est dans un signe où son influence est la moindre possible, de Slane sur Prol. II, 187, 11. — *Ecrouelles*, Domb. 88.

هِبَاط est dans le Diw. Hodz. 34, vs. 5.

هابط *mouvant* (sables, terres), Bc. — الهابط, t. de chimie, *le précipité*, Prol. III, 203, dern. l.

مَهْبِط, suivi de النيل, *la descente des eaux du Nil*, Djob. 50, 19. Le مهبط de Gabriel est l'endroit où cet archange descendait du ciel pour apporter les révélations divines; on l'appelle aussi مهبط الملائكة, Burton I, 313. Ce dernier terme, en parlant d'une personne, signifie *celle qui est honorée de la visite des anges*, Prol. 1, 19, 12.

هبع.

هُبَع *né en été*, voyez Kâmil 469, 9—11.

هبل I, aor. a, *devenir ou être fou, déraisonner*, Bc (Barb.), Ht.

II *bassiner, fomenter en bouillant, fomenter*, Bc, والعامّة تقول قبل الشيء عرضه للهبلة وهي عندهم M: اللهب والبخار.

VI *badauder, baguenauder, niaiser, nigauder*, Bc.

VIII c. ب *prendre soin de, faire attention à*, Voc. (curare), Gl. Bayân, Macc. I, 587, 9 (où Boul. a يحتفل), Calend. 3, l. 5.

هَبْلَة *vapeur*, Hbrt 166, cf. sous II.

هَبَل *stupidité*, Mohren 87.

هَبِل, pl. هبال et هبل, *fou, sot, niais, stupide, badaud*, Bc, Hbrt 239, M, P. Prol. III, 366, 2.

هَبَالَة *folie, imbécillité, badauderie, niaiserie*, Bc, Hbrt 36, 239.

هبالي *fou, sot, niais, stupide*, presque à chaque page du Hazz al-cahouf.

أهبل, fém. هبلاء, pl. هُبْل, *imbécile, nigaud*, Bc (où il faut lire ainsi).

تَهْبِيل *fumigation*, Bc. — *Fomentation*, remède appliqué extérieurement pour adoucir, fortifier, résoudre, Bc.

مَهْبِل *fou*, Ht.

مَهْبُول *fou, sot, stupide, niais, imbécile*, Bc, Hbrt 36, M, Torres 191, Richardson Sahara I, 247 et ailleurs, Ten Years 364, Carteron 69, 1001 N. I, 669: لعلّك مهبول او من كثرة العشق مخبول.

هبو II *affamer, ôter les vivres*, Bc.

V *être réduit en poussière*, Payne Smith 861.

هَبَاء بهباء *goulument, avidement*, Bc.

هَبْوَة *bouffée*, action passagère du vent, *rafale, coup de vent de terre*, Bc.

هبيان pl. هبابية *goulu, glouton*; c. على *affamé, très-avide*, Bc.

الحضرة الهبائية voyez sous le premier mot.

هموقسطيداس (gr.) *hypocistis*, Gl. Manç. v° الحنينة التيس, cf. Bait. II, 579 b.

هتّ I *parler trop, bavarder*, هتّ الرجل اذا أكثر الكلام Abou'l-Walîd 181, 30. — N. d'act. هَتّ, c. a. p. *menacer*, 1001 N. Bresl. IX, 345, 347 (Macn. تهدّد), c. والعامّة تقول هتّ على الصبيّ اى زجره p., M: على وتهدّده.

مِهَتّ *espèce d'aiguille à cataracte*, note J. A. 1847, II, 160, Rosen, les man. ar. de l'Institut des langues orient. à St.-Pétersbourg p. 104.

VI. تهاترت البيّنات est, dans un procès: les témoignages sont indignes de foi, M.

X. استهتر بالنساء *être adonné aux femmes*, Haiyân 22 v°, 93 r°; c. ة r., Prol. I, 28, dern. l.: الفسّاق المستهترين في التطواف بالليل, II, 355, 12: المستهتر في المحبّة; dans le Voc. c. ة *peccare*. — *Défier* quelqu'un, le braver, Bc. — C. ب *se jouer de, mépriser*, Bc; *ne pas se soucier de*, M.

هوترى *fou*, 1001 N. IV, 166, où Bresl. (IV, 336) a مجنون.

هتنرك (N)? *menthe*, Most. v° نمّام; mais La porte هتنرى; le mot est donc fort incertain et semble altéré.

هتف I° *crier*, en parlant d'un héraut, Mohammed ibn-Hârith 266: فهتف الهاتف يونس بن متى والمسيح ابن مريم; c. ب p., Macc. I, 377, 4: وهتف بنى كالمنادى; c. على p., Bayân II, 56, 10, Haiyân-Bassâm III, 143 r°: فهتف على الناس بكفّ الايدى. — *Proclamer* (héraut) c. ب r., Djob. 187, 17, Berb. II, 430, 3: وهتف الهاتف بدعوة المولى ابى زيد, Haiyân-Bassâm III, 143 r°: وهتفوا بابطال الخلافة جملة, Khatîb 92 r°: هاتفين بخلعان السلطان, Recherches I, App. xxxviii: L'expression فحسنت ايامه وهتف المنادى بذكره باسمه signifie *il le proclama calife*, Prol. I, 31, 2 a f., Haiyân-Bassâm I, 11 r°: فهتف اندادرة باسمه وانتهوا به. «C. p. *appeler aux armes*, Mohammed ibn-Hârith 222, où il est question d'Abdérame 1er: فكان اذا هتف على الجند الى الخروج خرج معودًا فى فكّته (l. مَكْنَتَه) من جند مصر. — *Dire, avertir* (voix surnaturelle), Bc. — وهتف به هاتف اى سمع صوته ولم ير شخصه M: *sonner d'une corne, corner*, Payne Smith 1537, où l'on trouve aussi الهتف بالقرن et الهتف بالملاخ.

VI c. ر. *proclamer une chose à l'envi l'un de l'autre*, car je me tiens persuadé qu'il faut changer يتهاتفون on يتهاتفون ou ne donne pas de sens, en Macc. II, 26, 12: فانصرفوا عنه محبورين مغتبطين يتدارسون كلامه ويتهاتفون بشكره ويتهانفون بنعمة الله عليهم فيه.

هاتف *héraut*, Mohammed ibn-Hârith 266 (voyez sous I), souvent dans Berb., p. e. II, 153, 8 et 13, 251, 8, 430, 3. — الهاتفون بالامور الثائنة *les devins*, Khatîb 188 r°: هاتف الغيب *oracle*, divinité qui rendait des oracles, Bc. — *Celui dont on entend la voix, mais qu'on ne voit pas, voix surnaturelle*, M, Macc. I, 470, 16, 659, 21. — هواتف *pressentiments*, Berb. II, 506, 2 a f.: وكان ايام امتحانه بالسجين يتوقع مصيبة الموت فتجيش هواتفه لشعر يبكى نفسه.

هتّك 1 *faire un affront public, décrier, ôter l'honneur, la réputation, l'estime, diffamer, flétrir, déshonorer, noter d'infamie, perdre quelqu'un d'honneur*, Bc, Tha'âlibî Latâïf 56, 6: عرّاها وهتّكها, Antar 6, l. 12. — *Déshonorer une femme*, امرأة هتّك *viol*, Bc, de Sacy Chrest. II, v°, 4, Nowairî Espagne 447; هتّكت نفسها *elle s'est déshonorée*, Auw. I, 326, n.*, où il faut lire avec notre man.: يهتكن انفسهن من شدّة الشهوة.

II *exposer à la honte, déshonorer*, Abbad. I, 323,

3: القنفذ المهتنكة لمحارم هذه الجزيرة. — *Ravager les environs, les jardins, les faubourgs d'une ville*, Voc. (vastare), L (inrumpo), Cartâs 92, 10 a f.: فافسد احوازها وهتنكها, 107, 1, 151, 16, 156, 4 a f. (l. الرياضة), 203, 3 a f., 219, 13. — هتّك مدينة *causer du dommage aux murailles d'une ville*, Cartâs 92, 5, 99, 8 a f.: وهتّكها وحاصرها طليطلة نزل, 105, 1, 209, 9 a f.: فهتّك الجانبين من سورها برجا ومسافة فانهدم البرج والمسافة, 220, 4 a f.

V *être brisé*, en parlant de forces, Abdarî 74 v°: مع ضعفى وتهتّكى قواى. — *Être ravagé*, Voc. — C. فى *s'adonner à une chose plus ou moins scandaleuse, et se déshonorer de cette manière*, p. e. فى البطالة, Asâs, Haiyân-Bassâm I, 10 r°: وخليفها المهتنك فى بطالته (le pronom fém. mais lisez: وخليعها المتهتّك فى بطالته se rapporte à Cordoue), فى الخلاعة, Macc. II, 468, 21, وتهتّك فى علم الكيميا, Khatîb 55 v°: وخلع فيه العذار. — Surtout *s'adonner aux femmes, se jeter dans la débauche*, Gl. Fragm., Macc. I, 662, 19 et dern. l., Nowairî Espagne 473: مجاهرا بشرب الخمر والتهتّك ف.

VII c. فى *s'adonner à*, Haiyân-Bassâm I, 46 r°: المسارعة لقضاء لذّاته والانهتاك فى طلب راحته, Abou'l-Walîd 588, 17 et 18: وفى الشرّ انهتك المعاصى فى et *s'adonner aux femmes, se jeter dans la débauche*, Macc. I, 431, 3, II, 558, 13, 584, 17, Masoudi VI, 4 (où M. de Goeje (Gl. Fragm.) aurait dû laisser la leçon intacte).

هتك t. de médec., est تفرّق اتصال يكون فى ظرف العضلة, M. — *Maladie du cheval*, Auw. II, 608, 19, *pneumonie aiguë* selon Clément-Mullet (II, 2, 147, n. 3).

هتيكة *affront, décri, perte de la réputation, déshonneur, diffamation, note d'infamie*, Bc, 1001 N. II, 184, 3 a f., 293, 7 a f., IV, 618, dern. l., Bresl. III, 343, VII, 211 (= فضيحة dans Macn.), X, 447.

هتّاكى *diffamatoire*, Bc.

هتّاك dans le Voc. sous rumpere. — *Diffamateur*, Bc. اهتك *plus diffamant*, Haiyân-Bassâm I, 10 r°: كان اعتكهم لعرضه.

مهتّك *qui n'est protégé par aucun voile*, 1001 N. Bresl. XI, 379: مخرجنا مهتّكنات, comme 380: فقمنا مهتوكين لا ردا ولا سترا.

مُهَتِّك diffamant, Bc.

فَحْجَبَةٌ مِهْتَوكَةٌ = مُهَتَّك (voyez). — مَهْتُوك putain, garce, Alc. (puta barbacanera, Victor: putana de soldati); pl. مهانيك, P. Macc. II, 260, 12.

هتنه I parler français, avec autorité, menace, Bc.

هتنو III criailler, déclamer, invectiver, extravaguer, Bc. مهاتياة et مهاتاة criaillerie, déclamation, exagération, galimatias, Bc.

هتنور I (cf. la racine هتر) délirer, Cherb. C.

هجّ I dénicher, s'évader, émigrer, Bc, M: والعامّة تقول هجّ فلان من جور فلان اى نفر وبايَنَ مقامَه واوغل 1001 N. I, 262, 3 a f.: فقام اخى هاجّا على راسه, 284, 5 a f., 611, 3 a f., 721, 7 a f., III, 362, 2 a f., Bresl. II, 305, XI, 131, 272, 2 a f. Dans quelques passages où Bresl. a هجّ, l'éd. Macn. donne هاج, p. e. Macn. I, 264 (= Bresl. II, 286), 343 (= Bresl. V, 18); c'est peut-être la IIIᵉ forme, هاجّ.

III voyez ce qui précède ici.

V même sens, 1001 N. Bresl. II, 252: وفارقت بلدى واهلى ومسكنى وتهاججت.

هَجَّة transmigration, Bc.

هجاج ركبَ هجاج expliqué par الباطل, Mufassal 63, 13.

هجيج émigré, 1001 N. Bresl. V, 116.

هجائج émigré, Bc. — Colon, habitant d'une colonie, Bc.

هاجد
هاجد, pl. aussi هجّد, M, Macc. I, 364, 6.

هاجر I répudier, divorcer, Ht. — كان تحت هجران من الملك il avait encouru la disgrâce du roi, Djob. 345, 18. — C. a. r. et الى alt. renoncer à une chose pour en adopter une autre, Berb. I, 389.

III. Le n. d'act. redire ad Deum, Voc. (1re partie).

VII dans le Voc. sous vitare, sous odire.

X. استهجار الدول les guerres entre les dynasties, Berb. II, 330, 5 a f., où notre man. porte cette leçon, au lieu de استهجاجان.

هاجِرَة abandon, divorce, Ht. — Lieu de refuge, Rutgers 192, 16 et 195, qui le prononce à tort avec le fatha. — هاجرة قديم له il est depuis longtemps au service du prince, Maml. I, 2, 201; de même قديم هاجرة dans la Vie de Timour I, 30, que Freytag a mal prononcé et mal traduit. — Bandeau dont les jeunes filles se ceignent le front, Aboû'l-Walîd 788: وכטטטא عندكم عصابة تجعل من الاذن للاذن على الجبهة مثل التى يجعلون البنات عندنا ويسمّونها هاجرة.

تاريخ السنين الهاجرية de l'hégire, Bc, p. e. M.

هاجير. Comme le verbe نفخ, souffler, est joint à ce subst. dans Freytag Chrest. 77, 4 a f.: وكان وسط النهار وقد نفح الهاجير, il faudrait le traduire par vent chaud. Dans une autre rédaction de ce récit, 1001 N. III, 398, son synonyme هاجر a son sens ordinaire: وقد اشتدّت الهاجرة.

هاجيرى un dicton, un vers que l'on répète à toute occasion, Kâmil 338, 11 et 12, Macc. II, 359, 16.

مهاجر est dans le Voc. Saracenus (= مُسْلِم).

هجس I. هجست النفس concevoir une pensée, Hoogvliet 100, 3 a f.:
فانت انحى لـولاه ما فاه فى فمّ
ولا هجست نفس ولا كنبت كفّ
(لا فاه est un lapsus calami de l'éditeur).

V concevoir une pensée, Prol. III, 377, 7.

هَجّاس. Voyez des explications de ce mot dans le Diw. Hodz. 149, sur vs. 7, 151, sur vs. 14.

هاجس pl. هواجس pensée, comme dans le passage du Fâkihat al-khol. cité par Freytag, Müller 55, 2 a f., Aboû'l-Walîd 402, 15: وان فكرت فى امر وقام ומשלות ומחם, 9: 525, فى هاجسك امر فلا تنطق به — القائم فى هواجسكم. — فَجْس = bruit léger et d'origine incertaine, comme on en entend la nuit, Gl. Mosl.

هجع
هَجْعَة veille (partie de la nuit), Bc.

هاجف

هَاجِلٌ est dans le Diw. Hodz. 226, vs. 3.

هَاجِلٌ

قَاجِلَةٌ هَاجِلَاتٌ est dans le Diw. Hodz. 251, vs. 22. هَاجَلَةٌ veuve, Domb. 77, chez Ht هَاجَلَة, De Jong van Rodenburg 183: « la femme répudiée (Hadjela) et la veuve (Hadjla). » Cf. plus haut I, 11 a, أَجَالُ.

هَوْجَلٌ voyez plus loin sous hâ, wau.

هَاجَمَ I. On dit proprement هَاجَمَهُ عَلَيْهِ بَيْتَهُ, et par ellipse, هَاجَمَ بَيْتَهُ, Gl. Fragm., هَاجَمَ الْمَدِينَةَ, Gl. Abulf. et 1001 N. I, 80, 16 et 17, Nowairi Espagne 475: هَاجَمَ دُورًا كَثِيرَةً. Aussi هَاجَمَهُ عَلَى بَيْتِهِ, car dans Koseg. Chrest. 77, 7, le sens exige qu'on prononce: وَكَانَ الْقَوْمُ الَّذِينَ فَهَاجَمُوا عَلَى الْبُيُوتِ الخ.

V c. a. assaillir, attaquer à l'improviste, Yâcout II, 603, 16, où il faut lire تَهَاجَمَ الرُّومُ بِدِمْيَاطَ, cf. la note V, 190. — تَهَاجَمَ se permettre de; témérité; يُمْكِنُ تَتَهَاجَمُ تَعَمَلُ هَذَا «as-tu bien l'audace de faire cela? يُمْكِنُ تَتَهَاجَمُ وَتَعْمَلُ هَذَا «oseras-tu bien faire cela?» Bc, Bat. IV, 276: فَتَهَاجَمْنَا وَدَخَلْنَا avoir la hardiesse de; c. عَلَى الْغَارِ عَلَيْهِ ب. entreprendre, prendre la résolution de faire quelque chose; c. عَلَى تَهَاجَمَ عَلَى قَتْلِ أَحَدِ attenter aux jours de quelqu'un, Bc; c. عَلَى p. être entreprenant, hardi auprès d'une femme, 1001 N. II, 169, 4 a f.: يَا صَدِيقِي مَا لِي ذَنْبٌ فِي التَّهَاجُمِ عَلَيْكِ الَّتِي أَنْتِ اطْمَعْتِينِي فِي وِصَالِكِ بِالْوُصُولِ الْبَاكِي.

هَاجِمُ النَّوْمِ léthargie, Ht.

فَاْنبَرَى audace, man. B dans Khatîb 44 r°: هَاجَمَةٌ مَا يَخُصُّ لَهُ هَاجَمَةٌ وَأَقْدَامٌ; mais la leçon n'est pas certaine, car dans l'endroit correspondant, Macc. (II, 208, 4) a قَحَةٌ.

هَاجِمٌ dans le Voc. sous insilire. — Voleur qui pénètre dans une maison après s'être assuré qu'il n'y a personne en faisant entrer un pigeon ou un chat par la porte ouverte, ou bien qui y envoie un enfant qu'on recueille par pitié et qui vole les gens, Ztschr. XX, 504, 1001 N. Brosl. IV, 139: فَصَاحَ أَقِفْ يَا صَدَّامُ يَا هَاجِمُ.

تَهَاجُمِيٌّ attentatoire, Bc.

هَاجَنَ IV, dans le sens de mépriser, c. ب, de Sacy Chrest. II, ۹۱, 3 a f.

V dans le Voc. sous vilescere.

هُجْنَةٌ dégradation, Berb. I, 193, 12. — Absurdité, Prol. I, 408, 3 a f. — Chose excellente et qu'on ne veut pas céder, M.

هَجِينٌ, pl. هُجَنَاءُ dans le Voc. (vilis), هَجِينَةٌ, P. Recherches I, Append. LVIII, 2 a f. Voyez sur celui qu'on appelle هَجِينٌ: Kâmil 302, 21 et suiv., Gl. Abulf., sang-mêlé, Prol. III, 304, 6. — Pl. هُجُنٌ dromadaire, en Egypte sa femelle, chameau de selle, Bc, Hbrt 60, Marmol I, 23, Hœst 289, Burckhardt Nubia 214, Burton I, 400, Palgrave I, 325, d'Escayrac 606. — الْهَجِينُ sorte de pigeons, وَفِي الْمُتَوَلَّدَةُ, Man. Escur. 893. — هَجِينُ الْخُلُقِ d'un mauvais naturel, Voc. (= الخُلُقِ). — هَجِينُ اللِّسَانِ médisant, Voc.

هَجَّانٌ courrier monté sur un dromadaire, Bc, Hbrt 108, Maml. I, 1, 196, aussi I, 1, 120 et II, 2, 90, 3 a f., mais mal traduit dans ces deux passages, Ibn-Iyâs 48 (deux fois), 55, 57: دُعِيَ رَبِيعٌ, 76, 275: الْأَوَّلَ حَضَرَ هَجَّانٌ وَعَلَى يَدِهِ مَرَاسِيمٌ شَرِيفَةٌ جَاءَ هَجَّانٌ وَأَخْبَرَ أَنَّ.

هَاجَا I épeler, Ht.

V épeler, Alc. (deletrear juntar letras). — Rimer, avoir la même consonnance, Alc. (consonar una letra con otra).

VII dans le Voc. sous vituperare.

هَجْوٌ satire, Alc. (canto de reprehensiones). — Pl. أَهْجِيَةٌ libelle, écrit injurieux, Alc. (libelo diffamatorio), Bc. — Pl. هَجَوَاتٌ épigramme, sobriquet, Alc. (mote o motete, mote lastimero; cf. Nebrija).

هِجَاءٌ syllabe, Hbrt 110.

هَجْوِيٌ satirique, Bc.

هِجَائِيَّةٌ alphabet, Hbrt 110.

هِجَائِيَّةٌ épellation, appellation des lettres, Bc.

هَجَّاءٌ dans le Voc. sous vituperare, qui fait des satires, Gl. Mosl., Kâmil 265, 18.

تَهْجِئَةٌ syllabe, Bc, Hbrt 110.

هَدَّ I démolir, détruire; هَدُّوا الْخِيَامَ ils levèrent le camp,

هدا

ils décampèrent, 1001 N. III, 282, et souvent dans ce récit. — *Craquer*, en parlant d'un navire qui heurte contre un écueil, Djob. 72, 2 a f.: وربّما سنحت الجلمة بأسفلها على شعب من تلك الشعاب اثناء مخلّلها فتسمع لها قدًا يؤذن باليأس. — Pour هدًا, *cesser*, Alc. (cessar de hazer algo, nihêdd, hedétt, hedd). — Dans Berb. II, 112, 4: هدَّه الى النصرة صريخَهُم, je crois devoir lire: هزّه الى النصرة صريخَهُم.

II *défier, appeler en duel, provoquer au combat*, Alc. (desafiar, تَهْديد desafio, كتاب التهديد carta de desafio, مُهَدّد desafiador).

قَدَّاد *pic* (oiseau), Domb. 63, Bc (Barb.).

تَهْديدي *comminatoire*, Bc.

مِهَدّة *instrument pour briser les pierres*, M.

هَدَأ I *se laisser faire;* شي ما تهدا *elle fait la cruelle, elle résiste*, Beaussier; de même, je crois, 1001 N. Bresl. X, 437: ما هدات للجارية ولا وطّتها.

II, chez le vulgaire, هَدّى, *apaiser, assoupir, calmer, ramener, tranquilliser;* هدّى روعه *remettre, rassurer, faire revenir du trouble,* هدّى غضبه *désarmer, radoucir, apaiser;* هدّى الفتنة ou الفتن *dissiper, pacifier des troubles;* هدّى الوجع *alléger,* adoucir le mal, diminuer la douleur, *étourdir la douleur*, Bc.

VIII *cesser*, 1001 N. I, 256, 7: والجارية مع ذلك لا تهتدى من الضحك.

هُدُو *radoucissement,* diminution (de la violence du froid ou du chaud de l'air), *relâchement,* disposition du temps à s'adoucir, Bc. — بهدو *bellement, doucement, paisiblement, piano;* بالهدو *doucement,* sans bruit, Bc.

بهداوة *posément*, Bc.

هادى *pacifique, paisible*, Bc.

أهْدأ *très-ferme* selon une glose dans de Sacy Chrest. II, 377, n. 50.

هدب II *orner de franges*, Vêtem. 24, M, Kâmil 242, 6.

V, en parlant de branches, *pendre jusqu'à terre* (تَهَدَّبَتْ), M, Macc. II, 149, 2. Aussi en parlant d'un nuage, = كان ذا هيدب, M.

هدر

هُدْب, *cil* et *frange*, a le pl. أَهْدَاب, M, Diw. Hodz. 43, 1, Mufassal 2, 2 a f., Gl. Tanbîh, Abd-al-wâhid 107, 13, 1001 N. III, 44, 5.

هُدْب = طرفاء, *tamaris*, Most. sous ce dernier mot.

هُدْب est dans le Diw. Hodz. 144, 11.

هُدَّاب *frange*, Bc, Hbrt. 204, M, Gl. Mosl., Becrî 180, 7, 1001 N. I, 40, 15; — *bout* d'un châle, d'un mouchoir, Bc.

هُدَيْبٍ est dans le Diw. Hodz. 131, 4.

هدج

قُودَج. «The Turkish women and many of the richer Turks, rode in small square tents of wood covered with linen of different colours, of which two were thrown across the camel to balance each other, and one or even two persons rode in each. These are called *howdahs*. This is the easiest mode of conveyance on a camel that Arab ingenuity has invented,» Turner II, 405. — Faute de témoignages, je ne sais pas bien ce qu'il faut entendre sous le هودج d'un navire, Macc. II, 21, 7 (= Akhbâr 75): فتعلّق بحبل الهودج يعقل المركب.

هدر I *périr*, Abbâr man. 59 r°: هدر غرقًا في البحر; هدرت الجناية *le crime ne fut pas puni*, Berb. I, 23. — C. عن *dimitere*, Voc. — Dans le sens de *ferbuit* (vinum), n. d'act. aussi هَدير, Gl. Mosl. — *Braire*, Hbrt 60, Ht, *mugir*, Ht, *murmurer*, Ht. — N. d'act. هدير, s'emploie en parlant du roulement du tambour, Berb. II, 202, 4 a f.: هدرت طبوله, ibid. I, 293, 17: هدير طبوله, هرّ, n. d'act. هرير, s'emploie dans le même sens), ou bien du bruit du canon, هدير المدفع, Domb. 81; Mc et Ht ont هدير *bruit*, cf. Cartâs 20, 1: هدير المياه والانهار, où Quatremère (J. d. S. 1847, p. 485) corrige avec raison هدير (dans un autre passage de ce livre, 190, dern. l., où هدير a le sens de *rugir* (lion), l'édit. porte aussi par erreur هربر).

II (= خَتَّر), *rouler, faire avancer en roulant*, Voc. V et VII c. a. dans le Voc. sous rotare.

هدر et هدرة *parole, murmure, bruit*, Ht, cf. هذر; هُدَار *rugissement*, Voc.

هدار *plaisanterie*, Bc; cf. هذر II.

هدرش

هَدَّار rugissant, Bc. — Convulsionnaire, Bc.

هدرش.

هَدارِش chiffons, friperie, Cherb.

هَدَس I, aor. o, c. فى s'alarmer, s'inquiéter de, être en peine de, Bc.

هادِس inquiétude, Bc, chez le vulgaire = هاجِس, M.

هدف I c. على tomber sur, Cherb. Dial. 6.

X, dans le sens de se mettre ou être en butte à, ne se construit pas seulement c. ل, mais aussi c. الى, Lettre à M. Fleischer 154. L'expression proverbiale «مَنْ صنَّفَ فقد استَهدَفَ», Valeton ٣٨, 14, est bien expliquée dans le M par: انتصب كالغرض يُرمى بالاقاويل; je pense avec Weijers (dans Valeton 75, n. 7) qu'elle a été altérée d'une manière étrange dans les scolies sur Hariri 6, 1 et suiv. — C. الى viser à un but, avoir en vue une certaine fin, un certain résultat, Haiyân-Bassâm I, 10 r°: وكان ايضا ممَّا حرَّك الناس عليه استهدافه الى اهل بيته من ولد الناصر ومبادرته الخ, بحبس سليمن III, 141 r°, d'après le man. B: استهدف بها الى سفك دماء جماعة il composa un poème (جماعة, اهتدى et المسلمين au lieu de), Khatîb 2 r°: اختلفت فى مثل هذا الباب اغراضُهم فمنّ من اعتنى بتثبيت حوادث الزمان، ومنهم من اعتنى برجاله بعد اختيار الاعيان (جُمَل i. l.) عن الاحاطة بهذا الشان، عموماً فى اكثر الاقطار وخصوصا فى بعض البلدان، فاستهدف الى التعميم فرسان الميدان، وتوسَّعوا بحسب طاقة الاطّلاع وجهد الامكان.

هَدَف a le pl. اهداف, M, Voc. (rupis), Mi'yâr 7, 5 (but). — Même pl. terre élevée entre deux sillons, Auw. I, 306, 8, II, 193; — bourrelet, bordure d'une rigole, Auw. I, 442, 15, 18, II, 59, 1, 65, 8. — Pl. اهداف dans le sens de التَّقبيل لحلاق من الرجال, Diw. Hodz. 98, vs. 5.

هَدَفَة masse, amas de parties quelconques qui font un ensemble, Bc.

مُسْتَهْدَف (pas fatha comme dans Freytag) base d'une statue, Macc. I, 153, 3 a f.

هدل.

هَدِل avalé, qui pend un peu en bas, Bc.

هَدَاديل (?) se trouve deux fois dans Payne Smith 1364—5 comme le nom d'un instrument tranchant.

هدم I. فُلانا ruiner quelqu'un, Mohammed ibn-Hârith 315: وقيل له ان محمدا بن اسباط يقع فيك ويتناولك وقال يجب لك ان تهدمه فقال النصر لا والله لا (l.). — هَدَم de même انتعرّض لذلك ولا اقدم من بناء الله الناقة طولُ السفر, Gl. Mosl.

IV s'écrouler, Müller L. Z. 39, 5: خافوا من اعدام المرج عليهم

VIII être ruiné, Mi'yâr 18, 2 a f. (l. وببتم). — Transporter ou imiter un vers d'un autre dans un poème, en le changeant et en le gâtant, Macc. II, 66, 5 a f., 160, 7.

X s'écrouler, Gl. Tanbîh.

هُدْم, comme on prononce aujourd'hui, au lieu de هِدْم, = شالة, manteau de laine blanc, Ztschr. XXII, 129. Le pl. هُدُوم signifie actuellement habits en général, ibid., M, Bg 798, nippes, habits, meubles, Bc.

هَدَم abatis, bois, maisons abattues, ruines, Bc, M, Hamâsa 31, 11 a f., Yâcout II, 293, 22; pl. هُدُوم, Cartâs 108.

هُدْمَة ruine, L (ruina).

هِدْمَة vieux manteau, 1001 N. I, 47, 16, 48, 14.

هَدَّام ouvrier qu'on emploie pour démolir un édifice, voyez R. N. sous راجل.

هدن II calmer, apaiser, adoucir la colère, Alc. (amansar ira, desenconar, desensañar a otro, pacificar al sañudo, sossegar a otro). — Abaisser l'orgueil, Alc. (abaxar sobervia).

V être tranquille, Bat. III, 315; rester tranquille, Bayân II, 57, 2: وفى سنة ١٥٢ تهدَّن الامام عبد الرحمن بقرطبة ولم تكن له بها حركة. — Cesser, Alc. (cessar de hazer algo). — Cesser de pleuvoir, Alc. (escanpar dexar de llover). — Dans le Voc. sous mitigare. — S'apaiser, calmer sa colère, Alc. (desenbravecerse, sossegarse).

هُدْن فلفل ابيض = هدن (voyez).

هُدْنَة calme, en parlant du vent ou de la mer, Alc. (calma de viento, calma en la mar). — Lenteur, douceur, Gl. Esp. 342 n. — Pl. هُدَن trêve, M. —

هدهد   هدى

Traité, de Sacy Dipl. XI, 42, 4, 7 et 8. — Je ne sais pas bien ce qu'il faut entendre sous مالُ الهُدْنَة dans Freytag Locm. 41, 8: فرَفَع المَظالم والرسومَ المُقَرَّرةَ على الرعيَّة من مالِ الهُدْنَة وردَّ للخراج الى رسمه الاوّلِ. هُدْنَةٌ est dans le M le mot qui chez Freytag est هُدَانَةٌ; il l'explique par المصالحة بعد الحرب.

هُدُونَةٌ *douceur, bonté*, Alc. (mansedumbre).

هُدَّانٌ *décombres*, Roland Dial. 564; semble pour هَدْم.

هُدُونٌ *manteau de laine*, Domb. 83; semble une altération de هُدْم (voyez).

هدهد.

هُدْهُدٌ. Sur les idées superstitieuses qu'on a de la huppe, on peut voir Høst 297.

هَدُوك et هَدُولَيك (vulg.) *ceux-là*, Bc; cf. ce qui suit ici.

هَدُول (vulg.) *ces, ceux-ci*; هَدُول les uns, وهَدُوك les autres, Bc.

هدى I c. ل *prédéterminer, mouvoir et déterminer la volonté humaine (Dieu)*, Bc. — Dans le sens de *deduxit sponsam ad sponsum*, aussi c. ل alter., Badroun 53, 3 a f. هدى شيئًا لـ *faire cadeau de quelque chose à quelqu'un*, Bc. — Pour قَدًا, voyez le M sous ce dernier verbe, P. Kâmil 287, 8, 1001 N. I, 103: هادى pour عاد, عدت الربيع وصفا الجِرّ dans Amari 41, 11.

II *sacrifier*, Alc. (sacrificar). — Dans le Voc. sous dirigere, sous recolere.

III est proprement *se faire des présents réciproques*, M: اهدى كلٌ منهما الى صاحبه, de Sacy Chrest. I, ۹۷, 1: مهاداة من بعضها لبعض, mais signifie aussi, c. a. p., *faire des présents à*, Rutgers 146, 4 a f. et 149.

IV, *donner*, se construit aussi c. d. a., Abbad. I, 44, 4. اهدى اليه *il lui fit des présents*, de Sacy Chrest. II, ۲۷, 7, Calâïd man. I, 157: واهدى الناس اهدى اليه ما —; في يوم عيد الى المعتمد واحتفلوا بذلك *rendre à quelqu'un ses devoirs, ses hommages*, Bc; — اهدى كتابا *dédier un livre*, Bc. — *Montrer le chemin, guider*, Alc. (encaminar).

V c. ل est dans le Voc. recolere, synonymes ذكر et النَّم, *se rappeler*; dans Haiyân-Bassâm III, 140 r°, c'est évidemment *se rappeler une chose et se la reprocher*, car on y lit: وقد كان معروفًا بالشطارة في شبابه فاقلع مع شبيبه فرجى فلاخه هُدَيه تَوبته وخلوص طاعته وتهدِّيه لما فرط من بطالته. — Dans le Voc. sous oferre.

VI, en parlant de plusieurs personnes, c. a. p., *elles voulaient le posséder, l'une à l'envi de l'autre*, Abbad. I, 313, 11, en parlant d'un poète: وكان قد طرأ على الاندلس في مدّة ملوك طوائفها فتهادته تهادى الرياض لنسيمٍ، وتنافسوا فيه تنافس الديار في الأنس وكان كلُّ ملكٍ من ملوك, Calâïd man. II, 141: المُعَظِّم, الاندلس يتهاداه تهادى المُقَلِ للكرى، والاذان للبشرى فتهادته الدُوَل، وتلقَّته للجيل, ibid. 215, 5 a f. de l'édit.: والخول. — Dans Chanfarâ (de Sacy Chrest. II, ۱۳۷, 2 a f.): تهادى التَّنائف *une solitude le conduit à une autre solitude*, chez le scoliaste (p. 363) تهديه من تَنوفة الى تَنوفة.

VIII c. الى r. *imaginer, inventer*, Macc. I, 232, 11. — C. ل *soupçonner*, Haiyân-Bassâm I, 122 r°: اهتدى لتدبيره "il soupçonna son projet." — C. ل dans le Voc. sous recolere.

X c. a. *demander une chose en cadeau*, Harîrî 16: وترغب عن عاد تستهديه الى زاد تستهديه, où le second تستهديه a ce sens, Calâïd man. I, 155: j'ai copié de ses poésies ما تستهديه النفوس, Djob. 128, 14: ممَّن لم يشاهدها بمكَّة لم يشاهد مراى يستَهْدى. واستهدى نسيمًا, Weijers 32, 2 a f.: ذكرى غرابةٍ وحبًّا. — استهديت فلانًا *je priai un tel de me conduire*, en ce sens le premier تستهديه dans le passage cité de Harîrî استهدين الله *il pria Dieu de le conduire sur la bonne voie*, Gl. Badroun.

اصحاب الهُدى *les orthodoxes*, Gl. Geogr.

الهُدى sorte de pigeons, Man. Escur. 893.

هُدَيَّةٌ *mille-pieds*, Most., Bait. II, 568 d et lisez de même I, 331 a, II, 295 g. Les voyelles que j'ai données se trouvent toutes dans les deux man. du Most.; A de Bait.; فُدَيَّه; Bg 863 fort mal حَدِيّة (sic).

هَدِيَّةٌ *provisions de voyage*, Amari Dipl. 204, 2

هدا

التاجر الفرنجيّ. — وصحبته فرشه وهديته مثل ارز u f.:
مبيتى وسكر وشراب وقياد وغير ذلك ما هو للاكل فلا
يوزن عن ذلك الدرهم الفرد. — هدية كتاب *dédicace*, Bc.

هِدَايَة *vocation*; mouvement intérieur par lequel
Dieu appelle à un genre de vie, Bc. — هداية الله
والهامه, *prédétermination*, action de Dieu sur la volonté humaine, qui la détermine, Bc. — *Doctrine*,
Berb. I, 35, 6 a f.: — ولقى عصر شيخ الصوفية لعصره
واخذ عنه ولقن طرق هدايته. — *La dignité de Mahdî*,
Abd-al-wâhid 150, 15.

هاد. Le fém. هادية jeune dame qui, montée sur
un chameau, est à l'avant-garde d'une armée bédouine,
et qui récite des vers satiriques pour faire honte aux
timides, ou des vers louangeurs pour encourager les
braves, Palgrave II, 71. — الحمام الهوادى *les pigeons
messagers*, Maml. II, 2, p. 116.

مهدى *dédicatoire*, Bc.

هَذَا. خذ دراهم خذيها «voici des dirhems, prenez-les!»
Macc. II, 229, 4 a f.; هذاك *celui-là*, Voc, Bc, aussi
هذاك الوقت; هذيك et هذيك *celle-là*; هذاكى
et هذاك اليوم *alors*; هذاك الساعة Bc; هذاك اليوم *l'autre jour*; هذاك
الصوب *au delà*, p. e. من النهر «du fleuve», delà, p. e.
من الجبال «delà les monts,» Bc.

هَذَّب II. هَذَّب الاخلاق *réformer les mœurs*; هَذَّب
سيرته *s'amender, se corriger, rectifier (régler) sa conduite*; تهذيب الكلام *châtier le style*, هَذَّب كلامه
correction, pureté de langage, Bc. Dans le Voc. *dis-
ciplinare et comentari*. Polir, adoucir l'esprit et les
mœurs, voyez Abbad. III, 80. هذب جسمه فى الطاعة
macérer son corps, G. Geogr.

V *quasi-pass*. de II; le Voc. l'a sous les mêmes
mots; *se former, cultiver son esprit*, Abbad. l. l., Khallic.
VIII, 5, 2, Amari 392, 6, Khatîb 37 r°:
من يشترى منى الحياة وطيبها ۞ ووزارتى وتدبى وتهذبى ۞
فضة مهذبة *argent purifié, affiné*, Alc. (plata
cendrada).

هَذَر I (vulg. avec *dâl*) *parler, causer, jaser, babiller,
bavarder*, Voc., Domb. 128, Bc, Hbrt 114, Ht, Cherb.
Dial. 153. — *Parler le jargon des médecins*, 1001
N. Bresl. XI, 211, 7, 212, 11. — *Prononcer des
paroles magiques*, Ztschr. XX, 497.

II *plaisanter, rire, badiner*, Bc.

هَذَر *bavardage*, Bc.

الهَذْر *la parole*, Daumas V. A. 478.

هَذَّار *bavard*, Bc. — نهر هذار *torrent*, Hbrt 175.

هاذر *hâbleur, bavard*, Ht.

هاذور *le jargon dont se servent les médecins*, 1001
N. Bresl. XI, 212. — *Paroles magiques*, Ztschr. XX,
497. — ابو هاذور *discoureur*, Bc.

مهذار *bavard*, Voc.

هَذَل.

هُذَيْبَة nom d'une plante qui n'est connue qu'aux
botanistes andalous, voyez Bait. II, 569 b (il l'épelle).

هذى I c. ب p. *prononcer le nom de celle qu'on aime
dans le délire*, Gl. Mosl.; ou bien, *dans le rêve*, 1001
N. Bresl. X, 137: استيقظ من منامه نصف الليل فسمع
قال له: 138 زوجته تهذى وهى نائمة فى حصنه
يا مولاى ما اسمك قال اسمى مسرور فذكر هذيان زوجته
هذى c. ب r., Djob. 216, 8: بهذا الاسم طول ليلها
النائم بنقر الطبوس «rêver qu'on entend battre le tambour.» — *Gronder, murmurer entre ses dents*, Payne
Smith 1515.

II c. a. dans le Voc. sous *delirare*.

IV *faire délirer*, Payne Smith 1043.

هَذَيَان *bavardage, radotage*, discours dénué de
sens, Bc.

هَذْيَن I c. a. dans le Voc. sous *delirare*.

II *délirer*, Voc.

هَرّ I, n. d'act. هَرّ, c. على, *crier à un chat et le menacer*, Voc. — N. d'act. هرير, s'emploie en parlant du
roulement du tambour, Cartâs 218, 11: فلما سمع الروم
هرير طبوله; souvent altéré dans les éditions, p. e. Abd-
al-wâhid 165, 18: وقرت l. وهرت اكثر من مائتى طبل
avec le man., qui a ces voyelles, Djob. 181, 6:
هدر l. هرر نهر, n. d'act. هدير, s'emploie
dans le même sens). — En parlant de fruits ou de
feuilles, *tomber peu à peu*, M.

هرّ est aussi *chatte* et s'emploie comme fém., Amari
217, 7 et suiv. et n. 4; *chat et chatte*, M.

هرأ II *rendre assez cuit*, Auw. I, 300, 3 a f., où notre

man. porte: وكذلك ان القى فى قدر ثلاث من التين وهراء ما فيه انضج. النضيج — *Digérer, faire la coction des aliments*, Alc. (descozer). — *Dépecer, mettre en pièces, dilacérer, déchirer*, Voc., Alc. (despedaçar, matar despedaçar, traçar despedaçar, le n. d'act. despedaçadura, pour le partic. despedaçado il a muhârr).

V *être assez cuit* (mets), 1001 N. Bresl. II, 98: وقد تهدى الطعام, mais lisez تــهــرى, qui est pour نهرأ. — *Etre digéré*, Alc. (descozerse algo). — *Etre dépecé, lacéré*, Voc.

VII *être dépecé*, Voc. (qui a انــهــرء sous diruere), 1001 N. Bresl. IX, 397: ayant été empoisonné, انهرى لحمه مع عظمه.

VIII *pourrir, se gâter* (fruits, viande, etc.), Bc.

هرب I, n. d'act. aussi هُرُوب, Gl. Mosl., Bc (*fuite*), Abd-al-wâhid 85, 4 a f. — هرب من العسكرية *déserter*, Bc.

V dans le Voc. sous fugere.

VI se trouve dans de Sacy Chrest. I, ٬lv, 1; ajoutez Haiyân 85 v°: فاسلموا حصونى وتهاربوا بكل جهة.

قَرْبَان *fugitif*, Bc, cf. 1001 N. III, 446, 4 a f.: فحكيت له قصتى وافهمته انى مديون وهربان من الدين البحر المالى والبحر الهربان. — *Contumace*, Bc. — والعيلة. *le flux et le reflux*, Bc, Domb. 56.

هِراب, t. de mer, *quille*, J. A. 1841, I, 589.

هُرُوبَة *partie de plaisir après le mariage*, voyez Lane M. E. I, 261, et cf. Mehren 37.

هُرَيْبَة *évasion*; — *désertion*, Bc.

هُرَّاب *fugitif*, Voc., Alc. (huydor del lugar).

هارب *vagabond*, Ht.

مهرب *l'endroit vers lequel on fuit*, M, Dîwân de Farazdak, Saadiah ps. 59.

هربل I *ourler la toile*, etc., Alc. (repulgar). — *Avoir peur, trembler*, Cherb. C.

II *se ventrouiller, se vautrer*, Alc. (rebolcarse), تَهَرْبَلَ rebuelco).

هَرْبَل *pince, ourlet, repli*, Alc. (repulgo). — *Bord*, Alc. (borde).

هرت II causatif de هَرِتَ, Kâmil 264, 1.

IV dans Freytag et dans le M est à biffer; voyez ce qui suit ici.

II

VII quasi-pass. de I. C'est cette forme, et non pas la IV⁰ comme on lit chez Freytag, que J.-J. Schultens a notée; il cite le passage d'Ibn-Doraïd qu'on trouve chez Wright 17, 10.

هَرْبَيْتَ est dans le Diw. Hodz. 72, 7.

هَرْتَوُقِى (gr.) *hérétique*, Bc; cf. هُرْطُوقِى.

هرج I, aor. *i, se débattre comme un animal égorgé*, Bc; aussi en parlant des mouvements lascifs d'une femme pendant le coït, voyez sous مرج I; je pense que c'est

هَرِج, aor. *a.* — *Tuer* (Reiske), Saadiah ps. 94, vs. 6, comme traduction de הרג, ps. 135; Aboû'l-Walîd 690, 19, explique هَرَج par قتال.

II *badiner, bouffonner, plaisanter*, Bc, Hbrt 114; le M a aussi cette signif., sans la signaler comme vulgaire: هَرَج فى الحديث مزح واق ما يضحك منه.

IV *troubler*, Abbad. I, 243, 6: اهراج البلاد.

VI *se débattre comme un animal égorgé*, Bc.

VII *changer en mal*, R. N. 83 v°: auparavant c'était un homme très-respectable ثم انقلبت به الحال وانهرجت طريقته الى طريقة الفتك لولوعه بغلام كان بصدمته.

هَرْج *bouffonnerie*, Gl. Esp. 308—9.

هَرْج *exciter des troubles*, P. Prol. III, 377, 8.

هَرْجَة *le discours, la conversation*, Gl. Esp. 309.

هَرِج *verbeux et confus*, P. Prol. III, 377, 6.

تَهْرِيج *badinage, bouffonnerie, farce*, Gl. Esp. 308—9.

تَهْرِجَة *plaisanterie*, Gl. Esp. 308.

مُهَرِّج *badin, bouffon, facétieux, farceur, plaisant, scaramouche, arlequin*, Gl. Esp. 308—9.

هرد.

هُرْدَى, pl. هَرادِى, autre forme de هُرْدِى, et النار, ou هُرْدِى seul, *torche*, Gl. Fragm.

هَرِيد est dans le Diw. Hodz. 72, vs. 8.

مَهْرُودَة *robe jaune, teinte avec du safran et de l'argile rouge*, Prol. II, 170, 17.

هرز.

مَهْراز *verre, gobelet*, Hbrt 202 (Alg.).

96

هرس

هَرَسَ‎ I *briser, broyer*, Domb. 125, 133, Hbrt 79; لحم مهروس *viande hachée*, Bat. III, 123. — *Fouler, blesser, offenser un nerf*, Bc.

II *briser, broyer*, Voc., Alc. (machucar, quebrantar, تهريسة *machucadura*), Daumas V. A. 498. — *Oter la moelle, la cervelle ou l'amande des noyaux de fruits*, Alc. (desmeollar sacar los sesos, desmeollar sacar meollo de fruta). — *Dévorer*, Roland.

V *être brisé, broyé*, Voc., Abou'l-Walîd 673, 10.

VII *être brisé en petits morceaux*, 1001 N. II, 678, 4 a f.: وكان منهم من يأخذ العود للحديد ويضرب به الفيل فينهرس الفيل والذي على ظهره صارت القبيلة, III, 102, 12.

هَرْس *fracture*, Daumas V. A. 425. — *Effraction*, Ht.

هَرْسَة *foulure, contusion d'un membre foulé*, Bc.

هَرِيسَة pl. هَرَائِس. Voyez sur ce mets J. A. 1860, II, 381 et suiv., et Gl. Geogr.

هَرَّاس est aussi en général *traiteur*, Gl. Geogr.

تَهْرِيس *genre de supplice*, décrit Ouaday 322.

دم مُهَرَّس *sang corrompu*, Alc. (sangre corrompida).

مِهْرَاس *mortier, pièce d'artillerie pour lancer des bombes*, Bc, Domb. 80, Ht; مهراس صغير *obusier*, Bc. — *Pilon*, L (pilum الغبر في المهراس *pilum* (pistillum) (مهراس.

قَرْسِنُوا (les voyelles dans N) *myrobolan chebale* (هليلج كابلى), Most., qui ajoute: «on dit que c'est un mot indien.»

هَرَشَ‎ I *gratter, frotter avec les ongles*, comme حرش et انقلب دهنش في, 1001 N. I, 832, 2 a f.: صورة بيغوث وقدس ثم الزمان قوثب من منامه مرعوبا وهرش موضع القرصة في رقبته من شدة ما احرقته.

III c. a. p. *se jeter sur quelqu'un, l'égratigner et le quereller*, M (وانهم وخارشه وخاصمه), Hamâsa 75, 1; cf. شبّل الهراش, P. Kâmil 707, 16; *pousser, presser, attaquer vivement*, Bc; *quereller* quelqu'un, Abdarî 105 v°: اذا سمعوا مهارشة مخصّ منهم للغريب يتجاورون اليه من كل ناحية كما تصنع الكلاب اذا رأت كلبا غريبا بينها. — C. a. p. s'emploie proprement (cf. VI) en parlant du chien qui *joue* avec la chienne avant l'accouplement; puis, comme Weijers (dans Valeton 54; n. 5) l'a dit fort bien, « *de ludicris amantium inter se pugnis et conflictionibus*;» *batifoler, folâtrer*, Valeton ٣٤, dern. l.: وقال في وصف غلام عنّد في كلام, 1001 N. I, 19, 9: يصلحي للفراش وللهراش, 62, 4 a f., 586, 3 a f., 640, 5 a f., 836, 15, IV, 598, 7, 602, 3: وقعدت تهارشه, 607, 6 a f., 695, 2 a f., Bresl. XII, 265: مالت الى الغلام تلاعبه وتهارشه وتضمّه الى صدرها وتقبّله.

هوطمان

VI *se quereller*, Abdarî 106 r°: فتوى الشيوخ منهج يتهارشون في الطرقات، ويقتطعون بلعنة اسلافهم فسبج فلما اتاه لعنه ولعن اباه وقابله الاخر بمثل *ibid.*: «الاوقات ذلك وتهارشا زمانا. — En parlant du chien et de la chienne, *jouer ensemble avant l'accouplement*, Voc. (ludere (canes)); puis en parlant de deux amants (cf. III), 1001 N. I, 211: نتهارش ونتهاوش, Bresl. VII, 276: وبعد ذلك قاموا الى الفراش وتهارشوا وقضوا الغرض من بعض (بعض من بعض (mieux.

هَرْش *vieillesse*, M.

هِرَاش *querelle*, Alc. (castigo con riña, Nebrija: iurgium); le *kesra* serait plus correct. — هراشات *levitares* dans L; peut-être faut-il lire *levitates* et entendre sous ce mot les jeux amoureux dont j'ai parlé sous III et VI; ce serait alors pour هراش. — هِرَاشات *sorte de mets* = كشك, Mehren 37.

هَرَّاش *épithète du lion*, 1001 N. I, 674, 5; on ne peut pas changer ce mot en فَرَّاس, avec le *sîn*, qui est aussi une épithète du lion, car il se trouve dans la rime, et M. de Goeje observe que son existence est confirmée par Aghânî VIII, 103, 6 Boul., جرو الهرّاش *lionceau*, et جروتي هرّاش *deux lionceaux*; il cite encore Hiçnî sur Abou-Chodja', 110 r°, où الديك الهرّاش signifie *coq de combat*.

هَرْطَق‎ I c. a. p. *déclarer hérétique*, M. — V. n. *devenir hérétique*, M.

II *devenir hérétique*, M.

هَرْطَقَة (gr.) *hérésie*, M, Bc, Hbrt 157, Payne Smith 1052.

هُرْطُوقِي (gr.) pl. هَراطِقَة *hérétique*, M, Bc, Hbrt 157.

هُرْطُمان. L'article de Bait. se trouve II, 570 d; *avoine*, Bc; semblable au sorgo de Lombardie, mais blanc,

هرطوة

tandis que le sorgo est rougeâtre, Belon 149, où *Hareoman* est une faute d'impression.

هرطوة expliqué par الْبِرنس الْكَبِير, Payne Smith 1749.

هرى I, aor. *a*, n. d'act. هَرْى, *répandre, verser, épancher*, M., Voc., Alc. (derramar a fuera), هَرَى *derramamiento trastornando*), Payne Smith 1130, Ictifâ 127 r°: voulant faire croire aux chrétiens que les musulmans mangeaient des cadavres, Târic امر ببعض القتلى ان تقطع لحومهم وتطبخ — فلما جنّ الليل امر بهرى تلك اللحوم ودخنها وذبح بقرا وغنما وجعل لحومها فى تلك القدور.

IV même sens, Voc., Alc. (derramar trastornar).

VII quasi-pass. de I, Voc., Masoudî VI, 429, P. Prol. III, 417, dern. l., Payne Smith 1008, 1162.

VIII dans le Voc. sous efundere, le n. d'act. chez Alc. (derramamiento trastornando).

هِرَاقَة *urine*, Alc. (orina).

هَرَاقَة, pl. هَرَارِيق et ات, *pot de chambre*, Voc., Alc. (orinal, potro para orinar).

.هرقص

هُرقوص pl. هَراقص *mauvais souliers, vieilles savates*, Cherb.

هرقل I *trotter*, Ht; chez Bc et Beaussier هَرْكَل.

هُرْقَالَة *houlette, bâton de berger*, Payne Smith 1819.

هرقلوس nom d'une plante; en grec ἡράκλειος est *grémil, herbe aux perles, Lithospermum officinale L.* (Dodonæus 123 a); mais les Orientaux ne semblent pas avoir su ce que c'était; voyez Bait. II, 570 c (bon dans Boul.; AB هرقلوس), Payne Smith 1054 (avec ܫ); mais ܡܕܚܕܦ doit y être changé en ܣܘܢܟܘܣ, *Sonchus*, comme on le voit par Bait.).

هُرْقَمَة est chez Alc. *tripes, intestins d'animaux* (malcozinado tripas); chez Domb. 58 هُرْكَمَة parmi les choses que l'on mange: *pieds de bœuf*; chez Cherb.

هَرْقَمَة *ratatouille*; chez Beaussier هُرقمة *débris de boucherie, ragoût fait avec ces débris, ragoût de tripes, pieds, cœur, etc.* (Tunis).

.هركس

هَرْكَس pl. هَراكِس هُرْكَاسَة *sorte de chaussure rustique en cuir*, Voc.; cf. هَرْكُوس *savate* chez Beaussier; c'est peut-être d'origine berbère, car le dict. de cette langue donne أَقَرْكُوس pour *savate*.

هَرْكل I *trotter*, Bc (Barb.), Beaussier; chez Ht هَرْكَل.

هَرْكِيل *faible, caduc, débile*, Ht.

هَرَل *le fils qu'une femme a eu d'un mariage précédent*, M.

.هرلج

هَرَالِج *myrobolan* chez Alc. est une corruption de اهليلج ou اهليلج, voyez plus haut I, 43 a.

هرم I, aor. *i*, n. d'act. هَرْم, *couper en petits morceaux, p. e. la viande*, M.

V dans le Voc. sous decrepitus, Yâcout II, 427, 15, où il faut substituer متهرّمة à عجوز متهدمة.

VII *vieillir*, Alc. (envejecerse); L et le Voc. ont le partic. (decrepitus).

X c. a. p. *tenir quelqu'un pour vieux et débile*, ليس من المروة ان يخبر الرجل عن, Abdarî 108 v°: ستم فانه ان كان صغيرا احتقر وان كان كبيرا استهرم, هَرِم, pl. du pl. أَهْرَامَات, Arnold Chrest. 160, 13.

هَرِم *lézard*, Kâmil 355, 12.

مِهْرَمَة pl. مَهَارِم *hachoir, petite table sur laquelle on hache les viandes, le tabac, etc.*, M.

.هرمس

هِرْمِس *lupin*, Ht; mais c'est apparemment une faute pour تُرْمس, mot qui a ce sens.

هَرْمَس *abricot du sud séché au soleil*, Beaussier, R. d. O. A. N. S. VII, 246, Tristram 95; cf. فَرْمَس.

نُهود ثُرّ اطراف هَرَامِس (pl.) *tetins*, L: *papille*; التَّذْيَيْن وفى الهَرَامِس; mais le mot n'est pas écrit bien distinctement.

هَرَامِسَة (pl.) *astronomes*, M.

هرنبك (?) *myrobolan citrin*, Most. v° اهليلج.

هرو I. هَرِى الثَّوب et هَرُو *user un habit, le détériorer à force de s'en servir*, M.

V et VIII quasi-pass. de I dans le sens qui précède, M.

هرول 756 هزب

هرد السطوح *thlaspi* (plante), Bc.

هَرَوِيّ, pl. أَهْرِوَة, Bat. IV, 359, أَهْرِبَاء, Payne Smith 1200, 1304; cf. Maml. I, 1, 52.

هَرَوِيّ sorte d'étoffe qui tire son nom de la ville de Herât, M, Macc. II, 97, 7 a f.

هِرَاوَة *petite lance*, Alc. (astil asta chica). — *Manche de pioche, de hache, etc.*, M, Voc., Alc. (mango de açadon).

هِرَاوَجِيّ *porteur de triques*, Daumas V. A. 103.

هَرَّاء? *gardien d'un grenier à blé*, Calendr. 66: وَيَتَخَذّ الهَرَّاوُون نَقِيصَم العُشُور, où l'ancienne trad. latine porte: « et accipiuntur custodes horreorum ad capiendas fruges quas rustici reddunt, » Cout. 38 v°: وَأَمَرَ الهَرَاتِين ان يعطوه من شرّ الاطعمة »

مُهَرِّى *entaché*, p. e. مهرى بالبرص « *entaché de lèpre*, » مهرى بالبخل « *entaché d'avarice*, » Bc.

هَرْوَلَ I. La هَرْوَلَة ressemble beaucoup au pas gymnastique, Burton II, 191, *aller au pas gymnastique*, Beaussier; cf. Bat. I, 396, 400. — C. على *menacer*, Voc.

هَرْوَال et هَرْوَاليّ *qui va l'amble* (cheval), Beaussier, Martin 97, Daumas V. A. 190.

هَزَّ I. هَزَّ الرَاسَ est chez Alc. cabecear, c.-à-d. *mouvoir la tête*, ce qui peut se faire soit en signe d'approbation, soit en signe de désapprobation, de refus, *secouer, hocher la tête* chez Beaussier. L a le verbe seul dans la première acception: conprobo (confirmo)

أَهَزّ. — هَازّ لِعِطْفِهِ = *orgueilleux, vain*, Macc. II, 165, 1.

VII *être agité, branler, remuer*, v. n., Voc., Bc, Abou'l-Walîd 143, n. 17, 1001 N. III, 97, 12, Bresl. IX, 143.

VIII. *se donner des grâces en marchant, se balancer*, Bc. — S'emploie en parlant de celui qui rit, Khatîb 22 r°: يألف النادرة لِحَازَة في ملا من الناس والغفلة فلا يهتزّ لموقع نادرة ولا يضاحك. Ordinairement *se tenir les côtes de rire*, exactement comme on dit en hollandais *schudden van 't lachen*, Macc. I, 309, فضحكنا منه اشدّ ضحك وجعلنا نهتزّ غاية الاهتزاز 18: لموقّع نادرة (نادرته l.), Catal. des man. or. de Leyde I, 353, 5: فضحكوا منه واهتزّوا.

هَزَّة *tremblement*, Alc. (temblor). — *Tremblement de terre*, M.

هَزَّاز الذَنَب *hochequeue* (oiseau), Bc.

مَهَزَّة *excitation*, Kâmil 431, 13.

هَزَأ I c. ب *mépriser, dédaigner*, Voc. (contempnere), Alc. (desdeñarse, desdeñar a otro).

V aussi c. على p., 1001 N. Bresl. II, 68, 2 a f.

X. *mépriser*, Voc., Alc. (menospreciar). — Comme I, *pousser sa monture, la faire galoper à toute bride*, Calâïd 75, 15: ورَمَت فيه المَسَرَّات جِمَاذَها وفَسَاكَنَت لِطِراد المُسْتَهْزِئِين مُصمارها. — *Etre lent, nonchalant, insouciant, oisif, marcher lentement*, Alc. (andar de espacio, le n. d'act. floxedad, negligencia, vagar por ocio, le partic. espacioso que va de espacio, vaga cosa, vagaroso, descuydado, floxo por negligencia, negligente cosa); chez Beaussier: *avoir de l'incurie, négliger, se négliger, lambiner*, n. d'act. *incurie, négligence*, partic. *négligent*.

هُزْء *jouet*, personne dont on se moque, dont on se joue, *plastron*, celui qui est en butte aux railleries, *ridicule*, digne de risée, *risée*, objet dont on se rit, هُزْءُ ل *fable*, risée de, Bc.

هُزْءَة *nargue* (sans article); — *sifflets*, improbation publique avec mépris, Bc.

هَزَارِجُشَان (pers.) *Bryonia dioica*, Bait. II, 570 e, Payne Smith 1518.

هَزَارِدسْتَان (pers.) *rossignol*, Payne Smith 1433.

هَزَبَ II c. a. p. *faire honte à quelqu'un, lui faire des reproches qui lui causent de la honte, de la confusion*, Voc. — *Marcher lentement* (cheval), Ztschr. XXII, 139.

V c. ب et من quasi-pass. de I dans le premier sens, Voc.

هَزِب *faible*, Ztschr. XXII, 139.

هِزْبَة *honte, confusion*, Voc.

هَزِيب, en Espagne, *Argus*, personne chargée d'en surveiller, d'en espionner une autre continuellement, Macc. II, 276, 15.

هَازِبَا, هَازِبَى est un mot syriaque, ܗܙܒܐ, et désigne dans cette langue une sorte de petit poisson qui vit sur le gravier; voyez Payne Smith 1001, 1377, où l'on trouve aussi pour l'arabe les formes هزبى et هازبة. Selon le Man. Escur. 893 c'est un petit poisson avec deux nageoires dorsales. Mais d'après le Gl. Manç. c'est en général *fretin, menu poisson*, car on y lit: هازبى (sic) ويقال هازباه ويسمى بالعربية الهبر; والهبر والخشاش هو من السمك ما كان من شبر الى فتر après quoi il ajoute: « ce nom, connu en Orient, ne l'est pas au Maghrib; on dit aussi que ces poissons ne s'appellent ainsi que lorsqu'ils sont confits au vinaigre. » A الهبر والهف il faut substituer الهقف والهف; le Câmous explique ce dernier mot par السمك الصغار الهازبية »

هزبر animal qui ressemble au chat sauvage, excepté qu'il est d'une autre couleur, et qu'on trouve en Abyssinie, M.

هزرج

أهزوجة pl. اهازيج *chanson*, Gl. Mosl. (où le *fatha* sur la première lettre est une faute d'impression).

هزر I *badiner*, Hbrt 113.

II *rire, badiner*, Bc; مهزّر *moqueur, railleur*, Hbrt 240.

هزّار (*rossignol*) pl. ات, 1001 N.

هزارين. Dans les 1001 N. Bresl. VIII, 289, 290, 291, on lit trois fois en parlant de chanteuses: غنّين هزارين. Ce mot semble un pl., mais je n'en connais ni le sing. ni le sens.

هزع V, dans le sens d'*être brisé*, Weijers 55, 1.

هبزعة chez le vulgaire *inquiétude*; on en a formé un verbe, هبزع, *être inquiet*, M.

هزل I *jaser, causer*, Hbrt 114.

IV *amaigrir, rendre maigre*, Haiyân-Bassâm I, 174 v°: فاتسمن جسمه واهزل عرضه

VII *maigrir*, Voc., Bc.

هزل pl. أهزال *poème facétieux*, Bassâm I, 145 v°:

ce poète est surtout connu par ses اهزال, Cout. 39 v°: خمريّات للحسن بن هاني وشبيها من الاهزال. — *Maigre, qui rapporte peu* (pays), Gl. Badroun.

هزليّ *badin, léger en parlant des choses, burlesque*, Bc, هزليّة تصانيف, Yâcout III, 443, 5.

هزلى est dans le Voc. *vulgare*.

هزيل *maigrelet*, Bc.

مهزول, pl. مهازيل, Diw. Hodz. 192, 15.

هزم I *commencer le combat*, Alc. (ronper batalla).

II et IV *mettre en fuite*, Gl. Mosl.

VII c. عن p. *abandonner* quelqu'un *et prendre la fuite*, de Sacy Chrest. II, ٢٥, 4 a f.

X *mettre en fuite*, Wright 128, 5, Kâmil 765, 11.

هزّم se trouve dans le Diw. Hodz. 16, sur vs. 14, 213, vs. 14.

هزم *morceaux*, Diw. Hodz. 254, vs. 8.

هزيمة, *fuite, déroute*, pl. هزائم, Badroun 114, 5. — *Fuyards*, Akhbâr 99, 2: وكان اصحاب المروانى اقلّ من ان يتبعوا هزيمة

هزهز.

هزهزة *oscillation, vibration*, Bc.

هس *chut!* M.

هساريس (ἴσπερις) *julienne, plante, espèce de giroflée*, Bc.

هش I, 2 chez Freytag, n. d'act. هشاشة, Prol. III, 230, 13. — S'emploie en parlant d'oiseaux, ما هش وطار = toutes sortes d'oiseaux, 1001 N. I, 95, 2 a f. — C. الى ou ل p. *accueillir* quelqu'un *en montrant un visage joyeux, le recevoir avec amabilité*, Beaussier, Voc. (sous *asurgere* (c.-à-d.: aller joyeusement à la rencontre de quelqu'un, parce qu'on est bien-aise de le voir), où بشّ الى est le synonyme; les dict. des indigènes ont aussi هشّ = بشّ), Aghânî 43, 7: فلمّا فرحّب به وادناه ' رآه هشّ اليه, Abbad. I, 324, 13: فالغريب فيام معديم = , Djob. 220, 6: وهشّ اليد ولجناه ' الارفاق' متصاعف الاتفاق '', لا يجد من اهلها الا من يعامله بنفاق ' او يهشّ اليد هشاشة انتفاع واسترفاق ''

هشت دهان 758 هطع

Weijers 20, 9: فَهِشتْ لَهُ الدَولَةُ. Dans Djob. 257, 9: cette ville n'est pas belle لا يهشُّ البصرُ اليها عند الاطلال عليها, c.-à-d., elle ne plaît pas aux yeux quand on la contemple. Le n. d'act. هَشَّ, Macc. II, 311, 1.

II *amollir*, Auw. I, 247, 19.

هَشٌّ, fém. هَشَّة « لَحَضرة الغلامية الهشَّة Sa Majesté Guillaume le Bon, » J. A. 1845, II, 318. — *Friable*, Bc, M. — سُكَّر هش *sucre en poudre*, Bc. الأرض الهشَّة est, selon l'explication d'Auw. I, 84, 10, *une terre grasse qui possède bien une sorte de limon, mais dépourvue d'adhérence*.

هَشَّة *pot de terre*, de forme ronde, avec goulot, étroit et allongé, Bc.

هَشوش est dans le Voc. *preceps*, synonyme de بَشُوش, c.-à-d., *qui va joyeusement à la rencontre de quelqu'un, parce qu'il est bien-aise de le voir, affable*, Beaussier.

هَشاشة *affabilité, courtoisie*, Voc. (syn. بَشاشة). — *Friabilité*, Bc. — T. de médec., état de ce qui est lisse, l'opposé de لزوجة, synonyme ملوسة, M.

هشت دهان (pers.) *bois d'aloès*, Bait. II, 570 f.

هشر II *s'avachir, devenir lâche, sans vigueur*; هَشَّرتْ هذه المَرأة « cette femme s'est avachie, elle est devenue trop grasse, » Bc

هَشير *fourré, assemblage épais d'arbrisseaux, d'arbustes, de broussailles*, M.

هَيْشَر voyez Bait. II, 404 a, 580 b.

هشل

هَشَل (syr. ܗܶܫܠܐ) *tisane faite de froment et d'orge*, Payne Smith 1404.

هشم I *démantibuler*, rompre, mettre hors de service, Bc. — *Écharper*, faire une large blessure, Bc.

II *rompre*, M, Voc., Abou'l-Walîd 336, n. 51.

مُهَشَّم *cassé, brisé*, Bc, Abou'l-Walîd 682, 31. — *Charcuter*, tailler, couper malproprement la viande, *charpenter*, tailler maladroitement la chair, *écharper*, tailler en pièces, Bc. — هَشَّم الوجه *défigurer, dévisager*, Bc.

VII *se démantibuler*, Bc, M.

هاشمي = لقميصات الفاصي dans l'Inde, Bat. III, 124. — Espèce de myrte, Auw. I, 248, 6. — الدواء الهاشمي est un remède contre la lèpre, Ibn-Wâfid 9 v°, 28 v°, qui renvoie pour la recette à Yâcoutî. — ميل بانهاشمي, ميل هاشمي, *mille de 4000 pas*, Gl. Tanbîh. — ذراع هاشمي *coudée*, Bc.

هضر V *avoir les branches pendantes*, Diwan d'Amro'l-kaïs 26, vs. 4.

هضب

هَضْب pl. أَهضاب *colline, tertre*, Abbad. II, 223, 8, Haiyân 76 r° ونتردّى منها خلق كثير في مهاوى الأودية والأهضاب الأشبة, P. Macc. II, 421, 2 a f., selon la leçon de Boul.: كالعيس تعنسف الأهضاب والأنثباه

هَضْبَة *colline*, Macc. II, 243, 1 (cf. Add.).

هضم II c. a. p. *faire du tort à quelqu'un, lui enlever quelque chose de ce qu'il possède*, Gl. Mosl. — C. a. dans le Voc. sous *digerere*. مُهَضِّم *digestif*, Bc.

V dans le Voc. sous *digerere*.

VII. ما ينهضم *il est insupportable*, Bc.

VIII *affaiblir*, Voc.; au passif اهتُضِمت *leur puissance fut brisée*, Berb. I, 34, 4; dans L *concutio et contemno*.

X *affaiblir*, Voc.; مستهضم = ذليل *méprisable*, Abou'l-Walîd 642, 5.

هَضيم comme adj., fém. هَضيمة, Aboulf. Hist. anteisl. 146, 7: فادخلت أموالهم في شعب جبلة هضيمة جرعاء, où Fleischer traduit: « pecora sua in vallem Djabalam, profundam, sterilem, compulerunt. »

هَضيمة *traitement inique*, Berb. I, 54, 3.

هَضيمة *humiliation*, Berb. I, 184, 4: بقي على حال من الهضيمة والمذلّة

هطر

هاطورة, t. de charpentier, est لها خشبة مستديرة عصًا يدقّ بها, M.

هطع IV s'emploie au fig. c. ل ou الى, p. e. Macc. I: ومع كون أهل الأندلس سِباقٌ لحلبة الجهاد مهطعين الى داعيه, Berb. II, 112, 7, Djob. 188, 9, Mi'yâr 14, 2: cette ville est مهطعة لدعاى البوار 16, 1.

قَطَل‎ I se dit bien du ciel (faire descendre une ondée, ciel, Beaussier), mais aussi de la pluie, *tomber en quantité*, Beaussier, قَطَل المطرُ *la pluie tomba à grosses gouttes*, M, chez Bc *pleuvoir* (dans le Voc. ce verbe est stillare, chez Alc. destellar caer gotas, gotear lloverse).

II *stillo, distillo*, L.

IV *faire tomber à grosses gouttes*, 1001 N. I, 5, 2.

قَطْل‎ *gouttière*, Alc. (gotera).

قَطْلَة‎ *mouvement de ce qui coule goutte à goutte*, Alc. (destelladura de gotas). — *Gouttière*, Alc. (gotera).

قَاطِل‎ pl. قَواطِل‎ *gouttière*, Voc.

قُبَيْطَلِيَّة‎ *espèce de bouillie de lait et de froment*, Mehren 37.

هَفّ‎ I *effleurer, toucher légèrement, friser, raser, toucher*, Bc. — *Toucher, traiter, parler incidemment*, Bc. — هَفَّت نَفْسُه الى كذا‎ *est vulgaire* = مَالَت‎, M.

مُهَفَّف‎, au masc., est aussi en usage, Ztschr. XVIII, 804.

هَفَت‎ I. 1001 N. Bresl. IV, 104: وقد هَفَتنا من قِلَّة‎ الاكل‎, mais lisez هَفِينا‎ (voyez هفى‎).

VI. والتَّخَلخُل يَقرُب من التَّهافُت‎, Auw. I, 80, 4 a f., où Clément-Mullet traduit: «la terre poreuse (meuble) a peu de cohésion.» — C. الى‎ ou على‎ *se jeter sur une chose, s'y porter avidement, s'y appliquer, la désirer, l'ambitionner*, Prol. I, 216, 13: وقد رأينا كثيرا من الخواص يتهافتون على استخراج الغيب‎, Becrî 186, 3 a f.: منها بتلك الاجمال‎ وقد علم سوءَ‎, خلق صاحبه وتهافته الى دخول ارض العدُّو قُهِم‎ Haiyân 99 v°: ils ne pouvaient rien faire avec ذلك يتهافتون للجهاد ويتنقلعون الى دخول ارض العدو‎ واتَّفق ان تهافت الضُّنَاجيّون الذين في العسكر 107 r°‎, Haiyân-Bassâm I, 88 r°: على النزوع الى الحبيثيَّين‎ comblé d'honneurs (l. الى‎) لم يَعْقَد ذلك من التهافتين في‎ التَرَقّى لبعد الهِمَّة‎. Le n. d'act. seul *se jeter sur les honneurs, les ambitionner*, Macc. III, 659, 21 (= Khatîb 78 v°): un ancien employé qui s'était adonné à la piété et vivait dans la retraite, était على حَبْخة‎

— Pour Macc. II, 26, 12 voyez اهل للحرص والتنهافِت‎ VI.

هَفتان‎ *fatigué*, 1001 N. IV, 162, 2 a f.: ولم يزل‎ يغطس ويطلع نحو مائة مرةً حتى ضعفت قوته وطلع‎ هَفتانا *

هَفت بهلو‎ nom d'une plante, Bait. II, 570 g; ce serait en persan هَفت پهلو‎, ce que je ne trouve pas comme nom d'une plante dans les dict. de cette langue.

هَفْهَش‎ II *friper, chiffonner, gâter*, Bc.

هَفْهَف‎ *frivolité, futilité*, Bc. — *Futile*, Bc.

مُهَفْهَف‎ *qui a la taille svelte*, Bc.

هَفا‎ et هَفى‎ I *flotter* (drapeau), P. Prol. III, 371, 14, où il faut lire يـهـفـو‎ avec notre man. 1350 et Boul. — *Être dans une grande agitation, battre rapidement* (cœur), par suite de la douleur, Hoogvliet 101:

عزيزٌ على العُلْيا وداعيكَ لي غدًا
فلا أدمعٌ تهمى ولا أضلعٌ تَهفُ

vers que l'éditeur (p. 111) a fort mal traduit, mais qui signifie: «O vous qui êtes estimé par les hommes les plus nobles! demain je devrai vous dire adieu; — comment donc mes larmes ne couleraient-elles pas, comment mon cœur ne battrait-il pas plus rapidement?» Macc. II, 205, 5:

فأضلعي ان ذَكَرَت تهفو كمِثل الغصن

325, 11:

وقفنا للنوى فهَفَت قلوبٌ اضرّ بها الجوى وهمّت شؤون‎

— هَفا‎, n. d'act. هَفْوَة‎, *mourir de faim*, M; dans les 1001 N. Bresl. IV, 104: وقد هَفتنا من قِلَّة الاكل‎, il faut donc lire هَفينا‎. — هفى الدَّيْن‎ *la dette ne fut pas payée*, M.

II c. a. p. *faire mourir de faim*, M.

للهفا‎ ou للهفايَن‎ *cela m'est égal*, employé pour témoigner qu'on ne regrette pas la mort d'une personne, son départ, la perte d'un objet quelconque, Bc.

هُفْوَة‎ (corrigez ainsi le هَفْواء‎ de Reiske) *fosse*, Ztschr. XVI, 592. — هَفْوَة لسان‎ *parole échappée*, Bc.

هكل I. هَكَّل هَمّ s'inquiéter de; لا تـهكل هَمّ ne vous inquiétez de rien; هكل هَمّ être en peine de; ما هكل ؟ dormir sur les deux oreilles, ne pas s'inquiéter, Bc; c. a. r. se soucier de, 1001 N. Bresl. XI, 277: ولم تهكل ما بخل لها من المال والثياب والجواهر.

هَيْكَل voyez sous hâ yâ.

هَكَّم V, se moquer de, se construit aussi c. على p., M, ou r., Recherches I, Append. LXII, 15 et 16.

تَهَكُّم, sarcasme, est aussi dans Bc.

هَلْ contraction vulg. pour هذا ال, p. e. هالقدر et علقَدْ « il a tant par an »), هذا القدر فى السنة (لـه هل قدر فى السنة pour حسب هل وقت; هذا الرجل pour عَلْرجل « pour le présent, » Bc.

هلّ II faire des acclamations, Bc. — Chez les juifs et les chrétiens, comme on hébreu et en syriaque, louer Dieu, M. — Faire du tintamarre, Bc. — C. على siffler, désapprouver avec dérision, Bc. — C. a. et ب dans le Voc. sous gaudere; تهليل الوجه exilaratio, L; اذا كان البصل يهلّل له فالسكّر ايش نقول له, proverbe que Burckhardt (Prov. n° 20) traduit ainsi: « If an onion causes his loud rejoicings, what then shall we say to sugar?»

X. يستهلّ صارخ clamare, Voc. — En parlant d'un chanteur, فلما فرغ من استهلاله وهلّ, Macc. II, 516, 18. — براعة الاستهلال faire sentir la tendance d'un poème tout d'abord et dès le début même, Prol. III, 424, 7.

هِلال le croissant, le drapeau de l'empire turc, M. — Lunaison, temps d'une lune à l'autre, Bc. — Croissant en or, en argent, en diamants, etc., qui sert d'ornement aux femmes, aux chevaux, aux litières, aux dais, etc., Maml. I, 1, 243 et note 253, Lane M. E. II, 401, Djob. 238, 21, Koseg. Chrest. 121, 7 a f., Macc. II, 415, 4–6, 1001 N. I, 426, 1 et 2, cf. Lyon 39, 4 a f.; parmi les ornements de femme que L donne après torques: lunula هَلالَة. — Aigrette, sorte de panache; هلال من ريش panache, Bc. — هلال جواهر aigrette, léger bouquet de pierres précieuses, Bc. — Etoile, marque blanche sur le front d'un cheval, Bc. — Fer de cheval, أَقْلِد السنابك, Müller 22, 2 a f. (cf. avec ce passage Coran 36, vs. 39). — Cure-oreille, Bc.

هَلالَة voyez sous هلال.

هلالى lunaire, Bc; هلالى الشكل ayant la forme de la nouvelle lune, Payne Smith 1733.

هَيْلُولَة acclamation, — charivari, tintamarre, Bc. — Levée de boucliers, attaque avec éclat, Bc.

اهلال قسطا costus hortensis seu Mentha Saracenica, Bait. I, 97 a.

تهليل acclamation, Bc. — Proprement: prononcer la formule لا اله الا الله. Cette formule, écrite sur un morceau de papier, servait d'amulette; dans la suite on y a ajouté des passages ou des chapitres du Coran, voire même un petit exemplaire du Coran complet, ou bien de petits ouvrages théologiques. Le tout était renfermé dans un étui auquel on donnait le nom de تهليل, Gl. Esp. 346.

هَلَا (qui ne manque pas chez Freytag, comme le prétend Fleischer, Beiträge zur arab. Sprachkunde V, 143, car Freytag l'a 402 a, l. 1, mais avec une explication insuffisante) est un mot dont on se sert 1° pour faire avancer les chevaux, Commentaire sur Motanabbi 475, vs. 21 éd. Dieterici, Yâcout IV, 226, 9 (synonyme قَدَّم) (déjà cités par Fleischer); 2° pour les arrêter, Mocaddasî 31, 11 (écrit هلى, synonyme قِفْ); 3° pour les faire aller dans une autre direction, comme on emploie hue et dia en France, p. e. dans ce vers d'Abou-'l-alâ (cité aussi par Fleischer):
ولو أنّ الرياح تهبّ غربًا وقلتَ لها هلا قبْتَ شمالا
En général les interjections de cette sorte ont des significations différentes selon les temps et les lieux; les chevaux les comprennent et cela suffit, car en elles-mêmes elles ne signifient rien. — Courage! Bc.

هَلاطى (ἐλάτη) pin, Payne Smith 1420; cf. لاطى.

هلب.

قَلْب, pl. قُلُوب et أَقْلاب, ancre, grappin, ancre à quatre becs, Bc, Hbrt 128. — Trident, fourche à trois dents, Bc.

قَلَبْت vulg. adv., me semble une corruption du

classique لا بُدّ, qui, dans la langue vulgaire, est devenu d'abord لابُدْ (Dict. berb. *absolument*, Mc *il faut*), لابُدْ (Mc l. l.), et ensuite هلبت. Le *d* est encore dans le néo-syriaque ܗܠܒܬ, qui est emprunté à l'arabe (chez Payne Smith *prorsus, omnino*), et le sens de هلبت est identique avec celui de لا بُدّ, de même que sa construction. C'est donc *absolument, sans faute, à toute force, de toute nécessité, infailliblement*, ou bien *il faut*. On répète هلبت de même qu'on dit (voyez Beaussier): لا بُدّ ثُمّ ولا بُدّ *il le faut absolument*, p. e. chez Tantâwî, Traité de la langue arabe vulgaire, p. 146: هلبت هلبت من ارسال جواب لتحقيق الحال, où ce chaikh traduit: « informez-moi *absolument* de cette circonstance, » Epistolae quaedam Arabicae ed. Habicht, p. ٣١: ان تحسنتمكم فارجو تشرفوني نهار تاريخه المسا من كل بد لاني محتاجكم جدا (*absolument*, comme من كل بد qui précède), ٣٣: وانا يا اخي انجيبك نشوف روبك السعيدة جدا هلبت هلبت (*sans faute*). Avec ان avant le verbe, comme لا بُدّ, ان *il faut que*, 1001 N. Bresl. VII, 52: وقالوا له ان خواجنا الفقير لما بانيه الولد او البنت هلبت ان يصنع له دستت عصبيدة وبعزم معارفه واقاربه. Suivi de ما, comme ما لا بُدّ (p. e. Koseg. Chrest. 80, 9: لا بد ما أفني اعدي بالأسمر), *il faut que*, Epist. ed. Habicht, p. ٢: وهلبت ما يكون نام مني بعض وانت تكون صاحبنا وحبيبنا ٧: المنفعة في هذه السفرة ١٤: وهلبت ما نفعل مع بعضنا شي من المتجر, et enfin ١٢: وهلبت ما سمعت بقروب نابوليون من جزيرة ايلبة. Il n'est donc pas exact de placer ce terme sous *tout à fait*, comme l'a fait Mc, car cette signif. ne conviendrait à aucun des passages que j'ai cités.

مَهْلَبِيّ sorte d'étoffe, R. N. 64 rº, en parlant d'un homme pieux: مهلبي, وعلى راسه منديل مهلبي, 95 vº.

مَهْلَبِيَّة mets de fleur de farine et de lait avec du sucre et des amandes ou pistaches pilées, Mehren 36; selon le M c'est riz au lait et au sucre.

صورة مهلوب *figure en forme de fuseau*, Alc. (figura ahusada).

هَلَتَ I, aor. *a*, se trouve dans un petit Glossaire arabe-turc de termes de jurisprudence (Catal. des man. or. de Leyde I, 93); mais sans une meilleure autorité, je n'ose pas croire à l'existence d'un tel verbe.

هلج

أرغان = هرجان = هلجان *elaeodendron argan*, Beerî 163.

اهليلج، اهليلج = هليلج، هليلج *myrobolan*, voyez plus haut I, 43 a.

هلس

هَلْس *discours obscur* ou *futile*, M.

هَلْسَلَة *babiole, brimborion, fadaise, fanfreluche, futilité, minutie, pied de mouche, vétille*, Bc.

هلوس *toile d'araignée*, Bc.

هلع I. Le Voc. (*timere*) donne le n. d'act. هُلُوع à côté de هَلَع. Dans le Kâmil 536, 4: والهَلَع من النجس عند ملاقاة الأقران. Les lexicographes arabes expliquent هلع par جزع; cf. Aboulfaradj 481, 2: هلعوا وجزعوا كثيرا, 4: 518, وجزعوا الجش الجزع.

IV *inspirer de l'inquiétude, de la crainte*, Kâmil 533, 7, 536, 4 (= رَوَّع ou أفزع).

هَلَع *inquiétude, crainte*, synonyme de جَزَع, Abdal-wâhid 99, 15: قد خامرني قلوبكم للجزع وخالط, Macc. I, 396, 7: حصل له في هذه النكبة من الهلع, II, 808, 3: ولم يظهروا مع ذلك هلعا ولا ضعفا انه لا يصدر من مثله.

هَلَع *rempli de crainte*, Bidp. 214, 4: فانقلبت هلعا على وجهه.

هَلَع = هَلَاع, P. Kâmil 536, 8.

هَلُوع *timidus* (*quod timet diu*), L, Cartâs 186, 2 a f.: وولده المنتصر صبيا صغيرا هلوعا لم يبلغ الحلم ولا جرّب الأمور.

هلف

هَلُوف pour *sanglier* chez Golius-Freytag est une faute; ce mot est خَلُوف (voyez).

هَلَقْ est une contraction vulgaire pour هذا الوقت, M, *actuellement, maintenant, or çà*, Bc (Syrie); من هلق *à l'avenir, désormais, dorénavant*, Bc.

هلك I. هلكت نفس فلان, chez les chrétiens, « l'âme d'un tel est damnée, » est punie des peines de l'enfer, M. — *Ravager*, Alc. (destruir el mando, mais corrigez „armando" d'après Nebrija), Beaussier; en ce sens le n. d'act. هَلاَك, Cartâs 219, 7.

IV *consommer*, détruire les vivres par l'usage, Bc. — *Assommer*, importuner à l'excès, *désespérer*, tourmenter, affliger vivement, Bc. — *Outrer*, accabler, surcharger de travail, *surmener*, Bc.

VI dans le sens de *désirer ardemment*, s'abandonner entièrement à l'amour chez Valeton ٣٠, 7: أنّى اذا احببت تهالكت واذا ابغضت اهلكت (où l'éditeur, p. 68, traduit à tort „pereo," ce que ce verbe ne signifie jamais); c. فى r., Haiyân-Bassâm I, 46 r°: متهالكًا فى, Berb. I, 433, 6: تهالك فى حب الدنيا الرياسة, car c'est ainsi qu'il faut lire avec notre man. 1351, au lieu de متهامكا, verbe qui n'existe pas. — C. فى *faire tout ce qu'on peut pour* (= جدّ فى, Hariri 98, 4 a f.), Macc. I, 316, 21: فتهالك فى اقتناء السودان وابتياع منهم كثيرا

VIII est dans le Diw. Hodz. 16, sur vs. 16.

X. استهلكوا فى طاعته *ils lui étaient dévoués jusqu'à la mort*, Macc. II, 61, 6.

هَلَكَة *perdition*, état d'un homme hors la voie du salut, dans le vice, Bc.

هَلَكَان *assommant*, qui tue, qui ennuie, Bc. — *Demandeur*, Bc.

هَلاَك *perdition*, état d'un homme hors la voie du salut, dans le vice, Bc.

هَالِك اتراب الهالك *arsenic blanc*, ou mort aux rats, Bc.

هَالُوك est *orobanche* en Égypte et en Ifrîkiya, en Irâc *arsenic*, Bait. I, 99 c, II, 568 c.

هُوَيْلِكَة nom que le vulgaire donne à certaine plante parasite, M (*orobanche*, comme هالوك).

مَهْلَك pl. مهالك *gouffre*, *précipice*, Bc. — *Coupegorge*, Bc.

مَهْلَكَة *danger*, péril, Bc. — كاد ان ينزل فى المهالك *il faillit me tuer*, Koseg. Chrest. 89, 2, من بعد فعله الذى فعله مع العبد من المهالك (il l'avait tué), ibid. 93, 10.

هلم

فَلَم. فتى أَعْرَزَك شىء فهلم الدكّان فهو بين يديك .

هَلْمَك *viens à la boutique!* Abd-al-wâhid 164, 17. — هَلْمَ *jusqu'à ce jour*, Abd-al-wâhid 205, 11.

هَلاَم *gelée de viande, daube*, selon Clément-Mullet II, 62, n. 1. — *Gélatine*, Bc.

هُلاَمِى *gélatineux*, Bc.

هَيْلَمَة *le chant des marins*, Voc.

هلهل.

هَلْهَلَة *consternation*, Payne Smith 1894.

متهلّل = متهلهل تراه متهلهلا *vous voyez la joie briller dans ses regards*, Gl. Abulf.

هَلْوَقْت vulg. pour هذا الوقت, *alors*, Voc.

هَلَى voyez هَلاَ.

هَلِيبَات (هَليبات, de ἐλάτη) espèce de dattes dans la province de Baçra, Gl. Geogr.

هَلِيقَان (ἄλιξ) *épeautre*, Payne Smith 1014.

هَلِيلَج voyez اهليلج sous l'élif.

هَلْيُون I *devenir tendre comme des asperges* (هليون), M.

هليون est هِلْيَوْن dans le Gl. Manç., et le vulgaire dit هَلْيُون, M; n. d'un. ة, les mêmes.

هم

I. Au lieu de بـه ♂, *il voulait le tuer* (Coran 40, vs. 5, Gl. Fragm., Berb. I, 478, 630, 2 a f., Macc. I, 259, 11, III, 755, 9), on emploie aussi ♂ عليه, Gl. Geogr., et ♂ seul, Akhbâr 106, 7. ♂ المنصور باهل البصرة « Al-Mançour voulait punir de la manière la plus sévère les habitants de Baçra," Gl. Fragm. — ♂ بامرأة *être tenté d'avoir commerce avec une femme, en éprouver le désir* (et de même, en parlant d'une femme, همّت برجل), Coran 12, vs. 24 (cf. Baidhâwî), Kâmil 155, 3, Aboulf. Hist. anteisl. 22, 1 et 2, Yâcout IV, 876, 17. Mais dans l'Akhbâr, 20, 3, ♂ بها, comme le montre l'ensemble du récit, ne peut pas avoir ce sens, mais doit signifier *il était éperdument amoureux d'elle*. — C. ب c. ان, c. بان ou avec l'aor., *être sur le point de*, Aboul-Walîd 253, 33: همّت واخر مدة (السفينة) بالانكسار وكانت, Auw. I, 305, 7: ثم اذا همّت, 355, 17: غراسته اول الربيع اذا هم باللقح فدحا ماء فانى, R. N. 83 v°: ان تغرس فيها فاحفر البئر به فهم ان يشرب منه فدفعه من ثم, Kâmil 135, 12:

هَمَايُون

ھمد ﻣ, R. N. 88 rº: كنت في حلقة السراج بن محمد الدينوري يوم الجمعة حتى غبت الشمس تغيب C. — ﻋﻠﻰ se proposer de, Bc. — Commencer à craindre une défaite (de Slane), Berb. II, 45, 15: فدارت بينهما ﻫﻤﻤﺎ — .حرب شديدة ﺛﻢ فيها اصحاب عبد الملك وثبت هو ils ont introduit dans l'histoire des indications tirées de leur propre imagination (de Slane), Prol. I, 3, 1. — Importer, ان ﻳﻬﻢ il importe de, Bc. — C. ﻋﻠﻰ p. se jeter sur, attaquer, 1001 N. 1, 98, 16, III, 300, 5: ﺛﻢ على السَبَّاف وخطف السيف منه 342, 6 a f.

II c. a. dans le Voc. sous anxiari et sous animositas; n. d'act. تَهَمَّام soucis, Diwan d'Amro'lkaïs 29, vs. 15.

V c. ب s'appliquer à, s'occuper de, Voc. (curare), Abdari 38 rº: وهذا اللفظ قد ذكره مالك رضه في الموطا ﺭﻋﻰ — وﻧﺘﻬﻢ بجمع اخباره :Khatlb 36 rº وﻧﺘﻬﻢ بتفسيره c. ﺏ, Cartâs 33, 5: ولم تنزل الولاة يتهممون في الزيادة ﺑﺎﻟﺠﺎﻣﻊ. — C. ﻣﻦ et dans le Voc. sous anxiari.

VIII c. ب entreprendre, s'occuper de, vaquer à, Bc.

X activer, donner du zèle à quelqu'un, aiguillonner, diligenter; استنام ﻋﻠﻰ الدرس « exciter à l'étude,» Bc.

ﻫﻤّﺔ activité, cœur, courage, vigueur, diligence, effort, empressement, soin; ﺑﻬﻤّﺔ chaudement, avec ardeur; اعطى بذل ﻫﻤّﺘﻪ faire tous ses efforts pour ; ﻫﻤّﺔ activer, donner du zèle à quelqu'un; ﻋﻤﻞ ﻫﻤّﺔ في ﺃﻣﺮ donner des soins à une affaire; ﺑﺮّﺩ الهمّة décourager, ﺑﺮﺩﺕ ﻫﻤّﺘﻪ se décourager, Bc; ﻫﻤّﺔ ﻋﺎﻟﻴﺔ et ﺻﺎﺣﺐ ﻫﻤّﺔ dans le Voc. sous animositas. — ﻫﻤّﺔ ﻋﺎﻟﻴﺔ noble ambition, Bc, Nowairi Espagne 472: ﻛﺎﻥ ذا ﻋﻈﻤﺖ الدولة , Macc. I, 131, 9: ﻋﻈﻤﺖ الدولة الهمم على اهلها 180: Edrisi بالاندلس وكبرت الهمم ﺭﺍﺟﻌﺔ. Pour ﻋﺎﻟﻴﺔ ﻣﻮﺩﻭﺩﺓ, Bc donne aussi génie, esprit élevé. — Noblesse de caractère, Bidp. 239, 9: ﺻﺎﺣﺐ ﻫﻤّﺔ واﺑﻠﻎ ﻟﻚ في الكرامة لهمّتك magnanime, Bc. — Pénétration, sagacité, Bidp. 11, 8: كيف رايت عظم حيلتي مع صغر جثتي عند عظم ﻫﻤّﺘﻚ .— ﺟﺜّﺘﻚ وصغر ﻟﻢ ﺗﻜﻦ ﻟﻪ ﻫﻤّﺔ ﺇﻻ il ne songeait à rien autre chose qu'à, Akhbâr 20, 3 a f. De même ﻫﻤّﺘﻬﻢ انفسهم, car, dit M. de Goeje, le texte de Tabari montre qu'il faut lire ainsi dans les Fragm. hist. Arab. 507, 2 a f., c.-à-d., ﻟﻢ ﺗﻜﻦ ﻟﻬﻢ ﻫﻤّﺔ ﺇﻻ ﺃﻧﻔﺴﻬﻢ .— كل احد على قدر (او بقدر) ﻫﻤّﺘﻪ chacun

suivant ses facultés, selon ses moyens, Boussier, Edrisi وﻟﺒﺎﺱ ﺍﻫﻞ ﻏﺎﻧﺔ الازر والفوط والاكسية كل, 2 a f.: وعادة السلطان Macc. I, 692, 7: احد على قدر ﻫﻤّﺘﻪ ان يركب فيها بالليل وينسرح اصحاب المناظر على قدر ﻭﻗﺎﻝ (الملك): .1001 N. I, 652, dern 1 ﻫﻤﻤﻬﻢ وقدرتهم, للامراء من كان يحيى فليبكرم هذا! ويتقدم لهم هدية ﻋﻈﻴﻤﺔ فقدمت له الامراء كل واحد بقدر ﻫﻤّﺘﻪ. — Chez les mystiques, les vœux, les prières ou les bénédictions qu'un personnage réputé saint fait pour le succès d'une entreprise quelconque, et qui doivent en faciliter ou en assurer la réussite, de Sacy sur Prol. III, 64, 7.

ﻫﺎﻣّﺔ. Dans une tradition ايوذيك عوام رأسك, c.-à-d. القمل, poux, vermine, M. — De là au fig., comme vermine en français, pour toute sorte de gens de mauvaise vie, de garnements dangereux ou incommodes pour la société, Yâcout I, 293, 5: ﻋﻮﺍﻡ الناس وهوامّﻬﻢ

ﺃﻫﻢّ plus important, plus intéressant, Gl. Tanbîh, Abd-al-wâhid 151, 3: ﻣﻌﻨﻰ من ذكرهم صرف العناية — الى ما هو اهمّ ﻣﻨﻬﺎ .C. الى p. dans le sens donné par Freytag, mais sans autorité: Akhbâr 2, dern. l., 3, l. 11. — ﺍﻷﻫﻢّ le principal, Bc, Fâkih. al-khol. 123, 7, Gl. Tanbîh.

ﻣﻬﻢ, pl. ﺍﺕ et ﻣﻬﺎﻡ, ﻣﻬﻤّﺔ. ﻣﻬﺘﻢّ (pl. M) et ﻣﺘﻬﻤّﻢ affaire (chose) importante, Bc; ﻣﻬﻤّﺎﺕ affaires, Maml. I, 2, 158: «ils sont employés pour les affaires du prince,» 200, 2 a f. — والبحريون قد ضمّوا 17: ,Djob. 825 اﻟﻤﻬﻢّ le principal العشاري لاخراج المهمّ من رجالهم ونسائهم واسبابهم. ﻣﻬﻢّ pl. ﺍﺕ fête, réjouissance, en particulier noce, Maml. I, 1, 247, note II, 1, 54, 1001 N. Bresl. II, 180: ﻣﻬﻤّﺎﺕ — وعملوا العرس والمهم munitions de guerre et de bouche, M, Hist. Tun. 117: ﺍﺭﺗﺤﻞ وخلّف كثيرا وتركوا كثيرا من مهماتهم وجرحاهم 118: من مهمّاتهم والنهب ياخذ اطرافهم, 136: il retourna vers son maître 139: مصحوبا بهديّة جليلة من مهمّات الحرب والبحر) وجهّزوا له الجيش من اموالهم مهمّات الحال اخرى ﺍﻣﻮﺍﻟﻬﻢ est « à leurs propres frais»).

ﻫﻤﺎﻳﻮﻥ (pers., mais les dict. de cette langue ne le donnent pas en ce sens) percale (toile de coton blanche), Bc.

همج.

قَمَجي populace, Bc, M, Yâcout III, 446, 18 (cf. V, 289), IV, 919, 9, 980, 22 (= ارذال الناس), Berb. I, 2, Bat. IV. 224.

همد.

هَمْد pl. هامد qui habite un pays stérile, Badroun 66, dern. l.

همر.

I. هَمَر ébullition, Payne Smith 1515. — Crier de toute sa force, M. — هَمَر الكلب le chien montra les dents, Bc.

هَمَّر déblatérer, dire des sottises, Payne Smith 1972.

تهمَّر même sens, Payne Smith 1009, 1972.

همز.

I éperonner, M, Voc., Bc, Haiyân 100 r°, 101 v°, Koseg. Chrest. 69, 4, 81, 2. — Aiguillonner, Alc. (aguijar bestia). — Diffamer, décrier, P. Macc. II, 339, 6.

IV (pour I) éperonner, Alc. (espolear herir con spuela).

VII être éperonné, Voc.

هَزَّت Dicton moderne: ما زالت فيه يده والهمزة, J. A. 1858, II, 597, où Cherbonneau traduit: « et sa main a des gestes sournois.»

مِهماز aiguillon pour piquer les bœufs, Beaussier, Aboû'l-Walîd 164, 8, 353, 29, 396, 26. — Soc de charrue, M sous لبث, sous مَسَاس. — Ergot (petit ongle du pied des animaux), Bc. — Cheville ouvrière, principal agent d'une affaire, factotum ou factotum, mobile, celui qui donne le branle aux autres; motif, promoteur, celui qui prend le soin principal d'une affaire, Bc.

همس.

I a l'aor. i, M, Diw. Hodz. 149, 2 a f. — Marmotter ses prières, Abd-al-wâhid 218, 6 a f. — Murmurer, Haiyân-Bassâm III, 142 r°: ولا لاح له — حركة الهمس والقول فيه بنى قصيدة الخ Dans le Voc., mais seulement dans la 1re partie, sentire.

هَمْس dans le Diw. Hodz. 149, sur vs. 7.

همع.

هامِع, pl. aussi هُمَّع, P. Kâmil 252, 15.

همغف.

هُمقاني voyez Bait. II, 575 b, où il faut lire ainsi.

همك.

VII c. في s'abandonner à, p. e. في السَلَذّات aux plaisirs, se livrer aux plaisirs, se plonger dans les plaisirs; انهمك في الحرام crapuler, se livrer à la débauche, mener une vie licencieuse; انهماك débauche, désordre, dissolution, excès, incontinence, relâchement, Bc. Aussi c. على, Abbad. I, 4, n. 9, Maml. II, 2, 101, Gl. Fragm., Nowairi Afrique 20 r°: انهمك على الملاك, 26 r°. Dans Müller L. Z. 6, 5: الانهماك بالنساء. Ce verbe n'a certainement pas le sens de omnino captus fuit re (de timore), que Freytag lui attribue dans le Fâkihat al-khol. 211, 6 a f. On y lit: قد كنّا في بيداء الحيرة وظلماء الهلاك « ولخوف في انهماك »; mais comme cela ne donne pas de sens, je n'hésite pas à lire من بيداء, c.-à-d. قد كنا في بيداء الحيرة من بيداء «nous étions plongés dans» etc. — منهمك passionné, fanatisé, Maml. II, 2, 102; cf. Haiyân 98 v°: دعا عمر بن حفصون الى معاودة الطاعة واقصر في الانهماك, c.-à-d. que ce rebelle montra moins de passion, de fanatisme.

همل.

I. On dit هملت عيناى بالدموع, 1001 N. I, 88. — Vagabunder, errer çà et là (cf. هميل et هامل), Berb. II, 384, 3.

IV. الاهمال لنفسه s'abandonner aux passions, Abbad. I, 322, 2 a f. اهمل في مكان البغي, Berb. I, 382, 6 a f., où de Slane traduit: y rester pour en avoir des nouvelles.

VI c. في dormir, agir négligemment, Bc, M; c. عن négliger; le n. d'act. insouciance, négligence, nonchalance; le part. insouciant, négligent, Bc.

VII c. في s'abandonner, se livrer à, P. Prol. III, 408, 15, où il faut lire:

ودعنى في الشرب تنهمل

Le verbe est à la première personne du singulier, et il est dans la rime. L donne: lascivia (fornicatio) الشهوة; انهمال في petulatio; je crois que c'est bon et qu'il ne faut pas changer انهمال en انهماك. Le Voc., qui donne اهمل et نهمل sous destituere, me semble avoir pensé à la même signif., bien qu'il n'ait pas été heureux dans le choix de son équivalent latin.

هَمَل pl. اَهْمال, proprement chameau qui erre çà et là sans gardien, et par conséquent farouche; puis tout ce qui est difficile à manier, Gl. Mosl. — Anarchie, Haiyân 45 r°: كان سبب اشتعال الفتنة بكبرة

هملج

«البيعة ايام الهمل فى دولة الامير عبد الله انه الخ الخ ان استنزله الخليفة عبد الرحمن الكبار على حمل 24 rº, الفرقة بدولة الجماعة, qui fit succéder de nouveau l'u-nité de l'empire à l'anarchie qui avait régné lorsqu'il était démembré.»

هُمُول *vagabondage*, Bc.

هامِل *vagabond*, au propre et au fig.; دار عاملة *vagabonder*; عاملًا à l'abandon; الهَمَل المتوحّشون *les sauvages*, Bc. — *Abandonné*, livré à ses passions, Bc. — *Mou*, qui ne prend rien à cœur, Bc.

مهمل et مهملون كفّار مهملون, c.-à-d. que la plus grande licence règne chez eux dans les choses religieuses, Gl. Abulf. ارض مهملة *terre délaissée, lande*, Auw. I, 12. — مهملا *indéterminément*, Bc.

مَهْمُول *celui auquel on ne donne pas de marques d'estime, de considération, dont on ne s'occupe pas*, Cartâs 268, 5 a f.: ce prince ayant été battu, son père, le sultan, عاجزه لذلك فبقى مهملا.

هملج

هَمْلاج s'emploie substantivement, Djob. 232, 11 et 12, Macc. II, 563, 1, Khatîb 37 vº, et dans Müller 52, 6, on trouve le pl. هماليج.

هَمْلَكْخْت (pers.) pl. ات *semelle*; voyez plus haut مَلَكْنات.

هَمّن *eux*, Bc (Barb.).

همهم

I *gronder* (animal féroce), Bc.

همى

I, *répandre*, se dit aussi des nuages qui répandent la pluie, P. Abd-al-wâhid 217, 3, P. Macc. II, 179, 7. Dans le même sens ب همى, Macc. I, 264, dern. l., II, 101, 21 (cf. Add.), Hoogvliet 48, 4: نسى وان همَتْ بالاحسان ديمها (l'éditeur, comme le montre sa traduction p. 63, a prononcé à tort هَمّت (de قَسَم), et il n'a pas compris le mot ديم *nuages*.

VII *laisser couler*, Abbad. II, 49, dern. l.

هِمْيان *les habits*, Bg 798.

هامِيَة *nuage qui répand une pluie bienfaisante*, Ibn-Abdoun vs. 51.

هن

هند

(هَنْهُونَة =) عَنْهُونَة *compliments chantés en l'honneur des assistants dans une noce*, Bc.

II. هَنَّا ou هَنَى, dans le sens de *féliciter*, aussi c. d. a., اعتَبِيك خلاصك من ايدى المغبون, P. Abbad. II, 72, 10 et 11. هناك الله *grand bien vous fasse!* (compliment à quelqu'un qui vient de boire), Bc. — Compliment à quelqu'un pour le féliciter du retour d'une personne qui lui est chère: هناك الله بما اعطاك; réponse: الله يهنّيك, Bc.

V ne se construit pas seulement c. ب (بالطعام), mais aussi c. a., Gl. Mosl., Abbad. II, 159, 4: قلَّما تهنّأنا De même أمره دَهَنْت تَهَنّأنا نحن وابوك طعاما حافلا (*jouir de*), Khatîb 117 rº. — ان شا الله تتهنّوا ونتفوّقوا وتورّقوا المال والبضين *compliment qui se fait aux nouveaux mariés*, Bc. — *Féliciter*, Voc. — *Se débarrasser*, Ht.

VI *se féliciter réciproquement*, Macc. II, 26, 12.

هَنَا *félicité, délices*, Bc, Bidp. 30: هذا يوم هَناء — فى الهنا *grassement*, à l'aise, Bc. وذَفَرَج وسرور

هنى *commode* (chose), Bc. — هنيا لك *tant mieux pour toi*, Bc.

هنيّة dans le Voc. sous *congratulari*.

هَناءة *aisance, biens, félicité*, Bc.

مهنّى *tranquille*, Bc (Barb.).

هنب

عناب (ital. *anappo, nappo*, prov. *enap*, a. fr. *hanap, henap*, de l'anc. allem. *hnap, hnapf*, aujourd'hui *napf*) pl. ات *coupe*, Maml. I, 2, 111; voyelles dans le man 2 m de Nowairî, 265 vº: ثم اخرجت; le pl. est écrit عنبات dans les عنّاب فيه مشروب 1001 N. Bresl. IV, 360.

مهنّب I c. ب p. *traiter quelqu'un cavalièrement; cavalier, brusque, hautain*; — *enfonceur de portes ouvertes*; — *saltimbanque*, Bc.

هند

هند pl. هنود *acier*, appelé ainsi parce que, dans

l'origine, on le tirait de l'Inde, Gl. Esp. 142, Voc., Prol. III, 130, 9. مِرآة مِنْ هِنْد ou مِرآةُ الهِند, ou مِرآة هِنْدِيَّة est *un miroir d'acier, qui sert à renvoyer l'image des objets,* Gl. Esp. l. l. Le dict. de l'Acad. esp. (édit. de 1726) ne connaît pas le castillan *alinde,* qui est الهِند, comme miroir plan, mais seulement comme miroir concave et qui sert, soit à brûler les objets qu'on lui présente, soit à les grossir. Je trouve هِنْدِي pour *miroir ardent* chez un poète espagnol du XIe siècle, Ibn-al-Hannât (*apud* Macc. I, 330, 1):

لو كنتَ تعلم ما بالقلب من نارٍ لم توقّد النارَ بالهِندِيِّ والغارِ

Aujourd'hui مِرآة الهِند s'emploie encore dans le nord de l'Afrique pour *longue-vue, télescope,* Gl. Esp. l. l.

أرض هِنْدِيَّة voyez l'article qui précède. — هِنْدِي *terre rouge tirant sur le noir,* Auw. I, 42, 11, 89, 5. — هِنْدِي إقليمِي et هِنْدِي شعيري pour *myrobolan indien.* Sang. — الدُلّاع الهِنْدِي *= melon d'eau,* Calend. 83, dern. l. — Espèce de نبق, Burton I, 388.

هِنْدُوان pl. ات *épée,* Voc.

هِنْدَب etc. Voyez les formes chez Freytag 375 a; le Most. y ajoute هِنْدَبان; chez Alc. (cicorea) هُنْدَبَة; le vulgaire dit aujourd'hui هِنْدَب, M.

هَنْدَز I *trotiner toujours* (cheval), Daumas V. A. 190.

هِنْدَازَة *aune,* Bc, M. — *Cordeau,* Hbrt 83. — ذِراع هِنْدَازَة, qui s'emploie principalement en Egypte pour mesurer des articles qui viennent de l'Inde, a environ 25 pouces, Lane M. E. II, 417.

هَنْدَس I c. على dans le Voc. sous *geometricus.* — هَنْدَس الأمرَ *arranger une affaire,* 1001 N. Bresl. XI, 250; mais peut-être faut-il y substituer هَنْدَم à هَنْدَس.

هَنْدَسَة *architecture,* Hbrt 83. — Désigne les mathématiques en général, et son application au sens figuré lui donne l'acception de *calcul* et de *prévoyance,* Gl. Edrisi.

هَنْدَسِي. الصِناعة الهَنْدَسِيَّة *l'art de l'ingénieur,* Prol. II, 205, dern. l. — *Bâti avec beaucoup d'art,* Çalât 45 v°: القَنْطَرَة العَظِيمَة الهَنْدَسِيَّة, 1001 N. I, 58, 9: قاعدة فسيحة مهندسية مليحة, mais lisez

هَنْدَسِيَّة. — *Mathématicien, géomètre, ingénieur,* Hbrt 92.

تَهَنْدُس *habileté,* Cherb. Dial. 68.

مُهَنْدِس *ingénieur* ou *architecte,* Bc, Hbrt 83, 92, Ht, de Sacy Chrest. I, ٧٣, dern. l., 223, dern. l., Macc. I, 626, 7, 1001 N. III, 423. — *Le convive qui usurpe, pour avoir devant lui les meilleurs morceaux, les fonctions de maître de la maison. Il dit aux serviteurs:* «Mettez ce plat ici, cet autre là,» Daumas V. A. 315.

هَنْدَم I *disposer, arranger,* Ht,-Abou'l-Walîd 130, 25, بصنعة قد احكموها وحبيل Edrisi, Clim. I, Sect. 7: شباك من لجبال المهندمة: *ibid.:* قد هندموها وعرّفوها. — *Décrasser,* polir un homme grossier, Bc. — *Nipper,* former de nippes, Bc.

II *s'habiller,* mettre des habits plus recherchés que ceux qu'on porte ordinairement, Bc.

هَنْدَمَة *habit habillé,* Bc.

هَنْدَام *machine,* Prol. II, 205, 9: وربما استعين في ذلك اكثر الامر بالهندام الذي يضاعف القوى والقدر وكذلك في جرّ, 2 a f., 323, 11: في حمل اثقال البناء هندام النفط القاذف, III, 103, 13; الاثقال بالهندام يحمى الجنود ينبعث من خزنه امام النار الموقدة في البارود بطبيعة غريبة «l'engin à feu qui lance du gravier de fer. Cette mitraille est chassée hors de l'âme de la pièce par le moyen de la poudre enflammée qui a une propriété singulière;» on voit qu'il s'agit d'un canon. — الهَنْدَام *la mécanique,* Prol. I, 318, 9: واعلم ان تلك الافعال للاقدمين انما كانت بالهندام واجتماع الفعلة وكثرة الايدى عليها, II, 207, 14. C'est ainsi que traduit M. de Slane dans ces deux passages; mais on pourrait aussi considérer هَنْدَام comme un coll. sing. masc. et traduire *les machines.* — *Propreté,* manière honnête de s'habiller, etc., *tenue,* manière d'être vêtu; مليح في هندامه *proprement habillé,* Bc.

مُهَنْدَم *symétrique,* Bc. — *Proprement habillé,* Bc.

هَنَس sorte de poisson, Edrisi, Clim. I, Sect. 7; leçon de BD; C الهَنَس, A المَنَس (sic).

هَنْشِير pl. هَناشِر est le nom que l'on donne aux ruines romaines en Afrique, Cherb., Beaussier, Barth I, 52, 69, etc., Pellissier 19, 344, qui ajoute qu'on dit par plaisanterie, en parlant d'une femme sur le retour: c'est un *henchîr*. — *Propriété territoriale, ferme, maison des champs, métairie*, Beaussier; à en croire Pellissier (l. l.), cette signif. découle de l'autre; « comme les ruines, dit-il, se trouvent, le plus souvent, dans les endroits les plus fertiles, on s'est habitué peu à peu à appeler aussi *henchîr* les exploitations agricoles, les fermes. »

خنكك. Chez Alc. (enlodarse) *se crotter, se couvrir de boue* est *hanneq*, c.-à-d., je crois, خَنَّق, et peut-être les Arabes d'Espagne avaient-ils un subst. خَنَكَة, dans le sens de *homme couvert de boue;* je propose de lire ainsi chez Macc. II, 542, 13, où l'on trouve qu'un homme qui était tombé dans un bourbier, صار متكَكَ.

خنم. خَنيَم voyez sous *hâ yd*.

خنه. خَنيَهَة = خَنيَة *un instant, très-peu de temps*, M: امكث خَنيَهَة اى ساعة يسيرة او لطيفة, Bassâm II, 165 r°: خَنيَهَ lisez خَنيَهَ (le mot rime avec بزهِد), « le pouvoir murmura leurs noms peu de temps, » c.-à-d., ils exercèrent peu de temps le pouvoir.

خنهن I *faire dodo, dormir*, Bc.
خَنهونة *acclamation;* avec le pl. خنابين *cris de joie;* — *compliments chantés en l'honneur des assistants dans une noce*, Bc.

خنو. خَنة et خَنَة *chose en général, soit mauvaise et honteuse, soit bonne et louable;* — خَنات = *paroles ou vers;* = *faits;* — وهن ومن *l'un ou l'autre*, Gl. Mosl.

هُنا *là*, Bc (Eg.). — من هنا شويّة *bientôt*, Bc (Barb.). — خَنَاكَ ou خَنَاكَ *vous n'en êtes pas digne*, Gl. Fragm., Gl. Mosl.

خَنة *condition, état*, Gl. Mosl.

خَنية est dans le Voc. *humus*, qui est une faute pour *humerus*, puisque غارب est le synonyme; mais ce خَنية ne peut pas être bon.

خَنيَة *un instant, très-peu de temps*, Bat. II, 429, Nowairî Egypte, man. 2 m, 69 r°: رجع فغاب خَنيَة.

خَني I pour خَنَا aussi P. Kâmil 478, 17.

خُو interj. dont on se sert pour faire marcher les bœufs, M (sous وح), qui ajoute que les Turcs l'emploient aussi.

خُو est parfois خُنُو chez les poètes, Macc. II, 659, 6 (cf. Add.), et de même هي pour هِي, II, 211, 4, si l'on y conserve la leçon du texte, car Boul. a صاحي, qui est pour صاحى. Le Voc. donne pour *ipse:* هي وهي, خُو خُوَ خُوتُ خُمَا خُمْ خُمَنْتْ, et pour *ipsa:* خِيَتْ خُمَا خُنْ خُمَنْتْ. — Comme pronom démonstratif, Cout. 12 r°: بات فى الليلة فى القصر « cette nuit. » — Pour le verbe substantif, *est, se trouve*, Prol. I, 144, 11: وفى وسط هذا الجو التاسع هو السد الذى بناه الاسكندر.

الهُوُو (الاتحاد بالذات), *ipséité, individualité*, M. خُوية M: الهوية للحقيقة المطلقة المشتملة على الحقائق اشتمال النواة على الشجرة فى الغيب المطلق والهوية النسارية فى جميع الموجودات ما اذا اخذ حقيقة الوجود لا بشرط شىء ولا بشرط لا شىء; cf. Prol. III, 67, 6 et 11.

خوأ. خواثى. Le vers chez Freytag est dans le Diw. Hodz. 272, dern. l.

هوب. هَوبة. L donne: *gravetudo*, هَوبة وثقل, *miraculum*, هَوبة وعدة, *tremor*, هَوبة وتعجب. Dans le Voc. ce mot est *timor*. Chez Alc. *férocité* (ferocidad, fiereza).

هَوبى *féroce*, Alc. (feroce cosa, fiera cosa).

هوت. هُوت *bas-fond, terrain bas et enfoncé*, Yâcout IV, 995, 16.

هُوتة *fosse;* le man. de Leyde de Bidp. a cette leçon (au lieu de هاوية) p. 11, 4. — *Précipice*, Hbrt 169; *abyme*, Gl. Geogr. 372. — هَوتات *ravins*, Delap. 176, Roland; ce pl. aussi dans Abou'l-Walîd 781, 19, où le *techdîd* est de trop.

هوج I voyez هجّ I.

هَوَج irréflexion, légèreté, imprudence, étourderie, témérité, Fakhrî 272, 8 (cf. l. 3), Prol. I, 342, 1. — Ingénuité, naïveté, Bc.

هَوْجَل pl. هَواجل sorte de verrou de bois pour fermer une porte (voyez la description de cette espèce de serrure de bois, ضَبّة, dans Lane M. E. I, 25), L: pesculis [lisez pessulis] من هواجل, pestillum من هواجل, plus loin pestillum (pessulum), et puis: pessulum (pescum, pestillum) avec la même phrase arabe (on voit par l'article pestillum de Ducange, que ce savant a trouvé dans son exemplaire de ce Glossaire: pessulum (pestum, pestillum)). — Au fig., le membre viril, Macc. I, 472, 21—23; remarquez que les mots: يعني أن للحاجب خصيّ لا هوجل معه والهوجل الذَّكَر ne se trouvent pas dans le Matmah; c'est une note explicative de Maccarî.

هود II descendre, Beaussier; هَوْد الليل «la nuit descendait,» 1001 N. Bresl. IV, 156 (deux fois). — Chez le vulgaire pour هَوَّت, crier, M.

III accompagner, être le compagnon de, Alc. (le n. d'act. compañía, le part. compañero en los plazeres, compañero que acompaña a otro); surtout en parlant d'un inférieur qui accompagne un supérieur, Alc. (acompañar al mayor, tandis qu'il a صاحَب pour acompañar al igual). — C. a. p. et على r. comploter avec, Gl. Bayân. — Accommoder, traiter bien un acheteur, lui faire bon marché, faire bon marché à quelqu'un, lui vendre à un prix modique, Bc, M; marchander, Dolap. 104. — C. a. p. avoir de la condescendance pour quelqu'un, Bc. — Mettre de l'eau dans son vin, rabattre de ses prétentions, lâcher la main, Bc.

V marchander, Ht.

VI c. مع être d'accord avec, Voc.; تهاودوا على السومة ils convinrent du prix, Dolap. 173.

هَوْدة (pour وَهْدة ou pour هَوْنة) bas-fond, terrain bas et enfoncé, Gl. Geogr.

هَوادة excès d'indulgence, facilité à excuser et à pardonner ce qui devrait être puni, laisser faire des choses auxquelles il faudrait s'opposer, Mohammed ibn-Hârith 245 (cadi): قد أعلمته أن ابن بشير صاحبي حقّ لا هوادة عنده فيه لأحد, Abd-al-wâhid 177, 14

وهو عندنا من المشهورين بالتصميم والتنبّل في (cadi): Khatîb 23 v° (cadi): دينه وممن لا تأخذه هوادة في الحقّ, واستنظهر بجزالة أمضتْ حكمه وانقباض عاتاه عن الهوادة, Prol. I, 379, 15: فليسوا ممن يأخذهم في لحفظ هوادة, 385, 3 a f.: وظنّوا بعلي هوادة في السكوت عن نصر عثمان من قائليه

مُهاوِد relâché, qui n'est pas si sévère, presque dissolu, Bc.

مُهاوَدة complaisance, Bc. — Rémission, diminution, relâchement de la maladie, Bc.

هَوْذَن l. c. a. et II dans le Voc. sous perplexus.

هَور V être téméraire, Gl. Edrîsî, Gl. Geogr. — Etre sot, Gl. Edrîsî.

هُور, هِيرة (pl. آت, هَوارات) = خَدَر, Gl. Belâdz. 39, Gl. Geogr.

هَوارات (pl.) se trouve comme le nom d'un vêtement dans mon Catal. des man. or. de Leyde I, 155, 6: والبسوا الراغبين المذكورين قبائني تنزية وتخفيفتين بيض وهَوارات

هُورى, en Espagne, épithète d'une espèce de melon, du nom d'un village où il était cultivé en grand, Auw. II, 223, 17.

هُور voyez هَوارات.

هَوّارة troupes irrégulières, M.

هَوِّير bêtes de somme, Cherb.

هوس I. هاس, aor. a, n. d'act. هَوْس, devenir perplexe, être dans une irrésolution pénible sur ce qu'on doit faire, M (كان به هوس = — —; وقع في حيرة واضطراب), M (voyez قوس).

II c. a. p. déclarer que quelqu'un est atteint de هَوَس (voyez), M. — Dans le Fâkihat al-khol. 44, 8 a f, cité par Freytag, c'est plutôt suggérer des idées extravagantes. — Troubler, Voc. (turbaro), Alc. (turbar); مَهْوَس étourdi, consterné, stupéfait, Alc. (atordido). — Tumultuare dans le Voc. — Pousser, faire aller, Ztschr. XXII, 150, 7. — C. a. mépriser, ne point faire de cas de, M; c. ب, Haiyân 67 v°: فعاب

هوش

الـبـحـريّـون الى الـتـنـمّـرس بالـغـشّـانـبـيـيـن الذين كانوا شفعاؤُهُم والـتـنـمّـرس لاهِ والـتـهـويـس بـمـا كان مناهٍ في مدافعة سُوّار عـنـهـم؛ V comme chez Freytag dans le Fakhrî 84, 7 a f., 169, 5. — *Être tenu pour atteint de* هَوَش, M. Aussi quasi-pass. de II dans le sens de turbare et de tumultuare, Voc. — C. بـ *rêver, dire des choses déraisonnables, extravagantes*, Bîroûnî 297, 8.

VII *rêver, être dans le délire, laisser errer son imagination*, Bc. — C. بـ *se coiffer de, s'engouer de*, Bc.

هَوَش dans le Voc. sous *tumultuare*.

هَوَس, Gl. Manç.: ضرب والتهويس والتهويس; dans les 1001 N. Bresl. III, 223, on lit: الجنون يُسمع أنه مريض وقد اعتراه هَوَس جنون, à moins que le second mot ne soit une glose du premier. Bc: *rêverie, idée extravagante, délire, châteaux en Espagne, projets en l'air*; cf. Harîrî 163. Ordinairement on peut traduire *extravagance*, p. e. Meursinge 25, 15, 26, 8: ومن هَوَسه قول لبعض ملازميه اذا صار اليمنا انقضى قَـبِـرَنَا لَكَ كَـذَا وَكَـذَا بَـل تـصِيرَ أَنـتَ تَـصِـيـرَ الـكُـلَّ; c'était en effet une idée extravagante, car il n'y avait aucune apparence que Soyoutî devînt jamais un cadi (cf. 43, n. 182); cf. Maçoudî IV, 15, Bîroûnî 297, 3. — Chez les Soufis, *plaisir charnel, appétit charnel*, Ztschr. XVI, 242. — C. في *amour, passion pour*, p. e. pour la chasse, في الصيد, 1001 N. Bresl. VI, 269.

هَوِيس, t. d'agriculteur, *du froment, etc., rôti dans l'épi afin d'être mangé*, M.

تَهْويس voyez sous هَوَس.

مُتَهَوِّس *rêveur, qui s'abandonne à de folles rêveries, extravagant*, Bc.

هَوَّش I c. على p. *se précipiter sur*, Maml. I, 2, 63; c. في p., 1001 N. Bresl. XI, 371. — هاوش المال *acquérir par des moyens illicites*, M. — *Aboyer (chien)*, M.

II *troubler, agiter*, Maml. I, 2, 64, *exciter*, Hbrt 242, هَوَّش الغَوْمَ *semer la discorde parmi le peuple*, M. — *Faire aboyer un chien*, M.

III. Le n. d'act. *querelle, rixe*, Djob. 63, 2 a f., Edrîsî, Clim. VI, Sect. 4: ولتم مع جنسهم ومن قربهم من بلادهم حروب ومهاوشة. Dans Maml. I, 2, 63: « Cet officier, à la tête de 50 fantassins, s'avança لمهاوشة » Quatremère traduit *pour le repousser*.

هول

pl. هَوايش *bétail, bestiaux*, Cherb. Dial. 18, 28, 30, le pl. *animaux*, Delap. 176; *grands animaux, bêtes, tels que le crocodile, le buffle, etc.*, note de Lane (qui donne le sing. هايشة) dans sa trad. des 1001 N. III, 108, n. 77, sur le passage III, 66, 8: تـتطـلـع الـهـوايـش من الـبـحـر تبلعه. — *Lion*, Beaussier, Marguerittc 144.

هَوش (pour هو شي). هو شي ردي *passable*, Bc.

هَوْشَة *rixe, lutte*, Beaussier, Roland, *trouble, sédition*, Maml. I, 2, 64.

هوشة et هَشَة *mésentère, membrane le long des intestins*, Bc.

هَواش *combat*, Auw. II, 707, 3 a f., où Clément-Mullet lit ainsi d'après la trad. de Dioscorides.

هَوْع I, n. d'act. هَوْع, Diw. Hodz. 131, vs. 6.

هَوْع = هَوْع voyez Diw. Hodz. 131, vs. 6.

هَوْع جَـزَنـك = الامر الذي, Diw. Hodz. 131, sur vs. 6.

هَوْعَل I pour خَبْعَل, Gl. Geogr. sous في.

هَوَّاك est traduit par *escamoteur* dans la Descr. de l'Eg. XIV, 182, ce qui ne s'accorde pas avec la définition *ibid*. n. 2: هَوَّاك شي يـقـال لـه تَـحَـاويـر في صَنديق

هَوَك, fém. هَوَكة, pl. هَوَك, *fou*, Diw. Hodz. 120, vs. 5.

هَوْكبارة *sorte de poisson*, Yâcout I, 886, 9.

هول I est synonyme de راع, *étonner, surprendre par quelque chose d'extraordinaire, en parlant soit de ce qui est effroyable, épouvantable, soit de ce qui est agréable, beau, plaire*, p. e. هَسْتُهَا الـمـراة. De même II, car اذا قد هَوَّلت الـمـراة بحَلِـيها وزيـنـتـها رَاعت انـاطـر البها, Gl. Geogr. — *S'agiter, être très-agitée, se courroucer (mer)*, Gl. Edrîsî, Voc., Bat. II, 180, Macc. II, 704, 4, Kalyoubî 28, 11 éd. Lees: فَرَّ يوما على بحر عَمَيق فَراي فيه موجا عائلا من الريح; exemples empruntés aux Merveilles de l'Inde chez Devic 140.

II voyez sous I. — *Vanter, louer avec exagération*, Gl. Geogr.; c. بـ r. *annoncer en termes pompeux*,

هول

Meursinge 22, 11: وهوّل في مقدّماته بما يتوقّم منه هوّل عليه بالعصا — للجاهل شيئًا ممّا لا يوق ببعضه il le menaça du bâton, M. — *Inquiéter, troubler*, Alc. (inquietar, turbar, partic. act. alborotador, pass. alborotado). — *Injurier, insulter, outrager*, Alc. (denostar con boç). — Dans le Voc. sous proscella et tempestas.

V c. عن r. *éviter par crainte de faire une chose*, Becrî 189, 9. — *Se troubler*, Alc. (turbarse). — Dans le Voc. sous proscella; *se courroucer* (mer), Beaussier.

X. استهول الأمر *s'effrayer d'une chose, s'en étonner*, Bc. — C. a. استهول ou استهال *admirer*, Gl. Geogr.

هَوْل, aujourd'hui هُول, M, Mc. Une des formes du pl. que Freytag donne comme هُوَوْل, doit s'écrire هُوُوْل. — *Horreur* (en parlant de choses qui l'inspirent), p. e. أهوال الحرب « l'horreur des combats, » Bc, cf. Abbad. I, 384, 5 a f., Cartâs 149, dern. l., Müller 13, 5; pl. du pl. أهاويل, Moslim p. 86, vs. 14: أهاويل الدجى « les horreurs des ténèbres » (de la nuit), comme هول الليل chez Aboulfaradj 24, 9. — *Danger*, Bc. — *Horreur, énormité, noirceur, atrocité d'une action, d'un caractère, monstruosité*, P. — *Inquiétude, tourment, souci*, Ht, P. Prol. III, 423, 6: فلا بُدّ من هول الهوى يعتريك *Bruit, criaillerie, vacarme, fracas*, Alc. (alboroço ruido, roydo de gente armada, ruydo por estruendo, ruydo de gente). — Pl. أهوال, pl. du pl. أهاويل, *agitation de la mer, tempête*, Gl. Edrîsî, Gl. Mosl., L (procella, tempestas (impetus), Voc. (proscella, tempestas), Akhbâr 6, 1, Djob 31, 16, 34, 1 et 2, 319, dern. l. Aussi *tempête sur terre*, Haiyân 88 r°: هول شديد من برق ورعد ومطر غزير حال الناس مصابه واستغربوا كونه في ممطر بها الناس يومئن برعد وبرق, ibid.: مثل زمانه واشتدّ فيها الرعد والبرق والمطر يعظم الهول, ibid.: وهول Macc. I, 125, 4: ذُكر انّه اراد تسقيفها في بعض الاماكن راجعة للمخاطرين من وهج الصيف وهول الشتنه — *Tourbillon, vent impétueux qui va en tournoyant*, L (turbo, turbines أهوال), Alc. (remolino de viento, torvellino), qui a en ce sens le n. d'un. هَوْلَة, coll. هَوْل. — *Inondation*, L (inundatio).

هَوْل (vulg.) *illi* dans la 1re partie du Voc., *iste, ista* dans la 2de.

هَالَة impropement pour حلقة, *cercle de buveurs,*

هوم

d'auditeurs, etc., Fleischer sur Macc. II, 181, 15 Berichte 282.

هَوْلَة *bruit, vacarme, criaillerie*, Alc. (bozes ruydo). — Voyez sous هول.

هَائِل, *terrible*, s'emploie souvent, comme *terrible* en français, pour *étonnant, étrange, extraordinaire*, Bat. I, 30, 410, II, 36, III, 220, 271, IV, 298, 375, Edrîsî, Clim. V, Sect. 2: أمورها شاخذة واخبارها هائلة, Gl. Geogr., et c'est aussi (cf. I) *beau, magnifique*, etc., p. e. en parlant d'une عصبة, 1001 N. I, 208, d'un mets excellent, Bresl. II, 98.

تَهَاوِيل. Sous التهاويل on entend les ornements, non-seulement d'une femme, mais aussi d'une litière, les étoffes de couleur qui la couvrent, Gl. Geogr. — تهاويل *fables, faussetés, choses controuvées*, ibid.

تَهْوِيلَة pl. تهاويل *exclamation de crainte*, etc., Bc.

مَهْوُل. Rhazès emploie ce mot dans le sens de مَخُوف, comme dans ces passages que cite Checouri 194 v°: غشي عليه غشية مهولة, et: وهو في غشية مهولة. Le Gl. Manç. observe que c'est un barbarisme et que Rhazès aurait dû écrire مهول منه, ou mieux encore مهول منه. L'usage, toutefois, a consacré l'emploi de مهول en ce sens; voyez, p. e., Abd-al-wâhid 151, 2 a f., Chec. 204 v°: اعراضه كثيرة مهولة, 1001 N. II, 335, 338, Bc: *affreux, effroyable, épouvantable, formidable, horrible, monstrueux, terrible, tragique*. — هول البحر = مهول البحر, scoliaste de Moslim p. 86, 2 a f.; *procellosus*, L.

مِهْوَال dans le Voc. sous proscella, sous tempestas, et terribilis (in mari).

هُوْلَك (vulg.) *ille, illa*, Voc., dans la 1re partie *illi*.

هوم I *roder, errer*, aussi II, Beaussier (= عام يهيم dans la langue classique, que Beaussier a aussi); il donne encore: يهوم في الدنيا « il erre dans le monde, » عام من البلد « abandonner le pays. »

II *faire un petit somme*, M (نام قليلا), Djob 234, 13, 246, 4, etc.; تهويمة خفيفة *un petit somme*, 261, 2.

هُوم nommé parmi les graminées, Most. v° نجم (pas dans N).

هَامَة الرأس *fontaine de la tête*, ou *fontanelle*, Bc.

هَائِم *errant, vagabond*, Beaussier; — pl. هُوَّام, Thévenot I, 528: « On me fit voir à Alexandrie un

هون

Hhouame, et on me dit que les Hhouames sont gens vagabonds parmi les Arabes, et logeant sous des pavillons comme eux, mais ils ont une certaine loi toute particulière; car toutes les nuits ils font leurs cérémonies et prières sous un pavillon sans aucune lumière, et puis ils s'accouplent à la première personne qu'ils y rencontrent, soit père, mère, sœur, ou frère; c'est bien pis que la religion des Adamites. Ces sortes de gens se tiennent pourtant secrets dans la ville, car quand on les connaît pour Hhouames, on les brûle tout vifs.»

مَهَامَة chez Freytag est une lourde bévue de Willmet et de Hamaker, qu'il n'aurait pas dû copier. Le mot est مَهَامَة, pl. de مَهَمَة.

هُوْن I. Le Voc. (v° facilis) donne هَانَ عَلَى يَهِينُ هَيْنٌ je comptais pour peu de chose, pour rien, 1001 N. I, 78, 12: وَهُونَ عَلَيَّ قَلْعُ عَيْنِي بِنَاجِذٍ مِنَ القَتْلِ ; ما هان عليه coûter, être difficile à faire, à dire, fâcher, causer du déplaisir, Bc, 1001 N. I, 88, 12, III, 196, 12: كلاَّ سَرِيعًا وَرُوحَا قَبْلَ أَن بَلَغَ اخَوَكُمَا, où Lane traduit: « it will not be agreeable to him;» — ما هان علىّ أن أسمع بكاها = je devais de toute nécessité entendre ses cris, 1001 N. I, 86, 7 a f.

II c. a. r. et على p. représenter une chose à quelqu'un comme facile à faire, ou comme de peu d'importance; ainsi حَقِّقْ وَلا تُبَلِّ هُوِّنْ عَلَيْكَ est « comptez cela pour peu de chose et ne vous en mettez pas en peine;» cf. Gl. Belâdz., Abd-al-wâhid 84, 8 et 5 a f. — ما هان علىّ = فِي بِهُونَ علىّ (voyez), 1001 N. I, 14, 8 a f.: فَلَم يَهُونَ علىّ ان اتَّخِذَهُ.

IV abaisser, humilier, avilir, ravilir, Bc, Ibn-al-Abbâr man. 63 v°: أَهِينَ بِالضَّرْبِ.

V. تَهَوَّن dans le Voc. sous vilipendere. — تَهَيَّن dans le Voc. sous facilis.

VI. Cf. pour l'emploi de cette forme: Akhbâr 157, 9: فَتَهَاوَنَتْ بِالتَّنْفِيفِ لَنَا وَقِلَّةِ المُبَالَاةِ بِنَا.

X aussi c. a., M, Aghlab. 18: خَرُّوبُ المَسَاجِدِ وَاسْتَهَانُوا بِهَا.

هَانْ pour حَالْ cardamome, Lane M. E. I, 206 n.; pour حَبّ هَانْ, on écrit aussi حَبَّهَان, Bc, 1001 N. II, 66.

هون (pour هاون) pl. أَقْوَان mortier, Lane M. E. II, 308 n., 1001 N. II, 408, 4, III, 418, dern. l. — = هُنَا céans, ici, là, Bc (Syrie).

هُون affront, avilissement, J. A. 1835, II, 417—8. — Bas prix, p. e. تِبَاع بِالهُون « il se vend à bas prix,» ibid. (car je crois que c'est هُون, pas هَوَن, comme Quatremère y prononce).

هَوَان abaissement, humiliation, Bc. — Bas prix, J. A. 1835, II, 418.

هُوِينَة facilité, Voc., Alc. (facilidad ligereza).

هَيِّن peu important, Maml. I, 1, 159: أَمْرَة سِلَاحٍ كَانَتْ قَدِيمًا هَيِّنَة خِلَالَ زَمَانِنَا هَذَا فَإِنَّهَا الآنَ أَعْظَمُ الوَظَائِفِ بَعْدَ الأَمِيرِ الكَبِيرِ.

إِهَانَة insulte, Bc.

(مِهْوَان) pl. مَهَاوِين, P. Mufassal 100, 13.

مُهَان méprisé, abject, Bc, Antar 17, 2.

هُونِيكَ là-bas, là, Bc (Syrie).

هُوَهْ ho! pour témoigner l'admiration, Bc. — Holà! pour appeler, Bc.

هَوَى I. Pour indiquer qu'un puits est très-profond, on l'appelle بَعِيدُ الهَوَى, proprement: ce qui y tombe met beaucoup de temps à atteindre le fond, Berb. II, 81, 4 a f.: وَذَلِكَ أَنَّ البِئْرَ تُحْفَرُ عَمِيقَةً بَعِيدَةَ الهَوَى; mais peut-être faut-il lire المَهْوَى (voyez). — C. ب faire tomber, Abbad. III, 20. — C. إلى p. embrasser le parti de quelqu'un, Haiyân 40 r°: وَاسْتَدْعَاء عِنْدَ أَهْلِ اسْتِنْجَاءِ الهَاوُونِ البَيْدِ فَادْخُلُوا فِيهَا وَخَالَفُوا السُّلْطَان. — C. إلى p. se rendre vers, Haiyân-Bassâm I, 88 r°, en parlant d'Ibn-Zaidoun qui avait quitté Ibn-Djahwari هَوِيَ إِلَى عَبَّاد. — Voler (oiseau), Hbrt 65 (Alg.).

II jeter, Voc. — Aérer, mettre à l'évent, éventer, faire du vent avec un éventail, et: exposer au vent, p. e. هَوَّى الغَلَّة « éventer le grain, le remuer pour lui donner de l'air,» Bc.

IV c. إلى p. se précipiter vers, Koseg. Chrest. 33, 3 a f.; aussi c. ل p., Macc. II, 208, 3. — Précipiter, jeter de haut en bas, Alc. (despeñar o despepitar). — أَهْوَى الرَّاكِبَ لِيَنْزِلَ se dit d'un cavalier qui, lorsqu'il veut mettre pied à terre, *étend la main pour saisir le pommeau de la selle*, Gl. Fragm.

V dans le Voc. sous proicere. — *Prendre l'air, être aéré, s'éventer, se donner de l'air*, Bc.

VII et X semblent signifier *s'exposer à l'air quand on est malade, et devenir conséquemment capricieux, fantasque, fou*, 1001 N. III, 432, 9: انظر ولدى الذى واقف كان ضعيفا واستنهوى فاضد الهواء عقله où Bresl. (IX, 223) a seulement: ولدى الذى واقف كان ضعيفا فتنهوى. — X *s'enrhumer, gagner un rhume*, Bc.

هَوًى, *passion*, pl. أَهْوِيَة, Bc (sous *allumer*). — Dans le sens de *volonté*; غلب على هواه *dominer quelqu'un*, Berb. I, 444 (2 fois); حكم بالهوى *juger des procès selon sa fantaisie*, contre droit et raison, Freytag Chrest. 76, 10. — *Ambition*, Abbad. I, 245, 2. — أَهْوَاء en religion = بِدَع *hérésies*, Djob. 76, 6: وما سوى ذلك ما بهذه لجهات المشرقية فاهواء وبدع فلان من اهل الاهواء لمن زاغ عن M: وتفرق ضالة وشيع. — الطايفة المثلى ويسمى اهل الاهواء باهل البدع. *Ce qu'on désire*, الْمَهْوَى (Câmous), Macc. II, 179, 6, pl. أَهْوِية, Haiyân-Bassâm I, 114 v°: فتلقى جميع الناس بالايناس واستمالتهم بالاعطية «et il tâcha de se les attacher en leur accordant ce qu'ils désiraient;» — *objet aimé, amante*, Gl. Mosl. — كُلنا بأهوى سوى, 1001 N. I, 72, 9, semble signifier: «nous tous, nous n'en savons rien;» mais je ne suis pas à même d'expliquer l'origine de cette expression.

هُوِى *abyme*, Voc.

هَوْيَة *coup*, Hbrt 242, p. e. هوية رجل *coup de pied*, هوية شيخ *coup d'épée*, ibid. et 134.

هَوِى. مطرح هوى *lieu aéré*, Bc.

هَوِية *bas-fond, terrain bas et enfoncé*, Gl. Geogr. — *Caverne*, ibid. — La signif. de *puits profond*, que Freytag donne d'après le Câmous, ne s'y trouve pas et doit être biffée, ibid.

قَوَاء في الْهَوَاء (à sous-entendre ذاهب) *haut (château)*, Gl. Geogr. — *Climat, la température de l'air dans un pays*, Bc, M, *température*, Tha'âlibî Latâïf 113, 9, 5 a f., 2 a f.; هواء معتدل *température douce*, Bc; *ciel, temps*, Bc. — *Vent*, p. e. ثار الهواء «il s'est élevé du vent;» هوا مريسى *mistral*, Bc. — Pl. أَهْوِية *air, suite de tons qui composent un chant, chant, air, modulation*, Bc, Hbrt 99, Lane M. E. II, 92 n. هواى يد *coup*, هواى *coup de poing*, Hbrt 242.

هَوَائِى, à Bairout, *deux modd*, M.

هَوَائِى *aérien, éthéré*, Bc. — *Capricieux; fantasque*, Bc. — الحروف الهوائية sont l ا, et ى, Prol. III, 285, 12; الف هوائية est un *élif sans voyelle, comme le second élif dans* آنْسَن (ἄλυσσον), Bait. I, 1.

هُوَّة pl. هُوَى *bas-fond, terrain bas et enfoncé*, Gl. Geogr. — *Caverne*, Gl. Geogr. — *Fosse*, Voc. (1re partie), Gl. Geogr., p. e. celle dans laquelle on renferme un lion, Abbâr 233, 6; *basse-fosse, cachot très-profond dans une prison*, Berb. II, 416, 11: واحتمل الى المطبف فاودع به الى ان سرب اليه الماء فمات غريقا في هوته. — Dans Cherb. Dial. 181, هُوَّا *ravin*. — *Abyme*, Bc; au fig., Berb. I, 95: حتى اذا اراد الله انفاذ الامر من هوة لخسف وتخليصهم من مكاره لخوع الحرج et souvent استنقاذ المدينة من هوة الحصار, p. e. I, 320, 376, 430, 555.

هَاوِية *fosse*, Bidp. 11, 4. — *Abyme*, P. Akhbâr 159, 2 a f.

مَهْوَى *précipice*, Haiyân 76 r°: وترتدى منام خلك كثير في مهاوى الاودية والاعصاب الشبكة, Cartâs 148, 5 a f., Bat. II, 224, Abbad. I, 12, 5. — *Fosse*, p. e. celle dans laquelle on renferme un lion, Abbâr 233, 5. — La signif. notée par Freytag d'après le Diw. Hodz., *l'espace entre le sommet et le pied* d'une montagne, se trouve aussi dans le Cartâs 59, 8, où il est question d'une forteresse très-haute, et où il faut changer, d'après notre man., le هواء, qui est un non-sens, en ومهواها الى الارض مدّ البحر: ميواها «l'espace entre elle et la terre est aussi grande que la vue peut s'étendre.» De même chez Moslim p. 36, vs. 32: بعبدة مهوى القرط (جاريتى), pour indiquer qu'une jeune fille a le cou très-long. Voyez aussi sous I. — Nom de lieu de هوى dans le sens de *voler*, P. Macc. II, 284, 9: Un ami vous appelle vers, etc., et vers:

ومهوى جناح للصّبى يسمع الوى
خفىَ للخوافى والقوادم خفّاى۞

مَهْوَاة puits profond, Gl. Geogr. — *Fosse profonde*, ibid. — Précipice, Bc, Prol. I, 46, 7, Berb. II, 22, 7.

اِسْتِهْوَاء *rhume*, Bc.

هَفَى *allez!* (exhortation, menace), Koseg. Chrest. 88, فى بنى كلاب ارجعوا الى ورائكم والّا أقلككم بهذا السيف۞ :9

هَيَّأ II *ensevelir* ou *enterrer*, 1001 N. I, 218, 3 a f.: فلما مات لم يترك شيبا فهيّأته وقد عملت له مختمات, où Boul. a جهزته. — وحزنت عليه ايام وليالى, *Finir*, achever, Bc.

III c. a. p. et فى ou على r. *être d'accord avec*; le *hamza* se change aussi en ى, هايبته مهايأة, M, Gl. Maw. Comme t. de droit c'est: *s'accorder avec quelqu'un, afin que chacun des deux contractants jouisse d'une chose à son tour.* Ainsi هايأ فلان فلانا فى دار كذا بينهما signifie que chacun des deux habite une maison pendant un certain temps, et l'on dit alors: فعلا كذا بالمهايأة۞

V *finir*, prendre fin, Bc.

هَيْئَة *attitude*, situation, position du corps, contenance, Bc, p. e. هيئة الساجد, Gl. Abulf. — *Manière d'agir, coutume, usage,* Vêtem. 8, l. 8, 9, n. 1, 435, Badroun 144, 9, Gl. Tanbîh. — *Apparence,* بالهيئة *en apparence*, Bc. — *Expression, représentation des traits, des passions* (= بيان ما فى النفس), Bc. — Le Voc. a هَيْئَة pour *ornatus*. — *Haut rang, condition élevée,* Aghlab. 52: وكان له قدر وهيئة dans les passages que je connais, ذوو الهيئات n'a pas le sens que lui attribue Reiske, mais celui *d'hommes d'une condition élevée;* voyez Abbad. I, 166, n, l. 4, 223, 8, Ibn-Abdoun vs. 13 (p. 75 de mon édit.). Pour ذو هيئة, J.-J. Schultens, qui traduit *formosus*, cite Hist. Joctan. 104, 9; mais je crois que ce terme y signifie aussi: *d'une condition élevée* (le texte porte: غلاما جميلا وسيما ذا هيئة وعقل, cf. le ابناء الملوك de la l. 11). — Pour *astronomie*, on emploie peut-être plus ordinairement علم الهيئة que علم الهيئة (الهَيْئَة) *astrologie,* Voc.), Macc. I, 906, 10,

Prol. I, 82, dern. l., Khatîb 33 r°, 55 v°, autre exemple sous أَثَر.

هَيْئِى *astrologue*, Voc. (qui écrit هَيْئِى).

هَيْبًا *vite!* 1001 N. I, 296, 9, 308, 3 a f., III, 208, 6.

هَيْبًا = ايّا, Baidhâwî I, 7, l. 27.

هَيَب I = اعظم *trouver une chose grave, très-sérieuse, s'en effrayer*, Meursinge 5, 2 a f.: فاعظمت ذلك وهبته لعظم منزلة الشيخ فى قلبى۞

II *effrayer, faire peur à quelqu'un*, Voc., Mâwerdî 103, 1 et 6, 106, 6.

IV c. ب p. et الى r. *inviter*, Gl. Mosl. — ما أَهْيَب وجهه *combien sa figure inspire du respect!* P. Prol. III, 416, 6; cf. plus loin le n. d'act. et le partic.

V dans le sens d'*épouvanter, faire peur*, aussi c. على p., Abd-al-wâhid 93, 6.

X c. a. p. *avoir du respect pour*, Humbert, Arab. Anal. inedita, p. 99: فلما سمع حسن منه هذا الكلام ونظر الرجل وتأمّله ورأى عليه هيبة السيادة والاعتبار واستهابه ولم يقدر أن يمتنع من طلبه; mais il faut biffer la copulative avant استهابه. Le verbe se trouve aussi, mais sans régime, dans Payne Smith 1719.

هَيْبَة «il n'y a que les honteux qui perdent,» «craindre est perdre,» c.-à-d, celui qui est timide ne réussit point dans ses entreprises, Bc. — *Chose épouvantable*, Gl. Abulf. — *Décorum*, bienséance; *prestance*, bonne mine; *dignité dans les manières, gravité*, qualité d'une personne grave, *sérieux*, gravité, *maintien grave, majesté*, ce qu'il y a de grand, d'auguste; صاحب هيبة ووقار *imposant, qui a un aspect vénérable*, Bc.

هَيْبَان est expliqué inexactement par Freytag; c'est = هَيُوب, هَيَّاب, هَيِب, هَائِب.

أَهْيَب *inspirant plus de respect*, M, Gl. Maw., Valeton 1., dern. l., Gl. Geogr.

إهَابَة *respect*, Abd-al-wâhid 125, 11. — من غير إهابة *à corps perdu, sans crainte, avec ardeur*, Bc.

مُهَاب *imposant*, Bc. — *Redoutable*, Bc.

هَيْبُوش *pou*, Domb. 68.

هيج I *être excité, se réveiller*, en parlant de l'appétit charnel, هَائِجٌ غُلْمَتُهُ, Bidp. 214, 9. — *Être en chaleur, en rut* (femelle d'animal), Auw. I, 326, n*; هَائِجَة *chaude* (femelle), en rut, Bc. — *Entrer en fureur*, Hbrt 242, c. ب p. *contre*, Bidp. 128, 2; هَاج *effréné, furibond, furieux*, Bc, Hbrt 242, Badroun 38, 3. — *Eclater*, p. e. هَائِجِ الفِتْنَةِ, Khaldoun man. IV, 3 r°; cf. هَاج أَمر المَسْوَدَّة dans Akhbâr 50, 4 a f., mais la construction montre suffisamment que ces mots y sont déplacés (l'édit. est conforme au man.). — *Se révolter*, Gl. Belâdz., c. على, *contre*, Akhbâr 38, 11, 42, 4 a f. — Dans le sens de *courir*, c. إلى, *vers*, Sadi Gulistan 64, 2 éd. Semelet. — *Multiplicare* dans le Voc., ce qui est un équivalent bien singulier pour ce verbe.

II *rendre inquiet, troubler*, Gl. Fragm., Calâïd man. I, 84: le souvenir de cette jeune fille هَيَّجَهُ وَأَقْلَقَهُ. — *Exciter*, p. e. تَهْيِيج فِتْنَة, Mirkhond Seldjouk. 27, 4 a f. éd. Vullers. — Dans le Voc. sous multiplicare.

IV *exciter, inciter*, Orientalia II, 138; أَهَاج النَّفْس *allumer les passions*, Bc.

V synonyme de هَاج V, *se gonfler*, Gl. Manç. v° تَهَيُّج. — Dans le Voc. sous multiplicare.

VIII *exciter*, P. Weijers 22, 1.

X *exciter*, Bayân II, 281, 4 a f.

هَيْج *émeute, révolte, guerre*, Gl. Belâdz., Akhbâr 133, 4 a f., Abbad. II, 182, 5 a f.

هَيْجَة *irritabilité*, Bc. — *Emeute, révolte*, Gl. Bayân.

هَيَجَان *chaleur, rut*, Bidp. 214, 8. — *Fureur*, Hbrt 242.

مَهْيِج العُشْق espèce de بهار ou chrysanthème, Auw. II, 275, 13.

هيد II (pour عَوَّد) dans le Voc. sous judaïzare.

V *judaïser*, Voc.

هيد pour عاد dans l'expression مَا لَهُ هَيْدٌ وَلَا عَادٌ Gl. Mosl.

هيد mot dont on se sert pour faire avancer les chameaux, Abou'l-Walîd 170, 6.

هَيْدَا *ainsi*, Bc (Barb.).

هيص II *préparer*; هَيَّأَهَا لِلشُّغْل عَيْر المَوَاد est, M.

عَيْرِي *dromadaire*, Bc (Barb.); c'est une altération de مَهْرِي.

عَيْر = هَيْر, Kâmil 464, 13.

هَيْبَر *parure* (الزِّيّ), M.

هَيْبَار est donné par Mocaddasi comme synonyme de جَمَاعَة, Gl. Geogr.

هَيْرُوم espèce de dattes dans la province de Baçra, Gl. Geogr.; cf. ce qui suit ici.

هَيْرُون

هَيْرُونِي espèce de dattes inconnue au Maghrib, Gl. Manç. in voce.

هيز I voyez sous هزع.

هيش mot dont on se sert pour exciter les ânes, M.

هَيْش *forêt, bois*, Hbrt 55; cf. Payne Smith 1529; مَنْفَذ فِي هَيْش *percée*, ouverture dans un bois pour se procurer un chemin, un point de vue, Bc.

هَيْشَة *forêt, bois*, M.

هيض I هِيض جَنَاحُه, *son aile était brisée*, est une expression proverbiale pour: avoir perdu de sa force, être sans force, Abbad. I, 236, n. 61. — Dans l'Akhbâr, 82, 7, هَاضَمِي ذَلِك semble signifier *cela leur fit beaucoup de peine*; peut-être faut-il lire هَاض. — Dans le Voc. sous fluxus.

هَيْضَة est expliqué dans le Gl. Manç. (in voce) par قَيْ؟ وَفَسَاد مَعِيّ عَن فَسَاد الغِذَاء أَو عَن كَثْرَتِه وَعِنْد الأَطِبَّاء حَرَكَة مِن المَوَاد الفَاسِدَة الغَيْر المُنْهَضِمَة إِلَى الاِنْفِصَال بِالقَيْء وَالإِسْهَال رَاجِعَة عَن البَدَن إِلَى شِدَّة عَنِيفَة مِن الدَّافِعَة; par conséquent *indigestion*. — *Choléra-morbus*, Bc.

مَهِيض *celui dont l'aile est brisée*, Calâïd 209, 12, en parlant d'un juif qui avait beaucoup de talent: وَقَد كَانَت المَذَمَّة — تَصَرَّفَ تَصْرِيف المَهِيض، وَتَقَعَّد فِي ذَلِك لِخَصِيصٍ *

تَهْيِضَمَان est الفُجْل البَرِّي, Bait. II, 579 c.

هيط 775 هيكل

هيط II c. a. et V dans le Voc. *ire per contrarium* [l'éditeur propose de lire *post alium*] *ut capiatur*.

هبع I. هاجت الابل الى الماء « les chameaux se rendirent avec célérité vers l'eau ;» متهبّع الى est هائع الى à savoir الى متهبّع, Gl. Fragm.

هَبْعَة *tumulte*, grand mouvement accompagné de bruit et de désordre, *alarme*, Haiyân-Bassâm III, 142 v°: ووقعت الهبعة فى الناس وانقلب البلد اعلاه اسفله , 232 r°, en parlant des Tolédans qui étaient sans cesse exposés aux attaques de l'ennemi: قلّ ما خَلَوْا عن واستنامور الى الاسوار التى هبعة, تخوّطهم ولجرّز الذى حول دونها لا تهجبع Berb. I, 299, dern. l., 311, 11, 346, 2, 397, dern. l., 411, 6 a f., 479, 9, 496, 12, 519, 4 a f., 545, 7, 548, 2, Hist. Tun. 108 : les soldats نادوا بلسان واحد بولاية محمد ووجّهوا مَن قتل عليّا بعد ان عزم على الفرار لما سمع الهبعة

مهبع est *grande route*, comme Freytag aurait dû donner d'après le Câmous, Voc. (via), Abd-al-wâhid 32, dern. l. — Au fig., *manière d'écrire*, Abd-al-wâhid 104, 7 a f.

هَبْعَلَة pour خَبْعَلَة, Gl. Geogr.

هيف I, en parlant des grains, des légumes, *être frappé, torréfié par un vent brûlant*, Maml. II, 2, 279.

IV, en parlant du vent, *frapper, torréfier*, Maml. II, 2, 280.

هَيْف est fém., proverbe chez Meidânî I, 502: عادت هيف Berb. II, 264, 10: ذهبت هيف لأديانها الى اديانها «ils se rejetèrent dans leurs anciens égarements » (de Slane).

هيف *torréfaction*, l'état d'une plante qui est torréfiée par un vent brûlant, Maml. II, 2, 280.

أهيف doit se traduire par *qui a la taille svelte*, comme chez Bc; *élancé*, en parlant de feuilles peintes, Mi'yâr 6, 4.

هيق II *rester immobile*, M.

هيق (autruche), fém. ة, Diw. Hodz. 263, dern. l. هيق *homme grand et qui n'est bon à rien*, M.

هَيْكَ vulg. pour هكذا, M, *ainsi*; يكون هيك soit, je

le veux bien; عيك وهيك *comme cela, comme ci, comme ça, ni bien ni mal, doucement, médiocrement bien*, Bc.

هيكى *ainsi*, Bc.

هيكل.

هَيْكَل désigne dans l'origine *tout ce qui est colossal, d'une grandeur ou d'une étendue extraordinaire* (الضخم من كل شىء). De là *corps*, en parlant de choses qui sont fort grandes, p. e. الهياكل العلوية « les corps célestes,» Gl. Abulf., en parlant de montagnes, ملأتْ لجوّ هياكلها « leur masse énorme »), Berb. I, 295, dern. l., الفساطيط الغربية الهيكل, Berb. II, 393, 9 a f., لحيوان العظيم الهيكل, Berb. I, 226, II, 459, 11, النفوس العظيمة الهيكل, Berb. II, 321, 13; cf. Djob. 265, 13, Prol. II, 69, 16. Puis *corps*, en général, Voc. (corpus), de Sacy Chrest. II, ١٣, 3:

والآن قلك تميّزت بالطاعة النفوس الطاهرات من النفوس الكدرة فى الهياكل الناجسات, 1001 N. II, 570, 13: يخرج من هيكل نحيف ,انين ضعيف, IV, 92, 2. a f.

— *Grand édifice* (البناء المشرف, M) (comme היכל et מטאל, qui signifient « palais » et « temple »), *couvent, église, chapelle où il y a une image de la Vierge*, M. Ou bien : *partie d'une église* (cf. l'hébr. et le syr.); Lane M. E. II, 358: « Les grandes églises des Coptes sont divisées en quatre ou cinq compartiments. Le *heikel* ou le chœur, qui contient l'autel, occupe la partie centrale et principale du compartiment au bout supérieur, lequel est séparé du reste de l'église par une cloison de bois et à panneaux, avec une porte au milieu par laquelle on entre dans le *heikel*;» والهيكل فى الكنيسة الشرقية موضع فى صدر الكنيسة M: بيعة للروم فيه هيكل عظيم Amari 4: يقرب فيه القربان *chapelle dans une église où l'on célèbre la messe*, Vansleb 237, 376. — Par synecdoche, *autel*, Voc., Hbrt 156; dans le Calendr. 36 دخول المسيح الهيكل est dans l'ancienne trad. latine : « introitus Christi ad altare.» — *Table d'autel*, dans le sens indiqué sous مائدة, M v° مائدة: ويستعملها بعض النصارى للهيكل الذى يجعل عليه الكاهن ما يقدّسه بعد نقله من المذبح. — *Monument*, Bc. — *Image* (= تمثال), Prol. II, 223, 2, 224, 5 et 12, 1001 N. I, 536: خذ الصور الانسانية والهياكل الرحمانية (parce que Dieu a fait l'homme à son image). — *Formule magique*, Ztschr. XX, ٤87, 13, 1001 N. Bresl. IV, 226: وكتبوا له الهياكل.

هيل.

هَيْل = هَال cardamome, Bc, cf. Palgrave I, 53; la grande espèce s'appelle هيل دارو, Most. v° قَلَه, ou هيل بَوَّا, Gl. Manç. in voce (sous و); ou bien la petite espèce ou *cardamome femelle* s'appelle الـهيل, et la grande porte le nom de *cardamome mâle*, Bait. II, 273 c (la bonne leçon dans A), II, 580 a.

هَيَم I, *être amoureux de*, se construit c. بـ, Koseg. Chrest. 81, 9: هام بها قُلَيِّه, Calâïd man. II, 51: هام بغى سماط وفتاه خضر; dans Weijers 31, 4, il faut lire avec le man. A: أدوب هامت بلَتحِمَى. —
C. بـ *s'enthousiasmer*, Bc. — Pour l'hébr. הֶמֶם, Saadiah ps. 18, 39, 46, 55.

II c. بـ = I c. بـ, n. d'act. تَهْيِيم, P. Aghânî 142, 14: لقد طال تهيامى بكم وتذكّرى. — *Enthousiasmer*, Bc; يَهيم *pathétique*, Bc.

VII = انثال, Kâmil (la citation de M. Wright est fautive).

X chez Freytag peut être biffée; le partic. seul est en usage.

هَيَام pl. هِيم, *désert*, Kâmil 320, 3.

هَيْمان pl. هِين dans le Voc. sous amare.

هائم = הֶמֶם, Saadiah ps. 65.

هائم pl. هِيام *qui a soif*, Diw. Hodz. 36, dern. l., 38, 12.

مُهَيِّم *tragique*, Bc.

مُسْتَهام *enthousiaste*, Bc.

هَيْمِياء *fascination, exorciser les démons*, etc., Ztschr. XVI, 226.

هَيْنَم I (Freytag 414 b) *murmurer entre ses dents, marmotter*, Macc. I, 244, 2 a f., Abbad. I, 324, 14: هينم بكلمة عوراء, voyez aussi sous هَنْبَهَ; *marmotter des prières*, Gl. Badroun.

هَيَّب II *battre les buissons, faire lever les oiseaux en criant*, Alc. (oxear aves; sous oxeo de aves il a tahilt).

هَيَه *çà*, interj. pour commander ou encourager, Bc. — *Hé!* interj. pour appeler, Bc.

هَيْهات *bernique*, se dit à quelqu'un frustré dans un espoir, Bc. — هَيْهات بين هذا وبين هذاك «quelle différence entre eux!» «qu'il y a loin de l'un à l'autre!» Bc. — هَيْهات ان كان بقى يجى «attendez-moi sous l'orme,» «je donne ma tête à couper qu'il ne reviendra pas,» Bc.

هَيُوفاريقون (corruption de ὑπέρεικον ou ὑπέρικον) *millepertuis*, Bc, Most., Gl. Manç., Bait. II, 578 c.

هَيُوفَسطِيدَاس (avec ces voyelles dans les deux man. du Most. et aussi dans le Gl. Manç., excepté que ce dernier a طَلم) est une corruption de ὑποκιστίδος, génitif de ὑπόκιστις; aussi dans Bait. II, 579 (A).

هَيُولَى (pas هِيولَى comme chez Freytag 419 a) ou (הִלי). Dans le Voc.: *primordialis materia* هَيُولة هَيُولِى هَيُولِيّات. — هَيُولِى الطيب *matière médicale*, de Sacy Abdallatif 550, 7 a f., et de même هَيُولى seul, Amari 695, 1.

هَيُولَى *matériel*, M, Bc.

و

و est quelquefois explétif, comme le و de وسواء dans Prol. II, 376, 15: والملكات كلها جسمانية وسواء كانت فى البدن او فى الدماغ ۞

وأد VIII = V (*lente et placide progressus est*), au propre et au fig., Gl. Mosl.

وأَرْبُورُوا *sureau*, Bargès 265.

وَقوان = وأَفواق (arbor etc.), Gl. Geogr.

وَأَل. وَأَل *nom d'un grand cétacé dans les mers tropicales, la baleine* ou *le cachelot*, Relation des Voyages.

وأم

f, II, 75 et suiv., Payne Smith 1902, dans l'Edrisî de Jaubert I, 63, الوالى, chez Masoudt I, 234, الأوال (que Palgrave donne dans le sens de *requin*). En persan وال, بال (forme que l'arabe a aussi), آل; on retrouve ce mot dans les langues du Nord et dans les langues romanes avec une terminaison qui leur est propre.

أُوَّل (cf. Freytag I, 71). Le pl. أُوَل appartient au masc. aussi bien qu'au fém., Abbad. II, 9, n. 32, Wright Arab. Grammar I, p. 272, M. الأُولى *le commencement*, Weijers 51, 4. العدد الأول voyez sous le premier mot. أوّلًا أوّلًا *peu à peu* (= شأنًا شأنًا, qui suit), Abbad. I, 221, 3 a f.

أُوَّلاَنِي *premier*, 1001 N. Bresl. IV, 35.

أُوَّلاً (vulg.) *avant-hier*, Voc.

أُوَيْلِيَة *ancêtres*, passim. — *Axiome*, M.

على أُولِك t. de mer, *viens au vent*, J. A. 1841, I, 588.

وسمعت من يذكر أنّه بَيْتُ مَواءَلَةٍ chez Ibn-Haucal: نحو ثلاث مائة الف بيت مواءلة وحصن, dans le Gl. Geogr.: « proprie *domus refugii*, adhibetur sensu *domus spectabilis*;» ne serait-ce pas plutôt *maison fortifiée*?

وأم

III. Freytag aurait dû donner: *imiter* et *rivaliser*. Dans le proverbe qu'il cite on substitue aussi التَّأْم à التَّأْم, ou l'on dit هلكت جذام, Gl. Fragm.

مُوَأَمَة. L'article مُوَأَمَة de Freytag doit être corrigé de cette manière: مُوَأَمَة *galea*, *cui non est conus* (البيضة التي لا قُونس لها), Ztschr. XIII, 268, n. 1.

وأوى

chacal, Bc.

وبأ

وَبِئ *pestifère*, Bc; وَبِيء comme épithète de l'eau, Gl. Geogr.

وَبَائِي *épidémique, pestilentiel*, Bc.

وبخ

II *admonéter*, faire une réprimande en justice, à huis clos, Bc. — *Bourreler* (en parlant de la conscience), tourmenter, Bc.

V quasi-pass. de II, Voc., Beaussier, man. de Cambridge de Bar Bahlul sous ܐܦܟܣ (Wright).

وبل

تَوْبِيخَة *leçon*, remontrance, réprimande, Bc.

وبر

IV *devenir très-velu*, M.

V dans le Voc. sous *pilus*.

X *se dresser* (poil), L (subrigit se يَسْتَوْبِر, subrigor اسْتَوْبِر), Voc. (sous *oripilatio*).

وَبْر, pl. aussi أَبُر, P. Kâmil 92, 20. Burckhardt Syria 534: « Les Bédouins parlent beaucoup d'un animal carnassier nommé *Wober* (وبر), qui n'habite que les lieux les plus écartés de la Péninsule. Ils le décrivent comme étant de la taille d'un grand chien, avec une tête pointue, comme celle du pourceau.»

جلود الثعالب *fourrure*, de Sacy Chrest. II, 18: السود وقى اكرم الاوبار واكثرها ثمنا؟

وَبَرَة *tonture*, poil que l'on tond sur le drap, Bc. — وَبِرَة لَهُ *peluché*, velu (étoffe, plante); قَنَاش لَهُ وَبَرَة *peluche*, étoffe à poils longs d'un côté, Bc.

مُوَبَّر *velu*, Bat. IV, 406. — *Peluche*, Domb. 83.

وبغ

V = I, Akhbâr 128, 5.

وبق

IV. L: *redigo* (*revoco*) اَبِيق واعبيد واصير; c'est étrange.

مُوبِقَات (pl.) expliqué dans le M par مَهَالِك. — *Grands crimes, péchés mortels*, de Sacy Chrest. II, ۱۸, 5 a f., ۷۳, 5, Khatîb 136 rº: (l. عن) له واغضى موبقات تقصر به؟

وبل

II c. a. et V dans le Voc. sous *incompositus*, qui y est مُوَبِّل.

Après avoir expliqué ce mot par وَخَامَة, le M ajoute: ولما كان عاقبة المَرْعى الوخيم الى شرّ قيل في وَبَال; de là سوء العاقبة وبال والعدل السيئ وبال على صاحبه *peine* dans le Voc., et chez Bc: بوبال الراس، « sous peine de mort,» وبال هذا على رقبتك « c'est vous qui en serez coupable.» — Pour وابل, *ondée*, averse, P. Prol. III, 370, 12, où il faut lire وبالًا avec notre man. 1350.

وابل الغيث s'emploie aussi comme adj. وابل Becrî 46, شتَا وابِل, Voc. — C'est pour ce mot que Freytag aurait dû donner le sens de *cursus vehemens* d'après le Diw. Hodz. 162, vs. 7, 163, 1, pas pour وَبِل.

مَوْبِل pl. ات lieu malsain et stérile, Gl. Badroun, Khatîb 103 r°: وابتياع موبلا بوطنه أنبط به ماء وانفرد به للعبادة والتبتّل۵.

وتد

وَتَد, وَتِد, pieu, palis, palissade, pieu de la palissade, jalon, bâton planté pour aligner, échalas; pieu auquel on attache un animal avec une corde, Alc. (estaca para atar bestia); pieu sur la rive auquel on attache la corde d'un vaisseau, 1001 N. I, 296, 9 (cf. la trad. de Lane I, 484, n. 20). — Comme coll. palissade, car la définition de L, qui a: vallum (munitio vel fossatum, girum quod mole terre erigitur), ne peut pas être exacte. — Les اوتاد sont celles des chevilles du عود qui ont la forme d'un petit maillet, Descr. de l'Eg. XIII, 228, n. 1. — Bouture, plançon, branche qu'on sépare du tronc pour la planter en terre (talea et clava en latin; en esp. estaca signifie aussi pieu et bouture), Auw. I, 13, 10, 155, 6 a f., 156. — الاوتاد الأربعة les quatre points cardinaux, Prol. I, 203, 16. — T. d'astrol. Parmi les douze maisons du soleil (les douze signes du zodiaque) il y en a quatre qui sont pivots, اوتاد, à savoir 1° وتد طالع, la première maison, 2° وتد غائب la septième, 3° وتد السماء la dixième, et 4° وتد الارض, la quatrième. . On les appelle ainsi parce que ce sont les maisons les plus fortes et que c'est sur elles que tournent les déterminations astrologiques. Pour cette raison chacune d'elles se nomme aussi la maison du bonheur et de l'origine de l'être, Dorn 149; cf. Auw. I, 223, 13, Bait. I, 120 a: حجر البادزهر نافع من سم العقرب اذا لبس في خاتم ذهب ونقشت فيه صورة عقرب والقمر في برج العقرب و وتد من اوتاد الطالع. — Les mystiques désignent par le mot الاوتاد quatre saints dont chacun habite et gouverne un des points cardinaux, Ztschr. XX, 38, n. 49, de Slane trad. de Khallic. III, 98. Dans un autre ordre d'idées, il y a dans la hiérarchie des saints une classe qui se compose des quarante اوتاد, Ztschr. VII, 22, Léon 347: « Reperias inter eos quadraginta homines, qui uno omnes nomine Elauted nuncupantur: ex his mortuo Eleotha [القطب], alius rursum creatur, idque suffragio septuaginta, penes quos huius eligendi potestas est.»

وتر

I offenser grièvement, Bidp. 189, 2 a f., Badroun 51, 4. — ‗ II bander un arc, Cartâs 156, 4: القسى الموتورة۵.

IV. Dans la 2de partie du Voc. irasci نَوْتِر على, dans la 1re اوتار irasci, موتور على irasci.

V. متوتّرًا en bandant l'arc, Alc. (frechaudo, parmi les adverbes).

أدرك الوتر وَتَر ou الأوتار satisfaire sa haine, Abbad. III, 113.

وتر impair, Bc, Gl. Tanbîh; وتَرًا l'un après l'autre, Gl. Tanbîh. — الوتر في الشرع اسم صلوة مخصوصة ركعات M; ces ستيت به لأن عدد ركعاتها وتر لا شفع sont ordinairement au nombre de trois, tout au plus de onze, et les Hanafites nient qu'une prière avec une seule ركعة puisse s'appeler وتر, Gl. Geogr. — T. de mathém., diamètre, M. — وتر زاوية قائمة شكل hypoténuse, côté opposé à l'angle droit dans un triangle, Bc.

وَتَر الوتر المطلق («die Saite, deren voller Länge der Ton entlockt wird») et الوتر المقيّد («wenn man die Saite dadurch verkürzt, dass man eine Stelle derselben mit dem Finger an das Griffbret andrückt, um höhere Töne zu erhalten»), t. de musique, Ztschr. IV, 248. — Pièce de boyau d'agneau qui sert à allonger les cordes de la كمنجة au bout d'en haut, Lane M. E. II, 75. — الاوتار la musique instrumentale, de Sacy Chrest. I, ١٣٢, 3 a f. — Sur les اوتار dans la زايرجة voyez Prol. I, 214, 4. — Membre viril, 1001 N. IV, 91, 4: اشتدت عليه وتره. — T. de charp., grande poutre qui soutient le toit, Payne Smith 736, 1652, 1832.

وتار sorte de pigeons, Man. Escur. 893.

وتيري coll., n. d'un. ة, roses blanches, Most. v° ورد, Bait. II, 582 c (lisez ainsi).

وثب

وثأ. Après avoir donné le sens ordinaire de ce mot (qu'il écrit وثى), le Gl. Manç. ajoute qu'il signifie le plus souvent chez les médecins: اتجاع المفاصل لتمدّد رباطة من غير خلع ولا زوال, c.-à-d., entorse.

وثب I se lever rapidement de son siège pour faire honneur à quelqu'un, Bidp. 30, 6. — C. الى sauter vers et aussi *assaillir, se jeter sur*, Gl. Badroun. Dans le second sens aussi c. ب p., Abbad. II, 4, dern. l., Fragm. hist. Arab. 514, 11, Haiyân-Bassâm I, 47 v°: ولم يكين في الحصيان — فضّل للدفاع عنه (عين منذر) وأنوثوب بابن حكم (le meurtrier de Mondzir). — C. على *violer* une femme, Akhbâr 5, l. 9. — C. على *s'emparer de*, p. e. على المُلْك, Gl. Abulf. — C. على *s'emporter contre* quelqu'un, *le quereller d'une manière terrible*, Freytag Chrest. 48, 10: lorsque les femmes de la famille d'Abbâs vinrent te demander d'intercéder auprès de ton père pour obtenir de lui la permission d'enterrer Ibrâhîm, وثبت عليهنّ واسمعتيهنّ اخشنَ الكلام واغلظ القول ⁂

II. وثّبه بفلان *il l'incita à assaillir un tel*, Abbad. III, 87, 7; aussi على فلان ou الى فلان, Macc. II, 469, 8, où L et Boul. ont وثّبتها, tandis que الَيَّا est dans Boul. comme dans les quatre man. cités dans la note *b*.

III *tâcher d'obtenir rapidement*, M; il donne l'expression des fakîhs: طلبها الشفعاء لمن واثبها, c.-à-d. على وجه المواثبة اى المسارعة والمبادرة

V c. على *assaillir, se jeter sur*, Nowairî Espagne 449: فتوثّبوا على عبيده فقتلوا. — C. على *se révolter contre*, Amari 167, 7 et 10, 171, 7, 172, 2. — C. على *s'arroger, s'attribuer mal à propos quelque chose*, Macc. I, 131, 2 a f.: توثّبهم على النعوت العبّاسيّة, *ibid*. 132, 6: توثّبوا على الخلافة.

VI. تواثبوا *ils s'assaillirent les uns les autres*, Haiyân 49 v°: فانبعث (ثبت l.) الفتنة واشتعلت بأنوارها كلّها بين العرب والمولّدين وتواثبوا بكلّ مكان, Djob. 130, 12 (= Bat. I, 380).

وُثُوب *qui saute*, Diw. Hodz. 190, 7.

أوثَب *qui a l'avantage dans l'attaque, plus fort*, 1001 N. II, 324, 6 a f.: وهمّ ان يحمل عليه بالسيف فعلم الملك انه اوثب منه فأغمد سيفه ⁂

المُوثَبّيات nom qu'on a donné à certains vers d'al-Basous, voyez Hamâsa 422, 18.

وثج.

مُسْتَوْثِج est dans le Diw. Hodz. 178, vs. 16.

وثر IV أوثر *aimer mieux*, Bc; c'est pour آثر.

وِثَار *bât*, M.

وثق I, n. d'act. aussi وُثُوق, M, Prol. I, 405, 14. Un exemple de la constr. c. الى se trouve Bidp. 254, 1: اطلب منك ان لا تثق بعدها الى البراكنة حتى الحج mais ce verbe se construit aussi c. ا., Bidp. 146, dern. l.: ولا اثق بذلك احدًا غيري, Abbad. I, 66, 11: اخبرني من اثقه, Bait. I, 95 c: وقال لي من اثقه وثق الشي عنده *hypothéquer*, Bc.

II *affirmer, assurer, attester, certifier*, soutenir qu'une chose est vraie, Alc. (afirmar porfiar; j'observe en passant que son confiar en mal, وثّق, est une faute d'impression pour confirmar en mal). — C. a. dans le Voc. sous ligare; *lier des pierres avec du plomb*, Gl. Geogr. — *Se lier par serment*, قائل امر وثّق منه, Gl. Fragm., et *ibid.*: بايعوا لي ووثّقوا «une chose à laquelle on s'est engagé par serment,» Haiyân 69 v°: ثمّ لاتطفي واختدعتني باعطائها (ه l.) ايّاي. العهود الموكدة وتوثيقه لم بلايمان المغلظة *Garantir par serment*, Amari Dipl. 231, 2 (cf. 448, n. 6). — *Lier quelqu'un par un acte*, en vertu duquel on puisse l'appeler en justice, s'il n'exécute pas la chose à laquelle il s'est engagé, Alc. (atar por carta). — *Signer, souscrire, soussigner, mettre la signature*, Alc. (escrevir firmando). — *Dresser des actes, des contrats*, de Slane Prol. I, LXXIV b, Khatîb 23 v°: تحرّف بمصاعدة التوثيق على انقباص. — *Se rétablir, se remettre d'une maladie*, Alc. (mejorar cada dia).

III. تواثق الظرف *tu assureras la stabilité du vase*, Auw. I, 188, 12.

IV. اوثق الباب *bien fermer la porte*, 1001 N. Bresl. XII, 292.

V c. من p. *s'assurer de l'obéissance, de la fidélité de quelqu'un en le liant par un pacte, un serment*, etc., Gl. Belâdz., Gl. Fragm.; توثّق مسلمة منه بأشدّ العهود والمواثيق على ان يسلّم اليه الحج, Akhbâr 47, 6. — C. من r. *s'assurer de quelque chose, prendre ses précautions pour en être le maître, pour l'avoir à sa disposition*, Gl. Fragm. — C. لـ p. a un double sens: 1° *s'engager solennellement envers quelqu'un*, Fragm. hist. Arab. 514, 13: فرضى بذلك وكتب له كتابًا وتوثّق له فيه, Haiyân-Bassâm I, 8 v° (l'armée de Solaimân assiège Cordoue, où al-Mahdî avait été tué et où Wâdhih régnait au nom de Hichâm II): (؟) وكان بعسكر سليمن عبد الرحمن بن مهره

فلما بلغه مهلك المهدى ابن عبد الجبّار عـدوّه' كانَتـم بـنة وتوثّق له فهرب الى قرطبة; 2° *se rendre garant de quelqu'un, répondre de lui,* c. ل p. et ر r., Haiyân 87 r° et v°: فارسل ابن هذيل رسوله يطلب الامان ويشترط ان يكون الآخذ له امانة والمتوثق له من عقده ابوه فأجيب الى ذلك وتمّ صلاحه على ما رسمه ونزل والده ابو العمّ هشام فتوثّق لابنه, Fragm. hist. Arab. 511, 6: وصار قوحبار الى مازيار فاعلمه انه قد اخذ له الامان وتوثّق له. — Dans le Voc. sous ligare.

VIII. Le Voc. a أَوْتَثَقَ sous firmare et ligare.

X c. من p. *s'assurer de quelqu'un, s'assurer de sa personne, l'arrêter, l'emprisonner*, Gl. Fragm.; aussi c. ب p., Abbad. II, 9, 8. — C. من r. *s'assurer de quelque chose*, prendre ses précautions pour en être le maître, pour l'avoir à sa disposition, Gl. Fragm. (dans le passage de l'Asâs qui y est cité, والافعال, pour والاقفال, est un *lapsus calami*). — C. من dans le sens de *fermer* (Golius), Bidp. 197, 4: ثمّ لمّا اراد الخروج قل لامرأتـه استوثقى من الباب والمصرى ب. — C. a ر. *s'assurer en*, établir sa confiance en, *se confier en*, Bc. — C. a ر. confier quelque chose à quelqu'un, de Sacy Dipl. XI, 16, 8 a f., en parlant d'un ambassadeur: يقتضى ما قلّدوه فى كتابه واستوثقوه وارتضوا وقوله فعله والتزموا اعماله — Dans le sens de *stabilitum ei fuit imperium* c. ل p. (Golius), c'est proprement استوسق (voyez); mais les auteurs ou leurs copistes écrivent indifféremment استوسق ou استوثق dans cette phrase, qui est extrêmement fréquente chez les chroniqueurs, Lettre à M. Fleischer 40. On trouve استوثق dans Bidp. 7, 4 et 4 a f., et constamment dans le Cartâs.

ثَقَفَ a le pl. ثَقَفَات (M, Bidp. 126, 5), mais dans le Voc. أَثْقَفَ et ثَقَوَات (fidelis in comiso). On trouve le titre de ثقفة النسيف والقلم, *le chef de tous les officiers de confiance d'épée et de plume*, dans de Sacy Chrest. I, ٦٠, 5. كان على ثقة من من *avoir l'espoir bien fondé de*, Gl. Tanbîh.

وثقى *chaîne*, Voc.

وثقى *hypothécaire, qui a droit d'hypothèque; hypothécairement*, Bc.

وثاق, pl. أَوْثَقَة, Wright 5, l. 9. — *Stabilité*, Abbad. II, 131, 3 a f.: كانت الدولة العبّاسيّة تشيـبـه العبّاسيّة بهاء وسعة ملك ووثاق عهد، وانتظام عقد،» ou وثاق *garnison*, Hbrt 142 (cf. رِثاق).

وثيق s'applique aux mots *idées, poésie*, Abbad I, 2, 5 a f., 4, n. 5. — ارض وثيق (sic) *terre ferme, continent*, Alc. (tierra firme).

وثاقة *stabilité*, Voc.

وثيقة pl. وَثائق *acte, contrat, titre*, Beaussier, Amari 189, 5 a f., Abbad. II, 81, 1, Macc. I, 231, 14, 494, 17, 511, 4, 557, 15 et 18, 603, 15, II, 806, 7, Berb. I, 409, Autob. 198 v°: اجتادنه فى فنّ الوثائق. Parmi les emplois de la cour on trouve nommé خدمة الوثائق ورفع كتب المظالم, Haiyân-Bassâm I, 10 r°. Notre man. 172 est un formulaire de ces وثائق. Au lieu de علم الوثائق ou فنّ الوثائق (Macc. I, 502, 7), *l'art de dresser des contrats, notariat*, on dit aussi الوثيقة, Macc. III, 471, dern. l., 472, 6 et suiv. (cf. Khatîb 28 r°), Khatîb 22 r°: كان من شيوخ كتاب الشروط معرفة بالمسائل واصطلاحا بالاحكام وانفرد بصحّة, 26 قائم على القراءة امام الوثيقة, 26 r°: الوثيقة بأفقه تعلّم الـوثيقة على العاقد القاضى ابى القاسم بن العريف v°; *notaire* est صاحب الوثائق, Bayân I, 207, 1, 212, 6; — *obligation*, acte par lequel on s'oblige à payer une certaine somme, Maml. I, 1, 13: بقسـمة «فيها وثائق بديـون له على كثير من الناس contenant les obligations des sommes qui lui étaient dues par un grand nombre de personnes,» Freytag Chrest. 38, 9; — *lettre de crédit pour toucher de l'argent*, Bc.

وثائقى *notaire*, Amari 6, dern. l.

وثاق *notaire*, Voc.

توثيق *l'art de dresser des contrats, notariat*, Alc. (escrivania publica), Macc. III, 270, 5 a f.: المعرفة اسام الفرائض, Khatîb 38 v°: بالعربيّة واللغة ومعرفة التوثيق والحساب والادب والتوثيق ۞

مَوْثِق pl. مواثق *pieu, piquet d'une tente*, Ht, Cherb., Beaussier.

مُوَثّق *notaire*, Alc. (escrivano publico, escrivano de contratos), Macc. I, 589, 20, III, 122, 4, 471,

2 a f., R. N. 70 r°: بختلف الى عشام بن العراق الموثف. يتعلم منه ما يخاطب به جناسًا (القاضى) من خاجّته, Bat. I, 161 (où من الموثقين est mal traduit par: « c'était un des hommes jouissant de la confiance du prince »), Cartâs 41, 13 (où la traduction: « ii qui sarcinas componunt, » est ridicule), trad. p. 356, n. 7, 6 a f.

موثوق *établi, constaté, prouvé, confirmé,* Ht, Prol. I, 405, 13. — Pour موسوق *chargé* (navire), 1001 N. I, 127, 5 a f.: مركب موثوق بالمتجر.

وثم

وثيمة *pierre à fusil;* serment des Arabes: لا والذى اخرج العدق من الجريم والنار من الوثيمة, Khallic. IX, 135, 6 et 7.

وثن

وثنى (Golius) *gentil,* païen, Bc, M, Gl. Tanbîh, Payne Smith 1322, spécialement les Harrâniens, Bîrounî 318, 19.

وثنية *idolâtrie,* Hbrt 160, Payne Smith 1322.

وج I vulg. pour أجّ, M.

وجوج = عود الوج voyez sous le premier mot. — Abou'l-Walîd 419, 26.

وجأ I, aor. يوجأ et وجاً, n. d'act. aussi وجاً, Gl. Fragm. وجاً et وجاءة *coup,* Gl. Fragm.

وجب I. ما يجب لنا عليه شى *nous n'avons rien à prétendre, à réclamer sur lui,* Freytag Chrest. 61, 3. — وجبت لنا الحجّة *notre argument est victorieux, péremptoire,* voyez un passage du R. N. cité sous قيام. — On trouve dans le R. N. 90 r°: وكثرت الايمان الى, ce qui auparavant avait été exprimé ainsi: تفكرت ان على ايمان وجبت على (l. بالله تعالى ايمانًا). — على فيها القارة — *Convenir, seoir,* Gl. Geogr.

II *accorder quelque avantage,* Alc. (aventajar dar ventaja). — *Traiter quelqu'un, le régaler,* Bc, M; والعامّة تقول وجّب الضيف قام بحقّ ضيافته واكرمه Payne Smith 1624, où c'est le synonyme de باجّل,

اكرم, قرّ, Beaussier c. ل: *se lever, aller au-devant, faire quelques pas au-devant d'une personne pour lui faire honneur.*

IV. كانوا يوجبون جميع الاوامر الالاهية « ils soutenaient que tous les commandements de Dieu sont d'une étroite obligation, » de Sacy Chrest. I, ⁿⁿᶠ, 3 a f. — C. على p. *obliger,* imposer l'obligation de, Bc. — اوجب لفلان حقّه est expliqué par راعى, et l'on dit: يوجب له. L'expression قد فعلت ذلك ايجابًا لحقّه رعاية, Berb. I, 52, 3 a f., que de Slane traduit par *il leur témoigne une grande considération,* semble appartenir au même ordre d'idées; cf. I, 476, 11: واوجب لهم للخلفاء تجلّة اخرى « les califes lui donnèrent encore une autre marque de considération. » Peut-être les paroles dans Valeton ᶠᵃ, 1: البشر نور الايجاب signifient-elles de même: « un accueil bienveillant est la lumière de l'égard qu'on a pour quelqu'un, » est la meilleure marque qu'on puisse donner de son estime (je m'étonne que l'éditeur ait rendu ايجاب par « virtus, » ce que ce mot ne peut pas signifier). — *Exprimer la volonté de vendre une chose,* v. d. Berg 41.

X. استوجب له الاعتبار *recommander,* Bc. — Pour le sens de *mériter, être digne de* (Golius): Voc. (mereri, dignus c. ل et ب), Macc. II, 202, 6, Nowairî Espagne 473: من يستحقّ ان يسند هذا الامر اليه, ويعوّل فى القيام به عليه من يستوجبه بدينه وامانته Voc. مستوجب العقوبة *reus,* Bc; نفسه يستوجب « sa faute mérite la mort. » القتل

وجبة *assemblage, réunion de choses de la même espèce,* p. e. de moutons, de cuillers, etc., M. — *Corvée,* Mehren 37.

وجابة comme traduction de ملامحة et comme synonyme de الشكالة لياقة الهيئة الحسن الملامحة الجمال dans Payne Smith 1534.

وجّاب *qui est sujet à des palpitations* (cœur), à *des battements plus forts qu'à l'ordinaire,* de Sacy Chrest. II, 348, 8.

واجب *d'obligation canonique,* d'Escayrac 151. — *Droit,* Voc. (ius), qui a le pl. ات, *raison,* Alc. (razon). — واجب على احد *bienséant;* الواجب *la bienséance, le savoir-vivre,* Bc, Ztschr. XXII, 157; — *cérémonie,* manière honorable de traiter, Bc; — *hommages,* devoirs, civilités, Bc. — *Hommage,* devoir du vassal envers le suzerain, Bc. — *Tué*, M, qui cite ce vers:

اطاعت بنو عوف اميرا نهاهم عن السلم حتى كان اول واجب

c.-à-d. — اوّل قتيل طير الواجب, genre d'oiseaux de proie, Aboulf. Ann. V, 158, 4: فاراد ان يرمى نسرا من طير الواجب. Quatremère (Maml. II, 2, 139) avait promis une note sur cette expression, et il est à regretter qu'il ne l'ait pas donnée, car celle de Reiske (p. 408) est sans valeur.

واجبة *obligation;* قام بالواجبات *remplir ses devoirs;* قصّر فى واجباته *manquer à ses devoirs,* Bc.

اوجب *plus obligatoire* (= الزم, qui suit), Mâwerdî 78, 14. — *Plus convenable, plus digne,* Cartâs 40, 12.

ايجابى *affirmatif* (t. de logique), Bc.

موجب pl. مواجب, موجب ثلاثة اشهر *quartier, paye de trois mois,* Bc.

موجبة, قضية موجبة *une proposition affirmative,* Bc, Mufassal 31, 6, 163, 15.

موجب et بموجب, على موجب *conformément, en vertu de;* بموجب ذلك *par conséquent;* على موجب *sur le pied, à raison, à proportion de,* p. e. دفع ثمن القماش على موجب كذا الهنداز « payer une étoffe sur le pied de tant l'aune, Bc. — بموجب *au moyen de,* Ht. — *Pièce qu'on produit à l'appui de sa demande,* Berb. I, 439, 7 a f.: فلما نكبه السلطان طالبوه بذلك المال وهو ثلاثمائة الف دينار بغير موجب يستندون اليه. — ربع الموجب *voyez sous le premier mot.*

I. وجد *s'il le pouvait,* Berb. II, 519, 7: ليس له ان اهل الدولة مضطرون على سلطانهم ومستبدلون به لو وجدوا, Macc. II, 248, 4 a f.: وقد كان يغرس فى الارض لو وجد لشدة ما حل به عمّا سمع وراى. C'est une ellipse pour — لو وجد الى ذلك سبيلا, قد وجدتك علما واسعا *Acquérir,* Bidp. 246, 1:

Éprouver, ressentir (un mal), p. e. وجد غمّا *avoir du chagrin,* Bc, وجد الما, Kâmil 218, 13, Nowairî Espagne 459: وجد فى نفسه غما شديدا, de Sacy Chrest. I, ١٣٤:

ليت هندا انجزتنا ما تعد وشفت انفسنا ممّا تجد

Badroun 291, 9: وجد حرارة ففصد ببضع مسموم فات, Holal 7 v°: فشكوا اليه ما يجدونه من ذلك, Bidp. 254, 3 a f.: فلما سمع الملك ذلك سرى عنه ما كان يجد

وكلمبه بما تعلمين انه من الغم; de même 252, 10: « et fasse disparaître ce qu'il éprouve, » c.-à-d., son chagrin, passage que Freytag n'a pas compris; biffez par conséquent son n° 6. — وجد حاله *se trouver,* sentir, éprouver que l'on est dans un certain état, Bc. — كيف تجدك *comment vous portez-vous?* Gl. Belâdz. — وجد فى *consister en,* Hbrt 93. — يجد pour يوجد chez Mocaddasî, Gl. Geogr.

II *préparer, apprêter,* Hbrt 11 (Alg.), Ht.

IV *inventer,* Bc.

VI *se lamenter,* Bat. III, 158: il prêche les fidèles tous les vendredis, et un grand nombre d'entre eux font pénitence en sa présence, rasent leur tête فشرع اسال, Ibn-Tofail 181, 4 a f.: ويتواجدون (n. pr.) فى الصلاة والقراءة والدعاء والبكاء والتضرع والتواجد. — *Se repentir,* trad. arabe du Pentateuque samaritain, Genèse VI, 6: وتواجد الله لما صنع الناس فى الارض, vs. 7. — *Être ravi en extase* (توجّد), Dîwân d'Ibn-Fâris (cité par J.-J. Schultens): واذا استمع وتواجد وغلب عليه الحال يزداد وجهه جمالا ونورا

VII *se trouver, se rencontrer,* et: *se trouver, se rendre dans un lieu, y être,* Bc.

وجد, *l'état d'extase dans lequel l'amour de Dieu, poussé dans ses dernières limites, amène un homme* (Berbrugger 278), a pour pl. مواجد, de Slane Prol. I, 84 n., Notices et Extr. XII, 366, 377, Prol. I, 171, 6, II, 164, 1, et مواجيد, Macc. I, 571, 17. — Ce pl. مواجد s'emploie aussi dans le sens de *colère* (على), *contre*), Berb. II, 555, 2 a f.: قد قلب مواجد السلطان بالاندلس عليهم وصار الى جميل رأيه فيهم, car c'est ainsi qu'il faut lire avec l'édit. de Boulac, au lieu de مواجذ. — حط وجد فى *mettre les fers au feu,* commencer vivement une affaire, *prendre à cœur,* s'intéresser vivement à, Bc.

وجد chez Bc, voyez وجد avec le *hâ.*

وجدات la mesure du blé dont on se servait dans la ville de وجدة en Afrique, Becrî 87, 5 a f.: ومد وجدة يسمّى بأوجدات

وجدان expliqué dans le M comme t. des Soufis par *rencontrer Dieu,* مصادفة الحق تعالى; *extase,* Prol.

وجد

I, 177, 12, 185, 3, III, 70, 2. — M: وفى اصطلاح; cf. Prol. II, غيرهم فلمشهور انه النفس وقواها الباطنة ٣٧٠, ٩: انّا نشهد فى انفسنا بالوجدان الصحيح وجود ثلاثة عوالم, où de Slane traduit *conviction*.

وُجُود *existence*, Abd-al-wâhid 212, 8. — *Ce qui existe*, Vêtem. 282, 4 a f. — *La nature des choses*, Berb. I, 8, l. 14. — *Réalisation*, de Sacy Dipl. IX, 486, 13: الصالحات التى يعمّ نفعها ويحسن فى الوجود وقعها. — Pour le sens de ce mot chez les Soufis cf. avec le Ta'rîfât: Macc. I, 571, 13. Le Voc. l'a pour *esse* = انيّة (voyez). — غاب عن الوجود *avoir perdu l'esprit*, voyez sous غيب I. — خطر فى وجودى السفر *je me mis dans l'esprit d'entreprendre un voyage*, 1001 N. Bresl. IV, 6. — *Richesse, opulence*, R. N. 78 r°: je crois que c'était lui qui pourvoyait à la nourriture du saint استناد الوجود — لانّه كان له وجود *professeur éminent*, comme les Turcs disent aussi صاحب وجود *personnage d'un certain rang*, Meursinge 6, 1 et 17, n. 39.

وِجَادَة est chez les traditionnaires, d'après le M: ان تجد احاديث بخطّ يعرفى كاتبه. C'est lorsqu'une personne a lu un recueil de traditions écrit par un docteur, mais dont le contenu ne lui a pas été communiqué verbalement ni par idjâza. Dans ce cas il ne doit pas dire اخبرنا, mais وجدت ou قرأت, Addit. sur Macc. I, 834, 2 a f. (la voyelle de la première lettre est *a* dans le M, pas *i*, comme chez Sprenger). Ce mot s'emploie aussi quand il s'agit d'autre chose que de traditions; ainsi انشد من وجادة signifie il *récita des vers*, p. e. des vers érotiques, *qu'il avait trouvés quelque part*, dans un livre dont il ne se rappelait pas le titre, ou dans un recueil qui n'en avait pas, Macc. III, 321, dern. l., 322, 7.

مواجد انا واحد للشىء قادر عليه est *je puis faire une chose*, M. — En parlant de Dieu = عالم مجردا علمًا, Câmous turc. — *Prêt, préparé*, Bc (Barb.), Ht.

أوجد *plus fréquent*, Auw. I, 45, 3 a f. — *Très-opulent*, Djob. 288, 2, Berb. II, 289, 6 a f.

ايجاد pl. ات *découvertes, invention*, Bc.

موجدة *occasion*, Ht.

موجود s'emploie dans des expressions comme كان

وجع

كان الغلا موجودا «il faisait chaud,» Ibn-Iyâs 343, كان موجودا «il y avait cherté de vivres,» ibid. 385. — *A la portée de la main*, Freytag Chrest. 64, 8: واعلمى يا بنيّة انّ التّحل هو الحسن الموجود, والماء هو الطيّب المفقود. — Epithète de Dieu, 1001 N. II, 67, 14, 'où Lane traduit *the Ever-present*. — موجودات الله *les êtres créés*, Khatîb 32 r°: وفى موجودات الله تعلى عبر وأغربها عالم الانسان لما جبلوا عليه من الاهواء المختلفة الخ — موجود *ce que quelqu'un possède, ses biens*, Amari 347, 7, Berb. I, 545, 10, Maml I, 1, 44, 8 a f.; موجودات المفلس «les biens d'un négociant qui a fait banqueroute,» M. — مواجيد et مواجد voyez sous وجد.

وجر

وِجَار *repaire*, retraite des animaux malfaisants; au fig., des voleurs, des brigands, Bc.

وجز

IV. On ne dit pas seulement اوجز كلامه, mais aussi اوجز فى كلامه, M, Bc (اوجز فى كلامك *soyez concis*), 1001 N. I, 24, 2, اوجز فى صلاته, R. N. 97 v°; اوجز ذكر; — الشىء *glisser sur*, passer légèrement sur, Bc. — *Simplifier*, rendre simple, moins composé, faciliter, Bc.

وجيز *léger*, peu important, peu considérable, minime, simple, de peu de conséquence (affaire); شى وجيز *babiole*, chose puérile, bagatelle, brimborion, minutie, Bc.

وجس

I. M: وجس زيدٌ جامع امرأته او جاريته والاخرى تسمع حسّها ومنه الحديث انه نهى عن الوجس.

IV. Pour خيفةً, اوجس, qui est dans le Coran, on emploie aussi اوجس seul, Macc. II, 268, 19 (cf. Add.).

V. Le n. d'act. *crainte*, Abbad. I, 44, 10.

X. Quelques-uns lisent مستوجس dans un vers de Nâbigha, dans le sens d'*inquiet, alarmé*, de Sacy Chrest. II, 435.

وَجَس est dans le Diw. Hodz. 149, vs. 7.

وجع

I. وجعنى قلبى على *condolere*, Voc.

II *faire du mal*, causer de la douleur, Voc., Bc.

وجع راسه *rompre la tête à quelqu'un*, l'importuner, tarabuster, Bc. — Cf. plus loin le partic.

وجف

IV. اوجعه راسه avoir mal à la tête; اوجعه فؤاده avoir mal au cœur, avoir envie de vomir; — اوجع راسه il lui donna des soufflets, Gl. Fragm.

V déplorer la mort de quelqu'un, Abbad. II, 180, 14.

VIII souffrir des douleurs, Voc., exemple sous وثًا.

وَجَع, pl. اوجاع, Saadiah ps. 18 et dans l'appendice. — Maladie, M, Macc. I, 904, dern. l., où il faut lire avec Boul. فنالَه وَجَع. — Sorte de tumeur intérieure qui survient aux chevaux, Alc. (lobado en los animales). — Malepeste! Bc. — وجع الارض haut-mal, mal caduc, Bc. — وجع الملوك la goutte, Hbrt 34, Roger 272.

وَجْعان souffrant, Bc, 1001 N. Bresl. IX, 5.

وَجِيع souffrant, Abbad. I, 68, 14, pl. expliqué par الصعفاء, Abou'l-Walîd 790, 24.

مُوجَع vivant dans l'affliction, P. Prol. III, 388, 6. — Qui a de fortes tranchées (cheval), Alc. (atorçonado). — Boiteux, qui cloche, Voc.

مُوَجَّع souffrant, Bc, Payne Smith 1660. — Boiteux, qui cloche, Voc.

وجف IV employée d'une manière étrange Hist. Tun. 87: Hasan le Hafcide, qui avait prié Charles-Quint de le remettre en possession de Tunis, ville qui lui avait été enlevée par Barberousse, échoua plus tard dans une entreprise contre Cairawân, فركب البحر الى اسبانية موجفاً باهلها على القيروان كما فعل بتونس من قبل.

وجق

وَجَاق، اوجاقى voyez sous, plus haut t. I, p. 43 b.

وجم

مِيجَم (= مِيجَن, plus haut I, 11 a) maillet, la Torre, pl. مَيَاجِم dans le Voc.; restituez ce mot dans Auw. I, 285, 7, où le texte porte: فاخرج حبه من المَيَاجِم بالدق بحجر او منجم او شبهه.

وجن

وَجْنَة est proprement pommette, partie haute, éminente de la joue, comme chez Bc, car la définition des lexicographes: ما ارتفع من الخدين, revient au même.

784

وجه

اوجن؟ joufflu, qui a de grosses joues, voyez Abd-al-wâhid 226, n. a. — الذاقة الوجناء = الوجناء, Amari 650, 3.

وجّه II. وجّه المَيِّت (à sous-entendre الى القبلة) tourner le visage du défunt vers la kibla, Gl. Geogr. — Envoyer, ne se construit pas seulement c. a., mais aussi c. ب, Abbad. I, 225, 2, Abd-al-wâhid 86, 6, 101, 13. وجّه عن فلان il envoya chercher un tel, Lettre à M. Fleischer 38. — Etayer, appuyer, Prol. I, 18, من غير ضرورة الى هذا الحمل البعيد الذي يجلب 16: لتوجيهها امثال هذه الحكايات الواهية, Macc. I, 495, 5 (cf. Add.): وهو ضابط منقى حسن التوجيه للحديث. — وجّه القاضي الحكم Prononcer un arrêt, صدوق. — وجّهت على فلان, Akhbâr 128, 4; cf. sous V. — on voulut trouver des équivoques dans ses paroles, Macc. I, 591, 13. — L'expression que cite Freytag doit être lue ainsi: وجّه الحجر وجهة ما لو ou وجهة (cf. M); de même موجّهة تجارة des pierres bien arrangées, Ztschr. XV, 411: قد رفعت قواعدها بتجارة الموجهة كبار موّلفة; cf. Gl. Geogr. — Introduire, Ht. — وجّه لمملوكه il dit à son esclave: tu es libre après ma mort, M; cf. sous وجّه les expressions رفع وجهه حرّا et انت حرّ لوجه الله.

III c. a. p. parler à quelqu'un en personne, Ibn-Abdalmelic 156 v°: من تلك الصلة التي منعه (المنصور) كان يترقبها ويتطلع البها فرفع اليه قيها فلم يعطه اباها c. ب r. répliquer, Macc. I, 215, 2 a f.: حتى واجهته فيها وشافهته فاعطاها اباها فاستنظف جوابها واغضى. — C. a aboucher, rapprocher des personnes pour conférer; عن مواجهتهم مثل ذلك واجد باخر confronter, mettre en présence pour interroger, Bc. — Cf. plus loin le partic. et le n. d'act.

V. Bc donne cette forme c. على, se rendre, aller, se transporter; mais je soupçonne que على est un lapsus calami pour الى. On trouve la constr. c. a. dans Müller L. Z. 21, 11: وتوجّه البعدُ منفردا, mais peut-être le mot الى a-t-il été sauté. — توجّه الى ou للعافية entrer en convalescence, revenir, se remettre, Bc. — وجّد وجهه لله (Freytag sous II) se tourner vers Dieu, prier, Macc. I, 600, 15: فيما

وجه 785 وجه

بيّن توجُّه وعبادة وتصنيف, II, 708, 8 (lisez تعرُّفه cf. Lettre à M. Fleischer 228); cf. Prol. III, 145, 5: كاستوجيهات للكواكب والدعوات لها. — C. على p. s'adresser à, Djob. 288, 7: فلذنك من لا يتوجّه هذا «ce discours ne s'adresse pas à lui.» توجّه الى بوسيلة il m'approcha par l'intercession d'un autre. On dit en priant: يا ربّ انّي اتوجّه اليك بمحمد, والآله صلّعم فاغفر, Gl. Fragm. — Être prononcé (arrêt), توجّه الحكم عليه, Macc. I, 131, 14, 134, 14, Bat. III, 285, 286. — Être expédié (ordre), Bat. 1, 164. — Devenir possible, réussir, Macc. I, 170, 12: دخل كُلَّما توجّه — . تومونة بجميل توجيهم باصحاب يليبان عنده chaque fois qu'il avait de l'argent, où d'autres auteurs ont تهيّا ou اجتمع, Gl. Fragm. — توجّه عند السلطان il gagna la faveur du sultan, Fragm. hist. Arab. 546, 2, comme اخذ وجهًا عند السلطان (voyez sous توجّه). — Se masquer, Gl. Esp. 310. — احتفظ ما يتوجّه, proverbe que je ne trouve pas dans le recueil de Freytag et qui signifie d'après le M: لا يحسن ان يلقي الغائط.

VI. تواجهوا se voir, se regarder, se fréquenter; ان شا الله نبقى نتواجه «j'espère que nous nous reverrons,» Bc. — C. مع s'aboucher, avoir une entrevue avec quelqu'un, Bc.

VIII c. الى تّجه الى المعافية se rendre vers, M. — ou للمعافية entrer en convalescence, recouvrer la santé, reprendre, se rétablir, se remettre, Bc. — لا يتّجه لشي من له il ne s'aperçoit de rien de ce qui se passe autour de lui, Beert 102. — C. ل dans le Voc. sous possibilis; اتّجه له الشي la chose lui fut possible, Gl. Geogr.

الوجه الى الوجه ou وجه بوجه وجهًا لوجه face à face, Bc. — وجهك وجهك prenez garde! Coppin 176. — غلق الابواب في وجهه il lui ferma les portes, Gl. Badroun, الطريق مسدود في وجههم le chemin est fermé pour eux, Bc; قام في وجوه القوم il leur résista, Gl. Fragm.; في وجوه فلان quand il est question de plusieurs personnes, vis-à-vis de, contre, Gl. Geogr. — ضحك في وجهه ou تبسّم في وجهه il lui sourit, il lui témoigna, par un sourire, de l'estime, de la complaisance, de l'affection, etc. Pour exprimer le contraire, on dit: كلح في وجهه, عبس في وجهه, كذّب في وجهه, كلّح في وجهه, وجهه, Gl. Fragm. — Au fig., خمش وجه الحديث révéler un secret, Gl. Geogr. — وجوه الاموال différentes recettes, Gl. Geogr. — والوجه ل et comment? Gl. Geogr. — T. d'astrol. Les astrologues partagent chaque signe du zodiaque en trois faces, de dix degrés chacune. Les trente-six faces sont assignées, chacune, à une des planètes, ou au soleil, ou à la lune, note de M. de Slane sur Prol. III, 130, 12: حلول الشمس بالوجه الاول او الثلث من الاسد. — وجه معار (visage emprunté) masque, faux visage, Alc. (caratula, moharrache), aussi وجه عيري, Bc, Bg, et وجه seul, Alc. (cara que se muda, gesto cara que se muda), Fakhrî 213: وكان قد عمل وجهًا من ذهب ورقيق على وجهه لثقل يُرى وجهه حرًّا — وجهه رفع voyez sous رفع I. — Devant d'une maison, façade, devanture, Beaussier, Koseg. Chrest. 10, 2 a f.: واذا خاطك علّقه على وجه الدكّان. — في الوجه dehors, hors de la maison, Gl. Fragm. — وجوه les plumes de devant de "l'autruche, Jackson 64 et Timb. 27, n. b; peut-être en ce sens dans l'Inventaire: ومن وجوه الماية (?) ومن ريش النعام عشرة ارطال ميزانًا. — على وجه الزمان le printemps, Abd-al-wâhid 186, 5. — وجه الدهر autrefois, anciennement, dans les siècles passés, Gl. Belâdz., Aboulf. Hist. antéisl. 248, 5 a f. Aussi depuis un temps immémorial, Tha'âlibî Latâïf 131, 9: عين تجرى سبع سنين دأبًا وتنقطع سبع سنين دأبًا معروفة بذلك على وجه الدهر. — Faire une œuvre pie ابتغاء وجه الله ou لوجه الله est une phrase coranique (voir II, 109, 274, XIII, 22, XXX, 37 et 38, LV, 27, LXXVI, 9, XCII, 20), qui signifie (cf. les commentateurs) pour l'amour de Dieu, dans la seule vue de lui plaire; cf. Cartâs 19, 6 a f., 25, 7 a f., 280, 6 a f., R. N. 99 r°, où un maître dit à son esclave: si cela arrive فانت حرّ وزوجتك واولادك احرار لوجه الله وابتغاء ثوابه العظيم, Koseg. Chrest. 56, 12. L'expression عاملتن وجه الله فيه, Abbad. II, 162, 2 a f. (cf. III, 222), signifie: «j'acceptai cet emploi pour l'amour de Dieu,» en refusant le salaire qui y était attaché. — Raison, cause, motif, Abd-al-wâhid 2, 2 a f., Prol. II, 338, 9, 342, 15, Akhbâr 152, 3 a f.: فاقلّ من الكتاب فيما لا وجه له ولا. — على وجهه exactement, littéralement, Gl. — نفع فيه

وجه 786 وجه

تعلّم الشروع على وجهه De Fragm., Becrî 164, 3: على الوجه, Khallic. IX, 42, 5: يا امير المؤمنين même لو حلف حالف ان نصرانيا او يهوديا لم يصل الى قلبه نوع من انواع العلم على الوجه لما لزمته كفّارة لحنث اخذ الشيء على وجه — . «لأنّ الله تعالى ختم على قاوية السوء» prendre une chose en mal, Bc. — وجه كوكب phase, diverses apparences des planètes, Bc. — تهمة chef d'accusation, Bc. — Apparence, vraisemblance, p. e. هذا ما له وجه « il n'y a nulle apparence à cela », Bc. — وجه الامر chance, p. e. هذا هو الوجه الاقرب للعقل « c'est la chance la plus probable »; وجه الامر, tournure d'une affaire, p. e. اروام الامر بوجه « il a donné un bon tour à l'affaire », Bc. — ذهب فى وجهه il partit pour sa destination, Bidp. 132: فاراد الخروج الى بعض الوجوه لابتغاء الرزق وكان عنده مائة ومن حليمك فأودعها رجلا من اخوانه وذهب فى وجهه aussi لوجهه, خرج لوجهه, Badroun 203, 14: مضى لوجهه et نحو المضعب Cartàs 28, 16, Nowairî Espagne 458, Belâdz. 111, 10. Le contraire est انصرف عن وجهه, Recherches I, 174, 10 de la 1re édit. — فرّ على وجهه fuir à toutes jambes, J. A. 1844, I, 389; aussi لوجهه, فر هو لوجهه حتى لحق Khatîb 70 vº: خرج من (ou عن) M. مضى على وجهه et بيجايبة il évita sa rencontre, Gl. Fragm. — اخذ وجهها il gagna la faveur du sultan, Fakhrî 258: ان كان للحسين يسريد ان يأخذ وجهه عند المأمون ما فعل فلنأخذن نحن وجهه عند خليفتنا الامين — توجه بفقه وتخاييصه واجلاسه على السرير Do même ان له وجه مع — , voyez sous V. être libre avec quelqu'un, avoir de la familiarité avec lui, Bc. — على وجه الماء à fleur d'eau, Beaussier, Macc. I, 161, 6, où il est question d'un palais: فوجده مبنيا من وجه الماء ببعض الاحجار فوق زرجون وضع بينها وبين من صعد مع وجه جرى الماء. — بأحكم صناعة il alla contre le fil de l'eau, Eutych. II, 237. — Voyage, marche, expédition, Abd-al-wâhid 200, 9, 208, 7 a f., 236, 2 a f., Macc. II, 217, 14. — Fois, 1001 N. I, 364 à la fin: فانى وهبتك روحى مرة ثانية فان فى الوجه الاول اكرمتك فيه لاجل نبيك فانه ما أحلّ قتل النسوان, وفى الوجه الثانى لاجل ضعفك البخ Elmacin 278: ما قصدت جهة الا واستعنت بالله عليها الا هذا الوجه — . Contrée, Bidp. 132, 5 a f.: فاراد الخروج الى بعض الوجوه Akhbâr 3, dern. l.: واخرجته الى ذلك الوجه فى نفر قليل. — Bonne fortune, 1001 N. III, 203, 3 a f.:

فرأيت ان هذا الكنز لا يفتح الا على وجه غلام من ابناء مصر (Lane: by the good fortune of), 204, 13: اعلم اجتمع وجهه — ان فتح الكنز لا يكون الا على وجهك voyez sous اخذ وجهها. جمع VIII. — Pucelage, Bc, il la dépucela, 1001 N. I, 175, 176, 177, 396, 401, 442, Bresl. II, 61. — Taie, housse, linge en forme de sac, qui sert d'enveloppe à un oreiller, un matelas, une couverture, un livre, etc., Bc: وجه مخدّة taie, toile qui enveloppe un oreiller, Bat. III, 380: وعادتهم ان يجعلوا للمضرّبات واللحوف وجوهاً تغشيها من كتّان او قطن بيضاً فى توشختست غسلوا الوجوه المذكورة وبقى ما فى داخلها مصونا, Macc. II, 711, 7: زوج شكاير, اوجه اللحف المذهبة, charte grenadine: واحدة من وجه مضربة بلخ والاخرى من بطانة مضربة ibid.: وزوج اجد (أوجه) مضربيت (pour بات) (pour غزل, Aboulfaradj 486, وقطيفة لبساط واربعة مخايد موثرين dern. l.: واخذ منها اموالاً عظيمة حتى صلبان البيع Pl. وجوه et بوجوه الاناجيل وانجمة القداس البخ اوجاه page, un des côtés d'un feuillet, Bc, Hbrt 110. — وجوه, t. de jurispr., Khallic. I, 644, 7 a f. Sl.: حافظاً له وجوه حسنة فى المذهب, 646, 10 a f.: وله فى المذهب, 647, 6 a f.: وله فيه وجوه غريبة وجوه بعيدة تفرّد بها ولم نرها منقولة عن غيره; M. de Slane (trad. II, 608, n. 1) pense que ce terme signifie: « the particular channels through which certain decisions on points of law passed down to posterity by oral transmission. When a doctor was the sole possessor of some traditional information of this kind, and if the persons through whom it descended to him were men of acknowledged credibility, the expression just mentioned was applied to him. If the points of information which he possessed were transmitted down through an unusual channel, the expression employed was: وله وجوه غريبة فى المذهب ». Mais peut-être est-ce simplement وجه dans le sens qu'il a très-souvent, avis, sentiment, opinion; cf. Gl. Tanbîh. — وجهين deux blanquilles (monnaie), Høst 138, 280 n. — ذو وجهين, بوجهين duplex, Voc., faux, perfide, Bc; double, dissimulé, Bc. — شركة الوجوه est une association commerciale entre deux ou plusieurs personnes qui n'ont point d'argent et qui achètent à crédit, en engageant leur foi et leur honneur, car وجه a dans cette expression le sens bien connu d'honneur, Gl. Tanbîh. — البسط الوجوه? Macc. I, 230, 17.

وَجِه۪ *affable*, Bc.

جِهَة جاء مِن جِهَة الملك *il est venu de la part du roi*, 1001 N. I, 93, 7 a f. — امراء اليمن من جهة qui ont été nommés par Saladin, Djob. 102, 13. هو من جهة فلان *il est de la suite d'un tel*, Bat. II, 426. من جهة ان *puisque, parce que*, Berb. II, 60, 6: وهذا لغير مشكل من جهة ان زغبة — من جهة *pour*, p. c. من العرب الهلاليين — من جهتي انا ما شفته «pour moi;» *quant à*, p. c. من جهتي *en mon particulier, pour ce qui me concerne;* من جهة *par rapport à*, quant à, pour ce qui est de; من جهة ما هو *en tant que*, Bc. — Le fumier qui يستعمل من جهتة *s'emploie tel qu'il se présente* (l'opposé est: à la suite d'une préparation), Auw. 1, 102, 3. — Ne s'applique pas seulement aux princesses, mais aussi aux princes, et s'employait au Maghrib aussi bien qu'en Égypte, Khatib 172 r°: وكان ممّا خوطبت به للجهة المرينية من املاكِ — *Impôt*, Maml. I, 1, 17, où Quatremère traduit dans le texte للجهة المفرد par *l'impôt unique*, et dans la note par *l'impôt particulier*; j'ignore quel impôt c'était. للجهات impôt dont le produit est destiné au convoi de rafraîchissement qui est envoyé chaque année au-devant de la caravane de la Mecque, Descr. de l'Ég. XI, 494. جهة السمسرة *courtage, droit de courtage*, Amari Dipl. 197, 1, cf. 441, n. pp. — *Ressource*, Bat. II, 242: ولم يَبْقَ له جهات الّا ما يصله من الاخوان والاصحاب. En persan s'emploie dans le sens de *biens, richesses*, Maml. 1, 1, 18. — الجهات الثلاث *les trois dimensions*, M. الجهات الاربع *les quatre points cardinaux*, Bc. فوق وتحت ويمين *sont en grammaire les mots* ويسار وقدام وخلف وشمال, M. جهة الصحة *convalescence*, Bc. من الجهتين *à deux de jeu*, avec un avantage égal, Bc. — صاحب جهة *partial, partisan*, Alc. (parcial que sigue partes).

وَجِيهَة *une direction particulière qu'on donne à sa pensée* (de Slane), Prol. III, 132, 1 et 4; الوجيهة الى الله *se tourner vers Dieu*, Prol. II, 372, 16; الوجيهة الربانية *la tendance qui la porte vers le Seigneur*, Prol. II, 373, 1; aussi *seul*, Cout. 22 v°: فاتخذت حكما وجيهة «Hacam fit un retour vers Dieu.» — *Voyage*, Vêtem. 138, n. 5, Gl. Bayân, Djob. 39, 10, 145, 18, 192, 9, Müller 15, Yâcout IV, 573, 8.

وَجِيه, pl. aussi وِجَاه, Voc. — Signature d'un témoin copte: الوجيه كان وهو الآن ارسالي (Arsène), de Sacy Dipl. XI, 45, 5, où l'éditeur dit: «Je suppose que le mot وجيه désigne un supérieur général.» — الوجيه est, d'après le Câmous, le nom qu'ont porté deux nobles coursiers. On le trouve comme le nom d'un coursier dans Macc. I, 385, dern. l., dans Abd-al-wâhid 125, 10, et, selon J.-J. Schultens, chez Abou-'l-alâ.

وَجَاهَة et جَاهَة *honneur, considération*, M, Macc. I, 136, 16: وللشعراء من ملوكهم 137, 8: والفقه رِزقٌ ووَجَاهة et وجاهة

وَاجِهَة (vulg.) est شيء كل مستقبل, M; *frontispice, face de bâtiment, façade*, Bc, Hbrt 187; *face, côté*, Bc.

التَوَجُّه est la formule qu'on trouve dans le Coran VI, vs. 79 et 163, Gl. Tanbîh.

تَوْجِيه pl. ات *mission donnée par le souverain à un de ses employés dans une province, poste qu'il lui confie dans une province*, voyez sous تسييغات

مُوَجَّه *masqué*, Alc. (mascarado con caratula). — خبز الموجَّه *pains de proposition*, Payne Smith 1930.

مُوَجِّهِين *faux, perfide* (= بوجهين), *double, dissimulé*, Bc.

مُوَاجِه *adulateur*, Bc.

مُوَاجَهَة *face à face, en face, en présence*, Voc., Bc. — *Audience, entrevue*, Bc. — *Confrontation*, Bc. — *Adulation*, Bc.

المواجهة الشريفة *the holy fronting*, à Médine, voyez Burton I, 297.

وحد II *embrasser le parti des Almohades, se déclarer pour eux*, Abd-al-wâhid 143, Athîr XI, 147, 7 a f., Berb. I, 294, 8, 311, 4, 320, 335, Çalât 21 r°, 32 r°, 57 r°, etc.

VIII c. ب *s'identifier*, Bc; on dit p. e. quand le vin a été mêlé à l'eau, اتّحد الخمر بالماء, M. — C. مع *s'accorder;* — *adhérer;* — *s'affilier*, Bc. — Voyez plus loin le partic. et le n. d'act.

وَحْدَاهُم est dans le Voc. sous *solus*.

وَحْدَة *état de celui qui est seul au monde, qui n'a personne pour l'aider ou le protéger*, Koseg. Chrest. 86, 7. — *Retraite*, état de celui qui se retire du monde, Bc. — الوحدة ou ليلة الوحدة ليلة est la première nuit après les funérailles, Lane M. E. II, 340. — السُّوَحْدَة l'identité complète de l'imâm avec Dieu, Prol. II, 164, 12, cf. Baidhâwî II, 49, 2; — الوَحْدَة المُطْلَقَة est chez les Soufis l'identité absolue de Dieu avec le monde, Prol. III, 68, 4, 70, 4 et suiv., Berb. I, 416, 8 a f., Macc. III, 654, en parlant d'un livre soufique d'Ibn-al-Khatîb: وتكلّم فيه على طريقة اهل الوَحْدَة المُطْلَقَة. Bc a eu la malheureuse idée de donner ce terme sous déisme et il a commis la faute d'écrire le mot avec un djim, au lieu d'un ḥâ (ce qui n'est pas une faute d'impression, car il écrit de même sous déiste). Panthéisme aurait valu mieux.

وَحْدان seul, P. Abbad. I, 316, 11.

وَحْدَانِي seul, Payne Smith 1589, Bar Ali 4446.

وَحْدَانِيّة isolement, solitude, Alc. (desaconpañamiento, soledad), Payne Smith 1589, Bar Ali 4447.

وحيد ermite, Alc. (ermitaña cosa). — التَوْحِيد chez les Berbères, carthamus corymbosus, Bait. I, 346 b.

وَحِيدَلِي seul, Bar Ali 4446.

وَحَادَة مَنْعَى وحادة = مَنْعَى واحدٌ nuntius mortis unus, c.-à-d., la nouvelle de la mort d'un seul homme, Gl. Mosl.

واحدٌ من الكُتَّاب tel d'entre les employés de plume, de Sacy Chrest. II, ٥٥, 3 a f. — أنتِ واحد est une des formules qu'on peut prononcer quand on répudie sa femme, Gl. Tanbîh. — لواحد à la fois, Voc. (simul, de multis). — واحد في واحد un à un, Voc. — واحدٌ بواحدٍ l'un vaut l'autre, Nowairî Afrique 2 v°: وواحدةٌ بواحدةٍ « cette proclamation vaudra bien l'autre» (cf. J. A. 1841, I, 105, ou de Slane trad. de l'Hist. des Berb. I, 319). — هو أجْوَدُ واحدٍ il est le plus généreux de tous, comme on dit هذا خير شيءٍ et هو أفضل رَجُل, Gl. Mosl. — Même, لِغَائِنَهُمْ ترجع الى اصول واحدة, Gl. Abulf. — بالواحدة لا jamais, Gl. Geogr.

واحدى rhinocéros, Jackson 38.

توحيد théologie, Lane M. E. I, 318. — Chez les Soufis, l'identification avec la divinité, Macc. I, 568, 4, 571, 16, 588, 11, Prol. I, 199, 5.

مُوَحَّدَة est le mot qu'on emploie pour indiquer une lettre qui n'a qu'un seul point, M, pas مُوَحَّدَة comme chez Freytag.

مُوَحِّدُون Sous الموحّدون on entend aussi parfois les Druzes, M.

مُتَوَحِّد anachorète, Bc, M.

اتِّحَاد l'identité de Dieu avec le monde, Meursinge ٣٨, 7 a f. (la note de l'éditeur, p. 139, est ridicule).

اتِّحَادِي fédératif, Bc.

مُتَّحِد identique, Bc, Samhoudî 147, 17: قَضِية ابن الـ اتِّحَاد Intime. — عِنَاتٌ مُتَّحِدَة مع ما ذكر ابن النجار «amitié intime,» Khallic. I, 384, 8 Sl. — Allié, joint par affinité; — allié, confédéré; — uni, joint d'amitié, Bc. — C. بـ adhérent, fortement attaché à, inhérent, Bc. — C. مع adhérent, qui tient au parti de quelqu'un, Bc.

وَحْدَاج asphodèle, adj. (lis), lis asphodèle, Bc.

وَحَّش II abrutir, Alc. (abrutecer a otro); Bc, Ht. — Désirer voir, Voc. (desiderare), Alc. (desear ver a otro), Prol. III, 406, 3:

لَوَحَّشَ الجفون النخّل ان غابوا   ولبيك أنَّ الجفون النخّل أبلانوا

«car il (mon cœur) désire revoir les beaux yeux noirs qui sont absents, et cependant ce sont ces yeux noirs qui l'ont rendu malheureux.»

III voyez plus loin le n. d'act.

IV aliéner, Gl. Maw., اوحشه ذلك من فلان cela a aliéné, éloigné son cœur, son affection, d'un tel, Gl. Mosl. — Dans le Voc. sous desiderare: اوحشتنا vous vous êtes bien fait désirer (à quelqu'un qu'on n'a pas vu depuis longtemps); réponse: الله لا يوحشي منك; توحشنا votre absence nous causera bien des regrets; réponse: الله لا يوحشي منكم Bc; dans les 1001 N. I, 39, 6 a f.: وقال لا توحشنى الله, il faut corriger لا اوحش الله منك, 75: لا يوحشي الله

V devenir sauvage (animal domestique), Gl. Geogr. — S'abrutir, Alc. (enbrutecerse), Bc. — C. من, ل, في desiderare, Voc., Alc. (desear alguno). — S'apercevoir de l'absence de quelqu'un, Roland. — Voyez plus loin le n. d'act.

X ne pas être à son aise, éprouver une certaine gêne, une vague inquiétude, p. e.: اذا اقبِل الليل

وحش

اِستأنسَ كلّ وحشيّ واستوحش كلّ اِنسى , M, Bat. II, 10: واهل البصرة لهم ايناس للغريب وقيام بكفّه فلا — C. من s'alarmer de, يستوحش فيما بينهم غريب s'épouvanter, Bidp. 179, 4: وقال فاستوحش من الارض — C. من p. avoir de l'éloignement, de la répugnance, de l'aversion pour quelqu'un, Abbad. I, 289, n. 172, Haiyân-Bassâm I, 142 v°: هذا ارض جنٍّ او حِشوة — C. من p. وهو قد استوحش منهن واعترلهنّ وانفرد بنفسه لبأَمٍ ونهارٍ (au lieu de منهن, le ms. porte quelque chose comme معرى). — C. ل p. avoir du chagrin parce qu'on quitte quelqu'un, M (احسّ بالتوحشَ لفراقه). — C. ل p. dire à quelqu'un: je regrette de ne pas vous avoir vu depuis longtemps, lui dire: اوحشتنى (voyez sous IV), Fakhri 361, 3 a f.: قالت لى سلّم على الشيخ وتجسّى بن قبيبة واستوحش له Gl. Geogr. — Désapprouver, Bc, Gl. Geogr.

وحش maussade, désagréable, de mauvaise grâce, Bc, difforme, laid, vilain, Bc, Hbrt 7, l'opposé de جميل, Abbad. I, 244, 11: فلم ار قبلها وحشا جميلا كريها روابة انس الأنيس رائحة وحشة «mauvaise odeur,» Bc; femme laide, Haiyân-Bassâm III, 50 r°: ومن لم يرض لذلك منّا ان: يفعله فى خادم او ماعنة او وحش اعطائى خولة وغلمانه s'emploie de toutes sortes de choses qui sont rudes, laides, difformes, vilaines, etc. (p. e. langue, instrument, édifice, couvercle d'une bière, tête d'un homme, ville, désert, mort, partialité, mœurs, caractère d'un homme ou d'un livre, rêve), Gl. Geogr. — Mal, adv., Bc, mais alors c'est وحشا, p. e. غنّى وحشا «chanter mal,» 1001 N. I, 305, 4 a f.

وحشة misanthropie, Bc. — Eloignement, répugnance, aversion, inimitié, haine, Aboulf. Ann. II, 238, 3, 496, 8, de Sacy Chrest. II, ol, 2 a f. — Voyez sous توحّش. — Dans le Voc. sous desiderare; désir c. ال, Gl. Mosl.:

ما فى الى مستطارفِ العيش وحشةٌ
وإن كنتَ لا مِلَّ لذى ولا أقِلْ

— ليلة الوَحشة ou ليلة الوحشة est la première nuit après les funérailles, Lane M. E. II, 340.

وَحشى = وَحشىّ, Gl. Geogr. — Barbare, brutal,

farouche, inculte, insociable, intraitable, iroquois, Bc. — Sauvage, âpre (goût, saveur), طعمة وحشية goût sauvagin, Bc. — Gris (cheval), L (à la fin, pardo). — Espèce de dattes, Burton, I, 384.

وحشيّة sauvagerie, caractère de celui qui vit seul, Bc.

وَحوش désert, (adj.), P. Ibn-'Akîl 88, 2 (prononcez ainsi).

وحيش désert (adj.), Tahmân.

واحش dans le Voc. sous desiderare.

توحّش barbarie, état sauvage, Bc, Prol. II, 342, 3. — Naturel, humeur farouche, Berb. II, 4, 7 a f.: توحّشهم «la farouche noblesse de sa conduite» (de Slane), 244, 4: التوحش والـعز, 86, 3: توحش الظلمة — . عن الانقياد le sentiment de malaise, de gêne, de vague inquiétude, qu'on éprouve dans l'obscurité, Aboû'l-Walîd 611, 15, où un autre man. a وحشة. — على توحش à jeun, Ibn-Wâfid 13 v°: ويشرب على توحش وجبّة, 14 r° et v°, 15 r°, etc.

متوحش sauvage, qui vit dans les bois, sans lois, Bc. — Barbare, Bc. — Brutal, farouche, hagard, Bc.

مواحَشة éloignement, répugnance, aversion, inimitié, haine, Rutgers 139, 14.

متوحّش misanthrope, Bc. — الجمل المتوحّشون les sauvages, Bc.

مستوحش sauvage, qui vit seul, qui fuit la société, Bc.

وحض.

= مثراب ou ميحاص (pour مِرحاص; cf. ميحاص, مرزاب), pl. dans le Voc. محاتص et أمَحضة, commodités, lieux d'aisance, Voc., 1001 N. Bresl. II, 71 (où Macn. a مرحاص).

وحل II embourber, Bc. — Crotter, Bc. — Etre dans de beaux draps, dans une situation critique, Bc.

IV donner du fil à retordre, de l'embarras, Bc.

V s'embourber, Bc, Gl. Abulf. — Se crotter, Bc, M.

وحلة bourbe, bourbier, mauvais pas, bourbier, lieu dangereux, embarras, Bc, embarras, Ht. — Crotte gâchis, Bc.

وحيل boueux, bourbeux, Gl. Geogr.

موحل boueux, bourbeux, Bc.

وخم V, *entrer en chaleur*, aussi Abou'l-Walîd 281, n. 21, Saadiah ps. 51.

X. كلبة مستوخمة *une chienne chaude*, Macc. I, 472, 4 (où le Matmah L a حتّى كلبة, au lieu de مع).

وخم *pica*, appétit dépravé, Bc, *appétit dépravé, malacie*, Sang.

وخم *entrer en chaleur*, Abou'l-Walîd 281, n. 21.

توخّم *pica*, appétit dépravé, Bc.

وحى IV c. الى p. = I *faire un signe à*, Gl. Mosl.

وَحًا *bruit dans le combat*, puis *combat*, Gl. Mosl.

وحى est aussi une épithète du mot *poison*, qui tue *à l'instant même*, Abbad. III, 134, Macc. II, 731, 19, et وحيًا s'emploie souvent comme adverbe, *très-promptement* ou *à l'instant même*, Edrîsî ۱۹, 11: مات وحيا, Clim. V, Sect. 5: هلك وحيا dans B, tandis que A porte هلك من حينه, Bait. I, 106 a: يُذهِب الوجع وحيا وحيا, يموت وحيا 117:

وَحِيَّة *chute*, Djob. 142, 16.

وخد II = I, Gl. Mosl.

واخذ est aussi dans M, Bc (*reprendre, blâmer, censurer*; انت غير تواخذني "excusez-moi;" rép. (مواخذ), Aghlab. 28.

وخرى *tard*, Bc. — *Tardif, qui tarde, qui vient tard*, Bc.

وخش

وَخْش chez le vulgaire l'opposé de ناعم, M.

وخيش *abject, vil, méprisable*, Ht.

وخشيرق ou avec ك (pers. وَخشيبرَك) *armoise judaïque, sementine, barbotine, poudre à vers*, Sang. Bait. II, 581 b, Yâcout III, 346, 19.

وخط I *attaquer*, en parlant de l'action des maladies, mais la leçon n'est pas certaine, Gl. Geogr.

وخف I *craindre, avoir peur*, Bc.

وخفان *craintif, qui a peur*, Bc.

وخم I. وَخَمَ *être malsain* (endroit), M.

II *corrompre, infecter l'air*, Beaussier.

V *se corrompre, devenir malsain* (air), Beaussier.

وَخَم *mauvais air, air malsain, corruption de l'air, putridité, miasmes, insalubrité*, Beaussier, *méphytisme*, Bc, Berb. I, 616, 2, Amari 436, 3 a f.: واصاب الناس وخم, où ce mot peut aussi avoir le sens qui suit ici. — *Fièvre pernicieuse du Soul*, Beaussier; fièvre africaine fort maligne, occasionnée par la quantité d'eau dans les oasis, qui se déclare vers le milieu d'avril et au commencement de l'automne, Tristram 288 (oukheum); fièvres dans l'Ouad-Righ en mai, juin, septembre et octobre, Prax R. d. O. A. IV, 130 (houkham). — *Saleté*, et par euphémisme *les gros excréments*, M.

الهواء الوخم *malsain*, Bc, Berb. I, 488, 6: وخّم Becrî 153, en parlant d'un endroit: الهواء وخم "l'air y est malsain," Gl. Geogr.

وخمة *crudité, digestion, humeurs crues dans l'estomac*, Bc.

وخيم *malsain* (pays), M, (air), Edrîsî, Clim. III, Sect. 5: هواء وخيم. — *Pernicieux*, Bidp. 136, 6: — وجنيت على نفسك جناية موبقة وعاقبتها وخيمة. *Ennuyeux*, Voc. (tediosus).

وَخامة *air malsain*, Bat. II, 141.

تُخَمة *indigestion, pesanteur d'estomac*, Bc, Gl. Manç.: M: نتخمة هى المرض المسمى بالبشم عند اهل المغرب وعند الاطبّاء عبارة عن فساد الطعام واستحالته فى المعدة الى كيفيّة غير صالحة.

وخى V *observer, épier*, Aghânî 121: واخ لو أخشى تبوّنه يتوخّى أمركم خبر V, 39, 11 a f. Boul.: توخّيت وقمت الظلام, Bat. I, 244: ويتوخون الساعة التى يقف فيها وفد الله تعالى وتخَابَى بيته بعرفات "ils épient le moment où."

VI *fraterniser*, Bc. M. Wright a noté تواخَينا, Saadiah ps. 35; = توخّع, ps. 40.

ود I. ودّ ان *vouloir, désirer que*, P. Borb. II, 289, 3. II c. a. dans le Voc. sous amare.

V c. ل et مع dans le Voc. sous amare.

شرب فى ودّ (او بودّ او فى وداد) فلان *boire à la*

santé de quelqu'un, Abbad. I, 410, n. 74, Macc. I, 353, 19, 425, 17, II, 485, 17, 495, 11, Bassâm II, 113 v°: وتطلّقوا يفدّونه بلانفس، واكثروا في وداده ، Matmah 86 r°: comme il était très en colère contre un autre, les convives tâchèrent de l'apaiser دوالوا النُّفوسَ في وداده وكفّوا بذلك احتدادَه. Bc a شرب في صحّته porter la santé de quelqu'un, tost ou toast. En latin on disait de même au moyen âge: bibere in amore alicuius (voir Ducange I, 670 c, et cf. Liudprand, Antapod. II, 70: « poculum rex ei porrexit, atque subiunxit: Amoris salutisque mei causa quod continetur, bibito ») et en espagnol: beber por amor del señor, Clavijo, Vida del gran Tamorlan 157, 10 éd. de l'Acad. — بودِّي je voudrais que cela fût, M, qui cite ce vers:

أيّها العائد السائل عنّا وبودّيك لو ترى اكفانى

où بوديك est pour بودّك à cause de la mesure, Macc. I, 489, 6: ومع طول الصحبة عقلي للحياء عن سؤاله، « je voudrais à présent l'avoir interrogé sur ce sujet,» je regrette de ne pas l'avoir fait. Le vulgaire dit بَدّي pour بودّي، p. e. بَدّي أفعل كذا «je veux faire cela,» M; voyez des exemples tirés de Bc plus haut I, 56 a, mais j'aurais dû les placer sous بَدّ, pas sous بَدّ.

— وُدّى affectueux, Bc. — وُدّى écrit Hamilton 298 en caractères arabes et waddy en anglais, datte qui sort à nourrir le bétail.

وِداد voyez sous وَدّ.

وَدُود caressant, qui aime à caresser, Bc. — En Espagne, galium aparine, Bait. I, 170 a.

وَديد, pl. وِدادَ, Mufassal 79, 9.

وَدادى affectueux, Bc.

أوَدّ aimant, désirant le plus, c. في, Macc. II, 516, 11: ليعلم سيّدى أنّى كنتُ أوَدَّ الناس في لقائه.

تُودةَ chez Golius-Freytag doit être biffé; le mot est تَوْدةَ, de la racine وَأَدَ.

مَوَدّةَ dans le sens de désir de posséder quelque chose (Reiske), pl. مَوَادّ, Abbad. I, 217, 4, où c'est le synonyme de مُراد (cf. III, 74). — L donne نَعْمَ المَوَدّةُ bono appetitus.

ودع I, n. d'act. وَداع, Kâmil 149, 3 et n. a.
V être saigné, Voc.
وَدج veine jugulaire, Bc, forme au pl. أوداج, L (fauces خلف واوداج وحنجرة), Voc. (vena bestie), Bc, Gl. Tanbîh, et ne s'emploie pas seulement quand il s'agit d'un animal, mais aussi en parlant d'un homme, Aghânî V, 34, 1: انتفخت اوداجه, Akhbâr 106, 8: ثم طعن في اوداجه بالخنجر, Bait. I, 216: نقّى (نفع B) اوداج البدن من الرأس وسائر البدن ايضًا.

ودر II dissiper son bien, M, 1001 N. I, 17, 9: وبَذَروا كلّ شيءٍ لانّهم كانوا متعكفين على الاكل والشرب والملذّات. — Perdre, égarer, Cherb. C.

ودع I. ودعوا اموالَهم ils mirent en sûreté leurs biens, Bat. III, 281. — ودع في نفسه حاجة avoir un désir, Freytag Chrest. 50, 5. — Ne pas faire, Bidp. 266, 4: فاضرب لى مثلاً عن من يدع ضرَّ غيره اذا قدر عليه. — S'apaiser (vent), Djob. 315, 19.
II c. a. procurer du repos à, Macc. I, 245, 7: فان راى امير المؤمنين ان يامر بفتح باب الصناعة لادخل عليه منه عون على المشى وودِّع جسمى.
III c. a. p. faire un traité avec quelqu'un, Gl. Belâdz.
IV se construit aussi c. a. r. et ل p., 1001 N. I, 59, 3 a f.: ولكن بنات اخاف نودع النّسرَ لمن لا يحفظه.
V se reposer, Gl. Bayân, Autob. 230 r°: طلب لذلك منه الاجازة الى الاندلس يتروح بها فسرّحه, cf. Berb. II, 519, 7 a f. Dans Berb. II, 473, 10: قضى متروحا بين اهله وولده il faut peut-être traduire: « Il expira tranquillement;» M. de Slane traduit faire ses derniers adieux, mais je doute que cette forme ait ce sens. — C. a. jouir en paix de, Berb. II, 470, 9: ثم دخل السلطان الى قصره واقتعد اريكته وتودع وتهنّأ السلطان ملكَه وتودع من يومئذ, 471, 1: ملكَه, واستقرّ كلّ بمكانه وتودعوا امرَهم, 473, 10: سلطانَه.
X. استودعه امانة confier un dépôt à quelqu'un, Bc. — استودعك اللّه Dieu vous ait en sa garde! mais

اِستَودَعَ اللهَ اَرضًا est une malédiction dans ce vers, Abbad. I, 62:

اِستَودِعِ اللهَ اَرضًا عِندَنا وَمَضَت بِشائِرُ الصُّبحِ فيها بَدَّلَت حَلَكا

«je ne veux avoir rien de commun avec.» — *Prendre congé, dire adieu*, Alc. (despedirse como quiera).

وَدَع coll., n. d'un. ة, *coquillages*, Gl. Abulf., Gl. Mosl., coquillage de mer bigarré, en forme de grain de café et fendu par le milieu (porcelaine de mer), Cherb., cf. Bait. II, 581 c. Les bohémiennes les jettent en l'air pour prédire l'avenir, voyez Burckhardt Nubia 420. Ce n'était pas seulement dans l'Inde que ces cauris servaient de monnaie, mais aussi aux Maldives, dans le Soudan, etc., Bat. *passim*, Daumas Sahara 199, 298, 300. — On dit que près de Sohraward (ou de Chahrazour) il y a des vignes qui portent alternativement, l'une année des raisins, l'autre, des fruits fort rouges, noirs au bout et ressemblant à des coquillages, auxquels on donne le nom de الودع, Gl. Geogr. — *Offrande religieuse*, R. d. O. A. N. S. XII, 406, Jacquot 296, *présents, cadeaux*, Daumas Sahara 233 et suiv., Mœurs 66, 328, 329, 356. — *Fête patronale d'une tribu, fête d'un marabout*, Daumas Mœurs 260, V. A. 177, 446 et suiv., Margueritte 147.

وَدَاعَة *douceur de caractère*, Bc. — *Dépôt*, action de déposer, et: ce qui est mis à la garde de, Bc, Voyages de Sind-bâd éd. Langlès 14, 43. — *Fidéicommis*, Bc.

وَديعَة est aussi *dépôt* dans le sens de *la convention faite en déposant quelque chose entre les mains de quelqu'un*, Gl. Tanbîh. — *Recommandation*, Alc. (encomienda como quiera). — في وديعة الله *à la garde de Dieu*, R. N. 61 v° (après un voyage dans le désert): فقال سِرّ في وديعة الله فهذا (عو l.) العمران; — قد قرب منّا *c'est un homme que Dieu a en sa garde*, un homme pieux, R. N. 100 r°: وكان اذا سلم عليه احد نظر اليه نظرة فان رأى لله تعالى فيه وديعة جلس وانبسط وان رأى غير ذلك قال علينا شغل. — Le pl. وَدائع *adieux*, P. Prol. III, 363, 4.

آمَنَ وادع «une sécurité parfaite», Edrîsî o., 4.

مَودِع pl. ات désigne en général *le lieu ou le meuble où l'on dépose, où l'on garde certaines choses*. C'est par conséquent un édifice, une chambre ou une caisse, un coffre (تابوت, Maml. II, 2, 108), selon les circonstances. *Magasin*, Berb. I, 501, 2 a f.: وباع ما كان بموَدِعاتِهم من الأثنية والفَرش والخَزَفى والماعون والمَتاع, 574, 5: وشحنوا بالأقوات والاسلحة خزائنها وموَدَعاتِها. Spécialement, pour المال موَدِع (Berb. II, 152, 2), *le trésor public, le trésor de l'État*, Berb. I, 539, 7, II, 152, 5, 412, 4 a f., 424, 7, 425, 10 a f., 447, 3 a f., Ibn-Abdalmelic 51 r°: أمرَ بحرق بابِه وانتقال ماله وتَنشقيفه في الموَدِع; aussi J. A. 1851, I, 62, 3, comme on le voit aisément, quoique la suite de ce passage soit altérée (cf. 84, n. 22). *Une caisse où l'on déposait les fonds assignés à telle ou telle destination*, Maml. II, 2, 107, Prol. II, 56, 6. Seul on dit الحُكم, *une caisse placée sous la surveillance du cadi, et dans laquelle on tenait en réserve les biens appartenant aux orphelins et aux personnes absentes*, Maml. l. l., Vêtem. 256, 6.

مُودِع *dépositaire*, Gl. Tanbîh.

مُودِعة *œuf qu'on laisse dans le poulailler, afin que les poules s'habituent à y pondre, nichet*, M.

مُودَع *recommandé, déposé*, Alc. (encomendada cosa).

مُستَودَع *consignataire, dépositaire de consignation, dépositaire;* — *fidéicommissaire*, Bc. — Le مُستَودَع d'une mosquée est dans le Cartâs, 39, 7 a f. et suiv., une espèce de sacristie, où l'on garde, dans des coffres soigneusement fermés, l'argent et les livres qui appartiennent à la mosquée, ainsi que les sommes que différentes personnes y ont déposées. Mais ce mot doit avoir un autre sens dans Chec. 207 v°: واسقف شهدت رجلًا من اهل انقيسارية كان يكثر الجلوس بالمستودع من رحبة المسجد الجامع الأعظم فكمنت انكر ذلك عليه إذ ليس ذلك محل جلوس ولم اعلم له ما سببب ذلك il se trouve que cet homme avait des attaques violentes et fréquentes de diarrhée, وسألته عن جلوسه بالمستودع فقال لي بطريق الحانوت. En effet, le مُستَودَع dont il est question dans le Cartâs, loin d'être un local ouvert au public, avait deux portes, chacune toujours fermée à triple serrure.

وَدَق V *tomber en gouttes* (pluie), Diwan d'Amro'lkaïs 46, vs. 2.

وَديقة est dans le Diw. Hodz. 34, vs. 3, P. Kâmil 411, 7.

وادِق السِرَّة *ventru*, Diw. Hodz. 35, 9.

ودك II est dans L condo; il veut dire condio, cf. مُوَدَّك.
— Styler, former, drosser, habituer, Bc.

IV rendre gras, Kâmil 318, 3.

V être cuit dans de la graisse (mets), Voc.

وَدَك, graisse, forme au pl. أَوْدَاك, Voc., Alc. (gordura derretida, grassa por grossura, grossura, pringue de torrezno). — Par synecdoche, viande, Mi'yâr 9, 5.

وَدَكِيَّة qualité de ce qui est gras, Voc.

مُوَدَّك gras, L (inpinguatus, Voc., Alc. (grassiento); aussi en parlant d'une terre, Auw. I, 214, 3, 261, 3. — Boisson qui se fait avec du miel et du vin, L (conditum (vinum dictum (l. factum) de mello et vino)). — Retors, rusé, Bc.

ودل مواديل chez Freytag doit être biffé; le mot est مواويل, Ztschr. VII, 371; voyez sous وى.

ودن.
ودن est vulgaire pour أُذُن.

وَدَّان. Le nom du mouflon est en berbère aoudâd, أَوْدَاد, Richardson Sahara I, 213, Central I, 203, Morocco II, 301 (écrit lotod, 282, 283, 287), Barth I, 295, Jackson 33, Tristram 387, Ormsby 70, au pl. ودادن. De ce pl., qu'on trouve dans Becrî 156, 4, où le nom propre berbère تنودادن est expliqué par بقر الأبايل, les Arabes ont formé le mot وَدَّان pour désigner cet animal; on le trouve dans plusieurs des passages que j'ai cités, ainsi que Richardson Central I, 47, 80, 101 et chez Lyon 76, 271.

ودى II vulg. pour أدّى mener, Bc, وَدَّاه = بعث به, واوصله, M.

وَاد, pl. vulg. ودْيَان, M, Bc. «Ouad désigne à la fois un ruisseau d'eau vive dans le Tell et une de ces lignes de fond arides qui servent de canaux d'écoulement aux eaux pluviales dans le Sahara. Aussi: une oasis, parce que l'eau y est fournie, suivant l'opinion des indigènes, par des fleuves souterrains,» Carette Géogr. 124; Richardson Sahara I, 162: « all deep cessions of the surface, and used indifferently for a valley, a bed of a river, or torrent, or ravine;» cf. Sandoval 15. — Avec la fin de l'article chez Freytag cf. Macc. I, 182, 13 (cf. Add.): هو فى واد آخر عنده.

ودح.
مُوَدَّح se dit de la laine quand elle est chargée de
وَدَح, c.-à-d., de crottes et d'urine, Most. v° زوقا رطب: هو نَسَم الصوف المودَّح (les voyelles dans N), v° صوف: ويراد هنا بالصوف المودَّح خاصةً من الأغنام, où La porte par erreur الموضع.

وذر I. لا تُذْرِى من هذا ne me parlez pas de cela, Gl. Badroun.

وَذَارِى nom d'une étoffe précieuse, nommée aussi ديباج خراسان, qui se fabriquait dans le village de Wadzâr près de Samarcand, M, Tha'âlibî Latâïf 126, 2 a f.; aussi بِيذَارِى, Gl. Geogr.

وذم.
وَذَم L: funis (sic). حَبْل وذم. — Condylome, excroissance de chair, Bc.

ور I jeter, Ht, M, qui dit que c'est pour وَرَى (?).

وُرّ sorte de bonnet haut, قلنسوة مستطيلة أخذها صُعَدًا كور الدالاتية, M.

ورب I placer obliquement, M.

II et III = أرب II et III (voyez); فى وراب dans une direction oblique, Auw. II, 564, 11. — Chercher à tromper quelqu'un, ruser, Gl. Edrîsî, Gl. Geogr.

V être dans une direction oblique, Auw. II, 564, 12.

ورب oblique, Bg.

وِرْبَة bande oblique que les femmes au Liban portent autour de la tête, M.

مُوَرَّب oblique, M.

مُوَارَبَة, t. de rhétor., est quand après avoir excité la colère de quelqu'un par une parole désobligeante, on a la présence d'esprit de l'apaiser en changeant un mot, dont on prétend qu'il a été mal entendu, ou bien en ajoutant ou en retranchant quelque chose, M, Mehren Rhetorik 123—4, 183.

وربينج أنثى tête-cornue (plante), Bc.

ورث I a le n. d'act. وَرْث dans le Voc., et se construit c. d. a., ورث أباه مالًا, Gl. Belâdz.; c'est lorsqu'il est l'héritier unique de son père; quand il n'a hérité que d'une partie de ses biens, on dit: ورث من مال أبيه, ou من أبيه, M.

II c. d. a. *faire hériter* ورّثه أبوه مالا, M, Haiyân-Bassâm I, 174 r°: ولا يَعْلَم أب ورّث ابنا مثلها; c. a. r. et ل p., de Sacy Chrest. II, ٢٢, 3. — *Engendrer*, Alc. (engendrar).

IV, au fig. اكسبه إياه = اورثه السقم, M, de Sacy Chrest. I, ١٤٣, 2 a f.: le café تورث البدن خِفّة ونشاطًا &c.

V dans le Voc. sous hereditare; chez Nâbigha dans le vers que quelques-uns lisent: تورّثن من أزمان يوم حليمة. — Le n. d'act. *génération, l'action d'engendrer*, Alc. (engendramiento).

VI. توارثوا *ils ont hérité les uns des autres*, c. a. r., p. e. توارثوا المجد كابرا عن كابر, M, Gl. Tanbîh, Macc. I, 131, 8. Au fig., *se succéder l'un à l'autre*, Valeton v, 3 a f.: الوُد وانعداوةُ يتوارثان.

X *hériter*, Payne Smith 1634.

وِرْث *héritage*, Alc. (eredad por erencia, erencia).

وارث pl. aussi ورّاث, M, Voc., Bc, Gl. Tanbîh, Baidhâwî II, 2, Abou'l-Walîd 563, 24.

أورث *sorte d'oiseau*, Yâcout I, 885, 12.

مُورِث *héritier*, Alc. (eredero). — *Celui qui engendre*, Alc. (engendrador).

موروث *légataire, héritier*, Ht.

ميراث pl. مواريث صاحب est chez Alc. fiscal del rey, terme qu'il traduit aussi par صاحب الفَيء; Nebrija: fiscal, de patrimonio del rey, fiscalis, praefectus fisci. Ces deux termes arabes désignent peut-être: l'administrateur des biens dévolus à la couronne faute d'héritiers, et de ceux qui avaient été confisqués.

ورد I. Pour la constr. c. على (Freytag sans autorité): ورد زيد علينا حضرا ومنه ورود انتناب على الاستعارة, M: Koseg. Chrest. 71, 11: ورد عليها ضيف, de Sacy Chrest. II, ٣٤, 13: ورد عليه موت فلان «il reçut la nouvelle de la mort d'un tel.» — *Rentrer, arriver, revenir* (fonds), Bc; وروده وإصدارا «tant pour les recettes que pour les dépenses,» Maml. 1, 1, 205. — *Fleurir, pousser des fleurs*, M.

II, au passif, *être de couleur de rose*, p. e. خَدٌّ مورّد et توريد خدّه, Gl. Mosl., pierre précieuse, Gl. Geogr. — إذا لقّ بعضهم يورّد الـخَبَر expliqué par ببعض, Diw. Hodz. 144, 6 (causatif de I, 1).

IV se construit c. d. a., Calâïd 54 (le pronom se rapporte à البحر): فامتطى تياره' وأورد غرائبه نتاجَه, «il t'a conduit où tu es,» Koseg. Chrest. 97, 5. — أورد عليه للخبر *raconter*, M, Nowairi Espagne 475. — *Rapporter, citer, alléguer un passage*, Bc. — أورد شاهدا «citer un exemple.» Bc. — *Exposer, expliquer, développer*, M, Maml. II, 2, 48: سأله أن يقرأ السيرة على الناس فصار يدرس لا يوم ميعادا منها ويورد. — *Mettre au jour, publier*, Bc.

V *devenir ou être de couleur de rose*, Gl. Mosl., Voc., Kâmil 545, 12. — *Changer de couleur*, Gl. Mosl. — *Fleurir, pousser des fleurs*, Auw. I, 217, 12.

VI. تواردوا إلى المكان *ils arrivèrent dans un endroit l'un après l'autre*, M. — En parlant de deux poètes, c'est quand ils expriment la même pensée dans les mêmes termes, ou dans des termes presque identiques, l'un à l'insu de l'autre, Harîri 232; c'est ce qui s'appelle توارُد لخواطر, comme nous disons: les beaux esprits se rencontrent, Macc. I, 941, 18, II, 481, dern. l.: فتعجّبت من تواردِ خاطريَّنا على معنى هذا, 484, 19; cf. I, 941, 16: توارد معه, السبَّين الأخير, «le docteur Ibn-Ghâzi se rencontra avec lui en donnant ce titre à son livre,» الشيخ ابن غازي على هذه التسمية, «le titre des deux livres étant le même,» توارد اختيارُهم على القاضي «ils choisirent unanimement le cadi,» Abd-al-wâhid 65, 6; يتواردان «ces deux sens se trouvent réunis dans un même sujet,» Prol. I, 405, 2 a f.

وَرْد. Le port. *guedre*, qui semble une transposition de وَرد, signifie *sambucus femina* ou *rosea, rose de Gueldre*. — *Boutons de roses*, Prax 29. الورد الإفرنجي *espèce de rose sans odeur*, M. — ورد بلدي *rose à cent feuilles*, Pagni MS. — ورد البهيم *pivoine*, Pagni MS (rosa asinina). — الورد الأبيض *narcisse*, Domb. 72. — الورد الجبلي *églantier*, rosa canina, Auw. 1, 403, 14, où Clément-Mullet traduit ainsi; cf. II, 280, 9: وقبيل ان منه صنف (صنفا l.) يعرف بعلّيق. ورد — الكلب يقال له الورد الجبلي وهو نوع من الزعرور كبيكج = ورد الحبّ *voyez sous le second mot*. — ورد الحمار *Ranunculus Asiaticus*, Bait. II, 585 g. —

espèce de بهار ou chrysanthème, Auw. II, 275, 12;
on l'appelle aussi ورد الفتخار, et cette fleur est rouge
en dedans, jaune en dehors, Bait. II, 585 b. Vansleb
99 nomme le *Verdhomar*, mais sans rien ajouter. —
ورد الحمير, en Espagne, *pivoine*, Bait. II, 239 c, 585 d
(AB), au Maghrib, Gl. Manç. v° فاويي; on lit, toutefois, dans le Most.: فاوينا قيل انه ورد الحمير
يصح لانه امتخن فلم توجد تلك الخاصية فيه اعني
النفع من الصرع, l'argument est peu concluant. — ورد
anémone, Bait. II, 585 f. — الورد الذكر, en
Espagne, *églantier*, *rosa canina*, Bait. I, 254 b. —

ورد الزينة althæa, espèce de guimauve, Auw. I, 28,
1, 11, 296, 20 et suiv. Le vulgaire a changé ce terme,
qui signifie *la rose d'ornement*, en ورد الزواني, *la rose
des courtisanes*, parce que celles-ci en mettaient dans
leurs cheveux, Auw. II, 298 à la fin, 299, 1, 5—7;
Bait. I, 373 g (ورد الزواني AB), Most.: صمغ الختلمى
هو صمغ ورد الزواني (الزوان L) وهو صمغ المالبه بشكه
sous ورد الزوانى les deux man. ont خطمى malbe بشكه
est l'esp. *malvavisco* (guimauve); Alc. ورد زَوَّان pour
mauve (malva yerva). — ورد السبج *églantier*, *rosa
canina*, Bait. II, 206 b, 585 h. — ورد الشمس petite
fleur qui, pour la forme et la grandeur, ressemble à
la marguerite; mais elle est jaune en dedans et en
dehors, et l'on dit qu'elle se tourne toujours vers le
soleil, Buckingham I, 308. — ورد صيني *églantier*,
rosa canina, Bait. II, 553 b, 585 i. — الورد الفحصي
comme il faut peut-être lire chez Auw. II, 386, dern.
l., au lieu de البحصي, comme porte le man. de
l'Escurial à en croire Banqueri, ou = الورد البرّي
شكوس, *ciste*. — ورد منتن = انقون, *rose puante*,
Bait. II, 585 e. — ورد نصيبي *rose incarnate*, Bc. —
ورد ملبع (Freytag) est dans le Diw. Hodz. 173, 3 a f.
ورد, لا فى ورد ولا فى صدر est une expr. prov.
pour nier d'une manière absolue, Bait. II, 432 b: لا
بيننا نسبة لا فى ورد ولا فى صدر « il n'y a absolument aucun rapport entre ces deux plantes,» Haiyân-
Bassâm I, 114 r°, en parlant de l'indigne calife
Mostacfî: لم يكن من هذا الامر فى ورد ولا صدر انما
ارسله الله على امة محمد وبليته « il n'avait absolument
aucune connaissance des affaires d'État,» Macc. I,
901, 16:

يا ربِّ حُلَّ بَيْدِى ممّا دُفعت لَه
فلست منه على ورد ولا صدر

«Conduis-moi, Seigneur, dans les circonstances difficiles où je me trouve, car j'ignore absolument ce que
je dois faire.» — ورد est proprement: une partie du
Coran, un سبع ou un نصف سبع, qu'on récite chaque jour ou chaque nuit, M, Haiyân 29 r°: ويواظب
على الانفراد فى المصحف فلا يخلّ كل يوم بورده منه, Tha'â-
libî Latâïf 71, 2: فيقول الرجل لاخيه ما وردك الليلة.
Mais ce mot a aussi un sens plus large; Cherbonneau
Voy. de Bat. en Afrique 82: « Les ordres religieux
de l'Algérie entendent sous ورد la récitation faite à
haute voix et pendant des heures déterminées du jour
et de la nuit de certaines litanies ou de certaines
oraisons. Par extension on dit: اخذ اورد عن فلان,
il a été initié par un tel, c.-à-d., il a reçu d'un tel
les oraisons particulières à tel ordre religieux, et la
manière de les réciter.» Cf. Khatîb 86 v°: يأخذ فى
اوراده من قراءة القرآن والذكر والصلاة الى صلاة الظهر,
Bat. III, 337. Le ورد السحر est la prière propre à
l'ordre des Khalwetîs avant la pointe du jour, Lane
M. E. I, 372. — ورد فضة *une certaine somme d'argent qu'on a à payer*, 1001 N. Bresl. II, 147.

ورد (voyelles?) *théurgie*, magie pour entretenir commerce avec les dieux bienfaisants, Bc.

وردة *un rosier*, Macc. II, 422, 9. — *Rosace* ou
roson, ornement d'architecture, Bc. — وردة صوف
pompon, touffe de laine, Bc. — وردة من حرير *co-
carde*, Bc. — *Fleur, lustre, éclat*, Alc. (flor en la
color). — *Bouchon contenant l'amorce*, Reinaud F. G.
36. — الوردتان *les joues*, L (male).

وردة *fièvre*, Werne 24 (wurda), Burckhardt Nubia 211.

وَرْدِى *rose*, *couleur rose*, *rosé*, *couleur de rose*,
Voc., Bc, Macc. I, 373, 3 a f., 1001 N. IV, 472,
9 a f.

وردية *rosaire, espèce de chapelet*, Bc. — *L'office
de la Vierge*, qui a lieu le premier dimanche de chaque mois, jour qu'on appelle احد الوردية, M.

ورود *émanation*, Bc. — *Rose*, Alc. (rosa).

وريد (الكبد) عروق كبار, Ibn-Wâfid 5 r°:
تسمّى الاوردية

وارد *cas, fait quelconque*, Bc. — *Termes, position*

où est une personne vis-à-vis d'une autre, Bc. — *Rapport*, revenu, produit, Bc. — Dans le sens indiqué dans le Ta'rîfât, الـوَارِدَات الـقَـلْـبِـيَّـة, Prol. III, 61, 3 a f.

وَارِدَات (pl.) *les recettes du trésor public*, M.

إيراد *rentrée*, arrivée de fonds; زِمَام الايراد والمصروف « compte de recette et de dépense, » Bc.

مَوْرِد *abreuvoir, aiguade*, lieu où l'on prend l'eau, Bc. — موارد مطروقة *lieux communs*; موارد الكلام *topiques*, traité de lieux communs d'où l'on tire les arguments, Bc. — الـعَدَالَـة وهى وظيفة دينية تابعة للقضاء « cet office tient à la religion; il dépend de celui de cadi, et est placé sous le contrôle de ce magistrat » (de Slane), Prol. I, 404, 12.

مُورِد *conteur*, Hbrt 96.

مَوْرَدَة pl. موارد dans le Voc. sous *roseus*. *Lieu planté de rosiers*, Alc. (rosal). — *La couleur de la rose*, Alc. (roseta color).

مَوْرِدَة *baie, golfe, rade, relâche*, Bc, Ht.

مواردَاجى *usure*, Cherb.

وَرْدِينَج, t. de médec., *fongus hématoïde de l'œil*, Bc, *Chemosis*, espèce d'ophthalmie, Sang., ورم عظيم يهم فيه البياض كله حتى يبلغ التغميص, M, Ibn-al-Khatîb, Traité de médecine, man. 331 (1), 17 r°, 18 v°.

ورس V *jaunir, devenir ou être jaune*, Gl. Mosl.

وَرْس voyez Bait. II, 585 j; *curcuma, safran d'Inde*, curcuma ou suchet, Bc. — Au Maghrib, = حَجَر مَرَار الـبَـقَـر, Most. sous ce dernier mot, Bait. I, 291 f, 586 a.

ورش II c. a. على الحاكم *soulever le peuple contre les magistrats*, Voc.

V quasi-passif de II, Voc.

ورش (var. ورس) *morceau de bois qui passe par le nez du chameau*, Payne Smith 1132.

وَلَد وَرْش *enfant turbulent*, M.

وَرْشَة *atelier*, lieu où travaillent les ouvriers sous un même maître, Bc, M: وعنـد الـمُـبْـتَـآبِـين جماعة المعلمين والفعلة يشتغلون ۞

وِرْشَكِين (= رِشْكِين) *érésipèle*, Bc.

ورط II *embourber*, engager dans une mauvaise affaire, Bc; *angustiare*, Voc. — *Abhorrer*, Voc.

IV *mettre en danger*, Alc. (afrontar en peligro), Autob. 204 r°: كان له كلف بعلم الكيميا — فلم يزل يعاني من ذلك ما يورطه مع الناس فى دينه وعرضه الى ان الحج ۞

V. يتورط *il faillit perdre la vie*, Berb. I, 620, 5. — Se construit aussi c. a., Hoogvliet 49, dern. l.: غـمـرات قـد تـورطتـها.

ورطا بر *terra inculta*, trad. d'une charte sicil. apud Lollo p. 10.

وَرْطَة dans le Voc. sous *aborere*.

ورصْنورى *stachys*, Bait. II, 587 d (AB).

ورع II c. a. dans le Voc. sous *timere*.

V se construit aussi c. عن r., de Sacy Chrest. II, ۱۱۹, 3 a f., et se trouve dans le Voc. sous *timere*.

خَبَال وَوَرَّع *turbatio*, L.

وَرِيعَة *femme chaste*, Alc. (muger casta).

ورق II *faire ce que fait un* وَرَّاق, c.-à-d. copier, Aghânî 5, 2 a f., Mong. cxxxviii b. Kosegarten a prononcé avec raison ce verbe à la II° forme, pas à la quatrième comme l'a fait Quatremère; le M a sous وَرَّق: ما عَرِق الـلَّـحْـم. — *Plâtrer*, M. — الذى يورق ويكتب ولا ورق اللَّحْم *coquere*, Voc.

V dans le Voc. sous *folium*.

وَرَق *sorte de petits poissons qui se pêchent dans la mer d'Oman et qu'on donne à manger, dans le Hadhramaut, aux bestiaux*, après les avoir fait sécher au soleil, Gl. Geogr. M. de Goeje pense que le mot a été altéré dans les man. en ورف par l'influence du mot maghribin ورف (voyez), qui désigne aussi une espèce de petit poisson.

وَرَق n. d'un. ة. ورق كيم محشى *feuilles de vigne remplies d'une farce de viande et de riz*, Bg 259, ورق على ساق chez Burton II, 280. — ورق محشى *marcotte de vigne*, Gl. Geogr. — الـورق الـمـنـصـورى, Macc. I, 694, 18; voyez sur cette espèce de papier et sur plusieurs autres Mong. cxxxiv b et suiv., cxxxvii b et suiv.; ورق الـطـيـر *des feuilles de papier mince destinées à recevoir les lettres que l'on attachait sous les ailes des pigeons*, Maml. II, 2, 116,

119. — ورقة *lettre*, *épître, missive*, Bc; — *pancarte, placard pour avertir le public, papier quelconque*, Bc; — ورقة معاملة *papier, effet, billet, titre; billet, effet public, effet de commerce*, Bc; — *quittance*, Maml. I, 2, 58; — *reconnaissance, acte par lequel on se reconnaît redevable ou dépositaire*, Bc; — *recette, écrit qui indique la manière de composer certains médicaments*, 1001 N. I, 227, 2. — ورق لعب شدّة ورق *carte à jouer*; ورقة *un jeu de cartes*; ورقة مرتدة في الأرض *retournée, la carte qu'on retourne au jeu*, Bc. — ورقة *feuille, lame, morceau de métal plat, de peu d'épaisseur*, Alc. (hoja de metal delgada), p. e. ورقة للحديد, Alc. (hoja de Milan), Macc. I, 511, 4: كان ورقة الذهب يضرب. — ورقة الفرير *Inventaire:* ورقة pl. ورق *couteau à deux tranchants*, Voc. — ورقة ازوجانج *vitre*, Domb. 91. — ورقة *plâtre*, M. — وَرِق, وَرْق, وَرِق *que Freytag n'a pas bien expliqué*, signifie *monnaies d'argent*, par opposition aux monnaies d'or, de Jong, Cartâs 88, 5 et 6; c'est pehlvi d'origine (ורק), von Kremer Streifzüge p. x. — ورقة *rouleau d'argent*, Bc. — ورق الألف voyez sous le premier mot.

وَراقة désigne *l'art, la profession d'un* وَرّاق dans tous les sens propres à ce dernier mot (voyez); cf. Mong. cxxxviii b; *le métier de relieur* dans Khallic. I, 372, 3—6 Sl.

وَرّاق *fabricant et marchand de papier, papetier*, Mong. cxxxiii b, cxxxviii, Hbrt 88, Bat. I, 208 (où l'on voit qu'il vend aussi l'encre et les roseaux pour écrire); — *copiste*, Bc, M, كاتب, Fihrist de Flügel, Préface p. xi, n. 2, Tha'âlibî Latâyf 78, 5: كان وراق يكتب المصاحف, Bait. I, p. viii, 4 a f., Prol. II, 192, 15, 198, 10; — *copiste-libraire*, Aghânî 5, 3 a f., Abbad. I, 308, 13, Berb. I, 502, 1; — *relieur*, Berb. II, 392, 10: le sultan ayant fait de sa propre main une copie du Coran, جمع الوراقين لمعاناة تذهيبها وتنميقها وضبطها وتهذيبها, car c'est ainsi qu'il faut lire avec l'édit. de Boulac, au lieu de الوارقين; — *copiste-relieur*, Prol. II, 308, 15: ومثل الوراقين الذين يعانون صناعة انتساخ الكتب وتجليدها وتصحيحها, de même 349, dern. l. et suiv.; — *bibliothécaire*, Haiyân-Bassâm I, 174 r° (où ce mot se trouve d'abord dans le sens de *copiste*): اثرى كثيرا من الوراقين وانتجار معه فيها حتى جمع

منها ما لم يكن. عند ملك ملك وراقه حصّلنا قبل مقتله بسنة فبلغت المجلدات في التحصيل اربعائة الف الخ. — *Auteur, écrivain*, de Sacy Chrest. II, ٣٣, 3, Macc. I, 659, 1: انّما هذا كذب مختلق من الوراقين. — *Lecteur du Coran, celui dont la fonction est de lire chaque jour des parties déterminées du Coran*, Hœst 210.

وَراقة الشبّاك *châssis, ouvrage de menuiserie sur lequel on adapte du vitrage, de la toile, ou du papier huilé*, Bc.

توريق *arabesques, sortes d'ornements qui consistent en des entrelacements de feuillages*, Gl. Esp. 214.

مَوْرِق pl. موارق *fressure*, Voc.

مورّق *feuillu*, Alc. (hojosa cosa).

مورّق *pauvre, celui qui ne possède rien*, M.

مورّقة *pâte feuilletée*, Alc. (hojaldre).

شركة المَوَارِقة est un terme dont on se sert au Liban, où c'est l'opposé de شركة الشيش, M, qui ne donne pas d'autre explication.

وَرْقم = زعفران, Most. sous ce dernier mot (seulement dans N).

وَرَك II c. على *se pencher, s'incliner, s'appuyer, se coucher sur*, Voc. (recumbere), Alc. (acobdar, acostar sobre algo, توريكة acobdadura, acostamiento, arrimadura).

III *laisser de côté, passer*, Macc. I, 118, 13.

V c. على = II dans le sens que j'ai donné, Voc., Alc. (arrimarse), Macc. I, 253, 2 a f.

وَرَك (وَرِك dans les dict.) *arc*, Diw. Hodz. 193, vs. 58, 235, vs. 18.

وَرِك, وَرْك *hanche*, Alc. (anca do juega el gueso), Bc. — *Cuisse*, Bc. — *Fesse*, Voc, Bc, Hbrt 3.

وَرّاك pl. ات *bâton*, Voc.

مَوْرِك, pl. موارك, Dîwân de Djerîr (Wright).

وَرَل a le fém. ة, M; décrit par Shaw I, 267, II, 174, Lyon 184—5 (warral), Barth I, 606; cf. — ورن. الورل الماءي *le scinque*, Bait. II, 32 c. — En parlant du crocodile, وهو الورل النيلى, Bait. I, 213 b (Edrîsî).

ورم II *enfler*, au fig., enorgueillir, Bc.

وَرِم *enflé*, Bc.

وَرمان *bouffi*, *enflé*, Bc.

وَزَم (pers., *léger*, *qui n'a pas le poids*), t. de commerce, se dit de marchandises qui n'ont pas le poids, ce qui rend nécessaire une réduction du prix, M.

مُوَرَّم *enflé*, Hbrt 33.

ورن pour وَرَل; on trouve cette forme: Djawâlîkî dans Morgenl. Forschungen 134, Payne Smith 1368, 1001 N. Brosl. IX, 282, Bc (*lézard*), Richardson Central I, 62, Colomb 30, Ghadamès 334, Guyon 223—4, de Jong van Rodenburg 214, Ztschr. für äg. Spr. u. Alt., mai 1868, p. 55.

WARNOURO *sureau*, R. d. O. A. XII, 155.

وردر

وَرْدَار a le n. d'un. ة et le pl. وَرَادِير, M; d'après Buckingham II, 139, le nom français de ce bel oiseau est *sirène*; cf. Payne Smith 1050.

وَرْوَل pour وَلْوَل (voyez), Alc. (*hazer alborbolas*).

ورى II *enterrer*, Haiyân-Bassâm I, 8 r°, Berb. I, 234. — ورى بيمينه *prêter un serment dans lequel on emploie des termes ambigus*, Maml. I, 2, 104, l. 7, 1001 N. II, 167, 9. — C. ب *parler en termes ambigus de*, Khatîb 25 r°: ومن شعره فى المقطوعات التى ورى فيها بالعلوم قوله (suit la pièce que j'ai publiée sous نَسِيبة). — C. ر. *simuler, feindre une chose, s'en servir pour déguiser une autre chose* (عن), Maml. I, 2, 104. — *Montrer est aussi dans* Bc.

III avec وارى فى التراب, فى لحده, فى قبره, c. d. à. التراب (Berb. I, 589, 5 a f.), ou seul, *enterrer*, Gl. Belâdz., Gl. Fragm., Haiyân 3 r°, Becrî 172, 5, Djob. 125, 12, Khatîb 159 r°, Berb. I, 638, 7 a f., 116, 7 a f., 229, 2, etc., Nowairî Egypte, man. 2 m, 52 r°, man. 2 n, 75 r°: وبعض الاموات لم يجدوا من يواريهم فى قبورهم فاكلتهم الكلاب

IV (pour أَرَى) *montrer, indiquer, désigner*, Voc., Alc. (*demostrar con el dedo*, *mostrar con el dedo*, *señalar con el dedo*), Merx Archiv I, 166, souvent dans Djaubarî, p. e. 5 v°, 10 r°: وداور الناس المتخاريق يورى انه من النارنجيات ثم اوراهم انشقاق القمر *faire semblant de, simuler, feindre*, Voc.; *déployer, exposer, montrer, produire, représenter*; اورى صورة *rendre, représenter une figure*, Bc.

VI *se cacher*, Nowairî Espagne 437: توارين فى غيضة Calâïd man. II, 53: توارى بالحجاب «il se cacha derrière le rideau.»

وَرَاءكم ou وَرَاءك s'emploie comme un ordre, *arrière! en arrière!* Gl. Fragm. — مَنْ وَرَائِهِم *leurs inférieurs*, Macc. I, 250, 20. — مِن وَراء Remarquez les expressions: ولخلّف من وراء «ceci est contraire à la vérité,» Prol. I, 33, 2 a f.; وعلم الله من وراء ذلك «Dieu sait cela,» Macc. I, 155, 15; والله من وراء, Djob. 53, 5. — فيما وراء بابه, وراء مجاراة المحسنين voyez sous باب. — بوراء غَيْب = بظهر غَيْب *dans un endroit caché ou hors de vue*, Diwan d'Amro'lkaïs 41, vs. 15 et p. 116 des notes.

وَرَّانِى *de derrière*, Bc, Alc. (*trasera parte*); *qui est derrière*, Alc. (*trasero postrero*). Le رّ de ce mot ne doit pas être doublé comme l'a fait Alc., et le Câmous a placé à tort وَرَانِسِيَّة, *le derrière, le cul*, sous ورن.

وارى dans le Voc. sous *sella*.

وارية النهار وارية الليل *sortes d'oiseaux*, Yâcout I, 885, 7.

تَوْرِيَة *perspective*, Bc. — *Démonstration, exposition*, Bc. — *Allégorie*, Bc. — *Métalepse, figure de rhétorique*; exemple: *il a vécu*, ou *nous le pleurons, pour il est mort*, Bc.

موارى *flatteur*, Bc.

وز I, aor. i, n. d'act. وَزوَز, *bourdonner*, Bc. — *Allécher*, Ht.

وز السفرط — اوز voyez sous .وز, وز عراق *sorte d'oiseau*, Yâcout I, 885, 16; variantes: القرص، القرط.

وَزّاز *celui qui prend soin des oies*, Alc. (*ansareria* c.-à-d., *endroit où l'on élève des oies*); وَزَّازِين; cf. sur les mots de cette sorte Gl. Esp. 356—8).

ورب

وزر (אזוב, ὕσσωπος) *hysope*, Payne Smith 1060, 1110.

وزر II c. a. *nommer* quelqu'un *vizir*, Recherches I, Append. LV, dern. l., Bassâm III, 139 v°:

قَبْلَكَ كَمَا تُدْعَى وَزِيرًا ۞ وَزِيرُ مَنْ أَنْتَ يَا وَزِيرُ
وَاللّٰهِ مَا لِلْأَمِيرِ مَعْنًى ۞ فَكَيْفَ مَنْ وَزَّرَ الْوَزِيرُ

III, *aider*, est pour آزر, M.

وزر. وَضَعَتِ الحَرْبُ أَوْزَارَهَا se dit de la guerre quand elle est terminée, parce que ceux qui la font déposent alors leurs armes, M. En ce sens Badroun 284, 3 a f.; mais autrement chez de Sacy Chrest. I, ١٣٠, 13: «قبل ان تضرم الحرب نارها وتضع اوزارها» avant que la guerre allume son feu et qu'elle dépose ses bagages (sur votre terre);» cf. Haiyân 61 v°: عمل على موجب الوزر. — على الحرب واخذ لها اوزارها *ministériellement*, Bc.

وَزْرَة (pour الأزر, pl. وزر et ات, *pagne*, Bc; serviette dont les hommes au bain se ceignent le milieu du corps; celle des femmes s'appelle فوطة, Bg 88, 713, 755. Cf. Mocaddasî 99, 15: الرسوم في هذا الاقليم ليس الوزر والازار بلا قميص الا القليل وجعلهم يعيبون على الوزر فيه *Le mot* وزر *n'est ici un pl. (pas sing.)* comme dans le Gl. Geogr.), de même que الأزر (pl. ازار, qui suit): «La coutume dans ce pays est de porter des pagnes et des *izârs* [grands voiles qui couvrent tout le corps], car la chemise s'y porte rarement. A Moka on blâme ceux qui se servent de pagnes; on n'y porte qu'un seul *izâr* dont on s'enveloppe le corps.» — وُزْرَة pl. وزرات et وزرات est un «كساء صغير, M; pl. وزاري, petit haïk en laine fabriqué à Constantine; les Mauresques s'en couvrent de la tête aux pieds pour sortir, Cherb. — Pl. وزرات, en architecture = ازار, Gl. Geogr.

وزري *ministériel*, Bc.

وزير, *ministre*, a aussi le pl. وزر dans Bc; وزير السياسة العامة *ministre des finances*; وزير السياسة العامة *ministre de la police générale*; وزير من وزراء القبة *conseiller d'état*, Bc. — Nom d'une pièce qu'on a ajoutée, dans le grand jeu d'échecs, à celles du jeu d'échecs ordinaire; chaque camp en avait une, Vie de Timour II, 798, dern. l.; sa marche était comme celle du *rokh*, mais elle n'avançait que pas à pas, c.-à-d. de case en case, van der Linde Geschichte des Schachspiels I, 111. — *Reine au jeu d'échecs*, Bc.

وزارة avec القضا *ministère de la justice*, avec الحرب, *de la guerre*, avec الأمور الجوانية, *de l'intérieur*, Bc. — Le titre de ذو الوزارتين, qui avait été porté à Bagdad par le vizir des Abbasides صاعد بن مخلد, fut conféré en 327 H. par Abdérame III au vizir Ahmed ibn-Abdalmelic ibn-Chohaid, parce qu'il doubla alors ses appointements. Ce dignitaire porta le premier ce titre en Espagne (Macc. I, 229, 10—12); plus tard, lorsque presque tous les courtisans s'y appelaient vizirs, on le donna au véritable premier ministre (Macc. I, 134, 1), mais aussi à bien d'autres personnes plus ou moins haut placées.

وزيري *ministériel*, Bc.

وزع II avec العسكر *casser, licencier des troupes*, Bc.

IV. اوزع سمعه doit signifier *il lui prêta l'oreille*, 1001 N. IV, 521, 4: يا امير المؤمنين اوزعني سمعك واخل لي ذرعك.

V, dans le sens d'*ils partagèrent entre eux*, Haiyân 73 v°: توزعتهم المقاصد في هربه, c.-à-d., ils prirent la fuite vers différents côtés. — *Se disperser, se diviser, se partager*, c. على, M, Voc., Gl. Badroun, Macc. II, 147, 3, Berb. I, 150. — *Disperser, diviser*, Gl. Badroun, Berb. II, 289, 5.

وزيعة pl. وزائع *la quote-part que chacun doit payer dans la répartition d'un impôt*, Prol. II, 79, 12: اعلم ان الجباية أول الدولة تكون قليلة الوزائع كثيرة الجملة, 16, 80, وآخر الدولة تكون كثيرة الوزائع قليلة الجملة, 3, 4, 7, 13, 15, 81, 7, 9, 12, etc.

أوزاع. وانّاس أوزاع في اغراضهم ومرامیهم *ils avaient des intentions différentes*, Macc. I, 364, 6. — *Fragments, morceaux*, Kâmil 646, 5. — Biffez chez Freytag: «humiliores, viliores, Jac. Schult.» Schultens n'a pas placé cette note sous ce mot, mais sous أوزغ, avec le *ghain*.

مُوَزِّع للجوامك *payeur*, Bc.

وزغ. وَزَغَة, وَزْغَة pas وَزِغَة, est le nom que porte le stellion

dans le Voc. et chez Alc. (salamanquesa animal);
وزغة tarente, espèce de lézard très-petit, et habitué à fréquenter les maisons, Cherb.

وزاغ même sens, Alc. (salamanquesa).

وزف.

وزف espèce de petit poisson, Pellissier 451, en parlant des poissons: « une très-petite espèce que je n'ai pu classer et que les Arabes appellent *ouzef*;» Gl. Manç.: اَزِبَانْ هو ضرب من السمك صغير ابيض وهذا, صفة السمك المسمى بافريقية الوزف فلعله هو أو شبيه به et sous سميكات: espèce de petits poissons que l'on met en saumure, inconnue au Maghrib, ولعله الوزف او من نوعه (sic). Cf. وَزَف.

وزق.

وزيقة *représailles*, Ht; voyez وسبيقة.

وزك 1 *gagner au jeu*, c. a. p. وزكه, celui qui gagne est وازك, et celui qui perd, موزوك, M.

وزك pl. وزكة *l'action de gagner au jeu*, M.

وزل.

وزال n. d'un. ة, *genêt* (arbuste), Bc, M.

وزم II. وزمّت يدّه *sa main se contracta et devint rouge*, par suite du froid ou parce qu'elle avait été liée, M.

وزم *urgence*, Bc.

موزم *urgent, instant, pressant*, Bc.

وزن I, aor. aussi يوزن, Bc, Amari Dipl. 216, 9. Chez Mocaddasî pour يَزِن, Gl. Geogr. — Proprement *donner* à quelqu'un des pièces de monnaie *après les avoir pesées*, et de là simplement *payer*, c. عن p. *pour* quelqu'un (aussi Freytag Chrest. 123, 14), Lettre à M. Fleischer 83; ordinairement c. ل p., mais aussi c. a. p., وزنت فلانا, comme on dit كِلتُ زيدًا et كِلتُ لزيد, M. Freytag a indiqué cette signif. sous trois numéros (2, 5 et 6), ce qui prouve qu'il n'en avait pas une idée claire. — S'emploie comme *librare terram, aquam*, prendre le niveau de la terre, de l'eau, *mesurer au niveau, niveler*, Gl. Edrîsî, Macc. I, 124, 13, Auw. I, 147, 14: واما كيفية العمل فى وزن الارض بالآلة التى تسمى المرحيفل (المُرْجِيفَل).

— وبغيرها لتعديلها تجرى الماء عليها *Contre-peser, contre-balancer*, Alc. (contrapesar); cf. M: وهذا يزن درهما اى يعدل درهماه

وزن, t. de gramm., *conjugaison, manière de conjuguer, paradigme*, Bc, M.

وَزنة *sorte de poids*, Pachalik 117; — *marc d'argent*, demi-livre, Alc. (marco de plata = قنطار); — au Liban, *trois livres*, à Bairout, *cinq livres*, M; — *once de poudre d'or*, Prax 12, 13. — *Niveau*, Edrîsî ۱۱۳, 5 a f.: تجرى الماء بوزنة معتدلة. — *Balance*, Ht.

وَزنى *rhythmique*, Bc.

وَزون dans le Voc. sous ponderare.

وزين *nivelé, mesuré avec le niveau*, Alc. (nivelado al plomo).

وَزانة *pesée, action de peser, ce qu'on pèse*, Bc.

وَزّان *peseur*, Voc., Bc, Gl. Maw., Fragm. hist. Arab. 57, 8 (pas comme dans le Gloss.), Amari Dipl. 90, 1: الوزان الذى يزن لهم سلعة: le texte du Mi'yâr 7, 2: « لا يقبل الاختيارات ولا يحفظ الوزان وتسماه ne peut pas être bon, et je m'étonne que Müller n'ait noté aucune variante; M. Fleischer a soupçonné dans le temps: ولا يحفظ الوزان, et je ne sais rien de mieux. On trouve souvent ابن الوزان ou الوزان comme surnom, p. e. de Sacy Chrest. I, ۲۳, 13, Haiyân-Bassâm I, 30 v°, et le disciple d'Ibn-Rochd dont il est question dans mes Recherches I, 358, s'appelait aussi, non pas Ibn al-Warrân, comme M. Amari m'avait donné (un tel nom n'existe pas), mais Ibn-al-Wazzân, leçon que M. Simonet a trouvée dans un man. d'Ibn-al-Abbâr.

أوزن *plus harmonieux* (poème), Macc. I, 309, 17.

موزون, دق موزون *mouvement, manière de battre la mesure*, Bc. — *Blanquille* (monnaie d'argent), Høst 138, 280.

ميزان *balance*, pl. موازين, M, Voc, Bc, Ali's Sprüche, Anhang I, n° 101, ات, Bc. — Au fig., comme t. de théol., *la balance*, pour ainsi dire, *dans laquelle on pèse la valeur des œuvres et même des pensées*, et aussi: *l'examen et l'évaluation qui auront lieu le jour du jugement dernier*, Ztschr. XX, 44, n. 63. — برج الميزان *la Balance* (constellation), Bc, M. الميزان *nom que le vulgaire donne à trois étoiles en dehors de la constellation de l'Aigle*, Cazwini I,

33, 2 a f. — نَوْءُ المِيزانِ, Calendr. 9 décembre, où la trad. latine porte: « et est alhaca [البَقْعَة] super caput geminorum. » — ميزانُ الشَّمسِ horloge solaire, cadran solaire, L (orologium). — ميزانُ الطَّقْسِ ou ميزانُ الرَّقَّاصِ thermomètre, Bc. — ميزانُ الرَّقَّاصِ balancier, bâton de danseur de corde pour garder l'équilibre, Bc. — Régulateur, balancier et spiral, verge à pendule, Bc. — Nom d'un code, Hist. Tun. ورتَّب عثمان داى قوانين الوَطا فى دفتر سمَّوه بالميزان :91 — Sur les monnaies, de poids, qui a la pesanteur qu'elle doit avoir suivant la loi, Ztschr. IX, 833. — Mesure d'un vers, M. — La logique, M. — Règle (instrument), L (amussis), cf. sous قَبْطَل. — Seul et ميزانُ التربيع niveau, Alc. (nivel); Ibn-Loyon, 4 v°, nomme le القَطْع parmi les quatre instruments ; un autre de ces instruments est le ميزان الأَزْرِ الَّذى بأَيدى البنَّائين لاخراج الماء من المجالس عند رمى السطوح ويَزِنون به أَزْرَ الدور. — En géomancie, la quinzième case des seize, M. — Chez le صورة الحَرْفِ أَهلِ الجَفْرِ, M. — T. d'arithm., preuve, vérification, Bc, M. — Vergue, antenne qui soutient la voile, Bc, Ht. — Chez les Soufis العدالة = , M.

مُوازَنة contre-poids, Bc. — Equilibre, Bc.

مُتَوازِن prose rimée dans laquelle il y a ce qu'on appelle مُوازَنة, M.

وزى III balancer, compenser une chose par une autre, Bc.
VIII se contre-balancer, Abou'l-Walîd 116, 28.

وسج.

وَسيج nom d'une plante des montagnes, dont les feuilles ressemblent à celles de l'adiante; ses branches sont minces, et ses racines sont employées en médecine, Bait. II, 589 b. La leçon que j'ai donnée est dans A et dans le texte de B; Boul. avec le hâ; S et B sur la marge وشيج; mais l'ordre alphabétique montre que la deuxième lettre est un sîn, car Bait. l'a entre الوَشائِر et وَسْخَة et وسج.

وسخ.

وَسَخ excrément, Bc.

وَسِخ gâcheux, boueux, sale, malpropre, sagouin, salaud, sale, saligaud, crasseux, Bc, Payne Smith 1484, 1491, 1001 N. I, 121, 3 a f.

وسَخة tache, Hbrt 199.

وَسْخى excrémenteux ou excrémentitiel, Bc.

وَساخة immondice, ordures, boue, Bc. — Malpropreté, saleté, saloperie, Bc. — Gargotage, mets malpropre, Bc. — Taquinerie, avarice sordide, Bc.

أَوسَخ plus sale, 1001 N. I, 51, 4.

مُوَسَّخ الفَرجِ impudique, l'opposé de نَقى الفرجِ, Voc. (vis coytus et fornicari).

وسد II chez les poètes placer dans le tombeau, enterrer; exemples chez Quatremère J. d. S. 1847, p. 241, dans une remarque sur Roinaud, Fragm. rel. à l'Inde p. 170; il ajoute: « Cette expression fait une allusion manifeste à l'usage qui s'observe chez les musulmans. Lorsqu'un mort est déposé dans la tombe, on place le corps sur le côté, de manière que son visage soit tourné vers la Mecque, et on lui soutient la tête dans cette position, en plaçant au-dessous quelques briques crues, en sorte que la tête semble accotée sur un oreiller. »

وِساد dans le sens indiqué par Golius: Macc. I, 253, 16, 254, dern. l., Calâïd 96, 6.

وسط II mettre un homme à mort, en lui fendant le corps en deux; voyez sur ce supplice cruel: Maml. I, 1, 72, Vêtem. 276, n. 18. — C. a. p. envoyer quelqu'un comme médiateur, Gl. Badroun. — Marcher au milieu de la route, Burton I, 235.

V c. فى p. intercéder pour quelqu'un, J. A. 1849, I, 187, 3 a f.

VI s'entremettre, Bc.

وَسَط tempéré (air), Gl. Geogr., (style), Bc. — وَساط النَّاسِ les grands, Gl. Geogr. — Ceinture, endroit du corps où s'attache la ceinture, Bc, شَدَّ وسَطَه, 1001 N. I, 60, 68, 83, Macrîzî man. II, 450: وأَوساطُها مَشدودة بِبُنود من قُطن بعليكى, Nowairî Afrique 24 v°: وجَعَلَ على وَسط كلّ خادم أَلف دينار ضَرْب. L'expression أَوساطُهم, Akhbâr 61, 2, est = وَسَّطَهم, il les mit à mort, en leur fendant le corps en deux (cf. Prol. I, 197, dern. l.). — Ceinture, ce dont on ceint le milieu du corps, Djob. 36; 9: وأَدخَلَت الأَيدى إلى أَوساطِهِم وإدخال الأَيدى, 16: 59, بَعضًا عمَّا عسى أَن يَكون فيها إلى أَوساطِ التُّجَّار فَحَصًا عمَّا تَأَبَّطوه أَو احتَضَنوه من

وسط — 802 — وسع

فقال لمماليكه انظروا, Macc. I, 657, 22: دراهم او دنانير وسطه فجسّوا الكوران وقال خذوا الصرّة التى فيه Amari 217, 11: اوساطهم, R. N. فوجدوا اكثر الغرق والدنانير فى اوساطهم 84 v°: وكانا (وكانوا ل) ربّما جعلوا الكُـثِـب فى اوساطهم, *j'ai envie de pisser*, Bc. — وجّوم لا بد له من الـوسّط *il entre pour quelque chose dans cette affaire*, Bc. — من وسط, *à travers*, p. e. مرّق سيفه من وسط البدن « à travers champs, » جسده « passer son épée au travers du corps de quelqu'un, » من وسط البلّور « à travers le cristal, » Bc. — En logique et en arithm. = واسطة (voyez), M. — وسط لحمل *surcharge qu'on met sur une bête de somme, après l'avoir chargée*, Alc. (sobornal en la carga, sobrecarga por sobornal). — وسط القبور *la pierre médiale, recouverte d'une dalle de marbre, de pierre ou d'ardoise, quelquefois de briques, souvent même d'un simple gazon*, Brosselard, Mémoire sur les tombeaux des émirs Beni-Zeiyan 20.

سخنة ؟ = واسطة (*media et praestantior margarita sive bacca monilis*), Abbad. III, 76, n. 63.

وُسْطَى *qui est au milieu*, Voc.; Bc.

الوُسْطَى *le doigt du milieu*, Domb. 86.

وُسْطَانِى *qui est au milieu*, Bc. — Quand il y a trois fils, c'est *le second*, M. — *Médiocre, moyen*, Bc. — *Mur mitoyen*, 1001 N. II, 101, Bresl. IX, 276.

وسطانية, à Sumatra, *sorte de vêtement*, Bat. IV, 232.

واسطة pl. وسائط *moyen*; عمل واسطة *prendre un expédient*, Bc.

واسطة *médiateur*, pl. وسائط Voc., Athir I, 48, 13. — *Entremise, médiation*, Bc. — Pl. وسائط *compromis*, Alc. (compromisso). — *Mezzo-termine, parti moyen*, Bc. — *Milieu*, au fig., tempérament dans les affaires, ou pour concilier, Bc. — *Intermède*, substance jointe à une autre pour la distiller, Bc. — *Pays intermédiaire*, Gl. Geogr. — *Canal*, au fig., voie, moyen; بواسطة *moyennant, à la faveur de*, Bc. — En logique, *moyen terme*, M. — En arithm., *les termes moyens*, les deux termes du milieu, tandis que les extrêmes s'appellent الطرفان, M. — *Elite* dans l'expression فلان من واسطة قومه, M.

واسطى *épithète de rideaux précieux qu'on fabriquait à Wâsit*, Gl. Geogr. — Comme épithète d'un arc, vulg. pour متوسّط, *de moyenne grandeur*, ibid.

واسطيّة *espèce de navire*, Gl. Geogr.

أوْسَط. En parlant de nuits, on dit العشر الوسط, et en parlant de jours العشرة الاواسط; l'expression العشر الاوسط *est vulgaire et incorrecte*, M (Miçbâh). — *Le plus convenable*, Calendr. 21: وهذا الوقت الاوسط. — اوسط نتاج الابل واعدل الازمنة له *inpudicus*, L. — الحكمة الوسطى: الرياضى aussi العلم الاوسط. — الوسطى, M. — وسطى, *le doigt du milieu*, a dans le Voc. le pl. وسطيّات. — الطريقة الوسطى *la religion druze*, de Sacy Chrest. II, 238.

توسّط *médiocrité*, Prol. II, 342, 2.

موسّط *la partie centrale d'une charpente*, Gl. Esp. 166.

موسطة (mieux موسّطة) pl. مواسط *milieu*, Voc. — *Golfe*, Alc. (golfo de mar); *le milieu de la rade*, Delap. 159; peut-être Alc. a-t-il aussi pensé à cette signif. quand il donne ce mot pour profundo.

مواسطة *entremise, interposition, intervention*, Bc.

متوسّط *moyen, de médiocre grandeur*, Bc; *de moyenne grandeur*, de Sacy Chrest. I, 326, dern. l.; *d'une fortune médiocre, qui n'est ni riche ni pauvre*, Gl. Tanbîh; *médiocre*, Macc. I, 136, 21; aussi en parlant d'un homme, Meursinge 90, Gl. Geogr. — *Entremetteur, médiateur*, Bc. — En mathém., *sourd*, M.

متواسط *mitoyen*, Bc.

وسع I c. a. *être assez grand pour, suffire pour, pouvoir contenir* (Freytag sans autorité), p. e. وسع الاناء هذا الاناء يسع, ou ضاق عليه, *le contraire de* المتناع; يتّسع لعشرين, c.-à-d. عشرين كيلا, M, Edrîsî ٢١٢, 2, Abdari 66 r°: فانّ قبره فى بيت لا يسع غيره; aussi au fig., M: وسع المال الدّيْنَيْن *l'argent suffit pour payer la dette*, Bidp. 264, 2: قد اذنبت الـذنب العظيم — فوسعه حلمه وكرم طبعه « j'ai commis une grande faute et qui m'a rendu indigne de la vie; mais la bonté et la générosité du roi sont assez grandes pour le pardonner, » Gl. Geogr. — C. a. *tenir, être contenu dans*, p. e. هذا الاناء يسعد عشرين كيلا,

c.-à-d. واصْدُقْنِي فإنَّ يتَّسِع فيه عشرون, M. De même واصْدُقْنِي واسِعْنا « dis la vérité, car nous pouvons l'entendre, la supporter » (quelque dure qu'elle soit), P. Aghânî 66, 1. Aussi c. فى, Bc (tenir), p. e. Bat. IV, 257: لم يسع لحمها فى برمة واحدة « cette poule ne tint pas dans une seule marmite, » et nous fûmes obligés d'en employer deux, III, 217: لا يسَع ذلك فى عقل كثير من الناس « cela ne sera pas admis dans l'esprit de beaucoup d'individus. » Motarrizî donne aussi des exemples de cette constr., mais il la condamne, et il remarque qu'il ne faut pas dire: اذا اجتمعوا فى مساجدهم لم يسعوا فيه, mais يسعهم, ou bien وسع. Le fait est que, dans ces exemples, وسع فى s'emploie au lieu de اتَّسع, qui se construit réellement avec فى, Gl. Fragm. — C. a. p. s'étendre jusqu'à, p. e. يَسَعُنا ما يسَع الناس من عدلك « votre justice, dont tout le monde profite, doit aussi s'étendre jusqu'à nous, » et, la constr. étant inverse, لا يسع الغيلة غير السلطان « personne, si ce n'est le sultan, ne peut disposer des éléphants, » Gl. Fragm. — يَسَعُ c. a. p. il est permis, p. e. لا يسعك ان تفعل كذا « il ne t'est pas permis de faire cela, » Gl. Fragm., اذا وسعى الحال « si le temps me le permet, si les circonstances me le permettent, » Beaussier. — عذرا لا يسعى فى il n'admit point d'excuse, Bat. I, 241. — C. على r. pouvoir faire une chose, Djob. 116, 9. — C. a. r. et على p., ou c. d. a., aor. يُوسِع, donner amplement (= II), Gl. Mosl. اللَّهُمَّ سَعَّ رَحْمَتَكَ = علينا, M. — C. a. p. être de pair avec, pouvoir se comparer à, paroles du Prophète dans Sadi Gulistan 58 éd. Semelet: فى مع الله وقتٌ لا يسعنى فيه ملكٌ مقرَّب ولا نبى مُرسَل. — وَسَعَ, Reculer, Ht (II?). — وسِعَ, aor. يُوسَع, n. d'act. وَسَاعَة, être spacieux, de grande étendue (lieu), M.

II. وسع شجرة évaser un arbre, Bc. — وسع اللغة enrichir une langue, y ajouter des expressions, Bc. — C. a. p. et من r., ou à ل p. et r., ou c. على p. et r., donner amplement, Gl. Belâdz., c. ب r., Khaṭîb 72 r°: يعظم الانتفاع به فى باب التوسعة بالسلف; cf. chez Beaussier: سلف احسان وتوسعة « prêt gracieux fait dans le but de lui venir en aide. »

— ou وسع للبحر seul, pousser au large, Hbrt 130. — Prendre le large, au fig., s'enfuir, Bc. — C. ل p., ou وسع فى طريقًا faire place à quelqu'un, se ranger afin qu'il passe, le placer à côté de soi, Bc, Badroun 254, 7 a f.: وسع; فوسع له فى صدر المجلس السَّكَّة se ranger, s'écarter pour faire place, Bc. — وسع على الحصن lever le siège, Abbad. II, 203, 10: رأى التوسعة على الحصن والتأهّب لِلقاء العدوّ où deux man. ont عن.

IV c. d. a., أوسَعهم شرًّا il leur fit beaucoup de mal, Gl. Fragm. — اوسع فى المرعى paître copieusement, se bien repaître, Antar 3, l. 4: فراوا السَف ناقة ترعى وقد اوسعت فى المرعى اسنامها قد مالت من اجنابها — من كثرة العشب والبلا. اوسع فى مشيه marcher à grands pas, Antar 3, l. 11: فمدّت النيّاق خطاها. — C. ل p. faire place à quelqu'un, واوسعت فى مشيها, Gl. Belâdz. 88, 3 a f., R. N. 30 r°: فقُمْتُ من بين يديه فاوسع لى رجلٌ مجلسًا.

V. Le n. d'act. extension, Bc. — S'arrondir, augmenter son bien, Bc. — توسع فى البلاد parcourir et conquérir plusieurs pays, Akhbâr 25, 5: وكان من وصفنا من الولاة يجاهدون العدوّ ويتوسّعون فى البلاد. — حتى بلغوا افرنجة وحتى افتتحت عامّة الاندلس. توسع فى النكاح sæpe concubitum exercebat, Abbad. I, 245, 12. — Vivre dans l'abondance, Mohammed ibn-Hârith 227: رزقنى رزقا واسعا توسعت به au moyen de); aussi c. فى, Akhbâr 122, dern. l.: وقال له ان بالعقد عن نفسك وعن قومك وتوسّع فى الباق; le n. d'act. abondance, Gl. Geogr. — C. على p. donner amplement à quelqu'un ce dont il a besoin, Bayân I, 178, 6. — C. فى se montrer peu exigeant sur, Prol. II, 405, 16 et 17.

VIII avoir beaucoup d'espace, l'opposé d'être à l'étroit, Gl. Belâdz. — Etre dans l'abondance, Gl. Belâdz., Gl. Mosl.; c. فى avoir assez d'argent pour payer, Gl. Fragm.: فيتّسع امير المومنين فى نفقة البناء. Le n. d'act. opulence, Djob. 209, 18, 288, 2. — S'augmenter, croître, être abondant, Gl. Fragm., Nowairî Egypte, man. 19 B, 24 r°: اتسعت اموالهم; dans Macc. II, 250, 16: يا ابا بكر لتعلم انّا نعيم فى خمول وضيق لا يتّسع لنا معهما, il faut sous-entendre un mot comme الامر ou الحال. — S'enrichir (langue), Bc.

وسع

— C. ب ou فى r. *avoir en abondance*, Gl. Geogr., Gl. Fragm.: فاتسعوا فى الواد وفى العلوفة, Djob. 329, 1: لانّهم متسعون فى الملابس الفاخرة والمراكب الفارهة. — C. ل r. *suffire pour*, Gl. Geogr. — *Être possible* (comme I, 2 chez Freytag), Mohammed ibn-Hârith 271: لا اعرف لذلك وجها من الوجوه يتسع لكم فيه القول ويقوم لكم به العذر الا وجها واحدا ۞

X. استوسع الناس فى غراسه *on en planta beaucoup*, » Macc. I, 305, 14; استوسع فى التخاذهنّ « il prit beaucoup de femmes, » Abbad. I, 245, 8.

سَعَة *ampleur*; من وسع *amplement, — commodément*, Bc. — *Latitude, au fig.*, *espace, liberté d'action*, Bc. — *Port, capacité pour contenir et porter*, Bc. — *Largeur*, Bc. — *Fonds, au fig.*, *abondance*, Bc. — لغة استنفد *richesse d'une langue*, Bc. — سَعَة *faire tout ce qu'on peut*, Nowairî Espagne 452: ويبذل كلّ من الطائفتين جهدها واستنفد وسَعَه, Abd-al-wâhid 110, 3. — *Cour d'une maison*, 1001 N. III, 224, 3: ثمّ نزل به فى وسع بيت أمّه, où Bresl. a وسعة.

وسَعَة = اتساع, M — *Commodité*, Bc. — *Plaine*, Bc, Hbrt 170 (*dhamma*). — *Place, lieu public entouré de bâtiments*, Bc, Descr. de l'Eg. XVIII, part. 2, 137 (*fatha*). — *Cour d'une maison*, 1001 N. Bresl. IX, 373, où Macn. a وسع.

سَعَة est سَعَة dans Bc sous *ampleur*. — انت فى سَعَة من شئت *tu es libre de*, p. e. انت فى سَعَة من ان تتزوجى « d'épouser qui bon te semblera », de Sacy Chrest. I, 365, 4 a f., Mohammed ibn-Hârith 239: من اجل ان سَعَة من قبول شهادتكى « je ne me crus pas libre d'accepter votre témoignage. » — سَعَة حلمه « sa grande bonté, » Bidp. 264, 4, سَعَة علمه « sa grande sagesse, » 265, 4. — سَعَة صدر *magnanimité*, Bc. — سَعَة لغة *richesse d'une langue*, Bc. — *Aisance dans les manières*, Bc.

وِسَاع *d'une grande extension*, Abbad. II, 63, 7: له فى الادب باع وساع ۞

وسيع المال *opulent*, Bc.

واسع. وكل ذلك واسع. « tout cela est laissé à la discrétion de chacun, » Djob. 179, 14 (= Bat. I, 400). — *Fécond, qui fournit beaucoup (sujet, matière); riche, fécond en idées*, etc. لغة واسعة « langue riche, » Bc. — واسع الصدر *magnanime*, Bc. — يك واسعة *abondance*, Gl. Geogr. où l'on trouve le compar.: اطيب البلدان ما كان البلد فيه اوسع ۞

أوسَع *plus étendu*, de Sacy Chrest. I, v, 2. — *Plus fécond en*, Abbad. I, 223, 11: اوسع اهل زمانه شرّاً واوسعهم خديعةً ومكراً ». — Voyez sous واسع.

توسّع voyez sous V.

موسع *à son aise*, Beaussier, Holal 47 rº: pour entrer dans cette ville il n'y a que deux chemins; l'un فطريق اوسع ما فيه ان يمشى الفارس عليه وحده (le man. porte par erreur موشعا) موسعا واَضيّقه ان ينزل عن فرسه خوفا من سقوطه.

موسعة *bâton entre deux portefaix, chacun en ayant un bout sur son épaule*, Macc. II, 626, 18—20.

اتساع, t. de médec., est ان تتسع العضلة المجوّفة مع سعة للحدقة وقيل فيه غير ذلك, M. — فى ظرف, t. de gramm., est quand on supprime فى et qu'on met le mot suivant à l'accus. ou au génit., comme dans مالك يوم الدين, M.

وسق

I *contenir*, en parlant d'une bouteille qui contient du vin, Abd-al-wâhid 121, 11. — *Charger un chameau*, M, *un navire de, c. a. d.* وسق فلان السفينة حنطة (, M), c. ب ou c. من, Gl. Edrîsî; le Voc. a موسوق السفن sous *honerare*; وسق تأتى *rembarquer*, Bc.

II *charger un navire*, Mc.

IV *charger un navire, c. a.*, ب ou من, Gl. Edrîsî, Voc., Macc. II, 741, 6. — اوسقهم تكاليف *grever, charger d'un impôt*, Bc.

VIII *être chargé (navira)*, Voc.

X c. ل p., comme استوقف, *stabilitum ei fuit imperium*; voyez وثق X.

وسق pl. أوساق (aussi Gl. Tanbîh) à Baçra cinq *cafîz*, Kâmil 112, 5 et suiv.; pl. أوسَاق (aussi Kâmil 508, 17) dans le Hidjâz 320 livres, en Irâc 480 livres, M. — Pl. اوساق *cargaison*, Gl. Edrîsî, Voc.; تعريف الوسق *connaissement, la déclaration de la charge du vaisseau*, Bc. — قائمة الوسق *manifeste, état du chargement d'un navire*, Bc. — علم وسق العربة *lettre de voiture, état de sa charge*, Bc. — *Port, capacité pour contenir et porter*, Bc.

وَسْقَة *cargaison, chargement d'un vaisseau*, M, Bc, Ht.

وسيقة pl. وسائق est chez Beaussier: *détention de personnes, de choses par représailles; — représaille* consistant dans cette *détention*; Daumas Mœurs 311 *ousiga*, représailles, et MS وسيكة; chez Ht روبيقة. Peut-être l'orthographe correcte est-elle وثيقة.

مواسيق (pl.) espèce de pigeons, Man. Escur. 893.

وسل V. أمر في اليد توسل *solliciter* quelqu'un, lui recommander quelque chose, Bc; absolument, Gl. Geogr.; *solliciter la faveur de*, Macc. II, 537, 6: فتوسلت الى « elle sollicita la faveur de Djâbir (le gouverneur de sa province) en lui montrant le diplôme que l'émir Haçam lui avait donné,» Abd-alwâhid 20, 3: وكان محبّا للعلوم موثرًا للأدب مغرمًا في اكرم من ينتسم الى شيء من ذلك ويفد عليه بـه متوسلا; *solliciter l'appui, le secours de*, Koseg. Chrest. 110, 4 a f.: وهو يحضّ الناس على القتال ويسلّم الثبات معه ويتوسل اليه باليد وبنبيه وبيردته (où ب est *au nom de*); *implorer la clémence de*, Abdal-wâhid 87, 3 a f.: il composa dans sa prison des poèmes ب c.: لو توسل بها الى الدهر لنزع عن جوره *solliciter la protection de*, ou, comme chez Beaussier, *demander l'intercession de*, Khatîb 53 v° (où il est question d'un prisonnier): وصدرت عنى أبى جعفر هذه الحركة من لطائف الأدب ونثرا في سبيل c. في p. *intercéder pour* quelqu'un, solliciter pour quelqu'un, afin de lui procurer quelque bien ou de le garantir de quelque mal, Voc.; aussi c. ل p., Beaussier, de Slane Prol. I, LXXIV a, dern. l. — Voyez plus loin le n. d'act.

وسيلة *moyen*, de Sacy Chrest. I, 462, 4 a f.; *moyen de sortir d'embarras*, 1001 N. I, 51, dern. l.: قد صفقت بالأمر الذي قد نالى فوسيلتى للمصطفى والمرتضى L'argent s'appelle aussi وسيلة, parce que c'est le moyen dont on se sert pour déterminer la valeur des choses et pour les acquérir, v. d. Berg 111.

توسّل توسل بالصالحين *litanies*, Alc. (letania). —

قلّة توسّل *faible espoir*, Alc. (desconfiança, desperacion; l'un et l'autre = رجا قلّة).

توسيل *sollicitation*, Bc.

وسم I c. ب *intituler*, Amari 121, 5 a f.: وسمته كتاب في كتابه الموسم بنزهة 8: ,152 محاسن أهل صقلية المشتاق 601, 4 (cf. annot. crit.).

II c. a. *signare* et *decorare* dans le Voc.

V sous signare et decorare dans le Voc. — Est تفكّر وتفرّس وتثبّت في نظره حتى يعرف حقيقة الشيء بسمته, selon Baidhâwî comment. sur Coran 15, vs. 75, *observer* et *examiner attentivement* (allusions à ce passage: Djob. 37, 11 (lisez ainsi avec trois man. cités dans la n. *d* et dans les Addit.), 67, 20, 326, 14). — *Juger* quelqu'un *sur sa physionomie*, Mohammed ibn-Hârith 243: كان ربما قبل الشاهد على التوسّم والفراسة. — لم يتوسّم عليه القضاء في *il ne soupçonna pas que ce fût le cadi*, Mohammed ibn-Hârith 239: أتاه رجل لا يعرفه فلما نظر الى زي الحداثة من الجمّة المفرّقة والرداء المعصفر وظهور التّاك والسواك وائر الخضاب في يديه لم يتوسّم عليه القضاء. — *Prédire l'avenir*, Djaubarî 15 v°: يتوسّمون عليهم بعقد المنديل وطرف المقنعة.

وسم *signe de propriété*, Ztschr. XXII, 169.

وسمة et وسمة (car le Gl. Manç. in voce indique cette forme) *guède* ou *pastel*, Bc, cf. Devic 24 n.

سمة *cognomen* dans le Voc.; il veut dire *titre, qualité honorable, nom de dignité*, p. e. سمة الحاجب, Macc. I, 133, 2 a f., سمة الثانب 134, 4 et 5, سمة صاحب الشرطة ibid. 15, سمة القاضى 18, ibid. et l. 20: وقد يقولون للكاتب والنحوي 136, 18, والغوى فقيه لأنها عندهم ارفع السمات, Bat. IV, 359; بلد المدعوّ من السمات السلطانية بالسعيد — *Air, manière*, Bc.

وسمى *la pluie d'automne*, Calendr. 9, 8. — *La première récolte de la* dorra, Niebuhr B. 146 n.

وسيم *beau* (visage), Weijers 20, 2 a f., Abbad. I, 57, 4 (perle), de Sacy Chrest. I, 243.

وسامة. Pour *beauté* J.-J. Schultens cite Hiat. Joctan. 88, 10 a f., Meidânî dans le Tarafa de Reiske p. 55, etc. Aussi dans le Voc.

موسم, موسم الشعراء *réunion, assemblée*, p. e. الأدباء موسم, et موسم الموتى *cimetière*, de Jong. — *Fête qui a lieu à une époque fixe de l'année* (السنة في باق ما, M), Voc. (festum = عيد). Ainsi Bat. raconte que les musulmans de l'Inde célèbrent chaque année six fêtes, مواسم. Macc. applique le même mot à plusieurs fêtes musulmanes. A celle du premier Redjeb, du premier Cha'bân, etc., et on le trouve employé comme synonyme de عيد et de فرح. Chez Alc. c'est *Pâques*. Aussi *foire* (Amari Dipl. 222, dern. l.), Gl. Esp. 317. — Chez les marins arabes, *la saison qui leur est favorable pour se rendre par mer aux Indes, la mousson de l'ouest comme nous disons, car mousson vient de* موسم, voyez Gl. Esp. l. l. — الموسم, *au Liban, le temps où se fait la soie*, M. — *Maladie qu'on n'a qu'une fois en sa vie, comme la petite vérole*, M.

ميسم pl. مياسم *pore, petit trou dans la peau par où l'on transpire*; مياسم *émonctoire, glandes*, Bc. C'est une altération de مَسَامّ (racine سمّ).

وسن

وَسَنٌ *le sommeil éternel, la mort*, P. Hoogvliet 77, n. 92.

وَسْنَانُ, fém. ة et وَسَنٌ, fém. ة, pl. وِسَانٌ, Abou'l-Walîd 778, 31, *langoureux (œil)*. Chez Abou-Tammâm وسنان الهوى *celui dont l'amour est assoupi, languit, ce que personne n'avait dit avant lui*, Gl. Mosl.

مُتَوَاسِن est dans le Diw. Hodz. 154, vs. 10.

وسوس

I c. الى p. et ب r. *suggérer à quelqu'un l'idée que ou de*, Berb. II, 113, 9: وسوس اليه بعض حاشيته, 304, 4 a f.: وسوس اليه بالوفادة, « il lui suggéra l'idée d'aller le visiter,» 421, 4. — *Répéter à voix basse des paroles incohérentes*, M (وسوس الرجل اذا تكلم بكلام خفى حتى يكرره وتكلم بغير نظام), ce qui est le commencement de la folie, cf. le passage du Gl. Manç. que j'ai publié sous حدبث. — *Devenir ou être fou*, M (اصيب عقله), Vie de Belâdzorî dans la Préface p. 4: وسوس فى اخر عمره لانه شرب البلاذر فافسد عقله وشك فى البيمارستان فمكث الى ان مات, Tha'âlibî éd. Cool 36, 2: قلبه حتى كاد يوسوس ولم ينتفع بالمفرحات وادوية النشواء. — *Chuchoter*, Ht; cf. وشوش. — *Crier, faire un bruit aigre et perçant, en parlant d'un essieu, d'une roue, etc.*, Alc. (cantar o chillar, chinar o rechinar, rechinar).

II dans le Voc. sous *suggerere*; c. الى p. et ب r. *suggérer à quelqu'un l'idée que*, Berb. II, 391, 11. — Avec فى ذاته, *parler en soi-même à voix basse et sans être entendu*, 1001 N. Bresl. I, 123 (où il s'agit d'un homme qui a toute sa raison): فوسوست فى ذاتى. وله باخلدنى نوم. Mais peut-être est-ce *rêver, laisser aller son imagination sur des choses vagues, sans aucun objet fixe et certain*. — *Devenir ou être fou, radoter*, Gl. Fragm. (mais les deux premiers passages des 1001 N. y sont cités à tort), Nufhut-ool-Yumun (Calcutta, 1811) 10, 9: وكان قد توسوس فى اخر عمره. — C. ب *se faire illusion sur*, Prol. I, 247, 11. — *Prendre du soupçon, avoir une croyance désavantageuse, accompagnée de doute, touchant quelqu'un*, 1001 N. I, 227, 9: ونظرت الى جسمه فوجدت عليه آثار ضرب المقارع فتوسوست لذلك وبان فى وجهى, Bresl. III, 269: وقد توسوس خاطرى وقل فى نفسى يا ترى فى اى سبب اختلال فى لا يكون الا ما يريد الله تعالى.

وَسْوَسَةٌ pl. وَسَاوِسُ *suggestion*, Voc. — Même pl. *tentation*, Bc. — *Pendant la prière et la purification* = وسواس (voyez). — *Folie*, Berb. II, 533, 8: للجنون. — والوسوسة. *Peine, inquiétude*, Bc. — Pl. وساوس *superstition*, Bc.

وَسْوَاسٌ *suggestion*, Voc., Prol. I, 46, 13: وساوس المطامع « les suggestions de l'ambition » (de Slane); de même وساوس النهم, 48, 7. — *Tentation* de Sacy Chrest. II, ۸۹, 3. — *Toute mauvaise pensée qui vient à l'esprit*, Gl. Fragm., Ibn-Tofail 178, 2: فكدمت ملازمة الجماعة عنده مما يذخرا الوسواس ويزيل الظنون المعترضة. — *L'action de répéter à voix basse des paroles incohérentes, ce qui est le commencement et l'indice de la folie*; voyez sous I. — *Folie* = جنون, Prol. II, 107, 13, Haiyân-Bassâm I, 173 r°: هذا وسواس ادخله فيه الخمر, R. N. 8 r°: وكان قد عرض له وسواس فى اخر عمره بعد قتل عثمان رضه حزنا عليه. *La folie provient souvent, d'après les anciens médecins, d'un excès de bile noire*; aussi trouve-t-on الوسواس السوداوى, Bait. I, 91 b, 109, dern. l.; M: والوسواس ايضا مرض يحدث من غلبة السوداء واختلاط معه الذهن. — *Exaltation, enthousiasme véhément*, Berb. II, 353, 2 a f.: ce cadi كان على شيم من تغير (تغيير l.) المنكرات وانعسف فيها حتى لقد كان مطاوعا فى ذلك وسواس النفس الاعجمى « avait tant d'empressement et un zèle si inconsidéré pour réformer les abus, qu'il se rapprochait en cela de l'exaltation du monachisme espagnol;» cf. dans Prol. I, 289, 8. — *Soucis, sombres pensées, tristesse, mélancolie*, Macc. I, 701, 2, 1001 N. I, 76, 11: 114, فزاد فى الوسواس حتى كدت ان اجن, 2 a f.: وازداد وسواسى بحيث انى امتنعت من الاكل والشرب, 818, 4 a f., 892, 2 a f., Bresl. V, 147: وقد كثر وسواسه وزاد افكاره وهو لا يدرى ما يفعل فى امره;

وسوس

inquiétude, Bc, Berb. II, 448, 12. — *Remords de conscience, scrupule*, Bat. I, 173, 1001 N. III, 583, 3. — *Joie folle, excessive, immodérée*, 1001 N. Bresl. IV, 330: وقد فرح بشيٍّ» عبّره ما رآه فدخل المخزون وأراد ان ينام فما امكنه من الوسواس وبقى يلعب بالذهب طوعًا الخ. — *Fantaisie, caprice*, Bc, Prol. I, 12, 4: وساوس الاغراب «ils cèdent au fantasque désir de raconter des choses extraordinaires,» 329, 9: كما يعترضهم الوسواس فى الزيادة عند قصد الاغراب (où l'auteur renvoie au premier passage), II, 92, 4. — *Avoir des* وسواس *pendant la prière et la purification*, Macc. I, 587, 11: وكان شديد المراعاة للوسواس فى الصلوة والطهارة ويتنقل عليه شهود من كان على صفته‘ وذكر عنده يوما شخص بانه صاحب علم وصلاح الا انه كان كثير الوسوسة الخ. A en juger par un passage de Bat. (I, 355), c'est *être sujet à des distractions, à des absences d'esprit*, car on y lit qu'un homme dévot était مبتلى بالوسواس; «je le vis un jour faisant les ablutions dans le réservoir du collège modhaffarien. Il se lavait et se relavait, et lorsqu'il eut passé les mains sur sa tête, il la frotta encore plusieurs fois; non content de cela, il plongea la tête dans le bassin. Lorsqu'il voulait prier, ordinairement c'était avec l'imâm châfîte; mais tout en disant: «C'est mon intention, c'est mon intention,» il priait avec un autre imâm.» Ailleurs (III, 135) il est de nouveau question d'un homme pieux qui était également مبتلى بالوسواس («Dieu nous en préserve!» ajoute l'auteur); mais là le sens paraît être *qui a des caprices bizarres*, car, dit l'auteur, il ne prend la main de personne, et n'approche même de qui que ce soit. Lorsque son vêtement a touché celui de quelqu'un, il le lave. — *Haute mais fausse opinion qu'on a de sa noblesse*, Prol. I, 244, 2, où il est question de nobles familles déchues: ويبقى فى نفوسهم وسواس ذلك الحسب يعدّون به انفسهم من اشراف البيوتات — وليبسوا منها فى شيٍّ; *les juifs surtout ont ce* وسواس, *ibid.* l. 6 et 13.

توسوسة *tentation*, Alc. (tentacion). — *Cri perçant, aigu*, Alc. (chillido).

موسوس, vulg. موسوس, Hariri Dorra 42, 6 et 7, L, Bc (v° turbulent); de même يوسوس pour يوسوس dans le man. de Tha'âlibî éd. Cool (36, n. a). — *Tentateur*, Alc. (tentador). — *Fou*, L (demens), Macc. I, 306, 9: احتى (l'opposé de عاقل qui suit), Aboulfaradj 262, 11 (question à un médecin): بما ذا تعلمون ان الموسوس يحتاج الى الشدّ

وشج

Berb. I, 566, 12: وكان موسوسا فى عقله معروفًا بالجنون, l. 15, II, 450, 10. — *Homme exalté, enthousiaste*, p. e. qui s'érige en réformateur, Prol. I, 289, 8, 3 a f. — *Fantasque, capricieux, bizarre*, Bc. — C. ب *qui se fait illusion sur*, Prol. I, 244, 5. — *Turbulent*, Bc. — *Superstitieux*, Bc.

وسى III = آسى *assister quelqu'un de son argent*, L (administratio مواساة et موّقّنة, administro اواسى, communico اشارك واواسى, tribuo (largior, dono vel do) ذوكسام رواسام وحيّاف (اواسى واقف), Çalât 70 r°: R. N. 58 r°, où un mendiant dit: واسوون ما رزقكم. — *Faire, exécuter*, الله يرحّكم الله ويعظّم اجوركم, Cherb. B, Ht. Voyez sur l'usage qu'on fait aujourd'hui de ce verbe: Beaussier et Ztschr. XXII, 119.

ارض الوسية وسية *communes*, terres communes entre les habitants d'un village; ربيع الوسية *communaux*, paturages des communes, Bc.

وش en Egypte pour وجّه, *figure, visage*, pl. وشوش, Bc, Mehren 37.

وشب.

اوشب a été formé par le poète Ibn-Canbar de الاوشاب, *la populace*, et il a dit الاوشب *le plus vil parmi la populace*, Gl. Mosl.

وشج I, n. d'act. وشج, Berb. I, 36.

V = I, 1, Khatîb 23 v°: وانتقل سلفه الى مالقة فتوشّجت لهم بها عروق وصاهروا الى البيوتات نبيهة ثمّ وشّى = اشقى et وشقى *gomme ammoniaque*, Bait. sous le و (AB, manque dans Sonth.).

وشيج n'est pas un sing. comme donne Freytag, mais un collectif, *lances*, Abbad. III, 160, P. Beerî 143, 5; le Voc. a en outre le n. d'un. وشيجة.

وشيجة رحم, واشاجة et وشيج = وشيجة, Catal. des man. or. de Leyde I, 227, 4 a f.

وشح II, dans le Voc. *versificari*, est *composer cette espèce de poèmes en stances, qui s'appellent* موشّحات, Macc. I, 533, 2 a f, Bassâm I, 124 r°, Prol. III, 395, 13, 404, 10. — C. a p. *amuser*, 1001 N. Bresl. XII, 355: والفتى يلهيها بتملّح اخباره‘ ويوشّحها برقيق اشعاره

وشح

V dans le Voc. sous ornare.

VIII c. بـ est: mettre un vêtement comme le pèlerin de la Mecque porte l'*izâr*, à savoir sous l'aisselle droite et sur l'épaule gauche, Gl. Geogr. — مُتَشَحِّ بِالجَلالِ انْتَشِم بِالْخِزْي «se couvrir de gloire;» «couvert de honte,» Bc.

وِشاح, pl. وُشُوح dans le Voc. (cingulum). — Doit aussi désigner une espèce de coiffure, 1001 N. Bresl. X, 80: ثَمَّ هَبَّ النَّسِيمُ فَوَقَعَ الوِشاحُ مِنْ عَلَى رَأْسِهَا, 100 (= Macn. IV, 195): وَأَنَّا عَلَى رَأْسِهَا عِصَابَة مِنَ الذَّهَبِ وَكَانَ عَلَى رَأْسِ زَيْنٍ المَوَاصِفِ وِشاحٌ مِنَ الدِّيبَاجِ الأَزْرَقِ تَحُطُّنَهُ عَنْ رَأْسِهَا

وَشَّاح *poète qui compose des* مُوَشَّحَات, Macc. I, 305, dern. l., II, 510, 9, Prol. III, 391, 5.

تَوْشِيح, t. d'arithm., est quand on place le multiplicande à droite et le multiplicateur à gauche, Loth, Catal. of the Ar. man. in the library of the India office, p. 221 b.

مُوَشَّح s'emploie aussi bien que مُوَشَّحَة pour désigner un poème en stances, Voc., Macc. I, 627, 4 et 17, Prol. III, 390, 7. Les المُوَشَّحات الأندلسية sont sept poèmes, dont un a été composé par ابن خلوف المغربي, M (qui en donne le commencement).

وشع

كُلّ لَفِيفَةٍ وَشِيعَة a un sens très-large, car M. — *Des fleurs disposées en forme de panache, ou en grappes*, comme dans le genre de plantes auquel appartient l'amarante ou passe-velours; Bait. I, 139 b, en parlant de cette fleur: وفي أطراف أذرعها وشائعُ لَوْنها فَرْفَيْرِي ; cf. II, 97 c: اسْم لِلنَّبْتَة الرَّبِيعِيَّة المُشَوَّكَة ; وَهُوَ لِطِيبِ الصَّغِيرِ الوَرْق وَشَائِعْسِم : v° Most. الوَشَائِع *شَائِع*: Macc. II, 55, 18: الَّذِي لَهُ وَشَائِعُ بِنَفْسَجِيَّة; Most. sous ce dernier mot. — وَشَائِع الشَّيْح = نَوْر — حَمَلان ; 8 r° Pessaire, Ibn-Wâfid الوَشَائِع الْقَابِضَة الْمُلَحَّمَة مِثْل الوَشَائِع المَعْمُولَة بِاللِّبَانِ :ibid. وَالشُّبَّان الخ والوَشَائِع المُجَفَّفَة مِثْل الوَشَائِع. — Dans L *panalia*, ce qui à mon avis est l'esp. *pañales, couches, linges dont on enveloppe les petits enfants*; remarquez que, d'après le M, وَشِيعَة est tout لَفِيفَة, et que لَفَائِف se trouve chez Macc. II, 195, 21, avec le sens de l'esp. *pañales*.

808

وشك

تَوْشِيع t. de rhétor.; c'est quand on rattache à une proposition générale une proposition particulière, Gl. Badroun.

وَشْفُون, fém. ة, pl. وَشَافِين, *nain à jambes tortes, avorton*, Beaussier, Ht.

وشق II *peindre*, Voc.

V *être peint*, Voc.

وَشَق *fourrure de loup-cervier*, Vêtem. 359, n. b, Bait. I, 590 b. Chez Cherb. وَشَق *loup-cervier, lynx*.

وَشَق, *gomme ammoniaque*, est écrit par plusieurs voyageurs comme si la première lettre était un *fâ*: fásukh chez Hœst 275, fesciùk chez Gräberg 34, feshook chez Jackson 83, 283 et Timb. 74, fash-hook chez Davidson 167. Le دَبَّان الوَشَق (vulg. pour ذُبَاب) est un escarbot qui, au moyen d'une longue corne sortant de son nez, perce la plante qui produit la gomme ammoniaque, Jackson 83 et Planche IX. — On a aussi appliqué ce mot à la substance qui découle d'autres plantes, p. e. à la *térébenthine*, Payne Smith 1453 (اشق et اشح). Chez Alc. (galbano) l'espèce de gomme qu'on appelle *galbanum*, est فَقَّه, mot qui me semble aussi une altération de وَشَق.

وَشَاق, pl. وَشَافَة *martinet noir* (oiseau de passage), Alc. (vencejo arrexaque ave).

اوشاق = وشاق *un page*, Maml. I, 1, 108, Cazwini II, 265, 9 a f.

وَشَّاق *peintre*, Voc.

وَاشِقِي *nom d'un chien*, M, chez Nâbigha, de Sacy Chrest. II, ۱۴۰, 5.

وشك IV اوشك به أن *peu s'en fallut qu'il*, Berb. I, 63, 7: فَاسْتَوْلُوا عَلَى الصَّوَاحِي كَافَّة وَأَوْشَكَ بِهِمْ أَنْ يَسْتَوْلُوا عَلَى الأَمْصَار — أَنْ يُوشَكُ *il se peut que*, Amari 5, 2: وَقَدْ رَأَيْتُ هُنَاكَ خَشَبَة عَظِيمَة يُوشَكُ, Bait. II, 74 a: وَأَمَّا السِّيسِيمَان أَنْ يَكُونَ الْقَبْرَ فِيهَا الَّذِي ذَكَرَهُ الرَّازِي فِي الْحَاوِي عَنْ يُونُس فَيُوشِكُ أَنَّهُ أَرَادَ بِهِ شَجَر الأَثْل لا غَيْر فَلْيُنْظَرْهُ

VI, Ibn-Doraid (Wright).

وَشْك *truelle*, Domb. 95 (dhamma), Mc, Ht (fatha).

طَلَعَ نَلْوَشْكُ — voyez sous le premier mot.

وشم

وَشَك voyez وشك.

وشيكًا وشيكًا promptement, Badroun 148, 2 a f., Macc. II, 201, 17, Bait. I, 169: وربما قتل وشيكا.

أوشَك plus prompt, Auw. I, 230, 14: وقد عاينت القضيبان منذ على رقة لخنصر يغرز (تـغـرز ا.) في الأرض لا فتتعلق) على سبيل الغراسة فتنعلف اوشك عاوق d'après notre man.).— ما كان باوشك ان او من او حتـى presque aussitôt, Berb. II, 136, 4 a f., R. N. 73 v°: فنزلو (فنزل ا.) الينا اهله وسألونا ان نـتـعــدّى عـلـدهم فأجبناهم الى ذلك فما كان باوشك شىء حتى جـاءونا فما كان باوشك من ان دخل ابو عبد v°: 95, بكنانة الله, voyez aussi sous سمار.

وشم I effleurer, atteindre légèrement, Abbad. II, 64, vs. 14.

وشن

وشنة griotte (sorte de cerise), Bc, Hbrt 52.

وشوش I c. a. p. parler bas à quelqu'un, chuchoter, Bc, M, 1001 N. II, 266, 16; aussi c. مع p., Bc; وَشْوَشَهُ كلمة dire un mot à l'oreille de quelqu'un, Bc. — Faire lever les oiseaux en criant, Alc. (oxear aves).

II, en parlant d'un seul, chuchoter, 1001 N. Bresl. VII, 192.

وَشْوَشَة chuchotement, 1001 N. Bresl. VII, 192. — Petit moucheron dont l'air est peuplé au bord des rivières ou des lacs, Cherb.

وَشْوَش coll., cousin (insecte), Bg (Barb.), moustique, Tristram 289 (Ouche Wache), espèce de moucheron dont l'apparition dans le Soul annonce l'époque des fièvres pernicieuses, Beaussier.

تَوشوُش l'action de faire lever les oiseaux en criant, Alc. (oxeo de aves).

وشى I. On ne dit pas seulement وشى بفلان (يخذلك) الى السلطان, mais aussi للسلطان, Prol. I, 19, 4, Cartâs 203, 7.

II c. على calomnier, Bc. — Amuser, 1001 N. Bresl. XI, 434: وهو يوشبها بالحديث. — Accorder un instrument de musique, Voc.

وَشْى espèce d'étoffe de soie à différentes couleurs et parfois brochée d'or, Vêtem. 133, n. 1, 437, Abbad. I, 86, n. 75, Gl. Badroun, Gl. Bayân, M,

---

وصف

Macc. I, 802, 16. En Europe on disait alguexi, albexi, albeci, alveici, oxi, oxsi, Gl. Esp. 132. — حجر به وشى de la pierre de mine d'or, M.

شِيَة شيات النمر les taches d'un léopard, Aboû'l-Walîd 209, 15. — شيات الخلافة les emblèmes du califat, souvent dans Berb., p. e. I, 557, 6 a f.

الثياب الوشاشى الملحوم من وشاشى On trouve القطن والابريسم dans Payne Smith 1279.

وَشَّاء وشَّى vendeur de l'étoffe dite, Khallic. IX, 134, dern. l. et suiv., Lobb al-lobâb v°o a. — Doreur, Domb. 103 (artifex auraturæ, ce que Hbrt 87 n'a pas bien traduit par orfévre).

تَوشِيَة damasquinure, en esp. atauxia.

مُوَشَّى tacheté, moucheté (peau d'un animal, marbre), Gl. Geogr.

وصب

وَصَب est dans le Diw. Hodz. 138, vs. 5.

وصف I aussi simplement raconter, Gl. Edrîsî, Voc. (narare). — وصف الفقر dire qu'on n'est pas musulman, Gl. Tanbîh. — Dans le sens de louer: Macc. I, 834, 14 (cf. Add.), 872, 21, II, 546, 4. — C. ل p. et a. r. prescrire un remède (Freytag sans autorité), Bc, Bidp. 210, 7, Khallic. IX, 145, 13, Macc. I, 655, 19 (cf. Add.), 1001 N. I, 200, 6 a f.; وصف الطبيب للمريض وصفة «le médecin a ordonné un remède pour le malade,» M, Bc. — En parlant d'une robe fort mince, déceler, trahir, dérober fort mal aux yeux les formes d'une femme, p. e. غلالة خفيفة تصف ما تحتها, ou تصف ما وراءها من الشديدين, Gl. Mosl.; aussi c. a. p., Becrî 187, 13: فنتقته في قميص يصفها بجسمها. De même Akhbâr 6, 2, en parlant du détroit de Gibraltar: انه ليس بحر واما هو خليج. — Réfléchir l'image des objets, Djob. 42, 7: حجر موضوع في الجدار الذى يصف يستقبله الداخل شديد السواد والبصيص يصف الاشخاص كلها كانه المرآة الهندية للحديثة الصقل۞

VII. Le Voc., sous adiectivum, donne après وصف: تنصف انصفت ب۞

VIII c. ب avoir la réputation de, de Sacy Chrest.

I, ١٤., 4, Prol. I, 358, 2, 404, 2 et 3, dern. l.,
III, 137, 4. — Dans le Voc. sous narare.

X = وَصَفَ, c.-à-d. بلغ (الغلام) حدّ الخدمة M.
— C. d. a. *demander à quelqu'un de décrire* une chose,
M. — *Décrire en détail*, Cartâs 98, 6, où le vers
d'Ibn-al-labbâna doit être lu ainsi:

يومَ العَرُوبةِ كانَ ذاكَ الموقفُ   وأنْ شهدتَ فأين من يستوصفُ

« C'est le vendredi qu'a eu lieu cette bataille; dis-
moi, si tu y as assisté, où est celui qui puisse la
décrire en détail. »

وَصْف. Le pl. اوصاف *signalement*, p. e. أعطى
أوصاف الغلام « il donna le signalement du jeune
homme, » Bc. — *Qualité du cœur ou de l'esprit, inclination, habitude*, Bc. — *Attribut*, ce qui est propre
et particulier à quelque chose, de Sacy Chrest. I,
١٤٨, 14, où il est question du café: شربها ولا انكر.
— لا لذاتها ولا لوصف خارج عنها من ادارة وغيرها
شابّ مليح الاوصاف *jeune homme d'une jolie tournure*,
Bc; de même en parlant d'une jeune fille, كاملة
الوصف ou الاوصاف, 1001 N. I, 40, 56.

وَصْفَة *portrait, description*, Bc. — *Qualification*,
attribution d'une qualité, d'un titre, Bc. — *Recette*,
composition de drogues, écrit qui l'enseigne, وصفة
حكيم *ordonnance*, ce que prescrit un médecin, écrit
qui la contient, Bc, M.

صفة. En théologie الصفات الذاتية sont, parmi les
attributs de Dieu, ما يوصف به ولا يوصف بضده نحو ; sous
on entend الصفات الفعلية : القدرة والعزة والعظمة وغيرها ;
sous ما يجوز أن يوصف الله بضدّه كالرضى والرحمة
on entend ما يتعلّق : الصفات الجمالية : والسخط والغضب وخوها
ما يتعلّق : الصفات الجلالية : باللطف والرحمة
الصفات M., بالعزة والعظمة والسعة *les modifications durables et passagères de l'âme* (de Sacy),
Prol. III, 61, 13. — *Signalement*, Bc. — *Figure*,
Auw. II, 459, 6: وخذ صفة المجرد, après quoi il
donne le dessin de cet instrument, 1001 N. I, 40,
2: فتحجب الملك من ذلك السمك ولا رأى في عمره صفة
ولا شكله. — *Apparence, extérieur, dehors*, Beaussier,
Khatib 14 v° (soldats de Grenade): كلّ منهم بصفة
بها 1001 N. I, 67, 7: مختصّ بسلاحه وشهرة يعرف
وكان من عادته يتنكّر في صفة التجار. — Suivi du génitif,
en manière de, 1001 N. I, 51, 6 a f.: ثمّ تلبّسنى

ثوب شعر صفة اللباس على نصفى الفوقاني. — *Recette*,
composition de drogues, écrit qui l'enseigne, Bc; —
procédé, méthode qu'il faut suivre pour faire quelque
opération, souvent chez Auw., p. e. I, 184, 1, II,
396, 8: صفة اخرى مختصرة لمن اراد من الماورد يسيرا,
Reinaud F. G. 237: صفة حلّ البارود « procédé pour
dissoudre le nitre, » J. A. 1849, II, 266, n, 2 a f.,
après avoir décrit la manière de blanchir le naphte
noir: فهذه صفة تجييده (dans le passage du F. G.,
Quatremère (J. A. 1850, I, 225), après avoir omis
par mégarde le mot حلّ, change à tort صفة en
صنعة, et dans l'autre, il y substitue (*ibid.* 261) نصفة;
il ne semble donc pas avoir connu cette signif.; Reinaud a lu avec raison صفة, qui est dans nos deux
man.). — صفة اى *quel*, Voc. — Pour Macc. I, 884,
2 a f., voyez sous خُطّة. — Chez Alc. (*sustantivo
nombre*) *substantif*, mais c'est une erreur.

وَصْفى *qualificatif*, Bc. — *Descriptif*, Bc.

وَصِيف pl. وِصْفان, Beaussier, Bat. IV, 443, avait
au moyen âge le sens général d'*esclave*, Akhbâr 3,
3 a f.: فصار نصير وصيفا لعبد العزيز بن مروان قائمة,
Haiyân-Bassâm III, 29 r°: اجتمع عنده مائة وخمسين
وصيفا, Macc. I,
251, 11: الفتيان الوصفاء حشية ومن الصقلب المجابيب ستون وصيفا. — Aujourd'hui c'est en Afrique
nègre, *esclave noir*, Bc (Alg.), Beaussier, de Slane
Prol. III, 291, n. 1. — الوصيف الاسود *adiante*, Bait.
I, 126 b, où B a cette leçon; A اوصيف seul, Boul.
لسان الوصيفى.

وَصِيفة une *esclave* en général, mais surtout *une
esclave-musicienne ou chanteuse*, وصيفة مُغَنّية, Abbad.
I, 275, n. 94; le Voc. a وصيفة وصائف sous *canta-
trix*, et en note *cantus servorum*, ce qui est inexact,
mais non inutile.

وَصّاف *peintre*, au fig., celui qui représente vivement en parlant, en écrivant, Bc.

مَوْصُوف *renommé*, Becrî 53, 6 a f.: ولها مزارع واسعة
وحنطتها موصوفة ۞

وصل I, aor. vulg. يُوصَل, Bc. — *Coudre ensemble*, Prol.
II, 327, 13; cf. Alc. sous IV. — وصل يَدَه بفلان
conclure une alliance avec quelqu'un, Berb. I, 198, 2
(au pl. وصلوا ايديهم), 203, 5 (ايديكم), 209, 2, etc.;
dans Abbad. I, 247, 4 a f., on ne lit que وصل يده,
mais je soupçonne que بـ manque dans le man. —

وصل 811 وصل

وَصَلَتْكَ رَحِمٌ, expression qu'on trouve p. e. Gl. Belâdz., Aghânî 20, 5, est un éloge qu'on donne à celui qui a fait honneur aux obligations qu'impose la parenté. — وصل فلانا بغيره introduire quelqu'un auprès d'un autre, Gl. Belâdz. — وصل كلاما faire un discours bien suivi, dont toutes les parties ont entre elles l'ordre et la liaison qu'elles doivent avoir, Mohammed ibn-Hârith 217: كان يقول متى لحظتمت الناس لم — اصل كلاما فكان اذا خطب سدل على وجهه من ثوبه. C. a. et من attacher une chose à une autre, Berb. II, 214, 11: كان الذي عامته من وصله بجبل وتدلّى لم متنعمـا بها. — Rallonger, rendre plus long en ajoutant quelque chose, Bc. — Continuer, poursuivre, Gl. Edrîsî, Macc. I, 237, 3 a f., Haiyân 26 v°: فقال قد جاءني يا سيدي بسعدك بعض الذي اردتّه واندفع فوصل البيتين. — Faire durer, rendre durable, Macc. I, 336, 9: "وصل سعدكم' وبحرس مجدكم", وصل الله Abdarî 74 v°, après le nom d'un émir: علاه. — Rentrer, arriver, revenir (fonds), Bc. — C. a. p. se rendre auprès de quelqu'un, aller le trouver, Akhbâr 147, 11: ذهبنا الى صلته وقصدنا مكانه. — وصل اليه آتاه = Edrîsî, Clim. II, Sect. 5. — C. a. venir après, suivre, Macc. I, 251, 14: ثم تلاقم الرماة — ثم وصلت صفوف عولاء للحميان الصقالبة صفوف العبيد الفحول. — C. a. p. faire des présents à quelqu'un, de Sacy Chrest. I, ١v, 9, Nowairî Espagne 455: فاجتنهد الى القائد ووصله واعلى محله. Dans le sens de donner le Voc. (v° elemosina) indique aussi la constr. c. a. p. et ب r.; mais ce verbo se construit en outre c. d. a., M: وصل زيدا برّه اعطاه. — Crier au secours en se servant du يا فلان, comme on le faisait au temps du paganisme, M. — وصلك الله est une وصلك الله نغذ قليلا pour M.

II. وصله مكاتيب faire tenir des lettres à quelqu'un, Bc; c. a. et الى = بلّغه اياه, M, R. N. 57 v° (où ثم se rapporte aux deux poissons dont il a été question): فقال لى اذا كان هكذا فوصّلاهم انت اليه الله. — بون voyage! Bc. يوصّلك بالسلامة ويرويكم وجهك بخير. — Reconduire, accompagner par civilité quelqu'un dont on a reçu visite; وصله الى conduire quelqu'un, l'accompagner par honneur ou pour sa sûreté jusqu'à un endroit, Bc.

III. يواصلنى مشرّفانه il me fera l'honneur de m'écrire, Bc. — C. a. avoir commerce avec une femme, Ztschr. XX, 510, 3, Antar 4, l. 4. — واصل لهم الاكمات «il leur fournit constamment des provisions,» Maml. I, 1, 22. — واصل اياما, ou الى ايام, ou simplement واصل, jeuner plusieurs jours de suite, Bat. III, 161, 294, 445, 446, 447, IV, 28, 217, M: صوم الوصال او المواصلة فى الصوم هو ان يصل صوم النهار بامساك الليل مع صوم الذى بعده من غير ان يطعم شيئا.

IV transporter, Khatîb 22 v°: جاءت امراة تخاصم ميّارا اوصلها من بعض المدن. — = I joindre ensemble, Alc. (ayuntar, juntar una cosa con otra). — اوصل بينهم, allier, joindre par mariage; اوصل حبلة المناسبة الحقينة former entre deux personnes les liens de l'amitié, Bc. — = I coudre ensemble, Alc. (coser uno con otro).

V. Freytag attribue à cette forme quatre signif., qui sont toutes fausses. Les dict. des indigènes se bornent à expliquer تلطف فى الوصول par توصّل اليه, ce que Golius, suivi par Freytag, a mal rendu par «accessu blandus, seu humaniter congressus fuit,» car c'est (cf. لطف V) employer des moyens subtils, p. e. la ruse, la flatterie, pour arriver à, Gl. Fragm., Aboulfaradj 263, dern. l.: Arrivé dans l'empire byzantin, Honain y apprit le grec وتوصل فى تحصيل كتب الحكمة غاية امكانه «et mit en œuvre toute son adresse pour se procurer autant de livres de médecine que possible.» De même dans le passage d'Elmaçîn 40, 5 a f., où Erpenius a traduit à tort «muneribus corrupit,» ce que J.-J. Schultens et Freytag n'auraient pas dû reproduire: Cais, le gouverneur de l'Egypte pour Alî, était un homme d'une grande sagacité; فاجتهد معاوية فى اخراجه من مصر فتوصل «pour cette raison, Moâwiya tâcha de le faire sortir de l'Egypte et employa des moyens subtils (pour atteindre ce but).» Le verbe seul est employé ici comme dans les Fragm. hist. Arab. 190, 2 a f. — C. الى obtenir, Abbad. I, 71, 5: شاعره المتّصل به المتوصّل الى المنى بسببه «qui avait obtenu par lui tout ce qu'il désirait.» Employé en ce sens elliptiquement dans Tha'âlibî éd. Cool n° 128: Quand Abou-Nowâs récita à al-Fadhl son poème où se trouve ce vers:

سَأَشْكُو اِلَى الفَضْل بن يَحيى بن خَالِد
هَوَاكَ لَعَلَّ الفَضْلَ يَجْمَعُ بَيْنَنَا
al-Fadhl lui dit: ما زِدْتَ عَلَى بِأَنْ جَعَلْتَنِى قَوَّادًا; mais le poète répliqua: اصلحك الله انه جَمْعٌ تَفْضُلُ لا جمع الى اجر توصُّل. Après توصُّل il faut sous-entendre الى اجر ou quelque chose de semblable, *obtenir une récompense, un salaire*, car le sens est: c'est un rendez-vous que vous me procurerez gratuitement, et non pas pour obtenir une récompense (comme le fait le maquereau, qui n'en procure que pour de l'argent). Les signif. indiquées par Beaussier sont au fond identiques; il a: c. الى *parvenir, atteindre; percevoir, recevoir; être mis en possession*, p. e. حقّه التوصل اليه et il désire être mis en possession de ses droits. Aussi *obtenir la faveur de*, c. الى, Kâmil 419, 2: وذكر الليثى ان رجلا احبّ جارية ولم يكن بَجْنِسِمْ ما يَتَوَصَّلُ بِهِ الى النساء شيئا الا انه كان يحفظ القرآن فكان يتوصل اليها بالايات بعد الآيت الخ — C. الى *trouver le moyen de*, Prol. I, 33, 3: فتوصل شيعة آل العباس الى c. ب: يَجْذِبُكَ عند ظهور العبيديين الى الدعن فى نسبيهم p. *trouver le moyen de nuire à*, Haiyân-Bassâm I, 23 v° (tyrannie d'Alî ibn-Hammoud): واغرم عامّتَهم وتوصل الى عبدالله بقوم من شرار الناس ففتحوا له من البلاد ابوابا اعلَكوا بها الامّة ونَقرّبوا انبيه بانسعابة. — Comme dénominatif de وَصْلة, *s'interposer, intervenir comme médiateur*. Dans le passage de Harîrî 101, cité par Freytag, qui traduit à tort «parvenir,» le commentaire explique ان اكون وصلة لتَحصيل اتوصل بـ, Yâcout I, 353, 2: مَجْبِس وطَلَل حبسه فتوصل له بـ الباق; ابن المهتدى صاحب الخبر فى ايصال قصّته الى المقتفى يساله فيها الافراج عنه ٭.

VI. J.-J. Schultens ne donne pas *continuo venerunt*, comme le prétend Freytag, mais en citant Imrân 168: تَواصَلَتْ رسل, *continui legati venerunt*, ce qui est autre chose. (Quant à l'autre signif. que Freytag dit avoir trouvée chez ce savant, il ne l'a point). De même chez Bc: تَواصَلَتْهُ السَّخونة ثلاث مَرَّات «il a eu trois accès de fièvre.» — *Baiser*, L (deosculor).

VIII. اِتَّصَلَ ذلك بفلان *la chose arriva aux oreilles d'un tel*, Maml. I, 1, 44. — اِتَّصَلوا *ils formèrent une chaîne en se tenant par la main*, comme اتصل مَن بعده فى ايثارها، تسلسلوا, Djob. 147, 18. — «tous ses successeurs avaient aussi de la prédilection pour cette maison de campagne,» Macc. I, 304, dern. l. — *Crier au secours en se servant du* يَا فلان, comme on le faisait au temps du paganisme, M (= I).

X. Freytag aurait bien fait de citer son autorité pour la signif. qu'il donne; elle m'est suspecte. — C. a. p. *s'adjoindre quelqu'un*, Berb. I, 638, 2: وزاحم بيوتيات المصر جَناكب استوصلها سَائرَ عبره من الحطَار والاوعاط ٭. — وَصَلَ *les faveurs d'une femme, sa possession*; جاد بالوَصل «accorder ses faveurs,» Bc. — Chez les Soufis, *l'union avec Dieu*; elle est de deux sortes: celle qui est temporaire et qui a lieu dans l'extase (حال), et celle qui est éternelle et causée par la mort, de Slane trad. de Khallic. I, 513, n. 3.

وَصْل. Le M donne *kesra* et *dhamma*; dans le Kâmil 76, 9 et 10, seulement *kesra*, et dans la note *b*, *fatha* ou *kesra*. Non-seulement *joint, articulation*, mais aussi *joint* en parlant de quelques autres choses, comme des pierres, des pièces de menuiserie, etc., Edrîsî ١٣٩, 3: احجارها من صميم الكدَّان وقد أُوقِع الرصاص فى اوصالها فبعضها مرتبط ببعض بعقود لا كرسىَ مكسو الاوصال, Macc. I, 253, 8: يَنفَقُ التَنامياً بانقضَّة, Maml. II, 2, 310, en parlant d'un alambic: تطبيق اوصالها. — *Pièces de rapport*, qui servent dans les ouvrages de marqueterie, Bc, comme مَفْصِل (voyez), qui est aussi le synonyme de وصل dans le sens de «joint,» Macc. I, 363, 1: وقال فى المنبر انه مركب من ٣٩ الف وصل كل قلم واحد منها بسبعة دراهم فضّة وسُمِّرَتْ بمسامير الذهب والفضة وفى بعضها نفيس الاحجار 404, 9, 405, 2. — *Ligne droite, tirée avec la règle*, p. e. يترك بعد وصل الطرّة ستّة اوصال بياضا «on laisse, après la ligne où se trouve la *torra*, six lignes en blanc,» et dans beaucoup d'autres passages cités par Quatremère Maml. II, 2, 310—1; mais ce savant a confondu quatre signif. en une seule, et sa traduction («une bande, une languette de papier ou de bois») ne me semble pas heureuse. — *Planche*, Maml. II, 2, 310: على ثلاثة وعشرين معدية مُدَّتْ عليها اوصال للخشب

وصل pl. أوْصَال‎ lance, Voc.

وَصْلَة‎ pl. ات‎ planche sur laquelle on met et porte le pain quand il sort du four, Alc. (tabla de pan). — Pl. وِصَال‎ grand mannequin pour le pain, Alc. (panera para pan cozido). — A Damas, la sangle de derrière de la selle du chameau, Ztschr. XXII, 120. — T. de gramm., weçla, Wright Arab. gramm. I, p. 17.

وَصْلَة‎ élargissure, largeur ajoutée à, Bc. — Allonge, morceau, pièce, bout pour allonger, Bc. — Cause, Voc.

صِلَة‎ pl. ات‎ jonction, Djob. 98, 10: والركن الأسفل منها متّصل بالركن الذى يليه من الشرفة الاخرى وتحت كل صلة منها ثقب مستدير فى دور الشبر منفوذ تخترقه الهواء‎. — Continuation, appendice, supplément, Abbad. II, 166. — T. de gramm., weçla, Wright Arab. Gramm. I, p. 17. — T. de gramm., proposition conjonctive, de Sacy Gramm. I, 444, 259, 261, p. e. مررت برجل أبوه نائم الملك الذى يعدل‎. — En gramm. on donne aussi le nom de صلة‎ à certaines prépositions, p. e. au ب‎ dans كفى بالله شهيدا‎, au ب‎ qui rend le verbe transitif, à فى‎ dans دخلت فى الدار‎, M. — T. de métrique, l'annexe de la consonne qui forme la rime, c.-à-d. اٖ‎ —, ــى‎, و‎, ou ــهِ‎, ــهُ‎, Wright Arab. Gramm. II, p. 379. — Don, présent, aumône, Gl. Belâdz., de Jong, M, Voc., Macc. I, 137, 9.

وِصَال‎, chez les Soufis, l'union avec Dieu, M.

وُصُول‎ rentrée, arrivée des fonds, Bc. — Pl. ات‎ acquit, quittance, décharge, récépissé, reçu, Bc, Ht, M, Maml. I, 1, 25, 5 a f.; — billet qui contient l'ordre de payer une certaine somme, Vêtem. 270: فيكتب على صاحب تلك الدار الوصولات بالجمل الثقال وكل من امتنع من العنّاء بهدلو وسبّو‎ «il écrivait des billets par lesquels il ordonnait aux habitants de ces maisons de payer des sommes très-considérables, et l'on insultait et injuriait quiconque refusait d'obéir,» Bâsim 74: فكتب له وصول على انسان حلواني — واخذ منه ورقة بان يحضر ومعه خمسة الاف درهم الذى عليه من جهة الدوارة ومن جهة الخاص ثلاثة الاف وان يحضر ثم نأيله‎ ibid.: هذه الورقة الوصول‎ 75: بالم الى الخزانة الوصولين‎.

وَصِيلَة‎ tresse de cheveux chez le vulgaire, qui double parfois le çâd, M.

توصيل‎ reçu, quittance, Cherb. Dial. 59, 208.

مُوَصَّل‎ ou مُوَصِّل‎, t. d'archit., en parlant de pierres (cf. Gl. Geogr.), semble désigner des pierres à bossages et à joints taillés (comme dans l'ordre rustique).

مُوَصُّول‎, مُوَصْلى‎, مُوَصْلى‎ (instr. de musique) voyez sous مصل‎.

مَوْصِلى‎ (vulg. مُوصَلى‎, M) mousseline, du nom de la ville d'al-Maucil (Mosul, Mossoul, Moussel), où l'on fabriquait ces étoffes légères, Bc, 1001 N. II, 159, Marmol III, 111 a («cotonias llamadas moçales»).

مَوْصُول‎ une tradition dont l'isnâd n'offre pas de lacune, M. — Voyez مُتَّصِل‎.

اتّصال‎ l'état d'une tradition qui est sans lacune dans l'isnâd, M. — Pl. ات‎, t. d'astrol., conjonction, Gl. Abulf., M. — الاتّصال‎, chez les Soufis, l'union avec Dieu, M; — le contact avec le monde spirituel, Prol. I, 179, 8 et 11.

اتّصاليّة‎ بينهما‎ ces deux personnes sont unies par les liens du sang, M.

مُتَّصِل‎ une tradition dont l'isnâd n'offre pas de lacune, de Slane Prol. II, 482, M. — المتّصلة‎ ceux qui venaient se faire initier, comme de Sacy traduit par conjecture, Chrest. I, 141, 9. — ضمير متّصل‎ pronom affixe, Bc, M; mais sous cette dénomination, les grammairiens arabes comprennent aussi certaines terminaisons qui servent à former diverses personnes des verbes, soit au prétérit, soit à l'aoriste; ainsi, dans كتبتِ‎, le ت‎ est, suivant leur système, un pronom affixe, de Sacy Gramm. I, 462. — Le Voc. a pour condicionalis: قضيّة شرطيّة منفصلة او‎ متّصلة‎, et le M sous اتّصال‎: وعند المنطقيّين ثبوت قضيّة على تقدير قضيّة اخرى‎ ☉

مُتَواصِل‎ continu, dont les parties s'entretiennent, Bc. — C. ب‎ immédiat, qui suit ou qui précède sans intervalle, Bc.

وصم‎ I. Les lexiques expliquent ce verbe par عاب‎, non pas vitiosum reddidit, comme chez Freytag, mais vituperavit; en ce sens chez Khatîb 72 v°.

VI. تواصَموا‎ est, d'après le M, عاب بعضهم بعضا‎,

وصوص 814 وصى

s'injurier l'un l'autre; ce verbe a évidemment ce sens dans le Fâkihat al-khol. 112, 8 a f., passage où Freytag l'a mal traduit.

وَصْمَة cicatrice (quand il s'agit d'un animal), Voc.

وصوص I. M, et le n. d'act. وَصْوَصَة est expliqué dans le Raihân (apud Reiske Aboulf. II, 639) par تصفيق اللثام حتى لا تبدو الا العينان «rendre le lithâm assez serré pour qu'il ne laisse plus paraître que les yeux.»

وصى II c. a. ou الى p. et ب r. recommander une chose à quelqu'un, l'en charger, prescrire, ordonner, M (عهد اليه وتوصى اليه أمرًا), Coran II, 126, VI, 145 et ailleurs, Meïdânî dans le J. A. 1838, I, 5, dern. l., Alc. (comendar a otro, encomendar); Bc: c. ب r. enjoindre, o. a. p. et على ou ب r. (ou p.) recommander, prier quelqu'un d'être favorable à, de prendre soin de; وصاه فى دعوة وحرّض عليه «recommander fortement une affaire à quelqu'un;» وصيتـه عليك ou هو وصيتى بحقّك «je vous ai recommandé à lui;» هو موصّى فيه من فلان «il est recommandé par un tel;» charger, donner commission, p. e. وصانى ان اسلّم عليك «il m'a chargé de vous saluer;» وصى احدا على ب donner commission à quelqu'un de; Calâïd 55, 6: فامر ان توضع فى قبرها ووصى الحارس على ان ينظر فى امرها Bc: consigner, donner ordre à une sentinelle de. De même IV, M, Gl. Abulf., Bc (charger, donner commission); dans Macc. II, 320, 23: وجعل والده يوصيه عليه «le père se mit à recommander son fils à son professeur,» j'ai fait imprimer la IVe, mais il se peut que ce soit la IIe. Aussi ان, Gl. Abulf.: ومات يعقوب واوصى الى يوسف ان يدفنه مع ابيه اسحاق, de Sacy Chrest. I, vi, 10: واوصانا ان لا تخفيب عن الغفران. — Commander, donner une commande à un ouvrier, p. e. وصى للخياط على بدلة «commander un habit à un tailleur,» ou وصى للخياط يعمل بدلة «faire faire un habit à un tailleur,» Bc. — Commettre, confier, Alc. (encomendar cometer). — Faire son testament, tester, Bc; c. ل ou الى p. et ب r. laisser quelque chose à quelqu'un par testament, Bc, M, Gl. Maw., Gl. Tanbîh, Abbad. I, 44, 9: بعد ان وصى بما خلّف «après avoir disposé de ses biens par testament.» De même IV, M, Gl. Abulf., Gl. Tanbîh. — C. a., الى ou ل p. et ب ou على de l'autre, désigner quelqu'un comme son exécuteur testa-

mentaire, comme chargé de réaliser ses intentions à l'égard de ses enfants ou de ses biens, M: وصى فلان الى فلان جعله وصيًّا يتصرّف فى ماله واطفاله بعد موته, Voc., Gl. Tanbîh, Maml. II, 2, 110: وصى بعد ذلك كله عند واليه بماله جعله له, وبولده استعتقد عليه وقائده الى المأمون لانه enfin, au moment de sa mort, il désigna Mamoun pour le représenter auprès de son fils,» وصاه على ابنه «il le chargea d'être tuteur de son fils.» De même IV, M, Maml. l. l., Gl. Bayân, Gl. Tanbîh, Voc. — Corriger, semoncer, remontrer, sermonner, Voc. (corigere), Alc. (amonestar, enseñar o amonestar, requerir amonestando; le partic. castigador con amor). De même IV, Voc. — Enseigner, indiquer, avertir, informer, Alc. (enseñar ir formar). — Détromper, désabuser, Alc. (desengañar).

IV voyez quatre fois sous II. — C. الى p. faire dire à quelqu'un, Akhbâr 108, 7: واوصت البربر الى بنى ميمون ان متى الحصار والقتال اننا سنهزم غدا فاوصى: 9, 145, بالنفس اذا نشبت الحرب فليتيقّظ علينا, Haiyân 60 r°: واوصى الى هشام يتقدّم لك عندنا خيرة الحج يقسم بالله لئن من بدر من الولد والقائد الى اخى شىء اكرم لاخذن بشارى فيك (dans le man. le mot هشام se trouve par erreur après (والقائد; c. ب r., Mohammed ibn-Hârith 232: فدخل العباس على الأمير الحكم وسأله ان يوصى الى القاضى بالتخلّى عن النظر وان يكون الأمير الناظر بينه وبين خصمه; l'expression اوصى الى فلان بان signifie il le chargea de dire à un tel, ibid.: واوصاه الى مصعب فدى الأمير بفتى له ابن عمران بان يتخلّا عن النظر

VI. تواصى النبت les plantes se touchaient, étaient très-proches les unes des autres (التصل), M.

X. Dans استوصى به خيرًا, خيرًا est à l'accus. comme si c'était un verbe, استيصاء خير, M; on conserve par conséquent ce خيرًا avec le passif, Bidp. 198, 8: وامر بالغراب ان يجعل الى منازل البوم ويكرم ويستوصا به خيرا۰

وَصِىّ exécuteur testamentaire, celui qu'un testateur charge de l'administration de ses biens et de l'éducation de ses enfants, M, Maml. I, 1, 237, II, 2, 109; de là tuteur, Voc., Alc. (tutor de menor de edad). Alî porte le surnom de الوصى, comme ayant été chargé d'exécuter les volontés du Prophète; on l'appelle aussi خير الوصيين «le meilleur des exécuteurs testamentaires,» Maml. l. l., et il faut se garder de

وضا 815 وضع

penser, comme l'a fait de Sacy, suivi mal à propos par Freytag, que الوصيمون signifie «les sept imâms.» — *Pupille,* Meursinge 22, 16, si l'éditeur a raison 32, n. 102.

وَصِيّةٌ a le pl. وَصَايَا dans toutes ses signif., à l'exception de la dernière (corrigez donc Freytag); dans le Voc. aussi ات et constamment ainsi chez Alc. — S'emploie comme le n. d'act. de IV, M من اسم ملك بعده اخوه بوصية من سابور (الانبصا): Gl. Abulf.: لَه بالملك — *Recommandation,* Bc, Alc. (encomienda de palabra), *consigne, ordre,* Bc, *ordre, ordonnance,* J. A. 1838, I, 5, 4 a f., de Sacy Chrest. II, 188, 1, Mohammed ibn-Hârith 232: فلما ادى الفتى الوصية Macc. II, 280, 3: بـه وافعل معه ما تقتضيه وصيتى «traite-le bien en tenant compte de ma recommandation;» وصية فى حـق انعزى *apostille,* recommandation au bas ou en marge d'un mémoire, Bc; *commandement,* loi de Dieu, de l'Eglise, Bc, M; العشر وصايا ou وصايا الله العشر *décalogue,* Bc; ayant à traduire «ley de la manda del quarto,» c.-à-d. la *lex Falcidia* (Nebrija), Alc. donne وَصِيَّة; *précepte,* Bc; *commission,* charge donnée à quelqu'un de faire quelque chose, Bc. — *Commande,* ouvrage donné à faire exprès pour quelqu'un, Bc. — Quand un traditionnaire est à la veille de faire un voyage ou sur le point de mourir, et qu'il donne à certaine personne le droit d'enseigner certain livre, c'est une وصية, M. — *Tutelle,* Alc. (tutela), Gl. Tanbîh. — *Correction, semonce, remontrance,* Voc. (corectio), Alc. (castigo con amor, requerimiento amonestando). — L'action de prendre soin de, Amari Dipl. 216, 3: nous ordonnons مصاعفة بالوصية النامة لـهم واكرامهم 223, 3: بهم ou بهم 227, dern. l. — Pl. وصى (pas وصى) *branche de palmier dont on se sert pour lier* (يختزم بها); Freytag a mal rendu l'explication du Câmous.

توصية *apostiller,* mettre une apostille à un mémoire, Bc: كتب على العرض توصية بحق صاحبه

مُوصى et مُوصى *exécuteur testamentaire,* Voc.

وضا II dans le Voc. sous *lavare* (ad orationem Saracenorum); — *laver* un cadavre, c. a., Gl. Tanbîh.

وَضا et وَضاءة *beauté,* Voc.

ميضَة vulg. pour le mot qui suit ici, Gl. Geogr.

مِيضاة pl. مَياضى, Cartâs 37, 13, car c'est ainsi qu'il faut lire avec quatre man., Gl. Geogr. Aussi مِياضاة, pl. مَياض, Gl. Geogr.

مُتَوَضّأ est dans le Voc. مُتَوَضَّأ (pour مُتَوَضّى) pl. تَوَضّأ, formé de تَوَضّى pour مَتَوَضّيات.

وضب II *assortir,* réunir des choses qui se conviennent; — *ajuster, accommoder,* rendre propre à; — *façonner, orner;* — وضب الدكان بالبضائع *garnir une boutique,* Bc.

وَضَحَ I. وَضَح, n. d'act. وَضَنَ, *être sale,* M.

II *salir,* Voc.

IV *rendre, exprimer, traduire,* Bc. — *Flamber,* 1001 N. Bresl. IV, 26: ثم انه جاب حطب كثير ووقد فيه النار حتى اوضح وصار جمرا. — Peut-être faut-il rapporter à ce verbe la forme irrégulière الاضاحة, que L (publico) a pour *publiquement.* — C. a. p. *blesser,* en parlant de cette espèce de blessure qui s'appelle المُوضِحة, Gl. Tanbîh.

V *se salir, être sale,* Voc.

VII[?] *briller,* Abbad. I, 44, 3: وانار فكأن الصبح من محياه كان انضاحه

وَضَح pl. أوضاح *saleté,* Voc.

واضح *infectée de la lèpre* (maison), de Sacy Chrest. I, 334, 7 a f.

ايضاحى *explicatif,* Bc.

وضر II *égarer,* Ht.

وضع I, aor. vulg. يوضع, Bc. — وضع المسئلة *poser la question,* Bc. — *Poser,* établir pour véritable, pour constant un fait, Bc. — وضع الشطرنج *ranger les pièces d'un jeu d'échecs,* 1001 N. I, 97, 1. — واضع الشرائع *donner des lois,* Aboulfaradj 90, 5; واضع *législateur,* Bc, الواضع الشرعى dans Prol. II, 385, 10 (cf. trad.). — *Confier* un emploi, une charge à (فى) quelqu'un, Macc. I, 134, 3 a f.: واما خدمة الاحتساب فانها عندهم موضوعة فى اهل العلم والفضل. — *Fonder* une ville, de Sacy Chrest. I, 231, 6; واضع *fondateur,* Bc. — *Inventer,* p. e. الشطرنج le jeu des échecs, Prol. II, 190, 2 a f.; واضع *créateur,* inventeur, Bc, Haiyân-Bassâm I, 41 v°: Aristote est le واضع de la logique. — *Forger* une tradition, un écrit, M, Meursinge II, 6, Prol. II, 195, 3 a f., Yâcout II, 138, 20: وضع الحديث على رسول الله 139, 2, 460, 12; III, 375, 7. — *Former des mots*, Berb. II, 7, 5 a f.: وهذه الاقوال كلها ذهابا الى ان العرب وضعت لكل شيء» — *Supprimer, abolir*, Becrî 100, 16: ووضع لجميعهم صوم يوما من رمضان وابطى فرض صوم ثلاثة ايام والفطر الرابع. — C. على p. *imposer un tribut*, Nowairi Espagne 453: ثم وضع على اهل قرطبة

وضعه على فلان — ... عشر الاقطعة في كل سنة *il l'envoya sous main vers un tel*, quand on veut tenir une telle démarche cachée, et que l'émissaire se présente comme s'il vient de son propre mouvement, Athîr XI, 139, 16: ثم وضع عليهم من يقول لهم , 140, 7: ووضع عليهم , 263, 16: فوضع بعضهم ممن يعتمد عليه فقال الحج صلاح الدين على الرسول بعض من يثق اليه من النصارى, Prol. II, 198, dern. l.; — aussi *il l'excita, le poussa, l'instigua à assassiner un tel, après l'avoir corrompu par argent*, Vie de Saladin 225, où il est question de deux assassins: وسئل عن هذا الامر ومن وضعهما عليه فقالوا (l. فقال) ان الانكتار وضعنا عليه, Nowairi Afrique 24 r°: il fut assassiné par trois de ses eunuques عليه فثبتت, 44 v°: كان ابنه قد وضع منهما عند يحيى ان ذلك يوضع بوضع عند قتله, Athîr VII, 360, 13: ثلاثة نفر من خدمه الصقالبة بوضع من ولده وحملوا راسه الى ولده — فقتل الخدم وصلبهم وكان هو انكى وقيل بل خاف طغتكين فوضع من قتله, X, 348, 5: وضعهم عليه, où son abréviateur, Aboulfeda (Ann. III, 378, dern. l.), donne فوضع عليه فقتله, expression qui, bien que moins bonne, a le même sens, mais que Reiske, suivi par Freytag, a mal expliquée. — وضع الجناية عن فلان est expliqué par اسقطها, ce que Freytag a traduit d'une manière peu intelligible; c'est *pardonner*, Akhbâr 82, 4: وكان ابن معيط اذا بقية في مواليه فوضع عنده ذلك الذنب الا انه لم يبلغ وضع — *Le contraire est* باغ كما بمثله من موالينا, Aghânî XIII, 35, 13 a f. Boul. — C. عليه جنابة p. *remettre à un débiteur une partie de sa dette*, M. — وضعنى ذلك عنك *cela me fit baisser dans son estime*, Aghânî 51, 9 a f. — وضع فيهم السيف *passer au fil de l'épée*, Bc; aussi par ellipse وضع السيف, Aghlab. 52, Amari 432, dern. l. — C. a. et في *destiner de l'argent pour, à*, Gl. Belâdz., Haiyân 107 r°: وبلغ ثمن سبعة ثلاثة عشر الف دينار وضعها محمد بن عبد الملك في بنيان سور مدينتة وشقفها من — C. على p. *détracter quelqu'un, parler mal de lui, s'efforcer de rabaisser son mérite*, Macc. II, 91, 12: وذكر بنى

اميّة فوضع منهم وتنقّصهم; aussi c. عن p., M: وضعت لحرب — . وضع عند حطّ من قدره *le combat cessa*, Pseudo-Wâkidî 55, 7, où Hamaker (p. 106 des notes) soupçonne avec raison que c'est une ellipse = وضعوا لحرب اوزارها dans le Coran 47, 5. — وضع عصاه, au figuré, *déposer son bâton*, en parlant d'un voyageur, c.-à-d., *rester où l'on est, s'établir, fixer sa demeure en quelque lieu*, M. — وضع عنقه *il lui coupa le cou*, M. — وضع يده ou يدا *se mettre à*, c. في, Haiyân-Bassâm III, 142 v°: ووضعوا ايديهم في نهب ما اصابوه, Akhbâr 23, dern. l.: فوضع يدا في السؤال من نشبه; avec le prétérit précédé de ف ou و, Akhbâr 24, 9: عن الحج فوضع يدا فى انقطاع, Mohammed ibn-Hârith 264: ثم وضع يده وكتب الى الامير يسئله الحج, 308: ثم وضع يده فكتب الى الامير يخبره ان الحج. De même وضع seul avec un n. d'act., Akhbâr 108, 5: وضع الشراء فى المماليك «il se mit à acheter des esclaves.»

III. واضعه لحرب *il engagea le combat*, Haiyân 14 r°: فلما واضعوا موسى لحرب وهى وضيعها انهزم, v°: 106 وواضعه لحرب فاشتدّت بينهم, لب باصحابه

IV *improprement en parlant d'un homme*, اوضع فى السير, *marcher vite*, Akhbâr 122, 3; chez Macc. dans l'endroit correspondant, 1, 217, 1, يوضع السير. Au fig., واوضع فى ذلك احبّ dans le sens de *prendre une part très-active à*, Berb. I, 78, 5 a f, II, 200, 8 a f, 536, 3; de même اوضع فى الفتنة, Haiyân 14 r°. — C. فى *parler fort au long de*, Haiyân 25 r°: وكان من اصحاب بقى بن مخلد قال كنّا اذا ذكرنا ابناء للخلفاء اوضع الشيخ بقى فى ذكر' الولد عبد الله بن 28 v°: محمد وصفه بالصفات الجميلة والمذاهب الرضيّة فكان بقى — ; يكتم الثناء على عبد الله والتزكية ويوضع فى ذلك كثيرا اذا اجراه فى مجالس اسمعته يستجلب دعاء الناس له. — Dans le sens d'*exciter* c. على, R. N. 42 r°: اوضع على راحلته وقال اسرعوا بنا الحج

V *vilescere* (vel *humiliare se*), Voc.

VI *se soumettre* c. ل et ﻟ r., Gl. Fragm.; c. ل *se conduire avec respect envers*, de Sacy Chrest. I, 1: وكان الرشيد يتواضع للعلماء, *obéir*, Alc. (obedecer), غير متواضع (inobediento). — *Avoir un mauvais succès*, Akhtal dans de Sacy Chrest. II, 243:

فان تك حرب ابى نزار تواضعت
فقد أَعْذَرْتَنا في كلاب وفي كعب

— Le n. d'act. *système conventionnel*, Prol. II, 182, 3; بالوضع *par convention*, Prol. III, 242, 2 a f. — *Mettre bas, faire des petits*, Calendr. 25, 3, 100, 7, lisez de même dans Auw. II, 430, 5 a f.

VII *être mis sur la table* (vin), فانوضع المدام, 1001 N. Bresl. IX, 295.

VIII suivi de قدام, *s'abaisser devant*, *s'humilier*, Bc. — *Être modeste*, Bc, Macc I, 590, 14. — C. عن *être inférieur à*, Kâmil 104, 11.

وَضْع *position*, Prol. I, 306, 8: الاوضاع من الفلك « les positions de la sphère céleste, » Bc: سائر أحداث وأوضاع الجو « les différents phénomènes atmosphériques. » — *Posage*, travail et dépense pour poser certains ouvrages; Bc. — اوضاع *les bases* du gouvernement, Macc. I, 133, 12; *principes, règles*, اوضاع الاحتساب « les principes que le *mohtasib* doit observer, » Macc. I, 135, 7, اوضاع العربية « les règles de la langue, » Macc. I, 137, 1. — اوضاع *manière*, Macc. I, 126, 7, 10 et 11: اوضاع القرى « la manière dont les villages sont bâtis, » I, 138, 2 et 4: الاوضاع في التعمّم « les manières de porter le turban, » Bc: *manières*, façon d'agir; *manière ordinaire*, Macc. I, 152, 12 (troupes berbères): مختلفة الأوضاع. خرجت عن الاوضاع. Dans Aboulf. Hist. antoisl. 174, 3 a f, اوضاع signifie *cérémonies religieuses*: مسلمون في اديانهم وسائر اوضاع ديهم, et dans Müller L. Z. 106, n. 2, واوضاع مخترعة الاغذار sont les jeux et les exercices qui ont lieu à l'occasion de la circoncision du fils d'un prince. — وضع *patrons*, Prol. II, 321, 13. — وضع et حقيقة وضع على غير وضع *propriété*, sens propre d'un mot; وضع *improprement*, Bc. — علم وضع الكتابة *orthographe*; كتب على الوضع *orthographier*, Bc. a aussi le sens d'*orthographe* dans le passage de Hamaker que cite Freytag, et où l'on ne trouve que le titre du livre bien connu de Yâcout المشترك وضعا والمختلف صقعا. — *Écrit*, Macc. I, 590, 4 a f.: اوضاعا وصنف كثيرة تلقوها منه ونقلوها عنه, II, 433, 8. L donne: ترجمة ووضع *editio*. — *Mot*, Prol. III, 279, 9, Berb. II, 7, 4 a f, 8, 1 et 3. الاوضاع signifie aussi *les formes diverses des mots dérivés*, المشتقات, Prol. III, 280, 11. — *Proposition*, L (propositio). — *Présomption*, conjecture, jugement fondé sur les apparences, de Slane Prol. I, 233, n. 1. — *Convention*, en parlant de ce qui n'a de valeur que par l'effet de certaines conventions, l'opposé de طبع, Prol. II, 366, 2, III, 257, 7.

وضعى et وضعى (l'opposé de عقلى) est *une science qui s'appuie sur l'autorité*, Prol. I, 62, 1, II, 385, 10. — *Conventionnel*, qui n'existe que par convention (l'opposé de طبيعى), Prol. I, 203, dern. l., II, 364, dern. l., 367, 16, III, 257, 7.

وضيع (*vil, méprisé*) pl. وضعاء, Prol. I, 39, 12, وضاع, Voc. — الوضعاء *tirones*, L.

وضاعة *vilitas*, Voc.

وضيعة, t. de droit, est lorsque l'acheteur est forcé de vendre avec perte, M, v. d. Berg 109.

وضاع *inventeur de traditions*, Yâcout II, 407, 17, III, 279, 12, Prol. II, 144, 9, Hamaker Spec. Catal. 58, 14, où il faut biffer le signe de doute et ne pas changer la leçon, comme Hamaker le propose p. 244. — الوضاعون *dictatores*, L.

وضاعة *rapide*, 'Alcama II, vs. 24 (forme علامة; glose: سريعة مسرع جارٍ للمبالغة).

واضع. Freytag n'aurait pas dû donner *scriptor libri* sur l'autorité de Hamaker Spec. Catal. 244, car الواضعون للحديث y signifie *inventeurs de traditions*, comme Hamaker l'a fort bien vu. — Dans Abd-al-wâhid 23, 7: رأيته ببغداد في نسخة لابى بكر بن دريد بخط كأغر النمل في جوانبها علامات أنوضاع هكذا فكذا, le sens de ce mot ne m'est pas clair.

أوضع *plus humiliant*, Kâmil 73, 6.

تواضع, t. de droit, est lorsque l'acheteur est forcé de vendre avec perte, M.

موضع. عمل له موضعا *il lui fit place*, Voc. — *Endroit, passage* d'un écrit, Voc.; souvent en ce sens. — *L'endroit où se trouve une chose*, Aboulfaradj 246, 3 a f.: فأقبل على طلب العلم في مواضعه. — *Lieu natal*, J.-J. Schultens cite: وعلم الفتى في موضعه جهل. — لو لا موضع الآية *si un miracle n'avait pas lieu*, *si ce n'était pas par l'effet d'un miracle*, Tha'âlibî Latâïf 93, 10. — *Occasion*, Bidp. 29, 4: le roi ayant exigé que le livre fût à la fois comique et instructif, Bidpai et son disciple, qui trouvaient cette combinaison difficile, résolurent enfin de faire parler deux animaux, فوقع لهما موضع اللهو والهزل بكلام البهائم. — *Rang*, la place qu'une personne tient dans l'estime des hommes, Aghânî 39, 285, 11: وكانت التحكم ما نظنا به 2 a f.: أخطأنا عليك ولم نعرف موضعك فقال له فهيئك; *dignité*, Abbad. II, 127, Eutych. I, 489, 6. — موضع للسر *fidèle dépositaire d'un secret*, celui auquel on confie un secret, dans la conviction qu'il le tiendra caché, Badroun 285, 11: وأرجو أن تكون للسر موضعا وللامانة راعيا; *Sujet, la matière sur laquelle on écrit*, Khallic. IX, 95, 10: وعمل في رسالته بديعة وكان قد اختلف في بعض. — *T. de musique*, *un air* (de luth), 1001 N. Bresl. XII, 10: ولقد هذا الموضع فاصلحته الشيخ كمل الدين; وأني ibid.: حضرت معه مرات واوريته في انعم مواضع; أريد اربك موضعا في العود وتعلين به على كل الناس ورجعت الي ibid.: وأراها موضعا ما كانت تعرفه ibid. — *Sens, signification*, Khallic. IX, 135, 10: الموضع الذي اراه لها ابليس والردافة موضعان احدهما « le mot ردافة a deux sens, » etc. والموضع الثاني الخ

موضوع *fond*, ce sur quoi on travaille, Bc. — *La maçonnerie qui sert de base aux édifices*, par opposition à المحمول, les édifices mêmes, Miʿyâr 23, 6 a f. — Pl. ات *situation, assiette, position d'un édifice, d'une ville*, Gl. Geogr. *Texte* (du sermon), Hbrt 156, M, qui donne les pl. ات et مواضيع. — *Thème*, composition d'un écolier, Bc, Hbrt 113. — Pl. ات *écrit, livre*; le sing. Abbad. II, 183, 2, Macc. I, 640, 12; le pl. Macc. I, 591, 13, 596, 7, 869, 4 a f., Prol. III, 104, 5, Khatîb 19 vº: وله على بعض موضوعاته شرح بخط ابيه. واما تقاييده على اقوال يعترضها 39 vº, توأليفه توأليف حسان: 106 vº, وموضوعات يلتقدها فكثيرة ومفيدة. وموضوعات اللغوية *les mots institués pour représenter des idées*, Prol. III, 282, 12 avec la note de M. de Slane. — Sur le sens d'*objet* (ὑποκείμενον) d'une science, voyez de Slane Prol. I, 88, n. 2. — *Attribution, fonction*, de Sacy Chrest. I, ١٥٩, 3: الحسبة التي موضوعها الامر بالمعروف والنهي, II, ٥٥, 4: وموضوع العجيبة ان متوليها عن المنكر; موضع امير جاندار 178, 5 a f.: ينصرف من الامراء النج; Maml. I, 1, 18: التسلم لباب السلطان النج. — موضوع التحدث فيما يتحصل من التجار برا وبحرا; خنزيرة موضوعة *truie qui a mis bas et qu'on garde pour la propagation de l'espèce*, Alc. (puerca grande parida, Nebrija scropha).

مواضعة, t. de droit, est lorsque l'acheteur est forcé de vendre avec perte, v. d. Berg 109.

وضف I وضف بالحجر *fronder des pierres, les lancer avec une fronde*, Abou'l-Walîd 636, 13: واصف بالحجر اي رام. — به. — Au fig., de même que ירק, qui signifie également *fronder, expulser*, Abou'l-Walîd 636, 12: תזני קרע את ישבי הארץ ואצפם אי طاردهم.

II c. a. et على *fronder*, Voc.

V c. على *être lancé avec une fronde*, Voc.

وَضَف (pas وَضَف comme chez Freytag) *fronde*, Voc., Abou'l-Walîd 636, 13, 14; pl. أوضاف, Cout. dans mes Recherches II, Append. LXXXVII, 2: وبرمونه بالحجارة والاوضاف, mais lisez والاوضاف. Alc. (honda para tirar) donne وَضَف comme n. d'un., et وَضَف comme coll.

وَضِيفَة *fronde*, Voc. 2de partie; dans la 1re وَضِيفَة.

وَضَّاف *frondeur*, Alc. (hondero); le pl. وَضَّافون (que Freytag donne à tort comme pl. de واضف), Abou'l-Walîd 636, 14.

وضم.

وضم *billot*, tronçon de bois gros et court, Bc.

وطى I وَطَى c. a. p., proprement *fouler aux pieds*, au fig., maltraiter l'ennemi, le tuer, piller ses biens, etc., Belâdz. 230, 11: فوطئهم وسبى منهم, 236, 2 a f.: بعث c. a. *courir* un pays, le parcourir pour le ravager, pour le piller, ibid. 194, 9: فوطى بلاد اران. On dit اشتدت (او ثقلت) عليهم وطأته, Gl. Belâdz. — C. a. p. et ب r. *faire du mal à quelqu'un*, ibid.

II, vulg. وطَّى, M, Bc. — *Aplanir*, Alc. (allanar), Cartâs 33, 2 a f.: فوطئها (الارض) للجامع, car c'est ainsi qu'il faut lire avec notre man., au lieu de فرضها. Aussi au fig., Khaldoun man. IV, 7: وطى الذي هو; cf. de Sacy Chrest. II, ٣۴, dern. l. *Aptum reddidit librum alicui* c. a. r. et ل p. chez Freytag est emprunté à de Sacy Chrest I, ١٢٩, 7 (= Prol. I, 24, 5): ووطَّعه (الكتاب) للناس توطئة; de Sacy: «fais-le de manière que tu le mettes à la portée des hommes;» de Slane: «rends-le comme une route bien battue et facile pour tout le monde.» — وطى

حَسَّ ـ baisser la voix, Bc; رَاسَهُ وطى porter la tête basse, Bc, courber la tête, Hbrt 152; شوشه وطى baisser la crête, perdre de son orgueil, de ses forces, Bc; قدره وطى avilir, rendre vil, méprisable, Bc; القلوع وطى caler, baisser la voile, Bc, Hbrt 127. — وَطَّأَ لبيت, en parlant d'un poète, semble signifier exprimer d'une autre manière une idée contenue dans un vers d'un autre poète; voyez Macc. I, 62, 15, II, 505, 14 (pour 667, 5, cf. Add.).

IV c. على r., M: اوطأه على الامر وافقه, Haiyân 14 r°, 15 v°.

V être aplani, Voc.; au fig., تَوَطَّأَ الْمُلْكُ, comme porte notre man. du Cartâs 102, 11 a f., ce qui me semble plus correct que la VI° de l'édit. — Baisser, devenir plus bas, Bc.

VI, consentir, aussi c. ب r. ou فى r., Gl. Geogr. — Voyez sous V.

X trouver un mulet وَطِى؟ (voyez), Gl. Geogr.

وَطْأَة ou وَطَاة plaine, Gl. Abulf., Maml. I, 2, 140, L (vallis وَطَاة), pl. du premier وطاء, Abou'l-Walîd 789, 13. — وطأة est expliqué par موضع القدم, l'endroit où l'on met le pied, et semble avoir le pl. أوطئة chez Macc. I, 687, 11: جعلوه (المساجد) معبرا باوطئة اقدامهم, à moins que ce ne soit le pl. de وطاء, soulier.

وطأة a, dans ses deux signif., le pl. أَوْطُؤَة, Gl. Edrîsî, Voc. (planicies). — Soulier, Mehren 37, 1001 N. Bresl. XII, 368: — فوطأة وقد انقطع ترجيله على اسكافى ودفع له وطاه وقال له اصلاحه 371, 9 et 12, 373, 9; d'après Bg, qui écrit par erreur وطعة, ce sont à Jérusalem de gros souliers que portent les paysans et les laboureurs.

وَطِى؟, vulg. وَطِى, bas, Gl. Edrîsî; جبل وطى petite hauteur, coteau, colline, Alc. (muela cerro a mano); رجل وطى الاصل de basse naissance, Bc; pied-plat, homme méprisable, Bc. — Invariable دابّ الذى لا يجرى راكبه فى مسيره, c.-à-d., وطى؟, Kâmil 3, l. 16; رجل وطى للخلف وللجانب homme d'un caractère doux, M; aussi وطى et وطى الأكناف seul, Voc.; mais lisez وطى الأكناف et voyez Freytag sous مُوَطَّأ, ainsi que Kâmil l. l.

وَطِيفَة, vulg. وَطِيفَة, petite hauteur, coteau, colline, Alc. (muela cerro). — Plaine, Bc (Barb.).

وطاى inférieur, Cherb. Dial. 27.

وَاطِى bas, Bc, Hbrt 169; بصوت واطى à voix basse, Hbrt 10; بالواطى bas, doucement, à voix basse, Bc. — Commun, bas, opposé à noble, vulgaire, Bc, médiocre, commun, sans valeur, Ht; وطى الاصل de basse condition, Bc.

أَوْطَأُ, vulg. أَوْطَى, plus bas, inférieur, Bc.

تَوْطِئَة قلّة التوطئة défaut d'ordre, d'arrangement, Alc. (desatavio, et قليل التوطئة desataviado).

مَوْطِى marchepied, Bc; dans le Voc. (scabellum), pl. مواطى.

وطر s'emploie en poésie comme son synonyme حاجة, un objet dont on ne peut se passer, c.-à-d., une amante, Gl. Mosl. p. XXXIII.

وطس.

وَطِيس est dans le Diw. Hodz. 179, vs. 26.

وطق.

وطاق (turc اوطاق, اوطاى, اوطاغ) non seulement tente, mais aussi une collection de tentes, un camp, Maml. I, 1, 197, 1001 N. Bresl. XII, 217. On trouve aussi la forme اوطاق pour tente, 1001 N. Bresl. III, 248, et dans un passage du Bark-Yemânî cité Maml. l. l., où Quatremère n'aurait pas dû changer la leçon. — Bagages d'armée, Ht. — Garnison, Hbrt 142, qui écrit وُطاق et وُطاق.

وطم (altération d'un mot berbère), Bait. II, 590 c: وطم الغافقى اصله بالبربرية اواطمواى وهو نبات يشبه الاذخر ⊙

وطن II, avec ou sans نفسه et على r., résoudre de faire une chose, Ictifâ 127 v°: وطنوا على الموت او الفتح «ils résolurent de vaincre ou de mourir,» Haiyân 59 r°: وهما فى خلال ذلك موطنان على افتنة ومستكثرون من الاتباع «ils étaient bien résolus à faire la guerre.» Aussi se résigner à, p. e. على الموت, à mourir, Haiyân 58 v°: فابقى بانهلاك ووطن نفسه على الموت. Un peu autrement Haiyân 45 v°: ووطنوا على الموت ان لم يجدوا فى حماية

وطوط — 820 — وظف

« ils savaient qu'ils devaient se résigner à mourir s'ils n'employaient pas tous leurs efforts pour se défendre.»

III c. a. p. et على r. être d'accord avec, M.

IV, se domicilier, s'établir, c. a. l., Ibn-Abd-rabbihi II, 377 éd. Boulac: فقال كن منا وأوطن قرطبة نرقيك فيها في اجل مرتبة Berb. I, 16, 2.

V se domicilier, s'établir, Bc, c. a. ou بـ, Gl. Geogr. الاهلي وطني s'appelle aussi الوطن الاصلي, et pour الاغذية والقرار on dit également الوطن السفر والوطن المستعار والحادث, M. — Contrée, territoire, province, district, canton, Alc. (comarca, provincia de Romanos, region o reynado, reyno, territorio), Ht (province, district) qui a aussi le pl. en ce sens, Barbier xxxiv (canton), Pellissier 101 (district), J. A. 1852, II, 212, 3, 1853, I, 424, Prol. III, 377, 15, Berb. II, 73, 5, 80, 5 a f., 97, dern. l., 103, 14, 129, 4 a f., 148, 1, 179, 5. — Spécialement la partie orientale de la Manche, qui s'appelait Mancha de Arayon (voir Madoz, Diccionario geogr. de España, XI, 172 a), Alc. (Mancha de Aragon); peut-être en ce sens Berb. II, 95, 7: وجماعة منا لم ليذا العهد بوطن الاندلس

وطني provincial, de province, Alc. (provincial).

توطين établissement, action d'établir; توطين العساكر casernement, Bc.

موطن simplement lieu, endroit, Gl. Fragm. — Endroit, passage d'un écrit, ibid. — En grammaire مواطن علامات الاعراب sont موافعها, M. — Scène, action qui offre quelque chose d'extraordinaire, etc., Berb. II, 448, 13: ولقد شهدت هذا الموطن وترجمت تلك انكساره وخضوعه في موقفه

متوطن colon, Ht.

وطوط

وطواط, chauve-souris, pl. وطاويط, Bc.

موطوطة une femme dont on a frotté certains endroits du corps, peu de temps après la naissance, avec le sang d'une chauve-souris, afin qu'il n'y croisse pas de poil, Lane M. E. I, 56 n.

وظ I, aor. ـِ, n. d'act. وظ, bourdonner (= وز), Bc.

وظب II pour III, Alc. (continuar).

III aussi c. a., Bc: واظب خدمة الامير « être assidu auprès du prince.» Haiyân 28 rº: واظب الصلاة, 29 rº: وكان يواظب المساجد, Badroun 201, 4: واظب القراء, Meursinge 5, 9 a f.: حتى سمى بجمامة المساجد. اذا تذكرت فواظبته اربع سنين Bidp. 137, 3: المواطبون مع C. les habitués de la maison, Macc. I, 272, 19.

حمى واظبة, واظب fièvre quotidienne, Bc.

وظف II c. a. r. et على p. imposer un tribut en argent ou en nature, Gl. Belâdz. — Répartir les impôts, déterminer la quantité que chacun aura à payer pour ses impositions, Gl. Bayân, Prol. III, 104, 3. — Imposer à quelqu'un l'obligation d'apporter une chose, Belâdz. 277, 8: وكان المؤذنون بجمع للحمى يتعتتون — Se prescrire une tâche, Ibn-Abdalmelic 30 rº: الناس ويقومون لون وظفوا علينا ايتونا الخ وكان قد وظف على نفسه وظائف من الكتب التي كان يحفظ يستظهرها حتى يختمها. — Nommer à une charge, un emploi, وظف السلطان فلانا; aussi en parlant de dignitaires ecclésiastiques, M.

V être muni d'un emploi, M.

X même sens, Cherb. Dial. 62.

وظيف pl. وظائف tribut, redevance, Bayân II, 145, 3 a f., Djob. 38, 3 a f., Khatîb 107 vº, où il est question de propriétés territoriales: لا يلزمها وظيف, Haiyân Bassâm I, 30 rº: بوجه «chaque employé devait leur payer une redevance,» Bat. II, 272: ils achètent de belles esclaves grecques et les laissent se prostituer, وكل واحدة عليها وظيف لمالها توظيف لـ «chacune d'elles doit payer une redevance à son maître.» — Condition, état, profession, charge, office, emploi, Alc. (condicion por estado, exercicio, negocio (sous exercitador de negocios il faut lire مستعمل الوظائف, car al guáif y est une faute d'impression pour al guadâif), oficio no de manos), Cherb. Dial. 156. — Commission, charge qu'on donne à quelqu'un de faire quelque chose, Alc. (encomienda cometer). — Loi, Alc. (ley de qualquier).

وظاف pl. وظائف entraves pour les chevaux, Alc. (guadafiones, mot qui en dérive); cf. وظيف et وظيفة « la partie mince des jambes des bêtes de somme,» c.-à-d., celle où l'on attache les entraves, Fâkihat

وظف

al-khol. 178, 1: وَظْفْ وَلَا فِي وَظِيفَتِهِ قَيْدٌ, et le verbe وظف, « raccourcir les entraves » d'un chameau, قَتَرَ قَيْدَهُ.

وَظِيفَةٌ tâche (مَا يُقَدَّرُ مِنْ عَمَلٍ); ainsi l'action de réciter chaque jour le chapitre du Coran intitulé يس est une وَظِيفَةٌ, une tâche journalière, Burton I, 67 n.; Gl. Abulf.: وَظِيفَةُ صَلَوَاتٍ, Abd al-wâhid 243, 13: وَلَا يَتْرُكُ وَظِيفَةً مِنَ الْوَظَائِفِ الَّتِي رَتَّبَهَا عَلَى نَفْسِهِ مِنْ أَخْذِ الْعِلْمِ وَقِرَاءَةِ الْقُرْآنِ وَالْأَذْكَارِ رَتَّبَهَا عَلَى أَوْقَاتِ اللَّيْلِ فَأَنَا بِهِ فِي مَصَلَّاهُ وَسَجْدَتُهُ 5: Macc. II, 226, وَأَنْهَارُ أَمَامَهُ وَهُوَ بَعْدُ حَمْوَلِيًّا وَيَسْتَمْتِعُ فِيهَا فَقَالَ فِي أَرْفَقِ عَلَى أَنَّ التَّسْبِيحَ, حَتَّى أَتَمَّ وَظِيفَتَهُ مِنْ هَذَا التَّسْبِيحِ, Maml. I, 2, 49, 9 a f. أَنْبَاؤُكَ يَهْدِي مَنْ نَظْمِ أَبْيَاتٍ وَوَظَائِفَ دَعَائِهِ, où il s'agit de prières journalières, ce que Quatremère n'a pas remarqué. Faire la guerre sainte est aussi une وَظِيفَةٌ لِلْجِهَادِ, Berb. II, 277, 6 a f. Comparez encore Djob. 55, 1: وَكَانَ لَهَا سُورٌ عَتِيقٌ هَدَمَهُ صَلَاحُ الدِّينِ وَجَعَلَ عَلَى كُلِّ مَرْكَبٍ مُنْحَدِرٍ فِي النِّيلِ وَظِيفَةً مِنْ حَمْلِ صَخْرَةٍ إِلَى الْقَاهِرَةِ فَفُعِلَ بِاسْرِهِ إِلَيْهَا, Cartâs 73, 11, où il est question de sauterelles: قَايَزْ الْمُنْتَصَرُ الْأَمْوَالَ لِلنَّاسِ وَأَمَرَهُمْ بِجَمْعِهَا وَعَقَدَ وَجَعَلَ جَمْعَهَا عَلَى كُلِّ وَاحِدٍ بِقَدْرِ طَاقَتِهِ وَظِيفَةً, 98, 5 a f. Chez les médecins وَظَائِفُ الْأَعْضَاءِ sont *les fonctions des membres*, M, et je crois que وَظَائِف est aussi *fonctions* dans Maml. I, 1, 135, 4 a f., où il est question d'un gouverneur de Syrie: يَقُومُ بِوَظَائِفِ السَّلْطَنَةِ فِي سَتْرِ أَحْوَالِهِ, ce qui ne peut pas signifier: « il s'attribuait en toute circonstance les prérogatives qui appartiennent à la souveraineté, » comme traduit Quatremère, car قَامَ بِ n'est point « s'attribuer », ni وَظَائِف « prérogatives »; c'est à mon avis: « il remplissait en toute circonstance les fonctions du souverain. » — Se dit des vivres et de l'argent que l'on fournit régulièrement à quelqu'un, وَظِيفَةٌ مَالٍ وَطَعَامٍ, Djob. 74, 20 et 21; مِنَ الْمَالِ *une somme qu'on paye annuellement*, Djob. 124, 10. Reiske (Aboulf. Ann. III, 149) n'a pas bien expliqué ce terme. Spécialement *pension*, Djob. 38, 11, J. A. 1839, II, 166, 4: le calife assigna une pension annuelle au poète qui avait inventé ce genre de poésie, جَعَلَ لَهُ عَلَيْهِ وَظِيفَةً فِي كُلِّ سَنَةٍ (= مَعْرُوف l. 7), Macc. I, 137, 8: وَلِلشُّعَرَاءِ مِنْ مَمْلُوكَتِهِ وَجَائِزَةٌ وَوَظِيفَةٌ *les pensionnaires*, Bat. III, 434. — *Imposition, impôt, contribution*, Voc., Gl. Bayân, Gl. Belâdz., Gl. Geogr., Haiyân-Bassâm III, 4 v°, Djob. 48, 2, 52, 6, 66, 13, Bat. II, 271, 433, IV, 52, 223, 227, 243, 349, Prol. II, 80, 3

وعد

et 4, Berb. I, 78, 180, 447, dern. l., II, 356, 7, Cartâs 108, 8 a f. et suiv., 275, 11, l'anonyme de Copenhague 108. — *Charge, emploi, dignité*, Bc, M, Maml. I, 1, 3, 159, 160, I, 2, 158, de Sacy Chrest. I, 119, 1, ۱۳۳, 8 et 9, Berb. II, 231, 14; *profession*, Abd-al-wâhid 149, 2 a f.: وَظِيفَتِي الْبَحْرُ «je suis marin de profession.»

مُوَظَّفٌ *paiement fixé*, Roland.

وعب IV. أَوْعَبَ الْأَمْرَ est مِنْهُ فَرَغَ, M, *finir, terminer une affaire*; le verbe seul en ce sens Macc. I, 245, 2. — *Remplir* un vase, M.

X se dit de tout ce qu'on fait complètement, entièrement, à fond, p. e. اسْتَوْعَبَ فُلَانٌ لِلْحَدِيثِ «un tel a étudié tout le recueil des traditions,» تَسْتَوْعِبُ كَلَامِي «tu entendras jusqu'à la fin ce que j'ai à dire,» اسْتَوْعَبَ ذِكْرَ الْأَنْهَارِ «il a énuméré toutes les rivières,» Gl. Fragm.; Gl. Geogr.; Bc: *épuiser la matière, tout dire, couler à fond, épuiser en discutant, digérer, examiner, discuter avec soin*; cf. Gl. Bayân, Abd al-wâhid 252, 5 a f., Amari 17, 2 a f., Prol. I, 377, 1. Dans L *exinanio*. — *Comprendre, contenir en soi, renferme en soi*, M: اسْتَوْعَبَ الْمَكَانُ وَالْوِعَاءُ الشَّيْءَ وَسِعَهُ, Voc. (comprehendere). — *Annuler*, L (adnullo); le M cite la tradition: الْحَسَنَةُ avec الْوَاحِدَةُ تَسْتَوْعِبُ جَمِيعَ عَمَلِ الْعَبْدِ يَوْمَ الْقِيَامَةِ l'explication: نَأْتِي عَلَيْهِ; le sens est donc: «une seule bonne action d'un homme annulera, au jour de la résurrection, toutes ses (mauvaises) actions.» — *L'entendre, trouver convenable* (= اسْتَحْسَنَ), Bc.

Prol. II, 13, 12: فَصَارَتْ لِحُسْنِهِ أَرْفَعَ الرُّتَبِ أَوْعَبُ وَأَوْعَبَهَا لِلْخُطَطِ «la plus considérable par l'étendue de ses attributions» (de Slane).

وعث IV est dans le Diw. Hodz. 19, vs. 5.

وعد I. وَعَدَ يَوْمًا يَجْمَعُ فِيهِ أَهْلَ الْمَمْلَكَةِ «il lui fixa un jour où» etc., Bidp. 30, 1, Athir VI, 359, 3; وَعَدَتْنِي لِلْعَيْدِ أَنِّي فِي جَنَّتِي «elle m'indique comme rendez-vous le pavillon de mon jardin,» Macc. II, 541, 14.

III c. a. p. et بـ r. *promettre*, Catal. des man. or. de Leyde I, 155, 2 a f.: وَوَاعَدُوهُ خَمْسَمِائَةِ دِرْهَمٍ قَبَضَ مِنْهَا ثَلَاثَمِائَةٍ — *Mener, amuser et entretenir de paroles, d'espérances*, Bc. — C. a. p. et بـ *donner rendezvous à quelqu'un en tel endroit*, Berb. I, 441: وَاعَدَهُ بِمَرْسَى تُونُسَ, II, 409, 1, cf. I, 455, 2 a f.

IV c. a. p. et بـ r. *donner parole à quelqu'un de*, Bc. — أَوْعَدَ نَفْسَهُ بِالْبَاطِلِ *se bercer de, se nourrir* d'espérances vaines, Bc. — C اِلى p. et اَن ordonner à quelqu'un de, Abbad. II, 204; mais je soupçonne qu'il faut corriger اوعز.

VI. تواعدوا الصباح ils convinrent entre eux que le combat aurait lieu le lendemain matin, Haiyân 51 rº, Athîr VI, 356, 12: تواعدوا يوما يحضر مازبار عنده.

VIII c. ل ou الى, en parlant de deux ou de plusieurs personnes, fixer un temps ou un endroit pour, se donner rendez-vous en un endroit, Gl. Fragm., Gl. Geogr., Berb. 1, 568, 4, II, 203, 1.

وَعْد temps préfix, Bidp. 29, 3 a f.: فلما تمّ الحول —. انفذ اليه الملك أنّ قد جاء الوعد فما ذا صنعتْ والوعد بينهما يوم Convention, Formul. d. contr. 7: كذا فى وقت كذا فى شهر كذا كذا. — Destin, Ztschr. XI, 679, 1001 N. III, 201, 11: كل حى ووَعْدُه, Lane: «every living being has his destiny;» = لليل الوَعْد, Macc. I, 572, 7. لليلة القدر

وَعْدَة promesse, Bc. — Echéance, terme de payement; تمام وعدة expiration, échéance, fin; وعدة ثلاثين يوم usance, t. de commerce, terme de trente jours, Bc.

مَوْعِد rendez-vous, Aghâni 64, 5, Cartâs 6, l. 7, Müller 18, 1. — اجتماعات مواعد des réunions à des époques fixes, Edrîsî, Clim. VI, Sect. 5: بها اسواق واجتماعات مواعد يأتونها من أقصى البلاد المتجاورة والاقطار المتصاقبة.

pl. مواعيد مَوْعود promesse aussi dans Bc. — Ordre, commandement, Alc. (mandado).

ميعاد promesse (p. e. Coran 3, 7) pl. انت, Voc. — Rendez-vous, Bc, Abbad. I, 171, dern. l., 1001 N. Bresl. II, 196, 12. — Temps préfix, Nowairî Espagne 452: واق الناس افواجا عند الميعاد à point nommé, au temps fixé; terme, temps préfix de payement; ميعاد الدفع échéance, terme de payement ordinaire, jour où le courrier part et arrive; ميعاد الساعى فوت الميعاد forclusion, exclusion, faute d'avoir fait à temps; فوات ميعاد prescription, manière d'acquérir la propriété ou d'exclure une demande en justice; extinction d'une dette à défaut de demande de son payement dans le temps fixé; فات ميعاد se prescrire, se perdre par prescription, Bc. — Testament, الميعاد الجديد le Nouveau Testament, Collection des canons, man. de l'Escurial. — Pl. مواعيد une leçon religieuse, une lecture de dévotion, Maml. II, 2, 47, Macc. I, 585, dern. l., Edrîsî, Clim. III,

Sect. 5 (Jérusalem): la table de la sainte Cène existe encore ولها ميعاد فى يوم الخميس.

ميعادة convention, Amari Dipl. 187, 2 (correction de l'éditeur).

وعر.

وَعْر «désert couvert de rochers énormes,» d'Escayrac 18; «rough ground covered with thicket,» Burton II, 126. — Grossier, pas proprement fait (mur), Gl. Geogr.

وَعِر = وَبِر Kâmil 187, 15.

IV, ordonner, c. الى p. et ب r., Berb. I, 23, 51; c. ل p., 400, 3 a f.; c. ب r., 405, dern. l.; restituez ce verbe Abbad. II, 105, 13 et n. b.

وعظ I, aor. vulg. يوعظ, Bc. — C. ب r. exhorter, engager à, Bc. — Prêcher, c. a. ou على p., Voc., Abd-al-wâhid 93, 12.

II reprendre, blâmer, censurer, Payne Smith 1779.

VIII profiter d'un sermon, Voc.

وَعْظى parénétique, Bc.

واعظ prédicateur, de Sacy Chrest. I, ١٥٣, 4.

مَوْعِظة homélie, instruction sur la religion, parénèse, sermon, Voc., Bc, Djob. 150, 16, 151, 14. — Chose étonnante, miraculeuse, Voc. (mirabilis = عجب, عجوبة, عجيبة).

المَوْعوظون chez quelques chrétiens l'opposé de المؤمنون, M.

وعك I, وَعَك être indisposé, avoir quelque altération dans sa santé, Macc. II, 302, 7 (où le man. de Cherîchî a وعك), Bat. III, 126, Berb. II, 264, 6; موعوك incommodé, un peu malade, Bc.

V même sens, Vêtem. 256, M.

وَعْكة incommodité, indisposition, Bc.

وعل.

وَعْل cerf, Alc. (enodio hijo de ciervo) (جدى الوعل).

وعوع pl. وعاوع وَعْوَع est dans le Diw. Hodz. 250, vs. 17.

وعى I, aor. vulg. يوعى, Bc. — C. على r. avoir présente la mémoire de quelque chose, *retenir*, Bc. — C. على *surveiller, veiller à, être attentif à, regarder à, prendre garde*; اوعى *prenez garde à vous! gare! soyez attentif!* c. من *se précautionner*; لنفسه *se conserver, avoir soin de soi, se ménager, se garder*, Bc. — *Se désabuser*, Bc. — وعي على نفسه *avoir sa connaissance*; على روحه *avoir la tête à soi, reprendre ses esprits, revenir à soi*; من غشونه *reprendre connaissance*, Bc; cf. Voyages de Sind-bâd 27: لا وانا وحن لا نعي من 36: اي من فرحي واطن انى فى انخم غائب وعيد; — من الفزع *effaré, troublé*, Bc. — *S'éveiller*, M. — *Être sur le point d'atteindre l'âge de puberté* (garçon), M.

V et X c. فى r. *agir lentement et avec prudence*, M.

وعي *suppuration*, Daumas V. A. 425.

وعاءة *buffet*, Voc. (= مرفع), voyez Bat. III, 435. — اوعية *pot, vase de nuit*, Hbrt 203. — Pl. وعا الليل *vaisseaux, veines, artères, petits canaux*, Bc. — *Epiploon*, Gl. Manç. v° نرب: وتسميه العامة الرعا والمنسج mais je crois devoir lire الوعاء.

واع على روحه *qui est de sens rassis*, qui n'est point ému, troublé, Bc.

واعية s'emploie aussi en parlant d'un homme, للعلم, Berb. I, 366, 5 a f.

اوعى *doué d'une meilleure mémoire* (de Slane), Berb. I, 483, 4 a f.

وعد

وغد, chez les Cinhâdja, *celui qui n'a ni frère, ni cousin*, Becrî 136. — *Haine violente*, M.

وغد pl. وغدان *petit enfant*, Ztschr. XXII, 128.

وغر IV. اوغر ذلك بصدره *cela alluma la colère dans son cœur*, Gl. Fragm. — En parlant d'un souverain, *donner un fief pour lequel le vassal n'aura pas d'impôt à payer, ou bien, pour lequel il le payera, non pas aux percepteurs de la province, mais dans la capitale*; un tel fief s'appelle ايغار, pl. ات, Gl. Belâdz.

وغر vulg. pou وقر, M sous ce dernier mot.

وغرة. Voyez sur les cinq وغرات de l'été, Calendr. 9, 1–3.

وغيرة *chaleur véhémente*, Diw. Hodz. 35, 11.

اوغر (ital. augurio) *bon augure*; ما هو اوغر « ceci est de mauvais augure », Bc.

وعش

واعش *vermine*, Bc.

وغل

I, 2 Freytag, c. على p., M, Abbad. I, 2, 3 a f. V aussi c. a., Abbad. I, 126, n. 312, cf. Gl. Geogr.

وغل (vil), pl. اوغال, Kâmil 526, 2.

c. فى *entrant plus avant dans*, P. Abd-al-wâhid 25, 5.

II c. من *se formaliser de*, Bc.

وعى

وغى fém. comme حرب, Abbad. I, 171, 8.

وفد

II *député*, Bc.

وفد *députation*, Bc.

وفدة *l'arrivée d'un chef auprès du prince*, Kâmil 323, 6.

وافد *député*, Bc. — مرض وافد *épidémie*, Bc.

وافدة pl. ات *ambassade*, Berb. I, 429, 6 a f.

وافدى *un étranger*, surtout *un homme arrivé du pays des Turcs*, Maml. II, 2, 245, de Sacy Chrest. II, ٣٣, 3.

وفر

II *épargner, économiser, sauver*, Gl. Esp. 52, M, Voc., Haiyân 74 r°, Fakhri 378, 10 et 5 a f., Payne Smith 1331, Bc: حصانك يوفر عليك كرا دابة « votre cheval vous épargne la dépense d'une monture de louage; » *ménager*, p. e. وفر تعبه, ou ذاته, ou نفسه, ou وفر ذاته من التعب « ménager sa peine, plaindre sa peine, » *être avare de sa peine, se ménager trop soi-même, s'épargner, ménager sa peine, se ménager, se choyer, avoir soin de soi*; ما *faire bon marché de, prodiguer*; وفر الاوقات « être avare du temps. »

V *abonder, être en grande quantité*, Gl. Edrîsî; ينوفر كل ذلك عليه *il reçoit tout cela*, Gl. Geogr. — *Amasser des richesses*, Macc. II, 60, 7: وتوفر على الاستئثار بالاموال والاحتجان للاموال. — *Augmenter*, Abbad. I, 243, 6, III, 114, c. على, Çalât 70 r°:

وثر — .وَاتَّدَع فيها (السَّنةَ) متوفِّرا على تَهْيِيد سلطانه — *Être épargné, économisé*, Voc., exemple sous أَصْل, où يَتوفَّر عليكَ ما تشتري به signifie: « tu t'épargneras l'argent que te coûterait cet achat. »

X *déterminer par conjecture le nombre total* d'une armée, Gl. Geogr.

وَفْرٌ, proprement n. d'act., s'emploie adjectivement, رِجالٌ وَفْرٌ « *beaucoup d'hommes*, » Gl. Fragm.

تَوفيرٌ *réforme, diminution de dépense*, Bc.

وثر X *presser sa marche, se presser, se hâter*, Djob. 219, 9 (= Bat. II, 101), 254, 3, Macc. I, 114, 12, III, 28, 13, Cartâs 233, 12 (lisez ainsi, cf. trad. 300, n: 8).

وَثَقَ I *être beau* (cheval), Lâmiat al-af'âl ٣, l. 14.

II c. ل ou مع *accommoder, conformer, approprier*, Bc. — وَثَّقَ لِى نورَ الدينِ *j'y rencontrai heureusement Nour ed-dîn*, Bat. IV, 316. — *Accorder, mettre d'accord, concilier, accorder ensemble des personnes*, et: *concilier des choses contraires, réconcilier*, Bc, Voc. (placare), Alc. (abenir, entrevenir); M: وَثَّقَ بين القوم اَصْلَح. — *Convenir, être d'accord*, Alc. (accordar con otros); c'est pour III. — *Appareiller, joindre à une chose une autre chose pareille, assortir, combiner*, Bc. — *Avérer, s'assurer d'un fait*, Alc. (averiguar).

III *s'accommoder à, s'ajuster, cadrer, coïncider, s'ajuster l'un sur l'autre*, au fig., *arriver en même temps* (aussi Gl. Belâdz., de Jong), *concorder*; وافَقَ الزمانَ *s'accommoder au temps*, Bc; وافَقَ الأَمل *remplir l'attente, répondre aux espérances*, Bc. — *Accompagner le chant*, Bc. — *Se régler sur*, Bc. — *Favoriser, être favorable à*, Bc.

V c. مع *s'accorder avec*, Voc.

VIII. Dans de Sacy Chrest. I, ٢٤, 9, on lit que Hâkim ordonna ان يُكتفى له بما يَتّفق من الدعاء فقط لا غير, et l'éditeur remarque (p. 191): « Je ne suis pas bien sûr du sens de ces mots; le sens littéral semble être qu'on ne se servirait que *des formules comprécatoires qui se présentent naturellement à l'esprit*, parce qu'elles sont d'un usage ordinaire, et qu'on éviterait toute formule recherchée et extraordinaire. » Je crois que c'est bon et que c'est une ellipse pour ما يتَّفق عليه من الدعاء, *les formules comprécatoires*

généralement adoptées; » — c. مع p. *être d'accord avec*, Antar 2, l. 5; — ما يَتّفق بينها وبينه *ce dont ils conviennent*, Ztschr. XX, 510, 1. — اتَّفقوا *ils s'assemblèrent* en (فى) un endroit, Gl. Geogr. — اتَّفقوا *eurent une entrevue*; الاتّفاقُ بينهما ou الاتفاقُ *entrevue*, Rutgers 159, 6, 7, 8, 9, 10 t. a., etc. — اتَّفقوا *ils en vinrent aux mains*, Gl. Abulf.

وَفْقٌ ou وَفْقٌ على, suivi du génitif, *conformément à*, de Sacy Chrest. I, ١٥, 10, Abd al-wâhid 273, dern. l. — *Accord, union d'esprit, concorde, convenance, union*, Bc. — Pl. أَوْفاق *carré magique*, Bc, carré formé de plusieurs cases, dans lesquelles on place des nombres (et alors c'est un وَفْقٌ عددى) ou des lettres (وَفْقٌ حرفى), qui, pris en tous sens, donnent la même somme ou le même mot, Aumer, Catal. des man. arabes de Munich p. 384, Prol. II, 196, 1, III, 135, 7 et 11, 139, dern. l., J. A. 1865, II, 382: تَصرُّفه فى الأوفاق والزايرجة, voyez aussi sous مُسَبَّع et مُسَبَّع. — T. d'arithm., *le plus grand commun diviseur de deux nombres*, M. — وَفْقُ العدد *logarithme*, Bc.

وُفْقٌ *volonté*, Voc.

أَوْفَقُ *plus convenable*, de Jong; ما فيه أوفقُ منه *il n'y a rien de mieux*, Bc.

تَفقَّةٌ *convention*, Voc.

تَوَفُّقٌ *l'action d'intervenir comme médiateur*, Alc. (entrevenimiento).

تَوفيقٌ chez les Mo'tazilites الدعوة الى الطاعة; chez la plupart des Ach'arites خَلْقُ القدرة على الطاعة. M. — T. de rhétor., = الاستئناس, M, voyez Mehren Rhetorik 100.

تَوافُقٌ توافُقٌ على شرى أو تقديم شى *souscription, soumission de fournir, d'acheter*, Bc. — Voyez sous مُوافَقة.

مُوافِقٌ *raisonnable* (prix), Gl. Edrîsî. — *Réciproque*, Ht.

مُوافَقة *pacte, convention*, et de là, pl. ات, *le tribut qu'on paye en vertu d'une convention*, Gl. Geogr. — التَّوافُق والتَّشارُك وموافَقة aussi t. d'arithm., est

وفه 825 وفي

lorsque de deux nombres le plus grand ne peut être divisé par le plus petit, mais seulement par un troisième, M; voyez-le pour plus de détails.

اتّفاقي *conventionnel*, Bc.

متّفق عليه *une tradition reçue également par Bokhârî et par Moslim*, de Slane Prol. II, 484.

متّفق *est dans la rime le* دخيل, c.-à-d. la lettre qui se trouve entre le روى et le تأسيس, comme le ا dans ضارب entre le ب comme روى et le ر comme تأسيس (Freytag Arab. Verskunst 312—3); mais on ne lui donne le nom de متّفق que lorsqu'elle est la même dans tout le poème, M. — المستّفق والمفترق se dit d'un traditionnaire dont le nom s'écrit ou se prononce de la même manière que celui d'un autre, M.

M., اذا اصاب فيها se dit انه لمستوفق بالحجّة مستوفق.

وفه voyez وفي.

وفي I, aor. vulg. aussi يوفي, Bc. — Non-seulement وفى بوعده, mais aussi وعد, *tenir sa promesse*, Bc; par ellipse وفى لفلان, Nowairî Espagne 440: فاتمّه ووفى. — *Accomplir, effectuer, exécuter, réaliser*, Beaussier; c. ب *accomplir un dessein*, Abd-al-wâhid 274, 3: وان يكن غير ذلك فانا اوّل من اجتهد فحرم وفى c. a.; الاصابة وهو يقع على المراد ولا وفى بالمقصود *accomplir sa pénitence*, Bc. وفى دينا *acquitter*, وفى جانبا ou وفى ما عليه *satisfaire à ses obligations*, وفى عن احد *avancer de l'argent pour payer pour quelqu'un*, وفى حقّ ou وفى ما عليه *payer tribut à l'humanité, mourir*, Bc. — C. ب *équivaloir à*, Badroun 257, 11: il refusa d'accepter l'argent que le calife lui offrait, mais, dit-il, ساتقبل ما يفى بهذا المال ويزيد قال وما هو قال كتاب يوجد بالعراق, de Sacy Chrest. I, ٢٠, 11: je n'ose m'adresser à aucun négociant pour qu'il me prête cette somme, وان كان معى رهن يفى بالقيمة, Weijers 43, 9 (cf. plus loin). — *Coûter*, Hbrt 105. — C. ب *suffire pour*, M, Gl. Abulf.: ان خراج مصر لا يفى بهمهما, Yâcout II, 96, 4. — *Cesser, discontinuer*, Ht (?). — N° 5 chez Freytag. Dans le passage des 1001 N. qu'il cite, il faut changer فيفى en فيفى, leçon d'autres édit. et man., comme l'a observé Fleischer Gl. 47, qui ajoute que وفى I ne signifie jamais *venir*. Ce verbe a toutefois ce sens dans Kalyoubî 33, 13 éd. Lees: فاجتمع رايهما ان يذهبا الى مالك ابن دينار فقصداه فوفياه فى سواد البصرة قد جلس للعامة بعظام, et Weijers (88, n. 84) dit qu'il l'a souvent dans les vers copiés par Ibn-Habîb; mais dans l'hémistiche d'Ibn-Zaidoun qu'il cite et qu'il a publié 43, 9:

يفى بنسيم العنبر الورد رجّها

il faut traduire *équivaloir à*.

II. وفّى جهّد *faire tous ses efforts*, de Slane Prol. I, LXXIV a. — *Payer ou assister quelqu'un sur ce qui lui revient de ses rentes, gages, etc.*, Alc. (recudir con la renta). — وفّى رسمًا semble signifier *confirmer un acte par sa suscription*, de Sacy Dipl. IX, 486, 10. — *Ajouter*, Voc. (addere = زاد), كفّيت ووفّيت *je n'ai plus besoin de rien* (j'ai pris tout ce qu'il me fallait), *il ne me faut plus rien*, Bc. — *Venir*, comme la III°, Weijers 24, 2 a f., Macc. II, 63, 4 a f., où le Bayân II, 289, dern. L., dans une rédaction un peu différente de ce vers, a la III°; c. ه. *amener*, Weijers 25, 1, où deux man. cités dans la note c ont la III°, que je trouve aussi dans le man. A du Calâïd et dans Ibn-Bassâm (I, 94 r°). — Voyez plus loin la partic.

III, *venir*, non-seulement c. a., mais aussi c. الى p., Gl. Abulf. — *Trouver, rencontrer*, Bidp. 211, dern. L.: بهمنى انك تاقى منزلى فلا توافق امرى كما احبّ لانّ زوجتى مريضة.

IV *atteindre tout à fait*, de Sacy Chrest. I, ٥٩, 6: نقص ما النيل ولم يوف ستنا عشر ذراعًا. — *Ajouter*, Voc., Alc. (añadir = زاد, dar añadiendo = زاد); *redoubler*, Alc. (rebidar). اوفى فرسانا *mettre des troupes en garnison*, Alc. (guarnecer de gente). — Dans le sens de اشرف, avec le ب qui rend le verbe transitif, Autob. 231 r°: فم ضرقى مرض اوفى بى على المنيّة, Berb. II, 165, 2 a f.: اوفوا به على رتب الاصطناع, والنتنويد 350, 4 a f.

V. توفّى *mourir*, se dit aussi par plaisanterie en parlant d'idées abstraites, p. e. 1001 N. I, 22:

خرجت اطلب رزقى وجدت رزقى توفّى

pour توفّى est une faute grossière du peuple, car Dieu est المتوفّى, et l'homme, المتوفّى; anecdote:

مرّ ببعضهم جنازة فسأل مَن المتوفّى يريد الميت فقبّل له الله تعالى. En Espagne on la commettait aussi, car le Voc. donne تَوَفَّى pour *mori*.

X se dit de ce qu'on fait, raconte, décrit, énumère, observe, etc., d'une manière complète, Gl. Maw., Gl. Abulf., Gl. Geogr., de Sacy Chrest. I, ۴v, 2: وليس هذا الموضع موضع استيفاء الكلام في هذا, Müller 18, 5: حتى اذا استوفينا اعيانهم تمييزا وعرضا, Prol. II, 48, 5: القيام على ذلك والنظر في استيفاء حاجاته وشروطه; dans le Voc. *complere*. — استوفى الميدان *fournir la carrière*, la parcourir tout entière, Abbad. I, 51, dern. l. — استوفى ما كان عنده *apprendre tout ce qu'un autre sait*, Khatīb 30 v°: تفقّد بابيد الامام أبى الحسن واكثر الرواية عنده واستوفى ما كان عنده. — C. a. p. *rendre complètement justice à quelqu'un, apprécier complètement ses bonnes qualités*, Mohammed ibn-Hârith 316: سمعت محمد بن عمر بن لبابة يذكر موسى بن محمد فكان لا يستوفيه ولا يحسن الثناء عليه غير انه كان يصفه بالحلم. — C. a. p. *suffire, être suffisant pour*, Berb. I, 148, 2: وقد استوفى. — كان بقى جانب منه لم تستوفيه الاقتضاءات *être autorisé à appliquer la loi du talion*, Khallic. I, 7, 1 Sl.: اجل وجب عليه القتل قصاصا كل انسان. — المستوفى القصاص بسلم فاضاب كبده فقتله يستوفى ما كُتب عليه (او على جبينه) chacun subit sa destinée,« Bc. — *Ajouter*, Alc. (añadir mas). — C. في excedere, Voc. — C. على dans le Voc. sous *venire*. — *Contrôler, vérifier* (cf. مستوفى et استيفاء), Khallic. XI, 92, 5 a f.: وكان يقف بين يديه وتخدم ويستوفى الاعمال والحسابات بيده ويدخل يده في كل شي. — Fakhrī 283, 4 a f.: وله معرفة بالحساب والاستيفاء. — استوفى القوس *bander l'arc*, Abou'l-Walīd 376, n. 50.

وَفِيّ pl. اوفياء *homme de parole*, Bc, M, Koseg. Chrest. 100, 11, Abbad. I, 48, 9.

وَفاء، non pas «*mortuus est quidam, tu autem superstes es*,» comme Freytag traduit d'une manière assez ridicule, mais „un tel est mort, puisses-tu vivre longtemps!» c.-à-d. بطول عمر فلان وانت بوفاء, mات فلان.

— وفاء الحقّ *réparation, satisfaction d'une injure, d'une offense, d'un tort*; وفاء اعطاء الحق *satisfaction*, Bc. — *Constance en amitié*, Bc. — *Rente, revenu*, Alc. (recudimiento con la renta, cf. Nobrija et Victor). — وفاء النيل *la crue du Nil*, Descr. de l'Eg. XIII, 506; c'est lorsque le Nil a atteint la seizième coudée du nilomètre, Lane M. E. II, 287. — المكاتب مات عن وفاء est quand cet esclave a laissé en mourant une somme suffisante pour qu'il pût racheter sa liberté, M. — بيع بالوفاء est la vente à condition de rachat, mais quand on donne en vérité un gage, v. d. Berg 84, n. 2.

وَافٍ, sur les monnaies, *poids ample, fidèle*, Ztschr. IX, 833; كيل واف *mesure juste*, Bc; en poésie, *vers dont les pieds sont complets*, M.

أوفى *plus complet, plus parfait, plus abondant*, Hoogvliet 48, 2 a f., Abd-al-wâhid 71, 7 a f., Berb. II, 81, 1.

مُوَفٍّ. Pour exprimer *le vingtième ou le trentième jour* d'un mois, et *le vingtième* ou *le trentième chapitre* d'un livre, on dit الموفّى suivi de عشرين ou de ثلاثين. Beaussier donne sous مُوفٍ (prononciation incorrecte): *qui complète un nombre*; mais il ne s'est pas exprimé avec précision; le fait est que الموفى ne s'emploie qu'avant 20, 30, 40, 50, etc. Il a encore: الموفى ۲۰ من *qui complète le 20e jour de*. Dans le Voc. موفّي ثلاثين *trentième*. Cf. Gl. Djob.; aux exemples tirés de man. où l'on trouve les voyelles de la II° forme ajoutez Abdari 74 v°, l. 3 (avec le *techdīd*). Autres exemples: Abbad. I, 306, 8: يوم الاحد الموفى وق الموفى عشرين لذى, Bat. I, 404: عشرين من رجب الحجة (mal prononcé الموفّى et mal traduit), Cartâs 43, 15: في ۸۱، ۱۲: مات في الموفى عشرين لشهر صفر في اليوم الموفى عشرين, 231, 13: الموفى عشرين لصفر, l'anonyme de Copenhague 21: يوم الاثنين من صفر يوم الخميس, 51, 22: الموفى عشرين من ذى القعدة الموفى عشرين من جمادى (sic) الاخرى, charte dans le Memor. hist. cap. VI, 116: كتب في الموفى عشرين في الموفى من شهر ربيع الاخر, Amari Dipl. 14, dern. l.: ليلة (sic) عشرين, Macc. I, 201, dern. l.: شهر صفر الجمعة الموفية عشرين من ذى الحجة, 272, 17, en parlant d'un livre dont chaque chapitre porte le titre de زهرة: وق الموفية ثلاثين ما نصه; enfin dans les inscriptions des 1001 N. chaque fois qu'il s'agit des nombres que j'ai indiqués, p. e.: فلما كانت الليلة الموفية للمائة. Par corruption on a prononcé الموفّى au lieu de الموفّى (comme le Voc. donne avec raison, témoin le fém. الموفية), car on trouve dans Amari Dipl.

وق

117, dern. l.: كتب ليلة الاربعا الموفا ثلاثين شهر رمضان,
même الموفى ne serait pas correct; il faudrait الموفية.

ميغاف ou ميغاة, *hauteur, colline,* a le pl. مواف,
Macc. II, 567, 2, avec la note de Fleischer Berichte 99.

استيفاء *les fonctions, la charge du* المستوفى (voyez),
Maml. I, 1, 203.

المستوفى était celui qui avait la charge de surveiller et de régler tous les comptes de l'Etat, tant pour les recettes que pour les dépenses, Maml. I, 1, 202 et suiv., où l'on pourra voir ce qu'était le مستوفى اقطاعات, le مستوفى الجيش, le مستوفى الصاغية, le الديار المصرية, etc. — *Receveur,* chargé d'une recette, Bc.

وقْ وقْ وقْ وقْ cri de tristesse des femmes, Hœst 111, 124.

وقّة nom d'un poids, 400 dirhems, 2¼ ratls, Lane M. E. II, 418.

وقْت V dans le Voc. sous *hora.*

وقت, opposé à زمان, désigne *une petite période de temps,* comme la. vie d'un individu ou la durée d'une génération, tandis que أزمنة signifie *les longues périodes,* comme les siècles ou la durée des empires, de Sacy Chrest. I, 409 (sur Prol. I, 44, 14 et 15); اوقات — مقدار من الزمان مفروض لامر ما او للعمل M: *les saisons,* M. بالوقت ou في الوقت à *l'instant,* à *l'heure même,* Lettre à M. Fleischer 226. — صاحب الوقت بالجامع الاعظم Macc. III, 753, 22 ,= ضاق به الوقت *il est dans la pénurie,* Freytag Chrest. 35, 1. — S'emploie chez les jurisconsultes dans le sens de ميقات, à savoir موضع الاحرام Gl. Geogr. — Motarrizi: ثم استعمل في كل حدّ ومنه قولهم هل في ذلك وقت اى حد بين القليل والكثير qui ne m'est pas clair.

وقتى *momentané, provisoire, simultané, temporaire, transitoire,* Bc.

وقتية *simultanéité,* Bc.

مواقت a le pl. مواقيت (pas مواقتن comme chez Freytag). — مواقيتين السنة *saisons,* Calendr. 7, 5: ذكر فصول السنة ومواقيتها *l'art de dresser les calendriers servant à indiquer les heures de la*

prière, Lane M. E. I, 319, 1001 N. I, 423, 2 a f. Ceux qui le font s'appellent اهل المواقيتن, Prol. I, 84, 13, 89, 4 a f.

وقح

وقح II dans le Voc. sous *inverecundus.*

V dans le Voc. sous *inverecundus; être impudent,* Zamakhcharî Colliers d'or 38 6d. Barbier de Meynard; c. على p. comme chez Golius, Abou'l-Walîd 780, 31. — *Plaisanter, tourner en ridicule,* Alc. (burlar de palabra, burlar de alguno).

VI *être impudent,* Payne Smith 1352.

VIII *être impudent,* M, Payne Smith 1352.

وقح, *impudent,* pl. وقاح, Bc. — *Téméraire,* Bc. — *Récalcitrant,* qui résiste avec opiniâtreté, Bc. — Pl. وقاح *cerveau brûlé* (homme emporté, entêté), *crâne, fou, tapageur,* Bc.

وقحة *impudence,* Payne Smith 1813—4.

قاحة se prend parfois dans un sens moins défavorable qu'*impudence; c'est* alors *hardiesse, parler avec hardiesse,* Macc. II, 208, 4: تخص له قاحة واقدام. — *Plaisanterie,* Khatîb 72 r°: (l. ذوى) كان يسمع ذى القاحة ويصم على ذوى المسالة ❊

وقاح = الشديد للحافر, Diw. Hodz. 4, 2 a f. — *Spirituel, ingénieux,* Macc. II, 223, 14:
ان تخفى اذا نطقت عييًا فبنائى اذا كنبت وقاح
وقيح, pl. وقاح et وقاح, *impudent,* Voc.; L (impudens, inverecundus) écrit par erreur وكيج. — Pl. وقح *persifleur, bouffon, rieur, moqueur,* Alc. (burlon, burlador).

وقاحة *esprit,* Macc. I, 928, 7: والعين مثل العين للن هذه شكلت بحسن وقاحة وجون وصارت تشاغله بحديثها وتنبسم Koseg. Chrest. 95, 8: من فصاحته وتنجب من وقاحته — *Plaisanterie,* Alc. (burleria).

وقحة *impudence,* Payne Smith 1813.

وقد

يقد I, n. d'act. وقيد, Gl. Edrîsî; chez Mocaddasî pour يوقد, Gl. Geogr. — *Allumer* (pour la IVe), Fleischer sur Macc. II, 509, 5 Berichte 79, Lettre à M. Fleischer 216—7, M, Voc., Gl. Geogr.; de là le vulg. يقد قد en ce sens. — N. d'act. وقد, وقود,

وقَد

وقَيِّد، *illuminer*, Maml. II, 2, 131, Macc. I, 362, dern. l., 1001 N. I, 303, 7.

II. وقَّد نفْـتَـه *aiguiser l'esprit, le rendre plus prompt, plus vif*, Voc. (subtiliare, cf. ses synonymes). — *Presser, obliger de se hâter*, Alc. (priessa dar).

IV. يوقّد *combustible* (adj.), Bc. — *Illuminer*, Maml. II, 2, 131, Bc.

V *étinceler, scintiller* (étoile), M, Macc. I, 432, 2. — توقد feu, vivacité de l'esprit, Bc, *subtilitas*, Voc., cf. Gl. Djob., Holal 34 v°: وكان يتوقد متوقد ذكاءً ونبلاً وفهما Haiyân-Bassâm I, 116 r°: لخاطر. — *Allumer*, M.

VIII *s'allumer, au fig.*, en parlant d'un combat, Alc. (travar pelea por encenderse). — *Briller*, p. e. نفْسَبا, Djob. 270, 2. — *Être illuminé*, Djob. 178, dern. l. متقد لخاطر qui a l'esprit vif, Gl. Djob., Voc.

ذو وقَد *lumière, lampe allumée*, Gl. Mosl. — وقَد *qui a l'esprit vif*, Weijers 202, n. 377. — وقَد *combustible, ce qui sert à entretenir le feu*, Bc, M. Sur les أحجار الوقد ou *pierres à brûler, dont les Chinois se servent au lieu de charbon*, voyez Bat. III, 12, IV, 261, 287. — Pl. وقود *holocauste*, Payne Smith 1621.

دار الوقد *illumination*, Maml. II, 2, 131, Bc; السقائف surnom de الوقدة, parce que les pèlerins y allument les chandelles qu'ils ont apportées d'Egypte, Ztschr. XVIII, 553. — Pl. ات *lampion*, Maml. l. l.

وقود *matières inflammables*, Maml. I, 2, 86.

وقيد *crottin des chèvres et des moutons, que les gens de la campagne emploient comme combustible*, Cherb. — *Feu fait avec des combustibles*, Bc, M: وبعضهم العامة يسمّى النار وقيدا. — *Illumination*, Maml. II, 2, 131, Bc. Gl. Edrîsî. — *Allumette*, Gl. Esp. 130. — *Holocauste*, Payne Smith 1621.

وقيد *allumette*, Gl. Esp. 130.

وقيدة pl. وقيد *mèche*, Alc. (mecha para encender). — *Allumette*, Gl. Esp. 130.

وقَد dans le Voc. sous *accendere*, Saadiah ps. 108, vs. 10; *chauffeur* (d'un bain), 1001 N. I, 407. — *Étincelant*, P. Macc. I, 428, 2: مداحة وقّاد كالوكب.

828

وقر

واقد *illuminé, éclairé*, Bc. — *Ardent, vif*, Berb. I, 50, 8: ورجع الى وطن رباح بفقه صحيح ودرع واقد. — *Chauffeur*, Macc. II, 416, 3 a f., où il faut lire avec Fleischer (Berichte 118): واقده يفتحهما تارة وبيسكنها اخرى.

موقد *holocauste*, Payne Smith 1621.

موقد *allumeur dans une mosquée*, Macc. I, 361, 14.

موقدة pl. مواقد *âtre, foyer fait de pierres ou de glaise et à trois côtés, où se fait le feu et où l'on cuit les mets*, M, Ztschr. XXII, 150; Mocaddasî le donne comme synonyme de أتاني, Gl. Geogr.

موقَّد موقَّد الذهن *qui a l'esprit vif, ingénieux*, Voc. — مواقيد المناظر sont les feux qu'on allume dans les tours sur les côtes pour avertir de l'approche des bâtiments ennemis, Belâdz. 128, 15; cf. Edrîsî ١٩٨, 14: برج مبنى بأحجارة مصنوع لوقيد النار فيه عند ظهور العدو في البحر.

موقودة *holocauste*, Voc. (avec ذال dans les deux parties).

مستوقد *amas de fumier* (مزبلة) *qui, en Egypte, sert de combustible dans les étuves*, 1001 N. I, 407, 1, 408, 3 a f., 409, 16. — Pl. ات *âtre, foyer*, Bc, J. A. 1849, II, 273, n. 1, dern. l., Gl. Geogr.

I. وقَر وقَع وبقى اثره في قلبه كذا *cela fit une grande impression sur lui*, Asâs dans Abbad. III, 148, Akhbâr 142, 7: فلما دخل في بعض الأيام هاشم فكأنّ, Cout. 32 r°: اخطر ذكره ليعلم ما وقر له فى قلبه وقرت الكلمة في اذنه ou L'expression ذلك وقر بأنفسهم في سمعه signifie *ces paroles frappèrent ses oreilles et firent sur lui une grande impression*, Abbad. l. l.

IV signifie en effet كبر حملها, comme l'a dit Golius, on parlant d'un palmier, M, ou d'un autre arbre, Auw. I, 177, 5, où Banqueri n'aurait pas dû changer la leçon, que notre man. confirme.

وَقْر (fente), pl. أوقار, Kâmil 495, 15.

وقار *retenue, modestie, honnêteté*, Alc. (atencion, comedimiento), *modestie*, Ilt. — (Syr. وقصى) *marge d'un livre*, Ztschr. XXXII, 736, M: الكتاب وقار لحاشيته مولّدة.

وثر

وَثْر, pl. وُثُور, P. Kâmil 669, 12; — *modeste, doux*, Ht.

مُوَثَّر *honnête, modeste*, Alc. (atento, comedido). Restituez ce mot dans Djob. 155, 3, où مُوَثَّر ne convient point. — Dans le Diw. Hodz. 160, 9.

وثر

وَثَرَة *insecte comme un pou qui ronge les grains*, Niebuhr B. xxxviii.

وقش

وَقْش vulg. pour وَحْش, M.

وقص II *dévorer sa proie*, M.

وَقْص pl. أَوْقَاص *fraction*, Gl. Tanbîh.

وَقِيص *qui a le cou rompu*, Diwan d'Amro'lkaïs 47, vs. 16.

وَقِيصَة *proie*, M.

أَوْقَص épithète du stœchas, Bait. II, 381 e.

وقع I. وقع القتال بين الطائفتين *le combat s'engagea*, Nowairî Espagne 454. On dit aussi وقعت الفتنة فيه, Gl. Belâdz., وقع الشرط والتناب الصلح, ce qui lui est arrivé, Bidp. 276, 3. — وقعت له نية *il conçut le projet de*, Nowairî Espagne 472: وربما حدثت له نية خرج لصلاة العبد فتقع له نية لجهان dans le passage correspondant d'Abd-al-wâhid, 25, dern. l.). — *Se trouver*, Gl. Edrîsî. — *Être située* (ville), Gl. Abulf.; Bc: واقع *sis, situé*; واقع بالقرب من *adjacent*; المرج الواقع حول اغدير « *la prairie qui borde l'étang.*» — *Succomber à la tentation*, Bc. — وقع ذلك منه بالموافقة *il accepta ces propositions*, de Sacy Chrest. II, ٣٩, 4 a f. — Comme passif de وضع, p. e. en parlant de petites pierres *incrustées* dans le bois, Gl. Geogr. — نَقَعْ مَنْ (vulg.) *je suis parent d'un tel*, Voc. (atinere, qui sunt de parentela, synonymes c. a. et مع ناسب (تَنَاسَب). — C. الى *être conduit par le hasard vers*, ou simplement *venir auprès de quelqu'un, parvenir à un lieu*, Gl. Badroun, Gl. Bayân, de Jong, Abd-al-wâhid 66, 12, Berb. I, 144, 4, 176, 4 a f.; c. ب *arriver à*, Gl. Bayân, Gl. Belâdz., *arriver dans un pays*, Becrî 121, 15, Haiyân-Bassâm I, 22 v°: ثاروا الى المغرب فوقعوا ببلاد افريقية

aussi c. فى, Abd-al-wâhid 133, 15; c. من *venir de*, en parlant de denrées, de marchandises, quand elles nous sont apportées de tel pays, de telle ville, Gl. Geogr. (pas c. ب, car dans Içtakhrî 42, 4 et 5, وقع ب est *tomber*, dans le sens d'*être jeté sur la côte*); c. من et الى *être exporté*, Gl. Geogr. — *Être dérivé*, en parlant d'un canal alimenté par les eaux d'un fleuve, Gl. Geogr. — *Se présenter, s'offrir par hasard* (occasion), Bc; c. الى ou ل p. *s'offrir, se présenter à*, en parlant de faits, de noms, etc., c.-à-d., *les rencontrer, les trouver*, Gl. Abulf., Aghânî 3, 1, où il s'agit d'un recueil de chansons: لم وقعت الى الوائف بالله, Prol. III, 74: كان يقع له اكثر الاوقات ابيات الهروى التى وقعت له فى كتاب المقامات « *il lui arrivait très-souvent de se rappeler quelques vers qu'il avait lus dans*» etc. En parlant de livres, c. الى ou ل p., *tomber entre les mains*, Gl. Abulf. — Dans le sens d'*arriver, survenir*, non-seulement c. ل, mais aussi c. ب p., Bidp. 4, 4 a f.: فَتَخَوَّف .C. — ذو القرنين من تقصير يقع به ان عجّل المبارزة *trouver*, Vêtem. 118, Beaussier: وقعت به فى القهوة « *je l'ai trouvé au café.* » — وقع بالعملة doit signifier *son vol fut découvert*, 1001 N. II, 101 9: فيسرق عملة فوقع بها وهجم عليه الوالى فاخذه وعرضه على الخليفة (Lane: and was discovered in consequence). — وقع بينهما, *ils se brouillèrent, ils cessèrent d'être amis*, est une ellipse. Hamaker (Pseudo-Wâkidî 112) cite un passage où الخلف est ajouté. On peut donc sous-entendre ce mot, mais aussi الأمر, Macc. I, 142, 20: وقعت بينهم الأمر الذى وقع بينه وبين فلان Bc a *rompre, cesser d'être amis*, et alors il faut sous-entendre un subst. fém., p. e. الغيبة (cf. sous II). Aux exemples de وقع بينهما cités par Hamaker on peut ajouter: Gl. Abulf., de Sacy Chrest. II, ٥١, 3 a f. (cf. p. 155 des notes), Aboulfaradj 271, 12, Macc. I, 141, dern. l., II, 264, 8, 765, 15, Nowairî Afrique 30 r°: ثم وقع بينهما بعد ذلك — وكانت فتنة عظيمة *s'obérer*; وقع تحت حمل الديون *perdu de dettes*, Bc. — وقع واقع تحت حمل الديون *tomber sous la puissance de quelqu'un*; تحت يدى *je le tiens sous ma patte, je puis lui nuire*, Bc. — C. على r. (ou p.) *tomber sur quelque chose, la trouver*, Bc, Gl. Abulf., Abd-al-wâhid 82, 9, Haiyân-Bassâm III, 140 v°: وقع هشام على ودائع ما وقعت له على جلية خبر *je n'ai pu en avoir de nouvelles positives*, Bc, Bat. man. 282 r°. — C. على p. *tomber sur, charger, attaquer vigoureusement*, Nowairî Egypte, man.

وقع

2 o, 115 r°: وقع عليهم ملك المدينة. — C. عـلـى p. *s'adresser à quelqu'un, avoir recours à lui, se jeter entre les bras de quelqu'un, recourir à lui,* Bc, 1001 N. II, 102, 9, 103, 1. — هذا وقع على بكذا ceci *me revient à tant, me coûte tant,* Voc., Mohammed ibn-Hârith 319: le manteau يقع عليك بعشرة دنانير. — C. في p. *entrer dans la composition d'un remède, d'un parfum, exemple sous* افلنجة. — C. في p. *surprendre, prendre sur le fait,* Bc. — C. عند p. *avoir* R. N. 48 r°: فقلت لهم هل وقع عندكم زرازير فقالوا والله ما وقع منها شيء حتى الساعة *(avez-vous).* — C. لِ p. *échoir, arriver par cas fortuit, tomber en partage,* Bc, Alc. (caber en suerte), Abd-al-wâhid 18, 7; ان وقعت لى فرصة «si j'en trouve l'occasion,» Bc. — وقع فى عرضه et وتـرجّاه ان *il le pria instamment de;* وقع فى عرضه *demander la vie à,* Bc. — وقعت عينه على ان *il lui plut,* وقعت العين على *il lui sembla bon,* Gl. Badroun. — *en venir aux mains, commencer un combat,* Koseg. Chrest. 110, 2. — وقع فى قلبه ان *la pensée lui vint que, il soupçonna que,* Macc. II, 621, 7. — من *qui pensez-vous que c'était?* voyez sous I. حلف — فوقع فى قلبى منها شىء *il me vint un scrupule à ce sujet,* R. N. 17 v°. — وقع فى قلبه *ce discours fit grande impression sur son esprit,* Macc. III, 678, 9: فـوقـع فى قلبه وأقـمّـه شأنه, *à sous-entendre* الكلام. — وقعت فى قلبه *il fut épris d'amour pour cette femme,* Aghânî 58, 7, R. N. 34 r°: فلقيمند امرأة. — وابن تَقَعان عا اريد. — فوقع فى نفسه منها شىء *sont des paroles d'Alî qui ont passé en proverbe dans le sens de quelle différence!* Voyez Gl. Djob.

II *dans le* Voc. c. a. *sous* cadere; *faire tomber, jeter à terre,* Bc. — *Séduire,* Bc. — *Leurrer, attirer par quelques espérances pour tromper,* Bc. — *Enlacer, au fig., surprendre,* Bc. — وقّع الغبنك بين ou simplement وقّع بين *brouiller deux personnes,* Bc. — وقّع الفرمان *écrire le toghrâ du sultan sur le firman,* M; c. على *signer,* Bc, c. في, Gl. Tanbîh; وقّع على قفا بوليصة *endosser un billet,* Bc. — C. لِ p. et ب r. *assigner, accorder, concéder, octroyer,* Macc. I, 137, 9: les poètes récitent leurs vers aux princes ويوقّع لهم بالصلات على اقدارهم II, 269, 3 a f.: le prince وقّع له بها «lui concéda ces cinquante maisons.» — التوقيع في مجالس القضاة *prendre note des sentences*

prononcées à l'audience du cadi, de Slane Prol. I, LXXIV b.

III c. a. *tomber dans,* Akhbâr 68, 2 a f.: واقعتن للحجارة المدينة *au fig.,* واقع ذنبا *tomber en faute,* Abbad. I, 298, 12. — C. a. p. *avoir commerce avec quelqu'un, se lier avec lui,* J. A. 1852, II, 222, 5: وكان السلطان رحّه لا يواقعه الا من كان صدّيقا فى قبله امينا فى مناولته وعمله وفعله. — *Dans* L: detractio, detraxit, lacesso (inretio), obtrectatio, reprobo, susurro (murmuro, detrao); Freytag Chrest. 121, dern. l.: واقـعـه على ما قال *il lui reprocha durement ce qu'il avait dit.*

IV. اوقعه تحت حمل الديون *obérer,* Bc. — *Corrompre, débaucher une femme, séduire,* Bc; L donne inlicio واخادع. — *Proprement faire tomber; de là faire qu'une chose ait lieu,* p. e. Imrânî 55: اوقع النهب والغارة فى دورها «il fit piller,» Bidp. 6, 3 a f.: اوقع ذو القرنين فى عسكره صيحة عظيمة «Alexandre fit pousser un grand cri par son armée.» Freytag donne punivit en citant Bidp. 131, 4; c'est mauvais, mais plus loin il a sans autorité damnavit decreto iudicis [l. iudex] ad aliquid c. ب vel لِ p. et a. r.; c'est meilleur, et je me tiens persuadé qu'il a eu en vue le même passage de Bidp. où on lit: فاوقع بالحب ضربا ولابيه صفعا. L'expression اوقع ضربا signifie *faire battre;* mais au reste j'ai entendu Weijers faire sur ce passage cette remarque bien fondée: il n'est pas vraisemblable que le même verbe se construise de deux manières dans la même phrase; il faut donc lire بالحب, ou bien ولابيه. — اوقع فى نفسه ان *il excita chez lui le soupçon que,* Gl. Fragm. — اوقع بينهما *brouiller deux personnes,* Vie de Saladin 218, 2, Elmacin 126, 10. Mais dans Elmacin 206, 6 a f.: فخرج عليهم كمين الاخشيد فاوقع بينهم وهزمهم, le mot بين ne peut pas être bon; il faut lire بهم, comme Ibn-al Athîr (VIII, 272, 13) donne dans le même récit. اوقع بالاصابع على *toucher,* Prol. II, 354, 12: واليد اليسرى مع ذلك فى جميع آلات الاوتار توقع باصابعها على اطراف الاوتار. — *Battre la mesure,* Aghânî 32, 14: قيل لمعبد كيف تصنع اذا اردت ان تصرف الغناء قل ارتجل قعودى واوقع بالقضيب على رجلى واترنم عليه بالشعر حتى يستوى لى الصوت Abbâr 242, 2 a f. (sur le chant d'un pigeon):

وصدحت بالتلقين للخصيب كموقع
بيمناه يتلو بها نغم الكلام

— Pour exstirpavit que Freytag donne d'après J.-J.

وقع   831   وقع

Schultens, ce dernier cite Hist. Joctan. 8, 2 a f. et (=) 28, 8; mais c'est la signif. ordinaire de بٱم أوقع, à savoir بالغ فى قتالهِ. — Dans L: *edocabit* [c.-à-d. *educavit*] أوْقَعَ وربّى وعلّم; mais ce verbe ne peut pas signifier cela.

V *craindre*, Abbad. II, 220, Gl. Bayân, Akhbâr 26, 4, Athîr VII, 56, 4 a f., Baidhâwi II, 48, 21, Djob. 49, 20, Berb. I, 434, 6 a f., 452, 1, Cartâs 223, 5. — C. على r. *se procurer*, obtenir, acquérir une chose, Bc.

VI *en venir aux mains*, M, Selecta ٣١, dern. l.; dans Berb. I, 626, 3 a f.: تناجزوا للحرب وتواقعوا سكك المدينة, je crois devoir corriger بسكك; Prol. III, 7, 2: تواقعوا على الركب. — كانوا يتواقعون مع الشيعة والنٰمس *demander à genoux*, au fig., en grâce, humblement, Bc. — C. على p. *se recommander*, prier d'avoir soin, implorer la protection, Bc.

وقع se dit du bruit que font les sabots d'un cheval quand il marche; on dit سمعت وقع حافر دابّته, comme on dit سمعت وقع المطر c.-à-d. (شدّة ضربه), M; Freytag Chrest. 39, 5 a f.: سمع وقع حوافر لخيل. — فلان وقع عند الأمير... وراءه *un tel est en faveur auprès de l'émir*, M.

وقعة *chute*, Bc. — *Fait*, événement, Bc. — *Scène*, querelle, Bc. — *Ce que l'on mange en une seule fois*, M.

وقيع *celui qui implore la protection* de quelqu'un; on dit وقيع غال, M.

وقعة *fait*, événement, Bc, Gl. Fragm.; كاتب الوقائع *historiographe*, et aussi *greffier*; صورة الوقائع *procès-verbal*, Bc. — Dans le sens d'*obtrectatio* c. فى p., Freytag Chrest. 101, 7 a f. — *Pointe*, Diw. Hodz. 28, sur vs. 10.

واقع فى الواقع *de fait*, en effet, Bc. — *Etranger*, L (advena peregrinus). — *Pris*, trompé, Bc.

واقعة *fait*, événement, Gl. Fragm.; صورة الواقعة *procès-verbal*, Bc. — *Vision qu'a le soufi quand il est entre la veille et le sommeil*, M. — الواقعة nom propre de la pierre sainte à Jérusalem, Edrîsî, Clim. III, Sect. 5: الصخرة المسمّاة بالواقعة (leçon de ABD; C بالراقفة).

ايقاع *mesure*, t. de musique, Bc, *rhythme*, ca-

dence, Kosegarten. Aghânî, Introduction 35, 126, Gl. Abulf., Bidp. 209, 4 a f.: فبينما هو ذات يوم يأكل من ذلك التين أن سقطت من يده تينة فى الماء فسمع لها صوتًا وإيقاعًا; au fig., رقص على ايقاع فلان; Khatîb 96 v°; *cadence, terminaison d'une phrase harmonique*, Bc.

توقيع, ou توقيع seul, pl. اتٰ, *la décision que le greffier ou secrétaire écrit, d'après l'ordre du prince, sur un placet qu'on présente à l'audience*, cf. Prol. II, 23, 9 et suiv. avec Badroun 238, 2—4, de Sacy Chrest. I, ١٣, 2. Aussi *la décision que le prince lui-même écrit sur un placet*, Haiyân 25 v°, où il est question du sultan Abdallâh: وكانت توقيعاته حسانًا قد جمعت لطائف اللفظ وصحّة المعنى. — *Post-scriptum*, M. — *Signature*, seign, Bc, Hbrt 107. — Le ديوان التوقيع était proprement sous les Abbâsides *la chancellerie* ou *la secrétairerie d'Etat* (Bc a توقيع مكاتب pour ce dernier terme); mais le chef de ce bureau était aussi assez souvent chargé de contrôler les comptes des gouverneurs, ديوان التوقيع وتتبّع العمّال; voyez von Kremer Culturgeschichte I, 198, Athîr VII, 56, 5 a f. et suiv. — *Abrégé*, Akhbâr 100, dern. l.: فهذا توقيع من حديثهم على وجه الفسخ وكانت الأمور أكثر من أن تستوعب. — *Cadence, mesure*, comme ايقاع; le M explique اتّفاق الايقاع par توقيع; Prol. I, 155, 10, en parlant des nègres: فتجدهم مولعين بالرقص على كلّ توقيع الأصوات وتوقيعها فى الغناء, II, 308, 14: قرع الطبول على التوقيع, 354, 15, 356, 16. — *Dire des plaisanteries*, توقيع *bons mots*, Lettre à M. Fleischer 42, Fakhrî 288, 1 et suiv. — *Conjecture*, M. — *Abstinence*, Ht.

موقع, dans le sens d'*endroit où se trouve quelque chose* (Freytag sans autorité), voyez Gl. Geogr. — *Situation*, Gl. Geogr. — موقع الشمس *le coucher du soleil*, Voc. — *Embouchure d'une rivière*, Gl. Edrîsî. — مواقع الصواب *les cas dans lesquels on fait preuve d'un jugement sain*, Bidp. 139, 2: وأن أحقّ ما رغبت فيه رعيّة الملك هو محاسن الاخلاق ومواقع الصواب. — موقع انس فلان *celui auquel un tel accorde son amitié*, Hoogvliet 49, 2 a f. — له موقع حسن, et aussi sans حسن, عند فلان se dit d'*une chose ou d'une personne qui est bien reçue, agréée, qui plaît*, comme aussi حسن موقعه عند p. e. فحسن موقع ذلك عند المعزّ "cela plut à al-Mo'izz," de Jong, Defrémery, article sur cette publication dans le J. A.,

p. 15, n. 2 du tirage à part. Aussi عظم موقعد عند فلان, Gl. Abulf., ou avec من, Becrî 180: عظم موقعد من, وأعظمها (الآداب) موقعا dans Bat. IV, 345: je doute que le texte soit correct; la traduction en tout cas ne l'est point. — *Mesure, cadence*, M sous IV: اوقع المغنّي بين الخان الغناء على موقعها وميزانها او بينها

مَوْقِع *piquant* (bon mot, plaisanterie), Lettre à M. Fleischer 42.

مُوَقِّع *secrétaire d'État*, Bc. — *Homme captieux*, Bc.

مِيقَعَة, *marteau*, pl. مواقع, Diw. Hodz. 71, 2.

مَوْقُوع *charogne, cadavre de bête*, Voc.

مُتَوَقِّع *futurum*, Voc.

وقف 1. Peut-être chez Mocaddasî يَقِفُ pour يُوقِفُ, Gl. Geogr. — *Rester court, muet, interdit*, Bc. — وقف على شَبَيْن *servir de parrain à un enfant, tenir un enfant, le tenir sur les fonts de baptême*, Bc. — وقف *tenir contre quelqu'un, disputer le terrain*, Bc. — وقف بعرقوبيه *s'obstiner*, Bc. — Pour *faire la station au mont Arafât*, ou, d'après le M, on emploie aussi وقف seul, Maml. I, 1, 45, Gl. Tanbîh. — وقف موقفًا *faire un acte de piété, de dévotion*, Djob. 346, 12: وواجبٌ على كل مسلم الدعاء لهم في كل موقف يَقِفُه بين يَدَيِ الله عز وجل. C. في r. *hésiter, être incertain sur*, Gl. Geogr. — *Se cabrer, se dresser* (cheval), Alc. (enpinarse). — *Destiner une terre à un usage spécial*, Amari 617, 2: فزرع من كل ضيعة أرضا معيّنة يصرف مُغَلّها في كل ووقف من كل ضيعة أرضا معيّنة... (j'ai ajouté من après سَنَة لِيَسُورة que le sens exige absolument, sur l'autorité de notre man. 159). — *Différer, remettre à un autre temps*, p. e. وقفتُ الأمرَ على حضور زيد j'ai différé de prendre une décision dans cette affaire jusqu'à l'arrivée de Zaïd, وقفتُ قسمة الميراث الى الوضع j'ai différé le partage de la succession jusqu'à ce que la femme fût accouchée, M; n. d'act. وقف, M, cf. sous II. — *Dégoûter, causer du dégoût*, Alc. (enpalagar); cf. sous II وقف النفس. — N. d'act. وقيفى, *avoir soin d'une église*, et ce وقيفى que Freytag a mal

expliqué, signifie aussi *la charge d'une telle personne*; voyez Gl. Belâdz. sous وقف. — C. الى p. *se présenter à quelqu'un, comparaître devant un juge*, R. N. 26 v°: وقال لي قف الى صاحب الديوان وتعود البينا ان شاء الله تعالى, Müller S. B. 1863, II, 8, 6 a f.; وقفوا معي الى «ils se rendirent avec moi chez,» Bat. IV, 304; c. ل p., Tha'âlibî Latâïf 79, dern. l., 80, 3, de Sacy Chrest. II, ٦٦, 5, Nowairî Espagne 469: فبقيتُ المرأة لابن بشير القاضي ووقفت عليه قصّتها. — C. على p., Abdarî 5 v°: وقد شاهدت جمعا من الحجاج فجاء قفْصَل ٢٩ r°: ووقفوا على ملكيا فأعطاه دينارا واحدا ان أنّ شخصا منهم وقف على ٣٧ v°: فوقف عليه فقال له وقف عليه, Khatîb 22 v°: موضع نزول من محلّة الرّكب. Devient transitif au moyen de بـ, *présenter quelqu'un à*, Abdarî 45 r°: فحمله قوم من اصحابه ابو القاسم, من الصالحين حتى وقفوا به الى ابيه (الى زيادة الله), Mohammed ibn-Hârith 208: قد عرفتك بالمسجد والدار حتى «comme si je vous y avais conduit.» — C. على p. *s'arrêter pour attendre quelqu'un*, Kosog. Chrest. 111, 7, Recherches I, App. xxxix, 11: فصلح به النتيجة لان الفاعلة ليست اقف عليك, Mohammed ibn-Hârith 277: quand le cadi, de retour de la mosquée où il avait exercé la justice, fut sur le point de rentrer chez lui, le père de l'eunuque Naçr survint qui cria en espagnol: «Dites au cadi de m'attendre, j'ai à lui parler»; mais le cadi répliqua: «Répondez-lui en sa langue que je suis fatigué et qu'il revienne ce soir;» ثم دخل القاضي فلم يزل القاضي على ان سلّم 283: دارَه ولم يقف عليه على هاشم.... لم يثنِ معه عنانا ولا وقف عليه فُواقا (un mot endommagé). — وقف على فكر *s'entretenir dans une pensée*, Bc. — C. على *voir*, Badroun 276, 2 a f., Nowairî Espagne 480: فشهدوا عند العامل انّى وقفوا على هشام مبينا لا جرح به ولا اثر وانه مات حنفٍ انفه; *découvrir*, Abdarî 46 v°: celui qui veut se cacher وقف على عين فلان — لا بُدّ لهم ان يقفوا عليه *s'assurer de l'identité d'un tel*, Abbad. I, 222, 16 et 20. — C. على r. *comprendre*, en parlant de l'intelligence des langues, Gl. Geogr. — C. على dans le sens de *lire* aussi de Sacy Chrest. I, ٣٩, 9, ٣v, 2, 140, 10: وكان الفقهاء منهم يتفقهون على دفتر يقل له مجلس الحكمة يقفون, mais corrigez يقفون في كل يوم اثنين وخميس, Prol.

II, 23, 11, Khaṭṭb 31 rº: وَقَفْتُ فِي ذٰلِكَ عَلَى رَبِّي. — C. علىـ consister, avoir son essence dans, *résider*, exister dans, consister dans, Bc, Ḥbrt 93. — C. على *rouler sur*, traiter de, avoir pour objet, Bc. — وَقَف ب عليه *coûter*, être acheté, être obtenu à prix de, Bc; «كم واقف عليك combien te coûte cela?» Ḥbrt 105. — وقف عند امره *il se conforma à ses ordres*, Berb. I, 395, dern. l., Badroun 275, 7.

II. وَقَّف = وَقَّف القَبُول على وَعْظِي, قَبِل وَعْظِي, Abbad. II, 162, 10. — وقَّف الشَعر *rebrousser*, relever les cheveux en sens contraire, Bc. — وقَّف الشيءَ في رأسه *obstiner*, rendre opiniâtre, opiniâtrer, Bc. — وَقَّف النَفس *soulever le cœur*, lui causer du dégoût, Bc. — *S'arrêter*; وَقَّف عندَك *arrête-toi*, Bc. — *Suspendre*, surseoir, différer pour quelque temps, Bc, Formul. d. contr. 7: وَيَسْبِقُهُ الوَقْف اَقِف (l. وَقَّف) القاضي ابو فلان منازعة فلان بن فلان مع خصمه فلان بن فلان بموضع كذا توقيفًا يمنع لهما التصرف والدخول حتى يفصل بينهما ما اوجبه الشرع. — *Séquestrer*, Bayān I, 316, 2 a f.: ويطالب اموالا كانت له موقفة بالمهدية. — *Léguer*, donner par testament, Mohammed ibn-Ḥârith 229: ولقد قرأ على القاضي احمد بن محمد بن زياد صكًّا فيه ذكر مال وقَّفه عبد الرحمن بن طريف لامّ العبَّاس وامّ الاصبغ اختَيْ الامير عبد الرحمن بن معاوية وكان في ذلك الكتاب عند ذكر التوقيف ان كان المتوفّى فلان مولاها ووجب وقفه القاضي مُوَقَّفًا. — لهما ميراثه وها غائبتان في الشام بالاقرار والانكار *le cadi le somma d'avouer ou de nier*, Mohammed ibn-Ḥârith 295: فلما صار الى البلد وقَّف (القاضي) موقف الحقّ بالاقرار والانكار فابى من الاجابة الى ذلك فامر بامتهانته فلما راى العزيمة من انقاضي تكلّم فوقَّفه سليمان (القاضي) موقف الاقرار والانكار فابى cf. *ibid.*: فلج ابن عمّه 296; من ذلك فعزم القاضي على امتهانته ثمّ تقدَّمتُ الى القاضي وان يُوقِفَه موقف الاقرار والانكار aussi le verbe seul, Becrî 184, 7: فوقَّف حمَّاد الشابّ والمراة فتعذّرا عليه نكاحهما وانكرا ما يدّعيه الشيخ. — *Demander compte d'une action*, à ce qu'il semble, Macc. I, 471, 11: وامر بتوقيف الوصي على ما احدثه فيها فاحالَ الوصي على القاضي انه امره بذلك «le calife ordonna de demander compte au tuteur de ce qu'il avait fait de la maison [il l'avait fait démolir]; mais celui-ci rejeta la faute sur le cadi, en

disant qu'il avait agi d'après ses ordres;» ou est-ce *arrestation*, signif. donnée par Bc? — C. a. p. et على r. *montrer* une chose à quelqu'un, *lui faire lire* un écrit, Voc. (substituez dans la note *pausare* à *pulsare*), Abbad. II, 157, 3, 214, 4 a f., Gl. Fragm., Macc. I, 940, 16.

III c. a. p. *tenir contre* quelqu'un, *lui tenir tête*, *lui résister*, Carṭâs 154, 2: فلما راى ذلك الحاج والي المهدية علم انه لا طاقة له بصدّها ولا مواقفته (l. مواقفة). — امير المؤمنين فبايعه واسلم اليه المهدي. — C. a. p. et ب r. *accuser* quelqu'un *de*, Gl. Fragm. — C. a. p. et على r. *aider*, Gl. Fragm. — C. a. p. et على r. *imposer* quelqu'un à tant, et de là المُواقَفَة مال, de Jong, Gl. Fragm.

IV *élever, hausser, dresser*, Alc. (enpinar o enhestar), *dresser* les oreilles, Alc. (aguzar las orejas); *faire entrer en érection*, اَوقف ذَكَرَه, Macc. II, 401, 10. — *Rester court, muet, interdit*, p. c. كلّمتُ فلانًا فاوقفت c.-à-d., سَكَتَ او امسكتُ عن الحُجَّة عيًّا, M. — C. a. p. et على r. *montrer, faire connaître* une chose à quelqu'un, Gl. Badroun, Gl. Tanbîh, Voc. — C. a. r. et على p. *immobiliser* une propriété, *la constituer* wakf, en faveur de quelqu'un, Abd-al-wâhid 164, 12. — C. a. et على *consacrer, dévouer* son temps à, Calâïd 53, 6: لم تتخلّ ايّامه من مناظرَته ولا عمرت الّا بمذاكرة او محاضرة الّا ساعات اوقفها على المدام

V *demeurer court, interdit*, Bc. — *Hésiter, barguigner, marchander, hésiter, balancer*, Bc, Gl. Geogr.; c. عن *hésiter à*, Gl. Abulf.: توقّف عن الدخول في; Belâdz. 226, 10: وكان دينه ثمّ صدقه ودخل فيه; عثمان متوقفا عن غزوها ثمّ عزم على ذلك dans le Voc. (titubare vel stando dubitare)). — *Rester neutre, garder la neutralité*, «على كلّ دعوى quelque calife que d'autres reconnaissent,» Abbad. I, 248, 6, «à l'égard d'une personne» que les uns louent, et les autres blâment, Macc. I, 581, dern. l. — *Être d'un mérite médiocre, de peu de talent*, Calâïd 118, 6: vous mériteriez de la part des princes les plus grandes faveurs à cause de vos talents, ولٰكنّها لِحُظوظٍ لا تعتمد من تتجمَّل به وتنشرف ولا تَقِف الّا على من توقَّف. — C. على *dépendre de*, Bc, Prol. I, 201, 12: ولا يتوقّف حصول الولاية على العبادة «l'acquisition du degré de *weli* ne dépend pas de la dévotion» (pour obtenir ce degré, l'emploi de la dévotion n'est pas nécessaire), 202, 2: لا يتوقف «اصطفاء الله عباده للمعرفة على شيء من التكاليف lorsque Dieu choisit un de ses serviteurs afin de lui communiquer la connaissance, ce choix ne dépend nullement de la manière dont cet homme a rempli ses devoirs,» ibid. 1. 12: les idiots fréquentent les hommes et leur sont tantôt utiles, tantôt nuisibles, «لا يتوقفون على اذن لعدم التكاليف في حقهم ils ne dépendent pas d'une permission (ils n'en attendent pas la permission), parce qu'aucun devoir ne leur est imposé.» — C. على dans le Voc. sous ostendere. — C. لـ résister à, Voc.

VI. تواقف بالشريعة comparaître, paraître devant un juge, en justice, Bc.

X faire que quelqu'un s'arrête, M, Abbad. II, 157, 6; avec البصر الطرف, arrêter les regards, Gl. Mosl. Gl. Geogr., de Sacy Chrest. I, ١٣١, 11. — Je ne sais pas bien comment il faut traduire dans Mâwerdî 256, 2 a f.: وجرى في ذلك على ما استوقفه من راى كسرى ابن قباد; mais en tout cas ce n'est pas « certior factus est,» comme donne le Glossaire.

قف وانظر (arrête-toi et regarde), à Damas et dans les environs, nom populaire du myrte sauvage, Bait. I, 41 b: يعرف هذا النبات بدمشق وما والاها من ارض الشام بقف وانظر aussi sans و, Nowairî, man. 273, 775.

وقف, صائر وقف حال stagnation des affaires, «حال على المتجر il y a stagnation d'affaires commerciales,» Bc. — Virgule, Alc. (coma punto en la escritura). — S'emploie dans le sens de موقوف تسبيك (بالمصدر), non-seulement dans وقف, fondation pieuse, mais aussi dans d'autres expressions, p. e. Macc. I, 693, 7: En Egypte on n'enrôle pas de force les pauvres pour servir sur la flotte, excepté les Maghribins, فخلفهم وقف عليهم لمعرفتهم معاناة البحر, «c'est pour eux une obligation, parce qu'ils entendent bien la navigation;» Khatîb 87 v° (= Macc. III, 202, 14): وكان مجلسه وقفا على التهذيب والرسالة, c.-à-d., dans ses leçons il se bornait à expliquer ces deux livres. On voit que dans ces exemples on peut remplacer وقف par موقوف. — Réservoir, Alc. (retenedero = متحبس). — Vœu, Ht.

وَقْفَة. Corrigez la citation de Freytag; c'est 139, 14. — وقفة مقدار jusqu'à hauteur d'homme, Ztschr. XVIII, 557. — Station, et spécialement (pour الوقفة بعرفات) la station qui a lieu au mont Arafât, Maml. I, 1, 45. — Pause, Bc. — العلم في الوقفة, c.-à-d.: la science, c'est considérer attentivement un texte, en pénétrer le vrai sens, en reconnaître les fautes, selon l'explication donnée par Tantâwî dans Ztschr. Kunde VII, 199. — Combat, Abbad. II, 187, 4.

وَقْفِيّة l'acte de faire un legs pieux, Macc. III, 656: ولمّا وقف سلطان الاندلس من كتاب الاحاطة نسخة على بعض مدارس غرناطة كتب ابن عاصم حجّة الوقفية بخطّه. — La charte par laquelle un bien est concédé à titre de wakf, Mong. CLXXIV.

وُقُوف stagnation, état des fluides qui ne coulent pas; وقوف الدم stase, séjour, immobilité du sang ou d'humeur dans les veines capillaires, Bc. — Stagnation des affaires, Bc. — Roideur d'une montagne, Bc. — وقوف الكلام dureté de style, Bc.

وَقَّاف c. عن s'abstenant de, R. N. 101 r°: كان وقافا عن الشبهات مشهورا بالعبادة. — Un page, Alc. (page); le Voc. a peut-être en vue le même sens quand il donne ce mot pour cubicularius; l'anonyme de Copenhague 107: ثم جعل مع الواقفين ثم نقل الى مزورة الغر ثم نقل الى الوزارة. — Fournier, boulanger, Voc. — Intendant, Cherb. Dial. 92, surveillant, Martin 187. — Garde de douanes, Bc. — Adjoint d'un chaikh, Carteron 172: « Comme une tribu se compose souvent de plusieurs douars ou villages, et que le Scheik ne peut les habiter tous, il a dans chaque douar où il n'est pas un adjoint ou sous-scheik, appelé Oukaf, qui le remplace pour certaines choses et lui fournit des renseignements sur toutes.» — Recéleur, Beaussier, Dict. berb., recéleur autorisé, Daumas Kabylie 51, 258. — Le chef de ceux qui vont voler des bestiaux pendant la nuit, Carette Kab. I, 302, II, 224. — Pl. وقائف perche qui tient les pans de la tente soulevés; — tout bâton planté debout; — poteau, pieu, piquet, Beaussier.

واقف, qui est debout, pl. aussi وقّف, R. N. 73 r°: il était venu visiter un malade, mais comme il était de basse extraction جلس في الموضع الذي تلقى فيه النعال والاقزاق وكان بينه وبين المريض وقف; levé, dressé, Alc. (enhiesto). — Tout d'une pièce, qui se tient trop droit, qui n'a rien de dégagé dans la taille, Bc. — Escarpé, roide, difficile à monter; واقف à pic, perpendiculairement, Bc. — Indécis, qui n'a pas été décidé, Bc. — خَطّ وَاقِف écriture bâtarde, Voc. — ماء وَاقِف eau dormante, qui ne coule pas, Bc. — عَناء وَاقِف = وَاقِفة hé de pause, Weijers 193. — Traînant, languissant; كلام واقِف style languissant; style dur; phrase embarrassée; phrase lourde, Bc. — Qui n'est pas de débit, qui n'est pas demandé (marchandise), 1001 N. II, 75, 5 a f. — Freytag n'aurait pas dû citer la Mo'allaca d'Amrolkais pour le sens ordinaire de stans, consistens, car واقِف y est arrêtant, vs. 3: وُقُوفًا بها تضحى على مجالِهم.

الوَاقِفيَّة nom d'une secte chiite sur laquelle on peut consulter Chahrastânî 93, 127, 131, Prol. I, 358, Gl. Geogr.

أَوْقَف hésitant plus longtemps qu'un autre à prendre une décision, Kâmil 51, 23.

تَوَقُّف وله توَقُّفات حسنة dit Tantâwî (Ztschr. Kunde VII, 54, 4) en parlant de Fresnel, c.-à-d., comme il l'explique lui-même (ibid. IV, 243): « il s'arrête à des passages qui le méritent. » — Roideur, opiniâtreté, sévérité inflexible, Bc. — En parlant d'arbres, langueur, Auw. I, 628, 5.

تَوْقِيف suspension, surséance, cessation d'opérations pour un temps, Bc. — Arrestation, saisie, prise de corps, Bc. — Hésitation, Bc.

مَوْقِف pl. مواقف combat, bataille, Gl. Bayân, Gl. Belâdz., de Jong, Cartâs 98, 6, Hist. Tun. 109; مواقف semble = — وكانت له فى الجهاد مواقف مشهورة مَواقِيف, et موقوف, terres immobilisées, consacrées à Dieu, Gl. Geogr. — Dans les مُوَشَّحات, Bassâm I, ثم نشأ يوسف بن هارون الرمادى فكان اوّل من r° 124 أكثر فيها من التضمين فى المراكز يضمِّن كل موقف يقف عليه فى المركز خاصّةً.

مُوَقِّف الأرواح (AB) Lavendula Stœchas, Bait. II, 534 d.

مُوَقِّف, au fig., en parlant d'un désert dont le sol est de diverses couleurs, Gl. Mosl.

مُوَقِّف celui qui enseigne, explique, Khallic. 549, 4 a f. Sl.

مَوْقُوف c. على dépendant; ان كان الامر موقوفا على هذا موقوف ذلك « s'il ne tient qu'à cela, » Bc. —

« cela consiste à chercher la vérité, » على تفتيش الحقّ Bc. — Déterminé, fixé, Formul. d. contr. 1: وقبض البائع الثمن الموقوف قبضا وافيا — Se dit de ce qui a été vendu, mais sans que le contrat ait encore été ratifié; de même en parlant d'un legs ou d'un esclave qui n'a pas encore été mis en liberté, Gl. Tanbih. — كلمات موقوفة الآخر des mots dont la consonne finale ne prend pas de ces voyelles qui servent à indiquer des rapports grammaticaux, Prol. III, 362, 14. — Indiferens dans le Voc.

وَقِل V c. ل, Hamâsa 420, 11, c. a., Gl. Geogr.

وَقَه. Sur وَاقِه, qu'on trouve aussi écrit واصِف, وَاقِف, et qui semble une corruption d'un mot étranger, voyez Gl. Belâdz.

وَقْوَق I bavarder, babiller, M.

وَقْوَق coucou, Bc.

وَقَى I c. d. a., M, Coran, c. مِن, ainsi que ses dérivés Fleischer sur Macc. II, 600, 12 Berichte 117, M. — أَقِى بالله والملِك j'en appelle à Dieu et au roi, Voc. — C. a. épargner, faire grâce à, p. e. وَقاك الردى « que le malheur t'épargne!» Abbad. I, 38, 9, 79, n. 35. — Parer, éviter un coup, un malheur, Bc.

V c. فى prendre garde, avoir soin, avoir l'œil sur, Bc. — C. فى ménager, conserver avec soin, avoir soin de, épargner une chose, l'employer avec réserve, Bc.

VIII c. a. p. se garantir des invasions de l'ennemi en lui payant tribut, Aghlab. 16, 1: ثم بعث جيشا فى البحر الى صقلية واخر الى سردانية فاتّخذوا من امم الفرنجة حتى اتّقوا بأجزاء c. على p. et a. r. garantir quelqu'un des invasions de l'ennemi en lui payant tribut, Abbad. II, 174, 7: ضيّق ادخونش بالمعتمد واتّصف به فى الجزية التى كان يتّقى بها على المسلمين عَادِيَته. — C. على p. épargner, faire grâce à, ménager, Abbad. I, 52, 13: كان ذلك ابقاء على الاقارب واتّقاء على اولئك المغارب.

وِقاء fisc, Pellissier 322 (ouga).

وَقَى. En espagnol aloquin, qui semble al-oqui, prononciation vulgaire de الوَقى, signifie enceinte de pierre dont on entoure la cire qu'on fait blanchir au soleil. La signif. « a noxâ quid servans » (res) con-

وكا   836   وكد

vient, car c'est justement la destination de cette enceinte.

وِقَايَة cf. Vêtem. 430—1; = مِلَقَّد, Ibn-as-Sikkît 526; 1001 N. III, 409, 4: وعلى راسها وقاية من الديباج, تَغْطِيها من الحَظر Godard I, 215: « Les tissus de soie et or, dont les juives s'enveloppent la tête et qu'elles nomment oukaia au Maroc et en Algérie;» M. de Goeje me fournit encore: Mowaschâ 169 v°: وكتبمت على (صفائرها 170 v°) وقاية تجمع بها نواقيها Cazwînî II, 285, 13: ورابطوا على وجهه سجفا ساخيفا شبه وقاية, cf. 140, 9 a f. (l. الرقاع). — Têtière du cheval, Chorb. نون الوقاية, t. de gramm., est le noun du pronom affixe de la 1re personne, comme dans ضربني, ليتني, مَنّي, M.

وكا II c. a. et على dans le Voc. sous recumbare; approcher, mettre contre, Alc. (arrimar algo; ainsi on dit arrimar la cabeza, s'accoler, arrimar las espaldas, s'adosser).

V. Souvent تَوَكَّى pour تَوَكَّأ, s'appuyer sur (على), Gl. Badroun, Gl. Mosl., Macc. II, 177, 8, Abou'l-Walîd 577, 15 et 16.

VIII. Le M donne cette observation d'Ibn-al-Athîr: والعامّة لا تعرف الاتّكاء الّا الميل في القعود معتمدا على احد الشقّين وهو يُستعمل في المعنيين جميعا يقال اتّكأ اذا اسند ظهره او جنبه الى شيء معتمدا عليه وكلّ من اعتمد على شيء فقد اتّكأ عليه; cf. Abbad. I, 312: لاجلستنى حتى اتّكأت ولا يزل يحلّ على المولى الكريم غلام. — C. على percutere, Voc.; اتّكى عليه tomber à coups de bâton sur, Bc.

وكا pl. أَوْكِيَة bâton, Voc.

مُتَّكَأ coussin, carreau, Bat. III, 221: وجلوسه على مصطبة — ويجعل خلف ظهره مخدّة كبيرة وعن يمينه مصطبة فيها, Djob. 115, 4: مُتَّكَأ وعن يساره مثل ذلك متكا. — Carreau de marbre, Gl. Edrisi.

مُتَّكَأ coussin, carreau, Bat. II, 75, III, 428, R. N. 30 r°: فاذا مجلس كبير مفروش بالنمارى والمنكبات (والمتكّات 1.) من اوّل المجلس الى اخره وفي صدر المجلس نمرقة عظيمة وممكنات (ومنكاة 1.) على (عن 1.) اليمين واخرى عن الشمال واخرى الى الحائط — فوضعت على كلّ متكاة مروحة

وكب VI. تواكبوا marcher ensemble et en grande pompe, Abou'l-Walîd 612, 33.

وكبة marche, procession en cérémonie, Bc. — Cortége, Bc. — Appareil, pompe, éclat, splendeur, gloire, triomphe, honneurs rendus au vainqueur, pompe solennelle, Bc.

موكب pl. مواكب la réunion de ceux qui marchent en grande pompe, p. e. pour aller saluer un prince, Aboulfaradj 231, 2, Koseg. Chrest. 82, 3 a f., 1001 N. Bresl. IV, 225, 12. Chaque corps de ceux qui prennent part à une telle procession est aussi un موكب, Macc. I, 251, 20, où il s'agit de la prestation de serment à un calife: واتّصل بقم فرسان الحشم وطبقات; — marche publique, procession en cérémonie, de Sacy Chrest. I, ۱۴, 4; chez Bc: triomphe, honneurs rendus au vainqueur, pompe solennelle. On dit أثواب المواكب pour indiquer des habits de cérémonie, 1001 N. II, 174, 7 a f., et سروج المواكب, des selles richement ornées, comme celles dont on se sert dans ces sortes de processions, 1001 N. II, 209, dern. l. Le mot موكب s'emploie encore dans le sens que Bc donne pour وكبة, éclat, splendeur, gloire, Nowairî Espagne 473: ويقوض اليم للخلافة بعده بفضل نفسه — وشرف موكبه وعلوّ منصبه. — Troupe de cavalerie, escadron, Berb. II, 452, 8, 1001 N. Bresl. VI, 161, 4 et 8.

مَوْكِبِيّ dont on se sert dans les marches publiques, dans les processions en cérémonie, p. e. الطبول الموكبية, Tha'âlibî Latâïf 124, 13, الشموع الموكبية, Macrîzî man. II, 347, 1001 N. Bresl. III, 295: شمعدان فيه شمعة موكبية (cette leçon est la bonne; شمعة مركبية dans Macn. II, 22, est une faute).

وكد et أكد II affirmer, assurer, faire foi, attester, protester, Bc. — Avérer, vérifier et prouver la vérité de, constater, Bc. — Insister, Ht, c. على p., auprès de, Aboulf. Hist. anteisl. 94, 8: وسأل الاعفاء عنه اشار عليه بان, Macc. II, 167, 9: فأكد عليه كسرى بروير وقال اكد عليه بان الى الغلام ان يلحّ في سقيه ويوكد عليه recommander, charger, ordonner de faire, Bc, Djob. 48, 15: والسلطان يتطلّع هذه الاحوال كلّها بالبحث والسؤال ويوكد في الاعتناء بها والمثابرة عليها غاية التأكيد فلهذا ابطالان عنه ونحن, de Sacy Dipl. IX, 495, 12:

وكر

الآن نوكد عليكم فى المبادرة لنصرته, Reinaud Dipl. 117, 4 a f.: وليـتـقـدّم لولاة السواحل بالتاكيد فى هذا الامر تاكيد; والجاية لهذا العقد, *recommandation*, Roland. Le Voc., qui donne ce verbe sous *festinare*, a sans doute pensé à cette signif., *faire que quelqu'un se presse, lui recommander de se hâter*. — C. على p. et a. r. *imposer*, Koseg. Chrest. 96, 2 a f.: فاخبرته بشكوى. — العبد وكيف اكد على عتر تلك الغتنة, *Epier*, Bc (Kasrawan).

اكد, pl. الأكد, Wright 3, l. 2.

والحاجـة et وكيد et أكيد *solide*, Auw. I, 396, 19: الى القصب وكيد للبنيان والتعريش وغير ذلك وفائدته كثيرة وغيرى d'après notre man.). — *Certain, indubitable, positif, sûr*, Bc, Eutych. I, 5, l. 10; صحيحة اكيدة *amitié intime, intimité*, Bc, Maml. I, 1, 45: اكيدا ; كان بين هذا والسلطان خوجداشية اكيدة وحبة *positivement*, Bc. — *Nécessaire*, L (necessarius). — *Fort, brave*, Ht. — *Sévère*, Roland.

آكد et أوكد *rendant plus ferme, consolidant davantage*, Elmacin 110: ان حملـت الناس على نكت الايمان هانت عليهم ايمانهم وان تركتهم على بيعة اخيك للبيعة — ثم بايعت لونك بعده كان ذلك اوكد للبيعة *s'imprimant plus fortement dans l'esprit, se gravant mieux dans l'esprit*, Auw. I, 411, 11: وسانك بعد هذا ما (الغيته .ل) القيته للمتقدمين من حذاق الفلاحين من القول على (ل فى) الانشاب ليكون اوكد على القارى لهذا الكتاب — ليكون ذلك آكد اكد عند القارى, dans L: *Plus nécessaire*, Auw. man. 119 r° (deux fois آكد et une fois اوكد). C'est un passage de 9¼ pages qui manque dans l'édition (I, 509). — *Plus pressant, plus urgent*, Macc. I, 244, 4 a f., 706, 16 (lisez آكد avec Fleischer Berichte 249), Boerl 165, 10: فيعمل ذلك يحيى بن ابراهيم اوكد عنه

تأكيد et تَوْكيد *assurance, certitude, persuasion, ferme croyance, protestation, promesse, assurance positive, conviction*, preuve certaine, Bc.

مُوَكَّد el مُوَكِّد *certain (de* على*), infaillible, constant, sûr*, Bc.

وكر.

وَكْر pl. وكور, Payne Smith 1470. — وكر للزناة *bordel*, L (lupanar).

وكريف pl. وكارف *veau*, Bc (Barb.), Ht, Daumas V. A. 430.

وكز I للحصان *éperonner, piquer des deux*, Bc.

وكس I, aor. يكس et يوكس, *déprécier, mettre une chose, une personne, au-dessous de son prix*, Bc.

وكس *vil*, Gl. Mosl.

وكع IV *clocher, boiter*, Alc. (cosquear del pie); *marcher comme un canard*, Alc. (anadear).

أوْكع *boiteux*, Alc. (coxo de pie o pierna).

وكف.

وَكف *naufraye*, voyez Gl. Geogr.

وكل I. وكل الى نفسه *abandonner quelqu'un à lui-même, à ses propres moyens, à ses propres forces*, Haiyân-Bassâm I, 142 v°: son avarice pour ses femmes était telle وقد اسلمهن الى انفسهن فى اكثر مَوْنتهن, III, 49 r°: وقد اسلمتم اميرم — لخطبكم ووكلتم الى انفسكم وبعد عن النفير تحومٌ

II c. a. p. *mettre quelqu'un en sentinelle* dans (ب) un endroit, Gl. Belâdz., Haiyân 56 r°: وكان بذلك الجانب رجلا منهم يعرف بالصديقى يحرص aussi par ellipse وكل *seul, poser des sentinelles*, p. e. بالابواب *aux portes*, Gl. Belâdz. — C. ب p. *mettre certaines personnes auprès de quelqu'un, pour le soigner*, Djob. 38, 8: ونصب لهم مارستانا لعلاج من مرض منهم, ووكل بهم اطبّاء يتفقّدون احوالهم ou *pour le garder, le surveiller*, Mohammed ibn-Hârith 316: وكل به الاعوان وامر الّا يفارقوه حتى الخ, Khallic. I, 214 Sl.: وعرض عليه القضاء ببغدان فى خلافة المقتدر فلم يفعل فوكّل الوزير ابو الحسين على بن عيسى بداره متبسما فحوطب فى ذلك فقال انما قصدت ذلك ليقال كان فى زماننا مَن وُكِّل بداره ليتقلد القضاء فلم يفعل; dans le dernier sens on dit par ellipse وكل بفلان, *mettre des gardes auprès de quelqu'un*, Gl. Abulf., Haiyân 55 v°, 86 v°, Haiyân-Bassâm I, 143 r°: امر صاحب المدينة بالتوكيل به; ou وكل بدار فلان, comme dans le passage de Khallic. cité plus haut; aussi وكل على فلان, Gl. Abulf. — C. ب *livrer à*, Gl. Mosl., Maml. II, 2, 99:

وكل

فَرَاىَ اخْلَاى الَّذين عهدتهم يوكّل قلبى بالهموم اللوازم « la séparation de mes amis, dans la société desquels je vivais, livre mon cœur à des soucis continuels.» — *Être curateur*, Alc. (procurar).

V c. على dans le Voc. sous procurator; *être son propre curateur*, Alc. (procurarse a si mesmo); توكّل مال او بأمور احد *prendre l'administration des biens, des affaires de quelqu'un*; توكّل له بأمور *être curateur pour quelqu'un*, Bc; c. فى *être fondé de pouvoirs, mandataire, représentant*, Gl. Tanbîh. — *Défendre en justice, plaider*, Alc. (abogar). — *Poser des sentinelles*, Haiyân 60 r°: فامر باعتقالهم جميعا والتوكّل فى العسكر. — C. ب *se charger de*, Bc, Alc. (tomar a su cargo), *se faire fort, répondre de*, Bc, *se charger de, prendre soin de*, Djob. 36, 6: وعلى ساحل البحر اعوان يتوكّلون بهم ويحمل جميع ما انزلوه الى الديوان *prendre soin de*, *garder, surveiller*, Mohammed ibn-Hârith 287: ثم قال لجماعة من الاعوان ممن كان بين يديه امضوا معه وتوكّلوا به فان رب الى الرجل داره وإلّا فرّدوه الى حتى 316, après la phrase يخاطب الامير اصلحه الله ان امره que j'ai citée sous II: — فتوكّل به الاعوان ومضوا معه *prendre sur son compte, se charger de faire, d'exécuter*, Bc, c. ب r., Macc. II, 67, 12, vers qui a été expliqué par M. Fleischer Berichte 272 («du lässt dir's angelegen sein»), 259, 2 a f.:

ايّها العاذل الذى بعذابى تتوكّلا ❊

VI تواكلوا *ils s'abandonnèrent les uns les autres, les uns laissèrent les autres en proie à l'ennemi*, synonyme تخاذلوا, Abd-al-wâhid 114, 13, 127, 13, 148, 14.

VIII *attendre ce qui doit arriver*, Alc. (esperar lo que a de venir).

وَكْلِيَّة *procuration, pouvoir donné par quelqu'un à un autre, d'agir en son nom; commission, emploi qu'on exerce comme y étant commis*, Bc.

وكيل *avocat*, Burton I, 107, Beaussier. — En Espagne, au XIV° siècle, *celui qui était chargé de l'administration des finances du souverain*, Prol. II, 14, l. 15. — *Préposé de la douane*, Niebuhr R. II, 80. — *Facteur d'un vaisseau*, Bat. IV, 93, 94, 304. — *Remplaçant*, Werne 96, *d'un pèlerin*, Burton II, 267. — وكيل البحر chez Freytag est emprunté à Bidp. 124. — وكيل الحرمين *administrateur des biens de la Mecque et Médine*, Beaussier; le consul des deux vil-

838

وكم

les saintes à *Constantinople*, Burton II, 8. — وكيل الكنيسة *marguillier*, Bc.

وكَالة *procuration*, Amari Dipl. 100, 5 et dern. l.; *mandat, procuration, pour conduire gratuitement une affaire*, Bc. — *Tutelle*, Alc. (tutela). — *Marguillerie*, Bc. — En Egypte, pl. ات (M) et وكائل (1001 N. Bresl. XII, 80, 115), pour دار الوَكَالة (Lane M. E. II, 10), *hôtellerie, khan*, Bc; c'est un édifice où logent les marchands étrangers et où ils déposent leurs marchandises; les magasins sont au rez-de-chaussée et au-dessus sont les chambres des marchands, mais ces dernières servent aussi parfois de magasins, M, Lane M. E. I, 27, II, 10, Burton I 35, 41, Browne I, 17, 106, 126, 194, Samhoudi 170, 3 a f.: وكالة ذات حواصل, 1001 N. IV, 589, 3 a f. Il ne faut pas prononcer وكَّالة, comme l'ont fait de Sacy et, d'après lui, Freytag; les bonnes autorités (M, Lane, Burton) donnent le mot sans *techdîd* et le pl. وكائل prouve que c'est bon. Les Européens en Orient prononcent *occaleh*, *occal*, et Mc (sous *okel*) donne وكّال, mais c'est incorrect. وكالة العبيد *négrerie, lieu où l'on renferme les nègres, esclaves à vendre*, Bc. — وكالة العربانات *messagerie, entreprise des voitures publiques*, Bc.

وكيلى *représentatif*, Bc. — *Syndical*, Bc.

واكل, pl. وُكَّل, et مُتَكَّل s'emploient dans le sens de وَكَّل et وَكَّلَة, مُواكل et تَوَكَّلَة, Gl. Mosl.

تَوَكَّل dans le Voc. sous confidere.

حاجّة توكيل et تَوكيل *compromis, soumission à l'arbitrage, acte qui la contient*; توكيل بتقديم *soumission, engagement de fournir*, Bc.

مُوَكَّل c. ب *inhérent à, attaché à, enclin à, livré à, voué à*, Maml. II, 2, 99, Gl. Mosl. Bidp. 177, 3 a f.: ويجب لهذا الجسد الموكل به البلاء, Aboulf. Hist. anteisl. 184, 3 (mal traduit).

مُتَّكِل voyez واكل.

مُتَوَكَّل c. ب *préposé à*, Bc.

مُتَوَكَّلِيَّة *herbe potagère qui prenait son nom du calife abbaside Motawakkil*, de Sacy Chrest. I, 147.

وكم I. Freytag a fait une lourde bévue en disant que يكمون السلام c. على p. signifie *saluer*, car وكم السلام

se dit des Persans, *qui prononcent as-salâmo alaikim, au lieu de alaikom*. Le M dit la même chose que le Câmous, mais il est encore plus explicite: وم (اى الاعجام) يكمون السلام اى يقولون السلام عليكم بكسر الكاف من عليكم. On voit que c'est un verbe formé du pronom affixe *kim*, prononciation vicieuse de *kpm*, et qu'il ne s'emploie qu'à l'aoriste.

وكأ, V et VIII voyez sous وكى.

ولاحد (vulg. pour ولا أحد) *aucun, personne*, Alc. (ninguno, gualehâd).

ولاشى (vulg. pour ولا شىء) *rien*, Alc. (nada ninguna cosa, ninguna cosa). — *De nulle valeur, mauvais, méchant, coquin*, Alc. (ruyn, cada ruin كل ولاشى vellaco, où il donne un pl. gualexaîn, gramatico malo الاصيل ولاشى). — (نتحوى ولاشى أرض الولاشى) est chez Alc. hornaguera tierra, terme que Victor traduit de cette manière: *sorte de terre qui prend si grande chaleur du soleil qu'elle brûle les racines des semences, terre à charbons, houille*. — Les Berbères ont adopté ce mot arabe parmi beaucoup d'autres; ils le prononcent اولاش et on le trouve dans le Dict. de leur langue sous *vaurien, poltron, mou* (homme sans vigueur), *sot*.

ولب

ولب espèce d'euphorbe, Bait. II, 590 f.

ولج

I aussi c. على, Macc. II, 214, 19: وقد ولج ظلام C. فى *entrer dans, contribuer à, concourir à*, Macc. I, 135, 20.

II. ولّج البه الامر ou ولّجد الامر, en parlant d'un prince, *abdiquer la couronne en faveur de quelqu'un*, M, c. ل p., Holal 34 v°: ما كان من نظره الجميل ورايه الاصيل" من توليجى الامر لابنه فى حياته".

IV proprement *faire entrer*, en parlant d'une femme par rapport à un homme, et de là الايلاج *la copulation charnelle*, 1001 N. Bresl. XII, 111: وفى تتبعه باربعة اشيا اكل الدجاج وشرب الخمر والنوم على الديباج ودخول الحمام بعد الايلاج".

V, *entrer dans*, c. a., comme I et VIII, Abbad. I, 306, 7 (= Abd-al-wâhid 99, 16), Yâcout II, 412, 7, Khatîb 97 r°: وتوجهوا داره وقتلوه, c. على, Macc. III, 45, 23: وصبح مدينة وادى آش ولج يشعر

حافظ قصبتها الّا به وقد توليج عليها, mais n'est pas dans notre man. — Le M, après avoir dit: ولّجد البه والبه الامر فوّض البه, ajoute: فتولّجد.

ولجد, dans le sens de *lieu où l'on se cache*, pl. ولاج, Abd-al-wâhid 118, 11. — Est rendu par *planities, planus campus et cultura villæ* dans d'anciennes traductions de chartes siciliennes *apud* Lello 11, 19, 12 (dans une charte sicil.: ولجد بين الخندقين, على شاطى الوادى, et dans le Voc. c'est *litus* (pl. اولاج). Il paraît que c'est *plaine, vallée*. Dans l'Akhbâr 102, 9, il est question de la ولجد qui se trouve entre le Guadaira et le Guadalquivir. Edrîsî (۱vo, 10) fait mention d'un district nommé الوليجة, où se trouvaient Sorita (Almonacid de Zorita), Hita et Calatrava; cf., non pas pour la géographie, mais pour le nom, Campo de Calatrava. Les belles et fertiles vallées qui s'appellent la Huerta de Valencia et la Huerta de Murcia portaient aussi le nom de ولجة, car on lit chez Ibn-al-Abbâr 231, 5: وهم رحى, الولجة بولجة بلمنسية, cf. dans mes Recherches II, Append. XXXIII, 9, et chez Macc. III, 39, 19: جلسنا بعض العشايا بالولجة خارج مرسية والنسيم يهب على النهر (cette rivière est la Segura, qui divise la Huerta de Murcia en deux parties presque égales). Enfin Yâcout (IV, 939, 19) dit: والولجة ناحية بالمغرب من اعمال تاهرت. Beaussier donne: *Plateau formé par le coude d'une rivière, en forme de presqu'île* (Tun.).

وليجة sorte de navire, Gl. Geogr.

وليج et ولوج *entrant*, Diw. Hodz. 179, vs. 22.

وليجة pl. ولائج = ولجة dans le dernier sens que j'ai donné, Auw. II, 6, 4 a f.: الّا بطون الاودية والولائج والمسارح والجزائر وشبهها

ولد

I. ولد تلذ ولد تقذى est un proverbe qui s'applique à celui qui ne répond pas à l'attente qu'on avait de lui, Gl. Mosl.

II. الاستخوان يولّد الامان « la méfiance est la mère de la sûreté, » Bc; — *engendrer pour la seconde fois*, Alc. (engendrar otra vez).

IV. اولدها s'emploie dans le même sens que ولدنا, Mohammed ibn-Hârith 224: كان يوسف الفهرى قد اعطى معوية بن صالح جارية فاولدها معوية, Gl. Tanbîh. — *Engendrer pour la seconde fois*, Alc. (engendrar otra vez).

ولد 840 ولد

V éclore, Ht. — Se multiplier, Edrîsî, Clim. I, Sect. 7, en parlant de singes: حتى تتولد وتتزايد حتى انها قد تغلّبت على هذه الجزيرة لكثرتها. — Adopter, Alc. (adoptar; le n. d'act. adopcion). — Tenir le milieu, Djauzî 144 r°: الحنطة الزينة المتولدة اللون بين الحمرة والبياض

VI = V, Gl. Geogr.

VII. انولد میں mort-né, Bc.

X faire naître, Aboulf. Hist. anteisl. 140, 3 a f., où Dâhis est le nom d'un étalon, et al-Ghabrâ, celui d'une jument: وقد قيل ان الغبراء بنت داحس. — Prendre une esclave pour concubine, v. d. Berg 38, la rendre enceinte, la rendre له ولد, ام ولد, Gl. Tanbîh.

ولد père; قاتل ولد parricide, Voc. — Pl. ولدان l'action d'engendrer, Alc. (engendramiento).

ولد, pl. aussi الْوُلْد, M, de Sacy Chrest. II, 390, n. 68, et aujourd'hui en Egypte ولاد (voyez plus loin). — الولد l'héritier présomptif du trône, le prince héréditaire, Cout. 20 r°: Hacam Ier ayant envoyé son fils aîné Abdérame vers Tolède, 'Amrous dit aux Tolédans: يلزمني للخروج الى الولد ابقاء الله وواجب كان قريبي, et encore 4 fois, 25 r°: عليكم مثل ذلك et ولد وهو به له كانت لصحبته ايضا منهم الْحلّ, 25 v°, Mohammed ibn-Hârith 209: كان المنذر بن محمد اذ, Haiyân 4 v°: كان ولدا هو الذي خاطبه في القضاء et passim. C'est comme infante en espagnol, titre qu'on ne donne à présent qu'aux enfants puînés des rois d'Espagne, mais que, jusqu'au règne de Juan Ier, on donnait aussi au fils aîné du roi. Comme coll., les infants, les fils du sultan, Berb. II, 351, 1. — Sur ولد pl. ولاد dans le jeu de طاب voyez Lane M. E. II, 61. — ولد ou harâdi, dans la préparation du sel ammoniac, les matières qui restent au centre des ballons, lorsque la sublimation n'a point été complète, Descr. de l'Eg. XIII, 27. — اولاد الايام les professeurs de l'époque (de Slane), Berb. II, 462, 10: وتقفل الى المغرب بعد ان شدا شيئا في الطلب وتفقّد على اولاد الايام. — ولاد النبّالي des hommes qu'on emploie comme chanteurs dans la procession du nouveau marié, Lane M. E. I, 256. — اولاد الضباع nom de certaines étoiles dans la constellation du Bouvier, Cazwînî I, 32, 7, Alf. Astron. I, 25. — اولاد الظباء nom de certaines étoiles dans la grande Ourse, Cazwînî I, 30, 19. — امرأة ولد ولد bru, femme du fils, Alc. (nuera muger del hijo).

وِلْدِيَّة naturalité, état de celui qui est né dans le pays qu'il habite, Bc. — والديّة العمّ cousinage, Bc.

وَلُود féconde, p. e. en parlant d'une brebis, M, Voc. (fecunda), Bc, d'une femme, ولودة, Ali's Sprüche, Anhang I, n° 69. — Ayant beaucoup d'enfants (homme), Berb. II, 239, 13.

وُلَيْد الطفل الوليد l'enfant nouveau-né, Koseg. Chrest. 81, 13.

وَلَّادَة femme en couche, Gl. Edrîsî, Macc. II, 633, 3 a f. (corrigé et traduit par Fleischer Berichte 158, mais cette signif. me semble convenir mieux que l'autre). — Féconde, Voc.

والدة امرأة والدي marâtre, seconde femme du père, Alc. (madrastra); proprement ma marâtre.

والدي paternel, Bc.

تولّد génération spontanée, M. — توّلد التحريّ et توّلد seul provocation, Alc. (provocacion a yra).

توليد التوليد للخروج terme technique dans le calcul de la زايرجة, Prol. III, 174, 7.

مَوْلِد, pl. موالد et مواليد, nativité, disposition des astres lors de la naissance de quelqu'un, Bc, Abbad. I, 251, 5 a f., Abbâr 149, 5 a f., Prol. I, 204, 1, 209, 3. — «La fête de la naissance de Mahomet ne se célèbre pas le même jour dans toutes les mosquées de Constantinople: le sultan la célèbre le 12 de rébi premier, dans la mosquée où il a coutume d'assister aux offices des grandes solennités; dans les autres mosquées, elle se célèbre à des jours différents, dans ce même mois ou dans le suivant,» de Sacy Chrest. I, 476, d'après Mouradgea d'Ohsson. — Dans l'usage ordinaire, jour de fête, quel qu'en soit l'objet, comme l'anniversaire de la mort ou de la naissance, la convalescence d'un malade, le retour d'un voyage, etc., de Sacy Chrest. I, 466; ainsi 1001 N. Bresl. XII, 116: وهو كل من مات son père mourut, puis sa mère, منهما اخرجه وكفنه ودفنه وعمل له الزيارات والموالد fête pour un saint, 1001 N. II, 75, 15: وصلوا في تلك الليلة ختمة ومولدا للشيخ عبد القادر الجيلاني; le saint

841

as-saiyid al-Bedewî a trois fêtes chaque année à Tantâ, une grande, une petite et une troisième en Redjeb, Ztschr. Kunde VII, 50, 198; fête pour les fakîhs à l'occasion d'un mariage, 1001 N. IV, 616, 17: ثُمَّ عمل الولائم وعزم في أوّل يوم الغنياء فعملوا مولدا شريفا۞.

مُوَلَّد celui qui, sans être d'origine arabe, est né parmi les Arabes et a reçu une éducation arabe, وَلَد عند العرب ونشأ مع اولاده وتأدَّب بآدابهم , M; c'est ainsi, p. e., qu'on appelait les Espagnols musulmans et arabisés; c'est proprement adopté, signif. que donne Alc. (adoptado). — Né de parents esclaves, Burckhardt Nubia 199, Lane trad. des 1001 N. II, 515 n. — Métis, mulâtre, Bc, Beaussier, Berbrugger cité par Guyon 176, n. 1. (Il ne faut pas dériver mulato, mulâtre de ce mot. Mulato, qui est proprement un mot portugais, signifie 1° mulet, 2° (figurément et par mépris) mulâtre; voyez Gl. Esp. 384 et comparez encore نَغَل, mulet, نَغِيل mulâtre). — مولّدات الطبيعة ou المُولَّدات les productions de la nature, Bc.

مُوَلَّد génératif; قوّة مولّدة force générative, faculté génitale, Bc.

مَوْلِدِيَّة poème pour une fête, Abou-Hammou 167: فانَظم المولديات tu es poète, mon fils.

مَوْلُود pl. مَوَالِيد enfant, M; — المواليد, t. d'alchimie, les enfants, c.-à-d., les choses produites, Prol. III, 202, 7; المواليد الثلاثة les trois règnes de la nature, les animaux, les végétaux et les minéraux, M. — Né de la terre, Alc. (engendrado de la tierra). — Naissance, Ht, Tha'âlibî Latâïf 82, 1. — La fête de la naissance de Mahomet, Cartâs 264, 6 a f.; notre man. porte de même dans un passage où l'édit., 272, 14, a مولد. — Le mois dans lequel on célèbre cette fête, c.-à-d., Rebî' Ier; le mois suivant, Rebî' II, s'appelle المولود شائع, Hœst 251, Domb. 57, Roland.

مِيلاد Noël, M, Djob. 337, 7, Amari 173, 3 a f., Auw. II, 35, 16. — Nativité, disposition des astres lors de la naissance de quelqu'un, Macc. I, 333, 3.

قصيدة مِيلادِيَّة poème composé pour la fête de la naissance de Mahomet, Macc. III, 24, 21.

مُتَوَلَّد métis, Roland. — Né du ciel, Alc. (engendrado del cielo). — Je ne sais pas bien ce que ce mot signifie appliqué aux dattes (تمر), Djauzî 146 r°: والمتولد منه ردى۞.

اِسْتِيلاد l'affranchissement maternel, qui ne reçoit ses pleins effets qu'à la mort du patron, d'Escayrac 493.

ولدن.

وَلْدَنَة enfance, Bc. — Enfantillage, Bc.

ولس III faire l'hypocrite, Ht. — Conniver, Bc.

بولس ولس partialement, Bc.

مُوَالِس partial, Bc.

مُوَالَسَة connivence, Bc. — Partialité, Bc. — Subreption, surprise faite à un juge, etc., Bc.

وَلَس et لَسْبِس pl. ولاس aine, Cherb., Beaussier. — Bubon, Daumas V. A. 425, bubon vénérien aux aines, Beaussier.

ولض V persécuter, Ztschr. XXII, 74, 5, 116.

ولع I = اِسْتَخَفّ selon le Câmous, ce qu'il ne faut pas traduire par levem fecit, comme l'a fait Freytag, mais par mépriser, et en ce sens ce verbe se construit, comme son synonyme, avec ب; voyez-en un exemple dans un passage du R. N. que j'ai publié sous ذلق II. — Allumer, Ht. - S'allumer, Hbrt 196.

II النار allumer le feu, attiser le feu, Bc, M, au fig., mettre le feu aux étoupes, jeter de l'huile dans le feu, entretenir la discorde, Bc. — S'enflammer, Bc.

IV c. ب p. désirer ardemment la mort de quelqu'un, Gl. Fragm.

V c. ب s'adonner à, se livrer à, s'éprendre, حبّ se passionner pour, Bc, Abbad. III, 208; تولع بالكتب bibliomanie, Bc; — c. ب p. aimer à blâmer quelqu'un, à l'outrager, Yâcout IV, 260, 11; on dit عو متولع بعرضه il aime à flétrir son honneur, Abbad. l. l.

VIII avoir de l'affection pour, Alc. (aficionar, autalâa). — Demeurer interdit, ravi, stupéfait, Alc. (enbevecerse, aussi autalâa).

وَلَع étonnement, stupéfaction, Alc. (enbevecimiento).

وَلِع cupidus chez un poète (Wright).

وَلْعَة petit charbon allumé, morceau de braise, Beaussier, M.

وَلَغ

وَلِيغ = مُوَلَّع, Gl. Geogr.

وَلَّاع النار *attiseur, boute-feu*, Bc.

أَوْلَغ « dans Freytag est une faute pour أَوْكَع, » M.

مُوَلَّع, c. ب ou في, *épris de*; بالكتب *bibliomane*, Bc.

مَوْلُوع même sens, Alc. (aficionado). — *Etonné, stupéfait*, Alc. (enbevecida cosa).

وَلَغ I, au fig., en parlant d'un homme, ولغ في الدم Abbad. I, 42, 3 et 4, Haiyân-Bassâm I, 172 vº.

IV, au fig., أَوْلَغ السيف مُهْجَة البَطَل, Gl. Mosl.

وَالِغ, pl. وُلَّغ, Gl. Mosl.

وَلَف

وَلَف *cyclamen* chez Bc me semble une faute pour رَكَف (voyez).

وَلْف vulg. pour الأَلْف, M.

البرق الوَلَّاف chez Ibn-Doraid (Wright).

وَلِيف vulg. pour الأَلِيف, M.

وَلَق

وَلْقَة *piste, trace, vestige*, Alc. (patada o huella, pisada de pie, l'un et l'autre = أَثَر, rastro o pisada, rastro por olor, trocha o rastro).

وَلِيقَة *retama, spartium*, Prax R. d. O. A. VIII, 282.

وَلَك I *injurier, dire des injures*, Niebuhr B. xxxiii; formé du mot qui suit ici.

وَلَك *ho! ho!* interj. d'indignation, Bc; « *oulak* (holà, hé!); cette espèce d'interj., qui paraît être une abréviation de الويل لك (malheur à toi!), sert à appeler brusquement avec l'expression de la menace ou du reproche, » Caussin de Perceval, Gramm. ar. vulg. 141; exemple sous قَطَاع.

وَلَم I *convenir, être opportun*, Ht; mais voyez Beaussier chez qui c'est la IIIᵉ.

وَلَه

وَلَه *démence*, Nowairî Afrique dans le passage qui correspond à Athîr X, 404, 7 a f., qui a le synonyme بَلَه.

وَلَه

وَلِه = وَالِه, Kâmil 715, n. f.

وَلْهَان, fém. ة, Payne Smith 833. — Fém. وَلْهَى *éprise*, Bc.

وَالِه, pl. وُلَّه, Diwan d'Amro'lkaïs. — والِه في الله *tout absorbé en Dieu*, Macc. II, 152, 16.

مُوَلَّه *santon*, Macc. III, 143, 8 a f. et suiv.

وَلْوَل I non-seulement, en parlant de femmes, *pousser des cris d'affliction*, mais aussi *pousser des cris d'allégresse* (ullulare pro gaudio dans le Voc.); c'est en général *pousser les cris lou, lou, lou, lou*, comme les femmes arabes ont la coutume de le faire aux jours de fêtes, de noces, de funérailles, et dans d'autres occasions, Recherches II, Append. LXIV; cf. encore Cout. 40 rº: فإن انتحرى واتكاى على سيفى أقرُنُ على من من يقال ولول عليه العدوُّ من شاغف للجبل فقرَّ عند, Berb. I, 616, 4 a f. et Descr. de l'Eg. XVIII, part. 2, 458: « Les cris de douleur, chez les femmes du Caire, sont tout à fait semblables, pour le ton, à nos cris de joie. Un exemple frappant s'en voit tous les jours aux enterrements; à entendre les hommes et les femmes qui accompagnent les cérémonies funèbres, on jugerait qu'ils chantent des chansons faites exprès pour égayer et divertir les passants. » — *Applaudir*, Ht.

وَلْوَلَة pl. وَلاوِل *cris d'affliction*, Bc.

وَلِي I *être contigu à*, Cartâs 40, 7; c. مع *être limitrophe de*, de Sacy Dipl. IX, 494, dern. l.; أَمْس والذى يَلِيه *avant-hier*, Voc. — Freytag n'aurait pas dû reproduire le وَلِى عنه بوجهه de Golius, car c'est وَلَّى, comme il a fait imprimer avec raison dans sa Chrest. 56, 4 a f.

II *se détourner, s'éloigner de*, c. عن, 1001 N. I, 82, 7: مدينة ولَّى عنها الشتاء ببرده واقبل عليها الربيع. — ولَّى بوجهه عند voyez sous بورد. — Dans le sens de *tourner* c. d. a., Weijers 43, 3, et 146, n. 236, Haiyân 100 vº: وولَّوا المسلمين اكتافهم « ils tournèrent le dos aux musulmans. » — *Revenir*, retourner au lieu d'où l'on était parti, Bc (Barb.). — On peut dire ولَّى معروفاً, comme on dit اولى معروفاً, si la leçon est bonne dans l'hémistiche (Macc. II, 276, 3 a f.): انا عبدٌ ولَّيتَه كلَّ بِرّ, où Fleischer (Berichte 295)

proposo, mais avec un signe de doute, de lire أُوَيْلِيَّة. —
C. d. a. *imposer* une chose à quelqu'un, Mohammed
ibn-Hârith 317: فاعقبه الله فى ذلك بشرّ عُقْبَى وولاه من
ذلك ما تولَّى. — C. a. p. *déclarer* quelqu'un *son successeur*, de Sacy Chrest. II, 229, 4 t. a.; on dit
aussi وَلَّى العهد لأخيه, Gl. Bayân. — *Habiliter*, Alc.
(abilitar). — *Céder* un marché, un immeuble *pour le
prix d'achat*, c. من وزوجه « il le cède à sa
femme pour le prix coûtant, » Beaussier, c. ل, Formul. d. contr. 1: وثيقة التولية اشهد على نفسه فلان
ابن فلان طائعًا غير مكره انه ولّى لفلان بن فلان
الفلاني الذي اشتراه بموضع كذا ولا له بالثمن الذي
اشتراه به ؈ —
III *envoyer sans cesse*, Abbad. I, 248, 5 a f.:
وكان ابن جهور كثيرًا ما يوالي رسله الى الاصطلاح بينهما
C. a. *toucher, être attenant, contigu à, limitrophe de*,
Gl. Belâdz., Gl. Geogr., Beaussier. — والى به الضرب
il le frappa sans interruption, Gl. Tanbîh. — *Accomplir*, Alc. (complir = كمل) (?).

IV. Cf. avec l'expression اولاه معروفًا (Bidp. 274,
4), *ibid*., dern. l.: عنه المهائم قد اولتنى بهذا لجزاء.
De même qu'on dit اولاه معروفًا, on dit اولاه حمدًا dans
le sens de *louer*, P. Abd-al-wâhid 155, 10, et l'on
trouve ما أُولَى (pour ما اولاه للحمد) *que de louanges ne
mérite-t-il pas! Abbad. III, 133: فان اجاد فما أُولى. —
C. a. p. et ب r. *déférer, donner*, Bc.

V c. a. r. *se charger de*, Bc, *prendre soin de, faire*,
Vêtem. 29, n. 10, Gl. Tanbîh; تولى الحرس *faire la garde*;
تولى الحرس بعده *relever*, prendre la place de la sentinelle, Bc. — *Faire habituellement* une chose, R. N.
97 r°: il apprit ما يتولى منه المؤدّب الهوارى من الشتم
المتوليين; cf. Berb. I, 35: واللعين فبعث فى طلبه
مرتفعًا بالمحال « qui parcourent régulièrement leur territoire » (de Slane). — *S'emparer, se rendre maître
de*, Beaussier, c. a., Berb. I, 46, 6 a f.: فغلبهم اولاد
ـه c., على, Berb. I: مسعود وقتلوا شيخهم ـ وتولوا الوطن بما فيه
1001 N. Bresl. III, 391: فعملت نفسك السنداد
لاجل اخذ الاجمال وتتولى على ما له والله هذا حرام
عليك; peut-être le Voc. a-t-il pensé au même sens
en expliquant ce verbe, على, par *preesse* (*quando
vult preesse*). — *Epouser* la veuve de son frère, Payne
Smith 1542. — *Être forcé de porter* ce qu'un autre
a imposé, voyez le passage de Mohammed ibn-Hârith

que j'ai donné sous II. — تولى المجالس *présider*,
Bc. — C. ل *devenir le client* (maulâ) *de* quelqu'un,
Catal. des man. or. de Leyde I, 227, 9. — *Présenter*, Roland (?).

VI. من تتولى له السببية فى مرتبتين, Prol. II,
367, 12, « celui qui est capable de reconnaître deux
chaînons dans une série de causes et d'effets» (de Slane).
— C. a. *prétendre être client de*, Kâmil 335, 15.

VIII *administrer*, Gl. Fragm., Gl. Geogr. — Peut-être *toucher, être attenant, contigu à, limitrophe de*,
voyez Gl. Geogr.

X c. على p. *gouverner, avoir grand crédit sur*
quelqu'un, le *mener*, Bc, M; en parlant d'un ministre qui s'empare du pouvoir et ne laisse au souverain
que son titre: على, وعلى سلطان فلان, استولى على الامر,
على دولة فلان, أمر فلان, Bayân I, Introduction 99.

أُوَيْلِيَّة a le pl. أُوَيْلِيَّات, que Freytag a oublié. — *Cousin germain*, M. — *Patron* et aussi *client, affranchi*,
M. *Ancien client*, selon Ibn-Khaldoun, Prol. I, 334,
10. — *Tuteur, curateur*, v. d. Berg 32, n. 1, *procureur*, de Sacy Chrest. I, 369. — S'emploie comme
صاحب; on dit donc ولى النعم, ولى اللطف, M; *disciple*,
de Sacy Chrest. I, l0⁴, 11; ولى العهد *le prince héréditaire*, M; ولى الامر كله *dictateur*, Bc. — *Simple,
facile à tromper*, Bc. — *La pluie après celle de l'automne*, Calendr. 9, dern. l.

وَلِيَّة *une pupille*, Gl. Tanbîh. — Pl. ات *dame*, Ht,
femme, mariée ou fille, Beaussier, *filia* dans le Voc.,
J. A. 1843, II, 221, 7, 222, 4.

وِلاَيَة *tutelle, curatelle*, v. d. Berg 32, n. 1, Gl.
Tanbîh, *curatelle d'un legs*, Bc. — *Sainteté*, Voc.

وِلاَيَة *la charge de cadi*, Mohammed ibn-Hârith 242,
Macc. I, 555, 20. — ولاية الديوان *la présidence du
conseil d'Etat*, Berb. I, 448, 9. — *Le droit de disposer de son bien*, v. d. Berg 35. — *Amitié*, Ali's
Sprüche, Anhang I, n° 248 et note p. 112.

الولاة *les proches*, Cairawânî man. 620. — Sur
le *wâlî* en Egypte voyez encore Maml. I, 1, 110,
Prol. II, 30, 14. الوالى *celui qui prend soin des
funérailles*, Gl. Tanbîh. والى التشريفات *maître des
cérémonies*, Bc. — الوال *la baleine* ou bien *le cachalot*, Edrîsî de Jaubert I, 63; voyez وال sous *waw elif*.

من باب اولى أُوَيْلِيَّة *à plus forte raison*, Bc. — C.
préférable, Bc. — Voyez sous ويل.

ولي

الْأَوْلِيَاتِيَّة‎ secte parmi les Soufis, M.

نَوَالِي‎ *près*, Bc (Barb.).

مُوَلَّى‎ aussi مَوْل‎ et pl. مَوَالٍ‎ dans le Voc. — Après un nom patronymique on met مَوْلَاهُمْ‎ pour indiquer qu'un individu appartient à cette famille, non pas comme parent, mais comme client, comme affranchi, p. e. Macc. I, 512, 10: ابن حزم الاموى مولاهم الغارسى الاصل‎ (Omaiyade, parce qu'il était client de cette famille), 550, 5, 602, 10: se الهـاشـمـى مولاهم لان ولاء‎ II, 667, 2 a f. — ⁼ حرمل عربى‎, Bait. II, 539 d. — موي انهار‎ sorte de serpent, Hœst 301. — موي الماء‎ celui qui est chargé de veiller à ce que la répartition des eaux dans les propriétés de chacun soit faite en toute justice, Daumas Sahara 262.

مَوْلَاة‎ dans le Voc. aussi مَوْلَة‎ et pl. مَوْلَيَات‎.

مَوْلَوِي‎. Le passage du Diw. Hodz. se trouve 214, vs. 33; le fém. ة‎, P. Aghânî 62, 14. — مولى عليه‎ *pupille*, Gl. Tanbîh.

مَوْلَوِيَّة‎ haut bonnet de laine que portent les Maulawîs, M (nom d'un ordre de derviches fondé par Maulânâ Djelâl ed-dîn Roumî).

مَوَالِيَا‎ (sing. masc.), selon d'autres sans *techdîd*, pl. مَوَالِيَات‎, dans le M sans *techdîd*, aujourd'hui مَوَّال‎ pl. مَوَاوِيل‎. Voyez sur ces petites poésies populaires, leur origine et leur nom, les mémoires de Flügel et de Fleischer dans le Ztschr. VII, 365 et suiv., où les travaux plus anciens sont cités; on peut y ajouter: Prol. III, 429, 4, Descr. de l'Ég. XIV, 306, XVIII, part. 1, 75 et suiv., et le M; ce dernier fait mention d'une opinion d'après laquelle le mot viendrait de مَوَالِيَا‎ ou مَوَالِي‎, nom d'une esclave de Dja'far le Barmécide, qui, malgré la défense, composa des vers (qu'il donne) sur la chute de cette famille. Beaussier donne (sous موَّال‎): موَّال‎ *couplet chanté par un chanteur seul* (Tun.), syn. قصيدة‎ et صبّاح‎.

مُوَيْلِيَة‎ dimin. du mot qui précède, Gildemeister, Catal. des man. or. de Bonn 50.

موالبا‎ voyez مَوَّال‎.

مُتَوَلِّي‎ *l'administrateur chargé de gérer les revenus d'une mosquée, d'un collège, et de toute fondation pieuse*, Moüng. CLXXIII, M, Roger 256, Niebuhr R. II, 206, 246.

الْمُتَوَالِي‎ s'emploie comme sing. de الْمَتَاوِلَة‎, qui sont les Chiites, nommés ainsi لانهم توَّلوا عليًّا واهل بيته‎, M.

اسْتِيلَاء‎ t. d'astrol., *ascendant*, M.

ومأ I vulg. وَمَى‎, M.

IV vulg. أَوْمَى‎, M, Koseg. Chrest. 66, 2, 1001 N. I, 63, 64; اومى له عن (او الى) شى‎ *montrer du doigt quelque chose à*; اومى بقبلة الى‎ *envoyer un baiser à*, Bc. — C. الى‎ *gesticuler*, Bc.

وما‎ *geste, gesticulation, signe*; لعب الومـا‎ *pantomime*, Bc.

وَمَّاى‎ *gesticulateur*, Bc.

ايما‎ *geste*, Bc.

الْمُومَا (او الْمُومَى) الْيَهْ‎ ⁼ الْمُشَار الْيَه‎ *le susdit*, formule de politesse quand il s'agit d'un personnage considérable, M.

ومر.

وَامَر‎ pour آمَر‎ *consulter*, Berb. I, 528, 2 a f., 539, 1, II, 448, 5.

ومض II تومض‎ chez un poète dans Tabarî (Wright).

ومق III c. a. *aimer*, P. Kâmil 201, 13.

OUMALIA *ciste de Montpellier*, Prax R. d. O. A. VIII, 345.

ون I *bourdonner* (mouches), M.

ونب‎ II pour أَنَّب‎, *reprendre, blâmer, censurer*, Payne Smith 1779.

الْوَنَج‎ *la Lyre* (constellation), Payne Smith 1917.

وناجهك‎, nom d'une plante médicinale inconnue aux anciens, Bait. II, 590 g; leçon de HL; sans points dans B; A واتجهك‎; EKS وتجهل‎; le nom berbère est dans A عشبة قبرى‎ (sic), dans B عشبة قبرى‎.

ونى II *être paresseux*, Ztschr., XXII, 150.

VI *s'amuser, perdre le temps*, Bc. — C. عن‎ *différer, tarder, négliger*, Bc, Abbad. I, 257, 1: والومه‎ p. عن‎ c. المسير لسبيله واوعده القتل على النوانى عنه‎ *différer de se rendre auprès de*, Abbad. I, 422, 3 a f.: فلا تتوانيا عنى وقيّا الى هبوب انفاس الرياح‎

نِبَة est dans le Diw. Hodz. 166, vs. 7.

تَوانى (pour تَوانٍ) négligence, Bc. — Simagrée, façons de faire affectées; صاحب تَوانى façonnier, qui fait trop de façons, Bc.

وهب I. وهب نفسه se vouer, Bc. — Ce verbe ne se construit c. d. a. que lorsqu'il implique l'idée de جعل, comme dans وهبنى الله فداك, c.-à-d. جعلنى; «j'ai entendu dire,» raconte Zamakhcharî dans l'Asâs, «à un de mes serviteurs, qui était du Yemâma, lorsque le toit avait une fente par où passait l'eau: يا سيدى اجعل عليه هل أُهب عليه التراب, dans le sens de وهب له الشى M. — remettre, faire grâce de, faire la remise d'une dette, Bc; de même وهب له زلته ou «كنا وهبنا لك دمه il lui remit sa faute, ذنبه «nous avons, à votre considération, épargné son sang,» وهب accorder à un tel la grâce de tel autre, فلانا لفلان Mong. 304 et suiv., Tha'âlibî Latâïf 41, 2, Gl. Abulf.

IV départir, donner, Bc.

VI se pardonner, se remettre mutuellement, p. e. تواهبت ما كان بينها من الدماء «elles se pardonnèrent mutuellement tout le sang qui avait été versé entre elles,» Mong. 306, Berb. I, 553, 5 a f.: تواهبوا التراث والدماء

VII être donné, Payne Smith 1568.

X c. d. a. ou c. a. et من alt. demander à quelqu'un la grâce de tel autre, Mong. 304 et suiv., Tha'âlibî Latâïf 41, 2.

وهبة remise, somme abandonnée, diminuée sur une dette, un prix, Bc. — هبة خاصة privilège, don naturel, Bc. — هبة الازواج préciput, don mutuel des époux, Bc.

هبة هبة الله (don de Dieu) nom d'un remède contre l'obstruction lymphatique dans la matrice, Ibn-Wâfid 8 r°, 26 v°, où il donne la recette.

وهبى infus, donné par la nature, p. e. العلم الوهبى la science infuse, Bc, Macc. I, 571, 15, où الوهبية est l'opposé de الكسبية العلم. — الوهبية nom d'une secte en Afrique, Gl. Geogr.

موهوب esclave donné en présent, fém. ة, Gl. Tanbîh. — وهبى = Berb. I, 129: اهل النفوس القدسية والعلوم الموهوبة

وهج II allumer, Sadi Gulistan 58, 2 a f. éd. Semelet.

وقحى le vent d'ouest (qui dessèche), Daumas Mœurs 354, R. d. O. A. N. S. IV, 423.

وهاج brillant, 1001 N. I, 890, Bresl. IV, 359; dans Bresl. I, 314: سرير من العاج مصفح بالذهب «والوهاج, la copulative est de trop.

وهد

وهد pl. أوهاد, Abbad. I, 60, 2.

وهدة vallon, Bc. — جبل وهدة pente, penchant d'une montagne, Bc.

وهدانية la partie basse d'une ville, Holal 47 r°: وادار على المدينة سورا احاط بوهدانيتها

وهر I effrayer, Bc, M.

VII s'effrayer, Bc, M.

وهرة frayeur, peur, Bc; — ذو وهرة = ذو هيبة ووقار imposant, M.

وهف

وهف pl. وهوف temple (?), al-Kiftî dans de Jong, Catal. des man. or. de l'Acad. des sciences d'Amsterdam 74, n. 2.

وقش I prendre au lacet, M, pour l'hébr. יקש (yakoch), Saadiah ps. 124, Aboû'l-Walîd 295, n. 73, 454, n. 28.

II prendre au lacet, Aboû'l-Walîd 797, 26.

IV prendre au lacet, Merx Archiv I, 174, Saadiah ps. 9 et 38. — Tendre des lacets, Saadiah ps. 141. — Entourer, p. e. le cou d'une chaîne, اوهقوا رقبتى بالسلسلة, Payne Smith 1369.

وهق, pl. وهوق, Saadiah ps. 64, vs. 6; expliqué ainsi dans les 1001 N. III, 335: هو فى هيئة الشبكة واسع من اسفل وضيقه من فوق وفى ذيله حلق وفيه قنب حرير فيقصد الفارس والفرس ويضعه عليهما ويسحب القنب فينزل عن الجواد راكبه فياخذه اسيرا

وهم I c. من et فى est dans le Voc. mirari in prestigiis; en comparant وهم dans le sens de spectres, ombre, et l'article miratores dans Ducange, je soupçonne que c'est voir des spectres.

II c. ب faire accroire, Bc.

IV persuader, c. d. a. اوهمه الشى, Bc, c. a. p. et

اِن, de Sacy Chrest I, ٣v, dern. l.: وكان خواصّه يوهّمونه انّ, c. ب اِنّه ليس في هذا كبير خطر faire accroire, Bc; اوهم الخبر او السوء في prévenir quelqu'un pour ou contre une personne Bc. — اوهم قبل الحكم préjuger, décider par avance, Bc. — Imposer le respect, la crainte, Bc, inspirer à quelqu'un des craintes, des inquiétudes, Voc. (terrere), c. a. et من, اوهم الامير من السلطان « il assura l'émir qu'il avait tout à craindre du sultan; » c. d. a. اوهموا القتل « ils le menacèrent de la mort, » Maml. I, 2, 157.

V c. a. regarder avec défiance, Macc. II, 513, 10; متوهّم ظنّان défiant, Bc. — Avoir des craintes, des inquiétudes, Maml. I, 2, 157. — C. من et في dans le Voc. sous mirari in prestigiis (cf. sous I).

VII se préoccuper, se prévenir, concevoir des préventions, Bc.

VIII. اتّهم فلانا بفلانة soupçonner qu'il y a une liaison illicite entre tel homme et telle femme, Gl. Abulf. — C. من et في dans le Voc. sous mirari in prestigiis (cf. sous I).

وَهْم. Macc. I, 471, 15 et 16: Vos taxateurs ont évalué la maison à telle somme وبذلك تعلّق وهمك c.-à-d.: et vous n'avez pas voulu donner davantage. — Inquiétude, terreur, Maml. I, 2, 157, M: vulg. = لان الانسان اذا الاحتساب والخوف, Bat. IV, 38, 180: نظر الى اسفل الجبل ادركه الوهم فيستشهد خوف السقوط où la traduction porte hallucination. — Ombre, spectre, Hbrt 33 (Alg.). — Genre de lutte, 1001 N. I, 365, 4.

وَهْمِيّ chimérique, Bc.

وَهْمِيَّة la faculté au moyen de laquelle on saisit la qualité des objets et l'on se forme des opinions, de Slane Prol. I, 199, n. 5.

تَهَمَّة = تُهَمَّة, al-Fârâbî dans le M, Alc. (presuncion), P. Weijers 52.

تُهْمَة a le pl. ات, M, et تُهَم, M, de Sacy Chrest. I, ٦, 3 a f., Abd-al-wâhid 2, l. 5.

اِيهَام. Le pl. ايهامات des écrits qu'on dit exister, mais qui en réalité n'existent pas, Amari 614, 9 (la correction de Fleischer est confirmée par le man. de Leyde 159).

مُوَهَّم prétendu, faux, supposé, Bc.

وَهَن I s'affaiblir, languir (plante), Auw. I, 158, 14: فيهن (فيَهِن l.). — Rester sans mouvement, فسقط في مهواة من الاوعار فوهن Berb. II, 22, 8: — Perdre courage, وسيقت من الغداة الى المنصور Aghlab. 45, 2 a f., Khaldoun Tornberg 10, 5 a f.

II c. a. nommer faible, Gl. Belâdz.

IV c. a. p. priver quelqu'un de l'usage de ses membres, Gl. Fragm.

وَهْن faiblesse du corps, torpeur des membres, Gl. Fragm. — Comme مُوَهَّن, une partie de la nuit avant ou après minuit, le temps du premier et du plus profond sommeil, Ztschr. XII, 79, n. 1.

وَهْنَة faiblesse, Bidp. 13, 5 a f.

وَهَن faiblesse, Diw. Hodz. 220, vs. 9.

وَاهِنَة pleurésie, L (pleuresis (dolor)).

مُوَهَّن voyez وَهْن.

X être difficile à constater, Prol. II, 197, 2.

وَاهٍ fragile, frêle, Bc. — Léger, peu important, peu considérable, Bc, frivole (récit), Prol. I, 25, 2 a f., 27, 10. — ثمن واهٍ prix exorbitant, Bc.

وَاح pl. ات oasis, Bc, Jackson 186, 238, d'Escayrac 5, de Sacy Chrest. II, ٥٢, ٤ a f., Berb. I, 149, Becrî et Edrîsî passim.

ويح s'emploie de différentes manières, p. e. pour désapprouver, comme dans de Sacy Chrest. II, 474, 3, où un mari répond à sa femme qui vient de lui donner un conseil: ويحك, y penses-tu, malheureuse que tu es! comme l'éditeur traduit fort bien; — pour marquer le vocatif, P. Macc. II, 279, 4: يا ويح مَن يا ويح مَن بالمغرب الاقصى ثوى « ô vous qui demeurez dans l'extrême Ouest!» — pour éveiller l'attention, écoutez! très-souvent comme dans Koseg. Chrest. 31, 12; — pour donner à entendre qu'il y a une différence énorme entre deux personnes ou deux choses, comme dans ويح داو يا ويح الشجيّ من الخلي, Macc. I, 393, 12, II, 230, 11; — pour exprimer la louange (comme ومن بدائعه التي عقم عن رئيس, Macc. III, 680, 22: مثلها قياس قَيس واشتهرت بالاحسان اشتهار الزهد

بِأَنِّيس،، ولم يجعل مجاريه ومباريه الَّا بويج ويَّيس" قوله الخ ــ

وَيْحَة chant plaintif, Alc. (guayas canto de dolor; اطلق الوَجَحَة guayar dezir guayas).

وِيذَارِى = وَذَارِى (voyez).

وِيسْقَاس (voyelles dans N, latin viscus) glu, Most. زفت رطب v°.

وِيكَة = بَامِيَا hibiscus esculentus, Burckhardt Nubia 213 n., Ouaday 525, Pallme 47, Werne 30.

وَيْل. وَيْلَك et يَا وَيْلَك s'emploient pour éveiller l'attention, écoutez! Koseg. Chrest. 72, 5 a f., 1001 N. I, 42, 15, 73, dern. l., m'écoutes-tu? 340, 15: فسمع

للجاريَة التي عند رَاسه تقول للتي عند رجلَيه وَيْلِك يَا وَيْلِي عليه — . خيزران قالتْ لها نعم يا قضيب البَان malheur à lui! Gl. Fragm. — يَا وَيْلَتَاه malheureux qu'il est! le malheureux! P. Abd-al-wâhid 77, 1. — وَيْلَكُم الرَّامى gare aux tireurs! J. A. 1849, II, 310, n. 1. — Chant funèbre à la louange d'un mort, Alc. (endecha).

وَيْل لَك, اوْلَى لَك = وَيْل لَك أَوْلَى etc., Gl. Fragm.

وَيْلَمَّه dans le Diw. Hodz. 261, vs. 2.

وِين vulg. pour أَيْن où, M; Bc.

وِبِنَادِيك اخْوَان matricaire (plante); وِبِنَادِيك cotula (plante voisine des camomilles), Bc.

ى

ى pour يا, Vêtem. 26, n. 2.

يَا. La règle d'après laquelle le nom appellatif ou l'adjectif indéterminé après يَا ne se met à l'accusatif que lorsque la personne ou la chose appelée n'est pas censée être sous les yeux de celui qui parle (de Sacy Gramm. II, 89, 4 a f.) n'est pas toujours observée, Abbad. I, 180, n. 31. — يَا هُو يَا مَا hé! Bc. — combien, avec exclamation, p. e. يَا مَا جمع مال « combien il a amassé de biens!» que, p. e. يَا مَا قتلوا نَاس من العسكر «que de soldats ont été tués!» comme, p. e. يَا مَا انبسطنا «comme nous nous sommes amusés!» Bc; يَا لَه سكران «Oh, comme il est ivre!» P. Prol. III, 395, 14. — بَاللَّه çà, interj. pour commander ou encourager; يَا اللَّه بَاللَّه بَاللَّه يَا allons! allons! Bc. — يَا بَعَد يَا أَنت je vous en supplie, Bc. — et يَا قَدْ dans le Voc. iam, mot pour lequel il a aussi — يا dans la 2ᵉ part. du Voc. tantum (= فقط, ولا اكثر والسلام etc.); dans la 1ʳᵉ part. ve (c.-à-d. væ).

يَابْنُوز = ابنوس ébénier, Voc.

يَابُونَجَة (turc يَابُونْجَه; du polonais) capot ou capote, espèce de manteau à capuchon d'étoffe grossière, Bc.

يَاجُوج مَاجُوج pygmée, Bc.

امير يَاخُور = امير آخُور grand écuyer, 1001 N. II, 23.

يَارُون? dans Auw. II, 621, 17; en comparant 625, 7, je crois devoir lire بَارُون.

يَازِجِى (turc يَازِيجِى) secrétaire, Rutgers 159, dern. l., 160, 11, 161.

يَئِس IV c. مِن r., Abbad. I, 392, 3 a f. (où l'on peut conserver la leçon du man., à savoir اَيْسْتَنِى); c. d. a., Macc. II, 423, dern. l. (cf. Fleischer Berichte 48).

يَاسَمِين. يَاسَمِين بَكْرى, يَاسَمِين التَّعْرِيش jasmin, Bc. — يَاسَمِين sorte de petit iris sauvage, tubéreuse, Bc. — يَاسَمِين بَرّى = ظَبْيَان (voyez) Cenomyce coccifera, Bait. II, 178 d. — يَاسَمِين حَمر افضاداتى, 1001 N. I, 147, où Boul. a يَاسَمِين حلبى — Pommade, Martin 49.

يَاغِى pl. بَوَاغِى (يצהלה) écho, Bc.

يَاقَة (turc يَقَه, يَقا) collet, partie du vêtement autour du cou, Bc.

يَاقُوت télésie (pierre précieuse), Bc; يَاقُوت جَمرى escarboucle, Bc; — اليَاقُوت الحَبشى الملوَّن jaspe, L (iaspis et à la fin); — يَاقُوت أَحمر rubis, Niebuhr B. xxxvi, chez Bc يَاقُوت حَمرا; — يَاقُوت خَاقَا hyacinthe, Bc; — يَاقُوت سيلانى pierre précieuse rouge, Niebuhr B. xxxv; — يَاقُوت أَزرق saphir, Bc; — يَاقُوت أَصفر topaze, Bc. — يَاقُوت كَحلى escarboucle, voyez sous le second mot.

يامورسن (voyez plus haut t. I, p. 559) الرُّمَّان السَّفَرى = الباقوتى . باقوتى grenades dont les grains sont carrés, Alc. (çafari granada), Bat. IV, 366. — Sorte d'olive, voyez sous قبومومشين.

باقوتيْنْبْ espèce de haricot rouge, Auw. II, 64, 6.

يَواقِينيى lapidaire, ouvrier en pierres précieuses, Alc. (pedrero de piedras preciosas).

يامورسن = ترمس lupin, Sang.

يامون pl. ات guêpier, joli oiseau à long bec noir, rouge et jaune sur le dos, bleu sous le ventre et sous le cou, avec la queue et le bout des ailes de cette même couleur mêlée de jaune, Beaussier, Carteron 227, Daumas V. A. 432.

بيانسون anis, Bc.

بيانسونى anisé, Bc.

ياه bon! Bc.

ياهوا Jéhovah, Bc.

بيمرق (turc بَيْراق), n. d'un. ة, feuilles de vigne, M.

يبروج mandragore, a le pl. بيباريج, Bait. II, 14 f; Alc. (mandragula) écrit ce mot بيبروج et yabrôt. البيبروج (AB) est سراج القطرب ou يبروج صنمى الوقّاد, Bait. II, 14 f, 595 b.

يبرون ambre jaune, succin, Sang.

يبس II durcir, endurcir, rendre dur, insensible, Bc.

V se sécher, se dessécher, Voc., Alc. (enxugarse, enxugarse lo verde), Payne Smith 1544. — Se durcir, s'endurcir, Bc.

يبس dureté, insensibilité, inhumanité, Bc; peut-être en ce sens dans Meursinge 26, 15: تحزب عليه جمع من مشايخ صوفية المدرسة بسبب يبسه معهم ومعاندتهم لهم بحيث اخرج وظائف كثير عنهم (منهم l.), وقرّر فيها غيره, où l'éditeur traduit avarice, signif. que ce mot ne peut bien avoir (cf. يابس), mais l'autre me semble plus appropriée. — يبس البطن constipation, Bc. — يبس الراس dérangement dans le cerveau, Comment. sur Harîrî 163: الهوس يبس الراس ويتولد من

; cf. plus haut جَفَاف; — roideur, opiniâtreté, sévérité inflexible, Bc.

يُبوسة aridité, insensibilité, Bc. — Dureté, fermeté, solidité, Bc.

يابس dur, ferme, solide, Bc; dans un vers du Diw. Hodz. 32, où les boucliers sont nommés جلود البقر القراع, le mot قراع, qui a ce sens, est expliqué par مطرق يابس كبف الحديد; Daumas V. A. 199: « ma trique est faite avec un bois dur comme le fer;» Alc. donne يابس pl. ات dans le sens de fruit à écorce dure (fruta de corteza dura); راس يابس tête dure, et يابس seul roide, opiniâtre, inflexible, dur, Bc; 1001 N. Bresl. I, 168, 2 a f: ان هذا البدوى جلف يابس الراس, où Macn. (I, 418, 4 a f.) a ناشف الراس. — Avare, chiche, dur à la desserre, à la détente, grigou, Beaussier, Daumas V. A. 164, comme خشك (proprement sec) en persan.

اليابسة, comme חַיַּבָּשָׁה, la terre, par opposition à la mer, à l'eau, dans la Genèse, M, Payne Smith 1544.

تيبيس courbature, maladie de l'homme, du cheval, provenant de grande fatigue, Bc.

متيبّس courbatu (cheval), Bc.

يترن œnante (plante), Bc.

يتم IV rendre un enfant orphelin, de Sacy Chrest. I, iv, 3 a f., II, ١٣١, 7.

V devenir orphelin, M, Voc., Payne Smith 1648.

يتيم espèce de dattes, Prax R. d. O. A. V, 212. — Asperugo procumbens L, Prax R. d. O. A. VIII, 279. — الدرّة اليتيمة pour درّة اليتيم, Gl. Geogr.

يتن I s'emploie aussi au fig., جاء الرجل بالشيء بتنًا, à savoir مسئلتك هذه, et اذا قلب الشيء عن جهته = بتن, قلبت الظلام = بتن, Kâmil 79, 21 et suiv.

يتّون thapsia, thapsie, turbith bâtard, Bg; il faut donc restituer ce mot dans le Most. v° سذاب, qu'il explique par thapsie, et où N porte يَبْتون, Lm وهو بغنون.

يَحْنَذ equisetum, Bait. II, 599 b (il l'épelle).

يخمّص 849 يدى

يَخْمَصّ (berb.) sorte de gros céleri, Bait. II, 599 c (il l'épelle).

يَتَخْمَى , يَتَخْمَة (pers.) capilotade, ragoût, gibelotte, fricassée, M, Bc, Hbrt 15, Lane M. E. I, 216, Mehren 37, 1001 N. III, 458.

يَدَكّ (turc) cheval de main, Bc.

يدى.

يَدّ, vulg. يِدّ, Bc, au Caire ايد, Burckhardt Prov. 25, Bc. Pl. vulg. ايدين et آيْديين, Voc. — جعل يد فى الارض se dit de celui qui est assis par terre et qui se lève en s'appuyant sur la main, Cartâs 9, l. 15. — لا يدك عنى ne me touche pas, Bc. — له يد فى هذه المادّة «il a eu part à cette affaire,» Bc.

يدّا بيد donnant donnant, M, souvent chez les jurisconsultes, p. e. Çabbâb 104 r°, où l'on trouve ajouté: ولا يجوز الى اجل. — جموع الايدى il mit beaucoup de mains à l'œuvre, Berb. I, 530, 8, 600, II, 107, 9 a f., 156, 3 a f. — يدًا سواء ensemble, en commun, Voc. — يد من غنم troupeau, Voc. — عريف على يد tribun, L (tribunus). — Portion d'un pré, d'un champ en ligne droite, que fauchent deux, trois ou quatre faucheurs à la file, Alc. (ducha cierto trecho). De même: portion d'une vigne en ligne droite, que travaillent à la houe quatre vignerons à la file, Auw. man. de Loyde (après I, 531, 4 de l'édit.): واليد هو القطيع الذى يقطع من أتم للرجالة فاذا انتهوا الى اخره ابتدوا بدّا اخر ومقدار الطوال ان كان التزم طويلا فيكون طول اليد مثل ما تقدّم, édit. 530, 16 (corrigé, comme dans le passage qui suit ici, d'après notre man.): فى صفة العمل فى خدمة الكروم اليد فى الارض اللينة الرخوة الراوية المتأنيبة للعمل ان يقطع اليد للخدّامين فيها من سنتين باعا الى الطول اقلّ من ذلك والارض التى فى بصدّ ذلك — فيقطع لهم البيد من ثلاثين باعا فى طوله والارض المتوسّطة يقطع لهم الاجود من, 531, n.*, l. 6: اليد من اربعين باعا فى الطول ان يكون عدد الرجالة اربعة وجعل فى اوّل اليد الاعرف بالعمل والاقوى من الرجال والذى يليه يكون مثل وكذلك الثالث وان كان منهم رجل ضعيف او غير عارف بالعمل طوال بد et يد, 13, 19, 533, 14. — فيكون فى اخر اليد crédit, autorité, pouvoir, considération, Bc, Abbad. I, 242, 1: واتّسع بلده. — حتّى طالت يده. — Habileté, capacité, Macc. I, 541, 4: لم يد فى الغظم, 604, 7: وكانت وكان له يد فى الفرائض والعروض, 1001 N. I, 375, 4 a f.: يد طولى (Freytag 517 a De même. لها يد فى ضرب القانون au milieu), Gl. Abulf.: وكان له فى هذه العلوم يد طولى, et بد بيضاء (Freytag ibid.), M: ولفلان يد بيضاء فيه هذا الامر اى حاذق فيه, Khallic. I, 119, 4 Sl.: لهم اهل اليد البيضاء, Prol. I, 8, 4: فى الشطرنج يد بيضاء «les hommes habiles.» Freytag, en disant que يد بيضاء signifie aussi bienfait, cite avec raison le Tohfat ikhwân aç-çafâ (Calcutta, 1812) 158, où on lit (il s'agit de Jonas): ولسموت ايضا يد بيضاء عند بى; mais je ne m'explique pas comment il a pu citer aussi, pour cette signif., p. 204 de ce livre, où il est question de Dieu et de Moïse: آية اليد البيضاء والعصا واعطاه, car il saute aux yeux que cela signifie: «Dieu lui a donné le pouvoir de faire le miracle de la main blanche et celui de la verge,» et qu'il s'agit de deux miracles que Moïse fit devant Pharaon; il fit le premier en mettant sa main dans son sein et en la retirant blanche de lèpre, ونزع يده فاذا هى بيضاء للناظرين, comme dit le Coran (VII, 105). — يد الدفّة timon, barre du gouvernail, Bc. — يد كرسى bras de fauteuil, Bc. — يد القاغد main de papier, Domb. 78. — يد المهراس pilon, instrument pour piler dans un mortier, Voc., Alc. (majadero para majar), signalé comme vulgaire dans le Gl. Manç. v°

يد الشقفل, aussi والعامّة تسميه يد المهراس: دستج Alc. (l. l.), يد الهاون, Bc, Bg, Mc, يد الجرون, Bc, Bg, et البيد seul, Ztschr. XXII, 100, n. 35. — بين يدى, devant, ne s'emploie pas seulement quand il s'agit de personnes, mais aussi quand il est question de choses, p. e. بين يدى السرير, Gl. Abulf. — يَدّ الدهر, avec la négation, jamais, exemple P. Kâmil 666, 4: يد المستند toujours, Diwan d'Amro'lkaïs 48, vs. 3 et p. 126 des notes. — على ابادى الدهر autrefois, Gl. Belâdz. — dans le Coran IX, 29, où se trouve l'ordre de combattre les chrétiens et les juifs حتّى يعطوا الجزية عن يد. Cette expression est expliquée par les commentateurs, comme on peut le voir dans Baidhâwî, de manières si nombreuses et si discordantes, que l'on serait tenté de dire qu'ils auraient mieux fait d'avouer qu'ils ne la comprenaient pas. Chez les auteurs de la seconde moitié du moyen âge on la retrouve, il est vrai, mais il saute aux yeux que, loin d'appartenir au langage ordinaire, elle n'était chez eux qu'une réminiscence

II 108

يبرينك 850 يَذَرَة

وتعرف البادَرة ايصا يقطينا لان كل مفتنش على الارض يَذَرَة البَذَرَة بالذال المعجمة اسم اندلسي: .Bait, فهو يقطين للنبات المسمى باليونانية قسوس (κισσός) وقد ذكرته في حرف القاف (Sonth. II, 599, a confondu deux articles en un seul), Auw. I, 31, 2 (correctement dans notre man.), II, 321, 11. Alc. nomme ces espèces: يَذَرَة ثالثة (yedra tercera), يَذَرَة منزولة (yedra baxa) et يَذَرَة كَحْلاء (yedra negra).

يَذَقَة (a. esp. yedgo, aujourd'hui yezgo) hièble, petit-sureau; Bait. in voce ѐpollo le mot avec les voyelles et dit: اسم لطيني للنوع الصغير من الْجمان; cf. sous شلّ; Bait. I, 393 b باللطينيى يذفة, 394 a; ce qu'il y dit d'après al-Ghâfiki se trouve aussi dans Zahrâwî 213 v° بانعجمية المدقة, corrigez (البذقة).

يَرَا (altération de بُوقَ pl. بوَقَات) chalumeau, flûte champêtre, Voc. (fistula), Alc. (caramillo de pastor, citola, flauta fistola), ضارب اليرا flautador), Macc. II, 144, 4.

يَرَوِي celui qui joue de cet instrument, Alc. (citolero).

يَرَاسم emplâtre; — onguent, Voc.

يَربطول, يَسربَطورة, يَرِبَطور (esp., chez Dodonæus (551 a) hervatum et yervatum, chez Nebrija ervatuno rabo de puerco, aujourd'hui ervato et servato) Peucedanum, queue-de-pourceau, Alc. (ervatun يَربطول, Kitâb al-colliât d'Averroës, man. de Grenade: يَربطور اندراسيون, Bait. II, 600 e, où Sonth. a يَربطورة et nos deux man. يَربطور avec: اسم لطيني والليبانوطس بانواعه هو من d: 450 العجمية الاندلس انواع الكلوس فمنه ما يعرف عند شَجَّارينا بالاندلس بنيربطور الساحلي لانه اكثر ما يكون عندنا بالسواحل, ومنه نوع اخر يعرفه اهل غرب الاندلس باليربطور الشعواوي ونيس في التحقيق ينبربطور

يَربنَك بخَلاري pouliot, man. N du Most. v° جعده: وتعرفه العامة يريد بخَلاري. L'origine de ce terme m'a été expliquée par M. Simonet; il a trouvé chez Ibn-Djoldjol que فولِبمن وفي اللغدة الصغيرة s'appelle en latin يربنك بخَلباري اي حشيشة القمل, et il observe avec raison que pedilari ou pediliari est une corruption du latin pedicularis, herba pedicularis. C'est donc herbe aux puces, de même que pulegium ou puleium (de pulex), esp. poleo, fr. pouliot, est herbe aux poux.

يَرِسكة بَسَكَمة Adiantum Capillus Veneris; Most. v° برشياوشان en port. avenca a encore ce sens.

coranique. De là vient qu'ils l'emploient en plusieurs sens, selon qu'ils préfèrent telle ou telle explication des commentateurs. Ainsi Djob. y a attaché l'idée d'humiliation quand il dit, 325, 13: وارتفع الصراخ من اطفال الروم ونسائهم والقى لجميع عن يد الاذعان. Chez d'autres c'est en argent comptant (Baïdhâwî نَقَدًا مسلَّمة من يد الى يد), comme chez Bat. III, 400, 401, 402 (= نقدًا ibid.), peut-être aussi dans le vers chez Abd-al-wâhid 136, 13, ou bien, à ce qu'il semble, tous sans exception, explication qu'on ne trouve pas chez Baïdhâwî, mais que Kasimirski a aussi hasardée dans sa traduction du Coran, Hist. Tun. 117: وتقدّم العسكر بها لها فلما تمكَّنوا من :119 (بالمدافع) ورموم عن يد ذَنَكوا فيم سايته رموا عن يد فخر فتبيلا. Autrement, enfin, mais j'ignore ce que l'auteur a voulu dire, dans Macc. I, 229, 7: واقرؤا ان نفسا لم تسمح بإخراج مثلها (مثل هذا il suit un métier, Mohammed ibn-Hârith 238: وجدت فقلت لي ابي جاربنا تنساوى على وجهها كذا وكذا وبيعها صنعها بيها من اجل صنعتها كذا وكذا اكثر ومن تساويه بغير صنعة فقلت لك لا حاجة بك الى صناعتها وانما تبتاعها للمتعة فدفن وابتع غيرها. il s'empara de lui sans peine, sans difficulté (proprement en parlant d'un oiseau qu'on prend avec la main quand il est fatigué), Gl. Belâdz, Gl. Fragm. — نزع يده من الطاعة او اخرج يدا من طاعة se révolter, Gl. Belâdz; اعطى بيده se rendre, se soumettre; aussi اعطى البيد (voyez sous عطو IV) et اعطى البد ل, Gl. Belâdz, وضع يده في يد فلان consentir à, Prol. I, 257, 13. — ان كنت يدا معك je vous aiderai, Gl. Belâdz. — لم يكن لنا بكم يدان nous ne pouvons rien contre vous, Gl. Belâdz. — البد celui qui est en possession d'une chose; لا يد لأحد عليها personne n'est en possession de cette chose, Gl. Tanbih.

يَدِي manuel, fait avec la main, Bc. — Mécanique, se dit des arts qui ont principalement besoin du travail de la main, Bc.

يُدَيَّة (dimin. de يَد) petite main, P. Prol. III, 407, 3.

يَذَرَة, aussi بَاذَرَة (esp. yedra, du latin hedera) lierre, Alc. (yedra), Most.: دبَى, sous يقطين (نَو N) البَذَرَة

بريْة شانة (doit être yerba sana, car Bait. explique le terme par العشبة الصاحيحة, mais l'esp. ne l'a plus) plante décrite Bait. II, 602 b.

بربة شلديرة (voyelles dans N; esp. yerba soldera, mais cette langue a perdu ce mot), Most. in voce: اسم عجمى معناه حشيشة تجبر او تلصق اى عشبة لصاقة وهى تنبت كثيرا على اجراف السواقى والسباحات ولها ورق تنقسم (يتقسّم N) كل ورقة على خمس وربقات حشيشة تجبر La porte مشرّفة الاطراف تنفرش على الارض للروحات, mais le dernier mot est d'une main plus moderne).

ارج يَسْت بربة نبكه (?) voyez.

يربوز, blette, a le pl. يوابز dans le Voc.

يربوع. On peut voir sur la gerboise: Shaw I, 264, Bruce V, 121, Richardson Morocco II, 257, et Central II, 146, della Cella 58, Pachalik 107 n., Guyon 214. — Rat d'eau, Most. v° لحم الفار واليربوع. — Taupe, Voc. (talpa).

يربشكين = رشكيس et ورشكيس, érésipèle, Rhazès de Greenhill, p. 125, n. 8.

يرع.

يَرَاع chalumeau, flûte champêtre, L (calamuula, où il y a un u de trop); cf. يَرَع.

يروع, comme يرع, ver luisant, Payne Smith 1632; restituez ce mot, de même que يراعة, dans Bar Ali 4518.

يبرق.

يَبْرَق Ibn-Iyâs dans Maml. I, 1, 253: كان السلطان اقام له برك وبرق, où Quatremère traduit « le sultan lui avait donné des bagages et des provisions; » mais برق ou يَبْرَق est un mot turc qui signifie armes, et je crois qu'il faut traduire ainsi, car dans trois autres passages cités par Quatremère, le terme برك est joint à ما نهب من برك ,سلاح عظيم وبرك هائل: سلاح. ف يبقى عندنا لا برك ولا سلاح, — العسكر والسلاح

بُرقان turbo dans le Voc., mais seulement dans la 1re partie.

بَرَقان. Alc. a bien ce mot dans son sens ordinaire, celui de jaunisse (itericia enfermedad), mais aussi dans celui d'hydropisie (tropico por ydropesia); « Jarcan,

Hydrops, » Hyrtl, Das Arabische und Hebräische in der Anatomie, p. 42 b. — Chélidoine (pierre), Bc; cf. Ἰκτερίας. — L'oiseau Ἴκτερος, Payne Smith 1633.

يَرَك chrysoprase, Ztschr. für ägypt. Sprache und Alt., mai 1868, p. 54, juillet p. 83.

يَرلغ (mongol), pl. يَرَالِغ, يَرالِيغ pl. يَرَليغ, ordre émané du souverain, diplôme, Mong. 179, où Quatremère ne donne, pour les écrivains arabes, que la forme يَرْلغ, mais ils emploient aussi يَرَليغ, Bat. I, 421, II, 34, Aboulfaradj 508, 5 a f., 544, dern. l., et pl. يَراليغ, 528, 6.

يَرلى (turc) indigène, M.

يَرمغان voyez أرمغان dans les Add. et Corr.

يازع est dans le Diw. Hodz. 73, vs. 1.

يَزَك II mettre à la consigne, aux arrêts, Bc. — Sergenter, presser par le moyen des sergents, Bc.

يَزَك (pers.) gardes avancées, coureurs, vedettes, Maml. I, 1, 225, Vic de Saladin 100: والبزك بين الطريقى وبين العدو مانعا من يخرج من عسكرم او يدخل, Freytag Chrest. 127, 11: واقلم يزكا على باب انطاكية. — Le chef d'une patrouille, M. — Consigne, punition militaire, défense de sortir, Bc.

يَزل.

يازول allium roseum L., Prax R. d. O. A. VIII, 281.

يَزنْت (esp.) hyacinthe (pierre précieuse); نوار اليزنت jacinthe, hyacinthe (fleur), Alc. (jacinto piedra preciosa, jacinto flor).

يس, le titre de la 36e sourate, est aussi une épithète qu'on donne à Mahomet, Lane M. E. II, 173 n., Bat. III, 328.

يَشب pour يَشْب juspe, Alc. (jaspe).

يسر I, 2 chez Freytag, n. d'act. مَيْسُور, Kâmil 70, 3. II préparer, Voc. (parare; مَيَسِّر لكذا aptus), Roland (مَيَسِّر prêt), Macc. I, 334, 20: فلو كنّا فى ذلك اليوم على عزم من انفصال' وتيسير الآلات وترتيب الرجال, 597, 3 a f. — Procurer, faire لدخول البلد

obtenir une grâce, un avantage, Bc, 1001 N. III, 39, 5 a f.: يَسَّرَ اللهُ لي قِطْعَةً لوحِ خشبٍ. — Le n. d'act. *satisfaire promptement aux désirs de quelqu'un*, Macc. III, 137: سأله بعضُ ان يَشهدَ عقدَ ابنته فتعذَّر عليه فلم يزل به حتى اجاب بعد جهد فحضر العقد وطعم الوليمة ثم لما حضرت ليلةُ الزفاف استحضره في ركوبها الى دار زوجها على عادة اهل تلمسان فاجابه مسرعا فقيل له اين عذا النيسير من ذلك التعسير فقال من اكل طعام الناس مشى في خدمتهم » —

IV, comme verbe d'admiration, ما ايسرَ عذا *c'est bien facile, rien de plus facile*, Bidp. 213, 8. — *Enrichir*, Voc.

V c. على, Becrî 178, 11: اقتراف من كتاب الله ما تيسر عليه « quelques passages faciles à entendre. » — تيسر *facile à obtenir*, Bat. IV, 393, en parlant d'une huile: وهو عندهم كثير متيسر. — Dans le Voc. sous *parare*; *se préparer*, de Goeje, Mémoires d'hist. et de géogr. orient. II, Append. VII, n. a, Alc. (apercebir, où assi est de trop, car ce n'est pas = apercebir amonestar, qui précède, mais c'est = apercibirse á, para); L semble aussi avoir pensé à cette signif. quand il donne: concurro (agredior) أتَيَسَّرُ واتى واقم (J pour), *Etre prêt*, Bat. III, 122, IV, 346, Macc. II, 705, 8. C. J *se tenir prêt pour*, Bat. II, 234: وكان في كل ليلة يتيسر للقتال, Amari Dipl. 24, 5. — *Etre sous la main, à la portée*, Macc. I, 48, 19: عدم تيسُّر الكتب المستعان بها على عذا المرام « je n'ai pas sous la main les livres nécessaires pour réaliser un tel projet, parce que je les ai laissés au Maghrib, » Bat. III, 61: cette femme ordonna d'ensevelir cette somme sous une des colonnes de la mosquée ليكون عنالك متيسرا ان احتيج — سمعت « — *Etre possible*, Macc. I, 659, 12: عليه من عذا التاريخ عنالك ما تيسر ايام اقمتي واقتضيت ما تيسر من حوائجي بدمشق, 882, 2 a f.: 913, II, 410, 10: وقد رام ان يعود اليهما فلم يتيسر له, 20; Bat. II, 240: وشاق كل منهما ما تيسر له من الدراهم « chacun d'eux apporte autant de dirhems qu'il a pu s'en procurer, » de même II, 332, III, 384, Berb. II, 558, 6: ils honoraient les membres de la famille du Prophète ويلتمسون الدعاء والبركة منهم فيما تيسر من احوالهم « dans toutes les occasions où ils le pouvaient, » Khatîb 39 r°: راس بالمحمول متبلّغ بما تيسر « content de ce qu'il pouvait se procurer, » Macc. III, 37, 19: فذا ما تيسر له شيئ « il ne put rien obtenir de

ce qu'il espérait, » Maml. II, 1, 74: فيخرج لهم شيئا, où Quatremère traduit: « suivant ses moyens. » من الحلوا وشيئا من النقل على ما تيسر اذا تيسر لي « suivant ses moyens, si j'ai le temps, Beaussier. — اكل منه ما تيسر *il en mangea autant qu'il voulut*, 1001 N. I, 579, 7 a f.: وعدت الى البغلاوة (Lane: as much as was agreeable), Bresl. IV, 34: فاكلنا ما تيسر من فواكه ذلك الجزيرة واكلت منها ما تيسر (sic), de même 37.

VI. تياسر عن طريق لقائه *il prit un détour afin d'éviter sa rencontre*, Recherches I, Append. XLVI, 6.

يُسْر plante dont les graines sont très-noires et d'une odeur fort agréable; on en fait des colliers avec lesquels on joue, et plus on en fait usage, plus ils luisent, M. — *Grains de corail noir* qu'on tire de la mer Rouge, Bruce I, 210, Burckhardt Arabia I, 70 et l'index du IIe volume, Prax R. d. O. A. IV, 202 n., Ztschr. XII, 400. — (Pour أَسْر) *captivité*, esclavage, *fers, servitude*, Bc.

يَسْر *gauche*, Voc.

يُسْر (pour أَسِير) pl. يُسْرا *captif, prisonnier*, Bc.

ياسر se dit d'un cheval, فرس ياسر, c.-à-d. سهل, M; chez Alc. c'est *qui va l'amble* (cavallo amblador, faraç yaciór, pl. kâil yaciôru: je pense que c'est une faute pour yâcir et au pl. yacirin, à moins que ce ne soit une altération de تَيْسُور, qui n'est pas un subst. comme dit Freytag, mais un adj.; M: والتيسور والتيسير الـحَـسَـن نقل القوائم، يقال دابة تيسور وتيسير). — *Prêt*, Voc., Alc. (presto aparejado, priado). — *Beaucoup*, Bc (Barb.), Mc, Cherb. Dial. 11, 18, 19, Richardson Central II, 278, et Sahara I, 250.

أَيْسَر *plus facile*, Gl. Maw. — *Plus riche*, Abbad. I, 220, 4 a f., cf. III, 82.

ايسار *richesses*, Gl. Geogr.

ميسر *jeu de hasard*, Hbrt 89.

ميسرة *côté gauche*, pl. ميايس, Kâmil 182, 17.

ميسور *en chaleur, en rut* (chamelle), Beaussier, R. d. O. A. N. S. I, 180 (myssour).

متيسر *aisé* (assez riche), *cossu* (riche), Bc.

يَسَق (turc يَسَاق *défense, prohibition*) *séquestre*, Bc, M; عمل يسق *séquestrer*, Bc. — *Calme, bonace*, M. — (Du mongol ياسان, synonyme de ياسا) *loi, rè-

يسمينة

gle; يسق عثماني droit qu'on levait; au Caire, à l'occasion des mariages et des divorces, Mong. 34.

يَسْقَاجِي ou يَسْقَاجِى (turc) = قَوَّاس, garde et agent qu'emploient les consuls et les ambassadeurs des puissances étrangères, M.

تَبْسِيق séquestration, Bc.

يَسْمِينَة, que la 2ᵉ partie du Voc. donne sous plante et que la 1ʳᵉ explique par *ciminum*, est sans doute une altération de ياسمينة, *jasmin*.

يسوعى *jésuite*, Bc.

يشب. يشابة العجلة *timon* (pièce d'une voiture), Bc.

يشير (berb. = ايشبير, plus haut I, 46) *enfant, jeune garçon*, fém. ة *jeune fille*, Domb. 75.

يشم X, que Freytag n'a pas bien expliqué en suivant Habicht, est pour استشم *ne pas trouver agréable, recevoir d'une chose des impressions fâcheuses par l'horreur qu'on en a*, Fleischer Gl. 47—8.

أَيْشَم (pour أَشَام) *plus sinistre, de plus mauvais augure*, 1001 N. I, 31: يا ايشم الطير.

مَيْشُوم (pour مَشْئُوم) *malheureux, sinistre*, Bc, *méchant, abominable*; comme adv., p. e. تَغنَّى ميشوم Fleischer Gl. 47—8, Ztschr. XI, 488.

يَشْمَق (turc) pl. يشامق *voile qui ne couvre que la moitié de la figure*, Bg, Burton II, 115, 220.

يَطَق (du turc يتاق) *lit, lit de camp*) *les soldats qui passent la nuit autour de la tente du prince, quand celui-ci fait une expédition*, Khullic. X, 94, 1 et 5.

يَطَقَان (turc يَاتَغَان) *coutelas*, Bc.

يَعْقُوبِيَة *jacobée* (fleur), Bc.

يفخ. يَفُوخ est aussi يفوخ chez Bc (*sinciput, sommet de la tête, fontaine de la tête*, ou *fontanelle*).

يفع.

يَفْعَة (= أَفْعَى) pl. يفع *vipère*, Voc., Alc. (bivora).
— *Alcyon*, L (elcione).

غلام يَفَعَة de huit ans, Berb. I, 17, 1, de douze ans, 208, 6.

يَفَاع *haute montagne*, Berb. I, 365, dern. l.

يَفَع *haut* (endroit) et aussi au fig., Gl. Fragm.

يقظ.

يَقَظ. Exemples de l'emploi de ce mot sans ابيض, P. Kâmil 330, 10, P. Macc. II, 160, 17.

يَقْشَمار sorte de poisson, Cazwînî II, 119, 19; mais chez Yâcout I, 886, 3, c'est بَقْسمار, variante يَقْماء.

يَقِظ IV *ordonner de veiller*, Berb. II, 498, 12: وايقظ الوزير بالليل حراسة العسكر

V *se tenir sur ses gardes*, Nowairî, man. 273, 637: pendant que nous étions en voyage, un lion se mit à nous poursuivre; mais quand il vit qu'il ne pouvait nous surprendre لتبقظنا, il nous quitta. — *Avoir l'esprit vif*, Macc. I, 499, 20, 535, 18: هو من أهل العلم والفضل والتيقظ, Amari 668, dern. l., Khatîb 73 rº: قال ابن عبد الملك وخبرت منذ في تكرارى عليه. — تبقظنا وحضور ذهن, *corrigez* تبقيصا وحقور ذهن

يَقِظ *qui a l'esprit vif*, Macc. I, 601, 1.

يَقَظَة est le subst. dans le M et dans un vers Abbad. I, 44, dern. l., يَقَظَة (comme chez Freytag) dans le Voc. — *Réveil*, Bc. — *Vivacité d'esprit*, Freytag Chrest. 32, dern l. (où il a imprimé يَقْظَة).

يَقْظَان, forme qui n'est pas classique, pour يَقِظَان Bidp. 172, 6: وروحدت الصيف بقظانا, Abou-Hammou: اعلم يا بُنَيَّ انه ينبغى لك ان تكون يقظانا ماعرا 88: — Pl. ن et أَيْقَاظ *excitator*, Voc.

يقن II *certifier*, Voc.

يكَانكِي (pers. يَكَانكى *unique*) nom d'une étoffe fabriquée à Bagdad, Gl. Geogr.

يَلْب « a round target of leather stretched on a wooden framework and studded with metal heads, » Palgrave II, 375.

يلبوال dans Macc. I, 252, 3 a f., doit être changé en يَلْبِيوَال, voyez plus haut I, 116 a.

يلف.

بالتق (جوالتق) pl. يوالقى est chez les moueres un sac rembourré avec de la paille, qu'on met sur la housse afin que la charge ne blesse pas le dos de la bête, M.

بَلَك (turc) *longue manche*, M. — Nom d'un vêtement, corset ample, à manches fort longues et fort larges; aussi: robe de femme; voyez Vêtem. 431. Pl. بلكات, 1001 N. Bresl. IX, 209, où Macn. (III, 424) et Boul. (II, 191) remplacent البلكات par جميع الثياب.

يَلَك surnom du roi des Khazars selon quelques man., mais d'autres portent بك ou بلك, Gl. Geogr.

يَلْمَق se trouve dans Belâdz. 86, 10.

يم chez Alc. *loyauté, fidélité* (lealtad, yum), est une altération vulg. de أمن, car pour leal il a أمين.

يم II c. a. ou حو *se rendre vers* un lieu, Gl. Badroun, M. — C. n. *diriger*, Ztschr. XXII, 121. — *Nettoyer un cadavre avec du sable*, Gl. Tanbîh.

يَم *eau*, Mi'yâr 24, 1: والشجّ بالدرم والدينار وانيَمّ والنار — Sorte de poisson qu'on trouve dans les marais, et qui pèse un livre ou un livre et demi, comme مجمّصا ou مجمَّصا en syriaque, Payne Smith 1602. — Vulg. يَمى dans le sens de من جهتى, من يم M, والنظر الى *quant à*, Bc.

يَمَام *tourterelle*, Voc., Alc. (tortola o tortolilla ave), Bc, Jackson 69. — يمامة البحر *raja pastinaca*, Bait. II, 100 b. Le MS. Escur. 893 a parmi les oiseaux: يمامة برية وتعرف بطير التمساح.

يَمَامَة *direction*, Diw. Hodz. 214, vs. 33.

يَمَامى espèce de dattes dans la province de Baçra, Gl. Geogr.

يمر يَمُور = يأمور, Payne Smith 1591, Bar Ali 4448.

يَمَق En turc يَمَاق signifie *compagnon*, spécialement *le compagnon du cuisinier, aide de cuisine, marmiton*, et aujourd'hui on emploie يَمَق en ce sens الذى يغسل الصحون ويخدم الطبّاخ فى الطبخ, M. — Nom d'un officier de police, 1001 N. Bresl. VII, 83, 2 a f.: Entendant qu'on frappât à la porte, Alâ-ed-dîn dit à Zobaida: Peut-être ton père ارسل الى الوالى او الجوخدر او اليمق.

854

يمن V c. ب *n'est point prosper evasit*, comme dit Freytag, mais c'est, comme on lit dans le M, نبرّك به et le contraire de نَشَاَّم, c.-à-d. *tirer bon augure de*, Calendr. 80, 1: ويسمّى بالسعود لتيمّنه بطلوعه Abd-al-wâhid 94, 6 a f.: فسر بهم اهل الاندلس واظهروا التيمّن بامير المسلمين والتبرّك به, Abbad. II, 109, 3 a f. — C. ة r. اخذ فيه من اليمين, comme dans la tradition: يجب التيمّن فى جميع امره ما استطاع. — Dans le Voc. sous benedicere.

VI. On voit par le M que Freytag n'aurait pas dû signaler تيامى comme vulgaire (on le trouve chez de bons auteurs, p. e. Badroun 76, 11, Becrî 114, 4), mais seulement تيامى c. ب p. — Dans le Voc. sous benedicere.

X c. ب. Corrigez Freytag comme sous V; c'est aussi = تبرّك به, M.

يُمْن *bénédiction*, Voc. — *Mort*, Gl. Belâdz.

يَمانى، يمانى. Avec عقيق ou حجر, ou l'adjectif seul, *agate*, Bc, Richardson Central II, 29, *cornaline*, Niebuhr B. 134, Pagni MS, Ht. — يمنى *coton de couleur*, de Suisse, Ztschr. XI, 510. — يمنّبة *chantres aux enterrements*, Lane M. E. II, 322, Burton I, 369.

يمين. ملك اليمين *femmes esclaves, concubines*, Cartâs 78, 7 a f. (cf. Coran IV, 3). — Dans le sens de *serment* Bc a le pl. ات.

التيمّن *le sud*, J. A. 1848, II, 196, n. 1, Payne Smith 1606; dans sa trad. de la Géogr. d'Aboulfeda (CXCIII, n. 5), Reinaud prononce à tort تَيْمَن.

تَيْمِيمَة *manière de saluer*, voyez Lane M. E. I, 300.

مُيْمِن pour مؤمن, Alc. (confiador prestando).

مَيْمُون *esclave*, Roland (?). — Nom berbère de la *couleuvrée noire*, Bait. II, 243 b; le Gl. Manç. donne ميمونة comme le nom de cette plante chez le vulgaire au Maghrib, voyez sous بوطانية.

يمنتون. Le soupçon de Freytag est sans fondement, voyez Bait. II, 604 b.

يناجّة (esp. juncia, cf. sous سُعْدى *souchet, Cyperus*, Gl. Manç. v°. سُعدى: يسمّى بالمغرب البناجّة بجيم المعجّمة, Ibn-Loyon 34 v° (texte): وذاك كالخرطال والناجّة وكالفنجيل واصول البناجّة.

ينع IV dans le Voc. sous viridis.

بانِع vert, Voc.; de là البَيانِعات, les vertes, c.-à-d. les piantes, P. Abbad. I, 60, 2: والرابييات عليها البَيانِعات ذوت انوارها «les fleurs des plantes sur les collines sont flétries;» de même le pl. أَيْنَاع, Abbad. I, 41, 9: une salle نَشرت فيه للحدائق اِيناعِها — *Qui fleurit*, Calāïd man. II, 180: روضة نَباهَت يانِعَة الازهار.

يَنْق est le mot pour *caillé*, pas يَنْق comme chez Freytag, pl. أَيْنَاق, Voc., Alc. (cuajo para cuajar); Bait. II, 604 c, le signale comme un terme andalous, بَلْغَة اهل الاندلس; aussi plusieurs fois dans le Most. sous انفحة.

يَنْكِى دنيا (turc pour يڭى) *Amérique*, le Nouveau-Monde, Bc.

يَنَم n. d'un. ة, voyez Bait. II, 604 c, Kâmil 221, 12.

يَنير (ces voyelles chez Alc. et dans Ibn-Loyon 17 v°, Ianero dans l'Alexandre copla 78, ienero et yenero dans Alf. Astron. II, 140, 265) *janvier*, Alc. (enero), Djob. 155, dern. l., etc.

يَنِيَة, pour يُونِيَة, *juin*, P. Macc. II, 832, 15, cf. Add.

يَه (يَه مَه يَه) *bah!* interj. d'étonnement. *Bon! Ha! Ho! Oh!* Bc.

يهود.

يَهُودِى *lâche, poltron*, Alc. (cobarde). — اليَهودى *corvus montanus*, Casiri I, 320 a. — *Aaoud sefer el ihoudi*, c'est un cheval jaune du juif — isabelle, queue et crins blancs, Daumas V. A. 191.

يُواَمِع (?) *céruse*, Most. v° هو البَارُوق وهو اسفيذاج: اليواَمع; leçon de N, et aussi dans La, mais sans points.

يُوزباشِى (turc, proprement centurion, commandant cent hommes) *capitaine*, Bc.

يوسف.

يُوسَفِى nom d'une espèce de myrte, s'il faut lire ainsi dans Auw. I, 248, 7; notre man. porte يَرسَفى comme l'édit. — ثوب يوسفى sorte d'étoffe, Gl. Fragm. — يوسفية monnaie d'or frappée par le sultan almohade Abou-Ya'coub Yousof (1162—1184), Gl. Esp. 293.

يُولَق *courrier*, Freytag Locm. 54, 3 et 4; c'est le turc اولاق; voyez ce mot dans les Add. et Corr.

يُولْيَة *juillet*, Voc., Djob. 69, 15, etc.

يوم.

يَوم غَدًا *dans cette vie*, par opposition à غدًا, *dans la vie future*; Ibn-al-Khatîb commence son Ihâta par les mots: اما بعد حمد الله الذى احصى للخلائق عددًا. واِبتلاهم اليوم ليجزيهم غدًا, voyez sous جز. — يوم الشك est le 30° jour de Cha'bân, lorsqu'il est incertain si la nouvelle lune a été vue ou non, Gl. Tanbîh. — الايام المعلومات sont les dix premiers jours de Dzou'l-hiddja, par allusion au Coran XXII, 29, Gl. Tanbîh. — „Dans les contrées montagneuses du Yémen, les gens du peuple, surtout les soldats, disent aux personnes qu'ils rencontrent en route: يوم الغرور, et l'autre répond: يوم القبور. Je n'ai pas pu apprendre la véritable signif. de ce salut," Niebuhr B. 46. — يومها يَوم *alors*, Bc. — الايام نوكيد, *grand jour*, Kâmil 494, n. k. — الايام *les annales*, Gl. Geogr.

يَومِى *éphémère*, Bc.

يَومِيَّة *journée, travail, salaire d'un jour*, Bc. — *Livre journal*, M.

مُوَيِّمَة *tâche*, Bc. — *Livre journal*, Bc.

مُبَاوَمَة *journellement*, Voc.; L a مُبَاوَمَة sous quoddidee, mais c'est une faute; *jour par jour*, Djob. 51, 2 a f.

يُونْجَة (turc) *trèfle*, Bc.

يُونِسَة sorte d'oiseau, Yâcout I, 885, 10; dans Cazwînî II, 119, 5, نُوسِبَة.

يُونِيَة *juin*, Voc., Djob. 62, 9, etc.

FIN DU TOME SECOND ET DERNIER.

ADDITIONS ET CORRECTIONS.

P. 12 a, l. 3. Ajoutez: Après avoir lu cet article, M. Simonet m'a fait remarquer avec raison qu'un mot chez Alc. qui m'avait embarrassé depuis longtemps, à savoir *mudâyla*, qu'il donne sous cepillo (rabot) et comme synonyme de ملساء, est مُضَيْبِلَع, dimin. de مضلع (le vulgaire en Espagne donnait constamment le *fatha*, au lieu du *kesra*, aux dimin. des mots quadrilitères).

P. 18 b, l. 17. En traduisant *teja* par *if*, j'ai suivi l'Acad. esp. qui identifie *teja* avec *tejo*. Mais elle s'est trompée: *teja*, que l'esp. n'a plus (on dit *tila*, *tilo* et *tillon* pour *tilleul*), est le latin *tilia*, *tilleul*, comme on peut le voir dans Nebrija, Victor et Dodonœus (1406 a), et n'a par conséquent rien de commun avec *tejo*, qui est le latin *taxus*. Substituez donc *tilleul* à *if*.

P. 20 b, l. 7. Remplacez le signe de doute par: *calendrier* (M sous نوخ).

P. 36 a, article طرطان. On disait aussi طرطاناً, Kitâb al-colliât d'Averroès, man. de Grenade: للخواطين المسمّاة طرطانيا ❊

P. 69 b, l. 23. Substituez *lampion* à *torche*, car le M donne sous تُنوَيْسَة: فتيلة ذات مادّة محترقة تجعل في قدح يستصبح بها ليلاً وهي من كلام المولّدين وبعضهم يسمّيها بالطوّافة ❊

P. 93 a, l. 9 a f. Ajoutez: Cf. sous مشمش, t. II, p. 595 b.

P. 288 b. Après l. 27 ajoutez:

فُور (lat. forum) foire, Voc. (nundine).

Et biffez dans les deux lignes suivantes les quatre derniers mots de l'article.

P. 330 a, l. 20. Les mots: « aussi قرطبيل » doivent être biffés, car le man. du Bayân a قرضيل.

P. 331 a, l. 25. Biffez la première signification.

P. 518 a, l. 4 et suiv. Le mot لجنة appartient aussi au dialecte de la Syrie (Bar Ali 5115, Payne Smith 1891); peut-être a-t-il une autre origine que celle que j'ai indiquée.

FIN DES CORRECTIONS ET ADDITIONS DU TOME SECOND ET DERNIER.

ADDITIONS ET CORRECTIONS.

T. I, p. 29 b, l. 17. قراباذين ou اقراباذين est, comme l'a fait observer M. G. Hoffmann (de Kiel), une corruption du syr. ܓܪܦܝܢ ou ܓܪܦܐ (Payne Smith 719), qui est à son tour la transcription du dimin. grec γραφίδιον, petite γραφή, petit écrit (voyez le Dict. b. grec de Sophocles). C'est donc proprement, selon l'explication de Bar Ali (n° 2989), recette, l'écrit qui indique la manière de faire la composition de certains médicaments, puis recette dans le sens de *la composition de certains remèdes* (تركيب الادوية). En arabe, comme on le voit par mon article p. 29, le sens s'est légèrement modifié.

T. I, p. 56 a, l. 24 et suiv. Le بدّ de Be aurait dû être placé, non pas sous بدّ, mais sous بَدَّ; c'est une contraction vulgaire et moderne de بَوَّدَ; voyez sous بود.

T. I, p. 464 a, l. 10 et suiv. Peut-être est-il plutôt l'équivalent de دينار عشري, *un dînâr qui vaut dix dirhems;* voyez dans mon Supplément t. II, p. 131 a.

T. I, p. 536 a, l. 14. Ajoutez: (l. النيموشت).

T. I, p. 718 a, l. 7 a f. — 718 b, 3. A biffer; M. Fleischer (Beiträge zur arab. Sprachkunde I, 172) a remarqué avec raison que c'est أنشب القتال ou أنشب القتال.

T. I, p. 840 a, l. 21. Biffez cette ligne. J'avais toujours soupçonné que le مصلّى de L était une mauvaise orthographe de مُصَلَّى (vulg. pour مُصَلًّى), *tapis à prier, petit tapis*, et s'il en était ainsi, je pouvais le passer sous silence; mais *simpla* m'embarrassait. Le fait est qu'un tel mot n'a jamais existé en latin; mais M. Simonet m'a indiqué comment il se trouve dans L, en citant ce passage d'Isidore, XIX, 26, 5: « Sipla tapeta ex una parte villosa, quasi simpla. Amphitapa ex utraque parte villosa tapeta. Lucilius:
    Siplæ atque amphitapæ villis ingentibu' molles."
Isidore a trouvé ce vers dans Nonius XIV, 24, qui l'a sous amphitapæ, qu'il explique de la même manière; malheureusement Isidore s'est laissé tromper par une fausse leçon, *siplæ* au lieu de *psilæ*, comme chez Nonius, car c'est ψιλαί; on trouve ψιλαί Περσικαί, *des tapis de Perse*, et les ψιλοδάπιδες ou ψιλοτάπιδες sont l'opposé des ἀμφίταποι. Ainsi Isidore, trompé par une faute de son man. de Nonius, a forgé un mot *sipla*, dont il a donné une étymologie ridicule, selon sa coutume, en l'expliquant par *simpla*, et ce *simpla*, qui est aussi imaginaire que *sipla*, a passé à son tour dans L. On voit quelles étranges bévues ces glossaires présentent de temps en temps, L surtout.

T. II, p. 12, l. 3. Ajoutez: Après avoir lu cet article, M. Simonet m'a fait remarquer avec raison qu'un mot chez Alc. qui m'avait embarrassé depuis longtemps, à savoir *mudáyla*, qu'il donne sous cepillo (rabot) et comme synonyme de مملسة, est مُضَيْلِع, dimin. de مصلع (le vulgaire en Espagne donnait constamment le *futhu*, au lieu du *kesra*, au dimin.).

ADDITIONS ET CORRECTIONS.

P. 45 a, article أولاق. En turc oriental ce mot signifie en effet, d'après le Dict. de Zenker, *cheval, monture, cheval de courrier*. Dans ses cartons Quatremère ne donne que l'acception qu'il a encore en turc et pour laquelle il cite quelques exemples tirés d'auteurs égyptiens, à savoir celle de *courrier*.

» 114 b, l. 8—11. Comme je me suis laissé tromper ici et dans l'article جمار (p. 321 b, l. 8 a f. — 5 a f.) par une citation tronquée, et que M. Simonet m'a fourni dernièrement le texte complet, il faut lire ainsi:

De même que *poleyar da vide* en portugais (proprement *pouce de la vigne*), cette partie du sarment qui reste après qu'il a été taillé; on appelle cette partie ainsi, ou اصبع (*doigt*), quand elle est courte; quand elle est longue on l'appelle جمار. Dans le chapitre d'Ibn-Loyon 19 v°, intitulé: الزبر في الدوالى, on trouve وما ينفعه وتوريف العنب ونفى الزنابير عنها ce vers:

وما تُرَبِّى من قصيب عمَّ فيه عقده إلَّا قليلًا ترتّصيه

« Quant aux sarments que tu veux cultiver, tu y laisseras pousser les bourgeons, à l'exception d'un petit nombre, autant que tu le jugeras convenable. »

Et sur la marge: القصيب الذى يُرَبِّى ان كان طويلا سمّى حمارا وان (كان ajoutez) قصيرا سمّى بلغارا واصبعا ☙

P. 321, l. 8 a f. — 6 a f. Voyez ce qui précède ici.

» 559 a, l. 8 a f. et suiv. Il faut lire البَرجين; voyez ce mot à sa place.

» 559 b, l. 19—23. C'est en effet: de grenades aigres et de grenades douces, ماء الرمانتين المُرّ والحلو, Ibn-Wâfid 23 r°.

» 621 a, l. 8. سارسينا semble être ce qu'on appelait en France *sarrasinois*, *saracenicum* ou *saracenus* dans la basse latinité, une étoffe faite en Italie sur le modèle d'une étoffe orientale.

» 701 a, l. 17—20. M. de Goeje m'a fait observer qu'il faut lire dans les Prol.: ومن الملح الشورماى, et que ce dernier mot est persan, *poisson salé*.

» 709 a, l. 27. Ce مَسَّام est pour مَسَّام; cf. 680 b, l. 4—6.

» 801 a. Ajoutez à sa place l'article شورماى et voyez ce qui précède ici.

P. 430 b, l. 6 a f. Le sens d'*écrire rapidement* est dans le M sous لوح: اللائحة عند أُنَّاب المولّدين ورقة مفتوحة تُدرَج فيها اعمالهم الحسابية ☙

» 441 b, l. 18. Biffez les mots « par erreur, » car cette forme est bonne aussi.

» 453 a, l. 23. لَعَاب lisez لَعَب.

» 465 a. Après l. 6 il faut placer l'article دِنَقَال, auquel se rapporte ce que j'ai dit p. 481 b sous دِيغَال ou دِيقَال, car c'est, comme me l'a fait observer M. Simonet, l'esp. *doñegal* ou *doñigal*, qui est l'épithète d'une espèce de figue dont la chair est très-rouge. Cf. le passage d'Aviñon que j'ai cité p. 156 b.

» 484 a, l. 25—27. M. Simonet soupçonne que le *yadkâr* d'Alc. est une faute pour يَظْهَر. Ce serait donc dans la langue classique شىء يظْهَر.

» 529 a, l. 8. Ce mot, qu'Alc. écrit *rocin*, est, comme me l'apprend M. Simonet, روسين dans une charte de Tolède: والروسين والدرع والبرفنيرا (brafonera) والبيضة ودرع الفرس ☙

» 554, l. 26. Ajoutez: — Epithète du citron, voyez ليمون.

» 583 b. Après l. 8 a f. ajoutez: زربر. D'après Lyon 344—5, on donne le nom de سربر aux plaines graveleuses du désert, et d'Escayrac 18 traduit aussi *serir* par *désert pierreux*. Je pense qu'il faut écrire زربر, car Beaussier donne مزرار *terrain graveleux*.

www.ingramcontent.com/pod-product-compliance
Lightning Source LLC
Chambersburg PA
CBHW070857300426
44113CB00008B/877